中国信托业年鉴 2014—2015（下卷）
ALMANAC OF CHINA'S TRUSTEE

中国信托业协会　编

中国金融出版社

下 卷

2014年度中国信托公司信息披露分析报告

2014年度中国信托公司信息披露分析报告摘要

第一章　信托公司的基本信息

在本章节中,我们主要介绍了68家信托公司披露的公司基本信息、注册资本以及股东情况等。

第二章　信托公司年度报告的质量评价——关于审计报告

审计报告的类型对公司财务报告的可信性有非常重大的影响,一般在做上市公司排行榜时,会将被出具非标意见审计报告的上市公司剔除。此外,是否执行《企业会计准则》对公司财务信息披露的影响也非常大。在本章节中,我们对信托公司被出具的审计报告类型及执行《企业会计准则》的情况进行分析,以此作为后面章节对信托公司进行分析的一个依据。

第三章　信托公司财务指标排行榜

在本章节中,我们列出信托公司的各项主要财务数据,并做简要的比较分析。

第四章　固有资产报表的总体分析

在本章节中,我们将68家信托公司披露的2014年固有资产部分的会计报表,包括资产负债表、利润表和所有者权益变动表,分别汇总成代表中国信托行业固有资产整体的汇总报表,以此来分析中国信托公司固有资产整体的财务状况和经营成果。

第五章　信托资产报表的总体分析

在本章节中,我们将68家信托公司披露的2014年信托资产部分的会计报表,包括资产负债表和利润表,分别汇总成代表中国信托行业信托资产整体情况的汇总报表,以此来分析中国信托公司信托资产整体的财务状况和经营成果。

第六章　会计报表附注及其他项目的分析

在本章节中,我们分析了在会计报表附注部分披露的包括或有事项、自营资产风险分类、资产损失准备计提以及关联方关系及其交易等各项情况。同时,我们还就信托公司2014年年报中对经营因素的认可情况作了详细的统计,以便于相关部门决策参考。

第七章　公司治理结构及人员结构

截至2014年末,信托公司内部控制的构建以"一法三规"及相关法规为基本依据,以保证国家法律法规的贯彻执行,保证风险管理体系的有效性为目标,以全面性、审慎性、及时性、有效性、独立性等为基本原则,建立了授权体系、监控反馈等制度,形成了一定的公司治理运行机制和分工合理、职责明确、报告清晰的组织结构,实施了组织结构控制,明确了"三会一层"(股东大会、董事会、监事会、经营管理层)的职能和责任。在本章节中,我们将就信托公司的公司治理情况进行分析。

编制说明

2014 年纳入统计范围的信托公司和 2013 年一致，共计 68 家。

在《2014 年度中国信托公司信息披露分析报告》的编制过程中，关注到在 68 家信托公司披露的 2014 年度审计报告中，共有 17 家信托公司本年披露的期初净资产与上年披露的年末净资产不一致；15 家信托公司本年披露的上年净利润与上年披露的当年净利润不一致。在这些产生差异的公司中，有 3 家信托公司未披露是导致比较报表年初数调整的原因。由于年鉴篇幅所限，不可能一一列示其差异产生的原因和数据调整过程，因此在计算本年各项指标排名时以信托公司本年披露的年初数为准，同时列报上年净资产数和上年净利润数，以供信息使用者参考。

在对 68 家信托公司报表进行汇总统计时，我们采用各公司的合并报表进行统计分析，同时我们注意到信托公司报表所采用的货币单位不一致，大部分公司使用“万元”为单位，部分公司使用“元”为单位。为便于汇总合并，我们统一以“万元”为单位，对于存量部分以“元”为单位的报表进行折算，由于折算差异可能造成部分表格的明细构成与合计数存在尾差。

2014 年度中国信托公司信息披露分析报告

第一章　信托公司的基本信息

一、信息披露情况总览

伴随着金融改革的推进，2014 年信托公司步入了良性稳步发展态势，信托业务规模继续快速增长，信托行业在资金来源结构、资金运用方式、资产投向结构以及业务功能等方面得到进一步优化，呈现出持续健康的发展趋势。固有资产保持稳步增加，信托公司的整体盈利水平显著提高，信托主业进一步得到确立。

继 2013 年对 68 家信托公司进行信息披露后，2014 年信托公司数量未发生改变，合计信息披露的信托公司共 68 家。在本章节中，我们主要介绍 68 家公司的基本情况，包括信托公司的基本信息、注册资本、股东情况等。

在银监会颁发的《信托投资公司信息披露管理暂行办法》的附件《年度报告内容与格式》中要求公司在重要提示及目录中刊登声明：本公司董事会及董事保证本报告所载资料不存在任何虚假记载、误导性陈述或者重大遗漏，并对其内容的真实性、准确性和完整性承担个别及连带责任。公司负责人、主管会计工作负责人及会计机构负责人（会计主管人员）应当声明：保证年度报告中财务报告的真实、完整。2014 年 68 家信托公司披露的年度报告都作了这样的声明，因此，之后进行的所有分析均是基于这样的假设："所有披露的信息内容都是真实、准确、完整的。"

2014 年在 68 家信托公司固有业务中，45 家明确披露已执行《企业会计准则》（2006 年），19 家披露已执行《企业会计准则》（2006 年）及 2014 年新修订/颁布的《企业会计准则》，2 家披露同时执行《企业会计准则》（2006 年）和《金融负债与权益工具的区分及相关会计处理规定》（2014 年），1 家披露同时执行《企业会计准则》（2006 年）和《信托业务会计核算办法》（2005），1 家披露同时执行《企业会计准则》和《金融企业会计制度》（2014 年）。由于信托公司披露的年度报告没有统一的格式，使得部分公司财务报表格式存在较大的差异：有的公司采用了一般企业的财务报表披露格式，有的公司参考采用了银监会的财务报表格式，还有的公司根据自身业务的特点对相关报表格式进行了调整和补充，导致财务报表列示的科目差别较大，很难统一到一个格式中。为了使各公司的指标具有可比性，我们在统计这些数据时按照统一的口径作了适当的调整。

2014 年信托公司财务报表涉及上年金额和本年金额的披露，部分公司对比报表年初数进行了调整，但在 2014 年年度报告中未详细披露数据的调整过程。由于年鉴篇幅所限，无法一一列示其差异原因和数据调整过程，因此，本报告中对于公司披露的 2013 年年末数与 2014 年年初数不一致的情况，以 2014 年年初数作为统计口径。

本报告所有的统计都是依据信托公司公开披露的 2014 年年度报告内容进行的。以下是信托公司披露的基本信息汇总分析。

（一）信托公司披露户数及其地区分布情况

表 1－1－1　信托公司 2012 年、2013 年、2014 年披露户数比较

项目	2012 年	2013 年	2014 年
披露户数	66	68	68

表 1－1－2　披露的信托公司 2012 年、2013 年、2014 年在各省、市、自治区分布情况表

省份		北京	上海	广东	江苏	山东	陕西	安徽	福建	河南	辽宁	内蒙古	天津	浙江	重庆	甘肃	黑龙江
分布户数	2012 年	10	7	5	4	2	3	2	2	2	1	2	2	4	2	1	1
	2013 年	11	7	5	4	2	3	2	2	2	1	2	2	5	2	1	1
	2014 年	11	7	5	4	2	3	2	2	2	1	2	2	5	2	1	1
省份		湖南	吉林	江西	山西	西藏	新疆	云南	河北	湖北	四川	贵州	广西	宁夏	青海	海南	合计
分布户数	2012 年	1	1	2	1	1	2	1	1	2	2	1			1		66
	2013 年	1	1	2	1	1	2	1	1	2	2	1			1		68
	2014 年	1	1	2	1	1	2	1	1	2	2	1			1		68

信托公司位于北京的有 11 家，上海有 7 家，广东和浙江有 5 家，大部分省、市、自治区有 1～3 家不等，广西、宁夏、海南 3 个省或自治区均没有信托公司。

（二）信托公司变更公司名称情况的披露

表 1－1－3　披露的信托公司 2014 年变更公司名称的情况表

公司原法定中文名称	原简称	公司新法定中文名称	新简称
安信信托投资股份有限公司	安信信托	安信信托股份有限公司	安信信托
甘肃省信托有限责任公司	甘肃信托	光大兴陇信托有限责任公司	光大兴陇信托

截至2014年12月31日，共有2家公司进行更名。

（三）信托公司基本情况的披露

表1－1－4　披露的信托公司2014年基本情况

公司法定中文名称	公司形式	注册资本（万元）	法定代表人	注册地址	所在省份
中信信托有限责任公司	有限责任公司	1 000 000.00	陈一松	北京市朝阳区新源南路6号京城大厦	北京
平安信托有限责任公司	有限责任公司	698 800.00	张金顺	广东省深圳市福田中心区福华三路星河发展中心办公12层、13层	广东
中融国际信托有限公司	有限公司	600 000.00	刘洋	黑龙江省哈尔滨市南岗区嵩山路33号	黑龙江
兴业国际信托有限公司	有限公司	500 000.00	杨华辉	福建省福州市鼓楼区五四路137号信和广场25～26层	福建
交银国际信托有限公司	有限公司	376 470.59	赵炯	湖北省武汉市江汉区建设大道847号瑞通广场B座16－17层	湖北
华宝信托有限责任公司	有限责任公司	374 400.00	郑安国	上海市浦东新区世纪大道100号59层	上海
华信信托股份有限公司	股份有限公司	330 000.00	董永成	辽宁省大连市西岗区大公街34号	辽宁
昆仑信托有限责任公司	有限责任公司	300 000.00	王亮	浙江省宁波市江东区和济街180号1幢24～27层	浙江
华能贵诚信托有限公司	有限公司	300 000.00	李进	贵州省贵阳市金阳新区金阳南路6号购物中心商务楼一号楼24层5号、6号、7号	贵州
上海爱建信托有限责任公司	有限责任公司	300 000.00	周伟忠	中国（上海）自由贸易试验区泰谷路168号综合楼5楼	上海
陆家嘴国际信托有限公司	有限公司	300 000.00	常宏	山东省青岛市崂山区梅岭路29号综合办公楼1号818室	山东
江苏省国际信托有限责任公司	有限责任公司	268 389.90	黄东峰	江苏省南京市长江路2号22～26层	江苏
华润深国投信托有限公司	有限公司	263 000.00	孟扬	广东省深圳市福田区中心四路1－1号嘉里建设广场第三座第10～12层	广东
上海国际信托有限公司	有限公司	250 000.00	潘卫东	上海市九江路111号	上海
中海信托股份有限公司	股份有限公司	250 000.00	陈浩鸣	上海市蒙自路763号36楼	上海
中原信托有限公司	股份有限公司	250 000.00	黄曰珉	河南省郑州市商务外环路24号中国人保大厦	河南
四川信托有限公司	有限公司	250 000.00	刘沧龙	四川省成都市锦江区人民南路2段18号川信红照壁大厦	四川
中诚信托有限责任公司	有限责任公司	245 666.67	邓红国	北京市东城区安定门外大街2号	北京
重庆国际信托有限公司	有限公司	243 873.00	翁振杰	重庆市渝北区龙溪街道金山路9号附7号	重庆
厦门国际信托有限公司	有限公司	230 000.00	洪文瑾	福建省厦门市思明区展鸿路82号厦门金融中心大厦39～42层	福建
中粮信托有限责任公司	有限责任公司	230 000.00	邬小蕙	北京市朝阳区朝阳门南大街8号中粮福临门大厦11层	北京
百瑞信托有限责任公司	有限责任公司	220 000.00	马宝军	河南省郑州市郑东新区商务外环路10号中原广发金融大厦	河南
中国对外经济贸易信托有限公司	有限公司	220 000.00	杨林	北京市西城区复兴门内大街28号凯晨世贸中心中座6层	北京
华鑫国际信托有限公司	有限公司	220 000.00	李长旭	北京市西城区宣武门内大街2号华电大厦B座11层	北京
中国金谷国际信托有限责任公司	有限责任公司	220 000.00	彭新	北京市西城区金融大街33号通泰大厦C座10层	北京
国投信托有限公司	有限公司	219 054.55	钱蒙	北京市西城区西直门南小街147号7层、8层	北京
安徽国元信托有限责任公司	有限责任公司	200 000.00	过仕刚	安徽省合肥市宿州路20号	安徽
中铁信托有限责任公司	有限责任公司	200 000.00	郭敬辉	四川省成都市航空路1号国航世纪中心B座	四川
山东省国际信托有限公司	有限公司	200 000.00	相开进	山东省济南市解放路166号	山东
渤海国际信托有限公司	有限公司	200 000.00	金平	河北省石家庄市新石中路377号B座22～23层	河北
五矿国际信托有限公司	有限公司	200 000.00	任珠峰	青海省青海生物科技产业园纬二路18号	青海
中国民生信托有限公司	有限公司	200 000.00	卢志强	北京市东城区建国门内大街28号民生金融中心C座19层	北京
华融国际信托有限责任公司	有限责任公司	198 288.63	袁护平	新疆维吾尔自治区乌鲁木齐市中山路333号	新疆
英大国际信托有限责任公司	有限责任公司	182 175.45	盖永光	北京市东城区建国门内大街乙18号院1号楼英大国际大厦4层	北京
天津信托有限责任公司	有限责任公司	170 000.00	王海智	天津市河西区围堤道125～127号天信大厦	天津
中航信托股份有限公司	股份有限公司	168 648.52	姚江涛	江西省南昌市红谷滩新区赣江北大道1号中航广场24～25层	江西
中建投信托有限责任公司	有限责任公司	166 574.00	杨金龙	浙江省杭州市教工路18号世贸丽晶城欧美中心1号楼（A座）18～19层C区、D区	浙江
吉林省信托有限责任公司	有限责任公司	159 659.75	高福波	吉林省长春市人民大街9889号	吉林
建信信托有限责任公司	有限责任公司	152 727.00	杜亚军	安徽省合肥市九狮桥街45号	安徽
广东粤财信托有限公司	有限公司	150 000.00	汪涛	广东省广州市东风中路481号粤财大厦9楼、14楼、40楼	广东
北京国际信托有限公司	有限公司	140 000.00	李民吉	北京市朝阳区安立路30号院1号、2号楼	北京
山西信托股份有限公司	股份有限公司	135 700.00	郭晋普	山西省太原市府西街69号	山西
长安国际信托股份有限公司	股份有限公司	134 602.29	高成程	陕西省西安市高新区科技路33号高新国际商务中心23～24层	陕西
万向信托有限公司	有限公司	133 900.00	肖风	浙江省杭州市下城区体育场路429号天和大厦12～17层及4层（401～403）	浙江
国联信托股份有限公司	股份有限公司	123 000.00	周卫平	江苏省无锡市滨湖区金融一街8号国联金融大厦	江苏

续表

公司法定中文名称	公司形式	注册资本(万元)	法定代表人	注册地址	所在省份
陕西省国际信托股份有限公司	股份有限公司	121 466.74	薛季民	陕西省西安市高新区科技路50号金桥国际广场C座	陕西
东莞信托有限公司	有限公司	120 000.00	廖玉林	广东省东莞松山湖高新技术开发产业园区创新科技园2号楼	广东
湖南省信托有限责任公司	有限责任公司	120 000.00	朱德光	湖南省长沙市城南西路1号	湖南
苏州信托有限公司	有限公司	120 000.00	袁维静	江苏省苏州市竹辉路383号	江苏
新华信托股份有限公司	股份有限公司	120 000.00	赵暖	重庆市江北区北城一路6号	重庆
新时代信托股份有限公司	股份有限公司	120 000.00	赵利民	内蒙古自治区包头市钢铁大街甲5号信托金融大楼	内蒙古
方正东亚信托有限责任公司	有限责任公司	120 000.00	余丽	湖北省武汉市江汉区长江日报路77号投资大厦11~14层	湖北
紫金信托有限责任公司	有限责任公司	120 000.00	王海涛	江苏省南京市鼓楼区中山北路2号紫峰大厦30层	江苏
中江国际信托股份有限公司	股份有限公司	115 578.91	裘强	江西省南昌市北京西路88号江信国际金融大厦	江西
光大兴陇信托有限责任公司	有限责任公司	101 819.05	马江河	甘肃省兰州市静宁路308号	甘肃
北方国际信托股份有限公司	股份有限公司	100 099.89	徐立世	天津经济技术开发区第三大街39号	天津
国民信托有限公司	有限公司	100 000.00	杨小阳	北京市东城区安外西滨河路18号院1号	北京
云南国际信托有限公司	有限公司	100 000.00	刘刚	云南省昆明市南屏街4号(云南国托大厦)	云南
杭州工商信托股份有限公司	股份有限公司	75 000.00	虞利明	浙江省杭州市江干区迪凯国际中心41层	浙江
西部信托有限公司	有限公司	62 000.00	徐朝晖	陕西省西安市东新街232号	陕西
华澳国际信托有限公司	有限公司	60 000.00	张宏	上海市浦东新区花园石桥路33号花旗集团大厦1702室	上海
华宸信托有限责任公司	有限责任公司	57 200.00	刘晓兵	内蒙古自治区呼和浩特市赛汉区如意西街23号	内蒙古
中泰信托有限责任公司	有限责任公司	51 660.00	吴庆斌	上海市中华路1600号黄浦中心大厦17楼、18楼	上海
西藏自治区信托有限公司	有限公司	50 000.00	苏生有	西藏自治区拉萨市经济开发区博达路1号阳光新城别墅区A7栋	西藏
浙商金汇信托股份有限公司	股份有限公司	50 000.00	徐德良	浙江省杭州市庆春路199号6~8楼	浙江
安信信托股份有限公司	股份有限公司	45 411.00	王少钦	上海市控江路1553~1555号A座3楼301室	上海
大业信托有限责任公司	有限责任公司	30 000.00	沈柏年	广东省广州市天河区体育西路191号中石化大厦B塔25层	广东
长城新盛信托有限责任公司	有限责任公司	30 000.00	周礼耀	新疆维吾尔自治区乌鲁木齐经济技术开发区卫星路475号紫金矿业研发大厦A座11层	新疆

表1-1-5　披露的信托公司2014年基本情况(续)

公司简称	公司形式	邮编	网址	电子信箱	负责信息披露事务人姓名	年度审计报告出具日期	披露媒体
国元信托	有限责任公司	230001	www.gyxt.com.cn	xtbgs@gyxt.com.cn	虞焰智	2015年4月24日	《证券时报》
安信信托	股份有限公司	200001	http://www.anxintrust.com	ax600816@126.com	武国建	2015年2月9日	《中国证券报》、《上海证券报》和《证券时报》
百瑞信托	有限责任公司	450018	WWW.BRXT.NET	BRXT@BRXT.NET	王克槿	2015年3月5日	《上海证券报》
北方信托	股份有限公司	300457	www.nitic.cn	wanghui@nitic.cn	王向群	2015年1月31日	《金融时报》
北京信托	有限公司	100012	www.bjitic.com	webmaster@bjitic.com	江方	2015年2月9日	《上海证券报》、《金融时报》
渤海信托	有限公司	50090	www.bohaitrust.com	jinglei-ren@hnair.com	郑宏	2015年1月20日	《证券时报》
长安信托	股份有限公司	710075	www.caitc.cn	gulinqiang@xitic.cn	谷林强	2015年3月20日	《上海证券报》、《金融时报》
长城新盛信托	有限责任公司	830026	www.gwxstrust.com	gwxs@gwxstrust.com	孟庄	未披露	《上海证券报》
重庆信托	有限公司	401147	http//www.cqitic.com	cqitic@cqitic.com	吕维	2015年3月30日	报告中未披露
大业信托	有限责任公司	510620	http://www.dytrustee.com	info@dytrustee.com	陈俊标	2015年3月15日	《金融时报》
东莞信托	有限公司	523808	www.dgxt.com	bgs@dgxt.com	陈贺健	2015年3月5日	《金融时报》
方正东亚信托	有限责任公司	430015	http://www.fd-trust.com	info@fd-trust.com	田野	2015年3月31日	《金融时报》
光大兴陇信托	有限责任公司	730030	http://www.ebtrust.com	contact@ebtrust.com	黄智洋	2015年3月30日	《中国证券报》
粤财信托	有限公司	510045	www.gdycxt.com	ycxt@gdyctz.com	陈韵辉	2015年4月22日	《金融时报》、《证券时报》
国联信托	股份有限公司	214131	www.gltic.com.cn	gltic@gltic.com.cn	李倩	2015年2月28日	《金融时报》
国民信托	有限公司	100011	www.natrust.cn	info@natrust.cn	付然	2015年5月15日	《上海证券报》
国投信托	有限公司	100034	www.sdictrust.com.cn	sdictrust@sdic.com.cn	王彬	2015年1月20日	《证券时报》
杭州工商信托	股份有限公司	310016	www.hztrust.com	hztrust@hztrust.com	张锐	2015年4月29日	《证券时报》
湖南信托	有限责任公司	410015	www.huntic.com	huntic@huntic.com	张仁兴	2015年3月15日	《证券时报》
华澳信托	有限公司	200120	www.huaao-trust.com	enquiry@huaao-trust.com	江宇	2015年4月25日	《证券时报》
华宝信托	有限责任公司	200120	www.hwabaotrust.com	hbservice@hwabaotrust.com	张晓喆	1900年1月0	《中国证券报》、《证券时报》、《上海证券报》、《金融时报》

续表

公司简称	公司形式	邮编	网址	电子信箱	负责信息披露事务人姓名	年度审计报告出具日期	披露媒体
华宸信托	有限责任公司	10011	www. hctrust. cn	hctrust@ hctrust. cn	晋军	2015 年 3 月 31 日	《金融时报》
华能信托	有限公司	550022	www. hngtrust. com	public@ hngtrust. com	王卓	2015 年 3 月 27 日	《金融时报》
华融信托	有限责任公司	830002	http//www. huarongtrust. com. cn	hrxt@ chamc. com. cn	周东海	2015 年 3 月 27 日	《证券时报》
华润信托	有限公司	518048	http://www. crctrust. com	crctrust@ crctrust. com	李巍巍	2015 年 4 月 28 日	《证券时报》、《中国证券报》、《上海证券报》
华鑫信托	有限公司	100031	http://www. cfitc. com	hxxt@ cfitc. com	蔡概还	2015 年 2 月 20 日	《金融时报》
华信信托	股份有限公司	116011	www. huaxintrust. com	huaxin@ hxtic. cn	侯宇	2015 年 3 月 23 日	《金融时报》、《中国证券报》、《证券时报》
吉林信托	有限责任公司	130022	www. jptic. com. cn	jptic@ jptic. com. cn	张巍	2015 年 4 月 8 日	《上海证券报》
建信信托	有限责任公司	230001	www. ccbtrust. com. cn	ccbt@ ccbtrust. com. cn	王金生	2015 年 4 月 24 日	《金融时报》
江苏信托	有限责任公司	210005	www. jsitc. net	jsitc@ jsitc. net	贾宇	2015 年 3 月 31 日	《经济日报》
交银国际信托	有限公司	430015	www. bocommtrust. com	jygx@ bocommtrust. com	赵德刚	2015 年 3 月 31 日	《金融时报》、《上海证券报》
昆仑信托	有限责任公司	315042	www. kunluntrust. com	klinfo@ cnpc. com. cn	黄志斌	2015 年 3 月 26 日	《金融时报》
陆家嘴信托	有限公司	266061	http://www. ljzitc. com. cn	ljzxt@ ljzitc. com. cn	浦凤丹	2015 年 2 月 6 日	《上海证券报》
平安信托	有限责任公司	518048	www. pingan. com	Pub_PATMB@ pingan. com. cn	顾攀	2015 年 3 月 24 日	《证券时报》、《中国证券报》、《上海证券报》、《证券日报》
山东信托	有限公司	250013	www. sitic. com. cn	zhb@ sitic. com. cn	王映黎	2015 年 2 月 9 日	《上海证券报》
山西信托	股份有限公司	30002	www. sxxt. net	websxxt@ sxgt. net	陈强	缺报告	《金融时报》
陕国投	股份有限公司	710075	www. siti. com. cn	sgtdm@ siti. com. cn	孙一娟	2015 年 4 月 2 日	《中国证券报》、《证券时报》
爱建信托	有限责任公司	200131	http://www. ajxt. com. cn	ajmail－1@ ajfc. com. cn	李洋洋	2015 年 4 月 22 日	《上海证券报》
上海信托	有限公司	200002	www. shanghaitrust. com	info@ shanghaitrust. com	吴海波	2015 年 4 月 21 日	《上海证券报》
四川信托	有限公司	610016	http://www. schtrust. com	schtrust@ schtrust. com	陈洪亮	2015 年 2 月 28 日	《金融时报》、《中国证券报》、《上海证券报》
苏州信托	有限公司	215007	www. trustsz. com	sztic@ trustsz. com	张言	2015 年 3 月 25 日	《经济日报》
天津信托	有限责任公司	300074	www. tjtrust. com	office@ tjtrust. com	张维	2015 年 4 月 17 日	《金融时报》
万向信托	有限公司	310006	www. wxtrust. com	wxtrust@ wxtrust. com	莫震勇	2015 年 2 月 9 日	《证券时报》
五矿信托	有限公司	810003	http://www. mintrust. com	mintrust－fortune@ mintrust. com	蔡琦	2015 年 2 月 15 日	《金融时报》
西部信托	有限公司	710004	www. wti－xa. com	wti－xa@ wti－xa. com	张荣超	2015 年 2 月 5 日	《证券时报》
西藏信托	有限公司	850000	www. ttco. cn	wujy@ ttco. cn	荀诗敏	2015 年 3 月 3 日	《上海证券报》
厦门国际信托	有限公司	361008	www. xmitic. com	master@ xmitic. com	李自成	2015 年 3 月 12 日	《证券时报》
新华信托	股份有限公司	400023	www. nct－china. com	service@ nct－china. com	姜志瞕	2015 年 4 月 22 日	《上海证券报》
新时代信托	股份有限公司	14030	www. xsdxt. com	xsdxt@ xsdxt. com	陈永利	2015 年 3 月 30 日	《证券日报》
兴业信托	有限公司	350003	www. ciit. com. cn	contact@ ciit. com. cn	杨刚强	2015 年 3 月 16 日	《上海证券报》、《证券时报》
英大信托	有限责任公司	100005	www. yditc. sgcc. com. cn	yditc@ yditc. sgcc. com. cn	张国兴	未显示	《金融时报》
云南信托	有限公司	650021	www. yntrust. com	ynxt@ yntrust. com	舒广	2015 年 4 月 2 日	《金融时报》
浙金信托	股份有限公司	310006	http://www. zhejintrust. com/	zjtrust@ zjtrust. com	戴俊	2015 年 4 月 18 日	《金融时报》、《证券时报》、《中国证券报》、《上海证券报》
中诚信托	有限责任公司	100013	http://www. cctic. com. cn/	contactus@ cctic. com. cn	魏青	2015 年 4 月 3 日	《金融时报》
外贸信托	有限公司	100031	www. fotic. com. cn	fotic@ sinochem. com	张一冰	2015 年 3 月 27 日	《上海证券报》
金谷信托	有限责任公司	100140	www. jingutrust. com	wangchong@ cindamc. com. cn	王菾	2015 年 3 月 27 日	《金融时报》
中国民生信托	有限公司	100005	www. msxt. com	minshengtrust@ msxt. com	李永平	2015 年 1 月 22 日	《金融时报》、《证券时报》
中海信托	股份有限公司	200023	www. zhtrust. com	service@ zhtrust. com	周炯	2015 年 3 月 12 日	《中国证券报》、《证券时报》、《上海证券报》
中航信托	股份有限公司	330038	www. avictc. com	zhxt@ avictc. com	王澔澜	未查见	《金融时报》、《证券时报》
中建投信托	有限责任公司	310012	www. jictrust. cn/	jictrust@ jictrust. cn	刘屹	2015 年 3 月 31 日	《金融时报》
中江信托	股份有限公司	330046	http://www. jxi. cn	yqh－jx@ 163. com	钟镰斧	2015 年 4 月 20 日	《上海证券报》
中粮信托	有限责任公司	100020	http://www. cofco－trust. com	luofeng@ cofco. com	辛伟	2015 年 3 月 20 日	《金融时报》
中融信托	有限公司	150090	www. zritc. com	Zritc @ zritc. com	黄威	2015 年 2 月 9 日	《金融时报》
中泰信托	有限责任公司	200021	www. zhongtaitrust. com	zhongtai@ zhongtaitrust. com	于潇	2015 年 4 月 14 日	《证券时报》、《上海证券报》
中铁信托	有限责任公司	610041	www. crtrust. com	crtc@ crtrust. com	陈赤	2015 年 3 月 31 日	《证券时报》、《上海证券报》
中信信托	有限责任公司	100004	http://trust. ecitic. com	citict@ citic. com	王珂	2015 年 2 月 16 日	《上海证券报》
中原信托	股份有限公司	450016	http://www. zyxt. com. cn	info@ zyxt. com. cn	刘飞	2015 年 2 月 28 日	《证券时报》、《金融时报》
紫金信托	有限责任公司	210008	http://www. zjtrust. com. cn	ZJTRUST@ ZJTRUST. COM. CN	高晓俊	2015 年 2 月 16 日	《经济日报》

（四）信托公司董事会、监事会及高管对年报意见的披露

1. 董事会对年报意见的披露

根据银监会颁发的《信托投资公司信息披露管理暂行办法》的附件《年度报告内容与格式》，要求公司在“重要提示及目录”中刊登声明：“本公司董事会及董事保证本报告所载资料不存在任何虚假记载、误导性陈述或者重大遗漏，并对其内容的真实性、准确性和完整性承担个别及连带责任。”68家信托公司董事均按要求作了声明保证。

2. 监事会对年报意见的披露

根据银监会颁发的《信托投资公司信息披露管理暂行办法》的附件《年度报告内容与格式》，要求公司监事会应当对本公司依法运作情况、财务报告是否真实反映公司的财务状况和经营成果等发表独立意见。2014年年报中68家信托公司的监事会均发表了相关意见，认为公司依法运作，财务报告真实反映了公司的财务状况和经营成果。

3. 高管对年报意见的披露

根据银监会颁发的《信托投资公司信息披露管理暂行办法》的附件《年度报告内容与格式》中要求公司在“重要提示及目录”中刊登声明：“公司负责人、主管会计工作负责人及会计机构负责人（会计主管人员）应当声明：保证年度报告中财务报告的真实、完整”。我们看到，68家信托公司均按要求完整披露了高管发表的声明。

（五）信托公司重大事项临时公告的披露

表1－1－6　披露的信托公司2014年临时公告情况表

公司简称	期内临时报告的披露次数	公司简称	期内临时报告的披露次数
国元信托	1	山东信托	4
安信信托	37	山西信托	0
百瑞信托	3	陕国投	1
北方信托	0	爱建信托	0
北京信托	0	上海信托	1
渤海信托	2	四川信托	1
长安信托	2	苏州信托	1
长城新盛信托	0	天津信托	1
重庆信托	3	万向信托	0
大业信托	0	五矿信托	0
东莞信托	2	西部信托	3
方正东亚信托	1	西藏信托	0
光大兴陇信托	1	厦门国际信托	1
粤财信托	0	新华信托	1
国联信托	1	新时代信托	1
国民信托	1	兴业信托	3
国投信托	0	英大信托	0
杭州工商信托	1	云南信托	2
湖南信托	1	浙金信托	2
华澳信托	0	中诚信托	0
华宝信托	1	外贸信托	1
华宸信托	2	金谷信托	1
华能信托	2	中国民生信托	2
华融信托	0	中海信托	0
华润信托	1	中航信托	0
华鑫信托	0	中建投信托	0
华信信托	1	中江信托	0
吉林信托	0	中粮信托	2
建信信托	0	中融信托	2
江苏信托	3	中泰信托	1
交银国际信托	1	中铁信托	2
昆仑信托	2	中信信托	3
陆家嘴信托	2	中原信托	2
平安信托	1	紫金信托	0

根据《信托投资公司信息披露管理暂行办法》第十八条规定:“信托投资公司发生重大事项，应当制作重大事项临时报告并向社会披露。重大事项包括(但不限于)下列情况:(一)公司第一大股东变更及原因;(二)公司董事长、总经理变动及原因;(三)公司董事报告期内累计变更超过50%;(四)信托经理和信托业务人员报告期内累计变更超过30%;(五)公司章程、注册资本、注册地和公司名称的变更;(六)公司合并、分立、解散等事项;(七)公司更换为其审计的会计师事务所;(八)公司更换为其服务的律师事务所;(九)法律法规规定的其他重要事项。”

在上述信托公司中，安信信托披露了37次公告，山东信托披露了4次公告，43家信托公司披露了1~3次不等的临时公告，23家信托公司期内无临时公告披露。

二、信托公司2014年实收资本及股东情况

(一)信托公司实收资本及股东2013年、2014年的综合变动情况分析

从整体来说，信托公司平均注册资本2014年较2013年增加了39 281.25万元，增幅为24.07%，平均股东数与上年持平，平均持股10%以上的股东略有增加，第一大股东平均持股比例略有减少，第二大股东平均持股比例略有增加，第三大股东平均持股比例略有增加。应当来说，股本增加而股权构成基本稳定，说明股东对信托公司的发展充满信心。

表1-2-1　信托公司2013年、2014年注册资本及股东综合情况表

项　目	2013年末	2014年末	增减变动
平均注册资本(单位万元)	163 169.12	202 450.37	39 281.25
平均股东家数	5.71	5.71	0.00
平均持股10%以上股东家数	2.04	2.10	0.06
第一大股东平均持股比例(%)	65.02	63.66	-1.36
第二大股东平均持股比例(%)	18.68	19.48	0.80
第三大股东平均持股比例(%)	9.31	9.73	0.42

注:2013年末披露的信托公司共68家。计算平均股东数时不包括安信信托和陕国投两家上市公司，共采用66家数据进行平均计算;计算平均持股10%以上股东数时各家公司全部披露，共采用68家信托公司数据进行平均计算;2013年末第一大股东平均持股比例计算的基数是68家信托公司的平均数据，第二大股东平均持股比例计算的基数是67家信托公司的平均数据，第三大股东平均持股比例计算的基数是52家信托公司的平均数据。

2014年末披露的信托公司共68家。计算平均股东数时不包括安信信托和陕国投两家上市公司，共采用66家信托公司数据进行平均计算;计算平均持股10%以上股东数时各家公司全部披露，共采用68家信托公司数据进行平均计算;2013年末第一大股东平均持股比例计算的基数是68家信托公司的平均数据，第二大股东平均持股比例计算的基数是67家信托公司的平均数据，第三大股东平均持股比例计算的基数是50家信托公司的平均数据。

表1-2-2　信托公司2013年、2014年股本情况表(按2014年末股本数进行排序)

排名	公司简称	上期股本(万元)	股本增加	股本减少	本期股本(万元)	排名	公司简称	上期股本(万元)	股本增加	股本减少	本期股本(万元)
1	中信信托	120 000.00	880 000.00	—	1 000 000.00	36	中航信托	168 648.52	—	—	168 648.52
2	平安信托	698 800.00	—	—	698 800.00	37	中建投信托	166 574.00	—	—	166 574.00
3	中融信托	160 000.00	440 000.00	—	600 000.00	38	吉林信托	159 659.75	—	—	159 659.75
4	兴业信托	257 600.00	242 400.00	—	500 000.00	39	建信信托	152 727.00	—	—	152 727.00
5	交银国际信托	376 470.59	—	—	376 470.59	40	粤财信托	150 000.00	—	—	150 000.00
6	华宝信托	200 000.00	174 400.00	—	374 400.00	41	北京信托	140 000.00	—	—	140 000.00
7	华信信托	330 000.00	—	—	330 000.00	42	山西信托	135 700.00	—	—	135 700.00
8	昆仑信托	300 000.00	—	—	300 000.00	43	长安信托	125 888.00	8 714.29	—	134 602.29
9	华能信托	300 000.00	—	—	300 000.00	44	万向信托	65 000.00	68 900.00	—	133 900.00
10	爱建信托	300 000.00	—	—	300 000.00	45	国联信托	123 000.00	—	—	123 000.00
11	陆家嘴信托	106 834.62	193 165.38	—	300 000.00	46	陕国投	121 466.74	—	—	121 466.74
12	江苏信托	268 389.90	—	—	268 389.90	47	东莞信托	120 000.00	—	—	120 000.00
13	华润信托	263 000.00	—	—	263 000.00	48	湖南信托	120 000.00	—	—	120 000.00
14	上海信托	250 000.00	—	—	250 000.00	49	苏州信托	120 000.00	—	—	120 000.00
15	中海信托	250 000.00	—	—	250 000.00	50	新华信托	120 000.00	—	—	120 000.00
16	中原信托	150 000.00	100 000.00	—	250 000.00	51	新时代信托	120 000.00	—	—	120 000.00
17	四川信托	200 000.00	50 000.00	—	250 000.00	52	方正东亚信托	120 000.00	—	—	120 000.00

续表

排名	公司简称	上期股本（万元）	股本增加	股本减少	本期股本（万元）	排名	公司简称	上期股本（万元）	股本增加	股本减少	本期股本（万元）
18	中诚信托	245 666.67	—	—	245 666.67	53	紫金信托	120 000.00	—	—	120 000.00
19	重庆信托	243 873.00	—	—	243 873.00	54	中江信托	115 578.91	—	—	115 578.91
20	厦门国际信托	160 000.00	70 000.00	—	230 000.00	55	光大兴陇信托	101 819.05	—	—	101 819.05
21	中粮信托	230 000.00	—	—	230 000.00	56	北方信托	100 099.89	—	—	100 099.89
22	百瑞信托	120 000.00	100 000.00	—	220 000.00	57	国民信托	100 000.00	—	—	100 000.00
23	外贸信托	220 000.00	—	—	220 000.00	58	云南信托	100 000.00	—	—	100 000.00
24	华鑫信托	220 000.00	—	—	220 000.00	59	杭州工商信托	50 000.00	25 000.00	—	75 000.00
25	金谷信托	220 000.00	—	—	220 000.00	60	西部信托	62 000.00	—	—	62 000.00
26	国投信托	120 480.00	98 574.55	—	219 054.55	61	华澳信托	60 000.00	—	—	60 000.00
27	国元信托	200 000.00	—	—	200 000.00	62	华宸信托	57 200.00	—	—	57 200.00
28	中铁信托	200 000.00	—	—	200 000.00	63	中泰信托	51 660.00	—	—	51 660.00
29	山东信托	128 000.00	72 000.00	—	200 000.00	64	西藏信托	40 000.00	10 000.00	—	50 000.00
30	渤海信托	200 000.00	—	—	200 000.00	65	浙金信托	50 000.00	—	—	50 000.00
31	五矿信托	200 000.00	—	—	200 000.00	66	安信信托	45 410.98	—	—	45 410.98
32	中国民生信托	100 000.00	100 000.00	—	200 000.00	67	大业信托	30 000.00	—	—	30 000.00
33	华融信托	151 777.00	46 511.63	—	198 288.63	68	长城新盛信托	30 000.00	—	—	30 000.00
34	英大信托	182 175.45	—	—	182 175.45		平均数	164 198.53	39 700.97	—	203 899.50
35	天津信托	150 000.00	20 000.00	—	170 000.00		合计数	11 165 500.07	2 699 665.85		13 865 165.92

68 家信托公司的股本 2014 年比 2013 年总体增加了 2 699 665.85 万元。其中，增资最大的是中信信托，增加了 880 000.00 万元。

2014 年末平均股本比 2013 年末增加了 39 700.97 万元，达到了 203 899.50 万元。超过平均股本的公司有 26 家，占全部 68 家公司的 62.46%，低于平均注册资本的公司占比为 37.54%，说明部分信托公司的规模与 2013 年相比已有所扩大。

表 1－2－3　注册资本发生变动的信托公司变动情况明细表

单位：万元

公司简称	上期股本	本期股本	增减变动	注册资本变动原因
中信信托	120 000.00	1 000 000.00	880 000.00	经中国银监会核准，公司注册资本由 12 亿元增至 100 亿元
中融信托	160 000.00	600 000.00	440 000.00	根据公司 2013 年度股东会决议，同意公司将截至 2013 年末的 117 370 万元资本公积及 322 630 万元未分配利润，合计为 440 000 万元，按照公司现有各股东持股比例进行同比例转增注册资本。转增后，公司注册资本达到 600 000万元，各股东持股比例保持不变。本次增资于 2014 年 6 月 10 日获得中国银行业监督管理委员会黑龙江监管局的批准；2014 年 6 月 13 日，公司完成变更注册资本及修改公司章程工商变更登记
兴业信托	257 600.00	500 000.00	242 400.00	2014 年 2 月，经中国银监会福建监管局以闽银监复［2013］352 号批准，本公司注册资本金由 25.76 亿元增至 50 亿元，并相应调整股权结构。以上情况已在本公司 2013 年年度报告中完整披露
陆家嘴信托	106 834.62	300 000.00	193 165.38	本报告期内，中国银监会下发《中国银监会关于陆家嘴信托增加注册资本及调整股权结构的批复》，同意公司注册资本金由 106 834.62 万元增至 300 000 万元；12 月 23 日，公司完成增资验资及工商变更等变更手续
华宝信托	200 000.00	374 400.00	174 400.00	2014 年 11 月，经华宝信托有限责任公司第十九次股东会审议通过，并经中国银行业监督管理委员会上海监管局《上海银监局关于同意华宝信托有限责任公司变更注册资本的批复》（沪银监复［2014］848 号）批准，华宝信托有限责任公司注册资本由 20 亿元（含 1 500 万美元）增至 37.44 亿元（含 1 500 万美元），各股东持股比例保持不变
百瑞信托	120 000.00	220 000.00	100 000.00	2014 年 12 月，公司 2014 年度第五次股东会（临时）会议审议通过《关于 2013 年度利润分配及增加注册资本的议案》，各股东同意公司以 2013 年末注册资本为基数，按照出资比例向股东分配利润 11.11 亿元；同时各股东按照持股比例向公司增资，注册资本增至 22 亿元。2014 年 12 月 29 日，河南银监局向公司下发《关于同意百瑞信托有限责任公司增加注册资本的批复》（豫银监复［2014］621 号），同意公司注册资本增至 22 亿元；2014 年 12 月 30 日，公司完成验资程序；2015 年 3 月 19 日，公司完成工商变更登记与《公司章程》修订备案
中原信托	150 000.00	250 000.00	100 000.00	经公司股东会 2014 年第四次会议决议、河南银监局豫银监复［2014］526 号文件批准，12 月 23 日本公司完成增资扩股，注册资本由 15 亿元增至 25 亿元，股东出资比例不变

续表

公司简称	上期股本	本期股本	增减变动	注册资本变动原因
中国民生信托	100 000.00	200 000.00	100 000.00	2014 年 10 月，公司取得《中国银监会关于民生信托增加注册资本及调整股权结构的批复》。2014 年 12 月，公司收到本次增资股东中国泛海控股集团有限公司与浙江泛海建设投资有限公司缴纳的新增注册资本（实收资本）合计 10 亿元，中兴华会计师事务所（特殊普通合伙）对此出具了《验资报告》。同月，公司完成了工商注册变更登记程序，并取得新换发的营业执照，变更后的注册资本为 20 亿元。
山东信托	128 000.00	200 000.00	72 000.00	经山东省国际信托有限公司股东会审议通过，并报经中国银监会审核批复（银监复[2014]575 号），公司注册资本由 1 466 666 666.67 元增至 2 000 000 000 元。公司工商登记变更于 2014 年 8 月 29 日办理完毕
厦门国际信托	160 000.00	230 000.00	70 000.00	目前，公司注册资本 23 亿元（其中外汇资本金 1 500 万美元），净资产约 35 亿元
万向信托	65 000.00	133 900.00	68 900.00	报告期内，根据中国银监会浙江监管局《关于万向信托有限公司变更注册资本的批复》，注册资本由 65 000 万元变更为 133 900 万元，股东持股比例不变
四川信托	200 000.00	250 000.00	50 000.00	经公司 2013 年度股东会审议通过，公司注册资本（实收资本）增加为 25 亿元。报告期内，公司无变更注册地或公司名称、公司分立合并事项
华融信托	151 777.00	198 288.63	46 511.63	2014 年 12 月 18 日，公司控股股东中国华融资产管理股份有限公司以货币资金出资方式向华融国际信托有限责任公司增加注册资本 46 511.63 万元。变更后，公司注册资本由 151 777.00 万元增加至 198 288.63 万元
杭州工商信托	50 000.00	75 000.00	25 000.00	2014 年 7 月，公司申请转增资本金获得核准，注册资本变更为 75 000 万元
天津信托	150 000.00	170 000.00	20 000.00	2014 年 1 月 26 日，中国银监会天津监管局以津银监复[2014]30 号下发了《关于天津信托有限责任公司增加注册资本金的批复》，同意公司增加注册资本金 2 亿元，即公司注册资本金增至 17 亿元。4 月 15 日，有关工商登记变更手续已办理完毕
西藏信托	40 000.00	50 000.00	10 000.00	经《中国银监会关于西藏信托有限公司增加注册资本、调整股权结构及修改公司章程的批复》（银监复[2014]34 号）批准，公司于 2014 年 1 月将注册资本由 4 亿元增至 5 亿元
长安信托	125 888.00	134 602.29	8 714.29	经中国银行业监督管理委员会陕西监管局批准，2014 年 3 月，公司股东货币增资 1.83 亿元，公司注册资本变更为 1 346 022 857元
重庆信托	243 873.00	243 873.00		2014 年 2 月 22 日，经渤海国际信托有限公司 2014 年第一次临时股东会审议通过，海航投资集团股份有限公司拟以非公开发行股票所募集的部分资金以现金方式对公司进行增资，增加注册资本 77 500 万元，使公司注册资本达到 277 500 万元。此事项须经中国银行业监督管理委员会和中国证券监督管理委员会审批后方可进行
中粮信托	230 000.00	230 000.00		2013 年 12 月 23 日，中国银监会批准中粮信托注册资本由 149 981.2523 万元增至 230 000 万元，并修订《中粮信托有限责任公司章程》（银监复[2013]663 号）；上述增资的工商变更登记手续于 2014 年 1 月 9 日办理完成

信托公司通过增资扩股可以增强资本实力，增加抗风险的能力，同时还能够通过引进战略投资者进一步完善原有的股权结构。

（二）信托公司截至 2014 年末股东和大股东情况分析

表 1-2-4　披露的信托公司 2014 年末股东数量及持股比例 10% 以上股东数汇总表

简称	股东家数	其中：持股比例 10% 以上股东家数	简称	股东家数	其中：持股比例 10% 以上股东家数
国元信托	7	2	山东信托	6	2
安信信托	上市公司	1	山西信托	3	1
百瑞信托	9	4	陕国投	上市公司	2
北方信托	27	2	爱建信托	3	1
北京信托	10	3	上海信托	13	2
渤海信托	2	2	四川信托	10	3
长安信托	7	3	苏州信托	3	3
长城新盛信托	4	4	天津信托	4	2
重庆信托	5	2	万向信托	5	2
大业信托	3	3	五矿信托	4	2
东莞信托	7	2	西部信托	24	1
方正东亚信托	3	3	西藏信托	2	2
光大兴陇信托	4	2	厦门国际信托	3	3
粤财信托	2	1	新华信托	3	3
国联信托	5	1	新时代信托	4	3

续表

简称	股东家数	其中:持股比例10%以上股东家数	简称	股东家数	其中:持股比例10%以上股东家数
国民信托	4	4	兴业信托	5	2
国投信托	2	1	英大信托	6	1
杭州工商信托	10	2	云南信托	7	4
湖南信托	2	1	浙金信托	3	2
华澳信托	3	3	中诚信托	15	3
华宝信托	2	1	外贸信托	2	1
华宸信托	6	3	金谷信托	3	1
华能信托	9	2	中国民生信托	6	3
华融信托	3	1	中海信托	2	1
华润信托	2	2	中航信托	5	2
华鑫信托	2	2	中建投信托	2	1
华信信托	18	1	中江信托	15	3
吉林信托	5	1	中粮信托	3	2
建信信托	3	2	中融信托	3	3
江苏信托	4	1	中泰信托	6	3
交银国际信托	2	2	中铁信托	17	1
昆仑信托	3	2	中信信托	2	2
陆家嘴信托	3	3	中原信托	3	3
平安信托	2	1	紫金信托	5	3
			平均数	5.71	2.10

注:计算股东平均数时上市公司未包含在内;根据中国银监会的相关定义,持有一家信托公司10%以上股权的股东,即被定义为该公司的大股东。截至2014年末,信托公司股东的分散化程度仍较低。

表1-2-5 披露的信托公司2014年末第一大股东的持股比例排序

排名	公司简称	第一大股东名称	持股比例(%)	第一大股东性质
1	平安信托	中国平安保险(集团)股份有限公司	99.88	股份有限公司
2	爱建信托	上海爱建股份有限公司	99.33	有限公司
3	粤财信托	广东粤财投资控股有限公司	98.14	有限公司
4	华融信托	中国华融资产管理股份有限公司	98.09	股份有限公司
5	华宝信托	宝钢集团有限公司	98.00	有限公司
6	吉林信托	吉林省财政厅	97.50	机关法人
7	外贸信托	中国中化股份有限公司	96.22	有限公司
8	湖南信托	湖南财信投资控股有限责任公司	96.00	有限责任公司
9	国投信托	国投资本控股有限公司	95.45	有限公司
10	中海信托	中国海洋石油总公司	95.00	有限公司
11	金谷信托	中国信达资产管理股份有限公司	92.29	有限公司
12	山西信托	山西省国信投资(集团)公司	90.70	有限公司
13	中建投信托	中国建银投资有限责任公司	90.05	有限公司
14	交银国际信托	交通银行股份有限公司	85.00	有限公司
15	英大信托	国网英大国际控股集团有限公司	84.55	有限公司
16	昆仑信托	中油资产管理有限公司	82.18	有限公司
17	江苏信托	江苏省国信资产管理集团有限公司	81.49	有限责任公司
18	西藏信托	西藏自治区财政厅	80.00	机关法人
19	厦门国际信托	厦门市金财投资有限公司	80.00	有限公司
20	中信信托	中国中信股份有限公司	80.00	有限公司
21	中铁信托	中国中铁股份有限公司	78.91	股份有限公司
22	万向信托	中国万向控股有限公司	76.50	有限公司
23	中粮信托	中粮集团有限公司	76.01	有限公司
24	兴业信托	兴业银行股份有限公司	73.00	股份有限公司

续表

排名	公司简称	第一大股东名称	持股比例(%)	第一大股东性质
25	陆家嘴信托	上海陆家嘴金融发展有限公司	71.61	有限公司
26	苏州信托	苏州国际发展集团有限公司	70.01	有限公司
27	方正东亚信托	北大方正集团有限公司	70.01	有限公司
28	华能信托	华能资本服务有限公司	67.58	有限公司
29	建信信托	中国建设银行股份有限公司	67.00	股份有限公司
30	重庆信托	重庆国信投资控股有限公司	66.99	有限公司
31	上海信托	上海国际集团有限公司	66.33	有限公司
32	五矿信托	五矿资本控股有限公司	66.00	有限公司
33	国联信托	无锡市国联发展(集团)有限公司	65.85	有限公司
34	中航信托	中航投资控股有限公司	63.18	有限公司
35	山东信托	山东省鲁信投资控股集团有限公司	63.02	有限公司
36	新华信托	新产业	60.65	有限公司
37	渤海信托	海航资本控股有限公司	60.22	有限公司
38	紫金信托	南京紫金投资控股有限责任公司	60.01	有限公司
39	华信信托	华信汇通集团有限公司	60.00	有限公司
40	中国民生信托	中国泛海控股集团有限公司	59.65	有限公司
41	新时代信托	新时代远景(北京)投资有限公司	58.54	有限公司
42	杭州工商信托	杭州市金融投资集团有限公司	57.99	有限责任公司
43	西部信托	陕西省电力建设投资开发公司	57.78	有限公司
44	浙金信托	浙江省国际贸易集团有限公司	56.00	有限公司
45	天津信托	天津海泰控股集团有限公司	51.58	有限公司
46	光大兴陇信托	中国光大集团股份公司	51.00	股份公司
47	华润信托	华润股份有限公司	51.00	有限公司
48	华鑫信托	中国华电集团公司	51.00	有限公司
49	华澳信托	北京融达投资有限公司	50.10	有限公司
50	国元信托	安徽国元控股(集团)有限责任公司	49.69	有限责任公司
51	中原信托	河南投资集团有限公司	48.42	有限公司
52	东莞信托	东莞市财信发展有限公司	43.50	有限公司
53	大业信托	中国东方资产管理公司	41.67	有限公司
54	长安信托	西安投资控股有限公司	40.44	有限公司
55	中融信托	经纬纺织机械股份有限公司	37.47	有限公司
56	华宸信托	包头钢铁(集团)有限责任公司	36.50	有限责任公司
57	四川信托	四川宏达(集团)有限公司	35.04	有限公司
58	长城新盛信托	中国长城资产管理公司/新疆生产建设兵团国有资产经营公司	35.00	有限公司
59	陕国投	陕西煤业化工集团有限责任公司	34.58	国有法人
60	北京信托	北京市国有资产经营有限责任公司	34.30	有限责任公司
61	安信信托	上海国之杰投资发展有限公司	32.96	有限公司
62	中诚信托	中国人民保险集团股份有限公司	32.92	有限公司
63	中江信托	领锐资产管理股份有限公司	32.74	股份有限公司
64	北方信托	天津泰达投资控股有限公司	32.33	有限公司
65	国民信托	上海丰益股权投资基金有限公司	31.73	有限公司
66	中泰信托	中国华闻投资控股有限公司	31.57	有限公司
67	百瑞信托	中电投融和控股投资有限公司	25.33	有限公司
68	云南信托	云南省财政厅	25.00	机关法人
		平均数	63.93	

从股权集中度来看，虽然部分信托公司股权较为分散，但仍有49家信托公司的第一大股东持股比例超过了50%，处于绝对控股地位。平安信托大股东控股比例达99.88％。第一大股东平均持股比例为63.66%，说明大股东的控制地位非常牢固，同时我们可

以看到在信托公司的实际控制人中，国有资本占据主导地位的仍为绝大多数，实际控制人为民营等其他资本的为少数。

表 1-2-6 披露的信托公司 2014 年末前三大股东名称及持股比例

公司简称	第一大股东名称	第一大股东持股比例（%）	第二大股东名称	第二大股东持股比例（%）	第三大股东名称	第三大股东持股比例（%）
国元信托	安徽国元控股（集团）有限责任公司	49.69	深圳中海投资管理有限公司	40.38	安徽皖投资产管理有限公司	9
安信信托	上海国之杰投资发展有限公司	32.96	永诚财产保险股份有限公司－自有资金	0.81	重庆振玺投资发展有限公司	0.6
百瑞信托	中电投融和控股投资有限公司	25.33	中电投财务有限公司	24.91	摩根大通	19.99
北方信托	天津泰达投资控股有限公司	32.33	津联集团有限公司	11.21		
北京信托	北京市国有资产经营有限责任公司	34.3	威益投资有限公司（Win Eagle Investments Limited）	19.99	中国石油化工股份有限公司北京石油分公司	14.29
渤海信托	海航资本控股有限公司	60.22	中国新华航空集团有限公司	39.78		
长安信托	西安投资控股有限公司	40.44	上海证大投资管理有限公司	29.66	上海淳大资产管理有限公司	13.63
长城新盛信托	中国长城资产管理公司/新疆生产建设兵团国有资产经营公司	35	深圳市盛金创业投资发展有限公司	17	伊犁哈萨克自治州财信融通融资担保有限公司	13
重庆信托	重庆国信投资控股有限公司	66.99	国寿投资控股有限公司	26.04	上海淮矿资产管理有限公司	4.1
大业信托	中国东方资产管理公司	41.67	广州金融控股集团有限公司	38.33	广东京信电力集团有限公司	20
东莞信托	东莞市财信发展有限公司	43.5	东莞市财政局	30	东莞市经济贸易总公司、东莞发展控股股份有限公司、广东福地科技总公司、东莞市糖酒集团有限公司	6
方正东亚信托	北大方正集团有限公司	70.01	东亚银行有限公司	19.99	武汉经济发展投资（集团）有限公司	10
光大兴陇信托	中国光大集团股份公司	51	甘肃省国有资产投资集团有限公司	41.58	天水市财政局	4
粤财信托	广东粤财投资控股有限公司	98.14	广东省科技创业投资公司	1.86		
国联信托	无锡市国联发展（集团）有限公司	65.85	无锡国联环保能源集团有限公司	9.76	无锡市地方电力公司、无锡市交通产业集团有限公司、无锡商业大厦大东方股份有限公司	8.13
国民信托	上海丰益股权投资基金有限公司	31.73	璟安股权投资有限公司	27.55	上海创信资产管理有限公司	24.16
国投信托	国投资本控股有限公司	95.45	国投高科技投资有限公司	4.55		
杭州工商信托	杭州市金融投资集团有限公司	57.99	摩根士丹利国际控股公司	19.9	浙江新安化工集团股份有限公司	6.26
湖南信托	湖南财信投资控股有限责任公司	96	湖南省国有投资经营有限公司	4		
华澳信托	北京融达投资有限公司	50.1	北京三吉利能源股份有限公司	30	麦格理资本证券股份有限公司	19.99
华宝信托	宝钢集团有限公司	98	浙江省舟山市财政局	2		
华宸信托	包头钢铁（集团）有限责任公司	36.5	中国大唐集团资本控股有限公司	32.45	内蒙古自治区人民政府国有资产监督管理委员会	30.2
华能信托	华能资本服务有限公司	67.58	贵州产业投资（集团）有限责任公司	31.45	中国华融资产管理股份有限公司	0.18
华融信托	中国华融资产管理股份有限公司	98.09	新疆凯迪投资有限责任公司	1.13	新疆恒合投资股份有限公司	0.78
华润信托	华润股份有限公司	51	深圳市人民政府国有资产监督管理委员会	49		
华鑫信托	中国华电集团公司	51	中国华电集团财务有限公司	49		
华信信托	华信汇通集团有限公司	60				
吉林信托	吉林省财政厅	97.5	吉林粮食集团有限公司	0.63	吉林化纤集团有限责任公司	0.63
建信信托	中国建设银行股份有限公司	67	合肥兴泰控股集团有限公司	27.5		-
江苏信托	江苏省国信资产管理集团有限公司	81.49	江苏苏豪控股集团有限公司	9.25	江苏高科技投资集团有限公司	4.63
交银国际信托	交通银行股份有限公司	85	湖北省交通投资有限公司	15		
昆仑信托	中油资产管理有限公司	82.18	天津经济技术开发区国有资产经营公司	12.82	广博投资控股有限公司	5
陆家嘴信托	上海陆家嘴金融发展有限公司	71.61	青岛国信金融控股有限公司	18.28	青岛国信发展（集团）有限责任公司	10.11
平安信托	中国平安保险（集团）股份有限公司	99.88	上海市糖业烟酒（集团）有限公司	0.12		
山东信托	山东省鲁信投资控股集团有限公司	63.02	中油资产管理有限公司	25	山东省高新技术创业投资有限公司	6.25
山西信托	山西省国信投资（集团）公司	90.7	太原市海信资产管理有限公司	8.3	山西国际电力集团有限公司	1
陕国投	陕西煤业化工集团有限责任公司	34.58	陕西省高速公路建设集团公司	27.14	西安投资控股有限公司	3.46
爱建信托	上海爱建股份有限公司	99.33	上海爱建纺织品公司	0.33	上海爱建进出口有限公司	0.33
上海信托	上海国际集团有限公司	66.33	上海久事公司	20		
四川信托	四川宏达（集团）有限公司	35.04	中海信托股份有限公司	30.25	四川宏达股份有限公司	19.16
苏州信托	苏州国际发展集团有限公司	70.01	苏格兰皇家银行公众有限公司	19.99	联想控股有限公司	10

续表

公司简称	第一大股东名称	第一大股东持股比例(%)	第二大股东名称	第二大股东持股比例(%)	第三大股东名称	第三大股东持股比例(%)
天津信托	天津海泰控股集团有限公司	51.58	天津市泰达国际控股(集团)有限公司	42.11		
万向信托	中国万向控股有限公司	76.5	浙江烟草投资管理有限责任公司	14.49	浙江省邮政公司	3.97
五矿信托	五矿资本控股有限公司	66	青海省国有资产投资管理有限公司	0.31	西宁城市投资管理有限公司	0.03
西部信托	陕西省电力建设投资开发公司	57.78	陕西省产业投资有限公司	8.66	重庆中侨置业有限公司	6.36
西藏信托	西藏自治区财政厅	80	西藏自治区投资有限公司	20		
厦门国际信托	厦门市金财投资有限公司	80	厦门建发集团有限公司	10	厦门港务控股集团有限公司	10
新华信托	新产业	60.65	人和	19.85	巴克莱	19.5
新时代信托	新时代远景(北京)投资有限公司	58.54	上海人广实业发展有限公司	24.39	潍坊科微投资有限公司	14.63
兴业信托	兴业银行股份有限公司	73	澳大利亚国民银行	16.83	福建华投投资有限公司	4.81
英大信托	国网英大国际控股集团有限公司	84.55	中国电力财务有限公司	5.21	济南市能源投资有限责任公司	4.38
云南信托	云南省财政厅	25	涌金实业(集团)有限公司	24.5	上海纳米创业投资有限公司	23
浙金信托	浙江省国际贸易集团有限公司	56	中国国际金融有限公司	35	传化集团有限公司	9
中诚信托	中国人民保险集团股份有限公司	32.92	国华能源投资有限公司	20.35	兖矿集团有限公司	10.18
外贸信托	中国中化股份有限公司	96.22	中化集团财务有限责任公司	3.78		
金谷信托	中国信达资产管理股份有限公司	92.29	中国妇女活动中心	6.25	中国海外工程有限责任公司	1.46
中国民生信托	中国泛海控股集团有限公司	59.65	浙江泛海建设投资有限公司	25	北京首都旅游集团有限责任公司	15
中海信托	中国海洋石油总公司	95	中国中信集团公司	5		
中航信托	中航投资控股有限公司	63.18	华侨银行有限公司	19.99	中国航空技术深圳有限公司	9.55
中建投信托	中国建银投资有限责任公司	90.05	建投控股有限责任公司	9.95		
中江信托	领锐资产管理股份有限公司	32.74	江西省财政厅	20.44	大连昱辉科技发展有限公司	16.14
中粮信托	中粮集团有限公司	76.01	蒙特利尔银行	19.99	中粮财务有限责任公司	4
中融信托	经纬纺织机械股份有限公司	37.47	中植企业集团有限公司	32.99	哈尔滨投资集团有限责任公司	21.54
中泰信托	中国华闻投资控股有限公司	31.57	上海新黄浦置业股份有限公司	29.97	广联(南宁)投资股份有限公司	20
中铁信托	中国中铁股份有限公司	78.91	–	–	–	–
中信信托	中国中信股份有限公司	80	中信兴业投资集团有限公司	20		
中原信托	河南投资集团有限公司	48.42	河南中原高速公路股份有限公司	33.28	河南盛润创业投资管理有限公司	18.3
紫金信托	南京紫金投资控股有限责任公司	60.01	三井住友信托银行股份有限公司	19.99	三胞集团有限公司	10
平均数		63.66		19.48		9.73

注:计算平均持股比例时,相关股东情况未披露的信托公司不包含在内。

第一大股东平均持股比例为63.66%,第二大股东平均持股比例为19.48%,第三大股东平均持股比例为9.73%。前三大股东平均合计持股比例为92.87%。

(三)2014年信托公司股东变更情况分析

表1-2-7　披露的信托公司2014年股东变更次数及期内变更详细列示

公司简称	股东变更次数	期内股东变更详细列示
百瑞信托	1	2014年10月,公司向中国银监会提交《关于中国电力投资集团公司向中电投融和控股投资有限公司转让股权的申请》(百瑞信字[2014]187号);2014年12月,公司收到中国银监会下发的《中国银监会关于百瑞信托股权变更的批复》(银监复[2014]961号),同意中电投融和控股投资有限公司受让中国电力投资集团公司持有的公司股权。同月底,公司办理完毕股权转让手续
渤海信托	1	2014年9月4日琼核变通内字[2014]第1400437094《核准变更通知书》:渤海国际信托有限公司股东海航资本控股有限公司更名为海航资本集团有限公司。 2014年10月14日银监复[2014]725号《中国银监会关于渤海信托股权变更事宜的批复》,同意中国新华航空集团有限公司受让海口美兰国际机场有限责任公司、海航酒店控股集团有限公司、扬子江地产集团有限公司、北京燕京饭店有限责任公司、海南海航航空信息系统有限公司合计持有39.78%股权。受让后,海航资本控股有限公司对公司的出资金额为120435万元,出资比例为60.22%;中国新华航空集团有限公司对公司的出资金额为79565万元,出资比例为39.78%
重庆信托	1	报告期内,重庆水务集团股份有限公司、重庆市水务资产经营有限公司将所持公司股权转让给国寿投资控股有限公司,转让后重庆水务集团股份有限公司、重庆市水务资产经营有限公司不再持有公司股权,国寿控股有限公司持有公司26.04%股权。安徽省皖投融资担保有限责任公司将所持公司股权转让给新疆宝利盛股权投资有限公司,转让后安徽省皖投融资担保有限责任公司不再持有公司股权,新疆宝利盛股权投资有限公司持有公司0.82%股权

续表

公司简称	股东变更次数	期内股东变更详细列示
光大兴陇信托	1	2014年5月26日，根据中国银行业监督管理委员会《中国银监会关于甘肃信托股权变更的批复》(银监复[2014]324号)，甘肃省国有资产投资集团有限公司将其持有的51%股权转让至中国光大(集团)总公司。股权重组后公司注册资本结构变更为：光大集团占比为51%，甘肃国投占比为41.58%，天水财政占比为4%，白银财政占比为3.42%
交银国际信托	1	2014年10月，湖北省财政厅持有本公司的15%股权划转至湖北省交通投资有限公司持有
陆家嘴信托	1	2014年6月27日，2014年度股东会第二次会议通过《关于增加注册资本金的议案》，公司注册资本由106 834.62万元增至300 000.00万元，新增资本为193 165.38万元；陆金发在其持有的71.606%比例内增资，本次出资金额为138 318.00万元，增资后累计出资额为214 818.00万元，持股比例维持71.606%；青岛国信放弃认缴新增资本，增资后持股比例变为10.112%；引入青岛国信直接和间接合计持有100%股权的国信金控，本次认缴金额为54 847.38万元，增资后持股比例为18.282%。 2014年12月15日，中国银监会批准上述增资及调增股权结构的决议(银监复[2014]928号)。2014年12月23日，公司完成增资验资及工商变更等变更手续
天津信托	1	2014年7月，中国银监会天津监管局以津银监复[2014]306号下发了《关于天津信托有限责任公司变更股权结构的批复》，批准公司原股东天津盈鑫信恒投资咨询有限公司将所持有的公司全部5.26%股权分别转让给安邦人寿保险股份有限公司3.9%和安邦保险集团股份有限公司1.36%。转让后，天津盈鑫信恒投资咨询有限公司不再持有公司股权，安邦人寿保险股份有限公司和安邦保险集团股份有限公司成为公司新加入股东，公司股东由4家变更为5家。截至2014年11月21日，有关股权变更的工商登记办理完毕
万向信托	1	报告期内，根据中国银监会浙江监管局《关于万向信托有限公司股权变更及修改章程的批复》，公司原股东浙江省财务开发公司变更为浙江省金融控股有限公司
五矿信托	1	报告期内，公司股权结构发生，西宁城市投资管理有限公司将其持有的18.54%股权转让给青海省国有资产投资管理有限公司作为新的股东。
西部信托	1	公司2013年第二次临时股东会审议通过了《关于彩虹显示器件股份有限公司股权转让的议案》，公司于2014年3月13日完成了相关工商变更，公司原股东单位彩虹显示器件股份有限公司变更为彩虹集团公司
西藏信托	1	公司原为西藏自治区财政厅全资控股公司，经《中国银监会关于西藏信托有限公司增加注册资本、调整股权结构及修改公司章程的批复》(银监复[2014]34号)批准，公司于2014年1月将注册资本增至5亿元，增资完成后，西藏自治区财政厅出资金额为4亿元，出资比例为80%，西藏自治区投资有限公司出资金额为1亿元，出资比例为20%
新华信托	1	中国银监会2014年4月23日下发《中国银监会关于新华信托股权变更及修订章程的批复》(银监复[2014]264号)，同意人和受让新产业持有新华信托139 208 338股股份和中诚信投资有限公司持有新华信托98 977 600股股份
兴业信托	1	2014年2月，经中国银监会福建监管局以闽银监复[2013]352号批准，本公司注册资本金由25.76亿元增至50亿元，并相应调整股权结构。此次增资后本公司股东名称、出资额及出资比例情况如下：(一)兴业银行股份有限公司，出资额为3 650 000 000元，出资比例为73%；(二)澳大利亚国民银行(National Australia Bank Limited)，出资额为841 667 000元，出资比例为16.8334%；(三)福建华投投资有限公司，出资额为240 426 600元，出资比例为4.8085%；(四)福建省华兴集团有限责任公司(新股东)，出资额为226 239 900元，出资比例为4.5248%；(五)南平市投资担保中心，出资额为41 666 500元，出资比例为0.8333%。以上情况已在本公司2013年年度报告中完整披露
中国民生信托	1	报告期内，浙江泛海建设投资有限公司作为新股东与中国泛海控股集团有限公司共同参与了本次增资事项。增资完成后，公司股东由5名变更为6名
中江信托	1	报告期内，本公司股权结构发生变化，前五名股东的持股比例分别为领锐资产管理股份有限公司32.7354%、江西省财政厅20.4444%、大连昱辉科技发展有限公司16.1435%、北京供销社投资管理中心8.9686%、天津瀚晟同创贸易有限公司7.1749%
中粮信托	1	为满足公司中长期业务发展的需要，进一步提高公司抗风险能力，2014年8月22日中国银监会下发银监复[2014]573号文批准中粮集团有限公司受让中粮贸易有限公司(由原中粮粮油有限公司于2014年5月7日更名而来)持有的公司4.0005%股权。受让后，中粮集团有限公司对公司的出资金额为174 821.85万元，出资比例为76.0095%；蒙特利尔银行的出资金额为45 977万元等值的可自由兑换货币，出资比例为19.99%；中粮财务有限责任公司的出资金额为9 201.15万元，出资比例为4.0005%。上述股权变更的工商变更手续于2014年8月29日办理完毕

2014年内共有16家信托公司发生了股东变更相关事项。

第二章 信托公司年度报告的质量评价
——关于审计报告

在本章节中，我们对信托公司被出具的审计报告类型及执行企业会计准则的情况进行分析，以此作为后面章节对信托公司进行分析的依据之一。

一、信托公司 2014 年、2013 年审计报告类型分类汇总情况

表 2-1-1 信托公司 2014 年、2013 年审计报告意见类型汇总比较表

审计意见	2014 年		2013 年	
	份数	百分比（%）	份数	百分比（%）
标准无保留意见	68	100.00	68	100.00
无保留意见 + 强调事项段				
保留意见				
无法表示意见				
合计	68	100.00	68	100.00

2014 年，会计师事务所对 68 家信托公司年报审计均出具了无保留意见的审计报告，表明财务报告在所有重大方面公允反映了被审计信托公司的财务状况和经营成果。2013 年，会计师事务所对 68 家信托公司年报审计均出具了无保留意见的审计报告，从审计意见来看，信托公司财务信息的质量比较稳定。

按照《中国注册会计师审计具体准则第 1501 号——审计报告》的相关规定：如果会计师认为财务报表已经按照适用的企业会计准则和相关财务会计法规的规定，在所有重大方面公允反映了被审计单位的财务状况、经营成果和现金流量；并且注册会计师已经按照独立审计准则计划和实施了审计工作，在审计过程中未受到限制；此外也不存在应当调整或披露而被审计单位未予调整或披露的重要事项情形时，注册会计师应当出具无保留意见的审计报告。而如果会计师认为整体财务报表是公允的，但存在会计政策的选用、会计估计的作出或财务报表的披露不符合适用的会计准则和相关会计制度的规定，虽影响重大，但不至于出具否定意见的审计报告；因审计范围受到限制，不能获取充分、适当的审计证据，虽影响重大，但不至于出具无法表示意见的审计报告时，注册会计师应当出具保留意见的审计报告。

二、信托公司 2014 年、2013 年会计师事务所审计情况

表 2-2-1 信托公司 2014 年会计师事务所资格情况一览表

公司简称	聘请的会计师事务所	资格情况
国元信托	华普天健会计师事务所（特殊普通合伙）	证券期货资格
安信信托	立信会计师事务所（特殊普通合伙）	证券期货资格
百瑞信托	瑞华会计师事务所（特殊普通合伙）	证券期货资格
北方信托	瑞华会计师事务所（特殊普通合伙）	证券期货资格
北京信托	天职国际会计师事务所（特殊普通合伙）	证券期货资格
渤海信托	瑞华会计师事务所（特殊普通合伙）	证券期货资格
长安信托	希格玛会计师事务所（特殊普通合伙）	证券期货资格
长城新盛信托	瑞华会计师事务所（特殊普通合伙）	证券期货资格
重庆信托	天健会计师事务所（特殊普通合伙）	证券期货资格
大业信托	天职国际会计师事务所（特殊普通合伙）	证券期货资格
东莞信托	天职国际会计师事务所（特殊普通合伙）	证券期货资格
方正东亚信托	众环海华会计师事务所（特殊普通合伙）	证券期货资格
光大兴陇信托	毕马威华振会计师事务所（特殊普通合伙）	证券期货资格
粤财信托	广东正中珠江会计师事务所（特殊普通合伙）	证券期货资格

续表

公司简称	聘请的会计师事务所	资格情况
国联信托	江苏公证天业会计师事务所(特殊普通合伙)	证券期货资格
国民信托	安永华明会计师事务所(特殊普通合伙)	证券期货资格
国投信托	立信会计师事务所(特殊普通合伙)	证券期货资格
杭州工商信托	德勤华永会计师事务所(特殊普通合伙)	证券期货资格
湖南信托	天健会计师事务所(特殊普通合伙)	证券期货资格
华澳信托	德勤华永会计师事务所(特殊普通合伙)	证券期货资格
华宝信托	瑞华会计师事务所(特殊普通合伙)	证券期货资格
华宸信托	瑞华会计师事务所(特殊普通合伙)	证券期货资格
华能信托	大信会计师事务所(特殊普通合伙)	证券期货资格
华融信托	立信会计师事务所(特殊普通合伙)	证券期货资格
华润信托	中天运会计师事务所(特殊普通合伙)	证券期货资格
华鑫信托	立信会计师事务所(特殊普通合伙)	证券期货资格
华信信托	致同会计师事务所(特殊普通合伙)	证券期货资格
吉林信托	中兴财光华会计师事务所(特殊普通合伙)	证券期货资格
建信信托	普华永道中天会计师事务所(特殊普通合伙)	证券期货资格
江苏信托	江苏苏亚金诚会计师事务所(特殊普通合伙)	证券期货资格
交银国际信托	普华永道中天会计师事务所(特殊普通合伙)	证券期货资格
昆仑信托	立信会计师事务所(特殊普通合伙)	证券期货资格
陆家嘴信托	众华会计师事务所(特殊普通合伙)	证券期货资格
平安信托	普华永道中天会计师事务所(特殊普通合伙)	证券期货资格
山东信托	天健会计师事务所(特殊普通合伙)	证券期货资格
山西信托	毕马威华振会计师事务所(特殊普通合伙)	证券期货资格
陕国投	希格玛会计师事务所(特殊普通合伙)	证券期货资格
爱建信托	立信会计师事务所(特殊普通合伙)	证券期货资格
上海信托	瑞华会计师事务所(特殊普通合伙)	证券期货资格
四川信托	致同会计师事务所(特殊普通合伙)	证券期货资格
苏州信托	德勤华永会计师事务所(特殊普通合伙)	证券期货资格
天津信托	中审华寅五洲会计师事务所(特殊普通合伙)	证券期货资格
万向信托	大华会计师事务所(特殊普通合伙)	证券期货资格
五矿信托	天健会计师事务所(特殊普通合伙)	证券期货资格
西部信托	希格玛会计师事务所(特殊普通合伙)	证券期货资格
西藏信托	天职国际会计师事务所(特殊普通合伙)	证券期货资格
厦门国际信托	致同会计师事务所(特殊普通合伙)	证券期货资格
新华信托	毕马威华振会计师事务所(特殊普通合伙)	证券期货资格
新时代信托	瑞华会计师事务所(特殊普通合伙)	证券期货资格
兴业信托	德勤华永会计师事务所(特殊普通合伙)	证券期货资格
英大信托	中天运会计师事务所(特殊普通合伙)	证券期货资格
云南信托	中审亚太会计师事务所(特殊普通合伙)	证券期货资格
浙金信托	大华会计师事务所(特殊普通合伙)	证券期货资格
中诚信托	中审华寅五洲会计师事务所(特殊普通合伙)	证券期货资格
外贸信托	天职国际会计师事务所(特殊普通合伙)	证券期货资格
金谷信托	德勤华永会计师事务所(特殊普通合伙)	证券期货资格
中国民生信托	中兴华会计师事务所(特殊普通合伙)	证券期货资格
中海信托	信永中和会计师事务所(特殊普通合伙)	证券期货资格
中航信托	致同会计师事务所(特殊普通合伙)	证券期货资格
中建投信托	德勤华永会计师事务所(特殊普通合伙)	证券期货资格
中江信托	大信会计师事务所(特殊普通合伙)	证券期货资格
中粮信托	天职国际会计师事务所(特殊普通合伙)	证券期货资格
中融信托	天职国际会计师事务所(特殊普通合伙)	证券期货资格
中泰信托	中审亚太会计师事务所(特殊普通合伙)	证券期货资格
中铁信托	德勤华永会计师事务所(特殊普通合伙)	证券期货资格
中信信托	毕马威华振会计师事务所(特殊普通合伙)	证券期货资格
中原信托	中审华寅五洲会计师事务所(特殊普通合伙)	证券期货资格
紫金信托	立信会计师事务所(特殊普通合伙)	证券期货资格

经统计分析，2014 年度的审计报告均是由具有证券期货资格的会计师事务所出具的，相对 2013 年度，对信托公司审计的事务所仍有较大的集中。2014 年度有瑞华会计师事务所（特殊普通合伙）、德勤华永会计师事务所（特殊普通合伙）、立信会计师事务所（特殊普通合伙）、天职国际会计师事务所（特殊普通合伙）、毕马威华振会计师事务所（特殊普通合伙）、天健会计师事务所（特殊普通合伙）、致同会计师事务所（特殊普通合伙）、普华永道中天会计师事务所（特殊普通合伙）、希格玛会计师事务所（特殊普通合伙）、中审华寅五洲会计师事务所（特殊普通合伙）等几家事务所，分别为 3 ~8 家信托公司进行了报表审计，其中瑞华会计师事务所（特殊普通合伙）及其分公司更是为 8 家信托公司提供了审计，德勤华永会计师事务所（特殊普通合伙）、立信会计师事务所（特殊普通合伙）、天职国际会计师事务所（特殊普通合伙）也分别为 7 家信托公司提供了审计，这 10 家事务所共为 50 家信托公司提供了审计服务，占据了整个信托公司 3/4。

在 68 家信托公司中，有 13 家 2014 年变更了会计师事务所，占 2014 年全部信息披露户数的 19. 12%，相对于 2013 年的 11. 76%，该比例有所上升。我们提请监管部门对信托公司会计师事务所变更事项作必要的要求和监管，对会计师事务所变更应该要求信托公司和前任会计师事务所作出专项声明，以避免有的公司可能通过更换会计师事务所实现其特殊目的。

表 2 –2 –2　信托公司 2014 年与 2013 年会计师事务所及其变更情况统计

公司简称	2014 年	2013 年
百瑞信托	瑞华会计师事务所（特殊普通合伙）	天职国际会计师事务所（特殊普通合伙）
北方信托	瑞华会计师事务所（特殊普通合伙）	中审华寅五洲会计师事务所（特殊普通合伙）
北京信托	天职国际会计师事务所（特殊普通合伙）	致同会计师事务所（特殊普通合伙）
渤海信托	瑞华会计师事务所（特殊普通合伙）	中兴华会计师事务所（特殊普通合伙）
光大兴陇信托	毕马威华振会计师事务所（特殊普通合伙）	北京中天恒会计师事务所有限责任公司兰州分所
吉林信托	中兴财光华会计师事务所（特殊普通合伙）	中准会计师事务所（特殊普通合伙）
江苏信托	江苏苏亚金诚会计师事务所（特殊普通合伙）	中兴华会计师事务所（特殊普通合伙）
交银国际信托	普华永道中天会计师事务所（特殊普通合伙）	德勤华永会计师事务所（特殊普通合伙）
山西信托	毕马威华振会计师事务所（特殊普通合伙）	普华永道中天会计师事务所有限公司
英大信托	中天运会计师事务所（特殊普通合伙）	北京中证天通会计师事务所（特殊普通合伙）
中诚信托	中审华寅五洲会计师事务所（特殊普通合伙）	中准会计师事务所有限公司
中信信托	毕马威华振会计师事务所（特殊普通合伙）	致同会计师事务所（特殊普通合伙）
中原信托	中审华寅五洲会计师事务所（特殊普通合伙）	中兴华会计师事务所（特殊普通合伙）

三、信托公司 2014 年、2013 年执行的会计制度统计

表 2 –3 –1　信托公司 2014 年与 2013 年执行的会计制度比较表

固有业务执行会计制度	2014 年	2013 年	信托业务执行会计制度	2014 年	2013 年
	家数	家数		家数	家数
《企业会计准则》（2006 年）	45	65	《企业会计准则》（2006 年）	45	62
《企业会计准则》（2006 年） 《金融企业会计制度》（2001 年）		1	《企业会计准则》（2006 年、2014 年）	17	
《企业会计准则》（2006 年、2014 年）	19		《企业会计准则》（2006 年）及《金融负债与权益工具的区分及相关会计处理规定》（2014 年）	2	
《企业会计准则》（2006 年）及《金融负债与权益工具的区分及相关会计处理规定》（2014 年）	2		《企业会计准则》（2006 年） 《信托业务会计核算办法》（2005 年）	1	1
《企业会计准则》（2006 年）、《信托业务会计核算办法》（2005）	1		《企业会计准则》、《金融企业会计制度》（2014 年）	1	
《企业会计准则》、《金融企业会计制度》（2014 年）	1		《企业会计准则》（2006 年） 《金融企业会计制度》（2001 年）		1
			《信托业务会计核算办法》（2005 年）	2	2
合计	68	66	合计	68	66

2014 年在 68 家信托公司固有业务中，45 家明确披露已执行《企业会计准则》（2006 年），19 家披露已执行《企业会计准则》（2006 年）及 2014 年新修订/颁布的《企业会计准则》，2 家披露同时执行《企业会计准则》（2006 年）和《金融负债与权益工具的区分及相关会计处理规定》（2014 年），1 家披露同时执行《企业会计准则》（2006 年）和《信托业务会计核算办法》（2005），1 家披露同时执行《企业会计准则》和《金融企业会计制度》（2014 年）。

2014 年在 68 家信托公司信托业务中，45 家明确披露已执行《企业会计准则》（2006 年），17 家披露已执行《企业会计准则》

（2006年）及2014年新修订/颁布的《企业会计准则》，2家披露同时执行《企业会计准则》（2006年）和《金融负债与权益工具的区分及相关会计处理规定》（2014年），1家披露同时执行《企业会计准则》（2006年）和《信托业务会计核算办法》（2005），1家披露同时执行《企业会计准则》和《金融企业会计制度》（2014年），2家披露执行《信托业务会计核算办法》（2005年）。

表2－3－2　2014年68家信托公司披露执行的会计制度统计表

公司简称	固有业务执行会计制度	信托业务执行会计制度
国元信托	《企业会计准则》（2006年）	《企业会计准则》（2006年）
安信信托	《企业会计准则》（2006年）	《企业会计准则》（2006年）
百瑞信托	《企业会计准则》（2006年、2014年）	《企业会计准则》（2006年、2014年）
北方信托	《企业会计准则》（2006年、2014年）	《企业会计准则》（2006年、2014年）
北京信托	《企业会计准则》（2006年）	《企业会计准则》（2006年）
渤海信托	《企业会计准则》（2006年、2014年）	《企业会计准则》（2006年、2014年）
长安信托	《企业会计准则》（2006年、2014年）	《企业会计准则》（2006年、2014年）
长城新盛信托	《企业会计准则》（2006年）	《企业会计准则》（2006年）
重庆信托	《企业会计准则》（2006年）	《企业会计准则》（2006年）
大业信托	《企业会计准则》（2006年）	《企业会计准则》（2006年）
东莞信托	《企业会计准则》（2006年）	《企业会计准则》（2006年）
方正东亚信托	《企业会计准则》（2006年）	《企业会计准则》（2006年）
光大兴陇信托	《企业会计准则》（2006年）及《金融负债与权益工具的区分及相关会计处理规定》（2014年）	《企业会计准则》（2006年）及《金融负债与权益工具的区分及相关会计处理规定》（2014年）
粤财信托	《企业会计准则》（2006年、2014年）	《企业会计准则》（2006年、2014年）
国联信托	《企业会计准则》（2006年、2014年）	《企业会计准则》（2006年、2014年）
国民信托	《企业会计准则》（2006年、2014年）	《企业会计准则》（2006年、2014年）
国投信托	《企业会计准则》（2006年、2014年）	《企业会计准则》（2006年、2014年）
杭州工商信托	《企业会计准则》（2006年、2014年）	《企业会计准则》（2006年、2014年）
湖南信托	《企业会计准则》（2006年）	《企业会计准则》（2006年）
华澳信托	《企业会计准则》（2006年）	《企业会计准则》（2006年）
华宝信托	《企业会计准则》（2006年）	《企业会计准则》（2006年）
华宸信托	《企业会计准则》（2006年）	《企业会计准则》（2006年）
华能信托	《企业会计准则》（2006年）	《信托业务会计核算办法》（2005年）
华融信托	《企业会计准则》（2006年）、《信托业务会计核算办法》（2005）	《企业会计准则》（2006年）、《信托业务会计核算办法》（2005）
华润信托	《企业会计准则》（2006年）	《企业会计准则》（2006年）
华鑫信托	《企业会计准则》（2006年、2014年）	《企业会计准则》（2006年、2014年）
华信信托	《企业会计准则》（2006年）	《企业会计准则》（2006年）
吉林信托	《企业会计准则》（2006年）	《企业会计准则》（2006年）
建信信托	《企业会计准则》（2006年、2014年）	《企业会计准则》（2006年、2014年）
江苏信托	《企业会计准则》（2006年）	《企业会计准则》（2006年）
交银国际信托	《企业会计准则》（2006年）	《企业会计准则》（2006年）
昆仑信托	《企业会计准则》和《金融企业会计制度》（2014年）	《企业会计准则》和《金融企业会计制度》（2014年）
陆家嘴信托	《企业会计准则》（2006年）	《企业会计准则》（2006年）
平安信托	《企业会计准则》（2006年）	《企业会计准则》（2006年）
山东信托	《企业会计准则》（2006年）	《企业会计准则》（2006年）
山西信托	《企业会计准则》（2006年、2014年）	《企业会计准则》（2006年、2014年）
陕国投	《企业会计准则》（2006年）	《企业会计准则》（2006年）
爱建信托	《企业会计准则》（2006年、2014年）	《企业会计准则》（2006年）
上海信托	《企业会计准则》（2006年）	《企业会计准则》（2006年）
四川信托	《企业会计准则》（2006年）	《企业会计准则》（2006年）
苏州信托	《企业会计准则》（2006年、2014年）	《企业会计准则》（2006年）
天津信托	《企业会计准则》（2006年）	《企业会计准则》（2006年）
万向信托	《企业会计准则》（2006年）	《企业会计准则》（2006年）
五矿信托	《企业会计准则》（2006年）	《企业会计准则》（2006年）
西部信托	《企业会计准则》（2006年）	《企业会计准则》（2006年）
西藏信托	《企业会计准则》（2006年）	《企业会计准则》（2006年）

续表

公司简称	固有业务执行会计制度	信托业务执行会计制度
厦门国际信托	《企业会计准则》(2006 年)	《企业会计准则》(2006 年)
新华信托	《企业会计准则》(2006 年、2014 年)	《企业会计准则》(2006 年、2014 年)
新时代信托	《企业会计准则》(2006 年)	《企业会计准则》(2006 年)
兴业信托	《企业会计准则》(2006 年)	《企业会计准则》(2006 年)
英大信托	《企业会计准则》(2006 年)	《企业会计准则》(2006 年)
云南信托	《企业会计准则》(2006 年)	《企业会计准则》(2006 年)
浙金信托	《企业会计准则》(2006 年)及《金融负债与权益工具的区分及相关会计处理规定》(2014 年)	《企业会计准则》(2006 年)及《金融负债与权益工具的区分及相关会计处理规定》(2014 年)
中诚信托	《企业会计准则》(2006 年)	《企业会计准则》(2006 年)
外贸信托	《企业会计准则》(2006 年)	《企业会计准则》(2006 年)
金谷信托	《企业会计准则》(2006 年)	《企业会计准则》(2006 年)
中国民生信托	《企业会计准则》(2006 年)	《企业会计准则》(2006 年)
中海信托	《企业会计准则》(2006 年、2014 年)	《企业会计准则》(2006 年、2014 年)
中航信托	《企业会计准则》(2006 年)	《企业会计准则》(2006 年)
中建投信托	《企业会计准则》(2006 年)	《企业会计准则》(2006 年)
中江信托	《企业会计准则》(2006 年)	《信托业务会计核算办法》(2005 年)
中粮信托	《企业会计准则》(2006 年、2014 年)	《企业会计准则》(2006 年、2014 年)
中融信托	《企业会计准则》(2006 年、2014 年)	《企业会计准则》(2006 年、2014 年)
中泰信托	《企业会计准则》(2006 年、2014 年)	《企业会计准则》(2006 年、2014 年)
中铁信托	《企业会计准则》(2006 年)	《企业会计准则》(2006 年)
中信信托	《企业会计准则》(2006 年)	《企业会计准则》(2006 年)
中原信托	《企业会计准则》(2006 年)	《企业会计准则》(2006 年)
紫金信托	《企业会计准则》(2006 年)	《企业会计准则》(2006 年)

表 2-3-3　2013 年 66 家信托公司披露执行的会计制度统计表

公司简称	固有业务执行会计制度	信托业务执行会计制度
国元信托	《企业会计准则》(2006 年)	《企业会计准则》(2006 年)
安信信托	《企业会计准则》(2006 年)	《企业会计准则》(2006 年)
百瑞信托	《企业会计准则》(2006 年)	《企业会计准则》(2006 年)
北方信托	《企业会计准则》(2006 年)	《企业会计准则》(2006 年)
北京信托	《企业会计准则》(2006 年)	《企业会计准则》(2006 年)
渤海信托	《企业会计准则》(2006 年)	《企业会计准则》(2006 年)
长安信托	《企业会计准则》(2006 年)	《企业会计准则》(2006 年)
长城新盛信托	《企业会计准则》(2006 年)	《企业会计准则》(2006 年)
重庆信托	《企业会计准则》(2006 年)	《企业会计准则》(2006 年)
大业信托	《企业会计准则》(2006 年)	《企业会计准则》(2006 年)
东莞信托	《企业会计准则》(2006 年)	《企业会计准则》(2006 年)
方正东亚信托	《企业会计准则》(2006 年)	《企业会计准则》(2006 年)
光大兴陇信托	《企业会计准则》(2006 年)	《企业会计准则》(2006 年)
粤财信托	《企业会计准则》(2006 年)	《企业会计准则》(2006 年)
国联信托	《企业会计准则》(2006 年)	《企业会计准则》(2006 年)
国民信托	《企业会计准则》(2006 年)	《企业会计准则》(2006 年)
国投信托	《企业会计准则》(2006 年)	《企业会计准则》(2006 年)
杭州工商信托	《企业会计准则》(2006 年)	《企业会计准则》(2006 年)
湖南信托	《企业会计准则》(2006 年)	《企业会计准则》(2006 年)
华澳信托	《企业会计准则》(2006 年)	《企业会计准则》(2006 年)
华宝信托	《企业会计准则》(2006 年)	《企业会计准则》(2006 年)
华宸信托	《企业会计准则》(2006 年)	《企业会计准则》(2006 年)
华能信托	《企业会计准则》(2006 年)	《信托业务会计核算办法》(2005 年)
华融信托	《企业会计准则》(2006 年)	《企业会计准则》(2006 年)《信托业务会计核算办法》(2005 年)

续表

公司简称	固有业务执行会计制度	信托业务执行会计制度
华润信托	《企业会计准则》(2006 年)	《企业会计准则》(2006 年)
华鑫信托	《企业会计准则》(2006 年)	《企业会计准则》(2006 年)
华信信托	《企业会计准则》(2006 年)	《企业会计准则》(2006 年)
吉林信托	《企业会计准则》(2006 年)	《企业会计准则》(2006 年)
建信信托	《企业会计准则》(2006 年)	《企业会计准则》(2006 年)
江苏信托	《企业会计准则》(2006 年)	《企业会计准则》(2006 年)
交银国际信托	《企业会计准则》(2006 年)	《企业会计准则》(2006 年)
昆仑信托	《企业会计准则》(2006 年)《金融企业会计制度》(2001 年)	《企业会计准则》(2006 年)《金融企业会计制度》(2001 年)
陆家嘴信托	《企业会计准则》(2006 年)	《企业会计准则》(2006 年)
平安信托	《企业会计准则》(2006 年)	《企业会计准则》(2006 年)
山东信托	《企业会计准则》(2006 年)	《企业会计准则》(2006 年)
山西信托	《企业会计准则》(2006 年)	《企业会计准则》(2006 年)
陕国投	《企业会计准则》(2006 年)	《企业会计准则》(2006 年)
爱建信托	《企业会计准则》(2006 年)	《企业会计准则》(2006 年)
上海信托	《企业会计准则》(2006 年)	《企业会计准则》(2006 年)
四川信托	《企业会计准则》(2006 年)	《企业会计准则》(2006 年)
苏州信托	《企业会计准则》(2006 年)	《企业会计准则》(2006 年)
天津信托	《企业会计准则》(2006 年)	《企业会计准则》(2006 年)
五矿信托	《企业会计准则》(2006 年)	《企业会计准则》(2006 年)
西部信托	《企业会计准则》(2006 年)	《企业会计准则》(2006 年)
西藏信托	《企业会计准则》(2006 年)	《企业会计准则》(2006 年)
厦门国际信托	《企业会计准则》(2006 年)	《企业会计准则》(2006 年)
新华信托	《企业会计准则》(2006 年)	《企业会计准则》(2006 年)
新时代信托	《企业会计准则》(2006 年)	《企业会计准则》(2006 年)
兴业信托	《企业会计准则》(2006 年)	《企业会计准则》(2006 年)
英大信托	《企业会计准则》(2006 年)	《企业会计准则》(2006 年)
云南信托	《企业会计准则》(2006 年)	《企业会计准则》(2006 年)
浙金信托	《企业会计准则》(2006 年)	《企业会计准则》(2006 年)
中诚信托	《企业会计准则》(2006 年)	《企业会计准则》(2006 年)
外贸信托	《企业会计准则》(2006 年)	《企业会计准则》(2006 年)
金谷信托	《企业会计准则》(2006 年)	《企业会计准则》(2006 年)
中海信托	《企业会计准则》(2006 年)	《企业会计准则》(2006 年)
中航信托	《企业会计准则》(2006 年)	《企业会计准则》(2006 年)
中建投信托	《企业会计准则》(2006 年)	《企业会计准则》(2006 年)
中江信托	《企业会计准则》(2006 年)	《信托业务会计核算办法》(2005 年)
中粮信托	《企业会计准则》(2006 年)	《企业会计准则》(2006 年)
中融信托	《企业会计准则》(2006 年)	《企业会计准则》(2006 年)
中泰信托	《企业会计准则》(2006 年)	《企业会计准则》(2006 年)
中铁信托	《企业会计准则》(2006 年)	《企业会计准则》(2006 年)
中信信托	《企业会计准则》(2006 年)	《企业会计准则》(2006 年)
中原信托	《企业会计准则》(2006 年)	《企业会计准则》(2006 年)
紫金信托	《企业会计准则》(2006 年)	《企业会计准则》(2006 年)

第三章 信托公司财务指标排行榜

2014 年汇总统计了信托公司的财务指标，不再进行综合排名，仅分别对各项指标进行按照金额大小排序。

一、信托公司单项财务指标排行榜

（一）固有资产相关指标

表 3－1－1 固有资产总额排行榜

排名	公司简称	2014 年 12 月 31 日（万元）	2013 年 12 月 31 日（万元）	增长（%）
1	平安信托	13 000 329.04	10 147 554.81	28.11
2	中信信托	2 087 975.66	1 488 655.63	40.26
3	重庆信托	1 714 706.23	1 247 945.58	37.40
4	华润信托	1 521 524.85	1 336 671.26	13.83
5	四川信托	1 458 883.27	736 935.07	97.97
6	中诚信托	1 453 926.95	1 290 487.81	12.66
7	中江信托	1 306 636.42	865 600.13	50.95
8	兴业信托	1 238 306.03	625 275.86	98.04
9	中融信托	1 220 031.21	968 750.65	25.94
10	上海信托	1 021 471.84	862 928.53	18.37
11	中铁信托	991 609.41	918 377.58	7.97
12	江苏信托	828 660.53	728 806.74	13.70
13	建信信托	809 523.58	661 958.12	22.29
14	华宝信托	765 177.45	592 268.86	29.19
15	华信信托	755 570.67	609 088.22	24.05
16	华能信托	733 832.90	602 561.10	21.79
17	国投信托	722 359.23	337 306.60	114.16
18	外贸信托	672 169.75	558 367.43	20.38
19	吉林信托	640 728.28	420 648.41	52.32
20	昆仑信托	601 991.03	564 343.87	6.67
21	交银国际信托	581 892.30	515 394.49	12.90
22	中航信托	548 864.20	431 457.39	27.21
23	华融信托	544 327.12	363 702.09	49.66
24	长安信托	542 809.63	401 672.75	35.14
25	中海信托	524 875.06	491 393.48	6.81
26	五矿信托	521 892.98	452 640.66	15.30
27	北京信托	517 420.15	421 777.12	22.68
28	国元信托	501 509.49	434 165.82	15.51
29	山东信托	484 557.10	472 324.46	2.59
30	中建投信托	472 235.02	410 494.31	15.04
31	英大信托	461 799.16	411 189.66	12.31
32	陕国投	425 724.50	392 918.84	8.35
33	百瑞信托	425 148.89	339 415.44	25.26
34	新华信托	422 325.13	397 624.53	6.21
35	粤财信托	387 567.11	332 248.94	16.65
36	厦门国际信托	380 647.00	286 036.00	33.08
37	苏州信托	380 175.07	255 607.47	48.73
38	中泰信托	379 176.17	302 982.15	25.15

续表

排名	公司简称	2014 年 12 月 31 日(万元)	2013 年 12 月 31 日(万元)	增长(%)
39	陆家嘴信托	377 903. 64	152 983. 51	147. 02
40	渤海信托	376 980. 72	326 763. 53	15. 37
41	爱建信托	374 597. 24	324 303. 38	15. 51
42	北方信托	374 099. 35	321 467. 17	16. 37
43	中粮信托	368 876. 21	338 938. 48	8. 83
44	金谷信托	361 596. 98	351 656. 23	2. 83
45	天津信托	358 157. 75	274 690. 27	30. 39
46	方正东亚信托	351 336. 22	252 284. 89	39. 26
47	中原信托	347 221. 00	251 486. 02	38. 07
48	中国民生信托	344 930. 08	115 488. 73	198. 67
49	山西信托	342 145. 22	251 802. 07	35. 88
50	新时代信托	341 279. 54	329 924. 35	3. 44
51	东莞信托	338 949. 76	291 277. 11	16. 37
52	国联信托	330 615. 00	270 263. 00	22. 33
53	华鑫信托	328 856. 28	344 606. 40	-4. 57
54	湖南信托	308 020. 00	244 151. 00	26. 16
55	安信信托	295 394. 41	160 046. 15	84. 57
56	国民信托	209 666. 11	200 132. 89	4. 76
57	杭州工商信托	203 753. 00	144 086. 00	41. 41
58	西部信托	199 321. 35	178 754. 38	11. 51
59	云南信托	186 424. 66	161 369. 43	15. 53
60	西藏信托	178 558. 08	105 061. 19	69. 96
61	紫金信托	176 520. 85	150 790. 96	17. 06
62	光大兴陇信托	173 420. 40	158 228. 55	9. 60
63	华澳信托	160 826. 82	155 279. 82	3. 57
64	万向信托	157 389. 97	140 888. 20	11. 71
65	大业信托	126 466. 29	132 705. 91	-4. 70
66	华宸信托	103 922. 91	98 163. 70	5. 87
67	浙金信托	84 506. 93	68 378. 43	23. 59
68	长城新盛信托	44 523. 46	45 158. 87	-1. 41
合计		49 974 620. 65	39 018 708. 48	28. 08
平均		734 920. 89	573 804. 54	28. 08

统计在内的 68 家信托公司固有资产总额达 4 997. 46 亿元，比 2013 年增加 28. 08%；超过 100 亿元的信托公司从 2011 年的 3 家上升至 2014 年的 10 家(2013 年 5 家)，同时这 10 家信托公司 2014 年资产总额为 2 602. 38 亿元，占 68 家公司的 52. 07%。

另外，国投信托从 2013 年的第 37 名提高至第 17 名，提高幅度最大，而华鑫信托从 2013 年的第 34 名降至 2014 年的第 53 名，下降了 19 位。

表 3-1-2　固有资产总额增减排行榜

排名	公司简称	2014 年 12 月 31 日(万元)	2013 年 12 月 31 日(万元)	增长(%)	增减额(万元)
1	平安信托	13 000 329. 04	10 147 554. 81	28. 11	2 852 774. 23
2	四川信托	1 458 883. 27	736 935. 07	97. 97	721 948. 20
3	兴业信托	1 238 306. 03	625 275. 86	98. 04	613 030. 17
4	中信信托	2 087 975. 66	1 488 655. 63	40. 26	599 320. 03
5	重庆信托	1 714 706. 23	1 247 945. 58	37. 40	466 760. 65
6	中江信托	1 306 636. 42	865 600. 13	50. 95	441 036. 29
7	国投信托	722 359. 23	337 306. 60	114. 16	385 052. 62
8	中融信托	1 220 031. 21	968 750. 65	25. 94	251 280. 56
9	中国民生信托	344 930. 08	115 488. 73	198. 67	229 441. 35
10	陆家嘴信托	377 903. 64	152 983. 51	147. 02	224 920. 13
11	吉林信托	640 728. 28	420 648. 41	52. 32	220 079. 87

续表

排名	公司简称	2014 年 12 月 31 日（万元）	2013 年 12 月 31 日（万元）	增长（%）	增减额（万元）
12	华润信托	1 521 524. 85	1 336 671. 26	13. 83	184 853. 59
13	华融信托	544 327. 12	363 702. 09	49. 66	180 625. 03
14	华宝信托	765 177. 45	592 268. 86	29. 19	172 908. 59
15	中诚信托	1 453 926. 95	1 290 487. 81	12. 66	163 439. 14
16	上海信托	1 021 471. 84	862 928. 53	18. 37	158 543. 31
17	建信信托	809 523. 58	661 958. 12	22. 29	147 565. 46
18	华信信托	755 570. 67	609 088. 22	24. 05	146 482. 45
19	长安信托	542 809. 63	401 672. 75	35. 14	141 136. 88
20	安信信托	295 394. 41	160 046. 15	84. 57	135 348. 26
21	华能信托	733 832. 90	602 561. 10	21. 79	131 271. 80
22	苏州信托	380 175. 07	255 607. 47	48. 73	124 567. 60
23	中航信托	548 864. 20	431 457. 39	27. 21	117 406. 81
24	外贸信托	672 169. 75	558 367. 43	20. 38	113 802. 32
25	江苏信托	828 660. 53	728 806. 74	13. 70	99 853. 79
26	方正东亚信托	351 336. 22	252 284. 89	39. 26	99 051. 33
27	中原信托	347 221. 00	251 486. 02	38. 07	95 734. 98
28	北京信托	517 420. 15	421 777. 12	22. 68	95 643. 03
29	厦门国际信托	380 647. 00	286 036. 00	33. 08	94 611. 00
30	山西信托	342 145. 22	251 802. 07	35. 88	90 343. 15
31	百瑞信托	425 148. 89	339 415. 44	25. 26	85 733. 45
32	天津信托	358 157. 75	274 690. 27	30. 39	83 467. 48
33	中泰信托	379 176. 17	302 982. 15	25. 15	76 194. 02
34	西藏信托	178 558. 08	105 061. 19	69. 96	73 496. 89
35	中铁信托	991 609. 41	918 377. 58	7. 97	73 231. 84
36	五矿信托	521 892. 98	452 640. 66	15. 30	69 252. 32
37	国元信托	501 509. 49	434 165. 82	15. 51	67 343. 67
38	交银国际信托	581 892. 30	515 394. 49	12. 90	66 497. 82
39	湖南信托	308 020. 00	244 151. 00	26. 16	63 869. 00
40	中建投信托	472 235. 02	410 494. 31	15. 04	61 740. 71
41	国联信托	330 615. 00	270 263. 00	22. 33	60 352. 00
42	杭州工商信托	203 753. 00	144 086. 00	41. 41	59 667. 00
43	粤财信托	387 567. 11	332 248. 94	16. 65	55 318. 17
44	北方信托	374 099. 35	321 467. 17	16. 37	52 632. 18
45	英大信托	461 799. 16	411 189. 66	12. 31	50 609. 50
46	爱建信托	374 597. 24	324 303. 38	15. 51	50 293. 86
47	渤海信托	376 980. 72	326 763. 53	15. 37	50 217. 19
48	东莞信托	338 949. 76	291 277. 11	16. 37	47 672. 65
49	昆仑信托	601 991. 03	564 343. 87	6. 67	37 647. 16
50	中海信托	524 875. 06	491 393. 48	6. 81	33 481. 58
51	陕国投	425 724. 50	392 918. 84	8. 35	32 805. 66
52	中粮信托	368 876. 21	338 938. 48	8. 83	29 937. 73
53	紫金信托	176 520. 85	150 790. 96	17. 06	25 729. 89
54	云南信托	186 424. 66	161 369. 43	15. 53	25 055. 23
55	新华信托	422 325. 13	397 624. 53	6. 21	24 700. 60
56	西部信托	199 321. 35	178 754. 38	11. 51	20 566. 97
57	万向信托	157 389. 97	140 888. 20	11. 71	16 501. 77
58	浙金信托	84 506. 93	68 378. 43	23. 59	16 128. 50
59	光大兴陇信托	173 420. 40	158 228. 55	9. 60	15 191. 85
60	山东信托	484 557. 10	472 324. 46	2. 59	12 232. 64
61	新时代信托	341 279. 54	329 924. 35	3. 44	11 355. 19
62	金谷信托	361 596. 98	351 656. 23	2. 83	9 940. 75
63	国民信托	209 666. 11	200 132. 89	4. 76	9 533. 22
64	华宸信托	103 922. 91	98 163. 70	5. 87	5 759. 21
65	华澳信托	160 826. 82	155 279. 82	3. 57	5 547. 00
66	长城新盛信托	44 523. 46	45 158. 87	-1. 41	-635. 41
67	大业信托	126 466. 29	132 705. 91	-4. 70	-6 239. 61
68	华鑫信托	328 856. 28	344 606. 40	-4. 57	-15 750. 12
合计		49 974 620. 65	39 018 708. 48	28. 08	10 955 912. 17
平均		734 920. 89	573 804. 54	28. 08	161 116. 36

2014 年固有资产总额增加超过 10 亿元的有 24 家,与 2013 年的 22 家略有增加。这 24 家固有资产总额合计增加 892. 36 亿元;占 68 家公司合计增加 1 095. 59 亿元的 81. 45%。

2014 年固有资产平均增长 28. 08%,2013 年平均增长 27. 33%,增长已趋于稳定,集中度增加。本年有 3 家公司资产总额减少,合计减少 2. 26 亿元,比 2013 年减少 11. 17 亿元大幅改善。

表 3-1-3　固有资产营业总收入排行榜

排名	公司简称	2014 年度(万元)	2013 年度(万元)	较上年增减(%)
1	平安信托	1 894 899. 13	1 481 707. 13	27. 89
2	中信信托	565 950. 90	548 683. 73	3. 15
3	中融信托	553 149. 17	489 811. 57	12. 93
4	华润信托	398 660. 83	278 094. 74	43. 35
5	重庆信托	350 871. 55	213 822. 16	64. 10
6	上海信托	344 589. 57	298 171. 81	15. 57
7	中诚信托	331 478. 29	324 986. 65	2. 00
8	四川信托	297 945. 77	247 845. 83	20. 21
9	长安信托	254 618. 67	234 705. 88	8. 48
10	兴业信托	249 256. 79	205 376. 48	21. 37
11	华信信托	229 724. 23	170 843. 22	34. 46
12	华能信托	226 964. 57	145 120. 03	56. 40
13	中江信托	208 589. 99	171 408. 75	21. 69
14	华宝信托	200 370. 78	189 238. 71	5. 88
15	外贸信托	200 005. 12	202 813. 55	-1. 38
16	中铁信托	184 248. 24	175 385. 63	5. 05
17	华融信托	183 182. 98	195 591. 22	-6. 34
18	安信信托	180 937. 99	85 797. 22	110. 89
19	中航信托	170 044. 84	153 722. 09	10. 62
20	北京信托	168 621. 40	152 201. 68	10. 79
21	方正东亚信托	158 731. 98	127 888. 87	24. 12
22	建信信托	154 624. 75	113 500. 31	36. 23
23	五矿信托	154 597. 63	131 031. 18	17. 99
24	山东信托	152 220. 85	129 278. 57	17. 75
25	天津信托	148 631. 34	113 601. 97	30. 84
26	中海信托	140 889. 48	120 662. 94	16. 76
27	昆仑信托	138 976. 94	135 037. 76	2. 92
28	江苏信托	138 958. 59	135 618. 74	2. 46
29	中原信托	138 658. 83	96 117. 94	44. 26
30	百瑞信托	135 737. 94	116 453. 93	16. 56
31	北方信托	121 907. 75	113 806. 45	7. 12
32	国投信托	121 564. 26	106 882. 67	13. 74
33	交银国际信托	120 395. 79	100 552. 13	19. 73
34	中建投信托	115 821. 39	102 373. 13	13. 14
35	渤海信托	114 887. 95	100 598. 50	14. 20
36	新华信托	105 134. 52	186 644. 64	-43. 67
37	国元信托	102 536. 22	86 955. 82	17. 92
38	英大信托	101 420. 92	97 399. 21	4. 13
39	苏州信托	97 628. 67	67 039. 72	45. 63
40	华鑫信托	94 636. 77	90 657. 49	4. 39
41	杭州工商信托	93 378. 00	69 063. 00	35. 21
42	湖南信托	92 902. 00	87 433. 00	6. 26
43	爱建信托	85 324. 63	65 774. 95	29. 72
44	陆家嘴信托	84 546. 96	56 596. 35	49. 39
45	陕国投	83 547. 90	83 277. 51	0. 32
46	粤财信托	83 406. 97	79 267. 10	5. 22

续表

排名	公司简称	2014 年度(万元)	2013 年度(万元)	较上年增减(%)
47	厦门国际信托	79 076.00	79 787.00	-0.89
48	金谷信托	75 940.10	109 702.05	-30.78
49	东莞信托	75 805.32	69 903.11	8.44
50	中泰信托	73 906.95	73 690.74	0.29
51	西藏信托	73 147.06	24 267.89	201.41
52	吉林信托	71 502.64	85 404.98	-16.28
53	新时代信托	70 041.21	67 654.03	3.53
54	山西信托	64 481.97	63 601.83	1.38
55	大业信托	60 259.76	53 919.20	11.76
56	国联信托	59 800.00	46 635.00	28.23
57	中粮信托	57 564.34	46 472.60	23.87
58	云南信托	56 514.33	52 996.26	6.64
59	紫金信托	50 794.76	37 597.66	35.10
60	中国民生信托	46 841.11	16 619.49	181.84
61	国民信托	46 224.29	41 062.30	12.57
62	华澳信托	43 588.47	57 254.38	-23.87
63	西部信托	39 960.84	36 876.47	8.36
64	万向信托	31 406.64	16 806.74	86.87
65	光大兴陇信托	29 313.93	38 227.01	-23.32
66	浙金信托	27 463.28	19 906.42	37.96
67	华宸信托	19 239.88	21 550.02	-10.72
68	长城新盛信托	14 609.06	15 449.08	-5.44
合计		11 442 661.78	9 754 226.22	17.31
平均		168 274.44	143 444.50	17.31

注：由于各家公司的报告格式不一致，在统计利润表时对报表项目进行了调整，具体调整结果见第四章、表 4-2-1 汇总利润表

前 10 名信托公司营业收入合计为 524.14 亿元，占 68 家信托公司合计数的 45.81%，2013 年、2012 年和 2011 年该比例分别为 43.87%、45.90%、49.23%。

2014 年 68 家信托公司的营业收入已全部超过 1 亿元，连续两年全部过亿元。超过 10 亿元的有 38 家，较上年增加 2 家。

表 3-1-4　固有资产营业总收入增长排行榜

排名	公司简称	2014 年度(万元)	2013 年度(万元)	增长额(万元)	较上年增减(%)
1	平安信托	1 894 899.13	1 481 707.13	413 192.00	27.89
2	重庆信托	350 871.55	213 822.16	137 049.39	64.10
3	华润信托	398 660.83	278 094.74	120 566.09	43.35
4	安信信托	180 937.99	83 762.63	97 175.36	116.01
5	华能信托	226 964.57	145 120.03	81 844.54	56.40
6	中融信托	553 149.17	489 811.57	63 337.60	12.93
7	华信信托	229 724.23	170 843.22	58 881.01	34.46
8	四川信托	297 945.77	247 845.83	50 099.94	20.21
9	西藏信托	73 147.06	24 267.89	48 879.17	201.41
10	上海信托	344 589.57	298 171.81	46 417.76	15.57
11	兴业信托	249 256.79	205 376.48	43 880.31	21.37
12	中原信托	138 658.83	96 117.94	42 540.89	44.26
13	建信信托	154 624.75	113 500.31	41 124.44	36.23
14	中江信托	208 589.99	171 408.75	37 181.24	21.69
15	天津信托	148 631.34	113 601.97	35 029.37	30.84
16	方正东亚信托	158 731.98	127 888.87	30 843.12	24.12
17	苏州信托	97 628.67	67 039.72	30 588.95	45.63
18	中国民生信托	46 841.11	16 619.49	30 221.61	181.84
19	陆家嘴信托	84 546.96	56 596.35	27 950.61	49.39

续表

排名	公司简称	2014年度(万元)	2013年度(万元)	增长额(万元)	较上年增减(%)
20	杭州工商信托	93 378.00	69 063.00	24 315.00	35.21
21	五矿信托	154 597.63	131 031.18	23 566.45	17.99
22	山东信托	152 220.85	129 278.57	22 942.28	17.75
23	中海信托	140 889.48	120 662.94	20 226.54	16.76
24	长安信托	254 618.67	234 705.88	19 912.79	8.48
25	交银国际信托	120 395.79	100 552.13	19 843.66	19.73
26	爱建信托	85 324.63	65 774.95	19 549.68	29.72
27	百瑞信托	135 737.94	116 453.93	19 284.01	16.56
28	中信信托	565 950.90	548 683.73	17 267.17	3.15
29	北京信托	168 621.40	152 201.68	16 419.72	10.79
30	中航信托	170 044.84	153 722.09	16 322.75	10.62
31	国元信托	102 536.22	86 955.82	15 580.40	17.92
32	国投信托	121 564.26	106 882.67	14 681.59	13.74
33	万向信托	31 406.64	16 806.74	14 599.90	86.87
34	渤海信托	114 887.95	100 598.50	14 289.45	14.20
35	中建投信托	115 821.39	102 373.13	13 448.26	13.14
36	紫金信托	50 794.76	37 597.66	13 197.09	35.10
37	国联信托	59 800.00	46 635.00	13 165.00	28.23
38	华宝信托	200 370.78	189 238.71	11 132.07	5.88
39	中粮信托	57 564.34	46 472.60	11 091.74	23.87
40	中铁信托	184 248.24	175 385.63	8 862.61	5.05
41	北方信托	121 907.75	113 806.45	8 101.30	7.12
42	浙金信托	27 463.28	19 906.42	7 556.86	37.96
43	中诚信托	331 478.29	324 986.65	6 491.64	2.00
44	大业信托	60 259.76	53 919.20	6 340.56	11.76
45	东莞信托	75 805.32	69 903.11	5 902.21	8.44
46	湖南信托	92 902.00	87 433.00	5 469.00	6.26
47	国民信托	46 224.29	41 062.30	5 161.99	12.57
48	粤财信托	83 406.97	79 267.10	4 139.87	5.22
49	英大信托	101 420.92	97 399.21	4 021.71	4.13
50	华鑫信托	94 636.77	90 657.49	3 979.28	4.39
51	昆仑信托	138 976.94	135 037.76	3 939.18	2.92
52	云南信托	56 514.33	52 996.26	3 518.06	6.64
53	江苏信托	138 958.59	135 618.74	3 339.85	2.46
54	西部信托	39 960.84	36 876.47	3 084.37	8.36
55	新时代信托	70 041.21	67 654.03	2 387.18	3.53
56	山西信托	64 481.97	63 601.83	880.14	1.38
57	陕国投	83 547.90	83 277.51	270.39	0.32
58	中泰信托	73 906.95	73 690.74	216.21	0.29
59	厦门国际信托	79 076.00	79 787.00	-711.00	-0.89
60	长城新盛信托	14 609.06	15 449.08	-840.02	-5.44
61	华宸信托	19 239.88	21 550.02	-2 310.14	-10.72
62	外贸信托	200 005.12	202 813.55	-2 808.43	-1.38
63	光大兴陇信托	29 313.93	38 227.01	-8 913.08	-23.32
64	华融信托	183 182.98	195 591.22	-12 408.24	-6.34
65	华澳信托	43 588.47	57 254.38	-13 665.91	-23.87
66	吉林信托	71 502.64	85 404.98	-13 902.34	-16.28
67	金谷信托	75 940.10	109 702.05	-33 761.95	-30.78
68	新华信托	105 134.52	186 644.64	-81 510.12	-43.67
合计		11 442 661.78	9 752 191.63	1 690 470.14	17.33
平均		168 274.44	143 414.58	24 859.86	17.33

2014年固有业务营业收入增幅为17.33%，2013年、2012年、2011年分别为27.80%、45.07%、32.55%，增幅有所降低；增长额为169.05亿元，比2013年的212.76亿元有所下降。

表3-1-5　固有资产利润总额排行榜

排名	公司简称	2014年度（万元）	2013年度（万元）	增长额（万元）	较上年增减（%）
1	平安信托	495 878.95	346 631.34	149 247.61	43.06
2	中信信托	361 468.14	419 404.98	-57 936.84	-13.81
3	中融信托	321 568.15	270 841.02	50 727.13	18.73
4	重庆信托	300 177.53	148 739.66	151 437.87	101.81
5	中诚信托	278 871.57	243 983.10	34 888.47	14.30
6	华润信托	264 215.50	217 672.01	46 543.49	21.38
7	上海信托	228 845.43	194 098.83	34 746.60	17.90
8	华信信托	211 613.44	152 116.15	59 497.29	39.11
9	兴业信托	182 752.46	146 746.58	36 005.88	24.54
10	四川信托	172 512.06	155 207.01	17 305.05	11.15
11	华能信托	171 166.64	111 533.61	59 633.03	53.47
12	外贸信托	156 928.39	170 110.27	-13 181.88	-7.75
13	安信信托	137 721.98	40 162.69	97 559.29	242.91
14	中铁信托	136 784.16	145 736.28	-8 952.12	-6.14
15	长安信托	126 592.55	124 858.25	1 734.31	1.39
16	江苏信托	125 314.30	122 000.80	3 313.50	2.72
17	中航信托	121 135.87	98 313.16	22 822.71	23.21
18	北京信托	118 899.37	111 698.27	7 201.10	6.45
19	中海信托	117 052.96	102 472.69	14 580.27	14.23
20	中江信托	116 860.98	95 310.54	21 550.44	22.61
21	建信信托	115 637.79	87 217.75	28 420.04	32.59
22	方正东亚信托	115 437.31	96 375.54	19 061.78	19.78
23	中原信托	106 257.46	73 585.51	32 671.95	44.40
24	华宝信托	105 821.73	109 862.06	-4 040.33	-3.68
25	昆仑信托	105 320.89	110 707.90	-5 387.01	-4.87
26	山东信托	105 129.58	95 694.32	9 435.26	9.86
27	五矿信托	100 651.43	85 522.21	15 129.22	17.69
28	百瑞信托	97 910.34	86 015.30	11 895.04	13.83
29	华融信托	97 591.10	107 545.28	-9 954.18	-9.26
30	天津信托	96 613.34	66 209.40	30 403.94	45.92
31	国元信托	81 230.13	68 242.66	12 987.47	19.03
32	交银国际信托	81 161.03	67 673.35	13 487.68	19.93
33	国投信托	80 469.41	67 569.05	12 900.35	19.09
34	渤海信托	78 672.90	66 729.11	11 943.78	17.90
35	中建投信托	78 030.67	70 532.74	7 497.93	10.63
36	英大信托	75 525.90	74 299.72	1 226.18	1.65
37	北方信托	75 189.24	69 131.61	6 057.63	8.76
38	粤财信托	71 031.53	67 120.32	3 911.21	5.83
39	湖南信托	70 983.00	62 649.00	8 334.00	13.30
40	华鑫信托	70 637.81	65 313.21	5 324.60	8.15
41	苏州信托	65 417.77	47 343.97	18 073.80	38.18
42	杭州工商信托	62 184.00	45 399.00	16 785.00	36.97
43	爱建信托	61 386.82	49 442.48	11 944.34	24.16
44	东莞信托	56 132.32	53 200.80	2 931.52	5.51
45	厦门国际信托	54 234.00	57 218.00	-2 984.00	-5.22
46	中泰信托	50 572.28	52 149.13	-1 576.85	-3.02
47	国联信托	49 470.00	39 978.00	9 492.00	23.74
48	陆家嘴信托	47 821.10	35 345.25	12 475.85	35.30

续表

排名	公司简称	2014 年度(万元)	2013 年度(万元)	增长额(万元)	较上年增减(%)
49	陕国投	46 758.36	41 845.86	4 912.51	11.74
50	西藏信托	43 712.36	18 704.58	25 007.78	133.70
51	新时代信托	40 221.41	42 063.27	-1 841.85	-4.38
52	中粮信托	39 383.27	30 545.80	8 837.47	28.93
53	大业信托	39 118.40	33 934.18	5 184.22	15.28
54	紫金信托	36 109.38	25 010.71	11 098.67	44.38
55	云南信托	34 358.94	32 043.96	2 314.99	7.22
56	吉林信托	29 213.44	56 789.38	-27 575.94	-48.56
57	山西信托	27 185.18	32 720.58	-5 535.40	-16.92
58	中国民生信托	25 395.05	7 678.38	17 716.67	230.73
59	西部信托	25 109.98	25 286.03	-176.05	-0.70
60	国民信托	23 688.24	26 105.64	-2 417.40	-9.26
61	华澳信托	20 471.96	30 498.09	-10 026.13	-32.87
62	光大兴陇信托	18 941.23	27 443.18	-8 501.95	-30.98
63	万向信托	17 307.77	9 480.94	7 826.83	82.55
64	金谷信托	15 165.50	35 042.24	-19 876.74	-56.72
65	新华信托	12 177.56	72 806.60	-60 629.04	-83.27
66	浙金信托	10 452.59	8 080.71	2 371.88	29.35
67	长城新盛信托	7 484.23	7 626.24	-142.01	-1.86
68	华宸信托	1 919.09	138.48	1 780.61	1285.78
合计		6 917 055.24	5 959 554.73	957 500.51	16.07
平均		101 721.40	87 640.51	14 080.89	16.07

2014 年利润总额超过 10 亿元的共有 27 家,合计 490.06 亿元,占全部 68 家信托公司利润总额的 70.85%,增长额最多的公司为重庆信托,增加了 15.14 亿元。

2014 年利润总额下降的公司有 18 家,其中利润下降最多的公司为新华信托,下降了 6.06 亿元。

表 3-1-6 固有资产净资产排行榜

单位:万元

排名	公司简称	2014 年 12 月 31 日	本年列报	上年列报	2013 年末与 2013 年初数差异
			2013 年 12 月 31 日	2013 年 12 月 31 日	
1	平安信托	3 752 890.48	3 294 131.32	3 311 922.96	17 791.64
2	中信信托	1 825 422.91	1 302 874.97	1 302 874.97	0.00
3	华润信托	1 382 774.69	1 231 165.04	1 223 385.42	-7 779.62
4	重庆信托	1 340 077.65	936 444.43	936 596.36	151.93
5	中诚信托	1 297 390.27	1 115 736.01	1 115 736.01	0.00
6	兴业信托	1 109 686.08	500 403.32	500 403.32	0.00
7	中融信托	980 538.51	764 548.46	764 548.46	0.00
8	上海信托	924 450.95	785 933.48	785 933.48	0.00
9	江苏信托	815 441.06	709 466.06	709 466.06	0.00
10	建信信托	730 490.58	630 850.08	630 850.08	0.00
11	华信信托	717 999.27	589 539.70	587 822.67	-1 717.03
12	华宝信托	659 615.70	506 825.81	506 979.22	153.41
13	外贸信托	651 809.56	531 394.20	531 394.19	-0.01
14	华能信托	626 973.31	538 733.37	538 733.37	0.00
15	中江信托	622 561.66	513 484.40	513 484.40	0.00
16	国投信托	610 667.44	316 227.79	320 166.94	3 939.15
17	昆仑信托	584 270.76	544 827.24	544 827.25	0.01
18	交银国际信托	555 807.66	494 351.96	494 351.96	0.00
19	四川信托	500 311.17	408 843.11	408 843.11	0.00
20	华融信托	496 216.07	325 845.66	326 181.66	336.00

续表

排名	公司简称	2014 年 12 月 31 日	本年列报	上年列报	2013 年末与 2013 年初数差异
			2013 年 12 月 31 日	2013 年 12 月 31 日	
21	五矿信托	486 899. 91	422 237. 08	422 237. 08	0. 00
22	国元信托	483 390. 27	414 409. 75	412 038. 92	-2 370. 83
23	中航信托	474 838. 94	383 871. 97	383 871. 97	0. 00
24	吉林信托	471 276. 46	338 706. 65	339 311. 47	604. 82
25	中铁信托	468 366. 65	405 603. 98	405 603. 98	0. 00
26	北京信托	465 145. 75	389 499. 84	389 499. 84	0. 00
27	山东信托	460 958. 44	336 766. 09	336 766. 09	0. 00
28	英大信托	444 994. 53	389 077. 37	389 308. 93	231. 57
29	中建投信托	428 862. 65	354 380. 57	354 380. 57	0. 00
30	长安信托	421 849. 92	299 525. 29	309 027. 14	9 501. 86
31	中海信托	383 861. 88	380 800. 67	380 800. 66	-0. 01
32	陕国投	381 387. 39	350 943. 22	350 943. 22	0. 00
33	百瑞信托	372 056. 03	306 519. 88	306 519. 88	0. 00
34	粤财信托	370 243. 40	319 302. 59	319 302. 58	-0. 01
35	渤海信托	368 437. 80	318 792. 59	318 792. 59	0. 00
36	爱建信托	360 924. 13	315 450. 45	315 450. 45	0. 00
37	厦门国际信托	353 133. 00	259 892. 00	235 223. 00	-24 669. 00
38	中粮信托	347 235. 46	327 851. 35	327 851. 35	0. 00
39	中泰信托	344 316. 83	280 437. 85	365 897. 69	85 459. 84
40	陆家嘴信托	343 101. 01	135 903. 14	135 903. 14	0. 00
41	天津信托	339 199. 18	258 883. 11	258 883. 11	0. 00
42	新时代信托	331 684. 69	320 155. 63	320 155. 63	0. 00
43	苏州信托	330 292. 29	228 839. 94	228 839. 94	0. 00
44	金谷信托	330 258. 23	323 345. 97	323 345. 97	0. 00
45	中国民生信托	325 248. 57	106 504. 59	106 504. 59	0. 00
46	国联信托	323 154. 00	265 864. 00	265 863. 00	-1. 00
47	北方信托	320 609. 73	274 109. 11	274 109. 11	0. 00
48	东莞信托	319 889. 75	278 187. 17	278 187. 17	0. 00
49	中原信托	317 775. 75	236 394. 03	237 212. 99	818. 96
50	华鑫信托	313 116. 94	310 331. 41	310 331. 41	0. 00
51	方正东亚信托	304 537. 90	217 893. 19	217 893. 19	0. 00
52	新华信托	277 439. 94	263 749. 37	263 749. 37	0. 00
53	湖南信托	251 133. 00	200 176. 00	200 176. 00	0. 00
54	山西信托	192 222. 78	177 120. 66	175 597. 90	-1 522. 76
55	安信信托	180 463. 74	86 476. 44	86 476. 44	0. 00
56	国民信托	179 223. 90	169 246. 28	169 246. 28	0. 00
57	杭州工商信托	168 131. 00	121 281. 00	121 281. 00	0. 00
58	西部信托	166 619. 67	150 769. 34	150 769. 34	0. 00
59	光大兴陇信托	165 770. 00	148 663. 14	145 562. 10	-3 101. 04
60	紫金信托	163 411. 36	141 312. 73	141 312. 73	0. 00
61	云南信托	161 694. 40	140 032. 65	140 032. 65	0. 00
62	万向信托	150 109. 70	137 196. 87	137 196. 87	0. 00
63	西藏信托	125 747. 27	75 587. 29	75 587. 29	0. 00
64	大业信托	107 205. 16	82 889. 01	82 889. 01	0. 00
65	华澳信托	101 852. 84	86 512. 88	86 512. 88	0. 00
66	华宸信托	92 640. 18	86 061. 07	87 499. 21	1 438. 15
67	浙金信托	68 179. 29	60 389. 34	60 389. 34	0. 00
68	长城新盛信托	39 086. 60	36 446. 72	36 446. 72	0. 00
合计		34 563 374. 10	27 756 017. 65	27 835 283. 66	79 266. 01
平均		508 284. 91	408 176. 73	409 342. 41	

注：报表披露中绝对值差异小于等于 1 万元的视为尾差，不计入不一致范围。本次排名以公司本年披露的年初数为准，同时列报上年净资产。

由于本年会计政策变更，导致很多公司审计报告中披露的期初净资产与上年披露存在差异，共有 17 家信托公司本年披露的期初净资产与上年披露的年末净资产不一致，其中华融信托、粤财信托、厦门国际信托、长安信托未披露变动原因。

68 家公司平均净资产 50. 83 亿元，净资产超过 10 亿元的有 65 家，净资产 5 亿元以下的仅有 1 家。

表 3－1－7　固有资产净资产增减排行榜

排名	公司简称	2014 年 12 月 31 日(万元)	本年列报　2013 年 12 月 31 日(万元)	增减额(万元)	较上年增减(%)
1	兴业信托	1 109 686. 08	500 403. 32	609 282. 76	121. 76
2	中信信托	1 825 422. 91	1 302 874. 97	522 547. 94	40. 11
3	平安信托	3 752 890. 48	3 294 131. 32	458 759. 16	13. 93
4	重庆信托	1 340 077. 65	936 444. 43	403 633. 22	43. 10
5	国投信托	610 667. 44	316 227. 79	294 439. 65	93. 11
6	中国民生信托	325 248. 57	106 504. 59	218 743. 97	205. 38
7	中融信托	980 538. 51	764 548. 46	215 990. 05	28. 25
8	陆家嘴信托	343 101. 01	135 903. 14	207 197. 87	152. 46
9	中诚信托	1 297 390. 27	1 115 736. 01	181 654. 26	16. 28
10	华融信托	496 216. 07	325 845. 66	170 370. 41	52. 29
11	华宝信托	659 615. 70	506 825. 81	152 789. 89	30. 15
12	华润信托	1 382 774. 69	1 231 165. 04	151 609. 65	12. 31
13	上海信托	924 450. 95	785 933. 48	138 517. 47	17. 62
14	吉林信托	471 276. 46	338 706. 65	132 569. 81	39. 14
15	华信信托	717 999. 27	589 539. 70	128 459. 57	21. 79
16	山东信托	460 958. 44	336 766. 09	124 192. 35	36. 88
17	长安信托	421 849. 92	299 525. 29	122 324. 64	40. 84
18	外贸信托	651 809. 56	531 394. 20	120 415. 36	22. 66
19	中江信托	622 561. 66	513 484. 40	109 077. 26	21. 24
20	江苏信托	815 441. 06	709 466. 06	105 975. 00	14. 94
21	苏州信托	330 292. 29	228 839. 94	101 452. 36	44. 33
22	建信信托	730 490. 58	630 850. 08	99 640. 50	15. 79
23	安信信托	180 463. 74	86 476. 44	93 987. 30	108. 69
24	厦门国际信托	353 133. 00	259 892. 00	93 241. 00	35. 88
25	四川信托	500 311. 17	408 843. 11	91 468. 06	22. 37
26	中航信托	474 838. 94	383 871. 97	90 966. 97	23. 70
27	华能信托	626 973. 31	538 733. 37	88 239. 94	16. 38
28	方正东亚信托	304 537. 90	217 893. 19	86 644. 71	39. 76
29	中原信托	317 775. 75	236 394. 03	81 381. 72	34. 43
30	天津信托	339 199. 18	258 883. 11	80 316. 07	31. 02
31	北京信托	465 145. 75	389 499. 84	75 645. 91	19. 42
32	中建投信托	428 862. 65	354 380. 57	74 482. 08	21. 02
33	国元信托	483 390. 27	414 409. 75	68 980. 52	16. 65
34	百瑞信托	372 056. 03	306 519. 88	65 536. 15	21. 38
35	五矿信托	486 899. 91	422 237. 08	64 662. 83	15. 31
36	中泰信托	344 316. 83	280 437. 85	63 878. 98	22. 78
37	中铁信托	468 366. 65	405 603. 98	62 762. 67	15. 47
38	交银国际信托	555 807. 66	494 351. 96	61 455. 70	12. 43
39	国联信托	323 154. 00	265 864. 00	57 290. 00	21. 55
40	英大信托	444 994. 53	389 077. 37	55 917. 16	14. 37
41	湖南信托	251 133. 00	200 176. 00	50 957. 00	25. 46
42	粤财信托	370 243. 40	319 302. 59	50 938. 81	15. 95
43	西藏信托	125 747. 27	75 587. 29	50 159. 98	66. 36
44	渤海信托	368 437. 80	318 792. 59	49 645. 22	15. 57
45	杭州工商信托	168 131. 00	121 281. 00	46 850. 00	38. 63
46	北方信托	320 609. 73	274 109. 11	46 500. 62	16. 96
47	爱建信托	360 924. 13	315 450. 45	45 473. 68	14. 42

续表

排名	公司简称	2014年12月31日(万元)	本年列报 2013年12月31日(万元)	增减额(万元)	较上年增减(%)
48	东莞信托	319 889.75	278 187.17	41 702.58	14.99
49	昆仑信托	584 270.76	544 827.24	39 443.52	7.24
50	陕国投	381 387.39	350 943.22	30 444.17	8.67
51	大业信托	107 205.16	82 889.01	24 316.15	29.34
52	紫金信托	163 411.36	141 312.73	22 098.62	15.64
53	云南信托	161 694.40	140 032.65	21 661.75	15.47
54	中粮信托	347 235.46	327 851.35	19 384.11	5.91
55	光大兴陇信托	165 770.00	148 663.14	17 106.86	11.51
56	西部信托	166 619.67	150 769.34	15 850.33	10.51
57	华澳信托	101 852.84	86 512.88	15 339.96	17.73
58	山西信托	192 222.78	177 120.66	15 102.12	8.53
59	新华信托	277 439.94	263 749.37	13 690.57	5.19
60	万向信托	150 109.70	137 196.87	12 912.83	9.41
61	新时代信托	331 684.69	320 155.63	11 529.07	3.60
62	国民信托	179 223.90	169 246.28	9 977.62	5.90
63	浙金信托	68 179.29	60 389.34	7 789.95	12.90
64	金谷信托	330 258.23	323 345.97	6 912.26	2.14
65	华宸信托	92 640.18	86 061.07	6 579.11	7.64
66	中海信托	383 861.88	380 800.67	3 061.21	0.80
67	华鑫信托	313 116.94	310 331.41	2 785.53	0.90
68	长城新盛信托	39 086.60	36 446.72	2 639.88	7.24
合计		34 563 374.10	27 756 017.65	6 807 354.45	24.53
平均		508 284.91	408 176.73	100 108.15	24.53

注：有18家信托公司本年披露的年初净资产与上年披露的期末净资产不一致。本次排名比较以公司本年披露的年初数为准。

表3-1-8　固有资产净利润排行榜

单位：万元

排名	公司简称	2014年	本年列报的2013年数	上年列报的2013年数	两年列报差异
1	平安信托	391 046.53	264 561.89	267 010.74	2 448.85
2	中信信托	281 230.27	314 359.25	314 359.25	—
3	重庆信托	244 229.29	128 509.36	128 477.07	-32.29
4	中融信托	243 279.39	201 760.48	201 760.48	—
5	华润信托	232 863.77	176 245.78	176 250.69	4.91
6	中诚信托	218 175.38	190 499.75	190 499.75	—
7	上海信托	187 412.95	159 520.80	158 621.89	-898.91
8	华信信托	168 040.05	119 583.22	117 866.19	-1 717.03
9	兴业信托	140 534.31	110 579.72	110 579.72	—
10	四川信托	128 335.60	116 447.85	116 447.85	—
11	华能信托	128 239.93	83 577.27	83 577.27	—
12	外贸信托	121 656.24	129 621.40	129 621.39	-0.01
13	江苏信托	115 225.17	112 480.80	112 480.80	—
14	中铁信托	102 689.81	109 215.71	109 215.71	—
15	安信信托	102 352.80	27 960.17	27 960.17	—
16	中海信托	97 254.36	85 793.88	85 793.88	—
17	长安信托	95 959.48	94 081.73	92 349.72	-1 732.01
18	中航信托	90 966.97	73 941.78	73 941.78	—
19	北京信托	89 459.51	81 947.59	81 947.59	—
20	中江信托	88 878.44	69 933.82	69 933.82	—
21	五矿信托	87 980.23	74 561.60	74 561.60	—
22	建信信托	86 888.87	64 970.81	64 970.82	0.01

续表

排名	公司简称	2014 年	本年列报的 2013 年数	上年列报的 2013 年数	两年列报差异
23	方正东亚信托	85 908. 53	70 191. 26	70 191. 26	—
24	中原信托	80 696. 68	55 773. 91	55 773. 91	—
25	华宝信托	80 637. 28	82 197. 84	82 225. 53	27. 69
26	昆仑信托	79 060. 80	82 745. 98	82 746. 00	0. 02
27	天津信托	77 734. 30	51 467. 84	51 467. 84	—
28	山东信托	76 569. 25	73 231. 47	73 231. 47	—
29	百瑞信托	74 795. 13	64 216. 88	64 216. 88	—
30	华融信托	70 162. 59	80 114. 86	80 450. 86	336. 00
31	国元信托	66 803. 96	54 140. 76	54 121. 84	-18. 92
32	国投信托	63 370. 32	54 110. 09	47 234. 87	-6 875. 22
33	交银国际信托	60 303. 56	50 730. 86	50 730. 86	—
34	渤海信托	59 146. 79	50 868. 38	50 868. 38	—
35	中建投信托	58 910. 06	53 227. 67	53 227. 67	—
36	北方信托	56 401. 84	52 181. 22	52 181. 22	—
37	英大信托	56 311. 32	55 321. 07	55 321. 07	—
38	粤财信托	55 202. 44	52 664. 56	52 664. 53	-0. 03
39	湖南信托	53 868. 00	49 276. 00	49 276. 00	—
40	华鑫信托	52 298. 99	50 875. 73	50 875. 73	—
41	苏州信托	49 549. 98	36 015. 92	36 015. 92	—
42	杭州工商信托	46 525. 00	33 936. 00	33 936. 00	—
43	爱建信托	45 496. 70	36 508. 56	36 508. 56	—
44	厦门国际信托	42 704. 00	45 781. 00	45 781. 00	—
45	国联信托	42 652. 00	32 883. 00	32 883. 00	—
46	东莞信托	42 205. 42	39 654. 23	39 654. 23	—
47	中泰信托	40 506. 35	41 913. 54	54 066. 17	12 152. 63
48	西藏信托	37 316. 45	15 973. 86	15 973. 86	—
49	陆家嘴信托	35 795. 30	26 982. 95	26 982. 95	—
50	陕国投	35 063. 18	31 307. 61	31 307. 61	—
51	中粮信托	31 640. 72	22 398. 94	22 398. 94	—
52	新时代信托	29 484. 07	30 443. 52	30 443. 52	—
53	大业信托	29 316. 15	25 426. 15	25 426. 15	—
54	吉林信托	27 473. 39	43 894. 04	44 498. 87	604. 83
55	紫金信托	26 510. 62	18 692. 60	18 692. 60	—
56	云南信托	25 661. 75	23 934. 06	23 934. 06	—
57	山西信托	19 487. 40	24 686. 28	20 564. 32	-4 121. 96
58	中国民生信托	18 743. 97	5 644. 62	5 644. 62	—
59	西部信托	18 695. 54	18 961. 60	18 961. 60	—
60	国民信托	17 784. 99	19 463. 57	19 463. 57	—
61	华澳信托	15 200. 99	22 701. 45	22 701. 45	—
62	光大兴陇信托	14 509. 79	20 646. 36	19 544. 35	-1 102. 01
63	万向信托	12 912. 84	7 020. 36	7 020. 36	—
64	新华信托	10 584. 49	54 021. 09	54 021. 09	—
65	金谷信托	10 256. 99	27 228. 17	27 228. 17	—
66	浙金信托	7 789. 95	5 990. 65	5 990. 65	—
67	长城新盛信托	5 051. 41	5 704. 73	5 704. 73	—
68	华宸信托	2 938. 98	1 076. 94	1 170. 19	93. 25
合计		5 392 739. 62	4 592 382. 85	4 591 552. 66	-830. 19
平均		79 304. 99	67 535. 04	67 522. 83	

注：报表披露中差异绝对值小于等于 1 万元的视为尾差，不计入不一致范围。共有 15 家信托公司本年披露的上年净利润与上年披露的当年净利润不一致，本次排名以公司本年披露的上年数为准，同时列示上年披露的净利润数。

2014 年净利润超过 1 亿元的有 65 家，超过 10 亿元的有 15 家，比 2013 年增加了 2 家，分别为安信信托、华能信托。这 15 家公司合计净利润为 280.53 亿元，占 68 家信托公司净利润合计数的 52.02%。

表 3－1－9　固有资产净利润增减排行榜

单位：万元

排名	公司简称	2014 年	本年列报的 2013 年数	增减额数
1	平安信托	391 046.53	264 561.89	126 484.64
2	重庆信托	244 229.29	128 509.36	115 719.93
3	安信信托	102 352.80	27 960.17	74 392.63
4	华润信托	232 863.77	176 245.78	56 617.99
5	华信信托	168 040.05	119 583.22	48 456.83
6	华能信托	128 239.93	83 577.27	44 662.66
7	中融信托	243 279.39	201 760.48	41 518.92
8	兴业信托	140 534.31	110 579.72	29 954.59
9	上海信托	187 412.95	159 520.80	27 892.15
10	中诚信托	218 175.38	190 499.75	27 675.63
11	天津信托	77 734.30	51 467.84	26 266.46
12	中原信托	80 696.68	55 773.91	24 922.77
13	建信信托	86 888.87	64 970.81	21 918.06
14	西藏信托	37 316.45	15 973.86	21 342.59
15	中江信托	88 878.44	69 933.82	18 944.62
16	中航信托	90 966.97	73 941.78	17 025.19
17	方正东亚信托	85 908.53	70 191.26	15 717.27
18	苏州信托	49 549.98	36 015.92	13 534.05
19	五矿信托	87 980.23	74 561.60	13 418.63
20	中国民生信托	18 743.97	5 644.62	13 099.36
21	国元信托	66 803.96	54 140.76	12 663.20
22	杭州工商信托	46 525.00	33 936.00	12 589.00
23	四川信托	128 335.60	116 447.85	11 887.75
24	中海信托	97 254.36	85 793.88	11 460.48
25	百瑞信托	74 795.13	64 216.88	10 578.25
26	国联信托	42 652.00	32 883.00	9 769.00
27	交银国际信托	60 303.56	50 730.86	9 572.70
28	国投信托	63 370.32	54 110.09	9 260.24
29	中粮信托	31 640.72	22 398.94	9 241.79
30	爱建信托	45 496.70	36 508.56	8 988.14
31	陆家嘴信托	35 795.30	26 982.95	8 812.35
32	渤海信托	59 146.79	50 868.38	8 278.40
33	紫金信托	26 510.62	18 692.60	7 818.02
34	北京信托	89 459.51	81 947.59	7 511.92
35	万向信托	12 912.84	7 020.36	5 892.48
36	中建投信托	58 910.06	53 227.67	5 682.39
37	湖南信托	53 868.00	49 276.00	4 592.00
38	北方信托	56 401.84	52 181.22	4 220.62
39	大业信托	29 316.15	25 426.15	3 890.00
40	陕国投	35 063.18	31 307.61	3 755.56
41	山东信托	76 569.25	73 231.47	3 337.78
42	江苏信托	115 225.17	112 480.80	2 744.37
43	东莞信托	42 205.42	39 654.23	2 551.19
44	粤财信托	55 202.44	52 664.56	2 537.88
45	长安信托	95 959.48	94 081.73	1 877.75
46	华宸信托	2 938.98	1 076.94	1 862.05
47	浙金信托	7 789.95	5 990.65	1 799.30
48	云南信托	25 661.75	23 934.06	1 727.69

续表

排名	公司简称	2014 年	本年列报的 2013 年数	增减额数
49	华鑫信托	52 298.99	50 875.73	1 423.26
50	英大信托	56 311.32	55 321.07	990.25
51	西部信托	18 695.54	18 961.60	-266.06
52	长城新盛信托	5 051.41	5 704.73	-653.32
53	新时代信托	29 484.07	30 443.52	-959.45
54	中泰信托	40 506.35	41 913.54	-1 407.19
55	华宝信托	80 637.28	82 197.84	-1 560.56
56	国民信托	17 784.99	19 463.57	-1 678.58
57	厦门国际信托	42 704.00	45 781.00	-3 077.00
58	昆仑信托	79 060.80	82 745.98	-3 685.18
59	山西信托	19 487.40	24 686.28	-5 198.88
60	光大兴陇信托	14 509.79	20 646.36	-6 136.57
61	中铁信托	102 689.81	109 215.71	-6 525.90
62	华澳信托	15 200.99	22 701.45	-7 500.46
63	外贸信托	121 656.24	129 621.40	-7 965.16
64	华融信托	70 162.59	80 114.86	-9 952.27
65	吉林信托	27 473.39	43 894.04	-16 420.65
66	金谷信托	10 256.99	27 228.17	-16 971.18
67	中信信托	281 230.27	314 359.25	-33 128.98
68	新华信托	10 584.49	54 021.09	-43 436.60
合计		5 392 739.62	4 592 382.85	800 356.77
平均		79 304.99	67 535.04	11 769.95

注：共有 15 家信托公司本年披露的上年净利润与上年披露的当年净利润不一致。本次比较排名以公司本年披露的上年数为准。

2014 年有 4 家公司净利润下降超过 1 亿元，其中新华信托下降最多达 4.34 亿元。

表 3-1-10　固有资产净资产收益率排行榜

单位：%

排名	公司简称	2014 年	2013 年
1	安信信托	56.72	32.33
2	西藏信托	29.68	21.13
3	方正东亚信托	28.21	32.21
4	杭州工商信托	27.67	27.98
5	大业信托	27.35	30.67
6	四川信托	25.65	28.48
7	中原信托	25.39	23.59
8	中海信托	25.34	22.53
9	中融信托	24.81	26.39
10	华信信托	23.40	20.28
11	天津信托	22.92	19.88
12	长安信托	22.75	31.41
13	中铁信托	21.93	26.93
14	湖南信托	21.45	24.62
15	华能信托	20.45	15.51
16	上海信托	20.27	20.30
17	百瑞信托	20.10	20.95
18	北京信托	19.23	21.04
19	中航信托	19.16	19.26
20	外贸信托	18.66	24.39
21	重庆信托	18.23	13.72
22	五矿信托	18.07	17.66

续表

排名	公司简称	2014 年	2013 年
23	北方信托	17.59	19.04
24	华润信托	16.84	14.32
25	中诚信托	16.82	17.07
26	华鑫信托	16.70	16.39
27	山东信托	16.61	21.75
28	紫金信托	16.22	13.23
29	渤海信托	16.05	15.96
30	云南信托	15.87	17.09
31	中信信托	15.41	24.13
32	苏州信托	15.00	15.74
33	华澳信托	14.92	26.24
34	粤财信托	14.91	16.49
35	中江信托	14.28	13.62
36	华融信托	14.14	24.59
37	江苏信托	14.13	15.85
38	国元信托	13.82	13.06
39	中建投信托	13.74	15.02
40	昆仑信托	13.53	15.19
41	国联信托	13.20	12.37
42	东莞信托	13.19	14.25
43	长城新盛信托	12.92	15.65
44	兴业信托	12.66	22.10
45	英大信托	12.65	14.22
46	爱建信托	12.61	11.57
47	华宝信托	12.22	16.22
48	厦门国际信托	12.09	17.62
49	建信信托	11.89	10.30
50	中泰信托	11.76	14.95
51	浙金信托	11.43	9.92
52	西部信托	11.22	12.58
53	交银国际信托	10.85	10.26
54	陆家嘴信托	10.43	19.85
55	平安信托	10.42	8.03
56	国投信托	10.38	17.11
57	山西信托	10.14	13.94
58	国民信托	9.92	11.50
59	陕国投	9.19	8.92
60	中粮信托	9.11	6.83
61	新时代信托	8.89	9.51
62	光大兴陇信托	8.75	13.89
63	万向信托	8.60	5.12
64	吉林信托	5.83	12.96
65	中国民生信托	5.76	5.30
66	新华信托	3.82	20.48
67	华宸信托	3.17	1.25
68	金谷信托	3.11	8.42
平均值	15.60	16.55	16.55

2014 年总体净资产收益率为 15.60%，比 2013 年下降 1 个百分点；低于 6% 的有 5 家，比 2013 年多了 2 家。

指标	家数	平均净资产收益率(%)
大于等于6%的	63	16.10
3%~6%(含3%)	5	4.68
0~3	—	—
0以下	—	—

表3-1-11　固有资产总资产收益率排行榜

单位:%

排名	公司简称	2014年	2013年	增减
1	安信信托	34.65	17.47	17.18
2	方正东亚信托	24.45	27.82	-3.37
3	中原信托	23.24	22.18	1.06
4	大业信托	23.18	19.16	4.02
5	杭州工商信托	22.83	23.55	-0.72
6	华信信托	22.24	19.63	2.61
7	天津信托	21.70	18.74	2.97
8	西藏信托	20.90	15.20	5.69
9	中融信托	19.94	20.83	-0.89
10	中海信托	18.53	17.46	1.07
11	上海信托	18.35	18.49	-0.14
12	外贸信托	18.10	23.21	-5.12
13	长安信托	17.68	23.42	-5.74
14	百瑞信托	17.59	18.92	-1.33
15	湖南信托	17.49	20.18	-2.69
16	华能信托	17.48	13.87	3.61
17	北京信托	17.29	19.43	-2.14
18	五矿信托	16.86	16.47	0.39
19	中航信托	16.57	17.14	-0.56
20	华鑫信托	15.90	14.76	1.14
21	山东信托	15.80	15.50	0.30
22	渤海信托	15.69	15.57	0.12
23	华润信托	15.30	13.19	2.12
24	北方信托	15.08	16.23	-1.16
25	紫金信托	15.02	12.40	2.62
26	中诚信托	15.01	14.76	0.24
27	粤财信托	14.24	15.85	-1.61
28	重庆信托	14.24	10.30	3.95
29	江苏信托	13.90	15.43	-1.53
30	云南信托	13.77	14.83	-1.07
31	中信信托	13.47	21.12	-7.65
32	国元信托	13.32	12.47	0.85
33	昆仑信托	13.13	14.66	-1.53
34	苏州信托	13.03	14.09	-1.06
35	国联信托	12.90	12.17	0.73
36	华融信托	12.89	22.03	-9.14
37	中建投信托	12.47	12.97	-0.49
38	东莞信托	12.45	13.61	-1.16
39	英大信托	12.19	13.45	-1.26
40	爱建信托	12.15	11.26	0.89
41	兴业信托	11.35	17.68	-6.34
42	长城新盛信托	11.35	12.63	-1.29
43	厦门国际信托	11.22	16.01	-4.79
44	建信信托	10.73	9.81	0.92

续表

排名	公司简称	2014 年	2013 年	增减
45	中泰信托	10. 68	13. 83	-3. 15
46	华宝信托	10. 54	13. 88	-3. 34
47	交银国际信托	10. 36	9. 84	0. 52
48	中铁信托	10. 36	11. 89	-1. 54
49	陆家嘴信托	9. 47	17. 64	-8. 17
50	华澳信托	9. 45	14. 62	-5. 17
51	西部信托	9. 38	10. 61	-1. 23
52	浙金信托	9. 22	8. 76	0. 46
53	四川信托	8. 80	15. 80	-7. 00
54	国投信托	8. 77	16. 04	-7. 27
55	新时代信托	8. 64	9. 23	-0. 59
56	中粮信托	8. 58	6. 61	1. 97
57	国民信托	8. 48	9. 73	-1. 24
58	光大兴陇信托	8. 37	13. 05	-4. 68
59	陕国投	8. 24	7. 97	0. 27
60	万向信托	8. 20	4. 98	3. 22
61	中江信托	6. 80	8. 08	-1. 28
62	山西信托	5. 70	9. 80	-4. 11
63	中国民生信托	5. 43	4. 89	0. 55
64	吉林信托	4. 29	10. 43	-6. 15
65	平安信托	3. 01	2. 61	0. 40
66	金谷信托	2. 84	7. 74	-4. 91
67	华宸信托	2. 83	1. 10	1. 73
68	新华信托	2. 51	13. 59	-11. 08
平均值		10. 79	11. 77	

注:2013 年的总资产收益率系以 2014 年年报的年初数为基础计算得出的,与上年汇总计算的数据有差异。

2011—2014 年,整个信托行业的总资产收益率保持在 10% ~12% 的范围内变化。

经对 68 家公司的数据分析,高于平均值的 43 家公司。在指标值低于平均值的 25 家中,全部指标都高于 2%。

从总体上来看,2014 年平均总资产收益率为 10. 79%,比 2013 年的 11. 77% 下降了近 1%,其中有 40 家公司总资产收益率比上年有所下降,系净利润的增速低于资产总额的增速导致。

表 3 -1 -12　固有资产货币资金排行榜

单位:万元

排名	公司简称	2014 年 12 月 31 日	2013 年 12 月 31 日	增减额
1	平安信托	2 458 200. 95	1 906 786. 15	551 414. 80
2	中江信托	583 303. 71	321 780. 15	261 523. 56
3	四川信托	530 420. 22	326 045. 44	204 374. 78
4	中融信托	411 162. 36	843 152. 85	-431 990. 48
5	五矿信托	326 941. 94	335 889. 21	-8 947. 27
6	国投信托	253 749. 06	47 618. 99	206 130. 07
7	华信信托	234 196. 85	13 992. 58	220 204. 27
8	中信信托	219 738. 32	289 206. 22	-69 467. 90
9	中国民生信托	214 173. 89	62 277. 54	151 896. 35
10	华融信托	212 509. 54	83 452. 74	129 056. 80
11	渤海信托	195 554. 63	112 788. 44	82 766. 19
12	上海信托	193 982. 76	200 155. 71	-6 172. 95
13	中铁信托	184 442. 36	86 729. 37	97 712. 99
14	中诚信托	160 652. 00	248 890. 79	-88 238. 79
15	重庆信托	149 223. 65	32 016. 48	117 207. 17
16	北京信托	145 862. 86	130 804. 83	15 058. 04
17	华宝信托	131 981. 78	86 011. 67	45 970. 11
18	外贸信托	127 483. 64	62 884. 05	64 599. 59

续表

排名	公司简称	2014 年 12 月 31 日	2013 年 12 月 31 日	增减额
19	吉林信托	121 682. 89	72 585. 36	49 097. 53
20	北方信托	110 535. 51	113 074. 26	-2 538. 75
21	中粮信托	102 897. 53	153 594. 46	-50 696. 93
22	粤财信托	98 828. 28	169 915. 22	-71 086. 94
23	昆仑信托	90 239. 33	53 524. 35	36 714. 98
24	厦门国际信托	89 632. 00	30 302. 00	59 330. 00
25	建信信托	86 453. 58	65 859. 40	20 594. 18
26	兴业信托	84 479. 35	49 301. 56	35 177. 79
27	长安信托	79 374. 42	136 427. 83	-57 053. 41
28	国联信托	78 357. 00	26 268. 00	52 089. 00
29	华润信托	69 776. 94	63 806. 32	5 970. 62
30	西藏信托	66 288. 12	1 088. 65	65 199. 47
31	英大信托	65 496. 27	32 468. 58	33 027. 69
32	交银国际信托	59 315. 67	182 551. 10	-123 235. 43
33	中海信托	58 551. 16	134 313. 30	-75 762. 14
34	陆家嘴信托	53 671. 17	16 177. 51	37 493. 66
35	百瑞信托	50 642. 10	22 012. 64	28 629. 46
36	金谷信托	45 996. 82	136 309. 63	-90 312. 81
37	陕国投	45 735. 21	94 297. 59	-48 562. 38
38	华澳信托	45 086. 15	43 262. 53	1 823. 62
39	山西信托	43 692. 36	41 547. 97	2 144. 39
40	国民信托	43 225. 48	19 715. 43	23 510. 05
41	华能信托	43 213. 56	63 892. 18	-20 678. 62
42	杭州工商信托	42 485. 00	19 219. 00	23 266. 00
43	中原信托	42 192. 01	13 976. 13	28 215. 88
44	新华信托	41 305. 92	113 535. 18	-72 229. 26
45	山东信托	40 011. 52	156 233. 24	-116 221. 72
46	中建投信托	38 832. 09	54 794. 18	-15 962. 09
47	安信信托	37 744. 97	35 616. 44	2 128. 53
48	光大兴陇信托	35 880. 92	24 082. 64	11 798. 28
49	浙金信托	35 194. 42	48 081. 42	-12 887. 00
50	长城新盛信托	28 513. 69	20 382. 75	8 130. 94
51	云南信托	24 943. 96	47 290. 22	-22 346. 26
52	紫金信托	23 199. 06	36 246. 51	-13 047. 45
53	湖南信托	22 579. 00	38 490. 00	-15 911. 00
54	天津信托	20 453. 87	35 831. 43	-15 377. 56
55	新时代信托	18 036. 17	31 861. 02	-13 824. 85
56	中泰信托	17 271. 67	73 724. 47	-56 452. 80
57	东莞信托	15 493. 96	12 821. 59	2 672. 37
58	爱建信托	14 759. 07	18 907. 80	-4 148. 73
59	方正东亚信托	14 726. 53	44 710. 59	-29 984. 06
60	中航信托	12 670. 36	29 192. 19	-16 521. 83
61	万向信托	10 021. 06	12 565. 09	-2 544. 03
62	大业信托	8 224. 02	53 021. 25	-44 797. 23
63	华鑫信托	6 253. 47	912. 20	5 341. 27
64	苏州信托	3 794. 40	13 007. 87	-9 213. 47
65	国元信托	3 443. 02	47 336. 36	-43 893. 34
66	西部信托	3 441. 05	21 441. 16	-18 000. 11
67	江苏信托	2 228. 03	1 463. 11	764. 92
68	华宸信托	926. 50	1 912. 89	-986. 39
合计		8 931 377. 16	7 919 435. 79	1 011 941. 37
平均		131 343. 78	116 462. 29	14 881. 49

为了使各家公司报告对货币资金披露的一致，表格中的货币资金包括货币资金、存放中央银行款项、存放同业款项和其他货币资金。

2014 年平均货币资金相比 2013 年净增加了 101. 19 亿元，增幅为 12. 78%。

表 3－1－13 固有资产每股净资产排行榜

单位：万元

排名	公司简称	2014 年 12 月 31 日	2013 年 12 月 31 日
1	中泰信托	6. 67	5. 43
2	重庆信托	5. 49	3. 84
3	中江信托	5. 39	4. 44
4	平安信托	5. 37	4. 71
5	中诚信托	5. 28	4. 54
6	华润信托	5. 26	4. 68
7	建信信托	4. 78	4. 13
8	安信信托	3. 97	1. 90
9	上海信托	3. 70	3. 14
10	大业信托	3. 57	2. 76
11	北京信托	3. 32	2. 78
12	北方信托	3. 20	2. 74
13	陕国投	3. 14	2. 89
14	长安信托	3. 13	2. 38
15	江苏信托	3. 04	2. 64
16	外贸信托	2. 96	2. 42
17	吉林信托	2. 95	2. 12
18	中航信托	2. 82	2. 28
19	国投信托	2. 79	2. 62
20	新时代信托	2. 76	2. 67
21	苏州信托	2. 75	1. 91
22	西部信托	2. 69	2. 43
23	东莞信托	2. 67	2. 32
24	国联信托	2. 63	2. 16
25	中建投信托	2. 57	2. 13
26	方正东亚信托	2. 54	1. 82
27	西藏信托	2. 51	1. 89
28	华融信托	2. 50	2. 15
29	粤财信托	2. 47	2. 13
30	英大信托	2. 44	2. 14
31	五矿信托	2. 43	2. 11
32	国元信托	2. 42	2. 07
33	中铁信托	2. 34	2. 03
34	新华信托	2. 31	2. 20
35	山东信托	2. 30	2. 63
36	杭州工商信托	2. 24	2. 43
37	兴业信托	2. 22	1. 94
38	华信信托	2. 18	1. 79
39	湖南信托	2. 09	1. 67
40	华能信托	2. 09	1. 80
41	四川信托	2. 00	2. 04
42	天津信托	2. 00	1. 73
43	昆仑信托	1. 95	1. 82
44	渤海信托	1. 84	1. 59
45	中信信托	1. 83	10. 86
46	国民信托	1. 79	1. 69

续表

排名	公司简称	2014 年 12 月 31 日	2013 年 12 月 31 日
47	华宝信托	1. 76	2. 53
48	华澳信托	1. 70	1. 44
49	百瑞信托	1. 69	2. 55
50	中融信托	1. 63	4. 78
51	光大兴陇信托	1. 63	1. 46
52	中国民生信托	1. 63	1. 07
53	华宸信托	1. 62	1. 50
54	云南信托	1. 62	1. 40
55	中海信托	1. 54	1. 52
56	厦门国际信托	1. 54	1. 62
57	中粮信托	1. 51	1. 43
58	金谷信托	1. 50	1. 47
59	交银国际信托	1. 48	1. 31
60	华鑫信托	1. 42	1. 41
61	山西信托	1. 42	1. 31
62	浙金信托	1. 36	1. 21
63	紫金信托	1. 36	1. 18
64	长城新盛信托	1. 30	1. 21
65	中原信托	1. 27	1. 58
66	爱建信托	1. 20	1. 05
67	陆家嘴信托	1. 14	1. 27
68	万向信托	1. 12	2. 11
	平均	2. 49	2. 49

68 家信托公司平均每股净资产 2. 49 元，两年总体保持不变；所有公司的每股净资产均大于 1 元，其中 42 家信托公司每股净资产超过了 2 元，较上年增加了 4 家。

（二）信托资产相关指标

表 3－1－14　信托资产资产总额排行榜

单位：万元

排名	公司简称	2014 年 12 月 31 日	2013 年 12 月 31 日
1	中信信托	90 207 415. 56	72 966 079. 78
2	中融信托	71 059 273. 05	47 853 490. 39
3	建信信托	66 583 532. 90	32 581 638. 82
4	兴业信托	65 115 171. 72	56 500 216. 70
5	外贸信托	54 345 654. 39	31 737 693. 65
6	华宝信托	49 146 270. 91	27 151 685. 53
7	华润信托	47 197 866. 96	36 430 423. 90
8	华能信托	42 155 687. 70	29 856 830. 63
9	平安信托	39 984 860. 55	29 031 953. 90
10	交银国际信托	39 799 220. 09	27 991 658. 90
11	上海信托	38 636 864. 03	19 229 031. 31
12	山东信托	33 018 995. 47	29 942 135. 15
13	中海信托	31 425 074. 24	17 744 365. 55
14	中诚信托	31 230 786. 54	35 721 118. 26
15	长安信托	28 166 302. 64	21 682 939. 58
16	中航信托	27 806 914. 78	22 117 395. 75
17	北方信托	27 373 852. 02	29 423 228. 00

续表

排名	公司简称	2014 年 12 月 31 日	2013 年 12 月 31 日
18	云南信托	27 011 227. 95	22 514 869. 57
19	四川信托	26 980 502. 33	21 867 572. 15
20	五矿信托	26 640 712. 05	19 606 736. 70
21	西藏信托	25 628 415. 20	12 911 412. 50
22	中江信托	21 976 295. 37	16 747 288. 18
23	渤海信托	21 661 733. 45	18 817 904. 08
24	中铁信托	21 090 823. 00	15 053 089. 00
25	英大信托	21 048 988. 89	21 026 829. 31
26	粤财信托	19 780 661. 75	22 945 876. 95
27	新华信托	18 278 321. 92	16 594 457. 60
28	江苏信托	17 434 667. 97	10 334 611. 77
29	新时代信托	16 734 888. 95	15 842 342. 20
30	国元信托	16 419 585. 38	19 053 303. 15
31	北京信托	16 162 672. 31	12 434 795. 36
32	华鑫信托	16 081 516. 53	14 837 344. 01
33	天津信托	15 438 501. 33	9 949 583. 52
34	安信信托	15 115 116. 24	11 581 461. 69
35	重庆信托	15 071 664. 11	12 631 179. 09
36	华融信托	14 974 039. 91	9 766 219. 87
37	国投信托	14 663 403. 23	18 462 290. 12
38	昆仑信托	14 164 489. 13	16 848 427. 09
39	百瑞信托	13 853 262. 47	11 424 669. 83
40	方正东亚信托	13 814 039. 04	11 181 569. 47
41	中原信托	12 966 217. 03	11 914 242. 36
42	陕国投	12 428 737. 29	9 068 741. 18
43	厦门国际信托	11 539 444. 00	13 244 024. 00
44	中建投信托	10 060 290. 13	9 819 195. 10
45	陆家嘴信托	9 556 429. 82	6 755 671. 60
46	苏州信托	8 937 666. 51	6 386 451. 42
47	金谷信托	8 852 316. 12	9 381 081. 50
48	大业信托	8 673 298. 11	5 228 599. 72
49	华信信托	8 114 147. 36	7 638 487. 05
50	中泰信托	7 606 244. 72	6 217 769. 34
51	中粮信托	7 214 009. 97	5 309 187. 41
52	国民信托	7 144 293. 84	4 251 543. 51
53	湖南信托	6 751 447. 00	6 643 824. 00
54	吉林信托	6 535 739. 63	4 216 962. 06
55	西部信托	6 519 083. 37	5 113 744. 90
56	中国民生信托	6 376 692. 77	3 902 603. 65
57	爱建信托	5 990 087. 29	3 847 326. 69
58	光大兴陇信托	5 771 523. 59	7 786 289. 59
59	万向信托	5 714 760. 82	1 601 689. 50
60	紫金信托	5 205 298. 47	3 908 703. 33
61	山西信托	5 205 007. 00	6 765 471. 70
62	东莞信托	4 382 573. 17	4 132 508. 62
63	华澳信托	4 375 830. 49	5 117 844. 45
64	国联信托	4 351 445. 00	4 485 387. 00
65	杭州工商信托	2 840 661. 00	2 263 260. 00
66	浙金信托	2 479 791. 53	2 190 092. 25
67	长城新盛信托	1 708 970. 25	1 449 383. 63
68	华宸信托	695 794. 64	1 271 354. 91
合计		1 401 277 072. 99	1 090 307 159. 48
平均		20 607 015. 78	16 033 928. 82

信托资产总额超过 1 000 亿元的公司有 44 家，比 2013 年的 40 家增加了 4 家。44 家信托公司资产总额达 126 027.39 亿元，占整个信托资产总额的 89.94%。68 家信托公司信托资产总额平均为 2 060.70 亿元。

表 3－1－15　信托资产规模资本比例排行榜

排名	公司简称	净资产（万元）	信托资产（万元）	信托规模资本比例（%）
1	华宸信托	92 640.18	695 794.64	13.31
2	平安信托	3 752 890.48	39 984 860.55	9.39
3	重庆信托	1 340 077.65	15 071 664.11	8.89
4	华信信托	717 999.27	8 114 147.36	8.85
5	国联信托	323 154.00	4 351 445.00	7.43
6	东莞信托	319 889.75	4 382 573.17	7.30
7	吉林信托	471 276.46	6 535 739.63	7.21
8	爱建信托	360 924.13	5 990 087.29	6.03
9	杭州工商信托	168 131.00	2 840 661.00	5.92
10	中国民生信托	325 248.57	6 376 692.77	5.10
11	中粮信托	347 235.46	7 214 009.97	4.81
12	江苏信托	815 441.06	17 434 667.97	4.68
13	中泰信托	344 316.83	7 606 244.72	4.53
14	中建投信托	428 862.65	10 060 290.13	4.26
15	国投信托	610 667.44	14 663 403.23	4.16
16	中诚信托	1 297 390.27	31 230 786.54	4.15
17	昆仑信托	584 270.76	14 164 489.13	4.12
18	金谷信托	330 258.23	8 852 316.12	3.73
19	湖南信托	251 133.00	6 751 447.00	3.72
20	苏州信托	330 292.29	8 937 666.51	3.70
21	山西信托	192 222.78	5 205 007.00	3.69
22	陆家嘴信托	343 101.01	9 556 429.82	3.59
23	华融信托	496 216.07	14 974 039.91	3.31
24	紫金信托	163 411.36	5 205 298.47	3.14
25	陕国投	381 387.39	12 428 737.29	3.07
26	厦门国际信托	353 133.00	11 539 444.00	3.06
27	国元信托	483 390.27	16 419 585.38	2.94
28	华润信托	1 382 774.69	47 197 866.96	2.93
29	北京信托	465 145.75	16 162 672.31	2.88
30	光大兴陇信托	165 770.00	5 771 523.59	2.87
31	中江信托	622 561.66	21 976 295.37	2.83
32	浙金信托	68 179.29	2 479 791.53	2.75
33	百瑞信托	372 056.03	13 853 262.47	2.69
34	万向信托	150 109.70	5 714 760.82	2.63
35	西部信托	166 619.67	6 519 083.37	2.56
36	国民信托	179 223.90	7 144 293.84	2.51
37	中原信托	317 775.75	12 966 217.03	2.45
38	上海信托	924 450.95	38 636 864.03	2.39
39	华澳信托	101 852.84	4 375 830.49	2.33
40	长城新盛信托	39 086.60	1 708 970.25	2.29
41	中铁信托	468 366.65	21 090 823.00	2.22
42	方正东亚信托	304 537.90	13 814 039.04	2.20
43	天津信托	339 199.18	15 438 501.33	2.20
44	英大信托	444 994.53	21 048 988.89	2.11
45	中信信托	1 825 422.91	90 207 415.56	2.02
46	新时代信托	331 684.69	16 734 888.95	1.98
47	华鑫信托	313 116.94	16 081 516.53	1.95
48	粤财信托	370 243.40	19 780 661.75	1.87

续表

排名	公司简称	净资产(万元)	信托资产(万元)	信托规模资本比例(%)
49	四川信托	500 311. 17	26 980 502. 33	1. 85
50	五矿信托	486 899. 91	26 640 712. 05	1. 83
51	中航信托	474 838. 94	27 806 914. 78	1. 71
52	兴业信托	1 109 686. 08	65 115 171. 72	1. 70
53	渤海信托	368 437. 80	21 661 733. 45	1. 70
54	新华信托	277 439. 94	18 278 321. 92	1. 52
55	长安信托	421 849. 92	28 166 302. 64	1. 50
56	华能信托	626 973. 31	42 155 687. 70	1. 49
57	交银国际信托	555 807. 66	39 799 220. 09	1. 40
58	山东信托	460 958. 44	33 018 995. 47	1. 40
59	中融信托	980 538. 51	71 059 273. 05	1. 38
60	华宝信托	659 615. 70	49 146 270. 91	1. 34
61	大业信托	107 205. 16	8 673 298. 11	1. 24
62	中海信托	383 861. 88	31 425 074. 24	1. 22
63	外贸信托	651 809. 56	54 345 654. 39	1. 20
64	安信信托	180 463. 74	15 115 116. 24	1. 19
65	北方信托	320 609. 73	27 373 852. 02	1. 17
66	建信信托	730 490. 58	66 583 532. 90	1. 10
67	云南信托	161 694. 40	27 011 227. 95	0. 60
68	西藏信托	125 747. 27	25 628 415. 20	0. 49
合计		34 563 374. 10	1 401 277 072. 99	2. 47
平均		508 284. 91	20 607 015. 78	2. 47

2014 年信托资产规模资本比例整体相比 2013 年略有下降(2013 年平均比例为 2. 55%)，各家公司的规模比例也在下降，2012 年超过 10%的有 6 家，2013 年和 2014 年超过 10%的只有 1 家公司。

项目	2014 年(家数)	2013 年(家数)
大于 10%	1	1
5% ~10%	9	12
1% ~5%	56	50
小于 1%	2	5
合计	68	68

表 3 -1 -16　信托资产营业收入排行榜

单位:万元

排名	公司简称	2014 年	2013 年
1	中融信托	5 760 492. 59	3 686 527. 67
2	中信信托	5 679 332. 60	3 318 829. 39
3	平安信托	4 758 743. 68	2 845 095. 47
4	华润信托	4 460 326. 77	2 209 802. 93
5	兴业信托	4 395 523. 37	3 824 726. 74
6	建信信托	4 326 078. 34	1 629 252. 47
7	外贸信托	4 059 171. 69	2 353 572. 07
8	华宝信托	3 228 451. 74	1 457 073. 41
9	华能信托	2 962 536. 19	2 062 994. 74
10	中诚信托	2 927 994. 39	1 748 931. 52
11	山东信托	2 727 621. 10	2 015 563. 68
12	四川信托	2 580 271. 03	1 906 707. 92
13	长安信托	2 572 899. 68	2 232 414. 94
14	交银国际信托	2 484 345. 91	1 391 407. 70
15	北方信托	2 461 964. 25	1 683 669. 00

续表

排名	公司简称	2014 年	2013 年
16	云南信托	2 433 016. 46	1 238 053. 09
17	中航信托	2 273 835. 17	1 533 720. 05
18	上海信托	2 127 971. 69	1 231 551. 58
19	五矿信托	2 095 278. 94	1 412 350. 95
20	中海信托	1 988 313. 51	1 049 179. 28
21	中江信托	1 874 416. 90	1 286 483. 80
22	中铁信托	1 851 739. 00	1 345 521. 00
23	新华信托	1 839 877. 92	1 228 767. 28
24	粤财信托	1 777 284. 79	1 394 928. 73
25	渤海信托	1 768 039. 58	1 480 372. 13
26	新时代信托	1 673 183. 32	1 295 933. 93
27	北京信托	1 636 286. 67	808 178. 07
28	华鑫信托	1 590 881. 03	1 114 538. 67
29	国元信托	1 558 975. 74	1 380 643. 31
30	西藏信托	1 490 113. 78	832 963. 78
31	国投信托	1 468 919. 49	1 237 678. 24
32	华融信托	1 453 060. 85	772 615. 43
33	厦门国际信托	1 338 201. 00	1 124 333. 00
34	重庆信托	1 321 572. 04	656 927. 06
35	方正东亚信托	1 307 940. 43	887 335. 96
36	安信信托	1 291 249. 71	767 332. 93
37	英大信托	1 281 544. 76	1 242 808. 68
38	中原信托	1 242 843. 66	1 015 533. 20
39	昆仑信托	1 105 098. 35	896 795. 47
40	百瑞信托	1 058 785. 05	747 297. 81
41	山西信托	995 642. 04	569 599. 04
42	陕国投	988 928. 65	775 766. 20
43	江苏信托	981 090. 90	605 619. 04
44	华信信托	844 949. 26	639 418. 06
45	金谷信托	793 022. 18	937 050. 56
46	中建投信托	772 734. 04	548 300. 09
47	光大兴陇信托	763 737. 86	597 486. 75
48	天津信托	757 113. 30	656 603. 63
49	中泰信托	747 261. 69	455 938. 11
50	大业信托	725 294. 40	409 761. 65
51	苏州信托	723 797. 90	431 664. 78
52	湖南信托	710 464. 00	653 621. 00
53	陆家嘴信托	704 732. 38	505 209. 43
54	中国民生信托	580 767. 14	80 996. 68
55	国民信托	580 746. 09	155 383. 86
56	爱建信托	488 226. 55	272 769. 22
57	华澳信托	484 551. 58	345 685. 44
58	西部信托	471 829. 50	432 479. 82
59	中粮信托	462 600. 91	529 415. 06
60	国联信托	423 529. 00	402 892. 00
61	吉林信托	414 532. 09	442 974. 45
62	东莞信托	409 365. 36	337 684. 44
63	紫金信托	392 253. 84	288 849. 80
64	万向信托	330 443. 33	83 164. 69
65	杭州工商信托	303 660. 00	212 828. 00
66	浙金信托	255 302. 17	178 931. 00
67	长城新盛信托	126 617. 68	53 014. 14
68	华宸信托	107 209. 17	166 621. 02
合计		112 574 586. 18	74 118 141. 04
平均		1 655 508. 62	1 089 972. 66

2013 年增长比例为 57. 15% ,2014 年为 51. 89% ,总体增长为 3 845. 64 亿元。营业务收入达 100 亿元以上的有 40 家,2013 年为 32 家。

项目	2014 年	2013 年
100 亿元以上	40	32
10 亿 ~100 亿元	28	33
10 亿元以下	0	3
合计	68	68

表 3 -1 -17　信托业务收入占比排行榜

排名	公司简称	信托手续费及佣金收入(万元)	其他业务收入中的信托部分收入(万元)	合计(万元)	收入合计(万元)	信托业务收入占比(%)
1	新华信托	137 894. 70	—	137 894. 70	105 670. 25	130. 50
2	中江信托	115 589. 93	—	115 589. 93	123 645. 60	93. 48
3	安信信托	162 278. 00	—	162 278. 00	187 474. 00	86. 56
4	大业信托	52 056. 28	—	52 056. 28	60 678. 47	85. 79
5	中铁信托	127 359. 00	—	127 359. 00	149 292. 00	85. 31
6	华融信托	154 885. 84	—	154 885. 84	183 221. 14	84. 53
7	国民信托	38 724. 66	—	38 724. 66	46 253. 29	83. 72
8	光大兴陇信托	24 634. 62	—	24 634. 62	29 525. 53	83. 43
9	渤海信托	101 621. 03	—	101 621. 03	121 930. 56	83. 34
10	云南信托	46 728. 55	—	46 728. 55	56 514. 32	82. 68
11	中原信托	114 256. 52	—	114 256. 52	139 252. 81	82. 05
12	陆家嘴信托	70 003. 00	—	70 003. 00	85 798. 00	81. 59
13	方正东亚信托	131 671. 11	—	131 671. 11	163 424. 23	80. 57
14	中融信托	439 032. 00	—	439 032. 00	551 463. 00	79. 61
15	杭州工商信托	74 034. 00	—	74 034. 00	93 424. 00	79. 25
16	浙金信托	23 152. 67	—	23 152. 67	29 257. 55	79. 13
17	四川信托	172 161. 06	—	172 161. 06	219 156. 85	78. 56
18	华澳信托	35 498. 00	—	35 498. 00	45 492. 00	78. 03
19	粤财信托	63 432. 53	—	63 432. 53	83 413. 36	76. 05
20	五矿信托	116 737. 52	—	116 737. 52	154 597. 63	75. 51
21	湖南信托	70 132. 00	—	70 132. 00	93 110. 00	75. 32
22	中航信托	128 307. 53	—	128 307. 53	170 379. 33	75. 31
23	东莞信托	56 818. 49	—	56 818. 49	75 845. 17	74. 91
24	百瑞信托	100 664. 04	—	100 664. 04	135 952. 71	74. 04
25	金谷信托	56 309. 66	—	56 309. 66	76 155. 62	73. 94
26	北京信托	129 895. 00	—	129 895. 00	175 691. 00	73. 93
27	英大信托	76 081. 97	—	76 081. 97	102 976. 71	73. 88
28	苏州信托	71 798. 00	—	71 798. 00	97 663. 00	73. 52
29	新时代信托	51 956. 91	—	51 956. 91	71 061. 33	73. 12
30	西部信托	29 075. 93	—	29 075. 93	40 037. 74	72. 62
31	交银国际	81 985. 62	6 091. 82	88 077. 44	121 473. 44	72. 51
32	北方信托	90 091. 97	—	90 091. 97	124 891. 58	72. 14
33	中国民生信托	33 663. 54	—	33 663. 54	46 841. 09	71. 87
34	中信信托	402 035. 04	—	402 035. 04	569 735. 05	70. 57
35	国投信托	88 076. 10	—	88 076. 10	126 426. 61	69. 67
36	紫金信托	35 493. 04	—	35 493. 04	51 421. 36	69. 02
37	长安信托	172 328. 46	—	172 328. 46	254 853. 24	67. 62
38	山东信托	101 686. 95	—	101 686. 95	152 322. 43	66. 76
39	中建投信托	77 461. 20	—	77 461. 20	116 425. 53	66. 53
40	华鑫信托	65 681. 67	—	65 681. 67	99 872. 77	65. 77

续表

排名	公司简称	信托手续费及佣金收入(万元)	其他业务收入中的信托部分收入(万元)	合计(万元)	收入合计(万元)	信托业务收入占比(%)
41	外贸信托	128 950. 83	—	128 950. 83	200 170. 84	64. 42
42	山西信托	38 138. 08	—	38 138. 08	59 245. 51	64. 37
43	国元信托	66 697. 16	—	66 697. 16	103 686. 14	64. 33
44	昆仑信托	90 270. 39	—	90 270. 39	141 773. 19	63. 67
45	华宸信托	12 238. 29	—	12 238. 29	19 498. 62	62. 76
46	天津信托	89 479. 85	—	89 479. 85	148 686. 75	60. 18
47	厦门国际信托	46 155. 00	—	46 155. 00	78 075. 00	59. 12
48	万向信托	18 569. 68	—	18 569. 68	31 600. 75	58. 76
49	爱建信托	49 490. 56	—	49 490. 56	86 075. 13	57. 50
50	中海信托	79 297. 36	—	79 297. 36	143 539. 77	55. 24
51	兴业信托	137 598. 00	—	137 598. 00	250 662. 00	54. 89
52	陕国投	44 758. 13	—	44 758. 13	83 709. 10	53. 47
53	中泰信托	38 679. 62	—	38 679. 62	75 371. 75	51. 32
54	建信信托	80 727. 33	—	80 727. 33	157 449. 19	51. 27
55	华能信托	120 219. 55	—	120 219. 55	235 302. 04	51. 09
56	国联信托	30 034. 00	—	30 034. 00	59 801. 00	50. 22
57	重庆信托	180 611. 15	—	180 611. 15	362 516. 68	49. 82
58	长城新盛信托	7 072. 90	—	7 072. 90	14 609. 06	48. 41
59	华宝信托	93 554. 02	—	93 554. 02	203 881. 22	45. 89
60	中诚信托	150 967. 35	—	150 967. 35	331 846. 72	45. 49
61	华信信托	99 845. 14	—	99 845. 14	229 725. 23	43. 46
62	华润信托	171 455. 08	—	171 455. 08	394 818. 21	43. 43
63	西藏信托	27 041. 72	—	27 041. 72	77 405. 88	34. 93
64	上海信托	120 036. 57	—	120 036. 57	345 141. 98	34. 78
65	江苏信托	47 432. 19	—	47 432. 19	139 323. 16	34. 04
66	中粮信托	19 259. 11	—	19 259. 11	57 707. 59	33. 37
67	吉林信托	19 160. 96	—	19 160. 96	72 981. 73	26. 25
68	平安信托	381 808. 07	—	381 808. 07	2 379 935. 50	16. 04
合计		6 510 842. 23	6 091. 82	6 516 934. 05	11 817 160. 05	55. 15
平均		95 747. 68	89. 59	95 837. 27	173 781. 77	55. 15

注：西藏信托、陕国投审计报告中未披露收入结构表，我们按照其披露的利润表数据进行分析

整个信托行业业务收入占总收入的平均比例为55. 37%，比2013年的60. 63%有所下降。其中超过平均数的公司有50家。

表3－1－18　信托资产信托报酬率排行榜

排名	公司简称	信托手续费收入(万元)	其他业务信托收入(万元)	合计(万元)	实收信托(万元)		2014年信托报酬率(%)
					2014年	2013年	
1	杭州工商信托	74 034. 00	—	74 034. 00	2 807 066. 00	2 222 251. 00	2. 94
2	东莞信托	56 818. 49	—	56 818. 49	4 283 665. 09	4 082 382. 57	1. 36
3	重庆信托	180 611. 15	—	180 611. 15	14 745 895. 77	12 512 201. 55	1. 33
4	华信信托	99 845. 14	—	99 845. 14	7 853 718. 46	7 479 022. 60	1. 30
5	华宸信托	12 238. 29	—	12 238. 29	660 780. 00	1 232 930. 00	1. 29
6	华融信托	154 885. 84	—	154 885. 84	14 500 148. 30	9 705 028. 44	1. 28
7	安信信托	162 278. 00	—	162 278. 00	15 045 104. 09	11 550 570. 76	1. 22
8	平安信托	381 808. 07	—	381 808. 07	36 856 820. 63	27 636 367. 30	1. 18
9	方正东亚信托	131 671. 11	—	131 671. 11	13 328 657. 48	11 062 734. 02	1. 08
10	湖南信托	70 132. 00	—	70 132. 00	6 624 492. 00	6 567 178. 00	1. 06
11	爱建信托	49 490. 56	—	49 490. 56	5 846 067. 51	3 789 265. 94	1. 03
12	浙金信托	23 152. 67	—	23 152. 67	2 435 078. 11	2 161 274. 47	1. 01
13	苏州信托	71 798. 00	—	71 798. 00	8 849 793. 48	6 264 007. 46	0. 95
14	北京信托	129 895. 00	—	129 895. 00	15 337 037. 62	12 052 417. 60	0. 95
15	中原信托	114 256. 52	—	114 256. 52	12 845 461. 84	11 753 829. 76	0. 93

续表

排名	公司简称	信托手续费收入(万元)	其他业务信托收入(万元)	合计(万元)	实收信托(万元)		2014 年信托报酬率(%)
					2014 年	2013 年	
16	陆家嘴信托	70 003.00	—	70 003.00	9 468 760.54	6 725 634.00	0.86
17	新华信托	137 894.70	—	137 894.70	17 694 800.21	16 229 653.70	0.81
18	百瑞信托	100 664.04	—	100 664.04	13 553 837.44	11 230 338.04	0.81
19	紫金信托	35 493.04	—	35 493.04	5 165 027.70	3 870 364.97	0.79
20	中建投信托	77 461.20	—	77 461.20	9 977 949.22	9 768 533.58	0.78
21	中融信托	439 032.00	—	439 032.00	66 662 287.14	45 496 660.72	0.78
22	大业信托	52 056.28	—	52 056.28	8 507 717.43	5 174 704.93	0.76
23	华澳信托	35 498.00	—	35 498.00	4 350 580.29	5 064 215.50	0.75
24	中铁信托	127 359.00	—	127 359.00	20 485 265.00	14 682 966.00	0.72
25	天津信托	89 479.85	—	89 479.85	15 227 034.70	9 820 723.98	0.71
26	四川信托	172 161.06	—	172 161.06	26 661 735.19	21 639 303.50	0.71
27	长安信托	172 328.46	—	172 328.46	27 589 728.64	21 339 393.26	0.70
28	国联信托	30 034.00	—	30 034.00	4 173 397.00	4 375 463.00	0.70
29	国民信托	38 724.66	—	38 724.66	7 106 130.17	4 173 531.63	0.69
30	中国民生信托	33 663.54	—	33 663.54	6 173 110.15	3 890 847.83	0.67
31	山西信托	38 138.08	—	38 138.08	4 729 270.68	6 724 815.07	0.67
32	金谷信托	56 309.66	—	56 309.66	8 767 211.38	9 311 356.21	0.62
33	中江信托	115 589.93	—	115 589.93	21 258 590.33	16 685 512.83	0.61
34	昆仑信托	90 270.39	—	90 270.39	14 030 401.22	16 781 922.55	0.59
35	中泰信托	38 679.62	—	38 679.62	7 568 927.56	6 169 000.64	0.56
36	国投信托	88 076.10	—	88 076.10	14 629 084.47	18 378 810.27	0.53
37	中信信托	402 035.04	—	402 035.04	83 326 694.55	70 439 706.36	0.52
38	中航信托	128 307.53	—	128 307.53	27 701 187.71	21 998 784.34	0.52
39	五矿信托	116 737.52	—	116 737.52	26 321 906.99	19 419 281.29	0.51
40	万向信托	18 569.68	—	18 569.68	5 688 813.51	1 589 257.10	0.51
41	西部信托	29 075.93	—	29 075.93	6 417 827.46	5 013 032.28	0.51
42	渤海信托	101 621.03	—	101 621.03	21 614 172.31	18 782 834.90	0.50
43	中诚信托	150 967.35	—	150 967.35	30 624 796.97	35 681 506.55	0.46
44	长城新盛信托	7 072.90	—	7 072.90	1 694 300.56	1 446 988.56	0.45
45	陕国投	46 378.44	—	46 378.44	12 162 800.66	8 960 317.55	0.44
46	华鑫信托	65 681.67	—	65 681.67	15 720 446.62	14 698 472.98	0.43
47	华润信托	171 455.08	—	171 455.08	44 408 802.55	35 852 109.85	0.43
48	上海信托	120 036.57	—	120 036.57	38 362 854.25	19 091 960.63	0.42
49	国元信托	66 697.16	—	66 697.16	16 328 240.70	18 986 983.49	0.38
50	厦门国际信托	46 155.00	—	46 155.00	11 304 349.00	13 189 264.00	0.38
51	光大兴陇信托	24 634.62	—	24 634.62	5 738 605.93	7 757 159.94	0.37
52	英大信托	76 081.97	—	76 081.97	21 043 757.80	21 023 250.35	0.36
53	吉林信托	19 160.96	—	19 160.96	6 443 151.60	4 163 748.00	0.36
54	江苏信托	47 432.19	—	47 432.19	17 351 542.77	10 289 093.54	0.34
55	华能信托	120 219.55	—	120 219.55	41 733 967.49	29 610 344.98	0.34
56	中海信托	79 297.36	—	79 297.36	30 283 355.78	17 414 692.39	0.33
57	山东信托	101 686.95	—	101 686.95	32 769 065.92	29 782 567.24	0.33
58	北方信托	90 091.97	—	90 091.97	26 771 156.06	29 026 921.00	0.32
59	新时代信托	51 956.91	—	51 956.91	16 521 857.09	15 787 531.42	0.32
60	外贸信托	128 950.83	—	128 950.83	52 092 594.52	30 928 562.07	0.31
61	中粮信托	19 259.11	—	19 259.11	7 192 925.40	5 279 396.99	0.31
62	粤财信托	63 432.53	—	63 432.53	19 121 871.46	22 270 174.78	0.31
63	交银国际信托	81 985.62	6 091.82	88 077.44	39 320 310.28	27 854 722.02	0.26
64	华宝信托	93 554.02	—	93 554.02	46 123 315.79	26 604 958.36	0.26
65	兴业信托	137 598.00	—	137 598.00	64 470 189.97	56 328 644.46	0.23
66	云南信托	46 728.55	—	46 728.55	26 442 266.77	22 401 782.01	0.19
67	建信信托	80 727.33	—	80 727.33	62 123 699.40	30 197 951.58	0.17
68	西藏信托	27 473.09	—	27 473.09	25 477 233.91	12 895 644.27	0.14
合计		6 512 893.91	6 091.82	6 518 985.73	1 358 498 694.62	1 072 372 858.96	0.54

注:1. 信托报酬率 = 信托业务收入 ÷ 实收信托平均余额 × 100%。

2. 信托业务收入 = 信托手续费收入 + 其他业务信托收入。

3. 实收信托平均余额 = (期初实收信托余额 + 期末实收信托余额) ÷2。

2014 年度有 33 家信托公司的信托报酬率小于平均值 0.54%。

表 3－1－19　信托业务收入排行榜

单位:万元

排名	公司简称	2014 年	2013 年	增长额
1	中融信托	439 032.00	454 205.00	－15 173.00
2	中信信托	402 035.04	450 167.02	－48 131.98
3	平安信托	381 808.07	250 468.69	131 339.38
4	重庆信托	180 611.15	89 651.05	90 960.10
5	长安信托	172 328.46	197 424.88	－25 096.42
6	四川信托	172 161.06	181 183.77	－9 022.71
7	华润信托	171 455.08	172 266.00	－810.92
8	安信信托	162 278.00	78 929.94	83 348.06
9	华融信托	154 885.84	176 575.88	－21 690.04
10	中诚信托	150 967.35	149 818.40	1 148.95
11	新华信托	137 894.70	171 811.33	－33 916.63
12	兴业信托	137 598.00	163 081.00	－25 483.00
13	方正东亚信托	131 671.11	111 255.78	20 415.33
14	北京信托	129 895.00	122 704.00	7 191.00
15	外贸信托	128 950.83	108 050.45	20 900.38
16	中航信托	128 307.53	134 097.72	－5 790.19
17	中铁信托	127 359.00	115 807.00	11 552.00
18	华能信托	120 219.55	114 798.09	5 421.46
19	上海信托	120 036.57	100 159.79	19 876.78
20	五矿信托	116 737.52	109 146.90	7 590.62
21	中江信托	115 589.93	116 697.96	－1 108.02
22	中原信托	114 256.52	81 130.44	33 126.08
23	山东信托	101 686.95	94 946.15	6 740.80
24	渤海信托	101 621.03	90 657.24	10 963.79
25	百瑞信托	100 664.04	89 717.51	10 946.53
26	华信信托	99 845.14	93 382.47	6 462.67
27	华宝信托	93 554.02	91 469.45	2 084.57
28	昆仑信托	90 270.39	94 786.29	－4 515.90
29	北方信托	90 091.97	87 606.11	2 485.86
30	天津信托	89 479.85	99 864.47	－10 384.62
31	交银国际信托	88 077.44	79 780.18	8 297.26
32	国投信托	88 076.10	43 666.68	44 409.42
33	建信信托	80 727.33	64 702.73	16 024.60
34	中海信托	79 297.36	61 442.46	17 854.90
35	中建投信托	77 461.20	74 817.18	2 644.02
36	英大信托	76 081.97	76 765.98	－684.01
37	杭州工商信托	74 034.00	59 447.00	14 587.00
38	苏州信托	71 798.00	48 576.00	23 222.00
39	湖南信托	70 132.00	70 918.00	－786.00
40	陆家嘴信托	70 003.00	50 287.00	19 716.00
41	国元信托	66 697.16	63 639.51	3 057.65
42	华鑫信托	65 681.67	62 294.50	3 387.17
43	粤财信托	63 432.53	62 038.89	1 393.64
44	东莞信托	56 818.49	47 800.99	9 017.50
45	金谷信托	56 309.66	84 388.02	－28 078.36
46	大业信托	52 056.28	48 706.30	3 349.98
47	新时代信托	51 956.91	52 326.22	－369.31
48	爱建信托	49 490.56	42 000.79	7 489.77

续表

排名	公司简称	2014 年	2013 年	增长额
49	江苏信托	47 432. 19	46 135. 48	1 296. 71
50	云南信托	46 728. 55	43 456. 96	3 271. 59
51	陕国投	46 378. 44	46 378. 44	0. 00
52	厦门国际信托	46 155. 00	55 486. 00	-9 331. 00
53	国民信托	38 724. 66	26 990. 53	11 734. 13
54	中泰信托	38 679. 62	33 088. 99	5 590. 63
55	山西信托	38 138. 08	51 494. 56	-13 356. 48
56	华澳信托	35 498. 00	52 135. 00	-16 637. 00
57	紫金信托	35 493. 04	32 177. 21	3 315. 83
58	中国民生信托	33 663. 54	10 850. 94	22 812. 60
59	国联信托	30 034. 00	29 496. 00	538. 00
60	西部信托	29 075. 93	27 553. 26	1 522. 67
61	西藏信托	27 473. 09	27 473. 09	0. 00
62	光大兴陇信托	24 634. 62	25 560. 10	-925. 48
63	浙金信托	23 152. 67	17 474. 05	5 678. 62
64	中粮信托	19 259. 11	25 256. 57	-5 997. 46
65	吉林信托	19 160. 96	46 327. 14	-27 166. 18
66	万向信托	18 569. 68	6 700. 43	11 869. 25
67	华宸信托	12 238. 29	19 670. 57	-7 432. 28
68	长城新盛信托	7 072. 90	6 129. 94	942. 96
合计		6 518 985. 73	6 115 294. 47	403 691. 26

表 3-1-20　信托资产资产总额增减排行榜

排名	公司简称	2014 年(万元)	2013 年(万元)	增长额(万元)	增长率(%)
1	建信信托	66 583 532. 90	32 581 638. 82	34 001 894. 08	104. 36
2	中融信托	71 059 273. 05	47 853 490. 39	23 205 782. 66	48. 49
3	外贸信托	54 345 654. 39	31 737 693. 65	22 607 960. 74	71. 23
4	华宝信托	49 146 270. 91	27 151 685. 53	21 994 585. 38	81. 01
5	上海信托	38 636 864. 03	19 229 031. 31	19 407 832. 72	100. 93
6	中信信托	90 207 415. 56	72 966 079. 78	17 241 335. 78	23. 63
7	中海信托	31 425 074. 24	17 744 365. 55	13 680 708. 69	77. 10
8	西藏信托	25 628 415. 20	12 911 412. 50	12 717 002. 70	98. 49
9	华能信托	42 155 687. 70	29 856 830. 63	12 298 857. 07	41. 19
10	交银国际信托	39 799 220. 09	27 991 658. 90	11 807 561. 19	42. 18
11	平安信托	39 984 860. 55	29 031 953. 90	10 952 906. 65	37. 73
12	华润信托	47 197 866. 96	36 430 423. 90	10 767 443. 06	29. 56
13	兴业信托	65 115 171. 72	56 500 216. 70	8 614 955. 02	15. 25
14	江苏信托	17 434 667. 97	10 334 611. 77	7 100 056. 20	68. 70
15	五矿信托	26 640 712. 05	19 606 736. 70	7 033 975. 35	35. 88
16	长安信托	28 166 302. 64	21 682 939. 58	6 483 363. 06	29. 90
17	中铁信托	21 090 823. 00	15 053 089. 00	6 037 734. 00	40. 11
18	中航信托	27 806 914. 78	22 117 395. 75	5 689 519. 03	25. 72
19	天津信托	15 438 501. 33	9 949 583. 52	5 488 917. 81	55. 17
20	中江信托	21 976 295. 37	16 747 288. 18	5 229 007. 19	31. 22
21	华融信托	14 974 039. 91	9 766 219. 87	5 207 820. 04	53. 32
22	四川信托	26 980 502. 33	21 867 572. 15	5 112 930. 18	23. 38
23	云南信托	27 011 227. 95	22 514 869. 57	4 496 358. 38	19. 97
24	万向信托	5 714 760. 82	1 601 689. 50	4 113 071. 32	256. 80
25	北京信托	16 162 672. 31	12 434 795. 36	3 727 876. 95	29. 98
26	安信信托	15 115 116. 24	11 581 461. 69	3 533 654. 55	30. 51

续表

排名	公司简称	2014 年(万元)	2013 年(万元)	增长额(万元)	增长率(%)
27	大业信托	8 673 298. 11	5 228 599. 72	3 444 698. 39	65. 88
28	陕国投	12 428 737. 29	9 068 741. 18	3 359 996. 12	37. 05
29	山东信托	33 018 995. 47	29 942 135. 15	3 076 860. 32	10. 28
30	国民信托	7 144 293. 84	4 251 543. 51	2 892 750. 33	68. 04
31	渤海信托	21 661 733. 45	18 817 904. 08	2 843 829. 37	15. 11
32	陆家嘴信托	9 556 429. 82	6 755 671. 60	2 800 758. 22	41. 46
33	方正东亚信托	13 814 039. 04	11 181 569. 47	2 632 469. 57	23. 54
34	苏州信托	8 937 666. 51	6 386 451. 42	2 551 215. 09	39. 95
35	中国民生信托	6 376 692. 77	3 902 603. 65	2 474 089. 12	63. 40
36	重庆信托	15 071 664. 11	12 631 179. 09	2 440 485. 02	19. 32
37	百瑞信托	13 853 262. 47	11 424 669. 83	2 428 592. 64	21. 26
38	吉林信托	6 535 739. 63	4 216 962. 06	2 318 777. 57	54. 99
39	爱建信托	5 990 087. 29	3 847 326. 69	2 142 760. 60	55. 69
40	中粮信托	7 214 009. 97	5 309 187. 41	1 904 822. 56	35. 88
41	新华信托	18 278 321. 92	16 594 457. 60	1 683 864. 32	10. 15
42	西部信托	6 519 083. 37	5 113 744. 90	1 405 338. 47	27. 48
43	中泰信托	7 606 244. 72	6 217 769. 34	1 388 475. 38	22. 33
44	紫金信托	5 205 298. 47	3 908 703. 33	1 296 595. 14	33. 17
45	华鑫信托	16 081 516. 53	14 837 344. 01	1 244 172. 52	8. 39
46	中原信托	12 966 217. 03	11 914 242. 36	1 051 974. 67	8. 83
47	新时代信托	16 734 888. 95	15 842 342. 20	892 546. 75	5. 63
48	杭州工商信托	2 840 661. 00	2 263 260. 00	577 401. 00	25. 51
49	华信信托	8 114 147. 36	7 638 487. 05	475 660. 31	6. 23
50	浙金信托	2 479 791. 53	2 190 092. 25	289 699. 28	13. 23
51	长城新盛信托	1 708 970. 25	1 449 383. 63	259 586. 62	17. 91
52	东莞信托	4 382 573. 17	4 132 508. 62	250 064. 55	6. 05
53	中建投信托	10 060 290. 13	9 819 195. 10	241 095. 03	2. 46
54	湖南信托	6 751 447. 00	6 643 824. 00	107 623. 00	1. 62
55	英大信托	21 048 988. 89	21 026 829. 31	22 159. 58	0. 11
56	国联信托	4 351 445. 00	4 485 387. 00	−133 942. 00	−2. 99
57	金谷信托	8 852 316. 12	9 381 081. 50	−528 765. 38	−5. 64
58	华宸信托	695 794. 64	1 271 354. 91	−575 560. 27	−45. 27
59	华澳信托	4 375 830. 49	5 117 844. 45	−742 013. 96	−14. 50
60	山西信托	5 205 007. 00	6 765 471. 70	−1 560 464. 70	−23. 07
61	厦门国际信托	11 539 444. 00	13 244 024. 00	−1 704 580. 00	−12. 87
62	光大兴陇信托	5 771 523. 59	7 786 289. 59	−2 014 766. 00	−25. 88
63	北方信托	27 373 852. 02	29 423 228. 00	−2 049 375. 98	−6. 97
64	国元信托	16 419 585. 38	19 053 303. 15	−2 633 717. 77	−13. 82
65	昆仑信托	14 164 489. 13	16 848 427. 09	−2 683 937. 96	−15. 93
66	粤财信托	19 780 661. 75	22 945 876. 95	−3 165 215. 20	−13. 79
67	国投信托	14 663 403. 23	18 462 290. 12	−3 798 886. 89	−20. 58
68	中诚信托	31 230 786. 54	35 721 118. 26	−4 490 331. 72	−12. 57
合计		1 401 277 072. 99	1 090 307 159. 48	310 969 913. 51	28. 52
平均		20 607 015. 78	16 033 928. 82	4 573 086. 96	28. 52

2014 年信托总资产大幅增加，增长率达 28. 52%，增长额超过 1 000 亿元的有 12 家公司，12 家公司增长额为 21 068. 39 亿元；有 13 家公司信托资产总额减少。

表 3-1-21　信托资产信托权益（净资产）排行榜

排名	公司简称	2014 年（万元）	2013 年（万元）	增长额（万元）	增长率（%）
1	中信信托	88 482 103.82	72 040 011.71	16 442 092.11	22.82
2	中融信托	70 077 622.58	47 496 000.99	22 581 621.59	47.54
3	建信信托	65 461 825.71	32 068 326.52	33 393 499.19	104.13
4	兴业信托	65 012 721.98	56 448 243.09	8 564 478.89	15.17
5	外贸信托	53 966 217.72	31 527 195.91	22 439 021.81	71.17
6	华宝信托	48 775 455.17	27 039 067.34	21 736 387.83	80.39
7	华润信托	46 218 136.83	36 143 354.51	10 074 782.32	27.87
8	华能信托	42 146 025.95	29 837 497.29	12 308 528.66	41.25
9	交银国际信托	39 729 344.28	27 960 115.39	11 769 228.89	42.09
10	平安信托	39 471 611.47	28 565 146.41	10 906 465.06	38.18
11	上海信托	38 547 058.98	19 172 637.36	19 374 421.62	101.05
12	山东信托	32 952 279.98	29 915 890.12	3 036 389.86	10.15
13	中海信托	31 384 235.59	17 723 895.67	13 660 339.92	77.07
14	中诚信托	31 045 393.24	35 596 558.23	-4 551 164.99	-12.79
15	长安信托	28 097 093.60	21 620 420.48	6 476 673.12	29.96
16	中航信托	27 761 293.58	22 031 147.67	5 730 145.91	26.01
17	北方信托	27 306 754.72	29 387 942.00	-2 081 187.28	-7.08
18	云南信托	26 963 154.05	22 464 766.26	4 498 387.79	20.02
19	四川信托	26 881 232.27	21 709 440.95	5 171 791.32	23.82
20	五矿信托	26 447 096.40	19 556 176.82	6 890 919.58	35.24
21	西藏信托	25 549 715.41	12 904 872.31	12 644 843.10	97.99
22	中江信托	21 929 473.84	16 739 773.65	5 189 700.19	31.00
23	渤海信托	21 661 245.03	18 816 446.01	2 844 799.02	15.12
24	中铁信托	21 071 296.00	14 954 959.00	6 116 337.00	40.90
25	英大信托	21 046 622.51	21 026 163.11	20 459.40	0.10
26	粤财信托	19 766 790.77	22 929 232.89	-3 162 442.12	-13.79
27	新华信托	17 745 786.64	16 213 742.01	1 532 044.63	9.45
28	江苏信托	17 431 107.68	10 294 706.03	7 136 401.65	69.32
29	新时代信托	16 708 109.82	15 829 725.92	878 383.90	5.55
30	国元信托	16 400 546.23	19 053 265.50	-2 652 719.27	-13.92
31	北京信托	16 095 177.70	12 393 360.11	3 701 817.59	29.87
32	华鑫信托	16 058 284.61	14 829 289.24	1 228 995.37	8.29
33	天津信托	15 425 824.64	9 933 229.63	5 492 595.01	55.30
34	安信信托	15 100 649.20	11 577 726.79	3 522 922.41	30.43
35	重庆信托	14 933 626.08	12 426 892.75	2 506 733.33	20.17
36	华融信托	14 853 366.52	9 731 534.16	5 121 832.36	52.63
37	国投信托	14 659 485.77	18 458 297.85	-3 798 812.08	-20.58
38	昆仑信托	14 113 919.09	16 821 089.49	-2 707 170.40	-16.09
39	百瑞信托	13 513 042.38	11 218 961.95	2 294 080.43	20.45
40	方正东亚信托	13 397 539.68	11 126 565.49	2 270 974.19	20.41
41	中原信托	12 925 632.71	11 887 985.18	1 037 647.53	8.73
42	陕国投	12 414 898.13	9 055 082.43	3 359 815.70	37.10
43	厦门国际信托	11 518 024.00	13 224 642.00	-1 706 618.00	-12.90
44	中建投信托	10 048 763.64	9 802 086.41	246 677.23	2.52
45	陆家嘴信托	9 550 656.57	6 751 965.34	2 798 691.23	41.45
46	苏州信托	8 921 043.73	6 307 553.53	2 613 490.20	41.43
47	金谷信托	8 842 294.30	9 362 435.86	-520 141.56	-5.56
48	大业信托	8 616 139.07	5 219 955.81	3 396 183.27	65.06
49	华信信托	8 092 922.75	7 597 321.70	495 601.05	6.52
50	中泰信托	7 592 056.62	6 188 731.34	1 403 325.28	22.68

续表

排名	公司简称	2014 年(万元)	2013 年(万元)	增长额(万元)	增长率(%)
51	中粮信托	7 211 083. 50	5 296 655. 17	1 914 428. 33	36. 14
52	国民信托	7 135 497. 99	4 242 423. 24	2 893 074. 75	68. 19
53	湖南信托	6 694 291. 00	6 621 688. 00	72 603. 00	1. 10
54	西部信托	6 490 259. 57	5 082 103. 56	1 408 156. 01	27. 71
55	吉林信托	6 443 543. 66	4 164 900. 11	2 278 643. 55	54. 71
56	中国民生信托	6 367 915. 05	3 902 415. 52	2 465 499. 53	63. 18
57	爱建信托	5 912 561. 97	3 775 617. 23	2 136 944. 74	56. 60
58	光大兴陇信托	5 747 486. 71	7 771 426. 50	-2 023 939. 79	-26. 04
59	万向信托	5 711 754. 38	1 601 550. 44	4 110 203. 94	256. 64
60	紫金信托	5 200 134. 73	3 899 817. 68	1 300 317. 05	33. 34
61	山西信托	5 177 359. 06	6 759 424. 23	-1 582 065. 17	-23. 41
62	东莞信托	4 375 496. 11	4 121 677. 95	253 818. 16	6. 16
63	华澳信托	4 363 944. 07	5 085 756. 04	-721 811. 97	-14. 19
64	国联信托	4 280 384. 00	4 467 216. 00	-186 832. 00	-4. 18
65	杭州工商信托	2 811 814. 00	2 241 849. 00	569 965. 00	25. 42
66	浙金信托	2 471 360. 63	2 187 567. 56	283 793. 07	12. 97
67	长城新盛信托	1 691 937. 13	1 449 300. 31	242 636. 82	16. 74
68	华宸信托	677 595. 86	1 253 549. 58	-575 953. 72	-45. 95
合计		1 391 475 118. 46	1 084 906 366. 33	306 568 752. 13	28. 26

2014 年信托资产信托权益增长 28. 26%，增长额超过 1 000 亿元的有 12 家公司，2013 年为 10 家公司，12 家公司增长额为 20 733. 12亿元；有 13 家公司信托权益总额减少。

表 3 -1 -22　信托资产实收信托排行榜

排名	公司简称	2014 年(万元)	2013 年(万元)	增减额(万元)	增减率(%)
1	中信信托	83 326 694. 55	70 439 706. 36	12 886 988. 19	18. 30
2	中融信托	66 662 287. 14	45 496 660. 72	21 165 626. 42	46. 52
3	兴业信托	64 470 189. 97	56 328 644. 46	8 141 545. 51	14. 45
4	建信信托	62 123 699. 40	30 197 951. 58	31 925 747. 82	105. 72
5	外贸信托	52 092 594. 52	30 928 562. 07	21 164 032. 45	68. 43
6	华宝信托	46 123 315. 79	26 604 958. 36	19 518 357. 43	73. 36
7	华润信托	44 408 802. 55	35 852 109. 85	8 556 692. 70	23. 87
8	华能信托	41 733 967. 49	29 610 344. 98	12 123 622. 51	40. 94
9	交银国际信托	39 320 310. 28	27 854 722. 02	11 465 588. 26	41. 16
10	上海信托	38 362 854. 25	19 091 960. 63	19 270 893. 62	100. 94
11	平安信托	36 856 820. 63	27 636 367. 30	9 220 453. 33	33. 36
12	山东信托	32 769 065. 92	29 782 567. 24	2 986 498. 68	10. 03
13	中诚信托	30 624 796. 97	35 681 506. 55	-5 056 709. 58	-14. 17
14	中海信托	30 283 355. 78	17 414 692. 39	12 868 663. 39	73. 90
15	中航信托	27 701 187. 71	21 998 784. 34	5 702 403. 37	25. 92
16	长安信托	27 589 728. 64	21 339 393. 26	6 250 335. 38	29. 29
17	北方信托	26 771 156. 06	29 026 921. 00	-2 255 764. 94	-7. 77
18	四川信托	26 661 735. 19	21 639 303. 50	5 022 431. 69	23. 21
19	云南信托	26 442 266. 77	22 401 782. 01	4 040 484. 76	18. 04
20	五矿信托	26 321 906. 99	19 419 281. 29	6 902 625. 70	35. 55
21	西藏信托	25 477 233. 91	12 895 644. 27	12 581 589. 64	97. 56
22	渤海信托	21 614 172. 31	18 782 834. 90	2 831 337. 41	15. 07
23	中江信托	21 258 590. 33	16 685 512. 83	4 573 077. 50	27. 41
24	英大信托	21 043 757. 80	21 023 250. 35	20 507. 45	0. 10
25	中铁信托	20 485 265. 00	14 682 966. 00	5 802 299. 00	39. 52

续表

排名	公司简称	2014 年（万元）	2013 年（万元）	增减额（万元）	增减率（%）
26	粤财信托	19 121 871. 46	22 270 174. 78	-3 148 303. 32	-14. 14
27	新华信托	17 694 800. 21	16 229 653. 70	1 465 146. 51	9. 03
28	江苏信托	17 351 542. 77	10 289 093. 54	7 062 449. 23	68. 64
29	新时代信托	16 521 857. 09	15 787 531. 42	734 325. 67	4. 65
30	国元信托	16 328 240. 70	18 986 983. 49	-2 658 742. 79	-14. 00
31	华鑫信托	15 720 446. 62	14 698 472. 98	1 021 973. 64	6. 95
32	北京信托	15 337 037. 62	12 052 417. 60	3 284 620. 02	27. 25
33	天津信托	15 227 034. 70	9 820 723. 98	5 406 310. 72	55. 05
34	安信信托	15 045 104. 09	11 550 570. 76	3 494 533. 33	30. 25
35	重庆信托	14 745 895. 77	12 512 201. 55	2 233 694. 22	17. 85
36	国投信托	14 629 084. 47	18 378 810. 27	-3 749 725. 80	-20. 40
37	华融信托	14 500 148. 30	9 705 028. 44	4 795 119. 86	49. 41
38	昆仑信托	14 030 401. 22	16 781 922. 55	-2 751 521. 33	-16. 40
39	百瑞信托	13 553 837. 44	11 230 338. 04	2 323 499. 40	20. 69
40	方正东亚信托	13 328 657. 48	11 062 734. 02	2 265 923. 46	20. 48
41	中原信托	12 845 461. 84	11 753 829. 76	1 091 632. 08	9. 29
42	陕国投	12 162 800. 66	8 960 317. 55	3 202 483. 11	35. 74
43	厦门国际信托	11 304 349. 00	13 189 264. 00	-1 884 915. 00	-14. 29
44	中建投信托	9 977 949. 22	9 768 533. 58	209 415. 64	2. 14
45	陆家嘴信托	9 468 760. 54	6 725 634. 00	2 743 126. 54	40. 79
46	苏州信托	8 849 793. 48	6 264 007. 46	2 585 786. 02	41. 28
47	金谷信托	8 767 211. 38	9 311 356. 21	-544 144. 83	-5. 84
48	大业信托	8 507 717. 43	5 174 704. 93	3 333 012. 50	64. 41
49	华信信托	7 853 718. 46	7 479 022. 60	374 695. 86	5. 01
50	中泰信托	7 568 927. 56	6 169 000. 64	1 399 926. 92	22. 69
51	中粮信托	7 192 925. 40	5 279 396. 99	1 913 528. 41	36. 25
52	国民信托	7 106 130. 17	4 173 531. 63	2 932 598. 54	70. 27
53	湖南信托	6 624 492. 00	6 567 178. 00	57 314. 00	0. 87
54	吉林信托	6 443 151. 60	4 163 748. 00	2 279 403. 60	54. 74
55	西部信托	6 417 827. 46	5 013 032. 28	1 404 795. 18	28. 02
56	中国民生信托	6 173 110. 15	3 890 847. 83	2 282 262. 32	58. 66
57	爱建信托	5 846 067. 51	3 789 265. 94	2 056 801. 57	54. 28
58	光大兴陇信托	5 738 605. 93	7 757 159. 94	-2 018 554. 01	-26. 02
59	万向信托	5 688 813. 51	1 589 257. 10	4 099 556. 41	257. 95
60	紫金信托	5 165 027. 70	3 870 364. 97	1 294 662. 73	33. 45
61	山西信托	4 729 270. 68	6 724 815. 07	-1 995 544. 39	-29. 67
62	华澳信托	4 350 580. 29	5 064 215. 50	-713 635. 21	-14. 09
63	东莞信托	4 283 665. 09	4 082 382. 57	201 282. 52	4. 93
64	国联信托	4 173 397. 00	4 375 463. 00	-202 066. 00	-4. 62
65	杭州工商信托	2 807 066. 00	2 222 251. 00	584 815. 00	26. 32
66	浙金信托	2 435 078. 11	2 161 274. 47	273 803. 64	12. 67
67	长城新盛信托	1 694 300. 56	1 446 988. 56	247 312. 00	17. 09
68	华宸信托	660 780. 00	1 232 930. 00	-572 150. 00	-46. 41
合计		1 358 498 694. 62	1 072 372 858. 96	286 125 835. 66	26. 68

2014 年信托资产实收信托增长 26. 68%，增长额超过 1 000 亿元的有 10 家公司，增长额为 17 497. 11 亿元；有 13 家公司信托权益总额减少，其中中诚信托减少了 505. 67 亿元，减少 14. 17%。

表 3－1－23　长期股权投资占比排行榜

排名	公司简称	长期股权投资(万元)	信托资产总额(万元)	长期股权投资占比(%)
1	昆仑信托	6 048 655. 40	14 164 489. 13	42. 70
2	百瑞信托	3 392 268. 14	13 853 262. 47	24. 49
3	苏州信托	1 856 599. 00	8 937 666. 51	20. 77
4	重庆信托	2 882 867. 13	15 071 664. 11	19. 13
5	西部信托	1 221 614. 83	6 519 083. 37	18. 74
6	爱建信托	1 041 650. 38	5 990 087. 29	17. 39
7	粤财信托	3 308 921. 53	19 780 661. 75	16. 73
8	北京信托	2 699 893. 73	16 162 672. 31	16. 70
9	中诚信托	5 058 435. 07	31 230 786. 54	16. 20
10	国元信托	2 611 451. 04	16 419 585. 38	15. 90
11	中融信托	11 179 384. 71	71 059 273. 05	15. 73
12	方正东亚信托	2 146 681. 25	13 814 039. 04	15. 54
13	山东信托	4 961 044. 01	33 018 995. 47	15. 02
14	杭州工商信托	400 590. 00	2 840 661. 00	14. 10
15	长城新盛信托	209 390. 56	1 708 970. 25	12. 25
16	华鑫信托	1 927 607. 87	16 081 516. 53	11. 99
17	厦门国际信托	1 326 596. 00	11 539 444. 00	11. 50
18	金谷信托	956 620. 21	8 852 316. 12	10. 81
19	东莞信托	473 307. 94	4 382 573. 17	10. 80
20	大业信托	924 894. 00	8 673 298. 11	10. 66
21	新华信托	1 892 706. 82	18 278 321. 92	10. 35
22	国联信托	438 143. 00	4 351 445. 00	10. 07
23	华融信托	1 472 126. 67	14 974 039. 91	9. 83
24	中原信托	1 187 868. 18	12 966 217. 03	9. 16
25	中泰信托	691 126. 10	7 606 244. 72	9. 09
26	华能信托	3 826 970. 00	42 155 687. 70	9. 08
27	中信信托	7 718 166. 67	90 207 415. 56	8. 56
28	五矿信托	2 254 922. 06	26 640 712. 05	8. 46
29	长安信托	2 158 898. 43	28 166 302. 64	7. 66
30	陕国投	939 538. 00	12 428 737. 29	7. 56
31	光大兴陇信托	429 747. 10	5 771 523. 59	7. 45
32	国投信托	1 038 020. 00	14 663 403. 23	7. 08
33	中铁信托	1 469 848. 00	21 090 823. 00	6. 97
34	中粮信托	498 669. 34	7 214 009. 97	6. 91
35	中航信托	1 910 369. 03	27 806 914. 78	6. 87
36	浙金信托	165 380. 08	2 479 791. 53	6. 67
37	安信信托	986 481. 20	15 115 116. 24	6. 53
38	四川信托	1 707 486. 00	26 980 502. 33	6. 33
39	天津信托	963 586. 75	15 438 501. 33	6. 24
40	上海信托	2 210 926. 94	38 636 864. 03	5. 72
41	西藏信托	1 422 353. 41	25 628 415. 20	5. 55
42	中建投信托	555 694. 50	10 060 290. 13	5. 52
43	华润信托	2 540 318. 41	47 197 866. 96	5. 38
44	华澳信托	224 090. 00	4 375 830. 49	5. 12
45	渤海信托	1 107 019. 46	21 661 733. 45	5. 11
46	北方信托	1 364 335. 00	27 373 852. 02	4. 98
47	陆家嘴信托	453 700. 00	9 556 429. 82	4. 75
48	平安信托	1 818 900. 14	39 984 860. 55	4. 55
49	交银国际信托	1 726 041. 82	39 799 220. 09	4. 34
50	中江信托	917 635. 25	21 976 295. 37	4. 18

续表

排名	公司简称	长期股权投资(万元)	信托资产总额(万元)	长期股权投资占比(%)
51	中海信托	1 169 893.42	31 425 074.24	3.72
52	山西信托	179 634.23	5 205 007.00	3.45
53	兴业信托	2 070 753.48	65 115 171.72	3.18
54	紫金信托	151 900.00	5 205 298.47	2.92
55	湖南信托	194 582.00	6 751 447.00	2.88
56	新时代信托	459 330.00	16 734 888.95	2.74
57	万向信托	151 302.00	5 714 760.82	2.65
58	英大信托	523 110.00	21 048 988.89	2.49
59	国民信托	174 620.00	7 144 293.84	2.44
60	建信信托	1 543 970.00	66 583 532.90	2.32
61	吉林信托	150 000.00	6 535 739.63	2.30
62	华宝信托	1 123 257.60	49 146 270.91	2.29
63	华信信托	164 080.50	8 114 147.36	2.02
64	中国民生信托	95 452.00	6 376 692.77	1.50
65	云南信托	309 698.59	27 011 227.95	1.15
66	江苏信托	129 655.33	17 434 667.97	0.74
67	华宸信托	5 000.00	695 794.64	0.72
68	外贸信托	251 580.00	54 345 654.39	0.46
合计		109 537 360.31	1 401 277 072.99	7.82

2014 年末资产中长期股权投资占比超过平均值 7.82% 的有 28 家。

表 3－1－24　交易性金额资产占比排行榜

排名	公司简称	长期股权投资(万元)	信托资产总额(万元)	长期股权投资占比(%)
1	西藏信托	11 051 509.10	25 628 415.20	43.12
2	中海信托	11 459 112.08	31 425 074.24	36.46
3	华润信托	14 472 695.93	47 197 866.96	30.66
4	华宝信托	14 677 275.42	49 146 270.91	29.86
5	陕国投	3 455 899.05	12 428 737.29	27.81
6	外贸信托	14 418 771.47	54 345 654.39	26.53
7	江苏信托	4 521 019.91	17 434 667.97	25.93
8	中诚信托	7 746 763.39	31 230 786.54	24.80
9	北方信托	6 701 864.84	27 373 852.02	24.48
10	东莞信托	915 318.29	4 382 573.17	20.89
11	交银国际	7 896 202.53	39 799 220.09	19.84
12	山西信托	1 016 009.69	5 205 007.00	19.52
13	北京信托	2 905 171.82	16 162 672.31	17.97
14	厦门国际信托	1 935 854.00	11 539 444.00	16.78
15	四川信托	4 288 311.00	26 980 502.33	15.89
16	兴业信托	8 784 478.78	65 115 171.72	13.49
17	华融信托	1 889 669.07	14 974 039.91	12.62
18	长安信托	3 532 124.62	28 166 302.64	12.54
19	中融信托	8 511 629.89	71 059 273.05	11.98
20	云南信托	2 835 941.24	27 011 227.95	10.50
21	山东信托	3 266 830.45	33 018 995.47	9.89
22	新时代信托	1 498 725.19	16 734 888.95	8.96
23	重庆信托	1 311 608.87	15 071 664.11	8.70
24	平安信托	3 460 527.11	39 984 860.55	8.65
25	上海信托	3 319 741.41	38 636 864.03	8.59
26	中信信托	6 882 828.16	90 207 415.56	7.63
27	中江信托	1 413 237.81	21 976 295.37	6.43

续表

排名	公司简称	长期股权投资(万元)	信托资产总额(万元)	长期股权投资占比(%)
28	华鑫信托	976 471. 73	16 081 516. 53	6. 07
29	五矿信托	1 508 187. 35	26 640 712. 05	5. 66
30	粤财信托	934 911. 96	19 780 661. 75	4. 73
31	中国民生信托	297 777. 78	6 376 692. 77	4. 67
32	建信信托	3 086 495. 16	66 583 532. 90	4. 64
33	爱建信托	243 869. 80	5 990 087. 29	4. 07
34	西部信托	207 383. 23	6 519 083. 37	3. 18
35	国元信托	519 857. 23	16 419 585. 38	3. 17
36	国联信托	103 129. 00	4 351 445. 00	2. 37
37	华信信托	188 467. 71	8 114 147. 36	2. 32
38	昆仑信托	316 124. 67	14 164 489. 13	2. 23
39	方正东亚信托	220 347. 85	13 814 039. 04	1. 60
40	天津信托	195 190. 58	15 438 501. 33	1. 26
41	中泰信托	81 227. 23	7 606 244. 72	1. 07
42	万向信托	50 795. 67	5 714 760. 82	0. 89
43	苏州信托	42 519. 87	8 937 666. 51	0. 48
44	陆家嘴信托	41 224. 28	9 556 429. 82	0. 43
45	湖南信托	22 136. 00	6 751 447. 00	0. 33
46	国民信托	22 302. 66	7 144 293. 84	0. 31
47	新华信托	51 158. 96	18 278 321. 92	0. 28
48	百瑞信托	34 880. 60	13 853 262. 47	0. 25
49	中原信托	25 999. 93	12 966 217. 03	0. 20
50	国投信托	27 708. 30	14 663 403. 23	0. 19
51	光大兴陇信托	10 487. 77	5 771 523. 59	0. 18
52	渤海信托	22 999. 37	21 661 733. 45	0. 11
53	华澳信托	1 939. 70	4 375 830. 49	0. 04
54	中航信托	10 261. 86	27 806 914. 78	0. 04
55	吉林信托	2 033. 68	6 535 739. 63	0. 03
56	中铁信托	4 137. 00	21 090 823. 00	0. 02
57	华能信托	1 400. 00	42 155 687. 70	0. 00
58	浙金信托	—	2 479 791. 53	0. 00
59	安信信托	—	15 115 116. 24	0. 00
60	杭州工商信托	—	2 840 661. 00	0. 00
61	华宸信托	—	695 794. 64	0. 00
62	英大信托	—	21 048 988. 89	0. 00
63	中建投信托	—	10 060 290. 13	0. 00
64	大业信托	—	8 673 298. 11	0. 00
65	金谷信托	—	8 852 316. 12	0. 00
66	中粮信托	—	7 214 009. 97	0. 00
67	紫金信托	—	5 205 298. 47	0. 00
68	长城新盛信托	—	1 708 970. 25	0. 00
合计		163 420 548. 05	1 401 277 072. 99	11. 66

2014 年末交易性金融资产占比超过平均值 11. 66% 的有 19 家,11 家公司没有交易性金融资产项目。

二、信托公司一些总体指标排名

(一)信托公司 2014 年总资产排行榜

总资产 = 固有资产资产总计 + 信托资产资产总计

表3-2-1　信托公司2014年总资产排行榜

排名	公司简称	2014年末固有资产资产总计（万元）	2014年末信托资产资产合计（万元）	2014年末总资产总计（万元）	固有资产/信托资产（%）
1	中信信托	2 087 975. 66	90 207 415. 56	92 295 391. 22	2. 31
2	中融信托	1 220 031. 21	71 059 273. 05	72 279 304. 26	1. 72
3	建信信托	809 523. 58	66 583 532. 90	67 393 056. 48	1. 22
4	兴业信托	1 238 306. 03	65 115 171. 72	66 353 477. 75	1. 90
5	外贸信托	672 169. 75	54 345 654. 39	55 017 824. 14	1. 24
6	平安信托	13 000 329. 04	39 984 860. 55	52 985 189. 59	32. 51
7	华宝信托	765 177. 45	49 146 270. 91	49 911 448. 36	1. 56
8	华润信托	1 521 524. 85	47 197 866. 96	48 719 391. 81	3. 22
9	华能信托	733 832. 90	42 155 687. 70	42 889 520. 60	1. 74
10	交银国际信托	581 892. 30	39 799 220. 09	40 381 112. 39	1. 46
11	上海信托	1 021 471. 84	38 636 864. 03	39 658 335. 87	2. 64
12	山东信托	484 557. 10	33 018 995. 47	33 503 552. 57	1. 47
13	中诚信托	1 453 926. 95	31 230 786. 54	32 684 713. 49	4. 66
14	中海信托	524 875. 06	31 425 074. 24	31 949 949. 30	1. 67
15	长安信托	542 809. 63	28 166 302. 64	28 709 112. 27	1. 93
16	四川信托	1 458 883. 27	26 980 502. 33	28 439 385. 60	5. 41
17	中航信托	548 864. 20	27 806 914. 78	28 355 778. 98	1. 97
18	北方信托	374 099. 35	27 373 852. 02	27 747 951. 37	1. 37
19	云南信托	186 424. 66	27 011 227. 95	27 197 652. 61	0. 69
20	五矿信托	521 892. 98	26 640 712. 05	27 162 605. 03	1. 96
21	西藏信托	178 558. 08	25 628 415. 20	25 806 973. 28	0. 70
22	中江信托	1 306 636. 42	21 976 295. 37	23 282 931. 79	5. 95
23	中铁信托	991 609. 41	21 090 823. 00	22 082 432. 41	4. 70
24	渤海信托	376 980. 72	21 661 733. 45	22 038 714. 17	1. 74
25	英大信托	461 799. 16	21 048 988. 89	21 510 788. 05	2. 19
26	粤财信托	387 567. 11	19 780 661. 75	20 168 228. 86	1. 96
27	新华信托	422 325. 13	18 278 321. 92	18 700 647. 05	2. 31
28	江苏信托	828 660. 53	17 434 667. 97	18 263 328. 50	4. 75
29	新时代信托	341 279. 54	16 734 888. 95	17 076 168. 49	2. 04
30	国元信托	501 509. 49	16 419 585. 38	16 921 094. 87	3. 05
31	重庆信托	1 714 706. 23	15 071 664. 11	16 786 370. 34	11. 38
32	北京信托	517 420. 15	16 162 672. 31	16 680 092. 46	3. 20
33	华鑫信托	328 856. 28	16 081 516. 53	16 410 372. 81	2. 04
34	天津信托	358 157. 75	15 438 501. 33	15 796 659. 08	2. 32
35	华融信托	544 327. 12	14 974 039. 91	15 518 367. 03	3. 64
36	安信信托	295 394. 41	15 115 116. 24	15 410 510. 65	1. 95
37	国投信托	722 359. 23	14 663 403. 23	15 385 762. 46	4. 93
38	昆仑信托	601 991. 03	14 164 489. 13	14 766 480. 16	4. 25
39	百瑞信托	425 148. 89	13 853 262. 47	14 278 411. 36	3. 07
40	方正东亚信托	351 336. 22	13 814 039. 04	14 165 375. 26	2. 54
41	中原信托	347 221. 00	12 966 217. 03	13 313 438. 03	2. 68
42	陕国投	425 724. 50	12 428 737. 29	12 854 461. 80	3. 43
43	厦门国际信托	380 647. 00	11 539 444. 00	11 920 091. 00	3. 30
44	中建投信托	472 235. 02	10 060 290. 13	10 532 525. 15	4. 69
45	陆家嘴信托	377 903. 64	9 556 429. 82	9 934 333. 46	3. 95
46	苏州信托	380 175. 07	8 937 666. 51	9 317 841. 58	4. 25
47	金谷信托	361 596. 98	8 852 316. 12	9 213 913. 10	4. 08
48	华信信托	755 570. 67	8 114 147. 36	8 869 718. 03	9. 31
49	大业信托	126 466. 29	8 673 298. 11	8 799 764. 41	1. 46

续表

排名	公司简称	2014 年末固有资产资产总计(万元)	2014 年末信托资产资产合计(万元)	2014 年末总资产总计(万元)	固有资产/信托资产(%)
50	中泰信托	379 176. 17	7 606 244. 72	7 985 420. 89	4. 99
51	中粮信托	368 876. 21	7 214 009. 97	7 582 886. 18	5. 11
52	国民信托	209 666. 11	7 144 293. 84	7 353 959. 95	2. 93
53	吉林信托	640 728. 28	6 535 739. 63	7 176 467. 91	9. 80
54	湖南信托	308 020. 00	6 751 447. 00	7 059 467. 00	4. 56
55	中国民生信托	344 930. 08	6 376 692. 77	6 721 622. 85	5. 41
56	西部信托	199 321. 35	6 519 083. 37	6 718 404. 72	3. 06
57	爱建信托	374 597. 24	5 990 087. 29	6 364 684. 53	6. 25
58	光大兴陇信托	173 420. 40	5 771 523. 59	5 944 943. 99	3. 00
59	万向信托	157 389. 97	5 714 760. 82	5 872 150. 79	2. 75
60	山西信托	342 145. 22	5 205 007. 00	5 547 152. 22	6. 57
61	紫金信托	176 520. 85	5 205 298. 47	5 381 819. 32	3. 39
62	东莞信托	338 949. 76	4 382 573. 17	4 721 522. 93	7. 73
63	国联信托	330 615. 00	4 351 445. 00	4 682 060. 00	7. 60
64	华澳信托	160 826. 82	4 375 830. 49	4 536 657. 31	3. 68
65	杭州工商信托	203 753. 00	2 840 661. 00	3 044 414. 00	7. 17
66	浙金信托	84 506. 93	2 479 791. 53	2 564 298. 46	3. 41
67	长城新盛信托	44 523. 46	1 708 970. 25	1 753 493. 71	2. 61
68	华宸信托	103 922. 91	695 794. 64	799 717. 55	14. 94
合计		49 974 620. 65	1 401 277 072. 99	1 451 251 693. 63	3. 57
平均		734 920. 89	20 607 015. 78	21 341 936. 67	

2014 年总资产达 145 125. 17 亿元，2013 年总资产为 112 894. 21 亿元 增长了 28. 55%，其中固有资产总额增长 29. 35%，信托资产总额增长 28. 52%。

两家公司固有资产与信托资产之比低于 1%，有 27 家公司比例超过平均值 3. 57%。

（二）信托公司 2014 年总收入排行榜

总收入 = 固有资产营业收入 + 信托资产营业收入

表 3 -2 -2　信托公司 2013 年总收入排行榜

排名	公司简称	2014 年固有资产营业收入(万元)	2014 年信托资产营业收入(万元)	2014 年末总收入合计(万元)	固有资产营业收入/信托资产营业收入(%)
1	平安信托	1 894 899. 13	4 758 743. 68	6 653 642. 81	39. 82
2	中融信托	553 149. 17	5 760 492. 59	6 313 641. 76	9. 60
3	中信信托	565 950. 90	5 679 332. 60	6 245 283. 50	9. 97
4	华润信托	398 660. 83	4 460 326. 77	4 858 987. 60	8. 94
5	兴业信托	249 256. 79	4 395 523. 37	4 644 780. 16	5. 67
6	建信信托	154 624. 75	4 326 078. 34	4 480 703. 09	3. 57
7	外贸信托	200 005. 12	4 059 171. 69	4 259 176. 81	4. 93
8	华宝信托	200 370. 78	3 228 451. 74	3 428 822. 52	6. 21
9	中诚信托	331 478. 29	2 927 994. 39	3 259 472. 68	11. 32
10	华能信托	226 964. 57	2 962 536. 19	3 189 500. 76	7. 66
11	山东信托	152 220. 85	2 727 621. 10	2 879 841. 95	5. 58
12	四川信托	297 945. 77	2 580 271. 03	2 878 216. 80	11. 55
13	长安信托	254 618. 67	2 572 899. 68	2 827 518. 35	9. 90
14	交银国际信托	120 395. 79	2 484 345. 91	2 604 741. 70	4. 85
15	北方信托	121 907. 75	2 461 964. 25	2 583 872. 00	4. 95
16	云南信托	56 514. 33	2 433 016. 46	2 489 530. 79	2. 32
17	上海信托	344 589. 57	2 127 971. 69	2 472 561. 26	16. 19
18	中航信托	170 044. 84	2 273 835. 17	2 443 880. 01	7. 48

续表

排名	公司简称	2014 年固有资产营业收入(万元)	2014 年信托资产营业收入(万元)	2014 年末总收入合计(万元)	固有资产营业收入/信托资产营业收入(%)
19	五矿信托	154 597.63	2 095 278.94	2 249 876.57	7.38
20	中海信托	140 889.48	1 988 313.51	2 129 202.99	7.09
21	中江信托	208 589.99	1 874 416.90	2 083 006.89	11.13
22	中铁信托	184 248.24	1 851 739.00	2 035 987.24	9.95
23	新华信托	105 134.52	1 839 877.92	1 945 012.44	5.71
24	渤海信托	114 887.95	1 768 039.58	1 882 927.53	6.50
25	粤财信托	83 406.97	1 777 284.79	1 860 691.76	4.69
26	北京信托	168 621.40	1 636 286.67	1 804 908.07	10.31
27	新时代信托	70 041.21	1 673 183.32	1 743 224.53	4.19
28	华鑫信托	94 636.77	1 590 881.03	1 685 517.80	5.95
29	重庆信托	350 871.55	1 321 572.04	1 672 443.59	26.55
30	国元信托	102 536.22	1 558 975.74	1 661 511.96	6.58
31	华融信托	183 182.98	1 453 060.85	1 636 243.83	12.61
32	国投信托	121 564.26	1 468 919.49	1 590 483.75	8.28
33	西藏信托	73 147.06	1 490 113.78	1 563 260.84	4.91
34	安信信托	180 937.99	1 291 249.71	1 472 187.70	14.01
35	方正东亚信托	158 731.98	1 307 940.43	1 466 672.41	12.14
36	厦门国际信托	79 076.00	1 338 201.00	1 417 277.00	5.91
37	英大信托	101 420.92	1 281 544.76	1 382 965.68	7.91
38	中原信托	138 658.83	1 242 843.66	1 381 502.49	11.16
39	昆仑信托	138 976.94	1 105 098.35	1 244 075.29	12.58
40	百瑞信托	135 737.94	1 058 785.05	1 194 522.99	12.82
41	江苏信托	138 958.59	981 090.90	1 120 049.49	14.16
42	华信信托	229 724.23	844 949.26	1 074 673.49	27.19
43	陕国投	83 547.90	988 928.65	1 072 476.55	8.45
44	山西信托	64 481.97	995 642.04	1 060 124.01	6.48
45	天津信托	148 631.34	757 113.30	905 744.64	19.63
46	中建投信托	115 821.39	772 734.04	888 555.43	14.99
47	金谷信托	75 940.10	793 022.18	868 962.28	9.58
48	苏州信托	97 628.67	723 797.90	821 426.57	13.49
49	中泰信托	73 906.95	747 261.69	821 168.64	9.89
50	湖南信托	92 902.00	710 464.00	803 366.00	13.08
51	光大兴陇信托	29 313.93	763 737.86	793 051.79	3.84
52	陆家嘴信托	84 546.96	704 732.38	789 279.34	12.00
53	大业信托	60 259.76	725 294.40	785 554.16	8.31
54	中国民生信托	46 841.11	580 767.14	627 608.25	8.07
55	国民信托	46 224.29	580 746.09	626 970.38	7.96
56	爱建信托	85 324.63	488 226.55	573 551.18	17.48
57	华澳信托	43 588.47	484 551.58	528 140.05	9.00
58	中粮信托	57 564.34	462 600.91	520 165.25	12.44
59	西部信托	39 960.84	471 829.50	511 790.34	8.47
60	吉林信托	71 502.64	414 532.09	486 034.73	17.25
61	东莞信托	75 805.32	409 365.36	485 170.68	18.52
62	国联信托	59 800.00	423 529.00	483 329.00	14.12
63	紫金信托	50 794.76	392 253.84	443 048.60	12.95
64	杭州工商信托	93 378.00	303 660.00	397 038.00	30.75
65	万向信托	31 406.64	330 443.33	361 849.97	9.50
66	浙金信托	27 463.28	255 302.17	282 765.45	10.76
67	长城新盛信托	14 609.06	126 617.68	141 226.74	11.54
68	华宸信托	19 239.88	107 209.17	126 449.05	17.95
合计		11 442 661.78	112 574 586.18	124 017 247.95	10.16
平均		168 274.44	1 655 508.62	1 823 783.06	

2014 年 68 家信托公司总收入为 12 401.72 亿元，2013 年为 8 389.82 亿元，增长了 47.82%，其中固有资产营业收入增长 17.00%，信托资产营业收入增长 51.89%。

有 38 家公司的固有资产营业收入与信托资产营业收入之比低于平均值为 10.16%。

(三)现金比率排行榜、流动比率排行榜

表 3-2-3　现金比率排行榜

排名	公司简称	2014 年	2013 年	较上年增减
1	国联信托	18.58	5.97	12.61
2	渤海信托	22.96	14.26	8.70
3	英大信托	11.96	4.98	6.98
4	华信信托	6.33	0.75	5.58
5	外贸信托	7.31	2.46	4.85
6	昆仑信托	7.74	3.35	4.39
7	厦门国际信托	6.28	2.10	4.18
8	中国民生信托	10.95	7.06	3.89
9	光大兴陇信托	5.55	2.94	2.61
10	长城新盛信托	6.12	3.55	2.58
11	华融信托	4.65	2.40	2.25
12	国民信托	3.86	1.93	1.93
13	西藏信托	1.34	0.04	1.31
14	华鑫信托	1.34	0.15	1.19
15	山东信托	2.00	1.15	0.85
16	陆家嘴信托	1.54	0.95	0.60
17	中原信托	1.43	0.93	0.51
18	建信信托	3.49	2.99	0.50
19	重庆信托	0.48	0.11	0.37
20	华澳信托	2.73	2.41	0.31
21	兴业信托	1.72	1.41	0.31
22	百瑞信托	0.98	0.69	0.29
23	杭州工商信托	2.29	2.03	0.27
24	中铁信托	0.67	0.42	0.26
25	华宝信托	1.29	1.04	0.25
26	东莞信托	1.37	1.15	0.22
27	江苏信托	0.27	0.08	0.19
28	中江信托	0.98	0.93	0.04
29	国投信托	2.32	2.28	0.04
30	平安信托	0.47	0.44	0.03
31	中建投信托	1.02	1.00	0.02
32	吉林信托	1.03	1.09	-0.06
33	华宸信托	0.09	0.17	-0.08
34	华润信托	0.56	0.75	-0.18
35	北方信托	2.07	2.39	-0.32
36	山西信托	4.78	5.11	-0.33
37	中信信托	1.42	1.79	-0.37
38	中诚信托	1.11	1.53	-0.42
39	中航信托	0.17	0.61	-0.44
40	四川信托	0.56	1.00	-0.45
41	湖南信托	0.40	0.88	-0.48
42	安信信托	0.56	1.04	-0.48
43	新华信托	0.29	0.85	-0.56
44	大业信托	0.43	1.06	-0.64
45	上海信托	2.52	3.20	-0.67

续表

排名	公司简称	2014 年	2013 年	较上年增减
46	华能信托	0.53	1.21	-0.68
47	中海信托	0.42	1.22	-0.80
48	长安信托	1.40	2.20	-0.80
49	苏州信托	0.17	1.04	-0.87
50	云南信托	1.01	2.22	-1.21
51	爱建信托	1.23	2.50	-1.27
52	北京信托	2.81	4.08	-1.27
53	陕国投	1.07	2.38	-1.31
54	天津信托	1.12	2.47	-1.35
55	新时代信托	1.88	3.26	-1.38
56	西部信托	0.20	1.67	-1.47
57	万向信托	1.38	3.40	-2.02
58	紫金信托	1.80	3.87	-2.07
59	方正东亚信托	0.41	2.63	-2.22
60	国元信托	0.20	2.42	-2.22
61	中融信托	1.74	4.19	-2.45
62	中泰信托	0.67	3.54	-2.87
63	金谷信托	1.85	5.00	-3.15
64	浙金信托	2.69	6.14	-3.45
65	五矿信托	18.58	24.14	-5.56
66	粤财信托	6.10	13.47	-7.37
67	交银国际信托	2.85	10.24	-7.40
68	中粮信托	5.82	13.94	-8.12
平均		0.88	1.01	-0.13

注：1. 平均值由68家合计数计算得出。2. 计算时货币资金为各家报告中的货币资金、现金及存放中央银行款项、存放同业款项、贵金属、其他货币资金汇总金额。

表3-2-4　流动比率排行榜

排名	公司简称	2014 年	2013 年	较上年增减
1	英大信托	26.94	13.73	13.21
2	山东信托	13.58	1.85	11.73
3	国联信托	18.67	7.17	11.50
4	山西信托	24.59	13.18	11.41
5	渤海信托	25.62	16.42	9.20
6	兴业信托	17.62	9.27	8.35
7	华信信托	10.73	3.28	7.46
8	华鑫信托	8.21	1.65	6.56
9	外贸信托	10.31	4.11	6.21
10	昆仑信托	8.40	3.43	4.97
11	厦门国际信托	7.13	2.27	4.86
12	中建投信托	7.01	3.23	3.78
13	东莞信托	4.64	1.38	3.26
14	中信信托	5.10	2.21	2.89
15	长城新盛信托	6.12	3.55	2.58
16	华融信托	9.27	6.88	2.40
17	光大兴陇信托	9.45	7.76	1.69
18	苏州信托	3.08	1.61	1.48
19	陆家嘴信托	4.92	3.50	1.43
20	中国民生信托	14.40	12.97	1.42
21	中诚信托	5.53	4.22	1.31
22	西藏信托	2.44	1.25	1.19

续表

排名	公司简称	2014 年	2013 年	较上年增减
23	国民信托	17.65	16.59	1.06
24	长安信托	5.47	4.49	0.98
25	中原信托	3.09	2.24	0.85
26	国元信托	3.18	2.54	0.65
27	华澳信托	3.69	3.34	0.35
28	杭州工商信托	2.30	2.03	0.27
29	重庆信托	1.12	0.87	0.26
30	江苏信托	0.29	0.09	0.20
31	平安信托	0.83	0.76	0.07
32	华宝信托	2.41	2.37	0.04
33	中融信托	4.33	4.33	-0.00
34	大业信托	1.04	1.20	-0.16
35	吉林信托	1.68	1.85	-0.16
36	中江信托	1.60	1.78	-0.17
37	湖南信托	1.21	1.43	-0.22
38	陕国投	2.26	2.53	-0.27
39	建信信托	4.30	4.58	-0.28
40	华能信托	2.06	2.34	-0.28
41	华润信托	0.95	1.25	-0.30
42	中铁信托	1.29	1.59	-0.31
43	四川信托	1.33	1.72	-0.39
44	北方信托	2.66	3.06	-0.40
45	百瑞信托	1.25	1.85	-0.61
46	中航信托	0.42	1.23	-0.80
47	华宸信托	0.81	1.68	-0.88
48	新华信托	0.74	1.64	-0.90
49	上海信托	3.85	4.82	-0.96
50	云南信托	1.31	2.38	-1.06
51	中海信托	0.49	1.60	-1.11
52	安信信托	1.30	2.81	-1.50
53	紫金信托	3.04	4.58	-1.54
54	西部信托	1.59	3.16	-1.57
55	新时代信托	2.02	3.84	-1.82
56	浙金信托	5.46	7.30	-1.84
57	万向信托	1.41	3.41	-2.00
58	爱建信托	6.12	8.85	-2.74
59	北京信托	3.19	6.31	-3.12
60	金谷信托	2.34	5.62	-3.28
61	交银国际信托	15.24	18.60	-3.35
62	国投信托	2.72	6.18	-3.46
63	天津信托	1.31	4.97	-3.65
64	方正东亚信托	7.00	10.70	-3.70
65	中泰信托	3.42	7.37	-3.95
66	中粮信托	8.74	14.42	-5.68
67	粤财信托	6.20	13.59	-7.39
68	五矿信托	19.27	28.88	-9.61
平均		1.71	1.85	-0.14

注:1. 平均值由68家合计数计算得出。2. 计算时货币资金为各家报告中的货币资金、现金及存放中央银行款项、存放同业款项、贵金属、其他货币资金汇总金额。

在68家公司中,2014年现金比率大于1的有47家,低于0.5的有13家;流动比率大于1的有61家;低于0.5的有3家。

三、信托公司一些其他指标排名

（一）2014年固有资产负债率增减变动情况排行榜

排名	公司简称	2014年12月31日			2013年12月31日			资产负债率增减变动（%）
		资产总计（万元）	负债总计（万元）	资产负债率（%）	资产总计（万元）	负债总计（万元）	资产负债率（%）	
1	四川信托	1 458 883. 27	958 572. 10	65. 71	736 935. 07	328 091. 96	44. 52	21. 18
2	山西信托	342 145. 22	149 922. 44	43. 82	251 802. 07	74 681. 38	29. 66	14. 16
3	中江信托	1 306 636. 42	684 074. 75	52. 35	865 600. 13	352 115. 73	40. 68	11. 68
4	国投信托	722 359. 23	111 691. 78	15. 46	337 306. 60	21 078. 81	6. 25	9. 21
5	浙金信托	84 506. 93	16 327. 64	19. 32	68 378. 43	7 989. 09	11. 68	7. 64
6	吉林信托	640 728. 28	169 451. 82	26. 45	420 648. 41	81 941. 76	19. 48	6. 97
7	建信信托	809 523. 58	79 033. 00	9. 76	661 958. 12	31 108. 04	4. 70	5. 06
8	中海信托	524 875. 06	141 013. 18	26. 87	491 393. 48	110 592. 81	22. 51	4. 36
9	华能信托	733 832. 90	106 859. 59	14. 56	602 561. 10	63 827. 73	10. 59	3. 97
10	平安信托	13 000 329. 04	9 247 438. 56	71. 13	10 147 554. 81	6 853 423. 49	67. 54	3. 59
11	百瑞信托	425 148. 89	53 092. 86	12. 49	339 415. 44	32 895. 56	9. 69	2. 80
12	苏州信托	380 175. 07	49 882. 78	13. 12	255 607. 47	26 767. 54	10. 47	2. 65
13	中粮信托	368 876. 21	21 640. 75	5. 87	338 938. 48	11 087. 13	3. 27	2. 60
14	中原信托	347 221. 00	29 445. 26	8. 48	251 486. 02	15 091. 99	6. 00	2. 48
15	中航信托	548 864. 20	74 025. 26	13. 49	431 457. 39	47 585. 42	11. 03	2. 46
16	北京信托	517 420. 15	52 274. 40	10. 10	421 777. 12	32 277. 27	7. 65	2. 45
17	万向信托	157 389. 97	7 280. 25	4. 63	140 888. 20	3 691. 32	2. 62	2. 01
18	华信信托	755 570. 67	37 571. 40	4. 97	609 088. 22	19 548. 52	3. 21	1. 76
19	中泰信托	379 176. 17	34 859. 34	9. 19	302 982. 15	22 544. 29	7. 44	1. 75
20	杭州工商信托	203 753. 00	35 622. 00	17. 48	144 086. 00	22 805. 00	15. 83	1. 66
21	西藏信托	178 558. 08	52 810. 81	29. 58	105 061. 19	29 473. 90	28. 05	1. 52
22	华润信托	1 521 524. 85	138 750. 16	9. 12	1 336 671. 26	105 506. 22	7. 89	1. 23
23	紫金信托	176 520. 85	13 109. 50	7. 43	150 790. 96	9 478. 23	6. 29	1. 14
24	东莞信托	338 949. 76	19 060. 01	5. 62	291 277. 11	13 089. 94	4. 49	1. 13
25	爱建信托	374 597. 24	13 673. 11	3. 65	324 303. 38	8 852. 93	2. 73	0. 92
26	西部信托	199 321. 35	32 701. 68	16. 41	178 754. 38	27 985. 04	15. 66	0. 75
27	新华信托	422 325. 13	144 885. 19	34. 31	397 624. 53	133 875. 16	33. 67	0. 64
28	国联信托	330 615. 00	7 460. 00	2. 26	270 263. 00	4 400. 00	1. 63	0. 63
29	金谷信托	361 596. 98	31 338. 75	8. 67	351 656. 23	28 310. 26	8. 05	0. 62
30	上海信托	1 021 471. 84	97 020. 89	9. 50	862 928. 53	76 995. 09	8. 92	0. 58
31	粤财信托	387 567. 11	17 323. 71	4. 47	332 248. 94	12 946. 37	3. 90	0. 57
32	湖南信托	308 020. 00	56 887. 00	18. 47	244 151. 00	43 975. 00	18. 01	0. 46
33	交银国际信托	581 892. 30	26 084. 65	4. 48	515 394. 49	21 042. 53	4. 08	0. 40
34	中信信托	2 087 975. 66	262 552. 75	12. 57	1 488 655. 63	185 780. 66	12. 48	0. 09
35	云南信托	186 424. 66	24 730. 26	13. 27	161 369. 43	21 336. 78	13. 22	0. 04
36	五矿信托	521 892. 98	34 993. 07	6. 71	452 640. 66	30 403. 58	6. 72	−0. 01
37	新时代信托	341 279. 54	9 594. 85	2. 81	329 924. 35	9 768. 72	2. 96	−0. 15
38	渤海信托	376 980. 72	8 542. 91	2. 27	326 763. 53	7 970. 94	2. 44	−0. 17
39	陕国投	425 724. 50	44 337. 11	10. 41	392 918. 84	41 975. 63	10. 68	−0. 27
40	方正东亚信托	351 336. 22	46 798. 32	13. 32	252 284. 89	34 391. 70	13. 63	−0. 31
41	北方信托	374 099. 35	53 489. 62	14. 30	321 467. 17	47 358. 07	14. 73	−0. 43
42	天津信托	358 157. 75	18 958. 56	5. 29	274 690. 27	15 807. 16	5. 75	−0. 46
43	昆仑信托	601 991. 03	17 720. 27	2. 94	564 343. 87	19 516. 63	3. 46	−0. 51
44	华宝信托	765 177. 45	105 561. 74	13. 80	592 268. 86	85 443. 04	14. 43	−0. 63
45	国民信托	209 666. 11	30 442. 21	14. 52	200 132. 89	30 886. 61	15. 43	−0. 91
46	国元信托	501 509. 49	18 119. 21	3. 61	434 165. 82	19 756. 07	4. 55	−0. 94

续表

排名	公司简称	2014年12月31日			2013年12月31日			资产负债率增减变动(%)
		资产总计(万元)	负债总计(万元)	资产负债率(%)	资产总计(万元)	负债总计(万元)	资产负债率(%)	
47	江苏信托	828 660.53	13 219.48	1.60	728 806.74	19 340.67	2.65	-1.06
48	中融信托	1 220 031.21	239 492.71	19.63	968 750.65	204 202.19	21.08	-1.45
49	华宸信托	103 922.91	11 282.73	10.86	98 163.70	12 102.63	12.33	-1.47
50	华融信托	544 327.12	48 111.05	8.84	363 702.09	37 856.43	10.41	-1.57
51	光大兴陇信托	173 420.40	7 650.40	4.41	158 228.55	9 565.41	6.05	-1.63
52	英大信托	461 799.16	16 804.66	3.64	411 189.66	22 112.31	5.38	-1.74
53	外贸信托	672 169.75	20 360.19	3.03	558 367.43	26 973.24	4.83	-1.80
54	厦门国际信托	380 647.00	27 514.00	7.23	286 036.00	26 144.00	9.14	-1.91
55	陆家嘴信托	377 903.64	34 802.63	9.21	152 983.51	17 080.36	11.16	-1.96
56	中国民生信托	344 930.08	19 681.51	5.71	115 488.73	8 984.14	7.78	-2.07
57	中诚信托	1 453 926.95	156 536.68	10.77	1 290 487.81	174 751.80	13.54	-2.78
58	中铁信托	991 609.41	523 242.76	52.77	918 377.58	512 773.60	55.83	-3.07
59	重庆信托	1 714 706.23	374 628.58	21.85	1 247 945.58	311 501.15	24.96	-3.11
60	长安信托	542 809.63	120 959.71	22.28	401 672.75	102 147.46	25.43	-3.15
61	中建投信托	472 235.02	43 372.37	9.18	410 494.31	56 113.74	13.67	-4.49
62	华鑫信托	328 856.28	15 739.34	4.79	344 606.40	34 274.99	9.95	-5.16
63	安信信托	295 394.41	114 930.67	38.91	160 046.15	73 569.71	45.97	-7.06
64	长城新盛信托	44 523.46	5 436.86	12.21	45 158.87	8 712.16	19.29	-7.08
65	华澳信托	160 826.82	58 973.99	36.67	155 279.82	68 766.95	44.29	-7.62
66	兴业信托	1 238 306.03	128 619.95	10.39	625 275.86	124 872.53	19.97	-9.58
67	大业信托	126 466.29	19 261.13	15.23	132 705.91	49 816.89	37.54	-22.31
68	山东信托	484 557.10	23 598.66	4.87	472 324.46	135 558.37	28.70	-23.83
合计		49 974 620.65	15 411 245.55	30.84	39 018 708.48	11 262 691.85	28.86	1.97
平均		734 920.89	226 635.96	30.84	573 804.54	165 627.82	28.86	1.97

2014年有33家公司资产负债率下降,68家信托公司资产负债率平均上升了1.97%,上升幅度最大的是四川信托,上升了21.18%。

在2014年披露的68家公司中,资产负债率最低是江苏信托,只有1.60%;最高的是平安信托,资产负债率达71.13%,比上年增加3.59%。整个信托行业的平均资产负债率为30.84%,比上年增长了1.97%。

(二)2014年已清算结束信托项目综合实际年化收益率排行榜

排名	公司简称	实际信托金额(万元)			加权平均实际年化收益率(%)			综合实际年化收益率(%)
		集合类	单一类	财产管理类	集合类	单一类	财产管理类	
1	华融信托	2 303 225.00	878 248.90	0.00	13.62	8.02	0.00	12.07
2	杭州工商信托	203 104.00	125 268.00	0.00	12.29	9.02	0.00	11.04
3	五矿信托	2 522 804.18	5 265 191.05	0.00	13.51	8.46	0.00	10.10
4	平安信托	5 307 374.11	9 152 455.80	0.00	15.11	7.06	0.00	10.01
5	国联信托	716 600.00	698 915.00	0.00	9.16	10.63	0.00	9.89
6	湖南信托	563 758.00	2 264 295.00	1 200.00	8.62	9.66	0.00	9.45
7	万向信托	378 800.00	526 500.00	16 000.00	11.78	7.37	6.78	9.17
8	华宸信托	240 575.00	592 290.00	0.00	11.50	8.11	0.00	9.09
9	华信信托	1 841 346.00	1 113 742.00	0.00	8.94	8.94	0.00	8.94
10	中原信托	707 036.00	3 194 543.81	153 525.00	10.25	8.08	18.55	8.85
11	大业信托	1 319 194.37	1 085 437.48	315 224.34	9.68	8.57	5.47	8.75
12	百瑞信托	982 180.00	1 860 900.31	20 000.00	10.18	7.72	8.37	8.57
13	东莞信托	1 521 330.00	829 926.67	0.00	9.44	6.82	0.00	8.52
14	北京信托	1 410 997.03	978 073.70	142 904.59	9.08	8.00	6.34	8.51
15	华能信托	9 275 461.30	9 717 142.00	1 871 461.06	9.76	7.08	7.81	8.34
16	新华信托	1 187 714.80	2 740 533.32	267 539.73	10.76	7.63	2.77	8.21

续表

排名	公司简称	实际信托金额（万元）			加权平均实际年化收益率（%）			综合实际年化收益率（%）
		集合类	单一类	财产管理类	集合类	单一类	财产管理类	
17	爱建信托	840 122. 00	805 763. 03	413 878. 76	8. 90	7. 64	7. 66	8. 16
18	四川信托	2 333 178. 37	6 707 123. 20	239 852. 53	9. 61	7. 72	5. 46	8. 14
19	西藏信托	982 743. 60	5 032 205. 19	0. 00	9. 47	7. 81	0. 00	8. 08
20	中航信托	1 521 995. 00	6 511 484. 66	87 842. 00	9. 10	7. 84	6. 86	8. 07
21	浙金信托	298 930. 00	707 199. 46	30 000. 00	9. 69	7. 28	9. 53	8. 04
22	苏州信托	954 782. 00	1 209 600. 00	0. 00	9. 61	6. 68	0. 00	7. 97
23	方正东亚信托	1 391 161. 00	4 435 253. 30	584 209. 47	9. 81	7. 72	5. 25	7. 95
24	华澳信托	729 715. 00	1 171 334. 00	48 783. 00	9. 02	7. 29	0. 00	7. 76
25	新时代信托	4 189 537. 00	13 981 806. 14	0. 00	8. 71	7. 44	0. 00	7. 73
26	安信信托	190 146. 00	3 396 347. 00	30 490. 00	9. 95	7. 61	0. 00	7. 67
27	国投信托	509 760. 00	7 544 125. 56	549 332. 74	33. 97	6. 28	2. 27	7. 66
28	西部信托	411 515. 57	2 562 914. 00	0. 00	9. 59	7. 34	0. 00	7. 65
29	吉林信托	500 990. 00	2 329 113. 00	209 500. 00	9. 74	7. 22	7. 43	7. 65
30	重庆信托	1 158 220. 00	2 435 483. 89	277 700. 00	7. 50	8. 16	3. 79	7. 65
31	光大兴陇信托	99 067. 00	3 995 163. 77	68 767. 04	7. 92	7. 59	7. 81	7. 60
32	国民信托	243 770. 00	1 826 586. 16	100. 00	9. 39	7. 36	0. 00	7. 60
33	中融信托	3 066 797. 58	5 986 698. 00	4 291 981. 34	8. 09	6. 81	8. 29	7. 58
34	华鑫信托	1 532 243. 95	4 652 368. 90	0. 00	9. 86	6. 80	0. 00	7. 56
35	金谷信托	1 289 630. 50	3 655 486. 10	125 000. 00	7. 39	7. 46	10. 17	7. 51
36	长城新盛信托	67 800. 00	94 328. 00	0. 00	9. 95	5. 75	0. 00	7. 51
37	陆家嘴信托	997 310. 00	1 520 652. 70	0. 00	8. 48	6. 81	0. 00	7. 47
38	建信信托	682 857. 20	366 672. 04	0. 00	7. 94	6. 60	0. 00	7. 47
39	陕国投	513 639. 85	3 009 590. 08	0. 00	8. 83	7. 22	0. 00	7. 45
40	渤海信托	555 682. 40	9 994 533. 30	502 440. 00	9. 58	7. 32	7. 77	7. 45
41	中江信托	1 846 687. 00	4 581 474. 52	113 738. 10	8. 42	7. 13	4. 40	7. 45
42	中铁信托	2 474 088. 00	3 072 666. 00	55 000. 00	8. 42	6. 64	5. 93	7. 42
43	厦门国际信托	738 344. 00	5 984 348. 00	290 132. 00	8. 07	7. 29	7. 61	7. 39
44	北方信托	2 037 807. 00	8 117 350. 00	167 755. 00	8. 19	7. 30	0. 00	7. 36
45	中泰信托	202 970. 00	2 708 809. 00	65 000. 00	8. 52	7. 23	5. 95	7. 29
46	外贸信托	4 151 635. 51	2 945 307. 12	236 000. 00	7. 10	7. 56	6. 17	7. 25
47	江苏信托	297 800. 00	3 716 979. 86	19 878. 77	9. 94	7. 00	0. 62	7. 19
48	粤财信托	1 704 400. 10	4 533 547. 93	477 979. 75	8. 87	6. 56	6. 18	7. 12
49	中国民生信托	328 120. 00	1 523 858. 59	80 690. 97	8. 87	7. 00	0. 00	7. 03
50	紫金信托	1 496 769. 90	8 026 673. 76	279 755. 00	7. 10	6. 89	9. 50	7. 00
51	中诚信托	1 341 045. 00	7 592 913. 00	825 374. 00	10. 08	6. 53	6. 16	6. 99
52	中粮信托	265 320. 00	2 532 124. 00	14 473. 45	9. 62	6. 68	4. 07	6. 94
53	山东信托	1 933 457. 00	6 853 348. 00	138 506. 00	11. 58	5. 61	6. 69	6. 92
54	长安信托	4 485 345. 16	8 856 376. 17	1 801 000. 00	7. 20	6. 54	8. 07	6. 92
55	山西信托	379 623. 00	2 139 585. 00	80 000. 00	8. 87	6. 39	9. 00	6. 83
56	昆仑信托	2 483 361. 00	4 226 421. 24	0. 00	7. 62	6. 29	0. 00	6. 78
57	华润信托	2 000 321. 23	5 309 366. 27	88 955. 68	6. 43	6. 87	5. 89	6. 74
58	国元信托	779 453. 00	12 563 993. 55	0. 00	8. 89	6. 56	0. 00	6. 70
59	上海信托	1 659 300. 96	5 149 518. 27	145 720. 00	8. 05	6. 19	6. 20	6. 63
60	天津信托	1 432 322. 00	2 295 801. 72	830 894. 38	8. 93	7. 59	0. 00	6. 63
61	云南信托	612 975. 92	10 323 691. 00	156 000. 00	8. 46	6. 49	7. 58	6. 61
62	中建投信托	997 458. 61	3 291 259. 00	21 426. 35	7. 79	6. 29	1. 03	6. 61
63	中信信托	4 620 679. 30	31 742 219. 25	2 624 843. 63	9. 02	6. 06	8. 88	6. 60
64	兴业信托	1 859 235. 00	29 117 136. 00	351 420. 00	7. 07	6. 40	2. 70	6. 40
65	英大信托	192 007. 00	816 731. 46	237 551. 36	7. 32	6. 27	5. 97	6. 37
66	华宝信托	1 148 783. 27	3 499 024. 37	123 134. 32	7. 90	5. 82	7. 45	6. 36
67	中海信托	1 534 796. 53	4 190 239. 07	46 250. 00	8. 35	4. 91	5. 46	5. 83
68	交银国际信托	645 772. 00	12 677 208. 73	110 430. 00	7. 70	5. 69	5. 99	5. 79
平均		1 458 720. 17	4 902 106. 84	288 671. 18	9. 56	7. 19	4. 16	7. 74

注：已清算结束信托项目综合实际年化收益率 =（集合类实收信托合计 × 集合类加权平均实际年化收益率 + 单一类实收信托合计 × 单一类加权平均实际年化收益率 + 财产权实收信托合计 × 财产权类加权平均实际年化收益率）/（集合、单一、财产权实收信托合计）。

(三)2014 年信托资产信托报酬率及已清算结束信托项目综合实际年化收益率排名

排名	公司简称	信托资产信托报酬率(%)	排名	公司简称	已清算结束信托项目综合实际年化收益率(%)
1	杭州工商信托	2.94	1	华融信托	12.07
2	东莞信托	1.36	2	杭州工商信托	11.04
3	重庆信托	1.33	3	五矿信托	10.10
4	华信信托	1.30	4	平安信托	10.01
5	华宸信托	1.29	5	国联信托	9.89
6	华融信托	1.28	6	湖南信托	9.45
7	安信信托	1.22	7	万向信托	9.17
8	平安信托	1.18	8	华宸信托	9.09
9	方正东亚信托	1.08	9	华信信托	8.94
10	湖南信托	1.06	10	中原信托	8.85
11	爱建信托	1.03	11	大业信托	8.75
12	浙金信托	1.01	12	百瑞信托	8.57
13	苏州信托	0.95	13	东莞信托	8.52
14	北京信托	0.95	14	北京信托	8.51
15	中原信托	0.93	15	华能信托	8.34
16	陆家嘴信托	0.86	16	新华信托	8.21
17	新华信托	0.81	17	爱建信托	8.16
18	百瑞信托	0.81	18	四川信托	8.14
19	紫金信托	0.79	19	西藏信托	8.08
20	中建投信托	0.78	20	中航信托	8.07
21	中融信托	0.78	21	浙金信托	8.04
22	大业信托	0.76	22	苏州信托	7.97
23	华澳信托	0.75	23	方正东亚	7.95
24	中铁信托	0.72	24	华澳信托	7.76
25	天津信托	0.71	25	新时代信托	7.73
26	四川信托	0.71	26	安信信托	7.67
27	长安信托	0.70	27	国投信托	7.66
28	国联信托	0.70	28	西部信托	7.65
29	国民信托	0.69	29	吉林信托	7.65
30	中国民生信托	0.67	30	重庆信托	7.65
31	山西信托	0.67	31	光大兴陇信托	7.60
32	金谷信托	0.62	32	中融信托	7.58
33	中江信托	0.61	33	华鑫信托	7.56
34	昆仑信托	0.59	34	金谷信托	7.51
35	中泰信托	0.56	35	长城新盛信托	7.51
36	国投信托	0.53	36	陆家嘴信托	7.47
37	中信信托	0.52	37	建信信托	7.47
38	中航信托	0.52	38	陕国投	7.45
39	五矿信托	0.51	39	渤海信托	7.45
40	万向信托	0.51	40	中江信托	7.45
41	西部信托	0.51	41	中铁信托	7.42
42	渤海信托	0.50	42	厦门国际信托	7.39
43	中诚信托	0.46	43	北方信托	7.36
44	长城新盛信托	0.45	44	中泰信托	7.29
45	陕国投	0.44	45	外贸信托	7.25
46	华鑫信托	0.43	46	江苏信托	7.19
47	华润信托	0.43	47	粤财信托	7.12
48	上海信托	0.42	48	中国民生信托	7.03
49	国元信托	0.38	49	紫金信托	7.00

续表

排名	公司简称	信托资产信托报酬率（%）	排名	公司简称	已清算结束信托项目综合实际年化收益率（%）
50	厦门国际信托	0.38	50	中诚信托	6.99
51	光大兴陇信托	0.37	51	中粮信托	6.94
52	英大信托	0.36	52	山东信托	6.92
53	吉林信托	0.36	53	长安信托	6.92
54	江苏信托	0.34	54	山西信托	6.83
55	华能信托	0.34	55	昆仑信托	6.78
56	中海信托	0.33	56	华润信托	6.74
57	山东信托	0.33	57	国元信托	6.71
58	北方信托	0.32	58	上海信托	6.63
59	新时代信托	0.32	59	天津信托	6.63
60	外贸信托	0.31	60	云南信托	6.61
61	中粮信托	0.31	61	中建投信托	6.61
62	粤财信托	0.31	62	中信信托	6.60
63	交银国际信托	0.26	63	兴业信托	6.40
64	华宝信托	0.26	64	英大信托	6.37
65	兴业信托	0.23	65	华宝信托	6.36
66	云南信托	0.19	66	交银国际信托	5.79
67	建信信托	0.17	67	国民信托	1.11
68	西藏信托	0.14	68	中海信托	0.00
平均		0.54	平均		7.55

（四）2014 年信托公司人均净利润排行榜

排名	公司简称	2014 年人数	2013 年人数	净利润（万元）	人均净利润（万元）
1	重庆信托	91	83	244 229.29	2 615.10
2	江苏信托	85	77	115 225.17	1 458.55
3	华信信托	173	174	168 040.05	965.75
4	中诚信托	239	222	218 175.38	915.89
5	西藏信托	51	41	37 316.45	910.16
6	华润信托	309	299	232 863.77	773.33
7	中海信托	138	130	97 254.36	725.78
8	上海信托	290	221	187 412.95	674.03
9	安信信托	191	163	102 352.80	578.26
10	天津信托	142	142	77 734.30	551.31
11	中信信托	544	488	281 230.27	539.86
12	粤财信托	102	108	55 202.44	530.79
13	中航信托	268	221	90 966.97	506.84
14	华能信托	228	262	128 239.93	502.41
15	国联信托	72	57	42 652.00	498.87
16	中原信托	194	164	80 696.68	464.44
17	苏州信托	109	96	49 549.98	458.80
18	方正东亚信托	230	160	85 908.53	440.56
19	中铁信托	229	116	102 689.81	439.00
20	百瑞信托	171	172	74 795.13	436.12
21	外贸信托	354	311	121 656.24	435.91
22	国元信托	159	161	66 803.96	417.52
23	湖南信托	140	120	53 868.00	414.00
24	渤海信托	159	134	59 146.79	403.73
25	北京信托	215	195	89 459.51	394.00
26	北方信托	133	122	56 401.84	378.54

续表

排名	公司简称	2014 年人数	2013 年人数	净利润(万元)	人均净利润(万元)
27	华鑫信托	167	145	52 298. 99	358. 21
28	交银国际	178	159	60 303. 56	356. 82
29	五矿信托	295	271	87 980. 23	355. 66
30	中建投信托	207	145	58 910. 06	334. 72
31	中江信托	185	180	88 878. 44	327. 00
32	厦门国际信托	164	135	42 704. 00	321. 00
33	兴业信托	488	344	140 534. 31	320. 33
34	昆仑信托	250	245	79 060. 80	318. 79
35	大业信托	95	98	29 316. 15	308. 59
36	华融信托	284	216	70 162. 59	287. 55
37	英大信托	144	141	56 311. 32	285. 84
38	杭州工商信托	152	140	46 525. 00	285. 00
39	山东信托	169	162	76 569. 25	283. 59
40	爱建信托	158	155	45 496. 70	282. 59
41	华宝信托	307	282	80 637. 28	273. 81
42	浙金信托	112	100	7 789. 95	272. 00
43	东莞信托	161	138	42 205. 42	271. 22
44	建信信托	218	190	86 888. 87	266. 12
45	紫金信托	111	106	26 510. 62	243. 22
46	国投信托	144	115	63 370. 32	232. 13
47	平安信托	1053	906	391 046. 53	223. 63
48	中粮信托	152	119	31 640. 72	222. 41
49	中泰信托	221	164	40 506. 35	216. 03
50	长安信托	541	436	95 959. 48	194. 30
51	云南信托	157	134	25 661. 75	184. 62
52	陆家嘴信托	261	154	35 795. 30	173. 76
53	四川信托	752	432	128 335. 60	171. 12
54	陕国投	253	216	35 063. 18	149. 52
55	中融信托	1620	1221	243 279. 39	136. 57
56	西部信托	156	141	18 695. 54	125. 90
57	新时代信托	251	242	29 484. 07	117. 47
58	中国民生信托	191	147	18 743. 97	116. 06
59	国民信托	192	133	17 784. 99	115. 49
60	万向信托	147	86	12 912. 84	110. 37
61	光大兴陇信托	156	91	14 509. 79	93. 01
62	山西信托	174	164	19 487. 40	85. 11
63	华澳信托	203	157	15 200. 99	84. 00
64	长城新盛信托	68	57	5 051. 41	77. 71
65	吉林信托	197	192	27 473. 39	59. 85
66	金谷信托	180	195	10 256. 99	55. 00
67	华宸信托	113	103	2 938. 98	27. 73
68	新华信托	526	646	10 584. 49	18. 06
合计		16 569	14 042	5 392 739. 62	352. 34

注:1. 人均净利润以各家公司披露金额为准。
2. 陕国投未披露人均净利润,我们采用本期净进利润/全年平均人数计算得出。
3. 合计行的人均利润我们亦采用本期所有公司净进利润合计数/(2013 年人数 +2014 年人数) ×2 计算得出。

68 家公司中,人均净利润超过 100 万元的有 62 家,平均人均净利润为 352. 34 万元,比 2013 年略微下降。

第四章　固有资产报表总体分析

在本章节中，我们将2014年68家信托公司固有资产部分的会计报表，包括资产负债表、利润表、所有者权益变动表分别汇总成代表中国信托行业固有资产整体状况的汇总报表，以此来分析中国信托公司固有资产整体的财务状况和经营成果。

一、2014年固有资产财务状况总体分析

表4－1－1　2014年固有资产汇总资产负债表

单位：万元

资产	2014年末数	2014年初数	负债和所有者权益(或股东权益)	2014年末数	2014年初数
货币资金	6 040 534.68	5 127 694.00	向中央银行借款	4 000.00	4 000.00
现金及存放中央银行款项	556 007.41	556 327.86	同业及其他金融机构存放款项	—	—
存放同业款项	2 334 835.08	2 235 413.94	短期借款	302 957.70	383 978.01
贵金属	—	—	拆入资金	395 500.00	396 500.00
其他货币资金	—	—	交易性金融负债	68 883.46	12 500.14
拆出资金	180 453.49	22 481.38	衍生金融负债	749.05	398.93
交易性金融资产	2 899 746.76	1 849 281.30	卖出回购金融资产款	2 510 987.75	2 089 021.62
衍生金融资产	1 370.52	—	吸收存款	—	—
买入返售金融资产	1 686 457.41	979 050.70	存入保证金	—	—
应收利息	186 965.57	119 576.58	应付款项	70 329.66	85 706.39
应收股利	817.97	589.54	应付手续费及佣金	—	—
分为贷款和应收款类的投资	1 518 351.53	1 047 050.15	预收款项	1 313 970.41	816 494.66
应收手续费及佣金	36 332.72	27 486.88	应付职工薪酬	1 324 947.24	1 082 109.12
应收款项	1 974 909.85	923 610.66	应交税费	1 000 800.16	864 802.53
发放中长期贷款	—	—	代理买卖证券款	2 347 274.97	1 372 346.00
结算备付金	406 716.18	209 161.46	代理业务负债	1 578.86	1 597.32
存出保证金	82 999.14	94 274.04	代理兑付证券款	—	—
其他应收款	295 700.22	264 482.56	应付利息	75 090.36	53 299.80
预付款项	24 138.93	22 769.38	应付股利	193 892.25	103 294.16
存货	53 049.94	44 020.88	其他应付款	482 759.02	557 111.32
其他流动资产	361 756.77	218 734.77	一年内到期的非流动负债	—	—
流动资产合计	18 641 144.16	13 742 006.07	其他流动负债	7 898.31	7 342.91
发放贷款和垫款	4 974 120.13	4 429 915.49	流动负债合计	10 101 619.20	7 830 502.91
可供出售金融资产	15 965 018.52	12 191 018.20	递延收益	37 186.14	32 652.54
长期应收款	—	—	长期借款	845 537.70	777 883.97
长期股权投资	4 273 672.59	3 705 706.15	长期应付款	52 376.57	42 589.86
投资性房地产	126 886.22	139 191.59	预计负债	346 774.47	—
持有至到期投资	965 007.44	1 039 413.52	预计负债	14 133.92	10 689.04
固定资产	511 297.51	524 189.84	递延所得税负债	569 518.55	339 185.33
固定资产清理	—	6.59	其他负债	3 444 098.99	2 229 188.20
在建工程	2 496.76	2 529.59	长期负债合计	5 309 626.35	3 432 188.94
无形资产	1 105 592.04	1 157 002.57	负债合计	15 411 245.55	11 262 691.85
开发支出	662.60	1 721.49	所有者权益(或股东权益)：		
长期待摊费用	28 835.60	27 369.92	实收资本(或股本)	13 865 165.91	11 165 500.07
递延所得税资产	565 272.06	459 075.55	资本公积	3 009 359.18	2 539 957.70
抵债资产	2 260.79	1 921.40	盈余公积	2 474 264.78	1 786 866.43
代理业务资产	—	—	信托赔偿准备金	600 998.29	452 446.47
商誉	319 341.54	319 305.33	一般风险准备	1 374 733.53	1 085 528.31
信托受益权	140 134.53	100 202.35	未分配利润	10 427 180.75	9 008 503.16
其他非流动资产	2 352 877.17	1 178 133.86	外币折算差额	1 389 125.92	504 354.15
非流动资产合计	31 333 475.49	25 276 70343	归属于母公司所有者权益合计	33 140 828.37	26 543 156.30
			少数股东权益	1 422 545.73	1 212 861.35
			所有者权益(或股东权益)合计	34 563 374.10	27 756 017.65
资产总计	49 974 619.65	39 018 709.50	负债和所有者权益(或股东权益)总计	49 974 619.65	39 018 709.50

注：将统计过程中报表数字尾差放在其他非流动资产中，导致披露的资产总额与第三章存在差异。

我们对资产负债表按大类进行了分析，其增减变动情况见表4－1－2。

表 4-1-2　2014 年固有资产汇总简式资产负债表增减变动明细表

资产	2014 年末数(万元)	2014 年初数(万元)	增减额(万元)	增减率(%)	平均每户增减(万元)
流动资产合计	18 641 144. 16	13 742 006. 07	4 899 138. 09	35. 65	72 046. 15
长期资产及长期投资合计	26 304 704. 90	21 505 244. 95	4 799 459. 96	22. 32	70 580. 29
固定资产合计	513 794. 27	526 726. 02	-12 931. 75	-2. 46	-190. 17
无形资产及其他资产合计	3 949 704. 26	2 785 658. 92	1 164 045. 35	41. 79	17 118. 31
递延税款资产	565 272. 06	459 075. 55	106 196. 51	23. 13	1 561. 71
资产总计	49 974 619. 66	39 018 709. 50	10 955 910. 16	28. 08	161 116. 30
流动负债合计	10 101 619. 20	7 830 502. 91	2 271 116. 29	29. 00	33 398. 77
长期负债合计	5 309 626. 35	3 432 188. 94	1 877 437. 41	54. 70	27 609. 37
负债合计	15 411 245. 55	11 262 691. 85	4 148 553. 70	36. 83	61 008. 14
归属于母公司所有者权益合计	33 140 828. 37	26 543 156. 30	6 597 672. 07	24. 86	97 024. 59
少数股东权益	1 422 545. 73	1 212 861. 35	209 684. 38	17. 29	3 083. 59
负债及所有者权益合计	34 563 374. 10	27 756 017. 65	6 807 354. 45	24. 53	100 108. 15

截至 2014 年末,68 家信托公司固有资产总规模为 4 997. 46 亿元,较 2013 年固有资产总额 3 901. 87 亿元增加了 1 095. 59 亿元,增加了 28. 08%。平均资产规模为 73. 49 亿元,平均资产增加 16. 11 亿元。

2014 年负债总额增幅比 2013 年略有下降,2014 年末负债总额为 1 541. 12 亿元,较 2013 年负债总额 1 079. 97 亿元增加了 461. 15 亿元,增加了 42. 70%,平均负债规模为 22. 66 亿元,平均负债额增加 6. 10 亿元。

表 4-1-3　2014 年固有资产汇总资产负债增减情况表

项目	2014 年 12 月 31 日	2013 年 12 月 31 日	增减额	增减(%)
资产总计(万元)	49 974 619. 66	39 018 709. 50	10 955 910. 16	28. 08
负债合计(万元)	15 411 245. 55	11 262 691. 85	4 148 553. 70	36. 83
所有者权益合计(万元)	34 563 374. 10	27 756 019. 65	6 807 354. 45	24. 53
资产负债率(%)	30. 84	28. 86	1. 97	

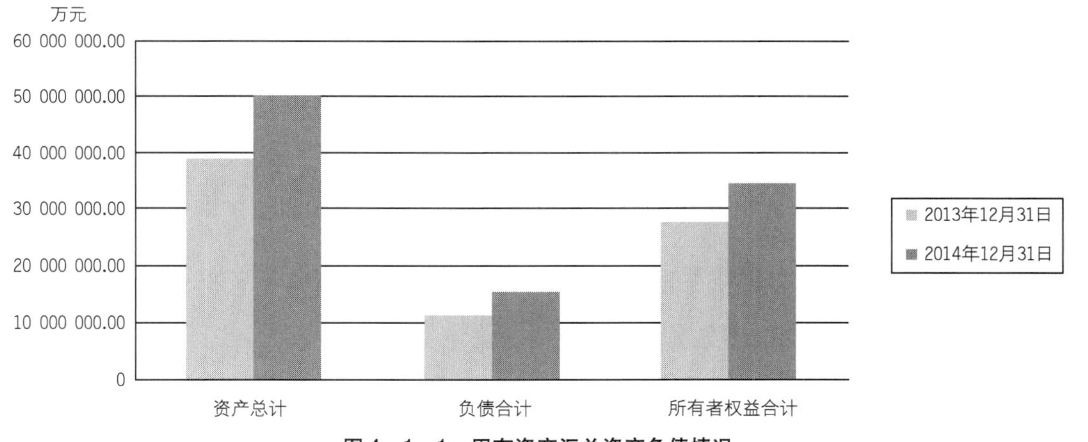

图 4-1-1　固有资产汇总资产负债情况

2014 年与 2013 年相比,资产规模增加幅度低于负债规模的增加幅度,导致 2014 年的资产负债率提高了 1. 97%,资产负债率已经连续 2 年提高。

二、2014 年固有资产经营成果总体分析

表 4-2-1　2014 年汇总利润表

项目	本年实际数(万元)	上年实际数(万元)	增减数	
			金额(万元)	比例(%)
一、营业总收入	11 442 661. 78	9 752 191. 63	1 690 470. 14	17. 33
1. 营业收入	586 191. 87	496 789. 77	89 402. 10	18. 00
2. 利息净收入	531 292. 34	569 322. 58	-38 030. 23	-6. 68
利息收入	943 048. 23	781 575. 92	161 472. 31	20. 66
利息支出	411 755. 89	212 253. 35	199 502. 54	93. 99

续表

项目	本年实际数（万元）	上年实际数（万元）	增减数	
			金额（万元）	比例（%）
3. 金融企业往来净收入	763.69	1 068.94	-305.25	-28.56
金融企业往来收入	763.69	1 068.94	-305.25	-28.56
金融企业往来支出	—	—	—	—
4. 手续费及佣金净收入	7 391 702.68	6 751 394.74	640 307.94	9.48
手续费及佣金收入	7 544 029.85	6 876 588.49	667 441.36	9.71
手续费及佣金支出	152 327.17	125 193.75	27 133.42	21.67
5. 租赁收入	472.87	0.47	472.40	100510.64
6. 投资收益（损失以"-"号填列）	2 391 436.11	1 553 753.15	837 682.95	53.91
其中：对联营企业和合营企业的投资收益	215 752.52	162 468.99	53 283.53	32.80
7. 公允价值变动收益（损失以"-"号填列）	163 378.48	23 464.58	139 913.89	596.28
8. 汇兑收益（损失以"-"号填列）	206.63	-2 713.17	2 919.80	-107.62
9. 其他业务收入	370 421.60	352 584.85	17 836.76	5.06
10. 基金管理收入	6 795.50	6 525.71	269.79	4.13
二．营业总支出	4 576 012.17	3 818 418.92	757 593.25	19.84
1. 营业成本	203 029.43	171 792.55	31 236.88	18.18
2. 营业税金及附加	546 466.45	487 708.69	58 757.76	12.05
2. 业务（销售费用）	3 102 362.06	2 678 520.13	423 841.94	15.82
3. 管理费	71 943.33	63 079.91	8 863.41	14.05
4. 财务费用	-28.77	-9.70	-19.07	196.64
5. 资产减值损失	538 607.04	309 036.62	229 570.42	74.29
6. 其他业务成本	113 632.63	108 290.72	5 341.91	4.93
三、营业利润（亏损以"-"号填列）	6 866 649.61	5 933 772.71	932 876.89	15.72
加：营业外收入	73 899.89	81 508.97	-7 609.08	-9.34
减：营业外支出	23 494.26	55 726.95	-32 232.69	-57.84
四、利润总额（亏损总额以"-"号填列）	6 917 055.24	5 959 554.73	957 500.51	16.07
减：所得税费用	1 524 315.62	1 367 171.88	157 143.73	11.49
五、净利润（净亏损以"-"号填列）	5 392 739.62	4 592 382.85	800 356.77	17.43
六、其他综合收益	632 719.46	-58 484.36	691 203.82	-1181.86
七、综合收益总额	6 025 459.08	4 533 898.49	1 491 560.59	32.90

2014年信托公司经营业绩上升幅度逐步放缓，净利润为539.27亿元，较上年的459.24亿元增加了17.43%，手续费及佣金收入仍然是收入的主要来源，2014年手续费及佣金净收入739.17亿元，占营业收入的64.60%，比2013年的69.23%有所降低；其次是投资收益239.14亿元，占营业收入的20.90%。

另外2014年由于会计政策变更，很多公司都进行了年初数的追溯调整，其他综合收益金额变动较大，2014年金额为63.27亿元。

三、2014年固有资产所有者权益总体分析

2014年所有者权益为3 456.34亿元，较上年增加680.74亿元，增幅为24.53%，其中股本占比为40.12%，较上年增加24.18%；资本公积占比为8.71%，较上年增加18.48%；盈余公积占比为7.16%，较上年增加38.47%；未分配利润占比为30.17%，较上年增加了15.75%；风险准备金占比为5.72%，较上年增加28.46%。从表4-3-1看出，所有者权益各项均有所增长。

表4-3-1　固有资产所有者权益的组成占比一览表

项目	2014年		2013年		2014年增减	
	金额（万元）	比率（%）	金额（万元）	比率（%）	金额（万元）	比率（%）
股本	13 865 165.91	40.12	11 165 500.07	40.23	2 699 665.84	24.18
资本公积	3 009 359.18	8.71	2 539 957.70	9.15	469 401.48	18.48
盈余公积	2 474 264.78	7.16	1 786 866.43	6.44	687 398.35	38.47
未分配利润	10 427 180.75	30.17	9 008 503.16	32.46	1 418 677.59	15.75
风险准备金	1 975 731.82	5.72	1 537 974.79	5.54	437 757.04	28.46
外币折算差额	1 389 125.92	4.02	504 354.15	1.82	884 771.78	175.43
归属于母公司所有者权益合计	33 140 828.37	95.88	26 543 156.30	95.63	6 597 672.07	24.86
少数股东权益	1 422 545.73	4.12	1 212 861.35	4.37	209 684.38	17.29
所有者权益合计	34 563 374.10	100.00	27 756 017.65	100.00	6 807 356.45	24.53

68家公司2014年股本共增加269.97亿元，通过增资扩股，信托公司实力得到进一步加强。2014年股本发生变动的情况分析见第一章。

表4－3－2　2014年汇总所有者权益变动表

单位：万元

项目	本年金额								
	归属于母公司所有者权益							少数股东权益	所有者权益合计
	实收资本（或股本）	资本公积	其他综合收益	盈余公积	信托赔偿准备	一般风险准备	未分配利润		
一、上年末余额	11 165 500. 07	2 690 047. 58	351 767. 60	1 786 999. 75	459 198. 55	1 078 786. 29	9 009 242. 39	1 212 861. 35	11 165 500. 07
加：会计政策变更	—	－151 357. 48	153 854. 15	－18. 27	－10. 08	—	－249. 42	—	—
前期差错更正	—	—	—	－120. 96	—	—	－485. 43	—	—
其他	—	—	86. 51	—	—	—	—	—	—
二、本年初余额	9 823 042. 55	2 688 962. 96	—	1 295 961. 45	379 376. 71	681 823. 61	6 658 631. 46	1 181 712. 97	22 709 087. 53
三、本年增减变动金额（减少以"－"号填列）	2 699 665. 84	470 669. 09	883 417. 63	687 404. 24	141 809. 83	295 947. 23	1 418 673. 23	209 684. 37	6 807 271. 46
（一）净利润							5 218 838. 56	73 618. 28	5 292 456. 85
（二）其他综合收益	—	－3 911. 19	883 417. 63	—	—	—	43 285. 97	79 093. 29	1 001 885. 71
1. 可供出售金融资产公允价值变动净额	—	—	1 324. 50	—	—	—	—	—	1 324. 50
2. 权益法下被投资单位其他所有者权益变动的影响									
3. 与计入所有都权益项目相关的所得税影响									
4. 其他	—	－3 911. 19	882 093. 13	—	—	—	43 285. 97	79 093. 29	1 000 561. 20
5. 未披露									
净利润及其他综合收益小计	—	－3 911. 19	883 417. 63	—	—	—	5 262 124. 53	152 711. 58	6 294 342. 55
（三）所有者投入和减少资本	2 147 099. 17	661 062. 23	—	—	—	—	—	87 637. 58	2 895 798. 98
1. 所有者投入资本	2 147 099. 17	600 125. 63	—	—	—	—	—	87 637. 58	2 834 862. 38
2. 股份支付计入所有者权益的金额	—	—	—	—	—	—	—	—	—
3. 分立减资（或其他）	—	60 936. 60	—	—	—	—	—	—	60 936. 60
（四）利润分配	—	—	—	688 769. 24	141 809. 83	295 859. 79	－3 472 890. 07	－49 036. 63	－2 395 487. 85
1. 提取盈余公积	—	—	—	681 397. 23	—	—	－681 397. 23	—	—
2. 提取信托赔偿准备	—	—	—	—	141 809. 83	—	－141 809. 83	—	—
3. 一般风险准备	—	—	—	—	0. 00	349 234. 79	－349 234. 79	—	0. 00
4. 所有者的分配	—	—	—	—	—	—	－2 333 998. 43	－48 781. 38	－2 382 779. 81
5. 其他	—	—	—	7 372. 01	—	－53 375. 00	33 550. 19	－255. 24	－12 708. 04
（五）所有者权益内部结转	552 566. 67	－186 481. 95	—	－1 365. 00	—	87. 44	－370 561. 22	18 371. 84	12 617. 77
1. 资本公积转增资本	182 370. 00	－178 480. 48	—	—	—	—	－3 889. 52	—	0. 00
2. 盈余公积转增资本	—	—	—	—	—	—	—	—	—
3. 盈余公积弥补亏损	—	—	—	—	—	—	—	—	—
4. 其他	370 196. 67	－8 001. 47	—	－1 365. 00	—	87. 44	－366 671. 71	18 371. 84	12 617. 77
未披露变更原因的调整事项	—	—	—	—	—	—	—	—	—
四、本年末余额	13 865 165. 91	3 009 359. 19	1 389 125. 89	2 474 264. 75	600 998. 30	1 374 733. 52	10 427 180. 78	1 422 545. 72	34 563 374. 07

项目	上年金额								
	归属于母公司所有者权益							少数股东权益	所有者权益合计
	实收资本（或股本）	资本公积	其他综合收益	盈余公积	信托赔偿准备	一般风险准备	未分配利润		
一、上年末余额	9 823 042. 55	2 523 130. 93	167 011. 11	1 294 269. 76	349 951. 58	710 191. 46	6 580 358. 24	1 102 475. 08	22 550 430. 70
加：会计政策变更	—	-323 788. 63	317 867. 14	6 786. 54	3 307. 42	114 881. 44	-70 699. 53	-35 956. 31	12 398. 07
前期差错更正	—	—	—	361. 60	68. 29	2 108. 02	-1 275. 13	—	1 262. 78
其他	—	5 000. 00	—	—	—	—	1 266. 86	—	6 266. 86
二、本年初余额	9 823 042. 55	2 204 342. 30	484 878. 25	1 301 417. 90	353 327. 29	827 180. 92	6 509 650. 44	1 066 518. 77	17 568 680. 62
三、本年增减变动金额（减少以"—"号填列）	1 342 457. 52	339 381. 23	15 615. 03	485 563. 62	105 861. 18	251 605. 39	2 499 436. 64	90 137. 74	5 138 123. 91
（一）净利润							4 495 000. 42		4 495 000. 42
（二）其他综合收益	—	-56 793. 58	24 559. 89	—	—	—	-4. 74	52 728. 46	20 490. 04
1. 可供出售金融资产公允价值变动净额	—	2 768. 12	194. 00	—	—	—	—	—	2 962. 12
2. 权益法下被投资单位其他所有者权益变动的影响	—	1 834. 36	—	—	—	—	—	—	1 834. 36
3. 与计入所有都权益项目相关的所得税影响	—	-28. 24	-181. 85	—	—	—	—	13 136. 26	12 926. 17
4. 其他	—	-13 965. 35	24 547. 74	—	—	—	-4. 74	39 579. 75	50 157. 40
5. 未披露	—	-47 402. 47	—	—	—	—	—	12. 45	-47 390. 02
净利润及其他综合收益小计	—	-56 793. 58	24 559. 89	—	—	—	4 494 995. 68	52 728. 46	4 515 490. 45
（三）所有者投入和减少资本	1 056 116. 22	398 248. 85	—	-27 877. 37	—	—	-239. 13	54 037. 25	1 480 285. 82
1. 所有者投入资本	1 056 116. 22	403 574. 43	—	—	—	—	—	52 432. 42	1 512 123. 06
2. 股份支付计入所有者权益的金额	—	—	—	—	—	—	—	—	—
3. 分立减资（或其他）	—	-5 325. 58	—	-27 877. 37	—	—	-239. 13	1 604. 84	-31 837. 24
（四）利润分配	80 000. 00	87 072. 02	—	520 022. 43	109 838. 36	251 550. 12	-1 831 600. 52	-43 193. 47	-826 311. 07
1. 提取盈余公积	80 000. 00	100 000. 00	—	516 438. 56	—	—	-516 438. 56	—	180 000. 00
2. 提取信托赔偿准备	—	—	—	—	109 838. 36	2 277. 36	-112 115. 72	—	—
3. 一般风险准备	—	—	—	—	—	320 349. 49	-320 349. 49	—	—
4. 所有者的分配	—	—	—	—	—	—	-878 884. 34	-43 144. 80	-922 029. 15
5. 其他	—	-12 927. 98	—	3 583. 87	—	-71 076. 73	-3 812. 41	-48. 67	-84 281. 92
（五）所有者权益内部结转	206 341. 30	-89 146. 05	-8 944. 86	-6 581. 44	-3 977. 18	55. 27	-163 719. 39	26 565. 50	-39 406. 85
1. 资本公积转增资本	98 446. 50	-52 284. 50	-8 944. 86	-6 581. 44	—	—	-30 635. 70	—	—
2. 盈余公积转增资本	—	—	—	—	—	—	—	—	—
3. 盈余公积弥补亏损	—	—	—	—	—	—	—	—	—
4. 其他	107 894. 80	-36 861. 55	—	—	-3 977. 18	55. 27	-133 083. 69	26 565. 50	-39 406. 85
未披露变更原因的调整事项	—	—	—	—	—	—	—	—	—
四、本年末余额	11 165 500. 07	2 543 723. 54	500 493. 29	1 786 981. 52	459 188. 47	1 078 786. 30	9 009 087. 08	1 156 656. 51	27 700 416. 77

注：在编制汇总所有者权益变动表中，存在部分公司与资产负债表数据上的尾差，汇总时未将尾差调整。

四、2014 年固有资产报表结构比率分析

(一)资产结构分析

1. 总体资产结构情况

表 4-4-1 2014 年固有资产汇总报表资产结构分析表

科目	2014 年 12 月 31 日		2013 年 12 月 31 日		增减	
	金额(万元)	占比(%)	金额(万元)	占比(%)	金额(万元)	占比(%)
流动资产	18 641 144. 16	37. 30	13 742 006. 07	35. 22	4 899 138. 09	35. 65
长期投资等长期资产	26 304 704. 90	52. 64	21 505 244. 95	55. 12	4 799 459. 96	22. 32
固定资产	513 794. 27	1. 03	526 726. 02	1. 35	-12 931. 75	-2. 46
无形资产及其他资产	3 949 704. 26	7. 90	2 785 656. 92	7. 14	1 164 047. 35	41. 79
递延税款资产	565 272. 06	1. 13	459 075. 55	1. 18	106 196. 51	23. 13
合计	49 974 619. 66	100. 00	39 018 709. 50	100. 00	10 955 910. 16	28. 08

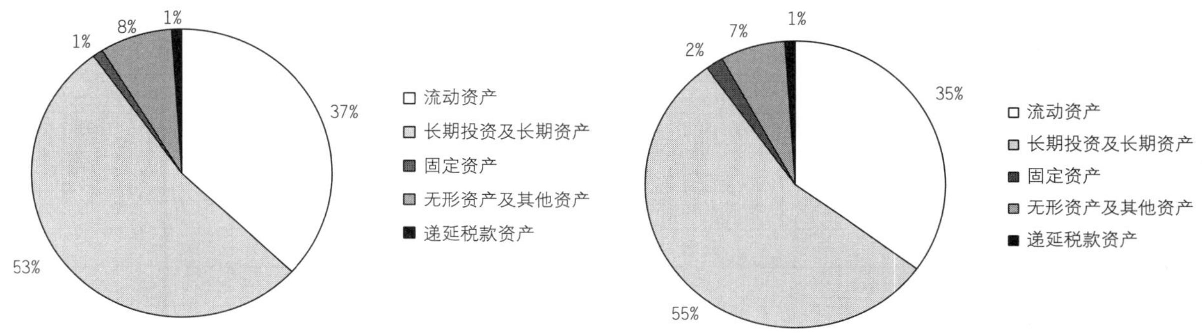

图 4-4-1 2014 年固有资产汇总报表资产结构分析

图 4-4-2 2013 年固有资产汇总报表资产结构分析

从资产项目结构来看,长期投资等长期资产、流动资产占比依然较大。其中,流动资产占比为 37. 30%,长期投资等长期资产占比为 52. 64%,两者共占总资产的 89. 94%;比上年的 90. 34% 下降了 0. 40%,已经连续 4 年下降。2014 年流动资产较上年的 1 374. 20亿元增加了 35. 65%;长期投资及长期资产较上年的 2 150. 52 亿元增加了 22. 32%。

2. 流动资产结构情况

表 4-4-2 2014 年固有资产汇总报表流动资产结构分析表

科目	2014 年 12 月 31 日		2013 年 12 月 31 日		增减	
	金额(万元)	占比(%)	金额(万元)	占比(%)	金额(万元)	占比(%)
货币资金	6 040 534. 68	32. 40	5 127 694. 00	37. 31	912 840. 68	17. 80
现金及存放中央银行款项	556 007. 41	2. 98	556 327. 86	4. 05	-320. 45	-0. 06
存放同业款项	2 334 835. 08	12. 53	2 235 413. 94	16. 27	99 421. 14	4. 45
拆出资金	180 453. 49	0. 97	22 481. 38	0. 16	157 972. 11	702. 68
交易性金融资产	2 899 746. 76	15. 56	1 849 281. 30	13. 46	1 050 465. 46	56. 80
衍生金融资产	1 370. 52	0. 01	0. 00	0. 00	1 370. 52	—
买入返售金融资产	1 686 457. 41	9. 05	979 050. 70	7. 12	707 406. 71	72. 25
应收利息	186 965. 57	1. 00	119 576. 58	0. 87	67 388. 99	56. 36
应收股利	817. 97	0. 00	589. 54	0. 00	228. 43	38. 75

续表

科目	2014 年 12 月 31 日		2013 年 12 月 31 日		增减	
	金额（万元）	占比（%）	金额（万元）	占比（%）	金额（万元）	占比（%）
分为贷款和应收款类的投资	1 518 351. 53	8. 15	1 047 050. 15	7. 62	471 301. 38	45. 01
应收手续费及佣金	36 332. 72	0. 19	27 486. 88	0. 20	8 845. 84	32. 18
应收款项	1 974 909. 85	10. 59	923 610. 66	6. 72	1 051 299. 19	113. 82
结算备付金	406 716. 18	2. 18	209 161. 46	1. 52	197 554. 72	94. 45
存出保证金	82 999. 14	0. 45	94 274. 04	0. 69	-11 274. 90	-11. 96
其他应收款	295 700. 22	1. 59	264 482. 56	1. 92	31 217. 66	11. 80
预付款项	24 138. 93	0. 13	22 769. 38	0. 17	1 369. 55	6. 01
存货	53 049. 94	0. 28	44 020. 88	0. 32	9 029. 06	20. 51
其他流动资产	361 756. 77	1. 94	218 734. 77	1. 59	143 022. 00	65. 39
流动资产合计	18 641 144. 16	100. 00	13 742 006. 07	100. 00	4 899 138. 09	35. 65

首先占流动资产比例最高的是货币资金项目（包括货币资金、现金及存放中央银行款项、存放同业款项），合计占流动资产的 32. 40%，其次是交易性金融资产，占流动资产的 15. 56%。2014 年流动资产比 2013 年增加了 489. 91 亿元。

表 4-4-3　2014 年固有资产汇总报表非流动资产结构分析表

科目	2014 年 12 月 31 日		2013 年 12 月 31 日		增减	
	金额（万元）	占比（%）	金额（万元）	占比（%）	金额（万元）	占比（%）
发放贷款和垫款	4 974 120. 13	15. 87	4 429 915. 49	17. 53	544 204. 64	12. 28
可供出售金融资产	15 965 018. 52	50. 95	12 191 018. 20	48. 23	3 774 000. 33	30. 96
长期应收款	—	0. 00	—	0. 00	0. 00	—
长期股权投资	4 273 672. 59	13. 64	3 705 706. 15	14. 66	567 966. 43	15. 33
投资性房地产	126 886. 22	0. 40	139 191. 59	0. 55	-12 305. 37	-8. 84
持有至到期投资	965 007. 44	3. 08	1 039 413. 52	4. 11	-74 406. 08	-7. 16
固定资产	511 297. 51	1. 63	524 189. 84	2. 07	-12 892. 32	-2. 46
固定资产清理	—	0. 00	6. 59	0. 00	-6. 59	-100. 00
在建工程	2 496. 76	0. 01	2 529. 59	0. 01	-32. 83	-1. 30
无形资产	1 105 592. 04	3. 53	1 157 002. 57	4. 58	-51 410. 53	-4. 44
开发支出	662. 60	0. 00	1 721. 49	0. 01	-1 058. 89	-61. 51
长期待摊费用	28 835. 60	0. 09	27 369. 92	0. 11	1 465. 68	5. 36
递延所得税资产	565 272. 06	1. 80	459 075. 55	1. 82	106 196. 51	23. 13
抵债资产	2 260. 79	0. 01	1 921. 40	0. 01	339. 39	17. 66
代理业务资产	—	0. 00	—	0. 00	0. 00	—
商誉	319 341. 54	1. 02	319 305. 33	1. 26	36. 21	0. 01
信托受益权	140 134. 53	0. 45	100 202. 35	0. 40	39 932. 18	39. 85
其他非流动资产	2 352 877. 17	7. 51	1 178 133. 86	4. 66	1 174 743. 31	99. 71
非流动资产合计	31 333 475. 49	100. 00	25 276 703. 43	100. 00	6 056 772. 06	23. 96

非流动资产的增加主要是发放贷款和垫款、可供出售的金融资产以及长期股权投资的增加，合计较 2013 年增加了 488. 62 亿元，占增加总额的 80. 67%。

（二）负债结构分析

表4－4－4　2014年固有资产汇总报表负债结构分析表

科目	2014年12月31日		2013年12月31日		增减	
	金额（万元）	比例（%）	金额（万元）	比例（%）	金额（万元）	比例（%）
流动负债合计	10 101 619.20	65.55	7 830 502.91	69.53	2 271 116.29	29.00
长期负债合计	5 309 626.35	34.45	3 432 188.94	30.47	1 877 437.41	54.70
合计	15 411 245.55	100.00	11 262 691.85	100.00	4 148 553.70	36.83

从固有资产负债结构分析表来看，2014年流动负债占比为65.55%；长期负债占比为34.45%，本期长期负债大幅增加，导致长期负债占比提高。流动负债本年增加227.11亿元，长期负债本年增加了187.74亿元。

表4－4－5　2014年固有资产汇总报表流动负债结构分析表

科目	2014年12月31日		2013年12月31日		增减	
	金额（万元）	比例（%）	金额（万元）	比例（%）	金额（万元）	比例（%）
向中央银行借款	4 000.00	0.04	4 000.00	0.05	0.00	0.00
短期借款	302 957.70	3.00	383 978.01	4.90	－81 020.31	－21.10
拆入资金	395 500.00	3.92	396 500.00	5.06	－1 000.00	－0.25
交易性金融负债	68 883.46	0.68	12 500.14	0.16	56 383.32	451.06
衍生金融负债	749.05	0.01	398.93	0.01	350.12	87.76
卖出回购金融资产款	2 510 987.75	24.86	2 089 021.62	26.68	421 966.13	20.20
应付款项	70 329.66	0.70	85 706.39	1.09	－15 376.73	－17.94
预收款项	1 313 970.41	13.01	816 494.66	10.43	497 475.75	60.93
应付职工薪酬	1 324 947.24	13.12	1 082 109.12	13.82	242 838.12	22.44
应交税费	1 000 800.16	9.91	864 802.53	11.04	135 997.63	15.73
代理买卖证券款	2 347 274.97	23.24	1 372 346.00	17.53	974 928.97	71.04
代理业务负债	1 578.86	0.02	1 597.32	0.02	－18.46	－1.16
应付利息	75 090.36	0.74	53 299.80	0.68	21 790.56	40.88
应付股利	193 892.25	1.92	103 294.16	1.32	90 598.09	87.71
其他应付款	482 759.02	4.78	557 111.32	7.11	－74 352.31	－13.35
其他流动负债	7 898.31	0.08	7 342.91	0.09	555.40	7.56
流动负债合计	10 101 619.20	100.00	7 830 502.91	100.00	2 271 116.29	29.00

注：各项流动负债的比例是按照其占总流动负债的比例计算。

2014年，流动负债比上年增加了227.11亿元，增加幅度为29.00%，其中金额增加较大的为代理买卖证券款、预收款项等，但从总体来说，本期流动负债增长保持稳定。在上市公司年报披露中要求，凡报表项目增减变动超过30%的项目都要进行文字性说明。所以我们建议各信托公司能参照该规定进行信息披露，以便投资者能够了解更多的信息。

(三)偿债能力分析

1. 资产负债率分析

资产负债率＝汇总负债总额/汇总资产总额×100%

表4－4－6　2014年固有资产汇总报表资产负债率分析

单位:%

项目	2014年	2013年	增减
资产负债率	30.84	28.86	1.97

2014年信托公司汇总资产负债率为30.84%,较上年增加1.97%,表明资产安全性有所减弱,但资产负债率处于正常范围内,整个信托行业正处于健康发展的良性轨道上。

2. 流动比率分析

流动比率＝汇总流动资产/汇总流动负债

表4－4－7　2014年固有资产汇总报表流动比率分析

单位:%

项目	2014年	2013年	增减
流动比率	1.85	1.75	0.09

2014年固有资产流动比率为1.85%,较上年增加了0.09%,企业短期偿债能力基本保持不变。68家公司中流动比率小于2的有20家,小于1的有7家,总体和上年保持一致。32家公司流动比率呈上升趋势,上升最大的为英大信托(见表3－3－4)。

3. 现金比率分析

现金偿债比率＝汇总(货币资金＋存放中央银行款项＋存放同业款项＋其他货币资金)/汇总流动负债

表4－4－8　2014年固有资产汇总现金偿债比率分析

单位:%

项目	2014年	2013年	增减
现金偿债比率	0.88	1.01	－0.13

现金偿债比率较上年下降0.13%。2012年、2013年、2014年连续三年下降,2014年现金偿债比率已低于1.00%。

(四)盈利能力分析

1. 营业利润分析

表4－4－9　2014年固有资产汇总报表营业利润率

项目	2014年	2013年	增减
营业收入(万元)	11 442 661.78	9 752 191.63	1 690 470.14
营业利润(万元)	6 866 649.61	5 933 772.71	932 876.89
营业利润率(%)	60.01	60.85	

营业利润率与上年基本持平,说明信托公司经营中的获利能力未发生较大变化。

2. 收入结构分析

表4－4－10　2014年固有资产汇总报表营业收入组成明细表

项　目	2014年		2013年		增减	
	金额(万元)	比例(%)	金额(万元)	比例(%)	金额(万元)	比例(%)
1. 营业收入	586 191.87	5.12	496 789.77	5.09	89 402.10	18.00
2. 利息净收入	531 292.34	4.64	569 322.58	5.84	－38 030.23	－6.68
3. 金融企业往来净收入	763.69	0.01	1 068.94	0.01	－305.25	－28.56
4. 手续费及佣金净收入	7 391 702.68	64.60	6 751 394.74	69.23	640 307.94	9.48
5. 租赁收入	472.87	0.00	0.47	0.00	472.40	100510.64
6. 投资收益(损失以"－"号填列)	2 391 436.11	20.90	1 553 753.15	15.93	837 682.95	53.91
7. 公允价值变动收益(损失以"－"号填列)	163 378.48	1.43	23 464.58	0.24	139 913.89	596.28
8. 汇兑收益(损失以"－"号填列)	206.63	0.00	－2 713.17	－0.03	2 919.80	－107.62
9. 其他业务收入	370 421.60	3.24	352 584.85	3.62	17 836.76	5.06
10. 证券销售差价收入(亏损以"－"号填列)	—	0.00	—	0.00	—	

续表

项　目	2014 年		2013 年		增减	
	金额(万元)	比例(%)	金额(万元)	比例(%)	金额(万元)	比例(%)
11. 基金管理收入	6 795.50	0.06	6 525.71	0.07	269.79	4.13
12. 补贴收入	—	0.00	—	0.00	—	
13. 信托业务收入	—	0.00	—	0.00	—	
14. 担保业务收入	—	0.00	—	0.00	—	
15. 房地产销售收入	—	0.00	—	0.00	—	
营业收入合计	11 442 661.78	100.00	9 752 191.63	100.00	1 690 470.14	17.33

注:本期将营业收入单独列示披露。

2014 年营业总收入为 1 144.27 亿元,较上年 975.22 亿元增加了 169.05 亿元,增长了 17.33%。其中手续费及佣金净收入较上年增加 64.03 亿元,增幅为 9.48%,增幅已经连续 3 年下降(2013 年增幅为 31.29%、2012 年增幅为 37.86%、2011 年增幅为 62.14%)。

在 2013 年营业收入构成中,手续费及佣金净收入占比最大,达 64.60%,其次是投资收益,占比为 20.90%,3 年来变化不大;但 2014 年投资收益增加 83.77 亿元,增长 53.91%,增幅较大。

3. 固有业务净利润分析

表 4 -4 -11　2014 年固有资产汇总报表净利润情况表

项目名称	2014 年(万元)	2013 年(万元)	增减(%)
净利润	5 392 739.62	4 592 382.85	17.43

2014 年净利润比 2013 年增加 17.43%,但分布依然不均衡。经分析有 50 家公司净利润增长,有 18 家公司减少,其中平安信托增加最多,为 12.65 亿元;新华信托减少最多,为 4.34 亿元。

4. 净资产收益率分析

净资产收益率 = 汇总本年净利润/汇总年末净资产 ×100%

表 4 -4 -12　2014 年固有资产汇总报表净资产收益率情况表

项目名称	2014 年	2013 年	增减
净资产收益率(%)	15.60	16.55	-0.94

本年 68 家公司固有资产汇总报表净资产收益率为 15.60%,较 2013 年降低了 0.94%。2014 年净资产收益率超过 5% 的公司有 65 家,新华信托、华宸信托和金谷信托收益率未达到 5%,业绩总体良好(见表 3 -1 -10)。

5. 总资产收益率分析

总资产收益率 = 汇总本年净利润/汇总年末总资产 ×100%

表 4 -4 -13　2014 年固有资产汇总报表总资产收益率情况表

项目名称	2014 年	2013 年	增减
总资产收益率(%)	10.79	11.77	-0.98

总体来讲,2014 年信托公司的资产利用水平有所降低,下降了 0.98%;超过 5% 的有 63 家公司(见表 3 -1 -11)。

6. 固有资产人均利润

表 4 -4 -14　2014 年固有资产汇总报表人均利润最高最低前五位公司排名表

单位:万元/人

最高五位			最低五位		
序号	公司简称	人均利润	序号	公司简称	人均利润
1	重庆信托	2 615.10	1	长城新盛信托	77.71
2	江苏信托	1 458.55	2	吉林信托	59.85
3	华信信托	965.75	3	金谷信托	55.00
4	中诚信托	915.89	4	华宸信托	27.73
5	西藏信托	910.16	5	新华信托	18.06

7. 利润总额分析

表 4-4-15 汇总利润总额变动情况表

项目	2014 年(万元)	2013 年(万元)	增减额(万元)	增减率(%)
营业利润	6 866 649. 61	5 933 772. 71	932 876. 89	15. 72
营业外收入	73 899. 89	81 508. 97	-7 609. 08	-9. 34
营业外支出	23 494. 26	55 726. 95	-32 232. 69	-57. 84
利润总额	6 917 055. 24	5 959 554. 73	957 500. 51	16. 07

表 4-4-16 固有资产利润总额的组成占比一览表

公司简称	营业利润(万元)	加:营业外收入(万元)	减:营业外支出(万元)	利润总额(万元)	占汇总利润比例(%)
平安信托	494 694. 49	7 165. 66	5 981. 20	495 878. 95	7. 17
中信信托	357 720. 22	3 784. 55	36. 63	361 468. 14	5. 23
中融信托	321 336. 16	353. 49	121. 50	321 568. 15	4. 65
重庆信托	296 953. 11	3 333. 05	108. 63	300 177. 53	4. 34
中诚信托	278 733. 96	141. 72	4. 11	278 871. 57	4. 03
华润信托	263 818. 86	457. 41	60. 77	264 215. 50	3. 82
上海信托	228 704. 00	257. 65	116. 22	228 845. 43	3. 31
华信信托	211 681. 69	1. 00	69. 25	211 613. 44	3. 06
兴业信托	182 673. 44	122. 50	43. 48	182 752. 46	2. 64
四川信托	172 519. 80	85. 15	92. 89	172 512. 06	2. 49
华能信托	165 513. 43	5 840. 90	187. 69	171 166. 64	2. 47
外贸信托	156 842. 76	89. 61	3. 98	156 928. 39	2. 27
安信信托	137 961. 87	3 336. 80	3 576. 69	137 721. 98	1. 99
中铁信托	135 076. 46	1 744. 35	36. 65	136 784. 16	1. 98
长安信托	126 466. 39	234. 57	108. 40	126 592. 55	1. 83
江苏信托	125 070. 33	307. 27	63. 30	125 314. 30	1. 81
中航信托	121 131. 09	110. 63	105. 85	121 135. 87	1. 75
北京信托	114 603. 79	4 426. 65	131. 07	118 899. 37	1. 72
中海信托	114 477. 86	2 633. 26	58. 16	117 052. 96	1. 69
中江信托	117 610. 70	317. 32	1 067. 04	116 860. 98	1. 69
建信信托	112 822. 61	2 818. 92	3. 74	115 637. 79	1. 67
方正东亚信托	110 749. 50	4 692. 25	4. 44	115 437. 31	1. 67
中原信托	105 666. 91	593. 97	3. 42	106 257. 46	1. 54
华宝信托	103 403. 68	2 438. 01	19. 96	105 821. 73	1. 53
昆仑信托	102 746. 41	2 646. 35	71. 87	105 320. 89	1. 52
山东信托	105 174. 80	101. 58	146. 80	105 129. 58	1. 52
五矿信托	98 031. 01	2 624. 00	3. 58	100 651. 43	1. 46
百瑞信托	97 697. 47	214. 77	1. 90	97 910. 34	1. 42
华融信托	97 714. 34	33. 62	156. 86	97 591. 10	1. 41
天津信托	97 028. 59	55. 41	470. 66	96 613. 34	1. 40
国元信托	81 219. 70	64. 87	54. 44	81 230. 13	1. 17
交银国际信托	80 099. 02	1 077. 64	15. 63	81 161. 03	1. 17
国投信托	75 615. 20	4 862. 35	8. 15	80 469. 41	1. 16
渤海信托	82 059. 73	413. 17	3 800. 00	78 672. 90	1. 14
中建投信托	78 126. 79	6. 65	102. 77	78 030. 67	1. 13
英大信托	74 279. 70	1 248. 03	1. 83	75 525. 90	1. 09
北方信托	72 366. 40	2 920. 67	97. 83	75 189. 24	1. 09
粤财信托	71 026. 92	6. 38	1. 77	71 031. 53	1. 03
湖南信托	71 303. 00	208. 00	528. 00	70 983. 00	1. 03
华鑫信托	70 560. 45	79. 00	1. 64	70 637. 81	1. 02
苏州信托	65 494. 80	34. 28	111. 32	65 417. 77	0. 95

续表

公司简称	营业利润(万元)	加:营业外收入(万元)	减:营业外支出(万元)	利润总额(万元)	占汇总利润比例(%)
杭州工商信托	62 220.00	46.00	82.00	62 184.00	0.90
爱建信托	61 310.57	76.25	—	61 386.82	0.89
东莞信托	56 116.62	39.86	24.16	56 132.32	0.81
厦门国际信托	53 599.00	642.00	7.00	54 234.00	0.78
中泰信托	49 132.79	1 464.80	25.31	50 572.28	0.73
国联信托	49 525.00	—	55.00	49 470.00	0.72
陆家嘴信托	46 574.62	1 251.00	4.52	47 821.10	0.69
陕国投	46 723.11	103.09	67.84	46 758.36	0.68
西藏信托	41 404.36	2 308.00	—	43 712.36	0.63
新时代信托	39 202.14	1 020.12	0.85	40 221.41	0.58
中粮信托	39 242.92	143.25	2.90	39 383.27	0.57
大业信托	38 704.18	418.71	4.50	39 118.40	0.57
紫金信托	35 482.78	626.60	—	36 109.38	0.52
云南信托	34 384.34	0.03	25.43	34 358.94	0.50
吉林信托	30 768.14	574.48	2 129.18	29 213.44	0.42
山西信托	27 108.30	291.68	214.80	27 185.18	0.39
中国民生信托	25 395.05	—	—	25 395.05	0.37
西部信托	25 059.51	60.52	10.05	25 109.98	0.36
国民信托	23 662.84	29.00	3.60	23 688.24	0.34
华澳信托	18 795.30	1 677.33	0.67	20 471.96	0.30
光大兴陇信托	18 729.63	211.60	—	18 941.23	0.27
万向信托	17 124.02	186.75	3.00	17 307.77	0.25
金谷信托	14 949.98	215.52	—	15 165.50	0.22
新华信托	11 843.47	520.93	186.84	12 177.56	0.18
浙金信托	13 367.96	102.89	3 018.26	10 452.59	0.15
长城新盛信托	7 484.46	0.00	0.24	7 484.23	0.11
华宸信托	1 961.09	6.00	48.00	1 919.09	0.03
合计	6 866 649.61	73 899.89	23 494.26	6 917 055.24	100.00

五、2014 年自营资产分布与运用情况分析

表 4 -5 -1　信托公司自营资产分布与组合状况汇总表

资产运用	金额(万元)	占比(%)	资产分布	金额(万元)	占比(%)
货币资产	4 878 648.74	13.73	基础产业	771 314.12	2.17
短期投资	1 710.32	0.00	房地产业	2 602 576.58	7.32
交易性金融资产	2 157 921.62	6.07	证券	5 474 068.80	15.40
贷款及应收款	5 579 530.25	15.70	金融机构	14 849 466.79	41.78
其他应收款	1 025 819.42	2.89	工商企业	124 340.00	0.35
发放贷款和垫款	100 000.00	0.28	实业	2 630 195.42	7.40
其他流动资产	78 697.06	0.22	其他	9 086 432.34	25.57
可供出售金融资产	12 859 692.35	36.19			
长期股权投资	5 147 479.34	14.48			
持有至到期投资	1 021 518.87	2.87			
固定资产	48 657.40	0.14			
其他	2 638 718.68	7.42			
资产总计	35 538 394.05	100.00	资产总计	35 538 394.05	100.00

注:华融信托审计报告中未披露自营资产运用情况表。

从自营资产的运用组合来看,主要集中在可供出售金融资产和长期投资上,合计占比为50.67%,资产分布主要是金融机构和证券,合计占比为57.18%;说明信托公司目前的经营方式仍以传统业务为主导。

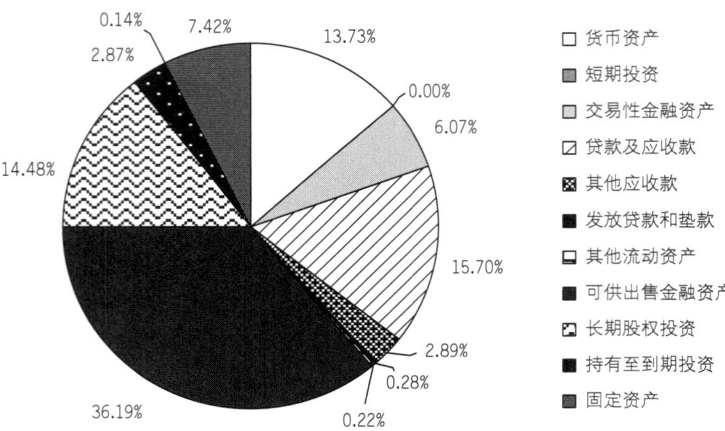

图 4-5-1　自营资产运用分布

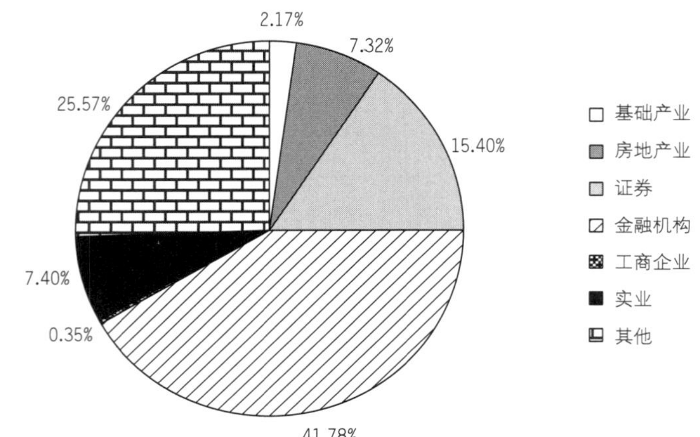

图 4-5-2　自营资产运用分布

第五章　信托资产报表总体分析

在本章节中，我们将2014年68家信托公司披露的信托资产部分的会计报表，包括信托资产负债表和信托项目利润及利润分配表分别汇总成代表中国信托行业信托资产整体状况的汇总报表，对中国信托公司信托资产的整体财务状况和经营成果进行分析。

一、2014年信托资产汇总报表分析

（一）2014年信托业务报表财务状况基本特点

2014年信托公司披露所涉及的68家信托公司，信托业务整体增速相比2013年下降较多：资产规模增加了28.52%，营业收入增加51.89%，（2013年信托资产资产规模增加了45.95%，营业收入增加57.15%）；但是信托业务的增长率依然高于固有业务的增长幅度。利息收入和投资收益仍是信托业务的主要利润来源，营业费用等各项管理费用稳步增长，利润率基本保持不变。

（二）2014年信托业务汇总报表

表5－1－1　2014年信托资产汇总资产负债表

信托资产	年末数（万元）	年初数（万元）	增减额（万元）	增减率（%）
信托资产：				
货币资金	103 899 463.84	70 787 593.04	33 111 870.80	46.78
拆出资金	1 817 083.79	1 285 377.70	531 706.09	41.37
存出保证金	526 714.51	245 248.99	281 465.52	114.77
交易性金融资产	163 450 548.05	91 312 097.97	72 138 450.08	79.00
应收票据	16 708 587.07	17 588 277.00	－879 689.93	－5.00
应收利息	321 564.41	275 739.12	45 825.29	16.62
应收股利	5 946.75	4 830.52	1 116.23	23.11
应收款项	50 339 158.40	43 909 842.63	6 429 315.76	14.64
发放贷款	479 743 176.74	428 537 766.29	51 205 410.45	11.95
买入返售资产	39 365 190.76	30 437 018.14	8 928 172.63	29.33
买入信贷资产	335 242.53	65 394.04	269 848.49	412.65
衍生金融资产	564.49	1 291.87	－727.38	－56.30
结算备付金	103 636.95	31 294.37	72 342.58	231.17
其他应收款	1 841 335.83	1 580 043.94	261 291.88	16.54
可供出售金融资产	143 478 719.79	97 220 148.15	46 258 571.63	47.58
持有至到期投资	160 993 414.86	116 121 398.30	44 872 016.56	38.64
客户贷款	50 640 792.56	43 601 819.53	7 038 973.03	16.14
长期股权投资	109 537 360.31	91 800 128.19	17 737 232.12	19.32
其他长期投资	3 718 266.96	2 488 576.59	1 229 690.37	49.41
长期应收款	1 719 920.11	1 267 437.22	452 482.89	35.70
固定资产	1 945.13	53 871.01	－51 925.88	－96.39
投资性房地产	32 170.80	123 745.26	－91 574.46	－74.00
无形资产	1 803 983.60	1 328 502.26	475 481.34	35.79
长期待摊费用	28 944.81	33 987.21	－5 042.40	－14.84
其他资产	70 863 339.96	50 205 730.11	20 657 609.85	41.15
信托资产合计	1 401 277 073.01	1 090 307 159.45	310 969 913.56	28.52

续表

信托负债和信托权益	年末数（万元）	年初数（万元）	增减额（万元）	增减率（%）
信托负债：				
应付受托人报酬	579 129. 52	315 691. 96	263 437. 57	83. 45
应付托管费	97 827. 97	50 051. 46	47 776. 51	95. 45
应付管理人报酬	1 358. 27	—	1 358. 27	—
应付受益人收益	1 011 397. 21	430 337. 47	581 059. 74	135. 02
应付发行费	3 275. 35	39. 14	3 236. 21	8268. 29
应付销售服务费	7 700. 40	2 632. 08	5 068. 32	192. 56
交易性金融负债	18. 07	82. 00	-63. 93	-77. 96
衍生金融负债	1 467. 15	—	1 467. 15	—
卖出回购资产款	769 343. 80	214 369. 11	554 974. 69	258. 89
应付股利	117 267. 96	77 251. 16	40 016. 80	51. 80
应付账款	161 070. 69	124 964. 52	36 106. 17	28. 89
预收账款	114. 00	310. 00	-196. 00	-63. 23
应付利息	—	—	—	—
其他应付款项	6 810 966. 30	3 926 070. 29	2 884 896. 01	73. 48
应交税费	49 597. 51	34 543. 02	15 054. 49	43. 58
长期应付款	6 124. 75	17 760. 14	-11 635. 39	-65. 51
其他负债	185 295. 59	206 690. 76	-21 395. 18	-10. 35
信托负债合计	9 801 954. 54	5 400 793. 11	4 401 161. 43	81. 49
信托权益：				
实收资本	1 358 498 694. 62	1 072 372 858. 96	286 125 835. 66	26. 68
资本公积	9 559 189. 14	5 142 825. 37	4 416 363. 77	85. 87
未分配利润	23 303 634. 07	7 325 334. 00	15 978 300. 07	218. 12
其他综合收益	113 600. 63	65 348. 00	48 252. 63	73. 84
信托权益合计	1 391 475 118. 46	1 084 906 366. 33	306 568 752. 13	28. 26
信托负债及信托权益合计	1 401 277 073. 00	1 090 307 159. 45	310 969 913. 56	28. 52

注：在统计过程中，由于部分公司报表存在尾差，尾差合计 0. 02，在汇总报表时将其全部记入“其他资产”科目。

表 5－1－2　2014 年信托资产汇总简式资产负债表

信托资产	2014 年 12 月 31 日（万元）	2013 年 12 月 31 日（万元）	增减额（万元）	增减率（%）
信托资产合计	1 401 277,073. 01	1 090 307 159. 45	310 969 913. 56	28. 52
信托负债合计	9 801 954. 54	5 400 793. 11	4 401 161. 43	81. 49
信托权益合计	1 391 475 118. 46	1 084 906 366. 33	306 568 752. 13	28. 26

2014 年信托资产资产总额比 2013 年增加了 31 096. 99 亿元，增长最多的依然是发放贷款，增加了 5 120. 54 亿元，可供出售金融资产增加了 4 625. 86 亿元，以及持有至到期投资增加了 4 487. 20 亿元。应收款项、交易性金融资产、客户贷款及长期股权投资本年增长也较大。

相比资产总额的大幅增加，信托负债增加的金额相对较小，仅为 440. 12 亿元，但增幅较大，为 81. 49%，主要是因为其他应付款项增加了 288. 49 亿元，同时其他负债项目均有所增加。

信托资产的权益增加较多，合计增加了 30 656. 88 亿元，主要是实收资本增加了 28 612. 58 亿元。本年未分配利润增幅巨大，合计增加了 1 597. 83 亿元，增幅为 218. 12%。

信托资产主要是代客理财，体现在信托资产和信托权益上，信托负债相对较小。

表 5－1－3　2014 年信托资产汇总利润表

项目	2014 年度（万元）	2013 年度（万元）	增减额（万元）	增减率（%）
一、营业收入	112 574 586. 18	74 118 141. 04	38 456 445. 13	51. 89
利息收入	55 855 654. 93	42 335 005. 25	13 520 649. 68	31. 94
投资收益	47 074 863. 88	29 076 360. 06	17 998 503. 82	61. 90
租赁收入	108 974. 46	168 764. 32	-59 789. 86	-35. 43
公允价值变动损益	5 618 135. 91	-840 869. 83	6 459 005. 74	-768. 13

续表

项目	2014 年度(万元)	2013 年度(万元)	增减额(万元)	增减率(%)
汇兑损益(损失以"-"号填列)	-9 661.91	-2 277.50	-7 384.41	324.23
其他收入	3 926 618.90	3 381 158.74	545 460.16	16.13
二、营业支出	12 244 945.05	11 132 409.69	1 112 535.36	9.99
三、营业税金及附加	285 641.90	248 528.21	37 113.68	14.93
四、营业外收支	151.32	-8.67	159.99	-1845.33
五、扣除资产损失前的信托利润	100 044 150.55	62 737 194.47	37 306 956.08	59.47
减:资产减值损失	42 119.88	604.00	41 515.88	6873.49
加:其他综合收益	2 679 433.95	1 832 249.96	847 183.99	46.24
六、综合收益	102 678 713.88	64 564 377.08	38 114 336.80	59.03
加:期初未分配信托利润	7 324 336.63	4 913 705.51	2 410 631.13	49.06
加:申购赎回盈余			0.00	—
加:未分配信托利润平准金	112 771.57	71 445.73	41 325.84	57.84
加:资本公积补亏			0.00	—
加:其他转入	-73.57	6 305.55	-6 379.12	-101.17
加:执行企业会计准则影响数			0.00	—
减:年初调整事项	—	—	0.00	—
减:其他综合收益	2 679 433.95	1 827 786.61		
七、可供分配的信托利润	107 439 065.30	67 728 047.26	39 711 018.05	58.63
减:本期已分配信托利润	85 167 324.33	60 040 930.36	25 126 393.97	41.85
加:损益平准金	1 031 893.11	-361 782.91	1 393 676.02	-385.22
加:未注明原因的事项				
八、期末未分配信托利润	23 303 634.08	7 325 333.98	15 978 300.10	218.12

注:对部分未披露上年金额的信托公司,采用 2013 年报告的数据进行统计。

2014 年信托业务收入 11 257.46 亿元,比 2013 年的 7 411.81 亿元增加了 3 845.64 亿元,上升了 51.89%。2014 年扣除资产损失前的信托利润为 10,004.42 亿元,比 2013 年增加了 3 730.70 亿元。本年将可供分配利润的 79.27% 用于分配,比 2013 年的 88.74%略有减少。年末未分配信托利润 2 330.36 万元,比 2013 年增加了 1 597.83 亿元。

信托利润点依然来自于利息收入和投资收益,分别占营业总收入的 49.62%和 41.82%。

(三)2014 年信托资产财务状况结构分析

表 5-1-4　2014 年信托资产资产负债率分析表

信托资产	2014 年 12 月 31 日(万元)	2013 年 12 月 31 日(万元)	增减额(万元)	增减率(%)
信托资产合计	1 401 277 073.01	1 090 307 159.45	310 969 913.56	28.52
信托负债合计	9 801 954.54	5 400 793.11	4 401 161.43	81.49
信托权益合计	1 391 475 118.46	1 084 906 366.33	306 568 752.13	28.26
资产负债率(%)	0.70	0.50		

表 5-1-5　2014 年信托资产结构比率分析表

项目名称	2014 年 12 月 31 日		2013 年 12 月 31 日		增减	
	金额(万元)	占比(%)	金额(万元)	占比(%)	金额(万元)	比率(%)
货币资金	103 899 463.84	7.41	70 787 593.04	6.49	33 111 870.80	46.78
拆出资金	1 817 083.79	0.13	1 285 377.70	0.12	531 706.09	41.37
存出保证金	526 714.51	0.04	245 248.99	0.02	281 465.52	114.77
交易性金融资产	163 450 548.05	11.66	91 312 097.97	8.37	72 138 450.08	79.00
应收票据	16 708 587.07	1.19	17 588 277.00	1.61	-879 689.93	-5.00
应收利息	321 564.41	0.02	275 739.12	0.03	45 825.29	16.62
应收股利	5 946.75	0.00	4 830.52	0.00	1 116.23	23.11

续表

项目名称	2014 年 12 月 31 日		2013 年 12 月 31 日		增减	
	金额（万元）	占比（%）	金额（万元）	占比（%）	金额（万元）	比率（%）
应收款项	50 339 158. 40	3. 59	43 909 842. 63	4. 03	6 429 315. 76	14. 64
发放贷款	479 743 176. 74	34. 24	428 537 766. 29	39. 30	51 205 410. 45	11. 95
买入返售资产	39 365 190. 76	2. 81	30 437 018. 14	2. 79	8 928 172. 63	29. 33
买入信贷资产	335 242. 53	0. 02	65 394. 04	0. 01	269 848. 49	412. 65
结算备付金	103 636. 95	0. 01	31 294. 37	0. 00	72 342. 58	231. 17
衍生金融资产	564. 49	0. 00	1 291. 87	0. 00	-727. 38	-56. 30
其他应收款	1 841 335. 83	0. 13	1 580 043. 94	0. 14	261 291. 88	16. 54
可供出售金融资产	143 478 719. 79	10. 24	97 220 148. 15	8. 92	46 258 571. 63	47. 58
持有至到期投资	160 993 414. 86	11. 49	116 121 398. 30	10. 65	44 872 016. 56	38. 64
客户贷款	50 640 792. 56	3. 61	43 601 819. 53	4. 00	7 038 973. 03	16. 14
长期股权投资	109 537 360. 31	7. 82	91 800 128. 19	8. 42	17 737 232. 12	19. 32
其他长期投资	3 718 266. 96	0. 27	2 488 576. 59	0. 23	1 229 690. 37	49. 41
长期应收款	1 719 920. 11	0. 12	1 267 437. 22	0. 12	452 482. 89	35. 70
固定资产	1 945. 13	0. 00	53 871. 01	0. 00	-51 925. 88	-96. 39
投资性房地产	32 170. 80	0. 00	123 745. 26	0. 01	-91 574. 46	-74. 00
无形资产	1 803 983. 60	0. 13	1 328 502. 26	0. 12	475 481. 34	35. 79
长期待摊费用	28 944. 81	0. 00	33 987. 21	0. 00	-5 042. 40	-14. 84
其他资产	70 863 339. 96	5. 06	50 205 730. 11	4. 60	20 657 609. 85	41. 15
信托资产运用合计	1 401 277 073. 01	100. 00	1 090 307 159. 45	100. 00	310 969 913. 56	28. 52

从资产结构构成来看，各项资产的占比未发生较大变化，发放贷款和客户贷款合计为 53 038. 40 亿元，占总信托资产的 37. 85%，持有到期投资总额达 16 099. 34 亿元，占总资产的 11. 49%。

资产结构变动与 2013 年相比增幅依然较大，本年交易性金融资产、可供出售金融资产以及持有至到期投资总额比上年合计增加 16 326. 90 亿元；本年长期股权投资增加 1 773. 72 亿元，增幅为 19. 32%，比 2013 年的增幅 30. 29% 有所减少。

（四）2014 年信托权益结构分析

表 5 -1 -6　2014 年信托资产汇总报表信托权益结构表

项目名称	2014 年 12 月 31 日		2013 年 12 月 31 日		增减	
	金额（万元）	占比（%）	金额（万元）	占比（%）	金额（万元）	比率（%）
实收信托	1 358 498 694. 62	97. 63	1 072 372 858. 96	98. 84	286 125 835. 66	26. 68
资本公积	9 559 189. 14	0. 69	5 142 825. 37	0. 47	4 416 363. 77	85. 87
损益平准	0. 00	0. 00	0. 00	0. 00	0. 00	
未分配利润	23 303 634. 07	1. 67	7 325 334. 00	0. 68	15 978 300. 07	218. 12
其他综合收益	113 600. 63	0. 01	65 348. 00	0. 01	48 252. 63	73. 84
信托权益合计	1 391 475 118. 46	100. 00	1 084 906 366. 33	100. 00	306 568 752. 13	28. 26

注：部分公司报表不平，导致此处未分配利润与表 5 -1 -3 不一致。

从表 5 -1 -6 可以看到，实收信托总额达 135 849. 87 亿元，较上年增加了 26. 68%，占总信托权益的 97. 63%，增速持续放缓，但业务规模继续保持高速增长态势。

（五）2014 年信托资产经营成果结构分析

表 5 -1 -7　2014 年信托资产汇总报表收入结构分析表

项目名称	2014 年 12 月 31 日		2013 年 12 月 31 日		增减	
	金额（万元）	占比（%）	金额（万元）	占比（%）	金额（万元）	比率（%）
利息收入	55 855 654. 93	49. 62	42 335 005. 25	57. 12	13 520 649. 68	31. 94
投资收益	47 074 863. 88	41. 82	29 076 360. 06	39. 23	17 998 503. 82	61. 90
租赁收入	108 974. 46	0. 10	168 764. 32	0. 23	-59 789. 86	-35. 43
公允价值变动损益	5 618 135. 91	4. 99	-840 869. 83	-1. 13	6 459 005. 74	-768. 13
汇兑损益	-9 661. 91	-0. 01	-2 277. 50	0. 00	-7 384. 41	324. 23
其他收入	3 926 618. 90	3. 49	3 381 158. 74	4. 56	545 460. 16	16. 13
营业收入合计	112 574 586. 18	100. 00	74 118 141. 04	100. 00	38 456 445. 13	51. 89

以上数据表明营业收入较上年有大幅增加，其中利息收入增加 1 352. 06 亿元，增长 31. 94%；投资收益增加 1 799. 85 亿元，增长 61. 90%，是收入的主要来源。

从公司收入结构分析，利息收入与投资收益是收入的主要来源，这与资产分布情况有差异。发放贷款和客户贷款合计占资产总额的 37. 85%，利息收入占收入的比例为 31. 94%；金融资产（包括交易性金融资产、可供出售金融资产和持有至到期投资）占资产总额的 33. 39%；对外投资（包括短期投资、长期债权投资、长期股权投资及其他长期投资）占资产总额的 8. 08%，投资收益占收入总额的比例为 61. 90%，本年投资收益正逐步成为收入的主要来源。

表 5－1－8　2014 年信托资产汇总报表利润总额结构表

单位：万元

简称	营业收入	营业支出	营业税金及附加	营业外收支	减：资产减值损失	其他综合收益	综合收益
中融信托	5 760 492. 59	991 143. 72	—	—	—	2 555 216. 67	7 324 565. 54
中信信托	5 679 332. 60	706 268. 85	13 825. 61	—	－79. 53	—	4 959 317. 67
华润信托	4 460 326. 77	268 260. 61	19 428. 27	—	—	—	4 172 637. 89
建信信托	4 326 078. 34	156 746. 38	—	—	29 097. 58	—	4 140 234. 38
平安信托	4 758 743. 68	587 999. 48	22 075. 91	48. 00	13 100. 00	—	4 135 616. 29
兴业信托	4 395 523. 37	485 045. 13	—	—	—	—	3 910 478. 24
外贸信托	4 059 171. 69	306 957. 12	11 322. 32	108. 50	—	—	3 741 000. 75
华宝信托	3 228 451. 74	122 088. 71	261. 73	—	—	48 252. 63	3 154 353. 93
中诚信托	2 927 994. 39	234 999. 54	9 073. 01	—	—	—	2 683 921. 84
华能信托	2 962 536. 19	289 325. 56	572. 18	—	—	—	2 672 638. 45
山东信托	2 727 621. 10	288 479. 64	1 007. 93	—	—	—	2 438 133. 53
长安信托	2 572 899. 68	320 385. 93	—	—	—	—	2 252 513. 75
北方信托	2 461 964. 25	231 629. 43	—	—	—	—	2 230 334. 82
云南信托	2 433 016. 46	241 798. 58	—	—	—	25 789. 24	2 217 007. 12
交银国际信托	2 484 345. 91	270 953. 39	2 290. 22	—	—	—	2 211 102. 30
四川信托	2 580 271. 03	370 580. 64	—	—	—	—	2 209 690. 39
中航信托	2 273 835. 17	314 574. 98	—	—	—	—	1 959 260. 19
上海信托	2 127 971. 69	194 822. 23	2 614. 39	—	1. 83	－2 709. 66	1 927 823. 58
中海信托	1 988 313. 51	183 062. 61	3 347. 12	—	—	—	1 801 903. 78
五矿信托	2 095 278. 94	307 953. 06	257. 47	—	—	—	1 787 068. 41
中江信托	1 874 416. 90	194 099. 37	—	—	—	—	1 680 317. 53
中铁信托	1 851 739. 00	174 866. 00	—	—	—	—	1 676 873. 00
新华信托	1 839 877. 92	206 626. 24	—	—	—	－2 689. 26	1 630 562. 42
粤财信托	1 777 284. 79	158 007. 25	2 832. 77	—	—	—	1 616 444. 77
渤海信托	1 768 039. 58	211 354. 62	—	—	—	—	1 556 684. 96
新时代信托	1 673 183. 32	142 364. 66	—	—	—	—	1 530 818. 66
华鑫信托	1 590 881. 03	159 988. 99	—	—	—	—	1 430 892. 04
北京信托	1 636 286. 67	193 354. 11	14 349. 66	—	—	—	1 428 582. 90
国元信托	1 558 975. 74	167 730. 99	—	—	—	—	1 391 244. 75
西藏信托	1 490 113. 78	129 782. 44	—	—	—	—	1 360 331. 34
国投信托	1 468 919. 49	125 594. 59	—	—	—	—	1 343 324. 90
华融信托	1 453 060. 85	182 454. 11	—	—	—	—	1 270 606. 74
厦门国际信托	1 338 201. 00	133 714. 00	—	—	—	—	1 204 487. 00
重庆信托	1 321 572. 04	158 603. 09	—	—	—	—	1 162 968. 95
英大信托	1 281 544. 76	78 803. 33	42 114. 44	—	—	—	1 160 626. 99
方正东亚信托	1 307 940. 43	206 219. 89	—	—	—	—	1 101 720. 54
中原信托	1 242 843. 66	171 363. 32	—	—	—	—	1 071 480. 34
安信信托	1 291 249. 71	288 573. 23	—	—	—	5 440. 00	1 008 116. 48
昆仑信托	1 105 098. 35	103 135. 78	—	—	—	—	1 001 962. 57
山西信托	995 642. 04	61 632. 62	—	—	—	—	934 009. 42
百瑞信托	1 058 785. 05	136 617. 91	92. 64	—	—	—	922 074. 50
江苏信托	981 090. 90	87 184. 62	89. 74	—	—	—	893 816. 54
陕国投	988 928. 65	131 391. 77	—	－5. 18	—	—	857 531. 70

续表

简称	营业收入	营业支出	营业税金及附加	营业外收支	减:资产减值损失	其他综合收益	综合收益
光大兴陇信托	763 737. 86	44 513. 18	4. 64	—	—	—	719 220. 04
华信信托	844 949. 26	159 699. 75	—	—	—	—	685 249. 51
金谷信托	793 022. 18	108 275. 15	3 975. 61	—	—	—	680 771. 42
天津信托	757 113. 30	105 017. 89	—	—	—	8 934. 42	661 029. 83
中建投信托	772 734. 04	117 366. 68	995. 13	—	—	—	654 372. 23
中泰信托	747 261. 69	94 456. 86	47. 47	—	—	—	652 757. 36
大业信托	725 294. 40	105 511. 45	935. 06	—	—	—	618 847. 88
苏州信托	723 797. 90	114 946. 33	—	—	—	—	608 851. 57
湖南信托	710 464. 00	106 034. 00	—	—	—	—	604 430. 00
陆家嘴信托	704 732. 38	140 545. 22	—	—	—	7 513. 47	571 700. 63
中国民生信托	580 767. 14	53 307. 42	309. 67	—	—	33 686. 44	560 836. 49
国民信托	580 746. 09	86 724. 26	0. 12	—	—	—	494 021. 71
中粮信托	462 600. 91	39 578. 34	933. 60	—	—	—	422 088. 97
华澳信托	484 551. 58	62 832. 55	—	—	—	—	421 719. 03
西部信托	471 829. 50	52 369. 54	—	—	—	—	419 459. 96
爱建信托	488 226. 55	75 078. 59	—	—	—	—	413 147. 96
国联信托	423 529. 00	49 365. 00	—	—	—	—	374 164. 00
吉林信托	414 532. 09	79 412. 28	—	—	—	—	335 119. 81
紫金信托	392 253. 84	57 842. 26	—	—	—	—	334 411. 58
东莞信托	409 365. 36	74 230. 88	1 503. 03	—	—	—	333 631. 45
万向信托	330 443. 33	43 427. 85	82. 02	—	—	—	286 933. 46
杭州工商信托	303 660. 00	70 131. 00	29. 00	—	—	—	233 500. 00
浙金信托	255 302. 17	30 121. 96	214. 08	—	—	—	224 966. 13
长城新盛信托	126 617. 68	15 666. 33	—	—	—	—	110 951. 35
华宸信托	107 209. 17	13 008. 81	—	—	—	—	94 200. 36
合计	112 574 586. 18	12 376 002. 10	154 584. 84	151. 32	42 119. 88	2 679 433. 95	102 681 464. 62

二、2014 年信托资产管理情况分析

(一)2014 年信托资产分布情况分析

表 5 -2 -1　2014 年信托资产分布及运用情况表

资产运用情况			资产分布情况		
项目	金额(万元)	比例(%)	项目	金额(万元)	比例(%)
货币资产	115 527 520. 39	8. 33	基础产业	299 884 752. 23	21. 63
客户贷款	525 452 861. 18	37. 90	房地产业	130 717 834. 17	9. 43
交易性金融资产	163 177 035. 05	11. 77	证券	201 563 226. 38	14. 54
应收账款	16 107 204. 68	1. 16	实业	255 323 333. 22	18. 42
买入返售金融资产	13 571 720. 80	0. 98	金融	243 580 393. 38	17. 57
可供出售金融资产	135 568 550. 82	9. 78	教育	4 258 719. 40	0. 31
持有至到期投资	148 888 230. 51	10. 74	工商企业	71 051 480. 00	5. 13
长期股权投资	106 914 946. 37	7. 71	债券	1 951 030. 63	0. 14
长期应收款	1 207 615. 33	0. 09	其他	176 551 978. 20	12. 74
投资性房地产	30 000. 00	0. 00	基金	44 707. 09	0. 00
其他	159 904 561. 88	11. 53	其他股权	1 422 792. 31	0. 10
信托资产总额	1 386 350 247. 01	100. 00	信托资产总额	1 386 350 247. 01	100. 00

注:华融信托审计报告中未披露信托资产运用情况表。

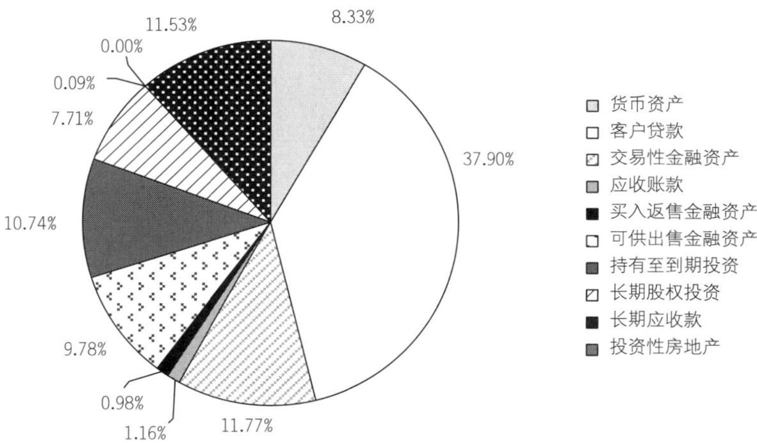

图 5－2－1 信托资产运用分析

从资产结构情况分析，客户贷款仍是资产的主要组成部分，各项资产比重与 2013 年相比未发生较大规模变动；从资产投向分布分析，主要还是集中在基础产业和实业；其他产业占比为 12.74%，但部分公司并未披露“其他”的明细构成。

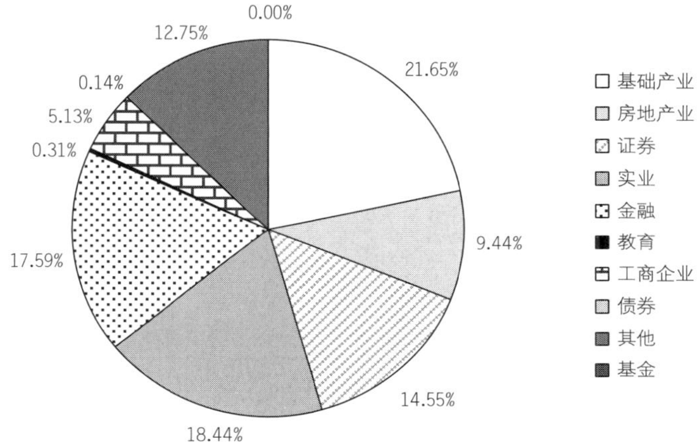

图 5－2－2 信托资产分布分析

（二）集合类、单一类资产信托项目和财产管理类信托项目 2014 年变动情况

表 5－2－2 2014 年中止的集合类、单一类资产信托项目和财产管理类信托项目数量、金额汇总分析

类别	2014 年		2013 年	
	份数	合计金额（万元）	份数	合计金额（万元）
集合类	4 848.00	99 192 971.30	4 629.00	93 767 949.80
单一类	10 300.00	333 343 265.40	6 951.00	217 632 358.90
财产管理类	656.00	19 967 738.29	399.00	11 261 467.99
合计	15 804.00	452 503 974.99	11 979.00	322 661 776.69

2014 年中止的信托项目数量比 2013 年多 3 825 个，2014 年金额比 2013 年多 12 984.22 亿元。

表 5－2－3 2014 年中止的集合类加权平均实际收益率前五名分析

公司简称	加权平均实际收益率（%）
国投信托	33.97
平安信托	15.11
华融信托	13.62
五矿信托	13.51
杭州工商信托	12.29
前五名平均	17.70

从披露中止的集合类加权平均实际收益率来看，按68家信托公司简单平均计算，实际加权收益率约为9.56%，高于2013年中止的集合类加权平均实际收益率8.22%，同时高于银行贷款利率。

本年所有信托公司平均收益率都超过5%。

表5-2-4　2014年中止的单一类加权平均实际收益率前五名分析

公司简称	加权平均实际收益率(%)
国联信托	10.63
湖南信托	9.66
杭州工商信托	9.02
华信信托	8.94
大业信托	8.57
前五名平均	9.36

注：明细表详见表3-4-2

从披露的中止的单一类加权平均实际收益率来看，按68家信托公司简单平均计算，实际加权收益率约为7.19%，较集合类项目收益率低，比上年中止的单一类加权平均实际收益率7.60%略有下降。本年有67家信托公司平均收益率超过5%。

表5-2-5　2014年新增的集合类、单一类资产信托项目和财产管理类信托项目数量、金额汇总分析

类别	份数	合计金额(万元)
集合类	8 550.00	225 716 819.65
单一类	11 710.00	435 689 185.11
财产管理类	1 001.00	55 347 512.68
新增合计	21 261.00	716 753 516.74
其中：主动管理型	9 854.00	312 584 719.06
被动管理型	10 650.00	385 480 502.32

注：部分公司包含的主动管理型与被动管理型合计金额与新增合计金额不一致。

2014年新增的信托项目中，仍是单一类信托项目占主要比例，集合类信托项目金额为单一类项目的51.81，相比2013年的36.50有所提高，财产管理类信托项目占比仍然很小，尚需大力发展。

表5-2-6　2014年新增的集合类、单一类资产信托项目和财产管理类信托项目数量前五名

公司简称	数量
兴业信托	1 282.00
中信信托	1 139.00
中融信托	1 042.00
外贸信托	909.00
中铁信托	798.00

表5-2-7　2014年新增的集合类、单一类资产信托项目和财产管理类信托项目金额前五名

单位：万元

公司简称	金额
中信信托	37 721 222.84
兴业信托	37 639 314.00
华能信托	32 987 686.86
云南信托	29 882 879.93
上海信托	29 144 642.31

表5-2-8　2014年新增的集合类、单一类资产信托项目和财产管理类信托项目平均金额前五名分析

单位：万元

公司简称	项目平均金额
中海信托	120 819.84
华能信托	88 676.58
江苏信托	80 563.08
上海信托	73 227.74
吉林信托	72 306.20

表 5-2-9　2014 年信托公司主动管理型资产期末合计数排行榜

单位:万元

排名	公司简称	2013 年 12 月 31 日	2014 年 12 月 31 日	增减额
1	平安信托	25 853 741. 87	39 228 490. 25	13 374 748. 38
2	华能信托	29 856 830. 62	42 155 687. 70	12 298 857. 08
3	中信信托	37 543 918. 86	48 738 556. 64	11 194 637. 78
4	华宝信托	11 854 212. 97	21 839 502. 71	9 985 289. 74
5	建信信托	8 808 272. 95	17 801 680. 09	8 993 407. 14
6	上海信托	16 956 714. 81	24 961 882. 41	8 005 167. 60
7	江苏信托	10 235 042. 20	16 784 258. 93	6 549 216. 73
8	长安信托	20 005 194. 57	25 892 144. 89	5 886 950. 32
9	中海信托	6 386 746. 00	10 982 466. 00	4 595 720. 00
10	云南信托	3 622 904. 73	6 815 836. 78	3 192 932. 05
11	陆家嘴信托	3 370 978. 79	6 045 254. 52	2 674 275. 73
12	中航信托	6 227 782. 07	8 448 732. 39	2 220 950. 32
13	重庆信托	10 146 924. 01	12 314 567. 00	2 167 642. 99
14	中江信托	6 549 028. 67	8 546 646. 88	1 997 618. 21
15	中国民生信托	933 378. 41	2 876 672. 75	1 943 294. 34
16	中融信托	39 687 216. 54	41 378 715. 50	1 691 498. 96
17	方正东亚信托	8 173 305. 78	9 726 029. 17	1 552 723. 39
18	四川信托	4 640 005. 36	6 132 627. 83	1 492 622. 47
19	万向信托	1 601 339. 50	3 043 424. 29	1 442 084. 79
20	英大信托	2 046 201. 27	3 457 601. 98	1 411 400. 71
21	百瑞信托	5 109 816. 75	6 510 254. 41	1 400 437. 66
22	苏州信托	6 386 451. 42	7 758 415. 14	1 371 963. 72
23	中泰信托	6 178 742. 63	7 422 984. 48	1 244 241. 85
24	西藏信托	1 082 158. 50	2 141 587. 37	1 059 428. 87
25	外贸信托	18 798 214. 01	19 792 906. 28	994 692. 27
26	北京信托	10 887 907. 67	11 698 914. 90	811 007. 23
27	金谷信托	6 114 343. 33	6 914 445. 99	800 102. 66
28	北方信托	4 259 411. 00	5 010 569. 93	751 158. 93
29	杭州工商信托	2 050 313. 00	2 742 142. 00	691 829. 00
30	中建投信托	4 502 507. 26	5 070 042. 46	567 535. 20
31	陕国投	8 115 339. 01	8 590 585. 44	475 246. 43
32	安信信托	3 586 303. 51	4 010 662. 13	424 358. 62
33	山东信托	5 006 336. 00	5 383 700. 00	377 364. 00
34	紫金信托	2 539 291. 36	2 853 809. 73	314 518. 37
35	国民信托	1 164 217. 99	1 423 747. 03	259 529. 04
36	厦门国际信托	5 822 843. 00	5 994 341. 00	171 498. 00
37	爱建信托	2 273 851. 20	2 387 627. 18	113 775. 98
38	光大兴陇信托	235 841. 55	300 377. 55	64 536. 00
39	浙金信托	1 776 440. 97	1 756 186. 31	-20 254. 66
40	大业信托	2 755 345. 58	2 711 030. 45	-44 315. 13
41	长城新盛信托	474 485. 94	410 804. 82	-63 681. 12
42	华融信托	6 987 868. 47	6 854 367. 96	-133 500. 51
43	华信信托	6 302 200. 16	6 151 903. 88	-150 296. 28
44	山西信托	1 922 754. 00	1 752 264. 00	-170 490. 00
45	华澳信托	1 923 490. 00	1 699 260. 00	-224 230. 00
46	东莞信托	3 635 990. 45	3 405 872. 81	-230 117. 64
47	中粮信托	1 770 736. 23	1 511 237. 10	-259 499. 13
48	华宸信托	971 449. 77	661 268. 86	-310 180. 91
49	湖南信托	5 538 235. 00	5 097 418. 00	-440 817. 00

续表

排名	公司简称	2013 年 12 月 31 日	2014 年 12 月 31 日	增减额
50	国联信托	3 241 846. 00	2 686 959. 00	-554 887. 00
51	交银国际信托	2 998 729. 27	2 395 127. 42	-603 601. 85
52	天津信托	5 288 320. 40	4 550 003. 52	-738 316. 88
53	新华信托	15 063 380. 25	14 168 899. 46	-894 480. 79
54	西部信托	4 327 644. 90	3 071 351. 36	-1 256 293. 54
55	华润信托	24 849 402. 52	23 327 825. 52	-1 521 577. 00
56	吉林信托	3 148 568. 00	1 551 144. 63	-1 597 423. 37
57	中原信托	9 614 885. 84	7 956 897. 17	-1 657 988. 67
58	华鑫信托	7 273 864. 74	5 609 284. 60	-1 664 580. 14
59	粤财信托	12 451 528. 74	10 263 064. 16	-2 188 464. 58
60	兴业信托	17 830 165. 00	15 215 329. 00	-2 614 836. 00
61	昆仑信托	16 738 103. 01	13 759 401. 22	-2 978 701. 79
62	五矿信托	12 694 195. 85	9 674 437. 36	-3 019 758. 49
63	国元信托	7 342 863. 55	4 311 547. 69	-3 031 315. 86
64	中诚信托	14 858 687. 07	11 081 872. 33	-3 776 814. 74
65	新时代信托	8 723 222. 68	3 214 345. 45	-5 508 877. 23
66	国投信托	16 928 497. 14	10 201 823. 56	-6 726 673. 58
67	中铁信托	13 725 764. 00	5 611 126. 00	-8 114 638. 00
68	渤海信托	17 678 343. 28	7 556 346. 80	-10 121 996. 48
合计		597 450 637. 98	651 396 292. 17	53 945 654. 19

表 5-2-10　2014 年证券投资类信托资产占比排名

排名	公司简称	证券投资类信托资产期末金额(万元)	主动管理型信托资产期末总金额(万元)	证券投资类信托资产占比(%)	证券投资类信托资产期初金额(万元)
1	华宝信托	16 299 967. 55	21 839 502. 71	74. 64	6 555 799. 38
2	陕国投	5 611 495. 11	8 590 585. 44	65. 32	4 331 583. 20
3	华润信托	14 157 968. 55	23 327 825. 52	60. 69	6 852 841. 24
4	云南信托	3 992 872. 68	6 815 836. 78	58. 58	1 566 432. 61
5	厦门国际信托	2 800 815. 00	5 994 341. 00	46. 72	1 323 645. 00
6	北京信托	5 172 931. 72	11 698 914. 90	44. 22	4 782 857. 71
7	江苏信托	7 110 483. 55	16 784 258. 93	42. 36	3 385 531. 47
8	中海信托	4 635 031. 00	10 982 466. 00	42. 20	3 141 579. 00
9	中信信托	19 985 752. 98	48 738 556. 64	41. 01	20 448 184. 25
10	西藏信托	763 025. 40	2 141 587. 37	35. 63	23 663. 52
11	外贸信托	5 272 012. 30	19 792 906. 28	26. 64	7 489 958. 09
12	兴业信托	3 899 679. 00	15 215 329. 00	25. 63	1 478 253. 00
13	新时代信托	790 544. 03	3 214 345. 45	24. 59	21 618. 57
14	建信信托	3 956 594. 67	17 801 680. 09	22. 23	793 713. 36
15	平安信托	8 387 715. 41	39 228 490. 25	21. 38	2 688 168. 85
16	五矿信托	2 055 386. 76	9 674 437. 36	21. 25	1 121 445. 68
17	中诚信托	2 141 618. 47	11 081 872. 33	19. 33	4 406 904. 23
18	中国民生信托	546 773. 15	2 876 672. 75	19. 01	—
19	上海信托	4 719 081. 75	24 961 882. 41	18. 91	4 025 143. 64
20	华鑫信托	1 021 015. 00	5 609 284. 60	18. 20	945 440. 47
21	山西信托	317 620. 00	1 752 264. 00	18. 13	270 222. 00
22	中江信托	1 535 385. 71	8 546 646. 88	17. 96	563 656. 26
23	中融信托	7 095 983. 24	41 378 715. 50	17. 15	3 381 792. 23
24	长安信托	4 385 782. 66	25 892 144. 89	16. 94	2 896 061. 30
25	昆仑信托	2 023 392. 00	13 759 401. 22	14. 71	295 105. 46
26	华信信托	759 268. 97	6 151 903. 88	12. 34	691 295. 73

续表

排名	公司简称	证券投资类信托资产期末金额(万元)	主动管理型信托资产期末总金额(万元)	证券投资类信托资产占比(%)	证券投资类信托资产期初金额(万元)
27	国元信托	522 907.82	4 311 547.69	12.13	215 809.25
28	粤财信托	1 177 454.45	10 263 064.16	11.47	845 825.95
29	重庆信托	1 370 670.98	12 314 567.00	11.13	640 461.57
30	交银国际信托	254 304.88	2 395 127.42	10.62	127 522.32
31	华融信托	669 390.75	6 854 367.96	9.77	1 030 012.37
32	西部信托	263 408.27	3 071 351.36	8.58	191 170.38
33	北方信托	380 113.84	5 010 569.93	7.59	12 147.00
34	东莞信托	238 406.04	3 405 872.81	7.00	139 338.72
35	山东信托	334 191.00	5 383 700.00	6.21	177 106.00
36	光大兴陇信托	15 000.00	300 377.55	4.99	15 000.00
37	国联信托	94 348.00	2 686 959.00	3.51	84 955.00
38	天津信托	148 172.14	4 550 003.52	3.26	160 319.56
39	长城新盛信托	10 409.44	410 804.82	2.53	63 260.58
40	方正东亚信托	225 252.79	9 726 029.17	2.32	27 541.79
41	中粮信托	25 006.63	1 511 237.10	1.65	—
42	四川信托	84 955.15	6 132 627.83	1.39	42 914.09
43	中泰信托	101 525.33	7 422 984.48	1.37	6 389.09
44	陆家嘴信托	66 917.73	6 045 254.52	1.11	111 547.36
45	国投信托	82 772.57	10 201 823.56	0.81	68 159.49
46	中建投信托	27 421.40	5 070 042.46	0.54	56 422.84
47	湖南信托	27 414.00	5 097 418.00	0.54	3 436.00
48	爱建信托	12 640.88	2 387 627.18	0.53	36 806.15
49	万向信托	14 741.75	3 043 424.29	0.48	18 430.00
50	百瑞信托	29 614.38	6 510 254.41	0.45	30 862.22
51	新华信托	48 092.29	14 168 899.46	0.34	145 529.05
52	渤海信托	25 100.00	7 556 346.80	0.33	—
53	国民信托	3 850.23	1 423 747.03	0.27	41 750.96
54	中原信托	16 104.90	7 956 897.17	0.20	5 469.19
55	中铁信托	9 222.00	5 611 126.00	0.16	8 124.00
56	吉林信托	2 114.90	1 551 144.63	0.14	490 857.00
57	华澳信托	2 313.00	1 699 260.00	0.14	12 798.00
58	浙金信托	0.08	1 756 186.31	0.00	144 721.06
59	华能信托	—	42 155 687.70	0.00	—
60	中航信托	—	8 448 732.39	0.00	—
61	苏州信托	—	7 758 415.14	0.00	5 003.25
62	金谷信托	—	6 914 445.99	0.00	—
63	安信信托	—	4 010 662.13	0.00	—
64	英大信托	—	3 457 601.98	0.00	—
65	紫金信托	—	2 853 809.73	0.00	—
66	杭州工商信托	—	2 742 142.00	0.00	—
67	大业信托	—	2 711 030.45	0.00	—
68	华宸信托	—	661 268.86	0.00	—
合计		135 722 034.28	651 396 292.17	20.84	88 440 586.49

表 5-2-11　2014 年股权投资类信托资产占比排名

排名	公司简称	股权投资类信托资产期末金额(万元)	主动管理型信托资产期末总金额(万元)	股权投资类信托资产占比(%)	股权投资类信托资产期初金额(万元)
1	大业信托	1 615 252.81	2 711 030.45	59.58	1 431 358.30
2	陆家嘴信托	3 356 691.28	6 045 254.52	55.53	1 503 164.28
3	西藏信托	1 092 441.97	2 141 587.37	51.01	620 404.82
4	建信信托	7 911 703.82	17 801 680.09	44.44	3 707 303.83

续表

排名	公司简称	股权投资类信托资产期末金额(万元)	主动管理型信托资产期末总金额(万元)	股权投资类信托资产占比(%)	股权投资类信托资产期初金额(万元)
5	昆仑信托	6 048 655. 40	13 759 401. 22	43. 96	6 663 579. 66
6	苏州信托	3 403 412. 77	7 758 415. 14	43. 87	2 338 020. 83
7	杭州工商信托	1 157 504. 00	2 742 142. 00	42. 21	424 450. 00
8	新华信托	5 806 509. 95	14 168 899. 46	40. 98	7 453 184. 11
9	山东信托	1 935 526. 00	5 383 700. 00	35. 95	1 117 374. 00
10	外贸信托	7 035 012. 22	19 792 906. 28	35. 54	4 999 810. 68
11	兴业信托	5 151 823. 00	15 215 329. 00	33. 86	850 767. 00
12	百瑞信托	2 084 460. 61	6 510 254. 41	32. 02	1 084 838. 02
13	华鑫信托	1 735 011. 59	5 609 284. 60	30. 93	2 165 381. 14
14	华宸信托	190 423. 11	661 268. 86	28. 80	289 820. 98
15	粤财信托	2 903 794. 83	10 263 064. 16	28. 29	3 168 748. 38
16	西部信托	828 768. 46	3 071 351. 36	26. 98	853 909. 43
17	金谷信托	1 769 343. 99	6 914 445. 99	25. 59	1 584 390. 80
18	爱建信托	544 633. 76	2 387 627. 18	22. 81	346 692. 84
19	中粮信托	308 850. 73	1 511 237. 10	20. 44	284 148. 09
20	天津信托	754 956. 73	4 550 003. 52	16. 59	556 866. 38
21	国联信托	429 427. 00	2 686 959. 00	15. 98	406 488. 00
22	重庆信托	1 965 484. 41	12 314 567. 00	15. 96	1 634 641. 28
23	北京信托	1 853 769. 35	11 698 914. 90	15. 85	1 799 179. 26
24	中融信托	6 478 640. 42	41 378 715. 50	15. 66	5 138 430. 62
25	东莞信托	532 633. 92	3 405 872. 81	15. 64	506 454. 78
26	华润信托	3 389 380. 34	23 327 825. 52	14. 53	3 165 885. 22
27	中江信托	1 230 046. 83	8 546 646. 88	14. 39	1 841 224. 71
28	平安信托	5 454 375. 74	39 228 490. 25	13. 90	3 598 778. 26
29	中诚信托	1 529 733. 00	11 081 872. 33	13. 80	1 583 899. 78
30	中铁信托	770 460. 00	5 611 126. 00	13. 73	787 900. 00
31	浙金信托	229 424. 48	1 756 186. 31	13. 06	125 915. 72
32	四川信托	674 884. 82	6 132 627. 83	11. 00	536 942. 44
33	五矿信托	1 023 566. 06	9 674 437. 36	10. 58	870 725. 00
34	吉林信托	150 352. 84	1 551 144. 63	9. 69	384 189. 00
35	国民信托	131 450. 42	1 423 747. 03	9. 23	50 014. 50
36	北方信托	458 735. 00	5 010 569. 93	9. 16	559 093. 00
37	华能信托	3 826 970. 00	42 155 687. 70	9. 08	2 279 070. 00
38	中信信托	4 191 296. 13	48 738 556. 64	8. 60	3 954 583. 19
39	华融信托	533 425. 00	6 854 367. 96	7. 78	463 575. 00
40	山西信托	134 301. 00	1 752 264. 00	7. 66	150 315. 00
41	长安信托	1 931 019. 47	25 892 144. 89	7. 46	695 786. 11
42	国元信托	302 990. 65	4 311 547. 69	7. 03	571 711. 33
43	中建投信托	337 144. 24	5 070 042. 46	6. 65	552 305. 07
44	方正东亚信托	616 551. 73	9 726 029. 17	6. 34	1 204 554. 76
45	华澳信托	93 454. 00	1 699 260. 00	5. 50	253 030. 00
46	英大信托	190 000. 00	3 457 601. 98	5. 50	110 000. 00
47	紫金信托	151 900. 00	2 853 809. 73	5. 32	124 900. 00
48	渤海信托	382 019. 50	7 556 346. 80	5. 06	705 306. 96
49	中国民生信托	134 714. 90	2 876 672. 75	4. 68	363 437. 48
50	陕国投	380 255. 14	8 590 585. 44	4. 43	357 259. 23
51	上海信托	949 910. 29	24 961 882. 41	3. 81	382 068. 05
52	国投信托	361 279. 15	10 201 823. 56	3. 54	634 665. 29
53	长城新盛信托	11 825. 59	410 804. 82	2. 88	11 825. 57
54	华信信托	142 461. 76	6 151 903. 88	2. 32	63 044. 35
55	华宝信托	459 516. 71	21 839 502. 71	2. 10	332 656. 14
56	中泰信托	155 527. 29	7 422 984. 48	2. 10	157 088. 32

续表

排名	公司简称	股权投资类信托资产期末金额(万元)	主动管理型信托资产期末总金额(万元)	股权投资类信托资产占比(%)	股权投资类信托资产期初金额(万元)
57	湖南信托	104 747.00	5 097 418.00	2.05	155 896.00
58	云南信托	120 124.84	6 815 836.78	1.76	237 540.41
59	万向信托	33 331.45	3 043 424.29	1.10	—
60	江苏信托	81 701.72	16 784 258.93	0.49	122 992.48
61	交银国际信托	7 679.03	2 395 127.42	0.32	12 272.50
62	中海信托	—	10 982 466.00	0.00	—
63	中航信托	—	8 448 732.39	0.00	—
64	中原信托	—	7 956 897.17	0.00	—
65	厦门国际信托	—	5 994 341.00	0.00	—
66	安信信托	—	4 010 662.13	0.00	—
67	新时代信托	—	3 214 345.45	0.00	96 416.34
68	光大兴陇信托	—	300 377.55	0.00	10 081.00
合计		97 571 288.25	650 042 087.14	15.01	78 436 355.72

表5-2-12　2014年融资类信托资产占比排名

排名	公司简称	融资类信托资产期末金额(万元)	主动管理型信托资产期末总金额(万元)	融资类信托资产占比(%)	融资类信托资产期初金额(万元)
1	长城新盛信托	388 569.79	410 804.82	94.59	399 399.79
2	万向信托	2 838 059.12	3 043 424.29	93.25	1 566 080.82
3	国民信托	1 288 426.22	1 423 747.03	90.50	1 072 452.53
4	吉林信托	1 398 676.89	1 551 144.63	90.17	2 272 915.00
5	交银国际信托	2 133 143.51	2 395 127.42	89.06	2 858 934.45
6	渤海信托	6 643 727.30	7 556 346.80	87.92	16 912 557.94
7	国投信托	8 577 336.40	10 201 823.56	84.08	14 687 391.61
8	中铁信托	4 634 542.00	5 611 126.00	82.60	8 569 442.00
9	华澳信托	1 401 331.00	1 699 260.00	82.47	1 602 548.00
10	华融信托	5 640 552.21	6 854 367.96	82.29	5 472 281.10
11	天津信托	3 646 874.65	4 550 003.52	80.15	4 571 134.46
12	中泰信托	5 889 489.36	7 422 984.48	79.34	4 455 948.91
13	东莞信托	2 579 944.62	3 405 872.81	75.75	2 945 553.97
14	中建投信托	3 786 879.34	5 070 042.46	74.69	1 191 962.21
15	湖南信托	3 683 555.00	5 097 418.00	72.26	4 351 950.00
16	华宸信托	470 845.75	661 268.86	71.20	681 628.79
17	重庆信托	8 756 233.91	12 314 567.00	71.10	7 530 055.66
18	中国民生信托	2 004 259.91	2 876 672.75	69.67	514 254.57
19	上海信托	16 889 273.38	24 961 882.41	67.66	10 897 712.34
20	北方信托	3 362 463.24	5 010 569.93	67.11	2 805 454.00
21	紫金信托	1 892 511.58	2 853 809.73	66.32	1 963 089.17
22	中江信托	5 489 510.56	8 546 646.88	64.23	3 748 231.84
23	光大兴陇信托	192 843.00	300 377.55	64.20	210 673.00
24	爱建信托	1 516 477.20	2 387 627.18	63.51	1 612 360.78
25	中诚信托	6 483 834.15	11 081 872.33	58.51	8 061 729.22
26	中海信托	6 347 435.00	10 982 466.00	57.80	3 245 167.00
27	粤财信托	5 931 081.00	10 263 064.16	57.79	8 345 412.36
28	江苏信托	9 592 073.66	16 784 258.93	57.15	6 726 518.25
29	长安信托	14 730 989.66	25 892 144.89	56.89	10 595 477.49
30	五矿信托	5 426 494.42	9 674 437.36	56.09	9 902 055.92
31	山东信托	3 017 439.00	5 383 700.00	56.05	3 689 202.00
32	山西信托	978 527.00	1 752 264.00	55.84	1 502 217.00
33	方正东亚信托	5 358 437.32	9 726 029.17	55.09	6 010 541.10
34	西部信托	1 661 578.11	3 071 351.36	54.10	3 186 356.70

续表

排名	公司简称	融资类信托资产期末金额（万元）	主动管理型信托资产期末总金额（万元）	融资类信托资产占比（%）	融资类信托资产期初金额（万元）
35	中原信托	4 170 083. 01	7 956 897. 17	52. 41	6 410 123. 53
36	百瑞信托	3 305 107. 24	6 510 254. 41	50. 77	3 445 942. 06
37	华鑫信托	2 843 254. 69	5 609 284. 60	50. 69	4 153 039. 79
38	中信信托	24 561 507. 53	48 738 556. 64	50. 39	13 141 151. 42
39	中航信托	4 246 810. 86	8 448 732. 39	50. 27	3 481 725. 76
40	英大信托	1 679 828. 13	3 457 601. 98	48. 58	822 596. 95
41	平安信托	18 876 583. 12	39 228 490. 25	48. 12	13 994 890. 71
42	厦门国际信托	2 706 733. 00	5 994 341. 00	45. 15	4 244 375. 00
43	国元信托	1 927 442. 90	4 311 547. 69	44. 70	4 650 762. 75
44	金谷信托	3 057 013. 22	6 914 445. 99	44. 21	4 081 375. 39
45	国联信托	1 155 958. 00	2 686 959. 00	43. 02	843 781. 00
46	华能信托	17 851 253. 02	42 155 687. 70	42. 35	18 364 489. 05
47	昆仑信托	5 687 353. 82	13 759 401. 22	41. 33	9 779 417. 89
48	四川信托	2 528 361. 99	6 132 627. 83	41. 23	2 754 521. 60
49	兴业信托	6 163 827. 00	15 215 329. 00	40. 51	15 501 145. 00
50	大业信托	1 095 777. 64	2 711 030. 45	40. 42	1 323 987. 28
51	陆家嘴信托	2 421 645. 49	6 045 254. 52	40. 06	1 696 267. 12
52	北京信托	4 501 239. 23	11 698 914. 90	38. 48	4 148 362. 37
53	浙金信托	664 217. 51	1 756 186. 31	37. 82	863 539. 62
54	外贸信托	7 401 286. 84	19 792 906. 28	37. 39	6 289 610. 03
55	苏州信托	2 798 270. 28	7 758 415. 14	36. 07	3 050 560. 31
56	新时代信托	1 124 591. 06	3 214 345. 45	34. 99	6 914 636. 00
57	安信信托	1 324 511. 54	4 010 662. 13	33. 02	1 846 140. 63
58	建信信托	5 491 110. 67	17 801 680. 09	30. 85	3 868 615. 99
59	陕国投	2 521 845. 43	8 590 585. 44	29. 36	3 182 351. 34
60	中融信托	11 843 618. 47	41 378 715. 50	28. 62	16 318 060. 52
61	中粮信托	402 549. 01	1 511 237. 10	26. 64	977 881. 24
62	华信信托	1 292 618. 90	6 151 903. 88	21. 01	3 730 089. 82
63	华润信托	4 375 739. 55	23 327 825. 52	18. 76	13 328 654. 76
64	西藏信托	286 120. 00	2 141 587. 37	13. 36	438 090. 16
65	新华信托	1 498 471. 90	14 168 899. 46	10. 58	2 479 631. 93
66	杭州工商信托	251 409. 00	2 742 142. 00	9. 17	96 979. 00
67	华宝信托	1 715 102. 83	21 839 502. 71	7. 85	2 091 524. 13
68	云南信托	70 000. 00	6 815 836. 78	1. 03	82 722. 79
合计		306 474 658. 14	651 396 292. 17	47. 05	342 555 732. 92

表 5－2－13　2014 年事务管理类信托资产占比排名

排名	公司简称	事务管理类信托资产期末金额（万元）	主动管理型信托资产期末总金额（万元）	事务管理类信托资产占比（%）	事务管理类信托资产期初金额（万元）
1	浙金信托	862 544. 24	1 756 186. 31	49. 11	863 539. 62
2	华能信托	20 477 464. 68	42 155 687. 70	48. 58	18 364 489. 05
3	杭州工商信托	1 329 759. 00	2 742 142. 00	48. 49	1 524 934. 00
4	新华信托	6 815 825. 32	14 168 899. 46	48. 10	4 985 035. 16
5	方正东亚信托	3 350 039. 65	9 726 029. 17	34. 44	646 128. 48
6	光大兴陇信托	92 534. 55	300 377. 55	30. 81	87. 55
7	金谷信托	2 088 088. 78	6 914 445. 99	30. 20	448 577. 14
8	云南信托	1 783 045. 51	6 815 836. 78	26. 16	1 715 566. 60
9	湖南信托	1 281 702. 00	5 097 418. 00	25. 14	1 026 953. 00
10	中粮信托	325 582. 16	1 511 237. 10	21. 54	53 603. 02
11	苏州信托	1 556 732. 09	7 758 415. 14	20. 07	992 867. 03
12	中建投信托	918 597. 48	5 070 042. 46	18. 12	1 191 962. 21

续表

排名	公司简称	事务管理类信托资产期末金额(万元)	主动管理型信托资产期末总金额(万元)	事务管理类信托资产占比(%)	事务管理类信托资产期初金额(万元)
13	北方信托	809 257. 85	5 010 569. 93	16. 15	882 717. 00
14	中融信托	5 725 152. 97	41 378 715. 50	13. 84	8 180 909. 36
15	国投信托	1 080 835. 24	10 201 823. 56	10. 59	1 410 625. 42
16	西部信托	317 596. 52	3 071 351. 36	10. 34	96 208. 39
17	中诚信托	926 686. 71	11 081 872. 33	8. 36	806 153. 84
18	厦门国际信托	486 793. 00	5 994 341. 00	8. 12	254 823. 00
19	渤海信托	505 500. 00	7 556 346. 80	6. 69	60 478. 38
20	万向信托	157 291. 97	3 043 424. 29	5. 17	16 828. 68
21	国元信托	204 001. 29	4 311 547. 69	4. 73	—
22	中江信托	291 703. 78	8 546 646. 88	3. 41	395 915. 86
23	陆家嘴信托	200 000. 02	6 045 254. 52	3. 31	60 000. 03
24	中原信托	224 500. 55	7 956 897. 17	2. 82	130 770. 93
25	建信信托	442 270. 93	17 801 680. 09	2. 48	438 639. 77
26	粤财信托	250 733. 88	10 263 064. 16	2. 44	91 542. 05
27	英大信托	70 000. 00	3 457 601. 98	2. 02	—
28	重庆信托	222 177. 70	12 314 567. 00	1. 80	341 765. 50
29	山东信托	96 544. 00	5 383 700. 00	1. 79	22 654. 00
30	东莞信托	54 888. 23	3 405 872. 81	1. 61	44 642. 98
31	华信信托	77 876. 44	6 151 903. 88	1. 27	540 845. 23
32	长安信托	325 528. 38	25 892 144. 89	1. 26	257 012. 00
33	北京信托	138 675. 64	11 698 914. 90	1. 19	128 355. 63
34	百瑞信托	68 759. 77	6 510 254. 41	1. 06	29 710. 54
35	陕国投	76 989. 76	8 590 585. 44	0. 90	244 145. 24
36	华宝信托	194 082. 91	21 839 502. 71	0. 89	—
37	外贸信托	84 594. 92	19 792 906. 28	0. 43	18 835. 21
38	华鑫信托	10 003. 32	5 609 284. 60	0. 18	10 003. 34
39	华融信托	11 000. 00	6 854 367. 96	0. 16	22 000. 00
40	紫金信托	2 824. 97	2 853 809. 73	0. 10	74. 00
41	新时代信托	1 971. 92	3 214 345. 45	0. 06	51 958. 87
42	平安信托	4 800. 09	39 228 490. 25	0. 01	4 800. 22
43	国民信托	20. 16	1 423 747. 03	0. 00	—
44	中信信托	—	48 738 556. 64	0. 00	—
45	上海信托	—	24 961 882. 41	0. 00	—
46	华润信托	—	23 327 825. 52	0. 00	170 958. 37
47	江苏信托	—	16 784 258. 93	0. 00	—
48	兴业信托	—	15 215 329. 00	0. 00	—
49	昆仑信托	—	13 759 401. 22	0. 00	—
50	中海信托	—	10 982 466. 00	0. 00	—
51	五矿信托	—	9 674 437. 36	0. 00	—
52	中航信托	—	8 448 732. 39	0. 00	—
53	中泰信托	—	7 422 984. 48	0. 00	—
54	四川信托	—	6 132 627. 83	0. 00	—
55	中铁信托	—	5 611 126. 00	0. 00	3 044 833. 00
56	天津信托	—	4 550 003. 52	0. 00	—
57	安信信托	—	4 010 662. 13	0. 00	—
58	中国民生信托	—	2 876 672. 75	0. 00	—
59	大业信托	—	2 711 030. 45	0. 00	—
60	国联信托	—	2 686 959. 00	0. 00	—
61	交银国际信托	—	2 395 127. 42	0. 00	—
62	爱建信托	—	2 387 627. 18	0. 00	—
63	西藏信托	—	2 141 587. 37	0. 00	—
64	山西信托	—	1 752 264. 00	0. 00	—
65	华澳信托	—	1 699 260. 00	0. 00	47 783. 00
66	吉林信托	—	1 551 144. 63	0. 00	607. 00
67	华宸信托	—	661 268. 86	0. 00	—
68	长城新盛信托	—	410 804. 82	0. 00	—
合计		53 944 978. 38	651 396 292. 17	8. 28	49 620 339. 70

表 5－2－14　2014 年其他类型信托资产占比排名

排名	公司简称	其他类型信托资产期末金额(万元)	主动管理型信托资产期末总金额(万元)	其他类型信托资产占比(%)	其他类型信托资产期初金额(万元)
1	安信信托	2 686 150. 59	4 010 662. 13	66. 98	1 740 162. 88
2	华信信托	3 879 677. 81	6 151 903. 88	63. 06	1 276 925. 03
3	中航信托	4 201 921. 53	8 448 732. 39	49. 73	2 746 056. 31
4	四川信托	2 844 425. 87	6 132 627. 83	46. 38	1 305 627. 23
5	中原信托	3 546 208. 71	7 956 897. 17	44. 57	3 068 522. 19
6	新时代信托	1 297 238. 44	3 214 345. 45	40. 36	1 638 592. 90
7	国联信托	1 007 226. 00	2 686 959. 00	37. 49	1 906 622. 00
8	中粮信托	449 248. 57	1 511 237. 10	29. 73	455 103. 88
9	中融信托	10 235 320. 40	41 378 715. 50	24. 74	6 668 023. 81
10	山西信托	321 816. 00	1 752 264. 00	18. 37	—
11	长安信托	4 518 824. 72	25 892 144. 89	17. 45	5 560 857. 67
12	中泰信托	1 276 442. 50	7 422 984. 48	17. 20	1 559 316. 31
13	平安信托	6 505 015. 89	39 228 490. 25	16. 58	5 567 103. 83
14	百瑞信托	1 022 312. 41	6 510 254. 41	15. 70	518 463. 91
15	华宝信托	3 170 832. 71	21 839 502. 71	14. 52	2 874 233. 32
16	爱建信托	313 875. 34	2 387 627. 18	13. 15	277 991. 43
17	云南信托	849 793. 75	6 815 836. 78	12. 47	20 642. 32
18	五矿信托	1 168 990. 12	9 674 437. 36	12. 08	799 969. 25
19	华澳信托	202 162. 00	1 699 260. 00	11. 90	7 331. 00
20	中国民生信托	190 924. 79	2 876 672. 75	6. 64	55 686. 36
21	华润信托	1 404 737. 08	23 327 825. 52	6. 02	1 331 062. 93
22	中铁信托	196 902. 00	5 611 126. 00	3. 51	1 315 465. 00
23	方正东亚信托	175 747. 68	9 726 029. 17	1. 81	284 539. 65
24	国投信托	99 600. 20	10 201 823. 56	0. 98	127 655. 33
25	北京信托	32 298. 96	11 698 914. 90	0. 28	29 152. 70
26	杭州工商信托	3 470. 00	2 742 142. 00	0. 13	3 950. 00
27	中信信托	—	48 738 556. 64	0. 00	—
28	华能信托	—	42 155 687. 70	0. 00	9 213 271. 57
29	上海信托	—	24 961 882. 41	0. 00	—
30	外贸信托	—	19 792 906. 28	0. 00	—
31	建信信托	—	17 801 680. 09	0. 00	—
32	江苏信托	—	16 784 258. 93	0. 00	—
33	兴业信托	—	15 215 329. 00	0. 00	—
34	新华信托	—	14 168 899. 46	0. 00	—
35	昆仑信托	—	13 759 401. 22	0. 00	—
36	重庆信托	—	12 314 567. 00	0. 00	—
37	中诚信托	—	11 081 872. 33	0. 00	—
38	中海信托	—	10 982 466. 00	0. 00	—
39	粤财信托	—	10 263 064. 16	0. 00	—
40	陕国投	—	8 590 585. 44	0. 00	—
41	中江信托	—	8 546 646. 88	0. 00	—
42	苏州信托	—	7 758 415. 14	0. 00	—
43	渤海信托	—	7 556 346. 80	0. 00	—
44	金谷信托	—	6 914 445. 99	0. 00	—
45	华融信托	—	6 854 367. 96	0. 00	—
46	陆家嘴信托	—	6 045 254. 52	0. 00	—
47	厦门国际信托	—	5 994 341. 00	0. 00	—
48	华鑫信托	—	5 609 284. 60	0. 00	—
49	山东信托	—	5 383 700. 00	0. 00	—
50	湖南信托	—	5 097 418. 00	0. 00	—

续表

排名	公司简称	其他类型信托资产期末金额(万元)	主动管理型信托资产期末总金额(万元)	其他类型信托资产占比(%)	其他类型信托资产期初金额(万元)
51	中建投信托	—	5 070 042.46	0.00	2 701 817.14
52	北方信托	—	5 010 569.93	0.00	—
53	天津信托	—	4 550 003.52	0.00	—
54	国元信托	—	4 311 547.69	0.00	—
55	英大信托	—	3 457 601.98	0.00	—
56	东莞信托	—	3 405 872.81	0.00	—
57	西部信托	—	3 071 351.36	0.00	—
58	万向信托	—	3 043 424.29	0.00	—
59	紫金信托	—	2 853 809.73	0.00	—
60	大业信托	—	2 711 030.45	0.00	—
61	交银国际信托	—	2 395 127.42	0.00	—
62	西藏信托	—	2 141 587.37	0.00	—
63	浙金信托	—	1 756 186.31	0.00	642 264.57
64	吉林信托	—	1 551 144.63	0.00	—
65	国民信托	—	1 423 747.03	0.00	—
66	华宸信托	—	661 268.86	0.00	—
67	长城新盛信托	—	410 804.82	0.00	—
68	光大兴陇信托	—	300 377.55	0.00	—
合计		51 601 164.07	651 396 292.17	7.92	53 696 410.52

表5-2-15　2014年新增主动类型信托资产规模排名

排名	公司简称	项目个数	项目金额(万元)
1	华能信托	372	32 987 686.86
2	平安信托	392	22 802 690.92
3	江苏信托	258	20 524 798.58
4	上海信托	203	17 037 531.48
5	中信信托	250	15 787 013.62
6	中融信托	727	15 614 267.53
7	长安信托	653	15 244 965.68
8	兴业信托	627	9 696 697.00
9	华润信托	161	8 919 076.00
10	方正东亚信托	143	7 124 665.90
11	四川信托	264	6 581 021.90
12	中海信托	87	6 525 312.47
13	中原信托	326	6 215 251.00
14	重庆信托	70	5 986 353.05
15	五矿信托	119	5 891 409.53
16	中泰信托	156	5 667 309.29
17	外贸信托	312	5 468 077.72
18	新华信托	181	5 045 071.20
19	华融信托	115	4 924 451.15
20	建信信托	121	4 816 554.66
21	中航信托	199	4 272 812.89
22	苏州信托	163	4 147 293.47
23	国投信托	112	3 902 759.00
24	新时代信托	197	3 830 918.00
25	云南信托	189	3 597 853.92
26	金谷信托	39	3 459 677.02
27	渤海信托	154	3 449 862.70
28	中江信托	272	3 285 141.78

续表

排名	公司简称	项目个数	项目金额（万元）
29	百瑞信托	110	3 229 978. 45
30	国元信托	72	3 188 701. 04
31	中铁信托	118	3 168 462. 00
32	华信信托	285	2 957 465. 00
33	陆家嘴信托	86	2 879 866. 00
34	厦门国际信托	117	2 767 683. 00
35	北京信托	69	2 631 203. 99
36	中建投信托	79	2 439 839. 85
37	万向信托	102	2 256 767. 22
38	陕国投	106	2 200 391. 74
39	中国民生信托	45	2 175 523. 04
40	山东信托	144	2 111 820. 00
41	湖南信托	137	2 061 586. 00
42	华鑫信托	65	2 017 546. 27
43	粤财信托	354	1 973 908. 48
44	英大信托	44	1 766 771. 13
45	天津信托	83	1 670 170. 00
46	昆仑信托	42	1 472 338. 66
47	华宝信托	206	1 462 894. 75
48	东莞信托	101	1 420 545. 02
49	中粮信托	29	1 393 200. 00
50	中诚信托	30	1 338 383. 18
51	爱建信托	43	1 307 251. 02
52	西部信托	49	1 296 606. 00
53	紫金信托	53	1 266 096. 60
54	安信信托	48	1 051 695. 74
55	杭州工商信托	22	1 019 064. 00
56	交银国际信托	29	871 437. 07
57	浙金信托	32	811 630. 00
58	国联信托	27	620 135. 00
59	华澳信托	35	611 223. 00
60	国民信托	33	592 000. 15
61	北方信托	33	552 994. 00
62	吉林信托	21	406 040. 00
63	华宸信托	44	285 240. 00
64	山西信托	49	277 841. 00
65	光大兴陇信托	11	163 603. 00
66	长城新盛信托	3	59 900. 00
67	大业信托	36	393. 34
68	西藏信托	未披露	—
合计		9 854	312 584 719. 06

表 5－2－16　2014 年集合类信托资产规模排名

单位：万元

排名	公司简称	2013 年 12 月 31 日	2014 年 12 月 31 日
1	中融信托	20 402 146. 56	37 103 376. 37
2	平安信托	19 005 515. 68	27 996 923. 30
3	外贸信托	16 571 824. 25	24 646 031. 07
4	上海信托	7 408 568. 84	18 098 033. 23
5	中信信托	11 983 326. 16	18 048 749. 16
6	建信信托	7 147 777. 42	17 838 568. 58
7	华润信托	12 778 870. 20	17 738 718. 82

续表

排名	公司简称	2013 年 12 月 31 日	2014 年 12 月 31 日
8	中海信托	5 423 207.00	14 847 265.00
9	华能信托	6 335 264.30	14 044 314.57
10	兴业信托	2 680 572.00	13 931 439.00
11	五矿信托	8 744 595.75	13 928 064.84
12	长安信托	5 758 195.27	10 314 973.12
13	华宝信托	7 074 907.46	9 222 440.62
14	四川信托	4 960 930.21	8 841 786.78
15	重庆信托	4 875 217.41	8 418 688.15
16	方正东亚信托	3 748 864.71	7 960 345.28
17	北京信托	5 094 029.34	7 680 946.31
18	中航信托	5 326 972.79	7 670 801.89
19	中江信托	4 631 808.04	7 320 728.04
20	中铁信托	6 433 326.00	7 191 009.00
21	华融信托	4 637 146.32	6 497 171.33
22	山东信托	5 110 653.78	6 125 499.08
23	粤财信托	9 252 878.74	6 047 378.17
24	华鑫信托	3 143 976.87	5 386 318.53
25	百瑞信托	3 668 448.22	5 265 044.31
26	新华信托	6 207 457.67	5 046 110.86
27	昆仑信托	5 763 358.00	4 959 360.16
28	苏州信托	3 500 855.59	4 897 793.05
29	大业信托	2 856 096.21	4 815 029.05
30	交银国际	1 555 490.59	4 795 038.65
31	华信信托	3 647 854.38	4 433 510.14
32	中原信托	2 276 519.67	4 334 615.06
33	中诚信托	5 145 954.93	4 131 803.30
34	云南信托	1 704 619.85	4 029 350.98
35	中建投信托	2 640 472.06	3 684 972.57
36	陆家嘴信托	1 926 105.48	3 674 338.02
37	新时代信托	3 484 411.11	3 212 373.53
38	天津信托	3 006 527.13	3 211 084.71
39	厦门国际信托	1 299 776.00	3 210 654.00
40	陕国投	1 715 454.22	3 019 816.75
41	东莞信托	2 737 888.83	3 001 061.96
42	中泰信托	2 470 107.49	2 859 247.15
43	杭州工商信托	1 993 929.00	2 668 077.00
44	江苏信托	1 383 721.41	2 553 145.59
45	爱建信托	1 574 221.43	2 540 320.17
46	紫金信托	1 454 645.18	2 485 459.00
47	国联信托	1 456 007.00	2 290 234.00
48	湖南信托	1 828 966.00	2 288 518.00
49	北方信托	1 834 454.00	2 261 850.48
50	山西信托	2 031 446.00	2 251 454.00
51	国元信托	2 066 182.41	2 228 756.63
52	西藏信托	1 082 158.50	2 141 587.37
53	中国民生信托	951 084.43	2 016 607.81
54	万向信托	449 090.79	1 703 804.08
55	华澳信托	1 570 940.00	1 473 696.00
56	英大信托	895 038.02	1 390 544.25
57	金谷信托	2 223 941.04	1 341 563.81

续表

排名	公司简称	2013 年 12 月 31 日	2014 年 12 月 31 日
58	国民信托	1 004 278. 28	1 333 787. 55
59	渤海信托	984 457. 20	1 318 591. 40
60	西部信托	898 909. 26	994 322. 42
61	国投信托	1 264 413. 97	993 646. 45
62	浙金信托	724 734. 63	863 709. 00
63	中粮信托	705 499. 45	662 181. 96
64	吉林信托	809 350. 00	459 557. 96
65	华宸信托	553 091. 31	373 403. 06
66	光大兴陇信托	235 841. 55	300 377. 55
67	长城新盛信托	354 485. 32	291 303. 43
68	安信信托	2 370 692. 72	未披露
合计		276 082 412. 27	428 707 273. 46

表 5－2－17　2014 年新增集合类信托资产规模排名

单位：万元

排名	公司简称	项目个数	实收信托金额合计
1	华能信托	62	16 791 144. 48
2	中融信托	342	12 885 302. 84
3	平安信托	254	11 914 890. 03
4	上海信托	169	11 854 159. 54
5	中海信托	89	10 958 854. 53
6	外贸信托	725	8 982 353. 77
7	四川信托	344	8 542 241. 58
8	兴业信托	510	8 381 872. 00
9	中信信托	480	8 015 571. 56
10	五矿信托	144	7 622 571. 38
11	华润信托	150	6 963 229. 00
12	方正东亚信托	104	6 339 224. 58
13	长安信托	403	5 380 271. 00
14	重庆信托	47	4 720 492. 05
15	建信信托	99	4 668 105. 66
16	华融信托	110	4 631 965. 63
17	中铁信托	629	4 349 182. 00
18	中诚信托	136	4 004 312. 24
19	新时代信托	197	3 830 918. 00
20	交银国际信托	43	3 761 647. 93
21	中航信托	171	3 680 291. 04
22	北京信托	72	3 412 485. 49
23	华鑫信托	85	3 298 262. 77
24	中江信托	269	3 247 548. 78
25	中原信托	156	3 029 519. 47
26	苏州信托	80	2 886 277. 56
27	百瑞信托	109	2 882 322. 45
28	厦门国际信托	113	2 609 960. 00
29	国元信托	44	2 573 634. 82
30	华信信托	191	2 462 110. 00
31	山东信托	147	2 446 095. 00
32	江苏信托	28	2 407 673. 00
33	陆家嘴信托	68	2 358 036. 00
34	中建投信托	75	2 355 822. 50
35	云南信托	181	2 279 348. 92

续表

排名	公司简称	项目个数	实收信托金额合计
36	华宝信托	201	1 992 827. 57
37	西藏信托	71	1 935 295. 87
38	中泰信托	38	1 900 650. 29
39	爱建信托	50	1 740 327. 27
40	万向信托	73	1 598 099. 30
41	陕国投	89	1 577 479. 93
42	天津信托	68	1 511 170. 00
43	中国民生信托	41	1 438 242. 00
44	粤财信托	338	1 402 045. 82
45	昆仑信托	39	1 342 530. 66
46	东莞信托	94	1 286 660. 00
47	新华信托	54	1 266 247. 73
48	紫金信托	55	1 265 117. 74
49	湖南信托	85	977 169. 00
50	杭州工商信托	19	975 150. 00
51	渤海信托	36	893 228. 40
52	北方信托	41	677 453. 00
53	国民信托	33	592 000. 15
54	英大信托	24	589 839. 00
55	华澳信托	34	581 223. 00
56	安信信托	16	516 766. 00
57	中粮信托	20	486 000. 00
58	浙金信托	19	475 060. 00
59	金谷信托	13	440 288. 00
60	西部信托	29	432 406. 00
61	国联信托	21	322 635. 00
62	山西信托	44	269 041. 00
63	国投信托	8	261 950. 00
64	光大兴陇信托	11	163 603. 00
65	华宸信托	16	113 240. 00
66	吉林信托	4	104 740. 00
67	长城新盛信托	3	59 900. 00
68	大业信托	37	736. 32
合计		8 550	225 716 819. 65

表 5 -2 -18　2014 年已清算集合类项目加权平均实际年化收益率排行榜

排名	公司简称	集合类加权平均年化收益率(%)	已清算结束的集合类实收信托合计金额(万元)
1	国投信托	33. 97	509 760. 00
2	平安信托	15. 11	5 307 374. 11
3	华融信托	13. 62	2 303 225. 00
4	五矿信托	13. 51	2 522 804. 18
5	杭州工商信托	12. 29	203 104. 00
6	万向信托	11. 78	378 800. 00
7	山东信托	11. 58	1 933 457. 00
8	华宸信托	11. 50	240 575. 00
9	新华信托	10. 76	1 187 714. 80
10	中原信托	10. 25	707 036. 00
11	百瑞信托	10. 18	982 180. 00
12	中诚信托	10. 08	1 341 045. 00
13	安信信托	9. 95	190 146. 00

续表

排名	公司简称	集合类加权平均年化收益率(%)	已清算结束的集合类实收信托合计金额(万元)
14	长城新盛信托	9.95	67 800.00
15	江苏信托	9.94	297 800.00
16	华鑫信托	9.86	1 532 243.95
17	方正东亚信托	9.81	1 391 161.00
18	华能信托	9.76	9 275 461.30
19	吉林信托	9.74	500 990.00
20	浙金信托	9.69	298 930.00
21	大业信托	9.68	1 319 194.37
22	中粮信托	9.62	265 320.00
23	四川信托	9.61	2 333 178.37
24	苏州信托	9.61	954 782.00
25	西部信托	9.59	411 515.57
26	渤海信托	9.58	555 682.40
27	西藏信托	9.47	982 743.60
28	东莞信托	9.44	1 521 330.00
29	国民信托	9.39	243 770.00
30	国联信托	9.16	716 600.00
31	中航信托	9.10	1 521 995.00
32	北京信托	9.08	1 410 997.03
33	中信信托	9.02	4 620 679.30
34	华澳信托	9.02	729 715.00
35	华信信托	8.94	1 841 346.00
36	天津信托	8.93	1 432 322.00
37	爱建信托	8.90	840 122.00
38	国元信托	8.89	779 453.00
39	山西信托	8.87	379 623.00
40	粤财信托	8.87	1 704 400.10
41	中国民生信托	8.87	328 120.00
42	陕国投	8.83	513 639.85
43	新时代信托	8.71	4 189 537.00
44	湖南信托	8.62	563 758.00
45	中泰信托	8.52	202 970.00
46	陆家嘴信托	8.48	997 310.00
47	云南信托	8.46	612 975.92
48	中铁信托	8.42	2 474 088.00
49	中江信托	8.42	1 846 687.00
50	中海信托	8.35	1 534 796.53
51	北方信托	8.19	2 037 807.00
52	中融信托	8.09	3 066 797.58
53	厦门国际信托	8.07	738 344.00
54	上海信托	8.05	1 659 300.96
55	建信信托	7.94	682 857.20
56	光大兴陇信托	7.92	99 067.00
57	华宝信托	7.90	1 148 783.27
58	中建投信托	7.79	997 458.61
59	交银国际信托	7.70	645 772.00
60	昆仑信托	7.62	2 483 361.00

续表

排名	公司简称	集合类加权平均年化收益率(%)	已清算结束的集合类实收信托合计金额(万元)
61	重庆信托	7.50	1 158 220.00
62	金谷信托	7.39	1 289 630.50
63	英大信托	7.32	192 007.00
64	长安信托	7.20	4 485 345.16
65	紫金信托	7.10	1 496 769.90
66	外贸信托	7.10	4 151 635.51
67	兴业信托	7.07	1 859 235.00
68	华润信托	6.43	2 000 321.23

表5-2-19　2014年已清算单一类项目加权平均实际年化收益率排行榜

排名	公司简称	单一类加权平均年化收益率(%)	已清算结束的单一类实收信托合计金额(万元)
1	国联信托	10.63	698 915.00
2	湖南信托	9.66	2 264 295.00
3	杭州工商信托	9.02	125 268.00
4	华信信托	8.94	1 113 742.00
5	大业信托	8.57	1 085 437.48
6	五矿信托	8.46	5 265 191.05
7	重庆信托	8.16	2 435 483.89
8	华宸信托	8.11	592 290.00
9	中原信托	8.08	3 194 543.81
10	华融信托	8.02	878 248.90
11	北京信托	8.00	978 073.70
12	中航信托	7.84	6 511 484.66
13	西藏信托	7.81	5 032 205.19
14	方正东亚信托	7.72	4 435 253.30
15	四川信托	7.72	6 707 123.20
16	百瑞信托	7.72	1 860 900.31
17	爱建信托	7.64	805 763.03
18	新华信托	7.63	2 740 533.32
19	安信信托	7.61	3 396 347.00
20	光大兴陇信托	7.59	3 995 163.77
21	天津信托	7.59	2 295 801.72
22	外贸信托	7.56	2 945 307.12
23	金谷信托	7.46	3 655 486.10
24	新时代信托	7.44	13 981 806.14
25	万向信托	7.37	526 500.00
26	国民信托	7.36	1 826 586.16
27	西部信托	7.34	2 562 914.00
28	渤海信托	7.32	9 994 533.30
29	北方信托	7.30	8 117 350.00
30	华澳信托	7.29	1 171 334.00
31	厦门国际信托	7.29	5 984 348.00
32	浙金信托	7.28	707 199.46
33	中泰信托	7.23	2 708 809.00
34	吉林信托	7.22	2 329 113.00
35	陕国投	7.22	3 009 590.08
36	中江信托	7.13	4 581 474.52
37	华能信托	7.08	9 717 142.00
38	平安信托	7.06	9 152 455.80
39	中国民生信托	7.00	1 523 858.59

续表

排名	公司简称	单一类加权平均年化收益率(%)	已清算结束的单一类实收信托合计金额(万元)
40	江苏信托	7.00	3 716 979.86
41	紫金信托	6.89	8 026 673.76
42	华润信托	6.87	5 309 366.27
43	东莞信托	6.82	829 926.67
44	中融信托	6.81	5 986 698.00
45	陆家嘴信托	6.81	1 520 652.70
46	华鑫信托	6.80	4 652 368.90
47	苏州信托	6.68	1 209 600.00
48	中粮信托	6.68	2 532 124.00
49	中铁信托	6.64	3 072 666.00
50	建信信托	6.60	366 672.04
51	国元信托	6.56	12 563 993.55
52	粤财信托	6.56	4 533 547.93
53	长安信托	6.54	8 856 376.17
54	中诚信托	6.53	7 592 913.00
55	云南信托	6.49	10 323 691.00
56	兴业信托	6.40	29 117 136.00
57	山西信托	6.39	2 139 585.00
58	昆仑信托	6.29	4 226 421.24
59	中建投信托	6.29	3 291 259.00
60	国投信托	6.28	7 544 125.56
61	英大信托	6.27	816 731.46
62	上海信托	6.19	5 149 518.27
63	中信信托	6.06	31 742 219.25
64	华宝信托	5.82	3 499 024.37
65	长城新盛信托	5.75	94 328.00
66	交银国际信托	5.69	12 677 208.73
67	山东信托	5.61	6 853 348.00
68	中海信托	4.91	4 190 239.07

表 5-2-20　2014 年已清算财产管理类项目加权平均实际年化收益率排行榜

排名	公司简称	财产管理类加权平均年化收益率(%)	已清算结束的财产管理类实收信托合计金额(万元)
1	中原信托	18.55	153 525.00
2	金谷信托	10.17	125 000.00
3	浙金信托	9.53	30 000.00
4	紫金信托	9.50	279 755.00
5	山西信托	9.00	80 000.00
6	中信信托	8.88	2 624 843.63
7	百瑞信托	8.37	20 000.00
8	中融信托	8.29	4 291 981.34
9	长安信托	8.07	1 801 000.00
10	华能信托	7.81	1 871 461.06
11	光大兴陇信托	7.81	68 767.04
12	渤海信托	7.77	502 440.00
13	爱建信托	7.66	413 878.76
14	厦门国际信托	7.61	290 132.00
15	云南信托	7.58	156 000.00
16	华宝信托	7.45	123 134.32
17	吉林信托	7.43	209 500.00
18	国元信托	7.09	338 097.93

续表

排名	公司简称	财产管理类加权平均年化收益率(%)	已清算结束的财产管理类实收信托合计金额(万元)
19	中航信托	6.86	87 842.00
20	万向信托	6.78	16 000.00
21	山东信托	6.69	138 506.00
22	北京信托	6.34	142 904.59
23	上海信托	6.20	145 720.00
24	粤财信托	6.18	477 979.75
25	外贸信托	6.17	236 000.00
26	中诚信托	6.16	825 374.00
27	交银国际信托	5.99	110 430.00
28	英大信托	5.97	237 551.36
29	中泰信托	5.95	65 000.00
30	中铁信托	5.93	55 000.00
31	华润信托	5.89	88 955.68
32	大业信托	5.47	315 224.34
33	四川信托	5.46	239 852.53
34	中海信托	5.46	46 250.00
35	方正东亚信托	5.25	584 209.47
36	中江信托	4.40	113 738.10
37	中粮信托	4.07	14 473.45
38	重庆信托	3.79	277 700.00
39	新华信托	2.77	267 539.73
40	兴业信托	2.70	351 420.00
41	国投信托	2.27	549 332.74
42	中建投信托	1.03	21 426.35
43	江苏信托	0.62	19 878.77
44	天津信托	0.00	830 894.38
45	北方信托	0.00	167 755.00
46	中国民生信托	0.00	80 690.97
47	华澳信托	0.00	48 783.00
48	安信信托	0.00	30 490.00
49	湖南信托	0.00	1 200.00
50	国民信托	0.00	100.00

注:东莞信托、陕国投、华信信托、五矿信托、华融信托、建信信托、国联信托、杭州工商信托、华宸信托、昆仑信托、平安信托、苏州信托、西部信托、西藏信托、新时代信托、华鑫信托、陆家嘴信托、长城新盛信托 18 家信托公司披露的已清算财产管理类项目金额为 0,未进行排序。

第六章　财务报表附注及其他项目的分析

在本章节中，我们对财务报表附注披露的一些重要事项进行了分析，包括或有事项、自营资产风险分类情况、资产损失准备计提情况以及关联方关系及其交易等各项情况。同时，本章节还对信托公司在2014年年报中对经营因素的认可情况作了详细的统计，以便于相关部门决策参考。

一、或有事项情况

(一)对外担保和或有事项情况

1. 对外担保总额分析

表6-1-1　2014年末信托公司担保事项汇总一览表

币种	2014年末担保金额(万元)	2013年末担保金额(万元)	增减额(万元)	增减(%)
人民币	66 559.00	261.815.00	195 256.00	-74.58

经过对68家公司的统计，2014年末涉及对外担保的公司共有4家，对外担保金额6.66亿元，比上年减少了19.53亿元。2014年4家公司平均对外担保额为1.66亿元，比2013年6家公司平均对外担保额4.36亿元减少了2.70亿元。2014年末信托公司对外担保情况见表6-1-2。

表6-1-2　2014年信托公司涉及对外担保的详细情况

单位：万元

公司简称	被担保单位	年初担保金额	年末担保金额
华宝信托	舟山市海峡汽车轮渡有限责任公司	243.00	243.00
华润信托	未披露	90 000.00	0.00
吉林信托	长春市盈科商贸有限公司股权质押	3 500.00	0.00
厦门国际信托	厦门市市政项目担保	4 072.00	3 316.00
中诚信托	未披露	6 000.00	6 000.00
中信信托	未披露	158 000.00	57 000.00
合计		261 815.00	66 559.00

2. 对外担保与净资产的比较分析

68家信托公司披露的2014年末担保事项合计6.66亿元，占68家信托公司自有净资产总额3 448.57亿元的0.19%。有担保事项的公司年末担保额均没有超过净资产；担保额占净资产比例的平均值为1.14%，超过平均值的有1家，情况见表6-1-3。

表6-1-3　2014年末信托公司担保金额占自有净资产比例情况表

公司简称	期末担保金额(万元)	期末净资产(万元)	担保占净资产比(%)
华宝信托	243.00	659 615.70	0.04
厦门国际信托	3 316.00	353 133.00	0.94
中诚信托	6 000.00	1 297 390.27	0.46
中信信托	57 000.00	1 825 422.91	3.12
合计	66 559.00	4 135 561.88	1.61

(二)公司本年发生或存在的重大诉讼仲裁事项

2014年68家信托公司中有43家披露没有诉讼仲裁事项，25家披露有诉讼仲裁事项，情况见表6-1-4。

25家披露有诉讼仲裁事项的信托公司合计存在84件诉讼仲裁案件，涉及金额为84.36亿元(其中有18个案件未披露涉案金额)，平均每个案件约10 043.41万元。

表 6－1－4　披露信托公司诉讼仲裁事件表

公司简称	件数(被诉)	金额(被诉)(万元)	件数(起诉)	金额(起诉)(万元)	涉诉金额合计(万元)
安信信托	1	2 438. 22			2 438. 22
百瑞信托			2	47 000. 00	47 000. 00
长安信托	2	9 116. 70	10	93 935. 00	103 051. 70
长城新盛信托			3	54 990. 00	54 990. 00
重庆信托			2	15 000. 00	15 000. 00
东莞信托			1	1 150. 00	1 150. 00
方正东亚信托	1	2 000. 00	1	7 307. 40	9 307. 40
光大兴陇信托			3	6 275. 79	6 275. 79
国联信托	1	520	5	46 500. 00	47 020. 00
国投信托	1	700			700
湖南信托			1	未披露①	—
华澳信托			2	84 500. 00	84 500. 00
华宝信托			2	未披露②	—
华宸信托	1	1 345. 00	3	47 340. 00	48 685. 00
山东信托			13	未披露③	—
山西信托			4	126 380. 00	126 380. 00
陕国投			2	未披露④	—
爱建信托	1	8 690. 00	1	65 115. 00	73 805. 00
苏州信托			2	22 839. 66	22 839. 66
西部信托	1	297			297
厦门国际信托			1	350	350
新华信托	4	87 511. 46	7	85 445. 07	172 956. 53
兴业信托			1	6 000. 00	6 000. 00
中建投信托			3	18 000. 00	18 000. 00
中铁信托			2	2 900. 00	2 900. 00
合计	13	112 618. 38	71	731 027. 92	843 646. 30

注：1. 2014 年湖南信托就"淮南志高单一指定信托项目"贷款违约事宜向湖南省高级人民法院正式提起诉讼，司法机关依法对借款人及担保人名下相关财产进行了查封、冻结，未披露明确涉案金额。

2. 2014 年华宝信托在报告期内两个信托计划涉及重大诉讼。融资方违约，华宝信托对融资方以及担保方提起了诉讼，未披露明确涉案金额。

3. 2014 年山东信托诉山东泗水北方大地牧业集团有限公司、山东鲁西黄牛原种场有限公司、泗水北方大地肉牛育肥有限公司、山东九福饲料有限公司及山东九九有限公司、北京赛克赛思科技投资有限公司等共计 13 家借款担保合同纠纷案均未披露明确涉案金额。

4. 2014 年陕国投就河南省裕丰复合肥有限公司（以下简称裕丰公司）未能按期偿还信托贷款提请西安市中级人民法院于 2013 年 8 月 7 日作出《执行裁定书》（[2013]西执证字第 00021、00022、00026 号），并于 2013 年 8 月 9 日完成了对裕丰公司等被执行人原提供抵（质）押担保资产等的查封，目前，陕国投已按照司法拍卖程序推进相关工作，以求尽快处置抵押物未披露明确涉案金额。因福建泰宁南方林业发展有限公司（以下简称南方林业公司）无法按期偿还信托贷款，为有效维护信托受益人权益和广大股东的利益，陕国投采取了申请强制执行保全资产和受让信托受益权等方式以求妥善解决相关问题，以上事项均未披露明确涉案金额。

二、自营资产风险分类情况

根据 68 家信托公司在其 2014 年年度报告中披露的自营资产及其分类情况统计，2013 年末自营资产合计为 1 618. 12 亿元，正常类自营资产占比为 95. 37%、关注类自营资产占比为 2. 99%，不良类自营资产占比为 1. 64%。2014 年纳入分类的自营资产为 2 062. 77亿元，比 2013 年增加 444. 65 亿元，增加比例为 27. 48%；2014 年末正常类自营资产占比为 94. 73%，关注类自营资产占比为 3. 30%，不良类自营资产占比为 1. 97%。可见，正常类自营资产比例有所下降，但关注类比例、不良类比例有所上升，见表6－2－1。

但根据数据统计，2014 年末华宸信托的资产不良率达 50. 52%，不良资产为 1. 50 亿元；新华信托的资产不良率达 43. 16%，不良资产为7.77亿元；吉林信托的资产不良率达35.25%，不良资产为0.90亿元，见表6－2－3。

表6－2－1　2014年末与2013年末信托公司自营资产五级分类汇总比较表

类别	2014年末		2013年末		增减率（%）
	金额（万元）	比例（%）	金额（万元）	比例（%）	
正常	19 540 370.42	94.73	15 431 646.64	95.37	-0.64
关注	680 170.74	3.30	484 351.50	2.99	0.31
次级	168 298.37	0.82	71 661.33	0.44	0.38
可疑	120 198.27	0.58	80 101.80	0.50	0.08
损失	118 669.39	0.58	113 417.62	0.70	-0.12
合计	20 627 707.19	100.00	16 181 178.89	100.00	—
不良比例	407 166.03	1.97	265 180.75	1.64	—

2013年末不良资产率情况见表6－2－2。

表6－2－2　2013年末自营资产五级分类不良比例由高到低排序表

公司简称	不良比例（%）	公司简称	不良比例（%）
中泰信托	25.52	粤财信托	—
新华信托	12.22	国联信托	—
中信信托	7.93	国民信托	—
金谷信托	6.41	国投信托	—
江苏信托	5.57	杭州工商信托	—
五矿信托	4.93	湖南信托	—
华能信托	4.06	华澳信托	—
安信信托	3.89	华融信托	—
长安信托	3.21	华鑫信托	—
百瑞信托	2.89	华信信托	—
西部信托	2.28	吉林信托	—
中诚信托	2.18	建信信托	—
华宝信托	2.03	交银国际信托	—
平安信托	1.73	陆家嘴信托	—
陕国投	1.65	山西信托	—
山东信托	1.57	上海信托	—
中铁信托	1.18	四川信托	—
华宸信托	0.88	苏州信托	—
新时代信托	0.81	天津信托	—
爱建信托	0.57	万向信托	—
光大兴陇信托	0.50	西藏信托	—
昆仑信托	0.43	厦门国际信托	—
华润信托	0.42	兴业信托	—
英大信托	0.38	云南信托	—
国元信托	0.11	浙金信托	—
中江信托	0.01	外贸信托	—
北方信托	—	中国民生信托	—
北京信托	—	中海信托	—
渤海信托	—	中航信托	—
长城新盛信托	—	中建投信托	—
重庆信托	—	中粮信托	—
大业信托	—	中融信托	—
东莞信托	—	中原信托	—
方正东亚信托	—	紫金信托	—

注：在68家信托公司中，国元信托、昆仑信托、五矿信托、新时代信托4家公司披露的不良资产率与计算有差异。

2014 年末不良资产率情况见表 6 -2 -3。

表 6 -2 -3　2014 年末自营资产五级分类不良比例由高到低排序表

公司简称	不良比例(%)	公司简称	不良比例(%)
华宸信托	50.52	渤海信托	—
新华信托	43.16	长城新盛信托	—
吉林信托	35.25	重庆信托	—
新时代信托	33.02	大业信托	—
中泰信托	29.67	方正东亚信托	—
长安信托	9.31	粤财信托	—
光大兴陇信托	9.15	国联信托	—
华润信托	7.90	国民信托	—
五矿信托	7.45	国投信托	—
金谷信托	6.20	杭州工商信托	—
山东信托	3.80	湖南信托	—
外贸信托	3.66	华澳信托	—
中信信托	3.17	华融信托	—
天津信托	2.57	华信信托	—
山西信托	2.55	建信信托	—
昆仑信托	2.50	江苏信托	—
安信信托	2.08	交银国际信托	—
华宝信托	2.03	上海信托	—
西部信托	2.00	四川信托	—
华鑫信托	1.99	苏州信托	—
百瑞信托	1.81	万向信托	—
东莞信托	1.65	西藏信托	—
中诚信托	1.56	厦门国际信托	—
陕国投	1.00	兴业信托	—
华能信托	0.65	云南信托	—
国元信托	0.50	浙金信托	—
中建投信托	0.41	中国民生信托	—
英大信托	0.33	中海信托	—
爱建信托	0.30	中航信托	—
平安信托	0.05	中粮信托	—
陆家嘴信托	0.02	中融信托	—
中江信托	0.01	中铁信托	—
北方信托	—	中原信托	—
北京信托	—	紫金信托	—

注:在 68 家信托公司中,新时代信托、五矿信托、山东信托、昆仑信托、东莞信托、国元信托 6 家公司披露的不良资产率与计算有差异。

三、资产损失准备计提和覆盖情况

(一)资产损失准备的计提

68 家信托公司在 2014 年年报中披露:2014 年初资产损失准备余额为 67.93 亿元,2014 年计提 68.33 亿元,转回 13.62 亿元,核销 9.47 亿元,其他减少 0 亿元,2014 年末余额为 113.17 亿元。2014 年末资产损失准备余额大于 2013 年末余额。在资产损失准备余额的构成中,专项准备、可供出售金融资产减值准备和坏账准备为主要的计提内容。此外,各信托公司的资产损失准备的计提差异较大。汇总的资产损失准备计提情况见表 6 -3 -1。

表 6-3-1　信托公司资产损失准备计提情况

单位：万元

类别	2014 年初	2014 年计提	2014 年转回	2014 年核销	2014 年其他减少	2014 年末
贷款损失准备	225 859.78	153 490.51	65 927.47	5 704.30	—	307 718.52
其中：一般准备	23 642.78	12 545.22	1 466.46	1 487.71	—	33 233.83
专项准备	202 217.00	140 945.29	64 461.01	4 216.59	—	274 484.69
其他资产减值准备	453 471.30	529 842.76	70 251.24	89 037.01	—	824 025.80
其中：可供出售金融资产减值准备	196 970.13	209 675.91	23 078.46	46 694.89	—	336 872.70
持有至到期投资减值准备	68 221.25	61 197.89	1 667.62	28 842.27	—	98 909.24
长期股投资减值准备	15 421.18	2 669.79	3 638.50	—	—	14 452.47
坏账准备	106 946.65	149 891.56	19 998.87	12 940.80	—	223 898.54
固定资产减值准备	3 297.68	—	2 718.00	147.95	—	431.73
投资性房地产减值准备	4 363.61	—	—	305.11	—	4 058.50
其他减值准备	58 250.80	106 407.61	19 149.79	106.00	—	145 402.62
合计	679 331.08	683 333.27	136 178.71	94 741.32	—	1 131 744.32

注：1. 其他减值准备包含存货跌价准备、拆出资金减值准备、抵债资产减值准备等。

2. 光大兴陇信托、国联信托、兴业信托、平安信托、华澳信托、四川信托、万向信托 7 家公司 2014 年报告中资产损失准备计提情况的期初数调整了列报口径。

对 68 家信托公司披露的资产准备余额、风险资产准备余额、非风险资产准备余额进行排序，由高到低的排序结果见表 6-3-2。

表 6-3-2　信托公司 2014 年末资产准备合计余额情况表

单位：万元

公司简称	准备合计	公司简称	准备合计
中信信托	278 293.69	湖南信托	3 305.00
新华信托	93 021.44	渤海信托	3 093.73
华润信托	82 907.50	万向信托	3 081.86
金谷信托	75 573.55	国元信托	3 069.56
天津信托	66 564.20	中原信托	2 307.04
华融信托	51 038.99	中航信托	2 304.80
吉林信托	41 675.49	重庆信托	1 720.59
中泰信托	35 922.60	北京信托	1 557.00
五矿信托	30 221.43	平安信托	829.89
陕国投	27 782.32	兴业信托	785.00
山西信托	27 413.94	国联信托	692.00
华宝信托	27 176.63	新时代信托	668.75
中诚信托	24 330.62	东莞信托	525.00
北方信托	23 692.30	上海信托	479.97
长安信托	22 005.05	中国民生信托	439.13
山东信托	19 049.77	中海信托	380.32
西藏信托	18 436.26	华澳信托	101.00
昆仑信托	16 566.52	杭州工商信托	95.00
交银国际信托	15 903.43	中江信托	57.63
华宸信托	14 935.23	中融信托	47.00
中铁信托	14 565.00	陆家嘴信托	3.00
外贸信托	11 829.60	长城新盛信托	—
方正东亚信托	10 303.54	大业信托	—
爱建信托	9 966.04	粤财信托	—
华能信托	9 236.26	国民信托	—

续表

公司简称	准备合计	公司简称	准备合计
华鑫信托	9 027. 17	国投信托	—
苏州信托	8 250. 00	华信信托	—
安信信托	6 783. 00	江苏信托	—
光大兴陇信托	6 461. 63	四川信托	—
建信信托	5 790. 70	厦门国际信托	—
中粮信托	4 965. 91	云南信托	—
中建投信托	4 603. 50	浙金信托	—
百瑞信托	4 451. 33	紫金信托	—
西部信托	4 012. 29		
英大信托	3 444. 12	合计	1 131 744. 32

在 2014 年 68 家披露年报的信托公司中有 12 家没有计提资产损失准备。

表 6 -3 -3　信托公司 2014 年末风险资产准备合计余额情况表

单位:万元

公司简称	一般准备	专项准备	风险资产准备合计
中信信托	—	140 983. 27	140 983. 27
天津信托	—	44 610. 00	44 610. 00
中泰信托	330	30 716. 06	31 046. 06
北方信托	—	17 887. 00	17 887. 00
金谷信托	—	9 669. 57	9 669. 57
吉林信托	9 333. 90	—	9 333. 90
交银国际信托	—	7 445. 60	7 445. 60
华鑫信托	6 268. 89	—	6 268. 89
中诚信托	—	4 827. 00	4 827. 00
新华信托	81. 62	3 441. 43	3 523. 05
西部信托	—	3 522. 21	3 522. 21
万向信托	3 081. 86	—	3 081. 86
湖南信托	—	3 007. 00	3 007. 00
中粮信托	—	3 000. 00	3 000. 00
光大兴陇信托	2 761. 81	—	2 761. 81
中建投信托	461. 3	1 592. 20	2 053. 50
爱建信托	—	1 761. 71	1 761. 71
重庆信托	1 711. 00	—	1 711. 00
北京信托	1 434. 00	—	1 434. 00
英大信托	920. 08	1. 88	921. 96
中铁信托	880	—	880
昆仑信托	856. 25	—	856. 25
平安信托	—	829. 89	829. 89
中原信托	823. 79	—	823. 79
陕国投	805	—	805
华能信托	500	247. 44	747. 44
方正东亚信托	744. 75	—	744. 75
长安信托	695. 98	—	695. 98
国联信托	392	300	692
中航信托	651. 6	—	651. 6
东莞信托	—	525	525
中国民生信托	400	—	400
兴业信托	100	—	100
中江信托	—	57. 63	57. 63
五矿信托	—	35. 8	35. 8

续表

公司简称	一般准备	专项准备	风险资产准备合计
华融信托	—	24	24
国元信托	—	—	—
安信信托	—	—	—
百瑞信托	—	—	—
渤海信托	—	—	—
长城新盛信托	—	—	—
大业信托	—	—	—
粤财信托	—	—	—
国民信托	—	—	—
国投信托	—	—	—
杭州工商信托	—	—	—
华澳信托	—	—	—
华宝信托	—	—	—
华宸信托	—	—	—
华润信托	—	—	—
华信信托	—	—	—
建信信托	—	—	—
江苏信托	—	—	—
陆家嘴信托	—	—	—
山东信托	—	—	—
山西信托	—	—	—
上海信托	—	—	—
四川信托	—	—	—
苏州信托	—	—	—
西藏信托	—	—	—
厦门国际信托	—	—	—
新时代信托	—	—	—
云南信托	—	—	—
浙金信托	—	—	—
外贸信托	—	—	—
中海信托	—	—	—
中融信托	—	—	—
紫金信托	—	—	—
合计	33 233. 83	274 484. 69	307 718. 52

在 2014 年 68 家披露年报的信托公司中有 32 家没有计提风险资产准备。

6－3－4　信托公司 2014 年末非风险资产准备合计情况表

单位：万元

公司简称	可供出售金融资产减值准备	持有至到期投资减值准备	长期股权投资减值准备	坏账准备	固定资产减值准备	投资性房地产减值准备	其他资产减值准备	合计
中信信托	110 773. 66	—	713. 16	25 823. 60	—	—	—	137 310. 42
新华信托	44 282. 28	—	—	45 216. 11	—	—	—	89 498. 39
华润信托	—	—	—	5 250. 41	—	1 198. 77	76 458. 32	82 907. 50
金谷信托	61 067. 62	—	—	4 836. 36	—		—	65 903. 98
华融信托	—	—	341. 77	9 858. 93	—	—	40 814. 29	51 014. 99
吉林信托	—	30 799. 61	—	1 541. 98	—	—	—	32 341. 59
五矿信托	—	—	—	30 185. 63	—		—	30 185. 63
山西信托	27 383. 94	—	—	30	—	—	—	27 413. 94
华宝信托	20 092. 06	—	7 066. 23	18. 34	—	—	—	27 176. 63
陕国投	—	26 368. 71	—	608. 61	—	—	—	26 977. 32

续表

公司简称	可供出售金融资产减值准备	持有至到期投资减值准备	长期股权投资减值准备	坏账准备	固定资产减值准备	投资性房地产减值准备	其他资产减值准备	合计
天津信托	—	—	—	21 554. 20	—	—	400	21 954. 20
长安信托	9 571. 99	11 378. 88	—	—	358. 2	—	—	21 309. 07
中诚信托	1 405. 52	—	1 591. 60	16 506. 50	—	—	—	19 503. 62
山东信托	2 960. 23	15 889. 54	200	—	—	—	—	19 049. 77
西藏信托	—	13 692. 17	—	—	—	—	4 744. 09	18 436. 26
昆仑信托	10 082. 90	—	55. 32	5 572. 05	—	—	—	15 710. 27
华宸信托	5 802. 69	—	—	9 132. 54	—	—	—	14 935. 23
中铁信托	—	—	—	5 555. 00	—	—	8 130. 00	13 685. 00
外贸信托	10 544. 41	—	401. 79	883. 4	—	—	—	11 829. 60
方正东亚信托	—	—	—	9 558. 79	—		—	9 558. 79
华能信托	—	—	—	4 244. 33	—		4 244. 49	8 488. 82
交银国际信托	—	—	—	8 457. 83	—		—	8 457. 83
苏州信托	8 250. 00	—	—	—	—	—	—	8 250. 00
爱建信托	3 668. 77	—	—	263	—		4 272. 56	8 204. 33
安信信托	—	—	—	6 783. 00	—	—	—	6 783. 00
北方信托	1 830. 96	—	3 925. 00	—	—	—	49. 34	5 805. 30
建信信托	5 790. 70	—	—	—	—	—	—	5 790. 70
中泰信托	—	—	—	4 876. 54	—	—	—	4 876. 54
百瑞信托	4 183. 79	—	—	258. 89	—	—	8. 65	4 451. 33
光大兴陇信托	3 238. 77	—	—	291. 43	73. 53	—	96. 09	3 699. 82
渤海信托	—	—	—	—	—	2 859. 73	234	3 093. 73
国元信托	542. 75	—	—	361. 93	—	—	2 164. 88	3 069. 56
华鑫信托	1 870. 30	780. 33	—	92. 97	—		14. 68	2 758. 28
中建投信托	—	—	—	—	—		2 550. 00	2 550. 00
英大信托	2 522. 16	—	—	—	—	—	—	2 522. 16
中粮信托	—	—	—	1 965. 91	—		—	1 965. 91
中航信托	—	—	—	1 653. 20	—		—	1 653. 20
中原信托	—	—	—	783. 39	—	—	699. 86	1 483. 25
兴业信托	685	—	—	—	—	—	—	685
新时代信托	—	—	—	668. 75	—		—	668. 75
西部信托	322. 2	—	—	167. 88	—	—	—	490. 08
上海信托	—	—	53. 6	—	—	—	426. 37	479. 97
中海信托	—	—	—	380. 32	—	—	—	380. 32
湖南信托	—	—	—	298	—	—	—	298
北京信托	—	—	104	19	—	—	—	123
华澳信托	—	—	—	101	—		—	101
杭州工商信托	—	—	—	—	—	—	95	95
中融信托	—	—	—	47	—	—	—	47
中国民生信托	—	—	—	39. 13	—		—	39. 13
重庆信托	—	—	—	9. 59	—	—	—	9. 59
陆家嘴信托	—	—	—	3	—		—	3
长城新盛信托	—	—	—	—	—		—	—
大业信托	—	—	—	—	—		—	—
东莞信托	—	—	—	—	—	—	—	—
粤财信托	—	—	—	—	—	—	—	—
国联信托	—	—	—	—	—	—	—	—
国民信托	—	—	—	—	—	—	—	—
国投信托	—	—	—	—	—	—	—	—
华信信托	—	—	—	—	—	—	—	—

续表

公司简称	可供出售金融资产减值准备	持有至到期投资减值准备	长期股权投资减值准备	坏账准备	固定资产减值准备	投资性房地产减值准备	其他资产减值准备	合计
江苏信托	—	—	—	—	—	—	—	—
平安信托	—	—	—	—	—	—	—	—
四川信托	—	—	—	—	—		—	—
万向信托	—	—	—	—	—		—	—
厦门国际信托	—	—	—	—	—	—	—	—
云南信托	—	—	—	—	—	—	—	—
浙金信托	—	—	—	—	—		—	—
中江信托	—	—	—	—	—	—	—	—
紫金信托	—	—	—	—	—		—	—
合计	336 872. 70	98 909. 24	14 452. 47	223 898. 54	431. 73	4 058. 50	145 402. 62	824 025. 80

在2014年68家披露年报的信托公司中有17家没有计提非风险资产准备。

（二）资产准备覆盖分析

根据68家信托公司在2014年年报中的披露汇总分析，2013年末风险资产余额为1 618. 12亿元，2014年末风险资产余额为2 027. 35亿元；2013年末资产减值准备余额为70. 18亿元，2014年末资产减值准备余额为113. 17亿元；2013年末风险资产减值准备余额为24. 12亿元，2014年末风险资产减值准备余额为30. 77亿元。根据上述数据计算2013年末资产准备覆盖率为1. 82%，2014年末资产准备覆盖率为2. 28%；2013年末风险资产准备覆盖率为1. 49%，2014年末风险资产准备覆盖率为1. 52%。信托公司的风险资产安全水平略有回升。68家信托公司汇总的资产准备覆盖情况见表6－3－5。

表6－3－5　信托公司资产损失准备覆盖情况分析

项目	2013年末	2014年末
资产总额（万元）	38 634 992. 56	49 663 221. 44
风险资产总额（万元）	16 181 178. 89	20 273 473. 19
全部准备总额（万元）	701 805. 66	1 131 741. 32
风险资产准备总额（万元）	241 181. 52	307 718. 52
资产准备覆盖率（%）	1. 82	2. 28
风险资产准备覆盖率（%）	1. 49	1. 52

对68家信托公司2014年末的资产准备覆盖率和风险资产准备覆盖率进行排序，见表6－3－6和表6－3－7。

表6－3－6　信托公司2014年末资产准备覆盖率

公司简称	准备合计（万元）	自营报表资产总额（万元）	资产准备覆盖率（%）
新华信托	93 021. 44	397 624. 53	23. 39
金谷信托	75 573. 55	361 596. 98	20. 90
天津信托	66 564. 20	358 157. 75	18. 59
华宸信托	14 935. 23	103 922. 91	14. 37
中信信托	278 293. 69	2 087 975. 66	13. 33
西藏信托	18 436. 26	178 558. 08	10. 33
中泰信托	35 922. 60	379 176. 17	9. 47
华融信托	51 038. 99	544 327. 12	9. 38
山西信托	27 413. 94	340 635. 02	8. 05
陕国投	27 782. 32	425 724. 50	6. 53
吉林信托	41 675. 49	640 728. 28	6. 50
北方信托	23 692. 30	374 099. 35	6. 33
五矿信托	30 221. 43	521 892. 98	5. 79
华润信托	82 907. 50	1 521 524. 85	5. 45
长安信托	22 005. 05	542 809. 63	4. 05
山东信托	19 049. 77	484 557. 10	3. 93
光大兴陇信托	6 461. 63	173 420. 40	3. 73

续表

公司简称	准备合计(万元)	自营报表资产总额(万元)	资产准备覆盖率(%)
华宝信托	27 176.63	765 177.44	3.55
方正东亚信托	10 303.54	351 336.22	2.93
华鑫信托	9 027.17	328 856.28	2.75
昆仑信托	16 566.52	601 991.02	2.75
交银国际信托	15 903.43	581 892.30	2.73
爱建信托	9 966.04	374 597.24	2.66
安信信托	6 783.00	295 394.41	2.30
苏州信托	8 250.00	380 175.07	2.17
西部信托	4 012.29	199 321.35	2.01
万向信托	3 081.86	157 389.96	1.96
外贸信托	11 829.60	672 169.75	1.76
中诚信托	24 330.62	1 453 926.95	1.67
华能信托	9 236.26	602 561.10	1.53
中铁信托	14 565.00	991 609.41	1.47
中粮信托	4 965.91	368 876.21	1.35
湖南信托	3 305.00	308 020.00	1.07
百瑞信托	4 451.33	425 148.89	1.05
中建投信托	4 603.50	472 235.02	0.97
渤海信托	3 093.73	376 980.72	0.82
英大信托	3 444.12	461 799.17	0.75
建信信托	5 790.70	809 523.58	0.72
中原信托	2 307.04	347 221.01	0.66
国元信托	3 069.56	501 509.49	0.61
中航信托	2 304.80	548 864.20	0.42
北京信托	1 557.00	517 420.15	0.30
国联信托	692	330 615.00	0.21
新时代信托	668.75	341 279.54	0.20
东莞信托	525	338 949.76	0.15
中国民生信托	439.13	344 930.08	0.13
重庆信托	1 720.59	1 714 706.23	0.10
中海信托	380.32	524 875.06	0.07
华澳信托	101	160 826.82	0.06
兴业信托	785	1 238 306.03	0.06
杭州工商信托	95	203 753.00	0.05
上海信托	479.97	1 021 471.84	0.05
平安信托	829.89	13 000 329.04	0.01
中江信托	57.63	1 306 636.42	0.00
中融信托	47	1 220 031.21	0.00
长城新盛信托	—	44 523.46	—
大业信托	—	126 466.29	—
粤财信托	—	387 567.11	—
国民信托	—	209 666.11	—
国投信托	—	722 359.23	—
华信信托	—	755 570.67	—
江苏信托	—	828 660.54	—
陆家嘴信托	—	377 903.64	—
四川信托	—	1 458 883.27	—
厦门国际信托	—	380 647.00	—
云南信托	—	32 508.05	—
浙金信托	—	84 506.93	—
紫金信托	—	176 520.85	—
合计	1 131 741.32	49 663 221.44	2.28

表 6－3－7　信托公司 2014 年末风险资产准备覆盖率

公司简称	风险资产准备合计(万元)	风险资产总额(万元)	风险资产准备覆盖率(%)
吉林信托	9 333.90	25 498.35	36.61
中泰信托	31 046.06	119 356.01	26.01
天津信托	44 610.00	272 588.57	16.37
中信信托	140 983.27	1 307 820.39	10.78
金谷信托	9 669.57	133 004.70	7.27
北方信托	17 887.00	324 272.49	5.52
中粮信托	3 000.00	60 000.00	5.00
光大兴陇信托	2 761.81	96 616.93	2.86
中原信托	823.79	29 300.00	2.81
湖南信托	3 007.00	126 647.00	2.37
万向信托	3 081.86	145 180.73	2.12
新华信托	3 523.05	179 911.96	1.96
华鑫信托	6 268.89	321 710.22	1.95
西部信托	3 522.21	200 414.60	1.76
方正东亚信托	744.75	49 650.00	1.50
交银国际信托	7 445.60	532 972.30	1.40
中建投信托	2 053.50	176 127.72	1.17
中诚信托	4 827.00	494 178.09	0.98
东莞信托	525	63 482.08	0.83
爱建信托	1 761.71	218 659.87	0.81
中铁信托	880	127 195.00	0.69
北京信托	1 434.00	288 057.00	0.50
陕国投	805	262 031.27	0.31
中国民生信托	400	127 100.80	0.31
国联信托	692	328 055.00	0.21
英大信托	921.96	456 335.21	0.20
昆仑信托	856.25	465 674.22	0.18
长安信托	695.98	565 826.01	0.12
中航信托	651.6	539 991.67	0.12
重庆信托	1 711.00	1 629 905.93	0.10
华能信托	747.44	743 069.16	0.10
平安信托	829.89	1 826 051.32	0.05
华融信托	24	270 737.21	0.01
五矿信托	35.8	502 270.93	0.01
兴业信托	100	848 730.00	0.01
中江信托	57.63	491 530.05	0.01
国元信托	—	120 873.59	—
安信信托	—	292 879.00	—
百瑞信托	—	429 600.22	—
渤海信托	—	313 788.00	—
长城新盛信托	—	647.27	—
大业信托	—	122 182.41	—
粤财信托	—	108 460.54	—
国民信托	—	209 666.11	—
国投信托	—	226 861.63	—
杭州工商信托	—	77 993.00	—

续表

公司简称	风险资产准备合计(万元)	风险资产总额(万元)	风险资产准备覆盖率(%)
华澳信托	—	75 551.00	—
华宝信托	—	70 853.82	—
华宸信托	—	29 731.36	—
华润信托	—	114 999.48	—
华信信托	—	403 361.32	—
建信信托	—	49 689.04	—
江苏信托	—	2 386.44	—
陆家嘴信托	—	15 853.00	—
山东信托	—	473 481.65	—
山西信托	—	157 578.39	—
上海信托	—	69 018.37	—
四川信托	—	414 318.29	—
苏州信托	—	111 282.00	—
西藏信托	—	178 558.08	—
厦门国际信托	—	102 096.00	—
新时代信托	—	2 025.54	—
云南信托	—	30 797.73	—
浙金信托	—	41 901.69	—
外贸信托	—	672 169.75	—
中海信托	—	524 875.06	—
中融信托	—	417 852.00	—
紫金信托	—	62 188.62	—
合计	307 718.52	20 273 473.19	1.52

四、自营股票投资、基金投资、债券投资、长期股权投资和代理业务的分析

根据68家信托公司2014年年报披露,2013年末自营股票投资、基金投资、债券投资、长期股权投资、代理业务和其他投资的总额为1 581.70亿元,2014年末为2 188.16亿元,比2013年末增加606.45亿元,主要是其他投资及基金投资的增加所致。从构成来看,其他投资业务占比为50.69%,为主要业务内容。68家公司整体汇总情况见表6-4-1,各信托公司年末具体业务情况见表6-4-2。

表6-4-1　信托公司自营股票投资、基金投资、债券投资、长期股权投资和代理业务情况分析

	2014年末(万元)	2014年末比例(%)	2013年末(万元)	2013年末比例(%)	变动比例(%)
自营股票	2 602 746.21	11.89	1 716 401.97	10.85	51.64
基金	1 633 035.48	7.46	508 192.45	3.21	221.34
债券	773 978.46	3.54	654 339.98	4.14	18.28
长期股权投资	5 440 462.63	24.86	5 124 435.24	32.40	6.17
其他投资	11 091 264.03	50.69	7 458 872.62	47.16	48.70
代理业务	340 064.09	1.55	354 799.78	2.24	-4.15
合计	21 881 550.90	100.00	15 817 042.04	100.00	38.34

表 6－4－2 信托公司 2014 年末具体业务情况表

单位：万元

公司简称	自营股票	基金	债券	长期股权投资	其他投资	代理业务	合计
平安信托	—	1 725. 61	—	608 361. 88	821 187. 17	—	1 431 274. 66
华润信托	—	—	—	850 044. 22	509 743. 00	—	1 359 787. 22
重庆信托	307 256. 61	2 776. 00	—	404 714. 17	608 885. 50	—	1 323 632. 28
兴业信托	12 280. 00	16 017. 00	326 569. 00	31 426. 00	650 632. 00	—	1 036 924. 00
中信信托	43 674. 49	—	—	88 506. 96	722 104. 94	72 527. 79	926 814. 18
上海信托	24 746. 72	5 888. 04	35 680. 52	241 779. 73	433 139. 68	152 864. 42	894 099. 11
江苏信托	38 262. 32	—	—	628 405. 01	143 400. 00	—	810 067. 33
中诚信托	24 706. 31	56 052. 59	590. 54	299 164. 88	400 582. 26	—	781 096. 58
建信信托	15 387. 31	—	—	154 688. 42	527 632. 81	—	697 708. 54
中融信托	51 617. 00	581 954. 00	8 312. 00	8 281. 00	—	—	650 164. 00
外贸信托	544 750. 47	383. 21	—	—	57 962. 90	—	603 096. 58
中海信托	7 978. 17	20 788. 35	—	178 934. 44	317 174. 10	—	524 875. 06
华宝信托	84 076. 85	69. 23	—	76 257. 00	306 898. 44	—	467 301. 52
中航信托	—	—	5 203. 36	99 522. 00	344 691. 12	—	449 416. 48
吉林信托	310 965. 99	10 404. 09	28 508. 83	96 856. 64	—	—	446 735. 55
陕国投	97 474. 57	128 290. 90	—	—	199 959. 03	—	425 724. 50
国投信托	—	54 401. 28	—	11 100. 00	359 555. 63	—	425 056. 91
国元信托	13 305. 02	606. 62	—	275 093. 29	85 438. 56	—	374 443. 49
华信信托	183 131. 57	—	—	159 599. 97	—	1 120. 45	343 851. 99
华鑫信托	74 928. 30	127 932. 34	10 000. 00	—	104 124. 08	—	316 984. 72
陆家嘴信托	5 057. 00	15 853. 00	35 342. 00	—	257 767. 00	—	314 019. 00
中泰信托	46 532. 41	—	23 027. 96	182 054. 65	50 942. 88	—	302 557. 90
新时代信托	—	—	10 000. 00	43 267. 87	243 590. 00	—	296 857. 87
中建投信托	36 035. 61	—	—	1 390. 06	247 900. 80	4 336. 28	289 662. 75
交银国际信托	—	—	—	22 000. 00	264 693. 22	—	286 693. 22
粤财信托	6 014. 13	2 715. 07	—	129 621. 78	134 706. 00	1 080. 00	274 136. 98
厦门国际信托	7 157. 00	—	5 000. 00	53 295. 00	205 030. 00	3 308. 00	273 790. 00
中江信托	71 466. 64	3 516. 88	25 000. 00	162 458. 53	—	—	262 442. 05
国联信托	30 798. 00	—	—	112 298. 00	107 288. 00	4 883. 00	255 267. 00
苏州信托	130 470. 00	—	—	2 909. 00	118 161. 00	—	251 540. 00
百瑞信托	10 605. 36	—	—	79 581. 28	158 888. 45	—	249 075. 09
方正东亚信托	3 676. 40	—	5 000. 00	—	227 390. 00	—	236 066. 40
东莞信托	—	—	—	5 663. 24	229 438. 94	—	235 102. 18
长安信托	14 143. 30	189 169. 05	24 698. 47	5 383. 42	—	—	233 394. 24
中原信托	—	—	457. 24	—	227 870. 07	—	228 327. 31
英大信托	6 368. 87	60 390. 10	21 444. 97	10 446. 50	125 418. 22	—	224 068. 66
金谷信托	—	—	—	—	217 698. 54	—	217 698. 54
北京信托	—	34 194. 00	—	10 431. 00	164 359. 00	2 972. 09	211 956. 09
西部信托	83 437. 93	23 500. 00	—	15 000. 00	65 530. 10	22 258. 00	209 726. 03
爱建信托	6 622. 73	474. 29	25 051. 84	17 333. 71	76 732. 48	59 375. 27	185 590. 32
新华信托	15 405. 96	3 461. 44	202. 10	29 426. 23	131 343. 31	1 188. 79	181 027. 83
湖南信托	3 077. 00	11 743. 00	1 502. 00	16 231. 00	144 392. 00	—	176 945. 00
国民信托	—	—	3 051. 80	—	149 062. 49	—	152 114. 29
万向信托	—	—	—	—	144 990. 00	—	144 990. 00
中粮信托	20 855. 49	95 179. 87	24 736. 29	2 510. 00	—	—	143 281. 65
云南信托	1 276. 92	—	433. 40	—	140 134. 53	—	141 844. 85
四川信托	20 172. 84	—	26 398. 45	10 164. 69	84 453. 03	—	141 189. 01
山东信托	14 608. 58	41 063. 55	20 670. 00	61 206. 00	—	—	137 548. 13
杭州工商信托	365. 00	—	—	3 250. 00	114 585. 00	10 216. 00	128 416. 00

续表

公司简称	自营股票	基金	债券	长期股权投资	其他投资	代理业务	合计
五矿信托	16 965.44	1 741.37	371.35	25 000.00	81 209.63	—	125 287.79
华能信托	42 603.57	38 607.37	42 603.67	—	—	—	123 814.61
天津信托	563.30	273.60	4 784.97	38 099.03	66 172.82	—	109 893.72
紫金信托	14 682.95	1 201.22	80.00	597.00	91 025.00	—	107 586.17
中国民生信托	—	—	—	—	83 626.83	—	83 626.83
中铁信托	9 269.00	—	—	63 104.00	—	3 934.00	76 307.00
光大兴陇信托	15 534.53	—	—	—	54 819.47	—	70 354.00
渤海信托	459.25	1 393.98	10 000.50	39 905.00	17 000.00	—	68 758.73
华宸信托	12 883.84	40 185.13	—	6 857.83	6 200.73	—	66 127.53
山西信托	26 659.20	—	—	36 849.24	—	—	63 508.44
北方信托	—	4 369.85	16 995.84	39 235.44	1 930.96	—	62 532.09
华融信托	64.60	53 431.45	—	—	—	—	53 496.05
华澳信托	—	3 282.00	—	—	48 934.00	—	52 216.00
西藏信托	52 092.03	—	—	—	—	—	52 092.03
昆仑信托	42 279.63	—	—	2 157.52	—	—	44 437.15
浙金信托	—	—	32 261.36	—	2 873.31	—	35 134.67
安信信托	—	—	—	—	11 995.00	—	11 995.00
长城新盛信托	—	—	—	—	—	—	—
大业信托	—	—	—	—	—	—	—
合计	2 602 746.21	1 633 035.48	773 978.46	5 440 462.63	11 091 264.03	340 064.09	21 881 550.90

五、自营贷款分析

2014 年末在 68 家信托公司中有中江信托、陕国投和中国民生信托 3 家公司没有披露前五名自营贷款的信息，在披露自营贷款信息的 68 家信托公司中有 15 家披露无自营贷款。有 29 家信托公司前五名自营贷款占全部自营贷款的比例为 100%，风险非常集中。68 家信托公司前三名自营贷款占自营贷款总额的比例情况见表 6 -5 -1。

表 6 -5 -1　2014 年信托公司前三名自营贷款占自营贷款总额的比例情况表

公司简称	前五名自营贷款占总自营贷款比例(%)	公司简称	前五名自营贷款占总自营贷款比例(%)
建信信托	无自营贷款	中海信托	100.00
华宝信托	无自营贷款	中原国际	100.00
江苏信托	无自营贷款	交银国际信托	100.00
大业信托	无自营贷款	华能信托	100.00
万向信托	无自营贷款	新时代信托	100.00
山西信托	无自营贷款	华澳信托	100.00
上海信托	无自营贷款	华鑫信托	100.00
华润信托	无自营贷款	金谷信托	100.00
云南信托	无自营贷款	四川信托	100.00
外贸信托	无自营贷款	五矿信托	100.00
中融信托	无自营贷款	中粮信托	100.00
浙金信托	无自营贷款	紫金信托	100.00
陆家嘴信托	无自营贷款	兴业信托	100.00
长城新盛信托	无自营贷款	中诚信托	98.14
国民信托	无自营贷款	中建投信托	95.36
中江信托	未披露	方正东亚信托	95.20
陕国投	未披露	苏州信托	94.56
中国民生信托	未披露	东莞信托	93.76
中铁信托	100.00	西部信托	92.11
粤财信托	100.00	百瑞信托	88.99
国联信托	100.00	中泰信托	88.08

续表

公司简称	前五名自营贷款占总自营贷款比例(%)	公司简称	前五名自营贷款占总自营贷款比例(%)
国投信托	100.00	国元信托	85.59
杭州工商信托	100.00	英大信托	85.31
湖南信托	100.00	中航信托	84.41
吉林信托	100.00	重庆信托	79.37
华宸信托	100.00	渤海信托	74.36
昆仑信托	100.00	中信信托	71.35
山东信托	100.00	北京信托	70.44
华融信托	100.00	天津信托	67.67
长安信托	100.00	安信信托	67.23
西藏信托	100.00	光大兴陇信托	64.43
厦门国际信托	100.00	爱建信托	54.94
新华信托	100.00	北方信托	35.41
华信信托	100.00	平安信托	11.72

六、关联方关系及其交易的披露

关联交易一直是公司经营的一个瓶颈，在公司业务发展良好和业务发展不良两个阶段均会发生大量的关联交易。在业务发展良好时，公司可能会向关联方输送利益；在业务发展不良时，关联方可能会向公司输送利益。即使在公司业务发展一般时，也会由于种种原因与关联方发生关联交易。因此关联交易也就一直成为公众和监管部门关注的重点。

（一）关联方及其交易汇总

根据统计，2014 年 68 家信托公司关联方数量为 931 家，关联交易总金额为 5 824.10 亿元。

表 6－6－1　2014 年信托公司关联方交易情况表，关联方交易金额由高到低排序

公司简称	关联交易方数量	关联交易金额(万元)	公司简称	关联交易方数量	关联交易金额(万元)
英大信托	32	10 926 485.64	国联信托	5	54 584.00
兴业信托	6	8 069 930.74	中粮信托	12	43 618.52
上海信托	3	6 919 980.71	陆家嘴信托	3	39 405.26
昆仑信托	24	4 855 576.82	厦门国际信托	4	31 207.00
平安信托	18	4 745 430.06	大业信托	3	29 800.00
华润信托	23	3 414 949.77	北京信托	1	27 000.00
中海信托	10	2 392 180.06	交银国际信托	4	16 709.70
江苏信托	18	1 990 992.46	万向信托	3	15 227.69
中原信托	164	1 734 380.00	云南信托	3	8 400.00
华融信托	3	1 713 927.89	外贸信托	3	2 771.77
百瑞信托	152	1 277 002.67	中建投信托	5	2 512.02
光大兴陇信托	1	1 111 800.00	安信信托	3	2 336.80
渤海信托	11	1 040 773.10	浙金信托	5	1 949.02
长安信托	64	979 642.89	湖南信托	2	994.00
建信信托	10	910 874.08	杭州工商信托	5	950.00
中信信托	22	861 885.99	山西信托	4	933.29
中融信托	4	846 172.11	四川信托	2	650.19
北方信托	9	772 700.00	华能信托	7	642.12
中航信托	22	453 307.89	方正东亚信托	3	613.59
国投信托	14	405 050.72	国民信托	3	602.38
中铁信托	2	359 180.00	中泰信托	2	416.14
五矿信托	9	270 596.46	粤财信托	1	344.61
中江信托	2	255 000.00	西部信托	3	316.84
新华信托	2	251 136.47	国元信托	2	229.35

续表

公司简称	关联交易方数量	关联交易金额(万元)	公司简称	关联交易方数量	关联交易金额(万元)
重庆信托	14	219 492.33	吉林信托	2	175.00
中诚信托	149	207 039.39	陕国投	2	—
金谷信托	6	163 301.45	长城新盛信托	—	—
华宸信托	3	153 918.09	华澳信托	—	—
东莞信托	5	138 150.00	华信信托	—	—
紫金信托	3	115 597.00	爱建信托	—	—
中国民生信托	7	94 123.50	天津信托	—	—
苏州信托	16	88 297.37	西藏信托	—	—
华宝信托	2	84 077.00	新时代信托	—	—
华鑫信托	3	76 290.00			
山东信托	6	59 350.00	合计	931	58 240 981.95

(二)固有资产与关联方关联交易

从表6-6-2分析发现,固有资产与关联方的交易主要集中在投资和其他两个方面,关于其他的具体内容,在信托公司年报中未详细披露。从总体看来,固有资产与关联方之间的交易比2013年有所上升。68家信托公司2014年固有资产与关联方交易的汇总表及明细表分别见表6-6-2和表6-6-3。

表6-6-2 固有资产与关联方关联交易汇总表

项目	2013年末余额(万元)	2013年末比例(%)	2013年末余额(万元)	2014年末比例(%)	增减率(%)
贷款	2 053.86	0.34	2 000.00	0.14	-2.62
投资	224 859.87	36.79	1 148 882.30	79.07	410.93
租赁	3 747.49	0.61	5 934.22	0.41	58.35
担保	90 000.00	14.72	-	0.00	-
应收账款	56 453.05	9.24	94 739.62	6.52	67.82
其他	234 134.19	38.30	201 508.90	13.87	-13.93
合计	611 248.46	100.00	1 453 065.04	100.00	137.72

表6-6-3 2014年末固有资产与关联方关联交易余额由高到低排序明细表

单位:万元

公司简称	关联交易余额	公司简称	关联交易余额
中融信托	495 000.00	国元信托	2.15
长安信托	217 038.24	百瑞信托	—
国投信托	157 132.45	渤海信托	—
兴业信托	80 812.00	长城新盛信托	—
新华信托	75 236.19	大业信托	—
吉林信托	68 606.00	东莞信托	—
华润信托	62 902.50	粤财信托	—
华信信托	55 131.00	国民信托	—
平安信托	37 437.00	杭州工商信托	—
北京信托	27 000.00	华澳信托	—
江苏信托	24 022.15	华宸信托	—
交银国际信托	23 000.00	华能信托	—
中信信托	22 201.37	华鑫信托	—
建信信托	15 059.14	昆仑信托	—
厦门国际信托	14 800.00	陆家嘴信托	—
光大兴陇信托	12 128.12	山东信托	—
中泰信托	11 730.65	山西信托	—
北方信托	11 000.00	陕国投	—

续表

公司简称	关联交易余额	公司简称	关联交易余额
万向信托	9 455. 00	爱建信托	—
五矿信托	9 395. 11	上海信托	—
金谷信托	5 577. 00	苏州信托	—
湖南信托	5 072. 00	天津信托	—
中诚信托	2 500. 00	西部信托	—
安信信托	2 336. 80	西藏信托	—
外贸信托	2 030. 27	新时代信托	—
重庆信托	2 000. 00	英大信托	—
中粮信托	1 165. 52	云南信托	—
中国民生信托	846. 67	中海信托	—
四川信托	615. 19	中航信托	—
紫金信托	597. 00	中建投信托	—
方正东亚信托	468. 85	中江信托	—
国联信托	404. 00	中铁信托	—
华宝信托	200. 00	中原信托	—
浙金信托	140. 41		
华融信托	22. 26	合计	1 453 065. 04

（三）信托资产与关联方关联交易

从表 6 -6 -4 分析发现，信托资产与关联方的交易主要集中在贷款和其他方面，信托资产与关联方贷款交易约占整个信托资产与关联方交易的 20. 84%，信托资产与关联方其他交易约占整个信托资产与关联方交易的 69. 91%。68 家信托公司 2014 年信托资产与关联方交易的汇总表及明细表分别见表 6 -6 -4 和表 6 -6 -5。

表 6 -6 -4　信托资产与关联方关联交易汇总分析

项目	2013 年末余额（万元）	2013 年末比例（%）	2014 年末余额（万元）	2014 年末比例（%）	增减率（%）
贷款	22 851 346. 90	36. 53	18 993 540. 55	20. 84	-16. 88
投资	3 621 223. 83	5. 79	7 702 496. 90	8. 45	112. 70
租赁	279 032. 14	0. 45	254 768. 19	0. 28	-8. 70
担保	-	-		0. 00	
应收账款	646 298. 50	1. 03	479 112. 79	0. 53	-25. 87
其他	35 155 978. 05	56. 20	63 719 165. 48	69. 91	81. 25
合计	62 553 879. 42	100. 00	91 149 083. 91	100. 00	45. 71

表 6 -6 -5　2014 年末信托资产与关联方关联交易余额由高到低排序明细表

单位：万元

公司简称	关联交易余额	公司简称	关联交易余额
建信信托	46 714 248. 85	大业信托	29 800. 00
英大信托	10 847 598. 29	湖南信托	25 000. 00
兴业信托	7 989 110. 00	陆家嘴信托	23 017. 10
昆仑信托	4 855 576. 82	华宝信托	20 370. 00
平安信托	4 707 993. 06	厦门国际信托	16 407. 00
中海信托	2 718 006. 42	浙金信托	14 000. 00
中诚信托	2 692 177. 85	万向信托	11 507. 69
华融信托	1 713 927. 89	西部信托	5 600. 00
华润信托	1 416 672. 89	国元信托	—
北方信托	1 100 755. 00	安信信托	—
渤海信托	1 040 773. 10	北京信托	—
百瑞信托	813 852. 31	长城新盛信托	—
长安信托	762 604. 65	方正东亚信托	—
中航信托	450 000. 00	光大兴陇信托	—

续表

公司简称	关联交易余额	公司简称	关联交易余额
中信信托	363 193.15	杭州工商信托	—
中铁信托	359 180.00	华澳信托	—
五矿信托	317 460.00	华能信托	—
国投信托	281 162.50	华信信托	—
中江信托	255 000.00	吉林信托	—
金谷信托	206 787.27	山西信托	—
国民信托	205 948.84	爱建信托	—
中建投信托	173 850.20	四川信托	—
上海信托	160 000.00	苏州信托	—
东莞信托	138 150.00	天津信托	—
紫金信托	115 000.00	西藏信托	—
陕国投	100 000.00	新华信托	—
江苏信托	92 690.03	新时代信托	—
华鑫信托	68 200.00	云南信托	—
国联信托	61 720.00	外贸信托	—
山东信托	59 350.00	中国民生信托	—
粤财信托	57 900.00	中融信托	—
重庆信托	47 800.00	中泰信托	—
华宸信托	44 750.00	中原信托	—
中粮信托	41 943.00		
交银国际信托	30 000.00	合计	91 149 083.91

(四)固有财产与信托财产相互交易

表6－6－6　固有财产与信托财产相互交易汇总分析

单位：万元

项目	2014 年末
余额	53 920 511.45
发生额	28 523 434.14

表6－6－7　2014 年末固有财产与信托财产关联交易余额情况表

单位：万元

公司简称	2014 年末	公司简称	2014 年末
建信信托	46 714 348.85	中国民生信托	63 626.83
平安信托	655 232.28	长安信托	60 986.05
上海信托	433 139.68	北京信托	53 951.00
重庆信托	402 713.00	华澳信托	40 595.00
兴业信托	394 825.00	厦门国际信托	39 227.00
华润信托	387 496.21	西藏信托	29 609.94
华宝信托	322 514.00	西部信托	26 233.00
中诚信托	297 722.98	光大兴陇信托	19 051.69
昆仑信托	288 974.18	国元信托	15 364.88
新时代信托	243 590.00	国联信托	14 644.00
交银国际信托	224 693.23	天津信托	10 000.00
陆家嘴信托	213 303.04	国民信托	9 800.00
华融信托	212 183.34	长城新盛信托	9 082.74
方正东亚信托	207 390.00	渤海信托	9 000.00
中建投信托	205 530.00	华鑫信托	8 090.00
山东信托	197 545.00	华宸信托	6 670.00
新华信托	175 900.28	中粮信托	6 650.00

续表

公司简称	2014 年末	公司简称	2014 年末
东莞信托	159 072.32	浙金信托	2 873.31
百瑞信托	155 080.00	中泰信托	600.00
江苏信托	143 400.00	安信信托	—
云南信托	140 135.00	北方信托	—
万向信托	135 750.00	粤财信托	—
中信信托	131 544.43	湖南信托	—
杭州工商信托	112 448.00	华能信托	—
国投信托	95 639.10	华信信托	—
陕国投	93 442.15	吉林信托	—
中海信托	92 361.00	四川信托	—
紫金信托	91 025.00	外贸信托	—
山西信托	90 874.10	金谷信托	—
大业信托	87 960.00	中航信托	—
中原信托	87 780.00	中江信托	—
五矿信托	81 209.63	中融信托	—
英大信托	78 887.35	中铁信托	—
苏州信托	71 525.00		
爱建信托	69 221.86	合计	53 920 511.45

(五)信托资产与信托财产相互交易

表 6－6－8　信托资产与信托财产相互交易汇总分析

单位:万元

项目	2014 年末
余额	28 933 737.08
发生额	15 392 146.33

表 6－6－9　2014 年末信托资产与信托财产关联交易余额情况表

单位:万元

公司简称	2014 年末	公司简称	2014 年末
平安信托	10 682 578.26	苏州信托	16 772.37
外贸信托	2 711 022.25	西部信托	10 781.00
华宝信托	2 578 235.00	大业信托	10 000.00
中原信托	1 646 600.00	爱建信托	7 948.79
昆仑信托	1 629 596.76	陕国投	3 789.48
华润信托	1 547 878.17	光大兴陇信托	2 501.00
上海信托	883 284.15	国元信托	413.00
云南信托	837 317.00	安信信托	—
方正东亚信托	675 255.13	北方信托	—
东莞信托	608 321.77	渤海信托	—
中海信托	597 525.87	长城新盛信托	—
粤财信托	428 997.53	国民信托	—
交银国际信托	349 517.83	国投信托	—
中信信托	344 947.04	华澳信托	—
兴业信托	337 430.00	华宸信托	—
百瑞信托	308 070.36	华能信托	—
湖南信托	270 112.00	华融信托	—
山西信托	269 788.00	华鑫信托	—
紫金信托	248 745.82	华信信托	—
国联信托	234 994.00	吉林信托	—

续表

公司简称	2014 年末	公司简称	2014 年末
杭州工商信托	224 537.00	江苏信托	—
中诚信托	211 264.00	四川信托	—
北京信托	187 561.00	天津信托	—
新华信托	184 799.58	西藏信托	—
陆家嘴信托	169 717.33	厦门国际信托	—
中建投信托	166 200.00	新时代信托	—
中泰信托	149 710.00	英大信托	—
五矿信托	113 600.00	浙金信托	—
建信信托	88 452.93	金谷信托	—
山东信托	54 492.00	中航信托	—
中融信托	40 530.00	中江信托	—
万向信托	32 010.00	中粮信托	—
中国民生信托	29 650.00	中铁信托	—
长安信托	21 467.00		
重庆信托	17 323.66	合计	28 933 737.08

七、子公司及其合并情况

2014 年在 68 家信托公司中有 36 家公司不需要编制合并报表，在需要编制合并报表的 29 家中，有 25 家披露了合并子公司数量，共计合并了 77 家子公司；中江信托、山西信托、中建投信托、华澳信托虽编制了合并报表，但未披露合并子公司的情况；百瑞信托、天津信托和五矿信托未披露是否需要编制合并报表及应纳入合并范围的子公司数量。具体情况见表 6－7－1。

表 6－7－1　2014 年信托公司对合并范围内的子公司的披露情况

公司简称	是否编制合并报表	合并子公司数量	公司简称	是否编制合并报表	合并子公司数量
平安信托	是	19	陕国投	不适用	
中融信托	是	10	国民信托	不适用	
中诚信托	是	6	北方信托	不适用	
吉林信托	是	5	华融信托	不适用	
华润信托	是	5	长安信托	不适用	
建信信托	是	4	西部信托	不适用	
山东信托	是	3	西藏信托	不适用	
上海信托	是	3	华信信托	不适用	
英大信托	是	3	云南信托	不适用	
苏州信托	是	2	外贸信托	不适用	
中信信托	是	2	中海信托	不适用	
四川信托	是	2	中泰信托	不适用	
北方信托	是	1	中原信托	不适用	
北京信托	是	1	渤海信托	不适用	
中铁信托	是	1	华能信托	不适用	
国联信托	是	1	浙金信托	不适用	
国投信托	是	1	爱建信托	不适用	
杭州工商信托	是	1	新时代信托	不适用	
华宝信托	是	1	大业信托	不适用	
兴业信托	是	1	方正东亚信托	不适用	
厦门国际信托	是	1	华鑫信托	不适用	
新华信托	是	1	金谷信托	不适用	

续表

公司简称	是否编制合并报表	合并子公司数量	公司简称	是否编制合并报表	合并子公司数量
重庆信托	是	1	陆家嘴信托	不适用	
交银国际信托	是	1	紫金信托	不适用	
中粮信托	是	1	长城新盛信托	不适用	
国元信托	不适用		中国民生信托	不适用	
安信信托	不适用		万向信托	不适用	
东莞信托	不适用		中江信托	是	未披露
光大兴陇信托	不适用		山西信托	是	未披露
粤财信托	不适用		中建投信托	是	未披露
湖南信托	不适用		华澳信托	是	未披露
江苏信托	不适用		百瑞信托	未披露	未披露
华宸信托	不适用		天津信托	未披露	未披露
昆仑信托	不适用		五矿信托	未披露	未披露

八、信托公司 2014 年年报中对经营因素的认可情况分析

（一）关于经营目标

共有 68 家公司均对经营目标作出了表述。

从 68 家披露了经营目标的信托公司年报分析，从表 6－8－1 可得知，“认同目标前五名”，依次为对全国行业排名或地位提出期望，努力成为卓越金融企业；完善内部管理、提高经营绩效和风控水平；回报股东和信托受益人；扩大业务范围，加强信托主业；为客户提供多样化金融产品，并创造价值。

表 6－8－1　认同前 5 名的经营目标

经营目标	认同公司数
对全国行业排名或地位提出期望，努力成为卓越金融企业	42
完善内部管理、提高经营绩效和风控水平	22
回报股东和信托受益人	15
扩大业务范围，加强信托主业	14
为客户提供多样化金融产品，并创造价值	10

（二）关于经营方针

共有 68 家公司均披露了经营方针。

从 68 家披露了经营方针的信托公司年报分析，如表 6－8－2 所示为“经营方针认同前五名”。

表 6－8－2　认同前 5 名的经营方针

经营方针	认同公司数
强化诚信、稳健、合规的经营思路	37
创新业务模式和盈利模式，扩大信托产品规模，推动信托业务转型	32
完善法人治理结构和内部管理、加强风险控制	17
股东回报或信托受益人收益最大化	15
加强业务的专业化，有针对性地为客户提供服务	14

（三）关于战略规划

共有 67 家公司均披露了战略规划。

从 67 家披露了战略规划的信托公司年报分析，如表 6－8－3 所示，为“战略规划认同前五名”。说明大部分公司将“成为卓越的金融企业，在全行业占有一席之地”作为战略规划的重点。

表6－8－3　认同前5名的战略规划

战略规划	认同公司数
对全国行业排名或地位提出期望，努力成为卓越金融企业	39
在创新业务领域内实现突破，实现业务转型、培育核心竞争力	20
形成专业的员工队伍，完善激励机制	22
提升风险管理能力	21
结合区域发展规划实现自身发展	19

（四）关于经济形势认识

共有22家公司披露了对经济形势的认识，未披露的公司在对经营有利、不利因素的分析中谈及了公司对经济形势的认识。

从22家披露了对经济形势认识的信托公司年报分析，如表6－8－4所示。

表6－8－4　认同前3名的经济形势分析

经济形势	认同公司数
国家宏观调控政策的密集出台，经济结构调整的步伐明显加快	10
在稳固现有传统业务的同时，加速业务转型升级，改革创新才能保障信托公司未来的辉煌	6
经济增速持续下滑，工业生产增长放缓，企业利润增速回落，出口减少	6
经济和政策面临一定的困难和波动，对信托公司业务拓展和风险管理造成一定影响	2

（五）关于金融形势认识

共有20家公司披露了对金融形势的认识，未披露的公司在对经营有利、不利因素的分析中谈及了公司对金融形势的认识。

从20家披露了对金融形势认识的信托公司年报分析，如表6－8－5所示。

表6－8－5　认同前2名的金融形势分析

金融形势	认同公司数
国民财富的增长对信托行业来说，将对其稳健发展起到一定的推动作用	11
国家通过一系列措施，继续深化金融改革，加快金融市场发展，以及推动金融格局发生转变，推进金融机构经营行为的变革	9

（六）关于经营有利因素的认识

共有66家公司均披露了经营有利因素。

从66家披露了经营有利因素的信托公司年报分析，如表6－8－6所示，为经营有利因素认同前五名。排名前两位的是对“投资、理财需求”及“信托行业已呈现出良好的发展态势”的认同。

表6－8－6　认同前5名经营有利因素分析

经营有利因素	认同公司数
投资、理财需求的旺盛	47
信托市场已经初具规模，信托业呈现出了良好的发展趋势，信托行业影响力进一步提升	41
宏观经济政策良好	37
公司自身的转型、管理的完善、雄厚的资金实力、资产质量的改善、品牌形象的树立	33
监管部门的支持、信托新规的完善形成巨大机遇	27

（七）关于经营不利因素的认识

共有66家公司均披露了经营不利因素。

从66家披露了经营不利因素的信托公司年报分析，如表6－8－7所示，为经营不利因素认同前五名。

表6－8－7　认同前5名的经营不利因素分析

经营不利因素	认同公司数
传统业务领域难以持续，转型创新迫在眉睫	48
金融危机波及金融行业，内外宏观经济环境不确定因素较多	40
理财产品市场竞争激烈，其他金融行业构成竞争	20
信托业务的开发缺乏更为广阔的市场基础，地区欠发达	15
信托新规对信托业短期发展，尤其是现有信托业务的限制，信托法规有待完善	11
缺乏宏观决策的关注和存在政策支持力度的问题	9

（八）关于内部控制职能部门的认识

68 家公司均披露了内部控制职能部门。

从 68 家披露了内部控制职能部门的信托公司年报分析可以看出，对信托公司内部控制认为有效的、应当建立的职能部门前 5 名的部门为三会及管理层、董事会合规与风险管理委员会、董事会审计委员会、风险及合规管理部、稽核审查部。见表 6－8－8。

表 6－8－8　认同前 5 名的对内部控制职能部门认同分析

内部控制职能部门	认同公司数
股东会、董事会、监事会及管理层	64
董事会合规与风险管理委员会	47
董事会审计委员会	38
风险及合规管理部	23
稽核审查部	20

（九）关于风险管理可能遇到的风险的认识

68 家公司均披露了可能遇到的风险。

从 68 家披露了“可能遇到的风险”的信托公司年报分析可以看出，信托公司认为风险管理可能遇到的前四名风险分别为信用风险、市场风险、操作风险、其他风险。见表 6－8－9。

表 6－8－9　认同前 4 名的风险管理可能遇到的风险分析

可能遇到的风险	认同公司数
信用风险	68
市场风险	68
操作风险	68
其他风险	65

（十）关于风险管理基本原则与政策的认识

共有 32 家公司披露了风险管理的基本原则和政策。

从 32 家披露了风险管理的基本原则和政策的信托公司年报分析，如表 6－8－10 所示，为“风险管理基本原则与政策认同前五名”。

表 6－8－10　认同前 5 名的风险管理基本原则与政策的分析

风险管理基本原则与政策	认同公司数
全面性原则	27
独立性原则	20
审慎性原则	19
有效性原则	14
及时性原则	15

（十一）关于风险管理组织机构与职责的认识

共有 64 家公司披露了风险管理的组织机构与职责。

从 64 家披露了风险管理的组织机构与职责的信托公司年报分析，如表 6－8－11 所示，为风险管理基本组织机构与职责认同前五名。

表 6－8－11　认同前 5 名的风险管理组织机构与职责的分析

风险管理组织机构与职责	认同公司数
合规及风险控制委员会：拟定公司的风险管理政策和指导原则，风险的评估、识别、防范和认定	58
董事会：承担风险管理的最终责任，对公司进行全面风险管理，掌握公司面临的各项重大风险及其风险管理状况，作出有效控制风险的决策	56
合规风险部门：发挥日常监督、控制和预警的职能，对公司经营管理和执业行为的监察监督	41
稽核审查部：对各项经营风险控制情况进行全面监督检查和评价	36
公司各职能部门是公司风险控制措施的具体执行部门	33

（十二）关于信用风险状况的认识

68家公司均认同信用风险，信用风险是指在交易过程中由于交易对手方或相关交易方产生的交易不确定性。

68家公司均披露了具体风险点，如表6－8－12所示，信用风险主要存在于贷款和债券等信贷相关业务中。部分公司同时还关注在证券投资、股权投资、同业往来、担保业务中交易相关方所造成的不确定性。

表6－8－12　认同前4名的信用风险状况分析

信用风险	认同公司数
公司贷款业务中贷款对象、债券发行人造成的不确定性	62
担保业务中的相关交易方造成的不确定性	19
证券投资中的券商、股权投资中的被投资人造成的不确定性	8
应收、其他应收款项中的信用风险	5

（十三）关于信用风险管理措施的认识

68家公司均披露了信用风险管理措施。

从68家披露了信用风险管理措施的信托公司年报分析，见表6－8－13“信用风险管理措施认同前5名”，公司基本贯彻了事前、事中、事后风险管理，保持了风险管理的连贯性。针对信贷业务中信用风险较高的情况，大部分信托公司均认真落实了加强对交易对手尽职调查等事前防范。

表6－8－13　认同前5名的信用风险管理措施的分析

信用风险管理措施	认同公司数
加强对交易对手尽职调查等事前防范	51
项目结束后及时进行审计和评价，事后定期监控财务指标，足额计提准备	43
事中对交易对手进行动态管理	37
认真落实贷款担保、抵押	28
严格按照业务流程开展业务	16

（十四）关于市场风险状况的认识

共有64家公司披露了市场风险状况，认为股价、汇率、利率、其他价格等金融市场变量波动对盈利的影响是主要的市场风险。另有个别公司提到了同业竞争风险、通货膨胀和经济周期风险等。

表6－8－14　认同前4名的市场风险状况的分析

市场风险	认同公司数
股价波动的影响	45
利率波动的影响	40
汇率波动的影响	39
其他价格波动的影响	39

（十五）关于市场风险管理措施的认识

共有63家公司披露了市场风险管理措施。

如表6－8－15所示，大多数公司采取了考验自身投研实力的主动性措施，如关注国家宏观政策变化，规避限制类行业和相关项目。

表6－8－15　认同前5名的市场风险管理措施的分析

市场风险管理措施	认同公司数
加强行业风险研究，规避宏观面和行业周期产生的市场风险	44
关注国家宏观政策变化，规避限制类行业和相关项目	40
进行资产组合管理，设置止损，风险对冲，动态调整资产配置方案	35
加强对经济及金融形势的分析预测	23
合理约定信托资金的还款方式、价格、期限及有效的内控措施，避免市场风险带来的信托财产收益的不确定性	12

（十六）关于操作风险状况的认识

共有63家公司明确披露了操作风险中可能的风险点。

认同前五位的风险点如表 6 –8 –16 所示。

表 6 –8 –16　认同前 5 名的操作风险状况的分析

操作风险	认同公司数
内部管理制度或流程失误	58
操作者个人原因	52
信息系统的不完善	33
外部事件影响	20
内部控制缺失	10

（十七）关于操作风险管理措施的认识

共有 65 家公司披露了操作风险管理措施。

认同前五位的操作风险管理措施如表 6 –8 –17 所示。

表 6 –8 –17　认同前 5 名的操作风险管理措施的分析

操作风险管理措施	认同公司数
完善业务流程，加强合规管理	60
加强内控，加强岗位之间的制衡	38
员工加强风险教育，制定奖惩制度	32
对内控制度的执行情况和制度完备性进行定期的检查，并督促及时整改	20
完善信息系统	14

（十八）关于其他风险状况的认识

共有 61 家公司披露了其他风险状况。

如表 6 –8 –18 所示为认同前五名的其他风险状况。

表 6 –8 –18　认同前 5 名的其他风险状况的分析

其他风险状况	认同公司数
声誉风险：由于公司操作失误，违反有关规定，资产质量下降不能到期偿债和管理不善等原因，对其外部市场造成的不良影响	35
政策风险：宏观政策以及监管政策的变动对公司经营环境和发展所造成的风险	34
道德风险：由于内部人员蓄意违法或与利益主体串通所引起的风险	33
法律风险：公司在业务经营中由于合同内容等方面在法律上有缺陷或不完善而发生法律纠纷等风险	32
合规风险：公司因没有遵循法律、规则和准则可能遭受法律制裁、监管处罚、重大财务损失和声誉损失的风险	25

（十九）关于其他风险管理措施的认识

共有 55 家公司披露了其他风险管理措施。

如表 6 –8 –19 所示为认同前 5 名的其他风险管理措施。

表 6 –8 –19　认同前 5 名的其他风险管理措施的分析

其他风险管理措施	认同公司数
加强内控建设和道德教育，控制道德风险	33
加强宏观研究，控制政策风险	28
合规性审查	22
通过尽职管理和充分信息披露以塑造公司的专业和诚信形象，对可能影响公司声誉的业务坚决予以回避	20
设立法务部或聘请律师，加强法律研究	16

第七章　公司治理结构及人员结构

截至2014年末，信托公司构建了以“一法三规”及相关法规为基本依据，以保证国家法律法规的贯彻执行，保证风险管理体系的有效性为目标，以全面性、审慎性、及时性、有效性、独立性等为基本原则，建立了授权体系、监控反馈制度等内部控制制度。实施了组织结构控制，形成了一定的公司治理运行机制和分工合理、职责明确、报告清晰的组织结构，明确了“三会一层”（股东大会、董事会、监事会、经营管理层）的职能和责任。本章节将就信托公司的公司治理情况进行分析。

一、2014年公司股东会、董事会和监事会三会情况分析

（一）股东会、董事会和监事会三会会议次数

2014年，有65家信托公司在年报中不同程度地披露了三会会议的情况，其余3家未作披露，见表7-1-1。

表7-1-1　68家信托公司2014年三会的会议情况表

公司简称	年度股东会会议次数	年度董事会会议次数	年度监事会会议次数
国元信托	2	4	2
安信信托	2	11	7
百瑞信托	5	10	3
北方信托	12	11	7
北京信托	3	9	1
渤海信托	6	8	2
长安信托	1	28	4
长城新盛信托	2	1	2
重庆信托	5	10	7
大业信托	2	4	2
东莞信托	6	10	3
方正东亚信托	4	6	2
光大兴陇信托	3	3	2
粤财信托	5	6	2
国联信托	4	6	3
国民信托	9	7	3
国投信托	2	3	2
杭州工商信托	4	6	3
湖南信托	5	15	2
华澳信托	2	4	2
华宝信托	5	6	2
华宸信托	6	9	1
华能信托	3	8	2
华融信托	1	2	2
华润信托	7	14	2
华鑫信托	未披露	未披露	未披露
华信信托	7	10	2
吉林信托	5	4	2
建信信托	4	8	4
江苏信托	4	6	1
交银国际信托	5	4	2

续表

公司简称	年度股东会会议次数	年度董事会会议次数	年度监事会会议次数
昆仑信托	5	4	1
陆家嘴信托	5	5	2
平安信托	5	8	5
山东信托	4	6	3
山西信托	未披露	未披露	未披露
陕国投	3	15	8
爱建信托	2	2	1
上海信托	5	9	3
四川信托	4	10	2
苏州信托	4	9	2
天津信托	8	9	7
万向信托	3	3	2
五矿信托	6	4	2
西部信托	5	7	3
西藏信托	3	4	2
厦门国际信托	4	3	4
新华信托	15	21	2
新时代信托	2	2	2
兴业信托	6	15	4
英大信托	4	3	2
云南信托	4	6	3
浙金信托	6	8	1
中诚信托	3	6	2
外贸信托	2	5	2
金谷信托	5	8	1
中国民生信托	1	4	2
中海信托	7	10	2
中航信托	4	7	2
中建投信托	6	9	2
中江信托	未披露	未披露	未披露
中粮信托	3	2	2
中融信托	6	7	2
中泰信托	7	7	7
中铁信托	2	10	3
中信信托	2	10	3
中原信托	5	5	0
紫金信托	4	7	5
合计	291	483	177
平均	4. 48	7. 43	2. 72

2014 年有 65 家信托公司披露了三会的会议情况，与 2013 年的 67 家相比，披露的公司数量有所减少。从上表可见，65 家信托公司披露的股东会召开次数为 291 次，平均股东会召开次数为 4. 48 次；65 家信托公司披露的董事会召开次数为 483 次，平均董事会召开次数为 7. 43 次；65 家信托公司披露的监事会召开次数为 177 次，平均监事会召开次数为 2. 72 次。2013 年的此三项平均数字分别为 3. 27 次、6. 61 次和 2. 60 次，可见，2014 年度股东会、董事会和监事会的平均召开次数与 2013 年同期相比略有增加。

（二）董事会及其基本情况分析

1. 董事的变更分析

在68家信托公司中，有51家详细披露了2014年内发生的董事变更次数和变更人员情况，其余17家明确披露了2014年内没有发生董事的变更。具体变更情况见表7－1－2。

表7－1－2　信托公司2014年董事变更情况表

公司简称	是否变更	变更次数	董事变更详情列示
国元信托	否		
安信信托	否		
百瑞信托	是	1	2014年3月，公司2014年度第一次股东会审议通过《关于第五届董事会提名及组成的议案》，成立第五届董事会，部分董事发生变动：摩根大通提名何耀东担任公司第五届董事会董事，Joseph Donald Regan（周历仁）不再担任公司董事。2014年8月1日河南银监局向公司下发了《河南银监局关于核准何耀东百瑞信托有限责任公司董事任职资格的批复》（豫银监复［2014］266号），核准何耀东的任职资格。
北方信托	是	3	1. 公司于2014年4月22日召开2014年第三次临时股东大会，完成第三届董（监）事会换届工作，选举马贵中先生、王工布先生、胡军先生、李静平女士、申小林先生、贾晋平先生、朱文芳女士、贾鸿潜先生、徐立世先生为公司董事；选举苑德军先生、戴金平女士、王爱俭女士、孔晓艳女士为公司独立董事。 2. 根据公司2014年9月10日召开的2014年第六次临时股东大会决议，李静平女士不再担任公司董事。 3. 根据公司2014年12月5日召开的2014年第九次临时股东大会决议，由侯维民先生担任。
北京信托	否		
渤海信托	是	1	2013年3月29日，经渤海国际信托有限公司四届一次董事会审议通过，2014年7月中国银监会对李光荣先生任渤海信托董事长的任职资格进行核准（银监复［2014］499号），李光荣先生正式履职渤海信托董事长职务，金平先生不再担任渤海信托董事长职务。
长安信托	是	3	1. 2014年2月12日，蔡元明先生因个人原因向董事会递交了辞呈，辞去公司董事职务。 2. 2014年4月18日，公司2013年度股东大会选举章击舟先生为公司董事。 3. 2014年12月16日，按照西安市委组织部的有关规定，师胜友先生向董事会递交了辞呈，辞去公司董事职务。
长城新盛信托	否		
重庆信托	是	2	1. 公司股东会选举赵立军先生、战涛先生为公司第三届董事会董事，2015年4月17日，赵立军、战涛先生董事任职资格获监管部门核准。 2. 报告期内，翁振杰先生当选公司第三届董事会董事长，并获任职资格核准。
大业信托	否		
东莞信托	是	4	1. 经2014年4月18日召开的第四届董事会第十二次会议审议通过，同意选举丁暖容担任东莞信托有限公司副董事长，任期至第四届董事会届满。经中国银行业监督管理委员会广东监管局核准（核准文件：粤银监复［2014］464号），同意丁暖容任我公司副董事长的任职资格，丁暖容于2014年9月16日正式履行东莞信托有限公司副董事长职责。 2. 2014年5月23日，公司独立董事彭志坚因个人原因，提出辞去我公司独立董事及董事会风险管理委员会主任等职务的申请。根据有关规定，彭志坚先生的辞职将自公司股东大会选举产生新任独立董事并获得任职资格正式履职后生效。在此之前，彭志坚先生将继续按照有关法律法规的规定，履行其职责。 3. 2014年7月4日，公司董事长何锦成由于工作需要，申请辞去东莞信托有限公司董事长，一并辞去本公司第四届董事会董事及第四届董事会风险管理委员会委员职务。经公司第四届董事会第十三次会议及公司2014年度股东会第四次临时会议审议通过，同意何锦成同志的辞职申请，根据相关规定，何锦成同志将在本公司新董事长履职之前继续履行公司董事长职责。 4. 经2014年7月18日公司第四届董事会第十四次会议及2014年度第四次股东会临时会议及公司审议通过，并报经中国银行业监督管理委员会广东监管局核准（核准文件：粤银监复［2015］121号），同意廖玉林担任公司董事长。公司于2015年4月8日在东莞市工商行政管理局完成法定代表人变更手续，并领取了新的营业执照。廖玉林于2015年4月8日正式履行东莞信托有限公司董事长、法定代表人职责。
方正东亚信托	否		
光大兴陇信托	是	2	1. 2014年9月11日，光大兴陇信托有限责任公司2014年第一次临时股东会审议通过了《关于新一届董事会组成人员的议案》，选举产生光大兴陇信托有限责任公司第一届董事会，吴少华、梁春满、王廷科、陆卫东、贾子俊、周小明、苑德军、张萍、杨文当选为公司董事。原甘肃省信托有限责任公司第二届董事会董事职务随换届自行免除。 2. 2014年12月30日，光大兴陇信托有限责任公司2014年第二次临时股东会审议通过了《关于审议贾子俊辞去董事职务并由吴万华任董事的议案》，吴万华任公司董事。
粤财信托	否		

续表

公司简称	是否变更	变更次数	董事变更详情列示
国联信托	是	2	1. 2014年1月21日，经国联信托股份有限公司2014年度第一次临时股东大会审议通过，同意董事长吕建一辞去公司相关职务，补充选举周卫平为公司第二届董事会董事。2014年1月28日，经国联信托股份有限公司第二届董事会第十二次会议审议通过，选举周卫平为公司董事长。2014年6月18日，《中国银监会关于国联信托周卫平任职资格的批复》（银监复[2014]384号），核准了周卫平董事长的任职资格。 2. 2014年9月24日，经国联信托股份有限公司2014年度第二次临时股东大会审议通过，同意杨飞辞去公司董事职务，并补充选举朱文革为公司第二届董事会董事。（现拟任董事总经理朱文革的任职资格正处于核准程序中）
国民信托	是	3	1. 报告期内，经公司股东会审议通过，曾进先生和付然女士连选连任公司董事。 2. 叶志衡先生辞任公司董事及副董事长职务。 3. 陈永德先生和孙希灏先生辞任公司董事。
国投信托	否		
杭州工商信托	是	2	1. 2014年5月16日，公司2014年第一次临时股东大会审议通过《关于变更公司董事的议案》，郑齐定先生不再担任公司董事职务，以累积投票制选举周宇先生为新任董事。上述任职资格已在2014年7月18日获得浙江银监局批复核准确认（浙银监复[2014]387号）。 2. 2014年10月，因公司第六届董事会任期届满，经2014年第三次临时股东大会选举，产生公司第七届董事会。董事会成员为虞利明、丁建萍、徐云鹤、Carlos Alfonso，Oyarbide Seco、陈涛、周宇、Andrew Gordon Williamson、秦永忠、金雪军。其中虞利明先生为董事长，Andrew Gordon Williamson、秦永忠、金雪军为独立董事。
湖南信托	是	2	1. 报告期内，2014年2月28日，经2014年股东会第1次临时会议拟聘任乔海曙先生担任第四届董事会独立董事；相关独立董事任职资格已获得监管机构湖南银监局核准（核准文件：湘银监复[2014]138号）。 2. 因工作个人原因，蒋民生先生辞去独立董事职务；2014年6月6日，2014年股东会第3次临时会议批准同意蒋民生先生辞去独立董事职务，拟聘任李妙和先生为第四届董事会独立董事。李妙和拟任独立董事的任职资格正按照程序报监管部门核准。
华澳信托	是	2	1. 原董事刘汉平先生于2014年7月10日经股东会批准不再担任董事职务，由张宏先生于2014年7月10日经股东会批准担任董事职务。 2. 原董事长余建平先生于2014年7月10日经董事会批准不再担任董事长职务，由张宏先生于2014年7月10日经董事会批准担任董事长职务。
华宝信托	是	1	2014年7月，原董事夏小军因工作调离舟山市财政局，不再担任公司董事。经舟山市财政局发函推荐，公司股东会审议通过决议：免去夏小军公司董事职务，选举俞志龙为公司董事。2014年11月，上海银监局核准、批复俞志龙华宝信托有限责任公司董事的任职资格。
华宸信托	是	1	由于股权变更，公司新一届董事变化情况：刘玉瀛、栗宝卿、王温、甄学军、宋弘、张瑞平同志为公司第四届董事会董事；郝占魁、范勇宏同志为公司第四届董事会独立董事。截至2014年12月31日，刘玉瀛、张瑞平同志新取得董事任职资格，郝占魁、范勇宏同志新取得独立董事任职资格。
华能信托	否		
华融信托	是	3	1. 报告期内，因工作需要，经2014年第一次临时股东会审议通过，同意免去王晓林同志华融国际信托有限责任公司独立董事职务。 2. 因工作需要，经2014年第二次临时股东会审议通过，同意选举袁护平同志担任公司董事会董事，经公司2014年第13次临时董事会审议，同意袁护平同志任华融国际信托有限责任公司董事会董事长，经2014年第45次临时董事会审议通过，同意推选袁护平董事长任战略发展委员会和风险管理委员会主任委员。 3. 因工作需要，经2013年度股东会审议通过，同意推选马肯·穆哈买提都拉同志和魏永忠同志任公司董事会董事，同意免去杨佩同志和卢江天同志公司董事会董事职务，经2014年第43次临时董事会审议通过，同意推选魏永忠董事出任公司审计委员会委员和薪酬管理委员会委员，免去杨佩同志审计委员会委员职务。
华润信托	否		
华鑫信托	是	2	1. 根据工作需要，按照股东方中国华电集团公司提名并经公司股东会选举李长旭为公司董事长、金树成为公司非独立董事。 2. 因工作原因，郝彬不再担任公司董事长，陈宇不再担任公司董事会董事。
华信信托	是	2	1. 2014年4月，公司第九届董事会届满，进行了董事会换届选举，董永成、刘辉、姜顺杰、尹世辉、杨家思、钟石、王忠民（独立董事）、邢天才（独立董事）、于元浦（独立董事），当选为第十届董事会董事。 2. 2014年12月，邢天才独立董事因工作原因提出辞职，股东大会选举单建保任第十届董事会独立董事。
吉林信托	否		
建信信托	是	2	1. 2014年3月15日，根据股东中国建设银行提名，公司2014年第一次临时股东会批准同意杜亚军、王宝魁、张华建担任公司董事；同日，公司第一届董事会第37次会议选举杜亚军担任董事长、程双起担任副董事长。2014年7月10日，中国银监会核准杜亚军建信信托董事长、程双起建信信托副董事长、王宝魁建信信托执行董事、张华建建信信托董事的任职资格（银监复[2014]463号），曾见泽、谢瑞平、张明合不再担任公司董事。 2. 2014年12月，康立国先生辞去公司独立董事职务。

续表

公司简称	是否变更	变更次数	董事变更详情列示
江苏信托	是	3	1. 2014年3月17日公司召开股东会，对公司第四届董事会和监事会成员作如下调整：浦宝英、胡军为公司董事，陆加芳、陆建萍不再担任公司董事。 2. 李起年为公司职工董事，王会清不再担任公司职工董事。2014年4月21日，中国银监会江苏监管局批复（苏银监复[2014]121号），核准浦宝英、胡军、李起年江苏省国际信托有限责任公司董事任职资格。 3. 2014年10月29日公司召开股东会，公司股东江苏省苏豪控股集团推荐余亦民为公司董事人选，薛炳海不再担任公司董事。2014年12月1日，中国银监会江苏监管局批复（苏银监复[2014]504号），核准余亦民江苏省国际信托有限责任公司董事任职资格。
交银国际信托	是	3	1. 2014年4月，经股东会批准，黄建宏不再担任本公司董事。 2. 2014年8月，经股东会批准，同意本公司独立董事李惠珍辞职。 3. 经股东会批准，龙传华拟任本公司董事。
昆仑信托	是	1	原董事温青山辞去董事职务，改选吴妍为公司董事。
陆家嘴信托	是	3	1. 2014年6月27日，2014年度股东会第二次会议通过《关于变更董事的议案》，青岛国信提名董事徐国君变更为邓友成。此项变更源于青岛国信的内部调整。新董事邓友成于2014年10月31日取得监管部门的董事任职资格批复。 2. 2014年12月19日，2014年度股东会第三次会议通过《关于变更独立董事的议案》，杨德红变更为沈宏山。此项变更系由于杨德红个人原因请辞。新独立董事沈宏山于2015年1月30日取得监管部门的董事任职资格批复。 3. 2014年6月27日，2014年度股东会第二次会议通过了《关于增加董事会、监事会席位的议案》与《关于选举董事、监事的议案》，在董事会由五席增至七席（其中独立董事由两名增至三名）的情况下，就新增董事和独立董事席位，选举丁文忠担任董事，选举张广鸿担任独立董事。2015年1月12日，监管部门批准上述治理结构调整事项。新董事丁文忠与新独立董事张广鸿分别于2015年1月29日、2015年1月30日取得监管部门的董事任职资格批复。
平安信托	是	1	报告期内，公司董事会选举张金顺先生担任董事长，童恺先生因工作调动不再担任董事长职务。
山东信托	是	1	经山东省国际信托有限公司四届一次董事会审议通过，并报经中国银行业监督管理委员会核准（核准文件：银监复[2014]317号），公司董事长由孟凡利变更为相开进。
山西信托	是	2	1. 公司于2014年4月2日召开了2014年股东大会第一次会议，通过了《关于杨有振辞去公司第一届董事会独立董事的议案》。 2. 公司于2014年12月29日召开了2014年股东大会第三次会议，通过了《关于选举李怡农为公司第一届董事会独立董事的议案》。
陕国投	是	1	2014年4月21日，经2013年度股东大会以记名方式投票表决，通过了关于选举姚卫东为公司第七届董事会董事的议案，姚卫东被选举为董事。
爱建信托	是	1	2014年9月14日，公司召开2014年第二次股东会，同意倪受彬先生、潘飞先生和马丽华女士担任公司第四届董事会独立董事；张启胜先生、李玉强先生和唐华铭先生不再担任公司独立董事。
上海信托	是	4	1. 公司第五届董事会于2014年5月30日召开会议，同意选举陈兵先生为公司第五届董事会副董事长，任期与公司第五届董事会一致。2014年6月26日经中国银监会上海监管局任职资格核准后正式任职。傅帆先生不再担任公司副董事长职务。 2. 公司第五届董事会于2014年5月30日召开会议，同意聘任陈兵先生为公司总经理，任期与本届经营班子一致。2014年8月22日经中国银监会任职资格核准后正式任职。傅帆先生不再担任公司总经理职务。 3. 公司第五届董事会于2014年5月30日召开会议，同意聘任张文桥先生为公司总经理助理，任期与本届经营班子一致。2014年6月26日经中国银监会上海监管局任职资格核准后正式任职。 4. 公司全体股东于2014年6月27日以通讯表决方式召开会议，同意选举周潜先生为公司第五届董事会董事，任期与公司第五届董事会一致。2014年9月1日经中国银监会上海监管局任职资格核准后正式任职。薛国龙先生不再担任公司董事职务。
四川信托	是	1	2014年11月，经公司2014年第二次临时股东会审议通过，接受原独立董事夏斌辞职申请，同意选举王元为公司第二届董事会独立董事，其任职资格经监管机构核准后生效。
苏州信托	是	4	1. 报告期内，公司第四届董事会职工董事汪文华先生因个人原因不再担任职工董事职务。 2. 独立董事胡玉鸿先生因个人原因辞去公司独立董事职务。 3. 2014年股东会第二次会议审议同意选举朱立教女士为公司第四届董事会的职工董事，第四届董事会第三次临时会议审议同意免除朱立教女士公司董事长职务，任命朱立教女士为公司董事会副董事长。 4. 第四届董事会第三次会议审议同意任命袁维静女士为公司董事长。
天津信托	是	1	2014年3月25日，公司以通讯表决方式召开2014年股东会第3次临时会议，审议通过了《关于同意马君潞不再担任天津信托有限责任公司独立董事的决议》。
万向信托	是	2	1. 报告期内，经公司第一届董事会第五次会议及2013年度股东会审议通过，并报经浙江银监局核准，李军先生辞任公司董事。 2. 报告期内，经公司第一届董事会第五次会议审议通过，并报经浙江银监局核准，刘鹏先生增补为公司董事。
五矿信托	是	1	2014年3月20日，公司召开股东会2014年第一次会议，审议通过《关于选举黄益平同志为公司独立董事的议案》，黄益平担任公司第二届董事会独立董事。公司第二届董事会原独立董事马忠智因个人原因辞去独立董事一职。

续表

公司简称	是否变更	变更次数	董事变更详情列示
西部信托	否		
西藏信托	否		
厦门国际信托	否		
新华信托	是	2	1. 公司2014年第二次临时董事会审议并作出决议，同意选举鲁钟男为公司第五届董事会副董事长，重庆银监局2014年3月10日核准鲁钟男的副董事长任职资格。 2. 公司第五届董事会第三次会议作出决议，同意翁先定辞去董事长职务，选举赵暖担任董事长，翁先定不再担任董事长职务，赵暖不再担任副总经理职务。银监会2014年7月8日核准赵暖的董事长任职资格。公司2014年第十九次临时董事会作出决议，同意赵暖辞去公司董事长职务。
新时代信托	否		
兴业信托	是	1	2014年12月1日，郑新林先生因工作变动原因辞去本公司第四届董事会董事职务；2014年12月19日，本公司2014年第四次临时股东会选举陈世涌先生担任本公司第四届董事会董事职务。陈世涌先生的董事任职资格已经福建银监局以闽银监复[2015]20号文件核准。
英大信托	是	1	2004年10月8日，曾宪泽董事向公司董事会和股东会提交辞职报告，因个人原因申请辞去董事职务，经公司2014年第二次临时股东会审议，同意其辞去董事职务。
云南信托	是	6	1. 2014年2月12日原公司董事刘凤春因个人原因提出辞去公司董事职务。 2. 2014年3月27日公司股东云南省财政厅发来《关于孙国棋、邓耘波、索克明三同志不再提任公司董事的函》，自此以上三位同志不再担任我公司董事职务。 3. 2014年6月18日原公司董事谢超因个人原因提出辞去公司董事职务。 4. 2014年10月原公司董事徐迅因个人原因提出辞去公司董事职务。 5. 根据中国银行业监督管理委员会《非银行金融机构行政许可事项实施办法》的相关规定向监管部门报送了舒广先生的董事任职资格审核材料，并于2014年8月19日经云南银监局云银监复[2014]224号文批准正式履行董事职责。 6. 根据中国银行业监督管理委员会《非银行金融机构行政许可事项实施办法》的相关规定向监管部门报送了刘峥女士的董事任职资格审核材料，并于2014年12月31日经云南银监局云银监复[2014]409号文批准正式履行董事职责。
浙金信托	否		
中诚信托	是	3	1. 2014年3月20日，取得《中国银监会关于核准张树忠任职资格的批复》。2014年4月3日，取得国家工商行政管理总局关于变更张树忠为公司董事的备案通知书，新任董事正式履职。 2. 2014年4月25日，经公司股东会审议通过《关于更换独立董事的决议》，选举刘宗义为公司第四届董事会独立董事，杨化彭不再担任公司独立董事职务。 3. 2014年10月16日，经公司2014年第二次临时股东会暨第四届董事会第四次会议审议通过《关于中诚信托有限责任公司更换董事、独立董事的议案》、《关于选举中诚信托第四届董事会董事长、副董事长的议案》，选举牛成立、王效钉为公司董事，邓红国、周语菡不再担任公司董事职务；选举李秉祥为公司独立董事，杨胜刚不再担任公司独立董事；选举王少华为公司董事长，张树忠为副董事长，邓红国不再担任公司董事长。
外贸信托	是	2	1. 2014年3月31日，公司2014年第一次股东决定书选举杨林为外贸信托董事，王引平不再担任外贸信托董事、董事长职务。2014年4月8日。公司第五届董事会第十六次会议选举杨林为外贸信托董事长。杨林的任职资格已于2014年8月7日获银监会核准。 2. 2014年3月1日，公司独立董事李保民申请辞去外贸信托独立董事职务。
金谷信托	是	3	1. 报告期内，经金谷信托2014年度第二次股东会和第六届董事会第十二次会议审议通过，并报经中国银行业监督管理委员会核准，彭新担任公司董事、董事长，徐兴建不再担任公司董事、董事长。 2. 经金谷信托2014年第四次股东会会议审议通过，选举周思良、宁桂兰、李婷婷为公司第七届董事会新任董事，张利、索巧梅、傅彬不再担任公司董事。 3. 选举夏执东、程正红为公司独立董事，王为强、郭朝田不再担任公司独立董事。
中国民生信托	是	1	2014年5月，公司2013年度股东会选举张博先生为公司董事，选举刘纪鹏先生为公司独立董事。
中海信托	是	3	1. 2014年2月27日，公司召开第三届董事会第三次会议，审议通过《关于免去高建华第三届董事会董事的议案》，并选举田文学为第三届董事会董事候选人。经公司2014年年度股东大会决议，选举田文学为公司董事，并上报上海银监局获得批准。 2. 2014年3月24日，公司召开第三届董事会第四次会议，审议通过了《免去狄卫平的公司独立董事职务的议案》。经公司股东大会2014年第一次临时会议决议，同意免去狄卫平的公司独立董事职务。 3. 2014年5月5日，公司召开第三届董事会第五次会议，选举张秉训为第三届董事会董事候选人。经公司股东大会2014年第二次临时会议决议，同意选举张秉训为公司第三届董事会独立董事，并上报上海银监局获得批准。
中航信托	是	2	1. 本报告期内，公司二届董事会正式履职，巴曙松先生因工作原因于2014年5月辞去独立董事职务。 2. 2014年8月，朱武祥先生正式履行公司独立董事职务。

续表

公司简称	是否变更	变更次数	董事变更详情列示
中建投信托	是	1	2014 年 4 月 25 日,公司完成第二届董事会换届和第三届董事会选举工作。经选举,公司第三届董事会组成人员包括:董事长杨金龙,股东董事刘屹、陈川、张亚平,独立董事刘淑兰、许燕、袁志刚,职工董事侯春枫。
中江信托	否		
中粮信托	是	1	2014 年 1 月 17 日,公司股东会同意选聘毕仲华女士担任公司独立董事,其任职资格于 2014 年 12 月 20 日获得中国银监会核准。
中融信托	是	2	1. 由于工作变动,2013 年第二次临时股东会审议通过董事王宝安离任。 2. 由于工作变动,2014 年第四次临时股东会审议通过董事赫小铂离任。
中泰信托	是	1	公司第五届董事会任期已经届满。报告期内,经股东会决议通过,并经中国银监会及其派出机构上海银监局核准,公司第六届董事会成员到任履职。其中经董事会决议,吴庆斌先生连选连任公司董事长。公司完成董事会换届工作。
中铁信托	是	1	杨良因工作原因在公司第四届董事会第九次会议上辞去董事职务,公司股东会 2014 年第一次会议选举何文为公司第四届董事会董事,其任职资格于 6 月 30 日获得四川银监局核准(川银监复[2014]199 号)。
中信信托	是	2	1. 2014 年 7 月,蒲坚因工作变动不再担任公司董事长,董事会选举陈一松担任董事长。 2. 2014 年 8 月,公司股东会选举李子民担任董事。
中原信托	是	1	2014 年 9 月,股东会 2014 年第四次会议选举河南中原高速公路有限公司投资运营部经理何运福同志担任公司第四届董事会董事。张华同志不再担任董事职务。
紫金信托	是	1	2014 年 10 月 17 日,股东会 2014 年第三次临时会议审议通过了《关于第二届董事会换届选举的议案》。选举陈峥女士、山胁徹哉先生、崔斌先生、沙福贵先生、王瑞女士五人出任公司第二届董事会董事,选举黄泽民先生、夏亮先生两人出任公司第二届董事会独立董事。公司第二届董事会由以上 7 名当选董事组成。山胁徹哉先生、崔斌先生的任职资格尚须获得中国银监会或其派出机构的核准。

2. 董事构成分析

在信托公司披露的董事人数设置上,万向信托、中诚信托人数最多,为 13 人,吉林信托、陆家嘴信托、中融信托和紫金信托人数最少,为 5 人,平均董事人数为 8.57 人,略少于 2013 年。董事的人数基本合理,但是在 68 家信托公司中有 21 家董事人数设置为偶数,不符合董事人数应当为奇数的常规。在董事的性别构成中男性占比为 87.14%,女性占比为 12.69%%。在董事的年龄构成中,董事的平均年龄为 51.42 岁,其中 30 ~39 岁的占比为 4.80%,40 岁以上的占比为 95.03%。应当说,不论从董事的人数设置、性别构成或是年龄构成来看均基本合理。

表 7-1-3　68 家信托公司 2014 年末董事会人员性别构成分析表

公司简称	董事会成员人数	其中男性人数	男性人数比例(%)	其中女性人数	女性人数比例(%)
国元信托	9	8	88.89	1	11.11
安信信托	9	7	77.78	2	22.22
百瑞信托	10	8	80.00	2	20.00
北方信托	12	8	66.67	4	33.33
北京信托	11	10	90.91	1	9.09
渤海信托	8	8	100.00	0	0.00
长安信托	8	8	100.00	0	0.00
长城新盛信托	11	9	81.82	2	18.18
重庆信托	10	8	80.00	2	20.00
大业信托	9	9	100.00	0	0.00
东莞信托	7	7	100.00	0	0.00
方正东亚信托	7	6	85.71	1	14.29
光大兴陇信托	9	8	88.89	1	11.11
粤财信托	6	5	83.33	1	16.67
国联信托	9	9	100.00	0	0.00
国民信托	7	6	85.71	1	14.29
国投信托	7	7	100.00	0	0.00
杭州工商信托	9	9	100.00	0	0.00
湖南信托	6	4	66.67	2	33.33
华澳信托	7	6	85.71	1	14.29
华宝信托	9	8	88.89	1	11.11
华宸信托	8	8	100.00	0	0.00
华能信托	9	8	88.89	1	11.11

续表

公司简称	董事会成员人数	其中男性人数	男性人数比例(%)	其中女性人数	女性人数比例(%)
华融信托	10	9	90.00	1	10.00
华润信托	9	8	88.89	1	11.11
华鑫信托	7	4	57.14	3	42.86
华信信托	9	9	100.00	0	0.00
吉林信托	5	5	100.00	0	0.00
建信信托	9	9	100.00	0	0.00
江苏信托	9	8	88.89	1	11.11
交银国际信托	6	3	50.00	3	50.00
昆仑信托	9	8	88.89	1	11.11
陆家嘴信托	5	5	100.00	0	0.00
平安信托	9	7	77.78	2	22.22
山东信托	9	8	88.89	1	11.11
山西信托	7	7	100.00	0	0.00
陕国投	7	5	71.43	2	28.57
爱建信托	10	9	90.00	1	10.00
上海信托	11	10	90.91	1	9.09
四川信托	7	5	71.43	2	28.57
苏州信托	7	5	71.43	2	28.57
天津信托	10	7	70.00	3	30.00
万向信托	13	13	100.00	0	0.00
五矿信托	7	7	100.00	0	0.00
西部信托	10	9	90.00	1	10.00
西藏信托	9	9	100.00	0	0.00
厦门国际信托	9	6	66.67	3	33.33
新华信托	10	9	90.00	1	10.00
新时代信托	9	7	77.78	2	22.22
兴业信托	9	7	77.78	2	22.22
英大信托	8	7	87.50	1	12.50
云南信托	8	7	87.50	1	12.50
浙金信托	11	10	90.91	1	9.09
中诚信托	13	11	84.62	2	15.38
外贸信托	8	8	100.00	0	0.00
金谷信托	9	5	55.56	4	44.44
中国民生信托	9	9	100.00	0	0.00
中海信托	8	8	100.00	0	0.00
中航信托	9	9	100.00	0	0.00
中建投信托	6	6	100.00	0	0.00
中江信托	9	8	88.89	0	0.00
中粮信托	9	7	77.78	2	22.22
中融信托	5	5	100.00	0	0.00
中泰信托	10	9	90.00	1	10.00
中铁信托	9	9	100.00	0	0.00
中信信托	9	7	77.78	2	22.22
中原信托	10	8	80.00	2	20.00
紫金信托	5	3	60.00	2	40.00
合计	583	508	87.14	74	12.69
平均	8.57	7.47		1.09	

注：中江信托披露了8名董事的信息，另1名独立董事的情况未披露。

表7-1-4　披露的信托公司2014年末董事会人员年龄构成分析表

公司简称	董事会成员人数	其中20~29岁人数	20~29岁人数比例(%)	其中30~39岁人数	30~39岁人数比例(%)	其中40岁以上人数	40岁以上人数比例(%)	董事的平均年龄
国元信托	9	0	0.00	1	11.11	8	88.89	49.78
安信信托	9	0	0.00	2	22.22	7	77.78	51.78
百瑞信托	10	0	0.00	0	0.00	10	100.00	47.90
北方信托	12	0	0.00	1	8.33	11	91.67	52.50
北京信托	11	0	0.00	0	0.00	11	100.00	54.09
渤海信托	8	0	0.00	0	0.00	8	100.00	55.38
长安信托	8	0	0.00	1	12.50	7	87.50	48.00
长城新盛信托	11	0	0.00	0	0.00	11	100.00	52.36
重庆信托	10	0	0.00	0	0.00	10	100.00	56.30
大业信托	9	0	0.00	0	0.00	9	100.00	58.22
东莞信托	7	0	0.00	0	0.00	7	100.00	57.00
方正东亚信托	7	0	0.00	0	0.00	7	100.00	50.71
光大兴陇信托	9	0	0.00	0	0.00	9	100.00	50.00
粤财信托	6	0	0.00	0	0.00	6	100.00	48.50
国联信托	9	0	0.00	0	0.00	9	100.00	48.11
国民信托	7	0	0.00	1	14.29	6	85.71	51.43
国投信托	7	0	0.00	0	0.00	7	100.00	53.43
杭州工商信托	9	0	0.00	2	22.22	7	77.78	49.56
湖南信托	6	0	0.00	0	0.00	6	100.00	51.33
华澳信托	7	0	0.00	0	0.00	7	100.00	49.29
华宝信托	9	0	0.00	0	0.00	9	100.00	52.67
华宸信托	8	0	0.00	0	0.00	8	100.00	52.63
华能信托	9	0	0.00	0	0.00	9	100.00	52.56
华融信托	10	0	0.00	0	0.00	10	100.00	54.70
华润信托	9	0	0.00	0	0.00	9	100.00	52.11
华鑫信托	7	0	0.00	0	0.00	7	100.00	50.29
华信信托	9	0	0.00	1	11.11	8	88.89	54.00
吉林信托	5	0	0.00	1	20.00	4	80.00	48.20
建信信托	9	0	0.00	0	0.00	9	100.00	56.56
江苏信托	9	0	0.00	0	0.00	9	100.00	52.56
交银国际信托	6	0	0.00	0	0.00	6	100.00	48.50
昆仑信托	9	0	0.00	1	11.11	8	88.89	50.67
陆家嘴信托	5	0	0.00	0	0.00	5	100.00	49.80
平安信托	9	0	0.00	0	0.00	9	100.00	60.56
山东信托	9	0	0.00	0	0.00	9	100.00	54.33
山西信托	7	0	0.00	0	0.00	7	100.00	53.57
陕国投	7	0	0.00	0	0.00	7	100.00	54.29
爱建信托	10	0	0.00	1	10.00	9	90.00	52.40
上海信托	11	0	0.00	0	0.00	11	100.00	53.91
四川信托	7	0	0.00	0	0.00	7	100.00	52.57
苏州信托	7	0	0.00	0	0.00	7	100.00	50.14
天津信托	10	0	0.00	2	20.00	8	80.00	46.10
万向信托	13	0	0.00	1	7.69	12	92.31	50.46
五矿信托	7	0	0.00	0	0.00	7	100.00	49.00
西部信托	10	0	0.00	0	0.00	10	100.00	51.30
西藏信托	9	0	0.00	0	0.00	9	100.00	52.22
厦门国际信托	9	0	0.00	0	0.00	9	100.00	49.89
新华信托	10	0	0.00	2	20.00	8	80.00	47.00
新时代信托	9	0	0.00	2	22.22	7	77.78	44.89

续表

公司简称	董事会成员人数	其中20~29岁人数	20~29岁人数比例(%)	其中30~39岁人数	30~39岁人数比例(%)	其中40岁以上人数	40岁以上人数比例(%)	董事的平均年龄
兴业信托	9	0	0.00	0	0.00	9	100.00	55.56
英大信托	8	0	0.00	0	0.00	8	100.00	51.88
云南信托	8	0	0.00	2	25.00	6	75.00	43.00
浙金信托	11	0	0.00	1	9.09	10	90.91	51.82
中诚信托	13	0	0.00	0	0.00	13	100.00	53.46
外贸信托	8	0	0.00	0	0.00	8	100.00	48.38
金谷信托	9	0	0.00	0	0.00	9	100.00	54.11
中国民生信托	9	0	0.00	1	11.11	8	88.89	55.89
中海信托	8	0	0.00	0	0.00	8	100.00	55.13
中航信托	9	0	0.00	2	22.22	7	77.78	48.67
中建投信托	6	0	0.00	0	0.00	6	100.00	51.17
中江信托	9	0	0.00	0	0.00	8	88.89	54.88
中粮信托	9	0	0.00	0	0.00	9	100.00	52.78
中融信托	5	0	0.00	0	0.00	5	100.00	44.80
中泰信托	10	0	0.00	3	30.00	7	70.00	45.90
中铁信托	9	0	0.00	0	0.00	9	100.00	51.22
中信信托	9	0	0.00	0	0.00	9	100.00	47.67
中原信托	10	0	0.00	0	0.00	10	100.00	48.70
紫金信托	5	0	0.00	0	0.00	5	100.00	47.80
合计	583	0	0.00	28	4.80	554	95.03	
平均	8.57	0.00	0.00	0.41	4.80	8.15	95.03	51.42

注：中江信托披露了8名董事的信息，另1名独立董事的情况未披露。

3. 董事会下设机构情况分析

表7-1-5 68家信托公司2014年末董事会下设机构情况分析表

公司简称	董事会下是否设置了审计委员会	董事会下是否设置了风险管理委员会	董事会下是否设置了人事薪酬委员会
国元信托	是	是	是
安信信托	是	是	是
百瑞信托	是	是	是
北方信托	是	是	是
北京信托	是	是	是
渤海信托	是	是	是
长安信托	是	是	是
长城新盛信托	是	是	是
重庆信托	是	是	是
大业信托	是	是	是
东莞信托	是	是	是
方正东亚信托	是	是	是
光大兴陇信托	否	是	是
粤财信托	是	是	否
国联信托	是	是	是
国民信托	是	是	是
国投信托	是	是	否
杭州工商信托	是	是	是
湖南信托	是	是	是
华澳信托	是	否	是
华宝信托	是	是	是
华宸信托	是	是	是
华能信托	是	是	是

续表

公司简称	董事会下是否设置了审计委员会	董事会下是否设置了风险管理委员会	董事会下是否设置了人事薪酬委员会
华融信托	是	是	是
华润信托	是	是	是
华鑫信托	是	是	是
华信信托	是	是	是
吉林信托	是	是	是
建信信托	是	是	是
江苏信托	是	是	是
交银国际信托	是	是	否
昆仑信托	是	是	是
陆家嘴信托	是	是	是
平安信托	是	否	是
山东信托	是	是	是
山西信托	是	是	是
陕国投	是	是	是
爱建信托	是	是	是
上海信托	是	是	是
四川信托	是	是	否
苏州信托	是	是	是
天津信托	是	是	是
万向信托	是	是	否
五矿信托	是	是	是
西部信托	是	是	是
西藏信托	是	否	是
厦门国际信托	是	否	是
新华信托	是	是	是
新时代信托	是	是	是
兴业信托	是	是	是
英大信托	是	是	是
云南信托	是	是	是
浙金信托	否	是	是
中诚信托	是	是	是
外贸信托	是	是	否
金谷信托	是	是	是
中国民生信托	是	是	是
中海信托	是	是	是
中航信托	是	是	是
中建投信托	是	是	是
中江信托	是	是	是
中粮信托	是	是	否
中融信托	是	是	是
中泰信托	是	是	是
中铁信托	是	是	是
中信信托	是	是	是
中原信托	是	是	是
紫金信托	是	是	是

从表7－1－5可见，68家信托公司都不同程度地设立了审计委员会、风险管理委员会和人事薪酬委员会等类似机构以及相对独立的稽核检查部门，这在一定程度上逐步向防止权利过于集中的方向过渡，体现相互制约的基本原则。但也可以看出，在68家信托公司中只有55家完整地设置了审计委员会、风险管理委员会和人事薪酬委员会。

按照银监会的信息披露要求，信托公司应当披露董事会下设机构的年度会议情况，但是在68家信托公司中，有32家未作任何披露，仅有36家公司作了相关披露，见表7－1－6。因此，建立和健全这些委员会使其职能常规化是一个应该重视的问题。

表7－1－6　披露的68家信托公司2014年董事会下设委员会开会情况表

公司简称	年度董事会下审计委员会会议次数	年度董事会下风险管理委员会会议次数	年度董事会下人事薪酬委员会会议次数
国元信托	4	4	4
安信信托	未披露	未披露	未披露
百瑞信托	未披露	未披露	未披露
北方信托	3	3	2
北京信托	未披露	未披露	未披露
渤海信托	1	1	1
长安信托	未披露	未披露	未披露
长城新盛信托	未披露	未披露	未披露
重庆信托	未披露	未披露	未披露
大业信托	2	1	1
东莞信托	0	1	0
方正东亚信托	2	2	2
光大兴陇信托	不适用	未披露	未披露
粤财信托	1	1	不适用
国联信托	7	7	4
国民信托	未披露	未披露	未披露
国投信托	未披露	未披露	不适用
杭州工商信托	未披露	未披露	未披露
湖南信托	2	2	2
华澳信托	未披露	不适用	未披露
华宝信托	2	2	2
华宸信托	未披露	未披露	未披露
华能信托	1	1	1
华融信托	2	2	2
华润信托	未披露	未披露	未披露
华鑫信托	未披露	未披露	未披露
华信信托	4	83	5
吉林信托	未披露	未披露	未披露
建信信托	未披露	未披露	未披露
江苏信托	未披露	未披露	未披露
交银国际信托	未披露	未披露	未披露
昆仑信托	2	1	1
陆家嘴信托	1	2	1
平安信托	5	不适用	7
山东信托	未披露	未披露	未披露
山西信托	未披露	未披露	未披露
陕国投	6	6	2
爱建信托	2	2	1
上海信托	2	2	2
四川信托	未披露	未披露	不适用
苏州信托	3	3	3
天津信托	2	3	1
万向信托	2	2	不适用
五矿信托	未披露	未披露	未披露

续表

公司简称	年度董事会下审计委员会会议次数	年度董事会下风险管理委员会会议次数	年度董事会下人事薪酬委员会会议次数
西部信托	2	2	5
西藏信托	未披露	不适用	未披露
厦门国际信托	未披露	不适用	未披露
新华信托	2	2	4
新时代信托	未披露	未披露	未披露
兴业信托	11	11	1
英大信托	未披露	未披露	未披露
云南信托	3	16	2
浙金信托	不适用	未披露	未披露
中诚信托	2	2	1
外贸信托	2	4	不适用
金谷信托	2	2	1
中国民生信托	2	0	1
中海信托	未披露	未披露	未披露
中航信托	1	1	0
中建投信托	1	1	2
中江信托	未披露	未披露	未披露
中粮信托	未披露	未披露	不适用
中融信托	4	4	3
中泰信托	未披露	未披露	未披露
中铁信托	3	3	2
中信信托	2	1	2
中原信托	未披露	未披露	未披露
紫金信托	5	5	6

在披露的68家信托公司的年报中，66家信托公司在董事会下设了审计委员会，其中64家信托公司对董事会下设审计委员会的委员人数作了披露，65家信托公司对审计委员会的职能作了披露，见表7-1-7。通过对64家已经披露的审计委员会委员人数情况分析可见，审计委员会的平均设置人数为3.31人。

表7-1-7　信托公司2014年末董事会下设审计委员会情况分析表

公司简称	是否设置	审计委员会人数	审计委员会职能
国元信托	是	5	负责根据公司风险承受能力制定公司风险管理政策，确定合理的风险管理水平，并督促高级管理层采取必要的措施识别、计量、监测和控制风险；负责公司内、外部审计的沟通和对公司经营的监督、检查工作。
安信信托	是	5	检查公司经理层遵守法规、公司章程的情况；研究拟定公司风险管理战略和政策；监督公司内部审计等。
百瑞信托	是	4	审查公司的财务收支、效益、预算执行等经营情况；审查公司内部控制的健全性和有效性的审计报告；审查公司内审部门审计工作计划及工作报告；监督公司内部审计和外部审计中发现的问题及整改情况；提议聘请或更换外部审计机构；审查公司年度报告和审计报告；审查审计管理制度、政策；其他相关工作。
北方信托	是	3	代表董事会对公司经营活动行使审计评价和监督职能，是对公司内部、外部审计和内控活动进行监督、核查的机构
北京信托	是	3	1. 提议聘请或更换外部审计机构。 2. 监督公司的内部审计制度及其实施。 3. 负责内部审计与外部审计之间的沟通。 4. 审核公司的财务信息及其披露。 5. 审查公司内控制度，对重大关联交易进行审计。
渤海信托	是	3	强化对公司财务、经营、风险及合规管理情况的监督检查，提升对公司经营风险的识别、计量和防范、化解能力，保证公司的规范健康发展。
长安信托	是	2	监督公司重大经营活动的合法、合规性，保证有关法律、法规、监管规章的贯彻执行；提议聘请或更换外部审计机构；负责内部审计与外部审计之间的沟通；检查、监督、评价公司内部审计工作情况和内部审计制度的实施情况；审核公司的财务信息及其披露；审核公司的重大关联交易。

续表

公司简称	是否设置	审计委员会人数	审计委员会职能
长城新盛信托	是	4	1. 审核公司的财务信息及其披露，并对公司披露的定期财务报告（含季报、中报、年报）形成书面意见。 2. 监督公司的内部审计制度及其实施，负责公司内部审计工作，对公司重大关联交易进行审计。 3. 至少每半年向公司董事会提交内部审计报告，同时向银监会报送该报告的副本。 4. 负责内部审计与外部审计之间的沟通、协调以及会计师事务所的选聘工作。委员会应与负责公司外部审计的会计师事务所加强沟通，密切关注注册会计师的工作情况，协助注册会计师开展工作。 5. 提议聘请或更换外部审计机构，对外部审计机构开展公司有关财务审计、资产评估及相关业务活动工作结果的真实性、合法性进行监督。 6. 审查公司内控制度，每年对公司内部控制制度的建立、健全与执行情况至少进行一次检查和评估，并发表专项意见报送公司董事会。 7. 负责拟定对董事和高级管理人员进行离任审计的方案；以及经董事会授权的其他职权。
重庆信托	是	5	负责审定公司内部审计制度；负责提议聘请或更换外部审计机构；负责审定公司内部审计部门的年度审计工作计划；负责公司内部审计负责人的任免；负责研究审定公司内部审计部门报送的审计报告；指导公司内部审计工作，检查、监督公司内部审计实施情况；负责对公司内部审计部门工作或成效进行评价；监督公司业务经营活动的真实性、合法性等。
大业信托	是	3	主要对公司的内部审计制度进行评价，对内部审计工作进行核查。
东莞信托	是	3	主要负责董事会要求的审计事项，监督公司的内部审计制度及其实施，审查公司内控制度。
方正东亚信托	是	3	向董事会提交公司全面风险管理年度报告；确定公司风险管理的总体目标、风险偏好、风险承 受度、风险管理策略和重大风险管理解决方案；对公司信托业务和固有业务的风险控制及管理情况进行监督；对公司固有财产和信托财产的风险状况进行定期评估；对公司关联交易业务风险进行评估，对重大关联交易事项进行审查并提交董事会审议；组织制定和修改公司风险控制制度，提出完善公司风险管理和内部控制的建议；审议公司风险管理组织机构设置及其职责；为董事会督导公司风险管理文化建设提供建议；对公司信息披露的真实、准确、完整和 合规性等进行监督；监督公司内部审计制度及其实施；负责内部审计与外部审计之间的沟通；审核公司的财务信息及其披露；检查公司内部控制制度的制定、完善和执行；提议聘请或更换外部审计机构；董事会授予的其他职责。
光大兴陇信托	否		
粤财信托	是	3	监督公司的内部审计制度及其实施；审核、批准公司年度审计计划、审计报告；向董事会推荐并聘请外部审计机构对公司进行审计；负责内部审计与外部审计之间的沟通等。
国联信托	是	3	审查和监督公司风险管理政策、制度，并对其执行情况进行评价。
国民信托	是	1	负责公司重大的会计和审计事项；协助董事会对财务报告提供独立审阅及监察意见，并监察外聘审计师是否独立客观及审计程序是否有效；监察公司业绩表现，包括财务报表，账目及正式公告的完整性、准确性等董事会授予的职责。
国投信托	是	4	1. 审议公司内部审计报告。 2. 审议公司全面风险管理年度报告。 3. 对公司内控机制和风险管理方面存在的问题进行评价、分析。 4. 有权向董事会提交内部控制、审计、风险管理方面的议案。 5. 董事会授予的其他职责。
杭州工商信托	是	3	提议聘用或更换会计师事务所；监督公司的内部审计制度的建立及其实施；审阅经营管理委员会提交的公司年度财务报告、审计报告等，审阅公司的财务信息及披露、内审部门提交的内审报告；审查公司的内控制度；对经营管理委员会编制的预算提出建议等。
湖南信托	是	3	负责拟定公司风险控制管理战略、风险管理政策和内部控制流程，并对其实施情况进行监督和评价；监督公司内部审计制度及其实施，审核公司财务情况，提议聘用、更换或解聘公司审计机构等。
华澳信托	是	3	1. 根据国家金融政策、市场情况和公司发展方向，制定重点业务管理及经营风险的防范与控制措施。 2. 负责督促公司依法履行董事会赋予的职责，对公司执行经董事会批准的年度经营计划的过程及结果进行监督和审计。 3. 对公司合规、合法运营进行审计和监督。 4. 对会计报表、会计账目及相关材料进行审计，审查财务收支的真实性、合法性、效益性。 5. 审议董事会不时要求的其他事项。 6. 评估审计报告中所提出的相关问题以及行动建议。 7. 审批审计工作计划。 8. 评估审计团队的工作表现。 9. 参与评估审计稽核部的工作绩效。
华宝信托	是	3	负责公司风险的控制、管理、监督和评估，公司内部、外部审计的沟通，监督和核查工作以及重大关联交易的审核。
华宸信托	是	3	提议聘请或更换外部审计机构；监督公司的制度建设及其执行情况；负责内部审计与外部审计之间的沟通；审核公司的财务信息及其披露；审查公司内控制度，对重大关联交易进行审查；董事会授权的其他事项。
华能信托	是	3	拟定公司风险管理政策和重大风险管理解决方案；审议公司风险管理组织机构设置及其职责；定期审查公司风险管理、合规管理、内部审计工作报告，就完善内部控制向董事会提出建议；董事会授予的其他职责。

续表

公司简称	是否设置	审计委员会人数	审计委员会职能
华融信托	是	3	1. 审查公司内部控制制度以及公司建立的用于监控行为准则遵循情况的规划。 2. 提议聘请或更换外部审计机构。 3. 监督董事会决议的执行情况。 4. 审核公司的财务信息及其披露。 5. 在公司重大财务问题的处理上提出独立的意见，负责内部审计与外部审计之间的沟通等。
华润信托	是	3	负责提议聘请或更换外部审计机构，监督公司的内部审计制度及其实施，审核公司的财务信息及其披露，审查公司的内控制度。
华鑫信托	是	3	负责内部、外部审计的沟通，监督和核查工作以及重大关联交易的审核。
华信信托	是	3	监督管理内部审计工作；对高管人员的经营行为进行检查监督。
吉林信托	是	3	负责批准公司内部审计制度、中长期审计规划和年度工作计划，监督公司的内部审计基本制度及其实施及内部审计与外部审计之间的沟通。
建信信托	是	3	1. 向董事会提议聘请或更换外部审计机构。 2. 监督公司的内部审计制度的制定及其实施。 3. 负责内部审计与外部审计之间的沟通。 4. 审核公司的各项相关业务信息及其披露。 5. 评价公司的内控制度。 6. 监督监管机构及其他外部部门对公司提出意见的整改，并向董事会报告。 7. 董事会授予的其他职责。
江苏信托	是	3	审议关于公司财务审计、内部控制的规划、制度、规则、报告等，为董事会决策提供依据和建议；监督公司内部审计制度实施。
交银国际信托	是	3	提议聘请或更换外部审计机构；审议并报请董事会批准内部审计制度并监督实施情况；审议公司经审计的财务信息披露事项；评价公司内部控制和风险管理制度设计的合理性和运行的有效性，并根据需要对重大关联交易、重大投资进行审计等。
昆仑信托	是	3	检查内部审计监督部门职责要求、目标及有关的审计监督政策；监督公司内部审计质量与财务信息披露；检查公司风险及合规状况；负责公司年度审计工作。
陆家嘴信托	是	3	监督公司内部审计制度及其实施；负责内部审计与外部审计之间的沟通；审核公司的财务信息及其披露；提议聘请或更换外部审计机构；董事会授予的其他职责。
平安信托	是	3	提议聘请或更换外部审计机构；审核公司内部审计基本制度；听取并审议外部审计机构报告；监督公司内部审计制度及其实施；监督公司遵守国家法律、法规等合规经营情况；制订公司风险管理策略和原则等。
山东信托	是	4	审查、监督管理层制订的公司的会计政策、财务状况和财务报告程序；提议聘请或更换外部审计机构；监督公司的内部审计制度及其实施；负责内部审计与外部审计之间的沟通；审查公司内部控制制度，对重大关联交易进行核查；董事会授权的其他事项。
山西信托	是	7	审定公司风险管理的原则和政策，在授权范围内，对公司重大事项的风险进行评审，检查、指导公司日常风险管理工作；审定公司内部审计计划，监督公司财务运行，提议聘请或更换外部审计机构。
陕国投	是	3	1. 向董事会提交公司全面风险管理年度报告。 2. 确定公司风险管理的总体目标、风险偏好、风险承受度、风险管理策略和重大风险管理解决方案。 3. 审议公司风险管理组织机构设置及其职责。 4. 对公司信托业务和自营业务的风险控制及管理情况进行监督。 5. 对公司自有财产和信托财产的风险状况进行定期评估。 6. 对公司关联交易业务风险进行评估，对重大关联交易事项进行审查并提交董事会审议。 7. 对公司信息披露的真实、准确、完整和合规性等进行监督。 8. 提出完善公司风险管理和内部控制的建议。 9. 监督公司内部审计制度及其实施。 10. 负责内部审计与外部审计之间的沟通。 11. 审核公司的财务信息及其披露。 12. 提议聘请或更换外部审计机构。 13. 为董事会督导公司风险管理文化建设提供建议。 14. 董事会授予的其他职责。 风险管理与审计委员会在年度报告工作中的特别职责： 1. 应当与会计师事务所协商确定年度财务报告审计工作的时间安排。 2. 督促会计师事务所在约定时限内提交审计报告，并以书面意见形式记录督促的方式、次数和结果以及相关负责人的确认签字。 3. 应在年审注册会计师进场前审阅公司编制的财务会计报表，形成书面意见。 4. 在年审注册会计师进场后加强与年审注册会计师的沟通，在年审注册会计师出具初步审计意见后再一次审阅公司财务会计报表，形成书面意见。 5. 应对年度财务会计报表进行表决，形成决议后提交董事会审核。 6. 应当向董事会提交会计师事务所从事本年度公司审计工作的总结报告。 7. 应当向董事会提交下年度续聘或改聘会计师事务所的决议。

续表

公司简称	是否设置	审计委员会人数	审计委员会职能
爱建信托	是	3	确定公司风险管理的总体目标和政策；提议聘请或更换外部审计机构；监督公司的内部审计制度及其实施；审核公司的财务信息及其披露；审查公司的内控制度。
上海信托	是	3	监督公司的内部审计制度实施；负责内部审计与外部审计之间的沟通；审核公司的财务信息及其披露；对重大关联交易进行审计；提议聘请或更换外部审计机构；董事会授权的其他事宜。
四川信托	是	3	提议聘请或更换外部审计机构；监督公司的内部审计制度及其实施；负责内部审计与外部审计之间的沟通；审核公司的财务信息及其披露；审查公司内控制度等。
苏州信托	是	5	审核公司内部审计基本制度；监督公司的内部审计制度实施；审核公司的财务信息；提议聘请或更换外部审计机构；听取并审议外部审计机构报告。
天津信托	是	4	负责对公司内部审计、外部审计和信息披露以及重大关联交易进行监督和审查。
万向信托	是	3	确定公司风险管理的总体目标、风险偏好、风险承受度、风险管理策略和重大风险管理解决方案；评估公司关联交易业务风险；监督公司信托业务和自营业务的风险控制及管理；监督公司信息披露的真实、准确、完整和合规性；提出完善公司风险管理和内部控制及内部审计实施的建议等。
五矿信托	是	未披露	主要负责拟定公司风险管理政策和重大风险管理解决方案，督促公司各项业务的合规、合法运作，以防范和控制业务风险。
西部信托	是	3	对管理层的经营情况、内控制度的制定和执行情况的监督检查。
西藏信托	是	3	监督、审核公司内部审计制度及其实施、信息披露、财务信息；负责内部审计与外部审计之间的沟通；提议聘请或更换外部审计机构等。
厦门国际信托	是	3	提议聘请和更换外部审计机构；审批公司年度审计工作计划；每季度听取并审议审计部的工作报告；审批公司年度审计工作报告，并报董事会审议；审议批准公司案防工作总体政策，推动案防管理体系建议；明确高级管理层有关案防职责及权限，确保高级管理层采取必要措施有效监测、预警和处置案件风险；提出案防工作整体要求，审议案防工作报告；考核评估公司案防工作有效性；确保内审稽核对案防工作进行有效审查和监督。
新华信托	是	4	定期向董事会报告审计工作情况，并将审计工作的主要情况通报监事会和高级管理人员；负责任命公司内审稽核部门负责人；检查公司内审稽核部门职责要求、年度目标完成及有关的审计监督政策的执行情况；审议公司内审稽核部门年度工作计划、中长期审计规划，并对其工作进行指导；审议与公司内部审计相关的主要管理制度，并报董事会批准；选定普华永道、德勤、安永及毕马威4家会计师事务所中的一家对公司年度财务情况进行审计，该等选定应由董事会报股东大会批准，并负责把经审计后的年度会计审计报告报董事会及股东大会审批；检查及督促公司对监管部门、内审稽核部和注册会计师检查审计意见或建议的执行情况，对监管部门、内审稽核部门和注册会计师检查意见或建议不执行或执行不力的部门及人员，向公司提出处理意见；负责组织公司内控制度的修订，检查评价公司制度的执行情况；配合监管部门、监事会进行检查活动；公司董事会授予的其他职权。
新时代信托	是	3	专门负责对公司财务活动及其有关经济活动的真实、合法、合规、准确和效益的监督审计，依法审议、拟定内部监督活动方案，指导稽核部门实施稽核审计，为维护公司合法权益，防范金融风险，促进增收节支，提高经济效益服务。
兴业信托	是	5	主要负责本公司审计与风险的控制、管理、评估和监督，同时负责本公司内部、外部审计的沟通，监督和核查工作以及重大关联交易的审核。
英大信托	是	2	负责监督公司内部、外部审计工作。
云南信托	是	2	监督公司的内部审计制度及其实施。
浙金信托	否		
中诚信托	是	3	对公司内部审计制度进行评价，对内部审计工作进行核查。
外贸信托	是	3	负责内部及外部审计工作，对公司内部控制管理工作进行监督，核查财务信息披露等。
金谷信托	是	3	负责公司的风险控制、管理、监督和评估以及公司内外部审计的沟通、监督和核查等工作。
中国民生信托	是	5	1. 对公司信息披露的真实、准确、完整和合规性等进行监督。 2. 监督公司内部审计制度及其实施。 3. 负责内部审计与外部审计之间的沟通。 4. 审核公司的财务信息及其披露。 5. 提议聘请或更换外部审计机构。 6. 董事会授予的其他职责。
中海信托	是	3	提议聘请或更换外部审计机构；监督公司的内部审计制度及其实施；负责内部审计与外部审计之间的沟通；审核公司的财务信息及其披露；审查公司内控制度等。
中航信托	是	3	负责监督公司内、外部审计工作。

续表

公司简称	是否设置	审计委员会人数	审计委员会职能
中建投信托	是	4	1. 根据公司发展战略，制订、审核公司风险管理工作规划，评价公司战略目标和经营计划所涉及的风险因素，并向董事会提出建议。 2. 定期审核、评议公司风险管理政策，促进风险管理政策的合法合规和及时有效。 3. 从风险控制角度，监督公司各项规章制度的执行情况，并对公司重大经营决策进行风险监测和评价。 4. 审阅公司风险管理工作报告，对风险管理工作提出改善意见和建议。 5. 审核、批准公司的风险控制流程与风险计量模型和方法的监测、调整等相关工作。 6. 审核、评议公司年度审计工作规划。 7. 负责对公司内部审计制度的有效性及其执行情况进行监督。 8. 负责内部审计与外部审计之间的沟通与协调。 9. 提议聘请或更换外部审计机构。 10. 董事会授权的其他事宜。
中江信托	是	未披露	未披露。
中粮信托	是	3	1. 制定、审核、批准公司的风险管理和内部控制的政策、程序并报请董事会审议。 2. 对公司信托业务、自营业务及其他业务的风险控制及风险管理政策、程序、执行情况进行监督。 3. 对公司固有财产和信托财产的风险状况进行定期评估。 4. 对公司合规风控部、审计部的工作程序和工作效果进行评议。 5. 提议聘请或更换外部审计机构。 6. 监督公司的制度建设及其执行情况。 7. 监督董事会决议的执行情况。 8. 审核公司的财务信息及其披露。 9. 审查公司内控制度。 10. 公司董事会授权的其他事项。
中融信托	是	3	对公司重大的投资项目、信托资金运用及中介业务进行风险评估和预测，提出风险防范措施；对公司重大的投资项目、信托计划运作及中介业务的执行情况进行监控；针对业务过程中的异常情况做出预警并及时报告董事会等；提议聘请或更换外部审计机构；监督公司内部稽核审计制度实施情况；审核公司重大财务信息及其披露情况；监督公司资金信托业务过程合规性；审查固有业务关联交易合规性、可能导致的各项风险以及是否符合公司长期发展战略。
中泰信托	是	5	负责公司的风险控制、管理、监督和评估，及公司内外部审计的沟通、监督和核查等工作。
中铁信托	是	3	负责公司风险的控制、管理、监督和评估；公司关联交易的审查；公司内部、外部审计的监督和核查工作。
中信信托	是	3	审核和监督风险控制和内部审计年度计划的制定和执行，评估风险控制和审计结果，并提出改进建议等。
中原信托	是	4	审议公司年度内部审计计划，提议聘请或更换外部审计机构，监督公司内部审计制度的实施，负责内部审计与外部审计之间的沟通，监督和审核公司的财务信息，监督和审核公司的信息披露，审查公司内控制度有效性，审计重大关联交易。
紫金信托	是	2	1. 合法合规性审查。 2. 风险控制审查。 3. 财务及内控审查。 4. 审计工作及审查。 5. 关联交易审查。 6. 案防工作及审查。 7. 公司董事会授权的其他事宜。

在披露的68家信托公司的年报中，64家信托公司在董事会下设了风险管理委员会，其中62家信托公司对董事会下设风险管理委员会的委员人数作了披露，63家信托公司对风险管理委员会的职能作了披露。风险管理委员会的职能见表7－1－8。通过对62家已经披露的风险管理委员会委员人数情况分析可见，风险管理委员会的平均设置人数为3.87人。

表7－1－8　信托公司2014年末董事会下设风险管理委员会情况分析表

公司简称	是否设置	风险管理委员会人数	风险管理委员会职能
国元信托	是	5	负责根据公司风险承受能力制定公司风险管理政策，确定合理的风险管理水平，并督促高级管理层采取必要的措施识别、计量、监测和控制风险；负责公司内部、外部审计的沟通和对公司经营的监督、检查工作。
安信信托	是	5	检查公司经理层遵守法规、公司章程的情况；研究拟定公司风险管理战略和政策；监督公司内部审计等。
百瑞信托	是	4	监督、检查公司经营活动的合法合规性；审查经营层提交的公司全面风险评估和合规报告，提出整改意见，督促改进；审查重大风险管理解决方案以及重大决策的风险评估报告；审查风险管理制度、政策；其他相关工作。

续表

公司简称	是否设置	风险管理委员会人数	风险管理委员会职能
北方信托	是	6	代表董事会对公司运作和经营活动中的风险进行监督、控制和管理，是公司风险防范与控制经营风险的机构。
北京信托	是	5	1. 负责制定公司风险管理的目标和政策。 2. 完善和健全公司风险管理的体系建设。 3. 制定公司风险管理的流程管控程序。
渤海信托	是	3	强化对公司财务、经营、风险及合规管理情况的监督检查，提升对公司经营风险的识别、计量和防范、化解能力，保证公司的规范健康发展。
长安信托	是	4	审核、修订公司的风险管理制度，对其实施情况及效果进行监督、检查和评价，并向董事会提出建议；对高级管理层在信托、信贷、市场、操作等方面的风险控制进行监督；对公司的风险状况进行定期评估；董事会授予的其他职责。
长城新盛信托	是	5	1. 对公司开展新的自营业务或项目以及公司重大经营事件或项目进行风险收益评估，研究拟定风险防范方案。 2. 对公司经营的信托业务或项目进行事先风险收益评估，研究拟定风险防范方案。 3. 向董事会提交公司全面风险管理年度报告。 4. 研究公司经营活动及风险状况，提出风险管理需要关注的核心风险问题，对公司可能出现的风险进行预测与评价。 5. 审核风险监控指标体系及风险管理信息分析报告，监督经营管理层对经营风险采取必要的识别、计量、监测和控制措施。 6. 对战略规划的实施过程进行监督和评估，督促经营管理层持续改进风险管控能力。 7. 研究公司经营管理的风险识别、管理技术、风险控制及补偿机制，审核风险管理系统建设规划； 8. 研究、审核公司经营管理中重大风险事件的预警预控、应急预案。 9. 根据国家宏观经济金融政策及市场形势的变化，制定公司风险管理体系，审核公司内部风险控制制度及执行情况。 10. 根据公司发展战略，研究公司的风险管理体系，提出改进风险管理体系的决策程序及建议。 11. 研究公司战略规划的执行步骤及其管理方式，评估风险政策的有效性，提出动态的风险控制建议方案；以及经董事会授权的其他职权。
重庆信托	是	5	评价公司风险概貌、公司总体风险暴露以及各风险类别之间的依存度，批准和定期评审各种风险管理策略；负责公司自有业务、集合资金信托业务和特定的单一信托业务的审批和定价政策的制定；负责对公司信托新产品的风险评判；负责公司风险管理突发事项和紧急事项的应急处理；负责定期评价公司风险管理状况和相关政策的执行状况等。
大业信托	是	3	强化董事会在防范公司经营风险中的作用，并对公司长期发展战略和资产结构、投资方向以及重大投资决策进行审议评价并提出建议。
东莞信托	是	3	建立风险管理制度，对重大业务风险进行识别、监视和综合管理。
方正东亚信托	是	3	向董事会提交公司全面风险管理年度报告；向董事会提交公司全面风险管理年度报告；确定公司风险管理的总体目标、风险偏好、风险承 受度、风险管理策略和重大风险管理解决方案；对公司信托业务和固有业务的风险控制及管理情况进行监督；对公司固有财产和信托财产的风险状况进行定期评估；对公司关联交易业务风险进行评估，对重大关联交易事项进行审查并提交董事会审议；组织制定和修改公司风险控制制度，提出完善公司风险管理和内部控制的建议；审议公司风险管理组织机构设置及其职责；为董事会督导公司风险管理文化建设提供建议；对公司信息披露的真实性、准确性、完整性和合规性等进行监督；监督公司内部审计制度及其实施；负责内部审计与外部审计之间的沟通；审核公司的财务信息及其披露；检查公司内部控制制度的制定、完善和执行；提议聘请或更换外部审计机构；董事会授予的其他职责。
光大兴陇信托	是	5	根据公司总体战略，审核和修订公司风险政策，对其实施情况及效果进行监督和评价，并向董事会提出建议；对项目风险进行预警、评价；董事会授予的其他职责。
粤财信托	是	5	审议公司内部管理制度、风险控制制度和监控制度；审议、制定各类操作业务操作细则和财务控制制度；监控投资项目、信托项目的风险；评估公司经营风险并提出整改意见。
国联信托	是	3	审查和监督公司风险管理政策、制度，并对其执行情况进行评价。
国民信托	是	2	负责公司内控和风险管理体系、政策的建立和完善；拟定公司关联交易政策，审议重大关联交易；根据授权，对重要信托项目进行审批；负责组织对公司存在重大风险隐患或出现的重大风险事故的内部调查工作等董事会授予的其他职责。
国投信托	是	4	1. 审议公司内部审计报告。 2. 审议公司全面风险管理年度报告。 3. 对公司内控机制和风险管理方面存在的问题进行评价、分析。 4. 有权向董事会提交内部控制、审计、风险管理方面的议案。 5. 董事会授予的其他职责。
杭州工商信托	是	3	审议公司的风险管理构架、风险战略和风险管理基本政策，并提请董事会批准；提出有效执行的实施建议和行业风险管理建议，研究公司风险约束指标体系，对公司管理内控薄弱环节和存在问题提出整改意见；审阅公司有关风险管理报告、合规报告及风险管理计划，完善公司风险管理和内部控制等。
湖南信托	是	3	负责拟定公司风险控制管理战略、风险管理政策和内部控制流程，并对其实施情况进行监督和评价；监督公司内部审计制度及其实施，审核公司财务情况，提议聘用、更换或解聘公司审计机构等。

续表

公司简称	是否设置	风险管理委员会人数	风险管理委员会职能
华澳信托	否		
华宝信托	是	3	负责公司风险的控制、管理、监督和评估，公司内、外部审计的沟通、监督和核查工作以及重大关联交易的审核。
华宸信托	是	3	对公司信托业务、自营业务及其他业务的风险控制及风险管理情况进行监督；对公司固有财产和信托财产的风险状况进行定期评估；提出完善公司风险管理和内部控制的建议；对公司内部稽核部门的工作程序和工作效果进行评估；董事会授权的其他事项。
华能信托	是	3	拟定公司风险管理政策和重大风险管理解决方案；审议公司风险管理组织机构设置及其职责；定期审查公司风险管理、合规管理、内部审计工作报告，就完善内部控制向董事会提出建议；董事会授予的其他职责。
华融信托	是	3	1. 研究拟订公司的风险管理框架，风险战略、风险管理基本政策和内部风险控制制度和流程。 2. 检查公司风险管理基本政策、经营决策程序、内部风险控制制度和流程执行情况。 3. 审议批准公司的季度、年度风险管理报告，跟踪落实有关执行情况。 4. 定期审阅公司风险状况报告，了解公司风险管理的总体情况及有效性，提出完善公司风险管理和内部控制的意见。 5. 制订风险奖惩办法、对公司重大风险隐患或出现的重大风险事故进行调查。 6. 审核公司资产风险分类标准和风险准备金提取政策，审核呆账核销事项和年度损失准备金提取总额等。
华润信托	是	3	负责对高级管理层在业务、市场、操作等方面的风险控制情况进行监督，对公司的风险状况进行定期评估，对内部稽核部门的工作程序和工作效果进行评价，提出完善风险管理和内部控制的意见。
华鑫信托	是	3	负责公司风险的控制、管理、监督和评估。
华信信托	是	3	制定完善公司业务风险管理与控制政策；评估、识别与防范业务风险；审议风险资产分类与不良资产处置方案；审议核准资产五级分类。
吉林信托	是	3	负责制定、审核风险控制制度，监督制度执行；对重大业务事项从风险管理角度向董事会提出意见和建议。
建信信托	是	4	1. 根据公司总体战略，研究拟定公司风险战略和风险管理政策，报董事会审定，并对其实施情况进行监督和评价。 2. 监督和评价风险管理部门的设置、组织方式、工作程序，并提出改善意见。 3. 指导公司的风险管理工作和内控制度建设。 4. 审议公司风险和内控报告，对公司风险和内控状况进行定期评估，提出完善公司风险管理和内部控制的意见。 5. 对公司首席风险官的工作进行评价。 6. 审批各项业务管理办法中注明需由董事会审议的重大经营项目，具体的审批权限按董事会相关文件执行。 7. 董事会授予的其他职责。
江苏信托	是	7	审核公司关于风险管理和控制的战略、制度、规则、报告等，为董事会决策提供依据和建议；对公司经营的风险控制及管理情况进行监督。
交银国际信托	是	3	拟定公司风险管理的总体战略和原则；检查和评价公司整体风险和风险管理体系；定期向董事会报告风险管理状况；确定总体风险容忍度及审批总体风险管理相关指标等。
昆仑信托	是	3	组建公司风险管理系统；对公司日常经营管理风险进行整体分析和评估；负责公司的危机处理工作；对公司运作过程中的重大事项进行风险管理和控制。
陆家嘴信托	是	3	向董事会提交公司全面风险管理年度报告；确定公司风险管理的总体目标、风险偏好、风险承受度、风险管理策略和重大风险管理解决方案；提出完善公司风险管理和内部控制的建议；对公司信托业务和固有业务的风险控制及管理情况进行监督；对公司固有财产和信托财产的风险管理状况进行定期评价；对公司关联交易业务风险进行评估，对重大关联交易事项进行审查并提交董事会审议；董事会授予的其他职责。
平安信托	否		
山东信托	是	7	分析、评估公司面临各类风险的状况，并对现存或潜在的各种风险是否得到有效的控制和预防发表意见；审查公司风险管理的体制是否健全、政策措施是否有效、风险控制流程是否合理；监督管理层制定、执行识别、评估、监控、缓解公司风险的内部控制体系及相关控制政策，并对上述体系和政策的有效性和合理性发表意见；审查、监督公司遵守、执行法律、法规的情况；检查公司风险控制的范围是否全面；检查公司应急计划的充分性和完整性；审查公司固有业务的贷款、融资租赁、投资和担保等业务，并对其风险状况发表意见；审查公司发行信托计划业务，并对其风险状况发表意见；审查公司关联交易并对其风险状况发表意见。
山西信托	是	7	审定公司风险管理的原则和政策，在授权范围内，对公司重大事项的风险进行评审，检查、指导公司日常风险管理工作；审定公司内部审计计划，监督公司财务运行，提议聘请或更换外部审计机构。

续表

公司简称	是否设置	风险管理委员会人数	风险管理委员会职能
陕国投	是	3	1. 向董事会提交公司全面风险管理年度报告。 2. 确定公司风险管理的总体目标、风险偏好、风险承受度、风险管理策略和重大风险管理解决方案。 3. 审议公司风险管理组织机构设置及其职责。 4. 对公司信托业务和自营业务的风险控制及管理情况进行监督。 5. 对公司自有财产和信托财产的风险状况进行定期评估。 6. 对公司关联交易业务风险进行评估，对重大关联交易事项进行审查并提交董事会审议。 7. 对公司信息披露的真实、准确、完整和合规性等进行监督。 8. 提出完善公司风险管理和内部控制的建议。 9. 监督公司内部审计制度及其实施。 10. 负责内部审计与外部审计之间的沟通。 11. 审核公司的财务信息及其披露。 12. 提议聘请或更换外部审计机构。 13. 为董事会督导公司风险管理文化建设提供建议。 14. 董事会授予的其他职责。风险管理与审计委员会在年度报告工作中的特别职责： 1. 应当与会计师事务所协商确定年度财务报告审计工作的时间安排。 2. 督促会计师事务所在约定时限内提交审计报告，并以书面意见形式记录督促的方式、次数和结果以及相关负责人的确认签字。 3. 应在年审注册会计师进场前审阅公司编制的财务会计报表，形成书面意见。 4. 在年审注册会计师进场后加强与年审注册会计师的沟通，在年审注册会计师出具初步审计意见后再一次审阅公司财务会计报表，形成书面意见。 5. 应对年度财务会计报表进行表决，形成决议后提交董事会审核。 6. 应当向董事会提交会计师事务所从事本年度公司审计工作的总结报告。 7. 应当向董事会提交下年度续聘或改聘会计师事务所的决议。
爱建信托	是	3	确定公司风险管理的总体目标和政策；提议聘请或更换外部审计机构；监督公司的内部审计制度及其实施；审核公司的财务信息及其披露；审查公司的内控制度。
上海信托	是	3	对公司高级管理层在信托业务和自营业务方面的风险控制及管理情况进行监督；对公司固有财产和信托财产的风险状况进行定期评估；提出完善公司风险管理和内部控制的建议；董事会授权的其他事宜。
四川信托	是	3	研究公司发生重大、突发性事项的对策；研究制定总体风险管理、关联交易控制政策供董事会审议；研究公司风险管理的战略结构和资源，并使之与公司的内部风险管理政策相兼容；研究重要的风险边界；对相关的风险管理、关联交易控制政策进行监督、审查和向董事会提出建议等。
苏州信托	是	4	审核和拟定公司的风险管理战略、政策和规程以及内部控制制度，并监督上述战略、政策、规程和内部控制制度的执行。
天津信托	是	3	负责审核公司风险管理的政策和程序，审定公司风险管理目标，督促公司管理层建立必要的风险识别、衡量、监测和控制制度，监督和评价公司风险管理的全面性、有效性以及高级管理层在风险管理方面的履职情况。
万向信托	是	3	确定公司风险管理的总体目标、风险偏好、风险承受度、风险管理策略和重大风险管理解决方案；评估公司关联交易业务风险；监督公司信托业务和自营业务的风险控制及管理；监督公司信息披露的真实、准确、完整和合规性；提出完善公司风险管理和内部控制及内部审计实施的建议等。
五矿信托	是	未披露	主要负责拟定公司风险管理政策和重大风险管理解决方案，督促公司各项业务的合规、合法运作，以防范和控制业务风险。
西部信托	是	5	对公司所面临的风险状况进行评估，并提出相应的意见。
西藏信托	否		
厦门国际信托	否		
新华信托	是	6	组织拟定公司的战略发展规划；对公司风险管理工作情况进行评估，组织制定公司风险管理策略及风险控制标准，并监督该等策略和标准的执行情况；组织实施风险管理的过程监督，以及风险项目的处置方案；针对股东单位、上级监管部门等提出的风险管理工作中存在的重大问题拟定整改方案和措施；审议或拟定公司风险管理机构设置及其职责；审议或拟定与公司风险控制及合规管理相关的主要管理制度（包括警示机制），并监督该等制度的遵守情况；审议和评价公司的创新业务和新产品；组织制定公司业务的行业准入标准；董事会授予的其他职责。
新时代信托	是	5	负责对公司长期发展战略规划、重大战略性投资进行可行性研究，负责全面监督、指导公司风险管理工作，检查公司管理层贯彻和执行董事会确立的风险取向和管理战略的情况，并根据董事会授权进行业务决策的常设机构，对公司董事会负责。
兴业信托	是	5	主要负责本公司审计与风险的控制、管理、评估和监督，同时负责本公司内、外部审计的沟通、监督和核查工作以及重大关联交易的审核。
英大信托	是	3	监督、评估公司的风险管理状况，提出完善风险管理意见，监督、评估公司风险管理部门的工作。
云南信托	是	3	研究、考核公司的风险控制制度，并提出建议。

续表

公司简称	是否设置	风险管理委员会人数	风险管理委员会职能
浙金信托	是	3	审议公司的风险管理构架、风险战略和风险管理基本政策，并提请董事会批准；研究国家宏观经济金融政策，分析市场变化，提出有效风险管理建议，研究公司风险控制指标体系；监督公司对国家金融方针、政策、法规及各项规章的执行情况，及时提出整改意见并进行纠正；研究公司风险管理体系，审议有关风险管理报告、合规报告及风险管理计划，了解公司风险管理决策体系的有效性，提出风险管理的组织构架、控制程序、风险处置等决策建议，完善公司风险管理和内部控制；对公司战略规划的实施过程进行监督和评估，对公司高级管理层在业务经营中的风险控制及管理情况进行监督；督促公司高级管理层定期对公司固有财产和信托财产的风险状况进行评估，并采取必要的措施有效识别、监测和控制、缓释风险；审议公司创新产品的风险控制情况；审议公司经营管理中重大风险的预警预控、应急预案；组织对公司重大经营风险事件的风险评估工作，审议高级管理层提交的重大突发事件、重大风险事件的应对处置方案；审议公司案防工作总体方案，推动案防体系建设；明确高级管理层在案防工作中的职责及权限；审议案防工作报告，考核评估公司案防工作有效性；督促高级管理层制订和执行反洗钱政策、制度和程序，并对反洗钱工作进行监督和评价；审议公司高级管理层关于重大反洗钱事项及反洗钱风险整体状况的报告；审议公司内部审计年度工作计划，并提请董事会批准；根据内部审计年度工作计划，对内部审计工作的开展进行监督、指导；董事会授权的其他事宜。
中诚信托	是	3	强化董事会在防范公司经营风险中的作用，对公司长期发展战略、资产结构、投资方向以及重大投资决策进行审议评价并提出建议。
外贸信托	是	4	以全面风险管理为目的，对公司经理层风险管理工作进行指导及监督，为董事会提供决策支持意见和管理改善建议，并在授权范围内进行审批决策。
金谷信托	是	3	负责公司的风险控制、管理、监督和评估以及公司内外部审计的沟通、监督和核查等工作。
中国民生信托	是	5	1. 向董事会提交公司全面风险管理年度报告。 2. 确定公司风险管理的总体目标、风险偏好、风险承受度、风险管理策略和重大风险管理解决方案。 3. 对公司信托业务和自营业务的风险控制及管理情况进行监督。 4. 对公司自有财产和信托财产的风险状况进行定期评估。 5. 对公司关联交易业务风险进行评估，对重大关联交易事项进行审查并提交董事会审议。 6. 提出完善公司风险管理和内部控制的建议。 7. 审议公司风险管理组织机构设置及其职责。 8. 为董事会督导公司风险管理文化建设提供建议。 9. 董事会授予的其他职责。
中海信托	是	3	研究公司发生重大、突发性事项的对策；研究制定总体风险管理、关联交易控制政策供董事会审议；研究公司风险管理的战略结构和资源，并使之与公司的内部风险管理政策相兼容；研究重要的风险边界；对相关的风险管理、关联交易控制政策进行监督、审查和向董事会提出建议等。
中航信托	是	3	监督、评估公司的风险管理状况，提出完善风险管理意见，监督、评估公司风险管理部门的工作。
中建投信托	是	4	1. 根据公司发展战略，制订、审核公司风险管理工作规划，评价公司战略目标和经营计划所涉及的风险因素，并向董事会提出建议。 2. 定期审核、评议公司风险管理政策，促进风险管理政策的合法合规和及时有效。 3. 从风险控制角度，监督公司各项规章制度的执行情况，并对公司重大经营决策进行风险监测和评价。 4. 审阅公司风险管理工作报告，对风险管理工作提出改善意见和建议。 5. 审核、批准公司的风险控制流程与风险计量模型和方法的监测、调整等相关工作。 6. 审核、评议公司年度审计工作规划。 7. 负责对公司内部审计制度的有效性及其执行情况进行监督。 8. 负责内部审计与外部审计之间的沟通与协调。 9. 提议聘请或更换外部审计机构。 10. 董事会授权的其他事宜。
中江信托	是	未披露	未披露
中粮信托	是	3	1. 制定、审核、批准公司的风险管理和内部控制的政策、程序并报请董事会审议。 2. 对公司信托业务、自营业务及其他业务的风险控制及风险管理政策、程序、执行情况进行监督。 3. 对公司固有财产和信托财产的风险状况进行定期评估。 4. 对公司合规风控部、审计部的工作程序和工作效果进行评议。 5. 提议聘请或更换外部审计机构。 6. 监督公司的制度建设及其执行情况。 7. 监督董事会决议的执行情况。 8. 审核公司的财务信息及其披露。 9. 审查公司内控制度。 10. 公司董事会授权的其他事项。

续表

公司简称	是否设置	风险管理委员会人数	风险管理委员会职能
中融信托	是	3	对公司重大的投资项目、信托资金运用及中介业务进行风险评估和预测，提出风险防范措施；对公司重大的投资项目、信托计划运作及中介业务的执行情况进行监控；针对业务过程中的异常情况做出预警并及时报告董事会等；提议聘请或更换外部审计机构；监督公司内部稽核审计制度实施情况；审核公司重大财务信息及其披露情况；监督公司资金信托业务过程合规性；审查固有业务关联交易合规性、可能导致的各项风险以及是否符合公司长期发展战略。
中泰信托	是	5	负责公司的风险控制、管理、监督和评估，及公司内外部审计的沟通、监督和核查等工作 。
中铁信托	是	3	负责公司风险的控制、管理、监督和评估；公司关联交易的审查；公司内部、外部审计的监督和核查工作。
中信信托	是	3	拟定风险管理战略、风险管理政策和内部控制原则，监督风险管理和内部控制系统的健全性、合理性和执行的有效性，指导公司全面风险管理和内部控制工作。
中原信托	是	10	对公司发展战略和运营模式进行风险与合规性评价；对公司制度体系进行风险与合规性评价；对新业务和重大项目的风险与合规性进行事前评估和事后评价；对公司资产风险状况进行评价；处置重大风险；董事会交办的事项；经营班子提交审议的事项。
紫金信托	是	2	1. 合法合规性审查。 2. 风险控制审查。 3. 财务及内控审查。 4. 审计工作及审查。 5. 关联交易审查。 6. 案防工作及审查。 7. 公司董事会授权的其他事宜。

在披露的68家信托公司的年报中，61家信托公司在董事会下设了人事薪酬委员会，59家信托公司对董事会下设人事薪酬委员会的委员人数的设置作了披露，60家信托公司对董事会下设人事薪酬委员会的职能作了披露，见表7－1－9。通过对59家已经披露的人事薪酬委员会的委员人数情况分析可见，人事薪酬委员会的平均设置人数为3.47人。

表7－1－9 信托公司2014年末董事会下设人事薪酬委员会情况分析表

公司简称	是否设置	人事薪酬委员会人数	人事薪酬委员会职能
国元信托	是	5	负责审查公司绩效考核、薪酬管理的政策、实施方案及实施状况。
安信信托	是	5	根据董事及高级管理人员的岗位及职责制定薪酬计划和方案、审查董事和高管人员的履行职责进行年度考评。
百瑞信托	是	4	审查公司内部管理机构的设置、调整方案；审查提请董事会聘任的高级管理人员人选；监督公司年度用工总量；审查公司应付工资总额；审查董事会聘任的高级管理人员的年度考核和薪酬发放方案；审查董事、监事薪酬方案；审查人力资源管理制度、政策；其他相关工作。
北方信托	是	3	代表董事会对公司激励机制建设、薪酬分配进行管理。
北京信托	是	3	1. 根据经营活动情况、资产规模和股权结构对董事会的规模和构成向董事会提出建议。 2. 研究董事和经营班子的选择标准和程序，并向董事会提出建议。 3. 广泛搜寻合格的董事和经营班子的人选。 4. 对董事候选人和经理人选进行审查并提出建议。 5. 对须提请董事会聘任的其他高级管理人员进行审查并提出建议。 6. 根据董事及高级管理人员管理岗位的主要范围、职责、重要性以及其他相关企业相关岗位的薪酬水平制定薪酬计划或方案。 7. 薪酬计划或方案主要包括但不限于绩效评价标准、程序及主要评价体系，奖励和惩罚的主要方案和制度等。 8. 审查公司董事（非独立董事）及高级管理人员履行职责情况并对其进行年度绩效考评。 9. 负责对公司薪酬制度执行情况进行监督。
渤海信托	是	3	规范公司高管人员的产生，优化董事会组成，建立健全公司董事（非独立董事）及高级管理人员的考核和薪酬管理制度，完善公司治理结构。
长安信托	是	2	研究董事、经理人员的选择标准和程序并提出建议；广泛搜寻合格的董事和经理人员的人选；对董事候选人和经理人选进行审查并向董事会提出建议；研究董事与经理人员考核的标准，年终进行考核并提出建议；研究和审查董事、监事、高级管理人员的薪酬政策与方案等；董事会授予的其他职责。
长城新盛信托	是	5	1. 和审查高级管理人员的薪酬及奖惩方案并向董事会提出建议。 2. 拟定业务绩效考核制度方案，按照每年的经营情况，拟定具体的提取金额、分配标准、操作细则以在当年税后利润的一定比例中提取信托经理人激励基金和员工奖励基金，并将该等方案提交公司董事会审议。 3. 对总经理拟定的公司职工工资、福利、奖惩制度等方案提出专业意见。 4. 根据公司内外部情况变化，适时提出薪酬规划、激励计划以及业务绩效考核奖惩制度、业务绩效考核制度的调整意见。 5. 了解公司薪酬制度、激励计划和业务绩效考核奖惩制度、业务绩效考核制度的执行情况；以及经董事会授权的其他职权。

续表

公司简称	是否设置	人事薪酬委员会人数	人事薪酬委员会职能
重庆信托	是	5	对董事会的规模和构成向董事会提出建议；制订董事及高级刮泥人员薪酬计划或方案；研究董事、高级管理人员的选择标准和程序，并向董事会提出建议；搜寻合适的独立董事和高级管理人员的人选；对董事、高级管理人员人选进行审查并提出建议；审查公司董事及高级管理人员的履行职责情况；负责对公司薪酬制度执行情况进行监督；董事会授权的其他事宜。
大业信托	是	3	旨在评价公司的绩效考核办法和薪酬管理制度，并提出建议。
东莞信托	是	3	研究和审查高级管理人员的薪酬政策与方案。
方正东亚信托	是	3	研究董事、监事、总经理和其他高级管理人员的薪酬标准，根据董事、监事、总经理和其他高级管理人员的职责与重要性，参考同业相关岗位的薪酬水平，制订薪酬计划或方案并监督薪酬计划或方案的实施；拟定考核标准，审查董事、总经理和其他高级管理人员履行职责情况并对其进行年度绩效考评，提交考核评价意见；负责对公司薪酬制度执行情况进行监督；研究董事、高级管理层人员的选择标准和程序，并向董事会提出建议；广泛搜寻合格的董事和经理层人员的人选；对董事、高级管理层人员人选进行审查并提出建议；董事会授予的其他职权。
光大兴陇信托	是	3	拟定董事、独立董事、监事及高级管理人员的薪酬方案，并向董事会提出薪酬方案的建议；负责对公司薪酬制度执行情况进行监督；拟定董事会年度费用预算方案，向董事会提出建议；董事会授予的其他职责。
粤财信托	否		
国联信托	是	3	负责审核人力资源管理政策，研究薪酬策略，决定薪酬标准。
国民信托	是	1	负责检查董事会的架构、人数及组成；研究董事的选择标准和程序，对董事候选人进行审查，并审查独立董事的独立性；拟订公司高级管理人员的薪酬计划和激励考核标准，并依据董事会批准的高级管理人员激励考核标准对其进行考核；拟订公司人力资源发展规划及长期激励机制的方案；对公司的机构设置及人事安排方案进行研究；负责对公司薪酬考核制度执行情。
国投信托	否		
杭州工商信托	是	3	研究董事、高级管理人员的选择标准和程序并提出建议；研究董事与高级管理人员绩效考核的标准并提出建议；就公司董事及高级管理人员的薪酬政策及架构，以及制定该政策的程序等薪酬政策向董事会提出建议；对公司薪酬制度的执行情况进行监督等。
湖南信托	是	4	负责拟定公司高级管理人员选择标准、选择程序，对其任职资格和任职条件进行初步审核等；拟定公司薪酬、福利和其他激励计划，并监督实施。
华澳信托	是	3	研究和审查公司薪酬政策与方案。
华宝信托	是	3	负责制订公司董事及高级管理人员的考核标准并进行考核；制订、审查公司董事及高级管理人员的薪酬政策与方案；制订公司长期激励机制和方案，为公司发展提供人才激励保障；制订公司人力资源发展规划。
华宸信托	是	3	寻找符合要求的董事候选人（候选人也可以由股东、董事或其他人推荐），并根据银监会关于金融机构高级管理人员任职资格的要求对其进行初步审查；寻找符合要求的总经理、副总经理、董事会秘书、财务总监候选人（可以由股东、董事或其他人推荐），并根据银监会关于金融机构高级管理人员任职资格的要求对其进行初步审查；拟订执行董事及高级管理人员的薪酬待遇，并就非执行董事的薪酬向董事会提出建议；董事会授权的其他事项。
华能信托	是	3	拟订公司高级管理人员的薪酬与奖励政策，并提请董事会审批；对公司高级管理人员进行考核，并出具绩效评价报告，报董事会核准；审议公司职工的薪酬福利及绩效考核方案；董事会授予的其他职责。
华融信托	是	3	1. 根据董事与经营管理层职责、业务范围，研究拟定绩效方案、薪酬政策和考核标准。 2. 组织对董事和经营管理层年度履职和绩效完成情况考核。 3. 负责对公司绩效管理办法、薪酬制度执行情况的监督、检查和评价等。
华润信托	是	3	负责拟定董事、监事和高级管理层成员的薪酬方案，向董事会提出薪酬方案的建议，并监督方案的实施。
华鑫信托	是	3	负责制订公司董事及高级人员的考核标准并进行考核；制订、审查公司董事及高级管理人员的薪酬政策与方案；制订公司长期激励机制和方案，为公司发展提供人才激励保障；制订公司人力资源发展规划。
华信信托	是	3	对公司薪酬体系、绩效考核、人力资源进行规划管理。
吉林信托	是	3	负责董事会任命人员提名及资格审核，负责薪酬制度及具体方案的评估、审定以及落实情况的跟踪、监督。
建信信托	是	4	1. 组织拟订董事和高级管理人员的选任标准和程序，并对其候选人进行初审，提请董事会决定。 2. 审议公司薪酬方案，提请董事会决定，并监督其执行。 3. 组织拟订公司董事、监事的业绩考核办法和薪酬方案，提交董事会审议。 4. 组织对公司董事、监事及高级管理层的业绩考核，提出对董事、监事及高级管理层薪酬分配的建议，提交董事会审议。 5. 检查及批准向执行董事及高级管理人员支付的与丧失或终止职务或委任有关的赔偿，以确保该等赔偿按有关合同条款决定；若未能按有关合约条款决定，有关赔偿亦须合理适当。 6. 检查及批准因董事行为失当而解雇或罢免有关董事所涉及的赔偿安排，以确保该等安排按有关合约条款决定；若未能按有关合约条款决定，有关赔偿亦须合理适当。 7. 董事会授予的其他职责。

续表

公司简称	是否设置	人事薪酬委员会人数	人事薪酬委员会职能
江苏信托	是	3	审议关于公司薪酬考核的规划、制度、规则、报告等，为董事会决策提供依据和建议；监督公司薪酬考核政策实施。
交银国际信托	否		
昆仑信托	是	4	研究拟订公司整体薪酬政策；拟订公司高级管理人员的薪酬制度、考核办法和激励方案；对公司高级管理人员进行绩效考评；对公司整体薪酬制度的执行情况进行指导、监督。
陆家嘴信托	是	3	根据公司经营发展战略、资产规模和业务结构等，对董事会的规模和结构向董事会提出建议；拟定公司董事和高级管理人员的选任程序和标准，对董事和高级管理人员的任职资格和条件进行初步审核，并向董事会提出建议；拟定公司董事和高级管理人员的考核标准，据此进行考核并提出建议；拟定公司董事和高级管理人员的具体薪酬和激励方案，向董事会提出薪酬方案的建议，并监督实施；董事会授权的其他事宜。
平安信托	是	3	审议公司提名与薪酬管理的策略和计划；审核公司人员编制、薪酬总额、薪酬制度、年度薪酬方案、考核方案；审议公司考核与奖惩制度等。
山东信托	是	5	根据高级管理人员管理岗位的主要范围、职责、重要性以及其他相关企业相关岗位的薪酬水平拟定薪酬计划或方案；审查公司高级管理人员履行职责情况；董事会授权的其他事项。
山西信托	是	5	审定公司的薪酬制度，制定公司高级管理人员的绩效评价标准和薪酬标准。
陕国投	是	3	1. 根据董事及高级管理人员管理岗位的主要范围、职责、重要性以及其他相关企业相关岗位的薪酬水平制订薪酬计划或方案。 2. 薪酬计划或方案主要包括但不限于绩效评价标准、程序及主要评价体系，奖励和惩罚的主要方案和制度等。 3. 审查公司董事（非独立董事）及高级管理人员的履行职责情况并对其进行年度绩效考评。 4. 负责对薪酬制度执行情况进行监督。 5. 董事会授权的其他事宜。
爱建信托	是	3	研究制定高管人员的薪酬计划与考核方案；审查高管人员的职责履行情况并对其进行年度绩效考评；监督公司薪酬制度的制定与执行情况。
上海信托	是	3	研究、拟定和执行公司董事、经理及其他高级管理人员的考核标准和办法，并提出意见或建议；研究、拟定和审查公司董事、经理及其他高级管理人员的薪酬政策和方案，并提出意见或建议；审查公司董事及高级管理人员的履行职责情况并对其进行年度绩效考评；负责对公司薪酬制度执行情况进行监督检查；建议聘请外部中介机构提供专业咨询意见；董事会授权的其他事宜。
四川信托	否		
苏州信托	是	5	审议公司提交的薪酬管理策略和计划；审核公司人力资源计划与安排、薪酬方案和绩效考核的建议方案；跟踪、监督公司薪酬制度的落实情况。
天津信托	是	3	根据董事、高级管理人员和公司员工管理岗位的主要范围、职责、重要性以及其他相关公司相关岗位的薪酬水平制订薪酬计划或方案；薪酬计划或方案主要包括但不限于绩效评价标准、程序及主要评价体系，奖励和惩罚的主要方案和制度等；审查公司董事及高级管理人员履行职责的情况并对其进行年度绩效考评；负责对公司薪酬制度执行情况进行监督；董事会授权的其他事宜。
万向信托	否		
五矿信托	是	未披露	主要负责拟定公司的薪酬及绩效考核方案，对公司高级管理人员进行考核，研究公司董事、总经理人选的选择标准和程序并提出建议。
西部信托	是	3	负责制定公司董事、高管人员的薪酬标准与方案，审查公司董事、高级管理人员履行职责并对其进行年度考核；负责对公司薪酬制度执行情况进行监督。
西藏信托	是	3	提名董事、经理层人员董事、经理层人员；审议关于公司薪酬考核的规划、制度、规则、报告等，为董事会决策 提供依据和建议；监督公司薪酬考核政策实施。
厦门国际信托	是	3	审查公司董事、高管人员的年度薪酬、年度效益工资提取办法、基本（固定）薪酬管理制度、员工企业年金方案并提交董事会审定；对公司薪酬制度执行情况进行监督。
新华信托	是	6	审议或拟定公司考核、奖惩及薪酬等涉及公司人事管理的主要制度和政策，并检查督导执行情况；审议公司《章程》约定的应由董事会管辖的人员的报酬事项，并对其履行职责情况和年度绩效进行考评，拟定具体的奖惩方案；检查督导公司人事制度的执行情况；董事会授予的其他权限。
新时代信托	是	5	对公司董事和总裁的人选、选择标准和程序进行选择并提出建议，同时对总裁提名的财务负责人以及总裁提名的其他高级管理人员、董事长提名的董事会秘书人选进行审查并提出建议；负责制定公司董事、高级管理人员以及其他员工的全员考核标准并进行考核，对董事会负责。
兴业信托	是	5	主要负责拟订董事和高级管理人员的薪酬方案、考核标准，监督方案的实施。
英大信托	是	3	负责审核公司的人事与薪酬管理制度，监督公司人力资源管理工作，对人力资源管理及绩效考核等工作提出建议和意见。
云南信托	是	4	研究董事、总裁的选择标准和程序及考核标准，并提出建议。
浙金信托	是	3	研究董事、高级管理经理人员的选择标准和程序并提出建议；广泛搜寻合格的董事和高级管理人员的人选；对董事候选人和高级管理人员的人选进行审查并提出建议；研究董事与高级管理人员绩效考核的标准并提出建议；公司董事及高级管理人员的薪酬政策及架构，以及制定该政策的程序等薪酬政策向董事会提出建议；对公司薪酬制定的执行情况进行监督；董事会授权的其他事宜。

续表

公司简称	是否设置	人事薪酬委员会人数	人事薪酬委员会职能
中诚信托	是	3	评价公司的绩效考核办法和薪酬管理制度并提出建议。
外贸信托	否		
金谷信托	是	3	负责制定、审查公司高级管理人员(以下简称高管人员)的薪酬政策与方案,拟定公司高管人员的考核标准并进行考核,接受董事会授权的其他事项。
中国民生信托	是	5	1. 研究董事、监事、总裁和其他高级管理人员的薪酬标准,根据董事、监事、总裁和其他高级管理人员的职责与重要性,参考同业相关岗位的薪酬水平,制定薪酬计划或方案并监督薪酬计划或方案的实施。 2. 拟定考核标准,审查董事、总裁和其他高级管理人员履行职责情况并对其进行年度绩效考评,提交考核评价意见。 3. 负责对公司薪酬制度执行情况进行监督。 4. 研究董事、经理层人员的选择标准和程序,并向董事会提出建议。 5. 广泛搜寻合格的董事和经理层人员的人选。 6. 对董事、经理层人员人选进行审查并提出建议。 7. 董事会授权的其他职权。
中海信托	是	3	研究董事与总裁人员考核的标准,进行考核并提出建议;研究和审查董事、高级管理人员的薪酬政策与方案等。
中航信托	是	3	研究董事与高级管理人员考核的标准,进行考核并提出建议;研究与审查董事、高级管理人员的薪酬政策与方案。
中建投信托	是	4	1. 研究、拟订公司高级经营管理人员业绩考核办法和薪酬管理办法并提交董事会。 2. 研究并提出公司高级经营管理人员的年度薪酬方案,依据公司高级经营管理人员的业绩,拟订薪酬及奖惩建议方案并提交董事会。 3. 监督公司薪酬制度与奖惩制度的执行情况。 4. 董事会授权的其他事宜。
中江信托	是	未披露	未披露。
中粮信托	否		
中融信托	是	2	制定公司高管人员的考核标准和薪酬标准,对公司高管人员的薪酬及奖励执行情况进行监督、检查并向董事会报告。拟定董事和高级管理人员的选任程序和标准;对董事和高级管理人员的任职资格进行初步审核,并向董事会提出建议。
中泰信托	是	5	负责制订董事及高级管理人员的薪酬政策、考核标准并进行考核。
中铁信托	是	3	负责董事及高级管理人员的任职、薪酬与考核管理。
中信信托	是	3	负责拟订董事、高级管理人员、员工的薪酬、福利和其他激励计划,并监督方案的实施;拟定高级管理人员的选择标准、选择程序;对高级管理人员人选的任职资格和条件进行初步审核等。
中原信托	是	5	审议确定公司薪酬相关制度以及负责人年薪发放标准和发放办法。
紫金信托	是	2	1. 审核公司薪酬政策或方案、评价和激励机制等。 2. 审查公司董事及高级管理人员的履行职责情况并对其进行年度绩效考评。 3. 根据公司实际情况对董事会的规模和构成向董事会提出建议。 4. 研究董事、高级管理人员的选择标准和程序,并向董事会提出建议。 5. 向股东会、董事会提名董事和高级管理人员候选人。 6. 对董事、高级管理人员人选进行审查并提出建议。 7. 董事会授权的其他事宜。

(三)独立董事分析

68 家信托公司全部披露了独立董事人数,但中江信托未对独立董事的详细情况进行披露。具体情况请见表 7-1-10、表 7-1-11、表 7-1-12。

设立独立董事是加强公司治理的一个重要手段。上市公司一般要求独立董事人数占全部董事人数的 1/3 以上,这对公司治理非常重要,共有 35 家信托公司符合这一标准。除中江信托的 1 位独立董事未披露性别年龄情况外,其他独立董事男性人数为 153 人,占总人数的 87.93%,女性人数为 20 人,占总人数的 11.49%;其中 30~39 岁的人数为 2 人,占总人数的 1.15%,40 岁以上的人数为 171 人,占总人数的 98.28%;独立董事的平均年龄为 54.87 岁,高于董事平均年龄。

表 7-1-10 披露的信托公司 2014 年末独立董事人数构成分析表

公司简称	董事会成员人数	独立董事成员人数	独立董事占比(%)
国元信托	9	3	33.33
安信信托	9	3	33.33
百瑞信托	10	3	30.00
北方信托	12	4	33.33

续表

公司简称	董事会成员人数	独立董事成员人数	独立董事占比（%）
北京信托	11	3	27. 27
渤海信托	8	3	37. 50
长安信托	8	3	37. 50
长城新盛信托	11	3	27. 27
重庆信托	10	4	40. 00
大业信托	9	3	33. 33
东莞信托	7	2	28. 57
方正东亚信托	7	2	28. 57
光大兴陇信托	9	3	33. 33
粤财信托	6	2	33. 33
国联信托	9	3	33. 33
国民信托	7	3	42. 86
国投信托	7	2	28. 57
杭州工商信托	9	3	33. 33
湖南信托	6	1	16. 67
华澳信托	7	2	28. 57
华宝信托	9	3	33. 33
华宸信托	8	2	25. 00
华能信托	9	3	33. 33
华融信托	10	3	30. 00
华润信托	9	2	22. 22
华鑫信托	7	3	42. 86
华信信托	9	3	33. 33
吉林信托	5	1	20. 00
建信信托	9	3	33. 33
江苏信托	9	3	33. 33
交银国际信托	6	1	16. 67
昆仑信托	9	3	33. 33
陆家嘴信托	5	2	40. 00
平安信托	9	3	33. 33
山东信托	9	2	22. 22
山西信托	7	1	14. 29
陕国投	7	3	42. 86
爱建信托	10	6	60. 00
上海信托	11	3	27. 27
四川信托	7	3	42. 86
苏州信托	7	1	14. 29
天津信托	10	1	10. 00
万向信托	13	4	30. 77
五矿信托	7	2	28. 57
西部信托	10	3	30. 00
西藏信托	9	1	11. 11
厦门国际信托	9	3	33. 33
新华信托	10	3	30. 00
新时代信托	9	3	33. 33
兴业信托	9	3	33. 33
英大信托	8	3	37. 50
云南信托	8	2	25. 00
浙金信托	11	3	27. 27
中诚信托	13	3	23. 08

续表

公司简称	董事会成员人数	独立董事成员人数	独立董事占比(%)
外贸信托	8	2	25.00
金谷信托	9	2	22.22
中国民生信托	9	3	33.33
中海信托	8	3	37.50
中航信托	9	3	33.33
中建投信托	6	2	33.33
中江信托	9	1	11.11
中粮信托	9	1	11.11
中融信托	5	1	20.00
中泰信托	10	3	30.00
中铁信托	9	3	33.33
中信信托	9	3	33.33
中原信托	10	2	20.00
紫金信托	5	2	40.00
合计	583.00	174.00	29.85
平均	8.57	2.56	29.85

表7-1-11　披露的信托公司2014年末独立董事人员性别构成分析表

公司简称	独立董事人员数	其中男性人数	男性所占比例(%)	其中女性人数	女性所占比例(%)
国元信托	3	3	100.00	0	0.00
安信信托	3	3	100.00	0	0.00
百瑞信托	3	2	66.67	1	33.33
北方信托	4	1	25.00	3	75.00
北京信托	3	3	100.00	0	0.00
渤海信托	3	3	100.00	0	0.00
长安信托	3	3	100.00	0	0.00
长城新盛信托	3	3	100.00	0	0.00
重庆信托	4	3	75.00	1	25.00
大业信托	3	3	100.00	0	0.00
东莞信托	2	2	100.00	0	0.00
方正东亚信托	2	2	100.00	0	0.00
光大兴陇信托	3	2	66.67	1	33.33
粤财信托	2	2	100.00	0	0.00
国联信托	3	3	100.00	0	0.00
国民信托	3	3	100.00	0	0.00
国投信托	2	2	100.00	0	0.00
杭州工商信托	3	3	100.00	0	0.00
湖南信托	1	1	100.00	0	0.00
华澳信托	2	2	100.00	0	0.00
华宝信托	3	3	100.00	0	0.00
华宸信托	2	2	100.00	0	0.00
华能信托	3	2	66.67	1	33.33
华融信托	3	2	66.67	1	33.33
华润信托	2	2	100.00	0	0.00
华鑫信托	3	1	33.33	2	66.67
华信信托	3	3	100.00	0	0.00
吉林信托	1	1	100.00	0	0.00
建信信托	3	3	100.00	0	0.00
江苏信托	3	3	100.00	0	0.00

续表

公司简称	独立董事人员数	其中男性人数	男性所占比例(%)	其中女性人数	女性所占比例(%)
交银国际信托	1	0	0.00	1	100.00
昆仑信托	3	3	100.00	0	0.00
陆家嘴信托	2	2	100.00	0	0.00
平安信托	3	3	100.00	0	0.00
山东信托	2	2	100.00	0	0.00
山西信托	1	1	100.00	0	0.00
陕国投	3	1	33.33	2	66.67
爱建信托	6	5	83.33	1	16.67
上海信托	3	3	100.00	0	0.00
四川信托	3	1	33.33	2	66.67
苏州信托	1	1	100.00	0	0.00
天津信托	1	1	100.00	0	0.00
万向信托	4	4	100.00	0	0.00
五矿信托	2	2	100.00	0	0.00
西部信托	3	3	100.00	0	0.00
西藏信托	1	1	100.00	0	0.00
厦门国际信托	3	3	100.00	0	0.00
新华信托	3	3	100.00	0	0.00
新时代信托	3	2	66.67	1	33.33
兴业信托	3	3	100.00	0	0.00
英大信托	3	3	100.00	0	0.00
云南信托	2	2	100.00	0	0.00
浙金信托	3	3	100.00	0	0.00
中诚信托	3	3	100.00	0	0.00
外贸信托	2	2	100.00	0	0.00
金谷信托	2	1	50.00	1	50.00
中国民生信托	3	3	100.00	0	0.00
中海信托	3	3	100.00	0	0.00
中航信托	3	3	100.00	0	0.00
中建投信托	2	2	100.00	0	0.00
中江信托	1	未披露		未披露	
中粮信托	1	0	0.00	1	100.00
中融信托	1	1	100.00	0	0.00
中泰信托	3	3	100.00	0	0.00
中铁信托	3	3	100.00	0	0.00
中信信托	3	3	100.00	0	0.00
中原信托	2	1	50.00	1	50.00
紫金信托	2	2	100.00	0	0.00
合计	174	153	87.93	20	11.49
平均	2.56	2.25	87.93	0.29	11.49

表7－1－12　披露的信托公司2014年末独立董事人员年龄构成分析表

公司简称	独立董事人员数	其中20～29岁人数	20～29岁比例(%)	其中30～39岁人数	30～39岁比例(%)	其中40岁以上人数	40岁以上比例(%)	独立董事平均年龄
国元信托	3	0	0.00	0	0.00	3	100.00	48.67
安信信托	3	0	0.00	0	0.00	3	100.00	57.00
百瑞信托	3	0	0.00	0	0.00	3	100.00	53.00
北方信托	4	0	0.00	0	0.00	4	100.00	55.25

续表

公司简称	独立董事人员数	其中 20 ~29 岁人数	20 ~29 岁比例(%)	其中 30 ~39 岁人数	30 ~39 岁比例(%)	其中 40 岁以上人数	40 岁以上比例(%)	独立董事平均年龄
北京信托	3	0	0.00	0	0.00	3	100.00	55.00
渤海信托	3	0	0.00	0	0.00	3	100.00	62.67
长安信托	3	0	0.00	0	0.00	3	100.00	53.00
长城新盛信托	3	0	0.00	0	0.00	3	100.00	56.33
重庆信托	4	0	0.00	0	0.00	4	100.00	60.75
大业信托	3	0	0.00	0	0.00	3	100.00	68.00
东莞信托	2	0	0.00	0	0.00	2	100.00	58.00
方正东亚信托	2	0	0.00	0	0.00	2	100.00	56.50
光大兴陇信托	3	0	0.00	0	0.00	3	100.00	52.67
粤财信托	2	0	0.00	0	0.00	2	100.00	50.00
国联信托	3	0	0.00	0	0.00	3	100.00	48.67
国民信托	3	0	0.00	0	0.00	3	100.00	47.33
国投信托	2	0	0.00	0	0.00	2	100.00	63.50
杭州工商信托	3	0	0.00	0	0.00	3	100.00	56.33
湖南信托	1	0	0.00	0	0.00	1	100.00	43.00
华澳信托	2	0	0.00	0	0.00	2	100.00	48.00
华宝信托	3	0	0.00	0	0.00	3	100.00	56.67
华宸信托	2	0	0.00	0	0.00	2	100.00	53.00
华能信托	3	0	0.00	0	0.00	3	100.00	58.67
华融信托	3	0	0.00	0	0.00	3	100.00	55.67
华润信托	2	0	0.00	0	0.00	2	100.00	60.00
华鑫信托	3	0	0.00	0	0.00	3	100.00	51.00
华信信托	3	0	0.00	0	0.00	3	100.00	62.33
吉林信托	1	0	0.00	0	0.00	1	100.00	45.00
建信信托	3	0	0.00	0	0.00	3	100.00	61.00
江苏信托	3	0	0.00	0	0.00	3	100.00	59.00
交银国际信托	1	0	0.00	0	0.00	1	100.00	51.00
昆仑信托	3	0	0.00	0	0.00	3	100.00	57.33
陆家嘴信托	2	0	0.00	0	0.00	2	100.00	46.50
平安信托	3	0	0.00	0	0.00	3	100.00	76.00
山东信托	2	0	0.00	0	0.00	2	100.00	69.00
山西信托	1	0	0.00	0	0.00	1	100.00	68.00
陕国投	3	0	0.00	0	0.00	3	100.00	58.33
爱建信托	6	0	0.00	0	0.00	6	100.00	56.00
上海信托	3	0	0.00	0	0.00	3	100.00	55.33
四川信托	3	0	0.00	0	0.00	3	100.00	51.33
苏州信托	1	0	0.00	0	0.00	1	100.00	63.00
天津信托	1	0	0.00	0	0.00	1	100.00	47.00
万向信托	4	0	0.00	0	0.00	4	100.00	53.50
五矿信托	2	0	0.00	0	0.00	2	100.00	59.00
西部信托	3	0	0.00	0	0.00	3	100.00	55.00
西藏信托	1	0	0.00	0	0.00	1	100.00	66.00
厦门国际信托	3	0	0.00	0	0.00	3	100.00	53.33
新华信托	3	0	0.00	0	0.00	3	100.00	49.33
新时代信托	3	0	0.00	1	33.33	2	66.67	44.67
兴业信托	3	0	0.00	0	0.00	3	100.00	66.67
英大信托	3	0	0.00	0	0.00	3	100.00	58.00
云南信托	2	0	0.00	0	0.00	2	100.00	47.00
浙金信托	3	0	0.00	0	0.00	3	100.00	59.33

续表

公司简称	独立董事人员数	其中20~29岁人数	20~29岁比例(%)	其中30~39岁人数	30~39岁比例(%)	其中40岁以上人数	40岁以上比例(%)	独立董事平均年龄
中诚信托	3	0	0.00	0	0.00	3	100.00	56.00
外贸信托	2	0	0.00	0	0.00	2	100.00	55.50
金谷信托	2	0	0.00	0	0.00	2	100.00	61.00
中国民生信托	3	0	0.00	0	0.00	3	100.00	64.00
中海信托	3	0	0.00	0	0.00	3	100.00	58.00
中航信托	3	0	0.00	0	0.00	3	100.00	55.33
中建投信托	2	0	0.00	0	0.00	2	100.00	59.50
中江信托	1	未披露		未披露		未披露		未披露
中粮信托	1	0	0.00	0	0.00	1	100.00	62.00
中融信托	1	0	0.00	0	0.00	1	100.00	43.00
中泰信托	3	0	0.00	1	33.33	2	66.67	52.33
中铁信托	3	0	0.00	0	0.00	3	100.00	49.67
中信信托	3	0	0.00	0	0.00	3	100.00	47.33
中原信托	2	0	0.00	0	0.00	2	100.00	49.00
紫金信托	2	0	0.00	0	0.00	2	100.00	51.50
合计	174	0	0.00	2	1.15	171	98.28	
平均	2.56	0	0.00	0.03	1.15	2.51	98.28	54.87

（四）监事会及其基本情况分析

在68家信托公司中，有41家披露没有发生变动，27家披露了监事变更次数和变更的详情，见表7－1－13。27家披露2014年发生监事变更的公司大部分发生了1~3次的监事变更。

表7－1－13　披露的信托公司2014年监事变更情况表

公司简称	是否变更	变更次数	期内监事变更详情列示
国元信托	否		
安信信托	否		
百瑞信托	是	2	2014年3月，公司2014年度第一次股东会审议通过《关于第五届监事会提名及组成的议案》，成立第五届监事会，部分监事发生变动： 1. 郑州股东提名黄涛担任公司第五届监事会主席，袁先锋不再担任公司监事会主席。 2. 摩根大通提名梁斌担任公司第五届监事会监事，张元浩不再担任公司监事会监事。
北方信托	是	4	1. 根据公司2014年4月1日召开的2014年第二次临时股东大会决议，由吴爽女士担任公司监事，梅文女士不再担任公司监事。 2. 公司于2014年4月22日召开2014年第三次临时股东大会，完成第三届董（监）事会换届工作，选举田以林先生、袁跃华先生、蒲彦泉先生、王振忠先生、夏金玲女士为公司监事。 3. 根据公司2014年9月10日召开的2014年第六次临时股东大会决议，由王春丽女士担任公司监事，袁跃华先生不再担任公司监事。 4. 根据公司2014年9月30日召开的2014年第七次临时股东大会决议，选举翟绍菁女士担任公司职工监事。
北京信托	否		
渤海信托	否		
长安信托	否		
长城新盛信托	是	1	因工作需要谢村模先生不再担任本公司监事会副主席职务。黄虎先生担任担任本公司监事会副主席职务。
重庆信托	是	1	报告期内，公司股东会增选康乐女士为股东代表监事，公司职工代表大会选举李静女士为职工代表监事，公司监事会成员由3名增至5名。
大业信托	否		
东莞信托	否		
方正东亚信托	否		
光大兴陇信托	是	1	2014年9月11日，光大兴陇信托有限责任公司2014年第一次临时股东会审议通过了《关于新一届监事会组成人员的议案》，选举产生光大兴陇信托有限责任公司第一届监事会，陆代森、孙新红、俞静当选为公司监事。原甘肃省信托有限责任公司第二届监事会监事职务随换届自行免除。
粤财信托	否		
国联信托	是	1	2014年1月5日，由于工作变动，原职工监事周志明辞去监事职务，经国联信托股份有限公司职工代表大会选举，由邹莉担任公司新的职工监事。

续表

公司简称	是否变更	变更次数	期内监事变更详情列示
国民信托	是	3	1. 经股东提名并经公司股东会、监事会审议通过，改选杨林峰先生为公司监事会主席，陈世彪先生不再担任公司监事会主席。 2. 因监事罗明耀先生任期届满，经股东提名并经公司股东会审议通过，郑奉伟先生出任公司监事。 3. 经公司职工代表大会表决，李静女士连选连任公司职工监事。
国投信托	否		
杭州工商信托	是	2	1. 2014 年 5 月 16 日，公司 2014 年第一次临时股东大会审议通过《关于变更公司监事的议案》，同意黄敬培先生不再担任公司监事职务，以累积投票制选举金俊先生为新任监事。 2. 2014 年 10 月，因公司第六届监事会任期届满，经 2014 年第三次临时股东大会选举，产生公司第七届监事会，王伟、金俊与职工监事包晓红组成监事会。
湖南信托	是	1	报告期内，2014 年 2 月 28 日，经 2014 年股东会第 1 次临时会议同意刘瑛女士辞去第四届监事会主席、监事职务；拟推选欧光荣先生担任第四届监事会股东代表监事，并建议担任监事会主席。
华澳信托	是	2	1. 原监事张宏先生于 2014 年 7 月 10 日经股东会批准不再担任监事职务，由刘汉平先生于 2014 年 7 月 10 日经股东会批准担任监事职务。 2. 原监事长张宏先生于 2014 年 7 月 10 日经监事会批准不再担任监事会长职务，由刘汉平先生于 2014 年 7 月 10 日经监事会批准担任监事长职务。
华宝信托	否		
华宸信托	否		
华能信托	否		
华融信托	是	3	1. 经 2014 年第二次临时股东会审议通过，同意顾剑飞、张展同志辞去公司监事职务，并推选赵忠臣同志、王金梅同志担任公司监事会监事。 2. 因工作需要，经 2014 年第三次临时股东会审议通过，同意免去赵忠臣同志华融国际信托有限责任公司专职监事职务。 3. 因工作需要，经 2014 年第四次临时股东会审议通过，同意林青同志任华融国际信托有限责任公司监事会监事职务，经 2015 年第一次临时监事会审议通过，同意选举林青监事为华融国际信托有限责任公司监事会主席。
华润信托	否		
华鑫信托	否		
华信信托	否		
吉林信托	否		
建信信托	是	1	2014 年 3 月 15 日，根据股东中国建设银行提名，公司 2014 年第一次临时股东会批准同意安全德担任公司监事，田国林不再担任公司监事。
江苏信托	是	1	2014 年 3 月 17 日公司召开股东会，对公司第四届监事会成员作如下调整：王树华、王会清、杨炳生为公司监事。
交银国际信托	是	1	2014 年 12 月，经股东会批准，兰国光任本公司监事，郭德湘不再担任本公司监事。
昆仑信托	否		
陆家嘴信托	是	2	1. 2014 年 3 月 5 日，公司召开 2014 年第一次股东会，同意选举何勇担任公司监事，万曾炜不再担任公司监事。 2. 2015 年 2 月 3 日，公司召开 2015 年度股东会第一次会议，选举张浩、王玲珏、扈鑫担任公司监事，与经公司民主选举产生的两名职工监事翁瑜、汪晖共同组成第三届监事会，杨小明、何勇不再担任公司监事。
平安信托	是	1	第五届监事会成立，王芊女士担任监事会主席，张云平先生担任非职工代表监事，叶素兰女士、肖建荣先生因第四届监事会届满不再续任公司监事。
山东信托	否		
山西信托	否		
陕国投	否		
爱建信托	否		
上海信托	是	1	公司第五届监事会于 2014 年 5 月 30 日召开会议，同意选举郁忠民先生为公司第五届监事会监事长，任期与公司第五届监事会一致，祝幼一先生不再担任公司监事长职务。
四川信托	否		
苏州信托	否		
天津信托	是	1	2014 年 6 月 11 日，公司以通讯表决方式召开 2014 年股东会第 7 次临时会议，审议通过了《关于同意朱振山不再担任天津信托有限责任公司监事及监事长的决议》。
万向信托	否		
五矿信托	是	1	2014 年 3 月 20 日，公司召开股东会 2014 年第一次会议，审议通过《关于选举刘雁同志为公司监事的议案》，刘雁担任公司第二届监事会监事。公司第二届监事会原监事张幼凤因个人原因辞去监事职务。
西部信托	是	1	公司于 2014 年 8 月 20 日召开的 2014 年第三次临时股东会审议通过了《关于陈长青辞任公司监事职务的议案》及《关于姜阿合出任公司股东监事的议案》；公司原监事陈长青变更为姜阿合。

续表

公司简称	是否变更	变更次数	期内监事变更详情列示
西藏信托	否		
厦门国际信托	否		
新华信托	否		
新时代信托	否		
兴业信托	否		
英大信托	否		
云南信托	否		
浙金信托	否		
中诚信托	是	1	2014 年 10 月 16 日，经公司 2014 年第二次临时股东会暨第四届董事会第四次会议审议通过《中诚信托有限责任公司关于选举王升杰为公司监事的决议》，选举王升杰为公司职工监事，秦岭不再担任公司职工监事。
外贸信托	是	1	2014 年 3 月 31 日，公司 2014 年第一次股东决定书选举宋玉增为外贸信托监事，姜爱萍不再担任外贸信托监事、监事长职务。
金谷信托	否		
中国民生信托	是	2	1. 2014 年 4 月，李永平先生因工作需要，辞去公司职工代表监事职务； 2. 2014 年 8 月，公司职工代表大会 2014 年第一次会议选举吴斌先生为公司职工代表监事。
中海信托	否		
中航信托	否		
中建投信托	是	2	1. 2014 年 4 月 25 日，公司完成第二届监事会换届和第三届监事会选举工作。经选举，公司第三届监事会组成人员包括监事会主席屠佑良，股东监事梁家琦、李爱玲，职工监事谢悦、吕深远。 2. 2014 年 8 月，屠佑良因到法定退休年龄，办理退休。陈勇胜为推选拟任股东代表监事。
中江信托	否		
中粮信托	否		
中融信托	否		
中泰信托	是	1	公司第五届监事会任期已经届满。报告期内，经股东会决议及职工会议选举分别产生股东代表监事、职工代表监事人选，公司第六届监事会成员到任履职。其中经监事会决议通过，刘卓先生连选连任公司监事会主席。公司完成监事会换届工作。
中铁信托	是	1	何文因工作原因在公司股东会 2014 年第一次会议上辞去监事职务；公司股东会 2014 年第一次会议选举马永红为公司第四届监事会监事；第四届监事会第三次会议选举马永红为监事长。
中信信托	否		
中原信托	否		
紫金信托	是	2	1. 2014 年 10 月 17 日，股东会 2014 年第三次临时会议审议通过了《关于第二届监事会换届选举的议案》，选举骆芝惠女士、渠泉先生两人出任公司第二届监事会监事（非职工代表监事）。 2. 根据紫金信托有限责任公司 2014 年 9 月 26 日职工代表大会决议，李薇女士被推举为公司第二届监事会职工代表监事。公司第二届监事会由以上 3 名当选监事组成。

截至 2014 年末，68 家信托公司均设立了监事及监事会，合计监事 279 人，平均每家设置监事 4 人。在监事中有男性 198 人，占比为 70. 97%；女性 81 人，占比为 29. 03%。与董事的性别构成比较，监事的女性占比大于董事的女性占比。从监事的年龄结构来看，20 ~29 岁的人有 2 人，占比为 0. 72%；30 ~39 岁的有 39 人，占比为 13. 98%；40 岁以上的有 238 人，占比为 85. 30%；而监事的平均年龄为 47. 72 岁，年龄结构比董事要年轻。总体来说，监事人数及其构成基本合理。

表 7 -1 -14　披露的信托公司 2014 年末监事会人员性别构成分析表

公司简称	监事会成员人数	其中男性人数	男性比例（%）	其中女性人数	女性比例（%）
国元信托	2	2	100. 00	0	0. 00
安信信托	3	1	33. 33	2	66. 67
百瑞信托	8	5	62. 50	3	37. 50
北方信托	6	3	50. 00	3	50. 00
北京信托	7	6	85. 71	1	14. 29
渤海信托	3	2	66. 67	1	33. 33
大业信托	5	2	40. 00	3	60. 00
东莞信托	8	5	62. 50	3	37. 50
方正东亚信托	5	4	80. 00	1	20. 00
光大兴陇信托	3	2	66. 67	1	33. 33
粤财信托	3	0	0. 00	3	100. 00

续表

公司简称	监事会成员人数	其中男性人数	男性比例(%)	其中女性人数	女性比例(%)
国联信托	3	1	33.33	2	66.67
国民信托	3	2	66.67	1	33.33
国投信托	3	3	100.00	0	0.00
杭州工商信托	3	2	66.67	1	33.33
湖南信托	3	2	66.67	1	33.33
华澳信托	3	2	66.67	1	33.33
华宝信托	3	3	100.00	0	0.00
华宸信托	4	4	100.00	0	0.00
华能信托	3	3	100.00	0	0.00
华融信托	8	5	62.50	3	37.50
华润信托	3	2	66.67	1	33.33
华鑫信托	3	2	66.67	1	33.33
华信信托	3	1	33.33	2	66.67
吉林信托	4	3	75.00	1	25.00
建信信托	5	5	100.00	0	0.00
江苏信托	6	6	100.00	0	0.00
交银国际信托	3	3	100.00	0	0.00
昆仑信托	5	5	100.00	0	0.00
陆家嘴信托	3	3	100.00	0	0.00
平安信托	3	2	66.67	1	33.33
厦门国际信托	3	3	100.00	0	0.00
山东信托	9	9	100.00	0	0.00
山西信托	3	1	33.33	2	66.67
陕国投	3	3	100.00	0	0.00
爱建信托	3	3	100.00	0	0.00
上海信托	3	3	100.00	0	0.00
四川信托	3	1	33.33	2	66.67
苏州信托	5	2	40.00	3	60.00
天津信托	4	3	75.00	1	25.00
万向信托	3	2	66.67	1	33.33
五矿信托	3	0	0.00	3	100.00
西部信托	3	3	100.00	0	0.00
西藏信托	3	2	66.67	1	33.33
新华信托	5	5	100.00	0	0.00
新时代信托	3	2	66.67	1	33.33
兴业信托	3	1	33.33	2	66.67
英大信托	3	2	66.67	1	33.33
云南信托	7	4	57.14	3	42.86
长安信托	6	4	66.67	2	33.33
长城新盛信托	5	4	80.00	1	20.00
浙金信托	3	1	33.33	2	66.67
中诚信托	9	8	88.89	1	11.11
外贸信托	3	3	100.00	0	0.00
金谷信托	5	2	40.00	3	60.00
中国民生信托	5	4	80.00	1	20.00
中海信托	3	1	33.33	2	66.67
中航信托	5	4	80.00	1	20.00
中建投信托	5	3	60.00	2	40.00
中江信托	3	3	100.00	0	0.00
中粮信托	4	4	100.00	0	0.00
中融信托	3	3	100.00	0	0.00
中泰信托	3	2	66.67	1	33.33
中铁信托	5	4	80.00	1	20.00
中信信托	3	2	66.67	1	33.33
中原信托	5	4	80.00	1	20.00
重庆信托	5	1	20.00	4	80.00
紫金信托	3	1	33.33	2	66.67
合计	279	198	70.97	81	29.03
平均	4.10	2.91	70.97	1.19	29.03

表 7-1-15 披露的信托公司 2014 年末监事会人员年龄构成分析表

公司简称	监事会成员人数	其中 20~29 岁人数	20~29 岁比例（%）	其中 30~39 岁人数	30~39 岁比例（%）	其中 40 岁以上人数	40 岁以上比例（%）	监事的平均年龄
国元信托	2	0	0.00	0	0.00	2	100.00	51.00
安信信托	3	0	0.00	2	66.67	1	33.33	39.00
百瑞信托	8	0	0.00	1	12.50	7	87.50	44.25
北方信托	6	0	0.00	0	0.00	6	100.00	51.17
北京信托	7	1	14.29	0	0.00	6	85.71	45.43
渤海信托	3	0	0.00	0	0.00	3	100.00	50.00
大业信托	5	0	0.00	1	20.00	4	80.00	44.00
东莞信托	8	0	0.00	2	25.00	6	75.00	47.50
方正东亚信托	5	0	0.00	0	0.00	5	100.00	46.20
光大兴陇信托	3	0	0.00	0	0.00	3	100.00	48.33
粤财信托	3	0	0.00	0	0.00	3	100.00	49.00
国联信托	3	0	0.00	1	33.33	2	66.67	44.33
国民信托	3	0	0.00	1	33.33	2	66.67	42.67
国投信托	3	0	0.00	0	0.00	3	100.00	47.00
杭州工商信托	3	0	0.00	0	0.00	3	100.00	51.00
湖南信托	3	0	0.00	0	0.00	3	100.00	46.33
华澳信托	3	0	0.00	1	33.33	2	66.67	42.33
华宝信托	3	0	0.00	1	33.33	2	66.67	41.67
华宸信托	4	0	0.00	0	0.00	4	100.00	51.75
华能信托	3	0	0.00	0	0.00	3	100.00	52.00
华融信托	8	0	0.00	2	25.00	6	75.00	49.25
华润信托	3	0	0.00	0	0.00	3	100.00	50.67
华鑫信托	3	0	0.00	0	0.00	3	100.00	49.33
华信信托	3	0	0.00	0	0.00	3	100.00	62.33
吉林信托	4	0	0.00	0	0.00	4	100.00	54.00
建信信托	5	0	0.00	0	0.00	5	100.00	49.60
江苏信托	6	0	0.00	0	0.00	6	100.00	45.83
交银国际信托	3	0	0.00	0	0.00	3	100.00	51.00
昆仑信托	5	0	0.00	0	0.00	5	100.00	50.40
陆家嘴信托	3	0	0.00	1	33.33	2	66.67	48.00
平安信托	3	0	0.00	1	33.33	2	66.67	44.67
厦门国际信托	3	0	0.00	0	0.00	3	100.00	46.67
山东信托	9	0	0.00	1	11.11	8	88.89	45.00
山西信托	3	0	0.00	0	0.00	3	100.00	47.33
陕国投	3	0	0.00	0	0.00	3	100.00	49.33
爱建信托	3	0	0.00	0	0.00	3	100.00	47.33
上海信托	3	0	0.00	0	0.00	3	100.00	54.33
四川信托	3	0	0.00	2	66.67	1	33.33	42.33
苏州信托	5	0	0.00	2	40.00	3	60.00	42.20
天津信托	4	0	0.00	0	0.00	4	100.00	52.75
万向信托	3	0	0.00	1	33.33	2	66.67	42.00
五矿信托	3	0	0.00	1	33.33	2	66.67	41.00
西部信托	3	0	0.00	0	0.00	3	100.00	48.33
西藏信托	3	0	0.00	0	0.00	3	100.00	49.67
新华信托	5	0	0.00	0	0.00	5	100.00	46.80
新时代信托	3	0	0.00	1	33.33	2	66.67	43.00
兴业信托	3	0	0.00	0	0.00	3	100.00	53.00
英大信托	3	0	0.00	0	0.00	3	100.00	48.00
云南信托	7	0	0.00	4	57.14	3	42.86	42.14

续表

公司简称	监事会成员人数	其中20～29岁人数	20～29岁比例（%）	其中30～39岁人数	30～39岁比例（%）	其中40岁以上人数	40岁以上比例（%）	监事的平均年龄
长安信托	6	0	0.00	0	0.00	6	100.00	49.50
长城新盛信托	5	0	0.00	2	40.00	3	60.00	43.80
浙金信托	3	0	0.00	0	0.00	3	100.00	56.33
中诚信托	9	1	11.11	0	0.00	8	88.89	47.89
外贸信托	3	0	0.00	0	0.00	3	100.00	50.67
金谷信托	5	0	0.00	0	0.00	5	100.00	50.00
中国民生信托	5	0	0.00	2	40.00	3	60.00	43.60
中海信托	3	0	0.00	1	33.33	2	66.67	44.33
中航信托	5	0	0.00	0	0.00	5	100.00	51.40
中建投信托	5	0	0.00	2	40.00	3	60.00	43.00
中江信托	3	0	0.00	0	0.00	3	100.00	55.00
中粮信托	4	0	0.00	0	0.00	4	100.00	54.50
中融信托	3	0	0.00	0	0.00	3	100.00	47.33
中泰信托	3	0	0.00	1	33.33	2	66.67	48.33
中铁信托	5	0	0.00	1	20.00	4	80.00	48.00
中信信托	3	0	0.00	0	0.00	3	100.00	44.67
中原信托	5	0	0.00	1	20.00	4	80.00	43.00
重庆信托	5	0	0.00	2	40.00	3	60.00	45.20
紫金信托	3	0	0.00	1	33.33	2	66.67	47.00
合计	279	2	0.72	39	13.98	238	85.30	
平均	4.10	0.03	0.72	0.57	13.98	3.50	85.30	47.72

（五）信托公司2014年末股东派出董事和监事情况分析

根据68家信托公司所披露的情况，由股东派出的董事为457人，占这些公司董事会总人数583人的78.39%，平均每家公司派出8.57人；由股东派出的监事共182人，占这些公司监事会总人数279人的65.23%。由此可见，目前的信托公司的董事和监事绝大部分是由股东派出的，股东对信托公司日常经营的控制非常明显。

表7－1－16　68家信托公司2014年末股东派出董事和监事情况分析表

公司简称	董事			监事		
	总人数	其中股东单位派出人数	股东单位派出占比（%）	总人数	其中股东单位派出人数	股东单位派出占比（%）
国元信托	9	9	100.00	2	1	50.00
安信信托	9	6	66.67	3	2	66.67
百瑞信托	10	7	70.00	8	5	62.50
北方信托	12	12	100.00	6	5	83.33
北京信托	11	7	63.64	7	5	71.43
渤海信托	8	5	62.50	3	1	33.33
长安信托	8	7	87.50	6	4	66.67
长城新盛信托	11	11	100.00	5	3	60.00
重庆信托	10	6	60.00	5	3	60.00
大业信托	9	5	55.56	5	3	60.00
东莞信托	7	7	100.00	8	5	62.50
方正东亚信托	7	7	100.00	5	3	60.00
光大兴陇信托	9	5	55.56	3	2	66.67
粤财信托	6	6	100.00	3	2	66.67
国联信托	9	9	100.00	3	1	33.33
国民信托	7	2	28.57	3	2	66.67
国投信托	7	6	85.71	3	2	66.67
杭州工商信托	9	9	100.00	3	2	66.67

续表

公司简称	董事			监事		
	总人数	其中股东单位派出人数	股东单位派出占比(%)	总人数	其中股东单位派出人数	股东单位派出占比(%)
湖南信托	6	5	83.33	3	2	66.67
华澳信托	7	7	100.00	3	2	66.67
华宝信托	9	9	100.00	3	2	66.67
华宸信托	8	6	75.00	4	3	75.00
华能信托	9	8	88.89	3	2	66.67
华融信托	10	10	100.00	8	4	50.00
华润信托	9	5	55.56	3	2	66.67
华鑫信托	7	4	57.14	3	2	66.67
华信信托	9	6	66.67	3	2	66.67
吉林信托	5	3	60.00	4	2	50.00
建信信托	9	6	66.67	5	3	60.00
江苏信托	9	8	88.89	6	4	66.67
交银国际信托	6	5	83.33	3	2	66.67
昆仑信托	9	8	88.89	5	3	60.00
陆家嘴信托	5	3	60.00	3	2	66.67
平安信托	9	9	100.00	3	2	66.67
山东信托	9	6	66.67	9	6	66.67
山西信托	7	6	85.71	3	3	100.00
陕国投	7	4	57.14	3	2	66.67
爱建信托	10	4	40.00	3	2	66.67
上海信托	11	7	63.64	3	2	66.67
四川信托	7	7	100.00	3	2	66.67
苏州信托	7	6	85.71	5	4	80.00
天津信托	10	8	80.00	4	3	75.00
万向信托	13	9	69.23	3	2	66.67
五矿信托	7	4	57.14	3	2	66.67
西部信托	10	6	60.00	3	2	66.67
西藏信托	9	7	77.78	3	2	66.67
厦门国际信托	9	6	66.67	3	2	66.67
新华信托	10	10	100.00	5	3	60.00
新时代信托	9	3	33.33	3	2	66.67
兴业信托	9	6	66.67	3	2	66.67
英大信托	8	7	87.50	3	2	66.67
云南信托	8	8	100.00	7	4	57.14
浙金信托	11	11	100.00	3	2	66.67
中诚信托	13	8	61.54	9	7	77.78
外贸信托	8	8	100.00	3	2	66.67
金谷信托	9	7	77.78	5	4	80.00
中国民生信托	9	9	100.00	5	3	60.00
中海信托	8	5	62.50	3	2	66.67
中航信托	9	6	66.67	5	3	60.00
中建投信托	6	5	83.33	5	3	60.00
中江信托	9	8	88.89	3	2	66.67
中粮信托	9	9	100.00	4	3	75.00
中融信托	5	4	80.00	3	2	66.67
中泰信托	10	10	100.00	3	2	66.67
中铁信托	9	5	55.56	5	3	60.00
中信信托	9	9	100.00	3	2	66.67
中原信托	10	6	60.00	5	3	60.00
紫金信托	5	5	100.00	3	2	66.67
合计	583	457	78.39	279	182	65.23
平均	8.57	6.72	78.39	4.10	2.68	65.23

二、公司高管情况分析

(一)公司高管变动情况分析

如表7-2-1所示,2014年在68家信托公司中有48家公司披露了高管的变动,相比2013年的54家公司减少6家。

表7-2-1　68家信托公司2014年高管变更情况表

公司简称	是否变更	变更次数	期内高管变更详情列示
国元信托	否		
安信信托	否		
百瑞信托	是	4	2014年5月,公司第五届董事会第三次会议审议通过《关于聘任董事长助理、总裁、执行总裁和董事会秘书的议案》1. 聘任公司原副总裁石笑东为公司总裁,2014年9月26日中国银监会向公司下发《中国银监会关于百瑞信托石笑东任职资格的批复》(银监复[2014]659号),核准石笑东总裁任职资格。 2. 聘任公司原总裁马磊为公司董事长助理。 3. 聘任公司原副总裁罗靖为公司执行总裁。 4. 聘任公司原董事会秘书兼财务总监王克槿为公司董事会秘书,三位高管职务变动公司已向河南银监局报备。
北方信托	是	2	1. 根据2014年11月14日《天津银监局关于包立杰任职资格的批复》(津银监复[2014]600号),包立杰同志担任公司副总经理职务。 2. 根据2014年11月14日《天津银监局关于王燕滨任职资格的批复》(津银监复[2014]599号),王燕滨同志担任公司副总经理职务。
北京信托	是	2	1. 报告期内中国银行业监督管理委员会北京监管局(以下简称北京银监局)批复(京银监复[2014]728号)《关于核准幸宇晖北京国际信托有限公司副总经理任职资格的批复》。 2. 北京市国有资产监督管理委员会批复(京国资党任字[2014]122号)《关于同意田耀山同志辞职的通知》及到龄退休等原因,北京银监局核准的公司高管人员由上一报告期12人减至10人。
渤海信托	是	3	1. 2014年3月25日,经渤海国际信托有限公司四届四次董事会审议通过,王学江先生正式履职渤海信托常务副总裁职务,此职务调整无须中国银监会核准。 2. 2014年3月25日,经渤海国际信托有限公司四届四次董事会审议通过,2014年7月中国银监会对马建军先生任渤海信托副总裁的任职资格进行核准(银监复[2014]221号),马建军先生正式履职渤海信托副总裁职务。 3. 2014年3月25日,经渤海国际信托有限公司四届四次董事会审议通过,2014年7月中国银监会对符高萌先生任渤海信托总裁助理的任职资格进行核准(银监复[2014]221号),符高萌先生正式履职渤海信托总裁助理职务。
长安信托	是	1	2014年9月27日,公司第一届董事会第八次会议同意聘任黄海涛先生为公司副总裁。
长城新盛信托	否		
重庆信托	是	4	1. 报告期内,董事会聘任原总裁助理杨云先生为公司副总裁。 2. 报告期内,总裁助理李坤唯女士退休。 3. 报告期内原副总裁林德琼先生因个人原因辞职。 4. 报告期内原总裁助理刘腾先生因个人原因辞职。
大业信托	否		
东莞信托	是	2	1. 经2014年4月18日召开的第四届董事会第十二次会议审议通过,同意解聘丁暖容东莞信托有限公司总经理职务。自2014年4月18日起由公司董事长何锦成暂代履行公司总经理职责,直至公司新总经理到任为止。 2. 经2014年7月18日公司第四届董事会第十四次会议审议通过,并报经中国银行业监督管理委员会广东监管局核准(核准文件:粤银监复[2015]122号),同意黄晓雯担任公司总经理。黄晓雯于2015年4月8日正式履行东莞信托有限公司总经理职责。
方正东亚信托	是	1	本报告期内,经公司第二届董事会第三次会议审议通过,董事会聘任田野先生为第二届董事会秘书,曹阳先生不再兼任第二届董事会秘书。
光大兴陇信托	是	1	2014年12月30日,光大兴陇信托有限责任公司第一届董事会第一次会议审议通过了《关于聘任公司总裁的议案》、《关于聘任公司常务副总裁的议案》、《关于聘任公司副总裁的议案》、《关于聘任公司董事会秘书的议案》,聘任王延科为公司总裁,陈凯慧为公司常务副总裁,李招军、刘向东为公司副总裁,黄智洋为公司董事会秘书。
粤财信托	否		
国联信托	是	3	1. 2014年1月28日,经国联信托股份有限公司第二届董事会第十二次会议审议通过聘任周志明为公司总经理助理。2014年3月31日,《江苏银监局关于周志明和葛卫华任职资格的批复》(苏银监复[2014]84号)核准了周志明总经理助理的任职资格。 2. 2014年1月28日,经国联信托股份有限公司第二届董事会第十二次会议审议聘任葛卫华为公司总经理助理。2014年3月31日,《江苏银监局关于周志明和葛卫华任职资格的批复》(苏银监复[2014]84号)核准了葛卫华总经理助理的任职资格。 3. 2014年9月9日,经国联信托股份有限公司第二届董事会第十五次会议审议通过,同意杨飞辞去公司总经理职务,并聘任朱文革为新的总经理。

续表

公司简称	是否变更	变更次数	期内高管变更详情列示
国民信托	是	1	莫百愉先生辞任公司财务总监。经公司董事会决定聘任曹志强先生为公司财务总监，其已取得中国银行业监督管理委员会北京监管局任职资格批复，并已正式就任。
国投信托	否		
杭州工商信托	是	8	1. 经第七届董事会研究讨论，聘任丁建萍先生为总裁。 2. 经第七届董事会研究讨论，聘任陈涛先生为市场及发展总监。 3. 经第七届董事会研究讨论，聘任林海滨先生为资产管理总监。 4. 经第七届董事会研究讨论，聘任张锐先生为行政总监。 5. 经第七届董事会研究讨论，聘任汪勇先生为投资运营总监。 6. 经第七届董事会研究讨论，聘任马晓涛先生为风险管理总监。 7. 经第七届董事会研究讨论，聘任叶大志先生为基金运营总监。 8. 经第七届董事会研究讨论，聘任康波女士为财务总监。
湖南信托	是	1	2014 年 10 月 17 日，经第四届董事会第 6 次会议审议通过，拟聘任刘格辉先生为公司总裁。总裁任职资格已按程序报中国银监会核准（核准文件：银监复[2014]891 号）。
华澳信托	是	8	1. 原公司总裁赵文杰先生于 2014 年 4 月 10 日经董事会批准不再担任公司总裁职务。 2. 原公司副总裁李长忠先生于 2014 年 4 月 10 日经董事会批准不再担任公司副总裁职务。 3. 原公司副总裁翟振明先生于 2014 年 4 月 10 日经董事会批准不再担任公司副总裁职务。 4. 杨宇浩先生于 2014 年 4 月 10 日经董事会批准担任公司副总裁职务。 5. 杨自理先生于 2014 年 7 月 10 日经董事会批准担任公司总裁职务。 6. 范华女士于 2014 年 9 月 2 日经董事会批准担任公司副总裁职务。 7. 高杰女士于 2014 年 9 月 2 日经董事会批准担任公司首席风控官职务。 8. 赵一岩先生于 2014 年 9 月 22 日经董事会批准担任公司副总裁职务（其任职资格尚待监管部门批复）。
华宝信托	否		
华宸信托	是	2	1. 公司新一届高级管理人员变动情况为：经公司第四届董事会第一次会议审议，聘任宋弘、向旭平、范永胜和于建琳同志为公司副总经理。截至 2014 年 12 月 31 日，向旭平、于建琳同志新取得高级管理人员任职资格。 2. 根据内蒙古自治区国资委党委 2014 年 1 月 20 日《关于李建国同志免职退休的通知》（内国资党发[2014]10 号）和（内国资企干字[2014]22 号），免去李建国同志华宸信托有限责任公司党委委员和副总经理职务，退休。
华能信托	是	3	1. 因工作需要，公司聘任孙磊为公司副总经理。 2. 因工作需要，聘任刘芳为公司总经理助理。 3. 因工作需要，聘任顾学新为公司总经理助理。
华融信托	是	5	1. 因工作需要，经 2014 年第 2 次临时董事会审议通过，同意推选段建生同志出任我公司副总经理。 2. 因工作需要，经 2014 年第 6 次临时董事会审议通过，同意推选刘张平同志出任我公司副总经理。 3. 因工作需要，经 2014 年第 24 次临时董事会审议通过，推选李中南同志出任公司副总经理、风险总监。 4. 因工作需要，经 2014 年第 30 次临时董事会审议通过，推选罗华玲同志出任我公司副总经理。 5. 经 2014 年第 37 次临时董事会审议通过，推选高博同志任华融国际信托有限责任公司副总经理，史宇升同志任公司总经理助理。
华润信托	否		
华鑫信托	是	2	1. 经董事会同意金树成担任公司副总经理，陶钧担任公司副总经理。 2. 因工作原因，兰强不再担任公司副总经理。
华信信托	是	2	1. 2014 年 9 月，董事会聘任刘建春任副总裁。 2. 2014 年 12 月，董事会聘任侯宇兼任董事会秘书。
吉林信托	否		
建信信托	是	1	2014 年 3 月 15 日，公司第一届董事会第 37 次会议批准同意聘任王宝魁为公司总裁，程双起不再担任公司总裁；2014 年 7 月 10 日，中国银监会核准王宝魁总裁任职资格（银监复[2014]463 号）。
江苏信托	否		
交银国际信托	否		
昆仑信托	是	1	董事会聘任吴妍为公司总裁。

续表

公司简称	是否变更	变更次数	期内高管变更详情列示
陆家嘴信托	是	4	1. 2013年12月12日，公司召开第二届董事会第八次会议，审议通过了《关于任免公司总经理的议案》，免去陈文陆家嘴国际信托有限公司总经理职务，聘任丁文忠担任陆家嘴国际信托有限公司总经理。2014年6月13日，中国银监会下发《中国银监会关于核准陆家嘴信托丁文忠任职资格的批复》（银监复[2014]352号），核准丁文忠陆家嘴国际信托有限公司总经理的任职资格。 2. 2014年7月7日，中国银监会青岛监管局下发《青岛银监局关于核准翟振明陆家嘴国际信托有限公司副总经理任职资格的批复》（青银监复[2014]158号），核准翟振明陆家嘴国际信托有限公司副总经理的任职资格。 3. 2014年9月23日，公司召开了第二届董事会第十三次会议，审议通过了《关于解聘公司副总经理的议案》，解除崔斌陆家嘴国际信托有限公司副总经理职务。2015年1月6日，中国银监会青岛监管局下发《青岛银监局关于核准邱翔陆家嘴国际信托有限公司副总经理任职资格的批复》（青银监复〔2015〕2号），核准邱翔陆家嘴国际信托有限公司副总经理的任职资格。 4. 2015年3月10日，中国银监会青岛监管局下发《青岛银监局关于核准许丹健陆家嘴国际信托有限公司总经理助理任职资格的批复》（青银监复〔2015〕41号），核准许丹健陆家嘴国际信托有限公司总经理助理的任职资格。
平安信托	是	1	公司新聘任了高菁先生为公司副总经理。
山东信托	是	4	1. 经山东省国际信托有限公司四届八次董事会审议通过，并报经中国银行业监督管理委员会核准（核准文件：银监复[2014]317号），公司总经理由相开进变更为王映黎。 2. 经山东省国际信托有限公司四届十次董事会审议通过，并报经中国银监会山东监管局核准（核准文件：鲁银监准[2014]282号），聘任马文波先生为公司财务总监。 3. 经公司四届十一次董事会审议通过，并报经中国银监会山东监管局核准（核准文件：鲁银监准[2014]283号），聘任李晓鹏先生为公司总经理助理。 4. 经公司四届十二次董事会审议通过，并报经中国银监会山东监管局核准（核准文件：鲁银监准[2014]285号、鲁银监准[2014]288号），聘任岳增光先生为公司风控总监、宋冲先生为公司副总经理。
山西信托	否		
陕国投	是	7	1. 2014年1月27日，副总裁姚卫东因个人工作变动原因辞去公司副总裁职务。 2. 公司第七届董事会第六次会议审议，同意聘任姚卫东先生为公司总裁。 3. 2014年05月13日，姚卫东因个人工作变动原因辞去公司董事会秘书职务。 4. 2014年05月13日，经公司第七届董事会第十一次会议审议，同意聘任王新为公司投资总监。 5. 经公司第七届董事会第十一次会议审议，同意聘任王晓雁为公司总裁助理。 6. 经公司第七届董事会第十一次会议审议，同意聘任孙若鹏为公司总裁助理。 7. 经公司第七届董事会第十一次会议审议，同意聘任郑彦为公司董事会秘书。
爱建信托	是	1	2014年10月8日，解聘钱华公司副总经理职务。
上海信托	否		
四川信托	是	2	1. 2014年4月，经公司第二届董事会第四次会议审议通过，同意陈军辞去总裁职务，同时决定由刘景峰副总裁代理公司总裁职务；2014年10月，经公司第二届董事会第九次会议审议通过，同意聘任刘景峰为公司总裁，其任职资格经监管机构核准后生效。 2. 2014年8月，因工作调整，经公司第二届董事会第八次会议审议通过，同意免去孔维文首席风控官职务，聘任公司常务副总裁陈洪亮兼任首席风控官、孔维文担任公司副总裁。
苏州信托	是	1	报告期内，第四届董事会第三次会议审议同意聘任汪瑜女士为公司副总裁。汪瑜女士的副总裁任职资格已经中国银监会核准（苏银监复[2014]383号）。
天津信托	是	1	2015年3月20日，公司以通讯表决方式召开第七届董事会2015年第4次临时会议，审议通过了《关于同意李琦不再担任天津信托有限责任公司副总经理职务的决议》。
万向信托	是	1	报告期内，经公司第一届董事会第五次会议审议通过，并报经浙江银监局核准，聘任王永刚先生为公司执行副总裁，聘任斯伟波先生为公司总裁助理。
五矿信托	是	2	1. 2014年3月20日，公司召开第二届董事会第三次会议，审议通过《关于聘任孙卓立同志为公司副总经理的议案》，聘任孙卓立同志为公司副总经理。2014年5月29日，中国银行业监督管理委员会青海监管局核准孙卓立副总经理任职资格（青银监复[2014]43号）。 2. 2014年3月20日，公司召开第二届董事会第三次会议，审议通过《关于聘任蔡琦同志兼任公司董事会秘书的议案》，公司财务总监蔡琦兼任公司董事会秘书，公司副总经理何其联不再担任公司董事会秘书。
西部信托	否		
西藏信托	否		
厦门国际信托	否		
新华信托	是	2	1. 公司2014年第二次临时董事会作出决议，同意聘任胡立新先生为公司副总经理，重庆银监局2014年2月27日核准胡立新的副总经理任职资格。 2. 许耀旂于2014年7月2日提交了辞职申请书，申请辞去首席运营官职务，并与公司解除劳动关系。
新时代信托	是	2	1. 报告期内，聘任洪军先生为公司副总裁，已获得内蒙古银监局的任职资格核准批复。 2. 聘任郑大刚先生为公司副总裁，报批工作正在进行中。

续表

公司简称	是否变更	变更次数	期内高管变更详情列示
兴业信托	是	5	1. 2014 年 3 月 25 日，经本公司第四届董事会第六次会议审议通过，黄德良先生因工作调动原因辞去本公司副总裁职务。 2. 2014 年 8 月 29 日，经本公司第四届董事会第九次会议审议通过，江腾飞先生因个人原因辞去本公司副总裁职务。 3. 2014 年 12 月 19 日，经本公司第四届董事会第十次会议审议通过，聘任倪勤先生为本公司副总裁。 4. 2014 年 12 月 19 日，经本公司第四届董事会第十次会议审议通过，聘任叶立先生为本公司总裁助理。 5. 2014 年 12 月 19 日，经本公司第四届董事会第十次会议审议通过，聘任杨刚强为本公司董事会秘书。有关人员的任职资格已经福建银监局分别以闽银监复[2015]19 号及闽银监复[2015]27 号文件核准。
英大信托	否		
云南信托	是	2	1. 根据中国银行业监督管理委员会《非银行金融机构行政许可事项实施办法》的相关规定向监管部门报送了邓国山先生的副总裁任职资格审核材料，并于 2014 年 8 月 19 日经云南银监局云银监复[2014]225 号文批准正式履行副总裁职责。 2. 根据中国银行业监督管理委员会《非银行金融机构行政许可事项实施办法》的相关规定向监管部门报送了《关于田泽望同意担任云南国际信托有限公司总裁任职资格审核的请示》，并于 2014 年 10 月 24 日经中国银行业监督管理委员会银监复[2014]756 号文批准正式履行职责，同时及时在《金融时报》上进行了公告。
浙金信托	是	1	朵元先生于 2014 年 1 月 12 日辞去公司副总经理职务。 中国银行业监督管理委员会于 2014 年 4 月 8 日核准程兴华先生浙商金汇信托股份有限公司总经理的任职资格。
中诚信托	是	2	1. 2014 年 10 月 16 日，经公司 2014 年第二次临时股东会暨第四届董事会第四次会议审议通过聘任牛成立为公司总经理，王少华不再担任公司总经理职务。 2. 2014 年 11 月 28 日，经公司 2014 年第四次临时董事会审议通过《关于任免中诚信托副总经理的议案》，聘任苗菁为公司副总经理，吴大永不再担任公司副总经理。
外贸信托	是	4	1. 2014 年 10 月 10 日，公司第五届董事会第十九次会议同意范华不再担任公司副总经理职务。 2. 2014 年 10 月 10 日，公司第五届董事会第十九次会议同意齐斌松担任公司副总经理的任职资格。 3. 2014 年 10 月 10 日，公司第五届董事会第十九次会议同意刘燕松担任公司副总经理的任职资格。 4. 2014 年 10 月 10 日，公司第五届董事会第十九次会议同意张一冰担任公司董事会秘书的任职资格，皆于 2014 年 8 月 7 日获得银监会核准。
金谷信托	是	4	1. 报告期内，经金谷信托第六届董事会第十一次会议审议通过，并经中国银行业监督管理委员会核准，聘任元磊为公司副总经理，聘任吴杰为公司总经理助理。 2. 经金谷信托第六届董事会第十四次会议审议通过，刘志明不再担任公司副总经理。 3. 经金谷信托第六届董事会第十五次会议审议通过，并经中国银行业监督管理委员会核准，聘任武泽平为公司总经理助理，冯彦明不再担任公司总经理助理。 4. 经金谷信托第七届董事会第一次会议审议通过，并经中国银行业监督管理委员会核准，聘任周思良为公司总经理，张利不再担任公司总经理。
中国民生信托	是	2	1. 2014 年 4 月，公司第一届董事会第三次会议聘任张博先生为公司总裁，聘任李永平先生为公司董事会秘书，聘任解玉平先生、董军女士为公司副总裁；聘任李杰先生、赵一岩先生为公司助理总裁。 2. 2014 年 10 月，赵一岩先生因个人原因，辞去公司助理总裁职务。公司董事会同意赵一岩先生提出的辞职申请，并委派总裁张博先生暂代行其职责。
中海信托	否		
中航信托	是	2	1. 高级管理人员中，经公司二届董事会五次会议审议通过，曹华先生自 2014 年 7 月辞去公司副总经理职务。 2. 经公司一届董事会二十一次会议审议通过及江西银监局核准(赣银监复[2014]259 号)，李鹏先生于 2014 年 8 月起正式履行公司总经理助理职务。
中建投信托	是	3	1. 2014 年 5 月，吴凌翔因个人原因离职，免去公司首席风险控制官职务。 2. 2014 年 11 月，周雄因到法定退休年龄，办理退休并免去副总经理职务。 3. 2014 年 12 月，聘任谭硕为公司总经理助理。
中江信托	是	2	1. 高级管理人员钟镰斧任总经理。 2. 黄昊任副总经理。
中粮信托	是	1	2014 年 7 月 25 日，中国银监会核准陈德彪担任中粮信托有限责任公司副总经理的任职资格及吴江、杨勇、张文生担任中粮信托有限责任公司总经理助理的任职资格。
中融信托	是	1	由于工作变动，第四届董事会第七次会议审议通过副总裁吴侨峰离任。
中泰信托	否		
中铁信托	是	3	1. 因年龄原因公司第四届董事会第九次会议解聘董襄副总经理职务。 2. 因年龄原因公司第四届董事会第九次会议解聘孙毅副总经理职务。 3. 第四届董事会第九次会议聘任舒军华为公司副总经理，其任职资格于 6 月 20 日获得四川银监局核准(川银监复[2014]175 号)。

续表

公司简称	是否变更	变更次数	期内高管变更详情列示
中信信托	是	2	1. 2014 年 4 月，马春光、张子镁因退休不再担任公司副总经理职务。 2. 2014 年 7 月，董事会聘任李子民担任总经理；张继胜因工作变动不再担任公司副总经理职务。
中原信托	否		
紫金信托	是	1	2014 年 8 月 22 日，第一届董事会第三十一次会议审议通过了《关于刘建春先生辞职的议案》，刘建春先生不再担任紫金信托有限责任公司副总裁。

（二）公司高管处罚情况分析

68 家信托公司明确表示高管在 2014 年未受到处罚。

三、人员结构分析

从年报中所披露的信托公司人员构成来看，各信托公司普遍拥有一定比例的博士研究生、硕士研究生以及本科以上学历的人员，行业从业人员的整体素质较好。就从业经历而言，大多数人员基本具备了相应的业务经验和一定的专业理财能力。岗位分布包括前台一线业务部门、中台二线业务管理部门、后台三线综合管理部门三个层次。其中，前台一线业务部门包括信托公司自营、信托业务中直接为客户提供服务的部门，如自营资产管理、运作部门；信托业务的产品研发、营销部门等；中台二线业务管理部门包括直接为公司自营及信托业务运作提供支持、进行管理与监督的部门，如研究、风险控制、财务核算、稽核审计、信息技术、法律等部门；后台三线综合管理部门包括除一线、二线以外的其他部门，如人力资源部门、行政管理部门、工会、党办、机关党委等。总体来说，信托公司目前的人员构成基本合理。

（一）员工数量分析

68 家信托公司 2014 年均披露了员工人数，员工总人数。

表 7－3－1　2014 年末员工人数前五名信托公司情况表

序号	公司简称	人数
1	中融信托	1 620
2	平安信托	1 053
3	四川信托	752
4	中信信托	544
5	长安信托	541

表 7－3－2　2014 年末员工人数后五名信托公司情况表

序号	公司简称	人数
1	西藏信托	51
2	长城新盛信托	68
3	国联信托	72
4	江苏信托	85
5	重庆信托	91

（二）年龄构成分析

1. 全体员工的年龄构成

2014 年 68 家公司披露的员工总人数为 16 569 人，其中有 2 家没有披露具体的人员年龄段构成，2 家员工人数合计 365 人。通过对其余 66 家公司人员年龄构成分析可以看出，20～29 岁的人数占比为 38. 17%，30～39 岁的人数占比为 41. 46%，40 岁以上的人数占比为 20. 37%。

表 7－3－3　2014 年末披露的 66 家信托公司人员年龄汇总分析一览表

年龄段	2014 年员工人数	所占比例(%)
20～29 岁人数	6 185	38. 17
30～39 岁人数	6 719	41. 46
40 岁以上人数	3 300	20. 37
小计	16 204	100. 00

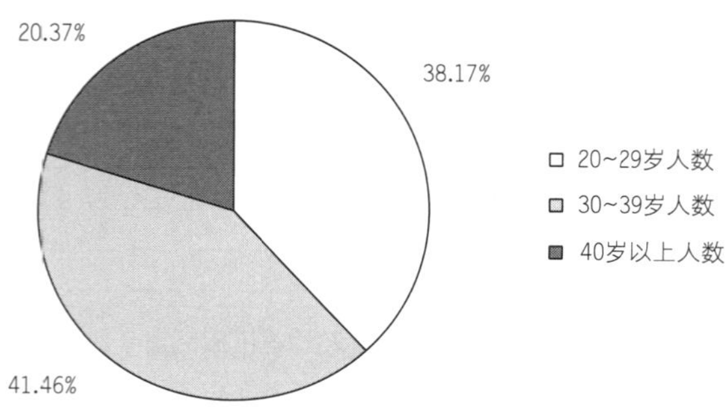

图 7－3－1　2014 年员工年龄汇总分析图

2. 高级管理人员年龄构成分析

2014 年 68 家信托公司的高管总人数为 446 人，平均每家 6. 56 人；2013 年 68 家信托公司的高管总人数为 441 人，平均每家 6. 49 人；2014 年各信托公司的平均高管人数略大于 2013 年的平均高管人数。

通过对 68 家公司高管年龄构成的分析可以看出，主要集中在 40 岁以上的年龄段，占比为 89. 01%。

表 7－3－4　2014 年末披露的 68 家信托公司高管年龄汇总分析一览表

分类	人数	所占比例(%)
20～29 岁人数	0	0. 00
30～39 岁人数	49	10. 99
40 岁以上人数	397	89. 01
小计	446	100. 00

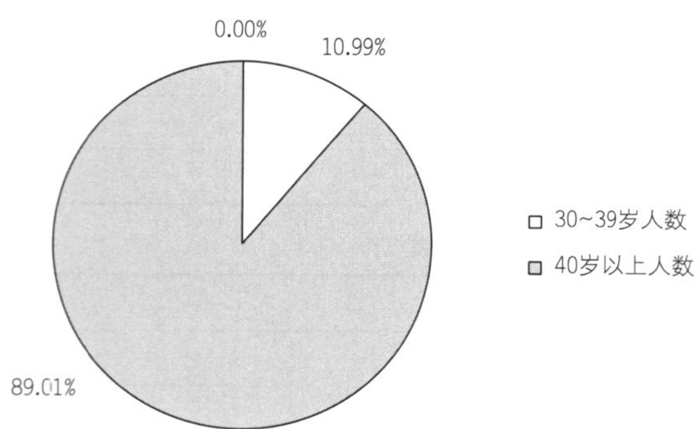

图 7－3－2　2014 年高管年龄汇总分析图

（三）高管性别构成分析

在 2014 年 68 家信托公司中，男性从业人员占比为 81. 17%，明显高于女性。

表 7－3－5　2014 年末 68 家信托公司高管人员性别汇总分析表

分类	人数	所占比例(%)
男性(人)	362	81. 17
女性(人)	84	18. 83
小计	446	100. 00

(四)学历构成分析

1. 员工的学历构成

2014 年 68 家公司披露的员工总人数为 16 569 人。与 2013 年相比较,2014 年其他类人员学历的比例上升了 0.04%,大专人员的比例下降了 0.25%,本科的比例下降了 0.81%,硕士的比例上升了 1.06%,博士的比例下降了 0.04%,说明员工的整体学历水平有所提高。

表 7-3-6　2014 年末、2013 年末披露的信托公司员工学历结构比较分析表

学历	2014 年末		2013 年末		2014 年与 2013 年学历结构比较(%)
	人数	比例(%)	人数	比例(%)	
其他	266	1.61	220	1.57	0.04
大专	1 086	6.55	954	6.80	-0.25
本科	7 193	43.41	6 208	44.22	-0.81
硕士	7 641	46.12	6 326	45.06	1.06
博士	383	2.31	330	2.35	-0.04
总计	16 569	100.00	14 038	100.00	

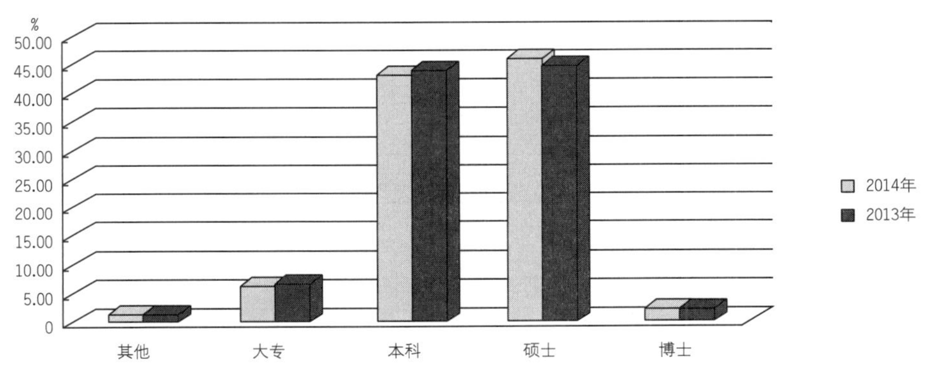

图 7-3-3　员工学历结构比较分析图

2、高管的学历构成

在 68 家信托公司中,1 家未在年报中披露高管学历构成。2014 年 67 家信托公司高管的学历构成分析见表 7-3-7。与 2013 年情况相比较,2014 年大专人员的比例下降了 0.24%,本科下降了 3.71%,硕士增加了 2.24%,博士增加了 1.73%,说明高管人员的整体学历水平有所提高。

表 7-3-7　2014 年末高管人员学历结构与上年比较分析表

学历	2014 年末		2013 年末		2014 年与 2013 年学历结构比较(%)
	人数	比例(%)	人数	比例(%)	
其他	1.00	0.23	1	0.23	0.00
大专	7.00	1.59	8	1.83	-0.24
本科	135.00	30.61	150	34.32	-3.71
硕士	248.00	56.24	236	54.00	2.24
博士	50.00	11.34	42	9.61	1.73
总计	441	100.00	437	100.00	

(五)高管从业年限结构分析

在 68 家信托公司中,1 家公司未在年报中披露高管从业年限结构,该家高管人数为 5 人。在披露的 67 家信托公司中,从业年限 15 年以上的高管人员与上年相比明显增加。

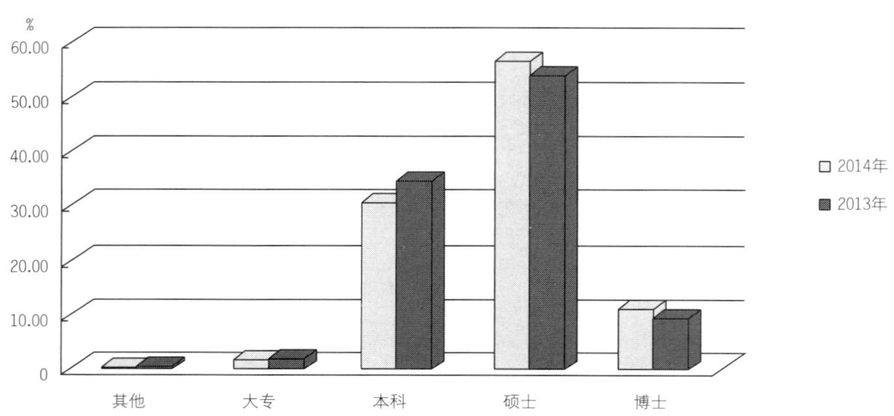

图7－3－4　高管人员学历结构比较分析图

表7－3－8　2014年末信托公司高管从业年数与上年比较分析表

学历	2014年末		2013年末		2014年与2013年从业年限比较（%）
	人数	比例（%）	人数	比例（%）	
3年以下	8	1.81	8	1.86	-0.05
3～4年	4	0.91	10	2.33	-1.42
5～8年	28	6.35	32	7.44	-1.09
9～14年	90	20.41	85	19.77	0.64
15年以上	311	70.52	295	68.60	1.92
合计	441	100.00	430	100.00	

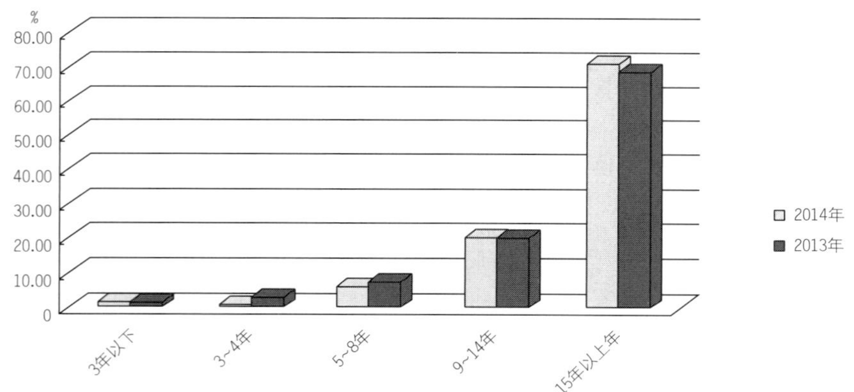

图7－3－5　高管从业年数比例分析图

（六）员工岗位汇总分析

在2014年68家信托公司中，有2家没有披露员工的岗位构成，剔除该2家数据后，员工岗位结构分析情况见表7－3－9。2014年末信托公司自营业务人员与信托业务人员占公司人数的60.72%，为主要的员工；董事、监事及高管人员占公司人数的3.89%，其他人员占公司人数的35.39%。

表7－3－9　2014年末66家信托公司已披露的员工岗位汇总分析表

分类	人数	结构比例（%）
董事、监事及高管人员	626	3.89
自营业务人员	870	5.40
信托业务人员	8 906	55.32
其他	5 698	35.39
合计	16 100	100.00

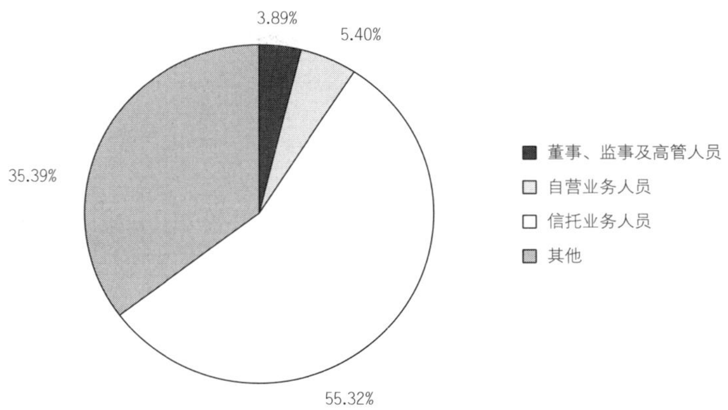

图 7 -3 -6　员工岗位汇总分析图

表 7 -3 -10　2014 年末披露的信托公司各岗位与效益分析表

单位:万元

	自营业务	信托业务
人数	870	8 906
营业收入	11 223 582. 18	109 483 665. 20
人均营业收入	12 900. 67	12 293. 25
净利润	5 285 271. 99	99 957 636. 05
人均净利润	6 075. 03	11 223. 63
资产总额	49 110 582. 45	1 369 431 353. 94
人均资产总额	56 448. 95	153 765. 03

注:五矿信托和山西信托未按规定披露员工岗位构成,以上营业收入、净利润以及资产数字均剔除了以上两家的数字。

对 66 家披露了员工岗位构成的信托公司 2014 年从事自营业务和信托业务的人员和业务经营效益进行分析后可以得出:

(1)从事自营业务人员的人均营业收入为 12 900. 67 万元,比从事信托业务人员的人均营业收入 12 293. 25 万元多 607. 42 万元。

(2)从事自营业务人员的人均净利润为 6 075. 03 万元,比从事信托业务人员的人均净利润 11 223. 63 万元少 5 148. 60 万元。

(3)从事自营业务人员的人均资产为 56 448. 95 万元,比从事信托业务人员的人均资产 153 765. 03 万元少 97 316. 08 万元。

这里应当指出的是,自营业务数据是经过审计的,而信托业务数据未经审计,该因素可能会给数据的计算带来差异。

四、信托公司聘请律师事务所的情况分析

在 68 家信托公司中,有 17 家没有披露聘请律师事务所的相关情况,1 家明确表示没有聘任律师事务所,其余 50 家披露了聘请的律师事务所的名称及其地址,见表 7 -4 -1。在 50 家披露了律师事务所情况的信托公司中,重庆信托和陕国投聘请了 2 家律师事务所,厦门国际信托和紫金信托聘请了 3 家律师事务所。

表 7 -4 -1　2014 年信托公司披露的年度律师事务所聘请情况表

名称	公司中文法定名称	年度律师事务所	律师事务所地址
国元信托	安徽国元信托有限责任公司	中天恒律师事务所	安徽省合肥市濉溪路 287 号金鼎广场 A 座八层
安信信托	安信信托股份有限公司	上海瑛明律师事务所	上海市世纪大道 100 号环球金融中心 51 楼
百瑞信托	百瑞信托有限责任公司	河南豫都律师事务所	河南省郑州市郑东新区金水东路 49 号绿地原盛国际 3 号楼 A 座 7 楼
北方信托	北方国际信托股份有限公司	未披露	未披露
北京信托	北京国际信托有限公司	北京市华贸硅谷律师事务所	北京市朝阳区慧忠路 5 号远大中心 C 座 17 层
渤海信托	渤海国际信托有限公司	未披露	未披露
长安信托	长安国际信托股份有限公司	北京市康达(西安)律师事务所	陕西省西安市南二环西段 68 号世纪星大厦七层 D -E 座
长城新盛信托	长城新盛信托有限责任公司	上海星瀚律师事务所	上海市常德路 1211 号 1204 ~1207 室
重庆信托	重庆国际信托有限公司	重庆索通律师事务所	重庆市渝中区瑞天路 56 号企业天地 4 号楼 9 层
		中豪律师事务所	重庆市渝中区邹容路 68 号大都会广场 22 层
大业信托	大业信托有限责任公司	中伦文德律师事务所	北京市朝阳区西坝河南路 1 号金泰大厦 19 层

续表

名称	公司中文法定名称	年度律师事务所	律师事务所地址
东莞信托	东莞信托有限公司	广东赋诚律师事务所	广东省东莞市莞城区旗峰路162号中侨大厦B座23楼
方正东亚信托	方正东亚信托有限责任公司	北京六明律师事务所	北京市朝阳区光华路7号汉威大厦东区15层15A1
光大兴陇信托	光大兴陇信托有限责任公司	甘肃正天合律师事务所	甘肃省兰州市通渭路1号兰州房地产大厦15楼
粤财信托	广东粤财信托有限公司	广东君信律师事务所	广东省广州市农林下路83号广发银行大厦20楼
国联信托	国联信托股份有限公司	江苏无锡徐刚律师事务所	江苏省无锡市金融一街8号
国民信托	国民信托有限公司	北京观韬律师事务所	北京市西城区金融大街28号盈泰中心2号楼17层
国投信托	国投泰康信托有限公司	北京市天达律师事务所	北京市朝阳区东三环北路8号亮马河大厦1座20层
杭州工商信托	杭州工商信托股份有限公司	浙江天册律师事务所	浙江省杭州市杭大路1号黄龙世纪广场A座11楼
湖南信托	湖南省信托有限责任公司	未披露	未披露
华澳信托	华澳国际信托有限公司	大成律师事务所(上海办公室)	上海市浦东新区世纪大道100号上海环球金融中心24层
华宝信托	华宝信托有限责任公司	上海市锦天城律师事务所	上海市浦东新区花园石桥路33号花旗集团大厦14楼
华宸信托	华宸信托有限责任公司	未披露	未披露
华能信托	华能贵诚信托有限公司	北京中盛律师事务所	北京朝阳区建外大街永安东里甲3号通用国际中心1号楼A座23层
华融信托	华融国际信托有限责任公司	北京德恒律师事务所	北京市西城区金融街19号富凯大厦B座12层
华润信托	华润深国投信托有限公司	广东经天律师事务所	广东省深圳市滨河大道5022号联合广场A座25层
华鑫信托	华鑫国际信托有限公司	北京市兆源律师事务所	北京市西城区宣武门西大街甲129号金玉大厦
华信信托	华信信托股份有限公司	辽宁双护律师事务所	辽宁省大连市沙河口区西安路90号广荣大厦1601室
吉林信托	吉林省信托有限责任公司	吉林义理律师事务所	吉林省长春市皓月大路739号
建信信托	建信信托有限责任公司	未披露	未披露
江苏信托	江苏省国际信托有限责任公司	江苏世纪同仁律师事务所	江苏省南京市北京西路26号4~5楼
交银国际信托	交银国际信托有限公司	上海市锦天城律师事务所	上海市浦东新区花园石桥路33号花旗集团大厦14楼
昆仑信托	昆仑信托有限责任公司	上海市锦天城律师事务所	上海市浦东新区花园石桥路33号花旗集团大厦14楼
陆家嘴信托	陆家嘴国际信托有限公司	锦天城律师事务所	上海市花园石桥路33号花旗集团大厦14楼
平安信托	平安信托有限责任公司	未披露	未披露
山东信托	山东省国际信托有限公司	上海市锦天城律师事务所	上海浦东新区花园石桥路33号
山西信托	山西信托股份有限公司	未披露	未披露
陕国投	陕西省国际信托股份有限公司	北京观韬(西安)律师事务所	陕西省西安市高新区高新路51号尚中心713室
		上海市锦天城律师事务所	上海市浦东新区花园石桥路33号花旗集团大厦14楼
爱建信托	上海爱建信托有限责任公司	未披露	未披露
上海信托	上海国际信托有限公司	上海市锦天城律师事务所	上海浦东新区花园石桥路33号花旗集团大厦14楼
四川信托	四川信托有限公司	泰和泰律师事务所	成都高新区天府大道中段199号棕榈泉国际中心16~17楼
苏州信托	苏州信托有限公司	江苏苏州新天伦律师事务所	江苏省苏州工业园区苏桐路37号(星海街口)四号楼3~4楼
天津信托	天津信托有限责任公司	无	无
万向信托	万向信托有限公司	未披露	未披露
五矿信托	五矿国际信托有限公司	未披露	未披露
西部信托	西部信托有限公司	北京市金诚同达律师事务所西安分所	陕西省西安市沣惠南路华晶广场B座15层
西藏信托	西藏信托有限公司	北京市嘉源律师事务所	北京复兴门内大街158号远洋大厦F408
厦门国际信托	厦门国际信托有限公司	福建理海律师事务所	福建省厦门市厦禾路820号帝豪大厦18楼
		福建天衡联合律师事务所	福建省厦门市厦禾路666号海翼大厦A栋16层、17层
		福建闽翔律师事务所	福建省厦门市嘉禾路267号惠元大厦12层04座
新华信托	新华信托股份有限公司	未披露	未披露
新时代信托	新时代信托股份有限公司	内蒙古晨鹿律师事务所	内蒙古自治区包头市工商联大厦六楼A2号
兴业信托	兴业国际信托有限公司	未披露	未披露
英大信托	英大国际信托有限责任公司	北京华贸硅谷律师事务所	北京市朝阳区慧中路5号远大中心C座17层
云南信托	云南国际信托有限公司	云南八谦律师事务所	云南省昆明市十里长街德瀛华府综合楼
浙金信托	浙商金汇信托股份有限公司	上海锦天城律师事务所	上海市浦东新区花园石桥路33号花旗集团大厦14楼
中诚信托	中诚信托有限责任公司	未披露	未披露
外贸信托	中国对外经济贸易信托有限公司	未披露	未披露
金谷信托	中国金谷国际信托有限责任公司	未披露	未披露
中国民生信托	中国民生信托有限公司	未披露	未披露

续表

名称	公司中文法定名称	年度律师事务所	律师事务所地址
中海信托	中海信托股份有限公司	上海市锦天城律师事务所	上海市浦东新区花园石桥路33号花旗大厦14层
中航信托	中航信托股份有限公司	北京市君泽君律师事务所	北京市西城区金融大街9号金融街中心南楼6层
中建投信托	中建投信托有限责任公司	北京市金杜律师事务所上海分所	上海市淮海中路999号环贸广场写字楼一期17层
中江信托	中江国际信托股份有限公司	未披露	未披露
中粮信托	中粮信托有限责任公司	北京市君泽君律师事务所	北京市西城区金融大街9号金融街中心南楼6层
中融信托	中融国际信托有限公司	中伦律师事务所上海分所	上海市浦东新区世纪大道8号国金中心二期10~11楼
中泰信托	中泰信托有限责任公司	上海市金茂律师事务所	上海市愚园路168号18层
中铁信托	中铁信托有限责任公司	泰和泰律师事务所	四川省成都市高新区天府大道中段199号棕榈泉国际中心16楼、17楼
中信信托	中信信托有限责任公司	北京市嘉源律师事务所	北京市西城区复兴门内大街158号远洋大厦F407室
中原信托	中原信托有限公司	北京市大成律师事务所郑州分所	河南省郑州市紫荆山路60号金成国贸大厦19层
紫金信托	紫金信托有限责任公司	上海市锦天城律师事务所	上海市浦东新区花园石桥路33号花旗集团大厦14楼
		江苏高的律师事务所	江苏省南京市玄武区长江路99号长江贸易大楼13层
		北京中伦律师事务所	北京市建国门外大街甲6号SK大厦36~37层

2014年度各公司年度报告

安徽国元信托有限责任公司

1. 重要提示

1.1 本公司董事会及董事保证本报告所载资料不存在任何虚假记载、误导性陈述或者重大遗漏，并对其内容的真实性、准确性和完整性承担个别及连带责任。

1.2 未有董事对年度报告内容的真实性、准确性和完整性无法保证或存在异议的情况。

1.3 本公司独立董事鲍金桥、孙晓、宋炳山声明：保证年度报告内容的真实、准确、完整。

1.4 华普天健会计师事务所（特殊普通合伙）根据中国注册会计师审计准则对本公司年度财务报告进行审计，出具了标准无保留意见的审计报告。

1.5 本公司董事长过仕刚、总裁张彦、总会计师兼计划财务部总经理朱先平声明：保证本年度报告中财务报告的真实、完整。

2. 公司概况

2.1 公司简介

2.1.1 公司法定中文名称：安徽国元信托有限责任公司
中文名称缩写：国元信托
公司法定英文名称：Anhui Guoyuan Trust Co., Ltd.
英文名称缩写：Guoyuan Trust

2.1.2 法定代表人：过仕刚

2.1.3 注册地址：安徽省合肥市庐阳区宿州路20号
邮政编码：230001
公司国际互联网网址：www.gyxt.com.cn
电子信箱：xtbgs@gyxt.com.cn

2.1.4 公司信息披露事务负责人：虞焰智
联系电话：（0551）62631010
传真：（0551）62620261
电子信箱：yuyanzhi@gyxt.com.cn

2.1.5 公司选定的信息披露报纸：《证券时报》

2.1.6 公司年度报告备置地点：安徽省合肥市庐阳区宿州路20号17层及公司网站

2.1.7 公司聘请的会计师事务所：华普天健会计师事务所（特殊普通合伙）
地址：北京市西城区阜成门外大街22号1幢外经贸大厦901-22至901-26

2.1.8 公司聘请的律师事务所：中天恒律师事务所
地址：安徽省合肥市濉溪路287号金鼎广场A座八层

2.2 组织结构

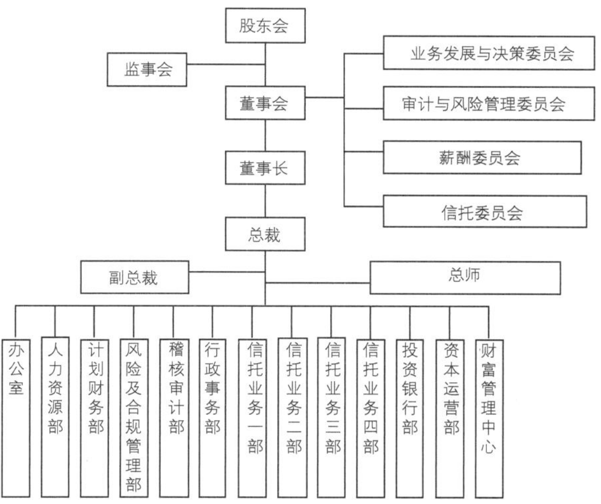

3. 公司治理

3.1 股东

报告期末股东总数7个，前3位股东为安徽国元控股（集团）有限责任公司、深圳中海投资管理有限公司、安徽皖投资产管理有限公司，其中，安徽国元控股（集团）有限责任公司和安徽皖投资产管理有限公司为国有独资公司。股东基本情况为：

股东名称	持股比例（%）	法人代表	注册资本（万元）	注册地址	主要经营业务及主要财务情况
安徽国元控股（集团）有限责任公司	49.6875	过仕刚	300 000.00	安徽省合肥市寿春路179号	受权管理国有资产，资本运营、收购兼并等。2014年末资产总额6 875 177万元，负债4 104 311万元，所有者权益2 770 866万元，净利润224 227万元。
深圳中海投资管理有限公司	40.375	孔庆平	195 000.00	深圳市罗湖区翠竹街道翠竹路2058号旭飞华达园裙楼三楼309-3A	股权投资、投资管理、受托资产管理；建筑、投资项目咨询、监理；房地产、国内贸易等。
安徽皖投资产管理有限公司	9	葛焱坤	100 000.00	合肥市包河区徽州大道329号兴业商办楼第六层	管理、经营、处置托管资产及不良资产；股权、债权投融资业务；社会化资产管理、服务业务；投资财务咨询服务。2014年末资产总额104 746.86万元，负债2 001.47万元，所有者权益102 745.39万元，净利润1 687.44万元。

3.2 董事

姓名	职务	性别	年龄	选任日期	所推举的股东名称	该股东持股比例(%)	简要履历
过仕刚	董事长	男	58	2012年3月30日	国元集团	49.6875	历任安徽省委办公厅秘书，安徽省国际信托副总经理，国元集团副总经理、党委副书记，国元信托总经理、董事长；现任国元集团总经理、国元信托董事长，第十、第十一届安徽省政协委员。
吴建斌	董　事	男	53	2013年8月10日	中海投资	40.375	历任中国海外集团有限公司常务董事，中国海外金融投资有限公司董事长，中国海外发展有限公司副主席，中海投资发展集团有限公司董事长。
许　斌	董　事	男	51	2012年3月30日	国元集团	49.6875	历任安徽大学教师，安徽省国际信托法律部主任，国元集团法律部主任，国元信托监事长，国元集团总法律顾问，现任国元集团副总经理。
芦　辉	董　事	女	53	2012年3月30日	国元集团	49.6875	历任安徽省国际信托计划财务部科长、副经理，国元集团计划财务部经理、副总会计师，现任国元集团总会计师。
朱毅坚	董　事	男	48	2013年8月10日	中海投资	40.375	历任中国海外集团有限公司助理总经理、纪委书记，中国海外发展有限公司执行董事，中海投资发展集团党务书记兼副总经理。
高　升	董　事	男	39	2012年3月30日	中海投资	40.375	历任中建总公司财务部、中建会计师事务所助理会计师、项目经理，中海集团财务部、CHINASTATE－LELGHTON联营公司、中海财务公司会计师、会计主任、助理总经理，中海实业公司副财务总监、财务总监，现任深圳中海投资公司财务总监。

姓名	所在单位及职务	性别	年龄	选任日期	所推举的股东名称	该股东持股比例(%)	简要履历
鲍金桥	安徽承义律师事务所合伙人、律师	男	49	2012年3月30日	国元集团	49.6875	现任安徽承义律师事务所合伙人、律师，第十一届安徽省政协委员，安徽省政协社会和法制委员会委员。
孙　晓	红塔创新投资股份有限公司总裁	男	52	2012年3月30日	中海投资	40.375	历任山东新华医疗器械厂副厂长，山东淄博市医药局党委委员、副局长，国家化学工业部生产协调司副处长、处长，国家化学工业部办公厅秘书，国家轻工业局党组秘书、办公厅副主任，红塔创新投资公司副总裁，现任红塔创新投资公司总裁。
宋炳山	北京尊嘉资产管理公司首席投资官	男	45	2012年3月30日	国元集团	49.6875	1991年9月至1993年7月济南通用自动化技术研究所，助理工程师；1996年3月至1998年6月国家科技部高技术司信息处科员；1998年7月至2003年9月博时基金管理公司历任研究部研究员、裕阳、裕华基金经理、交易部总经理；2003年至2004年富国基金公司投资副总监、投资决策委员会委员；2006年至2008年长盛基金公司副总经理，投资决策委员会主席；2008年至今，北京尊嘉资产管理公司创始合伙人、首席投资官。

3.3 监事

姓名	职务	性别	年龄	选任日期	所推举的股东名称	该股东持股比例(%)	简要履历
熊思迅	监　事	男	58	2012年3月30日	中海投资	40.375	历任中国人民解放军北京卫戍区干部，中国建筑工程总公司人事部处长，中建科置业有限公司办公室主任，中建总公司深圳海丰苑企业管理有限公司副总经理，中华建筑报党委书记、中建总公司机关工会副主席，中建鸿达物业管理有限公司副董事长、党委书记，中海物业北京公司总经理、董事，中海集团人力资源部助理总经理、副总经理，现任中海投资发展集团副总经理、深圳中海投资公司副总经理。
陈　康	监　事	男	44	2012年3月30日	职工监事		1991年至2001年任职于安徽省国际信托投资公司法律事务部，2001年至2009年3月担任安徽省国元信托有限责任公司法律事务部副主任，2009年3月至今担任国元信托风险及合规管理部总经理。

3.4 高级管理人员

姓　名	职　务	性别	年龄	选任日期	金融从业年限(年)	学历	专业	简要履历
张　彦	总　裁	男	55	2012年8月31日	21	研究生	工商管理	历任安徽经济管理干部学院研究室主任，安徽国投证券发行部、投行部副经理、国债部经理、证券总部副总经理兼国债部经理，国元信托副总裁，国元信托党委副书记、监事长，现任国元信托总裁。

续表

姓 名	职 务	性别	年龄	选任日期	金融从业年限(年)	学历	专业	简 要 履 历
黄庆兵	副总裁	男	48	2012 年 3 月 30 日	18	硕 士	工商管理	历任南京大学工程师、直属机关团总支副书记,华泰证券投资银行部业务经理、高级经理、投资银行业务内核委员,中海财务公司助理总经理,中国海外金融投资公司助理总经理,深圳中海投资助理总经理,现任国元信托副总裁。
徐景明	副总裁	男	51	2012 年 3 月 30 日	34	研究生	金融	历任肥东县人民银行副股长、股长、副行长、行长,人民银行合肥中心支行合作处副处长,人民银行淮北市中心支行副行长,淮北银监分局局长,安徽银监局政策法规处处长、非银处处长,现任国元信托副总裁。
魏世春	副总裁	男	44	2012 年 3 月 30 日	22	硕 士	政治经济学	历任安徽省信托投资公司综合计划部科员、营业部副主任、办公室副主任、资金计划部副经理、经理,国元信托董事会秘书兼计划财务部总经理、总经济师,现任国元信托副总裁。
许 植	副总裁	男	47	2012 年 3 月 30 日	16	硕 士	法学	历任安徽大学教师,省国际信托、国元信托部门副总经理、总经理,现任国元信托副总裁。
朱先平	总会计师	男	49	2012 年 3 月 30 日	17	本 科	管理	历任巢湖东风矿副科长、科长、副矿长,省国际信托公司部门副经理,国元信托稽核部经理、计划财务部总经理、董事会秘书,现任国元信托总会计师兼计划财务部总经理。
虞焰智	董事会秘书	男	50	2012 年 3 月 30 日	17	本 科	计算机	历任合肥炮兵学院教员,安徽省国际信托电脑中心副主任,国元证券网上经纪业务部副总经理,国元信托信息技术部总经理、办公室主任、人力资源部总经理,现任国元信托董事会秘书。
程碧波	总裁助理	女	49	2013 年 2 月 7 日	17	硕士	工商管理	历任安徽省国际信托投资公司投资咨询公司副总经理、证券研究部总经理,国元信托信托业务二部总经理,现任国元信托总裁助理。

3.5 公司员工

项 目		2014 年		2013 年	
		人数(人)	比例(%)	人数(人)	比例(%)
年龄分布	25 岁以下	6	3.77	10	6.21
	25~29 岁	39	24.53	42	26.09
	30~39 岁	33	20.75	31	19.25
	40 岁以上	81	50.95	78	48.45
学历分布	博士	1	0.63	1	0.62
	硕士	60	37.74	61	37.89
	本科	72	45.28	73	45.34
	专科	26	16.35	26	16.15
	其他	0	—	0	—
岗位分布	董事、监事及高管人员	10	6.29	10	6.21
	自营业务人员	5	3.14	7	4.35
	信托业务人员	89	55.97	91	56.52
	其他人员	55	34.60	53	32.92

4. 经营管理

4.1 经营目标、方针、战略规划

本报告期公司的经营目标是:力争实现总收入 9.64 亿元,利润总额 7.60 亿元,净利润 6.0 亿元;年末信托业务规模 1 200亿元,其中,集合信托规模 220 亿元。

本报告期公司的经营方针是:继续坚持“依法合规、稳健经营”理念,以“学习为先、改革驱动、重点突破、持续发展”为指导思想,以“保兑付、稳增长、促转型、强管理、提水平”为工作目标,围绕提升公司核心竞争力,稳健开展传统业务、切实推进转型发展,积极支持实体经济和地方建设,高度重视并加强公司基础管理工作,持续优化制度建设、人才队伍和信息系统建设等,实现公司持续、健康发展。

公司的战略规划:中期目标是将公司发展成为在国内具有行业代表性和市场影响力、形象良好、资产优良、资产管理规模大、业务创新能力强、专业化水平高、服务质量好、管理体制灵活、富有竞争力的现代金融企业,达到完善的公司法人治理结构、规范化的经营管理制度、专业化的公司员工队伍和科学合理的业务定位,进而将公司建设成为植根地方、辐射全国,服务地方、服务广大社会投资者的行业先进的财富管理机构。

长期目标是按照“规模化、专业化、市场化、多元化”的经营方针,使公司跻身国内“一流信誉、一流服务、一流人才、一流管理”的信托机构行列,最终达到“资产管理规模化、经营领域多元化、行业地位领先化”的战略目标。

4.2 所经营业务的主要内容

公司业务主要分为信托业务和固有业务两个大类。信托业务主要从事资金信托、财产信托、股权信托、财务顾问等业务。品种主要有集合资金信托、单一资金信托、财产权信托;按运用方式分为贷款、交易性金融资产、持有至到期投资和长期股权投资等。固有业务主要包括贷款、股权投资和金融产品投资等业务。

自营资产运用与分布表

资产运用	金额(万元)	占比(%)	资产分布	金额(万元)	占比(%)
货币资产	3 443.02	0.69	基础产业	37 400.00	7.46
贷款及应收款	66 460.28	13.25	房地产业	19 640.00	3.92
交易性金融资产	350.63	0.07	证券市场	64 528.49	12.87
可供出售金融资产	90 999.57	18.15	实业	21 500.00	4.29
持有至到期投资	8 000.00	1.59	金融机构	350 634.87	69.91
长期股权投资	275 093.29	54.85	其他	7 806.13	1.55
其他	57 162.70	11.40			
资产总计	501 509.49	100.00	资产总计	501 509.49	100.00

注:其他资产中主要项目包括固定资产、无形资产、递延所得税资产。

信托资产运用与分布表

资产运用	金额（万元）	占比（%）	资产分布	金额（万元）	占比（%）
货币资产	80 938.05	0.49	基础产业	6 556 388.93	39.93
贷款	6 084 628.72	37.08	房地产业	539 650.00	3.29
交易性金融资产	519 857.23	3.16	证券市场	519 857.23	3.16
可供出售金融资产	—	—	实业	6 743 956.32	41.07
持有至到期投资	6 251 753.94	38.07	金融机构	1 357 346.94	8.27
长期股权投资	2 611 451.04	15.90	其他	702 385.96	4.28
其他	870 956.40	5.30			
资产总计	16 419 585.38	100.00	资产总计	16 419 585.38	100.00

4.3 市场分析

4.3.1 影响本公司业务发展的有利因素

4.3.1.1 信托行业管理资产规模稳步增长，行业影响力不断增强

信托行业持续稳步发展，管理信托规模再创历史新高，截至2014年末，信托行业管理的信托资产规模为13.98万亿元，稳居资产管理规模第二大的金融行业。信托行业的资产管理能力、水平不断增强，社会影响力和投资人认可度不断提升。

4.3.1.2 信托公司固有资本实力增厚，发展基础不断夯实

2014年末，信托业实收资本为1 386.52亿元，较2013年末增长24.18%。在实收资本增加的推动下，2014年信托业的所有者权益较2013年末增长25.09%；与此同时，2014年末信托业的固有资产规模增加至3 586.02亿元，较2013年末增长24.89%。信托公司固有实力的不断增强，反映了信托业未雨绸缪，主动迎接挑战，为转型发展奠定资本基础。

4.3.1.3 信托行业不断加强内部建设，风险防范体系持续完善

2014年4月，银监会发布了《关于加强信托公司风险监管的指导意见》（以下简称“99号文”），对信托公司的风险控制进行了系统强化；2014年6月底前，所有68家信托公司均制订了“恢复与处置计划”。随着《信托业保障基金管理办法》的颁布实施，信托行业风险防范的闭环式体系正式构建，将有效地防范个案信托项目风险及个别信托公司风险的系统传导，信托行业抵抗系统性风险能力进一步加强。

4.3.1.4 风险处置能力不断增强，信托行业系统风险可控

2014年，在行业风险事件明显增多的背景下，信托公司更多地开始采用市场化风险处置方式，并且效果良好，这反应了信托业风险处置能力的提升。通过抵押物处置、债务重组、外部接盘等审慎稳妥的市场化方式，同时，充分运用向担保人追偿、寻求司法解决等手段保护投资人合法权益。既能提升信托公司作为受托人的主动管理能力，又能逐步弱化“刚性兑付”，推进行业的成熟发展，从而从根本上防范信托业的风险。以备受关注的房地产信托兑付风险为例，2014年以来，房地产市场虽进入全行业滞胀时期。但在此背景下，房地产信托并未发生系统性兑付风险。同时，信托风险项目余额呈现稳步下降的趋势，显示信托公司风险项目处置能力不断增强。

4.3.1.5 信托行业的产品销售能力及主动管理能力的增强

2014年初以来，银行代理渠道受限，第三方代理销售被明令禁止。在此背景下，全行业发行集合资金信托计划规模继续增长，显示了2014年信托公司在产品销售能力及主动管理能力方面的稳步增强。

4.3.1.6 就公司内部而言，国元信托始终坚持“依法合规、稳健经营”理念，公司法人治理水平不断提升、管理信托资产规模保持较高水平、发展质量明显提升、经济效益创出历史新高、创新成果取得较大进步，综合实力稳健增长。同时，严守风险底线，风险合规意识牢固树立，合规文化深入人心；党建工作扎实推进；员工培训不断深入，队伍素质得到有效提升，为公司实现转型发展奠定坚实基础。

4.3.2 影响本公司业务发展的不利因素

4.3.2.1 信托行业发展外部挑战加大，管理资产规模增速开始下降

中国宏观经济的“新常态”保障了国民的长远利益，但却不可避免地要改造旧产能、旧模式和旧结构。在中国经济增长速度换挡期、结构调整期和前期刺激政策消化期“叠加”之下，实体经济风险不断向金融领域传递，个别产业风险呈上升趋势，信托行业风险事件频发。同时，伴随利率市场化的推进和资产管理业务的扩张，同业竞争几近白热化，信托行业管理资产规模增速开始下降。“新常态”之下，信托业有必要重新定位，主动抛弃旧的经营模式，为自身生命的延续、发展注入新动力。

4.3.2.2 传统业务领域难以持续，转型创新迫在眉睫

新形势下，信政合作、银信合作等传统业务领域受到监管政策调整和同业市场竞争的双重冲击，能体现信托功能本源的、支撑行业持续盈利的创新产品开发艰难，信托财富管理特征尚未充分发挥，真正体现专业竞争力的投资管理能力亟须提升。

4.3.2.3 公司发展面临的困难和挑战

公司地处内陆，与沿海发达地区相比，区域发展及金融业态水平、项目合作方以及社会投资者对信托工具的认知度仍有较大差距。同时，公司员工的专业能力和创新水平有待进一步优化和提高。

4.4 内部控制

4.4.1 内部控制环境和内部控制文化

在经营管理中，公司始终坚持“依法合规，稳健经营”的核心理念，强化风险管控，构建了完善的公司治理、内部控制、内部组织架构，建立了与公司经营范围、组织结构、业务规模相适应的内部控制体系。

公司具有完善的法人治理结构。按照“三会分设、三权分开、有效制约、协调发展”的要求，公司设立了由股东会、董事会、监事会和高级管理层构建的公司治理架构。股东会、董事会、监事会和高级管理层之间既相互独立，又相互制衡和相互协调，形成了权力机构、决策机构、监督机构和管理层之间的制衡机制，在公司经营和发展中行使各自的职能，发挥着各自的作用。

公司董事会下设业务发展与决策委员会，负责对公司发展

战略和重大投资决策进行研究并提出建议;下设审计与风险管理委员会,根据公司面临的风险状况与风险承受能力制定公司风险管理政策,确定合理的风险管理水平,并督促高级管理层采取必要的措施识别、计量、监测和控制风险,负责公司内部、外部审计的沟通和对公司经营的监督、检查工作;下设薪酬委员会,负责审查公司绩效考核、薪酬管理的政策、实施方案及实施状况;下设信托委员会,负责督促公司依法履行受托职责,保证公司为受益人的最大利益服务。各委员会独立开展工作,运作正常;高级管理层对董事会负责,全面主持公司日常经营管理工作。

公司高度重视内控文化的培育,注重内控文化的建设与执行。建立以"合规文化"为核心的企业文化,通过多年的经营,形成了审慎稳健、勤勉尽责、理性创新、全员参与的内部控制和风险管理文化。公司以风险教育为重点推进合规管理,加强员工对风险管理、内部控制、合规经营重要性的认识,引导员工建立诚信道德观念,牢固树立合规意识和风险意识,提高职业道德水准,熟练掌握与公司经营活动密切相关的法律法规、行政规章和行业准则等,规范职业行为,形成以"全员参与、内控先行"为主旋律的内控文化,使风险防范意识贯穿到了公司各个部门、各个岗位和各个工作环节。2014 年,公司邀请业内专家、公司高管、中层和业务骨干解读行业政策和监管要求、讲解业务理论知识、公司制度及业务流程等;积极安排专人参加信托业协会举办的行业从业资格培训考试,安排公司全体员工参加公司内部培训、考试,促进全体员工对法律法规和业务合规知识的学习,掌握有效的防范风险技能,倡导合规经营,培育合规文化。

4.4.2　内部控制措施

按照信托公司内部控制管理要求,公司建立了清晰的内部控制目标、原则和完善的内部控制体系、制度,确保对风险的事前防范、事中控制、事后监督和检查纠正。

公司建立了全面覆盖业务管理、风险管理、财务管理、合规管理、合同管理、内部审计、责任追究、岗位问责等内控制度体系。信托业务部门、财富管理中心等前台部门进行业务拓展和项目运营、客户开发与维护,计划财务部、风险及合规管理部提供中台服务,进行事前和事中的风险与合规控制,办公室提供信息技术保障支持,稽核审计部进行事后监督检查。

公司建立了中台、后台对前台的监督制约机制,通过风险控制、内部检查与审计等手段对前台业务进行有效监督制约。计划财务部按照国家颁布的会计准则进行会计核算,严格履行会计监督职能,认真执行财务会计制度,对不相容岗位严格分离、相互制约,对公司自营资产的安全实行有效财务控制,防范和化解财务风险,对集合信托项目进行财务审查,并发表专业审查意见;风险及合规管理部负责包括对所有集合信托项目及单一信托合同进行合法、合规性审查,提供专业审查意见;做好法律咨询、普法及法律法规研究,及时向经营管理层提供与公司业务有关的法律法规和政策变化情况,根据监管机构要求开展合规管理工作,培育良好的内控文化,定期或不定期地组织实施公司内部检查与风险排查,促进公司业务的可持续健康发展;稽核审计部强化内部审计功能,根据法律法规、董事会和高级管理层的要求,开展内部审计工作,并对董事、高管等离职人员实施离任审计。通过上述职能的实现,保障公司业务合规开展,为实现公司战略目标提供支持。

公司建立了职责明确、分工合理、相互制衡的组织结构和内部制约机制,构建了涵盖公司各项业务和管理活动的内部控制制度体系。公司内部控制建设主要侧重于规范业务流程、完善管理制度和明确部门岗位职责三个方面。在业务开展的过程中,坚持制度先行,每年由风险及合规管理部牵头组成检查小组对公司业务制度执行情况进行检查。

报告期内,为降低操作风险,强化制度的指导性与可操作性,公司在前期信托业务制度修改和完善的基础上,安排专人对固有业务制度进行修改和完善。新的流程、制度突出"以流程为主干,以实体为基础"的编写思路,明晰了各部门、各岗位的职责边界。为妥善处置各类突发事件,提高公司处理突发事件的能力,最大程度地减少突发事件造成的损失和社会影响,公司制定了《应急预案管理办法》,该办法进一步完善了公司突发事件应急相关工作程序和方法,保证了公司正常经营秩序,保障公司员工人身和公司财产安全。为提高公司案件防控工作管理水平,明确责任主体,有效防范案件风险,维护公司与委托人(受益人)合法权益,促进公司稳健发展,公司制定了《案件防控工作管理办法》和《案件防控工作方案》,从组织架构、防范措施、报送流程、案件调查及后续处置等方面进一步明确了案防工作相关内容。

报告期内,根据宏观经济形势、监管要求及公司业务发展需要,公司还制定了《2014 年集合业务指引》、《2014 年信托项目后续管理工作指引》及《2014 年监督检查工作指引》等多项工作指引。多项管理制度与工作指引的制定与发布,进一步完善了公司的内部控制机制。

4.4.3　信息交流与反馈

4.4.3.1　内部信息传达机制

公司及时印发各类文件和规章制度,在办公内网上开辟《最新来文》、《信托研究》、《法律园地》、《合规建设》、《公司文件》等栏目,能够及时将最新的法律法规、监管要求、行业动态以及本单位的经营和风险状况传递给员工。

4.4.3.2　信息报告机制

通过总裁办公会、经营分析例会、各部门季度工作情况汇报以及定期、不定期会议等形式,各部门及各岗位能将经营过程中存在的重大问题及时向高级管理层报告,管理层定期向董事会、监事会、股东和监管部门报告。

4.4.3.3　外部沟通机制

公司注重加强与监管部门的沟通和汇报,定期报送财务报表、统计报表、年度财务报告,真实、完整、准确、及时地反映公司经营管理状况,重大事项及时汇报请示,就内外部审计情况、风险状况、经营情况及时向监管部门沟通与报告。此外,公司还积极承办、参加业内举行的各种研讨会、洽谈会,加强业内交流与合作。

公司严格按照法律法规和公司章程的规定,根据银监会的要求,真实、准确、及时、完整地披露了 2013 年度报告及重大事项临时公告。通过公司网站向客户公开披露公司经营状况、信托财产管理状况等信息,并根据文件约定向相关利益人提交书面文件,披露相关信息。此外,公司还通过电话、电子邮件、网络平台等形式与投资者进行交流。报告期内,公司内控制度得到有效执行,未发生因违反内控制度对公司财务状况、经营成果产生重大影响的事项。

4.4.4 监督评价与纠正

4.4.4.1 内部审计监督机制

稽核审计部是公司的内部审计监督机构，具有独立性，由董事长直接分管。公司内部审计每年至少一次，内部专项审计在项目结束后进行。内部审计能及时、全面、准确地发现公司内控存在的缺陷与隐患，及时以审计报告、专项报告等形式向公司报告，并注重审计结果的应用。

4.4.4.2 外部审计监督机制

公司年报审计会计师事务所为华普天健会计师事务所（特殊普通合伙），由董事会选聘，该会计师事务所执业纪录良好。公司2014年度审计报告是标准无保留意见的。

4.4.4.3 内部控制的评价机制

公司每年对内部控制的建设和执行情况进行检查评价，评价结果能准确反映公司的内控水平。

4.4.4.4 内部控制的纠正机制

公司内外部检查、审计发现的问题能得到限期整改，公司制定有岗位问责和重大事故责任追究制度，并能有效落实。

4.5 风险管理

公司一贯坚持"依法合规、稳健经营"的理念，能够及时识别和度量业务运行中的潜在风险，建立了以董事会、审计与风险管理委员会、高级管理层和风险及合规管理部为主体的风险管理组织体系，形成了防范、控制和处置风险机制。

公司重视风险管理，通过制定健全的内部规章制度，建立职责分工合理的组织机构，设置专业的风险管理机构，结合公司实际情况，将现代风险管理技术与传统风险管理方法相结合，对可能产生的风险及时作出反应，积极采取有效措施进行事前、事中、事后的有效控制与管理，并根据实际需要及时对风险管理体系进行调整。

公司风险管理组织架构按照功能不同，划分为决策层、执行层和监督层，通过分离决策层、执行层、监督层，各层级履行各自专门职能，起到相互独立、相互制衡的作用。决策层为公司董事会，执行层由高级管理层构成，同时还包括信托业务复审委员会、信托业务终审委员会等评审决策机构等。公司董事会下设审计与风险管理委员会对高级管理层在业务、市场、操作等方面的风险控制情况进行监督，对公司的风险状况进行定期评估，提出完善风险管理和内部控制的意见。

根据有关规定及业务发展需要，公司建立相应的权限管理体系。严格按照规定，分别设立了固有、信托相互独立的运作部门——负责固有财产的资本运营部和负责信托财产的信托业务部门，并由不同的高管人员分管。在财务核算等环节，也做到了固有财产与信托财产的岗位隔离与信息隔离，对每个信托项目设立独立的账套进行核算，并出具独立的财务报告。针对各项业务，公司制定了系统的业务制度与完善的业务标准和操作要求。公司建立了有效的业务决策系统：对于集合项目，各业务部门负责项目的初审，风险及合规管理部、计划财务部分别负责项目复审前合法、合规审查与财务审查，公司复审及终审委员会是公司常设决策机构，对项目进行评审，作出决定。

公司所有合同签署前，必须经过风险及合规管理部审核，集合项目及其他重大业务合同还需外聘法律顾问审核并出具法律意见书。各部门和岗位，职权分明、职能独立，并相互牵制、相互制衡，重要岗位实行双人负责制并有相应的后续监督和整改、纠正措施，能够做到及时完整堵塞漏洞，切实防范各类风险。

公司前台、中台、后台设置合理，有效分离，操作互相独立。各部门负责执行本部门职能范围内的具体风险管理事务。风险及合规管理部作为风险管理职能部门，在公司层级化、专业化、多纬度的风险管理组织架构下统筹公司风险管理事务，根据公司要求对各部门业务活动和各风险环节、岗位进行合规检查和监督，并向高级管理层报告。稽核审计部负责对公司内部控制情况进行监督和检查，对于检查中所发现的问题，可直接向董事会审计与风险管理委员会报告。

4.5.1 风险状况

公司经营活动中面对的主要风险是信用风险、市场风险、操作风险、合规风险和其他风险。

4.5.1.1 信用风险状况

信用风险主要指交易对手因履约意愿或履约能力发生变化，违约造成不履行义务的可能性，主要表现在贷款、投资回购、担保、履约承诺等交易过程中，交易对手不履行承诺，不能或不愿履行合同而使固有财产、信托财产遭受潜在损失的可能性。

信托业务方面：截至2014年12月31日，公司管理信托资产总额1 641.96亿元，其中集合信托223.28亿元，单一信托1 418.68亿元。在项目管理中，公司认真履行受托人谨慎尽职义务，有效管理信托项目，2014年，清算信托项目483个，资金规模1 334.34亿元。其中，集合项目78个，兑付资金77.94亿元；单一项目405个，兑付资金1 256.40亿元。公司对借款人等交易对手制订了严格的筛选标准，为防止发生信用风险，公司在项目设计中设置了以财产抵押、权利抵押、企业保证、实际控制人无限连带责任保证、结构化设计等作为增信措施的防范安排，以合同条款约束交易对手。公司交易对手具有较好的信用记录，公司可能面临信用风险的债权类信托资产运作正常。

固有业务方面：报告期内公司固有业务无信用风险敞口。公司固有业务资产50.15亿元，以金融股权投资为主的优质资产，金融股权投资金额为31.97亿元。固有资金贷款均拥有土地房产抵押、上市公司股权抵押、企业保证等多重保障措施，对民营企业，在设置了资产抵（质）押的同时，要求附加第三方担保、实际控制人无限连带责任保证等担保措施。固有资产业务布局合理、质量优良，盈利能力、财务状况良好。

按照资产五级分类标准分类，报告期末公司固有业务信用风险资产120 873.59万元，其中信用不良资产期末数为609.31万元，较期初495.65万元增加113.66万元，增长22.93%，已足额计提各项资产减值准备。期末信用不良资产全部为其他应收账款，其中：（1）次级类0.50万元，形成时间2－3年，全部是信托项目代垫管理费，有收回可能；（2）可疑类582.55万元，债务人主要是"国元信托－湖南信托滁州中普城市广场项目贷款单一资金信托"项目垫付费580万元，预计可收回50%；（3）损失类26.26万元，形成时间5年以上，债务是历史遗留案件垫支款，无法收回。

报告期末公司信托资产16 419 585.38万元，均运作正常，无不良资产。

4.5.1.2 市场风险状况

市场风险主要指公司开展资产管理业务过程中，投资于有公开市场价值的金融产品或者其他产品时，因股价、市场汇率、利率及其他价格因素变动，金融产品或者其他产品的价格发生波动导致资产遭受损失的可能性。2014 年，公司信托业务中，未开展诸如私募阳光化有价证券信托等证券市场投资类信托，也未开展投资货币市场的主动型资产管理类信托业务。固有业务中，开展自营股票投资业务控制在一定限额内，原则上不开展市场风险敏感度较高的金融衍生品投资业务及外汇交易业务；固有资金主要用于投资金融股权等中高流动性、低风险的金融产品（含信托产品），具有较高的安全性。

4.5.1.3 操作风险状况

操作风险是指因公司治理、内控机制失效或因有关责任人出现失误、欺诈等问题，公司没有及时充分地做好尽职调查、持续监控、信息披露等工作，未能及时作出应有的反应，或者作出的反应明显有失专业和常理，甚至违约违规；公司没有履行勤勉尽职管理义务，或者无法出具充分有效的证据和记录，证明自己已经履行勤勉尽职管理义务。操作风险表现在信托业务和固有业务的整个管理过程中。公司实行规范化、标准化、制度化管理，管理制度健全，并根据外部环境变化和内部业务发展需要，及时修订、完善、细化了各项业务操作流程，进一步明确了岗位职责和操作规范。报告期内，公司未发现因操作风险所造成的损失。

4.5.1.4 合规风险状况

合规风险指因没有遵循法律、规则和准则可能遭受法律制裁、监管处罚、重大财务损失和声誉损失的风险。报告期内，公司的各项业务基本能做到依法合规，合规风险管理状况较好，没有因合规问题而遭受法律制裁、监管处罚或声誉损失等。

4.5.1.5 其他风险状况

其他风险包括政策风险、道德风险和声誉风险等。

政策风险是指国家宏观经济政策的调整可能对公司业务经营或成果造成一定影响。报告期内，公司的各项业务严格按照国家相关政策，依法合规操作，未出现违反国家相关政策及违规事件。

道德风险是指公司内部人员蓄意违规、违法给公司带来损失的可能性，报告期内未发生此类风险。

声誉风险是指因公司操作失误、违反有关规定、资产质量下降、不能兑付、不能向服务对象提供高质量金融服务或管理不善等原因，对公司外部市场地位和声誉产生的消极和不良影响。报告期内未发生重大声誉风险。

4.5.2 风险管理

公司秉承受益人利益最大化的目标，建立了相互独立、相互制衡的内部控制体系和统一、规范、高效的内部流程，对经营活动实施全面、持续的风险监控，以专业手段有效管理各类风险。2014 年，面对复杂的市场环境和严格审慎的监管政策要求，公司加大系统性风险防范工作力度，提高项目的准入门槛和审查标准，加强项目后期管理，完善相应风险管理措施，增强公司抵御风险能力。

4.5.2.1 信用风险管理

公司信用风险管理主要通过对交易对手的尽职调查进行事前控制。以交易结构设计、风险定价、设定担保、持续评估风险等手段防范和监督交易对手信用风险变化。

交易前：通过制定、执行尽职调查工作指引等业务规章，强化对交易对手的尽职调查，科学评估交易对手的履约能力和履约意愿；选择有效的、与交易对手信用风险相匹配的信用增级措施；科学、客观、公正评估担保物，严格控制、实时监测不同担保物价值与融资本息的抵质押率，注重采用多种有效担保措施提高信用风险的保障系数。

审查阶段：集合项目建立了三级评审体系，对业务进行集体评审与决策，并提出风险控制方面的具体要求。2014 年，针对宏观经济下行压力，公司对项目准入与审查提出阶段性要求，进一步防范信用风险的发生。

管理阶段：公司全面收集融资方、担保方等交易对手财务、生产经营数据、重大经营情况等资料，定期对企业或者项目进行现场检查，对于风险较大的行业与业务类型，公司加大现场检查频率，判断项目的风险状况及抵（质）押物价值变化情况；建立项目预警指标，根据业务发展中遇到的新情况、新问题，及时采取应对措施，确保项目信用风险的可控、可测、可承受。2014 年，公司针对单一项目分类做了进一步细化，将其划分为甲乙两类。甲类项目即事务管理类项目，对于该类项目，公司要求在信托合同中明确约定公司仅承担事务管理类职责等条款，并在后续管理中严格按照合同约定履行相应职责；乙类项目即非事务管理类项目，对于该类项目，公司要求提高审查、审批层级，严格控制项目风险，并在后续管理中按照集合项目进行管理。

此外，公司加强项目到期前兑付工作检查安排，已形成季度兑付工作安排检查例会，项目经理汇报项目兑付倒计时工作安排。会后由公司风控与审计部门作为独立第三方根据项目性质与风险大小抽取部分项目进行现场检查，了解融资方还款意愿与还款能力，担保方代偿意愿，确保项目如期兑付，降低信用风险。报告期所有信托项目均安全兑付。

4.5.2.2 市场风险管理

市场风险管理是识别、计量、监测和控制市场风险的全过程，将市场风险控制在公司可承受的范围之内，实现风险可控前提下的效益最大化。

2014 年，公司面临的市场风险主要包括因国家产业政策、财政政策、投资政策调整带来的市场变化和因行业发展环境变化所带来的市场风险。具体来说，即由于国内外经济金融形势发展变化和行业、产业监管政策导向变化以及市场波动所带来的风险等。如房地产市场不景气，对公司房地产项目产生的影响；国家对平台贷款的整顿，对公司平台项目的开展产生较大的影响；钢铁等过剩行业的持续低迷，对公司该类业务的影响等。

（1）严密防范房地产信托项目风险。公司以极为审慎的态度开展房地产业务，要求选择负债率不高、信托期内没有大量到期负债的实力较强的企业进行合作，同时规定必须符合项目“四证”齐全、开发商或其控股股东具备二级资质、项目资本金比例符合国家有关要求。

2014 年，公司及时调整房地产信托业务策略，稳健开展该类业务：一是以控制规模、提高质量和档次的原则，审慎开展房地产类项目，阶段性暂停此类业务。二是项目开展前，严格履行事前报告制。三是项目管理中，提高此类项目关注度，以最高的标准管理此类业务，要求项目经理每月到现场检查，及时关注房地产行业发展动态和融资方的经营管理变化，关注所投项目的市场运行情况和项目运行情况。四是项目兑付前，严格按照公司规定，做好项目到期兑付前倒计时安排，及时跟踪融资方还款准备情况，加大到期前的汇报、检查力度，并将责任落实到岗位、到人，以层层负责的方式对可能发生的风险及时报告、提前化解。五是及时开展房地产项目专项检查，对房地产项目进行压力测试，严密监测房地产项目风险。

（2）加强融资平台贷款管理。公司严格按照监管部门提出的要求，加强融资平台贷款项目风险的管理工作：一是严格按照《中国银监会关于加强 2013 年地方政府融资平台贷款风险监管的指导意见》等监管要求，规范开展该类业务；二是制定集合项目工作指引，明确各地区平台贷款规模上限，防止区域性集中风险；三是加强对融资平台贷款项目的实时监测，定期出具融资平台贷款统计表，并报监管机构；四是严格按照受托人职责继续做好存续项目后期跟踪管理工作，并按照监管要求和合同约定进行现场检查，出具相关管理报告和检查报告；五是及时关注政府出台的相关新政策、新规定，要求交易对手按照新规定对存量贷款分门别类纳入预算管理；六是积极探讨 PPP 等与地方政府新的合作模式，促进该项业务规范、健康发展。

（3）有效规避钢铁等过剩行业信托项目风险。面对钢铁等过剩行业持续低迷的市场状况，公司多方面防范该类市场风险给受益人及公司带来影响：一是严格按照监管规定，限制信托资金投向该类行业，公司集合信托中无投向产能过剩行业的信托项目；二是做好项目后续跟踪管理，对于个别投向该类行业的存续单一信托，要求项目经理严格按照合同约定与公司规定做好后续管理及风险预警工作；三是积极与委托人、受益人沟通，约定信托财产原状返还等方式化解项目可能出现的兑付风险。

4.5.2.3 操作风险管理

在操作风险的管理上，公司要求每项业务在尽职调查、受理申请、交易结构设计、审查审批、营销签约、执行终止等各阶段全过程合法合规，按照相关流程、制度办理。建立了职责分离、相互监督制约的内控机制，建立和完善有效的投资决策机制，实行严格的复核审核程序，制定严格的信息系统管理制度和档案管理制度，根据监管法规的要求制定了符合公司实际的规章制度，从机制和制度上降低操作风险，实现对公司各项业务操作过程的有效控制。

2014 年，公司修订、发布了《信托业务制度汇编》，本次制度汇编将程序与实体分开，明晰各部门、岗位的职责边界，建立清晰的流程与具操作性的实体规定。该制度汇编新增制度 13 项，修改完善 30 项。此外，还修改了四大类集合信托标准化文本，单一类法律文件和担保合同等标准化文件，对涉及各类信托业务 71 项配套表格进行了完善、增补。固有业务流程、制度也正在进行修改、完善中。

为督促业务部门严格按照相关法律法规及公司制度开展业务，2014 年，公司开展了多项项目检查工作，主要包括到期集合项目兑付检查工作、房地产项目检查、与影子银行机构合作业务风险排查、以土地为抵押的项目风险排查、中小企业集合融资项目风险排查及单一项目分类管理与风险排查等。

此外，公司每年聘请独立审计机构对公司业务进行审计，持续进行内部审计监督，不断对规章制度进行全面梳理与修订。目前公司的各项控制制度和操作规程几乎涵盖了所有业务领域和职能工作，实现了对公司各项业务操作过程的有效控制。

4.5.2.4 合规风险管理状况

公司董事会、监事会及高级管理层将合规管理工作视为提升公司内在价值和创造价值的重要手段，始终坚持"依法合规、稳健经营"的理念。2014 年，公司密切关注国内外金融形势和监管要求的变化，动态理解和自觉适应监管政策法规，开展"深入推进合规建设年"、"反洗钱宣传月"等活动，进一步完善公司合规管理体系，强化合规风险管理。公司制定了保障合规管理工作正常开展的制度体系和操作流程，合规审核程序覆盖了信托业务和固有业务，积极建立与监管部门的沟通互动机制，明晰对内对外的合规风险报告路线，建立了合规绩效考核机制和问责奖惩激励机制。

此外，公司加大以"合规"为主题的培训力度，通过公司内网、宣传栏、滚动字幕等途径宣传合规文化，强化员工合规意识，积极倡导和培育"合规创造价值"、"全员合规、人人合规"。2014 年，公司进一步加大培训力度，全年组织 14 场专题培训，3 场全员法规及信托理论考试。同时，为配合"深入推进合规建设年"活动的开展，公司按季度进行员工行为风险排查，增强员工合规意识。

4.5.2.5 其他风险管理

公司及时跟踪和研究国家宏观政策和行业政策的调整与变化，加强与政府部门和监管机构的沟通，坚持依法合规、稳健经营，保持经营策略与国家政策一致，保证各项业务合法合规。

公司通过完善内控机制，严格岗位管理职责与纪律，加强道德文化教育，提高全员廉洁自律和勤勉尽责的意识，鼓励遵纪守法，培养职业操守，防范道德风险。

4.5.2.6 净资本管理

2014 年末，公司净资本风险控制指标为：净资本 430 481.20万元，各项业务风险资本 264 844.68 万元，净资本与各项业务风险资本之比为 162.54%，净资本与净资产之比为 89.05%，各项指标均符合监管标准。

4.6 履行社会责任

公司自成立以来，就将社会责任理念和要求融入业务发展过程中，以满足社会公众多元化的金融服务需要，助力经济社会协调发展。2014 年，公司继续践行"服务社会和民生，实现和谐、可持续发展"的宗旨，不断提升公司治理水平、加强风险控制管理、提高信托服务能力、保护客户利益；积极运用信托多元化产品支持地方建设和各类企业发展；积极履行社会责任，探索开展公益信托，推进公益事业。同时，致力于人本信托，支持员工成长，打造专业化的人才队伍。

4.6.1 提升治理水平，打造惠民信托

2014 年，公司按照监管要求，"三会一层"分工合理、制衡有力、监督到位、运行顺畅，有效保障了公司股东、受益人及其他利益相关方的合法权益。同时，积极加强公司风险控制体系建设，推进风险防控工作，提高风险管控能力，为实现发展战略和经验目标提供坚强保障。一是建立了全面覆盖业务管理、风险管理、财务管理、合规管理、合同管理、内部审计、责任追究、

岗位问责等内控制度体系；二是进一步完善信息披露，维护客户和相关利益方的合法权益；三是加强内外部审计监督，及时、全面、准确发现公司存在的不足与隐患，促进公司内控水平的提升。2014 年，公司依靠完善的公司治理、稳健的展业风格、规范的项目管理，为信托受益人实现收益 138.52 亿元，较上年增长 15.99%，使投资人分享了经济社会的发展成果。

4.6.2 发挥传统优势，支持地方建设

2014 年，公司坚持“植根地方、服务地方”的发展定位，结合国家区域协调发展政策方针和地区资源禀赋、地缘优势，与地方政府、金融机构、企业广泛开展合作，探索出债权投资、股权投资、信托贷款等多种合作模式，为地方重点在建、续建项目提供资金，支持地方建设发展。

2014 年，公司发行 96 个信托项目支持安徽地方建设，募集资金 160.96 亿元。其中，发行支持“皖江城市带”建设项目 69 个，募集资金 122.58 亿元；发行支持“合芜蚌”建设项目 40 个，募集资金 90.01 亿元；发行支持“皖北”建设项目 21 个，募集资金 28.77 亿元。

2014 年，中央经济工作会议确定长江经济带将成为未来新一轮三大区域经济战略之一。作为地处长江经济带的地方信托机构，公司积极响应，加强学习，及时传达贯彻政策要求，适时调整明确业务导向，强调主动布局，广泛接触长江经济带各类企业及金融机构，储备资源、控制风险、积极推进，加快支持长江经济带项目建设。2014 年，公司共发行支持长江经济带建设项目 313 个，募集资金 653.42 亿元，大力支持制造业、批发零售业、服务业、教育业等多个行业发展。截至 2014 年末，公司存续支持长江经济带建设项目 551 个，资金规模 1 298.65 亿元。同时，跟踪长江经济带原有合作企业，积极储备项目，科学选择发展前景可期的“种子公司”进行长期股权投资。

4.6.3 整合各方资源 助力实体经济和中小微企业发展

公司积极响应服务实体经济和中小微企业相关政策，多措并举，切实提升信托服务水平：在工作计划中，公司明确提出“着力调整信托业务和产品结构，推进业务转型，提高主动管理能力，运用信托原理，大力发展基金化、系列化的信托产品，支持符合政策导向的中小微企业快速发展”。年初，制定了国元信托小微企业金融服务 2014 年度工作计划，明确年度工作计划，加快推进以信托功能服务小微企业，力求工作取得实效；深入开展“金融知识宣传服务月”活动，营造支持实体经济和中小微企业的良好氛围；积极参加各类对接，有效建立与地方企业的沟通机制；加强学习研究，探索信企合作新模式，推进业务转型创新，努力实现经济效益和社会效益的“双丰收”。

2014 年，公司发行支持实体经济信托项目 211 个，募集资金 409.57 亿元；发行支持中小微企业信托项目 136 个，募集资金 307.86 亿元。重点支持扩大就业、符合国家创新驱动战略、与城镇化建设密切相关、符合国家产业和环保政策的实体经济和中小微企业的融资需求，投资行业涉及汽车服务业、农业食品业、生产制造业和新能源发展等多个领域，为实体经济和中小微企业实现稳健发展发挥了重要作用。

4.6.4 热心公益事业，积极开展公益信托

2014 年，公司继续捐资 20 万元帮扶金寨县郭店村美好乡村建设，支持贫困地区发展；组织 37 名员工无偿献血 4 000 毫升，为树立社会新风尚作出表率。公司组织全体员工，开展沿巢湖大道健步走活动，积极开展全民健身活动，倡导低碳文明出行、环保自然生活、节能减排理念。

为积极履行社会责任，帮助革命老区希望小学改善办学条件，自 2011 年起，公司将安徽金寨县斑竹园镇沙堰希望小学作为公司党员捐资助学的联系点。几年来，公司已向该校捐资 40 万元用于修葺校园、配置教具、改善住宿条件等。2014 年，公司再次捐资 23 万元，继续援建金寨县沙堰希望小学；45 名党员捐款 4.5 万元，“一对一”帮扶了 45 名贫困学生。

公司设立的“国元爱心慈善公益信托”已正式运行。该产品为安徽首个公益信托项目，首期募集资金人民币 34.5 万元，期限为两年，资金主要投放于金寨县长岭乡石冲小学、沙堰小学的校舍维修、场地硬化工程项目，以及沙堰小学贫困学生助学。公益信托的设立，充分体现了公司积极承担社会责任、推动公益事业发展的价值理念。

4.6.5 支持员工成长，打造专业人才队伍

2014 年，公司积极培养专业化人才队伍，不断提高人才团队综合素质，提升公司核心竞争力。以业务发展和年度经营目标为导向，围绕人才培养和业务能力的提升，全年共组织 16 场专题讲座，选派 47 位员工参与信托业学会信托从业人员全员培训，培养员工终生学习意识，提升专业水平；推进员工内部交流，以传、帮、带的方式，加速年轻员工成长；将新进员工安排到业务部门和业务一线，让新员工更多地接触业务实践，为员工提供快速成长通道。与此同时，注重关爱员工，建立员工健康档案并积极组织多种文体活动，为员工相互交流提供广阔平台。

5. 报告期末及上一年度末的比较式会计报表

5.1 自营资产

5.1.1 会计师事务所审计意见全文

审 计 报 告

会审字[2014]1108 号

安徽国元信托有限责任公司全体股东：

我们审计了后附的安徽国元信托有限责任公司（以下简称国元信托公司）财务报表，包括 2014 年 12 月 31 日的资产负债表，2014 年度的利润表、现金流量表和所有者权益变动表以及财务报表附注。

一、管理层对财务报表的责任

编制和公允列报财务报表是国元信托管理层的责任，这种责任包括：(1) 按照企业会计准则的规定编制财务报表，并使其实现公允反映；(2) 设计、执行和维护必要的内部控制，以使财务报表不存在由于舞弊或错误导致的重大错报。

二、注册会计师的责任

我们的责任是在执行审计工作的基础上对财务报表发表审计意见。我们按照中国注册会计师审计准则的规定执行了审计工作。中国注册会计师审计准则要求我们遵守中国注册会计师职业道德守则，计划和执行审计工作以对财务报表是否不存在重大错报获取合理保证。

审计工作涉及实施审计程序，以获取有关财务报表金额和披露的审计证据。选择的审计程序取决于注册会计师的判断，包括对由于舞弊或错误导致的财务报表重大错报风险的评估。在进行风险评估时，注册会计师考虑与财务报表编制和公允列报相关的内部控制，以设计恰当的审计程序，但目的并非对内部控制的有效性发表意见。审计工作还包括评价管理层选用会计政策的恰当性和作出会计估计的合理性，以及评价财务报表的总体列报。

我们相信，我们获取的审计证据是充分、适当的，为发表审计意见提供了基础。

三、审计意见

我们认为，国元信托财务报表在所有重大方面按照企业会计准则的规定编制，公允反映了国元信托2014年12月31日的财务状况以及2014年度的经营成果和现金流量。

华普天健会计师事务所（特殊普通合伙）

中国注册会计师　王　静

中国注册会计师　卢　珍

中国・北京　　二〇一五年四月二十四日

5.1.2　资产负债表

资产负债表

编制单位：安徽国元信托有限责任公司　　2014年12月31日　　单位：万元

项　目	年末余额	年初余额	项　目	年末余额	年初余额
流动资产：			流动负债：		
货币资金	10.92	47 336.36	短期借款	—	—
存放同业	3 432.10		拆入资金	—	—
贵金属	—	—	交易性金融负债	—	—
拆出资金	—	—	衍生金融负债	—	—
交易性金融资产	350.63	0.04	卖出回购金融资产款	—	—
衍生金融资产	—	—	应付账款	—	—
买入返售金融资产	50 616.85	1 670.05	预收账款	—	—
应收账款	—	—	应付职工薪酬	6 698.16	5 490.61
预付账款	—	—	应交税费	7 385.52	8 762.61
应收利息	545.42	288.16	应付利息	—	—
应收股利	—	—	应付利润	720.00	720.00
其他应收款	714.85	230.76	其他应付款	2 691.66	4 567.86
存货	—	—	一年内到期的非流动负债	—	—
一年内到期的非流动资产	—	—	其他流动负债	27.74	27.74
其他流动资产	120.60	153.19	流动负债合计	17 523.08	19 568.82
流动资产合计	55 791.37	49 678.56	非流动负债：	—	—
非流动资产：	—	—	长期借款	—	—
发放贷款和垫款	65 200.00	74 900.00	应付债券	—	—
可供出售金融资产	90 999.57	55 227.72	长期应付款	—	—
持有至到期投资	8 000.00	—	预计负债	—	—
长期应收款	—	—	递延所得税负债	596.13	187.25
长期股权投资	275 093.29	246 457.35	其他非流动负债	—	—
投资性房地产	—	—	非流动负债合计	596.13	187.25
固定资产	4 241.97	4 580.90	负债合计	18 119.21	19 756.07
在建工程	—	53.75	所有者权益：		
无形资产	223.80	257.48	实收资本	200 000.00	200 000.00
递延所得税资产	1 959.49	501.59	资本公积	—	—
其他非流动资产	—	2 508.47	减：库存股	—	—
非流动资产合计	445 718.12	384 487.26	其他综合收益	132 366.74	120 190.19
			盈余公积	28 582.00	21 901.60
			一般风险准备	44 930.70	15 191.95
			未分配利润	77 510.83	57 126.01
			所有者权益合计	483 390.27	414 409.75
资产总计	501 509.49	434 165.82	负债和股东权益总计	501 509.49	434 165.82

单位负责人：过仕刚　　财务负责人：朱先平　　会计机构负责人：朱先平

5.1.3 利润表

利润表

编制单位:安徽国元信托有限责任公司　　2014 年度　　单位:万元

项　目	本年金额	上年金额
一、营业收入	102 536.22	86 955.82
利息净收入	11 171.27	9 162.62
利息收入	11 175.23	9 167.24
利息支出	3.96	4.62
手续费及佣金净收入	66 616.16	63 879.51
手续费及佣金收入	67 697.24	64 228.95
手续费及佣金支出	1 081.08	349.44
投资收益(损失以"-"填列)	24 418.14	13 675.80
其中:对联营企业和合营企业的投资收益	21 518.32	10 437.05
公允价值变动收益(损失以"-"填列)	53.02	4.26
租赁收益	—	—
汇兑收益(损失以"-"填列)	0.14	-1.20
其他业务收入	277.49	234.83
二、营业支出	21 316.52	18 683.77
营业税金及附加	4 460.34	4 110.75
业务及管理费	14 986.70	13 735.39
资产减值损失	1 869.48	837.63
其他业务成本	—	—
三、营业利润(亏损以"-"号填列)	81 219.70	68 272.05
加:营业外收入	64.87	20.61
减:营业外支出	54.44	50.00
四、利润总额(亏损以"-"号填列)	81 230.13	68 242.66
减:所得税费用	14 426.17	14 101.90
五、净利润(净亏损以"-"号填列)	66 803.96	54 140.76
六、其他综合收益	12 176.56	1 077.36
七、综合收益	78 980.52	55 218.12

单位负责人:过仕刚　　财务负责人:朱先平　　会计机构负责人:朱先平

5.1.4 所有者权益变动表

所有者权益变动表

2014 年度

编制单位：安徽国元信托有限责任公司　　　　单位：万元

项目	本期						上期					
	实收资本	其他综合收益	盈余公积	一般风险准备	未分配利润	所有者权益合计	实收资本	其他综合收益	盈余公积	一般风险准备	未分配利润	所有者权益合计
一、上年期末余额	200 000. 00	117 838. 29	21 899. 71	15 191. 95	57 108. 98	412 038. 92	120 000. 00	116 760. 93	16 487. 53	11 697. 15	103 894. 13	368 839. 73
加：会计政策变更		2 351. 90	1. 89		17. 04	2 370. 83						
前期差错更正												
其他												
二、本年期初余额	200 000. 00	120 190. 18	21 901. 60	15 191. 95	57 126. 01	414 409. 75	120 000. 00	116 760. 93	16 487. 53	11 697. 15	103 894. 13	368 839. 73
三、本年增减变动金额（减少以"－"号填列）		12 176. 56	6 680. 40	29 738. 75	20 384. 82	68 980. 52	80 000. 00	3 429. 26	5 414. 08	3 494. 80	－46 768. 12	45 570. 02
（一）综合收益总额		12 176. 56			66 803. 96	78 980. 52		3 429. 26			54 140. 76	57 570. 02
（二）所有者投入和减少资本												
1. 股东投入的普通股												
2. 其他权益工具持有者投入资本												
3. 股份支付计入所有者权益的金额												
4. 其他												
（三）利润分配			6 680. 40		－16 680. 40	－10 000. 00			5 414. 08		－17 414. 08	－12 000. 00
1. 提取盈余公积			6 680. 40		－6 680. 40				5 414. 08		－5 414. 08	
2. 对所有者（或股东）的分配					－10 000. 00	－10 000. 00					－12 000. 00	－12 000. 00
3. 其他												
（四）所有者权益内部结转							80 000. 00				－80 000. 00	
1. 资本公积转增资本（或股本）												
2. 盈余公积转增资本（或股本）												
3. 盈余公积弥补亏损												
4. 其他							80 000. 00				－80 000. 00	
（五）专项储备				29 738. 75	－29 738. 75					3 494. 80	－3 494. 80	
1. 本期提取				29 738. 75	－29 738. 75		—			34 94. 80	－3 494. 80	
2. 本期使用							—					
（六）其他												
四、本年期末余额	200 000. 00	132 366. 74	28 582. 00	44 930. 70	77 510. 83	483 390. 27	200 000. 00	120 190. 18	21 901. 60	15 191. 95	57 126. 01	414 409. 75

单位负责人：过仕刚　　　　财务负责人：朱先平　　　　会计机构负责人：朱先平

5.2 信托资产

5.2.1 信托项目资产负债汇总表

编制单位:安徽国元信托有限责任公司　　2014 年 12 月 31 日　　单位:万元

信托资产	期末余额	年初余额	信托负债和信托权益	期末余额	年初余额
信托资产:			信托负债:		
货币资金	80 938.05	65 932.28	交易性金融负债	—	—
拆出资金	—	—	衍生金融负债	—	—
存出保证金	—	237.05	应付受托人报酬	—	—
交易性金融资产	519 857.23	265 445.32	应付托管费	—	—
衍生金融资产	—	—	应付受益人收益	—	—
买入返售金融资产	—	61 000.00	应交税费	—	—
其中:买入返售证券	—	—	应付销售服务费	—	—
买入返售信贷资产	—	—	其他应付款项	19 039.14	37.65
应收款项	121.90	—	其他负债	—	—
发放贷款	6 084 628.72	9 385 695.80	信托负债合计	19 039.14	37.65
其中:基础产业	2 094 626.50	2 894 104.70	信托权益:		
房地产	479 650.00	721 881.00	实收信托	16 328 240.70	18 986 983.49
其他产业	3 510 352.22	5 769 710.10	其中:资金信托	15 891 505.68	18 664 336.42
可供出售金融资产	—	—	集合	2 159 968.50	2 030 126.00
持有至到期投资	6 251 753.94	5 724 785.00	单一	13 731 537.18	16 634 210.42
长期应收款	—	—	财产信托	436 735.02	322 647.07
长期股权投资	2 611 451.04	2 670 207.70	资本公积	—	—
其中:基础产业	561 915.93	656 117.93	未分配利润	72 305.53	66 282.01
房地产	—	—	信托权益合计	16 400 546.23	19 053 265.50
其他产业	2 049 535.11	2 014 089.77			
投资性房地产	—	—			
固定资产	—	—			
无形资产	—	—			
长期待摊费用	—	—			
其他资产	870 834.50	880 000.00			
其中:融资租赁资产	—	—			
信托资产总计	16 419 585.38	19 053 303.15	信托负债及信托权益总计	16 419 585.38	19 053 303.15

单位负责人:过仕刚　　财务负责人:朱先平　　会计机构负责人:朱先平

5.2.2 信托项目利润及利润分配汇总表

编制单位:安徽国元信托有限责任公司　　2014 年度　　单位:万元

项　　目	本年金额	上年金额
1. 营业收入	1 558 975.74	1 380 643.31
1.1 利息收入	656 975.81	737 415.09
1.2 投资收益	888 097.87	635 290.77
1.2.1 其中:对联营企业和合营企业投资收益	—	—
1.3 公允价值变动收益	12 369.06	—
1.4 租赁收入	—	—
1.5 汇兑收益	—	—
1.6 其他收入	1 533.00	7 937.45
2. 支出	167 730.99	170 946.31
2.1 营业税金及附加	—	186.21
2.2 受托人报酬	66 696.35	63 627.01

续表

项　　目	本年金额	上年金额
2.3 保管费	30 773.18	21 495.10
2.4 投资管理费	726.89	1 863.86
2.5 销售服务费	7 021.78	7 974.50
2.6 交易费用	10.25	11.69
2.7 资产减值损失	—	—
2.8 其他费用	62 502.54	75 787.94
3. 信托净利润	1 391 244.75	1 209 697.00
4. 其他综合收益		—
5. 综合收益	1 391 244.75	1 209 697.00
6. 加:期初未分配信托利润	66 282.00	50 799.88
7. 可供分配的信托利润	1 457 526.75	1 260 496.88
8. 减:本期已分配信托利润	1 385 221.22	1 194 214.88
9. 期末未分配信托利润	72 305.53	66 282.00

单位负责人:过仕刚　　财务负责人:朱先平　　会计机构负责人:朱先平

6. 会计报表附注

6.1 会计报表编制基准不符合会计核算基本前提的说明

报告期内公司无上述事项。

6.2 或有事项说明

报告期内公司无上述事项。

6.3 重要资产转让及其出售的说明

报告期内公司无上述事项。

6.4 会计报表中重要项目的明细资料

6.4.1 自营资产经营情况

6.4.1.1 按信用风险五级分类结果披露信用风险资产的期初数、期末数

单位：万元

	期初数	本期计提	本期转回	本期核销	期末数
贷款损失准备	0.00	—	—	—	0.00
一般准备	0.00			—	0.00
专项准备	—	—	—	—	—
其他资产减值准备	1 557.88	2 107.27	233.65	361.94	3 069.57
可供出售金融资产减值准备	—	542.75		—	542.75
持有至到期投资减值准备	—			—	—
长期股权投资减值准备	—			—	—
坏账准备	490.73	331.64	233.65	226.79	361.94
固定资产减值准备	135.15		—	135.15	—
其他减值准备	932.00	1 232.88	—		2 164.88

注：不良资产合计＝次级类＋可疑类＋损失类。

6.4.1.2 各项资产减值损失准备的期初、本期计提、本期转回、本期核销、期末数

单位：万元

	期初数	本期计提	本期转回	本期核销	期末数
贷款损失准备	0.00	—	—	—	0.00
一般准备	0.00			—	0.00
专项准备	—	—	—	—	—
其他资产减值准备	1 557.88	2 107.27	233.65	361.94	3 069.57
可供出售金融资产减值准备	—	542.75		—	542.75
持有至到期投资减值准备	—			—	—
长期股权投资减值准备	—			—	—
坏账准备	490.73	331.64	233.65	226.79	361.94
固定资产减值准备	135.15		—	135.15	—
其他减值准备	932.00	1 232.88	—		2 164.88

6.4.1.3 按照投资品种分类，固有股票投资、基金投资、债券投资、股权投资等投资业务的期初数、期末数

单位：万元

	自营股票	基金	债券	长期股权投资	其他投资	合计
期初数	4 577.12	496.13		246 457.35	50 154.51	301 685.11
期末数	13 305.02	606.62		275 093.29	85 438.56	374 443.49

6.4.1.4 按投资入股金额排序，前五名的自营长期股权投资的企业名称、占被投资企业权益的比例、主要经营活动及投资收益情况等

企业名称	占被投资企业权益的比例(%)	主要经营活动	投资损益（万元）
1. 国元证券股份有限公司	15.69	证券经纪、证券买卖	21 518.32

6.4.1.5 前五名的自营贷款的企业名称、占贷款总额的比例和还款情况等

企业名称	占贷款总额的比例(%)	还款情况
1. 安徽省安福置业有限公司	22.70	正常
2. 宁国经济技术开发区建设投资有限公司	22.39	正常
3. 郎溪道其建设工程有限公司	15.34	正常
4. 阜阳东兴建设投资有限责任公司	14.42	正常
5. 庐江县城市建设投资有限公司	10.74	正常

6.4.1.6 表外业务的期初数、期末数，按照代理业务、担保业务和其他类型表外业务分别披露表外业务的期初、期末数情况

单位：万元

表外业务	期初数	期末数
担保业务	—	—
代理业务（委托业务）	—	—
其他	—	—
合　计	—	—

6.4.1.7 公司当年的收入结构

收入结构	金额(万元)	占比(%)
手续费及佣金收入	67 697.24	65.29
其中：信托手续费收入	66 697.16	64.33
投资银行业务收入	1 000.08	0.96
利息收入	11 175.23	10.78
其他业务收入	277.63	0.27
其中：计入信托业务收入部分	—	—
投资收益	24 418.14	23.55
其中：股权投资收益	23 612.06	22.77
证券投资收益	787.67	0.76
其他投资收益	18.41	0.02
公允价值变动收益	53.02	0.05
营业外收入	64.87	0.06
收入合计	103 686.14	100.00

注：1. 手续费及佣金收入、利息收入、其他业务收入、投资收益、营业外收入均应为损益表中的一级科目，其中手续费及佣金收入、利息收入、营业外收入为未抵减掉相应支出的全年累计实现收入数。
2. 其他业务收入中包含汇兑收益、租赁收入等。

6.4.2 信托财产管理情况

6.4.2.1 信托资产的期初数、期末数

单位：万元

信托资产	期初数	期末数
集合	2 066 182.41	2 228 756.63
单一	16 664 464.27	13 754 081.77
财产权	322 656.46	436 746.98
合 计	19 053 303.15	16 419 585.38

6.4.2.1.1　主动管理型信托业务的信托资产期初数、期末数

单位:万元

主动管理型信托资产	期初数	期末数
证券投资类	215 809.25	522 907.82
股权投资类	571 711.33	302 990.65
融资类	4 650 762.75	1 927 442.90
事务管理类	—	204 001.29
合　计	7 342 863.55	4 311 547.69

6.4.2.1.2　被动管理型信托业务的信托资产期初数、期末数

单位:万元

被动管理型信托资产	期初数	期末数
证券投资类	52 339.92	—
股权投资类	1 553 725.11	2 194 454.70
融资类	8 446 290.16	8 167 103.39
事务管理类	330 281.63	240 405.41
合　计	11 710 439.60	12 108 037.69

6.4.2.2　本年度已清算结束信托项目

6.4.2.2.1　本年度已清算结束信托项目

已清算结束信托项目	项目个数(个)	实收信托合计金额(万元)	加权平均实际年化收益率(%)
集合类	78	779 453.00	8.89
单一类	405	12 563 993.55	6.56
财产管理类	0	0	0

注:加权平均实际年化收益率=(信托项目1的实际年化收益率×信托项目1的实收信托+…+信托项目n的实际年化收益率×信托项目n的实收信托)/(信托项目1的实收信托+…+信托项目n的实收信托)×100%。

6.4.2.2.2　本年度已清算结束的主动管理型信托项目

已清算结束信托项目	项目个数(个)	实收信托合计金额(万元)	加权平均实际年化信托报酬率(%)	加权平均实际年化收益率(%)
证券投资类	—	—	—	—
投资类	78	1 003 661.00	1.40	8.31
融资类	195	3 412 927.10	0.43	6.78
事务管理类	—	—	—	—

注:加权平均实际年化收益率=(信托项目1的实际年化收益率×信托项目1的实收信托+…+信托项目n的实际年化收益率×信托项目n的实收信托)/(信托项目1的实收信托+…+信托项目n的实收信托)×100%。

6.4.2.2.3　本年度已清算结束的被动管理型信托项目

已清算结束信托项目	项目个数(个)	实收信托合计金额(万元)	加权平均实际年化信托报酬率(%)	加权平均实际年化收益率(%)
证券投资类	—	—	—	—
投资类	32	3 776 821.50	0.12	6.26
融资类	178	5 150 036.95	0.22	6.66
事务管理类	0	0.00	0	0

6.4.2.3　本年度新增的信托项目

新增信托项目	项目个数(个)	实收信托合计金额(万元)
集合类	44	2 573 634.82
单一类	333	7 416 459.06
财产管理类	4	138 553.94
新增合计	381	10 128 647.82
其中:主动管理型	72	3 188 701.04
被动管理型	309	6 939 946.78

注:本年新增信托项目指在本报告年度内累计新增的信托项目个数和金额。包含本年度新增并于本年度内结束的项目和本年度新增至报告期末仍在持续管理的信托项目,包含本年度开放式产品金额。

6.4.2.4　信托业务创新成果和特色业务有关情况

公司在资产管理规模不断扩大、盈利能力不断提高、业务覆盖范围不断延伸的基础上,高度重视业务创新工作的开展,注重发挥信托的创新特质,积极提升自身的财富管理能力,转型升级产品设计和业务品种。

2014年,公司加大业务创新力度,将业务创新与社会发展目标融为一体,积极发挥信托工具的功能优势,履行金融企业的社会责任和义务,做好金融创新服务。年初,公司确立了"积极调整产品结构,实现转型创新发展"的业务导向。成立投资银行部,为转型创新提供组织、机制、人员保障,以资产证券化为突破口,全面推进公司创新业务开展。成功发行了"佛子岭、磨子潭水库经营权流转集合信托计划",创新设计以水库经营权为投资标的的信托产品,支持农业产业化发展;成功发行公司第一单公益集合信托"国元爱心慈善公益信托计划";成功发行"国元信托商业银行消费信贷资产转让一期集合资金信托计划",以个人消费信贷资产为标的,迈出资产证券化业务第一步。

公司选送的《信托机制下的农业产业化》获安徽省金融学会2013年研究课题一等奖,《浅析新形式下信托公司会计核算》获安徽省金融会计学会学术研讨活动论文三等奖。

6.4.2.5　本公司履行受托人义务情况

公司作为受托人,严格按照《信托法》、《信托公司管理办法》、《信托公司集合资金信托计划管理办法》及信托文件对受托人义务的规定,在管理信托财产时,恪尽职守,履行诚实、信用、谨慎、有效管理的义务,为受益人的最大利益处理信托事务。

公司将信托财产与其固有财产分别管理、分别记账,并将不同委托人的信托财产设立信托专户,单独记账,单独核算。

按照信托文件的约定,及时履行定期信托计划的信息披露及报告事项。每个信托计划设立后5个工作日内,在公司网站发布成立公告。并按照信托合同的约定,定期发布信托项目管理报告。信托合同终止时,根据信托合同的约定,向受益人支付信托财产及收益。同时,在信托终止后十个工作日内作出处理信托事务的清算报告。

妥善保管处理信托事务的完整记录、原始凭证及有关资料,保存期自本信托终止之日起15年。同时,对委托人、受益人以及处理信托事务的情况和资料依法保密。

报告期内,公司管理的信托项目运作正常,全年到期清算信托项目483个,资金规模1 334.34亿元,未出现因本公司自身责任而导致的信托资产损失情况,信托业务稳健发展。

6.5 关联方关系及其交易的披露

6.5.1 关联交易方的数量、关联交易的总金额及关联交易的定价政策等

	关联交易方数量	关联交易金额（万元）	定价政策
合　计	2	229.35	市场公允价

6.5.2 关联交易方与本公司的关系性质，关联交易方的名称、法定代表人，注册地址、注册资本及主营业务等

关系性质	关联方名称	法定代表人	注册地址	注册资本（万元）	主营业务
同受母公司控制	安徽国元投资有限责任公司	邵文革	安徽省合肥市宿州路20号	100 000.00	项目投资、管理及咨询等

6.5.3 本公司与关联方的重大交易事项

6.5.3.1 固有财产与关联方交易情况：贷款、投资、租赁、应收账款、担保、其他方式等期初汇总数、本期发生额汇总数、期末汇总数

单位：万元

固有财产与关联方关联交易				
	期初数	借方发生额	贷方发生额	期末数
贷款	—	—	—	—
投资	—	—	—	—
租赁	—	—	—	—
担保	—	—	—	—
应收账款	—	—	—	—
其他	231.50	—	229.35	2.15
合计	231.50	—	229.35	2.15

6.5.3.2 信托与关联方交易情况：贷款、投资、租赁、应收账款、担保、其他方式等期初汇总数、本期发生额汇总数、期末汇总数

单位：万元

信托与关联方关联交易				
	期初数	借方发生额	贷方发生额	期末数
贷款	—	—	—	—
投资	—	—	—	—
租赁	—	—	—	—
担保	—	—	—	—
应收账款	—	—	—	—
其他	—	—	—	—
合计	—	—	—	—

6.5.3.3 信托公司自有资金运用于自己管理的信托项目（固信交易）、信托公司管理的信托项目之间的相互（信信交易）交易金额，包括余额和本报告年度的发生额

6.5.3.3.1 固有与信托财产之间的交易金额期初汇总数、本期发生额汇总数、期末汇总数

报告期内公司无上述事项。

单位：万元

固有财产与信托财产相互交易			
	期初数	本期发生额	期末数
合　计	—	15 364.88	15 364.88

6.5.3.3.2 信托项目之间的交易金额期初汇总数、本期发生额汇总数、期末汇总数

单位：万元

信托资产与信托财产相互交易			
	期初数	本期发生额	期末数
合计	413.00	0.00	413.00

6.5.4 关联方逾期未偿还本公司资金的详细情况以及本公司为关联方担保发生或即将发生垫款的详细情况

报告期内公司无上述事项。

6.6 会计制度的披露

公司固有业务自2008年1月1日起执行财政部2006年颁布的《企业会计准则》。

公司信托业务自2010年1月1日起执行财政部2006年颁布的《企业会计准则》。

7. 财务情况说明书

7.1 利润实现和分配情况

2014年，公司实现净利润66 803.96万元，加上调整期初未分配利润17.04万元，加上年初未分配利润57 108.98万元，可供分配利润123 929.98万元。根据法律法规要求和公司股东会决议，提取盈余公积6 680.40万元、提取一般风险准备29 738.75万元，支付现金股利10 000.00万元，年末未分配利润77 510.83万元。

7.2 主要财务指标

指标名称	指标值
资本利润率（%）	15.44
加权年化信托报酬率（%）	0.37
人均净利润（万元）	417.52

注：1. 资本利润率＝净利润/所有者权益平均余额×100%。

2. 加权年化信托报酬率＝（信托项目1的实际年化信托报酬率×信托项目1的实收信托＋信托项目2的实际年化信托报酬率×信托项目2的实收信托＋…＋信托项目n的实际年化信托报酬率×信托项目n的实收信托）/（信托项目1的实收信托＋信托项目2的实收信托＋…＋信托项目n的实收信托）×100%。

3. 人均净利润＝净利润/年平均人数。

4. 平均值采取年初、年末余额简单平均法，公式为：a（平均）＝（年初数＋年末数）/2。

7.3 对本公司财务状况、经营成果有重大影响的其他事项

报告期内公司无上述事项。

8. 特别事项揭示

8.1 前五名股东报告期内变动情况及原因

报告期内，公司前五名股东未发生变动。

8.2 董事、监事及高级管理人员变动情况及原因

报告期内，公司董事、监事及高级管理人员未发生变动。

8.3 变更注册资本、变更注册地或公司名称、公司分立合并事项

报告期内，公司注册资本、注册地和公司名称未发生变更，未发生分立合并事项。

8.4 公司的重大诉讼事项

报告期内，公司固有业务、信托业务无重大诉讼事项。

8.5 公司及其董事、监事和高级管理人员受到处罚的情况

报告期内，公司及其董事、监事和高级管理人员未发生受到处罚的情况。

8.6 银监会及其派出机构对公司检查的整改情况

本报告期内，安徽银监局对公司进行了一次现场检查。

2014年10月13日至11月14日，安徽银监局检查组对公司信托业务合规性及兑付风险情况进行了现场检查。2014年12月12日，公司收到《检查意见书》([2014]28号)。《检查意见书》指出了公司在信托业务管理和政策执行方面存在的一些问题和薄弱环节，并提出整改意见。

公司对监管部门的现场检查高度重视，立即召开专门会议传达学习，及时梳理汇总，将整改要求传达到部门，部署整改落实工作，明确要求认真对照《检查意见书》，落实责任部门和责任人，逐项逐条提出整改措施，限时整改。公司强调，要根据检查意见，举一反三，自我强化，在今后的工作中纠错纠偏，严格按照相关要求规范业务开展，杜绝同类问题再次发生；要在此基础上，不断完善内控制度，进一步强化内部管理，加大执行力建设，确保制度执行到位；要进一步加强岗位责任制，切实增强员工依法合规稳健经营意识，严格岗位问责，有效控制各类风险；要增强全员合规意识，进一步加强员工培训，认真学习、贯彻落实各项政策法规和监管要求，提升员工专业素质和业务技能，做到业务操作合规、合法。公司全体员工要严守风险底线，积极防范化解各类风险，牢固树立底线思维和红线意识，确保存续项目稳健运行和到期项目安全兑付，维护来之不易的发展成果。

8.7 本年度重大事项临时报告的简要内容、披露时间、所披露的媒体及其版面

2014年1月3日，公司在《上海证券报》B53版刊登了公司下列重大事项临时报告内容：

2013年12月12日，本公司原股东——首都机场集团公司与安徽皖投资产管理有限公司签署股权转让协议书。首都机场集团公司将其持有的本公司9%的权益转让给安徽皖投资产管理有限公司。2013年12月14日，本公司2013年第三次临时股东会审议同意上述股权转让事项。鉴于公司股东发生变化，股东会同时对公司章程进行了修改。2013年12月31日，中国银行业监督管理委员会安徽监管局批准上述股权变更和修改公司章程事项。本公司已就此办理工商变更登记。

8.8 银监会及其省级派出机构认定的其他有必要让客户及相关利益人了解的重要信息

报告期内，公司已按有关规定充分披露相关信息，无银监会及其省级派出机构认定的其他有必要让客户及相关利益人了解的重要信息。

安信信托股份有限公司

1. 重要提示

1.1 公司董事会、监事会及董事、监事、高级管理人员保证年度报告内容的真实、准确、完整，不存在虚假记载、误导性陈述或重大遗漏，并承担个别和连带的法律责任。

1.2 公司全体董事出席董事会会议。

1.3 立信会计师事务所(特殊普通合伙)为本公司出具了标准无保留意见的审计报告。

1.4 公司负责人王少钦、主管会计工作负责人赵宝英及会计机构负责人(会计主管人员)赵宝英声明:保证年度报告中财务报告的真实、准确、完整。

1.5 经董事会审议的报告期利润分配预案或公积金转增股本预案:经立信会计师事务所(特殊普通合伙)审计确认，公司2014年度归属于母公司净利润为102 352.79万元，母公司累计可供分配利润为104 412.43万元。本年度拟以2014年末总股本454 109 778股为基数，向全体股东每10股派发现金红利7元(含税)，共派发现金红利317 876 844.60元，剩余未分配利润结转下一年度。

该预案尚需提交2014年年度股东大会审议。

1.6 前瞻性陈述的风险声明

本报告中所涉及的未来计划、发展战略等前瞻性描述不构成公司对投资者的实质承诺，敬请投资者注意投资风险。

1.7 是否存在被控股股东及其关联方非经营性占用资金情况?

否。

1.8 是否存在违反规定决策程序对外提供担保的情况?

否。

2. 公司概况

2.1 公司简介

2.1.1 公司法定中文名称:安信信托股份有限公司
公司法定中文名称缩写:安信信托
公司英文名称:Anxin Trust Co.,Ltd.
公司英文名称缩写:AXXT

2.1.2 注册资本:45 411万元

2.1.3 成立日期:1987年

2.1.4 公司法定代表人:王少钦

2.1.5 公司董事会秘书:武国建
电话:021-63410710
传真:021-63410712
E-mail:ax600816@126.com
联系地址:上海市广东路689号29层

2.1.6 公司注册地址:上海市控江路1553~1555号A座3楼301室
公司办公地址:上海市广东路689号29层
邮政编码:200001
公司国际互联网网址:http://www.anxintrust.com
公司电子信箱:ax600816@126.com

2.1.7 公司信息披露报纸名称:《中国证券报》、《上海证券报和证券时报》
登载公司年度报告的中国证监会指定国际互联网网址:http://www.sse.com.cn
公司年度报告备置地点:上海市广东路689号29层

2.1.8 公司A股上市交易所:上海证券交易所
公司A股简称:安信信托
公司A股代码:600816

2.1.9 其他有关资料
公司法人营业执照注册号:310000000038661
公司税务登记号码:310110765596096
公司组织结构代码:76559609-6
公司聘请的境内会计师事务所名称:立信会计师事务所(特殊普通合伙)
公司聘请的境内会计师事务所办公地址:上海市南京东路61号新黄浦金融大厦4楼
公司聘请的境内律师事务所名称:上海瑛明律师事务所
公司聘请的境内律师事务所办公地址:上海市世纪大道100号环球金融中心51楼

2.2 组织结构

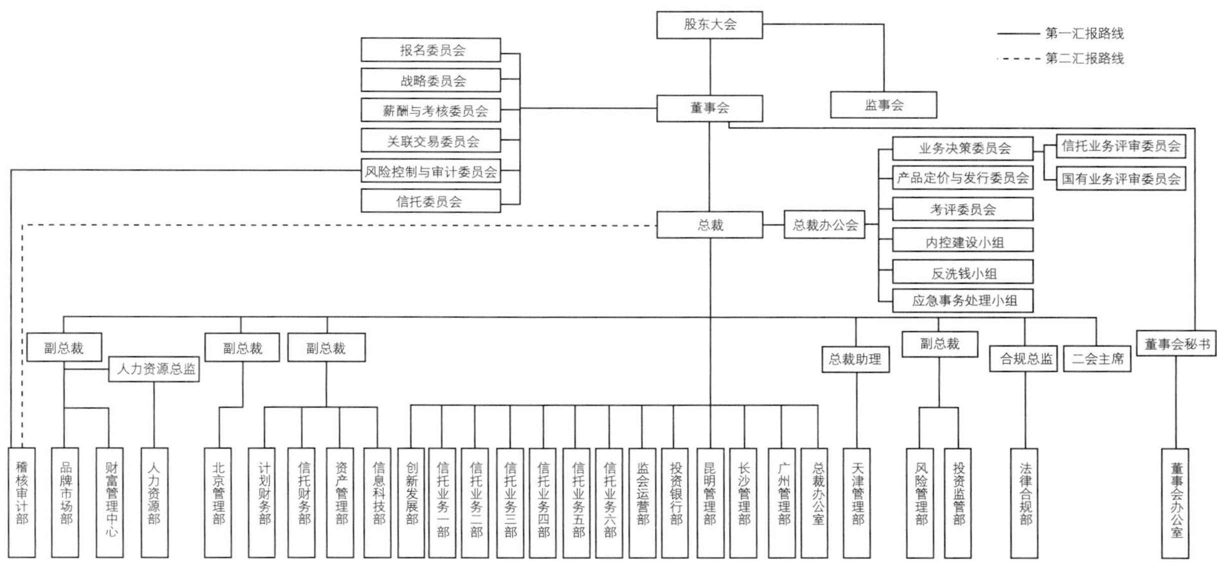

3. 公司治理

3.1 股东

前十名股东持股情况							
股东名称	报告期内增减	期末持股数量（股）	比例（%）	持有有限售条件股份数量（股）	质押或冻结情况		股东性质
					股份状态	数量（股）	
上海国之杰投资发展有限公司		149 670 672	32.96		无		境内非国有法人
永诚财产保险股份有限公司——自有资金		3 659 997	0.806		无		其他
重庆振玺投资发展有限公司		2 727 300	0.601		无		境内非国有法人
吴滨		1 902 620	0.419		无		境内自然人
余晓平		1 494 767	0.329		无		境内自然人
顾立尔		1 439 442	0.317		无		境内自然人
张玉龙		1 377 764	0.303		无		境内自然人
寿邹		1 356 439	0.299		无		境内自然人
刘树全		1 348 418	0.297		无		境内自然人
云南国际信托有限公司——云信成长 2014－27 号集合资金信托计划		1 310 000	0.288		无		其他

前十名无限售条件股东持股情况			
股东名称	持有无限售条件流通股的数量	股份种类及数量	
		种类	数量
上海国之杰投资发展有限公司	149 670 672	人民币普通股	149 670 672
永诚财产保险股份有限公司——自有资金	3 659 997	人民币普通股	3 659 997
重庆振玺投资发展有限公司	2 727 300	人民币普通股	2 727 300
吴滨	1 902 620	人民币普通股	1 902 620
余晓平	1 494 767	人民币普通股	1 494 767
顾立尔	1 439 442	人民币普通股	1 439 442
张玉龙	1 377 764	人民币普通股	1 377 764
寿邹	1 356 439	人民币普通股	1 356 439
刘树全	1 348 418	人民币普通股	1 348 418
云南国际信托有限公司——云信成长 2014－27 号集合资金信托计划	1 310 000	人民币普通股	1 310 000
上述股东关联关系或一致行动的说明	公司股东中上海国之杰投资发展有限公司为本公司实际控制人高天国先生控制的企业，其余股东本公司未知是否存在关联关系及一致行动的情况。		

第一名有限售条件股东持股数量及限售条件

序号	有限售条件股东名称	持有的有限售条件股份数量（股）	有限售条件股份可上市交易情况		限售条件
			可上市交易时间	新增可上市交易股份数量	
1	鞍山市新大地轮胎工程有限公司	260 000			由国之杰先行代其对价安排，被代对价的非流通股股东在办理其持有的非流通股股份上市流通时，应先征得国之杰的同意，并由本公司向证券交易所提出该等股份的上市流通申请。

3.2 董事、董事会及其下属委员会

董事长、副董事长、董事

姓名	职务	性别	年龄	任期起始日期	任期终止日期
王少钦	董事长	男	57	2012 年 11 月 26 日	2015 年 11 月 26 日
杨晓波	董事、总裁	男	39	2012 年 11 月 26 日	2015 年 11 月 26 日
赵宝英	董事、副总裁	女	47	2012 年 11 月 26 日	2015 年 11 月 26 日
周勤业	董事	男	63	2012 年 11 月 26 日	2015 年 11 月 26 日
邵明安	董事	男	55	2012 年 11 月 26 日	2015 年 11 月 26 日
高超	董事、总裁助理	女	34	2012 年 11 月 26 日	2015 年 11 月 26 日

独立董事

姓名	所在单位及职务	性别	年龄	选任日期	所推举的股东名称	该股东持股比例（%）	简要履历
朱荣恩	独立董事	男	61	2012 年 11 月 26 日			会计学博士，注册会计师；现任上海财经大学会计学教授，上海新世纪资信评估投资服务有限公司法定代表人、董事长，华域汽车系统股份有限公司独立董事和上海海立（集团）股份有限公司独立董事。
佘云辉	独立董事	男	52	2012 年 11 月 26 日			曾任海通证券有限责任公司投资银行部项目经理、副总经理、基金部副总经理、交易部总经理、战略合作与并购部总经理，德邦证券有限责任公司常务副总裁、总裁；现任厦门大学金融系客座教授，厦门缘谱网络科技有限公司董事。
邵　平	独立董事	男	58	2012 年 11 月 26 日			复旦大学经济学博士，高级经济师，中共党员；曾任民生银行总行信贷部副主任，总行信贷业务部副总经理、总经理，上海分行党委书记、行长，总行党委委员、行长助理，总行党委委员、副行长，总行风险管理委员会主席；现任平安银行股份有限公司董事、行长。

董事会下属委员会

董事会下属委员会名称	职　责	组成人员姓名	职　务
战略委员会	对公司长期发展战略规划进行研究并提出建议	王少钦	主任
		邵明安	委员
		周勤业	委员
		朱荣恩	委员
		杨晓波	委员
提名委员会	研究公司董事、经理人员的选择标准和程序，并向董事会提出建议	邵　平	主任
		王少钦	委员
		朱荣恩	委员
		佘云辉	委员
		杨晓波	委员
风险控制与审计委员会	检查公司经理层遵守法规、公司章程的情况，研究拟订公司风险管理战略和政策，监督公司内部审计等	朱荣恩	主任
		周勤业	委员
		邵平	委员
		佘云辉	委员
		邵明安	委员

续表

董事会下属委员会名称	职责	组成人员姓名	职务
关联交易委员会	审核提交董事会和股东大会的关联交易的必要性和公允性	王少钦	主任
		周勤业	委员
		朱荣恩	委员
		余云辉	委员
		邵平	委员
薪酬与考核委员会	根据董事及高级管理人员的岗位及职责制订薪酬计划和方案、审查董事和高管人员的履行职责进行年度考评	朱荣恩	主任
		邵平	委员
		余云辉	委员
		赵宝英	委员
		高超	委员
信托委员会	主要负责督促公司依法履行受托职责，当公司或股东利益与受益人利益发生冲突时，信托委员会应保证公司为受益人最大利益服务	余云辉	主任
		王少钦	委员
		杨晓波	委员
		高超	委员
		邵明安	委员

3.3 监事、监事会及其下属委员会

监事会成员

姓名	职务	性别	年龄	选任日期	所推举的股东名称	该股东持股比例（%）	简要履历
马惠莉	监事长	女	47	2010年1月8日	上海国之杰投资发展有限公司	32.96	曾任上海谷元房地产开发有限公司副总经理；现任上海国之杰投资发展有限公司副总裁，上海谷元房地产开发有限公司董事，上海凯盟投资发展有限公司监事，上海三至酒店投资管理有限公司法定代表人、董事长，上海国业贸易有限公司法定代表人、执行董事。
陈　兵	监事	男	38	2009年7月29日	职工监事		曾任上海爱建信托投资有限责任公司财务主管；现任安信信托投资股份有限公司计划财务部副总经理。
黄晓敏	监事	女	32	2013年5月31日	上海国之杰投资发展有限公司	32.96	曾任上海东洲久信会计师事务所项目经理，上海国之杰投资发展有限公司集团内审；现任上海国之杰投资发展有限公司资金财务部副总经理。

注：报告期内，监事李宏由于工作变动，辞去监事一职，经2012年度股东大会选举通过，黄晓敏担任监事。

3.4 高级管理人员

姓　名	职务	性别	年龄	选任日期	金融从业年限（年）	学历	专业
王少钦	董事长	男	57	2012年11月26日	19	研究生	工商管理
杨晓波	总裁	男	39	2012年11月26日	8	研究生	工商管理
赵宝英	副总裁	女	47	2012年11月26日	7	硕士	工商管理
梁清德	副总裁	男	52	2012年11月26日	24	硕士	经济管理
武国建	董秘	男	43	2007年7月11日	14	本科	会计学
朱文	合规总监	女	47	2013年10月25日	5	本科	会计学

3.5 公司员工

母公司在职员工的数量（人）	191
在职员工的数量合计（人）	191
母公司及主要子公司需承担费用的离退休职工人数（人）	19
专业构成	
专业构成类别	专业构成人数（人）
财务人员	14
行政人员	28
高级管理人员	6
前台人员（业务部门、投行等）	95
中台人员（风控、合规、信息科技、创新发展、财富管理中心、投资监管等）	46
顾问团	2
合计	191
教育程度	
教育程度类别	数量（人）
本科以下	34
本科	100
硕士研究生	53
博士研究生	4
合计	191

4. 经营管理

4.1 经营目标、方针、战略规划

2014年，全球经济复苏步伐弱于预期，全球贸易、投资与消费状况仍然低迷。国内宏观经济增速回落，信托业面临市场竞争加剧，行业监管升级，安信信托面对既要保持业绩稳步增长，又要践行业务创新转型的双重挑战，在日趋激烈的泛资产管理竞争中迎难而上，度过了不平凡的一年。

年内信托业在“八项机制”目标的指引下，信托规模稳步增长，信托产品收益率稳中有升，信托公司业务结构不断优化转型，固有资本增速加快，抵御风险能力随之增强。与此同时，信托业面临竞争与发展格局的调整，信托公司业务转型升级，信托产品个体风险增加，可谓机遇与挑战并存。

本报告期，公司完成了历时六年的重新登记（换发新的金融许可证）及更名工作；启动了向控股股东非公开发行股票工作，拟非公开发行2.5亿股新股，该事项经董事会、股东大会审议通过后，已获银监会行政许可、监管意见书、中国证监会正式受理；2014年7月实施了2013年度利润分配，现金分红比例为32.48%。董事会和管理层继续完善公司治理，规范运作，优化业务结构，加大业务创新力度，进一步明确产融结合的盈利模式，精炼企业文化，提升品牌形象，增加团队凝聚力。2014年实现每股收益2.25元，取得了公司自成立以来的最好业绩。

报告期内，公司先后荣获“诚信托——最佳投资人回报奖”、“中国最具成长性信托公司奖”，“2013年度上市公司金牛奖——最高效率公司”、“2014年度最佳顾客价值实践奖”、“最具影响力信托公司”，“福布斯中国上市潜力企业TOP100——第九名”、”“最受投资者尊重上市公司评选活动前300”，公司创新产品“治霾系列之安信·清洁能源一号集合资金信托计划”荣获了“最佳产品奖”，这些奖项的获得极大地提升了公司的知名度和影响力，有助于公司的长远发展。

4.2 经营业务的主要内容

4.2.1 经营的主要业务及品种

报告期内公司继续稳健经营，优化升级业务结构，加大转型创新的研发力度，巩固公司核心竞争力，稳固公司已有业务领域，提升主动管理能力。公司2014年共实现主营业务收入180 938万元，归属于母公司的净利润102 353万元，归属于母公司的所有者权益为180 464万元。

4.2.1.1 固有业务方面

（1）截至报告期末，公司总资产29.54亿元，比上年末增加13.54亿元，增幅为84.57%，负债总额11.49亿元。资产负债率38.91%，比上年度减少7.06个百分点。

（2）公司执行经董事会批准的固有业务管理制度，固有资金的运用均履行严格的评审程序，所有固有贷款均落实风控措施，并实行持续的贷后跟踪管理。截至2014年12月31日，固有资产拨备充分，无不良资产。

4.2.1.2 信托业务方面

（1）截至报告期末，存续信托项目294个，受托管理信托资产规模1 511.51亿元；已完成清算的信托项目149个，清算信托规模361.70亿元；新增设立信托项目146个，新增信托规模681.24亿元。其中，新增集合类信托项目16个，实收信托规模51.68亿元；新增单一类信托项目130个，实收信托规模为629.56亿元。

（2）信托资金投向：公司2014年信托资金主要投向涉及基础产业、房地产、证券投资、实业、金融和其他。与2013年末的资金投向涉及行业所占比例基本相同。在保持业务增速的态势下，公司继续升级业务结构调整，向新能源、养老服务和物流地产等领域进行业务拓展和布局。

（3）主动管理类信托业务：主动管理类信托业务占信托资产总规模比例为26.53%，信托规模有一定提升，公司继续加强自主发行能力和主动管理能力。

（4）信托业务风险方面：公司执行各项信托业务管理制度，信托业务的开展及后续管理均严格以受益人利益最大化等为宗旨依法操作。

4.2.2 资产组合与分布

4.2.2.1 自营资产运用与分布表

截至2014年末，公司自营业务总资产29.54亿元（较上年增84.57%），净资产18.05亿元（较上年末增108.69%），未开展担保类业务，具体资产情况如下：

2014年自营资产分布情况

资产运用	金额（万元）	占比（%）	资产分布	金额（万元）	占比（%）
货币资产	37 745	12.78	基础产业	13 000	4.40
贷款	175 500	59.41	房地产业		0
金融资产	70 154	23.75	证券		0
长期投资	0	0	实业	162 500	55.01
其他	11 995	4.06	其他	119 894	40.59
资产总计	295 394	100	资产总计	295 394	100

4.2.2.2 信托资产运用与分布表

资产运用	金额（万元）	占比（%）	资产分布	金额（万元）	占比（%）
货币资金	308 409.78	2.04	基础产业	2 500 415.04	16.54
贷款	9 827 077.55	65.01	房地产	1 505 655.25	9.96
交易性金融资产		0.00	证券市场	—	
可供出售金融资产	55 440.00	0.37	实业	10 003 644.06	66.19
持有至到期投资	736 715.14	4.87	金融机构		0.00
长期股权投资	986 481.20	6.53	其他	1 105 401.89	7.31
其他	3 200 992.57	21.18			
信托资产总计	15 115 116.24	100.00	信托资产总计	15 115 116.24	100.00

4.3 市场分析

2015年1月30日，中国信托业协会公布2014年第四季度末信托公司主要业务数据，信托资产规模达到13.98万亿元，实现经营收入954.95亿元，尽管全行业增速放缓，依然再创历史新高，行业企稳态势明显，系统风险总体可控。信托业一方面面临经济下行和市场竞争对传统业务的冲击，另一方面各信托公司处于传统与创新业务结构模式的转型交替阶段。2014年银监会主席助理杨家才在中国信托业年会上进一步提出受托、经纪、维权、核算、机构、股东、行业、监管八项责任的落实问题，对今后的信托业发展提出了更为严苛的要求。

信托业受区域、体制、机制等因素局限，应对当前各类市场竞争的压力相对更大，尽管如此，从长远来看，伴随国内高净值人群的持续增长，财富管理需求随之增长，资产管理市场前景广阔，潜力无限。近几年的高速发展为信托业积累了丰富的资管经验和殷实的资本实力，竞争力不容小觑。就目前国内经济形势而言，传统业务仍将是现阶段信托公司生存不可或缺的重要选择，在稳固现有传统业务的同时，加速业务转型升级，改革创新才能保障信托公司未来的辉煌。

4.4 内部控制

4.4.1 内部控制环境和内部控制文化

公司根据法律法规的规定制定了一系列行之有效的内部控制规章制度，建立了既符监管部门要求，又能满足公司经营管理特点的内部控制体系。公司秉承“受人之托，代人理财”的宗旨以及忠诚、专业、服务、稳健的企业经营理念，积极创造良好的内部环境。在公司法人治理、组织机构设置、内部审计监督、人力资源政策、内部控制文化等方面不断完善，以保证内部控制的有效实施。

(1)公司法人治理。公司建立了由股东会、董事会、监事会和高级管理层组成的公司治理结构，完善分层授权体系，形成了权力机构、决策机构、监督机构和管理层之间分工配合、各司其职、协调运作、相互制衡的内控运行机制，从而确保对各类风险的事前防范、事中控制、事后监督得到有效执行，为公司发展提供良好的内部控制环境。

(2)组织机构设置。公司已按照国家法律、法规的规定以及监管部门的要求，设置了符合公司业务规模和经营管理需要的组织机构；遵循不相容职务相分离的原则，合理设置部门和岗位，科学划分职责和权限，形成各司其职、各负其责、相互配合、相互制约、环环相扣的内部控制体系。

(3)内部审计监督。公司董事会下设风险控制与审计委员会，其常设机构为稽核审计部，主要负责公司内部控制的监督、审查和公司的审计工作，对公司内部控制制度的有效性进行评价，对公司经营管理进行监督检查，协助董事会建立并有效维持公司内部控制体系。

(4)人力资源政策。公司高度重视人力资源建设，大力优化公司人力资源管理与薪酬管理体系。制定或修订了一系列公司人事管理制度，对员工的招聘、培训、考勤、绩效考核、休假等进行规范管理；重视员工能力提升，对各类员工进行业务知识、风险控制、职业操守方面的培训；在员工考核管理方面，依据内部制度，结合任职要求实施考核，对员工实施业绩考核并依据考核结果确定其奖惩，同时通过严格的目标责任书年度考核，明确公司高级管理人员权、责、利，促成公司战略目标的实现。

(5)内部控制文化建设。本公司高度重视内部控制文化的建设和培育，通过建立和完善内部控制制度、业务培训、信息系统控制等传导贯彻内部控制理念，通过合规审查、合规培训、合规检查等多种形式开展合规文化建设，规范员工职业行为，使风险防范意识贯穿到公司各个部门、各个岗位和工作的各个环节，培养员工合规理念与风险防范意识，营造良好的内控控制文化。

4.4.2 内部控制措施

按照信托公司内部控制的要求，公司建立了清晰的内部控制目标和原则，完善的内部控制体系和制度，确保公司对风险的事前防范、事中控制、事后监督和反馈纠正。公司建立了职责明确、分工合理、相互制衡的组织结构和内部控制机制，构筑了基本涵盖公司各项业务和管理活动的内部控制制度体系。

公司遵循不相容职务相分离的原则，合理设置部门和岗位，科学划分职责和权限，严格按照前台、中台、后台进行划分：前台负责对业务进行立项、论证、审批前的尽职调查、业务方案设计和提交，完成项目审批后投资交易和运作管理、客户服务等工作；中台贯穿业务的决策程序和管理环节，负责业务项目的合法合规性审核、风险评估、议事决策、业务综合管理和过程控制，对各类风险提出指导意见和改进措施，对风险发出预警信号，与前台部门共同完成事前防范和事中控制；后台负责对信托业务和自营业务财务管理和会计核算、科技支持、客户维护、风险检查和审计监督，对前中台提供支持服务和监督评价。前台、中台、后台有效配合且相互制衡，风险控制渗透于业务开展各环节，风险评估与检查、业务运作、资产管理、会计监督控制和稽核审计再监督评价相互独立，构建了全过程风险管理控制体系，从而确保业务项目安全稳健运行与风险管理全面实施。

报告期间，通过明确的业务、风控、合规、运营、稽核审计在风险管理工作中的职能定位，各司其职开展经营活动各领域的风险识别、评估、管理和监督管理控制，以及对管理控制效果进行的再监督和评价，合理保证公司对风险能够进行事前识别和防范、事中控制和化解、事后检查和纠正，形成有效的风险控制和反馈机制。同时，信托业务评审委员会引入外部专家委员，进行充分论证、沟通和调研，并遵循制度和流程先行的原则，确保了对潜在风险的有效防范和控制。

此外，公司聘请立信会计师事务所(特殊普通合伙)为2014年度内部控制审计机构，对公司的内部控制建设进行了评价和规范，进一步完善了公司治理和内控制度建设。

4.4.3 信息交流与反馈

公司致力于信息安全管理体系建设，制订了一系列信息安全方针、策略和制度，及时、准确地收集、传递与内部控制相关的信息，确保了信息在公司内部、公司与外部之间进行有效的信息沟通。

在公司内部信息交流与反馈方面，建立了信息沟通的管理制度和系统，形成了内部清晰完整的报告路线，通过业务管理系统、公司官方网站、微信、企业邮箱等平台，收集、处理、存储、利用和反馈管理信息和业务信息，保证了股东会、董事会、监事会、高级管理层和公司员工能够及时了解掌握各类相关信息，并在公司内部实行重大信息报告制度。同时，公司通过持续运用信息手段，优化信息流程，整合信息系统不断提高管理的决策及运营效力。

在公司与外部的信息交流与反馈方面，一方面，严格信托产品信息披露管理，向监管部门履行信托产品的报备程序，向客户公开披露公司经营状况、信托资产管理状况等信息，并根据文件约定向相关利益人提交书面文件披露相关信息，使得监管部门和客户能及时获得真实、准确、完整的信息；另一方面，依法履行上市信息披露义务，按时、规范、全面、准确在中国证券监督管理委员会指定的《中国证券报》、《上海证券报》、上海证券交易所网站以及公司官网上披露年度报告、中期报告、季度报告等定期报告及重大事项临时公告。

4.4.4 监督评价与纠正

公司建立了多层次的内控评价、后评价和监督纠正体系。一是股东层面，监事会履行对董事会和公司经营管理情况的监督职能；二是董事会层面，董事会及其专门委员会通过会议、书面审议等形式，对公司重大经营管理事项进行审议；三是公司管理层面，稽核审计部审计公司内部控制情况，提出存在问题和整改意见，连同整改情况向管理层和董事会报告。

公司组织各部门对规章制度进行系统、全面的修订，不断完善加强内控基本管理制度；积极开展内部控制自我评估工作，公司各业务部门对各项业务的经营状况和风险管理进行检查，及时发现内部控制缺陷并切实整改落实到位；稽核审计部依照内部审计工作程序开展独立的审计监督活动，出具内部审计报告，督促各部门对审计发现问题进行及时整改并跟踪落实。

报告期内，公司内控制度得到有效的执行，未发生因违反内部控制制度对公司财务状况、经营成果产生重大影响的事项，公司将持续完善和健全内部控制体系。

4.5 风险管理

4.5.1 风险管理概况

公司在经营活动中可能遇到的风险为信用风险、市场风险、操作风险、流动性风险、法律政策风险、道德风险和声誉风险等。董事会和高级管理层非常重视风险管理，认为风险控制是金融机构立身之本、展业之本，高度重视在展业过程中的各种风险，由副总裁亲自担任首席风控官。在风险管理的组织结构方面，董事会下设风险控制与审计委员会，负责审议重大决策、重大风险、重大事件及重要业务流程的判断标准或判断机制。在经营层面，设有信托业务评审委员会、信托业务决策委员会和固有业务评审委员会，负责公司项目立项和设立评审，对存续项目定期进行风险评估；设有专门的风险管理部门——风险管理部及投资监管部。风险管理部负责提出风险管理流程、解决方案及日常监控和指导、监督及开展风险管理工作；投资监管部负责房地产业务的后续监管等工作。

报告期内，公司依据《信托公司净资本管理办法》积极推进净资本管理，在优化存量风险资产结构的同时，进一步强化增量业务的资本约束机制，确立了以净资本管理为核心的业务发展模式和管理体系。截至 2014 年末，公司净资本为 150 749.39万元，各项业务风险资本之和为 99 785.52 万元，净资本/各项业务风险资本之和的比率为 151.07%，净资本/净资产的比率为 83.53%。包括上述两个指标在内的净资本各项指标均符合监管要求。

4.5.2 风险状况

4.5.2.1 信用风险状况

信用风险主要指交易对手不履行义务的可能性，主要表现为在贷款、资产回购、后续资金安排、担保、履约承诺等交易过程中，借款人、担保人、保管人（托管人）等交易对手不履行承诺，不能或不愿履行合约承诺而使信托财产和固有财产遭受潜在损失的可能性。同时当信用风险发生时，如受托人没有尽职管理、安排预算不恰当时，或信托项目违法违规未能如期执行时，会导致发生流动性风险。公司严格按照《中国银行业监督管理委员会关于非银行金融机构全面推行资产质量五级分类管理的通知》，定期对公司资产质量进行五级分类。公司信用风险管理主要通过对交易对手的尽职调查进行事前控制；通过交易结构设计、风险定价、设定担保措施、持续进行风险评估等手段规避和监控交易对手信用风险变化；明确界定业务部门与风险管理等部门的风险管理职责。公司强调风险管理关口前移，注重业务管理的调研和过程控制，严格授权审批制度、决策限额。公司持续监控交易对手的履约能力，注重贷前调查、贷中审查、贷后检查，强化对交易对手实际控制人的风险管理。注重信用风险的分散和补偿，在产品交易结构设计上，综合运用规避、预防、分散、转移等手段管理风险，尽力降低信用风险敞口。公司通过引入金融机构信用、财产抵押（权利质押）等担保方式，将融资主体的信用风险进行分散、转移。密切关注合作企业财务指标、建设进程、证照取得、销售去化、运营管理等重大事项的进展情况，尽早发现相应风险，尽早应变，以最大限度降低信托及固有项目的运营风险。

4.5.2.2 市场风险状况

市场风险主要指在开展资产管理业务过程中，投资于有公开市场价值的金融产品或者其他产品时，金融产品或者其他产品的价格发生波动导致资产遭受损失的可能性。同时，市场风险还具有很强的传导效应，某些信用风险的根源可能也来自于交易对手的市场风险。公司密切关注各类市场风险，及时调整产品战略，勤勉尽职履行受托人职责，报告期内公司市场风险可控，未发生因市场风险造成的损失。公司注重研究和防范系统性风险，强调发掘研究的价值，以研究指引投资决策；坚持稳健风格，注重稳健型投资品种的开发。公司关注国家宏观政策变化，避免进入限制类行业和相关项目；公司控制行业集中度，通过业务创新不断拓展多元化的投资领域；充分考虑拟投资项目筛选、评估、运营、退出中的策略、渠道和措施，注重投资项目的调研和分析工作，建立充足的项目储备池，制定风险处理预案锁定项目退出风险，组建专业化的管理团队，明确项目组织管理结构与投资管理责任，对私人股权直接投资业务则通过受益人大会和定期信息披露向投资者报告项目运行状况。保证信托兑付款来源的安全性。报告期内，公司各项业务面临的市场性风险得到了有效的防范和控制。

4.5.2.3 操作风险状况

操作风险表现为由于公司治理机制、内部控制失效或者有关责任人出现失误、欺诈等问题，没有充分及时地做好尽职调查、持续监控、信息披露等工作，未能及时作出应有的反应，或作出的反应明显有失专业和常理，甚至违规违约；没有履行勤勉尽职管理的义务，或者无法出具充分有效的证据和记录，证明自己已履行勤勉尽职管理的义务。公司要求每项业务在尽职调查、受理、设计、审批、销售、执行和终止的全过程中都合法合规，按照程序操作，杜绝不正当交易等违法行为导致或增加业务风险。各相关主体按照各自的职责在授权范围内独立运作，任何人不能利用自身的权力干预风险评估工作。公司建立了职责分离、相互监督制约的内部控制机制；建立和完善了有效的投资决策机制，明确各项业务的操作流程；实行严格的复核、审核程序；制定严格的信息系统管理制度。公司在业务方面尽职调查、产品规范化管理、外部中介机构管控、风险监测评价、合同档案管理、信息披露等方面不断细化管理要点和规范操作流程，提升业务操作的规范化和标准化水平，消除操作风险隐患，有效管理各类操作风险。

4.5.2.4　其他风险状况

其他风险包括流动性风险、法律政策风险、道德风险和声誉风险等。

流动性风险是指信托期限届满或者在一定的承诺期限内，信托项目没有足够的资金向受益人、信托文件约定人、信托项目债权人支付，没有及时兑现已取得的收益，导致信托业务违约或者未实现预期的可能性。报告期内，无此类风险发生。截至2014年末，公司固有业务总资产为295 366万元，主要为货币资金、贷款、交易性金融资产、可供出售金融资产，均为高流动性资产。因此公司具备一定的对抗流动性风险的能力。

法律政策风险是指没有遵循法律、规则和准则而使公司遭受法律制裁、监管处罚、重大财务损失和声誉损失的可能性以及由于国家宏观经济政策的调整对公司业务经营或者成果造成一定影响的可能性。公司开展业务时，业务要素、业务方案、业务文件及事务执行等符均符合法律、法规及相关监管规定，不存在由于公司自身风险管理体系无效或者不完善，未能对法律政策问题作出适当行为而产生的风险。此外，公司重视评估和应对因政策变化而引起的系统性风险，面对较为重大的市场形势和政策变化，及时调整公司风险管理的策略和应对措施。

道德风险是指在不对称信息下，由于观念、公司治理、管理技术、管理经验存在缺陷，或公司内部人员蓄意违规、违法给公司造成财产损失、合同违约、业务失败的可能性。

声誉风险是指由于公司操作失误、违反有关规定、资产质量下降、不能按期兑付、不能提供高质量的金融服务或者管理不善等原因，对公司外部市场地位和声誉产生消极不良影响的可能性。报告期内，无这两类风险发生。

4.5.3　风险管理情况

4.5.3.1　信用风险管理

一是严格按照信托业务流程开展信托业务，确保高级管理层能充分了解项目涉及的信用风险，定期进行存续期项目尽职管理的基本作业流程操作。二是加强事前对交易对手（项目）的尽职调查，并在项目正式提交信托业务评审委员会之前，由风险管理部门将项目相关资料进行核实，确保资料的真实性。三是认真落实贷款担保措施，除常规抵押、保证等担保措施外，通过多种交易条件设置获得缓释风险的实质性效果，主要选择信用等级高的机构作为交易对手；聘请外部独立机构客观、公正地评估抵押品，严格控制贷款本金与不同抵押品价值之比，一般控制在50%以下，部分项目甚至控制在30%以下。四是事中对交易对手（项目）进行动态管理，在信托成立后，业务部门及投资监管部定期进行后期检查，形成项目检查报告，并向管理层报告。五是根据财政部《金融企业准备金计提管理办法》（财金[2012]20号）及公司章程，为了防范经营风险，增强金融企业抵御风险能力，按不低于风险资产期末余额的1.5%计提一般准备。

4.5.3.2　市场风险管理

公司产品的投向涉足房地产、基础设施、矿产资源、金融等多领域。控制市场风险的主要方法是加强对经济及金融形势的分析预测，加强相关行业研究，在具体项目尽职调查时，也聘请专业的机构参与调查，在业务决策时，将外部行业专家对项目进行行业与市场的分析作为参考。

4.5.3.3　操作风险管理

公司主要通过引入合规管理来控制操作风险。一是不断梳理和完善公司的各项规章制度，使之更加完整、严密，更加符合公司的实际情况。二是将合规管理与风险管理贯穿公司的所有业务环节之中，严格按照信托业务流程，履行立项及设立程序，通过流程控制使各项业务严格按照公司的制度开展。对于拟开展的业务，先由业务部门对照公司产品策略进行初步的项目筛选，评估风险，然后填写立项审批表，法律合规部及风险管理部进行合规性及风险性审查，报分管领导审批。分管领导同意开展此项目后，业务部门对项目进行详细的尽职调查，评估项目的盈利能力和风险点，制定风险控制措施，然后报法律合规部及风险管理部进行形式审查，包括资料的齐备性、主体资格的合法性、程序的有效性等，风险审查包括信用、市场、流动性等审查，提出设立风险审查意见书。信托业务评审委员会（以下简称业委会）对上报项目材料进行审查，提出合规及风险控制意见。法律合规部、风险管理部和业务部门对业委会提出的意见进行落实，必要时风险管理部到项目现场进行核实。在业委会提出的问题都得到落实后，才能形成同意设立的决议并履行内部审批程序，然后向银监局履行报告程序。三是强化操作风险排查工作。根据公司业务发展的特点和金融监管的要求，公司专门组织了信托项目稽核审计工作，并将检查结果在高管联席会上通报，并在规定期内将相关问题彻底解决。四是在信托业务的每一个环节都严格按照法律法规操作。在推介环节，实行信托项目推介联系会议制度，不承诺“保本保息”或最低收益，不通过报刊、电视、广播和其他公共媒体进行营销宣传，不存在委托非金融机构推介信托计划的行为；在信托财产运用和管理环节，不存在通过信托项目为自己和他人谋取不当利益的行为，切实履行了受托管理的责任，持续跟踪说明资金使用和项目进展情况，坚持了信托财产之间、信托财产与固有财产之间分别管理、分别记账的原则，对信托财产管理过程中的各项事务、数据和其他有关情况都保留了真实完整的记录，强化工作底稿和信托管理事务记录的保存。在信托终止清算环节，确保信托安全兑付并及时出具信托项目清算报告。

4.5.3.4　其他风险管理

流动性风险管理：在流动性风险控制方面，公司在开展具体项目时，首先是采取降低抵押率（一般控制在50%以下）、工程节点监测、现金流指标监测、保证金机制、分期还款结构设置等措施来控制。其次是加强信托项目的到期兑付工作。对于集合信托，在兑付前一个月，公司向上海银监局报告兑付资金落实情况和清算方案，由信托经理逐日向公司报告兑付资金落实进展情况，在到期前一天，信托经理到资金方现场督促划拨资金。

法律政策风险管理：公司设立法律合规部，并聘请专业的法律人员为公司提供法律服务，负责审核公司法律文本，参与重大合同的起草和签约等工作，并为公司重大业务活动提供法律咨询和服务。目前公司对外的法律文本均由专业律师起草，有效保证了公司法律风险的管理工作。

声誉风险管理：董事会和高级管理层认为声誉是金融机构赖以生存的基础，是立身之本、展业之本，高度重视在展业过程中的各种声誉风险。通过已有案例，不断总结，并在新的业务中加以规范，公司财富管理中心负责处理客户（委托人）的关系，董事会办公室负责处理与公司股东的关系。

5. 报告期末及上一年度末的比较式会计报表

5.1 自营资产

5.1.1 会计师事务所审计意见全文

审 计 报 告

信会师报字［2015］第110152号

安信信托股份有限公司全体股东：

我们审计了后附的安信信托股份有限公司（以下简称贵公司）财务报表，包括2014年12月31日的资产负债表、2014年度的利润表、现金流量表、股东权益变动表以及财务报表附注。

一、管理层对财务报表的责任

编制和公允列报财务报表是贵公司管理层的责任。这种责任包括：（1）按照企业会计准则的规定编制财务报表，并使其实现公允反映；（2）设计、执行和维护必要的内部控制，以使财务报表不存在由于舞弊或错误导致的重大错报。

二、注册会计师的责任

我们的责任是在执行审计工作的基础上对财务报表发表审计意见。我们按照中国注册会计师审计准则的规定执行了审计工作。中国注册会计师审计准则要求我们遵守中国注册会计师职业道德守则，计划和执行审计工作以对财务报表是否不存在重大错报获取合理保证。

审计工作涉及实施审计程序，以获取有关财务报表金额和披露的审计证据。选择的审计程序取决于注册会计师的判断，包括对由于舞弊或错误导致的财务报表重大错报风险的评估。在进行风险评估时，注册会计师考虑与财务报表编制和公允列报相关的内部控制，以设计恰当的审计程序。审计工作还包括评价管理层选用会计政策的恰当性和作出会计估计的合理性，以及评价财务报表的总体列报。

我们相信，我们获取的审计证据是充分、适当的，为发表审计意见提供了基础。

三、审计意见

我们认为，贵公司财务报表在所有重大方面按照企业会计准则的规定编制，公允反映了贵公司2014年12月31日的财务状况以及2014年度的经营成果和现金流量。

立信会计师事务所（特殊普通合伙人）
中国注册会计师：肖　菲
中国注册会计师：包梅庭
中国·上海　二〇一五年二月九日

5.1.2 资产负债表

安信信托股份有限公司资产负债表

2014年12月31日　　单位：万元

资　产	期末余额	年初余额
资产：		
现金及存放中央银行存款	1.82	1.29
存放同业存款	37 743.15	35 615.15
贵金属	—	—
拆出资金	—	—
以公允价值计量且其变动计入当期损益的金融资产	50 028.69	60 091.21
衍生金融资产	—	—
买入返售金融资产	—	—
应收利息	—	—
发放贷款和垫款	175 500.00	52 500.00
可供出售金融资产	20 125.61	—
持有至到期投资		
长期股权投资	—	—
固定资产	999.39	3 004.57
在建工程	64.70	70.62
无形资产	560.87	707.51
长期待摊费用	888.23	87.34
递延所得税资产	—	—
其他资产	9 481.95	7 968.46
资产总计	295 394.41	160 046.15
负债和股东权益	期末余额	年初余额
负债：		
向中央银行借款		
同业及其他金融机构存放款项		
拆入资金		
以公允价值计量且其变动计入当期损益的金融负债		
衍生金融负债		
卖出回购金融资产款		
吸收存款		
应付职工薪酬	23 350.39	16 980.52
应交税费	44 016.05	17 045.25
应付利息	—	—
预计负债	10 874.24	8 089.32
应付股利	90.52	90.52
应付债券	—	—
递延所得税负债	238.90	—
其他负债	36 360.57	31 364.10
负债合计	114 930.67	73 569.71
股东权益：		
股本	45 410.98	45 410.98
资本公积	3 859.85	3 859.85
其他综合收益	716.70	—
专项储备	—	—
盈余公积	14 244.57	4 009.29
一般风险准备	11 819.21	4 540.98
未分配利润	104 412.43	28 655.34
股东权益合计	180 463.74	86 476.44
负债和股东权益总计	295 394.41	160 046.15

5.1.3 利润表

安信信托股份有限公司利润表

2014 年度　　单位：万元

项　目	本期金额	上期金额
一、营业收入	180 937.99	83 762.63
利息净收入	15 864.70	8 809.37
利息收入	15 864.70	8 809.37
利息支出	—	—
手续费及佣金净收入	163 624.67	74 227.45
手续费及佣金收入	166 823.85	79 115.48
手续费及佣金支出	3 199.18	4 888.03
投资收益(损失以“-”号填列)	1 511.14	634.60
其中:对联营企业和合营企业的投资收益	—	—
公允价值变动收益(损失以“-”号填列)	-62.52	91.21
汇兑收益(损失以“-”号填列)	—	—
其他业务收入	—	—
二、营业支出	42 976.12	43 565.44
营业税金及附加	10 331.08	4 972.02
业务及管理费	32 613.42	31 201.11
资产减值损失	31.62	7 392.31
其他业务成本	—	—
三、营业利润(亏损以“-”号填列)	137 961.87	40 197.19
加:营业外收入	3 336.80	215.60
其中:非流动资产处置利得	463.16	—
减:营业外支出	3 576.69	250.10
其中:非流动资产处置损失	0.69	0.10
四、利润总额(亏损以“-”号填列)	137 721.98	40 162.69
减:所得税费用	35 369.18	12 202.52
五、净利润(亏损以“-”号填列)	102 352.80	27 960.17
六、其他综合收益的税后净额	716.70	—
(一)以后不能重分类进损益的其他综合收益		
(二)以后将重分类进损益的其他综合收益	716.70	
七、综合收益总额	103 069.50	27 960.17
八、每股收益:		
(一)基本每股收益	2.2539	0.6157
(二)稀释每股收益	2.2539	0.6157

5.1.4 现金流量表

安信信托股份有限公司现金流量表

2014 年度　　单位：万元

项　目	本期金额	上期金额
一、经营活动产生的现金流量		
客户存款和同业存放款项净增加额	—	—
向中央银行借款净增加额	—	—
向其他金融机构拆入资金净增加额	—	—
存放中央银行和同业款项净减少额	—	—
收取利息的现金	15 804.70	8 869.54
收取手续费及佣金的现金	171 667.40	96 539.04
收到其他与经营活动有关的现金	2 332.97	1 560.02
经营活动现金流入小计	189 805.07	106 968.60
客户贷款及垫款净增加额	123 200.00	38 470.00
存放中央银行和同业款项净增加额	—	—
支付利息的现金	—	—
支付手续费及佣金的现金	4 689.25	3 022.31
支付给职工以及为职工支付的现金	16 757.59	12 255.86
支付的各项税费	18 678.42	4 492.27
支付其他与经营活动有关的现金	9 006.59	10 302.14
经营活动现金流出小计	172 331.85	68 542.58
经营活动产生的现金流量净额	17 473.22	38 426.02
二、投资活动产生的现金流量:		
收回投资收到的现金	200 000.00	97 352.95
取得投资收益收到的现金	1 511.14	628.60
处置固定资产、无形资产和其他长期资产收回的现金净额	2 704.97	—
收到其他与投资活动有关的现金	—	—
投资活动现金流入小计	204 216.11	97 981.55
投资支付的现金	209 170.00	141 430.41
购建固定资产、无形资产和其他长期资产支付的现金	1 308.60	1 014.62
支付其他与投资活动有关的现金	—	—
投资活动现金流出小计	210 478.60	142 445.03
投资活动产生的现金流量净额	-6 262.49	-44 463.48
三、筹资活动产生的现金流量:		
吸收投资收到的现金		
发行债券收到的现金		
收到其他与筹资活动有关的现金		
筹资活动现金流入小计		
偿还债务支付的现金		
分配股利、利润或偿付利息支付的现金	9 082.20	4 541.09
支付其他与筹资活动有关的现金	—	—
筹资活动现金流出小计	9 082.20	4 541.09
筹资活动产生的现金流量净额	-9 082.20	-4 541.09
四、汇率变动对现金及现金等价物的影响		
五、现金及现金等价物净增加额	2 128.53	-10 578.55
加:期初现金及现金等价物余额	35 616.44	46 194.99
六、期末现金及现金等价物余额	37 744.97	35 616.44

5. 1. 5 所有者权益变动表

安信信托股份有限公司股东权益变动表

2014 年度

单位:万元

项目	本期金额							
	股本	资本公积	其他综合收益	专项储备	盈余公积	一般风险准备	未分配利润	所有者权益合计
一、上年年末余额	45 410. 98	3 859. 85	—	—	4 009. 29	4 540. 98	28 655. 34	86 476. 44
加:会计政策变更	—	—	—	—	—	—	—	—
前期差错更正	—	—	—	—	—	—	—	—
其他	—	—	—	—	—	—	—	—
二、本年年初余额	45 410. 98	3 859. 85	—	—	4 009. 29	4 540. 98	28 655. 34	86 476. 44
三、本期增减变动金额(减少以"－"号填列)	—	—	716. 70	—	10 235. 28	7 278. 23	75 757. 09	93 987. 30
(一)综合收益总额	—	—	716. 70	—	—	—	102 352. 80	103 069. 50
(二)股东投入和减少资本	—	—	—	—	—	—		—
1. 股东投入资本	—	—	—	—	—	—	—	—
2. 股份支付计入股东权益的金额	—	—	—	—	—	—	—	—
3. 其他	—	—	—	—	—	—	—	—
(三)利润分配	—	—	—	—	10 235. 28	7 278. 23	-26 595. 71	-9 082. 20
1. 提取盈余公积	—	—	—	—	10 235. 28	—	-10 235. 28	-
2. 提取一般风险准备	—	—	—	—	—	7 278. 23	-7 278. 23	—
3. 对股东的分配	—	—	—	—	—	—	-9 082. 20	-9 082. 20
4. 其他	—	—	—	—	—	—	—	—
(四)股东权益内部结转	—	—	—	—	—	—	—	—
1. 资本公积转增股本	—	—	—	—	—	—	—	—
2. 盈余公积转增股本	—	—	—	—	—	—	—	—
3. 盈余公积弥补亏损	—	—	—	—	—	—	—	—
4. 其他	—	—	—	—	—	—	—	—
(五)专项储备	—	—	—	—	—	—	—	—
1. 本期提取	—	—	—	—	—	—	—	—
2. 本期使用	—	—	—	—	—	—	—	—
(六)其他	—	—	—	—	—	—	—	—
四、本期期末余额	45 410. 98	3 859. 85	716. 70	—	14 244. 57	11 819. 21	104 412. 43	180 463. 74

安信信托股份有限公司股东权益变动表(续)

2014 年度

单位:万元

项目	上期金额							
	股本	资本公积	其他综合收益	专项储备	盈余公积	一般风险准备	未分配利润	所有者权益合计
一、上年年末余额	45 410. 98	3 859. 85	—	—	1 213. 27	2 814. 33	9 758. 94	63 057. 37
加:会计政策变更	—	—	—	—	—	—	—	—
前期差错更正	—	—	—	—	—	—	—	—
其他	—	—	—	—	—	—	—	—
二、本年年初余额	45 410. 98	3 859. 85	—	—	1 213. 27	2 814. 33	9 758. 94	63 057. 37
三、本期增减变动金额(减少以"－"号填列)	—	—	—	—	2 796. 02	1 726. 65	18 896. 40	23 419. 07
(一)综合收益总额	—	—	—	—	—	—	27 960. 17	27 960. 17
(二)股东投入和减少资本	—	—	—	—	—	—		—
1. 股东投入资本	—	—	—	—	—	—	—	—
2. 股份支付计入股东权益的金额	—	—	—	—	—	—	—	—
3. 其他	—	—	—	—	—	—	—	—
(三)利润分配	—	—	—	—	2 796. 02	1 726. 65	-9 063. 77	-4 541. 10
1. 提取盈余公积	—	—	—	—	2 796. 02	—	-2 796. 02	—
2. 提取一般风险准备	—	—	—	—	—	1 726. 65	-1 726. 65	—
3. 对股东的分配	—	—	—	—	—	—	-4 541. 10	-4 541. 10
4. 其他	—	—	—	—	—	—	—	—

续表

项　　目	上期金额							
	股本	资本公积	其他综合收益	专项储备	盈余公积	一般风险准备	未分配利润	所有者权益合计
（四）股东权益内部结转	—	—	—	—	—	—	—	—
1. 资本公积转增股本	—	—	—	—	—	—	—	—
2. 盈余公积转增股本	—	—	—	—	—	—	—	—
3. 盈余公积弥补亏损	—	—	—	—	—	—	—	—
4. 其他	—	—	—	—	—	—	—	—
（五）专项储备	—	—	—	—	—	—	—	—
1. 本期提取	—	—	—	—	—	—	—	—
2. 本期使用	—	—	—	—	—	—	—	—
（六）其他	—	—	—	—	—	—	—	—
四、本期期末余额	45 410. 98	3 859. 85	—	—	4 009. 29	4 540. 98	28 655. 34	86 476. 44

5. 2　信托资产

5. 2. 1　信托项目资产负债汇总表

资产负债表

编制单位：安信信托股份有限公司　　2014 年 12 月 31 日　　单位：万元

信托资产	期末数	期初数	信托负债和信托权益	期末数	期初数
信托资产：			信托负债：		
货币资金	308 409. 78	18 408. 39	交易性金融负债	—	—
拆出资金	—	—	衍生金融负债	—	—
存出保证金	—	—	应付受托人报酬	—	—
交易性金融资产	—	—	应付保管费	45. 55	9. 83
衍生金融资产	—	—	应付受益人收益	3 364. 61	729. 75
买入返售金融资产	—	—	应交税费	—	—
应收款项	3 200 992. 57	3 640 377. 65	应付销售服务费	914. 92	98. 47
发放贷款	9 827 077. 55	6 485 038. 21	其他应付款项	10 141. 96	2 896. 85
可供出售金融资产	55 440. 00	—	其他负债	—	—
持有至到期投资	736 715. 14	846 868. 44	信托负债合计	14 467. 04	3 734. 90
长期应收款		—			
长期股权投资	986 481. 20	590 769. 00	信托权益：		
投资性房地产	—	—	实收信托	5 045 104. 09	1 550 570. 76
固定资产	—	—	资本公积	5 440. 00	—
无形资产	—	—	外币报表折算差额	—	—
长期待摊费用	—	—	未分配利润	50 105. 11	27 156. 03
其他资产	—	—	信托权益合计	5 100 649. 20	1 577 726. 79
信托资产总计	15 115 116. 24	11 581 461. 69	信托负债及信托权益总计	5 115 116. 24	1 581 461. 69

5. 2. 2　信托项目利润及利润分配汇总表

利润及利润分配表

编制单位：安信信托股份有限公司　　2014 年 1 月至 12 月　　单位：万元

项目	本年累计数	上年累计数
1. 营业收入	1 291 249. 71	767 332. 93
1. 1 利息收入	776 952. 84	353 483. 86
1. 2 投资收益	174 566. 41	122 312. 89
1. 2. 1 对联营企业和合营企业的投资收益	—	—
1. 3 公允价值变动损益	—	－13. 50
1. 4 租赁收入	—	—
1. 5 汇兑损益	—	—
1. 6 其他收入	339 730. 46	291 549. 68
2. 支出	288 573. 23	186 079. 88
2. 1 营业税金及附加	—	—
2. 2 受托人报酬	163 782. 17	80 237. 92

续表

项目	本年累计数	上年累计数
2. 3 保管费	8 234. 73	8 183. 36
2. 4 投资管理费	—	—
2. 5 销售服务费	6 423. 55	22 693. 28
2. 6 交易费用	—	—
2. 7 资产减值损失	—	694. 52
2. 8 其他费用	110 132. 78	74 270. 80
3. 信托净利润	1 002 676. 48	581 253. 05
4. 其他综合收益	5 440. 00	—
5. 综合收益	1 008 116. 48	581 253. 05
6. 加：期初未分配信托利润	27 156. 03	38 614. 31
7. 可供分配的信托利润	1 029 832. 51	619 867. 36
8. 减：本期已分配信托利润	979 727. 40	592 711. 33
9. 期末未分配信托利润	50 105. 11	27 156. 03

6. 会计报表附注

6.1 会计报表编制基准不符合会计核算基本前提的说明

6.1.1 会计报表编制基准不符合会计核算基本前提的事项

本报告期无会计报表编制基准不符合会计核算基本前提的事项。

6.1.2 企业合并及合并财务报表

本报告期无须纳入合并范围的主体。

6.2 重要会计政策和会计估计说明

6.2.1 计提资产减值准备的范围和方法

6.2.1.1 金融资产减值准备计提

除以公允价值计量且其变动计入当期损益的金融资产外，本公司于资产负债表日对金融资产的账面价值进行检查，当有客观证据表明金融资产因在其初始确认后发生的一项或多项损失事件而发生减值，且这些损失事件对该项或该组金融资产的预计未来现金流量产生的影响能可靠估计时，本公司认定该项或该组金融资产已发生减值并确认减值损失。表明金融资产发生减值的客观证据，是指金融资产初始确认后实际发生的、对该金融资产的预计未来现金流量有影响，且本公司能够对该影响进行可靠计量的事项。

（1）以摊余成本计量的金融资产。

如果有客观证据表明该金融资产发生减值，则将该金融资产的账面价值减记至预计未来现金流量（不包括尚未发生的未来信用损失）现值，减记金额计入当期损益。预计未来现金流量现值，按照该金融资产原实际利率（初始确认时计算确定的实际利率）折现确定，并考虑相关担保物的价值。对于浮动利率，在计算未来现金流量现值时采用合同规定的现行实际利率作为折现率。

对单项金额重大的金融资产单独进行减值测试，如有客观证据表明其已发生减值，确认减值损失，计入当期损益。对单项金额不重大的金融资产，包括在具有类似信用风险特征的金融资产组合中进行减值测试。单独测试未发生减值的金融资产，包括在具有类似信用风险特征的金融资产组合中再进行减值测试。已单项确认减值损失的金融资产，不包括在具有类似信用风险特征的金融资产组合中进行减值测试。

当金融资产无法收回时，在完成所有必要程序及确定损失金额后，本集团对该金融资产进行核销，冲减相应的资产减值准备。

本公司对以摊余成本计量的金融资产确认减值损失后，如有客观证据表明该金融资产价值已恢复，且客观上与确认该损失后发生的事项有关，原确认的减值损失予以转回，计入当期损益。

（2）可供出售金融资产的减值准备。

表明可供出售权益工具投资发生减值的客观证据包括权益工具投资的公允价值发生严重或非暂时性下跌。本公司于资产负债表日对各项可供出售权益工具投资单独进行检查，若该权益工具投资于资产负债表日的公允价值低于其初始投资成本超过50%（含50%）或低于其初始投资成本持续时间超过一年（含一年）的，则表明其发生减值；若该权益工具投资于资产负债表日的公允价值低于其初始投资成本超过20%（含20%）但尚未达到50%的，本公司会综合考虑其他相关因素诸如价格波动率等，判断该权益工具投资是否发生减值。本公司以加权平均法计算可供出售权益工具投资的初始投资成本。

如果可供出售金融资产发生减值，原计入其他综合收益的因公允价值下降形成的累计损失，予以转出，计入当期损益。该转出的累计损失金额等于可供出售金融资产的初始取得成本扣除已收回本金和已摊销金额后与当前公允价值之前的差额，减去原已计入损益的减值损失后的余额。

对于已确认减值损失的可供出售债务工具，在随后的会计期间公允价值已上升且客观上与确认原减值损失后发生的事项有关的，原确认的减值损失予以转回，计入当期损益。可供出售权益工具投资发生的减值损失，不通过损益转回，减值之后发生的公允价值增加直接在其他综合收益中确认。

6.2.1.2 应收款项坏账准备

（1）单项金额重大的应收款项坏账准备计提：

单项金额重大的判断依据或金额标准：应收款项余额前五名或占应收账款10%以上的款项之和。

单项金额重大应收款项坏账准备的计提方法：单独进行减值测试，如有客观证据表明其已发生减值，按预计未来现金流量现值低于其账面价值的差额计提坏账准备，计入当期损益。单独测试未发生减值的应收款项，将其归入相应组合计提坏账准备。

（2）按组合计提坏账准备应收款项：组合中，采用余额百分比法计提坏账准备。

组合名称	应收账款计提比例（%）	其他应收款计提比例（%）
按余额百分比法计提坏账准备组合	0.6	0.6

（3）单项金额虽不重大但单项计提坏账准备的应收账款：

单项计提坏账准备的理由：估计可收回性存在较大疑问的应收款项。

坏账准备的计提方法：单独进行减值测试，并根据测试结果确定具体的坏账准备比例。

6.2.2 金融资产四分类的范围和标准

管理层按照取得持有金融资产和承担金融负债的目的，将其划分为以公允价值计量且其变动计入当期损益的金融资产或金融负债，包括交易性金融资产或金融负债和直接指定为以公允价值计量且其变动计入当期损益的金融资产或金融负债；持有至到期投资；贷款和应收款项；可供出售金融资产；其他金融负债等。

6.2.3 交易性金融资产核算方法

以公允价值计量且其变动计入当期损益的金融资产（金融负债），取得时以公允价值（扣除已宣告但尚未发放的现金股利或已到付息期但尚未领取的债券利息）作为初始确认金额，相关的交易费用计入当期损益。

持有期间将取得的利息或现金股利确认为投资收益，期末将公允价值变动计入当期损益。

处置时，其公允价值与初始入账金额之间的差额确认为投资收益，同时调整公允价值变动损益。

6.2.4 可供出售金融资产核算方法

取得时按公允价值（扣除已宣告但尚未发放的现金股利或

已到付息期但尚未领取的债券利息)和相关交易费用之和作为初始确认金额。

持有期间将取得的利息或现金股利确认为投资收益。期末以公允价值计量且将公允价值变动计入其他综合收益。但是,在活跃市场中没有报价且其公允价值不能可靠计量的权益工具投资,以及与该权益工具挂钩并须通过交付该权益工具结算的衍生金融资产,按照成本计量。

处置时,将取得的价款与该金融资产账面价值之间的差额,计入投资损益;同时,将原直接计入其他综合收益的公允价值变动累计额对应处置部分的金额转出,计入当期损益。

6.2.5 持有至到期投资核算方法

取得时按公允价值(扣除已到付息期但尚未领取的债券利息)和相关交易费用之和作为初始确认金额。

持有期间按照摊余成本和实际利率计算确认利息收入,计入投资收益。实际利率在取得时确定,在该预期存续期间或适用的更短期间内保持不变。

处置时,将所取得价款与该投资账面价值之间的差额计入投资收益。

6.2.6 长期股权投资核算方法

目前无长期股权投资。

6.2.7 投资性房地产核算方法

目前无投资性房地产。

6.2.8 固定资产计价和折旧方法

6.2.8.1 固定资产确认条件

固定资产指为生产商品、提供劳务、出租或经营管理而持有,并且使用寿命超过一个会计年度的有形资产。固定资产在同时满足下列条件时予以确认:

(1)与该固定资产有关的经济利益很可能流入企业。

(2)该固定资产的成本能够可靠地计量。

6.2.8.2 各类固定资产的折旧方法

固定资产折旧采用年限平均法分类计提,根据固定资产类别、预计使用寿命和预计净残值率确定折旧率。如固定资产各组成部分的使用寿命不同或者以不同方式为企业提供经济利益,则选择不同折旧率或折旧方法,分别计提折旧。

融资租赁方式租入的固定资产,能合理确定租赁期届满时将会取得租赁资产所有权的,在租赁资产尚可使用年限内计提折旧;无法合理确定租赁期届满时能够取得租赁资产所有权的,在租赁期与租赁资产尚可使用年限两者中较短的期间内计提折旧。

各类固定资产折旧年限和年折旧率如下:

类别	折旧年限(年)	残值率(%)	年折旧率(%)
房屋及建筑物	35	5	2.71
专用设备	3~5	5	19.00~31.67
运输设备	4	5	23.75
其他设备	6	5	15.83

6.2.8.3 固定资产的减值测试方法、减值准备计提方法

公司在每期末判断固定资产是否存在可能发生减值的迹象。

固定资产存在减值迹象的,估计其可收回金额。可收回金额根据固定资产的公允价值减去处置费用后的净额与固定资产预计未来现金流量的现值两者之间较高者确定。

当固定资产的可收回金额低于其账面价值的,将固定资产的账面价值减记至可收回金额,减记的金额确认为固定资产减值损失,计入当期损益,同时计提相应的固定资产减值准备。

固定资产减值损失确认后,减值固定资产的折旧在未来期间作相应调整,以使该固定资产在剩余使用寿命内,系统地分摊调整后的固定资产账面价值(扣除预计净残值)。

固定资产的减值损失一经确认,在以后会计期间不再转回。

有迹象表明一项固定资产可能发生减值的,企业以单项固定资产为基础估计其可收回金额。企业难以对单项固定资产的可收回金额进行估计的,以该固定资产所属的资产组为基础确定资产组的可收回金额。

6.2.9 无形资产计价及摊销政策

6.2.9.1 无形资产的计价方法

(1)公司取得无形资产时按成本进行初始计量。

外购无形资产的成本,包括购买价款、相关税费以及直接归属于使该项资产达到预定用途所发生的其他支出。购买无形资产的价款超过正常信用条件延期支付,实质上具有融资性质的,无形资产的成本以购买价款的现值为基础确定。

债务重组取得债务人用以抵债的无形资产,以该无形资产的公允价值为基础确定其入账价值,并将重组债务的账面价值与该用以抵债的无形资产公允价值之间的差额,计入当期损益;

在非货币性资产交换具备商业实质且换入资产或换出资产的公允价值能够可靠计量的前提下,非货币性资产交换换入的无形资产以换出资产的公允价值为基础确定其入账价值,除非有确凿证据表明换入资产的公允价值更加可靠;不满足上述前提的非货币性资产交换,以换出资产的账面价值和应支付的相关税费作为换入无形资产的成本,不确认损益。

以同一控制下的企业吸收合并方式取得的无形资产按被合并方的账面价值确定其入账价值;以非同一控制下的企业吸收合并方式取得的无形资产按公允价值确定其入账价值。

内部自行开发的无形资产,其成本包括开发该无形资产时耗用的材料、劳务成本、注册费、在开发过程中使用的其他专利权和特许权的摊销以及满足资本化条件的利息费用,以及为使该无形资产达到预定用途前所发生的其他直接费用。

(2)后续计量。

在取得无形资产时分析判断其使用寿命。

对于使用寿命有限的无形资产,在为企业带来经济利益的期限内按直线法摊销;无法预见无形资产为企业带来经济利益期限的,视为使用寿命不确定的无形资产,不予摊销。

6.2.9.2 使用寿命有限的无形资产的使用寿命估计情况

软件从购入月份在受益期内平均摊销。

每期末,对使用寿命有限的无形资产的使用寿命及摊销方法进行复核。

经复核,本年期末无形资产的使用寿命及摊销方法与以前估计未出现不同。

6.2.9.3 无形资产减值准备的计提

对于使用寿命确定的无形资产,如有明显减值迹象的,期

末进行减值测试。

对于使用寿命不确定的无形资产，每期末进行减值测试。

对无形资产进行减值测试，估计其可收回金额。有迹象表明一项无形资产可能发生减值的，公司以单项无形资产为基础估计其可收回金额。公司难以对单项资产的可收回金额进行估计的，以该无形资产所属的资产组为基础确定无形资产组的可收回金额。

可收回金额根据无形资产的公允价值减去处置费用后的净额与无形资产预计未来现金流量的现值两者之间较高者确定。

当无形资产的可收回金额低于其账面价值的，将无形资产的账面价值减记至可收回金额，减记的金额确认为无形资产减值损失，计入当期损益，同时计提相应的无形资产减值准备。

无形资产减值损失确认后，减值无形资产的折耗或者摊销费用在未来期间作相应调整，以使该无形资产在剩余使用寿命内，系统地分摊调整后的无形资产账面价值（扣除预计净残值）。

无形资产的减值损失一经确认，在以后会计期间不再转回。

6.2.10 长期应收款的核算方法

目前无长期应收款资产。

6.2.11 长期待摊费用的摊销政策

长期待摊费用为已经发生但应由本期和以后各期负担的分摊期限在一年以上的各项费用。

6.2.11.1 摊销方法

长期待摊费用在受益期内平均摊销。

6.2.11.2 摊销年限

经营租赁方式租入的固定资产改良支出，按剩余租赁期与租赁资产尚可使用年限两者中较短的期限平均摊销。

6.2.12 合并会计报表的编制方法

本报告期无须纳入合并范围的主体。

6.2.13 收入确认原则和方法

6.2.13.1 利息收入确认和计量原则

利息收入金额，按照他人使用本企业货币资金的时间和实际利率计算确定。

实际利率是指按金融工具的预计存续期间或更短期间将其预计未来现金流入折现至其金融资产账面净值的利率。利息收入的计算需要考虑金融工具的合同条款并且包括所有归属于实际利率组成部分的费用和所有交易成本，但不包括未来贷款损失。当单项金融资产或一组类似的金融资产发生减值，利息收入将按原实际利率和减值后的账面价值计算。

6.2.13.2 手续费及佣金收入确认和计量原则

手续费及佣金收入在同时满足以下两个条件时确认：

（1）相关的服务已经提供。

（2）根据合同约定，收取的金额可以可靠计量。

6.2.14 所得税的会计处理方法

采用纳税影响法进行所得税会计处理。

6.2.15 信托报酬确认原则和方法

手续费及佣金收入在同时满足以下两个条件时确认：

（1）相关的服务已经提供。

（2）根据合同约定，收取的金额可以可靠计量。

6.2.16 主要会计政策、会计估计的变更

6.2.16.1 会计政策变更

本公司于2014年7月1日起执行财政部于2014年修订及新颁布的《企业会计准则第2号——长期股权投资》（修订）等七项准则，按照相关准则中的衔接规定无需要进行追溯调整的事项。

6.2.16.2 会计估计变更

本报告期公司主要会计估计未发生变更。

6.3 或有事项说明

本公司无需要披露的或有事项。

6.4 重要资产转让及其出售的说明

本报告期无重要资产转让及出售

6.5 会计报表中重要项目的明细资料

6.5.1 自营资产经营情况

6.5.1.1 信用风险资产五级分类情况

信用风险资产五级分类	正常类（万元）	关注类（万元）	次级类（万元）	可疑类（万元）	损失类（万元）	信用风险资产合计（万元）	不良资产合计（万元）	不良资产率（%）
期初数	150 097			6 078		156 175	6 078	3.89
期末数	286 801			6 078		292 879	6 078	2.08

注：不良资产合计＝次级类＋可疑类＋损失类。

6.5.1.2 各项资产减值损失准备情况表

单位：万元

	年初余额	本期计提	卖出资产	本期转回	冲销	期末数
贷款损失准备						
一般准备						
专项准备						
其他资产减值准备	9 469	32	2 718			6 783
可供出售金融资产减值准备						
持有至到期投资减值准备						
长期股权投资减值准备						
坏账准备	6 751	32				6 783
固定资产减值准备	2 718		2 718			0
投资性房地产减值准备						

6.5.1.3 自营贷款排名

至2014年末公司自营贷款10笔合计175 500万元。排名如下：

单位：万元

项目	金额
第一名	28 000.00
第二名	25 000.00
第三名	25 000.00
第四名	20 000.00
第五名	20 000.00
合计	118 000.00

6.5.1.4　公司当年的收入结构

收入结构	金额（万元）	占比（%）
手续费及佣金收入	166 824	88.99
其中：信托手续费收入	162 278	86.56
中间业务收入	4 546	2.42
利息收入	15 865	8.46
投资收益	1 511	0.81
其中：股权投资收益		
证券投资收益		
其他投资收益	1 511	0.81
公允价值变动收益	−63	−0.03
营业外收入	3 337	1.78
收入合计	187 474	100.00

6.5.2　信托财产管理情况

6.5.2.1　信托资产

6.5.2.1.1　主动管理型信托业务的信托资产

单位：万元

主动管理型信托资产	期初数	期末数
证券投资类		
其他投资类	1 740 162.88	2 686 150.59
融资类	1 846 140.63	1 324 511.54
事务管理类		
合计	3 586 303.51	4 010 662.13

6.5.2.1.2　被动管理型信托业务的信托资产

单位：万元

被动管理型信托资产	期初数	期末数
证券投资类		
其他投资类	94 002.84	52 232.49
融资类	357 500.17	333 279.25
事务管理类	7 543 655.17	10 718 942.37
合计	7 995 158.18	11 104 454.11

6.5.2.2　本年度已清算结束的信托项目个数、实收信托合计金额、加权平均实际年化收益率

6.5.2.2.1　本年度已清算结束的信托项目

已清算结束信托项目	项目个数（个）	实收信托合计金额（万元）	加权平均实际年化收益率（%）
集合类	5	190 146.00	9.95
单一类	142	3 396 347.00	7.61
财产管理类	2	30 490.00	0.00

6.5.2.2.2　本年度已清算结束的主动管理型信托项目

已清算结束信托项目	项目个数（个）	实收信托合计金额（万元）	加权平均实际年化信托报酬率（%）	加权平均实际年化收益率（%）
证券投资类	—	—	—	—
其他投资类	5	210 000.00	0.27	10.39
融资类	35	759 291.00	2.66	10.30
事务管理类	—	—	—	—

6.5.2.2.3　本年度已清算结束的被动管理型信托项目

已清算结束信托项目	项目个数（个）	实收信托合计金额（万元）	加权平均实际年化信托报酬率（%）	加权平均实际年化收益率（%）
证券投资类	—	—	—	—
其他投资类	—	—	—	—
融资类	6	152 000.00	0.45	6.20
事务管理类	103	2 495 692.00	0.64	7.49

6.5.2.3　本年度新增信托项目

新增信托项目	项目个数（个）	实收信托合计金额（万元）
集合类	16	516 766.00
单一类	111	6 135 230.74
财产管理类	19	160 390.00
新增合计	146	6 812 386.74
其中：主动管理型	48	1 051 695.74
被动管理型	98	5 760 691.00

6.5.2.4　本公司履行受托人义务情况及因本公司自身责任而导致的信托资产损失情况

报告年度内，受托人依据《中华人民共和国信托法》以及中国银行业监督管理委员会颁布的相关规定，对各项存续信托均恪尽职守、勤勉尽责、谨慎管理，并忠实履行法律及信托文件规定的各项受托人职责。未发生因本公司自身责任而导致的信托资产损失，也未发生任何就本公司尽职管理义务而被司法机关认定需承担信托资产损失的司法判定。受托人依据各信托文件约定管理信托财产所产生的风险，由信托财产承担。

6.5.2.5　信托赔偿准备金的提取、使用和管理情况

根据中国银行业监督管理委员会颁布的《信托公司管理办法》有关规定，公司按当年税后净利润的5%计提信托赔偿准备金。本年度提取信托赔偿准备金5 118万元，信托赔偿准备金余额为8 854万元。

6.6　关联方关系及其交易的披露

6.6.1　关联交易方的数量、关联交易的总金额及关联交易的定价政策等

6.6.2　本企业的关联方

本公司的控股股东情况

控股股东名称	注册地	业务性质	注册资本（万元）	对本公司的持股比例（%）	对本公司的表决权比例（%）	本公司最终控制方
上海国之杰投资发展有限公司（以下简称“国之杰”）	上海市杨浦区	综合	765 279	32.96	32.96	高天国

本公司的其他关联方情况

其他关联方名称	其他关联方与本公司的关系
上海谷元房地产开发有限公司	控股股东的股东
上海三至酒店投资管理有限公司	关联人担任其母公司法定代表人

6.6.3 逐笔披露本公司与关联方的重大交易事项

6.6.3.1 固有与关联方交易情况

6.6.3.1.1 关联租赁情况

本公司上海总部办公所在地为海通证券大厦，该物业属关联方上海谷元房地产开发有限公司所有，根据双方签订的房屋租赁合同，2013 年支付租金及相关费用为 13 621 889.09 元，2014 年支付租金及相关费用为 20 401 369.99 元。

本公司向上海三至酒店投资管理有限公司租赁其位于虹口区四平路 59 号三至喜来登酒店 38～39 楼，面积共计 2 566.2平方米，租赁期限 10 年。根据双方签订的房屋租赁合同，2014 年支付租金及相关费用为 2 966 666.68 元。

6.6.3.1.2 其他关联交易

（1）非公开发行股票。

2014 年 10 月 9 日，公司 2014 年第一次临时股东大会审议通过非公开发行股票相关事项：公司拟向国之杰发行不超过 25 000 万股股票，国之杰全部以现金方式认购。

2014 年 12 月 19 日，公司接到《中国银监会关于安信信托增加注册资本及调整股权结构的批复》（银监复［2014］938 号），同意本公司注册资本由454 109 778 元增至707 955 931元。

该交易尚需获得中国证券监督管理委员会核准。

（2）与控股股东共同投资成立基金管理公司。

2014 年 5 月 29 日，公司召开第七届董事会第十三次会议，审议通过了《关于与控股股东共同投资成立基金管理公司的议案》。公司拟以货币形式出资 2 400 万元与控股股东国之杰共同投资成立国和基金管理有限公司。该公司处于筹办期，尚未正式成立。

（3）关键管理人员薪酬情况。

单位：万元

项目名称	本期发生额	上期发生额
关键管理人员薪酬	1 866.65	1 002.66

6.6.3.1.3 关联方应收应付款项

应收关联方款项

单位：万元

项目名称	关联方	期末余额		年初余额	
		账面余额	坏账准备	账面余额	坏账准备
其他资产——其他应收款					
	上海谷元房地产开发有限公司	4 120 305.00	24 721.83	4 120 305.00	24 721.83
	上海三至酒店投资管理有限公司	8 158 333.32	48 950.00		

6.6.3.2 信托与关联方交易情况

6.6.3.3 信托公司自有资金运用于自己管理的信托项目（固信交易）

无信托公司自有资金运用于自己管理的信托项目。

6.6.4 逐笔披露关联方逾期未偿还本公司资金的详细情况以及本公司为关联方担保发生或即将发生垫款的详细情况

无关联方逾期未偿还本公司资金的情况及本公司为关联方担保发生或即将发生垫款的情况。

6.7 会计制度的披露

固有业务（自营业务）、信托业务均执行财政部制定的《企业会计准则》。

7. 财务情况说明书

7.1 利润实现和分配情况

2014 年公司实现净利润 102 352.79 万元；归属于母公司净利润 102 352.79 万元，累计可供分配利润为 104 412.43 万元。

根据 2015 年 2 月 9 日召开的第七届董事会第二十一次会议决议，本年度拟以 2014 年末总股本 454 109 778 股为基数，向全体股东每 10 股派发现金红利 7 元（含税），共派发现金红利 317 876 844.60 元，剩余未分配利润结转下一年度。

该预案尚需提交 2014 年年度股东大会审议。

7.2 主要财务指标

指标名称	指标值
资本利润率（%）	76.69
加权年化信托报酬率（%）	1.02
人均净利润（万元）	578.26

7.3 对本公司财务状况、经营成果有重大影响的其他事项

本报告期内无重大影响的其他事件。

8. 特别事项揭示

8.1 前五名股东报告期内变动情况及原因

报告期内公司控股股东未发生变化。

8.2 董事、监事及高级管理人员变动情况及原因

报告期内公司董事、监事及高管未发生变化。

8.3 变更注册资本、变更注册地或公司名称、公司分立合并事项

报告期内，公司更名为"安信信托股份有限公司"，公司简称及证券代码不变。

8.4 公司的重大诉讼事项

8.4.1 重大未决诉讼事项

报告期内，公司无重大未决诉讼事项。

8.4.2 以前年度发生，于本报告年度内终结的诉讼事项

报告期内，公司无以上一年度发生并于本报告年度内终结的诉讼事项。

8.4.3 本报告年度发生，于本报告年度内终结的诉讼事项

报告期内，最高人民法院作出《民事裁定书》，裁定对中国信达资产管理有限公司辽宁省分公司与辽宁省轮船总公司、安信信托股份有限公司保证合同纠纷一案进行提审。2014 年 12

月29日，最高人民法院经再审后，就该案做出(2014)民提字第163号终审《民事判决书》。根据判决内容，安信信托应就辽宁省轮船总公司在(2005)大民合初字第260号民事判决书第一、第二、第三项判决内容项下债务向中国信达资产管理有限公司辽宁省分公司承担连带清偿责任。2015年2月5日，中国信达资产管理有限公司辽宁省分公司向安信信托致函要求履行代偿支付义务，安信信托接函后根据上述终审判决内容要求，向中国信达资产管理有限公司辽宁省分公司分别支付了垫款本金3 449 000.95美元、垫款本金的利息535 672.96美元、诉讼费108 037.50元人民币，并于2015年3月9日收到中国信达资产管理有限公司辽宁省分公司就上述支付款项已入账的书面确认。

8.5 公司及其董事、监事和高级管理人员受到处罚的情况

报告期内公司及其董事、监事、高级管理人员、公司股东、实际控制人均未受中国证监会的稽查、行政处罚、通报批评及证券交易所的公开谴责。

8.6 银监会及其派出机构对公司检查后提出整改意见的，应简单说明整改情况

中国银行监督管理委员会上海银监局于2014年第二季度对公司实施现场检查，检查范围涉及公司评审机制、内部控制、项目风险管控、产品推介等，上海银监局对公司总体经营情况予以了充分肯定，并对检查中发现的问题提出了整改意见和监管要求。

针对银监会提出的整改意见和监管要求，公司制订了相应的整改方案，主要包括完善信托业务评审与决策机制，修订信托业务评审管理的相关制度；强化业务准入环节的风险把控，谨慎选择交易对手，关注客户授信集中度，强化尽职调查；加强贷后管理，定期开展项目贷后检查工作，定期进行项目流动性分析，并积极建立流动性风险处置预案机制；完善信托产品推介环节，梳理了相关规章制度，积极研究完善产品推介的管理办法，关注特定客户群体，强化对投资者尽职调查和保护；加强合规管理和内部控制，通过合规审查、合规培训、合规讲座等多种形式提升各层面员工的合规意识，营造“全员主动合规、合规创造价值”的合规文化。

通过整改意见和监管要求的落实和执行，公司在评审机制、内部控制、项目风险管控、产品推介等方面得以改善和提升，进一步完善了合规管理和内部控制体系，强化了合规风险的识别、评估和管理机制，增强了合规文化的培育，提升了员工履职能力、合规意识和风险管理能力，夯实了合规管理工作基础，为公司依法合规经营提供了积极的支持和保障，整改效果较为明显。

8.7 本年度重大事项临时报告的简要内容、披露时间、所披露的媒体及其版面

公告编号	事项	刊载的报刊名称及版面	刊载日期
临2014-001	关于2013年度业绩预增的公告	《中国证券报》B016版、《上海证券报》B40版	2014年1月23日
临2014-002	关于重大事项停牌的公告	《中国证券报》B001版、《上海证券报》32版	2014年1月27日
临2014-003	关于重大事项继续停牌的公告	《中国证券报》B001版、《上海证券报》25版	2014年2月10日
临2014-004	第七届董事会第九次会议决议公告	《中国证券报》A19版、《上海证券报》B9版	2014年2月12日
临2014-005	第七届监事会第七次会议决议公告	《中国证券报》A19版、《上海证券报》B9版	2014年2月12日
临2014-006	关于本次非公开发行股票涉及关联交易的公告	《中国证券报》A19版、《上海证券报》B9版	2014年2月12日
临2014-007	复牌提示性公告	《中国证券报》A19版、《上海证券报》B9版	2014年2月12日
临2014-008	非公开发行A股股票预案	《中国证券报》A19版、《上海证券报》B9版	2014年2月12日
临2014-009	关于中国银监会批准公司换领新的金融许可证的公告	《中国证券报》B013版、《上海证券报》33版	2014年2月15日
临2014-010	关于公司与相关主体承诺履行情况的公告	《中国证券报》B013版、《上海证券报》33版	2014年2月15日
临2014-011	第七届董事会第十次会议决议公告	《中国证券报》B009版、《上海证券报》B8版	2014年3月6日
临2014-012	第七届监事会第八次会议决议公告	《中国证券报》B009版、《上海证券报》B8版	2014年3月6日
临2014-013	关于会计估计变更的公告	《中国证券报》B009版、《上海证券报》B8版	2014年3月6日
	安信信托股份有限公司2013年度报告摘要	《中国证券报》B009版、《上海证券报》B8版	2014年3月6日
临2014-014	第七届董事会第十一次会议决议公告	《中国证券报》B008版、《上海证券报》B56版	2014年3月25日
临2014-015	关于变更公司名称的公告	《中国证券报》B009版、《上海证券报》B64版	2014年4月10日
	安信信托股份有限公司2014年第一季度报告	《中国证券报》B049版、《上海证券报》48版	2014年4月28日
临2014-016	关于诉讼进展情况的公告	《中国证券报》B009版、《上海证券报》49版	2014年5月24日
临2014-017	第七届董事会第十三次会议决议的公告	《中国证券报》B020版、《上海证券报》B16版	2014年5月30日
临2014-018	第七届监事会第十次会议决议公告	《中国证券报》B020版、《上海证券报》B16版	2014年5月30日
临2014-019	关联交易公告	《中国证券报》B020版、《上海证券报》B16版	2014年5月30日
临2014-020	关于召开2013年度股东大会的通知	《中国证券报》B020版、《上海证券报》B16版	2014年5月30日
临2014-021	第七届董事会第十四次会议决议公告	《中国证券报》B025版、《上海证券报》40版	2014年6月14日
临2014-022	关于2013年度股东大会增加临时议案暨召开2013年度股东大会补充通知的公告	《中国证券报》B025版、《上海证券报》40版	2014年6月14日
临2014-023	2013年度股东大会决议公告	《中国证券报》B017版、《上海证券报》B24版	2014年6月27日

续表

公告编号	事项	刊载的报刊名称及版面	刊载日期
临2014－024	关于2014年半年度业绩预增的公告	《中国证券报》B001版、《上海证券报》14版、《证券时报》16版	2014年7月14日
临2014－025	2013年度利润分配实施公告	《中国证券报》B013版、《上海证券报》B33版、《证券时报》B027版	2014年7月15日
临2014－026	第七届董事会第十五次会议决议的公告	《中国证券报》B012版、《上海证券报》B8版、《证券时报》B34版	2014年7月29日
	2014年半年度报告摘要	《中国证券报》B012版、《上海证券报》B8版、《证券时报》B34版	2014年7月29日
临2014－027	第七届董事会第十六次会议决议的公告	《中国证券报》B355版、《上海证券报》B56版、《证券时报》B031版	2014年8月28日
临2014－028	第七届监事会第十二次会议决议的公告	《中国证券报》B355版、《上海证券报》B56版、《证券时报》B031版	2014年8月28日
临2014－029	关于租赁房屋关联交易的公告	《中国证券报》B355版、《上海证券报》B56版、《证券时报》B031版	2014年8月28日
临2014－030	第七届董事会第十七次会议决议的公告	《中国证券报》B024版、《上海证券报》B33版、《证券时报》B36版	2014年9月23日
临2014－031	关于召开2014年第一次临时股东大会的通知	《中国证券报》B024版、《上海证券报》B33版、《证券时报》B36版	2014年9月23日
临2014－032	关于2014年第三季度业绩预增的公告	《中国证券报》B043版、《上海证券报》72版、《证券时报》B23版	2014年9月30日
	2014年第三季度报告正文	《中国证券报》B021版、《上海证券报》B33版、《证券时报》B34版	2014年10月10日
临2014－033	关于第七届董事会第十八次会议决议的公告	《中国证券报》B021版、《上海证券报》B33版、《证券时报》B34版	2014年10月10日
临2014－034	2014年第一次临时股东大会决议暨中小投资者表决结果公告	《中国证券报》B021版、《上海证券报》B33版、《证券时报》B34版	2014年10月10日
临2014－035	关于调整发行底价和发行数量的公告	《中国证券报》B013版、《上海证券报》40版、《证券时报》B27版	2014年10月11日
临2014－036	关于第七届董事会第十九次会议决议的公告	《中国证券报》A16版、《上海证券报》B288版、《证券时报》B4版	2014年10月24日
临2014－037	关于收到中国银监会对公司增加注册资本及调整股权结构批复的公告	《中国证券报》B017版、《上海证券报》41版、《证券时报》B4版	2014年12月20日

8.8 银监会及其省级派出机构认定的其他有必要让客户及相关利益人了解的重要信息

本报告期内，公司已经按有关规定充分披露信息，无银监会及其省级派出机构认定的其他有必要让客户及相关利益人了解的重要信息。

8.9 其他重要事项

无其他重要事项。

9. 公司监事会意见

9.1 监事会对公司依法运作情况的意见

报告期内，公司在经营管理运作方面，能够依照《公司法》、《证券法》、公司章程等法律法规的规定依法运作，决策程序合法，运行程序规范，法人治理结构基本健全，并建立了较为完善的公司内部控制制度；在开展专项治理活动中，能够认真搞好自查并针对存在的问题进行整改；公司董事以及高级管理人员能够认真履行职责，勤勉尽职，认真贯彻股东大会的各项决议；信息披露能够及时准确，日常工作依法办事，能够围绕公司的实际发展不断提出改革创新的思路和办法，切实维护了公司及全体股东的合法权益，在履职过程中未发现有违反法律法规、本公司章程以及侵犯股东利益的行为。

9.2 监事会对检查公司财务情况的意见

公司监事会认真检查了公司的财务制度和财务管理的情况，公司监事会认为，公司财务制度比较健全，审批程序规范，未发现有违法违规和违反公司财务制度以及资产被违规占用和资产流失的情况。2014年财务报告经立信会计师事务所有限公司出具了标准无保留报告，审计意见客观、真实、公正地反映了公司2014年度的财务状况、经营成果和现金流量。

9.3 监事会对公司关联交易情况的意见

监事会对2014年度公司发生的关联交易进行了监督和核查，监事会认为公司与关联方发生的关联交易是公司经营发展所需，遵循了公平、公开、公正的原则，经过了相关权力机构的批准，并履行了必要的审议程序。公司董事会在审议关联交易时，关联董事都履行和回避表决的程序，独立董事对关联交易进行了事前认可并发表了独立意见。关联交易的决策、交易的程序符合有关法律、法规、政策和公司章程的规定，并履行了信息披露义务，公司的关联交易活动依法公平、公正的运行，交易价格按市场公允价格合理确定，未损害公司及非关联股东的利益。

9.4 监事会对会计师事务所审计意见的意见

报告期内，立信会计师事务所（特殊普通合伙）出具了标准无保留的审计报告，客观公正的反映了公司的经营运行情况，符合国家新会计准则和公司会计制度的有关规定。

9.5 监事会对公司利润实现与预测存在较大差异的意见

报告期内，公司利润实现情况与预测不存在较大差异。

9.6 监事会对内部控制自我评价报告的审阅情况

监事会所有监事认真审阅了董事会出具的内部控制自我评估报告，监事会认为，公司内部控制自我评估报告全面、真实、准确地反映了公司内部控制的实际情况。

百瑞信托有限责任公司

1. 重要提示

1.1　本公司董事会及董事保证本报告所载资料不存在任何虚假记载、误导性陈述或者重大遗漏，并对其内容的真实性、准确性和完整性承担个别及连带责任。本年度报告摘要摘自年度报告全文，客户及相关利益人欲了解详细内容，应阅读年度报告全文。

1.2　公司全体董事出席了董事会。无董事声明异议。

1.3　公司独立董事刘亚先生、张明洪先生、姚毅女士声明：保证本年度报告内容的真实性、准确性和完整性。

1.4　瑞华会计师事务所（特殊普通合伙）为本公司出具了标准无保留意见的审计报告。

1.5　公司总裁石笑东先生、董事会秘书王克槿女士和计划财务部总经理刘芳女士声明：保证本年度报告中财务报告的真实、完整。

2. 公司概况

2.1　公司简介

2.1.1　公司历史沿革

公司由郑州信托投资公司改制而来，始建于 1986 年 4 月 15 日，注册资本为 1 000 万元人民币，注册地河南省郑州市；1988 年 7 月，公司开始与郑州市财务开发公司合署办公；1990 年 11 月，郑州市财政局将公司的注册资本补充为 5 006.7 万元人民币；1992 年 10 月，公司与郑州市财务开发公司分设重组，1993 年 2 月 18 日重组开业；2002 年 9 月，经中国人民银行总行批准，公司完成重新登记后更名为百瑞信托投资有限责任公司，注册资本 35 000 万元人民币；2007 年 11 月，经中国银行业监督管理委员会（以下简称银监会）批准，公司换领新的金融许可证后更名为百瑞信托有限责任公司。2008 年 3 月，公司注册资本增加至 60 500 万元人民币；2010 年 12 月，公司引入中电投财务有限公司成为新股东，同时注册资本增加至 120 000万元人民币；2011 年 10 月与 2012 年 3 月，公司又相继引入中国电力投资集团公司、JPMorgan Chase&Co.（以下简称摩根大通）成为公司新股东；2014 年 12 月，中国电力投资集团公司将所持公司股权转让给中电投融和控股投资有限公司；2014 年 12 月，公司实施新一轮增资扩股，注册资本增加至 220 000 万元人民币。

2.1.2　公司法定中文名称：百瑞信托有限责任公司
中文简称：百瑞信托
公司法定英文名称：Bridge Trust Co.，Ltd.
英文缩写：BRTC
公司法定代表人：马宝军
公司注册地址：河南省郑州市郑东新区商务外环路 10 号中原广发金融大厦
邮政编码：450018
公司网址：www.brxt.net
公司电子信箱：brxt@brxt.net

2.1.3　公司负责信息披露事务的高级管理人员：董事会秘书王克槿女士
联系电话：0371－65817171
电子信箱：wkj@brxt.net

2.1.4　公司负责信息披露事务的联系人：董事会办公室副主任康磊先生
联系电话：0371－65817003
电子信箱：kanglei@brxt.net
传真：0371－69177576

2.1.5　公司选定的信息披露报纸：《上海证券报》

2.1.6　公司年度报告备置地点：公司董事会办公室

2.1.7　公司聘请的会计师事务所：瑞华会计师事务所（特殊普通合伙）
地址：北京市东城区永定门西滨河路 8 号院 7 号楼中海地产广场西塔 5～11 层

2.1.8　公司聘请的律师事务所：河南豫都律师事务所
地址：郑州市郑东新区金水东路 49 号绿地原盛国际 3 号楼 A 座 7 楼

2.2　组织结构

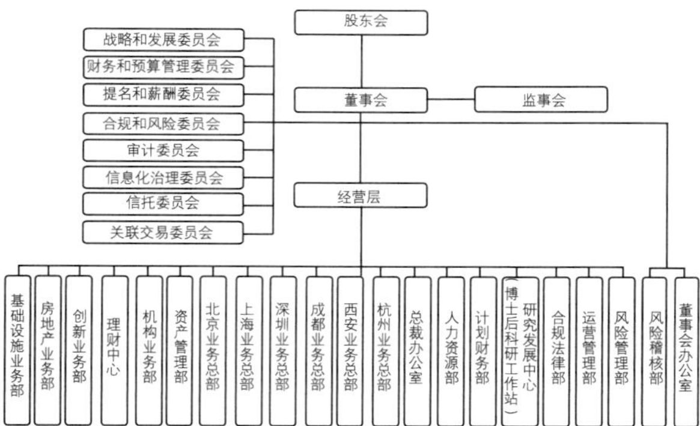

3. 公司治理

3.1　公司股东

3.1.1　截至 2014 年 12 月 31 日，公司共有 9 家股东，最终实际控制人为中国电力投资集团公司。股东中电投融和控股投资有限公司、中电投财务有限公司为中国电力投资集团公司二级子公司。以下是持有本公司出资比例前三位的股东情况。

股东名称	持股比例(%)	法定代表人	注册资本(亿元)	注册地址	主要经营业务及2014年末主要财务情况
中电投融和控股投资有限公司	25.328	王振京	16.26	北京市西城区金融大街28号院3号楼	主要经营业务:股权投资与资产管理,资产受托管理,投、融资业务的研发与创新,委托与受托投资,为企业重组、并购、创业投资提供服务,投资顾问、投资咨询,有色金属产品销售,组织展览、会议服务(依法须经批准的项目,经相关部门批准后方可开展经营活动)。 主要财务情况(合并报表,未审计):资产总额1 173 205万元,负债总额621 102万元,所有者权益552 103万元。
中电投财务有限公司	24.912	王振京	50	北京市西城区西直门外大街18号楼金贸大厦3单元19~21层	主要经营业务:经营集团成员单位的下列人民币金融业务及外汇金融业务,对成员单位办理理财和融资顾问、信用鉴证及相关的咨询、代理业务,协助成员单位实现交易款项的收付,经批准的保险代理业务,对成员单位提供担保,办理成员单位之间的委托贷款及委托投资,对成员单位办理票据承兑与贴现,办理成员单位之间的内部转账结算及相应的结算、清算方案设计,吸收成员单位的存款,对成员单位办理贷款及融资租赁,从事同业拆借,经批准发行财务公司债券,承销成员单位的企业债券,对金融机构的股权投资,有价证券投资,成员单位产品的消费信贷、买方信贷及融资租赁。 主要财务情况(合并报表,未审计):资产总额2 468 174万元,负债总额1 757 347万元,所有者权益710 827万元。
摩根大通	19.99	—	—	c/o CT Corporation, 1209 Orange Street, Wilmington, New Castle, Delaware, DE 19801-1120, USA.	主要经营业务:零售及社区银行,企业及投资银行,商业银行和资产管理。 主要财务情况(合并报表,未审计):资产总额25 731.26亿美元,负债总额23 410.61亿美元,所有者权益2 320.65亿美元。

注:截至2014年12月31日,摩根大通被批准发行的普通股为90亿股,每股1美元,计90亿美元;被批准发行的优先股2亿股,每股1美元,计2亿美元,共计92亿美元。

3.1.2 公司前三位股东的主要股东情况

3.1.2.1 中电投融和控股投资有限公司主要股东情况

主要股东名称	持股比例(%)	法定代表人	注册资本(亿元)	注册地址	主要经营业务及2014年末主要财务情况
中国电力投资集团公司	100	陆启洲	120	北京市西城区金融大街28号院3号楼	主要经营业务:实业投资管理,电源的开发、投资、建设、经营及管理,组织电力(热力)生产、销售,电能设备的成套、配套、监造、运行及检修,电能及配套的销售,工程建设与监理,招投标代理,电力及相关技术的科技开发,电力及相关业务的咨询服务,培训,物业管理,自营和代理各类商品和技术的进出口(国家限定公司经营或禁止进出口的商品和技术的除外),承包境外工程和境内国际招标工程,上述境外工程所需的设备和材料出口,对外派遣实施上述境外工程所需的劳务人员。 主要财务情况(合并报表,未审计):资产总额68 646 785万元,负债总额57 791 371万元,所有者权益10 855 414万元。

3.1.2.2 中电投财务有限公司主要股东情况

主要股东名称	持股比例(%)	法定代表人	注册资本(亿元)	注册地址	主要经营业务及2014年末主要财务情况
中国电力投资集团公司	79.8	陆启洲	120	北京市西城区金融大街28号院3号楼	主要经营业务:实业投资管理,电源的开发、投资、建设、经营及管理,组织电力(热力)生产、销售,电能设备的成套、配套、监造、运行及检修,电能及配套的销售,工程建设与监理,招投标代理,电力及相关技术的科技开发,电力及相关业务的咨询服务,培训,物业管理,自营和代理各类商品和技术的进出口(国家限定公司经营或禁止进出口的商品和技术的除外),承包境外工程和境内国际招标工程,上述境外工程所需的设备和材料出口,对外派遣实施上述境外工程所需的劳务人员。 主要财务情况(合并报表,未审计):资产总额68 646 785万元,负债总额57 791 371万元,所有者权益10 855 414万元。

注:此处主要股东指持有中电投财务有限公司5%以上(含5%)股权的股东。

3.1.2.3 摩根大通主要股东情况

主要股东名称	持股比例(%)	法定代表人	注册资本	注册地址	主要经营业务及2014年末主要财务情况
BlackRock Inc.	6.6	—	—	55 East 52nd Street, New York, NY 10055	投资管理
The Vanguard Group	5.42	—	—	100 Vanguard Boulevard V26, Malvern, PA 19355	投资管理

注:此处主要股东指截至2014年12月31日持有摩根大通5%以上(含5%)股份的股东,BlackRock, Inc. 的"注册地址"及"主要经营业务"从BlackRock, Inc. 的年报取得;The Vanguard Group的"主要经营业务"从The Vanguard Group官网取得,"注册地址"由第三方信息提供方"S&P Capital IQ"提供。

3.2 公司董事

3.2.1 公司董事会成员

姓 名	职 务	性别	年龄	选任日期	任期（年）	所推举的股东名称	该股东持股比例（%）	简 要 履 历
马宝军	董事长	男	52	2014 年 3 月 27 日	3	中电投股东	50.24	2002 年 5 月至 2003 年 7 月任公司董事长兼总经理；2003 年 7 月至 2011 年 4 月任公司董事长；2011 年 4 月至 2011 年 12 月在中电投财务有限公司任党组成员兼百瑞信托有限责任公司董事长；2011 年 12 月至今在中电投融和控股投资有限公司、中电投财务有限公司任党组成员兼百瑞信托有限责任公司董事长。
苏 琛	董事	女	42	2014 年 3 月 27 日	3	中电投股东	50.24	曾在北京压缩机研究所、美国 3CX 公司北京代表处等公司工作；2005 年 9 月起历任中电投财务有限公司综合管理部职员、劳资管理高级主管、综合管理部人力资源经理、综合管理部总经理助理兼人力资源经理、人力资源部副总经理；2012 年 2 月至 2014 年 5 月任中电投融和控股投资有限公司、中电投财务有限公司人力资源部总经理；2014 年 5 月至今任中电投融和控股投资有限公司人力资源部总经理。
方晓军	董事	男	41	2014 年 3 月 27 日	3	中电投股东	50.24	曾在江苏省淮安市涟水县政府、中国人民大学商学院、中国石油天然气集团公司工作；2005 年 9 月起历任中电投财务有限公司投资咨询部负责人、投资管理部副总经理，兼任中电投保险经纪有限公司副总经理、投资管理部副总经理、风险管理部副总经理；2011 年 2 月至今任公司首席风险官。
熊丽生	董事	男	47	2014 年 3 月 27 日	3	中电投股东	50.24	曾在江西省粮食干部学校、三九集团进出口公司、蔚深证券有限责任公司、英大证券有限责任公司工作；2010 年 9 月至 2013 年 7 月任中电投财务有限公司投资管理部经理兼中电投先融期货有限公司董事长；2013 年 7 月至 2014 年 5 月在中电投融和控股投资有限公司、中电投财务有限公司运营管理部任总经理兼中电投先融期货有限公司董事长；2014 年 5 月至 2015 年 1 月在中电投融和控股投资有限公司运营管理部任总经理兼中电投先融期货有限公司董事长；2015 年 1 月至今任中电投财务有限公司投资管理部总经理。
樊玉涛	董事	男	49	2014 年 3 月 27 日	3	郑州股东	29.77	1988 年 7 月起在郑州市财政局工作，历任预算处处长、国库处处长；2009 年 7 月至今任总经济师。
张可欣	董事	男	49	2014 年 3 月 27 日	3	郑州股东	29.77	曾任郑州市自来水总公司柿园水厂副厂长，郑州市自来水总公司设计院院长、支部书记，郑州市自来水总公司总经理助理、副总经理；2010 年 12 月起至今任郑州自来水投资控股有限公司党委委员、董事会董事、总经理。
何耀东	董事	男	40	2014 年 8 月 1 日	2.8	摩根大通	19.99	曾在香港德勤会计师事务所、瑞士信贷第一波士顿香港有限公司工作；2005 年 8 月至今，在摩根大通集团工作，历任亚洲地区信贷市场业务控制专员、亚洲地区自营投资管理首席财务官、中国区财务总监及首席运营官；现任摩根大通亚太区财务控制总监。

注：根据公司章程规定，中电投融和控股投资有限公司与中电投财务有限公司合称为“中电投股东”，郑州市财政局、郑州自来水投资控股有限公司、郑州市金水区财政局、巩义市财政局、登封市财政局和中牟县财政局合称为“郑州股东”。

3.2.2 公司独立董事

姓名	所在单位及职务	性别	年龄	选任日期	所推举的股东名称	该股东持股比例（%）	简 要 履 历
刘 亚	对外经济贸易大学教授	男	56	2014 年 3 月 27 日	—	—	曾任中国金融学院教授，现任对外经济贸易大学教授。
姚 毅	天达共和律师事务所合伙人律师	女	49	2014 年 3 月 27 日	—	—	曾在北京市对外经济律师事务所、澳大利亚铭德律师事务所墨尔本办公室等单位工作；1995 年 5 月至 2014 年 8 月任北京市共和律师事务所合伙人律师；2014 年 8 月至今任天达共和律师事务所合伙人律师。
张明洪	郑州乔天置业有限公司副总经理	男	54	2014 年 3 月 27 日	—	—	曾在郑州市财政局、河南大桥石化有限公司工作；2011 年 4 月至 2014 年 8 月在河南宏光奥林匹克置业有限公司任副总经理；2014 年 8 月至今在郑州乔天置业有限公司任副总经理。

3.3 公司监事

姓名	职务	性别	年龄	选任日期	任期（年）	所推举的股东名称	该股东持股比例（%）	简要履历
黄涛	监事会主席	男	41	2014年3月27日	3	郑州股东	29.77	曾在郑州市金水区审计局、南阳新村街道办事处工作；2012年12月至2014年10月在郑州市金水区财政局任副局长兼金水投资公司经理；2014年10月至今任郑州市金水区兴达路办事处主任。
栾帅	股东监事	女	42	2014年3月27日	3	中电投股东	50.24	曾在北京财政学校、中瑞华恒信会计师事务所、中国电力投资集团公司工作；2007年5月起历任中电投财务有限公司结算管理部高级主管、副总经理，投资管理部副总经理、总经理，计划财务部总经理；2012年2月至2013年6月在中电投融和控股投资有限公司、中电投财务有限公司计划财务部任总经理；2013年6月至2014年5月在中电投融和控股投资有限公司、中电投财务有限公司任副总会计师兼计划财务部总经理；2014年5月至今在中电投财务有限公司任副总会计师兼计划财务部总经理。
王逸馨	股东监事	女	49	2014年3月27日	3	中电投股东	50.24	曾在东北电业管理局、中国电力国际有限公司、中国电力国际发展有限公司工作；2009年9月起历任中电投财务有限公司结算管理部副总经理、综合管理部副总经理、风险管理部副总经理；2012年2月至2014年5月在中电投融和控股投资有限公司、中电投财务有限公司风险管理部任副总经理；2014年5月至今在中电投财务有限公司风险管理部任总经理。
梁斌	股东监事	男	41	2014年3月27日	3	摩根大通	19.99	1997年8月至2005年7月在香港高伟绅国际律师事务所工作；2005年7月至今在摩根大通集团亚太区法律部任职，现任摩根大通集团中国区法律总监。
赵克明	股东监事	男	59	2014年3月27日	3	郑州股东	29.77	曾在巩义市豫剧团工作；1978年12月起在巩义市财政局工作，曾任副局长、巩义市财务开发公司经理；现任国有资产投资经营有限公司董事长。
闫继红	职工代表监事	女	43	2014年3月27日	3	—	—	1995年起在公司历任国际业务部、投资银行部部门负责人、信托业务部信托经理、合规风险部风控主管；2010年12月至2014年4月在公司风险稽核部任副总经理；2014年4月至今任风险稽核部总经理。
高志杰	职工代表监事	男	41	2014年3月27日	3	—	—	曾在中国建设银行河南濮阳分行工作，任会计、客户经理、票据中心主任；2008年10月起在公司历任研究发展中心研究员、高级研究员；2013年4月至2015年1月任公司研究发展中心副主任；2015年1月至今任公司研究发展中心主任。
李二东	职工代表监事	男	38	2014年3月27日	3	—	—	曾在中国农业发展银行开封市分行、科龙电器股份有限公司、西南财经大学信托研究所工作；2008年2月起在公司历任房地产业务部信托助理、信托经理、高级信托经理、成都业务总部总经理；2014年1月至2014年2月在公司房地产业务部任副总经理兼成都业务部总经理；2014年2月至2015年1月在房地产业务部任总经理兼成都业务部总经理；2015年1月至今在公司房地产业务部任总经理。

注：公司监事会没有下属委员会。

3.4 高级管理人员

姓名	职务	性别	年龄	选任日期	金融从业年限（年）	学历	专业	简要履历
马宝军	董事长	男	52	2014年3月27日	22	硕士研究生	工商管理	2002年5月至2003年7月任公司董事长兼总经理；2003年7月至2011年4月任公司董事长；2011年4月至2011年12月在中电投财务有限公司任党组成员兼百瑞信托有限责任公司董事长；2011年12月至今在中电投融和控股投资有限公司、中电投财务有限公司任党组成员兼百瑞信托有限责任公司董事长。
石笑东	总裁	男	43	2014年9月26日	22	硕士研究生	工商管理	曾任公司董事会秘书兼总裁办公室主任；2005年9月至2010年7月任公司董事会秘书兼副总裁；2010年7月至2014年5月任公司副总裁；2014年5月至今任公司总裁。
马磊	董事长助理	男	47	2014年5月13日	26	硕士研究生	工商管理	曾任公司副总裁；2005年9月至2006年2月任公司执行总裁；2006年2月至2014年5月任公司总裁；2014年5月至今任公司董事长助理。
罗靖	执行总裁	男	40	2014年5月13日	7	博士研究生	金融学	曾任公司研究发展中心高级研究员、研究发展中心主任、业务总监；2012年3月至2014年5月任公司副总裁；2014年5月至今任公司执行总裁。
刘英辉	副总裁	女	47	2014年5月13日	20	硕士研究生	工商管理	曾任公司信托业务一部总经理、业务总监兼信托业务一部和信托业务三部总经理；2010年7月至今任公司副总裁。

续表

姓 名	职 务	性别	年龄	选任日期	金融从业年限（年）	学历	专业	简 要 履 历
王克槿	董事会秘书	女	42	2014 年 5 月 13 日	20	硕士研究生	经济法	曾任公司总裁办公室副主任、主任、人力资源部总经理、董事会秘书兼人力资源部总经理；2011 年 3 月至 2014 年 5 月任公司董事会秘书兼财务总监；2014 年 5 月至今任公司董事会秘书。
方晓军	董事兼首席风险官	男	41	2014 年 5 月 13 日	10	博士研究生	工商管理	曾在江苏省淮安市涟水县政府、中国人民大学商学院、中国石油天然气集团公司工作；2005 年 9 月起历任中电投财务有限公司投资咨询部负责人、投资管理部副总经理，兼任中电投保险经纪有限公司副总经理、投资管理部副总经理、风险管理部副总经理；2011 年 2 月至今任公司首席风险官。
苏小军	副总裁	男	42	2014 年 5 月 13 日	19	硕士研究生	工商管理	曾任公司信托业务二部总经理、业务总监；2012 年 3 月至今任公司副总裁。

注："选任日期"为公司股东会、董事会审议通过时间，但监管部门核准资格在后的为资格核准通过时间。

3.5 公司员工

项目		报告期年度		上年度	
		人数（人）	比例（%）	人数（人）	比例（%）
年龄分布	20 岁以下	0	0	0	0
	20～29 岁	54	31	57	33
	30～39 岁	78	46	79	46
	40 岁以上	39	23	36	21
学历分布	博士	11	6	12	7
	硕士	113	66	110	64
	本科	42	25	44	26
	专科	3	2	4	2
	其他	2	1	2	1
岗位分布	董事、监事及其他高级管理人员	11	7	11	6
	固有业务人员	12	7	11	6
	信托业务人员	100	58	98	57
	其他人员	48	28	52	31

注："董事、监事及其他高级管理人员"不含未在公司就职的董事和监事。

4. 经营管理

4.1 经营目标、方针和战略规划

4.1.1 经营目标和方针

"追求卓越，与时俱进，做中国信托业的百年老店"一直是公司坚持追求的经营目标，"客户至上，品誉第一，稳健高效，精诚服务"是公司始终秉承的经营方针，紧密结合中国资产管理行业的发展，立足信托主业，在继续发挥房地产、基础设施、工商企业三大传统业务优势的基础上，及时把握市场变化，积极开拓创新类信托业务，通过满足客户多样化理财需求提升现有客户的品牌忠诚度，大力扩展高净值客户群体，以市场为导向，在市场中求生存，在竞争中求发展，通过全方位的制度化建设，保证各项业务规范运作，保障公司的可持续发展，提高盈利能力。

4.1.2 战略规划

公司 2011 年制定了《2011—2015 年发展战略规划》，在此基础上，根据行业、公司最新发展态势和股东期望，制定了《2014—2020 年发展战略规划》，以保证公司的可持续发展。通过客户中心、产品中心和风控中心三大中心建设，推进公司管理精细化，跻身于行业前列是公司中长期的战略目标。在近几年信托行业和公司由快速发展期向稳定发展期迈进的背景下，公司新的规划力求稳健、有质量的发展；通过持续提升客户服务能力提升客户的品牌忠诚度，大力开拓高净值客户群体；通过做好重点业务布局，根据客户多样化理财需求丰富信托产品种类，提升客户和产品的匹配度，提高公司核心竞争力，形成稳定、可持续的盈利模式，实现公司的长期稳健发展。

4.2 经营业务的主要内容

自营资产运用与分布表

资产运用	金额（万元）	占比（%）	资产分布	金额（万元）	占比（%）
货币资产	50 642. 10	11. 91	基础产业	15 400. 00	3. 62
贷款及应收款	122 683. 94	28. 86	房地产业	25 000. 00	5. 88
交易性金融资产	—	—	证券市场	10 605. 36	2. 49
可供出售金融资产	244 891. 30	57. 60	实业	114 761. 46	26. 99
持有至到期投资	—	—	金融机构	33 736. 82	7. 94
长期股权投资	—	—	其他	225 645. 25	53. 08
其他	6 931. 55	1. 63	—	—	—
资产总计	425 148. 89	100. 00	资产总计	425 148. 89	100. 00

信托资产运用与分布表

资产运用	金额（万元）	占比（%）	资产分布	金额（万元）	占比（%）
货币资产	173 588. 99	1. 25	基础产业	4 442 685. 19	32. 07
贷款	6 928 234. 15	50. 01	房地产业	2 480 969. 12	17. 91
交易性金融资产	34 880. 60	0. 25	证券市场	28 761. 60	0. 21
可供出售金融资产	832 062. 27	6. 01	实业	3 216 790. 87	23. 22
持有至到期投资	—	—	金融机构	795 526. 48	5. 74
长期股权投资	3 392 268. 14	24. 49	其他	2 888 529. 21	20. 85
其他	2 492 228. 32	17. 99	—	—	—
信托资产总计	13 853 262. 47	100. 00	信托资产总计	13 853 262. 47	100. 00

4.3 市场分析

4.3.1 宏观经济金融形势

2014年中国经济在“三期叠加”大背景下继续放缓，全年GDP增长7.4%，显著低于改革开放以来9.9%的年均增速。但总体来看，中国经济依然运行在合理区间，同时出现了一些积极的趋势性变化，以服务业为主体的第三产业快速增长、比重提高，电子商务、移动互联等新型业态加快发展，就业和节能降耗等指标好于预期。展望2015年，外部环境稳中趋好，改革红利进一步释放，新的增长点蓄势待发，中国经济仍将平稳增长。但增长动力切换、“去产能”压力较大、房地产市场调整和债务率高企等因素也在制约增长。预计2015年GDP增长7%左右，CPI增长2.4%左右，全年经济运行依然呈现“低增长+低通胀”格局。与此同时，面对国民财富的持续快速增长，互联网金融、券商资管等金融理财机构和业务迅速发展，信托公司资产管理业务面对的竞争不断加剧。

2015年国内外经济形势更加复杂，在此经济背景下手握各种政策工具的中央银行，为保障2015年经济实现稳增长目标，将继续实施稳健货币政策，更加注重松紧适度，保持货币信贷及社会融资规模合理增长，改善和优化融资结构和信贷结构，提高直接融资比重，推进利率市场化和人民币汇率形成机制改革，增强金融运行效率和服务实体经济能力，为经济结构调整与转型升级营造适度的货币金融环境，货币政策的稳健性和连续性为信托继续发挥其灵活性和产品多样性优势提供了空间。

4.3.2 影响本公司业务发展的主要因素

4.3.2.1 促进公司业务发展的有利因素

4.3.2.1.1 集团联动发展孕育新业务机遇

为进一步强化与中国电力投资集团公司的业务对接，公司通过对集团业务对接工作小组成员进行调整，从制度和组织层面强化与集团的业务对接能力，并在集团领导的支持和推动下，经过多次沟通调研，逐步明确业务对接的方向和重点，建立起切实有效的业务协同和对接机制。公司通过发挥信托在资产管理中的基础配置作用，逐步健全联动信息共享平台，这将为公司实现业务转型，与集团加深全面合作等提供有利条件。

4.3.2.1.2 公司主力业务与城镇化结合紧密

新型城镇化是未来一段时期内我国经济发展的主要动力，基础设施建设和房地产是新型城镇化的主要任务，工商企业的发展则是新型城镇化能否成功的关键。公司经过多年的经营，形成了以基础设施、房地产和工商企业三大板块为主的主力业务，新型城镇化建设将为这三大业务继续提供广阔的发展空间。

4.3.2.1.3 研发实力加强，促进可持续发展

2014年，公司对研发工作的投入进一步增加，博士后科研工作站分别在郑州和北京两地开展工作，并成功从国内外引入多名优秀人才入站，研发实力得到提升。同时，公司赋予研发中心开展创新类信托业务职能，研发工作重点进一步由行业分析向产品研发倾斜，有利于公司业务的拓展。

4.3.2.2 影响公司业务发展的不利因素

2014年4月，银监会发布《关于信托公司风险监管的指导意见》（银监办发[2014]99号）之后，信托业遇到前所未有的挑战，信托行业原来“冲规模、轻管理”的发展路径难以为继，同时信托产品“高收益、低风险”特性和以信贷类、通道类为主的业务结构也将难以为继，未来信托公司将加快结构转型步伐，逐渐减少对通道业务的依赖，加强主动管理型业务的发展，大力发展资产管理类业务。与此同时，互联网金融开始大规模兴起，金融机构争相布局和扩展自己的金融版图，信托的客户资源遭到进一步分流，公司拓展新客户的难度进一步增加。

4.4 内部控制

4.4.1 内部控制环境和内部控制文化

为保证公司规范运作，有效防范和化解经营风险，确保公司经营、财务和其他信息真实、准确、完整，最大限度地维护信托当事人、债权人、公司股东及其他利益相关者的合法权益，公司按照《公司法》、《信托公司治理指引》及相关法律法规的要求，建立了包括股东会、董事会、监事会和高级管理层在内的完善的法人治理结构，各自根据公司章程确定的职责范围行使职权，在保持相互独立的基础上，做到了有机协调和相互制衡。

公司通过建立和完善法人治理结构，强化决策机制，充分发挥股东会、董事会和监事会的决策与监督作用。公司采用多种方式将良好、诚信的企业文化在公司内传播，通过责任目标的制定、激励考核机制的导向、晋升通道的完善、开展以企业文化为主题的各类活动增加员工归属感和忠诚度。同时，也将“诚信、创新、务实、高效”的理念和“缔造财富价值、责任重于泰山”的精神贯穿于公司的各项制度和日常经营管理中，并最终落实在履行受托人职责上。公司牢固树立内部控制和风险管理优先的审慎经营理念，积极培养员工的风险防范意识，营造浓厚的内控文化氛围。

4.4.2 内部控制措施

4.4.2.1 履行内部控制职能的部门

公司根据业务发展的需要设立了业务部门和职能部门，并按照职责分离的原则设立相应的工作岗位，各个岗位都有明确的岗位职责说明和清晰的报告关系。在此基础上，公司努力建立健全内部约束机制，实行前台、中台、后台的岗位职责分离。

4.4.2.2 内部控制的主要政策、制度、程序及执行情况

公司遵循有效性、审慎性、全面性、及时性和独立性原则，确定业务受理及初审、业务决策及风险控制、业务核算及业务监督相分离的部门和岗位，建立了对风险进行事前防范、事中控制、事后监督和纠正的动态机制。

公司内部控制制度由公司法人治理制度、基本管理制度、具体规章和部门内部规章等部分组成。其中，公司法人治理制度包括公司章程、《董事、监事产生办法》、《股东会议事规则》、《董事会议事规则》、《监事会议事规则》等。公司基本管理制度包括《内部控制大纲》、《风险管理制度》、《关联交易管理制度》、《财务管理制度》、《人力资源管理制度》、《信托业务管理制度》、《自营业务管理制度》、《反腐败、反贿赂管理制度》、《内部审计制度》和《信息披露管理制度》等。公司具体规章是指公司基本管理制度的实施细则及具体业务管理办法。部门内部规章指部门内部行政和业务管理所必备的工作流程及业务表单等。

公司章程的制定充分考虑了《公司法》及相关法律法规的要求，股东会、董事会、监事会、高级管理层等相应的议事规则

切实可行，董事会下属委员会有明确的委员构成、职权权限和工作细则等，公司日常管理和业务经营决策等环节均有章可循。

内部控制执行方面，一是公司各部门进行自我评估和分析，对发现内部控制的隐患和缺陷及时报告，并据此对相关规章制度进行调整和补充，使得公司的各项规章制度在实际工作中得到有效执行；二是公司风险稽核部与合规法律部承担独立评价公司业务经营风险、监督落实公司风险管理政策和各项内部控制制度的职责；三是由公司董事会下属的合规和风险委员会监督检查公司经营活动的合法合规性，信托委员会负责督促公司依法履行受托人职责。通过以上措施，公司以合规和风险管理为中心的内部控制体系逐步完善，同时经营层的自律和独立于经营层的外部监督，保证了内部控制体系在促进业务稳健经营和持续发展方面能够发挥有效作用。

4.4.3　信息交流与反馈

公司内部信息交流方面：通过建立各项规章制度，明确了公司股东会、董事会、监事会、高级管理层、各部门负责人及员工的职责和报告路径，从而使各级管理者和员工能够及时了解和掌握公司的经营管理情况，有效履行各自的职责。

公司与外部信息交流方面：一是采取书面、媒体发布等形式，向监管部门、受益人报告公司的重大事项和项目管理情况；二是树立良好的外部形象，让客户了解、认知公司，建立并充分运用外部网站，及时更新和发布公司概况、公司动态、产品推介、信息披露、客户服务等内容；三是通过短信及电话通知、设立800免费客服电话和在营业场所提供服务等方式，向客户推介产品信息、解答问题，力求最大限度地履行诚实、信用、谨慎、有效管理的义务，切实维护受益人的利益；四是公司不断努力提升公司内刊《百瑞财富》和《百瑞研究》的编辑出版质量，并通过向重点客户和合作伙伴免费寄送，使其成为客户了解公司的重要宣传载体，有力地促进了公司品牌宣传和形象提升。

4.4.4　监督评价与纠正

公司的内控监督体系包括三个层面。一是对股东会负责的监事会，主要对董事会、董事及高级管理人员履职情况行使监督职能。二是董事会下属的合规和风险委员会和审计委员会。其中，合规和风险委员会主要负责监督、检查公司经营活动的合法合规性；审查风险管理制度、政策；审查重大风险管理解决方案以及重大决策的风险评估报告；审查经营层提交的公司全面风险评估和合规报告，提出整改意见并督促改进。审计委员会主要负责审查公司的财务收支、效益、预算执行等经营情况；审查公司内部控制的健全性和有效性的审计报告；提议聘请或更换外部审计机构；监督公司内部审计和外部审计中发现的问题及整改情况等。三是对公司董事会负责的风险稽核部和对经营层负责的合规法律部。风险稽核部主要根据董事会的要求，对公司业务和内部管理事项实施内部审计，并对发现的问题进行督促整改，同时对公司整体风险情况进行评估；合规法律部主要根据经营层的要求，督导内控制度建设，检查内控制度的执行情况，组织开展业务活动中合规与法律风险的研究、监控与评价。

为了保证稳健经营，防范和化解经营风险，明确风险责任，公司对不履行或不正确履行国家法律法规和公司内部规章制度的人员进行责任追究。

4.5　风险管理

4.5.1　风险管理概况

4.5.1.1　公司经营活动中可能遇到的风险

基于金融行业运营环境和信托业特征，公司在经营活动中可能遇到的主要风险包括合规风险、信用风险、市场风险和操作风险，同时还可能承担流动性风险、法律风险和声誉风险等其他风险。

4.5.1.2　公司风险管理的基本原则和控制政策

为了防范和化解经营风险，保证稳健经营，公司在董事会的领导下，确立了如下风险管理基本原则和政策。

4.5.1.2.1　全面性原则

全员参与风险管理，对所有业务进行全程风险管理，对所有种类的风险进行管理。即将信用风险、市场风险、操作风险以及包含这些风险的各种金融资产与资产组合、承担这些风险的各个业务单位、形成这些风险的交易环节和流程纳入到统一的风险管理体系中，全面覆盖公司的所有部门和岗位，逐步渗透到各项业务过程和每一个操作环节。

4.5.1.2.2　独立性原则

保持风险管理决策、监控的独立性，并与业务决策适当分离。公司风控中心在董事会和合规和风险委员会的领导下，客观评价公司经营风险，独立履行风险管理职能。在业务调研和决策环节，保持风险管理决策和业务决策的适度分离，在业务实施前，独立进行风险研判和风险提示。

4.5.1.2.3　客观性原则

正确认识风险客观存在，避免利益冲突或偏见，如实反映公司的风险状况，做到内容真实，数字准确，资料可靠的原则。

4.5.1.2.4　定量和定性相结合原则

通过建立完善的风险管理指标体系，依托定量分析和定性分析手段评价和控制风险。

4.5.1.2.5　风险与收益匹配原则

风险评价参与公司业务决策和产品定价环节，逐步量化风险评价指标，项目收益评价加入风险调整因素，指导业务产品定价，实现产品定价覆盖预期损失，保持公司业务发展与风险控制工作并行不悖。

4.5.1.2.6　制衡性原则

坚持内控优先，全面分析公司经营环节和业务流程，合理设置体现制衡原则的前台、中台、后台岗位职责，明确划分相关部门之间、岗位之间、上下级机构之间的职责，建立职责分离、横向与纵向相互监督制约的机制。

4.5.1.2.7　信托财产单独管理原则

信托业务系统和自营业务系统的部门和人员分离；信托业务和自营业务由不同的高级管理人员分工管理，实现高管人员分工分离；信托财务和自营财务的部门、人员、账表、资产分离，对每项信托业务单独开户、单独核算、单独管理，维护信托财产的独立性，形成管理防火墙。

4.5.1.2.8　风险信息充分披露原则

培育信托产品的合格投资人，强化风险意识，规避各种形式的信托产品保底承诺，在信托产品设计和销售中充分识别和揭示风险。

4.5.1.3　公司风险管理的组织结构和职责划分

公司建立了以董事会、合规和风险委员会、高级管理层、风控中心和各基层风险单位为主体的风险管理组织体系。

董事会负责公司全面风险管理工作的有效性，对股东会负责，在其下设合规和风险委员会的协助下，了解公司的风险状况，制定公司的风险管理政策；批准需要董事会批准的公司的任何合规和内部控制政策或程序。

合规和风险委员会对董事会负责，为董事会决策提供支持。负责监督、检查公司经营活动的合法合规性；审查经营层提交的公司全面风险评估和合规报告，提出整改意见并督促改进；审查重大风险管理解决方案以及重大决策的风险评估报告；审查风险管理制度、政策等。

高级管理层负责执行公司风险管理政策，审查监督风险管理程序以及具体操作规程，及时向董事会或其下属委员会、监事会报告风险管理情况。

上半年风控中心由风险稽核部、合规法律部、综合管理部组成，各部门在其职责范围内开展风险管理工作。风险稽核部负责拟订风险管理规划、政策；监督公司经营层的风险管理政策执行状况，对公司风险事项进行提示、跟踪、督办、报告；对风险事项进行调查，提出责任追究建议等。合规法律部负责建立风险量化模型，以实现对各类风险的有效识别、计量、监测和控制；通过预审核及风险提示加强对项目的事前风险防范；跟踪重点业务进程，独立评价业务风险。综合管理部通过对存续项目进行现场检查、非现场监测等方式加强对存续项目事中风险的管理，并及时将后期管理过程中发现的各种风险信号进行反馈和报告；在项目后期管理过程中，视项目运行情况，对即将清算的项目进行风险情况专项分析并将分析结果向公司有关部门和高级管理层报告。年中，公司成立了风险管理部，综合管理部更名为运营管理部，风控中心由风险管理部、风险稽核部、合规法律部、运营管理部组成，各部门风险职能相应进行调整。由风险管理部围绕业务事前、事中、事后的全流程开展风险管理工作，包括项目尽职调查与风险评判、组织项目评审和决策、事中风险管理、参与事后风险处置等。风险管理部在公司风险管理战略及架构下，制定和落实具体的风险管理政策，提升公司的风险管理能力，推动风险管理文化建设；制定并落实具体业务环节中的风险管理制度、规范、流程；根据分工，对公司业务风险进行识别、计量、评估。

公司按照组织架构分成若干风险单位，各部门负责人在各自职责范围内承担相应的风险管理职责，负责部门内部基础风险管理工作，将本部门相关风险信息向公司高级管理层和风控中心报告。

4.5.2　风险状况

4.5.2.1　合规风险状况

公司面临的合规风险主要是指公司因没有遵循法律、规则和准则可能遭受法律制裁、监管处罚、重大财务损失和声誉损失的风险。

公司合规管理的目标是通过建立健全合规管理框架，实现对合规风险的有效识别和管理，促进全面合规管理体系建设，确保依法合规经营。同时，公司注意加强合规文化建设，积极倡导和培育优良的合规文化和价值观念，通过合规制度建设、合规培训、合规信息传递等方式，努力营造合规经营、合规决策、合规管理的有效氛围，使合规文化贯穿日常经营的始终，并将合规文化建设融入企业文化建设全过程。2014 年未出现重大违规违法经营行为。

4.5.2.2　信用风险状况

公司面临的信用风险主要来自交易对手不能或不愿按照合同的约定到期还款付息履行偿债义务而使公司遭受损失的风险。

公司根据河南银监局《转发<中国银行业监督管理委员会关于非银行金融机构全面推行资产质量五级分类管理的通知>的通知》（豫银监发[2004]93 号）要求，定期对公司资产质量进行五级分类。

公司按照《金融企业准备金计提管理办法》（财金[2012]20 号文）的规定，对承担风险和损失的资产提取呆账准备金，具体包括贷款（含抵押、质押、保证等）、股权和债权投资、存放同业款项、应收账款、其他应收款、应收利息、应收股利等债权和股权。

准备金分为一般准备金和资产减值准备金。一般准备余额原则上不得低于风险资产期末余额的 1.5%，资产减值准备按照资产风险分类结果计提，其中，关注类 3%、次级类 30%、可疑类 60%、损失类 100%。

2014 年公司不良资产期初数 9 990 万元，期末数7 762.98 万元，已足额计提资产减值准备。

以动产、不动产、财产权等设定抵押、质押担保的，需提供抵押物、质押物的权属证明及有权部门出具的价值评估报告。公司从业务类型出发制定了相应的抵（质）押率标准，具体设定时结合抵押物评估值、质押物面值、抵（质）押物净值、潜在的价值损失及处置变现的程度从严掌控。

担保人的主体资格调查按照融资人的资格调查方式和要求进行，除此以外，还需符合《担保法》及其司法解释中有关担保人资格禁止性条款的规定。

4.5.2.3　市场风险状况

公司面临的市场风险主要来自因市场价格（利率、汇率、股票价格等）的不利变动而使公司业务发生损失的风险。市场风险存在于公司的各项交易和非交易业务中，可进一步分为利率风险、汇率风险、证券交易价格波动风险和其他价格风险。

利率风险是指市场利率变动的不确定性给公司造成损失的可能性。公司在开展贷款类业务时，综合对未来利率走势的预测和交易成本等因素，有效应对可能发生的利率风险。2014 年市场利率的变化对公司经营收益未产生明显影响。

公司 2014 年末外汇业务存量为零，汇率波动未对公司造成影响。

公司密切关注宏观经济政策变化，加强证券投资研究，通过信托产品结构化设计、组合投资策略以提高公司抵御证券价格波动风险的能力。2014 年证券价格波动风险对公司整体经营未产生明显影响。

其他价格风险主要是指通货膨胀风险。2014 年该类风险对公司未产生明显影响。

4.5.2.4　操作风险状况

公司面临的操作风险主要是制度和操作流程缺失以及现有制度和流程不能得到有效执行而可能引起的经营风险和损失。前者是指公司制度和流程不能覆盖公司经营的每一个环节，存在制度真空或缺陷；后者是指内控失效，在超越授权和缺少制衡的情况下进行经营操作，各种制度和流程的执行效果和效率未达到预期目标。

目前公司的内控制度体系已覆盖了各项业务的全部操作环节，建立了完善的授权体系，各项制度和流程的执行效果达到预期目标。报告期内无该类风险发生。

4.5.2.5　其他风险状况

其他风险主要包括流动性风险、法律风险和声誉风险等。

流动性风险主要有两种形式：一是非现金资产的流动性风险，二是资金的流动性风险。前者是指非现金资产不能按现有市场价值及时变现而导致损失的可能性，后者是指现金流不能满足支出的需求而迫使公司提前进行清算，从而使账面潜在损失变为实际损失。报告期内公司非现金资产可正常变现，有稳定的现金流，无该类风险发生。

法律风险是指公司签订合同的内容在法律上有缺陷或不完善而发生法律纠纷甚至无法履约，以及法律的不完善或修订使收益产生的不确定性。报告期内公司无该类风险发生。

声誉风险是指由公司经营、管理及其他行为或外部事件导致利益相关方对公司负面评价的风险。报告期内公司无该类风险发生。

4.5.3　风险管理

4.5.3.1　合规风险管理

公司合规风险管理主要是通过建立健全合规风险管理框架，实现对合规风险的有效识别和管理，促进全面风险管理体系建设，确保依法合规经营。具体措施包括：

（1）公司开展固有与信托相关业务时严格遵循相关金融法规，业务创新不能突破政策底线，最大限度地维护公司股东、委托人、受益人及其他利益相关者的利益。

（2）持续关注法律法规和规范性文件的最新发展，正确理解相关规定及其精神，准确把握相关规定对信托行业经营的影响。

（3）制订并执行风险为本的合规管理计划，包括特定政策和程序的实施与评价、合规风险评估、合规培训与教育等。

（4）建立有效的合规问责制度，严格对违规行为的责任认定与追究，并采取有效的纠正措施，及时改进经营管理流程，适时修订相关政策、程序和操作指南。

（5）保持与监管机构日常的工作联系，跟踪和评估监管意见和监管要求的落实情况。

（6）2014 年，公司以河南银监局重点推动银行业合规长效机制建设考核评价核查工作为契机，制订了年度合规风险管理计划，将全年合规风险管理工作引向目标化、系统性轨道，全年围绕合规管理基础建设、深化管理措施、丰富管理内容、落实管理效果等方面有效开展了年度合规风险管理工作。2014 年，公司未发生因违规、违法问题引发的案件，严格执行监管政策要求，未受到监管部门的行政处罚或被采取限制性监管措施，未受到监管部门的负面通报和书面风险警示。

4.5.3.2　信用风险管理

公司信用风险管理主要通过对交易对手的综合信用分析进行事前控制，以及通过交易结构设计、定价、制定融资限额、定期风险评估等手段规避和监控交易对手信用风险的变化，明确界定各部门的风险管理责任，强调业务管理的前期调研和过程控制，严格授权审批制度、决策限额和投资比例控制。具体措施包括：

（1）根据目前公司的业务构成、规模和经营环境，对信用风险的管理主要采用信用分析和交易监督及控制方法。前者主要是按照监管部门要求，定期对公司资产质量进行五级分类；后者主要是采用定期调查、资金用途控制、抵押担保等方式降低交易对手的信用风险。

（2）公司根据《金融企业准备金计提管理办法》（财金［2012］20 号文）规定，对承担风险和损失的资产提取呆账准备金。

（3）公司认定的抵押财产包括抵押人所有的机器、交通运输工具和其他财产，抵押人依法有处分权的国有土地使用权、房屋和其他地上定着物等。公司从业务类型出发制定了相应的抵（质）押率标准，具体设定时结合抵押物评估值、质押物面值、抵（质）押物净值、潜在的价值损失及处置变现的程度从严掌控。

（4）公司有关保证担保类贷款的管理措施包括严格筛选保证人，调查与审批相分离等。具体实施过程为：双人现场见证法律文件签署，与保证人以书面形式订立保证合同，保证方式的约定采用保证人承担连带责任保证，明确约定承担保证责任的终止时间。担保生效后，公司组织双人定期进行项目检查，对被担保人、担保人，以及抵（质）押物进行实地检查，定期出具管理报告。

（5）2014 年，公司进一步优化风控部门设置，成立了风险管理部，综合管理部更名为运营管理部，风控中心由风险管理部、风险稽核部、合规法律部、运营管理部组成，各部门风险职能相应进行调整，进一步夯实了风险管理的组织基础，提升了事前风险管理水平，加大了事中风险控制力度。

（6）2014 年，公司继续完善信用风险预警体系，妥善处理各项风险信号，加强资产质量分类管理，实行严格的信用风险报告制度。

4.5.3.3　市场风险管理

市场风险管理是指识别、计量、监测和控制市场风险的全过程，其目标是通过将市场风险控制在公司可以承受的合理范围内，以实现风险调整后的收益率的最大化。

4.5.3.3.1　公司市场风险管理策略

制定了与公司业务性质、规模、复杂程度和风险特征相适应的，与公司总体业务发展战略、管理能力、资本实力和能够承担的总体风险水平相一致的市场风险管理原则和程序；对每项业务和产品中的市场风险因素进行分解和分析，及时、准确地识别所有交易和非交易业务中市场风险的类别和性质；建立了完善的市场风险管理内部控制体系，并将其作为公司整体内部控制体系的有机组成部分。

4.5.3.3.2　市场风险管理措施

关注国家宏观政策变化，规避限制类行业和相关项目；加强行业风险研究，规避宏观面和行业周期产生的市场风险；进行资产组合管理，动态调整资产配置方案；控制总体证券投资规模和股票持仓数量，设定证券投资限制性指标和止损点；控制行业集中度，拓展多元化投资领域和项目；贷款合同及相关文件进行浮动利率变化的事前约定，规避利率风险；建立证券业务的市场风险模型，科学测量证券投资的安全边际。

4.5.3.4 操作风险管理

公司操作风险管理的基本策略是加强内控制度建设和落实。

(1)公司操作风险管理坚持内控优先,全面分析公司经营环节和业务流程,合理设置体现制衡原则的前、中、后台岗位职责,明确划分相关部门之间、岗位之间的职责,建立职责分离、横向与纵向相互监督制约的机制;优化公司经营决策和管理,密切关注信息系统、风险报告和监控系统可能出现的疏漏,建立和完善授权制度,进行不同岗位制衡安排,防患于未然;按照公司责任追究制度、风险管理制度以及业务管理制度中的罚则部分,对违规人员进行问责。

(2)操作风险管理措施。完善公司各项规章制度和操作流程,切实加强执行力度;强调业务管理的过程控制,设置事前、事中和事后相互支持和制约的职责关系;进行合理的岗位设置和有效的职责分离,建立严格的复核和审批程序;制定项目尽职调研和尽职管理指引,规范业务操作流程;加强业务创新,提高产品设计质量和强化风险保障措施;对内控制度的执行情况和制度完备性进行定期的检查,并督促及时整改。

4.5.3.5 其他风险管理

公司流动性风险管理策略包括保持足够的可变现资产、合理安排资产的期限组合、针对信托业务设计信托产品的流通平台等。

公司法律风险管理策略包括充分利用法律手段,优化产品结构和法律文本设计;提高公司全员的法律风险意识,强化公司合规法律部的法律风险监督职能;在合规法律部专设法律事务管理岗位,加强公司业务的法律风险管理工作;在公司业务决策和审批流程中加入法律审查环节,引入外部法律顾问参与交易结构设计和法律文本审核等工作。

公司声誉风险管理策略包括将公司声誉构建与公司发展战略和企业文化进行有机结合,通过尽职管理和充分信息披露以塑造公司的专业和诚信形象,对可能影响公司声誉的业务坚决予以回避等。

5. 报告期末及上一年度末的比较式会计报表

5.1 自营资产

5.1.1 会计师事务所审计意见全文

审 计 报 告

瑞华字[2015]41010001号

我们审计了后附的百瑞信托有限责任公司(以下简称百瑞信托)的财务报表,包括2014年12月31日公司的资产负债表,2014年度公司的利润表、公司的现金流量表和公司的所有者权益变动表,2014年12月31日公司的资产减值准备情况表以及财务报表附注。

一、管理层对财务报表的责任

编制和公允列报表财务报表是百瑞信托管理层的责任。这种责任包括:(1)按照企业会计准则的规定编制财务报表,并使其实现公允反映;(2)设计、执行和维护必要的内部控制,以使财务报表不存在由于舞弊或错误导致的重大错报。

二、注册会计师的责任

我们的责任是在执行审计工作的基础上对财务报表发表审计意见。我们按照中国注册会计师审计准则的规定执行了审计工作。中国注册会计师审计准则要求我们遵守中国注册会计师职业道德守则,计划和执行审计工作以对财务报表是否不存在重大错报获取合理保证。

审计工作涉及审计程序,以获取有关财务报表金额和披露的审计证据。选择的审计程序取决于注册会计师的判断,包括对由于舞弊或错误导致的财务报表重大错报风险的评估。在进行风险评估时,注册会计师考虑与财务报表编制和公允列报相关的内部控制,以设计恰当折审计程序,但目前并非对内部控制的有效性发表意见。审计工作还包括评价管理层选用会计政策的恰当性和作出会计估计的合理性。以及评价财务报表的总体列报。

我们相信,我们获取的审计证据是充分、适当的,为发表审计意见提供了基础。

三、审计意见

我们认为,上述财务报表在所有重大方面按照企业会计准责的规定编制,公允反映了百瑞信托有限责任公司2014年12月31日公司的财务状况以及2014年度公司的经营成果和现金流量。

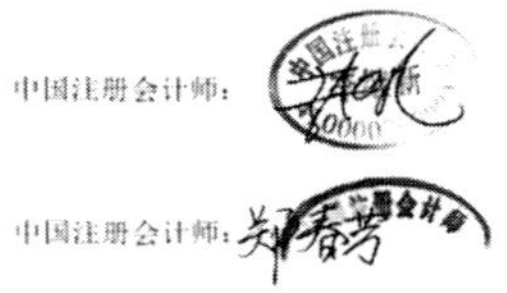

瑞华会计师事务所(特殊普通合伙) 中国注册会计师:

中国·北京 中国注册会计师:

二〇一五年三月五日

5.1.2 资产负债表

资产负债表

2014年12月31日

编制单位:百瑞信托有限责任公司 单位:万元

项　目	年末金额	年初金额
流动资产:	—	—
货币资金	50 642.10	22 012.64
拆出资金	—	10 000.00
以公允价值计量且其变动计入当期损益的金融资产	—	17 992.61
衍生金融资产	—	—
应收票据	—	—
应收账款	6 799.56	2 121.07
预付款项	—	—
应收利息	—	322.67
应收股利	—	—
其他应收款	6 884.38	1 785.36
买入返售金融资产	—	5 000.00
划分为持有待售的资产	—	—
一年内到期的非流动资产	—	—

续表

项　　目	年末金额	年初金额
其他流动资产	—	—
流动资产合计	64 326.04	59 234.35
非流动资产：	—	—
发放贷款及垫款	109 000.00	109 105.05
可供出售金融资产	244 891.30	163 398.25
持有至到期投资	—	—
长期应收款	—	—
长期股权投资	—	—
投资性房地产	—	—
固定资产原价	7 696.39	7 453.87
减：累计折旧	2 597.26	1 983.75
固定资产净值	5 099.13	5 470.12
减：固定资产减值准备	8.65	8.65
固定资产净额	5 090.48	5 461.47
在建工程	—	—
工程物资	—	—
固定资产清理	—	—
无形资产	728.24	685.62
开发支出	—	—
长期待摊费用	—	—
递延所得税资产	1 112.83	1 530.70
其他非流动资产	—	—
其中：特准储备物资	—	—
非流动资产合计	360 822.85	280 181.09
资产总计	425 148.89	339 415.44

法定代表人：马宝军　　主管会计工作负责人：王克槿　　会计机构负责人：刘　芳

资产负债表（续）

2014 年 12 月 31 日

编制单位：百瑞信托有限责任公司　　单位：万元

项　　目	年末金额	年初金额
流动负债：	—	—
短期借款	—	—
拆入资金	—	—
以公允价值计量且其变动计入当期损益的金融负债	—	—
衍生金融负债	—	—
应付票据	—	—
应付账款	—	—
预收款项	—	—
卖出回购金融资产款	—	—
应付手续费及佣金	—	—
应付职工薪酬	406.59	263.97
其中：应付工资	—	—
应付福利费	—	—
应交税费	7 992.82	10 059.10
其中：应交税金	7 895.25	9 948.35

续表

项　　目	年末金额	年初金额
应付利息	—	—
应付股利	24 410.00	—
其他应付款	18 713.23	21 619.64
划分为持有待售的负债	—	—
一年内到期的非流动负债	—	—
其他流动负债	—	—
流动负债合计	51 522.64	31 942.71
非流动负债：	—	—
长期借款	—	—
应付债券	—	—
长期应付款	—	—
长期应付职工薪酬	—	—
专项应付款	—	—
预计负债	—	—
递延收益	—	—
递延所得税负债	1 570.22	952.85
其他非流动负债	—	—
其中：特种储备基金	—	—
非流动负债合计	1 570.22	952.85
负债合计	53 092.86	32 895.56
所有者权益：	—	—
实收资本	220 000.00	120 000.00
国家资本	176 022.00	96 012.00
其中：国有法人资本	121 088.00	66 048.00
集体资本	—	—
民营资本	—	—
其中：个人资本	—	—
外商资本	43 978.00	23 988.00
减：已归还投资	—	—
实收资本净额	220 000.00	120 000.00
其他权益工具	—	—
其中：优先股	—	—
永续债	—	—
资本公积	7 609.33	7 609.33
其他综合收益	4 710.68	2 858.54
盈余公积	26 773.28	19 293.77
其中：法定公积金	26 773.28	19 293.77
一般风险准备	30 360.45	16 989.94
未分配利润	82 602.29	139 768.30
所有者权益合计	372 056.03	306 519.88
负债和所有者权益总计	425 148.89	339 415.44

法定代表人：马宝军　　主管会计工作负责人：王克槿　　会计机构负责人：刘　芳

5.1.3 利润和利润分配表

利润表

编制单位:百瑞信托有限责任公司 2014 年度 单位:万元

项 目	本年金额	上年金额
一、营业收入	135 737.94	116 453.93
利息净收入	18 661.98	18 401.31
其中:利息收入	18 664.82	18 401.31
利息支出	2.84	—
手续费及佣金净收入	103 846.04	92 686.69
其中:手续费及佣金收入	103 846.04	92 686.69
手续费及佣金支出	—	—
投资收益(亏损以"-"号填列)	12 757.05	5 279.38
其中:对联营企业和合营企业的投资收益	—	—
公允价值变动收益(亏损以"-"号填列)	—	86.08
租赁收入	472.87	0.47
其他业务收入	—	—
二、营业支出	38 040.47	30 984.35
营业税金及附加	7 112.38	6 995.84
业务及管理费	27 089.60	21 035.32
资产减值损失	3 838.49	2 953.19
其他业务成本	—	—
三、营业利润(亏损以"-"号填列)	97 697.46	85 469.58
加:营业外收入	214.77	603.74
其中:非流动资产处置利得	—	190.36
非货币性资产交换利得	—	—
政府补助	50.00	280.00
债务重组利得	—	—
减:营业外支出	1.90	58.02
其中:非流动资产处置损失	0.98	8.02
非货币性资产交换损失	—	—
债务重组损失	—	—
四、利润总额(亏损总额以"-"号填列)	97 910.33	86 015.30
减:所得税费用	23 115.21	21 798.42
五、净利润(净亏损以"-"号填列)	74 795.12	64 216.88
六、其他综合收益的税后净额	1 852.13	4 128.49
(一)以后不能重分类进损益的其他综合收益	—	—
其中:1. 重新计量设定受益计划净负债或净资产的变动	—	—
2. 权益法下在被投资单位不能重分类进损益的其他综合收益中享有的份额	—	—
(二)以后将重分类进损益的其他综合收益	1 852.13	4 128.49
其中:1. 权益法下在被投资单位以后将重分类进损益的其他综合收益中享有的份额	—	—
2. 可供出售金融资产公允价值变动损益	1 852.13	4 128.49
3. 持有至到期投资重分类为可供出售金融资产损益	—	—
4. 现金流量套期损益的有效部分	—	—
5. 外币财务报表折算差额	—	—
七、综合收益总额	76 647.25	68 345.36

法定代表人:马宝军 主管会计工作负责人:王克槿 会计机构负责人:刘 芳

利润分配表

编制单位:百瑞信托有限责任公司 2014 年度 单位:万元

项 目	本年累计数	上年累计数
本年净利润	74 795.12	64 216.88
加:(一)年初未分配利润	139 768.30	88 512.50
(二)盈余公积弥亏	—	—
(三)其他调整因素	—	—
(四)会计政策变更	—	—
可供分配的利润	214 563.42	152 729.38
减:(一)单项留用的利润	—	—
(二)补充流动资本	—	—
(三)提取法定盈余公积	7 479.51	6 421.69
(四)提取法定公益金	—	—
(五)提取信托赔偿准备金	12 000.00	5 595.42
(六)提取一般准备金	1 370.51	943.97
(七)提取企业发展基金	—	—
(八)利润归还投资	—	—
(九)其他	—	—
可供投资者分配的利润	193 713.40	139 768.30
减:(一)应付优先股股利	—	—
(二)提取任意盈余公积	—	—
(三)应付普通股股利	111 111.11	—
(四)转作资本(股本)的普通股股利	—	—
(五)其他	—	—
未分配利润	82 602.29	139 768.30

5.1.4 所有者权益变动表

所有者权益变动表

编制单位：百瑞信托有限责任公司　　2014 年度　　单位：万元

项　　目	本年数										
	实收资本	其他权益工具			资本公积	减：库存股	其他综合收益	盈余公积	一般风险准备	未分配利润	所有者权益合计
		优先股	永续债	其他							
一、上年末余额	120 000.00	—	—	—	7 609.33	—	2 858.54	19 293.77	16 989.94	139 768.30	306 519.88
加：会计政策变更	—	—	—	—	—	—	—	—	—	—	—
前期差错更正	—	—	—	—	—	—	—	—	—	—	—
其他	—	—	—	—	—	—	—	—	—	—	—
二、本年初余额	120 000.00	—	—	—	7 609.33	—	2 858.54	19 293.77	16 989.94	139 768.30	306 519.88
三、本期增减变动金额（减少以“－”号填列）	100 000.00	—	—	—	—	—	1 852.13	7 479.51	13 370.51	−57 166.01	65 536.14
（一）综合收益总额	—	—	—	—	—	—	1 852.13	—	—	74 795.12	76 647.25
（二）所有者投入和减少资本	100 000.00	—	—	—	—	—	—	—	—	—	100 000.00
1. 所有者投入资本	100 000.00	—	—	—	—	—	—	—	—	—	100 000.00
2. 股份支付计入所有者权益的金额	—	—	—	—	—	—	—	—	—	—	—
3. 其他	—	—	—	—	—	—	—	—	—	—	—
（三）利润分配	—	—	—	—	—	—	—	7 479.51	13 370.51	−131 961.13	−111 111.11
1. 提取盈余公积	—	—	—	—	—	—	—	7 479.51	—	−7 479.51	—
2. 提取一般风险准备	—	—	—	—	—	—	—	—	13 370.51	−13 370.51	—
3. 对股东的分配	—	—	—	—	—	—	—	—	—	−111 111.11	−111 111.11
4. 其他	—	—	—	—	—	—	—	—	—	—	—
（四）股东权益内部结转	—	—	—	—	—	—	—	—	—	—	—
1. 资本公积转增资本	—	—	—	—	—	—	—	—	—	—	—
2. 盈余公积转增资本	—	—	—	—	—	—	—	—	—	—	—
3. 盈余公积弥补亏损	—	—	—	—	—	—	—	—	—	—	—
4. 其他	—	—	—	—	—	—	—	—	—	—	—
（五）其他	—	—	—	—	—	—	—	—	—	—	—
四、本期末余额	220 000.00	—	—	—	7 609.33	—	4 710.67	26 773.28	30 360.45	82 602.29	372 056.02

法定代表人：马宝军　　主管会计工作负责人：王克槿　　会计机构负责人：刘芳

所有者权益变动表（续）

编制单位：百瑞信托有限责任公司　　2014 年度　　单位：万元

项　　目	上年数										
	实收资本	其他权益工具			资本公积	减：库存股	其他综合收益	盈余公积	一般风险准备	未分配利润	所有者权益合计
		优先股	永续债	其他							
一、上年末余额	120 000.00	—	—	—	6 339.39	—	—	12 872.08	10 450.55	88 512.50	238 174.52
加：会计政策变更	—	—	—	—	1 269.94	—	−1 269.94	—	—	—	—
前期差错更正	—	—	—	—	—	—	—	—	—	—	—
其他	—	—	—	—	—	—	—	—	—	—	—
二、本年初余额	120 000.00	—	—	—	7 609.33	—	−1 269.94	12 872.08	10 450.55	88 512.50	238 174.52
三、本期增减变动金额（减少以“－”号填列）	—	—	—	—	—	—	4 128.48	6 421.69	6 539.39	51 255.80	68 345.36
（一）综合收益总额	—	—	—	—	—	—	4 128.48	—	—	64 216.88	68 345.36
（二）所有者投入和减少资本	—	—	—	—	—	—	—	—	—	—	—
1. 所有者投入资本	—	—	—	—	—	—	—	—	—	—	—
2. 股份支付计入所有者权益的金额	—	—	—	—	—	—	—	—	—	—	—
3. 其他	—	—	—	—	—	—	—	—	—	—	—
（三）利润分配	—	—	—	—	—	—	—	6 421.69	6 539.39	−12 961.08	—
1. 提取盈余公积	—	—	—	—	—	—	—	6 421.69	—	−6 421.69	—
2. 提取一般风险准备	—	—	—	—	—	—	—	—	6 539.39	−6 539.39	—

续表

项　目	上年数										
	实收资本	其他权益工具			资本公积	减:库存股	其他综合收益	盈余公积	一般风险准备	未分配利润	所有者权益合计
		优先股	永续债	其他							
3. 对股东的分配	—	—	—	—	—	—	—	—	—	—	—
4. 其他	—	—	—	—	—	—	—	—	—	—	—
(四)股东权益内部结转	—	—	—	—	—	—	—	—	—	—	—
1. 资本公积转增资本	—	—	—	—	—	—	—	—	—	—	—
2. 盈余公积转增资本	—	—	—	—	—	—	—	—	—	—	—
3. 盈余公积弥补亏损	—	—	—	—	—	—	—	—	—	—	—
4. 其他	—	—	—	—	—	—	—	—	—	—	—
(五)其他	—	—	—	—	—	—	—	—	—	—	—
四、本期末余额	120 000. 00	—	—	—	7 609. 33	—	2 858. 54	19 293. 77	16 989. 94	139 768. 30	306 519. 88

法定代表人:马宝军　　主管会计工作负责人:王克槿　　会计机构负责人:刘芳

5. 2　信托资产

5. 2. 1　信托项目资产负债汇总表

信托项目资产负债表

编制单位:百瑞信托有限责任公司　　2014 年 12 月 31 日　　单位:万元

信托资产	期末余额	期初余额	信托负债和信托权益	期末余额	期初余额
信托资产	—	—	信托负债	—	—
货币资金	173 588. 99	112 304. 00	交易性金融负债	—	—
拆出资金	—	—	衍生金融负债	—	—
存出保证金	—	—	应付受托人报酬	10 406. 15	2 725. 71
交易性金融资产	34 880. 60	6 816. 50	应付托管费	—	—
衍生金融资产	—	—	应付受益人收益	3 608. 78	3 475. 72
买入返售金融资产	1 034 657. 74	921 539. 00	应交税费	—	—
应收款项	47 834. 82	41 094. 66	应付销售服务费	—	—
发放贷款	6 928 234. 15	5 568 216. 78	其他应付款项	326 205. 17	199 506. 45
可供出售金融资产	832 062. 27	522 702. 77	预计负债	—	—
持有至到期投资	—	30 000. 00	其他负债	—	—
长期应收款	12 496. 64	—	信托负债合计	340 220. 10	205 707. 87
长期股权投资	3 392 268. 14	2 915 505. 45	—	—	—
其他长期投资	12 600. 00	14 500. 00	—	—	—
投资性房地产	—	—	信托权益	—	—
固定资产	—	—	实收信托	13 553 837. 44	11 230 338. 04
无形资产	—	—	资本公积	4. 58	—
长期待摊费用	7 240. 24	13 221. 14	损益平准金	—	—
其他资产	1 377 398. 88	1 278 769. 53	未分配利润	-40 799. 64	-11 376. 09
减:各项资产减值准备	—	—	信托权益合计	13 513 042. 37	11 218 961. 95
信托资产总计	13 853 262. 47	11 424 669. 83	信托负债和信托权益总计	13 853 262. 47	11 424 669. 83

法定代表人:马宝军　　主管会计工作负责人:王克槿　　会计机构负责人:刘芳

5. 2. 2　信托项目利润及利润分配汇总表

信托项目利润及利润分配表

编制单位:百瑞信托有限责任公司　2014 年度　　单位:万元

项　目	本年数	上年数
1. 营业收入	1 058 785. 05	747 297. 81
1. 1 利息收入	557 320. 42	469 424. 10
1. 2 投资收益(损失以"-"号填列)	239 853. 22	111 402. 67
1. 2. 1 其中:对联营企业和合营企业的投资收益	—	—

续表

项　目	本年数	上年数
1. 3 公允价值变动收益(损失以"-"号填列)	4 296. 28	-43. 01
1. 4 租赁收入	—	—
1. 5 汇兑损益(损失以"-"号填列)	—	—
1. 6 其他收入	257 315. 13	166 514. 05
2. 支出	136 710. 56	104 467. 75
2. 1 营业税金及附加	92. 64	3. 53
2. 2 受托人报酬	94 992. 32	74 827. 58

续表

项　目	本年数	上年数
2.3 保管费	5 880.75	3 566.15
2.4 投资管理费	1 326.82	450.00
2.5 销售服务费	5 728.19	3 983.57
2.6 交易费用	199.68	14.20
2.7 资产减值损失	—	—
2.8 其他费用	28 490.15	21 622.72
3. 信托净利润（净亏损以"－"号填列）	922 074.49	642 830.06
4. 其他综合收益		—
5. 综合收益	922 074.49	642 830.06
6. 加：期初未分配信托利润	－11 376.09	40 163.44
7. 可供分配的信托利润	910 698.40	682 993.50
8. 减：本期已分配信托利润	951 498.05	694 369.59
9. 期末未分配信托利润	－40,799.64	－11 376.09

法定代表人：马宝军　　主管会计工作负责人：王克槿　　会计机构负责人：刘　芳

6. 会计报表附注

6.1　报告年度会计报表编制基准、会计政策、会计估计和核算方法发生的变化

6.1.1　会计报表编制基准不符合会计核算基本前提的说明

报告期内无上述事项。

6.1.2　重要会计政策和会计估计说明

6.1.2.1　计提资产减值准备的范围和方法

6.1.2.1.1　计提资产减值准备的原则

公司根据谨慎性原则，预计各项资产可能发生的损失，对可能发生的各项损失计提一般准备和资产减值准备。

6.1.2.1.2　计提范围和方法

（1）一般准备计提范围和方法。按照财政部《金融企业准备金计提管理办法》（财金［2012］20 号）规定，为防范经营风险，增强金融企业抵御风险能力，促进金融企业稳健经营和健康发展，金融企业应提取一般准备作为利润分配处理，并作为股东权益的组成部分。公司根据标准法对风险资产所面临的风险状况定量分析，确定潜在风险估计值。对于潜在风险估计值高于资产减值准备的差额，计提一般准备。当潜在风险估计值低于资产减值准备时，可不计提一般准备。一般准备余额原则上不得低于风险资产期末余额的 1.5%。难以一次性达到 1.5%的，可以分年到位，原则上不得超过 5 年。

（2）资产减值准备计提范围和方法。除了以公允价值计量且其变动计入当期损益的金融资产外，本公司在每个资产负债表日对其他金融资产的账面价值进行检查，有客观证据表明金融资产发生减值的，计提减值准备。根据公司资产五级分类结果，按照财金［2012］20 号文《金融企业准备金计提管理办法》规定，对承担风险和损失的资产应计提准备金，具体包括发放贷款和垫款、可供出售类金融资产、持有至到期投资、长期股权投资、存放同业、拆出资金、抵债资产、其他应收款项等。

本公司按照正常类 0%、关注类 3%、次级类 30%、可疑类 60%、损失类 100% 计提资产减值准备。在确认减值损失后，期后如有客观证据表明该金融资产价值已恢复，且客观上与确认该损失后发生的事项有关，原确认的减值损失予以转回，可供出售权益工具投资的减值损失转回确认为其他综合收益，可供出售债务工具的减值损失转回计入当期损益。在活跃市场中没有报价且其公允价值不能可靠计量的权益工具投资，或与该权益工具挂钩并须通过交付该权益工具结算的衍生金融资产的减值损失，不予转回。

对于固定资产、在建工程、使用寿命有限的无形资产、以成本模式计量的投资性房地产及对子公司、合营企业、联营企业的长期股权投资、商誉等长期资产，本公司于资产负债表日判断是否存在减值迹象。如存在减值迹象的，则估计其可收回金额，进行减值测试。商誉、使用寿命不确定的无形资产和尚未达到可使用状态的无形资产，无论是否存在减值迹象，每年均进行减值测试。减值测试结果表明资产的可收回金额低于其账面价值的，按其差额计提减值准备并计入减值损失。上述资产减值损失一经确认，以后期间不予转回。

6.1.2.2　金融资产四分类的范围和标准

公司按照取得持有金融资产和承担金融负债的目的，将其划分为以公允价值计量且其变动计入当期损益的金融资产或金融负债，包括交易性金融资产或金融负债（和直接指定为以公允价值计量且其变动计入当期损益的金融资产或金融负债）；持有至到期投资；贷款和应收款项；可供出售金融资产；其他金融负债等。

6.1.2.3　以公允价值计量且其变动计入当期损益的金融资产的核算方法

以公允价值计量且其变动计入当期损益的金融资产包括交易性金融资产和指定为以公允价值计量且其变动计入当期损益的金融资产。交易性金融资产是指满足下列条件之一的金融资产：（1）取得该金融资产的目的，主要是为了近期内出售；（2）属于进行集中管理的可辨认金融工具组合的一部分，且有客观证据表明本公司近期采用短期获利方式对该组合进行管理；（3）属于衍生工具，但是，被指定且为有效套期工具的衍生工具、属于财务担保合同的衍生工具、与在活跃市场中没有报价且其公允价值不能可靠计量的权益工具投资挂钩并须通过交付该权益工具结算的衍生工具除外。

符合下述条件之一的金融资产，在初始确认时可指定为以公允价值计量且其变动计入当期损益的金融资产：（1）该指定可以消除或明显减少由于该金融资产的计量基础不同所导致的相关利得或损失在确认或计量方面不一致的情况；（2）本公司风险管理或投资策略的正式书面文件已载明，对该金融资产所在的金融资产组合或金融资产和金融负债组合以公允价值为基础进行管理、评价并向关键管理人员报告。

以公允价值计量且其变动计入当期损益的金融资产采用公允价值进行后续计量，公允价值变动形成的利得或损失以及与该等金融资产相关的股利和利息收入计入当期损益。

6.1.2.4　可供出售金融资产的核算方法

可供出售金融资产包括初始确认时即被指定为可供出售的非衍生金融资产，以及除了以公允价值计量且其变动计入当期损益的金融资产、贷款和应收款项、持有至到期投资以外的金融资产。

可供出售金融资产初始确认时以公允价值计量，相关交易费用计入初始确认金额。

可供出售债务工具投资的期末成本按照其摊余成本法确定，即初始确认金额扣除已偿还的本金，加上或减去采用实际利率法将该初始确认金额与到期日金额之间的差额进行摊销形成的累计摊销额，并扣除已发生的减值损失后的金额。可供出售权益工具投资的期末成本为其初始取得成本。

可供出售金融资产采用公允价值进行后续计量，公允价值变动形成的利得或损失，除减值损失和外币货币性金融资产与摊余成本相关的汇兑差额计入当期损益外，确认为其他综合收益，在该金融资产终止确认时转出，计入当期损益。但是，在活跃市场中没有报价且其公允价值不能可靠计量的权益工具投资，以及与该权益工具挂钩并须通过交付该权益工具结算的衍生金融资产，按照成本进行后续计量。

可供出售金融资产持有期间取得的利息及被投资单位宣告发放的现金股利，计入投资收益。

6.1.2.5　持有至到期投资核算方法

持有至到期投资初始确认时以公允价值计量，相关交易费用计入初始确认金额。

持有至到期投资采用实际利率法，按摊余成本进行后续计量，在终止确认、发生减值或摊销时产生的利得或损失，计入当期损益。

实际利率法是指按照金融资产或金融负债（含一组金融资产或金融负债）的实际利率计算其摊余成本及各期利息收入或支出的方法。实际利率是指将金融资产或金融负债在预期存续期间或适用的更短期间内的未来现金流量，折现为该金融资产或金融负债当前账面价值所使用的利率。

在计算实际利率时，本公司将在考虑金融资产或金融负债所有合同条款的基础上预计未来现金流量（不考虑未来的信用损失），同时还将考虑金融资产或金融负债合同各方之间支付或收取的、属于实际利率组成部分的各项收费、交易费用及折价或溢价等。

6.1.2.6　长期股权投资核算方法

长期股权投资是指本公司对被投资单位具有控制、共同控制或重大影响的长期股权投资。本公司对被投资单位不具有控制、共同控制或重大影响的长期股权投资，作为可供出售金融资产或以公允价值计量且其变动计入当期损益的金融资产核算。

6.1.2.6.1　投资成本的确定

对于企业合并形成的长期股权投资，如为同一控制下的企业合并取得的长期股权投资，在合并日按照取得被合并方所有者权益账面价值的份额作为初始投资成本。通过非同一控制下的企业合并取得的长期股权投资，企业合并成本包括购买方付出的资产、发生或承担的负债、发行的权益性证券的公允价值之和；购买方为企业合并发生的审计、法律服务、评估咨询等中介费用以及其他相关管理费用，应当于发生时计入当期损益；购买方作为合并对价发行的权益性证券或债务性证券的交易费用，应当计入权益性证券或债务性证券的初始确认金额。

除企业合并形成的长期股权投资外的其他股权投资，按成本进行初始计量，该成本视长期股权投资取得方式的不同，分别按照本公司实际支付的现金购买价款、本公司发行的权益性证券的公允价值、投资合同或协议约定的价值、非货币性资产交换交易中换出资产的公允价值或原账面价值、该项长期股权投资自身的公允价值等方式确定。与取得长期股权投资直接相关的费用、税金及其他必要支出也计入投资成本。

6.1.2.6.2　长期股权投资的后续计量及损益确认方法

对被投资单位具有共同控制（构成共同经营者除外）或重大影响的长期股权投资，采用权益法核算。此外，公司财务报表采用成本法核算能够对被投资单位实施控制的长期股权投资。

采用成本法核算时，长期股权投资按初始投资成本计价，除取得投资时实际支付的价款或者对价中包含的已宣告但尚未发放的现金股利或者利润外，当期投资收益按照享有被投资单位宣告发放的现金股利或利润确认。

采用权益法核算时，长期股权投资的初始投资成本大于投资时应享有被投资单位可辨认净资产公允价值份额的，不调整长期股权投资的初始投资成本；初始投资成本小于投资时应享有被投资单位可辨认净资产公允价值份额的，其差额计入当期损益，同时调整长期股权投资的成本。

采用权益法核算时，当期投资损益为应享有或应分担的被投资单位当年实现的净损益的份额。在确认应享有被投资单位净损益的份额时，以取得投资时被投资单位各项可辨认资产等的公允价值为基础，并按照本公司的会计政策及会计期间，对被投资单位的净利润进行调整后确认。对于本公司与联营企业及合营之间发生的未实现内部交易损益，按照持股比例计算属于本公司的部分予以抵销，在此基础上确认投资损益。但本公司与被投资单位发生的未实现内部交易损失，按照《企业会计准则第8号——资产减值》等规定属于所转让资产减值损失的，不予以抵销。对被投资单位的其他综合收益，相应调整长期股权投资的账面价值确认为其他综合收益并计入资本公积。

在确认应分担被投资单位发生的净亏损时，以长期股权投资的账面价值和其他实质上构成对被投资单位净投资的长期权益减记至零为限。此外，如本公司对被投资单位负有承担额外损失的义务，则按预计承担的义务确认预计负债，计入当期投资损失。被投资单位以后期间实现净利润的，本公司在收益分享额弥补未确认的亏损分担额后，恢复确认收益分享额。

对于本公司首次执行新会计准则之前已经持有的对联营企业和合营企业的长期股权投资，如存在与该投资相关的股权投资借方差额，按原剩余期限直线摊销的金额计入当期损益。

收购少数股权时，在编制合并财务报表时，因购买少数股权新增的长期股权投资与按照新增持股比例计算应享有子公司自购买日（或合并日）开始持续计算的净资产份额之间的差额，调整资本公积，资本公积不足冲减的，调整留存收益。

除合并财务报表外的其他情形下的长期股权投资处置，对于处置的股权，其账面价值与实际取得价款的差额，计入当期损益；采用权益法核算的长期股权投资，在处置时将原计入所有者权益的其他综合收益部分按相应的比例转入当期损益。采用成本法核算的长期股权投资，处置后剩余股权仍采用成本法核算的，其在取得对被投资单位的控制之前因采用权益法核算或金融工具确认和计量准则核算而确认的其他综合收益，采用与被投资单位直接处置相关资产或负债相同的基础进行会计处理，并按比例结转当期损益。

本公司因处置部分股权投资丧失了对被投资单位的控制

的，在编制个别财务报表时，处置后的剩余股权能够对被投资单位实施共同控制或施加重大影响的，改按权益法核算，并对该剩余股权视同自取得时即采用权益法核算进行调整；处置后的剩余股权不能对被投资单位实施共同控制或施加重大影响的，改按金融工具确认和计量准则的有关规定进行会计处理，其在丧失控制之日的公允价值与账面价值之间的差额计入当期损益。对于本公司取得对被投资单位的控制之前，因采用权益法核算或金融工具确认和计量准则核算而确认的其他综合收益，在丧失对被投资单位控制时采用与被投资单位直接处置相关资产或负债相同的基础进行会计处理，因采用权益法核算而确认的被投资单位净资产中除净损益、其他综合收益和利润分配以外的其他所有者权益变动在丧失对被投资单位控制时结转入当期损益。其中，处置后的剩余股权采用权益法核算的，其他综合收益和其他所有者权益按比例结转；处置后的剩余股权改按金融工具确认和计量准则进行会计处理的，其他综合收益和其他所有者权益全部结转。

本公司因处置部分股权投资丧失了对被投资单位的共同控制或重大影响的，处置后的剩余股权改按金融工具确认和计量准则核算，其在丧失共同控制或重大影响之日的公允价值与账面价值之间的差额计入当期损益。原股权投资因采用权益法核算而确认的其他综合收益，在终止采用权益法核算时采用与被投资单位直接处置相关资产或负债相同的基础进行会计处理，因被投资方除净损益、其他综合收益和利润分配以外的其他所有者权益变动而确认的所有者权益，在终止采用权益法时全部转入当期投资收益。

6.1.2.7 投资性房地产核算方法

投资性房地产是指为赚取租金或资本增值，或两者兼有而持有的房地产。投资性房地产应当能够单独计量和出售，包括已出租的土地使用权、持有并准备增值后转让的土地使用权和已出租的建筑物。

对于外购投资性房地产按照取得时的成本进行初始计量，成本包括购买价款、相关税费和可直接归属于该资产的其他支出。公司采用成本模式对投资性房地产进行后续计量。

6.1.2.8 固定资产计价和折旧方法

6.1.2.8.1 固定资产确认条件

固定资产是指为生产商品、提供劳务、出租或经营管理而持有的，使用寿命超过一个会计年度的有形资产。固定资产仅在与其有关的经济利益很可能流入本公司，且其成本能够可靠地计量时才予以确认。固定资产按成本并考虑预计弃置费用因素的影响进行初始计量。

6.1.2.8.2 固定资产的分类、计价方法及折旧方法

固定资产从达到预定可使用状态的次月起，在使用寿命内计提折旧。各类固定资产的使用寿命、预计净残值和年折旧率、折旧方法如下：

固定资产类别	折旧年限（年）	预计净残值率（%）	年折旧率（%）	折旧方法
房屋建筑物	20~35	5	2.71~4.75	平均年限法
电子设备	3~5	5	19.00~31.67	平均年限法
安全保卫设备	5	5	19	平均年限法
办公设备	5	5	19	平均年限法
交通运输设备	4~5	5	19.00~23.75	平均年限法

预计净残值是指假定固定资产预计使用寿命已满并处于使用寿命终了时的预期状态，公司目前从该项资产处置中获得的扣除预计处置费用后的金额。

6.1.2.8.3 融资租入固定资产的认定依据及计价方法

融资租赁为实质上转移了与资产所有权有关的全部风险和报酬的租赁，其所有权最终可能转移，也可能不转移。以融资租赁方式租入的固定资产采用与自有固定资产一致的政策计提租赁资产折旧。能够合理确定租赁期届满时取得租赁资产所有权的在租赁资产使用寿命内计提折旧，无法合理确定租赁期届满能够取得租赁资产所有权的，在租赁期与租赁资产使用寿命两者中较短的期间内计提折旧。

6.1.2.8.4 固定资产后续支出的处理

与固定资产有关的后续支出，如果与该固定资产有关的经济利益很可能流入且其成本能可靠地计量，则计入固定资产成本，并终止确认被替换部分的账面价值。除此以外的其他后续支出，在发生时计入当期损益。

当固定资产处于处置状态或预期通过使用或处置不能产生经济利益时，终止确认该固定资产。固定资产出售、转让、报废或毁损的处置收入扣除其账面价值和相关税费后的差额计入当期损益。

本公司至少于年度终了时对固定资产的使用寿命、预计净残值和折旧方法进行复核，如发生改变则作为会计估计变更处理。

6.1.2.9 无形资产计价及摊销政策

6.1.2.9.1 无形资产的确认及计价方法

无形资产是指本公司拥有或者控制的没有实物形态的可辨认非货币性资产。

无形资产按成本进行初始计量。与无形资产有关的支出，如果相关的经济利益很可能流入本公司且其成本能可靠地计量，则计入无形资产成本。除此以外的其他项目的支出，在发生时计入当期损益。

取得的土地使用权通常作为无形资产核算。自行开发建造厂房等建筑物，相关的土地使用权支出和建筑物建造成本则分别作为无形资产和固定资产核算。如为外购的房屋及建筑物，则将有关价款在土地使用权和建筑物之间进行分配，难以合理分配的，全部作为固定资产处理。

6.1.2.9.2 无形资产的摊销

使用寿命有限的无形资产自可供使用时起，对其原值减去预计净残值和已计提的减值准备累计金额在其预计使用寿命内采用直线法分期摊销。使用寿命不确定的无形资产不予摊销。

期末，对使用寿命有限的无形资产的使用寿命和摊销方法进行复核，如发生变更则作为会计估计变更处理。此外，还对使用寿命不确定的无形资产的使用寿命进行复核，如果有证据表明该无形资产为企业带来经济利益的期限是可预见的，则估计其使用寿命并按照使用寿命有限的无形资产的摊销政策进行摊销。

6.1.2.10 长期应收款的核算方法

长期应收款的核算内容包括融资租赁产生的应收款项和采用递延方式具有融资性质的提供劳务等产生的应收款项。

出租人融资产生的应收租赁款初始价值按租赁开始日最

低租赁收款额与初始直接费用之和进行入账。

采用递延方式分期收款提供劳务产生的长期应收款，在满足收入确认条件时，初始价值按应收的合同或协议价款入账。

6.1.2.11 长期待摊费用的摊销政策

长期待摊费用为已经发生但应由报告期和以后各期负担的分摊期限在一年以上的各项费用。长期待摊费用在预计受益期间按直线法摊销。

6.1.2.12 合并会计报表的编制方法

公司对合并财务报表按照《企业会计准则第33号——合并财务报表》执行。

合并财务报表以母公司和纳入合并范围的子公司的个别财务报表为基础，根据其他有关资料为依据，按照权益法调整对子公司的长期股权投资后，由母公司编制。合并时对内部权益性投资与子公司所有者权益、内部投资收益与子公司利润分配、内部交易事项、内部债权债务进行抵销。

合并成本大于合并中取得的被购买方可辨认净资产公允价值份额的差额，确认为商誉。合并成本小于合并中取得的被购买方可辨认净资产公允价值份额的，其差额计入当期损益。

子公司所采用的会计政策与母公司保持一致。对于子公司所采用的会计政策与母公司不一致的，在编制合并财务报表时，应按母公司会计政策进行必要的调整。

6.1.2.13 收入确认原则和方法

本公司的收入包括利息收入、手续费及佣金收入、证券投资业务收入和其他收入。收入在经济利益很可能流入本公司，且金额能够可靠计量，并同时满足下列条件时予以确认。

6.1.2.13.1 利息收入

利息收入是指存放于中国人民银行和同业的款项、买入返售金融资产及发放贷款及垫款所产生的利息收入，按照他人使用本公司货币资金的时间和实际利率计算确定。发放贷款到期（含展期，下同）90天后尚未收回的，其应计利息停止计入当期利息收入，纳入表外核算；已计提的贷款应收利息，在贷款到期90天后仍未收回的，或在应收利息逾期90天后仍未收到的，冲减原已计入损益的利息收入，转作表外核算。已核销贷款收回超过原本金部分，以及在表外核算的应收利息如有收回，计入当期利息收入。

6.1.2.13.2 手续费及佣金收入

手续费及佣金收入主要是公司开展信托业务取得的信托报酬收入。信托报酬是指公司管理信托财产而收取的管理费或佣金，收取标准一般是与委托人或受益人等有关当事人协商确定的。若信托报酬由信托财产承担，则按照信托合同的约定来计算、提取并确认信托报酬收入；若信托报酬由委托人等有关当事人直接承担，则按协议约定另行向有关当事人收取，并按照信托合同的约定确认信托报酬收入。

6.1.2.13.3 其他业务收入

其他业务收入于提供相关服务且与其相关的经济利益能够可靠计量时确认。

6.1.2.13.4 投资收益

投资收益包括证券投资业务收入和股权投资业务收入。其中，证券投资业务收入是证券出售时，按成交价（扣除实际支付的交易手续费用）与成本价的差额确认收入；股权投资业务收入是在成本法下，按收到股权分红款、收到股权处置款与投资成本的差额确认收入。

6.1.2.14 所得税的会计处理方法

某些资产、负债项目的账面价值与其计税基础之间的差额，以及未作为资产和负债确认但按照税法规定可以确定其计税基础的项目的账面价值与计税基础之间的差额产生的暂时性差异，采用资产负债表债务法确认递延所得税资产及递延所得税负债。

与商誉的初始确认有关，以及与既不是企业合并、发生时也不影响会计利润和应纳税所得额（或可抵扣亏损）的交易中产生的资产或负债的初始确认有关的应纳税暂时性差异，不予确认有关的递延所得税负债。此外，对与子公司、联营企业及合营企业投资相关的应纳税暂时性差异，如果本公司能够控制暂时性差异转回的时间，而且该暂时性差异在可预见的未来很可能不会转回，也不予确认有关的递延所得税负债。除上述例外情况，本公司确认其他所有应纳税暂时性差异产生的递延所得税负债。

与既不是企业合并、发生时也不影响会计利润和应纳税所得额（或可抵扣亏损）的交易中产生的资产或负债的初始确认有关的可抵扣暂时性差异，不予确认有关的递延所得税资产。此外，对与子公司、联营企业及合营企业投资相关的可抵扣暂时性差异，如果暂时性差异在可预见的未来不是很可能转回，或者未来不是很可能获得用来抵扣可抵扣暂时性差异的应纳税所得额，不予确认有关的递延所得税资产。除上述例外情况，本公司以很可能取得用来抵扣可抵扣暂时性差异的应纳税所得额为限，确认其他可抵扣暂时性差异产生的递延所得税资产。

对于能够结转以后年度的可抵扣亏损和税款抵减，以很可能获得用来抵扣可抵扣亏损和税款抵减的未来应纳税所得额为限，确认相应的递延所得税资产。

资产负债表日，对于递延所得税资产和递延所得税负债，根据税法规定，按照预期收回相关资产或清偿相关负债期间的适用税率计量。

于资产负债表日，对递延所得税资产的账面价值进行复核，如果未来很可能无法获得足够的应纳税所得额用以抵扣递延所得税资产的利益，则减记递延所得税资产的账面价值。在很可能获得足够的应纳税所得额时，减记的金额予以转回。

6.1.2.15 信托报酬确认原则和方法

与信托业务相关的利益能够流入公司；收入的金额能够可靠地计量；按照合同、协议约定的收费时间和方法，信托服务已经提供或者有关合同已经履行。

6.1.2.16 因执行新企业会计准则导致的会计政策变更的说明

2014年初，财政部分别以财会[2014]6号、7号、8号、10号、11号、14号及16号发布了《企业会计准则第39号——公允价值计量》、《企业会计准则第30号——财务报表列报（2014年修订）》、《企业会计准则第9号——职工薪酬（2014年修订）》、《企业会计准则第33号——合并财务报表（2014年修订）》、《企业会计准则第40号——合营安排》、《企业会计准则第2号——长期股权投资（2014年修订）》及《企业会计准则第41号——在其他主体中权益的披露》，要求自2014年7月1日起在所有执行企业会计准则的企业范围内施行，鼓励在境外上市的企业提前执行。另外，财政部以财会[2014]23号发布了《企业会计准则第37号——金融工具列报(2014年修订)》(以下简称金融工具列报准则)，要求在2014年年度及以后期间的财务报告中按照该准则的要求对金融工具进行列报。

本公司于2014年12月24日向公司第五届董事会下设财务和预算管理委员会通报，于2014年7月1日开始执行前述除合并财务报表准则、合营安排准则、在其他主体中权益的披露准则、金融工具列报准则以外的4项新颁布或修订的企业会计准则，在编制2014年年度财务报告时开始执行金融工具列报准则，并根据各准则衔接要求进行了调整，对当期和列报前期财务报表项目及金额的影响如下：

准则名称	会计政策变更的内容及其对本公司的影响说明	对2014年1月1日/2013年度相关财务报表项目的影响金额	
		项目名称	影响金额(万元) 增加+/减少-
长期股权投资	对被投资单位不具有控制、共同控制或重大影响，并且在活跃市场中没有报价、公允价值不可能靠计量的权益性投资的调整	长期股权投资	-57 072.13
		可供出售金融资产	57 072.13
财务报表列报	其他综合收益调整	资本公积	-2 858.54
		其他综合收益	2 858.54

注：1. 执行《企业会计准则第2号——长期股权投资(2014年修订)》之前，本公司对被投资单位不具有共同控制或重大影响，并且在活跃市场中没有报价、公允价值不能可靠计量的股权投资，作为长期股权投资并采用成本法进行核算。执行《企业会计准则第2号——长期股权投资(2014年修订)》后，本公司将对被投资单位不具有共同控制或重大影响，并且在活跃市场中没有报价、公允价值不可能靠计量的股权投资作为可供出售金融资产核算。本公司采用追溯调整法对上述会计政策变更进行会计处理。

2. 执行《企业会计准则第9号——职工薪酬(2014年修订)》之前，对于辞退福利，在职工劳动合同到期之前解除与职工的劳动关系，或为鼓励职工自愿接受裁减而提出给予补偿的建议，如果本公司已经制定正式的解除劳动关系计划或提出自愿裁减建议并即将实施，同时本公司不能单方面撤回解除劳动关系计划或裁减建议的，确认因解除与职工劳动关系给予补偿产生的预计负债，并计入当期损益。执行《企业会计准则第9号——职工薪酬(2014年修订)》后，本公司截至目前尚未发生该项业务，拟采用未来适用法进行会计处理。

3.《企业会计准则第30号——财务报表列报(2014年修订)》将其他综合收益划分为两类：(1)以后会计期间不能重分类进损益的其他综合收益项目；(2)以后会计期间在满足特定条件时将重分类进损益的其他综合收益项目，同时规范了持有待售等项目的列报。财务报表已按该准则的规定进行列报，并对可比年度财务报表的列报进行了相应调整。

4.《企业会计准则第39号——公允价值计量》规范了公允价值的计量和披露。采用《企业会计准则第39号——公允价值计量》未对财务报表项目的计量产生重大影响，但将导致企业在财务报表附注中就公允价值信息作出更广泛的披露。财务报表已按该准则的规定进行披露。

6.2 或有事项说明

报告期内无上述事项。

6.3 重要资产转让及其出售的说明

无。

6.4 会计报表中重要项目的明细资料

6.4.1 自营资产经营情况

6.4.1.1 信用风险资产的期初数、期末数

信用风险资产五级分类(万元)	正常类(万元)	关注类(万元)	次级类(万元)	可疑类(万元)	损失类(万元)	信用风险资产合计(万元)	不良资产合计(万元)	不良资产率(%)
期初数	334 206.55	1 341.73	—	9 990.00	—	345 538.28	9 990.00	2.89
期末数	421 837.24	—	862.98	6 900.00	—	429 600.22	7 762.98	1.81

注：不良资产合计=次级类+可疑类+损失类。

6.4.1.2 各项资产减值损失准备的期初、本期计提、本期转回、本期核销、期末数

单位：万元

	期初金额	本期计提金额	本期转回金额	本期核销金额	期末金额
贷款损失准备	68.40	-68.40	—	—	—
一般准备	—	—	—	—	—
专项准备	68.40	—68.40	—	—	—
其他资产减值准备	8.65	—	—	—	8.65
可供出售金融资产减值准备	6045.79	3 648.00	5 510.00	—	4 183.79
持有至到期投资减值准备	—	—	—	—	—
长期股权投资减值准备	—	—	—	—	—
坏账准备	—	258.89	—	—	258.89
投资性房地产减值准备	—	—	—	—	—

6.4.1.3 自营股票投资、基金投资、债券投资、股权投资等投资业务的期初数、期末数

单位：万元

	自营股票	基金	债券	股权投资	其他投资	合计
期初数	8 135.85	2.61	—	57 115.92	122 182.26	187 436.64
期末数	10 605.36	—	—	79 581.28	158 888.45	249 075.09

6.4.1.4 按投资入股金额排序，前三名的自营长期股权投资的企业名称、占被投资企业权益的比例、主要经营活动及投资收益情况

企业名称	占被投资企业权益的比例(%)	主要经营活动	投资损益(万元)
郑州银行股份有限公司	3.17	吸收公众存款,发放短期、中期和长期贷款,办理国内结算,办理票据贴现,发行金融债券,代理发行、代理兑付、承销政府债券、买卖政府债券,从事同业拆借,代理收付款项业务和经中国银行业监督管理机构批准的其他业务。	1 722.99
郑州百瑞创新资本创业投资有限公司	48	创业投资,代理其他创业投资企业等机构或个人的创业投资业务,创业投资咨询业务,为创业企业提供创业管理服务,参与设立创业投资企业与创业投资管理顾问机构。	1 456.53
河南汴京农村商业银行股份有限公司	8	吸收公众存款,发放短期、中期和长期贷款办理国内结算,办理票据承兑与贴现,买卖政府债券和金融债券,从事同业拆借,提供保管箱服务,外汇存款,外汇贷款,外币兑换,结汇、售汇,资信调查、咨询、见证业务,经银行业监督管理机构批准的其他业务。	600.00

注:投资损益是指按照企业会计准则规定,核算股权投资确认损益并计入披露年度利润表的金额。

6.4.1.5 前四名的自营贷款的企业名称、占贷款总额的比例和还款情况

企业名称	占贷款总额的比例(%)	还款情况
郑州思念食品有限公司	20.18	正常
洛阳杜康控股有限公司	18.35	正常
郑州佳潮物业有限公司	18.35	正常
上海三盛宏业(集团)有限公司	18.35	正常

6.4.1.6 表外业务的期初数、期末数

单位:万元

表外业务	期初数	期末数
担保业务	—	—
代理业务(委托业务)	—	—
其他	—	—
合计	—	—

注:代理业务主要反映因客观原因应规范而尚未完成规范的历史遗留委托业务,包括委托贷款和委托投资。

6.4.1.7 公司当年的收入结构

收入结构	金额(万元)	占比(%)
手续费及佣金收入	103 846.04	76.38
其中:信托手续费收入	100 664.04	74.04
投资银行业务收入	—	—
利息收入	18 661.98	13.73
其他业务收入	472.87	0.35
其中:计入信托业务收入部分	—	—
投资收益	12 757.05	9.38
其中:股权投资收益	4 573.02	3.36
证券投资收益	475.19	0.35
其他投资收益	7 708.84	5.67
公允价值变动收益	—	—
营业外收入	214.77	0.16
收入合计	135 952.71	100.00

注:1. 手续费及佣金收入、利息收入、其他业务收入、投资收益、营业外收入均应为损益表中的科目,其中手续费及佣金收入、营业外收入为未抵减掉相应支出的全年累计实现收入数。

2. 其他业务收入中包含租赁业务收入等收入。

6.4.2 信托资产管理情况

6.4.2.1 信托资产的期初数、期末数

单位:万元

信托资产	期初数	期末数
集合	3 668 448.22	5 265 044.31
单一	7 375 321.21	8 175 916.04
财产权	380 900.40	412 302.12
合计	11 424 669.83	13 853 262.47

6.4.2.1.1 主动管理型信托业务的信托资产期初数、期末数,分证券投资类、股权投资类、融资类、事务管理类分别披露

单位:万元

主动管理型信托资产	期初数	期末数
证券投资类	30 862.22	29 614.38
股权投资类	1 084 838.02	2 084 460.61
融资类	3 445 942.06	3 305 107.24
事务管理类	29 710.54	68 759.77
其他投资	518 463.91	1 022 312.41
合计	5 109 816.75	6 510 254.41

6.4.2.1.2 被动管理型信托业务的信托资产期初数、期末数,分证券投资类、股权投资类、融资类、事务管理类分别披露

单位:万元

被动管理型信托资产	期初数	期末数
证券投资类	—	—
股权投资类	1 140 388.54	831 410.46
融资类	3 113 942.26	3 161 299.04
事务管理类	1 998 163.41	3 160 724.16
其他投资	62 358.87	189 574.40
合计	6 314 853.08	7 343 008.06

6.4.2.2 本年度已清算结束的信托项目个数、实收信托合计金额、加权平均实际年化收益率

6.4.2.2.1 本年度已清算结束的集合类、单一类资金信托项目和财产管理类信托项目个数、实收信托金额、加权平均实际年化收益率

已清算结束信托项目	项目个数(个)	实收信托合计金额(万元)	加权平均实际年化收益率(%)
集合类	59	982 180	10.18
单一类	71	1 860 900.31	7.72
财产管理类	1	20 000	8.37

注:收益率是指信托项目清算后,给受益人赚取的实际收益水平。加权平均实际年化收益率 =(信托项目 1 的实际年化收益率 × 信托项目 1 的实收信托 + 信托项目 2 的实际年化收益率 × 信托项目 2 的实收信托 +⋯+ 信托项目 n 的实际年化收益率 × 信托项目 n 的实收信托)/(信托项目 1 的实收信托 + 信托项目 2 的实收信托 +⋯+ 信托项目 n 的实收信托)×100%。

6.4.2.2.2 本年度已清算结束的主动管理型信托项目个数、实收信托合计金额、加权平均实际年化收益率，分证券投资类、股权投资类、融资、事务管理类分别披露

已清算结束信托项目	项目个数（个）	实收信托合计金额（万元）	加权平均实际年化信托报酬率（%）	加权平均实际年化收益率（%）
证券投资类	1	30 000	0.33	4.50
股权投资类	6	210 617	2.63	11.85
融资类	49	1 022 308	2.37	9.51
事务管理类	—	—	—	—
其他投资	29	219 695	0.27	9.73

注：加权平均实际年化信托报酬率＝（信托项目1的实际年化信托报酬率×信托项目1的实收信托＋信托项目2的实际年化信托报酬率×信托项目2的实收信托＋…＋信托项目n的实际年化信托报酬率×信托项目n的实收信托）/（信托项目1的实收信托＋信托项目2的实收信托＋…＋信托项目n的实收信托）×100%。

6.4.2.2.3 本年度已清算结束的被动管理型信托项目个数、实收信托合计金额、加权平均实际年化收益率，分证券投资类、股权投资类、融资、事务管理类分别披露

已清算结束信托项目	项目个数（个）	实收信托合计金额（万元）	加权平均实际年化信托收益率（%）	加权平均实际年化收益率（%）
证券投资类	—	—	—	
股权投资类	—	—	—	—
融资类	36	1 284 500	0.09	7.10
事务管理类	9	75 960.31	0.62	9.52
其他投资	1	20 000	0.40	8.37

6.4.2.3 本年度新增的集合类、单一类和财产管理类信托项目个数、实收信托合计金额

新增信托项目	项目个数（个）	实收信托合计金额（万元）
集合类	109	2 882 322.45
单一类	103	3 072 344.45
财产管理类	3	58 383.00
新增合计	215	6 013 049.90
其中：主动管理型	110	3 229 978.45
被动管理型	105	2 783 071.45

注：本年新增信托项目指在本报告年度内累计新增的信托项目个数和金额。包含本年度新增并于本年度内结束的项目和本年度新增至报告期末仍在持续管理的信托项目。

6.4.2.4 信托业务创新成果和特色业务有关情况

按照年初确定的工作思路和重点，公司积极推进业务转型，探索向发展主动管理型业务转变。公司业务类型从基础设施信托、房地产信托和工商企业信托等传统业务领域不断向资产证券化、并购信托等新领域扩展。同时，兰州新区城市投资发展基金、中原航空港产业投资基金、中以产业基金等代表公司未来业务发展方向的大体量基金类项目进展顺利。兰州新区城市投资发展基金项目已完成第二期10亿元资金募集，确保了该项目资金支持的兰州新区建设项目顺利推进；中原航空港产业投资基金项目也已通过河南省和国家发改委审批，基金管理公司已注册成立；中以产业基金项目也正在有序推进中。

6.4.2.5 本公司履行受托人义务情况及因本公司自身责任而导致的信托资产损失情况

6.4.2.5.1 本公司履行受托人义务情况

公司作为受托人，严格按照《信托法》等法律法规以及监管部门的要求，履行以下义务：

公司管理信托财产时恪尽职守，本着诚实、信用、谨慎、有效管理的原则为受益人的最大利益处理信托事务；公司妥善保管处理信托事务的完整记录、原始凭证及有关资料，并且按照信托合同的约定将信托财产的管理运用、处分及收支情况，报告委托人和受益人；公司对委托人、受益人以及处理信托事务的情况和资料依法保密；公司以信托财产为限向受益人支付信托利益；法律法规及信托合同规定的其他义务。

6.4.2.5.2 因本公司自身责任而导致的信托资产损失情况

报告期内无上述事项。

6.5 关联方关系及其交易的披露

6.5.1 关联交易方的数量、关联交易的总金额及关联交易的定价政策等

	关联交易方数量	关联交易金额（万元）	定价政策
合计	152	1 277 002.67	市场价

注：本年度发生的关联交易，其中9笔为信托计划与关联方之间的交易，金额为813 852.31万元；123笔为公司信托项目之间的交易，金额为308 070.36万元；20笔为公司固有业务与信托财产之间的交易，金额为155 080.00万元。

6.5.2 关联交易方与本公司的关系性质、关联交易方的名称、法定代表人、注册地址、注册资本及主营业务等

关系性质	关联方名称	法定代表人	注册地址	注册资本（万元）	主营业务
股东关联企业	贵州元龙房地产开发有限公司	张鸿福	贵州省贵阳市金阳新区金阳北路2号1－24栋金元国际新城一期	30 000	房地产开发、装饰工程、绿化工程、物业管理，批零兼营建材。
股东关联企业	眉山启明星铝业有限公司	张志军	四川省眉山市东坡区修文镇	23 400	生产销售电解铝锭、合金铝锭及阳极，高新技术产品的开发与应用，经营电解铝及外延产品，经营进出口业务（以上范围不含前置许可项目，涉及后置许可的凭许可证经营）。
股东关联企业	中电投东北电力有限公司	张勇	辽宁省沈阳市浑南产业区世纪路49号	659 900.5817	从事电力的开发、投资、建设、经营和管理，组织电力、热力的生产和销售；从事电力工程建设监理、招投标、电能设备的运行维护检修，物资经销，科技开发，粉煤灰开发与利用，物业管理及中介服务；从事国内投资业务，房屋及设备出租、租赁（以上经营范围中法律法规禁止及应经审批而未获批准的项目除外）。

续表

关系性质	关联方名称	法定代表人	注册地址	注册资本（万元）	主营业务
股东关联企业	中电投融和(上海)资产管理有限公司	赵长利	上海市浦东新区杨新东路26号301B室	5 000	投资管理、资产管理、项目投资、实业投资、创业投资、财务咨询、为企业重组并购提供服务。
股东关联企业	中电投河南电力有限公司	王志平	郑州市郑东新区黄河东路10号	272 635	电力、热力经营(限分支机构),对电力、热力的投资和管理,实业投资,电力工程招投标代理(以上范围中凡需审批的,未获批准前不得经营)。
股东关联企业	青海黄河上游水电开发有限责任公司	谢小平	青海省西宁市五四路西路43号	400 000	电站的开发与建设,电站的生产、经营,硅产品和太阳能发电设备的生产、销售,铝锭、铝合金及铝型材的生产、销售,碳素制品的生产、销售,经营国家禁止和指定公司经营以外的进出口商品,经营进出口代理业务。
股东关联企业	中电投融和(上海)融资租赁有限公司	赵长利	中国(上海)自由贸易试验区闻居路1333号C区一层Z362号	5 000万美元	融资租赁业务,租赁业务,向国内外购买租赁资产,租赁产出财产的残值处理及维修,租赁交易咨询和担保,从事与与主营业务有关的的商业保理业务。
信托公司以托管或信托等其他方式控制的企业	北京富诚宝鼎投资基金管理有限公司	刘英辉	北京市西城区西直门外大街18号金贸大厦3单元16层1609	3 000	从事非证券业务的投资管理、咨询(不得从事下列业务:(1)发放贷款;(2)公开交易证券类投资或金融衍生品交易;(3)以公开方式募集资金;(4)对除被投资企业外的企业提供担保)。
信托公司以托管或信托等其他方式控制的企业	兰州新区城市投资发展基金合伙企业	执行事务合伙人:北京富诚宝鼎投资基金管理有限公司	甘肃省兰州市兰州新区商业服务中心4号楼	—	项目投资、股权投资、股权投资管理、投资管理及咨询、企业管理及咨询。

6.5.3　本公司与关联方的重大交易事项

6.5.3.1　固有与关联方交易情况

报告期内无上述事项。

6.5.3.2　信托与关联方交易情况

单位:万元

信托与关联方关联交易				
	期初数	借方发生额	贷方发生额	期末数
贷款	55 000.00	187 401.31	0.00	242 401.31
投资	353 000.00	100 000.00	0.00	453 000.00
租赁	0.00	0.00	0.00	0.00
担保	0.00	0.00	0.00	0.00
应收账款	0.00	0.00	0.00	0.00
其他	34 559.00	83 892.00	0.00	118 451.00
合计	442 559.00	371 293.31	0.00	813 852.31

注:信托计划与关联方之间的交易共计9笔,金额为813 852.31万元。

6.5.3.3　信托公司固有资金运用于自己管理的信托项目(固信交易),信托公司管理的信托项目之间的相互(信信交易)交易金额

6.5.3.3.1　固有与信托财产之间的交易

单位:万元

固有财产与信托财产相互交易			
	期初数	本期发生额	期末数
合计	105 810.00	49 270.00	155 080.00

注:以固有资金投资公司自己管理的信托项目收益权,或购买自己管理的信托项目的信托资产均应纳入统计披露范围。

6.5.3.3.2　信托项目之间的交易

单位:万元

信托财产与信托财产相互交易			
	期初数	本期发生额	期末数
合计	351 573.96	-43 503.60	308 070.36

注:以公司受托管理的一个信托项目的资金购买自己管理的另一个信托项目的收益权或信托项下资产均应纳入统计披露范围。

6.5.4　关联方逾期未偿还本公司资金的详细情况以及本公司为关联方担保发生或即将发生垫款的详细情况

报告期内无上述事项。

6.6　会计制度的披露

公司固有业务、信托业务均执行财政部2006年颁布的《企业会计准则——基本准则》(财政部令第33号)、《财政部关于印发<企业会计准则第1号－存货>等38项具体准则的通知》(财会[2006]3号)及2014年财政部分别以财会[2014]6号、7号、8号、14号、23号颁布的《企业会计准则第39号——公允价值计量》、《企业会计准则第30号——财务报表列报(2014年修订)》、《企业会计准则第9号——职工薪酬(2014年修订)》、《企业会计准则第2号——长期股权投资(2014年修订)》、《企业会计准则第37号——金融工具列报(2014年修订)》。

7. 财务情况说明书

7.1　利润实现和分配情况

2014年公司实现净利润74 795.12万元。根据《金融企

业准备金计提管理办法（财金[2012]20 号）规定》，从净利润中足额提取一般准备金 1 370.51 万元；根据公司章程规定，以净利润的 10% 足额提取了法定盈余公积金 7 479.51 万元；根据董事会决议，公司年末提取信托赔偿准备金 12 000.00 万元；根据股东会决议，公司年末向股东分红 111 111.11 万元，期末未分配利润累计为 82 602.29 万元。

7.2 主要财务指标

指标名称	指标值
资本利润率（%）	22.04
加权年化信托报酬率（%）	0.94
人均净利润（万元）	436.12

注：1. 资本利润率 = 净利润/所有者权益平均余额 ×100%。
2. 加权年化信托报酬率 =（信托项目 1 的实际年化信托报酬率 × 信托项目 1 的实收信托 + 信托项目 2 的实际年化信托报酬率 × 信托项目 2 的实收信托 + … + 信托项目 n 的实际年化信托报酬率 × 信托项目 n 的实收信托）/（信托项目 1 的实收信托 + 信托项目 2 的实收信托 + … + 信托项目 n 的实收信托）×100%。
3. 人均净利润 = 净利润/年平均人数。
4. 平均值采取年初、年末余额简单平均法，公式为：a（平均）=（年初数 + 年末数）/2。

7.3 对本公司财务状况、经营成果有重大影响的其他事项

报告期内无上述事项。

8. 净资本、风险资本以及风险控制指标

8.1 净资本

截至 2014 年 12 月 31 日，公司净资产为 372 175.11 万元，净资本为 308 472.44 万元。

8.2 风险资本

截至 2014 年 12 月 31 日，公司各项业务风险资本之和为 204 744.55 万元，其中固有业务风险资本为 57 521.04 万元，信托业务风险资本为 147 223.51 万元。

8.3 风险控制指标

根据《信托公司净资本管理办法》（中国银行业监督管理委员会令 2010 年第 5 号）的有关规定，信托公司需达到以下风险控制指标要求：

（1）信托公司净资本不得低于人民币 20 000 万元。

（2）信托公司净资本不得低于各项风险资本之和的 100%。

（3）信托公司净资本不得低于净资产的 40%。

截至 2014 年 12 月 31 日，公司净资本为 308 472.44 万元，净资本比各项业务风险资本之和为 150.66%，净资本比净资产为 82.88%，符合以上风险控制指标要求。

9. 特别事项揭示

9.1 前五名股东报告期内变动情况及原因

2012 年 12 月，根据股东中国电力投资集团公司提议，公司 2012 年度第五次股东会议审议通过《关于中国电力投资集团公司将持有的公司股权向中电投融和控股投资有限公司转让的议案》。2014 年 10 月，公司向中国银监会提交《关于中国电力投资集团公司向中电投融和控股投资有限公司转让股权的申请》（百瑞信字[2014]187 号）；2014 年 12 月，公司收到中国银监会下发的《中国银监会关于百瑞信托股权变更的批复》（银监复[2014]961 号），同意中电投融和控股投资有限公司受让中国电力投资集团公司持有的公司股权。同月底，公司办理完毕股权转让程序。

9.2 董事、监事及高级管理人员变动情况及原因

9.2.1 董事、监事人员变动情况及原因

2014 年 3 月，公司 2014 年度第一次股东会审议通过《关于第五届董事会提名及组成的议案》和《关于第五届监事会提名及组成的议案》，成立第五届董事会和第五届监事会，部分董事、监事发生变动：

（1）摩根大通提名何耀东担任公司第五届董事会董事，Joseph Donald Regan（周历仁）不再担任公司董事。2014 年 8 月 1 日河南银监局向公司下发了《河南银监局关于核准何耀东百瑞信托有限责任公司董事任职资格的批复》（豫银监复[2014]266 号），核准何耀东的任职资格；

（2）郑州股东提名黄涛担任公司第五届监事会主席，袁先锋不再担任公司监事会主席；摩根大通提名梁斌担任公司第五届监事会监事，张元浩不再担任公司监事会监事。

9.2.2 高级管理人员变动情况及原因

2014 年 5 月，公司第五届董事会第三次会议审议通过《关于聘任董事长助理、总裁、执行总裁和董事会秘书的议案》，聘任公司原副总裁石笑东为公司总裁，2014 年 9 月 26 日中国银监会向公司下发《中国银监会关于百瑞信托石笑东任职资格的批复》（银监复[2014]659 号），核准石笑东总裁任职资格；聘任公司原总裁马磊为公司董事长助理，聘任公司原副总裁罗靖为公司执行总裁，聘任公司原董事会秘书兼财务总监王克槿为公司董事会秘书，三位高管职务变动公司已向河南银监局报备。

9.3 公司的重大未决诉讼事项

本年度公司的重大诉讼事项为信托业务，固有业务无重大诉讼事项，公司也无被诉事项。

公司诉河南来美鑫进出口贸易有限公司（以下简称河南来美鑫）借款合同纠纷案。公司于 2013 年 11 月向人民法院提起诉讼，要求河南来美鑫偿还借款本金 7 000 万元及利息。2014 年 1 月人民法院下达《民事调解书》。因河南来美鑫未按照调解协议履行还款义务，公司向人民法院申请强制执行，本年度已收回全部贷款本息。

公司诉天津九策实业集团有限公司（以下简称天津九策）借款合同纠纷案。公司于 2013 年 8 月向人民法院提起诉讼，要求天津九策偿还借款本金 40 000 万元及利息。2013 年 11 月人民法院下达了《民事调解书》。但因天津九策未按照调解协议履行义务，公司已向人民法院申请强制执行，目前法院正在执行。

9.4 公司及其董事、监事和高级管理人员受到处罚的情况

报告期内无上述事项。

9.5 对银监会及其派出机构所提监管意见的整改情况

公司一贯理解、支持和配合各级监管部门的监管工作，对监管部门的监管意见高度重视，及时按照有关要求进行整改，得到了监管部门的肯定。

2014 年，公司针对监管部门提出的监管意见和建议，及时逐项制定整改措施，并通过加强领导、责任到人等手段，认真落实。整改意见及整改落实情况如下：

9.5.1 认真落实信托业年会精神，加强“八项机制”建设

杨家才主席助理在信托业年会上提出的“八项机制”建设，是在总结国内外信托业发展经验，正确把握信托业发展规律的基础上的科学论证，是确保信托业长期稳健发展的根本举措，是指导信托业科学发展的纲领性文件。为落实信托业年会精神，公司在内网办公系统中发布《关于组织学习 <杨家才主席助理在 2013 年中国信托业年会上的讲话 >的通知》，要求公司全员认真学习杨家才主席助理讲话精神，着重领会“八项机制”建设的内容，使大家能够恪尽职守，各负其责，并能深入学习理解新常态的思想精髓，适应新常态的发展规律，实现新常态下的新发展。

9.5.2 加大业务创新力度，不断提高核心竞争力

2014 年公司信托业务的快速发展促进了业务创新，在金融创新与产品开发中形成了“在业务中创新，以创新推动业务”模式。公司信托业务品种创新一方面表现在信托财产运用领域的拓展，包括资本市场中的股票、债券、基金、PE 等直接金融业务；货币市场中的结构性存款、中央银行票据、银行票据、信贷资产证券化等；产业市场中的基础设施、房地产、工业企业等。另一方面表现在信托财产种类的拓宽，在持续开展资金信托的同时，财产、财产权信托崭露头角，股权、债权、基础设施收费权、特定资产收益权、土地使用权、房地产所有权、租赁权等均在公司的业务新品种研发之列。

经过公司不断的努力，公司信托产品的基金化进一步提高，房地产投资并购基金、基础设施建设基金、特定资产收益权信托、私募股权投资（PE）信托、公益类信托等信托产品相继开展，并取得了较好的市场反映。2014 年成功主导、参与的航空港产业基金、兰州新城产业基金、清洁能源产业基金、中以科技产业基金等基金类项目的启动，为下一步产业基金有效运行、探索新的发展模式奠定了坚实的基础，同时为公司创建了稳定的盈利模式，提高了公司的核心竞争力。

9.5.3 认真做好风险排查，及时发现风险隐患

开展项目风险排查是公司一项常抓不懈的工作，2014 年，根据年初制定的项目现场检查计划，各专业组项目管理人员认真做好项目的风险排查工作，通过开展项目现场检查、项目抵押物状况排查、项目非现场监测，持续关注信托项目资金使用情况、投资项目进展情况及房地产销售情况，跟踪交易对手经营状况和财务变化情况，严格执行公司风控制度，以及时发现风险隐患。

9.5.4 不断完善制度体系，进一步提高制度执行力度

公司非常重视规章制度建设和完善工作。每年均会要求各部门制定年度规章制度建设计划并开展规章制度修订、完善，并组织相关部门培训学习。在以往规章制度建设和合规内控建设的工作基础上，实施系列举措，要求各部门严格执行监管要求和规章制度的规定，教育和引导员工提升合规经营意识。一是开展行业监管要求学习工作，对于新监管要求开展专项解读和学习，提升员工合规执业敏感度；二是针对新制定或修订的规章制度，制订年度专门的规章制度培训计划，要求责任部门对相关部门和员工开展专项培训，提升规章制度的执行力；三是持续开展合规管理具体工作，扎实开展诸如项目合规法律风险评审、规章制度合规性审核、合规风险识别与管理、合规检查、合规考核以及合规文化建设等工作，形成良好的内控文化，防范各类风险的发生；四是进一步加强合规考核机制，持续落实公司经营及管理的规范性工作。同时，公司针对违反公司规章制度的有关人员进行问责，强化公司合规管理工作的执行力，着力打造制度建设与执行的长效机制。

9.6 本年度重大事项临时报告的简要内容、披露时间、所披露的媒体及其版面

序号	披露内容	披露时间	披露媒体及版面
1	公司 2013 年度报告摘要	2014 年 4 月 29 日	《上海证券报》B10 版
2	公司变更会计师事务所的公告	2014 年 8 月 20 日	《上海证券报》B4 版
3	公司总裁调整的公告	2014 年 10 月 21 日	《上海证券报》B5 版

9.7 银监会及其省级派出机构认定的其他有必要让客户及相关利益人了解的重要信息

报告期内无上述事项。

10. 公司监事会意见

报告期内，公司监事会成员认真履行职责，恪尽职守，通过查阅相关文件资料、列席董事会等方式，对公司依法运作情况进行监督。在此基础上，监事会发表如下独立意见：

10.1 公司依法运作情况

2014 年公司董事会按照股东会的决议要求，切实履行了各项决议，决策程序符合《中华人民共和国公司法》、《中华人民共和国信托法》和公司章程及监管部门的有关规定。公司建立了完善的内部控制制度，董事和高级管理人员在履行职责及行使职权时，履行诚信和勤勉尽责的义务，遵守国家法律法规和公司章程，以维护公司股东利益为出发点，认真执行股东会决议。公司目标明确、管理科学、决策民主、运作规范。

10.2 检查公司财务情况

公司监事会通过电话征询会计师事务所、查阅审计报告等

方式对本年度财务状况进行了检查，认为公司财务制度健全、内控体系完善，无重大遗漏和虚假记载。瑞华会计师事务所（特殊普通合伙）对公司本年度财务报告进行了审计，出具了标准无保留意见的审计报告（瑞华审字[2015]41010001号）。该审计报告真实、客观地反映了公司2014年度的财务状况和经营成果。

北方国际信托股份有限公司

1. 重要提示

1.1 本公司董事会及董事保证本报告所载资料不存在任何虚假记载、误导性陈述或者重大遗漏，并对其内容的真实性、准确性和完整性承担个别及连带责任。本年度报告摘要摘自年度报告全文，客户及相关利益人欲了解详细内容，应阅读年度报告全文。

1.2 公司董事均出席了董事会并对公司2014年度报告发表了同意的意见。

1.3 独立董事王爱俭、孔晓艳、苑德军（拟任）、戴金平（拟任）对公司2014年度报告基于独立判断立场，发表意见如下：公司2014年度报告属实，内容真实、准确完整。

1.4 瑞华会计师事务所出具了标准无保留意见的审计报告。

1.5 公司董事长（拟任，任职资格在审批过程中）兼总经理徐立世、主管会计工作负责人王向群、会计部门负责人多艳平声明：保证年度报告中财务会计报告的真实、完整。

2. 公司概况

2.1 公司简介

1	法定名称（及缩写）	北方国际信托股份有限公司（北方信托）
2	英文名称（及缩写）	Northern International Trust Co., Ltd.（NITIC）
3	法定代表人	徐立世（拟任，任职资格在审批过程中）
4	注册地址	天津市经济技术开发区第三大街39号
5	邮政编码	300457
6	办公地址	天津市河西区友谊路5号北方金融大厦26层
7	邮政编码	300201
8	互联网网址	http://www.nitic.cn/
9	负责信息披露高级管理人员	王向群
10	联系人	王辉
11	联系电话	022-28370988
12	传真	022-28370088
13	电子信箱	wanghui@nitic.cn
14	公司信息披露的报纸名称	《金融时报》
15	公司年度报告备置地点	天津市河西区友谊路5号北方金融大厦26层
16	公司聘请的会计师事务所名称及住所	瑞华会计师事务所北京市海淀区西四环中路16号院2号楼4层

2.2 组织结构

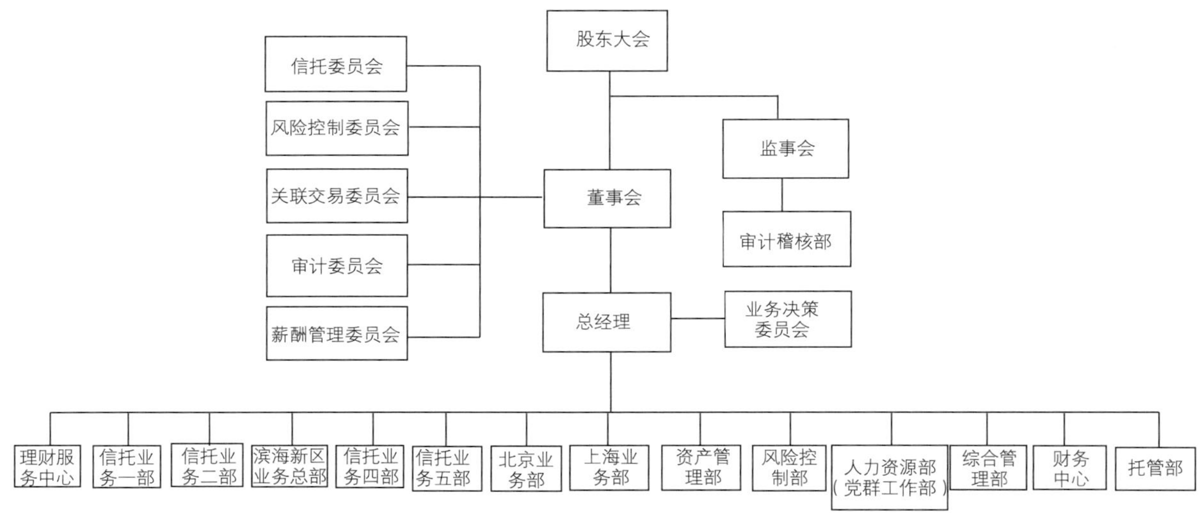

3. 公司治理

3.1 股东

报告期末，股东总数27家。公司前三位股东情况如下表所示。

股东名称	出资比例(%)	法人代表	注册资本	注册地址	主要经营业务及主要财务情况
天津泰达投资控股有限公司	32.33	张秉军	100亿元	天津经济技术开发区盛达街9号	以自有资金对工业、农业基础设施开发建设、金融、保险、证券业、房地产业等的投资。

续表

股东名称	出资比例(%)	法人代表	注册资本	注册地址	主要经营业务及主要财务情况
津联集团有限公司	11.21		200万港元	香港干诺道中168－200号信德中心招商局大厦3607－13室	实业投资，国际贸易，投资咨询服务，各类资产经营服务、国资局授权范围内的国有资产处置等。
天津市财政局	6.23				

3.2 董事

董事长、副董事长、董事

姓名	职务	性别	年龄	选任日期	所推举的股东名称	该股东持股比例(%)	简要履历
徐立世（拟任）	董事长	男	58	2014年4月22日	天津泰达水业有限公司	4.31	曾任中国人民银行内蒙古分行金融研究所副所长、银行管理处副处长，中国人民银行天津分行银行监管二处副处长、处长，股份制银行监管处处长，城市商业银行监管处处长，天津银监局滨海监管分局局长、党委书记；现任北方信托党委书记、董事长（拟任）兼总经理。
申小林（拟任）	董事	男	48	2014年4月22日	天津泰达投资控股有限公司	32.33	曾任国家冶金工业部经济发展研究中心经济师、高级经济师，首钢总公司计划财务部副部长、高级会计师，中央企业工作委员会国有重点大型企业监事会专职监事；国务院国资委国有重点大型企业监事会专职监事，现任天津泰达投资控股有限公司副总经理、党委委员，渤海银行股份有限公司董事。
贾晋平（拟任）	董事	男	51	2014年4月22日	天津泰达电力公司	4.31	曾任兰州大学管理学院教师，中国化工进出口总公司甘肃公司业务主办，中粮集团甘肃分公司副科长、科长、总经理助理，天津泰达投资控股有限公司项目评估部副部长、风险控制部副部长；现任天津泰达投资控股有限公司总经理助理兼财务中心主任、风险控制部部长。
朱文芳	董事	女	47	2014年4月22日	天津泰达投资控股有限公司	32.33	曾任兰州公共交通公司宣传干事，天津开发区工业投资公司企划部干部，天津泰达集团投资部干部、办公室副主任，天津泰达投资控股有限公司证券部副经理、证券部经理；现任天津泰达投资控股有限公司金融事业部经理。
贾鸿潜（拟任）	董事	男	52	2014年4月22日	天津市财政局	6.23	曾任天津财税管理三处一科科员、副科长、科长，天津市财政局征收局三科科长，天津市国有资产经营有限责任公司副总经理，天津市财政投资管理中心副主任；现任天津市国有资产经营有限责任公司董事长、总经理，天津市财政投资管理中心主任。
胡军（拟任）	董事	男	38	2014年4月22日	天津泰达股份有限公司	5.43	曾任工商银行天津分行房地产信贷部高级主管，天津泰达投资控股有限公司投资管理部副经理、经理；现任天津泰达集团有限公司副总经理（主持工作）、董事，天津泰达建设集团有限公司董事，天津滨海泰达物流集团股份有限公司董事，天津滨海能源发展股份有限公司董事，天津津滨发展股份有限公司董事。
马贵中（拟任）	董事	男	59	2014年4月22日	天津市医药集团有限公司	4.27	曾任天津市医药集团有限公司财务部部长，天津市医药集团有限公司副总会计师兼财务部部长；现任天津市医药集团有限公司总会计师、总法律顾问。
侯维民（拟任）	董事	男	56	2014年12月5日	天津津融投资服务集团有限公司	4.18	曾任天津市国际信托投资公司国际金融部业务员、国际金融部经理助理、信贷部副经理，天津国际投资有限公司信贷部副经理、资产管理部副经理（主持工作）、资产管理部经理、总经理助理兼资产管理部经理、党委委员、副总经理；现任天津津融投资服务集团有限公司副总经理。

独立董事

姓名	所在单位及职务	性别	年龄	选任日期	所推举的股东名称	该股东持股比例(%)	简要履历
王爱俭	天津财经大学副校长	女	60	2014年4月22日	天津保税区投资有限公司	1.35	天津财经大学副校长、博士生导师。
孔晓艳	天津滨海柜台交易股份有限公司董事长	女	47	2014年4月22日	天津轮船实业发展集团股份有限公司	0.92	曾任天津市对外经济律师事务所专职律师，香港Livasari&Co.律师行中国法律顾问，嘉德律师事务所专职律师、创始合伙人、高级合伙人，嘉德恒时律师事务所专职律师、创始合伙人、高级合伙人，嘉德恒时律师事务所香港简家聪律师行联营律师事务所律师；现任天津滨海柜台交易股份有限公司董事长。
					天津市飞鸽集团有限公司	0.11	
苑德军（拟任）		男	64	2014年4月22日	天津市宁发集团有限公司	4.75	曾在中国人民银行所属的哈尔滨金融高等专科学校任教，曾任天津财经大学学术委员会、学位委员会委员，天津市哲学社会科学"九·五"规划经济学科组成员；现任《金融时报》专家组成员，中国社科院研究生院、北京航空航天大学、吉林财经大学等多所高等院校兼职教授，中国"恩必特经济论坛"核心成员。

续表

姓　名	所在单位及职务	性别	年龄	选任日期	所推举的股东名称	该股东持股比例(%)	简　要　履　历
戴金平(拟任)	南开大学国家经济战略研究院副院长	女	50	2014 年 4 月 22 日	天津市大安房地产开发有限公司	3.37	曾任河北经贸大学教师，南开大学教师，南开大学国经所所长，南开大学深圳金融工程学院副院长；现任南开大学国家经济战略研究院副院长、跨国公司研究中心副主任、教授、博士生导师。

3.3　监事

监事会成员

姓　名	职　务	性别	年龄	选任日期	所推举的股东名称	该股东持股比例(%)	简　要　履　历
田以林	监事长	男	58	2014 年 4 月 22 日	天津市津能投资公司	1.73	曾任天津市委宣传部科员，天津新闻出版局科员、副主任科员，天津市委组织部副主任科员、主任科员，天津市委办公厅副处级机要秘书、正处级机要秘书，北方信托党总支部书记、开发区总公司党委委员；现任北方信托党委副书记、纪检书记、工会主席。
王春丽	监事	女	46	2014 年 9 月 10 日	天津天药药业股份有限公司	3.37	曾任天津 NEC 财务部长，艾迪斯鼎力科技(天津)有限公司财务总监，天津天药药业股份有限公司总经理助理兼财务部长；现任天津天药药业股份有限公司董事、财务总监兼董事会秘书。
蒲彦泉	监事	男	55	2014 年 4 月 22 日	中国海洋石油渤海公司	3.89	曾任渤海公司供应公司科员，渤海公司财务部科长，海油发展油建财务部经理，渤海公司财务部资金经理；现任中海油渤海公司计划管理部经理。
王振忠	监事	男	59	2014 年 4 月 22 日	天津市水利投资建设发展有限公司	0.35	曾任天津市经济体制改革委员会干部，君安证券天津业务部总经理，渤海证券有限公司董事、副总裁，中国节能投资公司总经理助理兼资本运营部主任；现任天津滨海海胜股权投资基金管理有限公司总裁。
					天津市津东房地产开发集团有限公司	0.26	
					天津火炬科技发展公司	0.26	
					天津海晶汇利实业有限公司	0.20	
					天津渤海化工有限责任公司天津化工厂	0.19	
					中信天津工业发展公司	0.18	
					天津大沽化工投资发展有限公司	0.11	
					天津经济技术开发区工业投资公司	0.02	
夏金玲	监事	女	47	2014 年 4 月 22 日	职工代表	—	曾任天津滨海信托财务部经理，北方信托计划财务部副经理、托管部经理，天津北信财务咨询服务有限公司副总经理，北方国际信托投资股份有限公司稽核专员，天津北信中乒投资发展有限公司副总经理兼财务总监；现任北方国际信托股份有限公司审计稽核部副总经理(主持工作)。
翟绍菁	监事	女	42	2014 年 10 月 22 日	职工代表	—	曾在天津市人民政府办公厅信息处从事政务信息编辑工作、天津市人民政府法制办公室复议应诉指导处工作；现任北方国际信托股份有限公司风险控制主管。

3.4　高级管理人员

姓　名	职务	性别	年龄	选任日期	金融从业年限(年)	学历	专业
徐立世	总经理	男	58	2006 年 2 月	34	博士	金融
包立杰	常务副总经理	男	44	2014 年 11 月	21	本科	国际金融
王向群	副总经理	男	57	2008 年 5 月	32	本科	财政
陆妍	副总经理	女	46	2008 年 8 月	18	硕士	工商管理
王燕滨	副总经理	男	52	2014 年 11 月	33	硕士	工商管理
金树良(拟任，待监管机关核准后履职)	总经济师	男	48		21	硕士	世界经济
王　辉(拟任，待监管机关核准后履职)	总经理助理	男	44		20	博士	金融工程
曾广炜(拟任，待监管机关核准后履职)	总经理助理	男	45		14	本科	会计

3.5　公司员工

项　目		报告期年度	
		人数(人)	比例(%)
年龄分布	25 岁以下	3	2
	25 ~29 岁	38	29
	30 ~39 岁	31	23
	40 岁以上	61	46
学历分布	博士	6	6
	硕士	58	44
	本科	60	45
	专科	6	4
	其他	3	2

4. 经营管理

4.1 经营目标、方针、战略规划

以科学发展观为指导，以服务客户、成就员工、回报股东、奉献社会为宗旨，将北方信托办成一个管理科学、运转高效、业绩优良、内外和谐，天津一流、全国领先的现代金融企业。

2015 年，公司将继续坚持原有的指导思想，即坚守公司使命、愿景和核心价值观，坚持既定的经营思想、管理理念，继续围绕提升核心竞争力这一中心思想，进一步优化业务布局、组织架构与工作流程，抓好制度建设、队伍建设和企业文化建设，夯实基础、稳中求进、创新发展，为跻身于全国一流的信托公司迈出新的步伐。

4.2 所经营业务的主要内容

4.2.1 自营资产运用与分布

自营资产运用与分布表

资产运用	金额（万元）	占比（%）	资产分布	金额（万元）	占比（%）
货币资产	110 535.51	29.55	基础产业	21 077.49	5.63
贷款及应收款	187 691.38	50.17	房地产业	58 779.00	15.71
交易性金融资产	20 970.70	5.61	证券市场	22 081.80	5.90
可供出售金融资产	494.99	0.13	实业	5 099.27	1.36
持有至到期投资	0	0.00	金融机构	144 070.94	38.51
长期股权投资	35 310.43	9.44	其他	122 990.85	32.88
其他资产	19 096.34	5.10			
资产合计	374 099.35	100.00	资产总计	374 099.35	100.00

4.2.2 信托资产运用与分布

信托资产运用与分布表

资产运用	金额（万元）	占比（%）	资产分布	金额（万元）	占比（%）
货币资产	525 223.56	1.92	基础产业	7 035 759.60	25.70
贷款	12 251 625.35	44.76	房地产	675 055.00	2.47
交易性金融资产	6 701 864.84	24.48	证券	7 103 393.98	25.95
可供出售金融资产	0.00	0.00	实业（工商企业）	5 252 651.81	19.19
持有至到期投资	6 029 131.03	22.03	金融机构	2 072 202.98	7.57
长期股权投资	1 364 335.00	4.98	其他	5 234 788.65	19.12
其他	501 672.24	1.83			
资产总计	27 373 852.02	100.00	资产总计	27 373 852.02	100.00

4.3 市场分析

4.3.1 有利因素

宏观层面，中国经济已经进入“新常态”时期，国家经济增长方式发生转变，经济增长速度出现下行压力，但宏观的顶层设计在一定程度上加强了防范、化解和控制系统性风险的能力。“新常态”更多意味着我国经济增长方式的调整而非趋势的改变，中国经济仍将以高于世界绝大多数国家的发展速度稳健运行。

行业层面，中国理财市场的需求潜力巨大，金融理财业仍是朝阳行业；在社会经济运行和转型的过程中结构型资金短缺的局面不会改变，信托公司只要充分发挥业务的综合性、灵活性和市场化特点，一定能够找到运用资金的客户群；另外，随着经济改革和转型的纵深推进，民营经济的发展、国有企业的重组和新兴产业的成长，也会为信托业提供新的业务增长点。

公司层面，客户资源、团队业务能力、盈利能力和资本实力不断增强，内部管理和风控能力不断提升，员工队伍不断壮大，为公司发展奠定了较好的基础。公司坐落在天津市，天津市经济发展对公司影响重大。预期新的一年天津市经济仍可保持高速增长势头，金融体系保持稳定状态，公司仍处于一个较好的地域环境。

4.3.2 不利因素

宏观层面，中国面对“三期叠加”的局面，总体趋势已处于下行通道，面对不利局面需要加大经济转型力度，中国的改革将进入深水区，经济转型到了关键点。深化改革必然触发固有的利益矛盾，推进经济转型必须要忍受阵痛。宏观经济面临的复杂性和不确定性的问题更加突出，这对中国的金融业，包括信托业，提出了严峻挑战。

行业层面，信托行业增长速度明显放缓，信托资产规模、营业收入和利润水平增速均创自 2010 年有统计数据以来的最低水平；信托项目风险逐步显现，传统经营模式难以为继，行业进入结构调整和转型发展关键时期，宏观经济增速持续下滑，部分实体企业去杠杆压力增大，房地产、煤炭、钢铁等产能过剩行业企业经营困境持续加剧，风险暴露也进一步加快；资产管理市场竞争更加激烈，信托业务模式纷纷被证券、基金等各类金融机构及第三方理财公司效仿，信托所谓“非主动管理业务”的优势已然不再；信托行业发展方向发生转变，信托业在过去几年是依赖投资刺激下巨大的资金需求，利润来源的本质是信贷管制与房地产与基础设施建设投资扩张之间形成的监管套利，而在“新常态”下监管套利空间逐步缩小直至消除。

公司层面，一是公司的资本实力相对弱小，进一步发展受到净资本的约束；二是公司的组织结构、岗位设置、工作流程及办公系统需进一步优化；三是公司的激励约束机制有待进一步完善，文化建设有待进一步深化，员工队伍的综合素质有待进一步提高。

4.4 内部控制

公司在持续稳健快速发展的同时，始终将业务的合规性、风险的有效防控作为前提和保证。公司已经建立起一套较完善的内部控制体系，具备明确的内控目标和原则，覆盖公司各项业务、所有部门和人员。公司坚持倡导合规企业文化，注重引导员工树立合规意识和风险意识，并通过完善全员合规管理责任制、监督考核与奖惩制对员工的行为进行规范、监督。

公司已建立了三个层级的内部控制机构，形成了分工合理、职责明确、运行顺畅、制衡有效的风险管理机制。各级机构均严格履行职责，保证对各种业务风险进行事前、事中、事后的有效监管和控制。已建立一套涵盖公司经营管理的各个方面及所有业务种类的制度体系。制度中既有原则规范，又包含操作流程、风险点和防范措施，保证可操作性，并根据监管法规政策变化、公司经营管理需要及时进行修订、新订。公司为各项业务的开发、决策、实施、后期管理设定了标准化、规范化的流程，将业务全流程

纳入系统管理，并根据需要对系统进行不断升级改造，完善系统功能，优化系统流程，以保证业务的规范有序开展。

4.5 风险管理

公司经营活动中可能遇到的风险包括信用风险、市场风险、操作风险、其他风险等。

信用风险即违约风险，指交易对手不能全部或部分按时履行合约义务而造成财务上损失的风险。公司涉及客户信用风险的业务包括存放同业款项、贷款、担保和应收款项。对于信用风险的管理，注重事前对交易对手、项目的尽职调查，业务方案设定保证担保、资产抵押、权利质押等多种信用增级方式，项目实施过程中加强跟踪检查，项目结束后及时进行稽核和评价。对于固有资产，按要求进行了五级分类管理。对除存放同业款项之外的表内信用类资产计提一般准备和专项准备，一般准备按照信用风险类资产余额的一定比例差额提取；专项准备按照单项资产未来预计损失情况确认准备金额。

市场风险指公司在信托资产及其固有资产合法经营中，因为利率、汇率、股价、股指、商品价格等市场价格的波动而产生的风险。对于市场风险的管理，公司加强对经济及金融形势的分析预测，注重关注市场变动，并提出相应对策及业务调整方案。对于证券市场风险，侧重于把握整体趋势，通过创新产品和业务模式、建立有效的投资组合，设定预警点和止损点，规避股市风险。对于利率风险，在贷款发放过程中，制订合理的固定利率或者浮动利率方案。大力开拓滨海新区建设、市政基础设施建设及非资金推动型业务。对房地产、银信合作、政府融资平台等重点行业、重点类型业务定期进行监测，密切关注市场情况，加强风险防范。

操作风险主要指因内控机制不健全、管理失误、操作系统不完善，或其他一些人为的错误而导致损失的可能性。对于操作风险的管理，公司一方面围绕固有、信托资产运营管理、证券投资、会计核算、资金交易、信息系统及文档管理等日常经营、业务开展的各个方面，制定管理规定和操作流程，明确操作权限和内容，严格遵循“决策与操作分离”、“业务操作与风险监控分离”等原则；另一方面加强对制度执行的检查、评价，推行责任追究机制，同时加强员工培训，提高员工风险意识。通过建立满足业务需要信息管理系统，将业务全流程纳入系统管理，设定严格的流程与使用权限，赋予风控、审计部门监督权，减少人为的操作风险。

其他风险主要有合规风险、道德风险。合规风险指公司经营活动、业务开展因未能遵循国家法律法规、监管部门规则和公司内部规章制度，而可能遭受法律制裁、监管处罚、财务或声誉损失的风险。道德风险主要表现为公司内部人员蓄意违法违规或与公司的利益主体串通而给信托受益人或公司自身带来损失的可能。对于其他风险的管理，公司将合规风险管理作为公司风险管理的基础，从完善公司治理、内控制度、加强合规组织机构及配套机制建设、培育良好合规文化等方面，构建有效的合规风险管理机制。通过加强员工思想政治方面教育，强化内控机制，严格业务流程与监督制衡，加大检查监督的频率和力度，防范道德风险的发生。

5. 报告期末及上一年度末的比较式会计报表

5.1 自营资产

5.1.1 会计师事务所审计结论

瑞华会计师事务所认为，贵公司自营资产财务报表在所有重大方面按照企业会计准则的规定编制，公允反映了贵公司2014年12月31日的财务状况及2014年度的经营成果和现金流量。

5.1.2 资产负债表

资产负债表

编制单位：北方国际信托股份有限公司　　2014年14月31日　　单位：万元

资　产	年末数	年初数	负债及股东权益	年末数	年初数
资产：			负债：	—	—
货币资金	110 535.51	113 074.26	拆入资金		
拆出资金			以公允价值计量且其变动计入当期损益的金融负债		
以公允价值计量且其变动计入当期损益的金融资产	20 970.70	16 135.99	应付职工薪酬	15 999.23	18 775.25
买入返售金融资产	8 163.76	13 549.87	应交税费	7 831.12	5 110.37
应收利息	716.11	411.54	应付利息	23.59	23.59
其他应收款	1 525.27	1 523.25	应付股利		
发放贷款和垫款	185 450.00	130 052.94	其他应付款	29 585.14	23 448.86
可供出售金融资产	34 711.33	38 332.54	递延所得税负债	50.54	
持有至到期投资			其他负债		
长期股权投资	1 094.09	1 060.75	负债合计	53 489.61	47 358.06
投资性房地产	1 989.16	2 088.79	股东权益：		
固定资产	2 057.77	2 285.21	股本	100 099.89	100 099.89
固定资产清理			其他权益工具		
无形资产			其中：优先股		

续表

资　产	年末数	年初数	负债及股东权益	年末数	年初数
长期待摊费用	974.91	670.42	永续债		
抵债资产			资本公积		
递延所得税资产	5 910.74	2 232.27	减:库存股		
其他资产		49.34	其他综合收益	62.24	-46.56
资产总计	374 099.35	321 467.17	专项储备		
			盈余公积	25 083.46	19 443.28
			一般风险准备	22 256.42	16 695.51
			未分配利润	173 107.72	137 916.99
			股东权益合计	320 609.74	274 109.11
			负债和股东权益总计	374 099.35	321 467.17

公司负责人:徐立世　　　　主管会计工作负责人:王向群　　　　会计机构负责人:多艳平

5.1.3　利润表

利润表

编制单位:北方国际信托股份有限公司　　　　2014 年度　　　　单位:万元

项　　目	本年	上年
一、营业收入	121 907.73	113 806.46
（一）利息净收入	29 090.58	17 797.01
利息收入	29 090.58	17 797.01
利息支出		—
（二）手续费及佣金净收入	90 028.71	93 937.31
手续费及佣金收入	90 091.97	94 231.59
手续费及佣金支出	63.25	294.28
（三）投资收益（损失以“-”填列）	2 054.66	1 728.10
其中:对联营企业和合营企业的投资收益	33.35	-39.25
（四）公允价值变动收益（损失以“-”填列）	282.87	-205.10
（五）汇兑收益（损失以“-”填列）	0.09	-0.43
（六）其他业务收入	450.83	549.56
二、营业支出	49 541.35	44 782.52
营业税金及附加	7 069.58	6 791.10
管理费用	27 357.61	29 898.47
资产减值损失	15 114.16	8 092.96
其他业务成本		—
三、营业利润（亏损以“-”号填列）	72 366.38	69 023.94
加:营业外收入	2 920.67	238.80
其中:非流动资产处置利得	7.20	0
减:营业外支出	97.83	131.11
其中:非流动资产处置损失		35.55
四、利润总额（亏损总额以“-”号填列）	75 189.22	69 131.63
减:所得税费用	18 787.40	16 950.39
五、净利润（净亏损以“-”号填列）	56 401.82	52 181.24
六、其他综合收益的税后净额	108.80	40.68
（一）以后不能重分类进损益的其他综合收益		
1. 重新计量设定受益计划净负债或净资产的变动		
2. 权益法下在被投资单位不能重分类进损益的其他综合收益中享有的份额		
（二）以后将重分类进损益的其他综合收益	108.80	40.68
1. 权益法下在被投资单位以后将重分类进损益的其他综合收益中享有的份额		
2. 可供出售金融资产公允价值变动损益	108.80	40.68
3. 持有至到期投资重分类为可供出售金融资产损益		
4. 现金流量套期损益的有效部分		
5. 外币财务报表折算差额		
6. 其他		
六、综合收益总额	56 510.62	52 221.92

公司法定代表人:徐立世　　　　主管会计工作负责人:王向群　　　　会计机构负责人:多艳平

5.1.4 股东权益变动表

股东权益变动表

编制单位：北方国际信托股份有限公司　　2014 年度　　单位：万元

项目	本年数						
	股本	资本公积	其他综合收益	盈余公积	一般风险准备	未分配利润	股东权益合计
一、上年末余额	100 099.89	10.27	-46.56	19 443.28	16 695.51	137 916.99	274 109.11
加：会计政策变更							
前期差错更正							
其他							
二、本年初余额	100 099.89	10.27	-46.56	19 443.28	16 695.51	137 916.99	274 109.11
三、本期增减变动金额（减少以“-”号填列）			108.80	5 640.18	5 560.91	35 190.73	46 501
（一）综合收益总额			108.80			56 401.81	56 510.62
（二）股东投入和减少资本							
1. 股东投入的普通股							
2. 其他权益工具持有者投入资本							
3. 股份支付计入股东权益的金额							
4. 其他							
（三）利润分配				5 640.18	5 560.91	-21 211.08	-10 009.99
1. 提取盈余公积				5 640.18		-5 640.18	
2. 提取一般风险准备					5 560.91	-5 560.91	
3. 对股东的分配						-10 009.99	-10 009.99
4. 其他							
（四）股东权益内部结转							
1. 资本公积转增资本（或股本）							
2. 盈余公积转增资本（或股本）							
3. 盈余公积弥补亏损							
4. 其他							
（五）专项储备							
1. 本期提取							
2. 本期使用							
（六）其他							
四、本年末余额	100 099.89	0	62.24	25 083.46	22 256.42	173 107.72	320 609.74

公司负责人：徐立世　　主管会计工作负责人：王向群　　会计机构负责人：多艳平

5.2 信托资产

5.2.1 信托项目资产负债汇总表

信托项目资产负债表

编制单位：北方国际信托股份有限公司　　2014 年 12 月 31 日　　单位：万元

信托资产	期末数	期初数	信托负债和信托权益	期末数	期初数
信托资产：			信托负债：		
货币资金	525 223.56	3 479 631.00	交易性金融负债		
拆出资金			衍生金融负债		
存出保证金			卖出回购金融资产款		
交易性金融资产	6 701 864.84	6 273 875.00	应付受托人报酬	1 793.33	1 895.00
衍生金融资产			应付托管费	3 832.35	3 082.00
买入返售资产	220 341.16	161 124.00	应付受益人收益	17 554.39	9 102.00
应收款项	281 331.08	169 609.00	应交税费		

续表

信托资产	期末数	期初数	信托负债和信托权益	期末数	期初数
发放贷款	12 251 625.35	12 381 987.00	应付销售服务费		
可供出售金融资产		20 281.00	其他应付款项	7 920.48	21 207.00
持有至到期投资	6 029 131.03	5 513 435.00	预计负债		
长期应收款		2 465.00	其他负债	35 996.75	
长期股权投资	1 364 335.00	1 420 821.00	信托负债合计	67 097.30	35 286.00
投资性房地产			信托权益:		
固定资产			实收信托	26 771 156.06	29 026 921.00
无形资产			资本公积	11 615.72	4 819.00
长期待摊费用			未分配利润	523 982.94	356 202.00
其他资产					
			信托权益合计	27 306 754.72	29 387 942.00
信托资产总计	27 373 852.02	29 423 228.00	信托资产总计	27 373 852.02	29 423 228.00

5.2.2 信托项目利润及利润分配汇总表

信托项目利润及利润分配表

2014 年度

编制单位:北方国际信托股份有限公司　　单位:万元

项　目	本年	上年
一、营业收入	2 461 964.25	1 683 669.00
利息收入	1 685 065.29	1 345 387.00
投资收益(损失以"－"号填列)投资收入	639 175.54	474 810.00
其中:对联营企业和合营企业的投资收益	0.00	0.00
公允价值变动收益(损失以"－"号填列	137 165.40	－136 656.00
租赁收入	0	
汇兑损益(损失以"－"号填列)	0	
其他收入	558.02	128
二、营业支出	231 629.43	261 264.00
营业税金及附加		
业务及管理费	231 629.43	261 264.00
资产减值损失		
三、信托利润(净亏损以"－"号填列)	2 230 334.82	1 422 405.00
加:其他综合收益		530.00
四、综合收益	2 230 334.82	1 422 935.00
加:期初未分配信托利润	355 150.22	179 940.00
五、可供分配的信托利润	2 585 485.04	1 602 875.00
减:本期已分配信托利润	2 061 502.10	1 246 673.00
六、期末未分配信托利润	523 982.94	356 202.00

6. 会计报表附注

6.1 简要说明报告年度会计报表编制基准、会计政策、会计估计和核算方法发生的变化

6.1.1 计提资产减值准备的范围和方法

计提资产减值准备的范围包括除了以公允价值计量且其变动计入当期损益的金融资产外,本公司在每个资产负债表日对其他金融资产的账面价值进行检查,有客观证据表明金融资产发生减值的,计提减值准备。

计提资产减值准备的方法:本公司对单项金额重大的金融资产单独进行减值测试;对单项金额不重大的金融资产,单独进行减值测试或包括在具有类似信用风险特征的金融资产组合中进行减值测试。单独测试未发生减值的金融资产(包括单项金额重大和不重大的金融资产),包括在具有类似信用风险特征的金融资产组合中再进行减值测试。已单项确认减值损失的金融资产,不包括在具有类似信用风险特征的金融资产组合中进行减值测试。

6.1.2 金融资产四分类的范围和标准

以常规方式买卖金融资产,按交易日进行会计确认和终止确认。金融资产在初始确认时划分为以公允价值计量且其变动计入当期损益的金融资产、持有至到期投资、贷款和应收款项以及可供出售金融资产。

6.1.3 以公允价值计量且其变动计入当期损益的金融资产

包括交易性金融资产和指定为以公允价值计量且其变动计入当期损益的金融资产。本公司以公允价值计量且其变动计入当期损益的金融资产均为交易性金融资产。

交易性金融资产采用公允价值进行后续计量,公允价值变动形成的利得或损失以及与该金融资产相关的股利和利息收入计入当期损益。

6.1.4 可供出售金融资产核算方法

包括初始确认时即被指定为可供出售的非衍生金融资产,以及除了以公允价值计量且其变动计入当期损益的金融资产、贷款和应收款项、持有至到期投资以外的金融资产。

可供出售金融资产采用公允价值进行后续计量,公允价值变动形成的利得或损失,除减值损失和外币货币性金融资产与摊余成本相关的汇兑差额计入当期损益外,确认为其他综合收益,在该金融资产终止确认时转出,计入当期损益。但是,在活跃市场中没有报价且其公允价值不能可靠计量的权益工具投资,以及与该权益工具挂钩并须通过交付该权益工具结算的衍生金融资产,按照成本进行后续计量。

可供出售金融资产持有期间取得的利息及被投资单位宣告发放的现金股利,计入投资收益。

6.1.5 持有至到期投资核算方法

持有至到期投资核算是指到期日固定、回收金额固定或可确定,且本公司有明确意图和能力持有至到期的非衍生金融资产。

持有至到期投资采用实际利率法,按摊余成本进行后续计量,在终止确认、发生减值或摊销时产生的利得或损失,计入当

期损益。

6.1.6　**长期股权投资核算方法**

本部分所指的长期股权投资是指本公司对被投资单位具有控制、共同控制或重大影响的长期股权投资。本公司对被投资单位不具有控制、共同控制或重大影响的长期股权投资，作为可供出售金融资产或以公允价值计量且其变动计入当期损益的金融资产核算。

6.1.6.1　长期股权投资成本的确定

对于同一控制下的企业合并取得的长期股权投资，在合并日按照被合并方所有者权益在最终控制方合并财务报表中的账面价值的份额作为长期股权投资的初始投资成本。长期股权投资初始投资成本与支付的现金、转让的非现金资产以及所承担债务账面价值之间的差额，调整资本公积；资本公积不足冲减的，调整留存收益。以发行权益性证券作为合并对价的，在合并日按照被合并方所有者权益在最终控制方合并财务报表中的账面价值的份额作为长期股权投资的初始投资成本，按照发行股份的面值总额作为股本，长期股权投资初始投资成本与所发行股份面值总额之间的差额，调整资本公积；资本公积不足冲减的，调整留存收益。

对于非同一控制下的企业合并取得的长期股权投资，在购买日按照合并成本作为长期股权投资的初始投资成本，合并成本包括购买方付出的资产、发生或承担的负债、发行的权益性证券的公允价值之和。通过多次交易分步取得被购买方的股权，最终形成非同一控制下的企业合并的，应分别是否属于"一揽子交易"进行处理：属于"一揽子交易"的，将各项交易作为一项取得控制权的交易进行会计处理；不属于"一揽子交易"的，按照原持有被购买方的股权投资账面价值加上新增投资成本之和，作为改按成本法核算的长期股权投资的初始投资成本。原持有的股权采用权益法核算的，相关其他综合收益暂不进行会计处理。原持有股权投资为可供出售金融资产的，其公允价值与账面价值之间的差额，以及原计入其他综合收益的累计公允价值变动转入当期损益。

6.1.6.2　长期股权投资的后续计量

对被投资单位具有共同控制（构成共同经营者除外）或重大影响的长期股权投资，采用权益法核算。此外，公司财务报表采用成本法核算能够对被投资单位实施控制的长期股权投资。

（1）成本法核算的长期股权投资。采用成本法核算时，长期股权投资按初始投资成本计价，追加或收回投资调整长期股权投资的成本。除取得投资时实际支付的价款或者对价中包含的已宣告但尚未发放的现金股利或者利润外，当期投资收益按照享有被投资单位宣告发放的现金股利或利润确认。

（2）权益法核算的长期股权投资。采用权益法核算时，长期股权投资的初始投资成本大于投资时应享有被投资单位可辨认净资产公允价值份额的，不调整长期股权投资的初始投资成本；初始投资成本小于投资时应享有被投资单位可辨认净资产公允价值份额的，其差额计入当期损益，同时调整长期股权投资的成本。

6.1.6.3　长期股权投资的处置

对于处置的股权，其账面价值与实际取得价款的差额，计入当期损益。

采用权益法核算的长期股权投资，处置后的剩余股权仍采用权益法核算的，在处置时将原计入所有者权益的其他综合收益部分按相应的比例采用与被投资单位直接处置相关资产或负债相同的基础进行会计处理。因被投资方除净损益、其他综合收益和利润分配以外的其他所有者权益变动而确认的所有者权益，按比例结转入当期损益。

采用成本法核算的长期股权投资，处置后剩余股权仍采用成本法核算的，其在取得对被投资单位的控制之前因采用权益法核算或金融工具确认和计量准则核算而确认的其他综合收益，采用与被投资单位直接处置相关资产或负债相同的基础进行会计处理，并按比例结转当期损益；因采用权益法核算而确认的被投资单位净资产中除净损益、其他综合收益和利润分配以外的其他所有者权益变动按比例结转当期损益。

6.1.7　**贷款和应收款项**

贷款和应收款项是指在活跃市场中没有报价、回收金额固定或可确定的非衍生金融资产。本公司划分为贷款和应收款的金融资产包括买入返售金融资产、发放贷款和垫款以及其他应收款等。

贷款和应收款项采用实际利率法，按摊余成本进行后续计量，在终止确认、发生减值或摊销时产生的利得或损失，计入当期损益。

6.1.8　**投资性房地产核算方法**

投资性房地产是指为赚取租金或资本增值，或两者兼有而持有的房地产，包括已出租的土地使用权、持有并准备增值后转让的土地使用权、已出租的建筑物等。

投资性房地产按成本进行初始计量。与投资性房地产有关的后续支出，如果与该资产有关的经济利益很可能流入且其成本能可靠地计量，则计入投资性房地产成本。其他后续支出，在发生时计入当期损益。

本公司采用成本模式对投资性房地产进行后续计量，并按照与房屋建筑物或土地使用权一致的政策进行折旧或摊销。

6.1.9　**固定资产计价和折旧方法**

固定资产从达到预定可使用状态的次月起，在使用寿命内计提折旧。各类固定资产的使用寿命、预计净残值和年折旧率、折旧方法如下：

固定资产类别	折旧年限（年）	预计净残值率（%）	年折旧率（%）	折旧方法
房屋、建筑物	20～44	5	2.16～4.75	年限平均法
运输工具	5	5	19.00	年限平均法
办公及电子设备	3	5	31.67	年限平均法
其他设备	3	5	31.67	年限平均法

预计净残值是指假定固定资产预计使用寿命已满并处于使用寿命终了时的预期状态，本公司目前从该项资产处置中获得的扣除预计处置费用后的金额。

6.1.10　**无形资产计价及摊销政策**

6.1.10.1　无形资产的确认及计价方法

无形资产是指本公司拥有或者控制的没有实物形态的可辨认非货币性资产。

无形资产按成本进行初始计量。与无形资产有关的支出，如果相关的经济利益很可能流入本公司且其成本能可靠地计量，则计入无形资产成本。除此以外的其他项目的支出，在发生时计入当期损益。

取得的土地使用权通常作为无形资产核算。自行开发建造厂房等建筑物，相关的土地使用权支出和建筑物建造成本则分别作为无形资产和固定资产核算。例如，为外购的房屋及建筑物，则将有关价款在土地使用权和建筑物之间进行分配，难以合理分配的，全部作为固定资产处理。

6.1.10.2　无形资产的摊销

使用寿命有限的无形资产自可供使用时起，对其原值减去预计净残值和已计提的减值准备累计金额在其预计使用寿命内采用直线法分期平均摊销。使用寿命不确定的无形资产不予摊销。

6.1.11　长期待摊费用的摊销政策

长期待摊费用为已经发生但应由报告期和以后各期负担的分摊期限在一年以上的各项费用。本公司的各主要长期待摊费用项目的内容、摊销方法和摊销年限如下表所示。

内容	摊销方法	摊销年限(年)
办公家具	直线法	5
其他	直线法	3

6.1.12　收入确认原则和方法

收入是在与交易相关的经济利益能够流入本公司，且有关收入的金额可以可靠地计量时，具体按以下标准确认。

6.1.12.1　利息收入

对于所有以摊余成本计量的金融工具及可供出售类投资中计息的金融工具，利息收入以实际利率计量。实际利率是指按金融工具的预计存续期间或更短期间将其预计未来现金流入或流出折现至其金融资产或金融负债账面净值的利率。利息收入的计算，要考虑金融工具的合同条款（如预付选择权）并且包括所有归属于实际利率组成部分的费用和所有交易成本，但不包括未来贷款损失。如果本公司对未来收入估计发生改变，金融资产的账面价值亦可能随之调整。由于调整后的账面价值是按照原实际利率计算而得，变动也记入利息收入。

6.1.12.2　手续费、佣金及其他收入

手续费、佣金及其他收入按照信托合同约定或者在已提供有关服务后且收取的金额可以合理地估算时确认，其中信托项目承担的佣金由信托部门发起，经托管部审核确认后，自信托专户划入公司账户。

6.1.13　递延所得税资产和递延所得税负债的会计处理方法

某些资产、负债项目的账面价值与其计税基础之间的差额，以及未作为资产和负债确认但按照税法规定可以确定其计税基础的项目的账面价值与计税基础之间的差额产生的暂时性差异，采用资产负债表债务法确认递延所得税资产及递延所得税负债。

对于能够结转以后年度的可抵扣亏损和税款抵减，以很可能获得用来抵扣可抵扣亏损和税款抵减的未来应纳税所得额为限，确认相应的递延所得税资产。

资产负债表日，对于递延所得税资产和递延所得税负债，根据税法规定，按照预期收回相关资产或清偿相关负债期间的适用税率计量。

6.2　或有事项说明

2014年末公司无或有事项。

2014年初担保余额为零元，年末担保余额为零元。无逾期担保情况发生。在被担保单位未履行偿债义务的情况下，公司将承担相应债务。

6.3　重要资产转让及其出售的说明

无。

6.4　会计报表中重要项目的明细资料

6.4.1　披露自营资产经营情况

6.4.1.1　按信用风险五级分类结果披露信用风险资产的期初数、期末数

风险分类	正常类（万元）	关注类（万元）	次级类（万元）	可疑类（万元）	损失类（万元）	信用风险资产合计（万元）	不良资产合计（万元）	不良资产率（%）
期初数	105 787.79	32 461.94				138 249.73		0
期末数	324 272.49	0				324 272.49		0

注：不良资产合计＝次级类＋可疑类＋损失类。

6.4.1.2　各项资产减值损失准备的期初、本期计提、本期转回、本期核销、期末数

单位：万元

	期初数	本期计提	本期转回	本期核销	期末数
贷款损失准备	6 262.00	17 887.00	6 262.00	0	17 887.00
一般准备				0	
专项准备	6 262.00	17 887.00	6 262.00	0	17 887.00
其他资产减值准备	2 455.96			0	2 455.96
可供出售金融资产减值准备	1 830.96			0	1 830.96
持有至到期投资减值准备	0			0	0
长期股权投资减值准备	625.00	3 300.00		0	3 925.00
坏账准备	0	139.82		139.82	0
投资性房地产减值准备	0	0	0	0	0
其他减值准备	49.34				49.34
各项资产减值损失准备合计	8 717.96	15 114.16		139.82	23 692.30

6.4.1.3　按照投资品种分类，分别披露固有业务股票投资、基金投资、债券投资、股权投资等投资业务的期初数、期末数

单位：万元

	自营股票	基金	债券	长期股权投资	其他投资	合计
期初数	1 923.15	1 139.8	11 012.78	38 141.34	5 101.00	57 318.07
期末数	2 502.69	679.80	13 769.70	38 577.09	0.00	55 529.28

6.4.1.4　按投资入股金额排序，前六名的自营长期股权投资的企业名称、占被投资企业权益的比例、主要经营活动及投资收益情况等

企业名称	占被投资企业权益的比例(%)	主要经营活动	投资收益(万元)
天津滨海农村商业银行股份有限公司	3.70	吸收存款、发放贷款、办理结算、同业拆借、办理票据兑现和贴现等	无
渤海财产保险股份有限公司	8.00	财产损失险、责任险、信用保险和保证保险、短期健康险和意外伤害险等	无
长城基金管理有限公司	17.65	基金募集、基金销售、资产管理等高新技术产业投资及管理,投资咨询等	1 870.58
天津泰达科技风险投资股份有限公司	3.82	高新技术产业投资及管理,投资咨询等吸收公众存款、发放短期、中长期贷款、办理国内结算等	无
长城嘉信资产管理有限公司	22.00	特定客户资产管理业务	33.35
天津津南村镇银行股份有限公司	6.67	吸收公众存款、发放短期、中长期贷款、办理国内结算等	290

注:投资损益是指按照企业会计准则规定,核算股权投资确认损益并记入披露年度利润表的金额。

6.4.1.5 前五名的自营贷款的企业名称、占贷款总额的比例和还款情况等(从大到小顺序排列)

企业名称	占贷款总额的比例(%)	还款情况
智造(中国)有限公司	21.25	未到期
滨海团泊新城(天津)控股有限公司	10.32	未到期
天津市凯泰建材经营有限公司	9.84	未到期
苏州威尔玛置业有限公司	7.87	未到期
天津松江建材有限公司	7.38	未到期

6.4.1.6 表外业务的期初数、期末数,按照代理业务、担保业务和其他类型表外业务分别披露

单位:万元

表外业务	期初数	期末数
担保业务	0	0
代理业务	0	0
其他	0	0
合计	0	0

注:代理业务主要反映因客观原因应规范而尚未完成规范的历史遗留委托业务,包括委托贷款和委托投资。

6.4.1.7 公司当年的收入结构(母公司口径、并表口径同时披露)

续表

收入结构	金额(万元)	占比(%)
手续费及佣金收入	90 091.97	72.00
其中:信托手续费收入	90 091.97	72.00
投资银行业务收入		0.00
利息收入	29 090.58	23.00
其他业务收入	450.83	0.00
其中:计入信托业务收入部分	0	0.00
投资收益	2 054.66	2.00
其中:股权投资收益	2 193.93	2.00
证券投资收益	-139.26	0.00
其他投资收益		0.00
公允价值变动收益	282.87	0.00
营业外收入	2 920.67	2.00
收入合计	124 891.58	100.00

注:其他收入450.83万元是指房租收入。手续费及佣金收入、利息收入、其他业务收入、投资收益、营业外收入均应为损益表中的科目,其中手续费及佣金收入、利息收入、营业外收入为未抵减掉相应支出的全年累计实现收入数。

6.4.2 披露信托财产管理情况

6.4.2.1 信托资产的期初数、期末数

单位:万元

信托资产	期初数	期末数
集合	1 834 454.00	2 261 850.48
单一	26 049 987.00	23 582 927.59
财产权	1 538 787.00	1 529 073.95
合计	29 423 228.00	27 373 852.02

6.4.2.1.1 主动管理型信托业务的信托资产期初数、期末数,分证券投资类、股权投资类、融资类、事务管理类分别披露

单位:万元

主动管理型信托资产	期初数	期末数
证券投资类	12 147.00	380 113.84
股权投资类	559 093.00	458 735.00
融资类	2 805 454.00	3 362 463.24
事务管理类	882 717.00	809 257.85
合计	4 259 411.00	5 010 569.93

6.4.2.1.2 被动管理型信托业务的信托资产期初数、期末数,分证券投资类、股权投资类、融资类、事务管理类分别披露

单位:万元

被动管理型信托资产	期初数	期末数
证券投资类	8 181 346.00	6 257 157.44
股权投资类	783 914.00	369 800.00
融资类	15 542 487.00	11 373 462.80
事务管理类	656 070.00	4 362 861.85
合计	25 163 817.00	22 363 282.09

6.4.2.2 本年度已清算结束的信托项目个数、实收信托合计金额、加权平均实际年化收益率

6.4.2.2.1 本年度已清算结束的集合类、单一类资金信托项目和财产管理类信托项目个数、实收信托金额、加权平均实际年化收益率

已清算结束信托项目	项目个数(个)	实收信托合计金额(万元)	加权平均实际年化收益率(%)
集合类	42	2 037 807.00	8.1864
单一类	235	8 117 350.00	7.2996
财产管理类	10	167 755.00	0

注:收益率是指信托项目清算后,给受益人赚取的实际收益水平。加权平均实际年化收益率=(信托项目1的实际年化收益率×信托项目1的实收信托+信托项目2的实际年化收益率×信托项目2的实收信托+…+信托项目n的实际年化收益率×信托项目n的实收信托)/(信托项目1的实收信托+信托项目2的实收信托+…+信托项目n的实收信托)×100%。

6.4.2.2.2　本年度已清算结束的主动管理型信托项目个数、实收信托合计金额、加权平均实际年化收益率，分证券投资类、股权投资类、融资类、事务管理类分别计算并披露

已清算结束信托项目	项目个数（个）	实收信托合计金额（万元）	加权平均实际年化信托报酬率（%）	加权平均实际年化收益率（%）
证券投资类	5	1 578 270.00	0.2576	8.1275
股权投资类	5	53 475.00	1.4868	10.7999
融资类	71	2 052 962.00	0.6530	7.2030
事务管理类	8	162 500.00	0.2671	0

注：加权平均实际年化信托报酬率 =（信托项目 1 的实际年化信托报酬率 × 信托项目 1 的实收信托 + 信托项目 2 的实际年化信托报酬率 × 信托项目 2 的实收信托 + … + 信托项目 n 的实际年化信托报酬率 × 信托项目 n 的实收信托）/（信托项目 1 的实收信托 + 信托项目 2 的实收信托 + … + 信托项目 n 的实收信托）×100%。

6.4.2.2.3　本年度已清算结束的被动管理型信托项目个数、实收信托合计金额、加权平均实际年化收益率，分证券投资类、股权投资类、融资类、事务管理类分别计算并披露

已清算结束信托项目	项目个数（个）	实收信托合计金额（万元）	加权平均实际年化信托报酬率（%）	加权平均实际年化收益率（%）
证券投资类	5	130 000.00	0.3260	6.1930
股权投资类	3	222 080.00	0.7205	7.6247
融资类	184	6 037 370.00	0.2940	7.3954
事务管理类	6	86 255.00	0.2397	6.8821

6.4.2.3　本年度新增的集合类、单一类和财产管理类信托项目个数、实收信托合计金额

新增信托项目	项目个数（个）	实收信托合计金额（万元）
集合类	41	677 453.00
单一类	287	8 691 289.00
财产管理类	6	253 000.00
新增合计	334	9 621 742.00
其中：主动管理型	33	552 994.00
被动管理型	301	9 068 748.00

注：本年新增信托项目指在本报告年度内累计新增的信托项目个数和金额。包含本年度新增并于本年度内结束的项目和本年度新增至报告期末仍在持续管理的信托项目。

6.4.2.4　本公司履行受托人义务情况及因本公司自身责任而导致的信托资产损失情况（合计金额、原因等）

无。

6.5　关联方关系及其交易的披露

6.5.1　关联交易方的数量、关联交易的总金额及关联交易的定价政策等

	关联交易方数量（个）	关联交易金额（万元）	定价政策
合计	9	772 700.00	市场定价

注：“关联交易”定义应以《公司法》和《企业会计准则第 36 号——关联方披露》有关规定为准。

6.5.2　关联交易方与本公司的关系性质、关联交易方的名称、法定代表人、注册地址、注册资本及主营业务等

关系性质	关联方名称	法定代表人	注册地址	注册资本	主营业务
公司股东	天津市泰达投资控股有限公司	张秉军	天津市经济技术开发区盛达街 9 号 1201	1 000 000	以自有资金对工业、农业、基础设施开发建设、金融、保险、证券业、房地产业、交通运输业、电力、燃气、蒸汽及水的生产和供应业、建筑业、仓储业、邮电通信业、旅游业、餐饮业、旅馆业、娱乐服务业、广告、烟酒生产制造、租赁服务业、食品加工及制造、教育、文化艺术业、广播电影电视业的投资；高新技术开发、咨询、服务、转让，各类商品、物资供销，企业资产经营管理，纺织品、化学纤维、电子通信设备、文教体育用品加工制造，组织所属企业开展进出口贸易（以上经营范围涉及行业许可的凭许可证件，在有效期内经营，国家有专项专营规定的按规定办理）。
同一控制人	天津北信投资有限公司	李景松	天津市开发区第一大街 29 号	8 000	对工业、商业、服务业等各类企业投资，企业管理、投资管理、财务管理、国内经济、商业信息咨询服务（不含中介），对房地产企业投资，自有房屋租赁，铁合金及相关产品的销售（依法须经批准的项目，经相关部门批准后方可开展经营活动）。
同一控制人	渤海财产保险股份有限公司	卢志永	天津市河西区解放南路 256 号泰达大厦	137 500	财产损失保险，责任保险，信用保险和保证保险，短期健康保险和意外伤害保险，上述业务的再保险业务，国家法律、法规允许的保险资金运用业务，经保监会批准的其他业务（以上经营范围涉及行业许可的凭许可证件，在有效期限内经营，国家有专项专营规定的按规定办理）。
公司股东的关联企业	津联集团（天津）资产管理有限公司	崔荻	天津市滨海新区经济技术开发区内	168 127.19 港元	资产经营管理（金融业务除外），投资、资产管理咨询，理财服务，经济信息咨询及有关的管理服务（依法须经批准的项目，经相关部门批准后方可开展经营活动）。
公司股东的关联企业	天津泰达集团有限公司	张秉军	天津市开发区第三大街 16 号	220 000	工业、商业、房地产业的投资、房产开发与销售，经营与管理及科技开发咨询业务，化学纤维及其原料、包装物的制造和销售，自营和代理各类商品及技术的进出口业务（国家限定公司经营或禁止进出口的商品及技术的除外），对基础设施开发建设进行投资，自有房屋租赁及管理，产权交易代理中介服务（以上范围内国家有专项规定的按规定办理）。
控股子公司	泰达宏利基金管理有限公司	章嘉玉	上海市普陀区武威路 789 号东大楼 107 室	18 000	基金管理业务，发起设立基金，中国证监会批准的其他业务

续表

关系性质	关联方名称	法定代表人	注册地址	注册资本	主营业务
公司股东的关联企业	天津滨海新都市投资有限公司	祖国湛	天津市经济技术开发区时尚西路18号B1办公区	30 000	对工业、商业、房地产业、酒店业、建筑业、娱乐及餐饮业的投资，房地产销售，工业厂房和酒店的销售，对基础设施开发建设进行投资，市政工程设计、施工、咨询，自有房屋租赁及管理；房地产开发与经营（依法须经批准的项目，经相关部门批准后方可开展经营活动）。
公司股东的关联企业	天津泰达创业商业地产开发有限公司	赵海鹏	天津市开发区时尚街10号	60 000	招标代理、商业信息咨询、工程咨询服务、工程项目管理，房地产开发，商品房销售，自有房屋租赁，物业管理，房地产中介服务，房屋拆迁服务，建筑材料批发兼零售（依法须经批准的项目，经相关部门批准后方可开展经营活动）。
公司股东的关联企业	天津悦海酒店投资有限公司	祖国湛	天津市滨海新区塘沽天池北路358号（北塘）	3 000	对工业、商业、房地产业、酒店业、建筑业、娱乐及餐饮业的投资，商品房、酒店、工业厂房的销售代理，对基础设施开发建设进行投资，自有房屋租赁及管理，房地产开发与经营；餐饮服务（凭许可证经营）、会议服务（依法须经批准的项目，经相关部门批准后方可开展经营活动）。
同一控制人	天津泰达中塘投资开发有限公司	张秉军	天津市滨海新区大港中塘镇人民政府院内201室	12 500	对基础设施建设的投资（金融性投资除外），室内外装饰装修，物业管理，土地整理、房地产开发与经营，对建筑业、服务业（有前置许可项目的除外）投资，自有房屋租赁与管理（以上经营范围涉及行业许可的凭许可证件在有效期内经营，国家有专营专项规定的按规定办理）。
公司股东的关联企业	天津星城投资发展有限公司	王劲	天津市津南区八里台工业园区建设路6号A座125室	79 900	对土地开发、基础设施建设（含环境工程）、生态环保行业、工业基础设施、农业项目开发的投资，室内外装修装饰、物业管理，房地产开发，（以上经营范围涉及行业许可的凭许可证件，在有效期限内经营，国家有专营专项规定的按规定办理）。
同一控制人	天津滨海快速交通发展有限公司	张金立	天津市开发区第七大街99号	281 275	城市轨道工程的建设管理，工程总承包，招标投标咨询（不含中介）、工程监理，轨道交通的运营集中和开发经营，国内外车辆与机电设备采购、调试、运行、租赁、维修及轨道交通相关业务，房地产开发及商品房销售。
同一控制人	天津泰丰工业园投资（集团）有限公司	张秉军	天津市经济技术开发区第四大街99号	2 988 万美元	土地开发及基础设施建设，土地转让、房地产开发、销售及物业管理，自有房屋租赁，机械、电子、生物、医药及高科技等国家非限制性领域的投资，咨询与招商项目引进、合作开发与经营管理等。
公司股东的关联企业	成都泰达时代房地产开发有限公司	杨智勇	四川省成都市高新区益州大道北段333号东方希望大厦8楼5～6号	10 000	房地产开发、房屋销售和租赁、房地产信息咨询服务（以上范围国家法律、行政法规、国务院决定禁止或限制的除外，涉及资质证的凭资质证经营）。
公司股东的关联企业	天津建金成贸易有限公司	赵英	天津滨海旅游区1号楼一层143室	5 000	法律法规禁止的不得经营；应经审批的，未获批准前不得经营；法律法规未规定审批的自主经营（以上经营范围涉及行业许可的凭许可证，在有效期限内经营，国家有专项专营规定的按规定）。
公司股东的关联企业	天津市泰达国际控股（集团）有限公司	卢志永	天津市经济技术开发区盛达街9号泰达大厦金融广场11层	1 037 279	重点对金融业及国民经济其他行业进行投资控股；监督、管理控股投资企业的各种国内、国际业务；投资管理及相关咨询服务，进行金融综合产品的设计，促进机构间协同，推动金融综合经营，对金融机构的中介服务；金融及相关行业计算机管理；网络系统的设计、建设、管理、维护、咨询服务；资产受托管理。

6.5.3 逐笔披露本公司与关联方的重大交易事项

6.5.3.1 固有财产与关联方：贷款、投资、租赁、担保、应收账款、担保、其他方式等期初汇总数、本期借方和贷方发生额汇总数、期末汇总数

单位：万元

固有与关联方关联交易				
	期初数	借方发生额	贷方发生额	期末数
贷款	0		0	0
投资	11 000.00		0	11 000.00
租赁	0		0	0
担保	0		0	0
应收账款	177.32		177.32	0
其他			0	
合计	11 177.32		177.32	11 000.00

自营资产与关联方重大关联交易具体情况：无。

6.5.3.2　信托资产与关联方：贷款、投资、租赁、应收账款、担保、其他方式等期初汇总数、本期发生额汇总数、期末汇总数

单位：万元

信托与关联方关联交易				
	期初数	借方发生额	贷方发生额	期末数
贷款	397 298.00	452 500.00	84 323.00	765 475.00
投资	15 080.00	0.00	0.00	15 080.00
租赁	0.00			0.00
担保	0.00			0.00
应收账款	0.00			0.00
其他	0.00	320 200.00		320 200.00
合计	412 378.00	772 700.00	84 323.00	1 100 755.00

信托资产与关联方重大关联交易具体情况：

单位：万元

关联方名称	交易类型	期初余额	发生金额	归还金额	期末金额
天津泰达集团有限公司	信托贷款	0.00	70 000.00	2.00	69 998.00
天津泰达投资控股有限公司	信托贷款	0.00	160 000.00		160 000.00
津联集团（天津）资产管理有限公司	信托贷款	42 300.00	52 500.00	54 300.00	40 500.00
天津泰达中塘投资开发有限公司	信托贷款	150 000.00			150 000.00
天津星城投资发展有限公司	信托贷款	99 998.00		20 001.00	79 997.00
天津滨海快速交通发展有限公司	信托贷款	95 000.00		10.00	94 990.00
天津泰丰工业园投资（集团）有限公司	信托贷款	10 000.00		10 000.00	0.00
成都泰达时代房地产开发有限公司	信托贷款	0.00	30 000.00		30 000.00
天津市泰达国际控股（集团）有限公司	信托贷款	0.00	100 000.00	10.00	99 990.00
天津建金成贸易有限公司	信托贷款		40 000.00		40 000.00
天津滨海新都市投资有限公司	其他融出	0.00	211 700.00		211 700.00
天津泰达创业商业地产开发有限公司	其他融出	0.00	59 300.00		59 300.00
天津悦海酒店投资有限公司	其他融出	0.00	49 200.00		49 200.00
泰达宏利基金管理公司	信托投资	4 080.00			4 080.00
天津渤海财产保险股份有限公司	信托投资	11 000.00			11 000.00

6.5.3.3　信托公司自有资金运用于自己管理的信托项目（固信交易）、信托公司管理的信托项目之间的相互（信信交易）交易金额，包括余额和本报告年度的发生额

6.5.3.3.1　固有与信托财产之间的交易金额期初汇总数、本期发生额汇总数、期末汇总数

单位：万元

固有财产与信托财产相互交易			
	期初数	本期发生额	期末数
合计	0	0	0

固有和信托资产之间重大关联交易具体情况：无。

6.5.3.3.2　信托资产与信托财产之间的交易金额期初汇总数、本期发生额汇总数、期末汇总数

单位：万元

信托资产与信托财产相互交易			
	期初数	本期发生额	期末数
合计	无	0	无

注：以公司受托管理的一个信托项目的资金购买自己管理的另一个信托项目的受益权或信托项下资产均应纳入统计披露范围。

6.5.4　逐笔披露关联方逾期未偿还本公司资金的详细情况以及本公司为关联方担保发生或即将发生垫款的详细情况

无。

6.6　会计制度的披露

固有业务（自营业务）、信托业务执行会计制度的名称及颁布的年份。

本公司自营业务遵循2014年度颁布的新《企业会计准则》、《企业会计准则——应用指南》以及财政部颁布的《企业会计准则实施问题专家工作组意见》及财政部颁布的其他规章制度。信托业务执行2014年度颁布的新《企业会计准则》。

7. 财务情况说明书

7.1　利润实现和分配情况（母公司口径和并表口径同时披露）

7.1.1　母公司口径

2014年公司实现净利润56 401.82万元，按净利润的10%提取盈余公积金5 640.18万元，按净利润的7.5%提取信托赔偿准备金4 230.15万元，提取一般风险准备金1 330.76万元，进行上述分配后，留存净利润45 200.73万元。年初未分配利润137 916.99万元，2014年向股东分红10 009.99元，2014年末可供分配利润是173 107.72万元。

7.2　主要财务指标

7.2.1　母公司口径

指标名称	指标值
资本利润率（%）	18.97
加权年化信托报酬率（%）	0.3747
人均净利润（万元）	378.54

注：1. 资本利润率＝净利润/所有者权益平衡×100%。

2. 加权年化信托报酬率＝（信托项目1的实际年化信托报酬率×信托项目1的实收信托＋信托项目2的实际年化信托报酬率×信托项目2的实收信托＋…＋信托项目n的实际年化信托报酬率×信托项目n的实收信托）/（信托项目1的实收信托＋信托项目2的实收信托＋…＋信托项目n的实收信托）×100%。

3. 人均净利润＝净利润/年平均人数。

4. 平均值采取年初、年末余额简单平均法，公式为：a（平均）＝（年初数＋年末数）/2。

7.3 对本公司财务状况、经营成果有重大影响的其他事项

无。

8. 特别事项揭示

8.1 前五名股东报告期内变动情况及原因

无。

8.2 董事、监事及高级管理人员变动情况及原因

根据公司2014年4月1日召开的2014年第二次临时股东大会决议，由吴爽女士担任公司监事，梅文女士不再担任公司监事。

公司于2014年4月22日召开2014年第三次临时股东大会，完成第三届董(监)事会换届工作，选举马贵中先生、王工布先生、胡军先生、李静平女士、申小林先生、贾晋平先生、朱文芳女士、贾鸿潜先生、徐立世先生为公司董事；选举苑德军先生、戴金平女士、王爱俭女士、孔晓艳女士为公司独立董事；选举田以林先生、袁跃华先生、蒲彦泉先生、王振忠先生、夏金玲女士为公司监事。

根据公司2014年9月10日召开的2014年第六次临时股东大会决议，由王春丽女士担任公司监事，袁跃华先生不再担任公司监事；根据公司2014年9月10日召开的2014年第六次临时股东大会决议，李静平女士不再担任公司董事。

根据公司2014年9月30日召开的2014年第七次临时股东大会决议，选举翟绍菁女士担任公司职工监事。

根据公司2014年12月5日召开的2014年第九次临时股东大会决议，由侯维民先生担任公司董事，王工布先生不再担任公司董事。

根据公司2015年3月25日召开的2015年第一次股东大会决议，由于学昕先生担任公司董事。

拟任董事任职材料正在报批过程中。

根据2014年11月14日《天津银监局关于包立杰任职资格的批复》(津银监复[2014]600号)，包立杰同志担任公司副总经理职务。

根据2014年11月14日《天津银监局关于王燕滨任职资格的批复》(津银监复[2014]599号)，王燕滨同志担任公司副总经理职务。

根据2015年4月15日《天津银监局关于马贵中任职资格的批复》(津银监复[2015]205号)，马贵中同志担任公司董事职务。

根据2015年4月15日《天津银监局关于贾晋平任职资格的批复》(津银监复[2015]206号)，贾晋平同志担任公司董事职务。

根据2015年4月15日《天津银监局关于苑德军任职资格的批复》(津银监复[2015]204号)，苑德军同志担任公司独立董事职务。

8.3 公司的重大未决诉讼事项

本年度，公司未发生重大诉讼事项。

8.4 对会计师事务所出具的有保留意见、否定意见或无法表示意见的审计报告的，公司董事会应就所涉及事项作出说明

瑞华会计师事务所出具了标准无保留意见的审计报告。

8.5 公司及其董事、监事和高级管理人员受到处罚的情况

无。

8.6 银监会及其派出机构对公司检查后提出整改意见的，应简单说明整改情况

2014年，天津银监局对公司进行了两次现场检查，通过检查，提出了公司在经营管理方面存在的问题。公司对现场检查意见书提出的问题非常重视，要求相关部门和人员认真学习，分析问题原因，逐条整改落实，对相关管理人员和责任人员进行了严肃的批评和经济处罚。向银监局提交了整改落实情况报告。

8.7 本年度重大事项临时报告的简要内容、披露时间、所披露的媒体及其版面

无。

8.8 其他重大需披露信息

根据公司2014年4月22日第一次股东大会会议决议，聘请瑞华会计师事务所为公司会计审计机构。

公司于2015年3月25日召开第三届董事会第五次会议，会议通过了《关于成立战略委员会的议案》及《关于成立提名委员会的议案》。战略委员会成员如下：徐立世先生担任委员会主任委员，戴金平女士担任副主任委员，苑德军先生、孔晓艳女士及贾晋平先生担任委员会成员；提名委员会成员如下：孔晓艳女士担任委员会主任委员，徐立世先生担任副主任委员，马贵中先生、侯维民先生及金树良先生担任委员会成员。

公司于2015年3月25日召开第三届董事会第五次会议，会议通过了《调整相关专业委员会委员的议案》，董事会各专业委员会人员进行调整。

风险控制委员会委员调整如下：由包立杰先生出任风险控制委员会主任委员，曾广炜先生出任风险控制委员会委员，徐立世先生、王向群先生及李静平女士不再在风险控制委员会任职。

信托委员会委员调整如下：由贾鸿潜先生出任信托委员会副主任委员，包立杰先生出任信托委员会委员，徐立世先生、王向群先生及李静平女士不再在信托委员会任职。

审计委员会委员调整如下：由申小林先生出任审计委员会副主任委员，田以林先生不再在审计委员会任职。

薪酬委员会委员调整如下：由侯维民先生及金树良先生出任薪酬委员会委员，王工布先生及王向群先生不再在薪酬委员会任职。

关联交易委员会委员调整如下：由包立杰先生出任关联交易委员会委员，孔晓艳女士、徐立世先生及王向群先生不再在关联交易委员会任职。

9. 公司监事会意见

监事会认为，公司能够严格按照《公司法》、公司章程及有关法律、法规依法运作，各项经营管理活动依法合规，公司董事、高级管理人员执行公司职务时没有违反法律、法规、公司章程或损害公司、股东及受益人利益的行为，高级管理层认真执行股东会、董事会的各项决议，经营业绩良好，超额完成了报告期年初制订的经营计划。公司财务报告真实、客观地反映了公司的财务状况和经营成果。

北京国际信托有限公司

1. 重要提示

1.1 本公司董事会及董事保证本报告所载资料不存在任何虚假记载、误导性陈述或者重大遗漏,并对其内容的真实性、准确性和完整性承担个别及连带责任。本年度报告摘要摘自年度报告全文,客户及相关利益人欲了解详细内容,应阅读年度报告全文。

1.2 无董事对年度报告内容真实性、准确性、完整性无法保证或存在异议进行声明。

1.3 独立董事沈四宝、陈建、齐东平3人保证本报告所载资料不存在任何虚假记载、误导性陈述或者重大遗漏,并对其内容的真实性、准确性和完整性承担个别及连带责任。

1.4 天职国际会计师事务所为本公司出具了无保留意见的审计报告。

1.5 公司负责人董事长李民吉、总经理王晓龙、总会计师吴京林声明:保证年度报告中财务会计报告的真实、完整。

2. 公司概况

2.1 公司简介

北京国际信托有限公司(以下简称公司或本公司)成立于1984年10月,2000年3月增资改制成为多家企业参股的非银行金融机构。2002年3月,经中国人民银行批准重新登记。2007年,经中国银行业监督管理委员会批准,公司实施了引进境外战略投资人的股权重组,同时按照信托新规的要求换发了新的金融许可证。公司注册资本金14亿元。

公司始终恪守"谨慎、诚信、尽职、创新"的理念,坚持防范风险、合规经营、持续创新、稳健发展的方针。公司在现代企业制度基础上建立了日臻完善的法人治理结构;拥有高素质、专业化的业务管理团队;具备较雄厚的产品研发、创新实力并已形成系列品牌;建立了涵盖各类业务操作流程、内控制度在内的较为完备的风险管理体系。基于健全的内部管理架构和有效的激励机制,并依托于良好和谐的外部环境,公司业务取得了快速发展。截至2014年末,公司净资产达到46.51亿元,受托管理的信托财产余额为1 616.27亿元,分配信托财产收益103.62亿元。公司以自身不断提升的综合实力为投资人创造了安全、稳定的信托财产增值收益,成为广大投资人值得信赖的金融机构。公司为中国信托业协会会员、常务理事单位。

2.1.1 中文名称:北京国际信托有限公司
中文名称缩写:北京信托
英文名称:Beijing International Trust Co., Ltd.
英文名称缩写:BJITIC

2.1.2 法定代表人:李民吉
地　　址:北京市朝阳区安立路30号院1号、2号楼
邮政编码:100012
网　　址:www.bjitic.com
电子信箱:webmaster@bjitic.com

2.1.3 信息披露事务负责人:江方
电　　话:010－59680888
传　　真:010－59680999
电子信箱:jiangfang@bjitic.com

2.1.4 信息披露报纸:《上海证券报》、《金融时报》

2.1.5 年度报告备置地点:北京市朝阳区安立路30号院1号、2号楼

2.1.6 公司聘请的会计师事务所:天职国际会计师事务所(特殊普通合伙)
地址:北京市海淀区车公庄西路19号68号楼A－1和A－5区域

2.1.7 公司聘请的律师事务所:北京市华贸硅谷律师事务所
地址:北京市朝阳区慧忠路5号远大中心C座17层

2.1.8 财务报表数据口径说明

本公司于2011年5月投资设立北京国投汇成创业投资管理有限公司,持有其100%的股权,自2012年起本公司按照《企业会计准则》编制合并报表。本公司于2014年4月投资发起设立了北信瑞丰基金管理有限公司,持有其60%的股权,自2014年起本公司按照《企业会计准则》编制合并报表。根据会计准则规定,本年财务报表同时存在"合并报表"和"公司报表"两个概念。除特殊说明外,本报告中的相关分析均为合并报表数据口径。

2.2 组织结构

3. 公司治理结构

3.1 股东

公司前三位股东情况

股东名称	出资比例(%)	法人代表	注册资本(万元)	注册地址	主要经营业务及主要财务情况
北京市国有资产经营有限责任公司	34.3	李爱庆	500 000	北京市西城区金融大街19号富凯大厦B座16层	授权范围内的国有资产经营管理，包括国有产(股)权管理，融资与投资，产(股)权的收购、兼并与转让，资产托管。截至2014年末，总资产为847亿元，总负债为498亿元，所有者权益合计349亿元。
威益投资有限公司(Win Eagle Investments Limited)	19.99	Tim Davis	—	Unit 102, 1st Floor, Righteous Centre, 585 Nathan Road, Mongkok, Kowloom, Hong Kong	持有北京信托股权的特别目的公司。
中国石油化工股份有限公司北京石油分公司	14.29	刘雄华	—	北京市东城区广渠家园6号楼	销售石油化工产品(不含危险化学品及一类易制毒化学品)、汽油、煤油、柴油、润滑油、润滑脂等。截至2014年末，总资产为128.87亿元，总负债为84.56亿元，所有者权益合计44.31亿元。

3.2 董事

董事长、副董事长、董事

姓　名	职　务	性别	年龄	选任日期	所推举的股东名称	该股东持股比例(%)	简　要　履　历
李民吉	董事长	男	49	2013年9月	北京市国有资产经营有限责任公司	34.3	中国人民大学硕士，历任中国光大国际信托投资公司资金部高级经理、证券部筹备组负责人、上海证券业务部负责人，华夏证券有限公司交易部副总经理、东四十条营业部总经理兼北京证券登记公司董事，武汉国际信托投资公司副总经理兼证券业务总部总经理、武汉金融学会理事，首创证券有限公司副总经理，北京国际信托投资有限公司总裁助理兼北京科技风险投资股份有限公司执行总裁，北京市国有资产经营有限责任公司副总裁，北京国际信托有限公司党委副书记、副董事长、副总经理，北京国际信托有限公司董事长。

续表

姓名	职务	性别	年龄	选任日期	所推举的股东名称	该股东持股比例(%)	简要履历
王晓龙	副董事长	男	59	2000年3月	北京市国有资产经营有限责任公司	34.3	北京大学博士,历任国家经济体制改革委员会中国经济体制改革研究所部主任,北京市高新技术产业开发区常务副主任,香港京泰实业(集团)有限公司董事、副总经理,京泰财务有限公司董事、总经理,京泰证券有限公司董事、总经理,京泰工业投资有限公司董事长,北京控股有限公司执行董事兼副总裁,北京科技风险投资股份有限公司副董事长兼总裁,北京国际信托有限公司副董事长、总经理、党委副书记。
刘建华	股东董事	男	60	2000年3月	北京市国有资产经营有限责任公司	34.3	中国政法大学硕士,历任北京市第二商业局局长助理、局党委副书记,北京食品工贸集团公司党委书记,北京市委商贸工委书记,北京国际信托有限公司党委书记、董事长(已退休)。
Jun Xu	股东董事	男	47	2012年8月	威益投资有限公司	19.99	哥伦比亚大学博士,历任埃克萨斯顾问公司高级研究员、百利银行副总裁、泰信基金管理公司投资总监、信安国际(亚洲)有限公司第二副总裁、建信基金管理公司总经理、安石摩尔投资咨询(北京)有限公司总经理。
李显章	股东董事	男	57	2008年7月	中国石油化工股份有限公司北京石油分公司	14.29	中共中央党校研究生,历任北京市石油产品销售总公司财务部经理,北京石油集团有限责任公司财务部经理,中国石油化工股份有限公司北京石油分公司总会计师。
许汉章	股东董事	男	58	2011年8月	上海爱使股份有限公司	8.29	中共中央党校经济管理学士,任上海爱使股份有限公司总经理。
汤民强	股东董事	男	57	2010年8月	杭州钢铁集团公司	6.14	上海交通大学学士,历任杭钢集团计财部预算成本处处长、财务部部长,杭钢集团公司总会计师兼财务部长、副总经理,杭钢集团公司总经理。
江　芳	职工董事	女	44	2000年3月	—	—	对外经济贸易大学法学博士,历任北京国际信托有限公司研究发展部经理助理、董事会秘书兼总经理办公室副主任,董事会秘书兼董事会办公室主任、综合管理总部总经理、合规法律风险管理部总经理,北京国际信托有限公司董事会秘书兼财富管理与理财规划事业部第一责任人。

独立董事

姓名	职务	性别	年龄	选任日期	所推举的股东名称	该股东持股比例(%)	简要履历
沈四宝	独立董事	男	68	2008年7月	—	—	北京大学硕士,历任北京大学法律系讲师、副教授、对外经济贸易大学法学院院长、教授、博士生导师,上海大学法学院院长、教授、博士生导师。
齐东平	独立董事	男	54	2008年7月	—	—	中国人民大学经济研究所博士,历任吉林省社会科学院经济研究所研究员,中国国家计划委员会公务员,中国人民大学商学院副教授。
陈　建	独立董事	男	43	2008年7月	—	—	首都经济贸易大学学士,历任毕马威华振会计师事务所审计经理,北京中兆信会计师事务所有限公司主任会计师,北京中企华君诚会计师事务所有限公司主任会计师。

3.3 监事

监事会成员

姓名	职务	性别	年龄	选任日期	所推举的股东名称	该股东持股比例(%)	简要履历
李海东	监事会主席	男	49	2008年7月	航天科技财务有限责任公司	7.14	东北财经大学本科,历任航天工业部财务司成本价格处助理员,航天总公司财务司国有资产处处长,国防科工委财务司基建技改财务处处长,国防科工委信息中心副主任,航天科技财务有限责任公司副总经理、党委书记、总经理。
王进才	监事	男	53	2011年11月	天津经济技术开发区投资有限公司	4.29	中国社会科学院博士,历任山西师大政法系助教、讲师,国家民政部社会保险中心基金管理部副部长,北京国际信托投资公司部门经理,天津泰达科技风险投资股份有限公司副总经理,金港信托投资有限责任公司董事长,天津开发区国有资产经营公司副总经理。
孟福增	监事	男	58	2008年7月	鹏丰投资有限公司	2.57	中国社会科学院研究生,历任中国人民银行北京市朝阳区办事处农村金融管理科科员,中共朝阳区委员会农村工作部副部长,中国农业银行北京分行农业信贷处副处长,中国农业银行朝阳支行党委书记、行长,中国农业银行北京分行副行长。
秦　博	监事	男	29	2011年11月	北京宏达信资产经营有限公司	2.14	上海财经大学学士,历任上海虹桥欧森资产管理公司项目助理,上海百融股份有限公司项目经理,北京宏达信资产经营有限公司总裁助理、常务副总裁。

续表

姓　名	职　务	性别	年龄	选任日期	所推举的股东名称	该股东持股比例(%)	简　要　履　历
韩新梅	监事	女	47	2000 年 3 月	北京市海淀区欣华农工商公司	0.86	北京广播电视大学财务会计大专，历任北京市海淀区京海农工商公司红艺铝制品厂主管会计，北京市海淀区京海农工商公司会计兼统计，北京市海淀区欣华农工商公司副总经理。
张璟祎	职工监事	男	40	2011 年 1 月	—	—	首都经济贸易大学硕士，历任北京国际信托有限公司职员、业务经理；北京国际信托有限公司财富管理总部高级营销经理、副总经理，北京国际信托有限公司财富管理与理财规划事业部总经理。
何晓峰	职工监事	男	42	2013 年 5 月	—	—	清华大学经济管理学院硕士，历任北京市烟草公司职员，北京国际信托有限公司高级信托经理、房地产金融业务总部总经理，不动产信托事业一部第一责任人，北京国际信托有限公司副总经理。

3.4　高级管理人员

姓　名	职　务	性别	年龄	选任日期	金融从业年限(年)	学历	专　业
李民吉	董事长、党委书记	男	49	2013 年 9 月	17	博士	工商管理
王晓龙	副董事长、总经理、党委副书记	男	59	1998 年 9 月	20	博士	经济学
周瑞明	副总经理	男	51	2001 年 12 月	21	博士	管理学
瞿纲	副总经理	男	41	2013 年 5 月	12	硕士	工商管理
吴京林	总会计师	男	50	2008 年 7 月	22	硕士	工商管理
幸宇晖	首席风控官	女	50	2013 年 5 月	27	硕士	经济学
江　芳	董事会秘书	女	44	2000 年 3 月	21	博士	法学
黄晓炜	总经理助理	女	44	2013 年 5 月	21	硕士	经济学
沈易明	总经理助理	男	48	2013 年 3 月	24	硕士	会计学

3.5　公司员工

报告期内，公司职工人数为 215 人，平均年龄为 35 岁。

项　目		报告期年度(2014 年)		基期(2013 年)	
		人数(人)	比例(%)	人数(人)	比例(%)
年龄分布	20 岁以下	0	0	0	0
	20～29 岁	64	29.8	59	30.3
	30～39 岁	88	40.9	82	42.1
	40 岁以上	63	29.3	54	27.6
学历分布	博士	13	6	13	6.7
	硕士	130	60.5	115	58.9
	本科	57	26.5	53	27.2
	专科	15	7	14	7.2
	其他	0	0	0	0
岗位分布	高管人员	9	4.2	9	4.6
	自营业务人员	5	2.3	8	4.1
	信托业务人员	177	82.3	153	78.5
	其他人员	24	11.2	25	12.8

4. 经营管理

4.1　经营目标、方针、战略规划

经营目标：以诚信合规、稳健发展为理念，充分发挥信托功能，建成战略清晰、实力雄厚、管理严谨、风控完备、队伍精良、执行得力的卓越信托公司。

经营方针：继续坚持防范风险、合规经营、持续创新、稳健发展的方针。

战略规划：将遵循国家和监管部门法规，遵循信托业的发展规律，安全稳健运作作为公司发展的第一要务，进一步优化公司法人治理结构，在内部组织、决策流程、产品研发和营销、风险控制和管理、信息管理系统、人力资源等方面实施有效管理，进一步加大风险控制的深度管理，强化规范发展，使公司形成具有自身鲜明特色的业务结构和可持续健康发展盈利模式，形成品种多样、结构合理的新型信托业务结构，扩大信托资产管理规模，确立自身在信托领域的专长优势，为机构投资者和私人投资者提供一流的信托金融服务，并努力使股东获得较好的回报，共享财富稳定增值收益。

4.2　所经营业务的主要内容

4.2.1 自营资产运用与分布表

资产运用	金额(万元)	占比(%)	资产分布	金额(万元)	占比(%)
货币资产	145 863	28.19	基础产业	—	—
贷款及应收款	156 479	30.24	房地产业	—	—
交易性金融资产	5 481	1.06	证券市场	34 197	6.61
可供出售金融资产	104 148	20.13	实业	177 342	34.27
持有至到期投资	88 924	17.19	金融机构	299 787	57.94
长期股权投资	10 431	2.02	其他	6 094	1.18
其他	6 094	1.18			
资产总计	517 420	100.00	资产总计	517 420	100.00

4.2.2　信托资产运用与分布表

资产运用	金额(万元)	占比(%)	资产分布	金额(万元)	占比(%)
货币资产	212 931.69	1.32	基础产业	2 981 042.20	18.44
贷款	4 201 867.74	26.00	房地产	3 115 872.34	19.28
交易性金融资产	2 905 171.82	17.97	证券市场	4 014 552.83	24.84
可供出售金融资产	925 747.76	5.73	实业	2 176 545.15	13.47
持有至到期投资	3 521 723.24	21.79	金融机构	3 224 919.49	19.95
长期股权投资	2 699 893.73	16.70	其他	649 740.30	4.02
其他	1 695 336.33	10.49			
信托总资产	16 162 672.31	100.00	信托总资产	16 162 672.31	100.00

4.3 市场分析

4.3.1 宏观经济形势分析

2014 年以来,全球经济复苏仍艰难曲折,经济增速明显弱于预期,国内经济增速换挡期和结构调整阵痛期叠加共振,下行压力持续存在,宏观经济运行总体平稳,主要指标处于合理区间,特别是在经济增速稳中缓降的同时,结构优化效应增强。

4.3.2 金融形势分析

2014 年,金融市场运行总体平稳,货币信贷增长低于预期,年末股市高涨引起资金流向改变,两方面共同作用导致金融市场流动性偏紧状况难有改观;社会融资规模、M_2 增速放缓、存款增速下滑,各项金融指标迎来新常态下的换挡期。货币政策总体稳健,局部灵活,呈现"内稳外扩"特点,对内强调风险,牢牢守住不发生系统性风险的底线,坚持稳健的货币政策;对外力图进取,尤其是在人民币跨境使用以及国际金融体系话语权上。展望 2015 年,货币政策延续稳健的同时,更加注重松紧适度、定向调控和改革创新,从而为结构调整和转型升级创造中性适度的货币金融环境。

4.3.3 信托行业分析及影响公司业务发展的主要因素

2014 年是信托行业全面布局转型发展的"元年",中国信托业协会发布的 2014 年第四季度末信托公司主要业务数据表明:在新的历史发展阶段,信托业主要业务数据发生了较大的结构性变化,信托规模再创历史新高,业务结构继续优化,系统风险可控,行业发展平稳,转型态势良好;同时,信托业也面临着增幅放缓、业绩下滑、个案风险增加等方面的挑战。全年信托资产规模已达 12.95 万亿元,同比增长 27.8%,仍然稳坐金融第二把交椅。

4.3.3.1 影响公司业务发展的有利因素

(1)信托公司的相对优势仍体现在制度优势和先发优势上。信托公司在实业投资领域以及相关制度建设、人才培养、信用风险识别方面相比其他机构实践经验丰富,更具优势。

(2)监管升级促推行业转型发展。2014 年信托业围绕公司治理、信托产品登记机制、信托公司分类、加强信托公司资本约束、强调信托公司社会责任、建立恢复与处置机制、行业稳定机制、监管评价机制八个方面进行全面升级。通过推出《关于 99 号文的执行细则》、《关于调整信托公司净资本计算标准有关事项的通知》、《关于信托公司风险监管的指导意见》以及国办 107 号文、43 号文等重点监管措施,设立中国信托业保障基金有限责任公司以及全国信托登记中心落户上海自贸区,实现了顺应监管和遵循经济新常态,促推行业实现转型发展的效果。

(3)信托业在经历了前期粗放的爆发增长之后,回归"受人之托,代人理财"的本源,在业务转型方向形成了新的竞争格局。家族信托作为转型方向和趋势之一,公司业已取得先发优势。

4.3.3.2 影响公司业务发展的不利因素

(1)经济总体下行趋势对信托行业构成不利,同时信托行业历经前几年的迅猛发展,2014 年全行业迎来了兑付高峰期,历经风险考验。在经济步入中高速增长的新常态背景下,信托到期规模的增加在较大程度上增加了单体信托违约事件的发生概率;虽然爆发系统性风险的可能性不大,但是不排除个别产品出现兑付风险,随着经济下行,煤炭、房地产等强周期行业面临的行业风险逐渐增加,信托贷款延期兑付等违约事件发生概率同样有所上升。

(2)2014 年利率市场化深入,资产管理竞争加剧。随着利率市场化程度的提高,存贷款利率向市场真实水平靠拢,银行未来在投资端将会放开更多权限。券商、基金、保险等过去与信托业不存在直接竞争关系的金融部门,可以通过资产管理计划或子公司等方式与信托业形成正面竞争。

4.4 内部控制

4.4.1 内部控制环境和内部控制文化

4.4.1.1 公司内部控制遵循的原则

(1)全面性原则:内部控制覆盖公司的所有部门和岗位,渗透各项业务过程和业务环节。

(2)审慎性原则:内部控制的核心是有效防范各种风险,公司组织体系的构成、内部管理制度的建立以防范风险、审慎经营为出发点。

(3)独立性原则:公司内部机构的设置权责分明,各业务部门相对独立,部门之间建立防火墙。

(4)有效性原则:公司内部管理制度具有高度的权威性。

(5)适时性原则:公司内控制度随着公司经营战略、经营方针、经营理念等内部环境的变化和国家法律法规、政策制度等外部环境的变化进行相应的修改和完善。

(6)相互制约原则:公司在内部组织结构的设计上形成一种相互制约的机制,建立不同岗位之间的制衡体系。

4.4.1.2 公司内部控制的主要政策和程序

(1)授权控制:根据业务发展需要,建立相应的权限管理体系,实行法人统一授权和管理。

(2)岗位分离:明确有关部门分设,有关岗位分离,自营和信托业务人员不相互兼职等。

(3)资产隔离:对自营资产和信托资产分别管理。

(4)规范操作:对各项业务制定系统、成文的业务流程和操作指引,实行统一规范的业务标准和操作要求。

4.4.2 组织保障

通过规范法人治理结构、建立内控组织、制定业务运作基本政策和工作流程、完善授权制度、充实内部审计系统等内容,形成内控制度,主要包括五个层次:

4.4.2.1 董事会

负责建立和完善公司的风险管理体系并保持其有效性,负责督促、检查和评价公司的各项内部控制制度的建立与执行,评价公司经营的主要风险,确定这些风险的可控性和可承受程度,并对其负有最终的责任。

4.4.2.2 监事会

履行程序化的监督检查职能,具体负责监督董事会和经营层相关风险管理制度的执行情况,并形成报告提交股东会审议。

4.4.2.3 风险管理委员会

董事会层面的董事会风险管理委员会侧重宏观、中观的风险管理,履行公司风险管理的目标和政策,建立健全公司风险管理体系建设和流程管控程序等职责。业务决策与风险控制委员会作为董事会风险管理委员会下设的经营层面的风险管理机构，侧重微观具体工作，在董事会授权范围内审议公司业务方案及具体项目，对公司经营管理及业务开展过程中的风险防范提出指导意见，审议业务经营管理过程中风险监控的措施，对显现的风险制定化解措施。

4.4.2.4 经营层

经营层负责执行由股东会、董事会批准的年度业务发展计划，履行风险目标设定和资源分配等职能，确定适当的内控政策、各业务系列风险管理的具体目标。公司经营层设立合规与风控执委会，明确其职责为对公司合规与风险管理工作实施全面的组织管理，向总经理办公室和业务决策与风险控制委员会负责。

4.4.2.5 各职能部门和业务管理部门

通过建立合理的业务流程和内部控制制度，明确各部门的职责、部门之间的分工和协作关系。具体为：法律事务部门负责对全部法律文件的审核在业务方面提供法律支持；风险与合规管理部门负责对业务风险进行管理，建立风险体系和各类业务流程系统；负责公司合规管理与合规事务类相关工作；信托业务托管部门负责信托存续期的日常管理和监控，负责监督控制信托业务财务运作；稽核审计部门负责完善内部审计流程，定期进行业务全过程管理的检查；计划财务部门负责监督控制全公司经济效益的落实情况；人力资源部门负责人力资源的配置和管理，考核评价员工的风险管理职责的完成情况；研究部门负责公司发展战略的研究及公司信托业务创新平台的建立；综合管理部门负责公司对外联络、公司形象及宣传、公司内控制度维护，监督公司整个信息系统的安全性和信息流的规范性。

4.4.3 制度保证

本着规范管理、防范风险的原则，加强内控制度的建设并不断进行完善，已制定了包括公司治理、业务管理、合规内控、综合管理等在内的类别清晰体系完整的多项制度，以及实施细则和操作流程，形成较完善的制度保障体系。同时，通过标准合同文本指引方式，规范法律文件，基本形成标准化、规范化、制度化的业务管理体系。为适应业务发展需要，强化制度管理，报告期内按照公司内控制度修订计划，已完成对公司内控制度的全面修订工作，并实施了业务管理流程的优化工作。

4.4.4 流程约束

公司注重执行力管理和程序管理，在既有的五道防范业务风险的"防火墙"的基础上，将每一道防火墙继续细化和对接，使业务流程上下环节协调和相互制衡。

一是项目前期尽职调查和内部初审。审慎进行项目前期尽职调查，设立项目组和业务总部的内部初审制筛选项目，切实做好项目的基础调研工作。

二是实行业务风险审核与控制委员会制度，进行严格的法律文件审查。公司设立合规与风험执行委员会，全面组织和落实公司合规与风险管理工作。同时，由该执委会负责组织项目风险审核与控制工作，重点把握项目的合规性、资料的完整性、风险揭示的充分性以及中后期管理方案的可行性等内容。实行严格的法律文件审查制度，采取内部法律审查及外部律师相结合的方式，对项目各类法律文本进行严格审查。

三是业务决策与风险控制委员会决策。实行委员问责制的业务决策与风险控制委员会对项目进行综合评判、直接审查，是防范业务风险最重要的环节。

四是财务和风险与合规管理部门在资金拨付前的把关控制、信托业务托管部门对信托项目实行标准化的集中管理。

五是风险与合规管理部门和稽核审计部门的追踪监控和评价预警。严格执行风险控制制度和稽核审计制度，着重对信托项目进行始点管理和过程管理。依据信托项目日常管理及重大事项管理制度、信托财产风险评估制度、信息披露制度及危机处理制度，把控风险控制流程。

4.4.5 信息交流与反馈

公司继续完善综合业务管理系统，从前台信托产品销售，中台项目投资管理到后台财务核算处理的流程控制，实现了数据流、信息流和资金流的共享。公司优化了项目审批及中后期项目管理业务流程系统，系统针对各个业务环节和操作流程建立了一整套较为规范合理的风险防范和监控功能。公司信息传递路径通畅，各项信息上通下达，交流反馈快捷，确保了公司安全运行和持续发展。

4.4.6 监督评价与纠正机制

公司建立自控、互控、监控三结合的内控机制，对内部控制活动进行检查、评价、监督和纠正。

业务部门对各项业务和项目进行跟踪管理，一旦发现存在问题，及时予以自纠。

风险与合规管理部门按照风险管理的事前严格调查和审查。事中、事后跟踪管理和监控不同阶段的管理特征，规范相应的内部审批、操作和风险管理的程序，细化和完善内控制度，通过制度化、流程化监控、管理信托业务流程的具体执行。

稽核审计部门对业务的各项运作和风险管理进行动态审计和检查，对业务的开展进行合规性检查，并进行有效性评价和风险识别，对相关人员的行为规范进行监督和检查。根据审计的结果撰写审计报告，对被审计项目或信托经理做出客观评价，提出意见或建议，并对内审报告做出的结论和处理意见的执行及整改情况进行后期追踪检查，督促整改落实。

4.5 风险管理

4.5.1 风险管理概况

报告期内公司将全年工作重心定位于"以风险防控为主线，保证公司稳健运行"，面对复杂经济形势，公司始终把业务风险管理摆在公司整体运营中的突出地位给予高度重视，及时准确贯彻落实监管部门对风险防控工作的各项要求和部署。公司坚持进一步完善风险管理架构和风控体系的基础建设，明确了年度风险管理政策和目标，从严管控风险，严守风险底线，全力保证信托财产安全运行，努力做到防风险、保兑付、不出事。主要开展了以下工作：

4.5.1.1 进一步强化项目全过程管控，防范发生受托人责任风险

公司严格执行年度风险管理要求，进一步完善风险管理体系，定期开展各个环节、各项工作的跟踪、评估、审查和反馈工作，及时关注各项业务的进展情况以及风险管理政策、监管指

标等执行情况。为推动业务类型，结合不同投资者的风险偏好，公司对各业务流程进行持续的优化，完善问责机制，保证各节点风险可控，并将风险管控工作嵌入公司业务和业务管理的全过程。

（1）在项目立项尽调阶段。公司采取分工明确、密切合作的内部岗位管理模式，提前介入项目前期，将风险管理向前端延伸，对尽调项目进行复核。通过项目现场实地考察，提前掌握业务动向，在项目交易结构、合规性以及风控措施等多方面进行把关，实现在项目尽职调查阶段到项目成立阶段的风险监控内嵌，为开展不同类型业务在项目前期环节上提供专业化建议和意见，同时为公司审议、决策提供有力参考。公司加强对项目基础材料和尽调情况的审慎核查，改善了对公司会计师、评估机构的选聘与管理工作，加强了对项目实质性风险的识别判断与细节把控，从源头上严格把控风险。同时，通过对重点项目的全过程介入以及专项重点检查，有效地发挥了内控监督作用，增加了一道防范系统风险的屏障。

（2）在项目存续期的中后期管理阶段。公司随时关注市场和交易对手变化，每月对存续项目情况进行全面筛查，精细化管理。加强全过程全覆盖管理，对年内到期兑付的项目提前进行动态全程监控，纳入项目到期管理监测表内，关注重点领域风险，集中力量保兑付，加强监控分析，深入现场调研，提前进行严密布防，使公司对项目风险把控要点更加清晰，项目风险处置更加主动及时。公司通过按季度进行房地产项目压力测试，预警风险，做到项目提前警示。通过完善对外派人员的培训、选派和构筑外派人员交流平台，及时发现并解决问题。根据监管要求，每月对集合类信托进行排查，并撰写《集合信托业务月度风险管理报告》，同时对即将在六个月内到期项目进行排查，逐项跟踪项目进展情况及还款来源，对发现的问题逐一采取应对措施加以完善和补救，较好地履行了公司作为受托人尽责管理信托财产的职责。公司进一步实现信托业务中后期管理标准化、流程化的基础上，加大了风险监测的力度，发挥了风险提示机制的预警作用。

4.5.1.2　加强舆情监测，防范发生舆情风险

公司全面加强了风险管控的关注面，将声誉风险纳入公司的核心风险、系统性风险的主要内容进行管理。一是借助专业化手段监测舆情；二是加强营销端与业务端对存续项目的全方位的信息沟通，防范公司声誉风险；三是为了提升公司的服务水平，避免声誉受损，形成了较为完善的客户投诉受理机制，并发挥了较好的作用；四是设置预警机制，制订应急处置预案，形成公司快速反应的联动机制，有效地防范公司声誉风险。

4.5.1.3　完善内控制度体系建设，防范发生合规风险

公司的制度建设始终围绕健全合规风险内控主线进行，根据监管要求、业务发展和全面实施精细化管理的需求，公司完善、修订和废止了多项过时或已不适应的制度，进一步界定和厘清了有关制度及流程相互间的边际，更加适应公司实际操作的需要。

4.5.1.4　进一步加大信息技术投入，提升业务和管理效能

为适应公司业务发展“大数据”支持及内控管理需求，2014年进一步加大了对公司信息化技术开发投入。结合发展战略规划的要求，制订了三年信息化建设规划，利用新的技术手段和工具，将公司的信息系统打造成统一、先进、高效的信息平台，实现要素互联互通，协同处理。搭建了新的信息门户平台，实现各类监管报表系统自动生成，对系统进行版本升级，新增多项业务支持，优化固有业务系统。目标是呈现给公司内部的是一个企业门户平台，满足多维度的需求；呈现给外部客户和第三方的是一个统一的多渠道服务平台，提供更好、更满意的服务体验。与此同时，为进一步完善不同业务类型、不同风险偏好的业务开展，公司也对现有信托业务系统进行了优化、调整。

4.5.2　风险状况

4.5.2.1　信用风险状况

信用风险主要表现为公司交易对手不能履行合约义务带来的风险，其中包括业务合作伙伴、贷款对象的信用风险，资金往来银行的信用风险，从而导致公司资产价值发生变动遭受损失的风险。

4.5.2.2　市场风险状况

市场风险主要表现为因市场价格——利率、汇率、股票价格和商品价格等的不利变动而使公司表内和表外业务发生损失的风险。具体表现为经济运行周期变化风险、金融市场利率波动风险、通货膨胀风险、房地产交易风险、证券市场、货币市场交易风险等。这些风险的存在不但影响信托财产的价值以及信托收益水平，也将影响公司由于资产负债结构不匹配等导致公司整体的、当前和未来收入的损失。

4.5.2.3　操作风险状况

操作风险主要是公司系统运营过程中的错误或疏忽或外部事件而可能引起潜在损失的风险，表现为系统还不够全面和完善，以及人员操作不规范和责任心不强等方面。

4.5.2.4　其他风险状况

其他风险主要是指公司业务开展中的合规风险、政策风险、公司信誉风险、人员道德风险等。

4.5.3　风险管理及取得结果

4.5.3.1　信用风险管理

信用风险主要表现为公司交易对手不能履行合约义务带来的风险，其中包括业务合作伙伴、贷款对象的信用风险，资金往来银行的信用风险，从而导致公司资产价值发生变动遭受损失的风险。为有效规避信用风险，公司主要实施以下风险管理手段：

（1）公司通过事前评估、事中控制、事后评价的风险控制体系来防范和规避信用风险。密切结合国家宏观调控政策、产业导向政策和地区经济发展战略，加强对融资对象的运营状况和信用分析；完善业务各环节的责任评议，做到责任到岗、责任考评、责任追究三个环节紧密相扣，环环问责。

（2）抵押（质押）品确认的主要原则：抵押（质押）品必须是抵押人所有的或依法有权处分的财产；要求抵押（质押）品所有权人在房产、土地等主管部门办理抵押登记手续；抵押（质押）品价值由公司根据其变现能力参照法定评估机构的评估价值，并在合同中载明；抵押率原则上不超过50%。

（3）公司根据财政部《金融企业准备金计提管理办法》（财金[2012]20号）的规定，计提准备金，包括一般准备和相关资产减值准备。一般准备余额原则上不得低于风险资产期末余

额的1.5%。

（4）公司按不低于净利润5%的比例从税后利润中计提信托赔偿准备。该赔偿准备累计总额达到本公司注册资本的20%时，可不再提取信托赔偿准备金。

2014年公司未发生因信用风险所造成的损失。

4.5.3.2 市场风险管理

市场风险主要表现为因市场价格利率、汇率、股票价格和商品价格等的不利变动而使公司的表内和表外业务发生损失的风险。具体表现为经济运行周期变化风险、金融市场利率波动风险、通货膨胀风险、房地产交易风险、证券市场、货币市场交易风险等。这些风险的存在不但影响信托财产的价值以及信托收益水平，也将影响公司由于资产负债结构不匹配等而导致公司整体的、当前和未来收入的损失。

公司通过对宏观经济、货币政策、行业政策和利率走势等的分析，进行持续的专项监控；建立完备可靠的管理信息系统识别和量化各种投资组合所面临的风险；制订可能有重大情况发生的应急处置方案。对于利率风险，公司密切关注宏观经济变化，特别是消费物价指数以及社会通货膨胀系数的变动，增强预见性，防范利率调整带来的风险。对于汇率风险，公司随时关注国际经济动态，观察国家外汇政策的变化并及时采取相应的措施。对于证券投资风险，公司加大市场调研力度，全面了解证券市场及相关金融市场行情，根据市场供求状况及收益与风险情况，及时调整产品策略，避免市场风险。

报告期内公司未发生因市场风险所造成的损失。

4.5.3.3 操作风险管理

操作风险主要是公司内部控制、系统及运营过程中的错误或疏忽或外部事件而可能引起潜在损失的风险，表现在信息系统还不够全面及时，风险评估、风险管理的程序和结构、会计系统还不够完善，以及人员操作不规范和责任心不强等方面。

公司重点加强内控制度和风险管理的落实。公司严格业务流程的管理，加强对操作风险的防控和管理，优化流程，充实、深化内控合规部门的职能；突出抓好重要岗位和薄弱环节管理，界定业务程序，明确岗位职责。运用内部审计和外部审计，保证公司内控制度执行及风险评估的客观性和独立性；集合检查资源，加强高风险点的监督检查，并通过检查中发现的问题不断完善修订各项内控制度。通过建立健全培训、考核、考试、激励、淘汰机制，不断提高员工的业务技能，不断升级和完善计算机管理系统以及业务操作流程，并制定了一系列应对紧急情况的防范措施。

报告期内公司未发生因操作风险所造成的损失。

4.5.3.4 其他风险管理

公司强化了合法合规经营的制度保障，持续关注法律、法规的最新发展，正确理解和准确把握其内涵，并及时对业务程序和操作指引进行梳理和修订；注重员工培训，提高员工的业务技能和风险管理意识；加强职业道德教育，增强员工的工作责任心，提高公司信誉。

报告期内公司未发生因上述风险所造成的损失。

5. 报告期末及上一年度末的比较式会计报表

5.1 自营资产（经审计）

5.1.1 会计师事务所审计结论

审 计 报 告

天职业字[2015]4387号

北京国际信托有限公司全体股东：

我们审计了后附的北京国际信托有限公司（以下简称北京信托）财务报表，包括2014年12月31日的资产负债表及合并资产负债表，2014年度的利润表及合并利润表、所有者权益变动表及合并所有者权益变动表和现金流量表及合并现金流量表以及财务报表附注。

一、管理层对财务报表的责任

编制和公允列报财务报表是北京信托管理层的责任，这种责任包括：（1）按照企业会计准则的规定编制财务报表，并使其实现公允反映；（2）设计、执行和维护必要的内部控制，以使财务报表不存在由于舞弊或错误导致的重大错报。

二、注册会计师的责任

我们的责任是在执行审计工作的基础上对财务报表发表审计意见。我们按照中国注册会计师审计准则的规定执行了审计工作。中国注册会计师审计准则要求我们遵守中国注册会计师职业道德守则，计划和执行审计工作以对财务报表是否不存在重大错报获取合理保证。

审计工作涉及实施审计程序，以获取有关财务报表金额和披露的审计证据。选择的审计程序取决于注册会计师的判断，包括对由于舞弊或错误导致的财务报表重大错报风险的评估。在进行风险评估时，注册会计师考虑与财务报表编制和公允列报相关的内部控制，以设计恰当的审计程序，但目的并非对内部控制的有效性发表意见。审计工作还包括评价管理层选用会计政策的恰当性和作出会计估计的合理性，以及评价财务报表的总体列报。

我们相信，我们获取的审计证据是充分、适当的，为发表审计意见提供了基础。

三、审计意见

我们认为，北京信托财务报表在所有重大方面按照企业会计准则的规定编制，公允反映了北京信托2014年12月31日的财务状况及合并财务状况以及2014年度的经营成果和现金流量及合并经营成果和合并现金流量。

天职国际会计师事务所 特殊普通合伙

中国注册会计师 王清峰

中国注册会计师 迟文洲

中国·北京 二○一五年二月九日

5.1.2 资产负债表

资产负债表

编制单位:北京国际信托有限公司　　2014 年 12 月 31 日　　单位:元

项　目	合并数		母公司数	
	期末余额	年初余额	期末余额	年初余额
流动资产:				
货币资金	1 458 628 624.68	1 308 048 259.60	1 306 770 794.28	1 301 572 401.95
△结算备付金				
△拆出资金				
以公允价值计量且其变动计入当期损益的金融资产	54 810 932.93	252 122 412.71	54 810 932.93	252 122 412.71
衍生金融资产				
应收票据				
应收账款	10 879 866.08	10 501 750.11	8 401 425.21	10 501 750.11
预付款项	126 667 086.44	132 015 086.44	126 667 086.44	132 015 086.44
△应收保费				
△应收分保账款				
△应收分保准备金				
应收利息				
应收股利				
其他应收款	7 579 027.61	9 482 038.54	4 650 277.61	8 492 038.54
△买入返售金融资产	—	309 404 594.00	—	309 404 594.00
存货				
其中:原材料				
库存商品(产成品)				
划分为持有待售的资产				
一年内到期的非流动资产				
其他流动资产				
流动资产合计	1 658 565 537.74	2 021 574 141.40	1 501 300 516.47	2 014 108 283.75
非流动资产:				
△发放贷款及垫款	1 419 660 000.00	785 070 000.00	1 419 660 000.00	785 070 000.00
可供出售金融资产	1 041 477 250.70	836 685 110.42	994 747 250.70	816 685 110.42
持有至到期投资	889 240 000.00	523 000 000.00	889 240 000.00	523 000 000.00
长期应收款				
长期股权投资	104 310 173.26	23 357 623.65	255 165 994.02	49 500 000.00
投资性房地产				
固定资产原价	53 801 033.86	41 900 573.55	44 265 812.54	41 900 573.55
减:累计折旧	22 696 177.79	17 887 378.37	21 681 035.10	17 887 378.37
固定资产净值	31 104 856.07	24 013 195.18	22 584 777.44	24 013 195.18
减:固定资产减值准备				
固定资产净额	31 104 856.07	24 013 195.18	22 584 777.44	24 013 195.18
在建工程				
工程物资				
固定资产清理				
生产性生物资产				
油气资产				
无形资产	4 053 629.16	3 202 143.94	1 866 279.18	3 202 143.94
开发支出				
商誉				
长期待摊费用	1 160 640.28			
递延所得税资产	24 629 403.06	868 964.04	24 993 998.54	929 214.04
其他非流动资产				
其中:特准储备物资				
非流动资产合计	3 515 635 952.53	2 196 197 037.23	3 608 258 299.88	2 202 399 663.58
资产总计	5 174 201 490.27	4 217 771 178.63	5 109 558 816.35	4 216 507 947.33

企业负责人:李民吉　　主管会计工作负责人:吴京林　　会计机构负责人:魏东华

资产负债表（续）

编制单位：北京国际信托有限公司　　2014 年 12 月 31 日　　单位：元

项　目	合并数		母公司数	
	期末余额	年初余额	期末余额	年初余额
流动负债：				
短期借款				
△向中央银行借款				
△吸收存款及同业存放				
△拆入资金				
以公允价值计量且其变动计入当期损益的金融负债				
衍生金融负债				
应付票据				
应付账款	5 484 583.29			
预收款项	17 481 357.81		17 481 357.81	
△卖出回购金融资产款				
△应付手续费及佣金				
应付职工薪酬	260 556 568.85	163 073 084.77	260 386 396.39	163 073 084.77
其中：应付工资	259 135 341.07	161 808 654.34	259 097 813.09	161 808 654.34
应付福利费				
#其中：职工奖励及福利基金				
应交税费	229 789 236.91	149 311 664.28	228 154 619.91	148 655 432.28
其中：应交税金	229 789 236.91	149 311 664.28	228 154 619.91	148 655 432.28
应付利息				
应付股利				
其他应付款	6 016 238.05	7 975 260.32	6 016 238.05	7 975 260.32
△应付分保账款				
△保险合同准备金				
△代理买卖证券款				
△代理承销证券款				
划分为持有待售的负债				
一年内到期的非流动负债				
其他流动负债				
流动负债合计	519 327 984.91	320 360 009.37	512 038 612.16	319 703 777.37
非流动负债：				
长期借款				
应付债券				
长期应付款				
长期应付职工薪酬				
专项应付款				
预计负债				
递延收益				
递延所得税负债	3 415 970.29	2 412 736.32	2 983 470.29	2 412 736.32
其他非流动负债				
其中：特准储备基金				
非流动负债合计	3 415 970.29	2 412 736.32	2 983 470.29	2 412 736.32
负债合计	522 743 955.20	322 772 745.69	515 022 082.45	322 116 513.69
所有者权益（或股东权益）：				
实收资本（或股本）	1 400 000 000.00	1 400 000 000.00	1 400 000 000.00	1 400 000 000.00
国有资本	1 120 200 000.00	1 120 200 000.00	1 120 200 000.00	1 120 200 000.00
其中：国有法人资本	926 200 000.00	926 200 000.00	926 200 000.00	926 200 000.00
集体资本				
集体资本				

续表

项　目	合并数		母公司数	
	期末余额	年初余额	期末余额	年初余额
民营资本				
其中:个人资本				
外商资本	279 800 000.00	279 800 000.00	279 800 000.00	279 800 000.00
#减:已归还投资				
实收资本(或股本)净额	1 400 000 000.00	1 400 000 000.00	1 400 000 000.00	1 400 000 000.00
其他权益工具				
其中:优先股				
永续债				
资本公积				
减:库存股				
其他综合收益	6 120 711.00	2 775 739.07	5 342 211.00	2 775 739.07
其中:外币报表折算差额				
专项储备				
盈余公积	1 317 852 057.99	398 906 696.80	1 317 852 057.99	398 906 696.80
其中:法定公积金	489 664 579.63	398 906 696.80	489 664 579.63	398 906 696.80
任意公积金	828 187 478.36		828 187 478.36	
#储备基金	918 945 361.19			
#企业发展基金				
#利润归还投资				
△一般风险准备	75 193 985.39	54 521 519.41	75 193 985.39	54 521 519.41
△信托赔偿准备	400 000 000.00	330 000 000.00	400 000 000.00	330 000 000.00
未分配利润	1 390 643 762.32	1 708 794 477.66	1 396 148 479.52	1 708 187 478.36
归属于母公司所有者权益合计	4 589 810 516.70	3 894 998 432.94	4 594 536 733.90	3 894 391 433.64
*少数股东权益	61 647 018.37			
所有者权益(或股东权益)合计	4 651 457 535.07	3 894 998 432.94	4 594 536 733.90	3 894 391 433.64
负债和所有者权益(或股东权益)总计	5 174 201 490.27	4 217 771 178.63	5 109 558 816.35	4 216 507 947.33

企业负责人:李民吉　　主管会计工作负责人:吴京林　　会计机构负责人:魏东华

5.1.3　利润表

利润表

编制单位:北京国际信托有限公司　　2014 年度　　单位:元

项　目	合并数		母公司	
	本期金额	上期金额	本期金额	上期金额
一、营业总收入	1 477 032 706.99	1 418 537 503.78	1 469 859 604.87	1 416 243 301.25
其中:营业收入	18 762 851.32	6 908 833.61	18 762 851.21	6 908 833.61
△利息收入	126 606 852.90	179 670 561.78	122 609 245.12	179 626 359.25
△已赚保费	—			
△手续费及佣金收入	1 331 663 002.77	1 231 958 108.39	1 328 487 508.54	1 229 708 108.39
二、营业总成本	566 616 783.38	448 159 084.07	543 570 288.08	448 017 321.57
其中:营业成本				
△利息支出	—			
△手续费及佣金支出	26 440 657.13	37 251 573.84	26 440 657.13	37 250 501.34
△退保金				
△赔付支出净额				
△提取保险合同准备金净额				
△保单红利支出				
△分保费用				
营业税金及附加	87 753 378.08	76 283 405.17	87 581 598.42	76 157 405.17
销售费用				

续表

项　目	合并数		母公司	
	本期金额	上期金额	本期金额	上期金额
管理费用	445 235 151. 15	331 155 910. 19	421 143 053. 60	331 141 220. 19
其中:研究与开发费				
财务费用				
其中:利息支出				
利息收入				
汇兑净损失(净收益以"－"号填列)				
资产减值损失	7 187 597. 02	3 468 194. 87	8 404 978. 93	3 468 194. 87
其他				
加:公允价值变动收益(损失以"－"号填列)	－1 139 026. 78	25 491 311. 66	－1 139 026. 78	25 491 311. 66
投资收益(损失以"－"号填列)	236 754 929. 36	115 295 373. 02	232 554 373. 77	115 369 984. 39
其中:对联营企业和合营企业的投资收益				
△汇兑收益(损失以"－"号填列)	6 062. 21	－55 844. 70	6 062. 21	－55 844. 70
三、营业利润(亏损以"－"号填列)	1 146 037 888. 40	1 111 109 259. 69	1 157 710 725. 99	1 109 031 431. 03
加:营业外收入	44 266 503. 46	8 881 503. 53	44 266 503. 46	8 881 503. 53
其中:非流动资产处置利得				
非货币性资产交换利得				
政府补助	7 780 000. 00	6 010 000. 00		
债务重组利得				
减:营业外支出	1 310 673. 46	3 008 032. 27	1 310 673. 46	3 008 032. 27
其中:非流动资产处置损失				
非货币性资产交换损失				
债务重组损失				
四、利润总额(亏损总额以"－"号填列)	1 188 993 718. 40	1 116 982 730. 95	1 200 666 555. 99	1 114 904 902. 29
减:所得税费用	294 398 588. 20	297 506 798. 55	293 087 727. 66	296 962 902. 24
五、净利润(净亏损以"－"号填列)	894 595 130. 20	819 475 932. 40	907 578 828. 33	817 942 000. 05
归属于母公司所有者的净利润	901 467 111. 83			
*少数股东损益	－6 871 981. 63			
六、其他综合收益的税后净额	3 344 971. 93	5 455 425. 39	2 566 471. 93	5 455 425. 39
(一)以后不能重分类进损益的其他综合收益				
其中:1. 重新计量设定受益计划净负债或净资产的变动				
2. 权益法下在被投资单位不能重分类进损益的其他综合收益中享有的份额				
(二)以后将重分类进损益的其他综合收益	3 344 971. 93	5 455 425. 39	2 566 471. 93	5 455 425. 39
其中:1. 权益法下在被投资单位以后将重分类进损益的其他综合收益中享有的份额				
2. 可供出售金融资产公允价值变动损益	3 344 971. 93	5 455 425. 39	2 566 471. 93	5 455 425. 39
3. 持有至到期投资重分类为可供出售金融资产损益				
4. 现金流量套期损益的有效部分				
5. 外币报表折算差额				
七、综合收益总额	897 940 102. 13	824 931 357. 79	910 145 300. 26	823 397 425. 44
归属于母公司所有者的综合收益总额	904 293 083. 76	824 931 357. 79	910 145 300. 26	823 397 425. 44
*归属于少数股东的综合收益总额	－6 352 981. 63			
八、每股收益				
基本每股收益				
稀释每股收益				

企业负责人:李民吉　　　主管会计工作负责人:吴京林　　　会计机构负责人:魏东华

5.1.4 所有者权益变动表

合并所有者权益变动表

编制单位：北京国际信托有限公司　　2014 年度　　单位：元

项目	行次	本年金额													
		归属于母公司所有者权益											少数股东权益	所有者权益合计
		实收资本（或股本）	其他权益工具	资本公积	减：库存股	其他综合收益	专项储备	盈余公积	△一般风险准备	△信托赔偿准备	未分配利润	其他	小计		
栏次	—	1	2	3	4	5	6	7	8		9	10	11	12	13
一、上年末余额	1	1 400 000 000.00				2 775 739.07		398 906 696.80	54 521 519.41	330 000 000.00	1 708 794 477.66		3 894 998 432.94		3 894 998 432.94
加：会计政策变更	2	—	—	—	—	—	—	—	—		—	—	—	—	—
前期差错更正	3	—	—	—	—	—	—	—	—		—	—	—	—	—
其他	4												—		—
二、本年初余额	5	1 400 000 000.00				2 775 739.07		398 906 696.80	54 521 519.41	330 000 000.00	1 708 794 477.66		3 894 998 432.94		3 894 998 432.94
三、本年增减变动金额（减少以“-”号填列）	6	—	—	—	—	3 344 971.93	—	918 945 361.19	20 672 465.98	70 000 000.00	-318 150 715.34		694 812 083.76	61 647 018.37	756 459 102.13
（一）综合收益总额	7	—	—	—	—	3 344 971.93	—	—	—		901 467 111.83	—	904 812 083.76	-6 352 981.63	898 459 102.13
（二）所有者投入和减少资本	8	—	—	—	—	—	—	—	—		—	—	—	68 000 000.00	68 000 000.00
1. 所有者投入的普通股	9		—		—	—	—	—	—		—	—	—	68 000 000.00	68 000 000.00
2. 其他权益工具持有者投入资本	10				—	—	—	—	—		—	—	—		—
3. 股份支付计入所有者权益的金额	11		—		—	—	—	—	—		—	—	—		—
4. 其他	12		—										—		—
（三）专项储备提取和使用	13		—				—						—		—
1. 计提专项储备	14	—	—	—	—	—		—	—		—	—	—		—
2. 使用专项储备	15	—	—	—	—	—		—	—		—	—	—		—
（四）利润分配	16							918 945 361.19	20 672 465.98	70 000 000.00	-1 219 617 827.17		-210 000 000.00		-210 000 000.00
1. 提取盈余公积	17	—	—	—	—	—	—	918 945 361.19	—		-918 945 361.19	—	—	—	—
其中：法定公积金	18	—	—	—	—	—	—	90 757 882.83	—		-90 757 882.83	—	—	—	—
任意公积金	19	—	—	—	—	—	—	828 187 478.36	—		-828 187 478.36	—	—	—	—
#储备基金	20	—	—	—	—	—	—		—			—	—	—	—
#企业发展基金	21	—	—	—	—	—	—		—			—	—	—	—
#利润归还投资	22	—	—	—	—	—	—		—			—	—	—	—
2. 提取一般风险准备	23	—	—	—	—	—	—	—	20 672 465.98		-20 672 465.98	—	—	—	—
3. 对所有者（或股东）的分配	24	—	—	—	—	—	—	—	—		-210 000 000.00	—	-210 000 000.00		-210 000 000.00
4. 提取信托赔偿准备	25									70 000 000.00	-70 000 000.00		—		—
（五）所有者权益内部结转	26	—	—	—	—	—		—	—		—		—		—
1. 资本公积转增资本（或股本）	27		—		—	—	—	—	—		—	—	—	—	—
2. 盈余公积转增资本（或股本）	28		—	—	—	—	—	—	—		—	—	—	—	—
3. 盈余公积弥补亏损	29	—	—	—	—	—	—		—			—	—	—	—
4. 结转重新计量设定受益计划净负债或净资产所产生的变动	30	—	—	—	—		—	—	—			—	—	—	—
5. 其他	31												—		—
四、本年末余额	32	1 400 000 000.00	—	—	—	6 120 711.00	—	1 317 852 057.99	75 193 985.39	400 000 000.00	1 390 643 762.32	—	4 589 810 516.70	61 647 018.37	4 651 457 535.07

企业负责人：李民吉　　主管会计工作负责人：吴京林　　会计机构负责人：魏东华

合并所有者权益变动表（续）

编制单位：北京国际信托有限公司　　2014 年度　　单位：元

项目	行次	上年金额													
		归属于母公司所有者权益												少数股东权益	所有者权益合计
		实收资本（或股本）	其他权益工具	资本公积	减：库存股	其他综合收益	专项储备	盈余公积	△一般风险准备	△信托赔偿准备	未分配利润	其他	小计		
栏次	—	14	15	16	17	18	19	20	21		22	23	24	25	26
一、上年末余额	1	1 400 000 000.00				-2 679 686.32		317 112 496.80	50 598 369.69	330 000 000.00	1 185 035 894.98		3 280 067 075.15		3 280 067 075.15
加：会计政策变更	2												—		—
前期差错更正	3												—		—
其他	4												—		—
二、本年初余额	5	1 400 000 000.00	—	—	—	-2 679 686.32	—	317 112 496.80	50 598 369.69	330 000 000.00	1 185 035 894.98	—	3 280 067 075.15	—	3 280 067 075.15
三、本年增减变动金额（减少以“—”号填列）	6	—	—	—	—	5 455 425.39	—	81 794 200.00	3 923 149.72	—	523 758 582.68	—	614 931 357.79	—	614 931 357.79
（一）综合收益总额	7	—	—	—	—	5 455 425.39	—	—	—		819 475 932.40	—	824 931 357.79		824 931 357.79
（二）所有者投入和减少资本	8	—	—	—	—	—		—	—		—	—	—	—	—
1. 所有者投入的普通股	9		—		—	—	—	—	—		—	—	—		—
2. 其他权益工具持有者投入资本	10				—	—	—	—	—		—	—	—		—
3. 股份支付计入所有者权益的金额	11		—		—	—	—	—	—		—	—	—		—
4. 其他	12		—										—		—
（三）专项储备提取和使用	13		—				—						—		—
1. 计提专项储备	14	—	—	—	—	—		—	—		—	—	—		—
2. 使用专项储备	15	—	—	—	—	—		—	—		—	—	—		—
（四）利润分配	16							81 794 200.00	3 923 149.72	—	-295 717 349.72		-210 000 000.00		-210 000 000.00
1. 提取盈余公积	17	—	—	—	—	—	—	81 794 200.00	—		-81 794 200.00	—	—	—	—
其中：法定公积金	18	—	—	—	—	—	—	81 794 200.00	—		-81 794 200.00	—	—	—	—
任意公积金	19	—	—	—	—	—	—		—			—	—	—	—
#储备基金	20	—	—	—	—	—	—		—			—	—	—	—
#企业发展基金	21	—	—	—	—	—	—		—			—	—	—	—
#利润归还投资	22	—	—	—	—	—	—		—			—	—	—	—
2. 提取一般风险准备	23	—	—	—	—	—	—	—	3 923 149.72		-3 923 149.72	—	—	—	—
3. 对所有者（或股东）的分配	24	—	—	—	—	—	—	—	—		-210 000 000.00	—	-210 000 000.00		-210 000 000.00
4. 提取信托赔偿准备	25												—		—
（五）所有者权益内部结转	26	—	—	—	—	—	—	—	—		—	—	—	—	—
1. 资本公积转增资本（或股本）	27				—	—	—	—	—		—	—	—	—	—
2. 盈余公积转增资本（或股本）	28		—	—	—	—	—		—		—	—	—	—	—
3. 盈余公积弥补亏损	29	—	—	—	—	—	—		—			—	—	—	—
4. 结转重新计量设定受益计划净负债或净资产所产生的变动	30	—	—	—	—		—	—	—			—	—	—	—
5. 其他	31												—		—
四、本年末余额	32	1 400 000 000.00	—	—	—	2 775 739.07	—	398 906 696.80	54 521 519.41	330 000 000.00	1 708 794 477.66	—	3 894 998 432.94	—	3 894 998 432.94

企业负责人：李民吉　　主管会计工作负责人：吴京林　　会计机构负责人：魏东华

所有者权益变动表

编制单位：北京国际信托有限公司　　2014 年度　　单位：元

项　目	行次	本年金额											
		实收资本（或股本）	其他权益工具	资本公积	减：库存股	其他综合收益	专项储备	盈余公积	△一般风险准备	△信托赔偿准备	未分配利润	其他	所有者权益合计
栏次	—	1	2	3	4	5	6	7	8		9	10	11
一、上年末余额	1	1 400 000 000. 00				2 775 739. 07		398 906 696. 80	54 521 519. 41	330 000 000. 00	1 708 187 478. 36		3 894 391 433. 64
加：会计政策变更	2	—	—	—	—	—	—	—	—		—	—	—
前期差错更正	3	—	—	—	—	—	—	—	—		—	—	—
其他	4												—
二、本年初余额	5	1 400 000 000. 00	—	—	—	2 775 739. 07	—	398 906 696. 80	54 521 519. 41	330 000 000. 00	1 708 187 478. 36	—	3 894 391 433. 64
三、本年增减变动金额（减少以“－”号填列）	6	—	—	—	—	2 566 471. 93	—	918 945 361. 19	20 672 465. 98	70 000 000. 00	−312 038 998. 84	—	700 145 300. 26
（一）综合收益总额	7	—	—	—	—	2 566 471. 93	—	—	—		907 578 828. 33	—	910 145 300. 26
（二）所有者投入和减少资本	8	—	—	—	—	—	—	—	—		—	—	—
1. 所有者投入的普通股	9		—		—	—	—	—	—		—	—	—
2. 其他权益工具持有者投入资本	10				—	—	—	—	—		—	—	—
3. 股份支付计入所有者权益的金额	11		—		—	—	—	—	—		—	—	—
4. 其他	12		—										—
（三）专项储备提取和使用	13		—				—						—
1. 计提专项储备	14	—	—	—	—	—		—	—		—	—	—
2. 使用专项储备	15	—	—	—	—	—		—	—		—	—	—
（四）利润分配	16							918 945 361. 19	20 672 465. 98	70 000 000. 00	−1 219 617 827. 17		−210 000 000. 00
1. 提取盈余公积	17	—	—	—	—	—	—	918 945 361. 19	—		−918 945 361. 19	—	—
其中：法定公积金	18	—	—	—	—	—	—	90 757 882. 83	—		−90 757 882. 83	—	—
任意公积金	19	—	—	—	—	—	—	828 187 478. 36	—		−828 187 478. 36	—	—
#储备基金	20	—	—	—	—	—	—		—			—	—
#企业发展基金	21	—	—	—	—	—	—		—			—	—
#利润归还投资	22	—	—	—	—	—	—		—			—	—
2. 提取一般风险准备	23	—	—	—	—	—	—	—	20 672 465. 98		−20 672 465. 98	—	—
3. 对所有者（或股东）的分配	24	—	—	—	—	—	—	—	—		−210 000 000. 00	—	−210 000 000. 00
4. 提取信托赔偿准备	25									70 000 000. 00	−70 000 000. 00		—
（五）所有者权益内部结转	26	—	—	—	—	—	—	—	—		—		—
1. 资本公积转增资本（或股本）	27		—		—	—	—	—	—		—	—	—
2. 盈余公积转增资本（或股本）	28		—	—	—	—	—		—		—	—	—
3. 盈余公积弥补亏损	29	—	—	—	—	—	—		—			—	—
4. 结转重新计量设定受益计划净负债或净资产所产生的变动	30	—	—	—	—		—	—	—			—	—
5. 其他	31												—
四、本年末余额	32	1 400 000 000. 00	—	—	—	5 342 211. 00	—	1 317 852 057. 99	75 193 985. 39	400 000 000. 00	1 396 148 479. 52	—	4 594 536 733. 90

企业负责人：李民吉　　主管会计工作负责人：吴京林　　会计机构负责人：魏东华

所有者权益变动表（续）

编制单位：北京国际信托有限公司　　2014 年度　　单位：元

项目	行次	上年金额											
		实收资本（或股本）	其他权益工具	资本公积	减：库存股	其他综合收益	专项储备	盈余公积	△一般风险准备	△信托赔偿准备	未分配利润	其他	所有者权益合计
栏次	—	12	13	14	15	16	17	18	19		20	21	22
一、上年末余额	1	1 400 000 000. 00				-2 679 686. 32		317 112 496. 80	50 598 369. 69	330 000 000. 00	1 185 962 828. 03		3 280 994 008. 20
加：会计政策变更	2												—
前期差错更正	3												—
其他	4												—
二、本年初余额	5	1 400 000 000. 00	—	—	—	-2 679 686. 32	—	317 112 496. 80	50 598 369. 69	330 000 000. 00	1 185 962 828. 03	—	3 280 994 008. 20
三、本年增减变动金额（减少以"－"号填列）	6	—	—	—	—	5 455 425. 39	—	81 794 200. 00	3 923 149. 72	—	522 224 650. 33	—	613 397 425. 44
（一）综合收益总额	7	—	—	—	—	5 455 425. 39	—	—	—		817 942 000. 05	—	823 397 425. 44
（二）所有者投入和减少资本	8	—	—	—	—	—		—	—		—	—	—
1. 所有者投入的普通股	9		—		—	—	—	—	—		—	—	—
2. 其他权益工具持有者投入资本	10				—	—	—	—	—		—	—	—
3. 股份支付计入所有者权益的金额	11		—		—	—	—	—	—		—	—	—
4. 其他	12		—										—
（三）专项储备提取和使用	13		—				—						—
1. 计提专项储备	14	—	—	—	—	—		—	—		—	—	—
2. 使用专项储备	15	—	—	—	—	—		—	—		—	—	—
（四）利润分配	16							81 794 200. 00	3 923 149. 72		-295 717 349. 72		-210 000 000. 00
1. 提取盈余公积	17	—	—	—	—	—	—	81 794 200. 00	—		-81 794 200. 00	—	—
其中：法定公积金	18	—	—	—	—	—	—	81 794 200. 00	—		-81 794 200. 00	—	—
#任意公积金	19	—	—	—	—	—	—		—			—	—
#储备基金	20	—	—	—	—	—	—		—			—	—
#企业发展基金	21	—	—	—	—	—	—		—			—	—
#利润归还投资	22	—	—	—	—	—	—		—			—	—
2. 提取一般风险准备	23	—	—	—	—	—	—	—	3 923 149. 72		-3 923 149. 72	—	—
3. 对所有者（或股东）的分配	24	—	—	—	—	—	—	—	—		-210 000 000. 00		-210 000 000. 00
4. 提取信托赔偿准备	25												—
（五）所有者权益内部结转	26	—	—	—	—	—	—	—	—		—	—	—
1. 资本公积转增资本（或股本）	27				—	—	—	—	—		—	—	—
2. 盈余公积转增资本（或股本）	28		—	—	—	—	—		—		—	—	—
3. 盈余公积弥补亏损	29	—	—	—	—	—	—		—			—	—
4. 结转重新计量设定受益计划净负债或净资产所产生的变动	30	—	—	—	—		—	—	—			—	—
5. 其他	31												—
四、本年末余额	32	1 400 000 000. 00	—	—	—	2 775 739. 07	—	398 906 696. 80	54 521 519. 41	330 000 000. 00	1 708 187 478. 36	—	3 894 391 433. 64

企业负责人：李民吉　　主管会计工作负责人：吴京林　　会计机构负责人：魏东华

5.2 信托资产

5.2.1 信托项目资产负债汇总表

信托项目资产负债表汇总表

编制单位:北京国际信托有限公司　　2014 年 12 月 31 日　　单位:万元

信托资产	期初数	期末数	信托负债和信托权益	期初数	期末数
信托资产:			信托负债:		
货币资金	306 535.60	87 666.73	交易性金融负债	—	—
拆出资金	—	—	衍生金融负债	—	—
存出保证金	31 632.21	125 264.96	应付受托人报酬	6 674.03	1 212.68
交易性金融资产	3 450 852.33	2 905 171.82	应付托管费	1 137.69	974.85
衍生金融资产	—	—	应付受益人收益	7 430.80	35 889.40
买入返售金融资产	669 313.28	1 096 796.87	应交税费	22.66	466.95
应收款项	184 623.25	407 960.14	应付销售服务费	669.48	11.95
发放贷款	1 529 183.37	4 201 867.74	其他应付款项	25 500.61	28 938.78
可供出售金融资产	558 386.11	925 747.76	预计负债	—	—
持有至到期投资	2 870 163.34	3 521 723.24	其他负债	—	—
长期应收款	27 445.35	4 783.06	信托负债合计	41 435.27	67 494.61
长期股权投资	2 659 152.26	2 699 893.73		—	—
投资性房地产	—	—	信托权益:	—	—
固定资产	—	—	实收信托	12 052 417.60	15 337 037.62
无形资产	118 365.26	153 508.26	资本公积	265 065.28	289 913.56
长期待摊费用	—	—	损益平准金	—	—
其他资产	29 143.00	32 288.00	未分配利润	75 877.23	468 226.52
减:各项资产减值准备	—	—	信托权益合计	12 393 360.11	16 095 177.70
信托资产总计	12 434 795.38	16 162 672.31	信托负债及信托权益总计	12 434 795.38	16 162 672.31

会计机构负责人:黄明芳　　复核:孟广杰　　制表::马政毅

5.2.2 信托项目利润及利润分配汇总表

信托项目利润及利润分配汇总表

2014 年 12 月

编制单位:北京国际信托有限公司　　单位:万元

项目	本年数	上年数
1. 营业收入	1 636 286.67	808 178.06
1.1 利息收入	501 068.54	373 745.08
1.2 投资收益(损失以"-"号填列)	852 574.81	418 067.75
1.2.1 其中:对联营企业和合营企业的投资收益	—	—
1.3 公允价值变动收益(损失以"-"号填列)	165 759.52	-78 762.05
1.4 租赁收入	984.88	9 223.61
1.5 汇兑损益(损失以"-"号填列)	—	—
1.6 其他收入	115 898.92	85 903.68
2. 支出	207 703.77	211 785.94
2.1 营业税金及附加	14 349.66	8 224.31
2.2 受托人报酬	122 676.65	124 931.20
2.3 托管费	11 157.35	14 425.48
2.4 投资管理费	11 554.14	16 170.03
2.5 销售服务费	9 420.31	8 528.33
2.6 交易费用	9 670.30	6 391.77
2.7 资产减值损失	—	—
2.8 其他费用	28 875.36	33 114.82

续表

项目	本年数	上年数
3. 信托净利润(净亏损以"-"号填列)	1 428 582.90	596 392.13
4. 其他综合收益	—	—
5. 综合收益	1 428 582.90	596 392.13
6. 加:期初未分配信托利润	75 877.23	240 331.94
7. 可供分配的信托利润	1 504 460.13	836 724.07
8. 减:本期已分配信托利润	1 036 233.61	760 846.84
9. 期末未分配信托利润	468 226.52	75 877.23

会计机构负责人:黄明芳　　复核:孟广杰　　制表:马政毅

6. 会计报表附注

6.1 简要说明报告年度会计报表编制基准、会计政策、会计估计和核算方法发生的变化

6.1.1 计提资产减值准备的范围和方法

根据财政部《金融企业准备金计提管理办法》(财金[2012]20 号)的规定,公司计提一般准备和资产减值准备。原则上一般准备余额不得低于风险资产期末余额的 1.5%。公司按中国银行业监督管理委员会《关于非银行金融机构全面推行资产质量五级分类管理的通知》(银监发[2004]4 号)文件规定实行以风险为基础的五级分类,按资产风险特征划分为若干组合,计提资产减值准备,包括贷款损失准备、坏账准备和长期

投资减值准备。各项组合计提比例如下：

风险程度	计提比例（%）
正常类	1
关注类	2
次级类	25
可疑类	50
损失类	100

6.1.2 **金融工具**

金融工具存在活跃市场的，本公司采用活跃市场中的报价确定其公允价值。活跃市场中的报价是指易于定期从交易所、经纪商、行业协会、定价服务机构等获得的价格，且代表了在公平交易中实际发生的市场交易的价格。金融工具不存在活跃市场的，本公司采用估值技术确定其公允价值。估值技术包括参考熟悉情况并自愿交易的各方最近进行的市场交易中使用的价格、参照实质上相同的其他金融工具当前的公允价值、现金流量折现法和期权定价模型等。

6.1.2.1 金融资产的确认及计量

本公司按照取得金融资产的目的，将持有的金融资产分成以下四类：以公允价值计量且其变动计入当期损益的金融资产，包括交易性金融资产和指定为以公允价值计量且其变动计入当期损益的金融资产；持有至到期投资；贷款和应收款项；可供出售金融资产。金融资产在初始确认时以公允价值计量，对于不属于以公允价值计量且其变动计入当期损益的金融资产，在初始确认时还需要加上可直接归属于该金融资产购置的相关交易费用。

6.1.2.1.1 以公允价值计量且其变动计入当期损益的金融资产

以公允价值计量且其变动计入当期损益的金融资产包括为交易而持有的金融资产，或是初始确认时就被管理层指定为以公允价值计量且其变动计入当期损益的金融资产。

交易性金融资产是指满足下列条件之一的金融资产：(1)取得该金融资产的目的，主要是为了近期内出售；(2)初始确认时即属于进行集中管理的可辨认金融工具组合的一部分，且有客观证据表明本公司近期采用短期获利方式对该组合进行管理；(3)属于衍生工具，但是被指定且为有效套期工具的衍生工具、属于财务担保合同的衍生工具、与在活跃市场中没有报价且其公允价值不能可靠计量的权益工具投资挂钩并须通过交付该权益工具结算的衍生工具除外。

以公允价值计量且其变动计入当期损益的金融资产采用公允价值进行后续计量，公允价值变动形成的利得或损失以及与该等金融资产相关的股利和利息收入计入当期损益。

本公司交易性金融资产主要包括从二级市场购入的股票、债券和基金以及从一级市场通过网上配售方式认购的新股等。

6.1.2.1.2 持有至到期投资

持有至到期投资是指到期日固定、回收金额固定或可确定，且本公司有明确意图和能力持有至到期的非衍生金融资产。

持有至到期投资采用实际利率法，按摊余成本进行后续计量，在终止确认、发生减值或摊销时产生的利得或损失，计入当期损益。

实际利率法是指按照金融资产或金融负债（含一组金融资产或金融负债）的实际利率计算其摊余成本及各期利息收入或支出的方法。实际利率是指将金融资产或金融负债在预期存续期间或适用的更短期间内的未来现金流量，折现为该金融资产或金融负债当前账面价值所使用的利率。

在计算实际利率时，本公司将在考虑金融资产或金融负债所有合同条款的基础上预计未来现金流量（不考虑未来的信用损失），同时还将考虑金融资产或金融负债合同各方之间支付或收取的、属于实际利率组成部分的各项收费、交易费用及折价或溢价等。

6.1.2.1.3 贷款和应收款项

贷款和应收款项指具有固定或可确定回收金额，缺乏活跃市场的非衍生金融资产，且本公司没有意图立即或在短期内出售该等资产。贷款和应收款项的价值以按实际利率法计算的摊余成本减去减值准备计量。

当贷款和应收款项被终止确认、出现减值或在摊销时所产生的利得或损失，均计入当期损益。

6.1.2.1.4 可供出售金融资产

可供出售金融资产指那些被指定为可供出售的非衍生金融资产，或未划分为贷款和应收款项类投资、持有至到期投资或以公允价值计量且其变动计入当期损益的金融资产这三类的其他金融资产。在后续计量期间，该类金融资产以公允价值计量。可供出售类金融资产的公允价值变动所带来的未实现收益，在该金融资产被终止确认或发生减值之前，列入资本公积（其他资本公积）。在该金融资产被终止确认或发生减值时，以前计入在资本公积中的累计公允价值变动应转入当期损益。

本公司将从一级市场通过网下配售方式认购的锁定期3个月以上（含3个月）的新股、认购的封闭期在3个月以上（含3个月）的开放式基金、持有上市公司限售股权且对上市公司不具有控制、共同控制或重大影响的、持有的非上市公司的股权或股权收益权且不具有控制、共同控制或重大影响的划分为可供出售性金融资产。

对于在活跃市场中没有报价且其公允价值不能可靠计量的权益工具投资，以及与该权益工具挂钩并须通过交付该权益工具结算的衍生金融资产，按成本计量。

6.1.2.2 金融资产的减值测试和减值准备计提方法

资产负债表日对以公允价值计量且其变动计入当期损益的金融资产以外的金融资产的账面价值进行检查，如有客观证据表明该金融资产发生减值的，计提减值准备。

对单项金额重大的金融资产单独进行减值测试；对单项金额不重大的金融资产，可以单独进行减值测试，或包括在具有类似信用风险特征的金融资产组合中进行减值测试；单独测试未发生减值的金融资产（包括单项金额重大和不重大的金融资产），包括在具有类似信用风险特征的金融资产组合中再进行减值测试。

按摊余成本计量的金融资产，期末有客观证据表明其发生了减值的，根据其账面价值与预计未来现金流量现值之间的差额确认减值损失。在活跃市场中没有报价且其公允价值不能可靠计量的权益工具投资，或与该权益工具挂钩并须通过交付该权益工具结算的衍生金融资产发生减值时，将该权益工具投资或衍生金融资产的账面价值，与按照类似金融资产当时市场收益率对未来现金流量折现确定的现值之间的差额,确认为减值损失。可供出售金融资产的公允价值发生较大幅度下降,或在综合考虑各种相关因素后,预期这种下降趋势属于非暂时性的,确认其减值损失,并将原直接计入所有者权益的公允价值累计损失一并转出计入减值损失。

6.1.2.3 贷款

6.1.2.3.1 贷款种类和范围

(1)短期贷款及中长期贷款的分类依据。本公司贷款种类按贷款的发放期限之长短确定。凡合同期限在1年以内(含1年)的贷款作为短期贷款,合同期限在1~5年(含5年)的贷款作为中期贷款,合同期限在5年以上的贷款作为长期贷款。本公司单项金额重大的贷款标注:余额为500万元以上的贷款。

(2)逾期贷款的划分依据。逾期贷款指贷款本金逾期90天以内的没有收回的贷款和透支及垫款。

(3)非应计贷款的划分依据和会计处理方法。非应计贷款系指贷款本金或利息逾期达到或超过90天没有收回的贷款和透支及垫款。非应计贷款不计提应收利息。

(4)自营贷款与委托贷款划分依据。自营贷款是指本公司自主发放并承担风险,并由本公司收取本金和利息的贷款;委托贷款系指由委托人提供资金,由本公司根据委托人确定的贷款对象、用途、金额、期限、利率等而代理发放、监督使用并协助收回的贷款,其风险由委托人承担,本公司发放委托贷款时,不代垫资金。

6.1.2.3.2 计提贷款损失准备的范围和方法

贷款损失准备计提范围为本公司承担风险和损失的贷款(含抵押、质押、保证、信用等贷款)、贴现、信用垫款(如银行承兑汇票垫款、担保垫款、信用证垫款等)、进出口押汇、应收账款保理等表内外信贷资产。

以本公司上述表内外信贷资产按风险分类(五级分类)的结果为基础,结合实际情况,如对借款人还款能力、财务状况、抵押担保充分性等的评价,充分评估可能存在的损失,分析确定各类信贷资产应计提损失准备总额。各类贷款计提贷款损失准备的比例如下:

贷款级次	贷款损失准备计提比例(%)
正常	1
关注	2
次级	25
可疑	50
损失	100

对本公司不承担风险的委托贷款等,则不计提贷款损失准备。

提取的贷款损失准备计入当期损益,发生贷款损失,冲减已计提的贷款损失准备。已核销的贷款损失以后又收回的,其冲减的贷款损失准备则予以转回。

6.1.2.4 应收款项

应收款项包括应收账款、其他应收款等。

6.1.2.4.1 单项金额重大并单项计提坏账准备的应收账款

本公司单项金额重大的应收款项标准:余额为500万元以上的应收账款、余额为300万元以上的其他应收款。

单项金额重大并单项计提坏账准备的计提方法:对于单项金额重大的应收款项单独进行减值测试,有客观证据表明发生了减值,根据其未来现金流量现值低于其账面价值的差额计提坏账准备。

单项金额重大经单独测试未发生减值的应收款项,再按组合计提坏账准备。

6.1.2.4.2 按组合计提坏账的应收款项

对于单项金额非重大的应收款项,与经单独测试后未减值的应收款项一起按信用风险特征划分为若干组合,根据以前年度与之相同或相类似的,具有类似信用风险特征的应收款项组合的实际损失率为基础,结合现时情况确定以下各项组合计提坏账准备的比例,据此计算当期应计提的坏账准备。

风险程度	计提比例(%)
正常	1
关注	2
次级	25
可疑	50
损失	100

本公司向金融机构转让不附追索权的应收账款,按交易款项扣除已转销应收账款的账面价值和相关税费后的差额计入当期损益。

提取的坏账准备计入当期损益,发生坏账损失,冲减已计提的坏账准备。已核销的坏账损失以后又收回的,其冲减的坏账准备则予以转回。

6.1.3 长期股权投资核算方法

6.1.3.1 投资成本的确定

(1)同一控制下的企业合并形成的,合并方以支付现金、转让非现金资产、承担债务或发行权益性证券作为合并对价的,在合并日按照被合并方所有者权益在最终控制方合并财务报表中的账面价值的份额作为其初始投资成本。长期股权投资初始投资成本与支付的合并对价的账面价值或发行股份的面值总额之间的差额调整资本公积(资本溢价或股本溢价);资本公积不足冲减的,调整留存收益。

分步实现同一控制下企业合并的,应当以持股比例计算的合并日应享有被合并方账面所有者权益份额作为该项投资的初始投资成本。初始投资成本与其原长期股权投资账面价值加上合并日取得进一步股份新支付对价的公允价值之和的差额,调整资本公积(资本溢价或股本溢价),资本公积不足冲减的,冲减留存收益。

(2)非同一控制下的企业合并形成的,在购买日按照支付的合并对价的公允价值作为其初始投资成本。

(3)除企业合并形成以外的:以支付现金取得的,按照实际支付的购买价款作为其初始投资成本;以发行权益性证券取得的,按照发行权益性证券的公允价值作为其初始投资成本;投资者投入的,按照投资合同或协议约定的价值作为其初始投资成本(合同或协议约定价值不公允的除外)。

6.1.3.2 后续计量及损益确认方法

本集团能够对被投资单位实施控制的长期股权投资,在本集团个别财务报表中采用成本法核算;对具有共同控制或重大影响的长期股权投资,采用权益法核算。

采用成本法时，长期股权投资按初始投资成本计价，除取得投资时实际支付的价款或对价中包含的已宣告但尚未发放的现金股利或利润外，按享有被投资单位宣告分派的现金股利或利润，确认为当期投资收益，并同时根据有关资产减值政策考虑长期投资是否减值。

采用权益法时，长期股权投资的初始投资成本大于投资时应享有被投资单位可辨认净资产公允价值份额的，归入长期股权投资的初始投资成本；长期股权投资的初始投资成本小于投资时应享有被投资单位可辨认净资产公允价值份额的，其差额计入当期损益，同时调整长期股权投资的成本。

采用权益法时，取得长期股权投资后，按照应享有或应分担的被投资单位实现的净损益的份额，确认投资损益并调整长期股权投资的账面价值。在确认应享有被投资单位净损益的份额时，以取得投资时被投资单位各项可辨认资产等的公允价值为基础，按照本集团的会计政策及会计期间，并抵销与联营企业及合营企业之间发生的内部交易损益按照持股比例计算归属于投资企业的部分（但内部交易损失属于资产减值损失的，应全额确认），对被投资单位的净利润进行调整后确认。按照被投资单位宣告分派的利润或现金股利计算应分得的部分，相应减少长期股权投资的账面价值。本集团确认被投资单位发生的净亏损，以长期股权投资的账面价值以及其他实质上构成对被投资单位净投资的长期权益减记至零为限，本集团负有承担额外损失义务的除外。对于被投资单位除净损益以外所有者权益的其他变动，调整长期股权投资的账面价值并计入所有者权益。

6.1.3.3　确定对被投资单位具有控制、重大影响的依据

控制是指拥有对被投资方的权力，通过参与被投资方的相关活动而享有可变回报，并且有能力运用对被投资方的权力影响回报金额；重大影响是指投资方对被投资单位的财务和经营政策有参与决策的权力，但并不能够控制或者与其他方一起共同控制这些政策的制定。

6.1.3.4　长期股权投资的处置

（1）部分处置对子公司的长期股权投资，但不丧失控制权的情形。部分处置对子公司的长期股权投资，但不丧失控制权时，应当将处置价款与处置投资对应的账面价值的差额确认为当期投资收益。

（2）部分处置股权投资或其他原因丧失了对子公司控制权的情形。部分处置股权投资或其他原因丧失了对子公司控制权的，对于处置的股权，应结转与所售股权相对应的长期股权投资的账面价值，出售所得价款与处置长期股权投资账面价值之间差额，确认为投资收益（损失）；同时，对于剩余股权，应当按其账面价值确认为长期股权投资或其他相关金融资产。处置后的剩余股权能够对子公司实施共同控制或重大影响的，应按有关成本法转为权益法的相关规定进行会计处理。

6.1.3.5　减值测试方法及减值准备计提方法

对子公司、联营企业及合营企业的投资，在资产负债表日有客观证据表明其发生减值的，按照账面价值与可收回金额的差额计提相应的减值准备。

6.1.3.6　减值测试方法及减值准备计提方法

对子公司、联营企业及合营企业的投资，在资产负债表日有客观证据表明其发生减值的，按照账面价值与可收回金额的差额计提相应的减值准备。

本公司对于持有的无市价的长期股权投资，与经单独测试后未减值的有市价的长期股权投资一起按风险特征划分为若干组合，各项组合计提长期股权投资减值准备的比例如下：

风险程度	计提比例（%）
正常	1
关注	2
次级	25
可疑	50
损失	100

6.1.4　固定资产计价和折旧方法

6.1.4.1　固定资产确认条件、计价和折旧方法

本公司的固定资产是指为提供劳务、出租或经营管理而持有，并且使用年限超过一年的有形资产。固定资产在同时满足下列条件时予以确认：（1）与该固定资产有关的经济利益很可能流入企业；（2）该固定资产的成本能够可靠地计量。

固定资产取得时按照实际成本进行初始计量。外购固定资产的成本，以购买价款、相关税费、使固定资产达到预定可使用状态前所发生的可归属于该项资产的运输费、装卸费、安装费和专业人员服务费等确定。

6.1.4.2　各类固定资产的折旧方法

本公司采用年限平均法计提折旧，固定资产自达到预定可使用状态时开始计提折旧，终止确认时或划分为持有待售非流动资产是停止计提折旧。在不考虑减值准备的情况下，公司根据固定资产类别、预计使用寿命和预计净残值率分别确定折旧率如下：

固定资产类别	预计净残值率（%）	预计使用寿命（年）	年折旧率（%）
房屋及建筑物	3	30～45	2.16～3.23
机器设备	3	10	9.7
运输设备	3	6	16.17
电子设备及其他	3	3～6	16.17～32.33

预计净残值是指假定固定资产预计使用寿命已满并处于使用寿命终了时的预期状态，本公司目前从该项资产处置中获得的扣除预计处置费用后的金额。

与固定资产有关的后续支出，如果与该固定资产有关的经济利益很可能流入本公司且其成本能可靠地计量，则计入固定资产成本，并终止确认被替换部分的账面价值，除此以外的其他后续支出，在发生时计入当期损益。固定资产装修费用符合资本化条件的，本公司予以资本化。

以融资租赁方式租入的固定资产采用与自有固定资产一致的政策计提租赁资产折旧。能够合理确定租赁期届满时取得租赁资产所有权的在租赁资产使用寿命内计提折旧，无法合理确定租赁期届满能够取得租赁资产所有权的，在租赁期与租赁资产使用寿命两者中较短的期间内计提折旧。

本公司定期对固定资产的使用寿命、预计净残值和折旧方法进行复核，如发生改变则作为会计估计变更处理。

固定资产出售、转让、报废或毁损的处置收入扣除其账面价值和相关税费后的差额计入当期损益。

6.1.5 在建工程

在建工程达到预定可使用状态时,按工程实际成本转入固定资产。已达到预定可使用状态但尚未办理竣工决算的,先按估计价值转入固定资产,待办理竣工决算后再按实际成本调整原暂估价值,但不再调整原已计提的折旧。

资产负债表日,有迹象表明在建工程发生减值的,按照账面价值与可收回金额的差额计提相应的减值准备。

6.1.6 无形资产

无形资产是指本公司拥有或控制的没有实物形态的可辨认非货币性资产。无形资产按成本进行初始计量。与无形资产有关的支出,如果相关的经济利益很可能流入本公司且其成本能可靠地计量,则计入无形资产成本。除此以外的其他无形项目的支出,在发生时计入当期损益。

使用寿命有限的无形资产自可供使用时起,对其原值在其预计的使用寿命内采用直线法分期平均摊销。本公司定期对无形资产的使用寿命及摊销方法进行复核,如发生变更则作为会计估计变更处理。

使用寿命确定的无形资产,在资产负债表日有迹象表明发生减值的,按照账面价值与可收回金额的差额计提相应的减值准备;使用寿命不确定的无形资产和尚未达到可使用状态的无形资产,无论是否存在减值迹象,每年均进行减值测试。

内部研究开发项目研究阶段的支出,于发生时计入当期损益。内部研究开发项目开发阶段的支出,同时满足下列条件的,确认为无形资产:(1)完成该无形资产以使其能够使用或出售在技术上具有可行性;(2)具有完成该无形资产并使用或出售的意图;(3)无形资产产生经济利益的方式,包括能够证明运用该无形资产生产的产品存在市场或无形资产自身存在市场,无形资产将在内部使用的,能证明其有用性;(4)有足够的技术、财务资源和其他资源支持,以完成该无形资产的开发,并有能力使用或出售该无形资产;(5)归属于该无形资产开发阶段的支出能够可靠地计量。

本公司无形资产为计算机软件,为使用寿命有限的无形资产,摊销方法如下:

类别	使用寿命(年)	摊销方法
计算机软件	2	直线法

本公司于本年度终了,对使用寿命有限的无形资产的使用寿命及摊销方法进行复核,与以前估计不同的,调整权限估计数,并按会计估计变更处理。

本公司期末预计某项无形资产已经不能给企业带来未来经济利益的,将该无形资产的账面价值全部转入当期损益。

6.1.7 抵债资产

本公司取得抵债资产时,按公允价值入账。为取得抵债资产支付的抵债资产欠缴的税费、垫付的诉讼费用和取得抵债资产支付的相关税费计入抵债资产价值。

本公司处置抵债资产时,如果取得的处置收入大于抵债资产账面价值,其差额计入营业外收入;如果取得的处置收入小于抵债资产账面价值,其差额计入营业外支出;保管过程中发生的费用直接计入其他业务支出;处置过程中发生的费用从处置收入中抵减。

本公司将抵债资产列入其他资产。

6.1.8 职工薪酬

职工薪酬是指本集团为获得职工提供的服务或解除劳动关系而给予的除股份支付以外各种形式的报酬或补偿。职工薪酬包括短期薪酬、离职后福利、辞退福利和其他长期职工福利。本集团提供给职工配偶、子女、受赡养人、已故员工遗属及其他受益人等的福利,也属于职工薪酬。

6.1.8.1 短期薪酬

本集团在职工提供服务的会计期间,将实际发生的短期薪酬确认为负债,并计入当期损益或相关资产成本。其中,非货币性福利按照公允价值计量。

6.1.8.2 辞退福利

本集团在职工劳动合同到期之前解除与职工的劳动关系,或者为鼓励职工自愿接受裁减而提出给予补偿,在本集团不能单方面撤回解除劳动关系计划或裁减建议时和确认与涉及支付辞退福利的重组相关的成本费用时两者孰早日,确认因解除与职工的劳动关系给予补偿而产生的负债,同时计入当期损益。

6.1.8.3 设定提存计划

本集团职工参加了由当地劳动和社会保障部门组织实施的社会基本养老保险。本集团以当地规定的社会基本养老保险缴纳基数和比例,按月向当地社会基本养老保险经办机构缴纳养老保险费。职工退休后,当地劳动及社会保障部门有责任向已退休员工支付社会基本养老金。本集团在职工提供服务的会计期间,将根据上述社保规定计算应缴纳的金额确认为负债,并计入当期损益或相关资产成本。

6.1.8.4 设定收益计划

6.1.8.4.1 内退福利

本集团向接受内部退休安排的职工提供内退福利。内退福利是指向未达到国家规定的退休年龄、经本集团批准自愿退出工作岗位的职工支付的工资及为其缴纳的社会保险费等。本集团自内部退休安排开始之日起至职工达到正常退休年龄止,向内退职工支付内部退养福利。对于内退福利,本集团比照辞退福利进行会计处理,在符合辞退福利相关确认条件时,将自职工停止提供服务日至正常退休日期间拟支付的内退福利,确认为负债,计入当期损益。精算假设变化及福利标准调整引起的差异于发生时计入当期损益。

6.1.8.4.2 其他补充退休福利

本集团也向满足一定条件的职工提供国家规定的保险制度外的补充退休福利,该等补充退休福利属于设定受益计划,资产负债表上确认的设定受益负债为设定受益义务的现值减去计划资产的公允价值。设定受益义务每年由独立精算师采用与义务期限和币种相似的国债利率、以预期累积福利单位法计算。与补充退休福利相关的服务费用(包括当期服务成本、过去服务成本和结算利得或损失)和利息净额计入当期损益或相关资产成本,重新计量设定受益计划净负债或净资产所产生的变动计入其他综合收益。

本公司按规定参加由政府机构设立的职工社会保障体系,包括基本养老保险、医疗保险、住房公积金及其他社会保障制度,相应的支出于发生时计入相关资产成本或当期损益。

养老保险、医疗保险、住房公积金等社会保险基金计算比例如下:

名称	比例(%)
基本养老保险费	20.00
基本医疗保险费	9.00
大额医疗费用互助资金	1.00
补充养老保险	8.33
补充医疗保险费	5.00
失业保险费	1.00
工伤保险费	0.30
住房公积金	12.00
生育保险	0.80

在职工劳动合同到期之前解除与职工的劳动关系，或为鼓励职工自愿接受裁减而提出给予补偿的建议，如果本公司已经制订正式的解除劳动关系计划或提出自愿裁减建议并即将实施，同时本公司不能单方面撤回解除劳动关系计划或裁减建议的，确认因解除与职工劳动关系给予补偿产生的预计负债，并计入当期损益。

6.1.9 预计负债

6.1.9.1 当与或有事项相关的义务同时符合以下条件，本公司将其确认为预计负债

(1)该义务是企业承担的现时义务。

(2)该义务的履行很可能导致经济利益流出企业。

(3)该义务的金额能够可靠地计量。

6.1.9.2 预计负债按照履行相关现时义务所需支出的最佳估计数进行初始计量

6.1.9.3 企业应当在资产负债表日对预计负债的账面价值进行复核，如有确凿证据表明预计负债账面价值不能真实反映当前最佳估计数的，应当按照当前最佳估计数对该账面价值进行调整

企业清偿预计负债所需支出全部或部分预期由第三方补偿的，补偿金额只有在基本确定能够收到时才能作为资产单独确认。确认的补偿金额不应当超过预计负债的账面价值。

6.1.10 收入确认原则和方法

收入是本公司在开展日常业务活动过程中所取得的各项收入，主要包括利息收入、手续费及佣金收入、投资收益及其他业务收入等。

在相关的经济利益能够流入及收入的金额能够可靠地计量时，本公司确认收入。

6.1.10.1 利息收入

利息收入是指本公司发放自营贷款，按期计提利息所确认的收入。

利息收入按照实际利率法确认，实际利率与合同利率差异较小的，也可按合同利率计算。

实际利率法是指按照金融资产或金融负债的实际利率计算其摊余成本及各期利息收入或利息支出的方法。实际利率是指将金融资产或金融负债在预期存续期间或适用的更短期间内的未来现金流量，折现为该金融资产或金融负债当前账面价值所使用的利率。在确定实际利率时，本公司在考虑金融资产或金融负债所有合同条款的基础上预计未来现金流量，但不考虑未来信用损失，本公司支付或收取的、属于实际利率组成部分的各项收费、交易费用及溢价或折价等，在确定实际利率时予以考虑。

另外，根据财政部有关规定，本公司发放的贷款，按期计提利息并确认收入。发放贷款到期(含展期，下同)90天后尚未收回的，其应计利息停止计入当期利息收入，纳入表外核算，原在表内反映的应计利息同时冲销当期损益，转入表外核算；同时该笔贷款转作非应计贷款，以后每期计息均在表外核算，不确认当期收益。

金融企业往来存款利息收入在收到存款银行结息通知单时确认存款利息收入。

拆借利息收入按让渡资金使用权的时间和适用利率计算确定。

金融资产发生减值后，利息收入应当按照确定减值损失时对未来现金流量进行折现采用的折现率作为利率确认计算。

6.1.10.2 手续费及佣金收入

手续费及佣金收入主要包括托管及其他受托业务佣金、顾问和咨询费收入。托管及其他受托业务佣金是根据信托合同规定的计提方法、计提标准确认应由信托项目承担的受托人报酬；顾问和咨询费收入，于所提供金融咨询服务的结果能够可靠估计的情况小，按合同或协议约定确认收入。

6.1.10.3 投资收益

本公司的投资收益划分为持有金融工具产生的投资收益和持有长期股权投资产生的投资收益。

对于持有金融工具产生的投资收益，本公司根据持有金融工具的不容，按对应金融工具的确认和计量标准确认投资收益。

对于长期股权投资，在采用成本法核算时，当被投资单位宣告发放现金股利或分派利润时，本公司确认投资收益；在采用权益法核算时，根据被投资单位实现的净利润或经调整后的净利润计算应享有的份额，确认投资收益；出售或处置长期股权投资是按所获得的收入与投资账面价值之间的差额确认投资收益。

6.1.10.4 汇兑收益

在交易已经完成，实际收到款项时确认汇兑收益。

6.1.11 支出确认原则

支出主要包括利息支出、手续费佣金支出及其他业务支出等。

利息支出采用实际利率法确认在利润表。实际利率与合同利率差异较小的，也可按合同利息计算。

手续费及佣金支出及其他业务支出按权责发生制原则确认和计量。

6.1.12 租赁

本公司将租赁分为融资租赁和经营租赁。

6.1.12.1 经营租赁

公司为承租人时，在租赁期内各个期间按照直线法将租金计入相关资产成本或确认为当期损益，发生的初始直接费用，直接计入当期损益。或有租金在实际发生时计入当期损益。

公司为出租人时，在租赁期内各个期间按照直线法将租金确认为当期损益，发生的初始直接费用，除金额较大的予以资本化并分期计入损益外，均直接计入当期损益；或有租金在实际发生时计入当期损益。

6.1.12.2 融资租赁

公司为承租人时，在租赁期开始日，公司以租赁开始日租

赁资产公允价值与最低租赁付款额现值中两者较低者作为租入资产的入账价值，将最低租赁付款额作为长期应付款的入账价值，其差额为未确认融资费用，发生的初始直接费用，计入租赁资产价值。在租赁期各个期间，采用实际利率法计算确认当期的融资费用。采用与自有固定资产相一致的折旧政策计提租赁资产折旧。能够合理确定租赁期届满时取得租赁资产所有权的，应当在租赁资产使用寿命内计提折旧。无法合理确定租赁期届满时能够取得租赁资产所有权的，应当在租赁期与租赁资产使用寿命两者中较短的期间内计提折旧。

公司为出租人时，在租赁期开始日，公司以租赁开始日最低租赁收款额与初始直接费用之和作为应收融资租赁款的入账价值，同时记录未担保余值；将最低租赁收款额、初始直接费用及未担保余值之和与其现值之和的差额确认为未实现融资收益。在租赁期各个期间，采用实际利率法计算确认当期的融资收入。

6.1.13　政府补助

政府补助需同时满足政府补助所附条件及本公司能够收到政府补助的两个条件时，予以确认，包括财政拨款、财政贴息、税收返还、无偿划拨非货币性资产。

政府补助为货币性资产的，按照收到的金额计量；政府补助为非货币性资产的，按照公允价值计量，公允价值不能可靠取得的，按照名义金额计量。

与资产相关的政府补助确认为递延收益，在相关资产使用寿命内平均分配，计入当期损益；使用寿命结束前处置毁损的，将递延收益一次性转入当期损益。

与收益相关的政府补助，用于补偿以后期间的相关费用或损失的，确认为递延收益，在相关费用的期间，计入当期损益；用于补偿已发生的相关费用或损失的，直接计入当期损益。

6.1.14　所得税的会计处理方法

所得税包括当期所得税（当期应交所得税）和递延所得税，均作为所得税费用或收益计入当期损益，但不包括直接计入所有者权益的交易或事项的所得税影响。

本公司对于当期和以前期间形成的当期所得税负债或资产，按照税法规定计算的预期应交纳或返还的所得税金额计量。

本公司根据资产与负债于资产负债表日的账面价值与计税基础之间的暂时性差异，采用资产负债表债务法计提递延所得税。

各种应纳税暂时性差异均据以确认递延所得税负债，除非应纳税暂时性差异是在以下交易中产生的：商誉的初始确认，或者具有以下特征的交易中产生的资产或负债的初始确认：该交易不是企业合并，并且交易发生时既不影响会计利润也不影响应纳税所得额；对于与子公司、合营企业及联营企业投资相关的应纳税暂时性差异，该暂时性差异转回的时间能够控制并且该暂时性差异在可预见的未来很可能不会转回。

本公司以很可能取得用来抵扣可抵扣暂时性差异的应纳税所得额为限，确认由可抵扣暂时性差异产生的递延所得税资产，除非可抵扣暂时性差异是在以下交易中产生的：该交易不是企业合并，并且交易发生时既不影响会计利润，也不影响应纳税所得额；对于与子公司、合营企业及联营企业投资相关的可抵扣暂时性差异，未能满足：暂时性差异在可预见的未来很可能转回，且未来很可能获得用来抵扣可抵扣暂时性差异的应纳税所得额。

本公司于资产负债表日，对于递延所得税资产和递延所得税负债，依据税法规定，按照预期收回该资产或清偿该负债期间的适用税率计量，并反映资产负债表日预期收回资产或清偿负债方式的所得税影响。

于资产负债表日，本公司对递延所得税资产的账面价值进行复核。如果未来期间很可能无法获得足够的应纳税所得额用以抵扣递延所得税资产的利益，减记递延所得税资产的账面价值。在很可能获得足够的应纳税所得额时，减记的金额予以转回。

6.1.15　信托业务核算办法

根据《中华人民共和国信托法》、《信托业务会计核算办法》等规定，信托财产与属于受托人所有的财产（固定财产）相区别，不得归入受托人的固有财产或者成为固有财产的一部分。

本公司信托财产是指因承诺信托而取得的财产，对于因信托财产的管理、运用、处分或者其他情形而取得的财产，也归入信托财产。

信托财产不属于本公司的固有资产，也不属于本公司对受益的负债。本公司终止时，信托财产不属于清算资产。

本公司对信托财产与固有财产分别管理、分别记账，并将不同委托人的信托财产分别管理、分别记账。

本公司的信托项目是指根据信托文件的约定，单独或者集合管理、运用、处分信托财产的基本单位，本公司以每个信托项目作为独立的会计核算主体，独立核算信托财产的管理、运用和处分情况。各信托项目分别记账、独立核算并编制财务报表。信托项目财务报表不列入本财务报表。

6.1.16　信托赔偿准备金的计提

根据中国人民银行颁布的《信托投资公司管理办法》有关规定，公司按税后利润的5%计提信托赔偿准备金，公司信托赔偿准备金累计额为公司注册资本20%以上时，不再提取。提取的信托赔偿准备金主要用于弥补因管理操作不善而对信托财产造成的损失。

虽然信托赔偿准备累计总额已超过本公司注册资本的20%，本公司本期因提高公司抗风险能力的需要，公司决定效仿银监会设计的信托业救助基金的基本理念和方案，把公司会计科目项下的信托赔偿准备加上公司对项目责任人预留的风险准备金等，设立公司信托项目缓解风险救助基金，本期计提7 000.00万元信托赔偿准备金。

6.1.17　一般准备的计提

一般风险准备是从净利润中提取的、用于部分弥补尚未识别的可能性损失的准备金。

本公司运用动态拨备原理，采用标准法对风险资产所面临的风险状况定量分析，确定潜在风险估计值。计算风险资产的潜在风险估计值后，对于潜在风险估计值高于资产减值准备的，扣减已计提的资产减值准备，计提一般风险准备。当潜在风险估值低于资产减值准备时，不计提一般风险准备。

动态拨备是金融企业根据宏观经济形势变化，采取逆周期计提拨备的方法，即在宏观经济上行周期、风险资产违约率相对较低时多计提拨备，增强财务缓冲能力；在宏观经济下行周期、风险资产违约率相对较高时少计提拨备，并动用积累的拨备吸收资产损失的做法。

本公司每年度终了对承担风险和损失的资产计提一般风险准备，具体包括发放贷款和垫款、可供出售金融资产、持有至到期投资、长期股权投资、存放同业、拆出资金、抵债资产、应收款项等，一般准备余额原则上不得低于风险资产期末余额的1.5%。

本公司采用标准法确认潜在风险估计值，按潜在风险估计值与资产减值准备的差额，对风险资产计提一般准备。其中：信贷资产根据金融监管部门的有关规定进行风险分类，标准风险系数暂定为正常类的1.5%、关注类的3%、次级类的30%、可疑类的60%、损失类的100%；对于其他风险资产参照信贷资产进行风险分类，采用的标准风险系数同上述信贷资产标准风险系数。

财政部将根据宏观经济形势变化，参考金融企业不良贷款额、不良贷款率、不良贷款拨备覆盖率、贷款拨备率、贷款总拨备率等情况，适时调整计提一般风险准备的风险资产范围、标准风险系数、一般风险准备占风险资产的比例要求。本公司将根据财政部的要求适时进行相应调整。

一般风险准备计提不足的，原则上不得进行税后利润分配。一般风险准备经本公司董事会、股东大会审批通过，并报经同级财政部门备案后，可用一般准备弥补亏损，但不得用于分红。因特殊原因，经董事会、股东大会审批通过后，并报经同级财政部门备案后，可将一般准备转为未分配利润。

6.2 或有事项说明

公司对外担保及其他或有事项的期初数、期末数及其对公司存在的影响：无。

6.3 重要资产转让及其出售的说明

无。

6.4 会计报表中重要项目的明细资料

6.4.1 披露自营资产经营情况

6.4.1.1 按信用风险五级分类结果披露信用风险资产的期初数、期末数

信用风险资产五级分类	正常类（万元）	关注类（万元）	次级类（万元）	可疑类（万元）	损失类（万元）	信用风险资产合计（万元）	不良资产合计（万元）	不良资产率（%）
期初数	255 504	0	0	0	0	255 504	0	0
期末数	288 057	0	0	0	0	288 057	0	0

注：不良资产合计=次级类+可疑类+损失类。

6.4.1.2 各项资产减值损失准备的期初、本期计提、本期转回、本期核销、期末数

单位：万元

	期初数	本期计提	本期转回	本期核销	期末数
贷款损失准备	793	641	0	0	1 434
一般准备	793	641	0	0	1 434
专项准备	0	0	0	0	0
其他资产减值准备	347	-224	0	0	123
可供出售金融资产减值准备	0	0	0	0	0
持有至到期投资减值准备	0	0	0	0	0
长期股权投资减值准备	327	-223	0	0	104
坏账准备	20	-1		0	19
投资性房地产减值准备	0	0	0	0	0

6.4.1.3 自营股票投资、基金投资、债券投资、股权投资等投资业务的期初数、期末数

单位：万元

	自营股票	基金	债券	长期股权投资	其他投资	合计
期初数	7 777	16 230	6 439	32 283	100 787	163 516
期末数	0	34 194	0	10 431	164 359	208 984

注：其他投资为可供出售金融资产、持有至到期投资。

6.4.1.4 按投资入股金额排序，前三名的自营长期股权投资的企业名称、占被投资企业权益的比例及投资收益情况等（依大小顺序排列）

企业名称	占被投资企业权益的比例（%）	投资收益（万元）
1. 天津津京文化传媒发展有限公司	49	文化传媒
2. 中合共销（上海）股权投资基金管理有限公司	40	投资管理
3. 北京富智阳光投资管理有限公司	49	投资管理

6.4.1.5 前三名的自营贷款的企业名称、占贷款总额的比例和还款情况等（依大小顺序排列）

企业名称	占贷款总额的比例（%）	还款情况
1. 北京康得新能源科技股份有限公司	18.83	正常
2. 黑龙江省新达建筑工程有限公司	16.74	正常
3. 润丰集团福建中润投资有限公司	13.95	正常

6.4.1.6 表外业务的期初数、期末数

单位：万元

表外业务	期初数	期末数
担保业务	0	0
代理业务（委托业务）	2 972.09	2 972.09
其他	0	0
合计	2 972.09	2 972.09

6.4.1.7 公司当年的收入结构

收入结构	金额（万元）	占比（%）
手续费及佣金收入	133 166	75.80
其中：信托手续费收入	129 895	73.93
投资银行业务收入	3 271	1.86
利息收入	12 661	7.21
其他业务收入	1 876	1.07
其中：计入信托业务收入部分	0	0
投资收益	23 675	13.48
其中：股权投资收益	4 576	2.60
证券投资收益	12 000	6.83
其他投资收益	7 099	4.04
公允价值变动收益	-114	-0.06
营业外收入	4 427	2.52
收入合计	175 691	100.00

注：手续费及佣金收入、利息收入、其他业务收入、投资收益、营业外收入均应为损益表中的一级科目，其中手续费及佣金收入、利息收入、营业外收入为未抵减掉相应支出的全年累计实现收入数。

6.4.2 **披露信托财产管理情况**

6.4.2.1 信托资产的期初数、期末数

单位:万元

信托资产	期初数	期末数
集合	5 094 029.34	7 680 946.31
单一	5 655 958.91	5 565 663.23
财产权	1 684 807.13	2 916 062.77
合计	12 434 795.38	16 162 672.31

6.4.2.1.1 主动管理型信托业务的信托资产期初数、期末数

单位:万元

主动管理型信托资产	期初数	期末数
证券投资类	4 782 857.71	5 172 931.72
股权投资类	1 799 179.26	1 853 769.35
其他投资	29 152.70	32 298.96
融资类	4 148 362.37	4 501 239.23
事务管理类	128 355.63	138 675.64
合计	10 887 907.67	11 698 914.90

注:上市公司股票受益权投资 349 549.18 万元统计在证券投资类。其他投资为信托资金直接投资于艺术品、贵金属等。

6.4.2.1.2 被动管理型信托业务的信托资产期初数、期末数

单位:万元

被动管理型信托资产	期初数	期末数
证券投资类	32 924.78	38 408.12
股权投资类	0.00	
融资类	382 476.72	327 194.27
事务管理类	1 131 486.21	4 098 155.02
合计	1 546 887.71	4 463 757.41

6.4.2.2 本年度已清算结束的信托项目个数、实收信托合计金额、加权平均实际年化收益率

6.4.2.2.1 本年度已清算结束的集合类、单一类资金信托项目和财产管理类信托项目个数、实收信托金额、加权平均实际年化收益率

已清算结束信托项目	项目个数(个)	实收信托合计金额(万元)	加权平均实际年化收益率(%)
集合	46	1 410 997.03	9.08
单一	24	978 073.70	8.00
财产权	2	142 904.59	6.34

注:实收信托合计金额是信托本金累计给付额。

6.4.2.2.2 本年度已清算结束的主动管理型信托项目个数、实收信托合计金额、加权平均实际年化收益率

主动管理

已清算结束信托项目	项目个数(个)	实收信托合计金额(万元)	加权平均实际年化报酬率(%)	加权平均实际年化收益率(%)
证券投资类	11	522 246.77	0.70	9.05
股权投资类	9	359 192.13	3.92	11.92
其他投资类	0	0.00	—	—
融资类	42	1 373 548.59	1.66	8.27
事务管理类	0	0.00	—	—

注:实收信托合计金额是信托本金累计给付额。上市公司股票受益权投资统计在证券投资类。其他投资为信托资金直接投资于艺术品、贵金属等。

6.4.2.2.3 本年度已清算结束的被动管理型信托项目个数、实收信托合计金额、加权平均实际年化收益率

被动管理

已清算结束信托项目	项目个数(个)	实收信托合计金额(万元)	加权平均实际年化报酬率(%)	加权平均实际年化收益率(%)
证券投资类	0	0.00	—	—
股权投资类	0	0.00	—	—
融资类	0	0.00	—	—
事务管理类	10	276 987.83	0.46	4.28

注:实收信托合计金额是信托本金累计给付额。

6.4.2.3 本年度新增的集合类、单一类和财产管理类信托项目个数、实收信托合计金额

新增信托项目	项目个数(个)	实收信托合计金额(万元)
集合	72	3 412 485.49
单一	44	1 080 841.56
财产权	6	2 048 754.32
合计	122	6 542 081.37
其中:主动管理型	69	2 631 203.99
被动管理型	53	3 910 877.38

注:实收信托合计金额是本年新增信托项目累计新增的实收信托金额。

6.4.2.4 信托业务创新成果和特色业务

报告期内,公司信托业务发展稳中求进,在转型中求发展,明确主攻方向,突出重点业务,围绕转型创新在以下几个领域取得优异成果:(1)家族信托研究与实践走在行业前列。(2)资产证券化业务进一步拓展。(3)领先开展定向及私募资产证券化研发。(4)稳步探索土地流转信托,巩固先发优势地位。(5)大力拓展环保、新能源、科技、文创、快消新兴产业等领域中小企业信托产品。(6)分层设计及组合投资产品不断规范。(7)医疗健康平台建设进一步拓展。公司还积极推进多个领域的创新业务,在包括智慧城市、知识产权、TMT、物流配送、消费信托、QDII、海外房地产、国企改革、并购、互联网金融等领域探索创新,为公司业务不断发展开拓新领域。

6.5 关联方关系及其交易的披露

6.5.1 关联交易方的数量、关联交易的总金额及关联交易的定价政策等

无。

6.5.2 关联交易方与本公司的关系性质、关联交易方的名称、法定代表人、注册地址、注册资本及主营业务等

"北信瑞丰稳定收益 A 基金"为本公司子公司"北信瑞丰基金管理有限公司"发行并受托管理的基金产品,该基金成立于 2014 年 8 月 27 日,基金规模为 4.85 亿元,为债券型基金。该基金投资范围:该基金投资于国内依法发行和上市交易的国债、中央银行票据、金融债券、企业债券、公司债券、中期票据、短期融资券、超短期融资券、次级债券、政府机构债、地方政府债、资产支持证券、可转换债券(含分离交易可转债)、债券回购、银行存款(包括协议存款、定期存款及其他银行存款)、货币市场工具以及经中国证监会允许基金投资的其他金融工具,但需符合中国证监会的相关规定。该基金不直接从二级市场买入股票、权证等,不参与一级市场的新股申购或增发新股

本公司本期先后累计购买了 2.7 亿元的上述"北信瑞丰稳

定收益A基金"基金产品，截至2014年12月31日，该基金公允价值变动为3 912 620.83元。

北信瑞丰基金管理有限公司法定代表人周瑞明，公司注册地址北京市怀柔区九渡河镇黄坎村735号，公司注册资本17 000万元，主营业务：基金募集、基金销售、资产管理。

6.5.3 本公司与关联方的重大交易事项

6.5.3.1 固有与关联方：贷款、投资、租赁、应收账款、担保、其他方式等期初汇总数、本期借方和贷方发生额汇总数、期末汇总数

单位：万元

固有与关联方关联交易				
	期初数	借方发生额	贷方发生额	期末数
贷款	0	0	0	0
投资	0	27 000	0	27 000
租赁	0	0	0	0
担保	0	0	0	0
应收账款	0	0	0	0
其他	0	0	0	0
合计	0	27 000	0	27 000

6.5.3.2 信托与关联方交易情况：贷款、投资、租赁、应收账款、担保、其他方式等期初汇总数、本期借方和贷方发生额汇总数、期末汇总数

单位：万元

信托与关联方关联交易				
	期初数	借方发生额	贷方发生额	期末数
贷款	0	0	0	0
投资	0	0	0	0
租赁	0	0	0	0
担保	0	0	0	0
应收账款	0	0	0	0
其他	0	0	0	0
合计	0	0	0	0

6.5.3.3 信托公司自有资金运用于自己管理的信托项目（固信交易）、信托公司管理的信托项目之间的相互（信信交易）交易金额，包括余额和本报告年度的发生额

6.5.3.3.1 固有财产与信托财产之间的交易金额期初汇总数、本期发生额汇总数、期末汇总数

单位：万元

固有财产与信托财产相互交易			
	期初数	本期发生额	期末数
合计	52 300.00	1 651.00	53 951.00

6.5.3.3.2 信托项目之间的交易金额期初汇总数、本期发生额汇总数、期末汇总数

单位：万元

信托资产与信托财产相互交易			
	期初数	本期发生额	期末数
合计	124 800.09	62 760.91	187 561.00

6.5.4 逐笔披露关联方逾期未偿还本公司资金的详细情况以及本公司为关联方担保发生或即将发生垫款的详细情况

无。

6.6 会计制度的披露

公司固有业务（自营业务）自2008年1月1日起执行财政部2006年颁布的《企业会计准则》，信托业务自2010年1月1日起执行《企业会计准则》。

7. 财务情况说明书

7.1 利润实现和分配情况

单位：万元

项目	金额
利润总额	118 899
减：所得税费用	29 440
净利润	89 460
加：少数股东损益	688
减：提取法定盈余公积	9 076
提取任意盈余公积	82 819
提取一般风险准备	2 067
信托赔偿准备	7 000
加：期初未分配利润	170 879
减：本期利润分配	21 000
期末未分配利润	139 064

7.2 主要财务指标

指标名称	指标值
资本利润率（%）	20.93
人均净利润（万元）	394

注：1. 资本利润率 = 净利润/所有者权益平均余额 ×100%。

2. 加权年化信托报酬率 =（信托项目1的实际年化信托报酬率 x 信托项目1的实收信托 + 信托项目2的实际年化信托报酬率 x 信托项目2的实收信托 +… + 信托项目n的实际年化信托报酬率 x 信托项目n的实收信托）/（信托项目1的实收信托 + 信托项目2的实收信托 +… + 信托项目n的实收信托）x100%。

3. 人均净利润 = 净利润/年平均人数。

4. 平均值采取年初及各季末余额移动算术平均法，公式为：a（平均）=（$a_0/2 + a_1 + a_2 + a_3 + a_4/2$）/4。

7.3 对本公司财务状况、经营成果有重大影响的其他事项

无。

7.4 公司净资本情况

信托公司风险控制指标监管报表

2014年12月31日

单位：万元

项目	期末余额	监管标准	备注
净资本	362 171	≥20 000	达标
固有业务风险资本	48 820		
信托业务风险资本	156 173		
其他业务风险资本			
各项业务风险资本之和	204 993		
净资本/各项业务风险资本之和	176.67	≥100	达标
净资本/净资产	78.81%	≥40%	达标

注：此表以母公司数据口径编制。

8. 特别事项简要揭示

8.1 无前五名股东报告期内变动情况

8.2 董事、监事及高级管理人员变动情况及原因

报告期内中国银行业监督管理委员会北京监管局（以下简称北京银监局）批复（京银监复[2014]728号）《关于核准幸宇晖北京国际信托有限公司副总经理任职资格的批复》及北京市国有资产监督管理委员会批复（京国资党任字[2014]122号）《关于同意田耀山同志辞职的通知》（到龄退休等原因），北京银监局核准的公司高管人员由上一报告期12人减至10人。

8.3 无公司重大未决诉讼事项

8.4 会计师事务所出具了无保留意见的审计报告

8.5 无公司及其董事、监事和高级管理人员受到处罚的情况

8.6 银监会及其派出机构对公司检查后提出的整改意见之整改情况简要说明

报告期内北京银监局对兑付风险及合规情况进行了现场检查，并下发了《兑付风险及合规情况的现场检查意见书》（京银监发[2014]182号）。公司针对北京银监局提出的监管意见，制定了一系列整改措施，进一步加强公司内控体系建设，进一步完善中后期风险管控，进一步加强内控制度建设，加强员工风险合规文化建设，加强营销团队建设，提升合规营销意识。开展存量项目全面自查，确保业务运行合法、合规。进一步完善中后期风险管控，审慎调查和评估信托项目风险。严格落实风险审批条件，提升信托业务后期管理质量，重点加强资金用途监管。

8.7 本年度重大事项临时报告

无。

8.8 无银监会及其派出机构认定的其他有必要让客户及其相关利益人了解的重要信息

9. 公司监事会意见

公司监事会认为，公司董事会各项决议符合《公司法》等法律法规和公司章程的规定，公司经营管理活动合法合规，高级管理层认真执行股东会、董事会的各项决议，经营业绩良好，圆满完成了报告期年初制订的经营计划。公司经营中未出现违规操作行为，未出现损害公司、股东及受益人利益的行为。公司财务报告真实、客观反映了公司的财务状况和经营成果。

渤海国际信托有限公司

1. 重要提示

1.1 本公司董事会及董事保证本报告所载资料不存在任何虚假记载、误导性陈述或者重大遗漏，并对其内容的真实性、准确性和完整性承担个别及连带责任。

1.2 本公司独立董事陈日进、王松奇和王力对本报告内容的真实性、准确性和完整性表示认可。

1.3 瑞华会计师事务所（特殊普通合伙）为本公司出具了标准无保留意见的审计报告。

1.4 公司董事长李光荣、总裁郑宏、财务总监郭占刚声明：保证年度报告中财务会计报告的真实、完整。

2. 公司概况

2.1 公司简介

渤海国际信托有限公司前身为河北省国际信托投资公司，成立于1983年12月，2004年1月获准重新登记，注册资本金32 565万元（含1 500万美元），2006年12月完成重组，2007年2月增资扩股后，注册资本金增加到72 565万元（含1 500万美元）。2007年11月，中国银监会批准公司名称变更为渤海国际信托有限公司。2009年3月由原股东再次增资7 000万元，注册资本金增加至79 565万元（含1500万美元）。2011年6月，海航资本控股有限公司增资120 435万元，注册资本金增加至200 000万元（含1 500万美元）。

法定中文名称	渤海国际信托有限公司
法定中文缩写名称	渤海信托
公司法定英文名称	Bohai International Trust Co.，Ltd.
法定英文缩写名称	BITC
法定代表人	李光荣
注册地址	河北省石家庄市新石中路377号B座22~23层
公司网址	www.bohaitrust.com
邮政编码	050090
信息披露事务联系人	任惊雷，电话：010－57582318；电子信箱：jinglei－ren@hnair.com
选定的信息披露报纸	《证券时报》
信息披露事务负责人	郑宏
公司年报备置地点	石家庄市新石中路377号B座22－23层
聘请的会计师事务所	瑞华会计师事务所（特殊普通合伙）
聘请的会计师事务所地址	北京市东城区永定门西滨河路中海地产广场西塔5～11层

2.2 组织结构

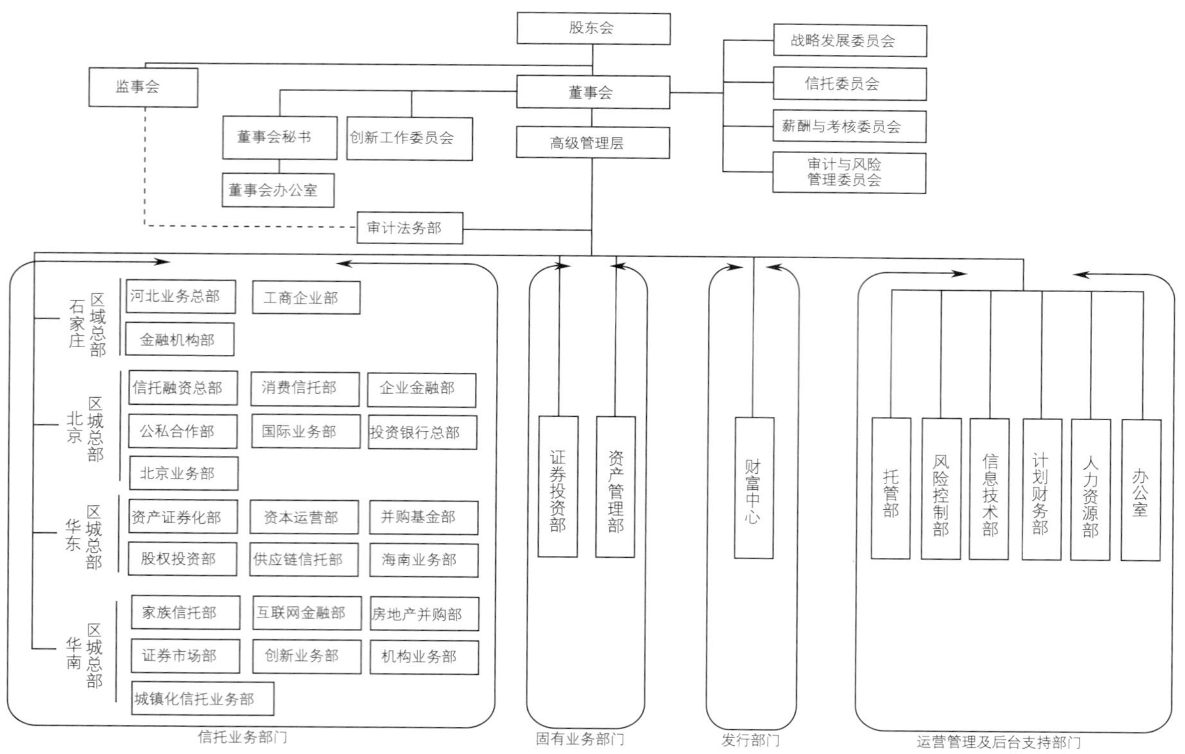

3. 公司治理

3.1 公司治理结构

3.1.1 股东

截至2014年末，股东总数2家，海航资本集团有限公司为实际控制人。

股东名称	持股比例(%)	法人代表
海航资本集团有限公司	60.22	刘小勇
中国新华航空集团有限公司	39.78	杨景林

主要股东

(1)海航资本集团有限公司的主要股东：

股东名称	持股比例(%)	法人代表
海航集团有限公司	100.00	陈峰

(2)中国新华航空集团有限公司的主要股东：

股东名称	持股比例(%)	法人代表
海南航空股份有限公司	100.00	杨景林

3.1.2 董事、董事会及其下属委员会

董事长、董事

姓名	职务	性别	年龄	选任日期	所推举股东名称	该股东持股比例(%)	简要履历
李光荣	董事长	男	52	2014年7月	海航资本集团有限公司	60.22	历任湖南省人民政府财贸办科长、中国银行湖南省分行证券部经理、广东国际信托投资公司经理、中国光大银行广州分行业务发展部总经理、特华投资控股有限公司董事长、华安财产保险股份有限公司董事长、华安财保资产管理有限公司董事长、渤海国际信托有限公司董事长。
金平	董事	男	61	2008年10月	海航资本集团有限公司	60.22	历任国家计委发展战略处处长、神华集团研究室主任、神华集团企业策划部总经理、海航资本控股有限公司副董事长兼总裁。
郑宏	董事	男	49	2012年6月	中国新华航空集团有限公司	39.78	历任海南航空股份有限公司总经理、财务总监，海航集团有限公司财务总监，海航机场集团有限公司首席运营官兼财务总监、副董事长，海航集团华东总部有限公司财务总监，渤海国际信托有限公司执行董事兼总裁。
李令星	董事	男	48	2013年3月	海航资本集团有限公司	60.22	历任河北省国际信托投资有限公司稽核审计部总经理、海航资本控股有限公司合规管理部总经理。
汪杰宁	董事	男	45	2013年10月	中国新华航空集团有限公司	39.78	历任新希望集团金融事业部副总裁，联华国际信托投资有限公司董事会秘书、副总裁、董事、代总裁，百年城商业地产有限公司董事兼副总裁，渤海国际信托有限公司执行董事兼首席风控官。

独立董事

姓名	职务	性别	年龄	选任日期	所推举股东名称	该股东持股比例(%)	简要履历
陈日进	独立董事	男	69	2011年6月	—	—	历任海南省政府副秘书长、财政厅厅长。
王松奇	独立董事	男	63	2013年11月	—	—	历任中国人民大学财经系金融教研室主任、中国社会科学院金融所党委书记兼副所长。
王力	独立董事	男	56	2013年11月	—	—	历任内蒙古自治区呼伦贝尔盟计划管理委员会经济所副所长、特华投资控股有限公司执行总裁兼任特华博士后科研工作站执行站长。

董事会下属委员会

董事会下属委员会名称	职责	组成人员	职务
战略发展委员会	对公司发展战略提出建议方案，并对战略实施管理。	李光荣	主任委员
		金平	委员
		王松奇	委员
信托委员会	组织制订公司信托业务发展规划，对公司新推业务定期进行评估，针对监管机构检查公司信托业务后要求董事会组织整改的问题，研究提出具体措施、指导信托业务部门开展信托业务创新。	王松奇	主任委员
		金平	委员
		郑宏	委员
提名薪酬与考核委员会	规范公司高管人员的产生，优化董事会组成，建立健全公司董事(非独立董事)及高级管理人员的考核和薪酬管理制度，完善公司治理结构。	王力	主任委员
		李光荣	委员
		郑宏	委员
审计与风险管理委员会	强化对公司财务、经营、风险及合规管理情况的监督检查，提升对公司经营风险的识别、计量和防范、化解能力，保证公司的规范健康发展。	陈日进	主任委员
		汪杰宁	委员
		李令星	委员

3.1.3 监事、监事会及其下属委员会

• 监事会成员

姓名	职务	性别	年龄	选任日期	所推举股东名称	该股东持股比例(%)	简要履历
郎国章	监事会主席	男	60	2013 年 3 月	海航资本集团有限公司	60.22	历任河北省发展改革委委投资处处长，河北省国际信托投资有限责任公司总经理，渤海国际信托有限公司副董事长、监事长。
唐晓蕾	员工监事	女	42	2013 年 3 月	—	—	历任河北省国际信托投资有限责任公司法律事务主管、渤海国际信托有限公司审计风控部副总经理。
童清	外部监事	男	48	2013 年 3 月	—	—	历任华安财产保险股份有限公司董事长特别助理、副总裁、执行董事兼总裁。

注：根据《2013 年第二次临时股东会会议决议》公司股权结构变更后保持董事会、监事会成员不变。

3.1.4 公司高级管理人员

姓名	职务	性别	年龄	任职日期	金融从业年限(年)	学历	专业	简要履历
郑宏	总裁	男	49	2012 年 6 月	23	本科	财务会计	历任海南航空股份有限公司总经理、财务总监，海航集团有限公司财务总监，海航机场集团有限公司首席运营官兼财务总监、副董事长，海航集团华东总部有限公司财务总监，渤海国际信托有限公司执行董事兼总裁。
王学江	常务副总裁	男	52	2012 年 12 月	21	硕士	英美语言文学	历任河北省国际信托投资有限责任公司信托业务部总经理、渤海国际信托有限公司副总裁。
汪杰宁	首席风控官	男	45	2013 年 10 月	20	硕士	EMBA	历任新希望集团金融事业部副总裁，联华国际信托投资有限公司董事会秘书、副总裁、董事、代总裁，百年城商业地产有限公司董事兼副总裁，渤海国际信托有限公司执行董事兼首席风控官。
郭占刚	财务总监	男	48	2012 年 8 月	16	本科	工业会计	历任河北省国际信托投资有限责任公司托管部副总经理，渤海国际信托有限公司审计风控部总经理、计划财务部总经理、财务总监。
任惊雷	副总裁	男	37	2013 年 12 月	15	硕士	MBA	历任华安财产保险股份有限公司总公司行政管理部总经理、董事会秘书，渤海国际信托有限公司副总裁兼董事会秘书。
马建军	副总裁	男	43	2012 年 12 月	16	硕士	金融学	历任渤海信托信托业务部副总经理、信托业务二部总经理、总裁助理。
师增轩	总裁助理	男	58	2010 年 7 月	24	本科	现代经济管理	历任河北省国际信托投资有限责任公司办公室主任，渤海国际信托有限公司总裁助理。
符高萌	总裁助理	男	46	2014 年 1 月	23	硕士	财政学	历任海南省信托投资公司信贷主管、投资部副经理、资金部副经理，海南海信期货经纪有限公司交割部总经理、海南营业部总经理、总经理助理，国泰君安证券股份有限责任公司海口营业部市场部经理、资本运作部经理，幸运旅行社项目经理，渤海国际信托有限公司信托业务部信托经理、信托业务二部高级经理、信托业务五部信托业务总监、副总经理、总裁助理。

3.1.5 公司员工

项目		报告期年度		上年度	
		人数(人)	比例(%)	人数(人)	比例(%)
年龄分布	20 岁以下	—	—	—	—
	20 岁~29 岁	63	39.6	53	39.55
	30 岁~39 岁	54	34.0	41	30.60
	40 岁以上	42	26.4	40	29.85
学历分布	博士	4	2.5	3	2.24
	硕士	71	44.7	57	42.54
	本科	74	46.5	65	48.51
	专科	8	5.0	7	5.22
	其他	2	1.3	2	1.49
岗位分布	董事、监事及高管人员	10	6.3	9	6.72
	自营业务人员	9	5.7	4	2.99
	信托业务人员	77	48.4	71	52.99
	其他人员	63	39.6	50	37.31

3.2 公司治理信息

3.2.1 年度内召开股东会情况

公司 2014 年共召开六次股东会会议：

2014 年 2 月 22 日，公司以通信表决的方式召开 2014 年第一次临时股东会，全体股东以全票通过如下议案：

一、《关于豁免 2014 年第一次临时股东会于会议召开前 10 日通知各股东的议案》；

二、《关于更换会计师事务所的议案》；

三、《关于渤海国际信托有限公司 2014 年增加注册资本的议案》；

四、《关于修改公司章程的议案》。

2014 年 4 月 25 日，公司以现场会议的形式，在广东省深圳市召开 2013 年度股东会会议，全体股东以全票通过如下 15 项报告或议案：

一、《2013 年度董事会工作报告》；

二、《2013 年度监事会工作报告》;

三、《2013 年度财务决算报告》;

四、《2013 年度利润分配方案》;

五、《2014 年度财务预算报告》;

六、《2013 年度报告》正文及摘要;

七、《2013 年度信托项目受益人利益实现情况的报告》;

八、《关于监管部门对公司的监管意见及公司执行整改情况报告》;

九、《关于修订公司章程的议案》;

十、《关于修订 <股东会议事规则>的议案》;

十一、《关于修订 <董事会议事规则>的议案》;

十二、《关于修订 <监事会议事规则>的议案》;

十三、《关于审议 <独立董事制度>的议案》;

十四、《关于设立证券投资基金管理公司的议案》;

十五、《关于规范公司治理优化审批流程的议案》。

2014 年 6 月 5 日,公司以通信表决的方式召开 2014 年第二次临时股东会,全体股东以全票通过如下议案:

《关于变更证券投资基金管理公司股东结构的议案》。

2014 年 8 月 15 日,公司以通信表决的方式召开 2014 年第三次临时股东会,全体股东以全票通过如下议案:

一、《关于豁免 2014 年第三次临时股东会于会议召开前 10 日通知各股东的议案》;

二、《关于"东海二号"项目风险处置方案报告的议案》;

三、《关于渤海国际信托有限公司恢复与处置计划的议案》。

2014 年 9 月 22 日,公司以现场会议的形式,在北京市召开 2014 年第四次临时股东会,全体股东以全票通过如下议案:

《关于审议 <渤海信托董事、监事 2014 年度绩效考核办法>的议案》。

2014 年 11 月 10 日,公司以通信表决的方式召开 2014 年第五次临时股东会,全体股东以全票通过如下议案:

一、《关于豁免 2014 年第五次临时股东会于会议召开前 10 日通知各股东的议案》;

二、《关于修订公司章程的议案》。

3.2.2 董事会及下属委员会履行职责情况

公司 2014 年共召开八次董事会会议:

2014 年 2 月 21 日,公司以通信表决的方式召开第四届董事会第三次会议,全体董事以全票通过如下议案:

一、《关于豁免四届三次董事会于会议召开前 5 日通知各董事的议案》;

二、《关于豁免 2014 年第一次临时股东会于会议召开前 10 日通知各股东的议案》;

三、《关于更换会计师事务所的议案》;

四、《关于渤海国际信托有限公司 2014 年增加注册资本的议案》;

五、《关于修改公司章程的议案》。

2014 年 3 月 25 日,公司以通信表决的方式召开第四届董事会第四次会议,全体董事以全票通过如下议案:

一、《关于聘任公司常务副总裁的议案》;

二、《关于聘任公司副总裁的议案》;

三、《关于聘任公司总裁助理的议案》。

2014 年 4 月 25 日,公司于广东省深圳市现场召开第四届董事会第五次会议,全体董事以全票通过如下 32 项报告或议案:

一、《2013 年度董事会工作报告》;

二、《2013 年度经营工作报告》;

三、《2013 年度财务决算报告》;

四、《2013 年度利润分配方案》;

五、《2014 年度财务预算报告》;

六、《2013 年度报告》正文及摘要;

七、《2013 年度公司内部控制自我评价报告》;

八、《2013 年度风险管理工作报告》;

九、《2013 年度内部审计报告》;

十、《2013 年度信托项目受益人利益实现情况的报告》;

十一、《关于监管部门对公司的监管意见及公司执行整改情况报告》;

十二、《关于 2013 年度高管人员绩效考核情况的报告》;

十三、《关于修订公司章程的议案》;

十四、《关于修订〈股东会议事规则〉的议案》;

十五、《关于修订〈董事会议事规则〉的议案》;

十六、《关于审议〈独立董事制度〉的议案》;

十七、《关于设立董事会战略发展委员会的议案》;

十八、《关于设立董事会审计与风险管理委员会的议案》;

十九、《关于设立董事会提名薪酬与考核委员会的议案》;

二十、《关于选举董事会战略发展委员会委员的议案》;

二十一、《关于选举董事会信托委员会委员的议案》;

二十二、《关于选举董事会审计与风险管理委员会委员的议案》;

二十三、《关于选举董事会提名薪酬与考核委员会委员的议案》;

二十四、《关于审议董事会战略发展委员会工作细则的议案》;

二十五、《关于修订董事会信托委员会工作细则的议案》;

二十六、《关于审议董事会审计与风险管理委员会工作细则的议案》;

二十七、《关于审议董事会提名薪酬与考核委员会工作细则的议案》;

二十八、《关于设立证券投资基金管理公司的议案》;

二十九、《关于规范公司治理优化审批流程的议案》;

三十、《关于增强创新能力沉淀长远价值的议案》;

三十一、《关于审议〈固有业务绩效奖金计提方案〉的议案》;

三十二、《关于修订〈渤海信托业务绩效奖金管理办法〉风险保证金发放部分内容的议案》。

2014 年 5 月 26 日,公司以通信表决的方式召开第四届董事会第六次会议,全体董事以全票通过如下议案:

一、《关于召开 2014 年度第二次临时股东会的议案》;

二、《关于变更证券投资基金管理公司股东结构的议案》。

2014 年 8 月 13 日,公司以通信表决的方式召开第四届董事会第七次会议,全体董事以全票通过如下议案:

一、《关于豁免四届七次董事会于会议召开前 5 日通知各董事的议案》;

二、《关于“东海二号”项目风险处置方案报告的议案》；

三、《关于渤海国际信托有限公司恢复与处置计划的议案》；

四、《关于豁免 2014 年第三次临时股东会于会议召开前 10 日通知各股东的议案》。

2014 年 9 月 20 日，公司以通信表决的方式召开了提名薪酬与考核委员会 2014 年第一次会议，全体委员以全票通过如下议案：

一、《关于审议〈渤海信托董事、监事 2014 年度绩效考核办法〉的议案》；

二、《关于审议〈渤海信托经营管理团队 2014 年度绩效考核办法〉的议案》；

三、《关于修订渤海信托人工成本弹性管理办法及调整 2014 年基础人工成本预算方案的议案》。

2014 年 9 月 20 日，公司以通信表决的方式召开了审计与风险管理委员会 2014 年第一次会议，全体委员以全票通过如下议案：

一、《关于审议 2014 年上半年经营管理情况审计报告的议案》；

二、《关于审议 2014 年上半年风险管理报告的议案》；

三、《关于审议 2014 年上半年内部控制评估报告的议案》；

四、《关于审议渤海国际信托有限公司离任审计管理办法的议案》。

2014 年 9 月 22 日，公司于北京市现场召开第四届董事会第八次会议，通过如下报告或议案：

一、《2014 年上半年经营工作报告》；

二、《关于审议 2014 年上半年经营管理情况审计报告的议案》；

三、《关于审议 2014 年上半年风险管理报告的议案》；

四、《关于审议 2014 年上半年内部控制评估报告的议案》；

五、《关于审议〈渤海信托董事、监事 2014 年度绩效考核办法〉的议案》；

六、《关于审议〈渤海信托经营管理团队 2014 年度绩效考核办法〉的议案》；

七、《关于修订渤海信托人工成本弹性管理办法及调整 2014 年基础人工成本预算方案的议案》；

八、《关于审议〈渤海国际信托有限公司离任审计管理办法〉的议案》。

2014 年 10 月 28 日，公司以通信表决的方式召开第四届董事会第九次会议，全体董事以全票通过如下议案：

一、《关于豁免四届九次董事会于会议召开前 5 日通知各董事的议案》；

二、《关于渤海信托参股设立广州消费金融公司的议案》。

2014 年 11 月 3 日，公司以通信表决的方式召开第四届董事会第十次会议，全体董事以全票通过如下议案：

一、《关于豁免四届十次董事会于会议召开前 5 日通知各董事的议案》；

二、《关于豁免 2014 年第五次临时股东会于会议召开前 10 日通知各股东的议案》；

三、《关于修订公司章程的议案》。

3.2.3 监事、监事会及其下属委员会

公司 2014 年召开两次监事会会议：

2014 年 4 月 25 日，公司在广东省深圳市现场召开第四届监事会第三次会议，全体监事以全票通过如下 14 项议案或报告：

一、《2013 年度监事会工作报告》；

二、《2013 年度经营工作报告》；

三、《2013 年度财务决算报告》；

四、《2014 年度财务预算报告》；

五、《2013 年度利润分配方案》；

六、《2013 年度报告》正文及摘要；

七、《2013 年度公司内部控制自我评价报告》；

八、《2013 年度风险管理工作报告》；

九、《2013 年度内部审计报告》；

十、《关于监管部门对公司的监管意见及公司执行整改情况报告》；

十一、《关于修订〈监事会议事规则〉的议案》；

十二、《关于审议〈渤海国际信托有限公司监事会工作保密办法〉的议案》；

十三、《关于审议〈渤海国际信托有限公司监事会报告编制办法〉的议案》；

十四、关于审议〈渤海国际信托有限公司监事会工作档案管理办法〉的议案》。

2014 年 9 月 20 日，公司于河北省石家庄市现场召开第四届监事会第四次会议，全体监事以全票通过如下议案：

一、《关于审议 2014 年上半年经营工作报告的议案》；

二、《关于审议 2014 年上半年经营管理情况审计报告的议案》；

三、《关于审议〈渤海信托董事、监事 2014 年度绩效考核办法〉的议案》。

3.2.4 高级管理层履职情况

公司高管人员拥有多年金融、经济从业经验，具有高度的责任感和强烈的使命感，具有勤勉诚信的品质和良好的职业素养，具有与公司业务发展相适应的风险管理能力。高级管理层积极倡导企业文化建设，努力构建学习型企业，遵纪守法、合规经营，富于创新精神；在经营管理过程中能严格执行股东会、董事会的各项决议和公司的各项管理制度，完成了公司年度经营目标。

4. 经营管理

4.1 经营目标、方针、战略规划

4.1.1 经营目标

立足信托本源，遵循金融本质规律，服务社会经济发展，通过优质的产品和服务，成为客户资产保值增值的理财专家和首选管家；紧密结合网络时代的新型社会特征、国家“新四化”建设的宏观形势，按照金融企业价值三要素原则，选择一个业务方向，形成一个业务模式，走差异化发展的道路；注重沉淀长远价值，对国家负责，对社会负责，对员工负责，对股东负责，致力于成长为核心竞争优势明显、可持续发展能力强的综合金融服务机构。

4.1.2 经营方针

坚持“诚信、业绩、创新”的企业理念，以诚信树品牌，以创

新促发展，以客户为中心，以市场为导向，规范经营，严控风险，通过优异的经营业绩，实现国家、社会、员工和股东价值的共同增长。

4.1.3 战略规划

以监管部门的要求和公司上市的条件为标准，加大战略投资人引进力度，完善监事会的监督职能，梳理董事会及董事会专业委员会的制度体系，完善公司治理结构。

以投资银行、中小企业培育、城镇化建设为业务方向，不断提高客户资产的管理能力和自有资金的投资能力，持续夯实中后线金融风险控制的平台，遵循金融信托的本质规律，回归信托本源。

以沉淀公司的长远价值为目标，在产品设计上，围绕服务实体经济、服务国家战略性新兴产业发展、服务国家“新四化”，加大对节能环保、科技创新、现代服务业、文化等产业的金融支持力度；在客户关系维护上，深入挖掘客户需求，通过多种形式加强与客户的沟通交流，做好增值服务，融入客户心智，沉淀一批真实稳定的目标客户群；在营销体系建设上，积极尝试金融交叉销售，逐步形成以多渠道营销为主体，以提高客户直销规模为目标的营销服务体系。

不断提升人性化氛围，培育具有高度信托责任的企业文化元素，打造有代表性、有延续性、有品牌效应的文化项目，出版有分量的文化载体，塑造具有金融信托特色的可操作的企业文化。

4.2 经营业务的主要内容

自营资产运用与分布表

资产运用	金额（万元）	占比（%）	资产分布	金额（万元）	占比（%）
货币资产	195 554.63	51.87	基础产业	—	—
贷款及应收款	108 234.03	28.71	房地产业	39 000.00	10.35
以公允价值及其变动计入当期损益的金融资产	1 853.23	0.49	证券市场	28 853.73	7.65
可供出售金融资产	56 905.00	15.10	实业	98 375.00	26.10
持有至到期投资	—	—	金融机构	195 554.63	51.87
长期股权投资	—	—	其他	15 197.35	4.03
其他	14 433.82	3.83	—	—	—
资产总计	376 980.72	100.00	资产总计	376 980.72	100.00

信托资产运用与分布表

资产运用	金额（万元）	占比（%）	资产分布	金额（万元）	占比（%）
货币资产	73 023.11	0.34	基础产业	3 857 534.50	17.80
贷款	16 112 280.46	74.38	房地产	1 918 598.00	8.86
以公允价值及其变动计入当期损益的金融资产	22 999.37	0.11	证券市场	25 100.00	0.12
可供出售金融资产	299.77	0.00	实业	13 481 485.70	62.24
持有至到期投资	4 346 045.32	20.06	金融机构	1 924 314.30	8.88
长期股权投资	1 107 019.46	5.11	其他	454 700.95	2.10
其他	65.96	0.00	—	—	—
信托资产总计	21 661 733.45	100.00	信托资产总计	21 661 733.45	100.00

4.3 市场分析

4.3.1 有利因素

（1）“新常态”下，国内经济转型升级势头稳健，亮点频现，带来了新的发展机遇。

（2）国民财富规模的迅速增长，为信托业提供了快速发展的业务机会。与此同时，信托业在资产管理领域的地位和作用不断增强，市场影响力和社会认知度得到显著提高。

（3）京津冀协同发展及“三个河北”建设进程加快，为公司立足河北省，服务河北省实体经济提供了更为广阔的平台。

（4）公司法人治理水平不断提升，差异化发展战略初步确立，自主营销体系逐渐完善，风险管控水平持续优化，管理资产规模(5)、经济效益均创新高，具备了较好的可持续发展能力。

4.3.2 不利因素

（1）国内经济发展进入“新常态”时期，经济下行，实体经济风险开始向信托传递，个别产业风险显著上升。

（2）保险、证券、基金等金融机构相继发力资产管理市场，信托传统业务受到巨大挑战，金融混业竞争加剧。

（3）银监会“99 号文”、“127 号文”等一系列政策先后出台，规范了产品销售、资金池业务及通道类业务，对信托业产生了重大影响。

（4）信托业资产增速持续放缓，报酬率呈现下降趋势，个案风险事件时有发生，行业转型发展尚处于艰难前行的起步阶段。

4.4 内部控制

4.4.1 内部控制机制依据和内部控制机制覆盖范围

4.4.1.1 内部控制机制依据

渤海信托内部控制工作的依据是《公司法》、《信托公司管理办法》、《信托公司治理指引》、《非银行金融机构内部审计指引》等法律法规，渤海信托公司章程、内部评价管理办法及其他相关规章制度。

4.4.1.2 内部控制机制覆盖范围

渤海信托内控政策与制度健全，公司建立了包括公司章程、三会一层授权体系及议事规则、业务管理、风险控制、财务管理、行政管理、信息管理及反馈机制、IT 系统管理等各方面的制度、流程及运行规则。各项制度衔接较好，执行情况良好。

4.4.2 内部控制制度及执行情况

4.4.2.1 公司治理内控

公司章程规范、完善，股东会、董事会和监事会的议事规则和决策程序健全，董事会和董事长的决策权限明确、具体，对关联交易设置了专门的审议规则和决策机制；董事会、监事会及董事会下设的战略发展委员会、信托委员会和审计与风险管理委员会以及提名薪酬与考核委员会的议事规则健全、决策程序完善、工作职责明确和年度工作计划具体，且落实情况良好，为公司内部控制的运作提供了良好的基础和环境。股东会正常、有效地行使在决定公司经营方针和投资计划、更换董事、批准财务预算和决算方案等方面的权利。董事会、监事会能够正常有效地行使公司章程所赋予的各项职权。

海航资本以及中国新华航空作为公司股东，严格遵守法律、行政法规和中国银监会的规定履行出资人义务和行使出资人的权利。公司建立了规范的关联交易管理制度，涉及关联交易项目均严格执行相关审核原则和程序，关联交易活动遵循了平等、自愿、信用和对价的商业原则，向利益关系人予以充分披露关联交易的定价依据，关联交易均按监管要求事先向监管机构报告。

在公司经营管理过程中，董事会、监事会和公司高级管理人员认真履行了公司章程及公司内部控制制度所赋予的职责，遵守《公司法》、《金融违法行为处罚办法》和《金融机构高级管理人员任职资格管理办法》等相关法律法规以及公司章程和内部控制制度所列示的禁止性规定，展现了公正廉洁、遵纪守法、忠于职守、重视内控、规范经营、严防风险的高度责任意识和优良的工作作风；组织管理能力和业务能力与任职相称。

4.4.2.2 业务控制

（1）信托业务与固有业务独立机制。相关法律规定信托业务和固有业务完全独立，形成防火墙，确保相关人员、系统以及财产不交叉。《渤海国际信托有限公司审批流程指引》对此也进行了明确的确认和区分。

（2）项目独立评审机制。项目尽职调查、审查、评审、审批、执行、后期管理、信息反馈、审计监督基本是相互分离的，项目尽职调查基本上客观、如实地记录和报告了业务状况和风险状况，风险控制部和业务评审委员会在项目审查、评审环节独立发表意见。业务评审委员会在公平公开的前提下的评审项目，业务评审委员对于项目的评审遵循独立客观原则。

（3）风险量化机制。为健全和完善信托业务风险监管体系，规范信托业务中对交易对手及项目的评级工作，进一步推进风险量化管理，提高风险识别和主动管理能力，公司在总结项目拓展和业务经营经验基础上，借鉴行业成熟做法，研究制定了《渤海国际信托有限公司交易对手及项目评级指引》。交易对手及项目评级由定量评价和定性评价构成，评级要素包括市场竞争地位、信誉状况、管理水平、财务指标及项目评估等五个方面。交易对手及项目评级通过对潜在交易对手及拟融资项目主要风险要素的评价，系统分析和识别潜在交易对手及项目存在的风险和问题，据此确定对潜在交易对手融资需求拟采取的风控措施。

（4）项目操作指引规范化机制。渤海信托重视完善风险管理制度，通过完善业务管理制度，明确业务操作规范。随着业务发展，公司相关部门不断总结风险管理工作经验，积极落实监管要求，逐步提高风险管理工作水平，适时对《渤海国际信托有限公司融资项目尽职调查工作指引》、《渤海国际信托有限公司项目过程管理办法》、《渤海国际信托有限公司房地产信托业务操作指引》、《渤海国际信托有限公司供应链金融信托业务指引》、《渤海国际信托有限公司审批流程指引》、《渤海国际信托有限公司信托并购业务指引》、《渤海国际信托有限公司证券投资类信托业务操作指引》、《渤海国际信托有限公司事务管理型信托业务委托人调查工作指引》、《渤海国际信托有限公司信托业务评审委员会工作规则》、《渤海国际信托有限公司信托业务档案管理办法》、《渤海国际信托有限公司业务合同核对及用印管理办法》、《渤海国际信托有限公司项目风险应急响应和处置办法》、《渤海国际信托有限公司离任审计管理办法》、《法律事务工作细则》、《渤海国际信托有限公司交易对手及项目评级指引》等制度进行了修订和完善，将公司的风险管理理念和工作经验固化到规章制度中，使业务标准和操作程序更加明确，风险管理更加有效。

（5）项目审计机制。根据监管要求，跟踪审核业务整改情况。银监局开展年度例行现场检查后，根据发现的问题，提出一系列监管要求，需要管理层或信托业务部门马上落实，对相关问题进行整改。审计法务部对业务部门的整改工作进行审计监督，有效保证了监管要求的落实和缺陷项目的整改，降低了公司经营风险。此外，公司制定了《非现场审计监控管理办法》，定期向股东及公司领导上报公司业务发展情况、执行差异及处理情况、即将到期项目还款来源落实情况。上述措施为公司加强内部控制、有效落实各项管理制度、提早落实到期项目还款来源、敦促业务部门及时对已出现执行差异的项目提出和落实解决方案、防范与化解各类经营风险、提升非现场审计风险监控工作水平等，提供了有力的支持。

（6）合规管理机制。为防控合规风险，公司与各业务部门签订《风险合规责任书》和《案件防控责任书》，落实业务风险合规责任和金融机构案件防控责任。此外，风险控制部与审计法务部密切与监管当分局的工作联系和信息沟通，确保公司治理、业务经营等诸方面均能较好落实监管政策，依法依规稳健经营。

（7）业务流程监控机制。公司从 2013 年 2 月开始进行业务流程梳理，多个部门密切协同，于 2013 年 7 月下旬完成了《业务流程监控方案》初稿，并在征求公司各相关部门意见后最终定稿。之后由信息技术部据此编制 IT 建设方案并与开发商恒生电子公司协商落实系统开发，积极推进公司业务流程监控系统建设，为科学开展风险管理创造条件。

（8）注重过程管理机制。公司专门制定了《渤海国际信托有限公司项目执行过程管理办法》，审计法务部又陆续公布了《关于加强操作风险防范的业务通告》、《关于加强信托及固有业务过程管理的业务通告》以及《关于确定三个月内到期项目还款来源的业务通告》。着力加强督促业务部门加强对项目过程管理，切实履行受托责任。

4.4.2.3 授权审批控制

公司授权管理制度规定清晰、明确。董事会在公司日常经营管理方面对总裁合理授权，经营管理层各位高级管理人员、职能部门负责人和关键岗位均在公司经营相应层次和项目管理的相应环节有适度授权，且授权范围及额度根据市场形势及公司业务运作实际需要适时调整。特别是固有资金运用和费用预算审批，在不同层级有明确的授权额度。从实际运行情况看，目前各层级、各类型授权范围及额度是适当的，符合公司经营需要，也能够满足风险控制要求。

4.4.2.4 重大投资控制

对于重大投资项目，公司设有投资风险评估与控制（项目小组、风险控制部、项目评审委员会和审计与风险管理委员会）、财务成本收益监管与控制（计划财务部和财务总监）、董事会决策控制和股东会授权控制多层次控制机制。

4.4.2.5 信息披露控制

公司信息反馈机制完善，内部报告路径明确完整，交流渠道通畅，不断加强信息系统建设，逐步实现信息的共享，确保公司股东、董事会、监事会和高管层能够及时全面了解公司的经营和内控情况；公司通过监管报表、专项报告、事前报告和重大事项报告等形式向监管部门及时报送各种数据信息和资料；公司严格执行信息披露的监管要求，根据信托文件约定通过公司网站和书面通知的形式，向当事人全面披露信托财产管理运用的相关信息，按时披露公司年报和重要经营信息等重大事项。董事会秘书负责信息披露工作。信息披露内容中真实、完整、充分，按照银监会的规定刊登在全国性报纸上向公众披露有关信息。

4.4.2.6 财务管理内部控制

（1）核算管理方面。认真贯彻落实《中华人民共和国会计法》、《企业财务会计报告条例》、《企业会计准则》等有关法律、法规；以实际发生的交易或事项为依据，提供的会计信息能够如实反映财务状况、经营成果和现金流量；按照公司制度规定的会计处理方法进行会计核算，核算及时、清晰明了，会计指标口径一致，相互可比；能够及时、准确上报各种财务报表。

（2）资金管理方面。现金管理和银行存款管理均按照《现金管理暂行条例》和《银行存款结算办法》认真执行，同时，按照集团要求，严格账户开立审批制度；使用集团资金管理系统，按照海航集团要求，每日向财务总监上报当日资金变动及节余、每周上报下周资金使用计划及本周资金付款执行情况、每月上报资金计划及资金执行情况；根据公司业务开展模式，完善公司资金管理形式，并按照流程严格执行，做到既配合业务部及时完成资金的划转，同时保证了资金的安全和相对可控。

（3）税收管理方面。计划财务部将纳税管理责任落实到具体岗位，实行纳税专管制度；日常税务申报及时；按照税务机关《发票管理办法》购买和正确使用各种发票；按照国务院财政、税务主管部门规定的保管期限保管账簿、记账凭证、完税凭证及其他有关资料。

4.4.2.7 预算控制

渤海信托严格执行相关预算管理办法，控制日常各项经济活动的支出。公司贯彻海航集团确定的发展方针，落实管理构架调整要求，进一步明确市场定位和发展方向，建设具有核心竞争力的一流信托公司为目标，大力拓展市场，积极培育客户，快速扩大信托业务，同时，严格控制风险，加强队伍建设，不断提高经营效益。

4.4.2.8 财产保护控制

计划财务部按照公司相关制度每月进行固定资产折旧的计提、无形资产的摊销；利用集团资产管理系统，按时对资产变动状况进行维护，并保证账务处理正确、及时；对账面保留的原有业务产生的债权、资产，计划财务部积极配合资产处置，提出财务建议和意见，完成不良资产的清理，降低公司不良资产率。

4.4.2.9 绩效考评控制

渤海信托高度重视绩效考评工作，通过完善的绩效考评机制，建立竞争意识强又公平公正的公司环境。目前，渤海信托绩效考评从年度重点工作、职位胜任素质、工作业绩、民主评议四个重点方面展开。根据全员考核成绩确定考核等级，并根据考核等级对干部员工进行相应的激励和处罚，建立起绩效考评与员工激励的联动机制，使绩效考评真正落到实处。

4.4.2.10 反洗钱内部控制

为了建立健全反洗钱工作管理机制，加强公司反洗钱工作，有效预防洗钱活动，保持公司经营稳健，审计法务部修订了《反洗钱工作管理制度》。要求各相关部门按照中国人民银行《银行账户管理办法》相关规定，严格审查客户提供的法定代表人身份证、经办人身份证、企业营业执照、组织机构代码证、国地税务登记证以及贷款卡信息等证明文件和资料，确保其真实性、完整性和有效性。交易对手是自然人的，严格审查自然人的身份证明等基本资料。真正做到"了解客户"、"识别客户"。对于委托人的信托财产，公司按照《信托法》等有关法律规定严格审查其来源的合法性，严禁与财产来源不明确的委托人开展业务。

4.4.2.11 重大突发事件应急控制

公司制定了《突发事件应急预案管理办法》、《信托业务突发事件应急预案》和《渤海国际信托有限公司项目风险应急响应和处置办法》为应对业务及其他方面的重大突发事件作了预先准备，在组织领导、工作程序、物质准备、信息披露及反馈等方面为妥善处置重大突发事件，将事件对公司的不利影响降到最低进行了周密的计划和安排。

4.4.2.12 信息系统保障机制

继公司官网、信托财务系统、信托TA系统、网上查询系统、固有证券投资系统陆续投产之后，2013年搭建了信托业务管理平台、贷款业务管理系统、EAST数据报送系统和内网门户系统，打通了信托计划设立、资金募集及投资运用的通道，全面实现信息共享、业务流程电子化，使公司的信息化水平上了一个新台阶。

4.4.3 内部控制监督体系

内部控制监督体系由公司的董事会、经营管理层和全体员工共同建立并实施的，公司为控制风险，实现经营管理目标，通过制定和执行一系列制度、程序和方法，对风险进行识别、评估、控制、监测和纠正的动态持续过程和机制。

4.4.4 内部审计机制

审计法务部担任着公司内部审计的职能，按照《信托公司管理办法》、《信托公司治理指引》以及公司制定的《内部审计管理办法》、《内部审计实施细则》的有关规定，每年进行两次年度审计。在日常工作中，对信托业务部门呈报项目的尽调报告、交易结构、风控措施、还款来源以及收集基础资料等内容的审核、协同业务操作阶段风控措施的办理、后期管理的跟踪等进行实时、不定期的监督审查。此外，审计法务部还依照《渤海国际信托有限公司离任审计管理办法》对拟离任的公司高管进行审计，以核查其在任职期间是否依法合规履行自己的权利和义务。

4.4.5 内部控制缺陷认定及跟踪整改机制

公司通过不断完善内控机制，已形成了以合规审核、风险管理和内部审计为主，业务授权控制、会计控制以及业务流程环节控制等方面共同作用的内部监督评价与纠正机制，实现了内控缺陷的及时发现和自主纠正。监督评价机制的有效运作，一方面促进了业务操作流程的不断优化和完善；另一方面增强了对操作风险的实时掌控，使内部监督制约机制更加健全有效。同时，审计法务部按照监管要求和公司制度对内部控制机制和业务运作进行监督、检查与跟踪评价，发现问题迅速自纠。公司高级管理层高度重视监管意见和专业机构的审计结果，根据监管政策和业务发展现状，及时梳理公司规章制度和业务审批流程，不断修订完善，确保内部控制体系的科学有效运行。

公司定期聘请外部审计机构对公司的经营状况、财务状况和内部控制状况进行外部审计，并积极采纳外部审计机构的意见，改善和健全自身的内部控制。

4.5 风险管理

渤海信托以全员风控的理念，将“三会一层”和前台、中台、后台各部门、各岗位均纳入了公司风险管理体系，搭建起了以董事会下设的风险管理委员会做原则统领，经营层下设的业务评审委员会和风险控制部、审计法务部、托管部，前台各业务部门（团队）负责具体项目的筛选和风险识别；公司在2014年10月之前承担风险管理工作的是审计风控部，后来为了加强公司风险管理、明确责任界限、区分业务职能、强化工作协调配合和内部制衡监督，审计风控部拆分为风险控制部和审计法务部。风险控制部主要负责项目设立前的预审、评审、合同审核、合规检查等风险前置工作。审计风控部主要负责项目审批后的操作，过程管理监管与指导、审计、风险项目处置、配合监管机构检查、按监管要求提交相关业务数据和工作报告等后置风险控制工作；前台各业务团队进行业务拓展和项目具体管理，分工明确，相互衔接、补充、制约、补充的完整统一的风险管控体系。

5. 报告期末及上一年度末的比较式会计报表

5.1 自营资产

5.1.1 会计师事务所审计意见全文

审 计 报 告

瑞华审字[2015]第16010027号

渤海国际信托有限公司：

我们审计了后附的渤海国际信托有限公司（以下简称渤海信托公司）的财务报表，包括2014年12月31日的资产负债表，2014年度的利润表、现金流量表和所有者权益变动表，2014年12月31日的资产减值准备情况表以及财务报表附注。

一、管理层对财务报表的责任

编制和公允列报财务报表是渤海信托公司管理层的责任。这种责任包括：（1）按照企业会计准则的规定编制财务报表，并使其实现公允反映；（2）设计、执行和维护必要的内部控制，以使财务报表不存在由于舞弊或错误导致的重大错报。

二、注册会计师的责任

我们的责任是在执行审计工作的基础上对财务报表发表审计意见。我们按照中国注册会计师审计准则的规定执行了审计工作。中国注册会计师审计准则要求我们遵守中国注册会计师职业道德守则，计划和执行审计工作以对财务报表是否不存在重大错报获取合理保证。

审计工作涉及实施审计程序，以获取有关财务报表金额和披露的审计证据。选择的审计程序取决于注册会计师的判断，包括对由于舞弊或错误导致的财务报表重大错报风险的评估。在进行风险评估时，注册会计师考虑与财务报表编制和公允列报相关的内部控制，以设计恰当的审计程序，但目的并非对内部控制的有效性发表意见。审计工作还包括评价管理层选用会计政策的恰当性和作出会计估计的合理性，以及评价财务报表的总体列报。

我们相信，我们获取的审计证据是充分、适当的，为发表审计意见提供了基础。

三、审计意见

我们认为，上述财务报表在所有重大方面按照企业会计准则的规定编制，公允反映了渤海国际信托有限公司2014年12月31日的财务状况以及2014年度的经营成果和现金流量。

瑞华会计师事务所（特殊普通合伙）
中国注册会计师：马　龙
中国注册会计师：洪理文

中国·北京　　二〇一五年一月二十日

5.1.2 资产负债表

资产负债表

单位：元

项　目	期末余额	期初余额
资产：	—	—
现金及存放中央银行款项	12 780.82	13 567.60
存放同业款项	1 955 533 535.11	1 127 870 801.71
贵金属	—	—
拆出资金	—	100 000 000.00
以公允价值及其变动计入当期损益的金融资产	18 532 323.07	20 975 613.40
衍生金融资产	—	—
买入返售金融资产	100 005 000.00	26 100 261.00
应收利息	17 295 116.44	11 624 129.00
其他应收款	90 345 176.46	12 020 499.56
发放贷款和垫款	974 700 000.00	345 000 000.00
可供出售金融资产	569 050 000.00	1 579 683 222.40
持有至到期投资	—	—
长期股权投资	—	—
投资性房地产	23 848 601.36	24 525 904.64
固定资产	4 158 040.45	4 049 863.12
无形资产	1 450 320.01	789 560.72
递延所得税资产	7 280 008.88	7 734 312.50
其他资产	7 596 275.54	7 247 559.46
资产合计	3 769 807 178.14	3 267 635 295.11

资产负债表(续表)

单位:元

项目	期末余额	期初余额
负债:	—	—
向中央银行借款	—	—
同业及其他金融机构存放款项	—	—
拆入资金	—	—
交易性金融负债	—	—
衍生金融负债	—	—
卖出回购金融资产款	—	—
吸收存款	—	—
应付职工薪酬	62 190 371. 92	49 159 254. 13
应交税费	19 126 537. 03	22 075 139. 66
应付利息	—	—
其他应付款	3 849 660. 67	7 873 553. 38
预计负债	—	—
长期借款	—	—
应付债券	—	—
递延所得税负债	14 964. 66	353 882. 57
其他负债	247 604. 74	247 604. 74
负债合计	85 429 139. 02	79 709 434. 48
所有者权益:	—	—
实收资本	2 000 000 000. 00	2 000 000 000. 00
资本公积	168 873 839. 08	168 873 839. 08
减:库存股	—	—
盈余公积	166 221 921. 45	107 075 134. 35
一般风险准备	61 369 476. 60	53 800 027. 89
信托赔偿准备金	100 099 512. 43	70 526 118. 88
未分配利润	1 187 813 289. 56	787 650 740. 43
所有者权益合计	3 684 378 039. 12	3 187 925 860. 63
负债和所有者权益总计	3 769 807 178. 14	3 267 635 295. 11

5. 1. 3 利润表

利润表

单位:元

项目	本年金额	上年金额
一、营业收入	1 148 879 472. 06	1 005 984 952. 18
利息净收入	120 506 101. 39	92 373 712. 18
利息收入	120 506 101. 39	92 386 212. 18
利息支出	—	12 500. 00
手续费及佣金净收入	963 229 296. 21	870 017 612. 13
手续费及佣金收入	1 029 523 822. 45	925 155 488. 22
手续费及佣金支出	66 294 526. 24	55 137 876. 09
投资收益(损失以"—"号填列)	64 137 382. 32	42 350 588. 96
其中:对联营企业和合营企业的投资收益	—	—
公允价值变动损益(损失以"-"号填列)	-219 523. 41	12 175. 62
汇兑损益(损失以"-"号填列))	171. 55	-1 464. 71
其他业务收入	1 226 044. 00	1 232 328. 00
二、营业支出	328 282 179. 08	338 913 631. 66
营业税金及附加	64 696 216. 46	56 779 166. 48
业务及管理费	262 908 659. 34	281 457 161. 90
资产减值损失	—	—
其他业务成本	677 303. 28	677 303. 28
三、营业利润(亏损以"-"号填列)	820 597 292. 98	667 071 320. 52
加:营业外收入	4 131 677. 05	219 821. 78
减:营业外支出	38 000 000. 00	—
四、利润总额(亏损总额以"-"号填列)	786 728 970. 03	667 291 142. 30
减:所得税费用	195 261 099. 03	158 607 311. 82
五、净利润(净亏损以"-"号填列)	591 467 871. 00	508 683 830. 48
六、每股收益:	—	—
基本每股收益	—	—
稀释每股收益	—	—
七、其他综合收益	—	—
八、综合收益总额	591 467 871. 00	508 683 830. 48

5. 1. 4 所有者权益变动表

所有者权益(股东权益)变动表

单位:元

项目	本年金额							
	实收资本(股本)	资本公积	库存股	盈余公积	一般风险准备	信托赔偿准备金	未分配利润	所有者权益合计
一、上年末余额	2 000 000 000. 00	168 873 839. 08	—	107 075 134. 35	53 800 027. 89	70 526 118. 88	787 650 740. 43	3 187 925 860. 63
加:1. 会计政策变更	—	—	—	—	—	—	—	—
2. 前期差错更正	—	—	—	—	—	—	-15 692. 51	-15 692. 51
二、本年初余额	2 000 000 000. 00	168 873 839. 08	—	107 075 134. 35	53 800 027. 89	70 526 118. 88	787 635 047. 92	3 187 910 168. 12
三、本年增减变动金额(减少以"-"号填列)	—	—	—	59 146 787. 10	7 569 448. 71	29 573 393. 55	400 178 241. 64	496 467 871. 00
(一)本年净利润	—	—	—	—	—	—	591 467 871. 00	591 467 871. 00
(二)其他综合收益	—	—	—	—	—	—	—	—
上述(一)和(二)小计	—	—	—	—	—	—	591 467 871. 00	591 467 871. 00
(三)所有者投入资本	—	—	—	—	—	—	—	—
1. 所有者本期投入资本	—	—	—	—	—	—	—	—
2. 股份支付计入所有者权益的金额	—	—	—	—	—	—	—	—
3. 其他	—	—	—	—	—	—	—	—

续表

项目	本年金额							
	实收资本（股本）	资本公积	库存股	盈余公积	一般风险准备	信托赔偿准备金	未分配利润	所有者权益合计
（四）本年利润分配	—	—	—	59 146 787.10	7 569 448.71	29 573 393.55	-191 289 629.36	-95 000 000.00
1. 提取盈余公积	—	—	—	59 146 787.10	—	—	—59 146 787.10	—
2. 对所有者（或股东）的分配	—	—	—	—	—	—	-95 000 000.00	-95 000 000.00
3. 提取信托赔偿金	—	—	—	—	—	29 573 393.55	-29 573 393.55	—
4. 提取一般风险准备	—	—	—	—	7 569 448.71	—	-7 569 448.71	—
（五）所有者权益内部结转	—	—	—	—	—	—	—	—
1. 资本公积转增资本（或股本）	—	—	—	—	—	—	—	—
2. 盈余公积转增资本（或股本）	—	—	—	—	—	—	—	—
3. 盈余公积弥补亏损	—	—	—	—	—	—	—	—
4. 其他	—	—	—	—	—	—	—	—
四、本年末余额	2 000 000 000.00	168 873 839.08	—	166 221 921.45	61 369 476.60	100 099 512.43	1 187 813 289.56	3 684 378 039.12

5.2 信托资产

5.2.1 信托项目资产负债汇总表

信托项目资产负债汇总表

单位：万元

信托资产	2014 年 12 月 31 日	2013 年 12 月 31 日	信托负债和信托权益	2014 年 12 月 31 日	2013 年 12 月 31 日
信托资产：			信托负债：		
货币资金	73 023.11	65 678.03	交易性金融负债	—	—
拆出资金	—	—	衍生金融负债	—	—
存出保证金	—	—	应付账款	—	—
买入返售金融资产	299.77	—	应付受托人报酬	—	—
以公允价值及其变动计入当期损益的金融资产	22 999.37	—	应付托管费	—	—
衍生金融资产	—	—	应付受益人收益	59.80	0.2
持有至到期投资	4 346 045.32	3 042 166.04	其他应付款项	428.62	1 457.87
应收账款	—	—	应交税费	—	—
应收利息	—	—	卖出回购金融资产款	—	—
应收股利	—	—	其他负债	—	—
应收票据	—	—	信托负债合计	488.42	1 458.07
其他应收款	65.96	—			
长期应收款	—	—			
长期股权投资	1 107 019.46	1 301 856.96			
发放贷款	16 112 280.46	14 328 203.05			
可供出售金融资产	—	80 000.00	信托权益：		
投资性房地产	—	—	实收信托	21 614 172.31	18 782 834.90
融资租赁资产	—	—	资本公积	—	—
固定资产	—	—	损益平准金	—	—
固定资产清理	—	—	未分配利润	47 072.72	33 611.11
无形资产	—	—	信托权益合计	21 661 245.03	18 816 446.01
长期待摊费用	—	—			
其他资产	—	—			
信托资产总计	21 661 733.45	18 817 904.08	信托负债和信托权益总计	21 661 733.45	18 817 904.08

5.2.2 信托项目利润及利润分配汇总表

信托项目利润及利润分配汇总表

单位:万元

项目	2014 年度	2013 年度
一、营业收入	1 768 039.58	1 480 372.13
利息收入	1 416 108.98	1 092 287.09
投资收入	342 632.67	378 787.14
租赁收入	—	—
其他收入	9 297.93	9 297.90
二、营业费用	211 354.62	262 436.29
三、营业税金及附加	—	—
四、扣除资产损失前的信托利润	1 556 684.96	1 217 935.84
减:资产减值损失	—	—
五、扣除资产损失后的信托利润	1 556 684.96	1 217 935.84
加:期初未分配信托利润	33 611.11	28 357.27
六、可供分配的信托利润	1 590 296.07	1 246 293.11
减:本期已分配信托利润	1 543 223.35	1 212 682.00
七、期末未分配信托利润	47 072.72	33 611.11

6. 会计报表附注

6.1 会计报表编制基准不符合会计核算基本前提的说明

6.1.1 会计报表不符合会计核算基本前提的事项

会计报表无不符合会计核算基本前提的事项。

6.2 重要会计政策和会计估计说明

6.2.1 计提资产减值准备的范围和方法

根据《中国银行业监督管理委员会关于非银行金融机构全面推行资产质量五级分类管理的通知》(银监发[2004]4 号)及《金融企业呆账准备提取管理办法》(财政部财金[2005]49 号)等相关规定要求,计提相应的资产减值准备。

6.2.2 金融资产四分类的范围和标准

按投资目的和经济实质对金融资产分成以下四类:以公允价值计量且其变动计入当期损益的金融资产,包括以公允价值及其变动计入当期损益的金融资产、指定为以公允价值计量且其变动计入当期损益的金融资产;持有至到期投资;贷款和应收款项;可供出售金融资产。

6.2.3 以公允价值及其变动计入当期损益的金融资产核算方法

以公允价值计量且其变动计入当期损益的金融资产:按照取得时的公允价值作为初始确认金额,相关的交易费用在发生时计入当期损益。支付的价款中包含已宣告发放的现金股利或债券利息,单独确认为应收项目。持有期间取得的利息或现金股利,确认为投资收益。资产负债表日,将其公允价值变动计入当期损益。

6.2.4 可供出售金融资产核算方法

可供出售金融资产指那些被指定为可供出售的非衍生金融资产,或未划分为贷款和应收款项类投资、持有至到期投资或以公允价值计量且其变动计入当期损益的金融资产这三类的其他金融资产。在后续计量期间,该类金融资产以公允价值计量。可供出售类金融资产的公允价值变动所带来的未实现收益,在该金融资产被终止确认或发生减值之前,列入资本公积(其他资本公积)。在该金融资产被终止确认或发生减值时,以前计入在资本公积中的累计公允价值变动应转入当期损益。

6.2.5 持有至到期投资核算方法

持有至到期投资是指到期日固定、回收金额固定或可确定,且企业有明确意图和能力持有至到期的非衍生金融资产。持有至到期投资在持有期间应当按照摊余成本和实际利率计算确认利息收入,计入投资收益。实际利率应当在取得持有至到期投资时确定,在该持有至到期投资预期存续期间或适用的更短期间内保持不变。实际利率与票面利率差别较小的,也可按票面利率计算利息收入,计入投资收益。

6.2.6 长期股权投资核算方法

6.2.6.1 长期股权投资的初始计量

(1)企业合并形成的长期股权投资,按照下列规定确定其初始投资成本:

一是同一控制下的企业合并:公司以支付现金、转让非现金资产或承担债务方式以及以发行权益性证券作为合并对价的,在合并日按照取得被合并方所有者权益账面价值的份额作为长期股权投资的初始投资成本。长期股权投资初始投资成本与支付合并对价之间的差额,调整资本公积中的股本溢价;资本公积中的股本溢价不足冲减的,调整留存收益。合并方以发行权益性证券作为合并对价的,应当在合并日按照被合并方所有者权益在最终控制方合并财务报表中的账面价值的份额作为长期股权投资的初始投资成本。按照发行股份的面值总额作为股本,长期股权投资初始投资成本与所发行股份面值总额之间的差额,应当调整资本公积;资本公积不足冲减的,调整留存收益。

二是非同一控制下的企业合并:公司按照购买日确定的合并成本作为长期股权投资的初始投资成本。合并成本为购买日购买方为取得对被购买方的控制权而付出的资产、发生或承担的负债以及发行的权益性证券的公允价值。购买方作为合并对价发行的权益性证券或债务性证券的交易费用,计入权益性证券或债务性证券的初始确认金额。通过多次交易分步实现的非同一控制下企业合并,以购买日之前所持被购买方的股权投资的账面价值与购买日新增投资成本之和,作为该项投资的初始投资成本。本公司将合并协议约定的或有对价作为企业合并转移对价的一部分,按照其在购买日的公允价值计入企业合并成本。

合并方或购买方为企业合并而发生的审计、法律服务、评估咨询等中介费用以及其他相关管理费用于发生时计入当期损益。

(2)除企业合并形成的长期股权投资以外,其他方式取得的长期股权投资,按照下列规定确定其初始投资成本:

一是以支付现金方式取得的长期股权投资,按照实际支付的购买价款作为初始投资成本。初始投资成本包括与取得长期股权投资直接相关的费用、税金及其他必要支出。

二是以发行权益性证券取得长期股权投资，按照发行权益性证券的公允价值作为初始投资成本。

三是在非货币性资产交换具备商业实质和换入资产或换出资产的公允价值能够可靠计量的前提下，非货币性资产交换换入的长期股权投资以换出资产的公允价值为基础确定其初始投资成本，除非有确凿证据表明换入资产的公允价值更加可靠；不满足上述前提的非货币性资产交换，以换出资产的账面价值和应支付的相关税费作为换入长期股权投资的初始投资成本。

四是通过债务重组取得的长期股权投资，其初始投资成本按照公允价值为基础确定。

6.2.6.2 长期股权投资的核算

对子公司的长期股权投资，采用成本法核算。对被投资单位具有共同控制或重大影响的长期股权投资，采用权益法核算。

6.2.7 投资性房地产核算方法

6.2.7.1 初始计量

投资性房地产按照成本进行初始计量。

(1)外购投资性房地产的成本，包括购买价款、相关税费和可直接归属于该资产的其他支出。

(2)自行建造投资性房地产的成本，由建造该项资产达到预定可使用状态前所发生的必要支出构成。

(3)以其他方式取得的投资性房地产的成本，按照相关会计准则的规定确定。

6.2.7.2 后续计量

公司期末采用成本模式对投资性房地产进行后续计量。

6.2.7.3 折旧或摊销

采用成本模式计量投资性房地产，采用与固定资产和无形资产相同方法计提折旧或进行摊销。

6.2.7.4 减值的处理

公司期末对采用成本模式计量的投资性房地产逐项进行检查，如果其可收回金额低于账面价值，则按单项投资性房地产可收回金额低于其账面价值的差额，计提减值准备。减值准备一经计提，不予转回。

6.2.8 固定资产计价和折旧方法

6.2.8.1 固定资产的确认标准：固定资产是指同时具有下列特征的有形资产：

(1)为生产商品、提供劳务、出租或经营管理而持有的。

(2)使用寿命超过一个会计年度。

6.2.8.2 固定资产按实际成本进行初始计量。

(1)投资者投入固定资产的成本，按照投资合同或协议约定的价值确定。

(2)非货币性资产交换、债务重组、企业合并和融资租赁取得的固定资产的成本，分别按照《企业会计准则第7号——非货币性资产交换》、《企业会计准则第12号——债务重组》、《企业会计准则第20号——企业合并》和《企业会计准则第21号——租赁》确定。

6.2.8.3 固定资产的折旧方法

公司固定资产折旧采用平均年限法，并按固定资产原价，估计经济使用年限和估计残值率，分类别确定折旧。

固定资产类别	估计经济折旧年限(年)	预计残值率(%)	年折旧率(%)
房屋及建筑物	20~40	5.00	2.38~4.75
运输设备	5	5.00	19.00
电子设备	5	5.00	19.00
机器设备	5	5.00	19.00
办公家具	5	5.00	19.00

对已计提减值准备的固定资产在计提折旧时，按该项固定资产的账面价值，即固定资产原值减去累计折旧和已计提的减值准备以及尚可使用年限重新计算确定折旧率和折旧额。

6.2.8.4 固定资产减值准备的确认标准和计提方法

年末公司对由于市价持续下跌、技术陈旧、损坏、长期闲置等原因导致固定资产可收回金额低于其账面价值，按单项固定资产可收回金额低于其账面价值的差额，计提固定资产减值准备。

对长期闲置不用，在可预见的未来不会再使用，且已无转让价值的；或由于技术进步原因，已不可使用的固定资产；或虽可使用，但使用后产生大量不合格品的；或已遭毁损，不再具有使用价值和转让价值及其他实质上不能再给企业带来经济利益的固定资产，全额计提减值准备。固定资产减值准备一经计提，不予转回。

6.2.9 无形资产计价及摊销政策

6.2.9.1 无形资产的计价

无形资产按其成本作为入账价值。内部研究开发项目研究阶段支出，于发生时计入当期损益。内部研究开发项目开发阶段的支出，同时满足下列条件的，确认为无形资产：

(1)完成该无形资产以使其能够使用或出售在技术上具有可行性。

(2)具有完成该无形资产并使用或出售的意图。

(3)无形资产产生经济利益的方式，包括能够证明运用该无形资产生产的产品存在市场或无形资产自身存在市场，无形资产将在内部使用的，可证明其有用性。

(4)有足够的技术、财务资源和其他资源支持，以完成该无形资产的开发并有能力使用或出售该无形资产。

(5)归属于该无形资产开发阶段的支出能够可靠地计量。

6.2.9.2 无形资产的摊销

使用寿命有限的无形资产采用直线法按预计使用年限、合同规定的受益年限和法律规定的有效年限三者中最短者分期摊销，按其受益对象分别计入相关资产成本和当期损益。使用寿命不确定的无形资产不予摊销，但在每个会计期末进行减值测试。

6.2.9.3 无形资产减值准备的确认标准和计提方法

期末对无形资产逐项进行检查，当存在以下减值迹象时估计其可收回金额，按可收回金额低于账面价值的差额计提无形资产减值准备：

(1)已被其他新技术等所替代，使其为企业创造经济利益的能力受到重大不利影响。

(2)某项无形资产的市价在当期大幅下降，在剩余摊销年限内预期不会恢复。

(3)某项无形资产已超过法律保护期限，但仍然具有部分使用价值。

(4)其他足以证明某项无形资产实质上已经发生了减值的情形。

(5)无形资产减值准备一经计提,不予转回。

6.2.10　长期应收款的核算方法

无。

6.2.11　长期待摊费用的摊销政策

本公司长期待摊费用是指已经支出,但受益期限在一年以上(不含一年)的各项费用,包括公司办公楼的装修费用,其摊销方法为直线法。

6.2.12　合并会计报表的编制方法

合并财务报表的合并范围以控制为基础加以确定。公司直接或通过子公司间接拥有被投资单位半数以上的表决权,表明公司能够控制被投资单位,将该被投资单位认定为子公司,纳入合并财务报表的合并范围。但是有证据表明公司不能控制被投资单位的除外。公司拥有被投资单位半数或以下的表决权,满足以下条件之一的,视为公司能够控制被投资单位,将该被投资单位认定为子公司,纳入合并财务报表的合并范围。但是有证据表明公司不能控制被投资单位的除外:通过与被投资单位其他投资者之间的协议,拥有被投资单位半数以上的表决权;根据公司章程或协议,有权决定被投资单位的财务和经营政策;有权任免被投资单位的董事会或类似机构的多数成员;在被投资单位的董事会或类似机构占多数表决权。

合并财务报表以公司和其子公司的财务报表为基础,根据其他有关资料,对子公司的长期股权投资按照权益法调整后由公司编制。

合并资产负债表以公司和子公司的资产负债表为基础,在抵销公司与子公司、子公司相互之间发生的内部交易对合并资产负债表的影响后由公司合并编制。公司对子公司的长期股权投资与公司在子公司所有者权益中所享有的份额相互抵销,同时抵销相应的长期股权投资减值准备。各子公司之间的长期股权投资以及子公司对公司的长期股权投资,比照此规定将长期股权投资的余额与其对应的子公司或公司所有者权益中所享有的份额相互抵销。公司与子公司、子公司相互之间的债权与债务项目相互抵销,同时抵销应收款项的坏账准备和债券投资的减值准备。公司与子公司、子公司相互之间的债券投资与应付债券相互抵销后,产生的差额计入投资收益项目。公司与子公司、子公司相互之间销售商品(或提供劳务,下同)或其他方式形成的存货、固定资产、工程物资、在建工程、无形资产等所包含的末实现内部销售损益抵销。对存贷、固定资产、工程物资、在建工程和无形资产等计提的跌价准备或减值准备与未实现内部销售损益相关的部分抵销。子公司所有者权益中不属于公司的份额,作为少数股东权益。

合并利润表以公司和子公司的利润表为基础,在抵销公司与子公司、子公司相互之间发生的内部交易对合并利润表的影响后由公司合并编制。公司与子公司、子公司相互之间销售商品所产生的营业收入和营业成本抵销。公司与子公司、子公司相互之间销售商品,期末全部实现对外销售的,将购买方的营业成本与销售方的营业收入相互抵销。公司与子公司、子公司相互之间销售商品,期末未实现对外销售而形成存货、固定资产、工程物资、在建工程、无形资产等资产的,在抵销销售商品的营业成本和营业收入的同时,将各项资产所包含的未实现内部销售损益予以抵销。公司与子公司、子公司相互之间持有对方债券所产生的投资收益,与其相对应的发行方利息费用相互抵销。公司对子公司、子公司相互之间持有对方长期股权投资的投资收益,与对方当期净利润相互抵销。公司与子公司、子公司相互之间发生的其他内部交易对合并利润表的影响抵销。子公司当期净损益中属于少数股东权益的份额,在合并利润表净利润项目下以“少数股东损益”项目列示。

6.2.13　收入确认原则和方法

销售商品收入同时满足下列条件的,才能予以确认:企业已将商品所有权上的主要风险和报酬转移给购货方;企业既没有保留通常与所有权相联系的继续管理权,也没有对已售出的商品实施有效控制;收入的金额能够可靠计量;相关经济利益很可能流入企业;相关的、已发生的或将发生的成本能够可靠计量。

提供劳务收入,企业在资产负债表日提供劳务交易的结果能够可靠估计的,应当按照完工百分比法确认提供劳务收入。完工百分比法,是指按照提供劳务交易的完工进度确认收入与费用的方法。提供劳务交易的结果能够可靠估计,是指同时具备以下条件:收入的金额能够可靠计量;相关的经济利益很可能流入企业;交易的完工进度能够可靠确定;交易中已发生的和将发生的成本能够可靠计量。企业确定提供劳务交易的完工进度,可以选用下列方法:已完工作的计量;已经提供的劳务占应提供的劳务总量的比例;已发生的成本占估计总成本的比例。

让渡资产使用权收入,让渡资产使用权收入包括利息收入、使用费收入和现金股利收入。让渡资产使用权收入同时满足下列条件,才能予以确认:相关经济利益很可能流入企业;收入金额能够可靠计量。企业应当分别下列情况确定让渡资产使用权收入金额:利息收入金额,按照他人使用本企业货币资金时间和实际利率计算确定;使用费收入金额,按照有关合同或协议约定的收费时间和方法计算确定;现金股利收入金额,按照被投资单位宣告的现金股利分配方案和持股比例计算确定。

利息收入金额,按照他人使用本企业货币资金的时间和实际利率计算确定。使用费收入金额,按照有关合同或协议约定的收费时间和方法计算确定。

6.2.14　所得税的会计处理方法

本公司所得税的会计处理采用资产负债表债务法核算。

6.2.15　信托报酬确认原则和方法

在与信托业务相关的经济利益能够流入、收入的金额能够可靠计量的情况下,按有关合同、协议规定的时间和方法确认收入的实现。

6.3　或有事项说明

公司本年无对外担保及其他或有事项。

6.4　重要资产转让及其出售的说明

公司本年无重要资产转让及其出售情况。

6.5 会计报表中重要项目的明细资料

6.5.1 披露自营资产经营情况

6.5.1.1 按信用风险五级分类结果披露信用风险资产的期初数、期末数

信用风险资产五级分类	正常类（万元）	关注类（万元）	次级类（万元）	可疑类（万元）	损失类（万元）	信用风险资产合计（万元）	不良资产合计（万元）	不良资产率（%）
期初数	162 262.00	—	—	—	—	162 262.00	—	—
期末数	313 788.00	—	—	—	—	313 788.00	—	—

注：不良资产合计=次级类+可疑类+损失类。

6.5.1.2 各项资产减值损失准备的期初数、本期计提、本期转回、本期核销、期末数

单位：万元

	期初数	本期计提	本期转回	本期核销	期末数
贷款损失准备	—	—	—	—	—
一般准备	—	—	—	—	—
专项准备	—	—	—	—	—
其他资产减值准备	234.00	—	—	—	234.00
可供出售金融资产减值准备	—	—	—	—	—
持有至到期投资减值准备	—	—	—	—	—
长期股权投资减值准备	—	—	—	—	—
坏账准备	—	—	—	—	—
投资性房地产减值准备	2 859.73	—	—	—	2 859.73

6.5.1.3 按照投资品种分类，分别披露固有业务股票投资、基金投资、债券投资、股权投资等投资业务的期初数、期末数

单位：万元

项目	自营股票	基金	债券	股权	理财产品	合计
期初数	—	2 097.56	4 673.35	39 905.00	116 000.00	162 675.91
期末数	459.25	1 393.98	10 000.50	39 905.00	17 000.00	68 758.73

6.5.1.4 按投资入股金额排序，前五名的自营长期股权投资的企业名称、占被投资企业权益的比例、主要经营活动及投资收益情况等（从大到小顺序排列）

单位：万元

企业名称	占被投资企业权益的比例（%）	主要经营活动	投资损益
—	—	—	—

注：投资损益是指按照企业会计准则规定，核算股权投资确认损益并计入披露年度利润表的金额。

6.5.1.5 前五名的自营贷款的企业名称、占贷款总额的比例和还款情况等（从贷款金额大到小顺序排列）

企业名称	占贷款总额的比例（%）	还款情况
河南花园口家具城有限公司	18.44	尚未到期
无锡世界贸易中心有限公司	16.42	尚未到期
银川宝塔精细化工有限公司	15.39	尚未到期
邯郸市博地房地产开发有限公司	13.34	尚未到期
浙江创亿光电设备有限公司	10.77	尚未到期

6.5.1.6 表外业务的期初数、期末数；按照代理业务、担保业务和其他类型表外业务分别披露

单位：万元

表外业务	期初数	期末数
担保业务	—	—
代理业务（委托业务）	—	—
其他	—	—
合计	—	—

注：代理业务主要反映因客观原因应规范而尚未完成规范的历史遗留委托业务，包括委托贷款和委托投资。

无其他表外业务。

6.5.1.7 公司当年的收入结构（母公司口径、并表口径同时披露）

收入结构	金额（万元）	占比（%）
手续费及佣金收入	102 952.38	84.44
其中：信托手续费收入	101 621.03	83.34
投资银行业务收入	1 331.35	1.09
利息收入	12 050.61	9.88
其他业务收入	122.6	0.10
其中：计入信托业务收入部分	—	—
投资收益	6 413.74	5.26
其中：股权投资收益	620.00	0.51
证券投资收益	5 793.74	4.75
其他投资收益	—	—
公允价值变动收益	-21.94	-0.02
营业外收入	413.17	0.34
收入合计	121 930.56	100.00

6.5.2 披露信托财产管理情况

6.5.2.1 信托资产的期初数、期末数

单位：万元

信托资产	期初数	期末数
集合	984 457.20	1 318 591.40
单一	16 965 579.08	19 387 551.80
财产权	867 867.80	955 590.25
合计	18 817 904.08	21 661 733.45

6.5.2.1.1 主动管理型信托业务的信托资产期初数、期末数，分证券投资、股权投资、融资、事务管理类分别披露

单位：万元

主动管理型信托资产	期初数	期末数
证券投资类	—	25 100.00
股权投资类	705 306.96	382 019.50
融资类	16 912 557.94	6 643 727.30
事务管理类	60 478.38	505 500.00
合计	17 678 343.28	7 556 346.80

6.5.2.1.2 被动管理型信托业务的信托资产期初数、期末数，分证券投资、股权投资、融资、事务管理类分别披露

单位：万元

被动管理型信托资产	期初数	期末数
证券投资类	10 000.00	—
股权投资类	596 550.00	725 000.00
融资类	172 500.00	11 957 841.20
事务管理类	360 510.80	1 422 545.45
合计	1 139 560.80	14 105 386.65

6.5.2.2 本年度已清算结束的信托项目个数、实收信托合计金额、加权平均实际年化收益率

6.5.2.2.1 本年度已清算结束的集合类、单一类资金信托项目和财产管理类信托项目个数、实收信托金额、加权平均实际年化收益率

已清算结束信托项目	项目个数(个)	实收信托合计金额(万元)	加权平均实际年化收益率(%)
集合类	27	555 682.40	9.58
单一类	384	9 994 533.30	7.32
财产管理类	10	502 440.00	7.77

注:收益率是指信托项目清算后,给受益人赚取的实际收益水平。加权平均实际年化收益率=(信托项目1的实际年化收益率×信托项目1的实收信托+信托项目2的实际年化收益率×信托项目2的实收信托+…+信托项目n的实际年化收益率×信托项目n的实收信托)/(信托项目1的实收信托+信托项目2的实收信托+…+信托项目n的实收信托)×100%。

6.5.2.2.2 本年度已清算结束的主动管理型信托项目个数、实收信托合计金额、加权平均实际年化收益率,分证券投资、股权投资、融资、事务管理类分别计算并披露

已清算结束信托项目	项目个数(个)	实收信托合计金额(万元)	加权平均实际年化信托报酬率(%)	加权平均实际年化收益率(%)
证券投资类	0	—	—	—
股权投资类	12	385 177.00	0.49	9.46
融资类	396	10 165 973.70	0.44	7.37
事务管理类	5	206 920.00	0.68	8.13

注:加权平均实际年化信托报酬率=(信托项目1的实际年化信托报酬率×信托项目1的实收信托+信托项目2的实际年化信托报酬率×信托项目2的实收信托+…+信托项目n的实际年化信托报酬率×信托项目n的实收信托)/(信托项目1的实收信托+信托项目2的实收信托+…+信托项目n的实收信托)×100%。

6.5.2.2.3 本年度已清算结束的被动管理型信托项目个数、实收信托合计金额、加权平均实际年化收益率,分证券投资、股权投资、融资、事务管理类分别计算并披露

已清算结束信托项目	项目个数(个)	实收信托合计金额(万元)	加权平均实际年化信托报酬率(%)	加权平均实际年化收益率(%)
证券投资类	0	40 000.00	0.10	4.23
股权投资类	1	176 550.00	0.10	6.35
融资类	0	4 000.00	0.10	6.44
事务管理类	7	74 035.00	0.17	5.13

6.5.2.3 本年度新增的集合类、单一类和财产管理类信托项目个数、实收信托合计金额

新增信托项目	项目个数(个)	实收信托合计金额(万元)
集合类	36	893 228.40
单一类	466	12 407 893.20
财产管理类	11	582 871.50
新增合计	513	13 883 993.10
其中:主动管理型	154	3 449 862.70
被动管理型	359	10 434 130.40

注:本年新增信托项目指在本报告年度内累计新增的信托项目个数和金额,包含本年度新增并于本年度内结束的项目和本年度新增至报告期末仍在持续管理的信托项目。

6.5.2.4 信托业务创新成果和特色业务有关情况

董事会于年初制定下发《渤海国际信托有限公司创新指引》,明确了创新战略规划,建立了具体可操作性的创新激励机制,着力于培育企业创新文化,塑造创新氛围,建立创新架构,加快创新步伐,控制创新风险,增强创新能力,鼓励指导以业务为核心的各类创新,通过创新沉淀公司长远价值。

公司各业务部门在公司的统筹下已初步确定自身差异化发展的思路,涉及债权型信托直接融资工具、股权投资、并购业务、信贷资产证券化、消费信托、家族财富管理等多个方面。2014年,公司探索证券市场业务的恒利丰伞形信托项目设立并开始运作,消费信托项目也处于积极的探索和筹备中。

6.5.2.5 本公司履行受托人义务情况及因本公司自身责任而导致的信托资产损失情况(合计金额、原因等)

在本信托年度,公司作为受托人,严格遵守《信托法》、《信托公司管理办法》等法律法规以及公司规章制度,每一信托项目分别开立了信托财产专用账户,对不同的信托资产单独进行管理和核算,公司管理的信托资产与固有资产由不同的部门和人员分别进行管理,信息隔离;同时,公司始终坚持诚实、信用、谨慎、有效管理的原则,牢固树立风险管理的理念,严格按照《信托合同》中约定的管理方式、权限,忠实地为委托人管理、运用及处分信托财产,保证了信托财产的安全完整和受益人的最大利益。

截至目前,我公司无信托财产损失情况的发生。

6.6 关联方关系及其交易的披露

6.6.1 关联交易方的数量、关联交易的总金额及关联交易的定价政策等

单位:万元

	关联交易方数量	关联交易金额	定价政策
合计	11	1 040 773.10	公平的协议价格

6.6.2 关联交易方与本公司的关系性质、关联交易方的名称、法定代表人、注册地址、注册资本及主营业务等

关系性质	关联方名称	法定代表人	注册地址	注册资本(万元)	主营业务
实际控制人	海航集团有限公司	陈峰	海南省海口市海秀路29号海航发展大厦	1 115 180	航空运输及机场的投资与管理,酒店及高尔夫球场的投资与管理,信息技术服务,飞机及航材进出口贸易,能源、交通、新技术、新材料的投资开发及股权运作,境内劳务及商务服务中介代理(凡需行政许可的项目凭许可证经营)。
股东	海航资本集团有限公司	刘小勇	海南省海口市海秀路29号海航发展大厦	1 040 435	企业资产重组、购并及项目策划,财务顾问中介服务,信息咨询服务,交通能源新技术、新材料的投资开发,航空器材的销售及租赁业务,建筑材料、酒店管理,游艇码头设施投资。
同一控制	海航旅游集团有限公司	张岭	海南省海口市海秀路29号海航发展大厦	950 000	酒店项目开发、管理,旅游项目投资和管理,装饰装修工程,建筑材料,家用电器、电子产品、通信设备的销售。

续表

关系性质	关联方名称	法定代表人	注册地址	注册资本(万元)	主营业务
同一控制	北京首都航空有限公司	胡明波	北京市顺义区后沙峪镇吉祥工业区5－1号	231 500	许可经营项目:国际、国内商务旅游包机及货运业务,公务机出租飞行、医疗救护飞行(不含诊疗活动),航空器代管和直升机引航作业业务,保险兼业代理。一般经营项目为销售工艺美术品、货物进出口。
同一控制	海航商业控股有限公司	何家福	北京市顺义区南法信镇府前街12号207室	568 000	项目投资及投资管理,货物进出口、技术进出口、代理进出口,专业承包,技术开发、技术咨询、技术服务、技术转让,设备租赁(汽车除外),销售服装鞋帽、五金交电、日用杂品、文化体育用品、日用百货、珠宝首饰、针纺织品。
同一控制	海航航空集团有限公司	陈文理	海南省海口市海秀路29号海航发展大厦	935 000	航空运输相关项目的投资管理,资本运营管理,资产受托管理,候机楼服务和经营管理。
同一控制	海航基础产业集团有限公司	曾标志	海南省海口市琼山区琼州大道21号琼山商务局大楼三楼310号	1 552 574.08	建筑设计、基础设施建设。
同一控制	海航置业控股(集团)有限公司	姜杰	海南省海口市国贸大道45号银通国际中心28楼	364 000	承担各类型工业与民用建设项目的策划、管理,室内外装饰装修工程,房地产项目投资,酒店项目投资管理、高尔夫地产投资,赛事组织和策划,高尔夫旅游业服务及咨询服务,高尔夫球场投资,建筑材料、家用电器、电子产品、通信设备的销售。
同一控制	大新华航空有限公司	陈峰	海南省海口市海秀路29号海航发展大厦	600 832.3967	航空运输,航空维修和服务,机上供应品,与航空运输相关的延伸服务,机场的投资管理,候机楼服务和经营管理,酒店管理(凡需行政许可的项目凭许可证经营)。
同一控制	上海大新华航运发展有限公司	王春荣	中国(上海)自由贸易实验区业盛路188号A楼414室	60 000	国际船舶普通货物运输,国内沿海、长江中下游及珠江水系普通货物运输,船舶运输专业技术领域内的技术咨询(除经纪),从事货物及技术的进出口业务。
同一控制	吉林省旅游集团有限责任公司	金鹏	吉林省长春市新民大街1296号	60000	入境旅游、出境旅游、国内旅游、餐饮、住宿、代售车、船、机票、旅游汽车服务(由具有经营资格的分支机构经营),旅游人才培训、翻译导游、旅游咨询服务,酒店管理,房地产开发(凭资格证书经营),写字间租赁,日用百货,服装批发、零售,食品销售(由分支机构凭资质证经营)。

6.6.3 逐笔披露本公司与关联方的重大交易事项

6.6.3.1 固有与关联方交易情况:贷款、投资、租赁、应收账款担保、其他方式等期初汇总数、本期借方和贷方发生额汇总数、期末汇总数

单位:万元

固有与关联方关联交易				
	期初数	借方发生额	贷方发生额	期末数
贷款	—	—	—	—
投资	—	—	—	—
租赁	—	—	—	—
担保	—	—	—	—
应收账款	—	—	—	—
其他	—	—	—	—
合计	—	—	—	—

6.6.3.2 信托与关联方交易情况:贷款、投资、租赁、应收账款、担保、其他方式等期初汇总数、本期借方和贷方发生额汇总数、期末汇总数

单位:万元

信托与关联方关联交易				
	期初数	借方发生额	贷方发生额	期末数
贷款	1 059 301.00	598 412.10	896 640.00	761 073.10
投资	163 140.00	209 700.00	93 140.00	279 700.00
租赁	—	—	—	—
担保	—	—	—	—
应收账款	—	—	—	—
其他	—	—	—	—
合计	1 222 441.00	808 112.10	989 780.00	1 040 773.10

6.6.3.3 信托公司自有资金运用于自已管理的信托项目(固信交易)、信托公司管理的信托项目之间的相互(信信交易)交易金额,包括余额和本报告年度的发生额

6.6.3.3.1 固有与信托财产之间的交易金额期初汇总数、本期发生额汇总数、期末汇总数

单位:万元

固有财产与信托财产相互交易			
	期初数	本期发生额	期末数
合计	—	9 000.00	9 000.00

注:以固有资金投资公司自己管理的信托项目受益权,或购买自己管理的信托项目的信托资产均应纳入统计披露范围。

6.6.3.3.2 信托项目之间的交易金额期初汇总数、本期发生额汇总数、期末汇总数

单位:万元

信托资产与信托财产相互交易			
	期初数	本期发生额	期末数
合计	—	—	—

注:以公司受托管理的一个信托项目的资金购买自己管理的另一个信托项目的受益权或信托项下资产均应纳入统计披露范围。

6.6.4 逐笔披露关联方逾期未偿还本公司资金的详细情况以及本公司为关联方担保发生或即将发生垫款的详细情况

无。

6.7 会计制度的披露

固有业务及信托业务均执行2006年财政部颁布,2014年修订的《企业会计准则》。

7. 财务情况说明书

7.1 利润实现和分配情况(母公司口径和并表口径同时披露)

经瑞华会计师事务所(特殊普通合伙)审计后,公司2014年实现利润总额78 672.90万元,扣除所得税19 526.11万元,净利润59 146.79万元,根据《信托公司管理办法》及公司章程规定,提取5%信托赔偿准备金2 957.34万元,根据《金融企业准备金计提管理办法》规定计提一般风险准备756.94万元,根据《公司法》提取法定盈余公积金5 914.68万元,2014年向股东分配2013年度净利9 500.00万元,期末可供股东分配的利润为118 781.33万元。

7.2 主要财务指标(母公司口径和并表口径同时披露)

指标名称	指标值
资本利润率(%)	17.21
加权年化信托报酬率(%)	0.50
人均净利润(万元)	403.73

注:1. 资本利润率=净利润/所有者权益平均余额×100%。

2. 加权年化信托报酬率=(信托项目1的实际年化信托报酬率×信托项目1的实收信托+信托项目2的实际年化信托报酬率×信托项目2的实收信托+…+信托项目n的实际年化信托报酬率×信托项目n的实收信托)/(信托项目1的实收信托+信托项目2的实收信托+…+信托项目n的实收信托)×100%。

3. 人均净利润=净利润/平均人数。

4. 平均值采取年初、年末余额简单平均法,公式为:a(平均)=(年初数+年末数)/2。

7.3 对本公司财务状况、经营成果有重大影响的其他事项。

无。

8. 特别事项揭示

8.1 前五名股东报告期内变动情况及原因

2014年9月4日琼核变通内字[2014]第1400437094《核准变更通知书》:渤海国际信托有限公司股东海航资本控股有限公司更名为海航资本集团有限公司。

2014年10月14日《中国银监会关于渤海信托股权变更事宜的批复》(银监复[2014]725号):同意中国新华航空集团有限公司受让海口美兰国际机场有限责任公司、海航酒店控股集团有限公司、扬子江地产集团有限公司、北京燕京饭店有限责任公司、海南海航航空信息系统有限公司合计持有的你公司39.78%股权。受让后,海航资本控股有限公司对你公司的出资金额为120 435万元人民币,出资比例为60.22%;中国新华航空集团有限公司对你公司的出资金额为79 565万元人民币,出资比例为39.78%。

8.2 董事、监事及高级管理人员变动情况及原因

2013年3月29日,经渤海国际信托有限公司第四届第一次董事会审议通过,2014年7月中国银监会对李光荣先生任渤海信托董事长的任职资格进行核准(银监复[2014]499号),李光荣先生正式履职渤海信托董事长职务,金平先生不再担任渤海信托董事长职务。

2014年3月25日,经渤海国际信托有限公司第四届第四次董事会审议通过,王学江先生正式履职渤海信托常务副总裁职务,此职务调整无须中国银监会核准。

2014年3月25日,经渤海国际信托有限公司第四届第四次董事会审议通过,2014年7月中国银监会对马建军先生任渤海信托副总裁的任职资格进行核准(银监复[2014]221号),马建军先生正式履职渤海信托副总裁职务。

2014年3月25日,经渤海国际信托有限公司第四届第四次董事会审议通过,2014年7月中国银监会对符高萌先生任渤海信托总裁助理的任职资格进行核准(银监复[2014]221号),符高萌先生正式履职渤海信托总裁助理职务。

8.3 变更注册资本、变更注册地或公司名称、公司分立合并事项

2014年2月22日,经渤海国际信托有限公司2014年第一次临时股东会审议通过,海航投资集团股份有限公司(以下简称海航投资)拟以非公开发行股票所募集的部分资金以现金方式对公司进行增资,增加注册资本77 500万元,使公司注册资本达到277 500万元。此事项需经中国银行业监督管理委员会和中国证券监督管理委员会审批后方可进行。

8.4 公司的重大诉讼事项

无。

8.5 公司及其董事、监事和高级管理人员受到处罚的情况

公司及其董事、监事和高级管理人员报告期内未受到任何处罚。

8.6 银监会及其派出机构对公司检查后提出整改意见的,应简单说明整改情况

2014年5月,河北银监局对公司2013年度存续信托业务兑付风险及合规情况进行了现场检查,审计法务部结合公司实际及根据监管部门检查意见,修订完善了《渤海国际信托有限公司内部审计工作实施细则》、《渤海国际信托有限公司离任审计管理办法》,从源头上完善了审计工作制度。

8.7 本年度重大事项临时报告的简要内容、披露时间、所披露的媒体及其版面

披露时间	披露公告名称	简要内容	媒体及其版面
2014年8月26日	渤海国际信托有限公司关于公司董事长变更的公告	经渤海国际信托有限公司第四届第一次董事会审议通过,并经中国银监会对李光荣先生任公司董事长的任职资格进行核准(银监复[2014]499号),李光荣先生正式履职公司董事长职务,金平先生不再担任公司董事长职务。公司董事会对金平先生在担任我公司董事长期间勤勉尽责,为公司规范运作和稳健发展所作出的贡献表示衷心感谢。	《证券时报》B3版

续表

披露时间	披露公告名称	简要内容	媒体及其版面
2014 年 12 月 3 日	关于控股股东更名及股权变更的公告	渤海国际信托有限公司（以下简称公司）接到控股股东海航资本控股有限公司通知，经海南省工商行政管理局核准，其名称已由“海航资本控股有限公司”变更为“海航资本集团有限公司”，其经营范围的表述也做了相应变更，具体情况：公司控股股东更名及相关工商登记事项变更，对本公司经营活动不产生任何影响，公司控股股东及实际控制人也未发生变化。根据 2014 年 10 月 14 日《中国银监会关于渤海信托股权变更事宜的批复》（银监复［2014］725 号），公司股权结构变更为：海航资本集团有限公司。出资金额 120 435 万元人民币，出资比例为 60. 22%；中国新华航空集团有限公司出资 79 565 万元人民币，出资比例为 39. 78%。	《证券时报》B3 版

8. 8 银监会及其省级派出机构认定的其他有必要让客户及相关利益人了解的重要信息

无。

9. 公司监事会意见

监事会认为，本报告期内，公司决策程序合法，内部控制制度较为完善，没有发现公司董事、高级管理人员在执行公司职务时有违法违纪和损害委托人、受益人、公司及股东利益的行为。公司财务报告真实客观的反映了公司的财务状况和经营成果。

长安国际信托股份有限公司

1. 重要提示

1.1 本公司董事会及董事保证本报告所载资料不存在任何虚假记载、误导性陈述或者重大遗漏,并对其内容的真实性、准确性和完整性承担个别及连带责任。

1.2 公司独立董事强力、李成、周春生声明:保证本年度报告内容真实、准确、完整。

1.3 本公司2014年度财务报告经希格玛会计师事务所(特殊普通合伙)审计,并出具了标准无保留的审计报告。

1.4 公司法定代表人高成程、主管会计工作的负责人瞿文康及会计机构负责人马华声明:保证年度报告中财务会计报告的真实、完整。

2. 公司概况

2.1 公司简介

长安国际信托股份有限公司的前身为西安市信托投资公司,1986年8月经中国人民银行批准成立,是国有独资的非银行金融机构。1999年12月,公司增资改制为有限责任公司。2002年4月,经中国人民银行总行批准,在信托业清理整顿中予以单独保留。2003年12月,经中国银行业监督管理委员会陕西监管局批准,换发了新的《中华人民共和国金融许可证》。2008年1月,经中国银行业监督管理委员会批准,公司名称变更为西安国际信托有限公司,注册资本变更为3.6亿元。2009年12月经中国银行业监督管理委员会陕西监管局批准,公司注册资本变更为5.1亿元。2011年7月,经中国银行业监督管理委员会陕西监管局批准,公司注册资本变更为5.58亿元。2011年11月,经中国银行业监督管理委员会批准,公司整体变更并更名为长安国际信托股份有限公司,注册资本变更为7.5888亿元。2011年12月,经中国银行业监督管理委员会陕西监管局批准,公司注册资本变更为12.5888亿元。2014年3月,经中国银行业监督管理委员会陕西监管局批准,公司注册资本变更为1 346 022 857元。

2.1.1 公司法定中文名称:长安国际信托股份有限公司(简称:长安信托)
公司法定英文名称:Chang'an International Trust Co., Ltd.(缩写:CITC)

2.1.2 公司法定代表人:高成程

2.1.3 公司注册地址:陕西省西安市高新区科技路33号高新国际商务中心23~24层
公司邮政编码:710075
公司国际互联网网址:http://www.caitc.cn

2.1.4 负责信息披露事务人:董事会秘书 谷林强
联系电话:029-87990873
传 真:029-87990856
电子信箱:gulinqiang@caitc.cn

2.1.5 公司选定的信息披露报纸:《上海证券报》、《金融时报》

2.1.6 公司年度报告备置地点:陕西省西安市高新区科技路33号高新国际商务中心24层

2.1.7 公司聘请的会计师事务所名称:希格玛会计师事务所(特殊普通合伙)
地 址:西安市高新路25号

2.1.8 公司聘请的律师事务所名称:北京市康达(西安)律师事务所
地 址:陕西省西安市南二环西段68号世纪星大厦7层D-E座

2.2 组织结构

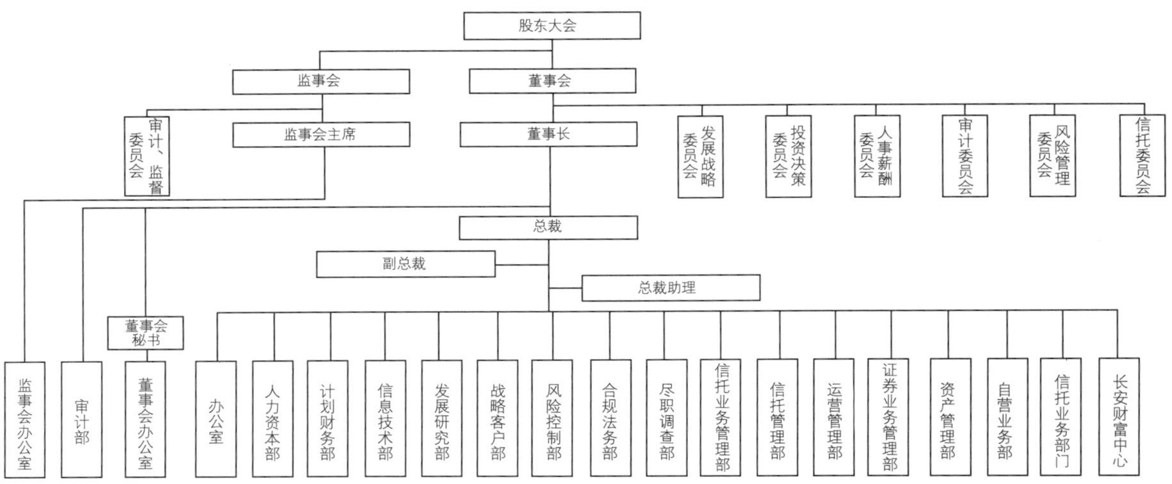

3. 公司治理

3.1 股东

报告期末股东总数(家)	7					
持有本公司10%以上(含)股份的股东						
股东名称	年末持股数（万股）	持股比例（%）	法人代表	注册资本（万元）	注册地址	主要经营业务
西安投资控股有限公司	54 431.96	40.44	肖西萍	439 374.72	陕西省西安市高新区科技五路8号数字大厦四层	投资业务、项目融资、资产管理、资产重组与收购兼并、财务咨询等
上海证大投资管理有限公司	39 918.98	29.66	朱南松	30 000.00	上海市浦东新区民生路1 199弄1号16层1 908室	投资管理，企业资产委托管理，资产重组、收购兼并等
上海淳大资产管理有限公司	18 353.98	13.63	唐乾山	32 000.00	上海市浦东新区长柳路100号1层G室	实业投资，投资管理咨询、企业管理咨询等

3.2 董事、独立董事

姓名	职务	性别	年龄	选任日期	所推举的股东名称	该股东持股比例(%)	简要履历
高成程	董事长	男	46	2011年11月22日	西安投资控股有限公司	40.44	曾任西安市国际信托投资公司投资租赁部副主任、主任，西安市生产资金管理分局副局长，西安市经济技术投资担保有限公司副总经理、总经理，西安国际信托有限公司董事长；现任长安国际信托股份有限公司董事长。
朱南松	董　事	男	48	2011年11月22日	上海证大投资管理有限公司	29.66	1992年开始从事证券投资工作，1994年作为主要创始人参与创建上海证大投资管理有限公司，历任多家上市和非上市公司董事；现任上海证大投资管理有限公司董事长兼总裁。
崔进才	董　事	男	46	2011年11月22日	上海证大投资管理有限公司	29.66	曾任中信银行总行信贷管理部，公司业务管理部，零售银行业务总部总经理助理、副总经理、总经理等职，在中信资产管理有限公司任董事、副总经理、业务审查委员会主任、资产收购处置定价小组长，西安国际信托有限公司董事、总经理；现任长安国际信托股份有限公司董事、总裁。
蒋锦志	董事	男	47	2011年11月22日	上海淳大资产管理有限公司	13.63	曾就职于深圳证券交易所、国信证券，曾任深圳正达信投资有限公司CEO，粤海证券(香港)有限公司董事长；现任上海景林投资发展有限公司董事长。
章击舟	董事	男	38	2014年4月18日	陕西鼓风机(集团)有限公司	6.11	曾任天健会计师事务所业务发展部总经理，上海和山投资顾问有限公司执行董事、总裁；现任西安陕鼓动力股份有限公司副总经理兼董事会秘书、宝信国际融资租赁有限公司副董事长，兼任浙江富春江环保热电股份有限公司、浙江伟星新型建材股份有限公司、岭南园林股份有限公司、浙江万盛股份有限公司独立董事。
强　力	独立董事	男	53	2011年11月22日	董事会	—	曾任西北政法学院经济法系、法学二系副主任、主任；现为西北政法大学经济法学院院长，中国法学会银行法学研究会副会长，中国证券法研究会理事，陕西省法学会金融法学研究会会长，陕西省金融学会常务理事。
李　成	独立董事	男	58	2011年11月22日	西安投资控股有限公司	40.44	曾任陕西财经学院金融系教授；现任西安交通大学经济与金融学院金融系教授、博士生导师，全国金融专业学位研究生教育委员会委员，教育部金融学类教学委员会委员。
周春生	独立董事	男	48	2011年11月22日	上海证大投资管理有限公司	29.66	曾任美联储经济学家，加州大学助理教授，香港大学金融学副教授，香港城市大学客座教授，中国证监会规划发展委员会委员，深圳证券交易所上市委员会委员，北京大学光华管理学院院长助理、高层管理者培训与发展中心主任、金融学教授、博士生导师；现任长江商学院金融学教授、EMBA学术主任。

姓名	所在单位及职务	性别	年龄	选任日期	所推举的股东名称	所推举的股东持股比例(%)	简要履历
强　力	西北政法大学、教授	男	53	2011年11月22日	董事会	—	曾任西北政法学院经济法系、法学二系副主任、主任；现为西北政法大学经济法学院院长，中国法学会银行法学研究会副会长，中国证券法研究会理事，陕西省法学会金融法学研究会会长，陕西省金融学会常务理事。
李　成	西安交通大学、教授	男	58	2011年11月22日	西安投资控股有限公司	40.44	曾任陕西财经学院金融系教授；现任西安交通大学经济与金融学院金融系教授、博士生导师，全国金融专业学位研究生教育委员会委员，教育部金融学类教学委员会委员。

续表

姓名	所在单位及职务	性别	年龄	选任日期	所推举的股东名称	所推举的股东持股比例（%）	简要履历
周春生	长江商学院、教授	男	48	2011年11月22日	上海证大投资管理有限公司	29.66	曾任美联储经济学家，加州大学助理教授，香港大学金融学副教授，香港城市大学客座教授，中国证监会规划发展委员会委员，深圳证券交易所上市委员会委员，北京大学光华管理学院院长助理、高层管理者培训与发展中心主任、金融学教授、博士生导师；现任长江商学院金融学教授、EMBA学术主任。

3.3 监事

姓名	职务	性别	年龄	选任日期	所推举的股东名称	该股东持股比例（%）	简要履历
刘峥嵘	监事会主席	男	55	2011年11月22日	西安投资控股有限公司	40.44	曾任西安国际信托投资有限公司部门副主任、主任，西安国际信托有限公司副总经理、监事长；现为长安国际信托股份有限公司监事会主席。
王　萍	监事	女	40	2011年11月22日	上海证大投资管理有限公司	29.66	曾就职山东省电力公司，上海证大投资管理有限公司研究部研究员、战略投资部项目经理、部门副经理、战略投资部总经理、总裁助理；现任上海证大投资管理有限公司副总裁。
柳志伟	监事	男	47	2011年11月22日	上海淳大资产管理有限公司	13.63	曾任海南汇通国际信托投资有限公司董事长助理，长城证券有限责任公司投资银行部总经理，国信证券有限责任公司收购兼并部总经理，新疆汇通（集团）股份有限公司总经理、董事、董事长、监事长，西安国际信托有限公司董事、监事；现任上海淳大资产管理限公司董事长
刘明学	监事	男	53	2011年11月22日	西安高新技术产业开发区科技投资服务中心	0.97	曾就职于陕西省外文书店计划财务科，陕西省机械进出口公司，西安高新区生产力促进中心任会计主管；现任西安高新区管委会会计核算服务中心综合管理部部长
刘　静	职工代表监事	女	45	2011年11月22日	—	—	曾任西安国际信托投资有限公司投资银行部投资经理、投资银行部副总经理、信托二部副总经理；现任长安国际信托股份有限公司审计部总经理
白伏波	职工代表监事	男	57	2012年9月20日	—	—	曾任西安国际信托有限公司业务部主任、信托部主任、自营部副总经理、办公室副主任；现任长安国际信托股份有限公司监事会秘书、监事会办公室主任、办公室主任

3.4 高级管理人员

姓　名	职　务	性别	年龄	选任日期	金融从业年限（年）	学历	专业	简要履历
崔进才	总裁	男	46	2011年11月22日	25	硕士	货币银行学	曾任中信银行总行信贷管理部，公司业务管理部，零售银行业务总部总经理助理、副总经理、总经理等职，在中信资产管理有限公司任董事、副总经理、业务审查委员会主任、资产收购处置定价小组长，西安国际信托有限公司董事、总经理；现任长安国际信托股份有限公司董事、总裁。
陈　英	常务副总裁	男	45	2012年3月23日	20	本科	金融	曾任中信银行总行信贷管理部处副经理、审查部副总经理，中信银行公司银行总部信贷业务部副总经理、公司产品发展部总经理，中信银行青岛分行行长助理、副行长；现任长安国际信托股份有限公司常务副总裁。
徐　谦	副总裁	男	43	2011年11月22日	14	博士	政治经济学	曾任陕西财经学院金融财政学院和西安交通大学经济与金融学院教师，曾在西部证券股份有限公司从事证券市场研究分析和企业财务顾问工作等，曾任我公司投资银行部总经理；现任长安国际信托股份有限公司副总裁。
徐　立	副总裁	男	55	2011年11月22日	35	本科	中文	曾任广东发展银行广州开发区办事处（分行级）主任、国内业务部副总经理、总行营业部负责人、个人业务部总经理，曾在中信银行广州分行担任行长助理兼公司部副总经理；现任长安国际信托股份有限公司副总裁。
瞿文康	副总裁	男	48	2011年11月22日	28	硕士	经济管理	曾在西安市财政局、西安市国际信托投资有限公司工作，曾任西安市生产资金管理分局副主任、主任，西安市经济技术投资担保有限公司计财部主任、财务总监、公司副总经理兼财务负责人；现任长安国际信托股份有限公司副总裁。
黄海涛	副总裁	男	47	2014年9月27日	26	工商管理硕士	工商管理	曾任陕西省邮政储汇局局长助理、商洛市邮政局副局长、陕西省邮政储汇局副局长，中国邮政储蓄银行陕西省分行副行长，中邮证券有限责任公司总经理；现任长安国际信托股份有限公司副总裁。
喻福兴	总裁助理	男	47	2012年3月23日	27	大专	金融	曾任建行浙江省信托投资有限公司信贷科科长，金信信托投资有限公司信托业务二部副经理，平安信托投资有限公司浙江营销中心总经理助理，长安国际信托股份有限公司信托六部总经理；现任长安国际信托股份有限公司总裁助理。

续表

姓名	职务	性别	年龄	选任日期	金融从业年限（年）	学历	专业	简要履历
邹泽	总裁助理	男	48	2013年3月28日	26	本科	金融	曾任中国银行重庆分行稽核部、信贷管理部、信贷业务部、资金资本市场部、国际业务部、公司银行部、风险管理部负责人，中信银行贵阳分行副行长、风险主管、纪委书记，长安国际信托股份有限公司西南业务总监；现任长安国际信托股份有限公司总裁助理。
胡鹏	总裁助理	男	39	2013年3月28日	11	硕士	金融	曾任山西省国家安全厅二处任科员，中国对外经济贸易信托投资有限公司投资银行部信托经理、信托业务总监；现任长安国际信托股份有限公司总裁助理。
王方军	总裁助理	男	45	2013年3月28日	24	本科	经济信息管理	曾任中国人民银行青海省分行办公室、外汇管理处副主任科员，中国人民银行西安分行非银处信托公司监管科科长，陕西银监局非银处信托科、现场检查四处非银科、非银处现场和财务公司监管科负责人；现任长安国际信托股份有限公司总裁助理。
黄立军	总裁助理	男	38	2013年3月28日	9	硕士	货币银行学	曾任安信证券研究中心任金融分析师，宏源证券研究所行业公司部主管、公司战略小组成员、所长助理、副所长；现任长安国际信托股份有限公司总裁助理。

3.5 公司员工

项目		本年度		上年度	
		人数（人）	比例（%）	人数（人）	比例（%）
年龄分布	25岁以下	9	1.7	37	8
	25~29岁	187	34.6	145	33
	30~39岁	235	43.4	160	37
	40岁以上	110	20.3	94	22
学历分布	博士	6	1.1	9	2
	硕士	277	51.2	228	52
	本科	220	40.7	166	38
	专科	35	6.5	31	7
	其他	3	0.5	2	1
岗位分布	董事、监事及高管	13	2.4	12	3
	自营业务人员	4	0.7	4	1
	信托业务人员	230	42.5	230	53
	其他人员	294	54.4	190	43%

4. 经营管理

4.1 经营目标、方针、战略目标

4.1.1 经营目标

公司积极创新业务模式及产品服务，不断拓展新的业务领域，做大做强信托业务，持续扩大管理资产规模，全面提升综合金融服务能力，力争使公司成为具有核心竞争力和特色明显的专业资产管理和财富管理机构，为客户提供更优质、更个性化的金融理财服务，为委托人和受益人的财富管理和财富增值作出贡献。

4.1.2 经营方针

公司坚持诚信、稳健、专业、创新的经营管理原则，以全面满足客户的投融资需求为目标，以提升自主管理能力为着力点，以增强风险控制能力和专业人才队伍建设为保障，通过持续推进业务和产品创新，不断完善产品和客户服务体系，为客户提供专业、诚信的综合金融服务。

4.1.3 战略目标

公司的战略定位是将公司打造成为高净值个人及机构投资者提供综合资产管理和财富管理服务的信托金融机构。公司的战略目标是把公司打造为具备核心竞争优势的综合性资产管理机构，实现管理资产规模的持续增长；逐步推进向真正的财富管理机构的转型，以满足客户需求为核心，通过提供全面的资产配置服务，帮助客户实现资产的保值增值及财富传承目标；以上市和并购推动跨越式发展，建立以信托为主业、适度多元化的综合金融控股平台。

4.2 所经营业务的主要内容

4.2.1 自营资产运用与分布情况

自营资产运用与分布表

资产运用	金额（万元）	占比（%）	资产分布	金额（万元）	占比（%）
货币资金	79 374.42	14.62	房地产	6 014.17	1.11
贷款及应收款	2 408.36	0.44	金融机构	128 754.52	23.72
交易性金融资产	228 010.82	42.01	其他	37 384.12	6.89
可供出售金融资产	172 691.32	31.81	实业	20 501.36	3.77
持有至到期投资	22 557.17	4.16	证券市场	350 155.46	64.51
长期股权投资	5 383.42	0.99			
其他	32 384.12	5.97			
资产总计	542 809.63	100.00	资产总计	542 809.63	100.00

4.2.2 信托资产运用与分布情况

信托资产运用与分布表

资产运用	金额（万元）	占比（%）	资产分布	金额（万元）	占比（%）
货币资产	423 051.59	1.50	基础产业	7 000 058.10	24.85
贷款	12 508 463.86	44.41	房地产	2 640 508.33	9.37
交易性金融资产	3 532 124.62	12.54	证券市场	3 641 200.95	12.93
买入返售金融资产	3 583 926.77	12.72	实业	9 988 101.44	35.46
持有至到期投资	4 088 847.57	14.52	金融机构	1 954 908.58	6.94
长期股权投资	2 158 898.43	7.66	其他	2 941 525.25	10.44
其他	1 870 989.81	6.64			
信托资产总计	28 166 302.65	100.00	信托资产总计	28 166 302.65	100.00

4.3 市场分析

4.3.1 影响本公司业务发展的有利因素

当前我国经济进入新常态,众多改革措施出台,经济活力将被激发。以"一带一路"为代表的"走出去"战略、以国有企业改革为代表的改革红利释放以及资产证券化业务的进一步推广为公司转型提供了广阔的市场空间和多样化的业务机会。金融改革的不断推进,直接融资发展将迎来新的发展机遇,信托产品与资本市场的合作领域将更加广泛。随着居民财富持续累积,财富管理需求不断上升,尤其是财富传承、财富保值具有较大的潜在市场和发展潜力。信托业监管与时俱进,风险防范与创新发展并举,积极引导信托公司增强主动管理能力和实现内涵式增长,将推动信托业的持续健康发展。

4.3.2 影响本公司业务发展的不利因素

2014 年,我国 GDP 增速为 7.4%,房地产销售疲弱,行业信用风险爆发的概率逐步加大。当前政府和企业去杠杆的压力增大,43 号文和《商业银行委托贷款管理办法》等文件的相继出台,使得信托项目风险管理压力升高。同时,出于防风险的考虑,信托行业的监管更趋严格,99 号文要求信托公司建立流动性支持和资本补充机制,新修订的《信托公司净资本管理办法》提高了融资类业务风险资本计提比例,使得传统融资类信托业务的风险收益比在下降。随着资产管理市场开放加快,信托制度红利逐步弱化,业务同质化严重,市场竞争将更加激烈,信托公司业务发展瓶颈日益凸显,重新思考业务的持续发展及模式创新成为公司当前亟须着力解决的问题。

4.4 内部控制

4.4.1 内部控制环境和内部控制文化

为保证公司规范运作,有效防范和化解经营风险,公司按照《公司法》、《信托公司治理指引》等相关法律法规的要求,建立了股东大会、董事会、监事会和高级管理层为核心的法人治理结构。公司的股东大会、董事会、监事会和高级管理层各司其职,各层面按照法律法规的有关规定和"三会分设、三权分开、有效制约、协调发展"的原则,独立决策、执行和监督。

公司内部控制建设的总体目标是遵循法律法规及监管规定,保证公司经营合法合规;有效整合资源,确保经济、高效地实现公司目标;建立健全内部控制制度,做到有规可循;保障各项业务有序进行、信息传递畅通无误;保障公司资产安全及财务报告质量。

4.4.2 内部控制措施

为实现整体经营目标,公司在大力发展各项业务的同时,始终致力建立健全各项内部控制制度体系,确保发展质量。

公司以信息化建设为抓手,在全面梳理公司业务流程的基础上,建立了标准化的流程管理,形成了风险防范的三道防线:第一道防线是尽职调查,着力提升尽职调查的专业性;第二道防线是审查决策,所有项目均设置与其风险相匹配的审查决策流程;第三道防线是运行监督,强调公司对管理资产期间运行的监控。

4.4.3 监督评价与纠正

公司建立了多层次的内控监管体系:监事会依法履行监督职能,对公司董事、高级管理层履职情况进行监督;董事会下设各专业委员会不定期召开会议,检查监督内部控制体系的运行情况;审计部对公司各项经营活动及内部控制制度的执行情况进行检查和评价,提出改进建议并督导落实整改。

4.5 风险管理

4.5.1 风险管理概况

4.5.1.1 风控政策

公司针对主要涉足的业务领域均出台了业务指引,主要有《融资类集合业务风险控制指引》、《通道类信托业务风险管理指引》、《单一信托业务指引》、《证券投资类业务操作指引》等业务指引和规范性文件,通过明晰的业务导向和风险偏好引导业务有序开展。同时,关注宏观经济及市场的变化,动态调整业务导向与准入门槛,使业务的发展顺应宏观大势的变化。

此外,公司出台了详尽的现场调查指引,包括调查前准备、现场调查和调查后分析三个阶段,针对各类项目不同特点,比较全面地提出了现场调查的方式和方法。

4.5.1.2 风控体系

公司建立了董事会、经营层、风险管理条线部门、业务部门四个层级的风险管理体系。

董事会层面:根据公司《业务授权管理办法》,董事会负责重大及创新业务的审批。同时,董事会专门下设风险管理委员会,负责为风险管理制度的实施情况及效果进行监督、检查和评价,对高级管理层的风险控制进行监督,下设审计委员会,负责公司内部审计的监督和核查等工作,对内部控制制度的建立和执行情况进行检查和评价。

经营层面:总裁下设风险控制小组,小组成员均由公司高管及风险管理条线部门负责人组成,负责对所有项目进行可行性论证。同时总裁对业务有一票否决权,在机制上形成制衡。

风险管理条线部门层面:公司设立了尽职调查部、风险控制部、合规法务部、运营管理部、资产管理部、证券业务管理部、审计部等风险管理条线部门,从信用风险、合规风险、操作风险、内控风险等不同角度,对项目从准入到运行全流程中各环节进行监控与管理。

业务部门层面:一是实施"信托经理准入制度",要求信托经理持证上岗;二是实施"风险合规岗制度",在业务部门设置专业能力突出的骨干员工对项目进行筛选、把关;三是实施"区域业务总监制度",加强领导把关,化解全国展业下公司管理半径过大的风险。

4.5.2 风险状况

4.5.2.1 信用风险

信用风险主要表现为公司交易对手不能履行合约义务从而导致公司资产价值发生变动遭受损失带来的风险。

4.5.2.2 市场风险

市场风险主要表现为因市场价格——利率、汇率、股票价格和商品价格等的不利变动而使公司的表内和表外业务发生损失的风险。具体表现为经济运行周期变化风险、金融市场利率波动风险、通货膨胀风险、房地产交易风险、证券市场、货币市场交易风险等。这些风险的存在不但影响信托财产的价值以及信托收益水平,也将影响公司由于资产负债结构不匹配等而导致公司整体的、当前和未来收入的损失。

4.5.2.3　操作风险

操作风险主要是公司内部控制、系统及运营过程中的错误、疏忽或外部事件而可能引起潜在损失的风险，表现在信息系统还不够全面及时，风险评估、风险管理的程序和结构还不够完善，以及人员操作不规范和责任心不强等方面。

4.5.2.4　其他风险

其他风险主要是指公司业务开展中的合规性风险、政策风险、公司信誉风险、人员道德风险等。

4.5.3　风险管理

4.5.3.1　信用风险管理

2014年受我国整体经济下行影响，信托业发展增速放缓，公司严守项目审批关口，审慎评估每笔项目信用风险，由依靠审查每笔项目控制风险向建设全面风险管理体系实现精细化、专业化管控风险转变。

一是加强对交易对手的尽职调查，事前控制信用风险。2014年公司根据各类项目特点出台了尽职调查指引及报告模板，将控制风险关口前移。同时，公司根据业务部门自身风险管理能力出台了业务部门分类管理办法，使业务部门所能开展的业务类型与其风险管理能力相匹配，尽量减少因尽职调查不足对项目信用风险判断带来负面影响。

二是上线信托产品评级系统。2014年公司借鉴几大评级公司的工作方法，按照业务导向、风险偏好以及不同类别业务中风险承担主体为依据上线了覆盖公司全部业务类别的信托产品评级系统。该评级系统作为对交易对手信用风险识别的重要工具，已在公司风险管理工作中发挥出重要作用。

三是通过增信措施缓释信用风险。公司原则上要求融资类项目需设置实物资产抵押，通过严格的增信措施设置，如抵（质）押担保措施、引入风险转移机制等多种增信方式避免或减少交易对手的信用风险。

四是项目期间持续跟踪交易对手信用情况。公司对所有存续项目均进行持续的期间跟踪、排查，重点关注交易对手在项目期间的信用变化情况，确保早发现、早预警、早处置。

4.5.3.2　市场风险管理

公司不断完善市场风险管理原则和程序，对每项业务的市场因素进行深入分析，及时准确识别业务中市场风险的类别和性质，具体措施包括：一是公司研究发展部对宏观经济走势、政策变化等影响市场变化的因素进行持续分析，为公司业务发展、决策、期间监控提供参考。二是公司风险控制部根据宏观政策变化情况，及时调整公司风险指引，规避限制类行业和项目。三是公司通过控制融资类项目行业集中度、客户集中度，避免因市场因素对公司管理资产造成较大冲击。公司加强对投资类产品的研究，设定证券投资限制指标和止损点，按严格的流程进行控制。四是公司密切监控存续项目期间运行情况，根据市场风险情况及时作出调整，避免或降低市场风险引起的损失。

4.5.3.3　操作风险管理

公司为加强操作风险管理，对现有的流程进行再造，将分散的操作流程集中至公司总部，以统一标准进行集中操作与管理，做到操作风险的集中管控；加强组织建设，为重视期间管理和降低操作风险，设立了运营管理部，保证公司现有制度和流程的有效执行；加强信息化办公建设，对公司的业务系统、审批系统、核算系统等电子操作系统进行了全面的革新与升级，基本落实无纸化办公，并采取线上标准化流程作业，极大降低制度及流程执行不力造成的操作风险；运用内部审计和外部审计，评估公司内控制度设计、执行的有效性；执行风险排查、项目运行合规性检查等措施，定期对各个层面的相关操作风险进行检查，并采取相应的整改措施；加强员工培训，提高员工的业务技能和风险管理意识。

4.5.3.4　其他风险管理

公司强化全员的合法合规经营意识，持续关注有关法律、法规的最新变化，正确理解和准确把握其内涵，并及时对业务程序和操作指引进行梳理和修订；加强职业道德教育，增强员工的工作责任心。

4.5.3.5　净资本管理

2014年末，公司净资本风险控制指标为净资本为36.34亿元、各项业务风险资本之和为21.29亿元、净资本/各项业务风险资本之和为171%、净资本/净资产为86.15%。2014年，公司积极调整优化资产和业务结构，净资本各项监管指标均达到监管要求。

5. 报告期末及上一年度末的比较式会计报表

5.1　自营资产

5.1.1　会计师事务所审计意见全文

希格玛会计师事务所（特殊普通合伙）

Xigema Cpas（Special General Partnership）

审 计 报 告

希会审字（2015）0691号

长安国际信托股份有限公司全体股东：

我们审计了后附的长安国际信托股份有限公司（以下简称贵公司）固有财务报表，包括2014年12月31日的资产负债表，2014年度的利润表、现金流量表和所有者权益变动表以及固有财务报表附注。

一、管理层对固有财务报表的责任

编制和公允列报固有财务报表是贵公司管理层的责任，这种责任包括：（1）按照企业会计准则的规定编制固有财务报表，并使其实现公允反映；（2）设计、执行和维护必要的内部控制，以使固有财务报表不存在由于舞弊或错误导致的重大错报。

二、注册会计师的责任

我们的责任是在执行审计工作的基础上对固有财务报表发表审计意见。我们按照中国注册会计师审计准则的规定执行了审计工作。中国注册会计师审计准则要求我们遵守中国注册会计师职业道德守则，计划和执行审计工作以对固有财务报表是否不存在重大错报获取合理保证。

审计工作涉及实施审计程序，以获取有关固有财务报表金额和披露的审计证据。选择的审计程序取决于注册会计师的判断，包括对由于舞弊或错误导致的固有财务报表重大错报风险的评估。在进行风险评估时，注册会计师考虑与固有财务报表编制和公允列报相关的内部控制，以设计恰当的审计程序，但目的并非对内部控制的有效性发表意见。审计工作还包括评价管理层选用会计政策的恰当性和作出会计估计的合理性，以及评价固有财务报表的总体列报。

我们相信，我们获取的审计证据是充分、适当的，为发表审计意见提供了基础。

三、审计意见

我们认为，贵公司固有财务报表在所有重大方面按照企业会计准则的规定编制，公允反映了贵公司固有业务2014年12月31日的财务状况以及2014年度的经营成果和现金流量。

希格玛会计师事务所（特殊普通合伙）
中国注册会计师：袁　蓉
中国注册会计师：曹爱民

中国·西安市　　二〇一五年三月二十日

5.1.2　资产负债表

资产负债表

2014年12月31日

编制单位：长安国际信托股份有限公司　　单位：元

项目	期末余额	期初余额
流动资产：		
货币资金	793 744 197.63	1 364 278 265.63
结算备付金		
拆出资金		
以公允价值计量且其变动计入当期损益的金融资产	2 280 108 173.91	1 370 577 929.27
衍生金融资产		
应收票据		
应收账款		
预付款项	2 242 061.20	
应收保费		
应收分保账款		
应收分保合同准备金		
应收利息		600 230.14
应收股利		
其他应收款	24 083 570.45	24 474 757.51
买入返售金融资产		19 800 000.00
存货		
划分为持有待售的资产		
一年内到期的非流动资产		
其他流动资产		
流动资产合计	3 100 178 003.19	2 779 731 182.55
非流动资产：		
发放委托贷款及垫款		
可供出售金融资产	1 726 913 217.88	670 115 855.88
持有至到期投资	225 571 666.67	270 901 917.13
长期应收款		
长期股权投资	53 834 225.04	57 035 118.04
投资性房地产		
固定资产	91 886 019.71	83 173 381.58
在建工程	8 144 480.00	3 959 850.73

续表

项目	期末余额	期初余额
工程物资		
固定资产清理		
生产性生物资产		
油气资产		
无形资产	5 145 865.46	4 565 298.52
开发支出		
商誉		
长期待摊费用	23 335 699.48	19 525 546.99
递延所得税资产	193 087 135.85	127 719 350.21
其他非流动资产		
非流动资产合计	2 327 918 310.09	1 236 996 319.08
资产总计	5 428 096 313.28	4 016 727 501.63

法定代表人：高成程　　主管会计工作的负责人：瞿文康　　会计机构负责人：马　华

资产负债表（续表）

2014年12月31日

编制单位：长安国际信托股份有限公司　　单位：元

项目	期末余额	期初余额
流动负债：		
短期借款		
向中央银行借款		
吸收存款及同业存放		
拆入资金		
以公允价值计量且其变动计入当期损益的金融负债		
衍生金融负债		
应付票据		
应付账款		
预收款项	204 981 297.99	183 045 251.17
卖出回购金融资产款		
应付手续费及佣金		
应付职工薪酬	223 835 764.91	203 782 571.29
应交税费	68 560 195.60	173 934 429.04
应付利息		
应付股利	6 281 553.02	44 047 953.02
其他应付款	63 029 685.90	14 089 568.02
应付分保账款		
保险合同准备金		
代理买卖证券款		
代理承销证券款		
划分为持有待售的负债		
一年内到期的非流动负债		
其他流动负债		
流动负债合计	566 688 497.42	618 899 772.54
非流动负债：		
长期借款		
应付债券		
其中：优先股		
永续债		

续表

项目	期末余额	期初余额
长期应付款		
长期应付职工薪酬	483 594 442.32	379 331 112.04
专项应付款		
预计负债		
递延收益		
递延所得税负债	159 314 134.34	23 243 759.76
其他非流动负债		
非流动负债合计	642 908 576.66	402 574 871.80
负债合计	1 209 597 074.08	1 021 474 644.34
所有者权益(或股东权益)：		
实收资本(股本)	1 346 022 857.00	1 258 880 000.00
其他权益工具		
其中：优先股		
永续债		
资本公积	96 113 246.70	256 103.70
减：库存股		
其他综合收益	129 660 356.34	11 242 382.25
专项储备	151 162 048.41	103 182 308.02
盈余公积	283 835 318.09	187 875 837.31
一般风险准备	101 563 733.41	41 483 324.78
未分配利润	2 110 141 679.25	1 392 332 901.23
归属于母公司所有者权益合计	4 218 499 239.20	2 995 252 857.29
少数股东权益		
所有者权益合计	4 218 499 239.20	2 995 252 857.29
负债和所有者权益总计	5 428 096 313.28	4 016 727 501.63

法定代表人：高成程　　主管会计工作的负责人：瞿文康　　会计机构负责人：马　华

5.1.3 利润表

利润表

2014 年度

编制单位：长安国际信托股份有限公司　　单位：元

项　目	本期发生额	上期发生额
一、营业总收入	1 886 717 976.41	2 191 020 839.64
其中：营业收入	144 669 417.45	143 917 194.54
利息收入	18 763 960.09	48 365 465.69
已赚保费		
手续费及佣金收入	1 723 284 598.87	1 998 738 179.41
二、营业总成本	1 281 522 818.34	1 098 833 490.66
其中：营业成本		
利息支出		
手续费及佣金支出		
退保金		
赔付支出净额		
提取保险合同准备金净额		
保单红利支出		
分保费用		
营业税金及附加	118 549 600.38	124 967 374.29
销售费用	1 010 178 851.17	922 002 310.03
管理费用		

续表

项　目	本期发生额	上期发生额
财务费用		
资产减值损失	152 794 366.79	51 863 806.34
加：公允价值变动收益(损失以"－"号填列)	385 974 927.19	64 006 691.60
投资收益(损失以"－"号填列)	273 493 411.39	92 063 844.45
其中：对联营企业和合营企业的投资收益		
汇兑收益(损失以"－"号填列)	356.72	-32 556.31
三、营业利润(亏损以"－"号填列)	1 264 663 853.37	1 248 225 328.72
加：营业外收入	2 345 698.07	1 403 994.45
其中：非流动资产处置利得	547.07	98 774.45
减：营业外支出	1 084 037.98	1 046 871.40
其中：非流动资产处置损失	19 194.92	29 864.40
四、利润总额(亏损总额以"－"号填列)	1 265 925 513.46	1 248 582 451.77
减：所得税费用	306 330 705.64	307 765 123.55
五、净利润(净亏损以"－"号填列)	959 594 807.82	940 817 328.22
归属于母公司所有者的净利润	959 594 807.82	940 817 328.22
少数股东损益		
六、其他综合收益的税后净额	118 417 974.09	2 645 882.25
归属母公司所有者的其他综合收益的税后净额	118 417 974.09	2 645 882.25
(一)以后不能重分类进损益的其他综合收益		
其中：1. 重新计量设定受益计划净负债或净资产的变动		
2. 权益法下在被投资单位不能重分类进损益的其他综合收益中享有的份额		
(二)以后将重分类进损益的其他综合收益	118 417 974.09	2 645 882.25
其中：1. 权益法下在被投资单位以后将重分类进损益的其他综合收益中享有的份额	-311 954.22	
2. 可供出售金融资产公允价值变动损益	118 729 928.31	2 645 882.25
3. 持有至到期投资重分类为可供出售金融资产损益		
4. 现金流量套期损益的有效部分		
5. 外币财务报表折算差额		
6. 其他		
归属于少数股东的其他综合收益的税后净额		
七、综合收益总额	1 078 012 781.91	943 463 210.47
归属于母公司所有者的综合收益总额	1 078 012 781.91	943 463 210.47
归属于少数股东的综合收益总额		
八、每股收益：		
基本每股收益	0.72	0.75
稀释每股收益	0.72	0.75

法定代表人：高成程　　主管会计工作的负责人：瞿文康　　会计机构负责人：马华

5.2 信托资产

5.2.1 信托项目资产负债汇总

信托项目资产负债表

编制单位:长安国际信托股份有限公司　2014 年 12 月 31 日　单位:万元

信托资产	期末数	信托负债和信托权益	期末数
信托资产:		信托负债:	
货币资金	423 051.59	交易性金融负债	—
拆出资金	—	应付受托人报酬	—
应收款项	691 218.13	应付托管费	—
买入返售金融资产	3 583 926.77	应付受益人收益	0.06
交易性金融资产	3 532 124.62	其他应付款项	69 208.98
发放贷款	12 508 463.86	应交税费	
可供出售金融资产		其他负债	—
持有至到期投资	4 088 847.57	信托负债合计	69 209.04
长期股权投资	2 158 898.43	信托权益:	
固定资产	—	实收信托	27 589 728.64
无形资产	—	资本公积	—
长期应收款	81 431.68	未分配利润	507 364.96
其他资产	1 098 340.00	信托权益合计	28 097 093.61
信托资产总计	28 166 302.65	信托负债及信托权益总计	28 166 302.65

法定代表人:高成程　会计主管:李杰　审核:申维飞　制表:孙晓毓

5.2.2 信托项目利润及利润分配汇总表

信托项目利润及利润分配汇总表

编制单位:长安国际信托股份有限公司　2014 年 12 月 31 日　单位:万元

项　目	本年累计数
一、营业收入	2 572 899.68
利息收入	1 744 389.09
投资收益	750 474.07
公允价值变动损益	71 189.69
租赁收入	5 655.49
其他收入	1 191.34
二、营业支出	320 385.93
三、信托净利润	2 252 513.75
四、其他综合收益	—
五、综合收益	—
加:期初未分配信托利润	281 027.22
六、可供分配的信托利润	2 533 540.97
减:本期已分配信托利润	2 026 176.01
七、期末未分配信托利润	507 364.96

法定代表人:高成程　会计主管:李　杰　审核:申维飞　制表:孙晓毓

6. 会计报表附注

6.1 简要说明报告年度会计报表编制基准、会计政策、会计估计和核算方法发生的变化

本公司根据《企业会计准则》、应用指南及准则解释的规定进行确认和计量,在此基础上编制固有业务财务报表。

本公司自 2014 年 7 月 1 日起执行财政部新颁布的《企业会计准则第 39 号——公允价值计量》、《企业会计准则第 40 号——合营安排》、《企业会计准则第 41 号——在其他主体中权益的披露》及新修订的《企业会计准则第 2 号——长期股权投资》、《企业会计准则第 9 号——职工薪酬》、《企业会计准则第 30 号——财务报表列报》、《企业会计准则第 33 号——合并财务报表》、《企业会计准则第 37 号——金融工具列报》等。

6.2 或有事项说明

无。

6.3 重要资产转让及其出售的说明

无。

6.4 会计报表中重要项目的明细资料

6.4.1 披露自营资产经营情况

6.4.1.1 按信用风险五级分类结果披露信用风险资产的期初数、期末数

信用风险资产五级分类	正常类(万元)	关注类(万元)	次级类(万元)	可疑类(万元)	损失类(万元)	信用风险资产合计(万元)	不良信用风险资产合计(万元)	不良信用风险率(%)
期初数	387 652.94	8 569.01		10 924.38	2 265.51	409 411.84	13 189.89	3.22
期末数	499 981.12	13 162.01	39 692.98		12 989.90	565 826.01	52 682.88	9.31

注:不良资产合计=次级类+可疑类+损失类。

逐笔说明不良信用资产的形成时间、债务人、收回可能性。

单位:万元

编号	债务人名称	账面金额(万元)	资产种类	形成时间(年月)	收回可能性
1	陕西东隆投资有限责任公司	430.00	贷款	2004 年 12 月	逐步回收
2	陕西九州生物科技股份有限公司	265.98		2006 年 7 月	清收难度大
3	西安经济技术开发区资产投资有限公司	792.57	其他应收款	2006 年 12 月	逐步回收
4	北京国信融诚投资咨询有限公司	28.59		2006 年 12 月	形成损失
5	西安市经济技术投资担保有限公司	190.18		2010 年 6 月	逐步回收
6	政策性房改房职工交纳款与房款差额	358.20	固定资产清理	—	形成损失
7	信集博雅	10 924.38	持有至到期投资	2013 年 3 月	回收中
8	信集志高	1 818.00		2012 年 8 月	回收中
9	鑫利 1 号	37 874.98	可供出售金融资产	2013 年 8 月	回收中
合计		52 682.88			

6.4.1.2 各项资产减值损失准备的期初数、本期计提、本期转回、本期核销、期末数,贷款的一般准备、专项准备和其他资产减值准备应分别披露

单位：万元

项目	期初数	本期增加	本期减少		期末数
			转回	转销	
一、坏账准备	10 113 373. 12				10 113 373. 12
二、贷款损失准备	8 959 791. 50		2 000 000. 00		6 959 791. 50
三、可供出售金融资产减值准备	113 801. 97	95 627 449. 66		21 400. 00	95 719 851. 63
四、持有至到期投资减值准备	54 621 917. 14	59 166 917. 13			113 788 834. 27
五、长期股权投资减值准备					
六、投资性房地产减值准备					
七、固定资产减值准备	3 581 983. 37				3 581 983. 37
八、工程物资减值准备					
九、在建工程减值准备					
十、生产性生物资产减值准备					
十一、油气资产减值准备					
十二、无形资产减值准备					
十三、商誉减值准备					
十四、其他					
合　　计	77 390 867. 10	154 794 366. 79	2 000 000. 00	21 400. 00	230 163 833. 89

6. 4. 1. 3　自营股票投资、基金投资、债券投资、股权投资等投资业务的期初数、期末数

单位：万元

时点	自营股票	基金	债券	长期股权投资
期初数	9 801. 44	124 441. 95	2 814. 40	5 703. 51
期末数	14 143. 30	189 169. 05	24 698. 47	5 383. 42

6. 4. 1. 4　第一名的自营长期股权投资的企业名称、占被投资企业权益的比例、主要经营活动及投资收益情况等（从大到小顺序排列）

企业名称	投资比例（%）	经营活动	投资收益情况
长安基金管理有限公司	40	基金募集、基金销售、资产管理和中国证监会许可的其他业务	本年按权益法核算确认 986. 11 万元

6. 4. 1. 5　前两名的自营贷款的企业名称、占贷款总额的比例和还款情况等（从大到小顺序排列）

单位：万元

企业名称	贷款余额（万元）	占贷款总额的比例（%）	还款情况
陕西东隆投资有限责任公司	430	61. 78	损失类资产，正在逐步回收
陕西九州生物科技股份有限公司	265. 98	38. 22	损失类资产，清收难度较大
合计	695. 98	100	

6. 4. 1. 6　表外业务的期初数、期末数，按照代理业务、担保业务和其他类型表外业务分别披露

无。

6. 4. 1. 7　公司当年的收入结构

收入结构	金额（万元）	占比（%）
信托收入	186 795. 40	73. 30
其中：信托手续费收入	172 328. 46	67. 62
财务顾问费收入	14 466. 94	5. 68
利息收入	1 876. 40	0. 74
投资收益	27 349. 34	10. 72
其中：股票债券基金投资收益	22 354. 81	8. 77
信托投资收益	2 582. 44	1. 01
现金分红	1 079. 33	0. 42
其他收益	1 332. 76	0. 52
公允价值变动损益及汇兑损益	38 597. 53	15. 15
营业外收入	234. 57	0. 09
合计	254 853. 24	100. 00

6. 4. 2　信托资产管理情况

6. 4. 2. 1　信托资产的期初数、期末数

单位：万元

信托资产	期初数	期末数
集合	5 758 195. 27	10 314 973. 12
单一	12 303 639. 68	16 094 524. 39
财产权	3 621 104. 62	1 756 805. 14
合计	21 682 939. 57	28 166 302. 65

6. 4. 2. 1. 1　主动管理型信托业务的信托资产期初数、期末数

单位：万元

主动管理型信托资产	期初数	期末数
证券投资类	2 896 061. 30	4 385 782. 66
股权投资类	695 786. 11	1 931 019. 47
权益投资类	5 560 857. 67	4 518 824. 72
融资类	10 595 477. 49	14 730 989. 66
事务管理类	257 012. 00	325 528. 38
合计	20 005 194. 57	25 892 144. 89

6.4.2.1.2　被动管理型信托业务的信托资产期初数、期末数

单位:万元

被动管理型信托资产	期初数	期末数
证券投资类	0	0
股权投资类	0	266 123.25
权益投资类	30 000.43	275 666.79
融资类	739 707.52	1 429 861.97
事务管理类	908 037.05	302 505.75
合计	1 677 745.00	2 274 157.76

6.4.2.2　本年度已清算结束的集合类、单一类资金信托项目和财产管理类信托项目数量、实收信托合计金额、加权平均实际年化收益率

6.4.2.2.1 本年度已清算结束的集合类、单一类资金信托项目和财产管理类信托项目个数、实收信托金额、加权平均实际年化收益率

已清算结束信托项目	项目个数(个)	实收信托合计金额(万元)	加权平均实际年化收益率(%)
集合类	189	4 485 345.16	7.1955
单一类	226	8 856 376.17	6.5386
财产管理类	52	1 801 000.00	8.0675

6.4.2.2.2　本年度已清算结束的主动管理型信托项目个数、实收信托合计金额、加权平均实际年化信托报酬率、加权平均实际年化收益率

已清算结束信托项目	项目个数(个)	实收信托合计金额(万元)	加权平均实际年化信托报酬率(%)	加权平均实际年化收益率(%)
证券投资类	28	2 989 689.29	0.0818	2.2572
股权投资类	4	252 000.00	1.2489	10.8483
其他权益投资	184	3 392 126.00	0.6928	8.6059
融资类	227	7 449 312.50	0.9141	7.8549
事务管理类	3	142 000.00	0.5556	6.3245

6.4.2.2.3　本年度已清算结束的被动管理型信托项目个数、实收信托合计金额、加权平均实际年化信托报酬率、加权平均实际年化收益率

续表

已清算结束信托项目	项目个数(个)	实收信托合计金额(万元)	加权平均实际年化信托报酬率(%)	加权平均实际年化收益率(%)
证券投资类	—	—	—	—
股权投资类	3	2 217.74	0.0037	1.4068
其他权益投资	1	9 900.00	0.5006	13.4631
融资类	9	439 975.80	0.3591	7.5160
事务管理类	8	465 500.00	0.3778	6.8372

6.4.2.3　本年度新增的集合类、单一类资金信托项目和财产管理类信托项目个数、实收信托合计金额

新增信托项目	项目个数(个)	实收信托合计金额(万元)
集合类	403	5 380 271
单一类	313	11 758 986
财产管理类	0	0
新增合计	716	17 139 256.31
其中:主动管理型	653	15 244 965.68
被动管理型	63	1 894 290.63

6.4.2.4　信托业务创新成果和特色业务有关情况

公司鼓励创新,积极突破。2014 年公司依托固定收益部的专业投资管理能力,着重开展主动管理型债券投资产品。"映雪一号"项目的实施,提升了公司对固定收益业务的整体运营和管理能力,为信托收入的持续快速增长增添了新的动力。此外公司积极探索与社保基金的合作,充分发挥信托制度优势,通过相关项目的开展,为公司与社保基金在其他方面的合作奠定了基础,打开了与社保基金全方位合作的大门。

6.4.2.5　本公司履行受托人义务情况及因公司自身责任而导致信托资产的损失情况(合计金额、原因等)

无。

6.5　关联方关系及其交易的披露

6.5.1　关联交易方的数量、关联交易的总金额及关联交易的定价政策等

单位:万元

	关联交易数量	关联交易金额	定价政策
合计	64	979 642.89	公允价格

注:关联交易是指信托公司以自有资产、信托资产为关联方提供投融资等服务,或以担保等方式为关联方融资提供便利的业务。关联交易的统计范围应基本与银监会非现场监管信息系统中关于关联交易的范围和口径一致,也可增加为关联方提供咨询等其他非投融资类业务服务的信息。

6.5.2　关联交易方与本公司的关系性质、关联交易方的名称、法定代表人、注册地址、注册资本及主营业务等

关联性质	关联方名称	法定代表人或负责人	注册地址	注册资本(万元)	主营业务
股东关联方	西安市财政局	罗亚民	陕西省西安市南大街	—	—
原控股子公司	西安经济技术开发区资产投资有限公司	邓旭升	陕西省西安市未央路 132 号经发大厦 27 层	1 500	投资咨询、接受委托、管理资产等。
股　东	上海淳大资产管理有限公司	唐乾山	上海市浦东新区长柳路 100 号一层 G 室	32 000	实业投资,投资管理咨询、企业管理咨询等。
股东关联方	博石资产管理有限公司	唐乾山	上海市浦东新区民生路 1199 弄 1 号 1906 室	5 000	资产管理、投资管理及咨询、艺术品的销售,文化交流活动策划等。
股东关联方	西安陕鼓动力股份有限公司	印建安	陕西省西安市高新区沣惠南路 8 号	163 877	各种透平机械的开发、制造、销售、技术咨询等。

续表

关联性质	关联方名称	法定代表人或负责人	注册地址	注册资本（万元）	主营业务
股　东	西安投资控股有限公司	肖西萍	陕西省西安市高新区科技五路8号数字大厦四层	439 375	投资、项目融资、资产管理等。
股东关联方	上海景林资产管理有限公司	蒋锦志	上海市浦东新区海徐路939号3幢129室	3 000	资产管理、企业购并及资产重组策划、实业投资等。
股　东	上海证大投资管理有限公司	朱南松	上海市浦东新区民生路1 199弄1号16层1 908室	30 000万元	投资管理、企业资产委托管理、资产重组、收购兼并等。
股东关联方	上海天物馆文化艺术投资管理有限公司	王尚钧	上海市浦东新区长柳路100号5楼	1 500	投资管理、资产管理、工艺品的销售、文化活动策划等。
股东关联方	宝信国际融资租赁有限公司	周飞	陕西省西安市高新区科技五路8号数字大厦3层	50 000	融资租赁、租赁业务、租赁交易咨询等。
股东关联方	西安西投置业有限公司	巩宝生	陕西省西安市高新区科技五路8号数字大厦3层	60 000	房地产综合开发，房地产开发咨询，工程管理，商品房销售、租赁，物业管理等。
股东关联方	西安投融资担保有限公司	赵增宽	陕西省西安市太白北路320号	100 000	贷款担保、票据承兑担保、贸易融资担保等。
参股公司	长安基金管理有限公司	万跃楠	上海市虹口区丰镇路806号3幢371室	20 000	基金募集、基金销售等。
参股公司子公司	长安财富资产管理有限公司	黄陈	上海市虹口区广纪路738号2幢428室	5 000	特定客户资产管理业务等。

6.5.3　逐笔披露本公司与关联方的重大交易事项

6.5.3.1　固有财产与关联方：贷款、投资、租赁、应收账款担保、其他方式等期初汇总数、本期发生额汇总数、期末汇总数

单位：万元

固有与关联方关联交易																				
贷款			投资			租赁			担保			应收账款			其他			合计		
期初	发生额	期末	期初	发生额	期末	期初	发生额	期末	期初	发生额	期末	期初	发生额	期末	期初	发生额	期末	期初	发生额	期末
—	—	—	130 208.30	82 068.11	212 276.41	—	—	—	—	—	—	—	—	—	4 761.83	0	4 761.83	134 970.13	82 068.11	217 038.24

6.5.3.2　信托资产与关联方：贷款、投资、租赁、应收账款、担保、其他方式等期初汇总数、本期发生额汇总数、期末汇总数

单位：万元

信托与关联方关联交易											
贷款			投资			租赁			担保		
期初	发生额	期末	期初	发生额	期末	期初	发生额	期末	期初	发生额	期末
21 727.9	116 553.36	138 281.26	162 131	132 987	295 118	4 362.3	21 907.6	26 269.9	0	0	0

应收账款			其他			合计		
期初	发生额	期末	期初	发生额	期末	期初	发生额	期末
0	0	0	152 300	150 635.49	302 935.49	340 521.2	422 083.45	762 604.65

6.5.3.3　信托公司自有资金运用于自己管理的信托项目（固信交易）、信托公司管理的信托项目之间的相互（信信交易）交易金额，包括余额和本报告年度的发生额

6.5.3.3.1　固有财产与信托财产之间的交易金额期初汇总数、本期发生额汇总数、期末汇总数

单位：万元

固有财产与信托财产相互交易			
	期初数	本期发生额	期末数
合计	31 409.38	29 576.67	60 986.05

6.5.3.3.2　信托项目之间的交易金额期初汇总数、本期发生额汇总数、期末汇总数

单位：万元

信托财产与信托财产相互交易			
	期初数	本期发生额	期末数
合计	87 352	−65 885	21 467

6.5.4　逐笔披露关联方逾期未偿还本公司资金的详细情况以及本公司为关联方担保发生或即将发生垫款的详细情况

未偿还的关联方款项是西安经济技术开发区资产投资有限公司欠款792.56万元，是本公司原控股子公司，注册资本1 500万元，该欠款主要用于补充其营运资金不足，逾期时间在5年以上。

6.5.5　其他需披露的关联交易事项

公司以信托计划募集资金出资与关联方西安经济技术开

发区资产投资有限公司出资共同设立有限合伙企业，通过合伙企业进行证券投资。截至2014年12月31日，以此种模式成立运行的信托项目共计15个。

同时，报告期内公司以投资顾问角色为关联方长安基金管理有限公司子公司长安财富资产管理有限公司出具项目投资意见书9份。

6.6 会计制度的披露

固有业务（自营业务）、信托业务执行会计制度的名称及颁布的年份。

本公司固有业务和信托业务财务报表均执行2006年2月15日财政部颁布的《企业会计准则》（财政部令第33号）、《企业会计准则应用指南》（财会［2006］18号）以及财政部2014年新修订和颁布的八项会计准则。

本公司编制的固有业务财务报表反映了本公司2014年12月31日的财务状况、2014年度的经营成果和现金流量等信息。

7. 财务情况说明书

7.1 利润实现和分配情况

单位：万元

项目	金额
利润总额（亏损总额以“－”号填列）	126 592.55
减：所得税费用	30 633.07
净利润（净亏损以“－”号填列）	95 959.48
其中：归属于母公司所有者的净利润	95 959.48
少数股东损益	—
每股收益（元）：	—
（一）基本每股收益	0.72
（二）稀释每股收益	0.72
其他综合收益	11 841.80
综合收益总额	107 801.28

按照公司章程的规定，税后利润按以下顺序进行分配：

（1）按照10%提取法定盈余公积95 959 480.78元。

（2）按照5%提取信托赔偿准备金47 979 740.39元。

（3）按照《金融企业准备金计提管理办法》（财金［2012］20号）补提一般风险准备60 080 408.63元。

（4）向投资者分配利润，具体分配方案由董事会提出预案，股东大会决定。

2014年末可供分配的未分配利润为2 110 141 679.25元。

7.2 主要财务指标

指标名称	指标值
资本利润率（%）	25.57
信托报酬率（%）	0.75
人均净利润（万元）	194.30

注：1. 资本利润率＝净利润/所有者权益平均余额×100%。

2. 信托报酬率＝信托业务收入/实收信托平均余额×100%.

3. 人均净利润＝净利润/年平均人数。

4. 平均值采取年初及各季末余额移动算术平均法，公式为：a（平均）＝（$a_0/2+a_1+a_2+a_3+a_4/2$）/4。

7.3 对本公司财务状况、经营成果有重大影响的其他事项

无。

8. 特别事项揭示

8.1 前五名股东报告期内变动情况及原因

无。

8.2 董事、监事及高级管理人员变动情况及原因

8.2.1 董事变动情况及原因

2014年2月12日，蔡元明先生因个人原因向董事会递交了辞呈，辞去公司董事职务。

2014年4月18日，公司2013年度股东大会选举章击舟先生为公司董事。

2014年12月16日，按照西安市委组织部的有关规定，师胜友先生向董事会递交了辞呈，辞去公司董事职务。

8.2.2 监事变动情况及原因

无。

8.2.3 高级管理人员变动情况

2014年9月27日，公司第一届董事会第八次会议同意聘任黄海涛先生为公司副总裁。

8.3 变更注册资本、变更注册地或公司名称、公司分立合并事项

经中国银行业监督管理委员会陕西监管局批准，2014年3月，公司股东货币增资1.83亿元，公司注册资本变更为1 346 022 857元。

8.4 公司的重大诉讼事项

2014年，公司以上一年度已取得生效判决尚未执行完结的案件总计6件，涉案标的合计人民币23 116万元。其中，自营业务2件，诉讼标的金额合计696万元；信托业务4件，诉讼标的金额合计22 420万元。

2014年，公司共新增执行案件4件，均为信托业务项下发生的强制执行案件，标的金额合计约70 819万元。新增诉讼案件2件，均为信托业务项下公司被诉案件，标的金额合计9 116.7万元。

2014年，公司共收回自营业务项下欠款200万元；结案1笔，涉案金额771万元。其他信托业务项下诉讼执行案件由于案情复杂、金额较大，所以处置周期较长。2014年以来，公司进一步加大了信托项目风险防范和风险处置力度，存量诉讼、执行案件均取得了较大进展，大部分案件已冻结和查封了相关资产，目前正在推动司法处置。

8.5 公司及其董事、监事和高级管理人员受到处罚的情况

无。

8.6 银监会检查意见的整改情况

公司认真学习和讨论了中国银行业监督管理委员会陕西监管局于2014年4月对公司的《现场检查意见书》（陕银监查意见字[2014]19号）后，制订了切实可行的整改方案并及时对整改落实情况进行了检查督导。

风险管理体系方面。公司主要采取了以下整改措施：一是进一步明确董事会、经营层及前台、中台、后台对风险管控的职责和定位，完善相关制度和操作细则，各负其责，建立全员风险管理的公司文化。二是按业务条线完善全方位的风险管理体系报告路线，在相关制度中明确界定各环节的风险责任主体及应承担的风险控制职责。三是制定风险识别、计量、检测办法，增加制度中风险评价的定量指标，增强风险管理的可操作性。四是进一步明确界定各部门职责，落实责任。五是将声誉风险、信息科技风险管理纳入公司全面风险管理体系。六是进一步完善资本补充长效机制，多渠道拓宽资本来源，适时增加资本金，提升风险抵补能力。

内部控制体系方面。公司主要采取了以下整改措施：一是建立总体的内控制度，对内控活动在公司的总体目标、决策系统、执行系统等做出总体规定和安排。二是制定公司内控体系建设和运行情况的评价办法。三是根据业务部门的经营管理水平，明确功能定位，建立差异化管理体系。四是增加内审人员配备，进一步加强对内部控制有效性的审计，加大对审计发现问题的责任追究。

信托会计职能方面。公司主要采取了以下整改措施：一是制定《信托业务会计凭证管理细则》，规定会计核算过程中各岗位的职责，确保会计核算的及时、准确。二是公司每半年聘请专业的会计专家对公司会计人员进行集中培训，与同业开展会计知识的经验交流等方式，全面提升会计人员的职业能力。三是公司加强对会计人员的考核，建立对会计人员的考评体系，并将考评结果纳入到当年的绩效考核中。

非现场报表报送方面。公司主要采取了以下整改措施：一方面，公司深刻认识到报表准确性的重要性，增强填报人员的责任心，加强内部报表填报部门之间的沟通协作；另一方面，公司填报非现场报表由单人填报改为双人复核制，提高了数据上报质量，确保了信息和数据的准确与及时。

公司将在认真落实监管意见的基础上，不断提升风险控制能力和管理水平，加强规范性管理，立足西部、面向全国，创国内一流信托公司。

8.7 本年度重大事项临时报告的简要内容、披露时间、所披露的媒体及其版面

由于公司股东增资，2013年12月9日，中国银行业监督管理委员会陕西监管局核准长安国际信托股份有限公司增加注册资本、变更股权及修改公司章程的申请。公司于2014年3月28日完成工商变更登记，并于2014年4月2日在《上海证券报》B5版发布《长安信托关于增加注册资本、变更股权及修改公司章程的公告》。

由于公司股东名称变更，2014年12月4日，中国银行业监督管理委员会陕西监管局核准长安国际信托股份有限公司修改公司章程的申请，公司于2014年12月16日完成工商变更登记，并于2014年12月25日在《上海证券报》B6版发布《长安信托关于修改公司章程的公告》。

8.8 银监会及其省级派出机构认定的其他有必要让客户及相关利益人了解的重要信息

无。

9. 公司监事会意见

监事会认为，公司在日常经营中，能够严格遵守国家有关法律和法规以及中国银行业监督管理委员会的监管规定。

公司董事会编制的2014年度报告及其摘要程序符合法律、法规的规定，报告内容真实、完整、准确地反映了公司的实际情况，不存在虚假记载、误导性陈述或者重大遗漏。

长城新盛信托有限责任公司

1. 重要提示

1.1 本公司董事会及董事保证本报告所载资料不存在任何虚假记载、误导性陈述或者重大遗漏，并对其内容的真实性、准确性和完整性承担个别及连带责任。

1.2 公司独立董事李克渊、李华北、马德贵声明：保证年度报告内容的真实性、准确性、完整性。

1.3 执行本公司审计的会计事务所未对公司出具保留意见（或否定意见，无法表示意见的审计报告）。

1.4 公司董事长周礼耀、总经理陈明理、财务总监阚秋声明：保证本年度财务报告的真实、完整。

2. 公司概况

2.1 公司简介

长城新盛信托有限责任公司（以下简称长城新盛信托）是在重组原伊犁哈萨克自治州信托投资公司基础上设立。伊犁哈萨克自治州信托投资公司成立于1988年12月9日，是经中国人民银行新疆维吾尔自治区新疆分行（新人银[88]金管字第70号文）批准并经伊犁哈萨克自治州工商局登记注册，由新疆伊犁哈萨克自治州财政局出资的国有独资地方性金融机构，注册资本3000万元人民币。2003年12月17日，中国银监会下发了《关于同意伊犁州信托投资公司重组方案的复函》（银监函[2003]205号），伊犁哈萨克自治州信托投资公司被中国银监会列为13家遗留问题信托公司之一。2011年9月30日，中国银监会下发了《关于伊犁哈萨克自治州信托投资公司重新登记等有关事项的批复》（银监复[2011]408号），批准由中国长城资产管理公司（以下简称长城公司）、新疆生产建设兵团国有资产经营公司（以下简称兵团国资）、深圳市盛金创业投资发展有限公司（现更名为深圳市盛金投资控股有限公司）（以下简称盛金公司）、伊犁哈萨克自治州财信融通融资担保有限公司（以下简称伊犁财信）等四家在对伊犁哈萨克自治州信托投资公司进行重组的基础上进行增资扩股、更名，改制等事项变更重组。2011年10月8日，由中国银监会新疆监管局发放了金融许可证，同日在新疆维吾尔自治区工商局经济技术开发区分局领取了换发后的企业法人营业执照，公司名称由伊犁哈萨克自治州信托投资公司变更为新疆长城新盛信托有限责任公司，公司注册资本由3 000万元人民币变更为30 000万元人民币。2013年11月8日，经国家工商总局核准并经监管部门批准，公司名称再次变更为长城新盛信托有限责任公司。

2.1.1 公司法定名称

公司中文名称：长城新盛信托有限责任公司

公司英文名称：Great Wall Xinsheng Trust Co.，Ltd.

公司英文名称缩写：Gwxs Trust

2.1.2 公司法定代表人：周礼耀

2.1.3 公司注册地址：乌鲁木齐经济技术开发区卫星路475号紫金矿业研发大厦A座11层

公司邮政编码：830026

公司国际互联网网址：www.gwxstrust.com

公司电子信箱：gwxs@gwxstrust.com

2.1.4 公司负责信息披露事务人员：

联系人：孟　庄

联系电话：0991－3775363

传　　真：0991－3775362

电子信箱：mengzhuang@gwxstrust.com

2.1.5 公司信息披露报纸名称：《上海证券报》

年度报告备置地点：乌鲁木齐经济技术开发区卫星路475号紫金矿业研发大厦A座11层

登载年度报告的互联网网址：www.gwxstrust.com

2.1.6 公司聘请的会计师事务所名称：瑞华会计师事务所新疆分所

公司聘请的会计师事务所地址：乌鲁木齐市新华南路140号汇源酒店11～12层

公司聘请的律师事务所名称：上海星瀚律师事务所

公司聘请的律师事务所住所：上海市常德路1211号1204～1207室

2.2 组织结构

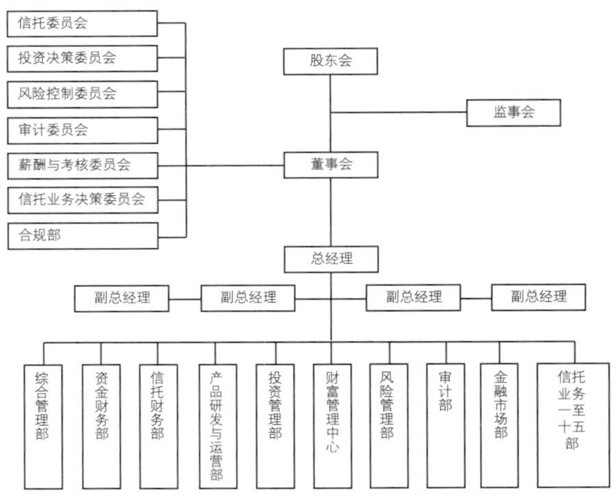

3. 公司治理

3.1 股东

报告期末股东总数为四家（均持有10%以上股份）。按股东持股比例从大到小排列如下：

股东名称	出资比例（%）	法人代表	注册资本（万元）	注册地址	主要经营业务及主要财务情况
中国长城资产管理公司	35	张晓松	1 000 000	北京市西城区月坛北街2号	许可经营项目：收购并经营中国农业银行剥离的不良资产，债务追偿，资产置换、转让与销售，债务重组及企业重组，债权转股权及阶段性持股，资产证券化，资产管理范围内的上市推荐及债券、股票承销，直接投资，发行债券，商业借款，向金融机构借款和向中国人民银行申请再贷款，投资、财务及法律咨询与顾问，资产及项目评估，企业审计与破产清算；经金融监管部门批准的其他业务，除新闻、出版、教育、医疗保健、药品、医疗器械和BBS以外的因特网信息服务业务。财务状况良好。
新疆生产建设兵团国有资产经营公司	35	陈一滔	112 300	乌鲁木齐市扬子江路188号	新疆生产建设兵团授权范围国有资产经营管理，国有资产产（股）权交易，商业信息咨询。财务状况良好。
深圳市盛金投资控股有限公司	17	周琦	8 500	深圳市福田区福华一路国际商会大厦B座1210室	投资兴办实业（具体项目另行申报），股权投资，股权投资管理，受理资产管理，企业管理咨询，投资咨询，经济信息咨询（以上均不含证券、保险、基金、金融业务、银行业务、人才中介服务及其他限制项目），企业形象策划，文化活动策划，高新技术产业投资，受托管理创业投资企业创业资本、创业投资咨询、为创业企业提供创业管理服务业务（法律、行政法规、国务院决定禁止的项目除外，限制的项目须取得许可证后方可经营），国内贸易（不含专营、专控、专卖商品）。财务信息咨询（不含证券咨询及其他限制项目），国内贸易（不含专营、专控、专卖商品）。许可经营项目：无。财务状况良好。
伊犁哈萨克自治州财信融通融资担保有限公司	13	林峰	42 093.35	伊宁市伊犁河路怡安家园1号综合楼	许可经营项目：贷款担保、票据承兑担保、贸易融资担保、项目融资担保、信用证担保及其他融资性担保业务，兼营诉讼保全担保，投标担保、预付款担保、工程履约担保、尾付款如约偿付担保等履约担保业务，与担保业务有关的融资咨询、财务顾问等中介服务，以自有资金进行投资；办理债券发行担保业务，国家及自治区规定的其他业务。财务状况良好。

注：本公司无实际控制人。

3.2 董事

姓名	职务	性别	年龄	选任日期	所推举的股东名称	该股东持股比例（%）	简要履历
周礼耀	董事长	男	54	2012年11月4日	中国长城资产管理公司	35	经济学硕士，复旦大学国际金融专业，高级经济师；历任中国农业银行上海市宝山支行计划科副科长、吴淞营业所副主任（主持工作），中国农业银行上海市分行人事处副处长、处长，中国农业银行上海市分行直属党委副书记兼五角场支行行长，中国长城资产管理公司上海办事处副总经理、工会主席，中国长城资产管理公司上海办事处总经理；现任中国长城资产管理公司副总裁。
陈一滔	副董事长	女	50	2011年10月8日	新疆生产建设兵团国有资产经营公司	35	硕士研究生、解放军空军工程大学管理科学与工程专业，高级会计师；历任职于新疆生产建设兵团外经贸局计财处，新疆农垦纺织五矿化工机械进出口公司任计财部经理，新疆农垦进出口公司任董事、常务副总经理，新疆生产建设兵团国资公司总经理助理兼财务部经理，新疆生产建设兵团国资公司副总经理、总经理；现任新疆生产建设兵团国有资产经营公司董事长。
周　琦	副董事长	男	50	2011年10月8日	深圳市盛金投资控股有限公司	17	经济学学士，南开大学金融系金融专业；历任中国银行总行国际业务部业务主办，工商银行信托投资公司项目经理，海口太克实业有限公司总经理，深圳市清华至善金融证券研究所总经理，深圳市清华创业投资有限公司董事，深圳力合数字电视有限公司董事；现任深圳市盛金投资控股有限公司董事长。
陈明理	董事	男	50	2012年10月18日	中国长城资产管理公司	35	博士研究生，中国人民大学金融学专业，高级经济师；历任工商银行郑州分行建设路支行信贷员，工商银行总行项目信贷部主任科员、副处长，华融资产管理公司股权管理部副处长、高级经理，华融资产管理公司沈阳办事处总经理助理、副总经理，华融资产管理公司研究发展部副总经理、第一重组办公室副主任、委托业务事业部总经理，华融国际信托有限责任公司总裁，华融资产管理公司业务审查部总经理；现任长城新盛信托有限责任公司总经理。
范振斌	董事	男	59	2011年10月8日	中国长城资产管理公司	35	经济学学士，东北财经大学工业会计专业、高级经济师；历任辽宁省抚顺市财政局研究所、办公室副主任，农业银行辽宁省抚顺分行副行长，农业银行辽宁省分行研究所副所长、总编、行长助理、副行长，长城资产管理公司沈阳办事处总经理、南京办事处总经理；现任中国长城资产管理公司控股子公司专职董事。

续表

姓 名	职 务	性别	年龄	选任日期	所推举的股东名称	该股东持股比例(%)	简 要 履 历
蔺怀华	董事	男	46	2011年10月8日	新疆生产建设兵团国有资产经营公司	35	法学学士，兰州大学法学专业，律师资格；历任新疆维吾尔自治区高级人民法院审判员，新疆国通律师事务所律师，新疆元正律师事务所律师；现任新疆生产建设兵团国有资产经营公司法律顾问。
芦 岗	董事	女	49	2011年10月8日	深圳市盛金投资控股有限公司	17	经济学学士，南开大学金融学系金融专业；历任国家外汇管理总局汇价处业务主办，海口太克实业有限公司副总经理，深圳市金羽光电实业有限公司董事长，深圳键桥通信技术股份有限公司董事，深圳力合数字电视有限公司董事；现任深圳市盛金投资控股有限公司总经理。
林 峰	董事	男	49	2011年10月8日	伊犁哈萨克自治州财信融通投资担保有限公司	13	大学本科，中共中央党校函授学院经济管理专业，经济师；历任新疆伊犁毛纺织厂动力科、企业管理办公室科员，伊犁州财政局国债服务部任主任，伊犁州信托投资公司证券营业部总经理、公司总经理助理、副总经理、总经理、董事长；现任伊犁州财信融通融资担保有限公司董事长。

独立董事

姓 名	所在单位及职务	性别	年龄	选任日期	所推举的股东名称	该股东持股比例(%)	简 要 履 历
李克渊	独立董事	男	65	2011年10月8日	中国长城资产管理公司	35	大专学历，上海财经学院夜大金融专修科，高级政工师；历任黑龙江长水河农场农工、连长，人民银行上海市普陀区办事处分理处主任，工商银行上海市普陀区办事处党委副书记、分行纪委专职委员、经打办主任、闸北区办主任、党委书记，人民银行上海市分行金融纪检组副组长，金融纪检组组长、上海大区行纪委书记、党委副书记，上海银监局纪委书记、党委副书记、巡视员，上海市第五、第六、第七届市纪委委员，上海市浦东新区第二、第三届人大代表，第三届人大常委、财经委委员，上海金融法制研究会常务副会长、学术委员会主任（按照中央有关规定，该董事已于2014年度提出辞去独立董事职务请求，目前公司股东会正在履行相关程序过程之中）。
李华北	独立董事	男	52	2011年10月8日	新疆生产建设兵团国有资产经营公司	35	文学学士，解放军外国语学院英语（国际关系）专业；历任解放军部队及总参谋部机关；现任鑫海矿业有限公司董事长。
马德贵	独立董事	男	52	2011年10月8日	新疆生产建设兵团国有资产经营公司	35	硕士研究生，中国社会科学院研究生院工业经济系企业管理专业；历任新疆鄯善县县委办公室文秘，乌鲁木齐市政府办公厅、新疆生产建设兵团党委办公厅秘书，新疆生产建设兵团供销合作公司副总经理，北京鸿运集团新疆分公司总经理，海南睿丰投资公司董事长助理；现任国泰君安证券股份有限公司乌鲁木齐营业部总经理。

3.3 监事

监事会成员

姓 名	职 务	性别	年龄	选任日期	所推举的股东名称	该股东持股比例(%)	简 要 履 历
王 敏	监事会主席	女	46	2011年10月8日	新疆生产建设兵团国有资产经营公司	35	硕士研究生毕业，新疆财经学院金融专业，高级会计师；历任兵团经济专科学校教师，新疆进出口股份有限公司财务、财务部、结算部经理，兵团国有资产经营公司研发部副经理、财务总监，新疆宏海房地产开发有限公司总会计、董事；现任兵团国有资产经营公司风险管控部经理。
黄 虎	监事会副主席	男	51	2014年2月16日	中国长城资产管理公司	35	研究生毕业，硕士学位，长江商学院EMBA工商管理专业，高级经济师；历任农业银行广东省分行人事处干部科干部、副科长、科长、处长助理、副处长（主持全面工作），农业银行广东省江门市分行党组成员、副行长并兼任外海支行行长，农业银行广州市分行党委委员、广州穗西支行行长（正处级），农业银行广东省韶关市分行党委书记、行长，中国长城资产管理公司广州办事处党委委员、副总经理、纪委书记，中国长城资产管理公司海口办事处党委书记、总经理；现任长城融资担保有限公司监事会监事长。
蒋 健	监事会副主席	男	48	2011年10月8日	深圳市盛金投资控股有限公司	17	大学毕业、经济学学士，南开大学金融学系金融专业；历任福建国际信托投资公司及华福证券公司发行部副经理、经理，福建93发行干事团副主干事长，四川信托投资公司发行部总经理，四川信托投资公司上海证券业务部总经理，四川9家信托公司重组委员会证券组组长，世纪联融控股公司副总裁，北京华申置业开发公司执行董事总经理，重庆天生综合市场投资管理有限公司总经理；现任上海交大教育服务产业投资管理（集团）有限公司总经理。

续表

姓　名	职　务	性别	年龄	选任日期	所推举的股东名称	该股东持股比例(%)	简　要　履　历
郭　韬	职工监事	男	37	2011年10月8日	职工代表大会	—	硕士研究生毕业，中国人民大学经济法学专业；历任长城资产管理公司法律事务部、债权管理部副主任科员、法律事务部主任科员、业务主管、高级副经理；现任长城新盛信托有限责任公司产品研发与运营部总经理兼综合部总经理。
曹继忠	职工监事	男	37	2011年10月8日	职工代表大会	—	大学毕业，工学学士，合肥工业大学建筑设计专业；历任安徽中州置业股份有限公司工程管理部副经理、经理，深圳市盛金创业投资发展有限公司上海办事处主任；现任长城新盛信托有限责任公司综合管理部副总经理。

本公司监事会未下设委员会。

3.4　高级管理人员

姓名	职务	性别	年龄	选任日期	金融从业年限(年)	学历	专业	简　要　履　历
陈明理	总经理	男	50	2012年10月16日	24	博士	金融	博士研究生，中国人民大学金融学专业，高级经济师；历任工商银行郑州分行建设路支行信贷员，工商银行总行项目信贷部主任科员、副处长，华融资产管理公司股权管理部副处长、高级经理，华融资产管理公司沈阳办事处总经理助理、副总经理，华融资产管理公司研究发展部副总经理、第一重组办公室副主任、委托业务事业部总经理，华融国际信托有限责任公司总裁，华融资产管理公司业务审查部总经理；现任长城新盛信托有限责任公司总经理。
沈富荣	副总经理	男	49	2011年4月2日	13	博士	管理工程	东华大学博士研究生毕业，具有律师执业资格；曾任共青团上海市长宁区委副书记，中共上海市长宁区委政策研究室副主任；上海新虹桥企业有限公司董事兼常务副总经理，上海爱建信托投资有限责任公司投资银行部总经理，德邦证券有限责任公司副总裁，上海国际信托投资有限责任公司副总经理，上海国盛典当有限公司副总经理，上海爱建信托有限责任公司副总经理；现任长城新盛信托有限责任公司副总经理。
杨　辰	副总经理	男	50	2011年10月8日	8	硕士	金融	商学硕士，日本早稻田大学商学专业；历任南开大学金融学系讲师，日本安田火灾海上保险公司总部、安田综合研究所委托研究员，日本安田火灾海上保险公司总部国际业务部业务主办，深圳力合数字电视有限公司副总裁，深圳力合传媒有限公司董事，宁波成功多媒体通讯有限公司董事，深圳市盛金投资控股有限公司董事、副总裁，上海飞乐音响股份有限公司董事、战略委员会委员；现任长城新盛信托有限责任公司副总经理。
李　凯	副总经理	男	56	2011年10月8日	33	大专	金融	大专学历，福建金融管理干部学院，经济师；历任农业银行石河子支行科员；人民银行石河子分行计划科科员、稽核科副科长、人事科科长，人民银行克拉玛依中心支行副行长，银监会克拉玛依分局局长；现任长城新盛信托有限责任公司副总经理。
段　薇	副总经理	女	42	2011年4月2日	20	硕士	法律	辽宁大学法学院法律硕士，高级经济师；曾任中国工商银行辽宁省分行商业信贷处、第三产业信贷处、工商信贷处业务综合员，中国华融资产管理公司沈阳办事处股权管理部负责人、投资银行部负责人，东亚银行沈阳分行房地产贷款部负责人、营业部负责人、企业及银团贷款部负责人，华融国际信托有限责任公司历任投资银行部总经理、信托市场部总经理，中国华融资产管理股份有限公司资产经营部总经理助理，业务审查部总经理助理、副总经理；现任长城新盛信托有限责任公司副总经理。
阚　秋	财务总监	男	41	2011年10月8日	6	大专	会计	大专学历，长春金融高等专科学校，注册会计师、资产评估师、注册税务师；历任中国银行吐鲁番分行任会计及内部稽核，新疆科麦食品公司任财务经理，中天运会计师事务所新疆分所任副所长；现任长城新盛信托有限责任公司财务总监。

3.5　公司员工

项　目		报告期年度		上年度	
		人数(人)	比例(%)	人数(人)	比例(%)
年龄分布	25岁以下	2	2.94	1	1.75
	25~29岁	18	26.47	13	22.81
	30~39岁	29	42.65	22	38.60
	40岁以上	19	27.94	21	36.84
学历分布	博士	4	5.88	5	8.77
	硕士	24	35.30	29	50.88
	本科	34	50.00	20	35.09
	专科	6	8.82	3	5.26
	其他	0	0	0	0

续表

项　目		报告期年度		上年度	
		人数(人)	比例(%)	人数(人)	比例(%)
岗位分布	高管人员	9	13.24	10	17.54
	自营业务人员	3	4.41	3	5.26
	信托业务人员	49	72.06	40	70.18
	其他人员	7	10.29	4	7.02

注：自营业务人员是指按照岗位分工，专门或至少主要从事固有资金使用和固有资产管理有关业务的职工；信托业务人员是指按照岗位分工，专门或主要从事信托资金使用和信托资产管理各项业务的职工；对于人力资源部等类似无法明确区分的综合部门归为其他人员。

4. 经营管理

4.1 经营目标、方针、战略规划

4.1.1 经营目标

在监管部门和公司股东的支持和指导下，完善公司法人治理，健全内部控制，坚持依法合规、讲求效益、控制风险的基本理念，大力发展主动型理财模式的信托主业，加强营销管理，各项业务稳健发展，规范管理框架逐步建立。

4.1.2 经营方针

遵循稳健、创新、和谐、发展的经营方针，根据客户需求、风险偏好，充分发挥信托独特的制度优势，采用信托贷款、股权投资、投资理财、资产管理、财务顾问等多种方式，为客户提供多样化的综合金融服务。同时，充分发挥各股东资源优势，在机构客户和高端私人客户领域占有一席之地。

4.1.3 战略规划

以科学发展观为指导，立足当前，着眼长远，面向全国，坚持客户至上的理念，坚持依法合规、稳健经营，专心致力于信托主业，不断提高公司市场竞争能力、风险控制能力、业务创新能力和运营管理能力，将公司发展成为规范经营、特色明显、务实创新、业绩优良，具有较强核心竞争力和可持续发展能力的国内一流的专业化金融服务机构。

4.2 经营业务的主要内容

4.2.1 经营的主要业务、品种

公司业务主要分为资产管理和信托服务两个大类：

资产管理：目前主要从事面向资本市场的项目融资等业务。

信托服务：目前主要开展贷款、收益权及平台等业务。

4.2.2 资产组合与分布

公司自营资产中，货币资产占总资产比为64.04%，可供出售金融资产占13.79%，持有至到期占18.35%，其他资产占3.81%。

自营资产运用与分布表

资产运用	金额（万元）	占比（%）	资产分布	金额（万元）	占比（%）
货币资产	28 513.69	64.04	基础产业		
贷款及应收款			房地产业		
交易性金融资产			证券市场		
可供出售金融资产	6 140.42	13.79	实业		
持有至到期投资	8 171.72	18.35	金融机构	42 825.83	96.19
长期股权投资			其他	1 697.63	3.81
其他	1 697.63	3.81			
资产总计	44 523.46	100.00	资产总计	44 523.46	100.00

信托资产运用与分布表

资产运用	金额（万元）	占比（%）	资产分布	金额（万元）	占比（%）
货币资产	4 814.69	0.28	基础产业	236 894.64	13.86
贷款	1 075 250.00	62.92	房地产	1 203 183.04	70.40
交易性金融资产			证券市场		
可供出售金融资产	105 390.00	6.17	实业	75 677.14	4.43
持有至到期投资			金融机构	105 409.47	6.17
长期股权投资	209 390.56	12.25	其他	87 805.96	5.14
其他	314 125.00	18.38			
信托资产总计	1 708 970.25	100.00	信托资产总计	1 708 970.25	100.00

4.2.3 资本充足率、资产质量和盈利状况

期末公司固有资产4.45亿元，固有负债0.54亿元，所有者权益3.91亿元。公司资本充足，所有者权益比率为87.87%。

公司无不良资产，整体资产质量较好。

报告期内公司实现收入合计14 609.06万元，利润总额7 484.22万元，净利润5 051.41万元。公司2014年总资产利润率（税前利润/年均总资产）为16.69%，资本利润率（净利润/年均所有者权益）为13.37%，主营业务收益率（净利润/营业总收入）为34.58%。

4.3 市场分析

4.3.1 有利因素

（1）信托行业的监管政策环境总体向好，为信托行业规范、健康发展提供重要的制度保障，专注发展以创新型、主动型信托业务，公司组建时日不长，没有因政策调整而带来的业务结构调整的经营负担。

（2）国家金融调控频繁，银行有动力大力拓展中间业务收入，信托公司与银行合作的深度、广度等将进一步提升；同时，由于市场融资的主渠道受限，企业融资需求旺盛，为发展信托业提供了充足的市场资源。

（3）依托股东各家股东的资源和品牌优势，在市场上有较高的认知度，在业务开展方面具有很多得天独厚的优势条件。

4.3.2 不利因素

（1）金融改革渐次拉开、主流融资环境日益宽松，弱化了信托公司与其他金融机构特别是银行之间的竞争性优势。

（2）部分业务受到其他金融机构的替代竞争威胁。

（3）国家宏观调控可能会对地产以及工业、制造业等实体经济形成深度的影响，以融资信托业务为主导的信托业，对项目的风险识别和风险判断难度会继续增加。

4.4 内部控制

4.4.1 内部控制环境和内部控制文化

公司建立了分工合理、职责明确、报告关系清晰的组织机构。报告期内，公司完成了部门岗位设置和人员编制安排。公司董事会和高级管理层重视公司内部控制机制的建设。董事会下设风险管理委员会，负责审核公司内控机制的建设规划。公司股东会按照章程规定，负责风险管理的决策，并通过授权管理、投资决策管理、人力资源管理、财务管理、运营管理和运营保障管理等制度建设，建立公司风险管理的制度体系并维持其有效性。董事会风险管理委员会负责对公司风险管理的政策、项目执行过程实施风险监督和评审，并按照公司风险管理总体要求，制定风险管理监督、风险计量检测和风险控制流程等风险监控制度。公司经营管理层根据股东会和董事会制定的风险管理政策、程序，负责对风险控制过程实施管理。对风险控制过程出现和可能出现的风险，制定和采取风险控制措施并及时报告董事会和股东会。合规部负责公司风险管理基本政策的制定，起草制定各类风险管理制度，负责建立和完善风险管理体系，进行风险识别、计量和控制，开展公司内部风险评估和报告，参与各类业务的风险评估、管理及对合法性和合规性进行审核，指导公司内部全面开展风险管理。公司风险管理

程序是：公司在融资、贷款、投资及重大经营决策上，实行“六审二会”制度。“六审”即部门负责人、分管业务副总裁、风险管理部、合规部、主管风险合规副总裁和总裁审核。“二会”即信托业务审查委员会、信托业务决策委员会（信托业务）或投资决策委员会或董事会、股东会（固有业务）决策。操作程序是：业务部门在对项目进行调查并由部门负责人进行初审；通过后报送风险管理部和合规部进行风险及合规性审查；通过后报主管副总裁和总裁审查立项；通过后提请信托业务决策委员会（信托业务）或投资决策委员会或董事会、股东会（固有业务）进行审批决策。

4.4.2 内部控制措施

公司内部控制职能部门为合规部、风险管理部和审计部。公司内部控制遵循全面、审慎、有效、独立的原则。公司内控的控制活动，包括不相容职务分离控制、授权审批控制、业务流程控制、会计系统控制、财产保护控制、运营分析控制、信息系统控制和绩效考评控制，并建立业务预警、应急机制等。报告期内，公司股东会按照章程规定，负责风险管理的决策，并通过授权管理、投资决策管理、人力资源管理、财务管理、运营管理和运营保障管理等制度建设，建立公司风险管理的制度体系并维持其有效性。公司信托业务决策委员会负责对信托项目的审核。公司固有业务按照项目金额大小按股东会、董事会和经营管理层分层授权审核。董事会风险管理委员会负责对公司风险管理的政策、项目执行过程实施风险监督和评审，并按照公司风险管理总体要求，制定风险管理监督、风险计量检测和风险控制流程等风险监控制度。公司经营管理层根据股东会和董事会制定的风险管理政策、程序，负责对风险控制过程实施管理。对风险控制过程出现和可能出现的风险，制订和采取风险控制措施并及时报告董事会和股东会。合规部负责公司风险管理基本政策的制定，起草制定各类风险管理制度，负责建立和完善风险管理体系，进行风险识别、计量和控制，开展公司内部风险评估和报告，参与各类业务的风险评估、管理及对合法性和合规性进行审核，指导公司内部全面开展风险管理。

4.4.3 信息交流与反馈

报告期内，公司不断完善信息交流与反馈机制。在信息传达方面，通过办公自动化系统或专题会议形式，将最新的法律法规、监管要求、信托行业及内部经营风险状况等信息及时传递给相关部门，确保员工充分掌握信息并及时作出反馈。在信息报告方面，制定了清晰的信息报告流程，确保各部门将经营过程中存在的重大问题和风险事项及时报告高级管理层、董事会、监事会和相关监管部门。在外部沟通方面，公司严格遵循监管要求，与监管部门建立了完备的沟通和报告机制，及时就公司的经营情况、风险状况、内外部审计情况等向监管部门报告。在部门间工作协调方面，公司内部搭建了高效畅通的信息交流渠道，通过定期会议和随时沟通实现跨部门协作。

4.4.4 监督评价与纠正

公司通过建立自控、互控、监控三位一体的机制，对内部控制活动进行检查、评价、监督和纠正。业务部门对各项业务跟踪管理，经常检查其经营状况，一旦发现存在问题，迅速予以自纠；财务管理部门和风险合规管理部门分别行使后台监督职能和风险管理职能，相关部门、岗位之间互相制衡、监督，一旦发现问题，均要求限时纠正。

4.5 风险管理

4.5.1 风险管理概况

公司业务经营中所面临的主要风险是信用风险、市场风险、操作风险和合规风险。公司风险管理的基本原则是：合规性，即公司经营活动与所涉及的法律、规则和准则及自身规章制度相一致；全面性，即风险管理涵盖各项业务管理的各环节，并渗透到各项业务过程中；制衡性，即明确划分相关部门、岗位之间的职责，建立职责分离、横向与纵向相互监督制约的机制；资产隔离性，即将公司自营资产与信托资产、不同委托人的信托财产分别管理、分别记账、独立核算；流动性，即突出现金流量管理在公司经营活动中的重要性；程序性，即公司风险管理组织系统的安排遵循事前授权审批、事中控制和事后审计监督三道程序；可衡量性，即采用定性分析与定量分析相结合的方法控制风险。公司股东会按照章程规定，负责风险管理的决策，并通过授权管理、投资决策管理、人力资源管理、财务管理、运营管理和运营保障管理等制度建设，建立公司风险管理的制度体系并维持其有效性。公司信托业务决策委员会负责对信托项目的审核。董事会风险管理委员会负责对公司风险管理的政策、项目执行过程实施风险监督和评审，并按照公司风险管理总体要求，制定风险管理监督、风险计量检测和风险控制流程等风险监控制度。公司经营管理层根据股东会和董事会制定的风险管理政策、程序，负责对风险控制过程实施管理。对风险控制过程出现和可能出现的风险，制订和采取风险控制措施并及时报告董事会和股东会。合规部负责公司风险管理基本政策的制定，起草制定各类风险管理制度，负责建立和完善风险管理体系，进行风险识别、计量和控制，开展公司内部风险评估和报告，参与各类业务的风险评估、管理及对合法性和合规性进行审核，指导公司内部全面开展风险管理。

4.5.2 风险状况

公司经营活动中可能遇到的主要风险有信用风险、市场风险、操作风险等。

4.5.2.1 信用风险状况

信用风险主要指交易对手不履行义务的可能性，主要表现为在贷款、资产回购、后续资金安排、担保、履约承诺、资金往来、证券投资等交易过程中，借款人、担保人、保管人（托管人）、证券投资开户券商、银行等交易对手不履行承诺，不能或不愿履行合约承诺而使信托财产或固有财产遭受潜在损失的可能性。本公司信用风险资产按五级分为正常类、关注类、次级类、可疑类和损失类，对信用风险资产本公司根据《金融企业呆账准备提取管理办法》财金［2005］49 号文及《中国银监会办公厅关于修订信托公司年报披露格式规范信息披露有关问题的通知》（银监办发［2009］407 号文）规定，参照中国人民银行《银行贷款损失计提指引》（银发［2002］98 号文）规定，对年末信用风险资产按照关注类资产 2%、次级类资产 25%、可疑类资产 50%、损失类资产 100% 的比例计提贷款损失准备、坏账准备。

报告期内，公司固有业务和信托业务均无不良信用资产。2014 年末公司已按照净利润的 5% 计提了信托投资风险准备，年末余额 599.64 万元，较 2013 年增加了 252.57 万元。

4.5.2.2 市场风险状况

市场风险主要指在金融市场等投资业务过程中，投资于有公开市场价值的金融产品或者其他产品时，金融产品或者其他产品的价格发生波动导致公司信托财产或固有财产遭受损失的可能性。同时，市场风险还具有很强的传导效应，某些信用风险的根源可能也来自于交易对手的市场风险。报告期内，公司无在公开市场交易的金融产品，受市场风险影响有限。

4.5.2.3 操作风险状况

操作风险表现为由于公司治理机制、内部控制失效或者有关责任人出现失误、欺诈等问题，公司没有充分及时地做好尽职调查、持续监控、信息披露等工作，未能及时作出应有的反应，或作出的反应明显有失专业和常理，甚至违规违约；公司没有履行勤勉尽职管理的义务，或者无法出具充分有效的证据和记录，证明自己已履行勤勉尽职管理的义务。报告期内，公司通过系统、制度、权限等对操作风险进行有效的管控。

4.5.2.4 其他风险状况

其他风险主要是指公司业务开展中的流动性风险、政策风险、信誉风险、道德风险等。公司固有业务流动性强，发生流动性风险的可能性较小。政策、信誉、道德风险方面，公司没有发生因信托财产管理、处分不当或其他信托公司的原因，致使信托财产遭受损失，进而致公司声誉受损的情况。公司注重将各方股东的优秀企业文化融入到公司内部管理中，致力塑造诚信、专业的公司形象，通过尽职管理和充分披露等方式，避免产生对公司不良影响事件的发生。

4.5.3 风险管理

4.5.3.1 信用风险管理

信用风险的管理：一是公司严格实行“贷前调查、贷中审查、贷后检查”。在贷前调查（项目立项）阶段，公司规范项目尽职调查的程序、重点和方法；在贷中审查（项目审批）阶段，公司合规部、风险管理部进行预审，公司项目评审委员会对业务进行项目可行性风险评估；在贷后检查（项目运营）阶段，公司要求业务部门持续监控交易对手的履约能力。二是注重信用风险的分散和补偿。在产品交易结构设计上，公司综合运用规避、预防、分散、转移、补偿等手段管理风险，尽力降低信用风险敞口。比如，公司通过引入金融机构信用、财产抵押、权利质押等担保方式，将融资主体的信用风险进行分散、转移。为防止因抵（质）押价值变化扩大信用风险敞口，公司对拟抵（质）押资产设置了抵（质）押率上限，作为价值变化的缓冲；通过账户管理归集和监控项目本身的现金流，作为履约的主要资金来源；在可能的情况下监管交易对手账户，监督资金使用，防止挪用；通过信托受益权的优先劣后安排，将具有不同风险偏好和风险承受能力的客户分开；加大交易对手违约成本，使交易对手不敢轻易违约；通过现场过程监控和非现场信息监控，及时了解项目进展、交易对手经营和资金使用状况；安排信托受益权的流通转让，分散信用风险。三是按照银监会要求，定期对公司资产进行风险分类；四是严格按财政部和中国银监会的要求，提足包括呆账准备金、信托赔偿准备金在内的各项准备金。

4.5.3.2 市场风险管理

市场风险的管理：一是加强对经济及金融形势的分析预测，并据此提出资产配置及其调整方案。密切跟踪市场，及时调整投资策略和投资组合，密切关注经济运行状况，严格规避政策导向变化带来的不利影响。二是坚持稳健原则，在投资组合中配置足够的固定收益类低风险投资品种。三是对证券投资组合的净值、仓位和投资集中度等指标事先设定预警点或止损点。四是通过投资分散化（组合对冲）降低非系统性风险。五是在业务决策和管理过程中，分别通过压力测试进行分析和评估，进行动态跟踪管理。六是积极贯彻落实监管部门有关文件精神，及时对公司信托业务中的房地产业务、证券投资业务和银信合作等业务提出“风险提示”，密切专注市场变化，加强防范业务风险的措施。

4.5.3.3 操作风险管理

操作风险的管理：一是制定和完善公司内部控制制度，在业务操作、会计系统、信息披露、信息系统、人力资源管理、关联交易、档案管理、紧急事故应变等方面，建立行之有效的内控制度和内控流程。二是明确岗位职责，即在合理的组织机构基础上，将各部门的业务活动和管理活动细化为各个具体的工作岗位，按照岗位确定职责和权限，做到定岗、定责、定职、定编、定人，从而建立起公司内部相互制约、相互督促的工作网络。三是在建立岗位职责的基础上，制定公司的业务授权制度和问责制度。通过授权机制，将从业人员的灵活性和责任制结合起来。四是不断整合公司各项业务流程和管理流程，逐步实现前、中、后台分离的业务操作流程化管理。五是建立管理防火墙，以信托财产和固有财产为隔离基础，实现信托业务系统和自营业务系统的部门和人员分离；高管人员管理分工分离；信托财务和自营财务的部门、人员、账表、资产和办公场所分离；每个信托财产的分离，即对每项信托业务单独开户、单独核算、单独管理。六是强调信息系统支持。七是制定公司员工行为规范，加强对员工守法意识、职业道德的教育。八是重视合规文化建设，宣传合规政策，使员工牢固树立“风险管理是公司经营的基础、效益的前提和核心竞争力的保证”这一风险管理核心价值观念。

4.5.3.4 其他风险管理

其他风险的管理：一是加强员工合规培训，要求员工认真学习并执行有关的法律法规，增强合规意识，提高员工的风险管理意识和风险管理水平。二是加强对运作项目的现金流量管理，同时做好公司现金流量的预测和安排。三是加强职业道德教育，规范职业行为，把职业道德、职业操守作为员工教育的一个重要内容，不断增强员工的工作责任心，严格控制道德风险。

5. 报告期末及上一年度末的比较式会计报表

5.1 自营资产

5.1.1 会计师事务所审计意见全文

审 计 报 造

瑞华新审字[2015]65010004 号

长城新盛信托有限责任公司：

我们审计了后附的长城新盛信托有限责任公司（以下简称贵公司）的财务报表，包括 2014 年 12 月 31 日的资产负债表，2014 年度的利润表、现金流量表和所有者权益变动表以及财务报表附注。

一、管理层对财务报表的责任

编制和公允列报财务报表是贵公司管理层的责任。这种责任包括：(1)按照企业会计准则的规定编制财务报表，并使其实现公允反映；(2)设计、执行和维护必要的内部控制，以使财务报表不存在由于舞弊或错误导致的重大错报。

二、注册会计师的责任

我们的责任是在执行审计工作的基础上对财务报表发表审计意见。我们按照中国注册会计师审计准则的规定执行了审计工作。中国注册会计师审计准则要求我们遵守中国注册会计师职业道德守则，计划和执行审计工作以对财务报表是否不存在重大错报获取合理保证。

审计工作涉及实施审计程序，以获取有关财务报表金额和披露的审计证据。选择的审计程序取决于注册会计师的判断，包括对由于舞弊或错误导致的财务报表重大错报风险的评估。在进行风险评估时，注册会计师考虑与财务报表编制和公允列报相关的内部控制，以设计恰当的审计程序，但目的并非对内部控制的有效性发表意见。审计工作还包括评价管理层选用会计政策的恰当性和作出会计估计的合理性，以及评价财务报表的总体列报。

我们相信，我们获取的审计证据是充分、适当的，为发表审计意见提供了基础。

三、审计意见

我们认为，上述财务报表在所有重大方面按照企业会计准则的规定编制，公允反映了贵公司2014年12月31日的财务状况以及2014年度的经营成果和现金流量。

5.1.2 资产负债表

资产负债表

单位名称：长城新盛信托有限责任公司　2014年12月31日　单位：元

项　　目	注释	年末数	年初数
资产：			
货币资金	七、1	285 136 932. 30	203 827 546. 92
贵金属			
存放联行款项			
存放同业款项			
拆出资金			
交易性金融资产			
衍生金融资产			
买入返售金融资产			
应收款项类金融资产			
应收利息			
发放贷款和垫款	七、4		
可供出售金融资产		61 404 236. 17	
持有至到期投资		81 717 176. 31	235 392 476. 69
长期股权投资			
投资性房地产			
固定资产	七、5	3 797 697. 96	2 918 701. 94
在建工程			
固定资产清理			
无形资产	七、6	2 320 538. 76	442 643. 84
递延所得税资产		105 188. 56	203 258. 39
其他资产	七、7	10 752 856. 10	8 804 084. 98
资产总计		445 234 626. 16	451 588 712. 76

资产负债表（续）

单位名称：长城新盛信托有限责任公司　2014年12月31日　单位：元

项　　目	注释	年末数	年初数
负债：			
向中央银行借款	七、8		
联行存放款项			
同业及其他金融机构存放款项	七、9		
拆入资金			
交易性金融负债			
衍生金融负债			
卖出回购金融资产款			
吸收存款	七、10		
应付职工薪酬	七、11	32 603 932. 35	41 902 392. 43
应交税费	七、12	13 969 127. 57	15 562 407. 19
应付利息	七、13		
预计负债			
应付债券			
递延所得税负债			
其他负债	七、14	7 795 577. 84	29 656 762. 97
负债合计		54 368 637. 76	87 121 562. 59
股东权益：			
实收资本	七、15	300 000 000. 00	300 000 000. 00
资本公积		129 824. 75	
减：库存股			
盈余公积	七、16	11 992 783. 43	6 941 372. 08
信托赔偿准备		5 996 391. 72	3 470 686. 05
未分配利润	七、17	72 746 988. 50	54 055 092. 04
外币报表折算差额			
归属于母公司所有者权益合计			
少数股东权益			
股东权益合计		390 865 988. 40	364 467 150. 17
负债和股东权益合计		445 234 626. 16	451 588 712. 76

法定代表人：周礼耀　　主管会计工作负责人：阚　秋　　会计机构负责人：阚　秋

5.1.3 利润表

利润表

单位名称：长城新盛信托有限责任公司　2014 年度　　单位：元

项　　目	注释	本年数	上年数
一、营业收入		146 090 599. 55	154 490 843. 45
(一)利息净收入	七、18	5 892 899. 99	10 224 175. 69
利息收入		5 892 899. 99	10 224 175. 69
利息支出			
(二)手续费及佣金净收入	七、19	119 637 679. 35	134 904 565. 14
手续费及佣金收入		122 633 964. 07	140 380 445. 14
手续费及佣金支出		2 996 284. 72	5 475 880. 00
(三)投资收益(损失以“-”号填列)		20 560 020. 21	9 362 102. 62
(四)公允价值变动损益(损失以“-”号填列)			
(五)其他收入			
汇兑收益(损失以“-”号填列)			
其他业务收入			
二、营业支出		71 245 959. 32	81 778 757. 89
(一)营业税金及附加	七、20	8 018 863. 14	8 510 746. 81
(二)业务及管理费		63 227 096. 18	74 068 011. 08
(三)资产减值损失或呆账损失(转回以“-”号填列)	七、21		-800 000. 00
(四)其他业务成本			
三、营业利润(亏损以“-”号填列)		74 844 640. 23	72 712 085. 56
加：营业外收入	七、22	0. 03	3 650 845. 00
减：营业外支出	七、23	2 371. 14	100 529. 15
四、利润总额(亏损以“-”号填列)		74 842 269. 12	76 262 401. 41
减：所得税费用	七、24	24 328 155. 63	19 215 107. 27
五、净利润(亏损以“-”号填列)		50 514 113. 49	57 047 294. 14
归属于母公司所有者的净利润		50 514 113. 49	57 047 294. 14
少数股东损益			
六、每股收益：			
(一)基本每股收益			
(二)稀释每股收益			
七、其他综合收益			
八、综合收益总额			
归属于母公司所有者的综合收益总额			
归属于少数股东的综合收益总额			

法定代表人：周礼耀　　主管会计工作负责人：阚　秋　　会计机构负责人：阚　秋

5.1.4 所有者权益变动表

所有者权益变动表

编制单位：长城新盛信托有限责任公司　　2014 年度　　单位：元

项　　目	本年金额								
	归属于母公司所有者权益								所有者权益合计
	股本	资本公积	减：库存股	专项储备	盈余公积	一般风险准备	未分配利润	其他	
一、上年末余额	300 000 000. 00				6 941 372. 08	3 470 686. 05	54 055 092. 04		364 467 150. 17
加：会计政策变更									—
前期差错更正									—
二、本年初余额	300 000 000. 00	—	—	—	6 941 372. 08	3 470 686. 05	54 055 092. 04	—	364 467 150. 17
三、本年增减变动金额(减少以“-”号填列)	—	129 824. 75			5 051 411. 35	2 525 705. 67	18 691 896. 46	—	26 398 838. 23
(一)净利润							50 514 113. 49		50 514 113. 49
(二)其他综合收益	—	—	—	—	—	—	—	—	—
上述(一)和(二)小计	—	—	—	—	—	—	50 514 113. 49	—	50 514 113. 49
(三)所有者投入和减少资本	—	—	—	—	—	—	—	—	—
1. 所有者投入资本									—
2. 股份支付计入所有者权益的金额									—
3. 其他									—
(四)利润分配	—	—	—	—	5 051 411. 35	2 525 705. 67	-31 822 217. 03	—	-24 245 100. 01
1. 提取盈余公积					5 051 411. 35		-5 051 411. 35		—
2. 提取一般风险准备						2 525 705. 67	-2 525 705. 67	—	
3. 对所有者(或股东)的分配						—	-24 245 100. 01		-24 245 100. 01
4. 其他									—
(五)所有者权益内部结转	—	129 824. 75	—	—	—	—	—	—	129 824. 75
1. 资本公积转增资本(或股本)									—
2. 盈余公积转增资本(或股本)									—
3. 盈余公积弥补亏损									—
4. 其他		129 824. 75							129 824. 75
(六)专项储备	—	—	—	—	—	—	—	—	—
1. 当期提取数									—
2. 当期使用数									—
四、本期末余额	300 000 000. 00	129 824. 75	—	—	11 992 783. 43	5 996 391. 72	72 746 988. 50	—	390 865 988. 40

所有者权益变动表（续）

编制单位：长城新盛信托有限责任公司　　2014 年度　　单位：元

项　目	上年金额								
	归属于母公司所有者权益								所有者权益合计
	股本	资本公积	减：库存股	专项储备	盈余公积	一般风险准备	未分配利润	其他	
一、上年末余额	300 000 000. 00	—	—	—	1 236 642. 67	618 321. 34	10 511 462. 70	—	312 366 426. 71
加：会计政策变更									—
前期差错更正									—
二、本年初余额	300 000 000. 00	—	—	—	1 236 642. 67	618 321. 34	10 511 462. 70	—	312 366 426. 71
三、本年增减变动金额（减少以"－"号填列）	—	—	—	—	5 704 729. 41	2 852 364. 71	43 543 629. 34	—	52 100 723. 46
（一）净利润							57 047 294. 14		57 047 294. 14
（二）其他综合收益	—	—	—	—	—	—	—	—	—
上述（一）和（二）小计	—	—	—	—	—	—	57 047 294. 14	—	57 047 294. 14
（三）所有者投入和减少资本	—	—	—	—	—	—	—	—	—
1. 所有者投入资本									—
2. 股份支付计入所有者权益的金额									—
3. 其他									—
（四）利润分配	—	—	—	—	5 704 729. 41	2 852 364. 71	－13 503 664. 80	—	－4 946 570. 68
1. 提取盈余公积					5 704 729. 41		－5 704 729. 41		—
2. 提取一般风险准备						2 852 364. 71	－2 852 364. 71		—
3. 对所有者（或股东）的分配							－4 946 570. 68		－4 946 570. 68
4. 其他									—
（五）所有者权益内部结转	—	—	—	—	—	—	—	—	—
1. 资本公积转增资本（或股本）									—
2. 盈余公积转增资本（或股本）									—
3. 盈余公积弥补亏损									—
4. 其他									—
（六）专项储备	—	—	—	—	—	—	—	—	—
1. 当期提取数									—
2. 当期使用数									—
四、本期末余额	300 000 000. 00	—	—	—	6 941 372. 08	3 470 686. 05	54 055 092. 04	—	364 467 150. 17

法定代表人：周礼耀　　主管会计工作负责人：阚秋　　会计机构负责人：阚秋

5. 2　信托资产

5. 2. 1　信托项目资产负债汇总表

信托项目资产负债汇总表

编制单位：长城新盛信托有限责任公司　　单位：万元

资　　产	期末数	期初数	负债和信托权益	期末数	期初数
资产：			负债：		
现金及存放中央银行款项	4 814. 69	2 210. 53	向中央银行借款		
其中：现金及银行存款	4 814. 69	2 210. 53	同业及其他金融机构存放款项		
其他货币资金			拆入资金		
拆出资金			交易性金融负债		
交易性金融资产			衍生金融负债		
衍生金融资产			应付受托人报酬		
买入返售金融资产	186 290. 00	208 750. 00	应付保管费		
应收账款			应付受益人收益		
应收股利			应付销售服务费		
应收利息			应交税费		
其他应收款			其他应付款	17 033. 12	83. 32

续表

资　　产	期末数	期初数	负债和信托权益	期末数	期初数
发放贷款和垫款	1 075 250.00	1 122 779.46	其他负债		
可供出售金融资产	105 390.00	68 218.08	负债合计	17 033.12	83.32
持有至到期投资					
长期股权投资	209 390.56	47 425.56	信托权益:		
投资性房地产			实收信托	1 694 300.56	1 446 988.56
固定资产			资本公积		238.08
无形资产			未分配利润	-2 363.43	2 073.67
其他资产	127 835.00		信托权益合计	1 691 937.13	1 449 300.31
资产总计	1 708 970.25	1 449 383.63	负债和信托权益总计	1 708 970.25	1 449 383.63

法定代表人:周礼耀　　主管会计工作负责人:阚秋　　会计机构负责人:阚秋

5.2.2 信托项目利润及利润分配汇总表

信托项目利润及利润分配汇总表

编制单位:长城新盛信托有限责任公司　2014 年度　　单位:万元

项　　目	本年累计数	上年累计数
一、信托营业收入	126 617.68	53 014.14
利息收入	117 390.86	47 225.77
投资收益(损失以“-”号填列)	9 226.82	5 788.37
其中:对联营企业和合营企业的投资收益		
公允价值变动收益(损失以“-”号填列)		
租赁收入		
汇兑收益(损失以“-”号填列)		
其他业务收入		
二、信托营业支出	15 666.33	19 386.96
营业税金及附加		
业务及管理费	15 666.33	19 386.96
资产减值损失		
其他业务成本		
三、利润总额(亏损总额以“-”号填列)	110 951.35	33 627.18
加:期初未分配信托利润	2 126.08	1 099.93
损益平准金等其他影响额		
四、可供分配的信托利润	113 077.43	34 727.11
减:本期已分配信托利润	115 440.86	32 601.03
五、期末未分配信托利润	-2 363.43	2 126.08
六、其他综合收益		238.08
七、综合收益总额	-2 363.43	2 364.16

法定代表人:周礼耀　　主管会计工作负责人:阚秋　　会计机构负责人:阚秋

6. 会计报表附注

6.1 简要说明报告年度会计报表编制基准、会计政策、会计估计和核算方法发生的变化

本公司固有财务和信托财务均遵循 2006 年财政部颁布的《企业会计准则》及其后颁布的企业会计准则应用指南、企业会计准则解释规定。2014 年度会计政策及会计估计和核算方法均未发生变化。

6.2 或有事项说明

本公司报告期内无或有事项。

6.3 重要资产转让及其出售的说明

本公司 2014 年未发生重要资产的转让。

6.4 会计报表中重要项目的明细资料

6.4.1 自营资产经营情况

6.4.1.1 按信用风险五级分类结果披露信用风险资产的期初、期末数

信用风险资产五级分类	正常类(万元)	关注类(万元)	次级类(万元)	损失类(万元)	信用风险资产合计(万元)	不良信用风险资产合计(万元)	不良信用风险率(%)
期末数	920.90				920.90		
期初数	647.27				647.27		

注:不良资产合计 = 次级类 + 可疑类 + 损失类。

6.4.1.2 各项资产减值损失准备的期初、本期计提、本期转回、本期核销、期末数

单位:万元

	期初数	本期计提	本期转回	本期核销	期末数
贷款损失准备					
一般准备					0
专项准备					
其他资产减值准备					
可供出售金融资产减值准备					
持有至到期投资减值准备					
长期股权投资减值准备					
坏账准备					
投资性房地产减值准备					

6.4.1.3 自营股票投资、基金投资、债券投资、股权投资等投资业务的期初数、期末数

单位:万元

	股票	基金	债券	长期股权投资	其他投资	合计
期初数						
期末数						

6.4.1.4 自营长期股权投资的企业名称、占被投资企业权益比例、主要经营活动及投资收益情况等

公司自营 2014 年末无长期股权投资。

6.4.1.5 自营贷款的企业名称、占贷款总额的比例和还款情况等

单位:万元

企业名称	占贷款总额的比例(%)	还款情况

6.4.1.6　表外业务的期初数、期末数，按照代理业务、担保业务和其他类型表外业务分别披露

公司自营2014年末无表外业务。

6.4.1.7　公司当年的收入结构

收入结构	金额（万元）	占比（%）
手续费及佣金收入	11 963.77	81.89
其中：信托手续费收入	7 072.90	48.41
投资银行业务收入	4 890.87	33.48
利息收入	589.29	4.03
其他业务收入		
其中：计入信托业务收入部分		
投资收益	2 056.00	14.07
其中：股权投资收益		
公允价值变动收益		
其他投资收益	2 056.00	14.07
营业外收入		
收入合计	14 609.06	100.00

注：投资银行业务收入为公司财务顾问等收入。

本年度公司实现信托业务收入总额7 072.90万元，其中以手续费及佣金确认的信托业务收入金额7 072.90万元，无以其他形式确认的信托业务收入。

6.4.2　披露信托资产管理情况

6.4.2.1　信托资产的期初数、期末数

单位：万元

信托资产	期初数	期末数
集合	354 485.32	291 303.43
单一	1 094 898.31	1 084 065.95
财产权		333 600.87
合计	1 449 383.63	1 708 970.25

6.4.2.1.1　主动管理型信托业务的信托资产期初数、期末数

单位：万元

主动管理型信托资产	期初数	期末数
证券投资类	63 260.58	10 409.44
股权投资类	11 825.57	11 825.59
融资类	399 399.79	388 569.79
事务管理类		
合计	474 485.94	410 804.82

6.4.2.1.2　被动管理型信托业务的信托资产期初数、期末数

单位：万元

被动管理型信托资产	期初数	期末数
证券投资类		
股权投资类		
融资类	470 001.16	311 840.83
事务管理类	504 896.53	986 324.60
合计	974 897.69	1 298 165.43

6.4.2.2　本年度已清算结束的信托项目个数、实收信托合计金额、加权平均实际年化收益率

本年度已清算信托项目12个，实收信托合计金额162 128.00万元，加权平均实际年化收益率8.66%。

6.4.2.2.1　本年度已清算结束的集合类、单一类资金信托项目和财产管理类信托项目个数、实收信托金额、加权平均实际年化收益率

已清算结束信托项目	项目个数（个）	实收信托合计金额（万元）	加权平均实际年化收益率（%）
集合类	9	67 800.00	9.95
单一类	3	94 328.00	5.75
财产管理类			

6.4.2.2.2　本年度已清算结束的主动管理型信托项目个数、实收信托合计金额、加权平均实际年化收益率

已清算结束信托项目	项目个数（个）	合计金额（万元）	加权平均实际年化信托报酬率（%）	加权平均实际年化收益率（%）
证券投资类	4	21 110.00	0.4337	10.37
股权投资类				
融资类	5	73 218.00	2.9409	9.83
事务管理类				

6.4.2.2.3　本年度已清算结束的被动管理型信托项目个数、实收信托合计金额、加权平均实际年化收益率

已清算结束信托项目	项目个数（个）	合计金额（万元）	加权平均实际年化信托报酬率（%）	加权平均实际年化收益率（%）
证券投资类				
股权投资类				
融资类	3	67 800.00	0.2533	5.75
事务管理类				

6.4.2.3　本年度新增的集合类、单一类和财产管理类信托项目个数、实收信托合计金额

新增信托项目	项目个数（个）	实收信托合计金额（万元）
集合类	3	59 900.00
单一类	2	56 000.00
财产管理类	4	333 600.00
新增合计	9	449 500.00
其中：主动管理型	3	59 900.00
被动管理型	6	389 600.00

6.4.2.4　信托业务创新成果和特色业务有关情况

公司目前正在积极探索创新业务和特色业务。

6.4.2.5　本公司履行受托人义务情况及因本公司自身责任而导致的信托资产损失情况

本公司严格遵守信托法律法规及信托文件对受托人义务的规定，为受益人的最大利益处理信托事务，管理信托财产时，恪守职守，履行诚实、信用、谨慎、有效管理的义务。

本公司无因自身责任而导致的信托资产损失情况。

6.4.2.6　信托赔偿准备金的提取、使用和管理情况

本公司严格按照《信托公司管理办法》规定，每年按照税后

利润5%提取信托赔偿准备金，当信托赔偿准备金累计总额达到公司注册资本的20%时不再提取。本公司至今未发生需使用信托赔偿准备金弥补亏损的情况。

6.5 关联方关系及其交易的披露

6.5.1 关联交易方的数量、关联交易的总金额及关联交易的定价政策等

本年度公司以自有资金认购本公司发行的集合资金信托计划总金额为20 682.74万元，关联交易按照市场公允价格定价。

6.5.2 关联交易方与本公司的关系性质、关联交易方的名称、法定代表人、注册地址、注册资本及主营业务等

6.5.3 逐笔披露本公司与关联方的重大交易事项

6.5.3.1 固有财产与关联方交易情况：贷款、投资、租赁、应收账款担保、其他方式等期初汇总数、本期借方和贷方发生额汇总数、期末汇总数

单位：万元

固有财产与关联方关联交易				
	期初数	借方发生额	贷方发生额	期末数
贷款				
投资				
租赁				
担保				
应收账款				
其他				
合计				

6.5.3.2 信托与关联方交易情况：贷款、投资、租赁、应收账款、担保、其他方式等期初汇总数、本期借方和贷方发生额汇总数、期末汇总数

单位：万元

信托与关联方关联交易				
	期初数	借方发生额	贷方发生额	期末数
贷款				
投资				
租赁				
担保				
应收账款				
其他				
合计				

6.5.3.3 信托公司自有资金运用于自己管理的信托项目（固信交易）、信托公司管理的信托项目之间的相互（信信交易）交易金额，包括余额和本报告年度的发生额

6.5.3.3.1 固有财产与信托财产之间的交易金额期初汇总数、本期发生额汇总数、期末汇总数

单位：万元

固有财产与信托财产相互交易			
	期初数	本期发生额	期末数
合计	23 250.00	20 682.74	9 082.74

注：以固有资金投资公司自己管理的信托项目受益权，或购买自己管理的信托项目的信托资产均应纳入统计披露范围。

6.5.3.3.2 信托项目之间的交易金额期初汇总数、本期发生额汇总数、期末汇总数

单位：万元

信托资产与信托财产相互交易			
	期初数	本期发生额	期末数
合计			

注：以公司受托管理的一个信托项目的资金购买自己管理的另一个信托项目的受益权或信托项下资产均应纳入统计披露范围。

6.5.4 逐笔披露关联方逾期未偿还本公司资金的详细情况以及本公司为关联方担保发生或即将发生垫款的详细情况

报告期内本公司无上述情况。

6.6 会计制度的披露

本报告期公司固有业务及信托业务均执行2006版《企业会计准则》。

7. 财务情况说明书

7.1 利润实现和分配情况

根据公司2014年度的经营实绩，拟对2014年度利润进行如下分配：当年利润总额：7 484.23万元；所得税费用：2 432.82万元；净利润：5 051.41万元；提取法定盈余公积金：505.14万元；按照《信托公司管理办法》规定，按照税后利润5%提取信托赔偿准备金252.57万元；2014年当年公司可分配利润4 293.70万元；2014年末公司累计可分配利润7 779.84万元；综上，考虑到公司未来发展情况，2014年公司未进行利润分配。

7.2 主要财务指标

指标名称	指标值
资本利润率（%）	13.37
加权年化信托报酬率（%）	0.42
人均净利润（万元）	77.71

注：1. 资本利润率＝净利润/所有者权益平均余额×100%。

2. 加权年化信托报酬率＝（信托项目1的实际年化信托报酬率×信托项目1的实收信托＋信托项目2的实际年化信托报酬率×信托项目2的实收信托＋…＋信托项目n的实际年化信托报酬率×信托项目n的实收信托）/（信托项目1的实收信托＋信托项目2的实收信托＋…＋信托项目n的实收信托）×100%。

3. 人均净利润＝净利润/年平均人数。

4. 平均值采取年初、年末余额简单平均法，公式为：a（平均）＝（年初数＋年末数）/2。

7.3 本公司报告期内无财务状况、经营成果有重大影响的其他事项

8. 特别事项揭示

8.1 报告期内公司所有股东均未发生变化

8.2 董事、监事及高级管理人员变动情况及原因

本报告期内，公司董事未发生变动。因工作需要谢村模先

生不再担任本公司监事会副主席职务。黄虎先生担任担任本公司监事会副主席职务。

8.3 公司的重大诉讼事项

包括重大未决诉讼事项、以上一年度发生并于报告年度内终结的诉讼事项和报告年度发生并于报告年度内终结的诉讼事项。

公司 2014 年度重大未决诉讼事项共 3 起，均为公司信托起诉事项：于 2014 年 11 月起诉中都控股集团有限公司，涉及信托金额 4 990 万元；于 2014 年 11 月起诉大连金生房地产开发有限公司，涉及信托金额 3 亿元；于 2014 年 12 月起诉宁波新金和投资有限公司，涉及信托金额 2 亿元。

8.4 报告期内会计师事务所未对公司出具有保留意见、否定意见或无法表示意见的审计报告

8.5 报告期内无公司及其董事、监事和高级管理人员受到处罚的情况

8.6 银监会及其派出机构对公司检查后提出整改意见的，应简单说明整改情况

报告期间，中国银监会新疆监管局对公司进行了非现场监管、现场检查和市场准入管理等监管工作，于 2014 年 3 月 13 日下发了《中国银监会新疆监管局关于长城新盛信托有限责任公司 2013 年度监管情况的通报》（新银监发［2014］27 号，以下简称《通报》）。《通报》评价公司“能够坚持既定的战略发展规划，认真贯彻落实各项监管要求，在风险防控、经营管理等方面取得了较为明显的进步”，同时指出公司在运行中存在需进一步加强与改善的问题：一是资本实力依然较弱，增资扩股工作迟迟未见进展；二是业务发展存在短板，业务结构较为单一；三是内控管理能力还需进一步加强；四是注册地管理水平亟肥肉改善和提高。

针对《通报》提出的问题，公司股东会、董事会和经营层高度重视，多次召开会议对相关问题进行研究分析，认真落实整改措施。同时，公司还就整改工作中遇到的问题与新疆监管局保持充分、持续、有效的沟通和交流，确保整改工作的顺利进行。报告期间，除增资扩股工作尚未落实，其余问题的整改均已取得积极成效。公司将不断加强内部控制建设，提高信托业务风险把控能力、自主管理能力，加强公司开展项目的中后期管理，确保公司业务的稳健发展。

8.7 本年度公司无重大事项对媒体进行披露

8.8 报告期内未发生银监会及其省级派出机构认定的其他有必要让客户及相关利益人了解的重要信息

9. 公司监事会意见

监事会认为，公司 2014 年能够认真贯彻国家法律、法规、公司章程和制度的要求，依法合规促发展，不断完善内控制度、持续强化风险管控。董事及高级管理人员能够遵守国家有关金融法律法规和《公司法》的有关规定，认真履职，未发现有违法、违规及违章行为，也没有损害公司利益、股东利益和委托人利益的行为。公司 2014 年度财务报告客观真实地反映了公司的实际财务状况和经营成果，中介机构出具了无保留意见审计报告，本年度报告的内容和格式符合中国银监会的规定。

大业信托有限责任公司

1. 重要提示

1.1　本公司董事会及董事保证本报告所载资料不存在任何虚假记载、误导性陈述或者重大遗漏，并对其内容的真实性、准确性和完整性承担个别及连带责任。

1.2　独立董事王仲兴先生、张衢先生、俞二牛先生认为本报告内容是真实、准确、完整的。

1.3　本公司董事长沈柏年先生、总经理王毅先生、财务总监孙多伟先生及会计机构负责人谢祖江先生声明：保证年度报告中财务报告的真实、完整。

2. 公司概况

2.1　公司简介

大业信托有限责任公司是经中国银监会批准的，在重组原广州科技信托投资公司的基础上，重新登记的非银行金融机构。公司注册资本为3亿元人民币，注册地为广州市，在北京和上海设有业务管理部。公司在2011年3月10日获取金融许可证，并在2011年3月16日换取新的营业执照正式开业，经允许从事经中国银行业监督管理委员会依照有关法律、行政法规和其他规定批准的业务。

2.1.1　公司的法定名称

中文名称：大业信托有限责任公司

中文简称：大业信托

英文名称：Daye Trust Co. ,Ltd.

英文缩写：Daye Trust

2.1.2　公司法定代表人：沈柏年

2.1.3　公司注册地址：广州市天河区体育西路191号中石化大厦B塔25楼

邮政编码：510620

公司国际互联网网址：http://www.dytrustee.com

电子信箱：info@dytrustee.com

2.1.4　公司负责信息披露事务的高级管理人员：陈俊标

电话：020－28028700

传真：020－28028701

电子邮箱：chenjb@dytrustee.com

2.1.5　公司选定的信息披露报纸：《金融时报》

2.1.6　公司年度报告备置地点：广州市天河区体育西路191号中石化大厦B塔25楼

2.1.7　公司聘请的会计师事务所：天职国际会计师事务所(特殊普通合伙)深圳分所

地址：深圳市福田区深南大道6009号绿景广场B座17楼

2.1.8　公司聘请的律师事务所：中伦文德律师事务所

地址：中国北京市朝阳区西坝河南路1号金泰大厦19层

2.2　组织结构

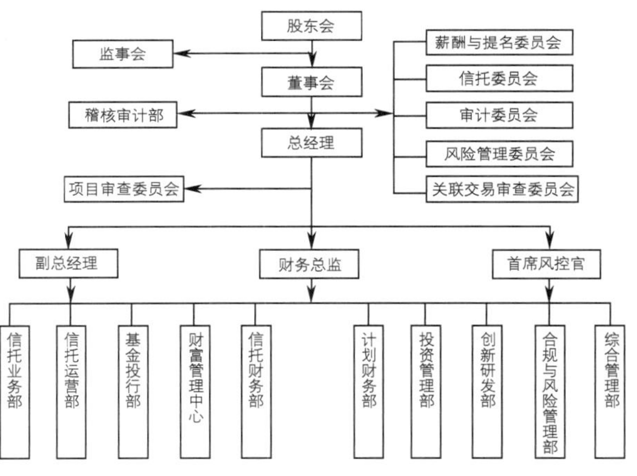

3. 治理结构

3.1　股东

截至报告期末公司股东共三家。股东情况如下：

股东名称	持股比例(%)	法人代表	注册资本(万元)	注册地址	主要经营业务
广州金融控股集团有限公司	38.33	黄子励	334 994.00	广州市天河区体育西路191号中石化大厦B塔26楼2601～2624号房	运用自有资金进行授权范围内的国有资产经营及管理
中国东方资产管理公司	41.67	张子艾	100	北京市东城区建国门内大街28号民生金融中心C座6～8层	收购、管理和处置金融机构不良资产以及提供其他金融服务
广东京信电力集团有限公司	20	许玉琪	18 638.00	佛山市南海区西樵镇新田南海发电一厂行政楼二楼	国内贸易、电力投资、投资策划、商务信息咨询、电力技术的咨询服务、物业管理

3.2 董事

董事长、董事

姓名	职务	性别	年龄	选任日期	所推举的股东名称	该股东持股比例(%)	简要履历
沈柏年	董事长	男	69	2013年10月18日	广州金融控股集团有限公司	38.33	曾任中央财经领导小组办公室处长，国务院发言人办公室处长，国务院研究室处长，广州市市委常委、常务副市长，广州国际控股集团有限公司董事长，2011年5月受聘担任国务院参事室特约研究员。
陈俊标	董事、董事会秘书	男	48	2013年10月18日	广州金融控股集团有限公司	38.33	曾任广发基金资金财务部副总经理，浙江升华拜克生物股份有限公司董事兼董事会秘书、副总经理兼财务负责人，广州国际控股集团有限公司产权管理部总经理。
胡小钢	董事	男	52	2013年10月18日	中国东方资产管理公司	41.67	曾任中国银行总行公司业务部副处长，中国东方资产管理公司股权及投行业务部副总经理，长沙办事处总经理、党委书记，武汉办事处总经理、党委书记，中国东方资产管理公司人力资源部总经理、党委组织部部长、纪委委员，中国东方资产管理公司总裁助理、党委委员；现任中国东方资产管理公司副总裁、党委委员。
薛贵	董事	男	41	2013年10月18日	中国东方资产管理公司	41.67	曾任中信证券高级经理，中国东方资产管理公司机构管理部金融机构管理处高级经理、机构管理部助理总经理；现任机构管理部副总经理。
江忠友	董事	男	58	2013年10月18日	广东京信电力集团有限公司	20	曾任武汉化学工业总公司机械修造厂厂长，襄樊路盛工程机械有限公司总经理；现任广东京信电力集团有限公司董事副总经理、党委书记，南海发电一厂有限公司董事总经理。
王　毅	职工董事	男	52	2013年10月18日			曾任财政部工交财务司主任科员、中国经济开发信托投资公司总经理特别助理兼计财部总经理、中诚信托有限责任公司总裁助理。

独立董事

姓名	所在单位及职务	性别	年龄	选任日期	所推举的股东名称	该股东持股比例(%)	简要履历
王仲兴	中山大学法学院	男	70	2013年10月18日	广州金融控股集团有限公司	38.33	曾任中山大学法律学系主任、中山大学刑事法学研究中心主任、中国法学会理事、中国刑法学研究会理事、中国犯罪学会常务理事、广东省法学会副会长、全国高等学校法学学科教学指导委员会委员。
张　衢	工银瑞信基金管理有限公司	男	68	2013年10月18日	广东京信电力集团有限公司	20	曾任中国工商银行杭州市分行行长、党委书记，浙江省分行行长、党组书记，广东省分行行长、党委书记，中国工商银行总行副行长、党委委员，工银瑞信基金管理有限公司监事会主席。
俞二牛	中国投资有限责任公司	男	66	2013年11月18日	中国东方资产管理公司	41.67	曾任财政部人事教育司司长，中国银行董事、董事会薪酬委员会主席，中国投资有限责任公司董事、人力资源总监、公司党委组织部长、工会主席，中央汇金公司派驻光大银行董事、董事会薪酬委员会主任。

3.3 监事

监事会成员

姓名	职务	性别	年龄	选任日期	所推举的股东名称	该股东持股比例(%)	简要履历
吉　金	监事长	男	45	2013年10月18日	广东京信电力集团有限公司	20.00	曾任广东省石油公司部门经理、广东华兴公司副总经理、广东京信电力集团有限公司董事总经理，现任广州国电京信电力投资有限公司董事长。
邵晓怡	监事	女	39	2013年10月18日	中国东方资产管理公司	41.67	曾任普华永道中天会计师事务所有限公司审计经理，中国东方资产管理公司财务管理部制度处经理、高级经理；现任中国东方资产管理公司财务管理部助理总经理。
曹新华	监事	女	51	2013年10月18日	广州金融控股集团有限公司	38.33	曾任海南省会计学会副会长、广州产权交易所财务总监、广永国有资产经营有限公司财务总监、广州国际控股集团有限公司稽核部总经理兼纪检监察室副主任，现任立根融资租赁有限公司总经理。

续表

姓 名	职 务	性别	年龄	选任日期	所推举的股东名称	该股东持股比例(%)	简 要 履 历
费 琳	职工监事	女	40	2013年10月18日			曾任中国东方资产管理公司信息科技部项目经理、处室负责人,现任大业信托有限责任公司综合管理部总经理。
倪 林	职工监事	男	45	2013年10月18日			曾任中国银行广州市分行风险管理处副科长、中国银行广东省分行资产保全处科长、广州亿达投资有限公司总经理助理兼风险管理部高级经理,现任大业信托有限责任公司合规与风险管理部资深经理。

3.4 高级管理人员

姓 名	职 务	性别	年龄	选任日期	金融从业年限(年)	学历	专业
王 毅	总经理	男	52	2013年10月18日	23	硕士研究生	经济学
田 明	常务副总经理	男	41	2013年10月18日	12	硕士研究生	工商管理
陈玉鹏	副总经理	男	52	2013年10月18日	31	硕士研究生	金融
赖 革	副总经理兼首席风险控制官	男	48	2013年10月18日	26	硕士研究生	人文地理
陈俊标	董事会秘书	男	48	2013年10月18日	12	硕士研究生	工商管理
孙多伟	财务总监	男	41	2013年10月18日	1	本科	商学
饶森元	总经理助理	男	45	2013年10月18日	23	本科	国际金融

3.5 公司员工

报告期末,公司共有正编员工 95 名,平均年龄约 34.16 岁。

项 目		报告期年度		上年度	
		人数(人)	比例(%)	人数(人)	比例(%)
年龄分布	25岁以下	1	1.05	3	3.06
	25~29岁	27	28.42	29	29.59
	30~39岁	45	47.37	44	44.90
	40岁以上	22	23.16	22	22.45
学历分布	硕士	59	62.11	65	66.30
	本科	36	37.89	33	33.70
岗位分布	高管人员	8	8.42	8	8.16
	自营业务人员	1	1.05	1	1.02
	信托业务人员	39	41.05	43	43.88
	其他人员	47	49.47	46	46.94

4. 经营管理

4.1 经营目标、方针、战略规划

4.1.1 经营目标

公司以建设国内一流的信托公司为目标,致力于建成比较优势明显、核心业务较为突出、盈利能力较强、内部管理先进的专业资产管理机构。

4.1.2 经营方针

恪守信用,合法经营,以市场为导向,以客户为中心,提供优质金融服务,创造良好经济效益,促进国民经济发展。

4.1.3 战略规划

依托广东省的区位经济金融优势,并充分利用股东方的行业优势地位,以提升自主管理能力为着力点,以增强风险控制能力为保障,通过持续推进业务和产品创新,不断完善理财产品线和客户服务体系,形成公司优势业务和主导产品,树立公司信托理财品牌,实现以产品为导向的业务模式向客户需求为导向业务模式的转变,逐步形成以投资能力、研发能力、营销能力为主要内容的核心竞争力,成为在部分细分市场领域具有领先地位,在国内具有较大影响力的信托公司。

4.2 经营业务的主要内容

4.2.1 信托业务

公司坚持发展信托主业,积极顺应监管政策导向,注重内涵式增长,不断培育和增强主动管理能力,大幅增加主动管理规模。

截至 2014 年 12 月 31 日,公司已成立的信托产品规模 2 016亿元,存续信托资产余额 867 亿元。

根据信托业务服务内容划分,公司信托业务分为投资类、融资类和事务管理类三大类。

4.2.1.1 投资类信托

公司将该类业务作为重点发展方向,着力提高产品创新含量、设计水平和管理能力,将自身定位从融资工具转变为个性化产品及基金的设计者和管理者。公司担任受托人和投资管理人,对信托资金的投资运作效果承担责任。截至 2014 年 12 月 31 日,该类业务存续信托资产余额为 175.08 亿元,约占存续信托资产余额的 20%。其主要业务包括集合资金信托金融投资、集合资金信托直接投资、集合投资类资产流动化信托、单一授权型信托金融投资和单一授权型信托直接投资。

4.2.1.2 融资类信托

公司在该类业务中担任受托人、贷款人和贷款服务商,主要承担融资项目尽职调查、筛选推荐、交易结构设计、债权及担保管理职责。其主要业务包括集合资金信托贷款、集合资金信托结构性融资、集合融资类资产流动化信托和单一授权型信托贷款。截至 2014 年 12 月 31 日,该类业务存续信托资产余额为 250.25 亿元,约占存续信托资产余额的 29%。

4.2.1.3　事务管理类信托

公司在该类业务中主要担任受托人、账户管理人和财务顾问，按照信托文件约定和委托人指令执行或提出建议。这类业务主要是单一指定型信托。

截至2014年12月31日，该类业务存续信托资产余额为441.90亿元，约占存续信托资产余额的51%。

4.2.2　固有业务

根据净资本管理办法的要求，结合公司净资本的实际状况以及与信托业务协同发展的需要，公司对固有资金运用制定了高流动性、低风险的投资原则。2014年公司固有业务整体净收入8 203万元。

4.2.3　主要业务的资产组合与分布

4.2.3.1　运用与分布表

资产运用	金额（万元）	占比（%）	资产运用	金额（万元）	占比（%）
货币资产	8 375	7	金融机构	102 360	81
应收类款项	11 605	9	其他	24 106	19
持有至到期投资	102 360	81			
其他	4 126	3			

4.2.3.2　信托资产运用与分布表

资产运用	金额（亿元）	占比（%）	资产运用	金额（亿元）	占比（%）
贷款	366	42	房地产业	208	24
长期股权投资	89	10	工商企业	195	22
可供出售及持有到期投资	301	35	基础产业	81	9
其他	111	13	金融机构	144	17
			其他	240	28

4.3　市场分析

4.3.1　有利因素

（1）国民财富不断累积，居民可支配收入和高净值人群的持续增长，使通过信托这类专业财富管理机构投资理财的需求日趋旺盛。

（2）信托业近年发展迅速，信托资产管理总规模已突破10万亿元。信托业在理财市场和资产管理领域的地位和作用及其对中国经济社会发展的价值不断被认识，其在中国金融体系中的地位和影响力不断提升。

（3）党的十八大报告提出深化金融体制改革，健全促进宏观经济稳定、支持实体经济发展的现代金融体系；十八届三中全会提出的新型城镇化建设、国企改革、丰富金融市场层次和产品等改革举措，为信托行业发挥制度优势、实现业务转型提供了更加广阔的空间。

4.3.2　不利因素

（1）各类金融机构之间的业务边界趋于模糊，交叉融合度大幅度提升，金融同业机构间的竞合关系和深度已达到历史空前的水平，资产管理市场的竞争趋于白热化。

（2）公司资本规模偏小。净资本管理办法出台后，资本实力的高低将成为制约未来信托公司业务发展的关键因素。

（3）培育和集聚高端客户资源已成为信托公司的核心资源所在，也是公司能否持续发展的关键因素之一。作为一家新公司，在激烈的市场竞争中要赢得客户的信任，积蓄形成具有一定规模的客户资源面临较大压力。

4.4　内部控制

4.4.1　内部控制环境和内部控制文化

公司建立分工明确、权责对应、合理制衡的公司治理结构；不断完善选贤举能、优胜劣汰、约束监督、科学激励的治理机制。公司重视环境文化、制度文化、组织文化和行为文化等内控文化建设，通过多种形式，研讨讲解内部控制的最新法规制度和政策；加强制度建设，强化员工职业操守；强化公司内控部门的管理，提升公司内控文化。

4.4.2　内部控制措施

（1）公司不断检讨和修订内控制度，监督检查和评价内控的科学性、规范性和可操作性。

（2）公司通过《内部控制指引》对不同业务和管理事项制订有针对性的控制措施，构筑设计监督、操作执行和规范评价三道内控防线，保证了业务管理活动的正常运行。

（3）公司内部不同级次、不同部门之间有明确的授权关系和报告关系；每类业务都有相应的操作规程和风险管理制度。

（4）公司成立信托业务审查委员会和固有业务审查委员会进行项目评审，由公司领导，前台、中台、后台部门负责人担任评审委员，对高风险或创新业务进行集体审议。

4.4.3　监督评价与纠正

公司在配合好外部审计工作的同时，注重内部的经济监督及评价，健全内部审计制度，在董事会下设立审计委员会，对公司财务收支及其经济效益进行内部审计监督。同时，董事会下设稽核审计部，对公司内部控制情况进行定期评价，对存在的问题及时指正，并提出相关整改意见和建议。

4.5　风险管理

4.5.1　风险管理概况

公司风险管理的全局性目标是实现长远发展、资本回报和风险暴露之间的平衡，追求运营的高效率和资源的优化配置，追求公司价值最大化。

4.5.2　风险状况

公司经营活动中面临的风险主要有信用风险、市场风险、操作风险、合规风险及其他风险等。

4.5.2.1　信用风险状况

信用风险主要表现为公司交易对手不能履行合约义务从而导致公司资产价值发生变动遭受损失带来的风险，其中包括业务合作伙伴、贷款对象的信用风险，资金往来银行的信用风险。

4.5.2.2　市场风险状况

市场风险主要表现为因市场价格——利率、汇率、股票价格和商品价格等的不利变动而使公司的表内和表外业务发生损失的风险。具体表现为经济运行周期变化风险、金融市场利率波动风险、通货膨胀风险、房地产交易风险、证券市场、货币市场交易风险等。这些风险的存在不但影响信托财产的价值以及信托收益水平，也将影响公司由于资产负债结构不匹配等而导致公司整体的、当前和未来收入的损失。

4.5.2.3　操作风险状况

操作风险主要是公司内部控制、系统及运营过程中的错误或疏忽或外部事件而可能引起潜在损失的风险，表现在信息系统还不够全面及时，风险评估、风险管理的程序和结构还不够完善,以及人员操作不规范和责任心不强等方面。

4.5.2.4 其他风险状况

(1)政策风险:指国家宏观经济政策的调整可能对公司业务经营或成果造成一定影响。

(2)道德风险:指由于公司内部人员蓄意违规、违法给公司带来损失的可能性。

(3)声誉风险:指由于公司操作失误、违反有关规定、资产质量下降不能按期兑付、不能向公众提供高质量的综合金融服务和管理不善等原因,对公司外部市场地位和声誉产生的消极和不良影响。

4.5.3 风险管理

4.5.3.1 信用风险管理

公司信用风险管理主要通过对交易对手的尽职调查进行事前控制;通过交易结构设计、风险定价、设定担保措施、持续进行风险评估等手段规避和监控交易对手信用风险变化;明确界定业务部门与风险管理等部门的风险管理职责。公司强调风险管理关口前移,注重业务管理的调研和过程控制,严格授权审批制度、决策限额。公司注重信用风险的分散和补偿,关注交易对手的履约能力,并借鉴商业银行信贷管理经验加强该类风险管理。

4.5.3.2 市场风险管理

市场风险管理是识别、计量、监测和控制市场风险的全过程,其目标是通过将市场风险控制在公司可以承受的合理范围内,实现经风险调整后的收益最大化。

公司关注国家宏观政策变化,避免进入限制类行业和相关项目;控制行业集中度,通过业务创新不断拓展多元化的投资领域;充分考虑拟投资项目筛选、评估、运营,退出中的策略、渠道和措施,注重投资项目的调研和分析工作,建立充足的项目储备池,制定风险处置预案锁定项目退出风险,组建专业化的管理团队,明确项目组织管理结构与投资管理责任,并通过对货币政策、行业政策和利率走势等的深入分析研究,进行持续的专项监控。

4.5.3.3 操作风险管理

(1)公司要求每项业务在尽职调查、受理、设计、审批、销售、执行和终止的全过程中都合法合规,按照程序操作。

(2)构建内部控制环境,目前公司的各项控制制度和操作规程涵盖了所有业务领域,基本实现了对公司各项业务操作过程的有效控制。

(3)操作风险管理要点包括注重尽职调查、加强产品规范化管理、借助外部中介机构进行管控、进行持续风险监测和风险评价、加强合同档案管理、规范信息披露、加强信息化支持等。

4.5.3.4 其他风险管理

(1)政策风险管理。公司及时跟踪研究国家宏观政策和行业政策的调整与变化,尽可能准确地分析宏观政策和监管政策的未来趋势;积极研究、分析外部政策法规变化对信托公司发展方向、盈利模式的影响,不断摸索适合公司发展的道路;加强与政策制定部门的沟通,及时调整发展思路和经营理念,保持公司经营策略与国家政策的一致性。

(2)道德风险管理。公司通过制度设计完善内部控制机制,规范操作流程;严格执行管理制度及纪律要求;公司加强道德文化教育,鼓励员工遵纪守法,构筑道德风险“防火墙”,不断提高员工廉洁自律和勤勉尽职的意识;公司以员工为本,强调和谐共赢,不断加强企业的凝聚力和员工的归属感,避免各类短期行为和寻租现象;公司加强制度建设,通过制度建设为防范道德风险提供制度保障。

(3)声誉风险管理。公司将声誉风险管理纳入公司治理和全面风险管理体系,强调在合规经营和健康发展的基础上,主动、有效、灵活地管理声誉风险和应对声誉事件,主要是通过机制和制度建设明晰声誉风险监控、管理和应对流程,通过充分信息披露等方式实现与投资者的良性沟通,通过履行社会责任等积极提升公司的品牌价值和社会形象。

5. 报告期末及上一年度末的比较式会计报表

5.1 自营资产

5.1.1 会计师事务所审计意见全文

审 计 报 告

天职业字[2015]6183号

大业信托有限责任公司:

我们审计了后附的大业信托有限责任公司(以下简称大业信托)财务报表,包括2014年资产负债表,2014年度利润表、所有者权益变动表和现金流量表以及财务报表附注。

一、管理层对财务报表的责任

编制和公允列报财务报表是大业信托管理层的责任,这种责任包括:(1)按照企业会计准则的规定编制财务报表,并使其实现公允反映;(2)设计、执行和维护必要的内部控制,以使财务报表不存在由于舞弊或错误导致的重大错报。

二、注册会计师的责任

我们的责任是在执行审计工作的基础上对财务报表发表审计意见。我们按照中国注册会计师审计准则的规定执行了审计工作。中国注册会计师审计准则要求我们遵守中国注册会计师职业道德守则,计划和执行审计工作以对财务报表是否不存在重大错报获取合理保证。

审计工作涉及实施审计程序,以获取有关财务报表金额和披露的审计证据。选择的审计程序取决于注册会计师的判断,包括对由于舞弊或错误导致的财务报表重大错报风险的评估。在进行风险评估时,注册会计师考虑与财务报表编制和公允列报相关的内部控制,以设计恰当的审计程序,但目的并非对内部控制的有效性发表意见。审计工作还包括评价管理层选用会计政策的恰当性和作出会计估计的合理性,以及评价财务报表的总体列报。

我们相信,我们获取的审计证据是充分、适当的,为发表审计意见提供了基础。

三、审计意见

我们认为,大业信托财务报表在所有重大方面按照企业会计准则的规定编制,公允反映了大业信托2014年12月31日财务状况以及2014年度的经营成果和现金流量。

中国·北京 二〇一五年三月十五日

5.1.2 资产负债表

资产负债表

编制单位：大业信托有限责任公司　　2014年12月31日　　单位：元

项　目	年末余额	年初余额	项　目	年末余额	年初余额
资产			负债		
现金及银行款项	82 240 162.48	7 212 452.72	同业存放款项		
存放同业款项		523 000 000.00	拆入资金		
贵金属			交易性金融负债		
拆出资金			衍生金融负债		
交易性金融资产	1 510 952.81		卖出回购金融资产款		
衍生金融资产			预收账款	1 799 028.97	18 421 677.90
买入返售金融资产			吸收存款		
应收账款	61 688 824.99	47 596 855.80	应付职工薪酬	146 749 254.24	129 746 219.89
应收利息	21 603 065.31	8 919 713.96	应交税费	41 510 583.97	51 839 306.08
其他应收款	32 754 439.88	11 617 521.21	应付利息		
发放贷款和垫款		50 000 000.00	其他应付款	2 552 439.20	298 161 727.66
可供出售金融资产			预计负债		
持有至到期投资	1 023 600 000.00	640 950 000.00	应付债券		
长期股权投资			递延所得税负债		
固定资产	1 557 211.65	2 247 642.61	其他负债		
无形资产	1 907 491.87	1 372 552.97	负债合计	192 611 306.38	498 168 931.53
长期待摊费用	1 430 788.20	2 056 813.48	所有者权益		
递延所得税资产	36 369 992.54	32 085 525.12	实收资本（或股本）	300 000 000.00	300 000 000.00
其他非流动资产			资本公积		
			减：库存股		
			盈余公积	82 205 162.33	52 889 014.63
			一般风险准备	56 456 581.17	26 444 507.32
			未分配利润	633 389 879.85	449 556 624.39
			所有者权益合计	1 072 051 623.35	828 890 146.34
资产总计	1 264 662 929.73	1 327 059 077.87	负债及所有者权益合计	1 264 662 929.73	1 327 059 077.87

法定代表人：沈柏年　　主管会计工作负责人：孙多伟　　会计机构负责人：谢祖江

5.1.3 利润表

利润表

编制单位：大业信托有限责任公司　　2014年度　　单位：元

项　目	本期金额	上期金额
一、营业收入合计	602 597 596.11	539 192 000.25
（一）利息净收入	82 034 801.03	52 128 994.10
利息收入	82 034 801.03	52 128 994.10
利息支出		
（二）手续费及佣金净收入	520 562 795.08	487 063 006.15
手续费及佣金收入	526 137 736.18	496 200 030.56
手续费及佣金支出	5 574 941.10	9 137 024.41
（三）投资收益（损失以“－”号填列）		
（四）公允价值变动收益（损失以“－”号填列）		
（五）汇兑收益（损失以“－”号填列）		
（六）其他业务收入		
二、营业成本	215 555 785.53	199 850 241.43
营业税金及附加	34 226 428.83	30 669 954.85
业务及管理费	181 329 356.70	169 180 286.58
资产减值损失		
其他业务成本		
三、营业利润（亏损以“－”号填列）	387 041 810.58	339 341 758.82
营业外收入	4 187 144.42	
营业外支出	45 000.00	
四、利润总额（亏损以“－”号填列）	391 183 955.00	339 341 758.82
减：所得税费用	98 022 477.99	85 080 236.18
五、净利润（亏损以“－”号填列）	293 161 477.01	254 261 522.64

法定代表人：沈柏年　　主管会计工作负责人：孙多伟　　会计机构负责人：谢祖江

5.1.4 所有者权益变动表

所有者权益变动表

编制单位:大业信托有限责任公司　　2014 年度　　单位:元

项　　目	本期金额						所有者权益合计
	实收资本	资本公积	减:库存股	盈余公积	一般风险准备	未分配利润	
一、上期末余额	300 000 000.00	—	—	52 889 014.63	26 444 507.32	449 556 624.39	828 890 146.34
加:会计政策变更							
前期差错更正							
其他							
二、本期初余额	300 000 000.00	—	—	52 889 014.63	26 444 507.32	449 556 624.39	828 890 146.34
三、本期增减变动金额(减少以“-”号填列)				29 316 147.70	30 012 073.85	183 833 255.46	243 161 477.01
(一)净利润						293 161 477.01	293 161 477.01
(二)其他综合收益							
综合收益小计						293 161 477.01	293 161 477.01
(三)所有者投入和减少资本						-50 000 000.00	-50 000 000.00
1. 所有者本期投入资本							
2. 股份支付计入所有者权益的金额						-50 000 000.00	-50 000 000.00
3. 其他							
(四)利润分配				29 316 147.70	30 012 073.85	-59 328 221.55	—
1. 提取盈余公积				29 316 147.70		-29 316 147.70	—
其中:法定盈余公积				29 316 147.70		-29 316 147.70	—
任意盈余公积							
2. 提取一般风险准备(金融企业填报)					30 012 073.85	-30 012 073.85	—
3. 对所有者(或股东)的分配							
4. 其他							
(五)所有者权益内部结转							
1. 资本公积转增资本(或股本)							
2. 盈余公积转增资本(或股本)							
3. 盈余公积弥补亏损							
4. 其他							
四、本期末余额	300 000 000.00	—	—	82 205 162.33	56 456 581.17	633 389 879.85	1 072 051 623.35

所有者权益变动表

编制单位:大业信托有限责任公司　　2014 年度　　单位:元

项　　目	上年金额						所有者权益合计
	实收资本	资本公积	减:库存股	盈余公积	一般风险准备	未分配利润	
一、上期末余额	300 000 000.00			27 462 862.37	13 731 431.19	233 434 330.14	574 628 623.70
加:会计政策变更							
前期差错更正							
其他							
二、本期初余额	300 000 000.00			27 462 862.37	13 731 431.19	233 434 330.14	574 628 623.70
三、本期增减变动金额(减少以“-”号填列)				25 426 152.26	12 713 076.13	216 122 294.25	254 261 522.64
(一)净利润						254 261 522.64	254 261 522.64
(二)其他综合收益							
综合收益小计						254 261 522.64	254 261 522.64
(三)所有者投入和减少资本							
1. 所有者本期投入资本							
2. 股份支付计入所有者权益的金额							
3. 其他							
(四)利润分配				25 426 152.26	12 713 076.13	-38 139 228.39	
1. 提取盈余公积				25 426 152.26		-25 426 152.26	
其中:法定盈余公积				25 426 152.26		-25 426 152.26	
任意盈余公积							
2. 提取一般风险准备(金融企业填报)					12 713 076.13	-12 713 076.13	
3. 对所有者(或股东)的分配							
4. 其他							
(五)所有者权益内部结转							
1. 资本公积转增资本(或股本)							
2. 盈余公积转增资本(或股本)							
3. 盈余公积弥补亏损							
4. 其他							
四、本期末余额	300 000 000.00			52 889 014.63	26 444 507.32	449 556 624.39	828 890 146.34

法定代表人:沈柏年　　主管会计工作负责人:孙多伟　　会计机构负责人:谢祖江

5.2 信托资产

5.2.1 信托项目资产负债汇总表

信托项目资产负债汇总表

编制单位:大业信托有限责任公司　　2014 年 12 月 31 日　　单位:元

信托资产	年初数	期末数	信托负债和信托权益	年初数	期末数
信托资产:			信托负债:		
货币资金	465 771 986.90	2 399 920 422.32	交易性金融负债		
拆出资金			衍生金融负债		
存出保证金			应付受托人报酬		11 748 684.99
交易性金融资产			应付托管费	22 934 198.07	48 302 264.98
衍生金融资产			应付受益人收益	76 821.92	404 650.78
买入返售金融资产			应交税费		
应收款项	1 760 190 632.51	2 951 977 068.35	应付销售服务费		
贷款	17 921 250 000.00	36 123 245 178.51	其他应付款项	63 428 089.02	511 134 800.62
可供出售金融资产	17 320 000.00	1 954 450 000.00	预计负债		
持有至到期投资	15 518 726 231.00	28 096 678 852.00	其他负债		
长期应收款			信托负债合计	86 439 109.01	571 590 401.37
长期股权投资	8 790 465 265.24	9 248 940 000.00			
投资性房地产			信托权益:		
固定资产			实收信托	51 747 049 291.83	85 077 174 330.95
无形资产			资本公积		
长期待摊费用			损益平准金		
其他资产	7 812 273 060.83	5 957 769 600.00	未分配利润	452 508 775.64	1 084 216 388.86
减:各项资产减值准备			信托权益合计	52 199 558 067.47	86 161 390 719.81
信托资产总计	52 285 997 176.48	86 732 981 121.18	信托负债及信托权益总计	52 285 997 176.48	86 732 981 121.18

5.2.2 信托项目利润及利润分配表

信托项目利润及利润分配表

编制单位:大业信托有限责任公司　　2014 年度　　单位:元

项　目	上期累计数	本期累计数
1. 营业收入	4 097 616 482.16	7 252 943 966.81
1.1 利息收入	1 581 495 322.19	2 970 148 400.82
1.2 投资收益(损失以"-"号填列)	2 302 418 136.18	3 954 005 177.55
1.2.1 其中:对联营企业和合营企业的投资收益		
1.3 公允价值变动收益(损失以"-"号填列)		
1.4 租赁收入		
1.5 汇兑损益(损失以"-"号填列)		
1.6 其他收入	213 703 023.79	328 790 388.44
2. 支出	796 028 329.91	1 064 465 162.70
2.1 营业税金及附加	1 590 122.70	9 350 624.22
2.2 受托人报酬	297 749 940.58	338 074 466.66
2.3 保管费	66 509 109.05	128 188 583.91
2.4 投资管理费		200 000.00
2.5 销售服务费	214 092 609.69	357 664 219.50
2.6 交易费用		
2.7 资产减值损失		
2.8 其他费用	216 086 547.89	230 987 268.41
3. 信托净利润(净亏损以"-"号填列)	3 301 588 152.25	6 188 478 804.11
4. 其他综合收益		
5. 综合收益	3 301 588 152.25	6 188 478 804.11
6. 加:期初未分配信托利润	311 889 338.67	452 508 775.64
7. 可供分配的信托利润	3 613 477 490.92	6 640 987 579.75
8. 减:本期已分配信托利润	3 160 968 715.28	5 556 771 190.89
9. 期末未分配信托利润	452 508 775.64	1 084 216 388.86

6. 会计报表附注

6.1 会计报表编制基准不符合会计核算基本前提的说明

6.1.1 会计核算基本前提的说明

公司以持续经营为基础,根据实际发生的交易和事项,按照《企业会计准则——本准则》和其他各项具体会计准则、应用指南及准则解释的规定进行确认和计量,在此基础上编制财务报表。

公司所编制的会计报表符合企业会计准则的要求,真实、完整地反映了公司的财务状况、经营成果、股东权益变动和现金流量等有关信息。

6.1.2 重要会计政策和会计估计说明

公司自 2010 年 9 月开始筹建起执行财政部 2006 年 2 月 15 日颁布的《企业会计准则》(财会[2006]3 号)及其后续规定。

6.2 或有事项说明

本期公司无对外担保及其他或有事项。

6.3 重要资产转让及其出售的说明

本期公司无重要资产转让及其出售。

6.4 会计报表中重要项目的明细资料

6.4.1 披露自营资产经营情况

6.4.1.1 按信用风险五级分类结果披露信用风险资产的

期初数和期末数

按照银监会《非银行金融机构资产风险分类指导原则(试行)》的分类标准,本年度末公司质量情况是:

信用风险资产五级分类	正常类(万元)	关注类(万元)	次级类(万元)	可疑类(万元)	损失类(万元)	信用风险资产合计(万元)	不良资产合计(万元)	不良资产率(%)
期初数	128 924. 41	0. 00	0. 00	0. 00	0. 00	128 924. 41	0. 00	0. 00
期末数	122 182. 41	0. 00	0. 00	0. 00	0. 00	122 182. 41	0. 00	0. 00

6. 4. 1. 2　各项资产减值损失准备的期初、本期计提、本期转回、本期核销、期末数

单位:万元

	期初数	本期计提	本期转回	本期核销	期末数
贷款损失准备:	0. 00	0. 00	0. 00	0. 00	0. 00
一般准备	0. 00	0. 00	0. 00	0. 00	0. 00
专项准备	0. 00	0. 00	0. 00	0. 00	0. 00
其他资产减值准备:	0. 00	0. 00	0. 00	0. 00	0. 00
可供出售金融资产减值准备	0. 00	0. 00	0. 00	0. 00	0. 00
持有至到期投资减值准备	0. 00	0. 00	0. 00	0. 00	0. 00
长期股权投资减值准备	0. 00	0. 00	0. 00	0. 00	0. 00
坏账准备	0. 00	0. 00	0. 00	0. 00	0. 00
投资性房地产减值准备	0. 00	0. 00	0. 00	0. 00	0. 00
合计	0. 00	0. 00	0. 00	0. 00	0. 00

6. 4. 1. 3　自营股票投资、基金投资、债券投资、长期股权投资等投资的期初数、期末数

本期公司尚无此类业务。

6. 4. 1. 4　前五名的自营长期股权投资的企业名称、占被投资企业权益的比例、主要经营活动及投资收益情况等

本期公司尚无此类业务。

6. 4. 1. 5　前五名的自营贷款的企业名称、占贷款总额的比例和还款情况等

期末,公司无此类业务。

6. 4. 1. 6　表外业务的期初数、期末数

本期公司尚无此类业务。

6. 4. 1. 7　公司当年的收入结构

收入结构	金额(万元)	占比(%)
手续费及佣金收入	520 562 795. 08	86
其中:信托手续费收入	520 562 795. 08	86
投资银行业务收入		
利息收入	82 034 801. 03	14
其他业务收入		
其中:计入信托业务收入部分		
投资收益		
其中:股权投资收益		
证券投资收益		
其他投资收益		
公允价值变动收益		
营业外收入	4 187 144. 42	1
收入合计	606 784 740. 53	100

6. 4. 2　信托资产管理情况

6. 4. 2. 1　信托资产的期初、期末余额数

单位:万元

信托资产	期初数	期末数
集合	2 856 096. 21	4 815 029. 05
单一	1 750 867. 73	3 484 867. 44
财产权	621 635. 78	373 401. 62
合计	5 228 599. 72	8 673 298. 11

6. 4. 2. 1. 1　主动管理型信托业务的信托资产期初数、期末数

单位:万元

主动管理型信托资产	期初数	期末数
证券投资类	0. 00	0. 00
股权投资类	1 431 358. 30	1 615 252. 81
融资类	1 323 987. 28	1 095 777. 64
事务管理类	0. 00	0. 00
合计	2 755 345. 58	2 711 030. 45

6. 4. 2. 1. 2　被动管理型信托业务的信托资产期初数、期末数

单位:万元

被动管理型信托资产	期初数	期末数
证券投资类	0. 00	0. 00
股权投资类	222 369. 63	196 498. 19
融资类	1 078 872. 78	897 748. 73
事务管理类	1 172 011. 72	4 868 020. 75
合计	2 473 254. 13	5 962 267. 67

6. 4. 2. 2　本年度已清算结束的信托项目个数、实收信托合计金额、加权平均实际年化收益率

6. 4. 2. 2. 1　本年度已清算结束的集合类、单一类资金信托项目和财产管理类信托项目个数、实收信托金额、加权平均实际年化收益率

已清算结束信托项目	项目个数(个)	实收信托合计金额(万元)	加权平均实际收益率(%)	加权平均实际年化收益率(%)
集合类	32	1 319 194. 37	1. 07	9. 68
单一类	52	1 085 437. 48	0. 38	8. 57
财产管理类	7	315 224. 34	0. 73	5. 47

6. 4. 2. 2. 2　本年度已清算结束的主动管理型信托项目个数、实收信托金额、加权平均实际年化收益率

已清算结束信托项目	项目个数(个)	实收信托合计金额(万元)	加权平均实际年化信托报酬率(%)	加权平均实际年化收益率(%)
证券投资类	0	0. 00	0	0
股权投资类	7	376 799. 37	0. 96	10. 05
融资类	25	942 395. 00	1. 10	9. 58
事物管理类	0	0. 00	0	0

6. 4. 2. 2. 3　本年度已清算结束的被动管理型信托项目个数、实收信托金额、加权平均实际年化收益率

已清算结束信托项目	项目个数（个）	实收信托合计金额（万元）	加权平均实际年化信托报酬率（%）	加权平均实际年化收益率（%）
证券投资类	0	0.00	0	0
股权投资类	0	0.00	0	0
融资类	13	338 440.00	0.71	9.32
事物管理类	46	1 062 221.82	0.34	7.88

6.4.2.3 本年度新增的集合类、单一类和财产管理类信托项目个数、实收信托合计金额

新增信托项目	项目个数（个）	实收信托合计金额（万元）
集合类	37	736.32
单一类	102	284.49
财产管理类	9	7.15
新增合计	148	1 027.96
其中：主动管理型	36	393.34
被动管理型	112	634.62

6.4.2.4 本公司履行受托人义务情况及因本公司自身责任而导致的信托资产损失情况

2014 年度公司共成立信托项目 148 个，新成立项目增加信托规模总计 1 027.96 亿元（其中 2014 年新成立项目增加规模 746.64 亿元）；共清算信托项目 91 个，清算信托规模合计 694.66 亿元（含部分清算项目），截至 2014 年 12 月 31 日存续信托项目 215 个，存续信托规模合计 850.77 亿元。

2014 年度全部信托项目共实现信托净利润 61.88 亿元，加上年初未分配利润 4.53 亿元，全年可供分配信托利润合计 66.41 亿元，2014 年公司累计共向各类受益人分配信托净利润 55.57 亿元，正常兑付 91 个已清算项目信托本金 271.99 亿元，截至 2014 年末累计未分配信托利润余额为 10.84 亿元。

本公司勤勉尽职履行受托人义务，未发生信托财产的损失情况。

6.5 关联方关系及其交易的披露

6.5.1 关联交易方的数量、关联交易的总金额及关联交易的定价政策

	关联交易方数量	关联交易金额（万元）	定价政策
合计	3	29 800	按市场公允价格定价

6.5.2 关联交易方与本公司的关系性质、关联交易方的名称、法定代表人、注册地址、注册资本及主营业务

关系性质	关联方名称	法定代表人	注册地址	注册资本（万元）	主营业务
股东	广州金融控股集团有限公司	黄子励	广州市天河区体育西路 191 号中石化大厦 B 塔 26 楼 2601 ~ 2624 号房	334 994.00	运用自有资金进行授权范围内的国有资产经营及管理等
股东子公司	广州铭康生物工程有限公司	曾凡春	广州经济技术开发区金峰园路 1 号	8 361.68	研究和试验发展
股东子公司	东方邦信置业有限公司	张春平	北京市延庆县延庆经济开发区百泉街 10 号 2 栋 710 室	200 000	房地产开发、投资等

6.5.3 公司与关联方的重大交易事项

6.5.3.1 固有资产与关联方

报告期内无固有资产与关联方发生重大交易情况。

6.5.3.2 信托资产与关联方

单位：万元

项目	期初数	期末数
贷款	5 800.00	29 800.00
投资	0.00	0.00
租赁	0.00	0.00
担保	0.00	0.00
应收账款	0.00	0.00
其他	15 368.00	0.00
合计	21 168.00	29 800.00

6.5.3.3 公司自有资金运用于自己管理的信托项目（固信交易）、信托公司管理的信托项目之间的相互（信信交易）交易金额

6.5.3.3.1 固有与信托财产之间的交易金额期初汇总数、本期发生额汇总数、期末汇总数

单位：万元

固有财产与信托财产相互交易			
	期初数	本期发生额	期末数
合计	49 695.00	38 265.00	87 960.00

6.5.3.3.2 信托项目之间的交易金额期初汇总数、本期发生额汇总数、期末汇总数

单位：万元

信托资产与信托财产相互交易			
	期初数	本期发生额	期末数
合计	0.00	10 000.00	10 000.00

6.5.4 关联方逾期未偿还本公司资金的详细情况以及本公司为关联方担保发生或即将发生垫款的情况

关联方无逾期不偿还本公司资金情况，本公司无为关联方担保发生或即将发生垫款情况。

6.6 会计制度的披露

公司固有业务自 2008 年 1 月 1 日起执行财政部 2006 年 2 月 15 日颁布的《企业会计准则》（财会［2006］3 号）及其后续规定。以持续经营为基础，根据实际发生的交易和事项，按照《企业会计准则——基本准则》和其他各项具体会计准则、应用指南及准则解释的规定进行确认和计量，在此基础上编制财务报表。

7. 财务情况说明书

7.1 利润实现和分配情况

2014 年度，公司实现净利润 29 316.15 万元。依据《公司法》、《信托公司管理办法》、《金融企业准备金计提管理办法》和公司章程，公司对 2014 年可供分配利润按照 10% 提取法定盈余公积金 2 931.61 万元，提取 5% 的信托赔偿准备金 1 465.81万元，根据风险资产余额提取 1.5% 的一般准备金

1 535.40万元。

7.2 主要财务指标

指标名称	指标值
资本收益率(%)	31
加权年化信托报酬率(%)	0.76
人均利润(万元)	308.59

注:1. 资本收益率=净利润÷所有者权益平均余额×100%。

2. 加权年化信托报酬率=$\sum_{i=1}^{n}(A_i \times P_i) \div \sum_{i=1}^{n}(A_i)$($A_i$—信托项目 i 的实收信托规模,P_i—信托项目 i 的实际年化信托报酬率)。

3. 人均净利润=净利润÷期末人数。

7.3 对本公司财务状况、经营成果有重大影响的其他事项

报告期内无上述事项。

8. 特别事项揭示

8.1 股东报告期内变动情况及原因

股东报告期内无变动。

8.2 董事、监事及高级管理人员变动情况及原因

董事、监事及高级管理人员报告期内无变动。

8.3 公司的重大未决诉讼事项

报告期内公司无重大诉讼事项。

8.4 公司及其董事、监事和高级管理人员受到处罚的情况

报告期内无上述处罚情况。

8.5 对银监会及其派出机构提出整改意见的整改情况说明

中国银监会广东监管局于2014年3月24日至4月30日对公司2012年7月1日至2013年12月31日的公司治理、经营状况、业务合规情况以及风险管控能力等情况进行全面现场检查,并于2014年7月21日出具了《现场检查意见书》(粤银监发[2014]59号,以下简称《意见书》)。《意见书》对公司经营管理情况表示肯定,认为公司各类存续信托项目运营基本平稳,风险基本可控,结束的信托项目均能按期清算,同时针对检查中发现的问题,提出了四方面的监管意见及建议:一是进一步完善公司治理;二是进一步加强内控管理;三是合规开展信托业务;四是加强信托业务管理。

公司在收到《意见书》后,按照“认真落实监管要求,深入进行整改工作”的指导思想,开展了为期两个月的整改工作,对《意见书》中指出的各项具体问题确定了责任部门和整改要求,逐一部署并跟进落实。同时,公司还就整改工作中遇到的问题与广东监管局保持充分、持续、有效的沟通和交流,确保整改工作的顺利进行。

在公司上下的一致努力下,公司对《意见书》中提出的问题进行了逐一整改并取得积极成效,并向广东监管局上报了《关于<现场检查意见书>整改情况的汇报》。公司也将不断加强内部控制建设,提高信托业务风险把控能力、自主管理能力,加强公司开展项目的中后期管理,确保公司业务的稳健发展。

8.6 重大事项临时报告情况

2014年12月13日,公司在《金融时报》及公司网站发布了《大业信托有限责任公司关于公司股东名称变更及公司章程修改的公告》。

8.7 其他有必要让客户及相关利益人了解的重要信息

报告期内无其他有必要让客户及相关利益人了解的重要信息。

9. 公司监事会意见

监事会认为,本报告期内,公司决策程序合法,内部控制制度较为完善,没有发现公司董事、经理和其他高级管理人员在执行公司职务时有违法违纪和有损公司及股东利益的行为。公司财务报告真实地反映了公司的财务状况和经营成果。

东莞信托有限公司

1. 重要提示

1.1 本公司董事会及董事保证本报告所载资料不存在任何虚假记载、误导性陈述或者重大遗漏，并对其内容的真实性、准确性和完整性承担个别及连带责任。

1.2 本公司独立董事彭志坚、陈平声明：保证本年度报告真实、准确和完整。

1.3 本公司2014年度财务报告经天职国际会计师事务所（特殊普通合伙）审计，认为公司财务报表已经按照企业会计准则的规定编制，在所有重大方面公允反映了东莞信托有限公司2014年12月31日的财务状况以及2014年度的经营成果和现金流量。

1.4 本公司董事长廖玉林、总经理黄晓雯及财务负责人张凌声明：保证年度报告中财务会计报告的真实、完整。

2. 公司概况

2.1 公司简介

法定中文名称/缩写	东莞信托有限公司/东莞信托
英文名称/缩写	Dongguan Trust Co., Ltd. /DGTC
法定代表人	廖玉林
注册地址	东莞松山湖高新技术产业开发区创新科技园2号楼
邮政编码	523808
网址	http://www.dgxt.com
电子邮箱	bgs@dgxt.com
信息披露事务负责人	陈贺健
信息披露事务联系人	姓名：冯杰
	联系电话：(0769)26261010
	传真：(0769)22389630
	电子邮箱：fj@dgxt.com
公司年报信息披露报纸	《金融时报》
公司年报备置地点	东莞松山湖高新技术产业开发区创新科技园2号楼

续表

公司聘请的会计师事务所	名称：天职国际会计师事务所（特殊普通合伙）
	住所：北京市海淀区车公庄西路19号外文文化创意园12号楼
	电话：(010)88827799
公司聘请的律师事务所	名称：广东赋诚律师事务所
	住所：东莞市莞城区旗峰路162号中侨大厦B座23楼
	电话：(0769)22367780

2.2 组织结构

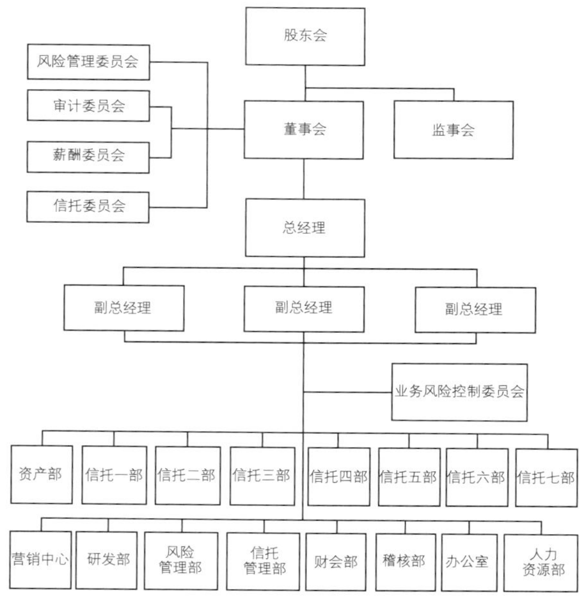

注：经本公司2015年4月8日召开的第四届董事会第十八次会议审议通过，同意公司增设“信托七部”。

3. 公司治理

3.1 股东

报告期末，公司股东总数7家，主要股东为东莞市财信发展有限公司和东莞市财政局，合共持有本公司73.5%的股权，其中东莞市财信发展有限公司持股43.5%、东莞市财政局持股30%，其他股东中有4家股东持股比例为6%、有1家股东持股比例为2.5%。本公司主要股东情况如下表：

股东名称	持股比例（%）	法定代表人	注册资本（万元）	注册地址	主要经营业务	主要财务情况
东莞市财信发展有限公司	43.5	廖玉林	80 000	东莞松山湖高新技术开发产业园区创新科技园2号楼A室	物业投资、商业投资等	总资产为389 802.86万元，总负债为164 296.75万元，所有者权益225 506.11万元。
东莞市财政局	30	罗军文	—	东莞市鸿福路99号行政办事中心11楼	—	—

本公司第一大股东东莞市财信发展有限公司，是东莞市人民政府国有资产监督管理委员会全资拥有的企业。东莞市财信发展有限公司股东情况如下表：

股东名称	持股比例(%)	法定代表人	注册资本	注册地址	主要经营业务及财务情况
东莞市人民政府国有资产监督管理委员会	100	任洪杰	—	东莞市莞城区万寿路76号	—

3.2 董事

董事长、董事

姓名	职务	性别	年龄	选任日期	所推举的股东名称	该股东持股比例(%)	简要履历
廖玉林	董事长	男	50	2015年4月	东莞市财信发展有限公司	43.5	现任东莞市财信发展有限公司董事长、东莞信托有限公司董事长。
丁暖容	副董事长	男	50	2014年9月	东莞市财信发展有限公司	43.5	现任东莞信托有限公司副董事长。
陈锐康	董事	男	57	2013年4月	东莞市财政局	30	现任东莞市财政局调研员。
王启波	董事	男	56	2013年4月	东莞发展控股股份有限公司	6	现任东莞发展控股股份有限公司副董事长。
陈尧燊	董事	男	71	2013年4月	东莞市东糖集团有限公司	2.5	现任东莞市东糖集团有限公司董事长。

注：1. 经2014年7月18日第四届董事会第十四次会议审议通过，并报经广东银监局核准，同意廖玉林担任公司董事长。廖玉林于2015年4月8日正式履行东莞信托有限公司董事长、法定代表人职责。

2. 经2014年4月18日召开的第四届董事会第十二次会议审议通过，并报经广东银监局核准，同意丁暖容担任东莞信托有限公司副董事长。丁暖容于2014年9月16日正式履行东莞信托有限公司副董事长职责。

独立董事

姓名	所在单位及职务	性别	年龄	选任日期	所推举的股东名称	该股东持股比例(%)	简要履历
彭志坚	—	男	66	2013年4月	东莞市财信发展有限公司	43.5	曾任人民银行广西分行行长，人民银行广州分行副行长兼任深圳特区中心支行行长，人民银行武汉分行行长兼国家外管局湖北省分局局长，中国银行业监督管理委员会广东监管局局长，广东省政协常委。
陈平	中山大学岭南学院教授	男	49	2013年4月	东莞市财信发展有限公司	43.5	曾任中山大学岭南学院国际金融教研室主任、国际贸易金融系主任助理、国际贸易金融系主任、经济研究所副所长、所长，中山大学岭南学院副院长。

3.3 监事

监事会成员

姓名	职务	性别	年龄	选任日期	所推举的股东名称	该股东持股比例(%)	简要履历
王兆鹏	监事长	男	55	2013年4月	东莞市财信发展有限公司	43.5	现任东莞市财信发展有限公司总经理、东莞信托有限公司监事长。
姚慧怡	监事	女	43	2013年4月	东莞市财政局	30	现任东莞市财政局副局长。
唐普新	监事	男	60	2013年4月	东莞市糖酒集团有限公司	6	现任东莞市糖酒集团有限公司总裁。
胡德新	监事	男	51	2013年4月	东莞市经济贸易总公司	6	现任东莞市经济贸易总公司副总经理。
周杰峰	监事	男	47	2013年4月	广东福地科技总公司	6	现任广东福地科技总公司副总经理。
谭利玲	监事	女	50	2013年4月	职工监事代表		现任东莞信托有限公司工会副主席。
陈建锋	监事	女	36	2013年4月	职工监事代表		现任东莞信托有限公司人力资源部总经理。
邓颂尧	监事	男	38	2013年4月	职工监事代表		现任东莞信托有限公司风险管理部总经理。

3.4 高级管理人员

姓名	职务	性别	年龄	任职日期	金融从业年限(年)	学历	专业	简要履历
黄晓雯	总经理	女	41	2015年4月	18	研究生	金融学	曾任东莞银行副行长、副行长兼广州分行行长、副行长兼首席风险官、副行长兼首席风险官和清远分行行长，现任东莞信托有限公司总经理。
刘绮澜	副总经理	女	46	2013年4月	20	本科	经济学	曾任东莞信托有限公司办公室主任、总经理助理，现任东莞信托有限公司副总经理。
陈贺健	副总经理	男	52	2013年4月	34	本科	金融学	曾任东莞市望牛墩农信社副主任(主管全面工作)，东莞市麻涌农信社主任、党支部书记，东莞信托有限公司行政部经理；现任东莞信托有限公司副总经理。
郑建文	副总经理	男	42	2013年4月	17	本科	国际经济法	曾任中国银行东莞分行资产保全科副科长、业务部经理，中国银行东莞塘厦支行行长，平安银行总行公司部副总经理，东莞信托有限公司信托二部经理；现任东莞信托有限公司副总经理。

注：经2014年7月18日公司第四届董事会第十四次临时会议审议通过，并报经广东银监局核准，同意黄晓雯担任公司总经理。黄晓雯于2015年4月8日正式履行东莞信托有限公司总经理职责。

3.5 公司员工

报告期内职工人数为 161 人，平均年龄 32 岁，学历分布：研究生学历占 23.60%、本科学历占 68.32%、专科学历占 7.45%。

4. 经营管理

4.1 经营目标、方针、战略规划

4.1.1 经营目标

坚持市场化道路，继续推进经营管理转型，成为值得信赖的专业资产管理金融机构。

4.1.2 经营方针

秉承"怀敬畏之心，立诚信之本，走务实之路，创常青之业"的企业精神，坚持"诚信立业、稳健务实、合规创新、追求效益"的经营理念，以市场为导向，创新业务发展模式、创新盈利模式、创新盈利手段，树立公司品牌，实现公司规范、稳健、可持续发展。

4.1.3 战略规划

以融资业务为主的项目管理驱动与客户财富管理驱动并行，不断强化我们的客户基础，加强研究投资者客户群的需要，培育业务差异化能力，在产品设计中兼顾双方客户的收益和风险偏好，做深、做优、做好项目融资类业务，同时提高资产配置能力，为投资者客户群寻找符合其偏好的产品组合。将风险管理、尽责管理视为我们持续发展的核心，深耕东莞，大力拓展珠三角、广东市场，有选择有重点面向全国市场。

4.2 经营业务的主要内容

4.2.1 自营资产运用与分布表

资产运用	金额（万元）	占比（%）	资产分布	金额（万元）	占比（%）
货币资产	15 493.96	4.57	基础产业		
贷款及应收款	47 463.21	14.01	房地产业		
交易性金融资产	33 046.58	9.75	证券市场	172 015.84	50.75
可供出售金融资产	229 438.94	67.69	实业	43 525	12.84
持有至到期投资			金融机构	16 547.78	4.88
长期股权投资	5 663.24	1.67	其他	106 861.14	31.53
其他	7 843.83	2.31			
资产总计	338 949.76	100.00	资产总计	338 949.76	100.00

4.2.2 信托资产运用与分布表

资产运用	金额（万元）	占比（%）	资产分布	金额（万元）	占比（%）
货币资产	102 919.46	2.35	基础产业	508 063	11.59
贷款	1 507 829.4	34.41	房地产	297 607.89	6.79
交易性金融资产	915 318.29	20.89	证券市场	253 898.61	5.79
可供出售金融资产	173 988.75	3.97	实业	1 276 320.78	29.12
持有至到期投资	0	0.00	金融机构	113 422.05	2.59
长期股权投资	473 307.94	10.80	其他	1 933 260.84	44.11
其他	1 209 209.33	27.58			
信托资产总计	4 382 573.17	100.00	信托资产总计	4 382 573.17	100.00

4.3 市场分析

4.3.1 影响公司业务发展的主要因素

4.3.1.1 有利因素

（1）中国经济发展进入"新常态"，为信托行业提供了新的发展机遇，例如，产业结构调整和转型升级带来的传统制造业改造方面的业务机会，以及资本市场的并购融资和新三板业务等。另外，监管层不断出台政策引导信托公司规范开展业务，有利于整个行业更好的发展。

（2）信托天然的制度优势可以满足高净值人群的资产管理和资产配置需求，随着中国国民财富持续增长，高净值人群大幅增加，也为信托行业提供了良好市场基础和广阔发展空间。信托业经过多年的快速发展，信托资产规模不断扩大，市场对信托公司和信托产品的认识进一步加深，有利于行业持续发展。

4.3.1.2 不利因素

（1）国内经济仍处于下行阶段，发展动力不足，企业经营困难，地方债务和房地产行业存在潜在风险，这类系统性风险对信托业产生一定影响，信托公司在开展业务、控制风险等方面都将面临更大的挑战。

（2）监管层进一步放开了证券、保险、基金公司、期货公司等金融机构资产管理业务范围，使得整个资产管理市场的竞争更加激烈。另外，随着利率市场化的进一步发展，存款利率和其他理财产品收益率上升，信托收益率的优势逐渐下降，对信托产品有一定程度影响。

4.4 内部控制概况

4.4.1 内部控制环境和内部控制文化

国家五部委下发的《企业内部控制基本规范》自 2009 年 7 月 1 日实施以后，公司已按照上述规范及建立现代企业制度的要求逐步完善了符合公司发展需要的组织结构、内部控制和运行机制，逐步建立科学、合理、有效的内部控制体系，确立了风险管理优先的内控文化。

内部控制环境：公司组织机构包括股东会、董事会、监事会、经营管理层及相关专业委员会。各机构根据《公司法》及公司章程规定行使相关职责，公司制定了《风险管理委员会工作细则》、《审计委员会工作细则》、《薪酬委员会工作细则》、《信托委员会工作细则》，明确了各自的议事方式和表决程序。

公司设立了风险管理委员会，对董事会负责；在经营管理层设有业务风险控制委员会、风险管理部及稽核部构成的风险管理组织架构。各主体根据其风险管理的职责对公司各项业务的事前、事中和事后风险开展不同层面的管理。

4.4.2 内部控制措施

公司的内部控制制度由组织架构、业务管理制度、授权制度、资金管理制度、会计系统、计算机应用系统及保密、人事管理、风险管理及稽核等方面构成，通过有效建立"防火墙"，做到事前防范、事中控制、事后监督和纠正，形成操作、决策、稽核与评价相互监督和纠正的内部约束机制。

公司通过不断完善各项内控制度，完善法人治理，加强人力资源管理，明确各部门岗位责任，强化风险管理职能，进一步加强对事中风险的控制和事后监督，加强各项业务的合规性审查，加快业务流程的改造等措施，进一步完善公司的内控制度和提升公司风险管理能力。2014 年公司制定或修订了《股权投资信托业务管理办法》、《岗位序列管理办法》、《违规及差错行为处罚管理办法》、《证券投资信托业务管理办法》及《信托业务操作细则》等制度。

4.4.3 信息交流与反馈

公司积极配合监管部门的监管，按时报送各类报表、报告，主动地向监管部门反映经营状况，并根据监管政策和监管意见对公司内控制度进行不断的完善，使业务合规、健康地发展。严格按照信托合同的约定，定期向监管部门、委托人和受益人披露信托项目执行报告，按时披露年度报告，主动接受社会各界的监督。

4.4.4 监督评价与纠正

公司建立了以风险管理部和稽核部为核心的内部控制监督、评价机制。

稽核部通过常规性稽核和专项稽核，对公司业务活动、财务收支、资金流转、经济效益及内控执行情况等进行全面的稽核、评价，对存在问题提出整改措施，并结合公司业务发展和监管要求，对公司各项制度提出修订及更新意见；风险管理部不断加强及完善对业务流程的设置、梳理、修改及评价，定期出具风险分析报告，及时修订、更新公司各项业务制度，使内控制度建设不断完善。

4.5 风险管理

4.5.1 信用风险状况及其管理策略

4.5.1.1 信用风险状况

信用风险主要表现为交易对手违约造成的风险，自营业务的信用风险主要来自自营贷款、表外担保业务，信托业务的信用风险主要来自信托贷款、财产租赁和带回购及结构化的股权投资、带回购股权收益权投资等。

截至 2014 年 12 月末，公司自营贷款余额为 44 050 万元，比年初增加 14 250 万元，增幅 47.82%；信托贷款余额为 1 507 829.40 万元，比年初减少 235 184.91 万元，减幅 13.49%；带回购的融资业务（包括股权投资、收益权投资、应收账款）余额为 1 196 820 万元，比年初减少 94 273 万元，降幅 7.30%；其他信用风险资产为 30 778 万元；自营表外担保余额为 0 万元，与年初相比没有变化。

4.5.1.2 信用风险管理

对信用风险，公司不断完善业务的决策流程及操作流程，并针对不同业务的交易对象进行严格的准入审核，加强对客户的尽职调查，对交易对手进行事前、事中、事后的监测、检查、评价，逐步形成交易对手的信用记录，降低其违约风险。

4.5.2 市场风险状况及其管理策略

4.5.2.1 市场风险状况

市场风险主要表现为证券市场由于因股市价格、利率、汇率等的变动而导致公司财产或信托财产未预料到的潜在损失的风险。

（1）自营证券投资业务：自营证券投资主要是证券一级、二级市场股票投资、基金投资、证券型资管计划和委托基金公司的专户理财。

（2）信托证券投资业务：截至 2014 年底，存续信托证券投资项目 30 个（含综合运用类项下投向证券市场的），存续证券类项目证券市值总额 253 899 万元，浮盈 29 894 万元。

4.5.2.2 市场风险管理

（1）自营证券投资业务：公司不断调整完善证券业务的经营策略。在自营证券业务方面，通过各种形式（基金专户、有限合伙、信托计划等）寻找优秀的投资管理人和合作伙伴，继续优化自身投资流程，建立科学有效、责任明确的投资决策机制，不断优化固有资产配置组合，确保自营证券获得稳定投资收益。

（2）信托证券投资业务：在信托证券业务方面，逐步转变为资产管理者角色，择优选择具备市场业绩、口碑优良，背景强大的合作伙伴，着力发展资产配置类业务，设计符合客户风险、收益偏好的产品。公司选择了股权投资、证券投资作为公司业务创新和转型的主要方向，并与基金公司合作，着力培养公司的投资团队，培养公司的竞争实力。

4.5.3 操作风险状况及其管理策略

4.5.3.1 操作风险状况

操作风险是指公司由于内部程序、系统的不完善或操作失误而产生的风险。2014 年公司没有因内部程序、系统不完善、人员操作失误而造成损失的情况发生。

4.5.3.2 操作风险管理

公司通过整合部门职能，制定业务流程、开发信息系统等手段规范业务前中后台操作，减少操作风险。公司根据业务的需要，将原信托业务部门的中台、后台事务整合至信托管理部。公司推进了证券投资管理系统、业务管理系统、档案管理系统建设，进一步优化、细化业务流程，加强对各项业务事前、事中的风险监控和预警，构建事前、事中、事后的风险控制体系。

4.5.4 流动性风险状况及其管理策略

截至 2014 年 12 月末，公司流动性资产合计 35 515.79 万元，流动性负债 11 287.72 万元，流动性比例 314.64%，不存在流动性的风险问题。目前公司的流动性负债主要是应付税金、应付职工薪酬支出等，无对外举债，公司自有资产保持了较高的流动性。

4.5.5 法律风险及声誉风险状况及其管理策略

4.5.5.1 法律风险、声誉风险状况

2014 年，公司能够遵守相关法律、法规要求，合规经营，未发生诉讼案件及被监管部门行政处罚情况；公司管理的信托资产规模实现较快增长，公司的市场认同度不断增加；未发生到期无法支付或无法履约所带来的声誉损失。

4.5.5.2 法律风险和声誉风险管理

公司通过聘请专业的律师事务所作为公司法律顾问，加强与银监部门、信托业协会联系沟通等途径，及时了解法规政策的变化，得到专业到位的法律咨询服务。

5. 报告期末及上一年度末的比较式会计报表

5.1 自营资产

5.1.1 会计师事务所审计意见全文

审 计 报 告

天职业字［2015］6091 号

东莞信托有限公司：

我们审计了后附的东莞信托有限公司（以下简称贵公司）

财务报表，包括2014年12月31日的资产负债表，2014年度的利润表、所有者权益变动表和现金流量表以及财务报表附注。

一、管理层对财务报表的责任

编制和公允列报财务报表是贵公司管理层的责任，这种责任包括：(1)按照企业会计准则的规定编制财务报表，并使其实现公允反映；(2)设计、执行和维护必要的内部控制，以使财务报表不存在由于舞弊或错误导致的重大错报。

二、注册会计师的责任

我们的责任是在执行审计工作的基础上对财务报表发表审计意见。我们按照中国注册会计师审计准则的规定执行了审计工作。中国注册会计师审计准则要求我们遵守中国注册会计师职业道德守则，计划和执行审计工作以对财务报表是否不存在重大错报获取合理保证。

审计工作涉及实施审计程序，以获取有关财务报表金额和披露的审计证据。选择的审计程序取决于注册会计师的判断，包括对由于舞弊或错误导致的财务报表重大错报风险的评估。在进行风险评估时，注册会计师考虑与财务报表编制和公允列报相关的内部控制，以设计恰当的审计程序，但目的并非对内部控制的有效性发表意见。审计工作还包括评价管理层选用会计政策的恰当性和作出会计估计的合理性，以及评价财务报表的总体列报。

我们相信，我们获取的审计证据是充分、适当的，为发表审计意见提供了基础。

三、审计意见

我们认为，贵公司财务报表在所有重大方面按照企业会计准则的规定编制，公允反映了贵公司2014年12月31日的财务状况以及2014年度的经营成果和现金流量。

天职国际会计师事务所有限公司

中国注册会计师：黎明

中国注册会计师：王冬林

中国·北京市　　二〇一五年三月五日

5.1.2 资产负债表

资产负债表

编制单位：东莞信托有限公司　　2014年12月31日　　单位：万元

序号	资产	期末余额	年初余额	序号	负债及所有者权益	期末余额	年初余额
1	资产：			27	负债：		
2	货币资金	15 493.96	12 821.59	28	拆入资金	—	—
3	其中：现金	0.09	0.04	29	交易性金融负债	—	—
4	存放同业款项	15 470.58	12 820.37	30	衍生金融负债		
5	其他货币资金	23.29	1.18	31	应付账款	—	—
6	交易性金融资产	33 046.58	—	32	应付职工薪酬	6 113.02	6 172.73
7	衍生金融资产	—	—	33	应交税费	4 257.50	4 567.70
8	买入返售金融资产	—	—	34	应付股利	—	—
9	应收账款	3 310.42	1 908.39	35	其他应付款	949.47	406.92
10	应收股利	—	—	36	预计负债	—	—
11	应收利息	191.76	111.82	37	递延所得税负债	7 740.02	1 942.59
12	其他应收款	436.01	526.26	38	其他负债	—	—
13	贴现资产	—	—	39	负债合计	19 060.01	13 089.94
14	拆出资金	—	—	40			
15	发放贷款	43 525.00	29 800.00	41			
16	抵债资产	—	—	42	所有者权益：		
17	持有至到期投资	—	—	43	实收资本	120 000.00	120 000.00
18	可供出售金融资产	229 438.94	231 999.43	44	资本公积	70 000.00	70 000.00
19	长期股权投资	5 663.24	5 476.43	45	其他综合收益	23 420.06	5 922.90
20	固定资产	572.14	596.55	46	盈余公积	20 579.73	16 359.19
21	在建工程	—	—	47	一般风险准备	5 063.61	4 239.66
22	无形资产	244.70	268.80	48	信托赔偿准备	9 836.10	7 725.83
23	长期待摊费用	7 005.88	7 767.84	49	未分配利润	70 990.25	53 939.59
24	递延所得税资产	21.13	—	50	所有者权益合计	319 889.75	278 187.17
25				51			
26	资产总计	338 949.76	291 277.11	52	负债及所有者权益总计	338 949.76	291 277.11

公司负责人：何锦成　　会计机构负责人：张　凌

5.1.3 利润及利润分配表

利润表

编制单位：东莞信托有限公司　　2014 年　　单位：万元

序号	项　　目	本期数	上期数
1	一、营业收入	75 805.32	69 903.11
2	利息净收入	6 931.68	6 264.74
3	利息收入	6 931.68	6 264.74
4	利息支出	—	—
5	手续费及佣金净收入	56 818.49	50 960.56
6	手续费及佣金收入	56 818.49	50 960.56
7	手续费及佣金支出	—	—
8	投资收益(损失以“－”号填列)	12 047.84	12 677.81
9	其中：对联营企业合营企业的投资收益	7.30	514.16
10	公允价值变动损益(损失以“－”号填列)	—	—
11	汇兑损益(损失以“－”号填列)	—	—
12	其他业务收入	—	—
13	二、营业支出	19 688.69	16 679.89
14	营业税金及附加	4 254.94	3 926.77
15	业务及管理费	14 908.76	12 989.12
16	资产减值损失	525.00	—236.00
17	其他业务成本	—	—
18	三、营业利润(亏损以“－”号填列)	56 116.62	53 223.21
19	加：营业外收入	39.86	28.28
20	减：营业外支出	24.16	50.70
21	四、利润总额(亏损总额以“－”号填列)	56 132.32	53 200.79
22	减：所得税费用	13 926.90	13 546.57
23	五、净利润(净亏损以“－”号填列)	42 205.42	39 654.22
24	六、其他综合收益	17 497.16	2 531.84
25	七、综合收益总额	59 702.58	42 186.06

公司负责人：何锦成　　会计机构负责人：张　凌

5.1.4 所有者权益变动表

所有者权益变动表

编制单位：东莞信托有限公司　　2014 年　　单位：万元

项　　目	行次	本年金额							
		股本	资本公积	其他综合收益	盈余公积	赔偿准备	一般风险准备	未分配利润	股东权益合计
一、上年末余额	1	120 000.00	75 827.77		16 359.19	7 725.83	4 239.65	54 034.73	278 187.17
加：会计政策变更	2	—	-5 827.77	5 922.90				-95.13	—
前期差错更正	3	—							—
二、本年初余额	4	120 000.00	70 000.00	5 922.90	16 359.19	7 725.83	4 239.66	53 939.59	278 187.17
三、本期增减变动金额(减少以“－”号填列)	5	—	—	17 497.16	4 220.54	2 110.27	823.95	17 050.66	41 702.58
(一)综合收益总额	6		—	17 497.16				42 205.42	59 702.58
(二)所有者投入和减少资本	7		—						—
(三)专项储备提取和使用	8				—	—	—		—
(四)利润分配	9	—	—	—	4 220.54	2 110.27	823.95	-25 154.76	-18 000.00
1. 提取盈余公积	10	—	—	—	4 220.54	—	—	-4 220.54	—
其中：法定公积金	11	—	—	—	4 220.54	—	—	-4 220.54	—
2. 提出一般风险准备	12	—	—	—	—	—	823.95	-823.95	—
3. 对所有者(或股东)的分配	13	—	—	—	—	—	—	-18 000.00	-18 000.00
4. 其他	14	—	—	—	—	2 110.27	—	-2 110.27	—
(五)所有者权益内部结转	15	—	—	—	—	—	—	—	—
1. 资本公积转增资本(或股本)	16				—	—	—		—
2. 盈余公积转增资本(或股本)	17					—	—	—	—
3. 盈余公积弥补亏损	18								—
4. 结转重新计量设定受益计划净负债或净资产所产生的变动	19								—
5. 其他	20								—
四、本年末余额	21	120 000.00	70 000.00	23 420.06	20 579.73	9 836.10	5 063.60	70 990.26	319 889.75

公司负责人：何锦成　　会计机构负责人：张　凌

所有者权益变动表

编制单位:东莞信托有限公司　　　　2014 年　　　　单位:万元

项　目	行次	上年金额						
		股本	资本公积	盈余公积	赔偿准备	一般风险准备	未分配利润	股东权益合计
一、上年末余额	1	50 000. 00	3 295. 93	12 393. 77	5 743. 12	1 147. 20	23 421. 09	96 001. 11
加:会计政策变更	2	—						—
前期差错更正	3	—						—
二、本年初余额	4	50 000. 00	3 295. 93	12 393. 77	5 743. 12	1 147. 20	23 421. 09	96 001. 11
三、本期增减变动金额(减少以“－”号填列)	5	70 000. 00	72 531. 84	3 965. 42	1 982. 71	3 092. 46	30 613. 63	182 186. 06
(一)净利润	6		—				39 654. 22	39 654. 22
(二)直接计入股东权益的利得和损失	7		2 531. 84					2 531. 84
上述(一)和(二)小计	8		2 531. 84	—	—	—	39 654. 22	42 186. 06
(三)股东投入和减少资本	9	70 000. 00	70 000. 00					140 000. 00
1. 股东投入资本	10	70 000. 00	70 000. 00					140 000. 00
2. 股份支付计入股东权益的金额	11							—
3. 其他	12							—
(四)利润分配	13			3 965. 42	1 982. 71	3 092. 46	-9 040. 59	—
1. 提取盈余公积	14			3 965. 42	—	—	-3 965. 42	—
2. 提取一般风险准备	15			—	—	3 092. 46	-3 092. 46	—
3. 对股东的分配	16			—	—	—		—
4. 其他	17				1 982. 71		-1 982. 71	—
(五)股东权益内部结转	18							—
1. 资本公积转增股本	19							—
2. 盈余公积转增股本	20							—
3. 盈余公积弥补亏损	21							—
4. 一般风险准备弥补亏损	22							—
5. 其他	23							—
四、期末余额	24	120 000. 00	75 827. 77	16 359. 19	7 725. 83	4 239. 66	54 034. 72	278 187. 17

公司负责人:何锦成　　　　会计机构负责人:张　凌

5. 2　信托资产

5. 2. 1　信托项目资产负债表

信托项目资产负债表

编制单位:东莞信托有限公司　　　　2014 年 12 月 31 日　　　　单位:万元

序号	资　产	期末余额	年初余额	序号	负债及所有者权益	期末余额	年初余额
1	资产:			27	负债:		
2	现金	—	—	28	拆入资金	—	—
3	存放同业款项	90 330. 22	73 342. 88	29	交易性金融负债	—	—
4	其他货币资金	12 589. 24	1 520. 74	30	衍生金融负债	—	—
5	交易性金融资产	915 318. 29	503 275. 57	31	应付账款	—	—
6	衍生金融资产	—	—	32	预收账款	114. 00	310. 00
7	买入返售金融资产	19 900. 08	6 020. 00	33	应付受益人收益	798. 85	58. 09
8	应收账款	—	—	34	应付受托人报酬	2 983. 07	1 511. 45
9	预付账款	—	—	35	应付托管费	134. 73	124. 86
10	应收手续费及佣金	—	—	36	应付销售及顾问费	—	8. 89
11	应收股利	1. 98	3. 68	37	应交税费	7. 34	110. 12
12	应收利息	3 297. 67	2 894. 80	38	其他应付款	3 039. 07	8 707. 26
13	其他应收款	13 579. 57	684. 22	39	预计负债	—	—
14	拆出资金	—	—	40	递延所得税负债	—	—
15	发放贷款	1 507 829. 40	1 743 014. 31	41	其他负债:	—	—
16	抵债资产	—	—	42	负债合计	7 077. 06	10 830. 67
17	持有至到期投资	—	—	43			
18	可供出售金融资产	173 988. 75	8 000. 00	44	所有者权益:		
19	长期股权投资	473 307. 94	507 049. 55	45	实收信托	4 283 665. 09	4 082 382. 57
20	投资性房地产	—	—	46	资本公积	1 792. 85	1 899. 02
21	固定资产	—	—	47	盈余公积	—	—
22	无形资产	—	—	48	外币报表折算差数	—	—
23	长期待摊费用	—	—	49	未分配利润	90 038. 17	37 396. 36
24	递延所得税资产	—	—	50	所有者权益合计	4 375 496. 11	4 121 677. 95
25	其他资产	1 172 430. 03	1 286 702. 87	51			
26	资产总计	4 382 573. 17	4 132 508. 62	52	负债及所有者权益总计	4 382 573. 17	4 132 508. 62

会计主管:刘　瑜　　　　复核:莫汇泉　　　　制表:周晓蕾

5.2.2　信托项目利润及利润分配表

信托项目利润及利润分配表

编制单位:东莞信托有限公司　　2014 年度　　单位:万元

序号	项　目	本年数	上年数
1	一、营业收入	409 365.36	337 684.44
2	利息收入	141 057.52	150 072.01
3	租赁收入	—	—
4	投资收益(损失以“-”号填列)	227 584.70	172 853.75
5	其中:对联营企业合营企业的投资收益	—	—
6	公允价值变动损益(损失以“-”号填列)	17 137.80	14 189.07
7	汇兑损益(损失以“-”号填列)	—	—
8	其他收入	23 585.34	569.61
9	二、营业支出	75 733.91	72 725.76
10	营业税金及附加	1 503.03	1 659.43
11	管理费用	74 230.88	71 066.33
12	资产减值损失	—	—
13	其他费用	—	—
14	三、信托净利润(亏损以“-”号填列)	333 631.45	264 958.68
15	四、其他综合收益	—	—
16	五、综合收益(净亏损以“-”号填列)	333 631.45	264 958.68
17	六、加:期初未分配信托利润	37 396.36	18 066.24
18	七、可供分配的信托利润	371 027.81	283 024.92
19	八、减:本期已分配信托利润	280 989.64	245 628.56
20	九、期末未分配信托利润	90 038.17	37 396.36

会计主管:刘　瑜　　复核人:黎晓慧　　制表人:周晓蕾

6. 会计报表附注

6.1　简要说明报告年度会计报表编制基准、会计政策、会计估计和核算方法发生的变化

2014 年 1 月至 6 月,财政部发布了《企业会计准则第 39 号——公允价值计量》、《企业会计准则第 40 号——合营安排》和《企业会计准则第 41 号——在其他主体中权益的披露》,修订了《企业会计准则第 2 号——长期股权投资》、《企业会计准则第 9 号——职工薪酬》、《企业会计准则第 30 号——财务报表列报》、《企业会计准则第 33 号——合并财务报表》和《企业会计准则第 37 号——金融工具列报》,除《企业会计准则第 37 号——金融工具列报》在 2014 年度及以后期间的财务报告中施行外,上述其他准则于 2014 年 7 月 1 日起施行。

本公司按照相关准则的规定执行,导致以前年度在“长期股权投资”核算的不具有控制、共同控制、重大影响的投资本年重分类至“可供出售金融资产”中核算,期初期末影响金额为 108 845 425.76 元;以前在“资本公积”核算的可供出售金融资产公允价值变动,权益法下被投资单位的其他综合收益(可供出售金融资产公允价值变动),本年重分类至“其他综合收益”中核算,期末影响金额为 234 200 631.95 元,期初影响金额为 59 229 013.59 元。

6.2　或有事项说明

报告期内,本公司没有发生或有事项。

6.3　重要资产转让及其出售的说明

报告期内,本公司没有发生重要资产转让及出售。

6.4　会计报表中重要项目的明细资料

6.4.1　披露自营资产经营情况

6.4.1.1　按信用风险五级分类结果披露信用风险资产的期初数、期末数

信用风险资产五级分类	正常类(万元)	关注类(万元)	次级类(万元)	可疑类(万元)	损失类(万元)	信用风险资产合计(万元)	不良资产合计(万元)	不良资产率(%)
期初数	45 168.03	0	0	0	0	45 618.03	0	0
期末数	62 432.08	0	0	1 050	0	63 482.08	0	0

6.4.1.2　各项资产减值损失准备的期初、本期计提、本期转回、本期核销、期末数

单位:万元

	期初数	本期计提	本期转回	本期核销	期末数
贷款损失准备	0	525	0	0	525
一般准备	0	0	0	0	0
专项准备	0	525	0	0	525
其他资产减值准备	0	0	0	0	0
可供出售金融资产减值准备	0	0	0	0	0
持有至到期投资减值准备	0	0	C	0	0
长期股权投资减值准备	0	0	0	0	0
坏账准备	0	0	0	0	0
投资性房地产减值准备	0	0	0	0	0

6.4.1.3　按照投资品种分类,分别披露固有业务股票投资、基金投资、债券投资、股权投资等投资业务的期初数、期末数

单位:万元

	自营股票	基金	债券	长期股权投资	其他投资	合计
期初数	0	0	0	5 476.43	231 999.43	237 475.85
期末数	0	0	0	5 663.24	229 438.94	235 102.18

6.4.1.4　按投资入股金额排序,前三名的自营长期股权投资的企业名称、占被投资企业权益的比例、主要经营活动及投资收益情况等

企业名称	占被投资企业权益的比例(%)	主要经营活动	投资损益(万元)
华联期货有限公司	44	期货经纪业务、期货信息咨询培训	2 143.66

6.4.1.5　前三名的自营贷款的企业名称、占贷款总额的比例和还款情况等(贷款金额从大到小顺序排列)

企业名称	占贷款总额的比例(%)	还款情况
1. 广东鸿高建设集团有限公司	56.30	未到期
2. 广东宏远集团药业有限公司	14.76	未到期
3. 东莞市金怡酒店有限公司	6.81	未到期

6.4.1.6　表外业务的期初数、期末数,按照代理业务、担

保业务和其他类型表外业务分别披露

单位：万元

表外业务	期初数	期末数
担保业务	0.00	0.00
代理业务（委托业务）	0.00	0.00
其他	0.00	0.00
合计	0.00	0.00

6.4.1.7　公司当年的收入结构

收入结构	金额（万元）	占比（%）
手续费及佣金收入	56 818.49	74.91
其中：信托手续费收入	56 818.49	74.91
投资银行业务收入	0.00	0.00
利息收入	6 931.68	9.14
其他业务收入	0.00	0.00
其中：计入信托业务收入部分	0.00	0.00
投资收益	12 047.84	15.89
其中：股权投资收益	679.08	0.90
证券投资收益	1 497.55	1.97
其他投资收益	9 871.21	13.01
公允价值变动收益	7.30	0.01
营业外收入	39.86	0.05
收入合计	75 845.17	100.00

报告年度实现信托业务收入总额56 818.49万元，其中以手续费及佣金确认的信托业务收入金额56 818.49万元。

6.4.2　披露信托财产管理情况

6.4.2.1　信托资产的期初数、期末数

单位：万元

信托资产	期初数	期末数
集合	2 737 888.83	3 001 061.96
单一	1 349 476.17	1 326 122.33
财产权	45 143.62	55 388.88
合计	4 132 508.62	4 382 573.17

6.4.2.1.1　主动管理型信托业务的信托资产期初数、期末数，分证券投资、股权投资、融资、事务管理类分别披露

单位：万元

主动管理型信托资产	期初数	期末数
证券投资类	139 338.72	238 406.04
股权投资类	506 454.78	532 633.92
融资类	2 945 553.97	2 579 944.62
事务管理类	44 642.98	54 888.23
合计	3 635 990.45	3 405 872.81

6.4.2.1.2　被动管理型信托业务的信托资产期初数、期末数，分证券投资、股权投资、融资、事务管理类分别披露

单位：万元

被动管理型信托资产	期初数	期末数
证券投资类	0.00	0.00
股权投资类	0.00	0.00
融资类	0.00	0.00
事务管理类	0.00	0.00
合计	0.00	0.00

6.4.2.2　本年度已清算结束的信托项目个数、实收信托合计金额、加权平均实际年化收益率

6.4.2.2.1　本年度已清算结束的集合类、单一类资金信托项目和财产管理类信托项目个数、实收信托金额、加权平均实际年化收益率

已清算结束信托项目	项目个数（个）	实收信托合计金额（万元）	加权平均实际年化收益率（%）
集合类	106	1 521 330.00	9.4421
单一类	17	829 926.67	6.8198
财产管理类	0	0	

6.4.2.2.2　本年度已清算结束的主动管理型信托项目个数、实收信托合计金额、加权平均实际年化收益率，分证券投资、股权投资、融资、事务管理类分别计算并披露

已清算结束信托项目	项目个数（个）	实收信托合计金额（万元）	加权平均实际年化信托报酬率（%）	加权平均实际年化收益率（%）
证券投资类	5	36 300.00	1.0538	21.6244
股权投资类	1	16 430.00	1.300	10.0775
融资类	113	2 188 696.62	1.8634	8.1788
事务管理类	0	0.00	0.00	0.00

6.4.2.2.3　本年度已清算结束的被动管理型信托项目个数、实收信托合计金额、加权平均实际年化收益率，分证券投资、股权投资、融资、事务管理类分别计算并披露

已清算结束信托项目	项目个数（个）	实收信托合计金额（万元）	加权平均实际年化信托报酬率（%）	加权平均实际年化收益率（%）
证券投资类	0	0.00	0.00	0.00
股权投资类	0	0.00	0.00	0.00
融资类	0	0.00	0.00	0.00
事务管理类	0	0.00	0.00	0.00

6.4.2.3　本年度新增的集合类、单一类和财产管理类信托项目个数、实收信托合计金额

新增信托项目	项目个数（个）	实收信托合计金额（万元）
集合类	94	1 286 660.00
单一类	4	116 500.00
财产管理类	3	17 385.02
新增合计	101	1 420 545.02
其中：主动管理型	101	1 420 545.02
被动管理型	0	0.00

6.4.2.4　本公司履行受托人义务情况及因本公司自身责任而导致的信托资产损失情况

报告期内，本公司没有发生因履行受托人义务情况及因本公司自身责任而导致的信托资产损失情况。

6.4.2.5　信托赔偿准备金的提取、使用和管理情况

信托赔偿准备金按本公司净利润5%提取，信托赔偿准备金2014年12月31日余额9 836.10万元，本年度未使用信托赔偿准备金。

6.5　关联方关系及其交易的披露

6.5.1　关联交易方的数量、关联交易的总金额及关联交易的定价政策等

	关联交易方数量	关联交易金额（万元）	定价政策
合计	5	138 150.00	按市场公允价格定价

6.5.2 关联交易方与本公司的关系性质、关联交易方的名称、法定代表人、注册地址、注册资本及主营业务等

关系性质	关联方名称	法定代表人	注册地址	注册资本(万元)	主营业务
本公司股东	东莞市财政局	罗军文	东莞市	—	—
本公司股东	东莞市财信发展有限公司	廖玉林	东莞市	80 000	物业投资、高新技术开发、商业投资等
本公司股东	东莞市经济贸易总公司	王镜光	东莞市	12 200	自营和代理各类商品、技术进出口、仓储业务等
本公司股东	东莞市糖酒集团有限公司	叶志坚	东莞市	8 000	自营和代理商业系统的商品出口,经营连锁企业、配送中心、批发商品等
本公司股东	东莞市东糖集团有限公司	陈尧燊	东莞市	51 813	原糖加工和食糖生产贸易、热电能源、生物等
本公司股东	广东福地科技总公司	朱海毅	东莞市	39 800	视屏、零配件、原材料生产等
本公司股东	东莞发展控股股份有限公司	尹锦容	东莞市	103 951	东莞高速公路的投资、建设经营
联营企业	华联期货有限公司	甘建明	东莞市	10 000	期货经纪
本公司股东的母公司	东莞市公路桥梁开发建设总公司	尹锦容	东莞市	18 500	规划建设公路桥梁等
股东的子公司	东莞市桥泰实业有限公司	莫锦洪	东莞市	100	实业投资开发等
股东的子公司	东莞市福地电子材料有限公司	王约庚	东莞市	1 000	生产和销售电子、电子材料及制品
股东的子公司	东莞市三联热电有限公司	李锦生	东莞市	61 800	产销热电、电力

6.5.3 本公司与关联方的重大交易事项

6.5.3.1 固有财产与关联方交易情况:贷款、投资、租赁、应收账款担保、其他方式等期初汇总数、本期借方和贷方发生额汇总数、期末汇总数

单位:万元

固有财产与关联方关联交易				
	期初数	借方发生额	贷方发生额	期末数
贷款	0	0	0	0
投资	0	0	0	0
租赁	0	0	0	0
担保	0	0	0	0
应收账款	0	0	0	0
其他	0	0	0	0
合计	0	0	0	0

6.5.3.2 信托与关联方交易情况:贷款、投资、租赁、应收账款、担保、其他方式等期初汇总数、本期借方和贷方发生额汇总数、期末汇总数

单位:万元

信托与关联方关联交易				
	期初数	借方发生额	贷方发生额	期末数
贷款	111 943.71	22 900.00	72 693.71	62 150.00
投资	0.00	0.00	0.00	0.00
租赁	0.00	0.00	0.00	0.00
担保	0.00	0.00	0.00	0.00
应收账款	0.00	0.00	0.00	0.00
其他	76 000.00	0.00	0	76 000.00
合计	187 943.71			138 150.00

6.5.3.3 信托公司自有资金运用于自己管理的信托项目(固信交易)、信托公司管理的信托项目之间的相互(信信交易)交易金额,包括余额和本报告年度的发生额

6.5.3.3.1 固有财产与信托财产之间的交易金额期初汇总数、本期发生额汇总数、期末汇总数

单位:万元

固有财产与信托财产相互交易			
	期初数	本期发生额	期末数
合计	160 132.63	-1 060.31	159 072.32

6.5.3.3.2 信托项目之间的交易金额期初汇总数、本期发生额汇总数、期末汇总数

单位:万元

信托资产与信托财产相互交易			
	期初数	本期发生额	期末数
合计	367 654.97	240 666.80	608 321.77

6.5.4 逐笔披露关联方逾期未偿还本公司资金的详细情况以及本公司为关联方担保发生或即将发生垫款的详细情况

报告期内,本公司没有发生关联方逾期未偿还本公司资金以及本公司为关联方担保发生或即将发生垫款的情况。

6.6 会计制度的披露

本公司固有业务及信托业务均执行按照《企业会计准则》和其他各项具体会计准则、应用指南及准则解释的规定进行确认和计量。

7. 财务情况说明书

7.1 利润实现和分配情况

本年实现利润总额56 132.33万元,税后利润42 205.42万元,年初未分配利润35 939.59万元,本年按2014年净利润提取法定盈余公积4 220.54万元,信托赔偿准备2 110.27万元,一般风险准备823.95万元,年末未分配利润70 990.25万元。

7.2 主要财务指标

指标名称	指标值
资本利润率(%)	14.58
加权年化信托报酬率(%)	1.8185
人均净利润(万元)	271.22

7.3 对本公司财务状况、经营成果有重大影响的其他事项

报告期内,公司没有发生对本公司财务状况、经营成果有重大影响的其他事项。

8. 特别事项揭示

8.1 前五名股东报告期内变动情况及原因

报告期内，公司没有发生股东变动情况。

8.2 董事、监事及高级管理人员变动情况及原因

（1）经2014年4月18日召开的第四届董事会第十二次会议审议通过，同意解聘丁暖容东莞信托有限公司总经理职务。自2014年4月18日起由公司董事长何锦成暂代履行公司总经理职责，直至公司新总经理到任为止。

（2）经2014年4月18日召开的第四届董事会第十二次会议审议通过，同意选举丁暖容担任东莞信托有限公司副董事长，任期至第四届董事会届满。经中国银行业监督管理委员会广东监管局核准（核准文件：粤银监复［2014］464号），同意丁暖容任公司副董事长的任职资格，丁暖容于2014年9月16日正式履行东莞信托有限公司副董事长职责。

（3）2014年5月23日，公司独立董事彭志坚因个人原因，提出辞去公司独立董事及董事会风险管理委员会主任等职务的申请。根据有关规定，彭志坚先生的辞职将自公司股东大会选举产生新任独立董事并获得任职资格正式履职后生效。在此之前，彭志坚先生将继续按照有关法律法规的规定，履行其职责。

（4）2014年7月4日，公司董事长何锦成由于工作需要，申请辞去东莞信托有限公司董事长，一并辞去公司第四届董事会董事及第四届董事会风险管理委员会委员职务。经公司第四届董事会第十三次会议及公司2014年度股东会第四次临时会议审议通过，同意何锦成同志的辞职申请，根据相关规定，何锦成同志将在本公司新董事长履职之前继续履行公司董事长职责。

（5）经2014年7月18日公司第四届董事会第十四次会议及2014年度第四次股东会临时会议及公司审议通过，并报经中国银行业监督管理委员会广东监管局核准（核准文件：粤银监复［2015］121号），同意廖玉林担任公司董事长。公司于2015年4月8日在东莞市工商行政管理局完成法定代表人变更手续，并领取了新的营业执照。廖玉林于2015年4月8日正式履行东莞信托有限公司董事长、法定代表人职责。

（6）经2014年7月18日公司第四届董事会第十四次会议审议通过，并报经中国银行业监督管理委员会广东监管局核准（核准文件：粤银监复［2015］122号），同意黄晓雯担任公司总经理。黄晓雯于2015年4月8日正式履行东莞信托有限公司总经理职责。

（7）经2015年4月23日公司2014年度股东会审议通过，同意选举肖玉淮担任东莞信托有限公司独立董事，任期至第四届董事会届满，并按银监部门规定办理相关任职手续。

8.3 变更注册资本、变更注册地或公司名称、公司分立合并事项

报告期内，公司没有发生变更注册资本、变更注册地或公司名称、公司分立合并事项。

8.4 公司的重大诉讼事项

报告期内，公司没有发生重大诉讼事项。

8.4.1 重大未决诉讼事项

报告期内，公司发生的诉讼事项主要是不良贷款诉讼事项，新发生1项重大未决诉讼事项（单个诉讼案件涉诉贷款本金1 000万元以上诉讼事项），涉诉金额1 150万元。

8.4.2 以前年度发生，于本报告年度内终结的诉讼事项

无。

8.4.3 本报告年度发生，于本报告年度内终结的诉讼事项

无。

8.5 公司及其董事、监事和高级管理人员受到处罚的情况

报告期内，公司及其董事、监事和高级管理人员没有发生受到处罚的情况。

8.6 本年度重大事项临时报告的简要内容、披露时间、所披露的媒体及其版面

报告期内，公司于2014年7月25日在《金融时报》第7版刊登了两则公告：

（1）《东莞信托有限公司关于公司董事长辞职的公告》。经公司第四届董事会第十三次会议及公司2014年度股东会第四次临时会议审议通过，同意何锦成先生辞去本公司董事、董事长及董事会风险管理委员会委员职务。根据相关规定，何锦成先生在本公司新任董事长履职之前继续履行董事长职责。

（2）《东莞信托有限公司关于选举董事长及聘任高级管理人员的公告》。经公司第四届董事会第十四次会议审议通过，同意选举廖玉林先生为公司董事长及聘请黄晓雯女士担任公司总经理，任期至第四届董事会届满，并按银监部门规定办理相关任职手续。

8.7 银监会及其省级派出机构认定的其他有必要让客户及相关利益人了解的重要信息

报告期内，公司没有未披露银监会及其省级派出机构认定的其他有必要让客户及相关利益人了解的重要信息。

9. 公司监事会意见

本报告期内，公司监事会列席了2013年度股东会、第四届董事会第十一次会议，以及2014年股东会第四次临时会议、第四届董事会第十四次会议，监督检查了公司依法运作情况、重大决策和重大经营活动情况及公司的财务状况，并在此基础上发表如下独立意见：

（1）公司依法运作情况。公司能够严格按照《公司法》、公司章程及国家有关法律法规运作，公司决策程序合法，公司内控制度进一步得到完善，没有发现公司董事、高级管理人员在执行公司职务时存在违法违纪、损害公司利益和委托人、受益人利益的行为。

（2）检查公司财务情况。本报告期公司财务状况良好。

2014年度财务报告经天职国际会计师事务所(特殊普通合伙)审计并出具无保留审计意见的审计报告,该报告真实、客观地反映了公司的财务状况和经营成果。

(3)报告期内,公司发生的关联交易业务均严格遵循市场公允价值,认真执行《信托公司管理办法》有关规定,未发现损害股东权益及公司利益的情况。

方正东亚信托有限责任公司

1. 重要提示

1.1 本公司董事会及董事保证：本报告所载资料不存在任何虚假记载、误导性陈述或者重大遗漏，并对其内容的真实性、准确性和完整性承担个别及连带责任。

1.2 本公司独立董事宋常先生、刘志敏先生对年度报告内容的真实性、准确性、完整性无异议。

1.3 本公司2014年度财务报告已经众环海华会计师事务所（特殊普通合伙）根据中国注册会计师独立审计准则审计，并出具了标准无保留意见的审计报告。

1.4 本公司董事长（法定代表人）余丽女士、总裁周全锋先生、主管会计工作负责人财务总监李宏先生、会计机构负责人计划财务部袁晓丽女士、信托财务部负责人李艳桃女士声明：保证年度报告中财务报告的真实、完整。

1.5 《公司2014年度报告》全文同时在公司网站上公布（网址：http://www.fd-trust.com）。欲了解公司更为详细的情况，谨请登录公司网站阅鉴。

2. 公司概况

2.1 公司简介

法定中文名称	方正东亚信托有限责任公司
法定中文缩写名称	方正东亚信托
法定英文名称	Founder BEA TrustCo.,Ltd.
法定英文缩写名称	Founder BEA
法定代表人	余丽
注册地址	武汉市江汉区长江日报路77号投资大厦11～14层
邮政编码	430015
国际互联网网址	http://www.fd-trust.com
电子信箱	info@fd-trust.com
信息披露事务负责人	田野
信息披露事务联系人	吴全洪

续表

联系方式	联系电话：027-85565626；传真：027-85565776
选定的信息披露报纸	《金融时报》
公司年报备置地点	武汉市江汉区长江日报路77号投资大厦13层
聘请的会计师事务所及住所	众环海华会计师事务所（特殊普通合伙） 武汉市武昌区东湖路169号众环大厦2～9层
聘请的律师事务所及住所	北京六明律师事务所 北京市朝阳区光华路7号汉威大厦东区15层15A1

2.2 组织结构

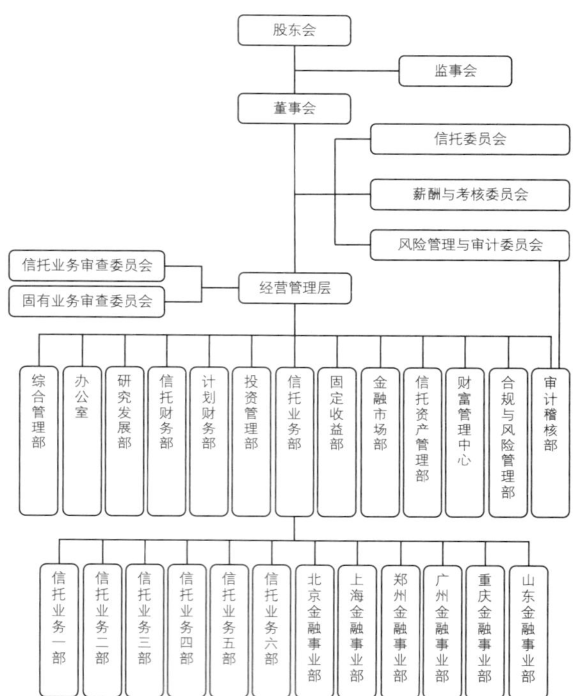

3. 公司治理

3.1 股东

报告期末股东总数为3名。股东之间不存在关联关系。

股东名称	持股比例（%）	法定代表人	注册资本（万元）	注册地址	主要经营业务
北大方正集团有限公司★	70.01	黄桂田	105 000	北京市海淀区成府路298号	房地产开发，物业管理，制造方正电子出版系统、方正-SUPPER汉卡、计算机软硬件及相关设备、通讯设备、仪器仪表、办公自动化设备，技术开发、技术转让、技术咨询、技术服务、技术推广，投资管理，财务咨询（不得开展审计、验资、查账、评估、会计咨询、代理记账等需经专项审批的业务，不得出具相应的审计报告、验资报告、查账报告、评估报告等文字材料），销售电子产品、自行开发的产品、计算机、软件及辅助设备、仪器仪表、机械设备、非金属矿石、金属矿石、金属材料、建筑材料、化工产品（不含危险化学品及一类易制毒化学品），货物进出口、代理进出口、技术进出口，装卸服务，仓储服务，包装服务（依法须经批准的项目，经相关部门批准后依批准的内容开展经营活动）。

续表

股东名称	持股比例(%)	法定代表人	注册资本(万元)	注册地址	主要经营业务
东亚银行有限公司	19.99	李国宝	股本港元 25 216 860 303.28 元(截至2014年12月31日)	香港中环德辅道中十号	提供多元化的零售和商业银行服务,设有个人银行、企业银行、财富管理、投资银行、中国业务、国际业务等部门,产品和服务涵盖存款、外币储蓄、零售投资和财富管理、按揭贷款、私人贷款、信用卡、电子网络银行服务、银行保险、强制性公积金服务、贸易融资、银团贷款、汇款、外汇孖展交易等。
武汉经济发展投资(集团)有限公司	10	马小援	400 000	武汉市江汉区长江日报路77号	开展能源、环保、高新技术、城市基础建设、农业、制造业、物流、房地产、商贸、旅游等与产业结构调整关联的投资业务,企业贷款担保,个人消费贷款担保,信息咨询,建筑装饰材料、金属及非金属材料、农副产品、机械电器批发零售,仓储服务。

注:★代表本公司最终实际控制人。

3.2 董事

公司董事会由7人组成,其中独立董事2人。

董事会成员基本情况如下:

姓名	职务	性别	年龄	选任日期	所推举的股东名称	该股东持股比例(%)	简要履历
余丽	董事长	女	49	2010年9月2日	方正集团	70.01	硕士,2010年9月至今,任方正东亚信托有限责任公司董事长。
李群元	常务副董事长	男	61	2010年9月2日	方正集团	70.01	硕士,2005年至2010年9月,任武汉国际信托投资公司总经理;2010年9月至2011年12月,任方正东亚信托有限责任公司董事、副董事长、总经理;2011年12月至今,任方正东亚信托有限责任公司常务副董事长。
周全锋	董事	男	44	2010年9月2日	方正集团	70.01	硕士,2009年10月至2010年9月,任方正科技集团股份有限公司助理总裁;2010年9月至2011年3月,任方正东亚信托有限责任公司董事、副总经理、财务总监;2011年3月至2011年12月,任方正东亚信托有限责任公司董事、副总经理(全面主持工作);2011年12月至今,任方正东亚信托有限责任公司董事、总裁。
吴志强	董事	男	47	2010年9月2日	东亚银行	19.99	工商管理硕士,2009年4月至今,任东亚银行(中国)有限公司常务副行长;2010年9月至今,任方正东亚信托有限责任公司董事。
冯鹏熙	董事	男	41	2013年11月8日	经发投	10	管理学博士,现任武汉经济发展投资(集团)有限公司副总经理;2013年11月至今,任方正东亚信托有限责任公司董事。
宋常	独立董事	男	49	2012年10月16日	方正集团	70.01	经济学博士,现任中国人民大学商学院财务与金融系教授,博士生导师;2012年10月至今,任方正东亚信托有限责任公司独立董事。
刘志敏	独立董事	男	64	2013年11月8日	东亚银行	19.99	工商管理学士,现任香港百德能控股有限公司董事总经理;2013年11月至今,任方正东亚信托有限责任公司独立董事。

3.3 监事

公司监事会由5人组成,监事会成员基本情况如下:

姓名	职务	性别	年龄	选任日期	所推举的股东名称	该股东持股比例(%)	简要履历
李国军	监事长	男	40	2010年9月2日	方正集团	70.01	英国兰卡斯特大学毕业;2010年9月至今,任方正东亚信托有限责任公司监事长。
王焕萍	监事	女	51	2010年9月2日	东亚银行	19.99	英国伯明翰大学工商管理硕士,现任东亚银行总经理兼中国业务总部主管。
岳建强	监事	男	53	2010年9月2日	经发投	10	在职研究生学历,注册会计师;现任武汉长江资产经营管理有限公司总经理。
邹小华	职工监事	男	45	2010年9月2日			武汉大学工商管理硕士,会计师;现任方正东亚信托有限责任公司投资管理部总经理。
王晶	职工监事	男	42	2013年9月30日			中南政法学院本科,律师;现任方正东亚信托有限责任公司合规与风险管理部总经理。

3.4 高级管理人员

姓名	职务	性别	年龄	选任日期	学历/学位	专业	简要履历
周全锋	总裁	男	44	2011年12月	硕士	工商管理	2009年10月至2010年9月，任方正科技集团股份有限公司助理总裁；2010年9月至2011年3月，任方正东亚信托有限责任公司董事、副总经理、财务总监；2011年3月至2011年12月，任方正东亚信托有限责任公司董事、副总经理（全面主持工作）；2011年12月至今，任方正东亚信托有限责任公司董事、总裁。金融从业年限12年。
谢从斌	副总裁	男	50	2012年7月	硕士	金融学	2004年至2010年2月，任湖北银监局非银处科长、副处长；2010年9月至2012年6月，任方正东亚信托有限责任公司总经理助理；2012年7月至今，任方正东亚信托有限责任公司副总裁。金融从业年限27年。
李宏	财务总监	男	50	2011年5月	硕士	项目管理	2009年5月至2011年2月，任方正科技集团股份有限公司区域财务总监；2011年5月至今，任方正东亚信托有限责任公司财务总监。金融从业年限16年。
方灏	首席风险官	男	41	2011年5月	博士	经济学	中国人民大学博士研究生（全日制）毕业，获经济学博士学位；1997年6月至2007年9月，就职于江西国际信托股份有限公司，任风险管理处处长；2009年10月至2010年8月，任国民信托有限责任公司风险管理部总经理；2011年5月至今，任方正东亚信托有限责任公司首席风险官。金融从业年限18年。
白艺丰	总稽核	女	58	2010年9月	硕士	国民经济计划与管理	曾任武汉经济发展投资（集团）有限公司计划财务部部长、总经理助理、总会计师；2010年9月至今，任方正东亚信托有限责任公司总稽核。金融从业年限7年。
曹阳	总裁助理	男	44	2013年10月	本科	金融学	2004年3月至2010年9月，任武汉国际信托投资公司总经理助理；2010年9月至2014年4月，任方正东亚信托有限责任公司董事会秘书；2013年10月至今，任方正东亚信托有限责任公司总裁助理。金融从业年限21年。
田野	董事会秘书	男	41	2014年4月	本科	金融	2005年4月至2012年6月，任北大方正集团有限公司财务部总监；2012年7月至2014年3月，任北大方正集团财务有限公司投资部总经理；2014年4月至今，任方正东亚信托有限责任公司董事会秘书。

3.5 公司员工

报告期末，公司职工人数230人，平均年龄33岁。学历分布比率为：博士占2.61%，硕士占43.91%，本科占47.83%，专科占4.78，其他占0.87%。

4. 经营管理

4.1 经营目标、方针、战略规划

4.1.1 经营目标

通过为客户创造价值，实现股东的价值创造，并回馈社会和员工，实现客户价值、社会价值、股东价值和员工价值“四位一体”的分享型价值创造和价值增长，把公司建设成为“受人尊敬的信托公司”。

4.1.2 经营方针

组建“经营＋管理”的业务组织，既负责本部门专业化信托业务的经营，也负责其他团队对口业务的指导和纵向管理。设立专业部门统一经营“配置型”、“辅助型”、“整合型”三大财富管理业务。完善区域组织功能，统一区域管理，整合区域功能。针对不同的业务条线实行不同的专业化策略，整合、引进专业化人才建立专业化的部门推进专业化进程。与专业机构和人才建立战略合作关系，使公司成为吸引优秀外部专业管理团队的大平台。提升财富管理中心的功能，完善产品销售体系和客户服务体系。整合和改进公司的信息系统，改造完善流程，加快组织控制的标准化和信息化建设进程。

4.1.3 战略规划

通过业务管理专业化、信托产品模式化、公司客户立体化、业务网络全国化、固有业务协同化、组织能力的系统化，实现“六化一体、协同发展”。依托私募投行业务，发展资产管理业务和财富管理业务，协同固有业务，使公司发展成为具有核心竞争优势的优秀资产管理机构和财富管理机构，达成“资产管理高手、财富管理专家”的战略目标。

4.2 经营业务的主要内容

经中国银监会和公司登记机关核准，公司经营下列本外币业务：

（1）资金信托。

（2）动产信托。

（3）不动产信托。

（4）有价证券信托。

（5）其他财产或财产权信托。

（6）作为投资基金或者基金管理公司的发起人从事投资基金业务。

（7）经营企业资产的重组、购并及项目融资、公司理财、财务顾问等业务。

（8）受托经营国务院有关部门批准的证券承销业务。

（9）办理居间、咨询、资信调查等业务。

（10）代保管及保管箱业务。

（11）存放同业、拆放同业、贷款、租赁、投资方式运用固有财产。

（12）以固有财产为他人提供担保。

（13）从事同业拆借业务。

（14）中国银监会批准的其他业务。

4.2.1 信托业务

公司主要信托业务品种有资金信托、动产信托、不动产信托、有价证券信托、财产或财产权信托、事务管理信托。报告期内，公司信托资产运用与分布情况见下表：

信托资产运用与分布表

资产运用	金额（万元）	占比（%）	资产分布	金额（万元）	占比（%）
货币资产	241 308.41	1.75	基础产业	3 485 801.00	25.23
贷款	4 926 689.88	35.66	房地产	1 855 303.32	13.43
交易性金融资产	220 347.85	1.60	证券市场	224 817.88	1.63
可供出售金融资产	344 194.00	2.49	实业	4 258 719.40	30.83
持有至到期投资	5 361 160.13	38.81	金融机构	2 566 605.13	18.58
长期股权投资	2 146 681.25	15.54	其他	1 422 792.31	10.30
其他	573 657.52	4.15			
信托资产总计	13 814 039.04	100	信托资产总计	13 814 039.04	100

4.2.2 固有业务

报告期内，公司固有资产运用与分布情况见下表：

固有资产运用与分布表

资产运用	金额（万元）	占比（%）	资产分布	金额（万元）	占比（%）
货币资产	14 726.53	4.19	基础产业		
贷款及应收款	314 694.25	89.57	房地产业	48 905.25	13.92
交易性金融资产	11 929.20	3.39	证券市场	6 909.20	1.97
可供出售金融资产	4 980.00	1.42	实业		
持有至到期投资			金融机构	14 726.53	4.19
长期股权投资			其他	280 795.24	79.92
其他	5 006.24	1.43			
资产总计	351 336.22	100.00	资产总计	351 336.22	100.00

4.3 市场分析

4.3.1 影响本公司业务发展的有利因素

在经济发展"新常态"下，经济增速正从高速增长转向中高速增长，经济发展方式正从规模速度型粗放增长转向质量效率型集约增长，经济结构正从增量扩能为主转向调整存量、做优增量并存的深度调整，经济发展动力正从传统增长点转向新的增长点。国民经济的快速发展使得高净值人群不断增多，综合金融服务需求及私人理财需求迅速膨胀。监管机构在信托业治理体系建设的八项机制基础上，明确了信托业的八项责任，为信托业的发展指明了道路和方向；信托行业已经适应了金融创新的客观需要，各类业务创新推进较快，信托公司自身能力和社会影响力在发展中不断提升。信托业以其发展灵活、配置全面的优势，必将迎来新的发展良机。

对公司来说，股东的金融资源背景和雄厚资本实力，对公司的资本扩张和业务协同有很好的支持；公司建立了完善的风险控制体系，形成了以制度带动流程化的高效决策机制，能够在控制风险的基础上根据市场变化迅速做出反应，更快适应新的发展环境；公司始终坚持"宁失效益、不失风控"的原则，业务稳健发展，资本实力和资产规模持续提升，业务类型不断丰富，为进一步发展奠定了基础。

4.3.2 影响本公司业务发展的不利因素

随着我国经济发展进入"新常态"和"泛资产管理时代"竞争的加剧，信托业进入了平稳增长阶段，增速持续回落，回落幅度明显增大，弱经济周期和强市场竞争对信托业的冲击效应明显加大。同时，金融自由化的改革大幕已经渐次拉开，银行贷款为主体的间接融资和资本市场为主体的直接融资势必日益宽松，优质企业和优质项目将渐次回归银行和资本市场，通过信托融资的客户资质将逐渐降低，未来融资信托市场将呈现需求规模递减而微观风险递增的趋势。

对公司来说，房地产行业的发展拐点已经到来，房地产融资信托的风险开始加大；政府融资新政频繁出台，简单的信托融资模式将为政府债替代，公司依托房地产融资信托和政府融资信托的进取型业务朝着需求递减、风险递增的方向演变。同时，随着人力成本、研发力量和信息系统的加大投入，成本率必然提升，原有成本因素对于公司业绩的提升价值将逐步减弱。此外，公司注册资本规模偏小，一定程度上限制业务开展和创新业务资格；公司缺乏资源优势，核心竞争力有待增强，品牌影响力有待提升；公司资金获取能力有待提升，项目后续管理能力仍需加强。

4.4 内部控制

4.4.1 内部控制环境和内部控制文化

公司按照《公司法》和监管机构的要求，不断规范以股东会、董事会、监事会和高级管理层为核心的"三会一层"的公司治理架构，董事会下设信托委员会、薪酬与考核委员会、风险管理与审计委员会，各机构按照规定的工作程序、议事规则运作，做到有机协调和分权制衡。公司独立董事按照公司章程的规定对重大事项发表独立意见；公司监事会按年度对董事履职情况进行评价，强化董事的约束和监督机制，推进公司治理制度的有效执行。

公司根据内部控制要求和信托业务特点设置内部机构，将组织结构划分为决策层、前台业务层、中台管理与支持层、后台管理与监督层，明确界定总办会、信托业务审查委员会、固有业务审查委员会、各部门、岗位之间的职责及风险控制分工，形成了职责分离、相互监督制约的机制。

公司奉行"方方正正做人，实实在在做事"的核心价值观，秉承"规范、稳健、创新"的经营理念，坚持"宁失效益，不失风控"的风控原则，认真履行受托人职责。公司将内控管理理念融会在各项管理制度和业务流程中，要求员工遵守职业操守和公司规章制度，从制度层面上促进公司合规理念、合规文化的建设。公司组织员工参加信托法律知识竞赛，开通法律咨询专线，开展案件防控知识讲座，持续向员工传达遵守法律法规和实施内部控制的重要性，引导员工树立合规意识和风险意识，规范员工职业行为，促进公司长期稳健发展。

4.4.2 内部控制措施

公司股东会、董事会、监事会、高级管理层按照公司章程规定的职权，实施内部控制的监督管理；公司前台、中台、后台职责分离，横向与纵向相互监督制约；审计稽核部负责组织对公司内部控制情况进行监督、检查。公司建立了包括决策系统、业务审批及操作系统、风险控制系统，以及内部规章制度等为主要内容的内部控制机制。

4.4.3 监督评价与纠正

公司建立了多层次的内部控制监督评价机制。在公司治理层面，监事会负责对公司董事及高级管理人员履职情况进行监督；董事会下设的风险管理与审计委员会，依据公司章程及议事规则所赋予的职责权限对相关事项进行监督。在公司管理层面，合规与风险管理部对公司业务活动进行全过程监督；审计稽核部对公司经营管理活动进行事后监督评价，并督促改进。

4.5 风险管理概况

公司坚持“宁失效益，不失风控”的风控原则，通过建立和完善全面风险管理体系，使公司风险管理与战略目标相适应，确保公司风险始终在公司确定的承受水平之内，并在此基础上持续提高风险管理水平，促进各项业务稳健发展，实现客户价值、公司价值最大化。

公司根据经营管理和风险控制需要，设置有三级风险管理机构：分别是董事会下设专门委员会——风险管理与审计委员会；公司高级管理层常设议事决策机构——信托业务审查委员会及固有业务审查委员会；公司内部职能部门——合规与风险管理部及审计稽核部。

公司以业务流程为主导，形成了风险识别、风险评估、风控措施的落实、风险监控、风险预警五级风险管理体系，风险管理职责覆盖到前台、中台、后台的全部流程，实现了风险内部控制机制的有效运作。

4.5.1 信用风险管理概况

信用风险不仅包括交易对手和合作方的违约风险，还包括由于交易对手和合作方的信用状况和履约能力上的变化而导致公司各类资产价值发生变动所造成损失的风险。公司通过详尽的尽职调查，有效利用各类的信用评级系统，对项目信用风险进行充分的事前评估，审慎选择交易对手；通过事中控制、事后检查持续关注交易对手的信用状况，以及抵（质）押物价值及保证人担保能力的变化，并根据具体情况采取有效的应对措施；通过实施重点客户、区域倾斜，保持一定程度的客户集中度，在依托各种信用增级手段的基础上，切实降低信用风险；选聘外部中介机构在尽职调查中对交易结构、交易对手出具专业意见，通过法律条款的设定，借助外部律师的意见，提高抵御信用风险的能力。公司建立了项目风险量化指标体系，公司内部的项目风险量化评级系统已投入使用。该指标体系覆盖项目的立项和审批环节，对新增项目的交易对手和项目进行客观的评价，提供量化的评级数据，使公司各类项目的风控审核更加具有客观性。公司将根据市场变化和监管部门的要求适时调整、完善风险量化指标体系。公司加强对存续项目定期及不定期的后续风险检查，定期对存续项目进行风险分类及监控，做到第一时间进行风险预警，并及时采取应对措施防范风险的发生或扩大。报告期内，公司所面临的信用风险总体上在可控范围内。

4.5.2 市场风险管理概况

市场风险是指在对公司各类财产的经营管理中，因市场利率、汇率和股价等市场参数的波动而产生的风险。公司建立了市场风险识别、计量、监测和控制程序，以确保市场风险管理能够与业务性质、规模、复杂程度和风险特征相适应，与能够承担的总体市场风险水平相一致；公司加强对宏观经济和市场的研究，及时跟踪市场价格波动情况，对每项业务和产品中的市场风险因素进行分解和分析，以及时准确识别所有业务中市场风险的类别和性质；通过定期或不定期地对房地产和证券投资等业务进行市场风险压力测试，分析业务对外部市场变化的敏感程度和可能的影响，以制订策略应对市场变化；公司对重大市场风险情况事先制定应急处理方案，积极采取对冲、减少风险暴露等措施降低市场风险水平。报告期内，公司固有业务和信托业务中，证券投资业务继续保持较低比例，公司盈利能力和财务状况受其影响较小；市场利率和汇率波动对公司所管理的资产没有显著影响。

4.5.3 操作风险管理概况

操作风险是指由于不完善或有问题的内部程序、员工、信息科技系统或外部事件所造成损失的风险。公司明确界定各业务部门和管理部门的操作风险管理职责，确保各部门切实履职；公司根据业务特点、管理流程和复杂程度，逐步确定重点操作风险，通过运用操作风险因素清单、关键风险指标、风险与控制自我评估等工具，定期监测并报告操作风险状况和重大损失情况；公司针对潜在损失不断增大的风险，建立了早期的操作风险预警机制，以便及时采取措施控制、降低风险，降低损失事件的发生频率及损失程度；公司还将履约风险作为重大操作风险，实施专项管理，按照信托合同和其他有关法律文件的规定和要求，勤勉尽职履行受托人管理义务，避免因操作不当导致风险事件的发生。报告期内，公司未发生因内部原因或外部事件造成的直接或间接损失，也未发现滥用操作权的情况。

4.5.4 合规风险管理概况

合规风险是指因没有遵循法律法规、监管要求、市场规则、行业准则或内部行为准则，可能遭受法律制裁、监管处罚、重大财务损失和声誉损失的风险。公司董事会、监事会及高级管理层的工作职责包括合规管理职能，并按照相应的权限进行决策、监督、执行和考核；公司设立了满足业务发展需要的合规部门，并配置两名以上关键人员，合规部门具有独立的职责权限，负责对日常经营管理和业务操作进行合规审查，发现和纠正违规现象，保障公司各项业务发展遵循法律法规、监管要求、市场规则、行业准则或内部行为准则执行，避免由此所导致的财产损失和声誉损失；公司保持与监管机构日常的工作联系，跟踪和评估监管意见和监管要求的落实情况；公司建立了有效的合规问责制度，严格对违规行为的责任认定与追究，及时改进经营管理流程，适时修订相关制度、程序；公司要求新产品和新业务的开发必须经过合规性审核的测试，识别和评估新业务的拓展方式、新客户关系的建立以及客户关系的性质发生重大变化等所产生的合规风险。报告期内，公司未发生从业人员违反法律法规和职业操守的事件，未发生合规风险。

4.5.5 其他风险管理概况

其他风险包括政策风险、法律风险、流动性风险、员工道德风险等。公司通过加强对国家政策分析和研究，提高对政策的理解能力，加强与监管部门及同业间的沟通，以提高对政策的理解度和执行力，保持资金投向与宏观调控方向的一致性，从而防范政策风险；公司内设法律部门，对于重大项目聘请外部律师提供专业意见或法律咨询，尤其是对创新产品强化法律方面的风险管理；公司运用资产负债管理方法加强对流动性风险进行管理，严格匹配资产和负债的合理比例，并定期或不定期地对流动性进行压力测试；公司主要通过制度规范、业务及职业道德培训、内部审计人员的监督与检查来防范员工道德风险。报告期内，在公司经营管理及业务发展中未出现相关风险事件。

5. 报告期末会计报表及上一年度末的比较式会计报表

5.1 自营资产

5.1.1 会计师事务所审计意见全文

审 计 报 告

众环审字(2015)010121 号

方正东亚信托有限责任公司全体股东：

我们审计了后附的方正东亚信托有限责任公司(以下简称方正东亚信托公司)财务报表，包括 2014 年 12 月 31 日的资产负债表，2014 年度的利润表、所有者权益变动表和现金流量表以及财务报表附注。

一、管理层对财务报表的责任

编制和公允列报财务报表是方正东亚信托公司管理层的责任，这种责任包括：(1)按照企业会计准则的规定编制财务报表，并使其实现公允反映；(2)设计、执行和维护必要的内部控制，以使财务报表不存在由于舞弊或错误导致的重大错报。

二、注册会计师的责任

我们的责任是在实施审计工作的基础上对财务报表发表审计意见。我们按照中国注册会计师审计准则的规定执行了审计工作。中国注册会计师审计准则要求我们遵守职业道德规范，计划和实施审计工作以对财务报表是否不存在重大错报获取合理保证。

审计工作涉及实施审计程序，以获取有关财务报表金额和披露的审计证据。选择的审计程序取决于注册会计师的判断，包括对由于舞弊或错误导致的财务报表重大错报风险的评估。在进行风险评估时，我们考虑与财务报表编制相关的内部控制，以设计恰当的审计程序，但目的并非对内部控制的有效性发表意见。审计工作还包括评价管理层选用会计政策的恰当性和作出会计估计的合理性，以及评价财务报表的总体列报。

我们相信，我们获取的审计证据是充分、适当的，为发表审计意见提供了基础。

三、审计意见

我们认为，方正东亚信托公司财务报表在所有重大方面按照企业会计准则的规定编制，公允反映了方正东亚信托公司 2014 年 12 月 31 日的财务状况以及 2014 年度的经营成果和现金流量。

众环海华会计师事务所(特殊普通合伙)

中国注册会计师 朱 烨

中国注册会计师 钟志刚

中国 武汉 2015 年 3 月 31 日

5.1.2 资产负债表

单位：元

资产	2014 年 12 月 31 日	2013 年 12 月 31 日	负债和所有者权益	2014 年 12 月 31 日	2013 年 12 月 31 日
资产：			负债：		
货币资金	147 265 283. 70	447 105 860. 67	向中央银行借款		
存放同业款项			同业及其他金融机构存放款项		
贵金属			拆入资金	100 000 000. 00	
拆出资金			交易性金融负债		
交易性金融资产	119 292 000. 00	12 572 000. 00	衍生金融负债		
衍生金融资产			卖出回购金融资产款		
买入返售金融资产			吸收存款		
应收利息	50 523 152. 53	18 962 695. 46	应付职工薪酬	107 503 274. 49	93 490 115. 35
发放贷款及垫款	489 052 500. 00	506 195 369. 87	应交税费	153 362 201. 05	76 787 294. 13
可供出售金融资产	49 800 000. 00	48 650 000. 00	应付利息		
持有至到期投资			预计负债		25 997 150. 00
应收款项类投资	2 207 900 000. 00	1 343 500 000. 00	应付债券		
长期股权投资			递延所得税负债		6 499 287. 50
投资性房地产			其他负债	107 117 687. 69	141 143 135. 18
固定资产	8 767 164. 36	8 724 826. 49	负债合计	467 983 163. 23	343 916 982. 16
在建工程			股东权益：		
无形资产	5 510 044. 16	4 477 262. 73	实收资本	1 200 000 000. 00	1 200 000 000. 00
递延所得税资产	28 935 593. 15	7 174 864. 47	资本公积	25 997 150. 00	19 497 862. 50
其他资产	406 316 414. 06	125 485 983. 91	减：库存股		
			其他综合收益	-150 000. 00	-1 012 500. 00
			盈余公积	204 552 898. 87	118 644 366. 89
			一般风险准备	223 275 474. 66	89 267 919. 15
			未分配利润	1 391 703 465. 20	752 534 232. 90
			外币报表折算差额		
			归属于母公司的股东权益合计	3 045 378 988. 73	2 178 931 881. 44
			少数股东权益		
			股东权益合计	3 045 378 988. 73	2 178 931 881. 44
资产总计	3 513 362 151. 96	2 522 848 863. 60	负债和股东权益总计	3 513 362 151. 96	2 522 848 863. 60

5.1.3 利润表

单位:元

项　　目	2014 年度	2013 年度
一、营业收入	1 587 319 816.37	1 278 888 656.52
利息净收入	73 476 812.41	55 146 460.52
利息收入	75 287 340.96	55 146 460.52
利息支出	1 810 528.55	
手续费及佣金净收入	1 316 711 133.93	1 112 557 755.23
投资收益(损失以“-”号填列)	190 210 512.49	114 539 501.74
公允价值变动净收益(损失以“-”号填列)	6 720 000.00	-420 000.00
汇兑收益(损失以“-”号填列)	201 357.54	-2 935 060.97
其他业务收入		
二、营业支出	479 824 812.16	331 534 261.61
营业税金及附加	79 284 958.28	62 700 343.20
业务及管理费	305 800 978.44	261 934 294.62

续表

单位:元

项　　目	2014 年度	2013 年度
资产减值损失	94 738 875.44	6 899 623.79
其他业务成本		
三、营业利润(亏损以“-”号填列)	1 107 495 004.21	947 354 394.91
加:营业外收入	46 922 500.00	17 245 550.57
减:营业外支出	44 354.30	844 595.22
四、利润总额(亏损总额以“-”号填列)	1 154 373 149.91	963 755 350.26
减:所得税费用	295 287 830.12	261 842 746.92
五、净利润(净亏损以“-”号填列)	859 085 319.79	701 912 603.34
六、每股收益:		
(一)基本每股收益(元)		
(二)稀释每股收益(元)		
七、其他综合收益	862 500.00	-829 875.00
八、综合收益总额	859 947 819.79	701 082 728.34

5.1.4 所有者权益变动表

所有者权益变动表

单位:元

项　　目	2014 年度						
	实收资本	资本公积	其他综合收益	盈余公积	一般风险准备	未分配利润	所有者权益合计
一、上年末余额	1 200 000 000.00	18 485 362.50		118 644 366.89	89 267 919.15	752 534 232.90	2 178 931 881.44
加:会计政策变更		1 012 500.00	-1 012 500.00				
前期差错更正							
其他							
二、本年初余额	1 200 000 000.00	19 497 862.50	-1 012 500.00	118 644 366.89	89 267 919.15	752 534 232.90	2 178 931 881.44
三、本期增减变动金额(减少以“-”号填列)		6 499 287.50	862 500.00	85 908 531.98	134 007 555.51	639 169 232.30	866 447 107.29
(一)综合收益总额			862 500.00			859 085 319.79	859 947 819.79
(二)所有者投入和减少资本		6 499 287.50					6 499 287.50
1. 所有者投入资本							
2. 其他权益工具持有者投入的资本							
3. 股份支付计入所有者权益的金额							
4. 其他		6 499 287.50					6 499 287.50
(三)专项储备提取和使用							
1. 提取专项储备							
2. 使用专项储备							
(四)利润分配				85 908 531.98	134 007 555.51	-219 916 087.49	
1. 提取盈余公积				85 908 531.98		-85 908 531.98	
2. 提取一般风险准备					134 007 555.51	-134 007 555.51	
3. 对所有者的分配							
4. 其他							
(五)所有者权益内部结转							
1. 资本公积转增资本							
2. 盈余公积转增资本							
3. 盈余公积弥补亏损							
4. 其他							
四、本年末余额	1 200 000 000.00	25 997 150.00	-150 000.00	204 552 898.87	223 275 474.66	1 391 703 465.20	3 045 378 988.73

所有者权益变动表(续)

单位:元

项　目	2013 年度						
	实收资本	资本公积	其他综合收益	盈余公积	一般风险准备	未分配利润	所有者权益合计
一、上年末余额	1 000 000 000.00	-182 625.00		48 453 106.56	24 226 553.28	385 854 255.76	1 458 351 290.60
加:会计政策变更		182 625.00	-182 625.00				
前期差错更正							
其他							
二、本年初余额	1 000 000 000.00		-182 625.00	48 453 106.56	24 226 553.28	385 854 255.76	1 458 351 290.60
三、本期增减变动金额(减少以"-"号填列)		19 497 862.50	-829 875.00	70 191 260.33	65 041 365.87	366 679 977.14	720 580 590.84
(一)综合收益总额			-829 875.00			701 912 603.34	701 082 728.34
(二)所有者投入和减少资本	200 000 000.00	19 497 862.50					219 497 862.50
1. 所有者投入资本	200 000 000.00						200 000 000.00
2. 其他权益工具持有者投入的资本							
3. 股份支付计入所有者权益的金额							
4. 其他		19 497 862.50					19 497 862.50
(三)专项储备提取和使用							
1. 提取专项储备							
2. 使用专项储备							
(四)利润分配				70 191 260.33	65 041 365.87	-135 232 626.20	
1. 提取盈余公积				70 191 260.33		-70 191 260.33	
2. 提取一般风险准备					65 041 365.87	-65 041 365.87	
3. 对所有者的分配							
4. 其他							
(五)所有者权益内部结转						-200 000 000.00	-200 000 000.00
1. 资本公积转增资本							
2. 盈余公积转增资本							
3. 盈余公积弥补亏损							
4. 其他						-200 000 000.00	-200 000 000.00
四、本年末余额	1 200 000 000.00	19 497 862.50	-1 012 500.00	118 644 366.89	89 267 919.15	752 534 232.90	2 178 931 881.44

5.2 信托资产

5.2.1 信托项目资产负债汇总表

信托项目资产负债表

单位:万元

序号	项目	期末余额	年初余额
1	信托资产:		
2	1. 货币资金	241 308.41	44 001.85
3	2. 拆出资金		
4	3. 存出保证金		
5	4. 交易性金融资产	220 347.85	
6	5. 衍生金融资产		
7	6. 买入返售金融资产	16 470.04	
8	其中:6.1 买入返售证券	16 470.04	
9	6.2 买入返售信贷资产		
10	7. 应收款项	385 729.48	570 220.20
11	8. 发放贷款	4 926 689.88	4 656 095.12
12	其中:8.1 基础产业	1 385 240.80	1 684 287.00
13	8.2 房地产	937 541.97	702 537.62
14	9. 可供出售金融资产	344 194.00	434 074.00
15	10. 持有至到期投资	5 361 160.13	4 324 319.30

续表

序号	项目	期末余额	年初余额
16	11. 长期应收款		
17	12. 长期股权投资	2 146 681.25	1 100 564.00
18	其中:12.1 基础产业	115 000.00	50 000.00
19	12.2 房地产	632 961.25	329 293.00
20	13. 投资性房地产		
21	14. 固定资产		
22	15. 无形资产		
23	16. 长期待摊费用		
24	17. 其他资产	171 458.00	52 295.00
25	18. 信托资产总计	13 814 039.04	11 181 569.47
26	19. 各项资产减值准备		
27	信托负债		
28	20. 交易性金融负债		
29	21. 衍生金融负债		
30	22. 应付受托人报酬	5 036.67	1 447.85
31	23. 应付托管费	2 602.04	366.56
32	24. 应付受益人收益	32 578.10	5 396.23
33	25. 应交税费	104.97	106.20
34	26. 应付销售服务费	1 444.36	214.60
35	27. 其他应付款项	374 733.22	47 472.54
36	28. 其他负债		

续表

序号	项目	期末余额	年初余额
37	29. 信托负债合计	416 499. 36	55 003. 98
38	信托权益:		
39	30. 实收信托	13 328 657. 48	11 062 734. 02
40	30. 1 资金信托	13 131 042. 48	10 305 621. 64
41	30. 1. 1 集合	7 519 571. 00	3 724 789. 00
42	30. 1. 2 单一	5 611 471. 48	6 580 832. 64
43	30. 2 财产信托	197 615. 00	757 112. 38
44	30. 2. 1 信贷资产证券化		
45	30. 2. 2 其他资产(准)证券化	191 231. 00	757 112. 38
46	31. 资本公积		
47	32. 外币报表折算差额		
48	33. 未分配利润	68 882. 20	63 831. 47
49	34. 信托权益合计	13 397 539. 68	11 126 565. 49
50	35. 信托负债和信托权益总计	13 814 039. 04	11 181 569. 47

5. 2. 2　信托项目利润及利润分配汇总表

信托项目利润及利润分配表

单位:万元

序号	项　目	2014 年度	2013 年度
1	1. 营业收入	1 307 940. 43	887 335. 96
2	1. 1　利息收入	556 961. 48	349 268. 19
3	1. 2　投资收益(损失以"－"号填列)	750 703. 91	536 936. 93
4	其中:对联营企业和合营企业的投资收益		
5	1. 3　公允价值变动收益(损失以"－"号填列)		1 130. 75
6	1. 4　租赁收入		
7	1. 5　汇兑损益(损失以"－"号填列)		
8	1. 6　其他收入	275. 04	0. 09
9	2. 支出	206 219. 89	202 779. 75
10	2. 1　营业税金及附加		
11	2. 2　受托人报酬	87 438. 76	79 691. 27
12	2. 3　托管费	19 173. 54	21 023. 49
13	2. 4　投资管理费		
14	2. 5　销售服务费	37 126. 73	48 847. 93
15	2. 6　交易费用	85. 39	1. 08
16	2. 7　资产减值损失		
17	2. 8　其他费用	62 395. 47	53 215. 98
18	3. 信托净利润(净亏损以"－"号填列)	1 101 720. 54	684 556. 21
19	4. 其他综合收益		
20	5. 综合收益	1 101 720. 54	684 556. 21
21	6. 加:期初未分配信托利润	63 831. 48	94 596. 70
22	7. 可供分配的信托利润	1 165 552. 02	779 152. 91
23	8. 减:本期已分配信托利润	1 096 669. 82	715 321. 43
24	9. 期末未分配信托利润	68 882. 20	63 831. 48

6. 会计报表附注

6. 1　会计报表编制基准不符合会计核算基本前提的说明

本公司执行财政部于 2006 年 2 月 15 日颁布的《企业会计准则》(下称新会计准则),会计报表编制无不符合会计核算基本前提事项。

6. 2　或有事项说明

本公司在报告期内无需要披露的承诺事项及或有事项。

6. 3　重要资产转让及其出售的说明

报告期无重要资产转让或出售。

6. 4　会计报表中重要项目的明细资料

6. 4. 1　披露固有资产经营情况

6. 4. 1. 1　按信用风险五级分类结果披露信用风险资产的期初数、期末数

信用风险资产五级分类	正常类(万元)	关注类(万元)	次级类(万元)	可疑类(万元)	损失类(万元)	信用风险资产合计(万元)	不良资产合计(万元)	不良率(%)
期初数	51 390. 39					51 390. 39		0. 00
期末数	49 650. 00					49 650. 00		0. 00

注:不良资产合计＝次级类＋可疑类＋损失类。

6. 4. 1. 2　各项资产减值损失准备

单位:万元

项目	期初数	本期计提	本期转回	本期核销	期末数
贷款损失准备	770. 86		26. 11		744. 75
一般准备	770. 86		26. 11		744. 75
专项准备					
其他资产减值准备	58. 79	9 500. 00			9 558. 79
可供出售金融资产减值准备					
持有至到期投资减值准备					
长期股权投资减值准备					
坏账准备	58. 79	9 500. 00			9 558. 79
投资性房地产减值准备					

6. 4. 1. 3　固有业务投资品种明细

单位:万元

项目	固有股票	基金	债券	长期股权投资	其他投资	合计
期初数	3 676. 40		5 000. 00		134 350. 00	143 026. 40
期末数	3 676. 40		5 000. 00		227 390. 00	236 066. 40

6. 4. 1. 4　前三名固有长期股权投资企业情况

报告期内公司无长期股权投资。

6. 4. 1. 5　前三名固有贷款企业情况

企业名称	贷款金额(万元)	占贷款总额的比例(%)	还款情况
襄阳市民发天盛房地产开发有限公司	31 000. 00	49. 68	正常
湖北新海盛顿置业有限公司	10 000. 00	16. 03	正常
湖北新海盛顿置业有限公司	8 000. 00	12. 82	正常

6.4.1.6　表外业务情况

报告期内公司无表外业务。

6.4.1.7　公司当年的收入结构

收入结构	金额(万元)	占比(%)
手续费及佣金净收入	131 671.11	80.57
其中:信托手续费收入	131 671.11	80.57
投资银行业务收入		
利息净收入	7 347.68	4.50
其他业务收入		
其中:计入信托业务收入部分		
投资收益	19 021.05	11.64
其中:股权投资收益		
证券投资收益		
其他投资收益	19 021.05	11.64
公允价值变动损益	672.00	0.41
汇兑损失	20.14	0.01
营业外收入	4 692.25	2.87
收入合计	163 424.23	100.00

6.4.2　信托财产管理情况

6.4.2.1　信托资产的期初数、期末数

单位:万元

信托资产	期初数	期末数
集合	3 748 864.71	7 960 345.28
单一	6 675 545.59	5 656 050.70
财产权	757 159.17	197 643.06
合计	11 181 569.47	13 814 039.04

6.4.2.1.1　主动管理型信托业务的信托资产期初数、期末数

单位:万元

主动管理型信托资产	期初数	期末数
证券投资类	27 541.79	225 252.79
股权投资类	1 204 554.76	616 551.73
其他投资类	284 539.65	175 747.68
融资类	6 010 541.10	5 358 437.32
事务管理类	646 128.48	3 350 039.65
合计	8 173 305.78	9 726 029.17

6.4.2.1.2　被动管理型信托业务的信托资产期初数、期末数

单位:万元

被动管理型信托资产	期初数	期末数
证券投资类	296 791.94	
股权投资类	148 000.78	
其他投资类	230 395.07	
融资类	2 270 460.54	
事务管理类	359 407.30	4 088 009.87
合计	3 008 263.69	4 088 009.87

6.4.2.2　本年度已清算结束的信托项目

6.4.2.2.1　本年度已清算结束的集合类,单一类资金信托项目和财产管理类信托项目情况

已清算结束信托项目	项目个数(个)	实收信托合计金额(万元)	加权平均实际年化收益率(%)
集合类	45	1 391 161.00	9.81
单一类	138	4 435 253.30	7.72
财产管理类	7	584 209.47	5.25

6.4.2.2.2　本年度已清算结束的主动管理型信托项目情况

已清算结束信托项目	项目个数(个)	实收信托合计金额(万元)	加权平均实际年化信托报酬率(%)	加权平均实际年化收益率(%)
证券投资类	1	30 000.00	1.63	7.12
股权投资类	7	229 185.00	1.39	8.91
融资类	38	1 144 976.00	1.41	10.00
事务管理类	88	3 352 762.77	0.86	7.54

6.4.2.2.3　本年度已清算结束的被动管理型信托项目情况

已清算结束信托项目	项目个数(个)	实收信托合计金额(万元)	加权平均实际年化信托报酬率(%)	加权平均实际年化收益率(%)
证券投资类				
股权投资类				
融资类				
事务管理类	56	1 653 700.00	0.35	7.24

6.4.2.3　本年度新增信托项目情况

新增信托项目	项目个数(个)	实收信托合计金额(万元)
集合类	104	6 339 224.58
单一类	91	3 408 781.32
财产管理类	1	6 384.00
新增合计	196	9 754 389.90
其中:主动管理型	143	7 124 665.90
被动管理型	53	2 629 724.00

6.4.2.4　公司履行受托人义务情况及因公司自身责任而导致的信托财产损失情况

公司严格按照信托相关法律法规规章及公司制度的要求管理、运用及处分信托财产,恪尽职守,履行诚实、信用、谨慎、有效管理的义务,维护受益人的最大利益。

公司对信托业务实施自主管理,亲自处理信托事务,在处理信托事务时避免利益冲突,并对委托人、受益人以及所处理信托事务的情况和资料依法严格保密。

公司将信托财产与其固有财产分别管理、分别记账,并将不同委托人的信托财产分别管理、分别记账,并对信托业务与非信托业务分别进行核算、对每项信托业务单独进行核算。

公司的信托业务部门独立于公司的其他部门,其人员未与

公司其他部门的人员相互兼职，业务信息未与公司的其他部门共享。

本年度无因公司自身责任而导致的信托资产损失情况。

6.4.2.5　信托赔偿准备金的提取、使用和管理情况

本年度公司提取信托赔偿准备金 4 295.43 万元，截至 2014 年 12 月 31 日，信托赔偿准备金余额 10 227.64 万元。报告期内，未使用信托赔偿准备金。

6.5　关联方关系及其交易的披露

6.5.1　关联交易方的数量、关联交易的总金额及关联交易的定价政策等

项目	关联交易方数量	关联交易金额(万元)	定价原则
合计	3	613.59	参照市场价格

6.5.2　关联交易方情况

关系性质	关联方名称	法定代表人	注册地址	注册资本(万元)	主营业务
出资人的子公司	武汉开发投资有限公司	叶长春	武汉市江汉区长江日报路 24 号	100 000	投资业务及其他
母公司	北大方正集团有限公司	黄桂田	北京市海淀区成府路 298 号	101 428.57	制造方正电子出版系统等
受同一母公司控制	深圳市方正信息系统有限公司	侯郁波	深圳市福田区华富路 1006 号航都大厦 26 层 A 座	26 000	计算机硬件软件和外围设备的销售和技术开发
受同一母公司控制	方正世纪信息系统有限公司	周伯勤	北京市海淀区成府路中关园 503～506 号	39 000	计算机硬件、设备及系统集成等
受同一母公司控制	方正国际软件有限公司	方中华	苏州市工业园区星湖街 328 号创意产业园	24 899.5694	软件信息服务
受同一母公司控制	方正证券股份有限公司	何其聪	湖南省长沙市芙蓉中路二段华侨国际大厦 22～24 层	610 000	证券经纪、投资银行、证券自营、资产管理、基金管理、直接投资等

6.5.3　公司与关联方的重大交易事项

6.5.3.1　固有资产与关联方关联交易

单位：万元

固有与关联方关联交易				
项目	期初数	借方发生额	贷方发生额	期末数
贷款				
投资				
租赁	148.81	613.59	293.55	468.85
担保				
应收账款				
其他	2 599.72		2 599.72	0.00
合计	2 748.53	613.59	2 893.27	468.55

注：1. 公司承租武汉开发投资有限公司位于武汉市长江日报路 77 号投资大厦 11～14 层、2 层部分作为办公场所。

2. 公司承租深圳市方正信息系统有限公司位于广州市体育西路 123 号新创举大厦 27 层作为办公场所。

3. 中信银行股份有限公司深圳福田支行(中信银行福田支行)于 2012 年 10 月 28 日向武汉市中级人民法院起诉方正东亚信托和北大方正集团有限公司(方正集团)，请求法院判令方正东亚信托和方正集团向中信银行福田支行支付同业存款本金 2 000.00 万元及相应利息，该案属于武汉国际信托投资有限公司(方正东亚信托的前身)的历史遗留纠纷，2013 年末根据武汉市中级人民法院 2013 年 8 月 29 日作出的一审判决计提预计负债，2014 年 7 月 8 日，湖北省高级人民法院作出二审终审判决并送达(2014)鄂民二终字第 00005 号《民事判决书》驳回上诉，维持原判，方正集团已向中信银行福田支行偿还上述债务，案件终审判决已履行完毕，故报告期末本公司不存在对该事项的预计负债。

6.5.3.2　信托财产与关联方关联交易

无。

6.5.3.3　信托公司固有资金运用于自己管理的信托项目(固信交易)、信托公司管理的信托项目之间的相互(信信交易)交易金额，包括余额和本报告年度的发生额

6.5.3.3.1　固有财产与信托财产相互交易情况

单位：万元

	期初数	本期发生额	期末数
合计	134 350.00	73 040.00	207 390.00

6.5.3.3.2　信托资产与信托财产相互交易情况

单位：万元

	期初数	本年借方发生额	本年贷方发生额	期末数
合计	100 646.00	609 122.13	34 513.00	675 255.13

6.5.4　逐笔披露关联方逾期未偿还本公司资金的详细情况以及本公司为关联方担保发生或即将发生垫款的详细情况

报告期内无关联方逾期未偿还本公司资金的情况以及公司为关联方担保发生或即将发生垫款的情况。

6.6　计制度的披露

公司固有业务和信托业务执行的是 2006 年颁布的《企业会计准则》。

7. 财务情况说明书

7.1　利润实现和分配情况

单位：万元

项目	本年数	上年数
本年净利润	85 908.53	70 191.26
加：年初未分配利润	75 253.42	38 585.43
其他转入		
可供分配的利润	161 161.95	108 776.69
减：提取法定盈余公积	8 590.85	7 019.13
提取法定公益金		
提取信托赔偿准备金	4 295.43	3 509.56
提取一般准备金	9 105.33	2 994.57
提取职工奖励及福利基金		
提取储备基金		
提取企业发展基金		
利润归还投资		
可供投资者分配的利润	139 170.34	95 253.43
减：应付优先股股利		
提取任意盈余公积		
股利分配		
转作股本的普通股股利		20 000.00
年末未分配利润	139 170.34	75 253.42

7.2 主要财务指标

指标名称	指标值
资本利润率(%)	32.89
加权年化信托报酬率(%)	0.81
人均净利润(万元)	440.56

7.3 对本公司财务状况、经营成果有重大影响的其他事项

报告期内没有发生对本公司财务状况、经营成果有重大影响的其他事项。

8. 特别事项揭示

8.1 前五名股东报告期内变动情况及原因

无。

8.2 董事、监事及高级管理人员变动情况及原因

本报告期内,经公司第二届董事会第三次会议审议通过,董事会聘任田野先生为第二届董事会秘书,曹阳先生不再兼任第二届董事会秘书。

8.3 变更注册资本、变更注册地或公司名称、公司分立合并事项

无。

8.4 公司的重大诉讼事项

8.4.1 重大未决诉讼事项

"方正东亚·楚凤2号艺术品投资集合资金信托计划"项目的投资顾问北京邦文当代投资艺术有限公司(以下简称北京邦文公司)未按合同约定履行义务,公司于2014年9月在湖北省高级人民法院起诉北京邦文公司,要求北京邦文公司履行债务7 307.4万元,法院已查封债务人名下资产。该案于2014年12月4日第一次开庭审理后,在法院主持下公司正在与北京邦文公司及其实际控制人进行调解。

8.4.2 以前年度发生,于本报告期内终结的诉讼事项

中信银行股份有限公司深圳福田支行(中信银行福田支行)于2012年10月28日在武汉市中级人民法院起诉本公司和北大方正集团有限公司,请求法院判令本案两被告向原告支付同业存款本金人民币2 000万元及相应利息。该案系由原武汉国际信托投资公司历史遗留问题引发,案件已经武汉市中级人民法院和湖北省高级人民法院两审终审,北大方正集团有限公司已履行了终审判决书确定的义务,此案已终结。

8.4.3 本报告年度发生,于本报告期内终结的诉讼事项

无。

8.5 公司及其董事、监事和高级管理人员受到处罚的情况

无。

8.6 中国银监会及其派出机构对公司的整改意见及公司整改情况

无。

8.7 公司重大事项临时报告的简要内容、披露时间、所披露的媒体及版面

2014年1月1日,公司于《金融时报》第三版刊登了《关于增加注册资本的公告》,对公司完成增加注册资本金至人民币12亿元并相应修改公司章程的事项进行了披露。

8.8 中国银监会及其派出机构认定的其他有必要让客户及相关利益人了解的重要信息

无。

9. 公司监事会意见

报告期内,公司决策程序符合《公司法》《信托法》《信托公司管理办法》和公司章程的规定,内部控制制度较为完善,公司董事、高级管理人员认真履行职责,未发生违法行为和损害公司利益的行为。公司2014年度财务报告经众环海华会计师事务所审计,真实反映了公司财务状况和经营成果。

光大兴陇信托有限责任公司

1. 重要提示

1.1 本公司董事会及董事保证本报告所载资料不存在任何虚假记载、误导性陈述或者重大遗漏，并对其内容的真实性、准确性和完整性承担个别及连带责任。本年度报告摘要摘自年度报告全文，客户及相关利益人欲了解详细内容，应阅读年度报告全文。

1.2 本公司独立董事对年度报告内容的真实性、准确性、完整性无异议。

1.3 毕马威华振会计师事务所为本公司出具了标准无保留意见的审计报告。

1.4 本公司董事会郑重声明：保证年度报告中财务报告的真实和完整。

2. 公司概况

2.1 公司简介

2.1.1 公司历史沿革

光大兴陇信托有限责任公司是在原甘肃省信托有限责任公司（以下简称原甘肃信托）基础上重组后成立的。原甘肃信托是1980年2月经甘肃省政府批准成立、1981年6月经中国人民银行和财政部批准续办的甘肃省第一家具有金融业务资格的省属金融机构。1991年、1996年两次经中国人民银行批准进行重新登记，1996年更名为“甘肃省信托投资公司”。2002年4月，经中国人民银行批准由原甘肃省信托投资公司、天水市信托投资公司和白银市信托投资公司合并重组，组建成立“甘肃省信托投资有限责任公司”，注册资本金为45 143万元。2009年2月经中国银行业监督管理委员会批准，公司名称变更为“甘肃省信托有限责任公司”，注册资本金变更为31 819.05万元。2010年5月，经中国银行业监督管理委员会批准，公司注册资本金变更为101 819.05万元。2014年5月，经中国银行业监督管理委员会批准，甘肃省国有资产投资集团有限公司将其持有的51%股权转让至中国光大（集团）总公司。2014年7月1日，经甘肃银监局核准，公司名称变更为“光大兴陇信托有限责任公司”。

2.1.2 公司的法定名称

中文：光大兴陇信托有限责任公司（缩写：光大兴陇信托）

英文：Everbright Xinglong Trust Co.，Ltd.（缩写：EXTC）

2.1.3 公司法定代表人：马江河（鉴于新任法定代表人王廷科同志的高管任职资格尚在核准之中，故截至2014年末披露法定代表人为马江河，待相关法律手续履行完毕后正式变更）

2.1.4 公司注册地址：甘肃省兰州市静宁路308号

邮政编码：730030

公司网址：http://www.ebtrust.com

公司电子信箱：contact@ebtrust.com

2.1.5 公司负责信息披露事务的高级管理人员：黄智洋

信息披露事务联系人：刘卓飞

办公电话：010－63630699

办公传真：010－63630600

电子信箱：liuzhuofei@ebtrust.com

2.1.6 公司选定的信息披露报纸：《中国证券报》

2.1.7 年度报告备置地点：北京市西城区武定侯街6号卓著中心8层；甘肃省兰州市静宁路308号信托大厦17层

2.1.8 公司聘请的会计师事务所：毕马威华振会计师事务所

住所：北京市东长安街1号东方广场东2办公楼8层

2.1.9 公司聘请的律师事务所：甘肃正天合律师事务所

住所：甘肃省兰州市城关区通渭路1号房地产大厦15层

2.2 组织结构

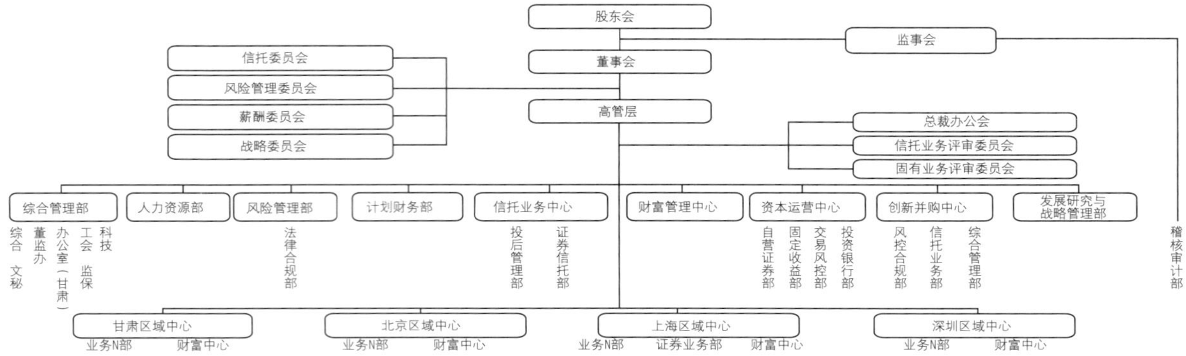

3. 公司治理

3.1 股东和股东会

截至报告期末,股东总数为 4 名。股东及出资情况如下表:

股东名称	出资比例(%)	法定代表人	注册资本(万元)	注册地址	主要经营业务
中国光大集团股份公司	51.00	唐双宁	6 000 000.00	北京市西城区太平桥大街25号	投资和管理金融业包括银行、证券、保险、基金、信托、期货、租赁、金银交易,资产管理,投资和管理非金融业。
甘肃省国有资产投资集团有限公司	41.58	吴万华	1 197 056.55	兰州市静宁路308号	国有资本(股权)管理和融资业务,产业整合和投资业务,基金投资和创投业务,上市股权管理和运营业务,有色金属材料的批发和零售,以及经批准的其他业务等。
天水市财政局	4.00	张栋梁	—	天水市合作北路62号	—
白银市财政局	3.42	马　勤	—	白银市广场北路1号统办2号楼	—

3.2 董事、董事会及其下属委员会

董事长、副董事长、董事

姓名	职务	性别	年龄	选任日期	任期(年)	所代表(推举)的股东名称	该股东持股比例(%)	简要履历
吴少华	董事长(任职资格正在审批中)	男	50	2014年12月	3	中国光大集团股份公司	51	曾任中国光大(集团)总公司党委委员、执行董事、副总经理;现任中国光大集团股份公司党委委员、执行董事、副总经理兼光大金控资产管理有限公司党委书记、董事长,光大兴陇信托有限责任公司党委书记并拟聘任公司董事长,任职资格按监管部门程序办理。
梁春满	副董事长(任职资格正在审批中)	男	46	2014年12月	3	甘肃省国有资产投资集团有限公司、天水市财政局、白银市财政局(三方联合)	49	曾任甘肃省人民政府金融工作办公室副主任;现任光大兴陇信托有限责任公司党委副书记并拟聘任公司副董事长,任职资格按监管部门程序办理。
王廷科	董事	男	50	2014年9月	3	中国光大集团股份公司	51	曾任中国光大(集团)总公司股权管理部总经理;现任光大兴陇信托有限责任公司党委副书记并拟聘任公司总裁,任职资格按监管部门程序办理。
陆卫东	董事	男	45	2014年9月	3	中国光大集团股份公司	51	曾任中国光大银行北京分行计划财务部总经理、光大金控资产管理有限公司财务管理部总经理;现任光大金控资产管理有限公司党委委员、副总裁。
吴万华	董事(任职资格正在审批中)	男	49	2014年12月	3	甘肃省国有资产投资集团有限公司、天水市财政局、白银市财政局(三方联合)	49	曾任甘肃省人民政府国有资产监督管理委员会党委副书记;纪委书记;现任甘肃省国有资产投资集团有限公司董事长、党委书记。
杨　文	职工董事	男	52	2014年9月	3	—	—	曾任原甘肃省信托有限责任公司职工董事、总裁、党委委员;现任光大兴陇信托有限责任公司职工董事、甘肃区域中心总经理。

董事会下属委员会

董事会下属委员会名称	职　责	组成人员姓名	职　务
信托委员会	协助董事会建立和完善公司信托业务职能规则体系并监督实施;对公司信托计划的设立、信托财产、信托当事人、信托的变更与终止等信托事务,进行合法合规性鉴定,以达到信托业务规范运作;对公司信托业务合规管理工作进行监督;对公司信托业务运行情况进行定期评估;负责公司关联交易管理,对重大关联交易事项进行审查并提交董事会审议;董事会授予的其他职责。	周小明	主任委员
		王廷科	委员
		吴万华	委员
风险管理委员会	根据公司总体战略,审核和修订公司风险政策,对其实施情况及效果进行监督和评价,并向董事会提出建议;对项目风险进行预警、评价;董事会授予的其他职责。	王廷科	主任委员
		陆卫东	委员
		杨　文	委员
		张　萍	委员
		苑德军	委员

续表

董事会下属委员会名称	职 责	组成人员姓名	职 务
薪酬委员会	拟订董事、独立董事、监事及高级管理人员的薪酬方案，并向董事会提出薪酬方案的建议；负责对公司薪酬制度执行情况进行监督；拟订董事会年度费用预算方案，向董事会提出建议；董事会授予的其他职责。	陆卫东	主任委员
		周小明	委员
		苑德军	委员
战略委员会	研究审议公司长期发展战略；研究审议公司业务及机构发展规划；研究审议公司重大投资融资方案和其他影响公司发展的重大事项；将研究审议结论向公司董事会提出建议及方案。	（注：战略委员会于2014年12月30日成立，截至报告期末，战略委员会成员尚未选举产生）	

3.3 监事、监事会及其下属委员会

监事会成员

姓名	职务	性别	年龄	选任日期	任期（年）	所代表（推举）的股东名称	该股东持股比例（%）	简 要 履 历
陆代森	监事会主席	男	58	2014年12月	3	甘肃省国有资产投资集团有限公司、天水市财政局、白银市财政局（三方联合）	49	曾任甘肃省人民政府副秘书长兼金融工作办公室主任，现任光大兴陇信托有限责任公司监事会主席。
孙新红	监事	男	47	2014年9月	3	中国光大集团股份公司	51	曾任中国光大（集团）总公司财务管理部资金处处长、总经理助理，现任中国光大集团股份公司财务管理部副总经理。
俞 静	职工监事	女	40	2014年9月	3	—	—	曾任原甘肃省信托有限责任公司党委委员、总裁助理，现任光大兴陇信托有限责任公司职工监事、稽核审计部副总经理。

注：本届监事会未设立下属委员会。

3.4 独立董事

独立董事

姓名	职务	性别	年龄	选任日期	任期（年）	简 要 履 历
周小明	中国人民大学信托与基金研究所所长	男	48	2014年9月	3	曾任安信信托投资股份有限公司总裁、北京君泽君律师事务所高级合伙人、北京六名律师事务所主任，现任中国人民大学信托与基金研究所所长。
苑德军	中国社科院研究生院、中国人大客座教授（退休后担任）	男	64	2014年9月	3	曾任中国银河证券公司高级经济学家，现任中国社科院研究生院、中国人大客座教授（退休后担任）。
张 萍	甘肃茂源会计师事务有限公司董事长	女	46	2014年9月	3	曾在甘肃省审计厅第一审计事务所工作，现任甘肃注册会计师（资产评估）协会副会长、甘肃茂源会计师事务有限公司董事长、甘肃中联茂源工程造价咨询有限公司董事长、中联资产评估集团（甘肃）有限公司总经理。

3.5 高级管理人员

高级管理人员

姓 名	职务	性别	年龄	选任日期	金融从业年限（年）	学历	专业	简 要 履 历
吴少华	董事长（任职资格正在审批中）	男	50	2014年12月	14	硕士研究生	工商管理	曾任中国光大（集团）总公司党委委员、执行董事、副总经理；现任中国光大集团股份公司党委委员、执行董事、副总经理兼光大金控资产管理有限公司党委书记、董事长，光大兴陇信托有限责任公司党委书记并拟聘任公司董事长，任职资格按监管部门程序办理。
梁春满	副董事长（任职资格正在审批中）	男	46	2014年12月	4	博士研究生	财政学	曾任甘肃省人民政府金融工作办公室副主任；现任光大兴陇信托有限责任公司党委副书记并拟聘任公司副董事长，任职资格按监管部门程序办理。
王廷科	总裁（任职资格正在审批中）	男	50	2014年12月	19	博士研究生	经济学	曾任中国光大（集团）总公司股权管理部总经理；现任光大兴陇信托有限责任公司党委副书记并拟聘任公司总裁，任职资格按监管部门程序办理。

续表

姓 名	职务	性别	年龄	选任日期	金融从业年限(年)	学历	专业	简要履历
陈凯慧	常务副总裁（任职资格正在审批中）	男	51	2014 年 12 月	23	博士研究生	管理科学与工程	曾任中国光大银行广州分行党委书记、行长；现任光大兴陇信托有限责任公司党委委员并拟聘任公司常务副总裁，任职资格按监管部门程序办理。
李招军	副总裁（任职资格正在审批中）	男	50	2014 年 12 月	21	博士研究生	政治经济学	曾任中国银行业监督管理委员会非银行金融机构监管部处长，河北银监局党委委员、副局长；现任光大兴陇信托有限责任公司党委委员并拟聘任公司副总裁，任职资格按监管部门程序办理。
黄智洋	董事会秘书（任职资格正在审批中）	男	46	2014 年 12 月	24	硕士研究生	政治经济学	曾任光大金控资产管理有限公司党委委员、助理总裁；现任光大兴陇信托有限责任公司党委委员、纪委书记并拟聘任公司董事会秘书，任职资格按监管部门程序办理。
刘向东	副总裁（任职资格正在审批中）	女	47	2014 年 12 月	15	博士研究生	金融学	曾任北京信托首席研究员兼研究发展中心总经理；现任光大兴陇信托有限责任公司党委委员并拟聘任公司副总裁，任职资格按监管部门程序办理。

3.6 公司员工

公司 2013 年末员工人数为 91 人，2014 年末员工人数为 156 人。

项目		报告期年度		上年度	
		人数(人)	比例(%)	人数(人)	比例(%)
年龄分布	25 岁以下	5	3	10	11
	25～29 岁	27	17	17	19
	30～39 岁	71	46	35	38
	40 岁以上	53	34	29	32
学历分布	博 士	8	5	0	0
	硕 士	68	44	19	21
	本 科	60	38	52	57
	专 科	13	8	10	11
	其 他	7	5	10	11
岗位分布	董事、监事及高管人员	10	6	7	8
	自营业务人员	10	6	11	12
	信托业务人员	87	56	35	38
	其他人员	49	32	38	42

注：自营业务人员是指按照岗位分工，专门或至少从事固有资金使用和固有资产管理有关业务的职工；信托业务人员是指按照岗位分工，专门或至少从事信托资金使用和信托资产管理各项业务的职工；对于人力资源部等类似无法明确区分的综合部门归为其他人员。

4. 经营管理

4.1 经营目标、方针、战略规划

4.1.1 经营方针

(1) 业务综合化。公司将努力实现由单一化的业务结构向综合化、多元化经营模式转变，深入挖掘信托制度优势和服务对象的需求，充分利用集团联动资源，灵活使用各种金融工具，创造性地为客户提供综合金融服务方案，满足客户多元化和个性化的金融需求。

(2) 管理主动化。公司将大力发展主动管理类的信托业务，包括集合资金信托业务、另类资产管理业务和私人财富管理业务，不断提升产品开发和风险管理能力方面的竞争力。

(3) 产品创新化。公司将积极推动财富管理综合化，资产管理多元化，产融结合特色化，投融资模式标准化，探索发展具有组合管理性质的基金化投资信托产品，具有品牌效应的"全市场配置型"资产管理产品，促进业务结构的不断丰富和优化。

(4) 发展协同化。公司将采取协同化发展的策略来建立新的商业模式，全面加强与商业银行、证券公司、资产管理公司等金融机构建立策略联盟，开展不同层次的业务合作，以达成优势互补、竞合共赢的效应，不断提升业务联动和协同的水平。

4.1.2 战略规划及目标

公司将充分依托光大集团综合化经营优势，以支持甘肃省经济社会发展和服务地方经济建设为责任和使命，秉持创业情怀和创新理念，努力推进业务转型升级基础上的持续快速发展。巩固发展主营业务，持续培育创新业务，加强主动管理，打造有效的管理保障体系，强化资本约束和支撑，加速核心竞争力的形成，将公司构建为具有自身发展特色的综合性金融服务平台，成为具有品牌影响力和核心竞争力的智慧型和创新型的信托公司。

4.2 经营业务的主要内容

4.2.1 自营资产运用与分布表

资产运用	金额(万元)	占比(%)	资产分布	金额(万元)	占比(%)
货币资产	35 880.92	20.69	基础产业	15 000.00	8.65
贷款及应收款	58 138.60	33.52	房地产	10 995.95	6.34
交易性金融资产	15 534.53	8.96	证券市场	27 095.76	15.62
可供出售金融资产	54 819.48	31.61	实业	39 770.91	22.94
持有至到期投资			金融机构	35 797.73	20.64
长期股权投资			其 他	44 760.05	25.81
其 他	9 046.87	5.22			
资产总计	173 420.40	100	资产总计	173 420.40	100

4.2.2 信托资产运用与分布表

资产运用	金额（万元）	占比（%）	资产分布	金额（万元）	占比（%）
货币资产	25 901.00	0.45	基础产业	1 146 400.00	19.86
贷 款	4 275 137.00	74.07	房地产	854 787.00	14.81
交易性金融资产	15 000.00	0.26	证券市场	15 000.00	0.26
可供出售金融资产			实业	1 597 616.00	27.68
持有至到期投资	22 161.00	0.38	金融机构	165 471.00	2.87
长期股权投资	429 747.00	7.45	其 他	1 992 250.00	34.52
其 他	1 003 578.00	17.39			
信托资产总计	5 771 524.00	100	信托资产总计	5 771 524.00	100

4.3 市场分析

4.3.1 经济形势分析

2014 年，国内宏观经济处于增长速度换挡期、结构调整阵痛期、前期刺激政策消化期，总体保持平稳的同时，经济下行压力持续加大。政府一方面在区间调控基础上实施定向调控，保持经济稳定增长；另一方面深化改革开放，激发经济社会发展活力，同时加大结构调整力度，增强发展后劲。一系列举措的实施保持宏观经济运行处于合理区间，从高速增长转为中高速增长，经济结构不断优化升级，第三产业、消费需求逐步成为主体，城乡区域差距逐步缩小，居民收入占比上升，发展成果惠及更广大民众。增长动力从要素驱动、投资驱动转向创新驱动，产业政策、货币政策、财政政策的边际效应出现递减趋势，投资增长后劲不足、融资瓶颈约束明显、企业经营困难等问题突出，经济下行压力和风险依然较大。

展望 2015 年，世界经济将继续保持复苏态势，国内基本面和改革因素仍可支撑经济中高速增长，但一些短期、结构性与长期性因素将会对经济增长造成冲击和制约，政府将继续实施和完善积极的财政政策和稳健的货币政策，把 2015 年经济增长保持在合理区间。

4.3.2 金融形势分析

2014 年，利率市场化步伐进一步加速，11 月 21 日，中央银行宣布自 11 月 22 日起下调金融机构人民币贷款和存款基准利率，同时，将存款利率上浮的区间扩大到 1.2 倍。利率市场化有利于整个社会由生产性产业结构向消费为主的产业结构转型，促进国家宏观经济转型，同时推动金融格局发生转变，推进金融机构经营行为的变革。未来，信托制度普惠化、大资管竞争趋势不可逆转，民营银行、互联网金融等创新型金融主体将对传统金融业态进一步形成冲击，信托行业的边界将逐步模糊，牌照价值将趋于弱化，业务结构和渠道、自主管理能力、业务创新能力、市场细分地位将对竞争能力起到重要的决定性作用，信托行业整体面临转型升级的紧迫性和严峻考验。

4.3.3 影响本公司业务发展的主要因素

4.3.3.1 有利因素

（1）中国经济社会发展进入“新常态”，经济增速放缓，但实际增量依然可观，增长动力日趋多元化，经济结构优化升级，政府大力简政放权，市场活力进一步释放，经济内生动力不断增强，城镇化、信息化、工业化、农业现代化不断深入，这为信托业发展提供了广阔的市场空间和有利环境。

（2）我国的资产管理市场在相当长的时间内将处于成长阶段，信托制度运用空间广阔，信托业在资产管理领域的地位和作用不断增强，对中国经济社会发展的价值不断凸显，在中国金融体系中的地位和影响力将不断提升。

（3）在市场压力和政策引导的双重推动下，信托业的业务结构正逐步朝着更加符合信托本源的方向优化，信托业监管与时俱进，积极引导信托公司增强主动管理能力和实现内涵式增长，有利于推动信托业的持续健康发展。

（4）随着股权重组工作的圆满完成，公司股东实力大幅增强，未来光大集团的金融控股平台优势及业务联动机制，将在客户资源共享、信息渠道建设、品牌、人才队伍资源等方面为公司中长期发展提供有力保障。

4.3.3.2 不利因素

当前经济差异性复苏和行业差别性变化对信托行业提出了新的挑战，强化部分领域的宏观调控、严守财政金融领域风险等重大举措，给宏观经济和金融市场运行带来了深刻影响；经济下行及产能过剩问题有所显现，与宏观经济密切相关的部分周期性行业受到冲击，信托行业风险防控压力持续加大；信托市场需求正发生结构性变化，信托业传统主导业务模式受到了挑战，信托业转型创新的紧迫性显著增强；监管部门顺应政策环境和市场环境的变化，短期内可能对信托公司业务开展产生一定影响。

4.4 风险管理

4.4.1 风险管理概况

公司针对经营活动中的信用风险、市场风险、操作风险等，不断强化风险约束和风险预警监控管理，完善风险管理的组织架构和流程，积极适应经济发展新常态，优化资产配置结构，降低整体运营风险，保障公司业务的持续发展。

公司风险管理的基本原则是全面性、审慎性、及时性、有效性和独立性。风险管理涵盖公司的各项业务、各个部门和各级人员，渗透到决策、执行、监督、反馈各个环节；风险管理是一项长期持续性工作，贯穿于公司经营过程始终；风险管理的核心是有效防范风险。公司通过制定和不断完善健全的内部控制制度，建立职责分工合理的组织机构，对可能产生的风险及时做出反应，采取有效措施进行事前、事中、事后的有效控制，以促进公司持续、稳健、规范运行。

4.4.2 风险状况

4.4.2.1 信用风险状况

信用风险是指交易对手未能履行约定契约中的义务而造成经济损失的风险，即借款人不能履行还本付息的责任而使公司的预期收益与实际收益发生偏离的可能性。主要表现在资金使用人不能及时准确披露信息，未经允许擅自改变资金用途，或不能到期还本付息等对资产安全产生的影响。主要风险来自信托融资类业务中交易对手的信用风险、固有业务中交易对手的信用风险等。

4.4.2.2 市场风险状况

市场风险主要是指在开展资产管理业务过程中，投资于有公开市场价值的金融产品或者其他产品时，金融产品或者其他产品的价格发生波动导致资产遭受损失的可能性。同时，市场风险还具有很强的传导效应，市场风险很可能引发交易对手的信用风险。

4.4.2.3　操作风险状况

操作风险是指由不完善或有问题的内部程序、员工和信息科技系统，以及外部事件所造成损失的风险。公司在规范各项业务流程、加强内控的同时，注重提高员工素质和责任心的培养，避免人为主观因素引发操作风险。

4.4.2.4　其他风险状况

其他风险主要有政策风险、合规风险和声誉风险。政策风险主要表现为宏观政策以及行业政策的变动对公司经营环境和发展所造成的影响。合规风险是指公司因没有遵循法律、规则和准则可能遭受法律制裁、监管处罚、重大财务损失和声誉损失的风险。声誉风险是指由公司经营、管理及其他行为或外部事件导致相关方对公司负面评价的风险。

4.4.3　风险管理

4.4.3.1　信用风险管理

报告期内，公司积极面对复杂多变的外部形势带来的不利影响和潜在挑战，高度重视信用风险的防范和管理，加强信用风险防范的前瞻性、针对性和及时性，强化过程管理和风险预警处置，及时转移、释放和化解信用风险及流动性风险，具体措施包括：一是公司严格落实监管政策和指导要求，持续推动制度建设，及时调整和优化各项业务政策，着力构建和完善信用风险管理体系；二是制定和修订信托业务系列操作标准，重点细化交易对手等尽职调查内容，严格规范审查审批等全业务流程、部门职责和实施要求；三是建立和完善投后管理、风险监测分析等各项机制，及时防范和化解信用风险。

4.4.3.2　市场风险管理

报告期内，作为公司市场风险主要来源的证券信托业务正处于筹备开展阶段，公司已建立系列证券信托业务管理办法，组建专业化管理团队，明晰投资限制范围和集中度控制要求，预计业务开展时，公司总体采取稳健审慎的投资风格，坚持组合投资、分散风险的原则，以将市场风险控制在公司可承受的范围内。

4.4.3.3　操作风险管理

公司重点加强内控制度和风险管理制度的落实，不断提升业务操作的规范化水平，有效管理各类操作风险。各相关业务部门按照各自的职责在授权范围内独立运作，评审、审批工作依法合规进行。公司不断加强员工培训，提高员工的责任感，提高业务合规管理和风险管理质量；通过技术手段对操作权限和内容进行程序设定、制订应急预案等措施控制操作风险。

4.4.3.4　其他风险管理

公司通过加强对国家政策的分析和研究，准确把握政策变化趋势，根据监管政策和市场的变化，加强政策风险管理，适时调整发展战略和经营策略。

公司严格按照法律法规规定开展业务，注重与监管部门的沟通，确保公司经营活动符合国家政策和监管要求，从完善公司治理、加强合规组织机构、配套机制建设、培育良好合规文化等方面，构建有效的合规风险管理机制。

公司高度重视各种声誉风险，将公司声誉构建与公司发展战略、企业文化进行有机结合，对可能影响公司声誉的业务坚决予以回避，尽职管理受托资产并充分披露，塑造公司专业和诚信的社会形象。

5. 报告期末及上一年度末的比较式会计报表

5.1　自营资产

5.1.1 会计师事务所审计意见全文

审 计 报 告

毕马威华振审字第1500436号

光大兴陇信托有限责任公司董事会：

我们审计了后附的第1页至第65页的光大兴陇信托有限责任公司（以下简称贵公司）财务报表，包括2014年12月31日的资产负债表，2014年度的利润表、所有者权益变动表、现金流量表以及财务报表附注。

一、贵公司管理层对财务报表的责任

按照中华人民共和国财政部颁布的企业会计准则的规定编制财务报表是贵公司管理层的责任。这种责任包括：（1）设计、实施和维护与财务报表编制相关的内部控制，以使财务报表不存在由于舞弊或错误而导致的重大错报；（2）选择和运用恰当的会计政策；（3）作出合理的会计估计。

二、注册会计师的责任

我们的责任是在实施审计工作的基础上对财务报表发表审计意见。我们按照中国注册会计师审计准则的规定执行了审计工作。中国注册会计师审计准则要求我们遵守职业道德规范，计划和实施审计工作以对财务报表是否不存在重大错报获取合理保证。

审计工作涉及实施审计程序，以获取有关财务报表金额和披露的审计证据。选择的审计程序取决于注册会计师的判断，包括对由于舞弊或错误导致的财务报表重大错报风险评估。在进行风险评估时，我们考虑与财务报表编制相关的内部控制，以设计恰当的审计程序，但目的并非对内部控制的有效性发表意见。审计工作还包括评价管理层选用会计政策的恰当性和作出会计估计的合理性，以及评价财务报表的总体列报。

我们相信，我们获取的审计证据是充分、适当的，为发表审计意见提供了基础。

三、审计意见

我们认为，贵公司财务报表已经按照中华人民共和国财政部颁布的企业会计准则的规定编制，在所有重大方面公允反映了贵公司2014年12月31日的财务状况以及2014年度的经营成果和现金流量。

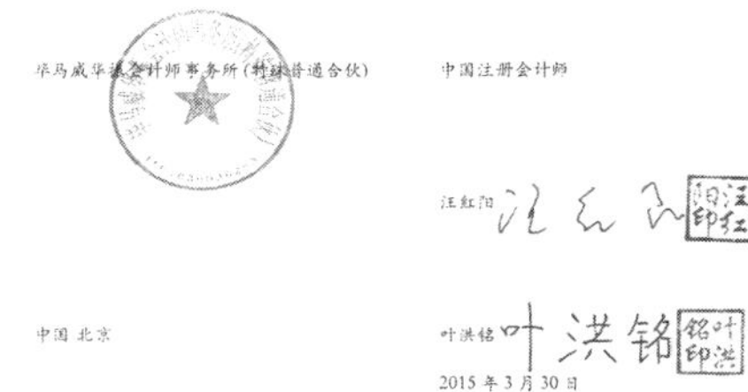
毕马威华振会计师事务所（特殊普通合伙）　中国注册会计师

汪红阳

叶洪铭

中国 北京

2015年3月30日

5.1.2 资产负债表

资产负债表

2014 年 12 月 31 日

编制单位：光大兴陇信托有限责任公司 单位：万元

	2014 年 12 月 31 日	2013 年 12 月 31 日	2013 年 1 月 1 日
资产			
现金	3.08	2.19	0.24
存放同业款项	35 877.84	24 080.45	6 672.62
以公允价值计量且其变动计入当期损益的金融资产	15 534.53	27 930.76	24 017.02
应收账款	9 151.28	11 327.30	9 047.36
应收股利	548.83	180.77	102.37
发放贷款和垫款	47 009.10	33 863.92	35 829.07
可供出售金融资产	54 819.47	50 984.56	55 636.21
固定资产	7 505.36	7 760.65	8 071.64
无形资产	118.55	138.56	111.05
递延所得税资产	1 112.03	917.56	358.35
其他资产	1 740.33	1 041.83	802.89
资产总计	173 420.40	158 228.55	140 648.82
负债和所有者权益			
预收款项	555.22	1 188.58	6 602.69
应付职工薪酬	1 922.88	1 343.89	386.20
应交税费	3 990.83	5 655.13	4 239.13
其他负债	1 181.47	1 377.81	1 551.49
负债合计	7 650.40	9 565.41	12 779.51
所有者权益			
实收资本	101 819.05	101 819.05	101 819.05
资本公积	7 730.00	7 730.00	7 730.00
其他综合收益	2 831.29	188.38	40.91
盈余公积	6 298.47	4 847.49	2 782.85
一般风险准备	3 821.20	3 132.17	1 651.43

续表

	2014 年 12 月 31 日	2013 年 12 月 31 日	2013 年 1 月 1 日
信托赔偿准备	3 474.94	2 749.46	1 717.14
未分配利润	39 795.05	28 196.59	12 127.93
所有者权益合计	165 770.00	148 663.14	127 869.31
负债和所有者权益总计	173 420.40	158 228.55	140 648.82

单位负责人：王廷科 主管会计工作的公司负责人：李招军 会计机构负责人：李敏

5.1.3 利润表

利润表

2014 年 12 月 31 日

编制单位：光大兴陇信托有限责任公司 单位：万元

	2014 年	2013 年
一、营业收入	29 313.92	38 227.01
利息收入	4 808.00	3 886.02
手续费及佣金收入	24 634.62	26 764.30
投资收益	2 353.01	7 045.66
公允价值变动（损失）/收益	-2 736.80	258.91
其他业务收入	255.05	272.29
汇兑净收益/（损失）	0.05	-0.17
二、营业支出	10 584.30	10 643.79
营业税金及附加	1 676.19	2 803.83
业务及管理费	7 202.69	5 320.68
资产减值损失	1 705.42	2 519.28
三、营业利润	18 729.63	27 583.22
加：营业外收入	211.60	13.03
减：营业外支出	-	153.07
四、利润总额	18 941.23	27 443.18
减：所得税费用	4 431.44	6 796.82
五、净利润	14 509.79	20 646.36
六、其他综合收益的税后净额以后将重分类进损益的其他综合收益	2 642.90	147.47
可供出售金融资产		
公允价值变动损益	2 642.90	147.47
综合收益总额	17 152.69	20 793.83

单位负责人：王廷科 主管会计工作的公司负责人：李招军 会计机构负责人：李 敏

5.1.4 所有者权益变动表

所有者权益变动表

编制单位：光大兴陇信托有限责任公司 2014 年 12 月 31 日 单位：万元

	2014 年度							
	实收资本	资本公积	其他综合收益	盈余公积	一般风险准备	信托赔偿准备	未分配利润	所有者权益合计
2014 年 1 月 1 日余额	101 819.05	7 730.00	188.38	4 847.49	3 132.17	2 749.46	28 196.59	148 663.14
本年增减变动金额								
1. 净利润		—	—	—	—	—	14 509.79	14 509.79
2. 其他综合收益		—	2 642.90	—	—	—	—	2 642.90
3. 国有股减持无偿划转								
全国社会保障基金理事会		—	—	—	—	—	-45.83	-45.83
上述 1、2 和 3 小计	—	—	2 642.90	—	—	—	14 463.96	17 106.86
4. 利润分配								
提取盈余公积	—	—	—	1 450.98	—	—	-1 450.98	—
提取一般风险准备	—	—	—	—	689.02	—	-689.02	—
提取信托赔偿准备	—	—	—	—	—	725.49	-725.49	—
2014 年 12 月 31 日余额	101 819.05	7 730.00	2 831.28	6 298.47	3 821.19	3 474.95	39 795.06	165 770.00

续表

2013 年度								
	实收资本	资本公积	其他综合收益	盈余公积	一般风险准备	信托赔偿准备	未分配利润	所有者权益合计
2012 年 12 月 31 日余额	101 819. 05	7 730. 00	—	2 646. 26	—	1 648. 85	12 173. 61	126 017. 77
会计政策变更	—	—	40. 91	—	—	—	—	40. 91
会计差错更正	—	—	—	136. 59	1 651. 43	68. 29	-45. 68	1 810. 63
2013 年 1 月 1 日余额	101 819. 05	7 730. 00	40. 91	2 782. 85	1 651. 43	1 717. 14	12 127. 93	127 869. 31
本年增减变动金额								
1. 净利润		—	—	—	—	—	20 646. 36	20 646. 36
2. 其他综合收益		—	147. 47	—	—	—	—	147. 47
上述 1、2 小计	—	—	147. 47	—	—	—	20 646 36	20 793. 83
3. 利润分配								
提取盈余公积	—	—	—	2 064. 64	—	—	-2 064. 64	—
提取一般风险准备	—	—	—	—	1 480. 74	—	-1 480. 74	—
提取信托赔偿准备	—	—	—	—	—	1 032. 32	-1 032 32	—
2013 年 12 月 31 日余额	101 819. 05	7 730. 00	188. 38	4 847. 49	3 132. 17	2 749. 46	28 196. 59	148 663. 14

单位负责人：王廷科　　主管会计工作的公司负责人：李招军　　会计机构负责人：李敏

5. 2 信托资产

5. 2. 1 信托项目资产负债汇总表

信托项目资产负债表

编制单位：光大兴陇信托有限责任公司　　2014 年 12 月 31 日　　单位：万元

信托资产	期末数	期初数	信托负债和信托权益	期末数	期初数
信托资产：			信托负债：		
货币资金	25 900. 62	31 572. 47	交易性金融负债		
拆出资金			衍生金融负债		
存出保证金			应付受托人报酬	7 841. 38	9 906. 96
交易性金融资产	10 487. 77	12 144. 72	应付托管费		
衍生金融资产			应付受益人收益	11 732. 50	1 568. 70
买入返售金融资产	130 386. 00	731 761. 00	应交税费	174. 94	351. 98
应收款项	717 703. 81	538 563. 00	应付销售服务费		
发放贷款	4 275 137. 29	5 556 219. 16	其他应付款项	4 288. 06	3 035. 45
可供出售金融资产			其他负债		
持有至到期投资	22 161. 00	230 188. 50	信托负债合计	24 036. 88	14 863. 09
长期应收款			信托权益：		
长期股权投资	429 747. 10	512 790. 74	实收信托	5 738 605. 93	7 757 159. 94
投资性房地产			资本公积		
固定资产			损益平准金		
无形资产			未分配利润	8 880. 78	14 266. 56
长期待摊费用					
其他资产	160 000. 00	173 050. 00	信托权益合计	5 747 486. 71	7 771 426. 50
信托资产总计	5 771 523. 59	7 786 289. 59	信托负债及权益总计	5 771 523. 59	7 786 289. 59

单位负责人：王廷科　　会计主管：李　敏　　复核：陈继辉　　制表：郝丽霞

5.2.2 信托项目利润及利润分配汇总表

信托项目利润及利润分配表

2014 年 12 月 31 日

编制单位：光大兴陇信托有限责任公司 单位：万元

项目	本年数	上年数
一、营业收入	763 737.86	597 486.75
1. 利息收入	526 173.16	515 383.10
2. 投资收益	238 239.13	81 470.92
3. 公允价值变动损益	-722.79	632.73
4. 租赁收入		
5. 汇兑损益		
6. 其他收入	48.36	0.00
二、营业费用	44 517.82	45 510.29
1. 营业税金及附加	4.64	3.49
2. 受托人报酬	23 230.71	19 941.89
3. 托管费		
4. 投资管理费	383.18	3 986.48
5. 销售服务费		
6. 交易费用		
7. 资产减值损失		
8. 其他费用	20 899.29	21 578.43
三、信托净利润（净亏损以“-”号填列）	719 220.04	551 976.46
四、其他综合收益		
五、综合收益	719 220.04	551 976.46
加：期初未分配信托利润	14 266.56	13 078.31
六、可供分配信托利润	733 486.60	565 054.77
减：本期已分配信托利润	724 605.82	550 788.21
七、期末未分配信托利润	8 880.78	14 266.56

单位负责人：王廷科 会计主管：李 敏 复核：陈继辉 制表：郝丽霞

6. 会计报表附注

6.1 会计报表编制基准不符合会计核算基本前提的说明

6.1.1 会计报表不符合会计核算基本前提的事项

无。

6.1.2 合并报表说明

无。

6.2 重要会计政策和会计估计说明

会计年度：本公司的会计年度自公历 1 月 1 日起至 12 月 31 日止。

记账本位币：本公司的记账本位币为人民币，编制财务报表采用的货币为人民币。本公司选定记账本位币的依据是主要业务收支的计价和结算币种。

计量属性在本期发生变化的报表项目及其本期采用的计量属性：编制本财务报表时一般采用历史成本进行计量，但以下资产项目除外：以公允价值计量且其变动计入当期损益的金融资产；可供出售金融资产。

现金等价物确定标准：现金和现金等价物包括库存现金、可以随时用于支付的存款以及持有期限短、流动性强、易于转换为已知金额现金、价值变动风险很小的投资。

6.2.1 计提资产减值准备的范围和方法

6.2.1.1 贷款及应收款项减值准备的范围和方法

本公司采用个别方式和组合方式评估贷款及应收款项减值损失。

运用个别方式评估时，当贷款及应收款项的预计未来现金流量（不包括尚未发生的未来信用损失）按原实际利率折现的现值低于其账面价值时，本公司将该贷款及应收款项的账面价值减记至该现值，减记的金额确认为资产减值损失，计入当期损益。

当运用组合方式评估贷款及应收款项的减值损失时，减值损失金额是根据具有类似信用风险特征的贷款及应收款项（包括以个别方式评估未发生减值的应收款项）的以往损失经验，并根据反映当前经济状况的可观察数据进行调整确定的。

在贷款及应收款项确认减值损失后，如有客观证据表明该金融资产价值已恢复，且客观上与确认该损失后发生的事项有关，本公司将原确认的减值损失予以转回，计入当期损益。该转回后的账面价值不超过假定不计提减值准备情况下该金融资产在转回日的摊余成本。

当本公司已经进行了所有必要的法律或其他程序后，贷款仍然不可收回时，本公司将决定核销贷款及冲销相应的损失准备。如在期后本公司收回已核销的贷款金额，则收回金额冲减减值损失，计入当期损益。

6.2.1.2 固定资产、无形资产、长期股权投资减值准备

本公司在资产负债表日根据内部及外部信息以确定下列资产是否存在减值的迹象，包括固定资产、在建工程、无形资产。

本公司对存在减值迹象的资产进行减值测试，估计资产的可收回金额。此外，无论是否存在减值迹象，本公司至少每年对尚未达到可使用状态的无形资产估计其可收回金额。

资产组是可以认定的最小资产组合，其产生的现金流入基本上独立于其他资产或者资产组。资产组由创造现金流入相关的资产组成。在认定资产组时，主要考虑该资产组能否独立产生现金流入，同时考虑管理层对生产经营活动的管理方式以及对资产使用或者处置的决策方式等。

可收回金额是指资产（或资产组、资产组组合，下同）的公允价值减去处置费用后的净额与资产预计未来现金流量的现值两者之间较高者。

资产预计未来现金流量的现值，按照资产在持续使用过程中和最终处置时所产生的预计未来现金流量，选择恰当的税前折现率对其进行折现后的金额加以确定。

可收回金额的估计结果表明，资产的可收回金额低于其账面价值的，资产的账面价值会减记至可收回金额，减记的金额确认为资产减值损失，计入当期损益，同时计提相应的资产减值准备。与资产组或者资产组组合相关的减值损失，先抵减分摊至该资产组或者资产组组合中商誉的账面价值，再根据资产组或者资产组组合中除商誉之外的其他各项资产的账面价值所占比重，按比例抵减其他各项资产的账面价值，但抵减后的各资产的账面价值不得低于该资产的公允价值减去处置费用后的净额（如可确定的）、该资产预计未来现金流量的现值（如可确定的）和第三者之中最高者。

资产减值损失一经确认，在以后会计期间不会转回。

6.2.1.3 金融资产的减值准备

本公司在资产负债表日对以公允价值计量且其变动计入当期损益的金融资产以外的金融资产的账面价值进行检查，有客观证据表明该金融资产发生减值的，计提减值准备。

金融资产发生减值的客观证据，包括但不限于：

(1)发行方或债务人发生严重财务困难。

(2)债务人违反了合同条款，如偿付利息或本金发生违约或逾期等。

(3)债务人很可能倒闭或进行其他财务重组。

(4)因发行方发生重大财务困难，该金融资产无法在活跃市场继续交易。

(5)权益工具发行方经营所处的技术、市场、经济或法律环境等发生重大不利变化，使权益工具投资人可能无法收回投资成本。

(6)权益工具投资的公允价值发生严重下跌或非暂时性下跌等。

可供出售金融资产运用个别方式评估减值损失。

可供出售金融资产发生减值时，即使该金融资产没有终止确认，本公司将原直接计入所有者权益的因公允价值下降形成的累计损失从所有者权益转出，计入当期损益。

对于已确认减值损失的可供出售债务工具，在随后的会计期间公允价值已上升且客观上与确认原减值损失后发生的事项有关的，原确认的减值损失应当予以转回，计入当期损益。可供出售权益工具投资发生的减值损失，不通过损益转回。但是，在活跃市场中没有报价且其公允价值不能可靠计量的权益工具投资，不得转回。

6.2.2 金融工具核算方法

本公司的金融工具包括存放同业款项、以公允价值计量且其变动计入当期损益的金融资产、贷款及应收款项、可供出售金融资产、应付款项及实收资本等。

6.2.2.1 金融资产及金融负债的确认和计量

金融资产和金融负债在本公司成为相关金融工具合同条款的一方时，于资产负债表内确认。

本公司在初始确认时按取得资产或承担负债的目的，把金融资产和金融负债分为不同类别：以公允价值计量且其变动计入当期损益的金融资产、贷款及应收款项、可供出售金融资产和其他金融负债。

在初始确认时，金融资产及金融负债均以公允价值计量。对于以公允价值计量且其变动计入当期损益的金融资产或金融负债，相关交易费用直接计入当期损益；对于其他类别的金融资产或金融负债，相关交易费用计入初始确认金额。初始确认后，金融资产和金融负债的后续计量如下：

(1)以公允价值计量且其变动计入当期损益的金融资产(包括交易性金融资产)。

本公司持有为了近期内出售或回购的金融资产和金融负债属于此类。

初始确认后，以公允价值计量且其变动计入当期损益的金融资产以公允价值计量，公允价值变动形成的利得或损失计入当期损益。

(2)贷款及应收款项。

贷款及应收款项是指在活跃市场中没有报价、回收金额固定或可确定的非衍生金融资产。

初始确认后，应收款项以实际利率法按摊余成本计量。

(3)可供出售金融资产。

本公司将在初始确认时即被指定为可供出售的非衍生金融资产以及没有归类到其他类别的金融资产分类为可供出售金融资产。

对公允价值不能可靠计量的可供出售权益工具投资，初始确认后按成本计量；其他可供出售金融资产，初始确认后以公允价值计量，公允价值变动形成的利得或损失，除减值损失和外币货币性金融资产形成的汇兑差额计入当期损益外，其他利得或损失作为其他综合收益计入资本公积，在可供出售金融资产终止确认时转出，计入当期损益。可供出售权益工具投资的现金股利，在被投资单位宣告发放股利时计入当期损益。按实际利率法计算的可供出售金融资产的利息，计入当期损益。

(4)其他金融负债。

其他金融负债是指除以公允价值计量且其变动计入当期损益的金融负债以外的金融负债。

其他金融负债初始确认后采用实际利率法按摊余成本计量。

6.2.2.2 金融资产及金融负债的列报

金融资产和金融负债在资产负债表内分别列示，没有相互抵销。但是，同时满足下列条件的，以相互抵销后的净额在资产负债表内列示：

(1)本公司具有抵销已确认金额的法定权利，且该种法定权利是当前可执行的。

(2)本公司计划以净额结算，或同时变现该金融资产和清偿该金融负债。

6.2.2.3 金融资产和金融负债的终止确认

当收取某项金融资产的现金流量的合同权利终止或将所有权上几乎所有的风险和报酬转移时，本公司终止确认该金融资产。

金融资产整体转移满足终止确认条件的，本公司将下列两项金额的差额计入当期损益：所转移金融资产的账面价值；因转移而收到的对价，与原直接计入所有者权益的公允价值变动累计额之和。

金融负债的现时义务全部或部分已经解除的，本公司终止确认该金融负债或其一部分。

6.2.3 长期股权投资核算方法

联营企业指本公司能够对其施加重大影响的企业。

在取得对联营企业投资时，本公司确认初始投资成本的原则是：对于以支付现金取得的长期股权投资，本公司按照实际支付的购买价款作为初始投资成本。

后续计量时，对联营企业的长期股权投资采用权益法核算。

本公司在采用权益法核算时的具体会计处理包括：

对于长期股权投资的初始投资成本大于投资时应享有被投资单位可辨认净资产公允价值份额的，以前者作为长期股权投资的成本；对于长期股权投资的初始投资成本小于投资时应享有被投资单位可辨认净资产公允价值份额的，以后者作为长期股权投资的成本，长期股权投资的成本与初始投资成本的差额计入当期损益。

取得对联营企业投资后，本公司按照应享有或应分担的被投资单位实现的净损益和其他综合收益的份额，分别确认投资损益和其他综合收益并调整长期股权投资的账面价值；按照被投资单位宣告分派的利润或现金股利计算应分得的部分，相应减少长期股权投资的账面价值。对联营企业除净损益、其他综合收益和利润分配以外所有者权益的其他变动，本公司按照应享有或应分担的份额计入所有者权益，并同时调整长期股权投资的账面价值。

在计算应享有或应分担的被投资单位实现的净损益、其他综合收益及所有者权益的其他变动的份额时，本公司以取得投资时被投资单位可辨认净资产公允价值为基础，按照本公司的会计政策或会计期间进行必要调整后确认投资收益和其他综合收益等。本公司与联营企业之间内部交易产生的未实现损益按照应享有的比例计算归属于本公司的部分，在权益法核算时予以抵销。内部交易产生的未实现损失，有证据表明该损失是相关资产减值损失的，则全额确认该损失。

本公司对联营企业发生的净亏损，除本公司负有承担额外损失义务外，以长期股权投资的账面价值以及其他实质上构成对联营企业净投资的长期权益减记至零为限。联营企业以后实现净利润的，本公司在收益分享额弥补未确认的亏损分担额后，恢复确认收益分享额。

6.2.4 固定资产计价和折旧方法

6.2.4.1 固定资产及在建工程的确认

固定资产指本公司为提供劳务或经营管理而持有的，使用寿命超过一个会计年度的有形资产。

固定资产以成本减累计折旧及减值准备在资产负债表内列示，在建工程以成本减减值准备在资产负债表内列示。

6.2.4.2 固定资产及在建工程的计价

外购固定资产的初始成本包括购买价款、相关税费以及使该资产达到预定可使用状态前所发生的可归属于该项资产的支出。自行建造固定资产的初始成本包括工程用物资、直接人工、符合资本化条件的借款费用和使该项资产达到预定可使用状态前所发生的必要支出。

在建工程于达到预定可使用状态时转入固定资产。在建工程不计提折旧。

对于构成固定资产的各组成部分，如果各自具有不同使用寿命或者以不同方式为本公司提供经济利益，适用不同折旧率或折旧方法的，本公司分别将各组成部分确认为单项固定资产。

对于固定资产的后续支出，包括与更换固定资产某组成部分相关的支出，在符合固定资产确认条件时计入固定资产成本，同时将被替换部分的账面价值扣除；与固定资产日常维护相关的支出在发生时计入当期损益。

报废或处置固定资产项目所产生的损益为处置所得款项净额与项目账面金额之间的差额，并于报废或处置日在损益中确认。

6.2.4.3 固定资产折旧方法

本公司对将固定资产的成本扣除预计净残值和累计减值准备后在其使用寿命内按年限平均法计提折旧，各类固定资产的使用寿命、残值率和折旧率分别为：

类　别	使用寿命（年）	残值率（%）	折旧率（%）
房屋及建筑物	50	5	1.9
办公设备及其他设备	5～10	5	9.5～19
运输工具	10	5	9.5

本公司至少在每年年度终了对固定资产的使用寿命、预计净残值和折旧方法进行复核。

6.2.5 无形资产计价及摊销政策

无形资产以成本减累计摊销（仅限于使用寿命有限的无形资产）及减值准备在资产负债表内列示。

对于使用寿命有限的无形资产，本公司将无形资产的成本扣除预计净残值和累计减值准备后按直线法在预计使用寿命期内摊销。各项无形资产的摊销年限分别为：

类别	摊销年限（年）
软件	5～10

6.2.6 长期待摊费用的摊销政策

无。

6.2.7 合并会计报表的编制方法

无。

6.2.8 收入确认原则和方法

收入是本公司在日常活动中形成的、会导致所有者权益增加且与所有者投入资本无关的经济利益的总流入。收入在其金额及相关成本能够可靠计量、相关的经济利益很可能流入本公司，并且同时满足以下不同类型收入的其他确认条件时，予以确认。

6.2.8.1 利息收入

金融资产的利息收入按实际利率法计算并计入当期损益。利息收入包括折价或溢价摊销，或生息资产的初始账面价值与到期日金额之间的其他差异按实际利率法计算进行的摊销。

实际利率法是指按金融资产或金融负债的实际利率计算其摊余成本及利息收入或利息支出的方法。实际利率是将金融工具在预期存续期间或适用的更短期间内的未来现金流量，折现为该金融工具当前账面价值所使用的利率。在计算实际利率时，本公司会在考虑金融工具（如提前还款权等）的所有合同条款（但不会考虑未来信用损失）的基础上预计未来现金流量。计算项目包括属于实际利率组成部分的订约方之间所支付或收取的各项收费、交易费用及溢价或折价。

已减值金融资产的利息收入，按确定减值损失时对未来现金流量进行折现采用的折现率作为利率计算确认。

6.2.8.2 手续费及佣金收入

手续费及佣金收入在提供相关服务时计入当期损益。

6.2.8.3 股利收入

非上市权益工具投资的股利收入于本公司收取股利的权利确立时在利润表内确认。上市权益工具投资的股利收入在投资项目的股价除息时确认。

6.2.9 所得税的会计处理方法

除因企业合并和直接计入所有者权益（包括其他综合收益）的交易或者事项产生的所得税外，本公司将当期所得税和递延所得税计入当期损益。

当期所得税是按本年度应税所得额，根据税法规定的税率计算的预期应交所得税，加上以往年度应付所得税的调整。

资产负债表日，如果本公司拥有以净额结算的法定权利并且意图以净额结算或取得资产、清偿负债同时进行时，那么当期所得税资产及当期所得税负债以抵销后的净额列示。

递延所得税资产与递延所得税负债分别根据可抵扣暂时性差异和应纳税暂时性差异确定。暂时性差异是指资产或负债的账面价值与其计税基础之间的差额，包括能够结转以后年度的可抵扣亏损和税款抵减。递延所得税资产的确认以很可能取得用来抵扣可抵扣暂时性差异的应纳税所得额为限。

如果不属于企业合并交易且交易发生时既不影响会计利润也不影响应纳税所得额(或可抵扣亏损)，则该项交易中产生的暂时性差异不会产生递延所得税。

资产负债表日，本公司根据递延所得税资产和负债的预期收回或结算方式，依据已颁布的税法规定，按照预期收回该资产或清偿该负债期间的适用税率计量该递延所得税资产和负债的账面金额。

资产负债表日，本公司对递延所得税资产的账面价值进行复核。如果未来期间很可能无法获得足够的应纳税所得额用以抵扣递延所得税资产的利益，则减记递延所得税资产的账面价值。在很可能获得足够的应纳税所得额时，减记的金额予以转回。

资产负债表日，递延所得税资产及递延所得税负债在同时满足以下条件时以抵销后的净额列示：

(1)纳税主体拥有以净额结算当期所得税资产及当期所得税负债的法定权利。

(2)递延所得税资产及递延所得税负债是与同一税收征管部门对同一纳税主体征收的所得税相关或者是对不同的纳税主体相关，但在未来每一具有重要性的递延所得税资产及负债转回的期间内，涉及的纳税主体意图以净额结算当期所得税资产和负债或是同时取得资产、清偿负债。

6.2.10 信托报酬确认原则和方法

手续费及佣金收入在提供相关服务时计入当期损益。

6.2.11 投资性房地产核算方法

无。

6.2.12 长期应收款的核算方法

无。

6.2.13 其他资产的核算方法

6.2.13.1 其他资产分类

无。

6.2.13.2 抵债资产的计量

无。

6.2.13.3 抵债资产的减值

无。

6.2.14 利润分配

资产负债表日后，经审议批准的利润分配方案中拟分配的股利或利润，不确认为资产负债表日的负债，在附注中单独披露。

6.3 或有事项说明

如果与或有事项相关的义务是本公司承担的现时义务，且该义务的履行很可能会导致经济利益流出本公司，以及有关金额能够可靠地计量，则本公司会确认预计负债。对于货币时间价值影响重大的，预计负债以预计未来现金流量折现后的金额确定。

对过去的交易或者事项形成的潜在义务，其存在须通过未来不确定事项的发生或不发生予以证实；或过去的交易或者事项形成的现时义务，履行该义务不是很可能导致经济利益流出本公司或该义务的金额不能可靠计量，则本公司会将该潜在义务或现时义务披露为或有负债。

6.4 会计报表中重要项目的明细资料

6.4.1 自营资产经营情况

6.4.1.1 按资产风险五级分类结果披露资产的期初数、期末数

信用风险资产五级分类(万元)	正常类(万元)	关注类(万元)	次级类(万元)	可疑类(万元)	损失类(万元)	信用风险资产合计(万元)	不良资产合计(万元)	不良资产率(%)
期初数	66 921.58	2 508.31		111.56	237.50	69 778.95	349.06	0.50
期末数	78 725.93	9 047.01	8 556.55		287.44	96 616.93	8 843.99	9.15

注：不良资产合计 = 次级类 + 可疑类 + 损失类。

6.4.1.2 披露资产损失准备的期初、本期计提、本期转回、本期核销、期末数

单位：万元

	2014年1月1日	本期计提	本期转回	2014年12月31日
发放贷款和垫款	1 858.46	1 204.40	(301.05)	2 761.81
可供出售金融资产	2 581.95	656.82	—	3 238.77
应收账款	236.96	99.57	(45.10)	291.43
固定资产	73.53	—	—	73.53
其他资产	5.30	111.49	(20.70)	96.08
合　计	4 756.20	2 072.27	(366.85)	6 461.62

6.4.1.3 披露自营股票投资、基金投资、债券投资、长期股权投资等投资的期初数、期末数

单位：万元

	自营股票	基金	债券	长期股权投资	其他投资	合计
期初数	27 930.76	10 000.00		25 217.35	18 037.99	81 186.10
期末数	15 534.53				54 819.47	70 354.00

6.4.1.4 按投资入股金额排序，披露前三名的自营长期股权投资的企业名称、占被投资企业权益的比例、主要经营活动及投资收益情况等

无。

6.4.1.5 披露前三名的自营贷款的企业名称、占贷款总额的比例和还款情况等

企业名称	占贷款总额的比例(%)	还款情况
白银市国有资产经营开发有限公司	30.14	正常
甘肃兴隆房地产开发有限公司	20.09	正常
嘉联皮革(中国)有限公司	14.20	正常

6.4.1.6　表外业务的期初数、期末数，按照代理业务、担保业务和其他类型表外业务分别披露

无。

6.4.1.7　公司当年的收入结构

收入结构	金额（万元）	占比（%）
手续费及佣金收入	24 634.62	83.43
其中：信托手续费收入	24 634.62	
投资银行业务收入		
利息收入	4 070.96	13.79
金融企业往来收入	737.04	2.50
其他业务收入	255.05	0.86
其中：计入信托业务收入部分		
汇兑收益	0.05	
投资收益	2 353.01	7.97
其中：股权投资收益	1 409.65	
证券投资收益	4.98	
其他投资收益	938.38	
公允价值变动收益	-2 736.80	-9.27
营业外收入	211.61	0.72
收入合计	29 525.53	100

6.4.1.8　公司净资本、风险资本以及风险控制指标

根据公司审计报告、《信托公司净资本管理办法》（中国银监会令2010年第5号）和《中国银监会关于印发信托公司净资本计算标准有关事项的通知》（银监发［2011］11号）的规定计算：截至2014年12月31日：公司净资产为165 770万元；固有业务风险资本为14 790.81万元；信托业务风险资本为46 630.96万元；其他业务风险资本为0；各项业务风险资本之和为61 421.76万元；公司净资本为123 897.09万元，符合大于等于2亿元的监管标准。

净资本/各项业务风险资本之和为201.72%，符合大于等于100%的监管标准。

净资本/净资产为74.74%，符合大于等于40%的监管标准。

6.4.2　托资产管理情况

6.4.2.1　披露履行受托人义务的情况

公司作为受托人，严格按照《中华人民共和国信托法》、《信托公司管理办法》、《信托公司资金信托管理暂行办法》等法律法规的规定及信托合同等文件的约定，恪尽职守，诚信、谨慎、高效地管理信托财产，严格履行受托人的义务，为委托人的最大利益处理信托事务。

6.4.2.2　披露信托资产的期初数、期末数

单位：万元

信托资产	期初数	期末数
集合	235 841.55	300 377.55
单一	7 330 757.44	5 316 434.47
财产权	190 560.95	121 793.91
合　计	7 757 159.94	5 738 605.93

6.4.2.2.1　主动管理型信托业务的信托资产期初数、期末数

单位：万元

主动管理型信托资产	期初数	期末数
证券投资类	15 000	15 000
股权投资类	10 081.00	
融资类	210 673.00	192 843.00
事务管理类	87.55	92 534.55
合　计	235 841.55	300 377.55

6.4.2.2.2　被动管理型信托业务的信托资产期初数、期末数

单位：万元

被动管理型信托资产	期初数	期末数
证券投资类	0.00	0.00
股权投资类	1 638.86	429 747.10
融资类	5 369 667.15	4 081 781.28
事务管理类	512 790.74	926 700
合　计	7 521 318.39	5 438 228.38

6.4.2.3　本年度已清算结束的信托项目个数、实收信托合计金额、加权平均实际年化收益率

6.4.2.3.1　本年度已清算结束的集合类、单一类资金信托项目和财产管理类信托项目个数、实收信托金额、加权平均实际年化收益率

已清算结束信托项目	项目个数（个）	实收信托合计金额（万元）	加权平均实际年化收益率（%）
集合类	12	99 067	7.92
单一类	145	3 995 163.77	7.593
财产管理类	1	68 767.04	7.81

6.4.2.3.2　本年度已清算结束的主动管理型信托项目个数、实收信托合计金额、加权平均实际年化收益率

已清算结束信托项目	项目个数（个）	实收信托合计金额（万元）	加权平均实际年化信托报酬率（%）	加权平均实际年化收益率（%）
证券投资类				
股权投资类				
融资类	12	99 067	1.05	7.92
事务管理类				
合　计	12	99 067	—	—

6.4.2.3.3　本年度已清算结束的被动管理型信托项目个数、实收信托合计金额、加权平均实际年化收益率

已清算结束信托项目	项目个数（个）	实收信托合计金额（万元）	加权平均实际年化信托报酬率（%）	加权平均实际年化收益率（%）
证券投资类				
股权投资类	4	276 843.44	0.35	7.8
融资类	98	2 406 926.87	0.255	7.66
事务管理类	44	1 380 160.50	0.275	7.53
合　计	146	4 063 930.81	0.268	7.625

6.4.2.4 本年度新增的集合类、单一类和财产管理类信托项目数量、实收信托合计金额

新增信托项目	项目个数（个）	实收信托合计金额（万元）
集合类	11	163 603
单一类	52	1 980 840.80
资产管理类	0	0.00
新增合计	63	2 144 443.80
其中：主动管理型	11	163 603
被动管理型	52	1 980 840.80

6.4.2.5 披露信托财产的损失情况（笔数、合计金额、原因等）

无。

6.4.2.6 露因本公司自身责任而导致的信托资产损失情况

无。

6.5 关联方关系及其交易的披露

6.5.1 关联交易方的数量、关联交易的总金额及关联交易的定价政策等

关联交易方数量	关联交易金额（万元）	关联交易的定价政策
1	1 111 800	按市场公允价定价

6.5.2 关联交易方与本公司的关系性质、关联交易方的名称、法定代表、注册地址、注册资本及主营业务等

关联交易方与本公司的关系性质	关联交易方名称	法定代表人	注册地址	注册资本（万元）	主营业务
同一母公司控制下的子公司	中国光大银行股份有限公司	唐双宁	北京西城区太平桥大街25号中国光大中心	4 667 909.5	吸收公众存款、发放贷款、办理国内外结算等

6.5.3 逐笔披露本公司与关联方的重大交易事项

无。

6.5.3.1 固有财产与关联方交易情况

单位：万元

名称	金额
光大银行兰州分行营业部存款	12 128.12

6.5.3.2 信托资产与关联方交易情况

单位：万元

信托项目名称	项目规模	委托人
慈溪市明虹建设投资有限公司应收款收益权项目	25 900	光大银行宁波分行
宁波市鄞州区交通投资有限公司应收款收益权项目	35 000	光大银行宁波分行
江西恒茂房地产开发有限公司特定资产收益权项目	28 500	光大银行南昌分行
江西恒茂房地产开发有限公司新建分公司特定资产收益权项目	30 000	光大银行南昌分行

续表

信托项目名称	项目规模	委托人
余姚市交通投资有限公司应收款收益权转让项目	39 900	光大银行宁波分行
深圳市金利居房地产开发有限公司特定资产收益权转让项目	30 000	光大银行深圳分行
苏宁电器集团应收款转让项目	100 000	光大银行南京分行
武汉市广鹤房地产公司特定资产收益权项目	10 800	光大银行武汉分行
河南中建市政建设开发有限公司项目	20 000	光大银行郑州分行
河南三丰铜业有限公司贷款项目（2）期	15 000	光大银行南京分行
郑州建业天明置业有限公司贷款项目	50 000	光大银行郑州分行
兰州市国资物业管理有限公司应收款转让项目	20 000	光大银行兰州分行
道洪集团有限公司特定资产收益权转让项目	16 000	光大银行杭州分行
甘肃扶正药业科技股份有限公司应收账款收益权项目	2 500	光大银行兰州分行
四川外语学院重庆南方翻译学院其他应收款收益权项目	4 000	光大银行重庆分行
浙江金固股份有限公司应收账款收益权转让项目	10 000	光大银行杭州分行
温州市市政工程建设开发公司应收账款收益权转让项目	7 500	光大银行杭州分行
绿地地产集团徐州新城置业公司其他应收款收益权项目二期	23 500	光大银行南京分行
南京市高新区其他应收款收益权项目	5 000	光大银行南京分行
山西省交通厅应收款收益权项目	100 000	光大银行太原分行
余姚市高铁站场建设投资有限公司其他应收款收益权转让项目	35 000	光大银行宁波分行
甘肃兰药药业有限公司应收账款收益权转让及回购项目	5 000	光大银行兰州分行
天津市海河建设发展投资有限公司贷款项目	30 000	中国光大银行股份有限公司
南京高新区其他应收款收益权项目二期	24 900	光大银行南京分行
光大信托—光大银行太原分行开放式单一资金信托（山西焦化）	10 000	光大银行太原分行
光大信托—光大银行太原分行开放式单一资金信托（山西焦化）	20 000	光大银行太原分行
光大信托—光大银行太原分行开放式单一资金信托（山西焦化）	10 000	光大银行太原分行
光大信托—光大银行太原分行开放式单一资金信托（山西焦化）	309 000	光大银行太原分行
光大信托—光大银行太原分行开放式单一资金信托（山西焦化）	30 000	光大银行太原分行
光大信托—光大银行太原分行开放式单一资金信托（山西焦化）	20 400	光大银行太原分行
光大兴陇—徽韵开放式单一资金信托项目	6 000	光大银行合肥分行
首建基金单一资金信托项目	900	中国光大银行股份有限公司资产管理部
光大—吴韵开放式单一资金委托项目	5 000	光大银行苏州分行
光大—吴韵开放式单一资金委托项目	10 000	光大银行苏州分行
宁波市鄞州区土地储备中心其他应收款收益权转让及回购项目	22 000	光大银行宁波分行
合计	1 111 800	

6.5.3.3　信托公司自有资金运用于自己管理的信托项目（固信交易）、信托公司管理的信托项目之间的相互（信信交易）交易金额

6.5.3.3.1　固有财产与信托财产之间的交易金额、交易方式等期初汇总数、本期发生汇总数、期末汇总数

单位：万元

期初汇总数	本期发生汇总数	期末汇总数
18 038.00	1 013.69	19 051.69

6.5.3.3.2　信托资产与信托财产之间的交易金额、交易方式等期初汇总数、本期发生汇总数、期末汇总数

单位：万元

期初汇总数	本期发生汇总数	期末汇总数
2 501		2 501

6.5.4　逐笔披露关联方逾期未偿还本公司资金的详细情况以及本公司为关联方担保发生或即将发生垫款的详细情况

无。

6.6　会计制度的披露

本公司固有业务（自营业务）和信托业务执行《企业会计准则》（财会[2006]3号）。

本公司于2014年7月1日起执行财政部新颁布/修订的下述企业会计准则：《企业会计准则第2号——长期股权投资》（以下简称准则2号[2014]）、《企业会计准则第9号——职工薪酬》（以下简称准则9号[2014]）、《企业会计准则第30号——财务报表列报》（以下简称准则30号[2014]）、《企业会计准则第33号——合并财务报表》（以下简称准则33号[2014]）、《企业会计准则第39号——公允价值计量》（以下简称准则39号）、《企业会计准则第41号——在其他主体中权益的披露》（以下简称准则41号）。

同时，本公司于2014年3月17日开始执行财政部颁布的《金融负债与权益工具的区分及相关会计处理规定》（财会[2014]13号文）以及在2014年度财务报告中开始执行财政部修订的《企业会计准则第37号——金融工具列报》（以下简称准则37号[2014]）。

本公司采用上述企业会计准则的主要影响如下：

6.6.1　长期股权投资

采用准则2号[2014]之前，本公司将持有的对被投资单位不具有控制、共同控制或重大影响，并且在活跃市场中没有报价、公允价值不能可靠计量的权益性投资作为其他长期股权投资，按成本法进行后续计量。采用准则2号[2014]之后，本公司将这类投资改按金融工具的相关政策核算并采用追溯调整法对比较财务报表的相关项目进行了调整。

除上述变更外，准则2号[2014]还对权益法核算等进行了修订，本公司已根据这些修订内容修改了相关的会计政策，并采用追溯调整法对比较财务报表的相关项目进行了调整。

6.6.2　职工薪酬

本公司根据准则9号[2014]有关短期薪酬、离职后福利、辞退福利和其他长期职工福利的分类、确认和计量等会计处理要求，对现有的职工薪酬进行了重新梳理，变更了相关会计政策，采用该准则未对本公司财务状况和经营成果产生重大影响。

6.6.3　财务报表列报

准则30号[2014]修改了财务报表中的列报，包括将利润表中其他综合收益项目分别按以后会计期间在满足规定条件时将重分类进损益的项目与以后会计期间不能重分类进损益的项目进行列报等。

6.6.4　合并范围

准则33号[2014]引入了单一的控制模式，以确定是否对被投资方进行合并。有关控制判断的结果，主要取决于本公司是否拥有对被投资方的权力、通过参与被投资方的相关活动而享有可变回报，并且有能力运用对被投资方的权力影响其回报金额。由于采用准则33号[2014]，本公司已对是否能够控制被投资方及是否将该被投资方纳入合并范围的会计政策进行了修改。

采用该准则未改变本公司截至2014年7月1日的合并范围。

6.6.5　公允价值计量

准则39号重新定义了公允价值，制定了统一的公允价值计量框架，规范了公允价值的披露要求。采用准则39号未对本公司资产和负债的公允价值计量产生任何重大影响。

6.6.6　在其他主体中权益的披露

准则41号规范并修改了企业对子公司、合营安排、联营企业以及未纳入合并范围的结构化主体中所享有的权益的相关披露要求。本公司已根据该准则修改了相关披露。

6.6.7　金融负债与权益工具的区分以及金融工具的列报和披露

财会[2014]13号文明确了发行方对于所发行的金融工具分类为金融负债或权益工具的具体指引。采用财会[2014]13号文未对本公司的财务报表（包括当期及比较期间）产生重大影响。

准则37号[2014]对金融资产和金融负债的抵销规定，增加了进一步指引，并修订了金融工具的披露要求。该抵销规定要求未对本公司的列报产生影响。

7. 财务情况说明书

7.1　利润实现和分配情况

7.1.1　实现利润

本公司2014年度实现利润总额为189 412 346.88元，净利润145 097 902.75元。

7.1.2　提取盈余公积

本公司按公司章程规定，按2014年税后利润的10%提取法定盈余公积人民币14 509 790.28元（2013年：人民币20 646 359.50元）。

7.1.3　提取一般风险准备

根据财政部于2012年3月20日印发的《金融企业准备金计提管理办法》（财金[2012]20号）的规定，一般风险准备是从净利润中计提的、用于部分弥补尚未识别的可能性损失的准备金。原则上一般风险准备余额不低于风险资产期末余额的1.5%。本公司2014年从净利润中提取一般风险准备人民币6 890 245.29元（2013年：人民币14 807 457.76元）。

7.1.4　提取信托赔偿准备

根据银监会于2007年1月23日颁布的《信托公司管理办法》(中国银行业监督管理委员会令2007年第2号)第四十九条及公司章程规定,按2014年税后利润的5%提取信托赔偿准备人民币7 254 895.14元(2013年:人民币10 323 179.75元)。

7.2　主要财务指标

指标名称	指标值
资本利润率(%)	9.23
加权年化信托报酬率(%)	0.36
人均净利润(万元)	93.01

7.3　对本公司财务状况、经营成果有重大影响的其他事项

无。

7.4　其他事项

无。

8. 特别事项揭示

8.1　前五名股东报告期内变动情况及原因

2014年5月26日,根据中国银行业监督管理委员会《中国银监会关于甘肃信托股权变更的批复》(银监复[2014]324号),甘肃省国有资产投资集团有限公司将其持有的51%股权转让至中国光大(集团)总公司。股权重组后公司注册资本结构变更为:光大集团占51%、甘肃国投占41.58%、天水财政占4%、白银财政占3.42%。

8.2　董事、监事及高级管理人员变动情况及原因

8.2.1　董事变动情况

2014年9月11日,光大兴陇信托有限责任公司2014年第一次临时股东会审议通过了《关于新一届董事会组成人员的议案》,选举产生光大兴陇信托有限责任公司第一届董事会,吴少华、梁春满、王廷科、陆卫东、贾子俊、周小明、苑德军、张萍、杨文当选为公司董事。原甘肃省信托有限责任公司第二届董事会董事职务随换届自行免除。

2014年12月30日,光大兴陇信托有限责任公司2014年第二次临时股东会审议通过了《关于审议贾子俊辞去董事职务并由吴万华任董事的议案》,吴万华任公司董事。

8.2.2　监事变动情况

2014年9月11日,光大兴陇信托有限责任公司2014年第一次临时股东会审议通过了《关于新一届监事会组成人员的议案》,选举产生光大兴陇信托有限责任公司第一届监事会,陆代森、孙新红、俞静当选为公司监事。原甘肃省信托有限责任公司第二届监事会监事职务随换届自行免除。

8.2.3　高管人员变动情况

2014年12月30日,光大兴陇信托有限责任公司第一届董事会第一次会议审议通过了《关于聘任公司总裁的议案》、《关于聘任公司常务副总裁的议案》、《关于聘任公司副总裁的议案》、《关于聘任公司董事会秘书的议案》,聘任王廷科为公司总裁,陈凯慧为公司常务副总裁,李招军、刘向东为公司副总裁,黄智洋为公司董事会秘书。

8.3　变更注册资本、变更注册地或公司名称、公司分立合并事项

2014年7月1日,根据中国银行业监督管理委员会《中国银监会甘肃监管局关于甘肃省信托有限责任公司拟变更公司名称和公司章程的批复》(甘银监复[2014]139号),公司名称变更为"光大兴陇信托有限责任公司",并于2014年7月7日在甘肃省工商局完成了工商变更登记法律手续。

8.4　公司的重大诉讼事项

8.4.1　重大未决诉讼事项

公司与甘肃省飞天工贸总公司(以下简称飞天工贸)、飞天大酒店有限公司(以下简称飞天酒店)股权转让侵权纠纷一案,最高人民法院(2006)民二终字第115号《民事判决书》判决公司胜诉,由飞天工贸、飞天酒店共同返还公司人民币本金7 443 400元及其利息损失的70%。上述案件仍在执行中。

公司与飞天工贸借款合同纠纷案,经甘肃省高级人民法院(2003)甘民二初字第42号民事调解书确认由飞天工贸偿还500万元贷款本金及相应利息。之后公司以飞天工贸为被告以飞天酒店为第三人以代位权纠纷为案由向法院提起诉讼,甘肃省高级人民法院(2007)甘民二初字第7号《民事判决书》判决公司胜诉,判决由飞天酒店以每年酒店的盈利按飞天工贸所占注册资本比例偿还公司9 668 369.00元及利息3 086 143.00元。上述案件仍在执行中。

白银有色金属公司(以下简称白银有色)欠我司两笔贷款的借款纠纷案,第一笔经最高人民法院(2002)民二终字第187号《民事判决书》判决公司胜诉,由白银有色偿还贷款本金30 430 000.00元及相应利息;第二笔经甘肃省高级人民法院(2002)甘民二初字第39号《民事判决书》判决公司胜诉,由白银有色偿还贷款本金7 130 000.00元及相应利息,案件受理费75 627.00元由白银有色承担。上述案件仍在执行中。

8.4.2　以前年度发生,于本报告年度内终结的诉讼事项

无。

8.4.3　本报告年度发生,于本报告年度内终结的诉讼事项

无。

8.5　对会计师事务所出具的有解释性说明、保留意见、拒绝表示意见或否定意见的审计报告的,公司董事会应就所涉及事项作出说明

毕马威华振会计师事务所为本公司出具了标准无保留意见的审计报告。

8.6　公司及其董事、监事和高级管理人员受到处罚的情况

报告期内,本公司及其董事、监事和高级管理人员依法经营,没有受到处罚的事项发生。

8.7 银监会及其派出机构对公司检查后提出整改意见的，应简单说明整改情况

2014年7月，中国银监会甘肃监管局对公司2013年7月至2014年6月末信托业务兑付风险、截至2014年6月末存续信托业务合规情况以及2013年现场检查整改情况进行了专项检查，在公司清算及存续信托业务兑付风险、合规性等方面提出了整改意见及建议：一是尽快完善法人治理结构，促使各项工作步入正轨；二是强化基础管理，着力提升内控制度执行力；三是强化合规管理，确保各项业务的开展依法合规；四是强化风险意识，加强信托业务的风险管控能力；五是加强队伍建设，提高信托从业人员整体专业化水平；六是加强舆情应对工作。

针对以上监管意见，公司认真制订和落实各项整改措施：一是进一步完善公司法人治理结构，明确董事会下设信托委员会、风险管理委员会、薪酬委员会和战略委员会四个专门委员各自的职责权限，在公司决策、经营和管理中发挥积极作用；二是建章立制，加强对内控制度执行的监督，强化基础管理；三是完善业务规章制度，确保信托业务“投前、投中、投后”的评审集体决策制，加强信托业务的运行管理工作，确保信托业务合法合规运营；四是完善相关风险处置制度，进一步增强风险防范意识，加强信托业务的风险管控能力；五是着力建立科学的人力资源开发和管理策略，对内积极开展员工培训工作，对外积极引进市场化程度较高的新业务的复合型、专业性人才，为优化业务布局、做大做强信托业务夯实基础；六是制定了《光大兴陇信托有限责任公司舆情管理应急预案》，并成立了舆情应急工作领导小组及下属办公室，坚持以“正面导向为主，把握主动权，增强事件处理透明度，以疏代堵”的处理方式，积极主动应对舆情。

8.8 本年度重大事项临时报告的简要内容、披露时间、所披露的媒体及其版面

2014年7月11日，在《中国证券报》A21版对公司变更名称、经营范围、股权结构等事宜进行了公告。

8.9 银监会及其省级派出机构认定的其他有必要让客户及相关利益人了解的重要信息

报告期内，没有发生银监会及其省级派出机构认定的其他有必要让客户及相关利益人了解的重要信息。

9. 公司监事会意见

报告期内，公司监事会严格遵守《公司法》、光大兴陇信托有限责任公司章程的有关规定，依法独立履行职责，全体监事列席了各次股东会会议及董事会会议，监督检查了公司依法运作、重大决策、重大经营活动情况及财务状况，认为公司能够合规运作。2014年度财务报告经毕马威华振会计师事务所审计，出具了标准无保留意见的审计报告，该报告真实、客观、准确地反映了公司财务状况和经营成果。

广东粤财信托有限公司

1. 重要提示

1.1 本公司董事会及董事保证本报告所载资料不存在任何虚假记载、误导性陈述或者重大遗漏，并对其内容的真实性、准确性和完整性承担个别及连带责任。

1.2 公司独立董事对本报告所披露内容进行了认真审查，保证本报告内容的真实性、准确性和完整性。

1.3 广东正中珠江会计师事务所（特殊普通合伙）对本公司年度财务报告进行了审计，出具了标准无保留意见的审计报告。

1.4 公司负责人、主管会计工作负责人及会计部门负责人保证年度报告中财务报告的真实、完整。

2. 公司概况

2.1 公司简介

广东粤财信托有限公司成立于1984年12月，是广东省人民政府批准成立，经中国人民银行和国家外汇管理局核准经营金融业务的国有非银行金融机构。目前是广东省唯一保留的省级信托公司。公司注册资本人民币15亿元，其中：广东粤财投资控股有限公司出资147 209.59万元，出资比例98.14%；广东省科技创业投资公司出资2 790.41万元，出资比例1.86%。

公司一直秉承"诚信为本、稳健经营、专业进取、开拓创新"的经营方针，充分发挥专家理财优势，不断开拓创新，通过有效运用信托、信贷、租赁、投资等金融工具，研发并推出各类信托产品，构建专业化的、综合性的金融服务平台，为客户提供全方位的金融需求解决方案。公司将立足广东、面向全国，打造粤财信托理财品牌，致力于以稳健专业的投资管理为客户创造价值，以诚信和优质的服务赢得客户和社会的信任，促进公司长期可持续健康发展。

2.1.1 公司法定中文名称：广东粤财信托有限公司
英文名称：Guangdong Finance Trust Co.，Ltd.

2.1.2 法定代表人：汪涛

2.1.3 注册地址：广东省广州市越秀区东风中路481号粤财大厦9楼、14楼、40楼

2.1.4 邮政编码：510045

2.1.5 公司国际互联网网址：http://www.gdycxt.com

2.1.6 公司电子信箱：ycxt@gdyctz.com

2.1.7 公司信息披露事务联系人：陈韶辉
联系电话：020－83063141
传真：020－83063082
电子信箱：ycxt@gdyctz.com

2.1.8 公司本次信息披露报纸名称：《金融时报》、《证券时报》

2.1.9 公司年度报告备置地点：广州市东风中路481号粤财大厦14楼

2.1.10 公司聘请的会计师事务所：广东正中珠江会计师事务所（特殊普通合伙），办公地点：广东省广州市东风东路555号粤海集团大厦10楼

2.1.11 公司常年法律顾问：广东君信律师事务所，办公地点：广州市农林下路83号广发银行大厦20楼

2.2 组织结构

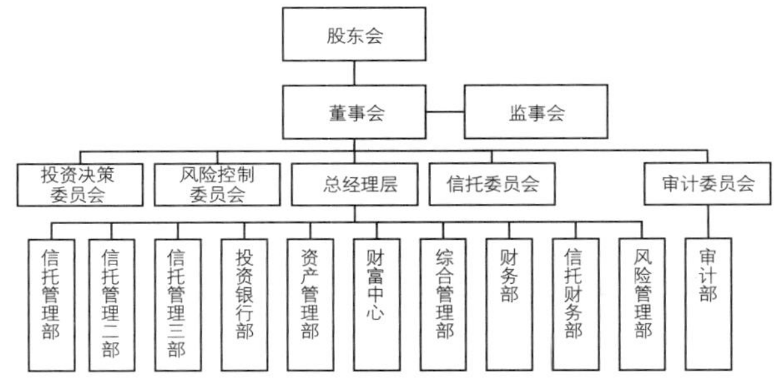

3. 公司治理

3.1 股东

股东构成

股东名称	★广东粤财投资控股有限公司	广东省科技创业投资公司
出资额（万元）	147 209.59	2 790.41
出资比例（%）	98.14	1.86
法人代表	杨润贵	何　荣
注册资本（亿元）	113.48	10.402079
注册地址	广州市东风中路481号粤财大厦15楼	广东省广州市天河区珠江西路17号4301房自编号1房
主要经营业务及主要财务情况	主要经营业务：资本运营管理、资产受托管理、投资项目的管理，科技风险投资、实业投资，企业重组、并购咨询服务。 主要财务情况（未经审计，合并报表）：资产总额为4 621 760.99万元；净资产为2 072 667.81万元；当年净利润为133 885.26万元。	主要经营业务：创业投资业务，为创业企业提供创业管理服务业务，参与设立创业投资企业与创业投资管理顾问机构，股权投资业务，咨询业务，产业园投资，物业出租。 主要财务情况：资产总额为139 061.16万元；净资产为110 461.94万元；当年净利润为6 298.59万元。

注：★表示公司实际控制人。

3.2 董事

董事长、董事

职务	姓名	性别	年龄	选任日期	所推举的股东名称	该股东持股比例(%)	简要履历
董事长	汪涛	男	52	2014年12月12日	广东粤财投资控股有限公司	98.14	1995—2005年任公司副总经理；2005年起任公司董事长。
董事	黎全辉	男	53	2014年12月12日	广东省科技创业投资公司	1.86	2006年6月起任广东省粤科风险投资集团有限公司董事、党委委员；2013年11月起任广东省粤科金融集团有限公司副总经理、党委委员。
董事	邓斌	男	44	2014年12月12日	广东粤财投资控股有限公司	98.14	2005年10月起任公司副总经理；2009年8月起任公司总经理。
董事	盛新华	女	42	2014年12月12日	广东粤财投资控股有限公司	98.14	2011年3月起任粤财控股公司部门总经理。

独立董事

姓名	所在单位及职务	性别	年龄	选任日期	所推举的股东名称	该股东持股比例(%)	简要履历
王聪	暨南大学经济学院教授	男	56	2014年12月12日	广东粤财投资控股有限公司	98.14	现任暨南大学经济学院金融系教授、金融系主任、国际学院副院长。
张天民	北京市君泽君律师事务所高级合伙人	男	44	2014年12月12日	广东粤财投资控股有限公司	98.14	2004年起任北京市君泽君律师事务所高级合伙人。

3.3 监事

监事会成员

职务	姓名	性别	年龄	选任日期	所推举的股东名称	该股东持股比例(%)	简要履历
监事长	吴佩华	女	51	2014年10月9日	广东粤财投资控股有限公司	98.14	2005年11月至2011年10月任广东粤财信托有限公司综合管理部总经理；2011年10月起任公司监事长。
监事	林绮	女	44	2014年10月9日	广东粤财投资控股有限公司	98.14	2003年3月起任职广东粤财投资控股有限公司计划财务部；2014年4月起任计划财务部总经理。
监事	李湛	女	52	2014年10月9日	职工代表监事		2007年1月至2012年1月任公司证券投资部经理；2012年2月起任公司信托管理三部高级经理。

3.4 高级管理人员

高级管理人员

职务	姓名	性别	年龄	任职日期	金融从业年限(年)	学历	专业	简要履历
总经理	邓斌	男	44	2009年8月18日	20	硕士研究生	数量经济学	2005年10月起任公司副总经理；2009年8月起任公司总经理。
副总经理	陈彦卿	女	50	2009年2月16日	27	本科	财政	2008年6月起任广东润达资产经营有限公司副总经理；2009年2月起任公司副总经理。
副总经理	王波	男	38	2012年6月1日	16	本科	国际会计	2007年8月起任公司部门总经理；2009年6月起任公司总经理助理；2012年6月起任公司副总经理。
副总经理	李亚娟	女	45	2013年7月15日	20	硕士研究生	经济学	2010年1月起任广东银监局非银处处长；2012年9月起任广东银监局纪委副书记；2013年7月起任公司副总经理。
副总经理	陈海珍	女	48	2013年7月15日	19	本科	会计学	2012年2月起任公司部门总经理；2013年7月起任公司副总经理。
总经理助理	刘东辉	男	46	2013年7月15日	20	博士	企业管理	2012年1月起任公司部门总经理；2013年7月起任公司总经理助理。

3.5 公司员工

项目		报告期年度		上年度	
		人数(人)	比例(%)	人数(人)	比例(%)
年龄分布	30岁以下	40	39	44	41
	30~40岁	38	37	40	37
	40~50岁	20	20	20	18
	50岁以上	4	4	4	4
学历分布	博士	5	5	5	5
	硕士	51	50	55	50
	本科	42	41	44	41
	专科	4	4	4	4
	其他	0	0	0	0
岗位分布	董事、监事及其高管人员	9	9	9	9
	自营业务人员	9	9	8	7
	信托业务人员	61	60	69	64
	其他人员	23	22	22	20

4. 经营管理

4.1 经营目标、方针、战略规划

4.1.1 公司的经营目标

在科学发展观的指引下,坚持可持续发展,以效益为中心,以市场为导向,立足广东、面向全国,打造粤财信托专业理财品牌,构筑核心竞争能力,力争进入国内信托公司领先行列。

4.1.2 公司的经营方针

诚信为本、稳健经营、专业进取、开拓创新。

4.1.3 战略规划

以完善的风险控制系统为基础,以创新为手段,坚持以提高资产管理规模和提高资产管理能力为两条发展主线,不断提高和优化金融服务水平,创造性地满足各类投资者的金融理财需求,把公司建设成为国内一流的资产管理和财富管理平台,实现股东价值、员工价值和客户价值的最大化。

4.2 经营业务的主要内容

中国银监会核准公司承办以下人民币和外币金融业务:资金信托;动产信托;不动产信托;有价证券信托;其他财产或财产权信托;作为投资基金或者基金管理公司的发起人从事投资基金业务;经营企业资产的重组、购并及项目融资、公司理财、财务顾问等业务;受托经营国务院有关部门批准的证券承销业务;办理居间、咨询、资信调查等业务;代保管及保管箱业务;以存放同业、拆放同业、贷款、租赁、投资方式运用固有财产;以固有财产为他人提供担保;从事同业拆借;法律法规规定或中国银行业监督管理委员会批准的其他业务。

本年度,公司自营资产运用与分布和信托财产运用与分布情况请见下表:

自营资产运用与分布表

资产运用	金额(万元)	占比(%)	资产分布	金额(万元)	占比(%)
货币资产	98 828.28	25.50	基础产业		
贷款及应收款	9 634.08	2.49	房地产业		
交易性金融资产	—	—	证券市场	6 014.13	1.55
可供出售金融资产	143 435.20	37.01	工商企业	8 000.00	2.07
持有至到期投资	—	—	金融机构	367 265.52	94.76
长期股权投资	129 621.78	33.44	其他	6 287.46	1.62
其他	6 047.77	1.56			
资产总计	387 567.11	100.00	资产总计	387 567.11	100.00

信托资产运用与分布表

资产运用	金额(万元)	占比(%)	资产分布	金额(万元)	占比(%)
货币资产	2 532 728.51	12.80	基础产业	3 694 790.29	18.68
贷款	6 925 007.46	35.02	房地产	1 094 022.33	5.53
交易性金融资产	934 911.96	4.73	证券市场	1 477 765.43	7.47
可供出售金融资产	321 705.11	1.63	工商企业	4 190 942.34	41.52
持有至到期投资	5 702 368.42	28.83	金融机构	8 213 677.88	21.19
长期股权投资	3 308 921.53	16.73	其他	1 109 463.50	5.61
其他	55 018.78	0.26			
资产总计	19 780 661.77	100.00	信托资产总计	19 780 661.77	100.00

4.3 市场分析

4.3.1 促进本公司业务发展的有利因素

一是我国发展仍处于重要的战略机遇期,国际环境总体上有利于我国和平发展,国内工业化、信息化、城镇化、市场化、国际化深入发展,市场需求潜力巨大,经济发展的基础仍然牢固。国际经济总体趋稳,国内经济转型升级初见成效,中长期内仍可保持平稳较快增长。二是十八届三中全会以来各项社会经济改革全面提速,改革红利的释放将为推动经济发展注入新动力,其中多项改革领域有望成为信托公司发展的新增长点。三是我国居民财富增长迅速,财富管理需求旺盛,高净值人群对信托产品的认同度不断提高。四是公司作为具有多年成功经营历史的广东省属唯一一家省级信托公司,在所属区域内有着良好的社会声誉和品牌影响力。

4.3.2 影响本公司业务发展的不利因素

一是国内经济下行压力较大,信用风险及市场风险有所上升。二是银行、证券、基金、保险、期货机构纷纷加入泛资管领域,行业竞争加剧。三是利率市场化、汇率市场化及人民币国际化步伐加快,互联网金融发展迅猛,信托业传统经营模式受到较大冲击。四是投资者消费观念尚未成熟。

4.4 内部控制

公司通过完善的组织架构、内部规章实现内部控制,形成了研究、决策、操作、检查、反馈的PDCA管理循环,构建了前台调查、中台审查、后台审计评价相互制衡的内部控制机制。

4.4.1 内部控制环境和内部控制文化

公司按照合法、高效、精简、制衡原则设置组织机构,设股东会、董事会和监事会,实行董事会领导下的总经理负责制。

公司董事会及其下设投资决策委员会和风险控制委员会为公司决策系统，在董事会领导下的经营管理层及相关业务部门为公司执行系统，监事会以及董事会下设的审计委员会、信托委员会为公司监督及信息反馈系统，三个系统既相互独立又相互联系。公司大力推进合规文化建设，通过开展内控制度培训、内部合规检查、建立风险问责制度等，促进全体员工牢固树立合规经营、按程序办事的意识。

4.4.2　内部控制措施

公司建立多层次内部控制组织架构，根据《公司法》、《信托公司管理办法》、《信托公司治理指引》等法律法规，建立了《股东会议事规则》、《董事会议事规则》、《监事会议事规则》等规章制度，严格按章办事，确保董事、监事、经营管理层成员的权力有效约束、职责有效履行。

除董事会下属风险控制委员会、投资决策委员会、信托委员会、审计委员会外，专设审计部、风险管理部为内部控制职能部门。审计部职责：根据信托行业法律法规、监管政策和公司章程，制定公司内部审计稽核制度，对公司各部门及有关业务活动进行审计监督，每半年向董事会提交全面审计报告；衔接、配合外部审计部门对公司的检查、审计稽核工作，定期将公司内部审计报告副本上报监管部门。审计部的审计对象覆盖全部业务活动，包括信托业务、资产管理、证券投资、股权投资以及公司内部管理、财务收支等，对公司经营管理活动进行稽核监督，确保公司经营合法合规。

风险管理部作为向经营管理层负责的内部控制部门，主要承担以下职能：拟订公司风险管理制度框架以及风险管理制度体系；制定风险管理办法及其实施细则、合规管理办法，组织修订业务管理制度及流程；对各业务项目进行事中审查和事后监督检查；衔接、配合行业监管部门对公司的检查工作。

公司内部控制职责明确，建立了前台、中台、后台分离，集中审批的业务管理架构，确保各业务环节岗位职能分离，相互监督，有效制衡。

4.4.3　信息交流与反馈

公司通过建立详细的工作报告及审核流程，工作信息得以规范、快速、有序传递；内部控制部门通过办公自动化系统实时传递外部监管意见及内部管理信息，业务部门与风险管理部门保持全流程业务信息共享，有效避免因信息交流不足导致的业务差错、信息递减或效率损耗。公司与监管部门建立了良好的沟通机制，各类业务按规定及时报告或报备，有效落实监管意见，为公司合规经营提供支持。

4.4.4　监督评价与纠正

公司定期对内部控制执行情况实施审计，并于本年度进一步加强内部控制监督工作，充实审计队伍，完善相关制度，年度审计稽核及内部合规检查情况显示公司内控执行情况良好，监管部门外部检查及内控检查发现的问题均已得到及时纠正。

4.5　风险管理

4.5.1　风险管理概况

公司构建以董事会为核心，以风险控制委员会、投资决策委员会、信托委员会、审计委员会为支点的风险管理体系，由内部规章、组织架构、授权制度、技术手段，以及稽核与事后评价等部分组成。在项目运作上建立事前预防、事中控制、事后监督检查的三阶段风险控制流程，在项目审核上经由业务部门、风险管理部门、投资决策委员会等多道环节进行综合风险控制，尤其强调过程控制，使公司在出现风险苗头时能快速反应，及时有效化解。

4.5.2　风险状况

4.5.2.1　信用风险状况

本报告期内，公司固有业务项下未发生交易对手信用风险事项。信托业务项下，公司针对不同类别的信托产品项下的交易对手风险，采取充分的信息披露，紧盯重点领域的交易对手风险隐患，及时充分地向委托人、受益人进行密切沟通和报告，审慎履行受托人职责。

4.5.2.2　市场风险状况

受国内外经济形势以及资本市场改革和资本市场本身波动等诸多因素影响，2014 年证券投资面临一定的市场风险。公司一方面保持对该类业务风险的高度关注，严格履行信托法律法规以及相关信托法律文件规定的义务和责任，审慎对投资者进行风险偏好、风险承受能力进行分析、识别；另一方面积极加强对该类项目的信息披露、风险排查，控制投资进度，将有关风险情况、净值变化等及时知会投资者，妥善管理市场风险。

4.5.2.3　操作风险状况

2014 年公司信托业务规模依然较大，信托项目笔数多、资金流量大、交易流程节点多，公司通过严格执行授权制度，统一业务操作流程、工作模板等，明确信托开户、保管、资金划付等岗位责任等，最大限度地降低操作风险。2014 年未发生操作风险事故。

4.5.2.4　其他风险状况

本年度未发生其他风险事件。

4.5.3　风险管理

4.5.3.1　信用风险

公司通过业务部门事前尽职调查，风险管理部门风险审查、公司投资决策委员会审核决策，项目现金流压力测试、抵（质）押担保、资金监控等予以防范；通过项目实施过程中的跟踪检查以及稽核与评价进行事中、事后控制。在合作机构、交易对手信用风险防范方面，通过选择实力雄厚、信誉卓著、业绩优良的金融机构作为合作伙伴，关注交易对手经营管理及财务状况，适时调整合作规模及产品，控制交易对手风险。在出现风险预警后，通过协商、调解、债权申报以及诉讼等多种方式，积极主张权利，化解风险，有效维护信托财产安全。

4.5.3.2　市场风险

公司坚持“诚信为本、稳健发展”的经营理念，避免介入不熟悉的领域及风险较大且难以有效控制的项目，审慎介入风险可控的项目，综合运用敏感性分析、情景分析等方法充分评估潜在市场风险，并通过业务部门—风险管理部—投资决策委员会的多层次审核，结合严格的分级授权、系统支持、逐日盯市、预警止损等制度控制市场风险。

4.5.3.3　操作风险

公司通过严格的授权制度和业务操作流程，明确岗位职责，建立内部相互制约、相互督促的工作机制；严格依法建账，将信托财产与固有财产分开管理、分别记账，对信托业务与非信托业务分开核算，对每项信托业务单独核算，对各项经营活动过程及资金运作建立严格的复核和监控程序；通过系统权限设置对证券投资操作权限和内容进行严格划分和分工，在业务和资金流转过程中设立双岗核定、确认制度，防范可能出现的漏洞。风险管理部、审计部分别根据自身职责，独立进行定期、不定期的检查，及时发现问题并督促纠正。

4.5.3.4　其他风险

4.5.3.4.1　政策风险

公司严格依法经营，建立健全内部控制制度、组织架构以规范与控制公司经营行为。公司设立风险控制委员会和投资决策委员会，并由风险管理部负责法律合规事务，对公司的法律合规风险进行识别、评估、监控，提出合规风险提示和修改完善建议；及时梳理、整合、改进公司规章制度和操作流程；组织员工进行合规培训和反洗钱教育；保持与监管部门的密切沟通，及时掌握政策动向，把握公司业务方向以控制政策风险。

4.5.3.4.2　经营风险

公司通过健全法人治理结构，明确董事会和监事会职责，严格执行内部经营管理授权，对经营管理层进行约束，保证稳健经营；通过不断吸收素质高、从业经验丰富的专业人士加盟团队，以提高企业经营管理水平，降低经营风险；通过构建健康的企业文化和科学的经营理念及切合自身实际的激励约束机制，逐步提升核心竞争力；通过事中事后稽核与评价、及时矫正与问责等，控制经营风险。

4.5.3.4.3　声誉风险

公司坚持“诚实守信”原则，审慎尽职履行受托人管理职责，关注各种市场变化、突发事件或风波可能给公司声誉带来的影响，明确舆情管理职责，实时关注舆情信息，加强舆情信息研判，及时披露相关信息，主动接受舆论监督；日常加强分析研究，对可能发生的各类声誉风险事件进行情景分析，制订应急预案，强化声誉风险防范意识，切实防范声誉风险。

4.5.3.4.4　客户风险

公司依法合规，稳健经营，以客户资产保值增值为已任，最大努力地维护客户利益，维持良好客户关系；公司聘请信誉良好、经验丰富的行业资深律师事务所为顾问，对信托合同等各类法律文件进行规范，对重大信托项目出具专项法律意见；公司严格执行各项操作程序，对客户资信、资金实力、资金来源合法性等进行调查、评估，向客户真实、客观、全面提示风险，根据客户风险偏好及风险承受能力不同推介不同的信托产品，管理好客户风险。

5. 报告期末及上一年度末的比较式会计报表

5.1　自营资产

5.1.1　会计师事务所审计结论：（标准无保留审计意见）

我们认为，粤财信托财务报表在所有重大方面按照企业会计准则的规定编制，公允反映了粤财信托 2014 年 12 月 31 日的财务状况以及 2014 年度的经营成果和现金流量。

5.1.2　资产负债表

2014 年 12 月 31 日

单位：万元

资　　产	年末数	年初数	负债及所有者权益	年末数	年初数
资产：			负债：		
现金及存放中央银行款项	1.81	4.41	向中央银行借款	—	—
存放同业款项	98 826.47	169 910.81	同业及其他金融机构存放款项	—	—
贵金属	—	—	拆入资金	—	—
拆出资金	—	—	以公允价值计量且其变动计入当期损益的金融负债	—	—
以公允价值计量且其变动计入当期损益的金融资产	—	—	衍生金融负债	—	—
衍生金融资产	—	—	卖出回购金融资产款	—	—
买入返售金融资产	—	—	应付账款	—	—
应收账款	—	—	预收账款	—	—
应收利息	1 394.39	995.90	应付职工薪酬	7 596.38	6 010.73
应收股利	—	—	应付股利	—	—
其他应收款	239.69	584.93	应交税费	8 525.06	6 478.73
预付账款	—	—	其他应付款	88.50	128.74
发放贷款及垫款	8 000.00	4 000.00	应付利息	—	—
可供出售金融资产	143 435.20	35 152.78	预计负债	—	—
持有至到期投资	—	—	应付债券	—	—
长期股权投资	129 621.78	115 782.86	长期应付款	—	—
固定资产	3 993.24	4 219.02	递延所得税负债	1 113.77	328.17
在建工程	—	—	其他负债	—	—
无形资产	188.62	125.92	负　债　合　计	17 323.71	12 946.37

续表

资　产	年末数	年初数	负债及所有者权益	年末数	年初数
商誉	—	—			
长期待摊费用	—	—	所有者权益:		
递延所得税资产	1 865. 91	1 472. 31	实收资本	150 000. 00	150 000. 00
其他资产	—	—	资本公积	2 363. 55	2 365. 55
			其他综合收益	16 985. 64	1 947. 27
			盈余公积	29 163. 57	23 643. 32
			一般风险准备	18 233. 71	13 628. 11
			未分配利润	153 496. 93	127 720. 34
			所有者权益合计	370 243. 40	319 302. 58
资　产　总　计	387 567. 11	332 248. 95	负债及所有者权益合计	387 567. 11	332 248. 95

企业负责人:汪　涛　　主管会计机构负责人:王　波　　会计机构负责人:徐茹斌

5. 1. 3　利润表

2014 年度　　单位:万元

项　目	2014 年度	2013 年度
一、营业收入	83 406. 98	79 267. 09
利息净收入	8 128. 43	7 451. 50
其中:利息收入	8 128. 43	7 451. 50
利息支出	—	—
手续费及佣金净收入	63 719. 55	62 038. 89
其中:手续费及佣金收入	63 719. 55	62 038. 89
手续费及佣金支出	—	—
投资收益(亏损以“-”号填列)	11 553. 12	9 786. 53
其中:对联营企业和合营企业的投资收益	7 157. 36	8 619. 88
公允价值变动收益(损失以“-”号填列)	—	—
汇兑收益(亏损以“-”号填列)	1. 06	-9. 82
其他业务收入	4. 81	—
二、营业支出	12 380. 06	12 132. 56
营业税金及附加	3 632. 52	3 607. 24
业务及管理费用	8 749. 09	8 537. 54
资产减值损失	-1. 56	-12. 23
其他业务成本	—	—
三、营业利润(亏损以“-”号填列)	71 026. 92	67 134. 53
加:营业外收入	6. 38	15. 77
减:营业外支出	1. 77	30. 00
四、利润总额(亏损总额以“-”号填列)	71 031. 53	67 120. 30
减:所得税费用	15 829. 09	14 455. 76
五、净利润(净亏损以“-”号填列)	55 202. 44	52 664. 53
六、其他综合收益的税后净额	15 038. 37	901. 22
以后将重分类进损益的其他综合收益	15 038. 37	901. 22
1. 权益法下在被投资单位以后将重分类进损益的其他综合收益中享有的份额	12 681. 56	1 034. 77
2. 可供出售金融资产公允价值变动损益	2 356. 81	-133. 55
七、综合收益总额	70 240. 82	53 565. 75

企业负责人:汪　涛　　主管会计机构负责人:王　波　　会计机构负责人:徐茹斌

5.1.4 所有者权益变动表

单位:万元

项目	2014年度							2013年度						
	实收资本	资本公积	其他综合收益	盈余公积	一般风险准备金	未分配利润	所有者权益合计	实收资本	资本公积	其他综合收益	盈余公积	一般风险准备金	未分配利润	所有者权益合计
一、上期末余额	150 000.00	2 363.55	1 947.27	23 643.32	13 628.11	127 720.34	319 302.58	150 000.00	2 363.55	1 046.05	1 837.69	10 705.90	88 244.46	270 736.83
加:会计政策变更	—	—	—	—	—	—	—	—	—	—	—	—	—	—
前期差错更正	—	—	—	—	—	—	—	—	—	—	—	—	—	—
其他	—	—	—	—	—	—	—	—	—	—	—	—	—	—
二、本期初余额	150 000.00	2 363.55	1 947.27	23 643.32	13 628.11	127 720.34	319 302.58	150 000.00	2 363.55	1 046.05	1 837.69	10 705.90	88 244.46	270 736.83
三、本年增减变动金额	—	—	15 038.37	5 520.24	4 605.60	25 776.59	50 940.82	—	—	901.22	5 266.45	2 922.21	39 475.87	48 565.75
(一)综合收益总额	—	—	15 038.37	—	—	55 202.44	70 240.82	—	—	901.22	—	—	52 664.53	53 565.75
(二)所有者投入和减少资本	—	—	—	—	—	—	—	—	—	—	—	—	—	—
1. 所有者投入资本	—	—	—	—	—	—	—	—	—	—	—	—	—	—
2. 股份支付计入所有者权益的金额	—	—	—	—	—	—	—	—	—	—	—	—	—	—
3. 其他	—	—	—	—	—	—	—	—	—	—	—	—	—	—
(三)利润分配	—	—	—	5 520.24	4 605.60	-29 425.85	-19 300.00	—	—	—	5 266.45	2 922.21	-13 188.66	-5 000.00
1. 提取盈余公积	—	—	—	5 520.24	—	-5 520.24	—	—	—	—	5 266.45	—	-5 266.45	—
2. 提取一般风险准备	—	—	—	—	4 605.60	-4 605.60	—	—	—	—	—	2 922.21	-2 922.21	—
3. 对所有者的分配	—	—	—	—	—	-19 300.00	-19 300.00	—	—	—	—	—	-5 000.00	-5 000.00
4. 其他	—	—	—	—	—	—	—	—	—	—	—	—	—	—
(四)所有者权益内部结转	—	—	—	—	—	—	—	—	—	—	—	—	—	—
1. 资本公积转增资本	—	—	—	—	—	—	—	—	—	—	—	—	—	—
2. 盈余公积转增资本	—	—	—	—	—	—	—	—	—	—	—	—	—	—
3. 盈余公积弥补亏损	—	—	—	—	—	—	—	—	—	—	—	—	—	—
4. 其他	—	—	—	—	—	—	—	—	—	—	—	—	—	—
(五)其他因素调整	—	—	—	—	—	—	—	—	—	—	—	—	—	—
四、本期末余额	150 000.00	2 363.55	16 985.64	29 163.57	18 233.71	153 496.93	370 243.40	150 000.00	2 363.55	1 947.27	23 643.32	13 628.11	127 720.34	319 302.58

企业负责人:汪　涛　　主管会计机构负责人:王　波　　会计机构负责人:徐茹斌

5.2 信托资产

5.2.1 信托项目资产负债汇总表

信托项目资产负债汇总表

2014 年 12 月 31 日

单位：万元

信托资产	年初数	年末数	信托负债和信托权益	年初数	年末数
信托资产：			信托负债：		
货币资金	3 238 930.40	2 532 728.50	以公允价值计量且其变动计入当期损益的金融负债	—	—
拆出资金	—	—	衍生金融负债	—	—
存出保证金	—	—	应付受托人报酬	2 641.93	414.82
以公允价值计量且其变动计入当期损益的金融资产	711 250.55	934 911.96	应付托管费	14.36	8.26
衍生金融资产	—	—	应付受益人收益	—	—
买入返售金融资产	29 991.62	48 439.53	应交税费	—	—
应收款项	3 769.44	4 408.44	应付销售服务费	—	—
发放贷款	8 224 494.22	6 925 007.46	其他应付款项	13 987.77	13 447.92
可供出售金融资产	352 503.19	321 705.11	预计负债	—	—
持有至到期投资	1 913 998.02	5 702 368.42	其他负债	—	—
长期应收款	—	—	信托负债合计	16 644.06	13 871.00
长期股权投资	3 198 881.79	3 308 921.53		—	—
投资性房地产	2 325.26	2 170.80	信托权益：	—	—
固定资产	—	—	实收信托	22 270 174.78	19 121 871.46
无形资产	—	—	资本公积	353 278.58	323 054.98
长期待摊费用	—	—	损益平准金	—	—
其他资产	5 269 732.46	—	未分配利润	305 779.53	321 864.33
减：各项资产减值准备	—	—	信托权益合计	22 929 232.89	19 766 790.77
信托资产总计	22 945 876.95	19 780 661.77	信托负债及信托权益总计	22 945 876.95	19 780 661.77

企业负责人：汪　涛　　主管会计机构负责人：王　波　　会计机构负责人：徐茹斌

5.2.2 信托项目利润及利润分配汇总表

信托项目利润及利润分配汇总表

2014 年度

编制单位：国联信托股份有限公司　　单位：万元

项　　目	本年累计数	上年同期数
一、营业收入	1 777 284.79	1 394 928.73
利息收入	605 156.44	546 106.40
投资收益（损失以“－”号填列）	1 184 214.66	829 361.87
其中：对联营企业和合营企业的投资收益	—	—
公允价值变动收益（损失以“－”号填列）	－16 356.93	18 696.97
租赁收入	463.31	459.16
汇兑损益（损失以“－”号填列）	—	—
其他收入	3 807.31	304.33
二、支出	160 840.02	158 308.63
营业税金及附加	2 832.77	1 279.43
受托人报酬	61 210.91	55 763.85
托管费	17 252.89	9 878.65
投资管理费	20 533.71	34 427.05
销售服务费	656.61	45.41
交易费用	7 009.98	3 718.67
资产减值损失	—	—
其他费用	51 343.15	53 195.58
三、信托净利润（净亏损以“－”号填列）	1 616 444.77	1 236 620.10

续表

项　　目	本年累计数	上年同期数
其他综合收益	—	—
四、综合收益	1 616 444.77	1 236 620.10
加：期初未分配信托利润	305 779.53	99 287.56
五、可供分配的信托利润	1 922 224.30	1 335 907.66
减：本期已分配信托利润	1 600 359.97	1 030 128.13
六、期末未分配信托利润	321 864.33	305 779.53

企业负责人：汪涛　　主管会计机构负责人：王波　　会计机构负责人：徐茹斌

6. 会计报表附注

6.1 报告年度会计报表编制基准、会计政策、会计估计和核算方法发生的变化

2014 年，财政部修订了《企业会计准则第 2 号——长期股权投资》、《企业会计准则第 9 号——职工薪酬》、《企业会计准则第 30 号——财务报表列报》、《企业会计准则第 33 号——合并财务报表》，以及颁布了《企业会计准则第 39 号——公允价值计量》、《企业会计准则第 40 号——合营安排》、《企业会计准则第 41 号——在其他主体中权益的披露》等具体准则，公司于 2014 年 7 月 1 日起执行。2014 年修订的《企业会计准则第 37 号——金融工具列报》公司在 2014 年年度及以后期间的财务报告中按照本准则要求对金融工具进行列报。

各准则衔接要求进行了调整，对可比期间财务报表项目及金额的影响如下：准则名称	会计政策变更的内容及其对本公司的影响说明	对2013年12月31日/2013年度相关财务报表项目的影响金额	
		项目名称	影响金额增加（+）/减少（-）
《企业会计准则第2号——长期股权投资（2014年修订）》	按照《企业会计准则第2号——长期股权投资（2014年修订）》及应用指南的相关规定	长期股权投资	-32 760 000.00
		可供出售金融资产	32 760 000.00
《企业会计准则第30号——财务报表列报（2014年修订）》	按照《企业会计准则第30号——财务报表列报（2014年修订）》及应用指南的相关规定	其他综合收益	19 472 706.87
		资本公积	-19 472 706.87

除《企业会计准则第2号——长期股权投资》、《企业会计准则第30号——财务报表列报》应用指南的采用会导致本公司资产负债表部分项目列报方式发生变化而导致比较数据需要重新列报外，这些应用指南的采用对本公司的财务状况、经营成果及现金流量未产生重大影响。

6.2 或有事项说明

本年度公司未发生重要的或有事项。

6.3 重要资产转让及其出售的说明

本年度公司未发生重要资产转让和出售等事项。

6.4 会计报表中重要项目的明细资料

6.4.1 自营资产经营情况

6.4.1.1 信用风险资产五级分类

信用风险资产五级分类	正常类（万元）	关注类（万元）	次级类（万元）	可疑类（万元）	损失类（万元）	信用风险资产合计（万元）	不良资产合计（万元）	不良资产率（%）
期初数	175 491.64	—	—	—	—	175 491.64	—	—
期末数	108 460.54	—	—	—	—	108 460.54	—	—

注：不良资产合计＝次级类＋可疑类＋损失类。本公司"信用风险资产"为存放同业款项、贷款、其他应收款和应收利息。

6.4.1.2 各项资产减值损失准备

单位：万元

	期初数	本期计提	本期转回	本期核销	其他减少	期末数
贷款损失准备：						
一般准备	—	—	—	—	—	—
专项准备	—	—	—	—	—	—
其他资产减值准备：						
可供出售金融资产减值准备	—	—	—	—	—	—
持有至到期投资减值准备	—	—	—	—	—	—
长期股权投资减值准备	—	—	—	—	—	—
坏账准备	—	—	1.56	1.56	—	—
投资性房地产减值准备	—	—	—	—	—	—
合计	—	—	1.56	1.56	—	—

6.4.1.3 投资品种分类

单位：万元

	自营股票	基金	债券	长期股权投资	其他投资	合计
期初数	3 554.91	2 031.88	—	115 782.86	29 566.00	150 935.65
期末数	6 014.13	2 715.07	—	129 621.78	134 706.00	273 056.98

6.4.1.4 前三名的自营长期股权投资

企业名称	占被投资企业权益的比例（%）	主要经营活动	投资收益（万元）
易方达基金管理有限公司	25.00	基金管理和发起设立基金	16 041.60
众诚汽车保险股份有限公司	13.79	各类保险及再保险业务	-3 115.89
珠江人寿保险股份有限公司	8.89	保险业务	-5 768.35

6.4.1.5 前三名的自营贷款

企业名称	占贷款总额的比例（%）	还款情况
广州广日集团有限公司	62.50	报告期末未还款
中山大学达安基因股份有限公司	37.50	报告期末未还款
合　计	100.00	

6.4.1.6 表外业务分类

单位：万元

表外业务	期初数	期末数
担保业务	—	—
代理业务（委托贷款）	1 080.00	1 080.00
其他	—	—
合　计	1 080.00	1 080.00

6.4.1.7 公司当年的收入结构

收入结构	金额（万元）	占总收入比例（%）
手续费及佣金收入	63 719.55	76.39
其中：信托手续费收入	63 432.53	76.05
投资银行业务收入	—	—
利息收入	8 128.43	9.75
其他业务收入	4.81	0.01
其中：计入信托业务收入部分	—	—
投资收益	11 553.12	13.85
其中：股权投资收益	7 157.36	8.58
证券投资收益	—	—
其他投资收益	4 395.76	5.27
公允价值变动收益	—	—
汇兑收益	1.06	0.00
营业外收入	6.38	0.01
收入合计	83 413.36	100.00

6.4.2　信托财产管理情况

6.4.2.1　信托资产分类

单位：万元

信托资产	期初数	期末数
集合	9 252 878.74	6 047 378.17
单一	12 796 648.93	13 086 773.93
财产权	896 349.28	646 509.67
合计	22 945 876.95	19 780 661.77

6.4.2.1.1　主动管理型信托业务的信托资产分类

单位：万元

主动管理型信托资产	期初数	期末数
证券投资类	845 825.95	1 177 454.45
股权投资类	3 168 748.38	2 903 794.83
融资类	8 345 412.36	5 931 081.00
事务管理类	91 542.05	250 733.88
合计	12 451 528.74	10 263 064.16

6.4.2.1.2　被动管理型信托业务的信托资产分类

单位：万元

被动管理型信托资产	期初数	期末数
证券投资类	22 503.50	300 909.63
股权投资类	2 754 045.66	2 116 234.00
融资类	7 046 663.95	6 534 810.46
事务管理类	671 135.10	565 643.52
合计	10 494 348.21	9 517 597.61

6.4.2.2　本年度已清算结束的信托项目分类

6.4.2.2.1　本年度已清算结束的信托项目个数为634个，合计金额6 715 927.78万元，加权平均实际年化收益率7.16%

已清算结束信托项目	项目个数（个）	实收信托合计金额（万元）	加权平均实际年化收益率（%）
集合类	278	1 704 400.10	8.87
单一类	337	4 533 547.93	6.56
财产管理类	19	477 979.75	6.18

注：收益率是指信托项目清算后，给受益人赚取的实际收益水平。加权平均实际年化收益率=（信托项目1的实际年化收益率×信托项目1的实收信托+信托项目2的实际年化收益率×信托项目2的实收信托+…+信托项目n的实际年化收益率×信托项目n的实收信托）/（信托项目1的实收信托+信托项目2的实收信托+…+信托项目n的实收信托）×100%，下同。

6.4.2.2.2　本年度已清算结束的主动管理型信托项目个数为293个，实收信托合计2 207 826.25万元，加权平均实际年化收益率8.62%

已清算结束信托项目	项目个数（个）	实收信托合计金额（万元）	加权平均实际年化收益率（%）
证券投资类	3	12 240.00	-1.71
股权投资类	62	608 963.10	13.04
融资类	227	1 578 873.15	6.99
事务管理类	1	7 750.00	6.47

6.4.2.2.3　本年度已清算结束的被动管理型信托项目个数为341个，实收信托合计4 508 101.53万元，加权平均实际年化收益率6.24%

已清算结束信托项目	项目个数（个）	实收信托合计金额（万元）	加权平均实际年化收益率（%）
证券投资类	—	—	—
股权投资类	26	426 697.47	5.19
融资类	299	3 650 963.46	6.44
事务管理类	16	430 440.60	6.12

6.4.2.3　本年度新增的信托项目分类

新增信托项目	项目个数（个）	实收信托合计金额（万元）
集合类	338	1 402 045.82
单一类	351	6 671 269.20
财产管理类	6	427 369.92
新增合计	695	8 500 684.94
其中：主动管理型	354	1 973 908.48
被动管理型	341	6 526 776.46

6.4.2.4　信托业务创新成果和特色业务有关情况

报告期内，公司把握市场需求和信托业发展趋势，有重点地逐步开展创新业务工作，为今后优化业务结构，拓展新业务盈利点，打造先行优势和核心竞争力做好充分准备。

（1）资产证券化业务的研究及突破。公司分别在本年度8月和10月成功发行“广东顺德农商银行2014年第一期信贷资产证券化信托”（15.337亿元）以及“广汽汇通2014年第一期信贷资产证券化信托”（8亿元）项目，在资产证券化业务上取得零的突破，并荣获中债登公司颁发的“2014年度中国债券市场优秀成员——资产支持证券优秀发行人”奖项。

除了担任信贷资产证券项目受托人以外，公司还尝试作为投资者参与市场发行的ABS产品，成功投资中国农业银行2014年第二期信贷资产证券化信托之次级资产支持证券、华元2014年二期信贷资产证券化信托之次级资产支持证券共3.5亿元，实现在信贷资产证券化业务上的新尝试。

（2）创新型阳光私募产品——阳光私募工场。公司联合广发证券推出私募工场计划，通过赛马机制培育优秀的私募产品管理人，并为优秀的私募产品管理人提供资金、研究等支持，该产品在市场上为首创。截至本报告期末，公司已发行私募工场计划15个，存续信托规模3亿元，实现了良好的起步，并在市场上初具知名度和影响力。

（3）财政资金股权投资业务。公司抓住广东省财政经营性资金实施股权投资改革试点的契机，通过设立信托方式以财政资金对省经信委、发展改革委、供销社等行业主管部门拟扶持的战略性新兴产业、高新技术产业和创新型中小企业实施股权投资，优化创新财政资金安排方式，提高资金使用绩效，更好地发挥财政资金对产业转型升级的引导和激励作用，实现财政资金良性循环和保值增值。截至本报告期末，共对经各主管部门批复同意的15家公司实施股权投资，金额共11.15亿元，为今后参与政府引导基金、联合财政及社会资金设立产业发展基金、拓展私募股权投资业务奠定基础。

6.4.2.5 本公司履行受托人义务情况及因本公司自身责任而导致的信托资产损失情况(合计金额、原因等)

公司已成立信托委员会,并按照信托合同条款的规定,履行诚实、信用、谨慎、有效的管理,为受益人的最大利益处理信托事务,除按规定取得信托报酬外,没有利用信托资产为自己谋取利益。

公司设置独立运作的自营与信托业务、财务部门,对信托资产与固有资产分别管理,并为每个信托项目开设专户、分别记账、分别核算。

公司信托业务部门妥善保存处理信托事务的完整记录,定期将信托财产的管理运用、处分及收支情况报告委托人、受益人,对委托人和受益人的信托资料保密。信托项目结束后,公司以信托财产为限向受益人兑付信托财产及收益,无延期兑付和无法兑付情况发生。本年度没有发生因公司自身责任而导致的信托资产损失。

6.5 关联方关系及其交易的披露

6.5.1 关联交易方的数量、关联交易的总金额及关联交易的定价政策等

单位:万元

	关联交易方数量	关联交易金额	定价政策
合计	1	344.61	市场价格

6.5.2 关联交易方与本公司的关系性质、关联交易方的名称、法定代表人、注册地址、注册资本及主营业务等

关系性质	关联方名称	法定代表人	注册地址	注册资本(万元)	主营业务
同一控制方	广州粤财房地产开发有限公司	罗潮明	广州市越秀区东风中路481号粤财大厦5楼	18 551.35	在东风中路与德政路交界处西北角地段开发、建设、销售、出租和管理自建的商品楼宇及配套设施

6.5.3 本公司与关联方的重大交易事项

6.5.3.1 固有与关联方交易情况

单位:万元

固有与关联方关联交易				
	期初数	借方发生额	贷方发生额	期末数
贷款	—	—	—	—
投资	—	—	—	—
租赁	—	344.61	344.61	—
担保	—	—	—	—
应收账款	—	—	—	—
其他	—	—	—	—
合计	—	344.61	344.61	—

6.5.3.2 信托与关联方交易情况

单位:万元

信托与关联方关联交易				
	期初数	借方发生额	贷方发生额	期末数
贷款	65 500.00	3 400.00	11 000.00	57 900.00
投资	—	—	—	—
租赁	—	—	—	—
担保	—	—	—	—
应收账款	—	—	—	—
其他	—	—	—	—
合计	65 500.00	3 400.00	11 000.00	57 900.00

6.5.3.3 公司自有资金运用于自己管理的信托项目(固信交易)、公司管理的信托项目之间的相互(信信交易)交易情况

6.5.3.3.1 固有与信托财产之间的交易情况

单位:万元

固有财产与信托财产相互交易			
	期初数	本期发生额	期末数
合计	—	—	—

6.5.3.3.2 信托项目之间的交易情况

单位:万元

信托财产与信托财产相互交易			
	期初数	本期发生额	期末数
合计	456 068.90	-27 071.37	428 997.53

6.5.4 关联方逾期未偿还本公司资金的详细情况以及本公司为关联方担保发生或即将发生垫款的详细情况

本年度公司无上述情况。

6.6 会计制度的披露

(1)本公司以持续经营为基础,根据实际发生的交易和事项,按照财政部2006年颁布的《企业会计准则》、2014年新颁布或修订的相关会计准则进行会计核算。

(2)根据《中华人民共和国信托法》、《信托公司管理办法》等规定,"信托财产与属于受托人所有的财产(以下简称固有财产)相区别,不得归入受托人的固有财产或者成为固有财产的一部分"。公司将固有财产与信托财产分开管理、分别核算。公司管理的信托项目是指受托人根据信托文件的约定,单独或者集合管理、运用、处分信托财产的基本单位,以每个信托项目作为独立的会计核算主体,独立核算信托财产的管理、运用和处分情况。各信托项目单独记账、单独核算,并编制财务报表。其资产、负债及损益不列入自营业务财务报表。

7. 财务情况说明书

7.1 利润实现和分配情况

本年度公司经审计后实现税后净利润55 202.44万元,年初未分配利润为127 720.34万元,向所有者分配2013年下半年和2014年上半年利润19 300.00万元2014年末可供分配的利润为163 622.78万元。经公司董事会批准,按《信托法》规定根

据净利润的5%提取信托赔偿准备金2 760.12万元；根据财政部关于印发《金融企业准备金计提管理办法》的通知按承担风险和损失的资产期末余额的1.5%为其他风险准备金最低限额，计提其他风险准备金1 845.48万元；按新准则规定提取法定盈余公积5 520.24万元；年末未分配利润为153 496.93万元。

7.2 主要财务指标

指标名称	指标值
资本利润率（%）	16.01
人均净利润（万元）	530.79

注：1. 资本利润率＝净利润/所有者权益平均余额×100%。
2. 人均净利润＝净利润/年平均人数。

7.3 对本公司财务状况、经营成果有重大影响的其他事项

本年度公司无其他须披露的重大影响事项。

8. 特别事项揭示

8.1 报告期内公司两家股东没有发生变动

8.2 本报告期内董事会成员未发生变更，监事会成员未发生变更

8.3 本报告期内公司注册地址变更

本报告期内公司注册地址由广州市越秀区东风中路481号粤财大厦14楼变更为广东省广州市越秀区东风中路481号粤财大厦9楼、14楼、40楼。

8.4 公司无重大诉讼事项

8.5 本报告期内公司及其高管人员无处罚情况

8.6 银监会及其派出机构对公司检查后提出整改意见的，应简单说明整改情况

本年度广东银监局对公司进行了现场检查，提出提高经营独立性、强化公司内部控制管理、加强业务管理等要求。据此，公司认真进行了整改，一是梳理和修订公司治理及重大投资决策相关制度规则；二是加强了内部管理，包括充实内审和风控人员、提高稽核频率，修订完善多项业务管理制度，加强信息披露管理等；三是加强了合规管理，包括加强信托产品设计的合规性审查、完善合同管理等；四是大力提高自主管理能力，加强项目尽职管理能力建设、加强项目风险分类管理等。

8.7 本年度无重大事项临时报告情况

8.8 本报告期内无银监会及其省级派出机构认定的有必要让客户及相关利益人了解的重要信息

9. 公司监事会意见

报告期内公司以《信托公司净资本管理办法》为核心，强化风险控制，逐步构建新的信托业务管理体系，公司各项规章制度和业务操作规程进一步完善，没有发现公司董事及高级管理人员在执行公司职务时有违法违纪和损害公司利益及股东利益的行为。报告期内公司财务报告真实反映了公司财务状况和经营成果，广东正中珠江会计师事务所（特殊普通合伙）出具了标准无保留意见的审计报告，审计报告真实、客观、准确地反映了公司财务状况。

国联信托股份有限公司

1. 重要提示

1.1 本公司董事会及董事保证本报告所载资料不存在任何虚假记载、误导性陈述或者重大遗漏,并对其内容的真实性、准确性和完整性承担个别及连带责任。

1.2 公司独立董事胡滨、王则斌、朱增进对公司2014年年度报告基于独立判断立场,发表意见如下:公司2014年年度报告属实,其内容真实、准确、完整。

1.3 公司董事长、主管会计工作负责人周卫平、总经理朱文革(拟任)、会计机构负责人(会计主管人员)李倩声明:保证年度报告中财务报告的真实、完整。

2. 公司概况

2.1 公司简介

国联信托股份有限公司(以下简称国联信托)前身为无锡市信托投资公司,初创于1987年1月。2003年1月,经中国人民银行批准,公司获准重新登记,更名为国联信托投资有限责任公司。2007年6月,经中国银行业监督管理委员会批准,公司获准换领新金融许可证,并更名为国联信托有限责任公司。2007年9月,经增资扩股,公司注册资本由6.15亿元增至12.3亿元人民币。2008年7月,经中国银行业监督管理委员会批准,公司整体变更为股份公司,并更名为国联信托股份有限公司。公司控股股东为无锡市国联发展(集团)有限公司(以下简称国联集团)。国联集团是无锡市人民政府出资设立并授予国有资产投资主体资格的国有独资企业集团。

1	法定名称	国联信托股份有限公司
2	英文名称(及缩写)	Guolian Trust Co.,Ltd.(GLTRUST)
3	法定代表人	周卫平
4	注册地址	无锡市滨湖区太湖新城金融一街8号国联金融大厦
5	邮政编码	214131

续表

6	公司国际互联网网址	http://www.gltic.com.cn
7	公司电子信箱	gltic@gltic.com.cn
8	公司负责信息披露事务高级管理人员	朱文革
9	公司负责信息披露事务人	李　倩
10	联系电话	0510-82833729
11	传真电话	0510-82833803
12	电子信箱	lvjy@gltic.com.cn
13	公司信息披露的报纸名称	金融时报
14	公司年度报告备置地点	无锡市滨湖区太湖新城金融一街8号国联金融大厦11楼
15	公司聘请的会计师事务所名称及住所	江苏公证天业会计师事务所(特殊普通合伙) 江苏省无锡市梁溪路28号
16	公司聘请的律师事务所名称及住所	江苏无锡徐刚律师事务所 无锡市中山路198号汇金广场A座2401室

2.2 组织结构

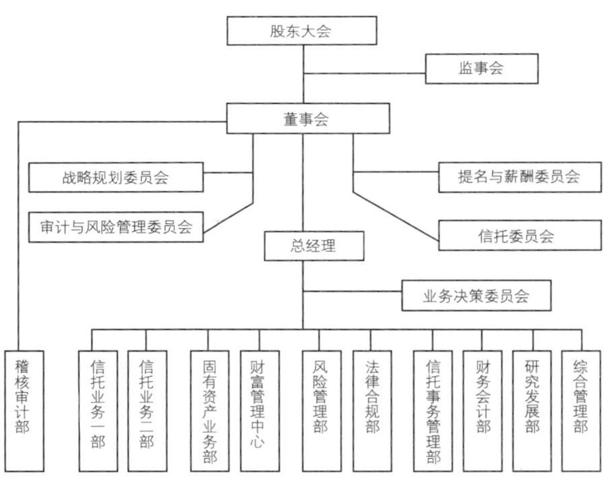

3. 公司治理

3.1 股东

2014年度末,公司股东总数5名。

股东名称	出资比例(%)	法人代表	注册资本(万元)	注册地址
★无锡市国联发展(集团)有限公司	65.85	高　敏	800 000	无锡市金融一街8号
无锡国联环保能源集团有限公司	9.76	蒋志坚	80 000	无锡市金融一街8号
无锡市地方电力公司	8.13	毛伟坤	31 950.6	无锡市金融一街8号
无锡市交通产业集团有限公司	8.13	薛军	572 246	无锡市人民西路109号
无锡商业大厦大东方股份有限公司	8.13	高兵华	52 171.1813	无锡市中山路343号

注:★表示公司实际控制人。

股东名称	主要经营业务	2014年主要财务情况（亿元）		
		总资产	净资产	利润总额
★无锡市国联发展（集团）有限公司	从事资本、资产经营，代理投资、投资咨询及投资服务	674.82	217.13	16.38
无锡国联环保能源集团有限公司	环保行业、能源行业、城市共用基础设施及相关产业的投资等	79.22	32	4.08
无锡市地方电力公司	规划全市电力建设和电力销售	3.77	3.71	0.14
无锡市交通产业集团有限公司	受托经营、管理市级交通国有资产，进行国有资产的收益管理和经营；从事交通运输及相关产业投资	305.13	141.73	12.94
无锡商业大厦大东方股份有限公司	国内贸易（国家有专项规定的，办理审批手续后经营）	45.69	14.53	2.21

注：★表示公司实际控制人。关联关系说明：无锡国联环保能源集团有限公司为无锡市国联发展（集团）有限公司全资子公司；无锡市地方电力公司为无锡国联实业投资有限公司的全资子公司，是无锡市国联发展（集团）有限公司二级子公司；其余无关联。

3.2 董事

董事会由9名董事组成，由股东无锡市国联发展（集团）有限公司推荐2名，股东无锡市国联环保能源集团有限公司推荐1名，股东无锡市地方电力公司推荐1名，股东无锡市交通产业集团有限公司推荐1名，股东无锡市商业大厦大东方股份有限公司推荐1名，独立董事3名。

董事会成员

姓名	职务	性别	年龄	选任日期	任期（年）	所推举的股东名称	持股比例（%）	简要履历
周卫平	董事长	男	46	2014年1月28日	3	无锡市国联发展（集团）有限公司	65.85	曾任无锡市探矿机械总厂会计，无锡恒达证券公司财务部经理，无锡市信托投资公司上海邯郸路营业部副经理，无锡市信托投资公司开信证券营业部任副经理、经理，国联证券有限责任公司县前东街营业部总经理，国联证券有限责任公司经纪业务部总经理，无锡国联期货经纪有限公司总经理，无锡市国联发展（集团）有限公司财务部经理兼无锡国联期货经纪有限公司董事长，尚德电力控股有限公司执行董事、总裁、CEO、CFO；现任国联信托股份有限公司董事长。
丁武斌	董事	男	49	2012年8月23日	3	无锡市国联发展（集团）有限公司	65.85	曾任无锡梁溪律师事务所律师，国联集团法律顾问，国联信托信托业务部经理、综合管理部经理、公司副总经理，无锡市国联发展（集团）有限公司金融资产管理部副经理兼国联期货有限责任公司董事长；现任无锡市国联发展（集团）有限公司金融资产管理部经理兼无锡国联创投有限公司总经理。
朱文革	董事（拟任）	男	47	2014年9月24日	3	无锡国联环保能源集团有限公司	9.76	曾任无锡幸福食品厂生产调度、车间主任、副厂长，国联证券有限责任公司营业部总经理、投资银行部总经理、研发部总经理，国联基金管理有限责任公司副总经理，国联信托有限责任公副总经理，国联创投公司总经理，国联信托副总经理、兼无锡市国联资本管理有限公司总经理、无锡市金融投资有限公司董事长；现任国联信托股份有限公司总经理、无锡市国联资本管理有限公司董事长。
张伟民	董事	男	44	2011年11月28日	3	无锡市地方电力公司	8.13	曾任职于无锡太湖国家旅游度假区发展总公司物资贸易部，国联证券无锡湖滨路营业部，国联证券投资银行部，无锡市国联发展（集团）有限公司电力投资部，无锡国联环保能源有限公司投资管理部经理；现任锡国联环保能源有限公司总经理助理。
刘建春	董事	男	50	2011年11月28日	3	无锡市交通产业集团有限公司	8.13	曾任无锡市交通局财务处科员、副处长，无锡市交通资产经营有限公司副总会计师、财务资产部经理，无锡市交通产业集团有限公司财务负责人、副总会计师、财务审计部经理、融资管理部经理；现任无锡市交通产业集团有限公司党委委员、总会计师兼财务负责人。
席国良	董事	男	51	2011年11月28日	3	无锡商业大厦大东方股份有限公司	8.13	曾任无锡市糖业烟酒公司财务科会计、无锡市商业局财务科会计、无锡市交电采购批发站副总经理、江苏无锡商业大厦集团有限公司副总经理，现任无锡商业大厦大东方股份有限公司董事总经理。

注：朱文革董事任职资格于2015年4月获监管部门核准。

独立董事

姓名	所在单位及职务	性别	年龄	选任日期	任期（年）	所推举的股东名称	持股比例（%）	简要履历
胡滨	中国社科院金融研究所研究员	男	43	2011年11月28日	3	无锡市国联发展（集团）有限公司	65.85	曾任华安证券高级经理、中信证券高级经理、中国社科院金融所博士后研究人员，现任中国社科院金融所研究员、社科院金融法律与金融监管研究基地主任。

续表

姓名	所在单位及职务	性别	年龄	选任日期	任期(年)	所推举的股东名称	持股比例(%)	简要履历
王则斌	苏州大学东吴商学院教授	男	54	2012年11月28日	3	无锡市国联发展(集团)有限公司	65.85	曾任苏州市大型国有企业的财务顾问和财务总监,现为江苏省会计学会理事、江苏省总会计师协会理事、苏州市会计学会理事、苏州大学东吴商学院教授。
朱增进	江苏世纪同仁律师事务所	男	49	2011年12月14日	3	无锡市国联发展(集团)有限公司	65.85	曾获"江苏省知名律师"称号,曾任中华全国律师协会公司法委员会委员、江苏省律师协会公司法委员会主任、创业板发审委委员;现为江苏世纪同仁律师事务所律师、高级合伙人。

3.3 监事

监事会由3名监事组成,其中股东无锡市国联发展(集团)有限公司推荐1名,职工监事2名。

姓名	职务	性别	年龄	选任日期	所推举的股东名称	持股比例(%)	简要履历
李建康	监事会主席	男	49	2011年12月14日	无锡市国联发展(集团)有限公司	65.85	曾任无锡市扬名电器厂财务科长、无锡渔港供销社财务科长、无锡汇丰房地产开发有限公司财务科长、无锡鸿意地产发展有限公司财务科长、无锡东华会计师事务所有限公司项目经理、无锡小天鹅股份有限公司审计部长、无锡市国联发展(集团)有限公司审计部项目经理、无锡国联金融投资集团有限公司审计部经理,现任无锡市国联发展(集团)有限公司审计监察部经理。
季羚	监事	女	35	2011年11月28日	职工代表	—	曾任职于无锡市数码通宽带网络有限责任公司、深圳美商化工有限公司、国联信托股份有限公司综合管理部经理助理,现任国联信托股份有限公司综合管理部副经理。
邹莉	监事	女	49	2014年1月5日	职工代表	—	曾于无锡市财政局、无锡市社保局任职,后任无锡市信托投资公司稽核审计部副经理、财务部副经理,无锡国联金融投资集团有限公司计划财务部经理,国联信托有限责任公司财务会计部经理,国联信托投资有限责任公司客户服务中心经理、资金信托部经理、财务会计部经理等职务;现任国联信托股份有限公司信托事务管理部经理。

3.4 高级管理人员

姓名	职务	性别	年龄	选任日期	金融从业年限(年)	学历	专业	简要履历
朱文革	总经理(拟任)	男	47	2014年9月9日	16	本科	食品工程系	曾任无锡幸福食品厂生产调度、车间主任、副厂长,国联证券有限责任公司营业部总经理、投资银行部总经理、研发部总经理,国联基金管理有限责任公司副总经理,国联信托有限责任公副总经理,国联创投公司总经理,国联信托副总经理兼无锡市国联资本管理有限公司总经理、无锡市金融投资有限公司董事长;现拟任国联信托总经理。
周志明	总经理助理	男	45	2014年1月28日	16	博士	管理学	曾任无锡市金万达期货经纪有限公司交易员、上海营业部经理、研究发展部经理,国联信托有限责任公司综合管理部副经理,国联信托股份有限公司固有资产业务部副经理,国联信托股份有限公司信托业务部经理,国联信托股份有限公司信托一部经理兼国联信托股份有限公司监事;现任国联信托总经理助理。
葛卫华	总经理助理	男	36	2014年1月28日	13	硕士	工商管理	曾任中国工商银行股份有限公司广东省肇庆市分行公司业务客户经理、国际业务部副经理,中国工商广东省分行信贷评估部主评估人、投资银行部项目经理,中国银行业监督管理委员会江苏监管局信托公司监管岗;现任国联信托股份有限公司总经理助理。

3.5 公司员工表

项　目		报告期年度		上年度	
		人数（人）	比例（%）	人数（人）	比例（%）
年龄分布	25 岁以下	6	8.33	3	5.26
	25～29 岁	25	34.72	20	35.09
	30～39 岁	23	31.95	21	36.84
	40 岁以上	18	25.00	13	22.81
学历分布	博士	3	4.17	5	8.77
	硕士	27	37.50	22	38.60
	本科	35	48.61	21	36.84
	专科	6	8.33	8	14.04
	其他	1	1.39	1	1.75
岗位分布	董事、监事及高管人员	7	9.72	7	12.28
	自营业务人员	1	1.39	2	3.51
	信托业务人员	29	40.28	30	52.63
	其他人员	38	52.78	21	36.84

注：公司部分高管及职工监事分别为信托业务人员和其他人员，故岗位百分比大于100%。

4. 经营管理

4.1 经营目标、方针、战略规划

4.1.1 经营目标

立足江苏、面向长三角、适当辐射发达地区，致力于将国联信托打造成一家以信托为基础，以银行、证券等金融机构为一体，能综合运用金融市场资源，提供综合金融服务，运作规范，在行业内具有影响力的专业化金融公司。

4.1.2 经营方针

秉承“诚信、稳健、规范、创新”的经营理念，严控风险，审慎经营，以多元化的资产管理手段和金融工具，实现金融、资本和实业的融合，在可容忍风险下，谋求信托受益人的利益最大化。

4.1.3 战略规划

回归信托本源，发挥信托制度优势，以客户为中心，以国联金融综合平台为依托，以私募实业投行业务为基础，以资产管理业务和财富管理业务为两翼，以提升资源整合能力、投资盈利能力和风险管理能力为抓手，形成专属竞争优势，打造具有区域影响力和美誉度的私人银行＋投资银行。

4.2 经营业务的主要内容

4.2.1 自营资产运用与分布表

资产运用	金额（万元）	占比（%）	资产分布	金额（万元）	占比（%）
货币资产	77 098	23.50	基础产业		
贷款及应收款	25 382	7.74	房地产业	9 458	2.88
交易性金融资产投资	7	0.00	证券市场	30 798	9.39
可供出售金融资产投资	98 428	30.00	实业	15 550	4.74
持有至到期投资	14 644	4.46	金融机构	174 560	53.21
长期股权投资	112 298	34.23	其他	97 689	29.78
其他	198	0.07			
资产总计	328 055	100	资产总计	328 055	100

4.2.2 信托资产运用与分布

资产运用	金额（万元）	占比（%）	资产分布	金额（万元）	占比（%）
货币资产	62 053	1.42	基础产业	1 299 116	29.85
贷款	2 292 289	52.68	房地产	281 792	6.48
交易性金融资产	103 129	2.37	证券市场	103 129	2.37
可供出售金融资产	409 802	9.42	工商企业	506 851	11.65
持有至到期投资	1 001 814	23.02	金融机构	32 593	0.75
长期股权投资	438 143	10.07	其他	2 127 964	48.90
其他	44 215	1.02			
信托资产总计	4 351 445	100	信托资产总计	4 351 445	100

4.3 市场分析

4.3.1 有利因素

4.3.1.1　宏观经济运行基本平稳

2014 年，我国宏观经济运行总体上基本平稳，国内生产总值增速为 7.4%，经济运行中出现一些积极变化与亮点：一是经济结构继续优化，二是就业与居民收入增长较快，三是化解产能过剩和节能减排取得积极进展。

4.3.1.2　信托布局创新转型

2014 年，可以说是信托行业全面布局转型发展的“元年”。2014 年 4 月 8 日，银监会办公厅发布的《关于信托公司风险监管的指导意见》（银监办发［2014］99 号）明确提出了信托业转型发展的目标和路径，从监管政策上对行业转型进行战略定位。2014 年，信托行业在资产证券化、并购信托、家族信托、互联网消费信托、养老信托等新的业务领域推出了众多的创新类的产品和服务。

4.3.1.3　信托保障基金公司成立

2014 年 12 月 19 日，中国信托业保障基金有限责任公司（以下简称信托保障基金公司）在信托业年会上宣布成立。信托保障基金有助于维护信托行业稳定，有助于落实优胜劣汰的市场竞争机制，有助于稳妥解决所谓“刚性兑付”问题，有效防范信托公司及其股东的道德风险。

4.3.1.4　中国进入财富管理时代

经过多年的改革开放，我国经济取得了快速发展，高净值人群日益庞大，居民理财意识和理财需求逐步提升，理财市场前景良好。在目前的中国，财富管理市场还处在百家争鸣的阶段，由于财富管理法律框架更倾向于信托模式以及信托公司自身在财富传承中的独特功能优势，信托公司未来将有望成为最佳的财富管理机构。

4.3.2 不利因素

4.3.2.1　宏观经济发展进入新常态

2014 年国内宏观经济虽然总体基本平稳，但是投资增长后劲不足、融资瓶颈约束明显、企业经营困难等问题突出，经济下行压力和风险依然较大。房地产投资增速持续放缓，销售额和销售面积均呈现负增长，且增幅不断扩大；地方政府债务存在一定的风险隐患。

4.3.2.2　监管升级

2014 年初，国务院办公厅正式下发 107 号文（《关于加强影子银行监管有关问题的通知》）。4 月，银监会出台了号称最

严监管的“99号文”(《关于信托公司风险监管的指导意见》),提出建立流动性支持和资本补充机制、清理非标准化资金池产品等切实有效的管控手段。8月,监管层下发了《信托公司监管评级与分类监管指引》,评级结果将作为衡量信托公司风险程度、监管规划和合理配置监管资源、采取监管措施和行动的主要依据。

4.3.2.3　风险事件有所增加

2014年,由于房地产项目风险加剧,信托行业违约案件有所增加,兑付危机已经成为信托发展的绊脚石,再粗放式扩大规模的增长已经不适应当前的新常态。信托公司频繁增资扩股,信托业正步入转型发展期。

4.3.2.4　相关配套制度仍缺失

2014年10月,银监会正式批准全国信托登记中心落户上海自贸区,加快推动信托产品登记制度的建立。但是,信托财产登记、信托财产税负等问题依然没有得到解决,给信托业务拓展和创新带来法律法规上的障碍和不确定性。

4.4　内部控制

4.4.1　内部控制环境和内部控制文化

按照“三会分设、三权分开、有效制约、协调发展”的要求,公司设立了由股东会、董事会、监事会和高级管理层构建的公司治理架构。股东会、董事会、监事会和高级管理层之间既相互独立,又相互制衡和相互协调,形成了权力机构、决策机构、监督机构和管理层之间的制衡机制,在公司经营和发展中持续发挥着各自的职能与作用。董事会引入独立董事制度并下设各专门委员会,能够较好地运行,为公司内部控制制度制定与运行提供了一个良好的内部环境。

公司坚持业务经营与风险管理并重的原则。通过组织员工培训、学习等办法,培养员工风险防范意识,并提升了员工的法律意识,道德规范及自身素质建设,提高了风险管理的自觉性。

4.4.2　内部控制措施

公司在完善内部控制机制中,贯彻健全、合理、制衡、独立的原则,建立起内控岗位授权制度、内控报告制度、内控责任制度、内控审计检查制度及考核评价制度。公司内部控制覆盖了包括环境控制、业务控制、资金管理控制、会计系统控制、电子信息系统控制、内部稽核控制等各个环节和公司的各项业务、各个部门和各级人员,并贯穿于决策、执行、监督、反馈整个流程。各部门和岗位职权分明,职能独立,并相互牵制,相互制衡,重要岗位实行双人负责制;对担任单岗处理的业务,有相应的后续监督。

报告期内,公司严格执行各项内控制度,操作规范,措施有效。

4.4.3　信息交流与反馈

公司加强信息建设,为内控的设计、执行、反馈提供信息保障。一是建立起管理层与内控管理专职部门信息联结和定期联系机制,及时、真实、完整地传导监管意图、交流信息、沟通问题,制定并执行内控报告制度和突发事件应急管理办法。二是严格执行信息披露制度,主动及时向社会公众准确披露有关信息,发挥社会公众对公司内控建设的监督作用。

4.4.4　监督评价与纠正

公司推行事前、事中与事后“三位一体”的风险管理和监督评价体系,对业务环节和经营管理进行持续性的全方位、全过程的监督、评价、后评价与纠正。

2014年,公司充分发挥内部、外部审计的监督作用,审计的范围和深度进一步加强,对审计过程中发现的问题及时与各部门沟通,要求限期完善或整改,并采取后续审计等方式进行跟踪,对防止风险出现或扩大,对促进业务合法、合规、稳健经营发挥了积极作用。

4.5　风险管理

4.5.1　风险管理概况

董事会和经营层坚持业务发展与风险管理并重的原则。在新业务开展前,充分研判其风险点及控制措施,在确保风险可控前提下开展业务;对于已实施的业务项目,实时跟踪,对潜在风险采取积极措施有效监控。公司风险管理水平及其管理状况较好,并且建立了较为完善的识别、计量、监测和控制各项风险的组织机构与信息管理系统,不过业务风险理念和技术水平有待进一步完善提高。

公司经营活动中可能遇到的主要风险包括信用风险、市场风险、操作风险、政策风险、法律风险及声誉风险等。

公司风险管理贯彻合法合规性原则、健全性原则、全过程与全方位相结合原则、审慎性原则以及适时性原则。风险控制贯穿于业务活动的各个方面和运行过程的每一环节,对风险着重进行事前防范、实时监控和事后稽查三方面的工作。财务核算方面严格执行信托财产与公司固有财产分别管理、分别记账,不同信托财产分别管理、分别记账。

公司风险管理的基本策略为:(1)预防:侧重于内控和损失准备。适用于市场风险、信用风险和操作风险。(2)多样化分散:指投资或交易对手分散。适用于非系统性风险。(3)转嫁:要求企业进行担保、抵押等。适用于信用和市场风险。

公司风险控制体系包括董事会及专门委员会、监事会、经营层、业务决策委员会、各职能部门,形成了上下联动、多层次的、完整的风险控制结构体系。

4.5.2　风险状况

4.5.2.1　信用风险状况

信用风险主要是交易对手违约带来的风险,信用风险主要来自借款、投资等业务。公司严格按照监管规定足额计提一般准备和资产减值准备,按比例提取信托赔偿准备金,以提高公司抵御风险的能力。报告期内公司不良资产期初数、期末数都为零。

4.5.2.2　市场风险状况

市场风险是指公司在业务经营中所不可避免的因市场参数的波动而产生的风险。公司面临的市场风险主要是股价波动风险、利率风险及同业竞争形成的风险和购买力风险。这些风险的存在不但影响信托财产的价值以及信托收益水平,也将影响公司由于资产负债结构不匹配等而导致公司整体的、当前和未来收入的损失。

4.5.2.3　操作风险状况

操作风险主要表现在相关业务办理过程中,因尽职管理不到位、内部控制缺失或系统的不完善等带来的损失。报告期内公司未发生因操作风险所造成的损失。

4.5.2.4　其他风险状况

公司还面临着诸如政策风险、法律风险和声誉风险等其他风险。政策风险主要指由于宏观政策以及监管政策的变动对公司经营环境和发展所造成的风险。法律风险主要指业务合同的内容在法律上有缺陷或不完善而发生法律纠纷等的风险。声誉风险指由公司在经营、管理及其他行为或外部事件导致利益相关方对公司负面评价的风险。

4.5.3 风险管理

4.5.3.1 信用风险管理

对于信用风险的防范，公司执行三查制度，严格审贷分离。公司主要通过对融资对象的信用调查，业务决策委员对项目的审核，信托合同中抵押、担保条款的科学设计来进行风险事前防范；通过项目实施过程中的跟踪管理以及资产分类评级来进行风险事中控制；通过对项目的稽查与评价进行事后控制。

公司选择实力雄厚、信誉卓著、业绩优良的金融机构为合作伙伴，作为公司信托业务的托管银行，以防范来自金融同业的信用风险。

公司按规定对贷款实行五级分类，并足额计提相应资产损失准备。

公司的担保措施为：保证方应为实力雄厚、信誉良好的大型企业（集团）或上市公司；抵押品价值确认主要通过中介机构评估确认，抵押品主要为房屋、土地。

公司无对外担保余额。

4.5.3.2 市场风险管理

对于市场风险的防范，公司制定管理制度，规范操作程序，配备与业务规模和市场风险管理要求相适应的专业团队，加强项目合同审查和立项论证以及投资决策委员会的运作力度，通过研究、决策、操作、评价相互制衡的机制，结合严格的授权制度，以防范市场风险。公司坚持不仅关注市场风险的控制，更强调市场风险的规避，不盲目追求业务规模和短期的经营业绩。坚持业务规模及复杂程度与公司业务能力相匹配，在市场风险可控前提下开展证券类业务。

4.5.3.3 操作风险管理

对于操作风险的防范，加强对操作流程的监督、检查，及时排除隐患。公司主要通过对各部门、各岗位制定明确的职责和权限，坚持信托财产之间、信托财产与固有财产之间分别管理、分别记账等相互分离、相互监督、相互制约的原则，并通过严格的授权制度与过程监控来实施，其中采用大量的技术手段，如在电脑系统对操作权限和内容进行程序设定，以及在业务和资金流转过程中实施双岗核定确认等。公司内控部门进行事后评估和总结，以制定相应的制度来堵截可能出现的漏洞，加强员工教育培训，使其增强责任意识和业务技能，避免计算机等的操作失误；结合实际规范业务流程，明确责任，强化协作；加大投入，更换网络、服务器、计算机等硬件设备，实施软件升级，避免出现故障等。通过奖惩激励对其行为进行约束。目前内部程序系统基本完善有效，各项业务顺利开展，成效明显。制订应急预案等措施控制操作风险。

4.5.3.4 其他风险管理

对于政策风险的防范，加强对国家宏观政策和监管规定的调查研究，加强与监管部门和行业间的沟通、联系，以尽可能准确地判断分析宏观政策和监管政策的未来趋势，来管理政策风险。

对于法律风险的防范，公司通过设立法务岗位和聘请外部律师事务所的形式，对项目方案、项目操作、各类法律文本等合法、合规性进行审查，提出法律审查意见。防范新产品的法律风险，确保创新业务符合政策、市场和运营要求，还进一步加大合同管理力度，有步骤地建立业务合同标准化体系。

对于声誉风险的防范，将公司声誉构建与公司发展战略和公司文化进行有机结合，通过尽职管理和充分信息披露以塑造公司的专业和诚信形象，对可能影响公司声誉的业务坚决予以回避等。加强员工职业道德教育和公司文化教育，增强员工的工作责任心和团队意识，维护公司信誉，防范声誉风险。

4.6 社会责任履行情况

国联信托自成立以来，始终坚持合规经营、诚实守信的基本原则，以维护良好的金融市场环境为己任，不断提高社会责任感。根据地区经济发展的要求，公司发挥信托联结三个市场的独特作用和优势，积极投身地方经济建设和社会事业的发展，通过引导和培养居民投资意识和财富管理理念，实现地方经济发展与国联信托业务拓展、居民收入增长的有机结合。

2014 年，国联信托立足地方，支持区域经济发展，将自身成长与地方经济发展紧密结合起来，大力促进经济结构调整和产业转型升级，积极扶植中小企业发展和科技创新，为地方经济持续、健康、协调发展提供了有力的金融支持，用实际行动呼应了无锡“城市转型、产业升级”的理念。

公司始终秉承客户价值领先理念，强调以客户为中心，不断努力提升服务水平。公司不断改进服务，依托国联综合金融平台，开辟了“投＋保＋贷”的一条龙金融服务模式，在为企业量身定制一揽子金融产品和服务的同时，为地方百姓的财富收入增长提供了重要的投资渠道。

公司积极响应国家宏观调控，主动加强对房地产信托业务的风险综合控制，坚持节能减排，控制“两高”行业的融资；积极投身社会公益事业，组织广大干部员工开展“慈善一日捐”活动；支持教育事业发展，关心弱势群体，努力推动经济、社会与环境的和谐发展。

5. 报告期末及上一年度末的比较式会计报表

5.1 自营资产

5.1.1 会计师事务所审计结论

审 计 报 告

苏公 W[2015]A113 号

国联信托股份有限公司全体股东：

我们审计了后附的国联信托股份有限公司（以下简称国联信托）财务报表，包括 2014 年 12 月 31 日的资产负债表，2014 年度利润表、现金流量表、所有者权益变动表，以及财务报表附注。

一、管理层对财务报表的责任

编制和公允列报财务报表是国联信托管理层的责任，这种责任包括：（1）按照企业会计准则的规定编制财务报表，并使其实现公允反映；（2）设计、执行和维护必要的内部控制，以使财务报表不存在由于舞弊或错误而导致的重大错报。

二、注册会计师的责任

我们的责任是在执行审计工作的基础上对财务报表发表审计意见。我们按照中国注册会计师审计准则的规定执行了审计工作。中国注册会计师审计准则要求我们遵守中国注册会计师职业道德守则,计划和执行审计工作以对财务报表是否不存在重大错报获取合理保证。

审计工作涉及实施审计程序,以获取有关财务报表金额和披露的审计证据。选择的审计程序取决于注册会计师的判断,包括对由于舞弊或错误导致的财务报表重大错报风险的评估。在进行风险评估时,注册会计师考虑与财务报表编制和公允列报相关的内部控制,以设计恰当的审计程序,但目的并非对内部控制的有效性发表意见。审计工作还包括评价管理层选用会计政策的恰当性和作出会计估计的合理性,以及评价财务报表的总体列报。

我们相信,我们获取的审计证据是充分、适当的,为发表审计意见提供了基础。

三、审计意见

我们认为,国联信托财务报表在所有重大方面按照企业会计准则的规定编制,公允反映了国联信托 2014 年 12 月 31 日的财务状况以及 2014 年度的经营成果和现金流量。

江苏公证天业会计师事务所(特殊普通合伙)

中国注册会计师:夏正曙

中国注册会计师:赵　明

中国・无锡　　2015 年 2 月 28 日

5.1.2　资产负债表

资产负债表

编制单位:国联信托股份有限公司　　2014 年 12 月 31 日　　单位:万元

资产	附注	合并		母公司	
		期末余额	年初余额	期末余额	年初余额
货币资金		78 357	26 268	77 098	24 938
交易性金融资产				7	
买入返售金融资产		7	4 110		3 010
应收账款			310		
应收利息		187	186	187	186
其他应收款		187	690	187	690
发放贷款和垫款		25 008	17 400	25 008	17 400
可供出售金融资产		98 428	111 528	98 428	111 528
持有至到期投资		16 144	20 797	14 644	20 797
长期股权投资		112 086	88 591	112 298	89 403
固定资产		102	80	89	77
递延所得税资产		109	303	109	303
资产总计		330 615	270 263	328 055	268 332
预收账款			74		
应付职工薪酬		1 147	1 301	791	1 000
应交税费		1 303	2 848	1 245	2 816
其他应付款		167	177	166	177
应付股利		1 600		1 600	
递延所得税负债		3 243		3 243	
负债合计		7 461	4 400	7 045	3 993
实收资本		123 000	123 000	123 000	123 000
资本公积		42 258	42 422	42 649	42 812
其他综合收益		15 994	-407	15 994	-407
盈余公积		20 840	16 637	20 840	16 637
信托赔偿准备		13 962	11 860	13 962	11 860
一般风险准备		3 764	3 651	3 764	3 651
未分配利润		103 336	68 701	100 801	66 785
所有者权益(或股东权益)合计		323 154	265 863	321 010	264 339
负债和所有者权益(或股东权益)合计		330 615	270 263	328 055	268 332

5.1.3 利润表

利润表

编制单位：国联信托股份有限公司　　2014 年度　　单位：万元

项　目	行次	合并		母公司	
		本期金额	上期金额	本期金额	上期金额
一、营业收入	1	59 801	46 635	58 309	44 237
利息净收入	2	4 600	2 538	4 598	2 516
利息收入	3	4 600	2 538	4 598	2 516
利息支出	4				
手续费及佣金净收入	5	30 034	29 496	28 767	28 428
手续费及佣金收入	6	30 034	29 496	28 767	28 428
手续费及佣金支出	7				
投资收益（损失以"－"号填列）	8	25 163	14 598	24 941	13 290
其中：对联营企业和合营企业的投资收益	9	18 831	7 066	18 831	7 066
公允价值变动收益（损失以"－"号填列）	10	3	－4	3	－4
其他业务收入	11		7		7
二、营业支出	12	10 275	6 615	9 546	5 833
营业税金及附加	13	1 890	1 898	1 818	1 838
业务及管理费	14	4 510	4 717	3 853	3 995
资产减值损失	15	3 875		3 875	
三、营业利润（亏损以"－"号填列）	16	49 526	40 020	48 763	38 404
加：营业外收入	17				
减：营业外支出	18	55	42	54	39
四、利润总额（亏损总额以"－"号填列）	19	49 471	39 978	48 709	38 365
减：所得税费用	20	6 818	7 095	6 675	7 007
五、净利润（净亏损以"－"号填列）	21	42 653	32 883	42 034	31 358
六、其他综合收益的税后净额	22	16 401	2 924	16 401	2 924
以后不能重分类进损益的其他综合收益	23				
以后将重分类进损益的其他综合收益	24	16 401	2 924	16 401	2 924
1. 权益法下在被投资单位其他综合收益享有份额	25	5 836	484	5 836	484
2. 可供出售金融资产公允价值变动损益	26	10 565	2 440	10 565	2 440
七、综合收益总额	27	59 054	35 807	58 435	34 283
八、每股收益	28				
（一）基本每股收益	29	0. 35	0. 27	0. 34	0. 25

5.1.4 所有者权益变动表

股东权益变动表（合并）

编制单位：国联信托股份有限公司　　2014 年度　　单位：万元

项　目	2014 年度								2013 年度							
	股本	资本公积	其他综合收益	盈余公积	信托赔偿准备	一般风险准备	未分配利润	所有者权益合计	股本	资本公积	其他综合收益	盈余公积	信托赔偿准备	一般风险准备	未分配利润	所有者权益合计
一、上年年末余额	123 000	42 422	－407	16 637	11 860	3 651	68 701	265 863	123 000	43 422	－3 331	13 501	10 292	3 422	50 591	240 896
1. 会计政策变更																
2. 前期差错更正																
二、本年年初余额	123 000	42 422	－407	16 637	11 860	3 651	68 701	265 863	123 000	43 422	－3 331	13 500	10 292	3 422	50 591	240 896
三、本年增减变动金额（减少以"－"号填列）	—	－164	16 401	4 203	2 102	113	34 635	57 291	—	－1000	2 924	3 136	1 568	229	18 110	24 967
（一）综合收益总额			16 401				42 653	59 054			2 924				32 883	35 807
（二）所有者投入和减少资本	—	－164						－164	—	－1000						－1000
1. 股东投入的普通股																
2. 其他权益工具持有者投入资本																

续表

项目	2014 年度								2013 年度							
	股本	资本公积	其他综合收益	盈余公积	信托赔偿准备	一般风险准备	未分配利润	所有者权益合计	股本	资本公积	其他综合收益	盈余公积	信托赔偿准备	一般风险准备	未分配利润	所有者权益合计
3. 股份支付计入所有者权益的金额																
4. 其他		-164						-164		-1 000						-1 000
（三）利润分配	—			4 203	2 102	113	-8 018	-1 600	—			3 136	1 568	229	-14 773	-9 840
1. 提取盈余公积				4 203	2 102		-6 305					3 136	1 568		-4 704	
2. 提取一般风险准备						113	-113							229	-229	
3. 对所有者或股东的分配							-1 600	-1 600							-9 840	-9 840
4. 其他																
（四）所有者权益内部结转	—								—							
1. 资本公积转增资本（或股本）																
2. 盈余公积转增资本（或股本）																
3. 盈余公积弥补亏损																
4. 其他																
四、本年年末余额	123 000	42 015	15 994	20 840	13 962	3 764	103 336	323 154	123 000	42 422	-407	16 637	11 860	3 651	68 701	265 863

股东权益变动表（母公司）

编制单位：国联信托股份有限公司　　2014 年度　　单位：万元

项目	2014 年度								2013 年度							
	股本	资本公积	其他综合收益	盈余公积	信托赔偿准备	一般风险准备	未分配利润	所有者权益合计	股本	资本公积	其他综合收益	盈余公积	信托赔偿准备	一般风险准备	未分配利润	所有者权益合计
一、上年末余额	123 000	42 812	-407	16 637	11 860	3 651	66 785	264 339	123 000	42 422	-3 331	13 501	10 292	3 422	50 200	239 505
1. 会计政策变更																
2. 前期差错更正																
二、本年初余额	123 000	42 812	-407	16 637	11 860	3 651	66 785	264 339	123 000	42 422	-3 331	13 501	10 292	3 422	50 200	239 505
三、本年增减变动金额（减少以"-"号填列）	—	-164	16 401	4 203	2 102	113	34 015	56 671	—	391	2 924	3 136	1 568	229	16 585	24 833
（一）综合收益总额			16 401				42 034	58 435			2 924				31 358	34 283
（二）所有者投入和减少资本	—	-164						-164	—	391						391
1. 股东投入的普通股																
2. 其他权益工具持有者投入资本																
3. 股份支付计入所有者权益的金额																
4. 其他		-164						-164		391						391
（三）利润分配	—			4 203	2 102	113	-8 018	-1 600	—			3 136	1 568	229	-14 773	-9 840
1. 提取盈余公积				4 203	2 102		-6 305					3 136	1 568		-4 707	
2. 提取一般风险准备						113	-113							229	-229	
3. 对所有者或股东的分配							-1 600	-1 600							-9 840	-9 840
4. 其他																
（四）所有者权益内部结转	—								—							
1. 资本公积转增资本（或股本）																
2. 盈余公积转增资本（或股本）																
3. 盈余公积弥补亏损																
4. 其他																
四、本年末余额	123 000	42 649	15 994	20 840	13 962	3 764	100 801	321 010	123 000	42 812	-407	16 637	11 860	3 651	66 785	264 339

5.2 信托资产

5.2.1 信托资产项目资产负债汇总表

信托项目资产负债汇总表

编制单位：国联信托股份有限公司　　2014年12月31日　　单位：万元

信托资产	行次	年末数	年初数	信托负债和信托权益	行次	年末数	年初数
信托资产：				信托负债：			
货币资金	1	62 053	66 255	交易性金融负债	20		
拆出资金	2			衍生金融负债	21		
存出保证金	3			应付受托人报酬	22		
交易性金融资产	4	103 129	92 359	应付托管费	23		
衍生金融资产	5			应付受益人收益	24		
买入返售金融资产	6		2 210	应交税费	25		
应收款项	7	37 780	35 463	应付销售服务费	26		
发放贷款	8	2 292 289	1 819 247	其他应付款项	27	71 061	18 171
可供出售金融资产	9	409 802	681 644	预计负债	28		
持有至到期投资	10	1 001 814	1 333 106	其他负债	29		
长期应收款	11			信托负债合计	30	71 061	18 171
长期股权投资	12	438 143	455 103	信托权益：	31		
投资性房地产	13			实收信托	32	4 173 397	4 375 463
固定资产	14			资本公积	33		
无形资产	15			损益平准金	34		
长期待摊费用	16			未分配利润	35	106 987	91 753
其他资产	17	6 435		信托权益合计	36	4 280 384	4 467 216
减：各项资产减值准备	18						
信托资产总计	19	4 351 445	4 485 387	信托负债及信托权益总计	37	4 351 445	4 485 387

5.2.2 信托项目利润及利润分配汇总表

信托项目利润及利润分配汇总表

2014年度

编制单位：国联信托股份有限公司　　单位：万元

项　目	行次	本年数	上年数
一、营业收入	1	423 528	402 892
利息收入	2	195 926	220 519
投资收益	3	224 101	182 115
其中：对联营企业和合营企业的投资收益	4		
公允价值变动收益（损失以"－"号填列）	5	1 505	-426
租赁收入	6		
汇兑损益（损失以"－"号填列）	7		
其他收入	8	1 997	684
二、支出	9	49 364	51 947
营业税金及附加	10		
受托人报酬	11	28 040	27 548
托管费	12	6 212	3 248
投资管理费	13		
销售服务费	14	4 013	5 902
交易费用	15	20	69
资产减值损失	16		
其他费用	17	11 080	15 180
三、信托净利润	18	374 164	350 945
四、其他综合收益	19		
五、综合收益	20	374 164	350 945
加：期初未分配利润	21	91 753	48 899
六、可供分配的信托利润	22	465 917	399 844
减：本期已分配信托利润	23	358 930	308 091
七、期末未分配信托利润	24	106 987	91 753

6. 会计报表附注

6.1 简要说明报告年度会计报表编制基础、会计政策、会计估计和核算方法发生的变化

2014年，财政部分别以财会[2014]6号、7号、8号、10号、11号、14号、16号及23号发布了数项会计准则，对会计核算提出了新的要求。本公司于2014年7月1日开始执行前述除金融工具列报准则以外的7项新颁布或修订的企业会计准则，在编制2014年年度财务报告时开始执行金融工具列报准则，并根据各准则衔接要求进行了调整。

合并会计报表的范围及子公司基本情况：本公司合并子公司为无锡国联资本管理有限公司，注册资本3000万元，所占股权比例100%。

会计期间以公历年月划分，会计年度自公历1月1日起至12月31日止。以权责发生制为基础进行会计确认、计量和报告。在对会计要素进行计量时一般采用历史成本，在保证所确认的会计要素金额能够取得并可靠计量时，采用重置成本、可变现净值、现值、公允价值计量。

根据根据财政部《关于呆账准备提取有关问题的通知》的规定、《金融企业呆账准备提取及呆账核销管理办法》、《非银行金融机构资产风险分类指导原则（试行）》的规定，在净利润中按风险资产最低提取比例1.5%减值准备即一般风险准备。计提资产减值一般风险准备的范围：交易性金融资产、应收款项、发放贷款和垫款、长期应收款、可供出售金融资产、持有至到期

投资、长期股权投资、固定资产、在建工程、无形资产、其他长期资产。

根据《信托公司管理办法》及董事会决议，按净利润的5%计提信托赔偿准备金，该赔偿准备金累计总额达到公司注册资本的20%时，可不再提取。

6.2 或有事项

无。

6.3 重要资产转让及其出售

无。

6.4 会计报表中重要项目的明细资料

6.4.1 披露自营资产经营情况

6.4.1.1 按资产风险分类的结果披露资产的期初数、期末数

信用风险资产五级分类	正常类（万元）	关注类（万元）	次级类（万元）	可疑类（万元）	损失类（万元）	信用风险资产合计（万元）	不良资产合计（万元）	不良资产率（%）
期初数	268 332	—	—	—	—	268 332	—	—
期末数	318 055	10 000				328 055	—	—

注：不良资产合计 = 次级类 + 可疑类 + 损失类。

6.4.1.2 各项资产减值损失准备的期初、本期计提、本期转回、本期核销、期末数，贷款的一般准备和专项准备和其他资产减值准备

单位：万元

	期初数	本期计提	本期转回	本期核销	期末数
贷款损失准备		781			692
一般准备		392			392
专项准备		389		89	300
其他资产减值准备					
可供出售金融资产减值准备		3 093		3 093	
持有至到期投资减值准备					
长期股权投资准备					
坏账准备					
投资性房地产减值准备					

6.4.1.3 自营股票投资、基金投资、债券投资、长期股权投资等投资的期初数、期末数

单位：万元

	自营股票	基金	债券	长期股权投资	其他投资	合计
期初数	46 091			89 403	89 244	224 738
期末数	30 798			112 298	107 288	250 384

6.4.1.4 前三名的自营长期股权投资的企业名称、占被投资企业权益的比例、主要经营活动及投资收益情况

企业名称	占被投资企业权益的比例（%）	投资收益（万元）
1. 国联证券股份有限公司（列示于长期股权投资）	26.801	18 831
2. 无锡市农村商业银行股份有限公司（列示于可供出售金融资产）	10	2 162
3. 江苏省宜兴农村商业银行股份有限公司（列示于可供出售金融资产）	20	196

6.4.1.5 前三名的自营贷款的企业名称、占贷款总额的比例和还款情况

企业名称	占贷款总额的比例（%）	还款情况
1. 无锡市中泽贸易有限公司	38.91	贷款未到期、有欠息
2. 无锡市吉品置业有限公司	29.96	贷款未到期、无欠息
3. 上海励诚投资发展有限公司	23.35	贷款未到期、无欠息

6.4.1.6 表外业务的期初数、期末数；按照代理业务、担保业务和其他类型表外业务分别披露

单位：万元

表外业务	期末数	期初数
担保业务		
代理业务（委托业务）	4 883	14 883
其他		
合计	4 883	14 883

注：代理业务主要反映因客观原因应规范而尚未完成规范的历史遗留委托业务，包括委托贷款和委托投资。

6.4.1.7 公司当年的收入结构

项目	合并		母公司	
收入结构	金额（万元）	占总收入比例（%）	金额（万元）	占总收入比例（%）
手续费及佣金收入	30 034	50.22	28 767	49.34
其中：信托手续费收入	30 034	50.22	28 767	49.34
投资银行业务收入				
利息收入	4 600	7.69	4 598	7.88
其他业务收入				
其中：计入信托业务收入部分				
投资收益	25 163	42.08	24 942	42.78
其中：权益法核算股权投资收益	19 031	31.82	18 831	32.30
证券投资收益	1 481	2.48	1 459	2.50
其他投资收益	652	7.78	4 652	7.98
公允价值变动收益	3	0.01	3	0.01
收入合计	59 801	100.00	58 309	100.00

注：手续费及佣金收入、利息收入、其他业务收入、投资收益、营业外收入均应为损益表中的一级科目，其中手续费及佣金收入、利息收入、营业外收入为未抵减掉相应支出的全年累计实现收入数。

6.4.2 披露信托资产管理情况

6.4.2.1 信托资产的期初数、期末数

单位：万元

信托资产	期末数	期初数
集合	1 456 007	2 290 234
单一	2 890 821	2 190 536
财产权	4 617	4 617
合计	4 351 445	4 485 387

6.4.2.1.1 主动管理型信托业务期初数、期末数，分证券投资、股权投资、融资、事务管理类分别披露

单位：万元

主动管理型信托资产	期末数	期初数
证券投资类	94 348	84 955
股权投资类	429 427	406 488
融资类	1 155 958	843 781
事务管理类	—	—
其他投资类	1 007 226	1 906 622
合计	2 686 959	3 241 846

6.4.2.1.2 被动管理型信托业务期初数、期末数，分证券投资、股权投资、融资、事务管理类分别披露

单位：万元

被动管理型信托资产	期末数	期初数
证券投资类	8 781	7 404
股权投资类	9 000	44 000
融资类	998 499	975 466
事务管理类	524 454	—
其他投资类	123 752	212 054
合计	1 664 486	1 238 924

6.4.2.2 本年度已清算结束的信托项目个数、实收信托合计金额、加权平均实际年化收益率

本年度已清算结束的信托项目个数为 79 个，合计金额为 1 415 515万元，加权平均实际年化收益率为 9.89%。

6.4.2.2.1 本年度已清算结束的集合类、单一类资金信托项目和财产管理类信托项目个数、金额、加权平均实际年化收益率

已清算结束信托项目	项目个数（个）	合计金额（万元）	加权平均实际年化收益率（%）
集合类	24	716 600	9.16
单一类	55	698 915	10.63
财产管理类			

注：收益率是指信托项目清算后，给受益人赚取的实际收益水平。加权平均实际年化收益率 =（信托项目 1 的实际年化收益率 ×信托项目 1 的资产总计 +信托项目 2 的实际年化收益率 ×信托项目 2 的资产总计 +… +信托项目 n 的实际年化收益率 ×信托项目 n 的资产总计）/（信托项目 1 的资产总计 +信托项目 2 的资产总计 +… +信托项目 n 的资产总计）×100%。

6.4.2.2.2 本年度已清算结束的主动管理型信托项目个数、合计金额、加权平均实际年化收益率，分证券投资、股权投资、融资、事务管理类分别披露

本年度已清算结束的主动管理型信托项目个数为 40 个，合计金额为 860 070 万元，加权平均实际年化收益率为 9.01%，加权平均实际年化信托报酬率为 1.85%。

已清算结束信托项目	项目个数（个）	合计金额（万元）	信托报酬率（%）	加权平均实际年化收益率（%）
证券投资类				
股权投资类				
融资类	23	309 470	2.65	8.67
事务管理类				
其他投资类	17	550 600	1.41	9.20

6.4.2.2.3 本年度已清算结束的被动管理型信托项目个数、合计金额、加权平均实际年化收益率，分证券投资、股权投资、融资、事务管理类分别披露

本年度已清算结束的被动管理型信托项目个数为 39 个，合计金额为 555 446 万元，加权平均实际年化收益率为 11.44%，加权平均实际年化信托报酬率为 0.25%。

已清算结束信托项目	项目个数	合计金额（万元）	信托报酬率（%）	加权平均实际年化收益率（%）
证券投资类	—	—	—	—
股权投资类	7	17 000	0.14	12.56
融资类	25	424 720	0.20	11.82
事务管理类	1	28 000	0.10	7.65
其他投资类	6	85 726	0.49	9.29

6.4.2.3 本年度新增的集合类、单一类和财产管理类信托项目个数、实收信托合计金额

新增信托项目	项目个数（个）	实收信托合计金额（万元）
集合类	21	322 635
单一类	39	1 316 010
财产管理类	—	—
新增合计	60	1 638 645
其中：主动管理型	27	620 135
被动管理型	33	1 018 510

注：本年新增信托项目指在本报告年度内累计新增的信托项目个数和金额。包含本年度新增并于本年度内结束的项目和本年度新增至报告期末仍在持续管理的信托项目。

6.4.2.4 信托业务创新成果和特色业务有关情况（此部分为可选项，即公司可自主决定是否披露、部分披露或全部披露）

6.4.2.5 本公司履行受托人义务情况及因本公司自身责任而导致的信托资产损失情况

截至 2014 年 12 月 31 日，本公司未出现因自身责任导致信托资产损失的情况。

6.5 关联方关系及其交易的披露

6.5.1 关联交易方的数量、关联交易的总金额及关联交易的定价政策等

	关联交易方数量	关联交易金额（万元）	定价政策
合计	5	54 584	详见注

注：关联交易的定价政策：本公司对关联方交易价格根据市场价或协议价确定，与对非关联方的交易价格基本一致，无重大高于或低于正常交易价格的情况。固有财产、信托资产与关联方贷款按人民银行规定的利率执行，投资按市场公允价确定。信托财产与信托财产之间的关联交易按交易双方协商价格执行。

6.5.2 关联交易方与本公司的关系性质、关联交易方的名称、法人代表、注册地址、注册资本及主营业务等

关系性质	关联方名称	法定代表人	注册地址	注册资本（万元）	主营业务
股东的关联方	无锡国联新城投资有限公司	薛涛	无锡市	40 000	房地产业
股东的关联方	无锡联泰创业投资有限公司	万冠清	无锡市	10 410	创业投资

续表

关系性质	关联方名称	法定代表人	注册地址	注册资本（万元）	主营业务
股东的关联方	无锡国联房地产投资有限公司	薛涛	无锡市	20 000	房地产
股东的关联方	无锡市国联物业管理有限责任公司	毛伟跃	无锡市	500	物业管理
股东	无锡市交通产业集团有限公司	薛军	无锡市	572 246	实业、投资

6.5.3 逐笔披露本公司与关联方的重大交易事项

单位：万元

项目名称	年初数	增加额	减少额	期末数
无锡联泰创业投资有限公司	16 000	—	4 230	11 770
无锡市交通产业集团有限公司	—	28 000	—	28 000
无锡国联房地产投资有限公司	—	20 000	—	20 000
无锡市国联物业管理有限责任公司	—	1 950	—	1 950
无锡国联新城投资有限公司		404		
合计	16 000	50 354	4 230	61 720

6.5.3.1　固有财产与关联方：贷款、投资、租赁、应收账款担保、其他方式等期初汇总数、本期发生额汇总数、期末汇总数

单位：万元

项目名称	类别	年初数	增加额	减少额	期末数
无锡国联新城投资有限公司	租赁		404		

6.5.3.2　信托资产与关联方：贷款、投资、租赁、应收账款、担保、其他方式等期初汇总数、本期借方和贷方发生额汇总数、期末汇总数

单位：万元

信托与关联方关联交易				
	期初数	借方发生额	贷方发生额	期末数
贷款	16 000	48 000	4 230	59 770
投资	—	1 950	—	1 950
租赁	—	—	—	—
担保	—	—	—	—
其他	—	—	—	—
合计	16 000	49 950	4 230	61 720

6.5.3.3　信托公司自有资金运用于自己管理的信托项目（固信交易）、信托公司管理的信托项目之间的相互（信信交易）交易金额，包括余额和本报告年度的发生额

6.5.3.3.1　固有财产与信托财产之间的交易金额期初汇总数、本期发生额汇总数、期末汇总数

单位：万元

固有财产与信托财产相互交易			
	期初数	本期发生额	期末数
合计	20 797	−6 153	14 644

注：以固有资金投资公司自己管理的信托项目受益权，或购买自己管理的信托项目的信托资产均应纳入统计披露范围。

6.5.3.3.2　信托资产与信托财产之间的交易金额期初汇总数、本期发生额汇总数、期末汇总数

单位：万元

信托资产与信托财产相互交易			
	期初数	本期发生额	期末数
合计	231 604	3 390	234 994

注：以公司受托管理的一个信托项目的资金购买自己管理的另一个信托项目的受益权或信托项下资产均应纳入统计披露范围。

6.5.4 逐笔披露关联方逾期未偿还本公司资金的详细情况以及本公司为关联方担保发生或即将发生垫款的详细情况

截至2014年12月31日，本公司未发生关联方逾期未偿还本公司资金的情况，也无本公司为关联方担保发生或即将发生垫款的情况。

6.6 会计制度的披露

本财务报表（包含固有业务及信托业务）以公司持续经营假设为基础，根据实际发生的交易和事项，按照财政部2006年2月15日颁布的《企业会计准则——基本准则》以及其后颁布及修订的具体会计准则、应用指南、解释以及其他相关规定（统称企业会计准则）编制。

7. 财务情况说明书

7.1 利润实现和分配情况

母公司：

经江苏公证天业会计师事务所（特殊普通合伙）审计，2014年度公司实现利润48 710万元，企业所得税6 676万元，实现净利润42 034万元。

报告期内，根据2014年度第三次临时股东大会审议通过的2014年度利润预分配方案，向无锡商业大厦大东方股份有限公司和无锡市交通产业集团有限公司预告分配股利润为1 600万元。

根据公司章程及财务制度的相关规定：

（1）按净利润的10%计提法定盈余公积金4 203万元。

（2）根据中国银监会令2007年第2号《信托公司管理办法》的规定，按净利润的5%计提信托赔偿准备金2 102万元。

（3）根据财政部《金融企业准备金计提管理办法》的规定，按风险资产1.5%计提一般风险准备113万元。

（4）上述各项计提后结余利润为35 616万元，加上2014年初未分配利润为66 786万元，减去预告分配2014年度股利1 600万元，2014年末可供股东分配利润为100 801万元。

合并：

报告期集团实现净利润为42 653万元，2014年初未分配利润为68 701万元，提取盈余公积金4 203万元，一般风险准备113万元，信托赔偿准备金2 102万元，2014年度预告分配

股利润 1 600 万元，2014 年末可供股东分配利润为 103 336 万元。

7.2 主要财务指标

	合并	母公司
指标名称	指标值	指标值
资本利润率(%)	14.48	14.36
加权年化信托报酬率(%)	1.22	1.22
人均净利润(万元)	498.87	651.69

注：1. 资本利润率 = 净利润/所有者权益平均余额 ×100%。

2. 加权年化信托报酬率 =（信托项目 1 的实际年化信托报酬率 × 信托项目 1 的实收信托 + 信托项目 2 的实际年化信托报酬率 × 信托项目 2 的实收信托 +…+ 信托项目 n 的实际年化信托报酬率 × 信托项目 n 的实收信托）/（信托项目 1 的实收信托 + 信托项目 2 的实收信托 +…+ 信托项目 n 的实收信托）×100%。

3. 该指标是反映公司实际的信托报酬水平，计算在报告年度真正清算结束了的项目。

4. 人均净利润 = 净利润/年平均人数。

5. 平均值采取年初、年末余额简单平均法，公式为：a(平均) =（年初数 + 年末数）/2。

7.3 对本公司财务状况、经营成果有重大影响的其他事项

无。

7.4 公司净资本监管指标

指标名称	指标值	监管标准
净资本(万元)	288 393	≥2 亿元
各项业务风险资本之和(万元)	92 350	
净资本/各项业务风险资本之和(%)	312.28	≥100
净资本/净资产(%)	89.84	≥40

8. 特别事项揭示

8.1 前五名股东报告期内变动情况及原因

无。

8.2 董事、监事及高级管理人员变动情况及原因

2014 年 1 月 5 日，由于工作变动，原职工监事周志明辞去监事职务，经国联信托股份有限公司职工代表大会选举，由邹莉担任公司新的职工监事。

2014 年 1 月 21 日，经国联信托股份有限公司 2014 年度第一次临时股东大会审议通过，同意董事长吕建一辞去公司相关职务，补充选举周卫平为公司第二届董事会董事。

2014 年 1 月 28 日，经国联信托股份有限公司第二届董事会第十二次会议审议通过，选举周卫平为公司董事长，并聘任周志明、葛卫华为公司总经理助理。

2014 年 9 月 9 日，经国联信托股份有限公司第二届董事会第十五次会议审议通过，同意杨飞辞去公司总经理职务，并聘任朱文革为新的总经理。

2014 年 9 月 24 日，经国联信托股份有限公司 2014 年度第二次临时股东大会审议通过，同意杨飞辞去公司董事职务，并补充选举朱文革为公司第二届董事会董事（现拟任董事总经理朱文革的任职资格正处于核准程序中）。

8.3 公司的重大未决诉讼事项

单一起诉个数：1 个。

金额：1 500 万。

诉讼对象为：无锡明星置业有限公司、钱菊生。

集合起诉个数：4 个。

金额：分别为 2.5 亿元、1 亿元、7 000 万元、3 000 万元（不含利息）。

诉讼对象分别为：（1）深圳市中技实业（集团）有限公司、成清波；（2）上海中望投资发展有限公司、高远控股有限公司、上海高远置业（集团）有限公司、邹蕴玉；（3）宜兴市嘉阳置业有限公司、江苏红旗电缆有限公司、华平；（4）江苏华派新材料科技有限公司、盐城市华业医药化工有限公司、张银华、张军森。

注：（1）上述深圳中技案件，截至报告期，执行法院已经转交部分执行款项，但尚未出具正式裁定书；上海中望案件，已收回贷款本金 1 亿元及其大部分利息；（2）上述涉诉项目，均为单一信托计划，该类项目我司按照相关法律、法规和信托文件的规定，履行受托义务，及时揭示风险，并按照委托人的指令进行项目操作，项目风险均由单一委托人自担，上述案件的所有权利义务均由单一委托人享有与承担。

8.4 对会计师事务所出具的有保留意见、否定意见或无法表示意见的审计报告的，公司董事会应就所涉及事项作出说明

无。

8.5 公司及其董事、监事和高级管理人员受到处罚的情况

无。

8.6 银监会及其派出机构对公司检查后提出整改意见的，应简要说明整改情况

2014 年 10 月，江苏银监局对公司开展了现场检查，重点对公司的信托业务进行了到期清算风险和合规性检查，并于 2014 年 12 月下达了现场检查意见书。针对监管部门提出的意见和建议，公司积极整改逐条落实：进一步加强风险防控，加快推行全面风险管理，不断提升主动风险管理能力；加强全员合规培训，全面提升公司合规文化建设，树立全员主动合规、合规创造价值的意识理念；进一步完善内控体系，强化制度建设和落实执行；进一步优化业务流程和运营机制，提高授权体系的科学性和合理性，加强信息系统建设，用科技手段提升效率、强化规范，确保公司各项业务稳健发展。

8.7 本年度重大事项临时报告的简要内容、披露时间、所披露的媒体及其版面

2014 年 7 月 10 日，《经济日报》第 10 版刊登了《国联信托股份有限公司关于变更董事长的公告》，披露了公司董事长、法定代表人由吕建一变更为周卫平。

8.8 银监会及其省级派出机构认定的其他有必要让客户及相关利益人了解的重要信息

无。

9. 公司监事会意见

9.1 公司依法运作情况

经检查，监事会认为：报告期内，依据国家有关法律、法规和公司章程的规定，公司建立了较完善的内部控制制度，决策程序符合相关规定。公司董事及其他高级管理人员在履行职责时，未发现违反法律、法规、规章以及公司章程等的规定或损害公司及股东利益的行为。

9.2 检查公司财务情况

2014 年，监事会对公司的财务制度、内控制度和财务状况等进行了认真细致的检查，认为公司目前财务会计内控制度健全，会计无重大遗漏和虚假记载，公司财务状况、经营成果及现金流量情况良好。

9.3 公司关联交易情况

对于公司 2014 年日常经营相关的关联交易。监事会认为：交易定价公允，符合市场原则，交易公平、公开，无内幕交易行为，也无损害股东利益，特别是中小非关联股东利益的行为。

9.4 公司对外担保及股权、资产置换情况

2014 年公司无对外担保，无债务重组、非货币性交易事项、资产置换，也无其他损害公司股东利益或造成公司资产流失的情况。

9.5 内部控制自我评价报告

公司已建立了适合公司运行的内部控制制度体系并能得到有效的执行。公司内部控制的自我评价报告真实、客观地反映了公司内部控制制度的建设及运行情况。本届监事会将继续严格按照《公司法》、公司章程和国家有关法规政策的规定，忠实履行自己的职责，进一步促进公司的规范运作。

国民信托有限公司

1. 重要提示

1.1 公司董事会及董事保证本报告所载资料不存在任何虚假记载、误导性陈述或者重大遗漏,并对其内容的真实性、准确性和完整性承担个别及连带责任。

1.2 公司独立董事蔡启川先生、尚健先生、任光明先生申明:本报告所载资料真实、准确、完整。

1.3 公司2014年度财务会计报告经安永华明会计师事务所审计,并出具了标准无保留意见的审计报告。

1.4 公司法定代表人杨小阳先生、总经理石俊志先生及财务总监曹志强先生申明:保证本年度报告中财务会计报告的真实、完整。

2. 公司概况

2.1 公司简介

2.1.1 法定中文名称:国民信托有限公司
法定英文名称:The National Trust Ltd.
法定英文名称缩写:Natrust

2.1.2 法定代表人:杨小阳
注册地址:北京市东城区安外西滨河路18号院1号
邮政编码:100011
互联网网址:www.natrust.cn
电子信箱:info@natrust.cn

2.1.3 信息披露报纸:《上海证券报》

2.1.4 信息披露事务负责人:付 然
电话:010-84268088
传真:010-84268000
电子信箱:florafu@natrust.cn

2.1.5 公司年报备置点:北京市东城区安外西滨河路18号院1号
金融许可证机构编码:K0007H211000001
企业法人营业执照注册号:110000008087160

2.1.6 聘请的会计师事务所:安永华明会计师事务所
住所:北京市东城区东长安街1号东方广场安永大楼16层
聘请的律师事务所:北京观韬律师事务所
住所:北京市西城区金融大街28号盈泰中心2号楼17层

2.2 组织结构

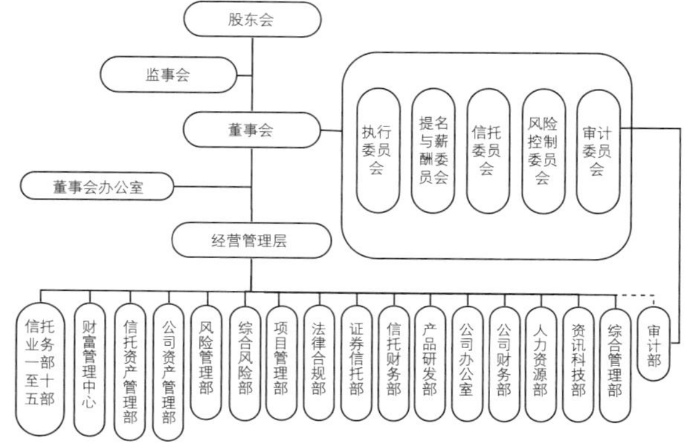

3. 公司治理

3.1 股东

公司前三位股东的情况如下:

股东名称	持股金额(元)	持股比例(%)	法定代表人	注册资本(万元)	注册地址	主营业务及财务情况
上海丰益股权投资基金有限公司	317 272 727.28	31.73	郭英成	55 000	上海市浦东新区莲林路15号403室	主营股权投资、财务状况良好
璟安股权投资有限公司	275 472 727.27	27.55	甄岩	23 000	上海市浦东新区绿科路90号1幢301室H座	主营股权投资、财务状况良好
上海创信资产管理有限公司	241 654 545.45	24.16	原学东	28 000	浦东南路1952号238室	主营项目投资、财务状况良好

注:公司正在进行股权转让行政许可申请,待监管机构审核批准后,公司将对股权结构进行相应调整。

3.2 董事及独立董事

董事

姓名	职务	性别	年龄	选任日期	所推举的股东名称	代表股东持股比例(%)	简要履历
杨小阳	董事及董事长	男	67	2012年8月7日	上海丰益股权投资基金有限公司	31.73	毕业于中南工业大学管理工程专业，获硕士学位，曾在中国农村发展信托投资公司、中国建设银行、中国建银投资有限责任公司、中国建银投资证券有限责任公司、中国光大实业(集团)有限责任公司及中国光大投资管理公司任高级管理职务，具备24年金融从业及管理经验。
石俊志	董事	男	61	2013年3月27日	—	—	毕业于中国人民银行总行金融研究所金融学专业，获博士学位，高级经济师，曾在中国银行总行国际业务部、中国银行伦敦分行、招商银行总行、东方资产管理公司、渤海银行总行任高级管理职务，具备26年的金融从业和管理工作经验。
曾进	董事	男	55	2014年2月1日(连选连任)	—	—	留学德国和奥地利，并毕业于奥地利格拉茨大学经济学院，金融博士，高级经济师，曾在中国工商银行股份有限公司深圳市分行离岸金融业务部、风险资产处置中心、国际业务部等多个部门担任高级管理职务，具备24年的金融从业经验。
付然	董事	女	35	2014年2月1日(连选连任)	璟安股权投资有限公司	27.55	毕业于中国政法大学法律专业，获学士学位，后修读于英国纽卡斯尔诺森比亚大学国际商法专业，获硕士学位，拥有中华人民共和国律师资格，曾在北京天驰律师事务所、新世界(中国)科技传媒有限公司担任律师助理、法律顾问等职务，具备11年之经济、法律从业经验。

注:2014年初，经股东会决议，曾进先生、付然女士连选连任公司董事;公司副董事长叶志衡先生于2014年8月14日正式离任;董事陈永德先生和董事孙希灏先生于2014年8月14日正式离任。

独立董事

姓名	所在单位及职务	性别	年龄	选任日期	所推举的股东名称	代表股东持股比例(%)	简要履历
蔡启川	中新天津生态城投资开发有限公司副总裁(业务与战略策划)	男	45	2012年5月30日	—	—	毕业于伦敦经济与政治学院会计与金融系，获荣誉学士学位，曾在新加坡国际企业发展局任中国司司长之职，并曾在美国赛门铁克公司等大型跨国公司中担任高级管理职务，具有20多年的经济工作及管理经验。
任光明	北京星轨科技有限公司董事长、北京荣之联科技股份有限公司独立董事、北京四维图新科技股份有限公司独立董事、碧生源控股有限公司独立董事	男	50	2013年7月17日	—	—	毕业于北京大学中国经济研究中心，获硕士学位，曾在国务院港澳办公室、香港电讯盈科北京公司、港交所北京代表处担任高级管理职务，具有26年的经济、金融工作及管理经验。
尚健	上海弘尚资产管理有限公司法定代表人、董事长、总经理	男	47	2013年9月12日	—	—	毕业于美国康涅狄格大学，获博士学位，曾在中国证券监督管理委员会、上海证券交易所、华安基金管理有限公司、银华基金管理有限公司和国投瑞银基金管理有限公司担任高级管理职务，具有17年的金融、经济工作及管理经验。

注:根据北京四维图新科技股份有限公司2014年1月27日公告，任光明先生就任北京四维图新科技股份有限公司独立董事;根据碧生源控股有限公司2014年4月22日公告，任光明先生就任碧生源控股有限公司独立董事。

3.3 监事会

姓名	职务	性别	年龄	选任日期	所推举的股东名称	代表股东持股比例(%)	简要履历
杨林峰	监事及监事会主席	男	48	2014年4月2日	上海创信资产管理有限公司	24.16	毕业于中国纺织大学(现改名东华大学)管理学硕士，高级经济师，曾在华源集团控股之上市公司、上海大盛资产有限公司担任管理职务，现任上海盛业股权投资基金有限公司执行董事、法定代表人，具有丰富的股权投资及经营管理工作经验。
郑奉伟	监事	男	42	2014年4月2日	璟安股权投资有限公司	27.55	毕业于南京理工大学工商管理硕士，经济师，曾在工商银行、上海国际汽车城置业有限公司、上海新城发投资管理有限公司任职，现任职于璟安股权投资有限公司，具有丰富的房地产投资与金融股权投资经验。
李静	职工监事	女	38	2015年3月6日	—	—	毕业于大连大学会计专业，获管理学学士学位，后修读于东北财经大学金融专业，获经济学学位，曾服务于安永华明会计师事务所和普华永道会计师事务所，从事金融行业审计及内控咨询服务等工作，具备16年外审及内审工作经验。

注:原监事/监事会主席陈世彪先生因个人原因提交辞职申请，经股东会审议通过，于2014年4月2日正式离任，同时股东会选举郑奉伟先生出任公司监事;原监事罗明耀先生因任期届满离任，经股东会、监事会审议通过，杨林峰先生出任公司监事/监事会主席。2015年3月6日，经公司职工代表大会表决，李静女士连选连任公司职工监事。

本公司监事会未设立下属委员会。

3.4 高级管理人员

姓名	职务	性别	年龄	选任日期	金融从业年限（年）	学历	专业
石俊志	总经理	男	61	2013 年 1 月 28 日	26	博士研究生	金融学
刘晶	副总经理	女	41	2013 年 1 月 10 日	14	博士研究生	金融学
何远	副总经理	男	45	2011 年 10 月 11 日	20	本科	金融学
刘　威	风控总监	男	43	2013 年 7 月 12 日	18	硕士研究生	法律、MBA
曹志强	财务总监	男	47	2015 年 3 月 19 日	8	本科	金融学

注：报告期内，莫百愉先生于 2014 年 10 月 31 日正式离任财务总监。经公司董事会决定聘任曹志强先生为公司财务总监，其已取得中国银行业监督管理委员会北京监管局任职资格批复，于 2015 年 3 月 19 日正式就任。

3.5 公司员工

公司报告期内员工人数、年龄分布、学历分布、岗位分布，列示如下：

项　目		报告期年度	
		人数（人）	比例（%）
年龄分布	25 岁以下	11	5.73
	26 ~29 岁	41	21.35
	30 ~39 岁	95	49.48
	40 岁以上	45	23.44
学历分布	博士	6	3.13
	硕士	79	41.15
	本科	89	46.35
	专科	14	7.29
	其他	4	2.08
岗位分布	董事、监事及高管人员	12	6.25
	自营业务人员	3	1.56
	信托业务人员	70	36.46
	其他人员	107	55.73

4. 经营管理

4.1 经营目标、方针、战略规划

4.1.1 经营目标

公司的战略目标是打造中国一流的信托金融服务机构。以完善的内部控制和风险管理为保障，以差异化的研发能力和高端资产管理服务来建立核心竞争力，立足信托主业，根据市场变化及时有效的进行业务创新，通过向高端客户提供高附加值的金融产品服务在市场竞争中赢得生存和发展，逐步创建国民信托品牌，致力于客户利益、股东价值和员工满足感的最大化，成为市场领先、客户信赖的综合金融服务商。

4.1.2 经营方针

以敬业的员工、可靠的产品、优质的服务和先进的平台为客户提供最佳的金融理财服务。

4.1.3 战略规划

发展方向：从传统信托业务向以主动资产管理为核心的现代金融业务发展。

业务类型：从以项目为导向的投融资业务转向以客户为中心的私人财富管理业务和以机构资产管理为主业的信托金融服务。

费率结构：持续增加信托收入，并逐步转为以主动管理类业务的稳定、持续信托报酬收入为主要利润来源。

短期策略：巩固业务基础和客户群，优化资讯科技平台，完善营运系统、制度和流程，建立高效问责的管理和营销团队。信托业务以项目融资等传统业务为主导，以逐步缩小公司信托规模、信托业务收入等多项主要指标与行业平均值差距为目标。

中长期策略：逐步扩大市场和产品的深度和广度，加速产品和服务创新，不断优化投资解决方案和服务流程，强化开放式财富管理平台，逐步建立全国性销售网络和服务团队，改善品牌效应和销售网络，积极发掘潜在客户和业务，并持续深化高净值客户关系。

长期策略：成长为具有重要市场地位的国际性综合金融服务集团。在金融股权投资和信托服务上取得市场领先地位，逐步发展网上银行及证券投资等与现有业务具有协同效应的配套金融业务，保持优秀的投资业绩、明确的发展策略以及稳健的财务状况。以优越的体制、机制和管理文化吸引并留住人才以取得可持续发展，提升客户利益和股东价值。

4.2 经营业务的主要内容

4.2.1 固有业务

截至 2014 年 12 月 31 日，公司固有资产运用与分布详见下表：

固有资产运用与分布表

2014 年 12 月 31 日

资产运用	金额（万元）	占比（%）	资产分布	金额（万元）	占比（%）
货币资产	43 225.48	20.62	基础产业	—	—
贷款及应收款	26 051.12	12.43	房地产	—	—
以公允价值计量且其变动计入当期损益的金融资产	128 561.78	61.32	证券市场	3 051.80	1.45
			实业	—	—
			金融机构	128 561.78	61.32
可供出售金融资产	3 051.80	1.45	其他（注）	78 052.54	37.23
其他	8 775.93	4.18			
资产合计	209 666.11	100.00	资产合计	209 666.11	100.00

注：资产分布中，对“其他”事项的说明。

单位：万元

资产分布中“其他”事项明细		
货币资产	43 225.48	20.62
信托产品	20 500.71	9.78
贷款、应收账款及其他	14 326.34	6.83
其他合计	78 052.54	37.23

4.2.2 信托业务

截至2014年12月31日，公司受托管理的信托资产运用与分布详见下表：

信托资产运用与分布表

2014年12月31日

资产运用	金额（万元）	占比（%）	资产分布	金额（万元）	占比（%）
货币资产	33 613.66	0.47	基础产业	2 024 798.00	28.34
贷款	4 802 926.32	67.23	房地产	827 634.80	11.58
交易性金融资产	22 302.66	0.31	证券市场	24 662.71	0.35
可供出售金融资产	146 980.00	2.06	金融机构	159 880.00	2.24
长期股权投资	174 620.00	2.44	实业	3 731 320.13	52.23
其他（注）	1 963 851.20	27.49	其他（注）	375 998.20	5.26
信托资产合计	7 144 293.84	100.00	信托资产合计	7 144 293.84	100.00

注：资产运用和资产分布中，对“其他”事项的说明。

单位：万元

资产运用中“其他”事项明细			资产分布中“其他”事项明细		
应收账款	341 396.40	4.78	银行存款	33 613.66	0.47
无形资产	1 602 074.59	22.43	应收账款	209 541.40	2.93
买入返售金融资产	2 360.06	0.03	收益权	—	—
其他	18 020.15	0.25	其他	132 843.14	1.86
其他合计	1 963 851.20	27.49	其他合计	375 998.20	5.26

4.3 市场分析

4.3.1 有利因素

（1）财富总量稳步增长，资产保值增值需求上升。根据权威机构预计，2014年我国个人可投资资产总额已近百万亿元，千万富翁达109万人，增长3.8%，财富的保值增值需求未来将持续上升。

（2）融资多元化趋势将为信托公司融资类业务的发展提供广阔空间。随着改革红利不断释放，投资机会增多，企业资金需求上升与央行中性略有偏紧货币政策之间的矛盾将逐步显现，这必将加快金融产品的创新，尤其是各种非信贷类的创新融资产品潜在需求巨大。

（3）资本项目开放的稳步推进将带来新的发展机遇。资本市场开放的稳健推进，一方面将加快海外资金布局国内资本市场，同时也将使国内居民对全球资产的配置需求上升，香港和内地基金互认等措施将大大提升国内资管行业的国际化水平，推动资产管理业务规模的不断扩大。

4.3.2 挑战

国内、国际的金融形势也给信托公司带来了许多挑战。2014年，在经济下行、泛资管竞争加剧，以及前5年高速增长积累的风险逐渐暴露的多重冲击下，信托业已经结束了自2008年以来的高速增长阶段，步入转型发展期。转型发展期信托业将依然面临个体风险增加，业务结构调整，经营效益下滑，资产规模增速放缓等诸多挑战。随着到期的信托资产规模不断增加，再加上矿产行业的持续下行以及近年来房地产市场的调整，自2014年以来，兑付风险事件频出，一时间打破刚兑之声不绝于耳。信托业转型发展所需的内涵式增长方式尚未最终成型，新增长方式下的业务不仅还没有“放量”，也没有“放价”，信托业转型发展尚处于伴随诸多隐忧和挑战艰难前行阶段。但随着调整、转型逐步趋于稳定，信托业将能够健康、长远的发展下去。

4.4 内部控制

4.4.1 内部控制环境和文化

按照《信托公司治理指引》和现代企业制度的要求，公司设置了以股东会、董事会、监事会和高级管理层为核心的法人治理结构，明确了公司的议事规则和决策程序。股东会为公司最高权力机构；董事会为公司决策机构；经营管理层为公司执行机构，负责执行董事会批准的各项决策和制度；监事会为公司监督机构，主要对公司财务经营状况及董事、高级管理人员履行职务的行为进行监督。公司董事会下设立了信托委员会、执行委员会、提名与薪酬委员会、风险控制委员会及审计委员会，制定了议事规则，明确了职责权限。公司确立了分工明确、权责相互制衡的公司治理和内部控制机制，实现了董事会对经营管理层经营活动的合理授权和有效监督。

公司在董事会及经营管理层的领导下，通过建立完善的内部控制制度体系，形成了诚实守信、稳健经营、恪尽职守的内部控制文化。对维护公司自身、委托人以及受益人的正当、合法权益发挥了重要作用。

4.4.2 内部控制措施

公司强化内控机构设置和制度建设；强调董事会和经营管理层的责任，将风险内控管理作为公司内部管理的核心，营造风险管理的环境。建立了董事会下风险控制委员会、经营管理层、风险内控管理职能部门和业务部门四个层级的全面风险管理架构，贯彻全面风险管理要求和全方位管理、全过程和全员风控管理的原则。实现法律合规部、风险管理部、项目管理部、综合风险部、审计部与业务部门保持相对独立，其中审计部直接向董事会审计委员会负责，保证内部控制机构的独立性和权威性；有效保障风险管理程序的执行力，使公司业务运作和决策更为可扩和可控，也使经营管理层能全面及时地掌握公司的日常经营、财务和风险状况并保证有效执行。

在公司制定的全面风险管理体系架构（ERM）下，内部控制是对业务的全过程，即风险目标和政策制定、风险管理的具体实施（包括风险识别、评估和应对）和风险信息披露进行全方位的管理和控制。内部控制的主要工作由法律合规部、风险管理部、项目管理部、综合风险部和审计部具体执行，其中，法律合规部负责法律事务方面的风险管理，风险管理部负责对公司除法律及合规风险之外项目的所有相关风险审查工作，出具风险审查意见；项目管理部负责对存续期项目进行管理，监督信托经理认真履行信托项目存续期间的管理职责，控制项目运行期间可能产生的风险；综合风险部主要负责研究、拟定公司风险控制标准和各类风险控制指引工作规章指引；审计部则对公司业务和经营管理工作进行独立审计和监督。

公司修改完善相关制度，颁布了《国民信托项目预警及应急处理办法》《国民信托主动管理类项目事后工作操作规程》《国民信托业务存续期档案管理实施细则（试行）》等制度，出台了《国民信托尽职调查工作指引》及尽调报告模板、各式法律合同格式文本等规范性业务操作文件。针对业务审批流程，公司修订了相关业务审批管理办法，优化了自营业务、信托业务审批流程。通过对业务操作流程和审批流程的不断完善，公司开展业务进一步标准化、规范化和系统化。

4.4.3 监督评价与纠正

公司十分重视内部控制问题的后续追踪整改，对于持续监控、内审稽核、监管检查以及重大事件所反映的内控问题组织持续追踪整改。针对常规内审高风险项目、重大行政监管意见、潜在损失案件中反映的制度和流程缺陷，公司通过合规部门关注重大合规风险识别、评估、整改要求，对重大违规事项整改情况进行跟踪，持续优化制度和流程，从源头防范内控漏洞，以杜绝类似问题重复发生。公司内部审计人员对业务部门落实整改执行情况进行逐项跟踪，对未按时整改的情况及时予以分析追踪和报告。

2014 年度，公司未出现经营风险，亦未发生违法违规事件，各项业务稳健运行。

4.5 风险管理

4.5.1 风险状况

4.5.1.1 信用风险状况

信用风险不仅包括违约风险，还包括由于交易对手和合作方的信用状况及履约能力上的变化而导致公司资产价值发生变动造成损失的风险。公司在各项业务中加强了对交易对手、合作方以及业务本身的尽职调查，并根据不同的业务类别形成了标准化的调查、复核和监督机制，有力地保障了公司对信用风险的管控效果。

公司自营业务和信托业务按照资产五级分类标准进行分类，2014 年末资产不良率为零。

4.5.1.2 市场风险状况

市场风险是指公司在对信托财产和固有财产的合法经营中，因市场利率、汇率、股指和商品价格等市场参数的波动而产生的风险，包括利率风险、汇率风险、股市风险和通胀风险等。

2014 年，面临的市场风险主要是证券市场价格波动，全年呈震荡上行态势，公司自营业务和信托业务证券投资的净值随之波动，没有出现需要强制平仓或受益人重大损失等情况。整体来说，根据公司的投资策略和决策，相关的风险程度尚在公司的预期和承受范围之内，没有因市场波动风险而出现不可控的状况。

2014 年，公司未发生流动性风险事件，所有到期终止的信托均正常清算分配。

4.5.1.3 操作风险状况

操作风险是指由于内部控制程序和系统的不完善、人员操作失误或外部突发事件等可能导致公司遭受损失的风险。

公司实行规范化、标准化、制度化管理，各项业务的开展都严格执行内部控制程序及业务操作流程。此外，公司还根据市场环境、监管规则及业务发展变化，不断调整和完善业务操作流程。

2014 年，公司未发生操作风险事件给公司带来现实和潜在的损失。

4.5.1.4 其他风险状况

除以上三类风险外，公司还面临合规风险、流动性风险、声誉风险、员工道德风险，以及国家法律法规和政策的不确定性对公司经营产生影响的政策风险等风险。2014 年，公司没有出现因其他风险对公司造成损失和影响经营活动的情况。

4.5.2 风险管理

4.5.2.1 信用风险管理

公司严格执行信用风险的事前防范、事中控制和事后检查制度。在业务发生前，主要由业务部门对交易对手进行详尽地调查，重点确定业务的商业风险可控性、公司收益与风险承担的合理性；法律合规部根据业务部门的尽职调查情况对项目交易结构和合同条款的合规性进行审查，风险管理部对风险识别情况及其控制措施进行充分的评估和审核，“两级评审会”对项目进行审核和评定，从而尽可能地降低信用风险发生的概率。

一是严格按照业务流程开展信托和自营业务，确保经营管理层能充分了解项目涉及的信用风险。定期进行存续期项目尽职管理的基本作业流程操作。二是加强事前对交易对手（项目）的尽职调查，并在项目正式提交业务评审委员会之前，对项目相关资料进行原件核实，确保资料的真实性。三是认真落实融资业务担保措施，除常规抵押、保证等担保措施外，通过多种交易条件设置，获得缓释风险的实质性效果，主要选择信用等级高的机构作为交易对手；聘请外部独立机构客观、公正地评估抵押品，严格控制贷款本金与不同抵押品价值之比，一般控制在 50% 以下。四是事中对交易对手（项目）进行动态管理，在信托成立后，业务部门定期进行后期检查，形成项目检查报告，并由综合风险部每月汇总分析后形成风险管理报告，向经营管理层汇报。五是对风险资产提足准备金。根据风险资产分类情况，按关注类资产 2%、次级类资产 25%、可疑类资产 50%、损失类资产 100% 的比例计提准备金。同时，公司按照有关规定，按时足额计提各类风险准备。一般风险准备按照风险资产的 1% 计提，信托赔偿准备按照税后利润的 5% 计提。报告期末，公司自营业务和信托业务按照资产五级分类标准进行分类，资产不良率为零。

2014 年，公司所有到期信托项目都已顺利兑付，均能按信托合同约定的信托终止事项进行清算，公司对信用风险的管理措施有效。

4.5.2.2 市场风险管理

控制市场风险的主要方法是加强对经济及金融形势的分析预测，加强相关行业研究，必要情况下在具体项目尽职调查时聘请专业的机构参与调查，在业务决策时，参考聘请的外部行业专家对项目进行的行业与市场分析。公司根据业务性质、规模、复杂程度和风险特征，结合总体业务发展战略、管理能力和资本实力，确定总体风险承担水平，并尽量采取分散投资、分散风险的办法。加强对宏观经济和证券市场的研究，坚持价值投资理念，采取稳健的投资策略，建立止损机制，有效防范资本市场风险。定期或不定期对房地产和证券投资等业务进行市场风险压力测试，分析业务对外部市场变化的敏感程度和可能的影响，以制定策略应对市场变化。

2014 年，公司对市场风险的分析判断准确，采取了合理的风险控制措施和谨慎的投资策略，有效防范市场风险。

4.5.2.3 操作风险管理

公司建立起一整套内部控制制度，保证了各项业务正常、有序开展。部门间实行明确的职责划分，各部门内部又细分各岗位职责和权限，开展不相容岗位梳理，保证岗位的有效分离与制衡，形成了相互配合、相互监督、相互制约的风险控制机制，各项业务的开展都严格执行内部控制程序及业务操作流程；另外，公司也根据市场及其规则的变化不断调整和完善业务操作流程。

2014 年，公司的内部控制程序和系统完善且运行有效，操作风险的管理效果明显。

4.5.2.4　其他风险管理

公司加强对国家政策的分析和研究，提高对政策的理解能力，并与监管部门及时沟通，根据要求进行业务调整和制度完善。此外，还不定期与同行进行业务交流，探讨业务经营管理中发现的问题，以提高对政策的理解度和执行力，从而有效地防范政策风险。

公司高度重视法律风险的防范，法律合规部专职负责法律风险的监控和管理，对于重大项目聘请外部律师事务所等专业服务机构提供专业意见，以强化法律方面的风险管理。

在流动性风险控制方面，公司坚持审慎性原则，充分识别、有效计量、持续监测和适当控制公司整体及在各产品、各业务条线、各业务环节的流动性风险，确保公司无论在正常经营环境中还是在压力状态下，都有充足的资金应对资产的增长和到期债务的支付以及履约进行信托财产的清算分配。在开展具体信托项目时，公司首先采取降低抵押率（一般控制在 50% 以下）、优先劣后结构、现金流指标监测、分期还款结构设置等措施来控制流动性风险；其次在信托项目成立后，加强存续期的风险管理，在兑付前，信托经理需提前落实资金，准备清算方案，并将相关情况适时、逐级向主管领导汇报。

公司积极组织员工参加监管部门开展的与信托业务有关的法律法规学习和考试；鼓励员工参加内部和外部培训交流，进一步提高员工的业务能力和专业知识，增强风险意识和预判能力，将风险控制理念融入到业务和管理工作的各方面、各环节。

4.6　净资本风险控制指标

公司报告期末的净资本风险控制指标情况如下：

单位：万元

指标名称	期末数	监管标准
净资本	157 928.05	≥2 亿元
固有业务风险资本	18 541.54	
信托业务风险资本	68 064.49	
其他业务风险资本	—	
各项业务风险资本	86 606.03	
净资本/各项业务风险资本之和	182.35%	≥100%
净资本/净资产	88.12%	≥40%

5. 报告期末及上一年度末的比较式会计报表

5.1　自营资产

5.1.1　会计师事务所审计结论

安永华明会计师事务所对公司 2014 年财务报表出具了标准无保留意见，认为公司财务报表在所有重大方面已经按照企业会计准则的规定编制，公允地反映了国民信托有限公司 2014 年 12 月 31 日的财务状况以及 2014 年度的经营成果和现金流量。

5.1.2　资产负债表

单位：万元

	2014 年 12 月 31 日	2013 年 12 月 31 日
资产		
货币资金	43 225.48	19 715.43
以公允价值计量且其变动计入当期损益的金融资产	128 561.78	129 038.48
应收账款	5 550.41	6 378.90
发放贷款	—	1 485.00
可供出售金融资产	3 051.80	22 115.05
应收款项类投资	20 500.71	14 300.00
固定资产	1 008.80	869.85
无形资产	508.49	161.70
其他资产	7 258.64	6 068.48
资产合计	209 666.11	200 132.89
负债及所有者权益		
负债		
应付职工薪酬	9 057.63	5 655.24
应交税费	2 149.43	4 555.59
递延所得税负债	17 048.12	17 522.88
其他负债	2 187.03	3 152.90
负债合计	30 442.21	30 886.61
所有者权益		
实收资本	100 000.00	100 000.00
其他综合收益	50.80	（141.83）
盈余公积	12 562.66	10 784.16
一般风险准备	368.34	368.34
信托赔偿准备	5 607.46	4 718.21
未分配利润	60 634.64	53 517.40
所有者权益合计	179 223.90	169 246.28
负债及所有者权益合计	209 666.11	200 132.89

5.1.3　利润表

单位：万元

	2014 年	2013 年
营业收入		
手续费及佣金收入	38 724.66	26 990.53
投资收益/（损失）	2 004.70	1 384.46
公允价值变动收益	523.30	7 433.05
利息净收入	194.59	476.34
其他业务收入	4 777.04	4 777.92
营业收入合计	46 224.29	41 062.30
营业支出		
营业税金及附加	2 440.88	1 787.77
业务及管理费	20 135.57	12 707.80
资产减值损失	（15.00）	459.87
营业支出合计	22 561.45	14 955.44
营业利润	23 662.84	26 106.86
加：营业外收入	29.00	14.04
减：营业外支出	3.60	15.26
利润总额	23 688.24	26 105.64
减：所得税费用	5 903.25	6 642.07
净利润	17 784.99	19 463.57
其他综合收益的税后净额	192.63	146.69
综合收益总额	17 977.62	19 610.26

5.1.4 所有者权益变动表

所有者权益变动表

2014年度

单位：万元

	实收资本	其他综合收益	盈余公积	一般风险准备	信托赔偿准备	未分配利润	所有者权益合计
本年年初余额	100 000.00	(141.83)	10 784.16	368.34	4 718.21	53 517.40	169 246.28
本年增减变动金额							
（一）综合收益总额	—	192.63	—	—	—	17 784.99	17 977.62
（二）利润分配							
提取盈余公积	—	—	1 778.50	—	—	(1 778.50)	—
提取信托赔偿准备	—	—	—	—	889.25	(889.25)	—
对所有者的分配	—	—	—	—	—	(8 000.00)	(8 000.00)
本年年末余额	100 000.00	50.80	12 562.66	368.34	5 607.46	60 634.64	179 223.90

所有者权益变动表（续）

2013年度

单位：万元

	实收资本	其他综合收益	盈余公积	一般准备	信托赔偿准备	未分配利润	所有者权益合计
本年年初余额	100 000.00	(288.52)	8 837.81	368.34	3 745.03	36 973.36	149 636.02
本年增减变动金额							
（一）综合收益总额	—	146.69	—	—	—	19 463.57	19 610.26
（二）利润分配							
提取盈余公积	—	—	1 946.35	—	—	(1 946.35)	—
提取信托赔偿准备	—	—	—	—	973.18	(973.18)	—
对所有者的分配	—	—	—	—	—	—	—
本年年末余额	100 000.00	(141.83)	10 784.16	368.34	4 718.21	53 517.40	169 246.28

5.2 信托资产

5.2.1 信托项目资产负债汇总表

单位：万元

	2014年12月31日	2013年12月31日
信托资产		
货币资金	33 613.66	38 761.84
交易性金融资产	22 302.66	10 803.38
买入返售金融资产	2 360.06	480.00
应收款项	341 396.40	283 637.86
发放贷款	4 802 926.32	2 263 545.20
可供出售金融资产	146 980.00	369 728.23
长期股权投资	174 620.00	116 950.00
无形资产	1 602 074.59	1 167 637.00
其他	18 020.15	—
信托资产总计	7 144 293.84	4 251 543.51
信托负债和信托权益		
信托负债		
应付受托人报酬	5 310.87	6 292.05
应付托管费	—	—
应付受益人收益	472.43	46.77
其他应付款项	3 012.55	2 781.45
信托负债合计	8 795.85	9 120.27
信托权益		
实收信托	7 106 130.17	4 173 531.63
资本公积	—	16 580.73
未分配利润	29 367.82	52 310.88
信托权益合计	7 135 497.99	4 242 423.24
信托负债和信托权益总计	7 144 293.84	4 251 543.51

5.2.2 信托项目利润及利润分配汇总表

单位：万元

	2014年度	2013年度
营业收入		
利息收入	363 810.89	74 213.84
投资收益	215 026.25	81 717.47
公允价值变动损失	1 921.00	(559.86)
其他收入	(12.05)	12.41
营业收入合计	580 746.09	155 383.86
营业支出		
营业税金及附加	0.12	0.13
受托人报酬	34 979.25	22 995.40
托管费	1 344.00	839.26
销售服务费	1 732.38	14 010.54
交易费用	257.53	79.20
其他费用	48 411.10	14 815.81
营业支出合计	86 724.38	52 740.34
信托净（亏损）/利润	494 021.71	102 643.52
其他综合收益	—	—
综合（亏损）/收益	494 021.71	102 643.52
加：期初未分配信托利润	52 310.88	29 910.28
可供分配的信托利润	546 332.59	132 553.80
减：本期已分配信托利润	516 964.77	80 242.92
期末未分配信托收益	29 367.82	52 310.88

5.2.3 **信托资产管理情况**

5.2.3.1 信托资产期初数、期末数

单位:万元

信托资产	期初数	期末数
集合	1 004 278.28	1 333 787.55
单一	3 247 165.23	5 810 506.29
财产权	100.00	—
合计	4 251 543.51	7 144 293.84

5.2.3.2 主动管理型信托业务的信托资产期初数、期末数

单位:万元

主动管理型	期初数	期末数
证券投资类	41 750.96	3 850.23
股权投资类	50 014.50	131 450.42
融资类	1 072 452.53	1 288 426.22
事务管理类	—	20.16
其他	—	—
合计	1 164 217.99	1 423 747.03

5.2.3.3 被动管理型信托业务的信托资产期初数、期末数

单位:万元

被动管理型	期初数	期末数
证券投资类	—	—
股权投资类	65 851.37	23 353.75
融资类	2 454 468.14	2 956 166.56
事务管理类	258 093.81	2 604 409.59
其他	308 912.20	136 616.91
合计	3 087 325.52	5 720 546.81

5.2.3.4 本年度已清算结束的信托项目情况

本年度已清算结束的信托项目为89个,实收信托合计2 070 456.16万元,加权平均年化收益率为7.60%,加权平均年化报酬率为0.53%。

5.2.3.5 本年度已清算结束的集合类、单一类资金信托项目和财产管理类信托项目个数、实收信托金额、加权平均实际年化收益率

已清算结束信托项目	项目个数(个)	实收信托合计金额(万元)	加权平均实际年化收益率(%)
集合类	11	243 770.00	9.39
单一类	77	1 826 586.16	7.36
财产管理类	1	100.00	—

5.2.3.6 本年度已清算结束的主动管理型信托项目情况

主动管理型已清算信托项目	项目个数(个)	实收信托合计金额(万元)	加权平均实际年化信托收益率(%)	加权平均实际年化报酬率(%)
证券投资类	1	10 000.00	1.05	2.46
股权投资类	—	—	—	—
融资类	10	233 70.00	9.79	2.77
事务管理类	—	—	—	—

5.2.3.7 本年度已清算结束的被动管理型信托项目情况

被动管理型已清算信托项目	项目个数(个)	实收信托合计金额(万元)	加权平均实际年化信托收益率(%)	加权平均实际年化报酬率(%)
证券投资类	—	—	—	—
股权投资类	2	27 500.00	2.97	0.50
融资类	58	1 464 440.00	7.05	0.17
事务管理类	10	174 916.00	7.03	0.24

5.2.3.8 本年度新增的集合类、单一类和财产管理类信托项目个数、实收信托合计金额

新增信托项目	项目个数(个)	实收信托合计金额(万元)
集合类	33	592 000.15
单一类	180	4 707 098.98
财产管理类	—	—
新增合计	213	5 299 099.13
其中:主动管理类	33	592 000.15
被动管理类	180	4 707 098.98

5.2.4 **关联方关系及其交易**

5.2.4.1 信托资产与关联方交易情况

单位:万元

信托与关联方关联交易				
	期初数	借方发生额	贷方发生额	期末数
贷款	3 000.00	—	3 000.00	—
投资	22 20C.00	—	21 200.00	1 000.00
租赁	—	—	—	—
担保	—	—	—	—
应收账款	201 948.84	3 000.00	—	204 948.84
其他	—	—	—	—
合计	227 148.84	3 000.00	24 200.00	205 948.84

5.2.4.2 固有财产与信托财产之间的交易情况

单位:万元

固有财产与信托财产相互交易			
	期初数	本期发生额	期末数
证券投资集合资金信托	2 500.00	(2 500.00)	—
融资集合资金信托		9 800.00	9 800.00

5.2.4.3 信托财产与信托财产之间的交易情况

本年度无信托财产与信托财产之间的交易情况。

5.2.5 **会计制度**

信托业务于2010年1月1日起全面执行财政部2006年2月颁布的《企业会计准则——基本准则》和38项具体会计准则、其后颁布的应用指南、解释以及其他相关规定(统称企业会计准则)。

6. 会计报表附注

6.1 报告期内,公司财务报表编制基准、会计政策、会计估计和核算方法变化情况

2014年度公司财务报表编制基准、会计政策、会计估计和核算方法与上年度相比,没有发生重大变化。

6.2 财务报表主要项目的明细

6.2.1 资产风险分类情况

风险分类	正常类（万元）	关注类（万元）	次级类（万元）	可疑类（万元）	损失类（万元）	资产合计（万元）	不良资产合计（万元）	不良资产率（%）
期初数	200 132.89	—	—	—	—	200 132.89	—	—
期末数	209 666.11	—	—	—	—	209 666.11	—	—

注：不良资产合计＝次级类＋可疑类＋损失类。

6.2.2 各项资产减值损失准备的期初、本期计提、本期转回、本期核销、期末数

单位：万元

	期初数	本期计提	本期转回	本期核销	期末数
贷款损失准备	—	—	—	—	—
一般准备	15.00	—	(15.00)	—	—
专项准备	—	—	—	—	—
其他资产减值准备	—	—	—	—	—
可供出售金融资产减值准备	1 899.51	—	—	(1 899.51)	—
持有至到期投资减值准备	—	—	—	—	—
长期股权投资减值准备	—	—	—	—	—
坏账准备	—	—	—	—	—
投资性房地产减值准备	—	—	—	—	—

6.2.3 固有业务股票投资、基金投资、债券投资、股权投资等投资业务的期初数、期末数

单位：万元

	自营股票	基金	债券	长期股权投资	其他投资	合计
期初数	5 463.13	8 776.00	5 329.42	—	145 884.98	165 453.53
期末数	—	—	3 051.80	—	149 062.49	152 114.29

6.2.4 前三名自营贷款的企业名称、占贷款总额的比例和还款情况等

企业名称	占贷款总额的比例（%）	还款情况
无	—	—

6.2.5 第一名自营长期股权投资（包括以公允价值计量且其变动计入当期损益的金融资产）的企业名称、占被投资企业权益的比例、主要经营活动及投资收益情况等

企业名称	占被投资企业权益的比例（%）	主要经营活动	投资收益（万元）
汇丰人寿保险有限公司	50	人寿保险、健康保险和意外伤害保险等保险业务；及上述业务的再保险业务（法定保险业务除外）。	—

6.2.6 表外业务的期初数、期末数；按照代理业务、担保业务和其他类型表外业务分别披露

本年度无表外业务。

6.2.7 收入结构

收入结构	金额（万元）	占比（%）
手续费及佣金收入	38 724.66	83.72
其中：信托手续费收入	38 724.66	83.72
利息收入	194.59	0.42
其他业务收入（注）	4 777.04	10.33
投资收益/（损失）	2 004.70	4.33
其中：证券投资收益	2 004.70	4.33
其他投资收益	—	—
公允价值变动收益	523.30	1.13
营业外收入	29.00	0.06
收入合计	46 253.29	100.00

注：其他业务收入为合营企业的有关收益。

6.3 关联方关系及其交易

6.3.1 关联交易方的数量、关联交易的总金额及关联交易的定价政策

	关联交易方数量	关联交易金额（万元）	定价政策
合计	3	602.38	按市场价格或公允原则交易

6.3.2 关联交易方与公司的关系性质、关联交易方的名称、法定代表人、注册地址、注册资本及主营业务

报告期涉及关联交易的关联方情况如下：

关系性质	关联方名称	法定代表人	注册地址	注册资本（万元）	主营业务
股东	璟安股权投资有限公司	甄岩	上海市浦东新区绿科路90号1幢301室H座	23 000	主营股权投资
股东	上海丰益股权投资基金有限公司	郭英成	上海市浦东新区莲林路15号403室	55 000	主营股权投资
股东间接持有的子公司	上海银信网络科技发展有限公司	蔡震	上海市浦东新区浦东南路1950号106室	8 000万港元	软件开发、销售及技术咨询等

6.3.3 公司与关联方的重大交易事项

固有资产与关联方交易情况：

单位：万元

固有资产与关联方关联交易				
	期初数	借方发生额	贷方发生额	期末数
贷款	—	—	—	—
投资	—	—	—	—
租赁	—	—	—	—
担保	—	—	—	—
应收账款	1 714.52	314.69	2 029.21	—
其他	—	—	—	—
合计	1 714.52	314.69	2 029.21	—

6.3.4 关联方逾期未偿还公司资金以及公司为关联方担保发生或即将发生垫款情况

公司未出现关联方逾期未偿还公司资金以及公司为关联

方担保发生或即将发生垫款情况。

6.4 或有事项说明

截至2014年12月31日,本公司并无须作披露的或有事项。

6.5 重要资产转让及其出售的说明

截至2014年12月31日,本公司并无须作披露的重要资产转让及其出售。

6.6 会计制度

公司固有业务执行财政部2006年2月颁布的《企业会计准则——基本准则》和38项具体会计准则、其后颁布的应用指南、解释以及其他相关规定(统称企业会计准则)。

7. 财务情况说明书

7.1 利润实现和分配情况

公司2014年总收入为46 253.29万元,总支出为22 565.05万元,实现净利润17 784.99万元。2014年公司向股东分配利润8 000万元。

7.2 主要财务指标

指标名称	指标值
资本利润率(%)	10.21
加权年化信托报酬率(%)	0.53
人均净利润(万元)	115.49万元

注:加权年化信托报酬率指标仅包括本报告年度内已清算结束了的信托项目。

7.3 报告期内,对公司财务状况、经营成果有重大影响的其他事项

无。

8. 特别事项揭示

8.1 前五名股东报告期内变动情况及原因

报告期内,公司股东上海丰益股权投资基金有限公司、上海创信资产管理有限公司和恒丰裕实业发展有限公司变更法定代表人。

8.2 董事、监事及高级管理人员变动情况及原因

报告期内,经公司股东会审议通过,曾进先生和付然女士连选连任公司董事;叶志衡先生辞任公司董事及副董事长职务;陈永德先生和孙希灏先生辞任公司董事。

经股东提名并经公司股东会、监事会审议通过,改选杨林峰先生为公司监事会主席,陈世彪先生不再担任公司监事会主席;因监事罗明耀先生任期届满,经股东提名并经公司股东会审议通过,郑奉伟先生出任公司监事。经公司职工代表大会表决,李静女士连选连任公司职工监事。

莫百愉先生辞任公司财务总监。经公司董事会决定聘任曹志强先生为公司财务总监,其已取得中国银行业监督管理委员会北京监管局任职资格批复,并已正式就任。

8.3 报告期内变更注册资本、变更注册地或公司名称、公司分立与合并事项

无。

8.4 报告期内公司重大诉讼事项

无。

8.5 公司及其董事、监事和高级管理人员在报告期内受到处罚的情况

无。

8.6 中国银监会及其派出机构对公司检查后提出整改意见及整改情况

2014年4月,北京银监局向公司出具了2013年度监管意见书,对公司治理、内控建设、信托业务开展和管理情况等提出了加强和改进意见。公司已组织相关部门和人员对监管意见进行落实,现已基本完善。

报告期内,北京银监局对公司进行了现场检查,并于2014年末出具了现场检查意见书,对公司信托业务内控制度建设、风险管理及业务流程建设表示了肯定,同时就信托业务开展过程中存在的不足之处提出了加强和改善意见。公司已组织相关部门和人员对监管意见进行反馈,并正在逐步着手落实监管意见。

8.7 本年度重大事项临时报告的简要内容、披露时间、所披露的媒体及其版面

序号	刊登内容	刊登时间	报纸名称	所属版面
1	国民信托有限公司2013年年度报告摘要	2014年4月30日	《上海证券报》	B9版

8.8 其他重大需披露信息

报告期内,公司未发生中国银监会及其省级派出机构认定的其他有必要让客户及相关利益人了解的重要信息。

9. 公司监事会意见

监事会认为,公司董事会和管理层能够严格遵守法规及政策,稳健经营,业务风险可控,公司业务不存在违法、违规情形;本年度财务报告经安永华明会计师事务所审计并出具无保留审计意见的审计报告,该财务报告真实、客观地反映了公司的财务状况和经营成果;致同会计师事务所就公司本年度内部控制情况进行了审核,并出具无保留意见的内部控制鉴证报告,该报告也真实和客观地反映了公司合规经营和内控状况。

国投信托有限公司

1. 重要提示

1.1　本公司董事会及董事保证本报告所载资料不存在任何虚假记载、误导性陈述或者重大遗漏，并对其内容的真实性、准确性和完整性承担个别及连带责任。本年度报告摘要摘自年度报告全文，客户及相关利益人欲了解详细内容，应阅读年度报告全文。

1.2　本报告经公司第四届董事会第二十四次会议审议通过。本公司独立董事曹三明先生、阎维杰先生，认为本报告内容是真实、准确、完整的。

1.3　立信会计师事务所为本公司出具了标准无保留意见的审计报告。

1.4　公司法定代表人董事长钱蒙先生、总经理傅强先生、财务总监李涛先生及计划财务部副总经理陈仁龙先生声明：保证年度报告中财务报告的真实、完整。

1.5　本报告内容为截至2014年12月底信息及数据。2015年2月，国投信托完成增加注册资本、调整股权结构及变更名称等事项的工商变更登记，公司注册资本由人民币120 480万元增至人民币219 054.5454万元，公司中文名称变更为“国投泰康信托有限公司”，英文名称变更为“Sdic Taikang Trust Co., Ltd.”，本次增资后公司股东构成及持股比例为：国投资本控股有限公司持股52.50%；泰康人寿保险股份有限公司持股32.98%；江苏悦达资产管理有限公司持股10.00%；国投高科技投资有限公司持股2.50%；泰康资产管理有限责任公司持股2.02%。

2. 公司概况

2.1　公司简介

2.1.1　公司法定中文名称：国投信托有限公司

2.1.2　公司法定英文名称：Sdic Trust Co., Ltd.

2.1.3　法定代表人：钱蒙

2.1.4　公司注册地址：北京市西城区西直门南小街147号7层、8层

邮政编码：100034

2.1.5　国际互联网网址：www.sdictrust.com.cn

2.1.6　电子信箱：sdictrust@sdic.com.cn

2.1.7　信息披露事务负责人：王　彬

联系电话：010-88006600

传真：010-88006622

电子信箱：sdictrust@sdic.com.cn

2.1.8　报告期内公司信息披露报纸名称：《证券时报》

2.1.9　公司年度报告备置地点：北京市西城区西直门南小街147号7层

2.1.10　公司聘请的会计师事务所：立信会计师事务所（特殊普通合伙）

地址：北京市西城区北三环中路29号院茅台大厦28层

2.1.11　公司聘请的常年律师事务所：北京天达共和律师事务所

地址：北京市朝阳区东三环北路8号亮马河大厦1座20层

2.2　组织结构

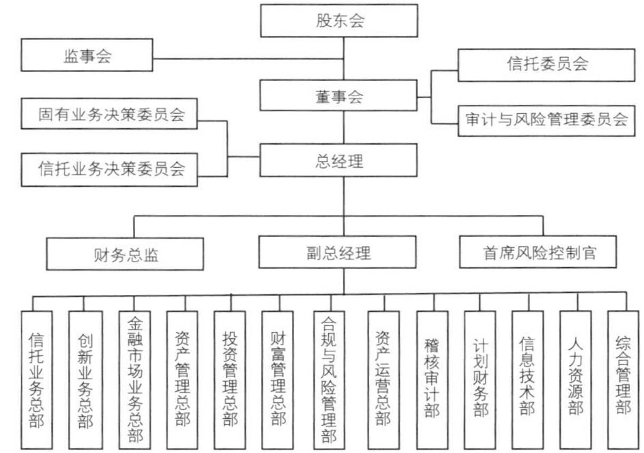

3. 公司治理

3.1　股东

股东名称	出资比例(%)	法人代表	注册资本(亿元)	注册地址	主要经营业务及主要财务情况
国投资本控股有限公司	95.45	叶柏寿	25	北京市西城区阜成门北大街6-6号国际投资大厦A座	从事对外投资、资产管理、接受委托对企业进行管理、投资策划及咨询服务。截至2014年末，公司合并资产总额130亿元；2014年实现合并经营收入为18.98亿元，合并利润总额为9.48亿元。
国投高科技投资有限公司	4.55	郝建	6.4	北京市西城区阜成门北大街6-6号国际投资大厦	从事高科技项目产业化阶段投资业务，主要涉及电子、医药、汽车零部件、新材料等行业。截至2014年末，公司合并资产总额86亿元；2014年实现合并经营收入为46.4亿元，合并利润总额为6.3亿元。

注：国投资本控股有限公司、国投高科技投资有限公司均为国家开发投资公司全资子公司。

3.2 董事

董事长、副董事长、董事

姓名	职务	性别	年龄	选任日期	所推举的股东名称	该股东持股比例(%)	简要履历
钱蒙	董事长	男	54岁	2011年4月	国投资本控股有限公司	95.45	大学本科学历,高级工程师,现任国家开发投资公司党组成员、副总经理;曾在国家计委、国家机电轻纺投资公司任职,曾任国家开发投资公司国投机轻有限公司副总经理,国家开发投资公司经营部副主任、主任、金融投资部总经理,国投资产管理公司总经理,安徽省六安市市委副书记(挂职)。
祝要斌	董事	男	52岁	2011年4月	国投资本控股有限公司	95.45	研究生学历,高级工程师,现任国投资本控股有限公司总经理;曾在青海西宁特钢公司、国家原材料投资公司、国原实业开发公司、国家开发投资公司国融资产管理有限公司任职,曾任国投信托有限公司党支部书记、国家开发投资公司资本运营部副总经理、国投资本控股有限公司副总经理。
王文俊	董事	男	47岁	2011年4月	国投资本控股有限公司	95.45	大学本科学历,会计师、经济师,现任国家开发投资公司经营管理部副主任;曾在北京华飞化工总公司、国家原材料投资公司任职。
李俊喜	董事	男	49岁	2011年5月	国投高科技投资有限公司	4.55	大学本科学历,高级会计师,现任国投高科技投资有限公司副总经理;曾在交通部、国家交通投资公司任职,曾任国通天港实业开发公司财务部副经理、国投交通实业公司计财部副经理、国投洋浦港副总经理、国投交通公司计财部经理、国投物业有限责任公司副总经理。
傅强	董事	男	45岁	2013年8月	国投信托有限公司		研究生学历,经济师,现任国投信托有限公司总经理;曾在中国人民银行北京市分行、北京证券有限公司工作,曾任中兴信托投资有限公司资产运营部经理、国融资产管理有限公司证券投资部副经理、国家开发投资公司金融投资部责任项目经理、国投信托有限公司副总经理。

独立董事

姓名	所在单位及职务	性别	年龄	选任日期	所推举的股东名称	该股东持股比例(%)	简要履历
阎维杰	中国银监会北京监管局,退休	男	59岁	2011年4月	国投资本控股有限公司	95.45	博士研究生学历,博士,退休前任中国银监会北京监管局处长;曾任北京广播电视大学教师、教务处处长,中国人民银行营业管理部处长。
曹三明	国家法官学院教授	男	68岁	2011年4月	国投资本控股有限公司	95.45	研究生学历,教授,律师;曾任北京大学法律系副教授,国家新闻出版署副司长,国务院法制办司长,最高人民法院行政审判庭负责人,中国应用法学研究所所长,国家法官学院副院长、教授。

3.3 监事

监事会成员

姓名	职务	性别	年龄	选任日期	所推举的股东名称	该股东持股比例(%)	简要履历
李文新	监事会主席	男	50岁	2011年4月	国投资本控股有限公司	95.45	大学本科学历,高级会计师,中国注册会计师、税务师,现任国家开发投资公司审计部副主任,曾在交通部、国家交通投资公司、国通天港实业开发公司、国家开发投资公司、国投创业投资有限公司任职,曾任国投高科技投资有限公司副总经理。
姚肇欣	监事	男	42岁	2011年4月	国投资本控股有限公司	95.45	研究生学历,高级经济师,现任国投资本控股有限公司综合管理部经理,曾在燕京集团、北京达人达投资顾问公司、振海集团、世纪兴业公司任职,曾任国家开发投资公司战略部、总裁办业务主管、国务院国资委改革局副处长、国家开发投资公司资本运营部副处长、国投资本控股有限公司股权管理部经理。
汪斌	职工监事	男	49岁	2012年3月			大学本科学历,高级审计师,现任国投信托有限公司稽核审计部总经理,曾在鞍山市审计局、鞍山市信托投资股份有限公司任职,曾任国投信托有限公司稽核审计部副经理。

3.4 高级管理人员

姓　名	职务	性别	年龄	选任日期	金融从业年限（年）	学历	专业
傅　强	总经理	男	45	2013 年 8 月	19	研究生	工商管理
陆俊	副总经理	男	44	2011 年 4 月	18	研究生	工商管理
王彬	副总经理兼董事会秘书	女	48	2011 年 6 月	10	研究生	工商管理
张仲和	首席风险控制官（总法律顾问）	男	43	2011 年 8 月	3	大学本科	经济法
李涛	财务总监（副总经理级）	男	40	2013 年 11 月	10	研究生	会计学

3.5 公司员工

项　目		报告期年度	
		人数（人）	比例（%）
年龄分布	25 岁以下	0	0
	25～29 岁	57	42
	30～39 岁	64	47
	40 岁以上	23	17
学历分布	博士	4	3
	硕士	72	53
	本科	66	49
	专科	2	1
	其他	0	0
岗位分布	董事、监事及其高管人员	13	10
	自营业务人员	8	6
	信托业务人员	93	68
	其他人员	30	22

4. 经营管理

4.1 经营目标、方针、战略规划

以“诚实守信，稳健运营，立足市场，创新发展”为经营方针，在健全风控体系、管理机制到位的基础上，做大做强信托业务，持续推进财富管理业务，稳健经营固有业务，积极打造“信托业务与财富管理两大业务板块协同互动、固有业务稳健增值”的业务格局，努力建设成为一家具有中等规模、拥有较强创新能力和盈利能力、在一到两个信托业务领域占据领先地位、品牌形象突出的信托公司。

4.2 经营业务的主要内容

自营资产运用与分布表

资产运用	金额（万元）	占比（%）	资产分布	金额（万元）	占比（%）
货币资产	226 195.05	34.51	基础产业	—	—
应收款项	666.58	0.10	房地产业	—	—
以公允价值计量且其变动计入当期损益的金融资产	13 000.00	1.98	证券市场	89 196.73	13.61
买入返售资产	1 000.00	0.15	实业	—	—
可供出售金融资产	399 956.92	61.03	金融机构	80 860.09	12.34
长期股权投资	11 100.00	1.69	其他	485 306.97	74.05
其他	3 445.24	0.53			
资产总计	655 363.79	100.00	资产总计	655 363.79	100.00

注：在资产分布中，其他资产包括货币资金 226 195.05 万元，应收款项 666.58 万元，公司投资的信托产品和资管计划 255 000.10 万元，其他固定资产投资、在建工程、无形资产和递延所得税资产等 3 445.24 万元。

信托资产运用与分布表

资产运用	金额（万元）	占比（%）	资产分布	金额（万元）	占比（%）
货币资产	29 466.59	0.20	基础产业	4 202 179.50	28.66
贷款	11 030 933.81	75.23	房地产	881 250.00	6.01
以公允价值计量且其变动计入当期损益的金融资产	27 708.30	0.19	证券市场	548 386.49	3.74
可供出售金融资产	700 519.05	4.78	实业	6 972 478.31	47.55
持有至到期投资	405 472.55	2.77	金融机构	85 013.77	0.58
长期股权投资	1 038 020.00	7.08	其他	1 974 095.16	13.46
其他	1 431 282.93	9.76			
信托资产总计	14 663 403.23	100.00	信托资产总计	14 663 403.23	100.00

4.3 影响公司业务发展的主要因素

4.3.1 有利因素

（1）随着各项改革不断深入，中国经济社会发展正向“新常态”迈进，绝对增长速度有所放缓，但经济结构持续改善，经济增长的内生动力增强，信托行业发展的宏观环境总体向好。2014 年下半年以来，国内证券市场表现强劲，为信托公司扩张证券类业务创造了机遇。《国家新型城镇化规划（2014—2020 年）》正式颁布，为信托公司发挥制度优势、实现业务转型提供了更加广阔的空间。

（2）行业监管与时俱进，风险防范与创新发展并举。银监会 99 号文明确了信托业转型发展的目标和路径，《关于加强信托公司风险控制的指导意见》促进信托公司进一步强化风险管控。人民银行、银监会、保监会、证监会多文支持资产证券化，以及信贷类和企业类 ABS 备案制的双双落地，激发业内对资产支持化市场的想象力。2014 年下半年，全国信托登记中心、中国信托业保障基金公司相继设立，未来将促进信托行业整体的良性发展。

（3）激烈竞争迫使信托行业加快创新转型步伐，加大了具有浮动收益特征的权益性产品的开发，以及事务管理驱动的服务信托业务的开展。

4.3.2 不利因素

（1）宏观经济仍未全面复苏，部分产能过剩行业、周期性行业盈利情况仍然较差，增加了信托行业在上述领域的业务风险，信托项目个案风险频发。中长期利率呈下降趋势，信托行业融资类业务利润空间受到压缩。

(2)政策环境方面，规范金融同业业务、加强地方政府债务管理等政策相继实施，对信托公司通道业务、信政业务造成严重冲击，而新业务转型方向尚不明确；同时，监管机构基于信托兑付风险防范采取更加严格的监管措施，监管环境趋严。

(3)“泛资管”全面开启，券商、基金、保险资管先后进入资产管理市场，并利用其更为宽松的监管政策抢占市场，信托行业制度红利消退、业务拓展受阻。与此同时，互联网金融快速崛起，金融脱媒趋势愈加明显，理财产品日益丰富，未来信托公司面临的竞争对手已不再局限于金融行业。

4.4 内部控制

4.4.1 内部控制环境和内部控制文化

4.4.1.1 治理机制建设和执行情况

股东会是公司的最高权力机构。

公司设立董事会，负责公司的重大决策，并向股东会负责。公司董事会设有信托委员会、审计与风险管理委员会两个专项委员会，专项委员会向董事会负责。董事长为公司的法定代表人。

公司设立监事会。监事会是公司的监督机构，对股东会负责。

公司董事会聘任经营层，依法行使经营权。为严格固有财产与信托业务的分类管理及科学决策，公司设立固有业务决策委员会和信托业务决策委员会，这两个委员会分别对固有业务、信托业务进行决策。

公司设置专职总法律顾问，明确规定总法律顾问参与业务运作、业务决策的职责和权限，赋予其对业务管理事项的参与、审核、发表独立意见等权利。

公司设立信托业务总部、创新业务总部、金融市场业务总部、资产管理总部、投资管理总部、财富管理总部等业务部门，以及合规与风险管理部、资产运营总部、稽核审计部、综合管理部、人力资源部、信息技术部、计划财务部等职能部门。各业务部门和职能部门按照公司确定的部门职责开展工作。业务部门在业务上独立于公司的其他部门，其人员不与公司其他部门人员相互兼职。公司主要从业人员均符合中国银行业监督管理委员会及公司规定的职业操守和职业技能。

公司不断完善内部控制制度，通过建立风险防范的“三道防线”，构筑完整的内控管理架构。“三道防线”的内控管理架构的构成如下：

“第一道防线”为各部门对本部门的业务流程和操作流程进行日常维护和管理，对本部门所面临的主要风险点进行识别、自我检查和实施关键控制程序。

“第二道防线”为风险管理部门对各部门的主要风险点进行独立的日常监控与管理。

“第三道防线”为稽核审计部门对各部门的业务运行过程和结果进行独立的稽核与检查。

4.4.1.2 内控文化建设和执行情况

公司的经营宗旨是以市场为导向，以效益为中心，依法规范经营，科学管理，维护股东、债权人、信托当事人和公司自身的合法权益。

公司依照诚实、信用、谨慎、有效的原则，遵循监管机构的各项法规政策，为受益人的最大合法利益处理信托事务，努力为社会提供优良的信托服务，并使公司股东获得满意的经济效益。

公司倡导“有道而正、信则人任”的企业文化精神。

公司的内控管理理念反映了公司的核心价值，影响企业文化，并指导业务操作。它融会在公司的管理制度和业务流程中，通过员工的日常操作与管理活动体现出来。

公司加强内控文化建设，组织员工参加公司内部和集团的培训，培育每个员工的内控文化理念，通过建立以风险管理为核心的公司内控文化和内控环境，影响并提高公司所有员工的风险意识。公司要求每个员工都承担内控管理的责任，在各自岗位职责和权限范围内主动识别、管理和防范风险，从而提高公司的整体内控管理能力，促进公司战略的实现。

公司在开展各项工作过程中树立科学的发展观，坚持内部控制优先，稳健审慎经营的理念，正确处理好局部与全局、竞争与规范、效益与风险、传统业务与创新业务、短期效益与长期效益的关系，摒弃片面追求效益、忽视所面临风险的倾向，以获得长期发展的持久动力。

4.4.2 内部控制措施

根据监管要求，结合经营管理和业务开展需求，及时补充、修订管理制度和业务制度，从信托业务、固有业务、合规与风险管理、稽核审计、信息技术管理、财务管理、人力资源管理等多维度健全内控体系，制定了多项基本管理制度、一般管理制度、业务管理制度，以满足监管政策、经营管理、业务发展等各方面的要求。

公司由合规与风险管理部组织、协调各部门参与制定公司的内控制度。发起部门根据日常管理需要和业务管理需要，初步制定公司的内控制度方案，在充分征集其他部门的意见和建议的基础上，修改完善制度方案，上报公司经营管理层或董事会批准施行。根据实际运行效果，公司持续补充和完善内控制度，2014 年累计完善规章制度 24 项。

在健全各项内控制度的基础上，公司采取流程化控制的模式，及时根据业务运作的实际情况，不断优化业务流程。通过流程管理明确业务开展程序，控制风险点，并将风险管理责任落实到部门和人员，促使公司业务的风险控制和管理更为科学合理。通过对业务流程的持续优化和改进，进一步提升业务决策和运作效率，促进公司业务健康快速发展。

公司不断完善规章制度和业务流程，强化制度执行力度，内控制度执行情况良好，有效控制了公司所面临的各项风险。

4.4.3 监督评价与纠正

4.4.3.1 内部控制的评价和后评价

公司通过对法律法规、监管机构各项规章和公司各项制度的执行情况、执行效果对内部控制进行评价和后评价。公司努力探索对内部控制评价的方法，定性与定量相结合，对内部控制进行科学评价和后评价。

2014 年，公司聘请中介机构协助编制了《内部控制管理手册》，并以此为契机梳理流程，查漏补缺。该手册是公司实施、执行内部控制的具体规范，各部门需遵照执行。同时，公司将根据外部环境、内部组织架构及管理要求的变化不断更新手册。

4.4.3.2 内部控制的监督和纠正

风险管理部门监督检查各部门内控执行情况，并就全公司风险控制总体情况向总经理作汇报。稽核审计部门对公司内部控制情况进行稽核审计。

通过各部门自查和风险管理部门监督检查各部门的内控执行情况，以及稽核审计部门审查各部门的执行结果，对于业务操作过程中发现的内部控制存在的不足提出建议和意见，按照管辖权限层层上报，经有权管辖的相应层次决定后调整。公司各个管理层次在自己的管理权限内对内部控制存在的问题进行纠正。

结合监管政策的变化，分析对公司现有业务的影响，及时更新公司内控制度以适应监管的要求；针对新业务出现时新增的风险点，及时更新现有内控制度，达到覆盖新增风险点的目的。

4.5 风险管理

4.5.1 风险状况

4.5.1.1 信用风险状况

（1）宏观经济形势复杂，企业经济效益下滑，行业风险事件频发，项目信用风险加大。公司通过预设充足的风控措施和违约罚则，提高交易对手的违约成本。同时，持续跟踪交易对手动态，动态评估抵/质押价值，不断提升项目管理能力、风险处置化解能力。

（2）2014 年期初应收账款 567 万元，期末应收账款 667 万元。

（3）公司固有财产 2014 年未发放贷款。

（4）公司 2014 年运用信托资金发放的贷款业务，均未发生信用风险，未发生因信用风险带来的损失。

（5）为公司信托项目提供托管、经纪服务的机构，2014 年均持续经营，运作良好，未出现被吊销营业执照、宣告破产、公司解散等对信托项目产生不利影响的情况。

（6）公司按照财政部的规定，对承担风险和损失的固有资产进行了减值测试，并计提了相关准备。

4.5.1.2 市场风险状况

截至 2014 年末，公司直接投资股票、基金等证券投资余额 89 197 万元，占公司固有财产的 13.61%。这些投资受市场价格的影响，因此具有市场价格波动引起的收益波动风险。

4.5.1.3 操作风险状况

2014 年，公司未发生因操作风险带来的损失。公司根据外部环境变化和内部经营管理需要，不断完善内控制度，优化业务操作流程，细化岗位职责，加强关键节点监控，有效防范操作风险。

4.5.1.4 其他风险状况

2014 年，公司未发生因其他风险带来的损失。

4.5.2 风险管理政策及策略

4.5.2.1 信用风险管理

（1）公司将信用风险管理的重点由项目审查，向前延伸至项目筛选，向后延伸至项目兑付，不断深化项目选择能力、项目管理能力，加强事前评估和判断、加强事中管理和控制，防范和规避信用风险。

（2）为加强信用风险的防范和管理，2014 年公司制定、修订多项业务管理制度、业务管理规定、业务材料模板，优化业务流程，不断完善信用风险管控体系。

（3）公司选择声誉良好、资产质量好、资信等级高的交易对手，根据对资金安全性的要求和融资方的实际情况设置担保措施：对于抵押担保，公司按照产权清晰、管理方便、价值变动较小的原则评审确定，按照合理的方法对抵押品进行估值确认，综合考虑未来变现价值等因素后具体确定；对于保证担保，公司综合评审保证人的经济实力、信誉后确定。

（4）公司通过监管资金账户、监管项目公司印章、提前归集资金等多种控制手段有效防范信用风险。

（5）公司为信托项目选择经营稳健的托管银行、经纪商和投资管理人，并与上述机构签订相关服务协议，规定了由其导致信托财产损失的赔偿责任。

4.5.2.2 市场风险管理

（1）公司根据宏观经济形势、市场情况及时调整投资结构，严控个股投资比例，关注仓位控制以及行业配置，有效降低投资组合的市场风险。

（2）对于证券市场的投资，发挥信息技术手段对市场风险的监控作用，对业务数据进行及时跟踪监测，并及时预警。重点关注有止损点、预警点设置的信托产品，以采取有力措施，应对市场的变化。

（3）公司对抵（质）押物价值进行动态跟踪，实时根据市场状况对抵押/质押物进行合理估值，并根据情况要求合作方增加抵（质）押物或提供其他增信措施，通过上述办法，有效管理融资类项目的市场风险。

4.5.2.3 操作风险管理

（1）公司通过建立和严格执行相关制度和流程来防范操作风险。通过流程培训、持续督导、风险提示等形式，加强制度执行的引导教育，结合问责机制，力促各项制度落到实处。公司要求业务人员严格按照信托文件约定以及公司业务流程的规定操作，履行受托人职责，防范操作风险。

（2）对由于托管银行和经纪商因操作风险导致信托财产损失，公司将根据与其签订的协议向其主张损害赔偿责任。

（3）公司加强人员培训，开展经常性的风险教育，不断强化员工的风险意识，将合规经营和风险管理理念贯穿到员工的日常行为中，深入到各个业务环节，把操作风险管理的各项措施细化落实到每个环节、每个岗位、每个节点。

4.5.2.4 其他风险管理

（1）公司密切关注监管政策变化，增强政策敏感度，拓宽发展思路，积极防范政策风险。

（2）公司运作与既定战略方向一致，组织架构合理，管理职责分工明晰，人力资源培训能满足公司发展需要，能有效控制管理风险。

（3）公司聘请专业法律机构作为顾问，提供专业意见，协助控制法律风险。

（4）合规与风险管理部对主要风险进行监控，稽核审计部对主要业务过程的各种风险进行监督。

5. 报告期末及上一年度末的比较式会计报表

5.1 自营资产

5.1.1 会计师事务所审计结论

立信会计师事务所（特殊普通合伙）审计结论：贵公司财务报表在所有重大方面按照企业会计准则的规定编制，公允反映了贵公司 2014 年 12 月 31 日的财务状况以及 2014 年度的经营成果和现金流量。

5.1.2 资产负债表

资产负债表(母公司)

编制单位:国投信托有限公司　　2014年12月31日　　单位:元

项　　目	期末余额	年初余额
流动资产:		
货币资金	2 261 950 527.61	56 615 190.64
结算备付金	—	—
拆出资金	—	—
以公允价值计量且其变动计入当期损益的金融资产	130 000 000.00	550 346 383.06
衍生金融资产	—	—
应收票据	—	—
应收账款	—	—
预付款项	—	—
应收保费	—	—
应收分保账款	—	—
应收分保准备金	—	—
应收利息	0.28	0.58
应收股利	—	—
其他应收款	6 665 810.52	5 668 185.43
买入返售金融资产	10 000 000.00	100 000 000.00
存货	—	—
划分为持有待售的资产	—	—
一年内到期的非流动资产	—	—
其他流动资产	—	—
流动资产合计	2 408 616 338.41	712 629 759.71
非流动资产:		
发放贷款及垫款	—	44 325 000.00
可供出售金融资产	3 999 569 090.15	1 927 299 318.75
持有至到期投资	—	—
长期应收款	—	-
长期股权投资	111 000 000.00	111 000 000.00
投资性房地产	—	—
固定资产原价	11 343 570.12	8 947 240.12
减:累计折旧	6 516 948.39	5 055 094.88
固定资产净值	4 826 621.73	3 892 145.24
减:固定资产减值准备	—	—
固定资产净额	4 826 621.73	3 892 145.24
在建工程	1 946 254.40	1 520 720.00
工程物资	—	—
固定资产清理	—	—
生产性生物资产	—	—
油气资产	—	—
无形资产	5 769 585.37	2 993 247.28
开发支出	—	—
商誉	—	—
长期待摊费用	—	—
递延所得税资产	21 909 966.41	25 523 009.51
其他非流动资产	—	—
其中:特准储备物资	—	—
非流动资产合计	4 145 021 518.06	2 116 553 440.78
资产合计	6 553 637 856.47	2 829 183 200.49
流动负债:		
短期借款	—	—
向中央银行借款	—	—
吸收存款及同业存放	—	—

续表

项　目	期末余额	年初余额
拆入资金	—	—
以公允价值计量且其变动计入当期损益的金融负债	—	—
衍生金融负债	—	—
应付票据	—	—
应付账款	—	—
预收款项	—	—
卖出回购金融资产款		
应付手续费及佣金		
应付职工薪酬	97 370 552. 19	71 966 451. 81
应交税费	45 686 491. 09	34 660 768. 10
应付利息	—	—
应付股利	—	—
其他应付款	833 775 825. 25	1 163 091. 86
一年内到期的非流动负债	—	—
其他流动负债	—	—
流动负债合计	976 832 868. 53	107 790 311. 77
非流动负债：		
长期借款	—	—
应付债券	—	—
长期应付款	—	—
长期应付职工薪酬	—	—
专项应付款	—	—
预计负债	—	—
递延收益	—	—
递延所得税负债	20 980 951. 62	—
其他非流动负债	—	2 108 206. 68
其中：特准储备基金	—	—
非流动负债合计	20 980 951. 62	2 108 206. 68
负债合计	997 813 820. 15	109 898 518. 45
所有者权益：		
实收资本	2 190 545 454. 00	1 204 800 000. 00
国有资本	1 423 854 545. 00	1 204 800 000. 00
其中：国有法人资本	1 423 854 545. 00	1 204 800 000. 00
集体资本	—	—
民营资本	766 690 909. 00	—
其中：个人资本	—	—
外商资本	—	—
减：已归还投资	—	—
实收资本（或股本）净额	2 190 545 454. 00	1 204 800 000. 00
其他权益工具	—	—
其中：优先股	—	—
永续债	—	—
资本公积	1 514 016 640. 31	266 549 884. 69
减：库存股	—	—
其他综合收益	62 942 854. 75	-30 849 357. 07
其中：外币报表折算差额	—	—
专项储备	—	—
盈余公积	237 526 364. 15	186 572 870. 87
其中：法定公积金	236 601 656. 20	185 648 162. 92
任意公积金	924 707. 95	924 707. 95
储备基金	—	—
企业发展基金	—	—
利润归还投资	—	—
一般风险准备	183 048 259. 70	126 890 432. 43
未分配利润	1 367 744 463. 41	965 320 851. 12
归属于母公司所有者权益合计	5 555 824 036. 32	2 719 284 682. 04
少数股东权益	—	—
所有者权益合计	5 555 824 036. 32	2 719 284 682. 04
负债和所有者权益总计	6 553 637 856. 47	2 829 183 200. 49

资产负债表(母子公司合并)

编制单位:国投信托有限公司　　2014 年 12 月 31 日　　单位:元

项　目	期末余额	年初余额
流动资产:		
货币资金	2 537 490 556. 59	476 189 881. 18
结算备付金	—	—
拆出资金	—	—
以公允价值计量且其变动计入当期损益的金融资产	166 917 644. 01	642 570 638. 77
衍生金融资产	—	—
应收票据	—	—
应收账款	44 064 675. 54	31 070 864. 08
预付款项	—	—
应收保费	—	—
应收分保账款	—	—
应收分保准备金	—	—
应收利息	4 943 302. 29	3 858 811. 91
应收股利	—	—
其他应收款	36 442 113. 65	18 502 607. 42
买入返售金融资产	180 201 702. 00	117 000 395. 00
存货	—	—
划分为持有待售的资产	—	—
一年内到期的非流动资产	—	—
流动资产合计	2 970 059 994. 08	1 289 193 198. 36
非流动资产:		
发放贷款及垫款	—	44 325 000. 00
可供出售金融资产	4 009 825 990. 49	1 894 810 453. 48
持有至到期投资	99 782 907. 39	—
长期应收款	—	—
长期股权投资	—	—
投资性房地产	—	—
固定资产原价	41 276 367. 17	41 621 642. 96
减:累计折旧	29 356 557. 01	29 890 595. 40
固定资产净值	11 919 810. 16	11 731 047. 56
减:固定资产减值准备	—	—
固定资产净额	11 919 810. 16	11 731 047. 56
在建工程	3 039 254. 40	4 535 077. 76
工程物资	—	—
固定资产清理	—	—
生产性生物资产	—	—
油气资产	—	—
无形资产	13 073 291. 82	8 551 352. 28
开发支出	—	—
商誉	68 578 612. 63	68 578 612. 63
长期待摊费用	4 470 647. 21	5 411 224. 88
递延所得税资产	40 599 554. 34	43 257 061. 83
其他非流动资产	2 242 200. 26	2 673 000. 26
其中:特准储备物资	—	—
非流动资产合计	4 253 532 268. 70	2 083 872 830. 68
资产合计	7 223 592 262. 78	3 373 066 029. 04
流动负债:		
短期借款	—	—
向中央银行借款	—	—
吸收存款及同业存放	—	—
拆入资金	—	—
以公允价值计量且其变动计入当期损益的金融负债	—	—

续表

项　　目	期末余额	年初余额
衍生金融负债	—	—
应付票据	—	—
应付账款	3 742 392.50	2 466 903.28
预收款项	—	—
卖出回购金融资产款		
应付手续费及佣金		
应付职工薪酬	137 957 929.87	105 393 130.12
应交税费	64 180 049.60	53 148 614.19
应付利息	—	—
应付股利	—	—
其他应付款	856 657 882.22	23 733 394.96
应付分保账款	—	—
保险合同准备金	—	—
代理买卖证券款	—	—
代理承销证券款	—	—
划分为持有待售的负债	—	—
一年内到期的非流动负债	—	—
其他流动负债	29 620 002.94	23 937 847.66
流动负债合计	1 092 158 257.13	208 679 890.21
非流动负债:		
应付债券	—	—
长期应付款	—	—
长期应付职工薪酬	—	—
专项应付款	—	—
预计负债	—	—
递延收益	—	—
递延所得税负债	24 759 557.80	—
其他非流动负债	—	2 108 206.68
其中:特准储备基金	—	—
非流动负债合计	24 759 557.80	2 108 206.68
负债合计	1 116 917 814.93	210 788 096.89
所有者权益:		
实收资本	2 190 545 454.00	1 204 800 000.00
国有资本	1 423 854 545.00	1 204 800 000.00
其中:国有法人资本	1 423 854 545.00	1 204 800 000.00
集体资本	—	—
民营资本	766 690 909.00	
其中:个人资本	—	—
外商资本	—	—
减:已归还投资	—	—
实收资本(或股本)净额	2 190 545 454.00	1 204 800 000.00
资本公积	1 514 016 640.31	266 549 884.69
减:库存股	—	—
其他综合收益	71 871 698.45	-31 142 249.32
其中:外币报表折算差额	—	—
专项储备	—	—
盈余公积	237 526 364.15	186 572 870.87
一般风险准备	355 305 479.19	277 393 102.91
未分配利润	1 446 951 362.08	1 000 949 336.59
归属于母公司所有者权益合计	5 816 216 998.18	2 905 122 945.74
少数股东权益	290 457 449.67	257 154 986.41
所有者权益合计	6 106 674 447.85	3 162 277 932.15
负债和所有者权益总计	7 223 592 262.78	3 373 066 029.04

5.1.3 利润表

利润表(母公司)

编制单位:国投信托有限公司　　2014年度　　单位:元

项　　目	本年	上年
一、营业收入	805 313 291.59	621 690 549.48
利息净收入	3 760 689.80	26 753 100.48
利息收入	3 915 987.97	26 813 035.67
利息支出	155 298.17	59 935.19
手续费及佣金净收入	550 592 256.41	436 666 812.63
手续费及佣金收入	550 592 256.41	436 666 812.63
手续费及佣金支出	—	—
投资收益(损失以“-”号填列)	245 290 350.85	154 750 816.55
其中:对联营企业和合营企业的投资收益	—	—
公允价值变动收益(损失以“-”号填列)	—	—
汇兑收益(损失以“-”号填列)	—	—
其他业务收入	5 669 994.53	3 519 819.82
二、营业支出	164 578 123.91	137 161 925.05
营业税金及附加	38 918 461.22	34 094 852.38
业务及管理费	126 334 662.69	105 767 072.67
资产减值损失	-675 000.00	-2 700 000.00
其他业务成本	—	—
三、营业利润(亏损以“-”号填列)	640 735 167.68	484 528 624.43
加:营业外收入	2 005 800.00	1 919 300.00
减:营业外支出	5 377.94	302 255.43
四、利润总额(亏损总额以“-”号填列)	642 735 589.74	486 145 669.00
减:所得税费用	133 200 656.90	93 623 226.69
五、净利润(净亏损以“-”号填列)	509 534 932.84	392 522 442.31
归属于母公司所有者的净利润	509 534 932.84	392 522 442.31
※少数股东损益	—	—
六、每股收益:	—	—
(一)基本每股收益	—	—
(二)稀释每股收益	—	—
七、其他综合收益	93 792 211.82	53 075 729.18
八、综合收益总额	603 327 144.66	445 598 171.49
其中:归属于母公司所有者的综合收益总额	603 327 144.66	445 598 171.49
※归属于少数股东的综合收益总额	—	—

利润表（母子公司合并）

编制单位：国投信托有限公司　　2014 年度　　单位：元

项　　目	本年	上年
一、营业收入	1 215 642 604. 72	1 068 826 706. 93
利息净收入	39 712 201. 08	55 412 111. 99
利息收入	42 754 550. 47	59 607 857. 63
利息支出	3 042 349. 39	4 195 745. 64
手续费及佣金净收入	880 760 952. 52	809 848 042. 23
手续费及佣金收入	881 564 068. 79	812 936 452. 30
手续费及佣金支出	803 116. 27	3 088 410. 07
投资收益（损失以"－"号填列）	247 857 074. 79	173 747 459. 51
其中：对联营企业和合营企业的投资收益	—	—
公允价值变动收益（损失以"－"号填列）	−8 068. 52	13 497 504. 31
汇兑收益（损失以"－"号填列）	−2 753. 52	−1 026. 87
其他业务收入	47 323 198. 37	16 322 615. 76
二、营业支出	459 490 589. 59	431 351 123. 46
营业税金及附加	59 877 141. 77	56 219 231. 03
业务及管理费	400 288 447. 82	377 831 892. 43
资产减值损失	−675 000. 00	−2 700 000. 00
其他业务成本	—	—
三、营业利润（亏损以"－"号填列）	756 152 015. 13	637 475 583. 47
加：营业外收入	48 623 548. 19	38 627 211. 79
减：营业外支出	81 501. 57	412 273. 22
四、利润总额（亏损总额以"－"号填列）	804 694 061. 75	675 690 522. 04
减：所得税费用	170 990 813. 15	134 589 656. 48
五、净利润（净亏损以"－"号填列）	633 703 248. 60	541 100 865. 56
归属于母公司所有者的净利润	574 867 895. 05	484 875 364. 07
※少数股东损益	58 835 353. 55	56 225 501. 49
六、每股收益：	—	—
（一）基本每股收益	—	—
（二）稀释每股收益	—	—
七、其他综合收益	110 796 837. 34	49 994 191. 68
（一）以后不能重分类进损益的其他综合收益	—	—
其中：1. 重新计量设定受益计划净负债或净资产的变动	—	—
2. 权益法下在被投资单位不能重分类进损益的其他综合收益中享有的份额	—	—
（二）以后将重分类进损益的其他综合收益	103 013 947. 77	52 569 633. 56
其中：1. 权益法下在被投资单位以后将重分类进损益的其他综合收益中享有的份额	—	—
2. 可供出售金融资产公允价值变动损益	103 082 037. 00	52 702 247. 37
3. 持有至到期投资重分类为可供出售金融资产损益	—	—
4. 外币财务报表折算差额	−68 089. 23	−132 613. 81
归属于少数股东的其他综合收益的税后净额	7 782 889. 57	−2 575 441. 88
八、综合收益总额	744 500 085. 94	591 095 057. 24
其中：归属于母公司所有者的综合收益总额	677 881 842. 82	537 444 997. 63
※归属于少数股东的综合收益总额	66 618 243. 12	53 650 059. 61

5.1.4 所有者权益变动表

所有者权益变动表(母公司)

2014 年度

编制单位:国投信托有限公司　　　　单位:元

项目	本年金额						
	归属于母公司所有者权益						所有者权益合计
	实收资本(或股本)	资本公积	其他综合收益	盈余公积	一般风险准备	未分配利润	
一、上年末余额	1 204 800 000.00	266 549 884.69	-30 849 357.07	186 572 870.87	126 890 432.43	965 320 851.12	2 719 284 682.04
加:会计政策变更	—	—	—	—	—	—	—
前期差错更正	—	—	—	—	—	—	—
其他	—	—	—	—	—	—	—
二、本年初余额	1 204 800 000.00	266 549 884.69	-30 849 357.07	186 572 870.87	126 890 432.43	965 320 851.12	2 719 284 682.04
三、本期增减变动金额(减少以"-"号填列)	985 745 454.00	1 247 466 755.62	93 792 211.82	50 953 493.28	56 157 827.27	402 423 612.29	2 836 539 354.28
(一)综合收益总额			93 792 211.82			509 534 932.84	603 327 144.66
(二)所有者投入和减少资本	985 745 454.00	1 247 466 755.62	—	—	—	—	2 233 212 209.62
1. 所有者投入的普通股	985 745 454.00	1 247 466 755.62	—	—	—	—	2 233 212 209.62
2. 其他权益工具持有者投入资本	—	—	—	—	—	—	—
3. 股份支付计入所有者权益的金额	—	—	—	—	—	—	—
4. 其他	—	—	—	—	—	—	—
(三)专项储备提取和使用	—	—	—	—	—	—	—
1. 提取专项储备	—	—	—	—	—	—	—
2. 使用专项储备	—	—	—	—	—	—	—
(四)利润分配	—	—	—	50 953 493.28	56 157 827.27	-107 111 320.55	
1. 提取盈余公积	—	—	—	50 953 493.28	—	-50 953 493.28	—
其中:法定公积金	—	—	—	50 953 493.28	—	-50 953 493.28	—
任意公积金	—	—	—	—	—	—	—
储备基金	—	—	—	—	—	—	—
企业发展基金	—	—	—	—	—	—	—
利润归还投资	—	—	—	—	—	—	—
2. 提取一般风险准备	—	—	—	—	56 157 827.27	-56 157 827.27	—
3. 对所有者(或股东)的分配	—	—	—	—	—	—	—
4. 其他	—	—	—	—	—		—
(五)所有者权益内部结转	—	—	—	—	—	—	—
1. 资本公积转增资本(或股本)	—	—	—	—	—	—	—
2. 盈余公积转增资本(或股本)	—	—	—	—	—	—	—
3. 盈余公积弥补亏损	—	—	—	—	—	—	—
4. 结转重新计量设定受益计划净资产或净负债所产生的变动	—	—	—	—	—	—	—
5. 其他	—	—	—	—	—	—	—
四、本年末余额	2 190 545 454.00	1 514 016 640.31	62 942 854.75	237 526 364.15	183 048 259.70	1 367 744 463.41	5 555 824 036.32

编制单位:国投信托有限公司　　　　2014 年度　　　　单位:元

项　目	上年金额						
	归属于母公司所有者权益						所有者权益合计
	实收资本(或股本)	资本公积	其他综合收益	盈余公积	一般风险准备	未分配利润	
一、上年末余额	1 204 800 000. 00	182 624 798. 44	—	147 320 626. 64	107 170 117. 78	631 770 967. 69	2 273 686 510. 55
加:会计政策变更	—	83 925 086. 25	-83 925 086. 25	—	—	—	—
前期差错更正	—	—	—	—	—	—	—
其他	—	—	—	—	—	—	—
二、本年初余额	1 204 800 000. 00	266 549 884. 69	-83 925 086. 25	147 320 626. 64	107 170 117. 78	631 770 967. 69	2 273 686 510. 55
三、本期增减变动金额(减少以"-"号填列)	—	—	53 075 729. 18	39 252 244. 23	19 720 314. 65	333 549 883. 43	445 598 171. 49
(一)综合收益总额	—	—	53 075 729. 18	—	—	392 522 442. 31	445 598 171. 49
(二)所有者投入和减少资本	—	—	—	—	—	—	—
1. 所有者投入的普通股	—	—	—	—	—	—	—
2. 其他权益工具持有者投入资本	—	—	—		—	—	—
3. 股份支付计入所有者权益的金额	—	—		—	—	—	—
4. 其他	—	—	—	—	—	—	—
(三)专项储备提取和使用	—	—	—	—	—	—	—
1. 提取专项储备	—	—	—	—	—	—	—
2. 使用专项储备	—	—	—	—	—	—	—
(四)利润分配	—	—	—	39 252 244. 23	19 720 314. 65	-58 972 558. 88	—
1. 提取盈余公积	—	—	—	39 252 244. 23	—	-39 252 244. 23	—
其中:法定公积金	—	—	—	39 252 244. 23	—	-39 252 244. 23	—
任意公积金	—	—	—	—	—	—	—
储备基金	—	—	—	—	—	—	—
企业发展基金	—	—	—	—	—	—	—
利润归还投资	—	—	—	—	—	—	—
2. 提取一般风险准备	—	—	—	—	19 720 314. 65	-19 720 314. 65	—
3. 对所有者(或股东)的分配	—	—	—	—	—	—	—
4. 其他	—	—	—	—	—	—	—
(五)所有者权益内部结转	—	—	—	—	—	—	—
1. 资本公积转增资本(或股本)	—	—	—	—	—	—	—
2. 盈余公积转增资本(或股本)	—	—	—	—	—	—	—
3. 盈余公积弥补亏损	—	—	—	—	—	—	—
4. 结转重新计量设定受益计划净资产或净负债所产生的变动	—	—	—	—	—	—	—
5. 其他	—	—	—	—	—	—	—
四、本年末余额	1 204 800 000. 00	266 549 884. 69	-30 849 357. 07	186 572 870. 87	126 890 432. 43	965 320 851. 12	2 719 284 682. 04

所有者权益变动表（母子公司合并）

编制单位：国投信托有限公司　　2014 年度　　单位：元

项　目	本年金额								
	归属于母公司所有者权益							少数股东权益	所有者权益合计
	实收资本（或股本）	资本公积	其他综合收益	盈余公积	一般风险准备	未分配利润	小计		
一、上年末余额	1 204 800 000. 00	266 549 884. 69	−31 142 249. 32	186 572 870. 87	277 393 102. 91	1 000 949 336. 59	2 905 122 945. 74	257 154 986. 41	3 162 277 932. 15
加：会计政策变更	—	—	—	—	—	—	—	—	—
前期差错更正	—	—	—	—	—	—	—	—	—
其他	—	—	—	—	—	—	—	—	—
二、本年初余额	1 204 800 000. 00	266 549 884. 69	−31 142 249. 32	186 572 870. 87	277 393 102. 91	1 000 949 336. 59	2 905 122 945. 74	257 154 986. 41	3 162 277 932. 15
三、本期增减变动金额（减少以“ − ”号填列）	985 745 454. 00	1 247 466 755. 62	103 013 947. 77	50 953 493. 28	77 912 376. 28	446 002 025. 49	2 911 094 052. 44	33 302 463. 26	2 944 396 515. 70
（一）综合收益总额	—	—	103 013 947. 77	—	—	574 867 895. 05	677 881 842. 82	66 618 243. 12	744 500 085. 94
（二）所有者投入和减少资本	985 745 454. 00	1 247 466 755. 62	—	—	—	—	2 233 212 209. 62	—	2 233 212 209. 62
1. 所有者投入的普通股	985 745 454. 00	1 247 466 755. 62	—	—	—	—	2 233 212 209. 62	—	2 233 212 209. 62
2. 其他权益工具持有者投入资本	—	—	—	—	—	—	—	—	—
3. 股份支付计入所有者权益的金额	—	—	—	—	—	—	—	—	—
4. 其他	—	—	—	—	—	—	—	—	—
（三）专项储备提取和使用	—	—	—	—	—	—	—	—	—
1. 提取专项储备	—	—	—	—	—	—	—	—	—
2. 使用专项储备	—	—	—	—	—	—	—	—	—
（四）利润分配	—	—	—	50 953 493. 28	77 912 376. 28	−128 865 869. 56	—	−33 315 779. 86	−33 315 779. 86
1. 提取盈余公积	—	—	—	50 953 493. 28	—	−50 953 493. 28	—	—	—
其中：法定公积金	—	—	—	50 953 493. 28	—	−50 953 493. 28	—	—	—
任意公积金	—	—	—	—	—	—	—	—	—
储备基金	—	—	—	—	—	—	—	—	—
企业发展基金	—	—	—	—	—	—	—	—	—
利润归还投资	—	—	—	—	—	—	—	—	—
2. 提取一般风险准备	—	—	—		77 912 376. 28	−77 912 376. 28	—	—	—
3. 对所有者（或股东）的分配	—	—	—	—	—	—	—	−33 315 779. 86	−33 315 779. 86
4. 其他	—	—	—	—	—	—	—	—	—
（五）所有者权益内部结转	—	—	—	—	—	—	—	—	—
1. 资本公积转增资本（或股本）	—	—	—	—	—	—	—	—	—
2. 盈余公积转增资本（或股本）	—	—	—	—	—	—	—	—	—
3. 盈余公积弥补亏损	—	—	—	—	—	—	—	—	—
4. 结转重新计量设定受益计划净资产或净负债所产生的变动	—	—	—	—	—	—	—	—	—
5. 其他	—	—	—	—	—	—	—	—	—
四、本年末余额	2 190 545 454. 00	1 514 016 640. 31	71 871 698. 45	237 526 364. 15	355 305 479. 19	1 446 951 362. 08	5 816 216 998. 18	290 457 449. 67	6 106 674 447. 85

编制单位：国投信托有限公司　　2014 年度　　单位：元

项　目	上年金额									
	归属于母公司所有者权益								少数股东权益	所有者权益合计
	实收资本（或股本）	资本公积	其他综合收益	盈余公积	一般风险准备	未分配利润	其他	小计		
一、上年末余额	1 204 800 000.00	182 883 710.78	—	147 320 626.64	235 530 061.19	707 507 343.86	-45 708.97	2 477 996 033.50	237 055 188.34	2 715 051 221.84
加：会计政策变更	—	83 666 173.91	-83 711 882.88	—	—	-110 318 085.39	45 708.97	-110 318 085.39	—	-110 318 085.39
前期差错更正	—	—	—	—	—	—	—	—	—	—
其他	—	—	—	—	—	—	—	—	—	—
二、本年初余额	1 204 800 000.00	266 549 884.69	-83 711 882.88	147 320 626.64	235 530 061.19	597 189 258.47	—	2 367 677 948.11	237 055 188.34	2 604 733 136.45
三、本期增减变动金额（减少以“－”号填列）	—	—	52 569 633.56	39 252 244.23	41 863 041.72	403 760 078.12	—	537 444 997.63	20 099 798.07	557 544 795.70
（一）综合收益总额	—	—	52 569 633.56	—	—	484 875 364.07	—	537 444 997.63	53 650 059.61	591 095 057.24
（二）所有者投入和减少资本	—	—	—	—	—	—	—	—	—	—
1. 所有者投入的普通股	—	—	—	—	—	—	—	—	—	—
2. 其他权益工具持有者投入资本	—	—	—	—	—	—	—	—	—	—
3. 股份支付计入所有者权益的金额	—	—	—	—	—	—	—	—	—	—
4. 其他	—	—	—	—	—	—	—	—	—	—
（三）专项储备提取和使用	—	—	—	—	—	—	—	—	—	—
1. 提取专项储备	—	—	—	—	—	—	—	—	—	—
2. 使用专项储备	—	—	—	—	—	—	—	—	—	—
（四）利润分配	—	—	—	39 252 244.23	41 863 041.72	-81 115 285.95	—	—	-33 550 261.54	-33 550 261.54
1. 提取盈余公积	—	—	—	39 252 244.23	—	-39 252 244.23	—	—	—	—
其中：法定公积金	—	—	—	39 252 244.23	—	-39 252 244.23	—	—	—	—
任意公积金	—	—	—	—	—	—	—	—	—	—
储备基金	—	—	—	—	—	—	—	—	—	—
企业发展基金	—	—	—	—	—	—	—	—	—	—
利润归还投资	—	—	—	—	—	—	—	—	—	—
2. 提取一般风险准备	—	—	—	—	41 863 041.72	-41 863 041.72	—	—	—	—
3. 对所有者（或股东）的分配	—	—	—	—	—	—	—	—	-33 550 261.54	-33 550 261.54
4. 其他	—	—	—	—	—	—	—	—	—	—
（五）所有者权益内部结转	—	—	—	—	—	—	—	—	—	—
1. 资本公积转增资本（或股本）	—	—	—	—	—	—	—	—	—	—
2. 盈余公积转增资本（或股本）	—	—	—	—	—	—	—	—	—	—
3. 盈余公积弥补亏损	—	—	—	—	—	—	—	—	—	—
4. 结转重新计量设定受益计划净资产或净负债所产生的变动	—	—	—	—	—	—	—	—	—	—
5. 其他	—	—	—	—	—	—	—	—	—	—
四、本年末余额	1 204 800 000.00	266 549 884.69	-31 142 249.32	186 572 870.87	277 393 102.91	1 000 949 336.59	—	2 905 122 945.74	257 154 986.41	3 162 277 932.15

5.2 信托资产

5.2.1 信托项目资产负债汇总表

信托项目资产负债表

编制单位:国投信托有限公司　　2014 年 12 月 31 日　　单位:万元

信托资产	期末数	期初数	信托负债和信托权益	期末数	期初数
信托资产:			信托负债:		
货币资金	29 466.59	28 889.23	交易性金融负债		
拆出资金			衍生金融负债		
存出保证金	1.03	1.03	应付受托人报酬	219.24	953.75
交易性金融资产	27 708.30	375 034.99	应付托管费	51.82	327.05
衍生金融资产			应付受益人收益	1 873.14	55.89
买入返售金融资产	67 020.17	56 670.19	应交税费		
应收款项	57 487.02	3 399 578.02	应付销售服务费		145.31
发放贷款	11 030 933.81	10 366 688.88	其他应付款项	1 773.25	2 510.27
可供出售金融资产	700 519.05	1 336 078.16	预计负债		
持有至到期投资	405 472.55	325 000.00	其他负债		
长期应收款			信托负债合计	3 917.46	3 992.27
长期股权投资	1 038 020.00	1 165 020.00			
投资性房地产			信托权益:		
固定资产			实收信托	14 629 084.47	18 378 810.27
无形资产			资本公积		0
长期待摊费用			损益平准金		0
其他资产	1 306 774.71	1 409 329.62	未分配利润	30 401.30	79 487.58
减:各项资产减值准备			信托权益合计	14 659 485.76	18 458 297.85
信托资产总计	14 663 403.23	18 462 290.12	信托负债及信托权益总计	14 663 403.23	18 462 290.12

5.2.2 信托项目利润及利润分配汇总表

信托项目利润及利润分配表

2014 年度

编制单位:国投信托有限公司　　单位:万元

项目	本年累计数	上年累计数
1. 营业收入	1 468 919.49	1 237 678.24
1.1 利息收入	1 102 826.17	980 996.21
1.2 投资收益(损失以"-"号填列)	420 672.14	181 793.58
1.2.1 其中:对联营企业和合营企业的投资收益		
1.3 公允价值变动收益(损失以"-"号填列)	-55 165.50	57 471.03
1.4 租赁收入		
1.5 汇兑损益(损失以"-"号填列)		
1.6 其他收入	586.68	17 417.42
2. 支出	125 594.58	151 433.75
2.1 营业税金及附加		
2.2 受托人报酬	48 864.22	43 110.15
2.3 托管费	18 688.31	25 391.76
2.4 投资管理费	68.20	126.78
2.5 销售服务费		2 117.30
2.6 交易费用	441.09	420.01
2.7 资产减值损失		
2.8 其他费用	57 532.77	80 267.75
3. 信托净利润(净亏损以"-"号填列)	1 343 324.90	1 086 244.49
4. 其他综合收益		
5. 综合收益	1 343 324.90	1 086 244.49

续表

项目	本年累计数	上年累计数
6. 加:期初未分配信托利润	79 487.58	11 259.74
7. 可供分配的信托利润	1 422 812.48	1 097 504.23
8. 减:本期已分配信托利润	1 392 411.18	1 018 016.65
9. 期末未分配信托利润	30 401.30	79 487.58

6. 会计报表附注

6.1 简要说明报告年度会计报表编制基准、会计政策、会计估计和核算方法发生的变化

本公司2014 年度较之2013 年度,会计政策变更:(1)根据《企业会计准则第2 号——长期股权投资》(修订)将本公司对被投资单位不具有共同控制或重大影响,并且在活跃市场中没有报价、公允价值不能可靠计量的投资从长期股权投资中分类至可供出售金融资产核算,并进行了追溯调整。(2)本期同一控制下企业合并的调整为,新增加管理人和投资人均为本公司的信托计划的结构化主体。除此之外,本公司会计估计和核算方法未发生变化。

6.2 或有事项说明

截至 2014 年 12 月 31 日,本公司无其他重大或有事项。

6.3 重要资产转让及其出售的说明

截至报告日,公司无需要披露的重要资产转让及其出售

事项。

6.4 会计报表中重要项目的明细资料

6.4.1 自营资产经营情况

6.4.1.1 信用风险资产分类

信用风险资产五级分类	正常类（万元）	关注类（万元）	次级类（万元）	可疑类（万元）	损失类（万元）	信用风险资产合计（万元）	不良资产合计（万元）	不良率（%）
期初数	10 660. 84	—	—	—	—	10 660. 84	—	—
期末数	226 861. 63	—	—	—	—	226 861. 63	—	—

注：不良资产合计＝次级类＋可疑类＋损失类。

6.4.1.2 各项资产减值损失准备

单位：万元

	期初数	本期计提	本期转回	本期核销	期末数
贷款损失准备	67. 50	－67. 50	—	—	—
一般准备	67. 50	－67. 50	—	—	—
专项准备	—	—	—	—	—
其他资产减值准备	—	—	—	—	—
可供出售金融资产减值准备	—	—	—	—	—
持有至到期投资减值准备	—	—	—	—	—
长期股权投资减值准备	—	—	—	—	—
坏账准备	—	—	—	—	—
投资性房地产减值准备	—	—	—	—	—

6.4.1.3 固有财产业务投资品种明细

单位：万元

	自营股票	基金	债券	长期股权投资	其他投资	合计
期初数	—	25 034. 64	—	80 860. 09	162 969. 84	268 864. 57
期末数	—	54 401. 28	—	11 100. 00	359 555. 63	425 056. 91

6.4.1.4 前三名的自营长期股权投资情况

企业名称	占被投资企业权益的比例（%）	主要经营活动	投资收益（万元）
国投瑞银基金管理有限公司	51. 00	基金管理	3 467. 56

6.4.1.5 前三名的自营贷款的企业情况

企业名称	占贷款总额的比例（%）	还款情况
北京唯度恒易科技发展有限公司	100	已于2014年6月到期归还

6.4.1.6 表外业务情况

单位：万元

表外业务	期初数	期末数
担保业务	0	0
代理业务（委托业务）	0	0
其他	0	0
合计	0	0

6.4.1.7 公司当年的收入结构

收入结构	母公司		母子合并	
	金额（万元）	占比（%）	金额（万元）	占比（%）
手续费及佣金收入	55 059. 23	68. 20	88 076. 10	69. 67
利息收入	376. 07	0. 47	3 971. 22	3. 14
其他业务收入	567	0. 70	4 732. 32	3. 74
投资收益	24 529. 04	30. 38	24 785. 71	19. 60
其中：股权投资收益	3 467. 56	9. 44		
证券投资收益	—	—		
其他投资收益	21 061. 48	20. 94	24 785. 71	19. 60
公允价值变动收益	—	—	－0. 81	0. 00
汇兑收益	—	—	－0. 28	0. 00
营业外收入	200. 58	0. 25	4 862. 35	3. 85
收入合计	80 731. 92	100	126 426. 61	100

6.4.2 信托财产管理情况

6.4.2.1 信托资产的期初数、期末数

单位：万元

信托资产	期初数	期末数
集合	1 264 413. 97	993 646. 45
单一	15 787 250. 71	12 478 188. 29
财产权	1 410 625. 44	1191 568. 49
合计	18 462 290. 12	14 663 403. 23

6.4.2.1.1 主动管理型信托业务的信托资产

单位：万元

主动管理型信托资产	期初数	期末数
证券投资类	68 159. 49	82 772. 57
股权投资类	634 665. 29	361 279. 15
融资类	14 687 391. 61	8 577 336. 40
财产管理类	1 410 625. 42	1 080 835. 24
其他	127 655. 33	99 600. 20
合计	16 928 497. 14	10 201 823. 56

6.4.2.1.2 被动管理型信托业务的信托资产

单位：万元

被动管理型信托资产	期初数	期末数
证券投资类	855 597. 54	551 899. 54
股权投资类	600 001. 74	693 001. 72
融资类	44 381. 15	3 072 201. 43
财产管理类	0	110 752. 93
其他	33 812. 55	33 724. 05
合计	1 533 792. 98	4 461 579. 67

6.4.2.2 本年度已清算结束的信托项目

6.4.2.2.1 本年度已清算结束的集合类、单一类资金信托项目和财产管理类信托项目

已清算结束信托项目	项目个数（个）	实收信托合计金额（万元）	加权平均实际年化收益率（%）
集合类	14	509 760. 00	33. 97
单一类	270	7 544 125. 56	6. 28
财产管理类	29	549 332. 74	2. 27

6.4.2.2.2 本年度已清算结束的主动管理型信托项目

已清算结束信托项目	项目个数（个）	实收信托合计金额（万元）	加权平均实际年化信托报酬率(%)	加权平均实际年化收益率(%)
证券投资类	0	0.00	0.00	0.00
股权投资类	1	90 000.00	0.05	2.50
融资类	276	7 423 027.56	0.26	6.53
财产管理类	6	308 146.10	0.17	0.00
其他	2	47 527.64	0.27	5.48

6.4.2.2.3 本年度已清算结束的被动管理型信托项目

已清算结束信托项目	项目个数（个）	实收信托合计金额（万元）	加权平均实际年化信托报酬率(%)	加权平均实际年化收益率(%)
证券投资类	6	514 858.00	0.19	31.26
股权投资类	0	0.00	0.00	0.00
融资类	0	0.00	0.00	0.00
财产管理类	22	219 659.00	0.07	5.51
其他	0	0.00	0.00	0.00

6.4.2.3 本年度新增集合类、单一类和财产管理类信托项目

新增信托项目	项目个数(个)	实收信托合计金额(万元)
集合类	8	261 950.00
单一类	215	7 430 243.32
财产管理类	28	339 159.00
新增合计	251	8 031 352.32
其中:主动管理型	112	3 902 759.00
被动管理型	139	4 128 593.32

6.4.2.4 信托业务创新成果和特色业务有关情况

2014年，公司继续关注艺术品信托等创新领域，持续探索此类业务。“国投飞龙艺术品基金”系列、“国投信托影视文化产业基金(一期)集合资金信托计划”等产品正常平稳运行。另外，重点推动公益信托项目，“员工爱心基金”慈善公益项目成立，并与上海真爱梦想基金会合作，捐建了6家公司冠名的梦想中心，累计捐款金额75万元。公益信托项目已经向民政部门、监管机关提交了相关材料。

6.4.2.5 本公司履行受托人义务情况及因本公司自身责任而导致的信托资产损失情况(合计金额、原因等)

公司严格按照《中华人民共和国信托法》、《信托公司管理办法》、《信托公司集合资金信托计划管理办法》等法律法规的规定及信托合同等文件的约定，诚实、信用、谨慎、有效地管理信托财产，严格履行受托人的义务。报告期内公司没有发生因自身责任而导致的信托资产损失情况。

6.4.3 公司净资本及风险资本情况

截至2014年末，公司净资本为482 025.67万元 公司开展固有业务、信托业务等占用的风险资本为192 776.77万元，公司净资本高于各项风险资本之和，高于公司净资产的40%，符合《信托公司净资本管理办法》的风险控制指标。

6.5 关联方关系及其交易的披露

6.5.1 关联交易概况

	关联交易方数量	关联交易金额（万元）	定价政策
合计	14	405 050.72	本公司向关联方提供贷款、管理咨询服务等的交易价格由双方协商确定，与非关联方的交易价格并无重大差异；收取的信托项目手续费按照信托合同的约定确定。

6.5.2 关联交易方情况

关系性质	关联方名称	法定代表人	注册地址	注册资本(亿元)	主营业务
最终控制方	国家开发投资公司	王会生	北京市西城区阜成门北大街6－6号国际投资大厦A座	224.1	能源、交通、农业、科技、金融服务等行业投资及管理
母公司	国投资本控股有限公司	叶柏寿	北京市西城区阜成门北大街6－6号国际投资大厦A座	25	对外投资、资产管理、接受委托对企业进行管理、投资策划及咨询服务
子公司	国投瑞银基金管理有限公司	叶柏寿	上海市虹口区东大名路638号7层	1	基金募集、基金销售、资产管理
受同一最终控制方控制的其他企业	北京亚华房地产开发有限责任公司	马居利	北京市西城区阜成门北大街6－6号国际投资大厦A栋309室	14	房地产开发、销售
受同一最终控制方控制的其他企业	国投物业有限责任公司	马居利	北京市西城区阜成门北大街6－6号国际投资大厦A栋315室	1	物业管理、房屋租赁、餐饮服务
受同一最终控制方控制的其他企业	国投亚华(上海)有限公司	涂　璟	上海市虹口区飞虹路360弄9号3630室	6	投资管理、房地产开发、物业管理、会展服务
受同一最终控制方控制的其他企业	国投高科技投资有限公司	郝建	北京市西城区阜成门北大街6－6号国际投资大厦	6.4	高新技术创业投资及咨询
受同一最终控制方控制的其他企业	国投财务有限公司	兰如达	北京市西城区西直门南小街147号9层	20	集团资金管理
受同一最终控制方控制的其他企业	国投电力控股股份有限公司	胡刚	甘肃省兰州市城关区张苏滩575号	67.86	投资建设、经营管理以电力生产为主的能源项目
受同一最终控制方控制的其他企业	国投资产管理公司	刘良	北京市西城区西直门南小街147号16层	6.5	资产管理

续表

关系性质	关联方名称	法定代表人	注册地址	注册资本(亿元)	主营业务
受同一最终控制方控制的其他企业	中国投融资担保有限公司	黄炎勋	北京市海淀区西三环北路100号北京金玉大厦写字楼9层	45	融资性担保业务
受同一最终控制方控制的其他企业	国投湄洲湾港口有限公司	白刚	莆田市城厢区龙桥石顶小区	7.4845	港口及基础设施、配套项目的开发与经营管理
受同一最终控制方控制的其他企业	天津国投津能发电有限公司	胡刚	天津市滨海新区汉沽汉南路266号	22	火电开发和经营管理
受同一最终控制方控制的其他企业	雅砻江流域水电开发有限公司	王会生	四川省成都市成华区双林路288号	161	雅砻江流域水电站开发、建设、经营管理和电力销售,从事为水电行业服务的咨询、物业等相关业务

6.5.3 本公司与关联方的重大交易事项

6.5.3.1 固有财产与关联方交易情况

单位:万元

固有财产与关联方关联交易				
	期初数	借方发生额	贷方发生额	期末数
贷款	0	0	0	0
投资	54 400.00	102 500.00	4 887.35	156 900.00
租赁	0	1 045.10	–	0
担保	0	0	0	0
应收账款	0	0	0	0
其他	0.13	482.30	35.97	232.45
合计	54 400.13	104 027.40	4 923.32	157 132.45

6.5.3.2 信托与关联方交易情况

单位:万元

信托与关联方关联交易				
	期初数	借方发生额	贷方发生额	期末数
贷款	485 162.50	0.00	204 000.00	281 162.50
投资	0	0	0	0
租赁	0	0	0	0
担保	0	0	0	0
应收账款	0	0	0	0
其他	0	0	0	0
合计	485 162.50	0.00	204 000.00	281 162.50

6.5.3.3 信托公司自有资金运用于自己管理的信托项目(固信交易)、信托公司管理的信托项目之间的相互(信信交易)交易金额

6.5.3.3.1 固有财产与信托财产之间的交易

单位:万元

固有财产与信托财产相互交易				
	期初数	借方发生额	贷方发生额	期末数
合计	84 739.10	51 500.00	40 600.00	95 639.10

6.5.3.3.2 信托项目之间的交易

单位:万元

信托资产与信托财产相互交易				
	期初数	借方发生额	贷方发生额	期末数
合计	0	0	0	0

6.5.4 报告期无关联方逾期未偿还本公司资金,无为关联方担保发生或即将发生垫款的情况

6.6 会计制度的披露

报告期内,公司固有财产及信托业务均执行财政部颁布的《企业会计准则——基本准则》和陆续颁布的各项具体会计准则、企业会计准则应用指南、企业会计准则解释及其他相关规定。

7. 财务情况说明书

7.1 利润实现和分配情况

母公司口径:公司累计实现利润总额64 273.56万元,较上年同期增加15 658.99万元,增幅为32.21%。实现净利润50 953.49万元,较上年同期增加11 701.25万元,增幅为29.81%。按相关法规及公司章程提取盈余公积5 095.35万元,提取一般准备金5 615.78万元。

合并口径:公司累计实现利润总额80 469.41万元,较上年同期增加12 900.35万元,增幅为19.09%。实现净利润63 370.32万元,较上年同期增加9 260.24万元,增幅为17.11%。按相关法规及公司章程提取盈余公积5 095.35万元,提取一般准备金7 791.24万元。

7.2 主要财务指标

指标名称	指标值(母公司)	指标值(母子公司合并)
资本利润率(%)	12.31	13.67
加权年化信托报酬率(%)	0.25	0.25
人均净利润(万元)	407.63	232.13

7.3 对本公司财务状况、经营成果有重大影响的其他事项

报告期内无对本公司财务状况、经营成果有重大影响的其他事项。

8. 特别事项揭示

8.1 前五名股东报告期内变动情况及原因

报告期内,公司股东未发生变动。

8.2 董事、监事及高级管理人员变动情况及原因

报告期内，公司董事、监事及高级管理人员未发生变动。

8.3 公司的重大未决诉讼事项

截至2014年末，公司重大未决诉讼案件1件，涉案时间为2012年8月，涉案金额700万元，起诉人为沈阳万鹏投资有限责任公司。

沈阳万鹏投资有限责任公司（以下简称万鹏公司）收购了对沈阳市经济技术协作开发总公司（以下简称经济总公司）的本金为700万元的债权后，以经济总公司未清算被吊销营业执照为由，在沈阳市沈河区法院起诉了经济总公司的7家股东中的6家，要求这6家股东承担赔偿责任。被诉的6家股东以公司为经济总公司股东之一为由，向法院申请追加公司为第三人。法院已同意追加，并通知公司出庭应诉，后公司被确定追加为被告之一。后该案移交沈阳市中级人民法院一审审理。2014年4月底，沈阳市中级人民法院作出一审判决，判决所有被告连带偿还700万元。公司于2014年5月初向辽宁省高级人民法院提起上诉。现辽宁省高级人民法院已开庭审理该案，但尚未作出判决。

由于公司于2005年已将持有的经济总公司股权转让给沈阳弘泰，且该股权所占经济总公司全部股权比例不足5%，所以公司实际承担赔偿责任的可能性较小。

8.4 对会计师事务所出具的有保留意见、否定意见或无法表示意见的审计报告的，公司董事会应就所涉及事项作出说明

会计师事务所出具了无保留意见审计报告。

8.5 公司及其董事、监事和高级管理人员受到处罚的情况

报告期内，公司未发现公司及其董事、监事和高级管理人员受到处罚的信息。

8.6 银监会及其派出机构对公司检查后提出整改意见的，应简单说明整改情况

2014年3月4日至21日，中国银行业监督管理委员会北京监管局对公司一年内到期的全部集合信托项目和部分单一信托项目的兑付风险及合规情况，以及部分融资性担保贷款的风险和管理情况进行了现场检查，提出整改建议，公司高度重视监管意见，逐条整改落实，并及时报送了整改报告。

8.7 本年度重大事项临时报告的简要内容、披露时间、所披露的媒体及其版面

无。

8.8 银监会及其省级派出机构认定的其他有必要让客户及相关利益人了解的重要信息

无。

9. 公司监事会意见

公司2014年度的经营和运作，符合法律规范和监管部门的要求，完成了各项年度经营指标和重点工作；公司各位董事、高级管理人员在执行公司职务时能够恪尽职守，围绕股东会确定的年度目标审慎经营、规范运作，各项决策程序合法有效。根据立信会计师事务所于2015年1月20日出具的信会师报字［2015］第720121号、第720122号审计报告，公司财务报告客观真实地反映了公司财务状况及经营成果。根据公司2014年度内部审计工作情况报告，监事会未发现公司存在违法、违规和损害股东、客户利益的行为，也未发现公司和客户财产损失的问题。

10. 公司履行社会责任情况

2014年，公司认真遵守《信托公司社会责任公约》，积极履行社会责任，树立了良好的社会形象，在金融行业年度评选活动中获得“最佳社会责任奖”。

公司秉承“为客户、为股东、为员工、为社会”的宗旨，依法合规稳健展业，全面完成年度经营指标，不良资产率保持为零。在业务开展过程中，公司践行普惠金融理念，有效发挥信托助力实体经济发展的功能，通过支持“三农”、“保障房”等项目，主动投身民生改善；积极探索公益信托，成立员工爱心公益信托，热心参与社会慈善事业。在经营过程中，公司高度注重风险管控，依照诚实、信用、谨慎、有效的原则，审慎管理信托资产，切实维护客户权益，年度内所有到期项目均实现正常兑付，存续项目运转良好；同时，通过创建国投财富APP客户端，健全客户服务体系；持续完善客户投诉受理机制，公司全年未发生客户投诉举报事件。公司重视和保护员工合法权益，定期组织职业培训，关心员工成长。公司还按照监管部门要求，积极有效开展反洗钱、治理商业贿赂和案件防控工作，为维护社会安定和金融秩序作出努力。

杭州工商信托股份有限公司

1. 重要提示

1.1 本报告根据中国银行业监督管理委员会的有关规定编制。本公司董事会及董事保证本报告所载资料不存在任何虚假记载、误导性陈述或者重大遗漏,并对其内容的真实性、准确性和完整性承担个别及连带责任。本年度报告摘要摘自年度报告全文,客户及相关利益人欲了解详细内容,应阅读年度报告全文。

1.2 独立董事 Andrew Gordon Williamson 先生、秦永忠先生、金雪军先生认为本年度报告内容是真实、准确、完整的。

1.3 公司总裁丁建萍先生、主管会计工作负责人康波女士及会计主管人员吴庆元先生声明:保证年度报告中财务报告的真实、完整。

2. 公司概况

2.1 公司简介

2.1.1 公司法定中文名称:杭州工商信托股份有限公司
公司法定英文名称:Hangzhou Industrial & Commercial Trust Co.,Ltd.

2.1.2 法定代表人:虞利明

2.1.3 注册地址:浙江省杭州市江干区迪凯国际中心41层

2.1.4 邮政编码:310016

2.1.5 公司国际互联网网址:www.hztrust.com

2.1.6 电子信箱:hztrust@hztrust.com

2.1.7 信息披露事务负责人:张 锐
联系电话/传真:0571-87213936
电子信箱:zhangrui@hztrust.com

2.1.8 公司选定的信息披露报纸名称:《证券时报》

2.1.9 公司年度报告备置地点:浙江省杭州市江干区迪凯国际中心41层

2.1.10 公司聘请的会计师事务所名称:德勤华永会计师事务所(特殊普通合伙)
住所:上海市延安东路222号外滩中心30楼

2.1.11 公司聘请的律师事务所名称:浙江天册律师事务所
住所:浙江省杭州市杭大路1号黄龙世纪广场A座11楼

2.2 组织结构

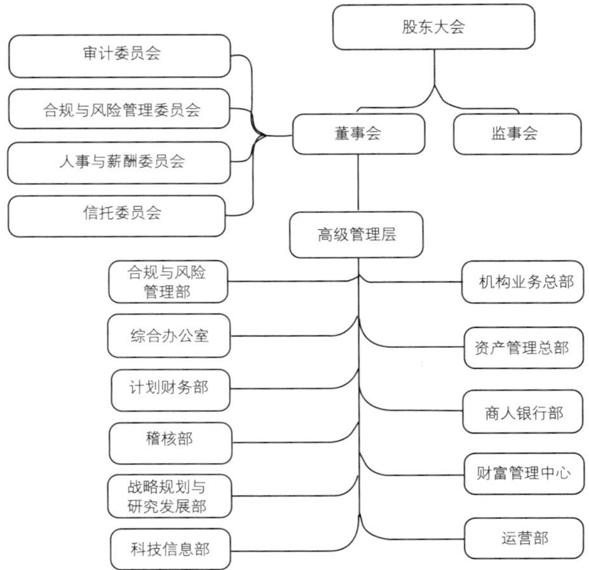

3. 公司治理

3.1 股东

公司前三位股东情况:

股东名称	出资比例(%)	法人代表	注册资本	注册地址	主要经营业务及主要财务情况
杭州市金融投资集团有限公司	57.992	张锦铭	人民币50亿元	杭州市上城区庆春路155号中财发展大厦12楼	市政府授权范围内的国有资产经营,市政府及有关部门委托经营的资产。2014年末净资产为78.07亿元,净利润为3.89亿元。
摩根士丹利国际控股公司	19.9	Harvey B. Mogenson	授权资本:普通股A已授权1 000股每股面额0.01美元 共10美元;普通股B已授权11 000股每股面额0.01美元共110美元;特别股已授权15 000股每股面额0.01美元共150美元;A类累积可赎回特别股已授权10 000股每股面额0.01美元共100美元	c/o The Corporation Trust Company Corporation Trust Center 1209 Orange Street Wilmington, DE 19801 U.S.A.	摩根士丹利国际控股公司为控股公司,是摩根士丹利美国境外子公司的主要股东;摩根士丹利是摩根士丹利国际控股公司的母公司。摩根士丹利是一家国际性金融服务公司,业务范围涵盖投资银行、证券、投资管理以及财富管理。 摩根士丹利国际控股公司财务信息: 2014年12月31日,总资产为363亿美元;总负债为58.3亿美元;净利润为16.1亿美元。
浙江新安化工集团股份有限公司	6.2625	季诚建	679 184 633元	浙江省建德市新安江镇	化工原料及产品、化工机械、农药、化肥、包装物的制造和经营。 2014年末净资产为47.16亿元,净利润为4 971.48万元。

3.2 董事

董事长、董事

姓名	职务	性别	年龄	选任日期	所推举的股东名称	该股东持股比例(%)	简要履历
虞利明	董事长	男	48	2014年10月	杭州市金融投资集团有限公司	57.992	曾任交通银行杭州分行党委委员、副行长,杭州市投资控股有限公司董事长、总经理,现任杭州市金融投资集团有限公司副董事长、总经理。
徐云鹤	董事	男	51	2014年10月	杭州市金融投资集团有限公司	57.992	曾任杭州市投资控股有限公司投资发展部经理、董事、副总经理,现任杭州市金融投资集团有限公司副总经理。
丁建萍	董事	男	49	2014年10月	杭州市金融投资集团有限公司	57.992	曾任海南万通集团有限公司咨讯事业部总经理、新加坡大洋企业有限公司副总经理、杭州市投资控股有限公司投资发展部经理、杭州工商信托股份有限公司执行总经理,现任杭州工商信托股份有限公司总裁、杭州市金融投资集团有限公司副总经理。
周宇	董事	男	34	2014年10月	杭州市金融投资集团有限公司	57.992	曾任华信邮电咨询设计研究院高级咨询师,现任杭州市金融投资集团有限公司金融投资事业部副总经理。
Carlos Alfonso, Oyarbide Seco	董事	男	56	2014年10月	摩根士丹利国际控股公司	19.9	曾任摩根士丹利(伦敦)董事总经理,摩根士丹利集团子公司首席执行官、首席运营官,现任摩根士丹利董事总经理/中国区首席运营官。
陈涛	董事	男	39	2014年10月	摩根士丹利国际控股公司	19.9	曾任花旗银行中国区风险管理部经理、副总裁及中国区商业银行业务授信审批部主管,富登金融控股中国中小企业业务风险管理部副总裁,法国兴业银行(中国)有限公司高级副总裁,现任杭州工商信托股份有限公司市场及发展总监。

独立董事

姓名	所在单位及职务	性别	年龄	选任日期	所推举的股东名称	该股东持股比例(%)	简要履历
Andrew Gordon Williamson	无	男	56	2014年10月	杭州市金融投资集团有限公司摩根士丹利国际控股公司	57.992 19.9	曾任Coopers & Lybrand(伦敦)审计主管、汇丰银行集团总部会计师、亚太地区首席会计师、香港会计和银行业的自聘顾问。
秦永忠	中信国安集团公司监事会主席	男	57	2014年10月	杭州市金融投资集团有限公司摩根士丹利国际控股公司	57.992 19.9	曾任中信国安总公司财务部经理,中信国安信息产业股份公司副总经理、董事总经理,中信国安集团公司董事、常务副总经理,现任中信国安集团公司监事会主席。
金雪军	浙江大学应用经济研究中心	男	56	2014年10月	杭州市金融投资集团有限公司摩根士丹利国际控股公司	57.992 19.9	曾任浙大金融研究所所长,浙江大学外经贸学院副院长兼经济与金融系主任、经济学院副院长兼金融系主任、金融学院院长;现任浙江大学特聘教授、金融学博士生导师、应用经济研究中心主任,浙江省高校财政金融学专业教学指导委员会主任,浙江省国际金融学会会长,浙江省政府咨询委员,中国金融学会常务理事,国家开发银行总行特聘专家,浙江省金融研究院学术委员会主任等。

3.3 监事

监事会成员

姓名	职务	性别	年龄	选任日期	所推举的股东名称	该股东持股比例(%)	简要履历
王伟	监事会主席	男	64	2014年10月	浙江新安化工集团股份有限公司	6.2625	曾任建德化工厂厂长、建德市经委副主任、建德市工业局局长、浙江新安化工集团股份有限公司董事长,现任浙江新安化工集团股份有限公司党委书记、名誉董事长。
金俊	监事	男	42	2014年10月	杭州市金融投资集团有限公司	57.992	曾任杭州康力食品有限公司财务科长,浙江中青审计师事务所注册会计师,浙江广厦建筑集团股份有限公司审计师,杭州市投资控股有限公司外派财务总监、财务管理部经理,杭州市金融投资集团有限公司财务管理部部长,现任杭州市金融投资集团有限公司财务管理部、资金管理部总经理。
包晓红	监事	女	47	2014年10月	职工监事	—	曾先后供职于中国工商银行杭州市分行营业部会计科、杭州工商信托股份有限公司计划财务部、稽核部,现任杭州工商信托股份有限公司稽核部负责人。

3.4 高级管理人员

姓名	职务	性别	年龄	选任日期	金融从业年限（年）	学历	专业
丁建萍	总裁	男	49	2014年10月	22	硕士	国际政治
陈涛	市场及发展总监	男	39	2014年10月	17	本科	国际贸易
张锐	行政总监	男	53	2014年10月	34	本科	经济管理
汪勇	投资运营总监	男	42	2014年10月	19	本科	会计学
叶大志	基金运营总监	男	41	2014年10月	11	本科	数理统计
林海滨	资产管理总监	男	38	2014年10月	9	硕士	工商管理
马晓涛	风险管理总监	男	45	2014年10月	27	硕士	EMBA
康波	财务总监	女	50	2014年10月	31	本科	经济管理

3.5 公司员工

报告期内，职工人数：152人；平均年龄：32.7岁。

学历分布比率：

学历	人数（人）	学历分布比例（%）
博士	2	1.3
硕士	71	46.7
本科	74	48.7
专科	4	2.6
其他	1	0.7

4. 经营管理

4.1 经营目标、方针、战略规划

4.1.1 经营目标

充分发挥和利用信托的制度与功能优势，打造优秀的资产管理团队，为客户提供持续的个性化的信托产品和金融服务，打造国内领先的、具有鲜明专业特色的信托资产管理机构。

4.1.2 经营方针

坚持逐步实施以组合投资为主的信托基金的业务模式转型，发展中长期产品，从“项目驱动”过渡到“产品驱动”、“客户驱动”，培养具持续性的客户基础，以强大的业务创新能力和内控机制为依托，打造以投资和投资管理为主的资产管理业务体系，拓展“基金化、中长期化、投资化、产品化”的业务体系，构建核心竞争力，为客户提供综合、灵活、创新的金融服务。

4.1.3 战略规划

建立以账户管理为核心的内部管理体系，构建健全的内控体系与资产管理框架，提高公司核心竞争力和风险管理能力，提升公司整体价值，合规经营，稳健发展。

4.2 经营业务的主要内容

4.2.1 经营业务、品种

4.2.1.1 公司业务主要分为信托业务和固有财产管理两大类

公司目前的信托业务主要包括：

（1）以组合投资管理为主要特征的资产管理业务，包括房地产投资信托等私募投资管理业务。

（2）以项目或企业融资为主的信托投行业务。

（3）事务管理类信托业务。

4.2.1.2 公司目前信托业务品种

公司目前信托业务品种主要有单一资金信托、集合资金信托。按运用方式分有投资类信托、融资类信托、组合投资管理类信托

4.2.2 资产组合与分布

自营资产运用与分布表

资产运用	金额（万元）	占比（%）	资产分布	金额（万元）	占比（%）
货币资产	42 083	20.72	基础产业	0	0.00
贷款及应收款	35 230	17.34	房地产业	9 950	4.90
交易性金融资产投资	0	0.00	证券市场	365	0.18
可供出售金融资产投资	89 920	44.26	实业	250	0.12
持有至到期投资	0	0.00	金融机构	42 083	20.72
长期股权投资	3 000	1.48	其他	150 501	74.08
其他	32 916	16.20			
资产总计	203 149	100	资产总计	203 149	100

信托资产运用与分布表

资产运用	金额（万元）	占比（%）	资产分布	金额（万元）	占比（%）
货币资产	17 342	0.61	基础产业	9 900	0.35
贷款	627 489	22.09	房地产业	2 366 433	83.31
交易性金融资产投资	0	0.00	证券市场	0	0.00
可供出售金融资产投资	0	0.00	实业	56 380	1.98
持有至到期投资	0	0.00	金融机构	224 537	7.90
长期股权投资	400 590	14.10	其他	183 410	6.46
其他	1 795 240	63.20			
信托资产总计	2 840 661	100.00	信托资产总计	2 840 661	100.00

4.3 市场分析

4.3.1 有利因素

我国经济发展进入“新常态”，在“新常态”下出现了新的机遇。经济结构转型、金融改革深化、混业经营趋势明显、监管政策日趋完善、资本市场改革开放加快推进，都为信托公司业务创新与业务转型带来了新的空间和机会。同时，信托投资进一步被公众所认识与接受，民众财富增长，也使得资产管理和信托投资的市场需求巨大。

本公司治理结构完善，内控机制健全，业务战略规划清晰，拥有一支经验丰富、专业敬业、合规意识强烈的经营管理团队。2014年，公司以服务受益人为己任，严控风险底线，把握发展机遇，深化业务转型，提升全面管理水平，积极发掘和培育新增长点，提高金融服务质量，构建公司的核心竞争力。公司历年

来稳健经营、开拓创新，市场形象良好。

4.3.2 不利因素

宏观经济增速放缓，实体经济进入结构调整的换挡期，房地产业步入转型调整期、资产管理行业的竞争日趋激烈，信托公司的制度红利趋于弱化。与此同时，信托行业规模增速放缓，风险有所暴露，行业监管趋严，信托公司面临经营环境变化和经营模式转型的挑战。信托公司成为真正的资产管理机构的业务转型、客户结构优化和专业团队建设尚未完成，自主管理能力与金融服务水平仍有待提升。

4.4 内部控制

公司建立了清晰的内部控制目标和原则，高级管理层牢固树立了内控优先的风险管理理念，公司前台、中台、后台操作独立、运行顺畅。公司根据一法两规和相关法律法规的要求，建立了一整套顺应公司业务发展、符合监管政策的内部控制制度体系，并能组织落实公司的合规风险评估，整个控制活动措施到位，内部控制制度涵盖了业务和管理的各个层面，全体员工熟悉公司的业务和管理的内控制度与操作流程，能认真履行岗位职责，正确行使职权。公司制定和实施了有利于企业可持续发展的人力资源政策。公司建立了上传下达、下情上达的充分、合理的信息沟通制度。公司内部监督分为日常监督和专项监督，合规与风险管理部和稽核部职能分离、职责分明、协同合作，成为公司合规风险的前后道防线，帮助公司降低和规避各类风险，通过后续纠正和改进达到合规和降低风险的目的。

4.5 风险管理

公司在经营活动中所面临的风险主要包括信用风险、市场风险、操作风险及其他各类风险。针对不同类型的风险，公司进一步提高对交易对手和项目的选择标准，加强项目管理和风险预警以防范信用风险；加强对宏观经济形势和行业特征的研究，适时调整策略以防范市场风险；严格执行并不断补充和完善各项经营管理制度、问责制度，以防范操作风险；认真研究国家政策，聘请专业法律顾问机构，完善合规制度体系和合规管理工作机制，以防范政策风险、法律合规风险以及其他风险。

报告期内，公司严格执行国家政策、法规，并不断完善公司风险管理框架，加强合规风险管理体系建设，加强项目后期管理，落实各项风险控制措施。目前公司经营正常，报告期内所有信托计划（项目）均正常存续，到期项目均按时完成信托财产的清算（分配）工作。

5. 报告期末及上一年度末的比较式会计报表

5.1 自营资产

5.1.1 会计师事务所审计结论

德勤华永会计师事务所有限公司出具了标准无保留审计意见。

5.1.2 资产负债表

资产负债表（母公司）

编制单位：杭州工商信托股份有限公司　　2014年12月31日　　单位：万元

资　　产	期末余额	年初余额	负债和所有者权益（或股东权益）	期末余额	年初余额
资　产：			负　债：		
现金及存放中央银行款项	1	1	向中央银行借款	0	0
存放同业款项	42 082	19 021	同业及其他金融机构存放款项	0	0
贵金属	0	0	拆入资产	0	0
拆出资金	0	0	交易性金融负债	0	0
交易性金融资产	0	0	衍生金融负债	0	0
衍生金融资产	0	0	卖出回购金融资产款	0	0
买入返售金融资产	0	0	吸收存款	0	0
应收利息	24	35	应付职工薪酬	2 830	1 432
发放贷款和垫款	35 230	25 120	应交税费	15 564	7 925
可供出售金融资产	89 920	79 063	应付利息	0	0
持有至到期投资	0	0	预计负债	0	0
长期股权投资	3 000	3 000	应付债券	0	0
投资性房地产	1 590	1 688	递延所得税负债	0	0
固定资产	521	681	其他负债	17 103	13 320
无形资产	331	276	负债合计	35 497	22 677
递延所得税资产	3 619	1 790	股东权益：		
其他资产	26 831	12 909	股本	75 000	50 000
			资本公积	334	334
			减：库存股	0	0
			盈余公积	17 142	13 865
			其他综合收益	1 574	1 247
			一般风险准备	11 969	8 786
			未分配利润	61 633	46 675
			股东权益	167 652	120 907
资产总计	203 149	143 584	负债和股东权益总计	203 149	143 584

企业负责人：虞利明　　财务负责人：康　波　　制表：吴庆元

资产负债表（合并报表）

编制单位：杭州工商信托股份有限公司　　2014 年 12 月 31 日　　单位：万元

资　　产	期末余额	年初余额	负债和所有者权益（或股东权益）	期末余额	年初余额
资　产：			负　债：		
现金及存放中央银行款项	1	1	向中央银行借款	0	0
存放同业款项	42 484	19 218	同业及其他金融机构存放款项	0	0
贵金属	0	0	拆入资产	0	0
拆出资金	0	0	交易性金融负债	0	0
交易性金融资产	0	0	衍生金融负债	0	0
衍生金融资产	0	0	卖出回购金融资产款	0	0
买入返售金融资产	0	0	吸收存款	0	0
应收利息	24	35	应付职工薪酬	2 898	1 485
发放贷款和垫款	35 230	25 120	应交税费	15 620	7 998
可供出售金融资产	92 223	81 468	应付利息	0	0
持有至到期投资	0	0	预计负债	0	0
长期股权投资	504	500	应付债券	0	0
投资性房地产	1 590	1 688	递延所得税负债	1	1
固定资产	521	683	其他负债	17 103	13 321
无形资产	333	279	负债合计	35 622	22 805
递延所得税资产	3 619	1 790	股东权益：		
其他资产	27 224	13 304	股本	75 000	50 000
			资本公积	334	334
			减：库存股	0	0
			盈余公积	17 142	13 865
			其他综合收益	1 576	1 251
			一般风险准备	11 969	8 786
			未分配利润	62 110	47 045
			股东权益	168 131	121 281
资产总计	203 753	144 086	负债和股东权益总计	203 753	144 086

企业负责人：虞利明　　财务负责人：康　波　　制表：吴庆元

5.1.3 利润表

利润表（母公司）

编制单位：杭州工商信托股份有限公司　　2014 年度　　单位：万元

项　　目	本期累计金额	上期累计金额
一、营业收入	92 969	68 556
利息净收入	1 415	2 373
利息收入	1 415	2 373
利息支出	0	0
手续费及佣金净收入	74 106	46 331
手续费及佣金收入	74 106	46 331
手续费及佣金支出	0	0
投资收益（损失以“－”号填列）	10 434	5 636
其中：对联营企业和合营企业的投资收益	0	0
公允价值变动收益（损失以“－”号填列）	0	0
汇兑收益（损失以“－”号填列）	0	0
其他业务收入	7 014	14 216
二、营业支出	30 870	23 352
营业税金及附加	5 175	3 779
业务及管理费	24 769	19 133
资产减值损失	0	0
其他业务成本	926	440

续表

项　　目	本期累计金额	上期累计金额
三、营业利润(亏损以“－”号填列)	62 099	45 204
加:营业外收入	25	11
减:营业外支出	83	83
四、利润总额(亏损总额以“－”号填列)	62 041	45 132
减:所得税费用	15 623	11 395
五、净利润(净亏损以“－”号填列)	46 418	33 737
六、每股收益:		
(一)基本每股收益	0.62	0.67
(二)稀释每股收益	0.62	0.67

企业负责人:虞利明　　财务负责人:康　波　　制表:吴庆元

利润表(合并报表)

编制单位:杭州工商信托股份有限公司　　2014年度　　单位:万元

项　　目	本期累计金额	上期累计金额
一、营业收入	93 378	69 063
利息净收入	1 416	2 377
利息收入	1 416	2 377
利息支出	0	0
手续费及佣金净收入	74 455	46 680
手续费及佣金收入	74 455	46 680
手续费及佣金支出	0	0
投资收益(损失以“－”号填列)	10 493	5 780
其中:对联营企业和合营企业的投资收益	0	0
公允价值变动收益(损失以“－”号填列)	0	0
汇兑收益(损失以“－”号填列)	0	0
其他业务收入	7 014	14 226
二、营业支出	31 158	23 592
营业税金及附加	5 194	3 800
业务及管理费	25 038	19 352
资产减值损失	0	0
其他业务成本	926	440
三、营业利润(亏损以“－”号填列)	62 220	45 471
加:营业外收入	46	11
减:营业外支出	82	83
四、利润总额(亏损总额以“－”号填列)	62 184	45 399
减:所得税费用	15 659	11 463
五、净利润(净亏损以“－”号填列)	46 525	33 936
六、每股收益:		
(一)基本每股收益	0.62	0.68
(二)稀释每股收益	0.62	0.68

企业负责人:虞利明　　财务负责人:康波　　制表:吴庆元

5.1.4 股东权益变动表

股东权益变动表（母公司）

2014 年 12 月 31 日

单位：万元

	股本	资本公积	其他综合收益	盈余公积	一般风险准备	信托赔偿准备	未分配利润	股东权益
一、2013 年 12 月 31 日	50 000	334	1 247	13 865	2 044	6 742	46 675	120 907
二、2014 年 1 月 1 日余额	50 000	334	1 247	13 865	2 044	6 742	46 675	120 907
三、本年增减变动金额								
（一）净利润							46 418	46 418
（二）其他综合收益			327					327
1. 可供出售金融资产公允价值变动净额								
（一）和（二）小计			327				46 418	46 745
（三）股东投入和减少资本								
（四）利润分配								
1. 提取盈余公积				4 642			（4 642）	
2. 提取一般风险准备					862		（862）	
3. 提取信托赔偿准备						2 321	（2 321）	
4. 对股东的分配								
（五）股东权益内部结转	25 000			（1 365）			（23 635）	
四、2014 年 12 月 31 日余额	75 000	334	1 574	17 142	2 906	9 063	61 633	167 652

股东权益变动表（母公司）（续）

2013 年 12 月 31 日

单位：万元

	股本	资本公积	其他综合收益	盈余公积	一般风险准备	信托赔偿准备	未分配利润	股东权益
一、2012 年 12 月 31 日	50 000	904		10 491	1 103	5 055	29 940	97 493
加：会计政策变更		-570	570					
二、2013 年 1 月 1 日余额	50 000	334	570	10 491	1 103	5 055	29 940	97 493
三、本年增减变动金额								
（一）净利润							33 737	33 737
（二）其他综合收益			677					677
1. 可供出售金融资产公允价值变动净额								667
（一）和（二）小计			677				33 737	34 414
（三）股东投入和减少资本								
（四）利润分配								
1. 提取盈余公积				3374			（3 374）	
2. 提取一般风险准备					941		（941）	
3. 提取信托赔偿准备						1687	（1 687）	
4. 对股东的分配							（11 000）	（11 000）
（五）股东权益内部结转								
四、2013 年 12 月 31 日余额	50 000	334	1 247	13 865	2 044	6 742	46 675	120 907

股东权益变动表（合并报表）

2014 年 12 月 31 日

单位：万元

	归属于母公司股东权益							少数股东权益	股东权益合计
	股本	资本公积	其他综合收益	盈余公积	一般风险准备	信托赔偿准备	未分配利润		
一、2013 年 12 月 31 日	50 000	334	1 251	13 865	2 044	6 742	47 045		121 281
二、2014 年 1 月 1 日余额	50 000	334	1 251	13 865	2 044	6 742	47 045		121 281
三、本年增减变动金额									
（一）净利润							46 525		46 525
（二）其他综合收益			325						325
1. 可供出售金融资产公允价值变动净额									
（一）和（二）小计			325				46 525		46 850

续表

	归属于母公司股东权益							少数股东权益	股东权益合计
	股本	资本公积	其他综合收益	盈余公积	一般风险准备	信托赔偿准备	未分配利润		
（三）股东投入和减少资本									
（四）利润分配									
1. 提取盈余公积				4 642			（4 642）		
2. 提取一般风险准备					862		（862）		
3. 提取信托赔偿准备						2 321	（2 321）		
4. 对股东的分配									
（五）股东权益内部结转	2 5000			（1 365）			（23 635）		
四、2014 年 12 月 31 日余额	75 000	334	1 576	17 142	2 906	9 063	62 110		168 131

股东权益变动表（合并报表）（续）

2013 年 12 月 31 日

单位：万元

	归属于母公司股东权益							少数股东权益	股东权益合计
	股本	资本公积	其他综合收益	盈余公积	一般风险准备	信托赔偿准备	未分配利润		
一、2012 年 12 月 31 日	50 000	940		10 510	1 103	5 055	30 092		97 700
		-606	606						
二、2013 年 1 月 1 日余额	50 000	334	606	10 510	1 103	5 055	30 092		97 700
三、本年增减变动金额									
（一）净利润							33 935		33 935
（二）其他综合收益			646						646
1. 可供出售金融资产公允价值变动净额									667
（一）和（二）小计			646				33 935		34 581
（三）股东投入和减少资本									
（四）利润分配									
1. 提取盈余公积				3355			（3 355）		
2. 提取一般风险准备					941		（941）		
3. 提取信托赔偿准备						1687	（1 687）		
4. 对股东的分配							（11 000）		（11 000）
（五）股东权益内部结转									
四、2013 年 12 月 31 日余额	50 000	334	1 251	13 865	2 044	6 742	47 045		121 281

5.2 信托资产

5.2.1 信托项目资产负债汇总表

信托项目资产负债表（汇总表）

编制单位：杭州工商信托股份有限公司

单位：万元

信托资产	期初数	期末数	信托负债和信托权益	期初数	期末数
信托资产：			信托负债：		
货币资金	33 387	25 968	交易性金融负债	0	0.00
拆出资金	0	0.00	衍生金融负债	0	0.00
存出保证金	0	0.00	应付受托人报酬	20 611	27 089
交易性金融资产	0	0.00	应付托管费	0	0.00
衍生金融资产	0	0.00	应付受益人收益	0	70
买入返售金融资产	0	0.00	应交税费	0	22
应收款项	11 850	28 542	应付销售服务费	0	0.00
发放贷款	434 920	627 489	其他应付款项	551	1 177
可供出售金融资产	0	0.00	其他负债	249	489
持有至到期投资	0	0.00	信托负债合计	21 411	28 847
长期应收款	0	0.00		0	0
长期股权投资	424 450	400 590	信托权益：	0	0
投资性房地产	0	0.00	实收信托	2 222 251	2 807 066
固定资产	0	0.00	资本公积	0	0
无形资产	0	0.00	外币报表折算差额	0	0
长期待摊费用	0	0.00	未分配利润	19 598	4 748
其他资产	1 358 653	1 758 072	信托权益合计	2 241 849	2 811 814
信托资产总计	2 263 260	2 840 661	信托负债和信托权益总计	2 263 260	2 840 661

企业负责人：虞利明　　财务负责人：康波　　制表：寿佳

5.2.2 信托项目利润及利润分配汇总表

信托项目利润及利润分配表（汇总表）

编制单位：杭州工商信托股份有限公司 单位：万元

项目	本年累计数	上年累计数
一、营业收入	303 660	212 828
利息收入	62 375	68 746
投资收益	73 474	22 017
公允价值变动收益	0	0
财务顾问收入	505	6 538
租赁收入	0	0
汇兑损益	0	0
其他收入	167 306	115 527
二、支出	70 160	54 032
营业税金及附加	29	545
受托人报酬	67 421	51 855
保管费	0	0
投资管理费	0	0
销售服务费	0	89
交易费用	0	0
资产减值损失	0	0
其他费用	2 710	1 543
三、信托净利润	233 500	158 796
四、其他综合收益	0	0
五、综合收益	233 500	158 796
加：期初未分配信托利润	19 600	38 238
六、可供分配的信托利润	253 100	197 034
减：本期已分配信托利润	248 352	177 434
七、期末未分配信托利润	4 748	19 600

企业负责人：虞利明 财务负责人：康波 制表：寿佳

6. 会计报表附注

6.1 简要说明报告年度会计报表编制基准、会计政策、会计估计和核算方法发生的变化

无。

6.2 或有事项说明

截至报告日，本公司不存在需要披露的重大或有事项。

6.3 重要资产转让及其出售的说明

无。

6.4 会计报表中重要项目的明细资料

6.4.1 披露自营资产经营情况

6.4.1.1 按信用风险五级分类结果披露信用风险资产的期初数、期末数

信用风险资产五级分类	正常类（万元）	关注类（万元）	次级类（万元）	可疑类（万元）	损失类（万元）	信用风险资产合计（万元）	不良资产合计（万元）	不良资产率（%）
期初数	40 785	0	0	0	0	40 785	0	0.00
期末数	77 993	0	0	0	0	77 993	0	0.00

注：不良资产合计＝次级类＋可疑类＋损失类。

6.4.1.2 各项资产减值损失准备的期初、本期计提、本期转回、本期核销、期末数，贷款的一般准备、专项准备和其他资产减值准备应分别披露

单位：万元

	期初数	本期计提	本期转回	本期核销	期末数
贷款损失准备	0	0	0	0	0
一般准备	0	0	0	0	0
专项准备	0	0	0	0	0
其他资产减值准备	95	0	0	0	95
可供出售金融资产减值准备	0	0	0	0	0
持有至到期投资减值准备	0	0	0	0	0
长期股权投资减值准备	0	0	0	0	0
坏账准备	0	0	0	0	0
投资性房地产减值准备	0	0	0	0	0
其他资产减值准备	95	0	0	0	95

6.4.1.3 自营股票投资、基金投资、债券投资、股权投资等投资业务的期初数、期末数

单位：万元

	自营股票	基金	债券	长期股权投资	其他投资	合计
期初数	249	0	0	3 250	93 684	97 183
期末数	365	0	0	3 250	114 585	118 200

6.4.1.4 按投资入股金额排序，前两名的自营长期股权投资的企业名称、占被投资企业权益的比例、主要经营活动及投资收益情况等（从大到小顺序排列）

企业名称	占被投资企业权益的比例（%）	主要经营活动	投资损益（万元）
1. 浙江蓝桂资产管理有限公司	100	资产管理，投资管理，企业管理，商务咨询，实业投资	0
2. 杭州迪佛通信股份有限公司	4.48	通信设备及配件、电子和通信测量仪器、报警器的制造、销售，电话信息服务，交换机设计安装，数据通信服务等	0

注：投资损益是指按照企业会计准则规定，核算股权投资确认损益并计入披露年报利润表的金额。

6.4.1.5 前两名的自营贷款的企业名称、占贷款总额的比例和还款情况等（从大到小顺序排列）

企业名称	贷款金额（万元）	占贷款总额的比例（%）	还款情况
1. 涿州京旭通房地产开发有限公司	5 000	50.25	正常收息，未到期
2. 杭州华元沃德房地产有限公司	4 950	49.75	正常收息，未到期
合计	9 950	100	

6.4.1.6 表外业务的期初数、期末数；按照代理业务、担保业务和其他类型表外业务分别披露

单位:万元

表外业务	期初数	期末数
担保业务	0	0
代理业务(委托业务)	14 816	10 216
其他	0	0
合计	14 816	10 216

注:代理业务主要反映因客观原因应规范而尚未完成规范的历史遗留委托业务,包括委托贷款和委托投资。

6.4.1.7 公司当年的收入结构(母公司口径、并表口径同时披露)

收入结构	母公司口径		合并口径	
	金额(万元)	占比(%)	金额(万元)	占比(%)
手续费及佣金收入	74 106	79.69	74 455	79.69
其中:信托手续费收入	74 034	79.61	74 034	79.24
投资银行业务收入	0	0.00	0	0.00
利息收入	1 415	1.52	1 416	1.52
其他业务收入	7 014	7.54	7 014	7.51
其中:计入信托业务收入部分	6 573	7.07	6 573	7.04
投资收益	10 434	11.22	10 493	11.23
其中:股权投资收益	0	0.00	0	0.00
证券投资收益	11	0.01	11	0.01
其他投资收益	10 423	11.21	10 482	11.22
公允价值变动收益	0	0.00	0	0.00
营业外收入	25	0.03	46	0.05
收入合计	92 994	100	93 424	100

注:1. 手续费及佣金收入、利息收入、其他业务收入、投资收益、营业外收入均应为损益表中的一级科目,其中手续费及佣金收入、利息收入、营业外收入为未抵减掉相应支出的全年累计实现收入数。
2. "其他业务收入"和"营业外收入"如超过总收入的5%,应具体说明来自什么业务。
3. "其他业务收入"主要来自财务顾问业务、房屋出租等。

报告年度实现信托业务收入的总额为80 607万元,其中:以手续费及佣金确认的信托业务收入为41 745万元(固定);以业绩报酬形式确认的信托业务收入为32 289万元(浮动);以其他形式确认的信托业务收入为6 573万元(财务顾问费)

6.4.2 披露信托资产管理情况

6.4.2.1 信托资产的期初数、期末数

单位:万元

信托资产	期初数	期末数
集合	1 993 929	2 668 077
单一	269 331	172 584
财产权	0	0
合计	2 263 260	2 840 661

6.4.2.1.1 主动管理型信托业务的信托资产期初数、期末数,分证券投资、股权投资、融资、事务管理类分别披露

单位:万元

主动管理型信托资产	期初数	期末数
证券投资类	0	0
股权投资类	424 450	1 157 504
组合投资类	1 524 934	1 329 759
融资类	96 979	251 409
事务管理类	0	0
其他投资	3 950	3 470
合计	2 050 313	2 742 142

6.4.2.1.2 被动管理型信托业务的信托资产期初数、期末数,分证券投资、股权投资、融资、事务管理类分别披露

单位:万元

被动管理型信托资产	期初数	期末数
证券投资类	0	0
股权投资类	0	0
融资类	0	0
事务管理类	212 947	98 519
合计	212 947	98 519

6.4.2.2 本年度已清算结束的信托项目个数、实收信托合计金额、加权平均实际年化收益率

6.4.2.2.1 本年度已清算结束的集合类、单一类资金信托项目和财产管理类信托项目个数、实收信托金额、加权平均实际年化收益率

已清算结束信托项目	项目个数(个)	实收信托合计金额(万元)	加权平均实际年化收益率(%)
集合类	13	203 104	12.29
单一类	2	125 268	9.02
财产管理类	0	0	0

注:收益率是指信托项目清算后,给受益人赚取的实际收益水平。加权平均实际年化收益率=(信托项目1的实际年化收益率×信托项目1的实收信托+信托项目2的实际年化收益率×信托项目2的实收信托+…+信托项目n的实际年化收益率×信托项目n的实收信托)/(信托项目1的实收信托+信托项目2的实收信托+…+信托项目n的实收信托)×100%。

6.4.2.2.2 本年度已清算结束的主动管理型信托项目个数、实收信托合计金额、加权平均实际年化收益率,分证券投资、股权投资、融资、事务管理类分别披露

已清算结束信托项目	项目个数(个)	实收信托合计金额(万元)	加权平均实际年化信托报酬率(%)	加权平均实际年化收益率(%)
证券投资类	0	0	0	0
股权投资类	8	147 051	3.21	12.71
组合投资类	1	10 053	3.60	12.24
融资类	4	46 000	3.27	10.41
事务管理类	0	0	0	0

6.4.2.2.3 本年度已清算结束的被动管理型信托项目个数、实收信托合计金额、加权平均实际年化收益率,分证券投资、股权投资、融资、事务管理类分别披露

已清算结束信托项目	项目个数(个)	实收信托合计金额(万元)	加权平均实际年化信托报酬率(%)	加权平均实际年化收益率(%)
证券投资类	0	0	0	0
股权投资类	0	0	0	0
融资类	0	0	0	0
事务管理类	2	125 268	1.48	9.02

6.4.2.3 本年度新增的集合类、单一类和财产管理类信托项目个数、实收信托合计金额

新增信托项目	项目个数（个）	合计金额（万元）
集合类	19	975 150
单一类	3	43 914
财产管理类	0	0
新增合计	22	1 019 064
其中：主动管理型	22	1 019 064
被动管理型	0	0

注：仅为新发行项目规模，不包括以前年度成立项目在本年度后续发行的规模。

6.4.2.4 信托业务创新成果和特色业务有关情况（此部分为可选项，即公司可自主决定是否披露、部分披露或全部披露）

报告期内，公司坚持“有所为，有所不为”的业务策略与“基金化、投资化、中长期化、产品化”的业务战略方向，坚定信心，稳中求进，以服务受益人为己任，严控风险底线，推进战略实施与业务转型。2014 年，公司在强调基金化产品金融技术审核、区分投资风格、规范产品管理的前提下，逐渐以投资策略细分基金化产品系列，在一定程度上丰富了产品线，资产端与负债端的匹配度有所提高。2014 年，公司推出 3 个策略型组合投资集合资金信托计划；截至 2014 年 12 月底，存续信托业务中，主动管理型信托业务规模占比 96.5%；存续集合信托业务中，基金化产品规模占比达 54%。2014 年，公司受托管理的信托资产规模显著提高，主动管理特征鲜明，资产结构进一步优化。

在坚持合规稳健经营、维护客户利益、为社会提供优质金融产品和服务、保障员工合法权益的同时，公司积极参加公益活动，勇于承担社会责任，反哺社会，为构建和谐社会贡献力量。公司推出的浙江省内首个带有“公益资金”设计的信托产品——杭信·阳光 1 号建工地产欧美金融城投资项目集合资金信托计划，已于 2014 年完成公益资金提取及捐赠运用，分别用于小学“阳光浴室”、贫困儿童唇腭裂手术治疗项目、孤贫先天性心脏病患儿手术治疗等青少年助学与救助项目。公司还先后开展了“联乡结村活动”、“春风行动”、助学捐赠等活动，积极承担社会责任。2014 年，公司在“联百乡结千村帮万户”活动中出资 25 万元帮扶单位桐庐合村乡解决实际困难；2014 年 5 月，公司出资参与桐庐县合村乡小学“合”爱心助学专项基金的捐赠，为结对对象提供实实在在的帮助；2014 年 10 月，公司向衢州江山市廿八都小学捐赠了被子、住校生的洗漱用品以及音乐、体育课所需的器材等，公司的 14 名员工还与廿八都小学贫困学生进行了一对一结对助学。

在由《浙商》杂志主办的“2014 浙商最信赖金融机构”评选活动中，公司获得“2014 浙商最信赖信托公司”奖项。公司已连续第四年获得该奖项。

6.4.2.5 本公司履行受托人义务情况及因本公司自身责任而导致的信托资产损失情况（合计金额、原因等）

无。

6.5 关联方关系及其交易的披露

6.5.1 关联交易方的数量、关联交易的总金额及关联交易的定价政策等

	关联交易方数量	关联交易金额（万元）	定价政策
合计	5	950	市场公允价格

注：“关联交易”定义应以《公司法》和《企业会计准则第 36 号——关联方披露》有关规定为准。

6.5.2 关联交易方与本公司的关系性质、关联交易方的名称、法定代表人、注册地址、注册资本及主营业务等

关系性质	关联方名称	法定代表人	注册地址	注册资本	主营业务
受本公司重要股东控制	摩根士丹利管理服务（上海）有限公司	James Franklin McGill	上海	1 000 000 万美元	投资咨询、财务管理服务、市场策划咨询、员工管理服务、商务信息处理和公司档案管理服务，设计和开发计算机软件、硬件和集成系统，销售自产产品并提供技术支持服务及售后服务。
受本公司重要股东控制	杭州摩根士丹利投资咨询合伙企业（有限合伙）	周熙	杭州	承诺出资 51 107 113 万元	投资咨询（除证券，期货）
受本公司重要股东控制	摩根士丹利（中国）股权投资管理有限公司	周熙	杭州	100 000 000 万元	股权投资管理及相关咨询业务
受本公司重要股东管理	杭州长堤股权投资合伙企业（有限合伙）	周熙	杭州	1 681 237 113 万元	股权投资及相关咨询服务
受本公司重要股东管理	杭州哈而盖投资咨询合伙企业（有限合伙）	白文杰	杭州	11 010 100 万元	投资咨询（除证券，期货）

6.5.3 本公司与关联方的重大交易事项

6.5.3.1 固有财产与关联方交易情况：贷款、投资、租赁、应收账款担保、其他方式等期初汇总数、本期借方和贷方发生额汇总数、期末汇总数

单位：万元

固有财产与关联方关联交易				
	期初数	借方发生额	贷方发生额	期末数
贷款	0	0	0	0
投资	0	0	0	0
租赁	0	0	0	0
担保	0	0	0	0
应收账款	0	0	0	0
其他（收取或支付房租、咨询费）	0	827	123	0
合计	0	827	123	0

6.5.3.2 信托资产与关联方：贷款、投资、租赁、应收账款、担保、其他方式等期初汇总数、本期发生额汇总数、期末汇总数

单位:万元

信托与关联方关联交易				
	期初数	借方发生额	贷方发生额	期末数
贷款	0	0	0	0
投资	0	0	0	0
租赁	0	0	0	0
担保	0	0	0	0
应收账款	0	0	0	0
其他	0	0	0	0
合计	0	0	0	0

6.5.3.3 信托公司自有资金运用于自己管理的信托项目(固信交易)、信托公司管理的信托项目之间的相互(信信交易)交易金额,包括余额和本报告年度的发生额

6.5.3.3.1 固有财产与信托财产之间的交易金额期初汇总数、本期发生额汇总数、期末汇总数

单位:万元

固有财产与信托财产相互交易			
	期初数	本期发生额	期末数
合计	91 867	20 581	112 448

注:以固有资金投资公司自己管理的信托项目受益权,或购买自己管理的信托项目的信托资产均应纳入统计披露范围。

6.5.3.3.2 信托项目之间的交易金额期初汇总数、本期发生额汇总数、期末汇总数

单位:万元

信托资产与信托财产相互交易			
	期初数	本期发生额	期末数
合计	91 406	133 131	224 537

注:以公司受托管理的一个信托项目的资金购买自己管理的另一个信托项目的受益权或信托项下资产均应纳入统计披露范围。

6.5.4 逐笔披露关联方逾期未偿还本公司资金的详细情况以及本公司为关联方担保发生或即将发生垫款的详细情况

无。

6.6 会计制度的披露

固有业务(自营业务)、信托业务:本公司执行财政部颁布的企业会计准则(包括于2014年新颁布的新的和修订的企业会计准则)及相关规定。

7. 财务情况说明书

7.1 利润实现和分配情况(母公司口径和并表口径同时披露)

(1)母公司口径:本年度实现利润总额62 041万元,所得税费用15 623万元(其中当期所得税17 561万元、递延所得税 -1 938万元),净利润46 418万元,年初未分配利润46 675万元,年末未分配利润61 633万元。

并表口径:本年度实现利润总额62 184万元,所得税费用15 659万元(其中当期所得税17 597万元、递延所得税 -1 938万元),净利润46 525万元,年初未分配利润47 045万元,年末未分配利润62 110万元。

(2)母公司口径:按10%提取法定盈余公积4 642万元。

并表口径:按10%提取法定盈余公积4 642万元。

(3)母公司口径:按5%提取信托赔偿准备金2 321万元。

并表口径:按5%提取信托赔偿准备金2 321万元。

(4)母公司口径:按风险资产余额的1.5%计提一般风险准备金862万元。

并表口径:按风险资产余额的1.5%计提一般风险准备金862万元。

(5)母公司口径:年末可供分配的利润为61 633万元。

并表口径:年末可供分配的利润为62 110万元。

7.2 主要财务指标(母公司口径和并表口径同时披露)

指标名称	指标值	
	母公司口径	合并口径
资本利润率(%)	32.17	32.15
加权年化信托报酬率(%)	2.66	2.66
人均净利润(万元)	294	285

注:1. 资本利润率 = 净利润/股东权益平均余额×100%。

2. 加权年化信托报酬率 =(信托项目1的实际年化信托报酬率×信托项目1的实收信托 + 信托项目2的实际年化信托报酬率×信托项目2的实收信托 +…+ 信托项目n的实际年化信托报酬率×信托项目n的实收信托)/(信托项目1的实收信托 + 信托项目2的实收信托 +…+ 信托项目n的实收信托)×100%。

3. 人均净利润 = 净利润/年平均人数。

4. 平均值采取年初、年末余额简单平均法,公式为:a(平均)=(年初数 + 年末数)/2。

7.3 对本公司财务状况、经营成果有重大影响的其他事项

2006年5月,本公司向浙江华辰投资发展有限公司(以下简称华辰公司)以人民币330万元的价格转让所持浙江英特集团股份有限公司2 062 500股的法人股股权(占股本总额1.79%),但华辰公司未能根据相关股权转让协议的规定办妥前述股权的变更登记手续。

中国银行业监督管理委员会、中国财政部于2014年12月10日联合发布《信托业保障基金管理办法》(以下简称《办法》),自发布之日起施行。《办法》规定,中国信托业保障基金(以下简称保障基金)是主要由信托业市场参与者共同筹集,用于化解和处置信托业风险的非政府性行业互助资金。同时,保障基金由信托公司或融资者等利益相关人认购,基金权益也归信托公司或融资者等利益相关人享有。本公司将按照相关要求进行保障基金的认购及核算。

8. 特别事项揭示

8.1 前五名股东报告期内变动情况及原因

无。

8.2 董事、监事及高级管理人员变动情况及原因

2014年5月16日,公司2014年第一次临时股东大会审议通过《关于变更公司董事的议案》,郑齐定先生不再担任公司

董事职务，以累积投票制选举周宇先生为新任董事。上述任职资格已在2014年7月18日获得浙江银监局批复核准确认（浙银监复［2014］387号）。大会同时通过《关于变更公司监事的议案》，同意黄敬培先生不再担任公司监事职务，以累积投票制选举金俊先生为新任监事。

2014年10月，因公司第六届董事会、第六届监事会任期届满，经2014年第三次临时股东大会选举，产生公司第七届董事会和第七届监事会（详见本年报3.1.2及3.1.3）。董事会成员为虞利明、丁建萍、徐云鹤、Carlos Alfonso、Oyarbide Seco、陈涛、周宇、Andrew Gordon Williamson、秦永忠、金雪军。其中虞利明先生为董事长，Andrew Gordon Williamson、秦永忠、金雪军为独立董事。王伟、金俊与职工监事包晓红组成监事会。

经第七届董事会研究讨论，聘任丁建萍先生为总裁、陈涛先生为市场及发展总监、林海滨先生为资产管理总监、张锐先生为行政总监、汪勇先生为投资运营总监、马晓涛先生为风险管理总监、叶大志先生为基金运营总监、康波女士为财务总监。

上述董事、高级管理人员的任职资格均已经监管机构核准。

8.3 公司的重大诉讼事项

无。

8.4 对会计师事务所出具的有保留意见、否定意见或无法表示意见的审计报告的，公司董事会应就所涉及事项作出说明

无。

8.5 公司及其董事、监事和高级管理人员受到处罚的情况

无。

8.6 银监会及其派出机构对公司检查后提出整改意见的，应简单说明整改情况

2014年5月14日至5月26日，浙江银监局对公司存续集合资金信托业务合规性、尽职管理、到期交付风险以及2013年检查整改落实等情况进了现场检查，并下发了《关于杭州工商信托股份有限公司现场检查的意见》，评价公司近年来持续完善公司治理，夯实内部管理，优化业务流程和项目准入标准，加强风险管控，推动资产管理能力提升和专业品牌塑造，受托管理资产规模稳步增长，盈利状况保持良好，发展总体稳健。同时，监管机构针对检查中发现的公司存在的主要问题，提出了“进一步加强合规文化建设”、“进一步规范业务操作”、“牢固树立卖者尽责理念，切实履行受托人职责”、“防控潜在交付风险”等监管意见。

公司向浙江银监局提交了《关于现场检查发现问题的整改情况及监管意见落实情况的报告》，针对检查发现的问题和监管部门提出的监管意见，公司已从“加强开展业务的合规性管理”、“进一步规范业务操作与经营行为”、“积极规范产品营销，做到卖者尽责”、“持续加强项目尽职调查和后期管理要求”等方面进行整改和完善。后期，公司也将继续通过“加强合规文化建设，持续培养员工合规理念”、“构建客户管理系统，完善客户分类和管理体系”、“梳理和明确后期管理中各个环节的执行要求，提高管理的精细化程度”、“主动有效地做好存续项目的风险管理，积极防控潜在交付风险”等工作安排来确保各项监管意见落实到位。

8.7 本年度重大事项临时报告的简要内容、披露时间、所披露的媒体及其版面

公司“注册资本变更公告”已刊登在《证券时报》2014年7月30日第B56版。

8.8 本年度净资本管理情况

净资本管理风险控制指标表

项　目	期末余额	监管标准
净资本（万元）	138 038	≥20 000
净资本/各项业务风险资本之和（%）	205.87	≥100
净资本/净资产（%）	82.34	≥40

8.9 银监会及其省级派出机构认定的其他有必要让客户及相关利益人了解的重要信息

无。

9. 公司监事会意见

监事会认为，本报告期内，公司决策程序合法，内部控制制度较为完善，没有发现公司董事、总裁和其他高级管理人员在执行公司职务时有违法违纪或有损公司及股东利益的行为。公司财务报告真实地反映了公司的财务状况和经营成果。

湖南省信托有限责任公司

1. 重要提示

1.1 本公司董事会及其董事保证本报告所载资料不存在任何虚假记载、误导性陈述或者重大遗漏，并对其内容的真实性、准确性和完整性承担个别及连带责任。本年度报告摘要摘自年度报告全文，客户及相关利益人欲了解详细内容，应阅读年度报告全文。

1.2 未有公司董事声明对本年度报告内容的真实性、准确性、完整性存在异议。

1.3 公司独立董事乔海曙声明：保证本年度报告内容真实、准确、完整。

1.4 公司董事长朱德光、财务总监朱昌寿声明：保证本年度报告中财务报告的真实、完整。

2. 公司概况

2.1 公司简介

1	法定名称	湖南省信托有限责任公司
2	中文缩写	湖南信托
3	英文名称（及缩写）	Hunan Trust Co.，Ltd.（Hunan Trust）（HUNAN TRUST）
4	法定代表人	朱德光
5	注册地址	湖南省长沙市城南西路1号
6	邮政编码	410015
7	公司国际互联网网址	http://www.huntic.com
8	公司电子信箱	huntic@huntic.com

续表

9	公司负责信息披露事务人	张仁兴
10	联系电话	0731-85196916
11	传真电话	0731-85196911
12	电子信箱	zhangrx@huntic.com
13	公司信息披露报纸名称	《证券时报》
14	公司年度报告备置地点	湖南省长沙市城南西路1号财信大厦9楼917室
15	公司聘请的会计师事务所名称及住所	天健会计师事务所（特殊普通合伙）湖南分所 湖南省长沙市芙蓉中路二段198号新世纪城大厦19~20层

2.2 组织结构

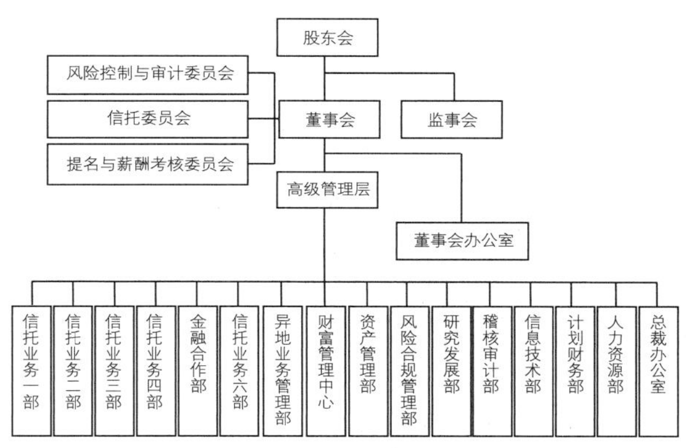

3. 公司治理

3.1 股东

公司2名股东全部为国有独资公司，其中湖南省国有投资经营有限公司系湖南财信投资控股有限责任公司的全资子公司。

股东名称	出资比例（%）	法人代表	注册资本（万元）	注册地址	主要经营业务及主要财务情况
湖南财信投资控股有限责任公司	96	王红舟	354 418.89	长沙市天心区城南西路1号	主要经营业务：省政府授权的国有资产投资、经营及管理，投资策划咨询、财务顾问、担保，酒店经营与管理（具体业务由分支机构凭许可证书经营）、房屋出租。 主要财务情况：截至2014年12月31日，公司资产总额为3 782 174万元，负债总额为3 043 275万元，少数股东权益为124 040万元，归属于母公司所有者权益为614 859万元，利润总额为89 238万元。
湖南省国有投资经营有限公司	4	陆小平	33 282.06	长沙市天心区城南西路1号	主要经营业务：授权范围内的国有资产投资、经营、管理与处置，企业资产重组、债务重组，企业托管、并购、委托投资，投资咨询、财务顾问；旅游资源投资、开发、经营（限分支机构凭许可证书经营）；经营商品和技术的进出口业务（以上国家法律法规禁止、限制的除外）。 主要财务情况：截至2014年12月31日，资产总额为226 672万元，负债总额为174 321万元，少数股东权益为0，所有者权益为52 351万元，利润总额为2 231万元。

3.2 董事

董事长、董事

姓 名	职 务	性别	年龄	选任日期	所推举的股东名称	该股东持股比例(%)	简 要 履 历
朱德光	董事长	男	58	2012年4月	湖南财信投资控股有限责任公司	96	曾任湖南省财政厅国有资产管理处副处长、湖南省国有资产管理局副局长、湖南省财政厅外经处处长(兼任湖南省利用国外贷款管理办公室主任)；现任湖南财信投资控股有限责任公司党委书记、湖南省信托有限责任公司董事长。
胡小龙	董事	男	57	2013年9月	湖南财信投资控股有限责任公司	96	曾任湖南省国有资产投资经营总公司副总经理、总经理、董事长，湖南省产权交易所有限公司总经理、董事长，湖南财信投资控股有限责任公司常务副总裁、湖南担保有限责任公司总经理；现任湖南财信投资控股有限责任公司总裁。
李旭	董事	女	54	2012年4月	湖南财信投资控股有限责任公司	96	曾任湖南省信托投资公司人力资源部主任，湖南财信投资控股有限责任公司总裁助理、人力资源部总经理；现任湖南财信投资控股有限责任公司副总裁、湖南财信国际商务酒店负责人。
陆小平	董事	男	51	2012年4月	湖南省国有投资经营有限公司	4	曾任湖南省信托投资公司办公室主任、湖南省信托投资有限责任公司总稽核、湖南省信托有限责任公司副总裁；现任湖南省国有投资经营有限公司董事长。
李莉芳	董事	女	45	2012年4月	职工董事	—	曾任职于湖南省信托投资公司证券营业部、办公室、计划财务部、投资管理总部，湖南省信托有限责任公司总裁办副主任、金融合作部总经理；现任湖南省信托有限责任公司副总裁。

独立董事

姓名	所在单位及职务	性别	年龄	选任日期	任期(年)	所推举的股东名称	该股东持股比例(%)	简 要 履 历
乔海曙	湖南大学两型社会研究院院长	男	43	2014年2月	3	湖南财信投资控股有限责任公司	—	曾任湖南财经学院助教、讲师、教研室主任，湖南大学金融学院副教授、教授、副院长，湖南大学两型社会研究院教授、博士生导师、常务副院长；现任湖南大学两型社会研究院院长、湖南信托独立董事。
李妙和(拟任)	—	男	—	待核准任职资格	—	湖南财信投资控股有限责任公司	—	—

3.3 监事

监事会成员

姓 名	职 务	性别	年龄	选任日期	所推举的股东名称	该股东持股比例(%)	简 要 履 历
欧光荣	监事会主席	男	52	2014年4月	湖南财信投资控股有限责任公司	96	先后在中国人民银行邵阳分行、湖南省分行、长沙金融监管办事处和湖南银监局从事会计、监管和纪检监察工作，曾任湖南银监局纪委办主任、监察室主任，现任湖南信托监事会主席。
杨科宇	监事	男	44	2012年4月	湖南省国有投资经营有限公司	4	曾任长沙电表厂设备动能科科员，湖南省信托投资公司证券总部系统维护员、证券分析师，湖南省国有资产投资经营总公司投资发展部经理、总经理助理；现任湖南省国有投资经营有限公司风控总监兼工会主席。
刘畅	监事	女	43	2012年4月	职工监事	—	曾任湖南省信托投资公司计划财务部会计、湖南省信托投资有限责任公司稽核审计部稽核专员，现任湖南省信托有限责任公司稽核审计部总经理。

3.4 高级管理人员

姓名	职务	性别	年龄	选任日期	金融从业年限(年)	学历	专业
刘格辉	总裁	男	44	2014年10月	22	研究生	会计学
周江军	副总裁	男	36	2010年5月	11	本科	法学
朱昌寿	财务总监	男	42	2012年4月	16	本科	会计学
杨云	副总裁	男	34	2012年4月	5	研究生	金融信息工程
李莉芳	副总裁	女	45	2013年8月	26	大学	法学
张林新	风控总监	男	41	2013年8月	5	博士	会计学

3.5 公司员工

报告期内，共有员工140人，平均年龄33.07岁。

项目		报告期年度		上年度	
		人数(人)	比例(%)	人数(人)	比例(%)
年龄分布	20岁以下	—	—	—	—
	20~29岁	52	37.14	42	35.00
	30~39岁	58	41.43	48	40.00
	40岁以上	30	21.43	30	25.00
学历分布	博士	2	1.43	2	1.67
	硕士	43	30.72	33	27.50
	本科	72	51.43	65	54.17
	专科	13	9.28	13	10.83
	其他	10	7.14	7	5.83

4. 经营管理

4.1 经营目标、方针、战略规划

4.1.1 经营目标

坚持以科学发展观统领公司发展全局，继续秉承"风控优先、合规经营、专业专注、创新发展"的经营理念，切实加强基础管理体系、人力资源管理体系和企业文化管理体系建设，大力发展信托主业，积极防范风险，夯实公司生存、改革和发展的基础，大胆探索创新业务模式，积极稳妥增资扩股，增强公司实力和市场竞争力，努力把公司打造成专业的理财机构，实现公司可持续和谐发展。

4.1.2 经营方针

审慎经营，专业专注，创新发展，构建和谐。

4.1.3 战略规划

立足湖南、面向全国，发挥信托的功能优势，创新发展业务，为经济建设服务，为客户创造财富，为股东创造价值，切实加强全面风险管理能力，不断提高核心竞争力，将湖南信托打造成为资本充足、信誉良好、经营稳健、勇于创新的专业理财机构。

4.2 经营业务的主要内容

公司业务主要分为信托业务和固有业务两大类。

信托业务：公司目前主要从事资金信托、财产信托、财产权信托业务，具体的品种为单一资金信托、集合资金信托、银行信贷资产转让类信托、信托受益权转让产品、证券投资信托、公益信托等业务。

固有业务：公司目前主要从事贷款、金融类股权投资、证券投资等业务。

报告期内，公司自营资产运用与分布和信托财产运用与分布情况见下表：

4.2.1 自营资产运用与分布表

续表

资产运用	金额(万元)	占比(%)	资产分布	金额(万元)	占比(%)
货币资产	22 579	7.33	基础产业	120 223	39.03
贷款及应收款	100 699	32.69	房地产业		
交易性金融资产投资	16 322	5.30	证券市场	17 392	5.65
可供出售金融资产投资	43 479	14.12	实业	5 714	1.86
持有至到期投资	100 913	32.76	金融机构	76 059	24.69
长期股权投资	16 231	5.27	其他	88 632	28.77
其他	7 797	2.53			
资产总计	308 020	100.00	资产总计	308 020	100.00

注："资产分布"中"其他"项主要明细说明：主要是贷款43 550万元、其他应收款17 586万元、股权投资16 231万元、固定资产1 281万元等。

4.2.2 信托资产运用与分布

资产运用	金额(万元)	占比(%)	资产分布	金额(万元)	占比(%)
货币资产	169 470	1.03	基础产业	3 113 628	46.12
贷款	5 128 408	75.96	房地产	691 490	10.24
交易性金融资产投资	22 136	0.33	证券市场	42 414	0.63
可供出售金融资产投资	—	—	实业	2 294 632	33.99
持有至到期投资	1 266 704	18.76	金融机构	286 441	4.24
长期股权投资	194 582	2.88	其他	322 842	4.78
其他	70 147	1.04	—	—	—
信托资产总计	6 751 447	100.00	信托资产总计	6 751 447	100.00

注：资产运用类中的"其他"内容为应收款项70 147万元；资产分布类中的"其他"为其他行业运用322 842万元。

4.3 市场分析

综观国际形势，在过去的一年中多个有重要影响的事件广为关注，其中包括国际油价暴跌、俄罗斯卢布贬值以及欧元区经济疲软等。世界经济仍处于2008年金融危机后的大调整阶段，由于内部结构差异明显，各区域发展状况更趋分化。美国经济复苏势头非常明显，引发各界瞩目，尤其是制造业和房地产行业，在当前并不景气的全球经济环境中可以说是"一枝独秀"。对比之下，日本、俄罗斯和欧元区经济在这一年中乏善可陈，难以走出经济困境。

新兴经济体也同样面临着困境：从巴西、阿根廷、墨西哥到南非、土耳其，从印度到中国，经济增速普遍放慢，外资撤离新兴市场的趋势还将延续。新兴经济体潜在增长率有可能下调，难以恢复到国际金融危机前的高速增长状态。

展望2015年，预期全球经济继续呈现出结构性的复苏，同时也存在大国货币政策、贸易投资格局和大宗商品价格的不确定性。

分析国内形势，总需求增长面临下行压力，出口增长乏力，投资增长拉动不足，通缩压力加大；经济结构调整缓慢，部分产品产能过剩突出。在外需持续疲软、内部结构性问题及周期性因素叠加影响下，我国企业盈利下滑和产能过剩问题突出，全年GDP增速预计为7.4%左右。

不过，市场需求潜力依然巨大，消费在城镇化的背景下稳固增长可期；宏观调控持续有力，市场化手段运用更多。综合分析，我国仍处于可以大有作为的重要战略机遇期，未来经济仍将保持相对较快的增速，为全球经济复苏作出重要贡献。

金融、信托行业形势。金融改革势在必行，利率市场化和混业经营风起云涌，行业内与行业间的竞争更加激烈。随着金融市场化改革的推进，信托行业依靠牌照赚取利差的盈利模式将逐渐消失。信托公司不仅面临同业的竞争，同时还面临着其他金融机构的激烈竞争。探索出可持续的、具有竞争力的业务发展模式仍是信托行业必须面对的严峻考验。

机遇方面，一是在中央的坚强领导和国家的宏观调控下，坚信中国经济将在调整中持续发展。二是社会理财市场仍然巨大，基础建设与理财需求客观存在，产业结构调整、城镇化、区域发展与宏观信贷调控蕴涵着诸多发展机遇。三是监管政策不断完善，信托发展日益规范，监管部门鼓励创新发展。总体判断，信托行业的发展机遇与挑战并存。

4.4 内部控制

4.4.1 内部控制环境和内部控制文化

根据国家有关法律法规和公司章程，公司构建了较为完善的法人治理结构，逐步建立起权责分明、制衡合理、报告关系清晰的组织结构与决策程序，公司不断优化内部控制体系，董事会下设风险控制与审计委员会，负责公司风险控制、管理、监督和评估，以确保公司对风险的识别、防范和反馈纠正等管理活动能够有效的开展。

公司积极培育"自立、感恩、和谐"的公司文化，通过各种形式的讲座、交流和培训活动，将有关内部控制的最新制度和要求及时传达给员工，强调风险管理、内部控制、合规经营的重要性，逐步形成了以"风控优先、合规经营"为核心的风险管理文化，引导员工树立合规意识和风险意识，不断提高员工职业道德水准，规范员工职业行为。

4.4.2 内部控制措施

公司通过构建全面风险管理体系，制订风险管理策略，针对管理风险、声誉风险、信用风险、操作风险、合规风险和市场风险等制定具体的内部控制制度，对公司的各项业务以及管理行为实行连续性监督。公司已经形成以风险控制为核心的管理理念，并根据程序制约和内部牵制的原则，将各职能部门业务划分到具体的工作岗位，并以岗位说明书的形式对各岗位职责进行详细描述，以明确责任和权限。公司制定了授权管理制度，各项业务的审批权限和操作程序必须按照授权管理制度的规定严格执行；建立了一套完整的会计控制系统，保证公司各项活动在会计上能得到及时、真实、准确的反映和监督。公司各部门和各级人员遵守法律、法规和银监会的各种相关规定并遵循公司内部控制的要求，在各项业务执行和信息传递中起到相互牵制、相互制衡的作用。

4.4.3 监督评价与纠正

公司通过定期或不定期对内部控制制度的审计，对公司内部控制制度的健全性和有效性进行测试和评价；对公司内部控制制度存在的偏差以及缺陷和薄弱的部分进行纠正，确保内部控制制度的健全和有效。

4.5 风险管理

4.5.1 风险状况

4.5.1.1 信用风险状况

信用风险主要是指公司交易对手违约造成损失的风险，主要表现为客户交易违约或借款人信用等级下降等风险。报告期末，公司无不良信用资产。

4.5.1.2 市场风险状况

市场风险主要是指由于利率、汇率或金融市场价格的变动造成损失的风险或按权益法核算的被投资单位因股市下跌对公司的盈利能力和财务状况有不利影响。公司密切关注国家宏观经济政策，对市场风险进行有效的监控，防范利率调整带来的风险。

4.5.1.3 操作风险状况

操作风险主要是指在业务经办过程中由于员工操作不当或由于系统故障而带来损失的风险。公司项目执行尽职调查和报告管理，并对项目的尽职管理进行有效的监控以规避各种操作风险的产生和扩大。报告期内公司尚未发现因公司内部业务流程、计算机系统、工作人员在操作中的不完善造成损失的风险，也尚未发现公司因外部因素如通讯系统故障等给公司造成损失或影响公司的正常运行。

4.5.1.4 其他风险状况

其他风险主要是指公司在开展业务中存在的合规性风险、公司声誉风险、政策风险、道德风险等。

2014 年 8 月，有媒体对"淮南志高单一指定信托项目"进行了报道，可能对公司声誉带来一定影响，公司已及时在相关媒体进行了澄清。

报告期内尚未发现合规性风险、政策风险、道德风险等给公司造成损失或影响公司的正常运行。

4.5.2 风险管理的基本政策、策略

公司经营理念是以防范风险为核心，风险管理遵循全面性、审慎性、及时性、有效性、独立性等原则，覆盖公司各项业务、各个部门和各级人员，并渗透到决策、执行、监督、反馈等各个环节，对风险进行事前防范、事中控制、事后监督，促进公司持续、稳健、规范、健康运行。

公司风险管理的基本策略为通过增强自身风险评估能力，并针对不同风险类别，明确制定风险偏好和风险承受度方法与工具，并且通过强化、执行依法合规经营的各项规章制度来进行保障。

5. 报告期末及上一年度末的比较式会计报表

5.1 自营资产（经审计）

5.1.1 会计师事务所审计结论

审 计 报 告

天健湖审［2015］84 号

湖南省信托有限责任公司董事会：

我们审计了后附的湖南省信托有限责任公司（以下简称湖南信托公司）财务报表。包括 2014 年 12 月 31 日的资产负债表。2014 年度的利润表、现金流量表和所有者权益变动表，以及财务报表附注。

一、管理层对财务报表的责任

编制和公允列财务报表是湖南信托公司管理层的责任，这种责任包括：（1）按照企业会计准则的规定编制财务报表。并使其实现公允反映；（2）设计、执行和维护民要的内部控制，以使财务报表不存在由于舞弊或错误导致的重大错报。

二、注册会计师的责任

我们的责任是在执行审计工作的基础上对财务报表发表审计意见。我们按照中国注册会计师审计准则的规定执行了审计工作。中国注册会计师审计准则要求我们遵守中国注册会计师职业道德守则，计划和执行审计工作以对财务报表是否不存在重大错报获取合理保证。

审计工作涉及实施审计程序，以获取有关财务报表金额和披露的审计证据。选择的审计程序取决于注册会计师的判断，包括对由于舞弊或错误导致的财务报表重大错报风险的评估。在进行风险评估时，注册会计师考虑与财务报表编制和公允列报相关的内部控制，以设计恰当的审计程序。但目的并非对内部控制的有效性发表意见。审计工作还包括评价管理层选用会计政策的恰当性和作出会计估计的合理性，以及评价财务报表的总体列报。

我们相信，我们获取的审计证据是充分、适当的，为发表审计意见提供了基础。

三、审计意见

我们认为，湖南信托公司财务报表在所有重大方面按照企业计准则的规定编制，公允反映了湖南信托公司 2014 年 12 月 31 日的财务状况，以及 2014 年度的经营成果和现金流量。

天健会计师事务所（特殊普通合伙）湖南分所　中国注册会计师：
中国·长沙　中国注册会计师：
二〇一五年三月十五日

5.1.2　资产负债表

资产负债表

编制单位：湖南省信托有限责任公司　　2014 年 12 月 31 日　　单位：万元

项　目	期末数	期初数	项　目	期末数	期初数
资产：			负债：		
现金及银行款项	22 575	38 486	向中央银行借款	4 000	4 000
存放同业款项	4	4	拆入资金		
贵金属			以公允价值计量且其变动计入当期损益的金融负债		
拆出资金	10 000		衍生金融负债		
以公允价值计量且其变动计入当期损益的金融资产	16 322	10 963	卖出回购金融资产款		
衍生金融资产			其他应付款	27 514	21 968
买入返售金融资产			应付职工薪酬	9 648	8 666
其他应收款	19 350	13 260	应交税费	15 394	9 325
应收利息			应付利息		
发放贷款和垫款	71 349	40 964	预计负债		
可供出售金融资产	43 479	44 114	应付债券		
持有至到期投资	100 913	73 287	递延所得税负债	315	
长期股权投资	16 231	16 570	其他负债	16	16
投资性房地产			负债合计	56 887	43 975
固定资产	1 281	1 364			
无形资产	102	83	所有者权益：		
递延所得税资产	6 048	4 652	实收资本（或股本）	120 000	120 000
其他资产	366	404	资本公积	1 362	1 362
			减：库存股		
			其他综合收益	3 839	6 750
			盈余公积	16 887	11 500
			一般风险准备	3 821	2 872
			信托赔偿准备	20 257	17 564
			未分配利润	84 967	40 128
			所有者权益合计	251 133	200 176
资产总计	308 020	244 151	负债和所有者权益总计	308 020	244 151

法定代表人：朱德光　　主管会计工作的负责人：朱昌寿　　会计机构负责人：胡爱明

5.1.3 利润表

利润表

编制单位：湖南省信托有限责任公司　　2014 年度　　单位：万元

项目	本期数	上年同期数
一、营业收入	92 902	87 432
利息净收入	3 881	4 531
利息收入	3 982	4 625
其中：金融企业往来利息收入	304	976
利息支出	101	93
手续费及佣金净收入	70 292	71 080
其中：信托报酬收入	70 132	70 918
手续费及佣金支出		
投资收益（损失以"－"号填列）	17 467	11 873
其中：对联营企业和合营企业的投资收益		
加：公允价值变动收益（损失以"－"号填列）	1 262	−51
汇兑收益		−1
其他业务收入		
二、营业成本	21 599	24 947
营业税金及附加	4 814	4 277
业务及管理费	12 548	14 183
资产减值损失	3 054	5 337
其他业务支出	1 183	1 150
三、营业利润（亏损以"－"号填列）	71 303	62 485
加：营业外收入	208	195
其中：非流动资产处置利得	25	
减：营业外支出	528	32
其中：非流动资产处置损失		
四、利润总额（亏损总额以"－"号填列）	70 983	62 648
减：所得税费用	17 115	13 373
五、净利润（净亏损以"－"号填列）	53 868	49 275
六、其他综合收益的税后净额	−2 911	−1 726
（一）以后不能重分类进损益的其他综合收益		
其中：重新计量设定受益计划净负债或净资产的变动		
权益法下在被投资单位不能重分类进损益的其他综合收益中享有的份额		
（二）以后将重分类进损益的其他综合收益	−2 911	−1 726
其中：权益法下在被投资单位以后将重分类进损益的其他综合收益中享有的份额	−2 911	−1 726
可供出售金融资产公允价值变动损益		
持有至到期投资重分类为可供出售金融资产损益		
现金流量套期损益的有效部分		
外币财务报表折算差额		
七、综合收益总额	50 957	47 549

法定代表人：朱德光　　主管会计工作的负责人：朱昌寿　　会计机构负责人：胡爱明

5.1.4 所有者权益变动表

所有者权益变动表

编制单位：湖南省信托有限责任公司　　2014 年度　　单位：万元

项　目	本年金额								上期数							
	股本	资本公积	其他综合收益	盈余公积	信托赔偿准备	一般风险准备	未分配利润	所有者权益合计	股本	资本公积	其他综合收益	盈余公积	信托赔偿准备	一般风险准备	未分配利润	所有者权益合计
一、上年末余额	120 000	1 362	6 750	11 500	17 564	2 872	40 128	200 176	70 000	1 362	8 476	6 573	15 100	1 080	30 036	132 627
加：会计政策变更																
前期差错更正																
其他																
二、本年初余额	120 000	1 362	6 750	11 500	17 564	2 872	40 128	200 176	70 000	1 362	8 476	6 573	15 100	1 080	30 036	132 627
三、本期增减变动金额（减少以“－”号填列）			−2 911	5 387	2 693	949	44 839	50 957	50 000		−1 726	4 927	2 464	1 792	10 092	67 549
（一）综合收益总额			−2 911				53 868	50 957			−1 726				49 275	47 549
（二）所有者投入和减少资本									50 000							50 000
1. 所有者投入资本									50 000							50 000
2. 股份支付计入所有者权益的金额																
3. 其他																
（三）利润分配				5 387	2 693	949	−9 029					4 927	2 464	1 792	−39 183	−30 000
1. 提取盈余公积				5 387			−5 387					4 927			−4 927	
2. 提取一般风险准备						949	−949							1 792	−1 792	
3. 对所有者（或股东）的分配															−30 000	−30 000
4. 提取信托赔偿准备					2 693		−2 693						2 464		−2 464	
（四）所有者权益内部结转																
1. 资本公积转增资本（或股本）																
2. 盈余公积转增资本（或股本）																
3. 盈余公积弥补亏损																
4. 其他																
（五）专项储备																
1. 本期提取																
2. 本期使用																
（六）其他																
四、本期末余额	120 000	1 362	3 839	16 887	20 257	3 821	84 967	251 133	120 000	1 362	6 750	11 500	17 564	2 872	40 128	200 176

法定代表人：朱德光　　主管会计工作的负责人：朱昌寿　　会计机构负责人：胡爱明

5.2 信托资产

5.2.1 信托项目资产负债汇总表

编制单位：湖南省信托有限责任公司　　2014年12月31日　　单位：万元

信托资产	期末数	年初数	信托负债和信托权益	期末数	年初数
信托资产	—	—	一、信托负债	—	—
货币资金	69 470	56 151	交易性金融负债		
拆出资金			衍生金融负债		
存出保证金			应付受托人报酬	7 063	5 834
交易性金融资产	22 136	3 072	应付托管费	5	
衍生金融资产			应付受益人收益	782	4 299
买入返售金融资产	8		应交税费		
应收款项	70 139	56 450	应付销售服务费		
发放贷款	5 128 408	5 325 289	其他应付款项	49 306	12 003
可供出售金融资产			其他负债		
持有至到期投资	1 266 704	1 010 954			
长期应收款			信托负债合计	57 156	22 136
长期股权投资	194 582	191 908			
投资性房地产			二、信托权益		
固定资产			实收信托	6 624 492	6 567 178
无形资产			资本公积		
长期待摊费用			外币报表折算差额		
其他资产			未分配利润	69 799	54 510
减：各项资产减值准备			信托权益合计	6 694 291	6 621 688
信托资产总计	6 751 447	6 643 824	信托负债和信托权益总计	6 751 447	6 643 824

公司负责人：朱德光　　财务负责人：朱昌寿　　会计人员：唐亚

5.2.2 信托项目利润及利润分配汇总表

编制单位：湖南省信托有限责任公司　2013年度　　单位：万元

项　　目	本年数	上年数
1. 营业收入	710 464	653 621
1.1 利息收入	560 648	468 361
1.2 投资收益（损失以“－”号填列）	149 659	171 690
1.2.1 其中：对联营企业和合营企业的投资收益		
1.3 公允价值变动收益（损失以“－”号填列）		
1.4 租赁收入		
1.5 汇兑损益（损失以“－”号填列）		
1.6 其他收入	157	13 570
2. 支出	106 034	104 793
2.1 营业税金及附加		
2.2 受托人报酬	61 869	56 059
2.3 托管费	25 030	10 452
2.4 投资管理费	13 136	30 468
2.5 销售服务费	404	4 111
2.6 交易费用		
2.7 资产减值损失		
2.8 其他费用	5595	3703
3. 信托净利润（净亏损以“－”号填列）	604 430	548 828
4. 其他综合收益		
5. 综合收益	604 430	548 828

续表

项　　目	本年数	上年数
6. 加：期初未分配信托利润	54 510	43 424
7. 可供分配的信托利润	658 940	592 252
8. 减：本期已分配信托利润	589 141	537 742
9. 期末未分配信托利润	69 799	54 510

公司负责人：朱德光　　财务负责人：朱昌寿　　会计人员：唐亚

6. 会计报表附注

6.1 简要说明报告年度会计报表编制基准、会计政策、会计估算和核算方法的变化

无。

6.2 或有事项说明

无。

6.3 重要资产转让及其出售的说明

无。

6.4 会计报表中重要项目的明细资料

6.4.1 披露自营资产经营情况

6.4.1.1 按信用风险五级分类的结果披露信用风险资产的期初数、期末数

信用风险资产五级分类	正常类（万元）	关注类（万元）	次级类（万元）	可疑类（万元）	损失类（万元）	信用风险资产合计（万元）	不良资产合计（万元）	不良资产率（%）
期初数	87 512	8 164				95 676		
期末数	123 447	3 200				126 647		

注:不良资产合计=次级类+可疑类+损失类。

6.4.1.2 各项资产减值损失准备的期初、本期计提、本期转回、资产转让、期末数

单位:万元

	期初数	本期计提	本期转回	本期核销	期末数
贷款损失准备	2 136	3 771		2 900	3 007
一般准备					
专项准备	2 136	3 771		2 900	3 007
其他资产减值准备					
可供出售金融资产减值准备					
持有至到期投资减值准备	190		190		
长期股权投资减值准备					
坏账准备	826		528		298
投资性房地产减值准备					

6.4.1.3 自营股票投资、基金投资、债券投资、股权投资等投资业务的期初数、期末数

单位:万元

	自营股票	基金	债券	长期股权投资	其他投资	合计
期初数	1 251	4 989	4 723	16 570	117 400	144 933
期末数	3 077	11 743	1 502	16 231	144 392	176 945

6.4.1.4 按投资入股金额排序,自营长期股权投资的企业名称、占被投资企业权益的比例及投资收益情况等

企业名称	占被投资企业权益的比例(%)	主要经营活动	投资收益（万元）
湖南财信创业投资有限责任公司	40%	投资管理	2 572

6.4.1.5 前四名的自营贷款的企业名称、占贷款总额的比例和还款情况等

企业名称	占贷款总额的比例(%)	还款情况
湖南华鸿财信创业投资有限公司	49.16	正常
长沙金洲新城建设投资有限公司	19.64	正常
湘潭九华经济建设投资有限公司	13.45	正常
华盛麓峰投资控股集团有限公司	13.45	正常

6.4.1.6 表外业务的期初数、期末数,按照代理业务、担保业务和其他类型表外业务分别披露

单位:万元

表外业务	期初数	期末数
担保业务	—	—
代理业务(委托业务)	—	—
其他	—	—
合计	—	—

6.4.1.7 公司当年的收入结构

收入结构	金额(万元)	占比(%)
手续费及佣金收入	70 292	75.49
其中:信托手续费收入	70 132	75.32
投资银行业务收入		
利息收入	3 881	4.17
其他业务收入		
其中:计入信托业务收入部分		
投资收益	17 467	18.76
其中:股权投资收益	5 427	5.83
证券投资收益	542	0.58
其他投资收益	11 498	12.35
公允价值变动收益	1 262	1.36
营业外收入	208	0.22
收入合计	93 110	100.00

6.4.2 披露信托资产管理情况

6.4.2.1 信托资产的期初数、期末数

单位:万元

信托资产	期初数	期末数
集合	1 828 966	2 288 518
单一	4 798 473	4 447 789
财产权	16 385	15 140
合计	6 643 824	6 751 447

6.4.2.1.1 主动管理型信托业务期初数、期末数,分证券投资、股权投资、融资、事务管理类分别披露

单位:万元

主动管理型信托资产	期初数	期末数
证券投资类	3 436	27 414
股权投资类	155 896	104 747
融资类	4 351 950	3 683 555
事务管理类	1 026 953	1 281 702
合计	5 538 235	5 097 418

6.4.2.1.2 被动管理型信托业务的信托资产期初数、期末数,分证券投资、股权投资、融资、事务管理类分别披露

单位:万元

被动管理型信托资产	期初数	期末数
证券投资类	—	—
股权投资类	—	—
融资类	359 500	259 501
事务管理类	746 089	1 394 528
合计	1 105 589	1 654 029

6.4.2.2 本年度已清算结束的信托项目个数、实收信托合计金额、加权平均实际年化收益率

6.4.2.2.1 本年度已清算结束的集合类、单一类资金信托项目和财产管理类信托项目个数、金额、加权平均实际年化收益率

已清算结束信托项目	项目个数（个）	实收信托合计金额（万元）	加权平均实际年化收益率（%）
集合类	49	563 758	8.62
单一类	65	2 264 295	9.66
财产管理类	1	1 200	0.00

6.4.2.2.2 本年度已清算结束的主动管理型信托项目个数、合计金额、加权平均实际年化收益率，分证券投资、股权投资、融资、事务管理类分别披露

已清算结束主动管理型信托项目	项目个数（个）	实收信托合计金额（万元）	加权平均实际年化信托报酬率（%）	加权平均实际年化收益率（%）
证券投资类	3	6 284	3.31	19.44
股权投资类	20	73 446	1.43	7.98
融资类	57	1 794 963	0.66	8.86
事务管理类	28	443 060	0.66	18.90

6.4.2.2.3 本年度已清算结束的被动管理型信托项目个数、合计金额、加权平均实际年化收益率，分证券投资、股权投资、融资、事务管理类分别披露

已清算结束被动管理型信托项目	项目个数（个）	实收信托合计金额（万元）	加权平均实际年化信托报酬率（%）	加权平均实际年化收益率（%）
证券投资类	—	—	—	—
股权投资类	—	—	—	—
融资类	1	100 000	0.20	6.26
事务管理类	6	411 500	0.23	7.17

6.4.2.3 本年度新增的集合类、单一类、资金信托项目和财产管理类信托项目数量、合计金额

新增信托项目	项目个数（个）	实收信托合计金额（万元）
集合类	85	977 169
单一类	75	1 905 527
财产管理类	—	—
新增合计	160	2 882 696
其中：主动管理型	137	2 061 586
被动管理型	23	821 110

6.4.2.4 信托业务创新成果及相关事项

2014年，公司发行“湘信·善达农村医疗援助公益信托计划”。湖南省政府授权湖南省卫生和计划生育委员会作为公益事业管理机构，批准本公司推出湖南省首支纯公益信托项目“湘信·善达农村医疗援助公益信托计划”（批准文号：湘卫函［2014］161号）。“湘信·善达农村医疗援助公益信托计划”受托人为湖南省信托有限责任公司，托管人为中国建设银行湖南省分行，监察人为天职国际会计师事务所湖南分所，为体现公益性，该信托计划受托人、托管人和监察人均不收取任何费用和报酬。“湘信·善达农村医疗援助公益信托计划”运作模式为向社会机构和个人募集公益资金，将资金用于援助湖南省武陵山片区、罗霄山脉等贫困地区乡镇卫生院及村级卫生室建设和医疗设备的配备，帮助和支持湖南省农村医疗卫生事业的发展，信托计划首期捐赠规模约1000万元。2014年9月26日，本公司在长沙举办“公益信托项目”发行推介会，“湘信·善达农村医疗援助公益信托计划”项目正式启动；11月18日，在湖南省怀化市辰溪县与受援建县代表签署了捐赠协议。截至2014年末，项目首批援建涉及6个县的3个乡镇卫生院、37个村卫生室的第一笔捐赠资金已经全部划拨。

6.4.2.5 本公司履行受托人义务情况及因公司自身责任而导致的信托资产损失情况（合计金额、原因等）

公司在管理信托财产的过程中，恪尽职守，履行诚实、信用、谨慎、有效管理的义务，公司没有发生损害受益人利益的情况。

报告期内公司没有发生因公司自身责任而导致的信托资产损失情况。

6.5 关联方关系及其交易的披露

6.5.1 关联交易方的数量、关联交易的总金额及关联交易的定价政策等

	关联交易方数量	关联交易金额（万元）	定价政策
合计	2	994	市场公允价格

6.5.2 关联交易方与本公司的关系性质、关联交易方的名称、法人代表、注册地址、注册资本及主营业务等

关系性质	关联方名称	法定代表人	注册地址	注册资本（亿元）	主营业务
控股股东	湖南财信投资控股有限责任公司	王红舟	长沙市天心区城南西路一号	35.44	省政府授权的国有资产投资、经营及管理，投资策划咨询、财务顾问，酒店经营与管理、房屋出租

6.5.3 本公司与关联方的重大交易事项

6.5.3.1 固有财产与关联方：贷款、投资、应收账款、担保、其他方式等期初数汇总数、本期发生额汇总数、期末汇总数

单位：万元

固有财产与关联方关联交易				
	期初数	借方发生额	贷方发生额	期末数
贷款				
投资		634	634	
租赁		360	360	
担保				
应收款项	5 000	634	562	5 072
其他				
合计	5 000	1 628	1 556	5 072

6.5.3.2 信托资产与关联方交易情况：贷款、投资、租赁、应收账款款、担保、其他方式等期初汇总数、本期发生汇总额、期末汇总数

单位：万元

信托与关联方关联交易				
	期初数	借方发生额	贷方发生额	期末数
贷款	60 000		35 000	25 000
投资	—	—		—

6.5.3.3 信托公司自有资金运用于自己管理的信托项目(固信交易)、信托公司管理的信托项目之间的相互(信信交易)交易金额,包括余额和本报告年度的发生额

6.5.3.3.1 固有财产与信托财产之间的交易金额期初汇总数、本期发生额汇总数、期末汇总数

无。

6.5.3.3.2 信托项目之间的交易金额期初汇总数、本期发生额汇总数、期末汇总数

单位:万元

信托资产与信托财产相互交易			
	期初数	本期发生额	期末数
合计	192 200	77 912	270 112

6.5.4 逐笔披露关联方逾期偿还本公司资金的详细情况以及本公司为关联方担保发生或即将发生垫款的详细情况

无。

6.6 会计制度的披露

本公司固有业务(自营业务)已于2008年1月1日起执行新的《企业会计准则》,同时所有与会计有关的内容均做出相应修改。

信托业务于2010年1月1日起执行新的《企业会计准则》,同时所有与会计有关的内容均做出相应修改。

7. 财务情况说明书

7.1 利润实现和分配情况

经天健会计师事务所(特殊普通合伙)湖南分所审计,公司2014年度实现利润总额70 983万元,所得税费用17 115万元,净利润53 868万元。公司提取法定盈余公积5 387万元,提取信托赔偿准备2 693万元,提取一般准备949万元,可供投资者分配利润44 839万元,暂不分配不转增。

7.2 主要财务指标

指标名称	指标值
资本利润率(%)	24.6
加权年化信托报酬率(%)	1
人均净利润(万元)	414

注:1. 资本利润率=净利润/所有者权益平均余额×100%,所有者权益平均余额是指评级年度内年初及各季末所有者权益余额的移动算术平均数。

2. 加权年化信托报酬率=信托业务收入/实收信托平均余额×100%,实收信托平均余额是评级年度内年初及各季末实收信托余额的移动算术平均数。

3. 人均净利润=净利润/年平均人数,年平均人数是指评级年度内年初及年末人数的简单平均数。

7.3 对本公司财务情况、经营成果有重大影响的其他事项

无。

8. 特别事项揭示

8.1 前五名股东报告期内变动情况及原因

无。

8.2 董事、监事及高级管理人员变动情况及原因

报告期内,2014年2月28日,经2014年股东会第1次临时会议拟聘任乔海曙先生担任第四届董事会独立董事;同意刘瑛女士辞去第四届监事会主席、监事职务;拟推选欧光荣先生担任第四届监事会股东代表监事,并建议担任监事会主席。相关独立董事任职资格已获得监管机构湖南银监局核准(核准文件:湘银监复[2014]138号)。

因个人工作原因,蒋民生先生辞去独立董事职务;2014年6月6日,2014年股东会第3次临时会议批准同意蒋民生先生辞去独立董事职务,拟聘任李妙和先生为第四届董事会独立董事。李妙和拟任独立董事的任职资格正按照程序报监管部门核准。

2014年10月17日,经第四届董事会第6次会议审议通过,拟聘任刘格辉先生为公司总裁。总裁任职资格已按程序报中国银监会核准(核准文件:银监复[2014]891号)。

8.3 公司的重大未决诉讼事项

无。

8.4 对会计师事务所出具的有保留意见、否定意见或无法表示意见的审计报告的,公司董事会应就所涉及事项作出说明

天健会计师事务所(特殊普通合伙)湖南分所对公司出具无保留审计意见。

8.5 公司及其董事、监事和高级管理人员受到处罚的情况

报告期内未发生公司及其董事、监事和高级管理人员受到处罚的情况。

8.6 银监会及其派出机构对公司的检查意见及其整改情况说明

报告期内,湖南银监局对公司截至2014年8月30日存续的信托业务兑付风险和合规情况进行了现场检查,并下发了《现场检查意见书》([2014]29号),公司高度重视,积极组织相关部门落实整改。整改情况如下:

一是完善制度建设,进一步加强内部管理;二是加强营销团队建设,提升营销能力;三是加强信托项目的尽职调查和后期管理;四是落实项目风控措施,加强资金监管;五是完善法律文本,加强信息披露;六是组织信托项目风险排查,切实防范兑付风险。

8.7 本年度重大事项临时报告的简要内容、披露时间、所披露的媒体及其版面

2014年12月18日,在《证券时报》B1版刊登《湖南省信托有限责任公司关于聘任总裁的公告》,经本公司第四届董事会第6次临时会议审议通过,并报经中国银行业监督管理委员会核准(核准文件:银监复[2014]891号),聘任刘格辉先生为公司总裁。

8.8 银监会及其省级派出机构认定的其他有必要让客户及相关利益人了解的重要信息

无。

9. 公司监事会意见

报告期内，公司能够认真贯彻国家法律、法规和公司章程、制度的规定，依法合规、创新转型、稳健发展，不断完善内控制度，持续强化风险管控。未发现公司董事和高级管理人员履行职务时有违反法律、法规、公司章程或损害公司利益的行为。

天健会计师事务所(特殊普通合伙)湖南分所对公司2014年度财务报告出具的审计报告所涉及事项是真实、客观、公正的；公司2014年度财务报告能够真实地反映公司的财务状况和经营成果。

报告期内未发现公司有损害受益人、股东权益或造成公司资产流失的行为。

华澳国际信托有限公司

1. 重要提示及目录

1.1 本公司董事会及董事保证本报告所载资料不存在任何虚假记载、误导性陈述或者重大遗漏,并对其内容的真实性、准确性和完整性承担个别及连带责任。

1.2 本公司全体董事出席董事会会议。

1.3 本公司设独立董事制度,独立董事朱宁、LamLee G(林家礼)在此发表独立声明,确认本报告所载资料及内容的真实性、准确性和完整性并无异议。

1.4 本公司已聘请德勤华永会计师事务所根据中国注册会计师审计准则对本公司年度财务报告进行审计,该审计机构已为本公司出具了标准无保留意见的审计报告和审计结论。

1.5 公司法定代表人及董事长张宏、主管会计工作负责人及会计部门负责人(会计主管人员)Diana Ling - Fung Jen(郑玲芳)在此声明:保证本年度报告所载财务资料和内容的真实性、准确性和完整性。

2. 公司概况

2.1 公司简介

2.1.1 历史沿革

公司原名昆明国际信托投资公司(以下简称昆国投),成立于1992年。1999年2月7日国务院办公厅作出《国务院办公厅转发中国人民银行整顿信托投资公司方案的通知》后,昆国投进入整顿阶段。2003年1月14日,经中国人民银行银函[2003]14号文件批准,昆国投得以保留并于2003年3月刊登了公司重新登记公告。2005年11月17日,昆明市财政局和北京三吉利能源股份有限公司签订了《昆明国际信托投资公司重组合作协议》,昆国投进入重组阶段。2008年10月24日,银监会《中国银监会关于昆明国际信托投资公司重组等有关问题的批复》批复了昆国投重组整体方案并同意迁往上海,公司按照批复文件精神进行了重组后续事项的变更工作。2009年8月21日,根据中国银监会上海银监局批复,公司完成了新牌照的换证工作,领取了新金融许可证。2009年5月27日,公司名称由"昆明国际信托投资公司"变更为"华澳国际信托有限公司"。2009年8月31日,上海市工商行政管理局向公司正式颁发了新企业法人营业执照,进行了公司住所变更。2009年9月1日,公司正式开业。

2.1.2 基本信息

2.1.2.1 公司法定中文名称:华澳国际信托有限公司
公司法定中文名称缩写:华澳信托
公司法定英文名称:Sino - Australian International Trust Co., Ltd.
公司英文名称缩写:SATC

2.1.2.2 公司法定代表人:张宏

2.1.2.3 注册地址:中国上海市浦东新区花园石桥路33号花旗集团大厦1702室
邮政编码:200120
公司国际互联网网址:www.huaao-trust.com
公司电子信箱:enquiry@huaao-trust.com

2.1.2.4 公司信息披露事务负责人姓名:江宇
联系电话:+862168883098
传真:+862168885995
电子信箱:hadb@huaao-trust.com

2.1.2.5 公司信息披露报纸名称:《证券时报》

2.1.2.6 公司年度报告备置地点:上海市浦东新区花园石桥路33号花旗集团大厦1702室

2.1.2.7 公司聘请的境内会计师事务所名称:德勤华永会计师事务所(特殊普通合伙)
办公地址:中国上海市延安东路222号外滩中心30楼
联系电话:+862161411830

2.1.2.8 公司聘请的境内律师事务所名称:大成律师事务所(上海办公室)
办公地址:上海市浦东新区世纪大道100号上海环球金融中心24层
联系电话:+862158785888

2.2 组织结构

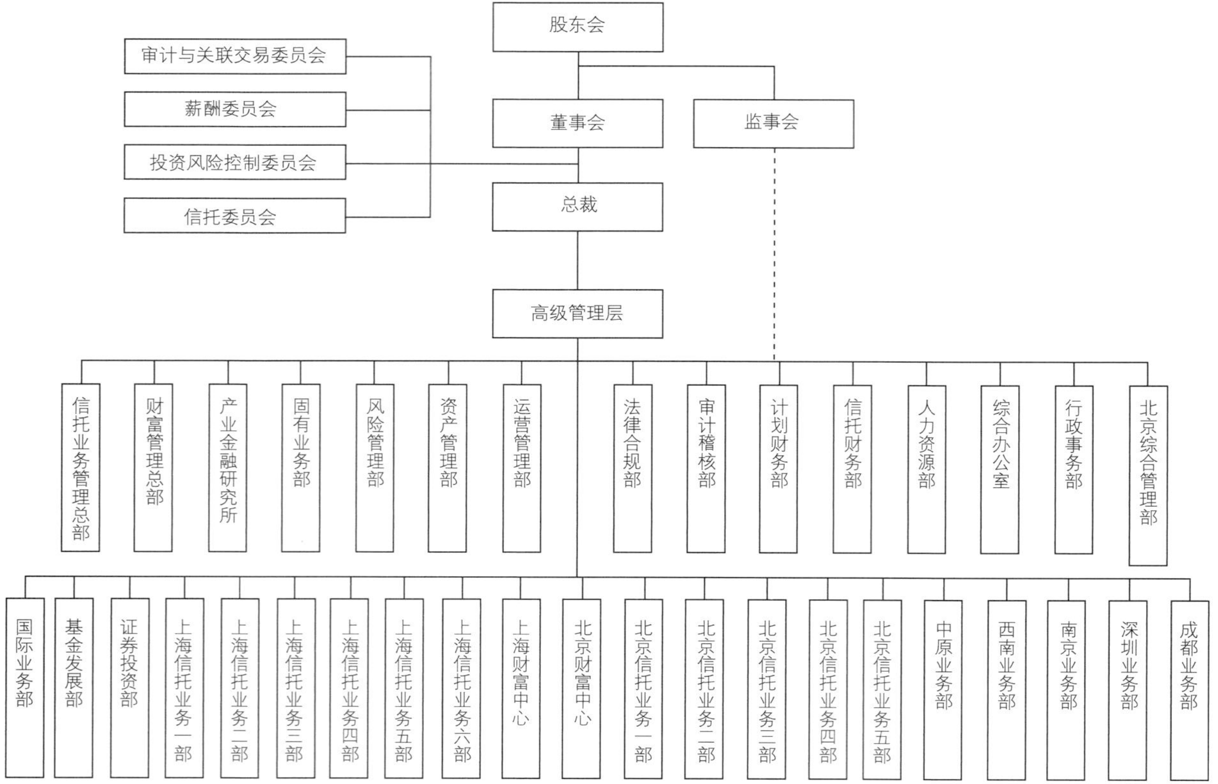

3. 公司治理

3.1 公司治理结构

3.1.1 股东

报告期末股东总数3家。

公司全部股东均持有公司10%以上（含10%）出资比例，股东名称及持股情况如下：

股东名称	持股比例（%）	法人代表	注册资本（万元）	注册地址	主要经营业务及主要财务情况
北京融达投资有限公司★	50.01	郑俊	30 000	北京市海淀区首体南路国兴家园4号楼D1三层	主要投资房地产、煤炭、化工、稀土、金融股权等
北京三吉利能源股份有限公司	30.00	余建平	96 000	北京市丰台区科学城航丰路8号231室	建设、经营电厂（站），电力及能源配套设备制造、加工、销售
麦格理资本证券股份有限公司	19.99	—	20亿港元	香港中环添美道1号中信大厦19层	证券承销、证券经纪、证券研究、证券配售以及全球存托凭证、美国存托凭证交易等

注：股东名称一栏中★为公司最终实际控制人；股东北京融达投资有限公司、北京三吉利能源股份有限公司之间存在关联关系。

3.1.2 董事、董事会及其下属委员会

董事长、副董事长、董事

姓名	职务	性别	年龄	选任日期	所推举的股东名称	该股东持股比例（%）	简要履历
张宏	董事长	男	54	2014年11月17日	北京融达投资有限公司	50.01	曾任北京国利能源投资有限公司副总经理、华澳国际信托有限公司监事长，拥有在财务、金融投资、资产重组及海外业务等方面丰富的管理经验；现任华澳国际信托有限公司专职董事长。

续表

姓　名	职　务	性别	年龄	选任日期	所推举的股东名称	该股东持股比例(%)	简　要　履　历
余建平	董事	男	58	2013 年 3 月 25 日	北京三吉利能源股份有限公司	30.00	北京国利能源投资有限公司董事长、总经理、党委书记，先后在北京国利能源投资有限公司，北京三吉利能源公司及北京三吉利能源股份公司担任总经理、董事长等职务。
Alexander Harms Harvey	董事	男	43	2013 年 3 月 25 日	麦格理资本证券股份有限公司	19.99	1999 年从 Bankers Trust 加入麦格理，在金融服务行业拥有多年经验，领导过澳大利亚、亚洲、欧洲和美国的股权、债务和顾问交易；曾在麦格理资本担任电信、媒体、娱乐和科技部(TMET)的全球主管，同时还是麦格理资本运营委员会成员；担任 TMET 集团全球主管之前，是麦格理媒体集团董事总经理，领导了该集团的创建及其首次公开发行；现任麦格理亚洲区业务的首席执行官，是麦格理资本直投委员会成员。
Richard Fairbairn Young	董事	男	45	2013 年 3 月 25 日	麦格理资本证券股份有限公司	19.99	澳大利亚注册会计师，在电讯、媒体、科技行业的企业融资方面拥有多年从业经验，曾就职于普华永道、荷兰银行等著名机构，曾担任麦格理集团董事总经理，曾任华澳国际信托有限公司首席运营官、首席财务官。
田　英	董事	女	49	2013 年 3 月 25 日	北京三吉利能源股份有限公司	30.00	历任北京三吉利能源股份有限公司总会计师，现任北京三吉利能源股份有限公司副总经理。

独立董事

姓　名	所在单位及职务	性别	年龄	选任日期	所推举的股东名称	该股东持股比例(%)	简　要　履　历
朱　宁	上海高级金融学院副院长、金融学教授、美国耶鲁大学国际金融中心教授研究员、美国加州大学和北京大学光华管理学院特聘金融教授。	男	41	2013 年 3 月 25 日	北京三吉利能源股份有限公司	30	曾担任雷曼兄弟和野村证券投资研究高级主管，负责拓展企业在亚太区域的股票交易业务，其研究涉足投资、公司财务、行为金融及金融法的研究，著有数十篇学术论文，其中多篇发表在国际一流金融、管理及法律期刊。
Lam Lee G (林家礼)	国际投资管理公司	男	55	2013 年 3 月 25 日	麦格理资本证券股份有限公司	19.99	曾任正大企业国际有限公司行政总裁兼副董事长、中银国际控股董事总经理兼投资银行部副董事长、中银国际亚洲董事总经理、新加坡科技电信媒体业务执行董事、美国海德思哲国际咨询公司全球华人业务首席合伙人、欧洲 MIC 移动电话公司亚太区行政总裁、美国科尔尼国际管理顾问公司大中华地区首席合伙人、大东电报局/香港电讯有限公司总经理，现任 LeeG. Lam Associates Inc 国际投资管理公司董事长。

董事会下属委员会

董事会下属委员会名称	职责	组成人员姓名	职务
信托委员会	1. 审议公司的受托业务，审批公司集合资金信托计划报告； 2. 督促公司依法履行受托职责； 3. 对所有集合资金信托计划相关事务行使诚信原则； 4. 为信托资金受益人最大利益服务； 5. 确保公司以一般谨慎于常人应当采取的审慎态度、尽职程度、技术能力进行资金管理； 6. 监督保证信托资金资产相对于其他资金资产的独立性； 7. 保证解释交易以及资金财务记录的会计账目的准确性以及可获取性。	LamLee G(林家礼)	独立董事
		田英	董事
		Richard Fairbairn Young	董事
薪酬委员会	研究和审查公司薪酬政策与方案。	余建平	董事
		Alexander Harms Harvey	董事
		LamLee G(林家礼)	独立董事
审计和关联交易委员会	1. 根据国家金融政策、市场情况和公司发展方向，制定重点业务管理及经营风险的防范与控制措施； 2. 负责督促公司依法履行董事会赋予的职责，对公司执行经董事会批准的年度经营计划的过程及结果进行监督和审计； 3. 对公司合规、合法运营进行审计和监督； 4. 对会计报表、会计账目及相关材料进行审计，审查财务收支的真实性、合法性、效益性； 5. 审议董事会不时要求的其他事项； 6. 评估审计报告中所提出的相关问题以及行动建议； 7. 审批审计工作计划； 8. 评估审计团队的工作表现； 9. 参与评估审计稽核部的工作绩效。	朱　宁	独立董事
		田英	董事
		Christian Gray Drysdale	监事

3.1.3 监事、监事会及其下属委员会

监事会成员

姓 名	职 务	性别	年龄	选任日期	所推举的股东名称	该股东持股比例(%)	简 要 履 历
刘汉平	监事长	男	53	2014 年 7 月 10 日	北京融达投资有限公司	50.01	先后在北京三吉利能源股份有限公司担任审计室主任、经营计划部经理等职务，曾任北京国利能源投资有限公司总经理助理兼监察审计部经理、北京国利能源投资有限公司总经理助理，现任华澳国际信托有限公司专职监事长。
Christian Gray Drysdale	监事	男	41	2013 年 3 月 25 日	麦格理资本证券股份有限公司	19.99	现任麦格理集团亚洲区业务的董事总经理，曾就职于毕马威会计事务所和麦格理印度，拥有澳大利亚注册会计师资质，有着超过 13 年的金融从业经验，擅长产业分析和亚洲市场进入战略等，熟悉亚洲各国的金融税务及法律，有着证券投资及衍生产品、资产管理、金融投资等方面丰富的从业经验。
彭烴烴	职工监事	女	33	2014 年 12 月 17 日			曾任安永华明会计师事务所上海分所审计咨询部高级审计咨询师、平安保险（集团）股份有限公司集团稽核监察部高级稽核经理，拥有丰富的财务、金融及审计稽核等方面的从业经验，现任华澳国际信托有限公司审计稽核部副总经理（主持工作）。

本报告期公司监事会暂未下设专业委员会。

3.1.4 高级管理人员

姓名	职务	性别	年龄	选任日期	金融从业年限	学历	专业	简 要 履 历
杨自理	总裁	男	49	2014 年 11 月 17 日	19	硕士	国际金融	曾先后担任中国对外经济贸易信托有限公司、中国民生信托有限公司总经理、总裁职务，具备极为丰富的信托资本运作、财富管理、运营管理等行业经验。
Diana Ling－Fung Jen（郑玲芳）	首席财务官	女	52	2013 年 3 月 25 日	10	硕士	税法学	曾任职于普华永道会计师事务所在芝加哥、北京、上海和广州的分公司，香港创业板上市的长达科技控股有限公司以及在亚太区享有盛誉的里昂证券有限公司，精通境内和国外的会计和税务法规、对重组规划、融资渠道和方式、财务管理及控制等有很好的国际财务管理工作的先进经验。
范 华	副总裁	女	48	2014 年 12 月 9 日	26	本科	货币银行学	曾任职于中国银行、中国光大银行、中国对外经济贸易信托有限公司，精通金融行业财富管理领域。
杨宇浩	副总裁	男	43	2014 年 9 月 2 日	18	硕士	工商管理	曾任职于浦发银行、苏格兰皇家银行、四大会计师事务所德勤华永、国际投行摩根士丹利，拥有丰富的金融行业、风险管理、咨询管理方面的背景和从业经验。
高杰	首席风控官	女	40	2014 年 9 月 2 日	10	硕士	管理科学与工程	曾任中泰信托投资发展有限责任公司稽核审计部总经理、平安资产管理有限责任公司审计负责人等职，拥有丰富的金融、风控及管理方面的背景和从业经验。

3.1.5 公司员工

本报告期公司在岗员工 203 人。

项目		报告期年度		2013 年末	
		人数（人）	比例（%）	人数（人）	比例（%）
年龄分布	25 岁以下	4	2	6	4
	25～29 岁	73	36	45	29
	30～39 岁	105	52	85	54
	40 岁以上	21	10	21	13
学历分布	博士	1	1	1	1
	硕士	66	42	66	42
	本科	86	55	86	55
	专科	4	2	4	2
	其他				
岗位分布	董事、监事及高管人员	7	3	5	3
	自营业务人员	3	1	2	1
	信托业务人员	64	33	65	42
	其他人员	129	63	85	54

3.2 公司治理信息

3.2.1 年度内召开股东大会（股东会）情况

2014 年度公司共召开股东会 2 次，各次会议审议通过决议如下：

会议日期	会议名称	决议内容
2014 年 4 月 10 日	2014 年第一次股东会	1. 通过《华澳信托 2013 年度工作总结和 2014 年度工作计划》； 2. 通过《华澳信托 2013 年度审计报告及财务报表》； 3. 通过《华澳信托 2013 年度监事会工作报告》。
2014 年 7 月 10 日	2014 年第二次股东会	通过《华澳信托董事、监事调整的议案》。

3.2.2 董事会及其下属委员会履行职责情况

3.2.2.1 董事会会议情况及决议内容

2014 年度公司共召开董事会 4 次：

会议日期	会议名称	决议内容
2014 年 4 月 10 日	二届四次董事会	1. 通过《华澳信托 2013 年度工作总结和 2014 年度工作计划》； 2. 通过《华澳信托 2013 年度经营管理情况内部审计报告》、《华澳信托 2013 年度合规和关联交易情况报告》、《华澳信托 2013 年度内部控制评价报告》； 3. 通过《华澳信托 2013 年度合规风险评估报告》； 4. 通过《华澳信托 2013 年度案防工作自我评估报告》； 5. 通过《华澳信托 2013 年度审计报告及财务报表》； 6. 通过《华澳信托 2013 年年度报告》； 7. 通过《华澳信托高管调整方案》； 8. 通过《组建临时执行委员会方案》； 9. 通过《投资风险控制委员会组成人员调整方案》。
2014 年 7 月 10 日	2014 年第一次临时董事会	通过《华澳信托选举董事长及高管调整的议案》。
2014 年 9 月 2 日	2014 年第二次临时董事会	通过《调整高管及执行委员的议案》。
2014 年 9 月 22 日	2014 年第三次临时董事会	通过《调整高管及执行委员的议案》。

3.2.2.2　董事会对股东大会决议及授权事项的执行情况

公司自重新登记并开业以来，董事会严格遵照公司章程确定的治理结构履行职责，逐项并审慎地执行股东会的各项决议，董事会对股东会各项决议的落实均符合《信托法》、《信托公司治理指引》等有关公司治理和内部控制的规范要求，各项决议在执行过程中均依法规范操作，未发生延误或无法执行的情况。

3.2.2.3　董事会下设委员会相关履职情况

公司董事会下设信托委员会、审计和关联交易委员会、薪酬委员会，均严格按照《信托公司治理准则》、公司章程，公司制定的各委员会议事规则以及董事会授权内容，认真履行职责，不断建立健全治理结构。

3.2.2.4　公司独立董事履职情况

本报告年度内公司召开的董事会会议均有独立董事到场出席，对董事会各项审议议题已做出独立判断并提出意见。对公司管理状况、战略发展、财务结构等涉及公司整体经营状况的信息持续跟踪并关注，提出独立、专业的建议。

3.2.3　监事会及其下属委员会履行职责情况

3.2.3.1　监事会会议情况及决议内容

2014 年度公司共召开监事会 2 次：

会议日期	会议名称	决议内容
2014 年 4 月 10 日	二届三次监事会	1. 通过《华澳信托 2013 年度工作总结和 2014 年度工作计划》； 2. 通过《华澳信托 2013 年度经营管理情况内部审计报告》（草案）、《华澳信托 2013 年度合规和关联交易情况报告》、《华澳信托 2013 年度内部控制情况报告》； 3. 通过《华澳信托 2013 年度合规风险评估报告》； 4. 通过《华澳信托 2013 年度案防工作自我评估报告》； 5. 通过《华澳信托 2013 年度监事会工作报告》。
2014 年 7 月 10 日	2014 年第一次临时监事会	通过《华澳信托选举监事长的议案》。

3.2.3.2　监事会履职情况

监事会严格按照制度规定履行职责，年度内按时召开监事会、列席公司当年召开的董事会会议，根据有关法律、法规，监督检查了公司依法运作、重大决策、重大经营活动情况及财务状况等。

3.2.3.3　监事会的独立意见

报告年度内，公司各项业务的开展均履行了合规审查流程和内部审批流程，未见违法违规、损害股东利益、公司利益、信托受益人利益的经营行为。公司董事、高级管理层严格按照《信托法》、《公司法》、《信托公司治理指引》等法律法规和内部控制规范依法经营，未见违反法律、法规、公司章程或损害公司利益的行为。

公司聘请的德勤华永会计师事务所依法对 2014 年公司财务状况进行审计并出具了标准无保留报告，真实地反映了公司的财务状况和经营成果。

3.2.4　高级管理人员履职情况

公司高级管理人员在公司章程和董事会授权范围内，认真学习和领会监管部门各项法规政策，坚持“团结、诚信、高效、创新”的企业精神，勤勉进取、开拓创新、团结协作，未出现违反法律、法规、公司章程或损害公司利益的行为。报告期内，经过一年的努力，公司在信托资产管理规模、信托业务收入等主要经营指标整体稳定发展，在市场上获得了一定认可。

4. 经营管理

4.1　经营目标、方针、战略规划

4.1.1　经营目标

建立可持续发展的资产管理模式，培育持续稳定的盈利能力，打造核心竞争力，成为行业领先者。

4.1.2　经营方针

以人力资源为核心，坚定不移地贯彻专业化、差异化策略，由专注到专业，不断完善产品系列和服务体系。

4.1.3　战略规划

本公司依托中方股东的本土优势及外方股东多年在国际金融市场的成功管理经验，秉承“为客户提供优质专业的产品和服务，为股东创造合理、可持续的投资回报，为员工搭建坚实、和谐的事业发展平台”的使命，通过“聚焦重点客户、提供综合服务、完善产品线、强化战略合作、加强客户需求挖掘”五大战略重点的实施，提高主动管理能力和信托报酬率，保持公司持续稳定的盈利能力。

4.2 经营业务的主要内容

4.2.1 公司主营业务

公司目前主要以信托为主营业务，在确保风险可控基础上适当开展自营金融业务。

信托业务方面，公司贯彻落实监管部门指导精神，注重培养和提升主动管理能力，积极发展与各优质客户之间紧密持久的战略合作关系，确保信托产品的高起点、精品化。在确保传统信托产品为业务本原的基础上，稳健开展投资类信托、准资产证券化（财产权信托）等信托业务，并逐步加大信托产品创新力度，积极拓展信托业务领域，丰富信托业务品种，在供应链金融、中小企业发展基金、资本市场、基础设施、房地产、新兴农业、高科技、传媒、并购等领域不断提升和拓展，在顺应国家产业政策导向的前提下，着力打造公司独具特色的信托产品，以满足高端客户的投资需求。

今后，配合公司增资及依托外方股东国际金融方面的优势背景逐步申请开展企业年金、QDII、PE等以资产管理为内在核心竞争力驱动的主动管理型信托业务，着力发展非标资产证券化、投资类业务以及家族信托业务，实现业务战略转型。

固有业务方面主要包括：(1)贷款类业务。贷款类业务是提高固有资金运营效率的重要手段，公司通过对贷款结构、期限、规模的动态调整和优化，积极把握各类行业领域孕育的投资机会，从客户资源、渠道资源、项目资源等方面为信托主业提供有力支持，同时获得风险可控的较高收益。(2)金融产品投资类业务。金融产品投资类业务较为灵活，可根据公司当期资金情况，提高资金使用效率。当配比不同种类的金融产品时，可降低投资组合风险。同时在风险相对较低的情况下可获得可观收益。目前，金融产品投资类业务主要包括购买信托产品和信贷资产转让。(3)固定收益业务。固定收益业务对公司在优化固有资产投资结构、提升固有资产运营效率等方面发挥着重要作用。公司以确保资金的安全性和资产的流动性为原则，通过对固定收益市场和相关投资品种的深入研究，根据市场环境的变化动态调整和优化资产配置结构，构成稳健的投资组合，获取固定收益。

4.2.2 资产组合与分布

自营资产运用与分布表

资产运用	金额（万元）	占比（%）	资产分布	金额（万元）	占比（%）
货币资产	45 086	28.03	基础产业	—	—
贷款	51 990	32.33	房地产业	4 000	2.49
交易性金融资产	3 282	2.04	证券市场	—	—
可供出售金融资产	28 384	17.65	工商企业	47 990	29.84
应收款项类投资	11 000	6.84	金融机构	87 752	54.56
长期股权投资	—	—	其他	21 085	13.11
其他	21 085	13.11			
资产总计	160 827	100.00	资产总计	160 827	100.00

信托资产运用与分布表

资产运用	金额（万元）	占比（%）	资产分布	金额（万元）	占比（%）
货币资金	23 516.22	0.54	房地产	234 278.61	5.35
交易性金融资产	1 939.70	0.04	工商企业	2 298 455.30	52.53
买入返售金融资产	610 073.00	13.94	基础产业	1 510 452.94	34.52
应收款项	45 288.13	1.03	金融机构	86 038.63	1.97
贷款	3 136 613.19	71.68	证券	2 312.80	0.05
可供出售金融资产	222 463.50	5.08	其他	244 292.22	5.58
长期应收款	111 846.75	2.56			
长期股权投资	224 090.00	5.12			
合计	4 375 830.49	100.00	合计	4 375 830.49	100.00

4.3 市场分析

截至2014年末，华澳信托资产管理规模达434亿元，客户总数超过5 000人。2014年的资产管理规模较2013年减少71.3636亿元，新增客户数1 100人。从存续受托资金的投资方向看，工商企业类产品占65.54%、基础产业类信托占27.07%、地产类占5.35%，金融市场信托产品占0.05%、其他占1.98%；从资金投向区域来看，存量业务中，河南(17.55%)、福建(17.20%)、江苏(15.10%)、上海(10.46%)四个地区的占比都在10%以上；从存续项目类型来看，单一290亿元(66.82%)、集合144亿元(34.18%)。

2015年，华澳信托为丰富“臻财富”品牌，将全面推出“臻融、臻鑫、臻诚、臻信、臻享”等不同系列产品，涵盖了货币基金、并购基金、公益信托等多种投资渠道，满足客户多种投资需求的同时在未来产品的设计上，将根据客户的需求量身定制资产配置方案，进而从单一的产品销售，到资产配置再到家族传承，全面构建“华澳·臻财富”财富管理品牌、从而提升华澳特色的可持续竞争优势。

4.4 内部控制

4.4.1 内部控制环境和内部控制文化

公司高级管理层始终坚持内控优先的风险管理理念，并强调公司各部门和岗位对内控和风险管理的重视。

为进一步提高内部控制水平，防范经营风险，保障公司体系安全稳健运行，2014年，公司持续推进内控建设工作，明确内部控制目标和原则，通过开展合规培训、组织反洗钱宣传教育以及定期发布合规专刊等活动，加强员工风险防范意识。总体来说，公司十分重视内控建设，并通过对现行内控体制的定期评估和修改，不断完善内控体系。

4.4.2 内部控制措施

公司从组织架构调整、制度梳理和完善、自我风险评估体系建立、IT系统优化等方面加强内部控制管理，本报告期内采取的具体内部控制措施主要包括：

进一步调整和优化组织架构体系，梳理、调整岗位职责。本报告期内，公司已调整和优化组织架构，增设综合办公室和资产管理部，调整风险管理部人员配置，进一步加强了综合管理和业务风险管理职能。

持续梳理、完善制度。在梳理各项生效制度或办法基础上，结合公司经营管理情况。在制度完善计划的基础上，本报告期内新增、修订、下发业务类和管理类制度共计 52 项，废除旧制度 5 项。

完善自我风险评估体系，增强自我识别、自我控制风险的能力。本报告期内，各业务条线已开展年度自我风险评估工作，识别更新了主要风险事项和关键风险指标（KRI），并完善了自我风险评估体系。

不断加强 IT 系统建设。本报告期内，公司上线了业务一体化信息（BIP）系统，进一步推进业务流程中的规范化，强化了内部控制的准确性和可追溯性。

强化内部监督制约机制、完善责任追究制度体系。通过加强合规宣导、加大审计监督和处罚力度，制定有关责任追究制度，构筑牢固的内部监督防范体系。

完善内部控制报告制度。公司定期评估内部控制效果，并形成年度内部控制报告。

4.4.3 信息交流与反馈

公司建立了较为完善的信息交流与反馈制度。

在信息传达方面，公司建立了定期的信息更新和普及机制，确保将最新的法律法规、监管要求、信托行业及本单位的经营和风险状况通过 OA 系统或专题会议形式及时传递给各级员工。

在信息报告方面，公司建立了明确的信息报告机制，确保各部门及岗位将经营过程中存在的重大问题及时向高级管理层、董事会、监事会和相关监管部门报告。

在外部沟通方面，公司严格遵循监管要求，与银监会、人民银行等监管部门建立了完备的沟通和报告制度，及时就公司的经营情况、风险状况、内外部审计情况等向监管部门报告。

在部门间工作协调方面，公司相关部门间已经形成定期协商会制度，定期协商、沟通业务项目风险管理情况和有关问题等。

4.4.4 监督评价与纠正

公司设置了审计稽核部，对公司各职能部门的业务活动、财务收支及经营管理活动的真实性、合法性、效益性和资产安全性、完整性、保值增值性等方面进行监督、检查和评价，并直接向审计和关联交易委员会报告，具有充分的独立性。

审计稽核部根据需要进行常规审计、专项审计和项目稽核。常规审计每年至少进行一次，专项审计针对特定领域或风险较高的业务不定期开展，项目稽核针对各业务项目，保证按监管要求对集合信托计划实施 100% 终止审计。内部审计以管理建议书的形式汇总审计发现的问题、提出改进意见、追踪意见落实情况，以及时、全面、准确地发现和更正公司内控体系中可能存在的问题和隐患。项目稽核以稽核报告的形式对项目的合规风险、操作风险、市场风险等提出独立意见和建议，对项目风险进行防范和监督。

4.5 风险管理

4.5.1 风险管理概况

公司风险管理的宗旨：公司风险管理以保护委托人/受益人和股东最大利益为宗旨。（1）风险管理是公司整体经营和各项业务稳健持续发展的保障。（2）董事会和公司最高管理层对风险的识别和管理负最终责任。（3）分工明确、相互制约的组织架构是公司风险管理的前提。（4）完善的制度体系建设是风险管理的基础。

公司风险管理的总体目标：（1）提升公司经营管理效果，促进经营和业务积极稳健发展。（2）确保公司经营合法合规以及公司内部规章制度得以贯彻执行。（3）确保将公司经营和业务风险控制在与公司总体目标相适应并可承受的范围内。（4）确保公司建立各类重大风险（包括但不限于法律合规风险、信用风险、市场风险、流动性风险、声誉风险、道德风险等）的防范和应急处理机制，保护公司不因灾害性风险或人为失误而遭受重大损失。（5）形成良好的风险管理文化，使全体员工不断强化风险防范和风险管理意识。

公司风险管理的原则：（1）全面性：公司风险管理应当做到事前、事中、事后控制相统一；覆盖公司的所有业务、部门和人员，渗透到决策、执行、监督、反馈等各个环节，确保不存在风险管理的空白或漏洞。（2）独立性：承担风险管理监督检查职能的部门应当独立于公司其他部门。各业务部门的业务环节应相互独立，各司其职。（3）制衡性：公司部门和岗位的设置应当权责分明、相互制衡，一线业务运作与二线管理支持及三线监督检查应适当分离。

公司风险管理的组织架构：公司积极推进全面风险管理体系建设，公司高级管理层及相关部门负责人通过参加项目评审委员会和投资风险控制委员会，评审审批公司各项业务及投资，及时了解并掌握拟开展项目的风险状况；公司将各业务部门及管理部门按前台、中台、后台进行职能分工，通过不断增加风险管理和风险控制的人力资源配置，通过不断强化全员风险管理理念，实现了从项目尽职调查到项目清算的全流程、全方位的风险防范体系。

董事会：管理并监督公司的风险偏好和风险容忍度。

投资风险控制委员会：负责提出公司经营管理过程中防范和控制风险的指导意见，监督公司风险管理的制度建设；负责审查重大业务风险；对公司风险状况和风险管理能力及水平进行评价，提出完善公司风险管理的建议。

执行委员会：负责公司战略发展规划及业务层面的管理工作；监督业务管理制度、业务流程的制定；组织开展其他日常经营管理工作。

项目评审委员会：负责对公司各项业务的评审，包括对项目合规风险、法律风险、信用风险、市场风险、流动性风险、操作风险、声誉风险等的综合审议；只有经该委员会评审通过的项目方可提交公司投资风险控制委员会审批。

风险管理部：作为公司全面风险管理的牵头协调部门，负责制定公司及各业务的风险管理政策和风险管理制度体系搭建，不断完善公司风险管理文化；依据公司的总体战略和风险偏好，制定风控规划并确定公司风险容忍度。

资产管理部：负责存续项目风险管理、房地产项目现场监管、应急处置和资产保全等工作。具体包括负责制定与公司资产管理相关的制度和管理流程；负责项目的后续风险管理、现场管理等工作；负责涉险项目的应急与危机处置、资产保全等方案的研究、策划和实施；负责存续项目的信息搜集、整理、统计分析；按照监管部门要求，协调公司各相关部门，牵头完成与风险项目处置相关的各专项及临时监管信息的报备工作，形成相关报告并向监管部门报送材料等。

审计稽核部：负责风险管理制度和流程执行的监督、审计并进行独立的风险评估；负责协助公司改进风险管理与内部控制系统；通过评价内部控制的效率与效果、促进内部控制的持续改善；对所发现的重大风险事项可直接向审计委员会及投资风险控制委员会汇报。

法律合规部：负责公司法律合规风险管理和咨询服务，对业务部门送审的项目进行法律合规风险审查，提出独立审查意见；负责牵头处理监管部门有关事务，组织案防、反洗钱相关工作；代表公司处理非诉及诉讼等相关事宜；负责促进公司合规文化建设，确保公司各项经营管理活动合法合规。

运营管理部：作为公司信托业务中后端集中运营服务的管理综合平台，主要承担对信托资产存续期的运营处理、核算估值、运营分析和监督控制等职责；负责对信托业务进行有效监督和控制，提示并及时报告风险事项、合规事项等。

信托业务管理总部：负责对公司信托业务进行统筹管理，优化资源配置，提升公司核心盈利能力，促进公司信托业务目标的达成，引领公司信托业务研究与创新；负责针对业务主要风险环节制定相应的业务操作流程。

各业务部门：对风险管理负首要责任。各业务部门负责人是项目风险的第一责任人，履行风险管理和风险控制职能，执行具体的风险管理制度。

中后台其他管理部门：除上述承担管理职能部门以外的中后台其他管理部门，在其岗位职责范围内负责风险管理的相关事务。

4.5.2 风险状况

4.5.2.1 信用风险状况

信用风险主要指交易对手不履行义务的可能性，主要表现为在信托贷款、资产回购、后续资金安排、担保、履约承诺等交易过程中，借款人、担保人、保管人（托管人）等交易对手不履行承诺，不能或不愿履行合约承诺而使信托财产和固有财产遭受潜在损失的可能性。同时，当信用风险发生时，如受托人没有尽职管理、安排预算不恰当时，或信托项目违法违规未能如期执行时，则可能会发生流动性风险。

报告期内，公司固有业务和信托业务均无不良信用资产。

2014 年末公司已按照净利润的 5% 计提了信托项目赔偿准备金，年末余额为 2 886 万元，较 2013 年增加了 760 万元；已按风险资产的 1.5% 计提了一般风险准备，年末余额 892 万元，较 2013 年增加了 60 万元。

4.5.2.2 市场风险状况

市场风险是指公司在运营过程中可能因股价、市场汇率、利率及其他商品价格因素等变动而产生的风险。具体表现为经济运作周期变化、金融市场利率波动、通货膨胀、房地产交易、证券市场变化等造成的风险，这些风险可能影响信托财产的价值及信托收益水平，也可能影响公司固有资产价值或导致损失。

报告期内，公司未发生因市场风险所造成的损失。

利率风险主要源于市场利率变动对利率敏感金融工具的公允价值或未来现金流量的影响。根据公司资金运作的实际情况，公司计息资产主要为短期同业存放及一年内到期的短期贷款，受市场利率变动的影响可控。

汇率风险指因汇率变动产生损失的风险。公司承受汇率风险主要与美元有关，除了公司资本金户外方股东麦格理资本证券股份有限公司美元出资款中尚有 522 万美元未进行结汇外，公司的其他主要业务活动以人民币计价结算。截至 2014 年末，公司认为外汇风险对公司的影响有限。公司将密切关注汇率变动对公司美元出资款外汇风险的影响，选择适当的时机逐步结汇，规避外汇风险的影响。

其他价格风险是指金融工具的公允价值受市场利率和外汇汇率以外的市场价格因素变动发生波动的风险。报告期内，公司不存在重大的其他价格风险。

4.5.2.3 操作风险状况

操作风险是指由于不完善或有问题的内部操作过程、人员、系统或外部事件而导致的直接或间接损失的风险。

公司所有从业人员均保持良好的道德意识和职业操守，未出现违法、违规、违约现象，未出现较大差错和失误，未发生责任事故。公司严格规范操作流程，严控操作风险。

4.5.2.4 其他风险状况

其他风险主要指公司业务开展中的流动性风险、道德风险和声誉风险等。流动性风险是指没有足够资金以满足到期债务支付的风险。根据公司资金运作的实际情况及对流动性的预测，公司的资本金充足，基本能应付日常的业务与投资需求，尚不需要通过外部融资应对流动性风险，因此流动性风险不大。

报告期内，公司未发生因其他风险所造成的损失。

4.5.3 风险管理状况

4.5.3.1 信用风险管理

为管理和防范信用风险，公司已建立信托项目全过程风险管理体系，风控措施覆盖项目立项、尽职调查、评审审批、发行、存续管理、清算等全过程。

风险管理部项目风险审查人员及法律合规部法律合规审查人员根据公司项目评审及风险防范相关原则，通过参与项目前期尽职调查、审核项目材料、参加项目预沟通会、优化交易方案等方式，有效识别、计量、揭示并控制项目存在的各类风险。

资产管理部存续项目管理人员通过对存续项目进行非现场监测及现场检查，持续监控存续期项目的风险状况；通过定期对交易对手及相关项目开展信用评级，评估风险等级，有效识别并计量项目风险；通过牵头编制存续项目信托季度检查报告、按月出具月度风险管理报告、出具风险提示函等方式，揭示项目风险并将公司整体风险管理状况通报公司高管层及相关人员。

不仅如此，公司还通过规范项目重大事项变更审批流程以及项目风险事件汇报路线和应急处置流程，填补现有评审审批环节的漏洞并不断优化审批流程，将授权和相互协调制约机制细化到具体经办流程中去。

2014 年，公司分别于 6 月和 11 月开展了两次对所有存续信托项目的风险排查，检查内容包括但不限于项目总体风险状况、实际运行情况，交易对手的经营及财务状况、用款情况，第一还款来源，抵押物的现场状态、价值变动及权属变化，担保方的经营财务情况、总体担保能力等。通过全面摸底，做到心中有数，防范潜在项目风险。

此外，公司还不断梳理和完善风险管理制度/办法/指引，已正式下发的制度包括：

制度/办法/指引	时间
采矿权信托业务风险管理指引	2012 年 2 月
上市公司全流通股权收益权投资业务管理暂行办法	2012 年 4 月
集团客户风险管理指引	2012 年 5 月
单一被动管理类信托业务审批管理办法(试行)	2012 年 11 月
信托融资项目尽职调查工作指引	2012 年 12 月
资产风险五级分类管理办法	2013 年 1 月
基金专户型债券投资信托业务风险管理指引(试行)	2013 年 2 月
应收账款质押转让登记管理办法	2013 年 5 月
风险管理制度	2013 年 7 月
信托业务担保管理办法	2013 年 9 月
项目重大事项变更审批管理办法(试行)	2013 年 9 月
存续项目风险管理办法	2013 年 10 月
企业信用信息基础数据库管理办法	2013 年 11 月
压力测试管理办法(试行)	2013 年 11 月
房地产信托业务后续监管操作指引(试行)	2014 年 2 月
融资类项目风险事件汇报与应急处置管理办法(试行)	2014 年 2 月
向被投资企业派驻人员管理办法	2014 年 3 月
关于存续项目风险检查情况及风险管理要求的通知	2014 年 3 月
关于确定公司 2014 年信托报酬率及变更审批的通知	2014 年 4 月
民营企业民间借贷财务尽调指引(试行)	2014 年 9 月
项目评审委员会议事规则 V4.0	2014 年 10 月
关于存续项目风险检查情况及风险管理要求的通知	2014 年 9 月
关于查询企业信用报告需取得企业签署授权书的重要通知	2014 年 10 月
关于认真开展抵质押物他项权证归档工作的通知	2014 年 11 月
关于新成立项目资料交接工作的重要通知	2014 年 11 月
房地产信托业务风险管理指引(试行)V2.0	2014 年 11 月
地方政府融资平台信托业务风险管理指引(试行)V2.0	2014 年 11 月
项目事前风险审查操作规范(试行)	2014 年 11 月
会计师和评估师事务所管理办法 V2.0	2014 年 11 月
小额信贷基金业务风险管理指引(试行)V2.0	2014 年 11 月
关于执行《项目评审员管理办法》部分条款具体要求的通知	2014 年 11 月
关于单一资金被动管理信托项目风险审查相关事项的通知	2014 年 11 月
关于调整业务审批流程有关事项的通知	2014 年 11 月
关于下发 2015 年第一季度房地产信托业务准入城市名单的通知	2014 年 12 月
关于严格执行新项目资料交接工作事项	2014 年 12 月
房地产融资信托项目尽职调查工作指引	2015 年 1 月
小额信贷基金项目尽职调查工作指引	2015 年 1 月

公司严格按照上述制度流程执行,确保执行的有效性、完整性和审慎性。

4.5.3.2　市场风险管理

公司已成立产业金融研究所,专门负责实体经济产业、特定产业的金融产品与服务的研究工作,以支持公司业务发展需要,提出指导意见。产业金融研究所依托其专业化的投研分析能力,及时获取市场信息和交易数据,为公司前台、中台、后台及时反馈和提示市场变化;定期针对特定的行业领域,发布相关研究报告,辨析其中蕴藏的投资机会和风险状况,为公司推进投资决策、利率定价和化解市场风险方面提供有效的专业化服务和建议。针对证券投资类项目的市场风险,公司通过采取结构化设计、设置预警线和平仓线、出现风险时立即要求次级受益人追加资金等措施严控风险。公司指派专人每日监控投资比例和信托单位净值变动情况,如发生风控指标异常或净值大幅度变动,及时启动相关预警和风险应急工作。为适应市场风险变化,公司适时修订证券投资信托业务的风险管理指引,并通过强化投资顾问准入及过程监控的管理要求、严格筛选合作伙伴、选择具有较强资产管理能力的私募基金公司等方法有效管理和化解市场风险。此外,公司已建立资产管理系统,为公司开展证券业务提供系统支持,并作为管理市场风险的有效技术保证。针对股权投资类项目的市场风险,通过业务创新不断拓展多元化的投资领域;加强对交易对手在其所处行业的市场竞争能力分析,准确把握资金进入时机,密切跟踪市场,及时调整投资策略;充分考虑拟投资项目筛选、评估、运营、退出中的策略、渠道和措施,注重投资项目的调研分析工作,建立充足的项目储备池,制定风险处置预案提前锁定项目退出风险;明确投资管理责任等各项措施严控风险。

4.5.3.3　操作风险管理

公司所有从业人员均具备良好的道德意识和职业操守,未出现违法、违规、违约现象,未出现较大差错和失误,未发生责任事故。公司严格规范操作流程,严控操作风险。

公司采取一系列措施规范操作流程,降低操作风险:(1)建立严格的部门职责和员工岗位职责,梳理各项业务流程和操作规程;(2)建立职责分离、相互监督制约的机制,建立严格的审核、复核程序;(3)建立规范的信息系统管理流程并配置灾备系统;(4)公司不断完善各项规章制度,使之更加完整严密。

通过在业务尽职调查、产品规范化管理、外部中介机构管控、风险监测评价、合同档案管理、信息披露等方面不断细化管理要点和规范操作流程,提升业务操作的规范化和标准化水平,消除操作风险隐患,有效管理各类操作风险。

4.5.3.4　其他风险管理

声誉风险:公司高度重视对声誉风险的管理,建立声誉风险的监控制度,定期收集公开信息对公司的相关评价报道,设有专人负责声誉风险控制,建立应对危机的应急预案和处理机制,能够妥善处理日常经营当中可能出现的声誉风险事件。

道德风险:公司通过制度设计完善内部控制机制,规范操作流程;严格执行管理制度及纪律要求;加强道德文化教育,要求员工遵纪守法,不断提高员工廉洁自律和勤勉尽职的意识;以员工为本,强调和谐共赢,不断加强企业的凝聚力和员工的归属感,使员工认识到与公司共同成长的重要性,为防范道德风险提供制度保障。

流动性风险:公司充分重视流动性风险的管理和控制,固有资产流动性充沛,信托业务在方案设计及后续管理中把流动性风险管理作为重要风险要素之一。公司不断提高识别、监测和调控头寸的能力,随着业务项目的增加,将逐步完善流动性风险管理体系的建设。财务部人员及运营管理部人员对流动性缺口进行测算;资产管理部通过发布月度风险管理报告、流动性风险提示函等方式,及时跟踪并向公司管理层汇报存续项目可能存在的流动性风险;审计稽核部通过对日常经营管理定期审计,对业务项目常规的阶段性稽核及 1 个月内到期项目的专项稽核等对流动性管理情况进行监督检查;基本具备缓解和释放信托赔偿责任风险转嫁给固有业务的流动性压力的手段和措施。

5. 报告期末及上一年度末的比较式会计报表

5.1 自营资产(会计报表已经审计)

5.1.1 会计师事务所审计意见全文

审 计 报 告

德师报(审)字(15)第 P1811 号

华澳国际信托有限公司全体股东：

我们审计了后附的华澳国际信托有限公司(以下简称贵公司)财务报表，包括 2014 年 12 月 31 日的公司及合并资产负债表、2014 年度的公司及合并利润表、公司及合并所有者权益变动表和公司及合并现金流量表以及财务报表附注。

一、管理层对财务报表的责任

编制和公允列报财务报表是贵公司管理层的责任，这种责任包括：(1)按照企业会计准则的规定编制财务报表，并使其实现公允反映；(2)设计、执行和维护必要的内部控制，以使财务报表不存在由于舞弊或错误而导致的重大错报。

二、注册会计师的责任

我们的责任是在执行审计工作的基础上对财务报表发表审计意见。我们按照中国注册会计师审计准则的规定执行了审计工作。中国注册会计师审计准则要求我们遵守中国注册会计师职业道德守则，计划和执行审计工作以对财务报表是否不存在重大错报获取合理保证。

审计工作涉及实施审计程序，以获取有关财务报表金额和披露的审计证据。选择的审计程序取决于注册会计师的判断，包括对由于舞弊或错误导致的财务报表重大错报风险的评估。在进行风险评估时，注册会计师考虑与财务报表编制和公允列报相关的内部控制，以设计恰当的审计程序，但目的并非对内部控制的有效性发表意见。审计工作还包括评价管理层选用会计政策的恰当性和作出会计估计的合理性，以及评价财务报表的总体列报。

我们相信，我们获取的审计证据是充分、适当的，为发表审计意见提供了基础。

三、审计意见

我们认为，贵公司财务报表在所有重大方面按照企业会计准则的规定编制，公允反映了贵公司 2014 年 12 月 31 日的公司及合并财务状况以及 2014 年度的公司及合并经营成果和公司及合并现金流量。

德勤华永会计师事务所(特殊普通合伙)

中国注册会计师：曾浩　李冰雯

中国·上海　　2015 年 4 月 25 日

5.1.2 资产负债表

2014 年 12 月 31 日　　单位：元

		公司合并		公司单体	
		年末余额	年初余额	年末余额	年初余额
资产：					
货币资金	1	450 861 507. 64	432 625 325. 18	448 128 266. 99	431 866 230. 86
应收利息	2	16 683 916. 49	17 271 629. 82	9 546 657. 18	7 702 310. 66
以公允价值计量且其变动计入当期损益的金融资产	3	32 816 236. 45	—	32 816 236. 45	—
可供出售金融资产	4	283 842 057. 55	166 000 000. 00	421 342 057. 55	293 500 000. 00
应收款项类投资	5	110 000 000. 00	149 000 000. 00	68 000 000. 00	79 000 000. 00
发放贷款和垫款	6	519 900 000. 00	650 000 000. 00	70 000 000. 00	150 000 000. 00
固定资产	7	5 663 274. 15	4 756 061. 08	5 663 274. 15	4 756 061. 08
无形资产	8	12 755 038. 02	12 117 514. 03	12 755 038. 02	12 117 514. 03
递延所得税资产	9	25 164 720. 66	24 267 153. 02	25 164 720. 66	24 267 153. 02
其他资产	10	150 581 473. 81	96 760 565. 56	153 797 097. 57	99 803 868. 52
资产总计		1 608 268 224. 77	1 552 798 248. 69	1 247 213 348. 57	1 103 013 138. 17
负债：					
应付职工薪酬	11	104 322 869. 07	96 063 362. 07	104 322 869. 07	96 063 362. 07
应交税费	12	61 056 078. 60	83 297 870. 26	61 056 078. 60	83 297 870. 26
其他负债	13	424 360 908. 77	508 308 257. 58	63 306 032. 57	58 523 147. 06
负债合计		589 739 856. 44	687 669 489. 91	228 684 980. 24	237 884 379. 39
所有者权益：					
实收资本	14	600 000 000. 00	600 000 000. 00	600 000 000. 00	600 000 000. 00
其他综合收益	15	1 389 750. 00	—	1 389 750. 00	—
盈余公积	16	57 713 861. 84	42 512 875. 88	57 713 861. 84	42 512 875. 88
信托赔偿准备	17	28 856 930. 92	21 256 437. 94	28 856 930. 92	21 256 437. 94
一般风险准备	18	8 920 432. 45	8 318 423. 49	8 920 432. 45	8 318 423. 49
未分配利润	19	321 647 393. 12	193 041 021. 47	321 647 393. 12	193 041 021. 47
归属于母公司所有者权益合计		1 018 528 368. 33	865 128 758. 78	1 018 528 368. 33	865 128 758. 78
少数股东权益		—	—	—	—
所有者权益合计		1 018 528 368. 33	865 128 758. 78	1 018 528 368. 33	865 128 758. 78
负债和所有者权益合计		1 608 268 224. 77	1 552 798 248. 69	1 247 213 348. 57	1 103 013 138. 17

企业负责人：杨自理　　主管会计工作负责人：Diana Ling－Fung Jen(郑玲芳)　　会计机构负责人：钱旭

5.1.3 利润表

2014 年 12 月 31 日　　单位:元

项　　目		公司合并		公司单体	
		本年余额	上年余额	本年余额	上年余额
一、营业收入		435 884 714.98	572 543 806.19	432 677 971.68	569 746 161.87
利息净收入	20	45 263 375.86	60 009 567.80	21 335 181.47	37 394 546.84
其中:利息收入		45 263 375.86	60 009 567.80	21 335 181.47	37 394 546.84
利息支出		—	—	—	—
手续费及佣金净收入	21	352 971 211.60	501 649 087.62	359 192 950.75	513 452 487.62
其中:手续费及佣金收入		355 241 306.28	516 223 437.62	361 463 045.43	528 026 837.62
手续费及佣金支出		-2 270 094.68	-14 574 350.00	-2 270 094.68	-14 574 350.00
投资收益	22	34 721 772.17	11 983 821.85	49 221 484.11	19 997 798.49
公允价值变动损益	23	2 816 236.45	—	2 816 236.45	—
汇兑收益/(损失)		112 118.90	-1 098 671.08	112 118.90	-1 098 671.08
二、营业支出		-247 931 676.20	-277 756 679.45	-244 724 932.90	-274 959 035.13
营业税金及附加	24	-20 996 092.04	-31 203 327.83	-20 996 092.04	-31 203 327.83
业务及管理费	25	-226 935 584.16	-250 390 928.52	-223 728 840.86	-247 593 284.20
资产减值转回	26	—	3 837 576.90	—	3 837 576.90
三、营业利润		187 953 038.78	294 787 126.74	187 953 038.78	294 787 126.74
加:营业外收入	27	16 773 276.88	11 937 198.15	16 773 276.88	11 937 198.15
减:营业外支出	28	-6 740.43	-1 743 420.59	-6 740.43	-1 743 420.59
四、利润总额		204 719 575.23	304 980 904.30	204 719 575.23	304 980 904.30
减:所得税费用	29	-52 709 715.68	-77 966 419.06	-52 709 715.68	-77 966 419.06
五、净利润		152 009 859.55	227 014 485.24	152 009 859.55	227 014 485.24
其中:					
归属于母公司股东的净利润		152 009 859.55	227 014 485.24	152 009 859.55	227 014 485.24
少数股东损益		—	—	—	—
六、其他综合收益		1 389 750.00	—	1 389 750.00	—
归属于母公司所有者的其他					
综合收益的税后净额		1 389 750.00	—	1 389 750.00	—
以后将重分类进损益的其他综合收益		1 389 750.00	—	1 389 750.00	—
可供出售金融资产公允价值变动		1 389 750.00	—	1 389 750.00	—
七、综合收益总额		153 399 609.55	227 014 485.24	153 399 609.55	227 014 485.24
归属于母公司股东的综合收益		153 399 609.55	227 014 485.24	153 399 609.55	227 014 485.24
归属于少数股东的综合收益总额		—	—	—	—

企业负责人:杨自理　　主管会计工作负责人:Diana Ling - Fung Jen(郑玲芳)　　会计机构负责人:钱旭

5.1.4 现金流量表

2014 年 12 月 31 日　　单位:元

	公司合并		公司单体	
	本年余额	上年余额	本年余额	上年余额
一、经营活动产生的现金流量:				
客户贷款及垫款净减少额	130 100 000.00	—	80 000 000.00	71 000 000.00
收取利息、手续费及佣金的现金	441 679 834.01	634 223 558.21	389 073 658.35	615 205 514.72
收到其他与经营活动有关的现金	65 389 646.06	91 937 496.65	65 389 646.06	91 937 198.15
经营活动现金流入小计	637 169 480.07	726 161 054.86	534 463 304.41	778 142 712.87
支付利息、手续费和佣金的现金	-3 097 854.64	-13 058 629.29	-2 270 094.68	-14 574 350.00
支付给职工以及为职工支付的现金	-128 893 475.59	-137 512 057.17	-128 893 475.59	-137 512 057.17
支付的各项税费	-97 308 417.02	-100 123 421.76	-97 308 417.02	-100 123 421.76
支付其他与经营活动有关的现金	-190 537 278.12	-142 386 357.08	-187 585 182.71	-140 785 466.37
客户贷款及垫款净增加额	—	-429 000 000.00	—	—
经营活动现金流出小计	-419 837 025.37	-822 080 465.30	-416 057 170.00	-392 995 295.30

续表

	公司合并		公司单体	
	本年余额	上年余额	本年余额	上年余额
经营活动产生的现金流量净额	217 332 454. 70	-95 919 410. 44	118 406 134. 41	385 147 417. 57
二、投资活动产生的现金流量:				
收回投资收到的现金	589 792 409. 63	370 890 000. 00	628 792 409. 63	370 890 000. 00
取得投资收益收到的现金	38 003 950. 92	12 175 671. 18	47 323 923. 90	14 650 101. 80
处置固定资产收回的现金净额	2 338. 47	2 000. 00	2 338. 47	2 000. 00
投资活动现金流入小计	627 798 699. 02	383 067 671. 18	676 118 672. 00	385 542 101. 80
投资支付的现金	-745 781 467. 18	-498 500 000. 00	-773 781 467. 18	-556 000 000. 00
购建固定资产、无形资产支付的现金	-4 593 422. 00	-10 681 711. 00	-4 593 422. 00	-10 681 711. 00
投资活动现金流出小计	-750 374 889. 18	-509 181 711. 00	-778 374 889. 18	-566 681 711. 00
投资活动产生的现金流量净额	-122 576 190. 16	-126 114 039. 82	-102 256 217. 18	-181 139 609. 20
三、筹资活动产生的现金流量:				
吸收投资所收到现金	2 000 000. 00	442 500 000. 00	—	—
筹资活动现金现金流入小计		2 000 000. 00	442 500 000. 00	
偿还债务所支付的现金	-41 000 000. 00	—	—	—
分配信托计划利润所支付的现金	-37 632 200. 98	-125 699 647. 05	—	—
分配股利支付的现金	—	—	—	-110 000 000. 00
筹资活动现金流出小计	-78 632 200. 98	-125 699 647. 05	—	-110 000 000. 00
筹资活动产生的现金流量净额	-76 632 200. 98	316 800 352. 95	—	-110 000 000. 00
四、汇率变动对现金及现金等价物的影响	112 118. 90	-1 098 671. 08	112 118. 90	-1 098 671. 08
五、现金及现金等价物净增加额	18 236 182. 46	93 668 231. 61	16 262 036. 13	92 909 137. 29
加:年初现金及现金等价物余额	432 625 325. 18	338 957 093. 57	431 866 230. 86	338 957 093. 57
六、年末现金及现金等价物余额	450 861 507. 64	432 625 325. 18	448 128 266. 99	431 866 230. 86

企业负责人:杨自理　　主管会计工作负责人:Diana Ling -Fung Jen(郑玲芳)　　会计机构负责人:钱旭

5. 1. 5　所有者权益变动表

2014 年 12 月 31 日

单位:元

	实收资本	其他综合收益	盈余公积	信托赔偿准备	一般风险准备	未分配利润	所有者权益
一、2014 年 1 月 1 日余额	600 000 000. 00	—	42 512 875. 88	21 256 437. 94	8 318 423. 49	193 041 021. 47	865 128 758. 78
二、综合收益总额	—	1 389 750. 00	—	—	—	152 009 859. 55	153 399 609. 55
三、利润分配							
1. 提取盈余公积	—	—	15 200 985. 96	—	—	-15 200 985. 96	—
2. 提取信托赔偿准备	—	—	—	7 600 492. 98	—	-7 600 492. 98	—
3. 提取一般风险准备	—	—	—	—	602 008. 96	-602 008. 96	—
4. 分配股利	—	—	—	—	—	—	—
四、2014 年 12 月 31 日余额	600 000 000. 00	1 389 750. 00	57 713 861. 84	28 856 930. 92	8 920 432. 45	321 647 393. 12	1 018 528 368. 33

2013 年 12 月 31 日

	实收资本	其他综合收益	盈余公积	信托赔偿准备	一般风险准备	未分配利润	所有者权益
一、2013 年 1 月 1 日余额	600 000 000. 00	—	19 811 427. 36	9 905 713. 68	6 777 471. 81	111 619 660. 69	748 114 273. 54
二、综合收益总额	—	—	—	—	—	227 014 485. 24	227 014 485. 24
三、利润分配							
1. 提取盈余公积	—	—	22 701 448. 52	—	—	-22 701 448. 52	—
2. 提取信托赔偿准备	—	—	—	11 350 724. 26	—	-11 350 724. 26	—
3. 提取一般风险准备	—	—	—	—	1 540 951. 68	-1 540 951. 68	—
4. 分配股利	—	—	—	—	—	-110 000 000. 00	-110 000 000. 00
四、2013 年 12 月 31 日余额	600 000 000. 00	—	42 512 875. 88	21 256 437. 94	8 318 423. 49	193 041 021. 47	865 128 758. 78

企业负责人:杨自理　　主管会计工作负责人:Diana Ling -Fung Jen(郑玲芳)　　会计机构负责人:钱旭

5.2 信托资产

5.2.1 信托项目资产负债汇总表

信托项目资产负债汇总表

2014年12月31日 单位:元

信托资产	年末数	年初数	信托负债和信托权益	年末数	年初数
信托资产:			信托负债:		
货币资金	235 162 202.77	486 849 127.07	应付受托人报酬	1 833 995.71	—
拆出资金	—	—	应付托管费	1 496.80	—
交易性金融资产	19 397 001.50	—	交易性金融负债	—	—
应收款项	452 881 306.20	1 205 361 027.40	应付受益人收益	4 710 686.39	461754.37
买入返售资产	6 100 730 000.00	6 991 550 000.00	应付销售服务费	—	—
可供出售金融资产	2 224 634 961.04	6 126 467 898.93	其他应付款项	112 317 945.78	320 422 284.82
长期应收款	1 118 467 460.28	—	卖出回购资产款	—	—
长期股权投资	2 240 900 000.00	2 338 650 000.00	内部往来	—	—
客户贷款	31 366 131 918.31	33 826 616 403.00	其他负债	—	—
应收融资租赁款	—	—	信托负债合计	118 864 124.68	320 884 039.19
固定资产	—	—	信托权益	—	—
无形资产	—	—	实收信托	43 505 802 880.35	50 642 155 000.00
长期待摊费用	—	—	资金公积	—	2 269 574.02
其他资产	—	202 950 000.00	未分配利润	133 637 845.07	213 135 843.19
内部往来	—	—	信托权益合计	43 639 440 725.42	50 857 560 417.21
信托资产总计	43 758 304 850.10	51 178 444 456.40	信托负债和信托权益总计	43 758 304 850.10	51 178 444 456.40

企业负责人:杨自理　　复核:Diana Ling - Fung Jen(郑玲芳)　　制表:秦　伟

5.2.2 信托项目利润及利润分配汇总表

信托项目利润及利润分配汇总表

编制单位:华澳国际信托投资股份有限公司　2014年　单位:元

项目	本年累计数	上年累计数
一、营业收入	4 845 515 801.70	3 456 854 419.96
1. 利息收入	4 398 360 511.99	2 105 823 247.19
2. 投资收益	446 635 878.25	1 350 772 060.44
3. 公允价值变动损益	426 652.47	
4. 租赁收入		
5. 其他收入	92 758.99	259 112.33
二、营业费用	628 325 455.19	699 659 212.61
三、营业税金及附加		
四、扣除资产减值准备前的信托利润	4 217 190 346.51	2 757 195 207.35
减:资产减值准备		
五、扣除资产减值准备后的信托利润	4 217 190 346.51	2 757 195 207.35
加:年初未分配信托利润	213 135 843.19	25 876 288.09
六、可供分配的信托利润	4 430 326 189.70	2 783 071 495.44
减:本年已分配信托利润	4 296 658 820.06	2 569 935 652.25
加:损益平准金	-29 524.57	
七、年末未分配信托利润	133 637 845.07	213 135 843.19

企业负责人:杨自理　复核:Diana Ling - Fung Jen(郑玲芳)　制表:秦伟

6. 会计报表附注

6.1 会计报表编制基准不符合会计核算基本前提的说明

本报告期会计报表编制基准不存在不符合会计核算基本前提的事项。

6.2 重要会计政策和会计估计说明

6.2.1 记账基础和计价原则

本公司会计核算以权责发生制为记账基础。除某些金融工具以公允价值计量外,本财务报表以历史成本作为计量基础。资产如果发生减值,则按照相关规定计提相应的减值准备。

在历史成本计量下,资产按照购置时支付的现金或者现金等价物的金额或者所付出的对价的公允价值计量。负债按照因承担现时义务而实际收到的款项或者资产的金额,或者承担现时义务的合同金额,或者按照日常活动中为偿还负债预期需要支付的现金或者现金等价物的金额计量。

公允价值是市场参与者在计量日发生的有序交易中,出售资产所能收到或者转移一项负债所需支付的价格。无论公允价值是可观察到的还是采用估值技术估计的,在本财务报表中计量和披露的公允价值均在此基础上予以确定。

公允价值计量基于公允价值的输入值的可观察程度以及该等输入值对公允价值计量整体的重要性,被划分为三个层次:

第一层次输入值是在计量日能够取得的相同资产或负债在活跃市场上未经调整的报价。

第二层次输入值是除第一层次输入值外相关资产或负债直接或间接可观察的输入值。

第三层次输入值是相关资产或负债的不可观察输入值。

6.2.2 合并财务报表的编制方法

合并财务报表的合并范围以控制为基础予以确定。控制是指投资方拥有对被投资方的权力，通过参与被投资方的相关活动而享有可变回报，并且有能力运用对被投资方的权力影响其回报金额。一旦相关事实和情况的变化导致上述控制定义涉及的相关要素发生了变化，本公司将进行重新评估。

合并起始于本公司获得对该结构化主体的控制权时，终止于本公司丧失对结构化主体的控制权时。

对于本公司处置的结构化主体，处置日（丧失控制权的日期）前的经营成果和现金流量已经适当地包括在合并利润表和合并现金流量表中。

结构化主体采用的主要会计政策和会计期间按照本公司统一规定的会计政策和会计期间里定。

本公司与结构化主体相互之间发生的内部交易对合并财务报表的影响于合并时抵销。

结构化主体股东权益中不属于母公司的份额作为其他投资者的权益，在合并资产负债表中以“其他负债”项目列示。结构化主体当期净损益中属于其他投资者的份额，在合并利润表中与“投资收益”抵销列示。

6.2.3 现金及现金等价物

现金是指企业库存现金以及可以随时用于支付的存款。现金等价物是指本公司持有的期限短、流动性强、易于转换为已知金额现金、价值变动风险很小的投资。

6.2.4 金融工具

在本公司成为金融工具合同的一方时确认一项金融资产或金融负债。金融资产和金融负债在初始确认时以公允价值计量。对于以公允价值计量且其变动计入当期损益的金融资产和金融负债，相关的交易费用直接计入损益；对于其他类别的金融资产和金融负债，相关交易费用计入初始确认金额。

6.2.4.1 实际利率法

实际利率法是指按照金融资产或金融负债（含一组金融资产或金融负债）的实际利率计算其摊余成本及各期利息收入或支出的方法。实际利率是指将金融资产或金融负债在预期存续期间或适用的更短期间内的未来现金流量，折现为该金融资产或金融负债当前账面价值所使用的利率。

在计算实际利率时，本公司将在考虑金融资产或金融负债所有合同条款的基础上预计未来现金流量（不考虑未来的信用损失），同时还将考虑金融资产或金融负债合同各方之间支付或收取的、属于实际利率组成部分的各项收费、交易费用及折价或溢价等。

6.2.4.2 金融资产的分类、确认和计量

金融资产在初始确认时划分为以公允价值计量且其变动计入当期损益的金融资产、持有至到期投资、贷款和应收款项以及可供出售金融资产。以常规方式买卖金融资产，按交易日会计进行确认和终止确认。

6.2.4.2.1 以公允价值计量且其变动计入当期损益的金融资产

以公允价值计量且其变动计入当期损益的金融资产包括交易性金融资产和指定为以公允价值计量且其变动计入当期损益的金融资产。

满足下列条件之一的金融资产划分为交易性金融资产：(1)取得该金融资产的目的，主要是为了近期内出售；(2)初始确认时即属于进行集中管理的可辨认金融工具组合的一部分，且有客观证据表明本公司近期采用短期获利方式对该组合进行管理；(3)属于衍生工具，但是被指定且为有效套期工具的衍生工具、属于财务担保合同的衍生工具、与在活跃市场中没有报价且其公允价值不能可靠计量的权益工具投资挂钩并须通过交付该权益工具结算的衍生工具除外。

符合下述条件之一的金融资产，在初始确认时可指定为以公允价值计量且其变动计入当期损益的金融资产：(1)该指定可以消除或明显减少由于该金融资产的计量基础不同所导致的相关利得或损失在确认或计量方面不一致的情况；(2)本公司风险管理或投资策略的正式书面文件已载明，对该金融资产所在的金融资产组合或金融资产和金融负债组合以公允价值为基础进行管理、评价并向关键管理人员报告；(3)符合条件的包含嵌入衍生工具的混合工具。

以公允价值计量且其变动计入当期损益的金融资产采用公允价值进行后续计量，公允价值变动形成的利得或损失以及与该等金融资产相关的股利和利息收入计入当期损益。

6.2.4.2.2 可供出售金融资产

可供出售金融资产包括初始确认时即被指定为可供出售的非衍生金融资产，以及除了以公允价值计量且其变动计入当期损益的金融资产、贷款和应收款项、持有至到期投资以外的金融资产。

可供出售金融资产采用公允价值进行后续计量，公允价值变动形成的利得或损失，除减值损失和外币货币性金融资产与摊余成本相关的汇兑差额计入当期损益外，确认为其他综合收益并计入资本公积，在该金融资产终止确认时转出，计入当期损益。

可供出售金融资产持有期间取得的利息及被投资单位宣告发放的现金股利，计入当期损益。

在活跃市场中没有报价且其公允价值不能可靠计量的权益工具投资，以及与该权益工具挂钩并须通过交付该权益工具结算的衍生金融资产，按照成本计量。

6.2.4.2.3 贷款和应收款项

贷款和应收款项是指在活跃市场中没有报价、回收金额固定或可确定的非衍生金融资产。本公司划分为贷款和应收款项的金融资产包括发放贷款和垫款、应收款项类投资、应收利息等。

贷款和应收款项采用实际利率法，按摊余成本进行后续计量，在终止确认、发生减值或摊销时产生的利得或损失，计入当期损益。

6.2.4.3 金融资产减值

除了以公允价值计量且其变动计入当期损益的金融资产外，本公司在每个资产负债表日对其他金融资产的账面价值进行检查，有客观证据表明金融资产发生减值的，计提减值准备。

表明金融资产发生减值的客观证据是指金融资产初始确认后实际发生的、对该金融资产的预计未来现金流量有影响，且企业能够对该影响进行可靠计量的事项。

金融资产发生减值的客观证据，包括下列可观察到的各项事项：

(1)发行方或债务人发生严重财务困难；

(2)债务人违反了合同条款，如偿付利息或本金发生违约或逾期等；

(3)本公司出于经济或法律等方面因素的考虑，对发生财务困难的债务人作出让步；

(4)债务人很可能倒闭或者进行其他财务重组；

(5)因发行方发生重大财务困难，导致金融资产无法在活跃市场继续交易；

(6)无法辨认一组金融资产中的某项资产的现金流量是否已经减少，但根据公开的数据对其进行总体评价后发现，该组金融资产自初始确认以来的预计未来现金流量确已减少且可计量，包括：该组金融资产的债务人支付能力逐步恶化，债务人所在国家或地区经济出现了可能导致该组金融资产无法支付的状况；

(7)权益工具发行人经营所处的技术、市场、经济或法律环境等发生重大不利变化，使权益工具投资人可能无法收回投资成本；

(8)权益工具投资的公允价值发生严重或非暂时性下跌；

(9)其他表明金融资产发生减值的客观证据。

6.2.4.3.1 以摊余成本计量的金融资产减值

以摊余成本计量的金融资产发生减值时，将其账面价值减记至按照该金融资产的原实际利率折现确定的预计未来现金流量(不包括尚未发生的未来信用损失)现值，减记金额确认为减值损失，计入当期损益。金融资产确认减值损失后，如有客观证据表明该金融资产价值已恢复，且客观上与确认该损失后发生的事项有关，原确认的减值损失予以转回，但金融资产转回减值损失后的账面价值不超过假定不计提减值准备情况下该金融资产在转回日的摊余成本。

本公司对单项金额重大的金融资产单独进行减值测试；对单项金额不重大的金融资产，单独进行减值测试或包括在具有类似信用风险特征的金融资产组合中进行减值测试。单独测试未发生减值的金融资产(包括单项金额重大和不重大的金融资产)，包括在具有类似信用风险特征的金融资产组合中再进行减值测试。已单项确认减值损失的金融资产，不再包括在具有类似信用风险特征的金融资产组合中进行减值测试。

6.2.4.3.2 可供出售金融资产减值

可供出售金融资产发生减值时，将原直接计入其他综合收益的因公允价值下降形成的累计损失予以转出并计入当期损益，该转出的累计损失为该资产初始取得成本扣除已收回本金和已摊销金额、当前公允价值和原已计入损益的减值损失后的余额。

在确认减值损失后，期后如有客观证据表明该金融资产价值已恢复，且客观上与确认该损失后发生的事项有关，原确认的减值损失予以转回，可供出售权益工具投资的减值损失转回确认为其他综合收益，可供出售债务工具的减值损失转回计入当期损益。

6.2.4.4 金融资产的转移

满足下列条件之一的金融资产，本公司予以终止确认：收取该金融资产现金流量的合同权利终止；该金融资产已转移，且将金融资产所有权上几乎所有的风险和报酬转移给转入方；该金融资产已转移，虽然本公司既没有转移也没有保留金融资产所有权上几乎所有的风险和报酬，但是放弃了对该金融资产的控制。

本公司既没有转移也没有保留金融资产所有权上几乎所有的风险和报酬时，如果本公司未放弃对该金融资产的控制，则按照继续涉入所转移金融资产的程度确认有关金融资产，并确认相应的负债。

金融资产整体转移满足终止确认条件的，将所转移金融资产的账面价值及因转移而收到的对价与原计入其他综合收益的公允价值变动累计额之和的差额计入当期损益。

金融资产部分转移满足终止确认条件的，将所转移金融资产的账面价值在终止确认及未终止确认部分之间按其相对的公允价值进行分摊，并将因转移而收到的对价与应分摊至终止。

确认部分的原计入其他综合收益的公允价值变动累计额之和与分摊的前述账面金额之差额计入当期损益。

6.2.4.5 金融负债分类、确认及计量

本公司将发行的金融工具根据该金融工具合同安排的实质以及金融负债和权益工具的定义确认为金融负债或权益工具。金融负债在初始确认时划分为以公允价值计量且其变动计入当期损益的金融负债和其他金融负债。本公司目前仅持有其他金融负债。

其他金融负债采用实际利率法，按摊余成本进行后续计量，终止确认或摊销产生的利得或损失计入当期损益。

6.2.4.6 金融负债的终止确认

金融负债的现时义务全部或部分已经解除的，才能终止确认该金融负债或其一部分。本公司(债务人)与债权人之间签订协议，以承担新金融负债方式替换现存金融负债，且新金融负债与现存金融负债的合同条款实质上不同的，终止确认现存金融负债，并同时确认新金融负债。

金融负债全部或部分终止确认的，将终止确认部分的账面价值与支付的对价(包括转出的非现金资产或承担的新金融负债)之间的差额，计入当期损益。

6.2.4.7 金融资产与金融负债的抵销

当本公司具有抵销已确认金融资产和金融负债的法定权利，且目前可执行该种法定权利，同时本公司计划以净额结算或同时变现该金融资产和清偿该金融负债时，金融资产和金融负债以相互抵销后的金额在资产负债表内列示。除此以外，金融资产和金融负债在资产负债表内分别列示，不予相互抵销。

6.2.5 固定资产及折旧

固定资产是指为提供劳务或经营管理而持有的，使用寿命超过一个会计年度的有形资产。

固定资产按成本进行初始计量，并考虑预计弃置费用因素的影响。固定资产从达到预定可使用状态的次月起，采用年限平均法在使用寿命内计提折旧。各类固定资产的使用寿命、预计净残值和年折旧率如下：

类别	使用寿命(年)	预计净残值率(%)	年折旧率(%)
运输设备	4年	5	23.75
电子设备	3年	5	31.67
办公设备	5年	5	19.00

预计净残值是指假定固定资产预计使用寿命已满并处于使用寿命终了时的预期状态，本公司目前从该项资产处置中获得的扣除预计处置费用后的金额。

与固定资产有关的后续支出，如果与该固定资产有关的经济利益很可能流入且其成本能可靠地计量，则计入固定资产成本，并终止确认被替换部分的账面价值，除此以外的其他后续支出，在发生时计入当期损益。

本公司至少于年度终了对固定资产的使用寿命、预计净残值和折旧方法进行复核，如发生改变则作为会计估计变更处理。

固定资产出售、转让、报废或毁损的处置收入扣除其账面价值和相关税费后的差额计入当期损益。

6.2.6 无形资产

无形资产是指本公司拥有或者控制的没有实物形态的可辨认非货币性资产。

无形资产按成本进行初始计量。使用寿命有限的无形资产自可供使用时起，对其原值在其预计使用寿命内采用直线法分期平均摊销。使用寿命不确定的无形资产不予摊销。

本公司期末，对使用寿命有限的无形资产的使用寿命和摊销方法进行复核，必要时进行调整。

6.2.7 长期待摊费用

长期待摊费用为已经发生但应由本期和以后各期负担的分摊期限在一年以上的各项费用。长期待摊费用在预计受益期间分期平均摊销。

6.2.8 非金融资产减值

本公司在每一个资产负债表日检查固定资产和使用寿命有限的无形资产是否存在可能发生减值的迹象。如果该等资产存在减值迹象，则估计其可收回金额。使用寿命不确定的无形资产和尚未达到可使用状态的无形资产，无论是否存在减值迹象，每年均进行减值测试。

估计资产的可收回金额以单项资产为基础，如果难以对单项资产的可收回金额进行估计的，则以该资产所属的资产组为基础确定资产组的可收回金额。可收回金额为资产或者资产组的公允价值减去处置费用后的净额与其预计未来现金流量的现值两者之中的较高者。

如果资产的可收回金额低于其账面价值，按其差额计提资产减值准备，并计入当期损益。

上述资产的资产减值损失一经确认，在以后会计期间不予转回。

6.2.9 预计负债

当与或有事项相关的义务是本公司承担的现时义务，且履行该义务很可能导致经济利益流出，以及该义务的金额能够可靠地计量，则确认为预计负债。

在资产负债表日，考虑与或有事项有关的风险、不确定性和货币时间价值等因素，按照履行相关现时义务所需支出的最佳估计数对预计负债进行计量。如果货币时间价值影响重大，则以预计未来现金流出折现后的金额确定最佳估计数。

如果清偿预计负债所需支出全部或部分预期由第三方补偿的，补偿金额在基本确定能够收到时，作为资产单独确认，且确认的补偿金额不超过预计负债的账面价值。

6.2.10 职工薪酬

本公司在职工为其提供服务的会计期间，将实际发生的短期薪酬确认为负债，并计入当期损益或相关资产成本。本公司发生的职工福利费，在实际发生时根据实际发生额计入当期损益或相关资产成本。职工福利费为非货币性福利的，按照公允价值计量。

本公司职工为职工缴纳的医疗保险费、工伤保险费、生育保险费等社会保险费和住房公积金，以及本公司按规定提取的工会经费和职工教育经费，在职工为本公司提供服务的会计期间，根据规定的计提基础和计提比例计算确定相应的职工薪酬金额，并确认相应负债，计入当期损益或相关资产成本。

本公司在职工为其提供服务的会计期间，将根据设定提存计划计算的应缴存金额确认为负债，并计入当期损益或相关资产成本。

本公司向职工提供辞退福利的，在下列两者孰早日确认辞退福利产生的职工薪酬负债，并计入当期损益：本公司不能单方面撤回因解除劳动关系计划或裁减建议所提供的辞退福利时；本公司确认与涉及支付辞退福利的重组相关的成本或费用时。

6.2.11 收入确认

6.2.11.1 利息收入

利息收入按照相关金融资产的摊余成本采用实际利率法确认。实际利率与合同利率差异较小的，也可按合同利率计算。

6.2.11.2 手续费及佣金收入

信托报酬收入于服务已经提供且收取的金额能够可靠地计量时，按权责发生制确认收入。

财务咨询顾问费收入于服务已经提供且收取的金额能够可靠地计量时，按权责发生制确认收入。

6.2.12 政府补助

政府补助是指本公司从政府无偿取得货币性资产和非货币性资产。政府补助在能够满足政府补助所附条件且能够收到时予以确认。

政府补助为货币性资产的，按照收到或应收的金额计量。政府补助为非货币性资产的，按照公允价值计量；公允价值不能够可靠取得的，按照名义金额计量。按照名义金额计量的政府补助，直接计入当期损益。

与资产相关的政府补助，确认为递延收益，并在相关资产的使用寿命内平均分配计入当期损益。

与收益相关的政府补助，用于补偿以后期间的相关费用和损失的，确认为递延收益，并在确认相关费用的期间计入当期损益；用于补偿已经发生的相关费用和损失的，直接计入当期损益。

6.2.13 所得税

6.2.13.1 当期所得税

资产负债表日，对于当期和以前期间形成的当期所得税负债（或资产），按照税法规定计算的预期应交纳（或返还）的所得税金额计量。

6.2.13.2 递延所得税资产及递延所得税负债

某些资产、负债项目的账面价值与其计税基础之间的差额,以及未作为资产和负债确认但按照税法规定可以确定其计税基础的项目的账面价值与计税基础之间的差额产生的暂时性差异,采用资产负债表债务法确认递延所得税资产及递延所得税负债。

一般情况下所有暂时性差异均确认相关的递延所得税。但对于可抵扣暂时性差异,本公司以很可能取得用来抵扣可抵扣暂时性差异的应纳税所得额为限,确认相关的递延所得税资产。

对于能够结转以后年度的可抵扣亏损和税款抵减,以很可能获得用来抵扣可抵扣亏损和税款抵减的未来应纳税所得额为限,确认相应的递延所得税资产。

资产负债表日,对于递延所得税资产和递延所得税负债,根据税法规定,按照预期收回相关资产或清偿相关负债期间的适用税率计量。

除与直接计入其他综合收益或所有者权益的交易和事项相关的当期所得税和递延所得税计入其他综合收益或所有者权益,以及企业合并产生的递延所得税调整商誉的账面价值外,其余当期所得税和递延所得税费用或收益计入当期损益。

于资产负债表日,对递延所得税资产的账面价值进行复核,如果未来很可能无法获得足够的应纳税所得额用以抵扣递延所得税资产的利益,则减记递延所得税资产的账面价值。在很可能获得足够的应纳税所得额时,减记的金额予以转回。

当拥有以净额结算的法定权利,且意图以净额结算或取得资产、清偿负债同时进行时,本公司当期所得税资产及当期所得税负债以抵销后的净额列报。

当拥有以净额结算当期所得税资产及当期所得税负债的法定权利,且递延所得税资产及递延所得税负债是与同一税收征管部门对同一纳税主体征收的所得税相关或者是对不同的纳税主体相关,但在未来每一具有重要性的递延所得税资产及负债转回的期间内,涉及的纳税主体意图以净额结算当期所得税资产和负债或是同时取得资产、清偿负债时,本公司递延所得税资产及递延所得税负债以抵销后的净额列报。

6.2.14 外币业务

外币交易在初始确认时采用交易发生日的即期汇率折算。

于资产负债表日,外币货币性项目采用该日即期汇率折算为人民币,因该日的即期汇率与初始确认时或者前一资产负债表日即期汇率不同而产生的汇兑差额,除(1)符合资本化条件的外币专门借款的汇兑差额在资本化期间予以资本化计入相关资产的成本;(2)为了规避外汇风险进行套期的套期工具的汇兑差额按套期会计方法处理;(3)可供出售货币性项目除摊余成本之外的其他账面余额变动产生的汇兑差额计入资本公积外,均计入当期损益。

以历史成本计量的外币非货币性项目仍以交易发生日的即期汇率折算的记账本位币金额计量。以公允价值计量的外币非货币性项目,采用公允价值确定日的即期汇率折算,折算后的记账本位币金额与原记账本位币金额的差额,作为公允价值变动(含汇率变动)处理,计入当期损益或确认为其他综合收益。

6.2.15 租赁

实质上转移了与资产所有权有关的全部风险和报酬的租赁为融资租赁。融资租赁以外的其他租赁为经营租赁。

本公司作为承租人记录经营租赁业务。经营租赁的租金支出在租赁期内的各个期间按直线法计入当期损益。初始直接费用计入当期损益。或有租金于实际发生时计入当期损益。

6.3 运用会计政策过程中所做的重要判断及会计估计所采用的关键假设和不确定因素

本公司在运用会计政策中,由于经营活动内在的不确定性,本公司需要对无法准确计量的报表项目的账面价值进行判断、估计和假设。这些判断、估计和假设是基于本公司管理层过去的历史经验,并在考虑其他相关因素的基础上作出的。实际的结果可能与本公司的估计存在差异。

本公司对前述判断、估计和假设在持续经营的基础上进行定期复核,会计估计的变更仅影响变更当期的,其影响数在变更当期予以确认;既影响变更当期又影响未来期间的,其影响数在变更当期和未来期间予以确认。

于资产负债表日,本公司需对财务报表账面价值进行判断、估计和假设的重要领域如下:

6.3.1 合并范围的确定

评估本公司是否作为投资者控制被投资企业时须考虑所有事实及情况。控制的定义包含以下三项要素:(1)拥有对被投资者的权力;(2)通过参与被投资者的相关活动而享有可变回报;(3)有能力运用对被投资者的权力影响其回报的金额。倘若有事实及情况显示上述一项或多项要素发生了变化,则本公司需要重新评估其是否对被投资企业构成控制。

对于本公司管理并投资的结构化主体(信托产品信托计划),本公司会评估其所持有结构化主体连同其管理人报酬所产生的可变回报的最大风险敞口是否足够重大以致表明本公司对结构化主体拥有控制权。本公司对于可变回报估算基于预期持有期间可变回报占结构化主体总收益的比例。若本公司对管理的结构化主体拥有控制权,则将结构化主体纳入合并财务报表的合并范围。对于本公司以外各方持有的结构化主体份额,因本公司作为发行人具有合约义务以现金回购其发售的份额,本公司将其确认为其他负债。

对于本公司管理并投资的结构化主体(信托产品信托计划),本公司会评估其所持有结构化主体连同其管理人报酬所产生的可变回报的最大风险敞口是否足够重大以致表明本公司对结构化主体拥有控制权。本公司对于可变回报估算是基于预期持有期间可变回报占结构化主体总收益的比例而确定的。若本公司对管理的结构化主体拥有控制权,则将结构化主体纳入合并财务报表的合并范围。由第三方发起的、纳入本公司合并的结构化主体的份额,均为本公司所持有。

6.3.2 金融资产的分类

管理层需要就金融资产的购入持有意图作出重大判断以确定金融资产的分类,不同的分类会影响会计核算方法和本公司的财务状况和经营成果。

6.3.3 金融工具的公允价值

本公司对于存在活跃市场的金融工具,本公司优先采用活跃市场的报价确定其公允价值。对没有活跃交易市场的金融工具,通过各种估值方法确定其公允价值。本公司使用的估值方法包括参考熟悉情况并自愿交易的各方最近进行的市场交易中使用的价格、现金流贴现模型等。现金流贴现模型尽可能地只使用可观测数据，但是本公司仍需对诸如自身和交易对手的信用风险、市场波动率和相关性等方面进行估计。这些相关因素假设的变化会对金融工具的公允价值产生影响。

6.3.4 以摊余成本计量的金融资产减值损失

本公司于资产负债表日对以摊余成本计量的金融资产进行减值准备的评估，判断是否有任何客观证据表明发生了减值迹象。发生减值损失的证据包括有可观察数据表明融资方的支付状况发生了不利的变化（如融资方不按规定还款），或出现了可能导致违约的国家或地方经济状况的不利变化等。个别方式评估的减值损失金额为该项资产预计未来现金流量现值与账面价值的差异。当运用组合方式评估资产的减值损失时，本公司根据具有相似风险特征客观减值证据的资产发生损失时的历史经验作为测算该资产组合未来现金流的基础。本公司会定期审阅对未来现金流的金额和时间进行估计所使用的方法和假设，以减少估计减值损失和实际减值损失情况之间的差异。

6.3.5 可供出售金融资产的减值

本公司在确定可供出售金融资产是否发生减值时很大程度上依赖于管理层的判断。在进行判断的过程中，本公司需评估该项投资的公允价值低于成本的程度和持续期间，以及被投资对象的财务状况和短期业务展望，包括行业状况、技术变革、信用评级、违约率和对手方的风险。

6.3.6 所得税

本公司在正常的经营活动中，有部分交易其最终的税务处理和计算存在一定的不确定性。部分项目是否能够在税前列支需要政府主管机关的审批。如果这些税务事项的最终认定结果同最初入账的金额存在差异，则该差异将对其最终认定期间的当期所得税和递延所得税产生影响。

6.4 会计政策的变更

本公司于2014年7月1日开始采用财政部于2014年新颁布的《企业会计准则第39号——公允价值计量》、《企业会计准则第40号——合营安排》、《企业会计准则第41号——在其他主体中权益的披露》和经修订的《企业会计准则第2号——长期股权投资》、《企业会计准则第9号——职工薪酬》、《企业会计准则第30号——财务报表列报》、《企业会计准则第33号——合并财务报表》，同时，在2014年度财务报表中开始采用财政部于2014年修订的《企业会计准则第37号——金融工具列报》。本公司对上述新颁布/修订企业会计准则适用于本财务报表的企业会计准则评估如下。

6.4.1 合并财务报表

《企业会计准则第33号——合并财务报表》（修订）修订了控制的定义，将“控制”定义为“投资方拥有对被投资方的权力，通过参与被投资方的相关活动而享有可变回报，并且有能力运用对被投资方的权力影响其回报金额”，并对特殊交易的会计处理作出了明确规定。

6.4.2 金融工具列报

《企业会计准则第37号——金融工具列报》（修订）增加了有关抵销的规定和披露要求，增加了金融资产转移的披露要求，修改了金融资产和金融负债到期期限分析的披露要求。本财务报表已按该准则进行列报，并对可比年度财务报表附注的披露进行了相应调整。本公司管理层认为该准则的采用对本公司的财务报表产生重大影响。

6.4.3 财务报表列报

《企业会计准则第30号——财务报表列报》（修订）将其他综合收益划分为两类：（1）以后会计期间不能重分类进损益的其他综合收益项目；（2）以后会计期间在满足特定条件时将重分类进损益的其他综合收益项目，同时规范了持有待售等项目的列报。本财务报表已按该准则的规定进行列报，并对可比年度财务报表的列报进行了相应调整。

6.4.4 公允价值计量

《企业会计准则第39号——公允价值计量》规范了公允价值的计量和披露。采用《企业会计准则第39号——公允价值计量》未对财务报表项目的计量产生重大影响，但将导致企业在财务报表附注中就公允价值信息作出更广泛的披露。本财务报表已按该准则的规定进行披露。

6.4.5 在其他主体中权益的披露

《企业会计准则第41号——在其他主体中权益的披露》适用于企业在子公司、合营安排、联营和未纳入合并财务报表范围的结构化主体中权益的披露。采用《企业会计准则第41号——在其他主体中权益的披露》将导致企业在财务报表附注中作出更广泛的披露。本财务报表已按该准则的规定进行披露。

对于上述涉及会计政策变更的事项，业已采用追溯调整法调整了本财务报表的期初数或上年对比数，并重述了可比年度的财务报表。上述会计政策变更对2013年12月31日的资产、负债的影响列示如下：

本公司

单位：元

	2013年12月31日（重述前）	调整	2013年12月31日（重述后）
货币资金	431 866 230.86	759 094.32	432 625 325.18
应收利息	7 702 310.66	9 569 319.16	17 271 629.82
可供出售金融资产	293 500 000.00	127 500 000.00	166 000 000.00
应收款项类投资	79 000 000.00	70 000 000.00	149 000 000.00
发放贷款和垫款	150 000 000.00	500 000 000.00	650 000 000.00
其他资产	99 803 868.52	3 043 302.96	96 760 565.56
其他负债	58 523 147.06	449 785 110.52	508 308 257.58

6.5 税项

6.5.1 所得税

所得税税率为25%。

6.5.2 其他税项

营业税按应税营业额的5%缴纳，城市维护建设税按营业税额的7%缴纳，教育费附加按营业税额的5%缴纳，河道管理费按营业税额的1%缴纳。

6.6 或有事项说明

报告期内，本公司未发生对外担保及其他或有事项。

6.7 重要资产转让及其出售的说明

报告期内，本公司未发生重要资产转让及出售情况。

6.8 会计报表中重要项目的明细资料

6.8.1 自营资产经营情况

6.8.1.1 信用风险资产五级分类情况

信用风险资产五级分类	正常类（万元）	关注类（万元）	次级类（万元）	可疑类（万元）	损失类（万元）	信用风险资产合计（万元）	不良资产合计（万元）	不良资产率（%）
期初数	63 000	—	—	—	—	63 000	—	—
期末数	75 551	—	—	—	—	75 551	—	—

注：不良资产合计＝次级类＋可疑类＋损失类。

6.8.1.2 各项资产减值损失准备情况表

单位：万元

	期初数	本期计提	本期转回	本期核销	期末数
贷款损失准备	—	—	—	—	—
一般准备	—	—	—	—	—
专项准备	—	—	—	—	—
其他资产减值准备	—	—	—	—	—
可供出售金融资产减值准备	—	—	—	—	—
持有至到期投资减值准备	—	—	—	—	—
长期股权投资减值准备	—	—	—	—	—
坏账准备	101	—	—	—	101
投资性房地产减值准备	—	—	—	—	—

6.8.1.3 按照投资品种分类，固有业务股票投资、基金投资、债券投资、股权投资等投资业务的年初数、年末数

单位：万元

	自营股票	基金	债券	长期股权投资	其他投资	合计
年初数	—	—	—		37 250	37 250
年末数	—	3 282	—		48 934	52 216

6.8.1.4 按投资入股金额排序，前五名的自营长期股权投资的企业名称、占被投资企业权益的比例、主要经营活动及投资收益情况等

报告期末，本公司无长期股权投资。

6.8.1.5 第一名的自营贷款的企业名称、占贷款总额的比例和还款情况等

企业名称	占贷款总额的比例（%）	还款情况
上海珠光投资发展有限公司	100	按时还款

6.8.1.6 表外业务的期初数、期末数，按照代理业务、担保业务和其他类型表外业务分别披露

单位：万元

表外业务	年初数	年末数
担保业务	—	—
代理业务（委托业务）	—	—
其他	—	—
合计	—	—

6.8.1.7 公司当年的收入结构

收入结构	公司合并		公司单体	
	金额（万元）	占比（%）	金额（万元）	占比（%）
手续费及佣金收入	35 524	78.09	36 146	80.02
其中：信托手续费收入	35 498	78.03	36 120	79.96
其他手续费收入	26	0.06	26	0.06
利息收入	4 526	9.95	2 134	4.72
其他业务收入		0.00		0.00
投资收益	3 472	7.63	4 922	10.90
公允价值变动收益	282	0.62	282	0.62
汇兑收益	11	0.02	11	0.02
营业外收入	1 677	3.69	1 677	3.71
收入合计	45 492	100.00	45 172	100.00

6.8.2 信托财产管理情况

6.8.2.1 信托资产的年初数、年末数

单位：万元

信托资产	期初数	期末数
集合	1 570 940	1 473 696
单一	3 499 121	2 902 135
财产权	47 783	—
合计	5 117 844	4 375 830

6.8.2.1.1 主动管理型信托业务的信托资产年初数、年末数

单位：万元

主动管理型信托资产	期初数	期末数
其他投资类	7 331	202 162
证券投资类	12 798	2 313
股权投资类	253 030	93 454
融资类	1 602 548	1 401 331
事务管理类	47 783	—
合计	1 923 490	1 699 260

6.8.2.1.2 被动管理型信托业务的信托资产年初数、年末数

单位：万元

被动管理型信托资产	期初数	期末数
其他投资类	94 158	88 961
证券投资类		—
股权投资类	2	2
融资类	3 100 194	1 787 488
事务管理类		800 119
合计	3 194 354	2 676 571

6.8.2.2 本年度整体已清算结束的信托项目个数、实收信托合计金额、加权平均实际年化收益率

6.8.2.2.1 本年度整体已清算结束的信托项目个数、实收信托金额、加权平均实际年化收益率

已清算结束信托项目	项目个数（个）	实收信托合计金额（万元）	加权平均实际年化收益率（%）
集合类	52	729 715	9.02
单一类	53	1 171 334	7.29
财产管理类	3	48 783	

注：加权平均实际年化收益率 $= \dfrac{\sum_{i=1}^{n}(\text{信托项目}\,i\,\text{的实际年化收益率} \times \text{信托项目}\,i\,\text{的实收信托})}{\sum_{i=1}^{n}\text{信托项目}\,i\,\text{的实收信托}} \times 100\%$。

6.8.2.2.2 本年度整体已清算结束的主动管理型信托项目个数、实收信托合计金额、加权平均实际年化收益率

已清算结束信托项目	项目个数（个）	实收信托合计金额（万元）	加权平均实际年化信托报酬率（%）	加权平均实际年化收益率（%）
证券投资类	1	12 860	0.36	1.13
股权投资类	1	9 500	3.08	9.86
融资类	48	694 210	1.29	8.36
事务管理类	3	48 783	1.24	
其他投资类	1	7 145	3.37	9.66

注：加权平均实际年化收益率 $= \frac{\sum_{i=1}^{n}(\text{信托项目}i\text{的实际年化收益率}\times\text{信托项目}i\text{的实收信托})}{\sum_{i=1}^{n}\text{信托项目}i\text{的实收信托}}\times$ 100%。

6.8.2.2.3 本年度整体已清算结束的被动管理型信托项目

已清算结束信托项目	项目个数（个）	实收信托合计金额（万元）	加权平均实际年化信托报酬率（%）	加权平均实际年化收益率（%）
证券投资类				
股权投资类				
融资类	54	1 177 334	0.32	7.28
事务管理类				

注：加权平均实际年化收益率 $= \frac{\sum_{i=1}^{n}(\text{信托项目}i\text{的实际年化收益率}\times\text{信托项目}i\text{的实收信托})}{\sum_{i=1}^{n}\text{信托项目}i\text{的实收信托}}\times$ 100%。

6.8.2.3 本年度整体新增信托项目个数、实收信托合计金额

新增信托项目	项目个数（个）	实收信托合计金额（万元）
集合类	34	581 223
单一类	39	668 977
财产管理类		
新增合计	73	1 250 200
其中：主动管理型	35	611 223
被动管理型	38	638 977

6.8.2.4 信托业务创新成果和特色业务有关情况

公司各类业务创新成果和特色业务有关情况将于公司网站不时披露。

6.8.2.5 本公司履行受托人义务情况及因本公司自身责任而导致的信托资产损失情况

本公司没有发生任何因受托人自身责任或处理信托事务不当而导致所管理信托财产发生损失并致信托受益人利益受损的情况。

6.8.2.6 信托赔偿准备金的提取、使用和管理情况

根据中国银监会2007年颁布的《信托公司管理办法》的规定，本公司每年从税后利润中提取5%作为信托赔偿准备金，当该赔偿准备金累计总额达到公司注册资本金的20%时，可不再提取。

截至报告期末本公司未发生对信托产品赔偿的事项。

6.9 关联方关系及其交易的披露

6.9.1 关联交易方的数量、关联交易的总金额及关联交易的定价政策等

单位：万元

	关联交易方数量	关联交易金额（万元）	定价政策
合计	—	—	—

6.9.2 关联交易方与本公司的关系性质、关联交易方的名称、法定代表人、注册地址、注册资本及主营业务等

单位：万元

关系性质	关联方名称	法定代表人	注册地址	注册资本（万元）	主营业务
—	—	—	—	—	—

6.9.3 逐笔披露本公司与关联方的重大交易事项

6.9.3.1 固有财产与关联方交易情况：贷款、投资、租赁、应收账款、担保、其他方式等期初汇总数、本年借方和贷方发生额汇总数、年末汇总数

单位：万元

固有财产与关联方关联交易				
	期初数	借方发生额	贷方发生额	期末数
贷款	—	—	—	—
投资	—	—	—	—
租赁	—	—	—	—
担保	—	—	—	—
应收账款			—	—
其他			—	
合计			—	—

6.9.3.2 信托与关联方交易情况：贷款、投资、租赁、应收账款、担保、其他方式等期初汇总数、本年借方和贷方发生额汇总数、年末汇总数

单位：万元

信托与关联方关联交易				
	期初数	借方发生额	贷方发生额	期末数
贷款	—	—	—	—
投资	—	—	—	—
租赁	—	—	—	—
担保	—	—	—	—
应收账款	—	—	—	—
其他	—	—	—	—
合计	—	—	—	—

6.9.3.3 信托公司自有资金运用于自己管理的信托项目（固信交易）、信托公司管理的信托项目之间的相互（信信交易）交易金额，包括余额和本报告年度的发生额

6.9.3.3.1 信托公司自有资金运用于自己管理的信托项目年初汇总数、本年发生额汇总数、年末汇总数

单位：万元

自有资金运用于自己管理的信托项目			
	期初数	本期发生额	期末数
合计	33 250	7 345	40 595

6.9.3.3.2　信托公司管理的信托项目之间关联交易

报告期内,本公司管理的信托项目之间未发生关联交易。

6.9.4　逐笔披露关联方逾期未偿还本公司资金的详细情况以及本公司为关联方担保发生或即将发生垫款的详细情况

本公司无关联方逾期未偿还本公司资金的情况及为关联方担保发生或即将发生垫款的情况。

6.10　会计制度的披露

公司执行财政部 2006 年 2 月 15 日颁布的《企业会计准则》。

7. 财务情况说明书

7.1 利润实现和分配情况

报告期内本公司实现利润总额 20 472 万元,企业所得税费用 5 271 万元,实现净利润 15 201 万元。

按有关法律、法规规定,对净利润作了如下处理:

(1)按当年度实现的净利润提取 10% 的法定盈余公积金 1 520万元。

(2)按当年度实现的净利润提取 5% 的信托赔偿准备 760 万元。

(3)按风险资产余额提取 1.5% 的一般风险准备 60 万元。

上述各项提取之后,剩余部分为 12 861 万元。

2014 年末可供分配的利润为 32 165 万元。

7.2　主要财务指标

指标名称	指标值
资本利润率(%)	16
加权年化信托报酬率(%)	0.76
人均净利润(万元)	84

注:1. 资本利润率 = 净利润/所有者权益平均余额 ×100%。

2. 加权年化信托报酬率 $= \frac{\sum_{i=1}^{n}(\text{信托项目 } i \text{ 的实际年化信托报酬率} \times \text{信托项目 } i \text{ 的实收信托})}{\sum_{i=1}^{n} \text{信托项目 } i \text{ 的实收信托}} \times 100\%$。

3. 人均净利润 = 净利润/年平均人数。

7.3　对本公司财务状况、经营成果有重大影响的其他事项

报告期内,本公司没有发生对财务状况、经营成果有重大影响的其他事项。

8. 特别事项揭示

8.1　前五名股东报告期内变动情况及原因

报告期内,公司股东未发生变化。

8.2　董事、监事及高级管理人员变动情况及原因

8.2.1　董事变动情况

原董事刘汉平先生于 2014 年 7 月 10 日经股东会批准不再担任董事职务,由张宏先生于 2014 年 7 月 10 日经股东会批准担任董事职务。

原董事长余建平先生于 2014 年 7 月 10 日经董事会批准不再担任董事长职务,由张宏先生于 2014 年 7 月 10 日经董事会批准担任董事长职务。

8.2.2　监事变动情况

原监事张宏先生于 2014 年 7 月 10 日经股东会批准不再担任监事职务,由刘汉平先生于 2014 年 7 月 10 日经股东会批准担任监事职务。

原监事长张宏先生于 2014 年 7 月 10 日经监事会批准不再担任监事会长职务,由刘汉平先生于 2014 年 7 月 10 日经监事会批准担任监事长职务。

8.2.3　高级管理人员变动情况

原公司总裁赵文杰先生于 2014 年 4 月 10 日经董事会批准不再担任公司总裁职务。

原公司副总裁李长忠先生于 2014 年 4 月 10 日经董事会批准不再担任公司副总裁职务。

原公司副总裁翟振明先生于 2014 年 4 月 10 日经董事会批准不再担任公司副总裁职务。

杨宇浩先生于 2014 年 4 月 10 日经董事会批准担任公司副总裁职务。

杨自理先生于 2014 年 7 月 10 日经董事会批准担任公司总裁职务。

范华女士于 2014 年 9 月 2 日经董事会批准担任公司副总裁职务。

高杰女士于 2014 年 9 月 2 日经董事会批准担任公司首席风控官职务。

赵一岩先生于 2014 年 9 月 22 日经董事会批准担任公司副总裁职务(其任职资格尚待监管部门批复)。

8.3　变更注册资本、变更注册地或公司名称、公司分立合并事项

报告期内,公司注册资本未发生变更,无变更注册地或公司名称、公司分立合并事项。

8.4　公司的重大诉讼事项

8.4.1　重大未决诉讼事项

报告期内,公司无重大未决诉讼事项。

8.4.2　以前年度发生,于本报告年度内终结的诉讼事项

报告期内,公司固有方面无此前年度发生于本报告年度内终结的诉讼事宜,公司信托方面就此前年度发生于本报告年度内终结的诉讼事宜共计 2 笔,公司均作为原告,2 笔诉讼事宜基本情况如下:

序号	金额(亿元)	发生时间	诉讼对象	结果
1	2	2012 年 4 月	河南大河新型建材有限公司、大连实德集团有限公司	已结案
2	6.45	2012 年 4 月	大连实德塑料建材有限公司、大连实德集团有限公司	已结案

8.4.3　本报告年度发生,于本报告年度内终结的诉讼事项

报告期内,公司固有及信托方面均无本年度发生于本报告年度内终结的诉讼事宜。

8.5 公司及其董事、监事和高级管理人员受到处罚的情况

报告期内公司及其董事、监事、高级管理人员、公司股东、实际控制人均未受稽查、行政处罚、通报批评及或公开谴责。

8.6 银监会及其派出机构对公司检查后提出整改意见的，应简单说明整改情况

上海银监局现场检查组于2014年10月至11月，对公司信托业务合规性及到期交付风险等进行了现场检查，并下发了现场检查意见。此次现场检查对公司制定的信托业务制度流程及相关风控措施予以肯定，在业务流程、内控管理及信托项目全流程风险管理等方面提出了多项建议。公司对监管意见高度重视并立即着手改进，在2014年末已基本完成整改，少数未能整改落实的，均已制订具体的整改计划和措施、明确了整改完成时间和整改责任人。公司审计稽核部已督促整改方案的具体执行和落实，并将按季对整改工作的有效性进行客观评价。

本报告期内，公司已按整改计划，贯彻执行“制度优先”的管理原则，补充或修订了52项业务及管理制度，基本覆盖各项经营管理活动。同时，切实提升全面风险管理水平，一是完善业务评审和决策制度，提高制度执行力；二是加强业务准入、尽职调查与后续管理；三是进一步强化风险防范、控制和处置。

8.7 本年度重大事项临时报告的简要内容、披露时间、所披露的媒体及其版面

本年度公司无重大事项临时报告等披露事项。

8.8 银监会及其省级派出机构认定的其他有必要让客户及相关利益人了解的重要信息

本报告期内，不存在上海银监局认定的有必要让客户及相关利益人了解的公司未进行披露的重要信息。

华宝信托有限责任公司

1. 重要提示

1.1 本公司董事会及董事保证本报告所载资料不存在任何虚假记载、误导性陈述或者重大遗漏，并对其内容的真实性、准确性和完整性承担个别及连带责任。

1.2 独立董事王连洲、赵欣舸、廖海认为本报告内容是真实、准确、完整的。

1.3 公司负责人董事长郑安国，主管会计工作负责人副总经理张晓喆及会计部门负责人计划财务部总经理蒋勋声明：保证年度报告中财务报告的真实、准确、完整。

2. 公司概况

2.1 公司简介

2.1.1 公司历史沿革

华宝信托有限责任公司是于1998年6月5日经中国人民银行总行以银复(1998)158号文《关于舟山市信托投资公司股权转让等事项的批复》批准，由宝钢集团有限公司(原上海宝钢集团公司)在购并原舟山市信托投资公司的基础上经过更名、迁址、增资扩股设立的非银行金融机构。2007年3月2日，根据《中华人民共和国银行业监督管理办法》、《信托公司管理办法》、《信托公司集合资金信托计划管理办法》的法律法规规定，华宝信托有限责任公司首家向中国银行业监督管理委员会申请变更公司名称、业务范围并换发新的金融许可证。公司于2007年4月3日经中国银行业监督管理委员会以银监复(2007)144号文《中国银监会关于华宝信托投资有限责任公司变更公司名称和业务范围的批复》首家获准变更公司名称、业务范围并领取新的金融许可证。2014年12月，公司完成再次增资工作，注册资本由人民币20亿元(含1 500万美元)增加至37.44亿元人民币(含1 500万美元)，各股东持股比例保持不变，公司章程也作相应修订，并完成相应变更登记。

2.1.2 公司的法定中文名称：华宝信托有限责任公司
中文名称缩写：华宝信托
公司的法定英文名称：Hwabao Trust Co., Ltd.
英文名称缩写：Hwabao Trust

2.1.3 法定代表人：郑安国

2.1.4 注册地址：上海市浦东新区世纪大道100号59层

2.1.5 邮政编码：200120

2.1.6 国际互联网网址：www.hwabaotrust.com

2.1.7 电子信箱：hbservice@hwabaotrust.com

2.1.8 负责信息披露的高管人员：张晓喆
联系人：高汭舒
联系电话：021-38506666
传真：021-68403999
电子信箱：gao_ruishu@hwabaotrust.com

2.1.9 信息披露报纸：《中国证券报》、《证券时报》、《上海证券报》、《金融时报》

2.1.10 年度报告备置地点：上海市浦东新区世纪大道100号59层

2.1.11 聘请的会计师事务所：瑞华会计师事务所(特殊普通合伙)
地址：北京市东城区永定门西滨河路8号院7号楼中海地产广场西塔5~11层

2.1.12 聘请的律师事务所：上海市锦天城律师事务所
地址：上海市浦东新区花园石桥路33号花旗集团大厦14楼

2.2 组织结构

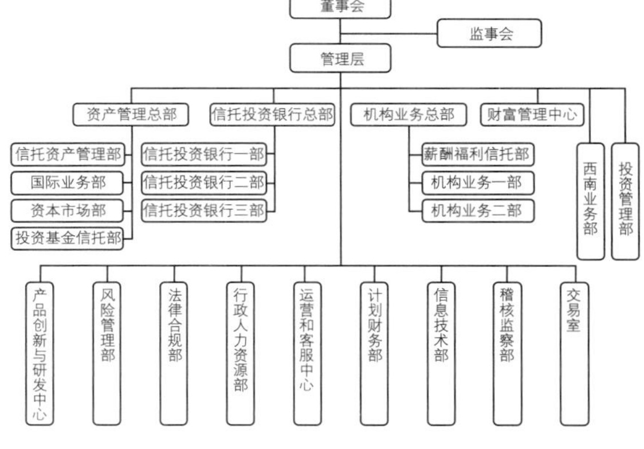

3. 公司治理

3.1 股东

股东总数：2。

股东名称	持股比例(%)	法人代表	注册资本(万元)	注册地址	主要经营业务及主要财务情况
宝钢集团有限公司★	98	徐乐江	5 108 262.10	上海市浦东新区浦电路370号宝钢大厦	经营国务院授权范围内的国有资产，并开展有关投资业务；钢铁冶炼、冶金矿产、化工(除危险品)、电力、码头、仓储、运输与钢铁相关的业务以及技术开发、技术转让、技术服务和技术管理咨询业务，外经贸部批准进出口业务，国内贸易(除专项规定)，商品及技术的进出口服务。
浙江省舟山市财政局	2	顾央军	—	—	政府机关

注：★表示最终实际控制人。

3.2 董事、董事会及其下属委员会

董事长、副董事长、董事

姓名	职务	性别	年龄	选任日期	所推举的股东名称	该股东持股比例（%）	简要履历
郑安国	董事长	男	51	2011年3月	宝钢集团有限公司	98	曾任南方证券上海分公司副总经理，南方证券公司研究所总经理级副所长，华宝信托投资有限责任公司副总经理、总经理，华宝投资总经理兼华宝信托董事长，华宝兴业基金董事长，法兴华宝租赁董事长；现任华宝投资有限公司总经理、华宝信托有限责任公司董事长、华宝兴业基金管理有限公司董事长。
王成然	董事	男	56	2012年9月	宝钢集团有限公司	98	曾任宝钢集团计划财务部投资处综合主管、财务处副处长、资产经营处副处长（主持工作）、资产经营处处长、资产经营部副部长、部长，宝钢集团业务总监，宝钢集团总经理助理兼华宝投资董事长，宝钢集团总经理助理兼审计部部长，宝钢集团金融系统党委书记兼华宝投资资本运营部总经理；现任宝钢集团金融系统党委书记。
贾璐	董事	女	44	2012年3月	宝钢集团有限公司	98	曾任职宝钢自动化部冶炼室，宝钢自动化部组，国贸人事部人才开发室主办、主管、副主任、主任，宝钢国际人力资源部高级主管，宝钢国际人力资源部、党委组织部部长，宝钢资源有限公司总经理助理，宝钢资源（国际）有限公司总经理助理；现任华宝投资有限公司副总经理，宝钢集团金融系统党委副书记、纪委书记、工会主席。
孔祥清	董事	男	48	2011年3月	宝钢集团有限公司	98	曾任宝钢计财部资金处外汇管理，宝钢计财部资金处资金业务主办、主管，宝钢计财部资金处副处长（主持工作），宝钢集团财务有限责任公司总经理，华宝投资副总经理兼华宝证券董事长，法兴华宝汽车租赁董事长；现任华宝投资有限公司副总经理、法兴华宝汽车租赁（上海）有限公司董事长。
钱骏	董事	男	52	2011年3月	宝钢集团有限公司	98	曾任职美国债券软件公司（Bond－Tech），美国美洲银行房地产债券部主任，德意志银行（美国）国际资产债券部主任，美洲银行（美国）国际资产债券部，摩根士丹利固定收益部执行董事，杭州工商信托经营管理委员会主席、董事总经理兼市场及发展总监；现任华宝信托有限责任公司董事、总经理。
俞志龙	董事	男	53	2014年7月	浙江省舟山市财政局	2	曾任舟山市地税局税务专管员，舟山市地税局征管处处长、税政处处长，舟山市财政局外债金融处处长；现任舟山市国有资产投资经营有限公司董事长、总经理。

独立董事

姓名	所在单位及职务	性别	年龄	选任日期	所推举的股东名称	该股东持股比例（%）	简要履历
王连洲	中国人民大学信托与基金研究所理事长	男	76	2011年3月	宝钢集团有限公司	98	曾在中国人民银行总部印制管理局、全国人大财经委员会工作，曾担任证券法、信托法、证券投资基金法起草工作组组长，华夏基金管理公司独立董事；现任中国人民大学信托与基金研究所理事长、华宝信托有限责任公司独立董事。
赵欣舸	中欧国际工商学院会计学教授	男	45	2011年3月	宝钢集团有限公司	98	曾任哈尔滨市对外科技交流中心职员、美国威廉与玛丽学院商学院金融学助理教授、中欧国际工商学院金融学与会计学副教授；现任中欧国际工商学院会计学教授、副教务长、金融MBA（FMBA）课程主任，华宝信托有限责任公司独立董事。
廖海	源泰律师事务所主任合伙人	男	49	2011年3月	宝钢集团有限公司	98	曾任北京市中伦金通律师事务所上海分所合伙人，现任源泰律师事务所主任合伙人、华宝信托有限责任公司独立董事。

3.3 监事、监事会

监事会成员

姓名	职务	性别	年龄	选任日期	所推举的股东名称	该股东持股比例（%）	简要履历
朱可炳	监事长	男	41	2008年11月	宝钢集团有限公司	98	曾任宝钢集团公司财务部分项技术协理（统计管理）、宝钢集团公司财务部分项技术协理（会计管理）、宝钢集团公司资产经营部高级管理师（会计分析）、宝钢集团公司资产经营部高级管理师（房地产）、宝钢集团公司资产经营部企业投资业务块负责人、宝钢股份公司财务部副部长、宝钢集团有限公司财务部副部长、宝钢集团经营财务部总经理兼资产管理总监，现任宝山钢铁股份有限公司财务总监兼董事会秘书。
甘龙华	监事	男	50	2008年3月	宝钢集团有限公司	98	曾在宝钢总厂热轧厂，宝钢集团战略发展研究室、工程投资部、战略发展部等工作，现任职于华宝投资有限公司综合财务部。

续表

姓 名	职 务	性别	年龄	选任日期	所推举的股东名称	该股东持股比例(%)	简 要 履 历
丁 杰	职工监事	男	34	2013年4月	—	—	2004年8月参加工作,先后担任西藏拉萨师范教师、校长助理;2007年7月加入华宝信托,先后担任人力资源部薪酬绩效主管、人力资源部代理负责人(主持工作)、人力资源部总经理、团委书记;2011年1月起担任宝钢金融系统党委组织部部长、宝钢金融系统团委书记、华宝投资人力资源部总经理、华宝信托行政人力资源部总经理;现任宝钢金融系统团委书记、华宝信托行政人力资源部总经理、财富管理中心副总经理(轮岗)。

3.4 高级管理人员

姓 名	职 务	性别	年龄	选任日期	金融从业年限(年)	学历	专业
钱 骏	总经理	男	52	2010年11月	20	博士	工程科学
张晓喆	副总经理	女	43	2009年5月	5	硕士	工商管理
王波	副总经理兼投资总监,工会主席	男	42	2010年11月	20	硕士	金融学
王锦凌	副总经理	女	43	2013年3月	16	硕士	金融学
高卫星	董事会秘书、合规总监、法律合规部总经理	女	44	2013年5月	20	硕士	法律,高级管理人员工商管理

3.5 公司员工

最近两个年度职工人数、年龄分布、学历分布、岗位分布,所有层级加总整体为100%。以下表列示:

项 目		报告期年度		上年度	
		人数(人)	比例(%)	人数(人)	比例(%)
年龄分布	25岁以下	29	10	37	13
	25~29岁	117	38	99	35
	30~39岁	121	39	111	39
	40岁以上	40	13	35	13
学历分布	博士	6	2	6	2
	硕士	147	48	130	46
	本科	144	47	133	47
	专科	4	1	6	2
	其他	6	2	7	3
岗位分布	董事、监事及其他高管人员	5	2	5	2
	自营业务人员	5	2	4	1
	信托业务人员	150	49	136	48
	其他人员	147	47	137	49

注:自营业务人员是指按照岗位分工,专门或至少主要从事固有资金使用和固有资产管理有关业务的职工;信托业务人员是指按照岗位分工,专门或主要从事信托资金使用和信托资产管理各项业务的职工;对于人力资源部等类似无法明确区分的综合部门归为其他人员。

4. 经营管理

4.1 经营目标、方针、战略规划

公司以高端客户需求为核心,专注于证券、投融资、产融结合等专业领域,提供另类财富管理和综合金融解决方案,打造中国领先的综合金融服务商。

以高端客户的理财及衍生需求为核心,由客户经理和专家团队为其在涉及私募证券、私募股权(含产业基金)、房地产基金等另类投资领域提供个性化、专业化的投资规划和资产配置,重点打造并扩大公司在证券、投融资、产融结合方面的专业管理能力优势。

宝钢新一轮发展将以"成为绿色产业的驱动者、钢铁技术的领先者、员工与企业共同发展的公司典范"为愿景目标,围绕"技术领先、服务先行、数字化宝钢、环境经营、产融结合"五个方面提升竞争能力,公司作为宝钢金融板块中的重要组成部分,将携信托制度优势和专业管理优势,推动宝钢集团产融结合的有效开展,在产融结合方面成为集团各分子企业中最有力的推动者和实践者。

2014年里,华宝信托创新发展、稳健经营、布局转型,不断提升公司风险控制与中后台运营能力,在有效防范信托公司风险的同时,推动信托公司发展。大力发展机构投资者,提高服务意识,真正从客户需求角度出发,把委托人的利益放在第一位,从金融产品提供商向金融服务商转变,同时重视自身的风控及转型等长期指标,寻求成长和风险管理的平衡。

4.2 经营业务的主要内容

4.2.1 资本充足率、资产质量和盈利状况

按照合并报表口径,期末公司固有资产为76.52亿元,固有负债为10.56亿元,少数股东权益为5.60亿元,所有者权益(扣除少数股东权益)为60.36亿元。公司资本充足,所有者权益(扣除少数股东权益)比率为78.88%。

公司对不良资产计提资产损失准备充足,整体资产质量较好。

按照合并口径,报告期内公司实现收入合计为203 860.71万元,利润总额为105 821.72万元,净利润为80 637.27万元。公司2014年总资产利润率(税前利润/年均总资产)为15.59%,资本利润率(净利润/年均所有者权益)为13.83%,主营业务收益率(净利润/营业总收入)为40.03%。

4.2.2 经营的主要业务、品种

业务主要分为资产管理和信托服务两个大类:

资产管理:目前主要从事面向资本市场的股票、基金、债券及组合投资以及项目融资等业务。

信托服务:目前主要开展私募基金、年金及福利计划及平台等业务。

4.2.3 资产组合与分布

母公司固有资产中,货币资产占总资产的比例为10.52%,贷款及应收款占0.54%,交易性金融资产占0.04%,

可供出售金融资产占65.06%，长期股权投资占12.70%，其他资产占11.14%。

固有资产运用与分布表（母公司）

资产运用	金额（万元）	占比（%）	资产分布	金额（万元）	占比（%）
货币资产	63 192.20	10.52	基础产业	—	0.00
贷款及应收款	3 243.16	0.54	房地产业	98.16	0.02
交易性金融资产	254.72	0.04	证券市场	84 146.07	14.01
可供出售金融资产	390 789.80	65.06	实业	—	0.00
持有至到期投资	—	0.00	金融机构	446 347.65	74.31
长期股权投资	76 257.00	12.70	其他	70 029.18	11.66
其他	66 884.18	11.14			
资产总计	600 621.06	100.00	资产总计	600 621.06	100.00

注：资产运用其他包含预付股权投资款2.5亿元，买入返售金融资产1.85亿元。

信托资产运用与分布表

资产运用	金额（万元）	占比（%）	资产分布	金额（万元）	占比（%）
货币资产	15 536 827.27	31.61	基础产业	5 946 378.46	12.10
贷款及应收款	8 285 234.13	16.86	房地产业	692 010.00	1.41
交易性金融资产	14 677 275.42	29.86	证券市场	15 974 088.16	32.50
可供出售金融资产	5 712 210.55	11.62	实业	1 185 964.22	2.41
持有至到期投资	—	0.00	金融机构	19 510 657.03	39.70
长期股权投资	1 123 257.60	2.29	其他	5 837 173.04	11.88
其他	3 811 465.94	7.76			
资产总计	49 146 270.91	100.00	资产总计	49 146 270.91	100.00

注：资产分布——其他中的913 487.66万元为财产信托、4 923 685.38万元为其他。

4.3 市场分析

宏观经济：2014年经济增长动力依然不足，供需两端均较乏力，经济下行压力贯穿全年。房地产调整、地方债务清理、实体经济层面通缩和流动性偏紧、外需不振等因素是2014年经济下行的主要因素。第一季度，GDP增速为7.4%，相比于2013年第四季度回落了0.3个百分点。第二季度在一系列"微刺激"政策的带动下，增速反弹至7.5%。不过7月信贷乃至社会融资断崖式下跌对企业正常运作产生了非常负面的影响，生产以及需求两端均有所弱化，第三季度GDP增长下滑至新低7.3%。其后，在楼市限购限贷松绑、中央银行定向宽松和财政扩张基建投资等政策下，部分信号出现企稳回暖，第四季度GDP增长7.3%，但经济中长期下行趋势仍难改。2014年实体层面通缩压力进一步加剧。通货膨胀率已降到1的时代，而生产者价格指数（PPI）持续30多个月负值。意味着2012年至2014年一直是产出负缺口，实际增长低于潜在增长水平。由于国际原油价格下跌，PPI还将进一步下降。实体部门的严重通缩，必然会拖累整体经济的复苏，进而降低总需求，推动消费者价格指数走低。中央银行第四季度货币政策执行报告由此前担心物价上行压力转变为担心物价下行压力。展望2015年，全球经济依旧扑朔迷离，国内去杠杆化和去产能化仍然对经济造成较大的下行压力，企业层面通缩压力难改。2015年是全面深化改革的关键之年，以挖掘新的经济增长动力：通过一带一路，盘活外部空间；通过土地流转，盘活土地存量；通过资产证券化，盘活金融资源；通过国有企业改革，盘活微观主体；通过降低融资成本，盘活货币存量；通过预算法和地方债清理，盘活地方政府资源。预计2015年GDP为7.1%~7.2%。

证券市场：在七年的漫长熊市之后，2014年A股展现牛市脉络。从7月开始，以沪深300为代表大盘蓝筹股展开一轮波澜壮阔的上涨行情，让2014年的A股一举脱下"熊市"外衣，11月之后更是一度进入到超过45度角的"疯牛"阶段，天量成交额频现，两市活跃账户不断创近年来新高，年内上证综指上涨近53%，领跑全球。2014年下半年，股市牛市是多重所致：一是国际资金配置，中国股市经济多年调整，估值处于国际低位水平，2014年人民币为世界第二强的货币，加之沪港通的开通，国际资金加速配置中国股市。二是国内资产重新配置和杠杆交易的盛行。社会资金由原先主要配置到房地产和政府领域，逐步转向股市等领域，而杠杆交易加速了这一过程。三是中央银行货币政策的变化。货币政策从"高利率倒逼企业去杠杆"转向"千方百计降低实体融资成本"，流动性由偏紧向稳中趋松转变。11月末，央行两年来首度降息，则成为疯牛爆发的导火索。四是政策支持。2014年9月初，新华社连续发文表示，搞活股市至关重要，搞活股市是振兴实体经济的需要、是深化改革的需要、是结构调整的需要、是推进创新型经济发展的需要。展望2015年，从经济基本面、流动性、估值、社会大类资产重新配置、政策面等角度来看，2015年股市有继续走牛的基础。不过2015年还要受到货币政策不能及时放松、信托等影子银行违约增加、美元指数升值、管理层希望控制牛市节奏、杠杆交易的短期性、股市注册制等不确定性因素影响，2015年股市波动幅度将较大。

信托业进入新常态：一是资产规模增长放缓。根据信托业协会的数据，2014年末，信托行业管理的信托资产规模为13.98万亿元（平均每家信托公司2 055.88亿元），较2013年末的10.91万亿元，同比增长28.14%。但是，资产规模的增幅明显回落，较2013年末46.05%的同比增长率，2014年同比回落了17.91个百分点。二是效益增速放缓。2014年末，信托业实现经营收入为954.95亿元（平均每家信托公司14.04亿元），相比2013年末的832.60亿元，同比增长14.69%，但较2013年末的30.42%的同比增长率，同比增幅回落了15.73个百分点；从利润总额看，2014年末，信托业实现利润总额为642.30亿元（平均每家信托公司9.45亿元），相比2013年末的568.61亿元，同比增长12.96%，但较2013年末的28.82%的同比增长率，同比增幅回落了15.86个百分点；从人均利润看，2014年末，信托业实现人均利润301万元，相比2013年的305.65万元，小幅减少4.65万元，首次出现了负增长。三是行业风险部分显露。2014年，受经济下行传导的影响，信托行业个案信托项目风险事件虽然有所增加，但继续保持了平稳运行，整体风险可控，守住了不发生区域性、系统性风险的底线。数据显示，截至2014年末，有369笔项目存在风险隐患，涉及资金781亿元，占比为0.56%，低于银行业不良水平，相比2014年第二季度末风险项目金额为917亿元、占比为

0.73%，余额和比例均有所下降。四是业务结构转型。2014年，融资类信托占比继续下降，首次降到了40%以下，为33.65%，相比历史上的最高占比即2010年下降了25.36个百分点；相比2013年末下降14.11个百分点。与此同时，投资类信托和事务管理类信托的占比则稳步提升。2014年投资类信托占比为33.70%，相比历史上的最低占比即2010年的23.87%上升9.83个百分点；相比2013年末提升了1.16个百分点。2014年事务管理类信托占比为32.65%，首次突破了30%，相比历史上最低占比即2011年上升19.90个百分点；相比2013年提升了12.95个百分点。2014年，过去融资信托一枝独秀的局面已经得到根本扭转，融资信托、投资信托和事务管理信托"三分天下"的格局得以形成。五是固有资本增资加快。2014年末，信托业实收资本为1 386.52亿元（平均每家信托公司达20.39亿元），相比2013年末的1 116.55亿元，增加269.97亿元，同比增长24.18%，较2013年末13.93%的同比增长率，提高10.25个百分点。在实收资本增加的推动下，2014年信托业的所有者权益增加到3 196.22亿元，较2013年末的2 555.18亿元，同比增长25.09%；与此同时，2014年末信托业的固有资产规模则增加到3 586.02亿元，相比2013年末的2 871.41亿元，同比增长24.89%。

法律法规：一是2013年信托业年会上，银监会主席助理杨家才提出了完善信托业内部治理体系的"八大机制"。分别从"公司治理机制、产品登记机制、分类经营机制、资本约束机制、社会责任机制、恢复与处置机制、行业稳定机制、监管评价机制"八个层面深度分析了信托公司治理能力的建设问题。2014年各项机制已基本落地，并在稳步推进中。二是2014年初，国办发107号文明确了信托公司"受人之托，代人理财"的功能定位，提出"推动信托公司业务模式转型，回归信托主业、运用净资本管理约束信托公司信贷类业务、信托公司不得开展非标准化理财资金池等具有影子银行特征的业务、建立完善信托产品登记信息系统、探索信托受益权流转"等指导意见。三是2014年4月8日发布的《关于信托公司风险监管的指导意见》（银监办发[2014]99号），主要从风险管控、业务转型、监管机制三个层面来规范信托公司的发展，着重提出了建立流动性支持和资本补充机制、清理非标准化资金池产品等切实有效的管控手段，要求充分贯彻"卖者尽责、买者自负"的信托文化。四是2014年8月，监管层下发了《2014年信托公司评级指引》。这是2010年以来，银监会对于信托公司分级监管办法的首次调整，标准由原来的定性向定量转化，对信托公司的评价重点放在自主管理能力和风控能力两个方面。新规将信托公司分为1~6级，每个级别分别设A、B、C三档。评级结果将作为衡量信托公司风险程度、监管规划和合理配置监管资源、采取监管措施和行动的主要依据。五是2014年9月，监管层下发《中国信托业保障基金管理办法（征求意见稿）》，提出设立中国信托业保障基金。保障基金主要通过公司化管理、市场化运作的中国信托业保障基金有限责任公司来募集、管理和运作；基金的来源则重点是信托公司按照表内外资产余额认购份额以及文件规定的另外四种途径；其主要用途为信托公司的机构重组和短期流动性救助。六是2014年9月，上海自贸区管委会正式下发《信托登记试行办法》。目前银监会已经批准全国信托登记中心落户上海自贸区，将由原来的上海信托登记中心"升级"而成。信托登记中心的设立，能使信托产品更加规范，实现信息的公开透明，为下一步实现信托产品受益权的转让以及质押融资奠定了坚实的基础，有助于提高信托产品的流动性、盘活存量资产。

4.3.1 有利条件

中国高净值人群理财需求高速增长。2014年中国人均GDP约为7 500美元，中国理财市场的环境，与40年前的美国非常接近，都在一个起步的阶段。投资者对他们手中的财富如何保值增值有浓厚的兴趣。波士顿咨询公司2014年全球财富报告显示，目前中国私人财富规模大幅增长49.2%，达22万亿美元，仅次于美国，预计2018年中国的私人财富规模将增长到40万亿美元，增幅超过80%。信托公司通过专业化的产品设计，将不具备交易条件的资产进行一定标准化设计，形成产品面向公众销售，从而起到了较好的资金需求和理财桥梁作用。高净值人群与信托公司在理财、融资及其他金融服务方面的合作将进一步拓展。与生俱来的制度优势、宽泛的投资领域和灵活的交易安排使得信托在某种程度上成为一种稀缺资源，在增值需求的推动下，大资金向信托的靠拢将是一种长期趋势。

经济进入新常态，信托业引来新的发展良机：第一，资产证券化。我国的社会融资结构仍然呈现失衡状态，直接融资比重偏低，未来仍面临着较大的去杠杆的压力。此外，我国的特殊国情是政府部门杠杆比率高而居民部门杠杆比率低，政府部门需要去杠杆控制债务风险，而居民部门则需要适度加杠杆提振消费与增加财产收入。因此，资产证券化将成为化解社会融资结构难题的主要工具，通过信贷资产证券化、政府资产证券化、企业资产证券化的方式协助银行、地方政府与企业缩减资产负债表规模，盘活流动性较差的存量资产。第二，构建社会资产联通的桥梁。混合所有制改革、PPP模式，将为政府部门引入社会资本，从而降低其杠杆率水平，并为社会资本带来新的投资选择和收益来源。此外，股权投资类业务将更符合未来社会融资结构优化的需求，并可同时通过兼并重组等方式，整合资源达到更优的资本结构。信托业作为全牌照行业，可在其中取到较好的桥梁作用。第三，深化改革的催化剂。改革的成效事关我国经济增长潜力，信托业可以在农村领域、中央企业领域、结构调整领域、金融改革领域等认真把握信托行业的发展趋势，可以通过农村土地流转信托、产业基金等方式深入改革进程，分享改革红利。第四，互联网金融。互联网金融的基本关注点在于客户而非产品，是典型的财富管理思路。而金融机构的发展需要在资产管理与财富管理之间进行平衡，财富管理能力需要以一定的资产管理能力支撑。信托业可以通过"金融+互联网"的股权合作方式，提高营销效率、提升客户体验、增加客户忠诚度，这既有利于消化资产管理端的产品，也可以尝试建立初具规模的财富管理接口。

十八届三中全会明确要求发展多层次资本市场。在分业经营、分业监管的金融体制下，作为唯一横跨货币市场、资本市场和产业市场的金融子行业，信托公司相比其他金融机构，投资范围最为广泛，投资方式最为灵活。信托公司可以充分发挥制度优势，为客户提供综合服务，提升核心竞争力。优良的资产、规范诚信的经营、良好的品牌形象与商誉、专业化的人才队伍，以及控股股东宝钢集团有限公司的大力支持，为公司业务拓展和健康成长奠定了基础。

4.3.2 不利条件

监管加码。出于对经济和金融风险的防范，从2012年末开始，监管层逐步规范影子银行的发展，2014年相关监管力度进一步加大。根据央行数据，2014年中国影子银行的快速扩张势头得到了遏制。2014年中国银行业表外融资同比大幅少增。实体经济以委托贷款、信托贷款和未贴现的银行承兑汇票方式合计融资2.90万亿元，同比少2.27万亿元；占同期社会融资规模的17.5%，比上年低12.3个百分点。未来，对信托的监管有继续加强的趋势，信托公司需要进一步关注和防范政策风险。

利率市场化，竞争加剧。随着利率市场化程度的提高，存贷款利率向市场真实水平靠拢，银行未来在投资端将会放开更多权限。券商、基金、保险等过去与信托业不存在直接竞争关系的金融部门，可以通过资产管理计划或子公司等方式与信托业形成正面竞争。在技术含量较低的如通道类业务领域，信托业原有的份额将被逐渐蚕食，并更多地陷入到低效的价格战之中。即使是在信托业具备技术优势的领域，也避免不了越来越激烈的竞争局面，信托业原本所从事的是风险与收益适中的业务领域，由于银行、券商、基金和保险等机构的介入，形势也将日趋紧张，部分信托公司将被迫向更高风险的领域移动，从而造成了潜在违约率上升。

刚性兑付风险。无论是从经济基本面、信托业发展周期与市场竞争态势上分析，可以确定未来信托业风险事件将较以往更加常态化。长期以来在“刚性兑付”与“预期收益率”的束缚下，信托产品在营销方面存在缺陷。“刚性兑付”模糊了金融机构与投资者之间的权责界限，以致信托公司的自有资金成为这场接盘游戏中的重要一员，不利于信托业长久发展。尽管风险事件将常态化，但是从长远来看却利于行业可持续发展。违约现象的出现是信托业正常的“新陈代谢”与“自我更新”。

4.4 内部控制

4.4.1 内部控制环境和内部控制文化

公司根据国家有关法律法规和公司章程，构建了完备的法人治理结构。设立了股东会、董事会和监事会，“三会”分工明确并相互制衡、各司其职、规范运作，分别行使决策权、执行权和监督权。

股东会是公司的权力机构；董事会是公司的常设决策机构，向股东会负责；监事会是公司的监督机构，负责对公司董事、高级管理人员及公司财务进行监督。董事会下设信托委员会、人事薪酬委员会、风险管理和审计委员会三个专门委员会，加强对公司长期发展战略、高管任职与考核、重大投资风险控制、重大关联交易的审议、信息披露等方面的管理和监督，以进一步完善治理结构、促进董事会科学高效决策。其中，风险管理和审计委员会负责审查企业内部控制，监督内部控制的有效实施和内部控制自我评价情况，协调内部控制审计及其他相关事宜。

公司根据自身业务特点和内部控制要求设立了科学、规范的机构及岗位。风险管理部负责组织协调内部控制的建立实施及日常工作。稽核监察部作为内部审计机构对内部控制的有效性进行监督检查。内部审计机构对监督检查中发现的内部控制缺陷，按照内部审计工作程序进行报告；对监督检查中发现的内部控制重大缺陷，有权直接向董事会及其审计委员会、监事会报告。

公司明确界定各部门、各岗位的目标、职责和权限，建立相应的授权、检查和逐级问责制度，确保不相容岗位的相互分离及其在授权范围内履行职能；公司控制架构完善，并制定各层级之间的控制程序，保证董事会及高级管理人员下达的指令能够被有效执行。

公司提倡业务部门是内部控制及风险管理的第一道防线的内控文化。

4.4.2 内部控制措施

公司管理层下设投资决策委员会，在董事会的授权范围内以明晰的分级授权制度、健全的投资控制体系、及时完整的事前管理及过程控制和事后评价，使研究、决策、操作、审核、评价体系既相互配合，又相互制衡。

在日常业务中，公司对固有资产和信托资产设立了相互独立的运作部门，同时在财务核算等环节，通过核算岗位隔离与财务信息隔离，进一步保证了公司固有财产与信托财产的独立管理。

在信托资产运营环节，分别设立了研究部门、决策部门、交易部门和运营部门，实现了研究和决策分离、投资和交易分离、财产运营和监控保管分离。部门间有效配合且相互制衡，确保投资风险可控。

对于证券投资类项目，公司通过完善资产管理系统，实现了所有证券交易的系统化，使所有证券交易行为均处于系统的有效控制之下。在资产管理系统中，通过股票池、投资比例指标和人员授权等方面的管理，保证了证券投向、投资比例和不同岗位的投资权限均处于公司的有效控制之下。

对于投融资类项目，事前对交易对手开展尽职调查；风险管理部门和法律合规部门分别出具独立的风控意见书和法务意见书，发表专业意见；项目提交投决会进行集体决策；合同审批流程中相关部门制衡审批；业务部门根据投决会要求和合同约定落实放款前提；风险管理部门设置专岗负责审核放款条件；项目成立后对项目进行贷后投后管理，持续分析还款能力和意愿，根据合同约定对资金用途进行监管；业务部门和风险管理部门定期进行抵质押物的价值进行持续跟踪；持续评价资产质量；根据合同约定建立了资金沉淀提示机制；根据项目风险预警信号，建立了相应的报告路线和应对流程。

在业务流程上，公司通过事前、事中、事后控制三者结合进行综合风险防范，其中，尤其强调即时的过程控制，各部门发生异常情况后即时汇报，在风险出现苗头后能立即作出反应，采取相应措施，确保公司内部控制的有效性。

除上述控制措施外，公司还建立了重大风险预警机制和突发事件应急处理机制，明确风险预警标准，对可能发生的重大风险或突发事件，制订应急预案，明确责任人员，规范处理程序，确保突发事件得到及时妥善处理。

4.4.3 信息交流与反馈

公司建立了信息与沟通制度，明确内部控制相关信息的收集、处理和传递程序，确保信息及时沟通，促进内部控制有效运行。

公司各业务部门、财务会计部门、法律合规部门、风险管理部门及行政管理部门负责收集各自职责范围内的各种内部信息和外部信息,通过财务会计资料、经营管理资料、调研报告、专项信息、内部刊物、办公网络等渠道获取内部信息;通过行业协会组织、社会中介机构、业务往来单位、市场调查、来信来访、网络媒体以及有关监管部门等渠道获取外部信息;并对收集的信息进行合理筛选、核对、整合,提高信息的有用性。

公司重要信息及时传递给董事会、监事会。

公司利用信息技术促进信息的集成与共享,充分发挥信息技术在信息与沟通中的作用。公司加强对信息系统开发与维护、访问与变更、数据输入与输出、文件储存与保管、网络安全等方面的控制,保证信息系统安全稳定运行。

公司建立了反舞弊机制,坚持惩防并举、重在预防的原则,明确反舞弊工作的重点领域、关键环节和有关机构在反舞弊工作中的职责权限,规范舞弊案件的举报、调查、处理、报告和补救程序。

公司将下列情形作为反舞弊工作的重点:

(1)未经授权或者采取其他不法方式侵占,挪用公司资产,牟取不当利益。

(2)在财务会计报告和信息披露等方面存在的虚假记载、误导性陈述或者重大遗漏等。

(3)董事、监事、经理及其他高级管理人员滥用职权。

(4)相关机构或人员串通舞弊。

公司建立了举报投诉制度和举报人保护制度,设置举报专线,明确举报投诉处理程序、办理时限和办结要求,确保举报、投诉成为公司有效掌握信息的重要途径。

举报投诉制度和举报人保护制度通过《员工手册》在发布和新员工入职时传达至员工本人。

4.4.4 监督评价与纠正

公司的稽核监察部门负责对公司内部控制的监督评价与纠正。

公司具有较为完善的内部控制机制,公司稽核监察部是公司独立的监督部门,直接向董事会汇报,是对公司经营活动全过程进行的一种内在经济监督,以防范风险、纠正违规、加强内控为工作目标,对公司内控制度、业务经营、财务活动等实施稽核监督。公司风险管理部负责牵头对公司规章制度和操作流程的健全性、有效性进行不断梳理整合,使公司的内部控制更加有效、趋于完善。

4.5 风险管理

4.5.1 风险管理概况

公司重视风险管理,通过制定健全的内部规章制度,建立职责分工合理的组织机构,设置专业的风险管理机构,将现代风险管理技术与传统风险管理方法相结合,对可能产生的风险及时作出反应,采取有效措施进行事前、事中、事后的有效控制与管理,并根据实际需要随时对风险管理体系进行调整。

公司风险管理遵循全面性原则、相互制衡原则、一致性原则、时效性原则、定性与定量相结合原则。

4.5.1.1 公司经营活动中可能遇到的风险

公司经营活动中可能遇到的风险主要有:信用风险、市场风险、操作风险、政策风险。

4.5.1.2 公司风险管理的基本原则与政策

风险管理贯彻全面性、审慎性、及时性、有效性、独立性等原则,覆盖到公司各项业务、各个部门和各级人员,并渗透到研究、决策、执行、监督、评价等各个环节;通过事前防范、事中控制、事后监督对风险进行全面综合的管理,促进公司持续、稳健、规范、健康运行。

4.5.1.3 公司风险管理组织结构与职责划分

公司建立了由董事会及管理层直接领导,以风险管理部门为依托,相关职能部门配合,与各个业务部门全面联系的三级风险管理组织架构。

公司董事会承担风险管理的最终责任,负责审批公司风险管理战略,审定公司总体风险水平,监控和评价风险管理的有效性和公司管理层在风险管理方面的履职情况。

董事会风险管理和审计委员会:由独立董事担任主任委员,履行董事会的风险管理决策职能,负责拟订公司风险管理策略、风险管理总体目标、风险偏好、风险承受度,对公司经营和业务风险控制及管理情况进行监督。

管理层投资决策委员会:分设固有业务投决会和信托业务投决会,分别负责公司管理层权限内的固有业务和信托业务的重要投资决策。

计划财务部:通过会计核算和财务管理对公司财务状况及经营情况进行分析管理。

2014 年中,为进一步优化部门职能、提升公司业务及风险管理能力,对合规和风险管理部的风控职能进行剥离,单独成立风险管理部,原合规和风险管理部更名为法律合规部。

风险管理部:负责建立和完善公司风险管理体系和风险管理相关制度;负责公司各类投融资业务的风险审查;负责公司各业务风险的日常管理,对公司经营管理活动中的各类风险实施有效的事前评估和过程监控,有效化解和降低公司运营风险,负责公司操作风险管理及反洗钱等工作。

法律合规部:主要负责关注、跟踪有关金融法规的最新发展情况,及时组织研究对公司有重大影响的法律合规动态;负责组织公司业务合规流程的制定、完善和执行监督;负责合同审查、法律纠纷处理、律师库管理等工作。

稽核监察部:检查公司内部风险管理制度的日常执行情况,对公司内部风险控制制度的合理性、有效性进行分析,提出改进意见并直接向董事会报告。

各业务部门是风险管理的第一责任部门,承担与其业务相关的风险管理责任。各业务部门是公司风险管理的具体实施单位,在公司各项基本管理制度的基础上,根据具体情况制订本部门的业务管理规定、业务操作流程及风险控制规定。

4.5.2 风险状况

4.5.2.1 信用风险状况

信用风险主要是指交易对手违约造成损失的风险,主要表现为公司在开展固有业务和信托业务时,可能会因交易对手违约而给公司或信托财产带来风险。报告期内,公司发生的各类业务均履行了严格的内部评审程序,合法合规,担保措施充足,交易对手信用等级较高,信用风险可控。按母公司口径,不良信用风险资产期初数为 1 439.53 万元,期末数为 18.34 万元。

4.5.2.2 市场风险状况

市场风险是指公司在运营过程中可能因股价、市场汇率、利率及其他价格因素等变动而产生的风险。具体表现为经济运作周期变化、金融市场利率波动、通货膨胀、房地产交易、证券市场变化等造成的风险，这些风险可能影响信托财产的价值及信托收益水平，也可能影响公司固有资产价值或导致损失。

2014 年公司密切关注各类市场风险，及时调整产品战略，勤勉、尽职履行受托人职责。公司本着审慎的原则，对固有资金进行合理配置。监管对私募机构实施登记备案制度，大量私募证券投资产品选择自主发行或其他平台发行，挤占了信托在证券投资业务领域的市场份额。但受证券市场好转的影响，证券投资类产品的需求也在回暖，发行规模有所提高。

4.5.2.3　操作风险状况

操作风险是指公司内部业务流程、计算机系统、员工在操作中的不完善或失误，可能给公司直接或者间接造成损失的风险。

报告期内，公司未发生重大操作风险。

4.5.2.4　其他风险状况

其他风险主要包括法律风险、声誉风险、员工道德风险等。法律风险是指公司在业务经营过程中由于不当的法律文书、违约行为或怠于行使自身法律权利等所造成的风险。声誉风险是指由于公司内部管理或服务出现问题而引起自身外部社会名声、信誉和公众信任度下降，从而对公司外部市场地位产生消极和不良影响的风险。员工道德风险是指公司员工在执行业务过程中，由于法律意识淡漠、自律性差、责任心不强等因素的影响，可能存在的违法违规、操作失误等行为给公司造成损失损害的风险。报告期内公司未发生重大其他风险。

4.5.3　风险管理状况

4.5.3.1　信用风险管理

公司通过事前评估、事中控制、事后监督的风险管理体系来防范和规避信用风险，具体措施包括：（1）严格按照业务流程、制度规定和相应程序开展各项业务，确保决策者充分了解业务涉及的信用风险；（2）对交易对手进行全面、深入的信用调查与分析，形成客观、翔实的尽职调查报告；（3）完善投决会议事规则，坚持横向、纵向相结合和集体决策的评审制度，多方面介入排查风险；（4）严格落实贷款担保等措施，注意对抵押物权属有效性、合法性进行审查，客观、公正评估抵押物；（5）强调事中管理和监控，通过项目实施过程中的业务跟踪及定期的资产五级分类进行风险事中控制；（6）要求定期与不定期地进行后期检查。对重点项目，业务部门会同风险管理部门定期进行现场实地走访，对项目运作、企业财务状况及当地市场环境做进一步调研和分析，形成现场检查报告。对部分股权投资类项目，风险管理部门向项目公司派驻现场监管人员，介入项目公司的资金监管。业务人员和风险管理部门若发现问题，及时上报并采取措施，有效防范和化解各类信用风险；（7）根据项目风险预警信号建立了相应的报告路线和应对处置流程；规范了五级分类、风险准备金的计提比例和流程，以提高抗风险能力；（8）严格按财政部《金融企业准备金计提管理办法》等相关要求，足额计提一般准备；每年从税后利润中按 10%（2009 年及以前年度为 5%）的比例提取信托赔偿准备金，本公司按照《金融企业准备金计提管理办法》、《银行信贷损失计提指引》规定，按照金融企业承担风险和损失的资产期末余额的 1.5% 扣除年初一般风险准备余额，提取一般风险准备，以提高公司抵御风险的能力。

4.5.3.2　市场风险管理

2014 年通过对公司各类业务的分析总结，结合项目的实际运作情况，对每项业务和产品中的市场风险因素进行分解和分析，准确识别业务中市场风险的种类和性质，推出了多套风控流程要求、风险控制方法及风控阈值指标，进一步提高了市场风险管理的效率和有效性。具体措施包括：（1）对宏观经济走势、政策变化、投资策略演变及其他影响市场变化的因素进行持续分析研究，为投资决策提供参考；（2）关注国家宏观政策变化，规避限制类行业和相关项目；（3）进行资产组合管理，并动态调整资产配置方案，以规避或降低市场风险；（4）控制行业集中度和交易对手集中度，分散风险，控制总体证券投资规模、设定证券投资限制指标和止损点；（5）加强对投资品种的研究和科学论证，按严格的流程进行控制；（6）密切监控已开展业务的运行情况，根据市场风险情况及时作出投资调整等风险管理措施，避免或降低市场风险引起的损失。同时，公司通过业务模式的创新强调业务结构多元化和不同业务之间风险的对冲度，提高公司抵御市场风险的整体能力。

4.5.3.3　操作风险管理

公司以“内控优先、制度先行”为原则，根据业务重点，持续总结整理各项业务规范、梳理操作流程、开展流程优化。2014 年通过加强资源配置、制度建设、IT 建设等措施全面提高风险管理能力，为公司进一步发展提供坚实基础。

2014 年公司持续加强信息系统对风险管理的固化作用，不断优化流程，完善系统。6 月核心业务系统资产管理模块上线，涵盖了公司信托业务主要业务和关键流程。公司及时梳理了业务流程，完善并更新了系统管理办法和细则。为进一步提升管控效率并防范操作风险，将系统数据质量纳入基础工作考核管理。

公司持续完善规章制度体系，2014 年对所有规则制度文件的适用性、时效性、执行有效性等展开了全面自查和梳理、修订完善工作，持续关注新业务的流程管控，并在风险可控的前提下持续提升业务处理效率。公司按照重点展业行业发布尽调指引，细化尽职调查和存续期管理模板，探索投融资类业务的内部风险预警机制，完善信用资产五级分类和拨备制度，进一步加强和完善规范管理基础工作促进投融资信托业务的健康发展。通过事前建立详细的业务标准和规范流程、事中即时过程监控、事后检查评价有效结合的方式，建立了横向扩展、纵向延伸的管理优化机制，内部控制更加有效和完善，员工行为规范得到强化，管理水平得到有效提升。

4.5.3.4　其他风险管理

公司通过对宏观政策和行业政策的跟踪、研究，提高预见性，控制政策风险。对于法律风险，公司严格按照相关监管规章，对所有拟开展业务进行合规性审查，确保公司业务开展符合国家相关法律法规规定，并不断优化产品结构和法律文本设计，严格按公司法律文件审批程序进行审批后办理业务；对于声誉风险，公司把声誉构建与公司发展战略和企业文化进行有机结合，对可能影响公司声誉的业务坚决予以回避，尽职管理受托资产，并充分披露，塑造公司专业和诚信的社会形象；对于员工道德风险，公司通过建立完善的公司治理结构、内控制度、业务流程，从制度、教育、监督、纪律处罚等多方面着手，不断优化激励约束机制，对员工及其行为进行约束和规范，控制道德风险。

5. 报告期末及上一年度末的比较式会计报表

5.1 固有资产

5.1.1 会计师事务所审计意见全文

审 计 报 告

瑞华审字[2015]第01260019号

华宝信托有限责任公司：

我们审计了后附的华宝信托有限责任公司(以下简称贵公司)的财务报表,包括2014年12月31日合并及公司的资产负债表,2014年度合并及公司的利润表、合并及公司的现金流量表和合并及公司的所有者权益变动表以及财务报表附注。

一、管理层对财务报表的责任

编制和公允列报财务报表是贵公司管理层的责任。这种责任包括:(1)按照企业会计准则的规定编制财务报表,并使其实现公允反映;(2)设计、执行和维护必要的内部控制,以使财务报表不存在由于舞弊或错误导致的重大错报。

二、注册会计师的责任

我们的责任是在执行审计工作的基础上对财务报表发表审计意见。我们按照中国注册会计师审计准则的规定执行了审计工作。中国注册会计师审计准则要求我们遵守中国注册会计师职业道德守则,计划和执行审计工作以对财务报表是否不存在重大错报获取合理保证。

审计工作涉及实施审计程序,以获取有关财务报表金额和披露的审计证据。选择的审计程序取决于注册会计师的判断,包括对由于舞弊或错误导致的财务报表重大错报风险的评估。在进行风险评估时,注册会计师考虑与财务报表编制和公允列报相关的内部控制,以设计恰当的审计程序,但目的并非对内部控制的有效性发表意见。审计工作还包括评价管理层选用会计政策的恰当性和作出会计估计的合理性,以及评价财务报表的总体列报。

我们相信,我们获取的审计证据是充分、适当的,为发表审计意见提供了基础。

三、审计意见

我们认为,上述财务报表在所有重大方面按照企业会计准则的规定编制,公允反映了华宝信托有限责任公司2014年12月31日合并及公司的财务状况以及2014年度合并及公司的经营成果和现金流量。

5.1.2 资产负债表

合并资产负债表

编制单位:华宝信托有限责任公司　　2014年12月31日　　单位:万元

项　目	年末余额	年初余额	项　目	年末余额	年初余额
流动资产:			流动负债:		
货币资金	131 981.78	86 011.67	短期借款	—	—
结算备付金	734.70	167.74	向中央银行借款	—	—
拆出资金	—	—	吸收存款及同业存放	—	—
以公允价值计量且变动计入当期损益的金融资产	76 435.93	54 111.71	拆入资金	—	—
衍生金融资产	—	—	以公允价值计量且变动计入当期损益的金融负债	13 522.84	10 997.30
应收票据	—	—	衍生金融负债	21.77	—
应收账款	6 193.92	4 489.69	应付票据	—	—
预付款项	—	—	应付账款	—	—
应收保费	—	—	预收款项	—	—
应收分保账款	—	—	卖出回购金融资产款	12 199.99	2 900.00
应收分保合同准备金	—	—	应付手续费及佣金	—	—
应收利息	1 115.69	405.52	应付职工薪酬	24 463.79	20 916.38
应收股利	—	—	应交税费	35 372.23	30 921.90
其他应收款	3 978.17	4 834.84	应付利息	—	—
买入返售金融资产	25 410.02	45 730.05	应付股利	—	1 303.57
存货	—	—	其他应付款	16 686.05	15 658.39
划分为持有待售的资产	—	—	应付分保账款	—	—
一年内到期的非流动资产	—	—	保险合同准备金	—	—
其他流动资产	408.00	340.90	代理买卖证券款	—	—
流动资产合计	246 258.22	196 092.13	代理承销证券款	—	—
非流动资产:			划分为持有待售的负债	—	—
发放贷款及垫款	—	—	一年内到期的非流动负债	—	—
可供出售金融资产	390 574.30	310 848.23	其他流动负债	—	—
持有至到期投资	—	—	流动负债合计	102 266.67	82 697.55
长期应收款	—	—	非流动负债:	—	—

续表

项　目	年末余额	年初余额	项　目	年末余额	年初余额
长期股权投资	76 435.23	73 402.98	长期借款	—	—
投资性房地产	98.16	102.94	应付债券	—	—
固定资产	2 068.47	1 580.50	长期应付款	—	—
在建工程	—	—	专项应付款	—	—
工程物资	—	—	预计负债	41.42	—
固定资产清理	—	6.59	递延所得税负债	3 253.65	2 745.50
生产性生物资产	—	—	其他非流动负债	—	—
油气资产	—	—	非流动负债合计	3 295.06	2 745.50
无形资产	756.70	591.91	负债合计	105 561.74	85 443.05
开发支出	662.60	1 721.49	所有者权益：		
商誉	—	—	实收资本	374 400.00	200 000.00
长期待摊费用	4 026.70	3 716.86	其他权益工具	—	—
递延所得税资产	8 007.38	4 205.24	资本公积	3 726.17	3 726.17
其他非流动资产	36 289.70	—	减：库存股	—	—
非流动资产合计	518 919.22	396 176.74	专项储备	—	—
			其他综合收益	10 023.77	7 891.41
			盈余公积	52 165.63	45 936.10
			一般风险准备	49 922.86	42 019.37
			未分配利润	113 383.84	158 379.26
			归属于母公司所有者权益合计	603 622.27	457 952.31
			少数股东权益	55 993.43	48 873.50
			所有者权益合计	659 615.70	506 825.82
资产总计	765 177.44	592 268.87	负债和所有者权益总计	765 177.44	592 268.87

法定代表人：郑安国　　主管会计工作负责人：张晓喆　　会计机构负责人：蒋勋

母公司资产负债表

编制单位：华宝信托有限责任公司　　2014 年 12 月 31 日　　单位：万元

资　产	年末数	年初数	负债和所有者权益	年末数	年初数
资产：			负债：		
现金及存放中央银行款项	—	—	向中央银行借款	—	—
存放同业款项	63 192.20	24 914.70	同业及其他金融机构存放款项	—	—
贵金属	—	—	拆入资金	—	—
拆出资金	—	—	以公允价值计量且变动计入当期损益的金融负债	—	—
以公允价值计量且变动计入当期损益的金融资产	254.72	712.30	衍生金融负债	—	—
衍生金融资产	—	—	卖出回购金融资产款	—	—
买入返售金融资产	18 460.02	40 580.05	吸收存款	—	—
应收账款	—	—	应付账款	—	—
应收股利	—	—	其他应付款	10 040.63	11 795.62
应收利息	—	—	应付职工薪酬	12 420.10	11 749.14
其他应收款	3 243.16	3 919.54	应交税费	29 512.00	27 419.92
发放贷款及垫款	—	—	应付股利	—	1 303.57
可供出售金融资产	390 789.80	311 055.03	应付利息	—	—
持有至到期投资	—	—	预计负债	—	—
长期股权投资	76 257.00	73 224.75	应付债券	—	—
投资性房地产	98.16	102.94	递延所得税负债	3 257.52	2 747.20
固定资产净额	1 326.37	905.79	划分为持有待售的负债	—	—
在建工程	—	—	递延收益	—	—
固定资产清理	—	6.59	其他负债	—	—
无形资产净额	587.07	380.27	负债合计	55 230.24	55 015.45
长期待摊费用	2 121.04	704.29			
递延所得税资产	7 339.22	3 921.31	所有者权益：		
划分为持有待售的资产	—	—	实收资本	374 400.00	200 000.00
其他资产	36 952.30	1 721.49	其他权益工具	—	—
			资本公积	10 877.67	10 877.67
			减：库存股	—	—
			其他综合收益	8 771.99	6 635.61
			盈余公积	52 892.56	46 663.03
			一般风险准备	50 286.33	42 382.83
			未分配利润	48 162.27	100 574.44
			所有者权益合计	545 390.82	407 133.58
资产总计	600 621.06	462 149.03	负债和所有者权益总计	600 621.06	462 149.03

法定代表人：郑安国　　主管会计工作负责人：张晓喆　　会计机构负责人：蒋勋

5.1.3 利润表

合并利润表

编制单位:华宝信托有限责任公司　2014 年度　单位:万元

项　目	本年金额	上年金额
一、营业总收入	165 315.60	160 572.79
其中:营业收入	70.33	70.85
利息收入	4 460.71	6 472.19
已赚保费	—	—
手续费及佣金收入	160 784.56	154 029.75
二、营业总成本	98 019.02	82 039.78
其中:营业成本	4.78	4.78
利息支出	541.23	407.96
手续费及佣金支出	510.70	597.66
退保金	—	—
赔付支出净额	—	—
提取保险合同准备金净额	—	—
保单红利支出	—	—
分保费用	—	—
营业税金及附加	10 817.04	10 360.57
业务及管理费	72 484.33	65 658.90
资产减值损失	13 660.95	5 009.92
加:公允价值变动损益(损失以“-”号填列)	-140.72	-1 044.44
投资收益(损失以“-”号填列)	36 268.34	30 980.58
其中:对联营企业和合营企业的投资收益	2 430.60	1 854.15
汇兑收益(损失以“-”号填列)	-20.51	-264.60
三、营业利润(亏损以“-”号填列)	103 403.68	108 204.55
加:营业外收入	2 438.01	1 752.52
减:营业外支出	19.96	95.00
四、利润总额(亏损总额以“-”号填列)	105 821.72	109 862.08
减:所得税费用	25 184.45	27 664.22
五、净利润(净亏损以“-”号填列)	80 637.27	82 197.86
归属于母公司所有者的净利润	69 712.04	73 772.14
少数股东损益	10 925.23	8 425.73
六、其他综合收益	2 134.75	354.01
(一)以后不能重分类进损益的其他综合收益	—	—
其中:1. 重新计量设定受益计划净负债或净资产的变动	—	—
2. 权益法下在被投资单位不能重分类进损益的其他综合收益中享有的份额	—	—
(二)以后将重分类进损益的其他综合收益	2 134.75	354.01
其中:1. 权益法下在被投资单位以后将重分类进损益的其他综合收益中享有的份额	601.64	-589.69
2. 可供出售金融资产公允价值变动损益	1 528.21	971.59
3. 持有至到期投资重分类为可供出售金融资产损益	—	—
4. 现金流量套期损益的有效部分	—	—
5. 外币财务报表折算差额	4.89	-27.90
七、综合收益总额	82 772.02	82 551.87
归属于母公司所有者的综合收益总额	71 844.39	74 139.81
归属于少数股东的综合收益总额	10 927.63	8 412.06

法定代表人:郑安国　主管会计工作负责人:张晓喆　会计机构负责人:蒋　勋

母公司利润表

编制单位:华宝信托有限责任公司　2014 年度　单位:万元

项　目	本年数	上年数
一、营业收入	132 980.53	132 724.24
利息净收入	1 087.28	3 105.12
利息收入	1 193.80	3 328.39
利息支出	106.52	223.27
手续费及佣金净收入	95 799.45	98 747.41
手续费及佣金收入	96 310.15	99 345.07
手续费及佣金支出	510.70	597.66
投资收益(损失以“-”号填列)	36 104.65	31 575.99
其中:对联营企业和合营企业的投资收益	2 430.60	1 854.15
公允价值变动损益(损失以“-”号填列)	-5.03	-459.85
汇兑收益(损失以“-”号填列)	-25.82	-264.44
其他业务收入	20.00	20.00
二、营业支出	54 176.14	43 984.13
营业税金及附加	7 115.39	7 233.32
业务及管理费	33 395.02	31 736.12
资产减值损失	13 660.95	5 009.92
其他业务成本	4.78	4.78
三、营业利润(亏损以“-”号填列)	78 804.40	88 740.10
加:营业外收入	1 878.36	1 462.16
减:营业外支出	5.26	95.00
四、利润总额(亏损总额以“-”号填列)	80 677.50	90 107.26
减:所得税费用	18 382.20	22 188.85
五、净利润(净亏损以“-”号填列)	62 295.29	67 918.41
六、其他综合收益	2 136.38	387.01
(一)以后不能重分类进损益的其他综合收益	—	—
其中:1. 重新计量设定受益计划净负债或净资产的变动	—	—
2. 权益法下在被投资单位不能重分类进损益的其他综合收益中享有的份额	—	—
(二)以后将重分类进损益的其他综合收益	2 136.38	387.01
其中:1. 权益法下在被投资单位以后将重分类进损益的其他综合收益中享有的份额	601.64	-589.69
2. 可供出售金融资产公允价值变动损益	1 534.74	976.69
3. 持有至到期投资重分类为可供出售金融资产损益	—	—
4. 现金流量套期损益的有效部分	—	—
5. 外币财务报表折算差额	—	—
七、综合收益总额	64 431.68	68 305.42

法定代表人:郑安国　主管会计工作负责人:张晓喆　会计机构负责人:蒋勋

5. 1. 4 所有者权益变动表

合并所有者权益变动表

编制单位：华宝信托有限责任公司　　2014 年度　　单位：万元

项　目	本年金额									
	归属于母公司所有者权益								少数股东权益	所有者权益合计
	实收资本	其他权益工具	资本公积	减：库存股	其他综合收益	盈余公积	一般风险准备	未分配利润		
一、上年末余额	200 000. 00	—	3 726. 17	—	7 891. 41	45 936. 10	42 019. 37	158 379. 26	48 873. 50	506 825. 82
加：会计政策变更	—	—	—	—	—	—	—	—	—	—
前期差错更正	—	—	—	—	—	—	—	—	—	—
其他	—	—	—	—	—	—	—	—	—	—
二、本年初余额	200 000. 00	—	3 726. 17	—	7 891. 41	45 936. 10	42 019. 37	158. 379. 26	48 873. 50	506 825. 82
三、本年增减变动金额（减少以“－”号填列）	174 400. 00	—	—	—	2 132. 35	6 229. 53	7 903. 50	－44 995. 43	7 119. 93	152 789. 88
（一）综合收益总额	—	—	—	—	2 132. 35	—	—	69 712. 04	10 927. 63	82 772. 02
（二）所有者投入和减少资本	174 400. 00	—	—	—	—	—	—	—	—	174 400. 00
1. 所有者投入资本	174 400. 00	—	—	—	—	—	—	—	—	174 400. 00
2. 其他权益工具持有者投入资本	—	—	—	—	—	—	—	—	—	—
3. 股份支付计入所有者权益的金额	—	—	—	—	—	—	—	—	—	—
4. 其他	—	—	—	—	—	—	—	—	—	—
（三）利润分配	—	—	—	—	—	6 229. 53	7 903. 50	－144 707. 46	3 807. 70	－104 382. 13
1. 提取盈余公积	—	—	—	—	—	6 229. 53	—	－6 229. 53	—	—
2. 提取一般风险准备	—	—	—	—	—	—	7 903. 50	－7 903. 50	—	—
3. 对所有者的分配	—	—	—	—	—	—	—	－100 574. 44	3 807. 70	－104 382. 13
4. 其他	—	—	—	—	—	—	—	—	—	—
（四）所有者权益内部结转	—	—	—	—	—	—	—	—	—	—
1. 资本公积转增资本	—	—	—	—	—	—	—	—	—	—
2. 盈余公积转增资本	—	—	—	—	—	—	—	—	—	—
3. 盈余公积弥补亏损	—	—	—	—	—	—	—	—	—	—
4. 一般风险准备弥补亏损	—	—	—	—	—	—	—	—	—	—
5. 结转重新计量设计受益计划净负债或净资产所产生的变动	—	—	—	—	—	—	—	—	—	—
6. 其他	—	—	—	—	—	—	—	—	—	—
四、本年末余额	374 400. 00	—	3 726. 17	—	10 023. 77	52 165. 63	49 922. 86	113 383. 84	55 993. 43	659 615. 70

法定代表人：郑安国　　主管会计工作负责人：张晓喆　　会计机构负责人：蒋　勋

合并所有者权益变动表（续）

编制单位：华宝信托有限责任公司　　2014 年度　　单位：万元

项　目	上年金额									
	归属于母公司所有者权益								少数股东权益	所有者权益合计
	实收资本	其他权益工具	资本公积	减：库存股	其他综合收益	盈余公积	一般风险准备	未分配利润		
一、上年末余额	200 000. 00	—	11 249. 90	—	—	39 144. 26	34 736. 45	98 746. 00	43 331. 14	427 207. 75
加：会计政策变更	—	—	－7 523. 73	—	7 523. 73	—	—	－64. 11	－61. 60	－125. 71
前期差错更正	—	—	—	—	—	—	—	—	—	—
其他	—	—	—	—	—	—	—	—	—	—
二、本年初余额	200 000. 00	—	3 726. 17	—	7 523. 73	39 144. 26	34 736. 45	98 681. 88	43 269. 54	427 082. 04
三、本年增减变动金额（减少以“－”号填列）	—	—	—	—	367. 68	6 791. 84	7 282. 92	59 697. 38	5 603. 96	79 743. 78
（一）综合收益总额	—	—	—	—	367. 68	—	—	73 772. 14	8 412. 06	82 551. 87
（二）所有者投入和减少资本	—	—	—	—	—	—	—	—	—	—
1. 所有者投入资本	—	—	—	—	—	—	—	—	—	—
2. 其他权益工具持有者投入资本	—	—	—	—	—	—	—	—	—	—
3. 股份支付计入所有者权益的金额	—	—	—	—	—	—	—	—	—	—
4. 其他	—	—	—	—	—	—	—	—	—	—

续表

项目	上年金额									
	归属于母公司所有者权益								少数股东权益	所有者权益合计
	实收资本	其他权益工具	资本公积	减:库存股	其他综合收益	盈余公积	一般风险准备	未分配利润		
(三)利润分配	—	—	—	—	—	6 791.84	7 282.92	-14 074.76	-2 808.09	—2 808.09
1. 提取盈余公积	—	—	—	—	—	6 791.84	—	-6 791.84	—	—
2. 提取一般风险准备	—	—	—	—	—	—	7 282.92	-7 282.92	—	—
3. 对所有者的分配	—	—	—	—	—	—	—	—	-2 808.09	-2 808.09
4. 其他	—	—	—	—	—	—	—	—	—	—
(四)所有者权益内部结转	—	—	—	—	—	—	—	—	—	—
1. 资本公积转增资本	—	—	—	—	—	—	—	—	—	—
2. 盈余公积转增资本	—	—	—	—	—	—	—	—	—	—
3. 盈余公积弥补亏损	—	—	—	—	—	—	—	—	—	—
4. 一般风险准备弥补亏损	—	—	—	—	—	—	—	—	—	—
5. 结转重新计量设计受益计划净负债或净资产所产生的变动	—	—	—	—	—	—	—	—	—	—
6. 其他	—	—	—	—	—	—	—	—	—	—
四、本年末余额	200 000.00	—	3 726.17	—	7 891.41	45 936.10	42 019.37	158 379.26	48 873.50	506 825.82

法定代表人:郑安国　　主管会计工作负责人:张晓喆　　会计机构负责人:蒋　勋

母公司所有者权益变动表

编制单位:华宝信托有限责任公司　　2014 年度　　单位:万元

项目	本年金额								
	实收资本	其他权益工具	资本公积	减:库存股	其他综合收益	盈余公积	一般风险准备	未分配利润	所有者权益合计
一、上年末余额	200 000.00	—	10 877.67	—	6 635.61	46 663.03	42 382.83	100 574.44	407 133.58
加:会计政策变更	—	—	—	—	—	—	—	—	—
前期差错更正	—	—	—	—	—	—	—	—	—
其他	—	—	—	—	—	—	—	—	—
二、本年初余额	200 000.00	—	10 877.67	—	6 635.61	46 663.03	42 382.83	100 574.44	407 133.58
三、本的增减变动金额(减少以"-"号填列)	174 400.00	—	—	—	2 136.38	6 229.53	7 903.50	-52 412.17	138 257.24
(一)综合收益总额	—	—	—	—	2 136.38	—	—	62 295.29	64 431.68
(二)所有者投入和减少资本	174 400.00	—	—	—	—	—	—	—	174 400.00
1. 所有者投入资本	174 400.00	—	—	—	—	—	—	—	174 400.00
2. 其他权益工具持有者投入资本	—	—	—	—	—	—	—	—	—
3. 股份支付计入所有者权益的金额	—	—	—	—	—	—	—	—	—
4. 其他	—	—	—	—	—	—	—	—	—
(三)利润分配	—	—	—	—	—	6 229.53	7 903.50	-144 707.46	-100 574.44
1. 提取盈余公积	—	—	—	—	—	6 229.53	—	-6 229.53	—
2. 提取一般风险准备	—	—	—	—	—	—	7 903.50	-7 903.50	—
3. 对所有者的分配	—	—	—	—	—	—	—	-100 574.44	-100 574.44
4. 其他	—	—	—	—	—	—	—	—	—
(四)所有者权益内部结转	—	—	—	—	—	—	—	—	—
1. 资本公积转增资本	—	—	—	—	—	—	—	—	—
2. 盈余公积转增资本	—	—	—	—	—	—	—	—	—
3. 盈余公积弥补亏损	—	—	—	—	—	—	—	—	—
4. 一般风险准备弥补亏损	—	—	—	—	—	—	—	—	—
5. 结转重新计量设定受益计划净负债或净资产所产生的变动	—	—	—	—	—	—	—	—	—
6. 其他	—	—	—	—	—	—	—	—	—
四、本年末余额	374 400.00	—	10 877.67	—	8 771.99	52 892.56	50 286.33	48 162.27	545 390.82

法定代表人:郑安国　　主管会计工作负责人:张晓喆　　会计机构负责人:蒋　勋

母公司所有者权益变动表（续）

编制单位：华宝信托有限责任公司　　　　2014 年度　　　　单位：万元

项　　目	上年金额								
	实收资本	其他权益工具	资本公积	减：库存股	其他综合收益	盈余公积	一般风险准备	未分配利润	所有者权益合计
一、上年末余额	200 000. 00	—	17 126. 28	—	—	39 871. 19	35 099. 91	46 730. 78	338 828. 16
加：会计政策变更	—	—	−6 248. 61	—	6 248. 61	—	—	—	—
前期差错更正	—	—	—	—	—	—	—	—	—
其他	—	—	—	—	—	—	—	—	—
二、本年初余额	200 000. 00	—	10 877. 67		6 248. 61	39 871. 19	35 099. 91	46 730. 78	338 828. 16
三、本的增减变动金额（减少以“－”号填列）	—	—	—	—	387. 01	6 791. 84	7 282. 92	53 843. 65	68 305. 42
（一）综合收益总额	—	—	—	—	387. 01	—	—	67 918. 41	68 305. 42
（二）所有者投入和减少资本	—	—	—	—	—	—	—	—	—
1. 所有者投入资本	—	—	—	—	—	—	—	—	—
2. 其他权益工具持有者投入资本	—	—	—	—	—	—	—	—	—
3. 股份支付计入所有者权益的金额	—	—	—	—	—	—	—	—	—
4. 其他	—	—	—	—	—	—	—	—	—
（三）利润分配	—	—	—	—	—	6 791. 84	7 282. 92	−14 074. 76	—
1. 提取盈余公积	—	—	—	—	—	6 791. 84	—	−6 791. 84	—
2. 提取一般风险准备	—	—	—	—	—	—	7 282. 92	−7 282. 92	—
3. 对所有者的分配	—	—	—	—	—	—	—	—	—
4. 其他	—	—	—	—	—	—	—	—	—
（四）所有者权益内部结转	—	—	—	—	—	—	—	—	—
1. 资本公积转增资本	—	—	—	—	—	—	—	—	—
2. 盈余公积转增资本	—	—	—	—	—	—	—	—	—
3. 盈余公积弥补亏损	—	—	—	—	—	—	—	—	—
4. 一般风险准备弥补亏损	—	—	—	—	—	—	—	—	—
5. 结转重新计量设定受益计划净负债或净资产所产生的变动	—	—	—	—	—	—	—	—	—
6. 其他	—	—	—	—	—	—	—	—	—
四、本年末余额	200 000. 00	—	10 877. 67	—	6 635. 61	46 663. 03	42 382. 83	100 574. 44	407 133. 58

法定代表人：郑安国　　　　主管会计工作负责人：张晓喆　　　　会计机构负责人：蒋　勋

5. 2　信托资产

5. 2. 1　信托项目资产负债汇总表

信托项目资产负债汇总表

编制单位：华宝信托有限责任公司　　　　2014 年 12 月 31 日　　　　单位：万元

资　　产	期末数	期初数	负债和信托权益	期末数	期初数
资产：			负债：		
现金及存放中央银行款项			向中央银行借款	—	—
存放同业款项	15 536 827. 27	8 944 662. 83	同业及其他金融机构存放款项	—	—
拆出资金	—	—	拆入资金	—	—
以公允价值计量且其变动计入当期损益的金融资产	14 677 275. 42	5 458 510. 29	以公允价值计量且其变动计入当期损益的金融负债	—	—
衍生金融资产	—	—	衍生金融负债	—	—
买入返售金融资产	3 811 465. 94	1 198 971. 79	应付受托人报酬	—	—
应收票据	—	2 333. 53	应付保管费	—	—
应收账款	5 000. 00	—	应付受益人收益	—	—
应收股利	1 919. 36	1 912. 50	应付销售服务费	—	—
应收利息	—	—	应交税费	—	—
其他应收款	22 758. 41	447 116. 83	其他应付款	370 815. 74	112 618. 18
发放贷款和垫款	8 255 556. 36	6 067 758. 24	其他负债	—	—
可供出售金融资产	5 712 210. 55	4 176 488. 89	负债合计	370 815. 74	112 618. 18
持有至到期投资	—	—			
长期股权投资	1 123 257. 60	853 930. 63			
投资性房地产	—	—	信托权益：		
固定资产	—	—	实收信托	46 123 315. 79	26 604 958. 36
无形资产	—	—	资本公积	10 479. 25	37 852. 18
其他资产	—	—	其他综合收益	113 600. 63	65 348. 00
			未分配利润	2 528 059. 50	330 908. 8
			信托权益合计	48 775 455. 17	27 039 067. 34
资产总计	49 146 270. 91	27 151 685. 52	负债和信托权益总计	49 146 270. 91	27 151 685. 52

法定代表人：郑安国　　　　主管会计工作负责人：张晓喆　　　　会计机构负责人：蒋勋

5.2.2 信托项目利润及利润分配汇总表

信托项目利润及利润分配汇总表

编制单位:华宝信托有限责任公司 2014 年度 单位:万元

项目	本年累计数	上年累计数
一、信托营业收入	3 228 451.74	1 457 073.41
利息收入	1 372 861.51	965 515.26
投资收益(损失以"-"号填列)	1 164 179.22	532 832.07
其中:对联营企业和合营企业的投资收益	—	—
公允价值变动收益(损失以"-"号填列)	690 121.62	-44 132.11
租赁收入	—	—
汇兑收益(损失以"-"号填列)	-7 056.85	744.97
其他业务收入	8 346.24	2 113.22
二、信托营业支出	122 350.44	113 097.39
营业税金及附加	261.73	—
业务及管理费	122 088.71	113 097.39
资产减值损失	—	—
其他业务成本	—	—
三、利润总额(亏损总额以"-"号填列)	3 106 101.30	1 343 976.02
加:期初未分配信托利润	330 908.80	165 159.44
损益平准金等其他影响额	1 401 520.99	158 017.65
四、可供分配的信托利润	4 838 531.09	1 667 153.11
减:本期已分配信托利润	2 310 471.58	1 336 244.31
五、期末未分配信托利润	2 528 059.50	330 908.80
六、其他综合收益	48 252.63	19 716.93
七、综合收益总额	4 555 874.92	1 521 710.60

法定代表人:郑安国 主管会计工作负责人:张晓喆 会计机构负责人:蒋勋

6. 会计报表附注

6.1 年度会计报表编制基准、会计政策、会计估计和核算方法发生的变化

报告年度会计报表编制基准、会计政策、会计估计和核算方法未发生变化。

6.2 或有事项说明

截至2014年12月31日,本公司为舟山市海运公司提供243万元借款担保(舟山市海峡汽车轮渡有限责任公司为此事向本公司提供了反担保)。

注:该担保系宝钢集团有限公司1998年并购舟山信托前的历史遗留问题。

6.3 重要资产转让及其出售的说明

本公司2014年未发生重要资产的转让。

6.4 会计报表中重要项目的明细资料(以下为母公司口径)

6.4.1 固有资产经营情况

6.4.1.1 按信用风险五级分类结果披露信用风险资产的期初、期末数

信用风险资产五级分类	正常类(万元)	关注类(万元)	次级类(万元)	可疑类(万元)	损失类(万元)	信用风险资产合计(万元)	不良信用风险资产合计(万元)	不良信用风险资产率(%)
期末数	84 895.38	—	—	—	18.34	84 913.72	18.34	0.02
期初数	69 414.29	—	—	—	1 439.53	70 853.82	1 439.53	2.03

注:不良资产合计=次级类+可疑类+损失类。

6.4.1.2 各项资产减值损失准备的期初、本期计提、本期转回、本期核销、期末数

单位:万元

	期初数	本期计提	本期转回	本期核销	期末数
贷款损失准备	—	—	—	—	—
一般准备	—	—	—	—	—
专项准备	—	—	—	—	—
其他资产减值准备	13 515.68	20 092.06	6 431.11	—	27 176.63
可供出售金融资产减值准备	5 009.92	20 092.06	5 009.92	—	20 092.06
持有至到期投资减值准备	—	—	—	—	—
长期股权投资减值准备	7 066.23	—	—	—	7 066.23
坏账准备	1 439.53	—	1 421.19	—	18.34
投资性房地产减值准备	—	—	—	—	—

注:公司于以前年度对华宝证券的长期股权投资计提了7 066.23万元减值准备,根据目前华宝证券的经营情况,实际该项长期股权投资已不存在减值迹象。

6.4.1.3 固有业务股票投资、基金投资、债券投资、股权投资等投资业务的期初数、期末数

单位:万元

	股票	基金	债券	长期股权投资	其他投资	合计
期初数	40 881.24	68.09	0.10	73 224.75	270 817.90	384 992.08
期末数	84 076.85	69.23	—	76 257.00	306 898.44	467 301.52

6.4.1.4 固有长期股权投资的企业名称、占被投资企业权益比例、主要经营活动及投资收益情况等

企业名称	占被投资企业权益的比例(%)	主要经营活动	投资收益(万元)
1. 华宝兴业基金管理有限公司	51	基金管理、发起设立基金以及中国证监会批准的其他业务。	3 963.12
2. 华宝证券有限责任公司	40.5592	证券经纪、证券投资咨询、证券自营。	2 430.60

注:投资收益的口径为影响2014年损益的长期股权投资收益金额。

6.4.1.5 固有贷款的企业名称、占贷款总额的比例和还款情况等

无。

6.4.1.6 表外业务的期初数、期末数,按照代理业务、担保业务和其他类型表外业务分别披露

单位:万元

表外业务	期初数	期末数
担保业务	243.00	243.00
代理业务(委托业务)	—	—
其他	—	—
合计	243.00	243.00

注:表中担保业务为1998年公司并购重组前为舟山市海运公司提供的243万元借款担保,舟山市海峡汽车轮渡有限责任公司为此事向本公司提供了反担保。

6.4.1.7　公司当年的收入结构

收入结构	合并口径		母公司口径	
	金额（万元）	占比（%）	金额（万元）	占比（%）
手续费及佣金收入	160 784.55	78.86	96 310.15	71.08
其中：信托手续费收入	93 554.02	45.89	93 554.02	69.04
投资银行业务收入	2 756.13	1.35	2 756.13	2.04
利息收入	4 460.71	2.19	1 193.80	0.88
其他业务收入	70.33	0.03	20.00	0.01
其中：计入信托业务收入部分	—	0.00	—	0.00
投资收益	36 127.62	17.72	36 099.61	26.64
其中：股权投资收益	2 430.60	1.19	6 393.72	4.72
公允价值变动收益	-140.72	-0.07	-5.03	0.00
其他投资收益	33 837.74	16.60	29 710.92	21.93
营业外收入	2 438.01	1.20	1 878.36	1.39
收入合计	203 881.22	100.00	135 501.92	100.00

注：1. 投资银行业务收入为我司信托业务收取的财务顾问费。
2. 以上收入结构表为规定格式，故此处收入合计未含汇兑损益。

本年度公司（母公司口径）实现信托业务收入总额96 310.15万元，其中以手续费及佣金确认的信托业务收入金额84 198.34万元，以业绩报酬形式确认的信托业务收入（浮动报酬）金额12 111.81万元，无以其他形式确认的信托业务收入。

6.4.2　披露信托资产管理情况

6.4.2.1　信托资产的期初数、期末数

单位：万元

信托资产	期初数	期末数
集合	7 074 907.46	9 222 440.62
单一	19 676 883.13	39 010 342.63
财产权	399 894.93	913 487.66
合计	27 151 685.52	49 146 270.91

6.4.2.1.1　主动管理型信托业务的信托资产期初数、期末数

单位：万元

主动管理型信托资产	期初数	期末数
证券投资类	6 555 799.38	16 299 967.55
股权投资类	332 656.14	459 516.71
融资类	2 091 524.13	1 715 102.83
事务管理类	—	194 082.91
组合投资	2 874 233.32	3 170 832.71
合计	11 854 212.97	21 839 502.71

6.4.2.1.2　被动管理型信托业务的信托资产期初数、期末数

单位：万元

被动管理型信托资产	期初数	期末数
证券投资类	191 697.83	411 358.72
股权投资类	95 005.50	195 035.87
融资类	5 790 871.81	6 509 507.85
事务管理类	9 133 536.13	19 872 371.94
组合投资	86 361.28	318 493.82
合计	15 297 472.55	27 306 768.20

6.4.2.2　本年度已清算结束的信托项目个数、实收信托合计金额、加权平均实际年化收益率

本公司本年度终止的信托项目个数为137个，本金合计为4 770 941.96万元，加权平均实际年化收益率为6.36%。

6.4.2.2.1　本年度已清算结束的集合类、单一类资金信托项目和财产管理类信托项目个数、实收信托金额、加权平均实际年化收益率

已清算结束信托项目	项目个数（个）	实收信托合计金额（万元）	加权平均实际年化收益率（%）
集合类	66	1 148 783.27	7.90
单一类	69	3 499 024.37	5.82
财产管理类	2	123 134.32	7.45

6.4.2.2.2　本年度已清算结束的主动管理型信托项目个数、实收信托合计金额、加权平均实际年化收益率

已清算结束信托项目	项目个数（个）	实收信托合计金额（万元）	加权平均实际年化收益率（%）
证券投资类	24	276 376.22	5.17
股权投资类	2	59 632.78	6.25
融资类	21	772 817.42	8.81
组合投资类	28	170 116.49	6.32
事务管理类	—	—	—

6.4.2.2.3　本年度已清算结束的被动管理型信托项目个数、实收信托合计金额、加权平均实际年化收益率

已清算结束信托项目	项目个数（个）	实收信托合计金额（万元）	加权平均实际年化收益率（%）
证券投资类	12	115 176.81	5.97
股权投资类	—	—	—
融资类	45	3 279 876.57	5.89
组合投资类	—	—	—
事务管理类	5	96 945.67	6.85

6.4.2.3　本年度新增的集合类、单一类和财产管理类信托项目个数、实收信托合计金额

新增信托项目	项目个数（个）	实收信托合计金额（万元）
集合类	201	1 992 827.57
单一类	134	6 386 115.10
财产管理类	2	780 384.90
新增合计	337	9 159 327.56
其中：主动管理型	206	1 462 894.75
被动管理型	131	7 696 432.82

6.4.2.4　信托业务创新成果和特色业务有关情况

公司重视信托行业转型机遇，加大信托业务创新，不断提升信托服务水平、资产管理能力和信托品牌，提高了公司的专业化和差异化的市场地位。公司顺应监管要求，注重风险控制，提高主动管理水平，通过创新开拓新的业务和市场以保持竞争优势。具体包括公司通过"流通宝"服务平台，积极探索信托产品向标准化发展，在风险可控的前提下提出了改善信托产品市场流动性的可行性措施和方案，为信托行业的进一步发展做出了有益尝试；公司在过往产融结合实践经验下，与宝钢集

团在证券投资、投融资、金融服务等方面开展合作;公司发行了境外上市公司员工持股信托计划,运用股权激励与QDII的合作,开辟了受托境外理财业务新的发展方向;公司还探索电子化手段在信托业务及服务中的运用,充分发挥互联网在信息传输和处理方面的优势,同时也为客户提供更加便捷、高效、安全的服务体验。

6.4.2.5　本公司履行受托人义务情况及因本公司自身责任而导致的信托资产损失情况

本公司遵守信托法和信托文件对受托人义务的规定,为受益人的最大利益处理信托事务,管理信托财产时,恪尽职守,履行诚实、信用、谨慎、有效管理的义务,没有损害受益人利益的情况。本公司无因自身责任而导致的信托资产损失情况。

6.5　关联方关系及其交易的披露

6.5.1　关联交易方的数量、关联交易的总金额及关联交易的定价政策等

	关联交易方数量	关联交易金额(万元)	定价政策
合计	2	84 077	按市场公允价格定价

注:“关联交易”定义应以《公司法》和《企业会计准则第36号——关联方披露》有关规定为准。

6.5.2　关联交易方与本公司的关系性质、关联交易方的名称、法定代表人、注册地址、注册资本及主营业务等

关系性质	关联方名称	法定代表人	注册地址	注册资本(万元)	主营业务
子公司	华宝兴业基金管理有限公司	郑安国	上海市	15 000.00	1. 在中国境内从事基金管理、发起设立基金;2. 中国证监会批准的其他业务(依法须经批准的项目,经相关部门批准后方可开展经营活动)。
联营企业	华宝证券有限责任公司	陈林	上海市	150 000.00	证券经纪,证券投资咨询,证券自营,证券资产管理,融资融券,证券投资基金代销,代销金融产品,为期货公司提供中间介绍业务,证券承销,与证券交易、证券投资活动有关的财务顾问业务。

6.5.3　逐笔披露本公司与关联方的重大交易事项

6.5.3.1　固有财产与关联方交易情况:贷款、投资、租赁、应收账款、担保、其他方式等期初汇总数、本期借方和贷方发生额汇总数、期末汇总数

单位:万元

固有财产与关联方关联交易				
	期初数	借方发生额	贷方发生额	期末数
贷款				
投资	200	617	617	200
租赁				
担保				
应收账款				
其他				
合计	200	617	617	200

6.5.3.2　信托与关联方交易情况:贷款、投资、租赁、应收账款、担保、其他方式等期初汇总数、本期借方和贷方发生额汇总数、期末汇总数

单位:万元

信托与关联方关联交易				
	期初数	借方发生额	贷方发生额	期末数
贷款				
投资	24 152	83 460	87 242	20 370
租赁				
担保				
应收账款				
其他				
合计	24 152	83 460	87 242	20 370

6.5.3.3　信托公司自有资金运用于自己管理的信托项目(固信交易)、信托公司管理的信托项目之间的相互(信信交易)交易金额,包括余额和本报告年度的发生额

6.5.3.3.1　固有财产与信托财产之间的交易金额期初汇总数、本期发生额汇总数、期末汇总数

单位:万元

固有财产与信托财产相互交易			
	期初数	本期发生额	期末数
合计	259 024	5 807	322 514

注:以固有资金投资公司自己管理的信托项目受益权,或购买自己管理的信托项目的信托资产均应纳入统计披露范围。

6.5.3.3.2　信托项目之间的交易金额期初汇总数、本期发生额汇总数、期末汇总数

单位:万元

信托资产与信托财产相互交易			
	期初数	本期发生额	期末数
合计	2 801 058	2 932 004	2 578 235

注:以公司受托管理的一个信托项目的资金购买自己管理的另一个信托项目的受益权或信托项下资产均应纳入统计披露范围。

6.5.4　逐笔披露关联方逾期未偿还本公司资金的详细情况以及本公司为关联方担保发生或即将发生垫款的详细情况

本报告期公司无上述情况。

6.6　会计制度的披露

本报告期公司固有业务(自营业务)及信托业务均执行2006年版《企业会计准则》。

7. 财务情况说明书

7.1　利润实现和分配情况

根据公司2014年度的经营实绩,对2014年度利润进行如下分配:

(1)当年利润总额:806 774 973.90元。

(2)所得税费用:183 822 049.05元(已考虑纳税调整和递延税款)。

(3)净利润:622 952 924.85元。

(4)提取法定盈余公积金:62 295 292.49元。

（5）按照《信托公司管理办法》规定，按照税后利润 10% 提取信托赔偿准备金 62 295 292.49 元。

（6）按照《非银行金融机构外汇业务管理规定》规定，按照税后外汇利润的 50% 提取外汇资本准备金 251 477.81 元。

（7）按照《金融企业准备金计提管理办法》、《银行信贷损失计提指引》规定，按照金融企业承担风险和损失的资产期末余额的 1.5% 扣除年初一般风险准备余额，提取一般风险准备 16 488 188.81 元。

（8）2014 年当年公司可分配利润 481 622 673.25 元。

（9）2010 年因华宝投资对华宝证券增资，公司对华宝证券持股比例由 99.922% 降至 40.5592%，相应核算办法也由成本法转为权益法，并进行追溯调整。该事项导致未分配利润增加 19 444 824.24 元（2014 年之前影响金额 116 864 101.02 元已在 2013 年全部分配，当年数据已包含在上述第 8 条中）。

（10）因截至 2013 年利润（包含公司用现金垫付的因对华宝证券核算方法转变形成的未分配利润）已全部分配，2014 年末公司累计可分配利润为 481 622 673.25 元，其中因对华宝证券核算方法转变形成的未分配利润为 19 444 824.24 元并未实际得到分配，考虑到公司如对此部分进行利润分配的话需要实际垫付现金，将直接影响经营活动和净资本总额。故对华宝证券权益法核算影响的利润部分暂不作分配。

（11）综上，2014 年可分配利润为 462 177 849.01 元，考虑到公司发展规划及业务拓展的需求，分配 2014 年利润为 102 040 816.33 元，其中宝钢集团有限公司为 100 000 000.00 元，舟山财政为 2 040 816.33 元。

7.2 主要财务指标

指标名称	母公司	合并
资本利润率（%）	13.08	13.83
人均净利润（万元）	211.53	273.81

注：1. 资本利润率 = 净利润/所有者权益平均余额 ×100%。
2. 人均净利润 = 净利润/年平均人数。
3. 平均值采取年初、年末余额简单平均法，公式为：a（平均）=（年初数 + 年末数）/2。

7.3 对本公司财务状况、经营成果有重大影响的其他事项

无。

8. 特别事项揭示

8.1 本报告期内公司无股东变动情况

8.2 董事、监事及高级管理人员变动情况及原因

2014 年 7 月，原董事夏小军因工作调离舟山市财政局，不再担任公司董事。经舟山市财政局发函推荐，公司股东会审议通过决议：免去夏小军公司董事职务，选举俞志龙为公司董事。2014 年 11 月，上海银监局核准、批复俞志龙华宝信托有限责任公司董事的任职资格。

8.3 变更注册资本、变更注册地或公司名称、公司分立合并事项

2014 年 11 月，经华宝信托有限责任公司第十九次股东会审议通过，并经中国银行业监督管理委员会上海监管局《上海银监局关于同意华宝信托有限责任公司变更注册资本的批复》（沪银监复[2014]848 号）批准，华宝信托有限责任公司注册资本由人民币 20 亿元（含 1 500 万美元）增加至人民币 37.44 亿元（含 1 500 万美元），各股东持股比例保持不变。

8.4 公司的重大诉讼事项

报告期内公司有两个信托计划涉及重大诉讼。融资方违约，公司对融资方以及担保方提起了诉讼。目前，本案正在进行审理。

8.5 本报告期内无公司及其董事、监事和高级管理人员受到处罚的情况

8.6 银监会及其派出机构对公司检查后提出整改意见的，应简单说明整改情况

检查时间	审计（检查）原由及内容	审计（检查）结论及处理意见
2014 年 9 月 11 日至 26 日	截至 2014 年 7 月 31 日的信托业务合规性及到期交付风险	现场检查意见：公司开展信托业务基本能够按照公司制定的信托业务制度和流程进行操作，并采取了风险防范和控制措施。但在检查中发现在业务决策、运营管理、营销规范等方面还存在一些问题。

8.7 本年度重大事项临时报告的简要内容、披露时间、所披露的媒体及其版面

报告期内发布《华宝信托有限责任公司关于公司注册资本变更及章程修改的公告》，公司注册资本增加至人民币 37.44 亿元（含 1 500 万美元），披露时间为 2015 年 1 月 6 日，披露媒体在《上海金融报》A11 版。

8.8 银监会及其省级派出机构认定的其他有必要让客户及相关利益人了解的重要信息

无。

9. 公司监事会意见

监事会认为，本报告期内，公司决策程序合法，内部控制制度较为完善，没有发现公司董事、经理和其他高级管理人员在执行公司职务时有违法违纪和有损公司及股东利益的行为。公司财务报告真实地反映了公司的财务状况和经营成果。

华宸信托有限责任公司

1. 重要提示

1.1 本公司董事会及董事保证本报告所载资料不存在任何虚假记载、误导性陈述或者重大遗漏，并对其内容的真实性、准确性和完整性承担个别及连带责任。

1.2 本公司独立董事郝占魁、范勇宏对年度报告内容的真实性、准确性和完整性无异议。

1.3 本公司董事长刘晓兵、主管财务工作负责人杨新良、财务部门负责人赵国平声明：保证年度报告中财务报告的真实、完整。

2. 公司概况

2.1 公司简介

2.1.1 公司基本情况

公司名称（中文）	华宸信托有限责任公司（简称：华宸信托）
公司名称（英文）	Hua Chen Trust Limited Corporation（缩写：HCTRUST）
法定代表人	刘晓兵
注册地址	内蒙古自治区呼和浩特市赛罕区如意西街23号
邮政编码	010011
公司国际互联网网址	http://www.hctrust.cn
电子信箱	hctrust@hctrust.cn
公司信息披露的报纸	《金融时报》
公司年度报告备置地点	内蒙古自治区呼和浩特市赛罕区如意西街23号

2.1.2 联系人和联系方式

	董事会秘书	公司信息披露联系人
姓名	晋军	刘建宇
联系地址	内蒙古自治区呼和浩特市赛罕区如意西街23号	内蒙古自治区呼和浩特市赛罕区如意西街23号
电话	0471－4193902	0471－4193901
传真	0471－4193908	0471－4193901
电子信箱	jinjun@hctrust.cn	ljy@hctrust.cn

2.1.3 公司聘请的会计师事务所

瑞华会计师事务所（特殊普通合伙）

办公地址：北京海淀区西四环中路16号院2号楼4层

2.2 组织结构

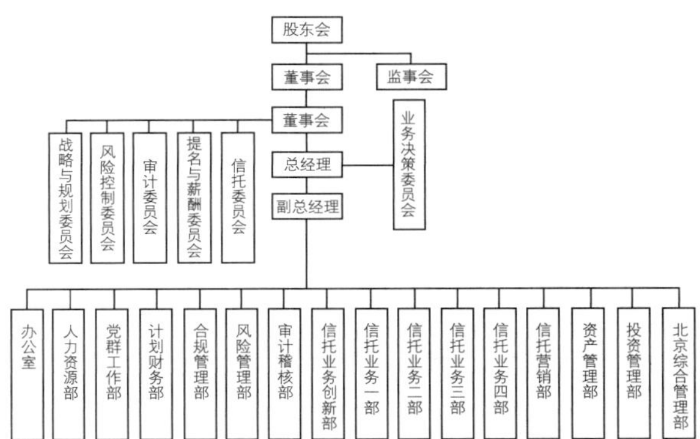

3. 公司治理

3.1 股东

股东名称	出资比例（%）	法人代表	注册地址	主要经营业务及主要财务情况
包头钢铁（集团）有限责任公司	36.5	周秉利	包头市昆区河西工业区	钢铁，经营正常
中国大唐集团资本控股有限公司	32.45	胡绳木	北京市丰台区科学城星火路10号B－212室（园区）	投资管理，经营正常
内蒙古自治区人民政府国有资产监督管理委员会	30.2	苏和	呼和浩特市新华大街63号政府大院5号楼	行政单位
呼和浩特市财政局	0.5	马保国	呼和浩特市赛罕区大学东街18号	行政单位
巴彦淖尔市国有资金资产监督管理局	0.175	田卫东	内蒙古巴彦淖尔市临河区新华西街财政大楼	事业单位
天津众兴能源集团有限责任公司	0.175	林来嵘	天津空港经济区国际商务园A地块D6号单体	煤炭，经营正常

3.2 董事

姓名	职务	性别	年龄	选任日期	所推举的股东名称	该股东持股比例（%）	简要履历
刘玉瀛	董事长（拟任）、董事	男	49	2013年11月22日	包头钢铁（集团）有限责任公司	36.5	历任包钢（集团）公司财务部副部长兼结算中心主任、计划财务部部长、总会计师兼计划财务部部长、副总经理、包钢股份董事、包钢矿业董事、包钢西创董事、包钢（集团）公司总经济师。
栗宝卿	董事（拟任）	男	49	2013年11月22日	中国大唐资本控股有限公司	32.45	历任中国大唐集团公司财务管理部主任、中国大唐集团财务有限公司总经理、中国大唐集团资本控股有限公司总经理、大唐融资租赁有限公司董事长、北京大唐泰信保险经纪有限公司董事长、北京大唐泰信保险公估有限公司董事长、华夏资本管理有限公司董事。

续表

姓 名	职 务	性别	年龄	选任日期	所推举的股东名称	该股东持股比例（%）	简 要 履 历
王 温	董事	男	61	2013 年 11 月 22 日	内蒙古自治区人民政府国有资产监督管理委员会	30.2	历任呼和浩特环保局科长，内蒙古经贸委副处长、处长，内蒙古自治区人民政府国有资产监督管理委员会监事会工作处处长、监事会主席。
甄学军	董事	男	50	2013 年 11 月 22 日	内蒙古自治区人民政府国有资产监督管理委员会	30.2	历任内蒙古农业大学农经系教师、团总支书记，内蒙古信托有限责任公司业务二部副经理、信贷管理部副经理、经理、公司副总经理、总经理、董事。
宋 弘	董事（拟任）	男	55	2013 年 11 月 22 日	包头钢铁（集团）有限责任公司	36.5	历任包钢财务部资金科科长、副总经济师，包钢（集团）公司计划财务部副总经济师兼资金处副处长、计划财务部资金处处长、计划财务部副部长兼资金处处长、纪委副书记兼审计部部长（主持日常工作）、包钢钢联股份监事会主席。
张瑞平	董事	男	51	2013 年 11 月 22 日	呼和浩特市财政局	0.5	历任呼和浩特市富泰热力股份有限公司副总工程师、副总经理，呼和浩特市城发投资经营有限责任公司副总经理、总经理。

独立董事

姓 名	所在单位及职务	性别	年龄	选任日期	所推举的股东名称	简 要 履 历
郝占魁	北京陶氏投资控股有限公司	男	59	2013 年 11 月 22 日	公司董事会	历任中国人民银行包头支行科员、科长，中国工商银行包头支行办事处副主任、主任，中国交通银行包头支行副行长，中国交通银行包头分行行长，中国交通银行内蒙古分行副行长，北京陶氏投资控股有限公司总裁。
范勇宏	华夏基金管理公司	男	47	2013 年 11 月 22 日	公司董事会	历任中国建设银行总行主任科员，华夏证券公司总裁助理、副总裁，华夏基金管理公司总经理，华夏基金（香港）管理公司董事长。

3.3 监事

监事会成员

姓 名	职 务	性别	年龄	选任日期	所推举的股东名称	该股东持股比例（%）	简 要 履 历
张世宏	监事会临时负责人	男	46	2013 年 11 月 22 日	内蒙古自治区人民政府国有资产监督管理委员会	30.2	历任内蒙古自治区经贸委技改处科员、副主任科员、主任科员，内蒙古自治区经贸委企业监督处副处长，内蒙古自治区人民政府国有资产监督管理委员会业绩考核与统计评价处副处长、处长，内蒙古自治区人民政府国有资产监督管理委员会财务监督与统计评价处处长。
郝润宝	监事	男	50	2013 年 11 月 22 日	包头钢铁（集团）有限责任公司	36.5	历任包头钢铁（集团）有限责任公司财务处会计科干事、副科长，包头钢铁（集团）有限责任公司计划财务部税政科科长，包头钢铁（集团）有限责任公司计划财务部会计处副处长、处长，包头钢铁（集团）有限责任公司计划财务部副部长、部长，包钢钢联股份有限公司监事。
李独奇	监事	男	52	2013 年 11 月 22 日	中国大唐集团资本控股有限公司	32.45	历任中国水利电力物资武汉公司总经理助理、副总经理、总经理，中国水利电力物资有限公司总经理助理，中国大唐集团财务有限公司信贷部经理，大唐国际香港有限公司党组成员、总经济师、副总经理、总法律顾问，北京大唐燃料有限公司党组成员、副总经理、总法律顾问，大唐融资租赁有限公司副总经理。
姬文昌	职工监事	男	59	2013 年 11 月 22 日	公司职工代表大会		历任内蒙古信托投资公司信息咨询部、业务三部、资金信托部、信贷管理部职员，内蒙古信托投资有限责任公司（后更名为华宸信托有限责任公司）计划财务部副经理、审计稽核部审计稽核主管、审计稽核部副经理、经理、党群工作部主任。

3.4 高级管理人员

姓 名	职务	性别	年龄	选任日期	金融从业年限（年）	学历	专业
甄学军	总经理、董事	男	50	2013 年 11 月 22 日	23	本科双学位	农经管理、政教
宋 弘	副总经理兼财务总监（拟任）、董事（拟任）	男	55	2013 年 11 月 22 日	2	硕士研究生	工业管理工程
向旭平	副总经理	男	42	2013 年 11 月 22 日	7.5	硕士研究生	民商法学
范永胜	副总经理（拟任）	男	48	2013 年 11 月 22 日	22	大学本科学历、硕士学位	工商管理
于建琳	副总经理	女	43	2013 年 11 月 22 日	20	大学本科学历、硕士学位	会计学、工商管理专业

3.5 公司员工

截至 2014 年末，公司共有在职员工 113 人，平均年龄为 40.2 岁。学历分布情况为：博士 4 人，占在岗员工总数的 3.54%；硕士研究生 44 人，占在岗员工总数的 38.94%；大学本科 41 人，占在岗员工总数的 36.28%；大学专科 13 人，占在岗员工总数的 11.50%；中专及以下 11 人，占在岗职工人数的 9.73%。

4. 经营管理

4.1 经营目标、方针、战略规划

4.1.1 经营目标

以创造价值为目标，充分发挥信托功能，搭建联结资本市场、货币市场和产业市场的多元化金融理财平台，为社会和股东创造满意的回报。

4.1.2 经营方针

坚持专业化道路，不求“大”，也不求“全”，但求“强”、“实”和“特色”。

4.1.3 战略规划

依托自治区“8337”发展思路，以人才强企和优质服务为理念，稳步拓展业务领域，强化风险管控，提高运营质量和效益，构建独具特色的金融集团，更好地服务于经济社会的发展。

4.2 经营业务的主要内容

自营资产运用与分布表

资产运用	金额（万元）	占比（%）	资产分布	金额（万元）	占比（%）
货币资产	926.50	0.89	基础产业	0	0
买入返售金融资产	0	0	房地产业	0	0
贷款及应收款	19 701.26	18.96	证券市场	53 068.97	51.07
可供出售金融资产	68 938.03	66.33	实业	21 868.32	21.04
交易性金融资产	0	0	金融机构	13 058.56	12.57
持有至到期投资	0	0	其他	15 927.06	15.32
长期股权投资	6 857.83	6.60			0
其他资产	7 499.29	7.22			0
资产总计	103 922.91	100.00	资产总计	103 922.91	100.00

注：资产分布中其他项目包括货币资产、应收款项、固定资产、递延所得税资产、无形资产等。

信托资产运用与分布表

资产运用	金额（万元）	占比（%）	资产分布	金额（万元）	占比（%）
货币资产	14 015.25	2.02	基础产业	85 483.60	12.28
贷款	333 640.00	47.95	房地产	183 174.85	26.33
买入返售金融资产	286 740.00	41.21	证券市场		0
可供出售金融资产	0	0	实业	222 399.80	31.96
持有至到期投资	49 000.00	7.04	金融机构	49 247.38	7.08
长期股权投资	5 000.00	0.72	其他	155 489.01	22.35
其他	7 399.39	1.06			
资产总计	695 794.64	100.00	资产总计	695 794.64	100.00

注：资产分布中其他155 489.01万元主要包括：租赁和商务服务6 491.67万元，采矿5 246.47万元，交通运输和仓储29 767.27万元，卫生和社会保障30 756.65万元，教育17 478.53万元，环境和公共设施管理25 885.07万元等。

4.3 市场分析

影响公司发展的有利因素：信托业发展迅速，行业盈利能力和市场影响力不断提高，公司的发展也得到内蒙古自治区的高度重视和大力支持。随着公司股权调整工作的完成，公司的股权架构进一步优化，股东实力也跃上了一个新台阶，不仅有利于拓展华宸信托的战略视野，吸纳先进理念，引入科学管理手段，而且有利于在与股东持续、深度的合作中，迅速形成独具特色和优势的业务模式和盈利模式。

影响公司发展的不利因素：国内经济增速放缓；信托公司竞争态势持续加剧；信托业政策法律法规有待完善，监管政策日趋严格，我公司净资本实力较弱，抵抗风险能力不强，业务创新能力有待提高。

4.4 内部控制

4.4.1 内部控制环境和内部控制文化

公司着力营造氛围和谐、运转高效的内部控制环境。在董事会、管理层以及全体员工的不懈努力下，公司建立起一套比较完整且有效的内部控制体系。公司根据《中华人民共和国信托法》、《信托公司管理办法》等国家相关法律法规和公司章程的要求，建立了由股东会、董事会、监事会和高级管理层组成的法人治理结构，形成了股东会、董事会、监事会、高级管理层之间分工配合、相互协调、相互制衡的运行机制。股东会是公司最高权力机构，董事会是公司的决策机构，董事会下设战略与规划委员会、风险控制委员会、提名与薪酬委员会、审计委员会和信托委员会，高级管理层设立业务决策委员会。监事会是公司的监督机构，对公司经营管理进行监督。公司的股东会、董事会、监事会均按照相关法律、法规以及公司章程和自身议事规则及议事程序的规定，规范有效的运作。完善的法人治理结构为公司内部控制目标的实现提供了有效保障。

内控文化是企业得以发展的原动力，是实现企业经营目标的重要保障。公司始终秉承“专业、务实、开放、创新”的宗旨，以“诚信文化”为核心，形成以“全程、全员、立体式”为主旋律的内控文化。董事会、监事会及高级管理层对内控文化建设高度重视，率先垂范参与各类内控文化宣导活动。公司持续、有效地实施多层次的诚信文化宣导、培训与教育活动，提高员工的诚信意识，形成良好的内控文化氛围。良好的内部控制文化和风险管理理念，有效地防止了内控缺位、内控漏洞，明确了每位员工的工作权限、责任和义务，切实将内控制度覆盖、渗透到所有业务的各个环节，强化员工警惕风险、识别风险、管理风险、合理承担风险的意识，使之成为员工自觉遵循的准则。

4.4.2 内部控制措施

公司按照现代企业制度的要求，遵循有效性、全面性、独立性、审慎性的原则，围绕控制环境、风险评估、控制流程、信息沟通和监督等内控要素进行内部控制系统和内部控制制度的建设。已形成了严格分离、制度保障、合规管理、风险评估与内部审计的全方位内部控制措施。

公司以合规性管理为基础，不断完善规章制度，优化流程管理，构建了“业务部门→合规管理部、风险管理部、审计稽核部→业务决策委员会→董事会风险控制委员会→董事会”的内控机制，通过层层推进、层层把关的梯次式、立体型的内部控制管理体系，进一步完善公司全面风险管理机制，最大限度控制和降低公司经营风险。

内控措施主要包括：

（1）严格分离。公司建立健全防火墙制度，实现信托业务与自营业务相分离，业务人员不相互兼职，并由不同的高管人员分工管理。同时，不同的信托财产之间相分离，不同信托财产分账户管理；同一信托财产运用与保管相分离；业务操作与风险监控相分离。在此基础上认真制定各部门的业务流程和管理制度,公司所有的业务和管理活动都严格地按照制度规定的流程执行。

(2)制度保障。公司进一步完善业务决策机制,以业务流程为主线,建立健全前、中、后台并重的内控体系。公司业务决策委员会对董事会授权范围内的所有信托业务及自有资金运用业务项目进行集体决策,通过构建完善的决策机制、前台业务管理、中后台工作管理制度体系,将风险管理落实到业务开展的各个部门、岗位,保证公司业务健康发展,有效控制和防范经营风险。

(3)合规管理。公司通过设立专门的机构——合规管理部,保证公司内部组成机构和人员对所有"有效规则"的遵守,包括国家颁布的各项法律法规,政府部门尤其是监管部门的部门规章和行政命令,以及公司内部制订的各项业务和管理制度等。同时,强调"合规从高层做起",大力推进合规文化建设,明确董事会、高级管理层直至每一位员工的合规职责,构建起层层负责、人人合规的合规风险管理体系,从而降低法律及合规性风险。此外,合规管理部及时向高级管理层汇报与公司业务相关的法律法规和政策变化情况,根据监管机构要求开展合规管理工作,培育良好的内控文化,适时开展公司内部制度执行情况检查工作,促进公司业务的可持续健康发展。

(4)风险评估。公司设立了专门的风险控制机构——风险管理部,对风险进行事前防范、事中控制,包括对各项经营活动的风险进行定期评价,确定关键控制点,从而有针对性地采取各种风险防范与风险控制措施,以及通过对相关信息进行识别、处理,以识别可能发生的风险,并向管理层报告,以便公司迅速而准确地对影响经营活动的各种因素作出反应。

(5)内部审计。公司审计稽核部在董事会审计委员会的具体指导下开展内部监督工作,对公司业务实施内部审计,以规范经营行为,防范、化解金融风险,提高经济效益,保障公司实现经营目标。

4.4.3 监督评价与纠正

报告期内公司监督评价体系进一步完善。内外部审计与检查工作基本实现常态化,开展了监管部门检查、外部审计机构年度审计等监督工作,同时内审机构实施了年度内部控制制度审计。

(1)更加注重外部监督。积极与监管部门沟通与协调,增强主动接受监督的自觉性,对于监管中提出的问题及时进行整改和落实,并将整改落实结果向监管部门及公司董事会作出报告,保证各项工作业务合法、规范开展。

(2)内部监督检查工作更加全面。公司设立审计稽核部、合规管理部等部门,对公司各项业务经营情况和管理工作开展定期和不定期检查,及时发现内部控制存在的缺陷和隐患,防范管理风险,确保公司合规经营。

4.5 风险管理

公司在经营活动中高度重视风险管理,坚持"依法合规、稳健经营"的理念,及时识别和度量业务运行中的潜在风险,持续关注业务经营所面临的信用风险、市场风险、操作风险和声誉风险等各类风险。

4.5.1 风险状况

报告期内,受外部市场环境变化影响,部分领域、部分地区的企业违约风险比重逐渐加大,公司总体防控风险的压力增加。

4.5.1.1 信用风险状况

信用风险是指因交易对手违约或信用等级下降,给公司造成的可能损失。主要表现为信托业务中对交易对手的信用调查,资金往来的信用风险等。同时,当信用风险发生时,若受托人未能尽职管理,或信托项目未能如期执行时,则可能会发生相应的流动性风险。

4.5.1.2 市场风险状况

市场风险是指由于利率、股票市场价格等因素变动而产生的未知潜在损失的风险。公司开展的自营贷款业务、信托业务、证券投资业务等均可能面临市场风险。

截至报告期末,在公司完善市场风险管理体系的基础上,公司市场风险整体可控。在二级市场逐渐回暖的情况下,固有资金金融投资业务整体上实现盈利;自有资金金融投资类业务余额小计9 668.32万元,占自有资金投资业务总额的9.67%。

4.5.1.3 操作风险状况

操作风险是指由于不完善或有问题的内部操作流程、人员、系统或外部事件而造成的直接或间接损失的风险。主要表现为在公司的经营管理过程中,由于内部业务操作程序不完善或操作系统发生故障,业务人员未能充分获得准确的市场信息,不熟悉市场交易所涉及的法律规定,或者工作效率低下等因素导致的风险。

报告期内,公司每项业务在提案、尽职调查、结构设计、审批、发行、执行和终止的全过程中均合法合规,未发生因操作风险而造成的损失。

4.5.1.4 其他风险状况

其他风险主要为流动性风险、政策风险、法律风险和道德风险等。根据公司资金运作的实际情况及对流动性的预测,公司资本金较为充足,基本能满足日常的业务与投资需求,尚不需要通过外部融资应对流动性风险,因此流动性风险不大。除流动性风险外,报告期内,公司未发生因其他风险所造成的损失,风险可控。

4.5.2 风险管理

4.5.2.1 信用风险管理

为管理和防范信用风险,公司已逐步建立和完善全面风险管理体系,风控措施覆盖项目立项、尽职调查、项目审批、发行、中后期管理、清算等全过程。

加强事前对交易对手及保证人的尽职调查。公司注重对信托项目或交易对手的尽职调查工作。一方面由项目团队开展前期现场尽职调查,另一方面聘请外部专业机构开展交易对手财务、法律关系、抵(质)押物评估的尽职调查,保证尽职调查工作的真实性和客观性。

注重决策过程及项目实施条件的落实。报告期内,公司对项目的决策新增预审环节,负责对拟申请业务决策委员会审议项目进行决策前期的评价和审查工作,并加强对项目落实条件的监督。

认真落实担保措施。选择信誉卓著的担保机构,要求提供变现能力强的抵押物,并确定合理的抵押率;引入财产抵押、权力质押等担保方式,将融资主体的信用风险进行分散和转移。

加强贷后监管。对运行中的项目交易对手进行动态管理,关注交易对手的履约能力及履约意愿。通过账户管理，监控项目本身的现金流，以其作为履约的主要资金来源；进行贷后检查，及时发现问题，积极采取应对措施；开展全面风险排查。报告期内，公司根据《信托项目风险五级分类管理办法》的规定，对全部存续信托项目进行了“全覆盖、全流程”的全面风险排查，切实加强存续项目的后续监管，确保项目的按期兑付。

根据《资产风险五级分类管理办法》的规定，公司对风险资产进行五级分类，按照风险的暴露程度计提资产减值准备；对不良资产或可能出现的风险资产按季取提专项准备；从税后利润中按年提取信托赔偿准备，各项准备金提取率都达到了100%，增强了抗风险能力。

4.5.2.2 市场风险管理

市场风险管理是识别、评估、决策、监控、报告和处置市场风险的全过程，其目标是通过将市场风险控制在公司可承受的合理范围内，实现经风险调整后的收益最大化。

公司加强了利率趋势性、敏感性的研究，深入把握市场利率走势，并结合项目交易对手、融资规模、融资期限及国家产业调控政策等因素，科学合理地设置项目利率，并在合同中标明，随市场利率同比浮动或保持不变，从而减轻其变化对公司盈利能力和财务状况的影响。

证券市场价格指数和单一证券品种价格瞬息万变，公司通过宏观、中观、微观三个不同层次的分析研究，运用分散投资和组合投资的策略，达到降低价格风险的目标。

对于委托理财市场竞争，公司主要是在有效控制风险前提下，提高包括项目盈利能力、尽职服务能力等综合理财能力，以降低市场风险。

4.5.2.3 操作风险管理

公司采取一系列措施规范操作流程，降低操作风险。建立严格的部门职责和岗位职责，梳理各项业务流程和操作规程，将操作风险管理落实到业务开展的各个部门和岗位环节；建立职责分离、相互监督制约的机制，建立严格的审核、复核程序；建立规范的信息系统管理流程；报告期内，公司对各类业务规章制度和操作规程进行了修订，进一步完善了前、中、后台的风险控制体系，使之更加系统化、规范化；公司倡导并推动风险文化建设，通过对员工的培训，增进全员操作风险意识；按照监管部门要求，开展案件防控和员工异常行为排查活动，增强对操作风险、道德风险防范的主动性和自觉性，有效避免了操作风险。

此外，公司通过在业务尽职调查、产品规范化管理、风险监测评价、合同档案管理、信息披露等方面不断细化管理要点和规范操作流程，提升业务操作的规范化和标准化水平，消除操作风险隐患。

4.5.2.4 其他风险管理

报告期内，公司通过加强对宏观政策和监管规定的调查研究，加强与监管部门和行业间的沟通、联系，以尽可能准确地判断分析宏观政策和监管政策的未来发展趋势，管理政策风险。

公司通过建立完善的治理结构、内控制度、业务流程等，加强对道德风险与流动性风险等其他风险的管理和控制，且专门聘请法律专家、会计师事务所等专业机构，协助公司对所有业务开展合规性审查工作。

5. 报告期末及上一年度末的比较式会计报表

5.1 自营资产

5.1.1 会计师事务所审计意见全文

审计报告

瑞华审字[2015]01560011号

华宸信托有限责任公司全体股东：

我们审计了后附的华宸信托有限责任公司（以下简称华宸信托公司）的财务报表，包括2014年12月31日公司的资产负债表，2014年度公司的利润表、现金流量表和股东权益变动表以及财务报表附注。

一、管理层对财务报表的责任

编制和公允列报财务报表是华宸信托公司管理层的责任。这种责任包括：（1）按照企业会计准则的规定编制财务报表，并使其实现公允反映；（2）设计、执行和维护必要的内部控制，以使财务报表不存在由于舞弊或错误导致的重大错报。

二、注册会计师的责任

我们的责任是在执行审计工作的基础上对财务报表发表审计意见。我们按照中国注册会计师审计准则的规定执行了审计工作。中国注册会计师审计准则要求我们遵守中国注册会计师职业道德守则，计划和执行审计工作以对财务报表是否不存在重大错报获取合理保证。

审计工作涉及实施审计程序，以获取有关财务报表金额和披露的审计证据。选择的审计程序取决于注册会计师的判断，包括对由于舞弊或错误导致的财务报表重大错报风险的评估。在进行风险评估时，注册会计师考虑与财务报表编制和公允列报相关的内部控制，以设计恰当的审计程序，但目的并非对内部控制的有效性发表意见。审计工作还包括评价管理层选用会计政策的恰当性和作出会计估计的合理性，以及评价财务报表的总体列报。

我们相信，我们获取的审计证据是充分、适当的，为发表审计意见提供了基础。

三、审计意见

我们认为，上述财务报表在所有重大方面按照企业会计准则的规定编制，公允反映了华宸信托有限责任公司2014年12月31日公司的财务状况以及2014年度公司的经营成果和现金流量。

瑞华会计师事务所（特殊普通合伙）　　中国注册会计师：

中国·北京　　中国注册会计师：

二〇一五年三月三十一日

5.1.2 资产负债表

资产负债表

编制单位：华宸信托有限责任公司 2014 年度 单位：元

项目	年末余额	年初余额
资产：		
货币资金	9 264 985.86	19 128 889.42
存放同业款项		
贵金属		
拆出资金		
交易性金融资产		
衍生金融资产		
买入返售金融资产		
应收股利		
应收账款	16 445 800.60	25 173 937.45
其他应收款	58 566 817.84	145 214 772.49
发放贷款及垫款	122 000 000.00	68 000 000.00
可供出售金融资产	689 380 244.67	600 533 376.05
持有至到期投资		
长期股权投资	68 578 289.52	57 004 729.82
投资性房地产		
固定资产原值	47 179 647.72	45 161 313.21
减：累计折旧	21 640 436.20	19 669 159.41
固定资产净值	25 539 211.52	25 492 153.80
在建工程		
无形资产	2 418 343.33	472 523.33
递延所得税资产	45 755 238.91	40 363 838.96
其他资产	1 280 144.11	252 781.39
资产总计	1 039 229 076.36	981 637 002.71
项目	年末余额	年初余额
负债：		
向中央银行借款		
同业及其他金融机构存放款		
拆入资金		
交易性金融负债		
衍生金融负债		
卖出回购金融资产款		
吸收存款		
应付职工薪酬	65 183 900.87	42 622 106.60
应交税费	-15 389 627.75	8 092 959.71
应付利息		
应付股利	27 496 711.59	27 496 711.59
其他应付款	27 278 588.82	34 386 235.49
预计负债		
应付债券		
递延所得税负债		
其他负债	8 257 720.55	8 428 304.55
负债合计	112 827 294.08	121 026 317.94
所有者权益（或股东权益）：		
实收资本（股本）	572 000 000.00	572 000 000.00
其他权益工具		
资本公积	1 242 831.40	1 242 831.40
减：库存股		
其他综合收益	28 898 344.91	-7 502 904.52
盈余公积	83 316 214.43	80 377 229.62
一般风险准备	55 955 829.00	53 602 499.67
未分配利润	184 988 562.54	160 891 028.60
所有者权益合计	926 401 782.28	860 610 684.77
负债和股东权益总计	1 039 229 076.36	981 637 002.71

单位负责人：刘晓兵 主管会计工作负责人：杨新良 会计机构负责人：赵国平

5.1.3 利润表

利润表

编制单位：华宸信托有限责任公司 2014 年度 单位：元

项目	本年金额	上年金额
一、营业收入	192 398 806.60	215 500 193.89
（一）利息净收入	10 340 511.47	15 978 018.80
利息收入	10 340 511.47	16 055 952.13
利息支出		77 933.33
（二）手续费及佣金净收入	119 855 500.69	189 476 264.03
手续费及佣金收入	122 382 903.13	196 705 721.31
手续费及佣金支出	2 527 402.44	7 229 457.28
（三）投资收益（损失以“-”号填列）	61 222 537.15	9 544 943.06
其中：对联营企业和合营企业的投资收益	2 070 506.70	-10 091 682.09
（四）公允价值变动收益（损失以“-”号填列）		
（五）汇兑收益（损失以“-”号填列）		
（六）其他业务收入	980 257.29	500 968.00
二、营业支出	172 787 882.61	215 556 539.01
（一）营业税金及附加	7 568 377.94	13 127 315.05
（二）业务及管理费	76 647 391.72	67 183 416.46
（三）资产减值损失（转回金额以“-”号填列）	88 211 986.95	134 929 636.06
（四）其他业务成本	360 126.00	316 171.44
三、营业利润（亏损以“-”号填列）	19 610 923.99	-56 345.12
加：营业外收入	60 000.00	1 546 000.00
减：营业外支出	480 000.00	104 810.00
四、利润总额（亏损总额以“-”号填列）	19 190 923.99	1 384 844.88
减：所得税费用	-10 198 924.09	-9 384 526.77
五、净利润（净亏损以“-”号填列）	29 389 848.08	10 769 371.65
归属于母公司所有者的净利润	29 389 848.08	10 769 371.65
少数股东损益		
六、其他综合收益的税后净额	36 401 249.43	49 886 264.23
（一）以后不能重分类进损益的其他综合收益		
1. 重新计量设定受益计划净负债或净资产的变动		
2. 权益法下在被投资单位不能重分类进损益的其他综合收益中享有的份额		
（二）以后将重分类进损益的其他综合收益	36 401 249.43	49 886 264.23
1. 权益法下在被投资单位以后将重分类进损益的其他综合收益中享有的份额	9 503 053.00	-3 468 300.00
2. 可供出售金融资产公允价值变动损益	26 898 196.43	53 354 564.23
3. 持有至到期投资重分类为可供出售金融资产损益		
4. 现金流量套期损益的有效部分		
5. 外币财务报表折算差额		
6. 其他		
七、综合收益总额	65 791 097.51	60 655 635.88
归属于母公司所有者的综合收益总额	65 791 097.51	60 655 635.88
归属于少数股东的综合收益总额		
八、每股收益		
（一）基本每股收益		
（二）稀释每股收益		

单位负责人：刘晓兵 主管会计工作负责人：杨新良 会计机构负责人：赵国平

5.1.4 所有者权益变动表

股东权益变动表

2014 年度

编制单位：华宸信托股份有限公司　　　　单位：元

项目	本年金额												
	归属于母公司所有者权益											少数股东权益	所有者权益合计
	实收资本（或股本）	其他权益工具	资本公积	减：库存股	其他综合收益	专项储备	盈余公积	一般风险准备	未分配利润	其他	小计		
一、上年末余额	572 000 000. 00		1242 831. 40		−7 502 904. 52		80 377 229. 62	53 602 499. 67	160 891 028. 60		860 610 684. 77		860 610 684. 77
加：会计政策变更													
前期差错更正													
二、本年初余额	572 000 000. 00		1 242 831. 40		−7 502 904. 52		80 377 229. 62	53 602 499. 67	160 891 028. 60		860 610 684. 77		860 610 684. 77
三、本年增减变动金额（减少以"−"号填列）					36 401 249. 43		2 938 984. 81	2 353 329. 33	24 097 533. 94		65 791 097. 51		65 791 097. 51
（一）综合收益总额					36 401 249. 43				29 389 848. 08		65 791 097. 51		65 791 097. 51
（二）所有者投入和减少资本													
1. 所有者投入资本													
2. 其他权益工具持有者投入资本													
3. 股份支付计入所有者权益的金额													
4. 其他													
（三）专项储备提取和使用						0							
1. 提取专项储备													
2. 使用专项储备													
（四）利润分配							2 938 984. 81	2 353 329. 33	−5 292 314. 14	0			
1. 提取盈余公积							2 938 984. 81		−2 938 984. 81				
其中：法定公积金							2 938 984. 81		−2 938 984. 81				
任意公积金													
储备基金													
企业发展基金													
利润归还投资													
2. 提取一般风险准备								2 353 329. 33	−2 353 329. 33				
3. 所有者（或股东）的分配													
4. 其他													
（五）所有者权益内部结转													
1. 资本公积转增资本（或股本）													
2. 盈余公积转增资本（或股本）													
3. 盈余公积弥补亏损													
4. 结转重新计量设定受益计划净负债或净资产所产生的变动													
5. 其他													
四、本年末余额	572 000 000. 00		1 242 831. 40		28 898 344. 91		83 316 214. 43	55 955 829. 00	184 988 562. 54		926 401 782. 28		926 401 782. 28

股东权益变动表（续）

编制单位：华宸信托股份有限公司　　2014 年度　　单位：万元

项　目	上年金额												
	归属于母公司所有者权益											少数股东权益	所有者权益合计
	实收资本（或股本）	其他权益工具	资本公积	减：库存股	其他综合收益	专项储备	盈余公积	一般风险准备	未分配利润	其他	小计		
一、上年末余额	572 000 000. 00		-56 146 337. 35				79 300 292. 46	43 596 097. 79	201 325 884. 12		840 075 937. 02		840 075 937. 02
加：会计政策变更	0		57 389 168. 75		-57 389 168. 75				-13 448 935. 61		-13 448 935. 61		-13 448 935. 61
前期差错更正	0												
二、本年初余额	572 000 000. 00		1 242 831. 40		-57 389 168. 75	0	79 300 292. 46	43 596 097. 79	187 876 948. 51		826 627 001. 41	0	826 627 001. 41
三、本年增减变动金额（减少以“-”号填列）					49 886 264. 23		1 076 937. 16	10 006 401. 88	-26 985 919. 91		33 983 683. 36		33 983 683. 36
（一）综合收益总额					49 886 264. 23				10 769 371. 65		60 655 635. 88		60 655 635. 88
（二）所有者投入和减少资本													
1. 所有者投入资本													
2. 其他权益工具持有者投入资本													
3. 股份支付计入所有者权益的金额													
4. 其他													
（三）专项储备提取和使用						0							
1. 提取专项储备													
2. 使用专项储备													
（四）利润分配							1 076 937. 16	10 006 401. 88	-37 755 291. 56	0	-26 671 952. 52		-26 671 952. 52
1. 提取盈余公积							1 076 937. 16		-1076937. 16				
其中：法定公积金							1 076 937. 16		-1 076 937. 16				
任意公积金													
储备基金													
企业发展基金													
利润归还投资													
2. 提取一般风险准备								10006401. 88	-10006401. 88				
3. 所有者（或股东）的分配									-26 671 952. 52		-26 671 952. 52		-26 671 952. 52
4. 其他													
（五）所有者权益内部结转	0		0				0						
1. 资本公积转增资本（或股本）													
2. 盈余公积转增资本（或股本）													
3. 盈余公积弥补亏损													
4. 结转重新计量设定受益计划净负债或净资产所产生的变动													
5. 其他													
四、本年末余额	572 000 000. 00		1 242 831. 40		-7 502 904. 52		80 377 229. 62	53 602 499. 67	160 891 028. 60		860 610 684. 77		860 610 684. 77

单位负责人：刘晓兵　　主管会计工作负责人：杨新良　　会计机构负责人：赵国平

5.2 信托资产

5.2.1 信托项目资产负债汇总表

信托项目资产负债表

编制单位:华宸信托有限责任公司　　2014 年 12 月 31 日　　单位:元

信托资产	年初数	期末数	信托负债和信托权益	年初数	期末数
信托资产:			信托负债:		
货币资金	235 860 268.44	140 152 517.20	交易性金融负债		
拆出资金			衍生金融负债		
存出保证金			应付受托人报酬	25 287 364.65	17 208 616.60
交易性金融资产			应付托管费		
衍生金融资产			应付受益人收益	1 384 812.50	5 329 008.77
买入返售金融资产	4 163 800 000.00	2 867 400 000.00	应交税费		
应收款项	85 038 856.61	73 993 916.63	应付销售服务费	40 222.22	
发放贷款	6 983 950 000.00	3 336 400 000.00	应付交易费用		
可供出售金融资产			应付投资管理费		
持有至到期投资	500 000 000.00	490 000 000.00	应付银行服务费		
长期应收款	354 900 000.00		其他应付款项	151 340 940.26	159 450 211.76
长期股权投资	390 000 000.00	50 000 000.00	预计负债		
投资性房地产			其他负债		
固定资产			信托负债合计	178 053 339.63	181 987 837.13
无形资产					
长期待摊费用			信托权益:		
其他资产			实收信托	12 329 300 000.00	6 607 800 000.00
减:各项资产减值准备			资本公积		
			外币报表折算差额		
			未分配利润	206 195 785.42	168 158 596.70
			信托权益合计	12 535 495 785.42	6 775 958 596.70
信托资产总计	12 713 549 125.05	6 957 946 433.83	信托负债及信托权益总计	12 713 549 125.05	6 957 946 433.83

单位负责人:刘晓兵　　主管会计工作负责人:杨新良　　会计机构负责人:赵国平

5.2.2 信托项目利润及利润分配汇总表

信托项目利润及利润分配表

2014 年 12 月 31 日

编制单位:华宸信托有限责任公司　　单位:元

项　目	本期金额	本年累计金额
1. 营业收入	215 648 125.72	1 072 091 726.28
1.1 利息收入	200 194 550.38	1 014 258 449.56
1.2 投资收益	15 453 575.34	57 833 276.72
1.3 公允价值变动损益		
1.4 租赁收入		
1.5 汇兑损益		
1.6 其他收入		
2. 支出	39 503 617.71	130 088 146.30
2.1 营业税金及附加		
2.2 受托人报酬	39 349 977.29	122 174 653.13
2.3 托管费		3 588 568.34
2.4 投资管理费		−2 022 805.58
2.5 销售服务费		
2.6 交易费用		600 000.00
2.7 资产减值损失		

续表

项　目	本期金额	本年累计金额
2.81 律师费	30 000.00	132 380.00
2.82 资料印刷费		46 650.01
2.83 差旅费	110 833.60	555 080.60
2.84 印花税	2 500.00	83 600.00
2.85 银行结算费	10 306.82	80 978.13
2.86 银行服务费		4 619 041.67
2.87 招待费		
2.88 机动车费用		
2.89 其他费用		230 000.00
3. 信托净利润	176 144 508.01	942 003 579.98
4. 其他综合收益		
5. 扣除资产减值准备前的信托利润	176 144 508.01	942 003 579.98
6. 减:资产减值损失		
7. 扣除资产减值准备后的信托利润	176 144 508.01	942 003 579.98
8. 加:期初未分配信托利润	113 543 841.16	206 195 785.42
9. 可供分配的信托利润	289 688 349.17	1 148 199 365.40
10. 减:本期已分配信托利润	121 529 752.47	980 040 768.70
11. 期末未分配信托利润	168 158 596.70	168 158 596.70

单位负责人:刘晓兵　　主管会计工作负责人:杨新良　　会计机构负责人:赵国平

6. 会计报表附注

6.1 报告年度会计报表编制基准、会计政策、会计估值和核算方法发生的变化

6.1.1 本期会计估计变更情况

序号	会计政策变更的内容和原因	受影响的报表项目名称	本期影响金额(元)
1	金融资产计提减值的会计估计变更:自2014年12月22日起,本公司开始实行新的《资产风险五级分类管理办法》。变更前,应收账款根据账龄分析法计提坏账准备;变更后,按照五级分类计提坏账准备;变更前,按照五级分类计提资产减值准备的比例为正常0%、关注2%、次级25%、可疑50%、损失100%;变更后,比例变为正常0%、关注3%、次级30%、可疑60%、损失100%。本公司对此会计估计变更采用未来适用法处理。	应收账款	-1 984 976.00
		其他应收款	-175 007.10
		资产减值损失	2 159 983.10

6.1.2 本期其他会计政策及重大会计差错更正

因执行新企业会计准则导致的会计政策变更。

准则名称	会计政策变更的内容及其对本公司的影响说明	对2013年1月1日/2013年度相关财务报表项目的影响金额	
		项目名称	影响金额(增加+/减少-)(元)
《企业会计准则第2号——长期股权投资》	执行《企业会计准则第2号——长期股权投资(2014年修订)》之前,本公司对被投资单位不具有共同控制或重大影响,并且在活跃市场中没有报价、公允价值不能可靠计量的股权投资,作为长期股权投资并采用成本法进行核算。执行《企业会计准则第2号——长期股权投资(2014年修订)》后,本公司将对被投资单位不具有共同控制或重大影响,并且在活跃市场中没有报价、公允价值不能可靠计量的股权投资作为可供出售金融资产核算。本公司采用追溯调整法对上述会计政策变更进行会计处理。	长期股权投资	-62 007 325.22
		可供出售金融资产	62 007 325.22
《企业会计准则第9号——职工薪酬》	执行《企业会计准则第9号——职工薪酬(2014年修订)》之前,本公司对设定提存计划外的离职后福利在发放的时候进行会计处理;执行《企业会计准则第9号——职工薪酬(2014年修订)》之后,本公司将根据预期累计福利单位法,采用无偏且相互一致的精算假设对有关人口统计变量和财务变量等作出估计,计量设定受益计划所产生的义务,并确定相关义务的归属期间。并按照准则第十五条规定的折现率将设定受益计划所产生的义务予以折现,以确定设定受益计划义务的现值和当期服务成本。根据准则第十六条的有关规定,确定应当计入当期损益的金额。根据准则第十六条和第十七条的有关规定,确定应当计入其他综合收益的金额。本公司采用追溯调整法对上述会计政策变更进行会计处理。	应付职工薪酬	13 448 935.61
		未分配利润	-13 448 935.61

续表

准则名称	会计政策变更的内容及其对本公司的影响说明	对2013年1月1日/2013年度相关财务报表项目的影响金额	
		项目名称	影响金额(增加+/减少-)(元)
《企业会计准则第30号——财务报表列报》	《企业会计准则第30号——财务报表列报(2014年修订)》将其他综合收益划分为两类:(1)以后会计期间不能重分类进损益的其他综合收益项目;(2)以后会计期间在满足特定条件时将重分类进损益的其他综合收益项目,同时规范了持有待售等项目的列报。本财务报表已按该准则的规定进行列报,并对可比年度财务报表的列报进行了相应调整。	资本公积	57 389 168.75
		其他综合收益	-57 389 168.75

6.2 或有事项说明

报告期内本公司没有或有事项业务发生。

6.3 重要资产转让及其出售的说明

报告期内公司无重要资产转让、出售业务发生。

6.4 会计报表中重要项目的明细资料

6.4.1 披露自营资产经营情况

6.4.1.1 按风险资产分类的结果披露资产的期初数、期末数

风险分类	正常类(万元)	关注类(万元)	次级类(万元)	可疑类(万元)	损失类(万元)	信用风险资产合计(万元)	不良资产合计(万元)	不良率(%)
期初数	33 233.15	567.14	0	0	300.00	34 100.29	300.00	0.88
期末数	14 710.46	0	0	14 720.90	300.00	29 731.36	15 020.90	50.52

注:不良资产合计=次级类+可疑类+损失类。

6.4.1.2 资产减值准备情况

单位:元

项目	年初数	本年计提	本年减少		年末数
			转回数	转销数	
一、坏账准备	3 113 427.20	88 211 986.95			91 325 414.15
二、存货跌价准备					
三、可供出售金融资产减值准备	134 816 208.86			76 789 285.48	58 026 923.38
四、持有至到期投资减值准备					
五、长期股权投资减值准备					
六、投资性房地产减值准备					
七、固定资产减值准备					
八、工程物资减值准备					
九、在建工程减值准备					
十、生产性生物资产减值准备					

续表

项　目	年初数	本年计提	本年减少		年末数
			转回数	转销数	
十一、油气资产减值准备					
十二、无形资产减值准备					
十三、商誉减值准备					
十四、其他					
合计	137 929 636.06	88 211 986.95		76 789 285.48	149 352 337.53

6.4.1.3　自营股票投资、基金投资、债券投资、长期股权投资等投资的期初数、期末数

单位：万元

项目	自营股票	基金	债券	长期股权投资	权益性投资
期初数	10 284.18	27 318.34	9 950.08	5 700.47	6 200.73
期末数	12 883.84	40 185.13	—	6 857.83	6 200.73

6.4.1.4　前一名的自营长期股权投资的企业名称、占被投资企业权益的比例、主要经营活动及投资收益情况等（按公司拥有权益比例从大到小顺序排列）

企业名称	占被投资企业权益的比例（%）	主要经营活动	投资收益（万元）
1. 华宸未来基金管理有限公司	40.00	证券业务	207.05

注：1. 华宸未来基金管理有限公司注册资本20 000万元人民币，系本公司与咸阳长涛电子科技有限公司和未来资产基金管理公司共同出资设立，我公司出资8 000万元，占比40%，不能对该公司实施控制，按权益法核算，公司于2012年6月20日成立并取得营业执照。

2. 因会计政策变更，执行《企业会计准则第2号——长期股权投资（2014年修订）》之前，本公司对被投资单位不具有共同控制或重大影响，并且在活跃市场中没有报价、公允价值不能可靠计量的股权投资，作为长期股权投资并采用成本法进行核算。执行《企业会计准则第2号——长期股权投资（2014年修订）》后，本公司将对被投资单位不具有共同控制或重大影响，并且在活跃市场中没有报价、公允价值不能可靠计量的股权投资作为可供出售金融资产核算。本公司采用追溯调整法对上述会计政策变更进行会计处理。故将我公司对内蒙古银行、恒泰证券股份有限公司的投资划归至可供出售金融资产会计科目下，共计6 200.73万元。

6.4.1.5　前四名的自营贷款的企业名称、占贷款总额的比例和还款情况等

企业名称	贷款金额（万元）	占总额比例（%）	还款情况
内蒙古万丰物资有限责任公司	5 000.00	40.98	本年新发放贷款，利息逾期
商都县民宇水泥有限公司	3 000.00	24.59	本年新发放贷款，利息逾期
包头市科技少年宫	3 000.00	24.59	本年新发放贷款，属于正常类贷款
杭锦后旗九鼎综合福利院	1 200.00	9.84	本年新发放贷款，属于正常类贷款
合计	12 200.00	100.00	

6.4.1.6　表外业务的期初数、期末数

报告期内公司未开展表外业务。

6.4.1.7　公司当年的收入结构

收入结构	金额（万元）	占比（%）
手续费及佣金收入	12 238.29	62.77
其中：信托手续费收入	12 238.29	62.77
利息收入	1 034.05	5.30
其他业务收入	98.03	0.50
其中：计入信托业务收入部分	—	0
投资收益	6 122.25	31.40
其中：股票投资收益	2 876.99	14.75
股权投资收益	1 189.07	6.10
债券投资收益	133.50	0.69
其他投资收益	1 922.70	9.86
公允价值变动收益	—	0
营业外收入	6.00	0.03
收入合计	19 498.62	100.00

6.4.2　披露信托资产管理情况

6.4.2.1　信托资产的期初数、期末数

单位：万元

信托资产	期初数	期末数
集合	553 091.31	373 403.06
单一	718 263.60	322 391.58
财产权		
合计	1 271 354.91	695 794.64

6.4.2.1.1　主动管理型信托业务期初数、期末数，分证券投资、股权投资、融资、事务管理类分别披露

单位：万元

主动管理型信托资产	期初数	期末数
证券投资类		
股权投资类	289 820.98	190 423.11
融资类	681 628.79	470 845.75
事务管理类		
合计	971 449.77	661 268.86

6.4.2.1.2　被动管理型信托业务期初数、期末数，分证券投资、股权投资、融资、事务管理类分别披露

单位：万元

被动管理型信托资产	期初数	期末数
证券投资类		
股权投资类		
融资类	299 905.14	24 247.63
事务管理类		10 278.15
合计	299 905.14	34 525.78

6.4.2.2　本年度已清算结束信托项目49个，实收信托合计金额832 865.00万元、加权平均实际年化收益率9.21%

6.4.2.2.1　本年度已清算结束的集合类、单一类资金信托项目和财产管理类信托项目个数、金额、加权平均实际年化收益率

已清算结束信托项目	项目个数（个）	实收信托合计金额（万元）	加权平均实际年化收益率（%）
集合类	16	240 575.00	11.50
单一类	33	592 290.00	8.11
财产管理类			

6.4.2.2.2　本年度已清算结束的主动管理型信托项目个数、合计金额、加权平均实际年化收益率

已清算结束信托项目	项目个数（个）	已清算结束信托项目	实收信托合计金额（万元）	信托报酬率（%）	加权平均实际年化收益率（%）
证券投资类					
股权投资类	5	162 490.00	1.46	10.00	
融资类	40	370 475.00	2.14	9.85	
事务管理类					

6.4.2.2.3　本年度已清算结束的被动管理型信托项目个数、合计金额、加权平均实际年化收益率

已清算结束信托项目	项目个数（个）	实收信托合计金额（万元）	信托报酬率（%）	加权平均实际年化收益率（%）
证券投资类				
股权投资类				
融资类	4	299 900.00	0.15	7.89
事务管理类				

6.4.2.3　本年度新增的集合类、单一类、财产管理类信托项目个数、合计金额

新增信托项目	项目个数（个）	合计金额（万元）
集合类	16	113 240.00
单一类	31	206 000.00
财产管理类		
新增合计	47	319 240.00
其中：主动管理型	44	285 240.00
被动管理型	3	34 000.00

6.4.2.4　本公司履行受托人义务情况及因本公司自身责任而导致的信托资产损失情况（合计金额、原因等）

本公司以诚实、信用、谨慎、有效管理为原则，在有效防范和着力控制风险的前提下，以受益人的利益最大化为宗旨，恪尽职守地处理各项信托事务，管理信托财产。加强信托项目的后期跟踪管理工作，及时向委托人、受益人披露有关信息，到期信托本金均如期或提前兑付，应分配的信托收益均如期支付受益人。报告期内，公司未发生因本公司自身责任而导致信托财产损失的情况。

6.5　关联方关系及其交易的披露

6.5.1　关联交易方的数量、关联交易的总金额及关联交易的定价政策等

	关联交易方数量	关联交易金额（万元）	定价政策
合计	3	153 918.09	1. 遵循市场价格的原则，有客观的市场价格作为参照的一律以市场价格为准； 2. 如果没有市场价格，按照成本加成定价； 3. 如果既没有市场价格，也不适合采用成本加成定价的，按照协议价定价。

6.5.2　关联交易方与本公司的关系性质、关联交易方的名称、法定代表人、注册地址、注册资本及主营业务等

关系性质	关联方名称	法定代表人	注册地址	注册资本（万元）	主营业务
股东	内蒙古自治区人民政府国有资产监督管理委员会	苏和	呼和浩特		行政单位
股东	中国大唐集团资本控股有限公司	胡绳木	北京	200 000.00	投资管理
子公司	华宸未来基金管理有限公司	刘晓兵	上海	20 000.00	基金募集、基金销售、资产管理等

6.5.3　本公司与关联方的重大交易事项

6.5.3.1　固有财产与关联方交易情况

固有财产与关联交易方关联交易

单位：万元

	期初数	借方发生额	贷方发生额	期末余额
贷款				
投资				
租赁				
担保				
应收账款	600.00		600.00	0
其他	348.09	348.09		0
合计	948.09	348.09	600.00	0

6.5.3.2　信托与关联方交易情况

信托与关联交易方关联交易

单位：万元

	期初数	借方发生额	贷方发生额	期末余额
贷款	4 750.00	65 000.00	65 000.00	4 750.00
投资	50 000.00		10 000.00	40 000.00
租赁				
担保				
应收账款				
其他				
合计	54 750.00	65 000.00	75 000.00	44 750.00

6.5.3.3　本公司自有资金运用于自己管理的信托项目（固信交易），信托公司管理的信托项目之间的相互（信信交易）交易金额

6.5.3.3.1　固有财产与信托财产之间的交易金额期初汇总数、本期发生额汇总数、期末汇总数

单位：万元

项　目	期初数	本年发生额	期末数
鼎兴3号新大地应收账款收益权投资信托项目	3 480.00	3 480.00	0
华宸·浙江亿丰置业经营收益权投资项目	2 820.00	2 820.00	0
华宸亿丰时代广场四期特定资产收益权投资集合资	0	1 670.00	1 670.00
华宸金诚（1407）——诚浩证券股权收益权投资	0	5 000.00	5 000.00
合计	6 300.00	12 970.00	6 670.00

6.5.3.3.2　信托项目之间的交易金额期初汇总数、本期发生额汇总数、期末汇总数

无。

6.5.4　关联方逾期未偿还本公司资金的详细情况以及本公司为关联方担保发生或即将发生垫款的情况

报告期内，关联方无逾期不偿还本公司资金情况，本公司无为关联方担保发生或即将发生垫款情况。

6.6　会计制度的披露

本公司固有业务和信托业务分别于2008年和2010年开始执行财政部2006年2月15日颁布的《企业会计准则》。

7. 财务情况说明书

7.1　利润实现和分配情况

公司实现净利润2 938.98万元。根据《华宸信托有限责任公司章程》依次进行利润分配，按当年税后利润的10%提取法定盈余公积293.90万元；按当年税后利润的5%提取信托赔偿准备146.95万元。

7.2　主要财务指标

指标名称	指标值
资本利润率(%)	3.29
加权年化信托报酬率(%)	1.31
人均净利润(万元)	27.73

注：1. 资本利润率=净利润/所有者权益平均余额×100%。

2. 加权年化信托报酬率=(信托项目1的实际年化信托报率×信托项目1的实收信托+信托项目2的实际年化信托报率×信托项目2的实收信托……信托项目n的实际年化信托报率×信托项目n的实收信托)/(信托项目1的实收信托+信托项目2的实收信托……n的实收信托实收信托)×100%。

3. 人均净利润=净利润/平均人数。

4. 平均值采取年初、末余额简单平均法，公式为：a(平均)=(年初数+年末数)/2。

7.3　对本公司财务状况、经营成果由重大影响的其他事项

报告期内本公司未发生其他对财务状况、经营成果有重大影响的事项。

8. 特别事项揭示

8.1　前五名股东报告期内变动情况及原因

无。

报告期内公司前五名股东未发生变动。

8.2　董事、监事及高级管理人员变动情况及原因

由于股权变更，公司新一届董事变化情况为：刘玉瀛、栗宝卿、王温、甄学军、宋弘、张瑞平同志为公司第四届董事会董事；郝占魁、范勇宏同志为公司第四届董事会独立董事。截至2014年12月31日，刘玉瀛、张瑞平同志新取得董事任职资格，郝占魁、范勇宏同志新取得独立董事任职资格。

公司新一届高级管理人员变动情况为：经公司第四届董事会第一次会议审议，聘任宋弘、向旭平、范永胜和于建琳同志为公司副总经理。截至2014年12月31日，向旭平、于建琳同志新取得高级管理人员任职资格。

此外，根据内蒙古自治区国资委党委2014年1月20日《关于李建国同志免职退休的通知》(内国资党发[2014]10号)和(内国资企干字[2014]22号)，免去李建国同志华宸信托有限责任公司党委委员和副总经理职务，退休。

8.3　公司重大诉讼事项

8.3.1　重大未决诉讼事项

8.3.1.1　固有业务

报告期内，公司固有业务未发生重大未决诉讼事项。

8.3.1.2　信托业务

报告期内，公司信托业务共发生4起民事诉讼事项。

	个数	案件标的额	发生时间	案件情况
起诉	3	26 120万元	2013年9月22日	2010年7月21日，公司接受单一资金委托人委托向巴彦淖尔市兴园物流产业发展有限公司提供融资4亿元，期限3年。信托期限届满后，兴园物流及关联方内蒙古巨力实业集团有限责任公司未能依约向我公司支付3年期股权分红及股权回购价款。该项目公司不承担实质风险。2013年9月22日，公司依照委托人指令向内蒙古自治区高级人民法院提起民事诉讼，目前案件正在审理中。
		6 590万元	2014年2月24日	达拉特旗物华煤炭有限责任公司于2010年12月24日向公司融资1.2亿元，融资到期后该公司未能按期支付3年期信托本金5 000万元及相应收益。2014年2月24日公司向呼和浩特市中级人民法院提起诉讼，要求债务人及相关担保方向公司支付股权转让价款、股权分红并赔付违约金，赔付金额合计约为6 590万元。该案件在2015年1月16日一审判决，公司胜诉。
起诉	3	14 630万元	2014年7月9日	鄂尔多斯市易兴房地产开发有限责任公司于2011年6月27日向公司融资15 480万元，到期后未按信托合同约定偿还信托本金及收益14 630万元。公司于2014年7月9日向呼和浩特市中级人民法院申请了强制执行，并申请查封了相关抵押房产，目前案件处于评估拍卖阶段。
被诉	1	1 345万元	2014年3月20日	自然人闫峰向呼和浩特市赛罕区人民法院诉称：闫峰于2012年2月15日以800万元认购了公司发行的"华宸金山5号重庆好莱坞商业广场特定资产收益权投资集合资金信托计划"，其要求公司兑付相应信托本金及收益，并赔偿逾期兑付的损失。公司查明，闫峰并非该信托计划的委托人，其提供的资金信托合同、信托缴款收据系伪造，目前该案件在审理中。

8.4　对会计师事务所出具的有保留意见、否定意见或无法表示意见的审计报告

无。

8.5 公司及其董事、监事和高级管理人员受到处罚的情况

无。

8.6 银监会及其派出机构对公司检查后提出整改意见的，应简单说明整改情况

公司一贯理解、支持并积极配合各级监管部门的监管工作，对监管部门所提出的监管意见高度重视。2014 年，公司针对监管部门提出的监管意见和建议，通过加强领导、责任到人等手段，对所提出的意见及建议逐项分解细化，认真落实到位，得到了监管部门的肯定。整改意见及落实情况如下：

8.6.1 完善内控制度，加强内部管理

公司对已有的制度进行了梳理，并制定了一系列新制度。进一步明确了部门职责、岗位职责以及员工的禁止行为。有力地推动了公司内控水平的提高。

8.6.2 加强信托业务档案管理，健全档案管理制度

根据整改意见，公司组织各部门对信托档案进行了系统整理。与此同时，在原档案管理办法的基础上，专门细化了关于信托档案管理的要求，形成了《华宸信托有限责任公司信托业务档案管理办法（试行）》，并将档案管理纳入年度考核。

8.6.3 强化对信托业务、自营业务的管理

公司一直以来高度重视信托业务和自营业务的管理，从项目的初始立项、决策、审批到项目后续管理及终止等环节，已形成了系统化的操作流程，并通过信息系统实现了对项目全流程的控制。针对信托业务管理细节，公司进一步规范信托业务操作，确保信托业务合法合规。

8.6.4 加快项目风险处置

针对出现风险的项目，公司成立了风险处置小组，并制定多种方案，加快项目风险处置。部分项目风险处置已完成一审判决，进入执行阶段，部分项目风险处置已进入抵押物评估拍卖阶段。

8.6.5 努力扩展业务区域，降低业务的集中度

公司在经营过程中已经积累了一批稳定的客户资源，由此导致项目的集中度比较高。根据监管机构的建议，公司在今后经营过程中，通过扩展区域范围，拓展新的客户资源，实现对业务集中度的降低。

8.7 本年度重大事项临时报告的简要内容、披露时间、所披露的媒体及其版面

报告期内，公司共进行重大事项报告披露 2 次，具体如下：

披露事项	披露时间	披露媒体及版面
关于公司聘用的会计师事务所更名的信息披露	2014 年 1 月 22 日	《金融时报》，第 7 版
关于公司董事会组成人员变更的信息披露	2014 年 10 月 14 日	《金融时报》，第 7 版

8.8 银监会及其省级派出机构认定的其他有必要让客户及相关利益人了解的重要信息

无。

9. 公司监事会意见

监事会认为公司能够依法合规运作，公司董事及高级管理人员在履行公司职务时未有违反法律、法规、公司章程或损害公司利益的行为。公司财务报告真实反映了公司的财务状况和经营成果。

华能贵诚信托有限公司

1. 重要提示

1.1 公司董事会及董事保证本报告所载资料不存在任何虚假记载、误导性陈述或者重大遗漏，并对其内容的真实性、准确性和完整性承担个别及连带责任。

1.2 公司独立董事对年度报告内容的真实性、准确性、完整性无异议。

1.3 公司总经理田军、主管信托会计的副总经理王卓、主管会计工作的副总经理鲍吉胜保证年度报告中财务报告的真实、完整。

2. 公司概况

2.1 公司简介

华能贵诚信托有限公司成立于2002年，2008年12月29日由华能资本服务有限公司(以下简称华能资本)增资扩股重组而成。2009年2月，经中国银监会批准，公司换发新的金融许可证。目前公司注册资本金为30亿元。

2.1.1 中文名称：华能贵诚信托有限公司
中文名称缩写：华能信托
英文名称：Huaneng Guicheng Trust Corporation Limited
英文名称缩写：HNGCTC

2.1.2 法定代表人：李进
注册地址：贵州省贵阳市金阳新区金阳南路6号购物中心商务楼一号楼24层5号、6号、7号
邮政编码：550022
网址：www.hngtrust.com
电子邮箱：public@hngtrust.com

2.1.3 公司负责信息披露事务的高级管理人员：王卓
公司信息披露事务联系人：万灵
电　话：0851－86825625
传　真：0851－86826139
电子信箱：wanl@hngtrust.com
信息披露报纸：《金融时报》

2.1.4 年度报告备置地点：(公司办公地点)贵州省贵阳市云岩区北京路27号鑫都财富大厦14层

2.1.5 公司聘请的会计师事务所：大信会计师事务所
办公地址：北京市海淀区知春路1号学院国际大厦15层

2.1.6 公司聘请的律师事务所：北京中盛律师事务所
办公地址：北京市朝阳区建外大街永安东里甲3号通用国际中心1号楼A座23层

2.2 组织结构

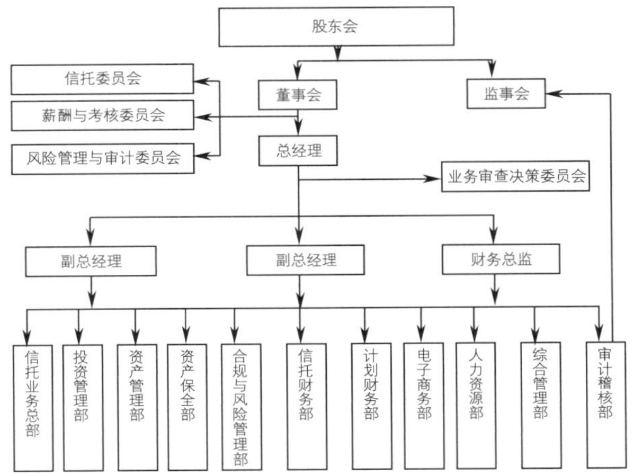

3. 公司治理

3.1 股东

3.1.1 报告期末公司股东总数

报告期末股东总数9家占公司15%以上(含15%)出资比例的股东：2家。

股东名称	持股比例(%)	法人代表
华能资本服务有限公司	67.58	黄坚
贵州产业投资(集团)有限责任公司	31.45	翟彦

3.1.2 公司第一大股东

股东名称	出资比例(%)	法人代表
华能资本服务有限公司	67.58	黄坚

3.2 董事

董事会成员

姓　名	职　务	性别	年龄	选任日期	所推举的股东名称	该股东持股比例(%)	简　要　履　历
李　进	董事长	男	48	2011年12月	华能资本服务有限公司	67.58	中国人民银行研究生部硕士，华能资本服务公司副总经理。
李仪华	副董事长	男	57	2011年12月	贵州产业投资(集团)有限责任公司	31.45	中南财经大学硕士研究生学历，本公司副董事长。

续表

姓名	职务	性别	年龄	选任日期	所推举的股东名称	该股东持股比例(%)	简要履历
杨思东	董事	男	44	2011年12月	华能资本服务有限公司	67.58	中国社科院研究生院研究生，华能资本服务有限公司投资管理部经理。
李明	董事	男	42	2011年12月	华能资本服务有限公司	67.58	中国人民大学区域经济研究所硕士研究生，华能资本服务有限公司研发部经理。
张景刚	董事	男	55	2011年12月	贵州产业投资(集团)有限责任公司	31.45	本科学历，贵州产业投资(集团)有限责任公司副总经理。
田军	职工董事	男	51	2011年12月			中国社科院研究生部货币银行专业研究生学历，本公司总经理。

独立董事

姓名	所在单位及职务	性别	年龄	选任日期	所推举的股东名称	该股东持股比例(%)	简要履历
吴稼祥	中国经济体制改革研究会高级研究员	男	60	2011年12月	华能资本服务有限公司	67.58	北京大学经济学学士，历任北京中和经济技术公司总经理、北京瑞德投资顾问公司总经理、中国经济体制改革研究会高级研究员。
邓瑞林	贵州省政协常委、经济委员会副主任	男	65	2011年12月	贵州产业投资(集团)有限责任公司	31.45	中国社科院研究生院研究生学历，贵州省政协常委、经济委员会副主任。
矫丽燕	基点商品期货交易公司董事总经理	女	51	2011年12月	其他股东	0.97	北京第二外国语学院外语专业毕业，基点商品期货交易公司(北京)董事总经理。

3.3 监事

姓名	职务	性别	年龄	选任日期	所推举的股东名称	该股东持股比例(%)	简要履历
周英序	监事会主席	男	56	2011年12月	贵州产业投资(集团)有限责任公司	31.45	贵州师范大学本科学历，本公司监事会主席。
郭朝晖	监事	男	45	2011年12月	贵州产业投资(集团)有限责任公司	31.45	贵州省委党校研究生学历，贵州产业投资(集团)有限责任公司处长。
于新仁	职工监事	男	55	2011年12月			贵州省委党校在职研究生学历，本公司审计部经理。

3.4 高级管理人员

姓名	职务	性别	年龄	选任日期	金融从业年限(年)	学历	专业
田军	总经理	男	51	2011年12月	30	研究生	货币银行
涂继国	副总经理	男	50	2011年12月	23	学士	经济学
王卓	副总经理兼董事会秘书	男	43	2011年12月	8	硕士研究生	货币银行
鲍吉胜	副总经理兼财务总监	男	50	2011年12月	26	研究生	财贸经济金融
金志培	副总经理兼投资管理部经理	男	44	2011年12月	19	硕士研究生	货币银行
孙磊	副总经理首席合规官兼合规与风险管理部经理	男	41	2014年4月	19	硕士研究生 MBA	金融
刘芳	总经理助理、信托总监兼信托业务总部经理	女	43	2014年4月	20	学士	经济学
顾学新	总经理助理、资产总监兼资产管理部经理、深圳业务总部经理	男	50	2014年4月	30	研究生	金融

3.5 公司员工

报告期内，员工人数228人，平均年龄35岁，博士生占1%，硕士生占45%，本科生占51%，专科生占3%。

4. 经营管理

4.1 经营目标、方针、战略规划

经营目标：围绕提高公司核心资产管理能力和理财能力，以发展自主管理类信托业务为重点，打造专属产品，逐步培育和形成公司核心竞争力，推动公司发展方式从外延式增长向内涵式增长转变；加强公司各项基础管理，重点提升公司合规与风控能力。通过努力，确保完成董事会下达的各项经营指标，力争信托业务规模和利润迈上新台阶。

经营方针：诚信、专业、创新、和谐。

战略规划：依托股东的管理与资源优势，打造核心竞争力，重点发展面向能源、基础设施行业的产业投资基金业务和企业资产证券化业务(ABS)，把公司建设成为在信托规模、盈利能

力和管理水平上具有领先地位的、国内一流的电力、能源行业的信托公司。

4.2 经营业务的主要内容

自营资产运用与分布表

资产运用	金额（万元）	占比（%）	资产运用	金额（万元）	占比（%）
货币资产	43 213.56	5.89	基础产业		
贷款及应收款	49 500.00	6.75	房地产业		
交易性金融资产投资	123 814.61	16.87	证券市场	123 814.61	16.87
可供出售金融资产投资	487 872.60	66.48	实业		
持有至到期投资			金融机构	531 086.16	72.37
长期股权投资			其他	78 932.13	10.76
其他	29 432.13	4.01			
资产合计	733 832.90	100.00	资产合计	733 832.90	100.00

信托资产运用与分布表

资产运用	金额（万元）	占比（%）	资产运用	金额（万元）	占比（%）
货币资产	1 253 307.86	2.97	基础产业	13 617 572.00	32.30
贷款及应收款	12 120 569.55	28.75	房地产业	1 489 691.33	3.53
交易性金融资产投资	1 400.00	—	证券市场	—	—
可供出售金融资产投资	353 000.00	0.84	实业	8 021 001.60	19.03
持有至到期投资	4 133 349.60	9.80	金融机构	3 903 441.17	9.26
长期股权投资	3 826 970.00	9.08	其他	15 123 981.60	35.88
其他	20 467 090.69	48.56	—	—	—
资产合计	42 155 687.70	100.00	资产合计	42 155 687.70	100.00

4.3 市场分析

4.3.1 影响公司业务发展的有利因素

（1）贵阳综合保税区的封关运行、长江经济带和珠江—西江经济带的纳入、贵广高铁的开通表明了中央政策对于扶持贵州省经济发展的决心，贵州省政府的连续两年财政支持进一步重申了公司的重要经济战略地位，为公司结构转型创造了有利的外部经济环境。（2）公司主要股东华能资本服务公司和贵州产业投资（集团）有限责任公司的持续支持有利于公司平稳发展。（3）新常态下经济社会变革过程中释放的新业务、新机会，也为公司的转型升级创造了条件。

4.3.2 影响公司业务发展的不利因素

（1）经济压力持续下行，泛资产管理不断加剧信托业竞争、金融自由化进一步挤压传统信托业务的市场空间。（2）金融体制改革深化，金融功能监管的力度与混业经营的趋势越发明显，对非标业务规范发展的要求持续升温。（3）利率市场化进程的提速、投融资市场化趋势的发展和社会融资方式的转变，对信托业务在资产管理领域和私人财富管理领域的要求进一步提高，也迫切期待新的、可持续的信托业务发展模式出现。

4.4 内部控制

4.4.1 内部控制环境和内部控制文化

公司建立了以股东大会、董事会、监事会、管理层等为主体的法人治理结构。董事会下设信托、风险管理与审计、薪酬与考核三个专业委员会，制定了董事会各专业委员会议事规则以及独立董事工作规则。在经营层面，建立了业务审查决策委员会集体决策机制，建立了合规与风险管理部、审计稽核部定期分别向董事会提交风险管理及内部审计工作情况的报告机制。公司高度重视内控文化建设，通过各种形式的讲座、交流和研讨活动，及时将有关内控的最新制度、要求和内控经验传递给广大员工，不断提高广大员工的风险意识、合规理念和责任意识。

4.4.2 内部控制措施

董事会（及其下设专业委员会）、监事会等制定了严格的议事规则和内部控制制度；管理层本着规范管理、防范风险的原则，制定和建立了公司员工行为准则、职业道德规范和诚信记录体系，建立了合理授权、有效问责、内部举报和奖惩制度。公司内部控制的主要政策和程序是：授权控制，资产隔离，岗位分离，规范操作。

4.4.3 信息交流与反馈

公司建立了信息交流与反馈制度，持续提高信息化建设水平，为该机制的顺利运转提供有效技术支持。公司信息管理系统高效运转，董事会、监事会、管理层能及时了解公司的经营和风险状况，每一项信息均能够及时传递给相关的员工，各个部门和员工的有关信息均能够顺畅反馈。

4.4.4 监督评价与纠正

公司建立了业务部门（岗位）自查、业务部门（岗位）互相制约、员工内部举报、合规部门检查、内审部门审计相结合的机制。按照风险管理“事前全面调查”、“事中严格审查”、“事后跟踪管理”的要求，相应规范内部审批、操作和风险管理程序，细化和完善内部控制制度，实行“全过程、嵌入式”管理。审计稽核部对业务的各项运作和风险管理进行动态审计和检查，对相关人员的规范操作进行监督和检查，对各项业务、各部门、各岗位实施全面监督、检查，并直接向董事会、管理层报告，管理层根据内部控制的检查情况和审计评价结果，提出整改意见和纠正措施，并督促各部门严格落实。

4.5 风险管理

公司风险管理的基本原则是：（1）全面性原则；（2）有效性原则；（3）制衡性原则；（4）独立性原则；（5）主动管理原则。

公司建立的包括董事会风险管理与审计委员会、经营层业务审查决策委员会、合规与风险管理部、各业务部门及管理支持部门内部风险管理岗的四级风险管理体系，形成自上而下垂直型风险管理组织机构，负责对公司整体风险和各项业务风险实施统一管理。四级风险管理体系严格落实风险管理责任制，保证风险控制措施的有效实施。既强化全员全过程的风险管理，又保证风险管理部门的独立性。

4.5.1 风险状况

公司主要面临的风险包括信用风险、市场风险、操作风险、合规风险。

4.5.1.1 信用风险状况

信用风险主要是指公司在运营过程中可能面临的交易对手不愿或不能履行其义务而使信托财产和固有财产遭受潜在损失的可能性的风险。

报告期内,公司设立的信托项目均履行了严格的内部评审程序,合法合规,符合国家产业政策和宏观调控的要求。交易对手信用等级较高,信用风险可控。公司管理的信托财产全部按期收回,并全部按期向受益人兑付信托收益。

4.5.1.2 市场风险状况

市场风险主要是外部市场的不利变动使公司遭受损失的风险。报告期内,公司信托项下存续的信托项目没有投向证券市场的,而作为项目质押的股票质押率均较低,安全边际较高。贷款类项目全部按照利率对应原则与委托人及借款人签订协议,公司作为受托人本身不承担利率风险。固有项下,公司年末持有的投资类资产,按五级分类口径均为正常类投资,年末无不良投资。

4.5.1.3 操作风险状况

操作风险是指公司由于内部治理机制、内控控制机制失效,信息系统缺陷以及人为过失而导致出现的风险。操作风险体现在信托业务和固有业务的整个管理过程中。报告期内公司没有因操作风险而导致的损失。

4.5.1.4 合规风险状况

合规风险是指公司因没有遵循法律、部门规章和行业准则可能遭受法律制裁、监管处罚、重大财务损失和声誉损失的风险。报告期内公司没有因合规问题而遭受法律制裁、重大财务损失或声誉损失。

4.5.1.5 其他风险状况

其他风险包括流动性风险、法律风险、道德风险和声誉风险等。报告期内公司没有因为其他各种风险而出现声誉或财务损失。

4.5.2 风险管理

公司实行Pvar(程序+风险限额)的风险管理基本策略,针对业务的不同阶段、不同风险特点,保证业务高效、安全、规范运营。针对信用风险、市场风险等可量化风险,严格实施风险指标管理和风险限额控制;对合规风险、操作风险等非量化风险,明确岗位职责,制定精细化的业务操作规程、风险控制流程,加强员工风险意识,实施岗位和流程控制。前瞻性地制定各类新业务的操作指引,细化管控要求和准入标准。动态修订已有规章制度、业务流程,完善决策机制,强化制度执行力。

4.5.2.1 信用风险管理

公司信用风险的管理措施主要包括:建立信用风险监测预警机制,对经营状况、管理状况、财务状况进行动态监测和预警;建立信用风险防范机制,严格执行贷前调查、贷时审查和贷后检查制度;建立信用风险转移机制,通过控制信贷集中度降低信用风险,通过信贷资产卖断转移信用风险;建立信用风险补偿机制,充分提取呆账准备金,加强不良资产管理和处置。信用风险控制手段主要包括担保(保证、抵押、质押)、联合管理、资金提存、优先劣后、增信、审计(专项审计和常规审计)、权益转让、建立中介机构为主的外部智库机制等手段综合运用。外部智库直接对合规与风险管理部负责。公司信托业务总部、合规与风险管理部统筹安排实施项目中后期管理。建立信托项目风险监测工作,定期对客户风险进行监测,收集客户资料,分析客户履约能力,及时防范、化解和处置风险。公司信用风险的控制手段是立体的、组合的、多方位的,公司的风险防范的实施以到期清偿为核心,附加过程管理,既维护受益人的利益,也促进信托资金使用方的良性发展。

4.5.2.2 市场风险管理

公司对市场风险实施限额管理,根据业务性质、资本规模和风险承受能力制定对各类业务和各级限额的内部审批程序和操作规程。合规与风险管理部对业务部门交易账户头寸风险进行动态监控。投资风险较大的交易账户逐日重估价值。合规与风险管理部应根据业务授权对风险限额的遵守情况进行动态监控,经营层根据限额实际控制情况对限额进行动态管理。公司合理设立盈利目标,避免过分追求盈利而承受较大风险。针对金融市场或环境的剧烈变化,评估在极端不利情况下的风险承受能力,以此为依据制定相应的应急处理预案。

4.5.2.3 操作风险管理

公司建立规范的内部授权体系,任何个人不得超出授权做出业务决定和风险决策。建立信托业务系统、固有业务系统、客户管理、办公自动化等较为完备的信息系统,固化权限范围。不相容岗位适当分离,避免利益冲突。各项业务应按照“职责界定清晰、流程设计合理、信息传导通畅、运营操作规范”的原则,建立相应制度,合规与风险管理部参与重要业务制度的审核。各级领导对制度遵守情况逐级进行监督。合规与风险管理部、审计稽核部对公司制度执行情况进行监督,保证各项制度得到有效执行。建立操作风险事故监测、报告机制,保证及时发现操作风险事故。建立重要岗位轮岗机制。对关键岗位不定期进行审计和检查。开办新业务,事先进行风险评估,并提出相应的风险控制措施,在风险可测、可控、可承受的前提下促进创新业务发展。高度关注信息系统风险,确保信息系统稳定、安全、高效运行。

4.5.2.4 合规风险管理

公司通过完善合规培训、合规审查、合规监控机制,有效防范合规风险。合规与风险管理部持续关注法律、法规和准则的最新发展,及时分析对企业的影响,向管理层提出合规建议。定期组织开展合规培训和教育。合规与风险管理部持续检查、评估业务的合规性,保证各项业务严格遵守国家各项法律法规。合同协议的制定、涉诉案件的应对均征求公司法律顾问的意见。保持与监管部门的有效沟通,严格执行监管政策,认真听取主管部门的意见要求,始终把监管机构的政策作为我们的业务边界和风险底限,把监管部门的要求及时传达到业务一线,举一反三,健全以风险防控为核心的基础管理制度。

5. 报告期末及上一年度末的比较式会计报表

5.1 自营资产

5.1.1 会计师事务所审计结论

大信会计师事务所认为,华能贵诚信托有限公司财务报表在所有重大方面按照企业会计准则的规定编制,公允反映了贵公司2014年12月31日的财务状况以及2014年度的经营成果和现金流量。

5.1.2 资产负债表

资产负债表

编制单位:华能贵诚信托有限公司　　单位:万元

项　目	2013 年 12 月 31 日	2014 年 12 月 31 日
资　产:		
货币资金	63 892. 18	43 213. 56
其中:现金	0. 05	0. 01
贵金属		
拆出资金		
以公允价值计量且其变动计入当期损益的金融资产	59 770. 83	123 814. 61
衍生金融资产		
买入返售金融资产		
应收利息	42. 35	456. 34
发放贷款和垫款	49 500. 00	49 500. 00
可供出售金融资产	405 104. 06	487 872. 60
持有至到期投资		
长期股权投资		
投资性房地产		
固定资产	2 080. 33	2 220. 56
无形资产	345. 35	444. 45
递延所得税资产	10 768. 96	16 376. 66
其他资产	11 057. 04	9 934. 12
资产总计	602 561. 10	733 832. 90

资产负债表(续)

编制单位:华能贵诚信托有限公司　　单位:万元

项　目	2013 年 12 月 31 日	2014 年 12 月 31 日
负　债:		
向中央银行借款		
同业及其他金融机构存放款项		
拆入资金		
交易性金融负债		
衍生金融负债		
卖出回购金融资产款		
吸收存款		
应付职工薪酬	34 682. 86	57 404. 61
应交税费	18 205. 97	23 985. 20
应付股利		
预计负债		
应付债券		
递延所得税负债	301. 21	8 546. 91
其他负债	10 637. 69	16 922. 87
负债合计	63 827. 73	106 859. 59
所有者权益:		
实收资本	300 000. 00	300 000. 00
资本公积	110 187. 30	110 187. 30
减:库存股		

续表

项　目	2013 年 12 月 31 日	2014 年 12 月 31 日
盈余公积	19 467. 98	32 291. 98
一般风险准备	19 117. 92	27 359. 17
未分配利润	89 960. 17	157 134. 86
所有者权益合计	538 733. 37	626 973. 31
负债和所有者权益总计	602 561. 10	733 832. 90

5.1.3 利润和利润分配表

利润和利润分配表

编制单位:华能贵诚信托有限公司　　单位:万元

项　目	2014 年度	2013 年度
一、营业收入	226 964. 57	145 120. 03
利息净收入	6 398. 57	5 492. 49
利息收入	6 595. 62	5 515. 71
利息支出	197. 05	23. 22
手续费及佣金净收入	118 005. 51	115 076. 09
手续费及佣金收入	120 305. 09	115 735. 65
手续费及佣金支出	2 299. 58	659. 56
投资收益(损失以“-”号填列)	69 390. 84	23 839. 04
其中:对联营企业和合营企业的投资收益		
公允价值变动收益(损失以“-”号填列)	32 982. 80	490. 31
汇兑收益(损失以“-”号填列)	0. 06	-0. 53
其他业务收入	186. 79	222. 63
二、营业支出	61 451. 14	44 317. 67
营业税金及附加	9 892. 09	7 236. 46
业务及管理费	51 837. 68	37 390. 61
资产减值损失	-278. 63	-309. 40
其他业务成本		
三、营业利润(亏损以“-”号填列)	165 513. 43	100 802. 36
加:营业外收入	5 840. 90	10 777. 44
减:营业外支出	187. 69	46. 19
四、利润总额(亏损以“-”号填列)	171 166. 64	111 533. 61
减:所得税费用	42 926. 71	27 956. 34
五、净利润(净亏损以“-”号填列)	128 239. 93	83 577. 27
加:年初未分配利润	89 960. 17	55 308. 97
六、可供分配的利润	218 200. 10	138 886. 24
减:提取法定盈余公积	12 823. 99	8 357. 73
提取信托赔偿准备	6 412. 00	4 178. 86
提取一般风险准备	1 829. 25	3 389. 48
其他减少	—	—
七、可供股东分配的利润	197 134. 86	122 960. 17
减:分配股东股利	40 000. 00	33 000. 00
八、未分配利润	157 134. 86	89 960. 17

5.2 信托资产

5.2.1 信托项目资产负债汇总表

信托项目资产负债表

编制单位：华能贵诚信托有限公司　　2014 年 12 月 31 日　　单位：万元

信托资产	期末余额	年初余额	信托负债和信托权益	期末余额	年初余额
信托资产：			信托负债：		
货币资金	1 253 307.86	327 734.63	交易性金融负债	—	—
拆出资金	—	—	衍生金融负债	—	—
存出保证金	—	—	应付受托人报酬	145.24	6 516.82
交易性金融资产	1 400.00	100.00	应付托管费	218.68	19.89
衍生金融资产	—	—	应付受益人收益	—	—
买入返售金融资产	30 000.00	2 010.00	应交税费	—	—
应收款项	5 577.15	7 321.01	应付销售服务费	549.46	110.21
发放贷款	12 114 992.40	12 394 049.00	其他应付款项	8 748.37	12 686.41
可供出售金融资产	353 000.00	365 190.00	预计负债	—	—
持有至到期投资	4 133 349.60	2 613 670.00	其他负债	—	—
长期应收款	—	—	信托负债合计	9 661.75	19 333.33
长期股权投资	3 826 970.00	2 279 070.00		—	—
投资性房地产	—	—	信托权益：		
固定资产	—	—	实收信托	41 733 967.49	29 610 344.98
无形资产	—	—	资本公积	—	—
长期待摊费用	—	—	损益平准金	—	—
其他资产	20 437 090.69	11 867 685.99	未分配利润	412 058.46	227 152.31
减：各项资产减值准备	—	—	信托权益合计	42 146 025.95	29 837 497.29
信托资产总计	42 155 687.70	29 856 830.62	信托负债及信托权益合计	42 155 687.70	29 856 830.62

5.2.2 信托项目利润及利润分配汇总表

信托项目利润及利润分配汇总表

编制单位：华能贵诚信托有限公司　　单位：万元

项　目	2014 年度	2013 年度
1. 营业收入	2 962 536.19	2 062 994.75
1.1 利息收入	999 027.05	920 937.88
1.2 投资收益（损失以“－”号填列）	1 923 897.94	1 030 541.78
1.2.1 其中：对联营企业和合营企业的投资收益	—	—
1.3 公允价值变动收益（损失以“－”号填列）	—	—
1.4 租赁收入	1 374.01	196.54
1.5 汇兑损益（损失以“－”号填列）	—	—
1.6 其他收入	38 237.19	111 318.54
2. 支出	289 897.74	264 583.81
2.1 营业税金及附加	572.18	—
2.2 受托人报酬	92 584.53	78 081.92
2.3 托管费	31 114.18	28 154.22
2.4 投资管理费	—	—
2.5 销售服务费	60 641.64	73 159.73
2.6 交易费用	—	—
2.7 资产减值损失	—	—
2.8 其他费用	104 985.21	85 187.95
3. 信托净利润（净亏损以“－”号填列）	2 672 638.45	1 798 410.94

续表

项　目	2014 年度	2013 年度
4. 其他综合收益	—	—
5. 综合收益	2 672 638.45	1 798 410.94
6. 加：期初未分配信托利润	227 152.31	114 808.18
7. 可供分配的信托利润	2 899 790.76	1 913 219.12
8. 减：本期已分配信托利润	2 487 732.30	1 686 066.81
9. 期末未分配信托利润	412 058.46	227 152.31

6. 会计报表附注

6.1 会计报表编制基准、会计政策和会计估计变更、核算方法的说明

编制基础：本公司财务报表以持续经营假设为基础，根据实际发生的交易和事项，按照财政部2006 年 2 月 15 日颁布的《企业会计准则》及其应用指南的有关规定，并基于以下所述重要会计政策、会计估计进行编制。

会计政策、核算方法在报告期均无变化。

信托报酬确认原则和方法：信托报酬的确认主要以权责发生制为原则。对于信托文件明确规定有收取标准的，以信托文件规定计提信托报酬；对于信托文件没有明确规定的，待信托

项目运作结束时一次性计算收取。

6.2 或有事项说明

无。

6.3 重要资产(不含股权转让)转让及其出售的说明

无。

6.4 会计报表中重要项目的明细资料

6.4.1 披露自营资产经营情况

6.4.1.1 信用风险资产

信用风险资产五级分类	正常类(万元)	关注类(万元)	次级类(万元)	可疑类(万元)	损失类(万元)	信用风险资产合计(万元)	不良资产合计(万元)	不良资产率(%)
期初数	606 957.77	0	145.00	3 583.14	1 390.07	612 075.98	5 118.21	0.84
期末数	738 229.58	0	145.00	3 304.51	1 390.07	743 069.16	4 839.58	0.65

注:不良资产合计=次级类+可疑类+损失类。

海南省贵州大厦应收款项145万元,为2008年公司履行担保责任代海南省贵州大厦支付执行款。该公司产权未理顺,经营不善。公司将此款项划分为次级类。

2003年,公司委托汉唐证券理财,2004年9月3日汉唐证券被行政托管并于2007年宣告破产清算,目前破产清算尚未结束,应收汉唐证券公司的余额为2 523.19万元。公司将此款项划分为可疑类。

盛安房地产开发有限公司款项为781.32万元,其中应付盛安房地产开发有限公司关于台湾大厦9层相关款项201.68万元,应收盛安房地产开发有限公司983万元为代垫台湾大厦后续建设资金。公司将此款项划分为可疑类。

2003年,公司信托资金委托华夏证券理财。华夏证券于2008年7月31日经法院裁定受理破产,现已进入清算程序,应收华夏证券股份有限公司的余额为1 135.38万元。公司将此款项划分为损失类。

贵州银天贸易公司逾期贷款余额247.44万元,为本公司1993年4月发放人民币贷款。所质押的海南发展银行的535.22万元定期存单由于海南发展银行被人民银行关闭清算,该笔定期存单成为清算债权。经清算组确认领取了"海南发展银行债务确认书",截至目前海南发展银行尚未清算完毕。本公司将此款项划分为损失类,全额计提损失准备。

李伟煤款应收款项为7.25万元,为2007年子公司信达贸易公司注销转入,法院已判决,但无可执行财产。本公司将此款项划分为损失类,全额计提损失准备。

6.4.1.2 各项资产减值损失准备

单位:万元

	期初数	本期计提	本期转回	本期核销	期末数
贷款损失准备	747.44				747.44
一般准备	500				500
专项准备	247.44				247.44
其他资产减值准备	4244.49				4244.49
可供出售金融资产减值准备	0				0
持有至到期投资减值准备	0				0
长期股权投资减值准备	0				0
坏账准备	4522.95		278.62		4244.33
投资性房地产减值准备	0				0

6.4.1.3 自营股票投资、基金投资、债券投资、股权投资等投资业务

单位:万元

	自营股票	基金	债券	长期股权投资
期初数	23 966.34	2.2	35 802.29	0
期末数	42 603.57	38 607.37	42 603.67	0

6.4.1.4 前三名的自营长期股权投资的企业名称、占被投资企业权益的比例、主要经营活动及投资收益情况等

无。

6.4.1.5 前三名的自营贷款的企业名称、占贷款总额的比例和还款情况等

企业名称	占贷款总额的比例(%)	还款情况
1. 北京科技园建设(集团)股份有限公司	99.51	尚未到期,正常收息
2. 贵州银天贸易公司	0.49	公司重组前逾期贷款未还

6.4.1.6 表外业务

无。

6.4.1.7 收入结构

收入结构	金额(万元)	占比(%)
手续费及佣金收入	120 305.09	51.13
其中:信托手续费收入	120 219.55	51.09
投资银行业务收入		
利息收入	6 595.62	2.80
其他业务收入	186.79	0.08
其中:计入信托业务收入部分		
投资收益	102 373.64	43.51
其中:股权投资收益		
公允价值变动收益	32 982.80	14.02
其他投资收益	69 390.84	29.49
营业外收入	5 840.90	2.48
收入合计	235 302.04	100.00

6.4.2 **披露信托资产管理情况**

6.4.2.1 信托资产

单位：万元

信托资产	期初数	期末数
集合	6 335 264.30	14 044 314.57
单一	20 365 702.28	25 345 883.80
财产权	3 155 864.04	2 765 489.33
合计	29 856 830.62	42 155 687.70

6.4.2.1.1 主动管理型信托业务

单位：万元

主动管理型信托资产	期初数	期末数
证券投资类	—	—
股权投资类	2 279 070.00	3 826 970.00
融资类	18 364 489.05	20 477 464.68
事务管理类	9 213 271.57	17 851 253.02
合计	29 856 830.62	42 155 687.70

6.4.2.1.2 被动管理型信托业务

无。

6.4.2.2 本年度有231个项目清算，实收信托合计2 086.41亿元，加权平均实际年化收益率8.33%

6.4.2.2.1 本年度已清算结束的集合类、单一类资金信托项目和财产管理类信托项目

已清算结束信托项目	项目个数（个）	实收信托合计金额（万元）	加权平均实际年化收益率（%）
集合类	14	9 275 461.30	9.76
单一类	182	9 717 142.00	7.08
财产管理类	35	1 871 461.06	7.81

6.4.2.2.2 本年度已清算结束的主动管理型信托项目

已清算结束信托项目	项目个数（个）	实收信托合计金额（万元）	加权平均实际年化收益率（%）
证券投资类	1	83 400.00	7.37
股权投资类	1	4 000.00	7.50
融资类	229	20 776 664.36	8.34
事务管理类	—	—	

6.4.2.2.3 本年度已清算结束的被动管理型信托项目

无。

6.4.2.3 本年度新增的集合类、单一类和财产管理类信托项目

新增信托项目	项目个数（个）	实收信托合计金额（万元）
集合类	62	16 791 144.48
单一类	279	14 561 905.00
财产管理类	31	1 634 637.38
新增合计	372	32 987 686.86
其中：主动管理型	372	32 987 686.86
被动管理型		

6.4.2.4 信托业务创新成果和特色业务有关情况

（1）加大内部、外部资源整合力度，走差异化发展道路；研究、评估公司创新重大业务领域的机会与风险，加强推广和复制助推业务转型。

（2）重视与银行、保险机构之间的业务联系，继续深化与行业龙头企业及国有大型企业集团的战略合作，加大优质客户建设力度，深挖优质客户的核心需求。

（3）开拓了小微企业融资需求的新运作模式，进一步推动信托行业标准化直接融资工具的发展。

6.4.2.5 本公司履行受托人义务情况及因本公司自身责任而导致的信托资产损失情况

本公司严格遵照行业监管法规和信托合同规定，在信息披露、受托资产管理、信托财务核算、项目到期清算及信托财产分配等方面都能自觉履行受托人义务。2014年全年不存在任何信托项目因公司自身责任导致信托资产发生损失，与信托当事人之间未发生任何形式的法律纠纷，亦未受到行业监管当局的任何惩戒、警示。

6.5 关联方关系及其交易披露

6.5.1 关联交易方的数量、关联交易的总金额及关联交易的定价政策等

单位：万元

	关联交易方数量（个）	关联交易金额	定价政策
合计	7	642.12	以市场交易价格为定价依据

6.5.2 关联交易方与本公司的关系性质、关联交易方的名称、法定代表人、注册地址、注册资本及主营业务等

关系性质	关联方名称	法定代表人	注册地址	注册资本（万元）	主营业务
同属一母公司	中国华能财务有限公司	丁　益	北京市西城区金融街乙26号华实大厦	500 000	对成员单位办理财务和融资顾问、信用鉴证及相关的咨询、代理业务。
同属一母公司	长城证券有限责任公司	黄耀华	深圳市深南大道6008号特区报业大厦16、17层	206 700	发行和代理各种有价证券，自营和代理买卖各种有价证券。
同属一母公司	华能碳资产经营有限公司	黄　坚	北京市西城区复兴门南大街2号4幢9层	15 000	电源开发、投资、建设、经营和管理等。
同受最终控股母公司控制	北方联合电力有限责任公司	吕　慧	内蒙古自治区呼和浩特市锡林南路15号	1 000 000	开发、投资、建设、经营电力、热力、煤炭资源等。
本公司最终控股母公司	中国华能集团公司	曹培玺	北京市西城区复兴门内甲6号	2 000 000	主要从事电源的开发、投资、建设、经营和管理等。
同受最终控股母公司控制	华能庆阳煤电有限责任公司	高　冰	甘肃省庆阳市西峰区世纪大道	375 000	煤电投资管理。
同受最终控股母公司控制	华能山东发电有限公司	王文宗	山东省济南市玉函路36号	254 018	主要从事电力、热力、煤炭等相关产业的开发、投资、建设、经营和管理。

6.5.3 本公司与关联方的重大交易事项

6.5.3.1 固有财产与关联方

单位:万元

固有财产与关联方关联交易											
贷款			投资			其他			合计		
期初	发生额	期末	期初	发生额	期末	期初	发生额	期末	期初	发生额	期末
						42.98	642.12	0	42.98	642.12	0

6.5.3.2 信托资产与关联方

单位:万元

信托资产与关联方关联交易											
贷款			投资			其他			合计		
期初	发生额	期末	期初	发生额	期末	期初	发生额	期末	期初	发生额	期末
350 000	-350 000	0	—	—	—	—	—	—	350 000	-350 000	0

6.5.3.3 固有财产与信托财产之间的交易

单位:万元

固有财产与信托财产相互交易			
	期初数	本期发生额	期末数
合计	0	0	0

6.5.3.4 信托资产与信托财产之间的交易

单位:万元

信托资产与信托财产相互交易			
	期初数	本期发生额	期末数
合计	0	0	0

6.5.4 关联方逾期未偿还本公司资金的详细情况以及本公司为关联方担保发生或即将发生垫款的详细情况

无。

6.6 会计制度的披露

固有业务:执行财政部2006年2月颁布的《企业会计准则——基本准则》和38项具体会计准则、其后颁布的应用指南、解释、修订以及其他相关规定(统称企业会计准则)。

信托业务:执行财政部于2005年1月5日正式颁布的《信托业务会计核算办法》。

7. 财务情况说明书

7.1 利润实现和分配情况

2014年,公司实现净利润128 239.93万元,按净利润5%比例提取信托赔偿准备6 412万元,按净利润10%比例提取盈余公积12 823.99万元,计提一般准备1 829.25万元,当年分配股利40 000万元,年末未分配利润157 134.86万元。

7.2 主要财务指标

指标名称	指标值
资本利润率(%)	22.46
人均净利润(万元)	502.41

7.3 对本公司财务状况、经营成果有重大影响的其他事项

本年政府补贴收入5 742.71万元。

7.4 净资本情况

指标名称	指标值
净资本(万元)	527 461.73
风险资本(万元)	407 030.11
净资本/各项业务风险资本之和(%)	129.59
净资本/净资产(%)	84.13

8. 特别事项揭示

8.1 前五名股东报告期内变动情况

无。

8.2 董事、监事及高级管理人员变动情况及原因

因工作需要,公司聘任孙磊为公司副总经理,聘任刘芳、顾学新为公司总经理助理。

8.3 变更注册资本、变更公司名称、地址

无。

8.4 公司重大诉讼事项

无。

8.5 公司及其董事、监事和高级管理人员受到处罚的情况

无。

8.6 银监会及其派出机构对公司检查后的整改情况

根据《中国银监会办公厅关于做好2014年度现场检查工

作的意见》要求，中国银监会贵州监管局于 2014 年 9 月至 11 月，对公司后续整改情况、信托业务兑付风险及合规情况进行了专项检查。通过检查，贵州银监局对公司内控管理和合规管理给予高度评价，公司兑付风险基本可控。同时，针对抵押担保手续，做好信息披露等方面存在的问题，提出了监管意见，公司根据贵州银监局要求，认真制订了整改措施方案，有针对性地开展了整改工作，主要采取了如下整改措施：一是加大整改力度，切实防控兑付风险；二是全面摸清底数，积极稳妥做好资金池清理；三是强化尽职管理，规范业务经营行为。其目标就是要通过完善补充增信等有效措施，切实履行受托人职责，及时化解风险隐患，确保不出现兑付风险。所有整改工作基本完成，并将整改结果及时上报了贵州银监局，取得了贵州银监局的认可。

8.7 本年度重大事项临时报告的简要内容、披露时间、所披露的媒体及其版面

（1）2014 年 1 月 17 日公司在《金融时报》第六版披露了公司股权比例变更等事宜。

（2）2014 年 4 月 25 日公司在《金融时报》第十六版刊登了 2013 年度报告摘要。

8.8 银监会及其省级派出机构认定的其他有必要让客户及相关利益人了解的重要信息

无。

9. 公司监事会意见

2014 年，在华能集团公司、各级政府、监管部门及股东单位的大力支持下，在公司董事会的正确领导下，公司经营班子全体成员能认真学习和深入领会党的十八大和党的三中、四中全会精神，认真执行中央八项规定，审时度势，奋力拼搏，克服了国内经济持续下行给信托业所带来的不利影响，积极应对市场变化，适应经济发展“新常态”，全力深化企业内部改革，加快企业转型步伐，及时调整产品结构，作出了发展大客户、提质增效和稳步推进资产证券化等一系列重大战略决策，牢牢把握了业务发展的正确方向，当年超额完成全年任务，实现利润总额 17 亿元，所有信托业务项目到期全部安全兑付。董事会及各位董事履行了法律和公司章程赋予的职责，公司董事、总经理及经营班子全体成员在履行职务时，勤勉尽责，恪尽职守，没有发现董事及高级管理人员在执行公司职务时存在违法违纪和损害公司利益的行为，公司也没有收到任何信访及举报案件。希望公司在新的一年里，百尺竿头更进一步，取得更大成绩。

华融国际信托有限责任公司

1. 重要提示

1.1　公司董事会及董事保证本报告所载资料不存在任何虚假记载、误导性陈述或者重大遗漏，并对其内容的真实性、准确性和完整性承担个别及连带责任。

1.2　公司独立董事罗群芳、邢成、何维达声明：保证年度报告内容的真实性、准确性、完整性。

1.3　公司董事长袁护平、总经理邹俊、会计部门负责人吴彤声明：保证本年度财务会计报告的真实、完整。

2. 公司概况

2.1　公司简介

2.1.1　公司法定中文名称：华融国际信托有限责任公司
公司英文名称：Huarong International Trust Co. ,Ltd.
公司英文名称缩写：Huarong Trust

2.1.2　公司法定代表人：袁护平

2.1.3　公司注册地址：新疆维吾尔自治区乌鲁木齐市中山路333号
邮政编码：830002
公司国际互联网网址：http//www. huarong trust. com. cn
公司电子信箱：hrxt@ chamc. com. cn

2.1.4　公司负责信息披露事务人员：
联系人：周东海
联系电话：010—58315719
传真：010—58315608
电子信箱：zhoudonghai@ chamc. com. cn

2.1.5　公司信息披露报纸名称：《证券时报》
公司年度报告备置地点：新疆维吾尔自治区乌鲁木齐市中山路333号
登载年度报告的互联网网址：http//www. huarongtrust. com. cn

2.1.6　公司聘请的会计师事务所名称：立信会计师事务所（特殊普通合伙）
公司聘请的会计师事务所办公地址：北京市西城区北三环中路29号院3号楼茅台大厦28层
公司聘请的律师事务所名称：北京德恒律师事务所
公司聘请的律师事务所办公地址：北京市西城区金融街19号富凯大厦B座12层

2.2　组织结构

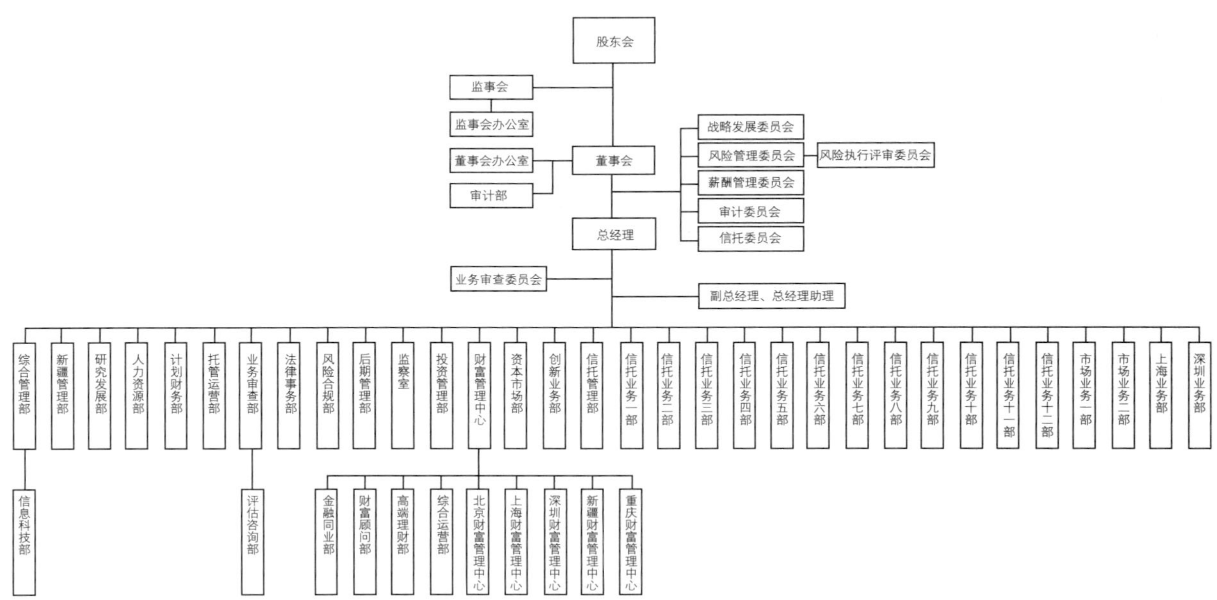

3. 公司治理

3.1 股东

报告期末股东总数为三名，股东持股情况如下：

股东名称	持股比例（%）	法人代表	注册资本（万元）	注册地址	主要经营业务及主要财务情况
中国华融资产管理股份有限公司★	98.09	赖小民	3 269 587.05	北京市西城区金融大街8号	收购、受托经营金融机构不良资产，对不良资产进行管理、投资和处置；债权转股权，对股权资产进行管理、投资和处置；破产管理；对外投资；买卖有价证券；发行金融债权、同业拆借和向其他金融机构进行商业融资；经批准的资产证券化业务、金融机构托管和关闭清算业务；财务、投资、法律及风险管理咨询和顾问业务；资产及项目评估。财务状况良好。
新疆凯迪投资有限责任公司	1.13	李新忠	42 000	新疆维吾尔自治区乌鲁木齐市金银路53号	资产管理、证券业投资、房屋、车辆、设备的租赁、项目投资及相关咨询服务。财务状况良好。
新疆维吾尔自治区恒合投资股份有限公司	0.78	王誉谚	114 400	新疆维吾尔自治区乌鲁木齐市沙依巴克区黄河路1号	高新技术产业，新兴产业的风险投资、经营及管理，优势传统产业、资本市场的投资、经营管理，投资及融资信息咨询，汽车、房屋及机械设备的租赁，财务状况良好。

注：最终实际控制人在股东名称一栏中加★表示。

3.2 董事

董事长、副董事长、董事

姓名	职务	性别	年龄	选任日期	所推举的股东名称	该股东持股比例（%）	简要履历
袁护平	董事长	男	52	2014年12月30日	中国华融资产管理股份有限公司	98.09	本科，历任工商银行进贤县支行行长、南昌县支行行长，工商银行江西省分行营业部党委委员、副总经理，工商银行江西省分行住房金融业务部副总经理、副总经理（主持工作），工商银行江西省分行消费信贷管理部总经理（正处级），工商银行江西省分行授信审批部副总经理兼消费信贷部总经理，工商银行江西赣州分行党委书记、行长，中国华融资产管理公司南昌办事处党委委员、风险总监、副总经理，中国华融资产管理股份有限公司贵州省分公司党委书记、总经理；现任华融国际信托有限责任公司党委书记、董事、董事长。
邹俊	职工董事、副董事长	男	43	2014年11月17日	中国华融资产管理股份有限公司	98.09	博士，曾在江西铜业集团公司任职；历任中国华融资产管理股份有限公司股权管理部经理，中国华融资产管理股份有限公司业务审查部高级副经理，华融国际信托有限责任公司投资管理部副总经理，全面主持部门工作，华融国际信托有限责任公司投资管理部总经理，华融国际信托有限责任公司党委委员、总经理助理，中国华融资产管理股份有限公司北京分公司党委委员、总经理助理，中国华融资产管理股份有限公司北京分公司党委副书记、副总经理；现任华融国际信托有限责任公司党委副书记、职工董事、副董事长、总经理。
王勇	副董事长	男	58	2011年9月10日	中国华融资产管理股份有限公司	98.09	本科，历任中国工商银行黑龙江省分行流动资金信贷处处长，中国工商银行黑龙江省齐齐哈尔市分行党委书记、行长，中国华融资产管理公司长春办事处党委委员、副总经理，中国华融资产管理公司哈尔滨办事处党委书记、总经理；现任华融国际信托有限责任公司专职副董事长。
刘士宏	副董事长	男	58	2012年6月12日	中国华融资产管理股份有限公司	98.09	本科，历任中央纪委监察部监察综合室主任科员、副处长，中国华融资产管理公司监察室纪检监察员（高级副经理级），中国华融资产管理公司北京办事处党委委员、纪委书记（副总经理级）、副总经理，中国华融资产管理公司太原办事处党委副书记、副总经理（主持工作），中国华融资产管理公司太原办事处党委书记、总经理；现任华融国际信托有限责任公司专职副董事长。
马肯·穆哈买提都拉	董事	男	55	2014年10月24日	中国华融资产管理股份有限公司	98.09	本科，历任工商银行新疆区分行工业信贷处副处长（正处级），工商银行新疆区分行副总经济师，中国华融资产管理公司乌鲁木齐办事处总经理、党委书记，中国华融资产管理股份有限公司新疆维吾尔自治区分公司党委书记、总经理；现任华融国际信托有限责任公司董事会董事。
魏永忠	董事	男	58	2014年10月24日	中国华融资产管理股份有限公司	98.09	本科，历任工商银行博爱支行副行长，工商银行焦作分行副行长，工商银行河南省分行计划处副处长，工商银行河南省分行项目信贷处副处长，中国华融资产管理公司郑州办事处债权管理部、债权管理一部高级经理，中国华融资产管理公司太原办事处研究发展部、新业务发展部高级经理，中国华融资产管理公司太原办事处党委委员、总经理助理、副总经理，中国华融资产管理公司郑州办事处党委委员、纪委书记、副总经理，中国华融资产管理公司大连办事处党委副书记、副总经理（主持工作），中国华融资产管理股份有限公司大连市分公司党委书记、总经理；现任华融国际信托有限责任公司董事会董事。
王小选	董事	男	56	2010年3月12日	新疆凯迪投资有限责任公司	1.13	大专，历任农业银行新疆生产建设兵团分行计划处副处长，新疆华融房地产公司总经理，陕西省建设银行房地产公司副总经理（主持工作），西安德恒证券营业部总经理，新疆凯迪房地产开发有限公司总经理；新疆蓝天阳光投资有限责任公司总经理；现任新疆凯迪投资有限责任公司副总经理兼任新疆凯迪创业投资有限责任公司执行董事、总经理。

独立董事

姓 名	所在单位及职务	性别	年龄	选任日期	所推举的股东名称	该股东持股比例(%)	简 要 履 历
罗群芳	退休干部	女	61	2009年3月5日	中国华融资产管理股份有限公司	98.09	高级会计师，历任新疆银监局非银行监管处处长，长期在人民银行乌鲁木齐中心支行任职。
邢 成	中国人民大学信托与基金研究所执行所长	男	52	2009年3月5日	中国华融资产管理股份有限公司	98.09	南开大学博士，现任中国人民大学信托与基金研究所执行所长、教授。
何维达	北京科技大学经管学院教授、企业与产业发展研究所所长	男	54	2010年2月26日	中国华融资产管理股份有限公司	98.09	中南财经政法大学博士，现任北京科技大学经济管理学院教授、企业与产业发展研究所长。

3.3 监事

监事会成员

姓 名	职 务	性别	年龄	选任日期	所推举的股东名称	该股东持股比例(%)	简 要 履 历
林 青	监事会主席	男	49	2014年10月29日	中国华融资产管理股份有限公司	98.09	研究生，历任中国工商银行海南省分行信贷处主任科员、副处长、处长，中国华融资产管理公司海口办事处党委委员、副总经理，中国华融资产管理公司广州办事处党委委员、副总经理，中国华融资产管理公司深圳办事处党委副书记、副总经理，中国华融资产管理公司第二重组办公室副总经理；华融湘江银行股份有限公司党委委员、纪委书记、副行长；现任华融国际信托有限责任公司监事、监事会主席。
祝晓军	专职监事	男	54	2014年5月20日	中国华融资产管理股份有限公司	98.09	本科，历任中国人民银行甘南州中心支行副科长，中国工商银行甘南州中心支行副行长，中国工商银行白银市支行副行长，中国工商银行白银市分行党委书记、行长，中国华融资产管理公司兰州办事处党委委员、副总经理，中国华融资产管理公司沈阳办事处党委副书记、副总经理、党委书记、总经理，中国华融资产管理公司上海办事处党委书记、总经理，中国华融资产管理股份有限公司上海分公司党委书记、总经理；华融国际信托有限责任公司监事、监事会主席；现任华融国际信托有限责任公司专职监事。
范胜利	监事	男	56	2011年8月15日	—	—	大专，历任新疆自治区人民政府财政厅财务资产处处长助理、副处长，新疆维吾尔自治区人民政府财政厅统计评价处副处长，新疆维吾尔自治区国资委统计评价处副处长，新疆维吾尔自治区国资委第六监事会办事处副主任、主任。
王金梅	监事	女	39	2014年4月21日	新疆凯迪投资有限责任公司	1.13	本科，历任新疆百花大酒店有限公司财务部会计，立信会计师事务所有限公司新疆分所高级审计员，新疆凯迪投资有限公司财务审计部副经理(主持工作)。
盛占银	监事	男	59	2008年3月19日	新疆恒合投资股份有限公司	0.78	研究生，历任新疆维吾尔自治区福海县计划委员会副主任、主任，新疆维吾尔自治区福海县人民政府县长助理，重点项目建设办公室主任，新疆维吾尔自治区投资公司阿舍勒铜矿筹建自治区方代表，新疆维吾尔自治区投资公司项目部业务主管，新疆哈密新天怡石材有限公司董事、副总经理，新疆维吾尔自治区投资公司企管部副主任、国电新疆吉林台水电开发有限公司副董事长、天风发电股份有限公司副董事长，新疆投资公司项目开发部主任、第一党支部书记、天彩阿克苏良种公司副董事长，新疆恒合投资股份有限公司董事长；现任新疆恒合投资股份有限公司监事长。
金文秀	职工监事	女	47	2014年5月20日	职工代表大会	—	本科，曾在中国人民银行昌吉州分行、新疆银监局昌吉州分局、新疆银监局非银处任职，历任华融国际信托有限责任公司风险合规部高级合规管理经理，现任华融国际信托有限责任公司审计部副总经理、总经理。
王晓春	职工监事	男	39	2014年12月17日	职工代表大会	—	研究生，曾在中国工商银行信贷评估部、中国工商银行北京和平里支行工作，历任中国工商银行授信业务部处长、中国工商银行信贷部处长，现任华融国际信托有限责任公司风险合规部总经理。
李桂英	职工监事	女	51	2014年12月17日	职工代表大会	—	本科，曾在中国人民解放军57368部队、中国工商银行北京分行，中国华融资产管理公司北京办事处财务部、审计部和业务部门任职，曾任华融国际信托有限责任公司风险合规部高级经理，现任华融国际信托有限责任公司监事会办公室牵头负责人。

3.4 高级管理人员

高级管理人员

姓 名	职务	性别	年龄	选任日期	金融从业年限（年）	学历	专业
邹 俊	总经理	男	43	2013 年 11 月 27 日	14	研究生	财政学
杨晓丽	副总经理（总经理级）	女	52	2011 年 6 月 28 日	34	本科	工商管理
罗华玲	副总经理	女	44	2014 年 8 月 4 日	20	研究生	货币银行学
刘绍华	副总经理	男	50	2011 年 6 月 28 日	26	研究生	工商管理 MBA
李中南	副总经理	男	57	2014 年 6 月 16 日	31	研究生	工商管理
高博	副总经理	男	39	2014 年 10 月 8 日	13	研究生	世界经济学
段建生	副总经理	男	43	2012 年 12 月 19 日	20	研究生	法学
刘张平	副总经理	男	42	2014 年 2 月 25 日	22	本科	金融学
史宇升	总经理助理（拟任）	男	43	2014 年 10 月 8 日	19	本科	会计学

3.5 公司员工

公司员工

项目		报告期年度		上年度	
		人数（人）	比例（%）	人数（人）	比例（%）
年龄分布	25 岁以下	25	8.8	60	27.69
	25～29 岁	111	39.1	51	23.61
	30～39 岁	96	33.8	74	34.3
	40 岁以上	52	18.3	31	14.4
学历分布	博士	7	2.5	6	2.8
	硕士	171	60.2	133	61.6
	本科	95	33.5	67	31
	专科及其他	11	3.9	10	4.6
岗位分布	高管人员	9	3.2	6	2.8
	自营业务人员	32	11.3	35	16.2
	信托业务人员	144	50.7	98	45.4
	其他	99	34.6	77	35.6

4. 经营管理

4.1 经营目标、方针、战略规划

4.1.1 经营目标

牢牢把握“稳中求进、改革创新、转型升级”的发展主基调，深入开展“抓利润稳步增长促发展、抓风险防化平安无事保安全、抓党风廉政队伍建设和谐稳定不出事”三大重点工作，认真做好“防风险、促创新、转机制、拓渠道、强协同、育人才、重管理、抓廉政”八项中心任务，坚持底线思维，坚持市场导向，坚持创新驱动，将公司建设成为“治理科学、管控有序、主业有特点、业绩优良、稳健发展”的国内一流信托公司。

4.1.2 经营方针

以客户为导向，以创新带动发展，坚持投资与投行、资管与财管四轮驱动，以内涵型深耕式发展为指导思想，以主动管理为基本原则，以净资本管理风险指标为发展导向，以投融资等多种手段组合为竞争优势，实现基金化、高附加值、智力密集信托产品线为支撑的全新业务模式。

4.1.3 战略规划

依托中国华融的优势资源，坚持内控优先、合规经营的管理理念，紧贴资产、做活金融，助力集团、控制风险、一体两翼，以资产管理带动财富管理。走差异化、专业化、特色化、国际化的经营发展道路，打造国内一流的资产管理平台、财富管理平台和战略共赢平台。

4.2 所经营业务主要内容

充分挖掘信托制度优势，紧跟行业发展前沿，牢牢把握资产管理、财富管理两大驱动力，探索可持续发展新路子。

4.2.1 资产管理

截至 2014 年末，华融信托当年新增信托资产规模 1 219.00亿元，管理存续信托资产规模达 1 450.01 亿元。

一是资产结构均衡，资产质量良好。在管理的存续信托资产中，主要投向工商企业、金融机构和证券投资。房地产信托的规模占比为 12.58%，煤炭行业规模占比只有 1.46%，资产的行业分布较为均衡，避免了资产向高风险领域和单一领域过于集中，有利于资产的风险分散和资产安全。

二是管理资产含金量高。与行业其他信托公司相比，大部分是自主管理项目，华融信托以占行业 1% 的信托资产规模实现了占行业 2.8% 的信托业务收入。主营业务能力突出，信托业务占公司总收入 84.86%，这与监管部门鼓励的信托公司履行主动管理职责的要求和导向是一致的。

三是资产管理的方式更为丰富。2014 年重点发展专业性强、技术含量高的投资银行业务和投资类业务，发起设立的股权收益权投资集合资金信托项目，成功帮助客户参与上市公司股权并购。

四是积极支持新疆维吾尔自治区经济发展和社会进步。2014 年为新疆经济建设新增融资 23.5 亿元，存续融资规模超 70 亿元，有利支持了新疆地区社会经济发展。2014 年上缴新疆地区各类税款 4.05 亿元，积极参与扶贫救助，稳疆固疆，充分履行了企业社会责任。

4.2.2 财富管理

立足于“受人之托，代人理财”的信托本源，着力打造华融信托特色财富管理服务，自主资金募集能力有了大幅提升。当年新增自然人客户 1 415 户，委托资金 46.61 亿元。基本做到了项目发行多渠道开花，提升了募集成功率。自主服务客户黏性进一步提升，重复购买率达 60%，华融信托的财富管理服务树立起良好的品牌。

4.3 市场分析

4.3.1 有利因素

（1）党的十八届三中全会胜利闭幕，会议全面部署了政治、经济、文化、社会、生态等领域的改革目标和设想，经济体制改革是重中之重，尤其是城镇化建设、土地改革、国企改革等，所蕴含的市场金融需求潜力较大，有利于拓展信托行业发展深度和广度，形成新的增长机遇期。

(2)国民财富不断积累，居民以及机构投资者资产管理需求不断上升，信托公司近年为投资者创造了良好的收益回报，行业品牌和社会价值不断得到认可，信托公司在资产管理行业的成长空间依然较大，信托业面临经济社会改革和居民财富管理需求上升的发展机遇。

(3)信托行业财富管理和资产管理能力不断增强，2014 年信托资产管理规模再创新高，已达到 13.98 万亿元，稳居四大金融子行业第二位，成为中国金融体系中不容忽视的重要成员，中国信托业对经济社会发展的促进作用不断凸显。

(4)信托行业创新日渐活跃，创新力度逐步增强，信托制度在财富传承、土地流转、企业年金管理、资产证券化等方面的独特优势和价值得到不断挖掘和认可，持续的创新为信托行业不断注入生机和发展活力，逐步形成信托公司核心竞争力。

(5)控股股东中国华融资产管理股份有限公司市场影响力和品牌优势不断增强，为公司发展提供了诸多得天独厚的优势条件。

4.3.2 不利因素

(1)我国经济逐步进入新常态阶段，经济增速由高速增长向中高速增长区间转换，受到内生增长动力不足、经济结构矛盾突出、全球宏观经济形势复杂等因素影响，经济下行压力依然较大，弱经济周期和强市场竞争对信托业传统融资信托业务的冲击效应明显加大，信托公司融资化、通道化等粗放经营模式难以为继，行业进入结构调整和转型发展关键时期。

(2)资产管理市场开放进程加快，证券、基金、保险、银行、信托公司围绕资产管理业务展开全面竞争，信托业享有的制度红利逐步消失，信托公司项目开发、市场议价都受到更大限制，通道业务、股权质押融资等业务受到较大冲击。同时，以余额宝为代表的互联网理财的崛起也对信托行业发展形成新的竞争态势。

(3)随着经济周期性调整，造船、矿业、煤炭等强周期行业出现全行业性经营困境，光伏、钢铁、水泥等产能过剩行业面临较大经营压力，房地产行业在宏观调控高压之下也存在行业调整需求。因此，信托项目风险管控难度加大，行业个别重大信托项目风险事件得到社会广泛关注，影响了信托公司声誉和投资者购买信托产品热情。

(4)监管部门加强地方融资平台、银行理财投资非标资产、信托公司非标资产池以及影子银行监管，同时，监管部门对于信托行业的新监管体系和治理思路逐步形成，促进信托公司回归本业，信托公司转型压力越来越大。

(5)公司还需要进一步增强资本实力，积极增资扩股，引进战略投资者，提高公司整体发展水平。

4.4 内部控制

4.4.1 内部控制环境和内部控制文化

华融信托按照现代金融企业制度要求，建立科学的公司法人治理结构，成立股东会、董事会、监事会并制定相应议事规则，根据有关法律法规及公司章程分别行使职责；董事会层面设立战略发展委员会、风险管理委员会、薪酬管理委员会、审计委员会及信托委员会，对涉及公司战略发展、薪酬考核、风险控制等重大事项进行民主决策、集体审议，并制定了各委员会议事规则，使公司在科学决策和风险管控方面增强了独立性、专业性和科学性；风险管理委员会下设风险审查执行机构，强化对重点项目风险审查与风险控制。公司设立的独立董事工作制度进一步完善了公司的法人治理结构，加强了公司董事会决策的科学性，强化了对内部董事及经营管理层的约束和监督机制；董事会组建经营管理层，由总经理组织公司日常经营管理工作并对董事会负责；总经理层面设立总经理办公会、业务审查委员会、风险管理和内部控制委员会、资金财务审查委员会，分别负责对公司重大决策事项、重大风险管理解决方案、重大资金运用与支出和各项业务方案等事项进行审查，根据银监会监管要求及实际需要，公司设立董事会办公室、监事会办公室、综合管理部、纪检监察室、研究发展部、人力资源部、风险合规部、业务审查部、法律事务部、计划财务部、托管运营部、投资管理部、信托管理部等系列职能部室，从而形成一个结构合理、管理科学、内部控制有效的治理结构和机制。

4.4.2 内部控制措施

公司建立了完善的各层级授权制度，明确董事会、监事会、经营管理层的权限及职责。

董事会作为公司决策机构，负责决定公司内部管理机构的设置、制定公司的基本管理制度、决定公司对外重大投资、重大资产处置事项、决定公司资本金运用、资产抵押、对外担保、关联交易等事项。为防范风险，董事会对重大资本金项目、重大信托项目负责审查审批。董事会严格按照董事会议事规则召开会议。

公司设立监事会。监事会为公司的监督机构。监事会按照《公司法》和公司章程赋予的职责和权利，依法运作，认真履职。

经营管理层通过董事会的授权在权限范围内履行职责，建立健全内部控制体系，保证内部控制的各项职责得到有效履行，负责对内部控制的充分性与有效性进行监测评估；并负责执行董事会批准的各项规划、决策和制度。

公司坚持制度先行、规范经营的理念。2014 年，公司根据新实施的监管政策和法规，以及公司业务开展和风险管理的实际需要，对内部控制制度进行了全面优化，对各项制度重新进行了全面的梳理、完善和补充，进一步优化业务流程，有效控制各种风险。

4.4.3 信息交流与反馈

公司建立了信息披露工作制度及信息交流、汇报与反馈程序，通过工作简报、办公会议纪要、专题报告、内部要情通报、每周周报、每月月报、稽核报告等多种形式进行信息交流、汇报和反馈，使董事会和高级管理层能够及时了解业务信息、管理信息以及其他重要风险信息；所有员工能充分了解相关信息、遵守涉及其责任和义务的政策、程序；及时、真实、完整地向监管机构和外界报告、披露相关信息；及时把与企业既定经营目标有关的信息提供给各级管理层等。

4.4.4 监督评价与纠正

公司自觉接受监事会的监督。公司监事会列席董事会，随时对公司特别是董事和高管人员的合规运作及勤勉尽责情况进行监督。严格按照有关信托法规，进一步完善内部控制制度。做到公司自营业务和信托业务分离，维护委托人和受益人的合法权益。加强内部稽核部门职能，坚持按季度对公司业务进行稽核，并报告董事会、监事会和监管部门。

4.5 风险管理

4.5.1 风险管理概况

公司紧紧围绕“达标上市、提质控险、战略转型、可持续发展”战略目标和“稳增长、调结构、防风险、促转型”的相关要求，较好地控制了公司经营管理中的各类风险。继续坚持风险管理原则和全面风险管理理念，始终将“防风险”作为稳健发展的重要保障，牢固树立审慎经营理念，不断提高全员风险管理意识，逐步完善风险预警机制，明确和落实各级风险管理职责，积极适应业务发展和业务创新的需要，切实把风险管理工作做深、做实、做细。2014 年公司持续推进全面风险管理理念，完善风险制度修订和流程优化，并对后期管理相关制度进行进一步优化，建立全面风险管理制度体系。管好存量，强化后期日常和基础管理，化解存量项目风险隐患，确保公司不出现流动性风险，声誉不受到损失。控好增量，加强对监管法规的研究，细化新增项目审查标准，提高审查精准度和专业性，确保经营依法合规、风险可控。推动业务结构调整，优先选择国家支持鼓励行业开展信托业务，鼓励多做风险资本消耗少的项目。积极参与业务创新和风险管控手段创新，增强前台、中台、后台协同能力，提高公司整体的资产管理能力。实施立项、方案审批和后期管理网上审批流程，加强流程与风险管理信息化系统建设。

为加强风险管理，公司在董事会下设风险管理委员会、审计委员会。董事会风险管理委员会下设风险执行评审委员会，负责向风险管理委员会报告公司的风险合规与内部控制等情况，同时负责对提交董事会审议的重大业务项目向董事会提出审查意见，在经营管理层层面设立风险管理和内部控制委员会，分管风险合规部、法律事务部和业务审查部，负责公司的风险工作。其中，风险合规部负责组织推动公司全面风险管理体系建设，组织制订公司风险管理基本政策和基本制度；负责对公司确定的风险项目进行监测、分析和评价；负责和业务、审查等部门就项目的后期管理工作进行衔接、督促检查和评价；负责组织协调业务部门及时拟定风险项目的处置预案，督促处置预案的落实；负责组织开展项目风险案例警示工作；负责牵头组织公司风险项目处置工作；负责对公司拟实施项目出具合规性意见；业务审查部负责对提交公司业务审查委员会审议的项目进行独立业务审查，提出审查意见，并出具审查意见书，负责向业务审查委员会报告并接受委员询问；负责对公司开展业务中的审计、评估中介机构的聘用与管理；负责对评估报告的审查工作等。法律事务部负责对公司签署的法律合同、法律文件进行审查，出具法律审查意见，复核非诉事项及诉讼事宜；负责对公司开展业务中的律师机构的聘用与管理等。审计委员会主要负责审查公司内部控制制度以及公司建立的用于监控行为准则遵循情况的规划；负责提议聘请或更换外部审计机构；负责监督董事会决议的执行情况；负责审核公司的财务信息及其披露；负责在公司重大财务问题的处理上提出独立的意见；负责内部审计与外部审计之间的沟通等。

4.5.2 风险状况

4.5.2.1 信用风险状况

公司可能面临的信用风险主要是交易对手无法履约的风险。对于信用风险的控制，公司一是注重交易对手的选择，通过项目前期尽职调查、交易结构设计、抵（质）押担保条件的设置、项目投后尽职管理、现金流的监测、资金监管等措施，从项目的全过程加强对信用风险的防范和控制；二是采用资产五级分类、信贷资产评级等信用度量指标进行信用风险评级，并不断改进信用分析方法和技术；三是始终坚持抵押品确认原则，抵押品必须足值、足额、合法、有效、容易变现；四是严格按照规定对信用风险资产合理计提一般准备和专项准备。

公司按照有关规定足额计提各类风险准备。一般准备金的计提比例由公司综合考虑其所面临的风险状况等因素确定，原则上一般准备金余额不低于贷款期末余额的 1%。信托赔偿准备金按照税后净利润的 5% 计提，累计总额达到公司注册资本的 20% 时不再提取。

公司严格按照监管制度和公司制度定期对公司资产质量进行五级分类。截至 2014 年 12 月 31 日，公司不良资产账面值为 341.77 万元。在信托业务方面，截至 2014 年 12 月 31 日已到期的信托项目均按期兑付，存续项目也未出现不及时兑付委托人受益的情况。为防范抵押物、质押物贬值风险，公司确定的抵（质）押率一般不超过 50%，其他担保方式担保方也应具备相应的担保能力。

4.5.2.2 市场风险状况

市场风险指公司因股价、市场汇率、利率及其他价格因素变动给公司盈利能力和财务状况带来的风险。截至 2014 年 12 月 31 日，管理金融产品包括债券、货币基金、债券基金和股票等，账面净值共 53 496.05 万元。由于货币基金及债券基金主要投资低风险资产，因此，受价格变动影响较小，且流动性强，市场风险较低。尽管面临着未来利率市场化和国家相关利率调控政策的影响，该类金融资产的贷款利率和收益率均已经稳定在合理市场水平，受到市场波动而导致获利受影响的范围较小。

4.5.2.3 操作风险状况

操作风险主要表现在由于公司内部人员在相关业务办理过程中因操作失误而出现的风险；由于内部控制制度不完善引发的缺乏监控监督风险。截至 2014 年 12 月 31 日，公司未出现操作风险事件。公司对所有项目均严格进行尽职调查、积极履行受托人职责，尽职管理，忠实执行合同，严格履行信息披露义务，实现了预期目标。公司还规范了信托和固有业务监管账户开立、印章使用、资金划拨、抵（质）押物变更审批等的管理，建立了抵（质）押权证保管登记制度，定期核实保管的权证，严防操作风险。

4.5.2.4 其他风险状况

主要是合规风险和政策风险。2014 年，公司的各项业务严格按照国家相关政策，依法合规操作，未出现违反国家相关政策及违规事件。各项指标均大幅优于监管规定要求。

4.5.3 风险管理

4.5.3.1 信用风险管理

在信用风险管理上，公司一是采用前述资产五级分类、信贷资产评级等信用度量指标进行信用风险评级，并不断改进信用分析方法和技术；二是持续关注抵（质）押物价值变动，确保抵（质）押率保持合理水平，抵（质）押物的担保价值足值；三是严格按照规定对信用风险资产合理计提一般准备和专项准备；四是密切关注宏观经济形式及国家产业政策、信贷政策及其他调控政策的变化，及时研究对策和措施，防控政策风险引起的企业信用风险；五是对交易对手进行事中动态管理，定期了解交易对手经营情况和财务情况，并及时向管理层和董事会报告。

4.5.3.2　市场风险管理

开展各项业务时，全面客观地分析经济形势，谨慎选择项目，对风险难以把握的项目，不轻易进入；在项目开展前，对金融市场有可能产生的市场风险的各个因素进行分析研究，提早做好防范措施；尽量采取分散投资、分散风险的办法；公司加强内部控制，加强对项目的审查、决策；对涉及资本市场的项目或质押物设立相关股票的警戒线、止损位及对相关股票价格变动进行动态监测。

4.5.3.3　合规风险管理

为管理合规风险，公司设立了专门的风险合规部，引入具有丰富金融从业经验和法律工作经验的人才，对所承做业务的交易模式、法律要点、合同主要条款的合法问题进行专门把握，确保每项业务重点法律问题的合法、有效和严密。根据《信托公司净资本管理办法》（银监令[2010]5号）规定的披露要求，截至2014年12月31日，公司净资本规模为43.99亿元，远高于2亿元的监管要求；净资本/各项业务风险资本之和为158.14%，达到净资本不得低于各项风险资本之和的100%的规定；净资本/净资产为88.64%，达到净资本不得低于净资产40%的规定。

4.5.3.4　操作风险管理

公司指定部门定期对业务规章制度、操作流程等进行修订完善，多种方式举办培训班加强对员工制度、业务培训；多层次设置防火墙，采取事前、事中、事后多角度控制操作风险：一是项目经理作为第一责任人全面负责项目风险；二是在风险合规部下设后期管理部二级部，负责定期检查项目执行情况，分析项目风险并向公司提交风险报告；三是审计部门同步跟进；四是公司经营管理层定期向董事会提交公司经营风险报告；五是设计和逐步完善风险控制信息系统，做好系统数据的备份，借助信息技术控制操作风险。

5. 报告期末及上一年度末的比较式会计报表

5.1　自营资产

5.1.1　审计报告

审 计 报 告

信会师报字[2015]第720200号

我们审计了后附的华融国际信托有限责任公司（以下简称贵公司）财务报表，包括2014年12月31日的合并及公司资产负债表、2014年度的合并及公司利润表、合并及公司现金流量表、合并及公司所有者权益变动表以及财务报表附注。

一、管理层对财务报表的责任

编制和公允列报财务报表是贵公司管理层的责任。这种责任包括：（1）按照企业会计准则的规定编制财务报表，并使其实现公允反映；（2）设计、执行和维护必要的内部控制，以使财务报表不存在由于舞弊或错误导致的重大错报。

二、注册会计师的责任

我们的责任是在执行审计工作的基础上对财务报表发表审计意见。我们按照中国注册会计师审计准则的规定执行了审计工作。中国注册会计师审计准则要求我们遵守中国注册会计师职业道德守则，计划和执行审计工作以对财务报表是否不存在重大错报获取合理保证。

审计工作涉及实施审计程序，以获取有关财务报表金额和披露的审计证据。选择的审计程序取决于注册会计师的判断，包括对由于舞弊或错误导致的财务报表重大错报风险的评估。在进行风险评估时，注册会计师考虑与财务报表编制和公允列报相关的内部控制，以设计恰当的审计程序，但目的并非对内部控制的有效性发表意见。审计工作还包括评价管理层选用会计政策的恰当性和作出会计估计的合理性，以及评价财务报表的总体列报。

我们相信，我们获取的审计证据是充分、适当的，为发表审计意见提供了基础。

三、审计意见

我们认为，贵公司财务报表在所有重大方面按照企业会计准则的规定编制，公允反映了贵公司2014年12月31日的合并及公司财务状况以及2014年度的合并及公司经营成果和现金流量。

立信会计师事务所（特殊普通合伙）

中国注册会计师：赵　斌

中国·上海　　中国注册会计师：龙　勇

二〇一五年三月二十七日

5.1.2　资产负债表

资产负债表

2014年12月31日

编制单位：华融国际信托有限责任公司　　单位：万元

项目	期末余额	期初余额
存放同业款项	212 509.54	83 452.74
以公允价值计量且其变动计入当期损益的金融资产	—	—
买入返售金融资产	—	—
应收利息	147.14	83.49
发放贷款及垫款	1 576.00	6 609.00
可供出售金融资产	53 496.05	89 759.74
持有至到期投资	—	—
应收款项类投资	211 346.61	155 945.47
划分为持有待售的资产	—	—
长期股权投资	—	—

续表

项目	期末余额	期初余额
投资性房地产	2 224. 81	2 315. 32
固定资产	2 347. 68	2 027. 57
无形资产	240. 91	276. 94
递延所得税资产	12 759. 75	8 027. 63
其他资产	47 678. 63	15 204. 19
资产总计	544 327. 12	363 702. 09

资产负债表（续）

2014 年 12 月 31 日

编制单位：华融国际信托有限责任公司　　单位：万元

项　　目	期末余额	期初余额
以公允价值计量且其变动计入当期损益的金融负债	—	—
卖出回购金融资产款	—	—
吸收存款	—	—
应付职工薪酬	29 065. 88	22 437. 87
应交税费	16 664. 87	12 395. 63
应付利息	—	—
划分为持有待售的负债	—	—
递延所得税负债	366. 05	317. 64
其他负债	2 014. 25	2 705. 29
负债合计	48 111. 05	37 856. 43
实收资本	198 288. 63	151 777. 00
资本公积	54 586. 95	890. 76
盈余公积	31 888. 52	24 872. 26
一般风险准备	24 291. 72	20 783. 59
未分配利润	187 160. 25	127 522. 05
归属于母公司所有者权益	496 216. 07	325 845. 66
少数股东权益	—	—
股东权益合计	496 216. 07	325 845. 66
负债和股东权益总计	544 327. 12	363 702. 09

5. 1. 3　利润表

利润表

2014 年

编制单位：华融国际信托有限责任公司　　单位：万元

项　　目	本期金额	上期金额
一、营业收入	183 182. 98	195 591. 22
利息净收入	10 446. 03	1 487. 13
利息收入	10 450. 57	1 492. 12
利息支出	4. 54	4. 99
手续费及佣金净收入	154 885. 84	176 940. 88
手续费及佣金收入	154 885. 84	176 940. 88
手续费及佣金支出	—	—
投资收益（损失以"－"号填列）	17 570. 60	16 888. 80
公允价值变动收益（损失以"－"号填列）		
汇兑收益（损失以"－"号填列）		
其他业务收入	280. 51	274. 41
二、营业支出	85 468. 64	87 979. 44
营业税金及附加	9 233. 67	9 970. 63
业务及管理费	57 189. 82	67 051. 23
资产减值损失	18 928. 46	10 841. 62
其他业务成本	116. 69	115. 96
三、营业利润（亏损以"－"号填列）	97 714. 34	107 611. 78
加：营业外收入	33. 62	0. 10
减：营业外支出	156. 86	66. 60
四、利润总额（亏损总额以"－"号填列）	97 591. 10	107 545. 28
减：所得税费用	27 428. 51	27 430. 42
五、净利润（净亏损以"－"号填列）	70 162. 59	80 114. 86
归属于母公司所有者的净利润	70 162. 59	80 114. 86
少数股东损益	—	—
六、每股收益：		
（一）基本每股收益		
（二）稀释每股收益		
七、其他综合收益（亏损以"－"号填列）	207. 82	492. 80
八、综合收益总额	70 370. 41	80 607. 66
归属于母公司所有者的综合收益总额	70 370. 41	80 607. 66
归属于少数股东的综合收益总额		

5.1.4 所有者权益变动表

所有者权益变动表

2014 年

编制单位：华融国际信托有限责任公司　　　　单位：万元

项　目	本期金额							上期金额						
	股本	资本公积	盈余公积	一般风险准备	未分配利润	少数股东权益	股东权益合计	股本	资本公积	盈余公积	一般风险准备	未分配利润	少数股东权益	股东权益合计
一、上年末余额	151 777.00	890.76	24 872.27	20 783.58	127 522.05	—	325 845.66	151 777.00	397.96	16 860.78	16 777.84	100 663.41	—	286 476.99
加：会计政策变更	—	—	—	—	—	—	—	—	—	—	—	—	—	—
前期差错更正	—	—	—	—	—	—	—	—	—	—	—	—	—	—
二、本年初余额	151 777.00	890.76	24 872.27	20 783.58	127 522.05	—	325 845.66	151 777.00	397.96	16 860.78	16 777.84	100 663.41	—	286 476.99
三、本年增减变动金额［减少以"－"号填列］	46 511.63	53 696.19	7 016.26	3 508.13	59 638.20	—	170 370.41	—	492.80	8 011.49	4 005.74	26 858.64	—	39 368.67
（一）净利润	—		—	—	70 162.59	—	70 162.59	—		—	—	80 114.86	—	80 114.86
（二）其他综合收益	—	207.82	—	—	—	—	207.82	—	492.80	—	—	—	—	492.80
上述（一）和（二）小计	—	207.82	—	—	70 162.59	—	70 370.41	—	492.80	—	—	80 114.86	—	80 607.66
（三）股东投入和减少资本	46 511.63	53 488.37	—	—	—		100 000.00	—	—	—	—	—	—	—
1. 股东投入资本	46 511.63	53 488.37	—	—	—		100 000.00	—	—	—	—	—	—	—
2. 股份支付计入股东权益的金额	—	—	—	—	—	—	—	—	—	—	—	—	—	—
3. 其他	—	—	—	—	—	—	—	—	—	—	—	—	—	—
（四）利润分配	—	—	7 016.26	3 508.13	-10 524.39	—	—	—	—	8 011.49	4 005.74	-53 256.22	—	-41 238.99
1. 提取盈余公积	—	—	7 016.26	—	-7 016.26	—	—	—	—	8 011.49	—	-8 011.49	—	—
2. 提取一般风险准备	—	—	—	3 508.13	-3 508.13	—	—	—	—	—	4 005.74	-4 005.74	—	—
3. 对股东的分配	—	—	—	—	—	—	—	—	—	—	—	-41 238.99	—	-41 238.99
4. 其他	—	—	—	—	—	—	—	—	—	—	—	—	—	—
（五）所有者权益内部结转	—	—	—	—	—	—	—	—	—	—	—	—	—	—
1. 资本公积转增股本	—	—	—	—	—	—	—	—	—	—	—	—	—	—
2. 盈余公积转增股本	—	—	—	—	—	—	—	—	—	—	—	—	—	—
3. 盈余公积弥补亏损	—	—	—	—	—	—	—	—	—	—	—	—	—	—
4. 其他	—	—	—	—	—	—	—	—	—	—	—	—	—	—
（六）专项储备	—	—	—	—	—	—	—	—	—	—	—	—	—	—
1. 本期提取	—	—	—	—	—	—	—	—	—	—	—	—	—	—
2. 本期使用	—	—	—	—	—	—	—	—	—	—	—	—	—	—
四、本年末余额	198 288.63	54 586.95	31 888.53	24 291.71	187 160.25	—	496 216.07	151 777.00	890.76	24 872.27	20 783.58	127 522.05	—	325 845.66

5.2 信托资产

5.2.1 信托项目资产负债汇总表

2014年12月31日

编制单位：华融国际信托有限责任公司　　单位：万元

序号	项目	A	B
		年末余额	年初余额
1	信托资产：		
2	1. 货币资金	121 659.60	45 181.79
3	2. 拆出资金	—	—
4	3. 存出保证金	—	—
5	4. 交易性金融资产	1 889 669.07	974 973.34
6	5. 衍生金融资产	—	—
7	6. 买入返售金融资产	1 153 918.87	1 849 993.84
8	其中：6.1 买入返售证券	43 802.87	30 550.84
9	6.2 买入返售信贷资产	—	—
10	7. 应收款项	498 630.08	362 539.40
11	8. 发放贷款	7 831 687.46	4 375 221.14
12	其中：8.1 基础产业	1 464 852.20	1 184 031.14
13	8.2 房地产	819 615.78	484 840.00
14	9. 可供出售金融资产	1 033 946.99	370 691.12
15	10. 持有至到期投资	972 401.17	442 411.46
16	11. 长期应收款	—	—
17	12. 长期股权投资	1 472 126.67	1 345 207.78
18	其中：12.1 基础产业	290 900.00	259 900.00
19	12.2 房地产	71 200.00	30 000.00
20	13. 投资性房地产	—	—
21	14. 固定资产	—	—
22	15. 无形资产	—	—
23	16. 长期待摊费用	—	—
24	17. 其他资产	—	—
25	18. 信托资产总计	14 974 039.91	9 766 219.87
26	19. 各项资产减值准备	—	—
27	信托负债：		
28	20. 交易性金融负债	—	—
29	21. 衍生金融负债	—	—
30	22. 应付受托人报酬	1 281.29	1 303.94
31	23. 应付托管费	486.98	288.67
32	24. 应付受益人收益	9 943.58	9 259.78
33	25. 应交税费	—	—
34	26. 应付销售服务费	797.96	1 139.29
35	27. 其他应付款项	98 300.81	21 059.80
36	28. 其他负债	9 862.77	1 634.23
37	29. 信托负债合计	120 673.39	34 685.71
38	信托权益：		
39	30. 实收信托	14 500 148.30	9 705 028.44
40	30.1 资金信托	13 724 113.09	9 149 072.60
41	30.1.1 集合	6 497 171.33	4 637 146.32
42	30.1.2 单一	7 226 941.76	4 511 926.28
43	30.2 财产信托	776 035.21	555 955.84
44	30.2.1 信贷资产证券化	—	—
45	30.2.2 其他资产（准）证券化	—	—
46	31. 资本公积	—	—
47	32. 损益平准金	—	—
48	33. 未分配利润	353 218.22	26 505.72
49	34. 信托权益合计	14 853 366.52	9 731 534.16
50	35. 信托负债和信托权益总计	14 974 039.91	9 766 219.87

5.2.2 信托项目利润及利润分配汇总表

2014年度

编制单位：华融国际信托有限责任公司　　单位：万元

序号	项目	A	B
		本年数	上年数
1	1. 营业收入	1 453 060.85	772 615.43
2	1.1. 利息收入	709 384.15	502 207.36
3	1.2. 投资收益	496 498.26	194 904.70
4	1.3. 公允价值变动收益（损失以“－”号填列）	229 165.31	28 571.09
5	1.4. 租赁收入	—	—
6	1.5. 其他收入	18 013.13	46 932.28
7	2. 营业费用	182 454.11	141 291.44
8	3. 营业税金及附加	—	—
9	4. 扣除资产损失前的信托利润	1 270 606.74	631 323.99
10	5. 减：资产减值损失	—	—
11	6. 扣除资产损失后的信托利润	1 270 606.74	631 323.99
12	7. 加：期初未分配信托利润	26 505.72	19 258.78
13	8. 可供分配的信托利润	1 297 112.46	650 582.77
14	9. 减：本期已分配信托利润	943 894.24	624 077.05
15	10. 期末未分配信托利润	353 218.22	26 505.72

6. 会计报表附注

6.1 会计报表编制基准不符合会计核算基本前提的说明

6.1.1 报告期内会计报表不符合会计核算基本前提的事项

无。

6.1.2 报告期公司编制个别会计报表应纳入合并范围的子公司

无。

6.2 重要会计政策和会计估计说明

公司执行新企业会计准则，本期未发生会计政策及会计估计变更。公司以人民币为记账本位币，会计年度自2014年1月1日起至12月31日止。

6.2.1 计提资产减值准备的范围和方法

根据财政部《金融企业准备金计提管理办法》和银监会《中国银行业监督管理委员会关于非银行金融机构全面推行资产质量五级分类管理的通知》，公司对计提坏账准备的资产进行风险分类，并根据风险分类结果确定一般风险准备和专项准备的计提比例。

6.2.2 **金融资产四分类的范围和标准**

6.2.2.1 金融资产四分类的范围

金融资产包括金融工具和衍生工具，是指形成一个企业的金融资产，并形成其他单位的金融负债或权益工具的合同，具体包括：(1)以公允价值计量且其变动计入当期损益的金融资产，包括交易性金融资产和指定为以公允价值计量且其变动计入当期损益的金融资产；(2)持有至到期投资；(3)贷款和应收款项；(4)可供出售金融资产。

6.2.2.2 金融资产四分类的标准

以公允价值计量且其变动计入当期损益的金融资产。包括：(1)交易性金融资产，主要是指企业为了近期内出售而持有的金融资产，包括不作为有效套期工具的衍生工具；(2)直接指定为以公允价值计量且其变动计入当期损益的金融资产。

可供出售金融资产。反映填报机构初始确认时即被指定为可供出售的非衍生金融资产以及除以公允价值计量且其变动计入当期损益的金融资产、持有至到期投资、贷款和应收款项以外的金融资产。例如，在活跃市场上有报价的股票投资、债券投资等。

持有至到期投资。本项目反映填报机构持有的到期日固定、回收金额固定或可确定，且企业有明确意图和能力持有至到期的非衍生金融资产。企业从二级市场上购入的固定利率国债、浮动利率公司债券等，符合持有至到期投资条件的，可以划分为持有至到期投资。购入的股权投资因其没有固定的到期日，不符合持有至到期投资的条件，不能划分为持有至到期投资。持有至到期投资通常具有长期性质，但期限较短(1年以内)的债券投资，符合持有至到期投资条件的，也可将其划分为持有至到期投资。

贷款和应收款项。持有的缺乏活跃市场报价的但具备固定或可确定偿付金额的非衍生金融资产。包括贷款以及应收款项类投资等，如填报机构发放的贷款、凭证式国债、中央银行定向票据等。填报机构所持证券投资基金或类似基金，不应当划分为贷款和应收款项。

6.2.3 **交易性金融资产核算方法**

公司购入的股票、债券、基金等，确定以公允价值计量且其变动计入当期损益的金融资产，按照取得时的公允价值作为初始确认金额，相关的交易费用在发生时计入当期损益。

支付的价款中包含已宣告但尚未发放的现金股利或债券利息，单独确认为应收项目。

公司在持有该等金融资产期间取得的利息或现金股利，于收到时确认为投资收益。

资产负债表日，公司将该等金融资产的公允价值变动计入当期损益。

处置该等金融资产时，该等金融资产公允价值与初始入账金额之间的差额确认为投资收益，同时调整公允价值变动损益。

6.2.4 **可供出售金融资产核算方法**

公司可供出售金融资产按取得时的公允价值和相关交易费用之和作为初始确认金额。支付的价款中包含已到付息期但尚未领取的债券利息或已宣告但尚未发放的现金股利，单独确认为应收项目。

公司可供出售金融资产持有期间取得的利息或现金股利，于收到时确认为投资收益。资产负债表日，可供出售金融资产按公允价值计量，其公允价值变动计入资本公积—其他资本公积。

处置可供出售金融资产时，将取得的价款和该金融资产的账面价值之间的差额，计入投资收益，同时，将原直接计入所有者权益的公允价值变动累计额对应处置部分的金额转出，计入投资损益。

6.2.5 **持有至到期投资核算方法**

公司购入的固定利率国债、浮动利率公司债券等持有至到期投资，按取得时的公允价值和相关交易费用之和作为初始确认金额。

支付的价款中包含已宣告发放债券利息的，单独确认为应收项目。持有至到期投资在持有期间按照摊余成本和实际利率确认利息收入，计入投资收益。

实际利率在取得持有至到期投资时确定，在随后期间保持不变。实际利率与票面利率差别很小的，也可按票面利率计算利息收入，计入投资收益。

处置持有至到期投资时，将所取得价款与该投资账面价值之间的差额确认为投资收益。

如本公司因持有意图或能力发生改变，使某项投资不再适合作为持有至到期投资，则将其重分类为可供出售金融资产，并以公允价值进行后续计量。重分类日，该投资的账面价值与公允价值之间的差额计入所有者权益，在该可供出售金融资产发生减值或终止确认时转出，计入当期损益。

6.2.6 **长期股权投资核算方法**

6.2.6.1 长期股权投资的初始计量

(1)公司合并形成的长期股权投资，按照下列规定确定其初始投资成本：

同一控制下的企业合并，以支付现金、转让非现金资产或承担债务方式作为合并对价的，在合并日按照取得被合并方所有者权益账面价值的份额作为长期股权投资的初始投资成本。

本公司非同一控制下的企业合并，在购买日按照在购买日为取得对被购买方的控制权而付出的资产、发生或承担的负债以及发行的权益性证券的公允价值确认合并成本。

(2)以支付现金取得的长期股权投资，按照实际支付的购买价款作为初始投资成本。通过非货币性资产交换取得的长期股权投资，其初始投资成本按照《企业会计准则第7号——非货币性资产交换》确定。通过债务重组取得的长期股权投资，其初始投资成本按照《企业会计准则第12号——债务重组》确定。

6.2.6.2 长期股权投资的后续计量及投资收益确认方法

(1)采用成本法核算的长期股权投资按照初始投资成本计价。公司确认投资收益，仅限于被投资单位接受投资后产生的累积净利润的分配额，所获得的利润或现金股利超过上述数额的部分作为初始投资成本的收回。

(2)采用权益法核算的长期股权投资，按照应享有的被投资单位实现的净损益的份额，确认投资损益并调整长期股权投资的账面价值。

公司确认被投资单位发生的净亏损，以长期股权投资的账面价值以及其他实质上构成对被投资单位净投资的长期权益减记至零为限。

6.2.6.3　长期股权投资减值准备的计提方法

公司在资产负债表日判断长期股权投资是否发生减值。公司一般以单项长期股权投资为基础估计其可收回金额,可收回金额根据长期股权投资的公允价值减去处置费用后的净额与长期股权投资预计未来现金流量的现值两者之间较高者确定,并计提减值准备。难以对单项长期股权投资的可收回金额进行估计的,以该长期股权投资所属的资产组为基础确定资产组的可收回金额,并按照《企业会计准则第8号——资产减值》有关规定计提长期股权投资减值准备。减值损失一经确认,在以后会计期间不能转回。

6.2.7　投资性房地产核算方法

投资性房地产是指为赚取租金或资本增值,或两者兼有而持有的房地产。本公司投资性房地产包括已出租的土地使用权和已出租的建筑物。

6.2.7.1　投资性房地产的确认

投资性房地产同时满足下列条件,才能确认:

(1)与投资性房地产有关的经济利益很可能流入企业。

(2)该投资性房地产的成本能够可靠计量。

6.2.7.2　投资性房地产初始计量

(1)外购投资性房地产的成本,包括购买价款、相关税费和可直接归属于该资产的其他支出。

(2)自行建造投资性房地产的成本,由建造该项资产达到预定可使用状态前所发生的必要支出构成。

(3)以其他方式取得的投资性房地产的成本,按照相关会计准则的规定确定。

(4)与投资性房地产有关的后续支出,满足投资性房地产确认条件的,计入投资性房地产成本;不满足确认条件的在发生时计入当期损益。

6.2.7.3　投资性房地产的后续计量

公司在资产负债表日采用成本模式对投资性房地产进行后续计量。根据《企业会计准则第4号——固定资产》和《企业会计准则第6号——无形资产》的有关规定,对投资性房地产在预计可使用年限内按年限平均法摊销或计提折旧。

6.2.7.4　投资性房地产的转换

公司有确凿证据表明房地产用途发生改变,将投资性房地产转换为其他资产,或将其他资产转换为投资性房地产,将房地产转换前的账面价值作为转换后的入账价值。

6.2.7.5　投资性房地产减值准备

采用成本模式进行后续计量的投资性房地产,其减值准备的确认标准和计提方法参照固定资产和无形资产。

6.2.8　固定资产计价和折旧方法

6.2.8.1　固定资产的计价

固定资产按其成本作为入账价值,其中:外购的固定资产的成本包括购买价款、相关税费、使固定资产达到预定可使用状态前所发生的可直接归属于该资产的其他支出;投资者投入的固定资产的成本按照投资合同或协议约定的价值确定。

6.2.8.2　固定资产的分类

公司固定资产分为房屋及建筑物、运输工具、电子设备、其他设备等。

6.2.8.3　固定资产折旧方法

公司固定资产折旧采用年限平均法计提折旧。按固定资产的类别、使用寿命和预计净残值率确定的年折旧率如下:

固定资产类别	预计使用年限(年)	预计净残值率(%)	年折旧率(%)
房屋、建筑物	30~40	5	2.37~3.17
电子设备	3	5	31.67
运输工具	4	5	23.75
其他	5	5	19.00

6.2.9　无形资产计价及摊销政策

6.2.9.1　无形资产的计价方法

无形资产在取得时,按实际成本计量。购入的无形资产,按实际支付的价款作为实际成本;投资者投入的无形资产,按投资各方确认的价值作为实际成本;自行开发的无形资产,其成本包括自满足无形资产确认规定后至达到预定用途前所发生的支出总额,以前期间已经费用化的支出不再调整。

6.2.9.2　无形资产摊销方法

无形资产采用直线法摊销。无形资产的应摊销金额为其成本扣除预计残值后的金额。已计提减值准备的无形资产,还应扣除已计提的无形资产减值准备累计金额。无形资产的摊销金额计入当期损益。使用寿命不确定的无形资产不摊销,期末进行减值测试。

6.2.9.3　无形资产减值准备的计提方法

公司一般以单项无形资产为基础估计其可收回金额,可收回金额根据无形资产的公允价值减去处置费用后的净额与无形资产预计未来现金流量的现值两者之间较高者确定。可收回金额的计量结果表明无形资产的可收回金额低于其账面价值的,将其账面价值减记至可收回金额,减记的金额确认为资产减值损失,计入当期损益,同时计提相应的无形资产减值准备。难以对单项无形资产的可收回金额进行估计的,以该无形资产所属的资产组为基础确定资产组的可收回金额,并按照《企业会计准则第8号——资产减值》有关规定计提无形资产减值准备。减值损失一经确认,在以后会计期间不能转回。

6.2.10　长期应收款的核算方法

新准则设置了"长期应收款"和"未实现融资收益"科目。采用递延方式分期收款销售商品或提供劳务等经营活动产生的长期应收款、实质上具有融资性质的经营活动,满足收入确认条件的,按应收的合同或协议价款,借记本科目,按应收合同或协议价款的公允价值(折现值),贷记"手续费及佣金收入"等科目,按其差额,贷记"未实现融资收益"科目。涉及增值税的,进行相应处理。

6.2.11　长期待摊费用的摊销政策

长期待摊费用是指已经发生但不能全部计入当年损益,应当在以后年度内分期摊销的各项费用,如开办费、经营租赁方式租入的固定资产发生的改良支出、已提足折旧固定资产改良支出及摊销期限在一年以上的其他待摊费用。

长期待摊费用单独核算,在费用项目的受益期限内分期平均摊销。租入固定资产改良支出应当在租赁期限与租赁资产尚可使用年限两者孰短的期限内平均摊销;其他长期待摊费用应当在受益期内平均摊销。如果长期待摊的费用项目不能使以后会计期间受益的,应当将尚未摊销的该项目的摊余价值全部转入当期损益。其在资产负债表中的数额反映的是企业各项尚未摊销完毕的长期待摊费用的摊余价值。

6.2.12 公司编制个别会计报表应纳入合并范围的子公司

无。

6.2.13 收入确认原则和方法

6.2.13.1 金融企业往来收入

按让渡资金使用权的时间和适用利率计算确定。

6.2.13.2 证券销售差价收入

在与证券交易清算时按成交价扣除买入成本、相关税费后的净额确认。

6.2.13.3 手续费收入

在向客户提供相关服务时确认收入。

6.2.13.4 贷款利息收入

按期计提利息并确认收入。

6.2.14 所得税的会计处理方法

公司所得税的会计核算采用资产负债表债务法。公司在取得资产、负债时，确定其计税基础。资产、负债的账面价值与其计税基础存在的暂时性差异，按照《企业会计准则第18号——所得税》的有关规定，确认所产生的递延所得税资产或递延所得税负债。

公司所得税分季预缴，由主管税务机关具体核定。在年终汇算清缴时，少缴的所得税税额，在下一年度内缴纳；多缴纳的所得税税额，在下一年度内抵缴。

公司所得税采取独立纳税方式缴纳。

6.2.15 信托报酬确认原则和方法

信托业务手续费收入依照信托合同中关于信托报酬的约定确认收入。

6.3 报告期内公司对外担保及其他或有事项

无。

6.4 重要资产转让及其出售的说明

报告期内公司无重大资产转让及出售事项。

6.5 会计报表中重要项目的明细资料

6.5.1 自营资产经营情况

6.5.1.1 信用风险五级分类结果

信用风险资产五级分类（万元）	正常类（万元）	关注类（万元）	次级类（万元）	可疑类（万元）	损失类（万元）	信用风险资产合计（万元）	不良资产合计（万元）	不良资产率（%）
期初数	93 289.80	27 264.39	—	—	—	120 554.19	—	0.00
期末数	223 574.61	47 162.60	—	—	—	270 737.21	—	0.00

注：不良资产合计=次级类+可疑类+损失类。

6.5.1.2 各项资产减值损失准备情况：

单位：万元

	期初数	本期计提	本期转回	本期核销数	期末数
贷款损失准备	8 091.00	24.00	8 091.00	—	24.00
一般准备	57.00	—	57.00	—	—
专项准备	8 034.00	24.00	8 034.00		24.00
其他资产减值准备	24 019.53	26 995.46	—	—	51 014.99
可供出售金融资产减值准备	—		—	—	—
持有至到期投资减值准备					—
长期股权投资减值准备	341.77				341.77
坏账准备	2 486.82	7 372.11	—	—	9 858.93
其他减值准备	21 190.94	19 623.35	—		40 814.29
投资性房地产减值准备	—	—	—	—	—

6.5.1.3 按照投资品种分类的自有资金投资情况：

单位：万元

	自营股票	基金	债券	长期股权投资	其他投资	合计
期初数	37.06	84 722.68	5 000.00	—	155 945.47	245 705.21
期末数	64.60	53 431.45	0.00	—	211 346.61	264 842.66

6.5.1.4 按投资入股金额排序，前五名的自营长期股权投资的企业名称、占被投资企业权益的比例、主要经营活动及投资收益情况等（从大到小顺序排列）

企业名称	占被投资企业权益的比例（%）	主要经营活动	投资收益
1. 新疆金新信托投资股份有限公司	0.90	信托投资业务（已停业）	无收益

6.5.1.5 前五名的自营贷款的企业名称、占贷款总额的比例和还款情况等（从贷款金额大到小顺序排列）

企业名称	占贷款总额的比例（%）	还款情况
中门国际投资有限公司	100.00	正常

报告期末自营贷款余额为1 600.00万元。

6.5.1.6 表外业务的期初数、期末数，按照代理业务、担保业务和其他类型表外业务分别披露

单位：万元

表外业务	期初数	期末数
担保业务	—	—
代理业务（委托业务）	—	—
其他	—	—
合计	—	—

6.5.1.7 公司当年的收入结构

单位：万元，%

收入结构	金额	占比
手续费及佣金收入	154 885.84	84.53
其中：信托手续费收入	154 885.84	84.53
投资银行业务收入		0.00
利息收入	10 450.57	5.70
其他业务收入	280.51	0.15
其中：计入信托业务收入部分		0.00
投资收益	17 570.60	9.60
其中：股权投资收益	0	0.00
证券投资收益	4 138.61	2.26
其他投资收益	13 431.99	7.33
公允价值变动收益		0.00
营业外收入	33.62	0.02
收入合计	183 221.14	100.00

报告期公司实现的信托业务收入全部是以手续费及佣金确认的信托业务收入。

6.5.2 披露信托财产管理情况

6.5.2.1 信托资产的期初数、期末数

单位：万元

信托资产	期初数	期末数
集合	4 637 146.32	6 497 171.33
单一	4 511 926.28	7 226 941.76
财产权	555 955.84	776 035.21
合计	9 705 028.44	14 500 148.30

6.5.2.1.1 主动管理型信托业务的信托资产期初数、期末数，分证券投资、股权投资、融资、事务管理类分别披露

单位：万元

主动管理型信托资产	期初数	期末数
证券投资类	1 030 012.37	669 390.75
股权投资类	463 575.00	533 425.00
融资类	5 472 281.10	5 640 552.21
事务管理类	22 000.00	11 000.00
合计	6 987 868.47	6 854 367.96

6.5.2.1.2 被动管理型信托业务的信托资产期初数、期末数，分证券投资、股权投资、融资、事务管理类分别披露

单位：万元

被动管理型信托资产	期初数	期末数
证券投资类	426 071.07	1 671 187.87
股权投资类	66 038.90	331 689.68
融资类	2 218 600.00	5 203 232.79
事务管理类	6 450.00	439 670.00
合计	2 717 159.97	7 645 780.34

6.5.2.2 本年度已清算结束的信托项目个数、实收信托合计金额、加权平均实际年化收益率

2014 年 1～12 月累计到期清算结束信托项目 97 个，均按期向受益人进行了信托利益兑付，累计分配信托本金 3 181 473.90万元（含跨年分配本金），累计分配信托收益 555 333.50万元，加权平均实际年化收益率为 11.98%，无违约情况发生。

6.5.2.2.1 本年度已清算结束的集合类、单一类资金信托项目个数、实收信托金额、加权平均实际年化收益率

已清算结束信托项目	项目个数（个）	实收信托合计金额（万元）	加权平均实际年化收益率（%）
集合类	60	2 303 225.00	13.62
单一类	37	878 248.90	8.02

注：收益率是指信托项目清算后，给受益人赚取的实际收益水平。加权平均实际年化收益率 =（信托项目 1 的实际年化收益率 × 信托项目 1 的实收信托 + 信托项目 2 的实际年化收益率 × 信托项目 2 的实收信托 + … + 信托项目 n 的实际年化收益率 × 信托项目 n 的实收信托）/（信托项目 1 的实收信托 + 信托项目 2 的实收信托 + … + 信托项目 n 的实收信托）×100%。

6.5.2.2.2 本年度已清算结束的主动管理型信托项目个数、实收信托合计金额、加权平均实际年化收益率，分证券投资、投资、融资类分别计算并披露

已清算结束信托项目	项目个数（个）	实收信托合计金额（万元）	加权平均实际年化信托报酬率（%）	加权平均实际年化收益率（%）
融资类	40	1 885 162.00	1.45	9.14
证券投资类	35	708 033.00	0.36	21.26

注：加权平均实际年化信托报酬率 =（信托项目 1 的实际年化信托报酬率 × 信托项目 1 的实收信托 + 信托项目 2 的实际年化信托报酬率 × 信托项目 2 的实收信托 + … + 信托项目 n 的实际年化信托报酬率 × 信托项目 n 的实收信托）/（信托项目 1 的实收信托 + 信托项目 2 的实收信托 + … + 信托项目 n 的实收信托）×100%。

6.5.2.2.3 本年度已清算结束的被动管理型信托项目个数、实收信托合计金额、加权平均实际年化收益率，分证券投资、投资、融资类分别计算并披露

已清算结束信托项目	项目个数（个）	实收信托合计金额（万元）	加权平均实际年化信托报酬率（%）	加权平均实际年化收益率（%）
融资类	14	316 000.00	0.41	7.84
投资类	3	86 338.90	0.24	6.78
证券投资类	5	185 940.00	0.12	11.91

6.5.2.3 本年度新增的集合类、单一类、财产管理类信托项目个数、实收信托合计金额

新增信托项目	项目个数（个）	实收信托合计金额（万元）
集合类	110	4 631 965.63
单一类	104	7 077 059.64
财产管理类	12	481 006.55
新增合计	226	12 190 031.82
其中：主动管理型	115	4 924 451.15
被动管理型	111	7 265 580.67

注：本年新增信托项目指在本报告年度内累计新增的信托项目个数和金额。包含本年度新增并于本年度内结束的项目和本年度新增至报告期末仍在持续管理的信托项目。

6.5.2.4 因公司自身责任而导致的信托资产损失情况

报告期内本公司严格履行受托人义务，不存在因本公司自

身责任而导致的信托资产损失情况。

6.5.2.5 信托赔偿准备金的提取、使用和管理情况

报告期公司提取信托赔偿准备金3 508.13万元，期末余额24 291.72万元。报告期内正常管理信托赔偿准备金，未使用该准备金。

6.6 关联方关系及其交易的披露

6.6.1 关联交易整体情况表

单位：万元

	关联交易方数量(个)	关联交易金额	定价政策
合计	3	1 713 927.89	市场交易价格

6.6.2 关联交易方的情况及与本公司的关系

单位：万元

关系性质	关联方名称	法定代表人	注册地址	注册资本	主营业务
母公司	中国华融资产管理股份有限公司	赖小民	北京市金融街8号	3 269 587	资产管理
与本公司同受一母公司控制	华融致远投资管理有限责任公司	章琳	北京市金融街8号	5 000	投资和资产管理、物业管理
与本公司同受一母公司控制	华融置业有限责任公司	汪平华	广东省珠海市横琴天河街30号	85 000	房地产开发、投资

6.6.3 逐笔披露本公司与关联方的重大交易事项

6.6.3.1 固有与关联方交易情况：贷款、投资、租赁、应收账款担保、其他方式等期初汇总数、本期借方和贷方发生额汇总数、期末汇总数

单位：万元

固有与关联方关联交易				
	期初数	借方发生额	贷方发生额	期末数
贷款	—	—	—	—
投资	—	—	—	—
租赁	31.75	190.51	222.26	—
担保	—	—	—	—
应收账款	—	—	—	—
其他	11.43	604.18	593.35	22.26
合计	43.18	794.69	815.61	22.26

6.6.3.2 信托与关联方交易情况：贷款、投资、租赁、应收账款、担保、其他方式等期初汇总数、本期借方和贷方发生额汇总数、期末汇总数

单位：万元

信托与关联方关联交易				
	期初数	借方发生额	贷方发生额	期末数
贷款	1 133 800.00	563 271.89	0.00	1 697 071.89
投资	—	—	0.00	—
租赁	—	—	—	—
担保	—	—	—	—
应收账款	—	—	—	—
其他	0.00	16 856.00	0.00	16 856.00
合计	1 133 800.00	580 127.89	0.00	1 713 927.89

6.6.3.3 信托公司自有资金运用于自己管理的信托项目(固信交易)、信托公司管理的信托项目之间的相互(信信交易)交易金额，包括余额和本报告年度的发生额

6.6.3.3.1 固有财产与信托财产之间的交易金额期初汇总数、本期发生额汇总数、期末汇总数

单位：万元

固有财产与信托财产相互交易			
	期初数	本期发生额	期末数
合计	149 290.04	62 893.30	212 183.34

注：以固有资金投资公司自己管理的信托项目受益权，或购买自己管理的信托项目的信托资产均应纳入统计披露范围。

6.6.3.3.2 信托项目之间的交易金额期初汇总数、本期发生额汇总数、期末汇总数

单位：万元

信托资产与信托财产相互交易			
	期初数	本期发生额	期末数
合计	—	—	—

注：以公司受托管理的一个信托项目的资金购买自己管理的另一个信托项目的受益权或信托项下资产均应纳入统计披露范围。

6.6.4 报告期内关联方逾期未偿还本公司资金情况以及本公司为关联方担保发生或即将发生垫款情况

无。

6.7 会计制度的披露

公司执行中华人民共和国财政部(以下简称财政部)于2006年2月颁布的《企业会计准则——基本准则》和38项具体会计准则、其后颁布的应用指南、解释以及其他相关规定，以及财政部于2005年1月颁布的《信托业务会计核算办法》。

7. 财务情况说明书

7.1 利润实现和分配情况

2014年度公司实现利润总额为97 591.10万元，当年所得税费用为27 428.51万元，实现净利润70 162.59万元。本年提取信托赔偿准备金3 508.13万元，提取法定公积金7 016.26万元。本年未向股东分配以前年度利润。

7.2 主要财务指标

指标名称	本公司一指标值
资本利润率(%)	17.07
加权年化信托报酬率(%)	—
人均净利润(万元)	287.55

注：1. 资本利润率=净利润/所有者权益平均余额×100%。

2. 加权年化信托报酬率=(信托项目1的实际年化信托报酬率×信托项目1的实收信托+信托项目2的实际年化信托报酬率×信托项目2的实收信托+…+信托项目n的实际年化信托报酬率×信托项目n的实收信托)/(信托项目1的实收信托+信托项目2的实收信托+…+信托项目n的实收信托)×100%。

3. 人均净利润=净利润/年平均人数。

4. 平均值采取年初、年末余额简单平均法，公式为：a(平均)=(年初数+年末数)/2。

7.3 对本公司财务状况、经营成果有重大影响的其他事项

本报告期内未发生对本公司财务状况、经营成果有重大影响的其他事项。

8. 特别事项揭示

（1）报告期内，因工作需要，经2014年第一次临时股东会审议通过，同意免去王晓林同志华融国际信托有限责任公司独立董事职务；因工作需要，经2014年第二次临时股东会审议通过，同意选举袁护平同志担任公司董事会董事，经公司2014年第13次临时董事会审议，同意袁护平同志任公司董事会董事长，经2014年第45次临时董事会审议通过，同意推选袁护平董事长任战略发展委员会和风险管理委员会主任委员；经2014年第二次临时股东会审议通过，同意顾剑飞、张展同志辞去公司监事职务，并推选赵忠臣同志、王金梅同志担任公司监事会监事；因工作需要，经2013年度股东会审议通过，同意推选马肯·穆哈买提都拉同志和魏永忠同志任公司董事会董事，同意免去杨佩同志和卢江天同志公司董事会董事职务，经2014年第43次临时董事会审议通过，同意推选魏永忠同志出任公司审计委员会委员和薪酬管理委员会委员，免去杨佩同志审计委员会委员职务；因工作需要，经2014年第三次临时股东会审议通过，同意免去赵忠臣同志公司专职监事职务；因工作需要，经2014年第四次临时股东会审议通过，同意林青同志任公司监事会监事职务，经2015年第一次临时监事会审议通过，同意选举林青监事为公司监事会主席；因工作需要，经2014年第2次临时董事会审议通过，同意推选段建生同志出任公司副总经理；因工作需要，经2014年第6次临时董事会审议通过，同意推选刘张平同志出任公司副总经理；因工作需要，经2014年第24次临时董事会审议通过，推选李中南同志出任公司副总经理、风险总监；因工作需要，经2014年第30次临时董事会审议通过，推选罗华玲同志出任公司副总经理；经2014年第37次临时董事会审议通过，推选高博同志任公司副总经理，史宇升同志任公司总经理助理；经2014年第45次临时董事会审议通过，同意推选邢成为独立董事出任战略发展委员会副主任委员，马肯·穆哈买提都拉董事出任战略发展委员会委员。

（2）2014年12月18日，公司控股股东中国华融资产管理股份有限公司以货币资金出资方式向华融国际信托有限责任公司增加注册资本46 511.63万元。变更后，公司注册资本由151 777.00万增加至198 288.63万元。

（3）报告期内公司无重大诉讼事项。

（4）报告期内会计师事务所没有出具有保留意见、否定意见或无法表示意见的审计报告。

（5）报告期内无公司及其董事、监事和高级管理人员收到处罚的情况。

（6）2014年，针对新疆银监局检查提出的监管意见，公司分别在内控管理和风险管理等方面作出了整改。在内控管理方面公司加强了档案文件资料管理，建立了项目论证会机制，修订了信息披露、项目尽调、项目后期管理等制度，完善了业务审查流程、推介流程及项目信息的披露；同时强化管理，新设后期管理部和评估咨询部，搭建全面风险管理组织框架，明确管理责任。在风险管理方面公司严格控制风险资产，关注行业和政策风险，严格增量审批，强化存量管理；优化行业准入标准，严控“三高一剩”类项目审批；进行风险大排查与新投项目后期走访；加强存续项目日常风险监测，做实后期管理工作。

（7）报告期内无重大事项临时报告。

9. 公司监事会意见

监事会认为，报告期内，华融信托董事会和经营班子团结带领全体员工，集中精力抓经营，齐心协力防风险，一心一意谋发展，通过转变经营方式，提高盈利能力，改善利润结构，取得较好经营成果。公司董事会能够严格按照《公司法》及公司章程等有关法律、章程规范运作，依法合规组织召开股东会、董事会和各专业委员会会议，决策程序规范，领导决策能力不断提高。经营层高管人员依法经营，恪尽职守，执行有力。经营管理工作符合董事会提出的要求和希望，能够认真执行董事会决议、执行公司决策部署，积极组织经营管理活动，未发现违反法律、法规及公司章程、损害公司和公司利益的行为。公司的财务运作规范、财务状况良好，公司财务数据真实、准确、完整地反映了公司2014年取得的经营成果。

华润深国投信托有限公司

1. 重要提示

1.1 本公司董事会及董事保证本报告所载资料不存在任何虚假记载、误导性陈述或者重大遗漏，并对其内容的真实性、准确性和完整性承担个别及连带责任。

1.2 公司独立董事梁伯韬、靳海涛保证本报告内容真实、准确、完整。

1.3 中天运会计师事务所有限公司对本公司年度财务报告进行审计，出具了标准无保留意见的审计报告。

1.4 公司法人代表、董事长孟扬、总经理路强、主管会计工作负责人田洁、财务部负责人卢伦声明：保证本年度报告中财务报告真实、完整。

2. 公司概况

2.1 公司简介

公司于1982年8月24日成立，原名为深圳市信托投资公司，注册资本人民币5 813万元。1984年经中国人民银行批准更名为深圳国际信托投资总公司，注册资本人民币1亿元，正式成为非银行金融机构，并同时取得经营外汇金融业务的资格。1991年经中国人民银行批准更名为深圳国际信托投资公司，注册资本人民币2.8亿元，其中外汇资本金1 200万美元。2002年2月经中国人民银行批准重新登记，领取了信托机构法人许可证，注册资本人民币20亿元，其中外汇资本金5 000万美元。公司同时更名为深圳国际信托投资有限责任公司。2005年3月14日，深圳市人民政府国有资产管理委员会变更登记为公司的控股股东。2006年10月17日，华润股份有限公司与深圳市国资委等签订了《股权转让及增资协议》，股权变更登记后，华润股份有限公司持有公司51%股权，深圳市人民政府国有资产监督管理委员会持有公司49%股权，公司注册资本增加到人民币26.3亿元。2008年10月，经中国银行业监督管理委员会批准，公司变更名称及业务范围，换领新的金融许可证，公司更名为华润深国投信托有限公司，简称华润信托。

公司的法定中文名称	华润深国投信托有限公司
中文名称缩写	华润信托
公司的法定英文名称	China Resources SZITIC Trust Co.,Ltd.
英文名称缩写	CR Trust
法定代表人	孟扬
注册地址	广东省深圳市福田区中心四路1－1号嘉里建设广场第三座第10～12层
邮政编码	518048
公司国际互联网网址	http://www.crctrust.com
电子信箱	crctrust@crctrust.com
信息披露事务负责人	李巍巍

续表

信息披露事务联系人	贾国福
联系电话	0755－33031626
传真	0755－33380599
电子信箱	jiagf@crctrust.com
年度报告备置地点	广东省深圳市福田区中心四路1－1号嘉里建设广场第三座第10～12层
信息披露报纸名称	《证券时报》、《中国证券报》、《上海证券报》
聘请的会计师事务所	中天运会计师事务所有限公司
办公地址	北京市西城区车公庄大街9号五栋大楼7～8层
聘请的律师事务所	广东经天律师事务所
办公地址	深圳市滨河大道5022号联合广场A座25层

2.2 组织结构

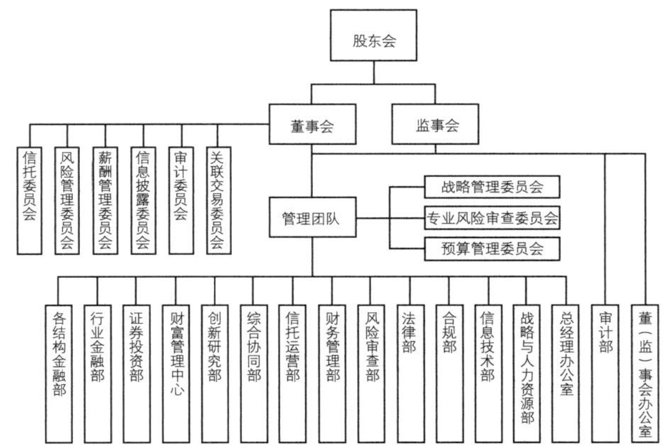

3. 公司治理

3.1 股东

报告期末，股东总数为2家。

股东

股东名称	持股比例(%)	法人代表	注册资本(亿元)	注册地址	主要经营业务
★华润股份有限公司	51	傅育宁	164.67	广东省深圳市南山区滨海大道3001号深圳湾体育中心体育场三楼	对金融、保险、能源、交通、电力、通信、仓储运输、食品饮料生产企业的投资，对商业零售企业(含连锁超市)、民用建筑工程施工的投资与管理，石油化工、轻纺织品、建筑材料产品的生产，电子及机电产品的加工、生产、销售，物业管理，民用建筑工程的外装修及室内装修，技术交流。

续表

股东名称	持股比例（%）	法人代表	注册资本（亿元）	注册地址	主要经营业务
深圳市人民政府国有资产监督管理委员会	49	张晓莉	—	深圳市福田区深南大道4009号投资大厦17楼	代表国家履行出资人职责，依法对企业国有资产进行监管。

注：★表示实际控制人。

公司第一大股东华润股份有限公司的主要股东为中国华润总公司，持股比例为99.996053%，注册资本137.36亿元，注册地址为北京市东城区建国门北大街8号华润大厦2701～2705，法人代表为傅育宁，业务范围为经国家批准的二类计划商品、三类计划商品、其他三类商品及橡胶制品的出口，经国家批准的一类、二类、三类商品的进口；接受委托代理上述进出口业务；技术进出口；承办中外合资经营、合作生产；承办来料加工、来样加工、来件装配；补偿贸易，易货贸易；对销贸易，转口贸易；对外经济贸易咨询服务、展览及技术交流。兼营自行进口商品、易货换回商品、国内生产的替代进口商品及经营范围内所含商品的国内销售（国家有专项专营规定的除外）。设计和制作影视、广播、印刷品、灯箱、路牌、礼品广告。

3.2 董事、董事会及其下属委员会

董事会成员

姓名	职务	性别	年龄	选任日期	所推举的股东名称	该股东持股比例（%）
孟扬	董事长	女	51	2013年2月		
履历	曾任北京大学教师，公司租赁部副经理、资产管理部经理、总经理助理兼资产管理部经理、总经理助理兼信托业务部经理、公司副总经理、公司总经理，现任华润深国投信托有限公司董事长。					
蒋伟	董事	男	51	2010年5月	华润股份有限公司	51
履历	曾任中国华润总公司开发部职员，华润（集团）有限公司财务部资金组主任、副经理、经理、财务部助理总经理、副总经理，华润（集团）有限公司财务部总经理、华润（集团）有限公司CFO，华润深国投信托有限公司董事长；现任华润（集团）有限公司董事、副总经理兼华润金融控股有限公司董事长。					
魏斌	董事	男	45	2010年5月	华润股份有限公司	51
履历	曾任外经贸部审计局公务员，南光（集团）有限公司审计部经理、财务部综合主管，中国华润总公司管理委员兼财务总监，华润（集团）有限公司财务部副总经理，中国华源集团有限公司副总裁兼财务总监；现任华润（集团）有限公司总会计师、首席财务官兼财务部总监。					
宋群	董事	男	49	2010年5月	华润股份有限公司	51
履历	曾任日本东工物产株式会社北京办事处经理，澳大利亚和新西兰银行驻华代表处助理首席代表，澳大利亚和新西兰银行总行企业金融财务部经理，摩根大通银行信托部香港业务主管及亚太地区市场开发业务主管，汇丰银行信托服务部全球业务总经理，现任珠海华润银行股份有限公司行长。					
伍斌	董事	男	60	2010年5月	深圳市人民政府国有资产监督管理委员会	49
履历	曾任江西财经大学财政税务系副主任、校学术委员会委员、硕士研究生导师，深圳市投资管理公司产权部干部；深圳市体改办企业体制处处长，深圳市人民政府国有资产监督管理委员会企业改革处处长；现任深圳市人民政府国有资产监督管理委员会副主任、党委委员。					
桂自强	董事	男	49	2010年5月	深圳市人民政府国有资产监督管理委员会	49
履历	曾任职于深圳华达电脑公司、深圳市投资管理公司，曾任深圳市人民政府国有资产监督管理委员会企业一处处长，现任特发集团副总经理。					
梁伯韬	独立董事	男	60	2010年5月		
履历	曾任百富勤投资集团有限公司董事总经理，法国巴黎百富勤有限公司行政总裁、集团副董事长、花旗环球金融亚洲有限公司亚洲区主席；现任CVC Asia Pacific Limited的大中华区主席及董事合伙人。					
靳海涛	独立董事	男	60	2010年5月		
履历	曾任中国电子工业总公司系统工程局综合处处长，计划处处长；中国电子工业深圳总公司总经理助理，深圳市赛格集团有限公司副总经理、党委副书记、纪委书记，深圳市赛格集团有限公司常务副总经理兼深圳市赛格股份有限公司副董事长、总经理、党委书记，全球策略投资基金驻中国特别代表；现任深圳市创新投资集团有限公司董事长、党委书记。					
路强	董事	男	44	2013年2月		
履历	曾任大连保税区宝利行华润国贸有限公司副总经理，华润投资开发有限公司人事行政部总经理、战略研究部总经理、公司助理总经理、董事、副总经理，华润深国投信托有限公司副总经理，现任华润深国投信托有限公司董事、总经理。					

董事会下属委员会

名称	职责	组成人员	职务
风险管理委员会	负责对高级管理层在业务、市场、操作等方面的风险控制情况进行监督，对公司的风险状况进行定期评估，对内部稽核部门的工作程序和工作效果进行评价，提出完善风险管理和内部控制的意见。	梁伯韬	主任委员
		蒋伟	委员
		伍斌	委员
审计委员会	负责提议聘请或更换外部审计机构，监督公司的内部审计制度及其实施，审核公司的财务信息及其披露，审查公司的内控制度。	梁伯韬	主任委员
		伍斌	委员
		魏斌	委员

续表

名称	职　责	组成人员	职　务
信息披露委员会	负责公司的信息披露工作，包括年度报告以及重大事件临时报告的披露。	孟　扬	主任委员
		桂自强	委员
		宋群	委员
薪酬管理委员会	负责拟定董事、监事和高级管理层成员的薪酬方案，向董事会提出薪酬方案的建议，并监督方案的实施。	梁伯韬	主任委员
		蒋伟	委员
		靳海涛	委员
信托委员会	负责督促公司依法履行受托职责，保证公司为受益人的最大利益服务。	靳海涛	主任委员
		路　强	委员
		桂自强	委员
关联交易委员会	负责定期评估公司关联交易情况，决定关联交易审批权限，批准授权范围内的关联交易事项，监督、检查公司关联交易管理情况；董事会授权的其他事宜。	靳海涛	主任委员
		梁伯韬	委员
		魏斌	委员

3.3　监事会

监事会成员

姓　名	职　务	性别	年龄	选任日期	所代表的股东名称	股东持股比例（%）
施长跃	监事会主席	男	56	2013 年 3 月	深圳市人民政府国有资产监督管理委员会	49
履历	曾任北京中航技总公司业务经理，奥地利艾森贝克集团北京公司业务经理，美国凯迪克工业公司项目经理，深圳中航技总公司部门经理，香港深业集团发展公司副总经理，香港深业集团增捷公司总经理兼深业总经理助理，深圳经济特区发展（集团）公司副总经理，深圳市特发集团有限公司副总经理；深圳市特发集团有限公司党委副书记、总经理，现任华润深国投信托有限公司监事会主席。					
俞建	监事	男	44	2010 年 5 月	华润股份有限公司	51
履历	曾任职于中信—中国租赁有限公司北京办事处项目经理，中信—中国租赁（香港）有限公司助理总经理，BP 石化战略分析员、BP 亚洲有限公司财务经理、全球资金管理经理，BP 集团伦敦办事处集团融资及资本市场部、集团融资主任、BP 亚洲有限公司香港办事处亚太地区财资经理、曾任华润（集团）有限公司财务部资金总监，现任华润置地有限公司首席财务官。					
刘娇琳	职工监事	女	52	2010 年 5 月		
履历	曾任湖南财经学院助教；西南财经大学讲师；深圳国际信托投资有限责任公司资金财务部副科长，信托业务部财务科副科长、科长经理，投资部副总经理、总经理，信托一部副总经理、总经理；华润深国投信托有限公司行政管理部总经理、财务管理部总经理；现任华润深国投信托有限公司工会主席、结构金融一部总经理。					

注：本公司监事会未设立下属委员会。

3.4　高级管理人员

高级管理人员

姓名	职务	性别	年龄	任职日期	金融从业年限（年）	学历	专业
路强	总经理	男	44	2013 年 2 月	16	本科	世界经济学
履历	曾任大连保税区宝利行华润国贸有限公司副总经理，华润投资开发有限公司人事行政部总经理、战略研究部总经理、公司助理总经理、董事、副总经理，华润深国投信托有限公司副总经理，现任华润深国投信托有限公司董事、总经理。						
田洁	副总经理	男	42	2010 年 1 月	13	硕士研究生	货币银行学
履历	曾任华润（集团）有限公司财务部高级经理、助理总经理、副总经理，华润保险经纪有限公司总经理，华润投资及资产管理公司董事，现任华润深国投信托有限公司副总经理。						
李巍巍	副总经理	男	47	2010 年 7 月	16	博士研究生	系统工程
履历	曾任广州浪奇实业股份有限公司董事会秘书处主管、主任，国信证券有限责任公司总裁室主任秘书、人力资源部副总经理、人力资源总监，华西证券有限责任公司人力资源总监、副总裁，现任华润深国投信托有限公司副总经理、董事会秘书。						

3.5 公司员工

公司员工

项目		报告期年度		上年度	
		人数（人）	比例（%）	人数（人）	比例（%）
年龄分布	20岁以下	0	0	0	0
	21~30岁	101	32.68	112	37.46
	31~40岁	159	51.46	140	46.82
	41岁以上	49	15.86	47	15.72
学历分布	博士	11	3.56	8	2.68
	硕士	169	54.69	171	57.19
	本科	111	35.92	98	32.78
	专科	14	4.54	16	5.35
	其他	4	1.29	6	2.01
岗位分布	董事、监事及高管人员	5	1.62	5	1.67
	自营业务人员	8	2.59	11	3.68
	信托业务人员	211	68.28	197	65.89
	其他人员	85	27.51	86	28.76

4. 经营管理

4.1 经营目标、方针、战略规划

4.1.1 经营目标

以客户为导向，通过持续创新，建立专业专长，为客户持续提供定制化、差异化的综合解决方案，成为领先的金融服务公司。

4.1.2 经营方针

不断提高方案结构化能力、组织敏捷化能力、业务专业化能力、产融/融融协同化能力和E化能力，重点打造集合化、基金化、长期化、直销化，同时加强研究开发与产品创新、加强市场营销与项目开拓、加强风险控制与运营管理。

4.1.3 战略规划

为实现公司的战略愿景，公司2014年制定了六项战略重点：第一，防风险——通过严抓项目后期管理、完善公司大风控体系来严守公司风险防线；第二，调架构——通过架构调整和流程优化来提升运营效率、降低操作风险；第三，聚团队——通过加强员工培训与考试、开展员工队伍调整以及优化考核激励机制来提升团队的凝聚力和战斗力；第四，拼基金——通过扩大地产基金和对冲基金的规模以及提升资产管理能力来巩固并扩大公司在该领域的核心竞争能力和优势；第五，扩渠道——通过优化财富管理中心布局以及扩大低成本资金来源及规模来扩大客户积累，通过资金端的调整引领业务转型；第六，推创新——做大做强资产证券化，推动公司业务向非房领域转型，保障公司商业模式的可持续性。

4.2 经营业务的主要内容

公司主要经营业务为信托业务和固有业务。

4.2.1 信托业务

4.2.1.1 证券投资信托

证券投资信托是一种专家理财产品，信托资金的主要投向为公开挂牌交易的股票、债券、基金、股指期货及其他可交易的证券品种（如未来出现期权等金融衍生产品）。

4.2.1.2 基础建设信托

基建能源类信托主要投资于能源电力、交通运输和水务环保等基础设施行业。提供的服务包括债权融资、股权融资、夹层融资、结构融资、基金管理、资产管理等。

4.2.1.3 房地产信托

房地产信托的资金主要用于向各类具有相关资质的房地产企业，以股权、债权、股债结合等方式为房地产企业提供运作资金，提供的服务包括债权融资、股权融资、夹层融资、结构融资、基金管理、资产管理等，具有较高的安全性和收益性。

4.2.1.4 现金管理信托

现金管理类产品具有安全性高和收益性稳定的类存款特性，具有一定程度上的替代存款的作用。目标客户群为拥有闲置资金的高净值客户或机构客户。

4.2.1.5 股权投资信托

股权投资信托是指以股权投资方式将信托资金用于投资非上市企业股权，并通过企业上市、并购、原股东回购或管理层回购等方式出售持股而获得投资回报的资金信托。

4.2.2 固有业务

固有业务是指使用公司固有资金进行的投资活动及管理退出，包括但不限于公司信托产品投资、股权类投资、其他金融产品投资等，以及在符合公司固有资金运用原则下开展授信类业务及管理退出，包括但不限于同业拆放、贷款（含过桥贷款）、提供增信、担保等。

（除另有注明外，本报告中所有披露内容均为母公司口径。）

自营资产运用与分布表

资产运用	金额（万元）	占比（%）	资产分布	金额（万元）	占比（%）
货币资产	62 760.78	4.17	基础产业	—	—
贷款及应收款	46 992.33	3.12	房地产业	—	—
交易性金融资产	—	—	证券市场	155 831.37	10.35
可供出售金融资产	509 743.00	33.86	实业		—
持有至到期投资	—	—	金融机构	896 070.97	59.52
长期股权投资	850 044.22	56.46	其他	453 654.49	30.13
其他	36 016.50	2.39		—	—
资产总计	1 505 556.83	100.00	资产总计	1 505 556.83	100.00

信托资产运用与分布表

资产运用	金额（万元）	占比（%）	资产分布	金额（万元）	占比（%）
货币资产	17 147 510.63	36.33	基础产业	1 609 465.72	3.41
贷款及应收款	10 657 208.16	22.58	房地产业	7 556 084.78	16.01
交易性金融资产	14 472 695.93	30.67	证券市场	15 969 757.84	33.84
买入返售金融资产	591 560.00	1.25	实业	3 215 255.65	6.81
可供出售金融资产	1 764 073.83	3.74	金融机构	17 051 874.77	36.13
持有至到期投资	0.00	0.00	其他	1 795 428.20	3.80
长期股权投资	2 564 818.41	5.43			
信托资产总计	47 197 866.96	100.00	信托资产总计	47 197 866.96	100.00

4.3 市场分析

4.3.1 影响业务发展的有利因素

信托行业的发展仍具有广阔的空间。首先,政府前所未有的改革力度或带来如资本市场、资产证券化、地产行业并购整合以及国企改革等一系列结构性商机;其次,随着我国经济的快速发展,国民财富规模的迅速增长,投资者理财需求的扩大,消费的提升或在中长期利好私人银行和资产管理业务;最后,人口老龄化、社会对环境问题的重视或在养老地产、健康医疗、节能环保等产业形成结构性商机。

华润信托自身主要有以下核心优势:

(1)品牌优势:华润信托历史悠久,经过三十多年的发展,在社会上形成了良好的市场形象,较高的品牌知名度和美誉度。同时,公司具有产品设计创新的传统,各类创新产品发行成果显著。另外,雄厚的股东背景为公司提供了强大的品牌效应。公司大股东为华润股份有限公司,隶属华润集团。目前,华润集团下设7大战略业务单元、16家一级利润中心,实体企业1 664家,在职员工44万人。华润在香港拥有5家上市公司。其中,华润创业、华润电力、华润置地位列香港恒生指数成份股,成为华润旗下"蓝筹三杰"。华润集团是全球500强企业之一,2014年《财富》公布的全球500强排名中华润位列第143位。公司的第二大股东为广东省深圳市人民政府国有资产监督管理委员会,旗下拥有大量具有投融资需求的优质企业。雄厚的股东背景为公司提供了坚实的资金支持、优质的项目来源和成熟的项目运作经验。

(2)净资本优势:公司净资本达118.00亿元,为公司业务拓展提供有力支持。

(3)人才优势:公司拥有高素质的人才队伍和融洽、进取的企业文化氛围。作为人力资本密集型企业,公司高度重视人才,从内部培养、外部引进两方面同时进行团队建设。

(4)组织优势:战略型组织优势,坚持战略一致性,根据市场变化实时优化战略,以战略引领业务发展和管理提升;精益型组织优势,注重优化组织、流程,不断提升运营效率、降低运营风险;学习型组织优势,不断营造学习氛围,以员工能力的提升作为企业发展的最大源动力。这样的组织优势为公司在市场竞争中提供了强大和持续的增长动力。

4.3.2 影响业务发展的不利因素

2014年,信托公司处于经济三期叠加的大环境下,信托业经历了前所未有的挑战。具体来说,经济增速放缓,整体融资需求下降,结构失衡,房地产和政府投资对实体经济挤压严重;地产行业已从"黄金期"过渡到"白银期",房企流动性趋紧,风险事件大幅上升,更是让以地产业务为重要收入来源的信托行业雪上加霜;证监会频频出台为券商以及基金公司"松绑"的政策,造成信托行业的全牌照优势逐渐丧失,传统融资业务陷入激烈竞争,导致信托报酬率骤跌,规模下滑;未来资本市场波动或将加大,对信托公司证券投资业务的主动管理能力提出挑战;中国高净值客户人群市场成熟度较低,对风险和收益的认识程度不深,存在风险隐患;互联网金融通过便捷的服务和有竞争力的收益率吸引了大量投资者,间接增添了信托公司资金成本压力。

4.4 内部控制

4.4.1 内部控制环境和内部控制文化

公司具有完善的法人治理结构,股东会、董事会(及其专业委员会)、监事会等机构合法运作、科学决策,为公司内部控制制度的制定与运行提供了良好的组织保障。

公司股东会及董事会严格依照公司章程的有关规定,依法履行职责。董事会下设风险管理委员会负责对高级管理层在业务、市场、操作等方面的风险控制情况进行监督,对公司的风险状况进行定期评估,对内部审计部门的工作程序和工作效果进行评价,提出完善风险管理和内部控制的意见;审计委员会负责提议聘请或更换外部审计机构,监督公司的内部审计制度及其实施,审核公司的财务信息披露,审查公司的内控制度;薪酬管理委员会负责拟定董事、监事和高级管理层成员的薪酬方案,向董事会提出薪酬方案的建议,并监督方案的实施;信托委员会负责督促公司依法履行受托职责,保证公司为受益人的最大利益服务;信息披露委员会负责公司的信息披露工作,包括年度报告以及重大事件临时报告的披露;同时,2014年新增了关联交易委员会,负责定期评估公司关联交易情况,决定关联交易审批权限,批准授权范围内的关联交易事项,监督、检查公司关联交易管理情况等。各委员会独立开展工作,运作正常。高级管理层对董事会负责,全面主持公司日常经营管理工作。

公司历来重视内控环境的建设及内控文化的培育。多年来,公司形成了守法经营、合规展业、审慎稳健、勤勉尽责、理性创新、全员参与的内部控制和风险管理文化,引导员工建立诚信道德观念,强化合规意识和风险意识,提升员工职业道德水准,规范员工职业行为,使风险防范意识贯穿到公司各个部门、各个岗位和工作的各个环节。

公司根据自身经营管理的需求,结合行业风险状况,进一步完善了公司治理结构,建立健全了一系列内部控制制度并有效地执行,为公司各项业务的健康运行及风险控制提供有效保障。

4.4.2 内部控制措施

按照信托公司内部控制的要求,公司建立了清晰的内部控制目标和原则,完善的内部控制体系和制度,确保公司对风险的事前防范、事中控制、事后监督和反馈纠正。公司建立了职责明确、分工合理、相互制衡的组织结构和内部牵制机制,构筑了基本涵盖公司各项业务和管理活动的内部控制制度体系。

公司负责内部控制的主要职能部门为风险审查部、法律部、合规部、信托运营部、财务管理部和审计部。风险审查部作为公司市场与信用等风险审查归口管理部门,主要负责项目市场与信用等风险审查和风控会的组织与管理等工作。法律部作为公司法律事务归口管理部门,主要负责项目法律法规风险审查,项目信息披露文件审查,合同/项目付款审核与合同模板管理,项目运营风险管理与监督和项目资产保全督导等工作。合规部作为公司合规事务归口管理部门,负责销售合规风险审查,合规检查、报告、责任认定与督促整改,监管机构报送材料牵头组织与审核、日常工作联系沟通与监管要求传达落实等工作。信托运营部门是公司信托业务中后端集中运营服务的管理综合平台,主要承担对信托资产存续期的运营处理、核算估值、运营分析和监督控制的职责,通过对各类信托资产进行财务核算、资产估值、资金清算和划转,对受托资产执行运营管理，对运营情况进行分析反馈，从而实现对信托业务的有效监督和控制，保障公司信托业务有序发展。财务管理部按国家颁布的会计准则进行会计核算，严格履行会计监督职能，会计不相容岗位严格分离，相互制约；认真执行财务会计制度，对公司自营资产的安全实行有效财务控制；有效防范、化解财务风险。审计部根据法律法规、董事会的要求，定期或不定期组织实施公司内部制度执行情况审计和评价，并根据规定对董事、高管等离职人员实施离任审计。

公司建立了明确的授权制度，制定了审批程序和审批权限并严格执行。公司建立了全面覆盖业务管理、风险管理、财务管理、合规管理、合同管理、内部审计、员工违规追究等方面的完善的内部控制制度体系。

4.4.3 信息交流与反馈

公司董事会及下设的信息披露委员会按照银监会的要求，按时、规范、全面、准确地披露了2014年度报告及重大事项临时公告；通过公司网站向客户公开披露公司经营状况、信托资产管理状况等信息，并根据文件约定向相关利益人提交书面文件披露相关信息。

4.4.4 监督评价与纠正

公司每年组织各部门对规章制度进行系统、全面的修订，不断完善加强内控基本管理制度。公司各业务部门对各项业务的经营状况进行经常性检查，及时发现内部控制存在的问题，并迅速予以纠正，相关部门、相关岗位之间相互制衡、监督。公司具有独立并有效运作的内审部门行使后台监督职能，按照内控要求对公司经营情况定期或不定期进行内部审计稽核，并向董事会和高管层报告，公司董事会和高管层在收到这些记录后能够及时采取措施解决内控制度存在的问题。

报告期内，公司内控制度得到有效的执行，未发生因违反内控制度对公司财务状况、经营成果产生重大影响的事项。

4.5 风险管理

4.5.1 风险管理概况

公司经营活动中可能遇到信用风险、市场风险、操作风险等。公司重视风险管理，通过制定健全的内部规章制度，建立职责分工合理的组织机构，设置专业的风险管理机构，将现代风险管理技术与传统风险管理方法相结合，对可能产生的风险及时作出反映，采取有效措施进行事前、事中、事后的有效控制与管理，并根据实际需要随时对风险管理体系进行调整。

公司风险管理组织架构按照功能的不同划分为决策层、执行层和监督层。通过分离决策层、执行层、监督层，各层级各自履行不同专业化的职能，起到相互独立、相互制衡的作用。决策层由董事会、高级管理层构成，同时还包括行使辅助职能的专业风险审查委员会等专业评审机构。公司董事会下设风险管理委员会负责对高级管理层在业务、市场、操作等方面的风险控制情况进行监督，对公司的风险状况进行定期评估，就完善风险管理和内部控制提出意见。公司下设专业风险审查委员会（以下简称风控会），负责对业务项目可行性、资产处置等事项提出风险评审意见，为公司决策提供参考。执行层由各业务部门、各风险管理部门和其他职能部门组成，负责执行决策层的决定。公司建立职责明确、分工合理、相互制衡的组织结构和内部牵制机制，前台、中台、后台设置合理、有效分离、操作互相独立，各部门负责执行本部门职能范围内的具体风险管理事务。各风险管理部门在公司层级化、专业化、多维度的风险管理组织架构下整体统筹公司的风险管理事务。监督层由董事会授权其下属的审计委员会和公司审计部门组成，审计委员会和审计部门主要负责制定对公司内部控制和风险管理的监督评价制度，并据此对公司的内部控制和各项业务的风险管理状况进行监督评价，直接向董事会报告。

2014年，公司风控前移进一步深化，风控部门及早介入项目，在方案设计阶段即与业务部门沟通掌握业务重点与趋势，介入项目前期研判，参与交易结构设计与完善，提升项目成熟度，加强内部监督。公司按照国家宏观调控政策和产业政策导向，研究行业发展趋势、市场机会及风险特征，结合风险管理要求，制订行业投融资政策指引，有效牵引业务发展。此外，公司进一步完善了关于项目尽职调查、业务审批、后期管理、信息披露等方面制度，提升了风险管理水平。在投贷后管理方面，公司继续采取非现场监控与现场检查相结合的方式，持续提升预警事项处理能力，动态掌握项目风险情况，加大全面风险排查力度，提升了定期风险监测频率和存续项目风险排查频率，通过组织后期管理汇报会、开展压力测试、完善风险监测工具、强化现场监管和抽查走访等方式，加强了对投贷后管理工作的常态化监督，促进了投贷后管理的常规化、标准化与透明化，保障项目安全退出。

4.5.2 风险状况

4.5.2.1 信用风险状况

信用风险主要指交易对手因履约意愿或履约能力发生变化的违约而导致的交易资产价值损失。

（1）信托业务。公司认真履行受托人谨慎尽职义务，有效管理信托项目，信托业务资产规模结构合理，注意分散风险，低风险业务占比过半。公司对借款人等交易对手制定了严格的筛选标准，并履行严格的事前调查、事中审查和事后管理程序。2014年，针对宏观经济增长下行及行业风险积聚的经营环境，公司高度重视项目的投贷后管理工作，采取非现场监控与现场检查相结合的方式，及时掌握、了解项目风险动态。通过及时制定投贷后管理制度及指引，定期开展压力测试，扎实推进风险排查等多项措施，切实维护投资者利益。

（2）固有业务。报告期内公司无信用风险敞口。不良信用风险资产年初余额1 739.18万元，年末余额9 088.13万元，已实际提取信用风险资产减值准备5 250.41万元。

4.5.2.2 市场风险状况

市场风险指公司因股价、市场汇率、利率及其他价格因素变动而产生的风险。公司原则上不开展自营股票投资业务、金融衍生品投资业务及外汇交易业务，固有资金主要用于投资中高流动性、低风险的金融产品（含信托产品），具有较高的安全性。

4.5.2.3 操作风险状况

操作风险是由不完善或有问题的内部流程、员工、信息科技系统，以及外部事件所造成损失的风险。

报告期内公司未发生上述操作风险。

4.5.3 风险管理

公司秉承受益人利益最大化的目标，建立了相互独立、相互制衡的内部控制体系和统一、规范、高效的内部流程，对经营活动实施全面、持续的风险监控，以专业手段有效管理各类风险。

4.5.3.1　信用风险管理

公司高度关注交易对手的履约能力。在事前调查阶段，通过制定尽职调查工作指引等业务规章，强化对交易对手的尽职调查，科学评估交易对手的履约能力和履约意愿；选择有效的、与交易对手信用风险相匹配的信用增级措施；科学、客观、公正评估担保物，严格控制、实时监测不同担保物价值与融资本息的抵质押率，注重采用多种有效担保措施提高信用风险的保障系数。

在事中审查阶段，建立了以公司风控会为核心的专业风险评估审查机构，对业务进行集体评审与决策，并提出风险控制方面的具体要求，设定业务承做的前提条件。在提交风控会审议前，由风险审查部门、法律部门对项目的信用风险、法律合规风险进行全面审查并出具审查意见，为风控会决策提供重要依据。

在事后管理阶段，公司全面收集融资方、担保方等相关各方财务、生产经营数据、重大经营情况等资料，定期对企业或者项目进行现场检查，判断项目的风险状况、抵押物及质押物价值变化情况；建立项目预警指标，根据业务发展遇到的新情况、新问题，及时采取应对措施，确保项目信用风险的可控、可测、可承受。

4.5.3.2　市场风险管理

公司为规避证券市场、汇率波动带来的风险，首先，原则上不开展自营股票业务、金融衍生品投资业务及外汇交易业务。其次，加强对货币信贷政策、财政政策、行业政策等领域的研究，根据市场变化及时调整投资策略和投资组合，坚持低风险多元化配置，并密切关注经济运行状况，严控因宏观政策调整带来不利影响的风险。

在证券投资信托业务方面，公司按照法律法规规定按期进行信息披露，向投资者充分揭示市场风险；指定专职人员负责逐日盯市，进行风险监控，严格执行信托文件约定的投资限制条件。

4.5.3.3　操作风险管理

在操作风险的管理上，公司建立了职责分离、相互监督制约的组织架构；建立和完善了有效的决策机制，明确各项业务的操作流程；实行严格的复核、审核程序；制定严格的信息系统管理制度；加强对员工的经常性教育，包括职业技术培训、职业道德教育以及法律合规培训等；每年聘请独立审计机构对公司业务进行审计，持续进行内部审计监督；2014 年，公司持续对规章制度进行梳理与完善，目前公司的各项控制制度和操作规程涵盖了所有业务领域和职能工作，实现了对公司各项业务操作过程的有效控制。

5. 报告期末及上一年度末的比较式会计报表

5.1　自营资产

5.1.1　会计师事务所审计意见全文

审 计 报 告

中天运[2015]审字第 00541 号

华润深国投信托有限公司：

我们审计了后附的华润深国投信托有限公司(以下简称华润信托)财务报表，包括 2014 年 12 月 31 日的资产负债表及合并资产负债表，2014 年度的利润表及合并利润表、现金流量表及合并现金流量表和所有者权益变动表及合并所有者权益变动表以及财务报表附注。

一、管理层对财务报表的责任

编制和公允列报财务报表是华润信托管理层的责任，这种责任包括：(1)按照企业会计准则的规定编制财务报表，并使其实现公允反映；(2)设计、执行和维护必要的内部控制，以使财务报表不存在由于舞弊或错误导致的重大错报。

二、注册会计师的责任

我们的责任是在执行审计工作的基础上对财务报表发表审计意见。我们按照中国注册会计师审计准则的规定执行了审计工作。中国注册会计师审计准则要求我们遵守职业道德守则，计划和执行审计工作以对财务报表是否不存在重大错报获取合理保证。

审计工作涉及实施审计程序，以获取有关财务报表金额和披露的审计证据。选择的审计程序取决于注册会计师的判断，包括对由于舞弊或错误导致的财务报表重大错报风险的评估。在进行风险评估时，注册会计师考虑与财务报表编制和公允列报相关的内部控制，以设计恰当的审计程序，但目的并非对内部控制的有效性发表意见。审计工作还包括评价管理层选用会计政策的恰当性和作出会计估计的合理性，以及评价财务报表的总体列报。

我们相信，我们获取的审计证据是充分、适当的，为发表审计意见提供了基础。

三、审计意见

我们认为，华润信托财务报表在所有重大方面按照企业会计准则的规定编制，公允反映了华润信托 2014 年 12 月 31 日的财务状况及合并财务状况以及 2014 年度的经营成果和现金流量及合并经营成果和合并现金流量。

中天运会计师事务所有限公司　　中国注册会计师：黄　斌

中国注册会计师：赵志刚

中国·北京　　二〇一五年四月二十八日

5.1.2　资产负债表

资产负债表

编制单位：华润深国投信托有限公司　　2014 年 12 月 31 日　　单位：万元

项　目	合并		母公司	
	期末数	期初数	期末数	期初数
资产				
货币资金	69 776.94	63 806.32	62 760.78	53 077.51
交易性金融资产	—	2 500.00	—	—
买入返售金融资产	—	—	—	—
应收股利	—	—	—	—
应收利息	6.93	850.71	—	844.47
预付账款	970.90	679.24	702.76	628.91
应收账款	43 024.05	36 885.53	41 868.96	36 283.98
其他应收款	4 602.63	2 598.94	4 420.61	2 413.75

续表

项　目	合并		母公司	
	期末数	期初数	期末数	期初数
长期应收款	—	—	—	—
贷款及垫付款项	—	—	—	—
可供出售金融资产	552 217. 34	586 749. 70	509 743. 00	550 091. 26
持有至到期投资	—	—	—	—
长期股权投资	813 125. 16	623 175. 84	850 044. 22	656 854. 58
投资性房地产原值	6 364. 20	6 364. 20	6 364. 20	6 364. 20
减：投资性房地产累计折旧	2 057. 87	1 960. 91	2 057. 87	1 960. 91
投资性房地产净值	4 306. 33	4 403. 29	4 306. 33	4 403. 29
减：投资性房地产减值准备	1 198. 77	1 198. 77	1 198. 77	1 198. 77
投资性房地产净额	3 107. 56	3 204. 52	3 107. 56	3 204. 52
固定资产原价	22 481. 69	21 941. 46	21 378. 66	21 025. 60
减：累计折旧	10 679. 46	9 455. 34	10 341. 64	9 305. 74
固定资产净值	11 802. 23	12 486. 12	11 037. 02	11 719. 86
减：固定资产减值准备	1 099. 12	1 099. 12	1 099. 12	1 099. 12
固定资产净额	10 703. 11	11 387. 00	9 937. 90	10 620. 74
在建工程	—	—	—	—
无形资产	1 673. 82	2 034. 70	1 076. 69	1 302. 97
递延所得税资产	20 367. 27	608. 87	20 367. 27	608. 87
长期待摊费用	1 949. 14	2 189. 89	1 527. 08	1 589. 29
资产总计	1 521 524. 85	1 336 671. 26	1 505 556. 83	1 317 520. 85

资产负债表（续）

编制单位：华润深国投信托有限公司　　2014 年 12 月 31 日　　单位：万元

项　目	合并		母公司	
	期末数	期初数	期末数	期初数
负债				
同业存放款项	—	—	—	—
拆入资金	—	7 600. 00	—	7 600. 00
以公允价值计量且其变动计入当期损益的金融负债	16. 40	—	—	—

续表

项　目	合并		母公司	
	期末数	期初数	期末数	期初数
卖出回购金融资产款	—	—	—	—
短期借款	—	—	—	—
预收账款	2 104. 85	632. 56	2 664. 03	1 877. 35
应付职工薪酬	39 730. 82	38 098. 96	38 972. 64	37 392. 87
应交税费	18 078. 29	21 967. 50	17 911. 28	21 764. 03
应付利息	—	—	—	—
应付股利	58 800. 00	—	58 800. 00	—
其他应付款	5 504. 93	17 277. 56	4 141. 53	13 929. 14
预计负债	—	—	—	—
长期借款	—	—	—	—
长期应付款	—	—	—	—
长期应付职工薪酬	—	—	—	—
递延所得税负债	14 214. 87	19 929. 64	14 211. 31	19 929. 64
递延收益	300. 00	—	—	—
其他负债	—	—		—
负债合计	138 750. 16	105 506. 22	136 700. 79	102 493. 03
所有者权益				
实收资本	263 000. 00	263 000. 00	263 000. 00	263 000. 00
资本公积	101 133. 19	33 852. 45	101 133. 19	33 852. 45
其他综合收益	65 020. 66	68 395. 29	65 009. 97	8 395. 29
盈余公积	128 910. 36	105 401. 06	128 910. 36	105 401. 06
信托赔偿准备金	52 600. 00	52 600. 00	52 600. 00	52 600. 00
一般风险准备金	21 940. 69	19 526. 15	21 940. 69	19 526. 15
未分配利润	737 412. 46	673 485. 82	736 261. 83	672 252. 87
归属于母公司所有者权益合计	1 370 017. 36	1 216 260. 77	—	—
少数股东权益	12 757. 33	14 904. 27	—	—
所有者权益合计	1 382 774. 69	1 231 165. 04	1 368 856. 04	1 215 027. 82
负债及所有者权益合计	1 521 524. 85	1 336 671. 26	1 505 556. 83	1 317 520. 85

5. 1. 3　利润表

利润表

编制单位：华润深国投信托有限公司　　2014 年度　　单位：万元

项目	合并		母公司	
	当年数	上年数	当年数	上年数
一、营业收入	398 731. 74	278 261. 15	394 560. 80	275 393. 74
利息收入	1 676. 47	3 031. 06	1 587. 10	2 878. 54
手续费及佣金收入	173 362. 45	173 396. 77	171 455. 08	172 266. 00
其中：信托业务收入	170 805. 08	172 175. 17	171 455. 08	172 266. 00
投资收益	222 209. 68	100 580. 89	220 174. 44	98 738. 66
汇兑收益	43. 50	−296. 01	0. 06	0. 96
公允价值变动收益	−16. 40	—	—	—
其他业务收入	1 456. 04	1 548. 44	1 344. 12	1 509. 58
二、营业支出	134 912. 88	61 443. 83	128 608. 51	54 934. 55
利息支出	70. 91	166. 41	70. 91	166. 41

续表

项目	合并		母公司	
	当年数	上年数	当年数	上年数
营业税金及附加	10 231.73	10 222.61	10 065.63	10 121.63
业务及管理费	44 864.49	50 332.18	38 726.21	43 923.88
资产减值损失	79 057.00	—	79 057.01	—
其他业务成本	688.75	722.63	688.75	722.63
三、营业利润(亏损以"－"号填列)	263 818.86	216 817.32	265 952.29	220 459.19
加:营业外收入	457.41	990.59	257.41	190.59
减:营业外支出	60.77	135.90	55.39	130.87
四、利润总额(亏损总额以"－"号填列)	264 215.50	217 672.01	266 154.31	220 518.91
减:所得税费用	31 351.73	41 426.23	31 061.27	41 059.24
五、净利润(净亏损以"－"号填列)	232 863.77	176 245.78	235 093.04	179 459.67
减:少数股东损益	−2 146.94	−2 665.73		
六、归属于母公司所有者的净利润	235 010.71	178 911.51	235 093.04	179 459.67
七、每股收益	—	—	—	—
(一)基本每股收益	—	—	—	—
(二)稀释每股收益	—	—	—	—
八、其他综合收益	−3 374.63	20 022.29	−3 385.32	20 022.29
九、综合收益总额	229 489.14	196 268.07	231 707.72	199 481.96
归属于母公司所有者的综合收益总额	231 636.08	198 933.80	231 707.72	199 481.96
归属于少数股东的综合收益总额	−2 146.94	−2 665.73		

5.1.4 所有者权益变动表

所有者权益变动表

编制单位:华润深国投信托有限公司(合并)　　2014 年度　　单位:万元

项目	本年金额									
	归属于母公司所有者权益								少数股东权益	所有者权益合计
	实收资本(或股本)	资本公积	其他综合收益	盈余公积	信托赔偿准备金	一般风险准备	未分配利润	小计		
一、上年末余额	263 000.00	33 852.45	68 395.29	105 401.06	52 600.00	19 526.15	673 485.82	1 216 260.77	14 904.27	1 231 165.04
二、本年初余额	263 000.00	33 852.45	68 395.29	105 401.06	52 600.00	19 526.15	673 485.82	1 216 260.77	14 904.27	1 231 165.04
三、本年增减变动金额(减少以"－"号填列)	—	67 280.74	−3 374.63	23 509.30	—	2 414.54	63 926.64	153 756.59	−2 146.94	151 609.65
(一)净利润	—	—	—	—	—	—	235 010.71	235 010.71	−2 146.94	232 863.77
(二)其他综合收益	—	—	−3 374.63	—	—	—	—	−3 374.63	—	−3 374.63
综合收益小计	—	—	−3 374.63	—	—	—	235 010.71	231 636.08	−2 146.94	229 489.14
(三)所有者投入和减少资本	—	67 280.74	—	—	—	—	—	67 280.74	—	67 280.74
1. 所有者投入资本	—	—	—	—	—	—	—	—	—	—
2. 股份支付计入所有者权益的金额	—	—	—	—	—	—	—	—	—	—
3. 其他	—	67 280.74	—	—	—	—	—	67 280.74	—	67 280.74
(四)利润分配	—	—	—	23 509.30	—	2 414.54	−171 084.07	−145 160.23	—	−145 160.23
1. 提取盈余公积	—	—	—	23 509.30	—	—	−23 509.30	—	—	—
其中:法定公积金	—	—	—	23 509.30	—	—	−23 509.30	—	—	—
任意公积金	—	—	—	—	—	—	—	—	—	—
2. 提取信托赔偿准备金	—	—	—	—	—	—	—	—	—	—
3. 提取一般风险准备金	—	—	—	—	—	2 414.54	−2 414.54	—	—	—
4. 对所有者(或股东)的分配	—	—	—	—	—	—	−132 600.00	−132 600.00	—	−132 600.00
5. 其他	—	—	—	—	—	—	−12 560.23	−12 560.23	—	−12 560.23
(五)所有者权益内部结转	—	—	—	—	—	—	—	—	—	—
1. 资本公积转增资本(或股本)	—	—	—	—	—	—	—	—	—	—
2. 盈余公积转增资本(或股本)	—	—	—	—	—	—	—	—	—	—
3. 盈余公积弥补亏损	—	—	—	—	—	—	—	—	—	—
4. 其他	—	—	—	—	—	—	—	—	—	—
四、本年末余额	263 000.00	101 133.19	65 020.66	128 910.36	52 600.00	21 940.69	737 412.46	1 370 017.36	12 757.33	1 382 774.69

所有者权益变动表（续）

编制单位：华润深国投信托有限公司（合并）　　2014 年度　　单位：万元

项　目	上年金额									
	归属于母公司所有者权益								少数股东权益	所有者权益合计
	实收资本（或股本）	资本公积	其他综合收益	盈余公积	信托赔偿准备金	一般风险准备	未分配利润	小计		
一、上年末余额	263 000. 00	82 225. 45	—	87 455. 09	52 600. 00	17 653. 20	514 378. 70	1 017 312. 44	—	1 017 312. 44
二、本年初余额	263 000. 00	33 852. 45	48 373. 00	87 455. 09	52 600. 00	17 653. 20	514 393. 23	1 017 326. 97	—	1 017 326. 97
三、本年增减变动金额（减少以“－”号填列）	—	—	20 022. 29	17 945. 97	—	1 872. 95	159 092. 59	198 933. 80	14 904. 27	213 838. 07
（一）净利润	—	—	—	—	—	—	178 911. 51	178 911. 51	－2 665. 73	176 245. 78
（二）其他综合收益	—	—	20 022. 29	—	—	—	—	20 022. 29	—	20 022. 29
综合收益小计	—	—	20 022. 29	—	—	—	178 911. 51	198 933. 80	－2 665. 73	196 268. 07
（三）所有者投入和减少资本	—	—	—	—	—	—	—	—	17 570. 00	17 570. 00
1. 所有者投入资本	—	—	—	—	—	—	—	—	17 570. 00	17 570. 00
2. 股份支付计入所有者权益的金额	—	—	—	—	—	—	—	—	—	—
3. 其他	—	—	—	—	—	—	—	—	—	—
（四）利润分配	—	—	—	17 945. 97	—	1 872. 95	－19 818. 92	—	—	—
1. 提取盈余公积	—	—	—	17 945. 97	—	—	－17 945. 97	—	—	—
其中：法定公积金	—	—	—	17 945. 97	—	—	－17 945. 97	—	—	—
任意公积金	—	—	—	—	—	—	—	—	—	—
2. 提取信托赔偿准备金	—	—	—	—	—	—	—	—	—	—
3. 提取一般风险准备金	—	—	—	—	—	1 872. 95	－1 872. 95	—	—	—
4. 对所有者（或股东）的分配	—	—	—	—	—	—	—	—	—	—
5. 其他	—	—	—	—	—	—	—	—	—	—
（五）所有者权益内部结转	—	—	—	—	—	—	—	—	—	—
1. 资本公积转增资本（或股本）	—	—	—	—	—	—	—	—	—	—
2. 盈余公积转增资本（或股本）	—	—	—	—	—	—	—	—	—	—
3. 盈余公积弥补亏损	—	—	—	—	—	—	—	—	—	—
4. 其他	—	—	—	—	—	—	—	—	—	—
四、本年末余额	263 000. 00	33 852. 45	68 395. 29	105 401. 06	52 600. 00	19 526. 15	673 485. 82	1 216 260. 77	14 904. 27	1 231 165. 04

所有者权益变动表

编制单位：华润深国投信托有限公司（母公司）　　2014 年度　　单位：万元

项目	本年金额									
	归属于母公司所有者权益								少数股东权益	所有者权益合计
	实收资本（或股本）	资本公积	其他综合收益	盈余公积	信托赔偿准备金	一般风险准备	未分配利润	小计		
一、上年末余额	263 000. 00	33 852. 45	68 395. 29	105 401. 06	52 600. 00	19 526. 15	672 252. 87	1 215 027. 82	—	1 215 027. 82
二、本年初余额	263 000. 00	33 852. 45	68 395. 29	105 401. 06	52 600. 00	19 526. 15	672 252. 87	1 215 027. 82	—	1 215 027. 82
三、本年增减变动金额（减少以“－”号填列）	—	67 280. 74	－3 385. 32	23 509. 30	—	2 414. 54	64 008. 96	153 828. 22	—	153 828. 22
（一）净利润	—	—	—	—	—	—	235 093. 04	235 093. 04	—	235 093. 04
（二）其他综合收益	—	—	－3 385. 32	—	—	—	—	－3 385. 32	—	－3 385. 32
综合收益小计	—	—	－3 385. 32	—	—	—	235 093. 04	231 707. 72	—	231 707. 72
（三）所有者投入和减少资本	—	67 280. 74	—	—	—	—	—	67 280. 74	—	67 280. 74
1. 所有者投入资本	—	—	—	—	—	—	—	—	—	—
2. 股份支付计入所有者权益的金额	—	—	—	—	—	—	—	—	—	—
3. 其他	—	67 280. 74	—	—	—	—	—	67 280. 74	—	67 280. 74
（四）利润分配	—	—	—	23 509. 30	—	2 414. 54	－171 084. 07	－145 160. 23	—	－145 160. 23

续表

项目	本年金额									
	归属于母公司所有者权益								少数股东权益	所有者权益合计
	实收资本（或股本）	资本公积	其他综合收益	盈余公积	信托赔偿准备金	一般风险准备	未分配利润	小计		
1. 提取盈余公积	—	—	—	23 509. 30	—	—	-23 509. 30	—	—	—
其中：法定公积金	—	—	—	23 509. 30	—	—	-23 509. 30	—	—	—
任意公积金	—	—	—	—	—	—	—	—	—	—
2. 提取信托赔偿准备金	—	—	—	—	—	—	—	—	—	—
3. 提取一般风险准备金	—	—	—	—	—	2 414. 54	-2 414. 54	—	—	—
4. 对所有者（或股东）的分配	—	—	—	—	—	—	-132 600. 00	-132 600. 00	—	-132 600. 00
5. 其他	—	—	—	—	—	—	-12 560. 23	-12 560. 23	—	-12 560. 23
（五）所有者权益内部结转	—	—	—	—	—	—	—	—	—	—
1. 资本公积转增资本（或股本）	—	—	—	—	—	—	—	—	—	—
2. 盈余公积转增资本（或股本）	—	—	—	—	—	—	—	—	—	—
3. 盈余公积弥补亏损	—	—	—	—	—	—	—	—	—	—
4. 其他	—	—	—	—	—	—	—	—	—	—
四、本年末余额	263 000. 00	101 133. 19	65 009. 97	128 910. 36	52 600. 00	21 940. 69	736 261. 83	1 368 856. 04	—	1 368 856. 04

所有者权益变动表（续）

编制单位：华润深国投信托有限公司（母公司）　　2014 年度　　单位：万元

项目	上年金额									
	归属于母公司所有者权益								少数股东权益	所有者权益合计
	实收资本（或股本）	资本公积	其他综合收益	盈余公积	信托赔偿准备金	一般风险准备	未分配利润	小计		
一、上年末余额	263 000. 00	82 225. 45	—	87 455. 09	52 600. 00	17 653. 20	512 612. 11	1 015 545. 85	—	1 015 545. 85
二、本年初余额	263 000. 00	33 852. 45	48 373. 00	87 455. 09	52 600. 00	17 653. 20	512 612. 11	1 015 545. 85	—	1 015 545. 85
三、本年增减变动金额（减少以“-”号填列）	—	—	20 022. 29	17 945. 97	—	1 872. 95	159 640. 76	199 481. 97	—	199 481. 97
（一）净利润	—	—	—	—	—	—	179 459. 67	179 459. 67	—	179 459. 67
（二）其他综合收益	—	—	20 022. 29	—	—	—	—	20 022. 29	—	20 022. 29
综合收益小计	—	—	20 022. 29	—	—	—	179 459. 67	199 481. 96	—	199 481. 96
（三）所有者投入和减少资本	—	—	—	—	—	—	—	—	—	—
1. 所有者投入资本	—	—	—	—	—	—	—	—	—	—
2. 股份支付计入所有者权益的金额	—	—	—	—	—	—	—	—	—	—
3. 其他	—	—	—	—	—	—	—	—	—	—
（四）利润分配	—	—	—	17 945. 97	—	1 872. 95	-19 818. 92	—	—	—
1. 提取盈余公积	—	—	—	17 945. 97	—	—	-17 945. 97	—	—	—
其中：法定公积金	—	—	—	17 945. 97	—	—	-17 945. 97	—	—	—
任意公积金	—	—	—	—	—	—	—	—	—	—
2. 提取信托赔偿准备金	—	—	—	—	—	—	—	—	—	—
3. 提取一般风险准备金	—	—	—	—	—	1 872. 95	-1 872. 95	—	—	—
4. 对所有者（或股东）的分配	—	—	—	—	—	—	—	—	—	—
5. 其他	—	—	—	—	—	—	—	—	—	—
（五）所有者权益内部结转	—	—	—	—	—	—	—	—	—	—
1. 资本公积转增资本（或股本）	—	—	—	—	—	—	—	—	—	—
2. 盈余公积转增资本（或股本）	—	—	—	—	—	—	—	—	—	—
3. 盈余公积弥补亏损	—	—	—	—	—	—	—	—	—	—
4. 其他	—	—	—	—	—	—	—	—	—	—
四、本年末余额	263 000. 00	33 852. 45	68 395. 29	105 401. 06	52 600. 00	19 526. 15	672 252. 87	1 215 027. 82	—	1 215 027. 82

5.2 信托财产

5.2.1 信托项目资产负债汇总表

信托项目资产负债汇总表

编制单位：华润深国投信托有限公司　　2014 年 12 月 31 日　　单位：万元

信托资产	期末数	期初数	信托负债和权益	期末数	期初数
信托资产：			信托负债：		
货币资金	17 147 510. 63	11 079 661. 71	应付受托人报酬	23 805. 49	33 536. 54
拆出资金		—	应付托管费	5 082. 93	3 395. 17
应收款项	1 944 726. 37	1 215 424. 39	应付受益人收益	106 957. 20	29 634. 17
买入返售金融资产	591 560. 00	1 447 160. 00	其他应付款项	149 403. 94	112 043. 50
交易性金融资产	14 472 695. 93	7 238 369. 73	应交税费	2 662. 09	162. 36
可供出售金融资产	1 788 573. 83	2 395 834. 92	卖出回购资产款	691 818. 48	108 297. 65
持有至到期投资	—	75 000. 00	交易性金融负债		—
长期股权投资	2 540 318. 41	2 078 125. 24	其他负债		—
贷款	8 712 481. 79	10 900 847. 91	信托负债合计	979 730. 13	287 069. 39
应收融资租赁款	—	—	信托权益：		
固定资产	—	—	实收信托	44 408 802. 55	35 852 109. 85
无形资产	—	—	资本公积	-86 707. 14	-4 858. 63
长期待摊费用	—	—	未分配利润	1 896 041. 42	296 103. 29
其他资产	—	—	信托权益合计	46 218 136. 83	36 143 354. 51
信托资产总计	47 197 866. 96	36 430 423. 90	信托负债及权益总计	47 197 866. 96	36 430 423. 90

5.2.2 信托项目利润及利润分配汇总表

信托项目利润及利润分配汇总表

编制单位：华润深国投信托有限公司　　2014 年度　　单位：万元

项　　目	当年数	上年数
一、营业收入	4 460 326. 77	2 209 802. 93
利息收入	2 210 572. 83	1 659 407. 64
投资收益	1 460 000. 51	611 088. 56
公允价值变动损益	748 679. 97	-72 005. 68
汇兑收益	—	—
其他业务收入	41 073. 46	11 312. 41
二、营业支出	287 688. 88	277 876. 93
利息支出	—	—
营业税金及附加	19 428. 27	6 803. 94
业务及管理费	268 260. 61	271 072. 99
资产减值损失	—	—
其他业务成本	—	—
三、信托营业利润	4 172 637. 89	1 931 926. 00
加：营业外收入	—	—
减：营业外支出	—	—
四、信托利润	4 172 637. 89	1 931 926. 00
加：期初未分配信托利润	296 103. 29	165 972. 51
五、可供分配的信托利润	4 468 741. 18	2 097 898. 51
减：本期已分配信托利润	2 572 699. 76	1 801 795. 22
六、期末未分配信托利润	1 896 041. 42	296 103. 29

6. 会计报表附注

6.1 年度会计报表编制基础及合并报表的并表范围说明

6.1.1 本公司编制会计报表所采用的主要会计政策，是根据财政部 2006 年 2 月 15 日颁布的《企业会计准则》及其补充规定制订的。

6.1.2 本年纳入合并报表范围的子企业及结构化主体基本情况

企业名称	注册地	业务性质	注册资本（万元）	持股比例（%）	享有的表决权（%）
深圳红树林创业投资有限公司	深圳	创业投资	10 000	100. 00	100. 00
华润元大基金管理有限公司	深圳	基金管理	20 000	51. 00	51. 00
深圳华润元大资产管理有限公司	深圳	资产管理	3 000	51. 00	51. 00
创收一号信托计划	不适用	信托项目	不适用	不适用	不适用
中粮成都沙河股权投资集合信托计划	不适用	信托项目	不适用	不适用	不适用

6.2 重要会计政策和会计估计说明

6.2.1 计提资产减值准备的范围和方法

6.2.1.1 计提资产减值准备的范围

贷款及应收款项、金融资产、长期股权投资、投资性房地产、固定资产、在建工程、无形资产（包括资本化的开发支出）、商誉等。

6.2.1.2 计提资产减值准备的方法

（1）持有至到期投资、贷款及应收款项减值损失的计量。

公司采用单独减值评估和组合减值评估两种方法评估此类金融资产减值损失：对单项金额重大的金融资产是否存在减值的客观证据进行单独评估，对单项金额不重大的金融资产是否存在发生减值的客观证据进行组合评估。如果没有客观证据表明单独评估的金融资产存在减值情况，无论该金融资产金额是否重大，公司将其包括在具有类似信用风险特征的金融资产组别中，再进行组合减值评估。单独进行评估减值并且已确认或继续确认减值损失的资产，不再纳入组合减值评估的范围。

持有至到期投资、贷款及应收款项金融资产确认减值损失后，如有客观证据表明该金融资产价值已恢复，且客观上与确认该损失后发生的事项有关（如债务人的信用评级已提高等），原确认的减值准备予以转回，计入当期损益。转回后的账面价值不超过假定不计提减值准备情况下该金融资产在转回日的摊余成本。

（2）可供出售金融资产减值损失的计量。

可供出售金融资产发生减值时，原直接计入股东权益中的因公允价值下降形成的累计损失，予以转出，计入当期损益。该转出的累计损失，等于可供出售金融的初始取得成本扣除已收回本金和已摊销金额、当前公允价值和原已计入损益的减值损失后的余额。

在活跃市场中没有报价且其公允价值不能计量的权益工具投资，发生减值时，将该权益工具投资的账面价值，与按照类似金融资产当时市场收益率对未来现金流量折现确定的现值之间的差额，确认减值损失，计入当期损益。

已经确认减值损失的可供出售债务工具，在随后的会计期间公允价值已上升且客观上与确认原减值损失后发生的事项有关，原确认的减值损失予以转回，计入当期损益。可供出售权益工具投资发生的减值损失，不通过损益转回。

6.2.1.3　可能发生减值资产的认定

公司在资产负债表日判断资产是否存在可能发生减值的迹象。因企业合并所形成的商誉和使用寿命不确定的无形资产，无论是否存在减值迹象，每年都进行减值测试。存在下列迹象的，表明资产可能发生了减值：

（1）资产的市价当期大幅度下跌，其跌幅明显高于因时间的推移或者正常使用而预计的下跌；

（2）公司经营所处的经济、技术或者法律等环境以及资产所处的市场在当期或者将在近期发生重大变化，从而对公司产生不利影响；

（3）市场利率或者其他市场投资报酬率在当期已经提高，从而影响公司计算资产预计未来现金流量现值的折现率，导致资产可收回金额大幅度降低；

（4）有证据表明资产已经陈旧过时或者其实体已经损坏；

（5）资产已经或者将被闲置、终止使用或者计划提前处置；

（6）公司内部报告的证据表明资产的经济绩效已经低于或者将低于预期，如资产所创造的净现金流量或者实现的营业利润（或者亏损）远远低于（或者高于）预计金额等；

（7）其他表明资产可能已经发生减值的迹象。

6.2.1.4　资产可收回金额的计量

资产存在减值迹象的，估计其可收回金额。可收回金额根据资产的公允价值减去处置费用后的净额与资产预计未来现金流量的现值两者之间较高者确定。资产的公允价值根据公平交易中销售协议价格确定；不存在销售协议但存在资产活跃市场的，公允价值按照该资产的买方出价确定；不存在销售协议和资产活跃市场的，则以可获取的最佳信息为基础估计资产的公允价值。处置费用包括与资产处置有关的法律费用、相关税费、搬运费以及为使资产达到可销售状态所发生的直接费用。

6.2.1.5　资产减值损失的确定

可收回金额的计量结果表明，资产的可收回金额低于其账面价值的，将资产的账面价值减记至可收回金额，减记的金额确认为资产减值损失，计入当期损益，同时计提相应的资产减值准备。资产减值损失确认后，减值资产的折旧或者摊销费用在未来期间作相应调整，以使该资产在剩余使用寿命内，系统地分摊调整后的资产账面价值（扣除预计净残值）。资产减值损失一经确认，在以后会计期间不能转回。

6.2.2　金融资产四分类的范围和标准

金融资产应当在初始确认时划分为下列四类：

（1）以公允价值计量且其变动计入当期损益的金融资产，包括交易性金融资产和指定为以公允价值计量且其变动计入当期损益的金融资产。

①取得该金融资产或承担该金融负债的目的，主要是为了近期内出售或回购。

②属于进行集中管理的可辨认金融工具组合的一部分，且有客观证据表明企业近期采用短期获利方式对该组合进行管理。

③属于衍生工具，但是被指定且为有效套期工具的衍生工具、属于财务担保合同的衍生工具、与在活跃市场中没有报价且其公允价值不能可靠计量的权益工具投资挂钩并须通过交付该权益工具结算的衍生工具除外。

（2）持有至到期投资。指到期日固定、回收金额固定或可确定，且企业有明确意图和能力持有至到期的非衍生金融资产。

（3）贷款和应收款项。指在活跃市场中没有报价、回收金额固定或可确定的非衍生金融资产。

（4）可供出售金融资产。通常是指企业没有划分为以公允价值计量且其变动计入当期损益金融资产、持有至到期投资、贷款和应收款项的金融资产。

6.2.3　交易性金融资产的核算方法

交易性金融资产取得时以公允价值作为初始确认金额，相关的交易费用在发生时计入当期损益。支付的价款中包含已宣告但尚未发放的现金股利或已到付息期但尚未领取的债券利息，应当单独确认为应收项目。持有期间将取得的利息或现金股利确认为投资收益，期末将公允价值变动计入当期损益。处置时，其公允价值与账面价值之间的差额确认为投资收益，同时调整公允价值变动损益。

6.2.4　可供出售金融资产的核算方法

可供出售金融资产应当按取得该金融资产的公允价值和相关交易费用之和作为初始确认金额。支付的价款中包含的已到付息期但尚未领取的债券利息或已宣告但尚未发放的现金股利，应单独确认为应收项目。可供出售金融资产持有期间取得的利息或现金股利，应当计入投资收益。资产负债表日，可供出售金融资产应当以公允价值计量，且将公允价值变动计入资本公积（其他资本公积）。处置时，将取得的价款与该金融资产账面价值之间的差额，计入投资损益；同时，将原直接计入所有者权益的公允价值变动累计额对应处置部分的金额转出，计入投资损益。

6.2.5 持有至到期投资的核算方法

持有至到期投资应当按取得时的公允价值和相关交易费用之和作为初始确认金额。支付的价款中包含的已到付息期但尚未领取的债券利息，应单独确认为应收项目。持有至到期投资在持有期间应当按照摊余成本和实际利率计算确认利息收入，计入投资收益。实际利率应当在取得持有至到期投资时确定，在该持有至到期投资预期存续期间或适用的更短期间内保持不变。实际利率与票面利率差别较小的，也可按票面利率计算利息收入，计入投资收益。处置持有至到期投资时，应将所取得价款与该投资账面价值之间的差额确认为投资收益。

企业将尚未到期的某项持有至到期投资在本会计年度内出售或重分类为可供出售金融资产的金额，相对于该类投资在出售或重分类前的总额较大时，则公司将该类投资的剩余部分重分类为可供出售金融资产，且在本会计期间或以后两个完整会计年度内不再将任何金融资产分类为持有至到期，但下列情况除外：出售日或重分类日距离该项投资到期日或赎回日较近（如到期前3个月内），市场利率变化对该项投资的公允价值没有显著影响；根据合同约定的定期偿付或提前还款方式收回该投资几乎所有初始本金后，将剩余部分予以出售或重分类；出售或重分类是由于企业无法控制、预期不会重复发生且难以合理预计的独立事项所引起。

6.2.6 长期股权投资的核算方法

长期股权投资，是指投资方对被投资单位实施控制、重大影响的权益性投资，以及对其合营企业的权益性投资。

6.2.6.1 初始计量

6.2.6.1.1 企业合并形成的长期股权投资。

同一控制下的企业合并，合并方以支付现金、转让非现金资产或承担债务方式作为合并对价的，应当在合并日按照被合并方所有者权益在最终控制方合并财务报表中的账面价值的份额作为长期股权投资的初始投资成本。长期股权投资初始投资成本与支付的现金、转让的非现金资产以及所承担债务账面价值之间的差额，应当调整资本公积；资本公积不足冲减的，调整留存收益。

合并方以发行权益性证券作为合并对价的，应当在合并日按照被合并方所有者权益在最终控制方合并财务报表中的账面价值的份额作为长期股权投资的初始投资成本。按照发行股份的面值总额作为股本，长期股权投资初始投资成本与所发行股份面值总额之间的差额，应当调整资本公积；资本公积不足冲减的，调整留存收益。

非同一控制下的企业合并，购买方在购买日应当按照《企业会计准则第20号——企业合并》的有关规定确定的合并成本作为长期股权投资的初始投资成本。

为企业合并发生的审计、法律服务、评估咨询等中介费用以及其他相关管理费用，应当于发生时计入当期损益。

6.2.6.1.2 其他方式取得的长期股权投资

以支付现金取得的长期股权投资，应当按照实际支付的购买价款作为初始投资成本。初始投资成本包括与取得长期股权投资直接相关的费用、税金及其他必要支出。

以发行权益性证券取得的长期股权投资，应当按照发行权益性证券的公允价值作为初始投资成本。与发行权益行证券直接相关的费用，应当按照《企业会计准则第37号——金融工具列报》的有关规定确定。

通过非货币性资产交换取得的长期股权投资，其初始投资成本应当按照《企业会计准则第7号——非货币性资产交换》的有关规定确定。

通过债务重组取得的长期股权投资，其初始投资成本应当按照《企业会计准则第12号——债务重组》的有关规定确定。

6.2.6.2 后续计量及收益确认

公司能够对被投资单位实施控制的长期股权投资应当采用成本法核算。

采用成本法核算的长期股权投资应当按照初始投资成本计价。追加或收回投资应当调整长期股权投资的成本。被投资单位宣告分派的现金股利或利润，应当确认为当期投资收益。

公司对联营企业和合营企业的长期股权投资，采用权益法核算。

长期股权投资的初始投资成本大于投资时应享有被投资单位可辨认净资产公允价值份额的，不调整长期股权投资的初始投资成本；长期股权投资的初始投资成本小于投资时应享有被投资单位可辨认净资产公允价值份额的，其差额应当计入当期损益，同时调整长期股权投资的成本。

公司取得长期股权投资后，按照应享有或应分担的被投资单位实现的净损益和其他综合收益的份额，分别确认投资收益和其他综合收益，同时调整长期股权投资的账面价值；公司按照被投资单位宣告分派的利润或现金股利计算应享有的部分，相应减少长期股权投资的账面价值；公司对于被投资单位除净损益、其他综合收益和利润分配以外所有者权益的其他变动，调整长期股权投资的账面价值并计入所有者权益。

公司在确认应享有被投资单位净损益的份额时，以取得投资时被投资单位可辨认净资产的公允价值为基础，对被投资单位的净利润进行调整后确认。

公司确认被投资单位发生的净亏损，以长期股权投资的账面价值以及其他实质上构成对被投资单位净投资的长期权益减记至零为限，投资方负有承担额外损失义务的除外。

被投资单位以后实现净利润的，公司在其收益分享额弥补未确认的亏损分担额后，恢复确认收益分享额。

6.2.7 投资性房地产的核算方法

公司的投资性房地产是指为赚取租金或资本增值，或两者兼有而持有的房地产。主要包括：

(1)已出租的土地使用权。

(2)持有并准备增值后转让的土地使用权。

(3)已出租的建筑物。

公司的投资性房地产采用成本模式计量。

公司对投资性房地产成本减累计减值及净残值后按直线法，按估计可使用年限计算折旧，计入当期损益。

对使用寿命不确定的已出租的划拨土地使用权不计算折旧。

6.2.8 固定资产计价和折旧方法

6.2.8.1 固定资产确认条件

固定资产指为生产商品、提供劳务、出租或经营管理而持有，并且使用年限超过一年的有形资产。固定资产在同时满足下列条件时予以确认：

（1）与该固定资产有关的经济利益很可能流入企业；

（2）该固定资产的成本能够可靠地计量。

6.2.8.2 固定资产的分类

固定资产分类为房屋及建筑物、运输设备、电子设备、其他设备。

6.2.8.3 固定资产的初始计量

固定资产取得时按照实际成本进行初始计量。

外购固定资产的成本，以购买价款、相关税费、使固定资产达到预定可使用状态前所发生的可归属于该项资产的运输费、装卸费、安装费和专业人员服务费等确定。购买固定资产的价款超过正常信用条件延期支付，实质上具有融资性质的，固定资产的成本以购买价款的现值为基础确定。

自行建造固定资产的成本，由建造该项资产达到预定可使用状态前所发生的必要支出构成。

债务重组取得债务人用以抵债的固定资产，以该固定资产的公允价值为基础确定其入账价值，并将重组债权的账面价值与该用以抵债的固定资产公允价值之间的差额，计入当期损益。

在非货币性资产交换具备商业实质和换入资产或换出资产的公允价值能够可靠计量的前提下，换入的固定资产以换出资产的公允价值为基础确定其入账价值，除非有确凿证据表明换入资产的公允价值更加可靠；不满足上述前提的非货币性资产交换，以换出资产的账面价值和应支付的相关税费作为换入固定资产的成本，不确认损益。

以同一控制下的企业吸收合并方式取得的固定资产按被合并方的账面价值确定其入账价值；以非同一控制下的企业吸收合并方式取得的固定资产按公允价值确定其入账价值。

融资租入的固定资产，按租赁开始日租赁资产公允价值与最低租赁付款额现值两者中较低者作为入账价值。

6.2.8.4 固定资产折旧

固定资产以取得时的实际成本入账，并从其达到预定可使用状态的次月起，采用直线法提取折旧。各类固定资产的估计残值率、折旧年限和年折旧率如下：

类别	估计残值率(%)	折旧年限年(年)	年折旧率(%)
房屋建筑物	5	50	1.9
电子设备	0~5	3~5	19~33.33
会所设备	5	5	19
运输工具及其他设备	5	4~8	11.875~23.75

6.2.9 无形资产计价及摊销政策

无形资产按照成本进行初始计量，使用寿命有限的无形资产，在其使用寿命内采用直线法摊销，于每年年度终了，对使用寿命有限的无形资产的使用寿命及摊销方法进行复核，必要时进行调整。对使用寿命不确定的无形资产，无论是否存在减值迹象，每年均进行减值测试。此类无形资产不予摊销，在每个会计期间对其使用寿命进行复核。如果有证据表明使用寿命是有限的，则按上述使用寿命有限的无形资产的政策进行会计处理。出售无形资产，应当将取得的价款与该无形资产账面价值的差额计入当期损益。无形资产预期不能为企业带来经济利益的，应当将无形资产的账面价值予以转销。

6.2.10 长期应收款的核算方法

长期应收款核算企业融资租赁产生的应收款项和采用递延方式分期收款、实质上具有融资性质的销售商品和提供劳务等经营活动产生的应收款项。出租人融资租赁产生的应收租赁款，应按租赁开始日最低租赁收款额与初始直接费用之和，确认为长期应收款。企业采用递延方式分期收款、实质上具有融资性质的销售商品或提供劳务等经营活动产生的长期应收款，按应收合同或协议价款确认。根据合同或协议每期收到承租人或购货单位（接受劳务单位）偿还的款项，减少长期应收款。长期应收款的期末借方余额，反映企业尚未收回的长期应收款。

6.2.11 长期待摊费用的摊销政策

筹建期间发生的费用，除用于购建固定资产以外，于公司开始生产经营当月起一次计入当期损益。

其他长期待摊费用在相关项目的受益期内平均摊销。

6.2.12 合并会计报表的编制方法

合并财务报表反映本公司及子公司形成的集团报表整体财务状况、经营成果和现金流量。

合并财务报表的合并范围以控制为基础予以确定。控制指是指投资方拥有对被投资方的权力，通过参与被投资方的相关活动而享有可变回报，并且有能力运用对被投资方的权力影响其回报金额。

合并财务报表以本公司及子公司的财务报表为基础，由本公司编制。本公司及子公司保持一致的会计政策、会计期间。本公司及子公司的内部交易及余额在编制合并财务报表时予以抵销，归属于子公司的少数股东权益和损益分别在合并资产负债表和合并利润表中单独列示。

子公司少数股东分担的当期亏损超过了少数股东在该子公司期初股东权益中所享有的份额，除公司章程或股东协议规定少数股东有义务承担，并且少数股东有能力予以弥补的部分外，其余部分冲减本公司股东权益。该子公司以后期间实现的利润，在弥补了由本公司股东权益所承担的属于少数股东的损失之前，全部归属于本公司的股东权益。

通过同一控制下企业合并取得的子公司，在编制当期合并财务报表时，视同被合并子公司在最终控制方对其开始实施控制时纳入合并财务报表范围，并对合并财务报表的年初数及前期比较报表进行相应调整，且自最终控制方对被合并子公司开始实施控制时起将合并子公司的各项资产、负债以其账面价值纳入合并资产负债表，被合并子公司经营成果纳入合并利润表。

通过非同一控制下企业合并取得的子公司在编制当期合并财务报表时，以购买日确定的项可辨认资产、负债的公允价值为基础对子公司的财务报表进行调整，并自购买日起将被购买子公司资产、负债及经营成果纳入合并财务报表中。

6.2.13 收入确认原则和方法

收入是在经济利益能够流入本公司，以及相关的收入和成本能够可靠地计量时，根据下列方法确认：

（1）利息收入。利息收入按让渡资金使用权的时间和适用利率计算确定。在与交易相关的经济利益能够流入、且有关收入可以可靠计量时，按权责发生制确认。

发放贷款本金到期（含展期，下同）90 天后尚未收回的，其应计利息停止计入当期利息收入，纳入表外核算；对已计提的贷款应收利息，如在贷款到期 90 天后仍未收回，或在应收利息逾期 90 天后仍未收到，则冲减原已计入损益的利息收入，转作表外核算。

贷款自应计贷款转为非应计贷款后，在收到该笔贷款的还款时，首先冲减本金；待本金全部收回后，再收到的还款则确认为当期利息收入。

（2）信托业务收入。详见 6.2.15。

（3）担保业务收入。在同时满足以下条件时予以确认：担保合同成立并承担相应担保责任；与担保合同相关的经济利益能够流入企业；与担保合同相关的收入能够可靠地计量。

6.2.14 所得税的会计处理方法

公司所得税核算采用资产负债表债务法。

公司确认递延所得税资产以很可能取得用来抵扣可抵扣暂时性差异的应纳税所得额为限，确认由可抵扣时间性差异产生的递延所得税资产。但不包括同时具有下列特征的交易中因资产或负债的初始确认所产生的递延所得税资产：

（1）该项交易不是企业合并；

（2）交易发生时既不影响会计利润也不影响应纳税所得额（或可抵扣亏损）。

6.2.15 信托报酬确认原则和方法

信托报酬是指信托公司对信托财产进行管理而收取的管理费或佣金，信托报酬收取的标准一般是与委托人或受益人等有关当事人协商确定的。若信托报酬由信托财产承担，则按照信托合同的约定来计算、提取并按权责发生制确认信托报酬收入；若信托报酬由委托人等有关当事人直接承担，则按协议约定另行向有关当事人收取，并按权责发生制确认信托报酬收入。

6.3 或有事项说明

本公司报告期初对外不可撤销的承诺金额为 90 000.00 万元，因项目已于 2014 年 5 月结束，本公司期末无对外不可撤销的承诺。

6.4 重要资产转让及其出售的说明

报告期内，公司无重要资产转让及其出售。

6.5 会计报表中重要项目的明细资料

6.5.1 披露自营资产经营情况

6.5.1.1 按信用风险五级分类的结果披露信用风险资产的期初数、期末数

信用风险资产五级分类（万元）	正常类（万元）	关注类（万元）	次级类（万元）	可疑类（万元）	损失类（万元）	信用风险资产合计（万元）	不良资产合计（万元）	不良资产率（%）
期初数	183 058.22	—	—	—	1 739.18	184 797.40	1 739.18	0.94
期末数	105 911.35	—	4 621.65	2 727.30	1 739.18	114 999.48	9 088.13	7.90

注：不良资产合计 = 次级类 + 可疑类 + 损失类。

6.5.1.2 各项资产减值损失准备的期初、本期计提、本期转回、本期核销、期末数

单位：万元

	期初数	本期计提	本期转回	本期核销	期末数
贷款损失准备	—	—	—	—	—
一般准备	—	—	—	—	—
专项准备	—	—	—	—	—
其他资产减值准备	1 099.12	75 359.20	—	—	76 458.32
持有至到期投资减值准备	—	—	—	—	—
长期股权投资减值准备	—	—	—	—	—
坏账准备	1 552.61	3 697.80	—	—	5 250.41
投资性房地产减值准备	1 198.77	—	—	—	1 198.77

6.5.1.3 按投资品种分类，分别披露固有业务股票投资、基金投资、债权投资、股权投资等投资业务的期初数、期末数

单位：万元

	自营股票	基金	债券	长期股权投资	其他投资	合计
期初数	—	—	—	656 854.58	550 091.26	1 206 945.84
期末数	—	—	—	850 044.22	509 743.00	1 359 787.22

6.5.1.4 前五名的自营长期股权投资的企业名称、占被投资企业权益的比例、主要经营活动及投资收益情况

企业名称	占被投资企业权益的比例（%）	主要经营活动	投资损益（万元）
1. 国信证券股份有限公司	25	证券的代理、承销、咨询及自营买卖业务	141 716.86
2. 华润元大基金管理有限公司	51	基金管理	—
3. 深圳红树林创业投资有限公司	100	创业投资	—
4. 中粮成都沙河股权投资集合（2013－0995）	70.12	—	—
5. 创收一号（2009－297）	100	—	—

6.5.1.5 前五名的自营贷款的企业名称、占贷款总额的比例和还款情况等

无。

6.5.1.6 表外业务的期初数、期末数

单位：万元

表外业务	期初数	期末数
担保业务	90 000.00	—
代理业务（委托业务）	—	—
其他	—	—
合计	90 000.00	—

6.5.1.7 公司当年的收入结构

收入结构	金额(万元)	占比(%)
手续费及佣金收入	171 455.08	43.43
其中:信托手续费收入	171 455.08	43.43
投资银行业务收入	—	0
利息收入	1 587.10	0.40
其他收入	1 344.18	0.34
其中:计入信托业务收入部分	—	0
投资收益	220 174.44	55.76
其中:股权投资收益	141 716.86	35.89
证券投资收益	—	0
其他投资收益	78 457.58	19.87
公允价值变动收益	—	0
营业外收入	257.41	0.07
收入合计	394 818.21	100.00

6.5.2 披露信托资产管理情况

6.5.2.1 信托资产的期初数、期末数

单位:万元

信托资产	期初数	期末数
集合类	12 778 870.20	17 738 718.82
单一类	23 541 542.69	27 460 374.93
财产管理类	110 011.01	1 998 773.21
合计	36 430 423.90	47 197 866.96

注:期初数、期末数均按报告年度信托资产总额填列,非信托规模总额,以下均同。

6.5.2.1.1 主动管理型信托业务的信托资产期初数、期末数,分证券投资、股权投资、融资、事务管理类等分别披露

单位:万元

主动管理型信托资产	期初数	期末数
证券投资类	6 852 841.24	14 157 968.55
股权投资类	3 165 885.22	3 389 380.34
融资类	13 328 654.76	4 375 739.55
事务管理类	170 958.37	—
其他类	1 331 062.93	1 404 737.08
合计	24 849 402.52	23 327 825.52

注:本年主动管理型、被动管理型信托业务分类均已参照银监会《关于调整信托公司净资本计算标准有关事项的通知》中事务管理类和非事务管理类信托业务的标准进行了调整。

6.5.2.1.2 被动管理型信托业务的信托资产期初数、期末数,分证券投资、股权投资、融资、事务管理类等分别披露

单位:万元

被动管理型信托资产	期初数	期末数
证券投资类	842 602.17	—
股权投资类	—	—
融资类	200 709.54	—
事务管理类	—	23 870 041.44
其他类	10 537 709.67	—
合计	11 581 021.38	23 870 041.44

注:本年主动管理型、被动管理型信托业务分类均已参照银监会《关于调整信托公司净资本计算标准有关事项的通知》中事务管理类和非事务管理类信托业务的标准进行了调整。

6.5.2.2 本年度已清算结束的信托项目个数、实收信托合计金额、加权平均实际年化收益率

6.5.2.2.1 本年度已清算结束的集合类、单一类资金信托项目和财产管理类信托项目个数、实收信托金额、加权平均实际年化收益率

已清算结束信托项目	项目个数(个)	实收信托合计金额(万元)	加权平均实际年化收益率(%)
集合类	69	2 000 321.23	6.43
单一类	193	5 309 366.27	6.87
财产管理类	2	88 955.68	5.89

注:收益率是指信托项目清算后,给受益人赚取的实际收益水平,加权平均实际年化收益率 =(信托项目 1 的实际年化收益率 ×信托项目 1 的实收信托 +信托项目 2 的实际年化收益率 ×信托项目 2 的实收信托 +… +信托项目 n 的实际年化收益率 ×信托项目 n 的实收信托)/(信托项目 1 的实收信托 +信托项目 2 的实收信托 +… +信托项目 n 的实收信托)×100%。

6.5.2.2.2 本年度已清算结束的主动管理型信托项目个数、实收信托合计金额、加权平均实际年化收益率,分证券投资、股权投资、融资、事务管理类等分别计算并披露

已清算结束信托项目	项目个数	实收信托合计金额(万元)	加权平均实际年化收益率(%)
证券投资类	50	939 296.75	5.76
股权投资类	3	101 057.78	6.48
融资类	88	3 523 204.03	7.49
事务管理类	—	—	—
其他类	3	327 730.77	6.74
合计	144	4 891 289.33	7.08

注:本年主动管理型、被动管理型信托业务分类均已参照银监会《关于调整信托公司净资本计算标准有关事项的通知》中事务管理类和非事务管理类信托业务的标准进行了调整。

6.5.2.2.3 本年度已清算结束的被动管理型信托项目个数、实收信托合计金额、加权平均实际年化收益率。分证券投资、股权投资、融资、事务管理类等分别计算并披露

已清算结束信托项目	项目个数(个)	实收信托合计金额(万元)	加权平均实际年化收益率(%)
证券投资类	—	—	—
股权投资类	—	—	—
融资类	—	—	—
事务管理类	120	2 507 353.85	6.07
其他类	—	—	—
合计	120	2 507 353.85	6.07

注:本年主动管理型、被动管理型信托业务分类均已参照银监会《关于调整信托公司净资本计算标准有关事项的通知》中事务管理类和非事务管理类信托业务的标准进行了调整。

6.5.2.3 本年度新增的集合类、单一类和财产管理类信托项目个数、实收信托合计金额

单位：万元

新增信托项目	项目个数	实收信托合计金额
集合类	150	6 963 229.00
单一类	45	4 280 220.00
财产管理类	5	2 613 919.00
新增合计	200	13 857 368.00
其中：主动管理型	161	8 919 076.00
被动管理型	39	4 938 292.00

注：1. 本年新增信托项目指在本报告年度内累计新增的信托项目个数和金额，包含本年度新增并于本年度内结束的项目和本年度新增至报告期末仍在持续管理的信托项目。

2. 本年主动管理型、被动管理型信托业务分类均已参照银监会《关于调整信托公司净资本计算标准有关事项的通知》中事务管理类和非事务管理类信托业务的标准进行了调整。

6.5.2.4 信托业务创新成果和特色业务有关情况

公司在2014年金融创新的总体工作进展良好。本年度金融创新主要集中在“产品服务创新”和“技术系统创新”方面。

本年度公司研发了多个创新产品模型，展现了公司作为老牌信托公司的专业实力以及捕捉市场机会的敏锐度。此外，公司坚持探索管理创新，从各条业务线工作流程梳理入手，以IT技术等实用型工具为依托，优化公司的治理结构、有效控制操作风险、提高管理效率，实现了技术及管理创新的有机结合。

6.5.2.4.1 创新工作组织保障

必要的体制和机制才能确保公司的创新工作能积极顺利的推进。2014年，公司继续将产品创新作为重要KPI指标列入公司年度商业计划，并将设立专职金融创新部门的任务提到公司年度战略高度。

经过前期对组织架构的探索与论证，公司单独设立了创新研究部，授权该部门在传统的房地产行业结构融资业务之外寻求新的系统性业务增长点。

创新研究部在2014年主要工作任务有两方面：一方面是在节能减排、商业地产、医疗大健康、物流、互联网、大消费及广电等行业寻找适合信托公司的系统性的可复制的商业机会和产品形态；另一个方面是负责在商业物业、医疗服务和互联网行业的投融资业务机会的落地。

创新研究部重点研究解决在非房行业的系统性机会搜寻、创新的业务模式设计、业务流程设计等问题。此外，在可转化为实质业务的机会中，对新业务形态下的实施流程、风险控制、交易操作进行了积极尝试。

6.5.2.4.2 创新工作制度保障

（1）风险控制保障。公司不仅高度重视创新类业务的开展，同时关注业务创新活动可能带来的各类风险，倡导在审慎经营的基础上开展各种创新活动，将金融创新活动的风险管理纳入公司统一的风险管理体系，制定完善的政策、程序和风险限额，确保各类金融创新活动与公司风险管理能力和专业水平相适应。

在公司风险管理体系中，董事会是最高决策层，对风险管理承担最终责任，负责制定公司风险管理战略及政策并监督落实。董事会下设信托委员会、风险管理委员会和审计委员会作为风险管理归口委员会。其中，信托委员会负责检查公司信托业务情况，督促公司依法履行受托职责；风险管理委员会负责对高级管理层在业务、市场、操作等方面的风险控制情况进行监督，提出完善风险管理和内部控制的意见；审计委员会负责提议聘请或更换外部审计机构，监督公司的内部审计制度及其实施，审核公司的财务信息及其披露。

高级管理层由董事会任命，负责全面领导公司的日常业务运营和风险管理，并向董事会报告战略执行情况。公司下设专业风险审查委员会，负责对项目可行性、后续管理重大事项提出风险评审意见，为高级管理层决策提供参考。公司法律部、风险审查部、审计部、合规部按照公司风险管理政策、制度，独立对提交专业风险审查委员会审议的项目进行前期审核，并对项目的后期运行管理进行指导与监督，以保障创新业务的依法合规开展、各类风险得到有效控制。

（2）激励机制保障。目前，公司的金融创新项目在年度考评中予以政策倾斜，并另外设置有专门创新奖项，用于奖励在当年实现业务创新和管理创新的个人或团队。

6.5.2.4.3 创新工作的落实

在创新业务实践方面公司取得了诸多显著成果，简述如下：

（1）创新协同价值初现。公司凭借过硬的专业能力，分别取得招商银行2014年第一期、第二期、第三期信贷资产证券化，洪元2014年第一期信贷资产证券化（南昌银行）项目的受托人资格。设立规模达到了约261亿元人民币。在信贷资产证券化领域树立了标杆形象。

落实产业扶贫目标，成立华润农业发展基金单一资金信托，通过自益信托+合伙企业基金的模式，并与华润慈善基金会、五丰合作，将华润的资金、品牌、管理经验、渠道优势与当地的产业优势紧密结合共同进行产业扶贫，开创了慈善基金扶贫的新模式。

（2）研发信托报酬定价模板及风险分类模板。本年度公司研发了信托项目的信托报酬定价模板，信托报酬定价是公司全面风险管理体系的重要组成部分。其反映的是信托项目所带来的未来收益与风险的一种匹配关系，是自主定价的过程，可为市场定价提供建议和参考。同时通过项目间数据的横向比较，为衡量市场定价的合理性提供依据，保证在风险既定的前提下，通过对产品的合理定价有效覆盖和管理风险。

本年度公司还制定了房地产业务风险分类模版，该模板的设计主要基于对业务条线绩效评价建立客观评价标准。项目风险分类模板已成为评判项目风险高低的主要参考，并直接作用于业务条线的绩效考评中，通过风险偏好的有效传导，最终实现公司业务的可持续发展。

（3）项目管理系统咨询与实施项目。项目管理系统咨询与实施项目横跨两类创新：体制和机制创新与系统和技术创新。

该项目是一个结合业务梳理、流程优化、建章立制、系统建设的综合项目。项目管理系统依托管理对象，以信托项目为主体，纳入客户、合作方、合同等管理对象；并以流程为主线，涵盖线索、立项申请、项目审批、销售、合同订立及放款、信托计划成立、后期管理、项目终结等环节；具体落实到活动、人员，整合利用表单、模型（如财务分析、信用评级、风险预警等）管理工具；兼顾知识管理与绩效管理，并依托公司现有系统建设平台架构，与已有系统有效衔接配合，搭建成为全公司统一的项目管理平台。

该项目系统是信托行业内较为少有的将业务咨询与系统

建设紧密联系在一起的综合IT平台,在咨询的过程中就考虑系统落地需求。能够较好地解决纯咨询项目务虚,项目全面性、前瞻性不足的问题。最终通过配套规章制度保障系统的使用,用系统固化业务管理规章制度的执行。

等到项目完全上线,将成为我司信托业务前台、中台、后台全流程化的重要平台,可实现信托项目的快速开发,并有效提高审批效率、业务风险管理水平,夯实绩效考核衡量基础。

(4)建设华润信托证券策略交易平台。资产管理市场的开放性将逐步增加,公司证券业务必然会面临券商、期货、基金公司的激烈竞争,市场将会倒逼公司证券业务进行持续性的创新及规模扩张,以保持市场优势。2014年1月,公司开始对华润信托策略交易平台进行研发,并已于2014年11月完成第一期建设。

该平台构建了行情服务、交易策略管理、交易网关等功能模块;支持白盒式的twap、vwap、VP、ICEBERG、INDEXTRADING等算法;提供接入API,方便资产管理系统接入。

华润信托证券策略交易平台并未采用任何商用的通信框架,完全由公司自主研发。公司利用该平台同时构建了杠杆产品的自动平仓框架,有效地降低了公司的业务风险。此外,通过该平台可对一些核心投顾产品支持自动化下单,节省了大量的人力;该平台还可支持外部投顾进行算法交易或指数化埋单,提供了差异化的竞争优势,为信托行业证券交易业务首创。

6.5.2.5 公司履行受托人义务情况及因本公司自身责任而导致的信托资产损失情况

6.5.2.5.1 履行受托人义务情况

公司按照《中华人民共和国信托法》、《信托投资公司管理办法》和《信托投资公司资金信托管理暂行办法》等法律法规的规定严格履行受托人的义务:

严格遵守信托文件的规定,恪尽职守,履行诚实、信用、谨慎、有效管理的义务,为受益人的利益处理信托事务。

每个信托计划设立后,按照信托合同的规定,定期将信托资金运用及收益情况告知信托文件规定的人。

将信托财产与公司固有财产分别管理、分别记账;并对不同的信托财产分别管理;根据不同的信托资金分别开设独立的银行账户。

信托合同到期、集合信托计划终止时,根据信托合同的规定,以信托财产为限向受益人支付信托利益。同时,在信托终止后及时作出处理信托事务的清算报告,按合同约定方式报告。

妥善保管处理信托事务的完整记录、原始凭证及资料,保存期自信托计划终止之日起15年。同时对委托人、受益人以及处理信托事务的情况和资料依法保密。

根据信托合同及信托计划约定履行其他管理义务。

6.5.2.5.2 2014年因公司自身责任导致的信托资产损失情况,以及集合信托资产管理发生赔付等情况

无。

6.5.2.6 信托赔偿准备金的提取、使用和管理情况

公司根据《信托投资公司管理办法》的规定,截至2014年已累计提取信托赔偿准备金52 600.00万元,达到公司注册资本的20%。截至2014年12月31日,公司尚未发生使用信托赔偿准备金的事项。

6.6 关联方关系及其交易的披露

6.6.1 关联交易方的数量、关联交易的总金额及关联交易的定价政策等

单位:万元

	关联交易方数量(个)	关联交易金额	定价政策
合计	23	3 414 949.77	公司董事会认为上述交易根据正常的商业交易条件进行,并以一般交易价格为定价基础

6.6.2 关联交易方与本公司的关系性质、关联交易方的名称、法定代表人、注册地址、注册资本及主营业务等

关系性质	关联方名称	法定代表人	注册地址	注册资本	主营业务
股东	深圳市人民政府国有资产监督管理委员会	张晓莉	广东省深圳市福田区深南大道4009号投资大厦17楼		代表国家履行出资人职责,依法对企业国有资产进行监管。
同一母公司控制公司	华润(集团)有限公司	傅育宁	香港湾仔港湾道26号华润大厦49楼	900 001万港币	涉及电力、地产、消费品、医药、金融、水泥和燃气等多个领域。
同一最终控制母公司	北京华润大厦有限公司	陈鹰	北京市东城区建国门北大街8号	1 200万美元	在规划范围内进行房屋及附属配套设施开发、建设及物业管理,包括写字楼的出售、商业设施的租售。
同一最终控制母公司	北京优高雅装饰工程有限公司	吴秉琪	北京市东城区东总布胡同5号9层	200万美元	为承接国内外各项工程的装饰装修并提供相关服务。
联营公司	国信证券股份有限公司	何如	广东省深圳市罗湖区红岭中路1012号国信证券大厦十六层至二十六层	700 000万元人民币	证券经纪,证券投资咨询,与证券交易,证券投资活动有关的财务顾问,证券承销与保荐,证券自营,证券资产管理,融资融券,证券投资基金代销,金融产品代销,为期货公司提供中间介绍业务,商品期货经纪、金融期货经纪、期货投资咨询、资产管理,受托管理股权投资基金、创业投资业务、代理其他创业投资企业等机构或个人的创业投资业务、创业投资咨询业务、为创业企业提供创业管理服务业务、参与设立创业投资企业与创业投资管理顾问机构,香港证券经纪业务、融资业务及资产管理业务
同一最终控制母公司	珠海励致洋行办公家私有限公司	俞敏	广东省珠海市香洲区金鼎镇金洲路金鼎工业区	9 200万港元	销售自产的各类家具,上述产品同类商品的销售及进出口业务。

续表

关系性质	关联方名称	法定代表人	注册地址	注册资本	主营业务
同一母公司控制公司	华润深国投投资有限公司	孟　扬	广东省深圳市福田区农林路69号深国投广场二号楼12层1217室	50 000万元人民币	投资兴办实业，投资管理和咨询，在合法取得使用权的土地上从事房地产开发经营，物业管理。
同一最终控制母公司	华润能源服务有限公司	彭晓吾	广东省深圳市福田区农林路69号深国投广场1号楼12楼	5 000万元人民币	合同能源管理、节能设备的销售、节能工程承包、节能咨询服务。
孙公司	广东省深圳华润元大资产管理有限公司	路　强	广东省深圳市福田区中心四路1－1号嘉里建设广场第三座7层	3 000万元人民币	特定客户资产管理业务以及中国证监会许可的其他业务。
子公司	华润元大基金管理有限公司	路　强	广东省深圳市福田区中心四路1－1号嘉里建设广场第三座7层	20 000万元人民币	基金募集、基金销售、特定客户资产管理、资产管理和中国证监会许可的其他业务。
子公司	深圳红树林创业投资有限公司	孟　扬	广东省深圳市福田区中心四路1－1号嘉里建设广场第三座11楼1101室	10 000万元人民币	创业投资业务、代理其他创业投资企业等机构或个人的创业投资业务、创业投资咨询业务、为创业企业提供创业管理服务业务、参与设立创业投资企业与创业投资管理顾问机构。
重大影响的其他公司	深圳市润鑫三号投资合伙企业（有限合伙）	—	广东省深圳市福田区中心四路1－1号嘉里建设广场第三座第10层1001室	不适用	二级市场及衍生品、非上市股权、债权及其他财产权利的专项资产管理业务。
重大影响的其他公司	唐山博志房地产开发有限公司	姜　涛	河北省唐山市唐山路北区大里路商业169号	25 000万元人民币	房地产综合开发与经营。
母公司重大影响的其他企业	万科企业股份有限公司	王　石	广东省深圳市盐田区大梅沙环梅路33号万科中心	1 099 521万元人民币	房地产开发。
同一最终控制母公司	华润深圳湾发展有限公司	孔小凯	广东省深圳市南山区滨海大道3001号深圳湾体育中心体育场三楼	38 000万港元	从事深圳湾体育中心的开发、建设、经营。
同一最终控制母公司	华润置地（泰州）有限公司	迟　峰	江苏省泰州市医药高新技术产业开发区凤凰街道工业园区88号	9 300万美元	房地产开发和经营。
同一最终控制母公司	成都恒裕房地产开发有限公司	孔健岷	四川省成都市高新区天泰路112号四川投资大厦写字楼南塔楼8楼	3 000万元人民币	房地产开发经营。
同一最终控制母公司	辽宁华润万家生活超市有限公司	钟　窍	辽宁省沈阳市铁西区建设中路52号	500万元人民币	预包装食品兼散装食品、乳制品（含婴幼儿配方乳粉）批发兼零售；卷烟、雪茄烟零售；图书、报刊零售；电子出版物零售；音像制品零售；一般经营项目：计算机及配件、办公用品、工艺美术品、花卉、家具、汽车配件、摩托车配件、五金交电、电信器材、洗涤化妆品销售；技术信息咨询服务；柜台出租（承租方需另办执照）；农副产品收购（不含粮食）；自有房屋租赁；家用电器现场维修；货物运输代理；冷冻设备租赁。
同一最终控制母公司	华润置地投资有限公司	王　印		3 000美元	（一）在中国政府鼓励和允许外商投资的领域依法进行投资。（二）受其所投资企业的书面委托（由董事会一致通过），向其所投资企业提供下列服务：（1）协助或代理公司所投资企业从国内外采购该企业自有的机器设备、办公设备和生产所需的原材料、元器件、零部件和在国内外销售其所投资企业生产的产品，并提供售后服务；（2）在外汇管理部门的同意和监督下，在其所投资企业之间平衡外汇；（3）为公司所投资企业提供产品生产、销售和市场开发过程中的技术支持、员工培训、企业内部人事管理等服务；（4）协助其所投资的企业寻示贷款及提供担保。（三）在中国境内设立科研开发中心或部门，从事新产品及高新技术的研究开发，转让其研究开发成果，并提供相应的技术服务。（四）为其投资者提供咨询服务，为其关联公司提供与其投资有关的市场信息、投资政策等咨询服务。（五）承接外国公司和其母公司之关联公司的服务外包业务。（六）从事母公司及其关联公司、子公司所生产产品的进出口、批发、佣金代理（拍卖除外），并提供相关配套服务（涉及配额许可证管理、专项规定管理的商品按照国家有关规定办理）。
同一最终控制母公司	上海万树置业有限公司	孙　嘉	上海市闵行区沪青平公路277号5楼A89室	1 000万元人民币	房地产开发经营。
同一最终控制母公司	华润五丰农业开发（中国）有限公司	王维勇	广东省深圳市罗湖区深南东路5001号华润大厦第23层2304单元	1 000万美元	企业管理咨询，农业技术及信息咨询，农产品的种植，蔬菜、水果种植技术开发，初级农产品、蔬菜、水果、肉蛋禽的批发，机械设备及配件的批发（国家禁止、限制外商投资的除外）。

续表

关系性质	关联方名称	法定代表人	注册地址	注册资本	主营业务
同一最终控制母公司	华润建筑有限公司	燕现军	北京市东城区建国门北大街8号华润大厦4层407室	120 000万元人民币	各类建筑工程及线路、管道和设备安装的咨询、承包、监理，建筑材料、木材、钢材、化工材料的销售（国家有专项专营规定的除外）。依法须经批准的项目，经相关部门批准后依批准的内容开展经营活动。
同一最终控制母公司	华润置地（沈阳）有限公司	唐勇	辽宁省沈阳市铁西区齐贤南街8号	9 000万美元	从事房地产开发及销售（需经审批或取得《许可证》经营的，须经审批或取得《许可证》后方可从事生产经营活动）（依法须经批准的项目，经相关部门批准后方可开展经营活动）。

6.6.3　本公司与关联方的重大交易事项

6.6.3.1　固有与关联方：贷款、投资、租赁、应收账款、担保、其他方式等期初汇总数、本期借方和贷方发生额汇总数、期末汇总数

单位：万元

固有与关联方关联交易				
	期初数	借方发生额	贷方发生额	期末数
贷款	—	—	—	—
投资	—	62 143.77	—	62 143.77
租赁	—	—	—	—
担保	90 000	—	90 000	—
应收账款	—	—	—	—
其他应收款项	396.01	519.97	311.29	604.69
其他应付款项	10 777.25	10 627.04	3.83	154.04
合计	101 173.26	73 290.78	90 315.12	62 902.50

6.6.3.2　信托与关联方交易情况：贷款、投资、租赁、应收账款、担保、其他方式等期初汇总数、本期借方和贷方发生额汇总数、期末汇总数

单位：万元

信托与关联方关联交易				
	期初数	借方发生额	贷方发生额	期末数
贷款	866 304.39	10 516.00	615 895.00	260 925.39
投资	400 195.00	9 196.27	120 000.00	289 391.27
租赁	—	—	—	—
担保	—	—	—	—
应收账款	—	—	—	—
其他	242 429.07	647 816.16	23 889.00	866 356.23
合计	1 508 928.46	667 528.43	759 784.00	1 416 672.89

6.6.3.3　信托公司自有资金运用于自己管理的信托项目（固信交易），信托公司管理的信托项目之间的相互（信信交易）交易金额、包括余额和本报告年度的发生额

6.6.3.3.1　固有财产与信托财产之间的交易金额期初汇总数、本期发生额汇总数、期末汇总数

单位：万元

固有财产与信托财产相互交易			
	期初数	本期发生数	期末数
合计	451 115.82	−63 619.61	387 496.21

6.6.3.3.2　信托项目之间的交易金额期初汇总数、本期发生额汇总数、期末汇总数

单位：万元

信托资产与信托财产相互交易			
	期初数	本期发生数	期末数
合计	1 546 819.52	1 058.65	1 547 878.17

6.6.4　逐笔披露关联方逾期未偿还本公司资金的详细情况以及本公司为关联方担保发生或即将发生垫款的详细情况

无。

6.7　会计制度的披露

本公司固有业务及信托业务均执行财政部2006年2月15日颁布的《企业会计准则》及其补充规定。

7. 财务情况说明书

7.1　利润实现和分配情况

7.1.1　母公司利润实现和分配情况

经中天运会计师事务所有限公司审计，2014年度母公司利润总额266 154.31万元，扣除所得税费用31 061.27万元，实现净利润235 093.04万元。根据公司章程及财务制度的相关规定，按以下利润分配方案分配2014年度利润：

（1）根据公司章程，按净利润的10%提取法定盈余公积23 509.30万元；

（2）根据《关于印发〈金融企业准备金计提管理办法〉的通知》（财金[2012]20号）的规定，公司根据自身实际情况，选择标准法对风险资产所面临的风险状况定量分析，确定潜在风险估计值，对于潜在风险估计值高于资产减值准备的差额，计提一般准备。2014年提取一般风险准备金2 414.54万元，2014年末一般风险准备余额21 940.69万元。

7.1.2　合并利润实现和分配情况

经中天运会计师事务所有限公司审计，2014年度公司合并利润总额264 215.50万元，扣除所得税费用31 351.73万元，实现净利润232 863.77万元，其中归属于母公司的净利润235 010.71万元。根据公司章程及财务制度的相关规定，按以下利润分配方案分配2014年度利润：

（1）根据公司章程，按母公司净利润的10%提取法定盈余公积23 509.30万元；

（2）根据《关于印发〈金融企业准备金计提管理办法〉的通知》（财金[2012]20号）的规定，公司根据自身实际情况，选择标准法对风险资产所面临的风险状况定量分析，确定潜在风险估计值，对于潜在风险估计值高于资产减值准备的差额，计提

一般准备。2014 年提取一般风险准备金 2 414. 54 万元，2014 年末一般风险准备余额 21 940. 69 万元。

7.2 主要财务指标

指标名称	指标值合并	指标值母公司
资本利润率（%）	18. 17	18. 20
人均净利润（万元）	773. 06	773. 33

注：1. 资本利润率 = 净利润/所有者权益平均余额 ×100%。
2. 人均净利润 = 净利润/年平均人数。
3. 平均值采取期初、期末余额简单平均法，公式为：平均值 =（期初数 + 期末数）/2。

7.3 对本公司财务状况、经营成果有重大影响的其他事项

无。

7.4 本公司净资本情况

风险管理指标监管表

编制单位：华润深国投信托有限公司　　2014 年 12 月 31 日

项目	年末余额	监管标准
净资本（万元）	1 180 025. 13	≥20 000
固有业务风险资本（万元）	146 232. 55	
信托业务风险资本（万元）	200 054. 19	
其他业务风险资本（万元）	—	
各项业务风险资本之和（万元）	346 286. 74	
净资本/各项业务风险资本之和（%）	340. 77	≥100
净资本/净资产（%）	86. 21	≥40

8. 特别事项揭示

8.1 前五名股东报告期内变动情况及原因

无。

8.2 董事、监事及高级管理人员变动情况及原因

8.2.1 董事变动情况及原因

无。

8.2.2 监事变动情况及原因

无。

8.2.3 高级管理人员变动情况及原因

报告期内，公司高级管理人员无变动。

8.3 变更注册资本、变更注册地或公司名称、公司分立合并事项

报告期内无上述事项。

8.4 公司的重大诉讼事项

报告期内，公司无重大诉讼事项。

8.5 公司及其董事、监事和高级管理人员受到处罚的情况

报告期内无处罚事项。

8.6 银监会及其派出机构对公司检查意见

2014 年 10 月 8 日至 10 月 31 日，中国银行业监督管理委员会深圳监管局对公司进行了现场检查，检查意见认为，公司根据银监局 2013 年现场检查意见书要求，对公司治理、合规管理、关联交易、内部审计、风险管控、受托履责等方面存在的问题进行了整改；同时，公司依照《中国银监会办公厅关于信托公司风险监管的指导意见》要求，进行了风险排查和贷后管理等工作，监管要求基本落实，但在制度建设、营销管理等方面仍存在个别待改进事项。

8.7 本年度重大事项临时报告的简要内容、披露时间、所披露的媒体及其版面

无。

8.8 银监会及其省级派出机构认定的其他有必要让客户及相关利益人了解的重要信息

无。

9. 公司监事会意见

监事会认为在报告期内，公司的决策程序符合国家法律、法规和公司的章程及相关制度，建立健全了比较有效的内控制度，董事会全体成员及高级管理人员认真履行了职责，未发现有违法、违规、违章的行为，也没有损害公司利益、股东利益和委托人利益的行为。公司财务报告真实反映了公司财务状况和经营成果。

华鑫国际信托有限公司

1. 重要提示

1.1 公司董事会及董事保证本报告所载资料不存在任何虚假记载、误导性陈述或者重大遗漏，并对其内容的真实性、准确性和完整性承担个别及连带责任。

1.2 公司独立董事对年度报告内容真实性、准确性、完整性无异议。

1.3 立信会计师事务所（特殊普通合伙）根据中国注册会计师审计准则对本公司年度财务报告进行审计，出具了标准无保留意见的审计报告。

1.4 公司董事长李长旭先生、公司总经理朱勇先生、首席财务官杨丹青女士、主管信托会计总经理王晓波及主管固有会计总经理隋仁凤声明：保证年度报告中财务报告的真实、完整。

2. 公司概况

2.1 公司简介

华鑫国际信托有限公司（以下简称公司）是经中国银监会依法批准设立的非银行金融机构，前身为佛山国际信托投资有限公司，于2008年12月24日重新登记并更名为华鑫国际信托有限公司，2009年9月完成验资工作，注册资本金3.2亿元，其中中国华电集团公司占比51%，中国华电集团财务有限公司占比49%；2010年2月9日，取得中国银监会颁发的金融许可证，2010年3月15日，经营地址迁至北京市西城区，并于2010年3月18日正式挂牌开业；2010年12月23日，经股东方同意并报中国银监会批准，股东同比例增资至12亿元；2012年4月9日，经股东方同意并报中国银监会批准，股东同比例增资至22亿元。

公司自重新挂牌营业以来，先后获得《金融理财》杂志举办的金融理财TOP10总评榜"金貔貅奖"、"年度金牌成长潜力信托公司"、"年度金牌风控力信托公司"等称号，连续获得中国华电集团公司"文明单位"、"先进集体"荣誉称号，中国企业文化促进会"企业文化建设百佳单位"、"中国企业诚信文化十佳单位"称号，北京市西城区人民政府"年度发展区域经济突出贡献奖"，成为北京市首批重点总部企业。

2.1.1 公司法定中文名称：华鑫国际信托有限公司
中文名称缩写：华鑫信托
公司英文名称：China Fortune International Trust Co.，Ltd.
公司英文名称缩写：China Fortune Trust

2.1.2 公司法定代表人：李长旭

2.1.3 公司注册地址：北京市西城区宣武门内大街2号华电大厦B座11层
邮政编码：100031
公司国际互联网网址：http://www.cfitc.com
公司电子信箱：hxxt@cfitc.com

2.1.4 公司负责信息披露事务的高级管理人员：蔡概还
公司信息披露联系人：李扬建
联系电话：400－680－1616/010－83568201转
传真：010—83568281
电子信箱：servic@cfitc.com

2.1.5 公司信息披露报纸名称：《金融时报》
备置地点：北京市西城区宣武门内大街2号华电大厦B座11层

2.1.6 公司聘请的会计师事务所名称：立信会计师事务所（特殊普通合伙）
办公地址：上海市黄浦区南京东路61号四楼

2.1.7 公司聘请的律师事务所名称：北京市兆源律师事务所
办公地址：北京市西城区宣武门西大街甲129号金隅大厦

2.2 组织结构

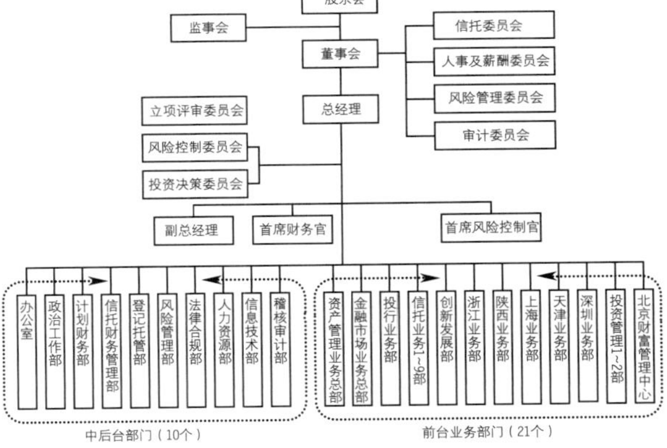

3. 公司治理

3.1 股东

股东总数：2家。

股东名称	持股比例（%）	法人代表	注册地址	主营业务
中国华电集团公司★	51	李庆奎	北京市西城区宣武门内大街2号A座	许可经营项目包括对外派遣境外工程所需的劳务人员；一般经营项目包括实业投资及经营管理；电源的开发、投资、建设、经营和管理等。

续表

股东名称	持股比例（%）	法人代表	注册地址	主营业务
中国华电集团财务有限公司	49	陈　宇	北京市西城区宣武门内大街2号B座10层	对成员单位办理财务和融资、担保、结算等；从事同业拆借；对金融机构的股权投资；中国银监会批准的其他业务等。

注：★表示中国华电集团公司为实际控制人。

3.2　董事会成员

董事长、董事

姓　名	职　务	性别	年龄	选任日期	简　要　履　历
李长旭	董事长	男	53	2014年12月11日	曾任审计署驻电力部审计局一处主任科员、三处副处长，国家电力公司审计局生产审计处副处长、二处副处长、审计部正处级职员、审计部综合处处长，中国华电集团公司监察审计部副主任、副主任（主持工作）；现任中国华电集团副总会计师，兼华鑫国际信托有限公司董事长。
金树成	董事	男	52	2014年12月11日	曾在武警水电部队从事工程技术、财务管理工作，历任技术员、助理会计师，会计师、高级会计师，中国华电集团公司历任财务资产部财务稽核处处长、财务资产部风险管理处处长、监察部主任师、审计部主任师，中国华电香港公司财务总监；中国华电集团公司财务与风险管理部副主任；现任华鑫国际信托有限公司党组书记、副总经理、纪检组长。
刘　蒴	董事	男	44	2011年11月8日	曾任山西煤炭进出口集团业务副经理，北京瑞诚创投公司总经理，山西能源产业集团副总，山西国际能源集团副总；现任中国华电财务公司党组成员、副总经理。
袁亚男	董事	女	50	2013年5月30日	曾任国家开发银行正科级职员、副处长、处长，中国华电集团财务资产部融资管理处处长，中国华电集团资产管理部主任师、副主任，中国华电集团资本运营与产权管理部副主任；现任中国华电集团财务与风险管理部副主任。

独立董事

姓　名	职　务	性别	年龄	选任日期	简　要　履　历
吴晓求	独立董事	男	56	2009年11月2日	曾任中国人大财政金融学院副院长、教授、博士生导师、校学术委员会委员、财政金融学院教授、博士生导师、研究生院副院长；现任中国人大校长助理、研究生院常务副院长、校学位委员会委员、秘书长、校学术委员会委员、财政金融学院教授、博士生导师、教育部长江学院特聘教授。
王　昊	独立董事	女	40	2009年11月2日	曾任北京市瑞银律所律师合伙人，英国LAMB CHAMBERS实习生，黎明网络公司法律事务部经理；现任德国百达律师事务所北京办事处中国法律顾问。
孟向洁	独立董事	女	57	2012年10月23日	曾任财政部办公厅副司级调研员，农业部计划司副司长，中国农村发展信托投资公司副总经理，中农信香港公司董事长，中国诚信证券评估有限公司党委书记、副总经理，北京中兴正元资产管理咨询有限公司董事长；现任北京中资北方投资顾问有限公司董事长。

董事会下属委员会

董事会下属委员会名称	职责	组成人员姓名	职务
信托委员会	负责督促公司依法履行受托职责，了解公司信托业务的发展情况，维护受益人的最大利益。	吴晓求	主任委员
		孟向洁	委员
		刘　蒴	委员
人事及薪酬委员会	负责制定公司董事及高级人员的考核标准并进行考核；制定、审查公司董事及高级管理人员的薪酬政策与方案；制定公司长期激励机制和方案，为公司发展提供人才激励保障；制订公司人力资源发展规划。	李长旭	主任委员
		吴晓求	委员
		金树成	委员
风险管理委员会	负责公司风险的控制、管理、监督和评估。	金树成	主任委员
		袁亚男	委员
		王　昊	委员
审计委员会	负责内、外部审计的沟通、监督和核查工作以及重大关联交易的审核。	孟向洁	主任委员
		金树成	委员
		王　昊	委员

3.3　监事、监事会成员

监事会成员

姓名	职务	性别	年龄	选任日期	简要履历
郝彬	监事长	男	53	2014 年 8 月 28 日	曾任华信保险公司总经理，中国华电集团资本控股公司党组成员、副总经理，华鑫国际信托有限公司董事长、党组书记；现任中国华电集团公司金融产业部主任。
张学云	监事	女	53	2009 年 11 月 2 日	曾任湖北省武汉供电局财会，华中电管局（电力部中南审计分局、华中电力集团、国电华中公司）审计部主审、主持一处工作；现任中国华电集团财务有限公司风险总监兼风险与合规管理部、审计部经理。
王晓波	监事	男	42	2010 年 10 月 28 日	曾任黑龙江省龙电置业有限公司财务部主管会计，华电能源股份有限公司审计部审计员、审计部副经理、监察审计部副主任、监察审计部主任。现任华鑫国际信托有限公司运营总监兼信托财务管理部总经理。

3.4 高级管理人员

姓名	职务	性别	年龄	选任日期	简要履历
朱勇	总经理	男	47	2010 年 11 月 2 日	曾任中国农业发展银行总行信贷一部主任科员，经济师，中信证券股份有限公司资产管理部研究主管，中信信托有限责任公司资金运用部副总经理（主持工作）、资产管理部副总经理（主持工作）、资产管理部总经理、资本市场业务总监兼资产管理部总经理。现任华鑫国际信托有限公司公司党组成员、总经理。
金树成	党组书记、副总经理、纪检组长	男	52	2014 年 12 月 11 日	曾在武警水电部队从事工程技术、财务管理工作，历任技术员、助理会计师，会计师、高级会计师，中国华电集团公司历任财务资产部财务稽核处处长、财务资产部风险管理处处长、监察部主任师、审计部主任师，中国华电香港公司财务总监；中国华电集团公司财务与风险管理部副主任；现任华鑫国际信托有限公司党组书记、副总经理、纪检组长。
杨丹青	首席财务官、工委主任	女	48	2009 年 11 月 2 日	曾任中国电力企业联合会财务部干部，电力部经济调节司价格处主任科员，国家电力公司财务产权部价格处副处，中国华电集团公司财务部处长、主任；现任华鑫国际信托有限公司党组成员、首席财务官、工委主任。
蔡概还	首席风险控制官	男	44	2010 年 10 月 28 日	曾任全国人大财经委经济法室干部，中国银行业监督管理委员会非银部市场准入处主任科员、业务综合处副处长、法规部立法二处处长；曾担任《中华人民共和国信托法》起草组成员，并曾在中国对外经济贸易信托有限公司挂职，任总经理助理；现任华鑫国际信托有限公司党组成员、首席风险控制官。
陶钧	副总经理	男	46	2014 年 3 月 19 日	曾任中信兴业信托投资公司资金处项目经理，中信信托有限责任公司历任年金信托部总经理、信托业务五部总经理、投资银行二部副总经理，中信锦绣资本管理有限公司投资总监，渤海国际信托有限公司副总裁；现任华鑫国际信托有限公司副总经理。

3.5 公司员工

项目		报告期年度		上年度	
		人数（人）	比例（%）	人数（人）	比例（%）
年龄分布	25 岁以下	1	0.6	7	4.8
	25～29 岁	33	19.8	37	25.5
	30～39 岁	91	54.5	76	52.4
	40 岁以上	42	25.1	25	17.3
学历分布	博士	5	3.0	3	2.1
	硕士	99	59.3	90	62.1
	本科	56	33.5	45	31.0
	专科	7	4.2	7	4.8
岗位分布	董事、监事及其高管人员	13	7.8	6	4.1
	固有业务人员	5	3.0	6	4.1
	信托业务人员	83	49.7	71	49.0
	其他人员	66	39.5	62	42.8

4. 经营管理

4.1 经营目标、方针、战略规划

4.1.1 经营目标

本报告期公司聚焦“转型、发展、增效”三大任务目标，全力抓改革、促发展、强管理、提效率，保持“真抓实干、稳中求进、科学发展”的总基调，坚持更具理性和内涵的“质量和效益”为发展导向，坚持以科学发展观为指导，以战略目标为引领，以全面深化改革为统领，以稳健经营、持续发展为基础，加快推进体制机制创新，加快推进人才队伍建设，加快推进业务转型升级，持续提升项目开发与管理能力、提升整体发展质量、提升经济效益，努力实现公司的持续健康发展，作强作优华鑫品牌。

截至 2014 年末，公司管理资产总规模 1 641 亿元，实现利润总额 7.06 亿元。

4.1.2 经营方针

本报告期公司经营方针是：稳健经营、价值至上。

4.1.3　战略规划

“适应新常态、打造新动力、实现新发展”是华鑫信托今后一个时期发展的总要求。培育新的增长动力和竞争优势，坚持“高深远快”的总体思路，重点坚持“三个必须”，必须坚持依法治企，把风险管控放在更加突出的位置；必须坚持业务创新，把“补齐”短板切实抓起来；必须坚持深化用人改革，让市场化建设脚步更加坚实。

4.2　所经营业务的主要内容

4.2.1　固有资产运用与分布表

资产运用	期末余额（万元）	占比（%）	资产分布	期末余额（万元）	占比（%）
货币资金	6 253.47	1.90	房地产	6 391.46	1.95
发放贷款和垫款	19 822.57	6.03	基础产业	—	—
交易性金融资产	24 767.86	7.53	工商企业	19 700.00	5.99
可供出售金融资产	186 222.48	56.63	证券市场	167 329.88	50.88
持有至到期投资	77 252.29	23.49	金融机构	135 434.94	41.18
其他	14 537.61	4.42			
总计	328 856.28	100.00	总计	328 856.28	100.00

4.2.2　信托资产运用与分布表

资产运用	金额（亿元）	占比（%）	资产分布	金额（亿元）	占比（%）
货币资产	334 865.40	2.08	房地产	488 640.00	3.04
发放贷款和垫款	7 034 890.22	43.75	基础产业	1 880 328.56	11.69
交易性金融资产	976 471.73	6.07	工商企业	8 877 726.15	55.20
持有至到期投资	5 620 409.40	34.95	证券市场	1 504 080.71	9.35
长期股权投资	1 927 607.87	11.99	金融机构	1 654 943.96	10.29
其他	187 271.91	1.16	其他	1 675 797.15	10.42
信托资产总计	16 081 516.53	100.00	信托资产总计	16 081 516.53	100.00

4.3　市场分析

4.3.1　宏观经济形势分析

受房地产转折性变化影响，2014 年经济下行压力进一步加大。主要指标方面，国内生产总值同比增长 7.3%，CPI 增长 2.1%，增长率均有所放缓，中国经济全面呈现新常态。新常态不仅意味着经济增长转向中高速，而且伴随着深刻的结构变化、发展方式变化和体制变化。面对经济持续下行的压力，新一届政府坚持底线思维，对经济波动、体制改革表现出足够的定力和决心，采取一系列定向调控措施，宏观经济运行总体平稳，全年经济增长处在预期目标区间，特别是在经济增速稳中缓降的同时，适应新常态发展的宏观经济政策也逐步成型，成为保持经济平稳增长、促进经济活力增强、结构不断优化升级的有力支撑。

4.3.2　行业形势分析

信托业在经历了多年的高速发展之后，步入了转型发展阶段，业务结构继续优化，系统风险可控，行业整体发展平稳。但信托业也面临着资产规模、经营业绩增幅明显回落、传统业务乏力、创新业务培育速度明显滞后、个案风险增加和信托报酬贡献下滑等问题；信托业随着大资管的同质化竞争加剧，原有制度红利逐渐消失；《关于信托公司风险监管的指导意见》、《信托业保障基金管理办法》等监管新政颁布实施，不断促使信托业加快转型。

经济下行压力加大和竞争日趋加剧，对公司是挑战与机遇并存。与行业内其他领先公司相比，公司在资产规模、业务种类、渠道建设及营销能力、利润规模等方面仍有一定差距，但是，公司已经建立相对成熟的证券投资信托、不动产信托、财产权信托等系列产品线，获准开展信贷资产证券化业务，在银企、政企及信保合作等方面取得了一定成绩。在面对行业内外双重压力的同时，公司立足现实、稳健经营，实施全过程风险管控。同时，公司顺应经济新常态，加快调整业务结构，整合各种资源拓展创新性业务，丰富扩张产品线，加大自主营销力度，逐步形成差异化竞争的优势品牌，以最大的收益为社会创造财富、为股东创造回报、为客户创造价值。

4.4　内部控制

4.4.1　内部控制环境和内部控制文化

公司坚持“全面风险管理”和“内控优先”的风险管理理念。形成科学、清晰、合理的组织架构，建立完善了公司治理结构和议事规则，设立了股东会、董事会、监事会，公司董事会下设信托委员会、人事及薪酬委员会、风险管理委员会和审计委员会四个专门委员会，各治理主体分工明确、相互制衡。公司高度重视内部控制文化建设，大力培育合规理念、风险意识。通过公司内部培训、出版刊物等方式提升员工的合规观念、诚信观念和道德水准，提高了风险管理的自觉性，公司内部控制取得了良好的效果。

4.4.2　内部控制措施

公司管理层下设投资决策委员会和风险控制委员会，在董事会的授权范围内以明晰的分级授权制度、健全的投资控制体系、及时完整的过程控制和事后评价，使研究、决策、操作、审核、评价体系既相互配合，又相互制衡。

内部控制建设围绕公司中长期发展规划和监管评级，建立公司风险偏好体系；全面开展风险排查，形成风险点数据库；继续完善前后、中后、后台各部门密切配合，有序衔接的“大风控”体系，突出业务部门作为风险管控的第一责任人。

风险管理部、法律合规部和稽核审计部作为公司内控管理的主要职能部门，拟定和修订内控制度，监督检查和评价内控的科学性、规范性和可操作性。

4.4.3　信息交流与反馈

公司建立了信息与沟通制度，各部门负责收集各自职责范围内的信息，通过利用信息技术促进信息的集成与共享。公司重要信息通过专门的联络人员及时传递给董事会、监事会。通过建立一套完善的风险防范和监控体系、反舞弊机制，各项信息传递顺畅、反馈及时，确保公司安全运行和持续发展。

4.4.4　监督评价与纠正

公司具有较为完善的内部控制机制，公司稽核审计部是公司独立的监督部门，以防范风险、纠正违规、加强内控为工作目标，对公司内控制度、业务经营、财务活动等实施稽核监督，直接向董事会汇报。公司法律合规部和风险管理部负责优化公司规章制度和操作流程，使公司的内部控制更加有效、趋于完善。

4.5 风险管理

4.5.1 风险管理概况

公司在面临经济下行压力增大、市场竞争加剧等诸多困难的情况下,大力推动全面风险管理,各项运营指标健康良好,使公司保持了健康发展的良好态势。公司通过制定健全的内部规章制度,建立职责分工合理的组织机构,构建以董事会为核心的覆盖公司整体的风险管理体系,将现代风险管理技术与传统风险管理方法相结合,对可能产生的风险及时作出反应,采取有效措施进行事前、事中、事后的有效控制与管理,并根据实际需要随时对风险管理体系进行调整。

4.5.2 风险状况

4.5.2.1 信用风险状况

信用风险是指交易对手未能或不愿履行其承诺而造成损失的风险,若交易对手集中于单一行业或地区时,信用风险较高。公司的信用风险压力主要体现在融资类及准权益类信托业务和固有板块的贷款业务中。报告期内,公司发生的各类业务均严格履行公司内部评审程序,加强事前尽职调查,落实风控措施,各项业务均合法合规、担保措施充足、交易对手信用等级较高,严格履行了受托人尽职管理职责,全年到期清算信托产品167个,累计到期清算信托本金618亿元,全部实现到期清算。

4.5.2.2 市场风险状况

市场风险是指由金融市场价格运动而引起损失的风险,金融市场价格的运动一般包括利率、汇率、权益价格、商品价格的变化。信托的市场风险主要有委托管理的资本市场投资组合的市场风险及信托各业务线的市场风险。公司在2014年密切关注各类市场风险,及时调整产品战略,勤勉、尽职履行受托人职责。

报告期内未发生严重的市场风险。

4.5.2.3 操作风险状况

操作风险是指公司内部业务流程、计算机系统、员工在操作中的不完善或失误,可能给公司造成损失的风险;公司外部因素如通信系统故障等可能给公司造成损失或影响公司正常运行的风险。

报告期内,公司未出现操作风险。

4.5.2.4 其他风险状况

其他风险主要是指公司经营过程中的政策风险、法律风险、声誉风险、员工道德风险等。报告期内无上述风险发生。

4.5.3 风险管理

4.5.3.1 信用风险管理

公司通过事前评估、事中控制、事后监督的风险管理体系来防范和规避信用风险,具体措施包括:事前,通过加强制度建设和信用风险过程管理,通过严格尽职调查、公司审查等推动风险管控端口前移,提前防控风险;事中,根据项目风险情况进行过程监测,形成风险跟踪、风险反馈、风险预警及风险化解的系统防范体系;采用担保、资金托管等方式控制信用风险,关注抵押物价值下降、资金挪用风险等;事后,通过定期、非定期检查,有效防范和化解各类信用风险;按照《金融企业呆账准备提取管理办法》、《公司资产风险分类管理办法》等相关要求,计提资产减值拨备,报告期末计提累计余额0.9亿元;每年从税后利润中按5%的比例提取信托赔偿准备金,以提高公司抵御风险的能力,报告期末累计0.7亿元;按风险资产1.5%比例计提一般风险准备金,报告期末累计0.5亿元。

报告期内,公司无上述风险发生。

4.5.3.2 市场风险管理

公司制定并不断完善与总体业务发展战略、管理能力、资本实力和能够承担的总体风险水平相一致的市场风险管理原则和程序,对相关业务和产品中的市场风险因素进行分解和分析,及时准确识别业务中市场风险的类别和性质,通过制定市场风险管理办法、健全止盈止损机制、严格监测程序集关注资金投向集中度等方式防范市场风险。

报告期内,公司无上述风险发生。

4.5.3.3 操作风险管理

公司通过合理的组织架构和岗位设置,优化业务操作流程,加强规章制度建设,持续完善公司内控体系;明确界定部门的目标、职责和权限,确保信托业务与自有业务相对独立,确保各部门在授权范围内行使经营管理职能;公司定期对业务人员及公司中后台人员进行业务培训,培育风险管理文化,严控操作风险;积极推进前台、中台、后台与同业的交流活动;信息系统建设不断完善,核心业务系统、TA系统升级完善,管理模块不断丰富,从各层面严格控制操作风险。

报告期内,公司无上述风险发生。

4.5.3.4 其他风险管理

公司及时跟踪研究国家宏观政策和行业政策的变化趋势,不断探索、保持公司经营策略和国家政策一致性;严格业务合规审查,完善标准化合同文本库,依法合规开展业务;加强职业道德教育,制定声誉风险管理制度,提高公司信誉。

报告期内无上述风险发生。

5. 报告期末及上一年度末的比较式会计报表

5.1 固有资产

5.1.1 会计师事务所审计意见全文

审 计 报 告

信会师报字[2015]第720506号

华鑫国际信托有限公司:

我们审计了后附的华鑫国际信托有限公司(以下简称贵公司)财务报表,包括2014年12月31日的资产负债表,2014年度的利润表、现金流量表、所有者权益变动表以及财务报表附注。

一、管理层对财务报表的责任

编制和公允列表财务报表是贵公司管理层的责任。这种责任包括:(1)按照企业会计准则的规定编制财务报表,并使其实现公允反映;(2)设计、执行和维护必要的内部控制,以使财务报表不存在由于舞弊或错误导致的重大错报。

二、注册会计师的责任

我们的责任是在执行审计工作的基础上对财务报表发表审计意见。我们按照中国注册会计师准则的规定执行了审计工作。中国注册会计师审计准则要求我们遵守中国注册会计师职业道德守则，计划和执行审计工作以对财务报表是否不存在重大错报获取合理保证。

审计工作涉及实施审计程序，以获取有关财务报表金额和披露的审计证据。选择的审计程序取决于注册会计师的判断，包括对由于舞弊或错误导致的财务报表重大错报风险的评估。在进行风险评估时，注册会计师考虑与财务报表编制和公允列报相关的内部控制，以设计恰当的审计程序，但目的并非对内部控制的有效性发表意见。审计工作还包括评价管理层选用会计政策的恰当性和作出会计估计的合理性，以及评价财务报表的总体列报。

我们相信，我们获取的审计证据是充分、适当的，为发表审计意见提供了基础。

三、审计意见

我们认为，贵公司财务报表在所有重大方面按照企业会计准则的规定编制，公允反映了贵公司 2014 年 12 月 31 日的财务状况以及 2014 年度的经营成果和现金流量。

立信会计师事务所（特殊普通合伙）　　中国·上海

中国注册会计师：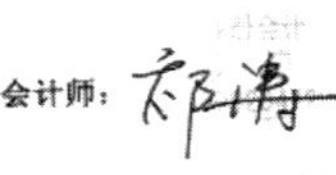

中国注册会计师：

二〇一五年二月二十日

5.1.2　资产负债表

资产负债表

2014 年 12 月 31 日　　　　单位：万元

资　　产	期末余额	年初金额	负债和所有者权益	期末余额	年初金额
资　　产：			负　　债：		
现金	0.08	1.02	应付职工薪酬	333.52	99.65
存放同业款项	6 253.39	911.18	应交税费	4 328.96	6 078.15
交易性金融资产	24 767.86	0	应付股利	0	0
应收账款	6 235.71	4 484.58	预计负债	0	0
应收利息	1 002.49	4 781.51	应付债券	0	0
发放贷款和垫款	19 822.57	64 208.00	递延所得税负债	271.49	103.50
可供出售金融资产	186 222.48	140 687.50	其他负债	10 805.37	27 993.69
持有至到期投资	77 252.29	124 950.65	负债合计	15 739.34	34 274.99
抵债资产	1 452.96	0	所有者权益：		
长期股权投资	0	0	实收资本（或股本）	220 000.00	220 000.00
固定资产原值	784.09	875.20	资本公积	797.03	310.49
累计折旧	497.63	464.37	减：库存股	0	0
固定资产净值	286.46	410.83	盈余公积	14 496.00	9 266.10
无形资产	606.13	584.77	一般风险准备	12 028.83	9 773.53
递延所得税资产	2 988.09	3 197.09	未分配利润	65 795.08	70 981.29
其他资产	1 965.77	389.27	所有者权益合计	313 116.94	310 331.41
资产总计	328 856.28	344 606.40	负债和所有者权益总计	328 856.28	344 606.40

5.1.3　利润表

利润表

2014 年度　　　　单位：万元

项　　目	本年数	上年数
一、营业收入	94 636.77	90 657.49
利息净收入	5 647.07	8 241.42
利息收入	5 701.89	8 496.18
利息支出	54.82	254.76
手续费及佣金净收入	60 569.31	63 117.68
手续费及佣金收入	65 750.49	66 763.66
手续费及佣金支出	5 181.18	3 645.98
投资收益（损失以“-”号填列）	28 352.67	19 298.39
公允价值变动收益（损失以“-”号填列）	23.24	—
其他业务收入	44.48	—
二、营业支出	24 076.32	25 324.28
营业税金及附加	5 526.74	5 196.97
业务及管理费	18 076.38	14 591.35
资产减值损失	441.71	5 532.96
其他业务成本	31.49	3.00
三、营业利润（亏损以“-”号填列）	70 560.45	65 333.21
加：营业外收入	79.00	—
减：营业外支出	1.64	20.00
四、利润总额（亏损总额以“-”号填列）	70 637.81	65 313.21
减：所得税费用	18 338.82	14 437.48
五、净利润（净亏损以“-”号填列）	52 298.99	50 875.73

5.1.4 所有者权益变动表

5.1.4.1 本年度所有者权益变动表

所有者权益变动表

2014 年度

单位:万元

项 目	本年金额					
	归属于母公司所有者权益					所有者权益合计
	实收资本	其他综合收益	盈余公积	一般风险准备	未分配利润	
栏 次	1	2	3	4	5	7
一、上年末余额	220 000.00	310.49	9 266.10	9 773.53	70 981.29	310 331.41
加:会计政策变更						
前期差错更正						
其他						
二、本年初余额	220 000.00	310.49	9 266.10	9 773.53	70 981.29	310 331.41
三、本年增减变动金额(减少以“-”号填列)		486.54	5 229.90	2 255.30	-5 186.21	2 785.53
(一)净利润					52 298.99	52 298.99
(二)其他综合收益		486.54				486.54
综合收益小计		486.54				486.54
(三)所有者投入和减少资本					-50 000.00	-50 000.00
1. 所有者投入资本						
2. 股份支付计入所有者权益的金额						
3. 对所有者的分配					-50 000.00	-50 000.00
(四)专项储备提取和使用						
(五)利润分配			5 229.90	2 255.30	-7 485.20	
1. 提取盈余公积			5 229.90		-5 229.90	
其中:法定盈余公积			5 229.90		-5 229.90	
任意盈余公积						
2. 提取一般风险准备				2 255.30	-2 255.30	
四、本年末余额	220 000.00	797.03	14 496.00	12 028.83	65 795.08	313 116.94

5.1.4.2 本年度所有者权益变动表(续)

所有者权益变动表(续)

2014 年度

单位:万元

项 目	上年金额					
	归属于母公司所有者权益					所有者权益合计
	实收资本	其他综合收益	盈余公积	一般风险准备	未分配利润	
栏 次	1	2	3	4	5	7
一、上年末余额	220 000.00	313.01	4 178.53	6 469.43	28 497.23	259 458.20
加:会计政策变更						
前期差错更正						
其他						
二、本年初余额	220 000.00	313.01	4 178.53	6 469.43	28 497.23	259 458.20
三、本年增减变动金额(减少以“-”号填列)		-2.52	5 087.57	3 304.10	42 484.06	50 873.21
(一)净利润					50 875.73	50 875.73
(二)其他综合收益		-2.52				-2.52
综合收益小计		-2.52				-2.52
(三)所有者投入和减少资本						
1. 所有者投入资本						
2. 股份支付计入所有者权益的金额						
3. 其他						
(四)专项储备提取和使用						
(五)利润分配			5 087.57	3 304.10	-8 391.67	
1. 提取盈余公积			5 087.57		-5 087.57	
其中:法定盈余公积			5 087.57		-5 087.57	
任意盈余公积						
2. 提取一般风险准备				3 304.10	-3 304.10	
四、本年末余额	220 000.00	310.49	9 266.10	9 773.53	70 981.29	310 331.41

5.2 信托资产

5.2.1 信托项目资产负债汇总表

资产负债汇总表

2014 年 12 月 31 日

单位：万元

信托资产	期末余额	年初余额	信托负债和信托权益	期末余额	年初余额
信托资产			信托负债		
货币资金	334 865.40	514 133.78	交易性金融负债		
拆出资金			衍生金融负债		
存出保证金			应付受托人报酬	1 689.04	2 018.35
交易性金融资产	976 471.73	568 594.05	应付托管费	494.89	244.12
衍生金融资产			应付受益人收益	3 102.86	13.18
买入返售金融资产	181 051.80	6 600.07	应交税费		
应收款项	6 220.11	31 798.29	应付销售服务费	1 319.07	
发放贷款	7 034 890.22	7 957 299.38	其他应付款项	16 626.06	5 779.12
可供出售金融资产			预计负债		
持有至到期投资	5 620 409.40	4 410 462.00	其他负债		
长期应收款			信托负债合计	23 231.92	8 054.77
长期股权投资	1 927 607.87	1 348 456.44			
投资性房地产			信托权益		
固定资产			实收信托	15 720 446.62	14 698 472.98
无形资产			资本公积	15 231.78	1 185.37
长期待摊费用			损益平准金		
其他资产			未分配利润	322 606.21	129 630.89
减：各项资产减值准备			信托权益合计	16 058 284.61	14 829 289.24
信托资产总计	16 081 516.53	14 837 344.01	信托负债和信托权益总计	16 081 516.53	14 837 344.01

5.2.2 信托项目利润及利润分配汇总

利润分配汇总表

2014 年度

单位：万元

项目	本年金额	上年金额
1. 营业收入	1 590 881.03	1 114 538.67
1.1 利息收入	659 092.75	519 610.06
1.2 投资收益（损失以“－”号填列）	709 897.34	631 124.50
1.2.1 其中：对联营企业和合营企业的投资收益		
1.3 公允价值变动收益（损失以“－”号填列）	219 717.72	-37 192.49
1.4 租赁收入		
1.5 汇兑损益（损失以“－”号填列）		
1.6 其他收入	2 173.22	996.60
2. 支出	159 988.99	106 265.59
2.1 营业税金及附加		
2.2 受托人报酬	59 730.34	52 005.21
2.3 托管费	10 705.61	11 207.54
2.4 投资管理费	24.00	1 699.69
2.5 销售服务费	4 692.22	2 473.82
2.6 交易费用	2 545.73	75.59
2.7 资产减值损失		
2.8 其他费用	82 291.09	38 803.74
3. 信托净利润（净亏损以“－”号填列）	1 430 892.04	1 008 273.08
4. 其他综合收益		
5. 综合收益	1 430 892.04	1 008 273.08
6. 加：期初未分配信托利润	129 630.89	18 231.21
7. 可供分配的信托利润	1 560 522.93	1 026 504.29
8. 减：本期已分配信托利润	1 237 916.72	896 873.40
9. 期末未分配信托利润	322 606.21	129 630.89

6. 会计报表附注

6.1 简要说明报告年度会计报表编制基准

报告期内，会计报表编制基准较上年未发生变化。

6.2 重要会计政策、会计估计和核算方法的说明

6.2.1 重要会计政策变更说明

本公司已执行财政部于 2014 年颁布的 8 项新修订的企业会计准则。

6.3 对外担保和其他或有事项

无。

6.4 重要资产转让及其出售的说明

无。

6.5 会计报表中重要项目的明细资料

6.5.1 披露固有资产经营情况

6.5.1.1 按信用风险五级分类结果披露信用风险资产的期初数、期末数

信用风险资产五级分类	正常类（万元）	关注类（万元）	次级类（万元）	可疑类（万元）	损失类（万元）	信用风险资产合计（万元）	不良资产合计（万元）	不良资产率（%）
期初数	334 760.50	7 938.10				342 698.60		
期末数	315 318.76		6 391.46			321 710.22	6 391.46	1.99

注：不良资产合计＝次级类＋可疑类＋损失类。

6.5.1.2 各项资产减值损失准备的期初、本期计提、本期转回、本期核销、期末数

单位:万元

	期初数	本期计提	本期转回	本期核销	期末数
贷款损失准备	5 930.10	338.79			6 268.89
一般准备	5 930.10	338.79			6 268.89
专项准备					
可供出售金融资产减值准备	1 295.69	574.61			1 870.30
持有至到期投资减值准备	1 262.13		481.80		780.33
应收账款坏账准备	97.53		4.56		92.97
抵债资产减值准备		14.68			14.68

6.5.1.3 按照投资品种分类,披露固有业务股票投资、基金投资、债券投资、股权投资等投资业务

单位:万元

	股票	基金	债券	长期股权投资	其他投资	合计
期初数	147 191.20	34 712.00	10 000.00		146 430.87	338 334.07
期末数	74 928.30	127 932.34	10 000.00		104 124.08	316 984.72

6.5.1.4 按照投资入股金额排序,披露前五名的固有长期股权投资情况

无。

6.5.1.5 前三名的固有贷款的企业名称、占贷款总额的比例和还款情况

单位:%

企业名称	占贷款总额的比例	还款情况
1. 北京汇源饮料食品集团	75.50	正常
2. 宁夏玉成置业有限公司	24.50	逾期

6.5.1.6 表外业务的期初数、期末数,按照代理业务、担保业务和其他类型分别披露表外业务

本报告期公司无表外业务。

6.5.1.7 公司当年的收入结构

收入结构	金额(万元)	占比(%)
手续费及佣金收入	65 750.49	65.83
其中:信托手续费收入	65 681.67	65.77
利息收入	5 701.89	5.71
投资收益	28 375.91	28.41
其中:证券投资收益	17 817.49	17.84
其他投资收益	10 535.18	10.55
公允价值变动收益	23.24	0.02
其他收入	44.48	0.04
收入合计	99 872.77	100.00

6.5.2 披露信托财产管理情况

6.5.2.1 信托资产的期初数、期末数

单位:万元

信托资产	期初数	期末数
集合	3 143 976.87	5 386 318.53
单一	10 683 367.12	9 685 195.45
财产权	1 010 000.02	1 010 002.55
合计	14 837 344.01	16 081 516.53

6.5.2.1.1 主动管理型信托业务期初数、期末数

单位:万元

主动管理型信托资产	期初数	期末数
证券投资类	945 440.47	1 021 015.00
股权投资类	2 165 381.14	1 735 011.59
融资类	4 153 039.79	2 843 254.69
事务管理类	10 003.34	10 003.32
合计	7 273 864.74	5 609 284.60

6.5.2.1.2 被动管理型信托业务期初数、期末数

单位:万元

被动管理型信托资产	期初数	期末数
证券投资类	632 193.88	760 256.72
股权投资类	2 056 092.54	2 777 228.73
融资类	3 490 076.77	5 777 871.94
事务管理类	1 385 116.08	1 156 874.53
合计	7 563 479.27	10 472 231.93

6.5.2.2 本年度已清算结束的信托项目个数、金额、加权平均实际年化收益率

6.5.2.2.1 本年度已清算结束的集合类、单一类资金信托项目和财产管理类信托项目个数、实收信托金额、加权平均实际年化收益率

已清算结束信托项目	项目个数(个)	实收信托合计金额(万元)	加权平均实际年化收益率(%)
集合类	39	1 532 243.95	9.86
单一类	128	4 652 368.90	6.80

6.5.2.2.2 本年度已清算结束的主动管理型信托项目个数、合计金额、加权平均实际年化收益率

已清算结束信托项目	项目个数(个)	实收信托合计金额(万元)	加权平均实际年化信托报酬率(%)
证券投资类	15	461 343.95	14.84
股权投资类	30	1 008 267.90	8.76
融资类	53	2 645 015.00	6.66

注:加权平均实际年化收益率=(信托项目1的实际年化收益率×信托项目1的实收信托+…+信托项目n的实际年化收益率×信托项目n的实收信托)/(信托项目1的实收信托+…+信托项目n的实收信托)×100%。

6.5.2.2.3 本年度已清算结束的被动管理型信托项目个数、合计金额、加权平均实际年化收益率,分投资、融资、事务类分别披露

已清算结束信托项目	项目个数(个)	实收信托合计金额(万元)	加权平均实际年化收益率(%)
股权投资类	11	457 160.00	6.16
融资类	58	1 612 826.00	6.60

6.5.2.3 本年度新增的集合类、单一类、财产管理类信托项目个数、合计金额

新增信托项目	项目个数(个)	实收信托合计金额(万元)
集合类	85	3 298 262.77
单一类	119	4 106 331.61
新增合计	204	7 404 594.38
其中:主动管理型	65	2 017 546.27
被动管理型	139	5 387 048.11

6.5.2.4 信托业务创新成果和特色业务有关情况

报告期内，公司在资本市场上，对信贷资产证券化、定向增发类项目的交易结构、合作模式等方面进行了积极研究和业务开拓，尝试在资本市场上寻找信托公司新的增长点。

6.5.2.5 本公司履行受托人义务情况及因本公司自身责任而导致的信托资产损失情况

无。

6.6 关联方关系及其交易的披露

6.6.1 联交易方的数量、关联交易的总金额及关联交易的定价政策

单位：万元

	关联交易方数量	关联交易金额	定价政策
合计	3	76 290.00	以市场交易价格为依据

6.6.2 关联交易方与本公司的关系性质、关联交易方的名称、法定代表人、注册地址、注册资本及主营业务等

关系性质	关联方名称	法定代表人	注册地址	注册资本	主营业务
公司股东	中国华电集团财务有限公司	陈宇	北京市西城区宣武门内大街2号B座10层	50亿元	对成员单位办理财务和融资、担保、结算等；从事同业拆借；对金融机构的股权投资；中国银行业监督管理委员会批准的其他业务等。

6.6.3 本公司与关联方的重大交易事项

6.6.3.1 固有与关联方交易情况

无。

6.6.3.2 信托资产与关联方贷款、投资、租赁、应收账款、担保、其他方式等期初汇总数、本期发生汇总额、期末汇总数

单位：万元

信托资产与关联方关联交易				
	期初数	借方发生额	贷方发生额	期末数
贷款	98 200.00		30 000.00	68 200.00
合计	98 200.00		30 000.00	68 200.00

6.6.3.3 信托公司自有资金运用于自己管理的信托项目（固信交易）、信托公司管理的信托项目之间的相互（信信交易）交易金额，包括余额和本报告年度的发生额

6.6.3.3.1 固有与信托财产之间的交易金额期初汇总数、本期发生额汇总数、期末汇总数

单位：万元

固有财产与信托财产相互交易			
	期初数	本期发生额	期末数
合计	15 000.00	−6 910.00	8 090.00

6.6.3.3.2 信托资产与信托财产之间的交易金额期初汇总数、本期发生额汇总数、期末汇总数

单位：万元

信托资产与信托财产相互交易			
	期初数	本期发生额	期末数
合计	0	0	0

6.6.4 逐笔披露关联方逾期未偿还本公司资金的详细情况以及本公司为关联方担保发生或即将发生垫款的详细情况

无。

6.7 会计制度的披露

本公司固有业务和信托业务均执行财政部2006年颁布的《企业会计准则》及实施细则及财政部于2014年修订及新颁布的准则。

7. 财务情况说明书

7.1 利润实现和利润分配情况

本报告期，公司实现利润总额70 637.81万元，所得税费用18 338.81万元，净利润52 298.99万元。

根据《公司法》、《信托公司管理办法》及《金融企业呆账准备提取管理办法》等规定，2014年度利润分配如下：

按净利润10%，提取法定盈余公积金5 229.90万元；

按净利润5%，提取信托赔偿准备金2 614.95万元；

按风险资产余额1.5%，转回一般风险准备359.65万元；

向股东分配红利50 000.00万元。

上述各项提取后，加上年初未分配利润，剩余可供股东分配利润65 795.08万元。

7.2 主要财务指标

指标名称	指标值
资本利润率（%）	16.78
加权年化信托报酬率（%）	0.41
人均净利润（万元）	358.21

注：1. 资本利润率＝净利润/所有者权益期初期末平均金额×100%。

2. 加权年化信托报酬率＝（信托项目1的年化信托报酬率×信托项目1的实收信托＋…＋信托项目n的年化信托报酬率×信托项目n的实收信托）/（信托项目1的实收信托＋…＋信托项目n的实收信托）×100%。

3. 人均净利润＝净利润/期初期末平均人数。

7.3 净资本和风险资本情况

项目	期初数	期末数
净资本（万元）	258 814.54	281 719.61
风险资本（万元）	159 643.46	183 052.87
净资本/风险资本（%）	162.12	153.90
净资本/净资产（%）	83.40	89.97

报告期内，公司净资本充足，各项比例符合管理要求。

7.4 对本公司财务状况、经营成果有重大影响的其他事项

无。

8. 特别事项揭示

8.1　前五名股东报告期内变动情况

无。

8.2　董事、监事及高级管理人员变动情况及原因

根据工作需要,按照股东方中国华电集团公司提名并经公司股东会选举李长旭为公司董事长、金树成为公司非独立董事,经董事会同意金树成担任公司副总经理,经董事会同意陶钧担任公司副总经理。因工作原因,郝彬不再担任公司董事长,陈宇不再担任公司董事会董事,兰强不再担任公司副总经理。

8.3　变更注册资本、注册地或公司名称及公司分立合并事项

无。

8.4　公司重大未决诉讼事项

无。

8.5　公司及其董事、监事和高级管理人员受到处罚的情况

无。

8.6　银监会及其派出机构所提监管意见的整改情况

无。

8.7　本年度重大事项临时报告的简要内容、披露时间、所披露的媒体及其版面

无。

8.8　银监会及其省级派出机构认定的其他有必要让客户及相关利益人了解的重要信息

无。

9. 公司监事会意见

报告期内,公司监事会认为公司决策程序合法,内部控制制度完善,未发现董事、经理和其他高级管理人员在执行职务时有违法、违纪及有损公司和股东利益的行为。财务报告真实反映了公司的财务状况和经营成果。

华信信托股份有限公司

1. 重要提示

1.1 公司董事会及董事保证本报告所载资料不存在任何虚假记载、误导性陈述或者重大遗漏，并对其内容的真实性、准确性和完整性承担个别及连带责任。本年度报告摘要摘自年度报告全文，客户及相关利益人欲了解详细内容，应阅读年度报告全文。

1.2 独立董事王忠民、单建保、于元浦认为公司年度报告内容真实、准确、完整。

1.3 公司年度财务报告经致同会计师事务所（特殊普通合伙）辽宁分所审计，并出具了标准无保留意见的审计报告。

1.4 公司董事长董永成、主管会计工作负责人崔相斌及会计机构负责人王艳杰声明：保证年度报告中财务报告的真实、完整。

2. 公司概况

2.1 公司简介

公司设立于1987年，原名中国工商银行大连市信托投资公司；1988年，改制为股份有限公司，更名为中国工商银行大连信托投资股份有限公司；1997年，更名为大连华信信托投资股份有限公司；2001年，成为全国首批、东北地区首家完成重新登记的信托投资公司；2006年，注册资本金增加到10.01亿元；2007年，注册资本增加到12.1亿元；2007年，更名为大连华信信托股份有限公司；2010年，注册资本增加到20.57亿元；2012年，注册资本增加到30亿元；2013年，注册资本增加到33亿元，更名为华信信托股份有限公司。

2.1.1 公司基本情况

法定中文名称	华信信托股份有限公司
中文名称缩写	华信信托
法定英文名称	Huaxin Trust Co.，Ltd.
英文名称缩写	Huaxin Trust
法定代表人	董永成

续表

注册地址	大连市西岗区大公街34号
邮政编码	116011
国际互联网网址	www.huaxintrust.com
电子信箱	huaxin@hxtic.cn
选定的信息披露报纸	《金融时报》、《中国证券报》、《证券时报》
年度报告备置地点	华信信托理财中心
聘请的会计师事务所	名称：致同会计师事务所（特殊普通合伙）辽宁分所 注册地址：大连市中山区鲁迅路35号盛世大厦
聘请的律师事务所	名称：辽宁双护律师事务所 注册地址：大连市沙河口区西安路90号广荣大厦1601室

2.1.2 信息披露事务负责人

姓名	侯宇
职务	副总裁、董事会秘书
联系电话	0411－83611895
传真	0411－83638415
电子信箱	huaxin@hxtic.cn

2.2 组织结构

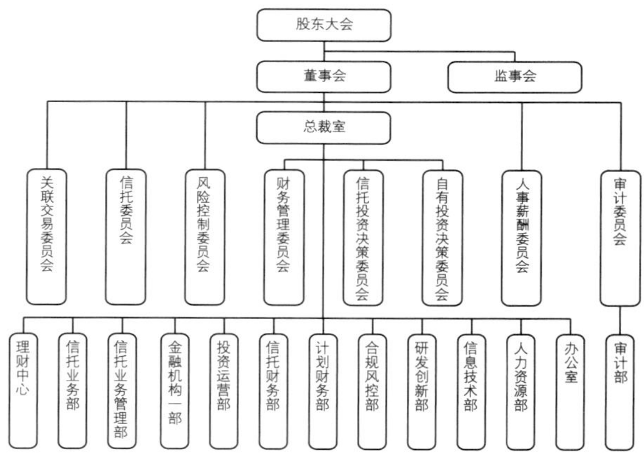

3. 公司治理

3.1 股东

公司前三位股东：

名称	出资比例（%）	法人代表	注册资本（万元）	注册地址	主要经营业务及财务状况
华信汇通集团有限公司	60	董永成	330 000	北京市西城区金融街28号2号楼19层	投资及资产管理、经济信息咨询、财务咨询等。2014年末，资产总额714 868.45万元，2014年利润总额119 251.39万元（未经审计）。
大连保税区海涵发展有限公司	4.48	刘　辉	34 900	辽宁省大连市保税区市场大厦304B	项目投资等。2014年末，资产总额56 693.26万元，2014年利润总额11 231.12万元。
北京越达投资有限公司	4.48	张桂芝	21 000	北京市朝阳区东三环南路	项目投资、经济信息咨询等。2014年末，资产总额92 453.00万元，2014年利润总额10 592.18万元。

3.2 董事

董事会成员

姓 名	职 务	性别	年龄	选任日期	所推举的股东名称	该股东持股比例(%)	简 要 履 历
董永成	董事长	男	58	2014年4月29日	华信汇通集团有限公司	60	曾任中国工商银行大连市分行技改处副处长、中国工商银行大连信托投资股份有限公司总经理,现任华信信托股份有限公司董事长。
杨家思	董事	男	65	2014年4月29日	华信汇通集团有限公司	60	曾任中国工商银行北京分行副行长、中国工商银行信托投资公司总经理、中国华融资产管理公司副总裁,现任华信汇通集团有限公司监事、华信信托股份有限公司董事。
钟石	董事	男	36	2014年4月29日	华信汇通集团有限公司	60	曾任华信汇通集团有限公司审计部副总经理,现任华信汇通集团有限公司财务部副总经理、华信信托股份有限公司董事。
刘辉	董事	男	43	2014年4月29日	大连保税区海涵发展有限公司	4.48	曾任海口卉烽粮油有限公司董事长,现任大连保税区海涵发展有限公司董事长、华信信托股份有限公司董事。
姜顺杰	董事	男	52	2014年4月29日	大连顺联达集团有限责任公司	4.48	曾任大连纺织厂财务科科长,大连碧海山庄旅游集团财务处长、总经理助理,大连凯撒餐饮有限公司总经理;现任大连保税区顺林石化有限公司董事长、总经理,大连顺联达集团有限责任公司总经理、华信信托股份有限公司董事。
尹世辉	董事	男	45	2014年4月29日	大连港集团有限公司	3.09	曾任大连港杂货码头公司总经理、党委书记,大连港集团总经理助理、副总会计师;现任大连港集团副总经理、华信信托股份有限公司董事。
王忠民	独立董事	男	65	2014年4月29日	—	—	曾任中诚信托有限责任公司董事长、中国信托业协会第一任会长、嘉实基金管理有限公司董事长,现任华信信托股份有限公司独立董事。
于元浦	独立董事	男	62	2014年4月29日	—	—	曾任中国银行辽宁省分行副行长、中国银行沈阳分行行长,现任华信信托股份有限公司独立董事。
单建保	独立董事	男	60	2014年12月16日	—	—	曾任光大银行总行副行长,现任华信信托股份有限公司独立董事。

独立董事

姓 名	所在单位及职务	性别	年龄	选任日期	提名人	简 要 履 历
王忠民	独立董事	男	65	2014年4月29日	董事会	曾任中诚信托有限责任公司董事长、中国信托业协会第一任会长、嘉实基金管理有限公司董事长,现任华信信托股份有限公司独立董事。
于元浦	独立董事	男	62	2014年4月29日	董事会	曾任中国银行辽宁省分行副行长、中国银行沈阳分行行长,现任华信信托股份有限公司独立董事。
单建保	独立董事	男	60	2014年12月16日	董事会	曾任光大银行总行副行长,现任华信信托股份有限公司独立董事。

3.3 监事

监事会成员

姓 名	职 务	性别	年龄	选任日期	所推举的股东名称	该股东持股比例(%)	简 要 履 历
于永顺	监事长	男	64	2014年4月29日	华信汇通集团有限公司	60	曾任中国建设银行总行副处长、处长、审计部总经理、首席审计官,现任华信信托股份有限公司监事长。
侯 霞	董事	女	42	2014年4月29日	北京越达投资有限公司	4.48	曾任大连恒元经贸有限公司总经理,大连丰华恒昌公司副总经理、财务总监,加拿大道明金融集团金融分析师;现任北京越达投资有限公司副总经理、华信信托股份有限公司监事。
臧冬青	监事	女	51	2014年4月29日	职工代表	—	曾任铁岭市一中教师、大连甘井子区教师进修学校教师,现任华信信托股份有限公司职员、监事。

3.4 高级管理人员

姓 名	职务	性别	年龄	选任日期	金融从业年限(年)	学历	专业
黄 铎	总裁	男	62	2010年12月29日	24	大专	管理
崔相斌	副总裁	男	47	2010年12月29日	23	研究生	管理
王 瑾	副总裁	女	48	2010年12月29日	17	本科	统计

续表

姓 名	职务	性别	年龄	选任日期	金融从业年限(年)	学历	专业
付绍波	副总裁	男	38	2010年12月29日	16	本科	建筑工程
侯宇	副总裁、董事会秘书	女	36	2012年7月26日	14	本科	法律
刘建春	副总裁	男	48	2014年9月12日	26	本科	金融

3.5 公司员工

项　目		报告期年度		上年度	
		人数（173 人）	比例（%）	人数（174 人）	比例（%）
年龄分布	25 岁以下	8	4.62	16	9.2
	25～29 岁	56	32.37	58	33.33
	30～39 岁	78	45.09	73	41.95
	40 岁以上	31	17.92	27	15.52
学历分布	博士	1	0.58	1	0.57
	硕士	85	49.13	93	53.45
	本科	81	46.82	76	43.68
	专科	6	3.47	4	2.3
岗位分布	董事、监事及高管人员	9	5.2	8	4.6
	自营业务人员	9	5.2	10	5.75
	信托业务人员	115	66.48	109	62.64
	其他人员	40	23.12	47	27.01

4. 经营管理

4.1 经营目标、方针、战略规划

经营目标：以提升资产管理能力和盈利能力为核心，以风险控制为前提、团队建设为关键、机制完善为保障，致力于发挥信托功能优势，为客户提供安全稳健的信托产品和高效便捷的信托服务，将公司建设成为业内领先、品牌卓著、核心竞争力突出的金融企业。

经营方针：恪守诚信、稳健合规、开拓创新、和谐共赢。

战略规划：充分发挥公司较强的自主管理能力、品牌影响力和协同效应，扩展投资领域、完善投资管理体系，提升资产管理能力和业务规模，带动盈利能力持续提升；提高风险管理能力，建立起科学、高效的风险分析与评价体系，准确识别、控制各类风险；加强企业文化建设、完善人才培养机制和绩效考核机制，建立一支富有创新意识、高素质、高水平的专业团队；丰富理财产品体系、提升客户服务水平，扩大客户群体。

4.2 所经营业务的主要内容

公司业务分为信托业务和固有业务。其中，信托业务主要包括财富管理类信托、融资类信托、投资类信托、特许经营类信托等；固有业务主要包括金融类公司股权投资业务、金融产品投资业务、贷款业务等。

4.3 市场分析

4.3.1 公司发展的有利因素

2014 年，新一届政府不断创新调控思路，推出定向调控等多项措施，宏观经济运行保持平稳态势，随着经济结构持续调整优化，我国经济将全面向新常态转换，经济增长将在稳中缓降的同时更加强调结构优化效应的增强，经济社会发展的稳中有进为信托行业发展创造有利条件；居民可支配收入进一步提高，高净值人群数量不断增加，经过多年市场培育，高端客户信托理财意识不断增强、对于信托理财的认可度不断提升；大连及整个辽宁省的经济发展水平处于全国经济发展的前列，合格个人投资者和机构投资者具有较大的投资需求；公司作为具有多年成功经营历史的辽宁省唯一一家信托公司，在所属区域内有着较好的社会声誉和品牌影响力，高端客户对于公司品牌的认可度不断提升；公司经营管理团队经验丰富、人员稳定，员工具有较高的综合素质，业务实践能力较强；公司法人治理结构、业务产品结构、风险管理体系日趋完善，拥有较强的自主管理能力。

4.3.2 公司发展的不利因素

当前我国经济面临新一轮的结构调整，对信托行业的原有业务模式提出了挑战；随着金融同业资管业务的放开，信托行业面临进一步加剧的同质化竞争；此外，随着互联网金融的崛起，人们的理财观念和理财手段都产生了较大变化，互联网金融的出现在一定程度上冲击着传统理财市场的格局。

4.4 内部控制

公司始终致力于内控制度的建设及完善，构建了以股东大会、董事会及其下属专业委员会、监事会、管理层等为主体的公司治理组织架构，制定了完备的议事规则和决策程序。建立了健全、有效、涵盖全部业务和管理活动的内控制度体系，从公司治理、业务操作、财务管理、风险控制与合规管理、审计监督、人力资源管理和其他事务管理等多方面进行规范。

公司倡导以“合规”和“诚信”为核心的企业文化，加强合规培训和合规绩效考核，提高全员合规意识。业务发展以合规运作及风险可控为前提，切实履行受托责任，尽职管理信托财产，努力实现受益人利益最大化。

不断完善法人治理，切实发挥监事会、独立董事的监督职能，加强外部监督作用；管理层建立了合理授权、有效问责、内部举报和奖惩制度，鼓励员工举报违法、违规、违反职业操守和诚信原则的行为；不断完善风险控制和合规管理。建立了固有业务和信托业务相互分离的业务管理体系；各项业务均有健全的决策机构和决策程序，岗位之间职责分明、边界清晰，实现了前台、中台、后台分工协作又相对独立的科学、高效的运营机制；严格执行重要岗位的强制休假和岗位轮调制度，强化“执行力”建设，保证各项内部控制措施的有效执行。建立业务预警及突发事件应急机制，不断提高风险防范和处置能力，保障持续经营。建立并不断完善通畅、双向的信息交流与反馈机制。内部信息交流方面，通过会议、公文、自动化办公平台等途径及时向员工传递信息；外部信息交流方面，积极与监管机构互动和沟通，使监管要求及时传达并有效落实，监管机构能够全面详尽地获取公司经营管理信息并在发生重大事项时第一时间得到报告。严格履行信息披露义务，通过公司网站、媒体发布、书面通知等方式，依法对投资者和社会公众披露信息。建立了部门自查、岗位相互制约、员工内部举报、合规检查及内部审计相结合的监督与纠正机制。

4.5 风险管理

公司经营中面临的主要风险包括信用风险、市场风险、操作风险、法律政策风险、兑付风险、道德风险以及声誉风险。

信用风险是指因交易对手违约或信用等级下降，给公司造成的可能损失。公司严格按照监管规定足额计提一般准备和资产减值准备，按比例提取信托赔偿准备金，以提高公司抵御风险的能力。截至 2014 年末，公司自营项下信用风险资产 403 361.32 万元，信托项下信用风险资产 4 456 736.31 万元，全部为正常类资产。

市场风险主要指由于利率、汇率、股市价格等因素变动而

产生的未知潜在损失的风险。公司持有的美元资产、自营贷款业务、信托贷款业务、自营证券投资业务以及证券投资类资金信托业务等均可能面临市场风险。报告期内公司通过资产组合投资等方法分散风险，将市场风险控制在可承受范围内。

操作风险是指由于内部程序、人员、系统不完善或失误，或外部事件造成损失的风险。公司通过完善治理结构、加强内控管理等措施防控操作风险。报告期内未发生因操作风险所造成的损失。

其他风险主要是指公司业务开展中的法律政策风险、兑付风险、道德风险、声誉风险等。报告期内公司未发生因其他风险所造成的损失。

公司加强对国家法律、宏观政策的收集、研究，及时作出前瞻性的预测，适时调整经营策略和业务拓展方向，有效规避因法律、政策变化带来的风险；倡导和培育合规文化，并将合规文化融入公司经营管理、内控建设、企业文化建设的全过程，全体员工不断提高合规意识，严格履行合规职责；加强职业道德教育，增强员工的工作责任心；加强对信用风险、市场风险、操作风险、法律风险等业务原发风险的防控，通过有效的识别、管理、控制原发风险组合的发生，进而有效控制和降低兑付风险、声誉风险等派生风险的发生。公司高度重视声誉风险，对声誉风险的容忍度为零。

4.6 净资本管理

公司依据《信托公司净资本管理办法》实施净资本管理，报告期内公司资本充足，流动性良好，能够抵御各项业务带来的不可预期的风险。截至2014年末，公司净资本668 088.75万元，各项业务风险资本之和为136 348.31万元，净资本/各项业务风险资本之和为489.99%，净资本/净资产为93.04%，均符合《信托公司净资本管理办法》要求，具有较大业务发展空间。

5. 报告期末及上一年度末的比较式会计报表

5.1 自营资产

5.1.1 会计师事务所审计意见全文

审 计 报 告

致同审字（2015）第210FB0079号

华信信托股份有限公司全体股东：

我们审计了后附的华信信托股份有限公司（以下简称华信信托公司）财务报表，包括2014年12月31日的资产负债表，2014年度的利润表、现金流量表、股东权益变动表以及财务报表附注。

一、管理层对财务报表的责任

编制和公允列报财务报表是华信信托公司管理层的责任，这种责任包括：（1）按照企业会计准则的规定编制财务报表，并使其实现公允反映；（2）设计、执行和维护必要的内部控制，以使财务报表不存在由于舞弊或错误导致的重大错报。

二、注册会计师的责任

我们的责任是在执行审计工作的基础上对财务报表发表审计意见。我们按照中国注册会计师审计准则的规定执行了审计工作。中国注册会计师审计准则要求我们遵守中国注册会计师职业道德守则，计划和执行审计工作以对财务报表是否不存在重大错报获取合理保证。

审计工作涉及实施审计程序，以获取有关财务报表金额和披露的审计证据。选择的审计程序取决于注册会计师的判断，包括对由于舞弊或错误导致的财务报表重大错报风险的评估。在进行风险评估时，注册会计师考虑与财务报表编制和公允列报相关的内部控制，以设计恰当的审计程序，但目的并非对内部控制的有效性发表意见。审计工作还包括评价管理层选用会计政策的恰当性和作出会计估计的合理性，以及评价财务报表的总体列报。

我们相信，我们获取的审计证据是充分、适当的，为发表审计意见提供了基础。

三、审计意见

我们认为，华信信托公司财务报表在所有重大方面按照企业会计准则的规定编制，公允反映了华信信托公司2014年12月31日的财务状况以及2014年度的经营成果和现金流量。

致同会计师事务所（特殊普通合伙） 辽宁分所

中国注册会计师：姜 韬

中国注册会计师：石春晖

中国·大连 二〇一五年三月二十三日

5.1.2 资产负债表

编制单位：华信信托股份有限公司 2014年12月31日 单位：万元

资 产	期末数	期初数	负债和所有者权益	期末数	期初数
资产：			负债：		
货币资金	234 196.85	13 992.58	拆入资金		
交易性金融资产			交易性金融负债		
买入返售金融资产	101 341.01	26 490.26	应付账款		
拆出资金			应付职工薪酬	2 712.40	3 858.08
贷款	50 500.00	6 000.00	应交税费	28 920.41	7 830.11
应收账款	10 963.95	14 643.67	应付股利	3 771.06	5 378.86
应收利息			代理业务	1 578.86	1 597.32
应收股利			预计负债		

续表

资　产	期末数	期初数	负债和所有者权益	期末数	期初数
持有至到期投资			递延所得税负债	563. 16	832. 57
可供出售金融资产	185 145. 57	378 428. 74	其他负债	25. 51	51. 58
长期股权投资	159 599. 97	147 527. 61	负债合计	37 571. 40	19 548. 52
投资性房地产			所有者权益:		
固定资产	5 070. 24	5 240. 91	股本	330 000. 00	330 000. 00
固定资产清理			资本公积	60 476. 00	60 476. 00
无形资产	1 129. 37	969. 71	其他综合收益	246. 95	-26 172. 57
商誉			盈余公积	60 275. 63	43 471. 62
长期待摊费用			一般风险准备	36 516. 26	29 088. 99
递延所得税资产	1 264. 20	9 993. 29	未分配利润	230 484. 43	152 675. 66
其他资产	6 359. 51	5 801. 45	所有者权益合计	717 999. 27	589 539. 70
资产总计	755 570. 67	609 088. 22	负债和所有者权益总计	755 570. 67	609 088. 22

法定代表人:董永成　　　　主管会计工作负责人:崔相斌　　　　会计机构负责人:王艳杰

5. 1. 3　利润表

编制单位:华信信托股份有限公司　　　　2014 年度　　　　单位:万元

项　　目	当年数	上年数
一、营业收入	229 724. 23	170 843. 22
利息净收入	2 339. 53	3 485. 91
利息收入	2 339. 53	3 485. 91
利息支出		
手续费及佣金净收入	101 286. 40	94 046. 92
手续费及佣金收入	101 286. 40	94 046. 92
手续费及佣金支出		
投资收益	125 845. 03	73 539. 96
其中:对联营企业和合营企业的投资收益	19 060. 00	9 962. 67
公允价值变动收益		
汇兑收益	66. 66	-312. 43
其他业务收入	186. 61	82. 86
二、营业支出	18 042. 54	18 610. 49
营业税金及附加	9 386. 48	8 834. 29
业务及管理费	8 656. 06	10 156. 20
资产减值损失		-380. 00
其他业务成本		
三、营业利润	211 681. 69	152 232. 73
营业外收入	1. 00	0. 86
营业外支出	69. 25	117. 44
四、利润总额	211 613. 44	152 116. 15
所得税费用	43 573. 39	32 532. 93
五、净利润	168 040. 05	119 583. 22
六、每股收益:		
(一)基本每股收益	0. 51	0. 39
(二)稀释每股收益	0. 51	0. 39
七、其他综合收益的税后净额	26 419. 52	-47 402. 47
(一)以后不能重分类进损益的其他综合收益		
(二)以后将重分类进损益的其他综合收益	26 419. 52	-47 402. 47
八、综合收益总额	194 459. 57	72 180. 75

法定代表人:董永成　　　　主管会计工作负责人:崔相斌　　　　会计机构负责人:王艳杰

5.1.4 所有者权益(股东权益)变动表

编制单位:华信信托股份有限公司　　2014 年度　　单位:万元

项　　目	股本	资本公积	减:库存股	其他综合收益	盈余公积	一般风险准备	未分配利润	所有者权益合计
一、上年末余额	330 000. 00	60 476. 00		-26 172. 57	43 471. 62	29 088. 99	152 675. 66	589 539. 70
1. 会计政策变更								
2. 前期差错更正								
二、本年初余额	330 000. 00	60 476. 00		-26 172. 57	43 471. 62	29 088. 99	152 675. 66	589 539. 70
三、本年增减变动金额(减少以"-"号填列)				26 419. 52	16 804. 01	7 427. 27	77 808. 77	128 459. 57
(一)综合收益总额				26 419. 52			168 040. 05	194 459. 57
(二)股东投入和减少资本								
1. 股东投入资本								
2. 股份支付计入股东权益的金额								
3. 其他								
(三)利润分配					16 804. 01	7 427. 27	-90 231. 28	-66 000. 00
1. 提取盈余公积					16 804. 01		-16 804. 01	
2. 提取一般风险准备						7 427. 27	-7 427. 27	
3. 对股东的分配							-66 000. 00	-66 000. 00
4. 其他								
(四)股东权益内部结转								
1. 资本公积转增资本								
2. 盈余公积转增资本								
3. 盈余公积弥补亏损								
4. 其他								
(五)专项储备								
1. 本期提取								
2. 本期使用								
(六)其他								
四、本年末余额	330 000. 00	60 476. 00		246. 95	60 275. 63	36 516. 26	230 484. 43	717 999. 27

法定代表人:董永成　　主管会计工作负责人:崔相斌　　会计机构负责人:王艳杰

5.2 信托资产

5.2.1 信托项目资产负债汇总表

编制单位:华信信托股份有限公司　　2014 年 12 月 31 日　　单位:万元

信托资产	期末数	期初数	信托负债和信托权益	期末数	期初数
信托资产:			信托负债:		
货币资金	220 731. 51	403 122. 17	应付受托人报酬	10 963. 95	14 643. 67
拆出资金	—	—	应付托管费	116. 51	208. 53
应收款项	74 083. 73	31 150. 47	应付受益人收益	—	718. 77
买入返售资产	540 015. 77	71 280. 84	其他应付款项	10 144. 15	25 594. 38
交易性金融资产	188 467. 71	609 535. 67	应交税费	—	—
可供出售金融资产	—	—	其他负债	—	—
持有至到期投资	4 640 400. 14	4 305 350. 90	信托负债合计	21 224. 61	41 165. 35
长期股权投资	164 080. 50	46 930. 50	信托权益:		
贷款	2 286 368. 00	2 171 116. 50	实收信托	7 853 718. 46	7 479 022. 60
应收融资租赁款	—	—	资本公积	20 859. 00	—
固定资产	—	—	未分配利润	218 345. 29	118 299. 10
无形资产	—	—		—	—
长期待摊费用	—	—		—	—
其他资产	—	—	信托权益合计	8 092 922. 75	7 597 321. 70
信托资产总计	8 114 147. 36	7 638 487. 05	信托负债及信托权益总计	8 114 147. 36	7 638 487. 05

法定代表人:董永成　　主管会计工作负责人:崔相斌　　会计机构负责人:李月英

5.2.2 信托项目利润及利润分配汇总表

2014 年度

编制单位：华信信托股份有限公司　　单位：万元

项　目	当年数	上年数
一、营业收入	844 949.26	639 418.06
利息收入	245 158.99	309 639.57
投资收益	523 210.80	381 135.31
公允价值变动收益	70 756.93	-74 299.33
租赁收入	—	—
汇兑收益	30.70	-161.23
其他收入	5 791.84	23 103.74
二、营业费用	159 699.75	133 786.84
三、营业税金及附加	—	—
四、扣除资产损失前的信托利润	685 249.51	505 631.22
减：资产减值损失	—	—
五、扣除资产损失后的信托利润	685 249.51	505 631.22
加：期初未分配信托利润	118 299.10	70 564.80
其他转入	-73.57	5 775.55
六、可供分配的信托利润	803 475.04	581 971.57
减：本期已分配信托利润	585 129.75	463 672.47
七、期末未分配信托利润	218 345.29	118 299.10

法定代表人：董永成　　主管会计工作负责人：崔相斌　　会计机构负责人：李月英

6. 会计报表附注

6.1 报告年度会计报表编制基准、会计政策、会计估计和核算方法变化情况

（1）主要会计政策变更。2014 年 1 月至 7 月，财政部颁布了《企业会计准则第 39 号——公允价值计量》（简称企业会计准则第 39 号）、《企业会计准则第 40 号——合营安排》（简称企业会计准则第 40 号）和《企业会计准则第 41 号——在其他主体中权益的披露》（简称企业会计准则第 41 号），修订了《企业会计准则第 2 号——长期股权投资》（简称企业会计准则第 2 号）、《企业会计准则第 9 号——职工薪酬》（简称企业会计准则第 9 号）、《企业会计准则第 30 号——财务报表列报》（简称企业会计准则第 30 号）、《企业会计准则第 33 号——合并财务报表》（简称企业会计准则第 33 号）和《企业会计准则第 37 号——金融工具列报》（简称企业会计准则第 37 号），除企业会计准则第 37 号在 2014 年度及以后期间的财务报告中使用外，上述其他准则于 2014 年 7 月 1 日起施行。

（2）报告年度会计报表编制基准、会计估计和核算方法未发生变化。

6.2 或有事项说明

报告期内无需要说明的或有事项。

6.3 重要资产转让及其出售的说明

报告期内，公司将原持有的 20 000 万股大连银行股份有限公司股权全部转让。

6.4 会计报表中重要项目的明细资料

6.4.1 披露自营资产经营情况

6.4.1.1 按信用风险五级分类结果披露信用风险资产的期初数、期末数。

信用风险资产五级分类	正常类（万元）	关注类（万元）	次级类（万元）	可疑类（万元）	损失类（万元）	信用风险资产合计（万元）	不良资产合计（万元）	不良资产率（%）
期初数	66 926.55	0	0	0	0	66 926.55	0	0
期末数	403 361.32	0	0	0	0	403 361.32	0	0

6.4.1.2 各项资产减值损失准备的期初、本期计提、本期转回、本期核销、期末数

单位：万元

	期初数	本期计提	本期收回	本期核销	期末数
贷款损失准备	0	0	0	0	0
一般准备	0	0	0	0	0
专项准备	0	0	0	0	0
其他资产减值准备	0	0	0	0	0
可供出售金融资产减值准备	0	0	0	0	0
持有至到期投资减值准备	0	0	0	0	0
长期股权投资减值准备	0	0	0	0	0
坏账准备	0	0	0	0	0
投资性房地产减值准备	0	0	0	0	0

6.4.1.3 自营股票投资、基金投资、债券投资、股权投资等投资业务的期初数、期末数

单位：万元

	自营股票	基金	债券	长期股权投资
期初数	356 414.74	0	0	147 527.61
期末数	183 131.57	0	0	159 599.97

6.4.1.4 按投资入股金额排序，前五名的自营长期股权投资的企业名称、占被投资企业权益的比例、主要经营活动及投资收益情况等

企业名称	占被投资企业权益的比例（%）	主要经营活动	投资损益（万元）
1. 大通证券股份有限公司	28.04	证券经纪，证券投资咨询，与证券交易、证券投资活动有关的财务顾问，证券承销与保荐，证券自营，证券资产管理，为期货公司提供中间介绍业务，证券投资基金销售业务，融资融券业务，代销金融产品业务等。	9 219.43
2. 丹东银行股份有限公司	17.15	吸收公众存款、发放贷款、国内外结算、从事银行卡业务、票据业务等。	9 840.57

6.4.1.5 前三名的自营贷款的企业名称、占贷款总额的比例和还款情况等

企业名称	占贷款总额的比例(%)	还款情况
大连陆港投资有限公司	42.57	正常付息
大连福瑞达投资有限公司	57.43	正常付息

6.4.1.6 表外业务的期初数、期末数

单位:万元

表外业务	期初数	期末数
担保业务	0	0
代理业务(委托业务)	1 120.45	1 120.45
合计	1 120.45	1 120.45

6.4.1.7 公司当年的收入结构

收入结构	金额(万元)	占比(%)
手续费及佣金收入	101 286.40	44.09
其中:信托手续费收入	99 845.14	43.46
投资银行业务收入	1 400.01	0.61
利息收入	2 339.53	1.02
其他业务收入	186.61	0.08
其中:计入信托业务收入部分	0	0
投资收益	125 845.03	54.78
其中:股权投资收益	63 260.00	27.54
证券投资收益	59 337.23	25.83
其他投资收益	3 247.80	1.41
公允价值变动收益	0	0
汇兑收益	66.66	0.03
营业外收入	1.00	0
收入合计	229 725.23	100

6.4.2 披露信托财产管理情况

6.4.2.1 信托资产的期初数、期末数

单位:万元

信托资产	期初数	期末数
集合	3 647 854.38	4 433 510.14
单一	3 788 527.62	3 539 689.12
财产权	180 681.42	140 948.10
合计	7 617 063.42	8 114 147.36

6.4.2.1.1 主动管理型信托业务的信托资产期初数、期末数

单位:万元

主动管理型信托资产	期初数	期末数
证券投资类	691 295.73	759 268.97
股权投资类	63 044.35	142 461.76
权益投资类	1 276 925.03	3 879 677.81
融资类	3 730 089.82	1 292 618.90
事务管理类	540 845.23	77 876.44
合计	6 302 200.16	6 151 903.88

6.4.2.1.2 被动管理型信托业务的信托资产期初数、期末数

单位:万元

被动管理型信托资产	期初数	期末数
证券投资类	0	0
股权投资类	0	14 201.05
权益投资类	0	1 063 049.90
融资类	881 870.47	0
事务管理类	432 992.79	884 992.53
合计	1 314 863.26	1 962 243.48

6.4.2.2 本年度已清算结束的信托项目个数、实收信托合计金额、加权平均实际年化收益率

6.4.2.2.1 本年度已清算结束的集合类、单一类资金信托项目和财产管理类信托项目个数、实收信托金额、加权平均实际年化收益率

已清算结束信托项目	项目个数(个)	实收信托合计金额(万元)	加权平均实际年化收益率(%)
集合类	138	1 841 346.00	8.94
单一类	160	1 113 742.00	8.94
财产管理类	0	0	—

6.4.2.2.2 本年度已清算结束的主动管理型信托项目个数、实收信托合计金额、加权平均实际年化收益率

已清算结束信托项目	项目个数(个)	实收信托合计金额(万元)	加权平均实际年化信托报酬率(%)	加权平均实际年化收益率(%)
证券投资类	4	85 500.00	0.8	8.08
股权投资类	0	0	—	—
权益投资类	98	870 724.00	3.4	7.95
融资类	179	1 789 134.00	2.53	9.77
事务管理类	14	115 730.00	0.1	5.22

6.4.2.2.3 本年度已清算结束的被动管理型信托项目个数、实收信托合计金额、加权平均实际年化收益率

已清算结束信托项目	项目个数	实收信托合计金额(万元)	加权平均实际年化信托报酬率(%)	加权平均实际年化收益率(%)
证券投资类	0	0	—	—
股权投资类	0	0	—	—
权益投资类	0	0	—	—
融资类	0	0	—	—
事务管理类	3	94 000.00	0.13	7.63

6.4.2.3 本年度新增的集合类、单一类和财产管理类信托项目个数、实收信托合计金额

新增信托项目	项目个数(个)	实收信托合计金额(万元)
集合类	191	2 462 110.00
单一类	122	1 255 855.00
财产管理类	0	0
新增合计	313	3 717 965.00
其中:主动管理型	285	2 957 465.00
被动管理型	28	760 500.00

6.4.2.4 本公司履行受托人义务情况及因本公司自身责任而导致的信托资产损失情况(合计金额、原因等)

在报告期内公司作为受托人严格按照《信托公司管理办

法》等法规及信托合同规定严格履行受托责任，为信托资产安全和受益人利益尽职管理，未出现因本公司自身责任或其他原因导致信托资产损失情况。

6.5 关联方关系及其交易的披露

6.5.1 关联交易方的数量、关联交易的总金额及关联交易的定价政策等

报告期内无发生关联交易的关联方。

6.5.2 关联交易方与本公司的关系性质、关联交易方的名称、法定代表人、注册地址、注册资本及主营业务等

报告期内无发生关联交易的关联方。

6.5.3 逐笔披露本公司与关联方的重大交易事项

6.5.3.1 固有与关联方交易情况

单位：万元

固有与关联方关联交易				
	期初数	借方发生额	贷方发生额	期末数
贷款	0	0	0	0
投资	55 131.00	0	0	55 131.00
租赁	0	0	0	0
担保	0	0	0	0
应收账款	0	0	0	0
其他	0	0	0	0
合计	55 131.00	0	0	55 131.00

注：投资方式的关联交易期末数为2007年和2010年分别增资大通证券股份有限公司25 131.00万元及30 000.00万元。

6.5.3.2 信托与关联方交易情况

报告期内无相关情况。

6.5.3.3 信托公司自有资金运用于自己管理的信托项目（固信交易）、信托公司管理的信托项目之间的相互（信信交易）交易金额

6.5.3.3.1 固有与信托财产之间的交易金额期初汇总数、本期发生额汇总数、期末汇总数

报告期内无相关情况。

6.5.3.3.2 信托项目之间的交易金额期初汇总数、本期发生额汇总数、期末汇总数

报告期内无相关情况。

6.5.4 逐笔披露关联方逾期未偿还本公司资金的详细情况以及本公司为关联方担保发生或即将发生垫款的详细情况。

报告期内未发生相关情况。

6.6 会计制度的披露

固有业务、信托业务会计制度均执行2006年2月15日颁布的《企业会计准则》。

7. 财务情况说明书

7.1 利润实现和分配情况

(1)利润总额211 613.44万元。

(2)所得税43 573.39万元。

(3)净利润168 040.05万元。

(4)年初未分配利润152 675.66万元。

(5)提取法定盈余公积16 804.01万元。

(6)提取信托赔偿准备金8 402.00万元。

(7)提取一般风险准备 -974.73万元。

(8)分配2013年度股东红利66 000.00万元。

(9)未分配利润230 484.43万元。

7.2 主要财务指标

指标名称	指标值
资本利润率(%)	27.00
加权年化信托报酬率(%)	1.88
人均净利润(万元)	965.75

7.3 对公司财务状况、经营成果有重大影响的其他事项

报告期内无上述情况。

8. 特别事项揭示

8.1 前五名股东报告期内变动情况及原因

报告期内前五名股东无变化。

8.2 董事及高级管理人员变动情况及原因

2014年4月，公司第九届董事会届满，进行了董事会换届选举，董永成、刘辉、姜顺杰、尹世辉、杨家思、钟石、王忠民（独立董事）、邢天才（独立董事）、于元浦（独立董事），当选为第十届董事会董事。2014年12月，邢天才独立董事因工作原因提出辞职，股东大会选举单建保任第十届董事会独立董事。

2014年9月，董事会聘任刘建春任副总裁；2014年12月，董事会聘任侯宇兼任董事会秘书。

8.3 变更注册资本事项

报告期内注册资本无变化。

8.4 公司的重大诉讼事项

报告期内无重大诉讼事项。

8.5 公司及其董事、监事和高级管理人员受到处罚的情况

报告期内公司及其董事、监事和高级管理人员未受到处罚。

8.6 银监会及其派出机构对公司检查及整改情况

2014年，大连银监局对公司开展了"信托业务合规性及兑付风险"现场检查，检查意见书在肯定公司业务操作合规及风险防控有效的基础上，提出了进一步完善制度建设、更新信息系统、提升基础管理水平等要求。公司高度重视大连银监局检查意见，制订了详细的整改方案，并采取有效措施逐条进行落实完善：补充细化了业务操作流程，并加强制度培训及执行检查。加快推进信息化建设进程，完成新系统的选型、安装及历史数据录入。建立和完善基础管理工作的检查、评价、考核常

态化机制,不断提高基础管理工作水平。加强项目后续管理和监测,做好风险预警、处置预案制订及兑付资金安排,保障信托资产安全。

8.7 本年度重大事项临时报告的简要内容、披露时间、所披露的媒体及其版面

2014年6月27日在《中国证券报》A15版刊发关于董事会换届的公告。

8.8 银监会及其省级派出机构认定的其他有必要让客户及相关利益人了解的重要信息

报告期内无上述事项。

8.9 社会责任履行情况

2014年,公司继续踏实履行企业公民的各项社会责任,努力回馈社会。

尽职进行信托项目管理,到期信托全部正常清算兑付,不断提高金融服务水平,切实维护金融消费者权益。坚持依法合规经营,严格执行监管政策及行业自律公约,维护公平竞争环境。发挥信托功能优势,助力地方经济建设,为实体企业和中小企业提供资金支持。致力于为股东和社会创造更大价值,盈利能力持续增长,2014年向受益人分配收益58.5亿元,向股东分配利润6.6亿元,全年贡献税收3.3亿元。重视人才引进和培养,为职工提供完善的社会保障和良好的发展平台。热心公益事业,年内多次组织向大连市社会福利机构进行捐赠,帮助定点扶贫帮困村解决困难。倡导绿色办公和环保理念,引导全体员工在工作和生活中厉行节约,降低能耗,减少污染。

9. 公司监事会意见

监事会认为,报告期内,公司在经营活动中能够遵守《中华人民共和国公司法》、《中华人民共和国信托法》、《信托公司管理办法》等国家法律、法规和公司章程的相关规定。公司2014年度财务报告真实、客观、准确地反映了公司的财务状况和经营成果。

吉林省信托有限责任公司

1. 重要提示

1.1 公司董事会及董事保证本报告所载资料不存在任何虚假记载、误导性陈述或者重大遗漏,并对其内容的真实性、准确性和完整性承担个别及连带责任。

1.2 公司独立董事声明本年度报告内容真实、准确和完整。

1.3 公司董事长高福波、主管会计工作负责人邱荣生、会计机构负责人马东生声明:保证年度报告中财务会计报告的真实、完整。

2. 公司概况

2.1 公司简介

2.1.1 公司概况

公司前身为吉林省经济开发公司,成立于1985年,2002年3月1日经中国人民银行《关于吉林省信托投资公司重新登记有关事项的批复》(银复[2002]47号)批准获得重新登记,更名为吉林省信托投资有限责任公司。2009年2月18日,经中国银监会《关于吉林省信托投资有限责任公司变更公司名称和业务范围的批复》(银监复[2009]53号)批准,更名为吉林省信托有限责任公司。金融许可证注册号K0016H222010001,企业法人营业执照注册号220000000098284,组织机构代码证编号12391664-1。截至报告期末,公司注册资本金15.96亿元(含外汇1 815万美元),吉林省财政厅代表吉林省政府持股97.496%,其余四名股东为吉林省能源交通总公司、吉林炭素集团有限责任公司、吉林粮食集团有限公司、吉林化纤集团有限责任公司各持股0.626%。

2.1.2 公司法定名称

公司法定中文名称:吉林省信托有限责任公司

中文名称缩写:吉林信托

公司法定英文名称:JiLin Province Trust Co. ,Ltd.

英文名称缩写:JPTC

2.1.3 法定代表人:高福波

2.1.4 注册地址:吉林省长春市人民大街9889号

2.1.5 邮政编码:130022

2.1.6 国际互联网网址:www. jptic. com. cn

2.1.7 电子信箱:jptic@ jptic. com. cn

2.1.8 负责信息披露事务人:张巍

联系电话:0431-88993572

传　　真:0431-88993567

电子信箱:zhangwei@ jptic. com. cn

2.1.9 信息披露报纸:《上海证券报》

2.1.10 年度报告备置地点:吉林省长春市人民大街9889号

2.1.11 聘请的会计师事务所:中兴财光华会计师事务所(特殊普通合伙)

地址:北京市西城区复兴门内大街28号5层F4东座929室

2.1.12 聘请的律师事务所:吉林义理律师事务所

地址:长春市皓月大路739号

2.2 组织结构

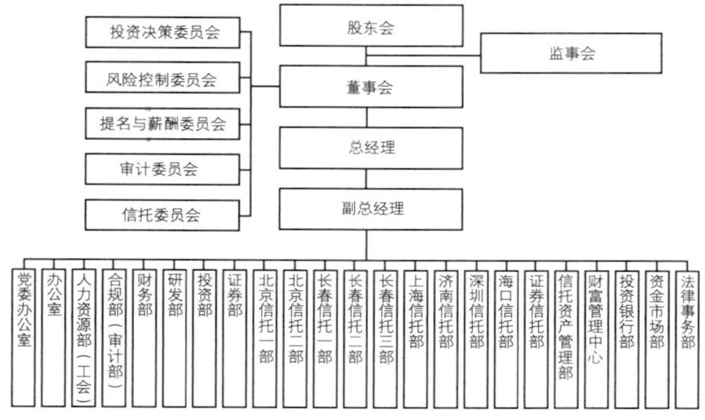

3. 公司治理

3.1 公司治理结构

3.1.1 股东

报告期末共有股东5位,最终控制人为吉林省财政厅。

持股10%以上股份的股东

股东名称	持股比例(%)	法定代表人
吉林省财政厅★	97.496	刘长龙

前三位股东情况

股东名称	持股比例(%)	法人代表	注册资本(亿元)	注册地址	主要经营业务及主要财务情况
吉林省财政厅	97.496	刘长龙			
吉林粮食集团有限公司	0.626	孟祥久	6.6	长春市春城大街1515号	粮食、油脂、油料、食品及农副产品收购、加工、销售,粮油机械制造、经济信息咨询服务、商业、物资供销业,批发、零售、代销、代购、自营和代理粮油食品、纺织丝绸、工艺品、轻工业品、化工产品及技术进出口业务。
吉林化纤集团有限责任公司	0.626	王进军	8.1	吉林省吉林市九站街516-1号	国有资产经营:承包境外化纤行业工程及境内国际招标工程;上述境外工程所需的设备、材料出口;对外派遣实施上述境外工程所需的劳务人员。

3.1.2 董事、董事会及其下属委员会

3.1.2.1 董事会成员

职　务	姓　名	性别	年龄	选任日期	代表股东	该股东持股比例(%)	简　要　履　历
董事长	高福波	男	50	2007年6月28日	吉林省财政厅	97.496	曾任白山市人民银行科技科科长、办公室主任、副行级助理稽察，白山市农村信用联社理事长、党委书记，吉林省农村信用社联合社资金信贷处处长，吉林省农村信用社联合社副主任，现任吉林省信托有限责任公司董事长、党委书记。
董事	邱荣生	男	60	2001年7月20日	吉林省财政厅	97.496	曾任香港振兴投资公司副总经理，吉林省财政厅规划办公室副主任，吉林省信托投资公司办公室主任、技改处处长、财政委托部经理、机关党委副书记、总经理助理、董事、副总经理、党委副书记，现任吉林省信托有限责任公司董事、总经理兼党委副书记。
董事	王劲松	男	50	2007年12月27日	吉林省财政厅	97.496	曾任吉林省社会科学院软科学所副所长、副研究员，吉林省政府办公厅综合处助理调研员，吉林省委组织部经济干部处助理调研员，吉林省企业工委组织部副部长、调研员，吉林省国资委企业领导人员管理处副处长、调研员，吉林森林工业集团公司董事、通化钢铁集团公司国有股股东代表，吉林省国资委董事会监事会工作处处长，吉林省监事会工作办公室主任，现任吉林省信托有限责任公司董事、党委副书记、纪委书记、工会主席。
董事	蔡立东	男	45	2010年3月19日	独立董事		曾任吉林省交通厅体改法规处任科员、副主任科员、主任科员，吉林大学法学院工作历任讲师、副教授、教授、博士生导师、法学院副院长。
董事	张巍	男	36	2010年3月19日	职工董事		曾任天富期货经纪有限公司办公室主任、海口营业部负责人，吉林省信托有限责任公司总经理秘书、办公室副主任，现任吉林省信托有限责任公司董事、董事会秘书、办公室主任。

3.1.2.2 董事会人员变动

报告期内，董事会无重大人员变动情况。

3.1.2.3 董事会下属委员会

名称	职责	组成人员姓名	职务
风险控制委员会	负责制定、审核风险控制制度，监督制度执行。对重大业务事项从风险管理角度向董事会提出意见和建议。	高福波	主任委员
		蔡立东	委员
		张　巍	委员
投资决策委员会	对重大投资决策向董事会提出意见和建议。	邱荣生	主任委员
		王劲松	委员
		蔡立东	委员
提名与薪酬委员会	负责董事会任命人员提名及资格审核，负责薪酬制度及具体方案的评估、审定以及落实情况的跟踪、监督。	邱荣生	主任委员
		王劲松	副主任委员
		张　巍	副主任委员
信托委员会	对信托计划设立、发行、信托计划运营、信托财产管理运用或处分、信托计划变更、终止与清算提出意见或建议；了解信托业务开展情况，督促公司依法履行受托职责；对信托利益计算和支付等提出意见或建议，保证公司为受益人的最大利益服务。	蔡立东	主任委员
		邱荣生	委员
		王劲松	委员
审计委员会	负责批准公司内部审计制度、中长期审计规划和年度工作计划，监督公司的内部审计基本制度及其实施以及内部审计与外部审计之间的沟通。	蔡立东	主任委员
		高福波	委员
		张巍	委员

3.1.3 监事、监事会及其下属委员会

3.1.3.1 监事会成员

职　务	姓　名	性别	年龄	选任日期	所推举的股东名称	该股东持股比例(%)	简　要　履　历
监事长	钟湘华	男	57	2007年1月22日	吉林省国资委委派		曾任吉林省审计局商贸审计处科员、副主任科员、主任科员，吉林省审计局商贸处、金融审计处副处长，吉林省审计局(厅)金融审计处处长，吉林省政府办公厅财务处处长，吉林省政府驻上海办事处副主任、党组成员，吉林省省属国有企业监事会主席(副厅长级)，现任吉林省信托有限责任公司监事会主席。

续表

职　务	姓　名	性别	年龄	选任日期	所推举的股东名称	该股东持股比例(%)	简　要　履　历
监事	林有君	男	57	2007年1月22日	省国资委委派		曾任吉林省财政厅会计处副主任科员、涉外部副主任、主任，吉林省财政厅会计师事务所副所长、所长，吉林建元会计师事务有限公司主任会计师，吉林中信会计师事务有限公司副所长，省政府派驻省直属国家投资企业监事会专职监事，省属国有企业外派监事会专职监事(正处长级)，现任吉林省信托有限责任公司监事。
监事	项前	男	51	2003年3月12日	职工监事		曾任吉林省信托投资有限责任公司审计稽核研发部副经理、自营基金部经理助理、合规监控部副经理，现任吉林省信托有限责任公司监事、法律事务总经理。
监事	郭燕	女	51	2005年11月8日	职工监事		曾任吉林省信托投资公司党委人事部副经理，吉林省信托投资有限责任公司人力资源部经理、信托业务部经理，现任吉林省信托有限责任公司监事、投资总监、投资部总经理。

3.1.3.2　下属委员会

监事会未设立下属委员会。

3.1.4　主要高级管理人员

姓　名	职　务	性别	年龄	选任日期	金融从业年限(年)	学历	专业	简　要　履　历
邱荣生	总经理	男	60	2005年11月7日	20	大学	财政	曾任香港振兴投资公司副总经理，吉林省财政厅规划办公室副主任，吉林省信托投资公司办公室主任、技改处处长、财政委托部经理、机关党委副书记、总经理助理、董事、副总经理、党委副书记，现任吉林省信托有限责任公司董事、总经理兼党委副书记。
崔学斌	副总经理	男	45	2008年3月	18	硕士	会计	曾任吉林省国际信托投资公司财务处会计，吉林省国际经济贸易开发公司财务处会计、科长、副处长，吉林省兴业国际有限公司财务部经理，东北证券有限责任公司计划财务部总经理、稽核审计部总经理，吉林省信托投资有限责任公司计划财务部经理，现任吉林省信托投资有限责任公司副总经理。
吕文龙	副总经理	男	50	2008年8月	24	硕士	金融	曾任吉林省人民银行金融管理处办事员、科员、副处长，吉林省人民银行银行处副处长，吉林省人民银行外汇管理处副处长，吉林省人民银行非银行处副处长，中国证监会长春特派办机构处处长、稽查处处长，中国证监会吉林监管局期货处处长，吉林省信托投资有限责任公司总经理助理，现任吉林省信托有限责任公司副总经理。
张如石	总经理助理	男	56	2008年8月	16	大学	财政金融	曾任吉林省财政厅研究所副主任、主任、助研、副研究员，吉林省中青年财金研究会秘书长，吉林省财务会计咨询公司常务副总经理，省创业投资基金管理公司研究中心主任、吉林省信托投资有限责任公司研究员(注册会计师)、市场创新研发部经理、审计总监，吉林省信托有限责任公司副总经理，现任吉林省信托有限责任公司总经理助理。

3.1.5　公司员工

项目		上一年度(2013年)		报告期年度(2014年)	
		人数	比例(%)	人数	比例(%)
年龄分布	20岁以下	0	0	0	0
	20～29岁	78	41	79	40
	30～39岁	56	29	57	29
	40岁以上	58	30	61	31
学历分布	博士	12	6	12	6
	硕士	53	28	52	26
	本科	103	54	108	55
	专科	16	8	17	9
	其他	8	4	8	4
岗位分布	董事、监事及高管人员	9	5	9	4.5
	自营业务人员	14	7	13	6.5
	信托业务人员	109	56	139	69.5
	其他人员	63	32	39	19.5

注：公司在册人员197人；岗位分布人员统计为200人，含国资委派驻监事2名、独立董事1名。

4. 经营管理

4.1　经营目标、方针、战略规划

4.1.1　经营目标

珍视所托，专业服务，铸就诚信，努力将自身打造成为极具核心竞争力的金融信托机构。通过各种金融创新，力求在政府层面理财、企业资产管理、个人财富保值增值等各方面达到业内最优，为社会和公众提供值得信赖的高质量的信托理财和财富管理服务。

4.1.2　经营方针

遵循“面向市场、规模适度、资本充足、风险最小、效益最大、回报最高”的宗旨和“恪尽职守、诚信为本、客户至尊”的理念，始终以风险防范为主线，不断加强业务创新和产品研发的力度，根据客户对风险和收益的不同偏好，在资本市场、货币市场、实业投资领域为客户提供金融信托、基金管理、证券投资、投资银行、风险投资、融资租赁、期货经纪等多样化、个性化、专业化的金融服务，最大限度地满足客户的需求。

4.1.3 战略规划

通过引进战略投资人增资扩股，壮大公司资本实力，提高管理水平，吸引更多优秀人才；明确公司发展的战略目标，在把信托主营业务做精、做细、做专、做好的基础上，构建集信托、基金、期货、证券、商业银行、保险于一体的在境内(外)上市的现代金融控股集团，打造前卫的市场化运营机制，打造稳定的盈利模式，打造一流的高端财富管理机构。

4.2 所经营业务的主要内容

4.2.1 经营的业务和品种

按照中国银监会规定的业务范围，公司开展的业务主要分为信托业务和固有资产管理业务两类。信托业务主要包括资金信托、财产信托等业务。资金信托包括单一资金信托和集合资金信托。按资金运用方式划分，包括投资类信托、融资类信托等。固有业务主要为金融企业股权投资、贷款、证券投资、资金市场业务、担保等。

4.3 市场分析

4.3.1 影响本公司业务发展的有利因素

(1)中国经济“新常态”下内生新动力的不断增强为信托业未来发展提供良好环境。2014年5月，习近平总书记提出了经济发展“新常态”的概念。在“新常态”下，中国经济增长结构在持续改善，增长质量有所提高，经济内生的新动力有所集聚，新经济成分在茁壮成长，中国经济正向好的预期发展。虽然我国经济增速有所放缓，但是城镇化建设、工业化建设、新农村建设、“一带一路”建设所带来的融资需求依然较为旺盛，加之目前融资渠道依然不是很畅通，信托融资依然大有可为。

(2)信托制度的不断完善护航信托业持续稳健发展。2014年12月，银监会主席助理杨家才在信托业年会上明确提出信托行业的“八大责任”，即受托责任、经纪责任、维权责任、核算责任、机构责任、股东责任、行业责任和监管责任，不仅对信托公司的内部治理提出了新要求，更是对行业发展回归理性和信托本质的一种有力提醒。2014年12月，银监会和财政部联合下发《信托业保障基金管理办法》，同月中国信托业保障基金有限责任公司成立，信托业保障基金正式启动。此举意在通过保障基金的介入，换取风险缓释和化解的“时间窗口”，将单体项目和单体机构的风险消化在行业内部，逐步释放存量风险、减少对金融市场乃至社会的冲击，将极大提振市场对信托机构的信心。《信托法》的修订和《信托机构管理条例》的制定已经提上日程，信托公司展业的法律基础会更加坚实。信托制度的不断完善为信托业的未来发展奠定了坚实的基石，信托业将在更加规范、更加稳健的行业环境中谋求持续成长。

(3)中国正处于理财市场发展的成长期，信托业身处此大势中，展业前景依然广阔。伴随国内高净值人群的持续增长，财富管理需求随之增长，资产管理市场前景广阔，潜力无限。近几年的高速发展为信托业积累了丰富的资管经验和殷实的资本实力，在理财市场中具有较强的先发优势。

(4)相关新政给信托公司开展某类业务带来机遇。2014年9月末，《国务院关于加强地方政府性债务管理的意见》(国发[2014]43号)出台，旨在建立规范的地方政府举债融资机制，对地方政府债务实行规模控制和预算管理，提出了一种新的业务模式，即政府与社会资本合作(PPP)模式，“鼓励社会资本通过特许经营等方式，参与城市基础设施等有一定收益的公益性事业投资和运营”，随后财政部、发展改革委都颁布了鼓励支持PPP模式的相关政策。这对信托公司来说是一个机会，可能成为未来政信信托的主流模式。2014年9月30日，人民银行、银监会联合出台《关于进一步做好住房金融服务工作的通知》，放松了与自住需求密切相关的房贷政策，还明确支持符合条件的房地产企业在银行间债券市场发行债务融资工具，积极稳妥开展房地产投资信托基金(REITs)试点。REITs有望成为未来信托公司继续参与房地产市场的重要模式。

4.3.2 影响本公司业务发展的不利因素

(1)经济下行周期给信托业务开展带来挑战。

(2)资产管理市场竞争加剧，挤压信托业传统业务盈利空间。

(3)利率市场化改革挤压信托同业合作的套利空间。

(4)行业转型模式仍在探索，未见清晰。

(5)公司自身的体制机制仍然制约公司的快速发展。

4.4 内部控制

4.4.1 内部控制环境和内部控制文化

(1)企业内控环境是有效实施内部控制的一项基本保障。2014年，公司继续加大风险控制力度，不断优化内部控制环境，完善法人治理结构，形成权力机构、决策机构、监督机构和管理层之间的相互制衡机制。通过建立权责明确、关系清晰的组织结构和科学的决策系统，制定科学的激励与约束机制，完善制度体系建设，公司治理机制运行合理、执行有效，切实保障了委托人、受益人和出资人合法利益的顺利实现。

(2)培育良好的内部控制文化，在全体员工中树立合规经营和风险控制第一的经营理念，并将其作为公司一贯遵循的原则。针对新的法律法规、监管政策及公司创新业务的开展，及时梳理和完善相关规章制度，捋顺操作流程，保证规章制度能覆盖关键风险点，促进公司内控管理的规范化、流程化和标准化。

通过制定并实施员工行为规范，加强员工法律法规培训，组织案例分析、实行全员考试等多种形式的内控文化建设，保证全体员工熟练掌握公司各项规章制度，及时了解国家法律法规和监管部门的各项规定，使各项风险防范措施嵌入到各个操作岗位之中。良好的内部控制文化提高了公司员工防范风险和合规经营的意识，促进了公司各项业务的持续发展。

4.4.2 内部控制措施

公司内部控制措施主要包括：授权审批控制、业务流程控制、会计系统控制、信息系统控制、绩效考评控制，以及重大事项预警、应急处置机制等。公司内部不同层次之间有明确的业务审批权限，每类业务都有相应的操作规程和风险管理措施。公司建立重大事项报告机制，设立风险化解领导小组，建立应急处置机制。公司实现信托业务系统和固有业务系统之间的部门分离、人员分离、财务分离，以防范风险传递。

4.4.3 信息交流与反馈

公司已基本实现管理信息化，建立了清晰完整的报告路径，建立了有效的信息共享、信息交流和信息反馈机制，不断完善信息识别、收集、处理、交流、沟通、反馈、披露的渠道和方式，确保董事会、监事会和高级管理层及时了解本公司的经营和风险状况，确保每一项信息均能传递给相关的员工，各部门和员工的有关信息均能够顺畅反馈。信息交流和反馈机制运行有效。

公司通过门户网站、电子信息、书面通知等多种方式，对客户和社会公众依法进行信息披露，与委托人、受益人和社会公众实现信息共享。公司通过非现场监管报告、关联方交易事前报告，集合资金信托计划推介后报告、临时事项报告等方式向监管部门报告相关信息。

4.4.4 监督评价与纠正

公司已建立起一个立体的、全方位的监督制约体系：纵向监督体现为董事会、监事会对管理层的监督制约，管理层对业务部门的监督制约；横向监督主要体现为五个管理委员会（风险控制委员会、投资决策委员会、提名与薪酬委员会、审计委员会和信托委员会）对管理层的监督制约，部门之间、岗位之间的相互监督制约。

4.5 风险管理

4.5.1 风险管理概况

4.5.1.1 公司经营活动中可能遇到的风险

风险主要有信用风险、市场风险、操作风险、法律风险、政策风险、其他风险。

4.5.1.2 公司风险管理的基本原则与政策

风险管理贯彻全面性、及时性、有效性、制约性、审慎性、独立性等原则，覆盖公司各项业务、所有机构、部门和岗位，渗透到决策、执行、监督、反馈各个环节，成为业务流程、管理架构和公司整体体系及员工责任的有机组成部分，对风险进行事前防范、事中控制、事后监督，促进公司规范经营、持续发展。

4.5.1.3 公司风险管理组织结构与职责划分

（1）公司董事会：对风险管理负最终责任。

（2）董事会投资决策委员会：对重大投资决策向董事会提出意见和建议。

（3）董事会风险控制委员会：负责制定风险控制制度，监督制度执行。对重大业务事项从风险管理角度向董事会提出意见和建议。

（4）董事会审计委员会：监督公司审计稽核制度的实施。

（5）管理层面的投资决策委员会：负责对业务事项进行整体评价，是业务审批的综合评议机构。

（6）管理层面的风险控制委员会：负责对拟开展项目进行风险分析和风险揭示，并提出防控风险措施建议。

（7）业务部：业务部指定专人负责识别和控制风险工作，负责人对本部门经营活动的风险负首要责任。

（8）合规部：负责对公司业务项目进行合规风险审查，提出防控风险意见。

（9）法律事务部：公司聘请常年法律顾问，与法律事务部共同负责日常法律咨询及公司业务法律风险防范、控制工作，并负责业务相关合同的审查工作。

（10）资产管理部：负责对风险控制、投资决策会议意见的落实情况进行监督；与业务部门共同对公司存量资产进行后期跟踪、监督管理。

（11）审计部：负责公司内部审计工作。

4.5.2 风险状况

4.5.2.1 信用风险状况

公司面临的信用风险主要是在业务开展中交易对手或贷款类资产其贷款对象违约的风险，以及因其他信托公司的信用危机而引发的信托行业的信用风险。

4.5.2.2 市场风险状况

市场风险主要指股价、汇率、利率变动所产生的风险。公司的市场风险主要是由于国家汇率政策变化及相应股票价格变动可能给公司带来的损失。

4.5.2.3 操作风险状况

操作风险主要是由于内部业务流程、系统不完善或工作人员操作失误可能给公司造成损失的风险；公司外部因素如网络安全问题、通信系统故障等原因也可能给公司造成损失或影响公司正常运营。

4.5.2.4 其他风险状况

其他风险主要政策风险、道德风险和声誉风险等。政策风险表现为政策变动可能对公司经营和发展产生的影响；道德风险主要由于公司内部人员主观原因不能诚信、合法、合规经营给公司带来的影响和损失；声誉风险是指由于公司违反有关规定、不能按期终止清算和管理不善等原因，对公司外部市场地位和声誉产生的消极和不良影响。

4.5.3 风险管理

4.5.3.1 信用风险管理

公司主要通过事前对交易对手信用状况详尽调查、设定担保、事前审查、资产风险分类、计提风险准备、聘请外部律师等措施防范信用风险。对贷款项目均要求设定担保，以抵押登记手续完备和可变现为抵押品确认原则，根据抵押品价值可能变动情况及可变现值分别确定抵押品与贷款本金的比例；对保证类贷款在《融资担保管理暂行办法》中不仅规定了借款人、担保人的条件、范围，而且详细规定了对此类业务的审查标准。公司根据中国银监会《关于非银行金融机构全面推行资产质量五级分类管理的通知》规定，实行以风险为基础的资产五级分类管理。公司按照财政部《金融企业准备金计提管理办法》规定，计提各项准备，风险准备金余额原则上不低于风险资产期末余额的1.5%。报告期公司不良资产期初数为0万元，期末数为8 987万元。

4.5.3.2 市场风险管理

公司通过科学选择、组合投资、分散投资规避股市风险；通过关注国家汇率政策变化并采取相应对策化解汇率风险；通过加强信息研发，关注金融运行状况，增强预见性，防范利率风险。2014年度公司密切关注经济发展的变化趋势，通过全面客观分析经济形势，科学选择、组合投资、分散投资，跟踪分析汇率、利率变动走势等方式把股价和利率变动造成的影响控制在合理范围之内，确保资产安全。

4.5.3.3 操作风险管理

公司建立信息化操作管理系统，减少手工操作可能导致的损失，同时采用明确岗位职责、完善业务流程、加大技术手段投入、强化业务过程监控、提高业务技能等一系列措施控制操作风险。

4.5.3.4 其他风险管理

公司通过对宏观政策和行业政策的及时跟踪研究，把握和调整经营方向，规避政策风险。通过完善公司治理结构、内控制度、激励和约束机制、员工行为规范，加强思想教育，提高合法合规经营意识，控制道德风险。通过加强企业文化建设，坚持依法合规稳健经营，高度重视自身声誉，防范声誉风险。

5. 报告期末及上一年度末的比较式会计报表

5.1 自营资产

5.1.1 会计师事务所审计意见全文

审 计 报 告

中兴财光华审会字(2015)第07090号

吉林省信托有限责任公司：

我们审计了后附的吉林省信托有限责任公司财务报表，包括2014年12月31日的合并资产负债表，2014年度的合并利润表、合并现金流量表和合并所有者权益变动表以及合并财务报表附注。

(一)管理层对财务报表的责任

编制和公允列报财务报表是吉林省信托有限责任公司管理层的责任，这种责任包括：(1)按照企业会计准则的规定编制财务报表，并使其实现公允反映；(2)设计、执行和维护必要的内部控制，以使财务报表不存在由于舞弊或错误导致的重大错报。

(二)注册会计师的责任

我们的责任是在执行审计工作的基础上对财务报表发表审计意见，我们按照中国注册会计师审计准则的规定执行了审计工作。中国注册会计师审计准则要求我们遵守中国注册会计师职业道德守则，计划和执行审计工作以对财务报表是否不存在重大错报获取合理保证。

审计工作涉及实施审计程序，以获取有关财务报表金额和披露的审计证据。选择的审计程序取决于注册会计师的判断，包括对由于舞弊或错误导致的财务报表重大错报风险的评估，在进行风险评估时，注册会计师考虑与财务报表编制和公允列报相关的内部控制，以设计恰当的审计程序，但目的并非对内部控制的有效性发表意见。审计工作还包括评价管理层选用会计政策的恰当性和作出会计估计的合理性，以及评价财务报表的总体列报。

我们相信，我们获取的审计证据是充分、适当的，为发表审计意见提供了基础。

(三)审计意见

我们认为，吉林省信托有限责任公司财务报表在所有重大方面按照企业会计准则的规定编制，公允反映了吉林省信托有限责任公司2014年12月31日的合并财务状况以及2014年度的合并经营成果和合并现金流量。

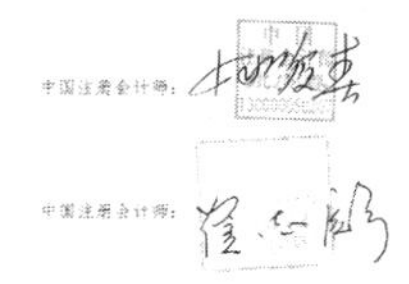

二〇一五年四月八日

5.1.2 资产负债表

合并资产负债表

2014年12月31日

编制单位：吉林省信托有限责任公司　　　　单位：万元

项　目	2014年12月31日	2013年12月31日
流动资产：		
货币资金	121 662.89	72 585.36
结算备付金	0.00	0.00
拆出资金	0.00	0.00
以公允价值计量且其变动计入当期损益的金融资产	41 599.28	24 172.94
衍生金融资产	0.00	0.00
应收票据	0.00	0.00
应收账款	14 073.52	13 733.86
预付款项	124.07	91.21
应收保费	0.00	0.00
应收分保账款	0.00	0.00
应收分保合同准备金	0.00	0.00
应收利息	39.48	251.98
应收股利	0.00	0.00
其他应收款	21 004.14	11 977.77
买入返售金融资产	0.00	0.00
存货	0.00	0.00
一年内到期的非流动资产	0.00	0.00
划分为持有待售的资产		0.00
其他流动资产	455.15	0.00
流动资产合计	198 978.53	122 813.12
非流动资产：		
发放贷款及垫款	8 761.10	17 991.09
可供出售金融资产	309 876.18	181 194.54
持有至到期投资	9 136.00	300.00
长期应收款	0.00	0.00
长期股权投资	77 139.64	63 680.62
投资性房地产	2 564.74	2 629.31
固定资产	17 970.17	18 776.93
在建工程	0.00	0.00
工程物资	0.00	0.00
固定资产清理	0.00	0.00
生产性生物资产	0.00	0.00
油气资产	0.00	0.00
无形资产	610.50	457.28
开发支出	0.00	0.00
商誉	4.05	4.05
长期待摊费用	316.17	311.90
递延所得税资产	11 568.52	8 686.89
其他非流动资产	3 802.68	3 802.68
非流动资产合计	441 749.75	297 835.29
资产总计	640 728.28	420 648.41

合并资产负债表（续）

2014年12月31日

编制单位：吉林省信托有限责任公司　　单位：万元

项　目	2014年12月31日	2013年12月31日
流动负债：		
短期借款		
向中央银行借款		
吸收存款及同业存放		
拆入资金	14 000.00	14 000.00
以公允价值计量且其变动计入当期损益的金融负债		
衍生金融负债		
应付票据		
应付账款	14 255.49	13 974.68
预收款项	3 086.67	15 663.45
卖出回购金融资产款		
应付手续费及佣金		
应付职工薪酬	1 573.56	2 667.55
应交税费	1 616.48	6 282.39
应付利息		
应付股利		
其他应付款	82 955.83	13 211.13
应付分保账款		
保险合同准备金		
代理买卖证券款		
代理承销证券款		
一年内到期的非流动负债		
划分为持有待售的负债		
其他流动负债	699.62	637.64
流动负债合计	118 187.65	66 436.84
非流动负债：		
长期借款		
应付债券		
其中：优先股		
永续债		
长期应付款		
长期应付职工薪酬		
专项应付款		
预计负债		
递延收益		
递延所得税负债	50 687.96	14 928.71
其他非流动负债	576.21	576.21
非流动负债合计	51 264.17	15 504.92
负债合计	169 451.82	81 941.76
所有者权益（或股东权益）：		
实收资本（或股本）	159 659.75	159 659.75
其他权益工具		
其中：优先股		
永续债		
资本公积	7 334.16	1 834.16
减：库存股		
其他综合收益	152 069.21	44 703.72
专项储备		
盈余公积	14 349.47	8 994.31
一般风险准备	38 550.56	36 934.77
未分配利润	83 510.17	71 384.97
外币报表折算差额		
归属于母公司所有者权益合计	455 473.32	323 511.68
少数股东权益	15 803.14	15 194.97
所有者权益合计	471 276.46	338 706.65
负债和所有者权益总计	640 728.28	420 648.41

法定代表人：高福波　　主管会计工作负责人：邱荣生　　会计机构负责人：马东生

母公司资产负债表

2014年12月31日

编制单位：吉林省信托有限责任公司　　单位：万元

项　目	2014年12月31日	2013年12月31日
流动资产：		
货币资金	106 155.64	51 311.90
结算备付金	0.00	0.00
拆出资金	0.00	0.00
以公允价值计量且其变动计入当期损益的金融资产	34 796.73	20 481.64
衍生金融资产	0.00	0.00
应收票据	0.00	0.00
应收账款	0.00	0.00
预付款项	124.07	91.21
应收保费	0.00	0.00
应收分保账款	0.00	0.00
应收分保合同准备金	0.00	0.00
应收利息	6.33	213.38
应收股利	0.00	0.00
其他应收款	17 643.32	8 362.53
买入返售金融资产	0.00	0.00
存货	0.00	0.00
一年内到期的非流动资产	0.00	0.00
划分为持有待售的资产		0.00
其他流动资产	455.15	0.00
流动资产合计	159 181.24	80 460.66
非流动资产：		
发放贷款及垫款	7 855.10	17 085.09
可供出售金融资产	309 876.18	181 194.54
持有至到期投资	5 206.00	0.00
长期应收款	0.00	0.00
长期股权投资	96 856.64	83 397.62
投资性房地产	2 563.97	2 629.29
固定资产	15 907.36	16 408.67
在建工程	0.00	0.00
工程物资	0.00	0.00
固定资产清理	0.00	0.00
生产性生物资产	0.00	0.00
油气资产	0.00	0.00
无形资产	206.38	111.77
开发支出	0.00	0.00
商誉	0.00	0.00
长期待摊费用	119.19	141.09
递延所得税资产	11 568.52	8 686.88
其他非流动资产	3 802.68	3 802.68
非流动资产合计	453 962.02	313 457.63
资产总计	613 143.26	393 918.29

母公司资产负债表(续)

2014 年 12 月 31 日

编制单位:吉林省信托有限责任公司　　单位:万元

项目	2014 年 12 月 31 日	2013 年 12 月 31 日
流动负债:		
短期借款		
向中央银行借款		
吸收存款及同业存放		
拆入资金	14 000. 00	14 000. 00
以公允价值计量且其变动计入当期损益的金融负债		
衍生金融负债		
应付票据		
应付账款		
预收款项	3 086. 67	15 663. 45
卖出回购金融资产款		
应付手续费及佣金		
应付职工薪酬	1 572. 36	2 666. 25
应交税费	1 320. 00	4 930. 14
应付利息		
应付股利		
其他应付款	80 625. 93	11 779. 64
应付分保账款		
保险合同准备金		
代理买卖证券款		
代理承销证券款		
一年内到期的非流动负债		
划分为持有待售的负债		
其他流动负债		
流动负债合计	100 604. 96	49 039. 48
非流动负债:		
长期借款		
应付债券		
其中:优先股		
永续债		
长期应付款		
长期应付职工薪酬		
专项应付款		
预计负债		
递延收益		
递延所得税负债	50 687. 96	14 928. 70
其他非流动负债		576. 21
非流动负债合计	51 264. 17	15 504. 91
负债合计	151 869. 13	64 544. 39
所有者权益(或股东权益):		
实收资本(或股本)	159 659. 75	159 659. 75
其他权益工具		
其中:优先股		
永续债		
资本公积	5 500. 00	
减:库存股		
其他综合收益	152 069. 21	44 703. 72
专项储备		
盈余公积	14 349. 47	8 994. 31
一般风险准备	38 550. 56	36 934. 77
未分配利润	91 145. 14	79 081. 35
所有者权益合计	461 274. 13	329 373. 90
负债和所有者权益总计	613 143. 26	393 918. 29

法定代表人:高福波　　主管会计工作负责人:邱荣生　　会计机构负责人:马东生

5. 1. 3　利润表

母公司利润表

2014 年 12 月 31 日

编制单位:吉林省信托有限责任公司　　单位:万元

项　　目	2014 年度	2013 年度
一、营业总收入	21 760. 84	45 901. 64
其中:营业收入	175. 00	175. 00
利息收入	2 222. 13	4 320. 12
已赚保费		
手续费及佣金收入	19 363. 71	41 406. 52
二、营业总成本	30 157. 67	12 277. 11
其中:营业成本	100. 74	85. 15
利息支出	904. 61	804. 09
手续费及佣金支出		
退保金		
赔付支出净额		
提取保险合同准备金净额		
保单红利支出		
分保费用		
营业税金及附加	2 200. 16	406. 36
销售费用		
管理费用	11 359. 64	12 020. 78
财务费用		
资产减值损失	15 592. 52	-4 039. 27
加:公允价值变动收益(损失以“-”号填列)	-19. 42	76. 13
投资收益(损失以“-”号填列)	38 556. 06	6 553. 26
其中:对联营企业和合营企业的投资收益		
汇兑收益(损失以“-”号填列)	6. 50	-55. 51
三、营业利润(亏损以“-”号填列)	30 146. 31	60 198. 41
加:营业外收入	71. 21	63. 27
其中:非流动资产处置利得		
减:营业外支出	2 091. 01	5 657. 76
其中:非流动资产处置损失		0. 00
四、利润总额(亏损总额“-”号填列)	28 126. 51	54 603. 92
减:所得税费用	1 350. 69	11 915. 33
五、净利润(净亏损以“-”号填列)	26 775. 82	42 688. 59
六、其他综合收益的税后净额	107 365. 48	44 703. 72
(一)以后不能重分类进损益的其他综合收益		
1. 重新计量设定受益计划净负债或净资产的变动		
2. 权益法下在被投资单位不能重分类进损益的其他综合收益中享有的份额		
(二)以后将重分类进损益的其他综合收益	107 365. 48	44 703. 72
1. 权益法下在被投资单位以后将重分类进损益的其他综合收益中享有的份额	5. 34	
2. 可供出售金融资产公允价值变动损益	107 360. 14	44 703. 72
3. 持有至到期投资重分类为可供出售金融资产损益		
4. 现金流量套期损益的有效部分		
5. 外币财务报表折算差额		
七、综合收益总额	134 141. 30	87 392. 31
八、每股收益:		
(一)基本每股收益		
(二)稀释每股收益		

法定代表人:高福波　　主管会计工作负责人:邱荣生　　会计机构负责人:马东生

5.1.4 所有者权益变动表

合并所有者权益变动表

编制单位：吉林省信托有限责任公司　　2014 年 12 月 31 日　　单位：万元

项　　目	2014 年度								
	归属于母公司股东（或所有者）权益							数股东权益	所有者权益合计
	实收资本	资本公积	其他综合收益	盈余公积	一般风险准备	未分配利润	小计		
一、上年末余额	159 659. 75	1 834. 16	44 703. 72	9 115. 27	36 934. 77	71 868. 83	324 116. 50	15 194. 97	339 311. 47
加：会计政策变更									
前期差错更正				-120. 96		-483. 86	-604. 82		-604. 82
同一控制下企业合并									
其他									
二、本年初余额	159 659. 75	1 834. 16	44 703. 72	8 994. 31	36 934. 77	71 384. 97	323 511. 68	15 194. 97	338 706. 65
三、本年增减变动金额（减少以“-”号填列）		5 500. 00	107 365. 49	5 355. 16	1 615. 79	12 125. 20	131 961. 64	608. 17	132 569. 81
（一）综合收益总额			107 365. 49			26 837. 24	134 202. 73	636. 17	134 838. 90
（二）股东（或所有者）投入和减少资本		5 500. 00					5 500. 00		5 500. 00
1. 股东投入的普通股									
2. 其他权益工具持有者投入资本									
3. 股份支付计入股东（或所有者）权益的金额									
4. 其他		5 500. 00					5 500. 00		5 500. 00
（三）利润分配				5 355. 16	1 615. 79	-14 712. 04	-7 741. 09	-28. 00	-7 769. 09
1. 提取盈余公积				5 355. 16		-5 355. 16			
2. 提取一般风险准备					1 615. 79	-1 615. 79			
3. 对股东（或所有者）的分配						-7 741. 09	7 741. 09	-28. 00	769. 09
4. 其他									
（四）股东（或所有者）权益内部结转									
1. 资本公积转增资本（或股本）									
2. 盈余公积转增资本（或股本）									
3. 盈余公积弥补亏损									
4. 其他									
（五）专项储备									
1. 本期提取									
2. 本期使用									
（六）其他									
四、本年末余额	159 659. 75	7 334. 16	152 069. 21	14 349. 47	38 550. 56	83 510. 17	455 473. 32	15 803. 14	471 276. 46

合并所有者权益变动表（续）

编制单位：吉林省信托有限责任公司　　2014 年 12 月 31 日　　单位：万元

项　　目	2013 年度								
	归属于母公司股东（或所有者）权益							数股东权益	所有者权益合计
	实收资本	资本公积	其他综合收益	盈余公积	一般风险准备	未分配利润	小计		
一、上年末余额	159 659. 75	62 315. 24		27 877. 37	5 715. 52	60 124. 77	325 692. 65	12 148. 94	337 841. 59
加：会计政策变更									
前期差错更正				456. 59	456. 59	1 369. 77	2 282. 95		2 282. 95
同一控制下企业合并									
其他									
二、本年初余额	159 659. 75	62 315. 24		28 333. 96	16 172. 11	61 494. 54	327 975. 60	2 148. 94	340 124. 54
三、本年增减变动金额（减少以“-”号填列）		-60 481. 08	44 703. 72	-19 218. 69	20 762. 66	10 374. 29	-3 859. 10	3 046. 03	-813. 07
（一）综合收益总额			44 703. 72			43 034. 76	87 738. 48	1 464. 11	89 202. 59

续表

项目	2013年度								
	归属于母公司股东(或所有者)权益							数股东权益	所有者权益合计
	实收资本	资本公积	其他综合收益	盈余公积	一般风险准备	未分配利润	小计		
(二)股东(或所有者)投入和减少资本		-2 849.38		-27 877.37		-239.13	-30 965.88	1 581.92	-29 383.96
1. 股东投入的普通股		1 017.18					1 017.18	2 900.00	3 917.18
2. 其他权益工具持有者投入资本									
3. 股份支付计入股东(或所有者)权益的金额									
4. 其他		-3 866.56		-27 877.37		-239.13	-31 983.06	-1 318.08	-33 301.14
(三)利润分配				8 658.68	20 762.66	-32 421.34	-3 000.00		-3 000.00
1. 提取盈余公积				8 658.68		-8 658.68			
2. 提取一般风险准备									
3. 对股东(或所有者)的分配						-3 000.00	-3 000.00		-3 000.00
4. 其他					20 762.66	-20 762.66			
(四)股东(或所有者)权益内部结转		-44 703.72					-44 703.72		-44 703.72
1. 资本公积转增资本(或股本)									
2. 盈余公积转增资本(或股本)									
3. 盈余公积弥补亏损									
4. 其他		-44 703.72					-44 703.72		-44 703.72
(五)专项储备									
1. 本期提取									
2. 本期使用									
(六)其他		-12 927.98					-12 927.98		-12 927.98
四、本年末余额	159 659.75	1 834.16	44 703.72	9 115.27	36 934.77	71 868.83	324 116.50	15 194.97	339 311.47

法定代表人:高福波　　主管会计工作负责人:邱荣生　　会计机构负责人:马东生

母公司所有者权益变动表

编制单位:吉林省信托有限责任公司　　2014年12月31日　　单位:万元

项目	2014年度						
	实收资本	资本公积	其他综合收益	盈余公积	一般风险准备	未分配利润	所有者权益合计
一、上年末余额	159 659.75		44 703.72	9 115.27	36 934.77	79 565.22	329 978.73
加:会计政策变更							
前期差错更正				-120.96		-483.86	-604.82
其他							
二、本年初余额	159 659.75		44 703.72	8 994.31	36 934.77	79 081.36	329 373.91
三、本年增减变动金额(减少以"-"号填列)		5 500.00	107 365.49	5 355.16	1 615.79	12 063.78	131 900.22
(一)综合收益总额			107 365.49			26 775.82	134 141.31
(二)股东(或所有者)投入和减少资本		5 500.00					5 500.00
1. 股东投入的普通股							
2. 其他权益工具持有者投入资本							
3. 股份支付计入股东(或所有者)权益的金额							—
4. 其他		5 500.00	—	—	—	—	5 500.00
(三)利润分配	—	—	—	5 355.16	1 615.79	-14 712.04	-7 741.09
1. 提取盈余公积				5 355.16	—	-5 355.16	—
2. 提取一般风险准备					1 615.79	-1 615.79	—
3. 对股东(或所有者)的分配			—	—	—	-7 741.09	-7 741.09
4. 其他				—	—	—	—
(四)股东(或所有者)权益内部结转	—	—	—	—		—	—
1. 资本公积转增资本(或股本)							—
2. 盈余公积转增资本(或股本)							—

续表

项　目	2014 年度						
	实收资本	资本公积	其他综合收益	盈余公积	一般风险准备	未分配利润	所有者权益合计
3. 盈余公积弥补亏损							—
4. 其他							—
(五)专项储备							—
1. 本期提取							—
2. 本期使用							—
(六)其他							—
四、本年末余额	159 659. 75	5 500. 00	152 069. 21	14 349. 47	38 550. 56	91 145. 14	461 274. 13

母公司所有者权益变动表(续)

编制单位:吉林省信托有限责任公司　　2014 年 12 月 31 日　　单位:万元

项　目	2013 年度						
	实收资本	资本公积	其他综合收益	盈余公积	一般风险准备	未分配利润	所有者权益合计
一、上年末余额	159 659. 75	59 498. 25		27 877. 37	15 715. 52	67 562. 50	330 313. 39
加:会计政策变更			—	—			—
前期差错更正	—	—		456. 59	456. 59	1 369. 77	2 282. 95
其他							
二、本年初余额	159 659. 75	59 498. 25		28 333. 96	16 172. 11	68 932. 27	332 596. 34
三、本年增减变动金额(减少以“ - ”号填列)		-59 498. 25	44 703. 72	-19 218. 69	20 762. 66	10 632. 95	-2 617. 61
(一)综合收益总额			44 703. 72	—	—	43 293. 42	87 997. 14
(二)股东(或所有者)投入和减少资本		-1 866. 55	—	-27 877. 37		-239. 13	-29 983. 05
1. 股东投入的普通股		2 000. 00				—	2 000. 00
2. 其他权益工具持有者投入资本						—	
3. 股份支付计入股东(或所有者)权益的金额	—	—	—	—	—	—	—
4. 其他		-3 866. 55		-27 877. 37		-239. 13	-31 983. 05
(三)利润分配				8 658. 68	20 762. 66	-32 421. 34	-3 000. 00
1. 提取盈余公积				8 658. 68		-8 658. 68	
2. 提取一般风险准备							
3. 对股东(或所有者)的分配						-3 000. 00	-3 000. 00
4. 其他	—	—	—	—	20 762. 66	-20 762. 66	—
(四)股东(或所有者)权益内部结转		-44 703. 72					-44 703. 72
1. 资本公积转增资本(或股本)						—	
2. 盈余公积转增资本(或股本)							
3. 盈余公积弥补亏损						—	—
4. 其他		-44 703. 72					-44 703. 72
(五)专项储备							
1. 本期提取						—	—
2. 本期使用						—	
(六)其他		-12 927. 98				—	-12 927. 98
四、本年末余额	159 659. 75		44 703. 72	9 115. 27	36 934. 77	79 565. 22	329 978. 73

法定代表人:高福波　　主管会计工作负责人:邱荣生　　会计机构负责人:马东生

6. 会计报表附注

6.1　简要说明报告年度会计报表编制基准、会计政策、会计估计和核算方法发生的变化

(1)本公司财务报表以持续经营假设为基础,根据实际发生的交易和事项,按照财政部颁布的《企业会计准则——基本准则》(财政部令第 33 号颁布、财政部令第 76 号修订)、于 2006 年 2 月 15 日及其后颁布和修订的 41 项具体会计准则、企业会计准则应用指南、企业会计准则解释及其他相关规定(以下合称企业会计准则)。

(2)会计政策变更。指因执行新企业会计准则导致的会计政策变更。

自 2014 年 1 月 26 日起,财政部陆续修订和新颁布了《企业会计准则第 2 号——长期股权投资》、《企业会计准则第 9 号——职工薪酬》、《企业会计准则第 30 号——财务报表列报》、《企业会计准则第 33 号——合并财务报表》、《企业会计

准则第39号——公允价值计量》、《企业会计准则第40号——合营安排》和《企业会计准则第41号——在其他主体中权益的披露》7项具体准则,并要求自2014年7月1日起在所有执行企业会计准则的企业范围内施行。

2014年6月,财政部修订了《企业会计准则第37号——金融工具列报》,要求执行企业会计准则的企业应当在2014年度及以后期间的财务报告中按照该准则要求对金融工具进行列报。

2014年7月23日,财政部颁布了《关于修改〈企业会计准则——基本准则〉的决定》,自公布之日起施行。

公司无其他会计政策变更及会计估计的变更。

6.2 或有事项说明

截至2014年12月31日,本公司无需要披露的重大或有事项。

6.3 重要资产转让及其出售的说明

本年度公司无重要资产转让及出售情况。

6.4 会计报表中重要项目的明细资料

6.4.1 自营资产经营情况

6.4.1.1 公司信用风险资产五级分类结果

信用风险资产五级分类	正常类(万元)	关注类(万元)	次级类(万元)	可疑类(万元)	损失类(万元)	信用风险资产合计(万元)	不良资产合计(万元)	不良资产率(%)
期初数	19 344.53	6 053.09	—	—	—	25 397.62	—	—
期末数	14 778.83	1 732.52	2 791.4	6 195.6	0	25 498.42	8 987.07	35.25

6.4.1.2 资产损失准备的期初、本期计提、本期转回、本期核销、期末数

单位:万元

	期初数	本期计提	本期转回	本期核销	期末数
贷款损失准备	355.21			0	9 333.90
一般准备	355.21	8 978.69			9 333.90
专项准备	0				0
其他资产减值准备	25 727.76	15 815.28	9 201.45	0	32 341.59
可供出售金融资产减值准备					
持有至到期投资减值准备	16 210.15	14 589.46			30 799.61
长期股权投资减值准备					
坏账准备	9 517.61	1 225.82	9 201.45		1 541.98
投资性房地产减值准备	355.21			0	9 333.90

6.4.1.3 自营股票投资、基金投资、债券投资、长期股权投资等投资的期初数、期末数

单位:万元

	自营股票	基金	债券	长期股权投资	其他投资	合计
期初数	131 047.24	—	19 008.94	135 017.62	—	285 073.80
期末数	310 965.99	10404.09	28 508.83	96 856.64	—	446 735.55

6.4.1.4 公司前三名的自营长期股权投资的企业名称、占被投资企业权益的比例、主要经营活动及投资收益情况

企业名称	占被投资企业权益的比例(%)	主要经营活动	投资收益
九台农村商业银行	14.14	人民币存款、贷款、票据贴现、国内结算业务;人民币个人储蓄业务;代理其他银行的金融业务;代理收、付款项及受托代办保险业务;买卖政府债券、代理发行、代理兑付、承销政府债券;保管箱业务;按规定从事同业拆借;经中国银行业监督管理委员会批准的其他业务。	本年度分红5 001万元
天治基金管理公司	61.25	发起设立基金、基金管理业务,中国证监会批准的其他业务。	本年度未分红
天富期货有限公司	55	商品期货经纪,金融期货经纪;期货投资咨询。	本年度未分红

6.4.1.5 公司前三名的自营贷款的企业名称、占贷款总额的比例和还款情况

企业名称	占贷款总额的比例(%)	还款情况
吉林省粮食集团有限责任公司	52.36	贷款已到期
抚松县鑫鼎林产工业(集团)有限责任公司	20.24	贷款已到期
浙江百川世家有限责任公司	12.80	部分贷款已到期

6.4.1.6 表外业务的期初数、期末数

单位:万元

表外业务	期初数	期末数
担保业务	3 500.00	0
代理业务(委托业务)		
其他		
合计	3 500.00	0

6.4.1.7 公司当年的收入结构

收入结构	合并		母公司	
	金额(万元)	占比(%)	金额(万元)	占比(%)
手续费及佣金收入	30 090.13	41.23	19 363.71	32.07
其中:信托业务手续费收入	19 160.96	26.25	19 160.96	31.74
利息类收入	0.00	0.00	0	0.00
其他业务收入	9 227.23	12.64		
其中:计入信托业务收入部分	1 201.31	1.65		
投资收益	271.95	0.37		
其中:股权投资收益	228.68	0.31	202.75	

续表

收入结构	合并		母公司	
	金额（万元）	占比（%）	金额（万元）	占比（%）
证券投资收益	2 896.85	3.97	2 222.13	3.68
其他投资收益	430.08	0.59	175.00	0.29
公允价值变动收益				
汇兑损益	38 648.61	52.96	38 556.05	63.86
营业外收入	18 454.88	25.29	18 454.88	30.57
收入合计	20 154.61	27.62	20 091.87	33.28

6.4.2 信托资产管理情况

6.4.2.1 信托资产的期初、期末数

单位：万元

信托资产	期初数	期末数
集合	809 350.00	459 557.96
单一	2 873 783.00	5 681 804.07
财产权	480 615.00	394 377.60
合计	4 163 748.00	6 535 739.63

6.4.2.1.1 主动管理型信托业务的信托资产期初数、期末数，分证券投资、股权投资、融资、事务管理类分别披露

单位：万元

主动管理型信托资产	期初数	期末数
证券投资类	490 857.00	2 114.90
股权投资类	384 189.00	150 352.84
融资类	2 272 915.00	1 398 676.89
事务管理类	607.00	0
合计	3 148 568.00	1 551 144.63

6.4.2.1.2 被动管理型信托业务的信托资产期初数、期末数，分证券投资、股权投资、融资、事务管理类分别披露

单位：万元

被动管理型信托资产	期初数	期末数
证券投资类	330 001.00	0
股权投资类	0	0
融资类	723 331.00	578 857.17
事务管理类	15 062.00	4 405 737.83
合计	1 068 394.00	4 984 595.00

6.4.2.2 本年度已清算结束的信托项目个数、实收信托合计金额、加权平均实际年化收益率

6.4.2.2.1 本年度已清算结束的集合类、单一类资金信托项目和财产管理类信托项目个数、实收信托合计金额、加权平均实际年化收益率

已清算结束信托项目	项目个数（个）	实收信托合计金额（万元）	加权平均实际年化收益率（%）
集合类	18	500 990.00	9.74
单一类	90	2 329 113.00	7.22
财产管理类	7	209 500.00	7.43

6.4.2.2.2 本年度已清算结束的主动管理型信托项目个数、实收信托合计金额、加权平均实际年化收益率

已清算结束信托项目	项目个数（个）	实收信托合计金额（万元）	加权平均实际年化信托报酬率（%）	加权平均实际年化收益率（%）
证券投资类	0	0	0	0
股权投资类	7	324 500.00	1.61	9.56
融资类	72	1 550 711.50	0.79	7.61
事务管理类	3	33 200.00	0.05	0.34

6.4.2.2.3 本年度已清算结束的被动管理型信托项目个数、实收信托合计金额、加权平均实际年化收益率

已清算结束信托项目	项目个数（个）	实收信托合计金额（万元）	加权平均实际年化信托报酬率（%）	加权平均实际年化收益率（%）
证券投资类	2	110 000.00	0.10	7.14
股权投资类	0	0	0	0
融资类	20	803 191.50	0.13	6.52
事务管理类	11	218 000.00	0.17	10.65

6.4.2.3 本年度新增的集合类、单一类资金信托项目和财产管理类信托项目数量、合计金额

新增信托项目	项目个数	实收信托合计金额（万元）
集合类	4	104 740.00
单一类	69	5 145 918.60
财产管理类	1	100 000.00
新增合计	74	5 350 658.60
其中：主动管理型	21	406 040.00
被动管理型	53	4 944 618.60

6.4.2.4 信托业务创新成果和特色业务有关情况

公司把推进业务转型、提升自主理财能力提到了公司发展的战略高度。经过经营战略调整，研发团队建设不断加强，创新业务拓展及创新模式研究成果显著，对公司业务转型和创新信托产品设计的支持力度逐步提升。同时，以理财顾问团为核心的专家理财队伍，为公司走上专业化理财机构的发展道路奠定了坚实的基础。

6.4.2.4.1 创新业务

（1）基于 TRS 的金融同业合作。TRS（Total Return Swap），即总收益互换，属于国际上应用非常广泛的信用衍生产品之一，主要用于分离和转移信用风险。信托公司通过与银行合作，引入这种金融衍生产品创新信托产品，打通金融同业合作链接，更好地满足不同的市场需求。

（2）新型券商与信托合作模式。2014 年资产管理市场的混业现象更加多见，公司将定向资产管理计划与股票托管相结合、将限额特定资产管理计划与集合资金信托计划相结合、将定向增发项目与定向资管计划相结合、将股票质押类定向资管计划与信托计划相结合，创新性地开展了信证合作的四种全新模式。

（3）互联网供应链金融。围绕供应链核心企业，管理上下游中小企业的资金流、物流和信息流，把单个企业的不可控风险整合为供应链企业整体的可控风险，同时引入具有国企背景的物流平台公司进行担保，将风险控制在最低。互联网物流平台信托既能有效解决中小企业融资难题，又能延伸信托公司的

服务纵深，是新形势下公司服务于实体经济的新模式。

6.4.2.4.2　特色业务

（1）上市公司股权受益权类信托。公司面向上市公司股东推出系列融资类和投资类信托产品，为股票质押融资、增持上市公司股票、盘活持仓股票资产、定向增发等提供专业化服务，满足其多样化的金融服务需求。

（2）类PE股权投资信托。股权投资是公司对信托资金运用的主要方式之一，经过多年的经验积累，逐步由被动式管理向主动式管理转变。

（3）财产权投资信托。公司积极利用信托制度优势，探索资产衍生出的相关权益类信托产品，如股权受益权、项目收益权、物业收益权、信托受益权、矿产资源收益权、特许经营收费权、应收账款以及其他特定资产未来收益权等业务，灵活运用投资、投资附带回购、投资优先分配收益、投资附带转让、融资租赁等多种资金运用方式，为委托人和企业提供量身定做信托理财产品。

（4）农牧业信托。东北是中国农业主产区，吉林信托在多年服务地方农业发展的基础上形成了较为丰富的农牧业投融资经验，顺应国家产业政策导向，通过灵活多样的资金运用方式为现代化农业发展与升级提供金融支持。

6.4.2.4.3　研究成果

经过近三年的调整与改进，公司目前已经形成了“四大研究报告”的成熟研报体系。2014年，共撰写《信托市场周报》28期，为业务部门提供信托行业动态、业务发展趋势以及宏观经济、金融形势的分析和预判；撰写《行业分析月报》10期，对热点行业的现状、存在的问题、未来发展趋势进行研判，为相关领域信托业务的开展提供理论支持和现实依据；撰写《集合信托产品月报》10期，对集合信托产品进行月度汇总分析，把握信托产品的期限及收益特点，总结资金投向及运作规律，运用自主研发的模型对集合信托产品进行综合评级；撰写《创新业务研究报告》7篇，包括政府平台类通道项目与资管计划的对接思路、土地流转信托、互联网金融、供应链金融创新业务研究报告、基于TRS的银信合作交易模式、保险资金运用的相关规定及信保合作案例分析、事务类代持股信托模式等，对创新业务和创新模式进行设计思路探讨，形成产品方案和模式推广材料，为业务部门开展创新业务提供研发支撑。此外，公司还参与了信托业协会《信托业务风险评价及收益定价问题研究》的编写。

6.4.2.5　公司履行受托人义务的情况及因公司自身责任而导致的信托资产损失情况

公司遵守信托法和信托文件对受托人义务的规定，为受益人的最大利益管理信托事务，管理信托财产时，恪尽职守，履行诚实、信用、谨慎、有效管理的义务，没有损害受益人利益的情况。公司无因自身责任而导致信托财产损失的情况。

6.4.2.6　信托赔偿准备金的提取、使用和管理情况

公司根据《信托公司管理办法》及吉林省国资委《关于对吉林信托提高信托赔偿准备金提取比例的批复》（吉国资发预算［2013］155号），按公司注册资本的20%提足准备。截至报告期末，尚未发生信托业务损失，信托赔偿准备金尚未使用。信托赔偿准备金期末余额为31 932万元。

6.5　关联方关系及其交易

6.5.1　关联交易方的数量、关联交易的总金额及关联交易的定价政策

单位：万元

	关联交易方数量	关联交易金额	定价政策
合计	2	175	双方协议确定

6.5.2　关联交易方与本公司的关系性质、关联交易方的名称、法人代表、注册地址、注册资本及主营业务

关系性质	关联方名称	法定代表人	注册地址	注册资本（万元）	主营业务
二级子公司	天富期货有限公司	李野	长春市	15 000	国内商品期货代理、咨询、培训。
二级子公司	天治基金管理有限公司	赵玉彪	上海市	16 000	发起设立基金、基金管理。
三级子公司	吉林省汇通典当有限责任公司	高松岩	长春市	1 000	动产、财产权利质押典当业务；房地产抵押典当业务等。
三级子公司	吉林省汇富投资咨询有限公司	李野	长春市	2 300	利用自有资金对外进行项目投资及投资管理，受投资人委托对投资人资金进行经营、管理，投资理财（需专项审批除外），投资咨询，经济信息咨询，企业管理咨询，企业理财顾问，商务信息咨询，企业形象策划，承办会展，企业营销策划、市场经济调研，金属、化工产品（化学危险品除外）、农产品销售。
三级子公司	天治资产管理有限公司	赵玉彪	北京市	5 000	为特定客户资产管理业务以及中国证监会许可的其他业务。
被投资企业	吉林九台农村商业银行	高兵	九台市	240 607	办理存、贷款、国内结算、票据承兑与贴现，代理发行、兑付、承销政府债券，买卖政府债券、金融债券、参与货币市场，同业拆借，代理收付及代理保险业务，提供保管箱服务，代理买卖基金、信托产品及其他理财产品，银行卡业务，外汇业务等。

6.5.3　逐笔披露公司与关联方的重大交易事项

6.5.3.1　固有财产与关联方交易事项

单位：万元

固有财产与关联方关联交易				
	期初数	借方发生额	贷方发生额	期末数
贷款	0	0	0	0
投资	68 606	0	0	68 606
租赁	0	175	175	0
担保	0	0	0	0
应收账款	0	0	0	0
其他	0	0	0	0
合计	68 606	175	175	68 606

6.5.3.2　信托资产与关联方

单位：万元

信托与关联方关联交易				
	期初数	借方发生额	贷方发生额	期末数
贷款	0	0	0	0
投资	0	0	0	0
租赁	0	0	0	0
担保	0	0	0	0
应收账款	0	0	0	0
其他	0	0	0	0
合计	0	0	0	0

6.5.3.3　信托公司自有资金运用于自己管理的信托项目（固信交易）、信托公司管理的信托项目之间的相互（信信交易）交易金额

6.5.3.3.1　固有财产与信托财产

单位：万元

固有财产与信托财产相互交易			
	期初数	本期发生额	期末数
合计	0	0	0

6.5.3.3.2　信托资产与信托财产

单位：万元

信托资产与信托财产相互交易			
	期初数	本期发生额	期末数
合计	0	0	0

6.5.4　逐笔披露关联方逾期未偿还本公司资金详细情况以及公司为关联方担保发生或即将发生垫款的详细情况

报告期公司无上述情况。

6.6　会计制度

本公司固有业务、信托业务均执行《企业会计准则》（2006）、《企业会计准则——应用指南》及其修订准则等相关规定。

7. 财务情况说明书

7.1　利润实现和分配情况（母公司口径与并表口径）

单位：万元

指标名称	合并口径	母公司
利润总额	29 213.45	28 126.51
所得税费用	1 740.05	1 350.69
少数股东损益	636.16	
归属于母公司所有者的净利润	26 837.24	26 775.82
提取盈余公积	5 355.16	5 355.16
提取信托赔偿准备金	0.00	0.00
提取一般准备	1 615.79	1 615.79
上缴国有资本收益	7 741.08	7 741.08

7.2　主要财务指标（母公司口径与并表口径）

指标名称	合并指标值	母公司指标值
资本利润率（%）	6.78	6.77
加权年化信托报酬率（%）		
人均净利润（万元）	59.85	136.61

7.3　公司净资本情况

2014 年末，公司净资本余额为 342 968 万元；各项业务风险资本之和为 85 703 万元，净资本/各项业务风险资本之和 400.18%；净资本/净资产为 74.35%，以上指标符合《信托公司净资本管理办法》（中国银监会令 2010 年第 5 号）各项监管指标。

7.4　对公司财务状况、经营成果有重大影响的其他事项

无。

8. 特别事项揭示

8.1　前五名股东报告期内变动情况及原因

公司股东无变化。

8.2　董事、监事及高级管理人员变动情况及原因

无。

8.3　变更注册资本、变更注册地或公司名称、公司分立合并事项

无。

8.4　公司的重大诉讼事项

8.4.1　重大未决诉讼事项

无。

8.4.2　以前年度发生，于本报告年度内终结的诉讼事项

无。

8.4.3　本报告年度发生，于本报告年度内终结的诉讼事项

无。

8.5　公司及其董事、监事和高级管理人员受到处罚的情况

无。

8.6　银监会派出机构对公司检查结论和公司整改情况

吉林银监局于 2014 年 4 ~9 月对公司信托业务、兑付风险和合规情况进行了现场检查，并于检查后下发了现场检查意见书。按照该意见书的要求，公司组织相关业务部室针对检查中存在的问题进行梳理和分析，制定了切实可行的整改方案，认真落实各项监管意见和要求，以使公司信托业务依法合规、稳

健开展。具体做法：一是健全完善内控体系，牢固树立依法合规经营理念；二是夯实合规管理基础，提升资产管理能力；三是继续积极采取有效措施防范和化解各种经营性风险；四是强化制度约束与制衡机制，加大内控制度执行力度；五是提升员工素质，促进公司依法合规经营。

8.7　本年度重大事项临时报告的简要内容、披露时间、所披露的媒体及其版面

无。

9. 公司监事会意见

本报告期内公司依法运作，决策程序合法，内部控制制度较为完善。2014 年度财务报告客观、真实地反映了公司 2014 年 12 月 31 日的合并财务状况和 2014 年度的合并经营成果及合并现金流量。

建信信托有限责任公司

1. 重要提示

1.1 本公司董事会保证本报告所载资料不存在任何虚假记载、误导性陈述或者重大遗漏,并对其内容的真实性、准确性和完整性承担个别及连带责任。

1.2 公司独立董事王巍、范成法保证本报告内容真实、准确、完整。

1.3 普华永道中天会计师事务所对本公司年度财务报告进行审计,出具了审计报告。

1.4 公司法定代表人、董事长杜亚军,总裁王宝魁,财务部门负责人江涛声明:保证本年度报告中财务报告真实、完整。

2. 公司概况

2.1 公司简介

建信信托有限责任公司(简称建信信托)是经中国银监会报请国务院同意后批准,由中国建设银行增资控股而重组设立的非银行金融机构,2009 年 8 月正式重组运营,2010 年 1 月对外揭牌。

2.1.1 公司法定中文名称:建信信托有限责任公司
中文名称缩写:建信信托
公司法定英文名称:CCB Trust Co. ,Ltd.
英文名称缩写:CCBT
法定代表人:杜亚军
注册地址:安徽省合肥市九狮桥街 45 号
邮政编码:230001
网　　址:www. ccbtrust. com. cn

2.1.2 信息披露分管领导:王金生
信息披露联系人:高朝晖
联系电话:(010)67596155　18710162991
传　　真:(010)67596590
电子邮箱:ccbt@ ccbtrust. com. cn

2.1.3 信息披露报纸名称:《金融时报》

2.1.4 年度报告备置地点:公司网站和公司办公室

2.1.5 会计师事务所:普华永道中天会计师事务所
地址:上海市浦东新区陆家嘴环路 1318 号星展银行大厦 6 楼

2.2 组织结构

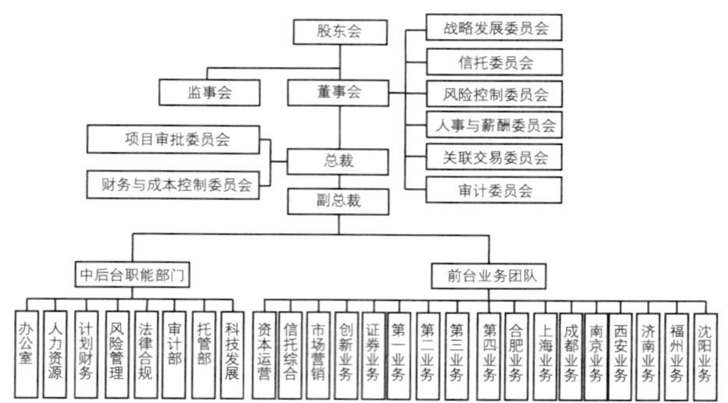

3. 公司治理

3.1 股东

报告期末,公司股东总数 3 家,最终实际控制人为中国建设银行股份有限公司。

持有公司 10% 以上股权的股东有 2 家

股东名称	持股比例(%)	法定代表人	注册资本(亿元)	注册地址	主要经营业务及主要财务情况
★中国建设银行股份有限公司	67.00	王洪章	2 500.11	北京市西城区金融大街25 号	公司银行业务、个人银行业务、资金业务、投资银行业务及海外业务。截至 2014 年末,公司总资产 167 441.30 亿元,总负债 154 917.67 亿元,净利润 2 282.47 亿元。
合肥兴泰控股集团有限公司	27.50	程儒林	20.00	合肥市九狮桥街 45 号	对授权范围内的国有资产进行经营以及从事企业策划、管理咨询、财务顾问、公司理财、产业投资以及经批准的其他经营活动。截至 2014 年末,集团合并报表总资产 133.76 亿元,总负债 69.76 亿元,净利润 4.35 亿元。

注:加★表示最终实际控制人。

3.2 董事

董事会成员(董事长、非独立董事)

姓　名	职　务	性别	年龄	选任日期	所推举的股东名称	该股东持股比例(%)	简　要　履　历
杜亚军	董事长	男	58	2014年3月15日	中国建设银行	67.00	曾任中国建设银行河北省分行副行长、党组成员,山西省分行、河北省分行行长、党委书记,中国建设银行个人业务委员会常务副主任、零售业务总监,中国建设银行(亚洲)股份有限公司董事长、副董事长(建行亚洲与香港分行整合后),现任建信信托董事长。
程双起	副董事长	男	57	2014年3月15日			曾任中国建设银行张家口分行行长、党组书记,河北省分行副行长、党委副书记,建信信托总裁、现任建信期货董事长、建信信托副董事长。
王宝魁	执行董事	男	51	2014年3月15日			曾任中国建设银行北京市分行办公室副处级秘书,信托投资公司、出纳管理部、规划发展部、市场开发部副总经理,资产保全部总经理,朝阳支行行长、党委书记,建信信托副总裁,现任建信信托执行董事、总裁。
张华建	董事	男	59	2014年3月15日			曾任中国建设银行人事教育部(党委组织部)副总经理(副部长),纪检监察部(纪律检查委员会)总经理(副书记),现任中国建设银行纪检监察部(纪律监察委员会)总经理(副书记)、兼巡视工作办公室主任、兼中国建设银行股份有限公司股东代表监事、建信信托董事。
孙立强	董事	男	52	2009年7月16日	合肥兴泰控股集团有限公司	27.50	曾任合肥市财政局副局长、国资局局长、国资办主任、合肥兴泰信托有限责任公司董事长、合肥兴泰控股集团有限公司董事长,现任合肥市国有资产监督管理委员会主任、党委书记。
高同国	董事	男	49	2013年4月18日	合肥市国有资产控股有限公司	5.50	曾任合肥市国有资产管理局副局长、百大集团监事会主席、合肥市产权交易中心主任、合肥市技术产权交易所董事长、合肥兴泰控股集团总裁、合肥国有资产控股公司董事长,现任合肥市滨湖新区建设投资有限公司董事长、建信信托董事。

独立董事

姓　名	所在单位及职务	性别	年龄	选任日期	简　要　履　历
康立国	无	男	65	2009年7月16日	曾任中国人民银行南京分行合肥金融监管办事处党组委员、助理特派员,安徽银监局局长助理、党委委员、副巡视员,建信信托独立董事。
王　巍	万盟并购集团有限公司董事长、兼全国工商联并购公会会长	男	55	2010年12月20日	曾任职于中国建设银行、中国银行,曾担任美国化学银行分析师、美国世界银行顾问、中国南方证券有限公司副总裁、万盟投资管理有限公司董事长,以及中化国际、上海医药、方正证券独立董事;现任万盟并购集团有限公司董事长,同时兼全国工商联并购公会会长,以及中体产业、光大银行、嘉实基金独立董事,建信信托独立董事。
范成法	无	男	63	2011年3月21日	曾任安徽省财政厅预算外资金管理办公室主任、综合处处长、金融处处长,兼任安徽省推进皖江城市带承接产业转移示范区建设领导小组办公室融资组组长、安徽省担保协会副会长,现任建信信托独立董事。

3.3 监事

监事会成员

姓　名	职　务	性别	年龄	选任日期	所推举的股东名称	该股东持股比例(%)	简　要　履　历
王金生	监事长	男	50	2010年4月9日	合肥兴泰控股集团有限公司	27.50	曾任合肥市粮食局财务处长,合肥大米公司经理(法人代表)、党委副书记,合肥市国有资产管理局综合处长、局长助理,合肥市产权交易管理办公室副主任,合肥市国有资产控股公司副总经理,丰乐种业股份有限公司外部董事,合肥市财政局(合肥市国有资产管理办公室)专职副主任,主持国资办日常工作、分管市财政企财工作,合肥市人民政府国有资产监督管理委员会副主任、党委委员,现任建信信托有限责任公司监事长。
					合肥市国有资产控股有限公司	5.50	

续表

姓 名	职 务	性别	年龄	选任日期	所推举的股东名称	该股东持股比例(%)	简 要 履 历
安全德	监事	男	60	2014 年 3 月 15 日	中国建设银行	67.00	曾任中国建设银行机关党委组织处副处长，人事部机关处副处长，人事教育部机关干部管理处、调配处处长，老干部办公室副主任(主持工作)，离退休人员管理部副总经理(主持工作)、总经理，建信信托监事。
吴胜春	监事	男	44	2009 年 7 月 16 日			曾任中国建设银行法律事务部非诉讼事务处高级经理、法律事务部总经理助理，现任中国建设银行法律事务部副总经理、建信信托监事。
王彦青	职工监事	男	51	2010 年 09 月 20 日	—	—	曾任建行河北省分行资产保全部副总经理、建行河北省总审计室现场一处高级副经理(主持工作)；现任建信信托审计部总经理。
周志寰	职工监事	男	43	2010 年 09 月 20 日	—	—	曾任建行北京长安支行国际业务部经理，建行北京分行个人银行业务部副总经理，建行北京分行城建、建国支行风险主管，现任建信信托风险总监、兼风险管理部总经理。

监事会无下属委员会。

3.4 高级管理人员

姓 名	职 务	性别	年龄	选任日期	金融从业年限(年)	学历/学位	专业
王宝魁	总裁	男	51	2014 年 3 月 15 日	28	本科	基本建设经济
钟四清	副总裁	男	49	2009 年 12 月 30 日	28	研究生	系统工程
黄建峰	副总裁	男	52	2009 年 7 月 16 日	15	硕士研究生	工商管理
许晔	副总裁	男	39	2011 年 3 月 28 日	18	硕士研究生	法律

3.5 公司员工

截至 2014 年 12 月 31 日，公司共有员工 218 人，平均年龄 36 岁，其中：博士学历 8 人，占比 3.7%；硕士学历 107 人，占比 49.1%；本科学历 93 人，占比 42.7%；专科学历 7 人，占比 3.2%；其他学历 3 人，占比 1.4%。

4. 经营管理

4.1 经营目标、方针、战略规划

经营目标：成为机制完善、服务卓越、内控严密、业绩优异、人力高效的国内一流信托公司，实现综合性、多元化经营发展，树立让股东、员工和客户“深感满意和信赖”的企业形象，打造具有市场影响力的财富管理品牌。

经营方针：以科学发展观为指引，全面贯彻建设银行综合性、多功能、集约化经营的战略定位，积极落实与建设银行集团的全面战略协同，以转型创新为驱动，以提升市场份额、行业位次为重点，持续增强核心竞争力、风险控制力和价值创造力，为客户提供优质服务，为股东创造更大价值。

战略规划：依托建设银行丰富的资源，加强产品研发和业务创新，在符合集团风险偏好要求的前提下，实现受托管理信托资产规模较快发展，保持行业领先地位。同时，根据建设银行整体发展战略，利用信托的制度和功能优势，提升“建设银行”品牌效应和整体竞争力，为建设银行的综合化经营、丰富产品线、满足客户多样化的需求作出应有的贡献。

4.2 所经营业务的主要内容

公司目前经营的业务品种主要包括信托业务、投资银行业务和固有业务。

信托业务品种主要包括单一资金信托、集合资金信托、财产信托和股权信托等。信托财产的运用方式主要有贷款和投资。

投资银行业务主要包括财务顾问、股权信托、债券承销等。

固有业务主要是自有资金的贷款、股权投资、证券投资等。

固定资产运用与分布表

资产运用	金额(万元)	占比(%)	资产分布	金额(万元)	占比(%)
货币资产	18 171.93	2.43	基础产业		
贷款及应收款			房地产业		
交易性金融资产	1 031.56	0.14	证券市场	15 387.31	2.06
可供出售金融资产	527 632.81	70.49	实业		
持有至到期投资			金融机构	492 385.61	65.78
长期股权投资	154 688.42	20.67	其他	240 774.68	32.17
其他	47 022.88	6.28			
资产总计	748 547.60	100.00	资产总计	748 547.60	100.00

注：资产分布中的其他为 PE 基金投资 154 551.80 万元，对两家基金管理公司的投资 39 200 万元，应收信托报酬等应收款项 31 517.11 万元。

信托资产运用与分布表

资产运用	金额(万元)	占比(%)	资产分布	金额(万元)	占比(%)
货币资产	29 991 355.05	45.04	基础产业	2 892 020.00	4.34
贷款	6 827 217.42	10.25	房地产	3 339 475.00	5.02
交易性金融资产	3 086 495.16	4.64	证券市场	19 742 673.66	29.65
可供出售金融资产	2 515 069.22	3.78	实业	738 840.00	1.11
持有至到期投资	20 370 151.04	30.59	金融机构	35 062 717.70	52.66
长期股权投资	1 543 970.00	2.32	其他	4 807 806.54	7.22
其他	2 249 275.01	3.38			
信托资产总计	66 583 532.90	100.00	信托资产总计	66 583 532.90	100.00

4.3 市场分析

4.3.1 影响业务发展的有利因素

国内经济发展处于重要战略机遇期，城镇化、信息化、工业化、农业现代化不断深入，市场需求潜力巨大。新型城镇化的升级和发展、国有资产管理运营体制机制的转变、混合所有制的实施、农村土地制度的改革尝试、产业结构的升级调整等系列改革举措，将激发出经济社会的巨大活力，为信托提供了新的资产运用领域和发展空间。

4.3.2 影响业务发展的不利因素

2014 年，国际竞争格局更加复杂，巩固和扩大外部市场空间的难度加大。国内经济运行虽然总体平稳，但下行压力较大，经济发展中长期积累的矛盾凸显：房地产市场分化加剧、财政金融潜在风险上升以及产能过剩等问题显露；地方政府债务风险加大，国家不断加强管理，平台融资模式不可持续；经济下行压力较大使部分行业、企业、地区经济运行困难；受互联网技术创新、消费模式转变等影响，一些传统制造业和流通领域商业业态也进入深度调整期。

监管部门顺应政策环境和市场环境的变化，调整了监管要求，对信托公司业务开展产生一定影响，信托行业整体发展持续放缓，风控能力面临挑战，以通道类、融资类业务为主的信托业务模式需求递减、风险递增、竞争加剧，传统经营模式面临挑战，转型发展迫在眉睫。

4.4 内部控制

公司建立了权责明确、制衡合理的治理结构和前后台分离、报告关系清晰的组织架构。董事会对公司内部控制有效性承担最终责任，经营管理层对内部控制制度的有效执行承担责任，监事会、独立董事对内部控制负有监督职责。

公司内部设置了公司 8 个职能部门、17 个业务团队，实现了高管分离、部门人员分离、财务分离和前中后台分离的“四个分离”。明确界定了各部门的职责和权限，确保其在授权范围内行使职能。公司按照全面性、重要性、制衡性、适应性和遵循性的原则逐步健全各项内部控制制度，完善内部控制机制，使内部控制渗透到公司决策、执行、监督、反馈等各个环节，覆盖公司的所有业务、部门和岗位。公司建立了内部控制检查、报告和纠正机制，确保内控制度的执行落实和对发现问题的及时整改。报告年度，公司开展了内部控制规范工作，内部控制体系不断完善。

4.5 风险管理

公司依托“三会一层”和内设部门，逐步构建起涵盖全面、层次清晰、职责明确的风险管理架构，形成了“四个层级、三道防线”的风险控制体系。公司坚持依法合规的经营理念，不断健全科学的风险管理体系，培育健康的风险管理文化，防范和化解经营过程中面临的各种风险，促进公司持续健康发展。

4.5.1 信用风险状况及其管理

信用风险主要是指公司在经营过程中因交易对手不能或不愿按期履行义务而使受益人或公司遭受损失的可能性。2014 年末，公司信托业务资产总额为 6 658.35 亿元，存续项目资产质量较好，到期信托项目均按期清算兑付；公司固有业务资产总额为 74.87 亿元（母公司口径），不良资产余额为 0，各项资产减值准备余额为 5 790.7 万元。

公司强调风险管理关口前移，注重业务调研和过程控制。通过对交易对手的尽职调查进行事前控制；通过交易结构设计、风险定价、设定担保措施、持续进行风险评估等手段规避和监控交易对手信用风险变化。

公司根据国家宏观政策、地区和行业发展变化情况，遵循集团整体风险偏好，制定了《公司信托产品风控要点》，加强对项目前期风险评估工作，提高项目甄别和筛选能力，重视对交易对手经营状况、资信状况的尽职调查，审慎选择交易对手。严格审查项目资金监管，持续关注交易对手的履约能力，强化对项目运行管理的监督力度。按风险等级分类对项目进行后期管理，加大对重点项目监督检查力度，并建立风险预警制度，有效防范信用风险。

4.5.2 市场风险状况及其管理

市场风险主要指公司在经营过程中因股价、汇率、利率及其他价格因素变动而造成财产损失的风险以及对公司盈利能力、财务状况的影响。

目前，公司由证券信托部对证券投资信托业务实施专业化管理。公司及时关注国家政策和市场环境的变化，加强对经济及金融形势的分析预测，提出相应对策及业务调整方案。公司通过建立有效的投资组合，设置投资比例和投资限制，聘请丰富经验的投资顾问，规避证券市场风险。在产品设计时，结合经济、金融形势充分考虑利率变化对受益人或公司收益的影响，采取升息保护、浮动利率机制等合理措施规避利率风险。加强对证券投资产品单位净值、抵质押物价格变化的日常监控，安排专人进行盯市，按期进行估值，及时披露信托单位净值，严格执行信托文件中对预警线及止损线的具体约定，防范市场价格波动带来的风险。持续跟踪关注抵质押品市场价格波动情况，及时发现并预防市场风险。

4.5.3 操作风险状况及其管理

操作风险主要是指公司在运营过程中由于内部程序、人员、系统的不完善或外部事件等原因所带来的风险。报告期内，公司未发生因操作风险所造成的损失。公司逐步健全法人治理结构，规范各项业务的操作流程，明确操作权限和内容，不断完善前、中、后台的内部控制体系。公司在业务尽职调查、产品规范化管理、风险监控、合同档案管理、信息披露等方面不断细化管理要求和规范操作流程，提升业务操作的规范化和标准化水平，消除操作风险隐患，有效管理各类操作风险。

4.5.4 其他风险状况及其管理

公司面临的其他风险主要包括政策风险、法律风险、道德风险、关联交易风险和声誉风险等。

政策风险主要指因宏观经济政策、行业发展政策、行业监管政策的变动对公司经营环境和业务发展所造成的影响。

法律风险主要是指公司在业务开展过程中对相关法律法规的理解或执行出现偏差导致对公司经营造成影响，公司签订合同在法律上有缺陷或不完善而发生法律纠纷甚至无法履约。

道德风险主要指公司内部人员蓄意违法违规或与公司的利益主体串通给信托受益人或公司自身带来损失而产生的风险。

关联交易风险主要指公司在开展业务过程中涉及关联交易

时，由于制度缺失、关联方控制、价格不公允等原因产生的风险。

声誉风险主要指由于公司操作失误、违反有关规定、信托资产质量下降不能到期兑付、不能向公众提供高质量的金融服务和管理不善等原因，对外部市场地位产生的消极和不良影响。

报告年度，公司未发生因其他风险所造成的损失。

公司深入分析国家宏观经济政策、行业发展政策、监管政策以及国家法律法规，加强与政策制定部门的沟通，提高预见性和应变能力，及时调整发展战略和经营策略。

公司制定相关办法，加强法律合同制定、使用、审查和归档等管理。对交易行为或合同进行法律审查，重大事项征询律师意见。

公司不断加强员工职业道德和思想教育；制定了科学、清晰的业务流程，强化内部控制机制；制定了相关办法，明确了责任追究的相关程序和惩罚措施。

公司从保护股东、信托各方当事人的利益，尤其是委托人、受益人的利益角度出发，不断加强关联交易风险管理，确保关联交易的识别、统计、报告工作及时准确。不断完善关联交易相关制度和操作流程，加强关联交易业务的审查。涉及关联交易的业务，按照要求及时向监管部门事前报告，及时、完整地披露关联交易。

公司把声誉构建与公司发展战略和企业文化进行有机结合，将声誉风险管理纳入公司治理和全面风险管理体系，强调在依法合规经营、持续稳健发展的基础上，主动、有效、灵活地管理声誉风险和应对风险事件。公司制定了相关制度，明确规定了对声誉风险的监控、管理和应对流程。公司加强对信息披露工作的管理，规范公司的信息披露行为，保护受益人、股东及其他利益相关人的合法权益。在日常经营管理过程中，根据监管要求公司及时披露年度报告，增强对公众、客户的透明度，塑造专业和诚信形象。根据相关法律法规和信托文件的约定，公司向受益人及时披露信托计划的运行情况。

5. 报告期末及上一年度末的比较式会计报表

5.1 固有资产

5.1.1 会计师事务所审计意见全文

审 计 报 告

普华永道中天审字(2015)第22053号

建信信托有限责任公司董事会：

我们审计了后附的建信信托有限责任公司(以下简称建信信托公司)的财务报表，包括2014年12月31日的合并及公司资产负债表，2014年度的合并及公司利润表、合并及公司所有者权益变动表和合并及公司现金流量表以及财务报表附注。

一、管理层对财务报表的责任

编制和公允列报财务报表是建信信托公司管理层的责任。这种责任包括：(1)按照企业会计准则的规定编制财务报表，并使其实现公允反映；(2)设计、执行和维护必要的内部控制，以使财务报表不存在由于舞弊或错误导致的重大错报。

二、注册会计师的责任

我们的责任是在执行审计工作的基础上对财务报表发表审计意见。我们按照中国注册会计师审计准则的规定执行了审计工作。中国注册会计师审计准则要求我们遵守中国注册会计师职业道德守则，计划和执行审计工作以对财务报表是否不存大重大错报获取合理保证。

审计工作涉及实施审计程序，以获取有关财务报表金额和披露的审计证据。选择的审计程序取决于注册会计师的判断，包括对由于舞弊或错误导致的财务报表重大错报风险的评估。在进行风险评估时，注册会计师考虑与财务报表编制和公允列报相关的内部控制，以设计恰当的审计程序，但目的并非对内部控制的有效性发表意见。审计工作还包括评价管理层选用会计政策的恰当性和作出会计估计的合理性，以及评价财务报表的总体列报。

我们相信，我们获取的审计证据是充分、适当的，为发表审计意见提供了基础。

三、审计意见

我们认为，上述建信信托公司的财务报表在所有重大方面按照企业会计准则的规定编制，公允反映了建信信托公司2014年12月31日的合并及公司财务状况以及2014年度的合并及公司经营成果和现金流量。

普华永道中天会计师事务所
(特殊普通合伙)

注册会计师 薛竞

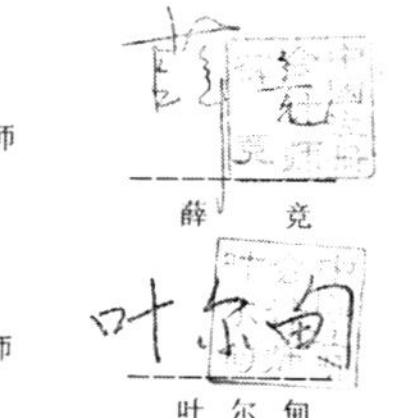

中国·上海市
2015年4月24日

注册会计师 叶尔甸

5.1.2 资产负债表

资产负债表

编制单位：建信信托(母公司)　　2014年12月31日　　单位：万元

资　产	期末余额	年初余额	负债和所有者权益	期末余额	年初余额
资产：			负债：		
现金及存放同业款项	18 171.93	61 327.43	递延收益		
交易性金融资产	1 031.56	28 045.43	应付职工薪酬	10 738.39	10 477.88
应收利息	5.90	36.75	应交税费	12 510.74	11 433.94
贷款和应收款项			递延所得税负债		496.74
可供出售金融资产	527 632.81	453 507.93	其他负债	6 489.37	8 380.31

续表

资　产	期末余额	年初余额	负债和所有者权益	期末余额	年初余额
买入返售金融资产		6 300. 66	负债合计	29 738. 50	30 788. 87
长期股权投资	154 688. 42	76 855. 88	所有者权益:		
投资性房地产	1 403. 54	2 093. 56	实收资本	152 727. 00	152 727. 00
固定资产	12 727. 67	13 180. 96	资本公积	289 328. 30	282 619. 38
在建工程	7. 56	246. 42	盈余公积	28 927. 18	20 395. 18
无形资产	473. 78	269. 28	一般风险准备	10 972. 70	8 941. 15
递延所得税资产	132. 01		信托赔偿准备	14 053. 74	9 787. 74
其他资产	32 404. 43	15 836. 73	未分配利润	222 932. 18	152 441. 70
			所有者权益合计	718 941. 10	626 912. 15
资产总计	748 679. 60	657 701. 02	负债和所有者权益总计	748 679. 60	657 701. 02

资产负债表

编制单位:建信信托(合并)　　2014 年 12 月 31 日　　单位:万元

资　产	期末余额	年初余额	负债和所有者权益	期末余额	年初余额
资产:			负债:		
现金及存放同业款项	86 453. 58	65 859. 40	递延收益		
交易性金融资产	18 851. 78	28 693. 70	应付职工薪酬	11 806. 70	10 479. 60
应收利息	1 173. 69	37. 75	应交税费	12 941. 09	11 545. 89
贷款和应收款项			递延所得税负债	173. 61	504. 01
可供出售金融资产	527 772. 81	454 507. 93	其他负债	54 111. 60	8 578. 54
买入返售金融资产		6 300. 66	负债合计	79 033. 00	31 108. 04
长期股权投资	95 473. 19	74 075. 15	所有者权益:		
投资性房地产	1 403. 54	2 093. 56	实收资本	152 727. 00	152 727. 00
固定资产	13 549. 63	13 181. 78	资本公积	285 209. 29	282 619. 38
在建工程	66. 06	246. 42	盈余公积	28 927. 18	20 395. 18
无形资产	491. 47	281. 58	一般风险准备	10 972. 70	8 941. 15
递延所得税资产	132. 01	28. 94	信托赔偿准备	14 053. 74	9 787. 74
其他资产	64 155. 82	16 651. 25	未分配利润	227 778. 21	155 716. 88
			少数股东权益	10 822. 45	662. 75
			所有者权益合计	730 490. 58	630 850. 09
资产总计	809 523. 58	661 958. 12	负债和所有者权益总计	809 523. 58	661 958. 12

5. 1. 3　利润表

利润表

编制单位:建信信托(母公司)　　2014 年度　　单位:万元

项　目	本年数	上年数
一、营业收入	147 115. 55	111 922. 43
利息净收入	713. 51	5 433. 01
利息收入	713. 51	5 447. 39
利息支出		14. 37
手续费及佣金净收入	95 106. 64	76 149. 42
手续费及佣金收入	95 111. 27	76 479. 15
手续费及佣金支出	4. 63	329. 72
投资收益	50 942. 92	30 748. 86
公允价值变动损益	-261. 60	-967. 03
其他业务收入	614. 08	558. 17

续表

项　目	本年数	上年数
二、营业支出	36 541. 50	27 230. 78
营业税金及附加	8 607. 13	6 099. 83
业务及管理费	26 961. 21	21 936. 91
资产减值损失	825. 64	-930. 25
其他业务成本	147. 52	124. 29
三、营业利润	110 574. 05	84 691. 65
加:营业外收入	2 784. 74	1 150. 27
减:营业外支出		4. 07
四、利润总额	113 358. 79	85 837. 85
减:所得税费用	28 038. 76	21 925. 40
五、净利润	85 320. 03	63 912. 45
六、其他综合收益	6 708. 93	17 119. 12
七、综合收益总额	92 028. 96	81 031. 57

利润表

编制单位：建信信托（合并） 2014 年度 单位：万元

项 目	本年数	上年数
一、营业收入	154 624. 75	113 500. 31
利息收入	2 836. 51	5 444. 43
利息收入	2 836. 51	5 458. 80
利息支出		14. 37
手续费及佣金净收入	99 244. 39	77 436. 36
手续费及佣金收入	99 249. 91	78 012. 50
手续费及佣金支出	5. 52	576. 15
投资收益	52 183. 78	30 990. 58
公允价值变动损益	-261. 60	-967. 03
其他业务收入	621. 67	595. 98
二、营业支出	41 802. 13	27 428. 75
营业税金及附加	8 737. 77	6 150. 96
业务及管理费	32 091. 21	22 025. 85
资产减值损失	825. 64	-930. 25
其他业务成本	147. 52	182. 20
三、营业利润	112 822. 62	86 071. 56
加：营业外收入	2 818. 92	1 150. 27
减：营业外支出	3. 74	4. 07
四、利润总额	115 637. 80	87 217. 76
减：所得税费用	28 748. 92	22 246. 94
五、净利润	86 888. 88	64 970. 83
归属于母公司股东的净利润	86 890. 88	64 942. 68
少数股东收益	-2. 01	28. 15
六、其他综合收益	6 708. 93	17 119. 12
七、综合收益总额	93 597. 81	82 089. 95
归属于母公司股东的综合收益总额	93 599. 81	82 061. 80
归属于少数股东的综合收益总额	-2. 01	28. 15

5. 1. 4 所有者权益变动表

编制单位：建信信托（母公司） 2014 年 12 月 31 日 单位：万元

项 目	实收资本	资本公积	其他综合收益	盈余公积	风险准备	未分配利润	所有者权益合计
2012 年 12 月 31 日年末余额	152 727. 00	248 660. 65		14 003. 94	13 925. 30	99 724. 08	529 040. 96
会计政策变更		-1 301. 57	1 301. 57				
2013 年 1 月 1 日年初余额	152 727. 00	247 359. 08	1 301. 57	14 003. 94	13 925. 30	99 724. 08	529 040. 96
2013 年度增减变动金额							
净利润						63 912. 45	63 912. 45
其他综合收益			17 119. 12				17 119. 12
—其他		16 839. 62					16 839. 62
利润分配							
—提取盈余公积				6 391. 25		-6 391. 25	
—提取一般风险准备					1 607. 97	-1 607. 97	
—提取信托赔偿准备					3 195. 62	-3 195. 62	
2013 年 12 月 31 日余额	152 727. 00	264 198. 70	18 420. 68	20 395. 18	18 728. 89	152 441. 70	626 912. 15
2014 年 1 月 1 日余额	152 727. 00	264 198. 70	18 420. 68	20 395. 18	18 728. 89	152 441. 70	626 912. 15
2014 年度增减变动金额							
净利润						85 320. 03	85 320. 03
其他综合收益			6 708. 93				6 708. 93
利润分配							
—提取盈余公积				8 532. 00		-8 532. 00	
—提取一般风险准备					2 031. 55	-2 031. 55	
—提取信托赔偿准备					4 266. 00	-4 266. 00	
2014 年 12 月 31 日余额	152 727. 00	264 198. 70	25 129. 61	28 927. 18	25 026. 44	222 932. 18	718 941. 10

编制单位：建信信托（合并） 2014 年 12 月 31 日 单位：万元

项 目	归属于母公司股东权益						少数股东权益	所有者权益合计
	实收资本	资本公积	其他综合收益	盈余公积	风险准备	未分配利润		
2012 年 12 月 31 日年末余额	152 727. 00	248 660. 65		14 003. 94	13 925. 30	101 969. 04	634. 61	531 920. 53
会计政策变更		-1 301. 57	1 301. 57					
2013 年 1 月 1 日余额	152 727. 00	247 359. 08	1 301. 57	14 003. 94	13 925. 30	101 969. 04	634. 61	531 920. 53
2013 年度增减变动额								
净利润						64 942. 68	28. 15	64 970. 83
其他综合收益			17 119. 12					17 119. 12
—其他		16 839. 62						16 839. 62

续表

项　目	归属于母公司股东权益						少数股东权益	所有者权益合计
	实收资本	资本公积	其他综合收益	盈余公积	风险准备	未分配利润		
利润分配								
—提取盈余公积				6 391. 25	0. 00	-6 391. 25		
—提取一般风险准备					1 607. 97	-1 607. 97		
—提取信托赔偿准备					3 195. 62	-3 195. 62		
2013 年 12 月 31 日余额	152 727. 00	264 198. 70	18 420. 68	20 395. 18	18 728. 89	155 716. 88	662. 75	630 850. 09
2014 年 1 月 1 日余额	152 727. 00	264 198. 70	18 420. 68	20 395. 18	18 728. 89	155 716. 88	662. 75	630 850. 09
2014 年度增减变动额								
净利润						86 890. 88	-2. 01	86 888. 88
其他综合收益			6 708. 93					6 708. 93
—非同一控制下企业合并							11 660. 31	11 660. 31
—购买少数股东权益		-4 119. 01					-1 498. 61	-5 617. 62
利润分配								
—提取盈余公积				8 532. 00		-8 532. 00		
—提取一般风险准备					2 031. 55	-2 031. 55		
—提取信托赔偿准备					4 266. 00	-4 266. 00		
2014 年 12 月 31 日余额	152 727. 00	260 079. 69	25 129. 61	28 927. 18	25 026. 44	227 778. 21	10 822. 45	730 490. 58

5. 2　信托资产

5. 2. 1　信托项目资产负债汇总表

编制单位:建信信托　　　　2014 年 12 月 31 日　　　　单位:万元

信托资产	期末数	期初数	信托负债和信托权益	期末数	期初数
信托资产:			信托负债:		
货币资金	29 988 230. 76	10 602 181. 16	交易性金融负债	0. 00	0. 00
拆出资金	0. 00	0. 00	衍生金融负债	0. 00	0. 00
存出保证金	3 124. 29	1 161. 88	应付受托人报酬	29 730. 09	13 272. 04
交易性金融资产	3 086 495. 16	974 842. 36	应付保管费	17 432. 26	10 340. 00
衍生金融资产	0. 00	0. 00	应付受益人收益	82 615. 89	24 271. 79
买入返售金融资产	305 922. 77	333 071. 47	应交税费	47. 95	63. 27
应收款项	1 923 072. 60	865 874. 93	应付销售服务费	30. 43	34. 58
贷款	6 827 217. 42	4 568 150. 00	其他应付款项	991 850. 57	465 330. 62
可供出售金融资产	2 515 069. 22	552 036. 88	预计负债	0. 00	0. 00
持有至到期投资	20 370 151. 04	13 719 984. 98	其他负债	0. 00	0. 00
长期应收款	0. 00	0. 00	信托负债合计	1 121 707. 19	513 312. 30
长期股权投资	1 543 970. 00	954 435. 16			
投资性房地产	0. 00	0. 00	信托权益:		
固定资产	0. 00	0. 00	实收信托	62 123 699. 40	30 197 951. 58
无形资产	0. 00	0. 00	资本公积	3 736. 80	-2 671. 73
长期待摊费用	0. 00	0. 00	损益平准金	0. 00	0. 00
其他资产	20 279. 64	9 900. 00	未分配利润	3 334 389. 51	1 873 046. 67
			信托权益合计	65 461 825. 71	32 068 326. 52
信托资产总计	66 583 532. 90	32 581 638. 82	信托负债和信托权益总计	66 583 532. 90	32 581 638. 82

5.2.2 信托项目利润及利润分配汇总表

编制单位：建信信托　　2014 年度　　单位：万元

项目	本年累计数	上年累计数
1. 营业收入	4 326 078.34	1 629 252.47
1.1 利息收入	2 449 519.67	994 567.13
1.2 投资收益（损失以"-"号填列）	1 835 141.57	625 201.71
1.2.1 其中：对联营企业和合营企业的投资收益	0.00	0.00
1.3 公允价值变动收益（损失以"-"号填列）	33 564.94	2 990.99
1.4 租赁收入	0.00	0.00
1.5 汇兑损益（损失以"-"号填列）	0.00	0.00
1.6 其他收入	7 852.16	6 492.64
2. 支出	185 843.96	110 290.01
2.1 营业税金及附加	0.00	54.04
2.2 受托人报酬	80 299.00	64 751.21
2.3 托管费	25 033.89	15 879.35
2.4 投资管理费	3.14	43.32
2.5 销售服务费	112.70	159.66
2.6 交易费用	2.51	17.35
2.7 资产减值损失	29 097.58	0.00
2.8 其他费用	51 295.14	29 385.08
3. 信托净利润（净亏损以"-"号填列）	4 140 234.38	1 518 962.46
4. 其他综合收益	0.00	0.00
5. 综合收益	4 140 234.38	1 518 962.46
加：期初未分配信托利润	1 873 046.67	1 446 831.15
加：损益平准金	-373 947.93	-521 629.56
6. 可供分配的信托利润	5 639 333.12	2 444 164.05
减：本期已分配信托利润	2 304 943.61	571 117.38
7. 期末未分配信托利润	3 334 389.51	1 873 046.67

6. 会计报表附注

6.1 会计报表编制基准不符合会计核算基本前提的说明

公司会计报表编制基准不存在不符合会计核算基本前提的情况。

公司执行财政部 2006 年 2 月 15 日颁布的《企业会计准则》（财会[2006]3 号）及其后续规定。公司以持续经营为基础，根据实际发生的交易和事项，按照《企业会计准则——基本准则》和其他各项具体会计准则、应用指南及准则解释的规定进行确认和计量，在此基础上编制财务报表。

6.2 或有事项说明

报告年度，本公司无对外担保及其他或有事项。

6.3 重要资产转让及其出售的说明

报告年度，公司无重要资产转让及出售事项。

6.4 会计报表中重要项目的明细资料

6.4.1 固有资产经营情况

6.4.1.1 信用风险五级分类情况

风险分类	正常类（万元）	关注类（万元）	次级类（万元）	可疑类（万元）	损失类（万元）	信用风险资产合计（万元）	不良资产合计（万元）	不良资产率（%）
期初数	83 067.93	0.00	0.00	0.00	0.00	83 067.93	0.00	0
期末数	49 689.04	0.00	0.00	0.00	0.00	49 689.04	0.00	0

6.4.1.2 各项资产减值损失准备情况

单位：万元

	期初数	本期计提	本期转回	本期核销	期末数
贷款损失准备	0.00	0.00	0.00	0.00	0.00
一般准备	0.00	0.00	0.00	0.00	0.00
专项准备	0.00	0.00	0.00	0.00	0.00
其他资产减值准备	4 965.06	825.64	0.00	0.00	5 790.70
可供出售金融资产减值准备	4 965.06	825.64	0.00	0.00	5 790.70
持有至到期投资减值准备	0.00	0.00	0.00	0.00	0.00
长期股权投资减值准备	0.00	0.00	0.00	0.00	0.00
坏账准备	0.00	0.00	0.00	0.00	0.00
投资性房地产减值准备	0.00	0.00	0.00	0.00	0.00

6.4.1.3 股票投资、基金投资、债券投资、股权投资等投资业务情况

单位：万元

	自营股票	基金	债券	长期股权投资	其他投资	合计
期初数	17 651.28	20 006.40	0.00	76 855.88	443 895.68	558 409.24
期末数	15 387.31	0.00	0.00	154 688.42	527 632.81	697 708.54

6.4.1.4 长期股权投资情况

企业名称	占被投资企业权益的比例（%）	主要经营活动	投资收益（万元）
建信（北京）投资基金管理公司	100.00	非证券业务的投资管理和咨询	0
建信财富（北京）股权投资基金管理公司	80.00	非证券业务的投资管理和咨询	0
北京建信股权投资基金（有限合伙）	45.25	非证券业务的投资管理和咨询	13 068.48
北京建信财富股权投资基金（有限合伙）	31.17	非证券业务的投资管理和咨询	1 042.63
北京金石农业投资基金管理中心	33.00	非证券业务的投资；代理其他投资企业或个人的投资	9.65
建信期货有限责任公司	80.00	商品期货经纪业务、金融期货经纪业务	0

6.4.1.5 固有贷款情况

企业名称	占贷款总额的比例（%）	还款情况（万元）
—	0.00	—

6.4.1.6 表外业务情况

表外业务	期初数	期末数
担保业务	0.00	0.00
代理业务(委托业务)	0.00	0.00
其他	0.00	0.00
合计	0.00	0.00

6.4.1.7 公司当年的收入结构

1. 母公司收入结构

单位:万元,%

收入结构	金额	占比
手续费及佣金收入	95 111.27	63.45
其中:信托手续费收入	80 727.33	53.85
投资银行业务收入	14 383.94	9.60
利息收入	713.51	0.48
其他业务收入	614.08	0.41
其中:计入信托业务收入部分		
投资收益	50 942.92	33.98
其中:股权投资收益	15 639.61	10.43
证券投资收益	1 394.39	0.93
其他投资收益	33 908.92	22.62
公允价值变动收益	-261.60	-0.17
营业外收入	2 784.74	1.86
收入合计	149 904.92	100.00

2. 合并收入结构

单位:万元,%

收入结构	金额	占比
手续费及佣金收入	99 249.91	63.04
其中:信托手续费收入	80 727.33	51.27
投资银行业务收入	14 383.94	9.14
利息收入	2 836.51	1.80
其他业务收入	621.67	0.39
其中:计入信托业务收入部分		
投资收益	52 183.78	33.14
其中:股权投资收益	16 706.51	10.61
证券投资收益	1 437.32	0.91
其他投资收益	34 039.95	21.62
公允价值变动收益	-261.60	-0.17
营业外收入	2 818.92	1.79
收入合计	157 449.20	100.00

6.4.2 披露信托财产管理情况

6.4.2.1 信托资产

单位:万元

信托资产	期初数	期末数
集合	7 147 777.42	17 838 568.58
单一	25 419 314.30	48 740 316.82
财产权	14 547.10	4 647.50
合计	32 581 638.82	66 583 532.90

6.4.2.1.1 主动管理型信托业务的信托资产

单位:万元

主动管理型	期初数	期末数
证券投资类	793 713.36	3 956 594.67
股权投资类	3 707 303.83	7 911 703.82
融资类	3 868 615.99	5 491 110.67
事务管理类	438 639.77	442 270.93
合计	8 808 272.95	17 801 680.09

6.4.2.1.2 被动管理型信托业务的信托资产

单位:万元

被动管理型信托资产	期初数	期末数
证券投资类	13 067 308.14	15 786 078.99
股权投资类	10 673 078.65	30 871 636.27
融资类	0.00	20 000.00
事务管理类	32 979.08	2 104 137.55
合计	23 773 365.87	48 781 852.81

6.4.2.2 本年度已清算结束的信托项目情况

本年度已清算结束的信托项目50个、实收信托合计金额1 049 529.24万元、加权平均实际年化收益率7.4224%。

6.4.2.2.1 本年度已清算结束的信托项目

单位:万元,%

已清算结束信托项目	项目个数	实收信托合计金额	加权平均实际年化收益率
集合类	34	682 857.20	7.9365
单一类	16	366 672.04	6.6005
财产管理类	0	0.00	0.00

6.4.2.2.2 本年度已清算结束的主动管理型信托项目

本年度已清算结束的主动管理型信托项目48个、实收信托合计金额1 018 429.24万元、加权平均实际年化收益率7.5042%。

单位:万元,%

已清算结束信托项目	项目个数	实收信托合计金额	加权平均实际年化信托报酬率	加权平均实际年化收益率
证券投资类	0	0.00	0.0000	0.0000
股权投资类	16	243 590.45	0.8793	6.5493
融资类	31	769 487.79	1.2511	7.7544
事务管理类	1	5 351.00	1.2033	15.000

6.4.2.2.3 本年度已清算结束的被动管理型信托项目

本年度已清算结束的被动管理型信托项目2个、实收信托合计金额31 100.00万元、加权平均实际年化收益率4.7418%。

单位:万元,%

已清算结束信托项目	项目个数	实收信托合计金额	加权平均实际年化信托报酬率	加权平均实际年化收益率
证券投资类	0	0.00	0.0000	0.0000
股权投资类	0	0.00	0.0000	0.0000
融资类	0	0.00	0.0000	0.0000
事务管理类	2	31 100.00	0.4458	4.7418

6.4.2.3 本年度新增信托项目

本年度新增的集合类、单一类和财产管理类信托项目个数137个、实收信托合计6 682 650.45万元。

新增信托项目	项目个数	实收信托合计金额（万元）
集合类	99	4 668 105.66
单一类	38	2 014 544.79
财产管理类	0	0.00
新增合计	137	6 682 650.45
其中：主动管理型	121	4 816 554.66
被动管理型	16	1 866 095.79

6.4.2.4 信托业务创新有关情况

报告年度，公司在业务创新方面继续深入探索，积极开拓国企改制、家族信托、资产证券化等领域的业务合作与产品创新；加快推进与大型央企合作的产业基金项目，积极拓展水务基金、并购基金、股权投资基金项目；业务创新工作稳步推进，综合化、多元化的产品体系不断丰富。

6.4.2.5 公司履行受托人义务情况及本公司自身责任而导致的信托资产损失情况

公司在信托财产的管理运用和处分过程中，严格按信托合同等信托文件的约定对信托财产进行管理，切实履行了受托人的诚实、信用、谨慎、有效管理的义务，维护受益人的最大利益；报告年度，没有发生因公司自身责任而导致的信托资产损失情况。

6.5 关联方关系及其交易的披露

6.5.1 关联交易方的数量、关联交易的总金额及关联交易的定价政策等

	关联交易方数量	关联交易金额（万元）	定价政策
合计	10	910 874.08	市场公允价格

6.5.2 关联交易方情况

关系性质	关联方名称	法定代表人	注册地址	注册资本	主营业务
股东	中国建设银行股份有限公司	王洪章	北京市西城区金融大街25号	2 500.11亿元	公司银行业务、个人银行业务、资金业务、投资银行业务及海外业务。
股东	合肥兴泰控股集团有限公司	程儒林	合肥市九狮桥街45号	20亿元	授权范围内的国有资本运营，权益型投资、债务型投资，信用担保服务，资产管理，理财顾问、企业策划、企业管理咨询，企业重组、兼并、收购。
股东	合肥市国有资产控股有限公司	高同国	合肥市花园街安徽科技大厦	20亿元	授权范围内的国有资本运营，权益型投资、债务型投资，信用担保服务，资产管理，理财顾问、企业策划、企业管理咨询，企业重组、兼并、收购。
兄弟公司	建信基金管理有限责任公司	江先周	北京市西城区金融大街7号英蓝国际金融中心16层	2亿元	基金募集、基金销售、资产管理和中国证监会许可的其他业务。
一级子公司	建信财富（北京）股权投资基金管理有限公司	许晔	北京市丰台区西站南路168号1114室	3000万元	非证券业务的投资管理、咨询。
一级子公司	建信（北京）投资基金管理有限公司	王宝魁	北京市丰台区西站南路168号1009室	7000万元	非证券业务的投资管理、咨询。
一级子公司	建信期货有限责任公司	葛文杰	上海市黄浦区打浦路198号	43 605.98万元	商品期货经纪、金融期货经纪。
被投资单位	北京建信财富股权投资基金（有限合伙）	许晔	北京市丰台区西站南路168号1008室	6亿元（实缴资本5.1亿元）	非证券业务的投资、投资管理、咨询。
被投资单位	北京建信股权投资基金（有限合伙）	王宝魁	北京市丰台区西站南路168号1201室	11.05亿元（实缴资本5.65亿元）	非证券业务的投资、投资管理、咨询。
被投资单位	广德信建蓝海投资管理有限公司	吴宁	安徽省广德县经济开发区太极大道599号	1 000万元（实缴200万元）	非证券业务的投资管理、咨询。

6.5.3 逐笔披露与关联方的重大交易情况

单位：万元

交易事项	期初数	借方发生额	贷方发生额	期末数
存放建行	53 691.64	877 991.00	916 795.32	14 887.32
购买建信基金发行的货币基金	20 006.39	0	20 006.39	0

6.5.3.1 固有与关联方交易情况

单位：万元

固有与关联方关联交易				
	期初数	借方发生额	贷方发生额	期末数
贷款	0	0	0	0
投资	0	0	0	0
租赁	0	0	0	0
担保	0	0	0	0
应收账款	179.88	13.75	27.35	166.28
其他	73 722.85	878 987.4	937 817.39	14 892.86
合计	73 902.73	879 001.15	937 844.74	15 059.14

6.5.3.2　信托与关联方交易情况

单位:万元

信托与关联方关联交易				
	期初数	借方发生额	贷方发生额	期末数
贷款	0.00	0.00	0.00	0.00
投资	0.00	0.00	0.00	0.00
租赁	0.00	0.00	0.00	0.00
担保	0.00	0.00	0.00	0.00
应收账款	0.00	0.00	0.00	0.00
其他	23 782 277.00	28 517 763.75	5 585 691.9	46 714 248.85
合计	23 782 277.00	28 517 763.75	5 585 691.9	46 714 348.85

6.5.3.3　固信交易、信信交易情况

6.5.3.3.1　固有财产与信托财产之间的交易

单位:万元

固有财产与信托财产相互交易			
	期初数	本期发生额	期末数
合计	56 580.00	31 872.93	88 452.93

6.5.3.3.2　信托项目之间的交易

单位:万元

信托资产与信托财产相互交易			
	期初数	本期发生额	期末数
合计	234 700.00	811 826.00	1 046 526.00

6.5.4　关联方逾期未偿还本公司资金的详细情况以及本公司为关联方担保发生或即将发生垫款的详细情况

报告年度,公司无上述情况。

6.6　会计制度的披露

公司执行财政部于2006年2月15日颁布的《企业会计准则——基本准则》和38项具体会计准则、其后颁布的企业会计准则应用指南、企业会计准则解释以及其他相关规定。

7. 财务情况说明书

7.1　利润实现和分配情况

7.1.1　母公司情况

2014年公司实现净利润85 320.03万元,根据公司章程、《信托公司管理办法》、《金融企业财务规则》的规定,提取法定盈余公积8 532万元,提取信托赔偿准备4 266万元,提取一般风险准备2 031.55万元。2014年末可供股东分配利润222 932.18万元,不分配不转增。

7.1.2　合并口径情况

2014年实现的归属本公司净利润86 890.88万元,提取法定盈余公积8 532万元,提取信托赔偿准备4 266万元,提取一般风险准备2 031.55万元。

7.2　主要财务指标

指标名称	母公司指标值	合并指标值
资本利润率(%)	12.68	12.77
加权年化信托报酬率(%)	0.21	0.21
人均净利润(万元)	418.24	266.12

7.3　对本公司财务状况、经营成果有重大影响的其他事项

报告年度,本公司未发生对财务状况、经营成果有重大影响的其他事项。

8. 特别事项揭示

8.1　前五名股东变动情况及原因

报告年度,公司股东无变动。

8.2　董事、监事、高级管理人员变动情况及原因

8.2.1　董事变动情况及原因

2014年3月15日,根据股东中国建设银行提名,公司2014年第一次临时股东会批准同意杜亚军、王宝魁、张华建担任公司董事;同日,公司第一届董事会第37次会议选举杜亚军担任董事长、程双起担任副董事长。

2014年7月10日,中国银监会核准杜亚军建信信托董事长、程双起建信信托副董事长、王宝魁建信信托执行董事、张华建建信信托董事的任职资格(银监复[2014]463号);曾见泽、张明合、谢瑞平不再担任公司董事。

2014年12月,康立国先生辞去公司独立董事职务。

8.2.2　监事变动情况及原因

2014年3月15日,根据股东中国建设银行提名,公司2014年第一次临时股东会批准同意安全德担任公司监事,田国林不再担任公司监事。

8.2.3　高级管理人员变动情况及原因

2014年3月15日,公司第一届董事会第37次会议批准同意聘任王宝魁为公司总裁,程双起不再担任公司总裁;2014年7月10日,中国银监会核准了王宝魁总裁任职资格(银监复[2014]463号)。

8.3　公司的重大未决诉讼事项

报告年度,公司无重大未决诉讼事项。

8.4　会计师事务对审计报告所出具保留意见、否定意见或无法表示意见的情况

无。

8.5　公司及其董事、监事和高级管理人员受到处罚的情况

报告年度,公司无上述处罚情况。

8.6　银监会及其派出机构对公司检查后提出整改意见及整改情况

报告年度,银监会及其派出机构未对公司进行检查。

8.7　本年度重大事项报告

无。

8.8 银监会及其省级派出机构认定的其他有必要让客户及相关利益人了解的重要信息

无。

8.9 净资本、风险资本以及风险控制指标等情况

按照《中国银监会关于印发信托公司净资本计算标准有关事项的通知》（银监发［2011］11号），截至2014年12月31日，公司净资产718 941.10万元，净资本566 463.46万元，各项业务风险资本之和428 670.93万元，净资本与净资产比例为78.79%，净资本与各项业务风险资本比例为132.14%。

9. 社会责任履行情况

报告年度，公司认真贯彻国家经济金融政策和监管要求，坚持服务实体经济、服务民生、服务投资者，不断推动产品创新、实施业务转型，满足客户多样化金融需求；公司始终坚持依法合规、稳健经营，不断完善风险防控体系，有效履行受托人职责和义务，维护受益人利益最大化，所有到期信托产品均实现了按期清算、足额兑付，全年共为受益人创造收益414亿元，较上年增长172.56%。

10. 公司监事会意见

报告年度，公司依法经营，规范运作，实现健康快速发展。

董事会、高管层能够严格执行国家宏观调控政策和监管要求，稳健经营，勤勉尽责，廉洁自律，切实维护了股东、员工和受益人的利益。董事会充分发挥战略管理和统筹引领作用，做好决策、协调和服务，全力支持经营层的工作；经营层认真落实董事会的决策意见，创新经营思路，以转型和改革促加快发展，严守风险底线，圆满完成年初确定的主要预期目标。

业务发展方面，公司坚持服务投资者、服务实体经济、服务民生，在发展传统信托业务的同时，大力拓展私募投行、资产管理和财富管理等转型业务，创新型业务加快发展，取得了较好成效。

内部控制和风险管理方面，公司进一步健全了与业务发展相适应的内部控制和风险管理体系；认真落实建行集团统一风险偏好，严格项目审批，加强项目后期管理，运营稳健，风险可控。

财务管理方面，公司严格执行财务管理制度和股东会批准的财务预算，计划财务和管理会计的职能作用进一步增强，信托业务会计核算的工作流程持续优化，核算质量和效率进一步提升。年度财务报告数据真实、准确、信息齐全，真实地反映了公司财务状况和经营成果。

江苏省国际信托有限责任公司

1. 重要提示

1.1 江苏省国际信托有限责任公司(以下简称公司)董事会及董事保证本报告所载资料不存在任何虚假记载、误导性陈述或者重大遗漏,并对其内容的真实性、准确性和完整性承担个别及连带责任。本年度报告摘要摘自年度报告全文,客户及相关利益人欲了解详细内容,应阅读年度报告全文。

1.2 公司独立董事对本报告内容真实性、完整性和准确性无异议。

1.3 公司编制的2014年度财务报告已经江苏苏亚金诚会计师事务所(特殊普通合伙)审计,并出具了标准无保留意见的审计报告。

1.4 公司法定代表人黄东峰、主管会计工作负责人胡军和会计部门负责人赵清声明并保证年度报告中财务报告的真实和完整。

2. 公司概况

2.1 公司简介

2.1.1 公司历史沿革

公司前身为江苏省国际信托投资公司,于1981年10月经国家外资管理委员会和江苏省人民政府批准正式成立。2001年8月,江苏省政府决定对江苏省国际信托投资公司和江苏省投资管理有限责任公司进行集团化重组改制,组建江苏省国信资产管理集团有限公司。2002年8月,经中国人民银行批准,江苏省国际信托投资公司予以重新登记,并更名为江苏省国际信托投资有限责任公司,注册资金为248 389.9万元人民币。2007年6月,根据"新两规"要求,经中国银监会批准,江苏省国际信托投资有限责任公司更名为江苏省国际信托有限责任公司,同时变更业务范围。2013年12月,公司注册资本增至268 389.9万元人民币。

公司坚持"发展、创新、高效、稳健"的经营理念,积极按照"新两规"要求,发挥"受人之托、代人理财"的特点,立足信托本业,探索业务创新,加强人才开发,完善治理结构,改善经营机制,经济效益稳步增长,切实维护了受益人的最大利益。公司已经发展成为我国信托业中资产质量优良、管理规范、经营合规、信息透明、风控能力较强的信托公司。

2.1.2 公司法定中文名称:江苏省国际信托有限责任公司
中文缩写:江苏信托
公司法定英文名称:Jiangsu International Trust Corporation Limited
英文缩写:JSITC

2.1.3 公司法定代表人:黄东峰

2.1.4 公司注册地址:江苏省南京市长江路2号22～26层
邮编:210005
公司国际互联网网址:http://www.jsitc.net
公司电子邮箱:jsitc@jsitc.net

2.1.5 公司负责信息披露事务的高级管理人员:胡军
公司信息披露事务联系人:贾宇
联系电话:025－89667797
传真:025－89667700
电子信箱:jiayu@jsitc.net

2.1.6 公司选定的信息披露报纸:《经济日报》

2.1.7 年报备置地点:江苏省南京市长江路2号26层

2.1.8 公司聘请的会计师事务所:江苏苏亚金诚会计师事务所(特殊普通合伙)
办公地址:江苏省南京市中山北路105－6号中环国际广场22～23层

2.1.9 公司聘请的律师事务所:江苏世纪同仁律师事务所
办公地址:江苏省南京市北京西路26号4～5楼

2.2 组织结构

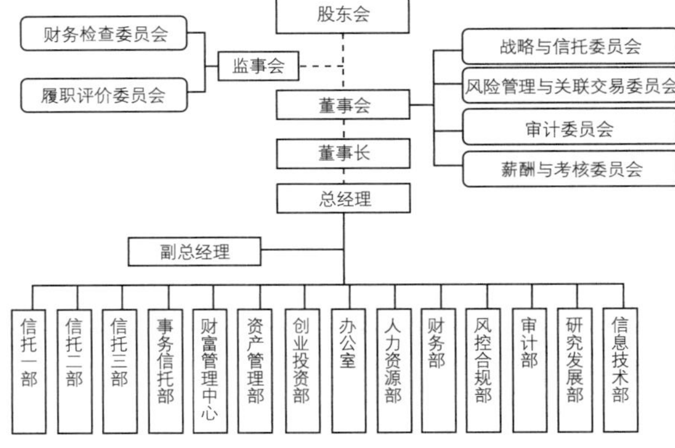

3. 公司治理结构

3.1 股东

报告期末公司股东总数为4家,持有本公司股份的股东及持股情况如下:

股东名称	持股比例（%）	法人代表	注册资本（万元）	注册地址	主要经营业务及主要财务情况
江苏省国信资产管理集团有限公司（以下简称国信集团）★	81.4904	马秋林	200	江苏省南京市长江路88号	主要经营范围：江苏省政府授权范围内的国有资产经营管理、转让、投资、企业托管、资产重组以及经批准的其他业务。2014年末，集团总资产1 441.2亿元，净资产645.23亿元，营业收入501.96亿元，利润总额66.57亿元。
江苏省苏豪控股集团有限公司（以下简称苏豪控股）	9.2548	王正喜	20	江苏省南京市软件大道48号	主要经营范围：金融、实业投资，授权范围内国有资产的经营、管理；国贸毛衣；房屋租赁；茧丝绸、纺织服装的生产、研发和销售。2014年末，集团总资产319.93亿元，净资产128.91亿元，营业收入218.22亿元，利润总额7.24亿元。
江苏高科技投资集团有限公司（以下简称江苏高投）	4.6274	徐锦荣	15	江苏省南京市山西路128号	主要经营范围：发起和设立创业投资公司，遴选创业投资管理公司，投资和投资管理，投资咨询，资产托管经营，实物租赁，国内贸易。2014年末，集团总资产151.74亿元，净资产103.79亿元，营业收入17.36亿元，利润总额13.52亿元。
江苏省农垦集团有限公司（以下简称江苏农垦）	4.6274	李春江	20	江苏省南京市珠江路4号	主要经营范围：农林牧渔及食品加工、医药制造、贸易物流及相关服务、投资及房地产、通用设备制造等。2014年末，集团总资产236.05亿元，净资产98.39亿元，营业收入207.93亿元，利润总额27.46亿元。

注：加★表示最终实际控制人。

3.2 董事

董事会成员

姓名	职务	性别	年龄	选任日期	所推举的股东名称	该股东持股比例（%）	简要履历
黄东峰	董事长	男	55	2012年3月	国信集团	81.4904	大学文化，国信集团党委委员、副总经理。
浦宝英	董事	女	51	2014年4月	国信集团	81.4904	硕士研究生，高级会计师，注册会计师，国信集团财务部总经理。
胡军	董事	男	45	2014年4月	国信集团	81.4904	南京大学商学院MBA毕业，江苏信托总经理。
余亦民	董事	男	46	2014年12月	苏豪控股	9.2548	公共管理硕士学位，高级国际商务师，苏豪集团副总裁、党委委员。
应文禄	董事	男	49	2012年3月	江苏高投	4.6274	南京大学商学院EMBA毕业，高级工商管理硕士，高级会计师，注册会计师，江苏高投副总经理。
李起年	职工董事	男	50	2014年4月	职工大会		硕士研究生，注册会计师，江苏信托事务信托部总经理。

注：本届董事会任期3年，自2012年3月至2015年3月。

独立董事

姓名	所在单位及职务	性别	年龄	选任日期	所推举的股东名称	该股东持股比例（%）	简要履历
黄正威		男	68	2012年3月	国信集团	81.4904	大学文化，原中国人民银行南京分行副行长。
范健	南京大学法学院教授博士生导师	男	57	2012年3月	国信集团	81.4904	硕士研究生，南京大学法学院教授、博士生导师。
俞妙根	富越汇通金融服务（上海）有限公司首席执行官、副董事长	男	52	2012年3月	国信集团	81.4904	大学学历，高级经济师，中欧国际工商学院工商管理硕士，历任上海国投副总经理，华安基金总经理、董事长。

3.3 监事

监事会成员

姓名	职务	性别	年龄	选任日期	所推举的股东名称	该股东持股比例（%）	简要履历
王树华	监事长	男	48	2014年4月	国信集团	81.4904	博士学位，高级经济师，国信集团党委委员、总经理办公室主任。
徐文进	监事	男	38	2012年3月	国信集团	81.4904	硕士研究生，高级经济师，国信集团人力资源部副总经理。
王会清	监事	男	45	2014年3月	国信集团	81.4904	硕士研究生，国信集团审计与法律事务部总经理。
杨炳生	监事	男	53	2014年3月	江苏农垦	4.6274	中共中央党校函授学院经济管理专业毕业，高级会计师，农垦集团计划财务部部长。
陆振东	职工代表监事	男	44	2012年3月	职工大会		对外经济贸易大学国际经济法专业学士学位，江苏信托审计部总经理。
魏东	职工代表监事	男	46	2012年3月	职工大会		大学本科，江苏信托财富管理中心高级经理。

3.4 高级管理人员

姓名	职务	性别	年龄	选任日期	金融从业年限(年)	学历	专业	简要履历
黄东峰	董事长	男	55	2002年7月	20	本科	机械制造	国信集团党委委员、副总经理,江苏信托董事长。
胡　军	总经理	男	45	2014年1月	19	硕士、研究生	金融	江苏信托总经理。
唐　宁	副总经理	男	52	2004年3月	22	硕士、研究生	财政金融	江苏信托副总经理。

3.5 公司员工

项目		2014年度	
		人数(人)	比例(%)
年龄分布	25岁以下	2	3
	25~29岁	22	26
	30~39岁	24	28
	40岁以上	37岁	43
平均年龄		37	
学历分布	博士	2	3
	硕士	36	42
	本科	40	47
	专科	6	7
	其他	1	1
岗位分布	董事、监事及高管人员	7	8
	自营业务人员	13	15
	信托业务人员	37	44
	其他人员	28	33
总人数		85	

4. 经营管理

4.1 经营目标、方针、战略规划

4.1.1 公司的战略规划目标

以成为一流的金融企业、财富管理机构和信托服务机构为方向谋求转型和发展,进一步提升行业地位,力争跨入行业第一方阵;积极支持江苏的社会经济发展,服务国家经济发展战略、产业政策和区域规划;力争成为在国内和行业内都具有重要影响力的非银行金融机构,为江苏省建设金融强省作出应有的贡献。

4.1.2 公司的经营目标

以科学发展观为指导,顺应不断变化的内外部环境,抢抓国内发展方式转变和区域经济发展的战略机遇,锐意进取,改革创新;以业务发展为主线,以内部治理为基础,以风险控制为保障,加快推进业务流程再造,着力打造信托融资、受托服务、基金投资和固有业务四大业务平台,全面提升服务品质,深入加强品牌建设,大力推进人才战略,持续增强核心竞争力,积极培育先进的企业文化,促进企业又好又快发展。

4.1.3 公司的经营方针

高效、稳健、务实、创新。

4.2 经营业务的主要内容

4.2.1 公司经营业务和品种

公司经营业务主要分为自营业务和信托业务。

自营业务主要包括股权投资、自营贷款、自营证券、金融产品投资等。信托业务是本公司的主营业务和主要收入来源,主要包括集合资金信托、单一资金信托、财产权信托等。

4.2.2 公司资产组合和分布

4.2.2.1 自营资产的组合与分布

自营资产运用与分布表

资产运用	金额(万元)	占比(%)	资产分布	金额(万元)	占比(%)
货币资产	2 228.03	0.27	基础产业		
贷款及应收款	159.93	0.02	房地产业		
可供出售金融资产	38 262.32	4.62	金融机构	595 294.91	72
持有至到期投资	143 400.00	17.31	实业		
长期股权投资	622 142.01	75.08	证券	181 662.32	22
其他	22 468.24	2.71	其他	51 703.31	6
资产总计	828 660.54	100.00	资产总计	828 660.54	100

信托资产运用与分布表

资产运用	金额(万元)	占比(%)	资产运用	金额(万元)	占比(%)
货币资产	2 224 762.59	12.76	基础产业	2 302 609.27	13.21
贷款	7 809 015.00	44.79	房地产业	1 863 184.41	10.69
交易性金融资产	4 521 019.91	25.93	金融机构	709 281.12	4.07
持有至到期投资	2214078.058	12.70	证券	6 742 242.39	38.67
长期股权投资	129 655.33	0.74	工商企业	4 817 341.39	27.63
其他	536 137.09	3.08	其他	1 000 009.40	5.74
资产总计	17 434 667.98	100.00	资产总计	17 434 667.98	100.00

4.3 市场分析

4.3.1 影响公司发展的有利因素

(1)良好的区域经济环境。公司地处经济发达的长三角地区,区域经济活跃度高,融资需求旺盛,民间资本富裕,特别是江苏经济的快速发展以及江苏沿海开发战略的实施为公司业务发展提供了良好机遇。

(2)良好的资产质量和股东背景。公司拥有较高的净资本,资产质量好,可开展业务空间宽裕。公司股东都是江苏省属国有企业集团,实力雄厚,经营各具特色,为公司业务拓展提供了有力支持。

(3)良好的品牌信誉。公司经过30年的发展,在社会上形成了良好的市场形象,具有较高的品牌知名度和认知度。

(4)日趋完善的公司治理。公司内部机构设置完备,责权清晰,管理规范,制度完善,有良好的企业文化,塑造和培养了一支高素质的员工队伍,是公司业务开拓的坚实基础。

4.3.2 影响公司发展的不利因素

(1)经济发展进入新常态,下行压力依然存在,实体经济表现不佳,部分行业或领域风险积聚。

(2)资产管理市场全面放开,市场竞争日趋激烈,行业新盈利模式仍在探索之中，公司经营压力不断增大。

（3）建立现代化、市场化的经营管理体制既是公司治理结构完善的要求，也是公司保持持续稳定发展的基础。公司在此方面需要进一步完善。

4.4 内部控制

公司建立了“三会一层”各司其职、各负其责、相互制约的治理机制，并且营造合规经营的内部控制文化；公司从组织结构、业务流程、关联交易和会计管理四个方面采取不同的措施，内部控制得到了进一步的加强，风险也得到了有效的防范和控制；公司建立有效的信息交流和反馈机制，确保监管部门、社会公众、公司股东、董监事及时了解本行业、本公司的经营和风险状况，确保信息能够传递给相关的人员；公司根据检查结果和内审部门提出的改进意见，明确提出整改意见，并督促相关部门落实。

4.5 风险管理

公司针对经营活动中可能会遇到的信用风险、市场风险、操作风险、道德风险、政策风险、法律风险等，建立了以“事前预防为主、事中控制及事后补救为辅”的风险控制基本原则，切实开展各项工作，及时防范、化解风险，保障公司业务工作的正常开展。

公司制定了信用风险管理制度，持续关注交易对手的资信状况、履约能力及其变化，并及时采取相应措施。公司对风险资产同时计提一般准备和专项准备。公司防范和控制市场风险主要做到：开展各项业务时，全面、客观地分析经济形势，谨慎地选择项目，对于不熟悉的领域或风险难以把握的项目，不轻易进入；在项目开展前，对金融市场有可能产生市场风险的各个因素进行分析研究，提早做好防范措施；尽量采取分散投资、分散风险的办法；公司加强内部控制和各部门的运作力度，采取研究、决策、操作、评价相互制衡的机制。

公司不断完善内部控制制度，对部门、岗位制定了明确的职责和权限，职责的制定体现岗位相互分离的原则，能够实现中台、后台对前台的监督；对公司的各项业务制定了具体的业务操作流程，消除人为因素造成的风险，保障风险控制体系的有序规范运行。

5. 报告期末及上一年末的比较式会计报表

5.1 自营资产（经审计）

5.1.1 会计师事务所审计意见全文

审计报告

江苏苏亚金诚会计师事务所（特殊普通合伙）

苏亚审[2015]号

江苏省国信资产管理集团有限公司：

我们审计了后附的江苏省国际信托有限责任公司（以下简称江苏信托）财务报表，包括2014年12月31日的资产负债表、2014年度的利润表、现金流量表和所有者权益变动表以及财务报表附注。

一、管理层对财务报表的责任

编制和公允列报财务报表是江苏信托管理层的责任，这种责任包括：（1）按照企业会计准则的规定编制财务报表，并使其实现公允反映；（2）设计、执行和维护必要的内部控制，以使财务报表不存在由于舞弊或错误导致的重大错报。

二、注册会计师的责任

我们的责任是在执行审计工作的基础上对财务报表发表审计意见。我们按照中国注册会计师审计准则的规定执行了审计工作。中国注册会计师审计准则要求我们遵守职业道德守则，计划和执行审计工作以对财务报表是否不存在重大错报获取合理保证。

审计工作涉及实施审计程序，以获取有关财务报表金额和披露的审计证据。选择的审计程序取决于注册会计师的判断，包括对由于舞弊或错误导致的财务报表重大错报风险的评估。在进行风险评估时，注册会计师考虑与财务报表编制和公允列报相关的内部控制，以设计恰当的审计程序，但目的并非对内部控制的有效性发表意见。审计工作还包括评价管理层选用会计政策的恰当性和作出会计估计的合理性，以及评价财务报表的总体列报。

我们相信，我们获取的审计证据是充分、适当的，为发表审计意见提供了基础。

三、审计意见

我们认为，江苏信托财务报表在所有重大方面按照企业会计准则的规定编制，公允反映了江苏信托2014年12月31日的财务状况以及2014年度的经营成果和现金流量。

江苏苏亚金诚会计师事务所（特殊普通合伙）

中国注册会计师：

中国·南京市　　二〇一五年三月三十一日

5.1.2 资产负债表

资产负债表

2014年12月31日

编制单位：江苏省国际信托有限责任公司　　单位：万元

资产	期末余额	年初余额
资产：		
现金及存放中央银行款项	1.52	1.29
存放同业款项	2 226.51	1 461.82
贵金属	0.00	0.00
拆出资金	0.00	0.00
以公允价值计量且变动当期损益的金融资产	0.00	0.00
衍生金融资产	0.00	0.00
买入返售金融资产	0.00	0.00
应收利息	0.00	0.00
其他应收款	159.93	234.43
发放贷款和垫款	0.00	0.00
可供出售金融资产	38 262.32	21 709.78
持有至到期投资	143 400.00	136 692.10

续表

资产	期末余额	年初余额
长期股权投资	622 142.01	545 081.76
投资性房地产	0.00	0.00
固定资产	22 294.42	23 464.08
在建工程	0.00	0.00
无形资产	122.69	85.35
长期待摊费用	0.00	0.00
递延所得税资产	0.00	25.00
其他资产	51.13	51.13
资产总计	828 660.54	728 806.74

公司法定代表人：黄东峰　主管会计工作负责人：胡　军　会计机构负责人：赵　清

资产负债表（续）

2014 年 12 月 31 日

编制单位：江苏省国际信托有限责任公司　单位：万元

负债和所有者权益	0.00	0.00
负债：	0.00	0.00
拆入资金	0.00	0.00
以公允价值计量且变动当期损益的金融负债	0.00	0.00
衍生金融负债	0.00	0.00
卖出回购金融资产款	0.00	0.00
应付职工薪酬	1 347.04	683.68
应交税费	3 611.95	2 301.42
应付利息	0.00	0.00
其他应付款	3 191.33	14 048.30
预计负债	0.00	0.00
应付股利	0.00	1 407.54
应付债券	0.00	0.00
递延所得税负债	5 069.16	899.73
其他负债	0.00	0.00
负债合计	13 219.48	19 340.68
所有者权益：		
实收资本	268 389.90	268 389.90
资本公积	132 037.39	131 547.72
其他综合收益	15 854.76	-38.01
专项储备	0.00	0.00
盈余公积	212 886.17	141 232.20
一般风险准备	12 060.23	10 558.04
信托赔偿准备	65 063.28	59 302.02
未分配利润	109 149.33	98 474.19
所有者权益合计	815 441.06	709 466.06
负债和所有者权益总计	828 660.54	728 806.74

公司法定代表人：黄东峰　主管会计工作负责人：胡　军　会计机构负责人：赵　清

5.1.3 利润表

利　润　表

2014 年度

编制单位：江苏省国际信托有限责任公司　单位：万元

项目	本期发生额	上期发生额
一、营业收入	138 958.59	135 618.74
利息净收入	10.06	421.06
利息收入	67.96	421.06
利息支出	57.90	0.00
手续费及佣金净收入	47 439.91	46 168.97
手续费及佣金收入	47 439.91	46 168.97
手续费及佣金支出	0.00	0.00
投资收益（损失以“-”号填列）	91 508.02	89 034.11
其中：对联营企业和合营企业的投资收益	84 848.81	83 405.64
公允价值变动收益（损失以“-”号填列）	0.00	0.00
汇兑收益（损失以“-”号填列）	0.60	-5.40
其他业务收入	0.00	0.00
二、营业支出	13 888.26	12 580.99
营业税金及附加	3 009.45	2 828.66
业务及管理费	10 978.81	9 752.33
资产减值损失	-100.00	0.00
其他业务成本	0.00	0.00
三、营业利润（亏损以“-”号填列）	125 070.33	123 037.76
加：营业外收入	307.27	13.35
减：营业外支出	63.30	1 050.30
四、利润总额（亏损总额以“-”号填列）	125 314.29	122 000.81
减：所得税费用	10 089.13	9 520.00
五、净利润（净亏损以“-”号填列）	115 225.17	112 480.81
六、其他综合收益的税后净额	15 892.77	-38.01
（一）以后不能重分类进损益的其他综合收益	0.00	0.00
（二）以后将重分类进损益的其他综合收益	15 892.77	-38.01
七、综合收益总额	131 117.94	112 442.80

公司法定代表人：黄东峰　主管会计工作负责人：胡　军　会计机构负责人：赵　清

5.1.4 所有者权益变动表

所有者权益变动表

编制单位：江苏省国际信托有限责任公司　2014 年度　单位：万元

项目	本期金额							
	实收资本	资本公积	其他综合收益	盈余公积	一般风险准备	信托赔偿准备	未分配利润	所有者权益合计
一、上年末余额	268 389.90	131 547.72	-38.01	141 232.20	10 558.04	59 302.02	98 474.19	709 466.06
加：会计政策变更	0.00	0.00	0.00	0.00	0.00	0.00	0.00	0.00
前期差错更正	0.00	0.00	0.00	0.00	0.00	0.00	0.00	0.00
其他	0.00	0.00	0.00	0.00	0.00	0.00	0.00	0.00

续表

项目	本期金额							
	实收资本	资本公积	其他综合收益	盈余公积	一般风险准备	信托赔偿准备	未分配利润	所有者权益合计
二、本年初余额	268 389. 90	131 547. 72	-38. 01	141 232. 20	10 558. 04	59 302. 02	98 474. 19	709 466. 06
三、本年增减变动金额（减少以"-"号填列）	0. 00	489. 68	15 892. 77	71 653. 96	1 502. 19	5 761. 26	10 675. 14	105 975. 00
（一）综合收益总额	0. 00	0. 00	15 892. 77	0. 00	0. 00	0. 00	115 225. 17	131 117. 94
（二）所有者投入和减少资本	0. 00	489. 68	0. 00	0. 00	0. 00	0. 00	1 206. 38	1 696. 05
1. 所有者投入资本	0. 00	0. 00	0. 00	0. 00	0. 00	0. 00	0. 00	0. 00
2. 股份支付计入所有者权益的金额	0. 00	0. 00	0. 00	0. 00	0. 00	0. 00	0. 00	0. 00
3. 其他	0. 00	489. 68	0. 00	0. 00	0. 00	0. 00	1 206. 38	1 696. 05
（三）利润分配	0. 00	0. 00	0. 00	71 653. 96	1 502. 19	5 761. 26	-105 756. 40	-26 838. 99
1. 提取盈余公积	0. 00	0. 00	0. 00	71 653. 96	0. 00	0. 00	-71 653. 96	0. 00
2. 提取一般风险准备	0. 00	0. 00	0. 00	0. 00	1 502. 19	0. 00	-1 502. 19	0. 00
3. 提取信托赔偿准备	0. 00	0. 00	0. 00	0. 00	0. 00	5 761. 26	-5 761. 26	0. 00
4. 对所有者的分配	0. 00	0. 00	0. 00	0. 00	0. 00	0. 00	-26 838. 99	-26 838. 99
5. 其他	0. 00	0. 00	0. 00	0. 00	0. 00	0. 00	0. 00	0. 00
（四）所有者权益内部结转	0. 00	0. 00	0. 00	0. 00	0. 00	0. 00	0. 00	0. 00
1. 资本公积转增资本	0. 00	0. 00	0. 00	0. 00	0. 00	0. 00	0. 00	0. 00
2. 盈余公积转增资本	0. 00	0. 00	0. 00	0. 00	0. 00	0. 00	0. 00	0. 00
3. 盈余公积弥补亏损	0. 00	0. 00	0. 00	0. 00	0. 00	0. 00	0. 00	0. 00
4. 其他	0. 00	0. 00	0. 00	0. 00	0. 00	0. 00	0. 00	0. 00
（五）专项储备	0. 00	0. 00	0. 00	0. 00	0. 00	0. 00	0. 00	0. 00
1. 本年提取	0. 00	0. 00	0. 00	0. 00	0. 00	0. 00	0. 00	0. 00
2. 本年使用	0. 00	0. 00	0. 00	0. 00	0. 00	0. 00	0. 00	0. 00
（六）其他	0. 00	0. 00	0. 00	0. 00	0. 00	0. 00	0. 00	0. 00
四、本年末余额	268 389. 90	132 037. 39	15 854. 76	212 886. 17	12 060. 23	65 063. 28	109 149. 33	815 441. 06

公司法定代表人：黄东峰　　主管会计工作负责人：胡　军　　会计机构负责人：赵清

5.2 信托资产

5.2.1 信托项目资产负债汇总表

信托项目资产负债表

2014 年 12 月 31 日

编制单位：江苏省国际信托有限责任公司　　单位：万元

资　产	行次	期末数	年初数
资产：	1		
现金及存放中央银行款项	2	45 546. 89	94 174. 52
存放同业款项	3	2 179 215. 70	2 598 831. 30
拆出资金	4	0. 00	0. 00
交易性金融资产	5	4 521 019. 91	805 148. 58
衍生金融资产	6	0. 00	0. 00
买入返售金融资产	7	406 299. 96	65 040. 11
应收账款	8	0. 00	0. 00
应收利息	9	5 187. 12	0. 00
应收股利	10	0. 00	0. 00
其他应收款	11	0. 00	0. 00
贷款	12	7 809 015. 00	4 766 057. 00
可供出售金融资产	13	0. 00	0. 00
持有至到期投资	14	2 214 078. 06	1 762 076. 16
长期应收款	15	125 913. 63	55 447. 44
未实现融资收益	16	-1 263. 63	-2 747. 44
长期股权投资	17	129 655. 33	170 705. 33

续表

资　产	行次	期末数	年初数
投资性房地产	18	0. 00	0. 00
固定资产	19	0. 00	0. 00
无形资产	20	0. 00	0. 00
长期待摊费用	21	0. 00	0. 00
其他资产	22	0. 00	19 878. 77
	23		
资产合计	24	17 434 667. 98	10 334 611. 77

公司法定代表人：黄东峰　主管会计工作负责人：胡　军　会计机构负责人：赵清

信托项目资产负债表（续）

2014 年 12 月 31 日

编制单位：江苏省国际信托有限责任公司　　单位：万元

负债及所有者权益	行次	期末数	年初数
负债：	25		
拆入资金	26	0. 00	0. 00
交易性金融负债	27	0. 00	0. 00
衍生金融负债	28	0. 00	0. 00
卖出回购金融资产款	29	0. 00	34 362. 00
应付受托人报酬	30	21. 36	23. 36
应付托管费	31	570. 72	353. 35
应付受益人收益	32	0. 00	0. 72
应交税费	33	145. 70	47. 00
应付利息	34	0. 00	0. 00

续表

负债及所有者权益	行次	期末数	年初数
其他应付款	35	2 822. 51	5 119. 30
预计负债	36		
其他负债	37		
负债合计	38	3 560. 29	39 905. 74
所有者权益	39		
实收信托	40	17 351 542. 77	10 289 093. 54
资本公积	41	2 881. 89	2 003. 91
盈余公积	42	0. 00	0. 00
一般风险准备	43	0. 00	0. 00
信托赔偿准备	44	0. 00	0. 00
未分配利润	45	76 683. 02	3 608. 58
所有者权益合计	46	17 431 107. 69	10 294 706. 03
	47		
负债及所有者权益总计	48	17 434 667. 98	10 334 611. 77

公司法定代表人:黄东峰　　主管会计工作负责人:胡　军　　会计机构负责人:赵清

5. 2. 2　信托项目利润及利润分配汇总表

信托项目利润及利润分配表

编制单位:江苏省国际信托有限责任公司　　2014 年度　　单位:万元

项　　目	序号	本期金额	上期金额
一、收入	1	981 090. 91	605 619. 04
利息收入	2	605 055. 94	439 486. 23
手续费及佣金收入	3	38 952. 29	35 299. 88
投资收益	4	203 312. 04	152 416. 51
公允价值变动损益	5	132 286. 70	-27 570. 16
其他业务收入	6	1 483. 93	5 986. 58
二、支出	7	87 274. 37	74 377. 44
营业税金及附加	8	89. 74	91. 80
业务及管理费	9	87 184. 62	74 285. 65
资产减值损失	10		
其他费用	11		
其他业务成本	12		
三、营业利润	13	893 816. 54	531 241. 60
加:营业外收入	14		
减:营业外支出	15		
四、利润总额	16	893 816. 54	531 241. 60
加:期初未分配利润	17	3 608. 58	-29 538. 77
五、可供分配的信托利润	18	897 425. 12	501 702. 84
减:本期已分配信托利润	19	820 742. 10	498 094. 25
六、期末未分配信托利润	20	76 683. 02	3 608. 58

公司法定代表人:黄东峰　　主管会计工作负责人:胡　军　　会计机构负责人:赵　清

6. 会计报表附注

6. 1　简要说明报告年度会计报表编制基准、会计政策、会计估计和核算方法的变化

(1)报告年度会计报表编制基准、会计估计和核算方法未发生变化。公司于 2014 年 7 月 1 日起执行财政部于 2014 年修订及新颁布的《企业会计准则第 2 号——长期股权投资》(修订)等 7 项准则,发生重要会计政策变更,按照相关准则中的衔接规定进行追溯调整。

(2)期末公司没有纳入合并会计报表范围的控股子公司。

6. 2　或有事项说明

6. 2. 1　报告期内对外担保事项

报告期内,公司未发生对外担保事项。截至 2014 年 12 月 31 日,公司对外担保余额为零。

6. 2. 2　报告期内诉讼事项

报告期内,公司未发生诉讼事项。

6. 3　重要资产转让及其出售的说明

报告期内,公司未发生重要资产转让及出售行为。

6. 4　会计报表中重要项目的明细资料

6. 4. 1　自营资产经营情况

6. 4. 1. 1　信用风险资产分类

信用风险资产五级分类	正常类(万元)	关注类(万元)	次级类(万元)	可疑类(万元)	损失类(万元)	信用风险资产合计(万元)	不良资产合计(万元)	不良资产率(%)
期初数	1 696. 25		—	—	100	1 796. 25	100	5. 57
期末数	2 386. 44					2 386. 44	0	0. 00

注:不良资产合计 = 次级类 + 可疑类 + 损失类。

6. 4. 1. 2　各项资产减值准备的计提及转回

单位:万元

	期初数	本期计提	本期转回	本期核销	期末数
贷款损失准备					
一般准备					
专项准备					
其他资产减值准备	100		100		
可供出售金融资产减值准备					
持有至到期投资减值准备					
长期股权投资减值准备					
坏账准备	100		100		
投资性房地产减值准备					

6. 4. 1. 3　固有投资业务按投资品种分类

单位:万元

	自营股票	基金	债券	长期股权投资	其他投资	合计
期初数	15 446. 78	—	—	551 344. 76	136 692. 10	703 483. 64
期末数	38 262. 32	—	—	628 405. 01	143 400. 00	803 804. 33

6.4.1.4 前五名的自营长期股权投资企业情况

企业名称	占被投资企业权益的比例(%)	主要经营活动	投资损益(万元)
江苏银行股份有限公司	8.76	存贷款等银行业务	76 133.01
江苏省国信集团财务有限公司	13.33	成员单位资金业务	1 989.64
江苏国投衡盈创业投资中心（有限合伙）	19.99	创业投资业务	94.52
利安人寿保险股份有限公司	4.8	人寿保险业务	180.14
江苏民丰农村商业银行股份有限公司	6.00	存贷款等银行业务	1 853.93

注：投资收益是指按照企业会计准则规定，核算股权投资确认损益并计入披露年度利润表的金额。

6.4.1.5 公司前三名的自营贷款情况

报告期末，公司自营贷款余额为零。

6.4.1.6 表外业务

报告期内，公司自营资产无表外业务。

6.4.1.7 公司本年的收入结构情况

收入结构	金额（万元）	占比（%）
手续费及佣金收入	47 439.91	34.05
其中：信托业务收入	47 432.19	34.04
投资银行业务收入	7.72	0.01
利息收入	67.96	0.05
其他业务收入		0.00
其中：计入信托业务收入部分		0.00
投资收益	91 508.02	65.68
其中：股权投资收益	85 045.81	61.04
证券投资收益	265.25	0.19
其他投资收益	6 196.96	4.45
公允价值变动损益		0.00
营业外收入	307.27	0.22
收入合计	139 323.16	100.00

注：手续费及佣金收入、利息收入、其他业务收入、投资收益、营业外收入均为损益表中的科目，其中手续费及佣金收入、利息收入、其他业务收入、投资收益、营业外收入为未抵减相应支出的全年累计实现收入数。

6.4.2 信托资产管理情况

6.4.2.1 信托资产的期初数、期末数

单位：万元

信托资产	期初数	期末数
集合	1 383 721.41	2 553 145.59
单一	8 930 994.73	14 881 522.39
财产权	19 895.62	0.00
合计	10 334 611.76	17 434 667.98

6.4.2.1.1 主动管理型信托资产

单位：万元

主动管理型信托资产	期初数	期末数
证券投资类	3 385 531.47	7 110 483.55
股权投资类	122 992.48	81 701.72
融资类	6 726 518.25	9 592 073.66
事务管理类	0.00	0.00
合计	10 235 042.20	16 784 258.93

注："合计"行要求填主动管理型信托项目的总额，它包含所有运用方式的主动型产品，"证券投资类"、"股权投资类"、"融资类"、"事务管理类"是主动管理型信托中的几个重点类别，包含在"合计"中，但是与"合计"行没有勾稽关系，"合计"行应大于或等于这四类之和。

6.4.2.1.2 被动管理型信托资产

单位：万元

被动管理型信托资产	期初数	期末数
证券投资类		
股权投资类	48 706.16	48 722.22
融资类	50 863.41	601 686.83
事务管理类		
合计	99 569.57	650 409.05

注："合计"数与主动管理类同理。

6.4.2.2 信托项目清算情况

6.4.2.2.1 本年度已清算信托项目

已清算结束信托项目	项目个数（个）	实收信托合计金额（万元）	加权平均实际年化收益率（%）
集合	10	297 800.00	9.94
单一	150	3 716 979.86	7
财产权	1	19 878.77	0.62

6.4.2.2.2 已清算结束的主动管理型信托项目

已清算结束信托项目	项目个数（个）	实收信托合计金额（万元）	加权平均实际年化信托报酬率（%）	加权平均实际年化收益率（%）
证券投资类	11	453 438.58	0.24	10
股权投资类	3	107 000	3.51	9.46
融资类	146	3 473 820.05	0.45	6.94
事务管理类	0	0	0	0

6.4.2.2.3 已清算结束的被动管理型信托项目

已清算结束信托项目	项目个数（个）	实收信托合计金额（万元）	加权平均实际年化信托报酬率（%）	加权平均实际年化收益率（%）
证券投资类	0	0		
股权投资类	0	0		
融资类	1	400	0.22	0.07
事务管理类				

6.4.2.3 新增信托项目情况

新增信托项目	项目个数（个）	实收信托合计金额（万元）
集合	28	2 407 673.00
单一	231	18 458 165.53
财产权	0	0.00
新增合计	259	20 865 838.53
其中：主动管理型	258	20 524 798.58
被动管理型	1	341 039.95

6.4.2.4 信托业务创新成果和特色业务有关情况

2014年公司重新整合研究发展部，定位为公司创新业务主力团队，成功推出了第一单家族财富管理业务，开展了大量关于新三板业务、定向增发业务、PPP模式、期货信托、保险金信托、公益信托以及互联网金融产品等的研究与实施工作，公司业务创新正在迈向新的阶段。

6.4.2.5 公司履行受托人义务情况及因公司自身责任而导致的信托资产损失情况

公司严格按照《信托法》、《信托公司管理办法》、《信托公

司集合资金信托管理办法》开展各项信托业务。公司作为受托人，严格遵守信托文件的规定，为受益人的最大利益处理信托事务，管理信托财产，恪尽职守，履行诚实、信用、谨慎、有效管理的义务。在信托业务的设立、运用、内控、终止等环节和全过程做到合法、合规。

公司信托财产没有因公司自身责任而导致信托资产损失的情况。

6.4.2.6　信托赔偿准备金的提取、使用和管理情况

单位：万元

年初数	本年计提	年末数
59 302.02	5 761.26	65 063.28

报告期内未发生信托财产损失的情况，信托赔偿准备金未使用。

6.5　关联方关系及其交易事项

6.5.1　关联交易方的数量、关联交易的总金额及关联交易的定价政策等

单位：万元

	关联交易方	2014 年关联交易总金额		定价政策
	数量	增加额	减少额	
合计	18	972 497.10	1 018 495.36	(1)本公司对关联方交易价格根据市场价或协议价确定，与对非关联方的交易价格基本一致，无重大高于或低于正常交易价格的情况。(2)固有财产、信托资产与关联方贷款按人民银行规定的利率执行，投资按市场公允价确定。

6.5.2　关联交易方与本公司的关系性质、关联交易方的名称、法人代表、注册地址、注册资本及主营业务等

关系性质	关联方名称	法定代表人	注册地址	注册资本（万元）	主营业务
母公司	江苏省国信资产管理集团有限公司	董启彬	江苏省南京市	2 000 000.00	国有资产经营、管理、转让、投资、企业托管、资产重组等业务
同一母公司	江苏省房地产投资有限责任公司	蒋旭升	江苏省南京市	190 000.00	房地产开发、销售
同一母公司	新沂市国信置业有限公司	梅泽铭	江苏省徐州市	10 000.00	房地产开发、销售
同一母公司	江苏射阳港发电有限责任公司	刘晓龙	江苏省盐城市	83 302.00	电力、热力生产
同一母公司	江苏国信靖江发电有限公司	胡美成	江苏省泰州市	149 200.00	电力生产、销售
同一母公司	江苏国信瀛洲发电有限公司	王惠荣	江苏省盐城市	24 750.00	对电力热力生产供应业的投资

续表

关系性质	关联方名称	法定代表人	注册地址	注册资本（万元）	主营业务
同一母公司	江苏新海发电有限公司	崔少银	江苏省连云港	23 900.00	电力生产、销售
同一母公司	江苏省医药公司	管斌	江苏省南京市	10 000.00	中、西药品批发零售等
同一母公司	江苏国信如东生物质发电有限公司	柏杨	江苏省南通市	9 609.00	秸秆发电 新能源项目技术开发
同一母公司	江苏国信淮安生物质发电有限公司	张金宝	江苏省淮安市	12 000.00	发电供热
同一母公司	江苏国信泗阳生物质发电有限公司	梁兵	江苏省宿迁市	12 000.00	生物质发电、秸秆收购、灰渣销售
同一母公司	江苏省外事旅游汽车公司	解玉洪	江苏省南京市	12 000.00	外事旅游接待、服务，汽车租赁
同一母公司	南京状元楼酒店有限责任公司	王晓航	江苏省南京市	21 340.28	客房、餐厅、娱乐
同一母公司	雅都大酒店	陈玉松	江苏省苏州市	34 218.77	客房、餐饮、酒吧、商场等
同一母公司	南京国信大酒店有限公司	孙家银	江苏省南京市	2 000.00	客房、餐厅、酒吧
同一母公司	江苏舜天足球俱乐部有限公司	刘军	江苏省南京市	3 000.00	组织体育竞赛、承办体育广告等
联营企业	高投名力成长创业投资有限公司	徐锦荣	江苏省南京市	20 050.00	创业投资业务等
联营企业	江苏银行股份有限公司	夏平	江苏省南京市	1 039 000.00	存贷款等银行业务

6.5.3 本公司与关联方的重大交易事项

6.5.3.1　固有财产与关联方交易

单位：万元

固有财产与关联方关联交易				
	期初数	借方发生额	贷方发生额	期末数
贷款				
投资	24 000.00			24 000.00
租赁		93.28	93.28	
担保				
应收账款	182.31	40.20	200.36	22.15
其他	10 000.00		10 000.00	
合计	34 182.31	957 289.20	967 449.36	24 022.15

6.5.3.2　信托资产与关联方交易

单位：万元

信托资产与关联方关联交易				
	期初数	借方发生额	贷方发生额	期末数
贷款	106 146.00	8 500.00	51 046.00	63 600.00
投资	29 090.03			29 090.03
租赁				
担保				
应收账款				
其他				
合计	135 236.03	8 500.00	51 046.00	92 690.03

6.5.3.3　信托公司自有资金运用于自己管理的信托项目及信托公司管理的信托项目之间的相互交易

6.5.3.3.1　固有财产与信托财产之间的交易情况

单位：万元

固有财产与信托财产相互交易			
	期初数	本期发生额	期末数
合计	136 692.10	6 707.90	143 400.00

6.5.3.3.2　信托项目之间的交易情况

报告期内公司无信托资产与信托财产之间的交易事项。

6.5.4　逐笔披露关联方逾期未偿还本公司资金的详细情况以及本公司为关联方担保发生或即将发生垫款的详细情况

报告期内，公司未发生以上所述情况。

6.6　会计制度

固有业务和信托业务均执行《企业会计准则》(2006 年颁布)。

7. 财务情况说明书

7.1　利润实现和分配情况

经江苏苏亚金诚会计师事务所审计，江苏省国际信托有限责任公司 2014 年实现利润总额 125 314.29 万元，扣除企业所得税 10 089.13 万元，实现税后净利润 115 225.17 万元。

加上年初未分配利润为 98 474.16 万元，可供股东分配的利润为 213 699.33 万元。根据法律法规要求和公司股东会决议，部分长期股权投资成本法改权益法调增 1 206.38 万元，计提法定盈余公积金 11 522.52 万元、任意盈余公积 60 131.45 万元，计提信托赔偿准备金 5 761.26 万元、一般准备金 1 502.19 万元，分配现金红利 26 838.99 万元，年末未分配利润为 109 149.33 万元。

7.2　主要财务指标

指标名称	指标值
资本利润率(%)	15.11
信托报酬率(%)	0.52
人均净利润(%)	1 458.55

注：1. 资本利润率 = 净利润/所有者权益平均余额 ×100% = 115 225.17/762 453.56 ×100% = 15.11%。

2. 信托报酬率 = 信托业务收入/实收信托平均余额 ×100% = 72 374.92/13 820 318.15 ×100% = 0.52%。

3. 人均净利润 = 净利润/年平均人数 = 115 225.17/[(75 + 83)/2] = 1 458.55 万元。

4. 平均值采取年初及年末余额简单平均法，公式为：a(平均) = (年初数 + 年末数)/2。

7.3　报告期内对公司财务状况、经营成果产生重大影响的其他事项

无。

8. 特别事项揭示

8.1　股东报告期内变动情况及原因

无。

8.2　董事、监事及高级管理人员变动情况及原因

2014 年 3 月 17 日公司召开股东会，对公司第四届董事会和监事会成员作如下调整：浦宝英、胡军为公司董事，陆加芳、陆建萍不再担任公司董事；王树华、王会清、杨炳生为公司监事，王惠荣、浦宝英、乔如栋不再担任公司监事；李起年为公司职工董事，王会清不再担任公司职工董事。2014 年 4 月 21 日，中国银监会江苏监管局批复(苏银监复[2014]121 号)，核准浦宝英、胡军、李起年江苏省国际信托有限责任公司董事任职资格。

2014 年 10 月 29 日公司召开股东会，公司股东江苏省苏豪控股集团推荐余亦民为公司董事人选，薛炳海不再担任公司董事。2014 年 12 月 1 日，中国银监会江苏监管局批复(苏银监复[2014]504 号)，核准余亦民江苏省国际信托有限责任公司董事任职资格。

8.3　公司的重大未决诉讼事项

无。

8.4　执行本年度审计的会计师事务所出具意见情况

江苏苏亚金诚会计师事务所(特殊普通合伙)对本公司 2014 年度财务报告出具了标准无保留意见的审计报告。

8.5　公司及其董事、监事和高级管理人员受到处罚情况

无。

8.6　银监会现场检查情况及整改措施

无。

8.7　公司重大事项临时报告

2014 年 2 月 20 日，公司在《金融时报》第 7 版披露《关于胡军总经理任职资格批复的公告》。

2014 年 5 月 6 日，公司在《经济日报》第 6 版披露《关于浦宝英、胡军、李起年董事任职资格核准的公告》。

2014 年 12 月 11 日，公司在《经济日报》第 6 版披露《关于余亦民董事任职资格核准的公告》。

8.8　其他有必要让客户及相关利益人了解的重要信息

根据《信托公司净资本管理办法》规定，公司净资本监管风

险控制指标执行情况如下：

净资本/各项业务风险资本之和 =695 462.90 万元/485 150.87 万元 ×100% =143.35% ≥100%（监管标准）

净资本/净资产 =695 462.90 万元/811 165.38 万元 ×100% =85.74% ≥40%（监管标准）

9. 公司监事会意见

报告期内公司决策程序合法有效，内控制度进一步完善，公司董事及高级管理人员能够按照国家有关法律、法规和公司章程的规定履行职责，未发现有违法违纪和损害公司利益及股东利益的行为。公司财务报告内容完整、真实地反映了公司的财务状况和经营成果。

交银国际信托有限公司

1. 重要提示

1.1 本公司董事会及董事保证本年度报告所载资料不存在任何虚假记载、误导性陈述或者重大遗漏，并对其内容的真实性、准确性和完整性承担个别及连带责任。

1.2 公司独立董事张纯女士声明：保证本年度报告内容的真实、准确和完整。

1.3 普华永道中天会计师事务所（特殊普通合伙）根据中国注册会计师审计准则对本公司2014年度财务报告进行审计，出具了标准无保留意见的审计报告。

1.4 公司法人代表、董事长赵炯，分管财务副总裁李依贫，预算财务部总经理李原声明：保证本年度报告中财务报告的真实、完整。

2. 公司概况

2.1 公司简介

法定中文名称	交银国际信托有限公司
法定中文缩写名称	交银国际信托
公司法定英文名称	Bank of Communications International Trust Co., Ltd.
法定英文缩写名称	BOCOMMTRUST
法定代表人	赵　炯
注册地址	湖北省武汉市江汉区建设大道847号瑞通广场B座16～17层
邮政编码	430015
国际互联网网址	www.bocommtrust.com
电子信箱	jygx@bocommtrust.com

续表

信息披露事务联系人	赵德刚
信息披露事务联系人联系方式	电话：021－32169666；传真：021－62706820
选定的信息披露报纸	《金融时报》、《上海证券报》
公司年报备置地点	湖北省武汉市江汉区建设大道847号瑞通广场B座16层
聘请的会计师事务所	普华永道中天会计师事务所（特殊普通合伙）
聘请的会计师事务所住所	上海市浦东新区陆家嘴环路1318号星展银行大厦6楼
聘请的律师事务所	上海市锦天城律师事务所
聘请的律师事务所住所	上海市浦东新区花园石桥路33号花旗集团大厦14楼

2.2 组织结构

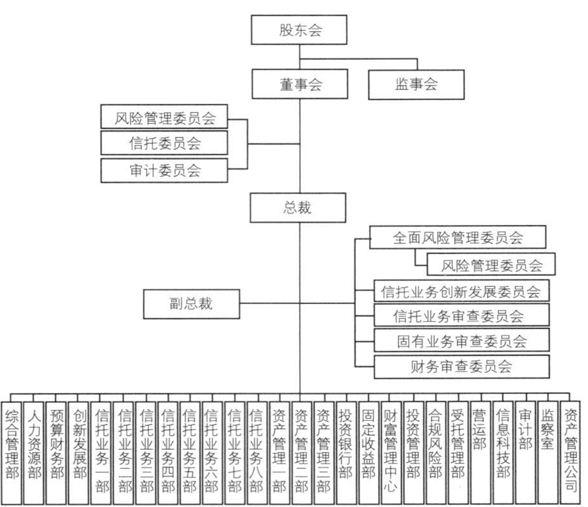

3. 公司治理

3.1 股东

报告期内，公司股东总数2家，出资比例及股东情况如下：

序号	股东名称	出资比例（%）	法定代表人（负责人）	注册资本（亿元）	注册地址	主要经营业务	主要财务情况
1	★交通银行股份有限公司	85	牛锡明	742.63	上海市浦东新区银城中路188号	银行业务	2014年末，资产总额人民币62 682.99亿元，负债总额人民币57 946.94亿元，每股净资产人民币6.34元，全年实现净利润人民币658.50亿元。
2	湖北省交通投资有限公司	15	张嗣义	100	武汉市汉阳区龙阳大道36号顶琇广场A栋25楼	交通基础项目建设等	2014年末，资产总额人民币2 738.69亿元，负债总额人民币1 912.41亿元，每股净资产人民币8.26元，全年实现净利润人民币8.44亿元。

注：★表示实际控制人。

3.2 董事

姓 名	职 务	性别	年龄	选任日期	所推举的股东名称	该股东持股比例(%)	简 要 履 历
赵 炯	董事长	男	53	2012年6月4日	交通银行股份有限公司	85	硕士,高级经济师,曾任交通银行乌鲁木齐分行人事教育处处长,纪委书记兼营业部总经理,行长、党委书记;现任交银国际信托有限公司董事长、总裁、党组书记。
阮红	董事	女	50	2010年11月5日	交通银行股份有限公司	85	博士,高级经济师,曾任交通银行办公室综合处处长,海外机构管理部副总经理、总经理,上海分行副行长,交通银行资产托管部总经理、投资管理部总经理;现任交银施罗德基金管理有限公司总裁。
吴伟	董事	男	45	2013年12月27日	交通银行股份有限公司	85	博士,高级会计师,曾任交通银行财务会计部财务处副处长、财务会计部副总经理、预算财务部副总经理、总经理,辽宁省分行行长、党委书记;现任交通银行投资银行中心(投资银行部)总裁,兼任资产负债管理部总经理。
颇 颖	董事	女	43	2013年1月25日	交通银行股份有限公司	85	硕士,高级会计师,曾任交通银行南宁分行计划处副处长,总行财务会计部副处长、高级经理,苏州分行党委委员、副行长;现任交通银行预算财务部副总经理。
栾立冰	董事	男	49	2013年1月25日	交通银行股份有限公司	85	硕士,曾任中国银监会银行监管一部工行处调研员、综合处调研员、交行处处长、准入处处长、办公室主任;现任交通银行法律合规部总经理。
张纯	独立董事	女	51	2011年7月28日	—	—	博士,曾任上海财经大学讲师、副教授、硕士研究生导师、研究员、教授、博士研究生导师;现任上海财经大学会计学院教授、博士研究生导师、会计与财务研究院专职研究员。

3.3 监事

姓 名	职 务	性别	年龄	选任日期	所推举的股东名称	该股东持股比例(%)	简 要 履 历
姚永杰	监事长	男	56	2013年4月2日	交通银行股份有限公司	85	硕士,高级经济师,曾任交通银行洛阳分行行长,昆明分行党委副书记(主持工作)、副行长,西安分行行长、党委书记,华中审计部总经理;现任交银国际信托有限公司监事长、党组成员。
兰国光	监事	男	45	2014年12月31日	湖北省交通投资有限公司	15	本科,会计师,曾任北京湘鄂情股份有限公司审计总监,湖北省交通投资有限公司融资财务部副部长、审计部副部长;现任湖北省交通投资有限公司审计部部长。
韩泽民	职工监事	男	52	2010年11月5日	—	—	本科,经济师,曾任湖北省国际信托投资公司金融部、国际金融部经理,湖北国信集团公司纪检监察党务办公室副主任,湖北省国际信托投资有限公司办公室副主任;现任交银国际信托有限公司综合管理部副总经理、监察室副主任。

3.4 高级管理人员

姓 名	职务	性别	年龄	选任日期	金融从业年限(年)	学历	专业
赵 炯	总裁	男	53	2008年9月1日	21	硕士	工商管理
李依贫	副总裁	男	50	2007年9月29日	18	硕士	财务金融
孟宪宇	副总裁	男	37	2013年4月28日	15	硕士	企业管理
谢洁	副总裁	男	41	2013年4月28日	14	硕士	世界经济
蔡平	副总裁	男	52	2013年9月3日	2	硕士	管理工程

3.5 公司员工

报告期末,员工总数为178人,平均年龄33岁,学历分布比率为博士1.69%、硕士53.37%、本科43.26%、专科0.56%、其他1.12%。

4. 经营管理

4.1 经营目标、方针、战略规划

深入贯彻交通银行"两化一行"总体发展战略,坚持"思路求新、发展求变、管理求实",充分发挥信托制度优势和集团资源优势,大力推进产品创新、协同联动和同业合作,重点发展信托融资、信托投资、受托服务三大板块业务,持续夯实人才、机制、创新、受托管理四项基础,严守兑付和合规两条底线,全面提升公司跨境、跨市场和跨周期经营能力。

4.2 所经营业务的主要内容

信托业务:(1)信托融资业务:信托贷款(流动资金贷款、项目融资)、资产流动化(应收账款、应收租金、项目收益权、股权受益权等)、贸易融资、房地产信托、外汇资金信托等融资业务。(2)信托投资类业务:投资基金、现金管理、固定收益投资、受托境外理财(QDII)、证券投资信托、私人股权投资等投资业务。(3)事务管理类业务:资产证券化、资金池事务管理信托、家族财富管理信托、股权代持信托、员工福利计划受托管理、管理层及员工股权激励等信托产品。

自营业务:公司按照"轻资本、低风险、多元化"的配置原则管理运用自有资金,配置品种包括自营贷款、理财产品、股权投资等类别,兼顾权益类和固定收益类,充分考虑资产流动性、期限和收益之间的合理平衡,确保上述各类资产配置比例都在合理范围内。

信托资产运用与分布表

资产运用	金额（万元）	占比（%）	资产分布	金额（万元）	占比（%）
货币资产	1 611 920. 88	4. 05	基础产业	16 251 307. 46	40. 83
贷款	19 737 061. 85	49. 59	房地产	1 425 903. 00	3. 58
交易性金融资产	7 896 202. 53	19. 84	证券市场	7 834 696. 61	19. 69
可供出售金融资产	51 083. 26	0. 13	实业	5 021 995. 27	12. 62
持有至到期投资	1 765 575. 73	4. 44	金融机构	2 314 027. 84	5. 81
长期股权投资	1 726 041. 82	4. 34	其他	6 951 289. 91	17. 47
其他	7 011 334. 02	17. 61			
信托资产总计	39 799 220. 09	100. 00	信托资产总计	39 799 220. 09	100. 00

自营资产运用与分布表

资产运用	金额（万元）	占比（%）	资产分布	金额（万元）	占比（%）
货币资产	56 354. 24	9. 63	基础产业	50 000. 00	8. 54
贷款及应收款	470 335. 73	80. 36	房地产业	84 611. 79	14. 46
交易性金融资产			证券市场	19 054. 46	3. 26
可供出售金融资产	41 054. 46	7. 01	实业		
持有到期投资			金融机构	32 000. 00	5. 47
长期股权投资	10 000. 00	1. 71	其他	399 630. 34	68. 28
其他	7 552. 16	1. 29	—	—	
资产总计	585 296. 59	100. 00	资产总计	585 296. 59	100. 00

4.3 市场分析

4.3.1 有利因素

一是制度改革激发经济新活力，产业转型升级孕育新机遇。中国经济正步入三期叠加的“新常态”，政府投资体制改革、区域经济改革、国企改革等体制改革向纵深推进。通过经济结构调整和产业转型升级，新兴产业的崛起将创造新的投资空间。这不仅有利于推动中国经济进入以加快创新步伐、提升质量效率为主的转型发展新阶段，同时也为信托业的转型发展创造了更多机会。

二是交银集团深化改革，市场化孕育发展新路径。交银集团已进入“深化改革，转型发展”的关键时期，市场化和事业部改革不断激发经营活力和市场竞争力，集团跨境、跨业、跨市场的经营能力和服务水平不断提升。集团改革和转型步伐加快将会为我们发挥信托制度优势、提高联动质效提供新机遇。

三是实体经济逐步回暖，资本市场活力增强。受益于降息周期及流动性宽松，企业融资成本下降，加上城镇化、农业现代化与“一带一路”等同振共进，资本市场和实体经济逐渐形成良性循环。社会资本逐步向资本市场转移，沪港通、深港通的开放为资本市场注入境外长期投资资金。资本市场的勃发，为信托公司通过证券投资、市值管理、并购重组等多种方式，多维度地参与资本市场创造了新的市场机会。

四是创新拓宽成长空间，财富管理成为主流需求。家族财富信托、消费信托等创新产品的推出，进一步突出了信托本源业务；资产证券化业务常态化发展、房地产基金信托的破题，为信托行业创造了新的成长空间。随着市场对信托功能的深化认识，信托综合性金融产品平台的核心价值将不断凸显。

4.3.2 不利因素

一是全球经济分化加剧，国内经济增长趋缓。世界经济呈现“低增长、不平衡、多风险”的特征，全球面临大宗商品价格大幅下跌、地缘政治冲突加剧、货币分化、资本外流等多重发展压力，整体经济走势仍不容乐观。受外部环境及国内需求减弱等因素影响，国内投资增速放缓难有改观，消费和出口提升空间有限，政府融资平台债务和房地产市场不确定性较大，在中国经济步入“新常态”下，我们要对发展环境有更加深刻的认识与把握。

二是利率市场化不断加速，金融跨界竞争加剧。近年来，信托融资业务需求日趋萎缩，利率市场化的提速进一步压缩了信托的收益空间；随着商业银行试点理财资管业务以及证券、保险、基金公司资产管理投资范围的放宽，资产管理市场原有格局正在分化，信托行业的市场份额将被进一步蚕食，议价空间将进一步收窄。

三是监管政策不断收紧，制度红利逐步削弱。新的监管政策发力于信托公司业务结构调整和风险管控体系建设，信托责任的界定不断强化；《关于信托公司风险监管的提导意见》（银监办发[2014]99 号）、《关于规范金融机构同业业务的通知》（银发[2014]127 号）的出台，净资本管理、监管评级办法的修订，显示监管部门对信托业风险管控的力度不断加强；信托保障基金的推出将整体提升信托公司运营成本，进一步限制通道类业务的开展。

四是经济周期性和结构性矛盾突出，风险管控形势严峻。在经济增长放缓背景下，房地产市场下行压力增大，“佳兆业”等风险事件不断爆发，对信托行业冲击明显。地方融资平台债务的清理、甄别和化解情况仍不明朗，地方政府债务问题仍是巨大考验。

4.4 内部控制

4.4.1 内部控制环境和内部控制文化

公司按照“纵到底、横到边、全覆盖”的要求，着力营造氛围和谐、运转高效的内部控制环境。第一，持续改进公司治理，不断完善公司治理架构。第二，强化内部审计监督作用，促进内部控制稳健运行。第三，强化制度建设与执行，确保业务运行的各环节均有章可循。第四，按照权责分明、相互制约的原则设置部门和岗位。

公司积极弘扬全员合规与内控优先的内部控制文化。第一，“三会一层”均牢固树立合法合规经营的理念，营造合规经营的文化环境。第二，加强监管政策学习，持续开展合规管理、合规宣传和专题业务培训，积极提升全员的合规经营意识。第三，建立公司员工行为准则、职业道德规范和诚信记录，坚持内控优先，狠抓制度执行。

4.4.2　内部控制措施

公司坚持"内控优先、制度先行"的管理理念，持续加强内控制度体系建设和完善细化工作，制定或修订多项业务管理和基础管理制度。公司建立健全防火墙制度，实现四个分离：信托业务与自营业务相分离；不同的信托财产之间相分离；同一信托财产运用与保管相分离；业务操作与风险监控相分离。

对于信托业务，在设立环节，公司严格按照制度规定开展信托项目审批，制定规范的信托文件和项目尽职调查标准；在资金运用环节，公司严格履行受托人职责，依法运用信托财产，实现审批、运用和保管分离；在管理环节，公司不断完善风险识别、评估、监控、报告体系，前、中、后台紧密配合，形成职责明晰、相互制约的管理机制；在清算终止环节，公司严格依据法律法规、信托文件制作清算报告，并向受益人进行信息披露，持续完善信托业务档案管理制度。截至2014年末，公司信托赔付率为零。

对于固有业务，公司建立健全固有业务决策机制，2014年年初制定科学合理的年度自有资金配置计划与风险容忍度，并严格按照相关程序进行审批，实现固有业务协调发展；通过动态的监控机制、严密的账户管理、严格的资金审批调度、规范的交易操作，以及完善的业务档案管理，严格控制固有资金的投资风险，重要投资均有详细的风险分析支持。截至2014年末，公司不良资产率为零。

4.4.3　监督评价与纠正

2014年度公司监督评价与纠正机制成效显著。一是内部审计和外部检查工作保持常态化。内审部门按照董事会审定的年度审计工作计划实施了项目审计检查评价工作；外部监管和审计机构对公司进行了监管检查和内部控制审计等外部监督工作。二是不断优化完善审计职能。内审部门在公司审计委员会业务指导和公司管理层领导下，细化业务要求，完善工作职能，制定内控审计评价计分细则，修订审计工作手册等制度，改进对公司各职能部门和经营部门内部控制的监督评价机制，提升审计监督成效。进一步明确非现场审计挂钩内控评价计分办法，强化事中审计成效。三是明确目标强化内控管理。在公司审计委员会的业务指导下，确定以内部控制审计和重要业务环节专项审计为本年度工作重点，精准查找和推进重点关注事项的整改落实，持续不断夯实公司内控管理。

4.5　风险管理

4.5.1　风险管理概况

公司经营活动中面临的风险主要有：信用风险、市场风险、操作风险及其他风险等。在进行风险管理时，遵循全面、审慎、及时、有效和独立性原则，根据业务类别制定相应的风险控制措施，形成了"事前防范、事中控制、事后评价"的风险管理机制，建立了以董事会及其下设的风险管理委员会和经营管理层及其下设的风险管理委员会以及合规风险部等机构为主线的风险管理体系。

4.5.1.1　信用风险状况

(1)信托业务信用风险状况。截至2014年12月31日，公司存续信托项目684个，存续受托规模39 320 310.28万元，信托赔付率为零，按照相关部门要求计提一般准备与专项准备。2014年，交易对手履约情况正常，公司信托业务信用风险处于较低水平。

(2)固有业务信用风险状况。截至2014年12月31日，公司自有资金贷款余额为186 140万元，固有业务信用风险资产均为正常类，不良资产的期初数与期末数均为零，按照相关部门要求计提一般准备与专项准备。2014年，交易对手履约情况正常，公司固有业务信用风险处于较低水平。

4.5.1.2　市场风险状况

截至2014年12月31日，信托资产投资、固有资产投资市场风险情况正常；自有资金证券投资未突破公司确定风险容忍度限额。

4.5.1.3　操作风险状况

公司建立完善的操作风险控制体系，并持续推进综合业务系统建设，严控各类操作风险。截至2014年12月31日，公司未发生因操作风险所造成的损失。

4.5.1.4　其他风险状况

其他风险主要有合规风险、政策风险等。截至2014年12月31日，公司未发生因上述风险造成的损失。

4.5.2　风险管理

4.5.2.1　信用风险管理

公司加强项目运行前端风险管控，以尽职调查为重要风控抓手，科学评估交易对手的履约能力，筛选有现金流并且有牢固第二还款来源保障的项目，审慎评估保证人的履约能力等，注重采用多种有效担保措施提高信用风险的保障系数。在项目运行过程中，公司深入研究影响交易对手履约能力的各种风险因素，持续跟踪抵质押物价值对融资本息的保障系数，加强监测有关还款来源的变化情况，持续加强业务日常监测、换手查访、风险排查、风险预警、风险提示和督导落实的力度，有效落实项目到期兑付资金安排监测机制，持续高效开展项目后续管理，并根据具体问题研究采取相关应对措施，确保项目信用风险的可控、可测、可承受。

4.5.2.2　市场风险管理

第一，公司高度重视市场价格风险因素的管理，不断强化对自有资金投资项目的科学决策与管理，并密切关注经济运行状况，严控因宏观政策调整带来不利影响的风险。第二，详细评估项目的市场风险，密切关注有关风险因子、情景的变化情况，采取有针对性的举措。第三，公司配备专业团队，对市场风险的研究较为充分、投资行为较为审慎。第四，公司加强宏观形势分析预测，制定年度自有资金配置计划与风险容忍度，并严格执行该配置计划及风险容忍度指标。

4.5.2.3　操作风险管理

第一，公司建立了严格的部门职责、员工岗位职责、业务流程和操作规程，形成了职责分明、相互监督制约的机制，和严格的审核、复核程序。第二，公司持续推进综合业务系统开发上线，并建立了全面的、规范的、现代化的信息系统管理流程。第三，公司不断完善各项规章制度，持续完善操作风险管理机制，切实提高业务管理的精细化水平。截至2014年12月31日，公司未出现重大差错和失误，未发生重大责任事故。

4.5.2.4　其他风险管理

公司严格按照国家法律法规和监管部门的有关要求开展

业务;公司不断完善突发事件应急处理机制,以应对可能发生的突发事件。

4.5.3 净资本管理

2014 年末,公司净资本风险控制指标为:净资本 422 917.60万元,各项业务风险资本 170 985.42 万元,净资本与各项业务风险资本之比为 247.3%,大于监管要求的 100%标准;净资本与净资产之比为 76.1%,大于监管要求的 40%标准。2014 年末净资本监管各项指标全面达标。

5. 报告期末及上一年末的比较式会计报表

5.1 自营资产

5.1.1 会计师事务所审计意见全文

审 计 报 告

普华永道中天审字(2015)第 22190 号

交银国际信托有限公司董事会:

我们审计了后附的交银国际信托有限公司(以下简称贵公司)的财务报表,包括 2014 年 12 月 31 日的合并及公司资产负债表、2014 年度的合并及公司利润表、合并及公司股东权益变动表和合并及公司现金流量表以及财务报表附注。

一、管理层对财务报表的责任

编制和公允列报财务报表是贵公司管理层的责任。这种责任包括:按照企业会计准则的规定编制财务报表,并使其实现公允反映;设计、执行和维护必要的内部控制,以使财务报表不存在由于舞弊或错误导致的重大错报。

二、注册会计师的责任

我们的责任是在执行审计工作的基础上对财务报表发表审计意见。我们按照中国注册会计师审计准则的规定执行了审计工作。中国注册会计师审计准则要求我们遵守中国注册会计师职业道德守则,计划和执行审计工作以对财务报表是否不存在重大错报获取合理保证。

审计工作涉及实施审计程序,以获取有关财务报表金额和披露的审计证据。选择的审计程序取决于注册会计师的判断,包括对由于舞弊或错误导致的财务报表重大错报风险的评估。在进行风险评估时,注册会计师考虑与财务报表编制和公允列报相关的内部控制,以设计恰当的审计程序,但目的并非对内部控制的有效性发表意见。审计工作还包括评价管理层选用会计政策的恰当性和作出会计估计的合理性,以及评价财务报表的总体列报。

我们相信,我们获取的审计证据是充分、适当的,为发表审计意见提供了基础。

三、审计意见

我们认为,上述贵公司的财务报表在所有重大方面按照企业会计准则的规定编制,公允反映了贵公司 2014 年 12 月 31 日的合并及公司财务状况以及 2014 年度的合并及公司经营成果和现金流量。

普华永道中天会计师事务所(特殊普通合伙)

注册会计师:周 章

注册会计师:谭麟林

中国·上海市　　2015 年 3 月 31 日

5.1.2 公司及合并资产负债表

合并资产负债表

交银国际信托有限公司　　2014 年 12 月 31 日　　单位:元

	附注	2014 年 12 月 31 日合并	2013 年 12 月 31 日合并	2013 年 1 月 1 日合并
资产				
货币资金	八(1)	593 156 666.69	1 825 510 995.15	1 221 393 735.49
交易性金融资产	八(2)	—	—	405 494 266.29
可供出售金融资产	八(3)	410 544 597.00	395 182 770.99	300 031 450.83
持有至到期投资	八(4)	—	150 011 863.01	—
应收款项类投资	八(5)	2 583 440 874.53	1 488 167 165.48	219 901 830.10
发放贷款和垫款	八(6)	1 786 941 979.19	979 319 250.00	490 600 000.00
固定资产	八(7)	23 834 194.05	25 330 688.96	26 601 236.76
无形资产	八(8)	10 417 507.65	11 703 572.00	6 000 454.60
递延所得税资产	八(9)	42 815 645.26	15 091 359.77	4 621 242.73
其他资产	八(10)	367 771 579.52	263 627 209.01	155 053 940.58
资产总计		5 818 923 043.89	5 153 944 874.37	2 829 698 157.38
负债				
应付职工薪酬	八(12)	125 734 988.61	112 348 965.21	83 975 768.37
应交税费	八(13)	82 683 425.37	65 847 526.83	44 848 165.18
其他负债	八(14)	52 428 077.43	32 228 797.95	40 732 609.12
负债合计		260 846 491.41	210 425 289.99	169 556 542.67
所有者权益				
实收资本	八(15)	3 764 705 882.35	3 764 705 882.35	2 000 000 000.00
其他综合收益	八(29)	22 908 447.75	11 387 078.24	23 588.12
盈余公积	八(16)	177 211 645.88	116 683 481.98	66 008 838.18
一般风险准备	八(17)	77 682 498.84	49 575 186.23	17 729 834.36
信托赔偿准备	八(18)	540 353 161.06	282 053 181.99	104 460 739.63
未分配利润	八(19)	975 214 916.60	719 114 773.59	471 918 614.42
归属于母公司所有者权益合计		5 558 076 552.48	4 943 519 584.38	2 660 141 614.71
所有者权益合计		5 558 076 552.48	4 943 519 584.38	2 660 141 614.71
负债及所有者权益总计		5 818 923 043.89	5 153 994 874.37	2 829 698 157.38

所付财务报表附注为财务报表的组成部分。

企业负责人:赵 炯　主管会计工作的负责人:李依贫　　会计机构负责人:李 原

资产负债表

交银国际信托有限公司　　2014 年 12 月 31 日　　单位:元

	附注	2014 年 12 月 31 日公司	2013 年 12 月 31 日公司	2013 年 1 月 1 日公司
资产				
货币资金	八(1)	563 542 388.82	1 794 897 409.07	1 121 210 062.00
交易性金融资产		—	—	405 494 266.29
可供出售金融资产	八(2)	410 544 597.00	395 182 770.99	300 031 450.83
持有至到期投资	八(3)	—	150 011 863.01	—
应收款项类投资	八(4)	2 515 190 874.53	1 418 164 165.48	219 901 830.10
发放贷款和垫款	八(5)	1 786 941 979.19	979 319 250.00	490 600 000.00
长期股权投资	八(6)	100 000 000.00	100 000 000.00	100 000 000.00
固定资产	八(7)	23 353 108.93	25 330 688.96	26 601 236.76
无形资产	八(8)	10 417 507.65	11 703 572.00	6 000 454.60
递延所得税资产	八(9)	42 815 645.26	15 091 359.77	4 621 242.73
其他资产	八(10)	367 744 505.44	23 627 209.01	155 118 087.58
资产总计		5 820 550 606.82	5 153 331 288.29	2 829 578 630.89
负债				
应付职工薪酬	八(12)	125 718 827.34	112 348 965.21	83 975 768.37
应交税费	八(13)	82 677 377.77	65 825 744.78	44 788 283.56
其他负债	八(14)	52 423 612.88	32 228 797.95	40 702 609.12
负债合计		260 819 817.99	210 403 507.94	169 466 661.05
所有者权益				
实收资本	八(15)	3 764 705 882.35	3 764 705 882.35	2 000 000 000.00
其他综合收益	八(29)	22 908 447.75	11 387 078.24	23 588.12
盈余公积	八(16)	177 211 645.88	116 683 481.98	66 008 838.18
一般风险准备	八(17)	77 682 498.84	49 575 186.23	17 729 834.36
信托赔偿准备	八(18)	540 353 161.06	282 053 181.99	104 460 739.63
未分配利润	八(19)	976 869 152.95	718 522 969.56	471 888 969.55
归属于母公司所有者权益合计		5 559 730 788.83	4 942 927 780.35	2 660 111 969.84
所有者权益合计		5 559 730 788.83	4 942 927 780.35	2 660 111 969.84
负债及所有者权益总计		5 820 550 606.82	5 153 331 288.29	2 829 578 630.89

后队财务报表附注为财务报表的组成部分。

企业负责人:赵　炯　主管会计工作的负责人:李依贫　会计机构负责人:李　原

5.1.3　公司及合并利润表

合并及公司利润表

交银国际信托有限公司　　2014 年度　　单位:元

项　目	附注	2014 年度合并	2013 年度合并	2014 年度公司	2014 年度公司
一、营业收入		1 203 957 916.18	1 005 521 324.68	1 203 610 096.18	1 004 770 716.13
利息收入	八(20)	187 578 852.02	105 620 886.44	187 231 032.02	104 870 277.89
手续费及佣金收入	八(21)	819 856 181.40	691 443 717.74	819 856 181.40	691 443 717.74
投资收益	八(22)	126 397 405.68	91 840 866.25	126 397 405.68	91 840 866.25
其他业务收入	八(23)	69 793 966.95	116 636 854.25	69 793 966.95	116 636 854.25
汇兑收益/(损失)		331 510.13	-21 000.00	331 510.13	-21 000.00
二、营业支出		402 967 733.45	329 348 211.04	400 373 873.07	329 347 148.04
营业税金及附加	八(24)	65 286 166.69	55 733 227.68	65 286 166.69	55 733 227.68
业务及管理费	八(25)	239 508 094.72	226 215 033.36	238 664 234.34	226 213 970.36
资产减值损失	八(26)	98 173 472.04	47 399 950.00	96 423 472.04	47 399 950.00
三、营业利润		800 990 182.73	676 173 113.64	803 236 223.11	675 423 568.09
加:营业外收入	八(27)	10 776 372.88	1 160 372.73	10 776 372.88	1 160 372.73
减:营业外支出		156 275.28	600 000.00	156 275.28	600 000.00
四、利润总额		811 610 280.33	676 733 486.37	813 856 320.71	675 983 940.82
减:所得税费用	八(28)	208 574 681.74	169 424 889.17	208 574 681.74	169 237 502.78
五、净利润		603 035 598.59	507 308 597.20	605 281 638.97	506 746 438.04
其中:归属于母公司股东的净利润		603 035 598.59	507 380 597.20	605 281 638.97	506 746 438.04
六、其他综合收益的税后净额					
以后将重分类进损益的其他综合收益					
可供出售金融资产公允价值变动	八(29)	11 521 369.51	11 363 490.12	11 521 369.51	11 363 490.12
七、综合收益总额		614 556 968.10	518 672 087.32	616 803 008.48	518 019 928.16
归属于母公司股东的综合收益总额		614 556 968.10	518 672 087.32	616 803 008.48	518 109 928.16

后附财务报表附注为财务报表的组成部分。

企业负责人:赵　炯　主管会计工作的负责人:李依贫　会计机构负责人:李　原

5.1.4 合并所有者权益变动表

2014 年度合并所有者权益变动表

交银国际信托有限公司　　2014 年度　　单位：元

项目	附注	实收资本	资本公积	其他综合收益	盈余公积	一般风险准备	信托赔偿准备	未分配利润	所有者权益合计
2012 年 12 月 31 日年末余额		2 000 000 000.00	23 588.12	—	66 008 838.18	17 729 834.36	104 460 739.63	471 918 614.42	2 660 141 614.71
会计政策变更		—	(23 588.12)	23 588.12	—	—	—	—	—
2013 年 1 月 1 日年初余额		2 000 000 000.00	—	23 588.12	66 008 383.18	17 729 834.36	104 460 739.63	471 918 614.42	2 660 141 614.71
2013 年度增减变动额									
综合收益总额									
净利润		—	—	—	—	—	—	507 308 597.20	507 308 597.20
其他综合收益		—	—	11 363 490.12	—	—	—	—	11 363 490.12
综合收益总额合计		—	—	11 363 490.12	—	—	—	507 308 597.20	518 672 087.32
所有者投入资本									
所有者投入资本		1 764 705 882.35	—	—	—	—	—	—	1 764 705 882.35
利润分配									
提取盈余公积		—	—	—	50 674 643.80	—	—	(50 674 643.80)	—
提取一般风险准备		—	—	—	—	31 845 351.87	—	(31 845 351.87)	—
提取信托风险准备		—	—	—	—	—	177 592 442.36	(177 592 442.36)	—
2013 年 12 月 31 日年末余额		3 764 705 882.35	—	11 387 078.24	116 683 481.98	49 575 186.23	282 053 181.99	719 114 773.59	5 943 519 584.38
2014 年 1 月 1 日年初余额		3 764 705 882.35	—	11 397 078.24	116 683 481.98	49 575 186.23	282 053 181.99	719 114 773.59	4 943 519 584.38
2014 年度增减变动额									
综合收益总额									
净利润		—	—	—	—	—	—	603 035 598.59	603 035 598.59
其他综合收益		—	—	11 521 369.51	—	—	—	—	11 521 369.51
综合收益总额合计		—	—	11 521 369.51	—	—	—	603 035 598.59	614 556 968.10
利润分配									
提取盈余公积		—	—	—	60 528 163.90	—	—	(60 528 163.90)	—
提取一般风险准备		—	—	—	—	28 017 312.61	—	(28 107 312.61)	—
提取信托风险准备		—	—	—	—	—	258 299 979.07	(258 299 979.07)	—
2014 年 12 月 31 日期末余额		3 764 705 882.35	—	22 908 447.75	177 211 645.88	77 682 498.84	540 353 161.06	975 214 916.60	5 558 076 552.48

后附财务报表附注为财务报表的组成部分。

企业负责人：赵　炯　　主管会计工作的负责人：李依贫　　会计机构负责人：李　原

2014 年度公司所有者权益变动表

交银国际信托有限公司　　2014 年度　　单位：元

项目	附注	实收资本	资本公积	其他综合收益	盈余公积	一般风险准备	信托赔偿准备	未分配利润	所有者权益合计
2012 年 12 月 31 日年末余额		2 000 000 000. 00	23 588. 12	—	66 008 838. 18	17 729 834. 36	104 460 739. 63	471 888 969. 55	2 660 111 969. 84
会计政策变更		—	(23 588. 12)	23 588. 12	—	—	—	—	—
2013 年 1 月 1 日年初余额		2 000 000 000. 00	—	23 588. 12	66 008 383. 18	17 729 834. 36	104 460 739. 63	471 888 969. 55	2 660 111 969. 84
2013 年度增减变动额									
综合收益总额									
净利润		—	—	—	—	—	—	506 746 438. 04	506 746 438. 04
其他综合收益		—	—	11 363 490. 12	—	—	—	—	11 363 490. 12
综合收益总额合计		—	—	11 363 490. 12	—	—	—	506 746 438. 04	518 109 928. 16
所有者投入资本									
所有者投入资本		1 764 705 882. 35	—	—	—	—	—	—	1 764 705 882. 35
利润分配									
提取盈余公积		—	—	—	50 674 643. 80	—	—	(50 674 643. 80)	—
提取一般风险准备		—	—	—	—	31 845 351. 87	—	(31 845 351. 87)	—
提取信托风险准备		—	—	—	—	—	177 592 442. 36	(177 592 442. 36)	—
2013 年 12 月 31 日年末余额		3 764 705 882. 35	—	11 387 078. 24	116 683 481. 98	49 575 186. 23	282 053 181. 99	718 522 696. 56	4 942 927 780. 35
2014 年 1 月 1 日年初余额		3 764 705 882. 35	—	11 397 078. 24	116 683 481. 98	49 575 186. 23	282 053 181. 99	718 522 969. 56	4 942 927 780. 35
2014 年度增减变动额									
综合收益总额									
净利润		—	—	—	—	—	—	605 281 638. 97	605 281 638. 97
其他综合收益		—	—	11 521 369. 51	—	—	—	—	11 521 369. 51
综合收益总额合计		—	—	11 521 369. 51	—	—	—	605 281 638. 97	616 803 008. 48
利润分配									
提取盈余公积		—	—	—	60 528 163. 90	—	—	(60 528 163. 90)	—
提取一般风险准备		—	—	—	—	28 017 312. 61	—	(28 107 312. 61)	—
提取信托风险准备		—	—	—	—	—	258 299 979. 07	(258 299 979. 07)	—
2014 年 12 月 31 日期末余额		3 764 705 882. 35	—	22 908 447. 75	177 211 645. 88	77 682 498. 84	540 353 161. 06	976 869 152. 95	5 559 730 788. 83

后附财务报表附注为财务报表的组成部分。

企业负责人：赵　炯　　主管会计工作的负责人：李依贫　　会计机构负责人：李　原

5.2 信托资产

5.2.1 信托项目资产负债汇总表

信托项目资产负债汇总表(未经审计)

2014 年 12 月 31 日

编制单位:交银国际信托有限公司　　单位:万元

序号	项目	期末余额	年初余额
1	信托资产:		
2	1. 货币资金	1 611 920.88	2 397 248.10
3	2. 拆出资金	—	—
4	3. 存出保证金	—	—
5	4. 交易性金融资产	7 896 202.53	3 236 415.92
6	5. 衍生金融资产	—	—
7	6. 买入返售金融资产	5 170 076.31	3 082 687.97
8	7. 应收款项	197 089.35	82 793.54
9	8. 发放贷款	19 737 061.85	16 382 431.00
10	9. 可供出售金融资产	51 083.26	287428.41
11	10. 持有至到期投资	1 765 575.73	1 057 013.96
12	11. 长期应收款	0.00	150 000.00
13	12. 长期股权投资	1 726 041.82	1 231 710.00
14	13. 投资性房地产	—	—
15	14. 固定资产	—	—
16	15. 无形资产	—	—
17	16. 长期待摊费用	—	—
18	17. 其他资产	1 644 168.36	83 930.00
19	18. 信托资产总计	39 799 220.09	27 991 658.90
20	19. 各项资产减值准备	—	—
21	信托负债:		
22	20. 交易性金融负债	—	—
23	21. 衍生金融负债	—	—
24	22. 应付受托人报酬	7 042.58	4 550.32
25	23. 应付托管费	4 177.64	2 178.27
26	24. 应付受益人收益	0	52.51
27	25. 应交税费	839.92	533.34
28	26. 应付销售服务费	6.18	3.22
29	27. 其他应付款项	57 809.49	24 225.85
30	28. 其他负债	—	—
31	29. 信托负债合计	69 875.81	31 543.51
32	信托权益:		
33	30. 实收信托	39 320 310.28	27 854 722.02
34	31. 资本公积	—	—
35	32. 外币报表折算差额	—	—
36	33. 未分配利润	409 034.00	105 393.37
37	34. 信托权益合计	39 729 344.28	27 960 115.39
38	35. 信托负债和信托权益总计	39 799 220.09	27 991 658.90

公司负责人:赵　炯　　主管信托会计工作负责人:李依贫

信托会计机构负责人:张悦迎

5.2.2 信托项目利润及利润分配汇总表

信托项目利润及利润分配汇总表

编制单位:交银国际信托有限公司　2014 年 12 月　　单位:万元

序号	项目	本期数	上期数
1	1. 营业收入	2 484 345.91	1 391 407.70
2	1.1 利息收入	2 059 326.45	1 142 129.62
3	1.2 投资收益(损失以“-”号填列)	369 842.63	274 390.14
4	1.2.1 其中:对联营企业和合营企业的投资收益	—	—
5	1.3 公允价值变动收益(损失以“-”号填列)	52 055.93	-43 110.41
6	1.4 租赁收入	—	—
7	1.5 汇兑损益(损失以“-”号填列)	—	—
8	1.6 其他收入	3 120.90	17 998.35
9	2. 支出	273 243.61	194 743.07
10	2.1 营业税金及附加	2 290.22	—
11	2.2 受托人报酬	71 034.91	62 801.98
12	2.3 托管费	18 086.40	10 575.68
13	2.4 投资管理费	15 470.70	3 659.12
14	2.5 销售服务费	2 937.22	2 091.01
15	2.6 交易费用	2 078.31	558.49
16	2.7 资产减值损失	—	—
17	2.8 其他费用	161 345.85	115 056.79
18	3. 信托净利润(净亏损以“-”号填列)	2 211 102.30	1 196 664.63
19	4. 其他综合收益	—	—
20	5. 综合收益	2 211 102.30	1 196 664.63
21	6. 加:期初未分配信托利润	105 393.37	124 180.34
22	7. 可供分配的信托利润	2 316 495.67	1 320 844.97
23	8. 减:本期已分配信托利润	1 907 461.67	1 215 451.60
24	9. 期末未分配信托利润	409 034.00	105 393.37

公司负责人:赵　炯　　主管信托会计工作负责人:李依贫

信托会计机构负责人:张悦迎

6. 会计报表附注

6.1 会计报表编制基准不符合会计核算基本前提的说明

会计报表编制无不符合会计核算基本前提事项。

6.2 或有事项说明

报告期内,公司未发生对外担保及其他或有事项。

6.3 重要资产转让及其出售的说明

报告期内,无重要资产转让或出售。

6.4 会计报表中重要项目的明细资料

6.4.1 披露自营资产经营情况

6.4.1.1 按信用风险五级分类结果披露信用风险资产的期初数、期末数

信用风险资产五级分类	正常类（万元）	关注类（万元）	次级类（万元）	可疑类（万元）	损失类（万元）	信用风险资产合计（万元）	不良资产合计（万元）	不良资产率（%）
期初数	470 534.00	0.00	0.00	0.00	0.00	470 534.00	0.00	0.00
期末数	532 972.30	0.00	0.00	0.00	0.00	532 972.30	0.00	0.00

6.4.1.2　各项资产减值损失准备的期初、本期计提、本期转回、本期核销、期末数

单位：万元

项目	期初数	本期计提	本期转回	本期核销	期末数
贷款损失准备	2 511.08	7 330.3	2 395.78	0.00	7 445.60
一般准备	0.00	0.00	0.00	0.00	0.00
专项准备	2 511.08	7 330.30	2 395.78	0.00	7 445.60
其他资产减值准备	3 575.00	0.00	0.00	0.00	0.00
可供出售金融资产减值准备	0.00	0.00	0.00	0.00	0.00
持有至到期投资减值准备	0.00	0.00	0.00	0.00	0.00
长期股权投资减值准备	0.00	0.00	0.00	0.00	0.00
坏账准备	3 575.00	7 432.83	2 550.00	0.00	8 457.83
投资性房地产减值准备	0.00	0.00	0.00	0.00	0.00

6.4.1.3　自营股票投资、基金投资、债券投资、长期股权投资等投资的期初数、期末数

单位：万元

项目	自营股票	基金	债券	长期股权投资	其他投资
期初数	0.00	0.00	15 001.19	22 000.00	143 000.00
期末数	0.00	0.00	0.00	22 000.00	264 693.22

6.4.1.4　按照投资入股金额排序，前五名的自营长期股权投资的企业名称、占被投资企业权益的比例、主要经营活动及投资收益情况等

本集团

单位：万元，%

企业名称	投资总额	投资占例
中国航油集团财务有限公司	12 000.00	10.00
陕西煤业化工集团财务有限公司	10 000.00	10.00

本公司

单位：万元，%

企业名称	投资总额	投资占例
中国航油集团财务有限公司	12 000.00	10.00
陕西煤业化工集团财务有限公司	10 000.00	10.00
交银国信资产管理有限公司	10 000.00	100.00

6.4.1.5　前四名的自营贷款的企业名称、占贷款总额的比例和还款情况

企业名称	占贷款总额的比例（%）	还款情况
上海中星（集团）有限公司	26.80	正常
上海闵润置业有限公司	18.65	正常
绿地控股集团有限公司	37.61	正常
上海月星家饰博览中心有限公司	16.94	正常

6.4.1.6　表外业务的期初数、期末数；按照代理业务、担保业务和其他类型表外业务分别披露

报告期内，本公司无代理业务、担保业务和其他类型表外业务。

6.4.1.7　公司当年的收入结构

单位：万元，%

收入结构	金额	占比
手续费及佣金收入	81 985.62	67.49
其中：信托手续费收入	81 985.62	
投资银行业务收入		
利息收入	18 757.89	15.44
其他业务收入	6 979.40	5.75
其中：计入信托业务收入部分	6 091.82	
投资收益	12 639.74	10.41
其中：股权投资收益	708.06	
证券投资收益		
其他投资收益	11 931.68	
汇兑收益	33.15	0.03
营业外收入	1 077.64	0.89
收入合计	121 473.44	100

其他业务收入主要指公司为融资企业提供财务顾问、咨询及融资方案设计等服务，获得的财务顾问费收入。

本报告年度共实现信托业务收入总额为88 077.44万元，其中手续费及佣金收入81 985.62万元、财务顾问费收入6 091.82万元。

6.4.2　披露信托财产管理情况

6.4.2.1　信托资产的期初数、期末数

单位：万元

信托资产	期初数	期末数
集合	1 555 490.59	4 795 038.65
单一	26 337 671.35	34 810 299.86
财产权	98 496.96	193 881.58
合计	27 991 658.90	39 799 220.09

6.4.2.1.1　主动管理型信托业务的信托资产期初数、期末数，分证券投资、股权投资、融资、事务管理类分别披露

单位：万元

主动管理型信托资产	期初数	期末数
证券投资类	127 522.32	254 304.88
股权投资类	12 272.50	7 679.03
融资类	2 858 934.45	2 133 143.51
事务管理类	0.00	0.00
合计	2 998 729.27	2 395 127.42

6.4.2.1.2　被动管理型信托业务的信托资产期初数、期末数，分证券投资、股权投资、融资、事务管理类分别披露

单位：万元

被动管理型信托资产	期初数	期末数
证券投资类	6 377 554.10	10 281 195.70
股权投资类	1 335 162.54	1 792 295.53
融资类	17 131 978.21	23 693 731.82
事务管理类	148 234.78	1 636 869.62
合计	24 992 929.63	37 404 092.67

6.4.2.2　本年度已清算结束的信托项目个数、实收信托合计金额、加权平均实际年化收益率

6.4.2.2.1　本年度已清算结束的集合类，单一类资金信托项目和财产管理类信托项目个数、实收信托金额、加权平均实际年化收益率

已清算结束信托项目	项目个数（个）	实收信托合计金额（万元）	加权平均实际年化收益率（%）
集合类	19	645 772.00	7.70
单一类	509	12 677 208.73	5.69
财产管理类	7	110 430.00	5.99

6.4.2.2.2　本年度已清算结束的主动管理型信托项目个数、实收信托合计金额、加权平均实际年化收益率，分证券投资、股权投资、融资、事务管理类分别计算并披露

已清算结束信托项目	项目个数（个）	实收信托合计金额（万元）	加权平均实际年化信托报酬率（%）	加权平均实际年化收益率（%）
证券投资类	0	0	0	0
股权投资类	0	0	0	0
融资类	23	669 940.00	0.98	7.47
事务管理类	0	0	0	0

6.4.2.2.3　本年度已清算结束的被动管理型信托项目个数、实收信托合计金额、加权平均实际年化收益率，分证券投资、股权投资、融资、事务管理类分别计算并披露

已清算结束信托项目	项目个数（个）	实收信托合计金额（万元）	加权平均实际年化信托报酬率（%）	加权平均实际年化收益率（%）
证券投资类	4	269 532.00	0.04	5.26
股权投资类	2	6 930.00	0.14	4.57
融资类	505	12 467 792.73	0.24	5.69
事务管理类	1	19 216.00	0.12	4.19

6.4.2.3　本年度新增的集合类、单一类和财产管理类信托项目个数、实收信托合计金额

新增信托项目	项目个数（个）	实收信托合计金额（万元）
集合类	43	3 761 647.93
单一类	600	19 856 119.33
财产管理类	11	219 600.00
新增合计	654	23 837 367.26
其中：主动管理型	29	871 437.07
被动管理型	625	22 965 930.19

注：本年新增信托项目指在本报告年度内累计新增的信托项目个数和金额。包含本年度新增并于本年度内结束的项目和本年度新增至报告期末仍在持续管理的信托项目。

6.4.2.4　信托业务创新成果和特色业务有关情况

2014年，面对复杂严峻的宏观经济形势、持续加大的经济下行以及行业监管政策导向变化带来的压力，公司全面布局创新发展战略，加快改革创新和转型发展步伐，以扎实的举措和强大的合力不断强化创新发展基础，完善了融资类、投资类和事务管理类三大类产品体系，形成具有银行系特点的完整信托产品线。公司研发了信贷资产证券化业务、私募型企业资产证券化信托、外汇资金信托、家族财富管理信托、国内信用证项下应收账款融资信托、票据池质押融资信托、中小企业投资资金信托等创新业务品种，并搭建了“平台型”投资基金、“并购基金”、“产业基金”等投资基金业务架构，积极推动各类投资基金产品的有效落地。当年公司主要推出如下创新产品：

（1）信贷资产证券化。公司发起设立“邮元2014年第一期个人住房贷款证券化信托”，信托规模为68.14亿元，基础资产为中国邮政储蓄银行23 680笔个人住房贷款，优先级加权平均期限达16年。该产品为本轮资产证券化扩大试点国内首单也是规模最大的MBS产品，创新性地采取了延迟变更抵押权登记方式，在降低发行成本的同时提高了发行效率。同时，公司成功发起设立“交融2014年第一期租赁资产支持证券”，该产品为国内首单租赁资产证券化产品，发行总规模10.12亿元，基础资产为交银租赁已发放的15笔融资租赁项目的应收融资租赁款，标志着我国金融租赁资产证券化的正式破冰。多单资产证券化项目的成功发行，帮助公司积累了公开市场业务经验，提升了受托服务支持能力，进一步提升了公司在证券化业务领域的核心竞争力和品牌优势。

（2）私募型企业资产证券化信托。公司发起设立“交银国信·稳健610号单一资金信托”，产品总规模达100亿元，期限5年，采用私募型企业资产证券化方式，将信托资金用于受让某省交通运输厅所持有的当地高速公路5年内的收费权的收益权，从而深化了集团与当地政府的战略合作关系，提高了集团在支持国家基础建设方面的影响力。

（3）外汇资金信托。公司发起设立稳健834号、稳健835号和稳健861号3只外汇资金信托产品，成为业内首单飞机租赁应收租金投资类外汇资金信托，标志着我国信托行业自2007年重新换发金融牌照以来，外汇资金信托业务的正式破冰。该产品募集美元资金，资金规模分别为5 128万美元、5 165万美元、4 377万美元，分别用于受让某租赁公司旗下三家项目公司所拥有的飞机租赁应收租金和飞机残值购买价款。外汇资金信托项目的成功设立，填补了国内信托行业外汇信托业务空白，丰富了公司信托业务产品种类。

（4）家族财富管理信托。公司发起成立交行系统内首单家族信托产品“交银国信·瑞承X号财富管理单一信托”，成立初始规模1 000万元人民币，总规模3 000万元人民币，期限30年。该产品充分考虑了客户在资产保值、资产传承和财富规划等各方面的需求，标志着公司家族信托业务的开拓取得了重要突破。

（5）投资基金信托。公司发起设立“交银国信·杭州东银投资合伙企业（有限合伙）投资集合资金信托计划”，对公司参与政府和社会资本合作（PPP）业务进行了有益探索。该信托计划作为有限合伙人（LP）参与有限合伙企业，并由交银国信资产管理公司与企业共同设立有限责任公司，担任有限合伙企业普通合伙人。该信托计划总规模达43亿元，以资产管理子公司作为资源整合平台，通过灵活运用股权、债权等操作手段，实现了对银、信、政合作模式的重大创新。

6.4.2.5　本公司履行受托人义务情况及因本公司自身责任而导致的信托资产损失情况

报告期内，本公司无因本公司自身责任而导致的信托资产损失情况。

6.5 关联方关系及其交易的披露

6.5.1 关联交易方的情况

单位:万元

	关联交易方数量	关联交易金额	定价政策
合计	4家	16 709.70	按市场价格交易;若无市场价格,则按公允原则,以不优于对非关联方同类交易的条件定价交易。

6.5.2 关联交易方的情况

关系性质	关联方名称	法定代表人	注册地址	注册资本	主营业务
控股股东	交通银行股份有限公司	牛锡明	上海市浦东新区银城中路188号	742.63亿元	银行业务
受同一母公司控制	交银施罗德基金管理有限公司	钱文挥	上海市浦东新区银城中路188号	20 000万元	基金募集、基金销售、资产管理和中国证监会许可的其他业务。
受同一母公司控制	上海交银企业管理服务有限公司	周笑雷	上海市长宁区仙霞路18号	1 000万元	企业管理,餐饮管理,大型饭店,提供信息,中介服务,大楼物业管理,住宿,计算机租赁、修理,大楼清洗等(企业经营涉及行政许可的,凭许可证件经营)。
全资子公司	交银国信资产管理有限公司	孟宪宇	上海市虹口区欧阳路218弄1号楼3楼313室	10 000万元	资产管理、股权投资、股权管理、实业投资、投资管理、投资顾问(企业经营涉及行政许可的,凭许可证件经营)。

6.5.3 公司与关联方的重大交易事项

6.5.3.1 固有财产与关联方交易情况

单位:万元

固有财产与关联方关联交易				
	期初数	借方发生额	贷方发生额	期末数
贷款	0.00	0.00	0.00	0.00
投资	0.00	0.00	0.00	0.00
租赁	0.00	0.00	0.00	0.00
担保	0.00	0.00	0.00	0.00
应收账款	0.00	0.00	0.00	0.00
其他	23 000.00	14 000.00	14 000.00	23 000.00
合计	23 000.00	14 000.00	14 000.00	23 000.00

6.5.3.2 信托与关联方交易情况:贷款、投资、租赁、应收账款、担保、其他方式等期初汇总数、本期借方和贷方发生额汇总数、期末汇总数

单位:万元

信托与关联方关联交易				
	期初数	借方发生额	贷方发生额	期末数
贷款	0.00	0.00	0.00	0.00
投资	0.00	0.00	0.00	0.00
租赁	0.00	0.00	0.00	0.00
担保	0.00	0.00	0.00	0.00
应收账款	0.00	0.00	0.00	0.00
其他	100 000.00	0.00	70 000.00	30 000.00
合计	100 000.00	0.00	70 000.00	30 000.00

6.5.3.3 信托公司自有资金运用于自己管理的信托项目(固信交易)、信托公司管理的信托项目之间的相互(信信交易)金额,包括余额和本报告年度的发生额

6.5.3.3.1 固有财产与信托财产之间的交易

单位:万元

固有财产与信托财产相互交易				
	年初数	本年借方发生额	本年贷方发生额	年末数
合计	150 000.00	256 700.00	182 006.77.00	224 693.23

6.5.3.3.2 信托项目之间的交易金额期初汇总数、本期发生额汇总数、期末汇总数

单位:万元

信托资产与信托财产相互交易			
	期初数	本期发生额	期末数
合计	611 054.00	-261 536.17	349 517.83

注:以公司受托管理的一个信托项目的资金购买自己管理的另一个信托项目的受益权或信托项下资产均应纳入统计披露范围。

6.5.4 关联方逾期未偿还公司资金的情况

无。

6.6 会计制度的披露

公司固有业务和信托业务的会计核算执行中华人民共和国财政部2006年颁布的《企业会计准则》及其相关规定。

7. 财务情况说明书

7.1 利润实现和分配情况

公司2014年度实现合并净利润人民币60 303.56万元,利润分配情况如下:

(1)根据《公司法》和公司章程规定,按照母公司净利润的10%计提法定公积金6 052.82万元。

(2)根据《信托公司管理办法》及相关监管规定,并经股东会批准同意,按照母公司注册资本的20%为上限,本年计提信托赔偿准备金24 285.21万元,累计计提信托赔偿准备余额75 294.12万元,达到监管计提上限标准。

(3)根据财政部《金融企业准备金计提管理办法》(财金[2012]20号)规定,按照公司2014年末风险资产账面余额的

1.5%差额计提一般准备2 810.73万元。

（4）扣除上述1~3项利润分配项目后，公司2014年度剩余净利润27 154.80万元，加上期初未分配利润49 107.89万元，期末累计未分配利润为76 262.69万元，经公司股东会审议，同意不向公司股东进行利润分配。

7.2 主要财务指标

指标名称	指标值
资本利润率(%)	11.5
加权年化信托报酬率(%)	0.30
人均净利润(万元)	356.82

7.3 对公司财务状况、经营成果有重大影响的其他事项

2014年无其他对公司财务状况、经营成果有重大影响的其他事项。

8. 特别事项揭示

8.1 前五名股东报告期内变动情况及原因

2014年10月，湖北省财政厅持有本公司的15%股权划转至湖北省交通投资有限公司持有。

8.2 董事、监事及高级管理人员变动情况及原因

报告期内，本公司董事、监事及高级管理人员变动情况如下：

2014年4月，经股东会批准，黄建宏不再担任本公司董事。

2014年8月，经股东会批准，同意本公司独立董事李惠珍辞职。

2014年12月，经股东会批准，龙传华拟任本公司董事；兰国光任本公司监事，郭德湘不再担任本公司监事。

8.3 公司的重大未决诉讼事项

无。

8.4 公司及其高级管理人员受到处罚的情况

报告期内，无公司及其董事、监事和高级管理人员受处罚情况。

8.5 银监会及其派出机构对公司检查后提出的整改意见

报告期内，中国银监会湖北监管局就2014年12月31日前到期兑付项目的风险状况、截至2014年3月31日存续信托项目的合规性对公司进行了现场检查，未发现公司有重大实质性风险，并就内部控制、业务转型等方面提出了一些整改意见和监管要求，公司将根据意见和要求进行认真整改落实。

8.6 本年度重大事项临时报告的简要内容、披露时间、所披露的媒体及其版面

2014年10月16日，公司在《金融时报》第7版刊登了《交银国际信托有限公司股权变更及修改章程公告》，主要内容：湖北省财政厅持有的本公司15%股权划转至湖北省交通投资有限公司持有，并对本公司章程相关条款作相应修改。

8.7 银监会及其省级派出机构认定的其他有必要让客户及相关利益人了解的重要信息

无。

9. 监事会意见

监事会认为，报告期内，公司的决策程序符合国家法律、法规和公司章程及相关制度，建立健全了比较有效的内控制度，建立了相对完善的独立董事和董事会下属专业委员会，董事会全体成员及高级管理层认真履行职责，未发现有违法、违规、违章行为，也没有损害公司利益、股东利益和委托人利益的行为。

报告期内，公司财务报告真实、客观地反映了公司的财务状况和经营成果。

昆仑信托有限责任公司

1. 重要提示

1.1 本公司董事会及董事保证本报告所载资料不存在任何虚假记载、误导性陈述或者重大遗漏，并对其内容的真实性、准确性和完整性承担个别及连带责任。

1.2 独立董事邢成先生、施天涛先生、李忠臣先生认为本报告内容真实、准确、完整。

1.3 本公司法定代表人董事长王亮先生及公司财务总监张建慧女士声明：保证年度报告中财务报告的真实、完整。

2. 公司概况

2.1 公司简介

昆仑信托有限责任公司前身是中国工商银行宁波市信托投资公司，成立于1986年11月，1994年改组为有限责任公司。1997年6月，公司与工商银行脱钩，更名为宁波市金港信托投资有限责任公司。2002年5月，公司增资扩股，获准重新登记。2005年5月，天津市经济技术开发区国有资产经营公司收购部分原股东股权后成为控股股东。2008年10月，公司换发金融许可证，变更经营范围，公司名称变更为金港信托有限责任公司。2009年5月，公司增资扩股，中油资产管理有限公司成为控股股东，公司名称变更为昆仑信托有限责任公司，注册资本为人民币30亿元。

公司法定中文名称	昆仑信托有限责任公司
中文缩写	昆仑信托
公司法定英文名称	Kunlun Trust Co., Ltd.
英文缩写	Kunlun Trust
法定代表人	王亮
注册地址	浙江省宁波市江东区和济街180号1幢24~27层
邮政编码	315042

续表

国际互联网网址	www. kunluntrust. com
电子信箱	klinfo@ cnpc. com. cn
信息披露负责人员	黄志斌
信息披露联系人员	卫荣华
联系电话	0574 -87031701
传真	0574 -87031700
电子信箱	weironghua@ cnpc. com. cn
公司信息披露的报纸名称	《金融时报》
公司年度报告备置地	公司本部
公司聘请的会计师事务所及其住所	立信会计师事务所有限公司 上海市南京东路61号4楼
公司聘请的律师事务所及其住所	上海市锦天城律师事务所 上海市浦东新区花园石桥路33号花旗集团大厦14楼

2.2 组织结构

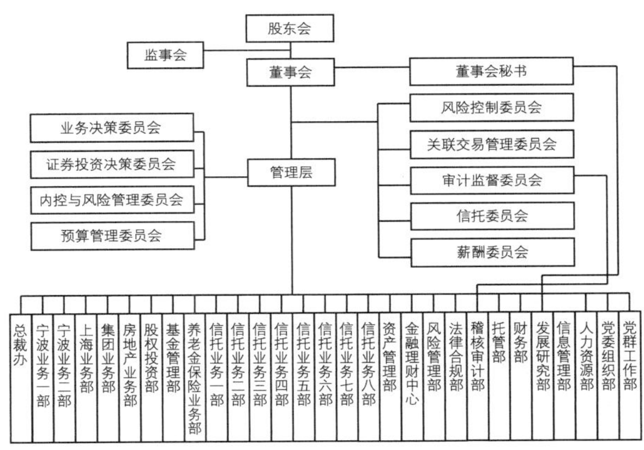

3. 公司治理

3.1 股东

本报告期末，公司共有3家法人股东，其中持有本公司10%以上出资比例的股东2家。

股东名称	出资比例(%)	法人代表	注册资本(万元)	注册地址	主要经营业务及主要财务情况
★中油资产管理有限公司	82.18	王亮	502 000	北京市东城区东直门北大街9号	资产经营管理、投资、资本运营策划与咨询。截至2014年末，公司资产总额1 625 801万元，负债总额652 849万元，所有者权益972 952万元。公司实现利润120 711万元，净利润93 799万元。
天津经济技术开发区国有资产经营公司	12.82	叶旺	1 280 000	天津经济技术开发区宏达路19号	投资、参股及国有资产的股权管理；国有资产评估、验资；房地产开发、服务及咨询。
广博投资控股有限公司	5.00	胡志明	48 000	宁波市鄞州区石矸镇街道雅渡村	项目投资。

注：★表示控股股东。股东之间无关联关系。

3.2 董事

3.2.1 董事会成员

姓名	职务	性别	年龄	选任日期	所推举的股东名称	该股东持股比例(%)
王亮	董事长	男	52	2014年3月21日	中油资产管理有限公司	82.18
简要履历	教授级高级会计师，曾任中国石油天然气集团公司财务资产部副总会计师、辽宁省财政厅副厅长、中意财产保险有限公司董事长、中国石油天然气集团公司川庆钻探工程有限公司总会计师、昆化信托有限责任公司总裁，现任昆化信托有限责任公司董事长。					
吴妍	董事	女	51	2014年7月25日	中油资产管理有限公司	82.18
简要履历	曾任庄胜集团北京代表处首席代表、JUNEFIELD（L.A.）LIMITED 总经理、美国恒康互惠保险公司保险经纪和财务顾问、美国保德信金融集团北京代表处首席代表、中国出口信用保险公司海外投资保险部与总公司第二营业部副总经理、中国石油海外勘探开发公司（中国石油天然气勘探开发公司）副总经理，现任昆仑信托有限责任公司总裁。					
周远鸿	董事	男	46	2013年9月26日	中油资产管理有限公司	82.18
简要履历	高级会计师，曾任中国石油天然气股份有限公司天然气与管道分公司财务处副处长、中国石油天然气集团公司资本运营部股权处置处处长，现任中国石油天然气集团公司所投资公司监事、中石油山东天然气管道有限公司监事会主席。					
王利平	董事	男	54	2013年9月26日	广博投资控股有限公司	5.00
简要履历	高级经济师，曾任广博集团股份有限公司董事长、浙江省第十一届人大代表；现任宁波广博纳米新材料股份有限公司董事长，宿迁广博控股集团有限公司董事长，广博集团股份有限公司董事，宁波广博建设开发有限公司董事，宁波通商银行股份有限公司监事，浙江省第十二届人大代表、第十二届全国人大代表，中国文教体育用品协会副理事会长，纸品本册专业委员会主任委员。					
叶旺	董事	男	49	2013年9月26日	天津经济技术开发区国有资产经营公司	12.82
简要履历	曾任天津开发区管委会政策研究室办公室主任，天津开发区财政局副局长，现任天津经济技术开发区国有资产经营公司总经理。					
李效熙	董事	男	32	2013年9月26日	职工推选	
简要履历	曾任北京国际信托投资有限公司投资银行部经理，金港信托有限责任公司信托一部副总经理、总裁助理，战略发展及执行委员会副主席、主席、副董事长；现任昆仑信托有限责任公司副总裁。					

3.2.2 独立董事

姓名	职务	性别	年龄	选任日期	所推举的股东名称	该股东持股比例(%)
邢成	独立董事	男	52	2013年9月26日	中油资产管理有限公司	82.18
简要履历	经济学博士，教授，曾任天津市财政局干部、天津财经大学教授、北方信托股份有限责任公司战略发展研究所所长兼业务发展总部总经理，现任中国人民大学信托与基金研究所执行所长。					
施天涛	独立董事	男	52	2013年9月26日	中油资产管理有限公司	82.18
简要履历	法学博士，教授，曾任清华大学法学院副院长、中国商法研究会常务理事、北京市高级人民法院特约监督员、北京仲裁委员会仲裁员、新加坡东亚政治经济研究所研究员，美国斯坦福大学法学院访问教授，现为清华大学法学院法学教授、博士生导师。					
李忠臣	独立董事	男	68	2013年9月26日	中油资产管理有限公司	82.18
简要履历	高级会计师，曾任大庆石油管理局采油四厂财务科科员、副科长、科长，大庆石油管理局财务处副处长、处长，大庆石油管理局副总会计师、总会计师，中意人寿董事长，国家会计准则咨询专家，中国总会计师协会常务理事，黑龙江省企业管理协会副理事长。					

3.3 监事

姓名	职务	性别	年龄	选任日期	所推举的股东名称	该股东持股比例(%)
孙金瑜	监事会主席	男	60	2013年9月26日	中油资产管理有限公司	82.18
简要履历	教授级高级经济师，曾任石油工业部劳动工资司劳动组织处经济师、中国石油天然气总公司劳动工资局劳动组织处经济师、塔里木石油会战指挥部人事处副处长、中国石油天然气总公司劳动工资局劳动力处处长、中国石油天然气集团公司人事劳资部劳动组织处处长、中国石油天然气股份有限公司人事部副总经济师兼劳动组织处处长、中国石油天然气集团公司人事部副主任、中国石油天然气股份有限公司人事部副总经理，现任中国石油天然气集团公司、股份公司内控与风险管理部主任（总经理）。					
盖文国	监事	男	48	2013年9月26日	中油资产管理有限公司	82.18
简要履历	高级会计师，曾任中国石油天然气集团公司锦州石油化工公司股改办公室副主任，锦州石化股份有限公司董事会秘书、证券部主任，中国石油天然气集团公司资本运营部股权管理与综合处副处长、股权投资处负责人，现任中国石油天然气集团公司所投资公司监事。					
胡志明	监事	男	51	2013年9月26日	广博投资控股有限公司 天津经济技术开发区国有资产经营公司	17.82
简要履历	高级会计师，曾任广博集团股份有限公司财务总监，董事，现任广博投资控股有限公司董事长、宁波广博建设开发有限公司董事、宿迁广博控股集团有限公司董事。					
马荣伟	职工监事	男	42	2013年9月26日	职工推选	
简要履历	高级经济师，曾任中国石油天然气集团公司、中国石油天然气股份有限公司法律事务部高级主管，现任昆仑信托有限责任公司法律合规部经理。					
邹艳飞	职工监事	男	51	2013年9月26日	职工推选	
简要履历	高级政工师，曾任辽河油田旅游服务公司经理办秘书、副主任，辽河石油勘探局（后为辽河油田公司）党委办公室科长、副主任；现任昆仑信托有限责任公司纪委副书记、工会副主席、党群工作部部长。					

3.4 高级管理人员

姓名	职务	性别	年龄	选任日期	金融从业年限(年)	学历	专业
吴妍	总裁	女	51	2014年7月25日	17	学士	经济管理
简要履历	参见3.2.1董事会成员						
姚飞	副总裁	男	47	2010年4月20日	9	硕士	技术经济
简要履历	高级经济师，曾任中国石油天然气集团公司大庆石油管理局资本运营部副经理、财务资产部副经理、内控办主任，中油资产管理有限公司综合部经理兼财务部负责人、副总经理，大庆市商业银行独立董事。						
李效熙	副总裁	男	32	2010年4月20日	10	硕士	经济学
简要履历	参见3.2.1董事会成员						
朱佳平	副总裁、首席风控官	男	51	2009年6月11日	33	硕士	工商管理
简要履历	高级经济师，曾任中国工商银行宁波市信托投资公司上海证券交易营业部经理、公司副总经理，金港信托有限责任公司总经理、总裁、副董事长、副总裁、代总裁。						
刘刚	副总裁	男	43	2010年8月10日	5	硕士	工商管理
简要履历	高级会计师，曾任中国石油天然气股份有限公司华东销售分公司财务处高级主管、中国石油天然气股份有限公司江西销售分公司总会计师兼财务资产处处长。						
黄志斌	副总裁、董事会秘书	男	48	2010年12月24日	32	硕士	工商管理
简要履历	高级经济师，曾任中国工商银行宁波市信托投资公司信托业务部经理、总经理助理、副总经理，宁波市信托投资公司信托业务部经理、总经理助理、副总经理，金港信托有限责任公司副总经理、副总裁、常务副总裁。						
吴怀镛	副总裁	男	50	2011年3月3日	14	硕士	管理学
简要履历	高级会计师，曾任大港油田财务处成本价格科副科长、科长，财务结算中心副主任，大港油田集团财务资产部副主任，大港油田矿区服务事业部计划财务部主任，中国石油集团渤海钻探工程有限公司财务资产处副处长兼财务结算中心主任。						
盛湘	副总裁	男	47	2013年9月26日	19	硕士	工商管理、文学
简要履历	曾任北京国际关系学院教师，中国农村发展信托投资公司国际金融部职员，中国石油天然气集团公司资本运营部股权管理处副处长，中银国际证券有限责任公司稽核总监，南洋商业银行(中国)银行稽核负责人、董事会秘书、总裁办公室总经理。						
张建慧	财务总监	女	42	2012年3月16日	5	硕士	管理学
简要履历	高级会计师，曾任中国华油集团公司财务资产处高级主管，中国石油天然气集团公司财务资产部会计处高级主管、财务稽查处副处长、综合授信处负责人，中油财务有限责任公司综合授信处负责人，昆仑信托有限责任公司财务部总经理。						
贾南征	总裁助理	男	36	2010年5月31日	12	学士	经济学
简要履历	先后任职于加拿大PROVEST管理公司、瑞泰人寿，曾任金港信托有限责任公司信托业务部副总经理、总裁助理。						
姚少杰	总裁助理	男	41	2011年3月3日	14	学士	机械
简要履历	先后供职于北京建工集团三建公司任工程师，在中国中化集团人力资源部从事管理工作，2002年至2011年任外经贸信托金融产品部总经理。						

3.5 公司员工

项目		报告期年度		上一年度	
		人数(人)	比例(%)	人数(人)	比例(%)
年龄分布	20岁以下	0	0	0	0
	20~29岁	95	38	91	37
	30~39岁	97	39	96	39
	40岁以上	58	23	58	24
学历分布	博士	7	3	8	3
	硕士	134	53	127	52
	本科	102	41	102	42
	专科	7	3	8	3
	其他	0	0	0	0
岗位分布	董事、监事及其高管人员	12	5	12	5
	自营业务人员	10	4	9	4
	信托业务人员	163	65	162	66
	其他人员	65	26	62	25

4. 经营管理

4.1 经营目标、方针、战略规划

4.1.1 经营目标

公司致力于成为在能源领域具有核心竞争力的一流信托公司，业务规模和盈利水平达到信托行业领先，在管理机制、内控机制、激励机制、人才机制等方面达到国内金融机构的一流水平，建设中石油特色的一流信托公司，使昆仑信托成为金融业一流品牌。

4.1.2 经营方针

公司未来一段时间的总体思路是：推进“两个转变”，实现“两个稳健”。

转变思路，就是要服从服务于集团公司的发展战略，实现稳健经营、稳健发展，做中石油特色的信托公司。转变方式，就是要从注重规模和速度转变到注重质量和效益。稳健经营，就是要始终将依法合规作为底线，逐步适应多重监管的环境；始终坚持“低风险偏好”的理念，不抢跑、不跟风，不盲目追求高收益、高回报。稳健发展，就是要稳中求进，进中求稳，积极推进特色化、市场化、专业化发展；要通过差异化发展战略，确立公司的竞争优势；要加强品牌建设，逐年提升行业综合排名，确保实现公司的战略目标。

4.1.3 战略规划

在中国石油集团公司建设综合性国际能源公司的战略指引下，本着“高起点、快发展、可持续”的发展原则，依托集团公司的优势资源，坚持内控优先、合规经营的管理理念，走自主化、专业化、特色化、国际化的经营发展道路，打造国内一流的产融结合平台、财富管理平台和战略共赢平台。

4.2 所经营业务的主要内容

公司业务分为信托业务和自营业务两个大类。信托业务主要品种包括单一资金信托、集合资金信托、财产信托等，自营业务主要开展金融股权投资、金融产品投资及贷款等业务。

4.2.1 自营资产运用与分布表

自营资产运用与分布表

资产运用	金额（万元）	占比（%）	资产分布	金额（万元）	占比（%）
货币资产	90 239.33	14.99	基础产业	79 830	13.26
贷款及应收款	53 716.90	8.92	房地产业	135 356	22.48
交易性金融资产投资			证券市场	42 279.63	7.02
可供出售金融资产投资	435 512.91	72.35	实业	149 998	24.92
持有至到期投资			金融机构	26 750	4.44
长期股权投资	2 157.52	0.36	其他	167 777.39	27.87
其他	20 364.36	3.38			
资产总计	601 991.02	100.00	资产总计	601 991.02	100.00

4.2.2 信托资产运用与分布表

资产运用	金额（万元）	占比（%）	资产分布	金额（万元）	占比（%）
货币资产	128 304.42	0.91	基础产业	1 085 091.00	7.66
贷款	3 831 371.00	27.05	房地产	2 265 585.00	15.99
交易性金融资产投资	316 124.67	2.23	证券市场	316 124.66	2.23
可供出售金融资产投资	100 000.50	0.71	实业	4 253 010.40	30.03
持有至到期投资	3 739 980.42	26.4	金融机构	379 808.00	2.68
长期股权投资	6 048 655.40	42.70	其他	5 864 870.07	41.41
其他	52.72	0.00			0
信托资产总计	14 164 489.13	100	信托资产总计	14 164 489.13	100

4.3 市场分析

4.3.1 有利因素

4.3.1.1 信托业良性发展态势持续

2014 年，在经济下行和竞争加剧的双重挑战下，信托业结束了自 2008 年以来的高速增长阶段，步入转型发展的阶段。2014 年 4 月 8 日，银监会办公厅发布的《关于信托公司风险监管的指导意见》（银监办发［2014］99 号）明确提出了信托业转型发展的目标和路径。可以说，2014 年是信托行业全面布局转型发展的“元年”。在新的历史发展阶段，信托业主要业务数据发生了较大的结构性变化，信托规模再创历史新高，业务结构继续优化，系统风险可控，行业发展平稳，转型态势良好。

一是信托资产规模再创历史新高。2014 年末，信托行业管理的信托资产规模为 13.98 万亿元（平均每家信托公司 2 055.88 亿元），较 2013 年末的 10.91 万亿元，同比增长 28.14%。二是经营效果持续保持良好势头。2014 年末，信托业实现经营收入 954.95 亿元（平均每家信托公司 14.04 亿元），相比 2013 年末的 832.60 亿元，同比增长 14.69%；从利润总额看，2014 年末，信托业实现利润总额 642.30 亿元（平均每家信托公司 9.45 亿元），相比 2013 年末的 568.61 亿元，同比增长 12.96%。三是系统风险控制良好。2014 年，因经济下行传导，信托行业个案信托项目风险事件虽然有所增加，但继续保持了平稳运行，整体风险可控，守住了不发生区域性、系统性风险的底线。信托业系统风险可控，得益于固有资本实力增厚、风险处置能力增强和行业稳定机制建立这三道风险防线的不断构筑。四是业务结构不断优化。在信托资产总规模增速下滑的同时，集合资金信托比例却加速提升，并创历史新高，表明信托业为适应市场变化而加快了提升主动管理能力的步伐，转型效应明显；与此同时，融资类信托占比继续下降，首次降到 40% 以下，为 33.65%，而投资类信托和事务管理类信托的占比则稳步提升，根本扭转了过去融资信托一枝独秀的局面，融资信托、投资信托和事务管理信托“三分天下”的格局得以形成。

4.3.1.2 昆仑信托的自身优势

4.3.1.2.1 公司的区位优势

长三角地区金融生态环境较为成熟，信用基础好。公司注册地为宁波市，金融环境位居中国前列，各类金融机构齐全，金融生态非常成熟，企业和居民的投资理财理念十分超前，信用基础很好。以宁波为注册地，业务辐射长三角地区，能够享受长三角地区经济快速增长带来的业务机会，充分利用该地区的金融资源，撬动高净值客户的理财需求，实现公司业务的持续快速发展。

公司实际运营总部设在北京。这种布局既不放弃注册地经济发达、民间经济富庶的优势，又充分享受公司股东所在地政治、文化、经济以及与股东资源方便对接的区位优势。

4.3.1.2.2 公司的股东优势

一是品牌优势。昆仑信托属于央企控股型信托公司，其母公司中国石油天然气集团公司是国有重要骨干企业。在理财产品市场上，昆仑信托发行的产品无形中带有中石油集团的品牌，更容易被投资者所接受。在项目开拓方面，融资方往往也倾向于选择大型央企控股的信托公司作为交易对手，减少交易中存在的信用风险。通过借助集团公司的品牌，可以在开展项目时具有一定优势，融资方认可度较高。

二是资金与信用支持优势。借助集团公司和中油资产较为充沛的闲置资金，股东可以为昆仑信托提供一定额度的流动性支持，以满足项目推进的需要，增强公司对外业务谈判能力。同时，便于公司设计灵活多样的信托产品，鼓励公司进行业务创新。

三是具有专业的人才资源、项目资源、销售资源、技术资源等油气能源资源领域的潜在优势，为设计开发能源特色类信托产品提供有利条件。

4.3.2 不利因素

4.3.2.1 经济环境风险增大

2012年开始，我国经济增长结束了过去平均高达2位数的增速，开始步入了一个调整的下行通道之中。投资增长乏力是拖累当前经济增长的主要原因，也是未来一段时间经济下行风险的主要来源。各主要投资领域和投资主体都面临着一些困难与问题。一是受制造业持续产能过剩、需求不足影响，民间投资意愿减弱。二是房地产市场深度调整带动房地产投资持续下行。三是税收和土地出让收入减少，偿债进入高峰期，地方政府投资能力受限，基础设施投资增长难度加大。四是受预期以及其他各种因素影响，国有大中型企业和外商企业投资步伐放慢。五是新开工项目减少，部分地区在建项目和储备项目接续不好，一批重大项目陆续开工投产后，项目的补充跟进出现了较严重的"断档"，将直接影响投资增长的可持续性。

4.3.2.2 经营环境竞争激烈

2012年以前，信托公司从制度安排上讲，几乎是唯一能够从事私募投行业务的资产管理机构，享有制度红利。但是，2012年下半年各监管部门陆续推出了资产管理"新政"，赋予其他资产管理机构的理财产品具有不同程度的类似信托产品的私募融资功能，资产管理泛信托时代已经到来。在大资管时代，券商、基金、保险等过去与信托业不存在直接竞争关系的金融部门，可以通过资产管理计划或子公司等方式与信托业形成正面竞争，尤其是通道类业务领域，信托业原有的制度红利逐渐消失，原有的市场份额将被逐渐蚕食。

4.3.2.3 个案风险时有发生

2013年以来，个案信托项目风险事件时有发生，引发了社会对信托业系统性风险的担忧。据统计，截至2014年末，有369笔项目存在风险隐患，涉及资金781亿元，占比0.56%，出现问题的产品投向主要有矿产、二级市场和房地产等领域。2014年以来信托产品风险频频爆发，主要是融资企业销售回款不理想所致。以2014年暴露风险的煤矿类信托产品来说，由于煤炭价格自2011年以来已经下跌逾四成，煤炭企业本身经营就存在困难；加之部分企业并未将信托融入的资金用于项目的正常开发经营上，而是挪用偿还企业负有的巨额高息民间借贷，正当信托公司在企业无法偿还到期信托本息准备强制执行时，被用于信托融资时设有的抵质押物又面临价值缩水、不易变现等问题，进而导致"兑付"危机的发生。而在房地产领域，一方面由于行业深受近年来房地产宏观调控政策影响，融资本来就受到一定限制；另一方面信托公司普遍难以获得质地优良的房地产项目资源，所操作项目的融资方多为二三线城市的中小型开发商。这些地区存在"过度开发，供大于求"的问题，加之"限购"政策的影响，楼盘去化率较低，房企资金回笼压力上升；此外，由于地产行业风险事件频发，大多数银行等金融机构早已将其列为高危领域并谨慎进入，房企融资的"续航"能力进一步下降；更不用说部分房企还存在民间借贷等情况。以上种种最终导致房企资金链断裂，使得房地产信托产品出现"兑付"危机。

4.4 内部控制

4.4.1 内部控制环境和内部控制文化

报告期内，公司选举了新董事长、董事和总裁，公司内部控制环境持续优化，治理结构和运行规则持续完善，股东会、董事会、监事会和高级管理层之间既相互独立，又相互制衡、相互协调，形成了权力机构、决策机构、监督机构和经营管理层之间的制衡机制；根据银监会《关于信托公司风险监管的指导意见》的要求，修改了公司章程，与股东各方进行了充分沟通，确定了公司的风险缓释政策。

公司高度重视企业文化建设，坚持低风险偏好理念，不断完善内控流程，提高全面风险管理能力，严格依法合规经营，强化审计监督效果。报告期内，公司领导认真落实群众路线教育实践活动的要求，稳步推进整改落实，取得了明显效果。深入开展了"争做金融街上的石油人"之"四严"主题教育活动，不断丰富发展具有石油特色的金融企业文化，并引领员工的实际工作。

4.4.2 内部控制措施

公司董事会、经营层始终高度重视公司的内部控制工作，通过制定和实施一系列制度、程序和管理办法，建立了健全的内部控制体系，在基本适应公司风险控制需要的同时，充分满足监管机构的要求；根据内部控制制度和流程在执行过程中的效力和效果，不断补充修订完善内控体系，使其有效性得到充分体现。

公司主要职能部门之间建立了防火墙制度，实行岗位分离，保证了自营、信托业务各成体系、独立运行；严格信托业务前、中、后台的工作职责，形成有监督、有制衡的业务运作体系；通过具体、明确、合理的分工与授权，严格执行操作规程，确定各部门的目标、职责和权限，使其在授权范围内行使职能、操作相互独立；定期或不定期检查和评价有关内控制度建设与执行情况，及时改进内控制度，确保公司稳健发展。

报告期内，持续推进公司制度体系建设，按照银监局现场检查意见，修订完善了《信托（固有）业务尽职调查工作指引》、《信托业务中后期管理办法》、《中后期管理考核办法》、《业务决策委员会工作条例》、《绩效考核办法》等制度；制定颁布了《抵质押担保管理办法》、《项目风险管理办法》、《案防工作办法》等制度；同时注重制度的执行效果，将制度的培训学习及考试结果纳入考核范围。

持续完善了项目的全过程管理体系，加强了中后期管理考核，提高了风险管理的精细化程度。

完善了反洗钱和反恐怖融资的顶层制度设计，颁布了《反洗钱和反恐怖融资政策》，实现了反洗钱风险控制与业务流程的有机结合。

组织了内控体系的全面测试，并对内控手册进行持续完善，确保业务流程与公司制度、业务变化情况的同步。

4.4.3 监督评价与纠正

公司建立了内部控制评价、监督、纠正机制。公司稽核审计部受审计监督委员会和公司管理层双重领导，承担公司内部控制的监督、评价工作，有效发挥内控第三道防线的作用。2014年，稽核审计部完成了关联交易专项审计、预算执行情况专项审计、固有业务专项审计、相关人员离任审计、到期信托项目审计等检查。通过审计监督揭示和分析梳理了相关业务流程的薄弱环节并提出改进建议，有效推动内控设计的不断完善和业务的规范运营。

公司扎实推进案件防控工作。完善案防制度，建立案防工作台账，提升案防的有效性，持续保持了公司无案件发生的良好态势。

4.5 风险管理

4.5.1 风险状况

4.5.1.1 公司经营活动中可能遇到的风险

主要有信用风险、市场风险、操作风险、合规风险、政策风险、集中度风险。

4.5.1.2 公司风险管理的基本原则与政策

公司遵循合规性、全面性、审慎性、适时性原则，坚持以制度为基础、以流程为依托，充分识别和评估各类风险，将风险管理覆盖到公司经营管理的各个环节和岗位中。依据风险管理决策流程，根据业务分类实施相应控制措施，形成"事前防范、事中控制、事后评价"的风险管理机制。

公司坚持低风险的总体偏好，秉承合规、稳健的经营思路，追求风险可控的经济效益。

公司针对各业务类型，分别确定相应的风险容忍度，并确保总体风险敞口在公司风险容忍度的范围内。

公司针对不同业务领域的风险性质、风险类型和风险评估结果，恰当选择风险承担、风险规避、风险转移、风险转换、风险对冲、风险补偿、风险控制等风险对策。

4.5.1.3 公司风险管理组织结构与职责划分

风险控制委员会：负责审核、批准公司的风险管理和控制的政策及制度，对风险进行整体分析和评估，以及对公司运作过程中的重大事项进行风险管理和控制。

关联交易管理委员会：负责公司关联交易的管理与监督，防范不正当关联交易导致的风险。

审计监督委员会：负责审核公司内控制度，监督内部审计制度的实施状况与效果。

业务决策委员会：负责公司业务的控制、管理、监督和评估，在授权范围内对各项业务进行最终的风险审核。

证券投资决策委员会：负责公司自营业务、信托业务证券投资的控制、监督和评估，在授权范围内进行运营风险决策。

风险管理部：负责公司自营业务、信托业务的风险管理，不断完善公司经营风险管理体系和内部风险控制制度。

法律合规部：负责法律事务管理、合规管理、确保依法经营；制订并执行合规管理职责和计划，实施合规风险管理流程。

托管部：核算和监督信托财产运用部门按照信托文件约定运用信托财产。

财务部：核算和监督固有财产运用部门按照合同文件约定运用管理；通过会计核算和财务管理对公司财务状况及经营情况进行分析管理和监督。

稽核审计部：对公司日常经营以及公司风险管理流程的执行进行审计监督。

公司各部门负责人是非业务操作风险、道德风险、商誉风险等风险的第一责任人。

公司自营业务与信托业务分离，在资金、账户、部门、人员、信息以及财务核算等方面严格分开；信托财产运用部门独立于其他部门，并分别设立16个信托业务部门。

4.5.2 风险管理政策、策略

4.5.2.1 信用风险状况

信用风险是指由于金融企业各项金融业务的交易对手不能履行合同义务，或者信用状况的不利变动而造成损失的风险。

公司充分利用行业和企业信息，进行信用风险评估，审批项目，监测风险资产，进行风险预警和风险处置，形成信用风险分析报告。

2014年公司自有资产保持较好的资产质量，不良资产期初余额为2 430万元，期末余额为11 646.67万元，不良资产率期初为0.43%，期末为1.88%。风险资产分类：截至2014年12月31日，公司风险资产合计465 674.21万元，其中正常类资产454 027.55万元，关注类资产0万元，次级类资产2 430万元，可疑类资产9 216.67万元，损失类资产0万元。

2014年公司一般准备按风险资产五级分类的比例计提，专项准备——信托赔偿金按税后利润5%计提。

2014年公司信托财产运营基本正常，集合类信托资金均按期兑付。

截至2014年12月31日，公司信托信用风险资产共计13 620 006.83万元，其中正常类财产13 548 006.83万元，关注类财产72 000万元，次级类财产0万元，损失类财产0万元，不良资产率0%。

4.5.2.2 市场风险状况

市场风险包括经济周期风险、通货膨胀风险、利率风险、汇率风险、商品风险和金融市场风险等，是市场的波动导致信托业务的资产遭到损失的可能性。这些市场波动主要包括：利率、证券价格、商品价格、汇率、其他金融产品价格的波动；市场发展方向、供求关系的变动；市场流动性的变动等。

市场风险主要体现在投资于证券市场、货币市场的自营业务和信托产品。截至2014年12月31日，公司自有资金涉及证券投资领域29 458万元，主要是自营获配的新股和二级市场买入的股票，浮动盈利13 357万元，当年已实现盈利3 932万元，盈利合计为17 289万元。证券投资信托业务共10个，金额合计319 866.49万元，主要用于二级市场证券投资。

4.5.2.3 操作风险状况

公司内部业务流程、计算机系统、工作人员在操作中的不完善或失误，可能给公司造成损失的风险。公司外部因素如通讯系统故障等，可能给公司造成损失或影响公司正常运行的风险。

4.5.2.4 合规风险状况

合规风险是指金融企业因没有遵循法律、规则和准则或者员工因不合规的经营管理行为可能遭受法律制裁、监管处罚、重大财务损失和声誉损失的风险。合规风险包括反洗钱以及资本（充足率）管理的风险。

4.5.2.5 其他风险状况

其他风险主要指政策风险和集中度风险。政策风险集中表现为国家宏观政策、法律法规以及行业政策的变动对公司经营环境和未来发展所造成的影响。集中度风险是指交易集中于某一交易对手，或交易对手如果集中于某一行业或地区或共同具备某些经济特性，其风险通常会相应提高。

5. 报告期末及上一年度末的比较式会计报表

5.1 自营资产

5.1.1 会计师事务所审计意见全文

审计报告

信会师报字(2015)第130088号

昆仑信托有限责任公司：

我们审计了后附的昆仑信托有限责任公司(以下简称贵公司)财务报表，包括2014年12月31日的资产负债表、2014年度的利润表、现金流量表、所有者权益变动表以及财务报表附注。

(一)管理层对财务报表的责任

编制和公允列报财务报表是贵公司管理层的责任。这种责任包括：(1)按照企业会计准则的规定编制财务报表，并使其实现公允反映；(2)设计、执行和维护必要的内部控制，以使财务报表不存在由于舞弊或错误导致的重大错报。

(二)注册会计师的责任

我们的责任是在执行审计工作的基础上对财务报表发表审计意见。我们按照中国注册会计师审计准则的规定执行了审计工作。中国注册会计师审计准则要求我们遵守中国注册会计师职业道德守则，计划和执行审计工作以对财务报表是否不存在重大错报获取合理保证。

审计工作涉及实施审计程序，以获取有关财务报表金额和披露的审计证据。选择的审计程序取决于注册会计师的判断，包括对由于舞弊或错误导致的财务报表重大错报风险的评估。在进行风险评估时，注册会计师考虑与财务报表编制和公允列报相关的内部控制，以设计恰当的审计程序，但目的并非对内部控制的有效性发表意见。审计工作还包括评价管理层选用会计政策的恰当性和作出会计估计的合理性，以及评价财务报表的总体列报。

我们相信，我们获取的审计证据是充分、适当的，为发表审计意见提供了基础。

(三)审计意见

我们认为，贵公司财务报表在所有重大方面按照企业会计准则的规定编制，公允反映了贵公司2014年12月31日的财务状况以及2014年度的经营成果和现金流量。

立信会计师事务所(特殊普通合伙)

中国注册会计师：潘莉华

中国注册会计师：黄　晨

中国·上海　　二〇一五年三月二十六日

5.1.2 资产负债表

单位：万元

项　　目	期末余额	年初余额	项　　目	期末余额	年初余额
资产：			负债：		
现金及存放中央银行款项			向中央银行借款		
存放同业款项	90 239.33	53 524.35	同业及其他金融机构存放款项		
贵金属	—	—	拆入资金		
拆出资金	—	—	以公允价值计量且其变动计入当期损益的金融负债		
以公允价值计量且其变动计入当期损益的金融资产	—	—	衍生金融负债		
衍生金融资产	—	—	卖出回购金融资产款		
买入返售金融资产	—	—	吸收存款		
应收利息	7 721.57	1 190.92	应付职工薪酬	352.17	307.61
划分为持有待售的资产	—	—	应交税费	11 309.73	15 666.30
发放贷款及垫款	33 393.75	63 112.50	应付利息	—	—
可供出售金融资产	435 512.91	411 465.78	划分为持有待售的负债	—	—
持有至到期投资	—	—	预计负债	—	—
应收款项类投资	—	—	应付债券	—	—
长期股权投资	2 157.52	2 208.54	其中：优先股	—	—
投资性房地产	—	—	永续债	—	—
固定资产	13 494.47	13 876.54	递延收益	—	—
在建工程	103.49	770.41	递延所得税负债	3 205.53	—
无形资产	2 188.27	1 701.19	其他负债	2 852.84	3 542.72
递延所得税资产	4 147.97	1 466.50	负债合计	17 720.26	19 516.62
其他资产	13 031.75	15 027.14	所有者权益(或股东权益)：	—	—
	—	—	实收资本(或股本)	300 000.00	300 000.00
	—	—	其他权益工具	—	—
	—	—	其中：优先股	—	—
	—	—	永续债	—	—

续表

项　目	期末余额	年初余额	项　目	期末余额	年初余额
	—	—	资本公积	62 663. 74	62 663. 74
	—	—	减：库存股	—	—
	—	—	其他综合收益	9 616. 58	—
	—	—	盈余公积	39 015. 81	31 109. 73
	—	—	一般风险准备	19 283. 08	15 330. 04
	—	—	未分配利润	153 691. 55	135 723. 73
	—	—	所有者权益（或股东权益）合计	584 270. 76	544 827. 25
资产总计	601 991. 02	564 343. 87	负债和所有者权益（或股东权益）总计	601 991. 02	564 343. 87

法定代表人：王亮　　财务总监：张建慧　　财务部负责人：康剑桥　　填表人：林伟波

5. 1. 3　利润表

单位：万元

项　目	本年	上年
一、营业收入	138 976. 94	135 037. 77
利息净收入	7 508. 32	10 765. 47
利息收入	7 508. 32	10 765. 47
利息支出	—	—
手续费及佣金净收入	90 120. 49	95 115. 48
手续费及佣金收入	90 270. 39	95 288. 75
手续费及佣金支出	149. 90	173. 27
投资收益（损失以"－"号填列）	40 931. 96	29 051. 87
其中：对联营企业和合营企业的投资收益	—	—
公允价值变动收益（损失以"－"号填列）	—	—
汇兑收益（损失以"－"号填列）	—	—
其他业务收入	416. 17	104. 94
二、营业支出	36 230. 53	32 266. 85
营业税金及附加	7 363. 87	7 248. 97
业务及管理费	18 753. 43	20 371. 55
资产减值损失	10 090. 63	4 646. 34
其他业务成本	22. 60	—
三、营业利润（亏损以"－"号填列）	102 746. 41	102 770. 92
加：营业外收入	2 646. 35	7 937. 00
其中：非流动资产处置利得	—	—
减：营业外支出	71. 87	—
其中：非流动资产处置损失	14. 71	—
四、利润总额（亏损总额以"－"号填列）	105 320. 89	110 707. 92
减：所得税费用	26 260. 09	27 961. 92
五、净利润（净亏损以"－"号填列）	79 060. 80	82 745. 99
六、其他综合收益的税后净额	9 616. 58	—
（一）以后不能重分类进损益的其他综合收益	—	—
1. 重新计量设定受益计划净负债或净资产的变动	—	—
2. 权益法下在被投资单位不能重分类进损益的其他综合收益中享有的份额	—	—
（二）以后将重分类进损益的其他综合收益	9 616. 58	—
1. 权益法下在被投资单位以后将重分类进损益的其他综合收益中享有的份额	—	—
2. 可供出售金融资产公允价值变动损益	9 616. 58	—
3. 持有至到期投资重分类为可供出售金融资产损益	—	—
4. 现金流量套期损益的有效部分	—	—
5. 外币财务报表折算差额	—	—
6. 其他	—	—
七、综合收益总额	88 677. 38	82 745. 99
八、每股收益：	—	—
（一）基本每股收益（元/股）	—	—
（二）稀释每股收益（元/股）	—	—

法定代表人：王　亮　　务总监：张建慧　　财务部负责人：康剑桥　　填表人：林伟波

5.1.4　所有者权益变动表

单位：万元

项　　目	本期						
	实收资本（或股本）	资本公积	其他综合收益	盈余公积	一般风险准备	未分配利润	所有者权益合计
一、上年末余额	300 000.00	62 663.74		31 109.73	15 330.04	135 723.73	544 827.25
加：会计政策变更							—
前期差错更正							—
其他							—
二、本年初余额	300 000.00	62 663.74	—	31 109.73	15 330.04	135 723.73	544 827.25
三、本期增减变动金额（减少以“－”号填列）	—	—	9 616.58	7 906.08	3 953.04	17 967.81	39 443.51
（一）综合收益总额			9 616.58			79 060.80	88 677.38
（二）所有者投入和减少资本	—	—	—	—	—	—	—
1. 所有者投入资本							—
2. 其他权益工具持有者投入资本							—
3. 股份支付计入所有者权益的金额							—
4. 其他							—
（三）利润分配	—	—	—	7 906.08	3 953.04	-61 092.99	-49 233.87
1. 提取盈余公积				7 906.08		-7 906.08	—
2. 提取一般风险准备					3 953.04	-3 953.04	—
3. 对所有者（或股东）的分配						-49 233.87	-49 233.87
4. 其他							—
（四）所有者权益内部结转	—	—	—	—	—	—	—
1. 资本公积转增资本（或股本）							—
2. 盈余公积转增资本（或股本）							—
3. 盈余公积弥补亏损							—
4. 其他							—
（五）其他							—
四、本期期末余额	300 000.00	62 663.74	9 616.58	39 015.81	19 283.08	153 691.54	584 270.76

法定代表人：王　亮　　财务总监：张建慧　　财务部负责人：康剑桥　　填表人：林伟波

5.2　信托资产

5.2.1　信托项目资产负债汇总表

单位：万元

项目	期末余额	期初余额
信托资产：		
1. 货币资金	128 304.42	130 144.14
2. 拆出资金	0.00	0
3. 存出保证金	0.00	0
4. 交易性金融资产	316 124.67	215 497.74
5. 衍生金融资产	0.00	0
6. 买入返售金融资产	100 000.50	87 360.60
其中：6.1 买入返售证券	100 000.50	87 360.60
6.2 买入返售信贷资产	0.00	0
7. 应收款项	52.72	65.14
8. 发放贷款	3 831 371.00	4 183 715.00
其中：8.1 基础产业	225 350.00	640 450.00
8.2 房地产	1 159 460.00	1 165 000.00
9. 可供出售金融资产	0.00	0
10. 持有至到期投资	3 739 980.42	5 568 064.81
11. 长期应收款	0.00	0
12. 长期股权投资	6 048 655.40	6 663 579.66
其中：12.1 基础产业	576 000.00	571 000.00

续表

项目	期末余额	期初余额
12.2 房地产	120 000.00	130 000.00
13. 投资性房地产	0.00	0
14. 固定资产	0.00	0
15. 无形资产	0.00	0
16. 长期待摊费用	0.00	0
17. 其他资产	0.00	0
18. 信托资产总计	14 164 489.13	16 848 427.09
19. 各项资产减值准备	0.00	0
信托负债：		
20. 交易性金融负债	0.00	0
21. 衍生金融负债	0.00	0
22. 应付受托人报酬	0.04	21.79
23. 应付托管费	17.74	7.80
24. 应付受益人收益	756.27	0.00
25. 应交税费	19.62	4.66
26. 应付销售服务费	0.00	0.00
27. 其他应付款项	49 776.37	27 303.35
28. 其他负债	0.00	0.00
29. 信托负债合计	50 570.04	27 337.60
信托权益：		
30. 实收信托	14 030 401.22	16 781 922.55

续表

项目	期末余额	期初余额
30.1 资金信托	14 030 401.22	16 781 922.55
30.1.1 集合	4 959 360.16	5 763 358.00
30.1.2 单一	9 071 041.06	11 018 564.55
30.2 财产信托	0.00	0
30.2.1 信贷资产证券化	0.00	0
30.2.2 其他资产(准)证券化	0.00	0
31. 资本公积	1 048.23	17 164.23
32. 外币报表折算差额	0.00	0.00
33. 未分配利润	82 469.64	22 002.71
34. 信托权益合计	14 113 919.09	16 821 089.49
35. 信托负债和信托权益总计	14 164 489.13	16 848 427.09

法定代表人:王　亮　　　　财务总监:张建慧

托管部负责人:武义双　　　　填表人:邵国忠

5.2.2　信托项目利润及利润分配汇总表

单位:万元

项目	本年度累计	上年度累计
一、营业收入	1 105 098.35	896 795.47
利息收入	307 761.23	278 415.40
投资收入	797 058.00	618 375.20
租赁收入		
其他收入	279.12	4.87
二、营业费用	103 135.78	117 025.2
三、营业税金及附加	0	0
四、扣除资产减值准备前的信托利润	0	0
减:资产减值损失	0	0
五、扣除资产减值准备后的信托利润	1 001 962.57	779 770.27
加:期初未分配信托利润	22 002.71	39 023.59
六、可供分配的信托利润	1 023 965.28	818 793.86
减:本期已分配信托利润	941 495.64	796 791.15
其中:损益平准金	0	0
七、期末未分配信托利润	82 469.64	22 002.71

法定代表人:王　亮　　　　财务总监:张建慧

托管部负责人:武义双　　　　填表人:邵国忠

6. 会计报表附注

6.1　会计报表编制基准不符合会计核算基本前提的说明

6.1.1　会计报表编制基准不符合会计核算基本前提的说明

无。

6.1.2　重要会计政策和会计估计说明

6.1.2.1　计提资产减值准备的范围和方法

6.1.2.1.1　金融资产减值

除以公允价值计量且其变动计入当期损益的金融资产外，本公司于期末对其他金融资产的账面价值进行检查，如果有客观证据表明某项金融资产发生减值的，计提减值准备。

以摊余成本计量的金融资产发生减值时，按预计未来现金流量现值低于账面价值的差额，计提减值准备。如果有客观证据表明该金融资产价值已恢复，且客观上与确认该损失后发生的事项有关，原确认的减值损失予以转回，计入当期损益。

当可供出售金融资产的公允价值发生较大幅度或非暂时性下降，原直接计入股东权益的因公允价值下降形成的累计损失予以转出并计入减值损失。对已确认减值损失的可供出售债务工具投资，在期后公允价值上升且客观上与确认原减值损失确认后发生的事项有关的，原确认的减值损失予以转回，计入当期损益。对已确认减值损失的可供出售权益工具投资，在期后公允价值上升且客观上与确认原减值损失确认后发生的事项有关的，原确认的减值损失予以转回，直接计入股东权益。

6.1.2.1.2　部分固有信用风险类资产的各种准备金

本公司根据《金融企业准备金计提管理办法(财金[2012]20号)》和《信托公司管理办法》计提准备金。准备金是指本公司对承担风险和损失的金融资产计提的准备金，包括一般准备和相关资产减值准备。

资产减值准备是指本公司对债权、股权等金融资产预计其未来现金流量现值低于账面价值的部分提取的用于弥补资产损失的准备金。本公司对应收利息、发放贷款和垫款、可供出售金融资产、长期股权投资、其他应收款和长期应收款等风险资产按照风险资产五级分类制度进行管理，即对分类为正常类的风险资产按照不低于2.5%的比例计提资产减值准备；关注类风险资产按照不低于3%的比例计提资产减值准备；次级类风险资产按照不低于25%的比例计提资产减值准备；可疑类按照不低于50%的比例计提资产减值准备；损失类按照100%的比例计提资产减值准备。

一般准备，是指本公司从净利润中提取、用于弥补尚未识别的可能性损失的准备金。2014年度，本公司按净利润的5%计提一般准备。

6.1.2.1.3　固定资产减值准备的确认标准和计提方法

本公司于期末对固定资产进行检查，如发现存在下列情况，则评价固定资产的可收回金额，以确定资产是否已经发生减值。对于可收回金额低于其账面价值的固定资产，分别按该单项固定资产可收回金额低于其账面价值的差额计提减值准备。固定资产减值准备一经计提，在以后会计期间不得转回。

(1)资产的市价当期大幅度下跌，其跌幅明显高于因时间推移或者正常使用而预计的下跌；

(2)本公司经营所处的经济、技术或法律环境以及资产所处的市场在当期或将在近期发生重大变化，从而对本公司产生不利影响；

(3)市场利率或其他市场投资回报率当期已经提高，从而影响本公司计算资产预计未来现金流量现值的折现率，导致资产可收回金额大幅度降低；

(4)有证据表明该资产已经陈旧过时或其实体已经损坏；

(5)该资产已经或将被闲置、终止使用或者计划提前处置；

(6)内部报告的证据表明该资产的经济绩效已经低于或者将低于预期，资产所创造的净现金流量或者实现的营业利润(或者亏损)远远低于(或者高于)预计金额；

(7)其他表明该资产可能已经发生减值的迹象。

6.1.2.1.4　无形资产减值准备的确认标准和计提方法

本公司期末对使用寿命不确定的无形资产及使用寿命确定、存在下列一项或若干项情况的无形资产，按其预计可收回金额低于账面价值的差额计提无形资产减值准备。

(1)已被其他新技术所代替,使其为本公司创造经济利益的能力受到重大不利影响;

(2)市价在当期大幅下跌,在剩余摊销年限内预期不会恢复;

(3)某项无形资产已超过法律保护期限,但仍然具有部分使用价值;

(4)其他足以证明实质上已经发生减值的情形。

6.1.2.2 金融资产四分类的范围和标准

本公司按投资目的和经济实质对拥有的金融资产分为以公允价值计量且其变动计入当期损益的金融资产、持有至到期投资、贷款和应收款项和可供出售金融资产四大类。

以公允价值计量且其变动计入当期损益的金融资产是指持有的主要目的是短期内出售的并以公允价值计量且其变动计入当期损益的金融资产,在资产负债表中以交易性金融资产列示。

持有至到期投资是指到期日固定、回收金额固定或可确定,且管理层有明确意图和能力持有至到期的非衍生金融资产。

贷款和应收款项是指在活跃市场中没有报价,回收金额固定或可确定的非衍生金融资产,包括应收票据、应收账款、应收利息及其他应收款等。

可供出售金融资产包括初始确认时即被指定为可供出售的非衍生金融资产及未被划分为其他类的金融资产。

6.1.2.3 交易性金融资产核算方法

交易性金融资产以公允价值进行初始确认,取得时发生的相关交易费用直接计入当期损益。当某项金融资产收取现金流量的合同权利已终止或与该金融资产所有权上几乎所有的风险和报酬已转移至转入方的,终止确认该金融资产。

以公允价值计量且其变动计入当期损益的金融资产按照公允价值进行后续计量,公允价值变动计入公允价值变动损益;在资产持有期间所取得的利息或现金股利,确认为投资收益;处置时,其公允价值与初始入账金额之间的差额确认为投资损益,同时调整公允价值变动损益。

6.1.2.4 可供出售金融资产核算方法

可供出售金融资产以公允价值进行初始确认。取得时发生的相关交易费用计入初始确认金额。当某项金融资产收取现金流量的合同权利已终止或与该金融资产所有权上几乎所有的风险和报酬已转移至转入方的,终止确认该金融资产。

可供出售金融资产按照公允价值进行后续计量;但在活跃市场中没有报价且其公允价值不能可靠计量的权益工具投资,按照成本计量。可供出售金融资产的公允价值变动计入所有者权益;持有期间按实际利率法计算的利息,计入投资收益;可供出售权益工具投资的现金股利,于被投资单位宣告发放股利时计入投资收益;处置时,取得的价款与账面价值扣除原直接计入所有者权益的公允价值变动累计额之后的差额,计入投资损益。

6.1.2.5 持有至到期投资核算方法

持有至到期投资以公允价值进行初始确认。取得时发生的相关交易费用计入初始确认金额。当某项金融资产收取现金流量的合同权利已终止或与该金融资产所有权上几乎所有的风险和报酬已转移至转入方的,终止确认该金融资产。

持有至到期投资采用实际利率法,以摊余成本列示。持有期间应当按照实际利率法确认利息收入,计入投资收益。实际利率应当在取得持有至到期投资时确定,在随后期间保持不变。处置时,应将所取得价款与该投资账面价值之间的差额确认为投资收益。

6.1.2.6 长期股权投资核算方法

6.1.2.6.1 长期股权投资的初始计量

通过同一控制下的企业合并取得的长期股权投资,在合并日按照取得被合并方所有者权益账面价值的份额作为长期股权投资的初始投资成本。通过非同一控制下的企业合并取得的长期股权投资,以在合并(购买)日为取得对被合并(购买)方的控制权而付出的资产、发生或承担的负债以及发行的权益性证券的公允价值作为合并成本。在合并(购买)日按照合并成本作为长期股权投资的初始投资成本。

除上述通过企业合并取得的长期股权投资外,长期股权投资通过支付的现金、付出的非货币性资产或发行的权益性证券的方式取得的,以其公允价值作为长期股权投资的初始投资成本;长期股权投资通过债务重组方式取得的,以债权转为股权所享有股份的公允价值确认为对债务人的初始投资成本;长期股权投资是投资者投入的,以投资合同或协议约定的价值作为初始投资成本,但合同或协议约定价值不公允时,则以投入股权的公允价值作为初始投资成本。

6.1.2.6.2 长期股权投资的后续计量

本公司对子公司的投资,是指本公司对其拥有实际控制权的股权投资。本公司对子公司投资采用成本法核算,编制合并财务报表时按权益法进行调整。

本公司对合营公司的投资,是指按照合同约定对某项经济活动所共有的控制,仅在与该项经济活动相关的重要财务和生产经营决策需要分享控制权的投资方一致同意时存在的股权投资。对合营投资本公司采用权益法核算。

本公司对联营公司的投资,是指本公司对其具有重大影响的股权投资。对联营投资本公司采用权益法核算。

本公司对不具重大影响,并且在活跃市场中没有报价、公允价值不能可靠计量的长期股权投资,采用成本法核算。本公司对不具重大影响,但在活跃市场中有报价或公允价值能够可靠计量的长期股权投资,在可供出售金融资产项目列报,采用公允价值计量,其公允价值变动计入所有者权益。

采用成本法核算的长期股权投资,按被投资单位宣告分派的现金股利或利润,确认为当期投资收益。

采用权益法核算的长期股权投资,本公司按应享有或应分担的被投资单位的净损益份额确认当期投资损益。确认被投资单位发生的净亏损,以长期股权投资的账面价值以及其他实质上构成对被投资单位净投资的长期权益减记至零为限,但本公司负有承担额外损失义务且符合或有事项准则所规定的预计负债确认条件的,继续确认投资损失和预计负债。被投资单位除净损益以外股东权益的其他变动,在持股比例不变的情况下,本公司按照持股比例计算应享有或承担的部分直接计入资本公积。被投资单位分派的利润或现金股利于宣告分派时按照本公司应分得的部分,相应减少长期股权投资的账面价值。

6.1.2.6.3 长期股权投资核算方法的转换

（1）权益法改按成本法。本公司因减少投资等原因对被投资单位不再具有共同控制或重大影响的，并且在活跃市场中没有报价、公允价值不能可靠计量的长期股权投资，应当改按成本法核算。本公司因追加投资等原因能够对被投资单位实施控制的，应当改按成本法核算。

（2）成本法改按权益法。本公司因追加投资等原因能够对被投资单位实施共同控制或重大影响但不构成控制的，或因处置投资等原因对被投资单位不再具有控制但能够对被投资单位实施共同控制或重大影响的，应当改按权益法核算。

6.1.2.6.4 长期股权投资的处置

处置长期股权投资，其账面价值与实际取得价款的差额，应当计入当期投资收益。采用权益法核算的长期股权投资，因被投资单位除净损益以外所有者权益的其他变动而计入所有者权益的，处置该项投资时应当将原计入所有者权益的部分按相应比例转入当期投资收益。

处置长期股权投资时，应同时结转已计提的减值准备。部分处置某项长期股权投资时，应按相应比例结转已计提的减值准备。

6.1.2.7 投资性房地产核算方法

报告期内，本公司无投资性房地产。

6.1.2.8 固定资产计价和折旧方法

固定资产是指为生产商品、提供劳务、出租或经营管理而持有的，使用寿命超过一个会计年度的有形资产。

6.1.2.8.1 固定资产的计价方法

固定资产按其成本作为入账价值。其中，外购的固定资产的成本包括买价、增值税（可抵扣的增值税进项税额除外）、进口关税等相关税费，以及为使固定资产达到预定可使用状态前所发生的可直接归属于该资产的其他支出；自行建造固定资产的成本，由建造该项资产达到预定可使用状态前所发生的必要支出构成；投资者投入的固定资产，按投资合同或协议约定的价值作为入账价值，但合同或协议约定价值不公允的按公允价值入账；融资租赁租入的固定资产，按租赁开始日租赁资产公允价值与最低租赁付款额现值两者中较低者，作为入账价值。

除已提足折旧仍继续使用的固定资产，及按照规定单独估价作为固定资产入账的土地等情况外，本公司对所有固定资产计提折旧。折旧方法为平均年限法，固定资产预计残值为资产原值的0～5%。固定资产分类、折旧年限和折旧率如下表：

资产类别	折旧年限（年）	年折旧率（%）
运输设备	7～15	6.33～14.29
工具及仪器	4～14	6.79～25
房屋	8～40	2.38～12.5

6.1.2.9 在建工程的计价

6.1.2.9.1 在建工程的计价

本公司按实际发生的支出确定在建工程的工程成本，包括建筑费用、其他为使在建工程达到预定可使用状态所发生的必要支出以及在资产达到预定可使用状态之前所发生的符合资本化条件的借款费用。

6.1.2.9.2 在建工程结转固定资产的标准

本公司建造的固定资产自达到预定可使用状态之日起，根据工程预算、造价或工程实际成本等，按估计的价值结转固定资产并于次月起开始计提折旧。待办理了竣工决算手续后，再按照实际决算金额调整原来固定资产暂估价值，但不调整原已计提的折旧。

6.1.2.10 无形资产计价及摊销政策

无形资产是指本公司拥有或控制的没有实物形态的可辨认非货币性资产，包括专利权、非专利技术、商标权、著作权、土地使用权、特许权等。本公司的主要无形资产是电脑软件等。

6.1.2.10.1 无形资产的计价方法

无形资产在取得时，按实际成本计量。购入的无形资产，按实际支付的价款和相关的其他支出作为实际成本；投资者投入的无形资产，按投资合同或协议约定的价值确定实际成本，但合同或协议约定价值不公允的，按公允价值确定实际成本。

6.1.2.10.2 无形资产摊销方法和期限

使用寿命有限的无形资产，应当自无形资产可供使用时起，至不再作为无形资产确认时止，在使用寿命期采用直线法摊销，使用寿命不确定的无形资产不应摊销。本公司于每年年度终了，对使用寿命有限的无形资产的预计使用寿命及摊销方法进行复核。并于每个会计期间，对使用寿命不确定的无形资产的预计使用寿命进行复核，对于有证据表明无形资产的使用寿命是有限的，则估计其使用寿命并在预计使用寿命内摊销。

6.1.2.11 长期应收款的核算方法

长期应收款是指期限超过1年的应收款项，按照合同或协议价款作为初始入账金额。

6.1.2.12 长期待摊费用的摊销政策

本公司长期待摊费用是指已经支出，但摊销期限在1年以上的各项费用。长期待摊费用在受益期内平均摊销。

6.1.2.13 合并会计报表的编制方法

本公司无纳入合并范围的子公司。

6.1.2.14 收入确认原则和方法

本公司的营业收入主要包括利息收入、手续费及佣金收入和让渡资产使用权收入等，其收入确认原则如下：

（1）利息收入，按让渡资金使用权的时间和适用利率计算确定。

（2）手续费及佣金收入可分为信托报酬和中间业务收入（如财务顾问费等），信托报酬按照信托合同约定的计提方法、时间和比例确认，合理的中间业务收入在收到时一次性确认收入。

（3）让渡资产使用权收入，在与交易相关的经济利益能够流入、收入的金额能够可靠计量的情况下，按有关合同、协议规定的时间和方法确认收入的实现。

6.1.2.15 所得税的会计处理方法

本公司所得税采用资产负债表债务法核算。

递延所得税资产和递延所得税负债根据资产和负债的计税基础与其账面价值的差额（暂时性差异）计算确认。对于按照税法规定能够于以后年度抵减应纳税所得额的可抵扣亏损和税款抵减，视同暂时性差异确认相应的递延所得税资产。于资产负债表日，递延所得税资产和递延所得税负债，按照预期收回该资产或清偿该负债期间的适用税率计量。

递延所得税资产的确认以本公司很可能取得用来抵扣可抵扣暂时性差异、可抵扣亏损和税款抵减的应纳税所得额为限。对已确认的递延所得税资产，当预计到未来期间很可能无法获得足够的应纳税所得额用以抵扣递延所得税资产时，应当减记递延所得税资产的账面价值。在很可能获得足够的应纳税所得额时，减记的金额予以转回。

6.1.2.16 信托报酬确认原则和方法

本公司按照信托合同约定的计提方法、时间和比例确认受托人报酬。

6.2 或有事项说明

无。

6.3 重要资产转让及其出售的说明

报告期内，本公司无重要资产转让及出售。

6.4 会计报表中重要项目的明细资料

6.4.1 自营资产经营情况

6.4.1.1 信用风险资产的期初数、期末数

单位：万元，%

风险分类	正常类	关注类	次级类	可疑类	损失类	信用风险资产合计	不良资产合计	不良率
期初数	483 406.84	13 466.67	2 430	0	0	499 303.51	2 430	0.43
期末数	454 027.55	0	2 430	9 216.67	0	465 674.22	11 646.67	1.88

注：不良资产合计 = 次级类 + 可疑类 + 损失类。

6.4.1.2 各项资产减值损失准备的期初、本期计提、本期转回、本期核销、期末数

单位：万元

	期初数	本期计提	本期转回	本期核销	期末数
贷款损失准备	637.5	218.75			856.25
一般准备	637.5	218.75			856.25
专项准备					
其他资产减值准备					
可供出售金融资产减值准备	3 716.00	6 366.9			10 082.90
持有至到期投资减值准备					
长期股权投资减值准备	462.53	-407.21			55.32
坏账准备	1 659.86	3 912.19			5 572.05
投资性房地产减值准					

6.4.1.3 自营股票投资、基金投资、债券投资、股权投资等投资业务的期初数、期末数

单位：万元

	自营股票	基金	债券	长期股权投资
期初数				45 790.32
期末数	42 279.63			2 157.52

6.4.1.4 前五名的自营长期股权投资的企业名称、占被投资企业权益的比例及投资收益情况

企业名称	占被投资企业权益的比例(%)	投资收益(万元)
国联产业投资基金管理(北京)有限公司	20.83%	533.70

6.4.1.5 前五名的自营贷款的企业名称、占贷款总额的比例和还款情况

企业名称	占贷款总额的比例(%)	还款情况
天津中冠网球中心投资有限公司	100	未到还款期

6.4.1.6 表外业务的期初数、期末数

无表外业务。

6.4.1.7 公司当年收入结构

单位：万元，%

收入结构	金额	占比
手续费及佣金收入	90 270.39	63.67
其中：信托手续费收入	90 270.39	63.67
投资银行业务收入		
利息收入	7 508.32	5.30
其他业务收入	416.17	0.29
其中：计入信托业务收入部分		
投资收益	40 931.96	28.87
其中：股权投资收益	1 359.20	0.96
其他投资收益	39 572.76	27.91
公允价值变动收益	0	
营业外收入	2 646.35	1.87
收入合计	141 773.19	100.00

注：手续费及佣金收入、利息收入、其他业务收入、投资收益、营业外收入均应为损益表中的一级科目，其中手续费及佣金收入、利息收入、营业外收入为未抵减掉相应支出的全年累计实现收入数。

6.4.2 信托资产管理情况

6.4.2.1 信托资产的期初数、期末数

单位：万元

信托资产	期初数	期末数
集合	5 763 358.00	4 959 360.16
单一	11 018 564.55	9 071 041.06
财产权	0	0
合计	16 781 922.55	14 030 401.22

6.4.2.1.1 主动管理型信托业务期初数、期末数

单位：万元

主动管理型信托资产	期初数	期末数
证券投资类	295 105.46	2 023 392
股权投资类	6 663 579.66	6 048 655.4
融资类	9 779 417.89	5 687 353.82
事务管理类	0	0
合计	16 738 103.01	13 759 401.22

6.4.2.1.2 被动管理型信托业务期初数、期末数

单位：万元

被动管理型信托资产	期初数	期末数
证券投资类	14 819.54	0
股权投资类	0	0
融资类	29 000.00	41 000.00
事务管理类	0	230 000.00
合计	43 819.54	271 000.00

6.4.2.2 本年度已清算结束的信托项目个数、实收信托合计金额、加权平均实际年化收益率

6.4.2.2.1 本年度已清算结束的集合类、单一类资金信托项目和财产管理类信托项目个数、实收信托金额、加权平均实际年化收益率

单位：万元，%

已清算结束信托项目	项目个数	实收信托合计金额	加权平均实际年化收益率
集合类	52	2 483 361	7.62%
单一类	35	4 226 421.24	6.29%
财产管理类	0	0	0

6.4.2.2.2 本年度已清算结束的主动管理型信托项目个数、实收信托合计金额、加权平均实际年化收益率、加权平均实际年化收益率

已清算结束信托项目	项目个数	合计金额（万元）	信托报酬率（%）	加权平均实际年化收益率（%）
证券投资类	12	643 803.00	0.46	5.41
股权投资类	3	435 000.00	0.23	6.68
融资类	68	3 530 717.00	1.21	8.18
事务管理类	0	0	0	0

6.4.2.2.3 本年度已清算结束的被动管理型信托项目个数、实收信托合计金额、加权平均实际年化收益率

已清算结束信托项目	项目个数（个）	合计金额（万元）	信托报酬率（%）	加权平均实际年化收益率（%）
证券投资类	3	79 841.00	0.23	5.66
股权投资类	0	0	0	0
融资类	1	2 020 421.24	0.1	4.84
事务管理类	0	0	0	0

6.4.2.3 本年度新增的集合类、单一类和财产管理类信托项目个数、实收信托合计金额

新增信托项目	项目个数（个）	实收信托合计金额（万元）
集合类	39	1 342 530.66
单一类	7	250 000
财产管理类	0	0
新增合计	46	1 592 530.66
其中：主动管理型	42	1 472 338.66
被动管理型	4	120 192

6.4.2.4 本公司履行受托人义务情况及因公司自身责任而导致的信托资产损失情况

本公司根据《信托法》、《信托公司管理办法》等相关法律法规的规定，在管理或处分信托财产时，履行了恪尽职守，诚实、信用、谨慎、有效管理的义务。具体为：

（1）遵守信托文件的规定，为受益人的最大利益处理信托事务。

（2）将受托人的固有财产与信托财产进行分别管理、分别记账，并将不同委托人的信托财产分别管理、分别记账。

截至2014年12月31日，本公司未发生因自身责任导致信托资产损失的情况。

6.5 关联方关系及其交易的披露

6.5.1 关联交易方的数量、关联交易的总金额及关联交易的定价政策

	关联交易方数量	关联交易金额（万元）	定价政策
合计	24	4 855 576.82	坚持价格公允原则，由当事人依据市场价格通过合同约定

注：关联交易以《公司法》和《企业会计准则第36号——关联方披露》有关规定为准。

6.5.2 关联交易方与本公司的关系性质、关联交易方基本信息

关系性质	关联方名称	法定代表人	注册地址	注册资本	主营业务
受控于同一实际控制人	大庆久隆房地产开发股份有限公司	孙洪海	黑龙江省大庆市龙凤区龙凤大街北1号楼	5 000 万元	房地产开发与经营
	四川家益石油房地产开发有限公司	陈灵	四川成都市青羊区狮子巷55号华油楼4～5号楼	4 700 万元	房地产开发
	中国石油天然气集团公司商业储备油分公司	肖燕明	北京市西城区六铺炕街6号1号楼523房间	50 亿元	石油和天然气开采辅助活动
	锦州天元房地产开发有限公司	王家彦	锦州市古塔区重庆路一段8～88号	800 亿元	房地产开发经营
	北京国联能源产业投资基金		北京市昌平区科技园区创新路7号2号楼2027号	505 亿元	投资、投资管理、投资咨询服务
	大庆油田海南人才培训中心	徐川	海南省琼海市博鳌旅游开发区	1000 万元	房地产开发经营；本单位人才培训、职工疗养度假、文化、信息服务、百货销售（凡需行政许可的项目凭许可证经营）
	廊坊中油管道房地产开发有限公司	姜永强	廊坊市广阳区金光道46号	4 000 万元	房地产经营、房屋租赁
	中油资产管理有限公司	王亮	北京市东城区东直门北大街9号	50 亿元	资产管理

6.5.3 本公司与关联方的重大交易事项

6.5.3.1 固有财产与关联方交易情况

单位:万元

固有财产与关联方关联交易				
	期初数	借方发生额	贷方发生额	期末数
贷款	—	—	—	—
投资	—			
租赁	—	3 055.86		
其他	—	1 871.86	921.72	
合计	—	4 927.72	921.72	

6.5.3.2 信托与关联方交易情况

单位:万元

信托与关联方交易				
	期初数	借方发生额	贷方发生额	期末数
贷款	1 158 000	0	0	1 158 000
投资	3 360 200	5 100	0	3 365 300
租赁	0	0	0	0
担保	0	0	0	0
应收账款	0	0	0	0
其他	399 276.82	30 000	97 000	332 276.82
合计	4 917 476.82			4 855 576.82

6.5.3.3 固信交易与信信交易情况

6.5.3.3.1 固信交易情况

单位:万元

固有财产与信托财产相互交易			
	期初数	本期发生额	期末数
合计	320 430.00	-31 455.82	288 974.18

6.5.3.3.2 信信交易情况

单位:万元

信托资产与信托财产相互交易			
	期初数	本期发生额	期末数
合计	1 602 118.60	27 478.16	1 629 596.76

6.5.4 关联方逾期未偿还本公司资金情况及本公司为关联方担保垫款情况

报告期内,无关联方逾期未偿还情况发生,无为关联方担保垫款情况。

6.6 会计制度的披露

固有业务(自营业务):本公司执行2014年版《企业会计准则》和《金融企业会计制度》及相关规定。

信托业务:本公司执行2014年版《企业会计准则》和《金融企业会计制度》及相关规定。

7. 财务情况说明书

7.1 利润实现和分配情况

2014年利润总额105 321万元,同比减少5 387万元,降低4.86%。净利润79 061万元,同比减少3 685万元,降低4.45%。

报告期未分配利润变动情况如下:

单位:万元

项　　目	金　　额
本年年初余额	135 723.73
本年增加额	79 060.80
其中:本年净利润转入	79 060.80
其他调整因素	
本年减少额	61 092.98
其中:本年提取盈余公积	7 906.08
本年提取一般风险准备	3 953.04
本年分配现金股利数	49 233.86
转增资本	
其他减少	
本年年末余额	153 691.55

7.2 主要财务指标

指标名称	指标值
资本利润率(%)	14
加权年化信托报酬率(%)	0.52
人均净利润(万元)	318.79

7.3 对本公司财务状况、经营成果有重大影响的其他事项

无。

8. 特别事项揭示

8.1 前五名股东报告期内变动情况及原因

报告期内,股东情况无变动。

8.2 董事、监事及高级管理人员变动情况及原因

职务	前　任	现　任	变动原因
董　事	温青山、王亮、周远鸿、叶旺、王利平、李效熙、邢成、施天涛、李忠臣	王亮、吴妍、周远鸿、叶旺、王利平、李效熙、邢成、施天涛、李忠臣	原董事温青山辞去董事职务,改选吴妍为公司董事
监　事	孙金瑜、盖文国、胡志明、马荣伟、邹艳飞	孙金瑜、盖文国、胡志明、马荣伟、邹艳飞	无变动
高级管理人员	总裁:王亮 副总裁:姚飞、李效熙、朱佳平、刘刚、黄志斌、吴怀镛、盛湘 财务总监:张建慧	总裁:吴妍 副总裁:姚飞、李效熙、朱佳平、刘刚、黄志斌、吴怀镛、盛湘 财务总监:张建慧	董事会选举原总裁王亮为董事长,聘任吴妍为公司总裁

8.3 公司的重大诉讼事项

8.3.1 未决诉讼事项

无。

8.3.2 以前年度发生,本报告年度内终结诉讼事项

无。

8.3.3 本报告年度发生并终结诉讼事项

固有业务涉及诉讼情况：无。

信托业务涉及诉讼情况：无。

8.4 公司及其董事、监事和高级管理人员受到处罚情况

无。

8.5 本年度重大事项临时报告情况

《昆仑信托有限责任公司2013年度报告摘要》，披露于2014年4月9日《金融时报》07版。

《昆仑信托有限责任公司关于修订公司章程、变更董事长、总裁和住所的公告》，披露于2014年11月21日《金融时报》08版。

8.6 其他重要信息

8.6.1 净资本管理情况

截至2014年末，公司各项净资本管理指标均符合银监会监管要求。年末净资本余额504 918万元，较年初增加66 757万元；各项业务风险资本之和322 986万元，较年初减少34 086万元，其中：固有业务风险资本90 872万元，较年初减少1 735万元；信托业务风险资本232 114万元，较年初减少32 351万元。净资本监管指标如下：

序号	指标名称	指标值	监管要求
1	净资本余额（亿元）	50.49	≥2
2	净资本/各项业务风险资本之和（%）	156.33	≥100
3	净资本/净资产（%）	86.42	≥40

8.6.2 社会责任履行情况

公司积极履行社会责任，一是创新慈善信托产品模式，通过结构化设计和现金管理，将产生的信托收益捐献给慈善机构，其中50万元用于四川省甘孜州藏区教育扶贫项目；开展了“慈善一日捐”、扶贫帮困、无偿献血等多项公益活动，树立了良好的社会形象。二是关心员工成长，重视人才培养，与北京大学经济管理学院签署实习基地协议，建立轮岗机制，优化公司、部门、员工三个层面的培训体系，鼓励“能人举手”，为员工搭建公平竞争的平台。三是组建社会责任管理团队，明确管理组织、工作机制和工作要点，明晰履责目标、履责思路和关键履责领域，探索构建社会责任长效工作机制。四是积极宣传社会责任理念、先进履责事迹，提高员工对社会责任工作的认识，在企业内部营造社会责任工作氛围；重视投资者教育，普及金融知识，通过主流媒体和网站传播公司的社会责任理念和实践经验，扩大社会责任影响力。

9. 公司监事会意见

9.1 关于公司依法运作情况的意见

2014年，公司坚持依法合规经营，不断完善内部控制制度，决策程序符合法律、法规及公司章程的有关规定。董事会、高级管理层成员认真履行职责，未发现有违反法律、法规或损害公司利益的行为。

9.2 关于公司财务报告的意见

公司2014年度财务报告按照中国企业会计准则编制。经立信会计师事务所审计过的公司财务报表，真实、公允地反映了公司的财务状况和经营成果，会计师事务所出具的无保留意见书是客观公正的。

9.3 关于关联交易的意见

公司2014年关联交易业务，符合商业原则和银监会监管要求，未发现有损害股东利益、公司利益和信托受益人利益的情形。

陆家嘴国际信托有限公司

1. 重要提示

1.1 本公司董事会及董事保证本报告所载资料不存在任何虚假记载、误导性陈述或者重大遗漏，并对其内容的真实性、准确性和完整性承担个别及连带责任。

1.2 本公司独立董事殷剑峰、沈宏山、张广鸿声明：保证年度报告内容的真实、准确、完整。

1.3 众华会计师事务所根据中国注册会计师审计准则对本公司年度财务报告进行审计，出具了标准无保留意见的审计报告。

1.4 本公司董事长常宏、总经理丁文忠、副总经理舒榕怀、财务总监浦凤丹声明：保证年度报告中财务报告的真实、完整。

2. 公司概况

2.1 公司简介

2.1.1 公司历史沿革

陆家嘴国际信托有限公司（以下简称陆家嘴信托或公司）是上海陆家嘴金融发展有限公司（以下简称陆金发）控股的信托机构，注册资本为30亿元。公司注册地为青岛，在部分城市设立业务团队。公司前身为2003年10月15日经中国银监会批准成立的青岛海协信托投资有限公司（以下简称海协信托）。公司经过重组，2011年1月26日，中国银监会批复同意新疆威仕达实业（集团）股份有限公司、新疆棉花产业（集团）有限责任公司、中铁十八局集团有限公司、安徽丰原集团有限公司四家股东合计持有的海协信托71.606%的股权转让给陆金发；2011年5月5日，经工商变更登记，陆金发成为海协信托股东。2011年9月16日，中国银监会批复同意山东海川集团控股公司和青岛联宇时装有限公司两家股东合计持有海协信托28.394%的股权转让给青岛国信发展（集团）有限责任公司（以下简称青岛国信）；2011年10月27日，经工商变更登记，青岛国信成为海协信托股东。2012年2月27日，中国银监会批复同意公司名称变更为陆家嘴信托，同意公司根据《信托公司管理办法》的有关规定开展中国银监会批准的业务。至此，海协信托重组工作取得重大突破，为公司稳健成长揭开崭新的一页。2012年11月5日，中国银监会青岛监管局批复同意公司注册资本金由人民币31 500万元变更为106 834.62万元。2014年12月15日，中国银监会批复同意公司注册资本金增至人民币30亿元，增资后陆金发持股比例为71.606%，青岛国信持股比例为10.112%，青岛国信金融控股有限公司（以下简称国信金控）持股比例为18.282%。2014年12月23日，公司完成增资验资及工商变更等变更手续。此次增资有效地增强了资金实力、主业协同和风险缓冲能力。

2.1.2 基本信息

2.1.2.1 公司法定中文名称：陆家嘴国际信托有限公司
中文名称缩写：陆家嘴信托
公司法定英文名称：Lujiazui International Trust Corporation Limited
英文缩写：Lujiazui Trust

2.1.2.2 法定代表人：常宏

2.1.2.3 注册地址：青岛市崂山区梅岭路29号综合办公楼1号818室
邮政编码：266061
公司国际互联网网址：http://www.ljzitc.com.cn
电子信箱：ljzxt@ljzitc.com.cn

2.1.2.4 公司负责信息披露事务的高级管理人员：浦凤丹
公司信息披露联系人：姚远
联系电话：021－50587808转
传真：021－50588225
电子信箱：ljzxt@ljzitc.com.cn

2.1.2.5 公司选定的信息披露报纸：《上海证券报》
公司年度报告备置地点：青岛市市南区香港中路26号远雄国际广场14楼
上海市浦东新区世纪大道1600号30楼/25楼

2.1.2.6 公司聘请的会计师事务所：众华会计师事务所
住所：上海市黄浦区中山南路100号金外滩国际广场6楼

2.1.2.7 公司聘请的律师事务所：锦天城律师事务所
地址：上海市花园石桥路33号花旗集团大厦14楼

2.2 组织结构

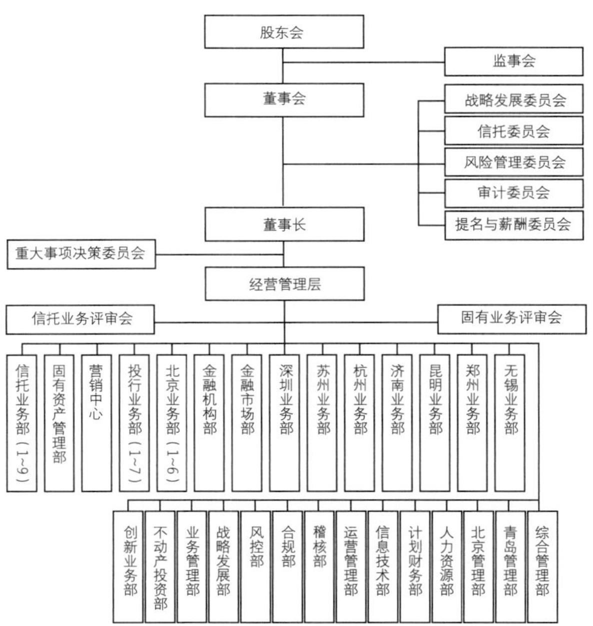

3. 公司治理

3.1 股东

报告期末股东总数为三家。其中，青岛国信金融控股有限公司为青岛国信发展（集团）有限责任公司直接和间接100%持股的子公司。

股东名称	持股比例（%）	法人代表	注册资本（万元）	注册地址	主要经营业务及主要财务情况
上海陆家嘴金融发展有限公司★	71.606	杨小明	474 500	上海市浦东新区世纪大道1600号2506室	金融产业、工业、商业、城市基础设施等项目的投资、管理，投资咨询，企业收购、兼并（企业经营涉及行政许可的，凭许可证件经营）。截至2014年末，公司资产总额为112.98亿元。
青岛国信金融控股有限公司	18.282	王建辉	300 000	青岛市崂山区苗岭路9号	金融及金融服务性机构的投资与运营、资产管理与基金管理、股权投资及资本运营、证券与基金投资、投资策划与咨询服务；经政府及有关监管机构批准的其他资产投资与运营（依法须经批准的项目，经相关部门批准后方可开展经营活动）。截至2014年末，公司资产总额为35.27亿元。
青岛国信发展（集团）有限责任公司	10.112	王建辉	300 000	青岛市市南区东海西路15号	一般经营项目为城乡重大基础设施项目投资建设与运营；政府重大公益项目的投资建设与运营；经营房产、旅游、土地开发等服务业及经批准的非银行金融服务业；经政府批准的国家法律、法规禁止以外的其他资产投资与运营（以上范围需经许可经营的，须凭许可证经营）。截至2014年末，公司资产总额为381.40亿元（未经审计）。

注：★为公司最终实际控制人。

3.2 董事、董事会及其下属委员会

董事长、副董事长、董事

姓名	职务	性别	年龄	选任日期	所推举的股东名称	该股东持股比例（%）	简要履历
常宏	董事长	男	51	2011年10月	上海陆家嘴金融发展有限公司	71.606	曾任上海浦东新区管理委员会副处长、领导秘书、美国大都会人寿公司投资顾问、Sino－century Capital& Development Co. Ltd. 创始合伙人、汉世纪投资管理有限公司董事长、张江汉世纪创业投资有限公司总经理，现任陆家嘴国际信托有限公司董事长、爱建证券有限责任公司董事长、上海陆家嘴金融发展有限公司总经理、中银消费金融有限公司董事。
舒榕怀	董事	男	62	2011年10月	上海陆家嘴金融发展有限公司	71.606	曾任浙江省湖州市教师进修学院副院长、上海陆家嘴城市建设开发投资有限公司副总经理、上海陆家嘴金融发展有限公司总经理助理、青岛海协信托投资有限公司重组小组成员，现任陆家嘴国际信托有限公司副总经理。
邓友成	董事	男	43	2014年6月	青岛国信金融控股有限公司、青岛国信发展（集团）有限责任公司	合计持有28.394	曾任山东大信会计师事务所所长、青岛国信胶州湾交通有限公司副总经理，现任青岛国信金融控股有限公司总经理。

独立董事

姓名	所在单位及职务	性别	年龄	选任日期	所推举的股东名称	该股东持股比例（%）	简要履历
殷剑峰	中国社会科学院金融研究所副所长	男	45	2011年10月	—	—	曾任中国社科院金融所研究室主任、所长助理；现任中国社科院金融所副所长、中国社科院陆家嘴研究基地秘书长，中国社会科学院金融研究所财富管理研究中心主任。
杨德红	国泰君安证券股份有限公司总裁	男	48	2011年12月	—	—	曾任上海国际信托投资公司投资银行总部总经理、上海国际集团资产经营有限公司总经理、上海国际集团有限公司总经理助理、上海国际集团有限公司党委委员、副总裁，兼任爱建股份有限公司党委副书记、总经理；现任国泰君安证券股份有限公司总裁。

董事会下属委员会

董事会下属委员会名称	职　　责	组成人员姓名	职务
战略发展委员会	对公司中长期发展战略规划和发展方针进行研究并提出建议；对公司章程规定的须经董事会批准的重大事项进行研究并提出建议；对其他影响公司发展的重大事项进行研究并提出建议；对以上事项的实施进行跟踪检查；董事会授权的其他事宜。	殷剑峰	主任委员
		常宏	委员
		徐国君	委员
信托委员会	组织制订公司信托业务发展规划；对公司信托业务运行情况进行定期评价；就银监会及其派出机构对公司信托业务的检查决定或意见，提出具体整改措施；指导公司开展信托业务创新；当公司或股东利益与受益人利益发生冲突时，提出维护受益人权益的具体措施；审查公司是否存在侵占受益人利益，获取不当信托报酬的行为；监督信托业务的信息披露情况；董事会授予的其他职责。	杨德红	主任委员
		舒榕怀	委员
		徐国君	委员
审计委员会	监督公司内部审计制度及其实施；负责内部审计与外部审计之间的沟通；审核公司的财务信息及其披露；提议聘请或更换外部审计机构；董事会授予的其他职责。	杨德红	主任委员
		殷剑峰	委员
		舒榕怀	委员
风险管理委员会	向董事会提交公司全面风险管理年度报告；确定公司风险管理的总体目标、风险偏好、风险承受度、风险管理策略和重大风险管理解决方案；提出完善公司风险管理和内部控制的建议；对公司信托业务和固有业务的风险控制及管理情况进行监督；对公司固有财产和信托财产的风险管理状况进行定期评价；对公司关联交易业务风险进行评估，对重大关联交易事项进行审查并提交董事会审议；董事会授予的其他职责。	徐国君	主任委员
		常宏	委员
		杨德红	委员
提名与薪酬委员会	根据公司经营发展战略、资产规模和业务结构等，对董事会的规模和结构向董事会提出建议；拟定公司董事和高级管理人员的选任程序和标准，对董事和高级管理人员的任职资格和条件进行初步审核，并向董事会提出建议；拟定公司董事和高级管理人员的考核标准，据此进行考核并提出建议；拟定公司董事和高级管理人员的具体薪酬和激励方案，向董事会提出薪酬方案的建议，并监督实施；董事会授权的其他事宜。	杨德红	主任委员
		殷剑峰	委员
		舒榕怀	委员

3.3　监事、监事会及其下属委员会

监事会成员

姓名	职务	性别	年龄	选任日期	所推举的股东名称	该股东持股比例(%)	简　要　履　历
杨小明	监事长	男	61	2011 年 10 月	上海陆家嘴金融发展有限公司	71.606	曾任浦东新区党委组织部副部长、劳动人事局兼新区机关党委副书记，上海市外高桥保税区新发展有限公司党委书记、总经理，上海市金桥出口加工区开发公司党委书记、总经理，上海市金桥(集团)有限公司总经理、党委副书记，浦东新区区委委员，陆家嘴功能区域党工委副书记、管委会副主任等职务，现任上海陆家嘴(集团)有限公司总经理、上海陆家嘴金融发展有限公司董事长。
何　勇	监事	男	45	2014 年 3 月	上海陆家嘴金融发展有限公司	71.606	曾任复旦大学物理系教师、四通集团杭州分公司部门经理、平安寿险杭州分公司副总经理、集团发展改革中心、团险营销部总经理、平安信托副总经理等职务，现任上海陆家嘴金融发展有限公司副总经理。
汪　晖	监事	男	38	2011 年 9 月	职工代表	—	曾任中国银行上海市分行风险管理处金融分析师、华鑫证券财务部总会计师、加拿大安省交通部财务部高级金融分析师、陆家嘴国际信托有限公司信托财务部总经理等职务，现任陆家嘴国际信托有限公司运营管理部总经理。

注：本报告期内，公司监事会未设下属委员会。

3.4　高级管理人员

姓　名	职　务	性别	年龄	选任日期	金融从业年限(年)	学历	专业
丁文忠	总经理	男	44	2013 年 12 月	21	本科工学学士	机械工程
舒榕怀	副总经理	男	62	2011 年 11 月	5	研究生	城市经济
叶晓军	副总经理	男	45	2011 年 11 月	12	研究生	经济学
翟振明	副总经理	男	44	2013 年 12 月	26	研究生	管理学
浦凤丹	财务总监	女	39	2011 年 12 月	17	本科	经济学

3.5 公司员工

学历分布	人数(人)	比例(%)
博士	4	1.53
硕士	135	51.72
本科	103	39.46
专科	16	6.13
其他	3	1.15

4. 经营管理

4.1 经营目标、方针、战略规划

4.1.1 经营目标

公司作为陆家嘴金融体系的旗舰企业，是陆家嘴金融打造综合金融分业经营的核心平台。公司要围绕建设"上海国际金融中心"和"青岛蓝色经济区"的国家战略，立足区域经济建设，辐射长三角、环渤海等广阔区域，借助国家在上海成立自贸区及青岛发展财富中心的重要契机，一体两翼打造上海及青岛双主场，服务社会，造福民生，为客户创造价值。

4.1.2 经营方针

秉持诚信合规、开拓创新、协同合作的经营原则，将主营业务打造成"融资＋投资＋投行"并驾齐驱，建设行业内独具特色的创新型信托公司，成为全面的信托产品供应、专业的金融服务与综合的财富管理专家。

4.1.3 战略规划

根据公司三年发展战略，战略规划主要包括短期发展思路和长期发展规划。

4.1.3.1 短期发展思路

前台的创新和传统业务齐头并进，传统和创新之间搭建桥梁，突出创新驱动，转型发展，达成业绩；中台要注重风险防控，提升专业能力，提高管控效率；后台要加强信息系统支撑和运营体系建设，从人才招募、人员培养、激励考核等方面完善人力资源体系建设；打造学习型组织，营造创新、协同的企业文化。

4.1.3.2 长期发展规划

主营业务转变为"融资＋投资＋投行"并驾齐驱，实现盈利手段多元化；建立有效服务于主营业务的自主营销体系，对核心客户做广、做深，建立一批高度黏性的战略客户群；建立与主营业务模式相适应的组织架构，组建涵盖融资、投资、投行、投后管理、风控、运营等专业团队；形成具有创新意识、资源共享、协同合作的企业机制和文化。

4.2 所经营业务的主要内容

公司主要业务分为信托业务和自营业务。

4.2.1 信托业务

信托业务：从委托人数量看，包括单一信托和集合信托；从委托人交付信托财产的性质看，主要包括资金信托、财产权信托等；从信托财产运用方式看，包括贷款类信托、投资类信托等。

相关信托业务：包括与基本信托业务相关的项目融资、财务顾问等信托业务品种。

信托资产运用与分布表

资产运用	金额（万元）	占比（%）	资产分布	金额（万元）	占比（%）
货币资产	269 623.41	2.82	基础产业	3 637 781.00	38.07
贷款	3 363 875.00	35.20	房地产	1 149 960.00	12.03
交易性金融资产	41 224.28	0.43	证券市场	1 124 448.22	11.77
可供出售金融资产	3 730 952.08	39.04	工商企业	1 476 343.00	15.45
持有至到期投资	13 176.54	0.14	金融机构	443 476.54	4.64
长期股权投资	453 700.00	4.75	其他	1 724 421.06	18.04
买入返售金融资产	1 602 896.33	16.77			
其他	80 982.18	0.85			
信托资产总计	9 556 429.82	100.00	信托资产总计	9 556 429.82	100.00

注：其他资产中主要包括应收款项。

4.2.2 固有业务

本报告期内公司固有业务主要包括投资类业务：投资类业务主要包括金融产品投资。

自营资产运用与分布表

资产运用	金额（万元）	占比（%）	资产分布	金额（万元）	占比（%）
货币资产	126 195	33.39	基础产业		
贷款及应收款	2 395	0.63	房地产业		
交易性金融资产	42 889	11.35	证券市场	130 266	34.47
可供出售金融资产	198 606	52.56	实业		
持有至到期投资			金融机构	53 671	14.20
长期股权投资			其他	193 967	51.33
其他	7 819	2.07			
资产总计	377 904	100	资产总计	377 904	100

4.3 市场分析

2014 年，世界经济仍处于缓慢复苏阶段，中国则进入了"经济新常态"：国内经济增速由高速转为中高速；经济结构进一步调整，经济增长由原有投资及生产要素驱动逐步转向由创新驱动。经济增速下降以及经济结构调整，导致国内众多行业均呈现明显的转型趋势。信托行业方面，2014 年整体表现出五大新特性：

一是行业增速持续回落，各信托公司差异进一步显现。根据信托业协会数据，2014 年末信托资产规模为 13.98 万亿元，较 2013 年末的 10.91 万亿元，同比增长 28.14%，但资产规模增幅明显回落，较 2013 年末 46.05% 的同比增长率，2014 年同比回落了 17.91 个百分点。弱经济周期和强市场竞争对信托业传统融资业务形成冲击，而新业务培育速度落后于原有业务放缓速度。在行业增速整体趋缓的背景下，各家信托公司的发展差异进一步显现。

二是股东投入持续增加，增资潮持续。根据 2014 信托业年会数据，2014 年是增资扩股年，全年有 24 家机构增资和变更股权，其中 16 家净增加资本 290 亿。在此之后，又有 6 家信托公司发布增资公告。增资潮的扩大和延续，一方面是满足监管政策和业务门槛的需要，另一方面也显示出信托公司股东对于信托行业未来的发展仍保持较大信心。

三是风险持续累积，兑付压力增大，监管尺度进一步收紧。2014 年每月均有兑付风险事件发生，尽管发生风险的项目占行业整体比重较小，却对所有信托公司都持续敲响了警钟。另一方面，为防范区域性、系统性金融风险，年内监管部门也出台了一系列政策措施，对信托公司的业务质量和风险把控提出了更高的要求。

四是金融同业竞争持续加剧，传统融资类业务空间受到压缩。随着泛资管时代来临，证券、基金、保险行业政策放开和利率市场化进程加速，信托行业的牌照优势不再坚实，面临来自同业的直接竞争。此外，房地产行业周期拐点来临以及新的地方政府债务管理措施出台，也使房地产和基础设施建设两项信托公司支柱型融资业务受到明显冲击，传统业务空间扩展有限。

五是信托行业探索转型方向。由于市场需求及监管政策导向的变化，各信托公司纷纷寻找转型方向：改造信贷类信托业务模式，推出债券型信托直接融资工具；设立直投专业子公司，发展真正的股权投资业务；开展并购业务，参与企业并购重组；发展资产管理等收费型业务，开展信贷资产证券化等业务；探索家族财富管理，为客户量身订制资产管理方案等。新型业务探索为信托的发展创造了更多想象空间。

4.4 内部控制

4.4.1 内部控制环境和内部控制文化

公司构建由股东会、董事会、监事会和高级管理层构成的现代公司治理机制，三会分设，形成有效制约、协调发展。公司各治理主体职责明确，严格按照法律法规、公司章程及相关制度的规定，相对独立地开展工作，充分发挥有效的制衡作用。

公司以建立良好的公司治理为目标，以树立合法合规经营的理念和风险控制优先的意识为前提，形成业务不断发展和风险有效控制的运行机制。公司高度重视内部控制文化建设，大力培育全面风险管理理念，通过各类培训、内刊刊载、研讨活动等形式，提升员工的法治观念、诚信观念和道德水准，提高风险管理的自觉性。

4.4.2 内部控制措施

公司按照现代企业制度的要求，遵循全面性、重要性、制衡性、适应性、审慎性、独立性、成本效益、防火墙的原则和决策、执行、交流、监督、反馈的内控制度程序，采取五个方面的措施来加强公司的内控制度建设。

4.4.2.1 组织结构内部控制

公司依据业务系统、决策系统、执行系统、监督系统相互制衡的原则，建立科学的、相互制约的前台、中台、后台组织机构设置。公司各职能部门按照职责分工履行各自的管理职责并实现经营目标。公司采取自营业务和信托业务相分离的机构安排，构建权责清晰、目标明确、相互制衡、协调统一的组织机构设置。主要包括：

股东层面：股东会审议批准董事会制定的各项政策与经营计划。董事会负责审批公司的整体经营战略和重大政策；批准公司基本管理制度；任命高级管理层；董事会对管理层、审计机构、监管机构的内部控制评估报告进行审查，并监督管理层落实整改措施。

经营层面：高管层负责实施经董事会批准的内部控制的总体政策及策略，并通过制定相应的内部管理制度和业务管理制度来具体执行；采取固有财产与信托财产隔离、前中后台职责分离的管理理念，分设前台（固有资产管理部、信托业务部门、营销中心、不动产投资部、创新业务部、业务管理部等业务部门）、中台（合规部、风控部、战略发展部等支持部门）和后台（运营管理部、计划财务部、稽核部、人力资源部、综合管理部、信息技术部等管理部门）。2014 年，公司将信托业务部门划分为南区业务部门、北区业务部门，并根据战略规划，在北区（主要为北京、青岛）扩充业务部门；同时，公司设置南区、北区业务管理部，负责立项、业务承揽数据统计等职能。通过部门设置的不断完善，公司形成了相互制衡的控制体系，有效降低了经营风险。

监督层面：监事会负责检查公司整体运营情况和风险管理情况。董事会下设信托委员会、风险管理委员会、审计委员会、提名与薪酬委员会、战略发展委员会，并分别履行职能。信托委员会负责监督公司依法履行的受托职责；风险管理委员会负责公司的风险控制、管理、监督和评估，以及重大关联交易的审核；审计委员会负责公司内、外部审计的沟通，监督公司内部审计制度及其实施；提名与薪酬委员会负责提名公司高管，拟定董事及高管的考核标准并进行考核，审查董事和高管的薪酬政策和方案；战略发展委员会根据金融市场的发展及政策变化，研究金融行业在各个时段的特征，对公司业务发展方向提出指导性的意见。重大事项决策委员会是公司决定重大事项的非常设决策机构，重大事项决策委员会的职责为在公司授权制度及方案中超出总经理权限范围，且章程未明确规定由董事会、董事长行使职权的事项，及董事会授权重大事项决策委员会决策的或者董事长、总办会在其授权范围内认为需要提交重大事项决策委员会审议的事项进行决策。稽核部门负责对各部门、各岗位、各项业务的开展情况实施全面的监督检查和评价。

4.4.2.2 授权内部控制

公司建立统一、完善的授权体系，形成层级分明、权限清晰的授权理念。同时，公司建立以基本授权和特别授权为内容的授权管理制度，明确各部门、各岗位的管理及业务操作、审批权限，并将权限管理与业务系统、审批程序相结合，保证各级管理人员和操作人员在各自授权范围内行使职权并承担责任。公司各项投资决策按规定程序办理，并保留相应记录，严控各种违反授权行为的发生。

4.4.2.3 业务内部控制

公司在业务管理上，除了制定较为完善的业务管理制度、业务操作流程、岗位操作手册外，还注重资产的合理配置，以防范资产过度集中于高风险领域，保障资产安全性。同时，公司着力做好固有和信托业务的内部防火墙工作，具体包括：公司的自营业务和信托业务相互分离，分别由不同的业务部门管理；公司固有财产和信托财产分开管理、分别核算，并由不同的会计人员负责；自营业务和信托业务做到信息隔离，各业务信息相互独立，业务人员做到对工作中知悉的未公开的业务信息保密。2014 年公司组建了流程小组，系统地对流程管理工作进行规划，并分阶段对信托业务、固有业务和管理流程进行优化。

4.4.2.4 关联交易内部控制

公司为加强关联交易决策和监督的控制，防范关联交易所导致的风险,制定关联交易管理制度,包括但不限于关联交易的范围、关联方的范围、公允价格的确定、董事会或者经营决策机构对关联交易的监督管理、重大关联交易识别等。公司做好日常对关联方的信息收集与管理工作、回避制度、内部审计监督、信息披露等内容。关联交易按照国家法律法规的规定和银监会的要求,做到比例控制,逐笔报告,充分信息披露。

4.4.2.5 突发事件处理机制

公司为了防范突发事件给公司正常经营造成困难,制定了《项目异常处理办法》、《信托项目异常处理预案》。当信托项目异常性质触发项目异常处置小组成立条件,则项目异常处理预案启动。启动后,由风控分管领导和业务分管领导牵头,落实项目处置方案与程序,寻找项目对接资金,并积极同资管公司、金融同业、交易对手共同商议处置办法,以降低项目异常造成的损失。

4.4.2.6 制度内部控制

公司本着规范管理、防范风险的原则,不断加强内控制度的建设和完善。公司通过制定基本管理制度、具体规章制度、部门规章制度,建立层次分明、权责清晰、管控合理的规章制度体系。随着公司的发展,公司不断建立、健全各级规章制度,以加强内部控制,降低各类风险事件的发生;内部规章制度所涉及的范围包括但不限于业务管理、财务会计、风险管理、内部控制、行政人事等。

4.4.3 信息交流与反馈

公司的相关业务流程中设有信息反馈环节,确保公司各项管理信息在部门之间、部门内部能进行及时的传递和正确的处理。公司配备专职信息技术人员,按照要求加强公司信息系统的建设。

公司建立了有效的信息交流和反馈机制,确保股东会、董事会、监事会、高级管理层及时了解本行业的经营和风险状况,确保信息能够传递给相关的人员,各个部门和人员的有关信息能够顺畅反馈。

公司建立了完善的内部管理信息系统,为内部控制的设计、执行和反馈提供信息保障,建立与各部门定期沟通机制,及时、真实、完整地传导和交流信息,并做到及时反馈信息。

公司及时、准确地向监管部门报送监管部门所需要的各种数据和资料,并将监管部门的意见及时、准确地传达给公司相关人员。

通过公司网站、报纸等平台,向社会公众准确、及时地披露公司有关信息,充分发挥社会公众对公司内控制度的监督作用。

4.4.4 监督评价与纠正

公司建立有效的报告和纠正机制,业务部门和其他部门员工发现内部控制问题时,及时向合规部报告,合规部负责整改和监督落实情况。

公司设立稽核部门,负责内部控制的监督评价,发现内部控制的隐患和缺陷时,及时报告与纠正;对内部控制的制度建设和执行情况定期进行检查评价,并根据检查结果提出内部控制缺陷及改进建议。

公司设立监事会,负责监督公司整体运营情况和风险管理情况,并进行评价。

公司根据监管机构检查结果和所提的改进意见,明确整改措施,并督促相关部门落实。

4.5 风险管理

4.5.1 风险管理概况

公司重视风险管理,通过建立健全各项规章制度,制定清晰的岗位职责,设置专职的风险管理部门,将现代风险管理技术与传统风险管理方法相结合,对可能产生的风险及时做出反应。公司建立以事前防范为主、事中控制及事后监督并举的全面风险管理体系,切实开展各项工作,及时防范、化解风险,保障公司持续、稳健、规范、健康地运行。

4.5.1.1 公司经营活动中可能遇到的风险

公司经营活动中可能遇到的风险主要有:信用风险、市场风险、操作风险、法律风险、政策风险、声誉风险。

4.5.1.2 公司风险管理的基本原则与政策

公司风险管理遵循全面性、重要性、制衡性、适应性、审慎性、独立性、成本效益及防火墙原则,风险管理贯穿于整个公司,是全员参与的全过程管理,覆盖到公司各个部门、各级人员及各项业务,并渗透到分析、决策、执行、监督、评价等各个环节。

4.5.1.3 公司风险管理组织结构与职责划分

公司构建以董事会为核心的覆盖全公司的矩阵式风险管理组织结构,主要包括以下几项核心要素:

董事会:负责审批公司风险管理战略,审定公司总体风险水平,监控和评价风险管理的有效性和公司管理层在风险管理方面的履职情况;董事会及董事会各委员会通过各项管理政策的逐级下达,实现对公司经营风险的前端控制和纵向风险信息的传递。

高级管理层:公司设立总经理办公会、固有业务评审会、信托业务评审会,分别负责高级管理层权限内的公司日常管理事务、固有业务、信托业务的审议和决策。

风控部:负责建立健全公司风险管理体系;负责制定风险管理相关制度;负责公司各类业务风险的日常管理,对公司业务开展中的各类风险实施事前评估、项目的存续期间管理,化解和降低公司运营风险。

合规部:负责公司经营的合规性审查;负责公司业务的合规性审查;承担公司的政策法律事务,审核相关法律文书及合同,防范法律风险;代表公司对外处理相关法律事务,维护公司的合法权益。

战略部:负责制订公司战略;负责新产品研发。

营销中心:负责对信托产品销售环节的风险控制;负责合格投资人审查;负责审查资金来源合法合规。

运营管理部:负责信托产品开户、托管、估值、清算分配及季度管理报告披露。

计划财务部:负责固有项目划款、还款;通过会计核算和财务管理对公司财务状况及经营情况进行分析管理。

稽核部:检查公司内部风险管理制度和流程的日常执行情况,对公司内部风险控制制度的合理性、有效性进行分析,提出改进意见并直接向董事会和审计委员会报告。

业务部门:各业务部门是风险管理的第一责任部门,承担与其业务相关的风险管理责任。各业务部门是公司业务风险管理的具体实施单位,在公司各项基本管理制度的基础上,根据具体情况确定本部门的业务开拓方向、业务管理规定。

4.5.2 风险状况

公司经营活动中可能遇到的主要风险有:信用风险、市场风险、操作风险等。

4.5.2.1　信用风险状况

信用风险主要是指交易对手不能或不愿按期偿还债务而使委托人或公司遭受损失的可能性。报告期内，公司发生的各类业务均经过严格的内部评审程序，合法合规，保障措施充分，交易对手信用度较好，信用风险可控。报告期末，公司无不良资产。

4.5.2.2　市场风险状况

市场风险主要是指由于金融市场的波动或行情的变化给公司或其他信托当事人带来损失的可能性，主要表现为因经济运作周期变化、金融市场利率波动、通货膨胀、房地产交易、证券市场变化等造成的风险，这些风险可能影响信托财产的价值及信托收益水平，也可能影响公司固有资产价值或导致损失。2014 年公司密切关注各类市场风险，勤勉、尽职履行职责。报告期内，公司未发生因该类风险所造成的损失。

4.5.2.3　操作风险状况

操作风险主要指由于内部程序、人员、系统的不完善或失误，或外部事情造成直接或间接损失的风险，即由公司内部操作流程、人为因素、体制及外部事件引起的风险。报告期内，公司未发生此类风险。

4.5.2.4　其他风险状况

其他风险主要包括法律风险、政策风险、声誉风险等。法律风险指公司在业务经营过程中由于不当的法律文书、违约行为或怠于行使自身法律权利等所造成的风险。政策风险是因国家宏观政策或监管政策发生变化，而导致经营风险、项目风险上升。声誉风险指由于公司内部管理或服务出现问题而引起自身外部社会名声、信誉和公众信任度下降，从而对公司外部市场地位产生消极和不良影响的风险。报告期内，公司未发生此类风险。

4.5.3　风险管理

4.5.3.1　信用风险管理

公司通过事前评估、事中控制、事后监督的风险管理体系来防范和规避信用风险，具体措施包括：(1)严格按照业务流程、制度规定和相应程序开展各项业务，确保决策者充分了解业务涉及的信用风险；(2)对交易对手进行全面、深入的信用调查与分析，形成客观、详实的尽职调查报告；(3)完善评审规则和流程，坚持集体决策的评审制度，全方面排查风险；(4)严格落实项目的保障措施，注意对抵押物权属有效性、合法性进行审查，客观、公正评估抵押物；(5)业务部门、风控部进行项目期间管理，跟踪交易对手情况、监控担保品价值及项目进度，若发现问题及时采取措施有效防范和化解各类风险；(6)严格按要求，足额计提相关资产减值准备，并按规定比例提取信托赔偿准备金，以提高公司抵御风险的能力。

4.5.3.2　市场风险管理

公司制定并不断完善市场风险管理原则和程序，对每项业务和产品中的市场风险因素进行分解和分析，及时准确识别业务中市场风险的类别和性质，具体措施包括：(1)对宏观经济走势、政策变化、投资策略演变及其他影响市场变化的因素进行持续分析，为投资决策提供参考；(2)关注国家宏观政策变化，规避限制类行业和相关项目；(3)进行资产组合管理，并动态调整资产配置方案，以规避或降低市场风险；(4)控制行业集中度，控制总体证券投资规模、设定证券投资限制指标和止损点；(5)加强对投资品种的研究和科学论证，按严格的流程进行控制；(6)密切监控已开展业务的运行情况，根据市场风险情况及时做出投资调整，避免或降低市场风险引起的损失。同时，公司通过做好实时监控、风险敞口限额控制、止损设置、压力测试等措施，最大限度降低风险。

4.5.3.3　操作风险管理

公司通过不断完善规章制度，对部门、岗位制定了明确的职责和权限，职责的制定体现岗位相互分离的原则，能够实现中台、后台对前台的监督；对公司的各项业务制定了具体的业务操作流程，消除人为因素而造成的风险，保障风险控制体系的有序规范运行，并通过事后评价和总结，防止相类似的风险发生。公司定期或不定期对员工进行培训，并对渎职、越权或违背操作规定的人员进行问责；公司定期对内部的计算机信息系统进行维护和保养，加强技术系统的管理，保证其正常运行，消除风险隐患。

4.5.3.4　其他风险管理

对于法律风险，公司设置合规部，配备法律专业人员，同时聘请外部法律顾问，处理公司的各项法律、合规事务，帮助公司把好守法合规经营关；同时，公司通过员工教育和培训，强化合法合规意识，培育内部法律合规环境。

对于政策风险，公司严格依法合规经营，与监管部门保持紧密联系，及时获得和了解政策动向；公司定期或不定期组织员工学习相关政策文件，加强对宏观形势的分析研究。

良好的声誉是一家金融机构健康发展的重要资源。公司对可能影响公司声誉的业务坚决予以回避，尽职管理受托资产，履行承诺事项，并充分披露相关信息，塑造公司专业和诚信的社会形象。

5. 报告期末及上一年度末的比较式会计报表

5.1　自营资产(经审计)

5.1.1　会计师事务所审计意见

审 计 报 告

众会字[2015]0527 号

陆家嘴国际信托有限公司全体股东：

我们审计了后附的陆家嘴国际信托有限公司(以下简称陆家嘴信托公司)财务报表，包括 2014 年 12 月 31 日的资产负债表，2014 年度的利润表、现金流量表、所有者权益变动表以及财务报表附注。

一、管理层对公司财务报表的责任

编制和公允财务报表是陆家嘴信托公司管理层的责任，这种责任包括：(1)按照企业会计准则的规定编制财务报表，并使其实现公允反映；(2)设计、执行和维护必要的内部控制，以使财务报表不存在由于舞弊或错误导致的重大错报。

二、注册会计师的责任

我们的责任是在执行审计工作的基础上对财务报表发表审计意见。我们按照中国注册会计师审计准则的规定执行了审计工作。中国注册会计师审计准则要求我们遵守中国注册会计师职业道德守则，计划和执行审计工作以对财务报表是否不存在重大错报获取合理保证。

审计工作涉及实施审计程序，以获取有关财务报表金额和披露的审计证据。选择的审计程序取决于注册会计师的判断，包括对由于舞弊或错误导致的财务报表重大错报风险的评估。在进行风险评估时，注册会计师考虑与财务报表编制和公允列报相关的内部控制，以设计恰当的审计程序，但目的并非对内部控制的有效性发表意见。审计工作还包括评价管理层选用会计政策的恰当性和作出会计估计的合理性，以及评价财务报表的总体列报。

我们相信，我们获取的审计证据是充分、适当的，为发表审计意见提供了基础。

三、审计意见

我们认为，陆家嘴信托公司财务报表在所有重大方面按照企业会计准则的规定编制，公允反映了陆家嘴信托公司 2014 年 12 月 31 日的财务状况以及 2014 年度的经营成果和现金流量。

中国注册会计师 

中国注册会计师  

中国·上海　　　　2015 年 2 月 6 日

5.1.2 资产负债表

编制单位：陆家嘴国际信托有限公司　　　　2014 年 12 月 31 日　　　　单位：元

项目	行次	2013 年度	2014 年度	项目	行次	2013 年度	2014 年度
资产：				负债：			
现金	1	4 500. 94	6 399. 76	向中央银行借款	28		
存放同业款项	2	161 770 615. 90	536 705 321. 24	联行存放款项	29		
贵金属	3			同业及其他金融机构存放款项	30		
存放联行款项	4			拆入资金	31		
存放央行款项	5			交易性金融负债	32		
拆出资金	6			衍生金融负债	33		
交易性金融资产	7	309 356 640. 57	428 885 720. 76	卖出回购金融资产款	34		
衍生金融资产	8			吸收存款	35		
买入返售金融资产	9	110 204 986. 00	725 234 480. 00	应付职工薪酬	36	117 545 091. 66	242 043 766. 68
应收款项类金融资产	10			应交税费	37	45 883 509. 66	94 611 481. 70
应收利息	11	10 194 720. 53	13 844 824. 79	应付利息	38		
其他应收款	12	5 625 149. 00	9 045 194. 95	其他应付款	39	7 375 046. 79	11 371 010. 97
发放贷款和垫款	13			预计负债	40		
可供出售金融资产	14	846 498 318. 00	1 986 067 100. 00	应付债券	41		
持有至到期投资	15	40 000 000. 00		递延所得税负债	42		
长期股权投资	16			其他负债	43		
投资性房地产	17			负债合计	44	170 803 648. 11	348 026 259. 35
固定资产	18	5 284 339. 10	6 532 634. 96	所有者权益（或股东权益）：			
在建工程	19			实收资本（或股本）	45	1 068 346 200. 00	3 000 000 000. 00
固定资产清理	20			国家资本	46		
无形资产	21	5 371 670. 24	8 123 570. 54	集体资本	47		
商誉	22			法人资本	48	1 068 346 200. 00	3 000 000 000. 00
长期待摊费用	23	1 759 733. 27	3 937 212. 19	其中：国有法人资本	49	1 068 346 200. 00	3 000 000 000. 00
抵债资产	24			个人资本	50		
递延所得税资产	25	32 949 061. 96	58 300 554. 18	外商资本	51		
其他资产	26	815 323. 39	2 353 393. 98	资本公积	52		

续表

项目	行次	2013 年度	2014 年度	项目	行次	2013 年度	2014 年度
				减:库存股	53		
				其他综合收益	54	-4 029 463. 39	1 106 975. 89
				盈余公积	55	34 794 619. 82	70 589 916. 53
				一般风险准备	56	37 155 585. 18	86 391 249. 65
				未分配利润	57	222 764 469. 18	272 922 005. 93
				外币报表折算差额	58		
				归属于母公司所有者权益合计	59	1 359 031 410. 79	3 431 010 148. 00
				少数股东权益	60		
				所有者权益(或股东权益)合计	61	1 359 031 410. 79	3 431 010 148. 00
资产总计	27	1 529 835 058. 90	3 779 036 407. 35	负债和所有者权益(或股东权益)总计	62	1 529 835 058. 90	3 779 036 407. 35

总经理:丁文忠　　财务总监:浦凤丹　　会计机构负责人:浦凤丹　　制表:陈　燕

5. 1. 3　利润表

编制单位:陆家嘴国际信托有限公司　　2014 年度　　单位:元

项　　目	行次	2013 年度	2014 年度	项　　目	行次	2013 年度	2014 年度
一、营业收入	1	565 963 466. 63	845 469 598. 02	(四)其他业务成本	18		
(一)利息净收入	2	6 275 656. 62	6 857 138. 89	三、营业利润(亏损以"-"号填列)	19	351 219 952. 49	465 746 188. 98
利息收入	3	6 275 656. 62	6 857 138. 89	加:营业外收入	20	2 532 852. 87	12 510 000. 00
利息支出	4			减:营业外支出	21	300 300. 00	45 156. 91
(二)手续费及佣金净收入	5	502 872 489. 90	700 034 928. 47	四、利润总额(亏损以"-"号填列)	22	353 452 505. 36	478 211 032. 07
手续费及佣金收入	6	502 872 489. 90	700 034 928. 47	减:所得税费用	23	83 623 020. 18	120 258 064. 96
手续费及佣金支出	7			五、净利润(亏损以"-"号填列)	24	269 829 485. 18	357 952 967. 11
(三)投资收益(损失以"-"号填列)	8	63 586 740. 91	122 908 611. 70	归属于母公司所有者的净利润	25	269 829 485. 18	357 952 967. 11
其中:对联营企业和合营企业的投资收益	9			少数股东损益	26		
(四)公允价值变动收益(损失以"-"号填列)	10	-6 771 420. 80	15 668 918. 96	六、每股收益:	27		
(五)其他收入	11			(一)基本每股收益(元)	28		
汇兑收益(损失以"-"号填列)	12			(二)稀释每股收益(元)	29		
其他业务收入	13			七、其他综合收益	30	-3 909 381. 96	5 136 439. 28
二、营业支出	14	214 743 514. 14	379 723 409. 04	八、综合收益总额	31	265 920 103. 22	363 089 406. 39
(一)营业税金及附加	15	28 468 454. 03	41 535 569. 88	(一)归属于母公司所有者的综合收益总额	32	265 920 103. 22	363 089 406. 39
(二)业务及管理费	16	188 678 839. 79	338 187 839. 16	(二)归属于少数股东的综合收益总额	33		
(三)资产减值损失或呆账损失(转回金额以"-"号填列)	17	-2 403 779. 68					

总经理:丁文忠　　财务总监:浦凤丹　　会计机构负责人:浦凤丹　　制表:陈　燕

5.1.4 所有者权益变动表

编制单位：陆家嘴国际信托有限公司　　2014 年度　　单位：元

项目	行次	本年金额										
		归属于母公司所有者权益									少数股东权益	所有者权益合计
		实收资本（或股本）	资本公积	其他综合收益	减：库存股	盈余公积	信托赔偿准备金	一般风险准备	未分配利润	其他		
一、上年末余额	1	1 068 346 200.00		-4 029 463.39		34 794 619.82	19 575 370.74	17 580 214.44	222 764 469.18			1 359 031 410.79
加：会计政策变更	2											
前期差错更正	3											
二、本年初余额	4	1 068 346 200.00		-4 029 463.39		34 794 619.82	19 575 370.74	17 580 214.44	222 764 469.18			1 359 031 410.79
三、本年增减变动金额（减少以"－"号填列）	5	1 931 653 800.00		5 136 439.28		35 795 296.71	17 897 648.36	31 338 016.11	50 157 536.75			2 071 978 737.21
（一）净利润	6								357 952 967.11			357 952 967.11
（二）其他综合收益	7			5 136 439.28								5 136 439.28
1. 可供出售金融资产产生的利得（损失）	8			5 136 439.28								5 136 439.28
2. 按照权益法核算的在被投资单位其他综合收益中所享有的份额	9											
3. 现金流量套期工具产生的利得（损失）	10											
4. 外币财务报表折算差额	11											
5. 其他	12											
上述（一）和（二）小计	13			5 136 439.28					357 952 967.11			363 089 406.39
（三）所有者投入和减少资本	14	1 931 653 800.00										1 931 653 800.00
1. 所有者投入资本	15	1 931 653 800.00										1 931 653 800.00
2. 股份支付计入所有者权益的金额	16											
3. 其他	17											
（四）利润分配	18					35 795 296.71	17 897 648.36	31 338 016.11	-307 795 430.36			-222 764 469.18
1. 提取盈余公积	19					35 795 296.71			-35 795 296.71			
2. 提取一般风险准备	20							31 338 016.11	-31 338 016.11			
3. 提取信托赔偿准备金	21						17 897 648.36		-17 897 648.36			
4. 对所有者（或股东）的分配	22								-222 764 469.18			-222 764 469.18
5. 其他	23											
（五）所有者权益内部结转	24											
1. 资本公积转增资本（或股本）	25											
2. 盈余公积转增资本（或股本）	26											
3. 盈余公积弥补亏损	27											
4. 一般风险准备弥补亏损	28											
5. 其他	29											
四、本年末余额	30	3 000 000 000.00		1 106 975.89		70 589 916.53	37 473 019.10	48 918 230.55	272 922 005.93			3 431 010 148.00

总经理：丁文忠　　财务总监：浦凤丹　　会计机构负责人：浦凤丹　　制表：陈　燕

编制单位：陆家嘴国际信托有限公司　　2014年度　　单位：元

项目	行次	上年金额										
		归属于母公司所有者权益									少数股东权益	所有者权益合计
		实收资本(或股本)	资本公积	其他综合收益	减:库存股	盈余公积	信托赔偿准备金	一般风险准备	未分配利润	其他		
一、上年末余额	1	1 068 346 200.00		-120 081.43		7 811 671.30	3 905 835.65	13 167 682.05	53 231 523.99			1 146 342 831.56
加:会计政策变更	2											
前期差错更正	3											
二、本年初余额	4	1 068 346 200.00		-120 081.43		7 811 671.30	3 905 835.65	13 167 682.05	53 231 523.99			1 146 342 831.56
三、本年增减变动金额(减少以"-"号填列)	5			-3 909 381.96		26 982 948.52	15 669 535.09	4 412 532.39	169 532 945.19			212 688 579.23
(一)净利润	6								269 829 485.18			269 829 485.18
(二)其他综合收益	7			-3 909 381.96								-3 909 381.96
1. 可供出售金融资产产生的利得(损失)	8			-3 909 381.96								-3 909 381.96
2. 按照权益法核算的在被投资单位其他综合收益中所享有的份额	9											
3. 现金流量套期工具产生的利得(损失)	10											
4. 外币财务报表折算差额	11											
5. 其他	12											
上述(一)和(二)小计	13			-3 909 381.96					269 829 485.18			265 920 103.22
(三)所有者投入和减少资本	14											
1. 所有者投入资本	15											
2. 股份支付计入所有者权益的金额	16											
3. 其他	17											
(四)利润分配	18					26 982 948.52	15 669 535.09	4 412 532.39	-100 296 539.99			-53 231 523.99
1. 提取盈余公积	19					26 982 948.52			-26 982 948.52			
2. 提取一般风险准备	20							4 412 532.39	-4 412 532.39			
3. 提取信托赔偿准备金	21						15 669 535.09		-15 669 535.09			
4. 对所有者(或股东)的分配	22								-53 231 523.99			-53 231 523.99
5. 其他	23											
(五)所有者权益内部结转	24											
1. 资本公积转增资本(或股本)	25											
2. 盈余公积转增资本(或股本)	26											
3. 盈余公积弥补亏损	27											
4. 一般风险准备弥补亏损	28											
5. 其他	29											
四、本年末余额	30	1 068 346 200.00		-4 029 463.39		34 794 619.82	19 575 370.74	17 580 214.44	222 764 469.18			1 359 031 410.79

总经理：丁文忠　　财务总监：浦凤丹　　会计机构负责人：浦凤丹　　制表：陈　燕

5.2 信托资产

5.2.1 信托项目资产负债汇总表

信托项目资产负债汇总表

编制单位：陆家嘴国际信托有限公司　　2014年12月31日　　单位：万元

信托资产	期末数	期初数	信托负债和信托权益	期末数	期初数
信托资产：			信托负债：		
货币资金	269 623.41	241 977.42	交易性金融负债	—	—
拆出资金	—	—	衍生金融负债	—	—
存出保证金	—	—	应付受托人报酬	1 447.04	—
交易性金融资产	41 224.28	—	应付托管费	69.32	0.03
衍生金融资产	—	—	应付受益人收益	817.89	1 241.90
买入返售金融资产	1 602 896.33	751 920.00	应交税费	—	—
应收款项	54 060.15	15 076.02	应付销售服务费	155.53	—
发放贷款	3 363 875.00	2 975 240.00	其他应付款项	3 283.47	2 464.33
可供出售金融资产	3 730 952.08	2 530 071.56	预计负债	—	—
持有至到期投资	13 176.54	27 786.60	其他负债	—	—
长期应收款	—	—	信托负债合计	5 773.25	3 706.26
长期股权投资	453 700.00	213 600.00	信托权益：		
投资性房地产	—	—	实收信托	9 468 760.54	6 725 634.00
固定资产	—	—	资本公积	—	（7 513.47）
无形资产	—	—	外币报表折算差额	—	—
长期待摊费用	422.03	—	未分配利润	81 896.03	33 844.81
其他资产	26 500.00	—	信托权益合计	9 550 656.57	6 751 965.34
信托资产总计	9 556 429.82	6 755 671.60	信托负债及信托权益总计	9 556 429.82	6 755 671.60

公司负责人：丁文忠　　复　核：娄佩琍　　制　表：李政卿

5.2.2 信托项目利润和利润分配汇总表

信托项目利润及利润分配汇总表

编制单位：陆家嘴国际信托有限公司　2014年度　单位：万元

项目	本年累计数	上年累计数
1. 营业收入	704 732.38	505 209.43
1.1 利息收入	402 466.15	272 496.12
1.2 投资收益	301 647.53	232 713.49
1.2.1 对联营企业和合营企业的投资收益	—	—
1.3 公允价值变动损益	618.38	—
1.4 租赁收入	—	—
1.5 汇兑损益	—	—
1.6 其他收入	0.32	（0.18）
2. 支出	140 545.22	112 381.96
2.1 营业税金及附加	—	—
2.2 受托人报酬	63 214.14	46 986.37
2.3 托管费	9 397.63	6 020.32
2.4 投资管理费	—	—
2.5 销售服务费	15 556.66	14 433.66
2.6 交易费用	185.65	5.19
2.7 资产减值损失	—	—
2.8 其他费用	52 191.14	44 936.42
3. 信托净利润	564 187.16	392 827.47
4. 其他综合收益	7 513.47	（7 721.47）
5. 综合收益	571 700.63	385 106.00
6. 加：期初未分配信托利润	33 844.81	14 411.92
7. 可供分配的信托利润	598 377.47	408 699.67
8. 减：本期已分配信托利润	516 481.44	374 854.86
9. 期末未分配信托利润	81 896.03	33 844.81

续表

公司负责人：丁文忠　　复　核：娄佩琍　　制　表：李政卿

6. 会计报表附注

6.1 会计报表编制基准不符合会计核算基本前提的说明

6.1.1 会计报表不符合会计核算基本前提的事项

本公司以持续经营为基础，根据实际发生的交易和事项，按照《企业会计准则——基本准则》和其他各项会计准则的规定进行确认和计量，在此基础上编制财务报表，无不符合会计核算基本前提的事项。

6.1.2 纳入合并财务报表范围子公司的基本情况

报告期内，本公司无纳入合并会计报表范围的子公司。

6.2 或有事项说明

本报告期内，本公司未发生影响本财务报表阅读和理解的重大或有事项。

6.3 重要资产转让及其出售的说明

本报告期内，无重要资产转让或出售。

6.4 会计报表中重要项目的明细资料

6.4.1 披露自营资产经营情况

6.4.1.1 按信用风险五级分类结果披露信用风险资产的期初数、期末数

风险分类	正常类（万元）	关注类（万元）	次级类（万元）	可疑类（万元）	损失类（万元）	信用风险资产合计（万元）	不良资产合计（万元）	不良资产率（%）
期初数	148 365	0	0	0	3	148 368	3	0
期末数	370 084	0	0	0	3	370 087	3	0

注：不良资产合计＝次级类＋可疑类＋损失类。

6.4.1.2 各项资产减值损失准备的期初、本期计提、本期转回、本期核销、期末数

单位：万元

	期初数	本期计提	本期转回	本期核销	期末数
贷款损失准备	0	0	0	0	0
一般准备	0	0	0	0	0
专项准备	0	0	0	0	0
其他资产减值准备	3	0	0	0	3
可供出售金融资产减值准备	0	0	0	0	0
持有至到期投资减值准备	0	0	0	0	0
长期股权投资减值准备	0	0	0	0	0
坏账准备	3	0	0	0	3
投资性房地产减值准备	0	0	0	0	0

6.4.1.3 按照投资品种分类，分别披露固有业务股票投资、基金投资、债券投资、股权投资等投资业务的期初数、期末数

单位：万元

	自营股票	基金	债券	长期股权投资	其他投资	合计
期初数	7 086	17 880	26 710		78 930	130 606
期末数	5 057	15 853	35 342		257 767	314 019

6.4.1.4 按投资入股金额排序，前五名的自营长期股权投资的企业名称、占被投资企业权益的比例、主要经营活动及投资收益情况等

本报告期内，本公司无长期股权投资。

6.4.1.5 前五名的自营贷款的企业名称、占贷款总额的比例和还款情况等

本报告期内，本公司无自营贷款。

6.4.1.6 表外业务的期初数、期末数；按照代理业务、担保业务和其他类型表外业务分别披露

本报告期内，本公司无表外业务。

6.4.1.7 公司当年的收入结构

收入结构	金额（万元）	占比（%）
手续费及佣金收入	70 003	81.59
其中：信托手续费收入	70 003	81.59
投资银行业务收入		
利息收入	686	0.80
其他业务收入		
其中：计入信托业务收入部分		
投资收益	12 291	14.32
其中：股权投资收益		
证券投资收益	12 291	14.32
其他投资收益		
公允价值变动收益	1 567	1.83
营业外收入	1 251	1.46
收入合计	85 798	100

注：手续费及佣金收入、利息收入、其他业务收入、投资收益、营业外收入均应为损益表中的科目，其中手续费及佣金收入、利息收入、营业外收入为未抵减掉相应支出的全年累计实现收入数。

6.4.2 披露信托财产管理情况

6.4.2.1 信托资产的期初数、期末数

单位：万元

信托资产	期初数	期末数
集合	1 926 105.48	3 674 338.02
单一	4 829 566.12	5 882 091.80
财产权	—	—
合计	6 755 671.60	9 556 429.82

6.4.2.1.1 主动管理型信托业务的信托资产期初数、期末数

单位：万元

主动管理型信托资产	期初数	期末数
证券投资类	111 547.36	66 917.73
股权及其他投资类	1 503 164.28	3 356 691.28
融资类	1 696 267.12	2 421 645.49
事务管理类	60 000.03	200 000.02
合计	3 370 978.79	6 045 254.52

6.4.2.1.2 被动管理型信托业务的信托资产期初数、期末数

单位：万元

被动管理型信托资产	期初数	期末数
证券投资类	—	—
股权及其他投资类	587 214.87	536 360.57
融资类	2 797 477.94	2 382 549.23
事务管理类	—	592 265.50
合计	3 384 692.81	3 511 175.30

6.4.2.2 本年度已清算结束的信托项目表

6.4.2.2.1 本年度已清算结束的信托项目

单位：万元，%

已清算结束信托项目	项目个数	实收信托合计金额	加权平均实际年化收益率
集合类	30	997 310.00	8.48
单一类	51	1 520 652.70	6.81
财产管理类	—	—	—

注：收益率是指信托项目清算后，给受益人赚取的实际收益水平。加权平均实际年化收益率＝（信托项目1的实际年化收益率×信托项目1的实收信托＋信托项目2的实际年化收益率×信托项目2的实收信托＋…＋信托项目n的实际年化收益率×信托项目n的实收信托）/（信托项目1的实收信托＋信托项目2的实收信托＋…＋信托项目n的实收信托）×100%。

6.4.2.2.2　本年度已清算结束的主动管理型信托项目

单位：万元，%

已清算结束信托项目	项目个数	实收信托合计金额	加权平均实际年化信托报酬率	加权平均实际年化收益率
证券投资类	—	—	—	—
股权及其他投资类	14	327 342.70	0.92	8.57
融资类	29	856 660.00	1.35	8.32
事务管理类	—	—	—	—

注：加权平均实际年化信托报酬率 =（信托项目 1 的实际年化信托报酬率 × 信托项目 1 的实收信托 + 信托项目 2 的实际年化信托报酬率 × 信托项目 2 的实收信托 + … + 信托项目 n 的实际年化信托报酬率 × 信托项目 n 的实收信托）/（信托项目 1 的实收信托 + 信托项目 2 的实收信托 + … + 信托项目 n 的实收信托）×100%。

6.4.2.2.3　本年度已清算结束的被动管理型信托项目

单位：万元，%

已清算结束信托项目	项目个数	实收信托合计金额	加权平均实际年化信托报酬率	加权平均实际年化收益率
证券投资类	—	—	—	—
股权及其他投资类	10	180 200.00	0.45	6.14
融资类	27	1 093 760.00	0.41	6.64
事务管理类	1	60 000.00	0.00	8.50

6.4.2.3　本年度新增的信托项目

单位：万元

新增信托项目	项目个数	实收信托合计金额
集合类	68	2 358 036.00
单一类	65	1 978 585.00
财产管理类	—	—
新增合计	133	4 336 621.00
其中：主动管理型	86	2 879 866.00
被动管理型	47	1 456 755.00

注：本年新增信托项目指在本报告年度内累计新增的信托项目个数和金额。包含本年度新增并于本年度内结束的项目和本年度新增至报告期末仍在持续管理的信托项目。

6.4.2.4　信托业务创新成果和特色业务有关情况

在房地产业务方面：公司积极推进城市发展基金类、房地产基金，与优质房地产企业探讨展开房地产基金模式的合作；同时，结合不同区域、城市的市场情况，与实力较强的交易对手展开并购基金的合作模式研究。针对浦东新区优质商业地产项目，公司会结合股东优势，有选择性地展开收购业务，并研发出准 REITs 产品，选择机构客户展开合作。

在资本市场及股权投资业务方面：公司推出的伞形结构化证券信托运营稳定，常态开放，作为切入点全面铺开与各实力券商业务合作。继续推进与行业领先私募机构深层次合作，结构化定增基金及证券投资类私募基金首单业务正稳步推进中，通过此类业务进一步发展主动管理能力，加强一二级联动机会的挖掘，为下一阶段资本市场基金类产品的研发及管理奠定基础。与此同时，公司组建股权投资业务团队及投研团队，启动并购、新三板等新型投资业务。

在创新业务方面：2014 年内，公司已与一系列优质重点客户和合作伙伴签订战略合作协议，为后续深化合作打下基础。其中，与部分战略客户成立合资平台，推进新型信托业务探索。

6.4.2.5　本公司履行受托人义务情况及因本公司自身责任而导致的信托资产损失情况

本公司遵守信托法和信托文件对受托人义务的规定，为受益人的最大利益处理信托事务，管理信托财产时，恪守职守，履行诚实、信用、谨慎、有效管理的义务，没有损害受益人利益的情况。本公司无因自身责任而导致的信托资产损失情况。

6.5　关联方关系及其交易的披露

6.5.1　关联交易方的数量、关联交易的总金额及关联交易的定价政策等

单位：万元

	关联交易方数量	关联交易金额	定价政策
合计	3	39 405.26	关联交易遵循公平、公开、公允的原则进行定价。存在市场价格的，按照市场价格定价；不存在市场价格的，以不优于非关联方同期同类型交易的条件进行定价。

注："关联交易"定义以《公司法》和《企业会计准则第 36 号——关联方披露》有关规定为准。

6.5.2　关联交易方与本公司的关系性质、关联交易方的名称、法定代表人、注册地址、注册资本及主营业务等

单位：万元

关系性质	关联方名称	法定代表人	注册地址	注册资本	主营业务
控股股东	上海陆家嘴金融发展有限公司	杨小明	上海市浦东新区世纪大道 1600 号 30 楼 2506 室	474 500.00	金融产业、工业、商业、城市基础设施等项目的投资、管理，投资咨询，企业收购、兼并。
受同一控股股东控制的公司	陆家嘴财富管理（上海）有限公司	何勇	上海市浦东新区世纪大道 1600 号 25 楼 6～7 室	2 000.00	投资管理，资产管理，商务信息咨询、企业管理咨询、投资咨询（以上咨询均除经纪），财务咨询（不得代理记账），会务服务。
受同一控股股东控制的公司	爱建证券有限责任公司	钱华	上海市浦东新区世纪大道 1600 号 32 楼	110 000.00	证券经纪，证券投资咨询，与证券交易、证券投资活动有关的财务顾问，证券承销与保荐，证券自营，证券资产管理，证券投资基金代销，融资融券（依法须经批准的项目，经相关部门批准后方可开展经营活动）。

6.5.3　逐笔披露本公司与关联方的重大交易事项

6.5.3.1　固有与关联方交易情况：贷款、投资、租赁、应收账款担保、其他方式等期初汇总数、本期借方和贷方发生额汇总数、期末汇总数

本报告期，公司固有业务未发生与关联方的关联交易。

6.5.3.2　信托与关联方交易情况：贷款、投资、租赁、应收账款、担保、其他方式等期初汇总数、本期借方和贷方发生额汇总数、期末汇总数

单位：万元

信托与关联方关联交易				
	期初数	借方发生额	贷方发生额	期末数
贷款	100 000.00	0.00	100 000.00	0.00
投资	20 000.00	22 500.00	26 600.00	15 900.00
租赁	—	—	—	—
担保	—	—	—	—
应收账款	—	—	—	—
其他	—	7 117.10	—	7 117.10
合计	120 000.00	29 617.10	126 600.00	23 017.10

6.5.3.3 信托公司自有资金运用于自己管理的信托项目（固信交易）、信托公司管理的信托项目之间的相互（信信交易）交易金额，包括余额和本报告年度的发生额

6.5.3.3.1 固有与信托财产之间的交易金额期初汇总数、本期发生额汇总数、期末汇总数

单位：万元

固有财产与信托财产相互交易			
	期初数	本期发生额	期末数
合计	67 910.00	145 393.04	213 303.04

注：以固有资金投资公司自己管理的信托项目受益权，或购买自己管理的信托项目的信托资产均纳入统计披露范围。

6.5.3.3.2 信托项目之间的交易金额期初汇总数、本期发生额汇总数、期末汇总数

单位：万元

信托资产与信托财产相互交易			
合计	48 024.00	121 693.33	169 717.33

注：以公司受托管理的一个信托项目的资金购买自己管理的另一个信托项目的受益权或信托项下资产均纳入统计披露范围。

6.5.4 逐笔披露关联方逾期未偿还本公司资金的详细情况以及本公司为关联方担保发生或即将发生垫款的详细情况

本报告期内，公司未发生关联方逾期未偿还本公司资金以及本公司为关联方担保发生或即将发生垫款的情况。

6.6 会计制度的披露

公司固有业务和信托业务，同时执行财政部颁布的《企业会计准则——基本准则》和41项具体会计准则、其后颁布的企业会计准则应用指南、企业会计准则解释以及其他相关规定。

7. 财务情况说明书

7.1 利润实现和分配情况

2014年度公司实现净利润35 795万元。公司在提取10%法定公积金3 579万元、提取5%信托赔偿准备金1 790万元、提取一般风险准备3 134万元后，可供分配利润27 292万元。

7.2 主要财务指标

指标名称	指标值
资本利润率（%）	20.67
加权年化信托报酬率（%）	0.79
人均净利润（万元）	173.76

注：1. 资本利润率＝净利润/所有者权益平均余额×100%。

2. 所有者权益平均余额＝（年初所有者权益/2＋第一季度末所有者权益＋第二季度末所有者权益＋第三季度末所有者权益＋第四季度末所有者权益/2）/4。

3. 加权年化信托报酬率＝（信托项目1的实际年化信托报酬率×信托项目1的实收信托＋信托项目2的实际年化信托报酬率×信托项目2的实收信托＋…＋信托项目n的实际年化信托报酬率×信托项目n的实收信托）/（信托项目1的实收信托＋信托项目2的实收信托＋…＋信托项目n的实收信托）×100%。

4. 加权年化信托报酬率指标反映的是报告年度清算结束项目的信托报酬率。

5. 人均净利润＝净利润/年平均人数，年平均人数＝∑每月末人数/12。

7.3 对本公司财务状况、经营成果有重大影响的其他事项

本报告期内，未发生对本公司财务状况、经营成果有重大影响的其他事项。

8. 特别事项揭示

8.1 前五名股东报告期内变动情况及原因

2014年6月27日，2014年度股东会第二次会议通过《关于增加注册资本金的议案》，公司注册资本由人民币106 834.62万元增至人民币300 000.00万元，新增资本为人民币193 165.38万元；陆金发在其持有的71.606%比例内增资，本次出资金额为人民币138 318.00万元，增资后累计出资额为人民币214 818.00万元，持股比例维持71.606%；青岛国信放弃认缴新增资本，增资后持股比例变为10.112%；引入青岛国信直接和间接合计持有100%股权的国信金控，本次认缴金额为人民币54 847.38万元，增资后持股比例为18.282%。

2014年12月15日，中国银监会批准上述增资及调增股权结构的决议（银监复[2014]928号）。2014年12月23日，公司完成增资验资及工商变更等变更手续。

8.2 董事、监事及高级管理人员变动情况及原因

8.2.1 董事变动情况

2014年6月27日，2014年度股东会第二次会议通过《关于变更董事的议案》，青岛国信提名董事徐国君变更为邓友成。此项变更源于青岛国信的内部调整。新董事邓友成于2014年10月31日取得监管部门的董事任职资格批复。

2014年12月19日，2014年度股东会第三次会议通过《关于变更独立董事的议案》，杨德红变更为沈宏山。此项变更系由于杨德红个人原因请辞。新独立董事沈宏山于2015年1月30日取得监管部门的董事任职资格批复。

2014年6月27日，2014年度股东会第二次会议通过了《关于增加董事会、监事会席位的议案》与《关于选举董事、监事的议案》，在董事会由五席增至七席（其中独立董事由两名增至

三名）的情况下，就新增董事和独立董事席位，选举丁文忠担任董事，选举张广鸿担任独立董事。2015年1月12日，监管部门批准上述治理结构调整事项。新董事丁文忠与新独立董事张广鸿分别于2015年1月29日、2015年1月30日取得监管部门的董事任职资格批复。

2015年2月3日，公司召开第三届董事会第一次会议，会议审议并通过了《关于选举战略发展委员会、信托委员会等五个董事会下设专门委员会委员的议案》。根据第三届董事会人员组成，选举产生第三届董事会下设专门委员会委员。在同日召开的各专门委员会会议上，各专门委员会进一步推选出了相应的主任委员。最终形成的各专门委员会人员组成情况如下：

战略发展委员会：殷剑峰（主任委员）、常宏、邓友成；

信托委员会：沈宏山（主任委员）、丁文忠、邓友成；

审计委员会：殷剑峰（主任委员）、沈宏山、张广鸿；

风险管理委员会：张广鸿（主任委员）、丁文忠、舒榕怀；

提名与薪酬委员会：沈宏山（主任委员）、殷剑峰、舒榕怀。

8.2.2 监事变动情况

2014年3月5日，公司召开2014年第一次股东会，同意选举何勇担任公司监事，万曾炜不再担任公司监事。

2015年2月3日，公司召开2015年度股东会第一次会议，选举张浩、王玲珏、扈鑫担任公司监事，与经公司民主选举产生的两名职工监事翁瑜、汪晖共同组成第三届监事会，杨小明、何勇不再担任公司监事。

8.2.3 高级管理人员变动情况

2013年12月12日，公司召开第二届董事会第八次会议，审议通过了《关于任免公司总经理的议案》，免去陈文陆家嘴国际信托有限公司总经理职务，聘任丁文忠担任陆家嘴国际信托有限公司总经理。2014年6月13日，中国银监会下发《中国银监会关于核准陆家嘴信托丁文忠任职资格的批复》（银监复［2014］352号），核准丁文忠陆家嘴国际信托有限公司总经理的任职资格。

2014年7月7日，中国银监会青岛监管局下发《青岛银监局关于核准翟振明陆家嘴国际信托有限公司副总经理任职资格的批复》（青银监复［2014］158号），核准翟振明陆家嘴国际信托有限公司副总经理的任职资格。

2014年9月23日，公司召开了第二届董事会第十三次会议，审议通过了《关于解聘公司副总经理的议案》，解除崔斌陆家嘴国际信托有限公司副总经理职务。

2015年1月6日，中国银监会青岛监管局下发《青岛银监局关于核准邱翔陆家嘴国际信托有限公司副总经理任职资格的批复》（青银监复［2015］2号），核准邱翔陆家嘴国际信托有限公司副总经理的任职资格。

2015年3月10日，中国银监会青岛监管局下发《青岛银监局关于核准许丹健陆家嘴国际信托有限公司总经理助理任职资格的批复》（青银监复［2015］41号），核准许丹健陆家嘴国际信托有限公司总经理助理的任职资格。

8.3 公司重大诉讼事项

本报告期内，公司未发生重大诉讼事项（包括重大未决诉讼事项、以前年度发生并于报告年度内终结的诉讼事项和报告年度发生并于报告年度内终结的诉讼事项）。

8.4 对会计师事务所出具的有保留意见、否定意见或无法表示意见的审计报告的，公司董事会应就所涉及事项做出说明

会计师事务所对公司出具了标准无保留意见的审计报告。

8.5 公司及其董事、监事和高级管理人员受到处罚的情况

本报告期内，公司及其董事、监事和高级管理人员未发生受到处罚的情况。

8.6 银监会及其派出机构检查意见的整改情况

2014年8月中旬至9月底，青岛银监局对公司实施现场检查并下发现场检查意见书（青银监意［2014］28号）。根据青岛银监局提出的一些检查意见，公司进行了整改并报告青岛银监局。

一是确保尽调审批真实有效，严把项目准入关。充分发挥信托业务评审委员会集体表决机制，全面揭示各项风险并寻求最佳解决方案，尽可能降低过会项目的风险。强化兑付资金来源的跟踪落实，审慎、有效评估交易对手实力和兑付资金来源，并保证对资金流向的有效把控。

二是加强期间管理，有效把控资金流向。根据《项目期间管理办法》，明确各类业务的期间管理频度、要求及前台、中台、后台的各自职责；扩充期间管理岗位的人力配备，并加强对资金流向、项目运行情况、交易对手还款能力等方面的跟踪。

三是完善公司治理和内控体系，强化治理运行和内控执行。公司成立流程小组牵头负责梳理公司制度，并根据重要性和紧迫程度，对公司治理和内控体系开展自我评估；完善各级授权体系、部门和岗位职责、业务流程，做到各司其责、制衡有效、运行有序；加强稽核部人员力量配备，根据实际需要增加信托项目稽核的广度和深度。

四是建立健全风控体系，确保风控工作质效。根据最新监管要求及业务发展特点，公司适时修改各类业务指引，进一步明确各类业务的准入要求，针对不同业务特点匹配不同层次的风控措施，并落实项目期间管理、风险应急处置的安排；制订《关于2014年度信托业务风险资本的分配通知》，明确了2014年信托业务风险资本的分配原则、分配额及超额管理等事项。

8.7 本年度公司重大事项临时事项披露内容

经公司第二届董事会第八次会议审议通过，并经中国银监会核准（银监复［2014］352号），公司总经理由陈文变更为丁文忠，并于2014年7月1日在《上海证券报》进行信息披露。

经中国银监会批准（银监复［2014］928号），陆家嘴国际信托有限公司注册资本金由106 834.62万元增至300 000万元，并于2014年12月22日在《上海证券报》进行信息披露。

8.8 银监会及其省级派出机构认定的其他有必要让客户及相关利益人了解的重要信息

本报告期内，公司未发生银监会及其派出机构认定的其他有必要让客户及相关利益人了解的重大信息。

9. 公司监事会意见

公司第二届监事会根据《监事会议事规则》及相关法律法规，监督检查了公司重大决策、重大经营活动情况及财务状况，认为公司能依法规范运作，公司董事、高级管理人员在履行公司职务时未发生违反法律、法规、公司章程或损害公司利益的行为，公司年度报告真实反映了公司的财务状况和经营成果。

平安信托有限责任公司

1. 重要提示

本公司董事会及董事保证本报告所载资料不存在任何虚假记载、误导性陈述或者重大遗漏，并对其内容的真实性、准确性和完整性承担个别及连带责任。

独立董事夏立平、鲍友德、李罗力认为，本报告真实、准确、完整地披露了公司2014年度的经营管理情况。

普华永道中天会计师事务所（特殊普通合伙）为本公司出具了标准无保留意见的年度审计报告。

公司董事长张金顺、主管会计工作负责人顾攀、财务部负责人李佩锋保证年度报告中财务报告的真实、完整。

2. 公司概况

2.1 公司简介

2.1.1 公司法定中文名称：平安信托有限责任公司
公司法定英文名称：Ping An Trust Co.，Ltd.（缩写为PATC）

2.1.2 公司法定代表人：张金顺

2.1.3 公司注册地址：广东省深圳市福田中心区福华三路星河发展中心办公12～13层
邮政编码：518048
公司国际互联网网址：http://www.pingan.com
电子邮箱：Pub_PATMB@pingan.com.cn

2.1.4 信息披露事务负责人：顾攀
信息披露事务联系人：张翼飞
电话：4008866338
传真：（0755）82415828
电子邮箱：Pub_PATMB@pingan.com.cn

2.1.5 公司选定的信息披露报纸：《证券时报》、《中国证券报》、《上海证券报》、《证券日报》
公司年度报告备置地点：公司董事会秘书处

2.1.6 公司聘请的会计师事务所名称：普华永道中天会计师事务所（特殊普通合伙）
会计师事务所办公地址：上海市湖滨路202号普华永道中心11楼

2.2 组织架构

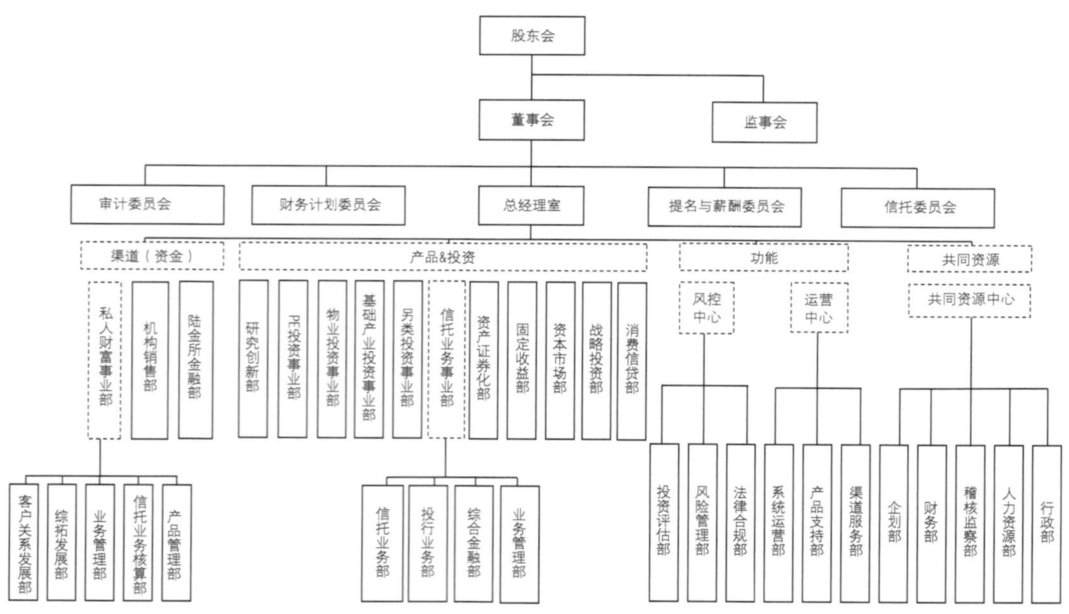

3. 公司治理

3.1 股东

报告期末公司股东总数为2家。

股东名称	持股比例(%)	法人代表	注册资本(万元)	注册地址	主要经营业务及主要财务情况
★中国平安保险(集团)股份有限公司(以下简称平安集团公司)	99.88	马明哲	79.16	深圳市	投资保险企业,监督管理控股投资企业的各种国内、国际业务,开展资金运用业务,2014年末其资产总额40 059.11亿元。
上海市糖业烟酒(集团)有限公司	0.12	葛俊杰	3.21	上海市	食品贸易、产业投资与管理、现代服务业等,2014年末其资产总额359.7亿元。

注:★为公司最终实际控制人。

3.2 董事

董事长、副董事长、董事

姓　名	职　务	性别	年龄	选任日期	所推举的股东名称	该股东持股比例(%)	简　要　履　历
张金顺	董事长	男	50	2014年12月	平安集团公司	99.88	2014年12月加入平安信托有限责任公司,现任本公司董事长,曾任平安银行副行长,兼任北京分行行长、党委书记,获中国人民大学经济学博士学位。
王佳芬[注1]	副董事长	女	64	2012年1月	平安集团公司	99.88	2012年1月加入平安信托有限责任公司,现任本公司副董事长,曾任光明乳业股份有限公司董事长、总裁一职,获得上海电视大学工业管理系学士学位、中欧国际工商管理学院EMBA硕士学位。
任汇川	董事	男	45	2011年4月	平安集团公司	99.88	1992年10月加入平安集团公司,现任中国平安保险(集团)股份有限公司总经理,获北京大学工商管理硕士学位。
王利平	董事	女	58	2007年10月	平安集团公司	99.88	1989年6月加入平安集团公司,原任中国平安保险(集团)股份有限公司副总经理,获南开大学货币银行学硕士学位。
姚　波	董事	男	44	2007年10月	平安集团公司	99.88	2001年5月加入平安集团公司,现任中国平安保险(集团)股份有限公司副总经理,曾任职德勤会计师事务所精算咨询高级经理,获美国纽约大学工商管理硕士学位。
葛俊杰	董事	男	56	2004年9月	上海市糖业烟酒(集团)有限公司	0.12	上海市糖业烟酒(集团)有限公司董事长兼总裁、光明食品集团副总裁,获上海财经大学商业经济专业学位。

注①:王佳芬于2015年2月12日辞任平安信托有限责任公司副董事长。

独立董事

姓　名	所在单位及职务	性别	年龄	选任日期	所推举的股东名称	该股东持股比例(%)	简　要　履　历
夏立平	退休	男	77	2007年10月	平安集团公司	99.88	曾历任中国人民银行金管司副司长、稽核司副司长、货币金银司司长等,获安徽财贸学院银行专业学士学位。
鲍友德	退休	男	83	2008年8月	平安集团公司	99.88	现任上海市总会计师研究会名誉会长、上海市会计学会顾问、上海市财政税务学会顾问,曾任上海市税务局第二分局副局长、副处长,上海市财政局及上海市税务局局长、党委书记,获上海财经学院会计专业学士学位。
李罗力	综合开发研究院(深圳)副理事长	男	68	2007年10月	平安集团公司	99.88	综合开发研究院(深圳)副理事长,曾历任南开大学经济研究所副所长、国家物价局物价研究所副所长、深圳市政府办公室副主任、深圳市委副秘书长等,获南开大学经济学硕士学位。

3.3 监事

监事会成员

姓　名	职　务	性别	年龄	选任日期	所推举的股东名称	该股东持股比例(%)	简　要　履　历
王　芊	监事会主席	女	44	2014年3月	平安集团公司	99.88	现任平安数据科技稽核监察项目中心上海分部副总经理。
张云平	监事	男	53	2014年3月	平安集团公司	99.88	现任中国平安保险(集团)股份有限公司合规部高级合规经理。
方渭清	监事	男	37	2010年12月	职工代表	—	现任本公司稽核监察部副总经理。

3.4 高级管理人员

姓 名	职 务	性别	年龄	选任日期	金融从业年限（年）	学历	专 业	简 要 履 历
宋成立	总经理	男	54	2003 年 7 月	24	硕士	管理学	2003 年 7 月加入平安信托公司，原任中国平安财产保险股份有限公司副总经理。
高菁[注1]	副总经理	男	50	2014 年 8 月	30	硕士	工商管理	2014 年 8 月加入平安信托公司，原任平安养老保险股份有限公司常务副总经理。
封群[注2]	副总经理	男	45	2010 年 8 月	21	硕士	工商管理	2010 年 8 月加入平安信托公司，原任深圳平安财富通咨询有限公司总经理。
庄汉平[注3]	总经理助理	男	47	2012 年 1 月	17	博士后	环境工程	2012 年 1 月加入平安信托公司，原任平安资产管理有限责任公司总经理助理。
顾 攀	总经理助理	男	51	2013 年 9 月	17	博士	计算机	2008 年 9 月加入平安信托公司，原任风险管理部兼投资评估部总经理。
李萌[注3]	总经理助理	男	39	2013 年 9 月	16	硕士	工商管理	2009 年 4 月加入平安信托公司，原任平安信托有限责任公司信托业务部总经理。

注 1：高菁于 2015 年 1 月 1 日不再担任平安信托有限责任公司常务副总经理。
注 2：封群于 2015 年 3 月 11 日不再担任平安信托有限责任公司副总经理。
注 3：庄汉平、李萌于 2015 年 1 月 1 日不再担任平安信托有限责任公司总经理助理。

3.5 公司员工

报告期末，公司职工人数为 1 053 人，平均年龄 32 岁，其中博士学历占 2%、硕士学历占 44%、本科学历占 48%、其他学历占 6%。

4. 经营管理

4.1 经营目标、方针、战略规划

4.1.1 经营目标

公司致力于成为中国最大、最强信托公司，在原有“财富管理业务”与“非资本投资业务”两大核心业务基础上实现业务模式的整合、升级，打造涵盖“私人财富管理业务”、“机构资产管理业务”、“金融同业业务”及“私募投行/股权投资业务”四大核心业务的全新业务模式，以收取管理费及表现费为主要收入来源的轻资本盈利模式。公司通过强大的风险管理能力、产品平台、多元资金募集渠道、投后管理能力等，形成公司经营管理组合拳，确保战略目标达成。

4.1.2 经营方针

公司以“品质优先，利润导向；遵纪守法，挑战新高”为经营方针，切入最具成长性的中国高净值人士理财市场，发展私人财富管理业务；打造领先的机构资产管理能力；形成一流的非资本市场投资能力。合理配置资源，高效运用资金，力争 ROE 水平位居行业前列，实现中国最具创新力的信托公司的行业领先地位。以平安集团为依托，发挥资源获取、资产管理、投资咨询、风险管控等方面的优势，为机构客户与个人客户提供全周期、全流程、全方位的金融解决方案。

4.1.3 战略规划

本公司主要聚焦包括财富管理、资产管理、交易金融、公司金融、投资银行和 PE 投资在内的六大业务板块，持续强化风险管控与前置；充分发挥综合金融与互联网金融两大竞争优势，为机构与个人客户提供全周期、全流程、全方位的金融解决方案，实现中国一流的、最具创新力的信托公司的行业领先地位。

4.2 经营业务的主要内容

2014 年，全球经济整体缓慢复苏，不同经济体间呈现差异化表现，发达经济体复苏向好，新兴经济体出现减速，全球经济仍然面临较多不确定性。中国主动实施全面深化改革，受困于产能过剩，地方债务高企，消费需求不足，国内经济增速放缓。当前中国经济正处于增长换挡期、结构调整阵痛期及前期刺激政策消化期的“三期叠加”阶段，经济呈现“新常态”，使得宏观经济面临较大下行压力。利率市场化的推进、资产管理业务的扩张、房地产业去产能化并面临结构性风险，以及监管机构加强影子银行的治理，使信托行业发展面临巨大挑战。

面对市场变化的不确定性及持续加剧的行业竞争，2014 年，平安信托积极克服经济环境波动等诸多外部不利因素，在业务稳步运行的同时，严控业务风险，持续推进业务模式改造与转型，不断探索创新，强化核心竞争力，继续保持了领先行业的业务增长水平。

公司面向个人高净值客户及机构客户提供综合、多样化、全方位的高品质投融资服务。截至 2014 年 12 月 31 日，信托计划资产管理规模 3 998.49 亿元，较年初增长 37.7%。

作为个人高净值客户与机构客户财富管理提供商，公司建立了强大的高净值个人客户资金及包括保险资金、企业资金在内的机构资金募集渠道。高净值客户数实现稳步增长，截至 2014 年 12 月 31 日，活跃高净值客户数突破 3 万，较年初增长 37.3%。公司坚持为高净值客户提供资产配置、服务，推动客户升级迁徙，2014 年存续信托资产超过 500 万元的高净值客户数增长明显，其中存续信托资产在 1 000 万元以上超高净值客户较年初增长 46.9%；存续信托资产在 500 万元至 1 000 万元的中高净值客户较年初增长 46.8%。

2014 年，公司投资领域均取得了不错的成长与突破。物业投资板块，公司积极开拓保险资金和企业年金投资渠道，投资新增规模持续扩大，助力公司业务快速发展。基建投资板块，公司加快对公资金募集与险资管理能力建设，积极拓展多家险资机构，成果显著；与此同时，公司积极布局国有企业改制投资领域。债券业务方面，业务团队精准把握债券市场机遇持续加大债券类资产配置。而作为业内首家推出家族信托业务的信托公司，公司家族信托业务也逐渐走向成熟、稳健发展。

针对行业发展趋势与现状，公司持续完善按照《巴塞尔协议 II》要求建立的业内领先的全面风险管理体系，识别、计量、监控以及管理各类风险。通过风险限额、净资本等指标体系管

理公司市场风险、信用风险、流动性风险、合规风险、集中度风险、操作风险等六大风险。通过建立更加严格的内部信用评级系统，选择优质的交易对手和项目。此外，遵照《关于信托公司风险监管的指导意见》精神，公司积极推进建立健全"双线"风险防控责任制，并按监管要求制定《恢复与处置计划》，涵盖"股东流动性支持和资本补足机制"、"高管激励性薪酬延付制度"、"限制分红和红利回拨机制"、"业务分割及恢复机制"及"机构处置机制"等。基于严格的风险管理、稳健的经营风格，公司2014年如期兑付所有信托计划，其中，房地产项目兑付规模约400亿元，未发生兑付风险事件。

公司严格遵照监管要求，定期监控与净资本相关的各类指标，包括净资本、净资本与风险资本之比、净资本净资产之比。截至2014年12月31日，公司净资本规模为145.87亿元，远高于监管要求的2亿元。净资本/各项业务风险资本之和比例为171%，高于监管要求的100%。净资本/净资产比例为74%，符合监管要求。

2014年，公司凭借优秀业绩、突出表现和良好口碑，先后摘得多个行业权威奖项，五度蝉联由《证券时报》评定的"中国优秀信托公司"奖，并摘得"最佳风险管理信托公司"奖；连续四年蝉联用益信托网全国信托公司综合实力排行榜第一名；荣获由《第一财经日报》评选出的2014年度第一财经金融价值榜上获"年度信托公司"称号；获得由《经济观察报》评定的"年度卓越品牌建设信托公司"奖；荣获《金融时报》评定的中国金融机构金牌榜·金龙奖"年度最具影响信托公司"奖。

自营资产运用与分布表

资产运用	金额（万元）	占比（%）	资产分布	金额（万元）	占比（%）
货币资产	146 858.76	6.89	基础产业	—	—
贷款及应收款	1 050.10	0.05	房地产业	64 359.03	3.02
划分为持有待售的资产	64 359.03	3.02	证券市场	—	—
可供出售金融资产	822 912.78	38.62	实业	556 364.92	26.11
应收款项类投资	13 485.83	0.63	金融机构	1 440 078.50	67.58
长期股权投资	608 361.88	28.55	其他	70 006.74	3.29
应收股利	85 907.00	4.03			
其他应收款	379 410.84	17.81			
其他	8 462.97	0.40			
资产总计	2 130 809.19	100.00	资产总计	2 130 809.19	100.00

注：除特别说明外，本报告中金额均以人民币计量。

资产运用中"其他"项主要包括固定资产、无形资产、递延所得税资产等。

信托资产运用与分布表

资产运用	金额（万元）	占比（%）	资产分布	金额（万元）	占比（%）
货币资产	2 419 651.03	6.05	基础产业	3 883 342.12	9.71
贷款	15 933 573.67	39.85	房地产	9 185 269.36	22.97
交易性金融资产	3 460 527.11	8.65	证券市场	9 312 151.36	23.29
可供出售金融资产	11 272 061.23	28.19	实业	8 609 983.87	21.53
持有至到期投资	257 372.68	0.64	金融机构	5 341 405.01	13.36
长期股权投资	1 818 900.14	4.55	其他	3 652 708.83	9.14
买入返售资产	2 839 803.31	7.11			
其他	1 982 971.38	4.96			
资产总计	39 984 860.55	100.00	资产总计	39 984 860.55	100.00

4.3 市场分析

4.3.1 "新常态"下公司面临的机遇

4.3.1.1 经济转型升级、新城镇化进程加快，蕴藏巨大投融资需求

新城镇化进程的加快逐步推动土地制度改革、基础设施建设、工业转型升级进程，带动轨道、环保、水电等行业增长，其中蕴藏着巨大的投融资需求。据测算，城镇化率每提高1%，就会带动中国GDP一年内增长8%，五年内增长3.5%。可以预见，这将成为中国未来经济增长的最重要引擎之一。另外，城镇化过程中蕴藏资产资本化、融资多元化、资本金融化等重大趋势。信托作为唯一可以横跨货币市场、资本市场、实业投资的金融机构，能更好地抓住城镇化进程中的市场机会，为客户提供全方位的金融服务。

"十二五"规划将节能环保、新兴信息产业、生物产业、新能源、新能源汽车、高端装备制造业和新材料七个产业列为战略新型产业。经济转型升级过程中，新型产业是政策扶持的重点领域，具有极大的发展空间和长期投资价值，为信托业发展提供长期动力。

我国GDP每年仍保持着7%的平均增速，按此增速预测，社会融资总额需要增加约15万~20万亿元。以目前银行体系、资本市场的资金供给能力测算，每年资金缺口近5万亿元人民币，而该资金缺口均需通过非银行渠道实现，这为信托业的发展带来巨大市场机遇。

4.3.1.2 高净值人士财富高速增长，私人财富管理业务进入黄金发展期

据估计，到2015年，中国高净值人群人数的年增长率接近17%，可投资总资产规模预计将继续保持年增长率22%，2015年达到近58万亿元。届时，中国将成为亚洲仅次于日本的第二大在岸财富管理市场。公司凭借过去几年形成的产品优势和客户资源，具备抓住私人财富管理业务发展机遇的能力。

4.3.1.3 互联网金融蓬勃发展，成为不可忽视的巨大力量

小微贷款、P2P贷款、互联网销售理财和基金产品等逐渐在规模扩张中走向成熟。随着监管的完善和推进、传统金融机构的不断拥抱，互联网金融势将从边缘走向主流。云计算、大数据，以及移动互联网的发展，将带来一次根本性的产业变革。

4.3.2 "新常态"下公司面临的挑战

4.3.2.1 宏观经济稳中有降，投资风险不断加大

我国经济正处于增长速度换挡期、结构调整阵痛期，短期面临产能过剩、去杠杆等问题，带来投资风险不断加大。2014年，我国GDP增速为7.4%，未来经济增速仍将继续保持稳中有降的态势。实体经济持续疲弱，导致非资本市场投资难度加大，对阳光私募类、PE类、物业类、基建类等信托业务产生较大影响。此外，信托业较高的杠杆率和高风险领域的高度集中无形中放大了业务风险，统计数据显示，房地产和平台信托在信托总体规模中占比已过50%，经济与行业发展的波动对业务、风险集中度较高的信托业造成影响。而国家出台政策治理地方政府债务问题也为信托公司政府合作类业务带来潜在风险。

4.3.2.2 传统业务模式不具可持续性

信托业收入来源中，私募投行及平台通道类业务贡献占比

近90%。随着宏观经济结构调整、金融体系市场化改革深化及客户金融需求多元化，信托行业既有业务模式遭遇挑战。

一方面，私募投行业务受宏观经济金融政策影响太大，风险过于集中，在宏观经济下行的周期中有可能首当其冲受到冲击。另一方面，随着信托法律形式对券商、基金子公司等泛资产管理机构的开放，信托公司作为平台通道的价值急剧下降，制度红利消失。其中，券商资管和银行的合作直接威胁到银信合作业务。银证合作的核心优势在于风险资本占用较少，券商仅需要2%左右风险资本，而信托在银信合作中风险资本的比例为10%。券商以比信托更低的通道成本与信托公司银信合作业务竞争。而从中长期来看，银行未来可直接运用信托法律形式设计理财产品，从而绕过所有通道，使银信合作通道业务完全消失。由此来看，信托业目前近90%的收入来源在未来新的市场环境中面临着巨大挑战。

4.3.2.3　业务监管力度收紧，亟待寻求可持续发展模式

2014年以来，信托业监管力度明显高于以往，行业在经历高速增长后扩张步伐逐渐放缓，一系列加强信托业监管和风险控制的政策密集出台。酝酿多时的信托公司净资本管理新规实施，对信托公司执行三年的净资本计算标准作出重大调整。2014年4月，银监会颁布《关于信托公司风险管理指导意见》（银监办发[2014]99号，以下简称99号文），明确了以防风险、促转型为核心的监管新政。99号文对通道业务、第三方理财以及非标资金池等问题进行了严格规范，即在产品和销售两端都对信托公司进行了严格把控，而针对房地产信托业务的监管力度，监管始终未放松。随着更趋严格的监管环境，信托公司业务发展瓶颈日益凸显，迫使信托业重新思考业务的持续发展及业务模式创新，以寻求新的业务增长点。

4.4 内部控制

4.4.1　内部控制环境和内部控制文化

公司致力于构建全面完善的内部控制管理体系。公司内部控制旨在实现合理保证企业经营管理合法合规、企业资产安全、财务报告及相关信息真实完整，以促进企业实现发展战略目标。公司率先采用国际会计师审计、聘请独立的国际咨询公司，并在同行中率先引入海外高级管理人才和国际先进的管理体系，为公司持续稳健发展提供保障。

公司根据《中华人民共和国公司法》、《中华人民共和国信托法》、《信托公司管理办法》、《信托公司治理指引》及《企业内部控制基本规范》等国家相关法律法规和公司章程的要求，建立了由股东会、董事会、监事会和高级管理层组成的法人治理结构，形成了权力机构、决策机构、监督机构和管理层之间分工配合、相互协调、相互制衡的运行机制。公司股东会、董事会、监事会均按照相关法律、法规、规范性文件及公司章程的规定，规范有效地运作。公司完善的法人治理结构为公司内部控制目标的实现提供了合理保证。

公司积极开展合规文化建设，为合规管理工作的开展和内部控制建设营造优越的内部环境及合规文化氛围。公司制定《员工行为准则》，对违纪类型、违纪处理流程等做出明确规定，倡导员工诚信守法、廉洁自律，遵守公司内部规章制度，维护公司形象及社会公共秩序；建立《“红、黄、蓝”牌处罚制度》体系，对员工违规行为严格惩处，营造良好的内控环境；修订《合规手册》，明确公司合规管理职责，完善内部控制和风险管理体系；推动全体员工签署《合规履职承诺函》，从遵法守规、商业秘密、利益冲突、销售行为等方面规范员工行为，提升员工知法守规意识。

4.4.2　内部控制措施

公司董事会负责内部控制的建立健全和有效实施，董事会下设审计委员会负责审查企业内部控制、监督内部控制的实施效果和内部控制自我评价情况。2014年，公司持续深入完善内控体系，法律合规部、风险管理部和稽核监察部专职从事内部控制工作，形成了事前、事中、事后“三位一体”的风险管理和监督检查体系，实现内部控制“促管理、促发展、促效益”的目标。

2014年，公司进一步完善内部控制管理制度及流程，健全信息隔离墙制度，规定不同业务部门、不同性质的资产相对独立，包括部门与人员设置分离、资产账户管理分离、会计核算分离、业务决策分离等。

2014年，公司遵循《企业内部控制基本规范》等法规要求，如期完成公司层面控制、信托管理、财务报告与信息披露等流程的内控自评工作；同时公司持续关注主要业务和新增业务的合规发展和内部控制，通过有效识别、评估并防范和化解内控风险，为公司的稳健经营提供保障。

4.4.3　信息交流与反馈

公司不断建立完善信息交流与反馈制度，包括内部信息交流及报告与披露。

公司建立了顺畅、双向的内部信息交流制度。公司开通各种信息交流渠道，通过公司公文、公告、制度库等传递和获取信息；充分利用信息技术，通过网络、视频会议、电话会议、邮件等方式在公司内部传递信息，确保能够将决策层的战略、政策、制度及相关规定等信息及时传达给员工；加强对信息系统开发与维护、访问与变更、数据输入与输出、文件储存与保管、网络安全等方面的控制，保证信息系统安全稳定运行；通过重大事项报告制度，以及内部信息反馈机制让员工将业务经营、内部控制、风险管理中存在的问题及时向各级管理层报告；促进部门间、部门内部协调高效运作。同时，公司强调信息沟通在反舞弊工作中的作用，通过教育预防、制度保障、检查监督的方法预防、发现、惩戒舞弊行为。

报告与披露侧重于公司与外部的信息交流与反馈，公司先后制定了《关联交易管理制度》、《危机管理办法》、《信息管理制度》、《新闻管理制度》等信息披露和报告管理制度。公司设置专门部门负责对内对外的信息整合与发布、媒体关系管理及危机管理，确保了及时、真实、完整地向监管部门和外界披露相关信息，确保公司与外部投资者、客户、中介机构等有关方面之间进行有效交流，也确保了信息交流过程中发现的问题及时得到解决。

4.4.4　监督评价与纠正

公司已形成事前、事中与事后“三位一体”的风险管理和监督评价体系，对业务环节和经营管理进行持续性的全方位、全过程的监督、评价与纠正。2014年度全面完成了内部控制检查评价计划，符合《企业内部控制基本规范》等监管规定和公司完善治理结构、强化内部控制体系建设的总体要求。

事前监督主要从制度建设、制度与流程检视与完善、风险

信息收集、识别与监测整合等方面展开，对公司的内部控制进行事前管理；事中监控包括投资评估部和法律合规部的业务评审、风险管理部的业务监控、业务部门及投后管理团队的持续监控；事后监督通过常规稽核、专项稽核、离任稽核、信访调查等模式发现、评价公司经营中存在的制度和流程执行缺陷，并建立规范的后续整改跟踪程序确保改进措施得到落实，有效提升公司的内控水平。

4.5 风险管理

4.5.1 风险管理概况

公司认为有效的风险管理是公司得以生存、发展的关键。因此，公司建立了一套完整的风险管理体系来识别、计量、监控以及管理公司的各类风险，包括信用风险、市场风险、流动性风险、操作风险等。

公司的风险管理架构由风险管理部、投资评估部、资产监控部、法律合规部组成，各层级协同管理公司风险。风险管理部负责制定公司整体以及各产品风控政策，负责识别、量化、监控公司整体及各产品的各项风险指标，向管理层汇报，并提供风险缓释建议；投资评估部负责各业务条线项目层面的审批工作，进行项目尽职调查，分析业务的风险及收益，并根据分析向公司决策层提供是否开展业务的建议；资产监控部负责公司所有投资项目的资产监控事务，制定资产监控的规则、标准及操作流程，对所有投资项目进行日常监控报告、风险预警及处置跟进、押品管理及资产保全跟进等事务。

4.5.2 风险状况

4.5.2.1 信用风险状况

信用风险是指交易对手未能履行合同所带来的经济损失风险。公司的信用风险主要表现为：在信托贷款、资产回购、后续资金安排、担保、履约承诺等交易过程中，借款人、担保人、保管人（托管人）等交易对手不履行承诺，不能或不愿履行合约承诺而使信托资产或自有资产遭受潜在损失的可能性。

4.5.2.2 市场风险状况

市场风险是指由于市场价格或利率波动而导致的对金融工具的资产价值产生负面波动的风险，可以分为系统性风险和非系统性风险两大类。公司所面临的市场风险主要是指由于市场价格，如利率、股票价格、债券价格等波动而造成的信托资产、自有资产损失的风险。

4.5.2.3 流动性风险状况

流动性风险是指公司短期内资金周转困难无力偿付到期负债而造成损失或破产的风险。公司对流动性风险高度重视，从监控流程、制度、识别分析、压力测试等多角度进行管理，确保公司稳健经营。

4.5.2.4 操作风险状况

操作风险是指由于不完善或有问题的内部操作过程、人员、系统或外部事件而导致的直接或间接损失的风险，但不包含策略性风险和声誉风险。

4.5.2.5 其他风险状况

公司面临的其他风险有政策风险和道德风险等。

政策风险是指因与公司相关的宏观政策和监管政策变化给公司经营带来的风险。

道德风险主要是指由于公司内部人员蓄意违规、违法或与公司的利益主体串通而给信托受益人或公司自身带来损失的可能性。

4.5.3 风险管理

4.5.3.1 信用风险管理

公司信用风险管理主要通过对交易对手尽职调查进行事前控制；通过设定抵质押担保措施、引入风险转移措施、风险定价等手段规避或减少信用风险；通过贷后交易对手持续跟踪偿债能力进行事后控制。公司强调风险管理关口前移，注重业务管理的调研和过程控制，通过设置单一交易对手信用风险限额、行业风险集中度等措施控制公司信用风险敞口。公司资产分类和准备金计提严格执行中国银监会制定的贷款质量五级分类管理的规定。

为尽量减少由于资料失真对信用风险评估所带来的重大负面影响，公司注重针对于信托项目或交易对手的尽职调查工作。一方面由投资评估团队开展现场尽职调查，另一方面聘请外部专业机构开展交易对手财务尽职调查和法律尽职调查，评估项目是否存在信用风险。

为减少信用风险可能带来的损失，公司在固有业务和信托业务中均大力推进抵（质）押担保措施，缓冲交易对手违约可能带来的损失风险，常见的抵（质）押手段主要有土地抵押、在建工程抵押、房屋抵押、应收账款抵押等。

4.5.3.2 市场风险管理

公司通过使用对各种有市场风险敞口的资产进行组合化管理，设置各种资产的头寸限额和指标，来达到控制市场风险的目的。具体包括：通过设置单一交易资产集中度限额，避免某一单一交易资产承担过大的的市场风险；通过对每个资产组合的单日风险价值进行限额管控，以达到对组合的市场风险敞口进行限制；通过设定相应的止损限额，确保公司的损失最小化。公司严格履行受托人的尽职管理职责，严格按照信托文件进行操作和处理信托事务。公司投资涉足各个行业和领域，使得整个公司较好地将风险分散在不同的层面。

根据公司目前所面临的市场风险，主要采用的市场风险监控指标是风险价值（Value At Risk，VaR）。VaR 是一种应用广泛的市场定量工具，是用来评价包括利率风险在内的各种市场风险的概念。其具体度量值定义为在足够长的一个计划期内，在一种可能的市场条件变化之下市场价值变动的最大可能性。它是在市场正常波动情形下对资产组合可能损失的一种统计测度。VaR 分析方法的优点在于其分析方法可以测量不同市场、不同金融工具构成的复杂的证券组合和不同业务部门的总体市场风险；而且 VaR 提供了统一的方法来测量风险，因此，公司管理层可以比较不同业务部门或者产品之间的风险大小，进行绩效评估，设定风险限额。

4.5.3.3 操作风险管理

2014 年，公司风险管理部与公司合规管理职能部门一起，通过对操作风险三大管理工具的运用，在积累了操作风险底层数据的同时，也将操作全流程的关键风险点在资源有限的前提下得到了有效的监控。

事前：风险与控制自我评估（RCSA），主要通过对公司内部风险和控制因素的评估，并借此改进公司对操作风险的管控水平。RCSA 工作的开展主要基于主观判断，即评估人员的经验。而KRI和LDC数据相对更加真实、准确，客观性更强，因此，可以运用他们的数据来提升RCSA风险识别的全面性和评估结果的客观性。

事中：关键风险指标（KRI），基于监测操作风险水平和预测趋势，并实现预警；关键风险指标的设置主要基于经验的分析和判断，运用RCSA和前期LDC的结果，明确监控的对象，设置合理的指标和阀值，提升指标的监控和预警能力，从而有效地监控和预防风险。

事后：损失事件收集（LDC），通过收集所有历史的操作损失事件（和未造成财务损失的其他事件/事项）数据并分类统计，主要用以评估管理效果、也是操作风险计量的基础。

未来将建议公司基于三大工具的校验关系设计考核规则，对于工具运用中存在的明显问题进行扣分，可以使得考核问责更加合理公平，实现有效的激励惩罚机制。

为降低客户投资风险，保障客户利益及公司的长远发展，平安信托搭建了一套基于客户风险承受能力的风险适配模型。通过对客户进行风险偏好分类，将客户风险与产品风险相匹配。客户在认购产品前，需进行风险偏好测试，将风险承受能力与产品风险五级分类进行匹配。针对风险超配客户，公司在流程管理中明确要求销售总监对客户进行投资再教育，充分提示客户风险承受能力与目标产品风险程度的差异。如果客户仍希望继续购买该产品，则公司需要客户再次亲笔签署《投资风险确认书》，以确认知晓产品风险等级及自愿购买意愿。

至2014年末，公司的客户风险管理体系已全面覆盖所有个人信托客户，客户风险适配率达到90%以上，有效控制了销售误导、信息不对称等带来的操作风险。

4.5.3.4　流动性风险管理

公司在流动性风险的管理工作中，坚持定性定量分析相结合。测算资产负债久期比，判断资产负债结构是否合理，分析当月公司的投资情况，未来数月的资金计划情况，计量公司的资金流入、流出金额，确定资金流动性缺口大小，识别判断公司的流动性风险；定期发送报告，对公司、产品的运行做到持续监控。此外，为了更好地了解公司、产品流动性风险，提高公司、产品的抗风险能力，公司还采取多种有效手段检测流动性风险，如通过历史情景分析公司的流动性状况，通过压力测试检测公司、产品的承压能力，并定期对模型进行调整和更新等。

4.5.3.5　其他风险管理

2014年公司通过加强对宏观政策和监管规定的调查研究，加强与监管部门和行业间的沟通、联系，以尽可能准确地判断分析宏观政策和监管政策的未来趋势，来管理政策风险。

坚持“遵纪守法”、“守法＋1”的经营方针和经营宗旨，保证公司的各项业务在完全合法合规的前提下开展。公司主要通过制度规范和加强员工职业道德培训来防范道德风险，严格履行受托人的监管义务，妥善管理信托投资项目，把道德风险控制在最低限度。

2014年信托业风险普遍爆发，但平安信托一直严守底线，把好风险关，投前坚持标准，投后持续跟踪，信托计划均成功实现了兑付，风险稳定可控。

5. 会计报表

5.1　自营资产

5.1.1 会计师事务所审计结论

审 计 报 告

普华永道中天审字（2015）第21783号

平安信托有限责任公司董事会：

我们审计了后附的平安信托有限责任公司的财务报表，包括2014年12月31日的合并及公司资产负债表，2014年度的合并及公司利润表、合并及公司所有者权益变动表和合并及公司现金流量表以及财务报表附注。

一、管理层对财务报表的责任

编制和公允列报财务报表是平安信托有限责任公司管理层的责任。这种责任包括：（1）按照企业会计准则的规定编制财务报表，并使其实现公允反映；（2）设计、执行和维护必要的内部控制，以使财务报表不存在由于舞弊或错误导致的重大错报。

二、注册会计师的责任

我们的责任是在执行审计工作的基础上对财务报表发表审计意见。我们按照中国注册会计师审计准则的规定执行了审计工作。中国注册会计师审计准则要求我们遵守中国注册会计师职业道德守则，计划和执行审计工作以对财务报表是否不存在重大错报获取合理保证。

审计工作涉及实施审计程序，以获取有关财务报表金额和披露的审计证据。选择的审计程序取决于注册会计师的判断，包括对由于舞弊或错误导致的财务报表重大错报风险的评估。在进行风险评估时，注册会计师考虑与财务报表编制和公允列报相关的内部控制，以设计恰当的审计程序，但目的并非对内部控制的有效性发表意见。审计工作还包括评价管理层选用会计政策的恰当性和作出会计估计的合理性，以及评价财务报表的总体列报。

我们相信，我们获取的审计证据是充分、适当的，为发表审计意见提供了基础。

三、审计意见

我们认为，上述平安信托有限责任公司的财务报表在所有重大方面按照企业会计准则的规定编制，公允反映了平安信托有限责任公司2014年12月31日的合并及公司财务状况以及2014年度的合并及公司经营成果和现金流量。

普华永道中天会计师事务所（特殊普通合伙）

注册会计师　陈岸强

注册会计师　罗　剑

中国・上海市　　2015年3月24日

5.1.2 资产负债表

资产负债表

2014 年 12 月 31 日

单位：万元

资产	本集团		本公司	
	期末数	期初数	期末数	期初数
货币资金	2 458 200.95	1 906 786.15	146 858.76	44 948.05
结算备付金	223 559.81	155 350.91	—	—
以公允价值计量且其变动计入当期损益的金融资产	362 504.26	329 719.84	—	—
买入返售金融资产	944 828.50	512 345.57	—	—
衍生金融资产	1 097.36	—	—	—
应收利息	87 854.51	73 261.98	320.53	329.09
应收账款	66 855.47	74 989.34	—	—
预付款项	8 121.69	6 421.86	—	—
发放贷款及垫款	738 146.27	633 384.65	1 050.10	2 948.56
存出保证金	69 222.21	86 276.94	—	—
存货	52 980.90	43 950.96	—	—
划分为持有待售的资产	64 359.03	128 588.02	64 359.03	128 588.02
可供出售金融资产	4 195 208.87	3 171 468.56	822 912.78	673 405.38
持有至到期投资	139 613.19	—	—	—
应收款项类投资	13 485.83	—	13 485.83	—
长期股权投资	332 574.13	509 606.91	608 361.88	643 360.66
商誉	279 245.90	279 245.90	—	—
投资性房地产	47 118.13	51 122.21	—	—
固定资产	139 208.00	150 211.93	2 025.87	2 458.92
无形资产	1 040 213.91	1 097 989.00	1 653.95	1 322.90
递延所得税资产	91 943.09	112 160.61	3 447.50	14 304.08
其他资产	1 643 987.03	824 673.47	466 332.96	344 648.09
资产总计	13 000 329.04	10 147 554.81	2 130 809.19	1 856 313.75

资产负债表（续）

2014 年 12 月 31 日

单位：万元

负债及所有者权益	本集团		本公司	
	期末数	期初数	期末数	期初数
短期借款	302 957.70	379 780.01	—	—
拆入资金	156 800.00	284 900.00	—	—
以公允价值计量且其变动计入当期损益的金融负债	48 806.02	—	—	—
卖出回购金融资产款	1 993 925.73	1 882 051.53	—	—
代理买卖证券款	1 483 576.11	1 022 825.33	—	—
应付账款	54 274.74	47 071.33	—	—
预收款项	888 203.37	486 900.85	—	—
应付职工薪酬	140 707.66	113 952.82	33 799.16	24 237.06
应交税费	94 971.48	81 669.70	27 975.20	27 997.54
应付利息	72 225.54	52 832.57	—	—
长期借款	845 537.70	777 883.97	—	—
应付债券	299 606.47	—	—	—
递延收益	7 631.49	7 385.69	—	—
递延所得税负债	173 476.69	182 873.50	—	—
衍生金融负债	727.28	398.93	—	—
其他负债	2 684 010.58	1 532 897.26	102 063.72	90 684.82
负债合计	9 247 438.56	6 853 423.49	163 838.08	142 919.42
实收资本	698 800.00	698 800.00	698 800.00	698 800.00
资本公积	225 696.60	227 600.28	227 444.06	227 442.59

续表

负债及所有者权益	本集团		本公司	
	期末数	期初数	期末数	期初数
其他综合收益	95 721. 42	19 080. 82	39 639. 28	5 109. 75
盈余公积	104 188. 18	82 283. 60	104 188. 18	82 283. 60
一般风险准备	213 655. 19	185 310. 57	79 474. 68	64 845. 80
未分配利润	1 515 794. 21	1 249 294. 22	817 424. 91	634 912. 59
归属于母公司所有者权益合计	2 853 855. 60	2 462 369. 49	1 966 971. 11	1 713 394. 33
少数股东权益	899 034. 88	831 761. 83	—	—
所有者权益合计	3 752 890. 48	3 294 131. 32	1 966 971. 11	1 713 394. 33
负债和所有者权益总计	13 000 329. 04	10 147 554. 81	2 130 809. 19	1 856 313. 75

5. 1. 3 利润表

单位：万元

项目	本集团		本公司	
	本期数	上期数	本期数	上期数
一、营业总收入	2 372 769. 84	1 742 292. 33	568 515. 36	436 303. 89
利息收入	248 465. 72	149 950. 85	2 369. 79	-1 103. 53
手续费及佣金收入	879 087. 07	568 926. 55	429 365. 06	294 341. 60
营业收入	564 255. 65	477 005. 39	—	—
投资收益	416 528. 55	291 722. 46	135 725. 05	142 651. 29
公允价值变动收益/（损失）	8 506. 81	-5 189. 82	—	—
汇兑（损失）/收益	-255. 05	683. 44	5. 67	-48. 39
其他业务收入	256 181. 09	259 193. 46	1 049. 79	462. 92
二、营业总支出	-1 878 075. 35	-1 374 529. 43	-305 890. 32	-219 143. 86
利息支出	-378 661. 71	-195 210. 89	-701. 46	-0. 18
手续费及佣金支出	-99 209. 00	-65 374. 31	-144 005. 02	-82 705. 07
营业成本	-202 923. 91	-171 702. 62	—	—
营业税金及附加	-85 807. 00	-63 337. 24	-24 141. 22	-16 551. 01
业务及管理费	-998 149. 04	-752 335. 39	-113 359. 83	-94 699. 13
资产减值损失	-15 246. 10	-33 860. 91	-2 946. 50	-25 011. 72
其他业务成本	-98 078. 59	-92 708. 07	-20 736. 29	-176. 75
三、营业利润	494 694. 49	367 762. 90	262 625. 04	217 160. 03
营业外收入	7 165. 66	8 411. 36	391. 36	1 243. 90
营业外支出	-5 981. 20	-29 542. 92	-106. 35	-179. 62
四、利润总额	495 878. 95	346 631. 34	262 910. 05	218 224. 31
所得税费用	-104 832. 42	-82 069. 45	-43 864. 27	-26 781. 00
五、净利润	391 046. 53	264 561. 89	219 045. 78	191 443. 31
归属于母公司所有者的净利润	318 790. 47	205 622. 95	—	—
少数股东损益	72 256. 06	58 938. 94	—	—
六、其他综合收益/（亏损）	83 178. 05	-86 421. 95	34 529. 53	7 284. 58
归属于母公司所有者的其他综合收益	76 640. 60	-81 359. 35	—	—
归属于少数股东的其他综合收益	6 537. 45	-5 062. 60	—	—
七、综合收益/（亏损）总额	474 224. 58	178 139. 94	253 575. 31	198 727. 89
归属母公司所有者的综合收益/（亏损）总额	395 431. 07	124 263. 60	—	—
归属少数股东的综合收益/（亏损）总额	78 793. 51	53 876. 34	—	—

5.1.4 所有者权益变动表

所有者权益变动表

2014 年度

单位:万元

项目	本集团								本公司						
	归属于母公司所有者权益						少数股东权益	所有者权益合计	股本	资本公积	其他综合收益	盈余公积	一般风险准备	未分配利润	所有者权益合计
	股本	资本公积	其他综合收益	盈余公积	一般风险准备	未分配利润									
一、年初余额	698 800.00	227 600.28	19 080.82	82 283.60	185 310.57	1 249 294.22	831 761.83	3 294 131.32	698 800.00	227 442.59	5 109.75	82 283.60	64 845.80	634 912.59	1 713 394.33
二、本年增减变动金额															
(一)净利润	—	—	—	—	—	318 790.47	72 256.06	391 046.53	—	—	—	—	—	219 045.78	219 045.78
(二)其他综合收益	—	—	76 640.60	—	—	—	6 537.45	83 178.05	—	—	34 529.53	—	—	—	34 529.53
综合收益总额	—	—	76 640.60	—	—	318 790.47	78 793.51	474 224.58	—	—	34 529.53	—	—	219 045.78	253 575.31
(三)利润分配															
1. 提取盈余公积	—	—	—	21 904.58	—	-21 904.58	—	—	—	—	—	21 904.58	—	-21 904.58	—
2. 提取一般风险准备	—	—	—		28 344.62	-28 344.62	—	—	—	—	—	—	14 628.88	-14 628.88	—
(四)同一控制下企业合并	—	-5 561.28	—	—	—	—	—	-5 561.28	—	1.47	—	—	—	—	1.47
(五)对合并前原股东的分配	—	—	—	—	—	-2 041.28	—	-2 041.28	—	—	—	—	—	—	—
(六)向少数股东分红	—	—	—	—	—	—	-29 797.91	-29 797.91	—	—	—	—	—	—	—
(七)处置子公司	—	—	—	—	—	—	-15 598.08	-15 598.08	—	—	—	—	—	—	—
(八)与少数股东的权益性交易	—	-1 420.01	—	—	—	—	-6 933.82	-8 353.83	—	—	—	—	—	—	—
(九)股份支付	—	2 544.70	—	—	—	—	15 835.69	18 380.39	—	—	—	—	—	—	—
(十)少数股东增资	—	-191.07	—	—	—	—	24 973.66	24 782.59	—	—	—	—	—	—	—
(十一)其他	—	2 723.98	—	—	—	—	—	2 723.98	—	—	—	—	—	—	—
三、年末余额	698 800.00	225 696.60	95 721.42	104 188.18	213 655.19	1 515 794.21	899 034.88	3 752 890.48	698 800.00	227 444.06	39 639.28	104 188.18	79 474.68	817 424.91	1 966 971.11

所有者权益变动表（续）

2013 年度

单位：万元

项目	本集团									本公司						
	归属于母公司所有者权益							少数股东权益	所有者权益合计							
	股本	资本公积	其他综合收益	盈余公积	一般风险准备	外币报表折算差额	未分配利润			股本	资本公积	其他综合收益	盈余公积	一般风险准备	未分配利润	所有者权益合计
一、2012 年 12 月 31 日年末余额	698 800. 00	321 228. 15	—	63 139. 27	49 357. 46	-209. 67	1 198 180. 71	816 717. 14	3 147 213. 06	698 800. 00	225 267. 77	—	63 139. 27	49 357. 46	478 101. 95	1 514 666. 45
（一）会计政策变更	—	-105 675. 60	100 440. 17	—	113 807. 79	209. 67	-114 486. 65	-35 894. 71	-41 599. 33	—	2 174. 82	-2 174. 82	—	—	—	—
（二）同一控制下企业合并	—	5 000. 00	—	—	—	—	1 266. 86	—	6 266. 86	—	—	—	—	—	—	—
二、2013 年 1 月 1 日年初余额	698 800. 00	220 552. 55	100 440. 17	63 139. 27	163 165. 25	—	1 084 960. 92	780 822. 43	3 111 880. 59	698 800. 00	227 442. 59	-2 174. 82	63 139. 27	49 357. 46	478 101. 95	1 514 666. 45
三、本年增减变动金额																
（一）净利润	—	—	—	—	—	—	205 622. 95	58 938. 94	264 561. 89	—	—	—	—	—	191 443. 31	191 443. 31
（二）其他综合收益	—	—	-81 359. 35	—	—	—	—	-5 062. 60	-86 421. 95	—	—	7 284. 57	—	—		7 284. 57
综合收益总额	—	—	-81 359. 35	—	—		205 622. 95	53 876. 34	178 139. 94	—	—	7 284. 57	—	—	191 443. 31	198 727. 88
（三）利润分配																
1. 提取盈余公积	—	—	—	19 144. 33	—	—	-19 144. 33	—	—	—	—	—	19 144. 33	—	-19 144. 33	—
2. 提取一般风险准备	—	—	—	—	22 145. 32	—	-22 145. 32	—	—	—	—	—	—	15 488. 34	-15 488. 34	—
（四）向少数股东分红	—	—	—	—	—	—	—	-29 452. 05	-29 452. 05	—	—	—	—	—	—	—
（五）处置子公司	—	-1 350. 87	—	—	—	—	—	-179 359. 49	-180 710. 36	—	—	—	—	—	—	—
（六）股份支付	—	5 110. 43	—	—	—	—	—	30 144. 47	35 254. 90	—	—	—	—	—	—	—
（七）少数股东增资	—	465. 30	—	—	—	—	—	182 769. 30	183 234. 60	—	—	—	—	—	—	—
（八）其他	—	2 822. 87	—	—	—	—	—	-7 039. 17	-4 216. 30	—	—	—	—	—	—	—
四、2013 年 12 月 31 日年末余额	698 800. 00	227 600. 28	19 080. 82	82 283. 60	185 310. 57	—	1 249 294. 22	831 761. 83	3 294 131. 32	698 800. 00	227 442. 59	5 109. 75	82 283. 60	64 845. 80	634 912. 59	1 713 394. 33

5.2 信托资产

5.2.1 信托项目资产负债汇总表

单位:万元

信托资产	期末余额	期初余额	信托负债	期末余额	期初余额
货币资金	2 172 868.81	656 989.04	应付受托人报酬	182 223.33	62 135.26
拆出资金	—	—	应付托管费	8 179.85	6 528.16
存出保证金	246 782.23	90 529.02	应付受益人收益	30 204.05	97 909.21
交易性金融资产	3 460 527.11	1 463 582.12	应交税费	33 661.48	29 177.14
买入返售金融资产	2 839 803.31	2 953 959.31	应付销售服务费	—	—
应收款项	1 948 574.11	1 215 690.73	其他应付款项	258 980.37	271 057.72
发放贷款	15 933 573.66	13 522 440.70	其他负债	—	—
可供出售金融资产	11 272 061.23	7 602 732.99	信托负债合计	513 249.08	466 807.49
持有至到期投资	257 372.68	256 819.94	信托权益		
长期股权投资	1 818 900.14	1 199 191.75	实收信托	36 856 820.63	27 636 367.30
投资性房地产	34 397.27	70 018.30	资本公积	1 341 066.60	181 544.18
固定资产	—	—	未分配利润	1 273 724.24	747 234.93
其他资产	—	—	权益合计	39 471 611.47	28 565 146.41
信托资产总计	39 984 860.55	29 031 953.90	负债和权益合计	39 984 860.55	29 031 953.90

注:可供出售金融资产、长期股权投资期初数与2013年报不一致,是由于根据2014年修订的《企业会计准则第2号——长期股权投资》对长期股权投资期初数进行重分类调整所致。

5.2.2 信托项目利润及利润分配汇总表

单位:万元

项　　目	本年数	上年数
一、营业收入	4 758 743.68	2 845 095.47
利息收入	1 761 221.73	1 189 298.54
投资收入	2 708 520.10	1 635 457.13
租赁收入	3 846.03	10 025.44
公允价值变动损益	278 410.75	-10 320.02
汇兑损益	-180.13	27.05
其他收入	6 925.20	20 607.33
二、营业费用	-587 999.48	-322 064.09
三、营业税金及附加	-22 075.91	-27 767.64
加:营业外收入	48.00	6.31
减:营业外支出	—	—
四、扣除资产减值损失前的信托利润	4 148 716.29	2 495 270.05
减:资产减值损失	13 100.00	—
五、净利润	4 135 616.29	2 495 270.05
加:期初未分配信托利润	747 234.93	435 577.29
六、可供分配的信托利润	4 882 851.22	2 930 847.34
减:本期已分配信托利润	3 609 126.98	2 183 612.41
七、期末未分配信托利润	1 273 724.24	747 234.93

6. 会计报表附注

6.1 会计报表编制基准不符合会计核算基本前提的说明

6.1.1 公司会计报表编制基准不存在不符合会计核算基本前提的情况

6.1.2 公司财务报表按照财政部于2006年2月15日及以后期间颁布的《企业会计准则——基本准则》、各项具体会计准则及相关规定(以下合称企业会计准则)编制

6.1.3 计提资产减值准备的范围和方法

金融资产:本集团于资产负债表日对以公允价值计量且其变动计入当期损益的金融资产以外的金融资产的账面价值进行检查,有客观证据表明该金融资产发生减值的,计提减值准备。

递延所得税资产:本集团于资产负债表日对递延所得税资产的账面价值进行复核,如果未来期间很可能无法获得足够的应纳税所得额用以抵扣递延所得税资产的利益,减记递延所得税资产的账面价值。

存货:本集团于资产负债表日,存货按照成本与可变现净值孰低计量。当其可变现净值低于成本时,提取存货跌价准备。

其他资产:本集团于资产负债表日判断资产是否存在可能发生减值的迹象,存在减值迹象的,本集团将估计其可收回金额,进行减值测试。

6.1.4 金融资产分类的范围和标准

本集团的金融资产于初始确认时分类为:以公允价值计量且其变动计入当期损益的金融资产、持有至到期投资、贷款和应收款项、可供出售金融资产。本集团在初始确认时确定金融资产的分类。金融资产在初始确认时以公允价值计量。对于以公允价值计量且其变动计入当期损益的金融资产,相关交易费用直接计入当期损益,其他类别的金融资产相关交易费用计入其初始确认金额。

6.1.5 以公允价值计量且其变动计入当期损益的金融资产核算方法

以公允价值计量且其变动计入当期损益的金融资产,包括以公允价值计量且其变动计入当期损益的金融资产和初始确认时指定为以公允价值计量且其变动计入当期损益的金融资产。以公允价值计量且其变动计入当期损益的金融资产，是指满足下列条件之一的金融资产：取得该金融资产的目的是为了在短期内出售；属于进行集中管理的可辨认金融工具组合的一部分，且有客观证据表明企业近期采用短期获利方式对该组合进行管理；属于衍生工具，但是，被指定且为有效套期工具的衍生工具、属于财务担保合同的衍生工具、与在活跃市场中没有报价且其公允价值不能可靠计量的权益工具投资挂钩并须通过交付该权益工具结算的衍生工具除外。对于此类金融资产，采用公允价值进行后续计量，所有已实现（如股利和利息收入）和未实现的损益均计入当期损益。

6.1.6 可供出售金融资产核算方法

可供出售金融资产，是指初始确认时即指定为可供出售的非衍生金融资产，以及除上述金融资产类别以外的金融资产。对于此类金融资产，采用公允价值进行后续计量，但对于在活跃市场中没有报价且其公允价值不能可靠计量的权益工具投资，按成本扣除减值准备计量。可供出售债务工具投资在持有期间按实际利率法计算的利息，以及被投资单位已宣告发放的与可供出售权益工具投资相关的现金股利，作为投资收益计入当期损益。除减值损失及外币货币性金融资产的汇兑差额确认为当期损益外，可供出售金融资产的公允价值变动作为其他综合收益确认，直到该金融资产终止确认或发生减值时的累计利得或损失转入当期损益。

6.1.7 持有至到期投资核算方法

持有至到期投资，是指到期日固定、回收金额固定或可确定，且本集团有明确意图和能力持有至到期的非衍生金融资产。对于此类金融资产，采用实际利率法，按照摊余成本进行后续计量，其摊销或减值以及终止确认产生的利得或损失，均计入当期损益。

6.1.8 长期股权投资核算方法

长期股权投资包括对子公司、合营企业及联营企业的权益性投资。

本公司能够对被投资单位实施控制的长期股权投资，在本公司个别财务报表中采用成本法核算。

本集团对被投资单位具有共同控制或重大影响的，长期股权投资采用权益法核算。

6.1.9 投资性房地产核算方法

投资性房地产按照成本进行初始计量。与投资性房地产有关的后续支出，如果与该资产有关的经济利益很可能流入且其成本能够可靠地计量，则计入投资性房地产成本。否则，于发生时计入当期损益。

6.1.10 固定资产计价和折旧方法

固定资产仅在与其有关的经济利益很可能流入本集团，且其成本能够可靠地计量时才予以确认。与固定资产有关的后续支出，符合该确认条件的，计入固定资产成本，并终止确认被替换部分的账面价值；否则，在发生时计入当期损益。

固定资产按照成本进行初始计量，并考虑预计弃置费用因素的影响。购置固定资产的成本包括购买价款，相关税费，以及为使固定资产达到预定可使用状态前所发生的可直接归属于该资产的其他支出。

固定资产的折旧采用年限平均法计提，各类固定资产的预计使用寿命、预计净残值率及年折旧率如下：

项目	预计使用寿命（年）	预计净残值率（%）	年折旧率（%）
房屋及建筑物	20～40	1～10	2.25～4.75
办公及机器设备	3～15	0～10	6.00～33.33
运输设备	5～10	1～10	9.00～19.80

本集团至少于每年年度终了，对固定资产的使用寿命、预计净残值和折旧方法进行复核，必要时进行调整。

6.1.11 无形资产计价及摊销政策

无形资产仅在与其有关的经济利益很可能流入本集团，且其成本能够可靠地计量时才予以确认，并以成本进行初始计量。但企业合并中取得的无形资产，其公允价值能够可靠地计量的，即单独确认为无形资产并按照公允价值计量。

无形资产按照其能为本集团带来经济利益的期限确定使用寿命，无法预见其为本集团带来经济利益期限的作为使用寿命不确定的无形资产。

各项无形资产的预计使用寿命如下：

项目	预计使用寿命
高速公路收费经营权	20～30 年
土地使用权	30～50 年
计算机软件系统	3～5 年
商标权	20～40 年、无确定年限
专利权及其他专利技术	8～14 年
合同权益	2～28 年
客户关系	14 年

本集团用以取得高速公路收费经营权的支出已资本化为无形资产，期后以直线法在合同期限内进行摊销。

本集团取得的土地使用权，通常作为无形资产核算。

使用寿命有限的无形资产，在其使用寿命内采用直线法摊销。本集团至少于每年年度终了，对使用寿命有限的无形资产的使用寿命及摊销方法进行复核，必要时进行调整。

6.1.12 长期待摊费用的摊销政策

公司长期待摊费用按实际发生额核算，在项目的受益期限内分期平均摊销。

6.1.13 合并会计报表的编制方法

合并财务报表的合并范围以控制为基础确定，包括本公司及全部子公司截至 2014 年 12 月 31 日的年度财务报表。子公司（包括结构化主体）是指本集团控制的主体。结构化主体为被设计成其表决权或类似权利并非为判断对该主体控制与否的决定因素的主体，如表决权仅与行政工作相关，而相关运营活动通过合同约定来安排。

本集团决定未由本集团控制的所有信托产品、债权投资计划、股权投资计划和项目资产支持计划均为未合并的结构化主体。

编制合并财务报表时，子公司采用与本公司一致的会计年度和会计政策。本集团内部各主体之间的所有交易产生的余额、交易和未实现损益及股利于合并时对重大往来交易进行抵销。

如果以本集团为会计主体与以本公司或子公司为会计主体对同一交易的认定不同时，从本集团的角度对该交易予以调整。

6.1.14 收入确认原则和方法

本集团各项业务的收入在经济利益很可能流入本集团、且金额能够可靠计量，并满足各项经营活动的特定收入确认标准时予以确认。

6.1.14.1 手续费及佣金收入

信托业务手续费及佣金收入包括本集团从事信托业务而收取的信托报酬等。本集团作为信托业务受托人取得的信托报酬，在相关服务已经提供且根据信托合同约定，收取的金额可以可靠计量时确认为收入。

证券、期货代理买卖佣金收入和货币经纪业务手续费及佣金收入，于所提供的服务完成时予以确认。证券承销收入，于证券承销完成时确认收入。

基金手续费收入是指本集团按权责发生制在开放式证券投资基金投资者申购、赎回或转换申请获得确认，且收到价款或取得收取价款的证据时，确认基金手续费收入。

6.1.14.2 积分管理收入

对于积分业务，本集团销售积分时按照积分的公允价值确认为递延收益。获得积分的客户兑换积分时，本集团将原记入递延收益的与所兑换积分相关的部分确认为收入。

6.1.14.3 高速公路通行费收入

高速公路通行费收入为从事高速公路通行所取得的收入，于所提供的服务完成时予以确认。

6.1.14.4 基金投资管理费收入

本集团根据基金合同约定的基金管理人报酬和销售服务费报酬的计算方法按月向所管理的证券投资基金收取管理费及销售服务费，按权责发生制计算确认基金管理费收入及销售服务费收入。

6.1.14.5 保险代理收入

本集团代理保险公司与投保人签订保单(合同)，保险公司在收到投保人保费后，本集团确认保险代理收入。

6.1.14.6 酒店客房收入

本集团提供酒店服务的收入于提供服务后确认为收入。

6.1.14.7 物业管理费收入

物业管理在物业管理服务已提供，与物业管理服务相关的经济利益能够流入企业，与物业管理服务有关的成本能够可靠地计量时确认收入。

6.1.14.8 利息净收入

利息收入和利息支出都按存出资金或让渡资金的使用权的时间及实际利率计算确定。实际利率是指将金融资产或金融负债在预期存续期间或适用的更短期间内的未来现金流量，折现为该金融资产或金融负债当前账面价值所使用的利率。在确定实际利率时，本集团在考虑金融资产或金融负债所有合同条款并且包括所有归属于实际利率组成部分的费用、交易成本及溢价或折价等，但不考虑未来信用损失。

6.1.14.9 销售商品收入

本集团已将商品所有权上的主要风险和报酬转移给购货方，并不再对该商品保留通常与所有权相联系的继续管理权和实施有效控制，且相关的已发生或将发生的成本能够可靠地计量，确认为收入的实现。销售商品收入金额，按照从购货方已收或应收的合同或协议价款确定，但已收或应收的合同或协议价款不公允的除外；合同或协议价款的收取采用递延方式，实质上具有融资性质的，按照应收的合同或协议价款的公允价值确定。

6.1.14.10 其他收入

本集团在提供劳务交易的结果能够可靠估计的情况下，按完工百分比法确认提供劳务收入；否则按已经发生并预计能够得到补偿的劳务成本金额确认收入。提供劳务交易的结果能够可靠估计，是指同时满足下列条件：收入的金额能够可靠地计量，相关的经济利益很可能流入本集团，交易的完工进度能够可靠地确定，交易中已发生和将发生的成本能够可靠地计量。本集团以已经提供的劳务占应提供劳务总量的比例确定提供劳务交易的完工进度。提供劳务收入总额，按照从接受劳务方已收或应收的合同或协议价款确定，但已收或应收的合同或协议价款不公允的除外。

6.1.15 所得税的会计处理方法

所得税包括当期所得税和递延所得税。除由于企业合并产生的调整商誉，或与直接计入所有者权益的交易或者事项相关的计入所有者权益外，均作为所得税费用或收益计入当期损益。

6.1.16 信托报酬确认原则和方法

根据信托合同规定的计提方法、计提标准确认应由信托项目承担的受托人报酬。

6.1.17 重要会计政策变更

财政部于2014年颁布修订后的《企业会计准则第33号——合并财务报表》。本集团在编制2013年度财务报表时已提前采用该准则，并已在2013年度财务报告中作出了相关披露。

财政部于2014年颁布《企业会计准则第39号——公允价值计量》、《企业会计准则第40号——合营安排》、《企业会计准则第41号——在其他主体中权益的披露》和修订后的《企业会计准则第2号——长期股权投资》、《企业会计准则第9号——职工薪酬》、《企业会计准则第30号——财务报表列报》以及《企业会计准则第37号——金融工具列报》，要求除《企业会计准则第37号——金融工具列报》自2014年度财务报表起施行外，其他准则自2014年7月1日起施行。

本集团已采用上述准则编制2014年度财务报表，对本集团2014年财务报表的影响列示如下：

单位：万元

会计政策变更的内容和原因	受影响的报表项目名称	影响金额	
		2013年12月31日	2013年1月1日
若干财务报表项目已根据上述准则进行列报，比较期间财务信息已相应调整，并且根据《企业会计准则第30号——财务报表列报》应用指南列报了2013年1月1日的资产负债表。	其他资产	-128 588.02	-153 161.32
	划分为持有待售的资产	128 588.02	153 161.32
	长期股权投资	-566 609.49	-565 732.88
	可供出售金融资产	566 609.49	565 732.88
	递延收益	-7 385.69	-14 918.99
	其他负债	7 385.69	14 918.99
	资本公积	20 349.24	100 649.84
	其他综合收益	-19 080.82	-100 440.17
	外币报表折算差额	-1 268.43	-209.67

续表

会计政策变更的内容和原因	受影响的报表项目名称	影响金额	
		2013 年 12 月 31 日	2013 年 1 月 1 日
若干财务报表项目已根据修订后的《企业会计准则第 33 号应用指南——合并财务报表》进行确认和计量，并且根据要求将比较期间的资产负债表进行调整。	未分配利润	120 464.77	113 807.79
	一般风险准备	-120 464.77	-113 807.79
若干财务报表项目已根据修订后的《企业会计准则第 2 号——长期股权投资》进行确认和计量，并且根据要求将比较期间的资产负债表进行调整。	资本公积	-3 974.67	-678.87
	未分配利润	678.87	678.87
	投资收益	4 394.40	
	所得税费用	-1 098.60	—
若干财务报表项目已根据修订后的《企业会计准则第 37 号——金融工具列报》进行确认和计量，并且根据要求将比较期间的资产负债表进行调整。	其他负债	-24 905.46	-41 599.35
	少数股东权益	21 600.92	35 894.71
	资本公积	3 304.54	5 704.64
若干与公允价值有关的披露信息已根据《企业会计准则第 39 号——公允价值计量》编制，比较财务报表中的相关信息根据该准则未进行调整。	不适用	不适用	不适用
若干与本集团在其他主体中权益有关的披露信息已根据《企业会计准则第 41 号——在其他主体中权益的披露》编制。除有关未纳入合并财务报表范围的结构化主体的披露外，比较财务报表信息已相应调整。	不适用	不适用	不适用

6.2 或有事项说明

报告期末，公司无对外担保及其他或有事项。

6.3 重要资产转让及其出售的说明

报告期内，公司无需披露的重要资产转让及其出售。

6.4 会计报表中重要项目的明细资料

6.4.1 自营资产经营情况

6.4.1.1 信用资产风险分类情况

本公司报告期的信用风险资产分类情况如下：

单位：万元，%

信用风险资产五级分类	正常类	关注类	次级类	可疑类	损失类	信用风险资产合计	不良资产合计	不良资产率
期初数	1 552 513.97	1 087.32	603.81	481.2	26 259.07	1 580 945.37	27 344.08	1.73
期末数	1 824 835.30	269.82	185.03	181.07	580.10	1 826 051.32	946.20	0.05

注：以上资产数据未包括货币资金等非风险资产。

6.4.1.2 资产损失准备情况

本公司报告期的资产减值损失准备情况如下：

单位：万元

项目	期初数	本期计提	本期转回	本期核销	期末数
贷款损失准备	2 115.71	—	-58.23	-1 227.59	829.89
其中：一般准备	—	—	—	—	—
专项准备	2 115.71	—	-58.23	-1 227.59	829.89
其他资产减值准备	—	—	—	—	—
可供出售金融资产减值准备	24 885.61	3 004.72	—	-27 890.33	—
应收款项类投资减值准备	—	—	—	—	—
持有至到期投资减值准备	—	—	—	—	—
长期股权投资减值准备	—	—	—	—	—
坏账准备	—	—	—	—	—

6.4.1.3 投资情况

本公司报告期自营股票投资、基金投资、债券投资、长期股权投资等投资的期初数、期末数如下：

单位：万元

项目	自营股票	基金	债券	长期股权投资	其他投资	合计
期初数	24 587.04	—	—	643 360.66	648 818.34	1 316 766.04
期末数	0.00	1 725.61	0.00	608 361.88	821 187.17	1 431 274.66

6.4.1.4 前五名自营长期股权投资的企业情况

本公司报告期的前五名长期股权投资的企业情况如下：

企业名称	占被投资企业权益的比例（%）	主要经营活动	2014 年投资损益（万元）
深圳市平安创新资本投资有限公司	100.00	投资控股	845 000 000
平安证券有限责任公司	86.77	证券投资与经纪	—
平安大华基金管理有限公司	60.70	基金管理	—
平安财富理财管理有限公司	100.00	财富管理	—
平安利顺国际货币经纪有限责任公司	67.00	货币经纪	14 070 000

6.4.1.5 前五名自营贷款情况

本公司报告期的前五名自营贷款情况如下：

企业名称	占贷款总额的比例（%）	还款情况
深圳市嘉捷科技发展有限公司	4.59	已逾期
深圳市宝利斯科技有限公司	3.17	已逾期
深圳市极美若璟实业有限公司	1.60	已逾期
深圳市飞卓电路科技有限公司	1.34	已逾期
深圳市明子德实业有限公司	1.02	已逾期

6.4.1.6　表外业务情况

本公司报告期的表外业务情况如下：

表外业务	期初数	期末数
担保业务	—	—
代理业务(委托业务)	—	—
其他	—	—
合计	—	—

6.4.1.7　公司当年的收入结构

收入结构	本集团		本公司	
	金额(万元)	占比(%)	金额(万元)	占比(%)
手续费及佣金收入	879 087.07	36.94	429 365.06	75.47
其中:信托手续费收入	381 808.07	16.04	412 258.22	72.46
投资银行业务收入	47 268.32	1.99	—	—
利息收入	248 465.72	10.44	2 369.79	0.42
营业收入	564 255.65	23.71	—	—
租赁收入	30 267.51	1.27	—	—
物业管理费收入	9 586.34	0.40	—	—
咨询服务费	130 085.77	5.47	—	—
其他业务收入	86 241.47	3.63	1 049.79	0.18
其中:计入信托业务收入部分	—	0.00	—	—
投资收益	416 528.55	17.50	135 725.05	23.86
其中:股权投资收益	111 125.06	4.67	98 205.95	17.26
证券投资收益	332 557.57	13.97	37 519.10	6.59
其他投资收益	-27 154.08	-1.14	—	—
公允价值变动收益	8 506.81	0.36	—	—
汇兑损益	-255.05	-0.01	5.67	0.00
营业外收入	7 165.66	0.31	391.35	0.07
收入合计	2 379 935.50	100.00	568 906.71	100.00

6.4.2　信托财产管理情况

6.4.2.1　信托资产的期初数、期末数

单位:万元

信托资产	期初数	期末数
集合	19 005 515.68	27 996 923.30
单一	9 653 645.31	10 407 159.18
财产权	372 792.91	1 580 778.07
合计	29 031 953.90	39 984 860.55

注:集合、单一信托资产期初数与2013年年报不一致,是由于2014年内部信托计划认购信托计划合并抵消规则发生变化,据此对期初比较数据进行调整。

6.4.2.1.1　主动管理型信托业务的信托资产期初数、期末数

单位:万元

主动管理型信托资产	期初数	期末数
证券投资类	2 688 168.85	8 387 715.41
股权投资类	3 598 778.26	5 454 375.74
融资类	13 994 890.71	18 876 583.12
事务管理类	4 800.22	4 800.09
其他	5 567 103.83	6 505 015.89
合计	25 853 741.87	39 228 490.25

6.4.2.1.2　被动管理型信托业务的信托资产期初数、期末数

单位:万元

被动管理型信托资产	期初数	期末数
证券投资类	—	—
股权投资类	4 146.10	4 007.42
融资类	3 140 686.57	201 000.31
事务管理类	33 378.14	551 362.43
其他	1.22	0.14
合计	3 178 212.03	756 370.30

6.4.2.2　本年度信托项目清算情况

6.4.2.2.1　本年度已清算结束的信托项目

已清算结束信托项目	项目个数(个)	实收信托合计金额(万元)	加权平均实际年化收益率(%)
集合类	267	5 307 374.11	15.11
单一类	115	9 152 455.80	7.06

6.4.2.2.2　本年度已清算结束的主动管理型信托项目

已清算结束信托项目	项目个数(个)	实收信托合计金额(万元)	加权平均实际年化信托报酬率(%)	加权平均实际年化收益率(%)
证券投资类	99	1 340 861.60	0.60	27.14
股权投资类	16	292 940.59	0.71	15.61
融资类	155	7 711 136.04	1.16	9.74
事务管理类	—	—	—	—
其他	106	1 877 190.68	0.86	6.77

6.4.2.3　本年度已清算结束的被动管理型信托项目

已清算结束信托项目	项目个数(个)	实收信托合计金额(万元)	加权平均实际年化信托报酬率(%)	加权平均实际年化收益率(%)
证券投资类	—	—	—	—
股权投资类	1	1.00	—	—
融资类	5	3 237 700.00	0.16	4.94
事务管理类	—	—	—	—
其他	—	—	—	—

6.4.2.4　本年度新增信托项目情况

新增信托项目	项目个数(个)	实收信托合计金额(万元)
集合类	254	11 914 890.03
单一类	148	10 122 912.81
财产管理类	9	1 285 162.08
新增合计	411	23 322 964.92
其中:主动管理型	392	22 802 690.92
被动管理型	19	520 274.00

6.4.2.5　信托业务创新成果和特色业务情况

本公司继续秉承财富管理的核心理念,持续搭建开放式产品平台建设,持续保持创新产品能力和进一步提升投资管理能力。本公司凭借在私人财富管理方面的领先优势立足资本市场和非资本市场,为客户提供专业、全方位、一站式的理财服务。

2014年,本公司调整战略布局,增加宏观研究力量,海外资本市场团队积极拓展海外市场投资业务,为国内投资者全方位参与全球金融市场提供了更多渠道和机会。同时,证券投资类信托业务获得多样化发展,安全垫私募产品、股指期货产品、夹层等产品大量发行,投资范围从美股、港股、大宗商品、高收益债券基金延伸至英股、汇率、房地产指数基金等;本公司的家族信托继续做大,并相继推出了应收账款融资、仓单融资等产品,兼顾投、融双向服务,更好地满足了客户的多样化需求。

6.4.2.6 履行受托人义务情况

本公司作为信托项目的受托人,严格按照《中华人民共和国信托法》、《信托公司管理办法》、《信托公司集合资金信托计划管理办法》等法律法规的规定及信托合同等文件的约定,恪尽职守,诚实、信用、谨慎、有效地管理信托财产,严格履行受托人的义务,为受益人的最大利益处理信托事务,公平、公正地处置信托财产。

6.4.2.7 信托赔偿准备金提取、使用和管理情况

根据《信托公司管理办法》的规定,信托赔偿准备金按照税后利润的5%提取,累计总额达到公司注册资本的20%时,可不再提取。截至2014年末,本公司提取的信托赔偿准备金余额为52 083.91万元。

6.5 关联方关系及其交易

6.5.1 关联方交易

本公司报告期关联交易方的数量、关联交易的总金额及关联交易的定价政策等如下:

	关联交易方数量(个)	关联交易金额(万元)	定价政策
合计	18	4 745 430.06	本公司2014年度发生的关联方交易均根据一般正常的交易条件进行,并以市场价格作为定价依据

6.5.2 关联交易方

报告期涉及关联交易的关联方情况如下:

关系性质	关联方名称	法定代表人	注册地址	注册资本(万元)	主营业务
母公司的联营企业	平安付科技服务有限公司	钟毅	深圳	68 000	网络开发与维护
母公司的联营企业	上海陆家嘴国际金融资产交易市场股份有限公司	GIBBGREG ORYDEAN	上海	83 667	金融产品交易市场
母公司控制的公司	平安科技(深圳)有限公司	陈心颖	深圳	3 000万美元	IT服务
母公司控制的公司	平安银行股份有限公司	孙建一	深圳	1 142 489	银行
母公司控制的公司	深圳平安不动产有限公司	邹益民	深圳	1 000 000	投资管理
母公司控制的公司	中国平安财产保险股份有限公司	孙建平	深圳	2 100 000	财产保险
母公司控制的公司	中国平安人寿保险股份有限公司	丁新民	深圳	3 380 000	人身保险

续表

关系性质	关联方名称	法定代表人	注册地址	注册资本(万元)	主营业务
母公司控制的公司	平安数据科技(深圳)有限公司	陈心颖	深圳	3 000万美元	信息技术与业务流程外包服务
合并子公司	安徽新中侨基建投资有限公司	李宇航	合肥	35 000	高速公路
合并子公司	北京汇安投资管理有限公司	李文强	北京	300	投资咨询
合并子公司	平安大华基金管理有限公司	杨秀丽	深圳	30 000	基金投资
合并子公司	平安证券有限责任公司	谢永林	深圳	550 000	证券投资与经纪
合并子公司	上海沪平投资管理有限公司	ZHOU XIAO FENG	上海	100	投资管理、物业管理,分支机构:中型饭店
合并子公司	深圳平安大华汇通财富管理有限公司	罗春风	深圳	3 000	资产管理
合并子公司	深圳市平安创新资本投资有限公司	张金顺	深圳	400 000	投资控股
合并子公司	深圳市平安德成投资有限公司	李佩锋	深圳	30 000	投资咨询
合并子公司	深圳市平安置业投资有限公司	孟 甡	深圳	180 000	房地产投资
合并子公司	玉溪平安置业有限公司	杨敬玉	玉溪	3 850	物业出租

6.5.3 本公司与关联方的重大交易事项

6.5.3.1 固有与关联方交易情况

单位:万元

固有与关联方关联交易				
	期初数	借方发生额	贷方发生额	期末数
贷款	—	—	—	—
投资	—	—	—	—
租赁	—	—	—	—
担保	—	—	—	—
应收账款	—	—	—	—
其他	12 518.86	31 601.30	6 683.16	37 437.00
合计	12 518.86	31 601.30	6 683.16	37 437.00

6.5.3.2 信托与关联方交易情况

单位:万元

信托与关联方关联交易				
	期初数	借方发生额	贷方发生额	期末数
贷款	490 763.84	81 583.36	220	572 127.20
投资	432 457.89	849 160.07	335 245.40	946 372.56
租赁	—	—	—	—
担保	—	—	—	—
应收账款	—	—	—	—
其他	3 931 958.05	2 479 059.30	3 221 524.05	3 189 493.30
合计	4 855 179.78	3 409 802.73	3 556 989.45	4 707 993.06

6.5.3.3 固有与信托财产之间交易情况

单位:万元

固有财产与信托财产相互交易			
	期初数	本期发生额	期末数
合计	867 009.97	-211 777.69	655 232.28

6.5.3.4 信托项目之间交易情况

单位:万元

信托资产与信托财产相互交易			
	期初数	本期发生额	期末数
合计	10 621 366.18	61 212.08	10 682 578.26

6.5.4 报告期,无关联方逾期未偿还本公司资金的事项以及无本公司为关联方担保发生或即将发生垫款的事项

6.6 会计制度的披露

公司固有业务自2007年起执行财政部于2006年2月15日及以后期间颁布的《企业会计准则——基本准则》、各项具体会计准则及相关规定。

公司信托业务自2009年起执行新《企业会计准则》(财政部2006年颁布)。

7. 财务情况说明书

7.1 利润实现和分配情况

报告期本公司实现净利润219 045.78万元,期初未分配利润为634 912.59万元,提取盈余公积21 904.58万元,提取一般风险准备14 628.88万元,期末累计未分配利润为817 424.91万元。为了更好地支持业务发展,公司决定2014年度不对股东派发股利。

报告期本集团实现净利润391 046.53万元,期末累计未分配利润为1 515 794.21万元。

7.2 主要财务指标

本公司报告期的主要财务指标如下:

指标名称	指标值		计算公式
	本公司	本集团	
资本利润率(%)	11.90	11.10	净利润/所有者权益平均余额×100%
加权年化信托报酬率(%)	0.84	0.84	(信托项目1的年化信托报酬率×信托项目1的实收信托+信托项目2的年化信托报酬率×信托项目2的实收信托+…+信托项目n的年化信托报酬率×信托项目n的实收信托)/(信托项目1的实收信托+信托项目2的实收信托+…+信托项目n的实收信托)
人均净利润(万元)	223.63	399.23	净利润/年平均人数

7.3 对本公司财务状况、经营成果有重大影响的其他事项

报告期内,没有对本公司财务状况、经营成果有重大影响的其他事项。

8. 特别事项揭示

8.1 前五名股东报告期内变动情况及原因

报告期内,本公司股东没有发生变动:

股东名称	期初持股比例(%)	期末持股比例(%)
中国平安保险(集团)股份有限公司	99.88	99.88
上海市糖业烟酒(集团)有限公司	0.12	0.12
合计	100.00	100.00

8.2 董事、监事及高级管理人员变动情况及原因

报告期内,公司董事会选举张金顺先生担任董事长,童恺先生因工作调动不再担任董事长职务;第五届监事会成立,王芊女士担任监事会主席,张云平先生担任非职工代表监事,叶素兰女士、肖建荣先生因第四届监事会届满不再续任公司监事;公司新聘任了高菁先生为公司副总经理(高菁先生于2015年1月离任)。

8.3 变更注册资本、变更注册地或公司名称、公司分立合并事项

报告期内,注册资本、注册地或公司名称变更、公司分立合并事项均未发生。

8.4 公司的重大诉讼事项

报告期内,公司没有重大诉讼事项发生。

8.5 公司及其董事、监事和高级管理人员受到处罚的情况

报告期内,公司及其董事、监事和高级管理人员依法经营,没有违法、违规及受到监管部门处罚的事项发生。

8.6 银监会及其派出机构对公司检查的情况

2014年4月,深圳银监局对公司进行现场检查,并于9月就检查情况出具了《现场检查意见书》(深银监发[2014]45号),对公司业务发展、综合实力等方面给予了肯定,同时也对日常经营情况提出检查意见。公司高度重视,积极组织相关部门召开专题会议,深入分析检查意见,制订了优化方案和行动计划,并按时向深圳银监局提交了《关于对〈现场检查意见书〉反馈意见的报告》。2014年,公司采取有效措施,根据监管意见进一步完善了公司治理、内控管理等相关制度和流程,优化合规管理体系。

8.7 本年度重大事项临时报告的简要内容、披露时间、所披露的媒体及其版面

2014年12月,张金顺董事长任职资格已经中国银监会核准(银监复[2014]859号),相关工商登记变更手续已完成,并

已在《证券日报》2015 年 1 月 30 日第 B2 版进行了相关信息的披露。

8.8 银监会及其省级派出机构认定的其他有必要让客户及相关利益人了解的重要信息

报告期内，没有发生银监会及其省级派出机构认定的其他有必要让客户及相关利益人了解的重要事项。

8.9 公司监事会意见

公司监事会认为，报告期内，公司依法运作，决策程序合法有效，没有发现公司董事、高级管理层履行职务时有违法违规、违反公司章程或损害公司及股东利益的行为。公司 2014 年度财务报告中披露的财务信息，真实反映公司的财务状况和经营成果。

山东省国际信托有限公司

1. 重要提示

1.1 本公司董事会及董事保证本报告所载资料不存在任何虚假记载、误导性陈述或者重大遗漏，并对其内容的真实性、准确性和完整性承担个别及连带责任。

1.2 公司独立董事黄可华、李相启声明：保证本年度报告内容的真实性、准确性、完整性。

1.3 公司董事长相开进，主管会计工作负责人及会计部门负责人马文波声明：保证年度报告中财务会计报告的真实、完整。

2. 公司概况

2.1 公司简介

2.1.1 公司基本情况

山东省国际信托有限公司（以下简称山东信托或公司）初创于1987年3月，是经中国人民银行和山东省人民政府批准设立的非银行金融机构。2002年8月，完成了增资改制和重新登记工作，由国有独资公司转变为有限责任公司。2007年6月，获得中国银监会批复同意换发新的金融许可证，名称变更为目前的山东省国际信托有限公司。截至2014年12月末，山东信托注册资本为20亿元。山东信托自成立以来，充分发挥信托功能，支持经济社会发展，帮助委托人提高财产收益，取得了良好的经济效益和社会效益。目前主要业务为资金信托、财产权信托、投资银行、融资租赁、资产管理、山东省基本建设基金管理和证券投资基金等。

2.1.2 公司的法定中文名称：山东省国际信托有限公司
中文名称缩写：山东信托
公司的法定英文名称：Shandong International Trust Corporation
英文名称缩写：SITC

2.1.3 法定代表人：相开进

2.1.4 注册地址：山东省济南市解放路166号

2.1.5 邮政编码：250013

2.1.6 国际互联网网址：www.sitic.com.cn

2.1.7 电子信箱：zhb@sitic.com.cn

2.1.8 负责信息披露事务的高级管理人员：王映黎
信息披露事务联系人：王超
联系电话：0531—86566563
传真：0531—86968708
电子信箱：zonghe@sitic.com.cn

2.1.9 公司选定的信息披露报纸：《上海证券报》

2.1.10 年度报告备置地点：山东省济南市解放路166号鲁信大厦10F

2.1.11 聘请的会计师事务所：天健会计师事务所
地址：杭州市西溪路128号9楼

2.1.12 聘请的律师事务所：上海市锦天城律师事务所
地址：上海浦东新区花园石桥路33号

2.2 组织结构

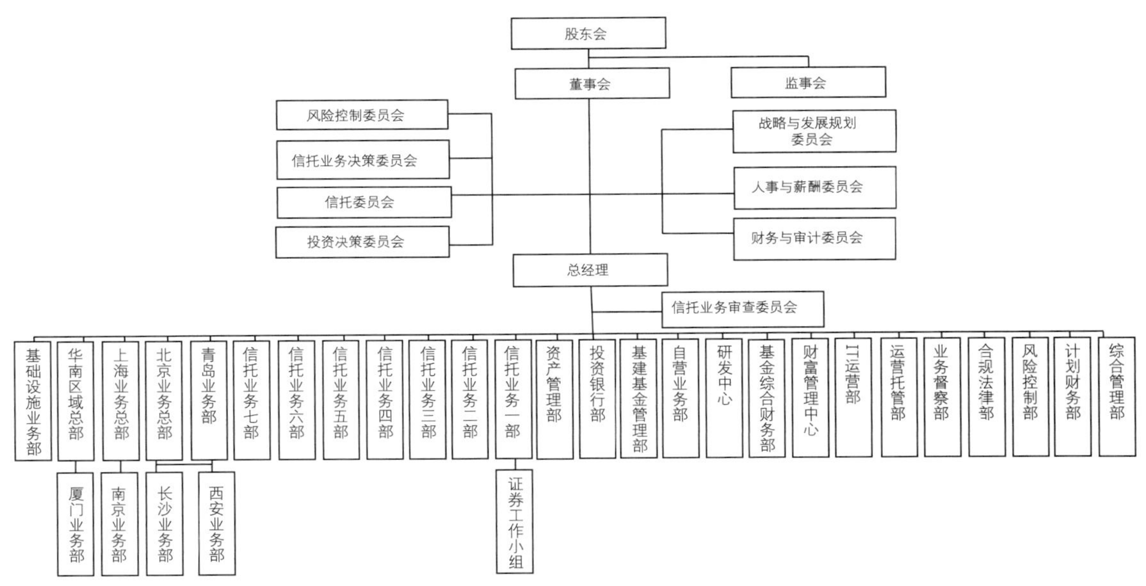

3. 公司治理

3.1 前三位股东

股东名称	持股比例(%)	法定代表人	注册资本(万元)	注册地址	主要经营业务
山东省鲁信投资控股集团有限公司	63.02	汲斌昌	300 000	济南市解放路 166 号	对外投资(不含法律法规限制行业)及管理,投资咨询(不含证券、期货的咨询),资产管理,资本运营等。
中油资产管理有限公司	25	王亮	494 598.348368	北京市东城区东直门北大街 9 号	受集团公司委托进行战略性和财务性投资;受集团公司委托,进行资产管理、运营和不良资产的清收、处置;受集团公司委托,进行参股公司的股权经营;接受外部委托,进行社会资产经营管理;高新技术产业投资;企业财务、资本运营策划与咨询;经济信息咨询和服务等。
山东省高新技术创业投资有限公司	6.25	王飚	116 572	济南市解放路 166 号	创业投资及资本运营(不含金融业务)等。

公司第一大股东为山东省鲁信投资控股集团有限公司。公司第三大股东为山东省高新技术创业投资有限公司，是实际控制人。

3.2 董事

姓 名	职 务	性别	年龄	选任日期	任期	所推举的股东名称	该股东持股比例(%)	简 要 履 历
相开进	董事长	男	50	2014 年 5 月	3 年	山东省鲁信投资控股集团有限公司	63.02	山东大学毕业,南开大学 EMBA,历任山东省计委培训中心教师,山东省计委主任科员,山东省国际信托投资公司部经理助理、副经理、经理,山东省国际信托有限公司副总经理、总经理,山东省鲁信投资控股集团有限公司总经理助理、副总经理,现任山东省鲁信投资控股集团有限公司总经理、公司董事长。
王 亮	副董事长(拟任)	男	52	报监管部门待批	3 年	中油资产管理有限公司	25	华北石油学院毕业,历任华北石油管理局第一勘探公司财务科会计、副科长、科长,中国石油勘探新区勘探事业部计划财务部副经理,中国石油集团公司财务资产部企业财务处处长、副总会计师,中国石油财务资产部副总会计师,中国石油集团海洋工程有限公司董事,中国石油集团海洋工程有限公司总会计师、党委委员(期间挂职辽宁省财政厅任副厅长、党组成员),中意财产保险有限公司董事长,中国石油川庆钻探工程有限公司总会计师、党委委员,中油资产管理有限公司总经理、党委副书记,昆仑信托有限责任公司总经理、党委副书记;现任中油资产管理有限公司执行董事、党委书记,昆仑信托有限责任公司董事长、党委书记、纪委书记、工会主席。
王映黎	董事	女	53	2014 年 8 月	3 年	职工代表大会推选		山东大学毕业,新加坡南洋理工大学 MBA,历任山东大学实验中心工程师,山东省国际信托投资公司科长、高级业务经理、部经理,山东省国际信托有限公司副总经理,现任公司总经理、党委书记。
金同水	董事	男	49	2012 年 8 月	3 年	山东省鲁信投资控股集团有限公司	63.02	北京工商大学会计学毕业,历任山东省国际信托投资公司计划财务部会计、副科长,鲁信(香港)投资有限公司财务经理,山东省国际信托投资有限公司计划财务部高级业务经理,山东省国际信托有限公司计划财务部经理,富国基金管理有限公司监事长,山东省国际信托有限公司风险管理部经理,山东省鲁信投资控股集团有限公司产权管理部副部长、部长,现任山东省金融资产管理股份有限公司董事长。
李国红	董事	男	44	2012 年 8 月	3 年	山东黄金集团有限公司	2.29	中国科技大学工商管理专业毕业,历任安徽英路工业集团副科长,上海凯贝投资有限公司总经理,安徽安泰蚌烟物流公司财务负责人,兼任蚌埠市中小企业信用担保有限公司董事,蚌埠市企业上市指导办公室副主任,安徽中烟工业公司财务部国有资产管理组组长、审计部审计组组长,安徽中烟工业公司合肥卷烟厂财务总监,现任山东黄金集团有限公司副总经理。
张守合	董事	男	51	2012 年 6 月	3 年	济南市能源投资有限责任公司	1.72	山东省委党校大学本科毕业,历任济南市郊区物资局燃料公司财务负责人、团支部书记,济南齐鲁经济贸易开发总公司助理会计师,济南市政府驻外机构服务站助理会计师,深圳济南实业有限公司主管会计、助理会计师,济南市经济发展总公司财务部主任、副总会计师、总经理助理,济南市能源投资有限责任公司计财部副经理、经理、高级会计师、党支部委员,现任济南市能源投资有限责任公司副总经理。
王曰普	董事	男	52	2012 年 8 月	3 年	潍坊市投资公司	1.72	大学本科,南开大学硕士学位,历任昌乐县计划委员会科员,潍坊市计划委员会科员、副科长、科长,潍坊市电力办公室副主任,潍坊市投资公司副总经理、党委委员,现任潍坊市投资公司党委书记、董事长兼总经理。

独立董事

姓名	所在单位及职务	性别	年龄	选任日期	任期	所推举的股东名称	该股东持股比例(%)	简要履历
李相启	—	男	67	2012年8月	3年	—	—	兰州大学毕业，历任陕西省委政策研究室财贸处处长、室务委员、副主任，陕西省经济体制改革委员会党组成员、副书记、副主任、党组书记，并兼任陕西省证券委员会副主任、省证券监管委员会主席、省住房制度改革委员会副主任等职，期间任南京市市长助理，中国证监会济南证管办党委书记、主任，济南稽查局局长，山东证监局局长，上海证券交易所理事会理事、产品委员会主任。
黄可华	—	男	71	2012年6月	2012年6月至2014年9月	—	—	解放军通信兵学院第四系学员，中国科技大学获工学硕士学位，历任济南市财税局党委副书记、副局长，山东省财政厅厅长、党组书记，山东省社科联副主席，省政府党组成员，山东省政府副省长、省政府党组成员，山东省人大常委会副主任、党组成员，山东省人大财政经济委员会主任委员。

3.3 监事

监事会成员

姓名	职务	性别	年龄	选任日期	任期	所推举的股东名称	该股东持股比例(%)	简要履历
许临晖	监事长	男	58	2014年9月	3	山东省高新技术创业投资有限公司	6.25	历任山东省国际信托投资公司人事教育部科长、副经理，国际金融部副经理，和华集团办公室主任，鲁信投资集团、房地产公司副总经理，鲁信实业集团副总经理，现任山东省鲁信投资控股集团有限公司所属公司监事会主席。
张峰	监事	男	40	2012年6月	3	山东黄金集团有限公司	2.29	中央广播电视大学毕业，历任山东黄金集团财务部科员、计划财务部副部长、财务部副经理、资本运营部经理，现任山金金控资本管理有限公司常务副总经理。
杨公民	监事	男	57	2012年6月	3	山东省鲁信投资控股集团有限公司	63.02	山东大学毕业，历任山东轻工业学院马列主义教研室助教，山东省计委综合处主任科员、副处长，山东省国际信托投资公司研究发展部经理，山东省鲁信投资控股集团有限公司投资管理部经理，所属公司监事会主席。
陈勇	监事	男	41	2014年9月	3	中油资产管理有限公司	25	新疆大学计算机应用专业毕业，先后在中国石油新疆石油总公司运输公司办公室、财审处工作，历任新疆销售公司财务处副处长、企业管理处处长，中油资产管理有限公司股权投资部经理，昆仑信托有限责任公司股权投资部经理。
丁健	监事	男	40	2012年6月	3	济南市能源投资有限责任公司	1.72	历任济南市能源投资有限责任公司出纳、会计，现任济南市能源投资有限责任公司计划财务部经理。
陈宝庆	监事	男	49	2012年6月	3	潍坊市投资公司	1.72	中国海洋大学毕业，历任原潍坊第三制药厂技术员，潍坊市投资公司办公室科员、副主任、主任，总经理助理兼办公室主任，总经理助理，总会计师，现任潍坊市投资公司副总经理。
于晖	监事	男	35	2011年12月	3	职工代表大会推选	—	山东师范大学汉语言文学专业毕业，历任山东省鲁信投资控股集团有限公司办公室秘书，山东省国际信托有限公司综合管理部副主任、主任，现任公司综合管理部总经理。
田志国	监事	男	42	2011年12月	3	职工代表大会推选	—	山东大学法学专业毕业，历任山东省电子经济贸易中心员工，山东省国际信托有限公司风险管理部项目经理，信托业务五部项目经理、副经理、副总经理，现任公司信托业务五部总经理。
张如明	监事	男	43	2011年12月	3	职工代表大会推选	—	山东大学法律硕士，历任山东省国际信托投资有限公司风险管理部业务经理、副经理，现任公司业务督察部副总经理。

3.4 高级管理人员

姓名	职务	性别	年龄	选任日期	金融从业年限(年)	学历	专业
王映黎	总经理	女	53	2014年5月	23	研究生	工商管理
周建蕖	副总经理	女	42	2011年10月	19	研究生	工商管理
宋冲	副总经理	男	36	2014年8月	15	本科	经济学
岳增光	风控总监	男	41	2014年8月	8	本科	会计学

续表

姓名	职务	性别	年龄	选任日期	金融从业年限(年)	学历	专业
马文波	财务总监	男	41	2014年8月	10	本科	会计学
李晓鹏	总经理助理	男	41	2014年8月	20	研究生	企业管理

3.5 公司员工

报告期内职工人数、学历分布比率

2014 年，公司员工 169 人，学历分布比率见下表：

项　目		报告期年度	
		人数（人）	比例（%）
年龄分布	博士	6	3.49
	硕士	102	59.30
	本科	49	28.49
	专科	12	6.98
	其他	0	0

4. 经营管理

4.1　经营目标、方针、战略规划

为适应经济发展和行业竞争新常态，山东信托着力提质增效、优化结构、严控风险，加快推进业务转型创新，以更好地融入经济发展新常态的大潮，更好地应对资产管理市场日益激烈的竞争，更好地服务经济社会发展的大局。公司 2015 年将以信托公司监管评级的各项指标为指导，以专业化管理为依托，以提高发展质量和效率为中心，以完善风险控制体系为基础，以人才队伍建设为保障，稳固传统业务，通过创新业务推动持续发展，通过标准化、规范化夯实内部管理基础，适应新常态，抓住新机遇，谋求新发展。

一是规范有序推动融资类业务发展。切实加强净资本管理，开展收益率高、风险资本占用低、净资本占用少的融资类业务，动态调整各类传统业务比重。逐步实现传统类业务的标准化、规范化运作，建立一整套可操作性强的全流程的操作标准。二是通过探讨设立专业子公司、组建事业部、成立专业部门或专业团队等方式，锻炼和提升在房地产信托、家族信托、多层次资本市场等领域的自主管理能力，完善产品链条，以求控风险、提效益。三是进一步推进风险缓释机制建设。在严防风险不放松的基础上，加强风险缓释机制建设，稳步提升公司风险处置与化解能力。建立健全信托项目风险责任制，严格落实风险责任；在总结各领域团队管理经验的基础上，逐步加强各业务模块的专业化管理。

4.2　经营业务的主要内容

自营资产运用与分布表

2014 年 12 月 31 日

资产运用	金额（万元）	占比（%）	资产分布	金额（万元）	占比（%）
货币资产	28 738.76	6.32	基础产业	—	—
贷款及应收款	22 797.83	5.02	房地产业	—	—
交易性金融资产投资	130 764.86	28.78	证券市场	205 716.98	45.27
可供出售金融资产投资	74 952.12	16.49	实业	14 150.00	3.11
持有至到期投资	168 843.41	37.16	金融机构	28 730.07	6.32
长期股权投资	9 000.00	1.98	其他	205 834.60	45.30
其他	19 334.67	4.25	—	—	—
资产总计	454 431.65	100.00	资产总计	454 431.65	100.00

信托资产运用与分布表

2014 年 12 月 31 日　　单位：万元

资产运用	金额（万元）	占比（%）	资产分布	金额（万元）	占比（%）
货币资产	836 513.95	2.53	基础产业	5 111 513.00	15.48
贷款	16 708 551.19	50.60	房地产	5 471 783.00	16.57
交易性金融资产投资	3 266 830.45	9.89	证券市场	3 745 515.00	11.34
可供出售金融资产投资	—	—	实业	9 544 296.00	28.91
持有至到期投资	7 055 137.12	21.37	金融机构	1 099 968.00	3.33
长期股权投资	4 961 044.01	15.02	其他	8 045 920.47	24.37
其他	190 918.75	0.59	—	—	—
信托资产总计	33 018 995.47	100.00	信托资产总计	33 018 995.47	100.00

4.3　市场分析

从宏观层面来看，全球经济仍处于深刻的再平衡调整期，尽管总体温和复苏，但增长动力依然不足，主要经济体经济表现和宏观政策分化明显，美国经济复苏势头较为强劲，欧元区经济整体走弱且面临通缩压力，日本经济波动明显，新兴市场经济体增长普遍放缓，部分国家金融市场动荡增多。中国经济在合理区间平稳运行，结构调整呈现积极变化。从增速变化、结构调整和动力转换等角度看，经济进入"新常态"的特征更趋明显，传统增长引擎趋弱，经济增长进入换挡期，新兴产业、服务业发展较为迅速，就业状况整体稳定，消费保持较快增长，服务业、消费在经济发展中的贡献增大，预计未来政府的工作重点仍将集中在落实全面深化改革和调结构、转方式上。但与此同时，地方政府债务高企、偿债能力下降的问题日益凸显，由产能过剩、地方政府债务等问题所引发的金融风险逐步累积，由于劳动力成本持续上升以及融资难、融资贵等问题，企业生产经营困难的问题短期内难以明显缓解，这都对未来经济运行带来一定的不确定性。

从行业层面来看，2014 年，信托公司步入监管和发展转型并重的一年。一方面，从监管政策总的趋向看，2014 年，监管层制定修订了多项制度指引。例如，中国银监会办公厅颁布了《关于信托公司风险监管的指导意见》，从做好风险防控、明确转型方向和完善监管机制三个方面提出了 14 项具体措施，是下一阶段指导信托公司完善风控体系、优化业务结构、加快转型发展的纲领性文件。未来将更加重视体制机制建设，更加强调信托公司自身合规意识、合规经营、合规发展。预计未来信托公司的制度优势已不能满足信托公司的生存需求，未来的发展将更加建立在自身的经营能力之上。银监会修订 2014 版《信托公司监管评级与分类监管指引》，对信托公司分级监管办法进行调整，标准由原来的定性向定量转化，对信托公司的评价重点放在自主管理能力和风控能力两个方面，此举将继续利好集团背景的大型信托公司，而对中小型信托公司而言短期业务开展将受到限制，信托公司将进一步分化，实力差距拉大。另一方面，从行业自身发展特征来看，2012 年以来受泛资产管理开闸、金融市场化改革以及宏观经济下行、实体领域风险向

信托行业传递等多重因素影响，信托公司的主业即融资业务呈现出需求递减、竞争加剧、风险递增的趋势。从行业自身发展特征来看，极具市场化特质的信托业，将与中国经济一道步入“新常态”。首先是增速回落，信托业将从超高速回归到中高速增长。2014 年末，信托行业管理的信托资产规模为 13.98 万亿元，较 2013 年增长 28.14%。资产规模的增幅明显回落。从利润总额看，2014 年末，信托业实现利润总额 642.30 亿元，相比 2013 年末的 568.61 亿元，同比增长 12.96%，较 2013 年回落了 15.86 个百分点，人均利润 301 万元，相比 2013 年小幅减少 4.65 万元，首次出现了负增长。其次是传统融资类业务空间受到压缩。在经济下行压力下，特别是地产行业风险加剧作用下，房地产风险事件频出。加之国务院加强地方政府债务的管理，信托业赖以生存的两大传统主业“房地产信托”和“政信合作类信托”业务影响较大。再次，项目风险悄然累积，风控压力加大。目前中国经济形势被高度浓缩为经济增长换挡期、结构调整阵痛期和前期刺激政策消化期三期叠加，在此经济下行过程中，信托业面临多元的风险考验，包括常规的信用风险，因区域经济塌陷导致的区域风险，因行业衰退导致的行业风险等。最后，来自证券业、基金业等其他金融部门的竞争加大。证券、基金、保险、资产管理公司等机构已突破分业经营体制，实质开展信托业务，信托公司面临行业内外双重竞争压力。长期以来，以银信合作为代表的传统通道类业务为信托公司贡献了相当利润。但银行理财直接融资工具试点的推出，必将进一步压缩通道类业务规模和利润贡献。

4.4 内部控制

4.4.1 内部控制环境和内部控制文化

为进一步适应监管政策和信托业务快速发展的需要，公司不断加强内控管理工作，优化公司治理，完善制度体系，深化内部改革，进一步夯实了管理基础，有力地促进了公司业务发展。

公司建立了较为完善的公司治理体系，通过规范股东会、董事会、监事会和经营层的权责，形成权力机构、决策机构、监督机构和经营者之间有效的制衡机制，保证公司各项决策和业务活动科学、规范、有效。报告期内，公司调整了董事会各专门委员会设置，下设信托业务决策委员会、投资决策委员会、风险控制委员会、信托委员会、战略与发展规划委员会、财务与审计委员会和人事与薪酬委员会，明确了会议召开程序，以促进规范运作、审慎履职。各主体既能够相对独立地开展工作，又能够充分发挥制衡作用，有效地保证了公司的健康发展。公司按照业务性质设置部门并明确了部门、岗位职责，制定了明晰、完善的业务流程和操作规范，保障了各项工作的顺利开展。

公司建立健全了一系列与公司企业文化、经营目标、经营战略和控制环境相一致的薪酬制度、奖惩措施、风控及内审办法等，充分发挥了各项制度的作用，进一步丰富和完善了法人治理机制。

4.4.2 内部控制措施

公司加强治理基本制度建设，健全“三会一层”与各专业委员会的定期沟通和决策制衡机制，董事会各委员会在授权范围内按照明晰的分级授权制度进行决策，通过体系建设和及时完整的过程控制，使决策、研发、操作、审核及监督评价程序化、体系化。

公司以健全工作机制、优化管控模式、提高工作效能为着力点，全面推进各项基础建设。聘任德勤会计师事务所开展咨询服务，根据咨询意见并结合公司实际，对业务管理、财务管理、风险管理、法律合规、产品销售、稽核审计、信息科技、纪检监察、行政管理等规章制度、业务流程进行了全面梳理和优化。风险防控体系进一步完善，信托业务实现了审查委员会、总经理办公会、决策委员会新的三级评审，风险把控能力进一步提升。加大了对存续信托计划尤其是融资平台类贷款项目、房地产信托项目、“两高一剩”行业的项目以及股票质押融资项目的定期风险排查、抵押物评估复核工作。积极尝试开展专业化管理，成立风险控制部房地产管理中心，参与房地产信托项目的前期调研、决策咨询、风险评估、跟踪管理等工作，取得了较好效果。

组织开展风险辨识与风险评估，通过风险管理系统的有效预警，科学制定风险管理策略，提出解决方案。

公司修订了风险预警管理办法，明确了风险预警标准，对可能发生的重大风险或突发事件，制定应急预案，明确责任人员、规范处理程序，确保突发事件得到及时妥善处理。

4.4.3 信息交流与反馈

公司建立了良好的信息交流与反馈制度，实现信息有效、及时地传递，并在公司内部实行重大信息报告制度；公司通过内网等渠道确保公司内部经营动态、重大事项等信息交流与反馈及时、准确、有效；通过公司外部网站、报纸等媒体，根据法律法规的规定向客户和社会公众及时披露公司资产经营状况及有关业务信息；公司按法律法规规定向委托人、受益人公布信托财产管理报告；公司通过非现场监管报表、信托计划成立报告等形式及时向监管机构报告、披露经营信息。

4.5 风险管理

公司高度重视风险管理，实行全面风险管理，构建了日常风险信息搜集、报告和处理机制，重大风险监控和预警机制，形成了对风险的动态管理体系。坚持“全面、审慎、独立、有效、制衡、经济”的内部控制原则，形成了“事前防范、事中控制、事后监督”的风险控制机制。针对集合信托业务和单一信托业务以及不同类别的业务模式，实施差异化的决策流程，确保了项目运转高效和科学民主决策。

公司经营活动中面临的主要风险是：信用风险、市场风险、操作风险、声誉风险和其他风险。

公司积极推进全流程风险管控。组织开展了风险辨识与风险评估，通过风险管理系统的有效预警，科学制定风险管理策略，提出解决方案。对存续项目进行划分，分类别、有重点地开展中后期贷后检查。风险管理部门定期对项目信用风险进行压力测试，从而使管理层及时了解公司信用风险的整体状况，适时调整风险政策，并对信用风险采取有效的处置应对措施。公司在运营过程中可能面临的市场风险为市场汇率、利率及其他价格对公司盈利能力的影响。报告期内，公司不断加强风险管理制度建设，进一步规范了信托项目评审、审批、成立及终止各环节的操作实施细则。公司倍加珍惜多年来经营的良好市场形象，积极采取有效措施规避和防范声誉风险，防止公司声誉受到不良损害。公司制定了《声誉风险管理办法》，通过优秀的财富管理能力提高客户忠诚度的同时，加强对外宣力度，继续履行社会责任，开辟多种渠道与监管机构、媒体、公众等利益相关者进行沟通，强化“专业、诚信、勤勉、成就”的企业核心价值观。

4.6 社会责任

作为国资控股的金融企业，公司在实现自身稳健发展、积极为地方经济提供投融资服务的同时，充分发挥信托制度和功能优势，对国家和社会全面发展、自然环境和资源，以及广大投资者和员工、客户等利益相关方主动承担责任，实现了追求经济效益与承担社会责任的有机结合。

山东信托严格遵守有关政策法规，切实履行受托人的管理职责，积极开展各类客户交流活动和投资者教育活动，保障受益人利益。2014 年，支付受益人信托收益 237.74 亿元，是公司自身信托报酬收入的 23.4 倍。

公司贯彻国家宏观调控政策和产业政策，始终坚持根植于实体经济，发挥信托独特的功能优势，丰富产品服务，加强风险管理，努力为实体经济提供市场化的综合金融服务，在支持产业优化升级，促进战略新兴产业发展方面发挥了重要作用。截至 2014 年末，山东信托信托资产余额 3267.71 亿元，其中投向实体经济金额 2 106.07 亿元，占比为 61.71%。

山东信托还不断加大对环境治理、综合整治、绿色环保领域的融资支持。先后为济南小清河、潍坊白浪河综合治理工程提供信托融资服务；与山东省最大的民营水务公司开展融资合作，支持青岛、诸城等地的污水处理项目。

公司积极践行“奉献爱心，回报社会”的企业价值理念，积极开展赈灾救助、爱心捐赠、扶贫帮困等各项公益活动。2014 年 5 月 20 日，在全公司范围内开展《防灾、减灾安全预防应急手册》科普图书爱心捐赠活动，捐赠购书款 9 160 元，捐献课外书 99 本。向国家残疾人乒乓球训练基地捐款 30 万元，助力残疾人体育事业发展。同时，山东信托充分发挥信托优势，为山东省残疾人福利基金会、山东省送温暖基金会、山东省慈善总会慈善资金提供专业管理服务。

5. 报告期末及上一年度末的比较式会计报表

5.1 自营资产

5.1.1 会计师事务所审计意见全文

审 计 报 告

天健审[2015]4－8 号

山东省国际信托有限公司全体股东：

我们审计了后附的山东省国际信托有限公司（以下简称山东信托公司）财务报表，包括 2014 年 12 月 31 日的合并资产负债表，2014 年度的合并利润表、合并现金流量表、合并所有者权益变动表，以及财务报表附注。

一、管理层对财务报表的责任

编制和公允列报财务报表是山东信托公司管理层的责任，这种责任包括：（1）按照企业会计准则的规定编制财务报表，并使其实现公允反映；（2）设计、执行和维护必要的内部控制，以使财务报表不存在由于舞弊或错误导致的重大错报。

二、注册会计师的责任

我们的责任是在执行审计工作的基础上对财务报表发表审计意见。我们按照中国注册会计师审计准则的规定执行了审计工作。中国注册会计师审计准则要求我们遵守中国注册会计师职业道德守则，计划和执行审计工作以对财务报表是否不存在重大错报获取合理保证。

审计工作涉及实施审计程序，以获取有关财务报表金额和披露的审计证据。选择的审计程序取决于注册会计师的判断，包括对由于舞弊或错误导致的财务报表重大错报风险的评估。在进行风险评估时，注册会计师考虑与财务报表编制和公允列报相关的内部控制，以设计恰当的审计程序，但目的并非对内部控制的有效性发表意见。审计工作还包括评价管理层选用会计政策的恰当性和作出会计估计的合理性，以及评价财务报表的总体列报。

我们相信，我们获取的审计证据是充分、适当的，为发表审计意见提供了基础。

三、审计意见

我们认为，山东信托公司财务报表在所有重大方面按照企业会计准则的规定编制，公允反映了山东信托公司 2014 年 12 月 31 日的合并财务状况以及 2014 年度的合并经营成果和现金流量。

天健会计师事务所（特殊普通合伙）

中国注册会计师：刘加宝

中国注册会计师：史钢伟

中国·杭州　　二〇一五年二月九日

5.1.2 资产负债表

资产负债表

编制单位：山东省国际信托有限公司（母公司）　　2014 年 12 月 31 日　　单位：万元

项目	年初余额	年末余额	项目	年初余额	年末余额
流动资产：					
现金及银行存款	139 245.22	28 738.76	向中央银行借款	—	—
存放中央银行款项	—		联行存放款项	—	—
贵金属	—		同业及其他金融机构存放款项	—	—
拆出资金			拆入资金	—	—
交易性金融资产	72 176.09	130 764.86	交易性金融负债	—	—
衍生金融资产	—		衍生金融负债	—	—

续表

项目	年初余额	年末余额	项目	年初余额	年末余额
买入返售金融资产	—		卖出回购金融资产款	—	—
应收款项类金融资产	—		应付职工薪酬	1 375. 57	1 551. 19
应收利息	—		应交税费	14 268. 51	12 948. 58
其他应收款	22 331. 01	8 647. 83	应付利息		
发放短期贷款和垫款	—	14 150. 00	其他应付款	113 597. 45	1 375. 18
信托资产	—		信托负债	—	
其他流动资产	—	90 029. 82	其他流动负债	—	
流动资产合计	233 752. 32	272 331. 27	流动负债合计	129 241. 53	15 874. 95
非流动资产:	—		非流动负债:	—	
发放中长期贷款	—		应付债券	—	
可供出售金融资产	69 384. 77	74 952. 12	预计负债	—	
持有至到期投资	128 260. 40	78 813. 59	递延所得税负债	—	3 613. 44
长期股权投资	9 000. 00	9 000. 00	其他非流动负债	—	
投资性房地产	—		非流动负债合计	—	3 613. 44
固定资产	2 938. 79	2 746. 93	负债合计	129 241. 53	19 488. 39
在建工程	—		所有者权益:	—	
固定资产清理	—		实收资本	128 000. 00	200 000. 00
无形资产	299. 32	231. 33	资本公积	2 045. 60	61 450. 47
商誉	—		其他综合收益	–1 572. 16	1 761. 66
长期待摊费用	—		盈余公积	40 289. 96	55 033. 97
抵债资产	—		一般风险准备	4 665. 41	6 624. 66
递延所得税资产	862. 46		未分配利润	141 827. 72	110 072. 50
其他非流动资产	—	16 356. 41	外币报表折算差额	—	
非流动资产合计	210 745. 74	182 100. 38	归属于母公司所有者权益合计	315 256. 53	434 943. 26
			少数股东权益	—	
			所有者权益合计	315 256. 53	434 943. 26
资产总计	444 498. 06	454 431. 65	负债和所有者权益总计	444 498. 06	454 431. 65

资产负债表

编制单位:山东省国际信托有限公司(母公司)　　2014 年 12 月 31 日　　单位:万元

项目	年初余额	年末余额	项目	年初余额	年末余额
流动资产:					
现金及银行存款	156 233. 24	40 011. 52	向中央银行借款	—	—
存放中央银行款项	—		联行存放款项	—	—
贵金属	—		同业及其他金融机构存放款项	—	—
拆出资金	—		拆入资金	—	—
交易性金融资产	72 176. 09	130 764. 86	交易性金融负债	—	—
衍生金融资产	—		衍生金融负债	—	—
买入返售金融资产	—		卖出回购金融资产款	—	—
应收款项类金融资产	1 203. 16	1 839. 40	应付职工薪酬	3 520. 43	3 714. 06
应收利息	19. 62	4. 52	应交税费	14 374. 38	13 638. 35
其他应收款	20 927. 23	8 711. 85	应付利息	—	
发放短期贷款和垫款	—	14 150. 00	其他应付款	117 663. 56	2 632. 81
信托资产	—		信托负债	—	
其他流动资产	—	90 029. 82	其他流动负债	—	
流动资产合计	250 559. 34	285 511. 97	流动负债合计	135 558. 37	19 985. 22
非流动资产:	—		非流动负债:	—	

续表

项目	年初余额	年末余额	项目	年初余额	年末余额
发放中长期贷款	—		应付债券	—	
可供出售金融资产	74 814. 30	88 185. 11	预计负债	—	
持有至到期投资	128 960. 40	78 813. 59	递延所得税负债	—	3 613. 44
长期股权投资			其他非流动负债	—	
投资性房地产	—		非流动负债合计	—	
固定资产	15 589. 99	14 874. 76	负债合计	135 558. 37	23 598. 66
在建工程	—		所有者权益：	—	
固定资产清理	—		实收资本	128 000. 00	200 000. 00
无形资产	826. 97	725. 57	资本公积	2 045. 60	61 450. 47
商誉	—		其他综合收益	−1 345. 96	2 733. 25
长期待摊费用	—		盈余公积	40 289. 96	55 033. 97
抵债资产	—		一般风险准备	4 665. 41	6 624. 66
递延所得税资产	1 573. 46	89. 69	未分配利润	146 347. 88	115 874. 80
其他非流动资产	—	16 356. 41	外币报表折算差额	—	
非流动资产合计	221 765. 12	199 045. 13	归属于母公司所有者权益合计	320 002. 89	441 717. 15
			少数股东权益	16 763. 20	19 241. 29
			所有者权益合计	336 766. 09	460 958. 44
资产总计	472 324. 46	484 557. 10	负债和所有者权益总计	472 324. 46	484 557. 10

5. 1. 3　利润表

利润表

编制单位：山东省国际信托有限公司（母公司）　　2014 年度　　单位：万元

项　　目	本年累计数	上年同期数
一、营业收入	136 608. 00	115 952. 94
（一）利息净收入	237. 54	107. 83
利息收入	237. 54	107. 83
利息支出		—
（二）手续费及佣金净收入	101 686. 95	94 946. 15
手续费及佣金收入	101 697. 49	94 964. 48
手续费及佣金支出	10. 54	18. 33
（三）投资收益（损失以“ －”号填列）	883. 35	3 481. 81
其中：对联营企业和合营企业的投资收益		—
（四）公允价值变动收益（损失以“ －”号填列）	13 458. 52	1 910. 51
（五）其他收入	20 341. 64	15 506. 64
金融机构往来收入	3 913. 60	1 331. 23
证券销售差价收入	5 351. 69	5 850. 14
汇兑收益（损失以“ －”号填列）	4. 17	−18. 41
其他业务收入	11 072. 18	8 343. 68
二、营业支出	35 377. 67	22 125. 78
（一）营业税金及附加	6 679. 08	5 932. 89
（二）业务及管理费	16 041. 92	12 910. 65
（三）资产减值损失或呆账损失（转回金额以“ －”号填列）	10 847. 08	—
（四）其他业务成本	1 809. 59	3 282. 24
三、营业利润（亏损以“ －”号填列）	101 230. 33	93 827. 16
加：营业外收入	50. 00	32. 23

续表

项　　目	本年累计数	上年同期数
减:营业外支出	146.79	500.00
四、利润总额(亏损以“-”号填列)	101 133.54	93 359.39
减:所得税费用	27 413.50	21 681.99
五、净利润(亏损以“-”号填列)	73 720.04	71 677.40
归属于母公司所有者的净利润	73 720.04	71 677.40
少数股东损益	—	—
六、每股收益:	—	—
(一)基本每股收益(元)	—	—
(二)稀释每股收益(元)	—	—

合并利润表

编制单位:山东省国际信托有限公司　　2014 年度　　单位:万元

项　　目	本年累计数	上年同期数
一、营业收入	152 220.85	129 278.57
(一)利息净收入	237.54	107.83
利息收入	237.54	107.83
利息支出		—
(二)手续费及佣金净收入	115 234.01	106 986.40
手续费及佣金收入	115 244.60	107 004.80
手续费及佣金支出	10.59	18.40
(三)投资收益(损失以“-”号填列)	883.35	3 481.81
其中:对联营企业和合营企业的投资收益		—
(四)公允价值变动收益(损失以“-”号填列)	13 458.52	1 910.51
(五)其他收入	22 407.43	16 792.02
金融机构往来收入	4 540.18	1 777.28
证券销售差价收入	5 424.05	6 614.39
汇兑收益(损失以“-”号填列)	4.17	-18.41
其他业务收入	12 439.03	8 418.76
二、营业支出	47 046.05	33 251.74
(一)营业税金及附加	7 523.82	6 621.08
(二)业务及管理费	27 065.55	23 348.42
(三)资产减值损失或呆账损失(转回金额以“-”号填列)	10 847.08	—
(四)其他业务成本	1 609.60	3 282.24
三、营业利润(亏损以“-”号填列)	105 174.80	96 026.83
加:营业外收入	101.58	167.69
减:营业外支出	146.80	500.20
四、利润总额(亏损以“-”号填列)	105 129.58	95 694.32
减:所得税费用	28 560.33	22 462.85
五、净利润(亏损以“-”号填列)	76 569.25	73 231.47
归属于母公司所有者的净利润	75 002.19	72 376.73
少数股东损益	1 567.06	854.74
六、每股收益:	—	—
(一)基本每股收益(元)	—	—
(二)稀释每股收益(元)	—	—

5.1.4 所有者权益变动表

所有者权益变动表

2014 年度

编制单位：山东省国际信托有限公司（母公司）　　单位：万元

项目	归属于母公司所有者权益										少数股东权益	所有者权益合计
	实收资本（或股本）	资本公积	减：库存股	专项储备	其他综合收益	盈余公积	一般风险准备	未分配利润	其他	小计		
一、上年末余额	128 000. 00	2 045. 60	—	—	-1 572. 16	40 289. 96	4 665. 41	141 827. 72	—	315 256. 53	—	315 256. 53
加：会计政策变更	—	—	—	—	—	—	—	—	—	—	—	—
前期差错更正	—	—	—	—	—	—	—	—	—	—	—	—
二、本年初余额	128 000. 00	2 045. 60	—	—	-1 572. 16	40 289. 96	4 665. 41	141 827. 72	—	315 256. 53	—	315 256. 53
三、本年增减变动金额（减少以“－”号填列）	72 000. 00	59 404. 87	—	—	3 333. 82	14 774. 01	1 959. 25	-31 755. 23	—	119 686. 72	—	119 686. 72
（一）综合收益总额	—	—	—	—	3 333. 82	—	—	73 720. 04	—	77 053. 86	—	77 053. 86
（二）所有者投入和减少资本	53 333. 33	59 404. 87	—	—	—	—	—	—	—	112 738. 19	—	112 738. 19
1. 所有者投入的普通资本	53 333. 33	59 404. 87	—	—	—	—	—	—	—	112 738. 19	—	112 738. 19
2. 其他权益工具持有者投入资本	—	—	—	—	—	—	—	—	—	—	—	—
3. 股份支付计入所有者权益的金额	—	—	—	—	—	—	—	—	—	—	—	—
4. 其他	—	—	—	—	—	—	—	—	—	—	—	—
（三）专项储备提取和使用												
1. 提取专项储备	—	—	—	—	—	—	—	—	—	—	—	—
2. 使用专项储备	—	—	—	—	—	—	—	—	—	—	—	—
（四）利润分配	—	—	—	—	—	14 744. 01	1 959. 25	-86 808. 60		-70 105. 34		-70 105. 34
1. 提取盈余公积	—	—	—	—	—	7 372. 00	—	-7 372. 00	—	—	—	—
其中：法定公积金	—	—	—	—	—	7 372. 00	—	-7 372. 00	—	—	—	—
任意公积金	—	—	—	—	—	—	—	—	—	—	—	—
储备基金	—	—	—	—	—	—	—	—	—	—	—	—
#企业发展基金	—	—	—	—	—	—	—	—	—	—	—	—
#利润归还投资	—	—	—	—	—	—	—	—	—	—	—	—
2. 提取一般风险准备	—	—	—	—	—	—	1 959. 25	-1 959. 25	—	—	—	—
3. 对所有者（或股东）的分配	—	—	—	—	—	—	—	-70 105. 34	—	-70 105. 34	—	-70 105. 34
4. 其他	—	—	—	—	—	7 372. 01	—	-7 372. 01	—	—	—	—
（五）所有者权益内部结转	18 666. 67	—	—	—	—	—	—	-18 666. 67	—	—	—	—
1. 资本公积转增资本（或股本）	—	—	—	—	—	—	—	—	—	—	—	—
2. 盈余公积转增资本（或股本）	—	—	—	—	—	—	—	—	—	—	—	—
3. 盈余公积弥补亏损	—	—	—	—	—	—	—	—	—	—	—	—
4. 其他	18 666. 67	—	—	—	—	—	—	-18 666. 67	—	—	—	—
四、本年末余额	200 000. 00	61 450. 47	—	—	1 761. 66	55 033. 97	6 624. 66	110 072. 49	—	434 943. 26	—	434 943. 26

合并所有者权益变动表

2014 年度

编制单位：山东省国际信托有限公司　　　　单位：万元

项目	归属于母公司所有者权益										少数股东权益	所有者权益合计
	实收资本（或股本）	资本公积	减：库存股	专项储备	其他综合收益	盈余公积	一般风险准备	未分配利润	其他	小计		
一、上年末余额	128 000. 00	2 045. 60	—	—	-1 345. 96	40 289. 96	4 665. 41	146 347. 88	—	320 002. 89	16 763. 20	336 766. 09
加：会计政策变更	—	—	—	—	—	—	—	—	—	—	—	—
前期差错更正	—	—	—	—	—	—	—	—	—	—	—	—
二、本年初余额	128 000. 00	2 045. 60	—	—	-1 345. 96	40 289. 96	4 665. 41	146 347. 88	—	320 002. 89	16 763. 20	336 766. 09
三、本年增减变动金额（减少以“-”号填列）	72 000. 00	59 404. 87	—	—	4 079. 20	14 774. 01	1 959. 25	-30 473. 08	—	121 714. 25	2 478. 08	124 192. 33
（一）综合收益总额	—	—	—	—	4 079. 20	—	—	75 002. 19	—	79 081. 39	2 478. 08	81 559. 47
（二）所有者投入和减少资本	53 333. 33	59 404. 87	—	—	—	—	—	—	—	112 738. 19	—	112 738. 19
1. 所有者投入的普通资本	53 333. 33	59 404. 87	—	—	—	—	—	—	—	112 738. 19	—	112 738. 19
2. 其他权益工具持有者投入资本	—	—	—	—	—	—	—	—	—	—	—	—
3. 股份支付计入所有者权益的金额	—	—	—	—	—	—	—	—	—	—	—	—
4. 其他	—	—	—	—	—	—	—	—	—	—	—	—
（三）专项储备提取和使用												
1. 提取专项储备	—	—	—	—	—	—	—	—	—	—	—	—
2. 使用专项储备	—	—	—	—	—	—	—	—	—	—	—	—
（四）利润分配	—	—	—	—	—	14 744. 01	1 959. 25	-86 808. 60		-70 105. 34		-70 105. 34
1. 提取盈余公积	—	—	—	—	—	7 372. 00	—	-7 372. 00	—	—	—	—
其中：法定公积金	—	—	—	—	—	7 372. 00	—	-7 372. 00	—	—	—	—
任意公积金	—	—	—	—	—	—	—	—	—	—	—	—
储备基金	—	—	—	—	—	—	—	—	—	—	—	—
#企业发展基金	—	—	—	—	—	—	—	—	—	—	—	—
#利润归还投资	—	—	—	—	—	—	—	—	—	—	—	—
2. 提取一般风险准备	—	—	—	—	—	—	1 959. 25	-1 959. 25	—	—	—	—
3. 对所有者（或股东）的分配	—	—	—	—	—	—	—	-70 105. 34	—	-70 105. 34	—	-70 105. 34
4. 其他	—	—	—	—	—	7 372. 01	—	-7 372. 01	—	—	—	—
（五）所有者权益内部结转	18 666. 67	—	—	—	—	—	—	-18 666. 67	—	—	—	—
1. 资本公积转增资本（或股本）	—	—	—	—	—	—	—	—	—	—	—	—
2. 盈余公积转增资本（或股本）	—	—	—	—	—	—	—	—	—	—	—	—
3. 盈余公积弥补亏损	—	—	—	—	—	—	—	—	—	—	—	—
4. 其他	18 666. 67	—	—	—	—	—	—	-18 666. 67	—	—	—	—
四、本年末余额	200 000. 00	61 450. 47	—	—	2 733. 24	55 033. 97	6 624. 66	115 874. 80	—	441 717. 15	19 241. 29	460 958. 44

5.2 信托资产

5.2.1 信托项目资产负债汇总表

信托项目资产负债汇总表

编制单位：山东省国际信托有限公司　　2014 年 12 月 31 日　　单位：万元

资产	年初余额	期末余额	负债和权益	年初余额	期末余额
资产：			负债：		
货币资金	1 467 126.41	685 785.87	交易性金融负债	—	—
拆出资金	—		衍生金融负债	—	—
结算备付金	120 821.06	150 728.08	应付账款	—	—
交易性金融资产	1 192 244.33	3 266 830.45	应付受托人报酬	1 612.21	1 707.50
衍生金融资产	—		应付受益人收益	8 994.76	24 587.99
买入返售金融资产	—	4 910.07	应付托管费	319.56	211.15
应收账款	310 000.00	105 000.00	应付销售服务费	—	
应收利息	2 089.86	0.41	应交税费	276.49	425.56
应收股利	—		应付利息	—	
应收申购款	14 000.00		其他应付款	15 042.01	39 783.29
应收票据	—		其他负债	—	
其他应收款	12 753.31	4 613.84			
存出保证金	—				
发放贷款	17 585 943.47	16 708 551.19	负债合计	26 245.03	66 715.48
长期应收款	172 585.73	76 394.42			
可供出售金融资产	—				
持有至到期投资	5 553 182.15	7 055 137.12			
长期股权投资	3 511 388.82	4 961 044.01	权益：		
投资性房地产	—		实收信托	29 782 567.24	32 769 065.92
融资租赁资产	—		资本公积	16 320.12	21 829.52
固定资产	—		损益平准	—	
固定资产清理	—		未分配利润	117 002.76	161 384.54
无形资产	—		权益合计	29 915 890.12	32 952 279.98
长期待摊费用	—				
其他资产	—				
信托资产总计	29 942 135.15	33 018 995.47			
减：各项资产减值准备	—				
资产总计	29 942 135.15	33 018 995.47	负债和权益总计	29 942 135.15	33 018 995.47

5.2.2 信托项目利润及利润分配汇总表

信托业务利润及利润分配汇总表

编制单位：山东省国际信托有限公司　　2014 年度　　单位：万元

项目	本年累计数	上年累计数
一、收入	2 727 621.10	2 015 563.68
利息收入	1 573 894.50	1 336 403.33
投资收益（损失以"－"号填列）	1 070 016.84	571 545.06
其中：对联营企业和合营企业的投资收益		—
公允价值变动收益（损失以"－"号填列）	28 445.09	－1 446.74
租赁收入	10 996.67	15 900.78
汇兑损益（损失以"－"号填列）	7.43	－63.38
其他收入	44 260.57	93 224.63
二、支出	289 487.58	278 416.93
营业税金及附加	1 007.93	952.68

续表

项目	本年累计数	上年累计数
受托人报酬	101 751.08	87 392.75
托管费	39 598.30	31 503.09
销售服务费	488.91	2 166.32
交易费用	18.70	373.32
利息支出		—
资产减值损失		—
其他费用	146 622.65	156 028.77
三、净利润（净亏损以"－"号填列）	2 438 133.52	1 737 146.75
四、其他综合收益		—
五、综合收益	2 438 133.52	1 737 146.75
六、期初未分配利润	117 002.76	170 547.43
六、本期已分配信托利润	2 393 751.75	1 790 691.42
七、期末未分配利润	161 384.54	117 002.76

6. 会计报表附注

6.1 报告年度会计报表编制基准、会计政策、会计估计和核算方法发生的变化情况

无。

6.2 或有事项说明

公司对外担保的年初数为零,期末数为零。

6.3 重要资产转让及其出售的说明

本年度未发生重要资产转让及其出售事项。

6.4 会计报表中重要项目的明细资料

6.4.1 自营资产经营情况

6.4.1.1 信用风险资产的期初数、期末数

信用风险资产五级分类	正常类(万元)	关注类(万元)	次级类(万元)	可疑类(万元)	损失类(万元)	信用风险资产合计(万元)	不良资产合计(万元)	不良资产率(%)
期初数	446 387.91	—	—	—	7 122.45	453 510.36	7 122.45	1.57
期末数	455 512.65	—	—	—	17 969.00	473 481.65	17 969.00	3.65

注:不良资产合计=次级类+可疑类+损失类。

6.4.1.2 各项资产减值损失准备的期初、本期计提、本期转回、本期核销、期末数

单位:万元

项目	期初数	本期计提	本期转回	本期核销	期末数
贷款损失准备	—	—	—	—	—
一般准备	—	—	—	—	—
专项准备	—	—	—	—	—
其他资产减值准备	—	—	—	—	—
可供出售金融资产减值准备	3 769.85	—	809.62		2 960.23
持有至到期投资减值准备	5 042.45	11 842.91	995.82		15 889.54
长期股权投资减值准备	200.00	—			200.00
坏账准备	—	—			
投资性房地产减值准备	—	—			
合 计	9 012.30	—			19 049.77

6.4.1.3 固有业务股票投资、基金投资、债券投资、股权投资等投资业务的期初数、期末数

单位:万元

项目	自营股票	基金	债券	长期股权投资
期初数	14 608.58	41 063.55	20 670.00	61 206.00
期末数	15 814.30	65 291.75	59 580.00	9 200.00

6.4.1.4 前五名的自营长期股权投资的企业名称、占被投资企业权益的比例、主要经营活动及投资收益情况等

被投资企业名称	占被投资企业权益的比例(%)	主要经营活动	投资收益
1. 泰信基金管理有限公司	45.00	基金管理等	2014 年无分红
2. 山东鲁信资产管理咨询有限公司	40.00	保险经纪与代理等	2014 年无分红

6.4.1.5 前五名的自营贷款的企业名称、占贷款总额的比例和还款情况等

借款企业名称	占贷款总额比例(%)	还款情况
1. 谷神生物科技集团有限公司	70.67	贷款尚未到期
2. 齐星集团有限公司	29.33	贷款尚未到期

6.4.1.6 表外业务的期初数、期末数

无。

6.4.1.7 公司当年的收入结构

母公司

收入结构	金额(万元)	占比(%)
手续费及佣金收入	101 686.95	74.41
其中:信托手续费收入	101 686.95	74.41
投资银行业务收入	—	
利息收入	237.54	0.17
其他业务收入	20 341.64	14.89
其中:计入信托业务收入部分	—	
投资收益	14 341.87	10.49
其中:股权投资收益	883.35	0.65
公允价值变动收益	13 458.52	9.85
其他投资收益	—	
营业外收入	50.00	0.04
收入合计	136 658.00	100.00

2014 年度实现信托业务收入 101 686.95 万元,占全部收入的 74.41% 以上,主营业务突出。

合并

收入结构	金额(万元)	占比(%)
手续费及佣金收入	115 234.01	75.65
其中:信托手续费收入	101 686.95	66.76
投资银行业务收入		—
利息收入	237.54	0.16
其他业务收入	22 407.43	14.71
其中:计入信托业务收入部分		—
投资收益	14 341.87	9.42
其中:股权投资收益	883.35	0.58
公允价值变动收益	13 458.52	8.84
其他投资收益		—
营业外收入	101.58	0.07
收入合计	152 322.43	100.00

手续费及佣金收入中基金管理费收入实现 13 547.11 万元,占收入合计的 11.76%。

6.4.2 披露信托资产管理情况

6.4.2.1 信托资产的期初数、期末数

单位:万元

信托资产	期初数	期末数
集合	5 110 653.78	6 125 499.08
单一	23 029 698.54	25 225 035.31
财产权	1 801 782.83	1 668 461.08
合 计	29 942 135.15	33 018 995.47

6.4.2.1.1　主动管理型信托业务期初数、期末数

单位：万元

主动管理型信托资产	期初数	期末数
证券投资类	177 106.00	334 191.00
股权投资类	1 117 374.00	1 935 526.00
融资类	3 689 202.00	3 017 439.00
事务管理类	22 654.00	96 544.00
合　计	5 006 336.00	5 383 700.00

6.4.2.1.2　被动管理型信托业务期初数、期末数

单位：万元

被动管理型信托资产	期初数	期末数
证券投资类	1 164 898.00	2 583 773.00
股权投资类	1 515 481.00	1 702 458.00
融资类	19 896 961.00	10 933 316.00
事务管理类	2 358 459.15	12 415 748.00
合计	24 935 799.15	27 635 295.00

6.4.2.2　本年度已清算结束的信托项目个数、实收信托合计金额、加权平均实际年化收益率

6.4.2.2.1　本年度已清算结束的集合类、单一类资金信托项目和财产管理类信托项目个数、金额、加权平均实际年化收益率

已清算结束信托项目	项目个数（个）	实收信托合计金额（万元）	加权平均实际年化收益率（%）
集合类	208	1 933 457	11.58
单一类	402	6 853 348	5.61
财产管理类	6	138 506	6.69

注：加权平均实际年化收益率＝（信托项目1的实际年化收益率×信托项目1的资产总计＋信托项目2的实际年化收益率×信托项目2的资产总计＋…＋信托项目n的实际年化收益率×信托项目n的资产总计）/（信托项目1的资产总计＋信托项目2的资产总计＋…＋信托项目n的资产总计）×100%。

6.4.2.2.2　本年度已清算结束的主动管理型信托项目个数、实收信托合计金额、加权平均实际年化收益率

已清算结束信托项目	项目个数（个）	合计金额（万元）	加权平均实际年化信托报酬率（%）	加权平均实际年化收益率（%）
证券投资类	14	117 201	0.45	8.44
股权投资类	27	344 139	1.58	32.27
融资类	167	1 472 117	1.52	8
事务管理类	0	0	0	0

6.4.2.2.3　本年度已清算结束的被动管理型信托项目个数、合计金额、加权平均实际年化收益率

已清算结束信托项目	项目个数（个）	合计金额（万元）	加权平均实际年化信托报酬率（%）	加权平均实际年化收益率（%）
证券投资类	3	9 127	1.72	12.68
股权投资类	34	647 362	0.47	12.77
融资类	329	5 403 420	0.23	6.16
事务管理类	42	931 946	0.07	4.97

6.4.2.3　本年度新增的集合类、单一类和财产管理类信托项目个数、实收信托合计金额

新增信托项目	项目个数（个）	实收信托合计金额（万元）
集合类	147	2 446 095
单一类	397	10 381 630
财产管理类	3	47 000
新增合计	547	12 874 725
其中：主动管理型	144	2 111 820
被动管理型	403	10 762 905

6.4.2.4　信托业务创新成果和特色业务有关情况

2014年，山东信托立足实际，统筹规划，循序渐进，加快创新业务研究与尝试，取得了一定成绩。一是主动管理的财富管理系列产品得到进一步发展。在总结运作经验的基础上，2014年加快了尊岳进取系列业务步伐，新设立了2只产品。目前存续的3只产品，总规模超过2亿元，3只产品在控制仓位和回撤率的基础上表现良好，在取得良好业绩的同时也锻炼了队伍。二是全链式服务上市公司的业务创新取得新突破。围绕上市公司这一题材发力，设计推出了一系列创新产品，构建了一条产品内容涉及股权质押、股票代持、定向增发、高管激励、员工持股、重组并购等全方位、多层次的信托产品链条。三是家族信托业务开局良好。在2014年8月27日成功推出第一单家族信托业务的基础上，迅速积累客户资源，完善业务流程，在回归信托本源业务尝试上迈出坚实一步。四是积极开展不良资产处置信托业务。承接银行不良资产的信托业务已实现起步，2014年已开展3单相关业务；为配合公司建立风险缓释机制而设计的集合资金信托计划已形成初步模式。五是加快PE投资信托业务领域布局。以有限合伙的形式尝试涉足PE信托业务，成功设计推出了源创基金信托计划；“上市公司＋PE”的并购重组基金模式的第一单信托产品已经落地。六是开展了其他创新业务研究。土地流转信托，与银行等金融机构就项目选择、交易框架等进行了初步沟通探讨；以参与信托业协会公益信托重点研究课题为契机，进一步加强了公益信托业务研发。

6.4.2.5　本公司履行受托人义务情况及因本公司自身责任而导致的信托资产损失情况

本公司本年无上述情况。

6.4.2.6　信托赔偿准备金的提取、使用和管理情况

公司每年按照本期净利润的10%计提信托赔偿准备金，截至2014年末信托赔偿准备金20 211.35万元，迄今为止信托赔偿准备金未曾使用。

6.5　关联方关系及其交易

6.5.1　关联交易方的数量、关联交易的总金额及关联交易的定价政策等

单位：万元

项　目	关联交易方数量（个）	关联交易金额	定价政策
合　计	6	59 350	按市场公允价格定价

注：关联交易是指信托公司以自有资产、信托资产为关联方提供投融资等服务，或以担保等方式为关联方融资提供便利的业务。关联交易的统计范围应基本与银监会非现场监管信息系统中关于关联交易的范围和口径一致，也可增加为关联方提供咨询等其他非投融资类业务服务的信息。

6.5.2 关联交易方与本公司的关系性质、关联交易方的名称、法定代表人、注册地址、注册资本及主营业务等

关联性质	关联方名称	法定代表人	注册地址	注册资本（万元）	主营业务
母公司	山东省鲁信投资控股集团有限公司	汲斌昌	济南市解放路166号	300 000.00	对外投资及管理，资本运营
同一母公司	山东鲁信恒基投资有限公司	万众	济南市解放路166号	6 000.00	对外投资及管理，资本运营
同一母公司	济南市历下区鲁信小额贷款股份有限公司	苏文强	济南市解放路166号	20 000.00	小额贷款业务
同一母公司	山东鲁信文化旅游产业有限公司	魏立强	青岛市四方区永丰路8号2079室	30 000.00	旅游产业投资与旅游管理，海洋科研科普技术培训，园区内旅游服务，水生物养殖、展示及销售，动漫设计与展示
同一母公司	山东鲁信实业集团有限公司	万众	济南市解放路166号	70 000.00	对外投资及管理、企业管理咨询服务、商品信息咨询服务
同一母公司	山东耀华鲁信节能投资有限公司	邱强	莱芜市钢城区双泉路31号	10 000.00	节能环保项目投资与管理、合同能源管理与运营、新能源开发项目投资、节能技术开发及咨询服务、能源审计、节能环保设备销售及租赁

6.5.3 本公司与关联方的重大交易事项

6.5.3.1 固有财产与关联方：贷款、投资、租赁、应收账款担保、其他方式等期初汇总数、本期发生额汇总数、期末汇总数

固有财产与关联方关联交易																				
贷款			投资			租赁			担保			应收账款			其他			合计		
期初	发生额	期末	期初	发生额	期末	期初	发生额	期末	期初	发生额	期末	期初	发生额	期末	期初	发生额	期末	期初	发生额	期末
—	—	—	—	—	—	—	—	—	—	—	—	—	—	—	—	—	—	—	—	—

6.5.3.2 信托资产与关联方：贷款、投资、租赁、应收账款、担保、其他方式等期初汇总数、本期发生额汇总数、期末汇总数

单位：万元

信托与关联方关联交易				
	期初数	借方发生额	贷方发生额	期末数
贷款	155 726	37 700	134 226	59 200
投资	150	—	—	150
租赁	—	—	—	
担保	—	—	—	
应收账款	—	—	—	
其他	—	—	—	
合计	155 876	37 700	122 226	59 350

6.5.3.3 信托公司自有资金运用于自己管理的信托项目（固信交易）、信托公司管理的信托项目之间的相互交易（信信交易）金额

6.5.3.3.1 固有财产与信托财产之间的交易金额期初汇总数、本期发生额汇总数、期末汇总数

单位：万元

固有财产与信托财产相互交易			
项目	期初数	本期发生额	期末数
合计	133 303	441 819	197 545

6.5.3.3.2 信托项目之间的交易金额期初汇总数、本期发生额汇总数、期末汇总数

单位：万元

信托财产与信托财产相互交易			
项目	期初数	本期发生额	期末数
合计	32 955	173 772	54 492

6.5.4 关联方逾期未偿还本公司资金的详细情况以及本公司为关联方担保发生或即将发生垫款的详细情况

无。

6.6 会计制度

固有业务（自营业务）自2008年1月1日开始执行新《企业会计准则》、信托业务自2009年7月1日起执行新《企业会计准则》。

7. 财务情况说明书

7.1 利润实现和分配情况

7.1.1 母公司利润实现和分配情况

（1）利润总额：101 133.53万元。

（2）所得税费用：27 413.49万元。

（3）净利润：73 720.04万元。

（4）加年初未分配利润余额（调整后净额）：141 827.72万元。

（5）可供分配利润：215 547.76万元。

（6）提取法定公积金（净利润的10%）：7 372.00万元。

（7）依据公司章程，按照本年实现净利润的10%提取信托赔偿准备金7 372.00万元。

（8）提取一般准备1 959.25万元。

（9）向公司股东分配股利70 105.34万元。

（10）未分配利润转增实收资本18 666.67万元。

（11）期末未分配利润110 176.50万元。

7.1.2 合并利润实现和分配情况

（1）利润总额：105 129.58万元。

（2）所得税费用：28 560.33万元。

(3)归属于母公司的净利润:75 002.19 万元。

(4)加年初未分配利润余额(调整后净额):146 347.88 万元。

(5)可供分配利润:221 350.07 万元。

(6)提取法定公积金(净利润的 10%):7 372 万元。

(7)依据公司章程,按照本年实现净利润的 10% 提取信托赔偿准备金 7 372 万元。

(8)提取一般准备 1 959.25 万元。

(9)向公司股东分配股利 70 105.34 万元。

(10)未分配利润转增实收资本 18 666.67 万元。

(11)期末未分配利润 115 874.81 万元。

7.2 主要财务指标

母公司

指标名称	指标值
资本利润率(%)	19.84
加权年化信托报酬率(%)	0.32
人均净利润(万元)	460.75

合并

指标名称	指标值
资本利润率(%)	19.40
加权年化信托报酬率(%)	0.32
人均净利润(万元)	283.59

注:1. 资本利润率 = 净利润/所有者权益平均余额 ×100%。
2. 信托报酬率 = 信托业务收入/实收信托平均余额 ×100%。
3. 人均净利润 = 净利润/年平均人数。
4. 平均值采取年初及各季末余额移动算术平均法,公式为:a(平均) = $(a_0/2 + a_1 + a_2 + a_3 + a_4/2)/4$。

7.3 对本公司财务状况、经营成果有重大影响的其他事项

无。

8. 特别事项揭示

8.1 前五名股东报告期内变动情况及原因

报告期内,公司引入中油资产管理有限公司(以下简称中油资产)作为战略投资者,中油资产出资人民币 5 亿元,占公司注册资本的 25%。公司前五名股东情况如下:

股东名称	出资额(元)	占比(%)
山东省鲁信投资控股集团有限公司	1 260 416 666.67	63.02
中油资产管理有限公司	500 000 000.00	25
山东省高新技术创业投资有限公司	125 000 000.00	6.25
山东黄金集团有限公司	45 833 333.33	2.29
济南市能源投资有限责任公司	34 375 000.00	1.72
潍坊市投资公司	34 375 000.00	1.72

8.2 董事、监事及高级管理人员变动情况及原因

经山东省国际信托有限公司第四届第一次董事会审议通过,并报经中国银行业监督管理委员会核准(核准文件:银监复[2014]317 号),公司董事长由孟凡利变更为相开进;经山东省国际信托有限公司第四届第八次董事会审议通过,并报经中国银行业监督管理委员会核准(核准文件:银监复[2014]317 号),公司总经理由相开进变更为王映黎。

经山东省国际信托有限公司第四届第十次董事会审议通过,并报经中国银监会山东监管局核准(核准文件:鲁银监准[2014]282 号),聘任马文波先生为公司财务总监;经公司第四届第十一次董事会审议通过,并报经中国银监会山东监管局核准(核准文件:鲁银监准[2014]283 号),聘任李晓鹏先生为公司总经理助理;经公司第四届第十二次董事会审议通过,并报经中国银监会山东监管局核准(核准文件:鲁银监准[2014]285 号、鲁银监准[2014]288 号),聘任岳增光先生为公司风控总监、宋冲先生为公司副总经理。

8.3 变更注册资本、变更注册地或公司名称、公司分立合并事项

经山东省国际信托有限公司股东会审议通过,并报经中国银监会审核批复(银监复[2014]575 号),公司注册资本由 1 466 666 666.67元增至 2 000 000 000 元。公司工商登记变更于2014 年 8 月 29 日办理完毕。

8.4 公司的重大诉讼事项

8.4.1 重大已决诉讼

以前年度发生并于报告年度内终结的诉讼事项:公司诉山东泗水北方大地牧业集团有限公司、山东鲁西黄牛原种场有限公司、泗水北方大地肉牛育肥有限公司、山东九福饲料有限公司及山东九九有限公司、北京赛克赛思科技投资有限公司借款担保合同纠纷案,经法院强制执行,已于报告期内收回全部本金及利息。

报告年度内发生并终结的诉讼事项:公司诉山东金顺达集团有限公司、山东清源集团有限公司等借款担保案件因借款人偿还全部贷款本金和利息已撤诉结案。

8.4.2 重大未决诉讼

公司诉山东高开变压器制造有限公司、高开集团有限公司、山东天山丰耘生态肥业有限公司及蒋成孝借款担保案件报告期内未审理终结;公司诉邹平鲁杭天润实业科技有限公司、山东亚圣集团有限公司等借款担保案件,诉靖江市太平洋百货有限公司、江苏国宇高科通信技术有限公司、靖江艺海国际商务会馆有限公司、商翠云,靖江天一房地产有限公司借款担保案件报告期内未执行终结;公司申请强制执行宜昌泓健新材料有限公司、宜昌弗洛伊德商务有限公司借款担保合同纠纷案报告期内未执行终结。

8.5 公司及其董事、监事和高级管理人员受到处罚的情况

无。

8.6 公司对银监会及其派出机构对公司检查的整改情况

报告期内山东银监局对公司进行了现场检查,公司针对山

东银监局2014年现场检查意见，召开专题会议，研究部署落实工作。结合实际工作开展整改活动，认真制定了各项整改措施，对存在的问题坚决加以整改。

一是进一步优化公司治理结构。以引进战略投资者为契机，改组了董事会和监事会，完善了董事会和监事会的人员组成，确保了董事会和监事会功能的有效发挥；规范了董事会专门委员会设置，厘清职责边界并促其审慎履职。修订了公司章程、《股东会议事规则》、《董事会议事规则》和《总经理办公会议事规则》等，进一步明确了“三会一层”职责分工。

二是完善内部控制，深化内控机制建设。聘请德勤会计师事务所对公司风控流程进行梳理，借助中介机构的力量，对标行业先进、适用的风控流程，根据咨询建议完成了公司主要制度的梳理修订工作；进一步完善年度审计工作计划的审批和审计报告制度，规范内部审计工作日常汇报记录等工作，增强内部审计的广度和深度；严格授权管理，明确业务决策权限和审批流程。

三是强化财务管理。通过增加信托财务人员数量，细化人员分工，提升了工作效率；推进管理系统建设，加快恒生系统基础数据核对及财务数据对接进度，提高财务管理的信息化水平。

四是深化风险管控和合规管理。加强对信托业务的过程管理，严防信用风险；加强合规文化建设，在全公司范围内贯彻合规经营理念，逐步形成“人人合规、事事合规”的良好氛围。

8.7 本年度重大事项临时报告

时间	简要内容	媒体
2014年6月10日	公司董事长由孟凡利变更为相开进，公司总经理由相开进变更为王映黎。	《上海证券报》
2014年8月6日	公司注册资本由128 000万元变更为1 466 666 666.67元。	《上海证券报》
2014年8月6日	聘任马文波先生为公司财务总监、李晓鹏先生为公司总经理助理、岳增光先生为公司风控总监、宋冲先生为公司副总经理。	《上海证券报》
2014年9月1日	公司注册资本由1 466 666 666.67元增至2 000 000 000元。	《上海证券报》

8.8 银监会及其派出机构认定的其他有必要让客户及相关利益人了解的重要信息

无。

9. 公司监事会意见

监事会认为，本报告期内，公司决策程序符合国家相关法律、法规和公司章程的规定，内部控制制度较为完善，没有发现公司董事和高级管理人员在履行公司职务时有违反法律法规、公司章程和侵害股东利益的行为。公司财务报告真实反映了公司的财务状况和经营成果。

山西信托股份有限公司

1. 重要提示

1.1 本公司董事会及董事保证本报告所载资料不存在任何虚假记载、误导性陈述或者重大遗漏，并对其内容的真实性、准确性和完整性承担个别及连带责任。本年度报告摘要摘自年度报告全文，报告全文刊载于本公司网站（http://www.sxxt.net），客户及相关利益人欲了解详细内容，应阅读年度报告全文。

1.2 未有公司董事声明对本年度报告内容的真实性、准确性、完整性存在异议。

1.3 毕马威华振会计师事务所（特殊普通合伙）对本公司年度财务报告进行审计，出具了标准无保留意见的审计报告。

1.4 公司董事长郭晋普、主管会计工作负责人总经理刘叔肄、副总经理兼财务总监雷淑俊、计划财务部总经理刘拓旺声明：保证年度报告中财务会计报告的真实、完整。

2. 公司概况

2.1 公司简介

1	法定中文名称	山西信托股份有限公司（中文缩写：山西信托）
2	法定英文名称	Shanxi Trust Co.,Ltd.（英文缩写：STC）
3	法定代表人	郭晋普
4	注册地址	山西省太原市府西街69号
5	邮政编码	030002
6	国际互联网网址	http://www.sxxt.net
7	公司电子信箱	websxxt@sxxt.net
8	信息披露事务负责人	陈 强
9	信息披露事务联系人	武 旭
10	联系电话	0351-8686777
11	传 真	0351-8686111
12	电子信箱	websxxt@sxxt.net
13	本次信息披露报纸	《金融时报》
14	年度报告备置地点	山西省太原市府西街69号山西国际贸易中心A座37层
15	公司聘请的会计师事务所及其住所	毕马威华振会计师事务所（特殊普通合伙） 地址：北京市东城区东长安街1号东方广场2座3层

2.2 组织结构

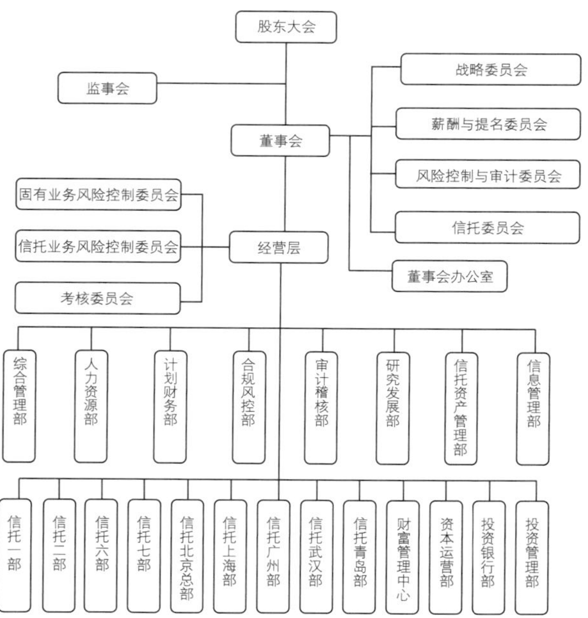

3. 公司治理

3.1 股东

股东名称	持股比例（%）	法人代表	注册资本（亿元）	注册地址	主要经营业务及主要财务情况
山西省国信投资（集团）公司★	90.7	张广慧	32.719	山西省太原市府西街69号	投资业务、资产委托管理、资产重组并购、公司理财、财务顾问及咨询、房地产投资、代理财产管理等。
太原市海信资产管理有限公司	8.3	冯企康	1.0073	山西省太原市新建路152号	投资及资产委托管理、投资咨询及企业财务法律咨询。
山西国际电力集团有限公司	1	刘建中	60	山西省太原市劲松北路27号	电、热的生产和销售，发电、输变电工程的技术咨询，电力调度、生产管理及电力营销服务等。

注1. 本公司3家股东之间不存在关联关系。

2. 股东财务状况截至2014年12月31日。

3. ★号表示公司最终实际控制人。

3.2 董事

董事

姓名	职务	性别	年龄	选任日期	所推举的股东名称	该股东持股比例(%)	简要履历
郭晋普	董事长	男	58	2013年5月	山西省国信投资(集团)公司	90.7	曾任长治锻压机床厂生产副厂长,山西省信托投资公司房地产开发部、投资实业总部副总经理,山西国际贸易中心有限公司总经理,山西信托有限责任公司副董事长,山西信托有限责任公司党委书记、董事长;现任山西省国信投资(集团)公司副总经理,山西信托股份有限公司党委书记、董事长。
杨小勇	副董事长	男	51	2013年5月	山西省国信投资(集团)公司	90.7	曾任山西省委组织部处长、山西省信托投资公司副总经理、山西省国信投资(集团)公司副总经理、山西信托投资有限责任公司副董事长、山西信托有限责任公司副董事长,现任山西信托股份有限公司副董事长。
曹　煜	副董事长	男	51	2013年5月	山西省国信投资(集团)公司	90.7	曾任共青团太原市委青农部副部长,共青团山西省委青农部部长助理、副部长,共青团山西省委常委、宣传部部长,中共祁县县委副书记、县长,中共榆社县委书记,山西信托有限责任公司副董事长,现任山西省国信投资(集团)公司副总经理、山西信托股份有限公司副董事长。
刘叔肄	董事	男	49	2013年5月	山西省国信投资(集团)公司	90.7	曾任山西省信托投资公司运城证券营业部经理、运城办事处副主任,山西信托投资有限责任公司地市信托部经理,太原资产管理公司经理,汇丰晋信基金公司副督察长,山西信托有限责任公司总经理,现任山西信托股份有限公司总经理。
王建军	董事	男	42	2013年5月	山西国际电力集团有限公司	1	曾任山西国际电力集团工程管理公司工程部经理、产业部经理,通宝能源有限公司党委书记、总经理,现任山西国际电力集团有限公司产业管理部经理。
张福生	董事	男	56	2013年5月	职工董事		曾任山西省统计局副处长、山西省信托投资公司技改处处长办公室主任、党总支专职副书记,山西信托有限责任公司党委工作部主任、纪委书记,现任山西信托股份有限公司副总经理、纪委书记。

独立董事

姓名	所在单位及职务	性别	年龄	选任日期	所推举的股东名称	该股东持股比例(%)	简要履历
李怡农(拟任)		男	68	2014年12月	山西省国信投资(集团)公司	90.7	曾任中国农业银行山西省分行农村金融研究所所长、办公室主任、省分行党委副书记、副行长,中国农业银行宁夏回族自治区分行党委书记、行长,政协宁夏回族自治区第七届委员会委员、经济委员会副主任,现已退休。

3.3 监事

监事

姓名	职务	性别	年龄	选任日期	所推举的股东名称	该股东持股比例(%)	简要履历
郭志宏	监事会主席	男	48	2013年5月	山西省国信投资(集团)公司	90.7	曾任中国人民银行长子县支行副行长,长治市信用社总经理,长治市商业银行副行长(主持工作)、行长,山西信托有限责任公司监事长,现任山西信托股份有限公司监事、监事会主席。
牛海芳	监事	女	44	2013年5月	太原市海信资产管理有限公司	8.3	曾任太原市信托投资公司会计、太原市海信资产管理有限公司财务科科长,现任太原市海信资产管理有限公司副总经理。
宋晓伟	监事	女	50	2013年5月	山西国际电力集团有限公司	1	曾任太原理工天成科技股份有限公司副总经理、通宝能源有限公司总会计师、山西国际电力集团有限公司法律审计部经理,现任晋能集团有限公司资本运作中心部长。

3.4 高级管理人员

姓　名	职　务	性别	年龄	选任日期	金融从业年限(年)	学历	专业
刘叔肄	总经理	男	49	2013 年 5 月	22	硕士研究生	经济
焦　杨	常务副总经理	男	48	2013 年 5 月	18	硕士研究生	金融
史庆瑞	副总经理	男	58	2013 年 5 月	26	本科	农业
乔彦林	党委委员	男	51	2010 年 2 月	29	本科	经济
张福生	副总经理、纪委书记	男	56	2013 年 5 月	22	研究生	金融
雷淑俊	副总经理、财务总监	女	45	2013 年 5 月	22	本科	金融
陈　强	副总经理、董事会秘书	男	46	2013 年 5 月	21	研究生	经济

3.5 公司员工

职工人数(人)	174	
平均年龄(岁)	41	
学历分布比例(%)	硕士	27.59
	本科	55.17
	专科	8.62
	其他	8.62

4. 经营管理

4.1 经营目标、方针、战略规划

经营目标：服务客户、成就员工、奉献社会、回报股东。

经营方针：信守承诺、珍视托付、稳健创新、超越期待。

战略规划：以市场为导向，以改革转型、创新发展为主线，订战略、谋转型，改机制、增活力，建制度、防风险，拓业务、促发展，坚持走差异化发展道路，聚焦风险控制和业务创新，通过深挖信托制度优势，以投资、资产管理和财富管理三大业务为重点，大力发展主动管理类信托业务和投资业务，构建科学、合理、稳定的盈利模式，最终将山西信托打造成为具有核心竞争力的信托公司。

4.2 经营业务的主要内容

自营资产运用与分布表

资产运用	金额（万元）	占比（%）	资产分布	金额（万元）	占比（%）
货币资产	23 511.89	11.59	基础产业		
买入返售金融资产	24 030.00	11.85	房地产业		
交易性金融资产投资			证券市场	26 659.20	13.14
可供出售金融资产投资	90 149.36	44.43	实业		
持有至到期投资			金融机构	47 541.89	23.43
长期股权投资	36 849.24	18.16	其他	128 681.97	63.43
其他	28 342.57	13.97			
资产总计	202 883.06	100.00	资产总计	202 883.06	100.00

注：资产分布中，"其他"类资产主要包括货币资金、固定资产、无形资产、可供出售金融资产等。

信托资产运用与分布表

资产运用	金额（万元）	占比（%）	资产分布	金额（万元）	占比（%）
货币资产	255 959.81	4.92	基础产业	701 392.89	13.48
贷款	2 577 304.50	49.52	房地产	470 058.75	9.03
交易性金融资产投资	1 016 009.69	19.52	证券市场	1 188 720.77	22.84
买入返售金融资产	55 281.52	1.06	实业	2 435 473.32	46.79
可供出售金融资产投资	9 000.00	0.17	金融机构	0.00	0.00
持有至到期投资	1 087 936.62	20.90	其他	409 361.27	7.86
长期股权投资	179 634.23	3.45			
其他	23 880.63	0.46			
信托资产总计	5 205 007.00	100.00	信托资产总计	5 205 007.00	100.00

注：资产分布中，"其他"类资产主要包括货币资金、收益权类资产等。

4.3 市场分析

4.3.1 有利因素

(1)中央全面深化改革，进一步激发经济发展内生动力和活力，经济新常态为信托行业的持续发展带来新的契机。

(2)信托行业在"八项机制"目标的指引下，行业内部不断加大业务转型创新研发力度，积极探寻转型发展道路。

(3)经济增长和社会财富不断积累，居民理财意识日益提高，理财需求更加丰富和多元化，为信托行业财富管理业务发展创造了有利条件。

(4)行业协会专业培训力度加大，全面提升行业全员专业水平与素养，为行业的健康持续与转型创新发展提供了有力的人力资源保障。

4.3.2 不利因素

(1)国内经济"三期叠加"带来的不稳定、不确定因素依然较多，经济下行压力使实体经济领域风险加大，行业传统业务面临越来越大的挑战。

(2)金融同业围绕资产管理展开正面竞争，信托行业市场份额被动缩小，加之互联网金融的崛起，对信托行业发展形成新的冲击。

(3)监管政策日趋严厉，信托行业发展瓶颈日益凸显，信托

行业面临着转型压力。

4.4 内部控制概况

公司按照现代企业制度的要求，建立了产权明晰、责任明确、管理科学的企业制度；根据法人治理机制的需要，建立了权责分明、有效制衡、协调运作的治理结构；依照金融企业运行的要求，加快内控文化的建设，制定了相对完善的内控制度；牢固树立内控优先的风险理念，不断增强全体员工的内控与依法经营意识；建立了责任追究制度，真正把内控文化的建设和执行落到实处，营造良好的内控环境。

4.5 风险管理概况

风险管理是公司的一项基础性工作，公司始终遵循“事前预防、事中控制、事后监督”的原则，建立了多层次、全覆盖的风险控制体系，对公司开展的各项经营活动，进行全面的风险管理，确保将各种风险控制在合理水平，保障公司业务稳健运行。

4.5.1 信用风险

公司严格依据相关规定，对资产进行风险分类评级，并计提呆账准备；严格限制保证贷款，对于抵质押贷款按照抵质押品登记手续合法完备、易变现等原则确认，并根据抵质押品价值可能波动情况及可变现值确定抵质押率。

4.5.2 市场风险

公司关注国家宏观政策，加强行业风险研究，规避行业周期产生的市场风险；证券市场投资遵循组合投资、分散风险的原则，科学制定投资比例和投资策略，合理确立风险止损点；根据市场变化积极调整证券投资规模，优化证券投资结构，防范证券跌价风险；控制投资于同一行业的项目规模和数量，避免风险过于集中，积极拓展多元化投资领域和项目。

4.5.3 操作风险

公司坚持前、中、后台分离和部门、岗位之间相互制衡原则；明确工作职责，严格执行操作规程和权限设置，定期对业务规章和操作流程进行修订和完善；加大信息化建设投入，加强对员工技能培训，完备相应管理记录，防范操作风险。

4.5.4 其他风险

公司根据国家法律、宏观政策和行业政策的导向，积极调整经营策略和业务拓展方向，确保公司经营与国家政策的一致性；公司通过加强员工的风险管理教育，强化内控机制建设，完善业务制度和流程，加大检查监督力度等措施，防范道德风险；公司将发展战略、企业文化与声誉构建进行有机结合，通过尽职管理和充分信息披露塑造公司专业诚信形象，有效规避声誉风险。

5. 报告期末及上一年度末的比较式会计报表

5.1 自营资产

5.1.1 会计师事务所审计结论

毕马威华振会计师事务所对本公司年度财务报告进行审计，并出具了标准无保留意见的审计报告。

5.1.2 资产负债表

资产负债表

编报单位：山西信托股份有限公司　　2014 年 12 月 31 日　　单位：万元

资产	合并		母公司		负债及所有者权益	合并		母公司	
	期末数	期初数	期末数	期初数		期末数	期初数	期末数	期初数
存放同业款项	43 692.36	41 547.97	23 511.89	37 535.22	应付职工薪酬	4 724.22	4 272.13	4 724.22	4 272.13
交易性金融资产	—	1 302.06	—	1 302.06	交易性金融负债	—	—	—	—
买入返售资产	24 030.00	—	24 030.00	—	应交/(预缴)税费	4 419.09	3 859.34	4 419.09	3 859.34
应收利息	12 579.47	1 182.08	5 267.59	2 552.53	预计负债	200.00	—	2 937.67	2 554.14
贷款和应收款项	144 568.50	63 146.42	13 688.84	9 511.37	其他负债	140 579.13	66 549.92	2 107.59	5 048.04
可供出售金融资产	72 215.63	98 313.45	90 149.37	97 177.10	负债合计	149 922.44	74 681.39	14 188.57	15 733.65
投资性房地产	167.12	177.96	167.12	177.96	实收资本	135 700.00	135 700.00	135 700.00	135 700.00
长期股权投资	36 849.24	35 268.97	36 849.24	35 268.97	资本公积	10 483.91	10 483.91	10 483.91	10 483.91
固定资产	4 114.94	4 382.47	4 114.94	4 382.47	其他综合收益	9 941.84	213.23	9 941.84	213.23
在建工程	218.00	218.00	218.00	218.00	盈余公积	3 537.29	2 056.43	3 537.29	2 056.43
无形资产	90.31	89.66	90.31	89.66	风险准备	19 141.25	16 919.96	19 141.25	16 919.96
递延所得税资产	2 723.47	2 393.55	3 899.57	2 010.04	未分配利润	13 418.50	11 747.13	9 890.20	12 897.66
其他资产	896.19	3 779.46	896.19	3 779.46	所有者权益合计	192 222.79	177 120.66	188 694.49	178 271.19
资产总计	342 145.23	251 802.05	202 883.06	194 004.84	负债和所有者权益总计	342 145.23	251 802.05	202 883.06	194 004.84

董事长：郭晋普　　总经理：刘叔肄　　计划财务部总经理：刘拓旺　　制表：刘强

注：合并财务报表范围包括本公司及应当纳入合并的特殊目的主体。

5.1.3 利润表

利润表

编报单位:山西信托股份有限公司　　2014 年度　　单位:万元

	合并		母公司	
	2014 年度	2013 年度	2014 年度	2013 年度
一、营业收入	64 481.97	63 601.84	57 168.43	61 303.53
利息净收入	3 595.47	2 336.91	1 754.42	1 438.21
利息收入	15 427.89	5 487.94	1 754.42	1 438.21
利息支出	11 832.42	3 151.03	—	—
手续费及佣金净收入	34 322.10	50 365.25	38 075.44	51 489.31
手续费及佣金收入	34 384.74	50 370.50	38 138.08	51 494.56
手续费及佣金支出	62.64	5.25	62.64	5.25
投资收益(损失以"－"号填列)	26 295.72	10 806.02	17 069.89	8 289.02
公允价值变动损益(损失以"－"号填列)	183.16	173.11	183.16	166.44
汇兑收益(损失以"－"号填列)	18.67	－157.36	18.67	－157.36
其他业务收入	66.85	77.91	66.85	77.91
二、营业支出	37 373.67	31 089.45	36 115.05	30 276.58
营业税金及附加	3 067.64	3 307.63	3 067.64	3 307.63
业务及管理费	18 361.15	19 417.85	18 009.01	19 328.88
资产减值损失(转回以"－"号填列)	15 934.04	8 314.24	15 027.56	7 590.34
其他业务支出	10.84	49.73	10.84	49.73
三、营业利润(损失以"－"号填列)	27 108.30	32 512.39	21 053.38	31 026.95
加:营业外收入	291.68	300.00	2 077.07	300.00
减:营业外支出	214.80	91.80	2 183.72	2 645.94
四、利润总额(损失以"－"号填列)	27 185.18	32 720.59	20 946.73	28 681.01
减:所得税费用	7 697.78	8 034.30	6 138.17	7 024.40
五、净利润(损失以"－"号填列)	19 487.40	24 686.29	14 808.56	21 656.61
其他综合收益	9 728.61	144.31	9 728.61	144.31
综合收益总额	29 216.01	24 830.60	24 537.17	21 800.92

董事长:郭晋普　　总经理:刘叔肄　　计划财务部总经理:刘拓旺　　制表:刘　强

注:合并财务报表范围包括本公司及应当纳入合并的特殊目的主体。

5.1.4 所有者权益变动表

母公司所有者权益变动表

2014年度

编报单位：山西信托股份有限公司　　　　单位：万元

项目	2014年							2013年						
	实收资本（股本）	资本公积	其他综合收益	盈余公积	风险准备	未分配利润	所有者权益合计	实收资本（股本）	资本公积	其他综合收益	盈余公积	风险准备	未分配利润	所有者权益合计
1. 上年末余额	135 700.00	10 483.91	213.23	2 056.43	16 919.96	12 897.66	178 271.19	100 000.00	9 035.70		6 581.44	13 835.31	25 436.83	154 889.28
2. 会计政策变更及差错更正									-9 013.79	9 013.79			1 581.00	1 581.00
3. 本年初余额	135 700.00	10 483.91	213.23	2 056.43	16 919.96	12 897.66	178 271.19	100 000.00	21.91	9 013.79	6 581.44	13 835.31	27 017.83	156 470.28
4. 本年增减变动金额合计（减少以“-”号填列）			9 728.61	1 480.86	2 221.28	-3 007.46	10 423.28	35 700.00	10 462.00	-8 800.55	-4 525.01	3 084.65	-14 120.17	21 800.92
4.1 净利润						14 808.56	14 808.56						21 656.61	21 656.61
4.2 直接计入所有者权益的利得和损失			9 728.61				9 728.61			144.31				144.31
4.2.1 可供出售金融资产公允价值变动净额			9 350.55							248.73				
4.2.2 权益法下被投资单位其他所有者权益变动的影响			378.06							-104.42				
4.2.3 与计入所有者权益项目相关的所得税影响														
4.2.4 其他														
4.3 所有者投入和减少资本														
4.3.1 所有者投入资本														
4.3.2 股份支付计入所有者权益的金额														
4.3.3 其他														
4.4 利润分配				1 480.86	2 221.28	-17 816.03	-14 113.89				2 056.43	3 084.65	-5 141.08	
4.4.1 提取盈余公积				1 480.86		-1 480.86					2 056.43		-2 056.43	
4.4.2 提取一般风险准备					2 221.28	-2 221.28						3 084.65	-3 084.65	
4.4.3 对股东的分配						-10 224.37	-10 224.37							
4.4.4 其他						-3 889.52	-3 889.52							
4.5 所有者权益内部结转								35 700.00	10 462.00	-8 944.86	-6 581.44		-30 635.70	
4.5.1 资本公积转增资本（或股本）									10 462.00	-8 944.86				
4.5.2 盈余公积转增资本（或股本）											-6 581.44			
4.5.3 盈余公积弥补亏损														
4.5.4 一般风险准备弥补亏损														
4.5.5 其他														
4.6 外币报表折算差额														
5. 本年末余额	135 700.00	10 483.91	9 941.84	3 537.29	19 141.24	9 890.20	188 694.48	135 700.00	10 483.91	213.23	2 056.43	16 919.96	12 897.66	178 271.19

董事长：郭晋普　　总经理：刘叔肆　　计划财务部总经理：刘拓旺　　制表：刘　强

5.2 信托资产

5.2.1 信托项目资产负债汇总表

信托项目资产负债汇总表

编报单位：山西信托股份有限公司　　2014 年度　　单位：万元

资产：	2014 年 12 月 31 日	2013 年 12 月 31 日	负债：	2014 年 12 月 31 日	2013 年 12 月 31 日
货币资金	255 959.81	131 917.19	交易性金融负债		
拆出资金			衍生金融负债		
存出保证金			应付受托人报酬	9 651.75	4 511.58
应收款项	23 880.63	733.99	应付受益人款项	13 058.53	-31.42
交易性金融资产	1 016 009.69	800 811.21	应付管理人报酬		
衍生金融资产			应付托管费	235.36	108.98
买入返售金融资产	55 281.52	980.00	应付利息		
贷款	2 577 304.50	3 959 410.50	应交税费		
可供出售金融资产	9 000.00	9 128.26	其他应付款	4 702.30	1 458.33
持有至到期投资	1 087 936.62	1 588 053.22	递延所得税负债		
长期股权投资	179 634.23	274 437.33	其他负债	0.00	0.00
投资性房地产			负债合计	27 647.94	6 047.47
固定资产			所有者权益：		
应收账款			实收信托	4 729 270.68	6 724 815.07
减：坏账准备			资本公积	0.00	0.00
无形资产			盈余公积		
递延所得税资产			未分配利润	448 088.38	34 609.16
其他资产			所有者权益合计	5 177 359.06	6 759 424.23
资产总计	5 205 007.00	6 765 471.70	负债和所有者权益总计	5 205 007.00	6 765 471.70

董事长：郭晋普　　总经理：刘叔肄　　计划财务部总经理：刘拓旺　　制表：贺小兵

5.2.2 信托项目利润及利润分配汇总表

信托项目利润及利润分配汇总表

编报单位：山西信托股份有限公司　　2014 年度　　单位：万元

项　目	2014 年度	2013 年度
一、营业收入	995 642.04	569 599.04
利息收入	321 408.63	386 847.96
投资收益（损失以“－”号填列）	355 171.64	223 017.97
租赁收入		
公允价值变动收益（损失以“－”号填列）	319 061.77	-40 266.89
汇兑收益（损失以“－”号填列）		
其他业务收入	0.00	0.00
二、营业支出	61 632.62	93 482.31
业务及管理费	61 632.62	93 482.31
营业税金及附加		
资产减值损失		
其他业务支出		
三、营业利润（亏损以“－”号填列）	934 009.42	476 116.73
加：营业外收入		
减：营业外支出		
四、本期利润总额（亏损总额以“－”号填列）	934 009.42	476 116.73
加：期初未分配利润	34 609.16	57 524.69
减：本期已分配利润	520 530.20	499 032.26
五、期末未分配信托利润	448 088.38	34 609.16

董事长：郭晋普　　总经理：刘叔肄　　计划财务部总经理：刘拓旺　　制表：贺小兵

6. 会计报表附注

6.1 与上一期年度报告相比，会计政策、会计估计和核算方法发生变化的情况说明

6.1.1 重要会计政策变更内容

本公司在编制本财务报表时采用下述财政部新颁布/修订的企业会计准则：修订后的《企业会计准则第 2 号——长期股权投资》；修订后的《企业会计准则第 9 号——职工薪酬》；修订后的《企业会计准则第 30 号——财务报表列报》（以下简称准则第 30 号（修订）；修订后的《企业会计准则第 33 号——合并财务报表》（以下简称准则第 33 号（修订）；《企业会计准则第 39 号——公允价值计量》；《企业会计准则第 40 号——合营安排》；《企业会计准则第 41 号——在其他主体中权益的披露》（以下简称准则第 41 号）。

同时，本公司于 2014 年 3 月 17 日开始执行财政部颁布的《金融负债与权益工具的区分及相关会计处理规定》（财会［2014］13 号）以及在 2014 年度财务报告中开始执行财政部修订的《企业会计准则第 37 号——金融工具列报》。

根据准则第 30 号（修订）的要求，本公司修改了财务报表中的列报，包括将利润表中其他综合收益项目分为以后会计期间在满足规定条件时将重分类进损益的项目和以后会计期间不能重分类进损益的项目进行列报等。

根据准则第 33 号（修订）引入了单一的控制模式，已确定是否对被投资方进行合并。有关控制判断的结果，主要取决于

本公司是否拥有对被投资方的权利、通过参与被投资方的相关活动而享有可变回报，并且有能力运用对被投资方的权力影响其回报金额。由于采用准则第33号(修订)，本公司已对是否能够控制被投资方及是否将该被投资方纳入合并的会计政策进行了修改。

根据准则第41号规范并修改了企业对子公司、合营安排、联营企业以及未纳入合并范围的结构化主体中所享有的权益的相关披露要求。本公司已根据该准则修改了相关披露。

6.1.2 重要会计核算方法变更内容

2014年度与上年相比，无重要会计核算方法的变更。

6.1.3 重要会计前期差错更正及影响

(1)本期对长治银行采用权益法核算追溯调整。本公司于2012年3月对长治银行股份有限公司进行股权投资，持股比例为9.97%，在长治银行股份有限公司董事会(共11名成员)中派驻1名董事，参与长治银行股份有限公司经营决策。根据企业会计准则的相关规定，应采用权益法核算。本公司在以前年度对其采用成本法核算，于报告期进行更正，并追溯调整了比较数据。该会计差错更正导致2013年度投资收益增加人民币10 922 941元，2013年末的长期股权投资增加人民币26 732 919元。

(2)国资理财结构化合并差异

2013年编制合并财务报表时，本公司将纳入财务报表合并范围的"山西信托·国资理财结构化集合资金信托计划"(以下简称国资理财结构化)的资产和负债分别作为交易性金融资产和交易性金融负债列报。在编制2014年度财务报表时，本公司对国资理财结构化的资产进行重分类，并将应付其他受益人收益作为其他负债反映。此项调整导致年初可供出售金融资产增加人民币264 340 000元，年初其他负债减少人民币8 823 845元，年初未分配利润减少人民币11 705 993元。

6.2 或有事项说明

本公司管理的信裕15号集合资金信托计划(以下简称信裕15号)原本于2014年2月4日到期，因债务方山西联盛能源集团无法按时兑付到期资金，根据信托合同延期6个月至2014年8月4日。信裕15号信托规模5亿元，项目担保措施包括:(1)山西柳林金家庄煤业有限公司35%的股权质押;(2)山西联盛能源投资有限公司10%的股权质押;(3)山西联盛能源投资有限公司提供连带责任保证担保;(4)山西联盛能源集团实际控制人邢利斌先生、李风晓女士提供无限连带责任担保;(5)孝义市金岩电力煤化工有限公司提供连带责任担保;(6)孝义市金岩电力煤化工有限公司实际控制人温克忠先生、刘艳萍女士提供无限连带责任担保。

截至信息披露日，山西联盛能源集团正在进行债务重组。鉴于山西柳林金家庄煤业有限公司35%的质押股权的价值能完全覆盖信裕15号本息，本公司管理层判断本公司无须以固有资金承担信裕15号的兑付，故未计提预计负债。

本公司管理的信泽8号集合资金信托计划(以下简称信泽8号)因债务方灵丘县宏达铅锌锰业有限责任公司不能按时支付信托本金，本公司管理层判断本公司需以固有财产承担损失人民币200万元。目前信泽8号已进入抵押物拍卖程序，本公司于2014年度计提预计负债人民币200万元。

6.3 重要资产转让及其出售的说明

本公司报告期没有发生重要资产转让及其出售的情况。

6.4 会计报表中重要项目的明细资料

6.4.1 披露自营资产经营情况

6.4.1.1 按信用风险五级分类结果披露的信用风险资产

信用风险资产五级分类	正常类(万元)	关注类(万元)	次级类(万元)	可疑类(万元)	损失类(万元)	信用风险资产合计(万元)	不良资产合计(万元)	不良资产率(%)
期初数	121 199.56	5 395.26				126 594.82		
期末数	135 802.39	17 759.00		3 000.00	1 017.00	157 578.39	4 017.00	2.55

注:不良资产合计=次级类+可疑类+损失类。

6.4.1.2 各项资产减值损失准备情况

单位:万元

	期初数	本期计提	本期转回	本期核销	期末数
贷款损失准备					
一般准备					
专项准备					
其他资产减值准备	12 704.29	15 027.56		317.91	27 413.94
可供出售金融资产减值准备	12 356.38	15 027.56			27 383.94
持有至到期投资减值准备					
长期股权投资减值准备					
坏账准备	30.00				30.00
固定资产减值准备	12.80			12.80	
投资性房地产减值准备	305.11			305.11	

6.4.1.3 自营股票投资、基金投资、债券投资、股权投资等投资业务的情况

单位:万元

	自营股票	基金	债券	长期股权投资	其他投资	合计
期初数	19 973.19	1 302.06		35 268.97		56 544.22
期末数	26 659.20			36 849.24		63 508.44

6.4.1.4 前五名的自营长期股权投资的企业名称、占被投资企业权益的比例、主要经营活动及投资收益情况(从大到小顺序排列)

企业名称	占被投资企业权益的比例(%)	主要经营活动	投资损益(万元)
1. 长治银行股份有限公司	9.97	商业银行业务	2 042.09
2. 汇丰晋信基金管理有限公司	51	证券投资基金管理	148.64

6.4.1.5 前三名的自营贷款的企业名称、占贷款总额的比例和还款情况(从大到小顺序排列)

本公司报告期内无自营贷款的情况说明。

6.4.1.6 表外业务的情况

本公司报告期无表外业务的情况说明。

6.4.1.7 公司当年的收入结构

收入结构	金额（万元）	占比（%）
手续费及佣金收入	38 075.45	64.27
其中：信托手续费收入	38 138.08	
投资银行业务收入		
利息收入	1 754.42	2.96
其他业务收入	66.85	0.11
其中：计入信托业务收入部分		
投资收益	17 069.89	28.81
其中：股权投资收益	2 451.14	
证券投资收益	9 014.51	
汇兑损益	18.67	0.03
公允价值变动收益	183.16	0.31
营业外收入	2 077.07	3.51
收入合计	59 245.51	100.00

注：手续费及佣金收入、利息收入、其他业务收入、投资收益、营业外收入均应为损益表中的一级科目，其中手续费及佣金收入、利息收入、营业外收入为未抵减掉相应支出的全年累计实现收入数。

6.4.2 信托资产管理情况

6.4.2.1 信托资产的情况

单位：万元

信托资产	期初数	期末数
集合	2 031 446.00	2 251 454.00
单一	4 658 936.00	2 948 462.00
财产权	75 090.00	5 091.00
合计	6 765 472.00	5 205 007.00

注：截至 2014 年末，本公司代保管资产余额为 91 684.24 万元。

6.4.2.1.1 主动管理型信托业务的情况

单位：万元

主动管理型信托资产	期初数	期末数
证券投资类	270 222.00	317 620.00
股权投资类	150 315.00	134 301.00
融资类	1 502 217.00	978 527.00
事务管理类		
其他类		321 816.00
合计	1 922 754.00	1 752 264.00

6.4.2.1.2 被动管理型信托业务的情况

单位：万元

被动管理型信托资产	期初数	期末数
证券投资类	554 439.00	871 100.00
股权投资类		22 586.00
融资类	4 020 632.00	2 449 543.00
事务管理类	267 647.00	99 514.00
其他类		10 000.00
合计	4 842 718.00	3 452 743.00

6.4.2.2 本年度已清算结束的信托项目的情况

6.4.2.2.1 本年度已清算结束的集合类、单一类资金信托项目和财产管理类信托项目的情况

单位：万元，%

已清算结束信托项目	项目个数	实收信托合计金额	加权平均实际年化收益率
集合类	62	379 623.00	8.87
单一类	61	2 139 585.00	6.39
财产管理类	2	80 000.00	9.00

注：收益率是指信托项目清算后，给受益人赚取的实际收益水平。加权平均实际年化收益率 =（信托项目 1 的实际年化收益率 × 信托项目 1 的实收信托 + 信托项目 2 的实际年化收益率 × 信托项目 2 的实收信托 + … + 信托项目 n 的实际年化收益率 × 信托项目 n 的实收信托）/（信托项目 1 的实收信托 + 信托项目 2 的实收信托 + … + 信托项目 n 的实收信托）× 100%。

6.4.2.2.2 本年度已清算结束的主动管理型信托项目的情况

单位：万元，%

已清算结束信托项目	项目个数	实收信托合计金额	加权平均实际年化收益率
证券投资类	6	23 180.00	9.25
股权投资类	2	15 000.00	8.73
融资类	48	629 830.00	7.57
事务管理类			
其他类	14	43 096.00	6.12

6.4.2.2.3 本年度已清算结束的被动管理型信托项目的情况

单位：万元，%

已清算结束信托项目	项目个数	实收信托合计金额	加权平均实际年化收益率
证券投资类			
股权投资类			
融资类	48	1 638 220.00	6.85
事务管理类	4	159 837.00	4.63
其他类	3	90 045.00	4.63

6.4.2.3 本年度新增的集合类、单一类和财产管理类信托项目的情况

单位：万元

新增信托项目	项目个数	合计金额
集合类	44	269 041.00
单一类	30	260 964.00
财产管理类		
新增合计	74	530 005.00
其中：主动管理型	49	277 841.00
被动管理型	25	252 164.00

注：本年新增信托项目指在本报告年度累计新增的信托项目个数和金额。包含本年度新增并于本年度内结束的项目和本年度新增至报告期末仍在持续管理的信托项目。

6.4.2.4 信托业务创新成果和特色业务有关情况

报告期内，公司积极推进改革转型、创新发展战略，深挖信托制度优势，紧紧围绕“投资、资产管理、财富管理”三大重点业务，大力发展主动管理类信托业务，弱化融资类信托业务，重点

发展类基金化业务，努力将公司打造成为具有核心竞争力的信托公司。

6.4.2.5 本公司履行受托人义务情况及因本公司自身责任而导致的信托资产损失情况

本公司作为受托人，已经建立了完整的信托事务管理制度，严格遵守相关法律、行政法规以及信托合同的约定，恪尽职守，履行诚实、信用、谨慎、有效管理的义务。本着忠实于委托人、争取受益人最大利益的原则处理信托事务。

截至本报告期末，本公司未发生因自身责任导致信托财产损失情况。

6.5 关联方关系及其交易的披露

6.5.1 关联交易方的数量、关联交易的总金额及关联交易的定价政策

单位：万元

	关联交易方数量	关联交易金额	定价政策
合计	4	933.29	本公司在正常业务过程中发生的关联交易遵守一般性商业条款。关联交易的价格主要参考市场价格经双方协商后确定。

6.5.2 关联交易方与本公司的关系性质、关联交易方的名称、法定代表人、注册地址、注册资本及主营业务

关系性质	关联方名称	法定代表人	注册地址	注册资本（万元）	主营业务
母公司	山西省国信投资（集团）公司	张广慧	山西省太原市府西街69号	327 190	投资管理等
受同一母公司控制	山西证券股份有限公司	侯巍	山西省太原市府西街69号	251 872	证券自营，证券代理，投资咨询等
受同一母公司控制	山西国际贸易中心有限公司	郭晋普	山西省太原市府西街69号	53 000	酒店经营管理等
受同一母公司控制	山西国贸物业管理有限公司	郭晋普	山西省太原市府西街69号	300	物业管理等

6.5.3 本公司与关联方的重大交易事项

6.5.3.1 固有财产与关联方关联交易情况

报告期内固有财产与关联方无重大关联交易发生。

6.5.3.2 信托资产与关联方关联交易情况

报告期信托资产与关联方无重大关联交易发生。

6.5.3.3 信托公司自有资金运用于自己管理的信托项目（固信交易）、信托公司管理的信托项目之间的相互交易（信信交易）情况

6.5.3.3.1 固有财产与信托财产之间的交易情况

单位：万元

	期初数	本期变动	期末数
合计	89 560.29	1 313.81	90 874.10

6.5.3.3.2 信托资产与信托财产之间的交易情况。

单位：万元

	期初数	本期新增	期末数
合计	346 267.00	-76 479.00	269 788.00

6.5.4 关联方逾期未偿还本公司资金的详细情况以及本公司为关联方担保发生或即将发生垫款的详细情况

报告期本公司无上述情况发生。

6.6 会计制度的披露

公司固有业务和信托业务，同时执行财政部2006年2月15日颁布的《企业会计准则——基本准则》和41项具体会计准则、其后颁布的企业会计准则应用指南、企业会计准则解释以及其他相关规定。

7. 财务情况说明书

7.1 利润实现和分配情况

2014年度，公司实现净利润14 808.56万元。提取法定盈余公积1 480.86万元，提取一般风险准备1 480.86万元，提取信托赔偿准备740.43万元。年末可供分配的利润9 890.20万元。

7.2 主要财务指标

指标名称	指标值
资本利润率（%）	8.07
加权年化信托报酬率（%）	0.63
人均净利润（万元）	85.11

注：1. 资本利润率＝净利润/所有者权益平均余额×100%。

加权平均实际年化信托报酬率＝（信托项目1的实际年化信托报酬率×信托项目1的实收信托＋信托项目2的实际年化信托报酬率×信托项目2的实收信托＋…＋信托项目n的实际年化信托报酬率×信托项目n的实收信托）/（信托项目1的实收信托＋信托项目2的实收信托＋…＋信托项目n的实收信托）×100%。

2. 人均净利润＝净利润/年平均人数。

3. 平均值采取年初、年末余额简单平均法，公式为：a（平均）＝（年初数＋年末数）/2。

7.3 公司净资本监管指标

指标名称	指标值	监管标准
净资本（亿元）	13.56	≥2
净资本/各项业务风险资本之和（%）	168.24	≥100
净资本/净资产（%）	71.86	≥40

本公司无对财务状况、经营成果有重大影响的其他事项。

8. 企业社会责任

8.1 坚持合规稳健经营

公司始终坚持“合规为本”，严格遵循项目风控程序，建立了多层次、全覆盖的风险控制体系，对公司开展的各项经营活动，进行全面的风险管理，确保将各种风险控制在合理水平，保

障公司业务稳健运行。

8.2 服务实体经济发展

公司一直坚持以服务实体经济为己任，积极开展符合国家政策、监管导向和市场需求的各类信托业务，特别是加大对中小企业的支持力度，有力地支持了实体经济的发展。

8.3 推动民生事业发展

公司长期关注社会民生事业的发展，在坚持商业化运作原则的前提下，积极推动社会公共事业发展，在改善民生方面进行了积极探索和不懈努力。

8.4 致力推进财富管理

公司秉承“受人之托、代人理财”的经营理念，通过多种方式，依托专业管理，充分发挥信托制度优势，合理配置资源，为受益人财产保值增值。

8.5 热心参与社会事业

公司运用综合金融手段，支持民生、环保、养老等项目，大力推进公益信托与慈善信托业务，热心参与社会公共事业，积极履行社会责任。

8.6 全力帮助员工成长

公司注重人才培育，积极创新用人机制，建立多元化的人才结构，培养和造就各类复合型人才，全力打造一流员工团队。

9. 特别事项揭示

9.1 报告期内无股东变动情况

9.2 董事、监事及高级管理人员变动情况及原因

(1)公司于2014年4月2日召开了2014年股东大会第一次会议，通过了《关于杨有振辞去公司第一届董事会独立董事的议案》。

(2)公司于2014年12月29日召开了2014年股东大会第三次会议，通过了《关于选举李怡农为公司第一届董事会独立董事的议案》。

9.3 报告期内公司重大未决诉讼事项

(1)固有业务：报告期内未发生重大诉讼事项。

(2)信托业务：公司起诉案件2件，执行案件2件。

2013年10月23日，公司按委托人指令向法院提起诉讼，起诉对象为甘肃七个井矿业有限公司，金额为52 521万元，该项目为被动管理类，目前该案件尚在审理阶段。

2014年4月21日，公司按委托人指令向法院提起诉讼，起诉对象为山西昔阳安顺三都煤业有限公司，金额为60 000万元；2014年12月26日，公司取得胜诉判决，该项目为被动管理类，目前该案件在二审阶段。

2013年10月23日，公司向法院提起诉讼，起诉对象为山西中景泰房地产开发有限公司，金额10 859万元；2014年6月6日，公司取得胜诉判决，目前该案件正在执行阶段。

2014年6月10日，公司向法院申请强制执行灵丘县宏达铅锌锰业有限责任公司财产，金额为3 000万元，目前该案件正在执行阶段。

9.4 对会计师事务所出具的有保留意见，否定意见或无法表示意见的审计报告的，公司董事会应就所涉及事项作出说明

报告期内，无相关事项。

9.5 报告期内公司及其董事、监事和高级管理人员受到处罚的情况

无。

9.6 银监会及其派出机构对公司的检查意见及整改情况说明

山西银监局于2014年8月28日至11月28日对公司信托业务合规性及兑付风险进行了专项现场检查，并出具了现场检查意见，检查意见中提出公司要抓紧完善公司治理机制、完善健全内控与风险管理机制、进一步加强信托项目管理工作等内容。针对检查意见，公司高度重视，认真落实，进行了积极整改。

9.7 报告期内公司重大事项临时报告

无。

9.8 报告期内银监会及其省级派出机构认定的其他有必要让客户及相关利益人了解的重要信息

无。

10. 公司监事会意见

10.1 监事会对公司依法运作情况的独立意见

监事会认为：公司董事会、经营层能够按照国家有关法律、法规和公司章程的规定履行职责，决策程序合规有效；本报告期内未发现董事、高级管理人员履行职务时有违法违规、违反公司章程或损害公司及投资人利益的行为。

10.2 监事会对公司财务状况的独立意见

监事会认为：公司能够认真贯彻执行国家有关政策和法律法规，公司财务报告内容完整，客观真实地反映了公司的财务状况和经营成果。

陕西省国际信托股份有限公司

1. 重要提示

本年度报告摘要来自年度报告全文，投资者欲了解详细内容，应当仔细阅读同时刊载于深圳证券交易所网站等中国证监会指定网站上的年度报告全文。

2. 公司概况

2.1 公司简介

2.1.1 公司信息

股票简称	陕国投 A	股票代码	000563
变更后的股票简称(如有)	无		
股票上市证券交易所	深圳证券交易所		
公司的中文名称	陕西省国际信托股份有限公司		
公司的中文简称	陕国投		
公司的外文名称(如有)	Shanxi International Trust Co. ,Ltd.		
公司的外文名称缩写(如有)	SITI		

续表

公司的法定代表人	薛季民
注册地址	陕西省西安市高新区科技路 50 号金桥国际广场 C 座
注册地址的邮政编码	710075
办公地址	陕西省西安市高新区科技路 50 号金桥国际广场 C 座
办公地址的邮政编码	710075
公司网址	http://www. siti. com. cn
电子信箱	sgtdm@ siti. com. cn

2.1.2 联系人和联系方式

	董事会秘书	证券事务代表
姓　名	郑　彦	孙一娟
联系地址	陕西省西安市高新区科技路 50 号金桥国际广场 C 座 24 层	陕西省西安市高新区科技路 50 号金桥国际广场 C 座 24 层
电　话	(029)81870262/81870266/88897633	(029)81870262/81870266/88897633
传　真	(029)88851989	(029)88851989
电子信箱	sgtdm@ siti. com. cn	sgtdm@ siti. com. cn

2.2 公司组织结构

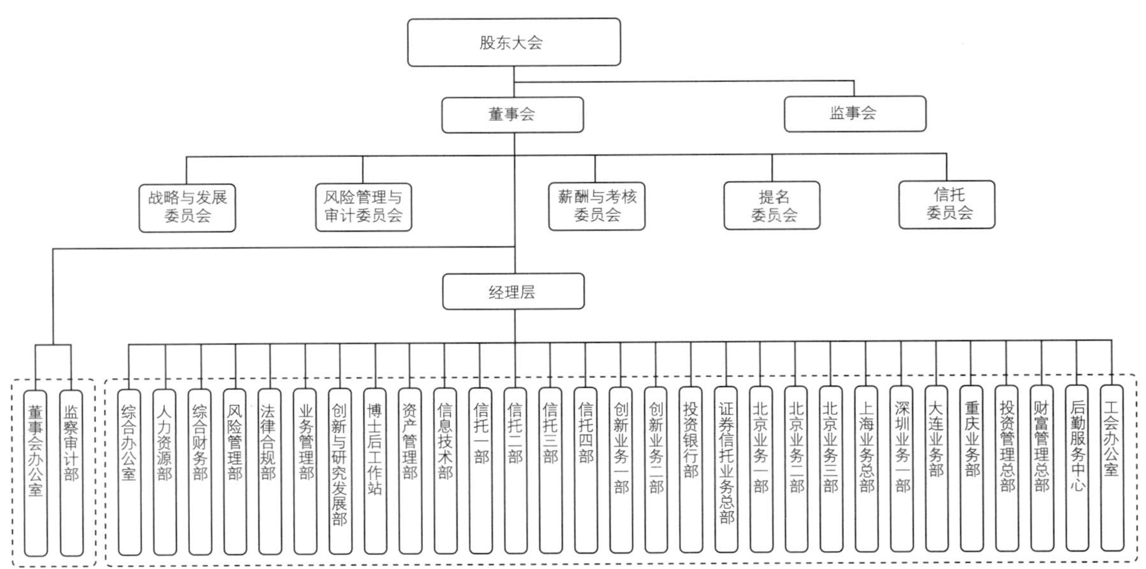

3. 主要会计数据和财务指标

公司是否因会计政策变更及会计差错更正等追溯调整或重述以前年度会计数据

□是 √ 否

	2014 年	2013 年	本年比上年增减(%)	2012 年
营业收入(元)	835 478 992. 49	832 775 089. 53	0. 32	576 308 789. 42
归属于上市公司股东的净利润(元)	350 631 760. 50	313 076 135. 49	12. 00	260 629 986. 53

续表

	2014 年	2013 年	本年比上年增减(%)	2012 年
归属于上市公司股东的扣除非经常性损益的净利润(元)	300 722 310.09	248 748 572.08	20.89	257 971 524.01
经营活动产生的现金流量净额(元)	-300 853 688.30	-86 034 754.97	-249.69	-580 955 335.10
基本每股收益(元/股)	0.2887	0.2577	12.03	0.2457
稀释每股收益(元/股)	0.2887	0.2577	12.03	0.2457
加权平均净资产收益率(%)	9.52	9.24	增加 0.28 个百分点	10.83
	2014 年末	2013 年末	本年末比上年末增减(%)	2012 年末
总资产(元)	4 257 245 047.33	3 929 188 447.31	8.35	3 560 886 609.43
归属于上市公司股东的净资产(元)	3 813 873 903.31	3 509 432 173.40	8.67	3 262 825 853.10

4. 前 10 名股东持股情况表

报告期末股东总数	81 954	年度报告披露日前第 5 个交易日末股东总数					66 493	
持股 5% 以上的股东或前 10 名股东持股情况								
股东名称	股东性质	持股比例(%)	报告期末持股数量(股)	报告期内增减变动情况	持有有限售条件的股份数量(股)	持有无限售条件的股份数量(股)	质押或冻结情况	
							股份状态	数量(股)
陕西煤业化工集团有限责任公司	国有法人	34.58	420 000 000	0	420 000 000	0		0
陕西省高速公路建设集团公司	国家	27.14	329 667 576	0	0	329 667 576		0
西安投资控股有限公司	国有法人	3.46	42 000 000	0	42 000 000	0		0
人保投资控股有限公司	国有法人	0.44	5 370 000	-300000	0	5 370 000		0
庆安集团有限公司	国有法人	0.19	2 268 000	0	0	2 268 000		0
兴业银行股份有限公司—广发中证百度百发策略 100 指数型证券投资基金	其他	0.18	2 208 759	2208759	0	2 208 759		0
宋宝林	境内自然人	0.16	2 000 000	0	0	2 000 000		0
陕西省邮电管理局	境内非国有法人	0.15	1 769 040	0	0	1 769 040		0
中国建设银行股份有限公司—鹏华中证 800 非银行金融指数分级证券投资基金	其他	0.14	1 648 350	1648350	0	1 648 350		0
西安航空装备有限公司	国有法人	0.13	1 568 000	0	0	1 568 000		0
战略投资者或一般法人因配售新股成为前 10 名股东的情况(如有)	无							
上述股东关联关系或一致行动的说明	(1)公司第一大股东和第二大股东均为省属国有独资企业，本公司实际控制人仍为陕西省国资委。(2)公司第一大股东陕西煤业化工集团有限责任公司与除第二大股东陕西省高速公路建设集团公司外其他前 10 名股东之间不存在关联关系，也不属于《上市公司股东持股变动信息披露管理办法》中规定的一致行动人；未知前 10 名其他股东之间是否存在关联关系和是否属于《上市公司股东持股变动信息披露管理办法》中规定的一致行动人。							

前 10 名无限售条件股东持股情况			
股东名称	报告期末持有无限售条件股份数量(股)	股份种类	
		股份种类	数量(股)
陕西省高速公路建设集团公司	329 667 576	人民币普通股	329 667 576
人保投资控股有限公司	5 370 000	人民币普通股	5 370 000
庆安集团有限公司	2 268 000	人民币普通股	2 268 000
兴业银行股份有限公司—广发中证百度百发策略 100 指数型证券投资基金	2 208 759	人民币普通股	2 208 759
宋宝林	2 000 000	人民币普通股	2 000 000
陕西省邮电管理局	1 769 040	人民币普通股	1 769 040
中国建设银行股份有限公司—鹏华中证 800 非银行金融指数分级证券投资基金	1 648 350	人民币普通股	1 648 350
西安航空装备有限公司	1 568 000	人民币普通股	1 568 000
杜海峰	1 320 000	人民币普通股	1 320 000
中国建设银行股份有限公司－信诚中证 800 金融指数分级证券投资基金	1 307 752	人民币普通股	1 307 752
前 10 名无限售流通股股东之间，以及前 10 名无限售流通股股东和前 10 名股东之间关联关系或一致行动的说明	公司第二大股东陕西省高速公路建设集团公司与其他前 10 名无限售条件股东之间不存在关联关系，也不属于《上市公司股东持股变动信息披露管理办法》中规定的一致行动人；未知其他前 10 名无限售条件股东之间是否存在关联关系和是否属于《上市公司股东持股变动信息披露管理办法》中规定的一致行动人。		
前十大股东参与融资融券业务股东情况说明(如有)	无		

5. 以方框图形式披露公司与实际控制人之间的产权及控制关系

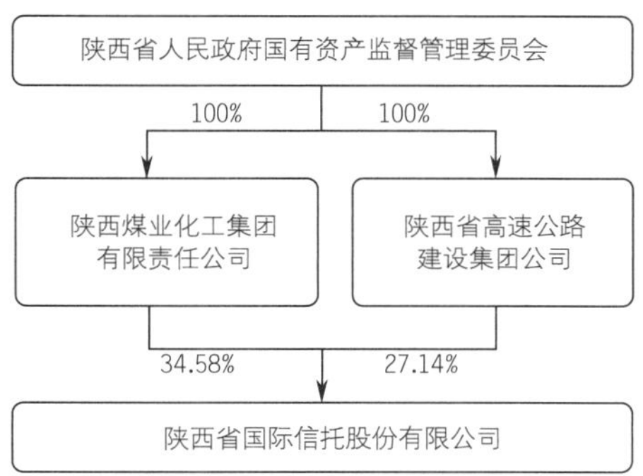

6. 管理层讨论与分析

本报告期，公司上下面对经济转入新常态及信托行业转型带来的挑战，坚持“稳中求进、转型升级”的工作主线，以深化全面改革为总抓手，一手抓市场，一手防风险，积极发挥信托投融资功能，着力支持实体经济，全年实现营业收入8.35亿元，比上年有一定增长；计提1.2亿元资产减值准备后实现利润总额4.68亿元，同比增长11.74%；实现净利润3.51亿元，同比增长12%；全年新增信托项目215个，规模669亿元，同比增长143%。到期兑付信托项目110个，金额352亿元，向信托客户分配信托收益68.69亿元；截至12月末，公司存续信托规模1 216亿元，同比增长35.74%，为历史最高。

6.1 积极谋划战略发展，大力实施战略任务

在信托行业面临转型的新形势下，公司组织研究并审议通过了新的发展规划，以此指导战略转型和业务创新。以此为基础，公司着眼长远发展，适时启动了新一轮增资扩股，本次发行不超过4.5亿股，募集不超过32亿元。若顺利完成，公司资本金将增至70亿元以上，资本实力和持续发展能力将进一步增强。与此同时，公司增持了永安保险和长安银行股份，以求不断扩展资源布局。

6.2 克难攻坚力拓市场，狠抓业务转型创新

2014年，信托行业在“五期叠加”、政策调整、竞争加剧等因素影响下增速放缓、市场收益率整体下降。为确保公司持续稳定发展，公司一方面着眼转型升级谋创新，另一方面深挖传统业务保增长。经过不懈努力，全年新增集合资金类信托产品89个，规模157.75亿元；单一资金信托126个，规模512亿元。信托主业在规模上实现了较大突破，尤其是为省内投融资创历史新高。同时，公司积极推进业务转型创新，针对土地流转信托、资产证券化、科技引导基金、有限合伙基金、互联网金融、现金管理等业务的探索取得一定进展，公益信托实现有效破题，为下一步转型升级奠定了较好基础。

6.3 调整自有业务结构，拓展多元投资布局

针对公司长远发展的内在需求，公司在自有资金运作上以保流动性为前提、以多元化运作为重点策略。一是以优质政府融资平台为主的贷款业务，确保当期业绩；二是加大资本市场运作力度，对中长期股票投资也加大了投入；三是积极捕捉金融股权投资机会；四是支持夹层信托等业务探索；五是积极开展同业拆借、购买券商理财产品等短期运作，提高了资金效益。经过努力，自有业务实现收入3.88亿元。

6.4 全力强化风险管控，积极应对风险压力

2014年，经济下行背景下金融业风险积聚，不良率上升，风控压力增大。为有效应对复杂多变的外部环境，确保平稳运行，公司采取了一系列措施预警、化解风险。一是从源头入手，严把项目“入口”关，强化了尽职调查责任；二是突出强化业务与风控指引，有效指导业务一线更好地拓展市场；三是建立健全了立体化、交叉式风险排查机制，防患于未然；四是主动提前结束多个项目，尽管一定程度上影响了当期效益，但后续发展的基础更加坚实；五是成立专门部门处置河南裕丰和南方林业项目问题。

6.5 深化改革强化管理，提升效能力促经营

公司将“抓改革”放在工作主线的首位，以改革理念和措施全面强化内部管理。一是坚持问题导向，结合流程再造对经营管理中的问题进行全面梳理、整改，着力提升管理的系统化、规范化、高效化；二是通过多重措施着力改进经营班子工作作风，切实发挥示范带动效应，以求提升整体执行力；三是突出强化全面风险管理理念，制定修订20多项相关制度，调整强化了业务管理部职能，切实落实全业务链风险责任，建立健全制度约束体系，着力强化问责机制。同时以接受银监局和证监局现场检查、审计厅专项审计为契机，进一步完善了公司的内控体系和机制；四是稳步推进省外尤其是北京业务部门布局，增设了创新业务一部、二部，培育新的增长点；五是设立博士后工作站引领创新，创办内刊，申报创新资格，拟定业务指引，积极促动公司转型发展；六是积极推动并实施公司整体信息化建设工程，先后完成了TA、CRM、反洗钱、项目管理等系统的招标和网站改造等，信息技术的支撑和引领功能将有效发挥。

报告期间，公司转型取得初步成效，但工作中仍存在不少问题和不足急需解决、强化。譬如，高素质专业人才依然较匮乏；转型创新步子还不够大，创新能力有待大力提升；营销瓶颈仍需进一步打破，直销团队力量有待充实；资本市场运作还需加大研判和市场机会的把握力等。这些还需要我们在2015年工作中大力强化。

7. 按中国银监会要求需披露的其他信息

7.1 信用资产五级分类表

信用风险资产五级分类	正常类(万元)	关注类(万元)	次级类(万元)	可疑类(万元)	损失类(万元)	信用风险资产合计(万元)	不良资产合计(万元)	不良资产率(%)
2013 年	239 327. 59	2 630. 63	2 586. 95	43. 94	1 430. 21	246 019. 32	4 061. 10	1. 65
2014 年	250 666. 64	8 736. 05	2 324. 88	273. 75	29. 95	262 031. 27	2 628. 58	1. 00

7.2 信托公司风险控制指标监管报表

2014 年 12 月 31 日

项　目(信托公司)	期末余额	监管标准
净资本(万元)	282 107. 87	≥2 亿元
固有业务风险资本(万元)	43 503. 50	
信托业务风险资本(万元)	73 111. 21	
其他业务风险资本(万元)	0. 00	
各项业务风险资本之和(万元)	116 614. 70	
净资本/各项业务风险资本之和(%)	241. 91%	≥100%
净资本/净资产(%)	73. 97%	≥40%

7.3 信托财务报告

7.3.1 信托项目资产负债汇总表

编报单位:陕西省国际信托股份有限公司　　2014 年 12 月 31 日　　单位:元

信托资产	期末余额	年初余额	信托负债和信托权益	期末余额	年初余额
信托资产:			信托负债:		
货币资金	5 014 911 867. 06	4 861 030 099. 31	交易性金融负债	—	—
拆出资金	—	—	衍生金融负债		
交易性金融资产	34 558 990 480. 19	28 116 246 930. 16	卖出回购金融资产款	—	—
衍生金融资产			应付利息	—	—
买入返售金融资产	2 016 414 135. 00	5 427 196 056. 66	应付受托人报酬	—	—
应收票据	—	—	应付受益人收益	—	—
应收账款	—	—	应付保管费	—	469 808. 22
应收利息	—	—	其他应付款	138 391 637. 92	136 117 635. 28
应收股利	—	—	应交税费	—	—
其他应收款	54 286 478. 27	15 612 039. 55	其他负债		
贷款	43 369 504 000. 00	23 758 603 000. 00			
可供出售金融资产	10 723 445 403. 69	4 402 511 352. 50			
持有至到期投资	12 912 800 000. 00	13 719 941 732. 30			
长期股权投资	9 395 380 000. 00	6 630 580 000. 00	信托负债合计	138 391 637. 92	136 587 443. 50
长期应收款	30 000 000. 00	40 000 000. 00	信托权益:		
投资性房地产	—	—	实收信托	121 628 006 617. 98	89 603 175 512. 20
固定资产	—	—	资本公积	299 083 968. 42	431 682 512. 59
无形资产	—	—	未分配利润	2 221 890 708. 32	515 966 310. 62
长期待摊费用	—	—			
其他资产	6 211 640 568. 43	3 715 690 568. 43	信托权益合计	124 148 981 294. 72	90 550 824 335. 41
信托资产总计	124 287 372 932. 64	90 687 411 778. 91	信托负债和信托权益总计	124 287 372 932. 64	90 687 411 778. 91

公司负责人:薛季民　　主管会计工作的公司负责人:李永周　　会计机构负责人:李掌安

7.3.2 信托项目利润及利润分配汇总表

信托项目利润及利润分配表

2014 年度

编报单位:陕西省国际信托股份有限公司　　单位:元

项　目	本年数	上年数
一、营业收入	9 889 286 482. 35	7 757 662 049. 38
利息收入	3 215 662 883. 67	2 621 760 621. 01
投资收益(损失以"-"号填列)	6 045 783 913. 64	4 992 897 608. 15
公允价值变动收益(损失以"-"号填列)	470 951 093. 33	-97 466 054. 56
汇兑收益(损失以"-"号填列)	—	—
其他业务收入	156 888 591. 71	240 469 874. 78
二、营业支出	1 313 917 665. 28	1 206 834 522. 02
利息支出	—	—
手续费及佣金支出	3 347 111. 18	8 856 906. 67
营业税金及附加	—	—
业务及管理费	1 310 570 554. 10	1 197 977 615. 35
资产减值损失	—	—
其他业务成本	—	—
三、信托营业利润(损失以"-"号填列)	8 575 368 817. 07	6 550 827 527. 36
加:营业外收入	—	—
减:营业外支出	51 800. 00	—
四、信托利润(损失以"-"号填列)	8 575 317 017. 07	6 550 827 527. 36
加:期初未分配信托利润	515 966 310. 62	-224 611 237. 57
五、可供分配的信托利润	9 091 283 327. 69	6 326 216 289. 79
减:本期已分配信托利润	6 869 392 619. 37	5 810 249 979. 17
六、期末未分配信托利润	2 221 890 708. 32	515 966 310. 62

公司负责人:薛季民　　主管会计工作的公司负责人:李永周 会计机构负责人:李掌安

7.3.3 信托报酬确认原则和方法

本公司信托报酬按照信托文件的规定,以权责发生制原则为基础进行确认和计量。

7.3.4 信托资产运用与分布表

资产运用	金额(万元)	占比(%)	资产分布	金额(万元)	占比(%)
货币资金	501 491. 19	4. 03	基础产业	3 763 011. 60	30. 28
交易性金融资产	3 455 899. 05	27. 81	房地产业	299 903. 00	2. 41
买入返售金融资产	201 641. 41	1. 62	证券市场	4 852 389. 25	39. 04
贷款	4 336 950. 40	34. 89	实业	2 078 898. 80	16. 73
可供出售金融资产	1 072 344. 54	8. 63	金融机构	1 056 848. 01	8. 50
持有至到期投资	1 291 280. 00	10. 39	其他	377 686. 63	3. 04
长期股权投资	939 538. 00	7. 56			
其他资产	621 164. 06	5. 00			
应收款项	8 428. 64	0. 07			
合计	12 428 737. 29	100. 00	合计	12 428 737. 29	100. 00

7.3.5 信托资产的期初数、期末数

单位:万元

类　别	年初数	期末数
集合	1 715 454. 22	3 019 816. 75
单一	7 324 139. 47	9 374 459. 02
财产权	29 147. 49	34 461. 52
合　计	9 068 741. 18	12 428 737. 29

7.3.5.1 主动管理型信托业务的信托资产

单位:万元

类　别	年初数	期末数
证券投资类	4 331 583. 20	5 611 495. 11
股权投资类	357 259. 23	380 255. 14
融资类	3 182 351. 34	2 521 845. 43
事务管理类	244 145. 24	76 989. 76
合　计	8 115 339. 01	8 590 585. 44

7.3.5.2 被动管理型信托业务的信托资产

单位:万元

类　别	年初数	期末数
证券投资类	0	0
股权投资类	308 869. 29	324 755. 02
融资类	582 252. 45	2 395 447. 90
事务管理类	62 280. 43	1 117 948. 93
合计	953 402. 17	3 838 151. 85

7.4 本期已清算结束的信托项目的有关情况

7.4.1 本期已清算结束的集合类、单一类资金信托项目和财产管理类信托项目

类　别	项目个数(个)	实收信托合计金额(万元)	加权平均实际收益率(%)
集合类	50	513 639. 85	8. 83
单一类	60	3 009 590. 08	7. 22
资产管理类			
合　计	110	3 523 229. 93	7. 47

7.4.2 本期已清算结束的主动管理型信托项目

类　别	项目个数(个)	实收信托合计(万元)	加权平均实际年化信托报酬率(%)	加权平均实际收益率(%)
证券投资类	28	271 789. 93	0. 34	6. 49
股权投资类	2	40 000. 00	0. 91	9. 70
融资类	61	1 486 690. 00	1. 15	8. 60
事务管理类				

7.4.3 本期已清算结束的被动管理型信托项目

类　别	项目个数(个)	实收信托合计(万元)	加权平均实际年化信托报酬率(%)	加权平均实际收益率(%)
证券投资类				
股权投资类				
融资类	15	1 672 000. 00	0. 24	6. 65
事务管理类	4	52 750. 00	0. 18	6. 38

7.5 本期新增的集合类、单一类和财产管理类信托项目的有关情况

类　别	项目个数(个)	实收信托合计金额(万元)
集合类	89	1 577 479. 93
单一类	126	5 117 031. 80
财产管理类		
合　计	215	6 694 511. 73
其中:主动管理型	106	2 200 391. 74
被动管理型	109	4 494 119. 99

7.6 本公司履行受托人义务情况及因自身责任而导致的信托资产损失情况

本公司根据《信托法》及《信托公司管理办法》等相关法律法规和信托文件的规定，在管理和处分信托财产时，履行了恪尽职守、诚实、信用、谨慎、有效管理的义务。没有发生过任何损害受益人利益的情况，也无因自身责任而导致信托资产损失的情况。

7.7 信托与关联方交易情况

单位：万元

项目	年初数	本期增加额	本期减少额	期末数
贷款	170 000.00	1 300 000.00	1 370 000.00	100 000.00
投资				
租赁				
担保				
应收账款				
其他				
合计	170 000.00	1 300 000.00	1 370 000.00	100 000.00

7.8 固有资产投资信托计划

单位：万元

期初数	本期发生额	期末数
86 741.74	6 700.41	93 442.15

7.9 信托项目投资信托项目（TOT）

单位：万元

期初数	本期发生额	期末数
56 598.34	−52 808.86	3 789.48

7.10 会计制度的披露

信托业务执行财政部于2006年2月15日颁布的《企业会计准则——基本准则》、《企业会计准则第1号——存货》等38项具体准则和《企业会计准则——应用指南》及各项企业会计准则解释。

7.11 主要财务指标

指标名称	指标值
加权年化信托报酬率（%）	0.43

8. 经营管理

8.1 经营目标、经营方针

（1）经营目标：以打造国内一流信托公司为目标，以服务实体经济为核心，强化“八项责任”练好内功，不断深化改革，创新驱动发展，推动转型升级，全面提升运营能力，进一步树立上市公司良好品牌。

（2）经营方针：以“稳中有为、提质增效、转型发展”为主基调，全面深化改革，大力推动创新，优化体制机制，有效整合资源，培育更多利润生成点，有效防控风险，确保持续健康发展。

8.2 市场形势等的分析

8.2.1 有利因素

（1）金融资源的整合将带来更多的机遇。我国的社会融资结构仍然呈现失衡状态，直接融资比重偏低，因此，资产证券化将成为化解社会融资结构难题的主要工具，通过信贷资产证券化、政府资产证券化、企业资产证券化的方式协助银行、地方政府与企业缩减资产负债表规模，盘活流动性较差的存量资产。

同时，混合所有制改革、PPP模式，将为政府部门引入社会资本，降低杠杆率水平，并为社会资本带来新的投资选择和收益来源。此外，股权投资类业务将更符合未来社会融资结构优化的需求，并可同时通过兼并重组等方式，整合资源达到更优的资本结构，将为信托展业带来机遇。

（2）“一带一路”等国家战略的实施和产业结构调整力度的加大，将形成新的增长点，为信托行业带来新的机遇。

（3）公司已经聚拢了一批优秀专业人才，设立了博士后科研工作站，塑造了良好的企业品牌，实行了市场化的用人机制，为转型发展奠定了基础。

（4）公司新一轮定向增发已经启动，公司资本金有望超过70亿元，资本实力将进入行业前列，市场竞争力等将有所增强。

（5）中国信托业保障基金及保障基金管理公司成立，将稳定投资者信心，全面提升行业抗风险能力并建立信托业的长效发展机制。

8.2.2 不利因素

（1）信托业高增速、低不良是基于经济景气周期的特殊表现。而在新常态下经济增速放缓，部分行业和产业的融资需求会减少。随着经济增长速度的放缓，信托业逐步进入正常增长，甚至会出现低速增长，加上新的信托监管政策出台，信托增速放缓也将成为新常态。

（2）利率市场化深入，资产管理竞争加剧。随着利率市场化程度的提高，存贷款利率向市场真实水平靠拢，银行、券商、基金、保险等金融子行业，可以通过资产管理计划或子公司等方式与信托业形成正面竞争。在技术含量较低的如通道类业务领域，信托业原有的份额将被逐渐蚕食，并更多地陷入到低效的价格战之中。即使是在信托业具备技术优势的领域，也避免不了越来越激烈的竞争局面。

随着经济下行压力增大，2015年的金融业风险管控形势较为严峻。

8.3 内部控制

8.3.1 内部控制环境和内部控制文化

报告期间，公司根据《公司法》、《证券法》、《信托法》、《企业内部控制基本规范》及其配套指引等法律、法规的要求，逐步健全完善符合公司实际的组织制度和法人治理结构：股东大会、董事会、监事会相关机构分工明确并相互制衡、各司其职、规范运作，分别行使决策权、执行权和监督权，在保持相互独立的基础上，做到了有机协调和相互制衡。董事会下设战略发展委员会、薪酬与考核委员会、风险管理与审计委员会、信托委员会、提名委员会5个专门委员会，加强对公司长期发展战略、高管任职与考核、重大投资风险控制、信息披露等方面的管理和监督，有效促进了董事会管理决策的科学高效。

公司以规范的业务管理、风险管理、财务管理、合规管理、合同管理、内部审计、员工违规追究等内部控制制度体系为载体，建立起了全面风险管控体系。通过签订目标责任书、开展企业文化主题活动等多种方式，引导员工树立“诚信、务实、创新、奉献”的企业文化和“内部控制优先、风险管理优先”审慎经营理念，公司还在报告期内组织开展了合同管理、案件防控等合规方面的培训，使员工内控合规意识不断增强。

8.3.2　内部控制措施

(1)调整优化，加强管理。报告期内，公司为加强内控建设，提升管理水平，增设了资产管理部，调整强化了业务管理部职能，切实落实全业务链风险责任，建立健全制度约束体系，使公司的内控管理效能得到一定提升。

公司董事会设立有风险管理与审计委员会，在其指导下，公司风险管理部和监察审计部积极开展对公司内部控制的日常管理和监督检查工作，通过定期或不定期检查和监督内部控制制度的运行情况，确保公司内部控制制度的有效实施，确保公司的规范运作和健康发展。

(2)紧抓契机，完善制度。报告期内，公司以接受监管部门检查以及公司信息化建设为契机，进一步完善了公司的内控体系和机制，对制度体系进行了新一轮的梳理。报告期内，公司编制修订了《股东大会网络投票管理办法》、《信托项目评审决策管理办法》、《信托及固有业务实施审批管理办法》、《经济责任审计暂行管理办法》等多项制度，并依据制度修订情况对内控手册进行了更新。

(3)合规运作，强化执行。按照上市公司内控规范建设要求，公司从组织机构设置、业务流程、事权管理、授权管理、责任追究等方面进一步优化了内控管理体系，有效地保证了公司经营管理水平的不断提升和战略规划的实施。董事会风险管理与审计委员会、监事会、经营层、职能部门分别按照各自职责开展内控工作，形成了有效且相互制衡的决策、执行和监督机制，取得了良好的效果。公司内设的监察审计部加强了效能监察，强化了对公司决策执行情况的检查、督导，执行效率得到有效提升。详细情况见公司《2014年内部控制自我评价报告》。

8.3.3　信息交流与反馈

公司不断完善信息交流与反馈机制。结合机构改革以及内控制度完善等工作，进一步明确了股东大会、董事会、监事会、高级管理层、各部门及员工的职责和报告路径，做到了内部信息传输顺畅、有效；根据监管要求，采取多种形式向监管部门、受益人报告公司重大事项和项目管理情况，并充分运用公司网站，及时发布和更新相关信息，树立公司良好的管理人形象。报告期内，公司信息传递路径通畅，各项信息上通下达，交流反馈快捷，确保了公司安全运行，持续发展。

8.3.4　监督评价与纠正

公司建立了内部控制监督评价与纠正机制，能够按照各项业务不同阶段的管理特征规范相应的内部审批、操作和风险管理程序，通过制度化、流程化来监控和管理各项业务，并按照风险管理原则对拟开展业务进行严格的事前审查，对已开展业务进行事中持续跟踪管理和监控；公司监事会对股东大会负责，对公司财务以及公司董事及高管履行职责的合法性进行监督，维护公司及股东的合法权益；公司监察审计部对内部控制制度的健全性、有效性进行动态检查评价，对各项业务开展进行合规性检查及风险识别，对相关人员的行为规范进行监督和检查，对被审计项目或信托经理作出客观评价，提出意见或建议，并对审计结论和处理意见的执行及整改情况进行后期追踪检查，督促整改落实。

8.4　风险管理

8.4.1　风险管理概况

公司在经营活动中可能遇到的风险主要包括信用风险、市场风险、操作风险、法律风险、声誉风险、员工道德风险等。报告期内，公司在宏观经济发展进入“新常态”的大环境下，面对信托行业艰难转型等带来的挑战，进一步提高风险管理意识、完善风险管理体系，优化了项目评审决策程序，采取了更为高效、审慎的评审决策方法。根据净资本监管政策、信托行业变化情况及业务发展的新形势，适时修订了《风险管理制度》，在制定《恢复与处置计划》、《净资本管理办法》的同时，对已有的内控制度进行了补充完善，并加强了对存续项目的风险排查，强化了事中管理措施。

8.4.2　风险状况

8.4.2.1　信用风险状况

信用风险主要是指交易对手违约造成损失的风险，主要表现为公司在开展自有资金运作和信托投融资理财等业务时，可能会因交易对手违约而给公司或信托财产带来风险。报告期内，面对经济下行压力，公司提高了对交易对手的信用等级要求，对发生的各类业务均履行了严格的内部评审程序和事中控制、事后监督等，担保措施充足，整体信用风险可控。

8.4.2.2　市场风险状况

市场风险是指公司在运营过程中可能因股价、市场汇率、利率及其他商品价格因素等变动而产生的风险。具体表现为经济运作周期变化、金融市场利率波动、通货膨胀、房地产交易、证券市场变化等造成的风险，这些风险可能影响信托财产的价值及信托收益水平，也可能影响公司固有资产价值或导致损失。2014年公司密切关注经济增速放缓带来的不利影响，加强了存续项目的事中管理，定期不定期派专人到现场检查财务执行情况、项目工程进度和销售情况等，持续监控信托资金使用和项目销售，对项目进行了风险排查。

8.4.2.3　操作风险

公司面临的操作风险主要是制度和操作流程以及现有制度和流程不能得到有效执行而可能引起的经营风险。2014年公司深入贯彻全面风险管控理念，加强了员工风险防范意识和风险防范责任教育，强化了风险识别技巧培训，员工的操作风险防范意识和能力得到提升。

8.4.2.4　其他风险

其他风险主要包括法律风险、声誉风险、员工道德风险等。随着信托行业竞争的进一步加剧，声誉风险已成为需要防范的重点风险之一，报告期内，公司从理财产品销售、兑付等环节入手，进一步强化了声誉风险管理。报告期内公司未发生此类风险。

8.4.3　风险管理

8.4.3.1　信用风险管理

公司从提升尽职调查水平入手，从项目论证、评审、贷后管理等方面防范和规避信用风险，具体措施包括：

（1）公司制定有《固有和信托业务尽职调查管理办法》，对交易对手进行全面、深入的信用调查与分析，形成客观、翔实的尽职调查报告。

（2）公司制定有《信托业务风控标准指引》、《信托项目审查决策管理办法》及《固有业务审查决策管理办法》等制度，从项目准入上予以规范。

（3）坚持风险防控端口前移，对重大项目，风控部门协助业务部门深入现场落实相关问题，实地评估项目风险。

（4）持续对交易对手的财务数据、经营状况和信用状况进行跟踪评价，不定期到现场进行财务、项目工程进度和销售情况检查，加强风险排查，督导资金使用。

（5）严格按照国家法律、法规相关要求，足额计提相关资产减值准备、一般准备、信托赔偿准备，提升公司的风险抵御能力。

8.4.3.2　市场风险管理

紧跟宏观经济形势的变化，密切关注和防范市场风险，具体措施包括：

（1）对宏观经济走势、政策变化、投资策略及其他影响市场变化的因素进行分析研究，为项目决策提供参考。

（2）审慎开展新业务，结合市场情况，严格遴选实力较强的交易对手，注重交易对手现金流覆盖情况，做足抵（质）押等风控措施；同时高度重视即将到期信托计划的安全兑付问题。

（3）继续严格执行以以风险预警和止损为核心的风险管控制度，严控证券投资信托业务风险。

（4）密切监控已开展业务的运行情况，根据市场风险情况及时作出投资调整、提前结束等风险管理措施，避免或降低市场风险引起的损失。

8.4.3.3　操作风险管理

在操作风险的防范上，公司要求每项业务在尽职调查、受理申请、交易结构设计、审查审批、营销签约、执行终止各阶段全过程合法合规。建立了职责分离、相互监督制约的内控机制，建立和完善有效的投资决策机制，实行严格的复核审核程序，制定严格的信息系统管理制度和档案管理制度，根据监管法规的要求制定了符合公司实际的规章制度，从机制和制度上降低操作风险，实现对公司各项业务操作过程的有效控制。强化流程控制，严格执行不兼容岗位分离制度，严格执行复核、审批程序，将合规与风险管理贯穿于业务各环节之中。结合内控规范建设，进一步加强了强化了监事会、监察审计等的合力监督职能。

8.4.3.4　其他风险管理

对于法律风险，公司严格按照相关监管规章，对所有拟开展业务进行合规性审查，确保公司业务开展符合国家相关法律法规规定，并不断优化产品结构和法律文本设计，严格按照公司法律文件审批程序进行审批后办理业务；对于声誉风险，公司把声誉构建与公司发展战略和企业文化进行有机结合，对可能影响公司声誉的业务坚决予以回避，尽职管理受托资产，并充分披露，塑造公司专业和诚信的社会形象；对于员工道德风险，公司从制度、教育、监督、纪律处罚等多方面着手，不断优化激励约束机制，对员工及其行为进行约束和规范。

9. 涉及财务报告的相关事项

9.1　与上年度财务报告相比，会计政策、会计估计和核算方法发生变化的情况说明

与上年度财务报告相比，会计政策、会计估计和核算方法未发生变化。

9.2　报告期内发生重大会计差错更正需追溯重述的情况说明

无。

9.3　与上年度财务报告相比，合并报表范围发生变化的情况说明

无。

9.4　董事会、监事会对会计师事务所本报告期“非标准审计报告”的说明

无。

上海爱建信托有限责任公司

1. 重要提示

1.1 本公司董事会及董事保证本报告内容的真实、准确和完整，不存在重大错报及虚假记载、误导性陈述或重大遗漏，并对其承担个别及连带责任。

1.2 独立董事倪受彬、潘飞、马丽华认为公司年报所记载的资料不存在重大错报及虚假记载，也没有误导性陈述和重大遗漏，本报告的内容真实、准确、完整。

1.3 本公司年度财务报告已经立信会计师事务所（特殊普通合伙）根据中国注册会计师审计准则审计，并出具了标准无保留意见的审计报告。

1.4 公司董事长周伟忠，总经理周磊，分管自营财务负责人、信托财务负责人姚海岚，自营财务部门负责人黄晓，信托财务部门负责人陈幸华声明：保证年度报告中财务报告的真实、完整。

2. 公司概况

2.1 公司简介

公司法定中文名称：上海爱建信托有限责任公司　缩写“爱建信托”

公司法定英文名称：Shanghai Aj Trust Co. , Ltd.　缩写“AJT”

法定代表人：周伟忠

注册地址：中国（上海）自由贸易试验区泰谷路 168 号综合楼 5 楼

邮政编码：200131

办公地址：上海市零陵路 599 号

邮政编码：200030

国际互联网网址：http://www. ajxt. com. cn

电子信箱：ajmail－1@ ajfc. com. cn

信息披露事务负责人：李洋洋

联系电话：021－64397377　传真：021－64395082　电子信箱：lyy@ ajfc. com. cn

信息披露报纸名称：《上海证券报》

年度报告备置地点：上海市零陵路 619 号一楼财富中心营业大厅

聘请的会计师事务所：立信会计师事务所（特殊普通合伙）

地址：上海市南京东路 61 号 4 楼

2.2 组织结构

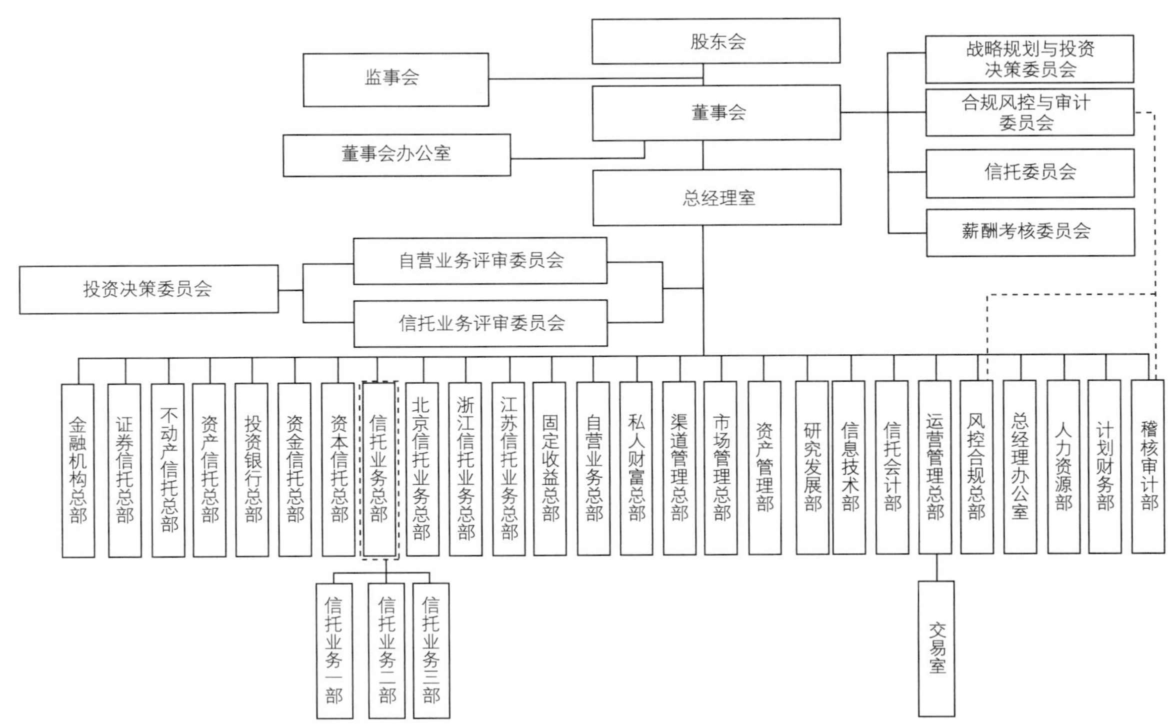

3. 公司治理结构

3.1 股东

股东名称	出资比例（%）	法人代表	注册资本	注册地址	主要经营业务及主要财务情况
★上海爱建股份有限公司	99.33	范永进	1 105 492 188 元	上海市浦东新区泰谷路 168 号	实业投资，投资管理，外经贸部批准的进出口业务（按批文），商务咨询（涉及行政许可的凭许可证经营）。 2014 年营业收入 110 662.20 万元，净利润 51 242.51 万元。
上海爱建纺织品有限公司	0.33	许平	1 400 万元	上海市香港路 59 号	针纺织品、建筑装饰材料、纺织原料（除棉花）、服装（含加工）、服饰及辅料、百货、从事货物及技术进出口业务、附设分支。（涉及行政许可的凭许可证经营）。 2014 年营业收入 335.81 万元，净利润 -24.51 万元。
上海爱建进出口有限公司	0.33	许平	3 000 万元	上海市浦东新区乳山路 227 号 3 楼 D－46 室	经营和代理除国家组织统一经营的进出口商品外的商品及技术的进出口业务、经营进料加工和“三来一补”业务、经营对销贸易和转口贸易业务、从事对外贸易咨询服务、从事出口基地实业投资业务，预包装食品（不含熟食卤味、冷冻冷藏凭许可证经营）的销售。 2014 年营业收入 6 252.94 万元，净利润 86.05 万元。

注：★股东之间存在关联关系，上海爱建股份有限公司为上海爱建纺织品有限公司和上海爱建进出口有限公司的唯一股东。

3.2 董事

董事长、副董事长、董事

姓　名	职　务	性别	年龄	选任日期	所推举的股东名称	该股东持股比例（%）	简　要　履　历
周伟忠	董事长	男	51	2013 年 11 月 4 日	爱建股份	99.33	曾任中国人民银行舟山市分行普陀区支行副行长、行长，中国人民银行舟山市分行行长助理、副行长、行长兼国家外汇管理局舟山市外汇管理支局局长，中国人民银行上海分行金融稳定处处长，中国人民银行上海总部金融稳定部综合处处长、金融稳定部副主任，爱建信托公司副总经理、总经理；现任爱建股份公司副总经理，爱建信托公司董事长，爱建资产管理公司董事长。
陈柳青	副董事长	男	56	2013 年 11 月 4 日	爱建股份	99.33	曾任上海爱建股份有限公司研发部副经理、上海爱建信托有限责任公司总经理助理、副总经理、董事会秘书、党总支书记、监事会主席；现任上海爱建股份有限公司职工监事、监事会办公室主任，上海爱建信托有限责任公司副董事长。
周磊	董事	男	36	2013 年 11 月 4 日	爱建股份	99.33	曾任上海国际信托投资有限责任公司投资银行部业务员，上海国际集团资产经营有限公司融资安排部项目经理、经理，上海国际集团资产管理有限公司融资安排总部总经理，上海国际集团资产管理有限公司项目开发副总监，上海爱建信托有限责任公司副总经理，现任上海爱建信托有限责任公司董事、总经理。
胡爱军	董事	男	45	2013 年 11 月 4 日	爱建股份	99.33	曾任上海市信息化委员会征信行业监管处处长，上海市经济和信息化委员会信用管理处处长；现任上海爱建股份有限公司党委委员兼人力资源总部总经理、党办主任，上海爱建信托有限责任公司董事。

独立董事

姓　名	所在单位及职务	性别	年龄	选任日期	所推举的股东名称	该股东持股比例（%）	简　要　履　历
张启胜	独立董事（2014 年 9 月 14 日离任）	男	62	2013 年 11 月 4 日	独立董事	—	曾任中国人民银行上海总部公开市场部副主任，中国人民银行上海总部人力资源部兼公开部主任，上海爱建信托有限责任公司独立董事。
李玉强	独立董事（2014 年 9 月 14 日离任）	男	61	2013 年 11 月 4 日	独立董事	—	曾任中国工商银行上海市分行副行长、党委委员，上海爱建信托有限责任公司独立董事。
唐华铭	独立董事（2014 年 9 月 14 日离任）	男	62	2013 年 11 月 4 日	独立董事	—	曾任中国证监会上海监管局副巡视员，上海市证券同业公会副会长兼秘书长（负责人），上海爱建信托有限责任公司独立董事。
倪受彬	独立董事	男	41	2014 年 9 月 14 日	独立董事	—	曾任中国工商银行上海市漕河泾开发区支行信贷部信贷主管，中国华融资产管理公司上海办事处综合部法律事务主管，第一证券有限公司企业并购部总经理助理。现任上海对外经贸大学法学院金融法研究中心主任，上海爱建信托有限责任公司独立董事。

续表

姓　名	所在单位及职务	性别	年龄	选任日期	所推举的股东名称	该股东持股比例(%)	简　要　履　历
潘　飞	独立董事	男	58	2014年9月14日	独立董事	—	曾任上海财经大学会计学院助教\讲师、副教授,现任上海财经大学会计学院教授,上海爱建信托有限责任公司独立董事。
马丽华	独立董事	女	52	2014年9月14日	独立董事	—	曾任上海东州资产评估有限公司项目经理。现任上海申威资产评估有限公司董事长,上海九威清算事务有限公司董事长,上海申威房地产估价有限公司董事长,上海爱建信托有限责任公司独立董事。

3.3　监事

监事会成员

姓　名	职　务	性别	年龄	选任日期	所推举的股东名称	该股东持股比例(%)	简　要　履　历
马　金	监事会主席	男	44	2013年11月4日	爱建股份	99.33	曾任上海国际信托投资公司投资银行总部总经理助理、副总经理,上投国际投资咨询有限公司副总经理,上海国际集团资产经营有限公司副总经理,上海国际集团投资管理有限公司总经理,爱建信托公司副董事长;现任爱建股份公司党委委员、副总经理(代行总经理职权),爱建信托公司监事会主席,爱建融资租赁公司董事长,爱建财富管理公司董事长,爱建(香港)有限公司董事长。
张凤翔	监事	男	47	2013年11月4日	爱建股份	99.33	曾任上海市高级法院民四庭审判长助理、民二庭审判长;现任上海爱建股份有限公司合规与风险管理总部总经理,爱建信托公司监事。
朱学明	职工监事	男	51	2013年11月4日	职工代表	—	曾任上海爱建信托有限责任公司自营业务总部法律事务主管、资产保全首席代表,资产管理部副经理(主持工作)、经理,现任上海爱建信托公司职工监事、资产管理部经理。

3.4　高级管理人员

姓名	职务	性别	年龄	选任日期	金融从业年限	学历	专业
周　磊	总经理	男	36	2011年12月30日	13	本科/硕士	EMBA
李洋洋	副总经理/董事会秘书	男	46	2013年11月4日	13	研究生/博士	经济及金融
钱　华	副总经理(2014年10月8日离任)	男	50	2013年11月4日	22	研究生/硕士	EMBA
张保华	副总经理	男	43	2013年11月4日	17	研究生/硕士	EMBA
吴　淳	总经理助理	男	42	2013年11月4日	22	本科/硕士	MBA
姚海岚	总经理助理	女	45	2013年11月4日	24	本科/硕士	MPAcc

3.5　公司员工

报告期内在编、在岗员工人数158人,平均年龄35.71岁,学历分布比率为:博士3.8%,硕士34.8%,本科55.7%,专科2.5%,其他3.2%。

4. 经营管理

4.1　经营目标、方针、战略规划

公司以“爱国建设”为宗旨,坚持“诚信务实、安全高效、便利周到、稳建发展”的质量方针,发扬“稳健、诚信、创新、发展”的企业精神,培育公司的核心竞争力,为股东创造价值,同时承担相应的社会责任。

4.2　所经营业务的主要内容

自营资产运用与分布表

资产运用	金额(万元)	占比(%)	资产分布	金额(万元)	占比(%)
货币资产	14 759.07	3.88	基础产业	0.00	0.00
交易性金融资产	31 789.14	8.35	房地产业	154 178.87	40.51
贷款及应收款	178 012.04	46.77	证券市场	65 725.32	17.27
可供出售金融资产	90 729.74	23.84	实业	58 570.80	15.39
持有至到期投资	—	0.00	金融机构	87 324.47	22.94
长期股权投资	3 696.17	0.97	其他	14 832.04	3.90
其他	61 645.35	16.20			
资产总计	380 631.51	100	资产总计	380 631.51	100

注:该表与资产负债表中资产总额的差额(6 034.27万元)系计提的资产减值准备。

信托资产运用与分布表

资产运用	金额（万元）	占比（%）	资产分布	金额（万元）	占比（%）
货币资产	49 397.43	0.82	基础产业	3 119 221.10	51.73
贷款	3 221 044.75	53.41	房地产	1 010 904.50	16.76
交易性金融资产	243 869.80	4.04	证券市场	345 786.87	5.73
可供出售金融资产	105 497.97	1.75	工商企业	1 039 669.67	17.24
持有至到期投资	6 999.99	0.12	金融机构	0.00	0.00
买入返售	111 400.00	1.85	其他	515 017.35	8.54
长期股权投资	1 041 650.38	17.27			
长期应收款	1 207 615.33	20.02			
投资性房地产	30 000.00	0.50			
应收账款	13 123.84	0.22			
信托资产总计	6 030 599.49	100.00	信托资产总计	6 030 599.49	100.00

注：该表与资产负债表中资产总额的差额（40 512.20 万元）系计提的资产减值准备。

4.3 市场分析

2014 年，信托行业承接过去的高增长惯性，信托资产规模再创历史新高。到 2014 年末，信托资产规模达 13.98 万亿元，比 2013 年末增长 28.2%。其中，集合资产规模达到 4.29 万亿元，同比增长 58.1%，在信托资产中占比首次超过 30%，比 2013 年末提高 5.8 个百分点，反映了全行业的主动管理能力提高。全行业经营收入和利润 2014 年末分别达 955 亿元和 642.3 亿元，同比增长 14.7% 和 13%，增幅相比 2013 年末有较大幅度放缓，也反映出了行业在历经一轮高速增长之后已进入调整整固阶段。众多信托公司增资扩股或引入战略投资者，行业资本实力明显增强，2014 年末所有者权益达 3 196.22 亿元。公司在大股东的积极支持和全体员工的共同努力下，2014 年实现的业绩增长显著高于行业平均水平。

信托行业发展放缓，面临较大的转型压力，从原因上看主要来自三方面：第一，过去几年信托爆发式增长所依赖的制度红利正在减弱，利率市场化进程加快、资管行业的管制放松以及互联网金融的崛起使信托公司传统业务面临更加激烈竞争。第二，行业在爆发式增长阶段所累积的风险目前已开始释放，信托产品信用违约事件不时爆发，市场对信托产品的风险预期明显增强。同时，宏观经济下行压力加大，经济结构调整与产能过剩行业均增大相关信托产品风险性，2015 年信托风险事件依然对行业产生不利影响。第三，监管当局加强对影子银行的规范清理可能对部分信托业务的开展产生一定冲击，同时银行渠道、第三方理财机构销售信托产品受限，也将对信托产品销售产生较大影响。

展望 2015 年，一方面信托行业的经营压力将进一步增大，传统房地产、政信等融资类业务的开展在投资拉动模式式微、房地产持续低迷、中央加强地方债务管理、市场利率下行的背景下将面临空前的挑战。另一方面，资本市场的持续活跃、资产证券化备案制的正式实施以及居民海外资产配置需求的增长，又为信托行业的转型发展提供了新的契机。因此，唯有顺应趋势、积极布局、重点突破，才能在行业调整中占得先机，实现可持续发展。公司目前正努力通过强化管理、完善流程风控、加快创新业务培育（如扩大资本市场投入）等措施积极应对宏观和信托行业经营环境的变化。

4.4 内部控制

4.4.1 内部控制环境和内部控制文化

公司按照现代企业制度的要求，建立了以股东会、董事会、监事会以及经营管理层为核心的内部法人治理结构。不断完善和深化管理体制，规范股东会、董事会、监事会和经营管理班子的权责关系，明确了四者的议事规则和决策程序。设置权责明确、分工合理的决策系统、执行系统和监督系统，建立了以岗位职责、授权体系、风险管理、监督检查与评价为基础的内控体系。不断强化风险管理意识，完善风险管控体系，持续提高风险控制能力。公司始终将提高风险防范与管控能力作为工作重点，并贯穿于全年。一是公司经营层大力倡导合规经营风险控制为先的经营理念。二是为公司稳健发展建立制衡机制的不断推进，2014 年在多重审批机制的业务决策模式上，关注业务评审中所揭示的风险控制薄弱环节预防措施的制定和落实及信息反馈，强化风控前置与运营事中的风险管控及检查监督职责，以期达到对重要风险识别充分，防控措施适当，执行有效，剩余风险控制在公司可接受的范围中。三是加强制度建设，完善制度体系，致力于构建覆盖全过程、全岗位的风险管理与控制的制度体系。年内，公司制定修订了《信托业务评审委员会项目评审工作规则》、《信托业务重大风险事件应急管理办法》、《信托业务审批管理条例》、《信托项目成立操作规程（试行）》、《信托业务外派董事、监事、管理人员管理细则》、《董事会议事规则》、《公司总经理工作细则》、《计算机信息系统操作用户权限管理规定》、《公司审计稽核管理办法》、《固有业务管理暂行办法》、《合同管理办法》、《集合资金信托业务管理规则》、《信托业务授信管理指引》、《合规指导手册》、《客户及信托产品的风险分级管理等制度及流程》。2014 年 11 月，公司第二版制度汇编整编完成，并印刷成册发至公司各部门，以利于领会、查阅、引用和执行。该制度汇编由公司治理层、高级管理层以及执行层面、各条线的制度、细则、操作流程组成，共计 128 个。通过不断完善风险管理与控制制度，有效减少了经营活动全过程的风险控制薄弱环节。四是树立全员风险意识，将提高员工的职业操守和诚信意识作为公司的一项长期工作，营造全体员工充分了解并履行职责的文化氛围。通过建立有效的激励约束机制，不断强化风险防范和合规经营理念，培育良好的内部控制文化，提高了全员参与的风险控制意识和效果，使风险管控贯穿于经营活动的全过程，营造了风险控制为先的企业文化。

4.4.2 内部控制措施

自营业务部门和信托业务部门相互独立，明确界定各部门的目标、职责和权限，确保自营业务和信托业务各部门及员工在授权范围内行使相应的职责。

设置专门的信托会计部进行信托财产的记录、核算与估值，并与固有资产分离，对每项信托业务设立独立的信托财产账户，分别进行会计核算和会计控制。强化信托资产管理能力，完善信托项目管理流程是公司2014年重要工作事项之一。通过项目资料及相关合同的归口管理，严格对信托项目成立、存续及清算过程中各环节可能存在的操作风险进行控制和监督，以保障项目运行中相关合同条款能够切实有效地执行。

公司以业务流程为主线，致力于建立健全前台、中台、后台并重的内控体系，致力于控制措施覆盖业务流程重要环节。

报告期间，通过明确的业务、风控、合规、运营、稽核审计在风险管理工作中的职能定位，各司其职开展经营活动各领域的风险识别、评估、管理和监督管理控制，以及对管理控制效果进行的再监督和评价，合理保证公司对风险能够进行事前识别和防范、事中控制和化解、事后检查和纠正，形成有效的风险控制和反馈机制。强化业务决策机制，自营、信托业务评审委员会按照《项目评审工作规则》进行业务评审，给决策层提供决策依据，为业务拓展树立起坚实的防范风险的屏障。通过ISO9001:2008质量管理体系，实现全员全过程全方位实施对业务操作流程进行控制，提升公司各领域的工作质量，保障公司质量目标的实现。报告期间，公司不断推进ISO质量体系文件的完善与修订和执行力检查，纠正执行偏差。2014年顺利通过香港品质保证局的年度审核。

在项目存续管理中，风控与运营和信托会计已形成了报告会签、信息互通，体现了有效执行监督和风险闭口效果。对信托财产管理过程中的各项事务、数据和其他有关情况保留记录，及时出具信托项目清算报告。在营销过程中，信托业务制作营销方案，经合规部门审核，营销部启用并严格按照营销方案进行推介。销售推介人员不得承诺“保本保息”或最低收益，不得通过报刊、电视、广播和其他公共媒体进行营销宣传，不存在未取得异地集合资金信托业务资格而开办异地业务的情况。在信息技术方面，公司积极顺应监管部门提出信托行业要充分利用IT系统提升核心能力的要求，积极推进业务信息化。公司基本形成了统一的信托业务综合管理系统，能够在以下几个方面有效提升公司风险管理能力：形成业务全资产、全流程、全风控的集成管理，实现了公司业务核算的自动化作业，建立了企业级的数据中心，实现全公司范围的数据信息共享，为进一步数据挖掘提供了基础条件，风险管理将可通过模块化的系统拓展来实现，通过系统控制降低了人员误操作概率，大大降低了公司操作风险。

4.4.3　监督评价与纠正

公司建立了自控、互控与监控三结合的监督机制，对内部控制活动进行检查、监督和纠正。通过对业务项目的尽职调查、风控合规事前评估和业务及运营的事中检查以及监督，实现对业务活动事前、事中管理和控制的检测，揭示风险，制定风险防范和控制措施。通过ISO9001:2008质量控制程序促进业务管理质量的不断提升，促进业务操作流程在适当性和可操作性方面不断完善，出现问题，迅速予以纠正。通过相关部门之间相互制衡、监督，发现问题，要求限时纠正。通过稽核审计的再监督，对公司各项业务实施全面监督、评价，直接向总经理和董事会报告，并督促审计意见整改落实。

报告期内，公司开展稽核审计项目12个，其中终止及提前终止的集合资金信托计划9个，监管要求的专项稽核审计项目3个，终止集合资金信托计划稽核审计覆盖信托各业务部门。提出稽核审计意见和建议40项，已完成落实和正在落实。通过ISO9001:2008质量控制程序来保证业务质量，并通过业务操作流程进行控制，出现问题，迅速予以纠正。2014年ISO内审检查，对公司各部门工作事项及业务开展情况进行了抽查，提出了15个可改善方面。通过对稽核审计和ISO内审检查揭示问题的整改落实，促进了经营活动中风险管理与控制能力的不断提高，制度不断完善，执行力度不断加强。

4.5　风险管理

4.5.1　风险状况

4.5.1.1　信用风险状况

公司增资后，固有资产规模和信托资产规模增长迅速。公司自营及信托的不良贷款率与2013年相比继续下降，历史遗留不良贷款已足额提取坏账准备。公司业务产品线更为丰富，除了房地产客户，公司交易对手还包括地方政府平台公司、中小企业等。相比以往年度，公司的交易对手类别更多，情况更复杂，公司信用风险保持中等水平。

4.5.1.1.1　内在风险水平描述

（1）自营信贷组合。公司自营贷款类型有抵押贷款、质押贷款、银团贷款及保证贷款，贷款余额176 170.80万元，均为正常类贷款，不良贷款余额为零。不良信用资产余额647.52万元，比上年末下降49.71%，不良资产率为0.30%，降幅47.37%。

公司严格按照中国银监会的要求进行资产五级分类，并按照相关规定计提了减值准备。截至2014年末，公司计提各项资产减值准备6 034.27万元。

公司2014年新增贷款132 300万元，都为正常贷款，公司已连续两年年末无不良贷款。

（2）信托业务。公司2014年末信托贷款余额为3 221 044.75万元，占信托业务总规模的比重为53.41%。其中，1年内到期贷款占贷款总额的37.65%；2年内到期贷款占贷款总额的21.98%；逾期贷款40 512.20万元，占贷款总额的比重为1.26%，已足额计提减值准备。2014年度末，信托贷款计提贷款减值准备40 512.20万元，较上年无变化。

（3）委托业务公司2014年末无尚未放贷的委托存款。公司在贷款业务方面主要是做好清理工作，因目前现存的委托贷款的资产质量较差，基本上都为逾期贷款，且逾期时间较长，清理工作有一定的难度。

4.5.1.1.2　信用风险管理政策

公司规定，新型业务开展前应制定该类型业务风控指引，作为新业务的承接标准；就交易对手实施融资限额管理；重视对交易对手的尽职调查，评估交易对手的信用，关注现金流的覆盖率；由运营管理总部会同业务部门办理抵押品的抵押登记，并负责抵押权证保管。

4.5.1.2　市场风险状况

公司的市场风险主要表现在：利率波动、汇率波动、证券市场价格波动、房地产市场价格波动的风险。当前国内国际宏观经济形势复杂多变，利率市场化进程加快，房地产市场仍然受到政策调控，前景不明朗。公司主要面对利率、房地产价格波动和证券市场价格波动的风险。公司市场风险处于中等水平。

4.5.1.2.1　自营业务分析

（1）公司自有资金投资余额 126 215.05 万元。2014 年，公司本着审慎的原则，合理配置投资资金，增加了股票二级市场投资，至 2014 年末，股票投资余额 6 622.73 万元，占投资总额的 5.25%，占总资产的 1.74%。

（2）公司长期股权投资余额 17 333.71 万元，占投资总额的 13.73%，占总资产（未减各项减值准备）的 4.55%。其中，正常类为 12 496.17 万元，可疑类为 4 837.53 万元。针对可疑类长期股权投资质量情况已计提 50%减值准备。

4.5.1.2.2　信托业务分析

信托业务中长期股权投资金额为 1 041 650.38 万元，其中，非事务管理型股权投资金额为 616 326.50 万元。

4.5.1.3　操作风险状况

公司以业务流程为核心，建立了较完整的管理制度，操作风险低。公司 2014 年已基本完成了恒生信息管理系统的建设工作，建立起以客户为中心、以业务为主线的公司级计算机综合业务管理信息系统平台，实现了公司业务全生命周期的计算机处理，从而规范了公司业务的项目立项、项目评估、项目审批、项目文本审核、项目存续期管理、项目投资管理和投资风控管理、项目核算和估值、项目信息登记及统计等工作，实现了各项业务操作的流程化管理，使业务操作合规、可控，极大地减少了业务开展中的操作风险。另外，公司在 2014 年也基本建成了办公自动化信息系统，逐步规范了公司的办公作业流程和费用报销等流程。

4.5.2　风险管理

4.5.2.1　信用风险管理

信用风险是指交易对手未能履行合同所带来的经济损失风险。公司的信用风险主要表现为：在信托贷款、资产回购、后续资金安排、担保、履约承诺等交易过程中，借款人、担保人、保管人（托管人）等交易对手不履行承诺，不能或不愿履行合约承诺而使信托资产或自有资产遭受潜在损失的可能性。

公司充分重视尽职调查，把交易对手的信用风险放在首位，从制度上明确了调查的要求、步骤，提供了调查报告的参考模板，要求内容包括但不限于基本情况（股东构成、注册资本、管理团队等）、财务状况、经营状况、内控制度、风险管理状况等方面。公司对信贷、融资以及担保业务实行严格审查，通过加强交易对手信息采集、现金流分析，通过贷款资金的使用监控，定期贷后现场检查和风险预警；通过采取抵（质）押物和担保的风险缓释措施，严格实行抵（质）押品评估制度，落实抵（质）押品的价值，逐级降低、化解信用风险。公司对固定收益总部的投资业务根据不同的业务品种设置不同的资信要求和交易方式，在投资环节上采取了增设风控部门审签的方式把控投资风险。

公司在积极响应监管部门的房地产抵押物风险压力测试、地方政府融资平台统计等工作要求时，同时对存续业务每半年进行一次风险排查和压力测试。经过对测试统计结果进行进一步的分析，发现重点业务风险，为公司风险政策和业务风控指引修正决策提供参考。

4.5.2.2　市场风险管理

市场风险是指由于市场价格或利率波动而导致的对金融工具的资产价值产生负面波动的风险，可以区分为系统性风险和非系统性风险两大类。公司所面临的市场风险主要是指由于市场价格，如利率、股票价格、债券价格等波动而造成的信托资产、自有资产损失的风险。

公司通过使用对各种有市场风险敞口的资产进行组合化管理，设置各种资产的头寸限额和指标，来达到控制市场风险的目的。例如，公司设置单一交易资产限额，防止某一单一交易资产的市场风险过大。公司在政信业务中针对同一区域、同一交易对手均在风控指引中设有额度控制，自营业务实行了分散化投资，对投资品种总量和单一规模均有限额，并由风控部门事中控制，及时预警。股票质押融资业务，公司交易室安排专人对质押标的券逐日盯市，跟踪评估，严格实行补仓平仓制度。通过涉足多种业务类型和分散客户所处行业领域，公司能较好地将风险分散在不同的层面。

在具体的业务操作中，公司不断加强规范化管理，颁布实施了一系列实施细则或操作规程文件，引进了资产管理系统，为公司开展证券业务提供系统支持，并作为管理市场风险的有效技术保证。

除了在前期的产品策划和选择方面考虑市场风险因素之外，在产品营销环节，公司历来十分重视向客户充分揭示信托产品可能面临的市场风险，请客户在充分了解包含市场风险在内的各种风险的基础上，确认自己具备承受风险的能力，当面签署风险申明书等相关文件。

4.5.2.3　操作风险管理

操作风险是指由于不完善或有问题的内部操作过程、人员、系统或外部事件而导致的直接或间接损失的风险，但不包含策略性风险和声誉风险。

公司通过制度规范业务流程，定期对已有流程进行剖析分析，整合和优化投资审批流程。流程上实行环节责任到岗，前一环节对后一环节负责，后一环节对前一环节有核查义务，周五下午安排进行信托业务和企业文化的培训，提高员工的专业能力和工作责任心，有效降低操作风险。在业务的成立环节和事中管理中，信托会计部、运营管理部和风控合规部门分工协作，加强资金、抵押品、放款、信托利益兑付和收息收贷的管理工作。

在信息技术方面，公司积极顺应监管部门提出信托行业要充分利用 IT 系统提升核心能力的要求，积极推进业务信息化。公司于 2014 年形成了统一的信托业务综合管理系统，能够在以下几个方面有效提升公司风险管理能力，形成业务全资产、全流程、全风控的集成管理，实现了公司业务核算的自动化作业，建立了企业级的数据中心，实现了全公司范围的数据信息共享，为进一步数据挖掘提供了基础条件，风险管理未来可通过模块化的系统拓展来实现，通过系统控制降低人员误操作概率，大大降低公司的操作风险。

在营销过程中，特别注意合规性监管法规的要求，信托业务推介前营销部门先制作营销方案，报风控部门审核后严格按照营销方案进行推介。推介中理财经理不得承诺“保本保息”或最低收益，不通过报刊、电视、广播和其他公共媒体进行营销宣传，不存在参与单个集合信托计划自然人超过 50 人（单笔委托金额在人民币 300 万元以上的自然人投资者除外）或单笔委托金额低于人民币 100 万元的情况。不存在未取得异地集合资金信托业务资格而开办异地业务的情况。

在信托财产运用和管理环节，公司不存在通过信托项目为自己和他人谋取不当利益的行为，切实履行了受托管理的责任，持续跟踪了解资金使用和项目进展情况，坚持信托财产之间、信托财产与固有财产之间分别管理、分别记账的原则，对信托财产管理过程中的各项事务、数据和其他有关情况保留记录；在信托终止清算环节，不存在新信托项目的财产置换或用固有财产垫付到期信托项目的行为，并及时出具信托项目清算报告。

5. 报告期末及上一年度末的比较式会计报表

5.1 固有资产

5.1.1 立信会计师事务所（特殊普通合伙）审计意见

上海爱建信托有限责任公司财务报表在所有重大方面按照企业会计准则的规定编制，公允反映了贵公司 2014 年 12 月 31 日的财务状况以及 2014 年度的经营成果和现金流量。

5.1.2 资产负债表

2014 年 12 月 31 日

单位：万元

资产类	期末余额	年初余额	负债及所有者权益类	期末余额	年初余额
资产：			负债：		
现金及存放中央银行款项	12.68	11.11	向中央银行借款	—	—
存放同业款项	14 746.39	18 896.69	同业及其他金融机构存放款项	—	—
贵金属	—	—	拆入资金	—	—
拆出资金	—	—	以公允价值计量且其变动计入当期损益的金融负债	—	—
以公允价值计量且其变动计入当期损益的金融资产	31 789.14	12 779.26	衍生金融负债	—	—
衍生金融资产	—	—	卖出回购金融资产款	—	—
买入返售金融资产	25 901.43	35 091.80	吸收存款	—	—
应收利息	683.31	138.53	应付职工薪酬	6 301.03	3 074.48
发放贷款和垫款	174 409.09	167 805.00	应交税费	5 653.24	4 482.83
可供出售金融资产	87 060.97	29 378.20	应付利息	—	—
持有至到期投资	—	22 130.89	划分为持有待售的负债	—	—
划分为持有待售的资产	—	—	预计负债	—	—
长期股权投资	3 696.17	—	应付债券	—	—
投资性房地产	—	—	递延所得税负债	324.65	34.37
固定资产	297.47	313.49	其他负债	1 394.19	1 261.25
无形资产	410.97	333.69		—	—
递延所得税资产	956.60	448.80	负债合计	13 673.11	8 852.93
其他资产	34 633.02	36 975.92			
			所有者权益：		
			实收资本	300 000.00	300 000.00
			其他权益工具	—	—
			其中：优先股	—	—
			永续股	—	—
			资本公积	9 096.93	9 096.93
			减：库存股	—	—
			其他综合收益	248.42	271.44
			盈余公积	11 068.94	6 864.19
			一般风险准备	4 289.43	842.04
			信托赔偿准备金	6 374.71	1 825.04
			未分配利润	29 845.70	-3 449.19
				—	—
			所有者权益合计	360 924.13	315 450.45
资产总计：	374 597.24	324 303.38	负债及所有者权益总计：	374 597.24	324 303.38

法定代表人：周伟忠　　主管会计工作负责人：姚海岚　　会计机构负责人：黄　晓

5.1.3 利润表

2014 年度　　单位:万元

项　目	行号	本期金额	上期金额
一、营业收入	1	85 324.63	65 774.95
利息净收入	2	22 851.63	21 124.71
利息收入	3	22 851.63	21 124.71
利息支出	4	—	—
手续费及佣金净收入	5	51 970.35	41 293.89
手续费及佣金收入	6	52 644.60	42 038.29
手续费及佣金支出	7	674.25	744.40
投资收益(损失以“－”号填列)	8	7 571.37	2 589.45
其中:对联营企业和合营企业的投资收益	9	-103.83	—
公允价值变动收益(损失以“－”号填列)	10	1 566.90	378.16
汇兑收益(损失以“－”号填列)	11	13.33	-117.51
其他业务收入	12	1 351.05	506.25
二、营业支出	13	24 014.06	18 229.79
营业税金及附加	14	4 749.40	3 706.92
业务及管理费	15	19 197.75	14 247.30

续表

项　目	行号	本期金额	上期金额
资产减值损失	16	66.91	275.57
其他业务成本	17	—	—
三、营业利润(亏损以“－”号填列)	18	61 310.57	47 545.16
加:营业外收入	19	76.25	1 917.32
减:营业外支出	20	—	20.00
四、利润总额	21	61 386.82	49 442.48
减:所得税费用	22	15 890.12	12 933.92
五、净利润(净亏损以“－”号填列)	23	45 496.70	36 508.56
六、每股收益:	24	—	—
(一)基本每股收益	25	—	—
(二)稀释每股收益	26	—	—
七、其他综合收益的税后净额	27	-23.02	207.34
(一)以后不能重分类进损益的其他综合收益	28	—	—
(二)以后将重分类进损益的其他综合收益	29	-23.02	207.34
八、综合收益总额	30	45 473.68	36 715.90

法定代表人:周伟忠　　主管会计工作负责人:姚海岚　　会计机构负责人:黄　晓

5.1.4 所有者权益变动表

2014 年 12 月 31 日　　单位:万元

项目	本期金额								
	归属于母公司所有者权益								所有者权益合计
	实收资本(或股本)	资本公积	减:库存股	其他综合收益	盈余公积	一般风险准备	信托赔偿准备金	未分配利润	
一、上年末余额	300 000.00	9 096.93		271.44	6 864.19	842.04	1 825.04	-3 449.19	315 450.45
加:会计政策变更									
前期差错更正									
其他									
二、本年初余额	300 000.00	9 096.93		271.44	6 864.19	842.04	1 825.04	-3 449.19	315 450.45
三、本年增减变动金额(减少以“－”号填列)				-23.02	4 204.75	3 447.39	4 549.67	33 294.89	45 473.68
(一)综合收益总额				-23.02				45 496.70	45 473.68
(二)所有者投入和减少资本									
1. 所有者投入资本									
2. 其他权益工具持有者投入资本									
3. 股份支付计入所有者权益的金额									
4. 其他									
(三)利润分配					4 204.75	3 447.39	4 549.67	-12 201.81	
1. 提取盈余公积					4 204.75			-4 204.75	
2. 提取一般风险准备						3 447.39	4 549.67	-7 997.06	
3. 对所有者(或股东)的分配									
4. 其他									
(四)所有者权益内部结转									
1. 资本公积转增资本(或股本)									
2. 盈余公积转增资本(或股本)									
3. 盈余公积弥补亏损									
4. 其他									
(五)专项储备									
1. 本期提取									
2. 本期使用									
(六)其他									
四、本期末余额	300 000.00	9 096.93		248.42	11 068.94	4 289.43	6 374.71	29 845.70	360 924.13

法定代表人:周伟忠　　主管会计工作负责人:姚海岚　　会计机构负责人:黄　晓

续表

项目	本年同期金额								
	归属于母公司所有者权益								所有者权益合计
	实收资本（或股本）	资本公积	减：库存股	其他综合收益	盈余公积	一般风险准备	信托赔偿准备金	未分配利润	
一、上年末余额	300 000.00	9 161.03			6 864.19	842.04		-38 132.71	278 734.55
加：会计政策变更		-64.1		64.1					
前期差错更正									
其他									
二、本年初余额	300 000.00	9 096.93		64.1	6 864.19	842.04		-38 132.71	278 734.55
三、本年增减变动金额（减少以"-"号填列）				207.34			1 825.04	34 683.52	36 715.90
（一）综合收益总额				207.34				36 508.56	36 715.90
（二）所有者投入和减少资本									
1. 所有者投入资本									
2. 其他权益工具持有者投入资本									
3. 股份支付计入所有者权益的金额									
4. 其他									
（三）利润分配							1 825.04	-1 825.04	
1. 提取盈余公积									
2. 提取一般风险准备							1 825.04	-1 825.04	
3. 对所有者（或股东）的分配									
4. 其他									
（四）所有者权益内部结转									
1. 资本公积转增资本（或股本）									
2. 盈余公积转增资本（或股本）									
3. 盈余公积弥补亏损									
4. 其他									
（五）专项储备									
1. 本期提取									
2. 本期使用									
（六）其他									
四、本期末余额	300 000.00	9 096.93		271.44	6 864.19	842.04	1 825.04	-3 449.19	315 450.45

法定代表人：周伟忠　　　　主管会计工作负责人：姚海岚　　　　会计机构负责人：黄　晓

5.2 信托资产

5.2.1 信托项目资产负债汇总表

2014 年 12 月 31 日　　　　单位：万元

资　　产	期末数	期初数	负债和信托权益	期末数	期初数
资产：			负债：		
现金及存放中央银行款项			向中央银行借款		
存放同业款项	49 397.43	21 078.84	同业及其他金融机构存放款项		
贵金属			拆入资金		
拆出资金			交易性金融负债		
交易性金融资产	243 869.80	185 473.54	衍生金融负债		
衍生金融资产			卖出回购金融资产款		
买入返售金融资产	111 400.00	5 781.72	吸收存款		
应收利息			应付职工薪酬		
发放贷款和垫款	3 180 532.55	1 769 049.00	应交税费		
可供出售金融资产	105 497.97	123 984.25	应付利息		
持有至到期投资	6 999.99	11 984.70	预计负债		
长期股权投资	1 041 650.38	401 860.22	应付债券		

续表

资　　产	期末数	期初数	负债和信托权益	期末数	期初数
投资性房地产	30 000. 00	121 420. 00	递延所得税负债		
固定资产			其他负债	77 525. 32	71 709. 46
无形资产					
递延所得税资产			负债合计	77 525. 32	71 709. 46
其他资产	1 220 739. 17	1 206 694. 42			
			所有者权益：		
			实收信托	5 846 067. 51	3 789 265. 94
			资本公积		
			减：库存股		
			盈余公积		
			一般风险准备		
			未分配利润	66 494. 46	−13 648. 71
			所有者权益合计	5 912 561. 97	3 775 617. 23
资产总计：	5 990 087. 29	3 847 326. 69	负债及所有者权益总计：	5 990 087. 29	3 847 326. 69

法定代表人：周伟忠　　主管会计工作负责人：姚海岚　　会计机构负责人：陈幸华

5. 2. 2　信托项目利润及利润分配汇总表

2014 年度　　单位：万元

项　　目	行号	本期金额	上期金额
一、营业收入	1	488 226. 55	272 769. 22
利息净收入	2	224 314. 41	129 278. 32
利息收入	3	224 314. 41	129 278. 32
利息支出	4		—
手续费及佣金净收入	5		—
手续费及佣金收入	6		—
手续费及佣金支出	7		—
投资收益（损失以“－”号填列）	8	261 355. 31	131 340. 20
其中：对联营企业和合营企业的投资收益	9		—
公允价值变动收益（损失以“－”号填列）	10	2 471. 27	12 029. 94
汇兑收益（损失以“－”号填列）	11		—
其他业务收入	12	85. 56	120. 76
二、营业支出	13	75 078. 59	60 618. 65
营业税金及附加	14		—
信托管理费用	15	75 078. 59	60 618. 65
资产减值损失	16		0
其他业务成本	17		—
三、营业利润（亏损以“－”号填列）	18	413 147. 96	212 150. 57
加：营业外收入	19		—
减：营业外支出	20		
四、利润总额	21	413 147. 96	212 150. 57
减：所得税费用	22		—
五、净利润（净亏损以“－”号填列）	23	413 147. 96	212 150. 57
六、每股收益：	24		
（一）基本每股收益	25		
（二）稀释每股收益	26		
七、期初未分配信托利润	27	−13 648. 71	−35 227. 78
八、可供分配信托利润		398 764. 78	176 788. 97
减：本期已分配信托利润	28	332 270. 32	190 437. 68
九、期末未分配信托利润	29	66 494. 46	−13 648. 71

法定代表人：周伟忠　　主管会计工作负责人：姚海岚　　会计机构负责人：陈幸华

6. 会计报表附注

6. 1　会计报表编制基准不符合会计核算基本前提的说明

6. 1. 1　会计报表不符合会计核算基本前提的事项

本公司无上述情况。

6. 1. 2　对合并会计报表的公司的说明及变动情况

本公司无上述情况。

6. 2　重要会计政策和会计估计说明

6. 2. 1　计量属性在本期发生变化的报表项目及其本期采用的计量属性

本公司在对会计报表项目进行计量时，一般采用历史成本，如所确定的会计要素金额能够取得并可靠计量则对个别会计要素采用重置成本、可变现净值、现值、公允价值及摊余成本计量。

6. 2. 1. 1　现值与公允价值的计量属性

（1）现值。在现值计量下，资产按照预计从其持续使用和最终处置中所产生的未来净现金流入量的折现金额计量，负债按照预计期限内需要偿还的未来净现金流出量的折现金额计量。

本期公司报表项目中无采用现值计量的项目。

（2）公允价值。在公允价值计量下，资产和负债按照在公平交易中，熟悉情况的交易双方自愿进行资产交换或者债务清偿的金额计量。

本期公司报表项目中采用公允价值计量的项目包括：交易性金融资产、可供出售金融资产，按证券交易市价确定公允价值。

6. 2. 1. 2　计量属性在本期发生变化的报表项目

本期报表项目的计量属性未发生变化。

6. 2. 2　现金等价物的确定标准

在编制现金流量表时，将本公司库存现金以及可以随时用于支付的存款确认为现金。将同时具备期限短（从购买日起 3

个月内到期)、流动性强、易于转换为已知现金、价值变动风险很小四个条件的投资,确定为现金等价物。

6.2.3 外币财务报表的折算方法

外币核算采用分账制,资产负债表日,按照下列规定对相应的外币账户余额分货币性项目和非货币性项目进行调整。

(1)外币货币性项目,采用资产负债表日即期汇率折算。因资产负债表日即期汇率与初始确认时或者前一资产负债表日即期汇率不同而产生的汇兑差额,计入当期损益。

(2)以历史成本计量的外币非货币性项目,仍采用交易发生日的即期汇率折算,不改变其记账本位币金额。

货币性项目,是指企业持有的货币资金和将以固定或可确定的金额收取的资产或者偿付的负债。非货币性项目,是指货币性项目以外的项目。采用分账制记账方法,其产生的汇兑差额的处理结果与统账制一致。

6.2.4 计提资产减值准备的范围和方法

6.2.4.1 计提范围

公司按照谨慎性原则,定期对各项资产进行减值测试,对可能发生损失的资产计提减值准备。

6.2.4.2 计提方法

公司每季末进行减值测试。其中:

(1)信用资产(除应收账款类资产)、长期股权投资、抵债资产按照《中国银监会关于非银行金融机构全面推进资产质量五级分类管理的通知》(银监发[2004]4号)有关规定进行五级(正常、关注、次级、可疑、损失)分类,并计提各项减值准备。

正常类:能够按账面价值随时变现;有足够理由证明现值大于或等于账面价值(以成本与市价孰低原则衡量);交易对手能够履行合同或协议,没有足够理由怀疑债务本金和收益不能按时足额偿还。计提损失准备1%。

关注类:有足够理由证明资产价值的减值程度控制在2%以内;尽管交易对手目前有能力偿还,但存在一些可能对偿还产生不利影响的因素的债权类资产;交易对手的现金偿还能力出现明显问题,但交易对手抵押或质押的可变现资产大于等于其债务的本金及收益。计提损失准备2%。

次级类:有足够理由证明资产价值的减值程度可以控制在2%~25%;交易对手的偿还能力出现明显问题,完全依靠其正常经营收入无法足额偿还债务本金及收益,即使执行担保,也可能会造成一定损失。计提损失准备25%。

可疑类:有足够能力证明资产价值的减值程度可以控制在25%~50%;交易对手无法足额偿还债务本金及收益,即使执行担保,也肯定要造成较大损失。计提损失准备50%。

损失类:有足够理由证明资产价值的减值程度在50%以上;在采取所有可能的措施或一切必要的法律程序后,资产及收益仍然无法收回,或只能收回极少部分;由于技术更新的原因造成固定资产、无形资产的贬值损失。计提损失准备100%。

(2)应收款项质量以账龄作为主要参考因素,分为四档,其主要分类的标准和计提损失准备的比例为

第一档:账龄为1~180天,计提损失准备6%。

第二档:账龄为181~360天,计提损失准备25%。

第三档:账龄为361~720天,计提损失准备50%。

第四档:账龄为720天以上,计提损失准备100%。

(3)金融资产,除以公允价值计量且其变动计入当期损益的金融资产外,本公司于每期末对金融资产的账面价值进行检查,如果有客观证据表明某项金融资产发生减值的,计提减值准备。

可供出售金融资产的减值准备:期末如果可供出售金融资产的公允价值发生较大幅度下降,或在综合考虑各种相关因素后,预期这种下降趋势属于非暂时性的,就认定其已发生减值,将原直接计入所有者权益的公允价值下降形成的累计损失一并转出,确认减值损失;对于已确认减值损失的可供出售债务工具,在随后的会计期间公允价值已上升且客观上与确认原减值损失确认后发生的事项有关的,原确认的减值损失予以转回,计入当期损益。

可供出售权益工具投资发生的减值损失,不得通过损益转回。

6.2.5 金融资产四分类的范围和标准

本公司按照《企业会计准则第22号——金融工具确认和计量》规定范围和标准,将其划分为:以公允价值计量且其变动计入当期损益的金融资产(交易性金融资产)、持有至到期投资、可供出售金融资产、贷款及应收款。

6.2.6 交易性金融资产核算方法

取得时以公允价值作为初始确认金额,相关的交易费用计入当期损益。

持有期间将取得的利息或现金股利确认为投资收益,期末将公允价值变动计入当期损益。

处置时,其公允价值与初始入账金额之间的差额确认为投资收益,同时调整公允价值变动损益。

6.2.7 可供出售金融资产核算方法

取得时按公允价值(扣除已宣告但尚未发放的现金股利或已到付息期但尚未领取的债券利息)和相关交易费用之和作为初始确认金额。

持有期间将取得的利息或现金股利确认为投资收益。期末以公允价值计量且将公允价值变动计入资本公积(其他资本公积)。

处置时,将取得的价款与该金融资产账面价值之间的差额,计入投资损益;同时,将原直接计入所有者权益的公允价值变动累计额对应处置部分的金额转出,计入投资损益。

6.2.8 持有至到期投资核算方法

取得时按公允价值(扣除已到付息期但尚未领取的债券利息)和相关交易费用之和作为初始确认金额。

持有期间按照摊余成本和实际利率(如实际利率与票面利率差别较小的,按票面利率)计算确认利息收入,计入投资收益。实际利率在取得时确定,在该预期存续期间或适用的更短期间内保持不变。

处置时,将所取得价款与该投资账面价值之间的差额计入投资收益。

6.2.9 长期股权投资核算方法

6.2.9.1 初始计量

6.2.9.1.1 企业合并形成的长期股权投资

同一控制下的企业合并:公司以支付现金、转让非现金资产或承担债务方式以及以发行权益性证券作为合并对价的,在合并日按照取得被合并方所有者权益在最终控制方合并财务报表中的账面价值的分额作为长期股权投资的初始投资成本。

因追加投资等原因能够对同一控制下的被投资单位实施控制的，在合并日根据合并后应享有被合并方净资产在最终控制方合并财务报表中的账面价值的分额，确定长期股权投资的初始投资成本。合并日长期股权投资的初始投资成本，与达到合并前的长期股权投资账面价值加上合并日进一步取得股份新支付对价的账面价值之和的差额，调整股本溢价，股本溢价不足冲减的，冲减留存收益。

非同一控制下的企业合并：公司在购买日按照《企业会计准则第20号——企业合并》确定的合并成本作为长期股权投资的初始投资成本。

6.2.9.1.2　其他方式取得的长期股权投资

以支付现金方式取得的长期股权投资，按照实际支付的购买价款作为初始投资成本。

以发行权益性证券取得的长期股权投资，按照发行权益性证券的公允价值作为初始投资成本。

在非货币性资产交换具备商业实质和换入资产或换出资产的公允价值能够可靠计量的前提下，非货币性资产交换换入的长期股权投资以换出资产的公允价值和应支付的相关税费确定其初始投资成本，除非有确凿证据表明换入资产的公允价值更加可靠；不满足上述前提的非货币性资产交换，以换出资产的账面价值和应支付的相关税费作为换入长期股权投资的初始投资成本。

通过债务重组取得的长期股权投资，其初始投资成本按照公允价值为基础确定。

6.2.9.2　共同控制、重大影响的判断标准

共同控制，是指按照相关约定对某项安排所共有的控制，并且该安排的相关活动必须经过分享控制权的参与方一致同意后才能决策。本公司与其他合营方一同对被投资单位实施共同控制且对被投资单位净资产享有权利的，被投资单位为本公司的合营企业。

重大影响，是指对一个企业的财务和经营决策有参与决策的权力，但并不能够控制或者与其他方一起共同控制这些政策的制定。能够对被投资单位施加重大影响的，被投资单位为本公司联营企业。

6.2.9.3　后续计量及损益确认

6.2.9.3.1　成本法核算的长期股权投资

公司对子公司的长期股权投资，采用成本法核算。除取得投资时实际支付的价款或对价中包含的已宣告但尚未发放的现金股利或利润外，公司按照享有被投资单位宣告发放的现金股利或利润确认当期投资收益。

6.2.9.3.2　权益法核算的长期股权投资

对联营企业和合营企业的长期股权投资，采用权益法核算。初始投资成本大于投资时应享有被投资单位可辨认净资产公允价值分额的差额，不调整长期股权投资的初始投资成本；初始投资成本小于投资时应享有被投资单位可辨认净资产公允价值分额的差额，计入当期损益。

公司按照应享有或应分担的被投资单位实现的净损益和其他综合收益的分额，分别确认投资收益和其他综合收益，同时调整长期股权投资的账面价值；按照被投资单位宣告分派的利润或现金股利计算应享有的部分，相应减少长期股权投资的账面价值；对于被投资单位除净损益、其他综合收益和利润分配以外所有者权益的其他变动，调整长期股权投资的账面价值并计入所有者权益。

在确认应享有被投资单位净损益的分额时，以取得投资时被投资单位可辨认净资产的公允价值为基础，并按照公司的会计政策及会计期间，对被投资单位的净利润进行调整后确认。在持有投资期间，被投资单位编制合并财务报表的，以合并财务报表中的净利润、其他综合收益和其他所有者权益变动中归属于被投资单位的金额为基础进行核算。

公司与联营企业、合营企业之间发生的未实现内部交易损益按照应享有的比例计算归属于公司的部分，予以抵销，在此基础上确认投资收益。与被投资单位发生的未实现内部交易损失，属于资产减值损失的，全额确认。

在公司确认应分担被投资单位发生的亏损时，按照以下顺序进行处理：首先，冲减长期股权投资的账面价值。其次，长期股权投资的账面价值不足以冲减的，以其他实质上构成对被投资单位净投资的长期权益账面价值为限继续确认投资损失，冲减长期应收项目等的账面价值。最后，经过上述处理，按照投资合同或协议约定企业仍承担额外义务的，按预计承担的义务确认预计负债，计入当期投资损失。

6.2.9.3.3　长期股权投资的处置

处置长期股权投资，其账面价值与实际取得价款的差额，计入当期损益。

采用权益法核算的长期股权投资，在处置该项投资时，采用与被投资单位直接处置相关资产或负债相同的基础，按相应比例对原计入其他综合收益的部分进行会计处理。因被投资单位除净损益、其他综合收益和利润分配以外的其他所有者权益变动而确认的所有者权益，按比例结转入当期损益，由于被投资方重新计量设定受益计划净负债或净资产变动而产生的其他综合收益除外。

因处置部分股权投资等原因丧失了对被投资单位的共同控制或重大影响的，处置后的剩余股权改按金融工具确认和计量准则核算，其在丧失共同控制或重大影响之日的公允价值与账面价值之间的差额计入当期损益。原股权投资因采用权益法核算而确认的其他综合收益，在终止采用权益法核算时采用与被投资单位直接处置相关资产或负债相同的基础进行会计处理。因被投资方除净损益、其他综合收益和利润分配以外的其他所有者权益变动而确认的所有者权益，在终止采用权益法核算时全部转入当期损益。

因处置部分股权投资等原因丧失了对被投资单位控制权的，在编制个别财务报表时，处置后的剩余股权能够对被投资单位实施共同控制或重大影响的，改按权益法核算，并对该剩余股权视同自取得时即采用权益法核算进行调整；处置后的剩余股权不能对被投资单位实施共同控制或施加重大影响的，改按金融工具确认和计量准则的有关规定进行会计处理，其在丧失控制之日的公允价值与账面价值间的差额计入当期损益。

处置的股权是因追加投资等原因通过企业合并取得的，在编制个别财务报表时，处置后的剩余股权采用成本法或权益法核算的，购买日之前持有的股权投资因采用权益法核算而确认的其他综合收益和其他所有者权益按比例结转；处置后的剩余股权改按金融工具确认和计量准则进行会计处理的，其他综合收益和其他所有者权益全部结转。

6.2.10 买入返售与卖出回购款项

买入返售交易按照合同或协议的约定，以一定的价格向交易对手买入相关资产（包括债券及票据），合同或协议到期日再以约定价格返售相同之金融产品。买入返售按买入返售相关资产时实际支付的款项入账，在资产负债表“买入返售金融资产”列示。

卖出回购交易按照合同或协议，以一定的价格将相关的资产（包括债券和票据）出售给交易对手，到合同或协议到期日，再以约定价格回购相同之金融产品。卖出回购按卖出回购相关资产时实际收到的款项入账，在资产负债表“卖出回购金融资产款”列示。卖出的金融产品仍按原分类列于公司的资产负债表内，并按照相关的会计政策核算。

买入返售及卖出回购的利息收支，在返售或回购期间内以实际利率确认。实际利率与合同约定利率差别较小的，按合同约定利率计算利息收支。

6.2.11 固定资产计价和折旧方法

公司将使用期限在1年以上的电子设备、运输工具、机具设备、业务设备、家具设备和其他与经营有关的设备、器具、工具等以及虽不属于主要经营设备的物品，但单位价值在2 000元以上，并且使用期限超过2年的，都作为固定资产。各类固定资产预计使用寿命和年折旧率如下：

类　别	折旧年限(年)	净残值率(%)	年折旧率(%)
电子设备	3、5	5	19、31.67
运输工具	4、5	5	19、23.75
机具设备	5	5	19
业务设备	5	5	19
家具设备	5	5	19
其　他	5	5	19

折旧方法：年限平均法。

6.2.12 无形资产计价及摊销政策

本公司无形资产按照成本法进行初始计量，摊销政策原则上按受益期摊销，其中计算机软件按5年摊销。

6.2.13 职工薪酬

本公司在职工为本公司提供服务的会计期间，将实际发生的短期薪酬确认为负债，并计入当期损益或相关资产成本。

本公司为职工缴纳的社会保险费和住房公积金，以及按规定提取的工会经费和职工教育经费，在职工为本公司提供服务的会计期间，根据规定的计提基础和计提比例计算确定相应的职工薪酬金额。

职工福利费为非货币性福利的，如能够可靠计量的，按照公允价值计量。

6.2.14 长期应收款的核算方法

本公司无该项目。

6.2.15 长期待摊费用的摊销政策

本公司无该项目。

6.2.16 合并会计报表的编制方法

本公司无该项目。

6.2.17 收入确认原则和方法

6.2.17.1 利息收入

（1）发放贷款及垫款利息收入。按照客户使用本企业货币资金的时间和实际利率计算确定。实际利率与合同约定利率差别较小的，按合同约定利率确认为当期收入。

（2）买入返售证券收入。按返售价格与买入成本价格的差额，确认为当期收入。实际利率与合同约定利率差别较小的，按合同约定利率确认为当期收入。

（3）存放同业利息收入。在相关的收入金额能够可靠地计量，相关的经济利益可以收到时，按资金使用时间和实际利率确认利息收入。

6.2.17.2 手续费及佣金收入

（1）信托管理费收入。于信托合同到期，与委托人结算时，按信托合同规定的比例计算应由公司享有的管理费收益，确认为当期收益；或合同中规定公司按约定比例收取管理费和业绩报酬，则在合同期内分期确认管理费和业绩报酬收益。

（2）顾问及咨询费收入。按照有关合同或协议约定，在向客户提供相关服务并收到款项时确认收入。

6.2.18 政府补助

政府补助，是本公司从政府无偿取得的货币性资产与非货币性资产。分为与资产相关的政府补助和与收益相关的政府补助。

与购建固定资产、无形资产等长期资产相关的政府补助，确认为递延收益，按照所建造或购买的资产使用年限分期计入营业外收入。

与收益相关的政府补助，用于补偿企业以后期间的相关费用或损失的，取得时确认为递延收益，在确认相关费用的期间计入当期营业外收入；用于补偿企业已发生的相关费用或损失的，取得时直接计入当期营业外收入。

6.2.19 递延所得税资产和递延所得税负债

对于可抵扣暂时性差异确认递延所得税资产，以未来期间很可能取得的用来抵扣可抵扣暂时性差异的应纳税所得额为限。对于能够结转以后年度的可抵扣亏损和税款抵减，以很可能获得用来抵扣可抵扣亏损和税款抵减的未来应纳税所得额为限，确认相应的递延所得税资产。

对于应纳税暂时性差异，除特殊情况外，确认递延所得税负债。

不确认递延所得税资产或递延所得税负债的特殊情况包括：商誉的初始确认；除企业合并以外的发生时既不影响会计利润也不影响应纳税所得额（或可抵扣亏损）的其他交易或事项。

当拥有以净额结算的法定权利，且意图以净额结算或取得资产、清偿负债同时进行时，当期所得税资产及当期所得税负债以抵销后的净额列报。

当拥有以净额结算当期所得税资产及当期所得税负债的法定权利，且递延所得税资产及递延所得税负债是与同一税收征管部门对同一纳税主体征收的所得税相关或者是对不同的纳税主体相关，但在未来每一具有重要性的递延所得税资产及负债转回的期间内，涉及的纳税主体意图以净额结算当期所得税资产和负债或是同时取得资产、清偿负债时，递延所得税资产及递延所得税负债以抵销后的净额列报。

6.2.20 信托赔偿准备金

根据中国银监会颁布的《信托公司管理办法》有关规定，公司按当年税后净利润的10%计提信托赔偿准备金。

6.2.21 **一般风险准备**

财政部《金融企业准备金计提管理办法》（财金[2012]20号），为了防范经营风险，增强金融企业抵御风险能力，金融企业应提取一般风险准备做为利润分配处理，并作为股东权益的组成部分。一般风险准备的计提比例由金融企业综合考虑所面临的风险状况等因素确定，原则上一般风险准备余额不低于风险资产期末余额的1.5%。

6.2.22 **关联方**

一方控制、共同控制另一方或对另一方施加重大影响，以及两方或两方以上同受一方控制、共同控制的，构成关联方。关联方可为个人或企业。仅仅同受国家控制而不存在其他关联方关系的企业，不构成本公司的关联方。

6.2.23 **重要会计政策和会计估计的变更**

6.2.23.1 重要会计政策变更

本公司根据《企业会计准则第2号——长期股权投资》（修订）将本公司对被投资单位不具有共同控制或重大影响，并且在活跃市场中没有报价、公允价值不能可靠计量的投资从长期股权投资中分类至可供出售金融资产核算，并进行了追溯调整。

本公司根据《企业会计准则第30号——财务报表列报》（修订）将本公司其他综合收益项目从"资本公积"科目中分类至"其他综合收益"科目核算，并进行了追溯调整。

6.2.23.2 财务报表的列报项目调整

公司将持有的信托计划从其他资产调整分类至可供出售金融资产核算。此项财务报表列报项目的调整对公司的资产、负债、损益、现金流量等均不产生影响，仅在财务报表列示项目上对期初数进行了重分类。

6.2.23.3 重要会计估计变更

本报告期公司主要会计估计未发生变更。

6.3 或有事项说明

无。

6.4 重要资产转让及出售说明

无。

6.5 会计报表中重要项目的明细资料

6.5.1 **自营资产经营情况**

6.5.1.1 信用风险资产情况

信用风险资产五级分类	正常类（万元）	关注类（万元）	次级类（万元）	可疑类（万元）	损失类（万元）	信用风险资产合计（万元）	不良信用风险资产合计（万元）	不良信用风险资产率（%）
期初数	224 124.37	1 715.72	1 105.72	56.52	125.32	227 127.65	1 287.56	0.57
期末数	217 844.64	167.71	338.80	167.07	141.65	218 659.87	647.52	0.30

注：不良资产合计 = 次级类 + 可疑类 + 损失类。

6.5.1.2 各项资产减值损失准备情况

单位：万元

	期初数	本期计提	本期转回	本期核销	期末数
贷款损失准备	1 695.00	1 323.00	1 256.29	—	1 761.71
一般准备	—	—	—	—	—
专项准备	1 695.00	1 323.00	1 256.29	—	1 761.71
其他资产减值准备	4 272.35	3 199.74	3 199.53		4 272.56
可供出售金融资产减值准备	—	3 668.77	—	—	3 668.77
持有至到期投资减值准备	—	—	—	—	—
长期股权投资减值准备	2 418.77	—	2 418.77	—	—
坏账准备	562.79	480.97	780.76	—	263.00

6.5.1.3 固有业务股票投资、基金投资、债券投资、股权投资等投资业务情况

单位：万元

	股票	基金	债券	长期股权投资	其他投资	合计
期初数	10.16	975.19	24 128.80	4 837.53	68 005.44	97 957.12
期末数	6 622.73	474.29	25 051.84	17 333.71	76 732.48	126 215.05

6.5.1.4 前五名的自营长期股权投资情况

企业名称	占被投资企业权益的比例（%）	主要经营活动	投资损益（万元）
1. 天堂硅谷银嘉股权投资合伙企业（有限合伙）	17.46	投资	—
2. 柏瑞爱建资产管理（上海）有限公司	38	资产经营管理	-103.83
3. 上海正浩资产管理有限公司	12.75	资产经营管理	—
4. 天安保险股份有限公司	0.33	保险	—
5. 无	—	—	—

注：投资损益是指按照企业会计准则规定，核算股权投资确认损益并计入披露年度利润表的金额。

6.5.1.5 前五名的自营贷款情况

企业名称	占贷款总额的比例（%）	还款情况
1. 海盐盛建置业有限公司	14.19	贷款尚未到期
2. 黄渡春申有限公司	13.06	贷款尚未到期
3. 江苏金坤置业有限公司	11.01	贷款尚未到期
4. 南昌申标房地产发展有限公司	8.51	贷款尚未到期
5. 上海荣联房地产有限公司	8.17	贷款尚未到期

6.5.1.6 表外业务情况

表外业务	期初数	期末数
担保业务	—	—
代理业务（委托业务）	59 387.27	59 375.27
其他	66 000.00	81 712.11
合计	125 387.27	141 087.38

注：其他主要反映信托代保管项目。

6.5.1.7　公司当年的收入结构

收入结构	金额(万元)	占比(%)
手续费及佣金收入	52 644.60	61.16
其中:信托手续费收入	49 490.56	57.50
投资银行业务收入	3 109.71	3.61
利息收入	22 851.63	26.55
其他业务收入	1 351.05	1.57
其中:计入信托业务收入部分		0.00
投资收益	7 571.37	8.80
其中:股权投资收益	-103.83	-0.12
证券投资收益	4 506.87	5.24
其他投资收益	3 168.33	3.68
公允价值变动收益	1 566.90	1.82
营业外收入	76.25	0.09
收入合计	86 075.13	100.00

注:手续费及佣金收入、利息收入、其他业务收入、投资收益、营业外收入均应为损益表中的科目,其中手续费及佣金收入、利息收入、营业外收入为未抵减掉相应支出的全年累计实现收入数。收入结构表中未包含汇兑收益。

6.5.2　信托财产管理情况

6.5.2.1　信托资产情况

单位:万元

信托资产	期初数	期末数
集合	1 574 221.43	2 540 320.17
单一	1 891 637.64	3 153 831.75
财产权	421 979.82	336 447.57
合计	3 887 838.89	6 030 599.49

6.5.2.1.1　非事务管理型信托业务的信托资产情况

单位:万元

非事务管理型	期初数	期末数
证券投资类	36 806.15	12 640.88
股权投资类	346 692.84	544 633.76
融资类	1 612 360.78	1 516 477.20
其他类	277 991.43	313 875.34
合计	2 273 851.20	2 387 627.18

6.5.2.1.2　事务管理型信托业务的信托资产情况

单位:万元

事务管理型信托资产	期初数	期末数
证券投资类	167 689.54	350 122.60
股权投资类	52 986.90	425 714.04
融资类	1 259 767.10	2 791 834.90
其他类	133 544.15	75 300.77
合计	1 613 987.69	3 642 972.31

6.5.2.2　本年度已清算的信托项目情况

6.5.2.2.1　本年度已清算的信托项目情况

已清算结束信托项目	项目个数	实收信托合计金额(万元)	加权平均实际年化收益率(%)
集合类	25	840 122.00	8.90
单一类	41	805 763.03	7.64
财产管理类	7	413 878.76	7.66

6.5.2.2.2　本年度已清算结束的非事务管理型信托项目情况

已清算结束信托项目	项目个数(个数)	合计金额(万元)	加权平均实际年化信托报酬率(%)	加权平均实际年化收益率(%)
证券投资类				
股权投资类				
融资类	30	1 044 567.16	3.30	9.96
其他类	2	60 000.00	2.81	10.49

6.5.2.2.3　本年度已清算结束的事务管理型信托项目情况

已清算结束信托项目	项目个数(个)	合计金额(万元)	加权平均实际年化信托报酬率(%)	加权平均实际年化收益率(%)
证券投资类	1	5 000.00	0.40	9.25
股权投资类	3	8 451.03	0.12	30.85
融资类	28	499 501.00	0.43	8.99
其他类	9	442 244.60	0.06	2.21

6.5.2.3　本年度新增的信托项目情况

新增信托项目	项目个数(个)	实收信托合计金额(万元)
集合类	50	1 740 327.27
单一类	54	2 004 015.50
财产管理类	8	295 432.75
新增合计	112	4 039 775.52
其中:非事务管理型	43	1 307 251.02
事务管理型	69	2 732 524.50

6.5.2.4　信托业务创新成果和特色业务有关情况

2014年12月,爱建信托与上海证券有限责任公司、上海宝碳新能源环保科技有限公司合作成立"爱建信托·海证一号碳排放交易投资集合资金信托计划",该信托计划总体为3 000万元人民币,是首个专业信托金融机构参与的针对中国核证自愿减排量(CCER)的专项投资信托计划。

该信托计划通过对国家发展改革委签发的中国核证自愿减排量进行投资,实现对低能耗、低污染为基础的绿色环保型企业的支持,参与推动低碳经济的发展。信托计划在设计上采取了结构化分级,将不同的风险偏好的投资者纳入,投资者既可以通过信托投资实现资产配置、获得投资收益,也可以为环境保护贡献自己的一份力量。该信托产品由爱建信托作为发起人、上海证券作为财务顾问,金融机构的参与不仅标志着碳交易市场与资本市场进一步连通,也标志着碳排放权交易和碳金融体系实现创新。此类碳信托产品将发现和提升碳资产的价值,填补碳金融行业的空白,对整个碳金融行业和节能环保领域具有重要意义。

6.5.2.5　公司履行受托人义务情况及因本公司自身责任而导致的信托资产损失情况

无。

6.5.2.6　信托赔偿准备金的提取、使用和管理情况

根据中国银监会颁布的《信托公司管理办法》有关规定,公司按当年税后净利润的10%计提信托赔偿准备金。本年度公

司提取信托赔偿准备金 4 549. 67 万元。

截至报告期末本公司未发生对信托产品赔偿的事项。

6. 6　关联方关系及其交易

6. 6. 1　关联交易

	关联交易方数量	关联交易金额（万元）	定价政策
合计	0	0	按市场公允价值确定

6. 6. 2　关联方关系

关系性质	关联方名称	法定代表人	注册地址	注册资本（万元）	主营业务
母公司	上海爱建股份有限公司	范永进	上海市浦东外高桥保税区泰谷路 168 号	110 549. 22	实业投资，投资管理，外经贸部批准的进出口业务（按批文），商务咨询，（涉及行政许可的凭许可证经营）。
重大影响	柏瑞爱建资产管理（上海）有限公司	王溯舸	中国（上海）自由贸易试验区业盛路 188 号	10 000	资产经营管理。

6. 6. 3　本公司与关联方的重大交易事项

6. 6. 3. 1　固有与关联方之间交易情况

单位：万元

固有与关联方关联交易				
	期初数	借方发生额	贷方发生额	期末数
贷款	—	—	—	—
投资	—	0	—	0
租赁	—	—	—	—
担保	—	—	—	—
应收账款	—	—	—	—
其他	—	—	—	—
合计	—	0	—	0

6. 6. 3. 2　信托与关联方交易情况

单位：万元

信托与关联方关联交易				
	期初数	借方发生额	贷方发生额	期末数
贷款	0. 00	—	0. 00	0. 00
投资	0. 00	—	0. 00	0. 00
租赁	—	—	—	—
担保	—	—	—	—
应收账款	—	—	—	—
其他	—	—	—	—
合计	0. 00	—	0. 00	0. 00

6. 6. 3. 3　信托公司自有资金运用于自己管理的信托项目（回信交易）、信托公司管理的信托项目之间的相互交易（信信交易）情况

6. 6. 3. 3. 1　固有与信托财产之间的交易情况

单位：万元

固有财产与信托财产相互交易			
	期初数	本期发生额	期末数
合计	35 505. 44	33 716. 42	69 221. 86

6. 6. 3. 3. 2　信托项目之间的交易情况

单位：万元

信托资产与信托财产相互交易			
	期初数	本期发生额	期末数
合计	104 418. 74	-96 469. 95	7 948. 79

6. 6. 4　关联方逾期未偿还本公司资金的详细情况以及本公司为关联方担保发生或即将发生垫款的详细情况

无。

6. 7　会计制度的披露

（1）本公司固有业务自 2007 年起执行财政部 2006 年颁布的《企业会计准则》进行会计核算；并根据《企业会计准则第 30 号——财务报表列表》有关规定及应用指南中商业银行会计报表格式进行编制。

本公司已执行财政部于 2014 年颁布的下列新的及修订的企业会计准则：

《企业会计准则——基本准则》（修订）、《企业会计准则第 2 号——长期股权投资》（修订）、《企业会计准则第 9 号——职工薪酬》（修订）、《企业会计准则第 30 号——财务报表列报》（修订）、《企业会计准则第 33 号——合并财务报表》（修订）、《企业会计准则第 37 号——金融工具列报》（修订）、《企业会计准则第 39 号——公允价值计量》、《企业会计准则第 40 号——合营安排》、《企业会计准则第 41 号——在其他主体中权益的披露》。

（2）本公司信托业务自 2010 年起执行财政部 2006 年颁布的《企业会计准则》进行会计核算，并参照《企业会计准则第 30 号——财务报表列表》有关规定及应用指南中商业银行会计报表格式进行编制。

7. 财务情况说明书

7. 1　利润实现和分配情况

2014 年度，公司实现净利润 45 496. 70 万元，计提盈余公积 4 204. 75 万元、信托赔偿准备金 4 549. 67 万元及一般风险准备金 3 447. 39 万元后，未分配利润 29 845. 70 万元。

7. 2　主要财务指标

指标名称	指标值
资本利润率（%）	13. 45
加权年化信托报酬率（%）	1. 87
人均净利润（万元）	282. 59

注：1. 资本利润率 = 净利润/所有者权益平均余额 ×100%。

2. 加权年化信托报酬率 =（已清算信托项目 1 的实际年化信托报酬率 × 已清算信托项目 1 的实收信托 + 已清算信托项目 2 的实际年化信托报酬率 × 已清算信托项目 2 的实收信托 +… + 已清算信托项目 n 的实际年化信托报酬率 × 已清算信托项目 n 的实收信托）/（已清算信托项目 1 的实收信托 + 已清算信托项目 2 的实收信托 +… + 已清算信托项目 n 的实收信托）×100%。

3. 人均净利润 = 净利润/年平均人数。

4. 平均值采取年初、年末余额简单平均法，公式为：a（平均）=（年初数 + 年末数）/2。

7.3 对本公司财务状况、经营成果有重大影响的其他事项

无。

8. 特别事项揭示

8.1 前五名股东报告期内变动情况及原因

无。

8.2 董事、监事及高级管理人员变动情况及原因

2014年9月14日，公司召开2014年第二次股东会，同意倪受彬先生、潘飞先生和马丽华女士担任公司第四届董事会独立董事；张启胜先生、李玉强先生和唐华铭先生不再担任公司独立董事。

2014年10月8日，解聘钱华公司副总经理职务。

8.3 公司的重大未决诉讼事项

2014年1月，公司拟受托管理“爱建—佳兆业杭州项目投资集合资金信托计划”，与杭溪隆业签署了《股东借款合同》，随后又签署了《股东借款合同补充协议》（《股东借款合同》及《股东借款合同补充协议》，以下统称“《股东借款合同》”）。根据该《股东借款合同》约定，公司向杭溪隆业提供金额不超过6.52亿元股东借款，以实际提供金额为准，且爱建信托公司有权根据信托计划发行情况分期提供股东借款。股东借款到期日为信托计划成立满24个月之日（2016年3月14日），所借款项用于杭州佳兆业项目的开发建设。

上述信托计划于2014年3月14日成立，按照该集合资金信托计划和《股东借款合同》的约定，公司已于2014年3月14日、2014年3月21日分两笔向杭溪隆业发放股东借款共计人民币65 115万元。

为担保杭溪隆业按约偿还贷款本息，公司与杭溪隆业签署了抵押合同，杭溪隆业以其所有的、编号为“杭余出国用（2014）第120－208号”国有土地使用证项下国有土地使用权提供抵押担保（无其他抵押权）。公司与杭溪隆业已办理上述抵押物的抵押登记手续。

根据佳兆业集团于2014年12月4日至2015年1月1日发布的多份公告，佳兆业集团面临重大不利情形，已构成杭溪隆业在《股东借款合同》项下的重大违约，并已对爱建信托受托管理的“爱建—佳兆业杭州项目投资集合资金信托计划”在《股东借款合同》项下的权利造成了重大不利影响。公司于2015年1月6日向上海市第一中级人民法院提起诉讼，诉请杭溪隆业及相关担保方履行《股东借款合同》项下的义务及承担相应诉讼相关费用，并申请对杭溪隆业有关财产采取保全措施。

上海市第一中级人民法院已受理公司的诉讼请求，并已裁定查封、冻结杭溪隆业银行存款人民币65 115万元或其他等值财产。2015年1月9日，上海市第一中级人民法院已办理完毕杭溪隆业土地使用权及在建工程查封手续，且该土地使用权及在建工程除公司外，目前无其他抵押权或轮候查封冻结情况。鉴于杭溪隆业方面提出管辖权异议，本案开庭时间暂时尚未确定。

8.4 对会计师事务所出具的有保留意见、否定意见或无法表示意见的审计报告的说明

无。

8.5 公司及其董事、监事和高级管理人员受到处罚的情况

无。

8.6 监管意见及整改情况

上海银监局现场检查组于2014年11月21～28日对公司进行了现场检查，检查内容包括信托业务合规性及到期交付风险情况，并于2014年12月11日下发了《上海银监局关于上海爱建信托有限责任公司专项现场检查的意见》（沪银监发［2014］244号，以下简称《现场检查意见》）。

公司收到《现场检查意见》后非常重视，经营层迅速向公司董事会专项汇报，同时组织相关部门和人员进行了专题研究，通过细化落实通道类业务责任划分；落实业务准入标准管理、强化信托业务风险管控；加强营销环节管理；加强信托项目用款资金监管等贷后管理工作；提高运营管理精细化水平，以尽快落实《现场检查意见》的整改要求。目前，公司已按照整改措施及计划完成了大部分整改，剩余部分将依整改计划按期完成。

8.7 本年度重大事项临时报告

无。

8.8 银监会及其省级派出机构认定的其他有必要让客户及相关利益人了解的重要信息

无。

9. 公司监事会意见

9.1 监事会对《上海爱建信托有限责任公司2014年度报告》的独立意见

（1）公司2014年度报告的编制和审议程序符合法律、法规、公司章程和公司内部制度的各项规定。

（2）公司2014年度报告的内容与格式符合监管部门的要求和规定，所包含的信息能从各方面真实地反映出公司2014年的经营管理和财务状况等事项。

（3）在提出本意见前，没有发现参与年度报告编制和审议的人员有违反保密规定的行为。

（4）立信会计师事务所（特殊普通合伙）对本公司出具的《上海爱建信托有限责任公司审计报告及财务报表（2014年1月1日至2014年12月31日止）》是独立、公正的。

9.2 监事会对公司关联交易的独立意见

公司2014年度与固有关联方之间无重大交易。

上海国际信托有限公司

1. 重要提示

1.1 本公司董事会及董事保证本报告所载资料不存在任何虚假记载、误导性陈述或者重大遗漏,并对其内容的真实性、准确性和完整性承担个别及连带责任。本年度报告摘要摘自年度报告全文,客户及相关利益人欲了解详细内容,应阅读年度报告全文。

1.2 本公司8名董事出席董事会会议(万晓枫董事因公务未能出席会议,书面委托陈世敏董事行使表决权;张广生、黄平董事因公务未能出席会议,书面委托潘卫东董事行使表决权)。3名监事列席了本次会议。

1.3 本公司独立董事陈世敏、李宪明声明:保证年度报告内容的真实、准确、完整。

1.4 瑞华会计师事务所(特殊普通合伙)根据中国注册会计师审计准则对本公司年度财务报告进行审计,出具了标准无保留意见的审计报告。

1.5 本公司董事长潘卫东、总经理陈兵、会计部门负责人朱红声明:保证年度报告中财务报告的真实、完整。

2. 公司概况

2.1 公司简介

上海国际信托有限公司(以下简称公司)成立于1981年,注册资本金人民币25亿元。公司成立以来,始终坚持稳健经营、创新发展,在市场上树立了良好的品牌形象,综合实力居全国信托公司前列。公司曾被国务院指定为全国对外融资十大窗口之一;获地方金融机构最高信用评级(穆迪Baa2、标普BBB-);被指定为非银行金融机构首家合规试点单位;被推举为中国会计学会信托分会会长单位;发起设立中国第一家信托登记机构——上海信托登记中心,并被推选为理事长单位;被一致推选为中国信托业协会常务理事和副会长单位。近年来,公司先后荣获权威媒体评选的多项行业大奖;公司资产配置、QDII、新一代信息系统、ABS等项目先后获得上海市政府金融创新奖(均为入围的唯一信托公司)。公司财富中心荣获上海金融系统五星级"优质服务网点"称号;公司还荣获"上海市文明单位"称号,获得行业内外的广泛好评。

公司长期致力于产品创新,较早获得资产证券化、代客境外理财(QDII)业务受托人资格,并在全国率先推出"优先劣后"受益权结构性信托产品,在证券投资、不动产和股权投资等领域逐渐形成产品特色。近年来,公司加大创新力度,相继推出业内首个伞形配置自主管理信托产品、首个自主管理的PIPE基金、首个另类投资信托产品"香花石"艺术品投资信托、首个QDII产品及海外投资集合资金信托计划,并推出新虹桥健康产业股权投资信托、个人汽车抵押贷款支持证券的资产证券化业务,信托主业和创新业务得到快速健康发展。2014年,公司继续加快业务转型,增强主动管理能力,在资产证券化、基金化业务转型、家族财富管理、医疗健康行业股权投资、信托产品标准化发展、公益信托等方面均取得重要突破,进一步满足了客户多样化、差异化的投资需求。

2.1.1 基本信息

2.1.1.1 公司法定中文名称:上海国际信托有限公司
中文名称缩写:上海信托
公司法定英文名称:Shanghai International Trust Co., Ltd.
英文缩写:SHANGHAI TRUST

2.1.1.2 法定代表人:潘卫东

2.1.1.3 注册地址:中国上海市九江路111号
邮政编码:200002
公司国际互联网网址:
www.shanghaitrust.com
电子信箱:info@shanghaitrust.com

2.1.1.4 公司信息披露联系人:吴海波
联系电话:021-23131111转
传真:021-63235348
电子信箱:info@shanghaitrust.com

2.1.1.5 公司选定的信息披露报纸:《上海证券报》
公司年度报告备置地点:上海市天津路155号名人商业大厦21楼

2.1.1.6 公司聘请的会计师事务所:瑞华会计师事务所(特殊普通合伙)
地址:上海市浦东新区陆家嘴东路166号中国保险大厦18~19层
联系电话:021-20300000

2.1.1.7 公司聘请的律师事务所:上海市锦天城律师事务所
地址:上海市花园石桥路33号花旗集团大厦14楼
联系电话:021-61059000

2.2 组织结构

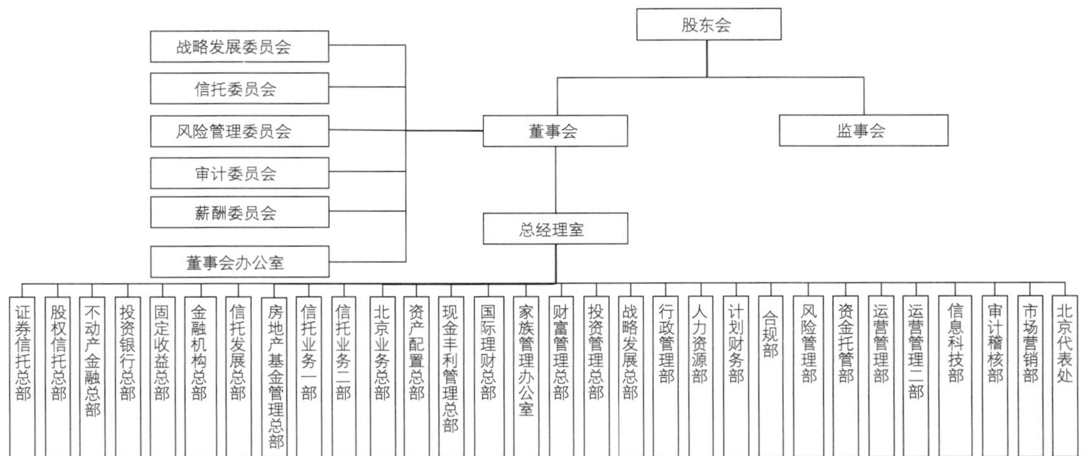

3. 公司治理

3.1 股东

公司前三位股东的主要情况：

股东名称	持股比例(%)	法人代表	注册资本(万元)	注册地址	主要经营业务	主要财务情况(万元)	
上海国际集团有限公司★	66.33	沈骏	1 055 884	上海市威海路511号	开展以金融为主、非金融为辅的投资、资本运作与资产管理业务，金融研究，社会经济咨询(上述经营范围涉及许可经营的凭许可证经营)	资产总额	14 550 213.51
						负债总额	4 370 624.12
						利润总额	723 518.26
						净利润	600 098.18
						所有者权益	10 179 589.39
上海久事公司	20.00	张惠民	2 527 000	上海市中山南路28号	利用国内外资金，投资及综合开发经营	资产总额	39 031 806.19
						负债总额	22 920 339.31
						利润总额	−599 947.01
						净利润	64 762.38
						所有者权益	16 111 466.88
申能股份有限公司	5.00	吴建雄	455 203.83	上海市闵行区虹井路159号5楼	电力建设、能源、节能、资源综合利用及相关项目；与能源建设相关的原材料、高新技术和出口创汇项目的开发，投资和经营	资产总额	4,247 942.04
						负债总额	1 257 491.34
						利润总额	326 761.87
						净利润	271 709.41
						所有者权益	2 990 450.70

注：股东名称一栏中★为公司最终实际控制人。

3.2 董事

董事长、副董事长、董事

姓名	职务	性别	年龄	选任日期	所推举的股东名称	该股东持股比例(%)	简要履历
潘卫东	董事长	男	48	2011年9月	上海国际集团有限公司	66.33	经济学硕士研究生，中共党员，高级经济师，曾任上海浦东发展银行宁波分行副行长，上海浦东发展银行昆明分行行长、党组书记，上海市金融服务办公室机构处处长(挂职)，上海国际集团有限公司总经理助理，上海国际集团有限公司副总裁；现任上海浦东发展银行党委委员，上海国际信托有限公司党委书记、董事长、法人代表。

续表

姓名	职务	性别	年龄	选任日期	所推举的股东名称	该股东持股比例(%)	简要履历
陈兵	副董事长	男	46	2014年5月	上海国际集团有限公司	66.33	管理学博士，中共党员，高级经济师，金融工程师，曾任上海浦东发展银行银行总行综合计划科副科长、大连分行资金财务部总经理（兼任会计部总经理）、总行资金财务部总经理助理、总行个人银行管理会计部总经理、总行个人银行财富管理部总经理，上海国际信托有限公司副总经理、董事会秘书；现任上海国际信托有限公司党委副书记、副董事长、总经理。
黄平	董事	男	50	2013年11月	上海国际集团有限公司	66.33	会计专业本科学历，高级会计师，曾任上海国际信托投资公司财务部科员、副科长、科长，上海国际集团有限公司计划财务部经理助理、副总经理；现任上海国际集团有限公司财务管理总部总经理，上海国际信托有限公司董事。
张建伟	董事	男	60	2011年9月	上海久事公司	20.00	工商管理硕士，中共党员，高级经济师，曾任上海新沪玻璃厂副厂长，上海光通信器材公司副总经理，上海久事公司实业管理总部总经理、发展策划部经理、公司总经理助理等职；现任上海久事公司副总经理，上海国际信托有限公司董事。
周燕飞	董事	女	52	2011年9月	申能股份有限公司	5.00	中文专业本科毕业，中共党员，高级经济师，曾任上海市农委党校讲师，申能股份有限公司策划部副经理、经理；现任申能股份有限公司董事会秘书兼证券部经理，上海国际信托有限公司董事。
张广生	董事	男	62	2011年9月	上海汽车工业有限公司	2.00	经济学硕士，中共党员，研究员，曾任上海市体改办处长，市体改研究所副所长，市政府研究室主任，市委研究室主任，市委副秘书长，上海汽车工业（集团）总公司副董事长等职；现任十一届市政协经济委员会副主任（常务），上海国际信托有限公司董事。
周潜	董事	男	51	2014年6月	上海石化城市建设综合开发公司	1.33	大学本科学历，中共党员，曾任上海金山城市建设投资有限公司党总支部委员、副总经理，上海新金山投资控股集团有限公司党委委员、副总经理，上海石化城市建设综合开发公司总经理兼金山公共租赁住房投资运营有限公司总经理；现任上海石化城市建设综合开发公司董事长兼金山公共租赁住房投资运营有限公司总经理，上海国际信托有限公司董事。
杨逸	职工董事	男	58	2013年4月	—	—	会计专业硕士研究生班结业，中共党员，高级会计师，曾任上海第二十漂染厂、第十七漂染厂财务科长、副总会计师，浦发银行总行资金财务部科长、上海地区总部资金财务部科长，上海文汇新民联合报业集团计划资金部主任，上海国际信托有限公司计划财务部总经理助理、风险管理部副总经理、合规部总经理；现任上海国际信托有限公司风险管理部总经理、合规总监、纪委副书记、工会主席，上海国际信托有限公司职工董事。

独立董事

姓名	所在单位及职务	性别	年龄	选任日期	所推举的股东名称	该股东持股比例(%)	简要履历
万晓枫	上海银行党委副书记兼纪委书记（已退休）	男	65	2011年9月	—	—	哲学硕士，中共党员，曾任上海市委办公厅干部、副处长、处长，上海市委办公厅副主任，浦发银行党委副书记、监事，上海银行党委副书记兼纪委书记，现任上海国际信托有限公司董事。
陈世敏	中欧国际工商学院会计学教授	男	56	2011年9月	—	—	会计学博士研究生，教授，美国注册管理会计师，曾任 Clarion University of Pennsylvania 会计学副教授、教授，The University of Louisiana at Lafayette 会计学副教授，香港岭南大学会计学副教授；香港理工大学会计学副教授；现任中欧国际工商学院会计学教授，上海国际信托有限公司独立董事。
李宪明	上海市锦天城律师事务所合伙人	男	45	2011年9月	—	—	法学博士研究生，中共党员，执业律师。曾在吉林大学法学院工作。现任上海市锦天城律师事务所合伙人，上海国际信托有限公司独立董事。

3.3 监事

监事会成员

姓名	职务	性别	年龄	选任日期	所推举的股东名称	该股东持股比例(%)	简要履历
郁忠民	监事长	男	57	2014年5月	上海国际集团有限公司	66.33	工商管理硕士，中共党员，高级经济师，曾任华东政法学院《法学》杂志副主编、法律系副主任，中国证监会上海证管办稽查处、机构处处长，上海证券有限责任公司总经理、副董事长，上海国际集团有限公司金融管理总部总经理；现任上海国际信托有限公司监事长，兼任上投摩根基金管理有限公司监事会主席。

续表

姓名	职务	性别	年龄	选任日期	所推举的股东名称	该股东持股比例(%)	简 要 履 历
马名驹	监事	男	53	2011年9月	锦江国际(集团)有限公司	1.34	工商管理硕士,中共党员,高级会计师,曾任凤凰股份有限公司副董事长、总经理,上海东方上市企业博览中心副总经理;现任锦江国际(集团)有限公司副总裁兼计划财务部经理及金融事业部总经理,上海锦江国际投资管理有限公司董事长兼总经理,锦江麦德龙现购自运有限公司副董事长,华安基金管理有限公司董事,长江养老保险股份有限公司董事,大众保险股份有限公司董事,上海国际信托有限公司监事。
张汉	职工监事	男	53	2011年9月	职工代表	—	经济管理专业本科毕业,中共党员,会计师,曾任上海警备区司务长,武警上海总队财务处副处长、二支队处长,上海国际信托投资有限公司风险管理部科长、人力资源部科长、审计稽核部科长等职;现任上海国际信托有限公司职工监事,审计稽核部副总经理。

本报告期公司监事会未设下属委员会。

3.4 高级管理人员

姓 名	职 务	性别	年龄	选任日期	金融从业年限(年)	学历	专业
陈 兵	总经理	男	46	2014年5月	19	研究生管理学博士	企业管理
杜娜伟	副总经理	女	49	2013年6月	29	研究生EMBA	工商管理
林 彬	副总经理	男	59	2011年9月	22	大专EMBA	工商管理
刘响东	副总经理董事会秘书	男	44	2011年9月	15	研究生经济学硕士	国际金融
应 华	副总经理	男	39	2012年4月	16	本科、工学硕士EMBA	软件工程工商管理
张文桥	总经理助理	男	41	2014年5月	12	研究生管理学博士	管理科学与工程

3.5 公司员工

本报告期公司在岗员工221人,上年度公司在岗员工192人。

项 目		2014年		2013年	
		人数(人)	比例(%)	人数(人)	比例(%)
年龄分布	25岁以下	20	6.90	28	12.67
	25~29岁	113	38.96	71	32.13
	30~39岁	87	30.00	66	29.86
	40岁以上	70	24.14	56	25.34
学历分布	博士	7	2.41	7	3.17
	硕士	174	60.00	118	53.39
	本科	96	33.10	78	35.30
	专科	10	3.45	14	6.33
	其他	3	1.04	4	1.81

注:信托业务人员是指按照岗位分工,专门或主要从事信托资金使用和信托资产管理各项业务的职工,涉及信托产品从业人员及财富管理人员,并对2013年的相关数据进行追溯调整。

4. 经营管理

4.1 经营目标、方针、战略规划

4.1.1 经营目标

本报告期内公司的经营目标是以加快发展为主线,主动调整布局,推进业务结构优化,积极丰富产品收益风险结构;突出转型发展,强化对市场的前瞻性判断和对业务的准确把握,积极探索业务模式和产品创新方向,优化升级各类业务,全力培育主动管理能力;打造财富品牌,积极探索推进财富管理业务转型升级,家族信托初具雏形,财富管理水平迈上新台阶;加强风险防范,强化风险排查,完善各类风险管理制度,内控建设提升到新水平。通过一系列主动、积极的举措,使公司继续保持快速、健康的发展态势,经营业绩实现新的跨越,公司全年争取实现受托资产规模2 000亿元,实现利润总额13.87亿元,实现信托业务收入10亿元。

4.1.2 经营方针

本报告期公司的经营方针是:诚信、专业、稳健、创新。

4.1.3 战略规划

公司的战略规划是:切实转变经营理念,探索信托发展有效路径;以自主创新为动力,勇于开拓市场,做大做强信托投行业务;以加强投研、优化配置为核心,提高运作效率,增强资产配置和自有资金投资收益;以深化理财理念为重点,大力发展直销业务,积极布局家族管理和海外信托业务,全力为合格投资者提供综合服务;以加强内控为保障,审慎规范运营流程,全面提升经营管理水平;以监管指引为导向,完善法人治理结构,理顺经营机制,突破发展瓶颈制约,努力把公司打造成为业内一流的资产管理和财富管理金融机构。

4.2 所经营业务的主要内容

4.2.1 经营的主要业务及品种

公司经营的主要业务为信托业务和自营业务。

4.2.1.1 信托业务

信托业务主要品种包括:(1)金融产品配置组合类信托。以高端客户的财富管理需求为出发点,凭借强大的投资管理能力和专业的资产配置能力,将投资者的资金在多种金融工具间进行组合投资,为投资者获取稳定安全的投资收益。(2)不动产金融类信托。选择房地产行业的优秀企业和优质项目,采用

灵活多样的业务手段设计“风险适度、期限灵活、回报丰厚”的信托产品，让投资者分享房地产行业的成长收益。（3）证券投资类信托。汇聚全新产品设计理念和技术，投资于股票、基金及债券等金融产品，综合采用结构化设计、聘请投资顾问、应用CPPI投资策略与数量投资工具等多种方式，开创投资者在风险市场上获取稳定收益的业务新模式。（4）股权信托及并购信托。对于优质的成长性企业，通过股权受益权融资、股权投资、并购融资、受托股权管理、财务顾问等形式提供全面金融服务。（5）债权投资类信托。公司将募集的信托资金运用于购买各种债权，主要包括银行信贷资产、各类依法合规的受益权以及优秀工商企业的应收账款等，通过回收本息或转让等方式兑现信托财产，实现信托收益。（6）公司及项目金融类信托。通过信托贷款、债权融资以及股权投资等方式，协助优秀企业获取融资，推动基础设施类项目顺利开展。（7）国际理财类信托。以大类资产配置为基础理念，与境外金融机构开展深度合作，捕捉海外市场投资机遇，采用结构性票据、指数投资、各类现货和期货投资、外币贷款等灵活运用方式，实现投资者财富增值。（8）另类投资信托。运用结构化设计，有效结合金融资本与实业经济，将公司专业化投资优势和外部投资顾问专业能力相结合，投资于包括酒类、艺术品、茶类、古董以及贵金属在内的非传统投资领域，满足高净值财富群体的投资期望和艺术文化消费。（9）养老保障、福利计划等信托服务。利用公司在信托服务领域积累的宝贵经验，根据企业员工在养老保障、福利提升、激励促进等方面的具体要求，为企业员工量身定制持续优质的资产管理服务，实现企业改革发展及员工福利改善的有机结合。（10）资产证券化信托服务。充分利用信托公司资源配置、破产隔离的制度优势，充当各类资产证券化项目的资产受托机构，搭建协同平台，探索国内资产证券化的新路径和新模式，为各类优质资产提供流动性。（11）财产权信托服务。公司接受委托人的委托，将其合法拥有并且交付给公司的财产权设立财产权信托，依据信托文件的约定忠实履行受托人职责，为受益人利益或特定目的，管理或处分该财产权。（12）家族信托业务。公司接受委托，按照委托人的意愿，对家族资产进行管理和处分，提供包括现金流规划、投资规划、风险管理、税务安排、利益协同、传承安排等一系列定制化的服务。

4.2.1.2 自营业务

自营业务主要包括：（1）固定收益业务。以确保资金的安全性和资产的流动性为原则，通过对固定收益市场和相关投资品种的深入研究，根据市场环境的变化动态调整和优化资产配置结构，构建稳健的投资组合，获取固定收益。目前，固定收益业务主要包括货币市场投资和债券市场投资。（2）股权投资业务。通过对股权投资结构、期限、规模的动态调整和优化，把握各类行业领域孕育的投资机会，开展具有战略意义的金融股权投资或与信托主业联动的直接股权投资，从客户资源、渠道资源、项目资源等方面为信托主业提供有力支持，同时获得长期稳定的投资收益。（3）证券投资业务。追求适度风险条件下的绝对收益最大化，坚持稳健投资的原则，注重对宏观经济动向、重点行业发展趋势和相关个股的深入分析。公司已建立了专业化的证券投资管理团队，锤炼了与公司经营风格相适应的投资理念，形成了科学严谨的投资决策体系，提升了证券投资的主动管理能力和投资收益水平。

4.2.2 资产组合与分布

4.2.2.1 自营资产运用与分布表

资产运用	金额（万元）	占比（%）	资产分布	金额（万元）	占比（%）
货币资产	39 707.53	4.64	基础产业		
贷款及应收款			房地产业		
以公允价值计量且变动计入当期损益的金融资产	74 866.60	8.75	证券市场	67 181.32	7.85
可供出售金融资产	424 588.37	49.61	实业		
持有至到期投资			金融机构	716 277.54	83.69
长期股权投资	241 779.73	28.25	其他	72 398.46	8.46
其他	74 915.09	8.75			
资产总计	855 857.32	100.00	资产总计	855 857.32	100.00

注：其他资产中主要项目包括抵债资产、递延所得税资产和固定资产。

4.2.2.2 信托资产运用与分布表

资产运用	金额（万元）	占比（%）	资产分布	金额（万元）	占比（%）
货币资金	630 865.94	1.63	基础产业	10 610 300.44	27.46
贷款	21 989 263.91	56.91	房地产业	3 544 670.00	9.18
以公允价值计量且变动计入当期损益的金融资产	3 319 741.41	8.59	证券	2 060 130.63	5.33
长期股权投资	2 210 926.94	5.72	工商企业	6 279 254.88	16.25
可供出售金融资产	7 690 884.93	19.91	金融机构	8 004 550.04	20.72
持有至到期投资	100 000.00	0.26	其他	8 137 958.04	21.06
买入返售金融资产	219 053.48	0.57			
其他	2 476 127.42	6.41			
合计	38 636 864.03	100.00	合计	38 636 864.03	100.00

4.3 市场分析

在宏观经济方面，2014年世界经济总体保持温和增长态势，但金融危机之后的结构调整并未结束，各国经济发展分化，美国经济复苏增长稳固，正式结束QE量化宽松。我国经济正式步入新常态，政府投资体制改革、金融体制改革、国企改革、农村土地制度改革等全面推进，经济结构不断优化升级，经济发展动力从过去的要素驱动、投资驱动向创新驱动转型。具体来看，房地产投资增速显著放缓，监管政策采取让房地产回归市场的思路，限购限贷政策逐步退出，形成差异化的调控政策，《不动产登记暂行条例》的施行，标志着不动产统一登记制度正式建立。基础设施投资方面，中央政府对外提出建设“一带一路”的战略构想，发起建立亚洲基础设施投资银行和设立丝路基金，对于促进我国对外贸易升级、调整国内产业结构、消化过剩产能、保障能源安全等具有重要的作用；对内则推出预算法管理，进一步规范地方政府举债融资机制，推行以PPP新模式来推动地方基础设施建设。在资本市场方面，受益于“新国九条”、沪港通、国企改革、IPO重启、券商创新、优先股试点、注册制、新三板制度改革、股权众筹破冰等一系列改革措施，A股市场指数走出大幅向上攀升趋势。从人民币国际化战略推进和资本账户开放到降低社会融资成本、发展多层次资本市场服务实体经济，都透露出资本市场将在中国金融转型发展中扮演重要角色。

在信托行业发展环境方面，2014 年中国资产管理行业正全面踏入变革时代。证券、保险、基金等金融机构进一步扩大在资产管理市场的业务范围，与信托公司形成正面竞争，信托业原有的制度红利逐渐消失，市场份额被逐渐蚕食。同时互联网金融等新势力继续崛起，且产品结构更加复杂、增值服务更加多样。从信托业发展来看，在监管措施不断加强、市场竞争更加激烈、业务风险持续增大等多重压力共同作用下，信托行业仍然保持平稳增长。截至 2014 年末，信托资产规模达 13.98 万亿元，再创历史新高，但增速趋于缓和，从高速发展阶段进入稳步发展阶段，同时业务结构继续优化，在股权投资、土地流转、资产证券化业务等创新领域不断进行探索和尝试，转型态势良好。

在信托行业政策方面，围绕“防风险”、“促转型”两大主题，从顶层制度到具体业务层面出台了一系列的监管政策，主要包括：一是《关于信托公司风险监管的指导意见》和《关于 99 号文的执行细则》，对信托公司在防范化解风险、推动转型发展以及完善监管机制等方面提出若干意见，成为指导信托公司发展的新准则；二是《关于调整信托公司净资本计算标准有关事项的通知（征求意见稿）》，明确信托公司通道类业务与投融资业务将按不同标准计提风险准备金；三是《信托公司监管评级与分类监管指引》（征求意见稿），明确了“强创新、弱规模”的信托公司评级新标准；四是《信托登记试行办法》下发以及银监会原则批准全国信托登记中心落户上海自贸区，信托产品全国统一登记、流转平台雏形显现；五是《信托业保障基金管理办法》正式颁布实施，标志着信托行业风险防范的闭环式体系正式构建，将有效地防范个案信托项目风险及个别信托公司风险的系统传导，信托行业抵抗系统性风险能力进一步加强；六是在“八项机制”的基础上，提出信托业的“八大责任”——受托责任、经纪责任、维权责任、核算责任、机构责任、股东责任、行业责任、监管责任，强调信托公司要适应经济新常态，实现发展质量和效益同步提升，更好地服务经济社会大局。

4.4 内部控制

4.4.1 内部控制环境和内部控制文化

董事会和高级管理层重视公司内部控制机制和内控文化建设，公司建立了由股东会、董事会、监事会和高级管理层组成的分工明确、权责对应、合理制衡的公司治理结构。董事会下设战略委员会、信托委员会、风险管理委员会、审计委员会、薪酬委员会。报告期内，公司紧密围绕战略转型和年度目标，持续调整传统业务布局，推进业务结构优化，并建立与之匹配的内部组织架构，强化和充实核心业务领导力量，进一步提高公司自主管理和资产管理能力，提高核心竞争力。为确保公司战略目标的实施，吸引和留住优秀人才队伍，公司加大市场化改革步伐，进一步完善绩效评价体系，为战略转型进一步注入动能和活力。公司不断加强内部控制文化建设，践行“诚信合规、开拓创新、协作共赢、追求卓越”的企业精神，把合规风控作为全局性工作来抓，将风控阵地前移到业务第一线，通过开展一系列围绕业务中心的合规培训、合规文化建设活动，激发员工诚信合规、奋发向上的信念和斗志，进一步强化了员工的职业操守与合规理念。

4.4.2 内部控制措施

公司内部控制职能部门为合规部、风险管理部和审计稽核部。

公司内部控制遵循全面、审慎、有效、独立的原则。公司内部控制活动包括：不相容职务分离控制、授权审批控制、业务流程控制、会计系统控制、财产保护控制、运营分析控制、信息系统控制和绩效考评控制，并建立业务预警、应急机制和净资本管理机制。

公司业务流程严格按照前台、中台、后台划分：前台负责业务受理、初审及具体操作，完成项目审批前的尽职调查、信托方案设计和提交，项目审批后的合同签署、产品发售、投资交易、运作管理和客户服务等工作；中台贯穿业务决策程序和管理环节，负责信托项目的合法合规性审核、风险评估、议事决策、业务综合管理和过程控制，和前台部门共同完成事前防范和事中控制，对系统性风险提出指导意见和改进措施，对个别性风险发出预警信号；后台负责对业务的财务管理及会计核算、信息化支持、行政保障、人力资源管理和审计监督。

公司建立危机事件预警机制和突发事件应急处理机制，明确风险预警标准，规范处置程序，完善信息科技突发事件应急处置流程，确保突发事件得到及时妥善处理。公司特别强调项目随访制度的执行，密切关注到期项目的流动性风险和交易对手违约风险，一旦发生预警信息，将及时进行业务预警和风险处置。

公司根据银监会发布的《信托公司净资本管理办法》，对各项业务实行净资本管理，使公司业务协调、高效、有重点地运行，并符合监管及公司战略发展要求。

报告期内，公司进一步加强制度体系建设，发布《信托业务档案资料管理指引》，更新和制订《资产证券化信托业务运营管理办法》、《房地产信托业务展业指引》、《通道业务展业指引》、《抵押物准入及管理指引》，在推动业务高速发展的同时有效地防范业务风险。

公司成功推出“上海信托赢通转让平台”，平台成功上线运行是公司战略转型的重要方面，将从过去主要集中于一级市场转向同时做好、做活二级市场，更好地为客户提供增值服务，也为公司创造更多的盈利空间。

4.4.3 监督评价与纠正

公司通过建立自控、互控、监控三位一体的机制，对内部控制活动进行检查、评价、监督和纠正。业务部门对各项业务跟踪管理，经常检查其经营状况，一旦发现存在问题，迅速予以自纠；风险管理部门和财务管理部门分别行使中、后台监督职能和风险管理职能，相关部门、岗位之间互相制衡、监督，一旦发现问题，均要求限时纠正；审计稽核部门对公司内部控制进行再监督，对公司业务每年进行一次内部审计，对公司自营业务和信托业务进行专项审计，并将审计情况向董事会报告。

4.5 风险管理

4.5.1 信用风险状况及其管理

信用风险主要指交易对手不履行义务的可能性，主要表现为：在贷款、资产回购、后续资金安排、担保、履约承诺、资金往来、证券投资等交易过程中，借款人、担保人、保管人（托管人）、证券投资开户券商、银行等交易对手不履行承诺，不能或不愿履行合约承诺而使信托财产或固有财产遭受潜在损失的可能性。公司信用风险资产按五级分为正常类、关注类、次级类、可疑类和损失类。2014 年度期初及期末公司不良资产余额都为零；公司根据《金融企业准备金计提管理办法》（财金［2012］20 号）及《中国银监会办公厅关于修订信托公司年报披露格式规范信息披露有关问题的通知》（银监办发［2009］407 号）规定，参照中国人民银行《银行贷款损失计提指引》（银发［2002］98 号）规定，对年末信用风险资产按照关注类资产 2%、次级类资产 25%、可疑类资产 50%、损失类资产 100% 的比例计提贷款损失准备、坏账准备。

在信用风险管理上，一是严格实行“贷前调查、贷中审查、贷后检查”。在贷前调查（项目立项）阶段，规范项目尽职调查的程序、重点和方法。在贷中审查（项目审批）阶段，合规部、风险管理部进行预审，项目评审委员会对业务进行项目可行性风险评估。报告期内，公司成立信托业务尽职调查专门团队，推进风险控制关口前移，实现风险管理的过程控制。在贷后检查（项目运营）阶段，严格执行“项目随访”制度，持续监控交易对手的履约能力。二是在产品交易结构设计上，通过引入金融机构信用、财产抵押、权利质押等担保方式，综合运用规避、预防、分散、转移、补偿等手段管理风险，分散、转移融资主体的信用风险，尽力降低信用风险敞口。三是按照银监会要求，定期对公司资产进行风险分类。四是严格按财政部和中国银监会的要求，提足包括呆账准备金、信托赔偿准备金在内的各项准备金。

4.5.2　市场风险状况及其管理

市场风险主要指在金融市场等投资业务过程中，投资于有公开市场价值的金融产品或者其他产品时，金融产品或者其他产品的价格发生波动导致公司信托财产或固有财产遭受损失的可能性。同时，市场风险还具有很强的传导效应，某些信用风险的根源可能也来自于交易对手的市场风险。报告期内，公司密切关注各类市场风险，及时调整投资策略，市场风险可控。

在市场风险管理上，一是打造有竞争力的研究团队，加大对资本市场和股权投资市场的研究和分析，提高对国家政策出台的预判能力，个股选择以业绩成长性和合理估值为基础，行业配置上关注热点产业和新兴产业的比重，努力提高投资绩效。二是坚持稳健原则，在投资组合中配置足够的固定收益类等低风险投资品种；对证券投资组合的净值、仓位和投资集中度等指标事先设定预警点或止损点；通过投资分散化（组合对冲）降低非系统性风险。三是在业务决策和管理过程中，分别通过压力测试进行分析和评估，进行动态跟踪管理。尤其是面对经济下行、监管层对行业风险预警不断加强的市场形势下，公司持续调整传统业务布局，推进业务结构的优化，主动对房地产、政府平台业务战略性收缩和聚焦，大力开拓传统低风险受托业务，积极丰富产品收益风险结构，探索新业务模式和产品创新方向，全力提升主动管理能力。

4.5.3　操作风险状况及其管理

操作风险表现为由于公司治理机制、内部控制失效或者有关责任人出现失误、欺诈等问题，公司没有充分及时地做好尽职调查、持续监控、信息披露等工作，未能及时作出应有的反应，或作出的反应明显有失专业和常理，甚至违规违约；公司没有履行勤勉尽职管理的义务，或者无法出具充分有效的证据和记录，证明自己已履行勤勉尽职管理的义务。报告期内，公司及时发现操作风险点，制定纠正措施，避免发生因操作风险造成的损失。

在操作风险管理上，一是在立项审批环节，设立非常设机构项目评审委员会，负责对公司业务事前的可行性进行评估，提出应对风险的建议和措施，并作出相应决策；设立非常设机构信托投资决策委员会和自营证券投资决策小组，负责信托业务和自营证券投资事中的投资运作决策。二是在推介环节，严格按照“新两规”规范推介程序，认定合格投资者，禁止承诺“保本保息”或最低收益，禁止通过公开媒体进行营销宣传，禁止委托非金融机构推介信托计划。三是在信托财产运用和管理环节，制定《员工手册》，严禁通过信托项目为自己或他人谋取不当利益；制定《信托贷款贷后运营管理操作指引（试行）》、《主动管理型金融产品投资类信托业务暂行管理办法》等规章，认真履行受托人职责，持续跟踪了解资金使用和项目进展情况，并坚持做到信托财产之间、信托财产与固有财产之间分别管理、分别计账；制定《资金信托业务档案管理办法（试行）》、《信托业务会计档案管理办法》，对信托财产管理过程中的各项事务、数据和其他有关情况保留真实、完整记录；健全存续产品运营管理，对融资类项目实行定期随访制度。四是在信托终止清算环节，对信托产品的收益、费用、效益和信托财产的净值进行核算并出具到期清算报告，最后向信托受益人实施分配清算。五是加强内部防控责任制，制定《案件防控工作管理办法》、《违规经营行为实名举报奖励管理办法》，开展全员案防承诺制工作，增强公司全体员工的案件防控意识，建立案件防控工作长效机制。根据监管要求，贯彻落实银监会“七不准、四公开”（不准以贷转存、不准存贷挂钩、不准以贷收费、不准浮利分费、不准借贷搭售、不准一浮到顶、不准转嫁成本，以及收费项目公开、服务质价公开、优惠政策公开、效用功能公开）规定，对信托业务收费进行自查、排查，严格禁止信托资金、自有资金涉及非法集资和不规范融资担保，严防客户挪用贷款资金。

4.5.4　其他风险状况及其管理

其他风险主要是指公司业务开展中的合规风险、流动性风险、政策风险、信誉风险、道德风险等。报告期内，公司未发生因其他风险所造成的损失。

在其他风险管理上，一是加强合规风险管理，严格按照相关法律法规、监管规章要求，对所有拟开展业务和拟签署信托文件进行合规性预审及法律审核，不断优化产品结构和法律文本设计，确保公司业务开展均符合国家相关法律法规、监管规章要求。公司业务整体合规合法，未因重大合规问题受到监管处罚、遭受重大财务损失或声誉损失，基本实现了合规风险的有效管理。二是加强对运作项目的现金流量管理，做好公司现金流量的预测和安排。同时，组合运用多种工具，有效保证公司流动性。三是加强职业道德教育，规范职业行为，把职业道德、职业操守作为员工教育的一个重要内容，不断增强员工的工作责任心，严格控制道德风险。

5. 报告期末及上一年度末的比较式会计报表

5.1　自营资产

5.1.1　会计师事务所审计意见

瑞华会计师事务所（特殊普通合伙）对公司所作的审计意见如下：

上海国际信托有限公司财务报表在所有重大方面按照审计报告的财务报表附注所述编制基础编制,公允反映了上海国际信托有限公司2014年12月31日的合并及母公司财务状况以及2014年度的合并及母公司经营成果和合并及母公司现金流量。

5.1.2 资产负债表

资产负债表

编制单位:上海国际信托有限公司　　2014年12月31日　　单位:万元

资产	年末数		年初数		负债及所有者权益	年末数		年初数	
	合并	母公司	合并	母公司		合并	母公司	合并	母公司
资产:					负债:				
现金及存放中央银行款项	8.04	0.05	5.89	0.04	向中央银行借款				
存放同业款项	193 974.72	39 707.48	200 149.82	61 365.07	同业及其他金融机构存放款项				
贵金属					拆入资金				
拆出资金					以公允价值计量且其变动计入当期损益的金融负债	540.20		1 502.84	
以公允价值计量且其变动计入当期损益的金融资产	97 703.47	74 866.60	97 216.57	76 544.59	衍生金融负债				
衍生金融资产					卖出回购金融资产款				
买入返售金融资产					吸收存款				
应收股利	269.14		408.77		应付职工薪酬	40 377.91	21 573.54	33 070.99	16 388.03
应收利息	4 531.96	866.03	3 895.44	1 174.35	应交税费	36 051.60	25 667.42	28 069.10	19 104.93
发放贷款和垫款					应付股利				
可供出售金融资产	412 954.41	424 588.37	277 256.29	286 895.83	应付利息				
持有至到期投资					预计负债				
长期股权投资	217 755.53	241 779.73	217 654.11	241 779.73	应付债券				
投资性房地产					递延所得税负债	2 713.70	2 713.70	86.00	86.00
固定资产	9 969.08	8 116.88	9 974.68	8 496.85	划分为持有待售的负债				
无形资产	1 697.89	822.19	1 301.02	561.65	递延收益	8 096.59	8 096.59	4 770.21	4 770.21
递延所得税资产	15 856.48	11 336.23	15 374.89	11 338.88	其他负债	9 240.89	1 878.20	9 495.95	1 770.63
划分为持有待售的资产					负债合计	97 020.88	59 929.44	76 995.09	42 119.80
其他资产	66 751.12	53 773.76	39 691.05	27 853.94	所有者权益:				
					实收资本	250 000.00	250 000.00	250 000.00	250 000.00
					其他权益工具				
					资本公积	0.004		0.004	
					减:库存股				
					其他综合收益	13 072.35	14 925.45	8 154.50	8 593.31
					盈余公积	175 028.87	175 028.87	131 538.53	131 538.53
					一般风险准备	99 393.26	61 344.67	92 027.20	59 257.40
					未分配利润	319 419.97	294 628.89	243 835.37	224 501.91
					归属于母公司所有者权益合计	856 914.46		725 555.59	
					少数股东权益	67 536.50		60 377.88	
					所有者权益合计	924 450.96	795 927.87	785 933.47	673 891.14
资产总计	1 021 471.84	855 857.32	862 928.55	716 010.94	负债和所有者权益总计	1 021 471.84	855 857.32	862 928.55	716 010.94

法定代表人:潘卫东　　主管会计工作负责人:陈　兵　　会计机构负责人:朱　红

5.1.3 利润表

利润表

编制单位：上海国际信托有限公司　　2014 年度　　单位：万元

项目	本年数		上年数	
	合并	母公司	合并	母公司
一、营业收入	344 589.57	231 885.23	298 171.80	194 793.83
利息净收入	9 085.35	897.67	6 623.54	1 183.02
利息收入	9 345.68	1 158.01	6 693.64	1 253.12
利息支出	260.33	260.33	70.10	70.10
手续费及佣金净收入	229 843.92	120 634.47	201 651.82	100 504.77
手续费及佣金收入	229 849.05	120 639.60	201 656.58	100 509.34
手续费及佣金支出	5.12	5.12	4.76	4.57
投资收益（损失以“-”号填列）	99 535.10	107 506.59	86 324.72	92 413.73
其中：对联营企业和合营企业的投资收益	288.91		0.78	
公允价值变动损益（损失以“-”号填列）	2 681.06	2 078.56	-1 910.72	-2 413.52
汇兑收益（损失以“-”号填列）	-29.31	-13.40	-447.20	-426.07
其他业务收入	3 473.44	781.33	5 929.65	3 531.89
二、营业支出	115 885.57	42 024.66	105 225.01	32 951.82
营业税金及附加	14 449.43	8 126.82	12 462.51	6 581.61
业务及管理费	100 861.37	33 550.81	92 737.41	26 345.13
资产减值损失	227.74			
其他业务成本	347.03	347.03	25.09	25.09
三、营业利润（亏损以“-”号填列）	228 703.99	189 860.57	192 946.80	161 842.01
加：营业外收入	257.65	4.80	1 299.15	10.70
减：营业外支出	116.22	50.20	147.12	140.62
四、利润总额（亏损总额以“-”号填列）	228 845.43	189 815.17	194 098.83	161 712.09
减：所得税费用	41 432.48	29 110.58	34 578.03	24 612.67
五、净利润（净亏损以“-”号填列）	187 412.95	160 704.59	159 520.80	137 099.42
归属于母公司所有者的净利润	171 540.04		146 371.55	
少数股东损益	15 872.90		13 149.25	
六、其他综合收益	4 922.79	6 332.14	-1 704.46	-680.98
（一）以后不能重分类进损益的其他综合收益				
其中：1. 重新计量设定受益计划净负债或净资产的变动				
2. 权益法下在被投资单位不能重分类进损益的其他综合收益中享有的份额				
（二）以后将重分类进损益的其他综合收益	4 922.79	6 332.14	-1 704.46	-680.98
其中：1. 权益法下在被投资单位以后将重分类进损益的其他综合收益中享有的份额				
2. 可供出售金融资产公允价值变动损益	4 912.72	6 332.14	-1 677.95	-680.98
3. 持有至到期投资重分类为可供出售金融资产损益				
4. 现金流量套期损益的有效部分				
5. 外币财务报表折算差额	10.07		-26.51	
七、综合收益总额	192 335.74	167 036.73	157 816.34	136 418.43
归属于母公司所有者的综合收益总额	176 457.90		144 680.08	
归属于少数股东的综合收益总额	15 877.84		13 136.26	

法定代表人：潘卫东　　主管会计工作负责人：陈　兵　　会计机构负责人：朱　红

5.1.4 所有者权益变动表

合并所有者权益变动表

编制单位：上海国际信托有限公司　　2014 年度　　单位：万元

项目	本年金额										
	归属于母公司所有者权益								小计	少数股东权益	所有者权益合计
	实收资本	其他权益工具	资本公积	减：库存股	其他综合收益	盈余公积	一般风险准备	未分配利润			
一、上年末余额	250 000.00		0.004		8 154.50	131 538.53	92 027.20	243 835.37	725 555.59	60 377.88	785 933.47
加：会计政策变更											
前期差错更正											
其他											
二、本年初余额	250 000.00		0.004	8 154.50	131 538.53	92 027.20	243 835.37	725 555.59	60 377.88	785 933.47	
三、本年增减变动金额（减少以"－"号填列）					4 917.86	43 490.34	7 366.07	75 584.60	131 358.87	7 158.63	138 517.50
（一）综合收益总额					4 917.86			171 540.04	176 457.90	15 877.84	192 335.74
（二）所有者投入和减少资本											
1. 所有者投入资本											
2. 其他权益工具持有者投入资本											
3. 股份支付计入所有者权益的金额											
4. 其他											
（三）利润分配						43 490.34	7 366.07	-95 955.44	-45 099.03	-8 719.21	-53 818.25
1. 提取盈余公积						43 490.34		-43 490.34			
2. 提取一般风险准备							7 366.07	-7 366.07			
3. 对所有者的分配								-45 000.00	-45 000.00	-8 670.44	-53 670.44
4. 其他								-99.03	-99.03	-48.78	-147.81
（四）所有者权益内部结转											
1. 资本公积转增资本											
2. 盈余公积转增资本											
3. 盈余公积弥补亏损											
4. 一般风险准备弥补亏损											
5. 结转重新计量设定受益计划净负债或净资产所产生的变动											
6. 其他											
四、本年末余额	250 000.00		0.004		13 072.35	175 028.87	99 393.26	319 419.97	856 914.46	67 536.50	924 450.96

合并所有者权益变动表（续）

编制单位：上海国际信托有限公司

2013 年度

单位：万元

项目	上年金额										
	归属于母公司所有者权益								小计	少数股东权益	所有者权益合计
	实收资本	其他权益工具	资本公积	减:库存股	其他综合收益	盈余公积	一般风险准备	未分配利润			
一、上年末余额	250 000. 00		9 361. 59			98 608. 18	84 904. 41	183 100. 15	625 974. 32	53 896. 29	679 870. 61
加:会计政策变更			-9 361. 59		9 845. 97			-484. 38			
前期差错更正											
其他											
二、本年初余额	250 000. 00		0. 004		9 845. 97	98 608. 18	84 904. 41	182 615. 77	625 974. 32	53 896. 29	679 870. 61
三、本年增减变动金额（减少以“ - ”号填列）					-1 691. 47	32 930. 35	7 122. 79	61 219. 60	99 581. 27	6 481. 59	106 062. 86
（一）综合收益总额					-1 691. 47			146 371. 55	144 680. 08	13 136. 26	157 816. 34
（二）所有者投入和减少资本											
1. 所有者投入资本											
2. 其他权益工具持有者投入资本											
3. 股份支付计入所有者权益的金额											
4. 其他											
（三）利润分配						32 930. 35	7 122. 79	-85 151. 95	-45 098. 81	-6 654. 67	-51 753. 48
1. 提取盈余公积						32 930. 35		-32 930. 35			
2. 提取一般风险准备							7 122. 79	-7 122. 79			
3. 对所有者的分配								-45 000. 00	-45 000. 00	-6 606. 00	-51 606. 00
4. 其他								-98. 81	-98. 81	-48. 67	-147. 48
（四）所有者权益内部结转											
1. 资本公积转增资本											
2. 盈余公积转增资本											
3. 盈余公积弥补亏损											
4. 一般风险准备弥补亏损											
5. 结转重新计量设定受益计划净负债或净资产所产生的变动											
6. 其他											
四、本年末余额	250 000. 00		0. 004		8 154. 50	131 538. 53	92 027. 20	243 835. 37	725 555. 59	60 377. 88	785 933. 47

法定代表人：潘卫东　　主管会计工作负责人：陈　兵　　会计机构负责人：朱　红

所有者权益变动表

2014 年度

编制单位：上海国际信托有限公司　　　　单位：万元

项目	本年金额								
	实收资本	其他权益工具	资本公积	减：库存股	其他综合收益	盈余公积	一般风险准备	未分配利润	所有者权益合计
一、上年末余额	250 000. 00				8 593. 31	131 538. 53	59 257. 40	224 501. 91	673 891. 14
加：会计政策变更									
前期差错更正									
其他									
二、本年初余额	250 000. 00				8 593. 31	131 538. 53	59 257. 40	224 501. 91	673 891. 14
三、本年增减变动金额（减少以"－"号填列）					6 332. 14	43 490. 34	2 087. 27	70 126. 98	122 036. 73
（一）综合收益总额					6 332. 14			160 704. 59	167 036. 73
（二）所有者投入和减少资本									
1. 所有者投入资本									
2. 其他权益工具持有者投入资本									
3. 股份支付计入所有者权益的金额									
4. 其他									
（三）利润分配						43 490. 34	2 087. 27	-90 577. 62	-45 000. 00
1. 提取盈余公积						43 490. 34		-43 490. 34	
2. 提取一般风险准备							2 087. 27	-2 087. 27	
3. 对所有者的分配								-45 000. 00	-45 000. 00
4. 其他									
（四）所有者权益内部结转									
1. 资本公积转增资本									
2. 盈余公积转增资本									
3. 盈余公积弥补亏损									
4. 一般风险准备弥补亏损									
5. 结转重新计量设定受益计划净负债或净资产所产生的变动									
6. 其他									
四、本年末余额	250 000. 00				14 925. 45	175 028. 87	61 344. 67	294 628. 89	795 927. 87

所有者权益变动表（续）

编制单位：上海国际信托有限公司

2013 年度

单位：万元

项目	上年金额								
	实收资本	其他权益工具	资本公积	减：库存股	其他综合收益	盈余公积	一般风险准备	未分配利润	所有者权益合计
一、上年末余额	250 000. 00		9 274. 29			98 608. 18	57 262. 20	167 328. 04	582 472. 71
加：会计政策变更			-9 274. 29		9 274. 29				
前期差错更正									
其他									
二、本年初余额	250 000. 00				9 274. 29	98 608. 18	57 262. 20	167 328. 04	582 472. 71
三、本年增减变动金额（减少以“－”号填列）					-680. 98	32 930. 35	1 995. 20	57 173. 87	91 418. 43
（一）综合收益总额					-680. 98			137 099. 42	136 418. 43
（二）所有者投入和减少资本									
1. 所有者投入资本									
2. 其他权益工具持有者投入资本									
3. 股份支付计入所有者权益的金额									
4. 其他									
（三）利润分配						32 930. 35	1 995. 20	-79 925. 55	-45 000. 00
1. 提取盈余公积						32 930. 35		-32 930. 35	
2. 提取一般风险准备							1 995. 20	-1 995. 20	
3. 对所有者的分配								-45 000. 00	-45 000. 00
4. 其他									
（四）所有者权益内部结转									
1. 资本公积转增资本									
2. 盈余公积转增资本									
3. 盈余公积弥补亏损									
4. 一般风险准备弥补亏损									
5. 结转重新计量设定受益计划净负债或净资产所产生的变动									
6. 其他									
四、本年末余额	250 000. 00				8 593. 31	131 538. 53	59 257. 40	224 501. 91	673 891. 14

法定代表人：潘卫东　　主管会计工作负责人：陈　兵　　会计机构负责人：朱红

5.2 信托资产

5.2.1 信托项目资产负债汇总表

信托项目资产负债汇总表

编制单位:上海国际信托有限公司　　2014 年 12 月 31 日　　单位:万元

信托资产	期末数	期初数	信托负债和信托权益	期末数	期初数
信托资产:			信托负债:		
货币资金	630 312. 82	188 501. 44	以公允价值计量且变动计入当期损益的金融负债	0. 00	0. 00
拆出资金	0. 00	0. 00	衍生金融负债	0. 00	0. 00
存出保证金	553. 12	866. 74	应付受托人报酬	2 094. 30	1 821. 77
以公允价值计量且变动计入当期损益的金融资产	3 319 741. 41	2 603 725. 41	应付托管费	1 967. 40	2 076. 86
衍生金融资产	564. 49	703. 68	应付受益人收益	11 704. 35	16 419. 19
买入返售金融资产	219 053. 48	105 533. 37	应交税费	0. 00	0. 00
应收款项	663 524. 79	140 955. 28	应付销售服务费	59. 28	38. 22
发放贷款	21 989 263. 91	9 805 536. 33	其他应付款	73 979. 72	36 037. 91
可供出售金融资产	7 690 884. 93	5 259 918. 85	预计负债	0. 00	0. 00
持有至到期投资	100 000. 00	100 000. 00	其他负债	0. 00	0. 00
长期应收款	0. 00	0. 00	信托负债合计	89 805. 05	56 393. 95
长期股权投资	2 210 926. 94	789 978. 28	信托权益:		
投资性房地产	0. 00	0. 00	实收信托	38 362 854. 25	19 091 960. 63
固定资产	0. 00	0. 00	资本公积	0. 00	119. 11
无形资产	0. 00	0. 00	其他综合收益	0. 00	2 709. 66
长期待摊费用	0. 00	28. 50	未分配利润	184 204. 73	77 847. 96
其他资产	1 812 038. 14	233 283. 43	信托权益合计	38 547 058. 98	19 172 637. 36
信托资产总计	38 636 864. 03	19 229 031. 31	信托负债及信托权益总计	38 636 864. 03	19 229 031. 31

企业负责人:潘卫东　　复核:潘　薇　　表:施　未

5.2.2 信托项目利润和利润分配汇总表

信托项目利润和利润分配汇总表

编制单位:上海国际信托有限公司　　2014 年度　　单位:万元

项目	本年累计数	上年累计数
1. 营业收入	2 127 971. 69	1 231 551. 58
1. 1 利息收入	1 317 134. 85	844 263. 61
1. 2 投资收益	787 191. 00	363 045. 01
1. 2. 1 其中:对联营企业和合营企业的投资收益	0. 00	0. 00
1. 3 公允价值变动收益	26 331. 77	25 877. 55
1. 4 租赁收入	0. 00	0. 00
1. 5 汇兑损益	−2 673. 15	−1077. 58
1. 6 其他收入	−12. 78	−557. 01
2. 支出	197 438. 45	163 166. 28
2. 1 营业税金及附加	2 614. 39	324. 97
2. 2 受托人报酬	115 082. 18	88 866. 64
2. 3 托管费	29 110. 43	20 828. 66
2. 4 投资管理费	1 315. 55	7 931. 64
2. 5 销售服务费	1 782. 24	1 579. 73
2. 6 交易费用	2 494. 56	1 994. 39
2. 7 资产减值损失	1. 83	0. 00
2. 8 其他费用	45 037. 27	41 640. 25
3. 信托净利润	1 930 533. 24	1 068 385. 30
4. 其他综合收益	−2 709. 66	−12 751. 19

续表

项目	本年累计数	上年累计数
(一)以后不能重分类进损益的其他综合收益	0. 00	0. 00
其中:1. 重新计量设定收益计划净负债或净资产的变动	0. 00	0. 00
2. 权益法下在被投资单位不能重分类进损益的其他综合收益中享有的份额	0. 00	0. 00
(二)以后将重分类进损益的其他综合收益	−2 709. 66	−12 751. 19
其中:1. 权益法下在被投资单位以后将重分类进损益的其他综合收益中享有的份额	0. 00	0. 00
2. 可供出售金融资产公允价值变动损益	−2 709. 66	−12 751. 19
3. 持有至到期投资重分类为可供出售金融资产损益	0. 00	0. 00
4. 现金流量套期损益的有效部分	0. 00	0. 00
5. 外币财务报表折算差额	0. 00	0. 00
5. 综合收益	1 927 823. 58	1 055 634. 11
6. 加:期初未分配信托利润	77 847. 96	95 832. 53
7. 可供分配的信托利润	2 018 644. 68	1 206 977. 62
8. 减:本期已分配信托利润	1 834 439. 95	1 129 129. 66
9. 期末未分配信托利润	184 204. 73	77 847. 96

企业负责人:潘卫东　　复核:潘　薇　　制表:施　未

6. 会计报表附注

6.1 报告年度会计报表编制基准、会计政策、会计估计和核算方法发生的变化

2014年初，财政部先后颁布了《企业会计准则第39号——公允价值计量》（财会［2014］6号）、《企业会计准则第30号——财务报表列报（2014年修订）》（财会［2014］7号）、《企业会计准则第9号——职工薪酬（2014年修订）》（财会［2014］8号）、《企业会计准则第33号——合并财务报表（2014年修订）》（财会［2014］10号）、《企业会计准则第40号——合营安排》（财会［2014］11号）、《企业会计准则第2号——长期股权投资（2014年修订）》（财会［2014］14号）及《企业会计准则第41号——在其他主体中权益的披露》（财会［2014］16号），要求自2014年7月1日起在所有执行企业会计准则的企业范围内施行，鼓励在境外上市的企业提前执行。另外，财政部颁布了《企业会计准则第37号——金融工具列报（2014年修订）》（财会［2014］23号，以下简称"金融工具列报准则"），要求在2014年度及以后期间的财务报告中按照该准则的要求对金融工具进行列报。

本公司在编制2014年度财务报告时开始执行上述新颁布或修订的企业会计准则，并根据各准则衔接要求进行了调整。

6.2 或有事项说明

报告期内，本公司未发生对外担保及其他或有事项。

6.3 重要资产转让及其出售的说明

报告期内，本公司未发生重要资产转让及其出售的事项。

6.4 会计报表中重要项目的明细资料

6.4.1 披露自营资产经营情况

6.4.1.1 按信用风险五级分类结果披露信用风险资产的期初数、期末数

信用风险资产五级分类	正常类（万元）	关注类（万元）	次级类（万元）	可疑类（万元）	损失类（万元）	信用风险资产合计（万元）	不良资产合计（万元）	不良资产率（%）
期初数	67 559.34					67 559.34	—	—
期末数	69 018.37					69 018.37		

注：不良资产合计＝次级类＋可疑类＋损失类。

6.4.1.2 各项资产减值损失准备的期初、本期计提、本期转回、本期核销、期末数

单位：万元

	期初数	本期计提	本期转回	本期核销	期末数
贷款损失准备	—	—	—	—	—
一般准备	—	—	—	—	—
专项准备	—	—	—	—	—
其他资产减值准备	489.70		9.73		479.97
可供出售金融资产减值准备				—	
持有至到期投资减值准备				—	
长期股权投资减值准备	63.33		9.73		53.60
坏账准备				—	
投资性房地产减值准备				—	
抵债资产减值准备	426.37			—	426.37

6.4.1.3 按照投资品种分类，分别披露固有业务股票投资、基金投资、债券投资、股权投资等投资业务的期初数、期末数

单位：万元

	自营股票	基金	债券	长期股权投资	其他投资	合计
期初数	27 916.46	10 537.73	53 559.35	241 779.73	271 426.88	605 220.15
期末数	24 746.72	5 888.04	35 680.52	241 779.73	433 139.68	741 234.69

6.4.1.4 按投资入股金额排序，前三名的自营长期股权投资的企业名称、占被投资企业权益的比例、主要经营活动及投资收益情况等

企业名称	占被投资企业权益的比例（%）	主要经营活动	投资损益（万元）
1. 上海证券有限责任公司	33.33	证券经纪、证券投资咨询、证券自营等	1 599.98
2. 上海浦东发展银行股份有限公司	5.23	吸收公众存款、发放贷款、办理结算等	64 410.97
3. 香港申联投资发展有限公司	16.50	投资管理等	2 531.42

6.4.1.5 前三名的自营贷款的企业名称、占贷款总额的比例和还款情况等报告期末，本公司无自营贷款

6.4.1.6 表外业务的期初数、期末数；按照代理业务、担保业务和其他类型表外业务分别披露

单位：万元

表外业务	期初数	期末数
担保业务	—	—
代理业务（委托业务）	152 864.42	152 864.42
其他	1 330.00	1 330.00
合计	154 194.42	154 194.42

6.4.1.7 公司当年的收入结构

收入结构	金额（万元）	占比（%）
手续费及佣金收入	229 849.05	66.60
其中：信托手续费收入	120 036.57	34.78
投资银行业务收入	158.71	0.05
利息收入	9 345.68	2.71
其他业务收入	3 473.44	1.00
其中：计入信托业务收入部分	—	—
投资收益	99 535.10	28.84
其中：股权投资收益	71 215.56	20.63
证券投资收益	28 319.54	8.21
其他投资收益	—	—
公允价值变动收益	2 681.06	0.78
营业外收入	257.65	0.07
收入合计	345 141.98	100.00

母公司口径

收入结构	金额(万元)	占比(%)
手续费及佣金收入	120 639.60	51.96
其中:信托手续费收入	120 036.57	51.70
投资银行业务收入	158.71	0.07
利息收入	1 158.01	0.50
其他业务收入	781.33	0.34
其中:计入信托业务收入部分	—	—
投资收益	107 506.59	46.31
其中:股权投资收益	80 671.17	34.75
证券投资收益	26 835.42	11.56
其他投资收益	—	—
公允价值变动收益	2 078.56	0.90
营业外收入	4.8	0.00
收入合计	232 168.89	100.00

2014 年度以手续费及佣金确认的信托业务收入金额为 104 772.74 万元,以业绩报酬形式确认的信托业务收入金额为 10 476.53 万元,以其他形式确认的信托业务收入金额为 4 787.30万元。

6.4.2 披露信托财产管理情况

6.4.2.1 信托资产的期初数、期末数

单位:万元

信托资产	期初数	期末数
集合	7 408 568.84	18 098 033.23
单一	11 595 755.21	18 730 015.92
财产权	224 707.26	1 808 814.88
合计	19 229 031.31	38 636 864.03

6.4.2.1.1 主动管理型信托业务的信托资产期初数、期末数

单位:万元

主动管理型信托资产	期初数	期末数
证券投资类	4 025 143.64	4 719 081.75
股权投资类	382 068.05	949 910.29
融资类	10 897 712.34	16 889 273.38
事务管理类	0.00	0.00
合计	16 956 714.81	24 961 882.41

6.4.2.1.2 被动管理型信托业务的信托资产期初数、期末数

单位:万元

被动型信托资产	期初数	期末数
证券投资类	2 348.03	122 508.03
股权投资类	349 500.30	1 409 821.55
融资类	1 731 647.82	9 933 971.62
事务管理类	0.00	0.00
合计	2 272 316.50	13 674 981.62

注:因监管机构调整分类口径,同口径追溯调整6.4.2.1.1及6.4.2.1.2期初数据。

6.4.2.2 本年度已清算结束的信托项目表

6.4.2.2.1 本年度已清算结束的信托项目

已清算结束信托项目	项目个数(个)	实收信托合计金额(万元)	加权平均实际年化收益率(%)
集合资金类	62	1 659 300.96	8.05
单一资金类	154	5 149 518.27	6.19
财产管理类	3	145 720.00	6.20

注:加权平均实际年化收益率=(信托项目1的实际年化收益率×信托项目1的实收信托+…+信托项目n的实际年化收益率×信托项目n的实收信托)/(信托项目1的实收信托+…+信托项目n的实收信托)×100%。

6.4.2.2.2 本年度已清算结束的主动管理型信托项目

已清算结束信托项目	项目个数(个)	实收信托合计金额(万元)	加权平均实际年化信托报酬率(%)	加权平均实际年化收益率(%)
证券投资类	24	473 392.23	0.17%	4.45
股权投资类	2	11 982.00	0.60	1.68
融资类	159	5 349 715.00	0.91	7.71
事务管理类	0	0.00	0.00	0.00

注:加权平均实际年化收益率=(信托项目1的实际年化收益率×信托项目1的实收信托+…+信托项目n的实际年化收益率×信托项目n的实收信托)/(信托项目1的实收信托+…+信托项目n的实收信托)×100%。

6.4.2.2.3 本年度已清算结束的被动管理型信托项目

已清算结束信托项目	项目个数(个)	实收信托合计金额(万元)	加权平均实际年化信托报酬率(%)	加权平均实际年化收益率(%)
证券投资类	0	0.00	0.00	0.00
股权投资类	1	5 000.00	0.15	7.77
融资类	17	628 500.00	0.13	7.40
事务管理类	0	0.00	0.00	0.00

注:加权平均实际年化收益率=(信托项目1的实际年化收益率×信托项目1的实收信托+…+信托项目n的实际年化收益率×信托项目n的实收信托)/(信托项目1的实收信托+…+信托项目n的实收信托)×100%。

6.4.2.3 本年度新增的信托项目

新增信托项目	项目个数(个)	实收信托合计金额(万元)
集合类	169	11 854 159.54
单一类	219	15 275 843.15
财产管理类	10	2 014 639.62
新增合计	398	29 144 642.31
其中:主动管理型	203	17 037 531.48
被动管理型	195	12 107 110.83

注:本年新增信托项目指在本报告年度内累计新增的信托项目个数和金额。包含本年度新增并于本年度内结束的项目和本年度新增至报告期末仍在持续管理的信托项目。

6.4.2.4 信托业务创新成果和特色业务有关情况

报告期内,公司积极响应银监会"99号文"要求,加强业务创新力度,探索业务发展新模式,不断培育主动管理能力,取得了一定的进展。资产证券化业务方面,在公募、私募市场进行全面布局,发行国内首个以纯外资金融机构作为发起机构的资产证券化项目,并在银行间市场发行公司首单银行信贷资产证券化项目,私募资产证券化市场也有产品斩获,涉及的资产包括信贷资产、个人汽车贷款以及金融租赁资产等,业务品种丰富。在股权投资业务方面,大力发展包括住宅地产、健康医疗

以及新能源等领域的股权投资业务，布局医疗产业基金，参与高端医疗机构运营。在信托产品标准化方面，积极响应监管机构发展债权型直接融资工具的创新要求，探索将信托产品逐步由以往的非标产品向准标准化产品转型，在实践中不断尝试，成功将信贷类集合资金信托计划改造成准标准化产品。在家族管理业务方面，成立家族管理办公室，探索推进财富管理业务转型升级，并由简单配置产品升级为客户提供资产传承功能，探索通过海外信托架构实现从在岸配置到离岸配置的跨越。在提高信托产品流动性方面，成功推出"上海信托赢通转让平台"，积极打造信托产品的可流通二级市场。在公益信托方面，发行公司首款公益类信托产品和首款外部资金参与的公益类信托产品，创设以信托架构参与公益事业的新模式。

6.4.2.5　公司履行受托人义务情况

公司严格按照《信托法》、《信托公司管理办法》、《信托公司集合资金信托计划管理办法》及信托文件等规定，履行诚实、信用、谨慎、有效管理的义务，为受益人的最大利益处理信托事务。

根据银监会的要求，每个信托产品发行前均有一整套的产品相关信息备忘录等资料置于受托人营业场所，以备委托人（受益人）查阅。

委托人在认购信托计划前，提示投资者认真阅读信托计划说明书和其他信托文件。同时，严格审核委托人为合格投资者，并以自己合法所有的资金认购信托单位。

公司将信托财产与其固有财产分别管理、分别记账。同时，对不同的信托资金建立单独的会计账户分别核算，并在银行分别开设单独的银行账户，在证券交易机构分别开设独立的证券账户与资金账户。

根据信托文件的规定，及时履行定期信托计划的信息披露义务。每个信托计划设立后5个工作日内，就信托合同数与信托资金总额向委托人（受益人）进行披露，并按照信托合同的规定，定期将信托资金运用及收益情况以书面信函告知信托文件规定的人。

信托合同终止时，根据信托合同的规定，以信托财产为限向受益人支付信托利益。同时，公司严格根据银监会的要求，在信托终止后10个工作日内作出处理信托事务的清算报告，经审计后送达信托财产归属人。

根据《信托法》要求，妥善保管处理信托事务的完整记录、原始凭证及资料，保存期自信托计划终止之日起十五年。同时对委托人、受益人以及处理信托事务的情况和资料依法保密。

报告期内，公司管理的信托项目运作正常，到期信托产品合同金额人民币695.45亿元，全部安全交付受益人，未出现因本公司自身责任而导致的信托资产损失情况。

6.5　关联方关系及其交易的披露

6.5.1　关联交易方的数量、关联交易的总金额及关联交易的定价政策等

单位：万元

	关联交易方数量	关联交易金额	定价政策
合计	3	6 919 980.71	按市场价格交易；若无市场价格，则按公允原则，以不优于对非关联方同类交易的条件定价交易。

6.5.2　关联交易方与本公司的关系性质、关联交易方的名称、法定代表人、注册地址、注册资本及主营业务等

关系性质	关联方名称	法定代表人	注册地址	注册资本（万元）	主营业务
重大影响	上海证券有限责任公司	龚德雄	上海市黄浦区西藏中路336号	261 000.00	证券经纪、证券投资咨询等
控股子公司	上投摩根基金管理有限公司	陈开元	上海市富城路99号震旦国际大厦20层	25 000.00	基金管理
受同一最终控制方控制	上海国有资产经营有限公司	傅帆	上海市虹桥路3号港汇中心2座36~37楼	500 000.00	资产管理

6.5.3　逐笔披露本公司与关联方的重大交易事项

6.5.3.1　固有与关联方交易情况：贷款、投资、租赁、应收账款担保、其他方式等期初汇总数、本期借方和贷方发生额汇总数、期末汇总数

单位：万元

固有与关联方关联交易				
	期初数	借方发生额	贷方发生额	期末数
贷款	—	—	—	—
投资	0.50	6 000.00	6 000.50	—
租赁	—	—	—	—
担保	—	—	—	—
应收账款	—	—	—	—
其他	—	—	—	—
合计	0.50	6 000.00	6 000.50	—

6.5.3.2　信托与关联方交易情况：贷款、投资、租赁、应收账款、担保、其他方式等期初汇总数、本期借方和贷方发生额汇总数、期末汇总数

单位：万元

信托与关联方关联交易				
	期初数	借方发生额	贷方发生额	期末数
贷款	—	—	—	—
投资	—	—	—	—
租赁	—	—	—	—
担保	—	—	—	—
应收账款	—	—	—	—
其他	50 000.00	150 000.00	40 000.00	160 000.00
合计	50 000.00	150 000.00	40 000.00	160 000.00

6.5.3.3　本公司自有资金运用于自己管理的信托项目（固信交易）、本公司管理的信托项目之间的相互（信信交易）交易金额，包括余额和本报告年度的发生额

6.5.3.3.1　固有与信托财产之间的交易金额期初汇总数、本期发生额汇总数、期末汇总数

单位：万元

固有财产与信托财产相互交易				
	期初数	本期发生额	期末数	
合计	270 224.27	1 749 507.51	433 139.68	

6.5.3.3.2　信托项目之间的交易金额期初汇总数、本期发生额汇总数、期末汇总数

单位：万元

信托资产与信托财产相互交易				
	期初数	本期发生额	期末数	
合计	977 345.95	4 968 472.70	883 284.15	

6.5.4　逐笔披露关联方逾期未偿还本公司资金的详细情况以及本公司为关联方担保发生或即将发生垫款的详细情况

本公司无关联方逾期未偿还本公司资金的情况以及为关联方担保发生或即将发生垫款的情况。

6.6　会计制度的披露

公司固有业务2008年1月1日起执行财政部2006年颁布的《企业会计准则》。

信托业务2010年1月1日起执行财政部2006年颁布的《企业会计准则》。

7. 财务情况说明书

7.1　利润实现和分配情况

7.1.1　母公司利润实现和分配情况

本报告期母公司实现利润总额189 815.17万元，企业所得税费用29 110.58万元，实现净利润160 704.59万元。

报告期内，根据2014年第一次股东会审议通过的2013年度利润分配方案，对2013年度可供分配利润进行了分配，向股东派发现金股利45 000.00万元。

依据《公司法》、《信托公司管理办法》和《金融企业准备金计提管理办法》（财金[2012]20号）的规定，2014年度利润分配如下：

（1）提取10%的法定盈余公积金16 070.46万元。

（2）提取20%的任意盈余公积金32 140.92万元。

（3）按照《金融企业准备金计提管理办法》的规定，以标准法计算以及年末一般准备余额不低于风险资产期末余额的1.5%的原则，提取一般风险准备2 087.27万元。

上述各项提取之后，剩余部分110 405.94万元，加年初未分配利润152 082.03万元，可供分配的利润262 487.97万元。

2015年2月17日经本公司股东会审议通过2014年度利润分配方案：向全体股东派发现金股利45 000.00万元，未分配利润217 487.97万元留存以后年度进行分配。

7.1.2　合并报表利润实现和分配情况

本报告期合并报表实现利润总额228 845.43万元，企业所得税费用41 432.48万元，实现净利润187 412.95万元 其中归属于母公司所有者的净利润171 540.04万元 少数股东损益15 872.90万元。

依据《公司法》、《信托公司管理办法》和《金融企业准备金计提管理办法》的规定，母公司、上信资产管理有限公司、上投摩根基金管理有限公司及上海国利货币经纪有限公司的2014年度合并报表利润分配如下：

（1）根据母公司净利润提取10%的法定盈余公积16 070.46万元。

（2）根据母公司净利润提取20%的任意盈余公积32 140.92万元。

（3）根据母公司提取一般风险准备、上投摩根基金管理有限公司证券投资基金管理费收入提取10%的一般风险准备以及上海国利货币经纪有限公司提取一般风险准备按母公司投资比例确认的一般风险准备合计7 366.07万元。

上述各项提取之后，剩余部分115 962.59万元，加年初未分配利润171 316.46万元，可供分配的利润287 279.05万元。

7.2　主要财务指标

指标名称	指标值
资本利润率（%）	21.68
加权年化信托报酬率（%）	0.6232
人均净利润（万元）	674.03

母公司口径

指标名称	指标值
资本利润率（%）	21.87
加权年化信托报酬率（%）	0.6232
人均净利润（万元）	631.45

注：1. 资本利润率=净利润/所有者权益平均余额×100%。

2. 加权年化信托报酬率=（信托项目1的实际年化信托报酬率×信托项目1的实收信托+信托项目2的实际年化信托报酬率×信托项目2的实收信托+…+信托项目n的实际年化信托报酬率×信托项目n的实收信托）/（信托项目1的实收信托+信托项目2的实收信托+…+信托项目n的实收信托）×100%。

3. 人均净利润=净利润/年平均人数。

4. 平均值采取年初、年末余额简单平均法，公式为：a（平均）=（年初数+年末数）/2。

7.3　对本公司财务状况、经营成果有重大影响的其他事项

报告期内，本公司没有发生对财务状况、经营成果有重大影响的其他事项。

8. 特别事项揭示

8.1　前五名股东报告期内变动情况及原因

报告期内，公司前五名股东未发生变动。

8.2　董事、监事及高级管理人员变动情况及原因

公司第五届董事会于2014年5月30日召开会议，同意选举陈兵先生为公司第五届董事会副董事长，任期与公司第五届董事会一致。2014年6月26日经中国银监会上海监管局任职资格核准后正式任职。傅帆先生不再担任公司副董事长职务。

公司第五届监事会于2014年5月30日召开会议，同意选举郁忠民先生为公司第五届监事会监事长，任期与公司第五届监事会一致。祝幼一先生不再担任公司监事长职务。

公司第五届董事会于2014年5月30日召开会议，同意聘

任陈兵先生为公司总经理,任期与本届经营班子一致。2014年8月22日经中国银监会任职资格核准后正式任职。傅帆先生不再担任公司总经理职务。

公司第五届董事会于2014年5月30日召开会议,同意聘任张文桥先生为公司总经理助理,任期与本届经营班子一致。2014年6月26日经中国银监会上海监管局任职资格核准后正式任职。

公司全体股东于2014年6月27日以通讯表决方式召开会议,同意选举周潜先生为公司第五届董事会董事,任期与公司第五届董事会一致。2014年9月1日经中国银监会上海监管局任职资格核准后正式任职。薛国龙先生不再担任公司董事职务。

8.3 变更注册资本、变更注册地或公司名称、公司分立合并事项

报告期内,公司注册资本、注册地和公司名称未发生变更,未发生分立合并事项。

8.4 公司重大诉讼事项

无。

8.5 公司及其董事、监事和高级管理人员受到处罚的情况

报告期内,公司及其董事、监事和高级管理人员未发生受到处罚的情况。

8.6 银监会检查意见的整改情况

报告期内,根据《银行业监督管理法》、《信托法》、《信托公司管理办法》等有关规定和银监会2014年度现场检查计划,上海银监局检查组对公司信托业务合规性及到期交付风险情况、与融资性担保机构合作情况进行了现场检查,并结合对理财及营销现场检查统一安排,对公司营销推介环节进行了检查。经过检查,上海银监局认为,公司开展信托业务基本能按照公司制定的信托业务制度和流程进行操作,并采取了较有效的风险防范和控制措施,年内到期项目总体风险可控。上海银监局同时也提出了改进建议。公司分别从尽职调查、评审流程、事后管理、消费者保护权益等方面提出了优化整改措施,积极落实监管意见。

8.7 本年度公司重大事项临时事项披露内容

根据本公司2014年第二次股东会决议、2014年8月6日签订的《关于上海国际信托有限公司之分立协议》、2014年8月6日《公司分立暨减资公告》,并经中国银监会于2015年2月3日以《中国银监会关于上海国际信托有限公司非信托资产分立的批复》(银监复[2015]83号)批准,本公司实施存续分立。本公司已于2015年2月25日完成分立相关工商变更登记手续,取得变更后《企业法人营业执照》,变更后注册资本为24.5亿元;新设公司为上海上国投资产管理有限公司,于2015年3月11日取得注册号为310000000139224的《企业法人营业执照》,注册资本5 000万元。

9. 公司监事会意见

关于公司依法运作情况的意见。报告期内,公司的决策程序符合国家法律、法规和公司的章程及相关制度,建立健全了比较有效的内控制度,董事会全体成员及董事会聘任的高级管理人员认真履行了职责,未发现有违法、违规、违章的行为,也没有损害公司利益、股东利益和委托人利益的行为。

关于公司财务报告真实性的意见。报告期内,公司财务报告真实反映了公司财务状况和经营成果。

本年度报告的编制和审议程序符合国家法律、法规和公司章程,报告的内容和格式符合中国银监会的规定。

四川信托有限公司

1. 重要提示

1.1 本公司董事会及董事保证本报告所载资料不存在任何虚假记载、误导性陈述或者重大遗漏，并对其内容的真实性、准确性和完整性承担个别及连带责任。

1.2 公司独立董事李光金、熊敬英声明：保证本报告的内容真实、准确、完整。

1.3 致同会计师事务所对本公司出具了标准无保留意见的审计报告。

1.4 公司董事长刘沧龙先生、拟任总裁刘景峰先生、财务总监胡应福先生声明：保证本年度财务报告的真实、完整。

2. 公司概况

2.1 公司简介

四川信托有限公司（以下简称四川信托）经中国银监会批准、四川省工商行政管理局登记注册，于2010年11月28日正式成立，注册资本25亿元，现有员工700余人，以西部金融中心——成都市为总部，服务遍及西部和华北、华东、华南等片区，积极开辟周边省份、城市的信托业务，经营触角延伸至全国各地。

开业以来，四川信托始终坚持以市场为导向、以风险控制为核心、以合规稳健发展为基础、以创新业务探索为动力，实现了受益人、股东、合作伙伴、员工和企业共同进步、和谐发展，先后获得"诚信托·行业新秀奖"、"成长优势奖"、"年度最佳理财服务品牌"、"年度最佳信托公司"、"年度最佳集合信托公司"、"四川百强企业"等殊荣。

四川信托以"机制与管理并行，风险与发展并重，合规与拓展并存，创新与监管相融"为指导思想，秉承"川汇沧海，信达天下"的企业文化，恪守"实现受益人利益最大化，为股东创造财富，为社会作出贡献，为员工创造价值"的经营宗旨，稳健开展信托业务，准确把握市场规律，持续深化学习创新。

展望未来，四川信托将继续坚持"风险第一、效益第二"的经营理念，以"竞争中求发展，创新中求卓越"的企业精神，立足四川省，面向全国，力争五年内，在公司治理机制、业务经营、资产管理、队伍建设、风险控制、开拓创新、市场品牌等方面，成为业内领先的信托公司，发展川信模式，打造百年金融老店。

2.1.1 公司法定中文名称：四川信托有限公司

公司法定英文名称：Sichuan TrustCo.，Ltd.（缩写为SCTC）

2.1.2 公司法定代表人：刘沧龙

2.1.3 公司注册地址：成都市锦江区人民南路2段18号川信红照壁大厦

邮政编码：610016

公司国际互联网址：http://www.schtrust.com

电子信箱：schtrust@schtrust.com

2.1.4 信息披露事务负责人：陈洪亮

信息披露事务联系人：胡杨帆

电话：028－86200639

传真：028－86200678

电子邮箱：huyangfan@schtrust.com

2.1.5 公司选定的信息披露报纸：《金融时报》、《中国证券报》、《上海证券报》

公司年度报告将备置在公司营业场所及网站供查询。

2.1.6 公司聘请的会计师事务所名称：致同会计师事务所

联系地址：四川省成都市青羊工业集中发展区（东区）敬业路229号H区7幢501号

公司常年法律顾问：泰和泰律师事务所

联系地址：成都市高新区天府大道中段199号棕榈泉国际中心16～17楼

2.2 组织结构

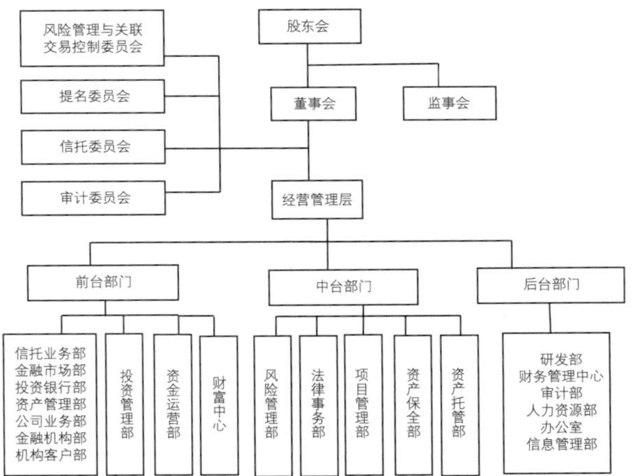

3. 公司治理

3.1 股东

报告期末公司股东总数为10个，持有本公司10%（含）以上股份（或出资比例）的股东分别为：四川宏达（集团）有限公司、中海信托股份有限公司、四川宏达股份有限公司。

股东名称	出资比例(%)	法人代表	注册资本(亿元)	注册地址	主要经营业务及主要财务情况
四川宏达(集团)有限公司	35.0388	刘军	10	四川省什邡市师古镇成林村	化工机械制造及设备检测、安装,化工产品及原销售及进出口业务,对旅游业、房地产业、采矿业、化工行业、贸易业、餐饮娱乐业、仓储业投资,房地产开发及物业管理,旅游产品开发。 2014年末,公司资产总额898 875.59万元、净资产334 644.10万元;2014年度净利润为21 901.16万元。 上述为四川宏达(集团)有限公司即母公司的数据,尚未经审计。
中海信托股份有限公司	30.2534	陈浩鸣	25	上海市黄浦区蒙自路763号36楼	信托投行业务、资产管理业务及事务性信托业务。截至2014年末,公司总资产52.49亿元,净资产38.39亿元。公司管理信托资产规模达到3 142.51亿元,实现营业收入14.09亿元,利润总额11.71亿元,净利润9.73亿元(未经审计)。
四川宏达股份有限公司	19.1605	王国成	20.32	四川省什邡市师古镇蓥山村	主要从事冶金、化工、矿山开采及酒店。

股东间关联关系情况:四川宏达(集团)有限公司与四川宏达股份有限公司的实际控制人同为刘沧龙先生。

3.2 董事、董事会及其下属委员会

董事长、副董事长、董事

姓 名	职 务	性别	年龄	选任日期	所推举的股东名称	该股东持股比例(%)	简 要 履 历
刘沧龙	董事长	男	60	2010年11月	四川宏达(集团)有限公司	35.0388	第十届、第十一届全国人大代表,第十届中华全国工商业联合会副主席,现任第十二届全国政协委员、中国民间商会副会长、四川宏达集团董事局主席兼党委书记。
陈浩鸣	副董事长	男	48	2011年11月	中海信托股份有限公司	30.2534	曾任中海石油投资控股有限公司总经理,中海信托股份有限公司副总裁,中海基金公司总经理,现任中海信托股份有限公司总裁。
吴玉明	副董事长	男	47	2013年11月	四川宏达股份有限公司	19.1605	曾任中信证券交易部副总经理,中信证券天津管理总部常务副总经理、总经理,中信证券股份有限公司襄理兼经纪业务管理部总经理,中信证券公司董事总经理,现为宏信证券有限责任公司董事长。
朱开友	董事	男	59	2010年11月	汇源集团有限公司	3.8436	曾任成都市金牛区医药管理局及物资局局长、成都汇源光缆厂厂长;现任汇源集团有限公司董事长,西部汇源矿业有限公司董事长,四川电器集团股份有限公司董事长,成都新汇源医药有限公司董事长,四川省政协委员等职务。

独立董事

姓 名	所在单位及职务	性别	年龄	选任日期	所推举的股东名称	该股东持股比例(%)	简 要 履 历
王 元(待监管审批)	中美国际保险销售服务有限公司拟任首席风险官	女	58	2014年11月	中海信托股份有限公司	30.2534	先后在泰康人寿保险股份有限公司稽核部、合规法律部、法律部工作,担任过员工监事、公司法律责任人。
李光金	四川大学商学院教授、博士导师	男	48	2013年11月	四川宏达(集团)有限公司	35.0388	曾在西南交通大学经济管理学院任教;在四川联合大学管理工程系任教并担任系科研秘书;在四川大学工商管理学院任教,担任副院长,先后主管过硕士与博士研究生、MBA、ME、外事、EMBA等工作,其中2003年7月晋升教授,后被聘为博士生导师。
熊敬英	达成铁路有限责任公司副总经理	女	48	2010年11月	成都铁路局	3.5691	曾任成都铁路局成都车务段助理经济师,成都铁路局财务处会计师、高级会计师、副科长、科长,成都铁路局国资办任副主任、主任,成都铁路局财务处副处长。

董事会下属委员会

董事会下属委员会	职责	组成人员名单	职务
风险管理与关联交易控制委员会	研究公司发生重大、突发性事项的对策;研究制定总体风险管理、关联交易控制政策供董事会审议;研究公司风险管理的战略结构和资源,并使之与公司的内部风险管理政策相兼容;研究重要的风险边界;对相关的风险管理、关联交易控制政策进行监督、审查和向董事会提出建议等。	李光金	独立董事
		刘沧龙	董事长
		熊敬英	独立董事
提名委员会	研究董事和总裁的选择标准和程序并提出建议;广泛搜寻合格的董事和总裁人选;对董事候选人和总裁人选进行审查并提出建议等。	刘沧龙	董事长
		陈浩鸣	副董事长
		吴玉明	副董事长

续表

董事会下属委员会	职责	组成人员名单	职务
信托委员会	调查研究信托行业的发展变化，对公司信托业务的发展方向和战略规划进行研究和提出建议；初审须由董事会审议的信托项目；针对中国银监会及其派出机构检查公司信托业务后要求董事会组织整改的问题，研究提出具体措施；当公司或股东利益与受益人利益发生冲突时，研究提出维护受益人权益的具体措施等。	夏斌*	独立董事
		陈浩鸣	副董事长
		朱开友	董事
审计委员会	提议聘请或更换外部审计机构；监督公司的内部审计制度及其实施；负责内部审计与外部审计之间的沟通；审核公司的财务信息及其披露；审查公司内控制度等。	熊敬英	独立董事
		吴玉明	副董事长
		李光金	独立董事

注：*表示夏斌已辞去独立董事职务，并于2014年10月22日第二届董事会第九次会议审议通过。2014年11月14日2014年度第二次临时股东会审议通过王元任独立董事，其任职资格已报监管部门审核。信托委员会成员待王元任职资格批复后再行召开董事会选举。

3.3 监事、监事会及其下属委员会

姓名	职务	性别	年龄	选任日期	所推举的股东名称	该股东持股比例（%）	简要履历
严俊波	监事会主席	男	56	2010年11月	四川濠吉食品（集团）有限责任公司	5.0422	四川濠吉集团创始人，全国人大代表；现任四川濠吉食品（集团）有限责任公司董事长兼总经理，集团党委书记。
王静轶	监事	女	38	2013年1月	四川省投资集团有限责任公司	1.3924	曾任四川投资产管理有限责任公司财务经理，四川川投水务集团有限公司副总会计师，现任四川省投资集团有限责任公司资金财务部副经理。
余丽娜	监事	女	33	2013年1月	公司职工	—	曾任雅诗阁国际管理（Ascott International Management）中国区域市场销售部总监助理、副经理、中国区域董事总经理行政助理，四川宏达集团行政管理部副总经理、总经理、总裁助理，现任四川信托办公室主任。

3.4 高级管理人员

报告期末，公司在职高级管理人员情况如下：

姓名	职务	性别	年龄	选任日期	金融从业年限（年）	学历	专业	履历简介
刘景峰	拟任总裁	男	48	2014年10月	21	硕士	经济学	曾任中融国际信托投资有限公司投资银行部副总经理、中融国际信托投资有限公司北京业务部总经理、中融国际信托投资有限公司副总裁、中植集团有限公司总裁、四川信托副总裁。
向前友	党委书记、副总裁	男	55	2011年11月	24	硕士	工商管理	曾任中国银行自贡分行行长、党委书记，中国银行四川省分行公司业务处处长，中国银行德阳分行行长、党委书记，四川信托副董事长。
陈洪亮	常务副总裁兼首席风控官	男	54	2011年10月	23	本科	法律	曾任中国银行遂宁分行行长，四川宏达集团有限公司副总裁、四川信托有限公司副董事长。
叶伟清	副总裁	男	54	2010年11月	25	本科	工商管理	曾任工商银行广东省肇庆市分行行长、党委书记，工商银行广东省分行投资银行部总经理，渤海银行总行机构发展部总经理。
严　整	副总裁	男	45	2011年10月	14	博士	会计学	曾任四川证监局上市监管处副处长、法制工作处处长。
周可彤	副总裁	男	47	2012年8月	27	本科	金融学	曾任四川银监局现场检查六处处长，非银行金融机构监管处处长。
陶勤海	副总裁	男	52	2012年5月	32	硕士	经济学	曾任宁波市金港信托投资有限公司副总裁，上海金诚投资管理有限公司董事长。
孔维文*	副总裁	男	51	2010年11月	32	本科	历史	曾任四川银监局办公室主任、达州银监分局局长。
胡应福	财务总监	男	49	2013年5月	4	本科	财会	曾任中国国际期货经纪有限公司、中期证券经纪有限责任公司工作财务总监、总会计师，四川宏达股份有限公司任总会计师。
吕明昭	总稽核	女	50	2011年11月	7	硕士	工商管理	曾供职于新华保险公司、中务会计师事务所，四川宏达集团副总会计师，四川信托财务总监。

注：*表示经公司第二届董事会第八次会议审议通过，同意免去孔维文首席风控官职务，聘任其担任公司副总裁。

3.5 公司员工

报告期末，公司职工人数为752人：

项　目		报告期年度	
		人数(人)	比例(%)
年龄分布	25岁以下	48	6.38
	25～29岁	295	39.23
	30～39岁	296	39.36
	40～49岁	82	10.90
	50岁以上	31	4.12
学历分布	博士	6	0.80
	硕士	236	31.38
	本科	384	51.06
	专科	114	15.16
	其他	12	1.60
岗位分布	高管	11	1.46
	总部人员	148	19.68
	片区人员	314	41.76
	财富中心人员	279	37.10

4. 经营管理

4.1 指导思想、经营方针、战略目标

指导思想：以科学发展观为指导，实现川信又好又快地发展。

经营方针：以“强化管理、转型升级、服务发展”为工作指导方针，秉承“风险第一、效益第二”的经营理念，坚持“立足四川、面向全国”的基本定位，在风险可控前提下审慎合规开展业务。

战略目标：在五年内（2012—2016年）综合实力进入全国信托行业前列。在公司治理机制、业务经营、资产管理、队伍建设、风险控制、开拓创新、市场品牌等方面，成为业内领先的信托公司，精心打造富有川信特色的信托模式，走出一条市场化经营金融企业的成功之路。

4.2 经营业务的主要内容

公司经营经中国银监会批准和公司登记机关核准的业务，主要包括资金信托、动产信托、不动产信托、其他财产或财产权信托；代保管及保管箱业务、以存放同业、拆放同业、贷款、租赁、投资方式运用固有财产、从事同业拆借等。

自营资产运用与分布表

资产运用	金额（万元）	占比（%）	资产分布	金额（万元）	占比（%）
货币资产	174 633.97	42.15	基础产业	—	—
应收款	33 899.01	8.18	房地产业	40 496.70	9.77
交易性金融资产	30 337.53	7.32	证券市场	30 337.53	7.32
固定资产	43 349.95	10.46	实业	70 112.07	16.92
长期股权投资	84 453.03	20.38	金融机构	174 633.97	42.15
其他	47 644.80	11.50	其他	98 738.02	23.83
资产总计	414 318.29	100	资产总计	414 318.29	100

注：除特别说明外，本报告中数据均以人民币计量。

信托资产运用与分布表

资产运用	金额（万元）	占比（%）	资产分布	金额（万元）	占比（%）
货币资产	310 315.53	1.15	基础产业	4 001 039.80	14.83
贷款	8 533 629.00	31.63	房地产业	2 688 751.00	9.97
交易性金融资产	4 288 311.00	15.89	证券市场	4 499 447.76	16.68
可供出售金融资产	9 634 004.76	35.71	实业	5 732 147.00	21.25
长期股权投资	1 707 486.00	6.33	金融机构	5 029 829.63	18.64
其他	2 506 756.04	9.29	其他	5 029 287.14	18.63
信托资产总计	26 980 502.33	100	信托资产总计	26 980 502.33	100

4.3 市场分析

4.3.1 有利因素

2014年末，信托公司管理信托资产规模达到13.98万亿元，再创历史新高，行业企稳态势明显。同时，随着居民财富的不断积累，理财需求将会进一步扩大，信托业将会迎来转型发展机遇。同时，信托公司作为现在唯一能够跨越货币市场、资本市场和实业投资市场的非银行金融机构，有着与生俱来的制度优势。

（1）信托行业发展迅速，行业整体实力得到提高。信托行业资产管理总规模、盈利能力和水平均创历史最好成绩。信托行业正在经历从做大资产管理规模到提高财富管理水平的跨越。

（2）信托规模稳步扩大，信托产品成为市场重要的理财品种。目前国内信托市场已初步形成了证券投资型、股权投资型、资金贷款型、资产准证券化型、收益权转让型等多种类型的信托品种。同时，不同信托公司的信托产品在投资领域、规模期限和收益等方面也出现了多样化特点。

（3）监管机构和信托业协会的工作有效地控制信托业的风险，进一步增强信托公司间的交流。

（4）创新能力不断增强，自主管理能力不断提高。信托公司正通过多种方式，不断加强业务创新，推出灵活多样的信托产品，通过发挥制度优势和资金优势，快速介入工商企业、房地产、证券投资、基础设施投融资等领域。同时，不断提高产品的自主设计水平，提高自主管理能力。此外，艺术品、黄金、酒类投资信托等多种另类信托产品成功研发并得到市场认可。

（5）公司在四川省省政府、四川银监局的正确引导和大力支持下，紧紧抓住西部金融中心打造和四川产业升级、经济转型、工业化进程良好的契机，实现了快速发展。

4.3.2 不利因素

大资管时代背景下行业竞争加剧，受到国内经济增速整体放缓与经济结构调整的大环境影响，信托业务增速相应放缓，风险管控压力加大，国家信托法律规章有待健全完善，社会信托文化有待培育。

4.4 内部控制

4.4.1 内部控制环境和内部控制文化

公司建立了由股东会、董事会、监事会和高级管理层组成的治理结构，形成了权力机构、决策机构、监督机构和经营层之间分工配合、相互协调、相互制衡的运行机制。公司“三会一层”均按照相关法律、法规及公司章程的规定规范运作，为公司营造了良好的内部控制环境。

公司坚持“风险第一、效益第二”的原则,积极营造内部合规文化。根据宏观经济发展状况、监管政策要求及公司实际经营情况,逐步建立健全涵盖公司各管理环节的内部控制措施,促进了公司内控文化的建设。

4.4.2 内部控制措施

公司建立了自上而下的分级授权体系,形成了“全员参与、流程管理、立体监督”的风控体系,对项目风险进行事前防范与事中控制,发挥了风险防火墙的作用。公司建立了动态的制度管理体系,根据监管政策要求和业务发展需要,对制度进行实时修订与完善,进一步健全了公司内部控制体系。

公司建立了董事会领导下的内审制度,审计部对公司内部各部门开展了常规审计,形成了独立的审计报告并及时督促相关部门进行整改,通过事后的检查和监督进一步强化内部控制的力度。

外部审计方面,公司聘请全国知名会计师事务所对公司的财务报告进行审计,审计内容涵盖内部控制情况的部分,就历年审计情况来看,均向公司出具了标准无保留意见审计报告。

公司高度重视内部监督和自我纠正机制完善,四川银监局的检查意见、人民银行成都分行评估意见、内外部审计发现的问题等均能得到及时整改,并以此为契机完善公司的内控制度。

公司注重信息化系统的建设。目前,公司已初步形成了以恒生业务一体化平台、营销一体化平台、证投类交易系统、OA 系统、邮件系统为核心的信息化网络,并与各监管单位、清算所及多家券商实现系统对接,实施成都市机房到北京市中债登、上海外汇中心、深证通的联通备份专线架设,有效提高了公司管理效率和内部控制能力,为公司稳健发展和风险防范提供了技术保障。

4.4.3 信息交流与反馈

公司制定了《信息披露管理办法》、《重大信息内部报告制度》、《向董事会报告制度》等信息披露和报告管理制度,并有专门部门负责对外的信息收集、发布及媒体关系管理,确保信息交流过程中及时发现问题、解决问题。公司内部建立了顺畅的报告及通报制度,以公文、公告等形式,充分利用邮件、视频会议、电话会议等方式传递和获取信息。

4.4.4 监督评价与纠正

审计部为公司审计监督检查和评价的执行部门,负责监督各项内部控制制度的执行情况,收集与评价内部控制的反馈意见,对发现的内部控制缺陷,按照规定程序有针对性地建议公司或要求相关部门或责任人予以纠正,并定期向董事会报告。

4.5 风险管理

4.5.1 风险管理概况

公司始终坚持“风险第一、效益第二”的经营理念,本着“只有风险可控的发展才是健康的、可持续的发展,只有与风险管理能力相匹配的规模和业务增长才是真正增长”的风控文化,四年来逐步建立了“以净资本管理为核心、以制度约束为保证、以 IT 支撑为基础、以全程管控为手段、以中介机构为辅助”的全员风控体系。在新的风险管理体系下,业务规范操作及风险控制得到进一步加强。

4.5.2 风险状况

4.5.2.1 信用风险状况

信用风险是指交易对手未能履行合同所带来的经济损失风险,或者是其信用等级下降时给公司权益造成的不确定性。报告期末,公司信托业务信用风险在可控范围内。

4.5.2.2 市场风险状况

市场风险是指公司在业务经营中,不可避免地因市场价格的波动而产生的风险。报告期内,未发生因市场风险所造成的损失。

4.5.2.3 操作风险状况

操作风险是指由于不完善或有问题的内部操作过程、人员、系统或外部事件而造成的直接或间接损失的风险。报告期内,公司未发生因操作风险造成的损失。

4.5.2.4 流动性风险

流动性风险指公司虽然有清偿能力,但无法及时获得充足资金或无法以合理成本及时获得充足资金以应对资产增长或支付到期债务的风险。报告期内,公司未发生因流动性风险造成的损失。

4.5.2.5 其他风险状况

其他风险主要为政策风险及法律风险。报告期内,公司未发生因其他风险所造成的损失。

4.5.3 风险管理情况

4.5.3.1 信用风险管理

公司针对信用风险,在项目的前期运作中,组织专人进行项目尽职调查。针对创新类信托项目,公司聘请律师事务所拟订或审核合同,并在合同中设立了违约金制度及担保制度。同时,对项目进行跟踪管理,发现问题及时采取措施补救。

4.5.3.2 市场风险管理

通过加强市场调查、市场研究、市场分析,尽量对股价、利率、汇率等市场要素有较全面、较准确的了解;而对于较复杂的特定市场且本公司不能有效了解和把握其风险的,一般采取谨慎原则、保守操作;同时,在业务拓展或产品推介时,除有关文件明示风险因素外,业务人员必须向投资者明确说明市场因素变化带来的可能影响。

4.5.3.3 操作风险管理

在财务管理、内部稽核、资金运作、账户管控、客户档案管理等方面,严格按信托法规及信托文件设定相应的管理岗位,坚持固有业务和信托业务的分离,设置专人专岗,明确管理职责及审批权限,并通过内部邮件系统、审批流程等标准化、系统化的管理方式,最大限度地控制内部管理方面的风险。

4.5.3.4 流动性风险管理

公司时刻将流动风险视为信托到期兑付的重要风险。公司在对项目进行审查时,将流动风险视为重要方面予以考量,从多个方面评判融资方到期地兑付能力,按照监管部门的要求,定期或不定期的对项目进行充分的压力测试。同时,严格后续管理,持续关注企业的后续经营状况,了解其经营风险,重要时点的流动性风险,在融资方出现或有流动性风险时,及时采取有效措施进行化解,严控流动性风险的出现。公司自有资金使用方面,采取了严格的使用途径,只能将自有资金投向流动性较强的固定收益类产品或公司主动管理的信托计划,严控流动性风险。

4.5.3.5 其他风险管理

公司一直严格按照监管部门的要求,在合规的前提下开展业务。同时,十分关注宏观政策及监管政策的动向,对公司影响重大的政策变动都积极响应，及时调整内部制度和业务方向，力争与宏观政策和监管政策保持一致。

4.6 净资本风险控制指标

本公司报告期末的净资本风险控制指标情况如下：

指标名称	期末数	监管标准
净资本（亿元）	34.40	≥2
固有业务风险资本（亿元）	2.59	
信托业务风险资本（亿元）	14.18	
其他业务风险资本（亿元）		
各项业务风险资本之和（亿元）	16.77	
净资本/各项业务风险资本之和（%）	205	≥100
净资本/净资产（%）	88	≥40

5. 报告期末及上一年度末的比较式会计报表

5.1 自营资产

5.1.1 会计师事务所审计结论

审计报告

致同审字（2015）第510ZB1294号

四川信托有限公司全体股东：

我们审计了后附的四川信托有限公司（以下简称四川信托公司）财务报表，包括2014年12月31日的合并及公司资产负债表，2014年度的合并及公司利润表、合并及公司现金流量表、合并及公司所有者权益变动表以及财务报表附注。

一、管理层对财务报表的责任

编制和公允列报财务报表是四川信托公司管理层的责任，这种责任包括：（1）按照企业会计准则的规定编制财务报表，并使其实现公允反映；（2）设计、执行和维护必要的内部控制，以使财务报表不存在由于舞弊或错误导致的重大错报。

二、注册会计师的责任

我们的责任是在执行审计工作的基础上对财务报表发表审计意见。我们按照中国注册会计师审计准则的规定执行了审计工作。中国注册会计师审计准则要求我们遵守中国注册会计师职业道德守则，计划和执行审计工作以对财务报表是否不存在重大错报获取合理保证。

审计工作涉及实施审计程序，以获取有关财务报表金额和披露的审计证据。选择的审计程序取决于注册会计师的判断，包括对由于舞弊或错误导致的财务报表重大错报风险的评估。在进行风险评估时，注册会计师考虑与财务报表编制和公允列报相关的内部控制，以设计恰当的审计程序，但目的并非对内部控制的有效性发表意见。审计工作还包括评价管理层选用会计政策的恰当性和作出会计估计的合理性，以及评价财务报表的总体列报。

我们相信，我们获取的审计证据是充分、适当的，为发表审计意见提供了基础。

三、审计意见

我们认为，四川信托公司财务报表在所有重大方面按照企业会计准则的规定编制，公允反映了四川信托公司2014年12月31日的合并及公司财务状况以及2014年度的合并及公司经营成果和合并及公司现金流量。

中国注册会计师 

中国注册会计师

中国·北京

二〇一五年二月二十 

5.1.2 资产负债表

资产负债表

2014年度

单位：元

项目	期末数		期初数	
	合并	公司	合并	公司
资产：				
现金及存放中央银行款项	3 266.57	—	1 831.81	—
存放同业款项	5 304 198 968.02	1 746 339 737.81	3 260 452 589.01	1 447 012 137.17
结算备付金	1 288 311 686.14		290 046 624.59	—
融出资金	1 454 534 860.17		24 813 768.78	
以公允价值计量且其变动计入当期损益的金融资产	2 458 550 381.75	303 375 267.48	1 632 969 020.23	84 262 992.21
衍生金融资产			—	—
买入返售金融资产	1 679 791 970.71		95 599 075.06	—
应收账款	305 524 403.41	305 524 403.41	192 126 371.68	191 921 332.19
预付款项	8 086 747.14	7 439 247.14	3 728 398.75	3 117 990.75
应收利息	100 860 908.20	4 693 698.63	36 419 862.66	—
应收股利	—		—	—
其他应收款	92 211 997.67	28 772 073.88	36 846 143.15	25 323 941.91
存出保证金	14 046 169.62		8 179 500.06	—
发放贷款和垫款	180 000 000.00	180 000 000.00	30 761 250.00	30 761 250.00

续表

项 目	期末数		期初数	
	合并	公司	合并	公司
可供出售金融资产	737 672 137.86	263 984 494.49	835 697 660.57	473 888 164.35
持有至到期投资			—	—
长期股权投资	—	844 530 283.51	—	812 084 025.92
投资性房地产	39 282 566.77		31 237 245.28	—
固定资产	616 397 636.78	433 499 561.21	633 991 800.93	438 132 952.03
无形资产	56 518 739.87	7 692 598.61	46 585 449.88	5 157 071.91
商誉	153 827 957.59		153 827 957.59	—
递延所得税资产	63 656 744.90	4 678 257.84	25 697 267.57	—
其他资产	35 355 544.02	12 653 289.39	30 368 871.39	10 049 349.89
资产总计	14 588 832 687.19	4 143 182 913.40	7 369 350 688.99	3 554 157 465.92

资产负债表(续)

2014 年度

单位:元

项 目	期末数		期初数	
	合并	公司	合并	公司
负债:				
向中央银行借款				
同业及其他金融机构存放款项				
拆入资金	300 000 000.00	—		
以公允价值计量且其变动计入当期损益的金融负债	59 980 000.00			
衍生金融负债				
卖出回购金融资产款	4 048 920 325.35	50 000 000.00	1 047 100 895.89	—
代理买卖证券款	4 586 513 533.75		1 514 994 611.03	—
应付账款	99 015.00		210 555.98	—
应付职工薪酬	244 030 379.31	55 681 041.91	134 444 816.39	66 187 331.64
应交税费	224 877 833.03	109 517 295.41	229 646 997.35	180 900 160.02
应付利息	17 542 885.26	71 246.58	1 161 893.61	—
其他应付款	56 735 124.15	39 537 439.26	318 824 107.55	66 011 656.69
预计负债			—	—
应付债券			—	—
递延所得税负债	40 461 712.94		26 525 062.60	1 802 638.54
其他负债	6 560 171.70	1 303 457.74	8 010 660.93	2 177 972.61
负债合计	9 585 720 980.49	256 110 480.90	3 280 919 601.33	317 079 759.50
所有者权益:				
实收资本	2 500 000 000.00	2 500 000 000.00	2 000 000 000.00	2 000 000 000.00
其他权益工具				
资本公积	1 835 024.84		1 835 024.84	—
减:库存股				
其他综合收益	23 585 465.65		2 064 635.52	
盈余公积	323 207 243.23	323 207 243.23	220 707 770.63	220 707 770.63
一般风险准备	216 873 509.72	216 873 509.72	140 892 465.35	140 892 465.35
未分配利润	1 209 244 390.90	846 991 679.55	1 096 170 541.16	875 477 470.44
归属于母公司股东权益合计	4 274 745 634.34	3 887 072 432.50	3 461 670 437.50	3 237 077 706.42
少数股东权益	728 366 072.36	—	626 760 650.16	—
股东权益合计	5 003 111 706.70	3 887 072 432.50	4 088 431 087.66	3 237 077 706.42
负债及股东权益总计	14 588 832 687.19	4 143 182 913.40	7 369 350 688.99	3 554 157 465.92

5.1.3 利润表

2014 年度　　单位:元

项目	本期金额		上期金额	
	合并	公司	合并	公司
一、营业收入	2 979 457 734. 02	2 172 372 673. 30	2 478 458 328. 34	2 044 600 694. 75
利息净收入	73 279 267. 01	53 431 936. 02	70 517 182. 34	69 335 080. 24
利息收入	161 760 409. 36	54 270 271. 74	120 254 108. 23	69 335 080. 24
利息支出	88 481 142. 35	838 335. 72	49 736 925. 89	—
手续费及佣金净收入	2 352 790 420. 66	1 898 588 037. 36	2 195 709 924. 69	1 859 465 282. 00
手续费及佣金收入	2 411 379 983. 02	1 916 231 643. 64	2 266 390 019. 37	1 905 721 482. 64
手续费及佣金支出	58 589 562. 36	17 643 606. 28	70 680 094. 68	46 256 200. 64
投资收益(损失)	505 934 612. 78	207 685 989. 00	157 478 080. 05	62 628 202. 64
其中:对联营企业和合营企业的投资收益(损失)				
公允价值变动收益(损失)	-661 366. 65	-25 923 585. 51	6 811 039. 25	13 331 398. 05
汇兑收益(损失)				
其他业务收入	48 114 800. 22	38 590 296. 43	47 942 102. 01	39 840 731. 82
二、营业支出	1 254 259 767. 19	808 543 956. 62	925 527 171. 27	648 207 339. 89
营业税金及附加	174 972 589. 34	126 740 701. 37	146 016 176. 41	121 933 492. 67
业务及管理费	1 069 747 648. 93	678 376 425. 93	770 389 295. 13	523 301 868. 44
资产减值损失	-45 418. 16	—	14 952. 91	—
其他业务成本	9 584 947. 08	3 426 829. 32	9 106 746. 82	2 971 978. 78
三、营业利润	1 725 197 966. 83	1 363 828 716. 68	1 552 931 157. 07	1 396 393 354. 86
加:营业外收入	851 543. 91	713 893. 91	482 106. 15	210 851. 97
减:营业外支出	928 911. 89	317 487. 89	1 343 159. 16	500 013. 54
四、利润总额	1 725 120 598. 85	1 364 225 122. 70	1 552 070 104. 06	1 396 104 193. 29
减:所得税费用	441 764 605. 59	339 230 396. 62	387 591 565. 69	344 323 376. 14
五、净利润	1 283 355 993. 26	1 024 994 726. 08	1 164 478 538. 37	1 051 780 817. 15
归属于母公司所有者的净利润	1 164 523 584. 54	—	1 114 438 722. 11	—
少数股东损益	118 832 408. 72		50 039 816. 26	
六、其他综合收益的税后净额	35 644 676. 90	—	3 419 622. 16	—
归属于母公司股东的其他综合收益的税后净额	21 520 830. 13	—	2 064 635. 52	—
(一)以后不能重分类进损益的其他综合收益	—	—	—	—
(二)以后将重分类进损益的其他综合收益	21 520 830. 13	—	2 064 635. 52	—
可供出售金融资产公允价值变动损益	21 520 830. 13		2 064 635. 52	
归属于少数股东的其他综合收益的税后净额	14 123 846. 77		1 354 986. 64	
七、综合收益总额	1 319 000 670. 16	1 024 994 726. 08	1 167 898 160. 53	1 051 780 817. 15
归属于母公司所有者的综合收益总额	1 186 044 414. 67		1 116 503 357. 63	
归属于少数股东的综合收益总额	132 956 255. 49		51 394 802. 90	

5.1.4 所有者权益变动表

2014 年度

单位:元

项目	本期金额											
	归属于母公司股东权益										少数股东权益	所有者权益合计
	实收资本	其他权益工具			资本公积	减:库存股	其他综合收益	盈余公积	一般风险准备	未分配利润		
		优先股	永续债	其他								
一、上年末余额	2 000 000 000.00	—	—	—	1 835 024.84	—	2 064 635.52	220 707 770.63	140 892 465.35	1 096 170 541.16	626 760 650.16	4 088 431 087.66
加:会计政策变更												—
前期差错更正												—
同一控制下企业合并												—
其他												—
二、本年初余额	2 000 000 000.00	—	—	—	1 835 024.84	—	2 064 635.52	220 707 770.63	140 892 465.35	1 096 170 541.16	626 760 650.16	4 088 431 087.66
三、本年增减变动金额(减少以“-”号填列)	500 000 000.00	—	—	—	—	—	21 520 830.13	102 499 472.60	75 981 044.37	113 073 849.74	101 605 422.20	914 680 619.04
(一)综合收益总额							21 520 830.13			1 164 523 584.54	132 956 255.49	1 319 000 670.16
(二)所有者投入和减少资本	500 000 000.00	—	—	—	—	—	—	—	—	—	—	500 000 000.00
1. 所有者投入的资本	500 000 000.00											500 000 000.00
2. 其他权益工具持有者投入资本												—
3. 股份支付计入所有者权益的金额												—
4. 其他												—
(三)利润分配	—	—	—	—	—	—	—	102 499 472.60	75 981 044.37	-1 051 415 881.45	-31 384 686.64	-904 320 051.12
1. 提取盈余公积								102 499 472.60		-102 499 472.60		—
2. 提取一般风险准备									75 981 044.37	-75 981 044.37		—
3. 对所有者的分配										-875 000 000.00	-29 320 051.12	-904 320 051.12
4. 其他										2 064 635.52	-2 064 635.52	—
(四)所有者权益内部结转	—	—	—	—	—	—	—	—	—	—	—	—
1. 资本公积转增资本												—
2. 盈余公积转增股本资本												—
3. 盈余公积弥补亏损												—
4. 一般风险准备弥补亏损												—
5. 结转重新计量设定受益计划净负债或净资产所产生的变动												—
6. 其他												—
(五)其他										-33 853.35	33 853.35	—
四、本年末余额	2 500 000 000.00	—	—	—	1 835 024.84	—	23 585 465.65	323 207 243.23	216 873 509.72	1 209 244 390.90	728 366 072.36	5 003 111 706.70

2013 年度

续表

项　目	上期金额											
	归属于母公司股东权益										少数股东权益	所有者权益合计
	实收资本	其他权益工具			资本公积	减:库存股	其他综合收益	盈余公积	一般风险准备	未分配利润		
		优先股	永续债	其他								
一、上年末余额	1 300 000 000. 00				1 835 024. 84			115 529 688. 92	67 595 895. 25	862 271 106. 38	397 069 423. 93	2 744 301 139. 32
加:会计政策变更												—
前期差错更正												—
同一控制下企业合并												—
其他												—
二、本年初余额	1 300 000 000. 00	—	—	—	1 835 024. 84	—	—	115 529 688. 92	67 595 895. 25	862 271 106. 38	397 069 423. 93	2 744 301 139. 32
三、本年增减变动金额(减少以"－"号填列)	700 000 000. 00	—	—	—	—	—	2 064 635. 52	105 178 081. 71	73 296 570. 10	233 899 434. 78	229 691 226. 23	1 344 129 948. 34
(一)综合收益总额							2 064 635. 52			1 114 438 722. 11	51 394 802. 90	1 167 989 160. 53
(二)所有者投入和减少资本	700 000 000. 00	—	—	—	—	—	—	—	—	—	186 835 294. 98	886 835 294. 98
1. 所有者投入的资本	700 000 000. 00										181 694 197. 17	881 694 197. 17
2. 其他权益工具持有者投入资本												—
3. 股份支付计入所有者权益的金额												—
4. 其他											5 141 097. 81	5 141 097. 81
(三)利润分配	—	—	—	—	—	—	—	105 178 081. 71	73 296 570. 10	-828 650 387. 33	-8 538 871. 65	-658 714 607. 17
1. 提取盈余公积								105 178 081. 71		-105 178 081. 71		
2. 提取一般风险准备									73 296 570. 10	-73 296 570. 10		
3. 对所有者的分配										-648 111 100. 00	-8 538 871. 65	-626 649 971. 65
4. 其他										-2 064 635. 52		-2 064 635. 52
(四)所有者权益内部结转	—	—	—	—	—	—	—	—	—	-51 888 900. 00	—	-51 888 900. 00
1. 资本公积转增资本												—
2. 盈余公积转增股本资本												—
3. 盈余公积弥补亏损												—
4. 一般风险准备弥补亏损												—
5. 结转重新计量设定受益计划净负债或净资产所产生的变动												—
6. 其他										-51 888 900. 00		51 888 900. 00
(五)其他												—
四、本年末余额	200 000 000. 00	—	—	—	1 835 024. 84	—	2 064 635. 52	220 707 770. 63	140 892 465. 35	1 096 170 541. 16	626 760 650. 16	4 088 431 087. 66

5.2 信托资产

5.2.1 信托项目资产负债汇总表

单位：万元

信托资产	期末数	期初数	信托负债和信托权益	期末数	期初数
货币资金	310 315.53	151 705.56	应付受托人报酬	492.94	73.59
拆出资金			应付托管费	1 021.77	92.13
交易性金融资产	4 288 311.00	309 387.40	应付受益人收益	50 723.29	10 484.81
买入返售金融资产	499 782.49	11 860.37	应交税费	12.91	56.42
应收款项	105 144.75	14 706.52	其他应付款项	45 869.00	146 618.28
贷款	8 533 629.00	9 330 038.00	其他负债	1 150.16	805.98
可供出售金融资产	9 634 004.76	9 951 076.35	信托负债合计	99 270.06	158 131.21
持有至到期投资	1 565 165.00	352 000.00	信托权益：		
长期股权投资	1 707 486.00	1 322 502.90	实收信托	26 661 735.19	21 639 303.50
投资性房地产			资本公积	20 431.74	2 237.64
固定资产			未分配利润	199 065.34	67 899.81
无形资产			信托权益合计	26 881 232.27	21 709 440.94
其他资产	336 663.80	424 295.05			
资产合计	26 980 502.33	21 867 572.16	负债和权益合计	26 980 502.33	21 867 572.16

5.2.2 信托项目利润及利润分配汇总表

单位：万元

项目	本期数	上期数
一、营业收入	2 580 271.03	1 906 707.91
利息收入	1 026 700.25	836 155.56
投资收入	1 490 204.46	1 071 951.31
租赁收入	0.00	2 215.48
公允价值变动损益	62 343.41	−5 529.98
其他收入	1 022.91	1 915.55
二、营业费用	370 580.64	365 367.77
三、营业税金及附加		
加：营业外收入		
减：营业外支出		
四、扣除资产减值损失前的信托利润		
减：资产减值损失		
五、净利润	2 209 690.40	1 541 340.14
加：期初未分配信托利润	67 899.81	82 832.15
六、可供分配的信托利润	2 277 590.21	1 624 172.29
减：本期已分配信托利润	2 078 524.86	1 556 272.49
七、期末未分配信托利润	199 065.35	67 899.81

6. 会计报表附注

6.1 简要说明报告年度会计报表编制基准、会计政策、会计估计和核算方法发生的变化

6.1.1 重要会计政策变更

2014年1月至7月，财政部颁布了《企业会计准则第39号——公允价值计量》（简称企业会计准则第39号）、《企业会计准则第40号——合营安排》（简称企业会计准则第40号）和《企业会计准则第41号——在其他主体中权益的披露》（简称企业会计准则第41号），修订了《企业会计准则第2号——长期股权投资》（简称企业会计准则第2号）、《企业会计准则第9号——职工薪酬》（简称企业会计准则第9号）、《企业会计准则第30号——财务报表列报》（简称企业会计准则第30号）、《企业会计准则第33号——合并财务报表》（简称企业会计准则第33号）和《企业会计准则第37号——金融工具列报》（简称企业会计准则第37号），除企业会计准则第37号在2014年度及以后期间的财务报告中使用外，上述其他准则于2014年7月1日起施行。

除下列事项外，其他因会计政策变更导致的影响不重大。

单位：元

会计政策变更的内容和原因	审批程序	受影响的报表项目	影响金额
根据企业会计准则第2号的要求： 对被投资单位不具有控制、共同控制或重大影响，并且在活跃市场中没有报价、公允价值不能可靠计量的权益性投资，按《企业会计准则第22号——金融工具确认和计量》进行处理。 本公司对上述会计政策变更采用追溯调整法处理。	董事会决议	(1)长期股权投资 (2)可供出售金融资产	−48 388 164.35 48 388 164.35
根据企业会计准则第9号的要求： 对首次执行日存在的离职后福利计划、辞退福利、其他长期职工福利，采用追溯调整法处理。本公司对于比较报表未进行调整。	董事会决议	不影响，附注披露变化	
根据企业会计准则第30号的要求： A、利润表中其他综合收益项目分别以后会计期间在满足规定条件时将重分类进损益的项目与以后会计期间不能重分类进损益的项目分别进行列报； 本公司对比较财务报表的列报进行了相应调整。	董事会决议	(1)其他综合收益 (2)未分配利润	2 064 635.52 −2 064 635.52

上述会计政策的累积影响数如下：

单位：元

受影响的项目	本期	上期
期初净资产	—	—
其中：留存收益	-2 064 635.52	—
净利润	-21 520 830.13	2 064 635.52
资本公积		
其他综合收益	23 585 465.65	2 064 635.52
期末净资产	—	—
其中：留存收益	—	-2 064 635.52

6.1.2 **重要会计估计变更**

报告期内，公司不存在会计估计变更。

6.2 或有事项

截至2014年12月31日，本公司不存在对外担保等或有事项。

6.3 承诺事项

截至2014年12月31日，本公司不存在应披露的承诺事项。

6.4 会计报表中重要项目的明细资料（以下为母公司口径）

6.4.1 披露自营资产经营情况

6.4.1.1 按信用风险五级分类结果披露信用风险资产的期初数、期末数

信用风险资产五级分类	正常类（万元）	关注类（万元）	次级类（万元）	可疑类（万元）	损失类（万元）	信用风险资产合计（万元）	不良资产合计（万元）	不良资产率（%）
期初数	355 415.75	—	—	—	—	355 415.75	0	0
期末数	414 318.29	—	—	—	—	414 318.29	0	0

注：不良资产合计=次级类+可疑类+损失类。

6.4.1.2 各项资产减值损失准备的期初、本期计提、本期转回、本期核销、期末数

各项资产未出现减值迹象 未计提减值准备。

6.4.1.3 自营股票投资、基金投资、可供出售金融资产、债券投资、股权投资等投资业务的期初数、期末数

单位：万元

	自营股票	基金	可供出售金融资产	债券	长期股权投资
期初数	8 426.30	0.00	47 388.82	0	84 453.03
期末数	20 172.84	0.00	26 398.45	10 164.69	84 453.03

6.4.1.4 前五名的自营长期股权投资的企业名称、占被投资企业权益的比例、主要经营活动及投资收益情况等

企业名称	占被投资企业权益的比例（%）	投资收益（万元）
1. 宏信证券有限责任公司	60.38	4 236.61
2. 四川川信物业管理有限责任公司	95	0

6.4.1.5 前五名的自营贷款的企业名称、占贷款总额的比例和还款情况等

企业名称	占贷款总额的比例（%）	还款情况
芒市华盛金矿开发有限公司	83	尚未到期
四川省宁南县白鹤滩水泥有限责任公司	17	尚未到期

6.4.1.6 表外业务的期初数、期末数；按照代理业务、担保业务和其他类型表外业务分别披露

本期末，无表外业务。

6.4.1.7 公司当年的收入结构

收入结构	金额（万元）	占比（%）
手续费及佣金收入	191 623.16	87.44
其中：信托报酬收入	172 161.06	78.56
财务顾问费收入	2 180.05	0.99
其他手续费及佣金收入	17 282.05	7.89%
利息收入	5 427.03	2.48
其他业务收入	3 859.03	1.76
投资收益	20 768.60	9.48
其中：股权投资收益	4 236.61	1.93
交易性金融资产收益	7400.09	3.38
可供出售金融资产投资收益	9 131.90	4.17
公允价值变动收益	-2 592.36	-1.18
营业外收入	71.39	0.03
收入合计	219 156.85	100.00

注：手续费及佣金收入、利息收入、其他业务收入、投资收益、营业外收入均应为损益表中的一级科目，其中手续费及佣金收入、利息收入、营业外收入为未抵减掉相应支出的全年累计实现收入数。

6.4.2 披露信托财产经营情况

6.4.2.1 信托资产的期初数、期末数

单位：万元

信托资产	期初数	期末数
集合	4 960 930.21	8 841 786.78
单一	16 666 789.41	18 138 715.55
财产权	239 852.53	
合计	21 867 572.16	26 980 502.33

6.4.2.1.1 主动管理型信托资产

单位：万元

主动管理型信托资产	期初数	期末数
证券投资类	42 914.09	84 955.15
股权投资类	536 942.44	674 884.82
其他投资	1 305 627.23	2 844 425.87
融资类	2 754 521.60	2 528 361.99
事务管理类		
合计	4 640 005.36	6 132 627.83

6.4.2.1.2 被动管理型信托资产

单位：万元

被动管理型信托资产	期初数	期末数
证券投资类	378 631.10	4 414 492.85
股权投资类	128 237.55	102 190.79
其他投资	1 842 288.45	1 854 104.08
融资类	932 707.14	1 297 145.02
事务管理类	13 945 702.56	13 179 941.76
合计	17 227 566.80	20 847 874.50

6.4.2.2 本年度已清算结束的信托项目情况

6.4.2.2.1 本年度已清算结束的集合类、单一类资金信托项目和财产管理类信托项目情况

已清算结束信托项目	项目个数(个)	实收信托合计金额(万元)	加权平均实际年化收益率(%)
集合类	126	2 333 178.37	9.61
单一类	221	6 707 123.20	7.72
财产管理类	4	239 852.53	5.46

6.4.2.2.2 本年度已清算结束的主动管理型信托项目情况

已清算结束信托项目	项目个数(个)	实收信托合计金额(万元)	加权平均实际年化报酬率(%)	加权平均实际年化收益率(%)
证券投资类	1	12 000.00	0.40	10.62
股权投资类	10	299 607.00	3.22	9.83
其他投资类	67	681 428.00	1.27	9.62
融资类	32	997 590.00	2.96	9.78
事务管理类				

6.4.2.2.3 本年度已清算结束的被动管理型信托项目情况

已清算结束信托项目	项目个数(个)	实收信托合计金额(万元)	加权平均实际年化报酬率(%)	加权平均实际年化收益率(%)
证券投资类	14	63 601.00	0.32	35.39
股权投资类	2	26 167.00	0.50	6.77
其他投资	37	1 258 282.90	0.63	8.68
融资类	14	431 170.00	0.97	7.83
事务管理类	174	5 510 308.20	0.42	6.91

6.4.2.3 本年度新增信托项目情况

新增信托项目	项目个数(个)	实收信托合计金额(万元)
集合类	344	8 542,241.58
单一类	211	13 661 484.40
财产管理类		
新增合计	549	22 203 725.98
其中:主动管理型	264	6 581 021.90
被动管理型	291	15 622 704.08

6.5 关联方关系及其交易的披露

6.5.1 关联交易方的数量、关联交易的总金额及关联交易的定价政策等

	关联交易方数量(个)	关联交易金额(万元)	定价政策
合计	2	650.19	本公司的关联交易以公平的市场价格定价。

注:"关联交易"定义应以《公司法》和《企业会计准则第36号——关联方披露》有关规定为准。上述关联交易金额系本年度固有、信托与关联方的发生额。

6.5.2 关联交易方与本公司的关系性质、关联交易方的名称、法定代表人、注册地址、注册资本及主营业务等

关系性质	关联方名称	法定代表人	注册地址	注册资本(万元)	主营业务
子公司	宏信证券有限责任公司	吴玉明	四川成都	100 000	证券经纪业务
子公司	四川川信物业管理有限责任公司	刘君谟	四川成都	500	物业管理、零售、仓储、清洁服务

6.5.3 逐笔披露本公司与关联方的重大交易事项

6.5.3.1 固有与关联方交易情况

单位：万元

固有与关联方关联交易				
关联方	关联交易内容	关联交易定价方式及决策程序	本期发生额	上期发生额
四川川信物业管理有限责任公司	物业服务	川信大厦统一定价	191.56	134.72
	租赁代理	每年协商	124.80	117.00
宏信证券有限责任公司	房租收入	市场价	233.83	149.31
	购买OTC短期融资券	统一价	100.00	—
合计			650.19	401.03

6.5.3.2 信托资产与关联方交易

无。

6.6 信托业务创新成果和特色业务有关情况

公司以研发部为核心，全员参与行业和产品研发工作，推动了公司业务转型和创新。2014年，公司根据政策及监管导向，以合规管理为基础，重点研究新常态下金融同业合作、新型房地产业务、证券投资信托业务等业务发展方向，积极探索家族财富管理、资产证券化、消费信托、互联网金融等新型业务模式，不断丰富公司信托产品种类，带动公司资产管理能力和信托收入的双重提高。

研发部组织参与了多项创新业务课题的研究，发布了《影视剧产业信托可能性探索》、《关于农村土地流转信托盈利模式的思考》、《转型背景下家族信托业务发展建议》、《消费信托业务模式分析》等13期研发报告，报告内容覆盖了创新产品、实务指引与行业理论研究三大领域，推动公司业务创新升级。

理论的研究要切实落实到业务发展中，研发力量必须要转化为生产力。2014年，四川信托陆续推出了"嘉盛置业股权投

资1号集合资金信托计划"、"锦绣前程专属财富账户系列单一资金信托计划、"中国信托业·公益慈善定向捐赠信托计划"等多项创新产品。另外，四川信托特别结合四川属地文化和公司文化，推出了"锦绣财富品牌"，致力于打造最专业的财富管理和金融咨询服务平台；以市场行情为基石，重点发力资本市场业务，为业务的转型升级进行了多项有益尝试和积极探索。

6.7 公司履行受托人义务情况及因公司自身责任而导致的信托资产损失情况

公司严格按照信托相关法律法规及公司制度的要求管理、运用及处分信托财产，履行诚实、信用、谨慎、有效管理的义务，维护受益人的最大利益。

无因自身责任而导致信托资产损失的情况。

7. 财务情况说明书

7.1 利润实现和分配情况

报告期本公司实现利润总额136 422.51万元，税后净利润102 499.47万元。根据公司章程的规定，分别按当年实现净利润的10%、5%提取法定公积金10 249.95万元、信托赔偿准备金5 124.97万元；根据《金融企业准备金计提管理办法》的规定，按当年年末风险资产余额的1.5%补提一般准备2 473.13万元，期末累计未分配利润为84 699.17万元。

7.2 主要财务指标

本公司报告期的主要财务指标如下：

指标名称	指标值	计算公式
信托资产规模(亿元)	2 698.05	—
人均信托资产规模(亿元)	4.50	—
信托业务收入占营业收入比重(%)	88.21	手续费及佣金净收入/营业收入×100%
资本利润率(%)	45.56	净利润/注册资本平均余额×100%
人均净利润(万元)	171.12	净利润/年平均人数

7.3 对本公司财务状况、经营成果有重大影响的其他事项

报告期内，没有对本公司财务状况、经营成果有重大影响的其他事项。

8. 特别事项揭示

8.1 前五名股东报告期内变动情况及原因

本报告期内，本公司无股东变动情况。

8.2 董事、监事及高级管理人员变动情况及原因

(1)2014年4月，经公司第二届董事会第四次会议审议通过，同意陈军辞去总裁职务，同时决定由刘景峰副总裁代理公司总裁职务；2014年10月，经公司第二届董事会第九次会议审议通过，同意聘任刘景峰为公司总裁，其任职资格经监管机构核准后生效。

(2)2014年8月，因工作调整，经公司第二届董事会第八次会议审议通过，同意免去孔维文首席风控官职务，聘任公司常务副总裁陈洪亮兼任首席风控官、孔维文担任公司副总裁。

(3)2014年11月，经公司2014年第二次临时股东会审议通过，接受原独立董事夏斌辞职申请，同意选举王元为公司第二届董事会独立董事，其任职资格经监管机构核准后生效。

8.3 变更注册资本、变更注册地或公司名称、公司分立合并事项

经公司2013年度股东会审议通过，公司注册资本(实收资本)增加为25亿元人民币。报告期内，公司无变更注册地或公司名称、公司分立合并事项。

8.4 公司的重大诉讼事项

报告期内，公司无重大诉讼事项。

8.5 公司及其董事、监事和高级管理人员受到处罚的情况

报告期内，公司及其董事、监事和高级管理人员未受到处罚。

8.6 银监会及其派出机构对公司检查的情况

四川银监局于2014年6月24日至9月12日对公司截至2014年4月30日前存续项目的兑付风险及合规性进行了现场检查，提出了整改意见。根据要求，公司经过认真研究，制定了整改措施：建立整改台账，确定整改进度，主动推进并实行限期达标责任制；紧抓合规建设，加强内控管制，全面做好合规文化建设、合规机制建设、合规监督检查和合规处罚问责；按月开展存续项目排查；清理非标资金池信托业务。

8.7 本年度重大事项临时报告的简要内容、披露时间、所披露的媒体及版面

2015年1月5日，《证券时报》(B1版)刊登《四川信托有限公司关于增加注册资本的公告》，公司注册资本增加至25亿元人民币。

8.8 银监会及其省级派出机构认定的其他有必要让客户及相关利益人了解的重要信息

无。

9. 公司监事会意见

监事会认为本公司决策程序符合法律、法规和公司章程的规定，并建立了较为完善的内部控制制度，公司董事、管理层认真履行职责，未发生执行职务时有违反法律、法规、公司章程或损害公司利益的行为。公司财务报告经致同会计师事务所审计，真实反映了公司财务状况和经营成果。

苏州信托有限公司

1. 重要提示

1.1 本公司董事会及董事保证本报告所载资料不存在任何虚假记载、误导性陈述或者重大遗漏，并对本报告所载资料内容的真实性、准确性和完整性承担个别及连带责任。本年度报告摘要摘自年度报告全文，客户及相关利益人欲了解详细内容，应阅读年度报告全文。

1.2 公司独立董事贝政新先生声明：本年度报告内容真实、准确、完整。

1.3 公司董事长袁维静女士、主管会计工作的负责人周也勤先生、会计机构负责人陶娟女士声明：本报告中财务会计报告内容真实、完整。

2. 公司概况

2.1 公司简介

苏州信托有限公司（以下简称苏州信托）原名苏州信托投资有限公司，于1991年3月18日经中国人民银行批准设立；2002年9月18日获准重新工商登记；2007年7月12日经中国银监会文件（银监复[2007]282号）批准同意，公司变更为现名称，并调整业务范围，同年9月4日换领新的金融许可证。2008年5月20日，公司获中国银监会文件（银监复[2008]182号）的批复，同意引进新股东，实行增资扩股，注册资本增至5.9亿元人民币。2012年9月，公司获江苏监管局（苏银监复[2012]447号）文批准同意，完成二次增资，注册资本金增至12亿元人民币，公司股东持股比例保持不变。公司股权结构为：苏州国际发展集团有限公司占股比例70.01%，苏格兰皇家银行公众有限公司占股比例19.99%，联想控股有限公司占股比例10%。

公司中文名称	苏州信托有限公司	
中文简称	苏州信托	
公司英文名称	Suzhou Trust Co., Ltd.	
英文缩写	Suzhou Trust	
法定代表人	袁维静	

续表

注册地址	江苏省苏州市竹辉路383号
邮政编码	215007
国际互联网网址	www.trustsz.com
电子信箱	sztic@trustsz.com
公司负责信息披露事务的高级管理人员	张言
公司负责信息披露事务的联系人	联系人：孙焕
	联系电话：0512－65726976
	传真：0512－65291886
	电子信箱：sunh@trustsz.com.
公司选定信息披露的报纸	《经济日报》
登载公司年度报告的国际互联网网址	www.trustsz.com
公司年度报告备置地点	江苏省苏州市工业园区苏雅路308号信投大厦18层
公司聘请的会计师事务所	德勤华永会计师事务所有限公司
会计师事务所办公地址	上海市延安东路222号外滩中心30楼
公司聘请的律师事务所	江苏省新天伦律师事务所
律师事务所办公场所	江苏省苏州工业园区苏桐路37号（星海街口）四号楼3~4楼

2.2 组织结构

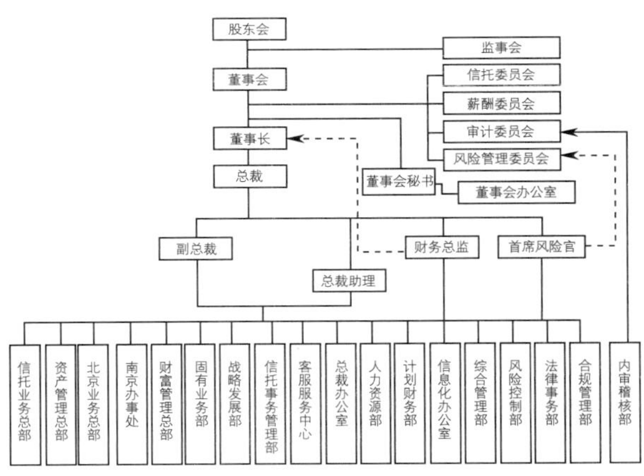

3. 公司治理

3.1 公司股东

截至报告期末公司股东有三名，相关情况如下：

股东名称	持股比例（%）	法定代表人	注册资本（亿元）	注册地址	主要经营业务及主要财务情况
苏州国际发展集团有限公司	70.01	黄建林	10亿元	江苏省苏州市东大街101号	授权范围内的国有资产经营管理，国内商业、物资供销业（国家规定的专营、专项审批商品除外），及各类咨询服务。2014年末公司总资产638亿元，净资产227亿元，净利润12亿元（以上数据未经审计）。

续表

股东名称	持股比例(%)	法定代表人	注册资本(亿元)	注册地址	主要经营业务及主要财务情况
苏格兰皇家银行公众有限公司	19.99	Ross Maxwell McEwan	66.09 亿英镑	36 St Andrew Square Edinburgh EH22YB Scotland UK	公司和金融市场业务：贷款、资金清算与结算、债务管理、债券融资、零售业务；资产管理业务：货币市场基金、债券投资、票据投资、委托贷款等业务。2014 年 6 月末总资产为 10 057 亿英镑，净资产为 499 亿英镑，归属普通股与非累积优先股股东的净利润为 14.57 亿英镑。
联想控股股份有限公司	10	柳传志	20 亿元	北京市海淀区科学院南路 2 号融科资讯中心 A 座 10 层	业务涉及：IT、风险投资、房地产开发、并购投资等非相关多元化领域。2013 年末公司总资产 2 070.17 亿元，净资产（不包含少数股东权益）：198.4 亿元，净利润 20.8 亿元。

3.2 公司第一大股东的主要股东情况

股东名称	出资比例(%)	负责人
苏州市国有资产监督管理委员会	100	顾浩（主任）

3.3 董事、董事会及其下属委员会

董事会成员

姓 名	职 务	性别	年龄	任期	选任日期	所推举的股东名称	该股东持股比例(%)	简 要 履 历
袁维静	董事长	女	52	3 年	2014 年 9 月	苏州国际发展集团有限公司	70.01	曾任职于苏州市财政局，后任江苏省高新技术风险投资公司苏州分公司副总经理，苏州市工业发展有限公司副总经理，苏州市营财投资集团公司党支部书记、总经理；现任国发集团公司总会计师，苏州信托有限公司董事长。
朱立教	职工董事	女	54	3 年	2014 年 8 月			曾任职于苏州市资产评估中心、苏州市财政局，后任苏州市国资局副科长，苏州市投资公司副总经理，苏州国际发展集团有限公司财务审计部经理、总会计师、副总经理、副董事长，苏州信托有限公司总经理、董事长等职，现任苏州信托有限公司副董事长。
李 蓬	董事	男	43	3 年	2014 年 3 月	联想控股股份有限公司	10	曾先后任职于中国对外贸易运输公司、Solectria Corporation、Teradyne Connection Systems，后担任联想控股有限公司投资管理部总经理、企划办副主任、财务资产部总经理，现担任联想控股副总裁兼战略投资部总经理。
严守敬	董事	男	49	3 年	2014 年 3 月	苏格兰皇家银行	19.99	曾先后任奥地利第一国立银行香港分行商人银行经理、荷兰银行香港分行债务资本市场高级董事，现担任苏格兰皇家银行香港分行债务资本市场董事总经理。
李志远	董事	男	45	3 年	2015 年 1 月	苏州国际发展集团有限公司	70.01	曾先后任职于苏州物贸集团原材料进出口公司、苏州国际发展集团有限公司经济发展部、项目管理部经理、办公室副主任，纵横国际电子博览城（苏州）有限公司常务副总经理、苏州赛格电子市场管理有限公司副总经理，现任苏州国际发展集团有限公司办公室主任。
沈光俊	董事	男	45	3 年	2014 年 3 月	苏州国际发展集团有限公司	70.01	曾先后任苏州资产评估事务所项目助理、项目经理、部门经理、合伙人，苏州仁合资产评估有限公司董事及南京分公司总经理，苏州信托有限公司理财服务中心副主任、主任、总经理助理、副总裁，现任苏州信托有限公司总裁。

独立董事

姓名	职务	性别	年龄	任期	选任日期	所推举的股东名称	该股东持股比例(%)	简 要 履 历
贝政新	独立董事	男	63	3 年	2014 年 3 月	联想控股股份有限公司	10	曾任苏州大学东吴商学院讲师、副教授、管理系支部书记、金融系主任，苏福马股份有限公司独立董事；现任苏州大学东吴商学院金融系教授、博士生导师，东吴基金管理有限公司独立董事，苏州工业园区设计研究院股份有限公司独立董事。

董事会下属委员会

董事会下属委员会名称	职　责	组成人员姓名	职　务
审计委员会	审核公司内部审计基本制度；监督公司的内部审计制度实施；审核公司的财务信息；提议聘请或更换外部审计机构；听取并审议外部审计机构报告。	张　统	监　事
		陈磊	监事长
		黄大同	苏格兰皇家银行代表
		李　蓬	董　事
		贝政新	独立董事
薪酬委员会	审议公司提交的薪酬管理策略和计划；审核公司人力资源计划与安排、薪酬方案和绩效考核的建议方案；跟踪、监督公司薪酬制度的落实情况。	贝政新	独立董事
		袁维静	董事长
		李　蓬	董　事
		朱立教	董　事
		严守敬	董　事
风险管理委员会	审核和拟定公司的风险管理战略、政策和规程以及内部控制制度，并监督上述战略、政策、规程和内部控制制度的执行。	袁维静	董事长
		朱燕琳	监　事
		黄慧华	监　事
		华　彪	首席风控官
信托委员会	审议公司信托业务战略发展方向；监督公司依法履行受托职责，保证公司受益人的最大利益；监督公司信托业务与固有业务之间建立有效隔离机制，保障信托财产的独立性。	李志远	董　事
		贝政新	独立董事
		严守敬	董　事
		朱燕琳	监　事

3.4　公司监事、监事会及其下属委员会

公司监事的基本情况如下表：

姓名	职务	性别	年龄	任期	选任日期	所推举的股东名称	该股东持股比例(%)	简　要　履　历
陈　磊	监事长	男	51	3年	2013年11月	苏州国际发展集团有限公司	70.01	曾任省国资局副主任科员、主任科员，江苏省产权交易所副所长，资产评估中心副主任，江苏省财政厅工贸发展处调研员兼产权交易所所长、股权登记中心主任，现任苏州信托有限公司监事长。
黄慧华	监事	女	41	3年	2013年11月	苏格兰皇家银行公众有限公司	19.99	曾先后担任大和证券债务资本市场分析员、经理和副总裁，后任东方汇理资产证券化副总裁和荷兰银行资产证券化副总裁，现任苏格兰皇家银行债务资本市场董事。
朱燕琳	监事	女	36	3年	2013年11月	联想控股股份有限公司	10	曾先后任职于上海文广新闻传媒集团广告经营中心、上海锐界数码科技有限公司，现任联想控股股份有限公司战略投资部投资经理。
张　统	监事	男	44	3年	2013年11月	苏州国际发展集团有限公司	70.01	曾在苏州丝绸印花厂工作，后任江苏公证会计师事务所部门副经理，现任苏州国际发展集团有限公司部门经理。
徐李梅	职工监事	女	39	3年	2013年11月			曾任职于苏州市投资公司投资部，后担任苏州信托有限公司固有业务部业务主管，现任信托业务总部高级主管。

公司监事会未设立下属委员会。

3.5　高级管理人员

姓名	职务	性别	年龄	任期	选任日期	金融从业年限	学历	专业	简　要　履　历
沈光俊	总裁	男	45	1年	2013年11月	11年	本科	财政	曾任苏州资产评估事务所评估部项目经理、工程造价审计部经理，苏州仁合资产评估有限公司董事及南京分公司总经理，先后担任苏州信托有限公司理财服务中心副主任、主任、总经理助理、副总裁，现任苏州信托有限公司总裁。
戈　海	副总裁	男	47	1年	2011年1月	14年	本科	法律	曾任职于苏州物资信息研究中心，后担任苏州新区电力建设发展公司财务经理、苏州高新风险投资股份公司副总经理，先后担任苏州信托有限公司信托部经理、总经理助理、常务副总经理等职，现任苏州信托有限公司副总裁。

续表

姓名	职务	性别	年龄	任期	选任日期	金融从业年限	学历	专业	简要履历
周也勤	副总裁财务总监	男	52	1年	2011年1月	25年	中专	会计	曾任职于苏州前进化工厂财务科，后担任苏州信托有限公司财务部经理、总经理助理等职，现任苏州信托有限公司副总裁兼财务总监。
汪　瑜	副总裁	女	36	1年	2014年7月	14年	研究生	行政管理	曾任职于恒远证券苏州干将路营业部，先后担任苏州信托有限公司综合管理部副经理、经理、总裁助理等职，现任苏州信托有限公司副总裁。
华　彪	首席风控官	女	48	1年	2011年1月	21年	研究生	商务管理	曾任职于英国毕马威会计事务所伦敦分所、美林证券欧洲部、中国毕马威会计师事务所，后担任德勤会计师事务所企业风险管理部上海地区总监，现任苏州信托有限公司首席风险官。
姚文德	总裁助理	男	47	1年	2011年1月	11年	本科	财政	曾任职于苏州市财政局国有资产评估中心，后任苏州资产评估事务所评估部副经理、江苏仁合资产评估有限公司资产评估部经理。先后担任苏州信托有限公司信托业务部副经理、经理，研究发展部经理等职，现任苏州信托有限公司总裁助理。

3.6 公司员工

在岗职工人数		109人	
平均年龄		35岁	
		人数（人）	比例（%）
年龄分布	30岁以下	46	42.20
	31～40岁	31	28.44
	41～50岁	24	22.02
	51岁以上	8	7.34
	小计	109	100.00
学历分布	博士	1	0.92
	硕士	50	45.87
	本科	49	44.95
	专科	5	4.59
	其他	4	3.67
	小计	109	100.00
岗位分布	高级管理人员	10	9.17
	自营业务人员	1	0.92
	信托业务人员	48	44.04
	中台人员	29	26.61
	后台人员	21	19.27
	小计	109	100.00

4. 经营管理

4.1 经营目标、方针、战略

公司经营目标：继续理顺治理机制；完善以规划为导向、以人才为基础、以制度为标准的科学发展模式；积极探索利用股东资源和开发战略联盟资源进行合作的方式，拓宽和加深核心业务的开发培育；逐步建立更加有效的绩效考核和激励机制，吸引更多、更优秀的人才为公司发展服务；进一步提升市场营销与项目拓展能力，加大客户开发、产品供给的力度，为客户提供更丰富的产品和更优质的服务；努力实现由地方性中小机构向全国性信托公司转变，最终成为独具特色的信托理财专业机构。

公司经营方针：坚持依法合规和稳健经营，坚持以健康可持续发展为导向、以“诚信、创新、协作、敬业、自律”核心理念的发展路径，通过规范的公司治理和不断完善的经营管理机制，以及依靠外部引进的高层次人才，推进信托主业的转型和全面发展。

公司战略规划：以“独具特色的财富受托人”为愿景，打造特色化的信托产品、综合的理财服务，以及全国性的影响力。

4.2 经营业务的主要内容

自营资产运用与分布表

资产运用	金额（万元）	占比（%）	资产分布	金额（万元）	占比（%）
货币资产	3 794	1.00	基础产业	—	—
贷款及应收款	43 953	11.56	房地产业	9 000	2.37
交易性金融资产	6	0.00	证券市场	130 470	34.32
可供出售金融资产	240 375	63.23	实业	36 209	9.52
持有至到期投资	—	—	金融机构	176 074	46.31
长期股权投资	2 909	0.77	其他	28 422	7.48
其他	89 138	23.44			
资产总计	380 175		资产总计	380 175	

信托资产运用与分布表

资产运用	金额（万元）	占比（%）	资产分布	金额（万元）	占比（%）
货币资金	47 291.31	0.53	基础产业	3 198 376.27	35.78
贷款	3 101 219.60	34.70	房地产	1 260 743.00	14.11
交易性金融资产	42 519.87	0.47	证券	12 558.12	0.14
持有至到期投资	3 543 927.73	39.65	金融机构	688 160.00	7.70
长期股权投资	1 856 599.00	20.77	工商企业	864 961.00	9.68
长期应收款	0.00	0.00	其他	2 912 868.12	32.59
买入返售金融资产	0.00	0.00			
应收款项	5 917.00	0.07			
其他资产	340 192.00	3.81			
信托资产总计	8 937 666.51	100.00	信托资产总计	8 937 666.51	100.00

4.3 市场分析

4.3.1 宏观经济分析

2014年，全球经济复苏步伐弱于预期，全球贸易、投资与消费状况仍然低迷。国内宏观经济增速回落，中国经济进入调结构转方式的新常态，政府投资体制改革、区域经济改革、国企改革、农业改革全面推进，与之配套的经济政策也在不断调整。

4.3.2 影响本公司业务发展的主要因素

报告期内，本公司业务发展的有利因素主要有：就国内经济形势而言，传统业务仍将是现阶段信托公司生存不可或缺的重要选择，保障性住房、民生工程等政策刺激给基础设施建设领域信托业务带来了机会；伴随国内高净值人群的持续增长，财富管理需求随之增长，资产管理市场前景广阔，潜力无限；专业化的投资队伍、高效的公司治理为业务开展提供了有力的保障；三方股东支持，为公司健康发展奠定了基础。

报告期内，本公司业务面临的不利影响有：在金融混业的趋势下，市场竞争进一步加剧，在大资管时代，券商、基金、保险等过去与信托业不存在直接竞争关系的金融部门，可以通过资产管理计划或子公司等方式与信托业形成正面竞争，尤其是通道类业务领域，信托业原有的制度红利逐渐消失，原有的市场份额将被逐渐蚕食；监管层对政信、银信合作等的监管日益严格，在加强风险控制的同时，限制了信托公司的快速发展。此外，经济下行带来的系统性风险、利率市场化造成的市场风险、个别信托公司兑付危机带来的声誉风险都对信托公司发展不利。

4.4　内部控制

4.4.1　内部控制环境和内部控制文化

公司始终致力于构建全面完善的内部控制管理体系，公司已经按照法律规定和公司章程的要求，建立了股东大会、董事会、监事会以及高级管理层组成的法人治理结构，董事会下设信托委员会、审计委员会、薪酬委员会、风险管理委员会，各委员会分工明确，协助董事会做好和开展公司的各项工作。公司董事会还建立了独立董事制度，聘请业内专家担任独立董事，对苏州信托的重大事项能客观、公正地发表意见。监事会对公司的各项经营活动进行监督。公司完善的法人治理结构为公司内部控制目标的实现提供了合理保证。

公司积极营造合规文化，为合规管理工作的开展和内部控制建设创造出优越的内部环境，把诚信经营、合规经营作为内控文化的主旋律，并通过制度建设、员工培训、激励安排等方式将其融入日常工作和企业行为中，引导公司员工自觉主动合规工作，将合规管理贯穿于日常经营的每个环节。

公司不断优化内部控制体系，通过合理、有效的合规制度来实现积极主动的内部控制。2014 年，公司组织开展了对《公司业务审批授权额度》以及《信托业务创新管理办法》等一系列业务制度的修订以及制定工作，并颁布实施。

4.4.2　内部控制措施

公司根据业务发展、外部环境变化以及监管要求定期进行制度和流程修订工作，建立了相对完备的内部控制制度体系。公司各项业务严格按照公司内控制度及流程要求，履行了相应的审批程序。

公司董事会是公司执行机构，领导公司内部控制的建设、完善和有效实施。董事会下属的风险管理委员会、审计委员会根据董事会的决策，负责内部控制的具体操作实施和监督。公司内部控制制度由内部控制大纲、基本管理制度和部门业务规章等组成。根据内部控制制度，对不同业务与管理事项制定不同的控制措施，保证了业务管理活动的正常运行。

2014 年，公司进一步完善内部控制制度和业务流程，业务运作实现了前台、中台、后台严格分离及各部门之间高效衔接、密切合作。公司通过事前、事中、事后的监督，达到全面内部控制。公司建立了明确的授权制度，执行严格的审批程序与审批权限。根据业务需要，建立了有效的业务决策系统：各业务部门对项目进行初步筛选，风险控制部、合规管理部与法律事务部对项目进行风险审查，客观出具审查报告。公司针对信托业务和固有业务的业务特性，分别成立了信托业务决策委员会和固有业务决策委员会进行项目评审，由公司领导、前中后台部门负责人及业务骨干担任评审委员，对公司各项业务进行集体审议，科学决策。

公司设立了信托业务部、固有业务部以及信托事务管理部和计划财务部等部门，信托业务与固有业务相互独立运作，将信托财产与固有财产分别管理、分别记账，并在各部门实行有效的岗位分工制度，起到不相容岗位相分离、相互牵制的作用，进一步保证公司内部控制制度的有效执行。

在业务存续期内，由风险控制部组织季度事中风险检查工作，按季对存续的信托项目、固有业务的项目进行全面检查与重点抽查，并根据检查结果出具风险管理报告，提交风险管理委员会审议。同时向业务部门出具风险检查反馈意见，督促业务部门根据检查出的问题及时进行整改。

针对公司业务开展和管理制度的执行情况，公司内审稽核部进行内部审计。内审稽核部根据公司业务开展的情况制定内部审计稽核工作计划，有针对性地对相关项目进行内部审计。此外，公司还聘请资质优良的会计师事务所对公司的财务经营状况等进行外部审计。

公司建立业务风险预警机制和突发事件应急处理机制，明确风险预警标准，规范处置程序，制定了《业务风险预警及应急处置管理暂行办法》，完善突发事件应急处置流程，确保突发事件得到及时妥善处理。公司特别强调项目随访制度的执行，密切关注到期项目的流动性风险和交易对手违约风险，一旦发生预警信息，将及时进行业务预警和风险处置。

4.4.3　信息交流与反馈

公司不断建立完善信息交流与反馈制度，包括内部信息交流及报告与披露。

公司建立了顺畅、双向的内部信息交流制度。公司开通各种信息交流渠道，通过公司公文、公告等传递和获取信息；充分利用信息技术，通过网络、电话会议、邮件、业务系统等方式在公司内部传递信息，确保能够将决策层的战略、政策、制度及相关规定等信息及时传达给员工，公司员工也可及时了解业务运作的有关情况并将操作中的有关信息反馈给管理层。

在对外信息沟通交流方面，公司及时、准确地向监管部门报送监管部门所需要的各种数据和资料，并将监管部门的意见及时、准确地传达给公司相关人员。同时，公司依法将资产经营状况等信息通过公司网站及其他媒介向社会公开披露，并根据合同约定向相关利益人定期披露约定信息。

2014 年度公司结合业务发展需要，对业务系统以及机房服务器的架构进行了升级改造，为内部控制的设计、执行和反馈提供信息保障，加快了业务流转，提高了工作的协同性，也提高了业务处理和决策效率。

4.4.4　监督评价与纠正

公司对内控制度的执行情况进行持续的监督和评价，保证了内控的实际效果。

公司严格按照《公司法》、《信托公司管理办法》等相关法律法规的规定开展各项经营活动，公司各项内部控制制度执行有效。公司设有内审稽核部门，负责内部控制的监督评价，对内部控制的制度建设和执行情况定期进行检查评价，根据检查结果提出内部控制缺陷以及改进建议，并及时报告。2014 年针对内审稽核部内部检查及监管部门提出的监管意见，公司组织相关部门制订整改方案，并要求相关部门落实整改，并在今后工作中加以防范，整改落实情况良好。此外，由于公司在内部控制方面各项工作做得比较扎实，因而在近几年的经营活动中无发生任何违规经营情况。同时，公司在项目的开发过程中也严格执行银监会等部门的规定和公司的各项内部管理制度，风险控制意识较强，到期项目均实现正常兑付。

4.5　风险管理

4.5.1　风险管理概况

公司始终认为积极、高效的风险管理工作是公司内部控制环节中重要的组成部分，是公司持续经营、业务稳健发展的基础之一。公司风险管理的主要目的是通过积极、主动地风险管理活动，提升风险管理能力，实现风险和收益的平衡，构建覆盖全部业务、产品和活动的风险管理体系，保证各项业务可持续发展。因此，公司建立了有效的风险管理体系，以识别、评估和管理各类风险。

公司在风险管理和内部控制方面已建立起符合监管要求的框架体系。公司董事会下设风险管理委员会，负责审核风险管理政策和内部控制制度，并对其实施情况及效果进行监督和评价，同时对公司的整体风险状况进行定期评估。风险控制部作为公司风险管理的职能部门，按照公司风险管理政策和制度的要求开展工作，有效识别和管理风险，做到事前防范、事中监督和控制、事后总结和分析。

4.5.2　风险状况

4.5.2.1　信用风险状况

信用风险是指由于交易对手不履行与公司的合约而给公司带来损失的风险，信用风险的主要表现为：交易对手在约定期限内，不能按照约定及时足额支付款项或履行义务，或担保人在融资主体违约时不能按约进行代偿等情形，进而给信托公司项目的正常分配、清算造成压力，并有可能损害到信托公司的声誉。

公司信用风险主要存在于非事务管理的融资类信托业务和固有贷款业务。参照贷款五级分类标准，公司目前存续上述业务运行基本正常，贷款项目均在贷前落实各项抵/质押、担保等保障措施，风险可控。

4.5.2.2　市场风险状况

市场风险主要指市场利率、汇率或金融产品价格变动等造成损失的风险。主要表现为：贷款、债券、短期票据、存款等资产损失的风险；长期投资和短期投资损失的风险；外汇资产损失的风险等。

目前，证券市场风险、房地产市场风险和利率风险是公司面临的主要市场风险。在报告期内，公司密切关注各类市场风险，及时调整投资策略，市场风险可控。

4.5.2.3　操作风险状况

操作风险是指由于员工的个人因素导致操作不当所引发的风险；因制度不完善引发的风险；或者是由于信息系统出现故障等导致业务无法正常运行而引发的风险。

在报告期内，公司各项业务都严格执行内部控制程序及业务操作流程，公司未发生因操作风险所造成的损失。

4.5.2.4　其他风险状况

公司所面临的政策风险、流动性风险、信誉风险及道德风险等其他风险。报告期内，公司未发生因其他风险所造成的损失。

4.5.3　风险管理情况

4.5.3.1　信用风险管理

对于信用风险的管理，首先，从交易对手的选择上进行甄别，通过征信报告和银监会信息披露系统，对融资对象进行信用调查，尽量选择财务状况良好、具有一定行业优势以及信用状况较好的企业作为交易对手，通过尽职调查对企业的情况进行深入了解和分析，对于个别特殊项目，由风险控制部召集论证会，对项目的可行性和风险的可控性进行论证。其次，由风险控制部、合规管理部和法律事务部进行风险审查和评估，独立出具相关报告供决策委员会参考。最后，公司还从项目的保障措施方面着手，尽量选取资质较好的企业作为担保人，或选取易于评估和变现的、具有良好价值的核心资产作为抵质押物，并控制抵（质）押率，为项目提供进一步的保障。公司在业务开展过程中，根据业务需要，借鉴外部信用评级机构的信用评估信息，结合业务人员的专业判断，对交易对手的信用状况进行考察和分析。

公司在项目实施过程中，通过对项目运行的有效管理，跟踪交易对手的信用情况、对风险管理情况进行定期检查及资产分类评级等工作，对信用风险进行动态监控。除了季度风险检查、风险报告和应急预案工作外，风险控制部每周对预警项目进行追踪报告。对即将到期项目实行了风险提示和偿付预案备案机制，做到风险早发现、早处理。公司通过对项目结束后的内部稽核和评价进行业务的事后控制和综合评价。

公司除了对交易对手的信用状况进行全过程的跟踪和监控外，还在信托产品交易结构设计上，注重信用风险的分散与补偿。通过组合和多样化的投资，避免集中度风险，通过增加担保、保证等形式来转移和减少风险。

4.5.3.2　市场风险管理

公司通过客观地分析经济形势，审慎判断市场走向，谨慎选择项目，并在项目推进前进行充分的尽职调查，分析市场风险可能对项目产生的影响。公司不仅关注市场风险的控制，更注重通过组合策略来合理规避市场风险。

对证券投资业务，依据投资组合的净值、仓位和投资集中度等指标事先设定预警点或止损点，并严格操作；另外密切跟踪市场变化，及时调整投资策略和投资组合。

针对房地产行业风险，加大了外部合作机构的调研和采购，为业务部门和风控部门对房地产信托项目的市场判断提供了有效的决策依据。2014 年，公司对存续的房地产项目进行多次压力测试，同时公司组织相关部分人员对即将到期的部分房地产信托项目进行了现场检查，了解项目建设进度以及销售情况，以监测和分析交易对手现金流状况。

在报告期内，各项业务未出现任何风险损失，市场风险管理状况良好。

4.5.3.3　操作风险管理

公司在以防范风险为主的环境下制定了一系列政策及程序以识别、报告、管理和控制操作风险。公司通过对各部门、各岗位制定明确的职责和权限，坚持信托财产之间、信托财产与固有财产之间分别管理、分别记账等相互分离，相互监督、相互制约的原则，并通过严格的授权制度与过程监控来实施，其中采用了大量的技术手段，如在电脑系统对操作权限和内容进行程序设定，以及在业务和资金流转过程中实施双岗核定确认等。

在证券投资过程中，通过成立证券投资小组，指定专人负责投资决策、交易执行、风险控制、会计核算等环节，做到相对独立，相互制衡，权限明确。公司内控部门对上述业务进行事中监控、事后评估和总结，并制订相应的制度来堵截可能出现的漏洞，对业务执行人定期进行考评，通过奖惩激励对其行为进行约束。

公司加强对存续项目的管理，2014 年度重点检查了所有存续的集合、单一信托项目及固有业务项下的相关项目，以及业务运作各环节的操作风险管理情况。目前内部程序系统运行有效，各项业务均严格按照公司各项制度的规定进行操作。2014 年未出现因操作失误而产生的风险，公司操作风险可控。

4.5.3.4　其他风险管理

公司积极推进业务创新，促进公司信托业务的多元化，从而避免政策调控对公司信托业务产生重大的冲击。此外，提高业务开展的前瞻性，在项目结构设计时，考虑未来可能的政策变动，从而避免政策的调整对项目产生消极影响。

公司通过建立完善的治理结构、内控制度、业务流程等，加强对道德风险与流动性风险等其他风险的管理和控制，且专门聘请律师事务所、会计师事务所等专业机构，协助公司对所有业务进行合规审查和法律咨询。

5. 报告期末及上一年度末的比较式会计报表

5.1　自营资产

5.1.1　会计师事务所审计结论

审 计 报 告

德师报表(审)字(15)P0802 号

苏州信托有限公司董事会：

我们审计了后附的苏州信托有限责任公司(以下简称贵公司)的财务报表，包括 2014 年 12 月 31 日的公司及合并资产负债表，2014 年度的公司及合并利润表、公司及合并所有者权益变动表和公司及现金流量表以及财务报表附注。

一、管理层对财务报表的责任

编制和公允列报财务报表是贵公司管理层的责任，这种责任包括：(1)按照企业会计准则的规定编制财务报表，并使其实现公允反映；(2)设计、执行和维护必要的内部控制，以使财务报表不存在由于舞弊或错误导致的重大错报。

二、注册会计师的责任

我们的责任是在执行审计工作的基础上对财务报表发表审计意见。我们按照中国注册会计师审计准则的规定执行了审计工作。中国注册会计师审计准则要求我们遵守中国注册会计师职业道德守则，计划和执行审计工作以对财务报表是否不存在重大错报获取合理保证。

审计工作涉及实施审计程序，以获取有关财务报表金额和披露的审计证据。选择的审计程序取决于注册会计师的判断，包括对由于舞弊或错误导致的财务报表重大错报风险的评估。在进行风险评估时，注册会计师考虑与财务报表编制和公允列报相关的内部控制，以设计恰当的审计程序，但目的并非对内部控制的有效性发表意见。审计工作还包括评价管理层选用会计政策的恰当性和作出会计估计的合理性，以及评价财务报表的总体列报。

我们相信，我们获取的审计证据是充分、适当的，为发表审计意见提供了基础。

三、审计意见

我们认为，贵公司财务报表在所有重大方面按照企业会计准则的规定编制，公允反映了贵公司 2014 年 12 月 31 日的公司及合并财务状况以及 2014 年度的公司及合并经营成果和现金流量。

德勤华永会计师事务所(特殊普通合伙)

中国·上海

中国注册会计师

曾浩

宫明亮

2015 年 3 月 25 日

5.1.2　资产负债表：

合并资产负债表

22014 年 12 月 31 日

单位：元

资产	附注八	合并		公司	
		年末余额	年初余额(已重述)	年末余额	年初余额(已重述)
货币资金	1	37 943 994.10	130 078 672.92	31 087 659.81	54 683 014.12
以公允价值计量且其变动					
计入当期损益的金融资产	2	60 960.00	2 505 963.56	60 960.00	2 505 963.56
买入返售金融资产	3	642 201 926.60	67 400 808.80	642 201 926.60	67 400 808.80
应收利息	4	1 398 222.21	1 540 611.12	1 398 222.21	1 540 611.12
发放贷款和垫款	5	423 000 000.00	409 000 000.00	423 000 000.00	409 000 000.00
可供出售金融资产	6	2 403 746 174.00	1 647 456 924.00	2 325 242 900.00	1 628 953 650.00
长期股权投资	7	29 087 183.70	29 451 872.88	119 391 455.80	119 634 581.92

续表

资产	附注八	合并		公司	
		年末余额	年初余额(已重述)	年末余额	年初余额(已重述)
固定资产	8	236 184 186.42	244 381 552.53	236 133 840.40	244 344 590.33
无形资产	9	1 938 749.96	4 621 250.00	1 938 749.96	4 621 250.00
其他资产	10	26 189 337.71	19 637 079.83	16 957 125.10	19 596 251.09
资产总计		3 801 750 734.70	2 556 074 735.64	3 797 412 839.88	2 552 280 720.94
负债					
应付职工薪酬	11	154 424 588.80	103 982 797.90	154 424 588.80	103 702 797.90
应交税费	12	66 766 204.28	21 485 487.20	66 521 513.03	21 192 931.29
递延所得税负债	13	265 027 561.61	119 377 452.05	265 027 561.61	119 377 452.05
其他负债	14	12 609 434.58	22 829 631.36	12 600 099.27	22 628 977.13
负债合计		498 827 789.27	267 675 368.51	498 573 762.71	266 902 158.37
所有者权益					
实收资本	15	1 200 000 000.00	1 200 000 000.00	1 200 000 000.00	1 200 000 000.00
资本公积	16	249 100.00	249 100.00	249 100.00	249 100.00
其他综合收益	17	918 788 737.50	399 764 925.00	918 788 737.50	399 764 925.00
盈余公积	18	197 949 939.07	148 399 962.49	197 541 147.27	148 097 477.06
信托赔偿准备	19	93 596 906.25	68 875 071.14	93 596 906.25	68 875 071.14
一般风险准备	20	23 670 442.35	23 348 192.40	23 670 442.35	23 348 192.40
未分配利润	21	868 667 820.26	447 762 116.10	864 992 743.80	445 043 796.97
归属于母公司所有者权益合计		3 302 922 945.43	2 288 399 367.13	3 298 839 077.17	2 285 378 562.57
少数股东权益		—	—	—	—
所有者权益合计		3 302 922 945.43	2 288 399 367.13	3 298 839 077.17	2 285 378 562.57
负债和所有者权益总计		3 801 750 734.70	2 556 074 735.64	3 797 412 839.88	2 552 280 720.94

附注为财务报表的组成部分。

法定代表人：袁维静　　主管会计工作负责人：周也勤　　会计机构负责人：陶娟

5.1.3 利润表

合并利润表

2014 年度

单位：元

资产	附注八	合并		公司	
		本年金额	上年金额	本年金额	上年金额
一、营业收入		976 286 709.09	670 397 211.88	974 088 382.26	667 730 308.38
利息净收入	22	58 388 599.47	78 200 856.92	58 196 558.44	77 910 146.79
手续费及佣金净收入	23	719 292 838.60	489 055 396.32	719 292 838.60	489 055 396.32
投资收益	24	193 112 973.80	99 632 735.32	193 234 536.86	99 813 257.70
公允价值变动损益	25	3 364 448.36	950 912.57	3 364 448.36	950 912.57
其他业务收入	26	2 127 848.86	2 557 310.75	—	595
二、营业支出		321 338 724.41	194 783 256.85	320 535 645.35	193 769 103.12
营业税金及附加	27	53 208 614.54	36 033 206.04	53 100 488.91	35 878 996.03
业务及管理费	28	185 630 109.87	158 750 050.81	184 935 156.44	157 890 107.09
资产减值损失	29	82 500 000.00	—	82 500 000.00	—
三、营业利润		654 947 984.68	475 613 955.03	653 552 736.91	473 961 205.26
加：营业外收入	30	342 837.04	1 662 369.97	342 837.04	1 662 369.97
减：营业外支出	31	1 113 163.19	3 836 642.85	1 111 232.37	3 833 889.10
四、利润总额		654 177 658.53	473 439 682.15	652 784 341.58	471 789 686.13
减：所得税费用	32	158 677 892.73	113 280 435.08	158 347 639.48	112 789 525.17
五、净利润		495 499 765.80	360 159 247.07	494 436 702.10	359 000 160.96
其中：					
归属于母公司股东的净利润		495 499 765.80	360 159 247.07		
少数股东损益		—	—		

续表

资产	附注八	合并		公司	
		本年金额	上年金额	本年金额	上年金额
六、其他综合收益的税后净额	17	519 023 812. 50	17 746 796. 64	519 023 812. 50	17 743 856. 25
以后将重分类进损益的其他综合收益					
可供出售金融资产公允价值变动					
形成的利得		519 023 812. 50	17 746 796. 64	519 023 812. 50	17 743 856. 25
八、综合收益总额		1 014 523 578. 30	377 906 043. 71	1 013 460 514. 60	376 744 017. 21
归属于母公司股东综合收益总额		1 014 523 578. 30	377 906 043. 71		
归属于少数股东的综合收益总额		—	—		

附注为财务报表的组成部分。

5. 1. 4 现金流量表

合并现金流量表

2014 年度

单位:元

	附注八	合并		公司	
		本年金额	上年金额	本年金额	上年金额
一、经营活动产生的现金流量:					
收取利息、手续费及佣金的现金		773 761 099. 81	584 329 473. 97	773 290 308. 78	581 285 013. 84
收到其他与经营活动有关的现金		389 381. 11	2 220 097. 98	342 837. 04	2 220 092. 79
客户贷款及垫款净减少额		—	45 500 000. 00	—	45 500 000. 00
经营活动现金流入小计		774 150 480. 92	632 049 571. 95	773 633 145. 82	629 005 106. 63
客户贷款及垫款净增加额		14 000 000. 00	—	14 000 000. 00	—
支付给职工以及为职工支付的现金		86 852 780. 12	66 538 322. 95	86 019 481. 77	66 135 235. 58
支付的各项税费		195 622 748. 07	155 315 613. 45	195 128 486. 64	154 936 025. 94
买入返售金融资产净增加额		574 801 117. 80	47 399 808. 80	574 801 117. 80	47 399 808. 80
支付其他与经营活动有关的现金		31 672 331. 78	29 877 420. 06	31 484 231. 95	29 712 234. 28
经营活动现金流出小计		902 948 977. 77	299 131 165. 26	901 433 318. 16	298 183 304. 60
经营活动产生的现金流量净额	34	-128 798 496. 85	332 918 406. 69	-127 800 172. 34	330 821 802. 03
二、投资活动产生的现金流量:					
收回投资收到的现金		557 226 052. 29	188 566 034. 48	557 226 052. 29	188 566 034. 48
取得投资收益收到的现金		71 819 556. 96	38 747 261. 60	71 819 556. 96	38 747 261. 60
处置固定资产、无形资产和其他长期资产收回的现金净额		74 860. 21	338 921. 78	74 860. 21	338 921. 78
投资活动现金流入小计		629 120 469. 46	227 652 217. 86	629 120 469. 46	227 652 217. 86
投资支付的现金		584 015 994. 35	552 500 000. 00	516 515 994. 35	622 500 000. 00
取得子公司支付的现金			—		—
购建固定资产、无形资产和					
其他长期资产支付的现金		8 440 657. 08	20 405 909. 84	8 399 657. 08	20 362 225. 84
投资活动现金流出小计		592 456 651. 43	572 905 909. 84	524 915 651. 43	642 862 225. 84
投资活动产生的现金流量净额		36 663 818. 03	-345 253 691. 98	104 204 818. 03	-415 210 007. 98
三、筹资活动产生的现金流量:					
吸收投资收到的现金		—	—	—	—
筹资活动现金流入小计		—	—	—	—
分配股利、利润或偿付利息支付的现金		—	79 085 140. 00	—	79 085 140. 00
筹资活动现金流出小计		—	79 085 140. 00	—	79 085 140. 00
筹资活动产生的现金流量净额		—	-79 085 140. 00	—	-79 085 140. 00
四、汇率变动对现金及现金等价物的影响		—	—	—	—
五、现金及现金等价物净增加额		-92 134 678. 82	-91 420 425. 29	-23 595 354. 31	-163 473 345. 95
加:年初现金及现金等价物余额	33	130 078 672. 92	221 499 098. 21	54 683 014. 12	218 156 360. 07
六、年末现金及现金等价物余额	33	37 943 994. 10	130 078 672. 92	31 087 659. 81	54 683 014. 12

附注为财务报表的组成部分。

5.1.5 所有者权益变动表

合并所有者权益变动表

2014 年度

单位:元

	本年金额								
	归属于母公司所有者权益							少数股东权益	所有者权益合计
	实收资本	资本公积	其他综合收益	盈余公积	信托赔偿准备	一般风险准备	未分配利润		
一、2013 年 12 月 31 日余额(会计政策变更前)	1 200 000 000. 00	400 014 025. 00	—	148 399 962. 49	68 875 071. 14	23 348 192. 40	447 762 116. 10	—	2 288 399 367. 13
会计政策变更	—	-399 764 925. 00	399 764 925. 00	—	—	—	—	—	—
二、2014 年 1 月 1 日余额	1 200 000 000. 00	249 100. 00	399 764 925. 00	148 399 962. 49	68 875 071. 14	23 348 192. 40	447 762 116. 10	—	2 288 399 367. 13
三、本年增减变动金额	—	—	519 023 812. 50	49 549 976. 58	24 721 835. 11	322 249. 95	420 905 704. 16	—	1 014 523 578. 30
(一)净利润	—	—	—	—	—	—	495 499 765. 80	—	495 499 765. 80
(二)其他综合收益	—	—	519 023 812. 50	—	—	—	—	—	519 023 812. 50
(一)和(二)小计	—	—	519 023 812. 50	—	—	—	495 499 765. 80	—	1 014 523 578. 30
(三)利润分配									
1. 提取盈余公积	—	—	—	49 549 976. 58	—	—	-49 549 976. 58	—	—
2. 提取一般风险准备	—	—	—	—	—	322 249. 95	-322 249. 95	—	—
3. 提取信托赔偿准备	—	—	—	—	24 721 835. 11	—	-24 721 835. 11	—	—
四、2014 年 12 月 31 日余额	1 200 000 000. 00	249 100. 00	918 788 737. 50	197 949 939. 07	93 596 906. 25	23 670 442. 35	868 667 820. 26	—	3 302 922 945. 43

合并所有者权益变动表(续)

2014 年度

单位:元

	上年金额(已重述)								
	归属于母公司所有者权益							少数股东权益	所有者权益合计
	实收资本	资本公积	其他综合收益	盈余公积	信托赔偿准备	一般风险准备	未分配利润		
一、2012 年 12 月 31 日余额(会计政策变更前)	1 200 000 000. 00	382 267 228. 36	—	112 384 037. 78	50 925 063. 09	16 369 449. 70	227 632 684. 49	—	1 989 578 463. 42
会计政策变更	—	-382 018 128. 36	382 018 128. 36	—	—	—	—	—	—
二、2013 年 1 月 1 日余额	1 200 000 000. 00	249 100. 00	382 018 128. 36	112 384 037. 78	50 925 063. 09	16 369 449. 70	227 632 684. 49	—	1 989 578 463. 42
三、本年增减变动金额	—	—	17 746 796. 64	36 015 924. 71	17 950 008. 05	6 978 742. 70	220 129 431. 61	—	298 820 903. 71
(一)净利润	—	—	—	—	—	—	360 159 247. 07	—	360 159 247. 07
(二)其他综合收益	—	—	17 746 796. 64	—	—	—	—	—	17 746 796. 64
(一)和(二)小计	—	17 746 796. 64	—	—	—	360 159 247. 07		—	377 906 043. 71
(三)利润分配									
1. 提取盈余公积	—	—	36 015 924. 71	—	—	-36 015 924. 71	—	—	
2. 提取一般风险准备	—	—	—	—	6 978 742. 70	-6 978 742. 70	—	—	
3. 提取信托赔偿准备	—	—	—	17 950 008. 05	—	-17 950 008. 05	—	—	
4. 对所有者的分配	—	—	—	—	—	-79 085 140. 00		—	-79 085 140. 00
四、2013 年 12 月 31 日余额	1 200 000 000. 00	249 100. 00	399 764 925. 00	148 399 962. 49	68 875 071. 14	23 348 192. 40	447 762 116. 10	—	2 288 399 367. 13

所有者权益变动表

2014 年度

单位:元

	本年金额							
	实收资本	资本公积	其他综合收益	盈余公积	信托赔偿准备	一般风险准备	未分配利润	所有者权益合计
一、2013 年 12 月 31 日余额(会计政策变更前)	1 200 000 000. 00	400 014 025. 00	—	148 097 477. 06	68 875 071. 14	23 348 192. 40	445 043 796. 97	2 285 378 562. 57
会计政策变更	—	-399 764 925. 00	399 764 925. 00	—	—	—	—	—
二、2014 年 1 月 1 日余额	1 200 000 000. 00	249 100. 00	399 764 925. 00	148 097 477. 06	68 875 071. 14	23 348 192. 40	445 043 796. 97	2 285 378 562. 57
三、本年增减变动金额	—	—	519 023 812. 50	49 443 670. 21	24 721 835. 11	322 249. 95	419 948 946. 83	1 013 460 514. 60
(一)净利润	—	—	—	—	—	—	494 436 702. 10	494 436 702. 10
(二)其他综合收益	—	—	519 023 812. 50	—	—	—	—	519 023 812. 50
(一)和(二)小计	—	—	519 023 812. 50	—	—	—	494 436 702. 10	1 013 460 514. 60
(三)利润分配								
1. 提取盈余公积	—	—	—	49 443 670. 21	—	—	-49 443 670. 21	—
2. 提取一般风险准备	—	—	—	—	—	322 249. 95	-322 249. 95	—
3. 提取信托赔偿准备	—	—	—	—	24 721 835. 11	—	-24 721 835. 11	—
四、2014 年 12 月 31 日余额	1 200 000 000. 00	249 100. 00	918 788 737. 50	197 541 147. 27	93 596 906. 25	23 670 442. 35	864 992 743. 80	3 298 839 077. 17

所有者权益变动表(续)

2014 年度

单位:元

	上年金额(已重述)							
	实收资本	资本公积	其他综合收益	盈余公积	信托赔偿准备	一般风险准备	未分配利润	所有者权益合计
一、2012 年 12 月 31 日余额(会计政策变更前)	1 200 000 000. 00	382 270 168. 75	—	112 197 460. 96	50 925 063. 09	16 369 449. 70	225 957 542. 86	1 987 719 685. 36
会计政策变更	—	-382 021 068. 75	382 021 068. 75	—	—	—	—	—
二、2013 年 1 月 1 日余额	1 200 000 000. 00	249 100. 00	382 021 068. 75	112 197 460. 96	50 925 063. 09	16 369 449. 70	225 957 542. 86	1 987 719 685. 36
三、本年增减变动金额	—	—	17 743 856. 25	35 900 016. 10	17 950 008. 05	6 978 742. 70	219 086 254. 11	297 658 877. 21
(一)净利润	—	—	—	—	—	—	359 000 160. 96	359 000 160. 96
(二)其他综合收益	—	—	17 743 856. 25	—	—	—	—	17 743 856. 25
(一)和(二)小计	—	—	17 743 856. 25	—	—	—	359 000 160. 96	376 744 017. 21
(三)利润分配								
1. 提取盈余公积	—	—	—	35 900 016. 10	—	—	-35 900 016. 10	—
2. 提取一般风险准备	—	—	—	—	—	6 978 742. 70	-6 978 742. 70	—
3. 提取信托赔偿准备	—	—	—	—	17 950 008. 05	—	-17 950 008. 05	—
4. 对所有者的分配	—	—	—	—	—	—	-79 085 140. 00	-79 085 140. 00
四、2013 年 12 月 31 日余额	1 200 000 000. 00	249 100. 00	399 764 925. 00	148 097 477. 06	68 875 071. 14	23 348 192. 40	445 043 796. 97	2 285 378 562. 57

附注为财务报表的组成部分。

5.2 信托资产(未经审计)

5.2.1 信托项目资产负债汇总表

信托项目资产负债汇总表

编报单位:苏州信托有限公司　　2014 年 12 月 31 日　　单位:万元

信托资产	期末数	期初数	信托负债和信托权益	期末数	期初数
信托资产			信托负债		
货币资金	47 291. 31	83 432. 42	交易性金融负债	0. 00	0. 00
拆出资金	0. 00	0. 00	衍生金融负债	0. 00	0. 00
存出保证金	0. 00	0. 00	应付受托人报酬	924. 08	1 304. 12
交易性金融资产	42 519. 87	36. 15	应付托管费	338. 96	0. 00
衍生金融资产	0. 00	0. 00	应付受益人收益	1 010. 29	4 242. 24

续表

信托资产	期末数	期初数	信托负债和信托权益	期末数	期初数
买入返售金融资产	0.00	0.00	应交税费	0.00	0.00
应收款项	5 917.00	35 367.00	应付销售服务费	0.00	0.00
发放贷款	3 101 219.60	1 875 789.60	其他应付款项	14 331.38	73 351.53
可供出售金融资产	0.00	0.00	预计负债	18.07	0.00
持有至到期投资	3 543 927.73	2 701 444.50	其他负债	0.00	0.00
长期应收款	0.00	0.00	信托负债合计	16 622.78	78 897.89
长期股权投资	1 856 599.00	1 690 381.75	信托权益		
投资性房地产	0.00	0.00	实收信托	8 849 793.48	6 264 007.46
固定资产	0.00	0.00	资本公积	0.00	0.00
无形资产	0.00	0.00	损益平准金	0.00	0.00
长期待摊费用	0.00	0.00	未分配利润	71 250.25	43 546.07
其他资产	340 192.00	0.00	信托权益合计	8 921 043.73	6 307 553.53
信托资产总计	8 937 666.51	6 386 451.42	信托负债和信托权益总计	8 937 666.51	6 386 451.42

公司负责人:袁维静　　主管会计工作的公司负责人:周也勤　　信托会计机构负责人:刘瑞英

5.2.2 信托项目利润及利润分配汇总表

信托项目利润及利润分配汇总表

编报单位:苏州信托有限公司　　2014 年度　　单位:万元

项　　目	本年累计数	上年累计数
1. 营业收入	723 797.90	431 664.78
1.1 利息收入	235 597.50	131 507.64
1.2 投资收益(损失以"-"号填列)	484 581.59	300 065.14
1.2.1 其中:对联营企业和合营企业的投资收益	0.00	0.00
1.3 公允价值变动收益(损失以"-"号填列)	1 668.24	12.00
1.4 租赁收入	0.00	0.00
1.5 汇兑损益(损失以"-"号填列)	0.00	0.00
1.6 其他收入	1 950.57	80.00
2. 支出	114 946.33	77 431.87
2.1 营业税金及附加	0.00	0.00
2.2 受托人报酬	70 725.94	46 090.65
2.3 托管费	13 538.01	7 938.77
2.4 投资管理费	0.00	0.00
2.5 销售服务费	0.00	0.00
2.6 交易费用	3.03	175.56
2.7 资产减值损失	0.00	0.00
2.8 其他费用	30 679.35	23 226.89
3. 信托净利润(净亏损以"-"号填列)	608 851.57	354 232.91
4. 其他综合收益	0.00	0.00
5. 综合收益	608 851.57	354 232.91
6. 　加:期初未分配信托利润	43 546.07	14 478.38
7. 可供分配的信托利润	652 397.64	368 711.29
8. 　减:本期已分配信托利润	581 147.39	325 165.22
9. 期末未分配信托利润	71 250.25	43 546.07

公司负责人:袁维静　　主管会计工作的公司负责人:周也勤
信托会计机构负责人:刘瑞英

6. 会计报表附注

6.1 会计报表不符合会计核算基本前提的说明

无。

6.1.1 会计报表不符合会计核算基本前提的事项

无。

6.1.2 对编制合并会计报表的公司应说明纳入合并范围的子公司情况、母公司所持有的权益性资本的比例及合并期间

根据江苏省苏州市人民政府国有资产监督管理委员会文件《关于同意苏州信托设立苏州市苏信创业投资有限公司的核准意见》(苏国资改[2011]72 号),本公司于 2011 年 11 月投资人民币 3 000 万元成立全资子公司苏州市苏信创业投资有限公司(以下简称苏信创投),并 2011 年 11 月办理工商登记获取企业法人营业执照。目前,苏信创投的注册资本为 1 亿元。

根据 2012 年 11 月 19 日苏信创投董事会决议,苏信创投于 2012 年 11 月 23 日投资人民币 100 万元成立全资子公司苏州苏信宜和投资管理有限公司(以下简称苏信宜和),并于 2012 年 11 月 28 日办理工商登记获取企业法人营业执照。目前,苏信宜和的注册资本为 500 万元。

本公司及下属子公司(以下简称本集团)经营范围为:资金信托;动产信托;不动产信托;有价证券信托;其他财产或财产权信托;作为投资基金或基金管理公司的发起人从事投资基金业务;经营企业资产重组、购并及项目融资、公司理财、财务顾问等业务;受托经营国务院有关部门批准的证券承销业务;办理居间、咨询、资信调查等业务;代保管及保管箱业务;以存放同业、拆放同业、贷款、租赁、投资方式运用固有财产;以固有财产为他人提供担保;从事同业拆借;股权投资等法律法规规定或中国银监会批准的其他业务。

合并财务报表的合并范围以控制为基础予以确定。控制是指投资方拥有对被投资方的权力,通过参与被投资方的相关活动而享有可变回报,并且有能力运用对被投资方的权力影响其回报金额。一旦相关事实和情况的变化导致上述控制定义

涉及的相关要素发生了变化，本集团将进行重新评估。

子公司采用的主要会计政策和会计期间按照本公司统一规定的会计政策和会计期间厘定。

本公司与子公司及子公司相互之间的所有重大账目及交易于合并时抵销。对于购买子公司少数股权或因处置部分股权投资但没有丧失对该子公司控制权的交易，作为权益性交易核算，调整归属于母公司所有者权益和少数股东权益的账面价值以反映其在子公司中相关权益的变化。少数股东权益的调整额与支付/收到对价的公允价值之间的差额调整资本公积，资本公积不足冲减的，调整留存收益。

因处置部分股权投资或其他原因丧失了对原有子公司控制权的，剩余股权按照其在丧失控制权日的公允价值进行重新计量。处置股权取得的对价与剩余股权公允价值之和，减去按原持股比例计算应享有原子公司自购买日开始持续计算的净资产的份额之间的差额，计入丧失控制权当期的投资收益。与原有子公司股权投资相关的其他综合收益，在丧失控制权时转为当期投资收益。

本集团编制的财务报表符合新会计准则的要求，真实、完整地反映了本集团2014年12月31日的公司及合并财务状况以及2014年度的公司及合并经营成果和公司及合并现金流量。

6.2 重要会计政策和会计估计说明

6.2.1 计提资产减值准备的范围和方法

除了以公允价值计量且其变动计入当期损益的金融资产外，本集团在每个资产负债表日对其他金融资产的账面价值进行检查，有客观证据表明金融资产发生减值的，计提减值准备。表明金融资产发生减值的客观证据是指金融资产初始确认后实际发生的、对该金融资产的预计未来现金流量有影响，且企业能够对该影响进行可靠计量的事项。

金融资产发生减值的客观证据，包括下列可观察到的下列各项事项：

(1) 发行方或债务人发生严重财务困难。

(2) 债务人违反了合同条款，如偿付利息或本金发生违约或逾期等。

(3) 本集团出于经济或法律等方面因素的考虑，对发生财务困难的债务人作出让步。

(4) 债务人很可能倒闭或者进行其他财务重组。

(5) 因发行方发生重大财务困难，导致金融资产无法在活跃市场继续交易。

(6) 无法辨认一组金融资产中的某项资产的现金流量是否已经减少，但根据公开的数据对其进行总体评价后发现，该组金融资产自初始确认以来的预计未来现金流量确已减少且可计量，包括：

①该组金融资产的债务人支付能力逐步恶化；②债务人所在国家或地区经济出现了可能导致该组金融资产无法支付的状况。

(7) 债务人经营所处的技术、市场、经济或法律环境等发生重大不利变化，使权益工具投资人可能无法收回投资成本。

(8) 权益工具投资的公允价值发生严重或非暂时性下跌。

(9) 其他表明金融资产发生减值的客观证据。

6.2.1.1 以摊余成本计量的金融资产减值

以摊余成本计量的金融资产发生减值时，将其账面价值减记至按照该金融资产的原实际利率折现确定的预计未来现金流量(不包括尚未发生的未来信用损失)现值，减记金额确认为减值损失，计入当期损益。金融资产确认减值损失后，如有客观证据表明该金融资产价值已恢复，且客观上与确认该损失后发生的事项有关，原确认的减值损失予以转回，但金融资产转回减值损失后的账面价值不超过假定不计提减值准备情况下该金融资产在转回日的摊余成本。

本集团对单项金额重大的金融资产单独进行减值测试；对单项金额不重大的金融资产，单独进行减值测试或包括在具有类似信用风险特征的金融资产组合中进行减值测试。单独测试未发生减值的金融资产(包括单项金额重大和不重大的金融资产)，包括在具有类似信用风险特征的金融资产组合中再进行减值测试。已单项确认减值损失的金融资产，不再包括在具有类似信用风险特征的金融资产组合中进行减值测试。

6.2.1.2 可供出售金融资产减值

可供出售金融资产发生减值时，将原直接计入其他综合收益的因公允价值下降形成的累计损失予以转出并计入当期损益，该转出的累计损失为该资产初始取得成本扣除已收回本金和已摊销金额、当前公允价值和原已计入损益的减值损失后的余额。

在确认减值损失后，期后如有客观证据表明该金融资产价值已恢复，且客观上与确认该损失后发生的事项有关，原确认的减值损失予以转回，可供出售权益工具投资的减值损失转回确认为其他综合收益，可供出售债务工具的减值损失转回计入当期损益。

本集团在确定可供出售金融资产是否发生减值时很大程度上依赖于管理层的判断。在进行判断的过程中，本集团需评估该项投资的公允价值低于成本的程度和持续期间，以及被投资对象的财务状况和短期业务展望，包括行业状况、技术变革、信用评级、违约率和对手方的风险。

6.2.1.3 以成本计量的金融资产减值

在活跃市场中没有报价且其公允价值不能可靠计量的权益工具投资，或与该权益工具挂钩并须通过交付该权益工具结算的衍生金融资产发生减值时，将其账面价值减记至按照类似金融资产当时市场收益率对未来现金流量折现确定的现值，减记金额确认为减值损失，计入当期损益。该金融资产的减值损失一经确认不予转回。

6.2.1.4 长期股权投资的减值测试及减值准备计提方法

本集团在每一个资产负债表日检查长期股权投资是否存在可能发生减值的迹象。如果该资产存在减值迹象，则估计其可收回金额。如果资产的可收回金额低于其账面价值，按其差额计提资产减值准备，并计入当期损益。长期股权投资的减值损失一经确认，在以后会计期间不予转回。

6.2.1.5 发放贷款和垫款的减值损失

本集团于资产负债表日对贷款进行减值准备的评估。考虑到本集团发放的贷款未发现风险特征，且缺乏足够类似资产的历史损失经验及数据，本集团认为无须计提减值损失准备。随着本集团的信贷业务发展及相关数据的收集，本集团会定期审阅进行减值估计所使用的方法和假设，以减少估计贷款减值损失和实际贷款减值损失情况之间的差异。

6.2.2 金融资产四分类的范围和标准

以常规方式买卖金融资产,按交易日会计进行确认和终止确认。金融资产在初始确认时划分为以公允价值计量且其变动计入当期损益的金融资产、持有至到期投资、贷款和应收款项以及可供出售金融资产。初始确认金融资产,以公允价值计量。对于以公允价值计量且其变动计入当期损益的金融资产,相关的交易费用直接计入当期损益,对于其他类别的金融资产,相关交易费用计入初始确认金额。

6.2.2.1 以公允价值计量且其变动计入当期损益的金融资产

以公允价值计量且其变动计入当期损益的金融资产包括交易性金融资产和指定为以公允价值计量且其变动计入当期损益的金融资产。本集团以公允价值计量且其变动计入当期损益的金融资产均为交易性金融资产。

交易性金融资产是指满足下列条件之一的金融资产:(1)取得该金融资产的目的,主要是为了近期内出售;(2)初始确认时属于进行集中管理的可辨认金融工具组合的一部分,且有客观证据表明本集团近期采用短期获利方式对该组合进行管理;(3)属于衍生工具,但是被指定且为有效套期工具的衍生工具、属于财务担保合同的衍生工具、与在活跃市场中没有报价且其公允价值不能可靠计量的权益工具投资挂钩并须通过交付该权益工具结算的衍生工具除外。

6.2.2.2 持有至到期投资

持有至到期投资是指到期日固定、回收金额固定或可确定,且本集团有明确意图和能力持有至到期的非衍生金融资产。

6.2.2.3 贷款和应收款项

贷款和应收款项是指在活跃市场中没有报价、回收金额固定或可确定的非衍生金融资产。本集团划分为贷款和应收款项的金融资产包括发放贷款和垫款、应收利息等。

6.2.2.4 可供出售金融资产

可供出售金融资产包括初始确认时即被指定为可供出售的非衍生金融资产,以及除了以公允价值计量且其变动计入当期损益的金融资产、贷款和应收款项、持有至到期投资以外的金融资产。初始确认时即被指定为可供出售的非衍生金融资产包括但不限于出于流动性管理目的或根据市场环境变化而可能提前出售的金融资产。

6.2.3 以公允价值计量且其变动计入当期损益的金融资产核算方法

以公允价值计量且其变动计入当期损益的金融资产采用公允价值进行后续计量,公允价值变动形成的利得或损失以及与该金融资产相关的股利和利息收入计入当期损益。

6.2.4 可供出售金融资产核算方法

可供出售金融资产采用公允价值进行后续计量,公允价值变动形成的利得或损失,除减值损失和外币货币性金融资产与摊余成本相关的汇兑差额计入当期损益外,确认为其他综合收益并计入资本公积,在该金融资产终止确认时转出,计入当期损益。

可供出售金融资产持有期间取得的利息及被投资单位宣告发放的现金股利,计入投资收益。

在活跃市场中没有报价且其公允价值不能可靠计量的权益工具投资,以及与该权益工具挂钩并须通过交付该权益工具结算的衍生金融资产,按照成本计量。

6.2.5 持有至到期投资核算方法

持有至到期投资采用实际利率法,按摊余成本进行后续计量,在终止确认、发生减值或摊销时产生的利得或损失,计入当期损益。

6.2.6 长期股权投资

6.2.6.1 共同控制、重大影响的判断标准

控制是指投资方拥有对被投资方的权力,通过参与被投资方的相关活动而享有可变回报,并且有能力运用对被投资方的权力影响其回报金额。共同控制是指按照相关约定对某项安排所共有的控制,并且该安排的相关活动必须经过分享控制权的参与方一致同意后才能决策。重大影响是指对被投资方的财务和经营政策有参与决策的权力,但并不能够控制或者与其他方一起共同控制这些政策的制定。在确定能否对被投资单位实施控制或施加重大影响时,已考虑投资方和其他方持有的被投资单位当期可转换公司债券、当期可执行认股权证等潜在表决权因素。

6.2.6.2 投资成本的确定

除企业合并形成的长期股权投资外其他方式取得的长期股权投资,按成本进行初始计量。对于因追加投资能够对被投资单位实施重大影响或实施共同控制但不构成控制的,长期股权投资成本为按照《企业会计准则第22号——金融工具确认和计量》确定的原持有股权投资的公允价值加上新增投资成本之和。

6.2.6.3 后续计量及损益确认方法

本集团采用成本法核算对子公司的长期股权投资。子公司是指本公司能够对其实施控制的被投资主体。

采用成本法核算的长期股权投资按初始投资成本计价。追加或收回投资调整长期股权投资的成本。当期投资收益按照享有被投资单位宣告发放的现金股利或利润确认。

本集团对联营企业和合营企业的投资采用权益法核算。联营企业是指本集团能够对其施加重大影响的被投资单位,合营企业是指本集团仅对该安排的净资产享有权利的合营安排。

采用权益法核算时,长期股权投资的初始投资成本大于投资时应享有被投资单位可辨认净资产公允价值份额的,不调整长期股权投资的初始投资成本;初始投资成本小于投资时应享有被投资单位可辨认净资产公允价值份额的,其差额计入当期损益,同时调整长期股权投资的成本。

采用权益法核算时,按照应享有或应分担的被投资单位实现的净损益和其他综合收益的份额,分别确认投资收益和其他综合收益,同时调整长期股权投资的账面价值;按照被投资单位宣告分派的利润或现金股利计算应享有的部分,相应减少长期股权投资的账面价值;对于被投资单位除净损益、其他综合收益和利润分配以外所有者权益的其他变动,调整长期股权投资的账面价值并计入其他综合收益。在确认应享有被投资单位净损益的份额时,以取得投资时被投资单位各项可辨认资产等的公允价值为基础,对被投资单位的净利润进行调整后确认。被投资单位采用的会计政策及会计期间与本集团不一致的,按照本集团的会计政策及会计期间对被投资单位的财务报

表进行调整,并据以确认投资收益和其他综合收益。对于本集团与联营企业及合营企业之间发生的交易,投出或出售的资产不构成业务的,未实现内部交易损益按照享有的比例计算归属于本集团的部分予以抵销,在此基础上确认投资损益。但本集团与被投资单位发生的未实现内部交易损失,属于所转让资产减值损失的,不予以抵销。

在确认应分担被投资单位发生的净亏损时,以长期股权投资的账面价值和其他实质上构成对被投资单位净投资的长期权益减记至零为限。此外,如本集团对被投资单位负有承担额外损失的义务,则按预计承担的义务确认预计负债,计入当期投资损失。被投资单位以后期间实现净利润的,本集团在收益分享额弥补未确认的亏损分担额后,恢复确认收益分享额。

6.2.6.4 处置长期股权投资

处置长期股权投资时,其账面价值与实际取得价款的差额,计入当期损益。采用权益法核算的长期股权投资,处置后的剩余股权仍采用权益法核算的,原采用权益法核算而确认的其他综合收益采用与被投资单位直接处置相关资产或负债相同的基础进行会计处理,并按比例结转当期损益;因被投资方除净损益、其他综合收益和利润分配以外的其他所有者权益变动而确认的所有者权益,按比例结转入当期损益。采用成本法核算的长期股权投资,处置后剩余股权仍采用成本法核算的,其在取得对被投资单位的控制之前因采用权益法核算或金融工具确认和计量准则核算而确认的其他综合收益,采用与被投资单位直接处置相关资产或负债相同的基础进行会计处理,并按比例结转当期损益;因采用权益法核算而确认的被投资单位净资产中除净损益、其他综合收益和利润分配以外的其他所有者权益变动按比例结转当期损益。

6.2.7 固定资产计价和折旧办法

固定资产是指为提供劳务、出租或经营管理而持有的,使用寿命超过一个会计年度的有形资产。固定资产仅在与其有关的经济利益很可能流入本集团,且其成本能够可靠地计量时才予以确认。固定资产按成本并考虑预计弃置费用因素的影响进行初始计量。

与固定资产有关的后续支出,如果与该固定资产有关的经济利益很可能流入且其成本能可靠地计量,则计入固定资产成本,并终止确认被替换部分的账面价值。除此以外的其他后续支出,在发生时计入当期损益。固定资产从达到预定可使用状态的次月起,采用年限平均法在使用寿命内计提折旧。各类固定资产的使用寿命、预计净残值和年折旧率如下:

类别	使用寿命(年)	预计净残值率(%)	年折旧率(%)
房屋及建筑物	30~35	5	2.71~3.17
运输设备	5	5	19.00
电子及机器设备	3~10	5	9.50~31.67
其他	5	5	19.00

预计净残值是指假定固定资产预计使用寿命已满并处于使用寿命终了时的预期状态,本集团目前从该项资产处置中获得的扣除预计处置费用后的金额。

本集团在每一个资产负债表日检查固定资产是否存在可能发生减值的迹象。如果该资产存在减值迹象,则估计其可收回金额。估计资产的可收回金额以单项资产为基础,如果难以对单项资产的可收回金额进行估计的,则以该资产所属的资产组为基础确定资产组的可收回金额。如果资产或资产组的可收回金额低于其账面价值,按其差额计提资产减值准备,并计入当期损益。固定资产减值损失一经确认,在以后会计期间不予转回。

本集团至少于年度终了时对固定资产的使用寿命、预计净残值和折旧方法进行复核,如发生改变则作为会计估计变更处理。

当固定资产处于处置状态或预期通过使用或处置不能产生经济利益时,终止确认该固定资产。固定资产出售、转让、报废或毁损的处置收入扣除其账面价值和相关税费后的差额计入当期损益。

6.2.8 无形资产计价及摊销政策

无形资产按成本进行初始计量。使用寿命有限的无形资产自可供使用时起,对其原值减去预计净残值和已计提的减值准备累计金额在其预计使用寿命内采用直线法分期平均摊销。使用寿命不确定的无形资产不予摊销。年末,对使用寿命有限的无形资产的使用寿命和摊销方法进行复核,必要时进行调整。

本集团在每一个资产负债表日检查使用寿命确定的无形资产是否存在可能发生减值的迹象。如果该等资产存在减值迹象,则估计其可收回金额。估计资产的可收回金额以单项资产为基础,如果难以对单项资产的可收回金额进行估计的,则以该资产所属的资产组为基础确定资产组的可收回金额。如果资产或资产组的可收回金额低于其账面价值,按其差额计提资产减值准备,并计入当期损益。

使用寿命不确定的无形资产和尚未达到可使用状态的无形资产,无论是否存在减值迹象,每年均进行减值测试。无形资产减值损失一经确认,在以后会计期间不予转回。

6.2.9 贷款和应收款项的核算方法

贷款和应收款项采用实际利率法,按摊余成本进行后续计量,在终止确认、发生减值或摊销时产生的利得或损失,计入当期损益。

6.2.10 长期待摊费用的摊销政策

本集团已发生但应由本期和以后各期负担的分摊期限在1年以上的各项费用,按受益期限内平均摊销。

6.2.11 合并会计报表的编制方法

合并财务报表的合并范围以控制为基础予以确定。子公司采用的主要会计政策和会计期间按照本公司统一规定的会计政策和会计期间厘定。

本公司与子公司及子公司相互之间的所有重大账目及交易于合并时抵销。对于购买子公司少数股权或因处置部分股权投资但没有丧失对该子公司控制权的交易,作为权益性交易核算,调整归属于母公司所有者权益和少数股东权益的账面价值以反映其在子公司中相关权益的变化。少数股东权益的调整额与支付/收到对价的公允价值之间的差额调整资本公积,资本公积不足冲减的,调整留存收益。

6.2.12 收入确定原则和方法

6.2.12.1 利息收入

利息收入按照相关金融资产的摊余成本采用实际利率法确认。

6.2.12.2 手续费及佣金收入

信托报酬收入于服务已经提供且收取的金额能够可靠地计量时，按权责发生制确认收入。

财务顾问费收入于服务已经提供且收取的金额能够可靠地计量时，按权责发生制确认收入。

6.2.12.3 其他业务收入

租金收入于合同已经履行且收取的金额能够可靠地计量时，按权责发生制确认收入。

管理费收入系本集团根据与苏州苏信元和股权投资有限公司、苏州苏信元丰股权投资企业（有限合伙）（以下简称创投企业）分别签订的委托管理协议，接受两家创投企业委托作为投资管理者从事投资活动而收取的管理费。本集团每年分别向两家创投企业按其股本的一定比例收取管理费。

6.2.13 所得税的会计处理方法

所得税费用包括当期所得税和递延所得税。

资产负债表日，对于当期和以前期间形成的当期所得税负债（或资产），按照税法规定计算的预期应交纳（或返还）的所得税金额计量。

对于某些资产、负债项目的账面价值与其计税基础之间的差额，以及未作为资产和负债确认但按照税法规定可以确定其计税基础的项目的账面价值与计税基础之间的差额产生的暂时性差异，采用资产负债表债务法确认递延所得税资产及递延所得税负债。

在一般情况下，所有暂时性差异均确认相关的递延所得税。但对于可抵扣暂时性差异，本公司以很可能取得用来抵扣可抵扣暂时性差异的应纳税所得额为限，确认相关的递延所得税资产。

对于能够结转以后年度的可抵扣亏损和税款抵减，以很可能获得用来抵扣可抵扣亏损和税款抵减的未来应纳税所得额为限，确认相应的递延所得税资产。

资产负债表日，对于递延所得税资产和递延所得税负债，根据税法规定，按照预期收回相关资产或清偿相关负债期间的适用税率计量。

除与直接计入其他综合收益或所有者权益的交易和事项相关的当期所得税和递延所得税计入其他综合收益或所有者权益，以及企业合并产生的递延所得税调整商誉的账面价值外，其余当期所得税和递延所得税费用或收益计入当期损益。

资产负债表日，对递延所得税资产的账面价值进行复核，如果未来很可能无法获得足够的应纳税所得额用以抵扣递延所得税资产的利益，则减记递延所得税资产的账面价值。在很可能获得足够的应纳税所得额时，减记的金额予以转回。

当拥有以净额结算的法定权利，且意图以净额结算或取得资产、清偿负债同时进行时，本集团当期所得税资产及当期所得税负债以抵销后的净额列报。

当拥有以净额结算当期所得税资产及当期所得税负债的法定权利，且递延所得税资产及递延所得税负债是与同一税收征管部门对同一纳税主体征收的所得税相关或者是对不同的纳税主体相关，但在未来每一具有重要性的递延所得税资产及负债转回的期间内，涉及的纳税主体意图以净额结算当期所得税资产和负债或是同时取得资产、清偿负债时，本集团递延所得税资产及递延所得税负债以抵销后的净额列报。

6.2.14 信托报酬确认原则和方法

信托报酬收入于服务已经提供且收取的金额能够可靠地计量时，按权责发生制确认收入。

6.3 或有事项说明

公司对外提供借款担保的期初、期末无余额。

6.4 重要资产转让及其出售的说明

公司无重要资产转让及出售。

6.5 会计报表中重要项目的明细资料

6.5.1 披露自营资产经营情况

6.5.1.1 按信用风险五级分类结果披露信用风险资产的期初、期末数

信用风险资产五级分类	正常类（万元）	关注类（万元）	次级类（万元）	可疑类（万元）	损失类（万元）	信用风险资产合计（万元）	不良资产合计（万元）	不良资产率（%）
期初数	54 832	—	—	—	—	54 832	—	—
期末数	111 282	—	—	—	—	111 282	—	—

注：不良资产合计 = 次级类 + 可疑类 + 损失类。

6.5.1.2 资产减值损失准备的期初、本期计提、本期转回、本期核销、期末数

单位：万元

	期初数	本期计提	本期转回	本期核销	期末数
贷款损失	—	—	—	—	—
一般准备	—	—	—	—	—
专项准备	—	—	—	—	—
其他资产减值准备	—	—	—	—	—
可供出售金融资产减值准备	—	8 250	—	—	8 250
持有至到期投资减值准备	—	—	—	—	—
长期股权投资减值准备	—	—	—	—	—
坏账准备	—	—	—	—	—
投资性房地产减值准备	—	—	—	—	—

6.5.1.3 按照投资品种分类，分别披露固有业务股票投资、基金投资、债券投资、股权投资等投资业务的期初数、期末数

单位：万元

项目	自营股票	基金	债券	长期股权投资	其他投资	合计
期初数	62 111	—	—	34 481	71 350	167 942
期末数	130 470	—	—	2 909	118 161	251 540

6.5.1.4 本集团按照企业会计准则对长期股权投资进行重分类后，披露长期股权投资的企业名称、占被投资企业权益的比例、主要经营活动及投资收益情况等

企业名称	占被投资企业权益的比例（%）	主要经营活动	投资损益（万元）
苏州苏信元和股权投资有限公司	42.86	投资业务	-36

6.5.1.5 前五名的自营贷款的企业名称、占贷款总额的比例和还款情况等(从贷款金额大到小顺序排列)

企业名称	占贷款总额的比例(%)	还款情况
苏州高新区经济发展集团总公司	47.28	正常
江苏恒神纤维材料有限公司	18.91	正常
苏州卓运房地产开发有限公司	11.82	正常
苏州太湖缘置地有限公司	9.46	正常
苏州市祥弘企业管理有限公司	7.09	正常

6.5.1.6 表外业务的期初数、期末数;按照代理业务、担保业务和其他类型表外业务分别披露

单位:万元

表外业务	期初数	期末数
担保业务	—	—
代理业务(委托业务)	—	—
其他	—	—
合计	—	—

报告期内,公司未发生代理业务(委托业务)。

6.5.1.7 公司当年的收入结构

收入结构	金额(万元)	占比(%)
手续费及佣金收入	71 929	73.65
其中:信托手续费收入	71 798	73.52
投资银行业务收入		0.00
利息收入	5 839	5.98
其他业务收入	213	0.22
其中:计入信托业务收入部分	—	
投资收益	19 311	19.77
其中:股权投资收益	-36	-0.04
证券投资收益	14 385	14.73
其他投资收益	4 962	5.08
公允价值变动收益	337	0.35
营业外收入	34	0.03
全年总收入	97 663	100.00

报告年度实现信托业务收入总额为 71 798 万元,全部以手续费及佣金收入形式确定。

6.5.2 披露信托财产管理情况

6.5.2.1 信托资产的期初数、期末数

单位:万元

信托资产	期初数	期末数
集合	3 500 855.59	4 897 793.05
单一	2 834 125.01	3 630 974.65
财产权	51 470.82	408 898.81
合计	6 386 451.42	8 937 666.51

6.5.2.1.1 主动管理型信托业务的信托资产期初数、期末数、分证券投资、非证券投资、融资、事务管理类分别披露

单位:万元

主动管理型信托资产	期初数	期末数
证券投资类	5 003.25	0.00
非证券投资类	2 338 020.83	3 403 412.77
融资类	3 050 560.31	2 798 270.28
事务管理类	992 867.03	1 556 732.09
合计	6 386 451.42	7 758 415.14

6.5.2.1.2 被动管理型信托业务的信托资产期初数、期末数,分证券投资、非证券投资、融资、事务管理类分别披露

单位:万元

被动管理型信托资产	期初数	期末数
证券投资类	0.00	0.00
非证券投资类	0.00	0.00
融资类	0.00	0.00
事务管理类	0.00	1 179 251.37
合计	0.00	1 179 251.37

6.5.2.2 本年度已清算结束的信托项目 130 个数、实收信托合计金额 216.44 亿元、加权平均实际年化收益率 7.97%

6.5.2.2.1 本年度已清算结束的集合类、单一类资金信托项目和财产管理类信托项目个数、实收信托金额、加权平均实际年化收益率

单位:万元,%

已清算结束信托项目	项目个数	实收信托合计金额	加权平均实际年化收益率
集合类	38.00	954 782.00	9.61
单一类	92.00	1 209 600.00	6.68
财产管理类	0.00	0.00	0.00

注:收益率是指信托项目清算后、给受益人赚取的实际收益水平. 加权平均实际年化收益率 =(信托项目 1 的实际年化收益率 × 信托项目 1 的实收信托 + 信托项目 2 的实际年化收益率 × 信托项目 2 的实收信托 +… + 信托项目 n 的实际年化收益率 × 信托项目 n 的实收信托)/(信托项目 1 的实收信托 + 信托项目 2 的实收信托 +… + 信托项目 n 的实收信托) ×100%。

6.5.2.2.2 本年度已清算结束的主动管理型信托项目个数、实收信托合计金额、加权平均实际年华收益率,分证券投资、非证券投资、融资、事务管理类分别计算并披露

单位:万元,%

已清算结束信托项目	项目个数	实收信托合计金额	加权平均实际年化信托报酬率	加权平均实际年化收益率
证券投资类	1	5 000.00	0.35	8.35
股权投资类	12	370 069.00	1.57	10.17
融资类	93	1 478 413.00	1.01	7.72
事务管理类	23	305 900.00	0.25	6.57

注:加权平均实际年化信托报酬率 =(信托项目 1 的实际年化信托报酬率 × 信托项目 1 的实收信托 + 信托项目 2 的实际年化信托报酬率 × 信托项目 2 的实收信托 +… + 信托项目 n 的实际年化信托报酬率 × 信托项目 n 的实收信托)/(信托项目 1 的实收信托 + 信托项目 2 的实收信托 +… + 信托项目 n 的实收信托) ×100%。

6.5.2.2.3 本年度已清算结束的被动管理型信托项目个数、实收信托合计金额、加权平均实际化收益率，分证券投资、非证券投资、融资、事务管理类分别计算并披露

已清算结束信托项目	项目个数（个）	实收信托合计金额（万元）	加权平均实际年化信托报酬率（%）	加权平均实际年化收益率（%）
证券投资类	0	—	0	0
非证券投资类	0	—	0	0
融资类	0	—	0	0
事务管理类	1	5 000.00	0.09	5.84

6.5.2.3 本年度新增的集合类、单一类和财产管理类信托项目个数、实收信托合计金额

新增信托项目	项目个数（个）	实收信托合计金额（万元）
集合类	80	2 886 277.56
单一类	125	2 068 481.35
财产管理类	4	376 692.00
新增合计	209	5 331 450.91
其中：主动管理型	163	4 147 293.47
被动管理型	46	1 184 157.44

注：本年新增信托项目指在本报告年度内累计新增的信托项目个数和金额。包括含本年度新增并于本年度内结束的项目和本年度新增至报告期末仍在持续管理的信托项目。

6.5.2.4 信托业务创新成果和特色业务有关情况

6.5.2.4.1 创新业务资格

公司2013年获得特定目的的信托受托机构资格，负责管理特定目的的信托财产并发行资产支持证券。目前正在申请合格境内机构投资者（QDII）资格。

6.5.2.4.2 创新业务品种

2014年，公司积极探索传统信托业务的转型与创新，推动基金型创新产品模式，成功推广了包括农园鑫、浒关新区等多个城镇发展基金。

2014年，公司全面开展信贷资产证券化业务。TOF基金型信托产品第一、第二期成功发行。

财富管理方面，公司四大财富管理产品体系（平衡配置及积极配置的华荣系列、专户理财服务的华彩和华丽系列、单一需求定制的华丰系列、现金管理类的华冠系列等）日趋成熟，基本满足不同客户对财富管理信托产品的投资需求。

6.5.2.4.3 创新业务规模

根据公司制定的战略目标，公司加大创新力度，深化业务模式的创新，分别在基础设施、资产证券化、受托事务管理等领域取得了实质性的突破。

（1）推动城市发展基金等基金型信托产品的发展，年内成功推广了包括农园鑫、浒关新区等多个城镇发展基金，新增规模10.8亿元。

（2）信贷资产证券化领域，年内成功发行规模总计33.72亿元。

（3）积极探索和推动财富管理业务的发展。截至2014年末，存续管理财富管理类信托计划总计45个，存续管理信托规模共计72.35亿元。其中，现金管理华冠信托产品成功发行和运行。华彩专户管理类型的他益信托产品，实现了职工福利计划的创新，得到了市场的广泛认可。

6.5.2.5 本公司履行受托人义务情况及因本公司自身责任而导致的信托资产损失情况（合计金额、原因等）

无。

6.5.2.6 信托赔偿准备金的提取、使用及管理情况

集团按净利润的5%计提信托赔偿准备金，本报告期内计提信托赔偿准备金2 472万元，截至2014年12月31日，累计已计提信托赔偿准备金9 360万元，报告期内未使用信托赔偿准备金。

6.6 关联方关系及其交易的披露

6.6.1 关联交易方的数量、关联交易的总金额及关联交易的定价政策等

单位：元

	关联交易方数量	关联交易金额	定价政策
合计	16	882 973 667.00	市场定价原则

注："关联交易"定义应以《公司法》和《企业会计准则36号——关联方披露》有关规定为准。上述"关联交易方数量"及"关联交易金额"是本报告期的期末余额。

6.6.2 关联交易方与本公司的关系性质、关联交易方的名称、法定代表人、注册地址、注册资本及主营业务等

关系性质	关联方名称	法定代表人	注册地址	注册资本（万元）	主营业务
本公司信托产品	苏信理财·恒信1201集合资金信托计划	无	无	28 090	无
本公司信托产品	苏信理财·扩内需、保增长1号资金信托—绕城高速项目	无	无	29 367	无
本公司信托产品	苏信理财·扩内需、保增长1号资金信托—绕城高速项目2期	无	无	33 782.1	无
本公司信托产品	苏信理财·扩内需、保增长1号资金信托4号	无	无	35 390	无
本公司信托产品	苏信财富·华荣H1402（平衡配置）爱心公益集合资金信托计划	无	无	40 180	无
本公司信托产品	苏信财富·华彩H1403单一资金信托	无	无	16 000	无
本公司信托产品	苏信财富·华冠H1401（稳健配置A）集合资金信托计划	无	无	77 198.49	无
本公司信托产品	苏信理财·恒信J1320集合资金信托计划	无	无	88 170	无

6.6.3 本公司与关联方的重大交易事项

6.6.3.1 固有与关联方交易情况：贷款、投资、租赁、应收账款、担保、其他方式等期初汇总数、本期借方和贷方发生额汇总数、期末汇总数

本期固有与关联方无交易情况发生。

6.6.3.2 信托与关联方交易情况：贷款、投资、租赁、应收账款、担保、其他方式等期初汇总数、本期借方和贷方发生额汇

总数、期末汇总数

本期信托与关联方无交易情况发生。

6.6.3.3 信托公司自有资金运用于自己管理的信托项目(固信交易)、信托公司管理的信托项目之间的相互(信信交易)交易金额,包括余额和本报告年度的发生额

6.6.3.3.1 固有与信托财产之间的交易金额期初汇总数、本期发生额汇总数、期末汇总数

自有资金运用于自己管理的信托项目

单位:万元

期初汇总数	本期发生额汇总数		期末汇总数
	本年增加	本年减少	
70 250	40 775	39 500	71 525

注:应监管部门要求,我公司于2014年起对自有资金运用于本公司管理的信托项目情况进行上报。

6.6.3.3.2 信托财产与信托财产之间的交易情况

单位:元

信托资产与关联方关联交易																				
贷款			投资			租赁			担保			应收账款			其他			合计		
期初	发生额	期末	期初	发生额	期末	期初	发生额	期末	期初	发生额	期末	期初	发生额	期末	期初	发生额	期末	期初	发生额	期末
			0	167 723 667	167 723 667										280 900 000	−280 900 000	0	280 900 000	−113 176 333	167 723 667

6.6.4 关联方逾期未偿还本公司资金的详细情况及本公司为关联方担保发生或即将发生垫款的详细情况

至2014年12月31日,本公司未发生关联方逾期未偿还本公司资金情况;本公司无为关联方担保发生或即将发生垫款情况。

6.7 会计制度的披露

6.7.1 固有业务(自营业务)执行会计制度的名称、颁布年份

本集团执行财政部于2006年2月15日颁布的企业会计准则,包括于2014年新颁布和经修订的企业会计准则。

本集团于2014年7月1日开始采用财政部于2014年新颁布的《企业会计准则第39号——公允价值计量》、《企业会计准则第40号——合营安排》、《企业会计准则第41号——在其他主体中权益的披露》和经修订的《企业会计准则第2号——长期股权投资》、《企业会计准则第9号——职工薪酬》、《企业会计准则第30号——财务报表列报》、《企业会计准则第33号——合并财务报表》。本集团2014年度的财务报表按照财政部2014年修订的《企业会计准则第37号——金融工具列报》对金融工具进行列报。除经修订的《企业会计准则第2号——长期股权投资》和《企业会计准则第30号——财务报表列报》外,其他新颁布和经修订的企业会计准则对本集团会计核算无重大影响。

6.7.2 信托业务执行会计制度的名称、颁布年份

信托业务核算执行财政部于2006年2月15日正式颁发的《企业会计准则》。

7. 财务情况说明书

7.1 利润实现和分配情况

2014年度集团实现利润总额65 418万元,比上年增长38.18%;实现净利润49 550万元,比上年增长37.58%。

2014年初集团未分配利润44 776万元,2014年实现净利润49 550万元,年末提取法定盈余公积金4 955万元、信托赔偿准备金2 472万元、一般风险准备32万元,2014年末未分配利润余额86 867万元。

7.2 主要财务指标

指标名称	指标值
资本利润率(%)	19.19①
加权年化信托报酬率(%)	0.99
人均净利润(万元)	458.8②

注:1. 资本利润率=净利润/所有者权益平均余额×100%。

2. 加权年化信托报酬率=(信托项目1的实际年化信托报酬率×信托项目1的实收信托+信托项目2的实际年化信托报酬率×信托项目2的实收信托+…信托项目n的实际年化信托报酬率×信托项目n的实收信托)/(信托项目1的实收信托+信托项目2的实收信托+…信托项目n的实收信托)×100%。

3. 人均净利润=净利润/年平均人数。

4. 平均值采取年初、年末余额简单平均法=(年初数+年末数)/2。

7.3 对公司财务状况、经营成果有重大影响的其他事项

无。

8. 特别事项揭示

8.1 前五名股东报告期内变动情况及原因

报告期内公司股东及持股比例无变动

8.2 公司董事、监事及高级管理人员变动情况及原因

报告期内,公司第四届董事会职工董事汪文华先生因个人原因不再担任职工董事职务。独立董事胡玉鸿先生因个人原因辞去公司独立董事职务。2014年股东会第二次会议审议同意选举朱立教女士为公司第四届董事会的职工董事,第四届董事会第三次临时会议审议同意免除朱立教女士公司董事长职务,任命朱立教女士为公司董事会副董事长。第四届董事会第三次会议审议同意任命袁维静女士为公司董事长。

报告期内,公司第四届监事会人员无变化。

---

① 此利润率与监管评级时提供一致,平均所有者权益=$(A_0/2+a_1+a_2+a_3+a_4/2)/4$。

② 此人均与监管评级时提供一致,职工平均数=$(A_0+A_4)/2$。

报告期内，第四届董事会第三次会议审议同意聘任汪瑜女士为公司副总裁。汪瑜女士的副总裁任职资格已经中国银监会核准（苏银监复[2014]383号）。

8.3 变更注册资本、变更注册地或公司名称、公司分立合并事项

报告期内未发生变更注册资本、注册地或公司名称、公司分立合并事项。

8.4 公司的重大诉讼事项

公司与债务人江苏省无锡丽悦置业有限公司的信托债务纠纷一案正通过司法途径解决中，涉案主债权金额为78 396 600.00元。

公司与债务人江苏省苏州炜华置业发展有限公司的信托债务纠纷一案正通过司法途径解决中，涉案主债权金额为150 000 000.00元。

8.5 公司及其董事、监事和高级管理人员受到处罚情况

报告期内公司董事、监事和高级管理人员未受到任何处罚。

8.6 对银监会及其派出机构提出的检查整改意见处理情况

2014年9月10日至9月18日，中国银监会江苏监管局派出检查组对公司截至2014年8月末存续且2015年12月末前到期的全部集合及部分单一信托的到期清算风险及合规性进行了现场检查，并出具了《现场检查意见书》。根据《现场检查意见书》，公司立即组织了信托业务部门、合规管理部、风险控制部等部门对检查中指出的问题逐条进行了讨论和分析，积极落实监管意见，并按照监管意见，进一步优化治理、健全制度、严控风险，切实做好风险防控，加强尽职管理，提升合规管理，以确保公司的长远稳健发展。公司按规定及时将以上整改情况以书面形式向江苏省监管局进行了报告。

8.7 本年度重大事项临时报告的简要内容、披露时间、所披露的媒体及其版面

简要内容：苏州信托有限公司关于董事长变动的公告；
披露时间：2014年8月28日；
披露媒体：《经济日报》信息披露07版。

8.8 银监会及省级派出机构认定的其他有必要让客户及相关利益人了解的重要信息

无。

9. 公司监事会意见

9.1 关于内部控制

监事会认为，公司高度重视合规风险，在经营管理运作方面能够依照相关法律法规和公司内控制度的规定依法运作。公司现行制度基本适应目前公司的管理与发展需要，能够为各项业务的正常运行和经营风险的控制提供有效保障。公司未发生由于业务行为不合规而被监管部门查处或出现法律纠纷事件。

公司在项目开发设计和后续管理过程中，严格把握和执行监管机构的规定以及公司业务管理制度，风险控制意识较强。公司固有业务及信托业务整体运转正常，均能按照相关文件约定执行。

公司内审部门在内部审计工作开展过程中，依据有关法律法规和内部工作规范，按照客观、公正的原则进行审查监督，认真履行了内审职责，较好地起到了规范经营行为、加强风险防范的作用。

9.2 关于财务报告

监事会认为，2014年，面对GDP增速持续回落，经济结构出现较大调整的宏观形势，在董事会的正确领导下，公司管理层带领全体员工奋发努力、开拓创新，仍然取得了优良成绩。公司2014年度的财务报告的编制和审核程序符合法律、行政法规和监管规定，公司资产、财务收支、资金运作情况真实、公允地反映了财务状况和现金流量，报告内容真实反映了报告期内公司的财务状况和经营成果。监事会同意公司2014年度财务会计报告。

9.3 关于高管履职

监事会认为，报告期内公司高管人员在行使各自职权时遵纪守法，履行诚信、勤勉之义务，自觉维护公司利益和股东权益，能按董事会的决议认真执行，未发现上述人员违反法律法规、公司章程或损害公司利益的行为。

10. 自财务审计报告签发之日至本报告披露之日，公司发生的重大会计日后事项

无。

天津信托有限责任公司

1. 重要提示

1.1　本公司董事会及董事保证本报告所载资料不存在任何虚假记载、误导性陈述或者重大遗漏，并对其内容的真实性、准确性和完整性承担个别及连带责任。本年度报告摘要摘自年度报告全文，客户及相关利益人欲了解详细内容，应阅读年度报告全文。

1.2　公司有资格的全部董事出席董事会，并行使表决权。

1.3　公司独立董事对本年度报告所披露的内容进行了认真审查，认为本年度报告的内容是真实、准确、完整的。

1.4　中审华寅五洲会计师事务所为本公司出具了标准无保留意见的审计报告。

1.5　公司总经理张维、总会计师尹梅、财会部负责人李瑞聪声明：保证本年度报告中财务报告真实、完整。

2. 公司概况

2.1　公司简介

2.1.1　公司的法定中文名称：天津信托有限责任公司

2.1.2　公司的法定英文名称：Tianjin Trust Co. ,Ltd.

2.1.3　法定代表人：王海智

2.1.4　注册地址：天津市河西区围堤道125～127号天信大厦

邮政编码：300074

2.1.5　国际互联网网址：www. tjtrust. com

电子信箱：office@ tjtrust. com

2.1.6　信息披露事务负责人：张　维

信息披露事务联系人：冉启文

联系电话：022 － 28408259，传真：022 － 28408279，电子信箱：office@ tjtrust. com

2.1.7　公司指定信息披露报纸：《金融时报》

2.1.8　公司年度报告备置地点：天津信托有限责任公司董事会（天信大厦）

2.1.9　公司聘请的会计师事务所：中审华寅五洲会计师事务所

地址：天津开发区广场东路20号滨海金融街—E7106室

2.1.10　公司聘请的律师事务所：无

2.2　组织结构

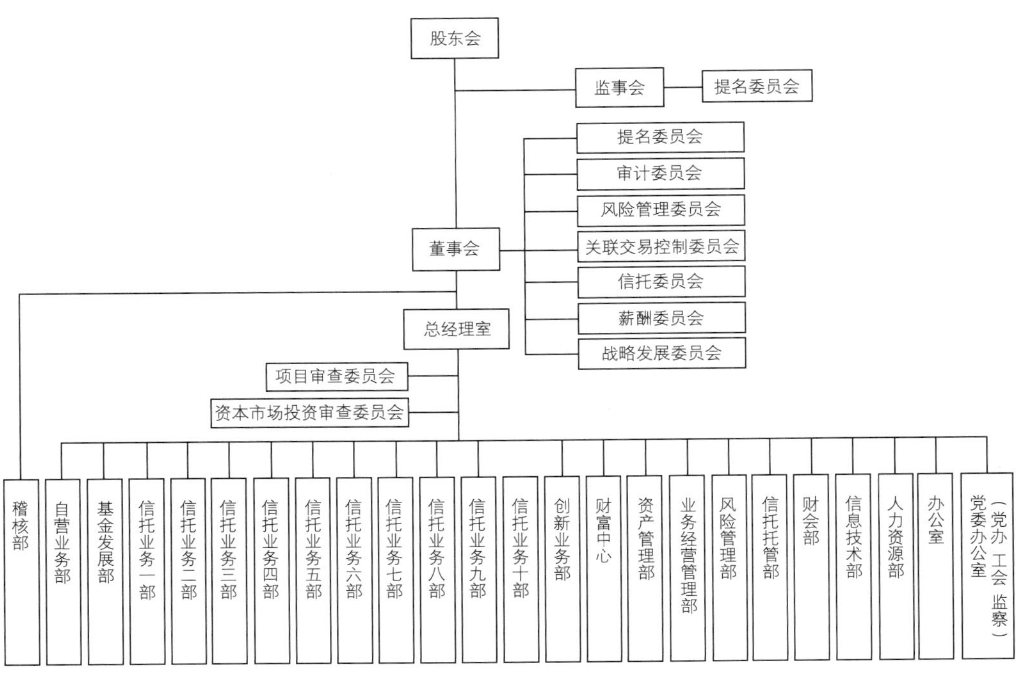

3. 公司治理

3.1 股东

截至2014年末，公司股东5家，前3位股东如下：

股东名称	出资比例（%）	法人代表	注册资本（亿元）	注册地址	主要经营业务及主要财务情况
天津海泰控股集团有限公司★	51.58	刘津元	25.6	天津华苑产业区梅苑路6号海泰大厦11～12层	主营业务为：天津滨海高新技术产业开发区基础设施建设、土地开发与转让、高科技投资和配套服务业。2014年末总资产为340亿元，总负债为249亿元，所有者权益为91亿元。
天津市泰达国际控股（集团）有限公司	42.11	卢志永	103.7	天津经济技术开发区盛达街9号泰达金融广场11层	主营业务为：承担天津市市属国有金融资产出资人的职责，对控股金融机构的经营情况和绩效水平进行考核管理，对授权范围内的国有金融资产依法实施监督，负责国有金融资产的保值增值。2014年末总资产为413.8亿元，总负债为230.6亿元，所有者权益为183.2亿元。
安邦人寿保险股份有限公司	3.9	姚大锋	117.9	北京市朝阳区东三环中路7号财富中心A座30层3001	主营业务为：经营人寿保险、健康保险、意外伤害保险等各类人身保险业务、上述业务的再保险业务以及经中国保监会批准的其他业务。2014年末总资产为1 183亿元，总负债为753亿元，所有者权益为430亿元。

本公司股东之间不存在关联关系。

3.2 董事

截至2014年末，公司董事会人员构成如下：

姓名	职务	性别	年龄	选任日期	所推举的股东名称	该股东持股比例（%）	简要履历
王海智	董事长	男	60	2007年6月	天津海泰控股集团有限公司	51.58	1974—1988年，历任河北省围场县公社、镇区秘书、劳动人事局干事、副局长；1988—2000年，历任中国银行河北省分行围场支行、中国银行承德市分行、中国银行秦皇岛市分行副行长、代行长、行长、党委书记；2000—2005年末，历任中国东方资产管理公司石家庄办事处副总经理、总经理、党委副书记、党委书记，天津办事处党委书记、总经理；2007年6月至2009年6月，任天津信托投资有限责任公司党委书记、董事长；2009年7月至2014年2月，任天津信托有限责任公司党委书记、董事长；2014年2月（退休）至今，任天津信托有限责任公司董事长。
赵　毅	副董事长	男	41	2012年7月	天津海泰控股集团有限公司	51.58	1996年7月至1998年12月，在中国投资银行天津分行国际业务部工作；1998年12月至2005年10月，在国家开发银行天津分行信贷处工作，任正科级行员（其间，1999年9月至2002年7月南开大学工商管理专业学习，并获得硕士学位；2002年9月至2005年7月在南开大学金融学专业学习，并获得博士学位）；2005年10月至2007年1月任天津松江集团财务总监；2007年1月至2008年3月任天津海泰控股集团有限公司财务管理部部长；2008年3月至2009年9月任天津新技术产业园区管委会财政局（物价局）局长兼财务管理中心主任；2009年9月至2011年5月任天津滨海高新技术产业开发区管委会财政局（物价局）局长兼财务管理中心主任；2011年5月至任今天津海泰控股集团有限公司副总经理。
李　林	董　事	男	51	2009年8月	天津海泰控股集团有限公司	51.58	1985年7月至1994年3月在天津师范大学教育系任教师；1994年3月至1996年6月在天津新技术产业园区开发总公司工作；1996年6月至1997年5月任园区总公司工业投资分公司助理经理；1997年5月至1997年12月任园区报关行副经理；1997年12月至2003年5月任园区报关行经理；2003年5月至2006年6月任天津海泰控股集团有限公司资产部部长；2006年6月至2006年12月任天津海泰控股集团有限公司投资发展部副部长；2006年12月至今，任天津海泰控股集团有限公司企业运营部副部长、部长。
王雪利	董事	女	42	2013年10月	天津海泰控股集团有限公司	51.58	1991年9月至1995年7月为内蒙古医学院药学系药学专业学生；1995年7月至1996年8月为天津市药材公司成药分公司业务部职员；1996年8月至1998年4月任天津市药材公司成药分公司市场开发部部长助理；1998年4月至1999年9月任青岛海信（天津）经销中心经理助理；1999年9月至2002年7月在南开大学国际商学院工商管理专业学习；2002年7月至2003年6月任天津海泰科技管理咨询有限公司部长；2003年6月至2004年10月任天津海泰生物科技发展有限公司部长；2004年10月至2010年6月任天津海泰控股集团有限公司企业运营部干部（2003年9月至2007年3月在天津大学管理学院技术经济及管理专业学习，获博士学位）；2010年6月至今，任天津海泰控股集团有限公司企业运营部副部长。
钟玲玲	董　事	女	50	2010年4月	天津市泰达国际控股（集团）有限公司	42.11	1986年7月至1991年8月，就职于天津市照相机公司；1991年8月至2009年1月，任天津市经济委员会引进处、投资与技术改造处调研员；2008年8月至2010年12月，任天津市泰达国际控股（集团）有限公司融资与风险管理部部长；2011年1月至今，任天津市泰达国际控股（集团）有限公司审计与合规部、投资部部长。

续表

姓 名	职 务	性别	年龄	选任日期	所推举的股东名称	该股东持股比例(%)	简 要 履 历
弓劲梅	董 事	女	42	2010年4月	天津市泰达国际控股(集团)有限公司	42.11	2002年1月至2006年10月,任天弘基金管理有限公司筹备组成员、高级研究员、职工监事;2006年11月至2008年7月,任天津泰达投资控股有限公司资产管理部高级项目经理;2008年8月至2009年4月,任天津市泰达国际控股(集团)有限公司融资与风险管理部部长助理;2009年5月至2009年12月,任天津市泰达国际控股(集团)有限公司融资与风险管理部副部长;2010年1月至今,任天津市泰达国际控股(集团)有限公司资产管理部副部长、部长。
刘峰	董 事	男	36	2013年10月	天津市泰达国际控股(集团)有限公司	42.11	2005年9月至2008年12月,任天津泰达投资控股有限公司资产管理部项目经理;2009年1月至2009年6月,任天津市泰达国际控股(集团)有限公司资产管理与合规部高级项目经理;2009年7月至2010年1月,任天津市泰达国际控股(集团)有限公司资产管理与合规部部长助理;2010年2月至2010年10月,任天津市泰达国际控股(集团)有限公司融资与风险控制部部长助理;2010年10月至2014年1月,任天津市泰达国际控股(集团)有限公司资产管理部干部、副部长(2011年4月至2014年1月,兼任恒安标准人寿保险有限公司董事);2014年1月至今,任恒安标准人寿保险有限公司风险管理部联席总经理。
黄书平	董 事	男	33	2010.4	天津盈鑫信恒投资咨询有限公司	5.26	2004年11月至2005年4月,任首创证券有限公司资产管理部项目经理;2005年4月至2007年2月,任顺驰中国控股有限公司总裁助理;2007年2月至2007年12月,任融创集团资本管理部总监;2007年12月至2009年2月,任融创集团资本运作中心总经理;2009年2月至今,任融创集团董事会秘书、财务总监、副总裁。
张维	董 事	男	59	2006年4月	管理层及职工代表		1972—1999年,在天津市综合计划局生产组、天津市物资局工作,历任财务处干部、副处长、处长、总会计师;1999年至2006年4月,在天津市审计局工作,任总审计师、副局长、党组成员;2006年4月至2009年6月,任天津信托投资有限责任公司董事、总经理。2009年7月至今,任天津信托有限责任公司董事、总经理。
郭田勇	独立董事	男	47	2012年11月		42.11	1990年于山东大学获理学学士学位,之后曾在中国人民银行烟台分行工作,1996年、1999年分别于中国人民大学财政金融学院、中国人民银行研究生部获金融学硕士、博士学位。1999年至今,任中央财经大学金融学院教授、博士生导师,中国银行业研究中心主任。

以上董事任期期限为3年,即2013年10月至2016年9月。

截至2014年末,公司独立董事为:

姓 名	所在单位及职务	性别	年龄	选任日期	所推举的股东名称	该股东持股比例(%)	简 要 履 历
郭田勇	独立董事	男	47	2012年11月	天津市泰达国际控股(集团)有限公司	42.11	1990年于山东大学获理学学士学位,之后曾在中国人民银行烟台分行工作;1996年、1999年分别于中国人民大学财政金融学院、中国人民银行研究生部获金融学硕士、博士学位;1999年至今,任中央财经大学金融学院教授、博士生导师,中国银行业研究中心主任。

3.3 监事会

截至2014年末,公司监事会人员构成如下:

姓 名	职 务	性别	年龄	选任日期	所推举的股东名称	该股东持股比例(%)	简 要 履 历
冯金有	监 事	男	60	2007年1月	天津海泰控股集团有限公司	51.58	1970—2001年,先后在天津大沽化工厂、天津市砂轮厂、天津新技术产业园区开发总公司工作;2001—2007年,在天津海泰控股集团有限公司工作,先后任财务部长、副总会计师、总会计师;2007年至2014年7月,先后任天津市海泰担保有限公司董事长兼总经理、天津海泰控股集团有限公司副总会计师;2014年7月退休。
王 丽	监 事	女	52	2010年4月	天津海泰控股集团有限公司	51.58	1983年9月至1986年7月,为天津市广播电视大学学生;1986年7月至1993年3月,任天津市异型刃具厂财务部会计;1993年3月至1993年10月,任天津市新技术产业园区开发总公司财务部会计;1993年10月至2000年8月,任天津新技术产业园区进出口有限公司干部、助理经理、副经理2000年8月至2006年12月,任天津海泰控股集团有限公司财务管理部副部长;2006年12月至今,任天津海泰控股集团有限公司财务管理部副部长(享受正职待遇)、部长。
康 悦	监 事	男	56	2004年2月	天津市大港区财政局	1.05	1980—2003年,在天津市大港区财政局工作,先后任会计、副科长、科长;2003年至2011年6月,任大港区财政局副局长;2011年6月至今任大港经济技术开发区管委会主任。

续表

姓名	职务	性别	年龄	选任日期	所推举的股东名称	该股东持股比例（%）	简要履历
丁粤军	监事	男	43	2010年4月	职工监事		1988年9月至1990年6月，为西安交通大学审计专业专科学生；1990年12月至2000年12月，任天津市审计局直属分局干部；2000年12月至2004年3月，任天津市审计局主任科员；2004年3月至2009年6月，任天津信托投资有限责任公司稽核部干部；2009年7月至2010年2月，任天津信托有限责任公司稽核部干部；2010年2月至今，任天津信托有限责任公司稽核部副经理、经理，信托托管部经理（兼）。

以上监事任期期限为3年，即2013年10月至2016年9月。

本公司监事会下设提名委员会。

3.4 高级管理人员

截至2014年末，公司高级管理人员构成如下：

姓名	职务	性别	年龄	选任日期	金融从业年限（年）	学历	专业	简要履历
王海智	董事长	男	60	2007年6月	27	研究生	经济管理	1974—1988年，历任河北省围场县公社、镇区秘书、劳动人事局干事、副局长；1988年—2000年，历任中国银行河北省分行围场支行、中国银行承德市分行、中国银行秦皇岛市分行副行长、代行长、行长、党委书记；2000—2005年末，历任中国东方资产管理公司石家庄办事处副总经理、总经理、党委副书记、党委书记，天津办事处党委书记、总经理；2007年6月至2009年6月，任天津信托投资有限责任公司党委书记、董事长；2009年7月至2014年2月，任天津信托有限责任公司党委书记、董事长；2014年2月（退休）至今，任天津信托有限责任公司董事长。
张维	总经理	男	59	2006年4月	9	大学本科	工业财务会计	1972—1999年，在天津市综合计划局生产组、天津市物资局工作，历任财务处干部、副处长、处长、总会计师；1999年至2006年4月，在天津市审计局工作，任总审计师、副局长、党组成员；2006年4月至2009年6月，任天津信托投资有限责任公司董事、总经理；2009年7月至今，任天津信托有限责任公司董事、总经理。
韩立新	副总经理	男	46	2004年9月	25	研究生	经济学	1990年至2009年6月，历任天津信托投资有限责任公司干部、部门经理、副总经理；2009年7月至今，任天津信托有限责任公司副总经理、常务副总经理。
杨湧	副总经理	男	46	2007年11月	20	研究生	管理	1991—1994年，在天津油墨股份公司工作，任秘书；1994年至2009年6月，历任天津信托投资公司证券业务部干部、投资银行二部副总经理、证券投资部副经理、经理、总经理助理兼证券投资部经理、副总经理；2009年7月至今，任天津信托有限责任公司副总经理。
尹梅	财务负责人	女	51	2007年11月	10	研究生	会计	1985—2005年，在天津化工局、天津津泰股份有限公司、天津市经委、天津华泽集团工作；2005年至2009年6月，先后任天津信托投资有限责任公司副总会计师兼财会部经理、总会计师（财务负责人）；2009年7月至今，任天津信托有限责任公司总会计师。
王辉	总经理助理	女	43	2010年12月	19	研究生	工商管理	1994年7月至2002年12月，任天津信托有限责任公司国际业务部、业务三部干部；2002年12月至2004年5月，任天津信托有限责任公司业务三部副经理（2003年9月至2005年12月在南开大学工商管理专业学习）；2004年5月至2008年9月，任天津信托有限责任公司自营业务部、计划管理部副经理；2008年9月至2010年12月，任天津信托有限责任公司计划管理部副经理（主持工作）、经理；2010年12月至2012年12月，任天津信托有限责任公司总经理助理兼业务经营管理部总经理；2013年1月至今任天津信托有限责任公司总经理助理。
李文涛	总经理助理	男	44	2012年5月	23	研究生	工商管理	1992年9月至2002年2月，任天津信托有限责任公司信托业务二部干部；2002年2月至2008年5月，任天津信托有限责任公司信托业务二部副经理；2008年5月至2009年2月，任天津信托有限责任公司信托业务二部副经理（主持工作）。2009年2月至2012年5月，任天津信托有限责任公司信托业务二部总经理；2012年5月至2014年1月，任天津信托有限责任公司总经理助理兼任信托业务二部总经理；2014年1月至今，任天津信托有限责任公司总经理助理。

3.5 公司员工

截至2014年末,公司人员基本情况如下:

项目		报告期年度(2014年)		基期(2013年)	
		人数(人)	比例(%)	人数(人)	比例(%)
年龄分布	25岁以下	2	1.1	2	1.4
	25~29岁	24	16.9	17	12.0
	30~39岁	38	26.8	45	31.7
	40岁以上	78	54.9	78	54.9
学历分布	博士	1	0.7	3	2.1
	硕士	62	43.7	61	43.0
	本科	57	40.1	55	38.7
	专科	22	15.1	22	15.5
	其他	0	0.0	1	0.7
岗位分布	董事、监事及其他高管人员	7	4.9	9	6.3
	自营业务人员	16	11.3	13	9.2
	信托业务人员	76	53.5	70	49.3
	其他人员	43	30.3	50	35.2

4. 经营管理

4.1 经营目标、方针、战略规划

公司经营目标是本着"诚信、稳健、高效"的经营理念,坚持"对社会负责,对客户负责,对股东负责,对员工负责"的服务宗旨,立足金融信托本业,抓住2013—2015年天津市滨海新区又好又快发展的战略机遇期,加快业务转型和大力培育发展主动型资产管理类主营业务模式,做优做强信托业务,做好做精固有业务,相得益彰,共同发展,形成公司可具持续发展的盈利模式和核心竞争力,提高公司的知名度和美誉度,将公司塑造成为中国信托业的优秀品牌。

公司经营方针是以遵循国家和监管部门法规为依托,以诚信合规、稳健发展高效运营为理念,进一步健全和强化法人治理、内控严密、管理合规的内部控制体系;以业务开拓创新为动力,以风险防控为前提,进一步提升和增强公司的核心竞争力;以受益人利益最大化和股东稳定回报为原则,努力创建公司、股东、客户共赢平台。注重加强人才队伍、企业文化和长效机制建设,不断提高公司的盈利能力、风险控制能力、创新能力、营销能力,正确把握宏观经济形势和政策环境,推进公司又好又快地发展。

公司2013—2015年三年总体战略规划是:认真贯彻落实科学发展观,积极应对复杂的、持续低迷的宏观经济形势,充分发挥信托功能和制度优势,立足持续性、盈利性和增长性,不断提升公司价值,为天津市经济建设发展服务、为股东和受益人提供较高回报。坚持科学发展、顺势而为,强化稳健经营理念,增强风险管控能力,大力培育发展主动型资产管理类主营业务模式,继续推进业务创新,不断提高理财服务能力,把公司打造成竞争能力强、投资理财好、社会信誉高、综合实力优、持续发展快的信托理财机构。

4.2 经营业务的主要内容

4.2.1 经营范围

经中国银监会批准,公司的经营范围为:

(1)资金信托。

(2)动产信托。

(3)不动产信托。

(4)有价证券信托。

(5)其他财产或财产权信托。

(6)作为投资基金或者基金管理公司的发起人从事投资基金业务。

(7)经营企业资产的重组、购并及项目融资、公司理财、财务顾问等业务。

(8)受托经营国务院有关部门批准的证券承销业务。

(9)办理居间、咨询、资信调查等业务。

(10)代保管及保管箱业务。

(11)以存放同业、拆放同业、贷款、租赁、投资方式运用固有财产。

(12)以固有财产为他人提供担保。

(13)从事同业拆借。

(14)法律法规规定或中国银行业监督管理委员会批准的其他业务。

(以上业务范围包括本外币业务、国家有专营专项规定的按规定办理。)

4.2.2 公司经营的业务品种

4.2.2.1 固有资产业务

公司运用固有资产经营的主要业务品种包括:自营贷款、融资租赁、自营证券投资、自营金融股权投资、金融产品投资、财务顾问业务等。

4.2.2.2 信托业务

公司信托业务主要品种包括:集合资金信托、单一资金信托、财产权信托等。

4.2.3 资产分布

2014年末,公司管理的资产总规模为1 579.67亿元,其中固有资产35.82亿元,占资产总规模的2.27%;信托资产1 543.85亿元,占管理资产总规模的97.73%。

自营资产运用与分布表

资产运用	金额(万元)	占比(%)	资产分布	金额(万元)	占比(%)
货币资产	20 454	5.71	基础产业	10 650	2.97
贷款及应收款	177 359	49.52	房地产业	7 600	2.12
交易性金融资产	0	0	证券市场	65 364	18.25
可供出售金融资产	71 794	20.05	实业	102 817	28.71
持有至到期投资	0	0	金融机构	64 783	18.09
长期股权投资	38 099	10.64	其他	106 944	29.86
其他	50 452	14.08			
资产总计	358 158	100.00	资产总计	358 158	100.00

注:1. 资产运用中"其他"包括:投资房地产及固定资产18 863万元、无形资产3 260万元、抵债资产1 008万元、长期待摊费用68万元、预付账款8 612万元、递延所得税资产18 641万元。

2. 资产分布中"其他"包括:投资房地产及固定资产18 863万元、无形资产3 260万元、抵债资产1 008万元、长期待摊费用68万元、预付账款8 612万元、应收利息3 563万元、其他应收款52 929万元、递延所得税资产18 641万元。

信托资产运用与分布表

资产运用	金额（万元）	占比（%）	资产分布	金额（万元）	占比（%）
货币资产	144 177	0.94	基础产业	1 670 922	10.82
贷款	2 973 133	19.26	房地产业	552 200	3.58
交易性金融资产	195 191	1.26	证券市场	195 191	1.26
可供出售金融资产	0	0	实业	12 120 778	78.51
持有至到期投资	7 495 075	48.55	金融机构	486 032	3.15
长期股权投资	963 587	6.24	其他	413 378	2.68
其他	3 667 338	23.75			
信托资产总计	15 438 501	100.00	信托资产总计	15 438 501	100.00

注：1. 资产运用中"其他"包括：买入返售资产 2 075 579 万元，应收账款 1 561 759 万元，长期应收款 30 000 万元。

2. 资产分布中"其他"项主要包括：信托资金投向其他行业 269 201 万元（其中主要投向商务服务业 143 139 万元、房屋建筑业 70 000 万元、科研推广 21 000 万元、社会福利业 19 000 万元），以及未运用、发行募集中及代保管等其他信托资金 144 177万元。

4.3 市场分析

4.3.1 影响业务发展的有利因素

影响业务发展的有利因素包括：一是天津市经济增长幅度超过全国平均水平，给实体经济转型创新发展创造了良好的社会环境，也使信托服务实体经济有了更好的保障。二是天津市自贸区的成立，将带动一批优质项目为信托投资带来更好的机会。三是城乡居民收入不断增长，居民消费价格涨幅稳定，天津市存款总额超过 2.4 万亿元，居民存款增值需求旺盛，对固定收益理财产品，特别是信托产品的需求还会增加，促进了合格投资者队伍的发展壮大。四是信托监管更加偏重风险防控和鼓励创新的辩证统一，市场竞争环境更加清洁，支持创新的氛围更加浓厚，信托行业自律更加规范，为公司实现转型发展创造了更好的外部条件。五是全面推进依法治市各项举措已经开局，良好高效的法制环境必将为信托公司、投资者和用款人提供更加严格规范的保障和约束。六是公司在体制、机制、创新能力、风险控制等方面形成了较为明显的比较优势，资产管理能力显著提高。

4.3.2 影响业务发展的不利因素

影响业务发展的不利因素：一是经济发展速度放缓，产业结构调整任重道远，一些行业系统性风险开始显现，部分企业流动性和偿债能力下降，增加了存续信托项目的清算风险和新增项目的开发难度。二是国家继续严格执行房地产开发、政府融资平台等调控政策，部分企业流动性和资产变现能力减弱，也增加了存续信托项目的清算风险和新增项目的准入难度。三是随着利率市场化进程的加快，投资者对收益水平的要求日益增长，同时保险资金、银行理财等低成本资金加入竞争，进一步挤压了整个行业的利润空间。四是各类金融机构均已获批资产管理业务，泛资产管理行业的激烈竞争大大削弱了信托的制度红利。五是国家对信托行业的资管政策更趋严厉，对信托公司的自主创新能力、净资本规模等软硬件素质提出了更高的要求。

4.4 内部控制

4.4.1 内部控制环境和内部控制文化

公司遵循全面性原则、重要性原则、权威性原则、制衡性原则、适应性原则、成本效益性原则建立与实施内部控制。公司内部控制目标为确保国家法律规定和公司内部规章制度的贯彻执行；确保公司发展战略和经营目标的全面实施和充分实现；确保风险管理体系的有效性和资产安全；确保业务记录、财务信息和其他管理信息的及时、真实和完整。

为防范风险，保障公司稳健运行，公司多年来一直秉承"诚信、稳健、高效"的经营理念，把对委托人负责作为内控文化建设的重要内容，全体员工均树立了内控优先的风险防范理念；公司形成了较为完善的内部控制组织架构和岗位职责，部门设置科学、分工合理、职责明确；公司已经打造出了由业务经营管理部、风险管理部、托管部、稽核部组成的内控管理体系，对风险进行事前防范、事中控制、事后监督和纠正，形成事前出台制度—事中风险排查—事后稽核—业务整改—后续稽核—修订制度这一封闭环路，充分发挥了各环节的管理控制作用。同时，公司还通过后续教育培训，不断提高内控人员的职业操守和专业能力。

4.4.2 内部控制措施

公司董事会下设战略发展委员会、提名委员会、风险管理委员会、薪酬委员会、信托委员会、审计委员会、关联交易控制委员会，主要负责审定公司中长期发展战略规划，拟定董事和高级管理层成员的选任程序和标准，审核和监督公司风险管理的政策、目标和程序，制订和考评公司薪酬计划或方案，监督公司依法合规管理信托财产，对公司内外部审计进行监督和审查，关联交易的管理、审查、批准和控制。

公司设立项目审查委员会、资本市场投资审查委员会，负责审议公司的投融资项目、资本市场投资等业务，严格控制业务经营决策风险。

公司业务经营管理部负责公司业务制度、程序的拟定、审视和调整，按照公司整体战略发展要求，围绕监管动态，传达监管意图，促进管理工作的主动性和及时性，支持公司业务发展，促进业务管理、监督业务风险，提升精细化管理水平；公司托管部按照委托人利益最大化的目标要求，代表监管部门、公司股东和高管领导，严格按照公司项目后期管理制度规定履行托管职责，对各项信托业务后期管理情况进行监督，并做好充分的信息披露；公司风险管理部执行公司制度、办法、流程，实行专业化的合规管理，负责拟订和完善公司风险管理制度，通过对内外部风险的识别、评估、分析，提出应对措施和化解建议，防范公司经营活动中可能出现的风险。

公司始终坚持稳健经营的理念，坚持以信托评级指标为指导加强内控管理及合规管理工作，从完善业务管理制度、加强项目审查、强化合规管理、提升信息系统、推进人力资源改革等各个方面强化内控管理工作。

公司完善了分级授权审批体系，明确各部门和岗位的工作职责，实施了业务前台、中台、后台操作的隔离制度，对项目实施事前准入、事中检查、事后评价的全程管理。

在新业务开发上采取制度先行的管理策略，通过发挥一系列监督管理职能，保证内部运营体系的健康有效，建立应急机制以应对突发事件造成的经营风险。

公司加强了信息化建设，充分利用 OA 办公系统、信托综合业务信息系统、项目管理系统、证券信托下单、估值系统、人力资源管理系统、市场营销 TA 系统、电子档案系统、非现场监管报表平台等系统进行业务管理和统计，进一步实现了业务操作规范化、流程化、标准化。

4.4.3 信息交流与反馈

公司多项措施保障了与监管部门、董事会、高管层和员工之间的信息传递和交流。

公司定期和不定期召开股东会、董事会，通报公司经营成果、存在的风险问题、拟采取的管理手段等，股东会、董事会成员评议并通过各项内控政策和重大事项决策。

公司高管层在各层级会议上传达公司经营政策和风险管理理念，通过内部网络及时向员工发布各项监管政策、内控制度和行业信息，并将政策、制度每年装订成册后下发给各部门。公司员工可以通过直接交流、书面报告或通过内部网及总经理信箱反馈经营过程中发现的问题，使高管层、董事会能够及时了解内部控制环节中的隐患和缺陷。

公司与监管部门做到充分沟通，就新业务拓展、老业务规范等工作进行经常性交流，按监管部门要求及时对新开展的每笔业务实行监管报告制度。监管部门参加公司董事会，能充分了解公司合规情况和经营风险状况。

4.4.4 监督评价与纠正

公司设立稽核部，稽核工作向董事会负责，接受董事会审计委员会的指导和监督。完成年度稽核工作计划，独立、客观地履行了确认、咨询职能。公司内部控制和风险管理适当、有效。经营活动规范，能够遵守和执行相关法律法规、监管制度和公司内部制度规定。年内实施了专项稽核、专项稽核调查、离岗稽核、反洗钱稽核检查、投资者权益保护专项检查等现场稽核和清算信托项目的后评价、到期项目管理情况等非现场稽核。按制度规定进行了两次后续稽核。稽核发现问题及时整改，稽核结果定期向公司主要领导、审计委员会、董事会和监管机关报告。

建立了制度定期审视机制，按照审视要求，对制度进行认真梳理，及时发现公司现行制度中存在的问题，取消多余、合并重叠，以最大限度地提高公司的办事效率和办事效能为原则，增强制度体系对公司工作流程变化的敏感性及灵活性，使公司管理水平、风险防控和化解能力得到持续的提升，保证公司管理的及时性、有效性，随着国家宏观经济形势变化及监管要求，不断充实、完善业务管理制度，坚持制度先行的管理理念，从改进工作流程、加强合规管理等各个方面完善内控制度，以提高公司风险控制能力，促进公司可持续发展。

4.5 风险管理

4.5.1 风险管理概况

公司在经营活动中可能面临诸多风险。其中主要包括信用风险、市场风险、操作风险和其他风险。

为加强风险管理，提高竞争能力，公司把风险识别、风险测量和评估、风险处理和控制、风险管理的评估和调整，以及风险准备等方面作为风险管理的核心内容，通过制定健全的内部规章制度，建立职责分工合理的组织机构，对可能产生的风险及时作出反映，采取有效措施进行事前、事中、事后的有效控制，根据实际需要，保持对风险管理体系运行情况的持续调整。

公司风险管理坚持全面性、持续性、审慎性、独立性和有效性的原则。风险管理涵盖公司的各项业务、各个部门和各级人员，渗透到决策、执行、监督、反馈各环节，公司上下分级签订风险责任书，明确各层级各部门的风险管理责任；风险管理是一项长期持续性的工作，贯穿于公司经营过程始终，每年组织公司各业务及管理部门就各自日常工作中所涉的风险点开展全面的重新审视，审视工作涵盖所有业务及管理环节；风险管理的核心是有效防范风险；公司各专业管理委员会、风险管理部门具有相对独立性，对各部门业务风险评估、风险检查不受非正常因素干扰；公司风险管理制度是按照国家有关法律、法规要求，结合公司实际制定的，具有权威性、有效性，是所有员工严格遵守的行动指南，执行风险控制制度不存在例外情况，任何人不得拥有超越制度或违反规章的权力。

公司建立了较为健全的风险管理组织体系，以确保各项风险管理政策切实得以落实，确保各种风险信息可以有效传递和反馈。公司股东会、董事会、监事会、高管层及各职能部门分工协作，且互相监督制约，确保各项经营活动都在规范制度体系内得以有序进行，最大限度确保各种风险都能被有效识别、计量、监测和控制，进而实现公司总体发展战略和经营目标。

公司通过科学的机构设置，建立起以风险管理为中心的三道防线：各业务部门是风险管理的第一条防线，在业务前端识别、评估、应对、监控与报告风险；风险管理部、业务经营管理部、信托托管部、财会部和信息技术部等职能部门是风险管理的第二条防线，综合协调制定各类风险制度、标准和限额，实施风险管理措施，提出应对建议；稽核部是风险管理的第三条防线，针对公司已经建立的风险管理流程和各项风险的控制程序和活动进行监督和评价。对于公司面临每一项风险，均由以上三个层次的管理框架进行控制，确保将各种风险控制在公司可承受的范围内。

2014 年度，公司继续贯彻“坚持合规经营战略，增强风险管控能力”的总体要求，按照银监局监管会谈要求，不断优化业务风险管理流程，强化业务风险的识别与控制，提升全员的合规经营理念和风险管理意识，既定各项风险管控工作有序进行。

4.5.2 风险状况及风险管理

4.5.2.1 信用风险状况及信用风险管理

信用风险是指交易对手未能按照合同的约定履行义务或信用质量发生变化，影响公司债权的实现或其他金融产品的价值，使公司遭受经济损失的风险。

公司对信用风险采取如下防范控制措施：一是实行客户名单式管理，定期对客户资信情况进行级次界定，采取差异化的准入审查及期间管理标准。二是采用资产风险分类、信贷资产评级等信用度量指标进行信用风险评级，并不断改进信用分析方法和技术。三是严格按照规定对固有财产进行减值测试，并按测试结果计提专项准备和一般准备。四是对所有信托资产和自营资产进行全面压力测试，对发现的问题要制定风险处置预案。五是风控措施综合考量原则，对于不同地区、不同性质、不同信誉度的企业遵循不同的风控标准。六是严格控制集团客户的融资规模，依据集团客户整体情况核定总体融资额度，实施总量控制。七是密切关注融资企业的信贷征信系统变化情况，对有风险迹象的客户及时采取控制措施。

信托行业在经历跨越式成长后，站在了发展的十字路口，公司同样不可避免地面临发展瓶颈。为此，公司结合自身传统积淀和比较优势，积极探索新的业务模式，力求开拓创新，但在业务结构和盈利模式重塑完成前，融资类业务仍占据公司信托规模主体地位，信用风险是公司面临的最主要的风险。进入2014年以来，受宏观经济结构调整以及经济周期性变化叠加影响，实体行业资金利润率大多维持低位，能够承受高融资成本的优质项目立显稀缺，且往往集中在房地产、矿产能源等高风险行业或对资金价格不甚敏感的地方融资平台；与此同时，伴随资管牌照逐步放开，各类机构资管业务相互交叉，竞争日趋激烈。在此背景下，一方面公司进一步收紧了项目准入，对于产能过剩、持续下行的行业加大了审查力度，审慎对待可能存在的区域性资金链条断裂风险、敏感行业衰退风险，乃至“反腐风暴”可能引发的政治风险等，最大限度规避风险；另一方面，对于存续业务加大了人力投入，增加后期专项检查的频度与力度，以期第一时间捕捉不利性风险因素，及时启动风险预警，及早采取措施防范和化解单体业务风险。依托于公司全流程风控体系的有效运行，在规模与利润、风险与收益的多重平衡中稳中求进，公司整体资产质量保持稳健。

4.5.2.2　市场风险状况及市场风险管理

市场风险是指公司固有财产和信托财产的价值或收入由于市场价格（如利率、汇率、股票或商品价格）或指数的变动而减少的风险。公司主要业务领域包括证券市场、货币市场等，在股价、汇率、利率等因素发生变动时，造成这些市场价格产生较大波动，可能给公司经营和财务状况带来重大影响。

在加强市场风险管理方面，公司采取以下控制措施。建立与公司的业务性质、规模和复杂程度相适应的、完善的、可靠的市场风险管理体系。加强对国家宏观经济政策、货币信贷政策、财政政策的研究，及时掌握市场变化，为调整投资决策提供依据；积极引进人才，开展市场调研，购置权威部门的研究成果，作为决策参考；提高资产配置的有效性，根据公司整体安排，适时调整各领域的投资规模，合理安排期限结构；建立有效的市场风险预警机制等。

公司权益投资业务秉承稳健投资原则，在投资品种、仓位限制和止损等方面严格执行公司相关规定，谨慎操作。债券投资方面，针对年初以来经济增速下滑、规模以上工业企业亏损额扩大的形势，公司债券投资坚持以国债、金融债券和信用债券为主要投资品种，严格控制债券组合的久期，在保证资金安全性、流动性的基础上，获取了稳定的投资收益。

4.5.2.3　操作风险状况及操作风险管理

操作风险是指由不完善或有问题的内部程序、员工和信息科技系统，以及外部事件所造成损失的风险。

目前公司的各项控制制度和操作规程涵盖了所有业务领域，基本实现了对公司各项业务操作过程的有效控制。公司在操作风险管理方面，采取一系列措施加以控制。

制度层面：建立了适当的职责分工和监控制度；建立和完善了授权制度和业务操作规程；坚持每年修订完善风险点和对风险点进行风险排查制度；坚持实行重要岗位轮换和强制休假制度。

控制层面：加强风险管理三道防线的作用，采取对各类资产的风险评估、对内控制度执行情况和经办人员尽职情况检查等方法，约束从业人员的职业行为。

针对业务管理需要以及监管新要求、新变化，公司通过定期制度审视，及时进行补充、完善，在兼顾制度的适用性和稳定性的基础上，推动制度体系的适时更新。根据监管要求，公司建立了风险防控责任机制，将风险防控责任逐级分解、落实到岗，操作风险管控更进一步。

4.5.2.4　其他风险状况及其管理

其他风险主要是流动性风险、法律合规风险、政策与战略风险和声誉风险。

流动性风险是指公司虽有清偿或兑付能力，但无法及时获得充足资金或无法以合理成本及时获得充足资金以支付到期债务，或无法兑付到期信托计划的风险。流动性风险管理遵循分散性的资产负债管理原则，以公司风险承受能力为基础设定现金流期限错配限额，并设专岗逐日监测现金流量及资产配置；不断加强资产的流动性和融资来源的稳定性，以提升公司应对市场波动的能力；根据自身资产结构和业务开展情况，建立动态的净资本管理机制，确保公司固有资产充足并保持必要的流动性；建立健全信托项目流动化和应急机制，采取信托项目弹性期限设置、非现金资产分配以及信托资产转让处置等手段缓释风险。

法律合规风险是指公司因没有遵循法律、法规和监管政策可能遭受法律制裁、监管处罚的风险。法律合规风险管理遵循合规创造价值的管理理念，公司经营管理与法律、规则、监管规定和自律性行业准则相一致，公司建立健全了合规管理体系，并通过多种形式的宣传形成了全员合规的良好氛围；不断加强法律风险防控，并根据外部相关法律、法规的变化，适时调整内控制度和业务模式，确保公司各项经营活动合法合规。

报告期内，银监会出台了《中国银监会办公厅关于信托公司风险监管的指导意见》（银监办发［2014］99号，俗称“99号文”），公司秉承合规经营理念，全面执行项目事前报告要求，合规开展各类业务；拟定整改方案，落实资金池清理指导意见；逐步建立恢复与处置机制，不断提高风险承担能力，较好地落实了各项监管要求。

政策与战略风险是指由于国家宏观经济政策或监管政策的调整和变化，给公司经营活动带来不确定影响，以及公司各项中长期经营计划、策略与外部宏观形势和经济政策不适应导致公司经营出现偏差而产生的风险。政策与战略风险管理主要遵循国家法律法规要求以及泛资管行业发展趋势，根据宏观形势、监管政策和业务模式等新变化，积极调整公司发展规划和业务方向；加强与政策制定部门的沟通，保持公司经营与国家政策的一致性；对业务集中度和行业集中度过高业务实行额度管理，严格落实风控措施，加强业务后续管理；不断拓展多元化的业务领域，并对重点领域不断提升专业化主动管理能力。

基于监管导向以及传统业务利润空间被逐步挤压的现状，公司将开拓创新作为重要的工作目标之一，积极探索新的业务模式与盈利模式，主动调整业务结构，增强多元化经营水平，为长远发展储备后劲。公司坚持创新业务制度先行，在创新业务推出前设立创新小组，集中公司优势力量研究创新工作流程和风险防控方案。报告期内，公司在风险可控的前提下，加大了与大型集团企业的深度合作，稳步开展并购业务；积极服务国有企业资源整合；推进信贷资产证券化业务落地；扩大同业合作，开拓消费金融市场等一系列转型尝试。

声誉风险状况及其风险管理。声誉风险是指在商业活动中或者在业务办理中，公司因违法或未能达到利益相关者需要或期望的标准而被社会公众、监管方或股东方等产生的不利评价的风险。声誉风险管理强调在合规经营和健康发展的基础上，主动、有效、灵活地管理声誉风险，应对声誉事件；公司不进行任何能够实质性地影响公司声誉的交易；对于经营活动中不可避免的声誉风险及时进行识别、评估，以依法合规、透明公开的原则处理各种突发风险事件；通过充分信息披露等方式实现与投资者的良性沟通；通过履行社会责任等方式不断提升公司品牌价值和社会形象。

报告期内，一方面，公司面对媒体、网络采取更为积极主动的处理策略，加强与新闻主管部门以及相关媒体的常规化沟通，建立正向宣传机制，适时宣介公司，提升公司知名度和品牌形象；另一方面，公司建立了负面舆情反应机制，成立了舆情监测小组，每日监控有关公司和业务的负面舆情，发现问题及时跟进反映，以应对可能出现的不实或片面报道，维护公司在社会公众中的良好形象及品牌声誉。

5. 报告期末及上一年度末的比较式会计报表

5.1 自营资产

5.1.1 会计师事务所审计意见全文

审计报告

CHW 津审字(2015)0376 号

天津信托有限责任公司全体股东：

我们审计了后附的天津信托有限责任公司(以下简称贵公司)自营业务母公司单独财务报表，包括 2014 年 12 月 31 日的资产负债表，2014 年度的利润表、所有者权益变动表、现金流量表和现金流量表以及财务报表附注。

一、管理层对财务报表的责任

编制和公允列报财务报表是北京信托公司管理层的责任，这种责任包括：(1)按照企业会计准则的规定编制财务报表，并使其实现公允反映；(2)设计、执行和维护必要的内部控制，以使财务报表不存在由于舞弊或错误导致的重大错报。

二、注册会计师的责任

我们的责任是在执行审计工作的基础上对财务报表发表审计意见。我们按照中国注册会计师审计准则的规定执行了审计工作。中国注册会计师审计准则要求我们遵守中国注册会计师职业道德守则，计划和执行审计工作以对财务报表是否不存在重大错报获取合理保证。

审计工作涉及实施审计程序，以获取有关财务报表金额和披露的审计证据。选择的审计程序取决于注册会计师的判断，包括对由于舞弊或错误导致的财务报表重大错报风险的评估。在进行风险评估时，注册会计师考虑与财务报表编制和公允列报相关的内部控制，以设计恰当的审计程序，但目的并非对内部控制的有效性发表意见。审计工作还包括评价管理层选用会计政策的恰当性和作出会计估计的合理性，以及评价财务报表的总体列报。

我们相信，我们获取的审计证据是充分、适当的，为发表审计意见提供了基础。

三、审计意见

我们认为，贵公司财务报表在所有重大方面按照企业会计准则的规定编制，公允反映了贵公司 2014 年 12 月 31 日的财务状况以及 2014 年度的经营成果和合并及公司现金流量。

5.1.2 资产负债表

资产负债表

2014 年 12 月 31 日　　单位：万元

资　产	期末数	期初数	负债和股东权益	期末数	期初数
资产：			负债：		
现金及存放中央银行款项	—	—	向中央银行借款	—	—
存放同业款项	20 453.87	35 831.43	同业及其他金融机构存放款项	—	—
贵金属	—	—	拆入资金	—	—
拆出资金	—	—	交易性金融负债	—	—
交易性金融资产	—	—	衍生金融负债	—	—
衍生金融资产	—	—	卖出回购金融资产款	—	—
买入返售金融资产	—	35 500.00	吸收存款	—	—
应收利息	3 563.16	774.27	应付职工薪酬	7 529.82	6 354.38
发放贷款和垫款	120 867.00	70 038.00	应交税费	10 789.13	8 168.28
可供出售金融资产	71 794.40	69 371.68	应付利息	—	—
持有至到期投资	0.00	5 622.76	预计负债	—	—

续表

资　产	期末数	期初数	负债和股东权益	期末数	期初数
长期股权投资	38 099. 03	5 733. 79	应付债券	—	—
投资性房地产	11 376. 65	14 102. 36	递延所得税负债	508. 26	1 040. 92
固定资产	7 486. 13	4 783. 77	其他负债	131. 35	243. 58
无形资产	3 259. 80	3 165. 79	负债合计	18 958. 56	15 807. 16
递延所得税资产	18 641. 05	14 237. 95	所有者权益：	—	—
其他资产	62 616. 66	15 528. 47	实收资本（或股本）	170 000. 00	150 000. 00
	—	—	资本公积	2 516. 66	3 680. 34
	—	—	减：库存股	—	—
	—	—	其他综合收益	1 536. 27	—
	—	—	盈余公积	24 682. 27	16 908. 84
	—	—	一般风险准备	2 100. 00	2 100. 00
	—	—	信托赔偿准备	16 243. 21	12 356. 50
	—	—	未分配利润	122 120. 77	73 837. 43
	—	—	所有者权益合计	339 199. 18	258 883. 11
资产总计	358 157. 75	274 690. 27	负债及所有者权益总计	358 157. 75	274 690. 27

企业法定代表人：王海智　　主管会计工作负责人：尹　梅　　会计部门负责人：李瑞聪

5. 1. 3　利润表

利润表

2014 年度

单位：万元

项　　目	本期数	上期数
一、营业收入	148 631. 34	113 601. 97
利息净收入	18 823. 30	11 145. 08
利息收入	19 279. 29	11 145. 08
利息支出	455. 99	—
手续费及佣金净收入	89 479. 85	96 411. 01
手续费及佣金收入	89 479. 85	98 852. 92
手续费及佣金支出	—	2 441. 91
投资收益（损失以“－”号填列）	38 089. 03	3 447. 89
其中：对联营企业和合营企业的投资收益	30 356. 45	－573. 99
公允价值变动收益（损失以“－”号填列）	—	1. 88
汇兑收益（损失以“－”号填列）	0. 18	－1. 57
其他业务收入	2 238. 98	2 597. 68
二、营业支出	51 602. 75	52 125. 30
营业税金及附加	6 267. 41	6 501. 77
业务及管理费	14 963. 27	14 688. 83
资产减值损失	29 995. 00	30 470. 76
其他业务成本	377. 07	463. 94
三、营业利润（亏损以“－”号填列）	97 028. 59	61 476. 67
加：营业外收入	55. 41	4 951. 70
减：营业外支出	470. 66	218. 97
四、利润总额（亏损总额以“－”号填列）	96 613. 34	66 209. 40
减：所得税费用	18 879. 04	14 741. 56
其中：当期所得税	23 890. 44	21 927. 42
递延所得税	－5 011. 40	－7 185. 86
五、净利润（净亏损以“－”号填列）	77 734. 30	51 467. 84
六、其他综合收益的税后净额	182. 15	－163. 70
（一）以后不能重分类进损益的其他综合收益	—	—
1. 重新计量设定受益计划净负债或净资产的变动	—	—

续表

项　　目	本期数	上期数
2. 权益法下在被投资单位不能重分类进损益的其他综合收益变动中享有的份额	—	—
（二）以后将重分类进损益的其他综合收益	182.15	-163.70
1. 权益法下在被投资单位以后将重分类进损益的其他综合收益中享有的份额	-304.31	-17.13
2. 可供出售金融资产公允价值变动损益	486.46	-146.57
3. 持有至到期投资重分类为可供出售金融资产损益		
4. 外币财务报表折算差额		
七、综合收益总额	77 916.45	51 304.14

企业法定代表人：王海智　　主管会计工作负责人：尹　梅　　会计部门负责人：李瑞聪

5.1.4 所有者权益变动表

股东权益变动表

2014 年度

单位：万元

项　目	本　年　数							
	实收资本	资本公积	其他综合收益	盈余公积	一般风险准备	信托赔偿准备	未分配利润	所有者权益合计
一、上期期末数	150 000.00	2 412.74	1 267.60	16 908.84	2 100.00	12 356.50	73 837.43	258 883.11
加：会计政策变更								
前期差错更正								
其他			86.51					86.51
二、本期期初数	150 000.00	2 412.74	1 354.11	16 908.84	2 100.00	12 356.50	73 837.43	258 969.62
三、本期增减变动金额（减少以"－"号填列）	20 000.00	103.92	-182.16	7 773.43		3 886.71	48 283.34	80 229.56
（一）综合收益总额			-182.16				77 734.30	77 916.45
（二）所有者投入和减少资本	20 000.00	2 313.10						22 313.10
1. 所有者投入的普通股	20 000.00							20 000.00
2. 其他权益工具持有者投入资本								
3. 股份支付计入所有者权益的金额								
4. 其他		2 313.10						2 313.10
（三）利润分配				7 773.43		3 886.71	-31 660.14	-20 000.00
1. 提取盈余公积				7 773.43			-7 773.43	
2. 提取一般风险准备								
3. 提取信托赔偿准备						3 886.71	-3 886.71	
4. 对所有者（股东）的分配							-20 000.00	-20 000.00
5. 其他								
（四）所有者权益内部结转								
1. 资本公积转增资本（或股本）								
2. 盈余公积转增资本（或股本）								
3. 盈余公积弥补亏损								
4. 结转重新计量设定受益计划净负债或净资产所产生的变动								
5. 其他								
（五）其他		-2 209.18					2 209.18	
四、本期期末数	170 000.00	2 516.66	1 536.27	24 682.27	2 100	16 243.21	122 120.77	339 199.18

企业法定代表人：王海智　　主管会计工作负责人：尹　梅　　会计部门负责人：李瑞聪

股东权益变动表（续）

2014 年度

单位：万元

项　目	上　年　数							
	实收资本	资本公积	其他综合收益	盈余公积	一般风险准备	信托赔偿准备	未分配利润	所有者权益合计
一、上期期末数	150 000.00	1 618.30	1 431.29	11 762.06	2 100	9 783.10	30 089.77	206 784.52
加：会计政策变更								
前期差错更正								
其他								

续表

项　目	上　年　数							
	实收资本	资本公积	其他综合收益	盈余公积	一般风险准备	信托赔偿准备	未分配利润	所有者权益合计
二、本期期初数	150 000.00	1 618.30	1 431.29	11 762.06	2 100	9 783.10	30 089.77	206 784.52
三、本期增减变动金额（减少以“－”号填列）		794.44	－163.69	5 146.78		2 573.40	43 747.66	52 098.59
（一）综合收益总额			－163.69				51 467.84	51 304.14
（二）所有者投入和减少资本								
1. 所有者投入的普通股								
2. 其他权益工具持有者投入资本								
3. 股份支付计入所有者权益的金额								
4. 其他								
（三）利润分配				5 146.78		2 573.40	−7 720.18	
1. 提取盈余公积				5 146.78			−5 146.78	
2. 提取一般风险准备								
3. 提取信托赔偿准备						2 573.40	−2 573.40	
4. 对所有者（股东）的分配								
5. 其他								
（四）所有者权益内部结转								
1. 资本公积转增资本（或股本）								
2. 盈余公积转增资本（或股本）								
3. 盈余公积弥补亏损								
4. 结转重新计量设定受益计划净负债或净资产所产生的变动								
5. 其他								
（五）其他		794.44						794.44
四、本期期末数	150 000.00	2 412.74	1 267.60	16 908.84	2 100	12 356.50	73 837.43	258 883.11

企业法定代表人：王海智　　主管会计工作负责人：尹　梅　　会计部门负责人：李瑞聪

5.2 信托资产

5.2.1 信托项目资产负债汇总表

信托项目资产负债表

2014 年 12 月 31 日

单位：万元

信托资产	期末数	期初数	信托负债和信托权益	期末数	期初数
信托资产：			信托负债：		
货币资金	144 177.41	134 297.49	交易性金融负债	—	—
拆出资金	—	—	衍生金融负债	—	—
存出保证金	—	—	应付受托人报酬	72.44	150.14
交易性金融资产	195 190.58	138 170.78	应付托管费	17.67	13.81
衍生金融资产	—	—	应付受益人收益	1 164.17	—
买入返售金融资产	2 075 579.19	2 165 690.11	应付销售服务费	—	—
应收款项	1 561 759.28	2 604 192.56	应付投资管理费	16.74	15.14
发放贷款	2 973 132.90	3 127 103.28	应交税费	2.60	3.60
可供出售金融资产	—	—	其他应付款项	11 403.07	16 171.20
持有至到期投资	7 495 075.22	461 711.55	其他负债	—	—
长期应收款	30 000.00	40 000.00	信托负债合计	12 676.69	16 353.89
长期股权投资	963 586.75	1 278 417.75	信托权益：	—	
投资性房地产	—	—	实收信托	15 227 034.70	9 820 723.98
固定资产	—	—	资本公积	12 498.52	3 816.10
无形资产	—	—	外币报表折算差额	—	—
长期待摊费用	—	—	未分配利润	186 291.42	108 689.55
其他资产	—	—	信托权益合计	15 425 824.64	9 933 229.63
信托资产总计	15 438 501.33	9 949 583.52	信托负债和信托权益总计	15 438 501.33	9 949 583.52

企业法定代表人：王海智　　主管会计工作负责人：尹　梅　　会计部门负责人：李瑞聪

5.2.2 信托项目利润及利润分配汇总表

信托项目利润及利润分配汇总表

2014 年度

单位:万元

项目	本年数	上年数
一、营业收入	757 113.30	656 603.63
利息收入	507 114.75	519 481.18
投资收益(损失以"-"号填列)	179 656.84	137 294.69
其中:对联营企业和合营企业的投资收益	—	—
公允价值变动收益(损失以"-"号填列)	62 158.69	-7 513.85
租赁收入	3 889.93	7 340.25
汇兑损益(损失以"-"号填列)	—	—
其他收入	4 293.09	1.36
二、营业支出	105 017.89	121 367.31
营业税金及附加	—	—
受托人报酬	87 069.80	92 853.42
托管费	2 404.15	2 488.93
投资管理费	4 802.05	11 623.06
销售服务费	4 846.80	9 171.92
交易费用	109.35	1 856.91
资产减值损失	—	—
其他费用	5 785.74	3 373.07
三、信托净利润(净亏损以"-"号填列)	652 095.41	535 236.32
四、其他综合收益	8 934.42	4 198.10
五、综合收益	661 029.83	539 434.42
加:期初未分配信托利润	108 689.55	135 903.42
六、可供分配的信托利润	760 784.96	671 139.74
减:本期已分配信托利润	574 493.54	562 450.19
七、期末未分配信托利润	186 291.42	108 689.55

企业法定代表人:王海智　主管会计工作负责人:尹　梅　会计部门负责人:李瑞聪

6. 会计报表附注

6.1 会计报表编制基准的说明

公司以持续经营为基础,根据实际发生的交易和事项,按照财政部颁布的《企业会计准则——基本准则》和41项具体会计准则、其后颁布的企业会计准则应用指南、企业会计准则解释及其他相关规定(以下简称企业会计准则)的规定进行确认和计量,在此基础上编制财务报表。

6.2 重要会计政策和会计估计说明

6.2.1 计提资产减值准备的主要范围和方法

计提资产减值准备的时间:按季度于季度末月份计提,但有证据证明月度资产有减值迹象的应当按月计提。

计提资产减值准备的标准:各类资产计提减值准备的标准,均依据公司津信计字(2011)18号《资产风险分类管理办法》进行资产风险分类的结果进行。

6.2.1.1 贷款、应收账款、买入返售金融资产减值准备核算方法

资产负债表日对贷款、应收账款、买入返售金融资产分别进行减值测试。如有客观证据表明其发生了减值的,依据津信会字(2012)1号《天津信托有限责任公司准备金计提管理办法》及津信会字(2013)2号《天津信托有限责任公司准备金计提管理办法的补充规定(试行)》计提减值准备。

6.2.1.2 长期股权投资、抵债资产减值准备核算方法

资产负债表日,本公司对长期股权投资、抵债资产进行减值测试,发现有减值迹象的,依据津信会字(2012)1号《天津信托有限责任公司准备金计提管理办法》及津信会字(2013)2号《天津信托有限责任公司准备金计提管理办法的补充规定(试行)》计提减值准备。长期股权投资、抵债资产减值准备一经确认,不再转回。

6.2.1.3 可供出售金融资产减值准备核算方法

(1)当可供出售金融资产公允价值低于成本的50%,且有证据判断未来公允价值继续下跌的;

(2)可供出售金融资产公允价值持续性下跌一年以上(含一年),且下跌幅度超过20%的、并有证据判断未来公允价值继续下跌的。

符合上述两个条件之一的,业务部门可以认定该可供出售金融资产已经发生减值,应按照公允价值损失部分全额计提减值准备。

可供出售金融资产减值的计算,依据津信会字(2012)1号《天津信托有限责任公司准备金计提管理办法》及津信会字(2013)2号的《天津信托有限责任公司准备金计提管理办法的补充规定(试行)》进行。

可供出售金融资产的减值准备一经确认,不再通过损益转回。

6.2.2 金融资产四分类的范围和标准

(1)以公允价值计量且其变动计入当期损益的金融资产:指本公司为了近期内出售而持有的股票、债券、基金。包括交易性金融资产和指定以公允价值计量且其变动计入当期损益的金融资产。

(2)持有至到期投资:指本公司购入的到期日固定、回收金额固定或可确定且本公司明确意图和能力持有至到期的固定利率国债、浮动利率公司债券、理财产品等。

(3)应收款项和贷款:应收款项(本公司指应收利息、其他应收款和长期应收款)按合同或协议价款作为初始入账金额。贷款的后续计量以摊余成本计量。

(4)可供出售金融资产:指本公司没有划分为以公允价值计量且其变动计入当期损益的金融资产、持有至到期投资、贷款和应收款项的其他金融资产。

6.2.3 交易性金融资产核算方法

取得时以公允价值(扣除已宣告但尚未发放的现金股利或已到付息期但尚未领取的债券利息)作为初始确认金额。

持有期间将取得的利息或现金股利确认为投资收益,资产负债表日将公允价值变动计入当期损益。

处置时,公允价值与初始入账金额之间的差额确认为投资收益,同时调整公允价值变动损益。

6.2.4 可供出售金融资产核算方法

取得时按公允价值(扣除已宣告但尚未发放的现金股利或已到付息期但尚未领取的债券利息)和相关交易费用之和作为初始确认金额。

持有期间将取得的利息或现金股利确认为投资收益。资产负债表日将公允价值变动计入其他综合收益。

处置时,将取得的价款与该金融资产账面价值之间的差

额，计入投资损益；同时，将原直接计入所有者权益的公允价值变动累计额对应处置部分的金额转出，计入投资损益。

6.2.5 持有至到期投资核算方法

取得时按公允价值（扣除已到付息期但尚未领取的债券利息）和相关交易费用之和作为初始确认金额。

持有期间按照摊余成本和实际利率（如实际利率与票面利率差别较小的，按票面利率）计算确认利息收入，计入投资收益。实际利率在取得时确定，在该预期存续期间或适用的更短期间内保持不变。

处置时，将所取得价款与该投资账面价值之间的差额计入投资收益。

6.2.6 长期股权投资核算方法

（1）权益法：本公司对联营企业和合营企业的长期股权投资，采用权益法核算。

（2）成本法：公司能够对被投资企业实施控制，即本公司拥有对被投资方的权力，通过参与被投资方的相关活动而享有可变回报，并且有能力运用对被投资方的权力影响其回报金额的，应采用成本法核算。

6.2.7 投资性房地产核算方法

投资性房地产是指为赚取租金或资本增值，或两者兼有而持有的房地产。本公司的投资性房地产为公司办公大楼出租部分的房产。

本公司的投资性房产采用成本模式计量。对按照成本模式计量的投资性房地产采用与本公司固定资产、无形资产相同的折旧或摊销政策。在资产负债表日按投资性房产的成本与可收回金额孰低计价，可收回金额低于成本的，按两者的差额计提减值准备。

6.2.8 固定资产计价和折旧方法

6.2.8.1 固定资产的标准

同时具备以下三个条件的，确认为固定资产：

（1）本公司实际拥有所有权的实物资产；

（2）预计使用期限在一年以上（不含一年）；

（3）单项实物资产的购置或建造价值在2 000元以上。

6.2.8.2 固定资产发生的修理费用

符合规定的固定资产确认条件的计入固定资产成本；不符合规定的固定资产确认条件的在发生时直接计入当期成本、费用。

6.2.8.3 固定资产折旧计提方法

固定资产从其投入使用的次月起采用直线法计提折旧，预计净残值为原价的3%，估计经济使用年限和年折旧率如下：

类　别	年限（年）	年折旧率（%）
房屋建筑物	30～43	3.23～2.26
机器设备	5～20	19.40～4.85
运输设备	6	16.17
电子设备	3～5	32.33～19.40
其　他	5	19.40

6.2.9 无形资产计价及摊销政策

6.2.9.1 无形资产的计价

无形资产在取得时，按实际成本计价。取得时的实际成本按以下方法确定：

（1）购入的无形资产，按实际支付的价款作为实际成本；

（2）自行开发并按法律程序申请取得的无形资产按依法取得时发生的注册费、聘请律师费等入账，开发过程中发生的费用直接计入当期损益。

6.2.9.2 无形资产的摊销

无形资产自取得当月起在预计使用年限内分期平均摊销，预计使用年限按受益年限和法律规定的有效年限两者孰短的原则确定，对无受益年限和法律规定的有效年限的则按不超过10年的摊销年限内分期平均摊销，计入当期损益。

6.2.10 长期应收款的核算方法

本公司长期应收款核算应收融资租赁本金和应收融资租赁收益，融资租赁资产出租时，将该项融资租赁资产的初始账面价值由记入"长期应收款——应收融资租赁本金"，将应向承租人收取的各期租金与终止转让价款之和，扣除购入租赁物时实际支付价款及相关税费后的差额，记入"长期应收款——应收融资租赁收益"。

收到融资租赁租金时，根据该项融资租赁业务的租金表或未确认融资收益分配表，按实际收到金额中的本金部分，冲减"长期应收款——应收融资租赁本金"；按实际收到金额中的收益部分，冲减"长期应收款——应收融资租赁收益"。同时，按实际收到金额中的收益部分，计入"未实现融资收益"和"租赁收入"。

6.2.11 长期待摊费用的摊销政策

本公司长期待摊费用在费用项目的受益期限内分期平均摊销。

6.2.12 合并会计报表的编制方法

对本公司拥有实际控制权的被投资企业合并财务报表，公司能够控制的特殊目的主体（如非法人单位的合作项目）也列入合并报表范围。按照《企业会计准则》第33号"合并财务报表"准则的相关规定，编制合并财务报表。

6.2.13 收入确认原则和方法

6.2.13.1 利息收入

本公司的利息收入，是指本公司存放于银行和其他金融机构的款项、对外放款、拆出资金、买入返售金融资产等业务所形成的利息收入。

（1）贷款利息收入，按贷款合同在贷款结息日，按照贷款合同（借据）金额和合同利率计算确定的应收未收利息，计入"应收利息"科目；按贷款的摊余成本和实际利率计算确定的利息收入。

（2）拆出资金和买入返售金融资产的利息收入比照贷款利息收入的规定确认。

（3）存放银行和其他金融机构款项的利息收入：按结息日实际收到的金额计入利息收入。

6.2.13.2 融资租赁收益

本公司采用实际利率法计算当期应确认的融资租赁收入，并将未实现融资租赁收益在租赁期内的各个期间进行分配。

6.2.13.3 手续费及佣金净收入

本公司的手续费收入是指本公司自营业务的手续费收入以及从本公司所管理的信托业务中按信托合同规定从信托收益中提取或向委托人及第三方收取的受托人报酬。自营业务手续费收入：按合同收取时确认收入；信托业务手续费参见"6.2.15 信托报酬确认原则和方法"。

6.2.13.4 其他营业收入

本公司以合同已签订并执行,款项已收到或取得收取款项凭据时确认为收入实现。

6.2.14 所得税的会计处理方法

本公司所得税费用采用资产负债表债务法核算。资产、负债的账面价值与其计税基础存在差异的,按照规定确认所产生的递延所得税资产或递延所得税负债。

本公司在计算确定当期所得税(当期应交所得税)以及递延税项(递延所得税费用或收益)的基础上,将两者之和确认为利润表中的所得税费用(或收益),但不包括直接计入所有者权益的交易或事项的所得税影响。

资产负债表日,本公司按照暂时性差异与适用所得税税率计算的结果,确认递延所得税负债、递延所得税资产以及相应的递延所得税费用(或收益)。在一般情况下,所有应税暂时性差异产生的递延所得税负债均予确认,而递延所得税资产则只能在未来应纳税利润足以用作抵销暂时性差异的限度内,才予以确认。

6.2.15 信托报酬确认原则和方法

信托业务手续费收入(受托人报酬):依据信托合同的约定,按季度、合同中期分配、合同到期分配收取时,计算及确认收入。

6.2.16 会计政策变更的披露

本公司于2014年7月1日执行财政部于2014年修订和颁布的《企业会计准则第2号——长期股权投资》等七项准则,按照准则的衔接规定,对下列原计入长期股权投资的权益性投资追溯调整至可供出售金融资产(以成本计量)列示。明细如下:

单位:元

投资单位名称	期初账面金额	期初减值准备
渤海证券股份有限公司	58 233 287.50	8 700 000.00
中国重型汽车财务有限公司	4 764 115.19	—
天津信唐货币经纪有限责任公司	11 400 000.00	3 400 000.00
天津国通股权投资基金管理有限公司	2 000 000.00	—
合计	76 397 402.69	12 100 000.00

根据2014年《企业会计准则第30号——财务报表列报》修订"综合收益"的有关内容,对其他综合收益进行追溯调整,明细如下:

单位:%

科目明细	期初账面金额
权益法下在被投资单位以后将重分类进损益的其他综合收益中享有的份额	2 595 471.84
可供出售金融资产公允价值变动损益	10 080 525.44
合计	12 675 997.28

权益法下被投资单位计提的一般风险准备,期末从资本公积——股权投资准备明细科目22 091 837.03元转入未分配利润科目列示。

6.3 或有事项说明

未发生影响财务报表阅读的重大或有事项。

6.4 重要资产转让及其出售的说明

未发生重要资产转让及其出售事项。

6.5 会计报表中重要项目的明细资料

6.5.1 自营资产经营情况

6.5.1.1 信用风险资产的期初数、期末数(按信用风险五级分类)

风险分类	正常类(万元)	关注类(万元)	次级类(万元)	可疑类(万元)	损失类(万元)	信用风险资产合计(万元)	不良资产合计(万元)	不良资产率(%)
期初数	67 207.49	125 534.93	0.00	0.00	0.00	192 742.42	0.00	0
期末数	57 276.64	208 311.93	0.00	7 000.00	0.00	272 583.57	7 000.00	2.57

注:根据中国银监会印发的2011年度非现场监管报表G11《资产质量五级分类情况表》的填报说明,信托风险资产范围应包括:存放同业款项、各项贷款(含"长期应收款——应收融资租赁本金")、应收利息、其他应收款(含"预付账款")、拆放同业和买入返售资产、银行账户债券投资、不可撤销的承诺及或有负债。

6.5.1.2 各项资产减值损失准备的期初、本期计提、本期转回、本期核销、期末数

单位:万元

	期初数	本期计提	本期转回	本期核销	期末数
贷款损失准备	16 462.00	48 510.00	20 362.00	0.00	44 610.00
其中:一般准备	840.00	0.00	840.00	0.00	0.00
专项准备	15 622.00	48 510.00	19 522.00	0.00	44 610.00
其他资产减值准备	21 317.20	17 957.00	15 710.00	0.00	23 164.2
其中:可供出售金融资产减值准备	0.00	16 347.00	0.00	0.00	1 210.00
持有至到期投资减值准备	0.00	0.00	0.00	0.00	0.00

续表

	期初数	本期计提	本期转回	本期核销	期末数
长期股权投资减值准备	1 210.00	0.00	1 210.00	0.00	0.00
坏账准备	5 207.20	16 347.00	0.00	0.00	21 554.20
投资性房地产减值准备	0.00	0.00	0.00	0.00	0.00
抵债资产减值准备	400.00	0.00	0.00	0.00	400.00
买入返售金融资产减值准备	14 500.00	0.00	14 500.00	0.00	0.00

6.5.1.3 固有业务股票投资、基金投资、债券投资、股权投资等投资业务的期初数、期末数(按照投资品种分类)

单位：万元

	自营股票	基金	债券	长期股权投资	其他投资	合计
期初数	6 945. 18	201. 00	17 521. 22	5 733. 79	50 327. 04	80 728. 23
期末数	563. 30	273. 60	4 784. 97	38 099. 03	66 172. 82	109 893. 42

6. 5. 1. 4 按投资入股金额排序，前五名的自营长期股权投资的企业名称、占被投资企业权益的比例、主要经营活动及投资收益情况等

企业名称	占被投资企业权益的比例（%）	主要经营活动	投资收益（万元）
天弘基金管理有限公司	48. 00	基金募集、基金销售、资产管理和中国证监会许可的其他业务	30 356. 45

6. 5. 1. 5 前五名的自营贷款的企业名称、占贷款总额的比例和还款情况等

企业名称	占贷款总额的比例（%）	还款情况
广东林高投资有限公司	24. 17	合同未到期
天津昌美商贸有限公司	13. 29	合同未到期
山西大禾新农业科技有限公司	12. 09	合同未到期
天津瑞源集团有限公司	9. 06	合同未到期
山西普大煤业集团有限公司	9. 06	合同已到期

6. 5. 1. 6 担保业务、代理业务（委托业务）

单位：万元

表外业务	期初数	期末数
担保业务	0	0
代理业务（委托业务）	0	0
其他	0	0
合计	0	0

6. 5. 1. 7 公司当年的收入结构

收入结构	金额（万元）	占比（%）
手续费及佣金收入	89 479. 85	60. 18
其中：信托手续费收入	89 479. 85	60. 18
投资银行业务收入	0. 00	0. 00
利息净收入	18 823. 30	12. 66
其他业务收入	2 239. 16	1. 51
其中：计入信托业务收入部分	757. 52	0. 51
投资收益	38 089. 03	25. 62
其中：股权投资收益	30 356. 45	20. 42
证券投资收益	6 907. 64	4. 65
其他投资收益	824. 93	0. 55
营业外收入	55. 41	0. 04
收入合计	148 686. 75	100. 00

其中：2014 年，公司其他业务收入 2 239. 16 万元，主要来源是办公大楼出租部分的房租收入及财务咨询费收入；信托业务收入总额为 89 479. 85 万元，全部为手续费收入。

6. 5. 2 **披露信托财产管理情况**

6. 5. 2. 1 信托资产的期初数、期末数

单位：万元

信托资产	期初数	期末数
集合	3 006 527. 13	3 211 084. 71
单一	4 481 508. 61	10 453 356. 74
财产权	2 461 547. 78	1 774 059. 88
合计	9 949 583. 52	15 438 501. 33

6. 5. 2. 1. 1 主动管理型信托业务的信托资产期初数、期末数，分证券投资、股权投资、融资、事务管理类分别披露

单位：万元

主动管理型	期初数	期末数
证券投资类	160 319. 56	148 172. 14
股权投资类	556 866. 38	754 956. 73
融资类	4 571 134. 46	3 646 874. 65
事务管理类		
合计	5 288 320. 40	4 550 003. 52

6. 5. 2. 1. 2 被动管理型信托业务的信托资产期初数、期末数，分证券投资、股权投资、融资、事务管理类分别披露

单位：万元

被动管理型信托资产	期初数	期末数
证券投资类		
股权投资类		
融资类		
事务管理类	4 661 263. 12	10 888 497. 81
合计	4 661 263. 12	10 888 497. 81

6. 5. 2. 2 本年度已清算结束的信托项目个数、实收信托合计金额、加权平均实际年化收益率

6. 5. 2. 2. 1 本年度已清算结束的集合类、单一类资金信托项目和财产管理类信托项目个数、实收信托合计金额、加权平均实际年化收益率

已清算结束信托项目	项目个数（个）	实收信托合计金额（万元）	加权平均实际年化收益率（%）
集合类	73	1 432 322. 00	8. 93
单一类	104	2 295 801. 72	7. 59
财产管理类	9	830 894. 38	0

注：收益率是指信托项目清算后，给受益人赚取的实际收益水平。加权平均实际年化收益率 =（信托项目 1 的实际年化收益率 × 信托项目 1 的实收信托 + 信托项目 2 的实际年化收益率 × 信托项目 2 的实收信托 + … + 信托项目 n 的实际年化收益率 × 信托项目 n 的实收信托）/（信托项目 1 的实收信托 + 信托项目 2 的实收信托 + … + 信托项目 n 的实收信托）×100%。

6. 5. 2. 2. 2 本年度已清算结束的主动管理型信托项目个数、实收信托合计金额、加权平均实际年化收益率，分证券投资、股权投资、融资、事务管理类分别计算并披露

已清算结束信托项目	项目个数(个)	实收信托合计金额(万元)	加权平均实际年化信托报酬率(%)	加权平均实际年化收益率(%)
证券投资类	5	85 392. 00	0. 87%	11. 50%
股权投资类	2	10 531. 02	0. 62%	19. 12%
融资类	106	2 397 120. 00	2. 03%	8. 06%
事务管理类				

注:加权平均实际年化信托报酬率 =(信托项目 1 的实际年化信托报酬率 ×信托项目 1 的实收信托 +信托项目 2 的实际年化信托报酬率 ×信托项目 2 的实收信托 +… +信托项目 n 的实际年化信托报酬率 ×信托项目 n 的实收信托)/(信托项目 1 的实收信托 +信托项目 2 的实收信托 +… +信托项目 n 的实收信托)×100%。

6. 5. 2. 2. 3　本年度已清算结束的被动管理型信托项目个数、实收信托合计金额、加权平均实际年化收益率,分证券投资、股权投资、融资、事务管理类分别计算并披露

已清算结束信托项目	项目个数(个)	实收信托合计金额(万元)	加权平均实际年化信托报酬率(%)	加权平均实际年化收益率(%)
证券投资类				
股权投资类				
融资类				
事务管理类	73	2 065 975. 08	0. 16%	4. 70%

6. 5. 2. 3　本年度新增的集合类、单一类和财产管理类信托项目个数、实收信托合计金额

新增信托项目	项目个数(个)	实收信托合计金额(万元)
集合类	68	1 511 170. 00
单一类	134	8 200 395. 99
财产管理类	8	198 228. 19
新增合计	210	9 909 794. 18
其中:主动管理型	83	1 670 170. 00
被动管理型	127	8 239 624. 18

注:本年新增信托项目指在本报告年度内累计新增的信托项目个数和金额。包含本年度新增并于本年度内结束的项目和本年度新增至报告期末仍在持续管理的信托项目。

6. 5. 2. 4　信托业务创新成果和特色业务有关情况

2014 年,公司在推进业务创新方面,主要取得以下成果:

一是资产证券化业务取得实质性进展。首单项目已完成银监会和人民银行审批进入发行前期。同时,公司积极增加与证券公司、消费金融公司等非银行金融机构业务合作,尝试创新业务模式,支持相关机构通过拉动消费、拉动内需的方式促进实体经济发展。

二是以可转换公司股权信托的方式,为大型企业集团优化股权和财务结构提供服务。

三是开展信托并购业务尝试,充分发挥信托可以横跨资本市场、货币市场和实业投资领域的制度优势,为并购项目提供投资管理和资本运作服务。积极参与国有企业改革,探索以基金模式为国有企业改革提供综合金融服务。

6. 5. 2. 5　本公司履行受托人义务情况

本公司作为受托人,严格遵守信托法规的规定和信托协议(合同)的约定,尽职尽责履行受托人职责和义务,为委托人管理好各项信托财产,精心组织信托财产的运作;依照信托法规和信托协议(合同)约定,定期出具信托财产的管理报告;信托协议(合同)终止时,及时办理信托事务清算事宜;按信托协议(合同)的约定,按期及时向受益人支付信托受益并在信托协议(合同)终止时及时按约定向委托人(受益人)支付信托财产(本金);按信托法规和信托协议(合同)的约定收取受托人报酬(手续费),本年度没有发生违反受托人职责和义务的情况,没有出现信托协议(合同)到期由于受托人的责任不支付信托财产和受益人收益的情况。受托人按信托法规和信托协议(合同)管理、运用信托财产,管理和分配信托收益以及收取手续费(受托人报酬)时,没有出现侵占委托人和受益人合法权益的情况。

6. 5. 2. 6　信托赔偿准备金的提取、使用和管理情况

信托赔偿准备金的提取情况表

单位:万元

项目	期初数	本年增加	本年减少	期末数
信托赔偿准备金	12 356. 50	3 886. 71	0	16 243. 21

注:2014 年公司未使用信托赔偿准备金,该信托赔偿准备金存放于经营稳健、具有一定实力的国内商业银行,或者用于购买低风险高流动性证券。

6. 6　关联方关系及其交易的披露

6. 6. 1　关联交易方的数量、关联交易的总金额及管理交易的定价政策等

	关联交易方数量	关联交易金额(万元)	定价政策
合　计	0	0	按市场公允价格确定协议价

6. 6. 2　关联方交易与本公司的关系性质、关联交易方名称、法定代表人、注册地址、注册资本及主营业务等

单位:万元

关系性质	关联方名称	法定代表人	注册地址	注册资本	主营业务
—	—	—	—	—	—
—	—	—	—	—	—

6. 6. 3　逐笔披露本公司与关联方的重大交易事项

6. 6. 3. 1　固有财产与关联方:贷款、投资、租赁、应收账款、担保、其他方式等期初汇总数、本期发生额汇总数、期末汇总数

单位:万元

固有财产与关联方关联交易				
	期初数	借方发生额	贷方发生额	期末数
贷款	0	0	0	0
投资	0	0	0	0
租赁	0	0	0	0
担保	0	0	0	0
应收账款	0	0	0	0
其他	0	0	0	0
合计	0	0	0	0

6.6.3.2 信托资产与关联方：贷款、投资、租赁、应收账款、担保、其他方式等期初汇总数、本期发生额汇总数、期末汇总数

单位：万元

信托与关联方关联交易				
	期初数	借方发生额	贷方发生额	期末数
贷款	100 000	0	100 000	0
投资	0	0	0	0
租赁	0	0	0	0
担保	0	0	0	0
应收账款	0	0	0	0
其他	25 000	0	25 000	0
合计	125 000	0	125 000	0

6.6.3.3 信托公司自有资金运用于自己管理的信托项目（固信交易）、信托公司管理的信托项目之间的相互（信信交易）交易金额，包括余额和本报告年度的发生额

6.6.3.3.1 固有财产与信托财产之间的交易金额期初汇总数、本期发生额汇总数、期末汇总数

单位：万元

固有财产与信托财产相互交易			
	期初数	本期发生额	期末数
合计	0	10 000	10 000

注：上述交易为1笔，属于以固有资金投资公司自己发行的信托项目。

6.6.3.3.2 信托项目之间的交易金额期初汇总数、本期发生额汇总数、期末汇总数

单位：万元

信托财产与信托财产相互交易			
合计	0	0	0

6.6.4 逐笔披露关联方逾期未偿还本公司资金的详细情况以及本公司为关联方担保发生或即将发生垫款的详细情况

公司本年度未出现关联方逾期未偿还本公司资金的情况，未出现本公司为关联方担保的情况。

6.7 会计制度的披露

本公司固有业务从2008年1月1日起、信托业务从2010年1月1日起按照财政部2006年颁布的《企业会计准则——基本准则》和其他各项会计准则的规定对固有业务及信托业务进行确认和计量，在此基础上编制财务报表。

6.8 净资本管理情况

根据《信托公司净资本管理办法》和2011年2月下发的净资本具体计算标准，2014年末公司的净资产33.92亿元，净资本为23.47亿元（监管标准≥2亿元），各项风险资本之和为10.97亿元，净资本/各项业务风险资本为214.04%（监管标准≥100%），净资本/净资产为69.20%（监管标准为≥40%），净资本各项指标达到规定标准。

7. 财务情况说明书

7.1 利润实现和分配情况

2014年，公司实现税前利润96 613.34万元，比上年增加30 403.94万元，增幅45.92%；净利润77 734.30万元，比上年增加26 266.46万元，增幅51.03%。按照相关法规、公司章程，本年净提取法定盈余公积金7 773.43万元和信托赔偿准备金3 886.71万元。

7.2 主要财务指标

2014年主要财务指标情况表

指标名称	指标值
资本利润率（%）	25.99
加权年化信托报酬率（%）	0.68
人均净利润（万元）	551.31

注：全年在岗职工平均人数141人。

7.3 对本公司财务状况、经营成果有重大影响的其他事项

无。

8. 特别事项揭示

8.1 公司股东股权变动情况

2014年7月，中国银监会天津监管局以津银监复[2014]306号下发了《关于天津信托有限责任公司变更股权结构的批复》，批准公司原股东天津盈鑫信恒投资咨询有限公司将所持有的公司全部5.26%股权分别转让给安邦人寿保险股份有限公司3.9%和安邦保险集团股份有限公司1.36%。转让后，天津盈鑫信恒投资咨询有限公司不再持有公司股权，安邦人寿保险股份有限公司和安邦保险集团股份有限公司成为公司新加入股东，公司股东由4家变更为5家。截至2014年11月21日，有关股权变更的工商登记办理完毕。

8.2 董事、监事及高级管理人员变动情况及原因

2014年3月25日，公司以通讯表决方式召开2014年股东会第3次临时会议，审议通过了《关于同意马君潞不再担任天津信托有限责任公司独立董事的决议》。

2015年1月22日，公司以通讯表决方式召开2015年股东会第1次临时会议，审议通过了《关于同意黄书平不再担任天津信托有限责任公司股东董事的决议》和《关于同意冯伟担任天津信托有限责任公司股东董事的决议》，2015年4月15日，天津银监局已经核准了冯伟的董事任职资格。

2014年6月11日，公司以通讯表决方式召开2014年股东会第7次临时会议，审议通过了《关于同意朱振山不再担任天津信托有限责任公司监事及监事长的决议》。

2015年3月20日，公司以通讯表决方式召开第七届董事会2015年第4次临时会议，审议通过了《关于同意李琦不再担任天津信托有限责任公司副总经理职务的决议》。

除此之外，公司董事、监事及高级管理人员未有变动。

8.3 本年度，公司注册资本、注册地、公司名称、公司分立合并事项

2014年1月26日，中国银监会天津监管局下发了《关于

天津信托有限责任公司增加注册资本金的批复》(津银监复【2014】30号),同意公司增加注册资本金2亿元,即公司注册资本金增至17亿元。4月15日,有关工商登记变更手续已办理完毕。

公司注册地、公司分立合并事项无变更。

8.4 公司的重大诉讼事项

无。

8.5 本年度,公司及高级管理人员受处罚情况

无。

8.6 银监会派出机构风险检查情况

2014年9月,天津银监局对公司进行2014年度现场检查工作,认为公司能够按照监管法规开展业务,建立了较为完善的公司治理体系、合规及内控流程,形成了较为有效的风控体系,在此基础上提出了进一步强化业务管理、有效防范风险的监管意见。公司积极贯彻执行相关监管政策和要求,根据天津银监局下发的检查事实与评价,就检查事实与评价内容积极与监管部门沟通,组织业务部门提供相关材料,于11月向监管部门报送了检查事实与评价的反馈意见。

8.7 重大事项临时报告

2014年4月21日,公司在《金融时报》第八版披露"关于天津信托有限责任公司增加注册资本金的公告",即天津信托有限责任公司注册资本金由人民币15亿元增加至人民币17亿元,各股东持股比例不变。

9. 公司监事会意见

9.1 公司依法运作情况

通过检查监督,监事会认为,公司建立了较为完善的公司法人治理结构,进一步加强了内部控制制度建设和风险管理,强化了内部管理和审计制度。公司决策事项程序合法,公司董事、经理和其他高级管理人员,能够按照《公司法》、"信托一法三规"、公司章程等相关法律、法规及监管部门的要求,认真履行相关职责,勤勉工作,积极维护股东利益、公司利益和客户利益。

9.2 关于公司财务报告

依据中审华寅五洲会计师事务所出具的审计报告和公司的财务报表,监事会认真检查和审核了公司财务状况和经营成果,认为公司本年度财务报告是客观、公允的。

万向信托有限公司

1. 重要提示

1.1 本公司董事会及董事保证本报告所载资料不存在任何虚假记载、误导性陈述或者重大遗漏，并对其内容的真实性、准确性和完整性承担个别及连带责任。本年度报告摘要摘自年度报告全文，客户及相关利益人欲了解详细内容，应阅读年度报告全文。

1.2 本公司独立董事李全、成保良、刁维仁和吴晓波认为：公司年报所记载的资料没有存在任何的虚假记载，也没有任何误导性陈述和重大遗漏，本报告的内容真实、准确、完整。

1.3 本公司董事长肖风先生、公司总裁祝昉先生、财务负责人汪文桦女士声明：保证年度报告中财务报告的真实、完整。

2. 公司概况

2.1 公司简介

公司成立于2012年8月18日，注册地为浙江省杭州市，注册资本6.5亿元。2014年8月15日，公司注册资本变更为13.39亿元。

公司法定中文名称：万向信托有限公司（缩写：万向信托）

公司法定英文名称：Wanxiang Trust Co., Ltd.

法定代表人：肖风

注册地址：杭州市下城区体育场路429号天和大厦12～17层及4层（401～403）

邮政编码：310006

国际互联网网址：www.wxtrust.com

电子信箱：wxtrust@wxtrust.com

信息披露事务联系人：莫震勇

电子信箱：zymo@wxtrust.com

办公电话：0571－85807931

办公传真：0571－85179809

信息披露报纸名称：《证券时报》

年度报告备置地点：浙江省杭州市体育场路429号天和大厦12层

聘请的会计师事务所：大华会计师事务所（特殊普通合伙）

地址：杭州市体育场路508号浙江地矿科技大楼5楼

2.2 组织结构

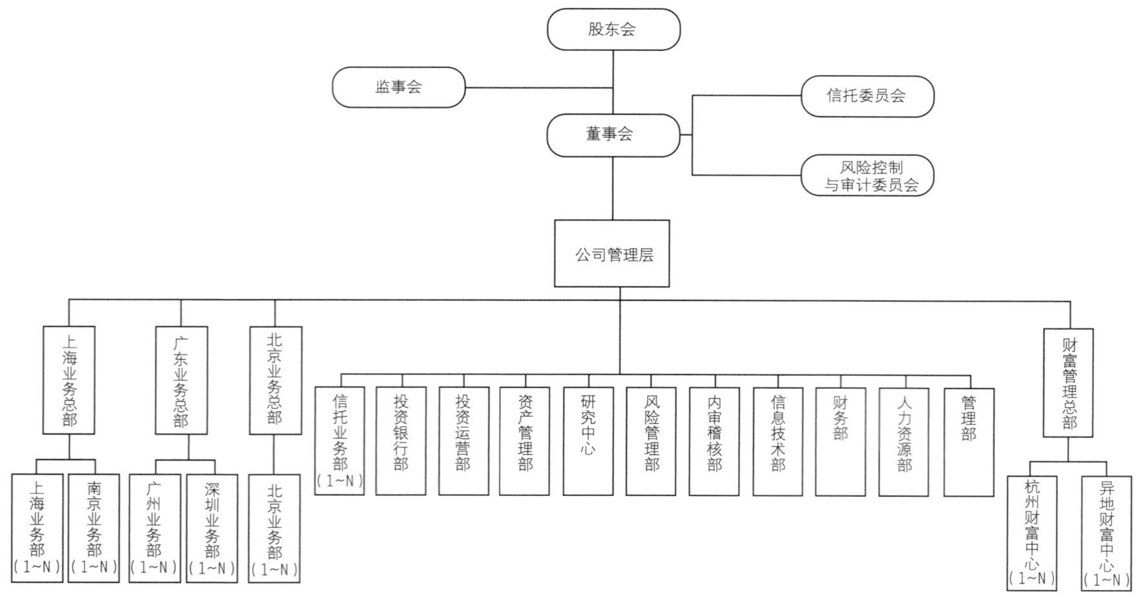

3. 公司治理

3.1 股东

报告期末，股东总数为5家，具体构成情况如下：

股东名称	出资比例(%)	法人代表	注册资本(万元)	注册地址
中国万向控股有限公司★	76.50	鲁伟鼎	120 000.00	上海市浦东新区陆家嘴西路99号万向大厦
浙江烟草投资管理有限责任公司	14.49	孙建华	180 714.67	浙江省杭州市浣纱路17号3楼
浙江省邮政公司	3.97	鞠勇	157 175.00	浙江省杭州市西湖区莫干山路329号
巨化集团公司	2.86	胡仲明	96 600.00	浙江省杭州市江城路849号
浙江省金融控股有限公司	2.18	杜祖国	120 000.00	浙江省杭州市浙大路5－1号

注:★号代表本公司实际控制人。

3.2 董事、董事会及其下属委员会

董事构成

姓名	职务	性别	年龄	所推举的股东名称	该股东持股比例(%)	简要履历
肖风	董事长	男	54	中国万向控股有限公司	76.50	南开大学世界经济学博士,中国万向控股有限公司副董事长。
傅志芳	董事	男	50	中国万向控股有限公司	76.50	中欧国际工商学院硕士,万向财务有限公司总裁。
冯立民	董事	男	54	中国万向控股有限公司	76.50	北京国际关系学院本科学历,中国万向控股有限公司副总裁。
凌金良	董事	男	50	中国万向控股有限公司	76.50	浙江大学管理科学与工程硕士,万向租赁有限公司总经理。
葛旋	董事	男	44	中国万向控股有限公司	76.50	长江商学院研究生,民生通惠资产管理有限公司总经理、董事。
孙建华	董事	男	58	浙江烟草投资管理有限责任公司	14.49	中央电大会计专业,浙江烟草投资管理有限责任公司总经理。
裴英杰	董事	男	52	浙江省邮政公司	3.97	北京邮电学院本科毕业,浙江省邮政公司副总经理。
刘鹏	董事	男	35	巨化集团公司	2.86	浙江大学管理学硕士,巨化控股有限公司总经理。
苏明波	董事	男	45	浙江省金融控股有限公司	2.18	湖南大学本科毕业,浙江省金融控股公司金融管理部副经理。

董事会下属专门委员会构成

名称	职责	成员	职务
风险控制与审计委员会	确定公司风险管理的总体目标、风险偏好、风险承受度、风险管理策略和重大风险管理解决方案;评估公司关联交易业务风险;监督公司信托业务和自营业务的风险控制及管理;监督公司信息披露的真实、准确、完整和合规性;提出完善公司风险管理和内部控制及内部审计实施的建议等。	冯立民	主任委员
		裴英杰	委员
		刁维仁	委员
信托委员会	组织制订公司信托业务发展规划;定期评估公司信托业务运行情况;研究并提出具体措施落实监管机构提出的整改要求;当公司或股东利益与受益人利益发生冲突时,研究并提出维护受益人权益的具体措施等。	李全	主任委员
		葛旋	委员
		孙建华	委员

3.3 监事、监事会及其下属委员会

监事构成

姓名	职务	性别	年龄	选任日期	任期(年)	所推举的股东名称	该股东持股比例(%)
鲁伟鼎	监事长	男	44	2011年12月9日	3	中国万向控股有限公司	76.50
陈燕	监事	女	50	2011年12月9日	3	浙江烟草投资管理有限责任公司	14.49
熊文斌	职工监事	男	32	2012年9月4日	3	万向信托职工代表大会	—

3.4 独立董事

独立董事构成

姓名	所在单位职务	性别	年龄	选任日期	任期(年)
李全	新华资产管理股份有限公司总经理	男	52	2011年12月9日	3
成保良	上海瑞力投资基金管理有限公司董事长	男	54	2011年12月9日	3
刁维仁	群益国际控股有限公司上海代表处首席代表	男	61	2011年12月9日	3
吴晓波	蓝狮子出版人	男	47	2012年4月18日	3

3.5 高级管理人员

高级管理人员构成

姓名	性别	年龄	职务	任职日期	学历	专业	金融从业年限(年)
祝　旸	男	45	总裁	2011 年 12 月 9 日	硕士	新闻学	18
王永刚	男	51	执行副总裁	2014 年 4 月 26 日	硕士	工商管理	27
任伟珠	女	58	信托总监	2011 年 12 月 9 日	本科	经济管理	37
斯伟波	男	42	总裁助理	2014 年 4 月 26 日	本科	货币银行学	21

3.6 公司员工

2014 年末，公司共有职工 147 人，平均年龄为 34 岁，学历、岗位等具体分布情况如下表：

项　目		报告期年度	
		人数(人)	比例(%)
年龄分布	30 岁以下	52	35.37
	30 ~39 岁	72	48.98
	40 岁以上	23	15.65
性别分布	男	96	65.31
	女	51	34.69
学历分布	博士	4	2.72
	硕士	68	46.26
	本科	69	46.94
	专科	6	4.08
岗位分布	董事、监事及其他高管人员	5	3.40
	信托业务人员	101	68.71
	其他人员	41	27.89
合计		147	100

4. 经营概况

4.1 经营目标、方针、战略规划

4.1.1 经营目标

通过近 3 ~5 年的努力，强化公司在财富管理端的定制服务能力，提升公司特定产业领域的专业管理能力，巩固公司风险管理的“全流程”量化管理能力，将公司建成一家具有核心竞争力、细分市场领先、创新能力较强的优秀信托公司。

4.1.2 经营方针

始终秉承“诚信、专业、精致、协作”的理念，以受益人利益最大化为原则，坚持合规经营，建立持续创新机制，提供高品质的信托产品和服务，服务实体经济，造福民生。

4.1.3 战略规划

以专业化特色经营为导向，坚持风险控制为核心、产品战略与财富战略双向驱动的“一体两翼”战略。产品战略通过专业驱动和创新引领，在特定产业领域和新兴业务领域形成核心竞争力和新的增长点；财富战略打造一个“私信账户”、一个“投资平台”和一套“服务体系”；风险控制战略贯彻“全面全流程”风控观念，逐步制定定量标准，完善以规范、稳健、效率和创新支持为特征的风控体系。同时，将信息系统建设与应用贯穿到“一体两翼”全过程，形成有力的信息技术支撑，走专业化、特色化、差异化和多元化的经营发展道路。

4.2 经营业务的主要内容

4.2.1 信托资产运用与分布

资产运用	金额(万元)	占比(%)	资产分布	金额(万元)	占比(%)
货币资产	29 316.66	0.51	基础产业	2 571 475.37	45.00
贷款及应收款	4 002 252.33	70.03	房地产业	1 527 016.00	26.72
交易性金融资产	50 795.67	0.89	证券市场	61 877.11	1.08
买入返售金融资产	45 121.43	0.79	工商企业	720 397.00	12.61
可供出售金融资产	152 426.93	2.67	金融机构	611 744.47	10.70
持有至到期投资	939 363.54	16.44	其他	222 250.87	3.89
长期股权投资	151 302.00	2.65			
其他	344 182.26	6.02			
资产总计	5 714 760.82	100.00	资产总计	5 714 760.82	100.00

4.2.2 固有资产运用与分布

资产运用	金额(万元)	占比(%)	资产分布	金额(万元)	占比(%)
货币资产	10 021.06	6.37	基础产业	86 660.00	55.06
贷款及应收款	—	—	房地产业	22 390.00	14.23
交易性金融资产	—	—	证券市场	9 650.00	6.13
可供出售金融资产	144 990.00	92.12	工商企业	17 050.00	10.83
持有至到期投资	—	—	金融机构	19 261.06	12.24
长期股权投资	—	—	其他	2 378.90	1.51
其他	2 378.90	1.51			
资产总计	157 389.96	100.00	资产总计	157 389.96	100.00

4.3 市场分析

2014 年，我国经济在全面向“新常态”转换的背景下，增速有所回落。虽然在结构调整、改善民生等方面取得了一些积极进展，但是也面临投资后劲不足、融资成本较高等困难。同期，我国信托行业整体发展状况呈现出“总量增加，增速下滑”的特征，传统业务受到冲击，市场环境变化的影响及一系列监管政策指引下，信托公司转型步伐加快，行业创新提速。

4.3.1 影响公司业务发展的有利因素

(1)我国经济持续发展，居民财富快速增长，对信托产品在内的理财产品的需求进一步提升。

(2)《中国银监会办公厅关于信托公司风险监管的指导意见》(银监办发[2014]99 号)的颁布，指明了信托业创新转型的方向，厘清了行业发展思路，有力支持了信托行业在转型期间的发展，行业风险控制获得加强，有助于信托业回归本源。

(3)信托业转型空间广阔,公司积极探索一系列创新业务,为可持续发展打下了良好的基础。

(4)高净值客户群体的稳步增长和公司财富管理能力的显著提升,为公司业务可持续发展奠定了坚实的基础。

(5)公司增加了注册资本,提高业务拓展能力和风险抵御能力。

4.3.2 影响公司业务发展的不利因素

(1)宏观经济下行,信托业的传统业务受到冲击,尤其是政府平台和房地产信托受政策及经济环境影响较大,优质资产的获取难度加大,业务拓展遭遇阻力。

(2)随着泛资产管理的进一步发展和利率市场化的推进,信托制度红利正在衰减,信托业的增长速度明显放缓,信托业发展将告别高速增长阶段。

(3)受《国务院关于加强地方政府性债务管理的意见》(国发[2014]43号)的影响,原有基础设施信托项目中隐含的政府信用可能逐渐减弱,增加了未来政信合作业务的不确定性。

(4)互联网金融快速发展,众多"低门槛,高收益"理财产品不断涌现,以"私募、高门槛"为特征的信托产品受到一定冲击。

4.4 风险管理

4.4.1 风险管理概况

公司经营活动中主要可能遇到信用风险、市场风险、操作风险、流动性风险和其他风险。公司的架构体系为风险管理奠定了组织基础和制度保障,流程管理实现了对业务审批、操作的规范管理和监控,形成了分工合理、职责明确、运行顺畅、制衡有效的风险管理机制。

2014年,公司通过"一体两翼"的战略思想确立了风控战略的核心地位,突出了风控战略的引领作用,在公司各项业务活动和经营管理活动中贯彻和坚持了风控优先的战略思想。在内部管理上,公司坚持贯彻"大风控、全流程"的风险管理理念,制定出台了一系列标准化的风险管理制度与工作模板,优化了尽职调查、评审、决策等主要流程,全流程全面风险管理体系得到了进一步的完善,为公司业务发展提供了坚强有力的保障。

4.4.1.1 风险管理政策

公司风险控制与审计委员会针对发展战略,确定在战略制定与实施过程中可以承受的风险范围和风险水平,反映公司的风险偏好,并恰当选择风险承担、风险规避、风险转移、风险转换、风险对冲、风险补偿、风险控制等对策。

公司通过确定风险偏好和风险容忍度,正确认识和把握风险与收益的平衡,防止忽视风险,片面追求收益或者单纯为规避风险而放弃发展机会。

2014年,公司持续更新和修订了政信、房地产等多种业务的风险准入标准,继续探索建立全面风险评审的标准体系。公司实行全流程、全方位项目风险控制与管理,从尽调、评审、期间管理、清算管理等四大环节入手,实行业务、风险管理、内审三道风险管理防线:

第一道防线:公司各部门。公司各部门将风险管理理念、手段和程序融入到部门工作流程中,通过制定部门规范,标准化作业流程,建立起风险管理的第一道防线。

第二道防线:风险管理部。风险管理部负责对各项风险进行组合管理,厘定关键风险指标,落实风险评估与计量,提出风险控制方法和手段,进行事前和事中控制。

第三道防线:内审稽核部。内审稽核部在公司保持相对独立,负责监督审核公司的运营,通过审计监督活动,排查揭露风险点,督促相关部门改进工作和防范风险。

4.4.1.2 风险管理组织结构与职责分工

公司风险管理组织体系由董事会、董事会下设的风险控制与审计委员会、监事会、高级管理层、风险评估委员会、风险管理部、内审稽核部和各部门组成。

公司董事会承担风险控制的最终责任。负责审批公司风险管理战略,审定公司总体风险水平,监控和评价风险管理的有效性和公司管理层在风险管理方面的履职情况。

董事会下设风险控制与审计委员会,履行董事会的风险管理决策职能。负责拟定公司风险管理策略、风险管理总体目标、风险偏好、风险承受度;对公司经营和业务风险控制及管理情况进行监督;向董事会提交公司全面风险管理年度报告。

监事会负责对公司高级管理人员的职务行为、公司财务情况和合规情况等方面进行监督和检查,督促落实公司风险管理体系的建立和实施及相关事项的整改,就涉及公司风险的重大事项向股东会报告。

公司高级管理层负责实施经董事会批准的风险管理政策,并在风险可控的情况下为公司获得较高的资本回报;定期向董事会、监事会报告风险管理情况。

风险管理部负责建立健全公司风险防范、监控体系,负责公司各项业务风险(包括合规风险)管理日常工作,对公司经营管理活动中的各类风险实施有效的事前评估和全过程监控,有效化解和降低公司运营风险。

内审稽核部负责检查公司内部风险管理制度的执行情况,对公司内部风险控制制度的合理性、有效性进行审查评价,提出改进意见。对检查中发现的问题,及时向其分管领导报告。

公司各部门是公司风险管理的实施单位,各部门负责人为本部门风险管理的第一责任人。各部门及业务单元在公司风险管理的框架内,根据相应的职责和权限行使风险管理职能,并按照全面风险管理的要求,确保将风险管理覆盖到所有岗位、人员和业务的全过程,同时对各自职责范围内的业务进行定期及不定期自查,发现问题及时纠正,以达到风险自我控制的目的。

4.4.2 风险状况

报告期内,公司管理的信托项目均运营正常,没有发生风险事项。

4.4.2.1 信用风险状况

公司信用风险主要表现在信托板块的融资类、准权益性直接投资类业务以及固有板块的贷款类业务上。公司严格按照《中国银监会关于非银行金融机构全面推行资产质量五级分类管理的通知》,每季度对公司固有资产质量进行五级分类,对信托财产也参照上述办法进行五级分类。出于稳健性原则,按规定提取损失准备金。

报告期内公司未发生关注及以下分类资产,本年未提取损失准备金。

4.4.2.2 市场风险状况

公司以收取固定的受托人管理佣金作为主要盈利来源,故行业费率的变动对公司盈利具有一定影响。公司业务中传统融资类业务占一定的比例，且融资类业务主要执行固定利率，因此利率变动对公司盈利和财务状况直接影响较小。

报告期内，公司尚未开展外币业务，暂不受市场汇率变动影响。

4.4.2.3　操作风险状况

公司已建立职责分离、相互监督制约的内部控制机制，实行全员问责制度。项目管理方面，公司根据项目审批阶段设立管理目标，与业务部门划清管理职责，要求业务人员履行过程管理职责，对项目执行过程中的关键节点进行严格把控。风险管理部评估主办业务人员项目操作的审慎性，包括业务档案是否完整、抵（质）押手续是否齐备有效、信息披露及收益分配是否按时完成等；通过现场检查，跟踪项目管理目标的落实情况，并及时向公司高管层汇报。

报告期内，公司未发生内部控制失效或者员工违规、欺诈的行为，未发生误操作、违规操作导致的损失，未发生尽职管理不到位而产生相关风险。

4.4.2.4　其他风险状况

（1）流动性风险：报告期内，公司非现金资产可正常变现，并且有充裕的现金流，未发生流动性风险。

（2）合规与法律风险：公司密切关注相关法律法规和监管政策的变化和发展趋势，自觉理解并遵守执行国家法律、行政法规和各项监管政策，注重合规与法律风险管理制度和流程的建设，认真履行信托项目的法律合规审查，不断健全和完善公司合规与法律管理体系。报告期内，公司业务整体合规状况良好，未出现因合规和法律问题遭受监管处罚、重大财务损失或声誉损失的事项。

（3）道德风险：指公司内部人员蓄意违规、违法给公司带来损失的可能性。报告期内，公司未发生违法、违规、违约现象，未出现差错和失误，未发生责任事故。

（4）声誉风险：指由于公司操作失误、违反有关规定、资产质量下降不能按期兑付、不能向公众提供高质量的综合金融服务和管理不善等原因，对公司市场地位和声誉产生的消极和不良影响。报告期内，未发生声誉风险等其他风险事项。

4.4.3　风险管理

公司遵循合规性、全面性、审慎性、适时性原则，坚持以制度为基础、以流程为依托，充分识别和评估各类风险，将风险管理覆盖到公司经营管理的各个环节和岗位中。依据风险管理决策流程，根据业务分类实施相应控制措施，形成“事前防范、事中控制、事后评价”的风险管理机制。

4.4.3.1　信用风险管理

规范项目尽职调查工作，对不同类别基础资产持续优化完善尽调底稿要求，注重项目可行性分析，把握项目风险。

严格项目风险审查。在充分调查基础上，严格开展项目的风险评审、合规评审，充分发挥“项目决策委员会”的功能，坚持流程控制和集体审批。

做好增信、风险转移和分散工作，科学合理控制风险敞口。在落实项目投资回款第一来源的基础上，积极落实第二回款来源，并选择土地房产抵押、上市公司股票质押等易于变现或实现的担保增信方式。

重视持续的跟踪管理。各业务部门、风险管理部门、内审稽核部门通过定期、不定期检查项目存续期运行管理情况，持续进行风险监控、评估，对信用风险做到早发现、早应对，并制定风险处置预案以及早化解风险。

注重建立并积累交易对手数据库，逐步推进风险量化管理，致力于建立一套适合公司实际的信用风险信息系统，通过定性和定量计算的手段全面分析拟投项目的业务风险，实现相应的风险回报，并根据市场环境的变化完善和更新系统。

4.4.3.2　市场风险管理

公司组建了专业化的研究和管理团队，明确市场风险的管理机构和管理责任，并通过对货币政策、行业政策、利率政策等的深入分析研究，进行持续的监控。通过产品创新和模式创新，不断拓展多元化的业务领域，充分考虑拟投资项目的筛选、评估、运营、退出中的策略、渠道和措施，实现风险在各维度上的适度分散，以降低各类市场风险对公司整体业务的冲击影响。

4.4.3.3　操作风险管理

公司积极提倡“内控优先”的风险管理理念，通过内控制度的建设与完善，使每项业务从尽职调查、产品设计、立项、审批、募集、后续管理和终止的全过程，都有章可循，并严格按程序操作。

公司遵循“政策制度化、制度流程化、流程信息化”管理理念，通过制定并不断完善各类业务的操作细则，将业务操作节点分解到各个部门，落实到各岗位，并制定部门职责和岗位说明书，避免操作风险的产生。

公司注重作业规范化管理、借助外部中介机构进行管控、进行持续风险监测和风险评价、加强档案管理、规范信息披露等，切实履行勤勉尽职的管理义务。

引导员工遵循良好的行为准则和道德规范，培养按制度、规章做事的习惯。通过对员工的制度与规范培训，以及各类操作风险案例教育，强化公司全体员工的操作风险意识。

4.4.3.4　合规与法律风险管理

公司密切关注国内外金融监管发展趋势，高度重视合规管理工作，将合规管理转化为提升公司内在价值和创造价值的重要手段。合规管理从基于规则限制的“是否合规”，发展为基于风险管理的“如何合规”，提倡不让合规成为风险。

公司注重合规与法律风险管理制度和流程的体系建设。通过建立健全各项规章制度和操作细则、建立OA协同管理平台和信托业务管理系统，通过制度流程化、流程信息化的内控方法，确保合规管理要素整合到业务活动过程。

4.4.3.5　其他风险管理

（1）道德风险管理。公司建立良好诚信的企业文化，注重维护委托人、受益人的利益，通过制度设计完善内部控制机制，严格执行管理制度及纪律要求；同时加强道德文化教育和员工培训，不断提高员工廉洁自律和勤勉尽职的意识；公司以员工为本，强调和谐共赢，不断加强企业的凝聚力和员工的归属感，从而实现对道德风险的防控。

（2）声誉风险管理。公司高度重视声誉风险管理，将声誉风险管理纳入公司治理和全面风险管理体系，强调在合规经营和健康发展的基础上，主动、有效、灵活地管理声誉风险和应对声誉事件，通过加强尽职管理保障公司业务的健康运行，通过机制和制度建设明晰声誉风险监控、管理和应对流程，通过充分信息披露等方式实现与投资者的良性沟通，通过履行社会责任等积极提升公司的品牌价值和社会形象。

5. 报告期末及上一年度末的比较式会计报表

5.1 固有资产

5.1.1 会计师事务所审计结论

审 计 报 告

大华审字(2015)第050176号

万向信托有限公司全体股东：

我们审计了后附的万向信托有限公司财务报表，包括2014年12月31日的资产负债表，2014年度的利润表、现金流量表、所有者权益变动表，以及财务报表附注。

一、管理层对财务报表的责任

编制和公允列报财务报表是万向信托有限公司管理层的责任，这种责任包括：(1)按照企业会计准则的规定编制财务报表，并使其实现公允反映；(2)设计、执行和维护必要的内部控制，以使财务报表不存在由于舞弊或错误导致的重大错报。

二、注册会计师的责任

我们的责任是在执行审计工作的基础上对财务报表发表审计意见。我们按照中国注册会计师审计准则的规定执行了审计工作。中国注册会计师审计准则要求我们遵守中国注册会计师职业道德守则，计划和执行审计工作以对财务报表是否不存在重大错报获取合理保证。

审计工作涉及实施审计程序，以获取有关财务报表金额和披露的审计证据。选择的审计程序取决于注册会计师的判断，包括对由于舞弊或错误导致的财务报表重大错报风险的评估。在进行风险评估时，注册会计师考虑与财务报表编制和公允列报相关的内部控制，以设计恰当的审计程序，但目的并非对内部控制的有效性发表意见。审计工作还包括评价管理层选用会计政策的恰当性和作出会计估计的合理性，以及评价财务报表的总体列报。

我们相信，我们获取的审计证据是充分、适当的，为发表审计意见提供了基础。

三、审计意见

我们认为，万向信托有限公司的财务报表在所有重大方面按照企业会计准则的规定编制，公允反映了万向信托有限公司2014年12月31日的财务状况以及2014年度的经营成果并及公司现金流量。

5.1.2 资产负债表

资产负债表

编制单位：万向信托有限公司　　2014年12月31日　　单位：万元

资产	期末余额	年初余额	负债和所有者权益(或股东权益)	期末余额	年初余额
资产：			负债：		
现金及存放中央银行款项			向中央银行借款		
存放同业款项	10 021.06	12 565.09	同业及其他金融机构存放款项		
拆出资金			拆入资金		
以公允价值计量且其变动计入当期损益的金融资产			以公允价值计量且其变动计入当期损益的金融负债		
衍生金融资产			衍生金融负债		
买入返售金融资产			卖出回购金融资产款		
应收款项类金融资产			应付职工薪酬	4 697.86	2 101.38
应收利息			应交税费	2 372.75	1 497.41
应收股利			应付利息		
其他应收款	190.73	20.08	其他应付款	189.64	92.53
发放贷款和垫款		8 000.00	预计负债		
可供出售金融资产	144 990.00	117 840.00	应付债券		
持有至到期投资			递延所得税负债		
长期股权投资			其他负债	20.00	
投资性房地产			负债合计	7 280.26	3 691.32
固定资产	324.10	255.66	所有者权益(或股东权益)：		

续表

资产	期末余额	年初余额	负债和所有者权益(或股东权益)	期末余额	年初余额
在建工程			实收资本(或股本)	133 900.00	65 000.00
固定资产清理			资本公积		65 000.00
无形资产	38.41	10.61	减:库存股		
商誉			其他综合收益		
长期待摊费用	1 546.30	1 858.52	盈余公积	2 010.97	719.69
递延所得税资产			一般风险准备	3 081.86	2 436.22
其他资产	279.37	338.24	未分配利润	11 116.87	4 040.96
			所有者权益(或股东权益)合计	150 109.70	137 196.87
资产总计	157 389.96	140 888.19	负债和所有者权益(或股东权益)总计	157 389.96	140 888.19

5.1.3 利润表

编制单位:万向信托有限公司　　　　2014 年度　　　　单位:万元

项　目	本期金额	上期金额
一、营业收入	31 406.64	16 806.74
(一)利息净收入	402.91	1 778.32
利息收入	402.91	1 823.03
利息支出		44.71
(二)手续费及佣金净收入	18 562.32	6 697.97
手续费及佣金收入	18 569.68	6 700.43
手续费及佣金支出	7.36	2.46
(三)投资收益(损失以"-"号填列)	11 513.57	7 915.39
其中:对联营企业和合营企业的投资收益		
(四)公允价值变动收益(损失以"-"号填列		
(五)汇兑收益(损失以"-"号填列)		
(六)其他业务收入	927.84	415.06
二、营业支出	14 282.62	7 307.92
(一)营业税金及附加	1 707.99	852.93
(二)业务及管理费	12 574.63	6 454.99
(三)资产减值损失		
(四)其他业务成本		
三、营业利润(亏损以"-"号填列)	17 124.02	9 498.81
加:营业外收入	186.75	1.77
减:营业外支出	3.00	19.65
四、利润总额(亏损总额以"-"号填列)	17 307.76	9 480.94
减:所得税费用	4 394.93	2 460.58
五、净利润(净亏损以"-"号填列)	12 912.83	7 020.36
六、其他综合收益的税后净额		
七、综合收益总额	12 912.83	7 020.36
八、每股收益:		
(一)基本每股收益		
(二)稀释每股收益		

5.1.4 所有者权益变动表

编制单位：万向信托有限公司　　2014年度　　单位：万元

项目	本年金额						上年金额					
	实收资本（或股本）	资本公积	盈余公积	一般风险准备	未分配利润	所有者权益合计	实收资本（或股本）	资本公积	盈余公积	一般风险准备	未分配利润	所有者权益合计
一、上年末余额	65 000.00	65 000.00	719.69	2 436.22	4 040.96	137 196.87	65 000.00	65 000.00	17.65	158.86		130 176.51
加：会计政策变更												
前期差错更正												
其他												
二、本年初余额	65 000.00	65 000.00	719.69	2 436.22	4 040.96	137 196.87	65 000.00	65 000.00	17.65	158.86		130 176.51
三、本年增减变动金额（减少以"－"号填列）	68 900.00	-65 000.00	1 291.28	645.64	7 075.90	12 912.83			702.04	2 277.36	4 040.96	7 020.36
（一）综合收益总额					12 912.83	12 912.83					4 020.36	7 020.36
（二）所有者投入和减少资本												
1. 所有者投入的普通股												
2. 其他权益工具持有者投入资本												
3. 股份支付计入所有者权益的金额												
4. 其他												
（三）利润分配			1 291.28	645.64	-1 936.92				702.04	2 277.36	-2 979.39	
1. 提取盈余公积			1 291.28		-1 291.28				702.04		-702.04	
2. 提取一般风险准备				645.64	-645.64					2 277.36	-2 277.36	
3. 对所有者（或股东）的分配												
4. 其他												
（四）所有者权益内部结转	68 900.00	-65 000.00			-3 900.00							
1. 资本公积转增资本（或股本）	65 000.00	-65 000.00										
2. 盈余公积转增资本（或股本）												
3. 盈余公积弥补亏损												
4. 一般风险准备弥补亏损												
5. 结转重新计量设定受益计划净负债或净资产所产生的变动												
6. 其他	3 900.00				-3 900.00							
四、本年末余额	133 900.00		2 010.97	3 081.86	11 116.87	150 109.70	65 000.00	65 000.00	719.69	2 436.22	4 040.96	137 196.87

5.2 信托资产

5.2.1 信托资产负债汇总表

单位：万元

资　产	期初数	期末数	信托负债和信托权益	期初数	期末数
信托资产：			信托负债：		
货币资金	4 697.66	29 316.66	交易性金融负债	0.00	0.00
拆出资金	0.00	0.00	衍生金融负债	0.00	0.00
存出保证金	0.00	0.00	应付受托人报酬	32.05	17.03
交易性金融资产	0.00	50 795.67	应付托管费	3.56	6.16
衍生金融资产	0.00	0.00	应付受益人收益	0.00	232.86
买入返售金融资产	0.00	45 121.43	应交税费	0.00	0.00
应收款项	4.74	2.33	应付销售服务费	0.00	2.52
发放贷款	943 990.00	4 002 250.00	其他应付款项	103.45	2 747.87
可供出售金融资产	45 780.00	152 426.93	预计负债	0.00	0.00
持有至到期投资	588 207.10	939 363.54	其他负债	0.00	0.00
长期应收款	9 630.00	20 920.00	信托负债合计	139.06	3 006.44
长期股权投资	9 380.00	151 302.00	信托权益：	0.00	0.00
投资性房地产	0.00	0.00	实收信托	1 589 257.10	5 688 813.51
固定资产	0.00	0.00	资本公积	8 430.00	0.00
无形资产	0.00	0.00	外币报表折算差额	0.00	0.00
长期待摊费用	0.00	0.00	未分配利润	3 863.34	22 940.87
其他资产	0.00	323 262.26	信托权益合计	1 601 550.44	5 711 754.38
信托资产总计	1 601 689.50	5 714 760.82	信托负债及权益总计	1 601 689.50	5 714 760.82

5.2.2 信托项目利润及利润分配汇总表

单位：万元

项目	2014 年度	2013 年度
一、营业收入	330 443.33	83 164.69
利息收入	197 596.66	45 405.89
投资收益	131 091.37	37 555.37
租赁收入	2 636.99	203.43
公允价值变动损益	－1 527.15	—
汇兑损益	—	—
其他收入	645.46	—
二、营业费用	43 427.85	11 655.44
受托人报酬	18 491.04	6 722.38
托管费	7 676.13	2 622.81
投资管理费	—	—
销售服务费	30.97	—
交易费用	139.61	—
资产减值损失	—	—
其他费用	17 090.10	2 310.25
三、营业税金及附加	82.02	—
四、扣除资产损失前的信托利润	286 933.46	71 509.25
减：资产减值损失	—	—
五、扣除资产损失后的信托利润	286 933.46	71 509.25
加：期初未分配信托利润	3 863.34	501.69
六、可供分配的信托利润	290 796.80	72 010.94
减：本期已分配信托利润	267 855.93	68 147.60
七、期末未分配信托利润	22 940.87	3 863.34

6. 会计报表附注

6.1 会计报表编制基准不符合会计核算基本前提的说明

本报告期会计报表编制基准不存在不符合会计核算基本前提的事项。

6.2 重要会计政策和会计估计说明

6.2.1 计提资产减值准备的范围和方法

公司按照谨慎性原则，定期对各项资产进行减值测试，对可能发生损失的资产计提减值准备。

6.2.1.1 可供出售金融资产的减值准备

期末如果可供出售金融资产的公允价值发生较大幅度下降，或在综合考虑各种相关因素后，预期这种下降趋势属于非暂时性的，就认定其已发生减值，将原直接计入所有者权益的公允价值下降形成的累计损失一并转出，确认减值损失。

6.2.1.2 债权类资产、抵债资产减值准备

按照《中国银监会关于非银行金融机构全面推进资产质量五级分类管理的通知》（银监发［2004］4 号）有关规定，对债权类资产进行五级（正常、关注、次级、可疑、损失）分类，并计提各项减值准备。

在五级分类中，各类资产逾期时间与分类认定的关系如下：

贷款：本金或利息逾期 90 天以内，一般划分为关注类；本金或利息逾期 90 天至 180 天，一般划分为次级类；本金或利息逾期 180 天至360 天，一般划分为可疑类；本金或利息逾期 360

天以上，一般划分损失类。

同业债权：逾期，一般划分为次级类；逾期 3 个月以上，一般划分为可疑类；逾期 6 个月以上的，一般划分为损失类。交易对手为已撤销或破产的金融机构，其同业债权应至少划分为可疑类。交易对手虽未撤销或破产，但已停止经营、名存实亡，且无财产可执行的，应划分为损失类。

其他应收款：账龄为 3 个月之内，一般划分为正常类；账龄为 3 个月至 6 个月，一般划分为关注类；账龄为 6 个月至 1 年，一般划分为次级类；账龄为 1 年至 2 年的，一般划分为可疑类；账龄为 2 年以上，一般划分为损失类。

非上市债券：债券国债、政策性金融债以及未到期 3A 级企业债，一般应划分为正常类；对已到期 3A 级企业债、未到期其他企业债，一般应划分为关注类；对已到期其他企业债一般应划分为次级类。

对抵债资产的分类，以抵债资产的评估价值和变现能力为主要分类依据。能在市场上随时变现，且市场价值或评估价值不低于资产抵债时价值的抵债资产，划分为正常类或关注类；能在市场上随时变现，但市场价值或评估价值低于资产抵债时价值的抵债资产，至少划分为次级类；变现能力较差，或变现时资产减值幅度较大的抵债资产，至少划分为可疑类。

6.2.2 金融资产四分类的范围和标准

6.2.2.1 持有至到期投资

持有至到期投资，是指到期日固定、回收金额固定或可确定，且企业有明确意图和能力持有至到期的非衍生金融资产。

6.2.2.2 贷款和应收款项

贷款是指以合法方式筹集的资金自主发放的贷款，其风险自担，并收取本金和利息。公司对外提供劳务或让渡资产使用权等经营活动中形成的应收债权，以及公司持有的其他企业的不包括在活跃市场上有报价的债务工具的债权，包括应收利息、其他应收款等，以向客户应收的合同或协议价款作为初始确认金额；具有融资性质的，按其现值进行初始确认。

6.2.2.3 可供出售金融资产

可供出售金融资产，是指初始确认时即被指定为可供出售的非衍生金融资产，以及除下列各类资产以外的金融资产：(1) 贷款和应收款项；(2) 持有至到期投资；(3) 以公允价值计量且其变动计入当期损益的金融资产。

6.2.2.4 以公允价值计量且其变动计入当期损益的金融资产

以公允价值计量且其变动计入当期损益的金融资产，包括交易性金融资产和指定为以公允价值计量且其变动计入当期损益的金融资产。

6.2.3 以公允价值计量且其变动计入当期损益的金融资产核算方法

企业划分为以公允价值计量且其变动计入当期损益的金融资产的股票、债券、基金，以及不作为有效套期工具的衍生工具，应当按照取得时的公允价值作为初始确认金额，相关的交易费用在发生时计入当期损益。支付的价款中包含已宣告但尚未发放的现金股利或已到付息期但尚未领取的债券利息，应当单独确认为应收项目。

企业在持有以公允价值计量且其变动计入当期损益的金融资产期间取得的利息或现金股利，应当确认为投资收益。资产负债表日，企业应将以公允价值计量且其变动计入当期损益的金融资产或金融负债的公允价值变动计入当期损益。

处置该金融资产或金融负债时，其公允价值与初始入账金额之间的差额应确认为投资收益，同时调整公允价值变动损益。

6.2.4 可供出售金融资产核算方法

取得时按公允价值（扣除已宣告但尚未发放的现金股利或已到付息期但尚未领取的债券利息）和相关交易费用之和作为初始确认金额。

持有期间将取得的利息或现金股利确认为投资收益。期末以公允价值计量且将公允价值变动计入资本公积（其他资本公积）。

处置时，将取得的价款与该金融资产账面价值之间的差额，计入投资损益；同时，将原直接计入所有者权益的公允价值变动累计额对应处置部分的金额转出，计入投资损益。

6.2.5 持有至到期投资核算方法

取得时按公允价值（扣除已到付息期但尚未领取的债券利息）和相关交易费用之和作为初始确认金额。

持有期间按照摊余成本和实际利率计算确认利息收入，计入投资收益。实际利率在取得时确定，在该预期存续期间或适用的更短期间内保持不变。

处置时，将所取得价款与该投资账面价值之间的差额计入投资收益。

6.2.6 长期股权投资核算方法

长期股权投资在取得时按照初始投资成本入账。

公司持有被投资单位有表决权资本 20%（含 20%）以上，或虽投资不足 20% 但具有重大影响，采用权益法核算。公司持有被投资单位有表决权资本 20% 以下，或虽投资占 20%（含 20%）以上，但不具有重大影响，采用成本法核算。

采用成本法核算的单位，在被投资单位宣告分派利润或现金股利时，确认投资收益；采用权益法核算的单位，期中或年末，按应分享被投资单位实现的净利润或应分担的被投资单位发生的净亏损的份额，确认投资收益。

处置长期股权投资，其账面价值与实际取得价款之间的差额，应当计入当期损益。采用权益法核算的长期股权投资，在处置该项投资时，采用与被投资单位直接处置相关资产或负债相同的基础，按相应比例对原计入其他综合收益的部分进行会计处理。

6.2.7 投资性房地产核算方法

投资性房地产按照成本进行初始计量。与投资性房地产有关的后续支出，如果与该资产有关的经济利益很可能流入且其成本能够可靠地计量，则计入投资性房地产成本。否则，于发生时计入当期损益。

本公司采用成本模式对投资性房地产进行后续计量。投资性房地产的折旧采用年限平均法计提。

6.2.8 固定资产计价和折旧方法

6.2.8.1 固定资产的计价方法

固定资产按成本进行初始计量。其中，外购固定资产的成本包括买价、进口关税等相关税费，以及为使固定资产达到预定可使用状态前所发生的可直接归属于该资产的运输费、装卸费、安装费和专业人员服务费等其他支出。

6.2.8.2 各类固定资产的折旧方法

固定资产折旧采用年限平均法分类计提，根据固定资产类别、预计使用寿命和预计净残值率确定折旧率。

6.2.8.3　固定资产后续支出的会计处理

对固定资产使用过程中发生的更新改造支出、修理费用等，符合固定资产确认条件的，计入固定资产成本，同时将被替换部分的账面价值扣除；不符合固定资产确认条件的，计入损益。

6.2.8.4　固定资产的减值测试方法、减值准备计提方法

公司在每期末判断固定资产是否存在可能发生减值的迹象。

固定资产存在减值迹象的，估计其可收回金额。可收回金额根据固定资产的公允价值减去处置费用后的净额与固定资产预计未来现金流量的现值两者之间较高者确定。

当固定资产的可收回金额低于其账面价值的，将固定资产的账面价值减记至可收回金额，减记的金额确认为固定资产减值损失，计入当期损益，同时计提相应的固定资产减值准备。

固定资产减值损失确认后，减值固定资产的折旧在未来期间作相应调整，以使该固定资产在剩余使用寿命内，系统地分摊调整后的固定资产账面价值（扣除预计净残值）。

固定资产的减值损失一经确认，在以后会计期间不再转回。

有迹象表明一项固定资产可能发生减值的，企业以单项固定资产为基础估计其可收回金额。企业难以对单项固定资产的可收回金额进行估计的，以该固定资产所属的资产组为基础确定资产组的可收回金额。

6.2.9　无形资产计价及摊销政策

无形资产是指本公司拥有或者控制的没有实物形态的可辨认非货币性资产，包括软件。

6.2.9.1　无形资产的计价方法

（1）公司取得无形资产时按成本进行初始计量。外购无形资产的成本，包括购买价款、相关税费以及直接归属于使该项资产达到预定用途所发生的其他支出。购买无形资产的价款超过正常信用条件延期支付，实质上具有融资性质的，无形资产的成本以购买价款的现值为基础确定。

（2）后续计量。在取得无形资产时分析判断其使用寿命。

对于使用寿命有限的无形资产，在为企业带来经济利益的期限内按直线法摊销；无法预见无形资产为企业带来经济利益期限的，视为使用寿命不确定的无形资产，不予摊销。

使用寿命有限的无形资产的使用寿命估计情况：

项目	使用寿命（年）	备注
软件	5	

每期末，对使用寿命有限的无形资产的使用寿命及摊销方法进行复核，与原先估计数存在差异的，进行相应的调整。

经复核，本年期末无形资产的使用寿命及摊销方法与以前估计未有不同。

6.2.9.2　无形资产减值准备的计提

对于使用寿命确定的无形资产，如有明显减值迹象的，期末进行减值测试。对于使用寿命不确定的无形资产，每期末进行减值测试。对无形资产进行减值测试，估计其可收回金额。可收回金额根据无形资产的公允价值减去处置费用后的净额与无形资产预计未来现金流量的现值两者之间较高者确定。

当无形资产的可收回金额低于其账面价值的，将无形资产的账面价值减记至可收回金额，减记的金额确认为无形资产减值损失，计入当期损益，同时计提相应的无形资产减值准备。

无形资产减值损失确认后，减值无形资产的折耗或者摊销费用在未来期间作相应调整，以使该无形资产在剩余使用寿命内，系统地分摊调整后的无形资产账面价值（扣除预计净残值）。

无形资产的减值损失一经确认，在以后会计期间不再转回。

有迹象表明一项无形资产可能发生减值的，公司以单项无形资产为基础估计其可收回金额。公司难以对单项资产的可收回金额进行估计的，以该无形资产所属的资产组为基础确定无形资产组的可收回金额。

对由于被新技术所替代，已无使用价值和转让价值；或超过法律保护期限，已不能为企业带来经济利益的无形资产，表明可收回金额为零，全额计提减值准备。

6.2.10　收入确认原则和方法

6.2.10.1　确认让渡资产使用权收入的依据

与交易相关的经济利益很可能流入企业，收入的金额能够可靠地计量时，分别下列情况确定让渡资产使用权收入金额：

（1）利息收入金额，按照他人使用本企业货币资金的时间和实际利率计算确定。

（2）使用费收入金额，按照有关合同或协议约定的收费时间和方法计算确定。

6.2.10.2　手续费及佣金收入

手续费及佣金收入可分为信托报酬和中间业务收入。其中，信托报酬在整个信托存续期间平均分摊确认收入；合理的中间业务收入在满足下列条件时确认收入：

（1）合同规定的服务已经提供；

（2）按合同收款权利已经产生；

（3）收入的金额能够可靠的计量，相关的经济利益很可能流入企业。

6.2.11　信托报酬的确认原则和方法

信托报酬依据信托合同的相关约定确认，具体方法见6.2.10.2“手续费及佣金收入”。

6.3　或有事项

截至2014年12月31日，本公司不存在应披露未披露的或有事项。

6.4　会计报表中重要项目的明细资料

6.4.1　固有资产经营情况

6.4.1.1　信用资产五级分类情况

按照中国银监会《非银行金融机构资产风险分类指导原则（试行）》的分类标准，本年度末公司固有资产质量情况是：

信用风险资产五级分类	正常类（万元）	关注类（万元）	次级类（万元）	可疑类（万元）	损失类（万元）	信用风险资产合计（万元）	不良信用风险资产合计（万元）	不良信用风险资产率（%）
期初数	125 860.08	—	—	—	—	125 860.08	—	—
期末数	145 180.73	—	—	—	—	145 180.73	—	—

注：不良资产合计＝次级类＋可以类＋损失类。

6.4.1.2　资产损失准备情况

本年度根据中国银监会颁布的《信托公司管理办法》，按净利润5%提取信托赔偿准备金645.64万元。一般风险准备年末余额3 081.86万元。

6.4.1.3　固有股票投资、基金投资、债券投资、长期股权投资等投资情况

单位：万元

项目	股票	基金	债券	长期股权投资	其他投资	合计
期初数	—	—	—	—	125 840.00	125 840.00
期末数	—	—	—	—	144 990.00	144 990.00

6.4.1.4　固有长期股权投资的前三名

无。

6.4.1.5　固有贷款前三名

无。

6.4.1.6　表外业务的期初数、期末数

无。

6.4.1.7　公司当年的收入结构

收入结构	金额(万元)	占比(%)
手续费及佣金收入	18 569.68	58.76
其中：信托手续费收入	18 569.68	58.76
投资银行业务收入	—	—
利息收入	402.91	1.28
其他业务收入	927.84	2.94
其中：计入信托业务收入部分	—	—
投资收益	11 513.57	36.43
其中：股权投资收益	—	—
证券投资收益	—	—
其他投资收益	11 513.57	36.43
公允价值变动收益	—	—
营业外收入	186.75	0.59
收入合计	31 600.75	100.00

6.4.2　信托资产管理情况

信托资产的管理情况

单位：万元

信托资产	期初数	期末数
集合	449 090.79	1 703 804.08
单一	880 997.07	3 427 522.17
财产权	271 601.64	583 434.57
合计	1 601 689.50	5 714 760.82

主动管理型信托业务情况

单位：万元

主动管理型信托资产	期初数	期末数
证券投资类	18 430.00	14 741.75
股权投资类	—	33 331.45
融资类	1 566 080.82	2 838 059.12
事务管理类	16 828.68	157 291.97
合计	1 601 339.50	3 043 424.29

被动管理型信托业务情况

单位：万元

被动管理型信托资产	期初数	期末数
证券投资类	—	—
股权投资类	—	—
融资类	—	466 093.15
事务管理类	350.00	2 205 243.38
合计	350.00	2 671 336.53

6.4.2.1　本年度已清算结束的信托项目个数、实收信托集合金额、加权平均实际年化收益率

(1)本年度已清算结束的集合类、单一类资金信托项目和财产管理类信托项目个数、金额、加权平均实际年化收益率

已清算结束信托项目	项目个数(个)	实收信托合计金额(万元)	加权平均实际年化收益率(%)
集合类	18	378 800.00	11.78
单一类	41	526 500.00	7.37
财产类	2	16 000.00	6.78

(2)本年度已清算结束的主动管理型信托项目个数、合计金额、加权平均实际年化收益率

已清算结束信托项目	项目个数(个)	实收信托合计金额(万元)	加权平均实际年化信托报酬率(%)
证券投资类	—	—	—
股权投资类	—	—	—
融资类	56	869 800.00	8.14
事务管理类	—	—	—

(3)本年度已清算结束的被动管理型信托项目个数、合计金额、加权平均实际年化收益率

已清算结束信托项目	项目个数(个)	实收信托合计金额(万元)	加权平均实际年化信托报酬率(%)
证券投资类类	—	—	—
股权投资类	—	—	—
融资类	1	10 000.00	5.34
事务管理类	4	41 500.00	26.82

6.4.2.2　本年度新增的集合类、单一类和财产管理类信托项目个数、合计金额

新增信托项目	项目个数(个)	实收信托合计金额(万元)
集合类	73	1 598 099.30
单一类	269	3 133 174.12
财产管理类	12	350 224.47
新增合计	354	5 081 497.89
其中：主动管理型	102	2 256 767.22
被动管理型	252	2 824 730.67

6.4.2.3　信托资产损失情况

公司严格遵守信托业"一法两规"及其他相关规定，按照信托文件处理相关事务，诚实、信用、谨慎、有效管理，维护受益人

的最大利益。

公司将信托财产与固有财产分别管理、分别记账，不同的信托产品分别开户、分别管理、单独核算。根据信托文件的规定，及时向委托人、受益人履行信息披露义务。按照《信托法》的要求，妥善保管处理信托事务的完整记录、原始凭证及资料，对委托人、受益人以及处理信托事务的情况和资料依法严格保密。

报告期内，公司管理的信托计划（项目）运行正常，未出现因本公司自身责任而导致信托资产损失的情况。

6.5 关联方关系及其交易的披露

6.5.1 关联交易方的数量、关联交易的总金额及关联交易的定价政策

	关联交易方数量	关联交易金额（万元）	定价政策
合计	3	15 227.69	本公司2014年度发生的关联方交易均根据一般正常的交易条件进行，并以市场价格作为定价依据

6.5.2 关联交易方与本公司的关系性质、关联交易方的名称、法定代表人、注册地址、注册资本及主营业务

关联交易方与本公司的关系情况

母公司名称	注册地	业务性质	注册资本（万元）	母公司对本企业的持股比例（%）	母公司对本企业的表决权比例（%）
中国万向控股有限公司	上海	有限责任公司	120 000	76.50	76.50

本公司的最终控制方为中国万向控股有限公司，报告期内未发生变化。

其他关联交易方情况

关联方名称	注册地	业务性质	注册资本（万元）	与本公司的关系
浙江工信投资股份有限公司	杭州	股份有限公司	14 598.26	受同一母公司控制
通联数据股份公司	上海	股份有限公司	30 000.00	受同一母公司控制

6.5.3 公司与关联方的重大交易事项

6.5.3.1 固有财产与关联方：贷款、投资、租赁、应收账款、担保、其他方式等期初汇总数、本期发生额汇总数、期末汇总数

单位：万元

固有与关联方关联交易				
	期初数	借方发生额	贷方发生额	期末数
贷款	—	—	—	—
投资	—	—	9 000.00	9 000.00
租赁	775.00	—	320.00	455.00
担保	—	—	—	—
应收账款	—	—	—	—
其他	—	—	—	—
合计	775.00	—	9 320.00	9 455.00

6.5.3.2 信托资产与关联方：贷款、投资、租赁、应收账款、担保、其他方式等期初汇总数、本期发生额汇总数、期末汇总数

单位：万元

信托与关联方关联交易				
	期初数	借方发生额	贷方发生额	期末数
贷款	—	—	—	—
投资	15 400.00	1 007.69	4 900.00	11 507.69
租赁	—	—	—	—
担保	—	—	—	—
应收账款	—	—	—	—
其他	—	—	—	—
合计	15 400.00	1 007.69	4 900.00	11 507.69

6.5.3.3 固有财产和信托财产之间的交易情况、信托资产与信托财产之间的交易情况

6.5.3.3.1 固有财产和信托财产之间的交易金额期初汇总数、本期发生额汇总数、期末汇总数

单位：万元

固有财产与信托财产相互交易			
	期初数	本期发生额	期末数
合计	117 840.00	17 910.00	135 750.00

6.5.3.3.2 信托项目之间的交易金额起初汇总数、本期发生额汇总数、期末汇总数

单位：万元

信托项目之间的关联交易			
	期初数	本期发生额	期末数
合计	1 300.00	30 710.00	32 010.00

6.5.4 关联方逾期未偿还本公司资金的详细情况以及本公司为关联方担保发生或即将发生垫款的情况

无。

7. 财务情况说明书

7.1 利润实现和分配情况

本年度实现净利润12 912.83万元。根据《信托公司管理办法》、《公司章程》、《金融企业财务规则——实施指南》及其他相关规定，2014年度实施了以下利润分配事项：

根据公司章程，按本年度实现净利润的10%提取法定盈余公积1 291.28万元。

根据中国银监会颁布的《信托公司管理办法》，按净利润5%提取信托赔偿准备金645.64万元。

经股东会决议通过，并经中国银监会浙江监管局《关于万向信托有限公司变更注册资本的批复》（浙银监复[2014]395号），未分配利润转增资本3 900.00万元。

期末可供分配的利润为11 116.87万元。

7.2 主要财务指标

指标名称	指标值
资本利润率(%)	8.99
人均净利润(万元)	110.37

注:1. 资本利润率=净利润/所有者权益平均余额×100%。
2. 人均净利润=净利润/年平均人数。
3. 年平均人数采取累计平均法计算,年平均人数=(年初人数+年末人数)/2。

7.3 对本公司财务状况、经营成果有重大影响的其他事项

无。

8. 特别事项揭示

8.1 股东报告期内变动情况及原因

报告期内,根据中国银监会浙江监管局《关于万向信托有限公司股权变更及修改章程的批复》,公司原股东浙江省财务开发公司变更为浙江省金融控股有限公司。

8.2 董事、监事及高级管理人员变动情况及原因

报告期内,经公司第一届董事会第五次会议及2013年度股东会审议通过,并报经浙江银监局核准,李军先生辞任公司董事。

报告期内,经公司第一届董事会第五次会议审议通过,并报经浙江银监局核准,刘鹏先生增补为公司董事。

报告期内,经公司第一届董事会第五次会议审议通过,并报经浙江银监局核准,聘任王永刚先生为公司执行副总裁,聘任斯伟波先生为公司总裁助理。

8.3 变更注册资本、变更注册地或公司名称、公司分立合并事项

报告期内,根据中国银监会浙江监管局《关于万向信托有限公司变更注册资本的批复》,注册资本由65 000万元变更为133 900万元,股东持股比例不变。

8.4 公司的重大未决诉讼事项

报告期内公司无重大未决诉讼事项。

8.5 公司及其董事、监事和高级管理人员受到处罚情况

报告期内无上述处罚情况。

8.6 对银监会提出的整改意见简要说明整改情况

报告期内,根据浙江银监局非银外资处提出的现场检查意见,公司制订专项整改计划并已完成整改。

8.7 重大事项临时报告情况

报告期内无重大事项临时报告情况。

8.8 其他有必要让客户及相关利益人了解的重要信息

(1)报告期内,在《证券时报》主办的"2014中国信托业峰会暨第七届中国优秀信托公司颁奖典礼"上,荣获中国最具成长性信托公司、年度最具创新信托计划奖项。

(2)报告期内,在《都市快报》主办的2014中国(杭州)金融产品创新大会上,荣获"最佳信托服务奖"奖项。

9. 公司监事会意见

公司监事会对《万向信托有限责任公司2014年年度报告》和关联交易进行了审议,并提出如下独立意见:

(1)公司2014年度报告的编制和审议程序符合法律、法规、公司章程和公司内部制度的各项规定。

(2)公司2014年度报告的内容与格式符合监管部门的要求和规定,所包含的信息从各方面真实地反映出公司2014年的经营管理和财务状况等事项。

(3)没有发生参与年度报告编制和审议的人员有违反保密规定的行为。

(4)大华会计师事务所有限公司对本公司出具的《万向信托有限责任公司审计报告及财务报表(2014年1月1日至2014年12月31日止)》是独立、公正的。

(5)报告期内,公司关联交易的程序合法,未发生损害公司、股东、委托人利益的行为。

五矿国际信托有限公司

1. 重要提示

1.1 本公司董事会及董事保证本报告所载资料不存在任何虚假记载、误导性陈述或者重大遗漏，并对其内容的真实性、准确性、完整性承担个别及连带责任。

1.2 本公司独立董事对年度报告内容的真实性、准确性、完整性无异议。

1.3 本公司董事长任珠峰先生、总经理徐兵先生、主管会计工作的财务总监蔡琦女士声明：保证本年度报告中财务报告的真实、准确、完整。

2. 公司概况

2.1 公司简介

五矿国际信托有限公司于2010年10月8日，经中国银监会批准，在原庆泰信托投资有限责任公司完成司法重整的基础上变更设立，注册地在青海省西宁市，注册资本12亿元。2013年11月，经中国银监会批准（银监复[2013]576号），公司注册资本增加至20亿元，引入新的股东并相应调整股权结构。

公司成立四年多以来，不断完善公司治理结构，搭建合理的管理流程，建立起较为完善的风险管理体系，各项业务取得了较快的发展。截至2014年末，公司净资产48.69亿元，受托管理的信托资产余额为2 664.07亿元。

2.1.1 基本信息

法定中文名称	五矿国际信托有限公司
中文名称缩写	五矿信托
法定英文名称	Minmetals International Trust Co., Ltd.
法定代表人	任珠峰
注册地址	青海省生物科技产业园纬二路18号
邮政编码	810003
互联网地址	http://www.mintrust.com
电子邮箱	Mintrust-fortune@mintrust.com
聘请的会计师事务所	天健会计师事务所
办公地址	北京市中关村南大街甲18号 北京国际大厦B座17层

2.1.2 信息披露事务

选定的信息披露报纸	《金融时报》
信息披露负责人	蔡琦
信息披露联系人	耿一然
办公电话	010-59837988
办公传真	010-59837987
电子邮箱	gengyr@mintrust.com
年报备置地点	青海省生物科技产业园纬二路18号

2.2 组织结构

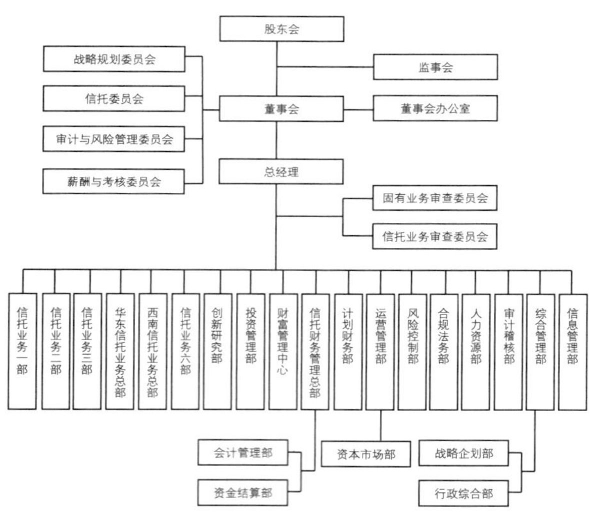

3. 公司治理

3.1 公司治理结构

3.1.1 股东

截至报告期末，公司股东总数为4家。

股东及出资情况如下表：

股东名称	持股比例(%)	法定代表人	注册资本(万元)	注册地址	主要经营业务及主要财务情况
五矿资本控股有限公司	66.00	任珠峰	920 900	北京市海淀区三里河路5号	实业、高新技术产业、房地产项目的投资，资产受托管理，高新技术开发，投资策划，企业经营管理咨询，投资及投资管理，投资咨询、顾问服务。2014年末净资产为133.57亿元。

续表

股东名称	持股比例(%)	法定代表人	注册资本(万元)	注册地址	主要经营业务及主要财务情况
青海省国有资产投资管理有限公司	30.98	姚洪仲	400 000	青海省西宁市城北区生物园区纬二路18号	对特色经济和优势产业、金融业进行投资,受托管理和经营国有资产,构建企业融资平台和信用担保体系,发起和设立科技风险投资基金,提供相关管理和投资咨询理财服务,经营矿产品、金属及金属材料、建设材料、化肥、化工产品(不含危险化学品)、铁合金炉料经销、房屋土地租赁、经济咨询服务、实业投资及开发,矿产品开发(不含勘探开采)、销售。
西宁城市投资管理有限公司	2.96	林博	100 000	青海省西宁经济技术开发区金桥路36号	授权资产经营管理,项目经营开发管理与投融资,提供担保,开发高新技术项目,土地储备及综合开发,房地产开发经营,租赁,经批准的其他业务。2014年末净资产为228.82亿元。
青海华鼎实业股份有限公司	0.06	于世光	23 685	青海省西宁市市七一路318号	高科技机械产品开发、制造、数控机床、加工中心专用机械设备等制造、销售,经批准的其他业务。2014年末净资产为8.26亿元。

3.1.2 董事、董事会及其下属委员会

董事会成员

姓　名	职　务	性别	出生年月	所推举的股东名称	该股东持股比例(%)	简　要　履　历
任珠峰	董事长	男	1970年9月	五矿资本控股有限公司	66.0	中央财经大学博士研究生学历,五矿资本控股有限公司总经理。
王晓东	董事	男	1962年12月	五矿资本控股有限公司	66.0	中国人民大学硕士研究生学历,五矿资本控股有限公司副总经理。
冯　鹏	董事	男	1972年5月	青海省国有资产投资管理有限公司	30.96	青海大学会计专业本科学历,青海省国有资产投资管理有限公司财务部长。
周海春	董事	男	1968年9月	西宁城市投资管理有限公司	2.98	中央党校青海函授学院政法专业本科学历,西宁城市投资管理有限公司党委副书记、纪委书记、工会主席。
黄益平	董事	男	1964年3月	独立董事	—	澳大利亚国立大学博士,现任北大国家发展研究院副院长,教授。
陈方正	董事	男	1946年10月	独立董事	—	合肥工业大学本科学历,同济大学金融学教授、博士生导师、社会保障研究所所长,仪征化纤股份有限公司、鞍钢股份有限公司独立董事。
徐　兵	董事	男	1973年8月	职工董事	—	中南大学博士研究生学历,五矿资本控股有限公司副总经理,本公司总经理。

董事会下属委员会

名　称	职　责
战略规划委员会	主要负责对公司长期发展战略和重大投资决策进行研究并提出建议。
信托委员会	主要负责督促公司依法履行受托职责,保证公司为受益人的最大利益服务。
审计与风险管理委员会	主要负责拟定公司风险管理政策和重大风险管理解决方案,督促公司各项业务的合规、合法运作,以防范和控制业务风险。
薪酬与考核委员会	主要负责拟定公司的薪酬及绩效考核方案,对公司高级管理人员进行考核,研究公司董事、总经理人选的选择标准和程序并提出建议。

3.1.3 监事、监事会

姓　名	职　务	性别	出生年月	所推举股东名称	该股东持股比例(%)	简　要　履　历
薛　颖	监事会主席	女	1966年10月	青海省国有资产投资管理有限公司	30.98	中央党校函授学院青海分院经济管理专业,本公司党委书记。
刘　雁	监事	女	1973年7月	五矿资本控股有限公司	66.0	北京工商大学本科学历,五矿资本控股有限公司财务部总经理。
周敏	监事	女	1980年3月	职工监事	—	安徽财经大学硕士研究生学历,本公司合规法务部总经理。

3.1.4 高级管理人员

姓　名	职　务	性别	出生年月	任职日期	金融从业年限(年)	学历	专业	简　要　履　历
徐　兵	总经理	男	1973年8月	2013年9月	9	博士	管理科学与工程	中南大学博士研究生学历,五矿资本控股有限公司副总经理,本公司总经理。
何其联	副总经理	男	1971年10月	2013年9月	20	本科	金融	曾任海航集团财务有限公司总经理。
蔡　琦	财务总监	女	1973年1月	2013年10月	14	本科	会计学	曾任中国外贸金融租赁公司财务部经理。
孟　元	副总经理	男	1978年12月	2013年9月	12	硕士	经济学	曾任中信信托有限责任公司部门负责人。
杨　巍	副总经理	女	1978年12月	2013年9月	7	大专	工艺美术装潢设计	曾任北京国影基金管理有限公司副总经理。
孙卓立	副总经理	女	1975年4月	2014年3月	11	硕士	会计	曾任中国对外经济贸易信托有限公司部门总经理、民生信托风险管理总部总裁。

3.1.5 公司员工

截至 2014 年 12 月 31 日，公司共有在册职工 295 人。

项目		报告期年度	
		人数（人）	比例（%）
年龄分布	25 岁以下	16	5.4
	25～29 岁	128	43.4
	30～39 岁	126	42.7
	40 岁以上	25	8.5
学历分布	博士	2	0.6
	硕士	117	39.7
	本科	161	54.6
	专科及其他	15	5.1
岗位分布	董事、监事及其高管人员	7	2.4
	业务人员	186	63.1
	其他人员	102	34.5

3.2 公司治理信息

3.2.1 2014 年内召开股东会情况

报告期内，公司共召开 6 次股东会。

2014 年 3 月 20 日，召开股东会 2014 年第一次会议，选举黄益平同志担任公司第二届董事会独立董事，选举刘雁同志担任公司第二届监事会监事。

2014 年 3 月 21 日，召开股东会 2014 年第二次会议，审议通过公司 2013 年度董事会工作报告、总经理工作报告、监事会工作报告、独立董事履职报告、2013 年度财务决算及 2014 年预算方案、2013 年度利润调整方案、公司股权调整方案、2013 年度受益人利益实现情况、2013 年度监管部门对公司的监管意见及公司执行整改情况。

2014 年 6 月 23 日，召开股东会 2014 年第三次会议，审议通过建立流动性支持和资本补充机制、制订恢复与处置计划等议案。

2014 年 9 月 12 日，召开股东会 2014 年第四次会议，审议通过公司 2014 年度上半年总经理工作报告、2014 年度中期财务报告及预算调整方案、2014 年度风险项目处置计划等议案。

2014 年 10 月 8 日，召开股东会 2014 年第五次会议，审议通过修改公司章程的议案。

2014 年 11 月 23 日，召开股东会 2014 年第六次会议，审议通过公司参股设立中国信托业保障基金有限责任公司的议案。

3.2.2 董事会及下属委员会履职情况

3.2.2.1 董事会及下属委员会履职情况

在报告期内，公司进一步完善了法人治理结构，运行有效、制衡有效、激励有效的公司治理机制逐步形成，保证公司经营管理各项工作顺利进行。

公司独立董事马忠智因个人原因不再担任独立董事，股东会选举黄益平担任独立董事，信托委员会和薪酬与考核委员会组成人员作出了相应调整。

董事会严格按照《公司法》、《信托公司治理指引》等有关法律法规和公司章程的要求，认真执行股东会的各项决议，有效履行各项职责，制定公司年度经营目标和计划，促进公司内部控制、风险管理、合规管理、人力资源等方面工作不断提升。

董事会下属四个专业委员会的履职能力进一步增强，在公司战略规划、履行受托责任、考核与激励、内部控制等方面发挥了积极的作用。

3.2.2.2 董事会召开会议情况

报告期内，董事会召开 4 次会议。

2014 年 3 月 20 日，召开第二届董事会第三次会议，审议通过 2013 年度公司董事会工作报告、总经理工作报告、独立董事履职报告等议案。

2014 年 6 月 23 日，召开第二届董事会第四次会议，审议通过建立流动性支持和资本补充机制、制订恢复与处置计划等议案。

2014 年 9 月 12 日，召开第二届董事会第五次会议，审议通过公司 2014 年度上半年总经理工作报告、2014 年度中期财务报告及预算调整方案、2014 年度风险项目处置计划等议案。

2014 年 11 月 23 日，召开第二届董事会第六次会议，审议通过公司参股设立中国信托业保障基金有限责任公司的议案。

3.2.3 监事会履行职责情况

报告期内，监事会召开 2 次会议。

2014 年 3 月 20 日，召开第二届监事会第二次会议，审议通过公司 2013 年度监事会工作报告、2013 年度财务决算及 2014 年预算方案、2013 年度合规与风险管理报告、2013 年度内部审计工作报告等议案。

2014 年 9 月 12 日，召开第二届监事会第三次会议，审议通过公司 2014 年度上半年监事会工作报告，2014 年度中期财务报告及预算调整方案，2014 年度上半年合规与风险管理报告、2014 年度上半年内部审计工作报告。

公司监事列席了公司股东会、董事会以及公司经营管理例会等重要会议，充分行使知情权，全面掌握和了解董事会执行股东会决议、公司高级管理人员执行董事会决议以及在权限范围内开展经营管理的相关情况，有效开展监督和检查工作。

4. 经营管理

4.1 经营目标、方针、战略规划

4.1.1 经营目标

公司致力成为信托市场上综合服务的领导者和基业长青的最佳典范，实现业务能力综合领先、客户关系稳定互信、风险管控全面完善、人才队伍成熟专业、组织体系科学合理、经营业绩持续增长的目标。

4.1.2 经营方针

公司坚持“诚、明、慎、实”的经营方针。

诚：公司始终坚持至诚至信的服务理念，赢取客户的长久信任和托付。

明：公司利用信托制度的灵活性，以充满智慧、创造性的方式开展信托业务，为客户不断积累财富和创造价值。

慎：公司始终秉持谨慎、尽职、勤勉的理念处理信托事务，将防范风险和控制风险作为开展各项业务的基本要求，以保证委托人利益的最大化。

实：公司一方面保持兢兢业业、脚踏实地、稳健可靠的工作作风和态度，为客户提供优质的金融服务；另一方面，始终注重协调金融与实体经济的关系，通过发展信托业务来服务实体经济，为实体经济的发展作出贡献。

4.1.3 战略规划

公司充分发挥股东的品牌影响力，依托青海省的资源优势，坚持构建风险管理能力、资产管理能力和客户服务能力三大企业核心竞争力，以前瞻性的战略管理体系、高效性的组织管理体系、激励性的人力资源管理体系、稳健性的风险管理体系为保障，做大做强现有信托业务和自营业务，积极协同股东资源，加快发展产业投资基金，加大资源投入，培育做实财富管理业务和创新型信托业务，保持市场敏锐度，择机发展其他相关新业务。同时，充分发挥股东资源和品牌的优势，吸纳专业人才，合理扩大业务规模以赢取市场竞争优势，有效进行产业链延伸以汇聚上下游客户资源，不断进行业务创新以获得可持续的利润来源，矢志成为信托市场上综合服务的领导者和基业长青的最佳典范。

4.2 经营业务的主要内容

4.2.1 信托业务

信托资产运用与分布表

资产运用	金额（万元）	占比（%）	资产分布	金额（万元）	占比（%）
货币资金	602 046.84	2.26	基础产业	8 599 585.45	32.28
贷款	9 964 768.62	37.40	房地产	2 536 830.80	9.52
交易性金融资产投资	1 508 187.35	5.66	证券市场	1 531 120.92	5.75
可供出售金融资产投资	11 796 377.65	44.29	工商企业	6 480 818.32	24.33
持有至到期投资	—	0.00	金融机构	—	0.00
长期股权投资	2 254 922.06	8.46	其他	7 492 356.55	28.12
其他	514 409.53	1.93			
信托资产总计	26 640 712.05	100.00	信托资产总计	26 640 712.05	100

4.2.2 固有业务

固有资产运用与分布表

资产运用	金额（万元）	占比（%）	资产运用	金额（万元）	占比（%）
货币资产	326 941.94	62.65	基础产业		
贷款及应收款	63 905.05	12.24	房地产		
以公允价值计量且其变动计入当期损益的金融资产	12 189.92	2.34	证券市场	125 287.79	24.01
可供出售金融资产	113 097.87	21.67	实业	3 000.00	0.57
持有至到期投资			金融机构	326 941.94	62.65
其他	5 758.20	1.10	其他	66 663.25	12.77
资产总计	521 892.98	100	资产总计	521 892.98	100

4.3 市场分析

4.3.1 有利因素

（1）2014年，处于新常态下的中国经济发展总体平稳，稳中有进，经济结构进一步优化调整，消费对经济增长的贡献达到51.2%。，服务业增加值比重达到48.2%. 新兴产业和新的商业模式方兴未艾，要素驱动和投资驱动的经济发展模式逐步向创新驱动转变。

（2）信托业资产管理规模保持稳定增长。2014年末，行业管理资产规模达到13.98万亿元，尽管增幅有所回落，但规模再创历史新高。信托业的业务结构继续优化，整体风险可控。2014年全行业的实收资本达1 386.52亿元，同比增长24.2%，有效增强了风险抵御能力。行业稳定机制的建立，特别是中国信托业保障基金有限责任公司的成立，有助于防范信托业的系统性风险。

（3）社会财富的增长和居民资产结构的调整，进一步促进财富管理市场的扩容和繁荣。中国经济30多年的高速发展创造了可观的社会财富，中国金融市场的蓬勃发展为私人实现财富保值增值提供了难得的机遇。我国居民总财富超过120万亿元，其中储蓄和房地产所占比重较大。以储蓄和房地产为主的居民资产结构必然向多元化、分散化的趋势发展，这给包括信托公司在内的众多财富管理机构带来巨大机会。

（4）公司在2014年调整了内部组织结构，进一步提升研究能力和创新能力，以适应市场快速变化的需求。公司的尽职调查水平和风险防范能力、项目中后期管理水平、信息化水平不断提高，人才结构更趋合理，为公司实现三年发展目标奠定了基础。

4.3.2 不利因素

（1）世界经济处于深度调整之中，复苏动力不足，中国经济增速放缓的压力持续增大，以投资和出口为主要驱动力的经济发展方式不可持续，诸多深层次的结构性问题凸显出来。部分行业产能严重过剩，实体经济的投资回报率下降，地方债务规模增长较快。

（2）曾经支撑信托业快速发展的私募融资业务增长趋缓，部分传统业务的发展受到限制，而信托业新的业务模式和盈利模式仍在探索和培育之中，信托公司平均年化综合信托报酬率呈现持续下降的势头。PPP、消费信托、土地信托、家族信托等新业务模式对信托公司业务规模和收入的贡献还有待观察。

（3）从发达国家的经验来看，利率市场化的初期都会出现存贷款利率上升的趋势。中国正处于利率市场化和互联网金融快速发展的双重作用之下，更加快了资金供求关系的变化和投资者资产管理理念的更新。信托公司在财富管理、投资业务等领域内面临与商业银行、互联网金融机构的直接竞争，业务成本会进一步提高。

4.4 内部控制

4.4.1 内部控制环境和内部控制文化

公司积极致力于内部控制管理体系的建设和完善，以保证公司经营管理合法合规、资产安全、财务报告及相关信息真实完整，从而提高公司的经营效率和效果，维护公司的信誉和形象，促进公司战略发展目标的实现。

公司根据《公司法》、《信托法》、《信托公司治理指引》等法律法规和公司章程的要求，搭建了股东会、董事会、监事会和高级管理层为主体的治理结构。股东会、董事会及下属各专业委员会、监事会依法履行职责，专业运作，科学决策，高级管理层在授权范围内依法合规开展经营，控制风险，提升经营效率。"三会一层"分工协作、各司其职，为公司实现内控目标打下良好基础。

董事会承担内部控制的最高责任和最高决策职能；董事会下设的相关专业委员会与监事会共同充分发挥监督职能，及时识别、分析经营活动中与实现内部控制目标相关的风险，制订风险应对策略；经营层面设立固有业务审查委员会和信托业务审查委员会，对重要业务事项进行审批；公司设有审计稽核部、风险控制部、合规法务部、运营管理部，在内审、风控、合规审核、项目运营管理等方面承担相应职能；业务部门内部建立了相应的授权、检查和问责制度，确保业务人员在权责范围内执行管理层下达的指令并定期反馈。

公司高度重视内控文化的建设，着力推广"全员参与内控、全流程涉及内控"的理念，培养各层级员工对内控的认知和参与。公司在2014年开展了尽职调查、风险管理、法律法规等与内控相关的培训近20次。

4.4.2 内部控制措施

公司董事会负责内部控制体系的健全、完善和有效运作，下设审计与风险管理委员会，制定内控政策并监督政策实施，定期审查公司风险管理、合规管理和内部审计等各项报告，就完善内部控制向董事会提出建议。

报告期间，公司通过优化决策机制、调整组织架构、加强制度建设和流程管理等多种方式，着力提升内控的有效性和合理性，使内部控制的相关要求在各业务环节中更易辨识和落实。

公司加强内部控制机制建设，建立系统化的公司制度体系，强化层级授权体系，明确各部门、各岗位的职责和权限。在风险控制、合规法务及运营管理三个中台部门的部门职责和分工基本厘定的基础上，公司进一步推进三个部门的协同和配合，强化各部门在业务链条上相应节点上的管控能力，从而更有效地开展事前识别和防范、事中控制和化解、事后检查和纠正。

公司不断健全基本业务和管理制度，细化业务管理办法和操作流程，并根据业务发展需要及时升级信息系统。在管理结构上，实行前中后台职责分离，对固有业务和信托业务进行严格的分离和岗位设置；在管理流程上，实行尽职调查、制定方案、专业审核、严格审批、过程管理、风险监控，使公司业务运行的每一个过程和环节均有章可循。

公司积极推进公司内控缺陷整改工作，定期对内控评价工作发现的内控缺陷，逐个确认相关风险点并制定相应的整改措施，并对缺陷整改情况进行自评价和监督评价，通过公司内控标准的修订和完善，持续推进风险管理、内部控制基础工作的健全完善。

通过上述措施，公司的内部控制体系真正嵌入到业务核心流程，风险控制、审计监督、运营管理等更加立体、全面地作用于业务各环节，逐步形成了全过程的风险管控体系，保障了项目安全稳定运行。

4.4.3 信息交流和反馈

报告期内，公司不断完善信息交流、沟通和反馈的方法和机制，对内做到信息有序顺畅的交流和传递，对外及时准确地披露信息。

公司定期召开股东会、董事会、监事会，以定期报告的形式把公司经营管理信息传递给股东、董事和监事，并邀请监管部门参加会议。公司定期召开经营例会、业务人员会议、项目评审会议，各管理部门和业务部门将经营管理动态报告给高级管理层。

公司加大信息系统建设方面的投入，不断完善OA系统以及移动办公平台的功能，通过移动办公的普及应用进一步提升公司业务运营的效率。

根据监管机构的要求，公司定期向监管机构报送财务报表、统计报表、年度财务报告等信息，充分、完整、及时地反映公司经营管理状况，及时就内外部审计、风险管理、媒体报道等情况与监管机构沟通。

公司根据《信托公司信息披露管理办法》的要求，设有专门部门负责信息披露，及时、准确、完整地向监管机构、客户、中介机构等利益相关者披露信息。公司在公司网站以及《金融时报》等媒体上及时发布公司年报、披露重大事项；公司在网站及时向客户披露信托资产管理状况等信息，并通过400电话系统、电子邮件等方式加强与客户的交流。

4.4.4 监督评价与纠正机制

报告期内，公司进一步完善对业务的监督评价机制、对员工的考核激励机制，对经营活动开展全方位、持续性的审计监督，并突出了审计监督后的纠正和奖惩。

公司董事会下设审计与风险管理委员会，定期审查内部审计报告、合规报告、风控报告，定期向董事会报告相关工作情况，并通报高级管理层和监事会，根据报告中指出的问题提出针对性的整改意见，交由高级管理层布置落实。董事会下设的薪酬与考核委员会对高级管理层进行年度考核评价，并出具绩效评价报告，提出改进意见。

审计稽核部是公司的内部审计部门，评价内部控制制度的完整性和合理性以及内部控制制度执行的有效性，监督并促进内控体系的有效运转，保证公司治理目标的实现。审计稽核部以风险为导向，强化公司风险管理，开展项目审计和专项审计工作，其中项目审计覆盖到项目成立之初、存续期间以及清算期。审计稽核部定期向董事会审计与风险管理委员会和高级管理层主要负责人报告审计工作情况。

为督促业务团队整改落实审计意见、强化审计的效力和权威，公司建立了审计整改问责制度，对整改到位和不到位的部门进行公开表扬或批评。整改问责制度的确立保证了内控要求得到落实和执行，增进了业务人员开展业务中对内控重要性的认识，大大提升了公司的内控水平。

公司对监管机构现场检查和非现场检查提出的监管意见高度重视，迅速落实整改，整改完成之后及时向监管机构汇报整改情况。

4.5 风险管理

4.5.1 风险管理概况

报告期内，公司进一步坚持严控风险、稳健经营的方针，持续完善风控政策，积极推进主营业务准入标准的建立和完善，并针对市场和政策变化及时应变调整，提高风险预测、预警和处置能力。

4.5.1.1　优化业务流程，提升风险管理精细化水平

公司通过加强风险控制部、合规法务部、运营管理部等中台部门的协同和配合，强化各自在业务节点上的管理能力，有效提升了风险管理的精细化水平。

风险控制部在做好日常项目审查的同时，及时从专项事务管理和业务操作等方面查漏补缺，制定出台相应管理办法和操作指引，提高信托业务操作实施的规范性。风险控制部积极推进主营业务风控指引及交易对手准入标准的建立和完善，对房地产、政信合作及结构化证券信托等业务严格执行准入标准和条件，并对评估机构管理办法等进行了及时修订。通过持续优化业务操作流程，完善、细化具体业务操作指引，推进精细化管理。合规法务部通过完善合规评审流程、加大法律研究力度，加强对律师库的管理和案例库的建设工作，提供高质量的法律服务支持，有效降低公司合规风险。运营管理部强化对项目的过程管理，在项目放款审核、落实放款后的关键风控措施等方面进一步提高专业性。

4.5.1.2　梳理风控流程，覆盖项目前中后各阶段

公司着力完善事前、事中和事后“三位一体”的风险防控流程，保障相关部门在相应环节的责任和权力，确保风险防控细化到项目的各阶段。公司修订了《信政合作业务操作指引》、《证券投资信托项目操作指引》，通过对业务操作标准的适度调整，有效引导业务团队开展业务。运营管理部加强对存续信托项目的过程管理，组织核查存续项目增信措施的落实情况，确认公司抵质押权利状况，强化了项目运行中重要风险因素的监控与管理。公司要求对四个月内到期的及管理强度要求高的主动管理型信托项目，按月进行风险排查、质询并报告；一个月内到期及重点关注项目实行周报制度，每周汇报工作进展，以保证及时发现并解决问题。

4.5.2　风险状况

4.5.2.1　信用风险状况

信用风险是公司面临的主要风险之一，主要指交易对手因履约意愿或履约能力发生变化导致信托财产或公司财产遭受损失的风险，主要表现为在贷款、资产回购、后续资金安排、担保、履约承诺等交易过程中，借款人、担保人、保管人等交易对手不履行承诺，不能或者不愿履行合约承诺而使信托财产和固有财产遭受损失。

报告期内，公司严格履行受托人尽职管理职责，针对因经济增速放缓而出现的个别交易对手违约事件，公司积极采取多项措施化解风险，及时进行信息披露，必要时采取法律手段予以解决，最大限度地保护受托人合法权益，公司总体信用风险基本可控。

公司按照银监会《关于非银行金融机构全面推行资产质量五级分类管理的通知》和《非银行金融机构资产风险分类指导原则(试行)》，实行资产五级分类制度。报告期末，公司账面资产余额合计约为52.19亿元，不良资产余额37 421.43万元，其中次级类资产37 385.63万元，损失类资产35.80万元，不良贷款率为1.18%，各项资产减值损失准备计提30 221.43万元。

4.5.2.2　市场风险状况

市场风险是指因市场价格的不利变动而使公司管理的资产遭受损失的风险。市场风险可以分为利率风险、汇率风险(包括黄金)、证券价格风险和商品价格风险等。

报告期内，公司坚持稳健运营的策略，密切关注宏观政策导向，充分深入调研，对有价证券投资管理状况进行实时监测，建立各类分析模型测算资产风险控制指标的变化，控制总体证券投资规模和比例，设置限制性指标和止损限额，通过投资组合分散投资风险，在组合中配置合理数额的低风险投资品种，实现经风险调整的收益率的最大化。信托资产投资、固有资产投资的市场风险情况正常。

4.5.2.3　操作风险状况

操作风险是指由不完善或有问题的内部程序、员工和信息技术系统，以及外部事件所造成损失的风险。报告期内未发生上述风险情况。

4.5.2.4　声誉风险状况

声誉风险是指由公司经营、管理及其他行为或外部事件导致利益相关方对公司作出负面评价的风险，影响公司正常经营。公司将声誉风险管理纳入公司治理及全面风险管理体系，建立和制定声誉风险管理机制，主动、有效地防范声誉风险，应对影响声誉的媒体报道，降低负面影响。

4.5.3　风险管理情况

4.5.3.1　信用风险管理

针对信用风险，公司从加强内部控制着手，不断健全基本业务和管理制度，细化业务管理办法和操作流程，在管理结构上实行前中后台职责分离，在管理流程上实行尽职调查、制定方案、专业审核、严格审批、过程管理、风险监控以确保高效管理信用风险。公司根据国家宏观经济形势、产业发展政策以及地区和行业发展现状，积极调整和优化信托业务结构，通过多元化的业务分散风险，创新和探索信托融资与抗周期性明显的行业进行产融结合的长效机制。

公司信托业务的信用风险主要来自于融资类信托业务，管理重点是判断融资方或投融资项目兑付本金、收益的现金流的可靠性和抵(质)押物价值的合理性和处置可行性。在融资类信托业务的开展过程中，公司主要从四个方面进行信用风险管理：

一是加强对交易对手的甄选，对房地产、政信合作等主营业务严控准入标准，注重控制交易对手的信用风险。公司积极推动千亿元国企计划，严格控制民营企业特别是非上市中小民营企业的融资项目，审慎考察民营企业融资业务。

二是在充分尽职调查的基础上进行信用风险评估，高度重视第一还款来源的可靠性与充足性，综合运用量化风险评估手段对客户信用等级进行评定，减少事前风险审查的主观性和片面性。通过尽职调查，切实把握拟投资项目的优势与不足，并设计具有针对性的交易结构和风险控制措施。

三是强调第二还款来源价值的准确性和处置的可行性，通过设定充足的担保物来规避信用风险。公司要求追加强有力的增信措施，以财产提供担保的，在抵押物权属清晰的前提下，根据抵质押的保值能力和变现难易程度设定不同的抵押率，确保抵质押物处置收益可以有效保障信托资金的退出，提高交易对手的违约成本。

四是细化项目过程管理，强化项目执行落实情况责任，对交易对手信用能力进行持续跟踪和监控，强化项目中后期管理

工作，尽早发现相应风险，尽早应变。通过信托项目的风险排查和风险分类及时发现隐患，建立风险预案。

4.5.3.2 市场风险管理

针对市场风险的管理，公司通过全面、客观分析经济形势，力争准确判断市场走向；谨慎选择项目，各项投资活动前均经过全面调查，对可能产生市场风险的各因素进行测算评估；不断优化业务结构，提早做好防范措施，运用金融工具防范风险。在证券投资过程中，严格遵循组合投资、分散风险的原则。

公司市场风险管理策略如下：

一是对固有资金的证券投资业务实行风险限额管理，根据业务性质、规模、复杂程度、风险因素以及公司风险承受能力设定风险限额并定期进行更新，调整市场风险管理策略，将固有资金证券投资业务的比重控制在与公司的投资管理和风险承担能力相适应的水平。

二是加强对宏观经济金融形势、调控政策以及行业周期性的研究，加大股票投资项目的实地调研和考察力度，增强对资本市场走向及证券投资产品走势的预判，优化固有业务投资业务流程，提高固有证券投资业务决策有效性和时效性。

三是积极引入证券投资及风险管理系统，提高证券估值效率和风险评估的科学性，强化预警平仓等风险防范措施。

四是建立逐日盯市制度，对于股票质押融资、证券产品投资等类型信托产品，建立风险预警台账，动态监测项目安全边际，做实保证金追加机制。

五是在全面风险监控的基础上建立风险报告机制，以便于公司管理层及时了解公司市场风险状况，并对市场风险事项形成风险处置和化解方案。

4.5.3.3 操作风险管理

公司操作风险的管理策略如下：

一是加强内控机制建设，建立系统化的公司制度体系，强化层级授权体系，明确各部门、岗位的职责和权限，使公司业务运行的每一个过程和环节均有章可循。

二是根据监管规定对固有业务和信托业务进行严格的分离和岗位设置。

三是持续优化业务操作流程，制定颁布信托业务尽职调查指引、可行性研究报告管理办法、外聘中介机构管理办法、业务准入标准和操作指引等制度，并根据业务发展的变化及时进行修订，推进精细化管理。

四是强调业务操作关键节点管理，推进合同文本的标准化工作，明确合同文本的签约环节必须采取面签方式，加强增信措施办理等实现的监督和管理等，提升业务操作的规范化，消除操作风险隐患。

4.5.3.4 其他风险管理

（1）流动性风险管理。公司坚持稳健运营的基本原则，合理制定固有资产投资策略，审慎进行固有资产的投资，在固有资产配置上以流动性和安全性为首要原则，提高货币资金、金融产品投资等流动性资产的配置比例，在确保流动性及安全性的基础上取得了较好的经营成效。

（2）声誉风险管理。公司制定了《新闻宣传与舆情监测工作管理办法》，建立了新闻宣传与舆情监测工作队伍，及时了解新闻舆情并主动对外发布信息，积极维护公司良好的声誉和企业形象。

4.6 企业社会责任

公司以“珍惜有限，创造无限，服务为本，自强不息”为核心价值理念，坚持“至诚至信、稳健规范、专业服务、合作共赢”的经营理念，积极履行作为企业公民的社会责任，培育和挖掘央企控股金融企业社会责任的内涵，丰富并完善开展企业社会责任的形式和内容。

4.6.1 实现股东稳定回报，国有资产保值增值

公司依托中国五矿集团公司的品牌、管理及产业优势，以稳定回报股东利益、保值增值国有资产为目标，发挥信托行业本身具有的制度优势与创新理念，不断提升投资效率和效益，回归“受人之托，代人理财”的信托本源。公司经营管理综合素质不断提升，向真正的资产管理者角色转变，在为股东提供稳定投资回报的同时，进一步实现了国有资产的保值增值。

4.6.2 依法履行纳税义务，支持青海省经济发展

公司始终牢记作为青海省金融企业的职责使命，本着积极支持青海省经济发展的宗旨，全年上缴各项税费及附加共2.44亿元。同时公司准确把握国家宏观调控政策走向，依托青海省的资源优势，深入挖掘业务资源，捕捉业务机会。2014年4月，公司荣获“2013年度青海省金融机构支持地方发展先进地区单位”。

4.6.3 推动消费者权益保护，塑造公司品牌形象。

公司深入贯彻中国银监会和中国信托业协会分别下发的《关于信托公司风险监管的指导意见》以及《中国信托业协会关于加强信托公司产品销售行为管理的提示》的精神要求，切实履行“卖者尽责”义务，同时严格规范产品营销宣传，并且把保护消费者利益贯穿在各项业务之中，以严格把控风险、提升服务质量、赢得社会尊重为目标。通过严格的产品风险管理、充分的营销行为监督，建立和维护消费者对公司的信心和信任，为信托行业的整体稳定、持续发展贡献力量。

4.6.4 热心参与公益慈善，积极履行社会责任

公司积极参与社会公益慈善活动，努力践行央企社会责任。与中国扶贫基金会合作开展“爱心包裹”捐助项目，赴青海省湟中县董家湾小学捐助各类学习用品；发起“珍惜资源、拒绝雾霾”活动，倡导“绿色出行，健康生活”理念。公司被青海省人民政府授予“青海省模范集体”荣誉称号，公司将所获奖金全部捐赠给青海省扶贫开发协会作为扶贫资金。

4.7 净资本管理

指标名称	期末数	监管标准
净资本（亿元）	45.40	≥2
固有业务风险资本（亿元）	2.76	
信托业务风险资本（亿元）	12.98	
其他业务风险资本（亿元）	0	
各项业务风险资本之和（亿元）	15.74	
净资本/各项业务风险资本之和（%）	288.44	≥100
净资本/净资产（%）	93.24	≥40

5. 报告期末及上一年度末的比较式会计报表

5.1 固有资产

5.1.1 会计师事务所审计意见全文

审 计 报 告

天职业字[2014]5720 号

五矿国际信托有限责任公司:

我们审计了后附的五矿国际信托有限责任公司(以下简称五矿信托)财务报表,包括 2014 年 12 月 31 日的资产负债表,2014 年度的利润表、现金流量表和所有者权益变动表以及财务报表附注。

一、管理层对财务报表的责任

编制和公允列报财务报表是五矿信托管理层的责任,这种责任包括:(1)按照企业会计准则的规定编制财务报表,并使其实现公允反映;(2)设计、执行和维护必要的内部控制,以使财务报表不存在由于舞弊或错误导致的重大错报。

二、注册会计师的责任

我们的责任是在执行审计工作的基础上对财务报表发表审计意见。我们按照中国注册会计师审计准则的规定执行了审计工作。中国注册会计师审计准则要求我们遵守中国注册会计师职业道德守则,计划和执行审计工作以对财务报表是否不存在重大错报获取合理保证。

审计工作涉及实施审计程序,以获取有关财务报表金额和披露的审计证据。选择的审计程序取决于注册会计师的判断,包括对由于舞弊或错误导致的财务报表重大错报风险的评估。在进行风险评估时,注册会计师考虑与财务报表编制和公允列报相关的内部控制,以设计恰当的审计程序,但目的并非对内部控制的有效性发表意见。审计工作还包括评价管理层选用会计政策的恰当性和作出会计估计的合理性,以及评价财务报表的总体列报。

我们相信,我们获取的审计证据是充分、适当的,为发表审计意见提供了基础。

三、审计意见

我们认为,五矿信托财务报表在所有重大方面按照企业会计准则的规定编制,公允反映了五矿信托 2014 年 12 月 31 日的财务状况以及 2014 年度的经营成果和现金流量。

天健会计师事务所(特殊普通合伙)

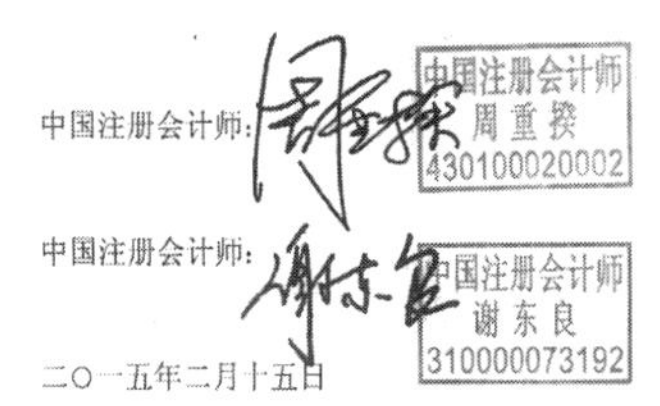

中国注册会计师:周重揆

中国注册会计师:谢东良

二〇一五年二月十五日

5.1.2 资产负债表

资产负债表

编制单位:五矿国际信托有限公司　　2014 年 12 月 31 日　　单位:万元

项　目	2014 月 12 年 31 日	2013 月 12 年 31 日
资产:		
现金及存放中央银行款项	7.12	18.50
存放同业款项	326 934.82	335 870.71
贵金属	—	—
拆出资金	—	—
以公允价值计量且其变动计入当期损益的金融资产	12 189.92	15 893.66
衍生金融资产	—	—
买入返售金融资产	—	50 000.50
应收利息	—	12.88
发放贷款和垫款	3 000.00	7 058.50
可供出售金融资产	113 097.87	26 170.28
持有至到期投资	—	1 964.00
长期股权投资	—	—
投资性房地产	—	—
固定资产	651.48	893.15
无形资产	422.03	377.18
递延所得税资产	4 017.58	2 837.29
其他资产	61 572.16	11 544.01
资产总计	521 892.98	452 640.66
负债:		
向中央银行借款	—	—
同业及其他金融机构存放款项	—	—
拆入资金	—	—
衍生金融负债	—	—
卖出回购金融资产款	—	—
吸收存款	—	—
应付职工薪酬	2 412.87	2 327.77
应交税费	15 183.05	11 584.86
应付利息	—	—
预计负债	—	—
应付债券	—	—
递延所得税负债	198.35	—
其他负债	17 198.80	16 490.95
负债合计	34 993.07	30 403.58
所有者权益:		
实收资本	200 000.00	200 000.00
其他权益工具	—	—
其中:优先股	—	—
永续债	—	—
资本公积	100 000.00	100 000.00
减:库存股	—	—
其他综合收益	1 270.74	−5 236.50
其中:外币财务报表折算差额	—	—
盈余公积	24 707.20	15 909.18
一般风险准备	46 167.17	45 197.94
未分配利润	114 754.80	66 366.46
所有者权益合计	486 899.91	422 237.08
负债和所有者权益总计	521 892.98	452 640.66

法定代表人:任珠峰　　主管会计工作负责人:蔡　琦　　会计机构负责人:罗　曼

5.1.3 利润表

利润表

编制单位：五矿国际信托有限公司　　2014 年度　　单位：万元

项　　目	2014 年度	2013 年度
一、营业收入	154 597.63	131 031.18
利息净收入	12 971.80	8 760.94
利息收入	12 971.80	8 760.94
利息支出	—	—
手续费及佣金净收入	125 524.87	113 268.65
手续费及佣金收入	125 524.87	113 268.65
手续费及佣金支出	—	—
投资收益（损失以"－"号填列）	15 079.73	8 560.90
公允价值变动收益（损失以"－"号填列）	1 021.23	440.69
汇兑损益（损失以"－"号填列）	—	—
其他业务收入	—	—
二、营业支出	56 566.62	49 961.91
营业税金及附加	8 158.75	7 083.38
业务及管理费	32 150.29	29 856.64
资产减值损失	16 252.82	13 014.30
其他业务成本	4.76	7.59
三、营业利润（损失以"－"号填列）	98 031.01	81 069.27
加：营业外收入	2 624.00	4 859.21
减：营业外支出	3.58	406.27
四、利润总额（损失以"－"号填列）	100 651.43	85 522.21
减：所得税费用	12 671.20	10 960.61
五、净利润（损失以"－"号填列）	87 980.23	74 561.60
六、其他综合收益的税后净额	6 507.24	-676.40
（一）以后不能重分类进损益的其他综合收益	—	—
其中：1. 重新计量设定受益计划净负债或净资产的变动	—	—
2. 权益法下在被投资单位不能重分类进损益的其他综合收益中享有的份额	—	—
（二）以后将重分类进损益的其他综合收益	6 507.24	-676.40
其中：1. 权益法下在被投资单位以后将重分类进损益的其他综合收益中享有的份额	—	—
2. 可供出售金融资产公允价值变动损益	6 507.24	-676.40
3. 持有至到期投资重分类为可供出售金融资产损益	—	—
4. 现金流量套期损益的有效部分	—	—
5. 外币财务报表折算差额	—	—
七、综合收益总额	94 487.47	73 885.20

法定代表人：任珠峰　　主管会计工作负责人：蔡　琦　　会计机构负责人：罗　曼

5.1.4 所有者权益变动表

所有者权益变动表

编制单位：五矿国际信托有限公司　　2014 年 12 月 31 日　　单位：万元

项　　目	2014 年度						
	实收资本	资本公积	其他综合收益	盈余公积	一般风险准备	未分配利润	所有者权益合计
一、上期期末余额	200 000.00	100 000.00	-5 236.50	15 909.18	45 197.94	66 366.46	422 237.08
加：会计政策变更							
前期差错更正							
其他							
二、本期期初余额	200 000.00	100 000.00	-5 236.50	15 909.18	45 197.94	66 366.46	422 237.08
三、本期增减变动金额（减少以"－"号填列）			6 507.24	8 798.02	969.23	48 388.34	64 662.83
（一）综合收益总额			6 507.24			87 980.23	94 487.47

续表

项目	2014年度						
	实收资本	资本公积	其他综合收益	盈余公积	一般风险准备	未分配利润	所有者权益合计
（二）所有者投入和减少资本							
1. 所有者投入资本							
2. 其他权益工具持有者投入资本							
3. 股份支付计入所有者权益的金额							
4. 其他							
（三）利润分配				8 798.02	969.23	-39 591.89	-29 824.64
1. 提取盈余公积				8 798.02		-8 798.02	
2. 提取一般风险准备					969.23	-969.23	
3. 对所有者（或股东）的分配						-29 824.64	-29 824.64
4. 其他							
（四）所有者权益内部结转							
1. 资本公积转增资本（或股本）							
2. 盈余公积转增资本（或股本）							
3. 盈余公积弥补亏损							
4. 一般风险准备弥补亏损							
5. 结转重新计量设定受益计划净负债或净资产所产生的变动							
6. 其他							
四、本期期末余额	200 000.00	100 000.00	1 270.74	24 707.20	46 167.17	114 754.80	486 899.91

法定代表人：任珠峰　　　　主管会计工作负责人：蔡　琦　　　　会计机构负责人：罗　曼

所有者权益变动表（续）

编制单位：五矿国际信托有限公司　　　　单位：万元

项目	2013年度						
	实收资本	资本公积	其他综合收益	盈余公积	一般风险准备	未分配利润	所有者权益合计
一、上期期末余额	120 000.00		-4 560.10	8 453.02	6 680.94	63 115.84	193 689.70
加：会计政策变更							
前期差错更正							
其他							
二、本期期初余额	120 000.00		-4 560.10	8 453.02	6 680.94	63 115.84	193 689.70
三、本期增减变动金额（减少以"-"号填列）	80 000.00	100 000.00	-676.40	7 456.16	38 517.00	3 250.62	228 547.38
（一）综合收益总额	—	—	-676.40			74 561.60	73 885.20
（二）所有者投入和减少资本	80 000.00	100 000.00					180 000.00
1. 所有者投入资本	80 000.00	100 000.00					180 000.00
2. 其他权益工具持有者投入资本							
3. 股份支付计入所有者权益的金额							
4. 其他							
（三）利润分配				7 456.16	38 517.00	-71 310.98	-25 337.82
1. 提取盈余公积				7 456.16		-7 456.16	
2. 提取一般风险准备					38 517.00	-38 517.00	
3. 对所有者（或股东）的分配						-25 337.82	-25 337.82
4. 其他							
（四）所有者权益内部结转							
1. 资本公积转增资本（或股本）							
2. 盈余公积转增资本（或股本）							
3. 盈余公积弥补亏损							
4. 一般风险准备弥补亏损							
5. 结转重新计量设定受益计划净负债或净资产所产生的变动							
6. 其他							
四、本期期末余额	200 000.00	100 000.00	-5 236.50	15 909.18	45 197.94	66 366.46	422 237.08

法定代表人：任珠峰　　　　主管会计工作负责人：蔡　琦　　　　会计机构负责人：罗　曼

5.2 信托资产

5.2.1 信托项目资产负债汇总表

信托项目资产负债汇总表

单位：万元

信托资产	期末数	期初数	信托负债和信托权益	期末数	期初数
信托资产			信托负债		
货币资金	602 046.84	596 485.20	应交税费	—	
存放同业款项	—	—	其他应付款	181 688.84	38 669.49
交易性金融资产	1 508 187.35	1 001 928.99	应付账款	5 802.06	5 005.75
买入返售金融资产	290 121.10	65 394.04	长期应付款	6 124.75	6 884.64
应收票据	35.88	—	其他负债	0.00	
应收账款	201 000.00	887.87	信托负债合计	193 615.65	50 559.88
应收利息	6 724.93	27 647.80			
其他应收款	5.38	70 100.00			
贷款	9 964 768.62	6 284 333.46	信托权益：		
可供出售金融资产	11 796 377.65	10 382 064.65	实收信托	26 321 906.99	19 419 281.29
长期应收款	13 327.11	18 087.00	资本公积	72 793.07	75 632.37
长期股权投资	2 254 922.06	1 159 431.00	未分配利润	52 396.34	61 263.16
应收股利	3 195.13	376.69	信托权益合计	26 447 096.40	19 556 176.82
其他资产	—	—			
信托资产总计	26 640 712.05	19 606 736.70	信托负债和权益总计	26 640 712.05	19 606 736.70

5.2.2 信托项目利润及利润分配汇总表

单位：万元

项　目	2014 年度
一、营业收入	2 095 278.94
利息收入	801 288.24
投资收益	1 213 593.90
租赁收入	759.89
公允价值变动损益	79 636.91
汇兑损益	—
其他收入	—
二、营业费用	307 953.06
三、营业税金及附加	257.47
四、扣除资产损失前的信托利润	1 787 068.41
减：资产减值损失	—
五、扣除资产损失后的信托利润	1 787 068.41
加：期初未分配信托利润	61 263.16
六、可供分配的信托利润	1 848 331.57
减：本期已分配信托利润	1 795 935.23
七、期末未分配信托利润	52 396.34

6. 会计报表附注

6.1 报告年度会计报表编制基准、会计政策、会计估计和核算方法变化情况

6.1.1 财务报表的编制基础

本公司财务报表以持续经营为编制基础。

6.1.2 遵循企业会计准则的声明

本财务报表符合企业会计准则的要求，真实、完整地反映了企业的财务状况、经营成果和现金流量等有关信息。

6.1.3 会计期间

会计年度自 2014 年 1 月 1 日起至 12 月 31 日止。

6.1.4 记账本位币

采用人民币为记账本位币。

6.1.5 计提资产减值准备的范围和方法

公司计提资产减值准备的范围包括：贷款损失准备、长期股权投资减值准备、固定资产减值准备和无形资产减值准备。

（1）贷款损失准备：公司参照《关于非银行金融机构全面推行资产质量五级分类管理的通知》对风险资产进行风险分类，并根据风险分类结果参照以下比例进行坏账准备的计提：

贷款风险类别	计提比例（%）
关注类	2
次级类	25
可疑类	75
损失类	100

（2）长期股权投资减值准备：期末对单项投资由于市价持续下跌或被投资单位经营状况恶化等原因导致其可收回金额低于账面价值的差额分项提取长期投资减值准备。

（3）固定资产减值准备：资产负债表日，有迹象表明固定资产发生减值的，按照账面价值与可回收金额的差额计提相应的减值准备。

（4）无形资产减值准备：资产负债表日，有迹象表明发生减值的，按照账面价值与可回收金额的差额计提相应的减值准备。

6.1.6 金融资产四分类的范围和标准

金融资产于初始确认时分为以下四类：以公允价值计量且其变动计入当期损益的金融资产（包括交易性金融资产和在初始确认时指定为以公允价值计量且其变动计入当期损益的金

融资产)、持有至到期投资、贷款和应收款项、可供出售金融资产。金融资产在初始确认时以公允价值计量。对于以公允价值计量且其变动计入当期损益的金融资产,相关交易费用直接计入当期损益,其他类别的金融资产相关交易费用计入其初始确认金额。

6.1.6.1 金融资产的公允价值

存在活跃市场的金融资产,采用活跃市场中的报价确定其公允价值。不存在活跃市场的,本公司采用估值技术确定其公允价值,估值技术包括参考熟悉情况并自愿交易的各方最近进行的市场交易中使用的价格、参照实质上相同的其他金融工具的当前公允价值、现金流量折现法和期权定价模型等。

6.1.6.2 金融资产转移的确认依据和计量方法

公司已将金融资产所有权上几乎所有的风险和报酬转移给了转入方的,终止确认该金融资产;保留了金融资产所有权上几乎所有的风险和报酬的,继续确认所转移的金融资产,并将收到的对价确认为一项金融负债。公司既没有转移也没有保留金融资产所有权上几乎所有的风险和报酬的,分别下列情况处理:(1)放弃了对该金融资产控制的,终止确认该金融资产;(2)未放弃对该金融资产控制的,按照继续涉入所转移金融资产的程度确认有关金融资产,并相应确认有关负债。

6.1.7 以公允价值计量且其变动计入当期损益的金融资产核算方法

以公允价值计量且其变动计入当期损益的金融资产,包括交易性金融资产和初始确认时指定为以公允价值计量且其变动计入当期损益的金融资产,采用公允价值进行后续计量,所有已实现和未实现的损益均计入当期损益。

6.1.8 可供出售金融资产核算方法

可供出售金融资产指初始确认时即指定为可供出售的非衍生金融资产,以及除上述金融资产类别以外的金融资产,此类金融资产采取公允价值进行后续计量。其折溢价采用实际利率法进行摊销并确认为利息收入。除减值损失及外币货币性金融资产的汇兑差额确认为当期损益外,可供出售金融资产的公允价值变动作为资本公积的单独部分予以确认,直到该金融资产终止确认或发生减值时,在此之前在资本公积中确认的累计利得或损失转入当期损益。与可供出售金融资产相关的股利或利息收入,计入当期损益。

6.1.9 持有至到期投资核算方法

持有至到期投资是指到期日固定、回收金额固定或可确定,且本公司有明确意图和能力持有至到期的非衍生金融资产,采用实际利率法,按照摊余成本进行后续计量,其终止确认、发生减值或摊销产生的利得或损失,均计入当期损益。

6.1.10 长期投资核算方法

6.1.10.1 长期股权投资的初始计量

长期股权投资在取得时按初始投资成本计量。初始投资成本一般为取得该项投资而付出的资产、发生或承担的负债以及发行的权益性证券的公允价值,并包括直接相关费用。但同一控制下的企业合并形成的长期股权投资,其初始投资成本为合并日取得的被合并方所有者权益的账面价值份额。

6.1.10.2 长期股权投资的后续计量

能够对被投资单位实施控制的长期股权投资,以及对被投资单位不具有共同控制或重大影响,且在活跃市场中没有报价、公允价值不能可靠计量的长期股权投资采用成本法核算;对被投资单位具有共同控制或重大影响的长期股权投资,采用权益法核算。长期股权投资采用权益法核算时,对长期股权投资初始投资成本大于投资时应享有被投资单位可辨认净资产公允价值份额的,不调整长期股权投资的初始投资成本;对长期股权投资初始投资成本小于投资时应享有被投资单位可辨认净资产公允价值份额的,其差额计入当期损益,同时调整长期股权投资的成本。按权益法对长期股权投资进行核算时,先对被投资单位的净利润进行取得投资时被投资单位各项可辨认资产等的公允价值、会计政策和会计期间方面的调整,再按应享有或应分担的被投资单位的净损益份额确认当期投资损益。

6.1.11 固定资产计价和折旧方法

固定资产按照取得时的实际成本进行初始计量,采用年限平均法计提折旧。

6.1.12 无形资产计价及摊销政策

无形资产按照成本进行初始计量,采用直线法摊销。

6.1.13 长期待摊费用

长期待摊费用按实际发生额入账,在受益期或规定的期限内分期平均摊销。如果长期待摊的费用项目不能使以后会计期间受益,则将尚未摊销的该项目的摊余价值全部转入当期损益。

6.1.14 收入确认原则和方法

在与交易相关的经济利益很可能流入公司且收入的金额能够可靠地计量时,确认提供与金融业务相关服务收入的实现。

6.1.15 所得税的会计处理方法

采用资产负债表债务法计提递延所得税,所得税率为12.5%。

6.1.16 信托报酬的确认原则和方法

在收入确认原则基础上,信托业务手续费收入按照信托合同约定的结算方法,一般以收益分配结算报告确认。

6.1.17 重要会计政策变更说明

公司自2014年7月1日起执行财政部于2014年修订或新制定颁布的《企业会计准则第9号——职工薪酬》等八项具体会计准则,并根据相关规定对2014年度的比较财务报表进行了重新表述,受重要影响的报表项目如下。

单位:万元

受重要影响的报表项目	影响金额	备 注
2014年12月31日资产负债表项目		
资本公积	5 236.50	
其他综合收益	–5 236.50	

6.2 或有事项说明

无。

6.3 重要资产转让及其出售的说明

无。

6.4 会计报表中重要项目的明细资料

6.4.1 固有资产经营情况

6.4.1.1 按照信用风险资产五级分类结果披露资产的期初数、期末数

信用风险资产五级分类	正常类（万元）	关注类（万元）	次级类（万元）	可疑类（万元）	损失类（万元）	信用风险资产合计（万元）	不良资产合计（万元）	不良资产率（%）
期初数	348 223.21	—	22 793.11	234.00	—	371 250.32	23 027.11	4.93
期末数	464 849.50	—	37 385.63		35.80	502 270.93	37 421.43	6.78

6.4.1.2 资产减值准备情况

单位：万元

	期初数	本期计提	本期转回	本期核销	期末数
贷款损失准备	175.50	58.50	198.20		35.80
一般准备					
专项准备	175.50	58.50	198.20		35.80
其他资产减值准备					
可供出售金融资产减值准备					
持有至到期投资减值准备					
长期股权投资减值准备					
坏账准备	13 793.11	16 392.52			30 185.63
投资性房地产减值准备					

6.4.1.3 固有股票投资、基金投资、债券投资、金融股权投资等投资情况

单位：万元

	自营股票	基金	债券	金融股权投资	信托产品投资	合计
期初数	15 901.06	10 068.29	12 494.60		3 600.00	42 063.95
期末数	16 965.44	1 741.37	371.35	25 000.00	81 209.63	125 287.79

6.4.1.4 金融股权投资明细表

单位：万元，%

被投资企业名称	被投资企业所属行业	投资成本	年末股权比例
中国信托业保障基金有限责任公司	基金管理服务	25 000.00	4.35

6.4.1.5 固有贷款明细表

企业名称	贷款金额（万元）	占贷款总额的比例（%）	还款情况
广州市番禺丽江实业有限公司	3 000.00	98.82	未到还款付息日
北京中北通达房地产开发有限公司	35.80	1.18	逾期欠本息
合计	3 035.80	100.00	

6.4.1.6 表外业务的期初数、期末数

无。

6.4.1.7 公司当年收入结构

收入结构	金额（万元）	占比（%）
利息收入	12 971.80	8.39
其中：存放同业	10 202.99	6.60
发放贷款及垫款	1 560.55	1.01
买入返售证券	1 208.26	0.78
手续费及佣金收入	125 524.87	81.19
其中：信托手续费收入	116 737.52	75.51
顾问及咨询收入	8 764.83	5.67
其他	22.52	0.01
投资收益	15 079.73	9.75
其中：证券投资收益	9 929.03	6.42
公允价值变动收益	1 021.23	0.66
营业收入合计	154 597.63	100.00

6.4.2 披露信托资产管理情况

6.4.2.1 信托资产的期初数、期末数

单位：万元

信托资产	期初数	期末数
集合	8 744 595.75	13 928 064.84
单一	10 437 928.71	12 303 749.36
财产权	424 212.24	408 897.85
合计	19 606 736.70	26 640 712.05

6.4.2.2 主动管理型信托资产的期初数、期末数

单位：万元

主动管理型信托资产	期初数	期末数
证券投资类	1 121 445.68	2 055 386.76
股权投资类	870 725.00	1 023 566.06
其他投资类	799 969.25	1 168 990.12
融资类	9 902 055.92	5 426 494.42
事务管理类	—	—
合计	12 694 195.85	9 674 437.36

6.4.2.3 被动管理型信托资产的期初数、期末数

单位：万元

被动管理型信托资产	期初数	期末数
证券投资类	—	—
股权投资类	—	—
融资类	—	—
事务管理类	6 912 540.85	16 966 274.69
合计	6 912 540.85	16 966 274.69

6.4.2.4 本年度已清算结束的信托项目个数、实收信托合计金额、加权平均实际年化收益率

按集合、单一和财产管理类进行分类

已清算结束信托项目	项目个数（个）	合计金额（万元）	加权平均实际年化收益率（%）
集合类	65	2 522 804.18	13.51
单一类	160	5 265 191.05	8.46
财产管理类	—	—	—

本年度清算结束的主动管理型信托项目

已清算结束信托项目	项目个数（个）	合计金额（万元）	信托报酬率（%）	加权平均实际年化收益率（%）
证券投资类	10	238 917.00	0.34	36.93
股权投资类	4	340 000.00	0.63	7.33
其他投资类	3	110 500.00	0.74	8.62
融资类	95	3 679 329.58	1.15	9.26
事务管理类	—	—	—	

本年度清算结束的被动管理型信托项目

已清算结束信托项目	项目个数（个）	实收信托合计金额（万元）	化信托报酬率（%）	加权平均实际年化收益率（%）
证券投资类	—	—	—	—
股权投资类	—	—	—	—
融资类	—	—	—	—
事务管理类	113	3 419 248.65	0.39	8.21

6.4.2.5 本年度新增的集合类、单一类和财产管理类信托项目个数及金额

新增信托项目	项目个数（个）	合计金额（万元）
集合类	144	7 622 571.38
单一类	171	8 205 735.90
财产管理类	1	34 000
新增合计	316	15 862 307.28
其中：主动管理型	119	5 891 409.53
被动管理型	197	9 970 897.75

6.5 关联方及其交易的披露

6.5.1 关联交易方的数量、关联交易的总金额及关联交易的定价原则等

单位：万元

	关联交易方数量	关联交易金额	定价政策
合计	9	270 596.46	本公司2014年度发生的关联方交易均根据一般正常的交易条件进行，并以市场价格作为定价依据

6.5.2 关联交易方与本公司的关系性质、关联交易方的名称、法定代表人、注册地址、注册资本及主营业务等

关系性质	关联方名称	法定代表人	注册地址	注册资本（亿元）	主营业务
本公司最终控制方	中国五矿集团	周中枢	北京市海淀区三里河路5号	101	进出口、工程招投标，黑色金属、有色金属，实业投资、资产管理等
母公司	五矿资本控股有限公司	任珠峰	北京市海淀区三里河路5号	92.09	投资、资产管理等
股东	青海省国有资产投资管理有限公司	姚洪仲	青海省西宁市城北区生物园区纬二路18号	40	投资，受托管理和经营国有资产等
本公司母公司的合营企业	中国外贸金融租赁有限公司	丁建平	北京市海淀区三里河路1号院	35.07	融资租赁、经营性租赁
受同一最终控制方控制	五矿集团财务有限责任公司	任珠峰	北京市海淀区三里河5号	35	对成员单位办理财务融资等
受同一最终控制方控制	北京第五广场置业有限公司	江冲	北京市东城区朝阳门北大街7号三层305、306单元	4.9	开发、经营、建设、出租用地范围内的房屋等
同一母公司	五矿证券有限公司	张永衡	广东省深圳市福田区金田路4028号荣超经贸中心办公楼47层01单元	8.8	代理证券买卖业务
同一母公司	五矿恒信投资管理（北京）有限公司	徐兵	北京市海淀区三里河路5号院1栋四层A463	0.2	投资管理、资产管理、投资咨询
同一母公司	五矿期货有限公司	任珠峰	广东省深圳市福田区益田路西福中路北新世界商务中心	10	商品期货经纪、金融期货经纪

6.5.3 公司与关联方的重大交易事项

6.5.3.1 固有与关联方交易情况

单位：万元

	期初数	借方发生额	贷方发生额	期末数
贷款	—	—	—	—
投资	—	—	—	—
租赁	45.53	28.48	4.76	21.81
应收账款	—	—	—	—
担保	—	—	—	—
其他	226.38	7 435 315.84	7 426 168.92	9 373.30
合计	271.91	7 435 344.32	7 426 173.68	9 395.11

6.5.3.2 信托与关联方交易情况

单位：万元

	期初数	借方发生额	贷方发生额	期末数
贷款	—	—		—
投资	39 981.70	0	39 981.70	0
租赁				
应收账款	—	—		—
担保	—	—		—
其他	179 614.67	453 530.00	315 684.67	317 460.00
合计	219 596.37	453 530.00	355 666.37	317 460.00

6.5.3.3 固有与信托间的交易情况

单位：万元

	期初数	本期发生额	期末数
合计	3 600.00	77 609.63	81 209.63

6.5.3.4 信托项目间的交易情况

单位：万元

	期初数	本期发生额	期末数
合计	27 600	86 000	113 600

6.5.4 报告期关联方逾期未偿还本公司资金及本公司为关联方担保发生或即将发生垫款的情况

无。

6.6 会计制度的披露

公司固有业务执行《企业会计准则》（2006 年），信托业务执行《企业会计准则》（2006 年）。

7. 财务情况说明书

7.1 利润实现和分配情况

2014 年公司实现净利润 87 980.23 万元。依据《公司法》、《信托公司管理办法》和公司章程，公司对 2014 年实现的净利润 87 980.23 万元进行分配，其中：

（1）提取 10% 法定盈余公积金 8 798.02 万元；

（2）提取一般风险准备金 969.23 万元；

（3）按照净利润的 40% 向股东分配股利 35 192.09 万元。

剩余未分配利润 43 020.89 万元，转入下一年度。

7.2 主要财务指标

指标名称	指标值
净资产收益率（%）	19.35
信托报酬率（%）	0.72
人均利润（万元）	355.66

7.3 对本公司财务状况、经营成果有重大影响的其他事项

无。

8. 特别事项揭示

8.1 股东报告期内变动情况及原因

报告期内，公司股权结构发生，西宁城市投资管理有限公司将其持有的 18.54% 股权转让给青海省国有资产投资管理有限公司作为新的股东。公司股东数保持不变，股东持股比例发生相应变化。

股东	股权结构调整前		股权结构调整后	
	实收资本（亿元）	股比（%）	实收资本（亿元）	股比（%）
五矿资本控股有限公司	13.20	66.00	13.20	66.00
青海省国有资产投资管理有限公司	2.488	12.44	6.196	30.98
西宁城市投资管理有限公司	4.30	21.50	0.592	2.96
青海华鼎实业股份有限公司	0.012	0.06	0.012	0.06
合计	20	100	20	100

8.2 董事、监事及高级管理人员变动情况及原因

8.2.1 董事变动情况

2014 年 3 月 20 日，公司召开股东会 2014 年第一次会议，审议通过《关于选举黄益平同志为公司独立董事的议案》，黄益平担任公司第二届董事会独立董事。公司第二届董事会原独立董事马忠智因个人原因辞去独立董事一职。

8.2.2 监事变动情况

2014 年 3 月 20 日，公司召开股东会 2014 年第一次会议，审议通过《关于选举刘雁同志为公司监事的议案》，刘雁担任公司第二届监事会监事。公司第二届监事会原监事张幼凤因个人原因辞去监事职务。

8.2.3 高管人员变动情况

2014 年 3 月 20 日，公司召开第二届董事会第三次会议，审议通过《关于聘任孙卓立同志为公司副总经理的议案》，聘任孙卓立同志为公司副总经理。2014 年 5 月 29 日，中国银监会青海监管局核准孙卓立副总经理任职资格（青银监复［2014］43 号）。

2014 年 3 月 20 日，公司召开第二届董事会第三次会议，审议通过《关于聘任蔡琦同志兼任公司董事会秘书的议案》，公司财务总监蔡琦兼任公司董事会秘书，公司副总经理何其联不再担任公司董事会秘书。

8.3 变更注册资本、注册地或公司名称、公司分立合并事项

无。

8.4 公司的重大诉讼事项

无。

8.5 公司及其董事、监事和高级管理人员受到处罚情况

无。

8.6 对银监会提出的整改意见简要说明整改情况

2014年上半年,中国银监会青海监管局对公司房地产项目进行专项检查并出具监管意见,要求公司进一步完善制度建设,加强风险控制,健全档案管理。公司迅速部署落实监管意见,具体措施包括细化项目准入标准,完善项目操作及监督流程,严格按照已制定的档案管理办法加强执行力度等。

2014年下半年,中国银监会青海监管局对公司风险项目、房地产、信政、银信合作业务进行现场检查并出具监管意见,要求公司进一步完善制度建设,规范开展业务,全力推动风险项目处置化解等。公司严格落实监管意见,根据监管要求制订整改计划,积极推进整改工作,包括加快制度制定和修订工作,加强制度执行力度,风险处置领导小组集中力量化解风险项目等。

8.7 重大事项临时报告情况

无。

8.8 银监会及其省级派出机构认定的其他有必要让客户及相关利益人员了解的重要信息

无。

9. 公司监事会意见

监事会认为,报告期内公司依法运作,各项决策的程序符合国家法律、法规和公司章程及相关制度的规定,内控制度不断完善,董事会、高级管理层诚信、谨慎、认真地履行职责,未发现有违法、违规和损害受托人利益、股东利益和公司利益的行为。

监事会认为,公司本年度财务报告真实、客观地反映了公司的财务状况和经营成果。本年度财务报告已经天健会计师事务所审计,并出具了标准无保留意见的审计报告。

西部信托有限公司

1. 重要提示

1.1 本公司董事会及董事保证本报告所载资料不存在任何虚假记载、误导性陈述或重大遗漏，并对其内容的真实性、准确性和完整性承担个别及连带责任。

1.2 公司独立董事声明本年度报告内容真实、准确和完整。

1.3 希格玛会计师事务所为本公司出具了无保留意见的年度审计报告。

1.4 公司董事长徐朝晖、主管会计工作的副总经理刘洁及计划财务部经理甄明声明：保证本年度报告中财务报告的真实、完整。

2. 公司概况

2.1 公司简介

2.1.1 中文名称：西部信托有限公司

2.1.2 中文名称简写：西部信托

2.1.3 英文名称：Western Trust Co. ,Ltd.

2.1.4 英文名称缩写：WT

2.1.5 法定代表人：徐朝晖

2.1.6 注册地址：陕西省西安市东新街 232 号

2.1.7 邮政编码：710004

2.1.8 公司国际互联网网址：www. wti－xa. com

2.1.9 电子信箱：wti－xa@ wti－xa. com

2.1.10 公司信息披露负责人：张荣超

联系电话：029—87396509

传真电话：029—87406300

电子信箱：wti－xa@ wti－xa. com

2.1.11 选定的信息披露报纸：《证券时报》

2.1.12 年度报告备置地点：陕西省西安市东新街 232 号信托大厦 15 楼

2.1.13 聘请的会计师事务所：希格玛会计师事务所

地址：陕西省西安市高新路 25 号希格玛大厦 3～4 层

2.1.14 聘请的律师事务所：北京市金诚同达律师事务所西安分所

地址：陕西省西安市沣惠南路华晶广场 B 座 15 层

2.2 组织结构

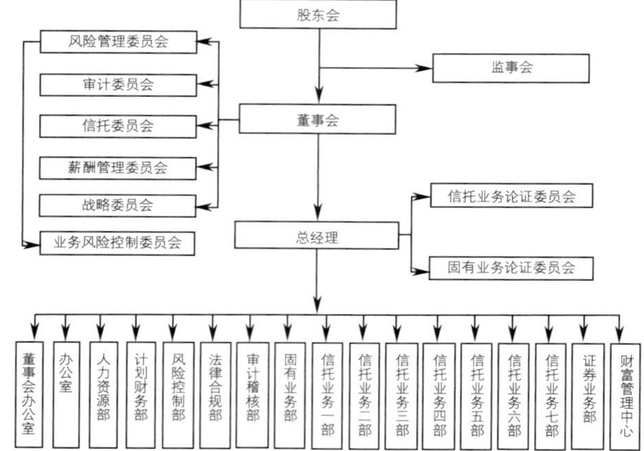

3. 公司治理

3.1 股东

截至 2014 年末，公司股东总数为 24 家。

股东名称	持股(%)	法人	注册资本	注册地址	主要经营业务
陕西省电力建设投资开发公司	57.78	袁小宁	20 亿元	陕西省西安市东新街 232 号	省电力建设资金的筹集、省电力建设项目的开发和管理。
陕西省产业投资有限公司	8.66	郭庆国	8 亿元	陕西省西安市莲湖区青年路 92 号	装备制造、能源交通、电子信息、房地产等产业项目的投资建设和运营。
重庆中侨置业有限公司	6.36	孙飚	0.1 亿元	重庆市渝北区加州花园	五金、交电、装饰材料、建筑材料、化工产品及原料。
彩虹集团公司	5.01	郭盟权	2 514 887 000 元	北京市海淀区信息路 11 号	彩色显示器件、彩色电视机、显示器及其配套产品、电子器件等的研究、开发、制造、销售。
北京鸿基世业房地产开发有限公司	4.24	张志鸿	1 亿元	北京市丰台区花乡造甲村 113 号	房地产开发、销售自行开发的商品房、房地产信息咨询(中介服务除外)、出租商用房等。
上海证大投资发展有限公司	3.07	戴志康	1.5 亿元	上海市浦东新区丁香路 1208 号 2 楼 F 单元	股权投资、实业投资、房地产投资、国内贸易、船舶维修、艺术品投资。
宝鸡稀有金属装备设计研制所	2.88	于润康	21 656 500 元	陕西省宝鸡市高新区马营镇七一地区	真空冶金电炉、稀有金属加工设备、电气自控及计算机自动控制研制、生产、销售等。
陕西延长石油(集团)有限责任公司	2.69	沈浩	100 亿元	陕西省延安市宝塔区七里铺	石油、天然气勘探、开采、加工、运输、销售。

续表

股东名称	持股(%)	法人	注册资本	注册地址	主要经营业务
陕西金叶科教集团股份有限公司	2.12	袁汉源	147 375 600 元	陕西省西安市高新区锦业路一号都市之门B座19层	包装装潢印刷品印刷、高新数字印刷技术及高新技术广告制作。
中国烟草总公司陕西省公司	1.53	张天峰	14 300 000 元	陕西省西安市曲江新区雁南四路19号	卷烟经营、烟叶生产经营、卷烟进口和烟叶出口业务。
中铁宝桥集团有限公司	1.39	黄振宇	853 001 700 元	陕西省宝鸡市高新技术产业开发区火炬路4号	钢结构,钢桥梁产品,钢结构工程、工程设备的出租等。
西安飞机工业(集团)有限责任公司	1.35	何胜强	2 052 598 000 元	陕西省西安市阎良西飞大道一号	飞机、航空零部件设计、生产等。
陕西长岭电气有限责任公司	0.55	张宝会	28 620 000 元	陕西省宝鸡市清姜路75号	家用电器、电子通信产品、机电产品的研制、生产、销售,软件技术的研制、开发。
金堆城钼业集团有限公司	0.37	马宝平	40 亿元	陕西省华县金堆城镇	矿产资源(除钼以外)的探矿、采矿、选矿、加工、科研,新型建材等工业产品的生产及销售等。
陕西省电力公司	0.37	吕春泉	10 亿元	陕西省西安市柿园路218号	电力建设、输送、销售。
韩城矿务局	0.37	王世斌	567 630 000 元	陕西省韩城市新城区黄河大街	煤炭、煤炭矿山建筑及安装、煤矿采掘、洗选辅助设备制造及修理。
宝鸡石油钢管厂	0.18	白功利	1 475 051 000 元	陕西省宝鸡市姜谭路10号	焊接钢管、石油套管、接箍、钢管防腐、自动焊剂、纵剪带钢、边角余料及其制品的加工销售。
略阳钢铁厂	0.18	陈南平	127 300 000 元	陕西省略阳县城大沟口	选矿、冶炼、压延,生铁、钢锭、钢坯、钢材、水渣及冶炼副产品的生产和销售。
西安航空发动机(集团)有限公司	0.18	张民生	2 239 183 235 元	陕西省西安市北郊徐家湾	航空发动机、燃气轮机、烟气透平动力装置、航天发动机及其零部件。
西安四棉纺织有限责任公司	0.18	顾宪祥	10 000 000 元	陕西省西安市纺西街168号	棉纱、棉布。
延长油田股份有限公司	0.18	陶光强	100 亿元	陕西省延安市延川县永坪镇	石油、天然气勘探、开发与油气共生或钻遇的其他矿藏的开采、销售。
陕西飞机工业(集团)有限公司	0.18	李广兴	740 366 500 元	陕西省汉中市	运-8飞机、微型汽车、大轿车系列产品及零配件的开发、制造、销售、服务等。
陕西汽车实业有限公司	0.09	方红卫	5 054 330 000 元	陕西省西安市经济技术开发区泾渭工业园陕汽大道	项目投资、资产管理、后勤管理及服务、场地租赁、投资管理及咨询。
陕西省耀县水泥厂	0.09	安学辰	210 203 000 元	陕西省铜川市耀州区东郊	普通硅酸盐水泥、油井水泥的销售,包装材料、商品混凝土的生产。

3.2 董事

姓 名	职 务	性别	年龄	选任日期	所推荐的股东名称	该股东持股比例(%)	简 要 履 历
徐朝晖	董事长	女	42	2012年8月	陕西省电力建设投资开发公司	57.78	1994年9月参加工作,香港理工大学工商管理硕士,中共党员,西部信托有限公司董事长。
王军营	董事	男	47	2012年8月	陕西省电力建设投资开发公司	57.78	1991年7月参加工作,中共党员,大学文化程度,研究生学历,国家注册质量体系审核师,国家注册安全工程师,现任陕西能源集团副总经理。
王宗发	董事	男	61	2012年8月	陕西省电力建设投资开发公司	57.78	1975年10月参加工作,大学文化程度,高级会计师,中共党员,现任陕西能源集团总会计师。
赵 辉	董事	男	56	2012年8月	陕西省电力建设投资开发公司	57.78	1979年3月参加工作,大学文化程度,高级经济师。曾任陕西国际信托股份有限公司副总经济师、副总经理、副总裁,现任西部信托有限公司总经理。
范 明	董事	男	40	2012年8月	陕西省电力建设投资开发公司	57.78	1997年7月参加工作,大学本科文化程度,经济师职称,具有证券从业资格和保险经纪、公估、代理从业资格。现任陕西能源集团金融证券部主任。
郭庆国	董事	男	59	2012年8月	陕西省产业投资有限公司	8.66	大学本科学历,高级经济师,1973年1月参加工作,曾任陕西省计划委员会处长、陕西省投资公司总经理,现任陕西省产业投资公司董事长。
答孝棋	职工董事	男	43	2012年8月	西部信托有限公司	—	研究生学历,经济师。1992年7月参加工作,曾任新天期货经纪有限公司结算部副部长,西部信托有限公司信托业务部副经理、经理。现任公司信托业务一部经理、职工董事。

独立董事

姓　名	所在单位及职务	性别	年龄	选任日期	所推举的股东名称	该股东持股比例(%)	简　要　履　历
余　力	西安交通大学经济学院金融学教授	男	67	2012 年 8 月	—	—	1980 年 7 月至 2000 年 3 月在陕西财经学院金融系任教;2000 年 3 月至今在西安交通大学经济学院金融系任教。
王鲁平	西安交通大学管理学院会计学副教授	男	52	2012 年 8 月	—	—	1992 年 6 月至 2004 年 9 月西安交通大学管理学院会计系任教;2004 年 9 月至今在西安交通大学管理学院会计及财务系任教。
羿　克	陕西融德律师事务所	男	46	2012 年 8 月	—	—	西安交通大学经济法学硕士,中国社会科学院民商专业法学博士研究生;2005 年至今,西安交通大学法学院客座教授;2008 年至今,陕西融德律师事务所主任。

3.3　监事

姓　名	职　务	性别	年龄	选任日期	所推荐的股东名称	该股东持股比例(%)	简　要　履　历
姜阿合	监事会主席	男	58	2014 年 8 月	彩虹集团公司	5.01	曾任西安彩虹电器工业有限责任公司总会计师、彩虹显示器件股份有限公司财务总监,现任彩虹集团公司副总会计师兼资产财务部部长。
孙　飚	监事	男	47	2012 年 8 月	重庆中侨置业有限公司	6.36	2000 年至今担任重庆康信置业有限公司董事长、重庆中侨置业有限公司董事长、重庆金岛房地产有限公司董事长。
沈　康	职工监事	男	40	2012 年 8 月	西部信托有限公司	—	1997 年参加工作,曾任西部信托有限公司证券投资部项目经理、投资银行部副经理,现任公司信托七部经理、职工监事。

本公司监事会未设立下属委员会。

3.4　高级管理人员

姓　名	职务	性别	年龄	选任日期	金融从业年限(年)	学历	专业	简　要　履　历
赵　辉	总经理	男	55	2012 年 8 月	21	本科	金融	1979 年 3 月参加工作,大学文化程度,高级经济师,曾任陕西国际信托股份有限公司副总经济师、副总经理、副总裁,现任公司总经理。
张荣超	副总经理	男	56	2012 年 8 月	18	本科	棉纺工程	曾任西部信托有限公司自有资产部经理、行政事务部主任、总经理助理,现任公司副总经理、董事会秘书。
王　珂	副总经理	男	54	2012 年 8 月	35	本科	经济管理	曾任工商银行总行信贷管理部授信处处长、工商银行陕西省分行管理部副总经理,现任公司副总经理。
武士伟	副总经理	男	39	2012 年 8 月	15	博士研究生	产业经济学	曾任工商银行投资银行部综合管理处副处长、工商银行投资银行部市场资信业务处副处长、工商银行印度尼西亚有限公司副总经理,现任公司副总经理。
刘　洁	副总经理	女	45	2012 年 8 月	14	研究生	工商管理	曾任西部证券股份有限公司投资银行部高级经理,长安国际信托股份有限公司审计部总经理、风险控制部总经理、合规风险副总监、公司监事,现任公司副总经理。
高彩玲	营销总监	女	54	2012 年 8 月	35	本科	经济管理	曾任西部信托有限公司信托二部经理、总经理助理兼房地产信托部经理,现任公司营销总监兼理财中心经理。
蔡长生	稽核总监	男	55	2012 年 8 月	18	研究生	经济管理	曾在国有大中型企业担任财务处长、副总会计师,西部信托有限公司任财务部经理、总经理助理兼审计法规部经理、董事会秘书,现任稽核总监。
贾　旭	总经理助理	男	46	2012 年 8 月	22	研究生	工商管理	中共党员,经济师,硕士,曾任西部信托有限公司市场营销部经理、信托二部经理,现任公司总经理助理。
齐　冰	总经理助理	男	43	2012 年 8 月	18	研究生	工商管理	曾任西部证券股份有限公司西安吉祥路证券营业部副总经理、客户资产管理总部副总经理、总经理,上海第二分公司总经理,现任公司总经理助理。

3.5 公司员工

项目		报告期年度		上年度	
		人数(人)	比例(%)	人数(人)	比例(%)
年龄分布	25岁以下	2	1.3	6	4.3
	25~29岁	38	24.4	39	27.7
	30~39岁	46	29.5	35	24.8
	40岁以上	70	44.8	61	43.3
学历分布	博士	2	1.3	2	1.4
	硕士	54	34.6	40	28.4
	本科	65	41.7	66	46.8
	专科	29	18.6	28	19.9
	其他	6	3.8	5	3.5
岗位分布	董事、监事及其高管人员	12	7.7	14	9.9
	自营业务人员	4	2.6	4	2.8
	信托业务人员	61	39.1	45	31.9
	其他人员	79	50.6	78	55.3

4. 经营管理

4.1 经营目标、方针、战略规划

综合运用各类市场资源，在公司内部逐步建立健全现代企业制度，建造科学合理的经营管理体制、激励机制和风险内控系统，为客户提供专业化的综合金融服务，为信托受益人谋求利益最大化，为股东实现价值最大化，为员工提供良好的成长机会，使公司成为具有高度诚信、主营突出、持续高效发展、知识密集型的专业理财金融机构。

以人为本，科学发展，打造信托行业的一流企业。以市场为导向，坚持诚信、稳健、合规经营。以实体经济和金融投资为重点，最大限度满足市场需求。不断加大业务创新力度，努力提升自有业务和信托业务的管理水平，严格控制风险，构建具备持续发展能力的盈利模式，创造理想的经济效益和社会效益。

坚持“受人之托，代人理财”的服务宗旨，以“跟随主流市场同时打造自身特色，进行业务综合布局”为战略方向，以“在锁定基石业务基础上，积极培养战略创新业务和传统业务创新思路”为战略定位，以立足陕西、拓展全国性业务为路径，在资本市场、基础设施建设、能源、装备制造业、基金化房地产、私人银行等领域，通过若干年的努力，在西部地区形成具有自身特色和较强影响力的投资银行、资产管理、私人银行三位一体的专业化金融资产管理公司。

4.2 经营业务的主要内容

公司所经营业务包括固有资产管理业务和信托业务。

自营资产运用与分布表

资产运用	金额(万元)	占比(%)	资产分布	金额(万元)	占比(%)
货币资产	3 454.71	1.73	基础产业	5 633.00	2.83
贷款及应收款	5 480.51	2.75	房地产业	17 600.00	8.83
交易性金融资产	60.52	0.03	证券市场	107 981.18	54.17
可供出售金融资产	83 377.41	41.83	实业	5 000.00	2.51
持有至到期投资	65 530.10	32.88	金融机构	32 753.85	16.43
长期股权投资	15 000.00	7.53	其他	30 353.32	15.23
其他	26 418.10	13.25			
资产总计	199 321.35	100	资产总计	199 321.35	100

信托资产运用与分布表

资产运用	金额(万元)	占比(%)	资产分布	金额(万元)	占比(%)
货币资产	174 430.27	2.68	基础产业	1 411 988.00	21.66
贷款	3 074 217.97	47.16	房地产	325 061.20	4.99
交易性金融资产	207 383.23	3.18	证券市场	207 383.23	3.18
可供出售金融资产			实业	3 045 026.37	46.71
持有至到期投资	1 574 018.33	24.14	金融机构	1 305 854.33	20.03
长期股权投资	1 221 614.83	18.74	其他	223 770.24	3.43
其他	267 418.74	4.10			
信托资产总计	6 519 083.37	100	信托资产总计	6 519 083.37	100

4.3 市场分析

2014年，国民经济正处于由回升向稳定增长转变的关键时期。按照中央经济工作会议的总体部署，在党的十八大方针指引下，我国坚持以科学发展为主题，以加快转变经济发展方式为主线，实施积极的财政政策和稳健的货币政策，增强宏观调控的针对性、灵活性、有效性，加快推进经济结构调整，大力加强自主创新，切实抓好节能减排，不断深化改革开放，着力保障和改善民生，巩固和扩大应对国际金融危机冲击成果，保持经济平稳较快发展，促进社会和谐稳定。

2014年，全国68家信托公司在“一法三规”的指导下开展信托理财业务。与此同时，信托公司分类监管的实施和净资本管理规定的颁布，标志着监管机构的监管更加科学化，也使整个信托业面临着业务调整和战略转型，步入规范运营的轨道，同时加剧了信托公司业务发展的分化，理财业务竞争将更加激烈，市场和客户细分将使信托业发展机遇与挑战共存。

4.3.1 有利因素

(1)信托公司遵照“一法三规”，真正回归主业，开始步入规范经营的轨道，专注于做合规经营的财产管理者和机构投资者，有助于降低经营性风险，促进信托行业的健康、规范发展。监管部门已经或即将出台政策支持信托公司发展，制度环境在逐步改善。

(2)国家与地方扩大内需保增长的战略措施将促使国民经济保持平稳较快增长，陕西省经济继续保持良好的发展态势，省委、省政府提出国民经济增长目标以及发展三大支柱产业和四大基地的宏伟规划，大批基础设施重点项目建设保证了投资需求的稳步增长，资金需求量很大，为公司开展信托业务提供了良好的外部机遇。

(3)经济较快增长带动了居民财富的增加，城镇和农村居民人均纯收入稳步增长，流动性充裕，理财观念逐渐转变，投资意识不断增强，居民对稳健理财的需求会更加旺盛，为公司培育市场奠定了一定基础。

（4）金融业综合经营成为市场共识和发展趋势，信托业特有的制度与工具优势被不断发掘，在融合过程中信托公司的价值正在被重新认识，社会逐步在了解信托理财的优势，有助于公司建立可持续的市场竞争能力。

4.3.2 不利因素

（1）受监管政策因素影响，公司银信合作业务、信政合作业务、房地产集合资金信托等业务预计将受到较大影响。

（2）信托公司仍处在正本清源过程中，相对于其他类型的金融机构，得到的政策扶持力度相对较弱，业务空间狭窄，限制了公司向更深层次的发展。

（3）理财市场不公平竞争加剧，信托公司缺乏专属性的业务领域，市场门槛过高，难以与银行、证券、基金等理财机构展开正面竞争。

（4）配套政策有待完善，产品创新受到制度制约。

（5）西部地区经济发展相对落后，社会整体收入水平较低，合格投资者的培育尚待时日，在转型初期公司的信托业务将面临较大萎缩，公司的盈利模式构建尚处在探索过程中。

（6）信托产品难以真正满足多层次的市场需要，信托功能尚有待发掘。

4.4 内部控制概况

4.4.1 内部控制环境和内部控制文化

公司重视内控建设，公司股东会、董事会、监事会、经营管理层各自的职能分工明确，建立了决策层、执行层、监督层构成的内部控制架构，在公司的经营发展中发挥着各自的职能与作用，形成了各层既相互独立，又相互制衡、相互协调的内部控制机制。

公司一直秉承“稳健经营、持续发展”的经营理念，始终把风险控制放在经营管理的首要位置，多层次、全方位推动积极有效的内控文化建设。通过培训学习、印发制度汇编等多种途径使全体员工熟悉公司的各项规章制度及业务操作流程；通过经常性的审计检查，不断强化员工的风险控制意识。

4.4.2 内部控制措施

公司董事会下设风险管理委员会、信托委员会、薪酬管理委员会、战略委员会、审计委员会。各委员会职责清晰、分工明确，协助董事会开展公司各项工作。公司引入独立董事制度，并由独立董事出任信托委员会、薪酬管理委员会和审计委员会主任委员，以控制公司重大业务的经营风险，实现公司的稳健持续发展。

公司层面设置了信托业务论证委员会和固有业务论证委员会，建立了有效的业务咨询系统。业务部门在开办业务时首先要经过详细的可行性分析，经风险控制部进行项目预审，再提交专业论证委员会进行审议表决。公司审计稽核部负责内审工作，遵循内部审计准则和稽核工作规范，独立、客观地履行职能。公司《授权管理办法》对经营班子业务权限作出了明确规定，超过其范围的须经董事会审议通过后方可实施。

公司设立了业务风险控制委员会，人员由公司总经理、主管风控合规的副总经理、稽核总监等组成，通过定期跟踪、分析业务项目风险，对项目运行过程中的风险情况进行认真评估，排查业务项目风险隐患，建立了风险预警机制。

4.4.3 监督评价与纠正

公司设立独立的部门分别管理固有财产和信托财产，各部门和岗位职权分明、职能独立。公司不断地完善制度体系，将内部综合管理、业务管理、财务管理三大类制度进行梳理与汇总，力求公司经营管理环节都做到照章办事、有章可循。

公司建立了内部控制评价、监督、纠正机制。公司审计稽核部作为公司独立的专职监督部门，以防范风险、纠正违规、加强内控为工作目标，对公司的内部控制、操作风险及合规管理进行独立监督和评价，及时发现内部控制缺陷或项目操作风险，提出改进建议并敦促改进，促进公司的稳健发展。法律合规部负责对公司的法规工作进行统一的规划、指导、监督、检查及评价，确保公司及项目合法合规。

本报告期内，公司审计稽核部按照《企业内部控制基本规范》的有关规定，对公司目前的内部控制制度及其执行情况进行了全面深入的自我评价，对公司治理、内部控制、项目管理、风险控制与合规管理等多个方面开展了审计工作，并提出了有关审计管理建议共 47 条。报告期内审计稽核部两次对审计工作中发现的问题进行整改检查，使有关问题及时得到解决。

4.5 风险管理

4.5.1 信用风险状况

信用风险又称违约风险，是指交易对手不能履行合约义务而带来的风险。对公司而言，它指的是信托当事人各自承担的对他方的责任全部或部分不能按时履行的风险。信用风险是公司面临的主要风险，主要表现为公司融资业务中融资方、担保方的信用风险，资金往来银行的信用风险，证券投资开户券商的信用风险等。

公司制定了具体的业务管理制度和流程，所有业务均严格按照事前、事中、事后的风险管理原则进行管理。公司抵（质）押品确认的主要原则是：抵（质）押品价值由公司根据其变现能力，参照评估机构的评估价值，与抵（质）押人共同商定并在合同中载明；在抵（质）押期间，如果抵（质）押品发生损毁、灭失，抵（质）押人应及时告知公司并提供其他形式的足额担保。原则上，抵（质）押品与贷款本金之比不得高于 50%。

公司采用“备抵法”计提一般准备，据实计提专项准备。公司贷款资产减值准备计提标准为：正常类，计提比例为 0%；关注类，计提比例为 2%；次级类，计提比例为 25%；可疑类，计提比例为 50%；损失类，计提比例为 100%。报告期内，公司不良资产期初数为 5 128 万元，期末数为 4 048 万元，已足额计提资产减值准备。

4.5.2 市场风险状况

市场风险是指公司在业务经营中所不可避免地因市场参数的波动而产生的风险。公司面临的市场风险主要是市场供求风险、股价波动风险、利率风险、汇率风险及同业竞争形成的风险和购买力风险。具体地，在信托业务中，如果股价波动，市场利率发生了与预期方向相反的变化，就会给相关业务带来不利影响，从而使公司净收益减少，降低投资效益。报告期内，公司密切关注各类市场风险，加强行业分析及研究，未发生因市场风险造成的损失。

4.5.3 操作风险状况

操作风险是指公司内部业务流程、计算机系统、工作人员在操作中未按合同约定执行而产生的失误可能给公司造成损失的风险，也指公司外部因素如通信系统故障等可能给公司造成损失或影响公司正常运行的风险。报告期内，公司未发生因操作风险造成的损失。

4.5.4　其他风险状况

其他风险主要是指公司业务开展中的政策风险、合规风险、流动性风险、道德风险、声誉风险等。政策风险主要表现为宏观政策以及行业政策的变动对公司经营环境和发展所造成的影响。合规风险是指公司因没有遵循法律法规和规章制度而可能遭受法律制裁、监管处罚、重大财务损失和声誉损失的风险。流动性风险是指在信托业务运行中，企业因种种原因造成了现金流量不足，从而有可能影响项目正常兑付的风险。道德风险指公司内部人员不诚信经营、不恪尽职守的风险。报告期内，公司未发生因其他风险所造成的损失。

4.5.5　信用风险管理

为有效防控信用风险，公司一是严格按照业务流程、制度规定和相应程序开展各项业务，确保决策者充分了解业务涉及的信用风险；二是通过对交易对手进行全面、深入的信用调查与分析，形成客观、翔实的尽职调查报告，向决策机构充分揭示业务涉及的信用风险；三是严格落实担保等措施，客观、公正地评估抵押物；四是通过项目实施过程中的业务跟踪及定期的资产五级分类进行风险事中控制；五是强化业务部门的后期尽职管理职能，形成翔实的项目后期尽职管理情况报告，定期向公司经营管理层等报告，并积极推进项目期间风险管理体系的完善，形成到期前六个月兑付风险的排查和管理制度；六是公司通过提取信托赔偿准备金和计提一般准备、据实计提专项准备来提高抵御风险的能力。

4.5.6　市场风险管理

公司针对不同的业务品种如基础设施类资金信托、房地产资金信托、证券投资信托等的市场风险状况和特点，采取了积极的应对措施。一是注重研究和防范系统性风险，形成了定期行业分析和研究制度，加强对国内外经济金融形势的分析和把握，注意跟踪宏观经济变化，特别是消费物价指数的变动，预测相关行业发展趋势，加强对市场风险的分析、识别，增强预见性，并防范利率风险；二是通过业务种类、产品结构的多元化提高公司抵御市场风险的整体能力，自主地或会同交易对手共同把握和规避市场风险；三是通过时机选择、个股选择来寻找投资机会，妥善管理和控制股市波动带来的风险；四是控制行业集中度，关注政策导向研究，回避限制性行业；五是定期、不定期地对项目进展情况进行检查评估，以灵活多样的方式确保资金按期回笼；六是聘请一些专业的机构参与项目的调查与评估，吸取专家意见，防控风险。

4.5.7　操作风险管理

为防止操作风险的发生，公司一是设定合理的决策权限、审批流程，建立严格的决策信息采集、传递程序，使决策人能够充分掌握基础决策信息；二是完善各项业务流程和操作规程，实行统一的业务标准和操作要求；三是不断完善公司的内控制度，建立职责分离、横向与纵向相互监督制约的机制；四是更新和完善信息化系统；五是加强员工培训，提高员工技能，通过技术手段对操作权限和内容进行程序设定，实行操作失误处罚、制定应急预案等，减少人为操作失误。

4.5.8　其他风险管理

为防范其他风险，公司一是通过对宏观政策和行业政策的跟踪、研究，提高预见性和前瞻性，控制政策风险；二是通过建立完善的公司治理结构、内控制度、业务流程，加强思想教育，调查交易对手的诚信记录，控制道德风险；三是加强项目风险排查，及时发现风险隐患，并予以及时纠正，突出项目现金流量管理，加强对流动性风险的防范；四是加强合规风险管理制度和体系的建设，制定合规政策，重视合规文化建设，提倡“全员合规，合规从高层做起”的管理理念，树立“风险管理是公司经营的立足之本”这一风险管理的核心价值观念。

5. 报告期末及上一年度末的比较式会计报表

5.1　自营资产

5.1.1　会计师事务所审计结论

审 计 报 告

希会审字(2015)0213 号

西部信托有限公司：

我们审计了后附的西部信托有限公司(以下简称贵公司)财务报表，包括 2014 年 12 月 31 日的资产负债表，2014 年度的利润表、金流量表和所有者权益变动表以及财务报表附注。

一、管理层对财务报表的责任

编制和公允列报财务报表是管理层的责任，这种责任包括：(1)按照企业会计准则的规定编制财务报表，并使其实现公允反映；(2)设计、执行和维护必要的内部控制，以使财务报表不存在由于舞弊或错误导致的重大错报。

二、注册会计师的责任

我们的责任是在执行审计工作的基础上对财务报表发表审计意见。我们按照中国注册会计师审计准则的规定执行了审计工作。中国注册会计师审计准则要求我们遵守中国注册会计师职业道德守则，计划和执行审计工作以对财务报表是否不存在重大错报获取合理保证。

审计工作涉及实施审计程序，以获取有关财务报表金额和披露的审计证据。选择的审计程序取决于注册会计师的判断，包括对由于舞弊或错误导致的财务报表重大错报风险的评估。在进行风险评估时，注册会计师考虑与财务报表编制和公允列报相关的内部控制，以设计恰当的审计程序，但目的并非对内部控制的有效性发表意见。审计工作还包括评价管理层选用会计政策的恰当性和作出会计估计的合理性，以及评价财务报表的总体列报。

我们相信，我们获取的审计证据是充分、适当的，为发表审计意见提供了基础。

三、审计意见

我们认为，贵公司财务报表在所有重大方面按照企业会计准则的规定编制，公允反映了贵公司 2014 年 12 月 31 日的财务状况以及 2014 年度的经营成果和现金流量。

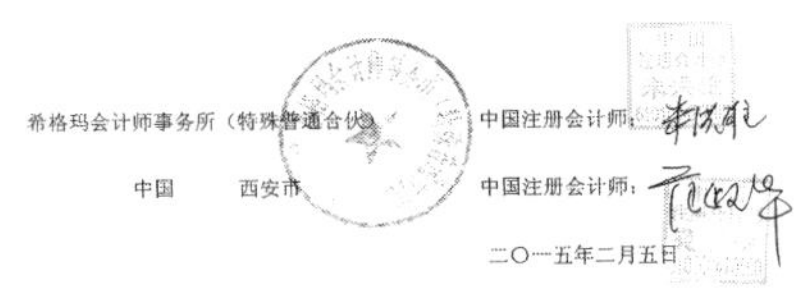

5.1.2 资产负债表

资产负债表（自有业务）

编报单位：西部信托有限公司　　　　2014 年 12 月 31 日　　　　单位：万元

资　产	期末余额	年初余额	负债和所有者权益	期末余额	年初余额
资产：			负债：		
现金	0.94	2.08	短期借款		
银行存款	3 440.11	21 439.08	拆入资金		
结算备付金	13.66	3.06	交易性金融负债		
拆出资金			衍生金融负债		
交易性金融资产	60.52		卖出回购金融资产款		
衍生金融资产			应付职工薪酬	11 155.21	7 426.39
买入返售金融资产			应交税费	2 551.44	3 531.85
应收利息			应付利息		
应收款项	480.51	187.44	应付账款		
发放贷款和垫款	5 000.00	10 000.00	其他应付款	3 416.52	1 753.54
其他流动资产	23 500.00	19 000.00	应付股利	145.62	131.98
流动资产合计	32 495.74	50 631.66	其他流动负债		
可供出售金融资产	83 377.41	86 068.25	流动负债合计	17 268.79	12 843.76
持有至到期投资	65 530.10	24 000.00	长期借款		
长期股权投资	15 000.00	15 000.00	应付债券		
投资性房地产			预计负债		
固定资产	2 521.97	2 641.34	递延所得税负债	15 432.89	15 141.28
无形资产		8.03	其他非流动负债		
商誉			非流动负债合计	32 701.68	15 141.28
递延所得税资产	396.13	405.1	负债合计		27 985.04
长期待摊费用			所有者权益：		
其他非流动资产			实收资本	62 000.00	62 000.00
非流动资产合计	166 825.61	128 122.72	资本公积		
			其他综合收益	46 298.65	45 423.86
			盈余公积	11 334.78	9 465.23
			信托赔偿准备	5 667.39	4 732.61
			一般准备	2 945.13	2 635.47
			未分配利润	38 373.72	26 512.17
			所有者权益合计	166 619.67	150 769.34
资产总计	199 321.35	178 754.38	负债及所有者权益总计	199 321.35	178 754.38

公司负责人：徐朝晖　　　　主管财务总经理：刘　洁　　　　财务经理：甄　明　　　　制表：南志伟

5.1.3 利润表

利润表（自有业务）

编制单位：西部信托有限公司　　　　2014 年　　　　单位：万元

项　目	本年累计数	上年累计数
一、营业收入	39 977.22	36 884.03
利息收入	2 032.58	4 207.20
其中：贷款利息收入	1 402.31	2 872.07
同业存放利息收入	630.27	1 311.49
手续费及佣金收入	29 075.93	27 553.26
投资收益	8 805.98	5 119.67
其中：股权投资收入	2 125.85	2 567.02
证券销售差价收入	3 557.28	48.63
公允价值变动收益	38.79	
汇兑收益		
其他业务收入	23.94	3.90
二、营业支出	14 917.71	11 768.96
利息支出	10.37	0.60
手续费及佣金支出	6.01	6.96
营业税金及附加	2 082.21	1 848.31
业务及管理费	12 855.03	10 993.20
资产减值损失	−35.91	−1 080.11
其他业务成本		
三、营业利润	25 059.51	25 115.07
加：营业外收入	60.52	194.93
减：营业外支出	10.05	23.97
四、利润总额	25 109.98	25 286.03
减：所得税费用	6 414.44	6 324.43
五、净利润	18 695.54	18 961.60
六、每股收益		
（一）基本每股收益	0.30	0.31
（二）稀释每股收益	0.30	0.31
七、其他综合收益	874.79	9 523.64
八、综合收益总额	19 570.33	28 485.24

公司负责人：徐朝晖　　　　主管财务总经理：刘　洁　　　　财务经理：甄　明　　　　制表：南志伟

5.1.4 所有者权益变动表

所有者权益变动表

2014 年度

编制单位：西部信托有限公司　　　　单位：万元

项目	行次	本年金额											
		归属于母公司所有者权益										少数股东权益	所有者权益合计
		实收资本（或股本）	资本公积	其他综合收益	减：库存股	信托赔偿准备	盈余公积	Δ 一般风险准备	未分配利润	其他	小计		
栏次	—	1	2	3	4	5	6	7	8	9	10	11	12
一、上年末余额	1	62 000.00		4 523.86		4 732.61	9 465.23	2 635.47	26 512.17		15 769.34		150 769.34
加：会计政策变更	2												
前期差错更正	3												
二、本年初余额	4	62 000.00		45 423.86		4 732.61	9 465.23	2 635.47	26 512.17		150 769.34		150 769.34
三、本期增减变动金额（减少以"－"号填列）	5			874.79		934.78	1 869.55	309.66	11 861.55		15 850.33		15 850.33
（一）净利润	6								18 695.54		18 695.54		18 695.54
（二）其他综合利益	7			874.79							874.79		874.79
综合收益小计	8			874.79					18 695.54		19 570.33		19 570.33
（三）所有者投入和减少资本	9												
1. 所有者投入资本	10												
2. 股份支付计入所有者权益的金额	11												
3. 其他	12												
（四）专项储备提取和使用	13												
1. 提取专项储备	14												
2. 使用专项储备	15												
（五）利润分配	16					934.78	1 869.55	309.66	－6 833.99		－3 720.00		－3 720.00
1. 提取盈余公积	17						1 869.55		－1 869.55				
其中：法定公积金	18						1 869.55		－1 869.55				
任意公积金	19												
#储备基金	20												
#企业发展基金	21												
#利润归还投资	22												
2. 提取一般风险准备	23					934.78		309.66	－1 244.44				
3. 对所有者（或股东）的分配	24								－3 720.00		－3 720.00		－3 720.00
4. 其他	25												
（六）所有者权益内部结转	26												
1. 资本公积转增资本（或股本）	27												
2. 盈余公积转增资本（或股本）	28												
3. 盈余公积弥补亏损	29												
4. 其他	30												
四、本年末余额	31	62 000.00		46 298.65		5 667.39	11 334.78	2 945.13	38 373.72		166 619.67		166 619.67

公司负责人：徐朝晖　　主管财务总经理：刘　洁　　财务经理：甄　明　　制表：南志伟

所有者权益变动表

2014 年度

编制单位：西部信托有限公司　　　　单位：万元

项目	行次	上年金额											
		归属于母公司所有者权益										少数股东权益	所有者权益合计
		实收资本（或股本）	资本公积	其他综合收益	减：库存股	信托赔偿准备	盈余公积	Δ一般风险准备	未分配利润	其他	小计		
栏次	—	13	14	15	16	17	18	19	20	21	22	23	24
一、上年末余额	1	62 000. 00		35 900. 22		3 784. 53	7 569. 07	2 298. 89	23 131. 39		134 684. 10		13 684. 10
加：会计政策变更	2												
前期差错更正	3												
二、本年初余额	4	62 000. 00		35 900. 22		3 784. 53	7 569. 07	2 298. 89	23 131. 39		134 684. 10		134 684. 10
三、本期增减变动金额（减少以"－"号填列）	5			9 523. 64		948. 08	1 896. 16	336. 58	3 380. 78		16 085. 24		16 085. 24
（一）净利润	6								18 961. 60		18 961. 60		18 961. 60
（二）其他综合利益	7			9 523. 64							9 523. 64		9 523. 64
综合收益小计	8			9 523. 64					18 961. 60		28 485. 24		28 485. 24
（三）所有者投入和减少资本	9												
1. 所有者投入资本	10												
2. 股份支付计入所有者权益的金额	11												
3. 其他	12												
（四）专项储备提取和使用	13												
1. 提取专项储备	14												
2. 使用专项储备	15												
（五）利润分配	16					948. 08	1 896. 16	336. 58	－15 580. 82		－12 400. 00		－12 400. 00
1. 提取盈余公积	17						1 896. 16		－1 896. 16				
其中：法定公积金	18						1 896. 16		－1 896. 16				
任意公积金	19												
#储备基金	20												
#企业发展基金	21												
#利润归还投资	22												
2. 提取一般风险准备	23					948. 08		336. 58	－1 284. 66				
3. 对所有者（或股东）的分配	24								－12 400. 00		－12 400. 00		－12 400. 00
4. 其他	25												
（六）所有者权益内部结转	26												
1. 资本公积转增资本（或股本）	27												
2. 盈余公积转增资本（或股本）	28												
3. 盈余公积弥补亏损	29												
4. 其他	30												
四、本年末余额	31	62 000. 00		45 423. 86		4 732. 61	9 465. 23	2 635. 47	26 512. 17		150 769. 34		150 769. 34

公司负责人：徐朝晖　　主管财务总经理：刘　洁　　财务经理：甄　明　　制表：南志伟

5.2 信托资产

5.2.1 信托项目资产负债汇总表

信托项目资产负债表

编制单位:西部信托有限公司　　2014 年 12 月 31 日　　单位:万元

资产	期末余额	期初余额	负债和权益	期末余额	期初余额
资产:			负债:		
货币资金	70 793.32	102 196.21	交易性金融负债		
拆出资金			衍生金融负债		
结算备付金	103 636.95	31 294.37	应付账款	21 293.84	29 011.56
交易性金融资产	207 383.23	106 611.36	卖出回购金融资产		
衍生金融资产			应付赎回款		
买入返售金融资产			应付受托人报酬	130.63	8.09
应收账款	1 295.74	0.50	应付受益人收益	7 399.33	2 621.69
应收利息			应付托管费		
应收股利			应付销售服务费		
应收票据			应交税费		
应收申购款			应付利息		
其他应收款			其他应付款		
存出保证金			其他负债		
发放贷款	3 074 217.97	2 847 847.60	负债合计	28 823.80	31 641.34
长期应收款					
可供出售金融资产					
持有至到期投资	1 574 018.33	300 247.23			
长期股权投资	1 221 614.83	1 649 424.63	权益:		
投资性房地产			实收信托	6 417 827.46	5 013 032.28
融资租赁资产			资本公积		
固定资产			未分配利润	72 432.11	69 071.28
固定资产清理			权益合计	6 490 259.57	5 082 103.56
无形资产					
长期待摊费用					
其他资产	266 123.00	76 123.00			
资产总计	6 519 083.37	5 113 744.90	负债和权益总计	6 519 083.37	5 113 744.90

5.2.2 信托项目利润及利润分配汇总表

信托项目利润表

编制单位:西部信托有限公司　　2014 年　　单位:万元

项　　目	本的累计数	上年累计数
一、收入	471 829.50	432 479.82
利息收入	206 925.61	186 042.18
投资收益(损失以“ -”号填列)	256 604.02	247 049.24
其中:对联营企业和合营企业的投资收益		
公允价值变动收益(损失以“ -”号填列)	8 413.02	-1 298.73
租赁收入		
汇兑损益(损失以“ -”号填列)		
其他收入	-113.15	687.13
二、支出	52 369.54	59 354.10
营业税金及附加		
受托人报酬	29 075.93	27 506.78
托管费	5 902.95	5 270.52

续表

项　　目	本的累计数	上年累计数
投资管理费	9 385.92	9 844.70
销售服务费	662.45	2 107.50
交易费用	2 029.55	2 065.05
利息支出		
资产减值损失		
其他费用	5 312.74	12 559.55
三、信托净利润(净亏损以“ -”号填列)	419 459.96	373 125.72
四、其他综合收益		
五、综合收益	419 459.96	373 125.72
加:期初未分配信托利润	69 071.28	56 793.71
六、可供分配的信托利润	488 531.24	429 919.43
减:本期已分配信托利润	416 099.13	360 848.15
七、期末未分配信托利润	72 432.11	69 071.28

6. 会计报表附注

6.1 简要说明报告年度会计报表编制基准、会计政策、会计估计和核算方法发生的变化

根据修订后的《企业会计准则第2号——长期股权投资》，公司对被投资单位不具有共同控制或重大影响，并且在活跃市场中没有报价、公允价值不能可靠计量的“长期股权投资”并入《企业会计准则第22号——金融工具确认及计量》，公司原在长期股权投资核算、账面价值为18 076.05万元的投资转至“可供出售金融资产”列报，报表年初数也相应进行了调整。根据修订后的《企业会计准则第30号——财务报表列报》，公司原在“资本公积”科目下核算的其他综合收益转至“其他综合收益”科目列报，报表年初数也相应进行了调整。

除以上因法规要求变更外，2014年度本公司会计报表编制基准、会计政策、会计估计和核算方法与上年一致，无变化。

6.2 或有事项说明

本公司无对外担保事项。截至2014年12月31日，未发生其他影响本年度会计报表阅读和理解的重大或有事项。

6.3 重要资产转让及其出售的说明

无。

6.4 会计报表中重要项目的明细资料

6.4.1 披露自营资产经营情况

6.4.1.1 按信用风险五级分类结果披露信用风险资产的期初数、期末数

信用风险资产五级分类	正常类（万元）	关注类（万元）	次级类（万元）	可疑类（万元）	损失类（万元）	信用风险资产合计（万元）	不良资产合计（万元）	不良资产率（%）
期初数	173 255.69				4 048.20	177 303.89	4 048.20	2.28
期末数	196 402.31				4 012.29	200 414.60	4 012.29	2.00

注：不良资产合计＝次级类＋可疑类＋损失类。

6.4.1.2 各项资产减值损失准备的期初数、本期计提、本期转回、本期核销、期末数

单位：万元

	期初数	本期计提	本期转回	本期核销	期末数
贷款损失准备	3 576.07		53.86		3 522.21
一般准备					
专项准备	3 576.07		53.86		3 522.21
其他资产减值准备	472.13				490.08
可供出售金融资产减值准备	322.20				322.20
持有至到期投资减值准备					
长期股权投资减值准备					
坏账准备	149.93	17.95			167.88
投资性房地产减值准备					

6.4.1.3 自营股票投资、基金投资、债券投资、长期股权投资等投资业务的期初数、期末数

单位：万元

	自营股票	基金	债券	长期股权投资	其他投资	合计
期初数	86 390.45			15 000.00		101 390.45
期末数	83 437.93	23 500.00		15 000.00	65 530.10	187 468.03

6.4.1.4 按投资入股金额排序，前三名的自营长期股权投资的企业名称、占被投资企业权益的比例及投资收益情况等（依大小顺序排列）

企业名称	占被投资企业权益的比例（%）	投资损益（万元）
1. 西部证券股份有限公司	12.5	945.00

注：投资损益是指按照企业会计准则有关规定，核算股权投资确认损益并计入披露年度利润表的金额。

6.4.1.5 前三名的自营贷款的企业名称、占贷款总额的比例和还款情况等（依大小顺序排列）

单位：%

企业名称	占贷款总额的比例	还款情况
1. 西安兴正元实业投资集团有限公司	58.67	正常
2. 广州天龙大酒店	27.24	逾期
3. 陕西恒丰乳品厂	6.20	逾期

6.4.1.6 表外业务的期初数、期末数，按照代理业务、担保业务和其他类型表外业务分别披露

单位：万元

表外业务	期初数	期末数
担保业务	0	0
代理业务（委托业务）	22 318.00	22 258.00
其　他	0	0
合　计	22 318.00	22 258.00

注：代理业务主要反映因客观原因应规范而尚未完成规范的历史遗留委托业务，包括委托贷款和委托投资。

6.4.1.7 公司当年的收入结构（母公司口径和并表口径同时披露）

收入结构	金额（万元）	占比（%）
手续费及佣金收入	29 075.93	72.62
其中：信托手续费收入	29 075.93	72.62
投资银行业务收入		
利息收入	2 032.58	5.08
其他业务收入	23.94	0.06
其中：计入信托业务收入部分		
投资收益	8 805.98	21.99
其中：股权投资收益	2 125.85	5.31
证券投资收益	3 557.28	8.88
其他投资收益	3 122.85	7.80
公允价值变动收益	38.79	0.10
营业外收入	60.52	0.15
收入合计	40 037.74	100

注：手续费及佣金收入、利息收入、其他业务收入、投资收益、营业外收入均应为损益表中的科目，其中手续费及佣金收入、利息收入、营业外收入为未抵减掉相应支出的全年累计实现收入数。

6.4.2 **披露信托财产管理情况**

6.4.2.1 信托资产的期初数、期末数

单位:万元

信托资产	期初数	期末数
集合	898 909.26	994 322.42
单一	4 213 711.54	5 523 636.78
财产权	1 124.10	1 124.17
合计	5 113 744.90	6 519 083.37

6.4.2.1.1 主动管理型信托业务的信托资产期初数、期末数,分证券投资、股权投资、融资、事务管理类分别披露

单位:万元

主动管理型信托资产	期初数	期末数
证券投资类	191 170.38	263 408.27
股权投资类	853 909.43	828 768.46
融资类	3 186 356.70	1 661 578.11
事务管理类	96 208.39	317 596.52
合计	4 327 644.90	3 071 351.36

6.4.2.1.2 被动管理型信托业务的信托资产期初数、期末数,分证券投资、股权投资、融资、事务管理类分别披露

单位:万元

被动管理型信托资产	期初数	期末数
证券投资类	0	22 955.77
股权投资类	100 000.00	420 002.90
融资类	686 100.00	563 088.88
事务管理类	0	2 441 684.46
合计	786 100.00	3 447 732.01

6.4.2.2 本年度已清算结束的信托项目个数、实收信托合计金额、加权平均实际年化收益率

6.4.2.2.1 本年度已清算结束的集合类、单一类资金信托项目和财产管理类信托项目个数、实收信托金额、加权平均实际年化收益率

已清算结束信托项目	项目个数(个)	实收信托合计金额(万元)	加权平均实际年化收益率(%)
集合类	20	411 515.57	9.59
单一类	60	2 562 914.00	7.34
财产管理类	0	0	0

注:收益率是指信托项目清算后,给受益人赚取的实际收益水平。加权平均实际年化收益率 =(信托项目 1 的实际年化收益率 × 信托项目 1 的实收信托 + 信托项目 2 的实际年化收益率 × 信托项目 2 的实收信托 +…+ 信托项目 n 的实际年化收益率 × 信托项目 n 的实收信托)/(信托项目 1 的实收信托 + 信托项目 2 的实收信托 +…+ 信托项目 n 的实收信托)×100%。

6.4.2.2.2 本年度已清算结束的主动管理型信托项目个数、实收信托合计金额、加权平均实际年化收益率,分证券投资、股权投资、融资、事务管理类分别计算并披露

已清算结束信托项目	项目个数(个)	实收信托合计金额(万元)	加权平均实际年化信托报酬率(%)	加权平均实际年化收益率(%)
证券投资类	1	2 168.57	1.74	4.00
股权投资类	13	442 972.00	0.88	8.06
融资类	59	2 147 289.00	0.74	7.88
事务管理类				

注:加权平均实际年化信托报酬率 =(信托项目 1 的实际年化信托报酬率 × 信托项目 1 的实收信托 + 信托项目 2 的实际年化信托报酬率 × 信托项目 2 的实收信托 +…+ 信托项目 n 的实际年化信托报酬率 × 信托项目 n 的实收信托)/(信托项目 1 的实收信托 + 信托项目 2 的实收信托 +…+ 信托项目 n 的实收信托)×100%。

6.4.2.2.3 本年度已清算结束的被动管理型信托项目个数、实收信托合计金额、加权平均实际年化收益率,分证券投资、股权投资、融资、事务管理类分别计算并披露

已清算结束信托项目	项目个数(个)	实收信托合计金额(万元)	加权平均实际年化信托报酬率(%)	加权平均实际年化收益率(%)
证券投资类				
股权投资类				
融资类	7	382 000.00	0.15	5.95
事务管理类				

6.4.2.3 本年度新增集合类、单一类、财产管理类信托项目个数、实收信托合计金额

新增信托项目	项目个数(个)	实收信托合计金额(万元)
集合类	29	432 406.00
单一类	98	3 556 207.47
财产管理类	0	0
新增合计	127	3 988 613.47
其中:主动管理型	49	1 296 606.00
被动管理型	78	2 692 007.47

注:本年新增信托项目指在本报告年度内累计新增的信托项目个数和金额,包含本年度新增并于本年度内结束的项目和本年度新增至报告期末仍在持续管理的信托项目。

6.4.2.4 信托业务创新成果和特色业务有关情况

无。

6.4.2.5 本公司履行受托人义务情况及因公司自身责任而导致的信托资产损失情况(合计金额、原因等)

本年度,公司尽职履行受托人职责,没有发生因公司自身责任而导致信托资产损失的情况。

6.5 关联方关系及其交易的披露

6.5.1 **关联交易方的数量、关联交易的总金额及关联交易的定价政策等**

单位:万元

	关联交易方数量	关联交易金额	定价政策
合计	3	316.84	按市场公允价格定价

注:"关联交易"定义应以《公司法》和《企业会计准则第 36 号——关联方披露》的有关规定为准。

6.5.2 关联交易方与本公司的关系性质，关联交易方的名称、法人代表、注册地址、注册资本及主营业务等

单位：万元

关系性质	关联方名称	法定代表人	注册地址	注册资本	主营业务
股东	重庆市中侨置业有限公司	孙飚	重庆市渝北区加州花园	1 000	金属材料、矿产品、汽车配件、仪器仪表的经销。
股东	陕西省投资（集团）有限公司	袁小宁	陕西省西安市东新街232号陕西信托大厦11～13楼	300 000	对全省性重点产业领域和重大发展项目进行投资开发和经营。
受同一控股股东及最终控制方控制的其他企业	西部证券股份有限公司	刘建武	陕西省西安市东新街232号	120 000	证券经纪，证券投资咨询，与证券交易、证券投资活动有关的财务顾问，证券承销与保荐，证券自营，证券资产管理，融资融券，证券投资基金代销，为期货公司提供中间介绍业务，代销金融产品业务。

6.5.3 本公司与关联方的重大交易事项

6.5.3.1 固有与关联方交易情况：贷款、投资、租赁、应收账款担保、其他方式等期初汇总数、本期借方和贷方发生额汇总数、期末汇总数

单位：万元

固有与关联方关联交易				
	期初数	借方发生额	贷方发生额	期末数
贷款	53.86	0	53.86	0
投资	0	0	0	0
租赁	0	180.43	180.43	0
担保	0	0	0	0
应收账款	0	0	0	0
其他	0	0	0	0
合计	53.86	180.43	234.29	0

6.5.3.2 信托与关联方交易情况：贷款、投资、租赁、应收账款、担保、其他方式等期初汇总数、本期借方和贷方发生额汇总数、期末汇总数

单位：万元

信托与关联方关联交易				
	期初数	借方发生额	贷方发生额	期末数
贷款	207 600.00		202 000.00	5 600.00
投资	0			0
租赁	0			0
担保	0			0
应收账款	0			0
其他	0	136.41	136.41	0
合计	207 600.00	136.41	202 136.41	5 600.00

6.5.3.3 信托公司自有资金运用于自己管理的信托项目（固信交易）、信托公司管理的信托项目之间的相互交易（信信交易）金额，包括余额和本报告年度的发生额

6.5.3.3.1 固有与信托财产之间的交易金额期初汇总数、本期发生额汇总数、期末汇总数

单位：万元

固有财产与信托财产相互交易			
	期初数	本期发生额	期末数
合计	13 900.00	12 333.00	26 233.00

注：以固有资金投资公司自己管理的信托项目受益权，或购买自己管理的信托项目的信托资产均应纳入统计披露范围。

6.5.3.3.2 信托项目之间的交易金额期初汇总数、本期发生额汇总数、期末汇总数

单位：万元

信托资产与信托财产相互交易			
	期初数	本期发生额	期末数
合计	0	10 781.00	10 781.00

注：以公司受托管理的一个信托项目的资金购买自己管理的另一个信托项目的受益权或信托项下资产均应纳入统计披露范围。

6.5.4 逐笔披露关联方逾期未偿还本公司资金的详细情况以及本公司为关联方担保发生或即将发生垫款的详细情况

无。

6.6 会计制度的披露

6.6.1 固有业务自2008年1月1日起执行财政部2006年2月15日颁布的《企业会计准则——基本准则》及其后续规定

6.6.2 信托业务2009年执行财政部《信托业务会计核算办法》（财会[2005]1号）及相关规定，自2010年1月1日起执行《企业会计准则——基本准则》及其后续规定

7. 财务情况说明书

7.1 利润实现和分配情况

7.1.1 分配利润

本年净利润在提取法定公积金和信托赔偿准备金后，留存金额为15 581.55万元。公司以前年度留存的未分配利润为22 792.17万元。

2014年度可供分配利润包括以上两部分，合计38 373.72万元。

7.1.2 分配方案

公司2014年度不进行利润分配，2014年末可供分配利润38 373.72万元滚存至2015年度分配。

7.2 主要财务指标

指标名称	指标值
资本利润率（%）	11.78
加权年化信托报酬率（%）	0.69
人均净利润（万元）	125.90

注：1. 资本利润率＝净利润/所有者权益平均余额×100%。

2. 加权年化信托报酬率＝（信托项目1的实际年化信托报酬率×信托项目1的实收信托＋信托项目2的实际年化信托报酬率×信托项目2的实收信托＋…＋信托项目n的实际年化信托报酬率×信托项目n的实收信托）/（信托项目1的实收信托＋信托项目2的实收信托＋…＋信托项目n的实收信托）×100%。

3. 人均净利润＝净利润/平均人数。

4. 平均值采取年初、年末余额简单平均法，公式为：a（平均）＝（年初数＋年末数）/2。

7.3 对本公司财务状况、经营成果有重大影响的其他事项

无。

8. 特别事项揭示

8.1 前五名股东报告期内变动情况及原因

公司2013年第二次临时股东会审议通过了《关于彩虹显示器件股份有限公司股权转让的议案》，公司于2014年3月13日完成了相关工商变更，公司原股东单位“彩虹显示器件股份有限公司”变更为“彩虹集团公司”。

8.2 董事、监事及高级管理人员变动情况及原因

公司于2014年8月20日召开的2014年第三次临时股东会上审议通过了《关于陈长青辞任公司监事职务的议案》及《关于姜阿合出任公司股东监事的议案》，公司原监事陈长青变更为姜阿合。

8.3 变更注册资本、变更注册地或公司名称、公司分立合并事项

无。

8.4 公司的重大诉讼事项

8.4.1 重大未决诉讼事项

信托：被诉案件1件，陕西五羊集团诉陕西智圣科技贸易有限公司、刘治安、刘治军、陕西瑞德实业发展有限公司、西部信托有限公司、陕西康华有限责任会计师事务所房屋租赁纠纷，金额297余万元，起诉时间为2008年9月。

8.4.2 以前年度发生，于本报告年度内终结的诉讼事项

无。

8.4.3 本报告年度发生，与本报告年度内终结的诉讼事项

无。

8.5 公司及其董事、监事和高级管理人员受到处罚的情况

无。

8.6 银监会及其派出机构对公司提出的整改意见，及整改情况说明

中国银监会陕西监管局于2014年8月27日至11月14日对公司进行了信托业务兑付风险及合规情况专项现场检查、2012年现场检查整改情况后续跟踪检查、房地产信托业务专项抽查，并出具了现场检查意见书。公司已按监管意见制定了整改方案，并对提出的问题逐一进行了整改和完善，相关整改报告已提交陕西银监局。

8.7 本年度重大事项临时报告的简要内容、披露时间、所披露媒体及其版面

2014年3月20日在《证券时报》B30版，对公司原股东单位“彩虹显示器件股份有限公司”变更为“彩虹集团公司”及章程相应条款的修改进行了公告。

2014年4月26日在《证券时报》B10版，对公司2013年度报告进行了公告。

2014年12月29日在《证券时报》B1版，对公司原股东“上海天迪科技投资发展有限公司”变更为“上海证大投资发展有限公司”、原股东“宝钛集团有限公司”变更为“宝鸡稀有金属装备设计研制所”及章程相应条款的修改进行了公告。

8.8 银监会及其省级派出机构认定的其他有必要让客户及相关利益人了解的重要信息

无。

西藏信托有限公司

1. 重要提示

1.1　本公司董事会及董事保证本报告所载资料不存在任何虚假记载、误导性陈述或者重大遗漏，并对其内容的真实性、准确性和完整性承担个别及连带责任。本年度报告摘要摘自年度报告全文，客户及相关利益人欲了解详细内容，应阅读年度报告全文。

1.2　公司独立董事对本报告内容真实性、完整性和准确性无异议。

1.3　公司编制的2014年度财务报告已经天职国际会计师事务所(特殊普通合伙)审计，并出具了标准无保留意见的审计报告。

1.4　公司负责人董事长苏生有、总经理查松、财务经理吴嘉怡声明：保证年度报告中财务报告的真实、完整。

2. 公司概况

2.1　公司简介

2.1.1　公司简介

西藏信托有限公司(以下简称本公司)成立于1991年10月，原名为西藏自治区信托投资公司，是经西藏自治区人民政府和中国人民银行批复成立、由西藏自治区财政厅全资控股的非银行金融机构。2002年3月，根据中国人民银行成都分行批复(银复[2002]63号)，公司进行了重新登记。2007年起，公司根据《信托法》、《信托公司管理办法》的规定，进行了业务调整。公司根据西藏自治区财政厅下发的《关于西藏自治区信托投资公司资产剥离方案的批复》(藏财企字[2009]9号)以及公司与西藏自治区投资有限公司签订的资产负债划转协议，进行了资产剥离。至2010年9月完成了资产剥离、重新登记、换发金融许可证工作。根据《中国银监会关于西藏自治区信托投资公司变更公司名称和业务范围的批复》(银监复[2010]436号)，于2010年12月更名为"西藏信托有限公司"。

2.1.2　公司的法定中文名称：西藏信托有限公司

公司的法定英文名称：Tibet Trust Oorpora Tion Limited

2.1.3　法定代表人：苏生有

2.1.4　注册地址：西藏自治区拉萨市经济开发区博达路1号阳光新城别墅区A7栋

2.1.5　邮政编码：850000

2.1.6　电子信箱：wujy@ttco.cn

2.1.7　信息披露事务负责人：苟诗敏

联系人：苟诗敏

联系电话：010－85353577

传　真：010－85906796

电子信箱：xunsm@ttco.cn

2.1.8　公司选定的信息披露报纸名称：《上海证券报》

2.1.9　公司年度报告备置地点：公司风控合规部

2.1.10　公司聘请的审计事务所：天职国际会计师事务所(特殊普通合伙)

地址：北京市海淀区车公庄西路19号外文文化创意园12号楼

邮政编码：100048

2.1.11　公司聘请的律师事务所：北京市嘉源律师事务所

地址：北京市复兴门内大街158号远洋大厦F408

邮政编码：100031

2.2　组织结构

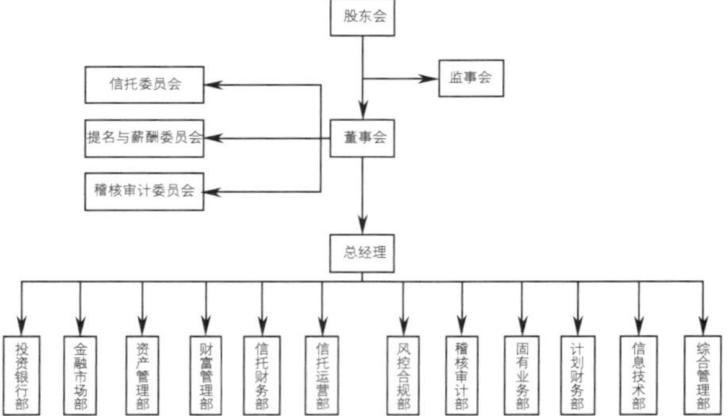

3. 公司治理

3.1　股东

股东名称	持股比例(%)	法人代表	注册地址	主要职能/营业范围
西藏自治区财政厅	80	艾俊涛	西藏自治区拉萨市北京西路23号	贯彻执行国家财政税收有关方针政策和法律法规等；承担自治区各项财政收支管理相关工作并指导全区级财政做好相关工作；负责政府非税收入管理，负责政府性基金管理，按规定管理行政事业性收费。
西藏自治区投资有限公司	20	白玛才旺	西藏自治区拉萨市经济技术开发区博达路1号(阳光新城别墅区A5.A7号)	对金融企业股权投资，对能源、交通、旅游、酒店、矿业、藏医药、食品、房地产、高新技术产业、农牧业、民族手工业投资开发，对基础设施投资和城市公用项目投资。

注：西藏自治区投资有限公司为西藏自治区财政厅全资控股企业。

3.2 董事、董事会及其下属委员会

3.2.1 董事

姓名	职务	性别	年龄	选任日期	代表股东	简要履历
苏生有	董事长	男	57	2012年9月	财政厅	曾任西藏自治区财政厅办公室调研员、副巡视员。现任公司董事长。
王运金	董事	男	66	2012年9月	无	曾任西藏自治区信托投资公司常务副总经理、总经理、董事长,现任公司独立董事。
任显成	董事	男	51	2012年9月	西藏自治区投资有限公司	曾任西藏财贸公司总经理、西藏国有资产经营公司投资部经理、西藏自治区信托投资公司投资二部经理,现任西藏自治区投资有限公司副总经理。
唐泽平	董事	男	57	2012年9月	财政厅	西藏国资经营公司董事长、党委书记,兼任西藏银行股份公司副监事长。
多吉罗布	董事	男	41	2012年9月	财政厅	曾任西藏自治区交通厅科研所技术员,西藏天路交通股份有限公司副总工程师,西藏天路交通股份有限公司董事会秘书兼董事会办公室主任、党委委员,西藏天路股份有限公司副董事长、党委副书记、总经理,西藏自治区青年企业协会第三届副会长,西藏自治区第七届青联常委;现任西藏天路建筑工业集团有限公司董事长、党委副书记,西藏天路股份有限公司董事长、党委书记,中国青年企业家协会常务理事,区直机关青年联合会第一届委员会副主席,西藏青年企业家协会副会长,中华全国青年联合会第十一届委员会常委。
戴扬	董事	男	46	2012年9月	财政厅	曾任西藏自治区山南地区城乡建设局办公室副主任,西藏证监局副主任科员、主任科员、副处长、党委办公室副主任和主任、上市公司监管处处长,2009年至今任西藏矿业发展股份有限公司副董事长、总经理。
查松	董事	男	43	2012年9月	财政厅	曾任国泰君安证券股份有限公司董事会办公室副主任、收购兼并部副总经理、投资银行部董事总经理,西藏证券有限责任公司(现西藏同信证券)总经理,现任公司总经理。
余志平	董事	男	43	2012年9月	财政厅	曾任职东风药业股份有限公司。历任西藏证券有限责任公司北京营业部办公室主任、副总经理,现任公司副总经理。

3.2.2 独立董事

姓名	职务	性别	年龄	选任日期	代表股东	简要履历
王运金	董事	男	66	2012年9月	无	曾任西藏自治区信托投资公司常务副总经理、总经理、董事长。现任公司董事。

3.2.3 专门委员会

委员会名称	职责	组成人员名单	职务
信托委员会	审议、关注公司信托业务发展规划、重大信托项目审核与批准、信托业务运营情况、部门设置、业务培训、信息披露等,审查公司是否侵占受益人利益、获取不当信托报酬等。	王运金	主任委员
		查松	委员
		唐泽平	委员
稽核审计委员会	监督、审核公司内部审计制度及其实施、信息披露、财务信息,负责内部审计与外部审计之间的沟通,提议聘请或更换外部审计机构等。	苏生有	主任委员
		多吉罗布	委员
		余志平	委员
提名和薪酬委员会	提名董事、经理层人员董事、经理层人员,审议关于公司薪酬考核的规划、制度、规则、报告等,为董事会决策提供依据和建议,监督公司薪酬考核政策实施。	任显成	主任委员
		查松	委员
		戴扬	委员

3.3 监事

姓名	职务	性别	年龄	选任日期	代表股东	简要履历
汪建中	监事会主席	男	59	2012年9月	财政厅	曾任西藏自治区信托投资公司副总经理、西藏证券经纪有限责任公司总经理。现任西藏大厦股份公司董事长。
晏辉清	监事	女	50	2012年9月	职工代表	曾任航天部第二研究设计院财务主管、中州会计师事务所审计部门经理、朝日啤酒伊藤忠(集团)中国有限公司财务总监、京安佳信会计师事务所有限公司副主任会计师,现任公司稽核审计部总经理。
边巴旺堆	监事	男	40	2012年9月	财政厅	曾任西藏自治区财政厅办公室副主任科员、综合处主任科员、政策研究室副调研员。现任西藏自治区财政厅金融处处长。

3.4 公司高级管理人员

姓名	职务	性别	年龄	选任日期	金融从业年限(年)	学历	专业	简要履历
查松	总经理	男	43	2010年5月	16	博士	法学	曾任职中国银行总行风险管理部,国泰君安证券股份有限公司董事会办公室副主任、收购兼并部副总经理、投资银行部董事总经理,西藏证券有限责任公司总经理。现任公司总经理。
余志平	副总经理	男	43	2010年5月	12	本科	企业管理	曾任职东风药业股份有限公司。历任西藏同信证券有限责任公司北京营业部办公室主任、副总经理,现任公司副总经理。

3.5 公司员工

项目		2014 报告期年度	
		人数(人)	比例(%)
年龄分布	25 岁以下	3	6
	25～29 岁	17	33
	30～39 岁	24	47
	40 岁以上	7	14
学历分布	博士	1	2
	硕士	15	29
	本科	25	49
	专科	10	20
	其他	0	0
岗位分布	高管人员	3	6
	自营业务人员	4	8
	信托业务人员	30	59
	其他	14	27

4. 经营管理

4.1 经营目标、方针、战略规划

公司经营目标是公司利益相关者利益最大化。客户、股东、员工是我们最重要的利益相关者。我们认为，为客户提供安全高效的资产管理服务，为股东提供合理稳定的收益，为员工提供有尊严的工作环境（不仅仅是收入）和有预期的成长空间，是企业的使命和促进社会进步的重要组成部分。“财务保障通达自由心境”是我们不懈努力所追求的最终目标。

公司经营方针是在控制风险的前提下，以卓越的专业能力把握市场机会。我们致力于广泛、多市场的资产管理业务，将受托资产合理配置于货币市场、银行间市场、资本市场、衍生品市场以及直接投资（PE）市场，并积极参与并购融资、房地产、资源、能源、艺术收藏品等另类投资的机会，产品线完整、丰富；我们同时关注国内及国际市场，不断探索资产的全球配置方案。

公司战略规划是成为在资本市场和以房地产投资、并购投资为主的另类投资领域有市场影响力的优秀管理人。

4.2 所经营业务的主要内容

公司依法经营资金信托、动产信托、不动产信托等信托业务，以信托贷款、信托投资等方式将客户的委托资金用于工商业、房地产业、金融机构、证券市场等领域。

4.2.1 自营资产运用与分布表

资产运用	金额（万元）	占比（%）	资产分布	金额（万元）	占比（%）
货币资产	66 288.12	37.13	基础资产	—	—
贷款及应收款	24 600.00	13.78	房地产业	—	—
交易性金融资产	52 092.03	29.17	证券市场	52 092.03	29.17
可供出售金融资产	—	—	实业	24 600.00	13.78
持有至到期金融资产	29 609.94	16.58	金融机构	95 898.06	53.71
长期股权投资	—	—	其他	5 967.99	3.34
其他	5 967.99	3.34			
资产总计	178 558.08	100.00	资产总计	178 558.08	100.00

4.2.2 信托资产运用与分布表

资产运用	金额（万元）	占比（%）	资产分布	金额（万元）	占比（%）
货币资产	292 450.75	1.14	基础资产	7 773 813.42	30.33
贷款及应收款	9 854 782.23	38.45	房地产业	706 000.00	2.75
交易性金融资产	11 051 509.10	43.12	证券市场	763 025.40	2.98
可供出售金融资产	123 422.43	0.48	工商企业	3 754 163.12	14.65
持有至到期金融资产	692 274.52	2.70	金融机构	10 604 576.83	41.38
长期股权投资	1 422 353.41	5.55	其他	2 026 836.40	7.91
其他	2 191 622.76	8.55			
资产总计	25 628 415.20	100.00	资产总计	25 628 415.17	100.00

4.3 市场分析

根据中国信托业协会的统计，截至 2014 年 12 月末，信托行业管理的信托资产规模达 13.98 万亿元，较 2013 年末同比增长 28.14%，平均每家信托公司管理规模达 2 055 亿元；行业实现利润总额 642.30 亿元，同比增长 12.96%。无论是行业规模的增长速度还是利润总额的增长速度，均较 2013 年出现较大幅度的降低，其中规模增速降低 17%，利润总额增速降低 15%，而人均利润为 301 万元，自 2009 年来首次出现负增长。

2014 年，国务院、人民银行、银监会、财政部等主管部门加强了对房地产、政府融资平台、土地储备等主要信托融资主体或融资领域的监管，信托公司的传统业务受到较大限制；证券公司及证券公司下属资产管理公司、基金公司、基金公司子公司、保险公司及保险资管子公司全面介入信托通道业务，简单的银行信贷资产出表的通道业务收费大幅度降低。受弱经济周期影响，房地产信托、矿产信托、工商信托等诸多领域风险事故频发。据统计，截至 2014 年末，有 369 笔项目存在风险隐患，涉及金额781 亿元，尽管比例仅为 0.56%，低于银行业不良水平，但不少信托公司用自有资金或自筹资金刚性兑付了风险项目，自身流动性受到较大影响。

在此背景下，信托公司均在积极谋求转型 收缩房地产业务，提高在资本市场的配置成为主流。不少信托公司还探索其他方向，例如，中信信托、北京信托探索农村土地流转权信托，平安信托、华润信托、上海信托开展家族信托业务，中建投信托积极备战新三板业务等。此外，消费信托、现金管理业务、私募股权投资业务、基金化房地产业务、资产证券化业务以及境外理财业务均有明显的发展。但新业务的培育需要一个过程，要弥补原有业务的萎缩有相当难度，并且创新难度不小，稍有不慎也可能造成新的风险点。

4.4 风险管理

4.4.1 风险管理概况

公司风险管理贯彻全面性、审慎性、及时性、有效性等原则，覆盖公司各项业务、各个部门、各个环节和各级人员，对风险进行事前防范、事中控制、事后监督，促进公司持续、稳健、规范、健康运行。

公司风险管理的组织架构和分工如下：董事会是公司风险管理的最高决策机构，负责确定公司的风险管理政策、程序和人员，行使重大经营决策权。董事会下设的各专业委

员会根据各自的职责对公司整体进行风险管理。信托委员会负责信托业务的风险管理，风险控制委员会和稽核审计委员会对公司各项业务及公司内部管理进行总体的风险控制与管理。公司的风控合规部、各业务部以及各管理部在日常业务处理中均负有对应的部门风控职责。同时，公司还聘请了外部法律顾问，请其在业务处理的一定范围内给出专业的法律意见。

报告期内，公司进一步推进组织架构、内控制度及相关业务流程的优化工作，不断完善组织健全、权责明确、合理制衡、报告路径清晰的公司治理结构，为全面风险管理提供了有效的治理结构保障。公司高度重视流动性风险的防范和管理，着力加强流动性风险防范的前瞻性、针对性和有效性，提前落实信托还款资金安排，确保流动性风险的及时转移、释放和化解，进一步巩固公司业务整体稳健运行的态势。

4.4.2 风险状况

4.4.2.1 信用风险状况

信用风险主要指交易对手不履行义务的可能性，主要表现为在贷款、资产回购、后续资金安排、担保、履约承诺等交易过程中，借款人、担保人、保管人（托管人）等交易对手不履行承诺、不能或不愿履行合约承诺而使信托财产和固有财产遭受潜在损失的可能性。同时，当信用风险发生时，若受托人没有尽职管理、安排预算不恰当，或信托项目违法违规而未能如期执行，会导致发生流动性风险。

报告期内，公司总体信用风险基本可控。对于可能出现交易对手违约的事件，公司将积极采取多项措施化解风险，最大限度地保护相关者的合法利益，必要时将采取法律手段予以解决；同时，公司还以资产质量为依据谨慎计提足额风险及信托赔偿准备金，进一步提高了公司的风险抵补能力。

4.4.2.2 市场风险状况

市场风险主要指在开展资产管理业务过程中，投资于有公开市场价值的金融产品或者其他产品时，金融产品或者其他产品的价格发生波动导致资产遭受损失的可能性。同时，市场风险还具有很强的传导效应，某些信用风险的根源可能也来自于交易对手的市场风险（如销售下降、成本上升等）。报告期内，在公司加强对经济金融和产业形势的预判管理、完善市场风险预警机制和市场风险管理体系的举措下，公司市场风险总体可控。

4.4.2.3 操作风险状况

操作风险表现为由于公司治理机制、内部控制失效或者有关责任人出现失误、欺诈等问题，公司没有充分、及时地做好尽职调查、持续监控、信息披露等工作，未能及时作出应有的反应，或作出的反应明显有失专业和常理，甚至违规违约；公司没有履行勤勉尽职管理的义务，或者无法出具充分有效的证据和记录，证明自己已履行勤勉尽职管理的义务。报告期内，公司开展了内控体系完善工作，对公司各项管理制度、业务流程、内控组织等进行了梳理，并有效地处理和解决了公司业务流程中存在的不足及问题。报告期内，公司未发生内部控制失效或者员工欺诈问题，未发生误操作、违规操作导致的财务损失，未发生系统、账户、流程引发的风险事件，未发生尽职管理不到位导致的经济损失等，公司操作风险基本可控。

4.4.2.4 其他风险状况

其他风险主要是指公司业务开展中的政策风险、声誉风险、人员道德风险等。报告期内，公司高度重视自身声誉，坚持依法合规稳健经营，风险基本可控，未发生此类风险损失。

4.4.3 风险管理情况

4.4.3.1 信用风险管理

公司的信用风险管理主要是通过强化贷前和贷后管理来进行风险防范。

贷前，充分评估贷款人的履约能力和履约意愿，严格按照申请立项、尽职调查、信用评估、内部审批、签约放款等步骤操作。在业务审批中，重点审核贷款质押担保措施，公正地评估质押品，将质押率控制在40%以下。根据贷款人的具体情况和市场情况，在一定程度上适度增加或降低担保标准。

贷后，严格按照合同约定，保持对贷款人的动态风险管理。对贷款人的资信状况和偿债能力及保证合同的履行情况定期进行监控，并通过风险预警报告及主动管理进行贷后风险应对。同时，公司注重信用风险管理的前瞻性、针对性和适时性，严格执行授权审批制度及决策流程，确保公司信用风险的可测、可控、可承受。

4.4.3.2 市场风险管理

公司在运营过程中面临的市场风险主要为股价、汇率、利率及其他价格对公司经营和盈利能力的影响。针对上述投资标的的市场风险，公司固有业务和证券类信托业务都制定了严格的风控流程，根据市场目前的具体状况，动态调整风控指标。一方面通过信息系统实现各项投资限制，另一方面通过风控人员逐日盯市、研究人员对市场各类政策的研究，动态调整可投资标的范围、额度及止损标准来控制此类风险。

4.4.3.3 操作风险管理

公司主要通过不断完善各部门和各岗位的职责，明确各业务操作流程，实行严格的复核、审核程序，加强内部员工专业知识和流程培训，制定严格的信息管理制度，保证业务运行安全而富有效率，降低操作风险。公司在业务尽职调查、产品规范化管理、合同档案管理、信息披露等方面不断细化管理要点和规范操作流程，提升业务操作的规范化和标准化水平，消除操作风险隐患，有效管理各类操作风险。

4.4.3.4 其他风险管理

（1）政策风险管理。公司及时跟踪研究国家宏观政策和行业政策的调整与变化，动态分析宏观政策和监管政策的变动趋势；及时调整发展思路和经营理念，保持公司经营策略与国家政策的一致性；同时，持续关注有关法律、法规的最新变化，正确理解和准确把握其内涵，强化全员的合法合规经营意识，并及时对业务程序和操作指引进行梳理和修订 保证公司的各项业务在合法合规的前提下进行。

（2）声誉风险管理。声誉是金融机构赖以生存的基础，是立身之本、展业之本。一直以来，公司对声誉风险的容忍度为零，将声誉风险管理纳入公司治理和全面风险管理体系。

（3）道德风险管理。加强道德文化教育，要求员工遵纪守法，不断提高员工廉洁自律和勤勉尽职的意识；以员工为本，强调和谐共赢，不断加强公司的凝聚力和员工的归属感，使员工认识到与公司共同成长的重要性。

5. 报告期末及上一年度末的比较式会计报表

5.1 自营资产

5.1.1 会计师事务所审计意见全文

审计报告

天职业字[2015]4784 号

西藏信托有限公司全体股东：

我们审计了后附的西藏信托有限公司（以下简称贵公司）财务报表，包括 2014 年 12 月 31 日的资产负债表，2014 年度的利润表、现金流量表、所有者权益变动表以及财务报表附注。

一、管理层对财务报表的责任

编制和公允列报财务报表是贵公司管理层的责任，这种责任包括：（1）按照企业会计准则的规定编制财务报表，并使其实现公允反映；（2）设计、执行和维护必要的内部控制，以使财务报表不存在由于舞弊或错误导致的重大错报。

二、注册会计师的责任

我们的责任是在执行审计工作的基础上对财务报表发表审计意见。我们按照中国注册会计师审计准则的规定执行了审计工作。中国注册会计师审计准则要求我们遵守中国注册会计师职业道德守则，计划和执行审计工作以对财务报表是否不存在重大错报获取合理保证。

审计工作涉及实施审计程序，以获取有关财务报表金额和披露的审计证据。选择的审计程序取决于注册会计师的判断，包括对由于舞弊或错误导致的财务报表重大错报风险的评估。在进行风险评估时，注册会计师考虑与财务报表编制和公允列报相关的内部控制，以设计恰当的审计程序，但目的并非对内部控制的有效性发表意见。审计工作还包括评价管理层选用会计政策的恰当性和作出会计估计的合理性，以及评价财务报表的总体列报。

我们相信，我们获取的审计证据是充分、适当的，为发表审计意见提供了基础。

三、审计意见

我们认为，贵公司财务报表在所有重大方面按照企业会计准则的规定编制，公允反映了贵公司 2014 年 12 月 31 日的财务状况以及 2014 年度的经营成果和现金流量。

中国注册会计师：王清峰

中国注册会计师：迟文洲

中国・北京　　二〇一五年三月三日

5.1.2 资产负债表

编制单位：西藏信托有限公司　2014 年 12 月 31 日　单位：万元

项　目	年末余额	年初余额
流动资产：		
货币资金	66 288. 12	1 088. 65
△结算备付金	—	—
△拆出资金	—	—
交易性金融资产	52 092. 03	35 520. 24
衍生金融资产	—	—
应收票据	—	—
应收账款	—	—
预付款项	11. 44	9. 90
△应收保费	—	—
△应收分保账款	—	—
△应收分保准备金	—	—
应收利息	584. 95	238. 22
应收股利	—	—
其他应收款	1 398. 28	80. 23
△买入返售金融资产	—	—
存货	—	—
其中：原材料	—	—
库存商品（产成品）	—	—
划分为持有待售的资产	—	—
一年内到期的非流动资产	—	—
其他流动资产	—	—
流动资产合计	120 374. 82	36 937. 24
非流动资产：		
△发放贷款及垫款	24 600. 00	3 800. 00
可供出售金融资产	—	—
持有至到期投资	29 609. 94	62 866. 45
长期应收款	—	—
长期股权投资	—	—
投资性房地产	—	—
固定资产原价	394. 78	336. 48
减：累计折旧	181. 55	105. 60
固定资产净值	213. 23	230. 88
减：固定资产减值准备	—	—
固定资产净额	213. 23	230. 88
在建工程	—	—
工程物资	—	—
固定资产清理	—	—
生产性生物资产	—	—
油气资产	—	—
无形资产	195. 87	253. 03
开发支出	—	—
商誉	—	—
长期待摊费用	—	—
递延所得税资产	3 564. 22	973. 59
其他非流动资产	—	—
其中：特准储备物资	—	—
非流动资产合计	58 183. 26	68 123. 95
资产总计	178 558. 08	105 061. 19

资产负债表(续)

编制单位:西藏信托有限公司　2014 年 12 月 31 日　单位:万元

项　目	年末余额	年初余额
流动负债:		
短期借款	—	—
△向中央银行借款	—	—
△吸收存款及同业存放	—	—
△拆入资金	—	—
交易性金融负债	—	—
衍生金融负债	—	—
应付票据	—	—
应付账款	121.75	309.28
预收款项	36 006.96	25 213.76
△卖出回购金融资产款	—	—
△应付手续费及佣金	—	—
应付职工薪酬	9 403.36	3 098.95
其中:应付工资	9 403.36	3 098.95
应付福利费	—	—
#其中:职工奖励及福利基金	—	—
应交税费	3 715.65	847.36
其中:应交税金	3 663.49	836.69
应付利息	—	—
应付股利	—	—
其他应付款	85.00	4.55
△应付分保账款	—	—
△保险合同准备金	—	—
△代理买卖证券款	—	—
△代理承销证券款	—	—
划分为持有待售的负债	—	—
流动负债合计	49 332.72	29 473.90
非流动负债:	—	—
长期借款	—	—
应付债券	—	—
长期应付款	—	—
长期应付职工薪酬	—	—
专项应付款	—	—
预计负债	—	—
递延收益	—	—
递延所得税负债	3 478.09	—
其他非流动负债	—	—
其中:特准储备基金	—	—
非流动负债合计	3 478.09	—
负债合计	52 810.81	29 473.90

资产负债表(续)

编制单位:西藏信托有限公司　2014 年 12 月 31 日　单位:万元

项　目	年末余额	年初余额
所有者权益(或股东权益):	—	—
实收资本(或股本)	50 000.00	40 000.00
国有资本	50 000.00	40 000.00
其中:国有法人资本	—	—
集体资本	—	—
民营资本	—	—
其中:个人资本	—	—
外商资本	—	—
#减:已归还投资	—	—
实收资本(或股本)净额	50 000.00	40 000.00
其他权益工具	—	—
其中:优先股	—	—
永续债	—	—
资本公积	5 000.00	—
减:库存股	—	—
其他综合收益	—	—
其中:外币报表折算差额	—	—
专项储备	—	—
盈余公积	12 829.04	9 097.39
其中:法定公积金	12 829.04	9 097.39
任意公积金	—	—
#储备基金	—	—
#企业发展基金	—	—
#利润归还投资	—	—
△一般风险准备	20 556.26	11 227.15
未分配利润	37 361.97	15 262.75
归属于母公司所有者权益合计	125 747.27	75 587.29
*少数股东权益		
所有者权益合计	125 747.27	75 587.29
负债和所有者权益总计	178 558.08	105 061.19

5.1.3 利润表

利润表

编制单位:西藏信托有限公司　　2014 年度　　单位:万元

项　　目	本年金额	上年金额
一、营业总收入	28 584. 09	28 505. 18
其中:营业收入	—	—
△利息收入	1 542. 37	1 032. 09
△已赚保费	—	—
△手续费及佣金收入	27 041. 72	27 473. 09
二、营业总成本	33 693. 52	14 889. 26
其中:营业成本	—	—
△利息支出	—	—
△手续费及佣金支出	1 950. 82	4 878. 53
△退保金	—	—
△赔付支出净额	—	—
△提取保险合同准备金净额	—	—
△保单红利支出	—	—
△分保费用	—	—
营业税金及附加	2 677. 55	1 560. 02
销售费用	—	—
管理费用	12 897. 24	5 561. 08
其中:研究与开发费	—	—
财务费用	—	—
其中:利息支出	—	—
利息收入	—	—
汇兑净损失(净收益以"—"号填列)	—	—
资产减值损失	16 167. 91	2 889. 63
其他	—	—
加:公允价值变动收益(损失以"—"号填列)	27 641. 74	-4 222. 24
投资收益(损失以"—"号填列)	18 872. 05	4 863. 48
其中:对联营企业和合营企业的投资收益	—	—
△汇兑收益(损失以"—"号填列)	—	—
三、营业利润(亏损以"-"号填列)	41 404. 36	14 257. 16
加:营业外收入	2 308. 00	4 447. 42
其中:非流动资产处置利得	—	—
非货币性资产交换利得	—	—
政府补助	2 308. 00	4 447. 42
债务重组利得	—	—
减:营业外支出	—	—
其中:非流动资产处置损失	—	—
非货币性资产交换损失	—	—
债务重组损失	—	—
四、利润总额(亏损总额以"-"号填列)	43 712. 36	18 704. 58
减:所得税费用	6 395. 91	2 730. 72
五、净利润(净亏损以"-"号填列)	37 316. 45	15 973. 86
归属于母公司所有者的净利润	37 316. 45	15 973. 86
*少数股东损益	—	—
六、每股收益:	—	—
基本每股收益	—	—
稀释每股收益	—	—
七、其他综合收益	—	—
八、综合收益总额	37 316. 45	15 973. 86
归属于母公司所有者的综合收益总额	37 316. 45	15 973. 86
*归属于少数股东的综合收益总额	—	—

5.1.4 所有者权益变动表

所有者权益变动表

2014 年度

编制单位：西藏信托有限公司　　　　单位：万元

项目	本年金额									上年金额								
	实收资本（或股本）	资本公积	减：库存股	专项储备	盈余公积	△一般风险准备	未分配利润	其他	所有者权益合计	实收资本（或股本）	资本公积	减：库存股	专项储备	盈余公积	△一般风险准备	未分配利润	其他	所有者权益合计
一、上年末余额	40 000.00	—	—	—	9 097.39	11 227.15	15 262.75	—	75 587.29	40 000.00	—	—	—	7 500.00	7 161.81	4 951.62	—	59 613.43
加：会计政策变更	—	—	—	—	—	—	—	—	—	—	—	—	—	—	—	—	—	—
前期差错更正	—	—	—	—	—	—	—	—	—	—	—	—	—	—	—	—	—	—
其他	—	—	—	—	—	—	—	—	—	—	—	—	—	—	—	—	—	—
二、本年初余额	40 000.00	—	—	—	9 097.39	11 227.15	15 262.75	—	75 587.29	40 000.00	—	—	—	7 500.00	7 161.81	4 951.62	—	59 613.43
三、本年增减变动金额（减少以"—"号填列）	10 000.00	5 000.00	—	—	3 731.65	9 329.11	22 099.22	—	50 159.98	—	—	—	—	1 597.39	4 065.34	10 311.13	—	15 973.86
（一）综合收益总额	—	—	—	—	—	—	37 316.45	—	37 316.45	—	—	—	—	—	—	15 973.86	—	15 973.86
（二）所有者投入和减少资本	10 000.00	5 000.00	—	—	—	—	—	—	15 000.00	—	—	—	—	—	—	—	—	—
1. 所有者投入的普通股	10 000.00	5 000.00	—	—	—	—	—	—	15 000.00	—	—	—	—	—	—	—	—	—
2. 其他权益工具持有者投入资本	—	—	—	—	—	—	—	—	—	—	—	—	—	—	—	—	—	—
3. 股份支付计入所有者权益的金额	—	—	—	—	—	—	—	—	—	—	—	—	—	—	—	—	—	—
4. 其他	—	—	—	—	—	—	—	—	—	—	—	—	—	—	—	—	—	—
（三）专项储备提取和使用	—	—	—	—	—	—	—	—	—	—	—	—	—	—	—	—	—	—
1. 计提专项储备	—	—	—	—	—	—	—	—	—	—	—	—	—	—	—	—	—	—
2. 使用专项储备	—	—	—	—	—	—	—	—	—	—	—	—	—	—	—	—	—	—
（四）利润分配	—	—	—	—	3 731.65	9 329.11	-15 217.23	—	-2 156.47	—	—	—	—	1 597.39	4 065.34	-5 662.73	—	—
1. 提取盈余公积	—	—	—	—	3 731.65	—	-3 731.65	—	—	—	—	—	—	1 597.39	—	-1 597.39	—	—
其中：法定公积金	—	—	—	—	3 731.65	—	-3 731.65	—	—	—	—	—	—	1 597.39	—	-1 597.39	—	—
任意公积金	—	—	—	—	—	—	—	—	—	—	—	—	—	—	—	—	—	—
#储备基金	—	—	—	—	—	—	—	—	—	—	—	—	—	—	—	—	—	—
#企业发展基金	—	—	—	—	—	—	—	—	—	—	—	—	—	—	—	—	—	—
#利润归还投资	—	—	—	—	—	—	—	—	—	—	—	—	—	—	—	—	—	—
2. 提取一般风险准备	—	—	—	—	—	9 329.11	-9 329.11	—	—	—	—	—	—	—	4 065.34	-4 065.34	—	—
3. 对所有者（或股东）的分配	—	—	—	—	—	—	-2 156.47	—	-2 156.47	—	—	—	—	—	—	—	—	—
4. 其他	—	—	—	—	—	—	—	—	—	—	—	—	—	—	—	—	—	—
（五）所有者权益内部结转	—	—	—	—	—	—	—	—	—	—	—	—	—	—	—	—	—	—
1. 资本公积转增资本（或股本）	—	—	—	—	—	—	—	—	—	—	—	—	—	—	—	—	—	—
2. 盈余公积转增资本（或股本）	—	—	—	—	—	—	—	—	—	—	—	—	—	—	—	—	—	—
3. 盈余公积弥补亏损	—	—	—	—	—	—	—	—	—	—	—	—	—	—	—	—	—	—
4. 结转重新计量设定受益计划净负债或净资产所产生的变动	—	—	—	—	—	—	—	—	—	—	—	—	—	—	—	—	—	—
5、其他	—	—	—	—	—	—	—	—	—	—	—	—	—	—	—	—	—	—
四、本年末余额	50 000.00	5 000.00	—	—	12 829.04	20 556.26	37 361.97	—	125 747.27	40 000.00	—	—	—	9 097.39	11 227.15	15 262.75	—	75 587.29

5.2 信托资产

信托项目资产负债汇总表

编制单位：西藏信托有限公司　　2014 年 12 月 31 日　　单位：万元

信托资产	期末数	期初数	信托负债和信托权益	期末数	期初数
资产	25 628 415.20	12 911 412.50	一、信托负债	78 699.79	6 540.19
货币资金	292 450.75	19 523.91	应付账款	—	—
拆出资金			其他应付款	78 699.79	6 540.19
交易性金融资产	11 051 509.10	5 021 755.85	应交税费	—	—
应收账款	1 229.15	509.11	预计负债	—	—
应收票据			其他负债	—	—
其他应收款	—	—	二、信托权益	25 549 715.41	12 904 872.31
发放贷款及垫款	9 853 553.08	6 436 564.30	实收信托	25 477 233.91	12 895 644.27
长期股权投资	1 422 353.41	1 093 019.32	资本公积	4 617.00	—
其他资产	3 007 319.71	340 040.01	未分配利润	67 864.50	9 228.04
信托资产总计	25 628 415.20	12 911 412.50	信托负债及信托权益总计	25 628 415.20	12 911 412.50

信托项目利润及利润分配汇总表

编制单位：西藏信托有限公司　　2014 年度　　单位：万元

项　　目	本年数	上年数
一、营业收入	1 490 113.78	832 963.78
利息收入	712 253.74	473 692.20
投资收入	751 678.55	358 207.06
租赁收入	—	—
公允价值变动损益	26 165.49	1 063.64
其他收入	16.00	0.88
二、营业费用	129 782.44	97 658.86
三、营业税金及附加	—	—
四、扣除资产减值准备前的信托利润	1 360 331.34	735 304.92
减：资产减值损失		
五、扣除资产减值准备后的信托利润	1 360 331.34	735 304.92
加：期初未分配信托利润	9 228.04	2 134.36
六、可供分配的信托利润	1 369 559.38	737 439.28
减：本期已分配信托利润	1 301 694.88	728 211.24
七、期末未分配信托利润	67 864.50	9 228.04

6. 会计报表附注

6.1 简要说明会计报表年度会计报表编制基准、会计政策、会计估计和核算方法发生的变化

本公司以持续经营为基础，根据实际发生的交易和事项，按照《企 业会计准则——基本准则》和其他各项具体会计准则、应用指南及准则 解释的规定进行确认和计量，在此基础上编制财务报表。编制符合企 业会计准则要求的财务报表需要使用估计和假设，这些估计和假设会影响财务报告日的资产、负债和或有负债的披露，以及报告期间的 收入和费用。

公司固有业务和信托业务执行的是 2006 年颁布的企业会计准则。

6.2 重要会计政策和会计估计说明

6.2.1 金融工具

6.2.1.1 金融资产和金融负债的分类

金融资产在初始确认时划分为以下四类：以公允价值计量且其变动计入当期损益的金融资产（包括交易性金融资产和指定为以公允价值计量且其变动计入当期损益的金融资产）、持有至到期投资、贷款和应收款项、可供出售金融资产。

金融负债在初始确认时划分为以下两类：以公允价值计量且其变动计入当期损益的金融负债（包括交易性金融负债和指定为以公允价值计量且其变动计入当期损益的金融负债）、其他金融负债。

6.2.1.2 金融资产和金融负债的确认依据、计量方法和终止确认条件

公司成为金融工具合同的一方时，确认一项金融资产或金融负债。初始确认金融资产或金融负债时，按照公允价值计量；对于以公允价值计量且其变动计入当期损益的金融资产和金融负债，相关交易费用直接计入当期损益；对于其他类别的金融资产或金融负债，相关交易费用计入初始确认金额。

公司按照公允价值对金融资产进行后续计量，且不扣除将来处置该金融资产时可能发生的交易费用，但下列情况除外：（1）持有至到期投资以及贷款和应收款项采用实际利率法，按摊余成本计量；（2）活跃市场中没有报价且其公允价值不能可靠计量的权益工具投资，以及与该权益工具挂钩并须通过交付该权益工具结算的衍生金融资产，按照成本计量。

公司采用实际利率法，按摊余成本对金融负债进行后续计量，但下列情况除外：（1）以公允价值计量且其变动计入当期损益的金融负债，按照公允价值计量，且不扣除将来结清金融负债时可能发生的交易费用；（2）与在活跃市场中没有报价、公允价值不能可靠计量的权益工具挂钩并须通过交付该权益工具结算的衍生金融负债，按照成本计量；（3）不属于指定为以公允价值计量且其变动计入当期损益的金融负债的财务担保合同，或没有指定为以公允价值计量且其变动计入当期损益

并将以低于市场利率贷款的贷款承诺，在初始确认后按照下列两项金额之中的较高者进行后续计量：(1) 按照《企业会计准则第13号——或有事项》确定的金额；(2) 初始确认金额扣除按照《企业会计准则第14号——收入》的原则确定的累积摊销额后的余额。

金融资产或金融负债公允价值变动形成的利得或损失，除与套期保值有关外，按照如下方法处理：(1) 以公允价值计量且其变动计入当期损益的金融资产或金融负债公允价值变动形成的利得或损失，计入公允价值变动损益；在资产持有期间所取得的利息或现金股利，确认为投资收益；处置时，将实际收到的金额与初始入账金额之间的差额确认为投资收益，同时调整公允价值变动损益。(2) 可供出售金融资产的公允价值变动计入资本公积；持有期间按实际利率法计算的利息，计入投资收益；可供出售权益工具投资的现金股利，于被投资单位宣告发放股利时计入投资收益；处置时，将实际收到的金额与账面价值扣除原直接计入资本公积的公允价值变动累计额之后的差额确认为投资收益。

当收取某项金融资产现金流量的合同权利已终止或该金融资产所有权上几乎所有的风险和报酬已转移时，终止确认该金融资产；当金融负债的现时义务全部或部分解除时，相应终止确认该金融负债或其一部分。

6.2.1.3 金融资产转移的确认依据和计量方法

公司已将金融资产所有权上几乎所有的风险和报酬转移给了转入方的，终止确认该金融资产。保留了金融资产所有权上几乎所有的风险和报酬的，继续确认所转移的金融资产，并将收到的对价确认为一项金融负债。公司既没有转移也没有保留金融资产所有权上几乎所有的风险和报酬的，分情况处理：(1) 放弃了对该金融资产控制的，终止确认该金融资产；(2) 未放弃对该金融资产控制的，按照继续涉入所转移金融资产的程度确认有关金融资产，并相应确认有关负债。

金融资产整体转移满足终止确认条件的，将下列两项金额的差额计入当期损益：(1) 所转移金融资产的账面价值；(2) 因转移而收到的对价，与原直接计入所有者权益的公允价值变动累计额之和。金融资产部分转移满足终止确认条件的，将所转移金融资产整体的账面价值，在终止确认部分和未终止确认部分之间，按照各自的相对公允价值进行分摊，并将下列两项金额的差额计入当期损益：(1) 终止确认部分的账面价值；(2) 终止确认部分的对价，与原直接计入所有者权益的公允价值变动累计额中对应终止确认部分的金额之和。

6.2.1.4 主要金融资产和金融负债的公允价值确定方法

存在活跃市场的金融资产或金融负债，以活跃市场的报价确定其公允价值；不存在活跃市场的金融资产或金融负债，采用估值技术(包括参考熟悉情况并自愿交易的各方最近进行的市场交易中使用的价格、参照实质上相同的其他金融工具的当前公允价值、现金流量折现法和期权定价模型等)确定其公允价值；初始取得或源生的金融资产或承担的金融负债，以市场交易价格作为确定其公允价值的基础。

6.2.1.5 金融资产的减值测试和减值准备计提方法

资产负债表日对以公允价值计量且其变动计入当期损益的金融资产以外的金融资产的账面价值进行检查，如有客观证据表明该金融资产发生减值的，计提减值准备。

对单项金额重大的金融资产单独进行减值测试；对单项金额不重大的金融资产，可以单独进行减值测试，或包括在具有类似信用风险特征的金融资产组合中进行减值测试；单独测试未发生减值的金融资产(包括单项金额重大和不重大的金融资产)，包括在具有类似信用风险特征的金融资产组合中再进行减值测试。

按摊余成本计量的金融资产，期末有客观证据表明其发生了减值的，根据其账面价值与预计未来现金流量现值之间的差额确认减值损失。在活跃市场中没有报价且其公允价值不能可靠计量的权益工具投资，或与该权益工具挂钩并须通过交付该权益工具结算的衍生金融资产发生减值时，将该权益工具投资或衍生金融资产的账面价值，与按照类似金融资产当时市场收益率对未来现金流量折现确定的现值之间的差额，确认为减值损失。可供出售金融资产的公允价值发生较大幅度下降，或在综合考虑各种相关因素后，预期这种下降趋势属于非暂时性的，确认其减值损失，并将原直接计入所有者权益的公允价值累计损失一并转出计入减值损失。

6.2.2 应收款项坏账准备的核算

6.2.2.1 单项金额重大并单项计提坏账准备的应收款项

单项金额重大的判断依据或金额标准	金额为2 000万元(含)以上
单项金额重大并单项计提坏账准备的计提方法	单独进行减值测试，根据其未来现金流量现值低于其账面价值的差额计提坏账准备

6.2.2.2 按组合计提坏账准备的应收款项

6.2.2.2.1 确定组合的依据及坏账准备的计提方法

确定组合的依据	风险资产分类法组合
按组合计提坏账准备的计提方法	风险资产分类法

6.2.2.2.2 风险资产分类法

单位：%

应收款项五级分类	应收款项计提比例
正常类	0.00
关注类	2.00
次级类	25.00
可疑类	50.00
损失类	100.00
关联方应收款项	0.00

6.2.2.3 单项金额虽不重大但单项计提坏账准备的应收款项

单项计提坏账准备的理由	无法满足组合计提的要求，并且单项金额在2 000万元以下
坏账准备的计提方法	根据其未来现金流量现值低于其账面价值的差额计提坏账准备

对应收票据、预付款项、应收利息、长期应收款等其他应收款项，根据其未来现金流量现值低于其账面价值的差额计提坏账准备。

对确定不能收回的款项另行按法规程序报批后单项确认坏账损失。

6.2.3 固定资产的核算方法

6.2.3.1 固定资产确认条件、计价和折旧方法

固定资产是指为生产商品、提供劳务、出租或经营管理而持有的，使用年限超过一个会计年度的有形资产。

固定资产以取得时的实际成本入账，并从其达到预定可使用状态的次月起采用年限平均法计提折旧。

6.2.3.2 各类固定资产的折旧方法

项目	折旧年限（年）	预计净残值率（%）	年折旧率（%）
办公设备	3	5.00	31.67
运输设备	10	5.00	9.50

6.2.3.3 固定资产的减值测试方法、减值准备计提方法

资产负债表日，有迹象表明固定资产发生减值的，按照账面价值与可收回金额的差额计提相应的减值准备。

6.2.4 无形资产的核算方法

6.2.4.1 无形资产是指本公司拥有或控制的没有实物形态的可辨认非货币性资产。无形资产通常包括专利权、非专利权、商标权、著作权、特许权、土地使用权等，按成本进行初始计量。

6.2.4.2 使用寿命有限的无形资产，在使用寿命内按照与该项无形资产有关的经济利益的预期实现方式系统合理地摊销。无法可靠确定预期实现方式的，采用直线法摊销。

6.2.4.3 使用寿命确定的无形资产，在资产负债表日有迹象表明发生减值的，按照账面价值与可收回金额的差额计提相应的减值准备；使用寿命不确定的无形资产和尚未达到可使用状态的无形资产，无论是否存在减值迹象，每年均进行减值测试。

6.2.5 长期待摊费用的核算方法

长期待摊费用按实际发生额入账，在受益期或规定的期限内分期平均摊销。如果长期待摊的费用项目不能使以后会计期间受益，则将尚未摊销的该项目的摊余价值全部转入当期损益。

6.2.6 收入确认核算

6.2.6.1 手续费及佣金收入

提供劳务交易的结果在资产负债表日能够可靠估计（同时满足收入的金额能够可靠地计量、相关经济利益很可能流入、交易的完工情况能够可靠地确定、交易中已发生和将发生的成本能够可靠地计量）。

手续费及佣金收入主要包括信托手续费收入和顾问费收入。信托手续费收入是根据信托合同规定的计提方法、计提标准确认应由信托项目承担的受托人报酬。顾问费收入于所提供的服务完成时予以确认。

6.2.6.2 利息净收入

利息收入和利息支出都按存出资金或让渡资金的使用权的时间及实际利率计算确定。

6.2.7 递延所得税资产和递延所得税负债

6.2.7.1 根据资产、负债的账面价值与其计税基础之间的差额（未作为资产和负债确认的项目按照税法规定可以确定其计税基础的，该计税基础与其账面数之间的差额），按照预期收回该资产或清偿该负债期间的适用税率计算确认递延所得税资产或递延所得税负债。

6.2.7.2 确认递延所得税资产以很可能取得用来抵扣可抵扣暂时性差异的应纳税所得额为限。资产负债表日，有确凿证据表明未来期间很可能获得足够的应纳税所得额用来抵扣可抵扣暂时性差异的，确认以前会计期间未确认的递延所得税资产。

6.2.7.3 资产负债表日，对递延所得税资产的账面价值进行复核，如果未来期间很可能无法获得足够的应纳税所得额用以抵扣递延所得税资产的利益，则减记递延所得税资产的账面价值。在很可能获得足够的应纳税所得额时，转回减记的金额。

6.2.7.4 公司当期所得税和递延所得税作为所得税费用或收益计入当期损益，但不包括下列情况产生的所得税：（1）企业合并；（2）直接在所有者权益中确认的交易或者事项。

6.3 或有事项说明

截至2014年12月31日，本公司无或有事项。

6.4 会计报表中重要项目的明细资料

6.4.1 自营资产经营情况

6.4.1.1 资产风险分类的结果披露资产的期初数、期末数

风险分类	正常类（万元）	关注类（万元）	次级类（万元）	可疑类（万元）	损失类（万元）	信用风险资产合计（万元）	不良资产合计（万元）	不良资产率（%）
期初数	105 061.19	—	—	—	—	105 061.19	—	—
期末数	178 558.08	—	—	—	—	178 558.08	—	—

注：不良资产合计＝次级类＋可疑类＋损失类。

6.4.1.2 资产损失准备的期初数、本期计提、本期转回、本期核销、期末数

单位：万元

项目	期初数	本期计提	本期转回	本期核销	期末数
持有至到期投资减值准备	1 840.53	11 851.64	—	—	13 692.17
其他减值准备	427.82	4 316.27	—	—	4 744.09

6.4.1.3 自营股票投资、基金投资、债券投资、长期股权投资等投资的期初数、期末数

单位：万元

	自营股票	基金	债券	长期股权投资	合计
期初数	35 520.24	—	—	—	35 520.24
期末数	52 092.03	—	—	—	52 092.03

6.4.1.4 前三名自营长期股权投资的企业名称、占被投资企业权益的比例、主要经营活动及投资收益情况

无。

6.4.1.5 前三名的自营贷款

序号	企业名称	占自营贷款的比例（%）	还款情况
1	领地房地产集团股份有限公司	41.35	正常
2	东吉（天津）企业管理咨询有限公司	27.07	正常
3	北京嘉富丰裕投资管理有限公司	18.80	正常

6.4.1.6　表外业务的期初数、期末数，按照代理业务、担保业务和其他类型表外业务分别披露

本公司未开展上述业务。

6.4.2　信托资产管理情况

6.4.2.1　信托资产的期初数、期末数

单位：万元

信托资产	期初数	期末数
集合	1 082 158.50	2 141 587.37
单一	11 829 254.00	23 486 827.83
合计	12 911 412.50	25 628 415.20

6.4.2.2　主动管理型信托业务情况

单位：万元

主动管理型信托资产	期初数	期末数
证券投资类	23 663.52	763 025.40
股权及其他投资类	620 404.82	1 092 441.97
融资类	438 090.16	286 120.00
合计	1 082 158.50	2 141 587.37

6.4.2.3　被动管理型信托业务情况

单位：万元

被动管理型信托资产	期初数	期末数
证券投资类	61 396.62	—
股权及其他投资类	1 658 503.83	1 947 127.02
融资类	685 047.01	254 058.90
事务管理类	9 424 306.54	21 285 641.91
合计	11 829 254.00	23 486 827.83

6.4.2.4　本年度已经清算结束的集合类、单一类资金信托项目和财产管理类信托项目数量、合计金额。

信托资产	项目个数	合计金额（万元）	加权平均年化收益率（%）
集合	34	982 743.60	9.47
单一	221	5 032 205.19	7.81
合计	255	6 014 948.79	8.08

6.4.2.5　本年度已经清算结束的主动管理型信托项目数量、合计金额。

已清算结束信托项目（主动管理型）	项目个数	合计金额（万元）
证券投资类	—	—
股权及其他投资类	20	523 930.00
融资类	14	458 813.60
合计	34	982 743.60

6.4.2.6　本年度已经清算结束的被动管理型信托项目数量、合计金额。

已清算结束信托项目（被动管理型）	项目个数	合计金额（万元）
证券投资类	—	—
股权及其他投资类	9	493 489.70
融资类	10	512 000.00
事务管理类	202	4 026 715.49
合计	221	5 032 205.19

6.4.2.7　本年度新增的集合类、单一类资金信托项目和财产管理类信托项目数量、合计金额

信托资产	项目个数	合计金额（万元）
集合	71	1 935 295.87
单一	686	16 752 999.49
合计	757	18 688 295.36

6.4.2.8　本公司已履行受托人义务，并未发生因本公司自身责任导致信托资产损失的情况。

6.5　关联方关系及其交易的披露

6.5.1　关联交易方的数量、关联交易的总额及关联交易的定价政策

本公司无上述交易。

6.5.2　关联交易方与本公司的关系性质，关联交易方的名称、法人代表、注册地址、注册资本及主营业务

本公司无关联方。

6.5.3　公司与关联方的重大交易事项

6.5.3.1　固有财产与关联方

本公司无上述交易。

6.5.3.2　信托财产与关联方交易情况

本公司无上述交易。

6.5.3.3　信托公司自有资金运用于自己管理的信托项目、信托公司管理的信托项目之间的相互交易（信信交易）金额，包括余额和本报告年度的发生额

单位：万元

固有财产与信托财产相互交易			
	期初数	本期发生额	期末数
合计	28 866.46	743.48	29 609.94

单位：万元

信托资产与信托财产相互交易			
	期初数	本期发生额	期末数
合计	—	—	—

6.5.3.4　逐笔披露关联方逾期未偿还本公司资金的详细情况以及本公司为关联方担保发生或即将发生垫款的详细情况

本公司无上述事项。

7. 财务情况说明

7.1　实现利润和分配情况

（1）利润总额43 712.36万元。

（2）所得税费用6 395.91万元。

（3）净利润37 316.45万元。

（4）年初未分配利润15 262.75万元。

（5）可供分配利润52 579.20万元。

（6）上缴国有资本经营收益2 156.47万元。

（7）提取信托赔偿准备金1 865.82万元。

（8）提取盈余公积3 731.65万元。

（9）提取一般风险准备7 463.29万元。

(10)年末未分配利润 37 361.97 万元。

7.2 主要财务指标

指标名称	指标值
资本利润率(%)	37.07
信托报酬率(%)	0.14
人均净利润(万元)	910.16

注:1. 资本利润率 = 净利润/所有者权益平均余额 ×100%。
2. 信托报酬率 = 当年信托报酬收入/实收信托平均余额 ×100%。
3. 人均净利润 = 净利润/公司年平均人数。
4. 平均值采取年初及各季度末余额移动算术平均法,公式为:$a(平均) = (a_0/2 + a_1 + a_2 + a_3 + a_4/2)/4$。

7.3 对本公司财务状况、经营成果有重大影响的其他事项

无。

8. 特别事项

8.1 前五名股东报告期内变动情况及原因

公司原为西藏自治区财政厅全资控股公司,经《中国银监会关于西藏信托有限公司增加注册资本、调整股权结构及修改公司章程的批复》(银监复[2014]34 号)批准,公司于 2014 年 1 月将注册资本增加至人民币 5 亿元。增资完成后,西藏自治区财政厅出资金额为人民币 4 亿元,出资比例为 80%;西藏自治区投资有限公司出资金额为人民币 1 亿元,出资比例为 20%。

8.2 董事、监事及高级管理人员变动情况

8.2.1 董事变动情况

无。

8.2.2 监事变动情况

无。

8.2.3 高级管理人员变动情况

无。

8.3 变更注册资本、变更注册地或公司名称、公司分立合并事项

经《中国银监会关于西藏信托有限公司增加注册资本、调整股权结构及修改公司章程的批复》(银监复[2014]34 号)批准,公司于 2014 年 1 月将注册资本由人民币 4 亿元增加至人民币 5 亿元。

8.4 公司的重大诉讼事项

本公司无上述情况。

8.5 对会计师事务所出具的有保留意见、否定意见或无法表示意见的审计报告的,公司董事会应就所涉及事项作出说明

本公司无上述情况。

8.6 公司及其董事、监事和高级管理人员受到处罚的情况

本公司无上述情况。

8.7 银监会及其派出机构对公司检查后提出的整改意见及整改情况

2014 年 9 月 23 日,西藏银监局下发《西藏银监局关于西藏信托有限公司信托业务合规性及到期交付风险状况的现场检查意见书》(藏银监发[2014]96 号),对公司提出如下整改意见:

(1)建立全面合规文化,梳理全员风险意识;

(2)完善制度建设,健全授权管理体系,并严格贯彻执行;

(3)梳理现有业务,采取有效措施,防范合规风险;

(4)加强内部管理能力,提高风险控制水平;

(5)完善信息披露,加强投资者保护;

(6)加强对风险项目的额度管理,完善风险处置预案,保证信托资金安全;

(7)提高信息报送质量,确保报送信息真实性、准确性和完整性。

就西藏银监局提出的上述整改意见,本公司组织员工认真学习,落实整改的责任部门和责任人,目前各项整改措施均按照本公司的既定目标有序进行。

8.8 本年度重大事项临时报告的简要内容、披露时间、披露的媒体及其版面

本公司无上述情况。

8.9 银监会及其省级派出机构认定的其他有必要让客户及相关利益人了解的重要信息

本公司无上述情况。

9. 公司监事会意见

监事会认为,报告期内,公司经营活动依法运作,操作规范,财务报告真实地反映了公司的财务状况和经营成果。

厦门国际信托有限公司

1. 重要提示

1.1 本公司董事会及董事、独立董事保证本报告所载资料不存在任何虚假记载、误导性陈述或者重大遗漏，并对其内容的真实性、准确性和完整性承担个别及连带责任。本年度报告摘要摘自年度报告全文，客户及相关利益人欲了解详细内容，应阅读年度报告全文。

1.2 致同会计师事务所为本公司出具了标准无保留意见的审计报告。

1.3 公司董事长洪文瑾、总经理李自成和会计机构负责人、财务部经理陈明雅保证年度报告中财务报告的真实、完整。

2. 公司概况

2.1 公司简介

2.1.1 公司的法定中文名称：厦门国际信托有限公司
公司的法定英文名称：Xiamen International Trust Co., Ltd.

2.1.2 法定代表人：洪文瑾

2.1.3 注册地址：福建省厦门市思明区展鸿路82号厦门金融中心大厦39~42层

2.1.4 邮政编码：361008

2.1.5 国际互联网网址：www.xmitic.com

2.1.6 信息披露事务负责人：李自成
联系人：苏东升
联系电话：0592-5311983
传　　真：0592-5311906
电子信箱：suds@xmitic.com

2.1.7 公司本次信息披露报纸名称：《证券时报》

2.1.8 公司年度报告备置地点：福建省厦门市思明区展鸿路82号厦门金融中心大厦39~42层

2.1.9 公司聘请的会计师事务所：致同会计师事务所
地址：福建省厦门市思明区珍珠湾软件园创新大厦A区12~15楼

2.1.10 公司信托事务聘请的律师事务所：福建理海律师事务所
地址：福建省厦门市厦禾路820号帝豪大厦18楼福建天衡联合律师事务所
地址：福建省厦门市厦禾路666号海翼大厦A栋16~17层
福建闽翔律师事务所
地址：福建省厦门市嘉禾路267号惠元大厦12层04座

2.2 组织结构

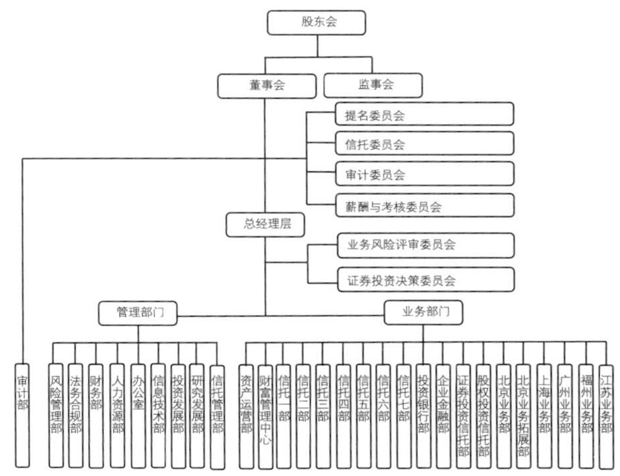

3. 公司治理

3.1 公司治理结构

3.1.1 股东情况

公司现有3个股东。

股东名称	持股比例（%）	法人代表	注册资本	注册地址	主要经营业务及主要财务情况
★厦门市金财投资有限公司	80	许晓曦	3 928 298 934.89元	厦门市思明区展鸿路82号厦门金融中心大厦46层4605-4609	对金融产业的投资，创业投资、产业投资、股权投资管理与运营。2014年末总资产为69亿元。
厦门建发集团有限公司	10	吴小敏	45亿元	厦门市思明区环岛东路1699号建发国际大厦43楼	主营涉及进出口贸易和物流，房地产开发与物业管理、旅游酒店等。2014年末总资产超过1 100亿元。
厦门港务控股集团有限公司	10	郑永恩	31亿元	厦门市湖里区东港北路31号港务大厦25楼	以控股、参股方式从事资产投资、监管、经营；港口工程开发与建设；与港口建设经营有关的业务。2014年末总资产为281亿元。

3个股东均是福建省厦门市属并授权经营的国有独资公司。

3.1.2 董事、董事会及其下属委员会

董事长、副董事长、董事

姓　名	职　务	性别	年龄	选任日期	所推举的股东名称	该股东持股比例(%)	简　要　履　历
洪文瑾	董事长	女	51	2013年6月	厦门市金财投资有限公司	80	2006年7月毕业于厦门大学工商管理专业，现任厦门金圆投资集团有限公司副总经理、厦门国际信托有限公司董事长兼圆信永丰基金管理有限公司董事长、厦门市担保有限公司董事长、中共厦门国际信托有限公司党总支委员会书记。
许晓曦	董事	男	45	2013年6月	厦门市金财投资有限公司	80	2003年12月毕业于厦门大学财政学专业，获博士学位。现任厦门金圆投资集团有限公司董事长、党委书记兼厦门市金财投资有限公司董事长、厦门国际金融管理学院董事长。
陈小林	董事	女	51	2013年6月	厦门市金财投资有限公司	80	1989年7月毕业于福建农学院农经系农村金融专业，现任厦门金圆投资集团有限公司副总经理兼厦门国际金融管理学院院长。
薛　荷	董事	女	49	2013年6月	厦门市金财投资有限公司	80	1986年7月毕业于南京大学经济系经济管理专业，现任厦门金圆投资集团有限公司副总经理兼厦门市创业投资有限公司董事长、金圆资本管理（厦门）有限公司董事长。
王文怀	董事	男	42	2013年6月	厦门建发集团有限公司	10	经济师。1998年毕业于厦门大学企业管理专业，获硕士学位，现任厦门建发集团有限公司投资总监。
余明凤	董事	男	51	2013年6月	厦门港务控股集团有限公司	10	1985年毕业于广州暨南大学会计系会计专业，现任厦门港务控股集团有限公司财务部经理，厦门港务控股集团纪律检查委员会副书记、职工监事。
刘持金	独立董事	男	52	2013年6月	独立董事		1997年7月毕业于美国哈佛大学工商管理专业，获硕士学位，现任北京泛太管理培训有限公司董事长、中国企业改革发展研究会副会长。
孙立坚	独立董事	男	52	2013年6月	独立董事		2000年3月毕业于日本一桥大学商学研究科，获博士学位，现任复旦大学金融研究中心主任、经济学院金融学教授。
陈　工	独立董事	男	56	2013年6月	独立董事		1999年7月毕业于厦门大学财金系，获博士学历，经济学教授、博士生导师，现任厦门大学经济学院财政系教授。

独立董事

姓　名	所在单位职务	性别	年龄	选任日期	简　要　履　历
刘持金	北京泛太管理培训有限公司董事长、中国企业改革发展研究会副会长	男	52	2013年6月	1997年7月毕业于美国哈佛大学工商管理专业，获硕士学位，现任北京泛太管理培训有限公司董事长。
孙立坚	复旦大学金融研究中心主任、经济学院金融学教授	男	52	2013年6月	2000年3月毕业于日本一桥大学商学研究科，获博士学位，现任复旦大学金融研究中心主任、经济学院金融学教授。
陈　工	厦门大学经济学院财政系教授	男	56	2013年6月	1999年7月毕业于厦门大学财金系，获博士学位，经济学教授、博士生导师，现任厦门大学经济学院财政系教授。

监事会成员

姓　名	职　务	性别	年龄	选任日期	所推举的股东名称	该股东持股比例(%)	简　要　履　历
黄威飘	监事长	男	50	2013年6月	厦门市金财投资有限公司	80	2003年12月毕业于中央党校法律专业，现任厦门金圆投资集团有限公司纪委书记、厦门天马微电子有限公司副董事长。
黄昆明	外部监事	男	48	2013年6月	厦门市金财投资有限公司	80	2000年12月毕业于中央党校经济管理专业，现任厦门金圆投资集团有限公司副总经理，厦门两岸金融中心建设开发有限公司董事长、厦门金圆置业有限公司董事长。
苏东升	职工监事	男	42	2013年6月			1994年7月毕业于厦门大学会计系，现任厦门国际信托有限公司办公室主任、审计部总经理。

注：2015年2月，根据公司股东会临时会议决议，监事黄昆明变更为吴钢。

高级管理人员

姓名	职务	性别	年龄	选任日期	金融从业年限(年)	学历	专业
洪文瑾	董事长	女	51	2008 年 11 月	20	硕研	工商管理
李自成	总经理	男	53	2012 年 1 月	25	硕研	历史
林　将	副总经理	男	57	2005 年 5 月	33	大专	金融
胡荣炜	副总经理	男	40	2013 年 8 月	8	硕研	工商管理
蔡炎坤	副总经理	男	50	2013 年 8 月	26	硕研	货币银行
郭韶红	副总经理	女	46	2013 年 8 月	25	硕研	金融
苏荣坚	总经理助理	男	52	2013 年 11 月	20	本科	经济管理
郑　华	总经理助理	女	40	2010 年 5 月	20	本科	行政管理

3.1.3　公司员工

报告期末公司职工人数为 164 人,平均年龄为 37.7 岁,学历结构分布为博士 0.61%、硕士 37.80%、本科 47.56%、专科 9.15%、其他 4.88%。

4. 经营管理

4.1　经营目标、方针、战略规划

经营目标:在健全内部法人治理结构、完善和规范内控管理制度和业务流程基础上,建立并形成一批高素质、专业化的投资管理与营销团队,实现公司信托资产规模和盈利水平的“双增长”,为信托受益人和公司股东谋求最大利益。

经营方针:稳健经营、诚实守信、开拓创新、有效回报,即以稳健经营为前提,以诚实信用为根本,以开拓创新为动力,以有效回报为目标。

战略规划:依托国务院支持福建省加快建设海峡西岸经济区的发展契机,在集团金融发展战略指引下,以开拓创新为先导,以专注主业为核心,以风险控制为保障,加强与银行、政府、集团成员机构以及海峡两岸其他金融机构和第三方机构开展各种形式的合作,逐步实现信托业务从平台型为主向自主管理型为主的转变,增强企业竞争力,提升公司在集团金融板块的行业价值;建立健全有效的激励和约束机制,实施有效的人才战略,为公司可持续发展创造条件;着力提升公司的投融资能力、项目开发能力、资产管理能力和市场营销能力;在确保安全性的前提下适当调整自有资产结构,提高自有资产的运作效益,成为集团金融资源整合的重要平台;积极获得股东支持,通过增资或引进战略投资者方式,提升公司净资本水平;规划期内确保在信托业务主要指标行业排名上有所进步,推动公司业务规模、经营效益、管理水平的全面提升,初步形成自身的核心盈利模式并成为国内具有一定竞争力的信托机构。

4.2　经营业务的主要内容

目前,公司经营的业务均围绕“一法两规”及银监会的有关规定开展。在固有资产方面,开展贷款(流动资金贷款和固定资产贷款)、融资租赁、投资(金融股权投资和证券投资)等业务。在信托业务方面,按资金来源分类,有单一信托、集合信托及财产权信托业务;按信托功能分类,有融资类、投资类和事务管理类业务。目前,信托业务主要开展了贷款信托、证券投资信托、股权投资信托和股权管理信托、财产(土地收益权、股权收益权、信贷资产)信托等,信托资金投向涵盖了基础产业、房地产、证券市场、实业、金融机构等方面。

4.2.1　自营资产运用与分布表

资产运用	金额(万元)	占比(%)	资产分布	金额(万元)	占比(%)
货币资产	80 934	21.60	基础产业	43 095	11.50
贷款及应收款	12 000	3.20	房地产业	0	0
以公允价值计量且其变动计入当期损益的金融资产	7 157	1.91	证券市场	32 108	8.57
买入返售金融资产	5 000	1.33	实业	0	0
可供出售金融资产	205 030	54.72	金融机构	73 036	19.49
持有至到期投资	0	0	其他	226 477	60.44
长期股权投资	53 295	14.22			
其他	11 300	3.02			
资产总计	374 716	100	资产总计	374 716	100

4.2.2　信托资产运用与分布表

资产运用	金额(万元)	占比(%)	资产分布	金额(万元)	占比(%)
货币资产	463 971	4.02	基础产业	1 284 958	11.14
贷款	4 879 152	42.28	房地产	3 031 382	26.27
交易性金融资产	1 935 854	16.78	证券市场	2 265 597	19.63
可供出售金融资产	1 518 346	13.16	实业	3 600 485	31.20
持有至到期投资	174 525	1.51	金融机构	652 177	5.65
长期股权投资	1 326 596	11.50	其他	704 845	6.11
其他	1 241 001	10.75			
信托资产总计	11 539 444	100	信托资产总计	11 539 444	100

4.3　市场分析

4.3.1　有利因素

近年来,信托业的高速增长、信托规模的迅速膨胀,得益于不断深化的市场化改革和中国经济的持续高增长奇迹。同时,信托行业持续高速增长也是市场对信托业制度安排自然选择的结果。公司通过提供不同类型的单一信托和集合信托产品,为投资者提供了回报稳定、有吸引力且风险可控的投资产品,满足了财富管理需求,增加了居民财产性收入。

高端客户理财市场继续加速蓬勃发展。虽然国内经济发展进入“新常态”周期,但社会财富仍在不断增加,社会财富的管理需求也越来越大,如何使资产保值增值,更是成为在“新常态”下投资者最为关心的话题。未来,资产管理和财富管理的市场潜力巨大,这为信托业发展提供了广阔的市场空间。

信托监管环境日臻完善。中国银监会制定了一系列信托行业监管制度和业务规范,明确引导信托公司转变经营模式,有利于促进信托业务规范化运作,促进信托公司自主管理资产能力的提升。更值得一提的是,2015 年初,银监会监管机构作

出调整，专门设立了信托部，更有利于信托业未来的监管转型发展。

公司明确中长期发展规划，稳健经营，资产优良，风控体系日趋完善，树立了合规经营的品牌优势，拥有专业化的人才队伍，为公司稳步发展奠定了基础。

4.3.2 不利因素

当前，我国经济正处于增长速度换挡期、结构调整阵痛期和前期刺激政策消化期，对信托公司来说还要再加上“两期”，一个是利率市场化的推进期，一个是资产管理业务的扩张期。另外，受“五期叠加”和各项监管政策的影响，信托业现有发展模式面临“三个难以为继”的压力：一是信托产品“高收益、低风险”特性将难以为继，二是信托行业“冲规模、轻管理”的发展路径难以为继，三是以信贷类、通道类为主的业务结构难以为继。

目前社会公众对信托行业的了解程度较低，市场和合格投资者尚需培育。信托业务相关配套法规如信托登记等制度尚未建立，影响了信托创新业务的开展，加上行业面临的外部环境日趋复杂，金融机构竞争加剧，信托公司缺乏竞争优势。

4.4 内部控制

4.4.1 内部控制环境和内部控制文化

公司的内部控制制度是为实现经营目标和防范各种风险而采取的一系列方法、措施、程序的总和。公司内部控制的总体目标是要建立一个决策科学、运营规范、管理高效、监督到位、反馈及时和持续、稳定、健康发展的信托业经营机构，具体包括四项内部控制目标：一是确保国家法律法规、外部监管机构的监管要求和公司内部规章制度得到有效的贯彻执行；二是确保公司发展战略和经营目标的全面实施和充分实现；三是确保公司风险管理体系的有效性；四是确保业务记录、财务信息和其他管理信息的及时性、真实性、完整性。

公司建立了较为完善的法人治理结构，包括股东会、董事会、监事会和经营班子，各自职责明确并得到切实履行。董事会对公司建立内部控制系统和维持其有效性承担最终责任，经营班子对内部控制制度的有效执行承担责任，监事会对内部控制行使监督职责。公司董事会、监事会和经营管理层能充分认识自身对内部控制所承担的责任，并培育公司良好的内部控制文化和风险管理理念。董事会对总经理制定了明确的授权权限，总经理办公会具有明确的议事规则和决策程序。公司按照“信托资产与固有资产隔离”原则，分别设置不同的部门，由不同的高管人员负责管理，各个信托项目均建立独立账户和账套分别管理、分别记账。公司按照“职责明确、相互制约”的原则设置组织结构，各部门有明确的授权分工，严格遵守公司《部门工作职责》的规定，在各自职权范围内从事活动。这些设置为公司提供了一个良好的内部控制环境和氛围。

4.4.2 内部控制措施

公司根据“全面性、审慎性、及时性、有效性”等原则，主要以业务处理流程为基础，运用目标控制、组织控制、授权控制、程序控制、检查控制等多种控制方法，致力于形成一套包括前台、中台、后台三道防线的内部监督控制体系。

公司持续不断地完善制度建设，包括信贷业务、投资业务、资金业务、会计内部控制、信息系统内部控制等各个方面在内的规章制度，排除内部控制盲点，建立分类科学、内容全面的制度和流程体系。2014 年制定和修订 35 项规章制度。一系列规章制度保证了公司各项业务规范、有序开展，各项制度得到良好执行。

公司内部控制职能主要通过法务合规部、风险管理部和审计部来履行。法务合规部、风险管理部主要履行事前、事中的控制职能，审计部主要履行事后检查监督职能。

4.4.3 信息交流与反馈

公司经营层与董事会保持良好的信息沟通，及时将经营管理中的问题、国家法律法规、政策和监管意见向董事会传达；所有经营活动均严格按照董事会对经营层的授权进行，授权是明确而有效的；根据有关监管要求，对于集合资金信托业务、关联交易等重大事项，公司均履行了报备或报批手续，并且针对监管意见和稽核审计中发现的问题，向公司各部门发出整改通知，把有关监管意见落实到相关部门；公司通过内部网办公系统，保证全体员工及时了解国家法律法规和公司规章制度，使风险意识和内部控制措施贯穿到公司各个部门、各个岗位和各个环节；业务部门、审计部和其他人员发现的内部控制的问题，均能有畅通的报告渠道并采取有效纠正措施；公司严格执行向委托人、受益人披露信息的有关制度，确保相关当事人的知情权。

4.4.4 监督评价与纠正

公司设立审计部负责内部审计工作，审计工作按照审计署关于内部审计的规定和银监会的有关规定进行，包括采取定期和不定期方式，范围涉及财务和业务的各个方面，对公司内部控制制度的执行情况进行持续的监督，评价内部控制的有效性，提出意见。各个信托项目结束以及关键岗位人员离职均必须经过审计部的审计。2014 年，审计部全年共完成 14 项常规和专项审计，其中到期信托项目审计涉及 98 个项目，运行中项目的后续跟踪和运行报告涉及 479 个项目，出具 31 份内部审计报告，提出整改意见和审计建议 86 条。内部审计工作始终得到公司董事会和高级管理层的重视，内部审计结果向审计委员会、董事会、监事会和经营层报告，对于内部审计中发现的问题进行及时有效的整改，并将整改落实情况向监管部门报告。

4.5 风险管理

4.5.1 风险管理概况

公司十分注重风险控制管理，坚持“积极稳健”的经营原则，规范运作，审慎经营；公司按照“全面风险管理、集中风险管理、独立性、有效性、及时性、持续性”的原则，通过自上而下的风险识别、自上而下的风险控制和上下结合的风险化解，将公司业务运作和经营管理的所有内容都涵盖于风险管理制度之下；公司进一步运用现代风险管理控制手段和技术，不断改进和提高风险管理控制质量和水平。

公司建立了有效的风险管理组织结构，包括董事会、总办会、法务合规部、风险管理部（业务风险评审委员会）、审计部。董事会对风险负最终责任，负责确立适当的风险管理原则和战略；总办会发挥其应有的民主决策的积极作用；法务合规部负责业务合规性审查和法律事务；风险管理部（业务风险评审委员会）负责日常风险管理和跟踪监督；审计部负责公司审计稽核等。

4.5.2 风险状况

4.5.2.1 信用风险状况

信用风险主要表现为公司交易对手不能履行合约义务带来的风险，其中包括业务合作伙伴、贷款对象的信用风险，资金往来银行的信用风险，这些风险导致公司资产价值发生变动，使公司遭受损失。2014 年公司自营信用风险资产期末数为 102 096 万元，其中正常类信用风险资产为 102 096 万元，无关注类、次级类、可疑类和损失类信用风险资产。不良信用资产的期初数为零，期末数为零。已足额计提资产减值准备。

4.5.2.2 市场风险状况

市场风险是指市场波动使投资者不能获得预期收益的风险，包括股价、市场汇率、利率及其他价格因素产生的不利波动。

由于公司无外汇业务，因此市场汇率的变动对公司暂时还没有影响。

4.5.2.3 操作风险状况

操作风险是指公司由于内部程序、人员、系统的不完善或失误，或外部事件造成的潜在损失。

公司目前已逐步建立和完善了一系列基本制度、管理规定和业务操作流程，公司高管和员工的风险意识和责任心较强。自重新登记以来，未发生过因员工不尽职或违规而给公司和信托财产造成较大损失的事件。公司基本能有效地防范各个环节的操作风险。

4.5.2.4 其他风险状况

其他风险包括政策风险、宏观政策以及监管政策的变动等，对公司经营环境和发展会造成一定的影响。

4.5.3 风险管理情况

4.5.3.1 信用风险管理

公司根据企业会计准则关于资产减值准备确认、计量的规定，并参考《财政部关于印发〈金融企业准备金计提管理办法〉的通知》（财金[2012]20 号）对本公司资产提取资产减值准备及一般风险准备。截至报告期末，公司应计提一般准备5 348 万元，已计提一般准备 5 348 万元。

针对融资对象企业的信用风险，公司主要通过严格执行贷款“三查”制度、审贷分离制度和逐级审批制度来加以防范，制定了统一的企业信用标准和详细的操作规程。

针对资金往来银行和开户券商风险，主要通过选择实力雄厚、信誉卓著、业绩优良的金融机构作为合作伙伴并对合作伙伴定期与不定期进行压力测试来及时发现问题，对风险加以防范。

办理抵押贷款时，注重对抵押物的权属、有效性和变现能力以及所设定抵押的合法性进行审查，完善登记手续；对抵押物确认的主要原则为根据抵押物评估值的不同情况合理确定贷款抵押比例。

办理保证贷款时，主要对保证人的保证资格、资信状况及其还款记录进行审查，并签订保证合同；原则上，提供保证的企业应属于经营良好的企业，有足够的偿债能力，在贷款期间没有可预见的经营风险存在，没有不良记录，历史上信用良好等。

4.5.3.2 市场风险管理

为防范证券市场风险，公司注重对证券投资的策略研究，遵循“组合投资、分散风险”的原则，建立对各种市场风险暴露进行实时计量和评估的机制，并根据所确认和计量的风险暴露，分别制定风险限额、采取止损措施等以有效防范证券市场风险。公司根据市场需求开发信托产品，一方面满足一般受益人的风险收益偏好，另一方面有效降低优先受益人的风险。公司严格选择投资顾问，确定合理的证券投资资产配置比例和止损线。公司运用投资管理信息系统实时控制投资比例限制和产品净值变动，严格执行有关止损点措施。

4.5.3.3 操作风险管理

操作风险可以通过正确的管理程序得到控制。公司主要通过严格的授权制度与过程监控来防范操作风险。在制定完善具体的风险管理制度时，以“一法两规”为依据，落实信托业务和自营业务分账管理、防止挪用或私自改变资金用途、规范关联交易、加强信息披露等业务操作守则和制度要求，特别是对信托经理人的道德水准和职业操守有明确的职责要求，要求其定期完成对信托业务执行风险控制点的监控报告，恪尽职守，履行诚实、信用、谨慎、有效管理的义务。

4.5.3.4 其他风险管理

公司通过严格依法经营，根据法规和监管政策要求及时制定和完善公司规章、内控制度和业务规程，加强业务合规性审查以规范和控制公司业务的政策风险。同时，公司保持与监管当局的密切沟通，了解政策动向，把握业务方向。

5. 报告期末及上一年度末的比较式会计报表

5.1 自营资产

5.1.1 会计师事务所审计结论

审 计 报 告

致同审字（2015）第 350FB0003 号

厦门国际信托有限公司全体股东：

我们审计了后附的厦门国际信托有限公司（以下简称厦门信托公司）财务报表，包括 2014 年 12 月 31 日的合并及公司资产负债表，2014 年度的合并及公司利润表、合并及公司现金流量表、合并及公司所有者权益变动表以及财务报表附注。

一、管理层对财务报表的责任

编制和公允列报财务报表是厦门信托公司管理层的责任，这种责任包括：（1）按照企业会计准则的规定编制财务报表，并使其实现公允反映；（2）设计、执行和维护必要的内部控制，以使财务报表不存在由于舞弊或错误导致的重大错报。

二、注册会计师的责任

我们的责任是在执行审计工作的基础上对财务报表发表审计意见。我们按照中国注册会计师审计准则的规定执行了审计工作。中国注册会计师审计准则要求我们遵守中国注册会计师职业道德守则，计划和执行审计工作以对财务报表是否不存在重大错报获取合理保证。

审计工作涉及实施审计程序，以获取有关财务报表金额和披露的审计证据。选择的审计程序取决于注册会计师的判断，包括对由于舞弊或错误导致的财务报表重大错报风险的评估。在进行风险评估时，注册会计师考虑与财务报表编制和公允列报相关的内部控制，以设计恰当的审计程序，但目的并非对内部控制的有效性发表意见。审计工作还包括评价管理层选用会计政策的恰当性和作出会计估计的合理性，以及评价财务报表的总体列报。

我们相信，我们获取的审计证据是充分、适当的，为发表审计意见提供了基础。

三、审计意见

我们认为，厦门信托公司财务报表在所有重大方面按照企业会计准则的规定编制，公允反映了厦门信托公司2014年12月31日的合并及公司财务状况以及2014年度的合并及公司经营成果和合并及公司现金流量。

致同会计师事务所（特殊普通合伙）厦门分所

中国注册会计师

中国注册会计师

中国·厦门　　二〇一五年三月十二日

5.1.2 合并及公司资产负债表

单位编制：厦门国际信托有限公司（自营资产）　　2014年12月31日　　单位：万元

资　　产	年末数		年初数	
	合并	公司	合并	公司
货币资金	89 632	80 934	30 302	30 302
存放同业款项				
贵金属				
拆出资金				
以公允价值计量且其变动计入当期损益的金融资产	7 157	7 157	2 414	2 414
衍生金融资产				
买入返售金融资产	5 000	5 000		
应收利息	96	43	100	100
发放贷款和垫款	12 000	12 00	31 500	31 500
可供出售金融资产	210 293	205 030	63 917	63 917
持有至到期投资	0	0	102 336	102 336
应收款项类投资				
长期股权投资	43 095	53 295	41 199	41 199
投资性房地产				
固定资产	6 428	5 626	5 031	5 031
无形资产				
商誉				
递延所得税资产	2 435	2 435	3 80	3 800
其他资产	4 511	3 196	5 437	5 437
资产总计	380 647	374 716	286 036	286 036
负　　债	年末数		年初数	
	合并	公司	合并	公司
向中央银行借款				
同业及其他金融机构存放款项				
拆入资金				
以公允价值计量且其变动计入当期损益的金融负债				
衍生金融负债				
卖出回购金融资产款				
吸收存款				
应付职工薪酬	11 219	10 857	9 301	9 301
应交税费	3 064	3 029	5 144	5 144
应付利息				
预计负债				
应付债券				
其中：优先股				
永续债				
递延所得税负债	10 323	10 307	8 329	8 329
其他负债	2 908	2 462	3 370	3 370
负债合计	27 514	26 655	26 144	26 144
所有者权益				
实收资本	230 000	230 000	160 000	160 000

续表

负　　债	年末数		年初数	
	合并	公司	合并	公司
其他权益工具				
其中:优先股				
永续债				
资本公积	1 535	1 535	1 535	1 535
减:库存股				
其他综合收益	33 283	33 259	24 689	24 689
盈余公积	26 399	26 399	21 651	21 651
一般风险准备	5 362	5 348	3 620	3 620
信托赔偿准备	12 891	12 891	10 517	10 517
未分配利润	36 180	38 629	37 880	37 880
归属于母公司所有者权益合计	345 650	348 061	259 892	259 892
少数股东权益	7 483	0	0	0
所有者权益合计	353 133	348 061	259 892	259 892
负债及所有者权益总计	380 647	374 716	286 036	286 036

法定代表人:洪文瑾　　　　主管财务负责人:胡荣炜　　　　财务主管:陈明雅

5.1.3　合并及公司利润表

编制单位:厦门国际信托有限公司(自营资产)　　　　2014 年度　　　　单位:万元

项　　目	本年金额		上年金额	
	合并	公司	合并	公司
一、营业收入	79 076	77 932	79 787	79 787
利息净收入	4 435	3 777	6 561	6 561
利息收入	4 436	3 778	6 561	6 561
利息支出	1	1	0	0
手续费及佣金净收入	46 641	46 155	55 486	55 486
手续费及佣金收入	46 641	46 155	55 486	55 486
手续费及佣金支出				
投资收益/(损失)	24 756	24 756	16 878	16 878
公允价值变动收益/(损失)	2 189	2 189	-133	-133
汇兑收益/(损失)				
其他业务收入	1 055	1 055	995	995
二、营业支出	25 477	19 058	23 170	23 170
营业税金及附加	2 848	2 821	3 411	3 411
业务及管理费	21 202	14 810	12 348	12 348
资产减值损失	0	0	5 822	5 822
其他业务成本	1 427	1 427	1 589	1 589
三、营业利润	53 599	58 874	56 617	56 617
加:营业外收入	642	142	606	606
减:营业外支出	7	7	5	5
四、利润总额	54 234	59 009	57 218	57 218
减:所得税费用	11 530	11 530	11 437	11 437
五、净利润	42 704	47 479	45 781	45 781
归属于母公司所有者的净利润	45 044		45 781	45 781
少数股东损益	-2 340		0	—
六、每股收益				
(一)基本每股收益	0.19	0.21	0.29	0.29
(二)稀释每股收益	0.19	0.21	0.29	0.29
七、其他综合收益的税后净额	8 617	8 570	24 689	24 689
归属于母公司所有者的其他综合收益的税后净额	8 594	8 570	24 689	24 689
以后不能重分类进损益的其他综合收益	0	0	0	0
归属于少数股东的其他综合收益的税后净额	23		0	0
八、综合收益总额	51 321	56 049	70 470	70 470
归属于母公司所有者的综合收益总额	53 638		70 470	70 470
归属于少数股东的综合收益总额	-2 317		—	—

法定代表人:洪文瑾　　　　主管财务负责人:胡荣炜　　　　财务主管:陈明雅

合并所有者权益变动表

编制单位：厦门国际信托有限公司　　2014 年度　　单位：万元

项目	本年金额												
	归属于母公司所有者权益											少数股东权益	所有者权益合计
	实收资本	其他权益工具			资本公积	减：库存股	其他综合收益	盈余公积	一般风险准备	信托赔偿准备	未分配利润		
		优先股	永续债	其他									
一、上年末余额	160 000				1 535		24 689	21 651	3 620	10 517	37 880		259 892
加：会计政策变更													
前期差错更正													
同一控制下企业合并													
其他													
二、本年初余额	160 000				1 535		24 689	21 651	3 620	10 517	37 880		259 892
三、本年增减变动金额（减少以"－"号填列）	70 000						8 594	4 748	1 742	2 374	－1 700	7 483	92 241
（一）综合收益总额							8 594				45 044	－2 317	51 321
（二）所有者投入和减少资本	70 000											9 800	79 800
1. 所有者投入的普通股	70 000											9 800	79 800
2. 其他权益工具持有者投入资本													
3. 股份支付计入所有者权益的金额													
4. 其他													
（三）利润分配								4 748	1 742	2 374	－46 744		－37 880
1. 提取盈余公积								4 748			－4 748		
2. 提取一般风险准备									1 742		－1 742		
3. 提取信托赔偿准备										2 374	－2 374		
4. 对所有者的分配											－37 880		－37 880
5. 其他													
（四）所有者权益内部结转													
1. 资本公积转增资本													
2. 盈余公积转增资本													
3. 盈余公积弥补亏损													
4. 一般风险准备弥补亏损													
5. 结转重新计量设定受益计划净负债或净资产													
6. 其他													
（五）其他													
四、本年末余额	230 000				1 535		33 283	26 399	5 362	12 891	36 180	7 483	353 133

法定代表人：洪文瑾　　主管财务负责人：胡荣炜　　财务主管：陈明雅

合并所有者权益变动表

2014 年度

编制单位:厦门国际信托有限公司　　　　单位:万元

项　目	上年金额												
	归属于母公司所有者权益											少数股东权益	所有者权益合计
	实收资本	其他权益工具			资本公积	减:库存股	其他综合收益	盈余公积	一般风险准备	信托赔偿准备	未分配利润		
		优先股	永续债	其他									
一、上年末余额	100 000				1 535			17 072	2 587	8 228	37 991		167 413
加:会计政策变更													
前期差错更正													
同一控制下企业合并													
其他													
二、本年初余额	100 000				1 535			17 072	2 587	8 228	37 991		167 413
三、本年增减变动金额(减少以"－"号填列)	60 000						24 689	4 579	1 033	2 289	－111		92 479
(一)综合收益总额							24 689				45 781		70 470
(二)所有者投入和减少资本	60 000												60 000
1. 所有者投入的普通股	60 000												60 000
2. 其他权益工具持有者投入资本													
3. 股份支付计入所有者权益的金额													
4. 其他													
(三)利润分配								4 579	1 033	2 289	－45 892		－37 991
1. 提取盈余公积								4 579			－4 579		
2. 提取一般风险准备									1 033		－1 033		
3. 提取信托赔偿准备										2 289	－2 289		
4. 对所有者的分配											－37 991		－37 991
5. 其他													
(四)所有者权益内部结转													
1. 资本公积转增资本													
2. 盈余公积转增资本													
3. 盈余公积弥补亏损													
4. 一般风险准备弥补亏损													
5. 结转重新计量设定受益计划净负债或净资产													
6. 其他													
(五)其他													
四、本年末余额	160 000				1 535		24 689	21 651	3 620	10 517	37 880		259 892

法定代表人:洪文瑾　　　　主管财务负责人:胡荣炜　　　　财务主管:陈明雅

所有者权益变动表

编制单位：厦门国际信托有限公司

2014 年度

单位：万元

项目	本年金额										
	实收资本	其他权益工具			资本公积	减：库存股	其他综合收益	盈余公积	一般风险准备	信托赔偿准备	未分配利润	所有者权益合计
		优先股	永续债	其他								
一、上年末余额	160 000				1 535		24 689	21 651	3 620	10 517	37 880	259 892
加：会计政策变更												
前期差错更正												
其他												
二、本年初余额	160 000				1 535		24 689	21 651	3 620	10 517	37 880	259 892
三、本年增减变动金额（减少以“－”号填列）	70 000						8 570	4 748	1 728	2 374	749	88 169
（一）综合收益总额							8 570				47 479	56 049
（二）所有者投入和减少资本	70 000											70 000
1. 所有者投入的普通股	70 000											70 000
2. 其他权益工具持有者投入资本												
3. 股份支付计入所有者权益的金额												
4. 其他												
（三）利润分配								4 748	1 728	2 374	-46 730	-37 880
1. 提取盈余公积								4 748			-4 748	
2. 提取一般风险准备									1 728		-1 728	
3. 提取信托赔偿准备										2 374	-2 374	
4. 对所有者的分配											-37 880	-37 880
5. 其他												
（四）所有者权益内部结转												
1. 资本公积转增资本												
2. 盈余公积转增资本												
3. 盈余公积弥补亏损												
4. 一般风险准备弥补亏损												
5. 结转重新计量设定受益计划净负债或净资产所产生的变动												
6. 其他												
（五）其他												
四、本年末余额	230 000				1 535		33 259	26 399	5 348	12 891	36 629	348 061

法定代表人：洪文瑾　　主管财务负责人：胡荣炜　　财务主管：陈明雅

所有者权益变动表

编制单位：厦门国际信托有限公司　　2014 年度　　单位：万元

项　目	上年金额										
	实收资本	其他权益工具			资本公积	减：库存股	其他综合收益	盈余公积	一般风险准备	信托赔偿准备	未分配利润	所有者权益合计
		优先股	永续债	其他								
一、上年末余额	100 000				1 535			17 072	2 587	8 228	37 991	167 413
加：会计政策变更												
前期差错更正												
其他												
二、本年初余额	100 000				1 535			17 072	2 587	8 228	37 991	167 413
三、本年增减变动金额（减少以“－”号填列）	60						24 689	4 579	1 033	2 289	－111	92 479
（一）综合收益总额							24 689				45 781	70 470
（二）所有者投入和减少资本	60 000											60 000
1. 所有者投入的普通股	60 000											60 000
2. 其他权益工具持有者投入资本												
3. 股份支付计入所有者权益的金额												
4. 其他												
（三）利润分配								4 579	1 033	2 289	－45 892	－37 991
1. 提取盈余公积								4 579			－4 579	
2. 提取一般风险准备									1 033		－1 033	
3. 提取信托赔偿准备										2 289	－2 289	
4. 对所有者的分配											－37 991	－37 991
5. 其他												
（四）所有者权益内部结转												
1. 资本公积转增资本												
2. 盈余公积转增资本												
3. 盈余公积弥初亏损												
4. 一般风险准备弥补亏损												
5. 结转重新计量设定受益计划净负债或净资产所产生的变动												
6. 其他												
（五）其他												
四、本年末余额	160 000				1 535		24 689	21 651	3 620	10 517	37 880	259 892

法定代表人：洪文瑾　　主管财务负责人：胡荣炜　　财务主管：陈明雅

5.2 信托资产

信托项目资产负债汇总表

编制单位：厦门国际信托有限公司　　2014 年 12 月 31 日　　单位：万元

资　　产	期末数	期初数	负债与所有者权益	期末数	期初数
资产：			负债：		
货币资金	463 971	111 346	应付受托人报酬	2 517	2 675
拆出资金	0	0	应付受益人收益	12 594	387
交易性金融资产	1 935 854	547 798	应交税费	0	0
衍生金融资产	0	0	衍生金融负债	0	0
买入返售金融资产	1 187 986	1 477 853	其他负债	6 309	16 320
发放贷款	4 879 152	7 888 508	负债合计	21 420	19 382
可供出售金融资产	1 518 346	2 449 749	所有者权益：		
持有至到期投资	174 524	57 485	实收信托	11 304 349	13 189 264
应收款项	4 577	4 337	其中：集合资金信托	2 987 964	1 261 913
长期股权投资	1 326 596	688 671	单一资金信托	8 001 449	11 429 539
其他资产	48 438	18 277	财产信托	314 936	497 812
			资本公积	0	0
			未分配利润	213 675	35 378
			所有者权益合计	11 518 024	13 224 642
资产总计	11 539 444	13 244 024	负债和所有者权益总计	11 539 444	13 244 024

法定代表人：洪文瑾　　主管财务负责人：胡荣炜　　财务主管：陈明雅

信托项目利润及利润分配汇总表

编制单位：厦门国际信托有限公司（信托业务汇总）　2014 年度　单位：万元

项　目	当年数	上年数
一、营业收入	1 338 201	1 124 333
利息净收入	700 053	749 937
利息收入	700 053	749 937
利息支出	0	0
投资收益（损失以“－”号填列）	575 633	373 480
公允价值变动收益	40 760	－9 690
其他业务收入	21 755	10 606
二、营业支出	133 714	144 075
营业税金及附加	0	0
信托费用	133 714	144 075
资产减值损失	0	0
三、利润总额（损失以“－”号填列）	1 204 487	980 258
加：期初未分配信托利润	35 378	－11 720
损益平准金	5976	2 620
四、可供分配的信托利润	1 245 841	971 158
减：本期已分配信托利润	1 032 166	935 780
五、期末未分配信托利润	213 675	35 378

法定代表人：洪文瑾　　主管财务负责人：胡荣炜　　财务主管：陈明雅

6. 会计报表附注（母公司）

6.1 会计报表编制基准、会计政策、会计估计和核算方法发生变化的说明

6.1.1 会计报表不符合会计核算基本前提的事项

公司会计报表没有不符合会计核算基本前提的事项。

6.1.2 纳入合并报表范围子公司的说明

本年度公司纳入合并报表范围的子公司为本公司子公司圆信永丰基金管理有限公司。

6.2 重要会计政策和会计估计说明

6.2.1 计提一般准备、资产减值准备的范围和方法

6.2.2.1 一般准备金期末余额按照期末风险资产的1.5%计提，做利润分配处理。

6.2.2.2 资产减值准备包括可供出售金融资产减值准备、持有至到期投资减值准备、贷款损失准备、坏账准备和长期投资减值准备、固定资产减值准备等。资产减值准备采用备抵法核算。

（1）可供出售金融资产的减值准备：

年末如果可供出售金融资产的公允价值发生较大幅度下降，或在综合考虑各种相关因素后，预期这种下降趋势属于非暂时性的，就认定其已发生减值，将原直接计入所有者权益的公允价值下降形成的累计损失一并转出，确认减值损失。

（2）持有至到期投资的减值准备：

持有至到期投资减值损失的计量比照应收款项减值损失计量方法处理。

（3）贷款损失准备：

贷款损失准备的计量比照应收款项减值损失计量方法处理。

（4）应收款项坏账准备的确认标准和计提方法：

年末如果有客观证据表明应收款项发生减值，则将其账面价值减记至可收回金额，减记的金额确认为资产减值损失，计入当期损益。可收回金额是通过对其未来现金流量（不包括尚未发生的信用损失）按原实际利率折现确定，并考虑相关担保物的价值（扣除预计处置费用等）。原实际利率是初始确认该应收款项时计算确定的实际利率。短期应收款项的预计未来现金流量与其现值相差很小，在确定相关减值损失时，不对其预计未来现金流量进行折现。

年末对于单项金额重大的应收款项（包括应收账款、应收票据、预付账款、其他应收款、长期应收款等）单独进行减值测试。如有客观证据表明其发生了减值的，根据其未来现金流量现值低于其账面价值的差额，确认减值损失，计提坏账准备。

（5）除上述金融资产外的其他主要资产的减值：对联营企业的长期股权投资、固定资产、在建工程等长期非金融资产，公司在每年末判断相关资产是否存在可能发生减值的迹象。

资产存在减值迹象的，估计其可收回金额。可收回金额根据资产的公允价值减去处置费用后的净额与资产预计未来现金流量的现值两者之间较高者确定。

资产的可收回金额低于其账面价值的，将资产的账面价值减记至可收回金额，减记的金额确认为资产减值损失，计入当期损益，同时计提相应的资产减值准备。

资产减值损失确认后，减值资产的折旧或者摊销费用在未来期间做相应调整，以使该资产在剩余使用寿命内，系统地分摊调整后的资产账面价值（扣除预计净残值）。

长期非金融资产的减值损失一经确认，在以后会计期间不再转回。

有迹象表明一项资产可能发生减值的，企业以单项资产为基础估计其可收回金额。难以对单项资产的可收回金额进行估计的，以该资产所属的资产组为基础确定资产组的可收回金额。资产组的认定，以资产组产生的主要现金流入是否独立于其他资产或者资产组的现金流入为依据。同时，在认定资产组时，考虑公司管理层管理经营活动的方式和对资产的持续使用或者处置的决策方式等。资产组一经确定，各个会计期间保持一致。

公司按照（1）~（5）所述原则，并参考财政部关于印发《金融企业准备金计提管理办法》的通知（财金[2012]20 号）提取资产减值准备。《金融企业准备金计提管理办法》建议的提取比例如下：

资产情况	提取比例（%）
正常类	0
关注类	3
次级类	30
可疑类	60
损失类	100

6.2.2 金融资产四分类的范围和标准

公司结合自身业务特点和风险管理要求，根据公司对金融资产的持有意图和持有能力，将取得的金融资产于初始确认时分为以下四类：以公允价值计量且其变动计入当期损益的金融资产，包括交易性金融资产和直接指定为以公允价值计量且其变动计入当期损益的金融资产；持有至到期投资；贷款和应收款项；可供出售金融资产。

划分标准如下：

6.2.2.1 交易性金融资产和直接指定为以公允价值计量且其变动计入当期损益的金融资产

满足以下条件之一的金融资产，划分为交易性金融资产：

（1）取得金融资产的目的，主要是为了近期内出售、回购或赎回；

（2）属于进行集中管理的可辨认金融工具组合的一部分，且有客观证据表明公司近期采用短期获利方式对该组合进行管理；

（3）属于衍生工具。

满足以下条件之一的金融资产，直接指定为以公允价值计量且其变动计入当期损益的金融资产：

（1）该指定可以消除或明显减少由于该金融资产或金融负债的计量基础不同所导致的相关利得或损失在确认或计量方面不一致的情况；

（2）企业风险管理或投资策略的正式书面文件已载明，该金融资产组合以公允价值为基础进行管理、评价并向关键管理人员报告。

6.2.2.2 持有至到期投资

同时满足以下条件的非衍生金融资产，划分为持有至到期投资：

（1）到期日固定、回收金额固定或可确定；

（2）有明确意图持有至到期；

（3）有能力持有至到期。

6.2.2.3 贷款和应收款项

公司将在活跃市场中没有报价、回收金额固定或可确定的非衍生金融资产划分为贷款和应收款项，主要是公司发放的贷款和其他债权。

6.2.2.4 可供出售金融资产

公司将初始确认时即被指定为可供出售的非衍生金融资产以及除以公允价值计量且其变动计入当期损益的金融资产、持有至到期投资、贷款和应收款项三类外的金融资产划分为可供出售金融资产。

6.2.3 交易性金融资产核算办法

取得时，以公允价值（扣除已宣告但尚未发放的现金股利或已到付息期但尚未领取的债券利息）作为初始确认金额，相关的交易费用计入当期损益。支付的价款中包含已宣告但尚未发放的现金股利或已到付息期但尚未领取的债券利息，单独确认为应收项目。

持有期间，将取得的利息或现金股利确认为投资收益。在资产负债表日，将该金融资产的公允价值变动计入当期损益。

处置时，其公允价值与初始入账金额之间的差额确认为投资收益，同时调整公允价值变动损益。

6.2.4 可供出售金融资产核算办法

取得时，按公允价值（扣除已宣告但尚未发放的现金股利或已到付息期但尚未领取的债券利息）和相关交易费用之和作为初始确认金额。支付的价款中包含已宣告但尚未发放的现金股利或已到付息期但尚未领取的债券利息，单独确认为应收项目。

持有期间将取得的利息或现金股利确认为投资收益。在资产负债表日，可供出售金融资产以公允价值计量，其公允价值变动确认为其他综合收益并计入资本公积。

处置时，将取得的价款与该金融资产账面价值之间的差额，计入投资损益；同时，将原直接计入所有者权益的公允价值变动累计额对应处置部分的金额转出，计入投资损益。

6.2.5 持有至到期投资核算办法

取得时，以公允价值（扣除已到付息期但尚未领取的债券利息）和相关交易费用之和作为初始确认金额。支付的价款中包含已到付息期但尚未领取的债券利息，单独确认为应收项目。

持有期间，按照摊余成本和实际利率（实际利率与票面利率差别较小的，按票面利率）计算确认利息收入，计入投资收益。实际利率在取得时确定，在该预期存续期间或适用的更短期间内保持不变。

处置时，将所取得价款与该投资账面价值之间的差额计入投资收益。

6.2.6 长期股权投资核算方法

6.2.6.1 初始计量

（1）企业合并形成的长期股权投资。同一控制下的企业合并：公司以支付现金、转让非现金资产或承担债务方式以及以发行权益性证券作为合并对价的，在合并日以取得被合并方所有者权益账面价值的份额作为长期股权投资的初始投资成本。按照长期股权投资初始投资成本与支付合并对价之间的差额，调整资本公积；资本公积不足以冲减的，调整留存收益。合并发生的各项直接相关费用，包括为进行合并而支付的审计费用、评估费用、法律服务费用等，于发生时计入当期损益。

非同一控制下的企业合并：合并成本为购买日购买方为取得对被购买方的控制权而付出的资产、发生或承担的负债以及发行的权益性证券的公允价值，以及为企业合并而发生的各项直接相关费用。通过多次交换交易分步实现的企业合并，合并成本为每一单项交易成本之和。在合并合同中对可能影响合并成本的未来事项作出约定的，购买日如果估计未来事项很可能发生并且对合并成本的影响金额能够可靠计量的，也计入合并成本。

（2）其他方式取得的长期股权投资。以支付现金方式取得的长期股权投资，以实际支付的购买价款作为初始投资成本。

以发行权益性证券取得的长期股权投资，以发行权益性证券的公允价值作为初始投资成本。初始投资成本包括与取得长期股权投资直接相关的费用、税金及其他必要支出。

在非货币性资产交换具备商业实质和换入资产或换出资产的公允价值能够可靠计量的前提下，非货币性资产交换换入的长期股权投资以换出资产的公允价值为基础确定其初始投资成本，除非有确凿证据表明换入资产的公允价值更加可靠；不满足上述前提的非货币性资产交换，以换出资产的账面价值和应支付的相关税费作为换入长期股权投资的初始投资成本。

通过债务重组取得的长期股权投资，其初始投资成本以公允价值为基础确定。

6.2.6.2 被投资单位具有共同控制、重大影响的依据

按照合同约定对某项经济活动所共有的控制，仅在与该项经济活动相关的重要财务和经营决策需要分享控制权的投资方一致同意时存在，则视为与其他方对被投资单位实施共同控制；对一个企业的财务和经营决策有参与决策的权力，但并不能够控制或者与其他方一起共同控制这些政策的制定，则视为投资企业能够对被投资单位施加重大影响。

6.2.6.3 后续计量及收益确认

公司能够对被投资单位施加重大影响或共同控制的，初始投资成本大于投资时应享有被投资单位可辨认净资产公允价值份额的差额，不调整长期股权投资的初始投资成本；初始投资成本小于投资时应享有被投资单位可辨认净资产公允价值份额的差额，计入当期损益，同时调整长期股权投资的成本。

公司对子公司的长期股权投资，采用成本法核算，编制合并财务报表时按照权益法进行调整。

对被投资单位具有共同控制或重大影响的长期股权投资，采用权益法核算。

成本法下被投资单位宣告分派的现金股利或利润，确认为当期投资收益。

权益法下在公司确认应分担被投资单位发生的亏损时，按照以下顺序进行处理：首先，冲减长期股权投资的账面价值。其次，长期股权投资的账面价值不足以冲减的，以其他实质上构成对被投资单位净投资的长期权益账面价值为限继续确认投资损失，冲减长期应收项目等的账面价值。最后，经过上述处理，按照投资合同或协议约定企业仍承担额外义务的，按预计承担的义务确认预计负债，计入当期投资损益。

被投资单位以后期间实现盈利的，公司在扣除未确认的亏损分担额后，按与上述顺序相反的顺序处理，减记已确认预计负债的账面余额，恢复其他实质上构成对被投资单位净投资的长期权益及长期股权投资的账面价值，同时确认投资收益。

被投资单位除净损益以外所有者权益其他变动的处理：对于被投资单位除净损益以外所有者权益的其他变动，在持股比例不变的情况下，公司按照持股比例计算应享有或承担的部分，调整长期股权投资的账面价值，同时增加或减少资本公积（其他资本公积）。

6.2.7 投资性房地产核算方法

投资性房地产的范围限定为已出租的土地使用权、持有并准备增值后转让的土地使用权、已出租的建筑物。

投资性房地产以其成本作为入账价值。外购投资性房地产的成本包括购买价款、相关税费和可直接归属于该资产的其他支出；自行建造投资性房地产的成本，由建造该项资产达到预定可使用状态前所发生的必要支出构成。

投资性房地产采用成本模式进行后续计量，采用与固定资产和无形资产相同的方法计提折旧或进行摊销。

投资性房地产的用途改变为自用时，自改变之日起，本公司将该投资性房地产转换为固定资产或无形资产。自用房地产的用途改变为赚取租金或资本增值时，自改变之日起，本公司将固定资产或无形资产转换为投资性房地产。发生转换时，以转换前的账面价值作为转换后的入账价值。

投资性房地产被处置，或者永久退出使用且预计不能从其处置中取得经济利益时，终止确认该项投资性房地产。投资性房地产出售、转让、报废或毁损的处置收入扣除其账面价值和相关税费后的金额计入当期损益。

6.2.8 固定资产计价及折旧方法

6.2.8.1 固定资产确认条件

固定资产是指为生产商品、提供劳务、出租或经营管理而持有，并且使用寿命超过一个会计年度的有形资产。固定资产在同时满足下列条件时予以确认：

（1）与该固定资产有关的经济利益很可能流入企业；

（2）该固定资产的成本能够可靠地计量。

6.2.8.2 固定资产的分类

固定资产分为办公用楼、职工宿舍、电子计算机及外设、其他办公设备、交通运输设备。

6.2.8.3　固定资产的初始计量

固定资产取得时按照实际成本进行初始计量。

外购固定资产的成本，以购买价款，相关税费，使固定资产达到预定可使用状态前所发生的可归属于该项资产的运输费、装卸费、安装费和专业人员服务费等确定。

购买固定资产的价款超过正常信用条件延期支付，实质上具有融资性质的，固定资产的成本以购买价款的现值为基础确定。

自行建造固定资产的成本，由建造该项资产达到预定可使用状态前所发生的必要支出构成。

在债务重组中取得债务人用于抵债的固定资产，以该固定资产的公允价值为基础确定其入账价值，并将重组债务的账面价值与该用于抵债的固定资产公允价值之间的差额计入当期损益。

在非货币性资产交换具备商业实质且换入资产或换出资产的公允价值能够可靠计量的前提下，换入的固定资产以换出资产的公允价值为基础确定其入账价值，除非有确凿证据表明换入资产的公允价值更加可靠；不满足上述前提的非货币性资产交换，以换出资产的账面价值和应支付的相关税费作为换入固定资产的成本，不确认损益。

以同一控制下的企业吸收合并方式取得的固定资产按被合并方的账面价值确定其入账价值，以非同一控制下的企业吸收合并方式取得的固定资产按公允价值确定其入账价值。

融资租入的固定资产，以租赁开始日租赁资产公允价值与最低租赁付款额现值两者中较低者作为入账价值。

6.2.8.4　固定资产折旧计提方法

固定资产折旧采用年限平均法分类计提，根据固定资产类别、预计使用寿命和预计净残值率确定折旧率。

各类固定资产预计使用寿命和年折旧率如下：

固定资产类别	预计使用寿命（年）	预计净残值率（%）	年折旧率（%）
办公用楼	30	5	3.17
职工宿舍	20～35	3～5	2.77～4.75
电子计算机及外设	3～5	0～5	19～33.33
办公设备	5～10	0～5	9.5～20
交通运输设备	5～10	5	9.5～19

6.2.9　长期应收款的核算方法

长期应收款用来核算包括融资租赁产生的应收款项。采用递延方式、具有融资性质的销售商品和提供劳务等产生的应收款项等，实质上构成对被投资单位净投资的长期权益，也通过本科目核算。

本公司长期应收款主要是用来核算融资租赁产生的应收款项。在融资租赁中，在租赁期开始日，本公司以最低租赁收款额与初始直接费用之和作为长期应收款（应收融资租赁款）的入账价值，同时记录未担保余值；将最低租赁收款额、初始直接费用及未担保余值之和与其现值之和的差额确认为未实现融资收益。未实现融资收益在租赁期内各个期间采用实际利率法计算确认当期的融资收入。

6.2.10　长期待摊费用的摊销政策

本公司长期待摊费用是指已经支出，但受益期限在1年以上（不含1年）的各项费用，包括办公室装修费及办公软件等。摊销方法采用直线法，在受益期内平均摊销。

6.2.11　合并会计报表的编制方法

公司将拥有实际控制权的子公司和特殊目的主体纳入合并财务报表范围。

公司合并财务报表按照《企业会计准则第33号——合并财务报表》及相关规定的要求编制。具体编制时，以本公司和子公司的财务报表为基础，子公司与本公司采用的会计政策或在会计期间不一致的，则按照本公司的会计政策或会计期间对子公司财务报表进行必要的调整，同时按照权益法调整对子公司的长期股权投资，并抵销合并范围内的所有重大内部交易和往来后进行合并。子公司的股东权益中不属于母公司所拥有的部分作为少数股东权益在合并财务报表中股东权益项下单独列示。

对于非同一控制下企业合并取得的子公司，在编制合并财务报表时，以购买日可辨认净资产公允价值为基础对其个别财务报表进行调整；对于同一控制下企业合并取得的子公司，视同该企业合并于合并当期的年初已经发生，从合并当期的年初起将其资产、负债、经营成果和现金流量纳入合并财务报表。

6.2.12　收入确认原则和方法

6.2.12.1　利息收入

在相关的收入金额能够可靠计量、相关的经济利益很可能流入时，按资金使用时间和实际利率确认利息收入。

6.2.12.2　手续费收入

在相关的收入金额能够可靠计量、相关的经济利益很可能流入时确认收入。

6.2.12.3　投资收益

公司持有交易性金融资产和可供出售金融资产期间取得的利息或现金股利确认为当期收益。处置交易性金融资产时其公允价值与初始入账金额之间的差额，确认为投资收益，同时调整公允价值变动收益。处置可供出售金融资产时，取得的价款与原直接计入所有者权益的公允价值变动累计额之和与该金融资产账面价值的差额，计入投资收益。

采用成本法核算的长期股权投资，被投资单位宣告分派的现金股利或利润，确认为当期投资收益；采用权益法核算的长期股权投资，根据被投资单位实现的净利润或经调整的净利润计算应享有的份额，确认投资收益。

6.2.12.4　其他业务收入

其他业务收入主要是除主营业务活动以外的其他经营活动实现的收入。在收入的金额能够可靠计量，且相关经济利益很可能流入企业时确认收入。

6.2.13　所得税的会计处理方法

本公司的所得税采用资产负债表债务法核算。资产、负债的账面价值与其计税基础存在差异的，按照规定确认所产生的递延所得税资产和递延所得税负债。

在资产负债表日，对于当期和以前期间形成的当期所得税负债（或资产），以按照税法规定计算的预期应缴纳（或返还）的所得税金额计量；对于递延所得税资产和递延所得税负债，根据税法规定，按照预期收回该资产或清偿该负债期间的适用税率计量。

递延所得税资产的确认以本公司很可能取得用来抵扣可抵扣暂时性差异、可抵扣亏损和税款抵减的应纳税所得额为限。在无法明确估计可抵扣暂时性差异预期转回期间可能取得的应纳税所得额时，不确认与可抵扣暂时性差异相关的递延所得税资产。对联营企业及合营企业投资相关的应纳税暂时性差异产生的递延所得税负债予以确认，但同时满足能够控制应纳税暂时性差异转回的时间且该暂时性差异在可预见的未来很可能不会转回的，不予确认；对联营企业及合营企业投资相关的可抵扣暂时性差异产生的递延所得税资产，该可抵扣暂时性差异同时满足在可预见的未来很可能转回即在可预见的将来有处置该项投资的明确计划，且预计在处置该项投资时，除了有足够的应纳税所得以外，还有足够的投资收益用于抵扣可抵扣暂时性差异时，予以确认。

在资产负债表日，对递延所得税资产的账面价值进行复核。除企业合并、直接在所有者权益中确认的交易或者事项产生的所得税外，本公司将当期所得税和递延所得税作为所得税费用或收益计入当期损益。

6.2.14 信托报酬确认原则和方法

按照信托合同约定，在相关的收入金额能够可靠计量、相关的经济利益很可能流入时确认收入。

6.3 或有事项的说明

公司的对外担保均为在重新登记前为福建省厦门市一些市政项目提供的担保，2014 年期初数为 4 072 万元，期末数为 3 316 万元。由于以上担保均由福建省厦门市财政局提供反担保，因此，上述或有事项对公司不构成重大影响。

6.4 重要资产转让及其出售的说明

报告期内，公司完成所持有象屿期货有限责任公司 46.47% 的股权转让。根据本公司“厦国信董字［2013］013 号”董事会决议，本公司与象屿期货有限责任公司（以下简称象屿期货公司）控股股东厦门象屿集团有限公司（以下简称象屿集团）全资子公司厦门国际物流中心开发有限公司一起捆绑转让所持有的象屿期货公司股权。

中国证券监督管理委员会 2014 年 5 月 20 日颁布的《关于核准象屿期货有限责任公司变更股权的批复》（证监许可［2014］500 号）批准了象屿期货公司的股权变更，经过股权变更后，由山金金控资本管理有限公司持有象屿期货公司 100% 的股权。

6.5 重要会计政策变更

2014 年 1 ~7 月，财政部颁布了《企业会计准则第 39 号——公允价值计量》（简称 企业会计准则第 39 号）、《企业会计准则第 40 号——合营安排》（简称 企业会计准则第 40 号）和《企业会计准则第 41 号——在其他主体中权益的披露》（简称 企业会计准则第 41 号），修订了《企业会计准则第 2 号——长期股权投资》（简称 企业会计准则第 2 号）、《企业会计准则第 9 号——职工薪酬》（简称 企业会计准则第 9 号）、《企业会计准则第 30 号——财务报表列报》（简称 企业会计准则第 30 号）、《企业会计准则第 33 号——合并财务报表》（简称 企业会计准则第 33 号）和《企业会计准则第 37 号——金融工具列报》（简称 企业会计准则第 37 号），除企业会计准则第 37 号在 2014 年度及以后期间的财务报告中使用外，上述其他准则于 2014 年 7 月 1 日起施行。

除下列事项外，其他因会计政策变更导致的影响不重大。

会计政策变更的内容和原因	受影响的报表项目	影响金额（万元）
根据企业会计准则第 2 号的要求：对被投资单位不具有控制、共同控制或重大影响，并且在活跃市场中没有报价、公允价值不能可靠计量的权益性投资，按《企业会计准则第 22 号——金融工具确认和计量》进行处理。本公司对上述会计政策变更采用追溯调整法处理。	可供出售金融资产 长期股权投资 其他综合收益 递延所得税负债	52 891 －19 999 24 669 8 223

6.6 会计报表中重要项目的明细资料（母公司）

6.6.1 自营资产经营情况

6.6.1.1 信用风险资产分类情况

信用风险资产五级分类	正常类（万元）	关注类（万元）	次级类（万元）	可疑类（万元）	损失类（万元）	信用风险资产合计（万元）	不良资产合计（万元）	不良资产率（%）
期初数	72 141	0	0	0	0	72 141	0	0
期末数	102 096	0	0	0	0	102 096	0	0

注：1. 资产数以计提减值准备前的数字反映。
2. 不良资产合计＝次级类＋可疑类＋损失类。

6.6.1.2 资产减值损失准备

单位：万元

	期初数	本期计提	本期转回	本期核销	期末数
贷款损失准备	0	0	0	0	0
一般准备	0	0	0	0	0
专项准备	0	0	0	0	0
其他资产减值准备	0	0	0	0	0
可供出售金融资产减值准备	4211	0	4211	0	0
持有至到期投资减值准备	0	0	0	0	0
长期股权投资减值准备	1611	0	0	1611	0
坏账准备	0	0	0	0	0
投资性房地产减值准备	0	0	0	0	0
合计	5 822	0	4 211	1 611	0

6.6.1.3 自营投资情况

单价：万元

	自营股票	基金	债券	长期股权投资	其他投资	合计
期初数	1 414	1 000	0	41 199	166 253	209 866
期末数	7 157	0	5 000	53 295	205 030	270 482

6.6.1.4 前五名长期股权投资企业情况

企业名称	占被投资企业权益的比例（%）	主要经营活动	投资损益（万元）
1. 厦门华夏国际电力发展有限公司	20	火力发电、电力销售及其他与火电厂经营相关项目的开发利用。	9 561
2. 圆信永丰基金管理有限公司	51	基金募集、基金销售、资产管理和中国证监会许可的其他业务。	0

注：投资损益是指按照企业会计准则的规定，核算股权投资确认损益并计入披露年度利润表的金额。

6.6.1.5 前五名自营贷款企业情况

企业名称	占贷款总额的比例(%)	还款情况
安溪县小城镇建设投资有限公司	100	贷款未到期、无欠息

6.6.1.6 表外业务

单位:万元

表外业务	期初数	期末数
担保业务	4 072	3 316
代理业务(委托业务)	3 308	3 308
其他	0	0
合计	7 380	6 624

注:代理业务主要反映因客观原因应规范而尚未完成规范的历史遗留委托业务,包括委托贷款和委托投资。

6.6.1.7 公司当年的收入结构

收入结构	金额(万元)	占比(%)
手续费及佣金收入	46 155	59.12
其中:信托手续费收入	46 155	59.12
投资银行业务收入	0	0
利息收入	3 778	4.84
其他业务收入	1 055	1.35
投资收益	24 756	31.71
其中:股权投资收益	16 179	20.72
证券投资收益	177	0.23
其他投资收益	8 400	10.76
公允价值变动收益	2 189	2.8
营业外收入	142	0.18
收入合计	78 075	100

注:手续费及佣金收入、利息收入、其他业务收入、投资收益、营业外收入均为损益表中的一级科目,其中手续费及佣金收入、利息收入、营业外收入为未抵减掉相应支出的全年累计实现收入数。

6.6.2 信托资产管理情况

6.6.2.1 信托资产的期初数、期末数

单位:万元

信托资产	期初数	期末数
集合	1 299 776	3 210 654
单一	11 452 155	8 013 641
财产权	492 093	315 149
合计	13 244 024	11 539 444

6.6.2.1.1 主动管理型信托业务情况

单位:万元

主动管理型信托资产	期初数	期末数
投资类	1 323 645	2 800 815
其中:证券投资	680 461	2 472 338
融资类	4 244 375	2 706 733
事务管理类	254 823	486 793
合计	5 822 843	5 994 341

6.6.2.1.2 被动管理型信托业务情况

单位:万元

被动管理型信托资产	期初数	期末数
投资类	1 880 971	2 123 546
其中:证券投资	0	0
融资类	4 963 231	2 369 411
事务管理类	576 979	1 052 146
合计	7 421 181	5 545 103

6.6.2.2 本年度已清算结束的信托项目情况

6.6.2.2.1 本年度已清算结束的集合类、单一类、财产管理类信托项目情况

已清算结束信托项目	项目个数	实收信托合计金额(万元)	加权平均实际年化收益率(%)
集合类	43	738 344	8.07
单一类	178	5 984 348	7.29
财产管理类	7	290 132	7.61

注:收益率是指信托项目清算后,给受益人赚取的实际收益水平。加权平均实际年化收益率=(信托项目1的实际年化收益率×信托项目1的实收信托+信托项目2的实际年化收益率×信托项目2的实收信托+…+信托项目n的实际年化收益率×信托项目n的实收信托)/(信托项目1的实收信托+信托项目2的实收信托+…+信托项目n的实收信托)×100%。

6.6.2.2.2 本年度已清算结束的主动管理型信托项目情况

已清算结束信托项目	项目个数(个)	实收信托合计金额(万元)	加权平均实际年化信托报酬率(%)	加权平均实际年化收益率(%)
投资类	32	801 651	0.65	8.13
其中:证券投资类	21	512 521	0.79	7.52
融资类	66	1 623 158	0.62	7.17
事务管理类	6	99 670	0.50	11.19

注:加权平均实际年化信托报酬率=(信托项目1的实际年化信托报酬率×信托项目1的实收信托+信托项目2的实际年化信托报酬率×信托项目2的实收信托+…+信托项目n的实际年化信托报酬率×信托项目n的实收信托)/(信托项目1的实收信托+信托项目2的实收信托+…+信托项目n的实收信托)×100%。

6.6.2.2.3 本年度已清算结束的被动管理型信托项目情况

已清算结束信托项目	项目个数(个)	实收信托合计金额(万元)	加权平均实际年化信托报酬率(%)	加权平均实际年化收益率(%)
投资类	22	845 119	0.55	8.21
其中:证券投资类	0	0	0	0
融资类	79	2 899 705	0.30	6.82
事务管理类	23	743 520	0.32	7.87

6.6.2.3 本年度新增的信托项目情况

新增信托项目	项目个数(个)	实收信托合计金额(万元)
集合类	113	2 609 960
单一类	72	2 765 876
财产管理类	2	38 907
新增合计	187	5 414 743
其中:主动管理型	117	2 767 683
被动管理型	70	2 647 060

6.6.2.4 信托业务创新成果和特色业务情况

6.6.2.4.1 创新业务案例一

厦门信托泛亚一号集合资金信托计划为公司2014年推出的现金管理型集合资金信托计划，该信托计划首期共募集资金4 285万元，根据投资顾问指令参与昆明泛亚有色金属交易所铟现货交易，通过资金受托业务获取收益。该信托计划的创新点在于：投资端对接泛亚有色金属交易所产品；资金端为委托人提供期限灵活，并可开放申赎的交易结构设计，使受益人在其受益期间获取稳定收益。

6.6.2.4.2 创新业务案例二

厦门信托—汇金1407号惠农资本员工激励集合资金信托计划为公司2014年推出的集合资金信托计划，该信托计划共募集资金6 000万元，是惠农资本提供给核心员工和管理人员的一个具有激励性质的信托计划。此信托计划的创新点在于一方面避免员工跟投时复杂的程序，通过信托计划持有收益权实现灵活和简捷的处理方式，另一方面帮助惠农资本解决员工激励的问题，通过信托受益权分级的设定（信托计划收益权分为A、B、C、D四个等级），可以针对不同职级、不同贡献的员工提供不一样的员工激励方案。

6.6.2.5 本公司履行受托人义务情况及因本公司自身责任而导致的信托资产损失

公司严格按照信托法规要求，忠实履行信托合同的义务，至本年度止，没有因本公司自身责任而导致的信托资产损失。

6.6.2.6 信托赔偿准备金的提取、使用和管理情况

公司每年按照净利润的5%计提信托赔偿准备金。截至2014年12月31日，信托赔偿准备金期末余额为12 891万元。本公司提取的信托赔偿准备金尚未使用过。

6.7 关联方关系及其交易

6.7.1 关联交易的数量、交易总金额及交易的定价政策

	关联交易方数量	关联交易金额（万元）	定价政策
合计	4	31 207	市场公允价格。对关联方的贷款利率定价依据参照其他商业银行对其同类贷款利率水平，及公司发放给其他具有同等资信条件非关联方的贷款利率；其他交易方式的定价均按公允交易价格执行。

6.7.2 关联交易方的基本情况

关系性质	关联方名称	法定代表人	注册地址	注册资本（万元）	主营业务
间接受本公司的原母公司控制	联发集团有限公司	陈龙	福建省厦门市湖里区湖里大道31号	210 000	投资兴办独资、合资、合作及内联企业，房地产开发、经营等。
间接受本公司的原母公司控制	福建省厦门兆裕房地产开发有限公司	许伊旋	福建省厦门市湖里区禾山街道办枋湖东路705号255室	50 000	房地产开发与经营及管理，工程项目代建、装修、装饰工程施工等。
与本公司同属同一母公司	金圆资本管理（厦门）有限公司	薛荷	福建省厦门市思明区展鸿路82号厦门金融中心大厦45层4501－4503单元	10 000	投资管理（法律法规另有规定的除外）、资产管理（法律法规另有规定的除外）、其他企业管理服务。
本公司子公司	圆信永丰基金管理有限公司	洪文瑾	福建省厦门市思明区展鸿路82号厦门金融中心大厦21层2102单元	20 000	基金募集、基金销售、资产管理和中国证监会许可的其他业务。

6.7.3 与关联方的重大交易事项

6.7.3.1 固有与关联方交易情况

单位：万元

固有与关联方关联交易				
	期初数	借方发生额	贷方发生额	期末数
贷款	0	0	0	0
投资	0	14 800	0	14 800
租赁	0	0	0	0
担保	0	0	0	0
应收账款	0	0	0	0
其他	0	0	0	0
合计	0	14 800	0	14 800

6.7.3.2 信托与关联方交易

单位：万元

信托与关联方关联交易				
	期初数	借方发生额	贷方发生额	期末数
贷款	13 500	1 000	10 000	4 500
投资	0	11 907	0	11 907
租赁	0	0	0	0
担保	0	0	0	0
应收账款	0	0	0	0
其他	0	0	0	0
合计	13 500	12 907	10 000	16 407

6.7.3.3 固信交易、信信交易

6.7.3.3.1 固有财产与信托财产交易情况

单位：万元

固有财产与信托财产相互交易			
	期初数	本期发生数	期末数
合计	26 500	12 727	39 227

6.7.3.3.2 信托项目之间交易情况

单位：万元

信托资产与信托财产相互交易			
	期初数	本期发生额	期末数
合计	11 250	－11 250	0

6.7.4 关联方逾期未偿还本公司资金的情况以及本公司为关联方担保发生或即将发生垫款的情况

报告期内无此情况。

6.8 会计制度的披露

本公司固有业务及信托业务均执行财政部2006年2月15日颁布的企业会计准则及其相关补充规定。

7. 财务情况说明书

7.1 利润实现和分配情况

单位:万元

项目	金额
上年年末未分配利润	37 880
加:会计政策变更	0
前期差错更正	0
本年年初未分配利润	37 880
加:本年净利润	47 479
可供分配利润	85 359
减:提取一般准备金	1 728
提取盈余公积	4 748
提取信托赔偿准备金	2 374
对所有者(或股东)的分配	37 880
可供股东分配的利润	38 629
减:应付股利	0
年末未分配利润	38 629

7.2 主要财务指标

指标名称	指标值
资本利润率(%)	18.38
加权年化信托报酬率(%)	0.45
人均净利润(万元)	321

注:1. 资本利润率=净利润/所有者权益平均余额×100%。

2. 所有者权益平均余额是指评级年度内年初及各季度末所有者权益余额的移动算术平均数,公式为A(平均)=$(A_0/2+A_1+A_2+A_3+A_4/2)/4$。

3. 加权年化信托报酬率=(信托项目1的实际年化信托报酬率×信托项目1的实收信托+信托项目2的实际年化信托报酬率×信托项目2的实收信托+…+信托项目n的实际年化信托报酬率×信托项目n的实收信托)/(信托项目1的实收信托+信托项目2的实收信托+…+信托项目n的实收信托)×100%。

4. 人均净利润=净利润/年平均人数,年平均人数=∑每月末人数/12。

7.3 公司净资本管理情况

截至2014年12月31日,公司净资本各项监管指标符合监管要求,各监管指标具体情况如下:

(1)净资本=28.763亿元≥2亿元。

(2)净资本/各项业务风险资本之和=287 630.65/137 549.45=209.11%≥100%。

(3)净资本/净资产=287 630.65/348 060.90=82.64%≥40%。

7.4 对本公司财务状况、经营成果有重大影响的其他事项

本报告期内无其他重大影响事项。

8. 特别事项揭示

8.1 前五名股东报告期内变动情况及原因

无。

8.2 董事、监事及高级管理人员变动情况及原因

本报告期内,公司董事、监事及高级管理人员未发生变动。

8.3 变更营业场所事项

2014年12月15日,中国银行业监督管理委员会厦门监管局核准公司办公场所搬迁至福建省厦门市展鸿路82号厦门金融中心大厦39~42层。2014年12月31日公司办公场所进行搬迁,2015年1月4日新办公场所正式营业。

8.4 公司的诉讼事项

重大未决诉讼事项:厦信稳利1 207单一资金信托大鹏佳兆业项目。公司已于2015年1月16日向福建省高院提起诉讼,并申请诉讼财产保全,该案已于近日进行财产保全,法院安排将在4月末开庭。

以前年度发生,于本报告年度终结的诉讼事项:厦门信托·金蛋基金宝(TOT)集合资金信托计划三个委托人2014年7月起诉公司承担赔偿证券投资损失案件。公司积极应诉,福建省厦门市思明区人民法院作出驳回对方起诉的裁定,上诉期内原告未再上诉,现已结案。

本报告年度发生,于本报告年度终结的诉讼事项:锦绣鹭岛1 303号中小企业贷款集合资金信托计划。本信托计划项下的借款人之一厦门鑫求精塑胶有限公司出现无法偿还借款本息情况,借款本金余额为人民币350万元,省再担保公司已履行其应承担的50%的本息代偿责任,剩余50%本息应由华兴担保公司代偿,但华兴担保公司经提示履行担保责任后,拒不履行。公司于2014年12月就华兴担保公司未履行担保责任向福建省厦门仲裁委申请仲裁,福建省厦门仲裁委员会裁决公司胜诉,现已向福建省厦门中院申请强制执行,近期将正式启动执行程序。

8.5 公司及其董事、监事和高级管理人员受到处罚的情况

报告期内没有受到处罚的情况。

8.6 银监会及其派出机构对公司检查后提出整改意见及其整改情况

本年度厦门银监局向公司下发监管意见《中国银监会厦门监管局办公室关于厦门国际信托有限公司信托业务兑付风险及合规性情况的现场检查意见书》(厦银监办发[2014]115号)。公司逐一对照检查,认真落实和整改,并将有关整改计划和进展情况书面报告厦门银监局。主要整改措施包括:(1)召集相关部门进行论证,对现有相关制度进一步梳理、修改和补充。(2)加强提高尽职调查质量,特别是根据现场检查指出的问题,注意加强对信托资金来源、项目合规手续、资金使用人资

信等情况的全面调查分析。(3)加强贷后跟踪管理，特别是跟踪信托资金流向；布置各部门加强对资金使用人、担保物风险预警信息的排查，及时发现问题。(4)以本次检查为契机，举一反三，在整改具体业务问题的同时，进一步完善制度流程，加大对员工的宣传培训力度，提高经办人员的合规意识与风险意识。(5)进一步完善公司的风险管控体系，确保各项风险管控措施及时、有效地得到落实。(6)着力提升自主管理能力，提高市场竞争力，规范与相关合作机构的合作内容，建立可持续发展的客户资源。

8.7　本年度重大事项临时报告简要内容、披露时间、所披露的媒体及版面

2014 年 12 月 31 日，在《证券时报》B1 版、《厦门日报》A03 版发布《厦门国际信托有限公司同城迁址、增资及相应修订公司章程公告》。

8.8　银监会及其省级派出机构认定的其他有必要让客户及相关利益人了解的重要信息

无。

新华信托股份有限公司

1. 重要提示

新华信托股份有限公司(以下简称公司)董事会及董事保证:本年度报告所载资料不存在任何虚假记载、误导性陈述或者重大遗漏,并对其内容的真实性、准确性和完整性承担个别及连带责任。

公司独立董事李钢、白重恩及戴波先生声明:保证本年度报告的内容真实、准确和完整。

公司法定代表人赵暖,董事总经理郝雅军,主管会计工作负责人夏亮,会计机构负责人李容、张琴声明:保证本年度报告中的财务报告真实、准确和完整。

2. 公司概况

2.1 公司简介

2.1.1 公司基本情况

公司始创于1979年。1986年5月,经中国人民银行《关于成立中国工商银行重庆信托投资公司的批复》(银复[1986]113号)批准,成立中国工商银行重庆信托投资公司。1992年3月,中国人民银行重庆市分行和重庆市经济体制改革委员会联合以《关于完善中国工商银行重庆信托投资公司股份制体制有关问题的批复》(重人行发[92]字第66号)同意改制为股份有限公司。1998年1月,经中国人民银行《关于中国工商银行重庆信托投资股份有限公司变更受让单位及更名等有关事宜的批复》(银办函[1998]5号)批准,中国工商银行转让其所持公司股份给新产业投资股份有限公司,之后公司更名为"重庆新华信托投资股份有限公司"。2001年10月,公司按照中国人民银行的要求首批完成重新登记,同时报经中国人民银行批准(银复[2001]174号),公司增资扩股为5亿元;同年12月,经中国人民银行重庆营业管理部批准(渝银复[2001]220号),更名为"新华信托投资股份有限公司"。2007年9月,经中国银行业监督管理委员会(以下简称中国银监会)批准(银监复[2007]390号),公司更名为"新华信托股份有限公司"。2008年8月,经《中国银监会关于新华信托股份有限公司吸收巴克莱银行有限公司入股及股权结构调整有关事项的批复》(银监复[2008]327号)批准,公司于2009年1月增资扩股至6.2112亿元。2012年8月,经中国银监会重庆监管局《关于新华信托股份有限公司变更注册资本及修改公司章程等有关事项的批复》(渝银监复[2012]70号)批准,公司于2012年12月将部分未分配利润转增为注册资本,转增后公司注册资本为12亿元。

2.1.2 公司法定中英文名称及缩写

公司法定中文名称:新华信托股份有限公司

中文名简称:新华信托

公司法定英文名称:New China Trust Co., Ltd.

英文名缩写:NCT

2.1.3 公司法定代表人:赵暖

2.1.4 公司注册地址、邮政编码、国际互联网网址、电子信箱

公司注册地址:重庆市江北区北城一路6号

邮政编码:400023

国际互联网网址:http://www.nct-china.com

电子信箱:service@nct-china.com

2.1.5 公司信息披露事务人员

公司信息披露事务负责人:姜志暤

公司信息披露事务联系人:刘莉薇

联系电话:(86)023 6379 9075

传　　真:(86)023 6379 2460

电子信箱:board@nct-china.com

2.1.6 公司选定的信息披露报纸、公司年度报告备置地点

公司选定的信息披露报纸:《上海证券报》

公司年度报告备置地点:重庆市江北区北城一路6号

2.1.7 公司其他资料

公司聘请的会计师事务所:毕马威华振会计师事务所(特殊普通合伙)上海分所

地址:中国上海市南京西路1266号恒隆广场50楼

邮政编码:200040

2.2 组织结构

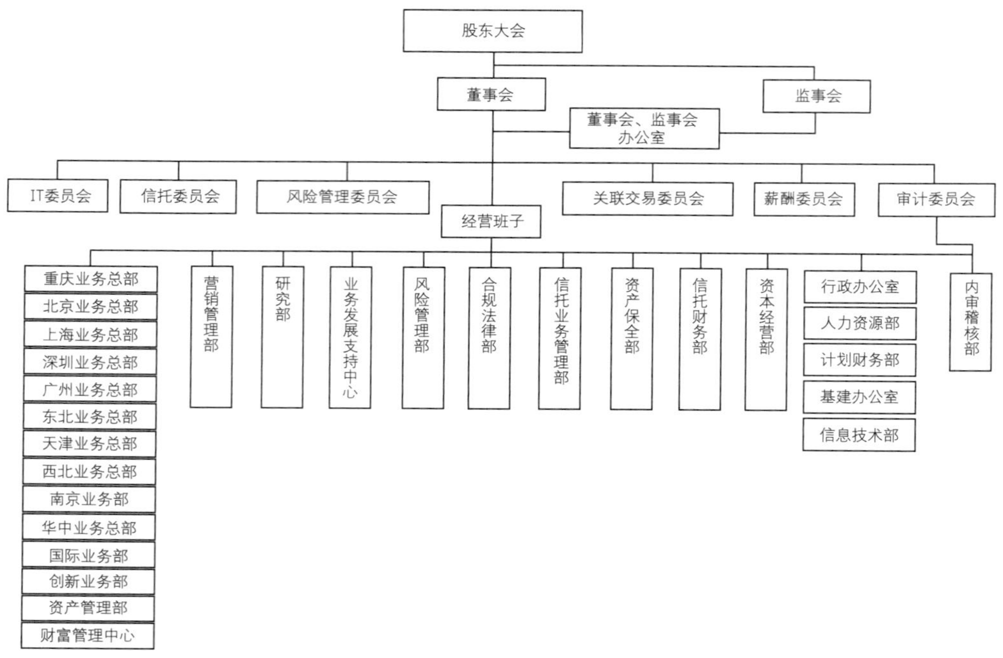

3. 公司治理

3.1 股东

报告期末股东总数为3名：新产业投资股份有限公司（以下简称新产业）、人和投资控股股份有限公司（以下简称人和）、巴克莱银行有限公司（Barclays Bank PLC，以下简称巴克莱）。

股东间关联关系情况：无。

股东名称	持股比例(%)	法定代表人	注册资本	注册地址	主要经营业务及报告年度主要财务情况
新产业	60.65	翁先定	190 000.00万元人民币	广东省深圳市福田区振兴路3号建艺大厦17楼	投资兴办实业（具体项目另行申报）；投资咨询；工程咨询（凭工程咨询资质证书开展咨询业务）。 主要财务情况：总资产447 073.46万元，总负债124 216.71万元，所有者权益322 856.75万元。
人和	19.85	戴永革	150 000.00万元人民币	北京市朝阳区光华路甲8号1号楼13层1605	投资及投资管理；经济贸易咨询；销售机械设备、建材、五金交电、日用品、电子产品、化工产品（不含危险化学品和一类易制毒化学品）、金属材料、电器机械、文具用品、体育用品、工艺品；汽车租赁（不含九座以上客车）。 主要财务情况：总资产1 677 974.19万元，总负债1 128 971.09万元，所有者权益549 003.10万元。
巴克莱	19.50	—	已发行普通股实收资本234 255.85万英镑	1 Churchill Place, London, E14 5HP, UK	商业银行、信用卡、企业及投资银行、财富管理。 主要财务情况：总资产135 869 300.00万英镑，总负债129 264 800.00万英镑，所有者权益6 604 500.00万英镑。

3.2 董事

根据公司章程的规定，公司董事会由10人组成，其中独立董事3人。公司董事任期为3年，可连选连任。

董事会成员

姓　名	职　务	性别	年龄	选任日期	所推举的股东名称	该股东持股比例(%)	简　要　履　历
赵　暖	董事长	男	41	2013年2月	新产业	60.65	曾任上海财经大学金融学院教师、浙江金融租赁股份有限公司总经理助理、上海国际集团金融服务有限公司总裁助理、新华信托股份有限公司副总经理和董事长等职,现任新华信托股份有限公司董事(2014年12月辞去董事长职务)。
卢广开	副董事长	男	51	2013年2月	新产业	60.65	曾任上海爱使股份有限公司财务总监,上海新谷实业发展有限公司总经理,融达信实业发展有限公司总经理,包头市绿远控股有限公司副总经理,新时代证券有限责任公司筹备组副组长,副董事长兼总裁,新产业执行董事,新华信托股份有限公司总经理,董事等职,现任新华信托股份有限公司副董事长。
鲁钟男	副董事长	男	59	2014年3月	新产业	60.65	曾任中国人民银行黑龙江省分行科员、副科长、科长、副处长、处长、中国人民银行哈尔滨市分行副行长,中国人民银行黑龙江省分行副行长,常务副行长、中国人民银行沈阳分行副行长,东方集团实业股份有限公司董事,中国民族证券有限责任公司副董事长、总裁等职;现任中国民生银行股份有限公司监事、深圳市新产业创业投资有限公司董事长、新华信托股份有限公司董事,2014年3月起任新华信托股份有限公司副董事长。
陈　雷	副董事长	男	51	2013年2月	巴克莱	19.50	曾任奥克汶金融公司住房和小型商用物业贷款部抵押资产分析主管、资金部企业融资和投资组合策略经理,苏格兰皇家银行格林威治资本市场公司信用衍生产品/资产支持融资/房地产融资部门副总裁,美联证券结构性信用产品部副总裁,中国国际金融有限公司(北京/香港)资产管理部执行董事,花旗集团环球证券化市场部(香港)董事,苏格兰皇家银行环球银行及市场部(香港)董事总经理,中国盛海投资管理有限公司(香港)执行总裁等职;现任新华信托股份有限公司副董事长。
魏　华	董事	女	36	2013年2月	新产业	60.65	曾任北京京天威科技发展有限公司总经理助理、安泰慧金投资咨询中心股权投资部经理等职,现任新产业股份有限公司副总裁、新华信托股份有限公司董事。
郝雅军	董事	男	38	2013年2月	新产业	60.65	曾任大同证券公司营业部财务经理和总部稽核监察部主管、金蝶软件公司金融事业部(北京)需求分析师和产品经理、新时代信托投资公司总裁助理和财务总监、新华信托股份有限公司首席财务官等职,现任新华信托股份有限公司总经理、董事。
张立文	董事	男	46	2013年10月	巴克莱	19.50	曾任重庆市潼南县副县长(挂职),重庆市证券监督管理办公室主任助理(挂职),大鹏证券有限公司资产管理部首席评估师,重庆国际信托有限公司副总裁,苏州信托有限公司常务副总裁、总裁、董事等职;现任新华信托股份有限公司首席风险官、董事。

独立董事

姓　名	所在单位及职务	性别	年龄	选任日期	所推举的股东名称	该股东持股比例(%)	简　要　履　历
李　钢	上海毅捷股权投资管理有限公司董事长	男	55	2010年5月	新产业	60.65	曾任中国平安保险集团副总经理,生命人寿保险公司董事长、总经理,正大控股集团有限公司总裁等职;现任上海毅捷股权投资管理有限公司董事长、华夏人寿保险公司高级顾问、新华保险研究会会长、新华信托股份有限公司独立董事。
白重恩	清华大学经济管理学院副院长	男	51	2009年3月	巴克莱	19.50	曾执教于美国波士顿学院经济系、香港大学经济金融学院,现任清华大学经济管理学院副院长、新华信托股份有限公司独立董事。
戴　波	北京市智舟律师事务所律师、合伙人、主任	男	42	2009年11月	新产业	60.65	曾任机械工业部政策法规司法律服务中心科员,中国文化艺术总公司企管部副经理,北京中洋律师事务所律师、合伙人,北京衡石律师事务所律师等职。现任北京市智舟律师事务所律师、合伙人、主任,新华信托股份有限公司独立董事。

3.3　监事

根据公司章程的规定,公司监事会由5人组成,其中员工监事2人。公司监事任期3年,可连选连任。

姓　名	职　务	性别	年龄	选任日期	所推举的股东名称	该股东持股比例(%)	简　要　履　历
秦　刚	监事会主席	男	41	2012年12月	新产业	60.65	曾任北京燕山石油化工公司财务部财务主管,北京网通网络科技有限公司财务经理,包头市双环化工(集团)股份有限公司财务总监,新产业董事、财务总监及董事会秘书,新世纪基金管理有限公司监事长等职;现任新华信托股份有限公司监事会主席。
金　锋	监　事	男	49	2013年11月	人和	19.85	曾任国家经济贸易委员会国际司处长,万通国际投资公司副总经理,南非欧克菲尔兹实业公司董事总经理,普天寿金融服务集团(美国)销售经理,新华人寿保险股份有限公司总裁特别助理兼信息管理中心总经理,新华人寿保险股份有限公司银行代理部总经理,泛华保险服务集团 首席运营官、首席信息官,寿险销售集团总裁,安博教育集团副总裁等职;现任人和投资集团董事局董秘、新华信托股份有限公司监事。

续表

姓　名	职　务	性别	年龄	选任日期	所推举的股东名称	该股东持股比例(%)	简　要　履　历
毛曙光	监　事	男	46	2013年11月	巴克莱	19.50	曾任美国花旗集团所罗门美邦固定收益部公司债券策略师及副总裁、美国美联证券亚洲公司结构性信用产品部副总裁、巴克莱银行亚洲投资银行部金融机构组副董事、嘉实国际资产管理公司产品部主管及董事、中信证券国际资产管理香港公司产品部主管及董事、东方港湾资产管理香港公司总裁及董事总经理等职，现任巴克莱亚洲投资银行部董事、新华信托股份有限公司监事。
肖　磊	员工监事	男	43	2012年12月	选　举	—	曾任中国重型汽车集团公司资产管理处副处长、综合室主任（其间任中国重汽与沃尔沃客车公司合资项目财务组负责人），浙江金融租赁股份有限公司计划财务部总经理，北京鸿智慧通有限公司副总经理等职；现任新华信托股份有限公司内审稽核部总经理、稽核总监、监事。
安　东	员工监事	男	55	2012年12月	选　举	—	曾任广东银海集团总裁助理和办公室主任、商友商务有限责任公司副总经理、新产业北京办事处主任、新华信托股份有限公司总经理助理等职，现任新华信托股份有限公司工会主席、监事。

3.4　高级管理人员

姓　名	职　务	性别	年龄	选任日期	金融从业年限(年)	学历	专业
郝雅军	总经理	男	38	2012年9月	14	本科	经济学
张立文	首席风险官	男	46	2013年6月	13	博士后	经济学
胡立新	副总经理	男	50	2014年3月	14	硕士生	经济学
夏　亮	首席财务官	男	41	2012年11月	7	研究生	工商管理
张　革	副总经理	男	47	2009年6月	25	本科	商学
李　荻	副总经理	男	38	2009年6月	13	研究生	工商管理
张　奎	副总经理	男	47	2012年8月	21	博士	世界经济
彭光萍	总经理助理	女	39	2012年11月	16	研究生	工商管理

3.5　公司员工

报告期末公司员工人数为526人（含外部董事、监事6人），公司平均年龄为33.67岁。博士17人（占3.23%），硕士189人（占35.93%），本科270人（占51.33%），专科36人（占6.84%），其他学历14人（占2.66%）。

4. 经营管理

4.1　经营目标、方针、战略规划

全面提升经营管理水平，加强风险防范与化解能力，优化业务结构，最终形成公司的核心竞争优势，从而不断提高经营绩效，真正成长为金融资产管理机构。

公司秉承“珍视所托，专业理财”的经营理念，贯彻“信托为本、面向市场、勇于创新”的经营方针，以客户为中心，以市场为导向，树立公司一流的品牌形象，确保公司能够实现长期、可持续发展目标。

全面深化改革，加强公司治理，切实加强执行力建设，提升存续项目管理能力，审慎开展新业务，根据公司治理状况、风险管理水平、人才团队建设和软硬件支撑等情况，制定不同业务模式的发展规划，优化业务结构，强化责任意识，树立良好社会形象。

4.2　经营业务的主要内容

4.2.1　自营资产运用与分布

自营资产运用与分布

资产运用	金额(万元)	占比(%)	资产分布	金额(万元)	占比(%)
货币资产	36 953.75	10.07	基础产业	2 310.19	14.25
贷款及应收款	94 240.05	25.68	房地产业	129 861.31	35.38
交易性金融资产	6 769.70	1.84	证券市场	19 069.50	5.20
可供出售金融资产	143 643.11	39.14	实业	36 371.41	9.91
持有至到期投资	—	0.00	金融机构	19 426.23	5.29
长期股权投资	29 426.23	8.02	其他	109 979.99	29.97
其他	55 985.80	15.25			
资产总计	367 018.64	100.00	资产总计	367 018.64	100.00

资产运用中，其他项为固定资产22 566.05万元、无形资产345.08万元、长期待摊费用327.97万元、递延所得税资产32 746.70万元。在资产分布中，“其他”为除表中所列单项以外的其他资产，不归属于特定产业。

4.2.2　信托资产运用与分布表

信托资产运用情况

资产运用	金额(万元)	占比(%)	资产分布	金额(万元)	占比(%)
货币资产	115 100.63	0.63	基础产业	5 950 360.3	32.55
贷款	4 391 012.13	24.02	房地产	3 507 541.06	19.19
交易性金融资产	51 158.96	0.28	证券市场	64 712.42	0.35
可供出售金融资产	88 306.86	0.48	实业	4 792 378.98	26.22
持有至到期投资	9 758 445.33	53.39	金融机构	3 845 214.65	21.04
长期股权投资	1 892 706.82	10.35	其他	118 114.51	0.65
其他	1 981 591.19	10.85			
信托资产总计	18 278 321.92	100.00	信托资产总计	18 278 321.92	100.00

4.3 市场分析

2014年,我国经济社会发展总体平稳,经济运行处于合理区间,在世界主要经济体中名列前茅。政府实施积极的财政政策和稳健的货币政策,实行定向减税和普遍性降费,扩大"营改增"试点。中央银行灵活运用货币政策工具,采取定向降准、定向再贷款、非对称降息等措施,加大对经济社会发展薄弱环节的支持力度。同时,监管部门完善金融监管,坚决守住不发生区域性、系统性风险的底线。

2014年宏观经济环境、金融环境和监管政策更加严峻和复杂多变,但发生区域性、系统性风险的可能性尚不存在,有助于信托公司抓紧时间,调整业务结构,转变业务发展方式,实现内涵式发展。

当前,我国经济正处于增长速度换挡期、结构调整阵痛期和前期刺激政策消化期,宏观经济增长由高速进入中高速阶段,新一届政府面对经济下行压力,不再采取强的货币刺激政策,不再依靠大规模的政府投资计划拉动经济增长回升,而是在保持货币政策稳健性的基础上,改革和完善宏观调控思路和方式,提出区间调控和定向调控的新经济政策,主要是从激发市场活力、增强内生动力和释放长期发展潜力上下工夫,依靠改革、补短板、兜底线、优化结构等办法稳增长。信托公司依赖的两大传统业务——房地产和政府平台业务,伴随着政府的调控,业务不再可持续。"127号文"的出台,意味着各部门在监管银行同业业务问题上已达成一致,信托公司的单一通道类业务受到了巨大影响。信托业现有发展模式面临"三个难以为继"的压力:一是信托产品"高收益、低风险"特性将难以为继,二是信托行业"冲规模、轻管理"的发展路径难以为继,三是以信贷类、通道类为主的业务结构难以为继。

从市场环境来看,各类金融机构纷纷大力开展资管业务,抢占市场份额,加剧了市场竞争。大资管时代已成为信托公司面临的主要挑战之一,信托业转型也势在必行。

4.4 内部控制

公司建立了由股东大会、董事会、监事会、高级管理层组成的"三会一层"法人治理结构。"三会一层"分工明确,权责清晰,制衡合理。董事会下设薪酬委员会、风险管理委员会、信托委员会、关联交易委员会、审计委员会和IT委员会。公司不断完善尽职管理、科学激励、约束监督的治理机制。

公司不断加强内部控制文化建设,重塑了风险和合规体系建设,在公司治理、财务、行政、合规法律、信息技术、人力资源和内部审计等方面,对相关流程、制度进行了较为全面的修订改造,并强化员工的风险合规意识和职业操守,提高内控人员的综合素质,改善内部控制环境。

公司内部控制措施的核心是实现以防范风险传递为目标的"三个分离",即对信托业务系统和固有业务系统实施分离,信托业务的前台、中台、后台进行分离,信托财务和固有财务的部门、人员、账表、资产分离,对每项信托业务单独开户、单独核算、单独管理。另外,公司内部管理有明确的授权制度和报告路线,公司于本年度内对各职能部门的职责进行了优化,明确了主办和协办部门的工作职责,实现了各部门和人员有明确的工作目标、职责和权限。公司通过部门职责重构、流程再造,在内部控制的环境、程序和措施上防范经营管理风险事件的发生。

公司建立了制度后评价办法等内部制度,内审稽核部为公司审计监督检查和评价的执行部门,负责监督各项内部控制制度的执行情况,收集与评价内部控制的反馈意见,对发现的内部控制缺陷,按照规定的程序建议公司或要求相关部门或责任人予以纠正。公司健全了涵盖各个环节的内部控制体系,形成了较为规范的事前防范、事中控制和事后纠正的监督检查机制。2014年,内审稽核部对公司经营管理各方面进行了审计,并就审计报告向公司提出了意见或建议。

4.5 风险管理

公司经营活动中可能遇到信用风险、市场风险、操作风险、合规风险、法律风险、声誉风险等。公司实行"分类管理、分级防范和控制"的风险管理政策,遵循独立性原则、全面控制原则、责任追究原则等风险管理基本原则。

报告期内,公司对组织架构和部门职能进行了调整,通过科学设置前中后台部门,确保公司对风险能够进行事前防范、事中控制、事后监督和纠正,形成内部约束机制和中后台对前台的反应和监督机制,实现风险隔离。

公司制定了信托项目排查制度,加大对存量信托项目的排查力度,做到信用风险早发现、早治理。对已经出现信用风险的项目,采取"一个项目一个对策"和市场化处置原则,探索抵押物处置、债务重组等审慎稳妥的市场化处置方式。同时,充分运用向担保人追偿、寻求司法解决等手段。对新增项目,提高交易对手入门门槛,强化项目准入,严格项目存续管理,做好信息披露。

公司加强了风险量化分析,通过对风险措施的跟踪测量,了解投资组合市值的变动趋势,采取相应的控制措施将市场风险控制在合理的范围内。

公司从健全组织架构、加强内部控制、优化业务流程等方面加强对操作风险的防范,并及时、充分、完整、准确地向信托当事人披露信息,勤勉尽职地履行受托人的管理义务,尽可能避免因操作不当导致风险事件的发生。

公司通过对宏观经济、行业政策、法律法规的研究,提高风险意识,控制政策风险。通过对关键行业和地区进行总量控制,严格控制集中度风险。

5. 报告期末及上一年度末的比较式会计报表

5.1 自营资产

5.1.1 会计师事务所审计结论

毕马威华振会计师事务所(特殊普通合伙)上海分所认为,公司财务报表在所有重大方面按照中华人民共和国财政部颁布的企业会计准则的规定编制,公允反映了公司2014年12月31日的合并财务状况和财务状况以及2014年度的合并经营成果和经营成果及合并现金流量和现金流量。

5.1.2 资产负债表

合并资产负债表

单位：万元

资　产	期初数	期末数	负债和股东权益	期初数	期末数
资产：			负债：		
现金及存放中央银行款项	17.63	20.99	预收账款	46 801.96	27 980.57
存放同业款项	113 517.55	41 284.93	应付职工薪酬	28 937.07	24 502.39
以公允价值计量且其变动计入当期损益的金融资产	25 160.10	6 769.70	应交税费	29 156.25	12 367.51
买入返售金融资产	13 742.73	—	其他应付款	28 979.88	80 034.72
应收手续费及佣金	2 179.46	1 575.02		—	—
其他应收款	64 474.05	57 627.61	负债合计	133 875.16	144 885.19
发放贷款及垫款	1 517.45	1 918.38	股本	120 000.00	120 000.00
可供出售金融资产	48 341.22	215 536.85	资本公积	12 639.56	12 639.56
持有至到期投资	65 797.06	20 880.26	其他综合收益	1 289.33	4 395.41
长期股权投资	19 043.39	20 531.42	盈余公积	20 896.93	21 960.02
固定资产	18 976.58	22 686.30	一般风险准备	4 702.60	4 702.60
无形资产	604.56	347.49	信托赔偿准备	10 282.44	10 745.55
长期待摊费用	627.35	327.97	未分配利润	93 938.51	102 996.80
递延所得税资产	23 625.40	32 818.21	所有者权益合计	263 749.37	277 439.94
资产总计	397 624.53	422 325.13	负债及所有者权益总计	397 624.53	422 325.13

母公司资产负债表

单位：万元

资　产	期初数	期末数	负债和所有者权益	期初数	期末数
资产：			负债：		
现金及存放中央银行款项	17.63	20.99	预收账款	46 801.96	23 373.29
存放同业款项	113 492.12	36 932.76	应付职工薪酬	28 899.44	24 456.97
以公允价值计量且其变动计入当期损益的金融资产	25 160.10	6 769.70	应交税费	28 736.32	11 886.32
买入返售金融资产	4 522.73	—	其他应付款	28 300.04	32 153.24
应收手续费及佣金	2 179.46	1 575.02		—	—
其他应收款	63 682.39	90 746.65	负债合计	132 737.76	91 869.82
发放贷款及垫款	1 517.45	1 918.38	股本	120 000.00	120 000.00
可供出售金融资产	47 782.82	143 643.11	资本公积	12 639.56	12 639.56
持有至到期投资	65 797.06	—	其他综合收益	1 289.33	4 395.41
长期股权投资	27 697.57	29 426.23	盈余公积	20 800.07	21 726.27
固定资产	18 823.75	22 566.05	一般风险准备	4 702.60	4 702.60
无形资产	602.03	345.08	信托赔偿准备	10 282.44	10 745.55
长期待摊费用	627.35	327.97	未分配利润	93 066.70	100 939.43
递延所得税资产	23 616.00	32 746.70	所有者权益合计	262 780.70	275 148.82
资产总计	395 518.46	367 018.64	负债及所有者权益总计	395 518.46	367 018.64

5.1.3 利润表

合并利润表

单位：万元

项　　目	本年数	上年数
营业收入	105 134.52	186 644.64
手续费及佣金收入	137 894.70	175 931.91
手续费及佣金支出	14.80	—
利息收入	1 490.17	3 612.64
投资损益	−35 669.27	8 187.85
公允价值变动损益	1 397.13	—779.18
汇兑损益	36.59	−308.58
营业支出	93 291.05	113 599.75
营业税金及附加	8 227.42	10 036.33
业务及管理费	33 698.69	70 818.94
资产减值损失	51 364.94	32 744.48
营业利润	11 843.47	73 044.89
加：营业外收入	520.93	117.25
减：营业外支出	186.84	355.54
利润总额	12 177.56	72 806.60
减：所得税费用	1 593.07	18 785.51
净利润	10 584.49	54 021.09
其他综合收益的税后净额	3 106.08	2 356.73
以后将重分类进损益的其他综合收益	—	—
1. 权益法下在被投资单位以后将重分类进损益的其他综合收益中享有的份额	50.58	134.05
2. 可供出售金融资产公允价值变动损益	3 055.50	2 222.68
综合收益总额	13 690.57	56 377.82

母公司利润表

单位：万元

项　　目	本年数	上年数
营业收入	99 700.94	182 443.99
手续费及佣金收入	132 697.35	171 811.33
利息收入	1 484.54	3 549.31
投资损益	−35 914.67	8 171.11
公允价值变动损益	1 397.13	−779.18
汇兑损益	36.59	−308.58
营业支出	89 663.45	110 695.52
营业税金及附加	7 833.62	9 907.70
业务及管理费	30 464.89	68 043.34
资产减值损失	51 364.94	32 744.48
营业利润	10 037.49	71 748.47
加：营业外收入	520.92	117.25
减：营业外支出	186.84	355.54
利润总额	10 371.57	71 510.18
减：所得税费用	1 109.53	18 457.76
净利润	9 262.04	53 052.42
其他综合收益的税后净额	3 106.09	2 356.73
以后将重分类进损益的其他综合收益	—	—
1. 权益法下在被投资单位以后将重分类进损益的其他综合收益中享有的份额	50.59	134.05
2. 可供出售金融资产公允价值变动损益	3 055.50	2 222.68
综合收益总额	12 368.13	55 409.15

5.1.4 所有者权益变动表

合并所有者权益变动表

单位：万元

项　　目	股本	资本公积	其他综合收益	盈余公积	一般风险准备	信托赔偿准备	未分配利润	股东权益合计
本年初金额	120 000.00	12 639.56	1 289.33	20 896.93	4 702.60	10 282.44	93 938.51	263 749.37
本年增减变动金额								
1. 净利润							10 584.49	1 0584.49
2. 其他综合收益			3 106.08					3 106.08
上述 1 和 2 小计								
3. 利润分配								
提取盈余公积				1 063.09			−1 063.09	
提取一般风险准备								
提取信托赔偿准备						463.11	−463.11	
本年末余额	120 000.00	12 639.56	4 395.41	21 960.02	4 702.60	10 745.55	102 996.80	277 439.94
本年初金额	120 000.00	12 639.56	−1 067.40	15 494.82	3 820.29	7 629.82	48 854.46	207 371.55
本年增减变动金额								
1. 净利润							54 021.09	54 021.09
2. 其他综合收益			2 356.73					2 356.73
3. 利润分配								
提取盈余公积				5 402.11			−5 402.11	
提取一般风险准备					882.31		−882.31	
提取信托赔偿准备						2 652.62	−2 652.62	
上年末余额	120 000.00	12 639.56	1 289.33	20 896.93	4 702.60	10 282.44	93 938.51	263 749.37

母公司所有者权益变动表

单位：万元

项目	股本	资本公积	其他综合收益	盈余公积	一般风险准备	信托赔偿准备	未分配利润	股东权益合计
本年初金额	120 000.00	12 639.56	1 289.33	20 800.07	4 702.60	10 282.44	93 066.70	262 780.70
本年增减变动金额								
1. 净利润							9 262.04	9 262.04
2. 其他综合收益			3 106.08					3 106.08
上述1和2小计								
3. 利润分配								
提取盈余公积				926.20			-926.20	
提取一般风险准备								
提取信托赔偿准备						463.11	-463.11	
本年末余额	120 000.00	12 639.56	4 395.41	21 726.27	4 702.60	10 745.55	100 939.43	275 148.82
上年初金额	120 000.00	12 639.56	-1 067.40	15 494.82	3 820.29	7 629.82	48 854.46	207 371.55
本年增减变动金额								
1. 净利润							53 052.42	53 052.42
2. 其他综合收益			2 356.73					2 356.73
3. 利润分配								
提取盈余公积				5 305.25			-5 305.25	
提取一般风险准备					882.31		-882.31	
提取信托赔偿准备						2 652.62	-2 652.62	
上年末余额	120 000.00	12 639.56	1 289.33	20 800.07	4 702.60	10 282.44	93 066.70	262 780.70

5.2 信托资产

5.2.1 信托项目资产负债汇总表

单位：万元

信托资产	年初余额	期末余额	信托负债和信托权益	年初余额	期末余额
信托资产：			信托负债：		
货币资金	94 214.16	115 100.63	交易性金融负债		
拆出资金	0.00	0.00	衍生金融负债		
存出保证金	0.00	0.00	应付受托人报酬	1 729.03	42 143.01
交易性金融资产	139 383.83	51 158.96	应付托管费	49.69	1 233.96
衍生金融资产	0.00	0.00	应付受益人收益	8 265.16	66 538.95
买入返售金融资产	602 968.03	675 733.79	应交税费	0.00	0.00
应收款项	1 005 952.33	1 163 788.06	应付销售服务费	89.71	452.71
发放贷款	4 819 383.89	4 391 012.13	其他应付款项	370 582.00	422 166.65
可供出售金融资产	90 594.51	88 306.86	预计负债	0.00	0.00
持有至到期投资	7 523 930.56	9 758 445.33	其他负债	0.00	0.00
长期应收款	216 802.33	141 690.00	信托负债合计	380 715.59	532 535.28
长期股权投资	2 087 006.05	1 892 706.82			
投资性房地产	0.00	0.00	信托权益：		
固定资产	0.00	0.00	实收信托	16 229 653.70	17 694 800.21
无形资产	0.00	0.00	资本公积	0.00	0.00
长期待摊费用	957.74	379.34	损益平准金	0.00	0.00
其他资产	13 264.17	0.00	未分配利润	-15 911.69	50 986.43
减：各项资产减值准备	0.00	0.00	信托权益合计	16 213 742.01	17 745 786.64
信托资产总计	16 594 457.60	18 278 321.92	信托负债及信托权益总计	16 594 457.60	18 278 321.92
表外项目：					
1. 原有委贷业务	年初余额	1 188.79	期末余额	1 188.79	
2. 应收未收利息	年初余额	76 157.34	期末余额	80 574.71	
3. 代保管信托财产	年初余额	114 180.63	期末余额	129 180.70	
4. 卖出信贷资产	年初余额	70 000.00	期末余额	30 000.00	
5. 信托项目申购款	年初余额	0.60	期末余额	82.27	

5.2.2 信托项目利润及利润分配汇总表

单位：万元

项　目	本年数	上年数
1. 营业收入	1 839 877.92	1 228 767.28
1.1 利息收入	587 753.08	434 719.06
1.2 投资收益(损失以"－"号填列)	1 231 742.72	773 423.37
1.2.1 其中:对联营企业和合营企业的投资收益	0.00	44 872.71
1.3 公允价值变动收益(损失以"－"号填列)	4 293.11	4 601.00
1.4 租赁收入	1 308.92	2 090.07
1.5 汇总损益(损失以"－"号填列)	0.00	0.00
1.6 其他收入	14 780.09	13 933.78
2. 支出	206 626.24	201 828.96
2.1 营业税金及附加		－0.39
2.2 受托人报酬	139 193.42	137 557.55
2.3 托管费	12 808.74	8 137.49
2.4 投资管理费	0.00	40.00
2.5 销售服务费	19 736.97	29 815.35
2.6 交易费用	307.69	714.54
2.7 资产减值损失	0.00	0.00
2.8 其他费用	34 579.42	25 564.42
3. 信托净利润(净亏损以"－"号填列)	1 633 251.68	1 026 938.32
4. 其他综合收益	－2 689.26	4 463.35
5. 综合收益	1 630 562.42	1 031 401.67
6. 加:期初未分配利润	－15 911.69	－879.76
7. 可供分配的信托利润	1 614 650.73	1 030 521.91
8. 减:本期已分配信托利润	1 563 664.30	1 046 433.60
9. 期末未分配信托利润	50 986.43	－15 911.69

6. 会计报表附注

6.1 报告年度会计报表编制基准、会计政策、会计估计和核算方法发生的变化

公司于2014年7月1日起执行财政部新修订/颁布的下述企业会计准则。

《企业会计准则第2号——长期股权投资》[以下简称准则2号(2014)]

《企业会计准则第9号——职工薪酬》[以下简称准则9号(2014)]

《企业会计准则第30号——财务报表列报》[以下简称准则30号(2014)]

《企业会计准则第33号——合并财务报表》[以下简称准则33号(2014)]

《企业会计准则第39号——公允价值计量》(以下简称准则39号)

《企业会计准则第40号——合营安排》(以下简称准则40号)

《企业会计准则第41号——在其他主体中权益的披露》(以下简称准则41号)

长期股权投资:采用准则2号(2014)之前,公司将持有的对被投资单位不具有控制、共同控制或重大影响,并且在活跃市场中没有报价,公允价值不能可靠计量的权益性投资作为其他长期股权投资,按成本法进行后续计量。采用准则2号(2014)之后,公司将这类投资改按金融工具的相关政策核算,并采用追溯调整法对比较财务报表的相关项目进行了调整。

财务报表列报:根据准则30号(2014)的要求,公司修改了财务报表中的列报,包括将利润表中其他综合收益项目分以后会计期间在满足规定条件时将重分类计入损益的项目与以后会计期间不能重分类进损益的项目进行列报等。公司对比较报表的列报进行了相应调整。

合并范围:准则33号(2014)引入了单一的控制模式,以确定是否对被投资方进行合并。有关控制判断的结果,主要取决于公司是否拥有对被投资方的权力、通过参与被投资方的相关活动而享有可变回报,并且有能力运用对被投资方的权力影响其回报金额。由于采用准则33号(2014),公司已对是否能够控制被投资方及是否将该被投资方纳入合并范围的会计政策进行了修改。

根据准则33号(2014),公司重新评估对被投资方是否拥有控制权。经重新评估,公司改变了对公司持有的部分信托项目(以下简称该部分项目)是否拥有控制权的结论,该部分项目原作为公司可供出售金融资产以公允价值计量。管理层认为考虑到与该部分项目相关的实质性权利后,公司对该部分项目拥有控制权,从而将该部分项目纳入合并范围,并进行了追溯调整。

6.2 或有事项说明

无。

6.3 重要资产转让及其出售的说明

无。

6.4 会计报表中重要项目的明细资料

6.4.1 自营资产经营情况

6.4.1.1 自有资产风险分类情况

信用风险资产五级分类	正常类(万元)	关注类(万元)	次级类(万元)	可疑类(万元)	损失类(万元)	信用风险资产合计(万元)	不良资产合计(万元)	不良资产率(%)
期初数	180 316.70	0.00	0.00	12 841.43	12 267.85	205 425.98	25 109.28	12.22
期末数	102 259.28	0.00	29 000.00	42 300.85	6 351.83	179 911.96	77 652.68	43.16

注:不良资产合计=次级类+可疑类+损失类。

6.4.1.2 自有资产损失准备情况

单位:万元

	期初数	本期计提	本年转回	本期核销	期末数
贷款损失准备	2 423.98	1 099.07	0	0	3 523.05
一般准备	59.12	22.50	0	0	81.62
专项准备	2 364.86	1 076.57	0	0	3 441.43
其他资产减值准备	39 232.51	87 944.15	0	37 678.27	89.498.39

续表

	期初数	本期计提	本年转回	本期核销	期末数
可供出售金融资产减值准备	0	44 282.28	0	0	44 282.28
持有至到期投资减值准备	21 624.66	5 606.61	0	27 231.27	0
长期股权投资减值准备	0	0	0	0	0
坏账准备	17 607.85	38 055.26	0	10 447.00	45 216.11
投资性房地产减值准备	0	0	0	0	0

6.4.1.3 固有业务股票投资、基金投资、债券投资、长期股权投资等情况

单位：万元

	自营股票	基金	债券	长期股权投资	其他投资	合计
期初数	40 012.06	5 910.50	21 460.36	27 697.57	71 357.06	166 437.55
期末数	15 405.96	3 461.44	202.10	29 426.23	131 343.31	179 839.04

6.4.1.4 前三名自营长期股权投资企业情况

企业名称	占被投资企业权益的比例（%）	主要经营活动	投资收益（万元）
1. 新华创新资本投资有限公司	100.00	投资咨询	—
2. 新华基金管理有限公司	48.00	基金	1 661.22

6.4.1.5 前三名自营贷款企业情况

企业名称	占贷款总额的比例（%）	还款情况
1. 湖北盈科房地产开发有限公司	63.24	已逾期
2. 上海虹桥文化金融大楼投资有限公司	36.76	展期

6.4.1.6 表外业务情况

单位：万元

表外业务	期初数	期末数
担保业务	0	0
代理业务（委托业务）	1 188.79	1 188.79
其他	0	0
合计	1 188.79	1 188.79

6.4.1.7 公司当年的收入结构

合并当年收入结构表

收入结构	金额（万元）	占比（%）
手续费及佣金收入	137 894.70	130.50
其中：信托手续费收入	137 894.70	130.50
投资银行业务收入		
利息收入	1 490.17	1.41
其中：计入信托业务收入部分		
投资收益	−35 669.27	−33.76
其中：股权投资收益	1 420.58	1.34
证券投资收益	7 211.14	6.82
其他投资收益	−44 300.99	−41.92
公允价值变动收益	1 397.13	1.32
汇兑收益	36.59	0.03
营业外收入	520.93	0.50
收入合计	105 670.25	100

母公司当年收入结构表

收入结构	金额（万元）	占比（%）
手续费及佣金收入	132 697.35	132.40
其中：信托手续费收入	132 697.35	132.40
投资银行业务收入		
利息收入	1 484.54	1.48
其中：计入信托业务收入部分		
投资收益	−35 914.67	−35.84
其中：股权投资收益	1 661.22	1.65
证券投资收益	6 725.10	6.71
其他投资收益	−44 300.99	−44.20
公允价值变动收益	1 397.13	1.39
汇兑收益	36.59	0.04
营业外收入	520.92	0.53
收入合计	100 221.86	100

6.4.2 信托财产管理情况

6.4.2.1 信托资产的期初数、期末数

单位：万元

信托资产	期初数	期末数
集合	6 207 457.67	5 046 110.86
单一	9 653 154.00	12 495 316.72
财产权	733 845.93	736 894.34
合　计	16 594 457.60	18 278 321.92

6.4.2.1.1 主动管理型信托资产

单位：万元

主动管理型信托资产	期初数	期末数
证券投资类	145 529.05	48 092.29
股权投资类	7 453 184.11	5 806 509.95
融资类	2 479 631.93	1 498 471.90
事务管理类	4 985 035.16	6 815 825.32
合计	15 063 380.25	14 168 899.46

6.4.2.1.2 被动管理型信托资产

单位：万元

被动管理型信托资产	期初数	期末数
证券投资类	12 962.79	16 620.13
股权投资类	4 000.66	164 039.14
融资类	533 376.98	379 043.79
事务管理类	980 736.92	3 549 719.40
合计	1 531 077.35	4 109 422.46

6.4.2.2 本年度已清算结束的信托项目情况

6.4.2.2.1 本年度已清算结束的集合类、单一类资金信托项目和财产管理类信托项目情况

已清算结束的信托项目	项目个数	实收信托合计金额（万元）	加权平均实际年化收益率（%）
集合类	62	1 187 714.80	10.76
单一类	139	2 740 533.32	7.63
财产管理类	12	267 539.73	2.77

6.4.2.2.2　本年度已清算结束的主动管理型信托项目情况

已清算结束信托项目	项目个数	实收信托合计金额(万元)	加权平均实际年化信托报酬率(%)	加权平均实际年化收益率(%)
证券投资类	2	9 552.91	0.36	6.06
股权投资类	54	1 462 112.80	2.10	9.50
融资类	44	742 017.00	2.07	9.81
事务管理类	94	1 528 114.15	0.31	6.63

6.4.2.2.3　本年度已清算结束的被动管理型信托项目情况

已清算结束信托项目	项目个数	实收信托合计金额(万元)	加权平均实际年化信托报酬率(%)	加权平均实际年化收益率(%)
证券投资类	—	—	—	—
股权投资类	4	160 000.00	0.13	7.10
融资类	6	83 847.99	0.74	10.20
事务管理类	9	210 143.00	0.98	7.54

6.4.2.3　本年度新增信托项目情况

新增信托项目	项目个数	实收信托合计金额(万元)
集合类	54	1 266 247.73
单一类	126	6 870 097.92
财产管理类	6	236 000.00
新增合计	186	8 372 345.65
其中:主动管理型	181	5 045 071.20
被动管理型	5	3 327 274.45

注:本年度新增信托项目指在本报告年度内累计新增的信托项目个数和金额,包含本年度新增并于本年度内结束的项目和本年度新增至报告期末仍在持续管理的信托项目。

6.4.2.4　公司履行受托人义务情况及因公司自身责任而导致的信托资产损失情况

无。

6.5　关联方关系及其交易的披露

6.5.1　关联交易方的数量、关联交易的总金额及关联交易的定价政策等

	关联交易方的数量	关联交易的金额(万元)	定价政策
合计	2	251 136.47	按市场定价

注:"关联交易"定义以《公司法》和《企业会计准则第36号——关联方披露》的有关规定为准。

6.5.2　关联交易方情况

关联性质	关联方名称	法定代表人	注册地址	注册资本(万元)	主营业务
母公司	新产业	翁先定	广东省深圳市福田区振兴路3号建艺大厦17楼	190 000.00	投资兴办实业(具体项目另行申报),投资咨询,工程咨询(凭工程咨询资质证书开展咨询业务)。
子公司	新华创新资本投资有限公司	周长青	上海市长宁区虹桥路2302号6幢608室	10 000.00	实业投资、股权投资、企业管理咨询、投资咨询。(依法须经批准的项目,经相关部门批准后方可开展经营活动)

6.5.3　本公司与关联方的重大交易事项

6.5.3.1　固有财产与关联方关联交易

单位:万元

固有与关联方关联交易				
	期初数	借方发生额	贷方发生额	期末数
贷款				
投资				
租赁		177.78	177.78	
担保				
应收账款	39 267.33	30 968.86		75 236.19
其他	419.28	419.28		0.00
合计	39 686.61			75 236.19

6.5.3.2　信托财产与关联方关联交易

无。

6.5.3.3　信托公司自有资金运用于自己管理的信托项目(固信交易)、信托公司管理的信托项目之间的相互交易(信信交易)金额,包括余额和本报告年度的发生额

6.5.3.3.1　固有财产与信托财产相互交易情况

单位:万元

固有财产与信托财产相互交易			
	期初数	本期发生额	期末数
合计	146 373.00	29 527.28	175 900.28

6.5.3.3.2　信托资产与信托财产相互交易情况

单位:万元

信托资产与信托财产相互交易			
	期初数	本期发生额	期末数
合　计	38 426.58	146 373.00	184 799.58

6.5.4　逐笔披露关联方逾期未偿还本公司资金的详细情况以及本公司为关联方担保发生或即将发生垫款的详细情况

无。

6.6　会计制度的披露

公司固有业务执行2006年颁布的企业会计准则。

公司于2014年7月1日起执行财政部新修订/颁布的下述企业会计准则:

《企业会计准则第2号——长期股权投资》

《企业会计准则第9号——职工薪酬》

《企业会计准则第30号——财务报表列报》

《企业会计准则第33号——合并财务报表》

《企业会计准则第39号——公允价值计量》

《企业会计准则第40号——合营安排》

《企业会计准则第41号——在其他主体中权益的披露》

7.　财务情况说明书

7.1　利润实现和分配情况

合并利润实现和分配情况表　　单位:万元

项　目	本年数	上年数
本年净利润	10 584.49	54 021.09
加:年初未分配利润	93 938.51	48 854.46
可供分配的利润	104 523.00	102 875.55

续表

项　　目	本年数	上年数
减：提取法定盈余公积	1 063.09	5 402.11
提取信托赔偿准备金	463.11	2 652.62
提取一般准备金		882.31
提取职工奖励及福利基金		
提取储备基金		
提取企业发展基金		
利润归还投资		
可供投资者分配的利润	102 996.80	93 938.51
减：应付优先股股利		
提取任意盈余公积		
股利分配		
未分配利润转增股本		
年末未分配利润	102 996.80	93 938.51

母公司利润实现和分配情况表

单位：万元

项　　目	本年数	上年数
本年净利润	9 262.04	53 052.42
加：年初未分配利润	93 066.70	48 854.46
可供分配的利润	102 328.74	101 906.88
减：提取法定盈余公积	926.20	5 305.25
提取信托赔偿准备金	463.11	2 652.62
提取一般准备金		882.31
提取职工奖励及福利基金		
提取储备基金		
提取企业发展基金		
利润归还投资		
可供投资者分配的利润	100 939.43	93 066.70
减：应付优先股股利		
提取任意盈余公积		
股利分配		
未分配利润转增股本		
年末未分配利润	100 939.43	93 066.70

7.2　主要财务指标

指标名称	指标值（合并）	指标值（母公司）
资本利润率（%）	3.91	3.44
加权年化信托报酬率（%）	1.31	1.31
人均净利润（万元）	18.06 万元	15.81 万元

注：1. 资本利润率＝净利润/所有者权益平均余额×100%。

2. 加权年化信托报酬率＝（信托项目 1 的实际年化信托报酬率×信托项目 1 的实收信托＋信托项目 2 的实际年化信托报酬率×信托项目 2 的实收信托＋…＋信托项目 n 的实际年化信托报酬率×信托项目 n 的实收信托）/（信托项目 1 的实收信托＋信托项目 2 的实收信托＋…＋信托项目 n 的实收信托）×100%。

3. 人均净利润＝净利润/年平均人数。

4. 平均值采取年初、年末余额简单平均法，公式为：a（平均）＝（年初数＋年末数）/2。

7.3　对本公司财务状况、经营成果有重大影响的其他事项

无。

8. 特别事项揭示

8.1　前五名股东报告期内变动情况及原因

中国银监会 2014 年 4 月 23 日下发的《中国银监会关于新华信托股权变更及修订章程的批复》（银监复［2014］264 号），同意人和受让新产业持有的新华信托 139 208 338 股股份和中诚信投资有限公司持有的新华信托 98 977 600 股股份。转让完成后，各股东持股情况如下：

股东名称	股份额（股）	股份比例（%）
新产业	727 812 462	60.65
人和	238 185 938	19.85
巴克莱	234 001 600	19.50
合　计	1 200 000 000.00	100

公司于 2014 年 7 月 28 日完成了股权变更及章程修订的工商登记变更工作。

8.2　董事、监事及高级管理人员变动情况及原因

8.2.1　董事变动情况

公司 2014 年第二次临时董事会审议并作出决议，同意选举鲁钟男为公司第五届董事会副董事长，重庆银监局 2014 年 3 月 10 日核准鲁钟男的副董事长任职资格。

公司第五届董事会第三次会议作出决议，同意翁先定辞去董事长职务，选举赵暖担任董事长，翁先定不再担任董事长职务，赵暖不再担任副总经理职务。中国银监会 2014 年 7 月 8 日核准赵暖的董事长任职资格。公司 2014 年第十九次临时董事会作出决议，同意翁先定辞去公司董事长职务。

8.2.2　监事变动情况

无。

8.2.3　高级管理层变动情况

公司 2014 年第二次临时董事会作出决议，同意聘任胡立新先生为公司副总经理，重庆银监局 2014 年 2 月 27 日核准胡立新的副总经理任职资格。

许耀旂于 2014 年 7 月 2 日提交了辞职申请书，申请辞去首席运营官职务，并与公司解除了劳动关系。

8.3　公司的重大未决诉讼事项

本年度重大未决诉讼共计 7 个，其中起诉案件 5 个、被诉案件 2 个。

序号	诉讼案件	诉讼类别	金额	发生时间	案件事由	审理进度
1	新华信托诉北京时光房地产开发有限公司、兴安盟时光房地产开发有限公司合同纠纷案	信托业务	本息合计 12 173 万元	2013 年 5 月	合同纠纷	一审已判决我方胜诉。

续表

序号	诉讼案件	诉讼类别	金额	发生时间	案件事由	审理进度
2	新华信托诉泰州市金鹰房地产开发有限公司、张龙根、王毅、魏新中、马长龙、夏鹏程、周国庆贷款纠纷案	信托业务	本息合计 8 320 万元	2013 年 12 月	债权纠纷	尚处管辖权异议阶段，尚未开庭。
3	重庆帝多农业发展有限公司诉新华信托（东启公司作为第三人）营业信托纠纷案	信托业务	返还劣后信托资金 4 000 万元及资金占用损失按银行同期利息的 4 倍计算，合计 40 698 695 元	2014 年 6 月	营业信托纠纷	一审已开庭审理，法院尚未判决。
4	重庆帝多农业发展有限公司诉新华信托股权转让纠纷案	信托业务	返还定金及股权转让价款 5 500 万元及资金占用损失按银行同期利息的 4 倍计算，合计 56 215 921 元	2014 年 6 月	股权转让纠纷	一审已开庭审理，法院尚未判决。
5	新华信托诉鄂尔多斯市鑫通投资有限责任公司、内蒙古鑫通房地产开发集团有限责任公司、白凤鸣、白金	信托业务	标的应收债权 42 800 万元	2014 年 4 月	合同纠纷	一审已开庭审理，法院尚未判决。
6	新华信托诉武汉湖畔豪庭房地产开发有限公司、刘宏梁、钱昌秋、周国庆	信托业务	原信托计划信托收益、信托报酬、保管费、律师费等约 3478 万元	2014 年 9 月	债权纠纷	已起诉，法院出具受理通知书。
7	新华信托诉内蒙古商业投资有限公司、内蒙古北方药都科技发展有限公司、蒙苑集团有限责任公司 3 名被告人未到期偿付信托融资债务合同纠纷	信托业务	约 14 000 万元	2014 年 9 月	债权纠纷	已立案，已查封被告资产（抵押物）。

8.4 对会计师事务所出具的有保留意见、否定意见或无法表示意见的审计报告的，公司董事会应就所涉及事项作出说明

无。

8.5 公司及其董事、监事和高级管理人员受到处罚的情况

报告期内，公司董事、监事及高级管理人员勤勉履职，未发生公司及董事、监事和高级管理人员受到中国银监会或相关部门处罚的情况。

8.6 银监会及其派出机构整改意见的整改情况

报告期内，重庆银监局对公司信托业务兑付风险及合规情况进行了专项现场检查，并出具了现场检查意见书，公司已按照监管意见或问题逐笔开展整改工作。

8.7 公司重大事项临时报告的简要内容

2014 年 7 月 31 日，公司在《上海证券报》B5 版刊登了公告，内容包括董事长、法定代表人、股权及注册地变更等情况。

8.8 社会责任履行情况

2014 年，公司始终将“兼容并包、崇尚道德、负有责任感和使命感”的企业文化精神贯穿到公司发展之中，积极履行社会责任。一是认真履行受托责任，秉承“受人之托，专业理财”的专业理念，恪尽职守地管理信托财产，履行“诚实、信用、谨慎、有效管理”的受托人义务，通过事前项目甄选、事中严格风险管理和事后按时兑付等措施，争取受益人（委托人）利益最大化。二是热心公益事业。公司一直坚持将公益事业纳入社会责任管理体系，立足社会、回馈社会是公司坚守的义务和责任。2014 年通过公益信托，支持、钟情教育事业。依托重庆市慈善总会平台，捐助重庆市小学生，帮助贫困留守儿童改善生活条件，顺利完成学业；助力“‘为希望续航’——援助优秀贫困新生上大学大型慈善活动”等多项公益活动，树立了良好的社会形象。三是关心员工成长，注重员工培训，为员工提供完善的福利及良好的工作环境；注重员工的个人素质提升及职业发展，注重加强员工交流与培训；鼓励员工进行职业资格、学历学位类教育培训，并依培训管理办法予以奖励支持。四是严格履行纳税人职责，严格纳税是企业的法定义务。公司荣获“2013 年度重庆市独立企业纳税 50 强”称号，获重庆市政府颁发的“2013 年度支持重庆经济发展金融贡献优秀单位”，获重庆市金融学会“2013 年度‘招标课题’三等奖”。五是重视金融知识的宣传普及，通过媒体宣传公司的社会责任理念和实践经验，并受到政府、学界、媒体、市场的积极评价。2014 年度获得《上海证券报》第八届中国诚信托奖——2013 年度“诚信托”投资回报奖，获《中国证券报》“2013 年度金牛集合信托公司奖”，获《证券时报》“2014 中国优秀信托公司奖”，获《每日经济新闻》“2014 最具影响力信托公司奖”，获《国际金融报》“2014 最具竞争力财富管理奖”，获前程无忧“2014 年人力资源管理杰出奖”。

8.9 中国银监会及其派出机构认定的其他有必要让客户及相关利益人了解的重要信息

无。

9. 公司监事会意见

公司依法经营，决策程序基本符合法律法规和公司章程等

有关规定，公司董事、总经理等高级管理人员履行职责时，尚未发现有违法和故意损害公司利益的行为。

本年度财务报告真实反映了公司的财务状况及经营成果；本年度财务报告已经毕马威华振会计师事务所上海分所根据中国注册会计师独立审计准则审计，并出具了标准无保留意见的审计报告。

新时代信托股份有限公司

1. 重要提示及目录

1.1 本公司董事会及董事保证本报告所载资料不存在任何虚假记载、误导性陈述或者重大遗漏,对其内容的真实性、准确性和完整性承担个别及连带责任。

1.2 本公司独立董事杜惠芬女士认为,本年度报告真实、准确、完整。

本公司独立董事何海峰先生认为,本年度报告真实、准确、完整。

本公司独立董事刘剑雄先生认为,本年度报告真实、准确、完整。

1.3 公司董事长赵利民先生、主管会计工作负责人杨明国先生及会计机构(自营)负责人张美荣女士、会计机构(信托)负责人许伊萍女士声明:保证年度报告中财务报告的真实、完整。

2. 公司概况

2.1 公司简介

新时代信托股份有限公司前身为包头市信托投资公司,初创于1987年。2003年12月,经中国银行业监督管理委员会核准重新登记并更名为新时代信托投资股份有限公司。2009年6月,经中国银行业监督管理委员会批复,公司名称变更为新时代信托股份有限公司并变更公司业务范围,目前注册资本金为12亿元人民币。公司以"为客户创造价值"为使命,坚持"抱诚守拙,谨行致远"的核心理念,积极拓展以资产管理业务为基础、以资金信托和投资银行业务为两翼的业务架构,为投资者提供全面、优质的理财服务。

2.1.1 公司法定中文名称:新时代信托股份有限公司
公司法定中文名称缩写:新时代信托
公司法定英文名称:New Times Trust Co.,Ltd.
公司法定英文名称缩写:NTTC

2.1.2 公司法定代表人:赵利民

2.1.3 公司注册地址:内蒙古自治区包头市钢铁大街甲5号信托金融大楼
公司邮政编码:014030
公司国际互联网网址:www.xsdxt.com
公司电子邮箱:xsdxt@xsdxt.com

2.1.4 公司负责信息披露事务人:陈永利
联系电话:0472-6969996
传真电话:0472-6969996
电子邮箱:chenyongli@xsdxt.com

2.1.5 公司选定的信息披露报刊:《证券日报》
公司年报报告备置地点:内蒙古自治区包头市钢铁大街甲5号信托金融大楼

2.1.6 公司聘请的会计师事务所名称:瑞华会计师事务所
办公地址:北京市东城区永定门西滨河路8号院7号楼中海地产广场西塔5~11层
公司聘请的律师事务所名称:内蒙古晨鹿律师事务所
办公地址:内蒙古自治区包头市工商联大厦六楼A2号

2.2 组织结构

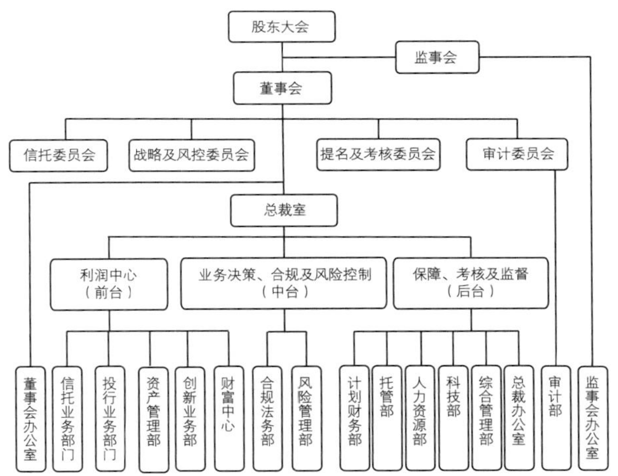

3. 公司治理

3.1 公司治理结构

3.1.1 股东情况

报告期末,新时代信托股份有限公司股份总数共计1 200 000 000股,共有四个股东。

股东名称	持股比例(%)	法人代表	注册资本(万元)	注册地址	主要经营业务
新时代远景(北京)投资有限公司	58.54	赵利民	285 000	北京市朝阳区东三环北路38号3号楼2309室	项目投资、投资管理、投资咨询。
上海人广实业发展有限公司	24.39	郭庆明	40 000	上海市浦东新区长青路92号306室	计算机软硬件开发、投资咨询、国内贸易。

续表

股东名称	持股比例(%)	法人代表	注册资本(万元)	注册地址	主要经营业务
潍坊科微投资有限公司	14.63	张辉	30 000	山东省潍坊市高新区华都写字楼909室	对信息产业、电子、房地产、交通运输、商业企业的投资及投资咨询，财务顾问等业务。
包头市鑫鼎盛贸易有限责任公司	2.44	童志丹	20 000	内蒙古自治区包头市稀土高新区曙光路22号	稀土产品、化工产品、钢材、建材、计算机软硬件及外围设备、办公设备的销售。

3.1.2 董事、董事会及其下属委员会

公司董事(不包括独立董事)

姓 名	职 务	性别	年龄	选任日期	所推举的股东	该股东持股比例(%)	简 要 履 历
赵利民	董事长	男	51	2012年5月	高管董事		曾在天津大港石化公司、新时代证券有限责任公司等机构任职。
李树新	副董事长	女	47	2012年5月	高管董事		曾在人民银行包头市中心支行等机构任职。
刘鸿雁	董事	男	41	2012年5月	高管董事		曾在北京科宇恒信科技有限公司、上海爱使股份有限公司、北京国际信托有限公司任职。
于 雷	董事	男	38	2012年5月	新时代远景(北京)投资有限公司	58.54	曾在天健正信会计师事务所任职，现在新时代远景(北京)投资有限公司任职。
丹常彤	董事	男	48	2012年5月	上海人广实业发展有限公司	24.39	曾在北京优仕行技术咨询有限公司任职，现在上海人广实业发展有限公司任职。
丁德胜	董事	男	45	2012年5月	潍坊科微投资有限公司	14.63	曾在青岛啤酒股份有限公司任职，现在潍坊科微投资有限公司任职。

独立董事

姓 名	所在单位及职务	性别	年龄	选任日期	所推举的股东	该股东持股比例(%)	简 要 履 历
杜惠芬	中央财经大学金融学院	女	52	2012年5月	无		曾在山西财经学院任职，现在中央财经大学任教。
何海峰	中国社科院金融政策研究中心主任	男	45	2012年5月	无		曾在华北电力大学任教，现在中国社科院任职。
刘剑雄	中国社科院经济研究所副研究员	男	37	2012年5月	无		曾在社会科学院研究生院政府政策与公共管理系任职。

董事会下属委员会

董事会下属委员会名称	职责	组成人员姓名	职务
战略及风控委员会	负责对公司长期发展战略规划、重大战略性投资进行可行性研究，负责全面监督、指导公司风险管理工作，检查公司管理层贯彻和执行董事会确立的风险取向和管理战略的情况，并根据董事会授权进行业务决策，对公司董事会负责。	赵利民	主任委员
		刘鸿雁	委员
		何海峰	委员
		刘剑雄	委员
		于雷	委员
信托委员会	负责督促公司依法履行受托职责。当公司或股东利益与受益人利益发生冲突时，信托委员会应保证公司为受益人的最大利益服务。	何海峰	主任委员
		杜惠芬	委员
		李树新	委员
		刘鸿雁	委员
		丁德胜	委员
审计委员会	专门负责对公司财务活动及其有关经济活动的真实、合法、合规、准确和效益的监督审计，依法审议、拟定内部监督活动方案，指导稽核部门实施稽核审计，为维护公司合法权益、防范金融风险、促进增收节支、提高经济效益服务。	杜惠芬	主任委员
		于雷	委员
		丁德胜	委员
提名及考核委员会	对公司董事和总裁的人选、选择标准和程序进行选择并提出建议，同时对总裁提名的财务负责人，以及总裁提名的其他高级管理人员、董事长提名的董事会秘书人选进行审查并提出建议；负责制定公司董事、高级管理人员以及其他员工的全员考核标准并进行考核，对董事会负责。	刘剑雄	主任委员
		赵利民	委员
		李树新	委员
		刘鸿雁	委员
		丹常彤	委员

3.1.3 监事、监事会及其下属委员会

姓　名	职　务	性别	年龄	选任日期	所推举的股东名称	该股东持股比例(%)	简　要　履　历
胡宇峰	监事长	男	52	2012年5月	新时代远景(北京)投资有限公司	58.54	曾在中国兵器工业五二研究所、《证券日报》内蒙记者站任职。
申　洋	监事	女	31	2012年5月	包头市鑫鼎盛贸易有限责任公司	2.44	现在包头市鑫鼎盛贸易有限责任公司任职。
张红权	监事	男	46	2012年5月	职工代表		曾在包头绿远控股有限公司任职,现任公司总裁办公室主任。

注:监事会无下设委员会。

3.1.4 高级管理人员

姓　名	职　务	性别	年龄	选任日期	从业年限(年)	学历	专业	简　要　履　历
刘鸿雁	总裁	男	41	2012年9月	17	本科	应用数学	曾在北京科宇恒信科技有限公司、上海爱使股份有限公司、北京国际信托有限公司任职。
陈祥盛	常务副总裁	男	38	2013年8月	10	硕士	经济管理	曾在北京林业大学外语学院任职。
杨明国	财务总监	男	41	2011年9月	17	博士	经济学	曾在湛江华垦有限公司、北方创业股份有限公司任职。
边风杰	副总裁	男	49	2009年3月	24	硕士	商业经济	曾在工商银行包头分行任职。
王晓滨	副总裁	男	46	2013年8月	22	本科	机械动力	曾在人民银行哈尔滨分行、哈尔滨证券、联合证券、大通证券等机构任职。
闫　锋	副总裁	男	40	2013年8月	18	本科	金融	曾在内蒙古网通计算机有限责任公司任职。
洪　军	副总裁	男	53	2014年12月	31	硕士	工商管理	曾在中国农业银行、泰安商业银行、新时代证券公司、华夏人寿保险公司任职。
李永丰	总裁助理	男	43	2011年9月	19	本科	数学	曾在海口市建设银行、海南港澳国际信托投资有限公司、中银国际证券、新时代证券等机构任职。
边　涛	总裁助理	男	43	2012年4月	23	硕士	MBA	曾在中国工商银行莱芜市分行、北京银行西直门支行、安邦财产保险股份有限公司任职。
陈永明	总裁助理	男	52	2012年7月	27	本科	金融	曾在内蒙古师范大学财务处、华宸信托有限责任公司任职。
崔延辉	总裁助理	男	37	2013年8月	14	本科	信息管理	曾在北京元恒时代科技有限公司、新时代信托股份有限公司任职。

3.1.5 公司员工

项　目		2014年度		2013年度		2012年度	
		人数(人)	比例(%)	人数(人)	比例(%)	人数(人)	比例(%)
年龄分布	20岁以下	0	0	0	0	0	0
	20~29岁	103	41.03	96	39.67	99	48.53
	30~39岁	96	38.25	99	40.91	68	33.33
	40岁以上	52	20.72	47	19.42	37	18.14
学历分布	博士	2	0.8	2	0.83	2	0.98
	硕士	64	25.50	63	26.03	69	33.82
	本科	139	55.38	132	54.54	101	49.51
	专科	36	14.34	36	14.88	23	11.28
	其他	10	3.98	9	3.72	9	4.41
岗位分布	董事、监事及其高管人员	16	6.37	15	6.20	14	6.86
	自营业务人员	4	1.59	4	1.65	4	1.96
	信托业务人员	134	53.39	134	55.37	112	54.90
	其他人员	97	38.65	89	36.78	74	36.28

4. 经营管理

4.1 公司新年度的经营目标、方针、战略规划

4.1.1 核心理念

抱诚守拙:信托公司是经营信用的机构,诚信当为经营的第一要义。坚守“受益人利益最大化”的原则,并追求股东稳定的回报,是信托业不可逾越、不可取巧的拙朴之道。

谨行致远,唯有审慎稳健,持续加强基础管理、质量管理、合规管理和风险管理;唯有前瞻性的决策和判断,我们才能更远更久,历经风雨而基业长青。

4.1.2 经营方针

合规经营,管控风险:依法合规是公司经营活动的前提和宗旨,管控风险贯穿于经营活动的全过程。

有效激励,稳健发展:以卓有成效的绩效考核和薪酬体系激发员工和团队的积极性、创造性。公司追求的是快速增长和

可持续发展之间的均衡状态。

4.1.3 战略规划

公司在2012年制订了新的战略规划。公司将发挥金融信托的独特优势，有效拓展公司的业务领域，培育核心盈利模式和盈利能力。公司将依托内蒙古自治区的资源型区域经济优势，有效地将金融服务优势和内蒙古地区资源优势结合起来，发挥强强效应，逐步形成"金融服务＋资源"、具有公司特色的业务发展方向和模式，形成"立足内蒙、辐射全国"的业务和发展格局；公司将树立"审慎经营、内控优先"的意识，建立决策科学、运营规范、管理高效的公司组织、制度建设体系，形成完善的员工培育和发展模式，促进员工向个性化理财专家方向发展，始终保持公司持续、稳定、健康发展，为将新时代信托股份有限公司建设成一个全国一流的信托公司不断努力。

4.2 经营业务的主要内容

自营资产运用与分布

资产运用	金额（万元）	占比（%）	资产分布	金额（万元）	占比（%）
货币资金	18 036.17	5.28	基础产业	—	—
应收账款	1 356.79	0.40	房地产	—	—
贷款	20 000.00	5.86	证券	—	—
以公允价值计量且其变动计入当期损益的金融资产	—	—	金融	296 857.87	86.98
可供出售金融资产	296 857.87	86.98	实业	20 000.00	5.86
长期股权投资	—	—	其他	24 421.67	7.16
其他资产	5 028.71	1.48			
资产总计	341 279.54	100	资产总计	341 279.54	100

信托资产运用与分布

资产运用	金额（万元）	占比（%）	资产分布	金额（万元）	占比（%）
货币资产	152 457.77	0.91	基础产业	1 994 768.00	11.92
贷款及应收款	9 530 642.27	56.96	房地产	1 368 025.00	8.17
交易性金融资产	1 498 725.19	8.95	证券	681 774.86	4.07
可供出售金融资产投资	0	0	实业	11 189 658.86	66.87
持有至到期投资	4 909 373.57	29.34	金融机构	353 834.57	2.11
长期股权投资	459 330.00	2.74	其他	190 759.61	1.14
买入返售金融资产	132 417.70	0.79	债券	911 360.96	5.45
其他	51 942.45	0.31	基金	44 707.09	0.27
资产总计	16 734 888.95	100	资产总计	16 734 888.95	100

4.3 市场分析

4.3.1 影响公司发展的有利因素

信托业正处于快速发展期，信托产品创新成为业内共识；居民财富持续增长，信托产品潜在客户增多；信托理财逐渐获得社会认可，信托专业资产管理和投资管理服务能力得到提升。

公司总部位于内蒙古，内蒙古自治区资源主导型的地区经济发展规划，为公司连接货币、资本、产业起到桥梁作用，并为抢先一步进入地区资源开发与可持续发展经济领域提供强有力支持。

公司组织结构合理，人力资源结构符合业务开展需求，在产品创新、业务拓展等方面有较强的优势。

4.3.2 影响公司发展的不利因素

我国依然面临复杂的国际、国内形势，世界经济复苏的过程充满不确定性，国内面临调整经济结构与保持经济快速增长的矛盾。

证券、基金等金融子行业资产管理业务发展快速，与信托行业存在竞争关系，对信托行业发展造成不利影响。

信托行业创新能力不足，产品类型较少，伴随信托行业内部竞争加大，公司资产管理能力、创新能力等需要进一步加强。

公司自有品牌市场影响力初步建立，但公司品牌战略需要进一步深化并切实执行，直销渠道需进一步加强。

4.4 风险管理

4.4.1 风险管理概况

风险管理能力是决定信托公司能否健康发展的重要指标，公司风险管理工作遵循全面性、持续性、前瞻性、审慎性、独立性和一致性原则，通过风险制度建设、风险文化教育、风险管理流程设置、风险处置预案及应对、风险管理指标体系设立等措施，全面有效识别风险、防范风险、控制风险、化解风险，保证公司的良性发展。

4.4.2 风险状况

4.4.2.1 信用风险状况

信用风险是指交易对手及其担保人根据自身的经营状况，结合各类外部因素，综合而成的影响其还款能力或担保能力的风险，主要表现为信托业务交易对手的信用风险、资金往来的信用风险等。

4.4.2.2 市场风险状况

主要表现为：一是信托业所涉及的货币、资本、实业三大领域，其各自受政策、市场规律等因素影响所形成的波动风险；二是其他金融机构的激烈竞争与挤压，导致公司市场环境与客户资源恶化的风险。

4.4.2.3 操作风险状况

主要表现在公司内部人员在处理信托业务过程中因操作失误而出现的风险。

4.4.2.4 其他风险状况

4.4.2.4.1 政策风险状况

主要表现为宏观政策以及监管政策的变动对公司经营环境和发展所造成的风险。

4.4.2.4.2 经营风险状况

主要表现为在经营过程中因管理与经营能力造成的风险。

4.4.2.4.3 道德风险状况

主要表现为公司内部人员是否诚信经营、恪尽职守的道德风险。

4.4.3 风险管理情况

4.4.3.1 信用风险管理

对于信用风险的防范，公司主要是通过对交易对手的信用调查，合规法务部、风险管理部及业务决策以及风控委员会对项目的审核，信托项目抵押、质押、保证担保等条款的科学设计等来进行风险事前防范；通过项目实施过程中的业务跟踪以及资产分类评级来进行风险事中控制；通过项目结束后的稽查与评价进行事后控制。在防范银行和券商信用风险方面，公司制定一系列选择标准，选择实力雄厚、信誉卓著、业绩优良的金融机构作为合作伙伴，同时以对合作伙伴定期与不定期的压力测试来及时发现问题，对风险加以控制。担保物确认原则包括(1)合法性原则，即要求抵押物和质押物必须符合国家法律规定，抵押人、出质人对抵押物和质押物享有完整的所有权。(2)充足性原则，即公司根据抵押物、质押物的保值能力和变现难易程度对不同抵押物、质押物设置不同的抵押率。对于需要估价的抵(质)押财产，必须经过公司认可的资产评估公司进行估价。(3)可操作性原则，即要求抵(质)押财产标的权属明确，易于保管、转让和变现。

公司保证担保管理原则是：保证人应具有独立的法人资格，并对其拥有的财产享有所有权或依法处分权；担保人应具备良好的资信状况，近三年经营业绩稳定，财务状况良好，具备足够的担保能力。

4.4.3.2　市场风险管理

对于市场风险的防范，公司主要是通过加大业务决策及风控委员会的运作力度，通过研究、决策、操纵、评价相互制衡的机制，结合严格的授权制度，以防范市场风险。加强对多种信息资料的收集、整理、研究，正确把握市场的整体走势；建立健全市场风险预警系统，对风险及其程度进行量化预测，包括主要业务的风险评估和监测办法、重要部门风险考核指标体系等，定期对公司的市场风险进行检查和监控。公司坚持不以风险换业务，而以诚信换市场的原则。

4.4.3.3　操作风险管理

对于操作风险的防范，主要通过严格的授权制度与过程控制以及定期的员工业务培训来实施。一是指导、协助各部门建立健全内部风险控制制度，检查各项业务的作业流程和部门衔接可能存在的风险；二是明确界定部门的目标、职责和权限，确保其在授权范围内行使经营管理职能；三是在各主要业务部门之间建立健全防火墙制度，确保信托业务与自有业务相对独立；四是定期组织员工进行业务培训以及对外的同业交流活动。

4.4.3.4　其他风险管理

4.4.3.4.1　政策风险管理

对于政策风险的防范，公司通过严格依法经营，并根据国家法律法规和银监会要求制定公司章程和内控制度，以规范与控制公司业务范围和行为。加强对各种政策及其变动趋势的研究，并按照研究结果来决定或调整信托项目及自有业务的投融资计划。实行信托项目的分散化和期限结构的均衡化，以降低系统性政策风险。针对突如其来的政策变化可能产生的较大风险，建立一整套应急措施。加强与银监会(局)、政府有关部门的联络和沟通。及时学习新出台的法律法规以及监管政策，并向公司员工通告发布。

4.4.3.4.2　经营风险管理

对于经营风险的防范，公司有健全的法人治理结构，股东会、董事会和监事会职责明确，对经营层有严格的约束，保证其合法合规经营。公司依据自身经营特点设立顺序递进、权责统一、严密有效的三道监控防线：建立一线岗位双人、双职、双责，业务内容至少双人知道为基础的第一道监控防线；建立相关部门、相关岗位之间相互监督制衡的第二道监控防线；建立对风险现场全面实施监督、检查和反馈的第三道监控防线。严格按照内部规章与流程开展各项业务，同时通过事后稽核与评价来对其进行正面激励，以防范经营风险。

4.4.3.4.3　道德风险管理

对于道德风险的防范，公司主要通过完善的法人治理结构对高管进行约束，使其经营行为符合委托人利益和股东利益，并通过严格的规章制度与内控体系对公司员工行为进行规范。在组织架构方面，公司严格按照信托法规的要求对自营资产与信托资产分别管理，并由不同高管分管，以保护委托人的利益。加强内部廉政建设，坚守行业自律，不断促进自身职业道德的提升。与此同时，接受银监部门定期、不定期的检查，构成了外部监督体系。

5. 报告期末及上一年度末的比较式会计报表

5.1　自营资产

5.1.1　会计师事务所审计意见全文

审 计 报 告

瑞华审字［2015］第01690036号

新时代信托股份有限公司董事会：

我们审计了后附的新时代信托股份有限公司(以下简称贵公司)的财务报表，包括2014年12月31日的资产负债表，2014年度的利润表、现金流量表和股东权益变动表以及财务报表附注。

一、管理层对财务报表的责任

编制和公允列报财务报表是贵公司管理层的责任。这种责任包括：(1)按照企业会计准则的规定编制财务报表，并使其实现公允反映；(2)设计、执行和维护必要的内部控制，以使财务报表不存在由于舞弊或错误导致的重大错报。

二、注册会计师的责任

我们的责任是在执行审计工作的基础上对财务报表发表审计意见。我们按照中国注册会计师审计准则的规定执行了审计工作。中国注册会计师审计准则要求我们遵守中国注册会计师职业道德守则，计划和执行审计工作以对财务报表是否不存在重大错报获取合理保证。

审计工作涉及实施审计程序，以获取有关财务报表金额和披露的审计证据。选择的审计程序取决于注册会计师的判断，包括对由于舞弊或错误导致的财务报表重大错报风险的评估。在进行风险评估时，注册会师计考虑与财务报表编制和公允列报相关的内部控制，以设计恰当的审计程序，但目的并非对内部控制有效性发表意见。审计工作还包括评价管理层选用会计政策的恰当性和作出会计估计的合理性，以及评价财务报表的总体列报。

我们相信，我们获取的审计证据是充分、适当的，为发表审计意见提供了基础。

三、审计意见

我们认为，上述财务报表在所有重大方面按照企业会计准则的规定编制，公允反映了新时代信托股份有限公司2014年12月31日的财务状况以及2014年度的经营成果和现金流量。

瑞华会计师事务所（特殊普通合伙）　　中国注册会计师：

中国·北京　　中国注册会计师：

二〇一五年三月三十日

5.1.2 资产负债表

资产负债表

2014年12月31日

编制单位：新时代信托股份有限公司　　单位：元

项目	附注	年末数	年初数
货币资金	六、1	180 361 696.55	318 610 160.58
其中：其他货币资金	六、1	5.86	1.06
买入返售金融资产			
应收款项	六、2	13 567 881.61	21 121 233.48
应收股利			
以公允价值计量且其变动计入当期损益的金融资产	六、3		35 176 600.00
发放贷款和垫款	六、4	200 000 000.00	125 000 000.00
持有至到期投资			
可供出售金融资产	六、5	2 968 578 695.76	2 737 478 695.76
长期股权投资		—	—
投资性房地产	六、6	13 336 551.63	16 276 425.62
固定资产	六、7	26 194 587.87	26 628 555.35
无形资产	六、8	3 434 280.32	3 689 276.31
递延所得税资产	六、9	1 671 879.60	10 839 082.11
其他资产	六、10	5 649 825.41	4 423 465.19
资产总计		3 412 795 398.75	3 299 243 494.40

法定代表人：赵利民　主管会计工作负责人：杨明国　会计机构负责人：张美荣

资产负债表（续）

2014年12月31日

编制单位：新时代信托股份有限公司　　单位：元

项目	注释	年末数	年初数
负债			
拆入资金			
以公允价值计量且其变动计入当期损益的金融负债			
应付款项	六、11	892 077.94	4 948 277.12
卖出回购金融资产			
应付职工薪酬	六、12	61 560 490.59	57 882 320.18
应付股利			
应交税费	六、13	33 473 379.45	34 834 139.40
递延所得税负债			
其他负债		22 503.26	22 503.26
负债合计		95 948 451.24	97 687 239.96
股东权益			
股本	六、14	1 200 000 000.00	1 200 000 000.00
其他权益工具			
资本公积	六、15	1 387 319 111.21	1 387 319 111.21
其他综合收益	六、16	—	-450 000.00
盈余公积	六、17	139 437 460.58	109 953 391.27
一般风险准备	六、18	47 885 011.44	43 663 311.71
信托赔偿准备金	六、19	148 097 198.05	103 871 094.09
未分配利润	六、20	394 108 166.23	357 199 346.16
股东权益合计		3 316 846 947.51	3 201 556 254.44
负债和所有者权益总计		3 412 795 398.75	3 299 243 494.40

法定代表人：赵利民　主管会计工作负责人：杨明国　会计机构负责人：张美荣

5.1.3 利润表

利润表

编制单位：新时代信托股份有限公司　2014年度　单位：元

项目	注释	本年数	上年数
一、营业收入	六、21	700 412 097.17	676 540 264.47
利息收入	六、21	9 590 607.62	8 840 304.99
金融企业往来收入	六、21	7 636 870.08	10 689 393.95
手续费收入	六、21	519 569 104.97	523 262 174.85
投资收益	六、21	134 354 613.29	93 206 552.63
其中：对联营企业和合营企业的投资收益			
其他营业收入	六、21	13 192 091.13	30 528 436.19
公允价值变动损益	六、21	16 068 810.08	10 013 401.86
二、营业支出	六、22	308 390 663.95	266 527 140.96
业务及管理费	六、22	267 709 714.94	207 428 353.39
其他业务成本	六、22	1 269 547.52	1 407 081.87
资产减值损失	六、22	—	20 350 000.00
营业税金及附加	六、22	39 411 401.49	37 341 705.70
三、营业利润（亏损以“－”号填列）		392 021 433.22	410 013 123.51
加：营业外收入	六、23	10 201 249.07	10 967 500.00
减：营业外支出	六、24	8 539.09	347 972.57
四、利润总额（亏损总额以“－”号填列）		402 214 143.20	420 632 650.94
减：所得税费用	六、25	107 373 450.13	116 197 478.31
五、净利润（净亏损以“－”号填列）		294 840 693.07	304 435 172.63
六、其他综合收益的税后净额		450 000.00	-450 000.00
（一）以后不能重分类进损益的其他综合收益			

续表

项 目	注释	本年数	上年数
（二）以后将重分类进损益的其他综合收益		450 000. 00	−450 000. 00
1. 权益法下在被投资单位以后将重分类进损益			
2. 可供出售金融资产公允价值变动损益		450 000. 00	−450 000. 00
3. 持有至到期投资重分类为可供出售金融资产损益			
4. 现金流量套期损益的有效部分			
5. 外币财务报表折算差额			
6. 其他			
七、综合收益总额		295 290 693. 07	303 985 172. 63
八、每股收益			
（一）基本每股收益		0. 25	0. 29
（二）稀释每股收益		0. 25	0. 29

法定代表人：赵利民　　主管会计工作负责人：杨明国　　会计机构负责人：张美荣

5. 1. 4　现金流量表

现金流量表

编制单位：新时代信托股份有限公司　　2014 年度　　单位：元

项 目	注释	本年数	上年数
一、经营活动产生的现金流量			
收取利息、手续费及佣金的现金		533 803 808. 18	528 209 397. 07
处置交易性金融资产净增加额		35 674 600. 70	26 610 797. 29
金融企业往来收到的现金		7 636 870. 08	10 689 393. 95
其他业务收到的现金		12 051 439. 53	30 173 835. 46
收到的税费返还		10 058 007. 00	10 838 000. 00
收到其他与经营活动有关的现金	六、26	250 640. 82	117 000. 00
经营活动现金流入小计		599 475 366. 31	606 638 423. 77
客户贷款及垫款净增加额		75 000 000. 00	75 000 000. 00
支付利息、手续费及佣金的现金			—
购买交易性金融资产净增加额			—
支付给职工以及为职工支付的现金		70 448 688. 21	48 006 756. 70
支付的各项税费		140 780 347. 84	142 119 139. 37
支付其他与经营活动有关的现金	六、26	183 628 862. 26	127 091 264. 66
经营活动现金流出小计		469 857 898. 31	392 217 160. 73
经营活动产生的现金流量净额	六、27	129 617 468. 00	214 421 263. 04
二、投资活动产生的现金流量：			

续表

项 目	注释	本年数	上年数
收回投资收到的现金		2 597 300 000. 00	4 258 312 499. 99
取得投资收益收到的现金		149 925 422. 67	88 597 820. 16
处置子公司、联营企业及合营企业投资收到的现金			
处置固定资产、无形资产和其他长期资产所收到的现金		183 197. 00	35 000. 00
收到其他与投资活动有关的现金			
投资活动现金流入小计		2 747 408 619. 67	4 346 945 320. 15
投资支付的现金		2 827 800 000. 00	5 647 312 499. 99
购建固定资产、无形资产和其他长期资产支付的现金		7 474 551. 70	10 640 714. 50
取得子公司、联营企业及合营企业投资支付的现金			
支付的其他与投资活动有关的现金			
投资活动现金流出小计		2 835 274 551. 70	5 657 953 214. 49
投资活动产生的现金流量净额		−87 865 932. 03	−1 311 007 894. 34
三、筹资活动产生的现金流量			
吸收投资收到的现金			1 200 000 000. 00
其中：子公司吸收少数股东投资收到的现金			
少数股东行使认股权时收到的现金			
发行债券收到的现金			
收到其他与筹资活动有关的现金			
筹资活动现金流入小计		—	1 200 000 000. 00
分配股利、利润或偿付利息支付的现金		180 000 000. 00	
其中：向本行股东分配股利支付的现金			
子公司支付给少数股东的股利			
偿还债务支付的现金			
支付其他与筹资活动有关的现金			
筹资活动现金流出小计		180 000 000. 00	—
筹资活动产生的现金流量净额		−180 000 000. 00	1 200 000 000. 00
四、汇率变动对现金及现金等价物的影响额			
五、现金及现金等价物净增加额	六、27	−138 248 464. 03	103 413 368. 70
加：期初现金及现金等价物余额	六、27	318 610 160. 58	215 196 791. 88
六、期末现金及现金等价物余额	六、27	180 361 696. 55	318 610 160. 58

法定代表人：赵利民　　主管会计工作负责人：杨明国　　会计机构负责人：张美荣

5.1.5 所有者权益变动

所有者权益变动表

编制单位：新时代信托股份有限公司　　2014 年　　单位：元

项　目	本年数									
	实收资本	其他权益工具	资本公积	减：库存股	其他综合收益	盈余公积	一般风险准备	信托赔偿准备金	未分配利润	所有者权益合计
一、上年末余额	1 200 000 000. 00	—	1 387 319 111. 21	—	-450 000. 00	109 953 391. 27	43 663 311. 71	103 871 094. 09	357 199 346. 16	3 201 556 254. 44
加：会计政策变更										—
前期差错更正										—
其他										—
二、本年初余额	1 200 000 000. 00	—	1 387 319 111. 21	—	-450 000. 00	109 953 391. 27	43 663 311. 71	103 871 094. 09	357 199 346. 16	3 201 556 254. 44
三、本年增减变动金额（减少以“—”号填列）	—	—	—	—	450 000. 00	29 484 069. 31	4 221 699. 73	44 226 103. 96	36 908 820. 07	115 290 693. 07
（一）综合收益总额					450 000. 00				294 840 693. 07	295 290 693. 07
（二）股东投入和减少资本	—	—	—	—	—	—	—	—	—	—
1. 股东投入资本										—
2. 其他权益工具持有者投入资本										
3. 股份支付计入股东权益的金额										—
4. 其他										—
（三）利润分配	—	—	—	—	—	29 484 069. 31	4 221 699. 73	44 226 103. 96	-257 931 873. 00	-180 000 000. 00
1. 提取盈余公积						29 484 069. 31			-29 484 069. 31	—
2. 提取一般风险准备							4 221 699. 73		-4 221 699. 73	—
3. 提取信托赔偿准备金								44 226 103. 96	44 226 103. 96	—
4. 对股东的分配									-180 000 000. 00	-180 000 000. 00
5. 其他									—	—
（四）股东权益内部结转	—	—	—	—	—	—	—	—	—	—
1. 资本公积转增资本（或股本）										—
2. 盈余公积转增资本（或股本）										—
3. 盈余公积弥补亏损										—
4. 其他										—
（五）其他										
四、本年末余额	1 200 000 000. 00		1 387 319 111. 21	—	—	139 437 460. 58	47 885 011. 44	148 097 198. 05	394 108 166. 23	3 316 846 947. 51

2014 年

项　　目	上年数								
	实收资本	其他权益工具	资本公积	减：库存股	其他综合收益	盈余公积	一般风险准备	信托赔偿准备金	未分配利润	所者者权益合计
一、上年末余额	80 000 000. 00		587 319 111. 21		—	79 509 874. 01	4 785 369. 27	58 205 818. 20	167 750 909. 12	1 697 571 081. 81
加：会计政策变更										—
前期差错更正										—
其他										—
二、本年初余额	800 000 000. 00		587 319 111. 21	—	—	79 509 874. 01	4 785 369. 27	58 205 818. 20	167 750 909. 12	1 697 571 081. 81
三、本年增减变动金额（减少以"－"号填列）	400 000 000. 00	—	800 000 000. 00	—	-450 000. 00	30 443 517. 26	38 877 942. 44	45 665 275. 89	189 448 437. 04	1 503 985 172. 63
（一）综合收益总额					-450 000. 00				304 435 172. 63	303 985 172. 63
（二）股东投入和减少资本	400 000 000. 00		800 000 000. 00	—		—	—	—	—	1 200 000 000. 00
1. 股东投入资本	400 000 000. 00		800 000 000. 00							1 200 000 000. 00
2. 其他权益工具持有者投入资本										
3. 股份支付计入股东权益的金额										—
4. 其他										—
（三）利润分配	—		—	—		30 443 517. 26	38 877 942. 44	45 665 275. 89	-114 986 735. 59	—
1. 提取盈余公积						30 443 517. 26			-30 443 517. 26	—
2. 提取一般风险准备							38 877 942. 44		-38 877 942. 44	—
3. 提取信托赔偿准备金								45 665 275. 89	-45 665 275. 89	
4. 对股东的分配										—
5. 其他									—	—
（四）股东权益内部结转	—		—	—		—	—	—	—	—
1. 资本公积转增资本（或股本）										—
2. 盈余公积转增资本（或股本）										—
3. 盈余公积弥补亏损										—
4. 其他										—
（五）其他										
四、本年末余额	1 200 000 000	—	1 387 319 111. 21	—	-450 000. 00	109 953 391. 27	43 663 311. 71	103 871 094. 09	357 199 346. 16	3 201 556 254. 44

法定代表人：赵利民　　主管会计工作负责人：杨明国　　会计机构负债人：张美荣

5.2 信托资产

5.2.1 信托项目资产负债汇总表

信托项目资产负债表

2014 年 12 月 31 日

编制单位：新时代信托股份有限公司　　单位：万元

信托资产	期末数	年初数
信托资产：		
货币资金	152 457.77	74 655.32
拆出资金	—	—
存出保证金	—	—
交易性金融资产	1 498 725.19	482 705.53
衍生金融资产	—	—
买入返售金融资产	132 417.70	10 120.00
应收款项	33 051.44	13 233.76
发放贷款	9 497 590.83	8 805 447.00
可供出售金融资产	—	—
持有至到期投资	4 909 373.57	6 084 689.14
长期应收款	—	—
长期股权投资	459 330.00	319 549.00
投资性房地产	—	—
固定资产	—	—
无形资产	—	—
长期待摊费用	—	—
其他资产	51 942.45	51 942.45
信托资产总计	16 734 888.95	15 842 342.20

信托项目资产负债表（续）

2014 年 12 月 31 日

编制单位：新时代信托股份有限公司　　单位：万元

信托负债和信托权益	期末数	年初数
信托负债：		
交易性金融负债	—	—
衍生金融负债	—	—
应付受托人报酬	6 255.59	201.82
应付托管费	27.48	34.64
应付受益人收益	1 286.95	—
应缴税费	419.43	—
应付销售服务费	—	—
其他应付款项	18 789.68	12 379.82
预计负债	—	—
其他负债	—	—
信托负债合计	26 779.13	12 616.28
信托权益：	—	—
实收信托	16 521 857.09	15 787 531.42
资本公积	5 336.45	1 290.00
其中：损益平准金	—	—
未分配利润	180 916.28	40 904.50
信托权益合计	16 708 109.82	15 829 725.92
信托负债及信托权益总计	16 734 888.95	15 842 342.20

5.2.2 信托项目利润及利润分配汇总表

信托项目利润及利润分配表

2014 年 12 月

编制单位：新时代信托股份有限公司　　单位：万元

项　目	本年累计数	上年累计数
一、营业收入	1 673 183.32	1 295 933.93
利息收入	913 320.69	626 587.70
投资收益	721 970.35	724 530.96
公允价值变动收益	37 886.98	-55 187.24
租赁收入	—	—
其他收入	5.30	2.51
二、营业支出	142 364.66	173 517.93
三、信托净利润	1 530 818.66	1 122 416.00
四、扣除资产损失前的信托利润		
五、其他综合收益	—	—
六、扣除资产损失后的信托利润	1 530 818.66	1 122 416.00
七、综合收益		
加：期初未分配信托利润	40 904.50	90 434.83
八、可供分配的信托利润	1 571 723.16	1 212 850.83
减：本期已分配信托利润	1 390 806.88	1 171 946.33
九、期末未分配信托利润	180 916.28	40 904.50

6. 会计报表附注

6.1 会计报表编制基准不符合会计核算基本前提的说明

无。

6.2 主要会计政策、会计估计和会计核算方法说明

2014 年初，财政部分别以财会［2014］6 号、7 号、8 号、10 号、11 号、14 号及 16 号颁布了《企业会计准则第 39 号——公允价值计量》、《企业会计准则第 30 号——财务报表列报》、《企业会计准则第 9 号——职工薪酬》、《企业会计准则第 33 号——合并财务报表》、《企业会计准则第 40 号——合营安排》、《企业会计准则第 2 号——长期股权投资》及《企业会计准则第 41 号——在其他主体中权益的披露》，要求自 2014 年 7 月 1 日起在所有执行企业会计准则的企业范围内施行，鼓励在境外上市的企业提前执行。同时，财政部以财会［2014］23 号颁布了《企业会计准则第 37 号——金融工具列报 2014 年修订》（以下简称金融工具列报准则），要求在 2014 年度及以后期间的财务报告中按照该准则的要求对金融工具进行列报。

本公司于 2014 年 7 月 1 日开始执行前述除金融工具列报准则以外的七项新颁布或修订的企业会计准则，在编制 2014 年度财务报告时开始执行金融工具列报准则，并根据各准则衔接要求进行了调整，本公司将不具有重大影响的投资公司调整至可供出售金融资产核算。

6.3 或有事项说明

报告期内，本公司未发生对外担保及其他或有事项。

6.4 重要资产转让及其出售的说明

报告期内，本公司未发生重大资产转让及出售情况。

6.5 会计报表中重大项目的明细资料

6.5.1 披露自营资产经营情况

6.5.1.1 按信用风险五级分类结果披露信用风险资产的期初数、期末数

信用风险五级分类	正常类（万元）	关注类（万元）	次级类（万元）	可疑类（万元）	损失类（万元）	信用风险资产合计（万元）	不良资产合计（万元）	不良资产率（%）
期初数	2 112.12	—	—	—	2 668.75	4 780.87	2 668.75	0.81
期末数	1 356.79	—	—	—	668.75	2 025.54	668.75	0.20

6.5.1.2 资产减值损失准备的期初数、本期计提、本期转回、本期核销、期末数

单位：万元

	期初数	本期计提	本期转回	本期核销	期末数
坏账准备	2 668.75	—	—	2 000.00	668.75
贷款损失准备	—	—	—	—	0
一般准备	—	—	—	—	0
专项准备	—	—	—	—	0
固定资产减值准备	—	—	—	—	—
合计	2 668.75	—	—	2 000.00	668.75

6.5.1.3 可供出售金融资产情况

单位：万元

	可供出售债务工具	可供出售权益工具	其他	合计
期初数	9 940.00	43 267.87	220 540.00	273 747.87
期末数	10 000.00	43 267.87	243 590.00	296 857.87

截至2014年12月31日，公司其他投资全部为购买的信托理财产品。

6.5.1.4 前三名自营长期股权投资企业名称、投资比例、主要经营活动

被投资单位名称	投资比例（%）	主要经营活动
新时代证券有限责任公司	12.971	证券经纪、自营、承销业务

6.5.1.5 前三名自营贷款企业名称、占贷款总额的比例、还款情况

企业名称	金额（万元）	占贷款总额的比例（%）	还款情况
天津恒昌圆实业有限公司	10 000.00	50.00	未到期
黑龙江拓凯经贸有限公司	10 000.00	50.00	未到期

6.5.1.6 公司当年的收入结构

收入结构	金额（万元）	占比（%）
手续费及佣金收入	51 956.91	73.12
利息收入	959.06	1.35
金融企业往来收入	763.69	1.07
其他业务收入	1 319.21	1.86
投资收益	13 435.46	18.91
其中：股权投资收益	0	0.00
其他投资收益	13 435.46	18.91
公允价值变动收益	1 606.88	2.26
营业外收入	1 020.12	1.43
收入合计	71 061.33	100.00

6.5.2 披露信托资产管理情况

6.5.2.1 信托资产的期初数、期末数

单位：万元

信托资产	期初数	期末数
集合	3 484 411.11	3 212 373.53
单一	12 305 975.29	13 470 543.39
财产权	51 955.80	51 972.03
合计	15 842 342.20	16 734 888.95

6.5.2.1.1 主动管理型信托业务期初数、期末数

单位：万元

主动管理型信托资产	期初数	期末数
证券投资类	21 618.57	790 544.03
股权投资类	96 416.34	0
其他投资	1 638 592.90	1 297 238.44
融资类	6 914 636.00	1 124 591.06
事务管理类	51 958.87	1 971.92
合　计	8 723 219.61	3 214 345.45

6.5.2.1.2 被动管理型信托业务期初数、期末数

单位：万元

被动管理型信托资产	期初数	期末数
证券投资类	493 291.44	938 962.03
股权投资类	741 722.14	906 157.66
其他投资	274 203.48	469 946.17
融资类	5 609 905.53	11 155 477.53
事务管理类	—	50 000.11
合　计	7 119 122.59	13 520 543.50

6.5.2.2 本年度已清算结束信托项目513个，信托规模为18 171 343.14万元，加权平均实际年化收益率为7.65%

6.5.2.2.1 本年度已清算结束信托项目个数、合计金额、加权平均实际年化收益率

已清算结束信托项目	项目个数（个）	合计金额（万元）	加权平均实际年化收益率（%）
集合类	300	4 189 537.00	8.71
单一类	213	13 981 806.14	7.44

6.5.2.2.2 本年度已清算结束主动管理型信托项目300个，合计金额为4 189 537.00万元，加权平均实际年化收益率为8.71%

已清算结束信托项目	项目个数（个）	合计金额（万元）	信托报酬率(%)	加权平均实际年化收益率(%)
证券投资类	1	15 900.00	0.29	6.80
股权投资类	8	100 780.00	0.66	8.01
其他投资	26	2 217 251.00	0.90	8.62
融资类	265	1 855 606.00	0.63	8.74
事务管理类	—	—	—	—

6.5.2.2.3 本年度已清算结束被动管理型信托项目个数213个，合计金额为13 981 806.14万元，加权平均实际年化收益率为7.44%

已清算结束信托项目	项目个数（个）	合计金额（万元）	信托报酬率(%)	加权平均实际年化收益率(%)
证券投资类	1	6 345 930.08	0.23	3.73
股权投资类	6	282 000.00	0.56	7.84
其他投资	12	536 912.73	0.27	8.28
融资类	194	6 816 963.33	0.35	7.39
事务管理类	—	—	—	—

6.5.2.3 本年度新增集合类信托项目197个，信托规模为3 830 918.00万元；单一类信托项目269个，信托规模为15 074 750.81万元

单位：万元

新增信托项目	项目个数(个)	合计金额
集合类	197	3 830 918.00
单一类	269	15 074 750.81
财产管理类	—	—
新增合计	466	18 905 668.81
其中：主动管理型	197	3 830 918.00
被动管理型	269	15 074 750.81

6.5.2.4 本公司履行受托人义务情况及因本公司自身责任而导致的信托资产损失情况（合计金额、原因等）

无。

6.5.2.5 信托赔偿准备金的提取、使用和管理情况

公司当年提取盈余公积2 948.41万元 提取一般风险准备422.17万元，提取信托赔偿准备金4 422.61万元。截至2014年12月31日，信托赔偿准备金余额为14 809.72万元。

6.6 关联方关系及其交易的披露

6.6.1 关联交易的数量、总金额及关联交易的定价政策等

无。

6.6.2 关联交易方与本公司的关系

无。

6.6.3 本公司与关联方的重大交易事项

6.6.3.1 固有财产与关联方：贷款、投资、租赁、应收账款、担保、其他方式等

无。

6.6.3.2 信托资产与关联方：贷款、投资、租赁、应收账款、担保、其他方式等

无。

6.6.3.3 固有财产与信托财产之间的交易金额期初数、期末数

单位：万元

固有财产与信托财产相互交易			
	期初数	本期发生额	期末数
合计	220 540.00	225 780.00	243 590.00

注：以固有资金投资公司自己管理的信托项目的受益权，或购买自己管理的信托项目均纳入统计披露范围。

6.6.3.4 信托资产与信托财产之间的交易金额期初汇总数、本期发生额汇总数、期末汇总数

无。

6.6.4 逐笔披露关联方逾期未偿还本公司资金的详细情况以及本公司为关联方担保发生或即将发生垫款的详细情况

无。

6.7 会计制度的披露

本公司固有业务自2008年1月1日起执行财政部2006年颁布的企业会计准则。

信托业务自2010年1月1日起执行财政部2006年颁布的企业会计准则。

7. 财务情况说明书

7.1 利润实现和分配情况

经瑞华会计师事务所（特殊普通合伙）审计，公司2014年度实现净利润29 484.07万元，根据企业会计准则及本公司章程的规定，提取10%的法定公积金2 948.41万元，提取15%的信托赔偿准备金4 422.61万元。截至2014年度末，公司可供股东分配利润为39 410.82万元。

公司于2014年4月向全体股东派发现金股利1.8亿元。

7.2 主要财务指标

指标名称	指标值	指标计算说明
资本利润率(%)	8.97	资本利润率=净利润/所有者权益
信托报酬率(%)	0.33	信托报酬率=信托业务收入/实际信托平均余额
人均净利润(万元)	117.47	人均净利润=净利润/职工人数

7.3 对本公司财务状况、经营成果有重大影响的其他事项

无。

8. 特别事项揭示

8.1 前五名股东报告期内变动情况及原因

无。

8.2 董事、监事及高级管理人员变动情况及原因

报告期内，聘任洪军先生为公司副总裁，已获得内蒙古银

监局的任职资格核准批复;聘任郑大刚先生为公司副总裁,报批工作正在进行中。

8.3 变更注册资本、变更注册地或公司名称、公司分立合并事项

无。

8.4 公司的重大诉讼事项

无。

8.5 公司及其董事、监事和高级管理人员受到处罚的情况

无。

8.6 银监会及其派出机构对公司检查后提出整改意见的,应简单说明整改情况

2014年包头银监分局对新时代信托股份有限公司进行了例行检查。包头银监分局根据中国银监会、内蒙古银监局2014年信托公司监管工作部署及包头银监分局2014年一揽子监管意见,结合上半年现场检查及非现场监测中发现的问题,向公司提出如下监管意见:一是进一步优化法人治理结构,全面提高内部管理和控制水平;二是进一步提升信托计划全周期管理能力,切实保障委托人(受益人)的合法权益;三是进一步关注重点业务领域风险,强化风险防控措施;

四是努力提升核心竞争力,逐步打造持续稳定的盈利模式。

公司围绕监管要求及监管会谈精神进行了周密部署,组织开展整改、疏理工作,深入分析和挖掘存在的各类问题的根源,落实整改措施,根据监管指导意见,遵循全面性、持续性、审慎性和有效性原则,加强合规与风险管理,把整改工作落实到位,切实维护和保障信托受益人的利益,保证公司的健康发展,不断提升公司的核心竞争力和风险防范能力。

8.7 本年度重大事项临时报告的简要内容、披露时间、所披露的媒体及其版面

披露时间	简要内容	披露媒体	版面
2014年3月29日	刊登2013年度报告摘要	《证券日报》	C2版

8.8 银监会及其省级派出机构认定的其他有必要让客户及相关利益人了解的重要信息

无。

兴业国际信托有限公司

1. 重要提示

1.1 本公司董事会及董事保证本报告所载资料不存在任何虚假记载、误导性陈述或者重大遗漏，并对其内容的真实性、准确性和完整性承担个别及连带责任。

1.2 没有个别董事的异议声明。

1.3 本公司独立董事保证本报告所载资料不存在任何虚假记载、误导性陈述或者重大遗漏，并对其内容的真实性、准确性和完整性承担个别及连带责任，没有异议声明。

1.4 本公司2014年度财务报表已经德勤华永会计师事务所(特殊普通合伙)根据中国注册会计师审计准则审计，并出具了标准无保留意见的审计报告。

1.5 本公司董事长杨华辉、总裁林静、财务总监林艳及财务部门负责人张国生声明：保证2014年度报告中财务报告的真实、完整。

2. 公司概况

2.1 本公司基本情况

2.1.1 法定中文名称：兴业国际信托有限公司
中文名称简称：兴业信托
英文名称全称：China Industrial International Trust Limited
英文名称简称：Industrial Trust
英文名称缩写：CIIT

2.1.2 法定代表人：杨华辉

2.1.3 注册地址：福建省福州市鼓楼区五四路137号信和广场25～26层
邮政编码：350003
国际互联网网址：www.ciit.com.cn
联系信箱：contact@ciit.com.cn

2.1.4 信息披露负责人：杨刚强
联系地址：福建省福州市鼓楼区五四路137号信和广场25～26层
电话：(86)591－88263888
传真：(86)591－87824530

2.1.5 选定的信息披露报纸：《上海证券报》、《证券时报》
年度报告备置地点：福建省福州市鼓楼区五四路137号信和广场26层

2.1.6 本公司聘请的国内会计师事务所：德勤华永会计师事务所(特殊普通合伙)
地址：中国上海市延安东路222号外滩中心30楼
邮编：200002
电话：(86)21－61418888

2.2 组织结构

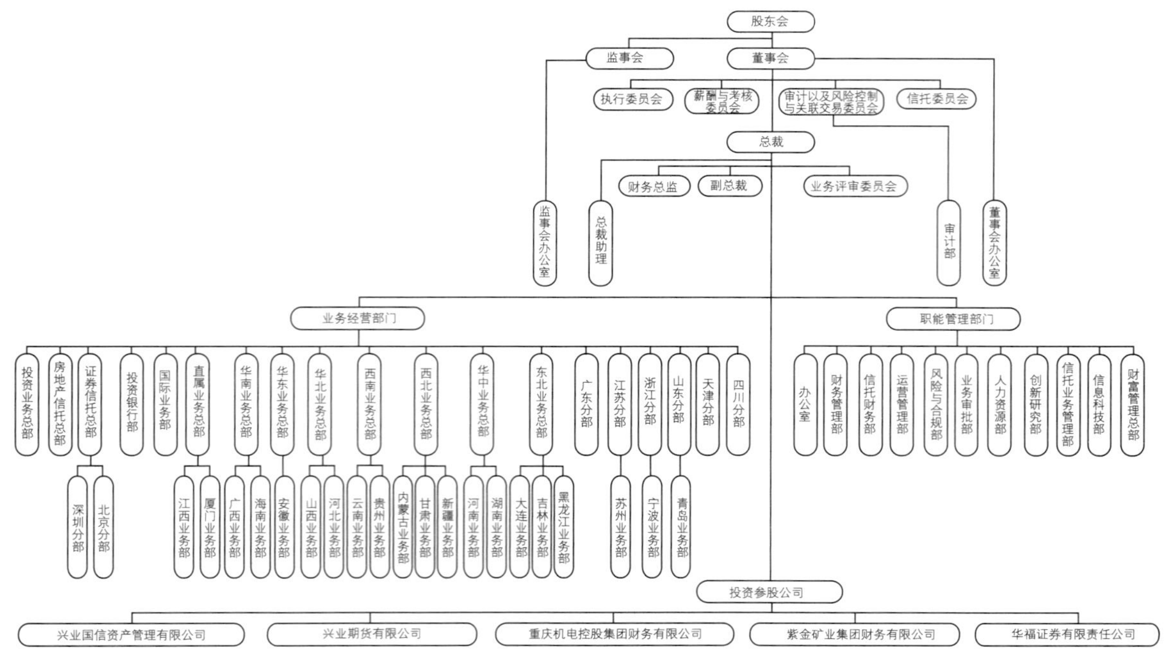

3. 公司治理结构

3.1 股东

截至报告期末，本公司股东总数为5家。

股东名称	持股比例（%）	法人代表	注册资本	注册地址	主要经营业务及主要财务情况
兴业银行股份有限公司★	73.0000	高建平	190.52亿元	福建省福州市湖东路154号	主要经营业务：商业银行业务。 主要财务情况（未经审计）：截至2014年末，资产总额44 070.70亿元，负债总额4 1621.39亿元，所有者权益2 449.31亿元。
澳大利亚国民银行	16.8334	—	283.80亿澳大利亚元	澳大利亚维多利亚州墨尔本市伯克街800号1层	主要经营业务：银行业服务，信用卡和现金卡服务，租赁、房屋和其他融资，国际银行业务，投资银行业务，财富管理，基金管理，人寿保险，以及托管、受托和提名服务。 主要财务情况：澳大利亚国民银行年报的截止日为9月30日。截至2014年9月30日，资产总额8 833.01亿澳大利亚元，负债总额8 353.93亿澳大利亚元，所有者权益479.08亿澳大利亚元。
福建华投投资有限公司	4.8085	苏文生	2.10亿元	福建省福州市湖东路152号华信大厦1～6层	主要经营业务：对金融、基础设施、高新技术、服务业的投资。 主要财务情况（未经审计）：截至2014年末，资产总额96 444.81万元，负债总额39 930.85万元，所有者权益56 513.96万元。
福建省华兴集团有限责任公司	4.5248	陈建武	17.30亿元	福建省福州市鼓楼区华林路69号	主要经营业务：从事政府委托的国有资产、股权的管理和营运；对高新技术、房地产、酒店服务、融资担保、融资租赁、典当、小额贷款行业的投资；物业管理、咨询服务、实物租赁；办理政府委托的采购招标业务；工业生产资料、农业生产资料、电子计算机及配件、建筑材料、工艺美术品、百货、五金、交电。 主要财务情况（未经审计）：截至2014年末，资产总额577 303万元，负债总额181 680万元，所有者权益395 623万元。
南平市投资担保中心	0.8333	周安有	0.73亿元	福建省南平市解放路93号	主要经营业务：为南平市的重点项目和城市建设筹措资金，授权经营与管理政府或财政委托资产；委托、证券、实业投资；房地产开发；担保、见证、租赁、典当、拍卖等。 主要财务情况（未经审计）：截至2014年末，资产总额14 332.03万元，负债总额2 128.74万元，所有者权益12 203.29万元。

注：★为本公司控股股东。

3.2 董事

截至报告期末，本公司董事会共有9名董事，其中股权董事6名、独立董事3名。

董事长、股权董事

姓名	职务	性别	年龄	选任日期	所推举的股东名称	该股东持股比例（%）	简要履历
杨华辉	董事长	男	49	2012年9月	兴业银行股份有限公司	73	现任兴业国际信托有限公司党委书记、董事长。曾任兴业银行总行上海证券部总经理，兴业证券公司上海业务部总经理，兴业银行上海分行党委委员、副行长，兴业银行杭州分行党委书记、行长，联华国际信托有限公司党委书记、董事长、代理总裁，兴业国际信托有限公司党委书记、董事长兼代理总裁等职务。
陈世涌	董事	男	49	2014年12月	兴业银行股份有限公司	73	现任兴业银行金融市场总部副总裁兼同业业务部总经理。曾任厦门国际银行湖里营业部经理、兴业银行国际业务部总经理、兴业银行资金营运中心总经理、兴业银行金融市场总部副总裁兼资金营运中心总经理等职务。
林静	董事	女	52	2012年9月	兴业银行股份有限公司	73	现任兴业国际信托有限公司党委委员、董事、总裁。曾任中国建设银行福州市鼓楼支行副行长，中国建设银行福州市晋安支行行长，中国建设银行福建省分行营业部副总经理，兴业银行福州分行党委委员、副行长等职务。
林艳	董事	女	44	2012年9月	兴业银行股份有限公司	73	现任兴业国际信托有限公司党委委员、董事、财务总监。曾任兴业银行总行财务会计部财务科副科长、兴业银行杭州分行计划财务部总经理、兴业银行总行计划财务部副总经理等职务。
蓝玉权	董事	男	57	2013年8月	澳大利亚国民银行	16.8334	现任澳大利亚国民银行大中华区高级顾问。曾任美国大通银行香港分行货币市场及表外业务主管、副总裁，花旗银行香港分行资本及货币市场交易主管、副总裁，Carr Indosuez Asia Ltd. 董事总经理，英国苏格兰皇家银行环球银行及市场部大中华区主席等职务。
苏文生	董事	男	49	2012年9月	福建华投投资有限公司	4.8085	现任福建华投投资有限公司总经理。曾任中闽国贸发展公司业务三部副经理、中闽公司投资管理部科长、福建省国有资产管理有限公司董事长、福建华侨投资（控股）公司副总经理等职务。

独立董事

姓 名	所在单位及职务	性别	年龄	选任日期	提名方	简 要 履 历
许 斌	—	男	71	2012 年 9 月	本公司	已退休。曾任中国人民银行辽宁省分行副行长，国家外汇管理局副局长，中国光大银行行长、董事长，中国光大（集团）总公司副董事长，香港中国光大集团有限公司副董事长，中国光大控股有限公司副董事长，光大永明人寿保险公司董事等职务。
周业樑	浙江省股权投资行业协会会长、浙江大学金融研究院特聘高级研究员	男	65	2012 年 9 月	本公司	现任浙江省股权投资行业协会会长、浙江大学金融研究院特聘高级研究员。
张希东	—	男	64	2012 年 9 月	本公司	已退休。曾任中国人民银行福建省分行综合计划处副处长、办公室副主任，福建金融管理干部学院党委副书记、副院长，福建金融管理干部学院党委书记，中国人民银行福建省分行纪检组长，福建银监局党委委员、纪委书记，福建银监局巡视员等职务。

注：许斌、周业樑、张希东先生已向本公司董事会申请辞去独立董事职务。根据本公司章程有关规定，上述三位独立董事辞职报告将于新任独立董事就任时生效，本公司董事会将尽快完成独立董事补选工作。

3.3 监事

截至报告期末，本公司监事会共有 3 名监事，其中包括 1 名职工监事。

监事长、监事

姓 名	职 务	性别	年龄	选任日期	所推举的股东名称	该股东持股比例（%）	简 要 履 历
赖少英	监事长	女	58	2012 年 9 月	兴业银行股份有限公司	73	现任兴业国际信托有限公司党委委员、纪委书记、监事长、工会主席。曾任福建漳州信托投资公司总经理，福建省二轻工业总公司副总经理，福建省华侨信托投资公司副总经理，兴业国际信托有限公司董事、副总裁等职务。
叶美秀	监事	女	58	2012 年 9 月	南平市投资担保中心	0.8333	现任南平投资集团有限公司副董事长。曾任闽北武夷信托投资公司副总经理、南平市投资担保中心总经理等职务。
张国生	职工监事	男	43	2012 年 9 月	本公司职工代表大会	—	现任兴业国际信托有限公司财务管理部总经理。曾任厦门市物价局副主任科员、厦门中诚信会计师事务所项目经理、兴业银行总行计划财务部财务管理处高级副经理等职务。

3.4 高级管理人员

截至报告期末，本公司共有 6 名高级管理人员。

高级管理人员

姓 名	职 务	性别	年龄	选任日期	金融从业年限（年）	学历/学位	专业	简 要 履 历
林 静	总裁	女	52	2012 年 9 月	36	大学本科	金融	现任兴业国际信托有限公司党委委员、董事、总裁。曾任中国建设银行福州市鼓楼支行副行长，中国建设银行福州市晋安支行行长，中国建设银行福建省分行营业部副总经理，兴业银行福州分行党委委员、副行长等职务。
司 斌	副总裁	男	42	2012 年 9 月	20	大学本科/经济学学士	金融	现任兴业国际信托有限公司党委委员、副总裁。曾任兴业银行总行公司业务部总经理助理，兴业银行郑州分行党委委员、副行长等职务。
林 艳	财务总监	女	44	2012 年 9 月	21	工商管理硕士	会计 工商管理	现任兴业国际信托有限公司党委委员、董事、财务总监。曾任兴业银行总行财务会计部财务科副科长、兴业银行杭州分行计划财务部总经理、兴业银行总行计划财务部副总经理等职务。
倪 勤	副总裁	男	45	2014 年 12 月	22	大学本科	会计	现任兴业国际信托有限公司党委委员、副总裁。曾任兴业银行武汉分行副行长、兴业银行授信审批部广州审批中心总经理、兴业银行广州分行副行长等职务。
叶 立	总裁助理	男	43	2014 年 12 月	14	硕士研究生	工商管理	现任兴业国际信托有限公司党委委员、总裁助理。曾任重庆国际信托有限公司投资银行部副总经理、信托业务一部副总经理，兴业国际信托有限公司西南业务总部总监、华北业务总部总监等职务。
杨刚强	董事会秘书	男	36	2014 年 12 月	14	大学本科	国际金融	现任兴业国际信托有限公司董事会秘书兼董事会办公室总经理。曾任兴业银行总行办公室综合处高级副理，兴业国际信托有限公司办公室总经理、人力资源部总经理等职务。

3.5 员工情况

截至报告期末，本公司在职员工为488人，平均年龄为31.7岁。其中，博士学历19人，占3.9%；硕士学历269人，占55.1%；本科学历192人，占39.3%；专科学历8人，占1.6%。

4. 经营管理

4.1 经营目标、方针、战略规划

4.1.1 经营目标

认真贯彻落实国家宏观政策和金融监管要求，积极主动应对新常态下经济形势与监管政策变化，以确保资产质量和经营安全为前提，持续加强集团化的战略协同和业务协同，着力强化业务创新能力、风险管理能力和综合经营能力；以业务创新为抓手，以资产管理和财富管理为驱动，提升业务发展的质量和效率，持续推动建设综合性、多元化、有特色的全国一流信托公司。

4.1.2 经营方针

以市场为导向，以客户为中心，以人才为根本，以创新为动力，综合化经营，专业化服务。

4.1.3 战略规划

作为银行系信托公司，本公司将充分运用兴业银行等主要股东的资源与优势，全面推动与各股东单位的战略协同与业务协同，努力塑造公司经营特色和核心竞争力，致力于发展成为卓越的全国性综合信托业务经营商。“卓越”的基本内涵包括一流的经营能力、较强的品牌影响力和领先的行业地位。按照2011—2015年发展战略规划，本公司已圆满完成整合期、发展期的发展目标任务，现处于品牌期发展阶段，这一阶段公司着力建立以品牌为核心的竞争优势，在此基础上实现公司业务的稳步增长；组织与流程进一步优化，具有完善的风险管理体系；战略基础业务和战略核心业务均具有相当规模，在行业中处于领先地位。

4.2 所经营业务的主要内容

自营资产运用与分布表

2014年12月31日

资产运用	金额（万元）	占比（%）	资产分布	金额（万元）	占比（%）
货币资产	83 090.65	7.15	基础产业	—	—
贷款及应收款	30 200.61	2.60	房地产业	338 200.21	29.08
交易性金融资产	86 189.73	7.41	证券市场	84 919.03	7.30
可供出售金融资产	327 611.84	28.17	实业	333 605.67	28.69
持有至到期投资	—		金融机构	156 749.60	13.48
应收款项类投资	591 696.76	50.89	其他	249 329.62	21.45
长期股权投资	31 426.09	2.70			
其他	12 588.45	1.08			
资产总计	1 162 804.13	100.00	资产总计	1 162 804.13	100.00

信托资产运用与分布表

2014年12月31日

资产运用	金额（万元）	占比（%）	资产分布	金额（万元）	占比（%）
货币资产	786 128.91	1.21	基础产业	10 800 147.01	16.59
贷款	23 822 300.97	36.58	房地产	4 404 025.07	6.76
交易性金融资产投资	8 784 478.78	13.49	证券市场	12 596 245.98	19.34
可供出售金融资产投资	17 562 169.68	26.97	实业	14 264 190.16	21.91
持有至到期投资	89 197.56	0.14	金融机构	22 400 161.03	34.40
长期股权投资	2 070 753.48	3.18	其他	650 402.47	1.00
其他	12 000 142.34	18.43			
信托资产总计	65 115 171.72	100.00	信托资产总计	65 115 171.72	100.00

4.3 市场分析

2014年，我国信托行业受宏观经济形势、监管政策变化以及泛资管行业竞争加剧等因素影响，结束了自2008年以来的高速增长阶段，步入转型发展的新阶段：信托资产规模再创历史新高，但增速有所放缓；行业风险事件频发，但整体风险基本可控；业务结构持续优化，转型发展态势良好。

截至2014年末，我国信托行业管理的信托资产规模达13.98万亿元，比年初增长28.14%；全年实现经营收入954.95亿元，同比增长14.69%；实现利润总额642.30亿元，同比增长12.96%，增幅与上年相比均有明显回落。我国信托行业增速放缓一方面是由于宏观经济形势以及监管政策变化、泛资管行业竞争加剧使得信托行业的传统融资信托业务受到冲击，另一方面是由于新的信托业务模式仍未形成规模。如何加快行业转型发展，是信托行业面临的核心问题。2014年，我国信托行业转型取得初步成效，主动管理能力逐步提高。截至2014年末，体现主动管理能力的集合资金信托余额达到4.29万亿元，比年初大幅增长58.06%；在信托资产中的占比达30.7%，比上年提高5.8个百分点。

展望2015年，我国信托行业既存在着机遇，也面临着挑战。我国经济将继续保持增长，国民财富总量持续增加，富裕人群不断壮大，更加关注财富的增值和传承，追求更加稳健的投资收益，资产管理行业整体将继续保持增长势头。同时，随着国家一系列深化改革政策的出台，产业升级和创新、混合所有制改革、土地制度改革、城镇化推进等领域蕴含着丰富的业务机会。但是，另一方面，在泛资管时代的背景下，信托公司传统通道类业务规模持续萎缩，报酬率持续走低，特别是《信托业保障基金管理办法》和新的信托公司净资本计算标准的正式实施，将进一步增加信托公司的成本压力。同时，随着我国经济发展步入新常态，去过剩产能、消化库存成为许多行业共同面临的问题，如房地产行业风险进一步积聚，政信合作业务模式发生变化，降息带来的无风险利率下行，导致存量信托业务风险加大，增量信托业务优质资产减少。此外，随着集合类信托业务规模的增长，信托公司承担的主动管理职责与面临的业务风险也在逐步增加。

4.4 内部控制

4.4.1 内部控制环境和内部控制文化

本公司根据国家有关法律和公司章程，已构建了完善的法人治理结构。本公司建立了由股东会、董事会、监事会和高级

管理层组成的公司治理结构，完善分层授权体系，形成了权力机构、决策机构、监督机构和高级管理层之间各司其职、各尽其责、分工配合、规范运作、相互制衡的有效内控运行机制，确保对各类风险做到有效的事前防范、事中控制和事后监督，为本公司发展提供良好的内部控制环境。

本公司高度重视内部控制文化的建设、培育和夯实，通过建立健全内部控制制度、举办业务培训讲座、组织从业资格考试、开展合规检查、信息系统控制等方式，传导、贯彻"内部控制"理念，加强风险合规文化建设，培养员工的合规理念与风险防范意识，营造良好的内部控制文化氛围。

4.4.2 内部控制措施

本公司董事会负责建立并实施充分而有效的内部控制体系，董事会下设审计以及风险控制与关联交易委员会，负责监督本公司内部控制的有效实施和内部控制自我评价情况。报告期内，本公司持续不断地完善内部控制工作，通过建立健全经营部门、风险管理部门、内部审计部门三道风险防御体系，配以明确的分级授权机制及规范的风险管理报告体系，从内部控制环境、程序和措施上防范各类风险。

本公司在业务流程方面严格按照前台、中台、后台划分：前台负责对业务进行立项、论证、审批前的尽职调查、业务方案设计和提交，完成项目审批后的投资交易和运作管理、客户服务等工作；中台贯穿业务的决策程序和管理环节，负责业务的合法合规性审核、风险评估、议事决策、业务综合管理、过程控制，对各类风险提出指导意见和改进措施，对可能存在的风险发出预警信号，与前台部门共同完成事前防范和事中控制；后台负责对信托业务和自营业务的财务管理和会计核算、科技支持、客户维护、运营管理、风险检查和审计监督，对前中台提供支持服务和监督评价。前台、中台、后台有效配合且相互制衡，从而确保业务顺利开展与全面风险管理的实施。

报告期内，本公司继续健全完善规章制度体系，累计新制定或修定规章制度86项，形成现行有效规章制度250余项；组织开展全面风险排查工作，强化日常风险监测频率和深度，加强风险应急预案及处置研究。加强子公司风险管理规范和指导，正式印发《子公司风险管理规范》，推动形成母子公司一体化风险管理理念、模式和体制；积极发挥内部审计的监督作用，加大内部审计覆盖的深度和广度；不定期组织开展法律法规、内部控制制度和内部控制流程、风险管理等方面的培训，保障了内部控制制度及操作流程的有效执行。

4.4.3 监督评价与纠正

本公司对内部控制制度建立和执行情况进行定期和不定期的监督检查，评价内部控制的有效性，发现内部控制缺陷并及时加以改进，确保内部控制有效运行。

本公司各业务部门对各项业务的经营状况和风险管理情况进行经常性自我评估，及时发现内部控制缺陷并切实整改落实到位；风险与合规部负责组织、指导内部控制自我评估工作的开展，结合监督检查以及各部门的内部控制自我评估结果，抽查、复评、督促、追踪内部控制缺陷的整改情况；审计部依照内部审计工作程序开展独立的审计监督活动，出具内部审计报告，督促各部门对审计发现的问题进行及时整改并跟踪落实。

4.5 风险管理

4.5.1 风险管理概况

本公司在经营活动中可能遇到的风险主要包括信用风险、市场风险、操作风险、政策风险、法律风险、道德风险等。

本公司风险管理遵循合规性、全面性、独立性、制衡性、程序性等基本原则。合规性，即本公司经营活动应遵守所涉及的法律法规、监管规定及公司规章制度；全面性，即本公司风险管理涵盖各项业务管理各环节，并渗透到各项业务过程中；独立性，即本公司风险管理部门与各业务部门及支持保障部门保持相互独立，可直接向董事会和高级管理层报告，保证风险管理得到切实有效的执行；制衡性，即明确划分相关部门、岗位的职责，建立职责分离、横向与纵向相互监督制约的机制；程序性，即本公司风险管理组织系统的安排遵循事前授权审批、事中控制和事后监督三道程序。

在风险管理组织架构建设方面，本公司分别在董事会、经营管理层面设立了相应的风险管理机构，风险防范制度贯穿于业务全过程。

(1)在董事会层面设立了审计以及风险控制与关联交易委员会，负责指导本公司的风险控制、管理、监督和评估工作。

(2)在经营管理层面设立了业务评审委员会。业务评审委员会是本公司自营业务与信托业务项目的决策机构。

(3)本公司设立业务审批部，负责对所有拟开展的业务项目进行初审，向业务评审委员会提交审查意见；设立风险与合规部，负责履行业务风险管理和合规管理职责；设立运营管理部，负责履行业务项目存续期事务的集中运营管理职责。

(4)本公司设立审计部，负责对公司内部控制和业务风险管理状况进行监督评价，并直接向董事会报告。

4.5.2 风险状况

4.5.2.1 信用风险状况

信用风险是指交易对手未能履行合同所带来的经济损失风险。本公司高度关注交易对手的履约能力，针对各类业务特点制定了相应的业务操作规程，将信用风险管理运用于贷前调查、贷中审查和贷后管理阶段。

信用风险资产分类情况：(1)信托业务方面，截至报告期末，本公司信托资产达6 511.52亿元，无不良资产；(2)固有业务方面，截至报告期末，本公司信用风险资产总计84.87亿元，无不良资产。

本公司一般准备、资产减值准备的计提和信托赔偿准备金提取方法如下：(1)一般准备。根据《财政部关于印发<金融企业准备金计提管理办法>的通知》(财金[2012]20号)，本公司从当年净利润中提取一般风险准备作为利润分配处理，用于弥补尚未识别的可能性损失的准备。一般风险准备按风险资产期末余额的1.5%提取。(2)资产减值准备。计提资产减值准备的范围和方法见会计报表附注。(3)信托赔偿准备金。根据《信托公司管理办法》第四十九条，从税后利润中提取5%作为信托赔偿准备金。

对于抵押品的确认原则如下：抵押品必须是抵押人合法所有的或依法有处分权的财产，且须经过有资质的中介机构评估，抵押贷款应签订抵押合同，并按规定到有关部门登记。本公司在参考中介机构评估价值的基础上，结合业务实际情况，综合评判抵押品价值。

4.5.2.2　市场风险状况

市场风险是指因为股价、房价、市场汇率、利率或其他价格因素变动而产生的或可能产生的风险。市场风险具有很强的传导性，某些信用风险的根源也可能是交易对手的市场风险。

信托资产方面，截至报告期末，本公司房地产信托业务规模为444.19亿元，占本公司信托业务总规模的6.89%，其中融资用于支持保障安居工程17.50亿元，占房地产信托业务规模的3.94%，属于国家政策鼓励开展的业务，项目建设与资金回笼保障度较高，市场风险相对较小；其他类型房地产项目金额为426.69亿元，占房地产信托业务规模的96.06%，该类项目受国家宏观政策影响相对较大，房地产市场价格与销售状况将影响信托项目的资金回笼。本公司集合类房地产信托融资担保较为充足，抵押率均控制在较低水平，融资人违约成本高，各项风险控制措施设置得当。截至报告期末，本公司证券投资信托业务（含股票、债券、基金）规模为1207.11亿元，主要运用为债券、二级市场股票和基金投资等，该类业务发展稳健。

固有资产方面，截至报告期末，本公司证券投资（含股票、债券、基金）公允价值为354 887.42万元，其中债券投资公允价值为326 569.30万元，基金投资公允价值为16 020.45万元，股票投资公允价值为12 297.67万元，市场风险相对较小；长期股权投资余额为29 083.12万元，包括重庆机电控股集团财务有限公司11 400万元、兴业国信资产管理有限公司10 000万元、兴业期货有限公司7 683.12万元。

4.5.2.3　操作风险状况

操作风险主要是指因内部控制系统不完善、管理失误、控制缺失或其他一些人为错误而导致的风险。本公司内部控制制度和操作规程涵盖了所有业务领域，组织架构设置科学合理，建立岗位相互制衡机制，持续优化业务流程，严格按照本公司问责制度的有关规定对违规操作的人员进行问责，操作风险控制良好。

4.5.2.4　其他风险状况

本公司可能面临的其他风险主要有政策风险、法律风险、道德风险等。报告期内，本公司未发生此类风险。

4.5.3　风险管理

4.5.3.1　信用风险管理

本公司信用风险管理策略如下：一是针对各类业务特点制定了相应的评审指引、准入标准和操作规程等管理办法；二是加强事前对交易对手的尽职调查，进行事前控制；三是严格落实贷款担保措施，客观、公正地评估抵（质）押物，并通过关注交易对手担保物情况和资信状况，持续跟踪进行事中和事后控制；四是对所购入的债券进行信用级别限制；五是风险管理部门对业务项目信用风险情况进行风险排查，以及时发现问题并采取相应措施；六是遵照监管机构及风险管控的要求，进行资产风险分类，实施动态管理；七是严格按财政部和中国银监会的要求，足额提取包括呆账准备金、信托赔偿准备金在内的各项准备金。

4.5.3.2　市场风险管理

本公司市场风险管理策略如下：一是加强对宏观经济及金融形势的分析预测，提出业务主要发展方向和调整方案；二是根据市场行情，加强对交易对手在其所处行业的市场竞争能力分析，准确把握资金进入时机，密切跟踪市场变化，及时调整投资策略，通过资产或投资的合理组合实现风险的有效对冲和补偿，以规避市场风险；三是在业务决策和业务流程管理过程中，通过压力测试和动态监控，对项目进行严格管理；四是积极贯彻落实监管部门有关法律法规的精神，及时对相关业务作出风险提示，密切关注市场变化，加强风险防范，确保风险可控。

4.5.3.3　操作风险管理

操作风险主要是指因内部控制系统不完善、管理失误、控制缺失或其他一些人为错误而导致的风险。本公司内控制度和操作规程涵盖了所有的业务领域，合理调整部门配置，建立岗位相互制衡机制，优化业务流程，严格按照本公司问责制度的有关规定对违规操作的人员进行问责，操作风险控制得较好。

4.5.3.4　其他风险管理

本公司可能面临的其他风险主要有政策风险、法律风险、道德风险等。报告期内，本公司未发生此类风险。

4.6　子公司经营情况

4.6.1　全资子公司：兴业国信资产管理有限公司

兴业国信资产管理有限公司（以下简称兴业资管）系经中国银监会批准、由本公司全资设立的一人有限责任公司，成立于2013年4月，主要经营范围为资产管理、股权投资（项目符合国家宏观经济政策和产业政策要求）、实业投资、投资管理、投资顾问。

报告期内，兴业资管围绕建设“特色鲜明，品牌卓越”的私募基金管理人的战略目标，重点在以下两大业务领域精耕细作：一是结构化金融业务领域，已形成了产业基金管理、房地产主动管理业务等主要业务方向；二是PE股权投资业务领域，已成功发行两只股权投资基金。截至报告期末，兴业资管固有资产余额为13 879万元，所有者权益为12 676万元，管理的资产规模达508亿元；报告期内实现营业收入4 455万元，利润总额为2 909万元，净利润为2 152万元，净资产收益率达到18.55%。

4.6.2　控股子公司：兴业期货有限公司

兴业期货有限公司的前身系1993年成立的宁波杉立期货经纪有限公司。2014年3月，经宁波证监局核准，本公司受让原宁波杉立期货经纪有限公司29.7%的股权；2014年9月，宁波杉立期货经纪有限公司更名为兴业期货有限公司；2015年2月，经中国证监会批准，本公司继续受让兴业期货有限公司40.3%的股权，合计持股比例增至70%，成为兴业期货有限公司的控股股东。

报告期内，兴业期货有限公司充分依托股东资源背景优势，积极把握中国期货行业改革发展的历史机遇，成功获批资产管理业务资格，以资产管理和套保融资等创新业务为抓手，整合各项业务资源，提高自主研发能力，推动业务发展迈上新台阶。截至报告期末，兴业期货有限公司资产总额为11.77亿元，客户权益总额达到10.23亿元，较期初增长261.5%；报告期内实现营业收入2 681.92万元，利润总额637.10万元，净利润478.88万元。

5. 报告期末及上一年度末的比较式会计报表

5.1 自营资产

5.1.1 会计师事务所审计意见全文

审计报告

德师报(审)字(15)第P0391号

兴业国际信托有限公司董事会：

我们审计了后附的兴业国际信托有限公司(以下简称贵公司)的财务报表，包括2014年12月31日的公司及合并资产负债表，2014年度的公司及合并利润表、公司及合并所有者权益变动表和公司及合并现金流量表以及财务报表附注。

一、管理层对财务报表的责任

编制和公允列报财务报表是贵公司管理层的责任，这种责任包括：(1)按照企业会计准则的规定编制财务报表，并使其实现公允反映；(2)设计、执行和维护必要的内部控制，以使财务报表不存在由于舞弊或错误而导致的重大错报。

二、注册会计师的责任

我们的责任是在执行审计工作的基础上对财务报表发表审计意见。我们按照中国注册会计师审计准则的规定执行了审计工作。中国注册会计师审计准则要求我们遵守中国注册会计师职业道德守则，计划和执行审计工作以对财务报表是否不存在重大错报获取合理保证。

审计工作涉及实施审计程序，以获取有关财务报表金额和披露的审计证据。选择的审计程序取决于注册会计师的判断，包括对由于舞弊或错误导致的财务报表重大错报风险的评估。在进行风险评估时，注册会计师考虑与财务报表编制和公允列报相关的内部控制，以设计恰当的审计程序，但目的并非对内部控制的有效性发表意见。审计工作还包括评价管理层选用会计政策的恰当性和作出会计估计的合理性，以及评价财务报表的总体列报。

我们相信，我们获取的审计证据是充分、适当的，为发表审计意见提供了基础。

三、审计意见

我们认为，贵公司财务报表在所有重大方面按照企业会计准则的规定编制，公允反映了贵公司2014年12月31日的公司及合并财务状况以及2014年度的公司及合并经营成果和公司及合并现金流量。

德勤华永会计师事务所(特殊普通合伙)

中国注册会计师 陶 坚

中国·上海

王金翠

二零一五年三月十六日

5.1.2 资产负债表

资产负债表

2014年12月31日

单位：万元

项　目	合并		母公司	
	2014年12月31日	2013年12月31日	2014年12月31日	2013年12月31日
资产				
货币资金	84 479.35	49 301.56	83 090.65	48 202.78
以公允价值计量且其变动计入当期损益的金融资产	87 047.12	2 795.07	86 189.73	2 440.13
应收手续费及佣金	11 854.55	13 704.11	11 190.70	13 704.11
应收利息	9 109.91	5 017.16	9 109.91	5 017.16
发放贷款及垫款	9 900.00	—	9 900.00	—
可供出售金融资产	330 425.09	278 188.52	327 611.84	278 183.52
应收款项类投资	671 157.06	253 357.65	591 696.76	157 351.41
长期股权投资	21 426.09	12 326.90	31 426.09	22 326.90
固定资产	3 060.45	2 672.67	2 868.30	2 671.45
无形资产	780.40	859.36	780.40	859.36
递延所得税资产	4 939.84	5 167.78	4 827.14	5 147.78
其他资产	4 126.17	1 885.08	4 112.61	1 805.38
资产总计	1 238 306.03	625 275.85	1 162 804.13	537 709.98
负债				
应付职工薪酬	27 324.12	19 954.49	26 834.30	19 868.63
应交税费	21 679.53	15 010.97	21 130.20	14 942.20
其他负债	79 616.30	89 907.07	7 829.73	3 020.29
负债合计	128 619.95	124 872.53	55 794.23	37 831.12
所有者权益				
实收资本	500 000.00	257 600.00	500 000.00	257 600.00
资本公积	289 428.00	47 028.00	289 428.00	47 028.00

续表

项目	合并		母公司	
	2014 年 12 月 31 日	2013 年 12 月 31 日	2014 年 12 月 31 日	2013 年 12 月 31 日
其他综合收益	8 915.04	(793.42)	8 915.04	(793.42)
盈余公积	37 981.94	24 143.68	37 981.94	24 143.68
信托赔偿准备	18 879.70	11 960.57	18 879.70	11 960.57
一般风险准备	14 771.73	7 168.83	14 771.73	7 168.83
未分配利润	239 709.67	153 295.66	237 033.49	152 771.20
归属于母公司股东权益合计	1 109 686.08	500 403.32	1 107 009.90	499 878.86
少数股东权益	—	—	—	—
股东权益合计	1 109 686.08	500 403.32	1 107 009.90	499 878.86
负债和所有者权益合计	1 238 306.03	625 275.85	1 162 804.13	537 709.98

5.1.3 利润表

利润表

2014 年度

单位：万元

项目	合并		母公司	
	2014 年度	2013 年度	2014 年度	2013 年度
一、营业收入				
利息收入	5 525.56	2 465.10	5 514.29	2 454.68
利息支出	(471.38)	(305.77)	(471.38)	(305.77)
利息净收入	5 054.18	2 159.33	5 042.91	2 148.91
手续费及佣金收入	142 652.59	165 483.50	143 922.98	165 482.47
手续费及佣金支出	(810.97)	(750.23)	(343.33)	(750.23)
手续费及佣金净收入	141 841.62	164 733.27	143 579.65	164 732.24
投资收益	100 312.22	38 478.64	94 130.69	37 958.32
公允价值变动损益	1 970.99	5.14	1 970.99	5.14
汇兑损益		—		—
其他业务收入	77.78	0.10	77.79	0.10
营业收入合计	249 256.79	205 376.48	244 802.03	204 844.71
二、营业支出				
营业税金及附加	(12 707.58)	(11 084.94)	(12 507.45)	(11 084.88)
业务及管理费	(53 838.47)	(47 818.61)	(52 418.84)	(47 587.71)
资产减值损失	(37.30)	150.00	(37.30)	150.00
营业支出合计	(66 583.35)	(58 753.55)	(64 963.59)	(58 522.59)
三、营业利润	182 673.44	146 622.93	179 838.44	146 322.12
加：营业外收入	122.50	300.00	48.31	—
减：营业外支出	(43.48)	(176.35)	(43.48)	(176.34)
四、利润总额	182 752.46	146 746.58	179 843.27	146 145.78
减：所得税费用	(42 218.15)	(36 166.86)	(41 460.69)	(36 090.51)
五、净利润	140 534.31	110 579.72	138 382.58	110 055.27
六、其他综合收益	9 708.46	(1 719.07)	9 708.46	(1 719.07)
七、综合收益总额	150 242.77	108 860.65	148 091.04	108 336.20

5.1.4 所有者权益变动表

所有者权益变动表(合并)

2014 年度

单位：万元

	归属于母公司所有者权益								
	实收资本	资本公积	其他综合收益	盈余公积	信托赔偿准备	一般风险准备	未分配利润	少数股东权益	所有者权益合计
一、报告期初余额(重述前)	257 600.00	46 234.58	—	24 143.68	11 960.57	7 168.83	153 295.66	—	500 403.32
加：会计政策变更	—	793.42	(793.42)	—	—	—	—	—	—
二、报告期初余额(重述后)	257 600.00	47 028.00	(793.42)	24 143.68	11 960.57	7 168.83	153 295.66	—	500 403.32
三、报告期内增减变动金额									

续表

	归属于母公司所有者权益								
	实收资本	资本公积	其他综合收益	盈余公积	信托赔偿准备	一般风险准备	未分配利润	少数股东权益	所有者权益合计
（一）净利润	—	—	—	—	—	—	140 534. 30	—	140 534. 30
（二）其他综合收益	—	—	9 708. 46	—	—	—	—	—	9 708. 46
（一）和（二）小计	—	—	9 708. 46	—	—	—	140 534. 30	—	150 242. 76
（三）所有者投入资本	242 400. 00	242 400. 00	—	—	—	—	—	—	484 800. 00
（四）利润分配									
1. 对股东的分配	—	—	—	—	—	—	(25 760. 00)	—	(25 760. 00)
2. 提取盈余公积	—	—	—	13 838. 26	—	—	(13 838. 26)	—	—
3. 提取信托赔偿准备	—	—	—	—	6 919. 13	—	(6 919. 13)	—	—
4. 提取一般风险准备	—	—	—	—	—	7 602. 90	(7 602. 90)	—	—
四、报告期末余额	500 000. 00	289 428. 00	8 915. 04	37 981. 94	18 879. 70	14 771. 73	239 709. 67	—	1 109 686. 08

所有者权益变动表（母公司）

2014 年度

单位：万元

	归属于母公司所有者权益							
	实收资本	资本公积	其他综合收益	盈余公积	信托赔偿准备	一般风险准备	未分配利润	所有者权益合计
一、报告期初余额（重述前）	257 600. 00	46 234. 58	—	24 143. 68	11 960. 57	7 168. 83	152 771. 20	499 878. 86
加：会计政策变更	—	793. 42	(793. 42)	—	—	—	—	—
二、报告期初余额（重述后）	257 600. 00	47 028. 00	(793. 42)	24 143. 68	11 960. 57	7 168. 83	152 771. 20	499 878. 86
三、报告期内增减变动金额								
（一）净利润	—	—	—	—	—	—	138 382. 58	138 382. 58
（二）其他综合收益	—	—	9 708. 46	—	—	—	—	9 708. 46
（一）和（二）小计	—	—	9 708. 46	—	—	—	138 382. 58	148 091. 04
（三）所有者投入资本	242 400. 00	242 400. 00	—	—	—	—	—	484 800. 00
（四）利润分配								
1. 对股东的分配	—	—	—	—	—	—	(25 760. 00)	(25 760. 00)
2. 提取盈余公积	—	—	—	13 838. 26	—	—	(13 838. 26)	—
3. 提取信托赔偿准备	—	—	—	—	6 919. 13	—	(6 919. 13)	—
4. 提取一般风险准备	—	—	—	—	—	7 602. 90	(7 602. 90)	—
四、报告期末余额	500 000. 00	289 428. 00	8 915. 04	37 981. 94	18 879. 70	14 771. 73	237 033. 49	1 107 009. 90

5.2 信托资产

5.2.1 信托项目资产负债汇总表

信托项目资产负债汇总表

2014 年度

单位：万元

信托资产	期初数	期末数	信托负债和信托权益	期初数	期末数
信托资产			信托负债		
货币资金	624 001. 60	786 128. 91	交易性金融负债	—	—
拆出资金	—	—	衍生金融负债	—	1 467. 15
交易性金融资产	4 406 408. 20	8 784 478. 78	应付受益人收益	17 830. 24	43 055. 31
衍生金融资产	588. 19	—	应交税费	—	—
买入返售金融资产	118 361. 95	1 947 431. 95	其他应付款项	34 143. 37	57 927. 28
应收款项	153 584. 34	521 778. 82	其他负债	—	—
发放贷款	38 366 969. 63	23 822 300. 97	信托负债合计	51 973. 61	102 449. 74

续表

信托资产	期初数	期末数	信托负债和信托权益	期初数	期末数
可供出售金融资产	12 534 166.03	27 093 101.25			
持有至到期投资	75 000.00	89 197.56			
长期应收款	—	—	信托权益		
长期股权投资	221 136.76	2 070 753.48	实收信托	56 328 644.46	64 470 189.97
投资性房地产	—	—	资本公积	—	—
固定资产	—	—	未分配利润	119 598.63	542 532.01
无形资产	—	—	信托权益合计	56 448 243.09	65 012 721.98
其他资产	—	—			
信托资产总计	56 500 216.70	65 115 171.72	信托负债及权益总计	56 500 216.70	65 115 171.72

5.2.2 信托项目利润及利润分配汇总表

信托项目利润及利润分配表

单位：万元

项　　目	2014 年度	2013 年度
一、营业收入	4 395 523.37	3 824 726.74
利息收入	3 087 001.36	3 009 497.32
投资收益	1 200 644.15	319 948.07
公允价值变动损益	57 225.52	(208.36)
租赁收入	1 511.96	—
汇兑损益	—	—
其他收入	49 140.38	495 489.71
二、营业支出	485 045.13	545 896.98
三、信托净利润	3 910 478.24	3 278 829.76
四、其他综合收益	—	—
五、综合收益	3 910 478.24	3 278 829.76
加：期初未分配信托利润	119 598.63	16 628.37
六、可供分配的信托利润	4 030 076.87	3 295 458.13
减：本期已分配信托利润	3 487 544.86	3 175 859.50
七、期末未分配信托利润	542 532.01	119 598.63

6. 会计报表附注

6.1 报告期内公司会计报表编制基准、会计政策和核算方法未发生变化

报告期内纳入本公司合并报表范围的子公司情况

子公司名称	业务性质	注册地	注册资本（万元）	实际投资额（万元）	持股比例（%）	合并期间
兴业国信资产管理有限公司	资产管理	上海	10 000	10 000	100	2014 年度

6.2 截至资产负债表日，本公司无需要披露的重大或有事项

6.3 报告期内本公司无重要资产转让及出售事项

6.4 会计报表中重要项目的明细资料

6.4.1 自营资产经营情况

6.4.1.1 信用风险资产情况

信用风险资产五级分类	正常类（万元）	关注类（万元）	次级类（万元）	可疑类（万元）	损失类（万元）	信用风险资产合计（万元）	不良资产合计（万元）	不良资产率（%）
期初数	373 525	0	0	0	0	373 525	0	0
期末数	848 730					848 730	0	0

6.4.1.2 各项资产减值损失准备情况

单位：万元

	期初数	本期计提	本年转回	本期核销	期末数
贷款损失准备	100	0	0	0	100
一般准备	100	0	0	0	100
专项准备	0	0	0	0	0
其他资产减值准备	748	0	63	0	685
可供出售金融资产减值准备	748	0	63	0	685
持有至到期投资减值准备	0	0	0	0	0
长期股权投资减值准备	0	0	0	0	0
坏账准备	0	0	0	0	0
投资性房地产减值准备	0	0	0	0	0

6.4.1.3 固有业务股票投资、基金投资、债券投资、股权投资等投资业务情况

单位：万元

	自营股票	基金	债券	长期股权投资	其他投资	合计
期初数	3 057	0	209 343	42 815	205 087	460 302
期末数	12 280	16 017	326 569	31 426	650 632	1 036 924

6.4.1.4　自营长期股权投资情况

企业名称	占被投资企业权益的比例(%)	主要经营活动	投资收益(万元)
兴业国信资产管理有限公司	100	资产管理	—
兴业期货有限公司	29.7	期货的代理买卖	127.65
重庆机电控股集团财务有限公司	19	为成员单位提供金融服务	1 288.42

6.4.1.5　自营贷款情况

企业名称	占贷款总额的比例(%)	还款情况
南通世锦实业有限公司	100	正常付息

6.4.1.6　表外业务情况

单位:万元

表外业务	期初数	期末数
担保业务	0	0
代理业务(委托业务)	0	0
其他	0	0
合计	0	0

6.4.1.7　2014年度收入结构

收入结构	合并		母公司	
	金额(万元)	占比(%)	金额(万元)	占比(%)
手续费及佣金收入	142 653	56.91	143 923	58.59
其中:信托手续费收入	137 598	54.89	142 422	57.97
投资银行业务收入	3 360	1.34	1 501	0.61
资产管理收入	1 695	0.68	—	
利息收入	5 526	2.20	5 514	2.24
其他业务收入	78	0.03	78	0.03
其中:计入信托业务收入部分	—	—		0.00
投资收益	100 312	40.02	94 131	38.32
其中:股权投资收益	3 278	1.31	3 278	1.33
证券投资收益	37 873	15.11	37 873	15.42
其他投资收益	59 161	23.60	52 980	21.57
公允价值变动收益	1 971	0.79	1 971	0.80
营业外收入	122	0.05	48	0.02
收入合计	250 662	100	245 665	100

6.4.2　信托财产管理情况

6.4.2.1　信托资产情况

单位:万元

信托资产	期初数	期末数
集合	2 680 572	13 931 439
单一	52 241 806	48 348 168
财产权	1 577 839	2 835 565
合计	56 500 217	65 115 172

6.4.2.1.1　主动管理型信托业务情况

单位:万元

主动管理型信托资产	期初数	期末数
证券投资类	1 478 253	3 899 679
股权及其他投资类	850 767	5 151 823
融资类	15 501 145	6 163 827
事务管理类	—	—
合计	17 830 165	15 215 329

6.4.2.1.2　被动管理型信托业务情况

单位:万元

被动管理型信托资产	期初数	期末数
证券投资类	3 413 662	8 171 416
股权及其他投资类	8 576 965	18 497 819
融资类	—	70 000
事务管理类	26 679 425	23 160 608
合计	38 670 052	49 899 843

6.4.2.2　报告期内已清算结束的信托项目情况

报告期内,本公司已清算结束信托项目1 246个,实收信托金额31 327 791万元,加权平均实际年化收益率为6.39%。

6.4.2.2.1　报告期内已清算结束的集合类、单一类资金信托项目和财产管理类信托项目情况

已清算结束信托项目	项目个数	实收信托合计金额(万元)	加权平均实际收益率(%)
集合类	234	1 859 235	7.07
单一类	1001	29 117 136	6.40
财产管理类	11	351 420	2.70

6.4.2.2.2　报告期内已清算结束的主动管理型信托项目情况

已清算结束信托项目(主动管理型)	项目个数(个)	合计金额(万元)	信托报酬率(%)	加权平均实际年化收益率(%)
证券投资类	31	658 941	0.50	6.43
股权及其他投资类	118	684 632	0.41	7.27
融资类	343	10 513 056	0.45	6.75
事务管理类	—	—	—	—

6.4.2.2.3　报告期内已清算结束的被动管理型信托项目情况

已清算结束信托项目(被动管理型)	项目个数(个)	合计金额(万元)	信托报酬率(%)	加权平均实际年化收益率(%)
证券投资类	1	10 005	0.12	5.94
股权及其他投资类	52	2 125 900	0.13	6.63
融资类	—	—	—	—
事务管理类	701	17 335 257	0.18	6.12

6.4.2.3　报告期内新增的集合类、单一类和财产管理类信托项目情况

单位:万元

新增信托项目	项目个数	合计金额
集合类	510	8 381 872
单一类	763	27 466 609
财产管理类	9	1 790 833
新增合计	1 282	37 639 314
其中:主动管理型	627	9 696 697
被动管理型	655	27 942 617

6.4.2.4　信托业务创新成果和特色业务有关情况

报告期内,本公司认真贯彻落实国家宏观政策和金融监管要求,以推动业务转型与结构调整为契机,开展了多项创新信

托业务，涵盖土地流转、资产证券化、家族信托等多个业务新领域，产品设计能力和客户服务能力显著提升。其中，典型创新产品如下：

（1）经中国银监会、国家外汇管理局批准，本公司正式获批开办受托境外理财业务（QDII）资格以及2亿美元境外投资额度，标志着本公司具备了为投资者提供境外市场投资产品与信托服务的能力，金融产品线进一步完善丰富。

（2）河南省新乡市延津县集北村“枣阁梨乡”农村土地承包经营权流转信托计划。本公司接受农户委托，管理农地，并将经营权交由农业生产企业，由此实现“一手托两家”，一方面代表农户利益，一方面支持农业生产企业发展。此次流转总规模为1000亩，首期流转的300亩土地用于开发特色果园，并已完成土地流转和租赁等工作。

（3）兴业信托·兴元2014年第二期信贷资产证券化信托计划。兴业银行作为发起机构，将正常类公司型信贷资产打包组成基础资产池，以信托方式交付本公司，并由本公司作为发行人，在全国银行间债券市场发行资产支持证券。这是市场首单基于绿色金融公司类贷款发起设立的资产证券化项目，发行总额为34.94亿元，分为优先A档、优先B档和次级档资产支持证券。本期资产证券化项目基础资产全部为绿色金融类对公贷款，全力支持国家节能减排事业发展。

（4）兴业信托“藏珑一号”家族信托计划。该信托计划合同期限为30年，系本公司首单家族信托业务，通过信托平台为委托人实现财富保值增值、财富传承、财产隔离、信息保密等专业化、综合化财富管理服务。

6.4.2.5　本公司履行受托人义务情况及因本公司自身责任而导致的信托资产损失情况（合计金额、原因等）

无。

6.5　关联方关系及其交易的披露

6.5.1　关联交易方的数量、关联交易总金额及定价政策等

固有业务关联方情况

	关联交易方数量（个）	关联交易金额（万元）	定价政策
合计	2	80 811.74	依照法律法规、监管要求，以及公司关于关联交易的内部规定进行定价

信托业务关联方情况

	关联交易方数量（年）	关联交易金额（万元）	定价政策
合计	4	7 989 110	依照法律法规、监管要求，以及公司关于关联交易的内部规定进行定价

6.5.2　关联交易方情况

关联性质	关联方名称	法定代表人	注册地址	注册资本（亿元）	主营业务
股　东	兴业银行股份有限公司	高建平	福建省福州市湖东路154号	190.52	商业银行业务
受控股股东重大影响的公司	九江银行股份有限公司	刘羡庭	江西省九江市长虹大道619号	15.16	商业银行业务
本公司重大影响的公司	兴业期货有限公司	江腾飞	浙江省宁波市中山东路796号11楼1~8室	1.00	商品期货经纪、金融期货经纪、期货投资咨询
本公司直接控制的公司	宁波梅山保税港区远晟投资管理有限公司	金越青	浙江省宁波市北仑区梅山大道商务中心2号办公楼1303室	0.05	投资管理、实业投资、投资咨询

6.5.3　本公司与关联方的重大交易事项

6.5.3.1　固有财产与关联方交易情况

单位：万元

固有与关联方关联交易				
	期初数	借方发生额	贷方发生额	期末数
贷款	0	0	0	0
投资	0	0	0	0
租赁	0	0	0	0
担保	0	0	0	0
应收账款	0	0	0	0
其他	47 023	2 052 306	2 018 517	80 812
合计	47 023	2 052 306	2 018 517	80 812

6.5.3.2　信托资产与关联方交易情况

单位：万元

信托与关联方关联交易				
	期初数	借方发生额	贷方发生额	期末数
贷款	0	0	0	0
投资	0	0	0	0
租赁	0	0	0	0
担保	0	0	0	0
应收账款	0	0	0	0
其他	3 939 438	4 698 246	8 747 918	7 989 110
合计	3 939 438	4 698 246	8 747 918	7 989 110

6.5.3.3　固有财产与信托财产、信托财产与信托财产之间交易情况

6.5.3.3.1　固有财产与信托财产之间的交易情况

单位：万元

固有财产与信托财产相互交易			
	期初数	本期发生额	期末数
合计	124 047	270 778	394 825

6.5.3.3.2　信托资产与信托财产之间的交易情况

单位：万元

信托资产与信托财产相互交易			
	期初数	本期发生额	期末数
合计	108 271	229 159	337 430

6.5.4 报告期内，本公司未发生关联方逾期未偿还本公司资金的情况以及本公司为关联方担保发生或即将发生垫款的情况

6.6 会计制度的披露

本公司固有业务从2008年1月1日起执行财政部2006年2月颁布的企业会计准则；信托业务从2010年1月1日起执行企业会计准则。

7. 财务情况说明书

7.1 利润实现和分配情况

单位：万元

项目	合并	母公司
利润总额	182 752	179 843
减：所得税	42 218	41 461
净利润	140 534	138 382
加：年初未分配利润	153 296	152 771
减：已分配利润	25 760	25 760
可供分配利润	268 070	265 393
减：提取法定盈余公积金	13 838	13 838
减：提取信托赔偿准备金	6 919	6 919
减：提取（转回）一般准备金	7 603	7 603
可供股东分配的利润	239 710	237 033

7.2 主要财务指标

指标名称	合并值	母公司
资本利润率（%）	17.09	17.39
信托报酬率（%）	—	0.27
人均净利润（万元）	320.33	337.82

注：1. 资本利润率＝净利润/所有者权益平均余额×100%。
2. 信托报酬率＝信托业务收入/实收信托平均余额×100%。
3. 人均净利润＝净利润/年平均人数。

7.3 对本公司财务状况、经营成果有重大影响的其他事项

无。

8. 特别事项揭示

8.1 报告期内股东变动情况及原因

2014年2月，经中国银监会福建监管局"闽银监复[2013]352号"批准，本公司注册资本金由25.76亿元人民币增加至50亿元人民币，并相应调整股权结构。此次增资后本公司股东名称、出资额及出资比例情况如下：(1)兴业银行股份有限公司，出资额为人民币3 650 000 000元，出资比例为73%；(2)澳大利亚国民银行(National Australia Bank Limited)，出资额为人民币841 667 000元，出资比例为16.8334%；(3)福建华投投资有限公司，出资额为人民币240 426,600元，出资比例4.8085%；(4)福建省华兴集团有限责任公司(新股东)，出资额为人民币226 239 900元，出资比例为4.5248%；(5)南平市投资担保中心，出资额为人民币41 666 500元，出资比例为0.8333%。以上情况已在本公司2013年年度报告中完整披露。

8.2 董事、监事及高级管理人员变动情况及原因

报告期内，本公司董事会成员发生以下变动：2014年12月1日，郑新林先生因工作变动原因辞去本公司第四届董事会董事职务；2014年12月19日，本公司2014年第四次临时股东会选举陈世涌先生担任本公司第四届董事会董事职务。陈世涌先生的董事任职资格已经福建银监局以"闽银监复[2015]20号"文件核准。

报告期内，本公司高级管理人员发生以下变动：2014年3月25日，经本公司第四届董事会第六次会议审议通过，黄德良先生因工作调动原因辞去本公司副总裁职务。2014年8月29日，经本公司第四届董事会第九次会议审议通过，江腾飞先生因个人原因辞去本公司副总裁职务。2014年12月19日，经本公司第四届董事会第十次会议审议通过，聘任倪勤先生为本公司副总裁，叶立先生为本公司总裁助理，杨刚强为本公司董事会秘书；有关人员的任职资格已经福建银监局分别以"闽银监复[2015]19号"及"闽银监复[2015]27号"文件核准。

报告期内，本公司其他董事、监事及高级管理人员未发生变动。

8.3 报告期内本公司重大未决诉讼事项

报告期内，本公司发生1笔信托业务项下涉诉事项，该项目为单一资金信托业务，风险由受益人承担，本公司履行受托管理职责，根据受益人的指示提起诉讼，被诉人为桐乡百聚宴酒店管理有限公司，涉及本金6 000万元及相关利息。

8.4 报告期内，德勤华永会计师事务所(特殊普通合伙)出具了标准无保留意见的审计报告

8.5 报告期内，本公司未发生公司及其董事、监事和高级管理人员受到处罚的情况

8.6 银监会及其派出机构对公司的检查意见及公司整改情况

(1)2014年2月25日，福建银监局印发《福建银监局关于兴业信托公司2014年度的监管意见》(闽银监发[2014]9号，以下简称《意见》)。本公司认真按照《意见》的监管要求，积极找准功能定位，提升内生性业务能力，以创新带动转型，增强可持续发展能力，加强合规管理，做好风险防范工作，建立应急处置机制，加强内部控制管理。有关落实情况报告已书面报告福建省银监局。

(2)2014年11月25日，福建银监局印发《现场检查意见书》(闽银监发[2014]166号)，就截至2014年6月末本公司存续资金信托资产管理情况的现场检查结果出具检查意见。本公司根据监管要求，强化尽职调查管理，增强风险管控能力，严格合规性审核，提高内部精细化管理水平，切实防范信托项目兑付风险。有关整改报告已书面报告福建银监局。

8.7 本年度重大事项临时报告

2014 年 2 月 26 日，本公司在《金融时报》、《上海证券报》和《证券时报》刊登《兴业国际信托有限公司关于增加注册资本金及调整股权结构的公告》。公告内容如下：

经兴业国际信托有限公司（以下简称本公司）股东会审议通过，并经中国银行业监督管理委员会福建监管局以《关于兴业国际信托有限公司增加注册资本金的批复》（闽银监复[2013]352 号）批准同意，本公司注册资本金由人民币 25.76 亿元增加至人民币 50 亿元，并相应调整股权结构。此次增资后本公司股东名称、出资额及出资比例情况如下：（一）兴业银行股份有限公司，出资额为人民币 3 650 000 000 元，出资比例为 73%；（二）澳大利亚国民银行（National Australia Bank Limited），出资额为人民币 841 667 000 元，出资比例为 16.8334%；（三）福建华投投资有限公司，出资额为人民币 240 426 600元，出资比例为 4.8085%；（四）福建省华兴集团有限责任公司，出资额为人民币 226 239 900 元，出资比例为 4.5248%；（五）南平市投资担保中心，出资额为人民币 41 666 500元，出资比例为 0.8333%。截至本公告日，本公司已足额收到有关股东方缴付的增资款，并完成有关验资、章程修订及工商变更登记等法定变更手续。特此公告。

8.8 银监会及其省级派出机构认定的其他有必要让客户及相关利益人了解的重要信息

无。

9. 公司监事会意见

报告期内，本公司监事会按照本公司章程、监事会议事规则有关规定，通过列席公司股东会、董事会会议及高级管理层相关会议，组织开展调研等方式，依法对公司依法经营、财务情况、内部控制等事项进行了监督。

（1）依法经营情况

2014 年度，本公司依照《公司法》及有关信托业法律法规、本公司章程相关规定规范管理运作，董事会能够严格按照有关法律法规和公司治理规则履行职责，董事会决策程序合法有效，股东会、董事会决议能够得到有效贯彻落实，经营业绩客观真实。报告期内，本公司各董事、高级管理人员均廉洁勤勉、审慎管理、尽职尽责，努力推动公司各项事业持续、快速、健康发展，未发现董事、高级管理人员在履职时违反国家有关法律法规、本公司章程以及其他损害公司利益、股东利益和委托人、受益人利益的行为。

（2）财务情况

2014 年度，本公司财务会计内控制度健全，管理规范；财务收支真实、合法，自营资产质量良好，风险可控；信托财产管理状况良好，未发生集合信托计划延付、涉诉或赔付问题。德勤华永会计师事务所（特殊普通合伙）对本公司年度财务报告进行了审计，并出具了标准无保留意见的审计报告，该报告能真实、公允、完整地反映公司报告期内财务状况和经营成果，不存在虚假记载、误导性陈述或者重大遗漏。

（3）内部控制情况

2014 年度，本公司持续加强全面风险管理，健全完善内部控制体系，不断加大审计监督力度，内部控制情况总体良好。本公司现有内部控制制度符合我国有关法律法规和监管要求，符合公司当前经营管理实际，在公司对外投资、业务开展、风险控制、内部管理等方面发挥了积极的作用。本公司“三会一层”的职责和运行机制规范有效，决策程序和议事规则民主、科学，内部监督和反馈体系基本健全。本公司法人治理结构符合法律和监管要求，组织控制、信息披露、财务管理、业务开展、内部审计等规章制度健全并得到了有效而良好的执行，保障了公司内部控制体系完整、有效和公司规范、安全、顺畅运营。

10. 净资本管理情况

报告期内，本公司按照中国银监会《信托公司净资本管理办法》，积极采取增加资本金、提高净资本使用效率等措施加强净资本管理，各项净资本指标均符合监管要求。截至报告期末，本公司净资产 110.70 亿元，净资本 97.41 亿元（监管要求为≥2 亿元），各项风险资本之和为 45.05 亿元，净资本/各项风险资本之和为 216%（监管要求为≥100%），净资本/净资产为 88%（监管要求为≥40%）。

11. 社会责任履行情况

报告期内，本公司围绕“建设综合性、多元化、有特色的全国一流信托公司”的发展战略目标，大力倡导“以可持续发展为导向，实施社会责任管理，提升核心竞争力”的发展理念，积极探索将社会责任工作融入企业价值观、企业文化、战略规划和运营管理当中，建立了全面社会责任管理体系，在《第一财经日报》举办的 2014 年“第一财经 · 中国企业社会责任榜（CSR）”评选活动中荣获“优秀实践奖”。

一是注重发挥信托制度功能优势，加强金融创新与履行社会责任相结合，推动我国经济社会和谐发展。报告期内，本公司贯彻落实国务院关于“盘活存量、用好增量”的指导精神，作为受托机构及发行人，成功发行我国首单绿色金融信贷资产证券化产品——“兴元 2014 年第二期绿色金融信贷资产支持证券”；与河南省新乡市政府合作开展“枣阁梨乡”农村土地承包经营权流转信托，有助于促进土地效率提升，构筑乡村发展、农业转型和城镇化的和谐体系；创新推出“兴业信托 · 海西优选企业投资基金”系列信托产品，已滚动发行 132 期，募集资金规模近 55.30 亿元，有力地支持了中小微企业发展；为投资者提供多元、稳健、优质的信托理财服务，发行的信托产品均到期安全兑付，实现了投资者财产的保值增值，促进了企业、投资者和社会的和谐共赢。

二是热心参与社会公益事业，切实履行企业的社会责任。报告期内，本公司通过福建省青少年发展基金会捐赠人民币 30 万元用于福建省霞浦县水门乡兴业信托民族小学、福建省龙岩市连城县宣和乡中心小学以及福建省南平市浦城县管厝乡官田希望小学发放教职工教学补贴、学生营养餐费补贴、学生交通补贴、配套教学设备购置补贴、奖学金、学校建设修缮费用等。截至 2014 年末，对上述三所希望小学捐资助学总额已超过 120 万元。同时，本公司还积极组织开展绿色环保、扶贫济困等各类公益活动，倡导和推动员工热心参与社会公益事业。报告期内，本公司组织青年团员开展“五四青年节植树活动”；组织员工参与2014年WWF联合能源基金会、中国清洁空气联盟“蓝天自造”计划的“地球一小时熄灯”活动；组织发起向贫困地区希望小学捐赠活动倡议，活动期间收到员工各类捐赠物品共计108件；组织员工子女与希望小学学生开展“放飞梦想，共建绿色家园”的环保主题绘画、手工制作活动等，实现了履行社会责任与加强企业文化建设的有机结合。

英大国际信托有限责任公司

1. 重要提示

1.1 本公司董事会及董事保证本报告所载资料不存在任何虚假记载、误导性陈述或者重大遗漏，并对其内容的真实性、准确性和完整性承担个别及连带责任。

1.2 本公司董事长盖永光、总经理张传良、财务负责人刘卫东声明：保证年度报告中财务报告的真实、完整。

1.3 独立董事马林、梁哲、刘海宇声明：保证年度报告中财务报告的真实、准确、完整。

2. 公司概况

2.1 公司简介

英大国际信托有限责任公司的前身为济南市国际信托投资公司，成立于1987年5月。2000年6月，经山东省政府和中国人民银行正式核准予以单独保留。2001年12月31日，经中国人民银行“银复[2001]264号”文批复，获得“中华人民共和国信托机构法人许可证”，注册资本增至5亿元人民币，名称变更为英大国际信托投资有限责任公司。2003年11月26日，经中国银行业监督管理委员会山东监管局核准，获得“中华人民共和国金融许可证”。2006年，公司实施增资扩股，国家电网公司成为公司第一大股东，公司注册资本由5亿元增至15亿元。2007年9月，经中国银监会审批，换发了新的金融许可证，公司名称变更为英大国际信托有限责任公司。2009年9月，国家电网公司将其持有的公司股权划转至国网资产管理有限公司（现已更名为国网英大国际控股集团有限公司），国网资产管理有限公司（国网英大国际控股集团有限公司）成为公司的控股股东。2010年7月，经监管及政府部门批准，公司注册地迁址北京。2012年12月，公司注册资本由15亿元增加至18.22亿元。

20多年来，英大国际信托有限责任公司秉承“诚信为本、依法理财”的经营理念，积极践行“诚信、责任、创新、奉献”的核心价值观，在各级政府、监管部门以及股东的帮助和支持下，逐步走出了一条服务大企业集团、服务社会投资者的特色经营之路，并取得了良好业绩。2008年以来，公司连续7年荣登由金融时报社、中国社会科学院金融所共同举办的“中国金融机构金牌榜”，2014年度荣获“年度最具创新力信托公司”称号。

2.1.1 公司中文名称：英大国际信托有限责任公司
中文名称简称：英大信托
英文名称：Yingda International Trust Co.，Ltd.

2.1.2 法定代表人：盖永光
注册地址：北京市东城区建国门内大街乙18号院1号楼英大国际大厦4层
邮编：100005
国际互联网网址：www.yditc.sgcc.com.cn
电子信箱：yditc@yditc.sgcc.com.cn

2.1.3 信息披露负责人：张国兴
联系电话：010－51960333
传　　真：010－51960222
电子信箱：guoxing－zhang@yditc.sgcc.com.cn
信息披露媒体：《金融时报》

2.1.4 公司年报备置地点：北京市东城区建国门内大街乙18号院1号楼
聘请的会计师事务所：中天运会计师事务所（特殊普通合伙）
地址：北京市西城区车公庄大街9号院1号楼1门701－704
聘请的律师事务所：北京华贸硅谷律师事务所
地址：北京市朝阳区慧中路5号远大中心C座17层

2.2 组织结构

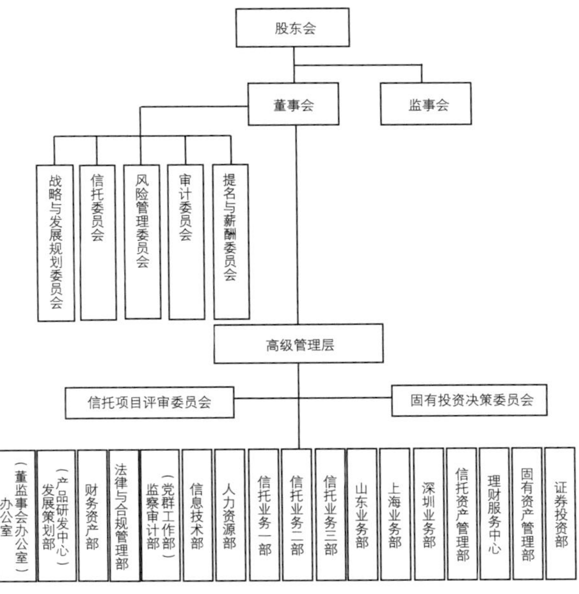

3. 公司治理

3.1 公司治理结构

3.1.1 股东

股东总数为6家。

前三名股东持股情况

股东名称	持股比例(%)	法人代表	注册资本(亿元)	注册地址	主要经营业务
国网英大国际控股集团有限公司	84.55	费圣英	190	北京市东城区建国门内大街乙18号院1号楼	投资与资产经营管理;资产托管;为企业重组、并购、战略配售、创业投资提供服务;投资咨询、投资顾问。
中国电力财务有限公司	5.21	孔庆军	100	北京市东城区建国门内大街乙18号院1号楼	为成员单位办理财务和融资顾问、信用鉴证及相关的咨询、代理业务;办理成员单位之间的委托贷款及委托投资;办理成员单位之间的内部转账结算及相应的结算、清算方案设计;经批准发行财务公司债券等。
山东省济南市能源投资有限责任公司	4.38	王智太	2	山东省济南市天桥区英贤街19号(吉华大厦)	济南市基建基金的运营管理;对济南市市属范围内的建设项目进行投资,重点向能源、金融、高新技术产业投资。

股东之间关联关系说明:国网英大国际控股集团有限公司投资于第二位股东中国电力财务有限公司。

3.1.2 董事、董事会及其下属委员会

董事长及董事

姓名	职务	性别	年龄	选任日期	所推举的股东名称	该股东持股比例(%)	任职单位及职务
盖永光	董事长	男	54	2008年12月	国网英大国际控股集团有限公司	84.55	英大国际信托有限责任公司董事长
张传良	职工董事	男	47	2013年12月	工会会员大会	—	英大国际信托有限责任公司总经理
马晓燕	董事	女	45	2012年4月	国网英大国际控股集团有限公司	84.55	国网英大国际控股集团有限公司总会计师
张彤宇	董事	男	45	2008年12月	国网英大国际控股集团有限公司	84.55	国网英大国际控股集团有限公司风险管理部主任
张守合	董事	男	50	2010年5月	济南市能源投资有限责任公司	4.38	济南市能源投资有限责任公司副总经理

独立董事

姓名	性别	年龄	选任日期	所推举的股东名称	该股东持股比例(%)	任职单位及职务
马林	男	61	2012年4月	国网英大国际控股集团有限公司	84.55	退休干部,原国家税务总局干部
梁哲	男	51	2012年4月	国网英大国际控股集团有限公司	84.55	长城金桥金融咨询有限公司总经理
刘海宇	男	62	2012年7月	国网英大国际控股集团有限公司	84.55	退休干部,原审计署干部

董事会下属委员会

董事会下属委员会名称	职责	组成人员姓名	任职单位及职务
战略与发展规划委员会	负责公司长期发展战略规划,对公司重大投资、重大资本运作和资产运营等事项进行研究,提出建议。	盖永光(主任)	英大国际信托有限责任公司董事长
		梁哲	长城金桥金融咨询有限公司总经理
		—	—
信托委员会	督促公司依法履行受托职责,当公司或股东利益与受益人利益发生冲突时,保证公司为受益人的最大利益服务。	梁哲(主任)	长城金桥金融咨询有限公司总经理
		张传良	英大国际信托有限责任公司总经理
		—	—
风险管理委员会	监督、评估公司的风险管理状况,提出完善风险管理意见,监督、评估公司风险管理部门的工作。	张彤宇(主任)	国网英大国际控股集团有限公司风险管理部主任
		张传良	英大国际信托有限责任公司总经理
		张守合	济南市能源投资有限责任公司副总经理
审计委员会	负责监督公司内部、外部审计工作。	马晓燕(主任)	国网英大国际控股集团有限公司总会计师
		刘海宇	独立董事
		—	—
提名与薪酬委员会	负责审核公司的人事与薪酬管理制度,监督公司人力资源管理工作,对人力资源管理及绩效考核等工作提出建议和意见。	张传良(主任)	英大国际信托有限责任公司总经理
		马林	独立董事
		张守合	济南市能源投资有限责任公司副总经理

3.1.3 监事、监事会及其下属委员会

监事会成员

姓　名	职　务	性别	年龄	选任日期	所推举的股东名称	该股东持股比例(%)	任职单位及职务
丁　勇	监事长	男	51	2012年4月	国网英大国际控股集团有限公司	84.55	国家电网公司审计部副主任
金嘉民	监事	男	46	2012年4月	上海市电力公司	3.84	上海市电力公司审计部主任
翟红卫	职工监事	女	47	2012年4月	工会会员大会	—	英大国际信托有限责任公司法律与合规管理部主任

3.1.4 高级管理人员

姓　名	职　务	性别	年龄	选任日期	金融从业年限(年)	学历	专业	任职单位及职务
盖永光	董事长	男	54	2010年5月	16	研究生	货币银行学	英大国际信托有限责任公司董事长
丁　勇	监事长	男	51	2012年4月	3	大学	经济管理	国家电网公司审计部副主任
张传良	总经理	男	47	2007年4月	14	研究生	工商管理	英大国际信托有限责任公司总经理
刘卫东	总会计师	男	52	2011年11月	5	研究生	工商管理	英大国际信托有限责任公司总会计师
王迎新	副总经理	男	46	2013年12月	15	研究生	工商管理	英大国际信托有限责任公司副总经理

3.1.5 公司员工

最近两个年度职工人数、年龄分布、学历分布、岗位分布等所有层级加总整体为100%。

项目		报告期年度		上年度	
		人数(人)	比例(%)	人数(人)	比例(%)
年龄分布	20岁及以下	0	0	0	0
	20~29岁	37	25.69	40	28.37
	30~39岁	47	32.64	46	32.62
	40岁及以上	60	41.67	55	39.01
学历分布	博士	7	4.86	7	4.96
	硕士	76	52.78	67	47.52
	本科	45	31.25	48	34.05
	专科	8	5.56	11	7.80
	其他	8	5.56	8	5.67
岗位分布	董事、监事及其他高管人员	7	4.86	6	4.26
	自营业务人员	10	6.94	10	7.09
	信托业务人员	71	49.31	70	49.65
	其他人员	56	38.89	55	39.00

注:自营业务人员是指按照岗位分工,专门或至少主要从事固有资金使用和固有资产管理有关业务的职工;信托业务人员是指按照岗位分工,专门或主要从事信托资金使用和信托资产管理各项业务的职工;人力资源部等类似无法明确区分的综合部门人员归为其他人员。

3.1.6 公司监事会独立意见

报告期内,公司认真贯彻执行国家经济金融政策,按照监管要求加强法人治理和内部控制建设。董事会严格履职,着力提高执行力,规范信息披露,加强合规建设,有效保障了公司依法合规经营、规范管理,切实维护了公司、公司股东和信托受益人的合法权益。公司财务报告真实、准确地反映了公司的财务管理状况和经营成果。

4. 经营管理

4.1 所经营业务的主要内容

自营资产运用与分布表

2014年12月31日

资产运用	金额(万元)	占比(%)	资产分布	金额(万元)	占比(%)
货币资产	55 070.27	12.07	基础产业	92 000.00	20.16
贷款及应收款	92 005.63	20.16	房地产业	0	0
交易性金融资产	0	0	证券市场	27 853.64	1.40
可供出售金融资产	108 234.80	23.72	实业	0	0
持有至到期投资	105 387.35	23.09	金融机构	332 686.81	53.86
长期股权投资	10 446.50	2.29	其他	3 794.76	24.58
其他	85 190.66	18.67			
资产总计	456 335.21	100.00	资产总计	456 335.21	100.00

注:资产分布中的"其他"栏目主要为货币资产。

信托资产运用与分布表

2014年12月31日

资产运用	金额(万元)	占比(%)	资产分布	金额(万元)	占比(%)
货币资产	74 601.28	0.35	基础产业	12 995 590.54	61.74
贷款	14 339 875.48	68.13	房地产	282 052.00	1.33
交易性金融资产	0	0	证券市场	0	0
可供出售金融资产	0	0	实业	1 712 547.18	8.14
持有至到期投资	2 331 562.44	11.08	金融机构	536 000.00	2.55
长期股权投资	523 110.00	2.48	其他	5 522 799.17	26.24
其他	3 779 839.69	17.96			
信托资产总计	21 048 988.89	100.00	信托资产总计	21 048 988.89	100.00

注:资产分布中的"其他"栏目主要为公司受托管理的财产权信托和货币资产。

4.2 内部控制

4.2.1 内部控制环境和内部控制文化

科学的法人治理环境和组织机构是内部控制的基础。公

司建立了股东会、董事会、监事会、高级管理层、专业委员会组成的权责清晰、合理制衡的公司治理结构；完善了部门和岗位设置，科学划分职责和权限；不断健全市场化用人机制，加快人才梯队建设。

公司重视内控文化建设、制度建设和队伍建设，坚持“抓合规、控风险、促发展”的管理理念，努力营造“全员参与内控，业务发展坚持内控优先”的内控文化氛围。

4.2.2 内部控制措施

内部控制措施主要包括不相容岗位分离控制、授权审批、业务流程控制、会计系统控制、财产保护控制、预算控制、信息系统控制和绩效考评控制。

4.2.3 信息交流与反馈

公司建立了无障碍信息交流与反馈的平台，通过各项制度确立了清晰完整的报告线，明确公司股东会、董事会、监事会、高级管理层、专业委员会、各部门和员工的职责范围和报告路径。

4.2.4 监督评价与纠正

公司财务部和法律合规部行使内部控制和风险管理职能。审计部对内部控制进行再监督，负责常规及专项稽核工作的实施，督促相关整改建议的落实，独立向董事会及高管层报告。

4.3 风险管理

4.3.1 风险管理概况

风险管理是公司的一项基础性工作。公司按照“职责清晰、纵向延伸、横向覆盖”的原则逐步建立了与业务结构相适应的风险管理组织体系。

4.3.2 风险状况

风险管理对象包括公司在经营过程中可能遇到的信用风险、市场风险、操作风险以及政策风险、流动性风险、法律风险、声誉风险等。

4.3.2.1 信用风险状况

报告期内，公司资产质量保持平稳增长，自营业务与信托业务的风险敞口均保持在可接受的范围内，信托和固有业务信用风险基本可控。按照公司本部口径，2014 年不良资产的期初数为 1 540.96 万元，期末数为 1 519.90 万元，2014 年不良资产率由期初的 0.38% 降至期末的 0.33%，降低 0.05 个百分点。

4.3.2.2 市场风险状况

报告期内，公司投资业绩良好，各项业务业绩均实现了不同程度的增长。

4.3.2.3 操作风险状况

报告期内，公司未发生因操作风险所造成的损失。

4.3.2.4 其他风险状况

报告期内，公司未发生因政策风险、流动性风险、法律风险和声誉风险等其他风险所造成的损失。

4.4 2014 年净资本、风险资本及风险控制指标状况

公司按照《信托公司净资本管理办法》的要求，对公司净资本和风险资本进行有效管理。报告期内，公司净资本风险控制指标不断优化，全部达到监管要求。截至 2014 年 12 月 31 日，公司净资本额为 37.87 亿元，净资本/各项业务风险资本之和为 192%，净资本/净资产为 86%。

5. 报告期末及上一年度末的比较式会计报表

5.1 自营资产

5.1.1 会计师事务所审计意见全文

审 计 报 告

中天运(2015)审字第 00194 号

英大国际信托有限责任公司：

我们审计了后附的英大国际信托有限任公司(以下简称英大信托公司)合并财务报表，包括 2014 年 12 月 31 日的合并资产负债表，2014 年度的合并利润表和合并所有者权益变动表、合并现金流量表以及财务报表附注。

一、管理层对财务报表的责任

编制和公允列报财务报表是英大信托公司管理层的责任，这种现任包括：(1)按照企业会计准则的规定编制财务报表，并使其实现公允反映：(2)设计、执行和维护必要的内部控制，以使财务报表不存在由于舞弊或错误导致的重大错报。

二、注册会计师的责任

我们的责任是在执行审计工作的基础上对财务报表发表审计意见。我们按照中国注册会计师审计准则的规定执行了审计工作。中国注册会计师审计准则要求我们遵守中国注册会计师职业道德守则，计划和执行审计工作以对合并财务报表是否不存在重大错报获取合理保证。

审计工作涉及实施审计程序，以获取有关财务报表金额和披露的审计证据。选择的审计程序取决于注册会计师的判断，包括对由于舞弊或错误导致的财报表后果大错报风险的评估。在进行风险评估时，注册会计师考虑与财务报表编制和公允列报相关的内部控制，以设计恰当的审计程序，但目的并非对内部控制的有效性发表意见。审计工作还所括评价管理层选用会计政策的恰当性和作出会计估计的合理性，以及评价财务报表的总体列报。

我们相信，我们获取的审计证据是充分、适当的，为发表审计意见提供了基础。

三、审计意见

我们认为，英大信托公司合并财务报表在所有重大方面按照企业会计准则的规定编制，公允反映了英大信托公司 2014 年 12 月 31 日的合并财务状况以及 2014 年度的合并经营成果和合并现金流量。

中天运会计师事务所（特殊普通合伙）　　中国注册会计师：王秀萍

中国·北京　　中国注册会计师：谭建敏

二〇一五年三月二十七日

5.1.2 资产负债表

合并资产负债表

编制单位：英大国际信托有限责任公司　　2014 年 12 月 31 日　　单位：万元

资产	年末余额	年初余额	负债和所有者权益	年末余额	年初余额
资产：			负债：		
现金及存放中央银行款项	0.08	0.08	向中央银行借款	—	—
存放同业款项	65 496.19	32 468.50	同业及其他金融机构存放款项	—	—
贵金属	—	—	拆入资金	—	—
拆出资金	—	—	交易性金融负债	—	—
交易性金融资产	—	—	衍生金融负债	—	—
衍生金融资产	—	—	卖出回购金融资产款	—	—
买入返售金融资产	82 008.22	57 000.49	吸收存款	—	—
应收利息	39.81		应付职工薪酬	707.23	425.18
发放贷款和垫款	92 005.63		应交税费	4 770.06	6 091.18
可供出售金融资产			应付利息	—	—
持有至到期投资			预计负债	—	—
长期股权投资	—	—	应付债券	—	—
投资性房地产	—	—	递延所得税负债	742.95	412.59
固定资产	1 887.49	2 134.18	其他负债	10 584.42	15 183.36
无形资产	956.62	1 242.72		—	—
递延所得税资产	635.81	635.81	负债合计	16 804.66	22 112.31
其他资产	2 165.44	1 871.03	所有者权益(或股东权益)：	—	—
	—	—	实收资本(或股本)	182 175.455	182 175.455
	—	—	资本公积	17 691.09	17 691.09
	—	—	减：库存股	—	—
	—	—	其他综合收益	1 317.48	421.38
	—	—	盈余公积	29 071.75	23 247.95
	—	—	一般风险准备	20 118.54	16 476.32
	—	—	未分配利润	187 554.16	145 170.24
	—	—	归属于母公司所有者权益合计	437 928.46	385 182.43
	—	—	少数股东权益	7 066.05	3 894.93
	—	—	所有者权益合计	444 994.51	389 077.36
资产总计	461 799.17	411 189.67	负债和所有者权益(或股东权益)总计	461 799.17	411 189.67

单位负责人：张传良　　财务负责人：刘卫东　　会计人员：马占根

资产负债表

编制单位：英大国际信托有限责任公司　　2014 年 12 月 31 日　　单位：万元

资产	年末余额	年初余额	负债和所有者权益	年末余额	年初余额
资产：			负债：		
现金及存放中央银行款项	0.08	0.08	向中央银行借款	—	—
存放同业款项	55 070.19	27 985.31	同业及其他金融机构存放款项	—	—
贵金属	—	—	拆入资金	—	—
拆出资金	—	—	交易性金融负债	—	—
交易性金融资产	—	—	衍生金融负债	—	—
衍生金融资产	—	—	卖出回购金融资产款	—	—
买入返售金融资产	82 008.22	57 000.49	吸收存款	—	—
应收利息	39.81	—	应付职工薪酬	487.75	286.98
发放贷款和垫款	92 005.63	108 005.63	应交税费	4 716.94	6 002.42
可供出售金融资产	108 234.80	100 573.53	应付利息	—	—
持有至到期投资	105 387.35	105 441.00	预计负债	—	—
长期股权投资	10 446.50	6 526.50	应付债券	—	—
投资性房地产	—	—	递延所得税负债	676.69	408.41

续表

资产	年末余额	年初余额	负债和所有者权益	年末余额	年初余额
固定资产	1 424.59	1 554.85	其他负债	10 090.62	15 034.15
无形资产	169.67	180.94		—	—
递延所得税资产	635.81	635.81	负债合计	15 971.99	21 731.97
其他资产	912.56	613.49	所有者权益（或股东权益）：	—	—
	—	—	实收资本（或股本）	182 175.45	182 175.45
	—	—	资本公积	17 686.40	17 686.40
	—	—	减：库存股	—	—
	—	—	其他综合收益	1 220.07	415.24
	—	—	盈余公积	29 071.75	23 247.95
	—	—	一般风险准备	20 083.74	16 456.76
	—	—	未分配利润	190 125.81	146 803.86
	—	—	所有者权益（或股东权益）合计	440 363.22	386 785.66
资　产　总　计	456 335.21	408 517.62	负债和所有者权益（或股东权益）总计	456 335.21	408 517.62

单位负责人：张传良　　财务负责人：刘卫东　　会计人员：马占根

5.1.3 利润表

合并利润表

2014 年度

编制单位：英大国际信托有限责任公司　　单位：万元

项　　目	本年金额	上年金额
一、营业收入	101 420.92	97 399.21
利息净收入	8 993.72	10 707.69
利息收入	8 993.72	10 707.69
利息支出		
手续费及佣金净收入	78 488.77	78 031.25
手续费及佣金收入	78 798.24	78 596.90
手续费及佣金支出	309.47	565.65
投资收益（损失以“－”号填列）	13 911.57	7 952.90
其中：对联营企业和合营企业的投资收益		
公允价值变动收益（损失以“－”号填列）		
汇兑收益（损失以“－”号填列）	1.71	－12.69
其他业务收入	25.15	720.06
二、营业支出	27 141.22	24 757.71
营业税金及附加	5 595.13	5 313.81
业务及管理费	21 848.00	19 325.71
资产减值损失	－301.91	118.20
其他业务成本		
三、营业利润（亏损以“－”号填列）	74 279.70	72 641.49
加：营业外收入	1 248.03	1 658.66
减：营业外支出	1.83	0.43
四、利润总额（亏损总额以“－”号填列）	75 525.90	74 299.73
减：所得税费用	19 214.58	18 978.65
五、净利润（净亏损以“－”号填列）	56 311.32	55 321.08
归属于母公司所有者的净利润	57 315.20	56 107.29
少数股东损益	－1 003.88	－786.21
六、每股收益		
（一）基本股每股收益		
（二）稀释股每股收益		
七、其他综合收益	991.10	120.50
八、综合收益总额	57 302.42	55 441.58
归属于母公司所有者的综合收益总额	58 211.30	56 221.41
归属于少数股东的综合收益总额	－908.88	－779.82

单位负责人：张传良　　财务负责人：刘卫东　　会计人员：马占根

利润表

2014 年度

编制单位：英大国际信托有限责任公司　　单位：万元

项　　目	本年金额	上年金额
一、营业收入	98 941.15	94 971.68
利息净收入	8 894.53	10 403.30
利息收入	8 894.53	10 403.30
利息支出		
手续费及佣金净收入	76 210.10	76 724.06
手续费及佣金收入	76 501.97	76 865.98
手续费及佣金支出	291.86	141.91
投资收益（损失以“－”号填列）	13 809.66	7 835.63
其中：对联营企业和合营企业的投资收益		
公允价值变动收益（损失以“－”号填列）		
汇兑收益（损失以“－”号填列）	1.71	－12.69
其他业务收入	25.13	21.37
二、营业支出	22 290.61	19 949.38
营业税金及附加	5 486.51	5 219.94
业务及管理费	17 106.01	14 611.25
资产减值损失	－301.91	118.20
其他业务成本		
三、营业利润（亏损以“－”号填列）	76 650.53	75 022.30
加：营业外收入	789.25	710.00
减：营业外支出	1.83	0.43
四、利润总额（亏损总额以“－”号填列）	77 437.96	75 731.87
减：所得税费用	19 199.96	18 885.01
五、净利润（净亏损以“－”号填列）	58 238.00	56 846.87
六、每股收益		
（一）基本股每股收益		
（二）稀释股每股收益		
七、其他综合收益	804.83	107.98
八、综合收益总额	59 042.83	56 954.84

单位负责人：张传良　　财务负责人：刘卫东　　会计人员：马占根

5.1.4 所有者权益变动表

合并所有者权益变动表

编制单位：英大国际信托有限责任公司　　2014 年度　　单位：万元

项目	本年金额								
	归属于母公司所有者权益							少数股东权益	所有者权益合计
	实收资本（或股本）	资本公积	其他综合收益	盈余公积	△一般风险准备	未分配利润	小计		
一、上年末余额	182 175.45	17 691.09	421.38	23 247.95	16 476.32	145 170.24	385 182.43	3 894.93	389 077.36
加：会计政策变更	—	—	—	—	—	—	—	—	—
前期差错更正	—	—	—	—	—	—	—	—	—
其他									
二、本年初余额	182 175.45	17 691.09	421.38	23 247.95	16 476.32	145 170.24	385 182.43	3 894.93	389 077.36
三、本年增减变动金额	—	—	896.10	5 823.80	3 642.22	42 383.91	52 746.04	3 171.12	52 746.04
（一）综合收益总额	—	—	896.10	—	—	57 315.20	58 211.30	−908.88	57 302.42
（二）所有者投入和减少资本	—	—	—	—	—	—	—	4 080.00	—
1. 所有者投入的普通股	—	—	—	—	—	—	—	4 080.00	—
2. 其他权益工具持有者投入资本	—	—	—	—	—	—	—	—	—
3. 股份支付计入所有者权益的金额	—	—	—	—	—	—	—	—	—
4. 其他	—	—	—	—	—	—	—	—	—
（三）专项储备提取和使用	—	—	—	—	—	—	—	—	—
1. 提取专项储备	—	—	—	—	—	—	—	—	—
2. 使用专项储备	—	—	—	—	—	—	—	—	—
（四）利润分配	—	—	—	5 823.80	3 642.22	−14 931.28	−5 465.26		−5 465.26
1. 提取盈余公积	—	—	—	5 823.80	—	−5 823.80	—	—	—
其中：法定公积金	—	—	—	5 823.80	—	−5 823.80	—	—	—
任意公积金	—	—	—		—		—	—	—
#储备基金	—	—	—		—		—	—	—
#企业发展基金	—	—	—		—		—	—	—
#利润归还投资	—	—	—		—		—	—	—
2. 提取一般风险准备	—	—	—	—	3 642.22	−3 642.22	—	—	—
3. 对所有者（或股东）的分配	—	—	—	—	—	−5 465.26	−5 465.26		−5 465.26
4. 其他	—	—	—	—	—	—	—	—	—
（五）所有者权益内部结转	—	—	—	—	—	—	—	—	—
1. 资本公积转增资本（或股本）	—	—	—	—	—	—	—	—	—
2. 盈余公积转增资本（或股本）	—	—	—	—	—	—	—	—	—
3. 盈余公积弥补亏损	—	—	—	—	—	—	—	—	—
4. 结转重新计量设定受益计划净负债或净资产所产生的变动	—	—	—	—	—	—	—	—	—
5. 其他									
四、本年末余额	182 175.45	17 691.09	1 317.48	29 071.75	20 118.54	187 554.16	437 928.46	7 066.05	444 994.51

项目	上年金额								
	归属于母公司所有者权益							少数股东权益	所有者权益合计
	实收资本（或股本）	资本公积	其他综合收益	盈余公积	△一般风险准备	未分配利润	小计		
一、上年末余额	182 175.45	17 998.35	—	17 794.84	13 033.28	104 279.05	335 280.96	4 674.75	339 955.72
加：会计政策变更	—	−307.26	307.26				—	—	
前期差错更正				−231.58			−231.58	—	−231.58
其他									
二、本年初余额	182 175.45	17 691.09	307.26	17 563.27	13 033.28	104 279.05	335 049.39	4 674.75	339 724.14
三、本年增减变动金额	—	—	114.11	5 684.69	3 443.05	40 891.19	50 133.04	−779.82	49 353.22
（一）综合收益总额	—	—	114.11	—	—	56 107.29	56 221.41	−779.82	55 441.58

续表

项目	上年金额								
	归属于母公司所有者权益							少数股东权益	所有者权益合计
	实收资本（或股本）	资本公积	其他综合收益	盈余公积	△一般风险准备	未分配利润	小计		
（二）所有者投入和减少资本	—	—	—	—	—	—	—	—	—
1. 所有者投入的普通股	—	—	—	—	—	—	—	—	—
2. 其他权益工具持有者投入资本	—	—	—	—	—	—	—	—	—
3. 股份支付计入所有者权益的金额	—	—	—	—	—	—	—		—
4. 其他	—	—	—	—	—	—	—		—
（三）专项储备提取和使用	—	—	—	—	—	—	—		—
1. 提取专项储备	—	—	—	—	—	—	—		—
2. 使用专项储备	—	—	—	—	—	—	—		—
（四）利润分配	—	—	—	5 684. 69	3 443. 05	-15 216. 10	-6 088. 37		-6 088. 37
1. 提取盈余公积	—	—	—	5 684. 69	—	-5 684. 69	—	—	—
其中：法定公积金	—	—	—	5 684. 69	—	-5 684. 69	—	—	—
任意公积金	—	—	—		—		—	—	—
#储备基金	—	—	—		—		—	—	—
#企业发展基金	—	—	—		—		—	—	—
#利润归还投资	—	—	—	—	—		—	—	—
2. 提取一般风险准备	—	—	—	—	3 443. 05	-3 443. 05	—	—	—
3. 对所有者（或股东）的分配	—	—	—	—	—	-6 088. 37	-6 088. 37		-6 088. 37
4. 其他	—	—	—	—	—	—	—	—	—
（五）所有者权益内部结转	—	—	—	—	—	—	—	—	—
1. 资本公积转增资本（或股本）	—	—	—	—	—	—	—	—	—
2. 盈余公积转增资本（或股本）	—	—	—	—	—	—	—	—	—
3. 盈余公积弥补亏损	—	—	—	—	—	—	—	—	—
4. 结转重新计量设定受益计划净负债或净资产所产生的变动	—	—	—	—	—	—	—	—	—
5. 其他									
四、本年末余额	182 175. 45	17 691. 09	421. 38	23 247. 95	16 476. 32	145 170. 24	385 182. 43	3 894. 93	389 077. 36

单位负责人：张传良　　　　财务负责人：刘卫东　　　　会计人员：马占根

所有者权益变动表

编制单位：英大国际信托有限责任公司　　　　2014 年度　　　　单位：万元

项目	本年金额								
	归属于母公司所有者权益							少数股东权益	所有者权益合计
	实收资本（或股本）	资本公积	其他综合收益	盈余公积	△一般风险准备	未分配利润	小计		
一、上年末余额	182 175. 45	17 686. 40	415. 24	23 247. 95	16 456. 76	146 803. 86	386 785. 66	—	386 785. 66
加：会计政策变更	—	—	—	—	—	—	—	—	—
前期差错更正	—	—	—	—	—	—	—	—	—
其他								—	
二、本年初余额	182 175. 45	17 686. 40	415. 24	23 247. 95	16 456. 76	146 803. 86	386 785. 66	—	386 785. 66
三、本年增减变动金额（减少以“-”号填列）	—	—	804. 83	5 823. 80	3 626. 98	43 321. 95	53 577. 56	—	53 577. 56
（一）综合收益总额	—	—	804. 83	—	—	58 238. 00	59 042. 83	—	59 042. 83
（二）所有者投入和减少资本	—	—	—	—	—	—	—	—	—
1. 所有者投入的普通股	—	—	—	—	—	—	—	—	—
2. 其他权益工具持有者投入资本	—	—	—	—	—	—	—	—	—
3. 股份支付计入所有者权益的金额	—	—	—	—	—	—	—	—	—
4. 其他	—	—	—	—	—	—	—	—	—
（三）专项储备提取和使用	—	—	—	—	—	—	—	—	—
1. 提取专项储备	—	—	—	—	—	—	—	—	—

续表

项　　目	本年金额								
	归属于母公司所有者权益							少数股东权益	所有者权益合计
	实收资本（或股本）	资本公积	其他综合收益	盈余公积	△一般风险准备	未分配利润	小计		
2. 使用专项储备	—	—	—	—	—	—	—	—	—
（四）利润分配	—	—	—	5 823.80	3 626.98	14 916.05	-5 465.26		-5 465.26
1. 提取盈余公积	—	—	—	5 823.80	—	-5 823.80	—	—	—
其中：法定公积金	—	—	—	5 823.80	—	-5 823.80	—	—	—
任意公积金	—	—	—		—		—	—	—
#储备基金	—	—	—		—		—	—	—
#企业发展基金	—	—	—		—		—	—	—
#利润归还投资	—	—	—		—		—	—	—
2. 提取一般风险准备	—	—	—		3 626.98	-3 626.98	—	—	—
3. 对所有者（或股东）的分配	—	—	—	—	—	-5 465.26	-5 465.26		-5 465.26
4. 其他	—	—	—	—	—	—	—	—	—
（五）所有者权益内部结转	—	—	—	—	—	—	—	—	—
1. 资本公积转增资本（或股本）	—	—	—	—	—	—	—	—	—
2. 盈余公积转增资本（或股本）	—	—	—	—	—	—	—	—	—
3. 盈余公积弥补亏损	—	—	—	—	—	—	—	—	—
4. 结转重新计量设定受益计划净负债或净资产所产生的变动	—	—	—	—	—	—	—	—	—
5. 其他				—	—				
四、本年末余额	182 175.45	17 686.40	1 220.07	29 071.75	20 083.74	190 125.81	440 363.22		440 363.22

项　　目	上年金额								
	归属于母公司所有者权益							少数股东权益	所有者权益合计
	实收资本（或股本）	资本公积	其他综合收益	盈余公积	△一般风险准备	未分配利润	小计		
一、上年末余额	182 175.45	17 993.67	—	17 794.84	13 033.28	105 153.53	336 150.76		336 150.76
加：会计政策变更	—	-307.26	307.26				—		
前期差错更正	—			-231.58			-231.58		-231.58
其他									
二、本年初余额	182 175.45	17 686.40	307.26	17 563.27	13 033.28	105 153.53	335 919.18		335 919.18
三、本年增减变动金额（减少以"-"号填列）	—	—	107.98	5 684.69	3 423.48	41 650.33	50 866.47		50 866.47
（一）综合收益总额	—	—	107.98	—	—	56 846.87	56 954.84		56 954.84
（二）所有者投入和减少资本	—	—	—	—	—	—	—		—
1. 所有者投入的普通股	—	—	—	—	—	—	—		—
2. 其他权益工具持有者投入资本	—	—	—	—	—	—	—		—
3. 股份支付计入所有者权益的金额	—	—	—	—	—	—	—		—
4. 其他	—	—	—	—	—	—	—		—
（三）专项储备提取和使用	—	—	—	—	—	—	—		—
1. 提取专项储备	—	—	—	—	—	—	—		—
2. 使用专项储备	—	—	—	—	—	—	—		—
（四）利润分配	—	—	—	5 684.69	3 423.48	-15 196.53	-6 088.37		-6 088.37
1. 提取盈余公积	—	—	—	5 684.69	—	-5 684.69	—		—
其中：法定公积金	—	—	—	5 684.69	—	-5 684.69	—		—
任意公积金	—	—	—		—		—		—
#储备基金	—	—	—		—		—		—
#企业发展基金	—	—	—		—		—		—
#利润归还投资	—	—	—	—	—		—		—
2. 提取一般风险准备	—	—	—	—	3 423.48	-3 423.48	—		—

续表

项　目	上年金额								
	归属于母公司所有者权益							少数股东权益	所有者权益合计
	实收资本（或股本）	资本公积	其他综合收益	盈余公积	△一般风险准备	未分配利润	小计		
3. 对所有者（或股东）的分配	—	—	—	—	—	-6 088. 37	-6 088. 37		-6 088. 37
4. 其他	—	—	—	—	—	—	—		—
（五）所有者权益内部结转	—	—	—	—	—	—	—		—
1. 资本公积转增资本（或股本）	—	—	—	—	—	—	—		—
2. 盈余公积转增资本（或股本）	—	—	—	—	—	—	—		—
3. 盈余公积弥补亏损	—	—	—	—	—	—	—		—
4. 结转重新计量设定受益计划净负债或净资产所产生的变动	—	—	—	—	—	—	—		—
5. 其他									
四、本年末余额	182 175. 45	17 686. 40	415. 24	23 247. 95	16 456. 76	146 803. 86	386 785. 66		386 785. 66

单位负责人：张传良　　财务负责人：刘卫东　　会计人员：马占根

5.2 信托资产

5.2.1 信托项目资产负债汇总表

信托项目资产负债表

编制单位：英大国际信托有限责任公司　　2014 年 12 月 31 日　　单位：万元

信托资产	行次	期初数	期末数	信托负债和信托权益	行次	期初数	期末数
信托资产：				信托负债：			
货币资金		2 943. 96	74 601. 28	交易性金融负债			
其他货币资金				衍生金融负债			
存出保证金				应付受托人报酬			1 523. 92
交易性金融资产				应付托管费			0. 18
衍生金融资产				应付受益人收益			
买入返售金融资产				应交税费			
应收款项			108 570. 00	应付销售服务费			
发放贷款		16 295 597. 83	14 339 875. 48	其他应付款项		666. 20	842. 28
可供出售金融资产				其他负债			
持有至到期投资		1 971 069. 23	2 331 562. 44	信托负债合计		666. 20	2 366. 38
长期应收款		2 404 058. 29	3 671 269. 69				
长期股权投资		353 160. 00	523 110. 00	信托权益：			
投资性房地产				实收信托		21 023 250. 35	21 043 757. 80
固定资产				资本公积			
无形资产				外币报表折算差额			
长期待摊费用				未分配利润		2 912. 76	2 864. 71
其他资产				信托权益合计		21 026 163. 11	21 046 622. 51
信托资产总计		21 026 829. 31	21 048 988. 89	信托负债及信托权益总计		21 026 829. 31	21 048 988. 89

会计主管：冯　书　　复核：潘嘉玲　　制表：李　欣

5.2.2 信托项目利润及利润分配汇总表

信托项目利润及利润分配汇总表

编制单位:英大国际信托有限责任公司 单位:万元

项目	行次	2014 年	2013 年
一、营业收入	1	1 281 544.76	1 242 808.68
利息收入	2	1 043 109.80	1 084 931.74
投资收益	3	217 011.52	130 888.95
公允价值变动损益	4		
租赁收入	5	21 421.64	26 731.76
汇兑损益	6		
其他收入	7	1.80	256.23
二、支出	8	120 917.77	126 070.71
营业税金及附加	9	42 114.44	52 919.54
受托人报酬	10	71 770.30	71 720.18
保管费	11		
投资管理费	12		
销售服务费	13	6.00	53.53
交易费用	14		
资产减值损失	15		
其他费用	16	7 027.03	1 377.46
三、信托净利润	17	1 160 626.99	1 116 737.97
四、其他综合收益	18		
五、综合收益	19	1 160 626.99	1 116 737.97
加:期初未分配信托利润	20	2 912.76	5 083.93
六、可供分配的信托利润	21	1 163 539.75	1 121 821.90
减:本期已分配信托利润	22	1 160 675.04	1 118 909.14
七、期末未分配信托利润	23	2 864.71	2 912.76

6. 会计报表附注

6.1 会计报表编制基准不符合会计核算基本前提的说明

6.1.1 公司会计报表编制基准不符合会计核算基本前提的情况

无。

6.1.2 2014 年度合并财务报表的编制范围

公司及所属子公司山东英大投资顾问有限责任公司和英大基金管理有限公司,共 3 户

本年度纳入合并报表范围的子企业基本情况

序号	企业名称	持股比例(%)	享有表决权比例(%)	注册资本(万元)	实际投资额(万元)	业务性质	注册地
1	山东英大投资顾问有限责任公司	100	100	560	646.50	证券投资咨询业务服务和企业管理咨询服务	济南
2	英大基金管理有限公司	49	49	20 000	9 800.00	基金募集、基金销售、资产管理	北京

6.1.3 拥有表决权超过半数但未纳入合并范围的被投资单位

无。

6.2 重要会计政策和会计估计说明

6.2.1 计提资产减值准备的范围和方法

本公司采用备抵法核算资产损失,根据《非银行金融机构资产风险分类指导原则(试行)》以及企业会计准则对资产分类的要求,按照承担风险和损失程度进行五级分类,并按财政部《金融企业准备金计提管理办法》(财金[2012]20 号)的要求计提资产减值准备。

6.2.2 金融资产核算方法

同上一年度。

6.2.3 长期股权投资核算方法

同上一年度。

6.2.4 固定资产计价和折旧方法

同上一年度。

6.2.5 无形资产计价及摊销政策

同上一年度。

6.2.6 长期待摊费用的摊销政策

同上一年度。

6.2.7 合并会计报表的编制方法

同上一年度。

6.2.8 收入确认原则和方法

同上一年度。

6.2.9 所得税的会计处理方法

同上一年度。

6.2.10 信托报酬确认原则和方法

同上一年度。

6.2.11 会计政策、会计估计变更及重大前期差错更正的说明

6.2.11.1 会计政策变更

因执行新企业会计准则导致的会计政策变更

准则名称	会计政策变更的内容和原因	受影响的报表项目名称	影响金额(元)
《企业会计准则第 30 号——财务报表列报》	可供出售金融资产公允价值变动形成的利得或损失计入其他综合收益(所有者权益)	资本公积、其他综合收益	4 213 765.14
企业会计准则第 2 号——长期股权投资	对被投资单位不具有控制、共同控制或重大影响,并且在活跃市场中没有报价、公允价值不能可靠计量的权益性投资重分类为可供出售金融资产	长期股权投资、可供出售金融资产	335 344 134.85

根据《企业会计准则第 30 号——财务报表列报》,将本公司原计入资本公积的可供出售金融融资产公允价值变动的利得或损失由资本公积重分类至其他综合收益(所有者权益),使本年初资本公积减少 4 213 765.14 元,其他综合收益增加 4 213 765.14元。

根据《企业会计准则——长期股权投资》，本公司对被投资单位不具有控制、共同控制或重大影响，并且在活跃市场中没有报价、公允价值不能可靠计量的权益性投资重分类为可供出售金融资产，使本年初长期股权投资减少335 344 134.85元，可供出售金融资产增加335 344 134.85元。

6.2.11.2 会计估计变更

本公司2014年度无应披露的会计估计变更事项。

6.2.11.3 重大前期差错更正事项

追溯调整法

会计差错更正的内容	批准处理情况	受影响的各个比较期间报表项目名称	累积影响金额（元）
将收到的代保管维修基金计入公司所有者权益	调整	盈余公积、其他应付款	2 315 778.87

本公司以前年度将收到的代保管维修基金计入公司所有者权益，此会计差错更正使2014年初盈余公积减少2 315 778.87元，其他应付款增加2 315 778.87元。

6.3 或有事项

无。

6.4 重要资产转让及其出售的说明

无。

6.5 会计报表中重要项目的明细资料

6.5.1 自营资产经营情况

6.5.1.1 资产风险分类

信用风险资产五级分类	正常类（万元）	关注类（万元）	次级类（万元）	可疑类（万元）	损失类（万元）	信用风险资产合计（万元）	不良资产合计（万元）	不良资产率（%）
期初数	406 976.67		7.50	0	1 533.45	408 517.62	1 540.96	0.38
期末数	454 815.32		7.50	0	1 512.39	456 335.21	1 519.90	0.33

6.5.1.2 资产损失准备

单位：万元

项目	期初数	本期计提	本期转回	本期核销	期末数
贷款损失准备	1 081.96	-452.65	292.65	0	921.96
一般准备	1 080.08	-160.00	0	0	920.08
专项准备	1.88	-292.65	292.65	0	1.88
其他资产减值准备	2543.22	0	0	0	2522.16
可供出售金融资产减值准备	2522.16	0	0	0	2522.16
持有至到期投资减值准备	0	0	0	0	0
长期股权投资减值准备	0	0	0	0	0
坏账准备	21.06	-21.06	0	0	0
投资性房地产减值准备	0	0	0	0	0

6.5.1.3 投资

单位：万元

项目	自营股票	基金	债券	长期股权投资	其他投资	合计
期初数	1 324.12	22 461.10	18 500.00	6 526.50	163 729.31	212 541.03
期末数	6 368.87	60 390.10	21 444.97	10 446.50	125 418.22	224 068.66

6.5.1.4 前五名自营长期股权投资情况

企业名称	占被投资企业权益的比例（%）	主要经营活动	投资损益（万元）
1. 英大期货有限公司	32.86	期货经纪	19.13
2. 英大证券有限责任公司	3.82	证券经纪	
3. 山东阳谷电缆股份有限公司	11.32	制造业	
4. 山东玉泉集团股份有限公司	1.08	制造业	

注：投资损益是指按照企业会计准则的规定，核算股权投资确认损益并计入披露年度利润表的金额。

6.5.1.5 前五名自营贷款情况

企业名称	占贷款总额的比例（%）	还款情况
1. 济南钢铁股份有限公司	21.74	正常
2. 忻州广宇煤电有限公司	17.93	正常
3. 内蒙古华电玫瑰营风力发电有限公司	16.30	正常
4. 北京翔瑞思科技创业投资有限公司	16.30	正常
5. 云南滇东雨汪能源有限公司	13.04	正常

6.5.1.6 表外业务的期初数、期末数，按照代理业务、担保业务和其他类型表外业务分别披露

单位：万元

表外业务	期初数	期末数
担保业务	0	0
代理业务（委托业务）	0	0
其他	0	0
合计	0	0

注：代理业务主要反映因客观原因应规范而尚未完成规范的历史遗留委托业务，包括委托贷款和委托投资。

6.5.1.7 公司当年的收入结构（母公司、并表）

项目	母公司		并表	
收入结构	金额（万元）	占比（%）	金额（万元）	占比（%）
手续费及佣金收入	76 501.97	77.09	78 798.24	77.46
其中：信托手续费收入	76 081.97	76.67	76 081.97	74.79
投资银行业务收入				
利息收入	8 894.53	8.96	8 993.72	8.84
其他业务收入	25.13	0.03	25.15	0.02
其中：计入信托业务收入部分				
投资收益	13 809.66	13.92	13 911.57	13.68
其中：股权投资收益	19.96	0	0	0
公允价值变动收益				
其他投资收益	13 789.70	13.92	13 911.57	13.68
营业外收入	789.25	0.80	1248.03	1.23
收入合计	99 231.29	100.00	101 728.68	100.00

注：手续费及佣金收入、利息收入、其他业务收入、投资收益、营业外收入均应为损益表中的科目，其中手续费及佣金收入、利息收入、营业外收入为未抵减掉相应支出的全年累计实现收入数。报告期内，公司无超过总收入的5%的其他业务收入和营业外收入。

6.5.2 信托资产管理情况

6.5.2.1 信托资产的期初数、期末数

单位:万元

信托资产	期初数	期末数
集合	895 038.02	1 390 544.25
单一	17 168 395.77	14 660 686.84
财产权	2 963 395.53	4 997 757.80
合计	21 026 829.32	21 048 988.89

6.5.2.1.1 主动管理型信托业务的信托资产期初数、期末数,分证券投资、股权投资、融资、事务管理类分别披露

单位:万元

主动管理型信托资产	期初数	期末数
证券投资类	0.00	0.00
股权投资类	110 000.00	190 000.00
融资类	822 596.95	1 679 828.13
事务管理类	0.00	70 000.00
合计	2 046 201.27	3 457 601.98

注:1. “合计”行要求填主动管理型信托项目的总额,它包含所有运用方式的主动型产品,“证券投资类”、“股权投资类”、“融资类”、“事务管理类”是主动管理型信托资产中重点的几个类别,包含在“合计”中,但是与“合计”行没有勾稽关系,“合计”应大于或等于这四类之和。

2. 按照实收信托分类。

3. 期末数中,合计项除了表格中的四类外,主要包括融资租赁、权益投资等投资类业务。

6.5.2.1.2 被动管理型信托业务期初数、期末数,分证券投资、股权投资、融资、事务管理类分别披露

单位:万元

被动管理型信托资产	期初数	期末数
证券投资类	0.00	0.00
股权投资类	95 160.00	323 110.00
融资类	11 360 109.83	8 267 633.81
事务管理类	7 281 445.92	8 473 355.82
合计	18 977 049.09	17 586 155.82

注:1. 合计数与主动管理型部分同理。

2. 按照实收信托分类。

6.5.2.2 本年度已清算结束的信托项目个数、实收信托合计金额、加权平均实际年化收益率

6.5.2.2.1 本年度已清算结束的集合类、单一类资金信托项目和财产管理类信托项目个数、实收信托金额、加权平均实际年化收益率

已清算结束信托项目	项目个数(个)	实收信托合计金额(万元)	加权平均实际年化收益率(%)
集合类	8	192 007.00	7.32
单一类	42	816 731.46	6.27
财产管理类	12	237 551.36	5.97

注:1. 收益率是指信托项目清算后,给受益人赚取的实际收益水平。

2. 加权平均实际年化收益率 =(信托项目 1 的实际年化收益率 × 信托项目 1 的资产总计 + 信托项目 2 的实际年化收益率 × 信托项目 2 的资产总计 +… + 信托项目 n 的实际年化收益率 × 信托项目 n 的资产总计)/(信托项目 1 的资产总计 + 信托项目 2 的资产总计 +… + 信托项目 n 的资产总计)×100%。

6.5.2.2.2 本年度已清算结束的主动管理型信托项目个数、实收信托合计金额、加权平均实际年化收益率

已清算结束信托项目	项目个数	实收信托合计金额(万元)	加权平均实际年化信托报酬率(%)	加权平均实际年化收益率(%)
证券投资类	0	0.00	0.00	0.00
股权投资类	2	130 000.00	0.38	6.60
融资类	7	228 000.00	0.26	6.79
事务管理类	0	0.00	0.00	0.00

注:加权平均实际年化信托报酬率 =(信托项目 1 的实际年化信托报酬率 × 信托项目 1 的资产总计 + 信托项目 2 的实际年化信托报酬率 × 信托项目 2 的资产总计 +… + 信托项目 n 的实际年化信托报酬率 × 信托项目 n 的资产总计)/(信托项目 1 的资产总计 + 信托项目 2 的资产总计 +… + 信托项目 n 的资产总计)×100%

6.5.2.2.3 本年度已清算结束的被动管理型信托项目个数、实收信托合计金额、加权平均实际年化收益率

已清算结束信托项目	项目个数	实收信托合计金额(万元)	加权平均实际年化信托报酬率(%)	加权平均实际年化收益率(%)
证券投资类	0	0	0	0
股权投资类	0	0	0	0
融资类	39	807 082.82	0.23	6.08
事务管理类	11	133 500.00	0.23	5.81

6.5.2.3 本年度新增的集合类、单一类和财产管理类信托项目个数、实收信托合计金额

新增信托项目	项目个数(个)	实收信托合计金额(万元)
集合类	24	589 839.00
单一类	111	2 285 496.12
财产管理类	30	1 715 808.00
新增合计	165	4 591 143.12
其中:主动管理型	44	1 766 771.13
被动管理型	121	2 824 371.99

注:本年度新增信托项目指在本报告年度内累计新增信托项目个数和金额,包含本年度新增并于本年度内结束的项目和本年度新增至报告期末仍在持续管理的信托项目。

6.5.2.4 信托业务创新成果和特色业务有关情况

无。

6.5.2.5 本公司履行受托人义务情况及因本公司自身责任而导致的信托资产损失情况(合计金额、原因等)

公司受托人对受托管理的全部信托财产均履行了尽职管理义务:对信托财产履行“诚实、信用、谨慎、有效”的管理,始终以“受益人利益最大化”原则处理信托相关事务;对信托财产与固有财产实行了分账管理,对每个信托项目实现了专户核算,不存在受托人侵占信托财产或利用信托财产谋取利益的情况;对信托项目的经营状况及存续期间发生的重大事项均进行了及时披露。

报告期内,未发生因本公司自身责任而导致信托资产损失的情况。

6.6 关联方关系及其交易

6.6.1 关联交易方的数量、关联交易的总金额及关联交易的定价政策

	关联交易方数量(个)	关联交易金额(万元)	定价政策
合计	32	10 926 485.64	市场公允

6.6.2　关联交易方与本公司的关系性质，关联交易方的名称、法定代表人、注册地址、注册资本及主营业务

关联性质	关联方名称	法人代表	注册地址	注册资本（亿元）	主营业务
股东单位及受同一单位控制	国家电网公司及下属企业	刘振亚	北京	2 000	电力

6.6.3　逐笔披露本公司与关联方的重大交易事项

6.6.3.1　固有财产与关联方：贷款、投资、租赁、应收账款、担保、其他方式等期初汇总数、本期借方和贷方发生额汇总数、期末汇总数

单位：万元

固有与关联方关联交易				
	期初数	借方发生额	贷方发生额	期末数
贷款	0	0	0	0
投资	0	0	0	0
租赁	0	0	0	0
担保	0	0	0	0
应收账款	0	0	0	0
其他	0	0	0	0
合计	0	0	0	0

6.6.3.2　信托与关联方：贷款、投资、租赁、应收账款、担保、其他方式等期初汇总数、本期发生额汇总数、期末汇总数

单位：万元

信托与关联方关联交易				
	期初数	借方发生额（清算）	贷方发生额（新增）	期末数
贷款	14 222 385.97	8 795 969.00	5 190 683.03	10 617 100.00
投资	0.00	0.00	0.00	0.00
租赁	274 669.84	139 134.60	92 963.05	228 498.29
担保	0.00	0.00	0.00	0.00
应收账款	0.00	0.00	0.00	0.00
其他	0.00	2 000.00	4 000.00	2 000.00
合计	14 497 055.81	8 937 103.60	5 287 646.08	10 847 598.29

6.6.3.3　信托公司自有资金运用于自己管理的信托项目（固信交易）、信托公司管理的信托项目之间的相互交易（信信交易）金额，包括余额和本报告年度的发生额

6.6.3.3.1　固有财产与信托财产之间的交易金额期初汇总数、本期发生额汇总数、期末汇总数

单位：万元

固有财产与信托财产相互交易			
	期初数	本期发生额	期末数
合计	68 941.00	63 887.35	78 887.35

6.6.3.3.2　信托资产与信托财产之间的交易金额期初汇总数、本期发生额汇总数、期末汇总数

单位：万元

信托资产与信托财产相互交易			
	期初数	本期发生额	期末数
合计	0	0	0

注：以公司受托管理的一个信托项目的资金购买自己管理的另一个信托项目的受益权或信托项下资产均应纳入统计披露范围。

6.6.4　逐笔披露关联方逾期未偿还本公司资金的详细情况以及本公司为关联方担保发生或即将发生垫款的详细情况

报告期内公司无关联方逾期未偿还本公司资金的情况及本公司为关联方担保发生或即将发生垫款的情况。

6.7　会计制度的披露

公司固有业务、信托业务均执行财政部2006年颁布的企业会计准则。

7. 财务情况说明书

7.1　利润实现和分配情况

2014年公司实现利润总额为77 437.96万元，净利润为58 238.00万元，提取盈余公积5 684.69万元，提取一般风险准备3 626.98万元，未分配利润余额为190 125.81万元。

2014年合并公司实现利润总额为75 525.90万元，净利润为56 311.32万元，提取盈余公积5 823.80万元，提取一般风险准备3 642.22万元，未分配利润余额为187 554.16万元。

7.2　主要财务指标

指标名称	母公司指标值	并表指标值
资本利润率（%）	14.08	13.50
加权年化信托报酬率（%）	0.27	0.27
人均净利润（万元）	413.04	285.84

注：1. 资本利润率＝净利润/所有者权益平均余额×100%。

2. 加权年化信托报酬率＝（信托项目1的实际年化信托报酬率×信托项目1的资产总计＋信托项目2的实际年化信托报酬率×信托项目2的资产总计＋…＋信托项目n的实际年化信托报酬率×信托项目n的资产总计）/（信托项目1的资产总计＋信托项目2的资产总计＋…＋信托项目n的资产总计）×100%。该指标反映了公司实际的信托报酬水平，因此，只能计算在报告年度真正清算结束了的项目。

3. 人均净利润＝净利润/年平均人数。

4. 平均值采取年初、年末余额简单平均法，公式为：a（平均）＝（年初数＋年末数）/2。

7.3　本报告期内对本公司财务状况、经营成果有重大影响的其他事项

无。

8. 特别事项揭示

8.1　前五名股东变动情况及原因

无。

8.2　董事、监事及高级管理人员变动情况及原因

2004年10月8日，曾宪泽董事向公司董事会和股东会提交辞职报告，因个人原因申请辞去董事职务。公司2014年第二次临时股东会经审议，同意其辞去董事职务。

8.3　变更注册资本、变更注册地或公司名称、公司分立合并事项

无。

8.4 公司的重大诉讼事项

无。

8.5 公司及其董事、监事和高级管理人员受到处罚的情况

无。

8.6 银监会及其派出机构对公司检查后提出整改意见的，应简单说明整改情况

2014 年 9 月 9 日至 2014 年 10 月 17 日，中国银监会非银部对公司业务合规性和项目兑付风险情况进行专项检查，肯定了公司在市场化运作和业务转型、各项创新业务等方面取得的发展，同时提示公司在市场化转型过程中要在合规及制度建设、关联交易管理、风险管理、法律风险防范、人才队伍等方面加强管理。

针对监管意见，公司认真落实，加强合规与风险管理。

第一，确立可持续的业务发展模式。第二，加强对公司重点拓展业务领域的研究学习。第三，开展“合规建设年”活动。第四，加强中后台管理。第五，加强关联交易管理。第六，建立健全业务管理制度及实施细则。第七，明确业务管理规范性。第八，加强责任追究机制建设。

8.7 本年度重大事项临时报告的简要内容、披露时间、所披露的媒体及其版面

无。

8.8 银监会及其省级派出机构认定的其他有必要让客户及相关利益人了解的重要信息

无。

云南国际信托有限公司

1. 重要提示

1.1 本公司董事会及董事保证本报告所载资料不存在任何虚假记载、误导性陈述或者重大遗漏，并对其内容的真实性、准确性和完整性承担个别及连带责任。本年度报告摘要摘自年度报告全文，客户及相关利益人欲了解详细内容，应阅读年度报告全文。

1.2 独立董事意见

本公司独立董事梁昊松、曹红辉对本报告内容的真实性、准确性和完整性表示认可。

1.3 本公司负责人董事长刘刚，总裁、主管会计工作负责人田泽望，主管信托会计工作负责人舒广及会计机构负责人杨春和、李峥保证：本年度报告中的财务报告真实、完整。

2. 公司概况

2.1 公司简介

2.1.1 公司历史沿革

云南国际信托有限公司（简称云南信托），是2003年经中国人民银行 银复[2003]33号文批准，由原云南省国际信托投资公司增资改制后重新登记的非银行金融机构。公司注册资本为4亿元人民币。2007年，根据《信托公司管理办法》的有关规定，公司经中国银行业监督管理委员会银监复[2007]315号文批准同意，换领"中华人民共和国金融许可证"。2013年，中国银行业监督管理委员会云南监管局以云银监复[2013]293号文批准同意云南信托注册资本变更为10亿元人民币。

2.1.2 公司法定名称

中文名称：云南国际信托有限公司

中文缩写：云南信托

英文名称：Yunnan International Trust Co.，Ltd.

英文缩写：YNTRUST

2.1.3 公司法定代表人：刘 刚

2.1.4 公司注册地址：云南省昆明市南屏街（云南国托大厦）

2.1.5 邮政编码：650021

公司国际互联网网址：http://www.yntrust.com

电子信箱：ynxt@yntrust.com

2.1.6 公司信息披露事务负责人：舒广

联系人：秦少敏

联系电话：0871－63173981

传真：0871－63152142

电子信箱：ynxt@yntrust.com

2.1.7 公司选定的信息披露报纸名称：《金融时报》

2.1.8 公司年度报告备置地点：云南省昆明市南屏街4号A座33层

2.1.9 公司聘请的会计师事务所：中审亚太会计师事务所（特殊普通合伙）云南分所（由原中审亚太会计师事务所有限公司更名而来）

地址：云南省昆明市白塔路131号汇都国际C座6层

2.1.10 公司聘请的律师事务所：云南八谦律师事务所

地址：云南省昆明市十里长街德瀛华府综合楼

2.2 组织结构

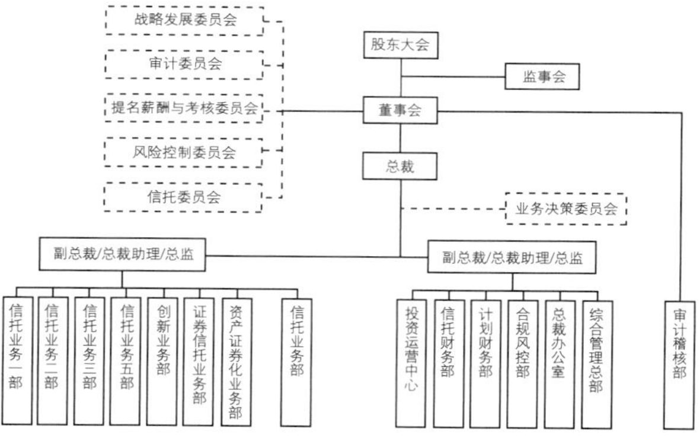

3. 公司治理结构

3.1 股东

本报告期末，本公司共有7家股东。

股东名称	持股比例（%）	法人代表	注册资本（亿元）	注册地址	主要经营业务及主要财务情况
云南省财政厅	25	陈建国		昆明市五华山云南省政府内	
★涌金实业（集团）有限公司	24.5	ZHAO JUN	2	上海市浦东新区陆家嘴环路958号1711室	主营业务：物业管理、旅游资源开发、国内贸易、室内装潢、农业产品的购销、实业投资咨询等。 主要财务情况：截至2014年末，总资产148 751万元 所有者权益109 514万元。
上海纳米创业投资有限公司	23	刘明	3	上海市浦东陆家嘴环路958号华能联合大厦17楼01室	主营业务：实业投资、资产管理（非金融业务）、科技项目开发及以上相关业务的咨询服务，国内贸易。 主要财务情况：截至2014年末，总资产66 044万元，所有者权益61 291万元。

续表

股东名称	持股比例(%)	法人代表	注册资本(亿元)	注册地址	主要经营业务及主要财务情况
新疆广汇实业投资(集团)有限责任公司	10	孙广信	35.56	新疆维吾尔自治区乌鲁木齐高新技术产业开发区天津南路65号(广汇美居物流园)	主营业务:房地产业、汽车改组装业、证券业、化工机械制造业、环保锅炉制造业、液化天然气业、煤化工项目、汽车贸易及服务的投资;高科技产品开发;会展服务。 主要财务情况:截至2014年9月30日,集团总资产1 362亿元,所有者权益413亿元。

本公司股东之中,涌金实业(集团)有限公司、上海纳米创业投资有限公司及北京知金科技投资有限公司之间存在关联关系。

公司前三位股东的主要股东情况:

(1)云南省财政厅(政府部门)。

(2)涌金实业(集团)有限公司主要股东:陈金霞(50%)。

(3)上海纳米创业投资有限公司主要股东:陈金霞(75%)。

3.2 董事、董事会及其下属委员会

董事长、副董事长、董事

姓名	职务	性别	年龄	选任日期	所推举的股东名称	该股东持股比例(%)	简要履历
刘刚	董事长	男	49	2004年8月	涌金实业(集团)有限公司实业(集团)有限公司	24.5	研究生学历。历任云南国际信托有限公司副董事长兼常务副总经理,现任云南国际信托有限公司董事长。
田泽望	董事	男	43	2014年6月	涌金实业(集团)有限公司		双学士学历。历任云南国际信托有限公司总裁助理,现任云南国际信托有限公司总裁、董事。
赵煜	董事	男	45	2012年4月	涌金实业(集团)有限公司		研究生学历。曾任职于上海浦东中软科技发展有限公司、北京顶峰贸易公司。现任涌金实业(集团)有限公司董事长助理,现任云南国际信托有限公司董事。
舒广	董事	男	36	2014年6月	上海纳米创业投资有限公司	23	研究生学历。历任云南国际信托有限公司总裁办公室主任、合规工作部总经理,现任云南国际信托有限公司副总裁、董事会秘书、董事。
杨利华	董事	男	33	2013年1月	上海纳米创业投资有限公司	23	研究生学历,现任涌金实业(集团)有限公司法律部经理,云南国际信托有限公司董事。
刘峥	董事	女	44	2014年12月	北京知金科技投资有限公司	7.5	研究生学历,历任北京涌金财经顾问有限公司研发部经理、副总经理,北京知金科技投资有限公司业务总监、总经理,国金证券有限公司(现国金证券股份有限公司)监察稽核部副总经理、投资银行部副总经理及公司内核委员会委员,云南国际信托有限公司副总裁;现任涌金集团投资部总经理、云南国际信托有限公司董事。

独立董事

姓名	所在单位及职务	性别	年龄	选任日期	所推举的股东名称	该股东持股比例(%)	简要履历
梁昱松	北京弘松投资咨询有限责任公司合伙人	男	46	2007年6月	上海纳米创业投资有限公司	23	经济学、法学博士,历任美国纽约 Kelly Drye & Warren LIP 公司/项目融资部律师、美国贝克·麦肯斯国际律师事务所香港办公室中国业务部律师及北京博雅新港资本投资咨询有限公司首席执行官,现任北京弘松投资咨询有限责任公司合伙人、云南国际信托有限公司独立董事。
曹红辉	国家开发银行研究院副院长	男	48	2009年12月	涌金实业(集团)有限公司	24.5	博士研究生,历任中国社会科学院金融所金融市场研究室主任、支付清算研究中心秘书长,现任国家开发银行研究院副院长、云南国际信托有限公司独立董事。

董事会下属委员会

委员会名称	职责	组成人员姓名及职务
董事会战略发展委员会	对公司的发展战略规划进行研究并提出建议	主任委员:刘刚 成员:曹红辉、赵煜
董事会审计委员会	监督公司的内部审计制度及其实施	主任委员:正在选聘过程中 成员:刘刚、赵煜、马凌宇(公司审计稽核部负责人)
董事会风险控制委员会	研究、考核公司的风险控制制度,并提出建议	主任委员:刘刚 成员:徐迅、舒广

续表

委员会名称	职责	组成人员姓名及职务
董事会薪酬、提名、考核委员会	研究董事、总裁的选择标准和程序及考核标准，并提出建议	主任委员：刘　刚 成员：赵煜、杨利华、田泽望（公司分管人力资源高管）
董事会信托委员会	督促公司依法履行受托人职责，当信托公司与其股东利益与受益人利益发生冲突时，保证公司为受益人的最大利益服务	主任委员：梁旻松 成员：赵煜、杨利华、舒广

3.3　监事、监事会及其下属委员会

监事会成员

姓　名	职　务	性别	年龄	选任时间	所推举的股东名称	该股东持股比例（%）	简　要　履　历
曹　芹	监事长	女	57	2006 年 12 月	云南省财政厅	25	研究生学历，高级经济师，历任云南省财政厅综合处副处长、人事教育处处长、党组秘书，云南省国际信托投资公司副总经理、党委副书记、总经理，现任云南国际信托有限公司监事长兼党委书记。
章卫红	监事	女	38	2012 年 6 月	上海纳米创业投资有限公司	23	研究生学历，注册会计师，注册税务师，高级国际财务管理师，现任涌金实业（集团）有限公司财务部经理、云南国际信托有限公司监事。
王润稣	监事	男	38	2011 年 6 月	新疆广汇实业投资（集团）有限责任公司	10	本科学历，国际内部审计师， 历任上海医药集团审计部审计员、上海汽车股份有限公司审计部审计专员、中化国际股份有限公司审计部高级审计经理，现任涌金集团审计部经理、云南国际信托有限公司监事。
李双友	监事	男	46	2009 年 6 月	云南红塔集团有限公司	2.5	本科学历，高级会计师，现任云南红塔集团有限公司副总经理、计划财务科科长，云南国际信托有限公司监事。
苏　颖	职工监事	女	36	2012 年 6 月	—	—	大专学历，现任云南国际信托有限公司北京联络处经理助理、职工监事。
杨永忠	职工监事	男	46	2009 年 12 月	—	—	大专学历，现任云南国际信托有限公司综合管理总部副总经理、职工监事。
朱炜明	职工监事	男	34	2013 年 5 月	—	—	本科学历，现任云南国际信托有限公司综合管理部副总经理、职工监事。

3.4　高级管理人员

高级管理人员

姓　名	职　务	性别	年龄	选任日期	金融从业年限	学历	专业	简　要　履　历
刘　刚	董事长	男	49	2004 年 8 月	14 年	硕士研究生	生物	研究生学历。历任云南国际信托有限公司副董事长兼常务副总经理，现任云南国际信托有限公司董事长。
曹　芹	监事长	女	57	2006 年 12 月	16 年	硕士研究生	财政学	研究生学历，高级经济师，历任云南省财政厅综合处副处长、人事教育处处长、党组秘书，云南省国际信托投资公司副总经理、党委副书记、总经理，现任云南国际信托有限公司监事长兼党委书记。
田泽望	总裁	男	43	2012 年 9 月	18 年	双学士	管理工程	双学士学历。历任云南国际信托有限公司总裁助理，现任云南国际信托有限公司总裁、董事。
舒　广	副总裁	男	36	2013 年 2 月	10 年	硕士研究生	法律	研究生学历。历任云南国际信托有限公司总裁办公室主任、合规工作部总经理，现任云南国际信托有限公司副总裁、董事会秘书、董事。
邓国山	副总裁	男	37	2014 年 8 月	10 年	硕士研究生	工商管理	历任云南国际信托有限公司创新业务总部总经理、市场总监、总裁助理，现任云南国际信托有限公司副总裁。

3.5　公司员工

本报告期内，公司实有员工 157 人，平均年龄为 31.74 岁。其中，具有大专及以上学历的员工有 150 人（其中，硕士研究生 69 人，本科 73 人，大专 8 人），占总人数的 95.54%；其他学历的员工有 7 人，占总人数的 4.46%。

4. 经营管理

4.1　经营目标、方针、战略规划

4.1.1　经营目标

我们要成为一家以专业化和诚信为理念，提供国内顶级金

融理财服务,并朝着国内一流目标迈进的卓越的理财机构。我们将致力于最大化地实现客户价值、员工价值、股东价值和社会价值。

4.1.2 经营方针

在金融投资和理财领域不断创新和进取,追求可控风险下的投资回报最大化。

4.1.3 战略规划

融合货币、资本、实业三大领域,充分发挥信托投融资平台优势。树立在投资理财领域的核心竞争力,打造一流金融服务品牌,为客户提供专业化的金融与资产管理服务。

4.2 经营业务的主要内容

4.2.1 自营业务

包括证券一级市场投资、股权投资、债券投资、信托受益权投资、经营性租赁业务等方面。

4.2.2 信托业务

包括证券投资类信托业务、新股申购类信托业务、股权投资类信托业务、信贷资产转让类信托业务、房地产及基础设施类信托业务等。

4.2.3 自营资产及信托资产运用与分布情况

自营资产运用与分布表

资产运用	金额（万元）	占比（%）	资产分布	金额（万元）	占比（%）
货币资产	24 943.96	13.38	基础产业	0	0
贷款	0	0	房地产业	0	0
短期投资	1 710.32	0.92	证券	1 710.32	0.92
长期投资	0	0	实业	0	0
其他	159 770.38	85.70	其他	184 714.34	99.08
资产总计	186 424.66	100	资产总计	186 424.66	100

信托资产运用与分布表

资产运用	金额（万元）	占比（%）	资产分布	金额（万元）	占比（%）
货币资产	915 943.30	3.39	基础产业	6 467 333.21	23.94
贷款	14 735 217.10	54.55	房地产业	1 177 951.15	4.36
交易性金融资产	2 835 941.24	10.50	证券	4 341 320.17	16.07
长期投资	309 698.59	1.15	金融机构	4 219 032.89	15.62
买入返售资产	357 603.00	1.32	工商企业	8 212 768.85	30.41
其他	7 856 824.72	29.09	其他	2 592 821.67	9.60
资产总计	27 011 227.95	100	资产总计	27 011 227.95	100

4.3 市场分析

4.3.1 影响本公司业务发展的有利因素

(1)我国金融改革不断深化,为金融机构带来了新的发展机遇。随着利率市场化、汇率自由化、资本项目的开放、多层次资本市场建设、多主体金融市场开放、非标资产的标准化和阳光化、地方债务与土地财政融资体系改革等具体改革的持续深入,金融资源市场化、金融行业规范化得以进一步实现,新的业务增长点不断涌现,为信托行业的发展创造了有利的外部环境。

(2)我国居民收入增速较快,高净值人群规模不断扩大。据国家统计局数据,2014 年,全国居民人均可支配收入达到 20167 元,实际增长 8%,增长速度超过 GDP 增速。居民收入的快速增长催生了居民投资理财的需求,为信托业创造了新的增长点。据波士顿咨询公司《2014 年全球财富报告》,截至 2013 年末,中国内地百万美元资产家庭数量约为 238 万户,预计 2018 年私人金融财富将由 2013 年的 22 万亿美元增长至 40 万亿美元。随着高净值人群规模的不断扩大,财富管理在未来有着广阔的市场前景。信托产品在满足高净值客户的资产配置及财富保值、财富传承等需求方面有独特的优势。

(3)“大资管”时代来临,资产管理行业迈入黄金发展时期。近年来,我国的资产管理行业迎来了一轮监管放松、业务创新的浪潮,更多资产管理机构从更广、更深的层面介入资产管理市场,中国资产管理市场孕育着巨大的发展空间。在此背景下,信托公司作为重要的资产管理机构,发展潜力巨大。

(4)资产证券化发展进程加快,而信托公司是重要参与主体。2014 年是我国资产证券化业务“井喷”式发展的一年,政策及市场环境不断优化,标志着整个市场进入发展新时期。由于信托制度具有风险隔离的特性,信托公司承担了特殊目的载体的职能,是资产证券化发展中不可替代的重要参与主体。根据发达国家经验,资产证券化业务潜力巨大,可以预计我国资产证券化业务将在丰富基础资产、提高发行量的基础上迅速发展,资产证券化业务将是信托行业发展的重要增长点。

(5)信托制度具有灵活多变、投资范围广等优势,信托机构既可以涉足资本市场、货币市场,受托进行证券投资,又可以涉足实体经济,进行股权投资,是联系虚拟经济和实体经济的重要纽带,在中国经济建设中起着重要的金融中介和桥梁作用。

4.3.2 影响本公司业务发展的不利因素

(1)宏观经济下行压力大,实体经济风险向金融体系转移。2014 年我国 GDP 增速为 7.4%,增速持续下降,我国经济发展步入“新常态”。未来我国经济增速将维持在中等水平,实体经济与金融体系均面临适应经济发展逐步变缓的挑战。金融机构须注意防范实体经济风险向金融体系的转移。

(2)随着金融改革的逐渐展开,银行信贷融资和资本市场融资加速市场化,利率市场化不断深入,主流融资环境势必日益宽松,历史上通过信托融资的优质企业和优质项目将渐次回归银行和资本市场,真正需要通过信托融资的客户资质将逐渐降低。

(3)经济“新常态”成为新的历史条件下中国经济运行的主旋律,随着市场红利消退,资产管理行业竞争加剧,信托行业遭遇了前所未有的挑战,转型发展进入关键时期,行业内外都有对信托转型、回归本源的呼声,目前信托行业原来的主流业务模式即具有私募投行性质的融资信托业务受到了巨大挑战,迫使公司不断挖掘信托制度的市场空间,加快转型创新步伐,但转型发展的方向尚不明确,前景也不明朗,虽然公司为转型做了大量准备工作,但仍处于探索、研究阶段,转型压力巨大。

4.4 内部控制

4.4.1 内部控制环境和内部控制文化

公司遵循“诚信、谨慎、勤勉、高效”的原则,依法经营、科学管理,以维护信托财产及股东权益为经营宗旨;秉承“诚信引领未来、专业创造价值”的企业经营理念,以资产管理、功能信托、投资银行为核心竞争力，致力于最大化地实现客户价值、社会价值、员工价值和股东价值，营造良好的公司治理文化和股东信用文化。

公司董事会负责督促、检查、评价公司风险管理工作，专设信托委员会、风控委员会两个专业委员会对公司重大信托项目合规及风险控制进行督导，对公司风险管理负最终责任。公司监事会通过列席公司业务决策会、不受限制地参与公司业务流全过程，监督检查并督促落实公司风险管理体系的建立和实施及相关事项的整改，就涉及公司风险的重大事项向股东会汇报，充分发挥了独立监督职能。

公司倡导"合规经营"和"风险管理"的理念，努力培养全体员工的遵纪守法和风险防范意识，通过定期组织内部培训学习保证全体员工及时了解国家法律法规和公司规章制度，使合规和风险防范意识贯穿到公司各个部门、岗位和环节。

4.4.2　内部控制措施

4.4.2.1　健全有效的议事决策机制

公司建立了以总裁为主任委员的公司业务决策委员会并制定了具体的《业务决策委员会工作细则》。对于公司拟实施的每个项目，都必须经由公司业务决策委员会讨论通过后才能组织实施，并且主任委员对需决定的所有事项具有一票否决权。业务决策委员会通过的业务项目，若存在反对票，则应提请董事会风险控制委员会行使对该项目的最终风险审查权，从而加强对公司项目的事前风险控制。

4.4.2.2　建立内部分工明确、相互监督制衡的职责架构

公司设立相对独立的内部审计稽核部门，直接对董事会负责，由其负责对公司所有业务每半年至少进行一次稽核，对公司自营业务和信托业务分离情况按季度进行稽核，对终止或结束的业务在一个月内进行审计稽核，对业务开展过程中发现的问题随时进行稽核，并将稽核情况及时向董事会报告。

公司的合规风控部独立行使职能，对公司业务开展事前、事中风险防范、控制、监督并出具独立意见。

审计稽核部及合规风控部对重要业务及资金管理实施全程监控并落实各自独立的监督、预警报告机制。

4.4.2.3　强化行业政策贯彻与业务同步

公司严格按照中国银行业监督管理委员会规定，执行信托业务与自营业务分岗、分账独立运行，分别对自营业务和信托业务制定业务流程、操作规程和风险控制制度，保证各项业务的前中后台相对独立，建立健全内外部防火墙。

2014年公司继续深化内控体系建设，加强对业务制度、流程、岗位职责、操作规程等各项制度的梳理与完善，确保各项制度的规范性、实用性和有效性，并着力抓好各项制度的监督执行与落实，从整体上提高了工作效率。制度约束力覆盖所有部门、所有业务，并贯彻落实到每个具体岗位，有效提升了公司内控能力。

4.4.3　信息交流与反馈

公司优化了内部信息交流、反馈机制和平台。交易系统、业务管理系统、财务会计核算、估值系统等保持稳定、有效运转，公司股东会、董事会、监事会、经营管理层可及时了解公司的经营状况和风险情况。员工的工作情况信息能顺畅到达经营管理层，经营管理层相关的反馈信息也能够及时传递给相关的员工和部门。

公司为加快信托业务发展，斥资建立了覆盖公司业务前台、中台、后台的业务管理系统，并扩充完善了原有的信息管理系统，使得软硬件满足业务提升的需要。

4.4.4　监督评价与纠正

为了确保公司快速、稳定地发展，在坚持落实业务决策委员会事前控制机制的基础上，公司进一步加强对各运行项目的事中和事后管理，定期、不定期地对各业务操作流程和风险控制措施进行自我检查和评价，做到自查、自省、自纠和自律。

4.5　风险管理

4.5.1　风险管理概况

风险管理是指围绕公司战略目标，由公司各职能部门和业务部门共同实施，在管理环节和经营活动中通过识别、评估、管理各类风险，执行风险管理基本流程，培育良好的风险管理文化，建立健全风险管理体系，把风险控制在公司可承受范围内的系统管理过程。

4.5.1.1　公司经营活动中可能遇到的风险

根据信托行业的风险特性以及公司自身情况，公司在经营活动中可能遇到的风险包括法律与合规风险、声誉风险、信用风险、操作风险、道德风险、市场风险、其他风险等。

4.5.1.2　公司风险管理的基本原则与政策

公司的风险管理遵循以下原则：(1)全面性原则，即风险管理涵盖公司的所有部门和岗位，渗透到各项业务和环节中，贯穿于每项业务全过程。通过不断提高员工对风险的识别和防范能力，树立全员风险意识。(2)有效性原则，即在"全面风险管理"的理念下，建设全面反映公司风险状况的风险控制体系，确保该体系能有效指导业务，并能有效防范和化解风险。(3)防范和控制原则，即风险控制关口前移，努力在前期做好风险管理工作，加强风险的事前预防和统筹管理，并能在风险发生时及时识别和处理。(4)独立性原则，即承担风险管理监督检查职能的部门独立于公司其他部门，确保监督检查工作的独立性。(5)审慎性原则，即风险管理策略及方法根据公司经营战略、经营方针等内部环境的变化和国家法律法规等外部环境的改变及时进行完善，对各项创新业务及产品方案审慎出具风险评估意见。(6)成本效益原则，即风险管理充分考虑成本与效益的关系，公司保持足够的风险投入，以降低风险损失。同时，在保证风险可控的前提下，尽量减少冗余步骤，提高处理效率。

4.5.1.3　公司风险管理组织结构及职责划分

公司根据各内部机构在全面风险管理中作用和功能的不同，建立健全一个职责明确、功能健全、信息沟通顺畅的四道全面风险管理体系。

公司的风险管理工作实行分级管理，风险管理组织体系如下：

第一层级：董事会风险控制委员会。公司在董事会层面设立风险控制委员会，负责进行公司风险控制制度的建立、审查公司重大业务的风险、在公司内部长期进行风险教育等。

第二层级：业务决策委员会。公司的业务决策委员会是董事会领导、授权下的负责日常业务决策的最高机构，由总裁召集，负责讨论并通过公司的各项业务管理制度、业务流程，审核决定公司拟推出的各项信托产品。

第三层级：风险管理部门。公司承担风险管理职能的部门

主要是合规风控部、审计稽核部、信托财务部等。合规风控部是公司全面风险管理工作的归口管理部门,负责建立健全公司风险防范制度体系,负责公司风险管理制度执行情况的监督,对公司拟推出的各项信托产品进行合规与风险审查,对公司经营管理活动中的各类风险实施有效的事前评估和过程监控,有效防范、化解和降低公司运营风险。审计稽核部负责对公司内部控制和各项业务的风险管理状况进行监督评价,并按照公司规定向董事会报告。信托财务部负责信托项目的资金划拨、清算、收益计算、到期兑付并承担公司规定的其他职责。

第四层级:各业务部门。公司固有业务部门和各信托业务部门承担一线风险管理职责,负责按照公司风险管理制度与业务操作流程开展信托业务、固有业务,在尽职调查、产品设计、资金募集、贷后投后管理、信息披露、终止清算等整个业务过程中对主要业务风险进行识别和管理。

4.5.2 风险状况

4.5.2.1 法律与合规风险

法律与合规风险是指公司因没有遵守法律、规则、准则和法律文件约定,可能遭受法律制裁、监管处罚、重大财务损失和声誉损失的风险。

4.5.2.2 声誉风险

声誉风险是指由于公司内部管理、信托产品出现问题等而引起公司的外部社会名声、信誉和公众信任度下降,从而对公司的外部市场地位产生消极和不良影响的风险。

4.5.2.3 信用风险

信用风险是指由于交易对手违约而造成损失的风险,主要表现为公司在开展固有业务和信托业务时,可能会因交易对手违约而给公司或信托财产带来风险。

4.5.2.4 操作风险

操作风险是指因公司的内部控制系统不完善、管理失误、控制缺失或其他一些人为错误而导致的风险,具体可以细分为执行风险、流程风险、信息风险、人员风险、系统事件风险等。

4.5.2.5 道德风险

道德风险是指公司员工在执行业务过程中,由于法律意识淡薄、自律性差、责任心不强等因素的影响,可能存在的违法违规、操作失误等行为而给公司造成损失或损害的风险。

4.5.2.6 市场风险

市场风险是指公司在运营过程中可能因市场的利率、汇率或所投资的产品价格的波动而引起投资亏损的风险。这些风险可能影响信托财产的价值及信托收益水平,也可能影响公司固有资产价值或导致损失。

4.5.2.7 其他风险

其他风险主要包括流动性风险等。

流动性风险是指信托财产、信托受益权或以信托财产为基础开发的具体信托产品的流动性不足导致的风险。

4.5.3 风险管理

4.5.3.1 法律与合规风险管理

公司坚持“合规人人有责,风控创造价值”的基本理念,通过事前调查、事中控制、事后检查实现对每笔业务在时间、空间上的全程管理,按照国家法律法规和监管部门的有关要求开展业务,在识别和管理法律与合规风险过程中,注重将原则性和灵活性相结合。2014年,公司加强了对业务可行性分析、交易结构设计、法律文件审查等环节的法律与合规风险的审查和管理,公司从未开展违法业务。

4.5.3.2 声誉风险管理

公司重视声誉风险管理,将其纳入公司治理和全面风险管理体系,强调在依法合规经营和健康有序发展的基础上,主动、有效、灵活地防范和管理声誉风险。报告期内,公司采取了一系列具体措施加强声誉风险及舆情管理。

4.5.3.3 信用风险管理

公司高度重视交易对手的信用情况,通过多种措施加强信托风险管理:一是结合公司业务开展的实际情况,针对特定业务类型制定了相应的业务审批指引、准入标准和操作规程等风控制度;二是结合项目具体情况,加强对交易对手的事前尽职调查和项目可行性分析,审慎选择交易对手,进行事前控制;三是严格落实项目审批条件和担保措施,客观、公正地评估抵(质)押物,并通过关注交易对手担保物情况和资信状况,持续跟踪进行事中和事后控制;四是风险管理归口部门对公司所开展项目的信用风险情况进行不定期的风险排查,及时发现问题并采取相应措施;五是遵照外部监管机构及公司内部风险管控的要求,进行资产风险分类,实施动态管理;六是严格按财政部和中国银监会的要求,足额提取包括呆账准备金、信托赔偿准备金在内的各项准备金,足额计提资产减值准备。

4.5.3.4 操作风险管理

操作风险是指因公司的内部控制系统不完善、管理失误、控制缺失或其他一些人为错误而导致的风险,具体可以细分为执行风险、流程风险、信息风险、人员风险、系统事件风险等。

公司通过完善规章制度、细化业务操作流程、加强员工专业培训及奖惩激励、设定计算机业务系统操作权限、制定应急预案等措施控制操作风险。

公司通过多种措施加强操作风险管理:一是不断完善各项规章制度和业务操作流程,持续完善操作风险管理机制,切实提高业务管理的精细化水平;二是实行严格的发起、复核、审核程序,严格防范操作风险;三是加强员工培训、教育,增强员工的责任感和道德水平,执行问责制度,提高操作风险管理质量。

4.5.3.5 道德风险管理

公司通过完善治理结构、健全内控制度、规范合理分工且有效制衡的操作流程、加强员工职业道德的培养、提高员工对公司的热爱程度和对岗位的热情来控制道德风险,并强化审计监督,完善风险预警机制。

4.5.3.6 市场风险管理

公司的市场风险管理策略如下:一是注重研究和防范宏观经济、金融形势等系统性风险,制定公司的主要业务发展方向;二是根据市场行情,密切跟踪市场变化,及时调整业务开展策略,通过资产或投资的合理组合实现风险的有效对冲和补偿,以规避市场风险;三是在业务审批决策和业务存续期管理过程中,通过压力测试和动态监控,对项目进行严格管理;四是积极贯彻落实监管部门下发的有关法律法规和监管政策,及时对特定业务作出风险提示,加强风险防范,确保风险可控。

4.5.3.7 其他风险管理

其他风险主要是流动性风险。公司在流动性风险的管理工作中,采取多种有效手段检测流动性风险,如通过压力测试检测公司、产品的承压能力,识别、判断公司的流动性风险。

5. 报告期末及上一年度末的比较式会计报表

5.1 自营资产

5.1.1 会计师事务所审计结论

"我们认为，云南国际信托公司财务报表在所有重大方面按照企业会计准则的规定编制，公允反映了云南国际信托公司2014年12月31日的财务状况以及2014年度的经营成果和现金流量。"

5.1.2 资产负债表

资产负债表

编制单位：云南国际信托有限公司　　2014年12月31日　　单位：元

项　目	附注	期末余额	年初余额
流动资产			
货币资金	十三.1	249 439 588.73	472 902 154.17
以公允价值计量且其变动计入当期损益的金融资产	十三.2	17 103 174.69	4 161 505.64
衍生金融资产			
应收票据			
应收账款	十三.3	56 685 744.61	28 209 635.32
预付款项	十三.5	1 679 615.73	1 737 430.26
应收利息			
应收股利			
其他应收款	十三.4	172 363.10	406 300.64
存货			
划分为持有待售的资产			
一年内到期的非流动资产			
其他流动资产			
流动资产合计		325 080 486.86	507 417 026.03
非流动资产：			
可供出售金融资产	十三.6	20 000 000.00	
持有至到期投资			
长期应收款			
长期股权投资			
投资性房地产	十三.7	42 504 041.66	45 223 242.86
固定资产	十三.8	21 181 570.29	21 812 520.40
在建工程			
工程物资			
固定资产清理			
生产性生物资产			
油气资产			
无形资产	十三.9	5 432 157.56	2 414 179.58
开发支出			
商誉			
信托受益权	十	1 401 345 263.96	1 002 023 462.96
长期待摊费用	十	725 421.81	701 745.58
递延所得税资产	十	47 977 637.63	34 102 144.99
其他非流动资产			
非流动资产合计		1 539 166 092.91	1 106 277 296.37
资产总计		1 864 246 579.77	1 613 694 322.40

法定代表人：刘　刚　主管会计工作负责人：田泽望　会计机构负责人：杨春和

资产负债表（续）

编制单位：云南国际信托有限公司　　2014年12月31日　　单位：元

项　目	附注	期末余额	年初余额
流动资产			
短期借款			
以公允价值计量且其变动计入当期损益的金融资产			
衍生金融负债			
应收票据			
应收账款			
预付款项			
应付职工薪酬	十三.14	195 145 913.53	133 534 668.79
应收税费	十三.15	42 340 622.10	74 328 313.43
应收利息			
应收股利	十三.16	4 000 000.00	
其他应收款	十三.13	5 816 038.39	5 504 846.21
划分为持有待售的负债			
一年内到期的非流动负债			
其他流动负债			
流动资产合计		247 302 574.02	213 367 828.43
非流动负债：			
长期借款			
应付债券			
长期应收款			
长期应付职工薪酬			
专项应付款			
预计负债			
递延收益			
其他非流动负债			
非流动负债合计			
负债合计		247 302 574.02	213 367 828.43
股东权益：			
实收资本（或股本）	十三.17	1 000 000 000.00	1 000 000 000.00
其他权益工具			
资本公积	十三.18	174 345.00	174 345.00
减：库存股			
其他综合收益			
专项储备			
盈余公积	十三.19	143 676 966.07	118 015 214.89
信托赔偿准备金	八.5	71 838 483.04	59 007 607.45
一般风险准备	八.6	27 963 698.70	24 205 414.84
未分配利润	十三.20	373 290 512.94	198 923 911.79
股东权益合计		1 616 944 005.75	1 400 326 493.97
负债和股东权益总计		1 864 246 579.77	1 613 694 322.40

法定代表人：刘　刚　主管会计工作负责人：田泽望　会计机构负责人：杨春和

5.1.3 利润表

利润表

编制单位:云南国际信托有限公司　　2014 年度　　单位:元

报表项目名称	附注	本年累计数	上年累计数
营业收入	十三.21	565 143 250.73	529 962 637.71
利息净收入		7 124 036.21	31 558 177.98
利息收入		7 124 036.21	31 558 177.98
利息支出			
手续费及佣金净收入		478 136 005.59	468 824 799.84
手续费及佣金收入		488 334 969.49	487 458 055.60
手续费及佣金支出		10 198 963.90	18 633 255.76
投资收益		3 255 382.01	3 848 818.33
汇兑损益			
公允价值变动损益		5 326 255.38	436 822.28
其他业务净收入		71 301 571.54	25 294 019.28
其他业务收入		72 018 104.22	25 912 681.96
其他业务支出		7 165 320.68	618 662.68
营业支出	十三.22	221 299 873.01	209 068 986.08
营业税金及附加		30 998 482.12	28 447 075.62
业务及管理费		190 301 390.89	180 621 910.46

续表

报表项目名称	附注	本年累计数	上年累计数
资产减值损失			
营业利润		343 843 377.72	320 893 651.63
加:营业外收入	十三.23	310.22	1.00
减:营业外支出	十三.24	254 270.58	454 092.78
利润总额		343 589 417.36	320 439 559.85
减:所得税费用	十三.25	86 971 905.58	81 098 937.81
净利润		256 617 511.78	239 340 622.04
归属于母公司所有者的净利润		256 617 511.78	239 340 622.04
*少数股东损益			
每股收益:		0.26	0.24
基本每股收益		0.26	0.24
稀释每股收益			
其他综合收益			
综合收益总额		256 617 511.78	239 340 622.04
归属于母公司所有者的综合收益总额		256 617 511.78	239 340 622.24
*归属于少数股东的综合收益总额			

法定代表人:刘　刚　主管会计工作负责人:田泽望　会计机构负责人:杨春和

5.1.4 所有者权益变动表

所有者权益变动表

编制单位:云南国际信托有限公司　　2014 年度　　单位:元

项　目	本年金额							
	实收资本(或股本)	资本公积	减:库存股	盈余公积	一般风险准备	信托赔偿准备	未分配利润	所有者权益合计
一、上年末余额	1 000 000 000.00	174 345.00	—	118 015 214.89	24 205 414.84	59 007 607.45	198 923 911.79	1 400 326 493.97
加:会计政策变更								
前期差错变更								
二、本年初余额	1 000 000 000.00	174 345.00	—	118 015 214.89	24 205 414.84	59 007 607.45	198 923 911.79	1 400 326 493.97
三、本年增减变动金额(减少以"-"号填列)	—	—	—	25 661 751.18	3 758 283.86	12 830 875.59	174 366 601.15	216 617 511.78
(一)净利润							256 617 511.78	256 617 511.78
(二)直接计入所有者权益的利得和损失								—
1. 可供出售金融资产公允价值变动净额								—
(1)计入所有者权益的金额								—
(2)转入当期损益的金额								—
2. 现金流量套期工具公允价值变动净额								—
(1)计入所有者权益的金额								—
(2)转入当期损益的金额								—
(3)计入被套期项目初始确认金额中的金额								—
3. 权益法下被投资单位其他所有者权益变动的影响								—
4. 与计入所有者权益项目相关的所得税影响								—

续表

项目	本年金额							
	实收资本(或股本)	资本公积	减:库存股	盈余公积	一般风险准备	信托赔偿准备	未分配利润	所有者权益合计
5. 其他								—
上述(一)和(二)小计								—
(三)所有者投入和减少资本								—
1. 所有者投入资本								—
2. 股份支付计入所有者权益的金额								—
3. 其他								—
(四)利润分配				25 661 751. 18	3 758 283. 86	12 830 875. 59	-82 250 910. 63	-40 000 000. 00
1. 提取盈余公积				25 661 751. 18			-25 661 751. 18	—
2. 提取一般风险准备					3 758 283. 86		-3 758 283. 86	—
3. 提取信托赔偿准备						12 830 875. 59	-12 830 875. 59	—
4. 对所有者(或股本)的分配							-40 000 00000	-40 000 000. 00
5. 其他								—
(五)信托赔偿准备弥补信托项目亏损								—
(六)所有者权益内部结转								
1. 资本公积转增资本(或股本)								
2. 盈余公积转增资本(或股本)								
3. 盈余公积弥补亏损								
4. 一般风险准备弥补亏损								
5. 其他								
四、本年末余额	1 000 000 000. 00	174 845. 00	—	143 676 966. 07	27 963 698. 70	71 838 483. 04	373 290 512. 94	1 616 944 005. 75

法定代表人：刘　刚　　　　主管会计工作负责人：田泽望　　　　会计机构负责人：杨春和

编制单位：云南国际信托有限公司　　　　2013 年度　　　　单位：元

项目	上年金额							
	实收资本(或股本)	资本公积	减:库存股	盈余公积	一般风险准备	信托赔偿准备	未分配利润	所有者权益合计
一、上年末余额	400 000 000. 00	174 345. 00		94 081 152. 69	19 138 820. 73	47 040 576. 35	600 550 977. 16	1 160 985 871. 93
加:会计政策变更								—
前期差错变更								—
二、本年初余额	400 000 000. 00	174 345. 00		94 081 152. 69	19 138 820. 73	47 040 576. 35	600 550 977. 16	1 160 985 871. 93
三、本年增减变动金额(减少以"-"号填列)	600 000 000. 00			23 934 062. 20	5 066 594. 11	11 967 031. 10	-401 627 065. 37	239 340 622. 04
(一)净利润							239 340 622. 04	239 340 622. 04
(二)直接计入所有者权益的利得和损失								—
1. 可供出售金融资产公允价值变动净额								—
(1)计入所有者权益的金额								—
(2)转入当期损益的金额								—
2. 现金流量套期工具公允价值变动净额								—
(1)计入所有者权益的金额								—
(2)转入当期损益的金额								—
(3)计入被套期项目初始确认金额中的金额								—

续表

项目	上年金额							
	实收资本(或股本)	资本公积	减:库存股	盈余公积	一般风险准备	信托赔偿准备	未分配利润	所有者权益合计
3. 权益法下被投资单位其他所有者权益变动的影响								—
4. 与计入所有者权益项目相关的所得税影响								—
5. 其他								—
上述(一)和(二)小计								—
(三)所有者投入和减少资本	600 000 000. 00							600 000 000. 00
1. 所有者投入资本								—
2. 股份支付计入所有者权益的金额								—
3. 其他	600 000 000. 00							600 000 000. 00
(四)利润分配				23 934 062. 20	5 066 594. 11	11 967 031. 10	-640 967 687. 41	-600 000 000. 00
1. 提取盈余公积				23 934 062. 20			-23 934 062. 20	—
2. 提取一般风险准备					5 066 594. 11		-5 066 594. 11	—
3. 提取信托赔偿准备						11 967 031. 10	-11 967 031. 10	—
4. 对所有者(或股本)的分配								—
5. 其他							-600 000 000. 00	-600 000 000. 00
(五)信托赔偿准备弥补信托项目亏损								—
(六)所有者权益内部结转								—
1. 资本公积转增资本(或股本)								—
2. 盈余公积转增资本(或股本)								—
3. 盈余公积弥补亏损								—
4. 一般风险准备弥补亏损								—
5. 其他								—
四、本年末余额	1 000 000 000. 00	174 345. 00		118 015 214. 89	24 205 414. 84	59 007 607. 45	198 923 911. 79	1 400 326 493. 97

法定代表人:刘　刚　　　　主管会计工作负责人:田泽望　　　　会计机构负责人:杨春和

5. 2　信托业务

5. 2. 1　信托项目资产负债汇总表

编制单位:云南国际信托有限公司　　　　单位:万元

项　　目	2014 年末数	2014 年初数
信托资产:		
货币资金	915 943. 30	168 560. 46
拆出资金	0	0. 00
存出保证金	0	0. 00
交易性金融资产	2 835 941. 24	1 032 641. 65
衍生金融资产	0	0. 00
买入返售金融资产	357 603. 00	87 602. 77
其中:买入返售证券	357 603. 00	87 602. 77
买入返售信贷资产	0	0. 00
应收款项	23 619. 31	23 956. 23
贷款	14 735 217. 10	16 182 022. 50
可供出售金融资产	5 269 473. 86	3 543 900. 89
持有至到期投资	2 105 339. 59	840 861. 80
长期应收款	0	0. 00
长期股权投资	309 698. 59	140 031. 31

续表

项　　目	2014 年末数	2014 年初数
投资性房地产	0. 00	0. 00
固定资产	0. 00	0. 00
无形资产	0. 00	0. 00
长期待摊费用	0. 00	0. 00
其他资产	458 391. 96	495 291. 96
信托资产总计	27 011 227. 95	22 514 869. 56
信托负债:		
交易性金融负债	0. 00	0. 00
衍生金融负债	0. 00	0. 00
应付受托人报酬	3 988. 29	1 117. 95
应付托管费	1 413. 92	1 341. 59
应付受益人收益	18 983. 20	6 407. 72
应交税费	0. 00	0. 00
应付销售服务费	210. 37	62. 31
其他应付款项	23 478. 12	41 173. 72
其他负债	0. 00	0. 00
信托负债合计	48 073. 90	50 103. 29

续表

项　目	2014年末数	2014年初数
信托权益:		
实收信托	26 442 266.77	22 401 782.01
其中:资金信托	25 954 193.81	21 876 809.05
财产信托	488 072.96	524 972.96
资本公积	5 917.02	−19 872.23
外币报表折算差额	0.00	0.00
未分配利润	514 970.26	82 856.48
信托权益合计	26 963 154.05	22 464 766.27
信托负债及信托权益总计	27 011 227.95	22 514 869.56

法定代表人:刘　刚　主管会计工作负责人:舒广　财务经理:李　峥　制表:刘政尧

5.2.2 信托项目利润及利润分配汇总表

编制单位:云南国际信托有限公司　单位:万元

项目	2014年度	2013年度
一、营业收入	2 433 016.45	1 238 053.08
利息收入	1 378 246.39	1 003 349.98
投资收益	881 329.76	326 908.87
公允价值变动损益	157 211.75	−92 602.64
租赁收入	0.00	0.00
汇兑损益	0.00	0.00
其他收入	16228.56	396.88
二、营业支出	241 798.58	182 666.92
营业税金及附加	0.00	0.00
受托人报酬	47 397.44	44 586.51
托管费	26 695.91	18 007.05
投资管理费	7 137.25	12 897.35
销售服务费	1 003.82	1 828.84
交易费用	22 037.44	4 888.60
资产减值损失	0.00	0.00
其他费用	137 526.72	100 458.58
三、信托净利润	2 191 217.87	1 055 386.16
四、其他综合收益	25 789.24	−19 872.23
五、综合收益	2 217 007.11	152 211.19
加:期初未分配信托利润	82 856.48	103 872.27
加:未分配信托利润平准金	−40 982.11	22 898.13
六、可供分配的信托利润	2 233 092.25	1 182 156.56
减:本期已分配信托利润	1 718 121.98	1 099 300.07
七、期末未分配信托利润	514 970.26	82 856.48

法定代表人:刘　刚　主管会计工作负责人:舒　广　财务经理:李　峥　制表:刘政尧

6. 会计报表附注

6.1 会计报表编制基准不符合会计核算基本前提的说明

本公司的财务报表编制以持续经营假设作为基础,根据实际发生的交易和事项,按照财政部颁布的企业会计准则及其相关法规的有关规定,并基于主要会计政策和会计估计进行编制。本财务报告编制不存在不符合会计核算基本前提的事项。

6.2 或有事项说明

本公司本期无对外担保及其他重大的或有事项。

6.3 重要资产转让及其出售的说明

本公司本期无重要的资产转让及出售事项。

6.4 会计报表中重要项目的说明

6.4.1 自营资产经营情况

6.4.1.1 按信用风险五级分类结果披露信用风险资产的期初数、期末数

以下注释中的期末余额是指2014年12月31日的余额,期初余额是指2013年12月31日的余额;本期数是指2014年1月1日至2014年12月31日的发生额,上期数是指2013年1月1日至2013年12月31日的发生额。

信用风险资产余额

信用风险资产五级分类	正常类（万元）	关注类(万元)	次级类(万元)	可疑类(万元)	损失类(万元)	信用风险资产合计（万元）	不良资产合计（万元）	不良资产率（%）
期初数	50 325.55	0	0	0	0	50 325 55	0	0
期末数	30 797.73	0	0	0	0	30 797 73	0	0

注:本公司信用风险资产的范围包括报表项目货币资金、应收账款、预付账款、其他应收款。

6.4.1.2 各项风险减值损失准备

单位:万元

	期初余额	本期计提	本期转回	本期核销	期末余额
贷款损失准备	0	0	0	0	0
一般准备	0	0	0	0	0
专项准备	0	0	0	0	0
其他资产减值准备	0	0	0	0	0
可供出售金融资产减值准备	0	0	0	0	0
持有至到期投资减值准备	0	0	0	0	0
长期股权投资减值准备	0	0	0	0	0
坏账准备	0	0	0	0	0
投资性房地产减值准备	0	0	0	0	0
合计	0	0	0	0	0

注:2014年本公司以上各项资产未发生减值,无须计提资产减值损失。

6.4.1.3 自营股票投资、基金投资、债券投资、股权投资等投资业务的期初数、期末数

单位:万元

	股票	基金	债券	长期股权投资	信托受益权	合计
期初数	416.15	0	0	0	100 202.35	100 618.50
期末数	1 276.92	0	433.40	0	140 134.53	141 844.85

6.4.1.4 本公司2014年度自营长期股权投资

无。

6.4.1.5 本公司2014年度自营贷款业务

无。

6.4.1.6 本公司2014年度表外业务

无。

6.4.1.7 本公司当年的收入结构

项　　目	本期发生额(万元)	占比(%)
手续费及佣金净收入	47 813.60	84.60
其中:信托业务净收入	46 728.55	82.68
利息净收入	712.40	1.26
其他业务净收入	7 130.16	12.62
投资收益	325.54	0.58
其中:股权投资收益		
证券投资收益	185.56	0.33
其他投资收益	139.98	0.25
公允价值变动收益	532.62	0.94
合计	56 514.32	100.00

6.4.2 披露信托资产管理情况

6.4.2.1 信托资产的期初数、期末数

单位:万元

信托资产	期初数	期末数
集合	1 704 619.85	4 029 350.98
单一	20 285 276.24	22 493 799.58
财产权	524 973.48	488 077.39
合计	22 514 869.56	27 011 227.95

6.4.2.1.1 主动管理型信托业务的信托资产期初数、期末数,分证券投资、股权投资、其他投资、融资、事务管理类分别披露

单位:万元

主动管理型信托资产	期初数	期末数
证券投资类	1 566 432.61	3 992 872.68
股权投资类	237 540.41	120 124.84
其他投资类	20 642.32	849 793.75
融资类	82 722.79	70 000.00
事务管理类	1 715 566.60	1 783 045.51
合计	3 622 904.73	6 815 836.78

6.4.2.1.2 被动管理型信托业务的信托资产期初数、期末数,分证券投资、股权投资、其他投资、融资、事务管理类分别披露

单位:万元

被动管理型信托资产	期初数	期末数
证券投资类	86 074.54	53 111.65
股权投资类	122 852.92	41 650.51
其他投资类	210 971.56	138 501.40
融资类	0.00	208 336.63
事务管理类	18 472 065.81	19 753 790.98
合计	18 891 964.83	20 195 391.17

6.4.2.2 本年度已清算结束的信托项目个数、实收信托合计金额、加权平均实际年化收益率

6.4.2.2.1 本年度已清算结束的集合类、单一类资金信托项目和财产管理类信托项目个数、实收信托金额、加权平均实际年化收益率

已清算结束的信托项目	项目个数(个)	实收信托合计金额(万元)	加权平均实际年化收益率(%)
集合类	33	612 975.92	8.46
单一类	340	10 323 691.00	6.49
财产管理类	7	156 000.00	7.58

注:1. 收益率是指信托项目清算后,给受益人赚取的实际收益水平。

2. 加权平均实际年化收益率 =(信托项目 1 的实际年化收益率 × 信托项目 1 的实收信托 + 信托项目 2 的实际年化收益率 × 信托项目 2 的实收信托 +… + 信托项目 n 的实际年化收益率 × 信托项目 n 的实收信托)/(信托项目 1 的实收信托 + 信托项目 2 的实收信托 +… + 信托项目 n 的实收信托)×100%。

6.4.2.2.2 本年度已清算结束的主动管理型信托项目个数、实收信托合计金额、加权平均实际年化收益率,分证券投资、股权投资、其他投资、融资、事务管理类分别计算并披露

已清算结束的信托项目	项目个数(个)	实收信托合计金额(万元)	加权平均实际年化信托报酬率(%)	加权平均实际年化收益率(%)
证券投资类	12	224 085.92	0.23	12.53
股权投资类	8	147 500.00	0.43	7.22
其他投资类	4	20 000.00	0.31	5.92
融资类	5	12 650.00	0.64	7.89
事务管理类	22	529 540.00	0.21	6.39

注:加权平均实际年化信托报酬率 =(信托项目 1 的实际年化信托报酬率 × 信托项目 1 的实收信托 + 信托项目 2 的实际年化信托报酬率 × 信托项目 2 的实收信托 +… + 信托项目 n 的实际年化信托报酬率 × 信托项目 n 的实收信托)/(信托项目 1 的实收信托 + 信托项目 2 的实收信托 +… + 信托项目 n 的实收信托)×100%。

6.4.2.2.3 本年度已清算结束的被动管理型信托项目个数、实收信托合计金额、加权平均实际年化收益率,分证券投资、股权投资、其他投资、融资、事务管理类分别计算并披露

已清算结束的信托项目	项目个数	实收信托合计金额(万元)	加权平均实际年化信托报酬率(%)	加权平均实际年化收益率(%)
证券投资类	2	56 465.00	0.10	3.62
股权投资类	2	69 214.00	0.36	11.12
其他投资类	5	100 651.41	0.11	5.51
融资类				
事务管理类	320	9 932 560.59	0.20	6.48

6.4.2.3 本年度新增的集合类、单一类和财产管理类信托项目个数、实收信托合计金额

新增信托项目	项目个数(个)	实收信托合计金额(万元)
集合类	181	2 279 348.92
单一类	495	27 454 031.01
财产管理类	7	149 500.00
新增合计	683	29 882 879.93
其中:主动管理型	189	3 597.853.92
被动管理型	494	26 285,026.01

注:本年度新增信托项目是指在本报告年度内累计新增的信托项目个数和金额,包含本年度新增并于本年度内结束的项目和本年度新增至报告期末仍在持续管理的信托项目。

6.4.2.4 信托业务创新成果和特色业务有关情况

2014 年公司着力探索新的业务领域,并根据公司发展目标及自身风险偏好以及专业能力等因素,分别成立了“资产证券化”、“股指期货”、“家族信托”、“并购重组”、“上海自贸区”等多个研究小组,同时借助市场三方研究机构,对行业当前发展情况

做了深入研究，并形成相关报告，对公司未来拓展相关项目提供可研分析。根据上述研究成果，2014 年，公司在努力保持现有业务模式稳健开展、运营的同时尝试差异化转型战略，利用自身多年积累的证券投资业务经验审慎推进创新性业务。

6.4.2.4.1　结构化证券投资系列产品

该系列是引入结构化分级技术的新型证券投资产品，主要运用于证券投资领域，其对产品风险收益进行结构化设计、分割与组合，改善风险分布和相应的收益配比状况，满足投资者更为细化的偏好和需求，降低融资和投资成本，从而创造出类固定收益、类衍生品的新型金融产品。

6.4.2.4.2　资产证券化业务

公司根据《中国银监会关于云南国际信托有限公司特定目的信托受托机构资格的批复》（银监复［2015］167 号），组织专业化人员进行资产证券化业务相关方面的研究，资产证券化业务部现已组建，正积极与合作方洽谈拓展此项业务。

6.4.2.5　本公司履行受托人义务情况及因公司自身责任而导致的信托资产损失情况

本公司根据《信托法》、《信托公司管理办法》、《信托公司集合资金信托计划管理办法》等相关法律法规的规定，在管理或处分信托财产时，履行了恪尽职守，诚实、信用、谨慎、有效管理的义务。具体为：（1）遵守信托文件的规定，为受益人的最大利益处理信托事务的义务；（2）将受托人的固有财产与信托财产进行分别管理、分别记账，并将不同委托人的信托财产分别管理、分别记账的义务。

截至 2014 年 12 月 31 日，未发生因本公司自身责任而导致的信托资产损失。

6.4.2.6　信托赔偿准备金的提取、使用和管理情况

单位：万元

项　目	期初余额	本期增加	本期减少	期末余额
信托赔偿准备金	5 900.76	1 283.09	0.00	7 183.85

注：本公司按税后利润的 5% 计提信托赔偿准备金。本公司 2014 年度税后利润为 25 661.75万元，按 5% 计提信托赔偿准备金 1 283.09 万元。

6.5　关联方关系及交易

6.5.1　关联交易方的数量、关联交易的总金额及定价政策

	关联交易数量（笔）	关联交易金额（万元）	定价政策
合计	3	8 400	市价

注：关联交易是指信托公司以自有资产、信托资产为关联方提供投融资等服务，或以担保等方式为关联方融资提供便利的业务。

6.5.2　关联交易方与本公司的关系性质，关联交易方的名称、法人代表、注册地址、注册资本及主营业务等

关系性质	关联方名称	法定代表人	注册地址	注册资本（万元）	主营业务
控股股东关联方	国金证券股份有限公司	冉云	中国四川	258 814.34	证券经纪，证券投资咨询，与证券交易、证券投资活动有关的财务顾问，证券承销与保荐，证券自营，证券资产管理，融资融券，证券投资基金代销，为期货公司提供中间介绍业务。

续表

关系性质	关联方名称	法定代表人	注册地址	注册资本（万元）	主营业务
控股股东关联方	上海国金通用财富资产管理有限公司	纪路	中国上海	2 000	证券投资基金销售业务以及中国证监会许可的其他业务、投资管理、投资咨询（除经纪）。
	北京千石创富资本管理有限公司	尹庆军	中国北京	2 000	特定客户资产管理业务及中国证监会许可的其他业务。

6.5.3　本年度公司与关联方重大交易事项

6.5.3.1　固有财产与关联方关联情况：贷款、投资、租赁、应收账款、担保、其他方式等期初汇总数、本期借方和贷方发生额汇总数、期末汇总数

固有财产与关联方关联交易

单位：万元

固有财产与关联方联交易				
	期初数	借方发生额	贷方发生额	期末数
贷款	0	0	0	0
投资	0	0	0	0
租赁	0	0	0	0
担保	0	0	0	0
应收账款	0	0	0	0
其他	0	0	0	0
合计	0	0	0	0

注：本年度内，公司固有财产未与关联方发生投融资等关联交易。另外，关联方为我方提供代理、咨询服务，公司向其支付 74 万元费用，并委托其代理支付 13 万元费用。

6.5.3.2　信托与关联方交易情况：贷款、投资、租赁、应收账款、担保、其他方式等期初汇总数、本期借方和贷方发生额汇总数、期末汇总数

单位：万元

信托与关联方关联交易				
	期初数	借方发生额	贷方发生额	期末数
贷款	0	0	0	0
投资	0	0	0	0
租赁	0	0	0	0
担保	0	0	0	0
应收账款	0	0	0	0
其他	8 400	0	8 400	0
合计	0	0	0	0

注：其他类主要为公司管理的信托产品资金加入国金证券管理的资产管理计划，项目于 2014 年终止并正常兑付，期末数为 0 元。另外，关联方管理的资产管理计划加入公司管理的信托产品，年末余额为 336 000 万元，年内分配信托收益共计 17 378 万元。公司信托产品委托国金证券作为证券交易经纪商，共向国金证券支付交易佣金 1 542 万元，公司信托产品向上海国金通用财富资产管理有限公司支付咨询服务费 535 万元。

6.5.3.3　信托公司自有资金运用于自己管理的信托项目（固信交易）、信托公司管理的信托项目之间的相互交易（信信交易）金额，包括余额和本报告年度的发生额

6.5.3.3.1　固有财产与信托财产之间的交易金额期初汇总数、本期发生额汇总数、期末汇总数

固有财产与信托财产相互交易

单位：万元

期初余额	借方发生额	贷方发生额	期末余额
100 202	563 460	523 527	140 135

注：以上交易均为固有资金投资公司自己管理的信托项目受益权。

6.5.3.3.2 信托项目之间的交易金额期初汇总数、本期发生额汇总数、期末汇总数

信托资产与信托财产相互交易

单位：万元

	期初数	本期发生额	期末数
合计	35 490	801 827	837 317

注：以公司受托管理的一个信托项目的资金购买自己管理的另一个信托项目的受益权或信托项下资产均应纳入统计披露范围。

6.5.4 关联方逾期未偿还本公司资金的详细情况以及本公司为关联方担保发生或即将发生垫款的详细情况

本公司无上述情况。

6.6 会计制度的披露

公司固有业务及信托业务均执行2006年财政部颁布的企业会计准则。

7. 财务情况说明书

7.1 利润的实现和分配情况

单位：万元

项　目	期末余额
本年净利润	25 661.75
加：年初未分配利润	19 892.39
减：提取法定盈余公积	2 566.17
减：提取任意盈余公积金	0.00
减：信托赔偿准备金	1 283.09
减：一般风险准备	375.83
减：应付普通股股利	4 000.00
减：未分配利润转增实收资本	0.00
年末未分配利润	37 329.05

7.2 主要财务指标

指标名称	指标值
资本利润率（%）	17.01
加权年化信托报酬率（%）	0.21
人均净利润（万元）	184.62

注：1. 资本利润率 = 净利润/所有者权益平均余额 ×100%。

2. 加权年化信托报酬率 =（信托项目1的实际年化信托报酬率 ×信托项目1的实收信托 + 信托项目2的实际年化信托报酬率 ×信托项目2的实收信托 +… + 信托项目n的实际年化信托报酬率 ×信托项目n的实收信托）/（信托项目1的实收信托 + 信托项目2的实收信托 +… + 信托项目n的实收信托）×100%。

3. 人均净利润 = 净利润/年平均人数。

4. 平均值采取年初、年末余额简单平均法，公式为：a（平均）=（年初数 + 年末数）/2。

7.3 对本公司财务状况、经营成果有重大影响的其他事项

无。

8. 特别事项揭示

8.1 前五名股东报告期内变动情况及原因

无

8.2 董事、监事及高级管理人员变动情况及原因

8.2.1 本报告期内董事变动情况

8.2.1.1 2014年2月12日原公司董事刘凤春因个人原因提出辞去公司董事职务。

8.2.1.2 2014年3月27日公司股东云南省财政厅发来《关于孙国棋、邓耘波、索克明同志不再提任公司董事的函》，自此以上三位同志不再担任公司董事职务。

8.2.1.3 2014年6月18日原公司董事谢超因个人原因提出辞去公司董事职务。

8.2.1.4 2014年10月原公司董事徐迅因个人原因提出辞去公司董事职务。

8.2.1.5 公司根据中国银行业监督管理委员会《非银行金融机构行政许可事项实施办法》的相关规定，向监管部门报送了舒广先生的董事任职资格审核材料，舒广先生于2014年8月19日经云南银监局“云银监复[2014]224号文”批准正式履行董事职责。

8.2.1.6 公司根据中国银行业监督管理委员会《非银行金融机构行政许可事项实施办法》的相关规定，向监管部门报送了刘峥女士的董事任职资格审核材料，刘峥女士于2014年12月31日经云南银监局“云银监复[2014]409号文”批准正式履行董事职责。

8.2.2 本报告期内监事变动情况

无。

8.2.3 本报告期高管变动情况

8.2.3.1 公司根据中国银行业监督管理委员会《非银行金融机构行政许可事项实施办法》的相关规定，向监管部门报送了邓国山先生的副总裁任职资格审核材料，邓国山先生于2014年8月19日经云南银监局“云银监复[2014]225号文”批准正式履行副总裁职责。

8.2.3.2 公司根据中国银行业监督管理委员会《非银行金融机构行政许可事项实施办法》的相关规定，向监管部门报送了《关于田泽望同意担任云南国际信托有限公司总裁任职资格审核的请示》，田泽望先生于2014年10月24日经中国银行业监督管理委员会“银监复[2014]756号文”批准正式履行职责，公司及时在《金融时报》上进行了公告。

8.2.4 期后事项

8.2.4.1 公司根据中国银行业监督管理委员会《非银行金融机构行政许可事项实施办法》的相关规定，向监管部门报送了田泽望先生的董事任职资格审核材料，于2015年2月3日经云南银监局“云银监复[2015]42号文”批准正式履行董事

职责。

8.2.4.2 中国银监会于2015年3月3日下发《中国银监会关于云南国际信托有限公司特定目的的信托受托机构资格的批复》(银监复〔2015〕167号),公司获得特定目的信托受托机构资格。

8.3 变更注册资本、变更注册地或公司名称、公司分立合并事项

无。

8.4 公司重大诉讼事项

无。

8.5 公司及其董事、监事和高级管理人员受到处罚的情况

无。

8.6 银监会及其派出机构对公司检查后的整改情况

2014年中国银监会云南监管局对公司2013年1月至2014年6月的经营情况进行了为期3个月的现场监管检查,并于2014年12月10日下发《中国银监会云南监管局对云南国际信托有限公司现场检查意见书》(以下简称《现声检查意见书》)。《现场检查意见书》认为,公司基本建立了"三会一层"的公司治理架构,"三会一层"能依法运作,为公司内部控制制度的制定与运行提供了良好的内部环境;公司在拓展业务的同时,着力提升风控及管理能力,尝试建立标准化的业务流程,推进人力资源建设,加强IT系统建设,调整组织架构,为提升公司竞争力和促进业务经营的可持续发展夯实了基础;现有信托项目兑付及时,项目风险可控。同时,《现场检查意见书》也中肯、客观地指出了公司在发展过程中存在的不足。

公司立即安排各职能部门认真落实整改要求,制定了较为详细的整改方案,责任到人,并制定了以下整改方案:

一是切实加强基础管理工作。

(1)公司根据业务发展的特点,进一步梳理业务流程,在立项、评审、成立、管理、监管报告等环节均实行流程节点控制。公司根据业务发展的情况,已经建立了多种类别的业务开展标准,并根据监管及市场环境的变化适时调整。

(2)健全内控责任分工及岗位设置,强化监督评价与纠正。

(3)严格执行监管要求,深入学习监管政策法规,贯彻落实监管的指导思想,切实按照监管制度要求做好信息披露工作。

(4)强化公司内相关部门的内部数据传送工作,避免出现数据报送错误、遗漏,提高监管数据报送质量,同时提高信息的反馈质效,加强信息科技管理。

二是进一步加强委托人资质审核,加强信托项目运营过程中的监督执行,严格履行对信托项目的监督义务。

8.7 本年度净资本管理情况

2014年度,公司按照中国银监会《信托公司净资本管理办法》的规定,积极推进净资本管理,初步确立了以净资本管理为核心的业务发展模式和管理体系,各项净资本指标均符合监管要求。

截至2014年末,公司净资产为16.17亿元,净资本为13.64亿元(监管要求为≥2亿元),各项风险资本之和为7.93亿元,净资本/各项风险资本之和为172%(监管要求为≥100%),净资本/净资产为84%(监管要求为≥40%)。

8.8 本年度重大事项临时报告的简要内容、披露时间、所披露的媒体及其版面

2014年4月26日《金融时报》第11版刊登《云南国际信托有限公司2013年年度报告摘要》。

2014年11月17日《金融时报》第8版刊登《关于田泽望先生担任云南国际信托有限公司总裁的公告》。

8.9 银监会及其省级派出机构认定的其他有必要让客户及相关利益人了解的重要信息

报告期内,公司在多方面践行社会责任:(1)紧跟中央步伐,依据政策导向,加强政策及业务学习,尤其是在反洗钱、加强依法合规经营与支持实体经济发展方面组织多次学习讨论。(2)加强内控建设,规范企业经营,更好地为社会创造价值。(3)运用专业能力为客户创造价值,为受益人取得了较好的投资回报。(4)坚持以员工为本,构建企业文化,培育了一支高素质、高学历、年轻化、专业化的人才队伍。(5)以责任培养爱心,用爱心温暖社会。公司不仅组织开展了多项志愿服务活动,还参加了"爱心水窖"捐赠、昭通鲁甸"8·03"地震灾区捐赠。更重要的是,公司将专业的投资管理经验与信托制度完美结合,自2006年起与云南省青少年发展基金会合作,推出了"爱心稳健收益型集合资金信托计划",并运营至今。(6)依法纳税,为财政收入作出应有贡献。2014年公司上缴的各种税金合计18744万元,为国家及地方财政收入和经济发展作出了应有的贡献。(7)推进系统化办公,创建节约型社会。在全社会树立节约意识、节约观念,倡导节约文化、节约文明的大背景下,公司积极创建节约型企业,推进无纸化办公,节约成本,降低能耗,提高效率。

9. 公司监事会意见

9.1 公司依法运作情况

监事会认为,本报告期内公司运作合法规范,经营管理决策程序不存在越权违规行为,公司董事及经理等高级管理人员在执行公司职务时没有违反法律法规、公司章程或损害公司利益的行为。

9.2 财务报告的真实性

监事会认为,公司年度财务报告客观公允,真实反映了公司报告期内的财务状况和经营成果。公司年度财务报告经中审亚太会计师事务所(特殊普通合伙)云南分所审计,并出具了标准无保留意见。

浙商金汇信托股份有限公司

1. 重要提示

1.1　本公司董事会及董事保证本报告所载资料不存在任何虚假记载、误导性陈述或者重大遗漏，并对其内容的真实性、准确性和完整性承担个别及连带责任。

1.2　独立董事周小明先生、孙振洲先生、衣锡群先生认为，本报告的内容真实、准确、完整。

1.3　大华会计师事务所有限公司为本公司出具了标准无保留意见的审计报告。

1.4　董事长徐德良先生、总经理程兴华先生、财务总监朱晓平先生、计划财务部负责人何卫仙女士声明：保证年度报告中财务报告的真实、完整。

2. 公司概况

2.1　公司简介

中文名称	浙商金汇信托股份有限公司（简称浙金信托）
英文名称	Zheshang Jinhui Trust Co., Ltd.（简称 ZHEJIN TRUST）
法定代表人	徐德良
注册地址	浙江省杭州市庆春路 199 号 6～8 楼
邮政编码	310006
国际互联网网址	http://www.zhejintrust.com
电子邮箱	zjtrust@zjtrust.com
负责信息披露事务的高管	戴俊
负责信息披露的联系人	蒋巍峰
联系电话	0571－87386135
传真	0571－87386123
电子邮箱	jiangwf@zjtrust.com

续表

选定的信息披露报纸名称	《金融时报》、《证券时报》、《中国证券报》、《上海证券报》
年度报告备置地点	公司董事会办公室
聘请的会计师事务所名称及住所	大华会计师事务所（特殊普通合伙） 北京市海淀区西四环中路 16 号院 7 号楼 12 层
聘请的律师事务所名称及住所	上海锦天城律师事务所 上海市浦东新区花园石桥路 33 号花旗集团大厦 14 楼

2.2　组织结构

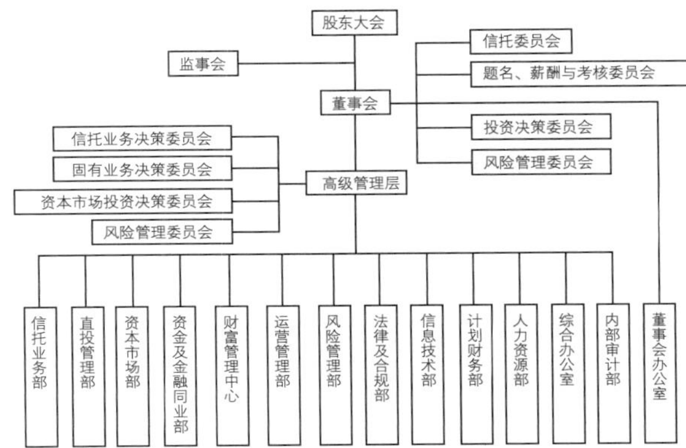

3. 公司治理结构

3.1　股东

股东名称	持股比例（%）	法人代表
浙江省国际贸易集团有限公司	56	丁康生
中国国际金融有限公司	35	丁学东
传化集团有限公司	9	徐冠巨

3.2　董事会成员

董事长、董事

姓　名	职　务	性别	年龄	选任日期	所推举的股东名称	该股东持股比例（%）	简　要　履　历
徐德良	董事长	男	51	2011 年 6 月	浙江省国际贸易集团有限公司	56	现任浙江省国际贸易集团有限公司董事、浙商金汇信托股份有限公司董事长。
林光	董事	男	45	2013 年 9 月	浙江省国际贸易集团有限公司	56	现任浙江省国际贸易集团有限公司资产管理部副总经理、浙商金汇信托股份有限公司董事。
程兴华	董事	男	51	2011 年 6 月	浙江省国际贸易集团有限公司	56	现任浙商金汇信托股份有限公司董事、董事会法务总监、总经理。
戴　俊	董事	男	38	2011 年 6 月	浙江省国际贸易集团有限公司	56	现任浙商金汇信托股份有限公司董事、董事会秘书。
林寿康	董事	男	51	2012 年 4 月	中国国际金融有限公司	35	现任中国国际金融有限公司代履总裁、管理委员会主席、首席运营官，浙商金汇信托股份有限公司董事。
李　弘	董事	女	60	2011 年 6 月	中国国际金融有限公司	35	现任中国国际金融有限公司高级顾问、浙商金汇信托股份有限公司董事。
辛　洁	董事	男	40	2012 年 4 月	中国国际金融有限公司	35	现任中国国际金融有限公司财务总监、管理部董事总经理，浙商金汇信托股份有限公司董事。
杨柏樟	董事	男	57	2011 年 6 月	传化集团有限公司	9	现任传化集团有限公司副总裁、浙商金汇信托股份有限公司董事。

独立董事

姓　名	职务	性别	年龄	选任日期	所推举的股东名称	该股东持股比例(%)	简　要　履　历
周小明	中国人民大学信托与基金研究所所长	男	48	2011年6月	浙江省国际贸易集团有限公司	56	现任中国人民大学信托与基金研究所所长、浙商金汇信托股份有限公司独立董事。
孙振洲	—	男	63	2011年6月	浙江省国际贸易集团有限公司	56	现任浙商金汇信托股份有限公司独立董事。
衣锡群	—	男	67	2011年6月	中国国际金融有限公司	35	现任浙商金汇信托股份有限公司独立董事、SOHO中国有限公司独立董事、中国工商银行股份有限公司独立董事、招商证券股份有限公司独立董事、卓亚资本有限公司独立董事。

3.3 监事会成员

监事会成员

姓　名	职务	性别	年龄	选任日期	所推举的股东名称	该股东持股比例(%)	简　要　履　历
李亚鸣	监事会主席	女	60	2011年6月	浙江省国际贸易集团有限公司	56	现任浙商金汇信托股份有限公司监事会主席。
王利生	监事	女	68	2011年6月	中国国际金融有限公司	35	现任浙商金汇信托股份有限公司监事。
吴国基	职工监事	男	41	2012年9月	公司职工大会		现任浙商金汇信托股份有限公司监事、法律及合规部执行总经理。

3.4 高级管理人员

高级管理人员

姓　名	职　务	性别	年龄	选任日期	金融从业年限(年)	学历	专业
程兴华	总经理	男	51	2014年4月	13	博士研究生	工业经济
刘　伟	常务副总经理(运营总监)	男	44	2012年11月	19	本科	价格学
谢捷	副总经理	男	35	2012年7月	12	研究生	企业管理
朱晓平	财务总监	男	46	2013年7月	13	本科	金融学
张逢伟	风险总监	男	47	2011年6月	19	硕士研究生	经济学

3.5 公司员工

报告期内职工总数为112人，平均年龄为33岁。

公司员工学历分布比率

项　目		报告期年度		上年度	
		人数(人)	比例(%)	人数(人)	比例(%)
年龄分布	博士	2	1.78	2	2
	硕士	59	52.68	51	51
	本科	51	45.54	47	47
	专科	0	0	0	0
	其他	0	0	0	0

4. 经营管理

4.1 经营目标、方针、战略规划

4.1.1 经营目标

建设成为一家行业领先、特色鲜明、经营稳健、品牌卓越、能够为当地经济发展提供强大支持、具有核心竞争力和独特价值的优秀信托公司。

4.1.2 经营方针

诚信经营、创新发展、互利共赢。

4.1.3 战略规划

立足浙江，面向全国，依托各方资源，逐步形成以信托投融资、债券投资为主的受托资产管理、股权投资信托(基金)业务为主要业务方向，其他融资类信托和中介服务等为补充的总体业务架构及盈利模式，打造专业化、职业化的高素质人才队伍，构建科学高效的组织管理、运作流程、交易系统和内控机制，形成良好的市场形象和品牌影响力，不断提高公司的核心能力和价值。

4.2 所经营业务的主要内容

自营资产运用与分布表

资产运用	金额(万元)	占比(%)	资产分布	金额(万元)	占比(%)
货币资产	35 194.42	41.65	基础产业	—	—
贷款及应收款	3 715.53	4.40	房地产业	—	—
交易性金融资产投资	26 924.58	31.86	证券市场	32 534.52	38.50
可供出售金融资产投资	303.31	0.36	实业	—	—
持有至到期投资	—	—	金融机构	38 067.73	45.05
长期股权投资	—	—	其他	13 904.69	16.45
其他	18 369.10	21.73			
资产总计	84 506.94	100.00	资产总计	84 506.94	100.00

信托资产运用与分布

资产运用	金额（万元）	占比（%）	资产分布	金额（万元）	占比（%）
货币资产	23 566.94	0.95	基础产业	1 006 660.00	40.59
贷款	2 058 208.03	83.00	房地产	926 618.03	37.37
交易性金融资产投资	—	—	证券市场	30 000.00	1.21
可供出售金融资产投资	45 500.00	1.83	实业	378 900.08	15.28
持有至到期投资	115 590.00	4.66	金融机构	70 566.94	2.85
长期股权投资	165 380.08	6.67	其他	67 046.48	2.70
其他	71 546.48	2.89			
信托资产总计	2 479 791.53	100.00	信托资产总计	2 479 791.53	100.00

4.3 市场分析

4.3.1 有利因素

随着改革的深入，一直困扰信托业发展的法律法规、信托理念、诚信体系等顶层设计和长效机制问题有望得以改善。鼓励金融创新、土地制度和税收改革、新型城镇化、产业结构调整升级、构建开放型经济新体制等改革举措将给信托公司带来新的业务拓展领域与空间。

4.3.2 不利因素

受宏观经济形势影响，信托行业风险防控压力继续增大。传统信托业务呈现出需求递减、风险递增、竞争加剧的中长期趋势，简单债性融资的盈利模式已难以为继，信托公司业务转型迫在眉睫。

4.4 内部控制概况

4.4.1 内部控制环境和内部控制文化

公司建立了较为完善的法人治理结构，形成了各治理主体之间分工合作、相互协调、互为制衡的运行机制。公司的股东大会、董事会、监事会均按照相关法律法规、规范性文件及公司章程的规定，规范有效地运作。

公司高度重视内控文化建设，全力打造以信任文化为前提、以人本思想为核心、以制度规范为原则、以诚信尽责为准则、以激情创新为源泉的文化体系，创造内部效率、激情、和谐的氛围，树立外部信誉、品牌形象，为实现公司宗旨和发展目标构筑良好的发展环境。

4.4.2 内部控制措施

公司董事会负责内控机制的建立健全和有效实施。董事会下设风险管理委员会，作为董事会风险管理工作的专门议事机构。公司设有独立的风险管理部、法律及合规部和内部审计部，对公司内部控制的执行情况进行监督和检查。风险管理部协助公司高级管理层有效预防、识别、评估和管理各类风险。法律及合规部负责识别公司经营活动中的合规风险，计量、检测和评估公司合规政策和程序的适当性。内部审计部负责涉及经营目标、内部控制及财务管理等各方面的审计与稽核工作。公司基本形成了事前、事中、事后三位一体的风险管理和监督检查体系。

公司制定了《业务分级授权管理办法》、《风险管理办法》、《合规风险管理办法》、《内部审计管理办法》、《信息披露管理办法》、《关联交易管理办法》、《反洗钱工作规程》、《信息安全管理办法》、《信息科技管理办法》、《固有业务管理办法》、《固有业务财务管理办法》、《信托业务管理办法》、《信托业务财务管理办法》、《案件防控处置工作规程》、《资产风险分类管理办法》、《突发事件应对处置管理办法》等规范性文件，公司内控制度已渗透到各项业务过程和各个操作环节，并覆盖所有部门和岗位。公司业务运作基本实现了前中后台严格分离及各部门之间的高效衔接与密切合作。

4.4.3 监督评价与纠正

报告期内，公司内部审计部按计划开展各类专项审计和检查工作，及时发现问题并督促整改。相关审计报告及时送达董事会、监事会和监管机构。

此外，在案件防控工作方面，公司通过建立案件防控制度、定期开展案例解读和风险提示培训工作等加强所有员工的案防意识，报告期内未发生任何案件风险事件。

4.5 风险管理

4.5.1 风险状况

公司在经营中可能遇到的风险主要包括信用风险、市场风险、法律及合规风险、操作风险、流动性风险、声誉风险等。

4.5.1.1 信用风险状况

信用风险是指交易对手不能或不愿按时履约从而造成损失的风险。公司严格落实监管政策和要求，严格执行公司各项业务流程标准，强化信后管理和风险监测。截至报告期末，按资产风险分类口径统计，公司无不良金融资产。

4.5.1.2 市场风险状况

市场风险是指公开市场金融产品或其他产品价格波动导致损失的风险。公司通过严格的业务操作管理、良好的结构化安排并选择合适的投资顾问，能够基本保障资金安全。

4.5.1.3 操作风险状况

操作风险主要是由于失效的或有缺陷的内部程序、系统和人员或者外部事件而导致损失的风险。

公司通过规范各项业务流程、加强内控等手段，高度警惕、严格管理操作风险，报告期内未发生因操作风险造成损失的事件。

4.5.1.4 法律及合规风险状况

法律风险是指因公司违反法律规定、监管规则或者因交易对手产生的合同纠纷，致使公司遭受处罚或者诉讼的风险。

合规风险是指因没有遵守法律、规则和准则，可能遭受法律制裁、监管处罚、重大财务损失和声誉损失的风险。

报告期内，公司未发生因法律风险或合规风险造成损失的事件。

4.5.1.5 流动性风险状况

流动性风险是指无法以市场正常价格成交（市场流动性风险）或者不能履行到期负债支付义务的风险（融资流动性风险）。

报告期内，公司未发生因流动性风险造成损失的事件。

4.5.1.6 声誉风险状况

声誉风险主要表现为缺少声誉应急处理能力、不能妥善处理与媒体的关系以及未建立声誉风险管理机制等造成的风险。

报告期内，公司未发生声誉受损的情况。

4.5.2 风险管理情况

4.5.2.1 信用风险管理

公司通过以下措施加强信用风险管理：

（1）从源头上管控风险，加强对重点涉足行业的研究与分析，完善相关业务指引和准入标准，实施准入关口把控，筛选合适的项目。

（2）规范尽职调查的目的、内容、方法，通过全面、翔实、客观的尽职调查获取充足可靠的信息，识别、评估各项风险，分析判断项目的合理性、可行性。

（3）加强对实质性风险和还款来源的审查和把握，积极采取合理有效的增信措施和风险预案。注重对抵押物权属有效性、合法性的审查，客观、公正评估抵押物，严格控制抵押率。

（4）通过业务项目通报会和立项会，充分发挥集体决策的有效机制，全面审议项目风险、收益、运营管理等各个方面。

（5）规范和加强存续项目管理，根据差别化、专业化、联动化、动态化管理原则，针对不同的项目类型、不同的风险分类对项目实施不同的风险监控措施及监管频率，一旦发现风险预警信号，及时采取有效措施防范和化解信用风险。

4.5.2.2 市场风险管理

对影响市场变化的各项因素进行持续分析和研究，严格按流程进行投资决策，设定投资规模、投资范围、集中度、止损点等风险控制指标并密切监控。努力建立与公司业务发展相匹配的市场风险管理系统、模型和工具，根据市场风险情况动态调整投资策略，有效管理市场风险。

4.5.2.3 操作风险管理

加强内控制度建设，不断细化相互制衡的岗位职责和操作规程，强化流程管控，重点防范尽职调查、项目签约、产品推介、划款支付、抵（质）押办理和抵（质）押物管理等案件防控重点领域和关键环节的操作风险。

4.5.2.4 法律及合规风险管理

通过与律师事务所等外部机构的合作，对所有拟开展业务进行合规性审查，并严格按照公司规定的程序履行法律文件的审核、签约等手续，同时与监管部门保持密切沟通，确保公司业务开展符合国家相关法律法规和监管政策的规定。

4.5.2.5 流动性风险管理

努力保持合理的资产负债结构和较为充足的长期资本，做好流动性储备和应急资金融资安排，并逐步建立与公司发展相匹配的流动性风险管理监测体系，主动管理流动性风险。

4.5.2.6 声誉风险管理

为防范声誉风险，公司坚决不开展可能影响公司声誉的业务，尽职管理受托资产，充分披露信息，塑造良好的社会形象。

5. 报告期末及上一年度末的比较式会计报表

5.1 自营资产

5.1.1 会计师事务所审计结论

大华审字[2015]001620 号

我们审计了后附的浙商金汇信托股份有限公司（以下简称浙金信托公司）财务报表，包括 2014 年 12 月 31 日的资产负债表，2014 年度的利润表、现金流量表、所有者权益变动表，以及财务报表附注。

一、管理层对财务报表的责任

编制和公允列报财务报表是浙金信托公司管理层的责任，这种责任包括：（1）按照企业会计准则的规定编制财务报表，并使其实现公允反映；（2）设计、执行和维护必要的内部控制，以使财务报表不存在由于舞弊或错误导致的重大错报。

二、注册会计师的责任

我们的责任是在执行审计工作的基础上对财务报表发表审计意见。我们按照中国注册会计师审计准则的规定执行了审计工作。中国注册会计师审计准则要求我们遵守职业道德守则，计划和执行审计工作以对财务报表是否不存在重大错报获取合理保证。

审计工作涉及实施审计程序，以获取有关财务报表金额和披露的审计证据。选择的审计程序取决于注册会计师的判断，包括对由于舞弊或错误导致的财务报表重大错报风险的评估。在进行风险评估时，注册会计师考虑与财务报表编制和公允列报相关的内部控制，以设计恰当的审计程序，但目的并非对内部控制的有效性发表意见。审计工作还包括评价管理层选用会计政策的恰当性和作出会计估计的合理性，以及评价财务报表的总体列报。

我们相信，我们获取的审计证据是充分、适当的，为发表审计意见提供了基础。

三、审计意见

我们认为，浙金信托公司的财务报表在所有重大方面按照企业会计准则的规定编制，公允反映了浙金信托公司 2014 年 12 月 31 日的财务状况以及 2014 年度的经营成果和现金流量。

大华会计师事务所（特殊普通合伙）

中国注册会计师：祝宗善

中国注册会计师：胡　超

中国 · 北京　　二〇一五年四月十八日

5.1.2 资产负债表

编制单位：浙商金汇信托股份有限公司　　2014 年 12 月 31 日　　单位：万元

资　产	期末余额	年初余额	负债和所有者权益（或股东权益）	期末余额	年初余额
资产：			负债：		
现金及存放中央银行款项	35 194.42	48 081.42	向中央银行借款		
贵金属			联行存放款项		
存放联行款项			同业及其他金融机构存放款项		
存放同业款项			拆入资金		
拆出资金			以公允价值计量且其变动计入当期损益的金融负债		
以公允价值计量且其变动计入当期损益的金融资产	26 924.58	5 814.83	衍生金融负债		
衍生金融资产	273.16		卖出回购金融资产款		
买入返售金融资产	4 191.25		应付职工薪酬	5 351.68	4 657.30
贷款及应收款项类金融资产	3 715.53	2 856.26	应交税费	3 898.52	1 462.00
应收利息	862.01	251.83	应付利息		
应收股利			其他应付款	3 811.96	1 711.10
其他应收款	141.95	131.40	预计负债	3 018.26	
可供出售金融资产	303.31	330.00	应付债券		
持有至到期投资			递延收益		
长期股权投资			递延所得税负债	68.29	
投资性房地产			其他负债	178.93	158.69
固定资产	228.74	284.59	负债合计	16 327.64	7 989.09
在建工程	752.15	228.40	所有者权益（或股东权益）：		
固定资产清理			实收资本（或股本）	50 000.00	50 000.00
无形资产	7 464.83	7 369.71	其他权益工具		
商誉			其中：优先股		
长期待摊费用	698.98	956.95	永续债		
抵债资产			资本公积		
递延所得税资产	2 243.95	606.45	减：库存股		
其他资产	1 512.07	1 466.59	其他综合收益		
			盈余公积	1 817.93	1 038.93
			一般风险准备	1 597.77	519.47
			未分配利润	14 763.59	8 830.94
			所有者权益（或股东权益）合计	68 179.29	60 389.34
资产总计	84 506.93	68 378.43	负债和所有者权益（或股东权益）总计	84 506.93	68 378.43

企业负责人：徐德良　　财务总监：朱晓平　　会计机构负责人：何卫仙　　制表人：陈　频

5.1.3 利润和利润分配表

利润表

2014 年度　　单位：万元

项　　目	本期金额	上期金额
一、营业收入	27 463.28	19 906.42
（一）利息净收入	759.51	-1 116.43
利息收入	1 439.56	902.66
利息支出	680.05	2 019.09
（二）手续费及佣金净收入	22 501.64	18 508.41
手续费及佣金收入	23 512.97	18 687.08
手续费及佣金支出	1 011.33	178.67
（三）投资收益（损失以"-"号填列）	4 020.59	3 201.12
其中：对联营企业和合营企业的投资收益		
（四）公允价值变动收益（损失以"-"号填列）	181.54	-686.68
（五）汇兑收益（损失以"-"号填列）		
（六）其他业务收入		
二、营业支出	14 095.32	11 818.41
（一）营业税金及附加	1 534.45	1 235.19
（二）业务及管理费	12 560.87	10 583.22
（三）资产减值损失		
（四）其他业务成本		
三、营业利润（亏损以"-"号填列）	13 367.96	8 088.01
加：营业外收入	102.89	12.70
减：营业外支出	3 018.26	20.00
四、利润总额（亏损总额以"-"号填列）	10 452.59	8 080.71
减：所得税费用	2 662.64	2 090.06
五、净利润（净亏损以"-"号填列）	7 789.95	5 990.65
六、其他综合收益的税后净额	0.00	-55.13
（一）以后不能重分类进损益的其他综合收益	0.00	0.00
其中：1. 重新计量设定受益计划净负债或净资产的变动		
2. 权益法下在被投资单位不能重分类进损益的其他综合收益中享有的份额		
（二）以后能重分类进损益的其他综合收益	0.00	-55.13
其中：1. 权益法下在被投资单位以后将重分类进损益的其他综合收益中享有的份额		
2. 可供出售金融资产公允价值变动损益	0.00	-55.13
3. 持有至到期投资重分类为可供出售金融资产损益		
4. 现金流量套期损益的有效部分		
5. 外币财务报表折算差额		
6. 一揽子交易处置对子公司股权投资在丧失控制权之前产生的投资收益		
七、综合收益总额	7 789.95	5 935.52
八、每股收益		
（一）基本每股收益		
（二）稀释每股收益		

企业负责人：徐德良　　财务总监：朱晓平　　会计机构负责人：何卫仙　　制表人：陈　频

5.1.4 所有者权益变动表

所有者权益变动表

2014 年度

单位:万元

项目	行次	本年金额									上年金额								
		实收资本(或股本)	其他权益工具	资本公积	减:库存股	其他综合收益	盈余公积	一般风险准备	未分配利润	所有者权益合计	实收资本(或股本)	其他权益工具	资本公积	减:库存股	其他综合收益	盈余公积	一般风险准备	未分配利润	所有者权益合计
栏次		1	2	3	4	5	6	7	8	9	10	11	12	13	14	15	16	17	18
一、上年末余额	1	50 000.00					1 038.93	519.47	98 830.94	60 389.34	50 000.00				55.13	439.87	219.93	3 738.89	54 453.84
加:会计政策变更	2																		
前期差错更正	3																		
其他	4																		
二、本年初余额	5	50 000.00					1 038.93	519.47	8 830.94	60 389.34	50 000.00				55.13	439.87	219.93	3 738.89	54 453.82
三、本年增减变动金额(减少以"-"号填列)	6						779.00	1 078.30	5 932.65	7 789.95					-55.13	599.06	299.54	5 092.05	5 935.52
(一)综合收益总额	7								7 789.95	7 789.95					-55.13			5 990.65	5 935.52
(二)所有者投入和减少资本	8																		
1. 所有者投入的普通股	9																		
2. 其他权益工具持有者投入资本	10																		
3. 股份支付计入所有者权益的金额	11																		
4. 其他	12																		
(三)利润分配	13						779.00	1 078.30	-1 857.30							599.06	299.54	-898.60	
1. 提取盈余公积	14						779.00		-779.00							599.06		-599.06	
2. 提取一般风险准备	15							1 078.30	-1 078.30								299.54	-299.54	
3. 对所有者(或股东)的分配	16																		
4. 其他	17																		
(四)所有者权益内部结转	18																		
1. 资本公积转增资本(或股本)	19																		
2. 盈余公积转增资本(或股本)	20																		
3. 盈余公积弥补亏损	21																		
4. 一般风险准备弥补亏损	22																		
5. 结转重新计量设定受益计划净负债或净资产所产生的变动	23																		
6. 其他	24																		
四、本年末余额	25	50 000.00					1 817.93	1 597.77	14 763.59	68 179.29	50 000.00					1 038.93	519.47	8 830.94	60 389.34

企业负责人:徐德良　　财务总监:朱晓平　　会计 机构负责人:何卫仙　　制表人:陈频

5.2 信托资产

5.2.1 信托项目资产负债汇总表

2014 年 12 月 31 日

单位:万元

信托资产	年初数	年末数	信托负债和信托权益	年初数	年末数
信托资产:			信托负债:		
货币资金	13 825.89	23 566.94	交易性金融负债	—	—
拆出资金	—	—	衍生金融负债	—	—
存出保证金	—	—	应付受托人报酬	1 345.86	1 301.92
交易性金融资产	57 771.41	—	应付托管费	502.52	63.64
衍生金融资产	—	—	应付受益人收益	24.07	1 888.39
买入返售金融资产	98 000.00	50 000.00	应交税费	221.44	122.36
应收款项	14 501.06	21 546.48	应付销售服务费	—	—
发放贷款	1 603 165.00	2 058 208.03	其他应付款项	430.80	5 054.59
可供出售金融资产	176 428.89	45 500.00	预计负债	—	—
持有至到期投资	85 990.00	115 590.00	其他负债	—	—
长期应收款	—	—	信托负债合计	2 524.69	8 430.90
长期股权投资	140 410.00	165 380.08			
投资性房地产	—	—	信托权益:		
固定资产	—	—	实收信托	2 161 274.47	2 435 078.11
无形资产	—	—	资本公积	6 728.89	—
长期待摊费用	—	—	损益平准金	—	—
其他资产	—	—	未分配利润	19 564.20	36 282.52
减:各项资产减值准备	—	—	信托权益合计	2 187 567.56	2 471 360.63
信托资产总计	2 190 092.25	2 479 791.53	信托负债及信托权益总计	2 190 092.25	2 479 791.53

企业负责人:徐德良　财务总监:朱晓平　会计机构负责人:何卫仙　制表人:詹雯雯

5.2.2 信托项目利润及利润分配汇总表

2014 年度

单位:万元

项目	本年金额	上年金额
1. 营业收入	255 302.17	178 931.00
1.1 利息收入	213 348.78	138 079.83
1.2 投资收益(损失以"-"号填列)	37 442.01	36 836.88
1.2.1 其中:对联营企业和合营企业的投资收益	—	—
1.3 公允价值变动收益(损失以"-"号填列)	-1 172.06	-2 195.90
1.4 租赁收入	—	—
1.5 汇兑损益(损失以"-"号填列)	—	—
1.6 其他收入	5 683.44	6 210.19
2. 支出	30 336.04	23 324.92
2.1 营业税金及附加	214.08	221.44
2.2 受托人报酬	12 674.26	11 284.70
2.3 托管费	5 474.46	2 757.49
2.4 投资管理费	—	—
2.5 销售服务费	2 592.74	3 526.11
2.6 交易费用	—	—
2.7 资产减值损失	—	—
2.8 其他费用	9 380.50	5 535.18
3. 信托净利润(净亏损以"-"号填列)	224 966.13	155 606.08
4. 其他综合收益	—	—
5. 综合收益	224 966.13	155 606.08
6. 加:期初未分配信托利润	19 564.20	13 041.47
7. 可供分配的信托利润	244 530.33	168 647.55
8. 减:本期已分配信托利润	208 247.81	149 083.35
9. 期末未分配信托利润	36 282.52	19 564.20

企业负责人:徐德良　财务总监:朱晓平　会计机构负责人:何卫仙　制表人:詹雯雯

6. 会计报表附注

6.1 会计报表编制基准、会计政策、会计估计和核算方法等情况

公司会计报表编制基准无不符合会计核算基本前提的情况。

公司执行新企业会计准则,本期未发生会计政策及会计估计变更。公司以人民币为记账本位币,会计年度自 2014 年 1 月 1 日起至 12 月 31 日止。

6.2 重要资产转让及其出售的说明

报告期内公司无重大资产转让及出售事项。

6.3 会计报表中重要项目的明细资料

6.3.1 披露自营资产经营情况

6.3.1.1 按信用风险五级分类结果披露信用风险资产的期初数、期末数

信用风险资产五级分类	正常类(万元)	关注类(万元)	次级类(万元)	可疑类(万元)	损失类(万元)	信用风险资产合计(万元)	不良资产合计(万元)	不良资产率(%)
期初数	49 931.24	—	—	—	—	49 931.24	—	0
期末数	41 901.69	—	—	—	—	41 901.69		0

注:不良资产合计=次级类+可疑类+损失类。

6.3.1.2 各项资产减值损失准备的期初数、本期计提、本期转回、本期核销、期末数

单位:万元

	期初数	本期计提	本期转回	本期核销	期末数
贷款损失准备	—	—	—	—	—
一般准备	—	—	—	—	—
专项准备	—	—	—	—	—
其他资产减值准备	—	—	—	—	—
可供出售金融资产减值准备	—	—	—	—	—
持有至到期投资减值准备	—	—	—	—	—
长期股权投资减值准备	—	—	—	—	—
坏账准备	—	—	—	—	—
投资性房地产减值准备	—	—	—	—	—

6.3.1.3 自营股票投资、基金投资、债券投资、长期股权投资等投资业务的期初数、期末数

单位:万元

	自营股票投资	基金投资	债券投资	长期股权投资	其他投资	合计
期初数	—	—	6 880.37	—	2 120.72	9 001.09
期末数	—	—	32 261.36	—	2 873.31	35 134.67

6.3.1.4 前三名自营长期股权投资的企业名称、占被投资企业权益的比例及投资收益情况等

无。

6.3.1.5 前三名自营贷款的企业名称、占贷款总额的比例和还款情况等

无。

6.3.1.6 表外业务的期初数、期末数,按照代理业务、担保业务和其他类型表外业务分别披露

无。

6.3.1.7 公司当年的收入结构

收入结构	金额(万元)	占比(%)
手续费及佣金收入	23 512.97	80.37
其中:信托手续费收入	23 152.67	79.13
投资银行业务收入	—	—
利息收入	1 439.56	4.92
其他业务收入	—	—
其中:计入信托业务收入部分	—	—
投资收益	4 020.59	13.74
其中:股权投资收益	—	—
证券投资收益	3 786.45	12.94
其他投资收益	234.14	0.80
公允价值变动收益	181.54	0.62
营业外收入	102.89	0.35
收入合计	29 257.55	100.00

注:手续费及佣金收入、利息收入、其他业务收入、投资收益、营业外收入均应为损益表中的一级科目,其中手续费及佣金收入、利息收入、营业外收入为未抵减掉相应支出的全年累计实现收入数。

6.3.2 披露信托资产管理情况

6.3.2.1 信托资产的期初数、期末数

单位:万元

信托资产	期初数	期末数
集合	724 734.63	863 709.00
单一	1 375 857.41	1 570 582.19
财产权	89 500.21	45 500.34
合计	2 190 092.25	2 479 791.53

6.3.2.1.1 主动管理型信托业务期初数、期末数

单位:万元

主动管理型信托资产	期初数	期末数
证券投资类	144 721.06	0.08
股权投资类	125 915.72	229 424.48
融资类	642 264.57	664 217.51
事务管理类	863 539.62	862 544.24
合计	1 776 440.97	1 756 186.31

6.3.2.1.2 被动管理型信托业务期初数、期末数

单位:万元

被动管理型信托资产	期初数	期末数
证券投资类	30 000.00	30 002.89
股权投资类	—	—
融资类	—	—
事务管理类	383 651.28	693 602.33
合计	413 651.28	723 605.22

6.3.2.2 本年度已清算结束的信托项目个数、实收信托合计金额、加权平均实际年化收益率

6.3.2.2.1 本年度已清算结束的集合类、单一类资金信托项目和财产管理类信托项目个数、金额、加权平均实际年化收益率

已清算结束的信托项目	项目个数(个)	合计金额(万元)	加权平均实际年化收益率(%)
集合类	12	298 930.00	9.69%
单一类	26	707 199.46	7.28%
财产管理类	1	30 000.00	9.53%

注:加权平均实际年化收益率=(信托项目1的实际年化收益率×信托项目1的资产总计+信托项目2的实际年化收益率×信托项目2的资产总计+…+信托项目n的实际年化收益率×信托项目n的资产总计)/(信托项目1的资产总计+信托项目2的资产总计+…+信托项目n的资产总计)×100%。

6.3.2.2.2 本年度已清算结束的主动管理型信托项目个数、合计金额、加权平均实际年化收益率

已清算结束的信托项目	项目个数(个)	实收信托合计金额(万元)	加权平均实际年化信托报酬率(%)	加权平均实际年化收益率(%)
证券投资类	2	84 200.00	0.53	7.52
股权投资类	—	—	—	—
融资类	13	353 929.46	1.75	9.44
事务管理类	16	347 000.00	0.46	7.48

6.3.2.2.3 本年度已清算结束的被动管理型信托项目个数、合计金额、加权平均实际年化收益率

已清算结束的信托项目	项目个数（个）	实收信托合计金额（万元）	加权平均实际年化信托报酬率（%）	加权平均实际年化收益率（%）
证券投资类	—	—	—	—
股权投资类	—	—	—	—
融资类	—	—	—	—
事务管理类	8	251 000.00	0.16	7.00

6.3.2.3 本年度新增的集合类、单一类、财产管理类信托项目个数、合计金额

单位：万元

新增信托项目	项目个数（个）	合计金额（万元）
集合类	19	475 060.00
单一类	39	900 370.00
财产管理类	—	—
新增合计	58	1 375,430.00
其中：主动管理型	32	811 630.00
被动管理型	26	563 800.00

注：本年度新增信托项目是指在本报告年度内累计新增的信托项目个数和金额，包含本年度新增并于本年度内结束的项目和本年度新增至报告期末仍在持续管理的信托项目。

6.3.2.4 信托业务创新成果和特色业务有关情况

2014 年，公司根据自身业务战略安排，继续加大企业私募债等业务的创新力度，积极探索业务新模式。公司进一步加强与浙江股权交易中心、保险公司、互联网金融服务商等机构的合作，作为债券承销商和受托管理人，推出了"浙江网新联合工程有限公司 2014 年私募债券"、"浙江允升投资集团有限公司 2014 年私募债券"和"浙江湖州环太湖集团有限公司 2014 年私募债券"。

6.3.2.5 本公司履行受托人义务情况及因公司自身责任而导致的信托资产损失情况（合计金额、原因等）

无。

6.4 关联方关系及其交易的披露

6.4.1 关联交易方的数量、关联交易的总金额及关联交易的定价政策等

	关联交易方数量	关联交易金额（万元）	定价政策
合计	5	1 949.02	市场交易价格

6.4.2 关联交易方与本公司的关系性质，关联交易方的名称、法定代表人、注册地址、注册资本及主营业务等

关系性质	关联方名称	法定代表人	注册地址	注册资本（万元）	主营业务
母公司	浙江省国际贸易集团有限公司	丁康生	杭州市中山北路 308 号省国贸集团大楼	9.8 亿元人民币	进出口业务、国内贸易、实业投资、咨询服务等。
对本公司有重大影响的股东	中国国际金融有限公司	丁学东	北京市建国门外大街 1 号国贸大厦 2 座 27 层及 28 层	2.25 亿美元	证券业务、股票发行、投资顾问、资产管理等。

续表

关系性质	关联方名称	法定代表人	注册地址	注册资本（万元）	主营业务
与本公司同受一母公司控制	浙江国贸东方房地产有限公司	胡承江	杭州市西湖区文三路 453 号	5 亿元人民币	房地产开发经营。
与本公司同受一母公司控制	浙江省浙商资产管理有限公司	徐德良	杭州市西湖大道 193 号 301 室	15.18 亿元人民币	参与省内金融企业不良资产的批量转让业务，资产管理，资产投资及资产管理相关的重组、兼并、投资管理咨询服务，企业管理、财务咨询及服务。
与本公司同受一母公司控制	浙江省五金矿产进出口有限公司	许永明	杭州市中山北路 310 号	0.5 亿元人民币	经营进出口业务、矿产品、金属材料、机电设备、五金、汽车、摩托车配件等。
本公司母公司的合营企业	中韩人寿保险有限公司	夏晓曙	杭州市江干区新业路 8 号华联时代大厦 23～24 层	5 亿元人民币	人寿保险、健康保险和意外伤害保险等保险业务。

6.4.3 本公司与关联方的重大交易事项

6.4.3.1 固有财产与关联方：贷款、投资、租赁、应收账款、担保、其他方式等期初汇总数、本期发生额汇总数、期末汇总数

单位：万元

固有财产与关联方关联交易				
	期初数	借方发生额	贷方发生额	期末数
贷款	—	—	—	—
投资	—	—	—	—
租赁	—	546.43	546.43	—
担保	—	—	—	—
应收账款	—	—	—	—
其他	239.02	1 751.67	1 850.28	140.41
合计	239.02	2 298.10	2 396.71	140.41

6.4.3.2 信托资产与关联方：贷款、投资、租赁、应收账款、担保、其他方式等期初汇总数、本期发生额汇总数、期末汇总数

单位：万元

信托资产与关联方关联交易				
	期初数	借方发生额	贷方发生额	期末数
贷款	—	14 000.00	—	14 000.00
投资	—	—	—	—
租赁	—	—	—	—
担保	—	—	—	—
应收账款	—	—	—	—
其他	—	—	—	—
合计	—	14 000.00	—	14 000.00

6.4.3.3 固有财产与信托财产之间的交易金额期初汇总数、本期发生额汇总数、期末汇总数

单位:万元

固有财产与信托财务相互交易			
	期初数	本期发生额	期末数
合计	2 120.72	752.59	2 873.31

注:以固有资金投资公司自己管理的信托项目受益权,或购买自己管理的信托项目的信托资产均应纳入统计披露范围。

6.4.3.4 信托资产与信托财产之间的交易金额期初汇总数、本期发生额汇总数、期末汇总数

单位:万元

信托资产与信托财产相互交易			
	期初数	本期发生额	期末数
合计	—	—	—

注:以公司受托管理的一个信托项目的资金购买自己管理的另一个信托项目的受益权或信托项下资产均应纳入统计披露范围。

6.5 会计制度的披露

公司执行中华人民共和国财政部于2006年2月颁布的企业会计准则——基本准则、38项具体会计准则以及其后颁布的应用指南、解释和其他相关规定。

财政部于2014年陆续颁布/修订了下述企业会计准则,本公司于2014年7月1日起执行新的该等企业会计准则:

(1)《企业会计准则第2号——长期股权投资》;

(2)《企业会计准则第9号——职工薪酬》;

(3)《企业会计准则第30号——财务报表列报》;

(4)《企业会计准则第33号——合并财务报表》;

(5)《企业会计准则第39号——公允价值计量》;

(6)《企业会计准则第40号——合营安排》;

(7)《企业会计准则第41号——在其他主体中权益的披露》。

同时,本公司于2014年3月17日开始执行财政部颁布的《金融负债与权益工具的区分及相关会计处理规定》("财会[2014]13号文"),在2014年度财务报告中开始执行财政部修订的《企业会计准则第37号——金融工具列报》。

7. 财务情况说明书

7.1 利润实现和分配情况

2014年度公司实现利润总额为10 452.59万元,所得税费用为2 662.64万元,实现净利润7 789.95万元。本年度提取信托赔偿准备金389.50万元,提取法定公积金779.00万元,计提一般风险准备688.81万元,剩余可供分配利润未向公司股东分配。

7.2 主要财务指标

单位:%

指标名称	指标值
资本利润率	12.12
信托报酬率	0.92

注:1. 资本利润率=净利润/所有者权益平均余额×100%。

2. 信托报酬率=信托业务收入/实收信托年平均余额×100%。

3. 平均值采取年初及各季度末余额移动算术平均法。公式为:a(平均)=(a_0/2+a_1+a_2+a_3+a_4/2)/4。

7.3 对本公司财务状况、经营成果有重大影响的其他事项

报告期内未发生对本公司财务状况、经营成果有重大影响的其他事项。

8. 特别事项简要揭示

8.1 前五名股东报告期内变动情况及原因

报告期内,本公司股东未发生变动。

单位:%

股东名称	期初持股比例	期末持股比例
浙江省国际贸易集团有限公司	56	56
中国国际金融有限公司	35	35
传化集团股份有限公司	9	9
合计	100	100

8.2 董事、监事及高级管理人员变动情况及原因

8.2.1 董事变动情况及原因

无。

8.2.2 监事变动情况及原因

无。

8.2.3 高级管理人员变动情况及原因

朵元先生于2014年1月12日辞去公司副总经理职务。

中国银行业监督管理委员会于2014年4月8日核准程兴华先生浙商金汇信托股份有限公司总经理的任职资格。

8.3 变更注册资本、变更注册地或公司名称、公司分立合并事项

无。

8.4 公司的重大诉讼事项

无。

8.5 公司及其董事、监事和高级管理人员受到处罚的情况

无。

8.6 本年度重大事项临时报告的简要内容、披露时间、所披露的媒体及其版面

(1)《浙商金汇信托股份有限公司关于变更住所和修改公司〈章程〉的公告》,2014年4月23日刊登于《金融时报》第7版。

(2)《浙商金汇信托股份有限公司关于总经理变更的公告》,2014年4月30日刊登于《金融时报》第7版。

9. 公司监事会意见

监事会认为,报告期内公司依法合规经营,本报告的财务报告真实、客观地反映了公司的财务状况和经营结果。

中诚信托有限责任公司

1. 重要提示

1.1 本公司董事会及董事保证本报告所载资料不存在任何虚假记载、误导性陈述或者重大遗漏，并对其内容的真实性、准确性和完整性承担个别及连带责任。

1.2 未出席董事会董事情况：董事周语菡、张毅未出席第四届董事会第二次会议，授权其他董事代为行使表决权；董事张胜东、周语菡，独立董事杨胜刚未出席第四届董事会第三次以及第四次会议，授权其他董事或其他独立董事代为行使表决权。

1.3 本公司独立董事对年度报告的真实性、准确性、完整性无异议。

1.4 公司董事长邓红国、总经理王少华、财务总监丛雪萍声明：保证年度报告中财务报告的真实、完整。

2. 公司概况

2.1 公司简介

中诚信托有限责任公司初创于 1995 年 11 月，原名称为"中煤信托投资有限责任公司"，注册资本金为人民币 4 亿元（含 1500 万美元）；2001 年 9 月首家获准重新登记，是中国银监会直接监管的信托公司；2004 年 2 月完成增资扩股后，注册资本金增加到 12 亿元，公司名称变更为"中诚信托投资有限责任公司"；2007 年 7 月，根据《信托公司管理办法》，公司完成了重新登记，首批获准直接换发金融许可证，名称变更为"中诚信托有限责任公司"；2010 年 10 月完成增资扩股后，注册资本金增加到 24.57 亿元。

法定中文名称	中诚信托有限责任公司
法定中文缩写名称	中诚信托
公司法定英文名称	Chian Credit Trust Co.,Ltd.
法定英文缩写名称	CCT
法定代表人	邓红国
注册地址	北京市东城区安定门外大街 2 号
邮政编码	100013
国际互联网网址	http://www.cctic.com.cn/
电子信箱	contactus@cctic.com.cn
信息披露事务负责人	魏青。电话：010－84267098。传真：010－84267118。电子信箱：weiqing@cctic.com.cn。
选定的信息披露报纸	《金融时报》
公司年报备置地点	北京市东城区安定门外大街 2 号
聘请的会计师事务所	中准会计师事务所有限公司
聘请的会计师事务所住所	北京海淀区首体南路 22 号国兴大厦四层

2.2 组织结构

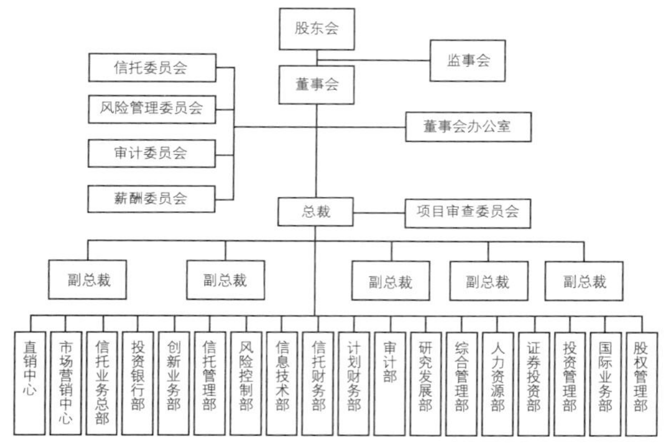

3. 公司治理

3.1 股东

股东总数为 15 个。

股东名称	持股比例（%）	法人代表	注册资本（万元）	注册地址	主要经营业务及主要财务状况
中国人民保险集团股份有限公司★	32.9206	吴焰	4 242 399.0583	北京市宣武区东河沿路 69 号	投资并持有上市公司、保险机构和其他金融机构的股权；监督管理控股投资企业的各种国内外业务；国家授权或委托的政策性保险业务；经中国保监会和国家有关部门批准的其他业务。
国华能源投资有限公司	20.3528	解建宁	542 679.25	北京市东城区东直门南大街 3 号楼	管理和经营煤代油资金形成的所有资产；对能源、交通项目投资；对金融、医疗卫生行业投资；对信息、生物、电子、环保、新材料高新技术产业投资；对房地产业投资；自有房屋的租赁和物业管理；对燃油的电站锅炉、工业锅炉、工业窑炉设备的改造进行投资；新能源技术的开发、生产；洁净煤技术及相关产品的开发、生产、销售；信息咨询服务（以上项目国家有专项专营规定的除外）。依法须经批准的项目，经相关部门批准后依批准的内容开展经营活动。

续表

股东名称	持股比例（%）	法人代表	注册资本（万元）	注册地址	主要经营业务及主要财务状况
兖矿集团有限公司	10. 1764	张新文	335 338. 80	邹城市凫山南路298号	期刊出版，有线广播及电视的安装、开通、维护和器材销售；许可证批准范围内的增值电信业务；对外承包工程资质证书批准范围内的承包与实力、规模、业绩相适应的国外工程项目及对外派遣实施上述境外工程所需的劳务人员。以下仅限分支机构经营：煤炭开采、洗选、销售；热电、供热及发电余热综合利用；公路运输；木材加工；水暖管道安装、维修；餐饮、旅馆、游泳、美容美发及娱乐服务；烟酒糖茶销售。（以上项目的有效期限以许可证为准）广告业务；机电产品、服装、纺织及橡胶制品的销售；备案范围内的进出口业务；园林绿化；房屋、设备租赁；煤炭、煤化工及煤电铝技术开发服务。以下仅限分支机构经营：建筑材料、硫酸铵（白色结晶粉末）生产、销售；矿用设备、机电设备、成套设备及零配件的制造、安装、维修、销售；装饰装修；电器设备安装、维修、销售；通用零部件、机械配件加工及销售；污水处理；房地产开发、物业管理；日用百货、工艺品、金属材料、燃气设备销售；铁路货物（区内自备）运输。（依法须经批准的项目，经相关部门批准后方可开展经营活动）

3. 2 董事

董事长、董事

姓　名	职　务	性别	年龄	选任日期	所推举的股东名称	该股东持股比例（%）	简　要　履　历
邓红国	董事长	男	59	2010 年 11 月			曾任物资部政策法规司副处长，中国人民银行国际司、外资司、一司、监管司副司长，中国银监会三部、四部主任；现任中诚信托有限责任公司董事长、党委书记。
张树忠	董事	男	54	2014 年 4 月	中国人民保险集团股份有限公司	32. 9206	曾任华夏证券公司投资银行部总经理、研究发展部副总经理，光大证券公司总裁助理、北方部总经理、资产管理总监，光大保德信基金管理公司董事、副总经理，大通证券股份有限公司总经理，中国人保资产管理公司副总裁；现任大成基金管理有限公司董事长、中国人民保险集团股份有限公司首席投资执行官。
王会娟	董事	女	52	2010 年 11 月	国华能源投资有限公司	20. 3528	曾任国家计委主任科员、副处长，国家开发银行技改司副处长、处长，中国爱地集团总经理助理，中远集团资产经营中心副主任，国华能源投资有限公司总经理助理、副总经理，现任国华能源投资有限公司总经理、党委副书记。
张胜东	董事	男	57	2011 年 4 月	兖矿集团有限公司	10. 1764	曾任兖矿集团有限公司副总会计师兼财务处处长，兖矿集团有限公司副总会计师、财务部长兼财务公司筹备处主任；现任兖矿集团有限公司副总经理，兼财务公司董事长。
周语菡	董事	女	46	2013 年 6 月	招商局中国基金有限公司	3. 3297	曾任招商局中国基金有限公司执行董事及该公司辖下多家附属公司董事，招商局中国投资管理有限公司董事总经理，江西世龙有限公司及招商基金管理有限公司独立非执行董事，上海第一财经传媒有限公司、广州珠江数码集团有限公司及广西华劲集团股份有限公司董事和兴业银行股份有限公司监事，现任招商证券股份有限公司监事会主席。
张　毅	董事	男	42	2010 年 11 月	永城煤电控股集团有限公司	5. 0882	曾任永城煤电集团有限责任公司财务部副部长和部长、副总会计师、财务总监，永煤控股代总会计师、财务公司董事长、总会计师、党委常委、董事、总会计师，国龙投资董事长、财务公司董事长，河南煤业化工集团董事会秘书、董事，现任河南能源化工集团董事会秘书、董事。
赵荣哲	董事	男	49	2010 年 11 月	中国中煤能源集团公司	3. 3921	曾任中国统配煤矿总公司、煤炭工业部财劳司干部，中煤装备集团财务审计处副处长，现任中国中煤能源集团公司副总会计师、财务总部总经理。
尹新全	董事	男	57	2010 年 11 月	盘江煤电（集团）有限责任公司	3. 3921	曾任盘江矿务局火铺矿财务科干部，盘江矿务局财务处干部，盘江煤电（集团）公司财务部主任、副总会计师、董事会董事、总会计师，现任贵州盘江投资控股（集团）有限公司党委委员、总会计师。
赵海龙	董事	男	50	2010 年 11 月	中国平煤神马能源化工集团有限责任公司	3. 3921	曾任平顶山煤业（集团）有限责任公司会计利科长、内部银行行长、结算中心主任，处长、集团副总会计师，平煤集团总会计师，现任中国平煤神马集团总会计师、董事。
王少华	董事	男	58	2010 年 11 月			曾任煤炭管理干部学院干部、南方证券海口分公司总经理、中煤信托投资有限责任公司副总经理，现任中诚信托有限责任公司总经理、党委委员。

独立董事

姓　名	职　务	性别	年龄	选任日期	所推举的股东名称	该股东持股比例（%）	简　要　履　历
杨化彭	独立董事	男	66	2010 年 11 月			曾任大同矿务局财务处会计、副处长，中国统配矿总公司审计局副处长，中国煤矿工程机械装备集团公司副总经理，现任中国煤炭协会副会长、高级会计师。

续表

姓　名	职　务	性别	年龄	选任日期	所推举的股东名称	该股东持股比例（%）	简　要　履　历
杨胜刚	独立董事	男	49	2010年11月			曾任湖南理工学院讲师，湖南财经学院副教授、系主任，现任湖南大学金融学院院长、教授、博士生导师。
张晓森	独立董事	男	56	2010年11月			曾任中国政法大学副教授、系副主任，香港胡关李罗律师事务所中国法顾问，天达律师事务所合伙人，现任中咨律师事务所合伙人。

3.3　监事

监事会成员

姓　名	职　务	性别	年龄	选任日期	所推举的股东名称	该股东持股比例（%）	简　要　履　历
连福忠	监事长	男	54	2010年11月	山西焦煤集团有限责任公司	2.5441	曾任西山煤电集团公司财务处副科长、科长，现任西山煤电集团公司财务处副处长、内部银行行长。
刘瑞生	监事	男	47	2010年11月	国华能源投资有限公司	20.3528	曾任国家审计署科员，主任科员，国华能源投资有限公司风险控制部副总经理、总经理、副总会计师兼风险控制部总经理，现任国华能源投资有限公司总经理助理兼风险控制部总经理。
王玉江	监事	男	51	2010年11月	冀中能源邢台矿业集团有限责任公司	3.3921	曾任邯郸矿务局王凤矿财务科科长、邯郸矿业集团有限公司结算中心主任、金牛能源有限责任公司产权资本运营部部长，现任冀中能源邢台矿业集团有限责任公司总会计师。
杨广玉	监事	男	46	2010年11月	山西潞安矿业（集团）有限责任公司	2.5441	曾任潞安矿业集团财务处会计科科长，潞安环能股份公司财务部副部长、部长、财务负责人，现任山西潞安矿业（集团）有限责任公司财务处处长。
俞建辉	监事	男	56	2010年11月	福建省能源集团有限责任公司	2.5441	曾任福建永定矿务局会计、科长，福建省煤炭工业总公司副处长、处长，福建省天湖山矿务局副局长、总会计师，现任福建省煤炭工业总公司、福建省能源集团有限责任公司审计处处长、副总审计师、改革与综合管理部经理。
王言彬	监事	男	58	2010年11月	淮北矿业（集团）有限责任公司	1.6961	曾任淮北矿业（集团）科长、副处长、处长、副总会计师，现任淮北矿业（集团）有限责任公司总会计师。
吉祥	监事	男	29	2013年2月	赤峰富龙热电股份有限公司	1.6283	曾任内蒙古兴业集团股份有限公司副总裁、副董事长，现任内蒙古兴业集团股份有限公司副总经理。
王桂华	监事	女	50	2010年11月	中诚信托有限责任公司职工代表		曾任煤炭科学研究总院财务处会计，中煤信托计财部会计、负责人、副总经理，现任中诚信托有限责任公司审计部总经理。
秦岭	监事	男	40	2011年10月	中诚信托有限责任公司职工代表		曾在西南证券有限责任公司工作，现任中诚信托有限责任公司信托业务总部总经理、中诚资本管理（北京）有限公司总经理。

3.4　高级管理人员

姓　名	职　务	性别	年龄	选任日期	金融从业年限（年）	学历	专业	简要履历
王少华	总经理	男	58	2002年3月13日	20	本科	财务与信用	曾任北京煤炭管理干部学院教员，南方证券海口分公司副总经理、总经理，现任中诚信托有限责任公司总经理、党委委员。
刘成相	党委副书记	男	58	2013年6月13日	14	本科	会计	曾任国家统计局社会资金处副处长、综合分析处处长、副司长，国家统计局固定资产投资统计司司长、核算司司长、综合司司长（其中，2000年1～7月兼局新闻发言人）；国务院派驻国家开发银行监事会办公室主任、专职监事，中国银监会统计部主任，中央结算公司董事长、党委书记，现任中诚信托有限责任公司党委副书记。
吴大永	副总经理	男	59	2002年3月13日	20	本科	金融	曾任中央财金学院教员，交通部中国公路桥梁工程公司资金部经理、驻国外办事处代表，海南国际信托公司部门副经理，海南汇通国际信托公司总经理助理，现任中诚信托有限责任公司副总经理、党委委员。
赵建平	纪委书记	男	50	2006年3月3日	11	研究生	经济	曾任内蒙古自治区党委研究室主任、中央金融工委组织处副处长、中国银监会组织处处长，现任中诚信托有限责任公司党委委员、纪检书记。
高　方	副总经理	男	56	2006年4月7日	30	本科	财务与信用	曾任建设银行总行干部、副处长，外企服务总公司宏银实业公司副总经理，现任中诚信托有限责任公司副总经理、党委委员。

续表

姓　名	职　务	性别	年龄	选任日期	金融从业年限(年)	学历	专业	简要履历
罗学东	副总经理	男	48	2011年10月17日	25	本科	金融	曾在中国人民银行江苏省南通市分行,中国人民银行稽核局、监管一司、营业管理部,银监会监管一部、三部、四部,银监会山西监管局工作,现任中诚信托有限责任公司副总经理、党委委员。
李振蓬	副总经理	女	42	2011年10月17日	17	硕士	投资管理	曾在中煤信托投资有限责任公司工作,曾任中诚信托有限责任公司信托业务部副总经理、总裁助理。现任中诚信托有限责任公司副总经理、党委委员。
汤淑梅	副总经理	女	49	2011年10月17日	18	博士	法学	曾在中国人民大学任教,曾在中煤信托投资有限责任公司工作,曾任中诚信托有限责任公司风险控制部副经理、总经理、首席风险控制官,现任中诚信托有限责任公司副总经理、党委委员。

3.5　公司员工

项　目		报告期年度		上年度	
		人数(人)	比例(%)	人数(人)	比例(%)
年龄分布	25岁以下	2	0.84	6	2.7
	25~29岁	52	21.76	66	29.46
	30~39岁	129	53.97	109	48.66
	40岁以上	56	23.43	43	19.2
学历分布	博士	9	3.77	9	4.02
	硕士	146	61.09	134	59.82
	本科	80	33.47	76	33.93
	专科	4	1.67	5	2.23
	其他	0	0	0	0
岗位分布	董事、监事及高管人员	10	4.18	10	4.46
	自营业务人员	19	7.95	21	9.38
	信托业务人员	133	55.65	126	56.25
	其他人员	77	32.22	67	29.91

4. 经营管理

4.1　经营目标、方针、战略规划

4.1.1　经营目标

公司将坚持业务创新发展和内部基础建设并重、业务开展与风险管理并重、信托业务和固有业务并重,着力提升信托投资和资产管理能力,加快转型成为比较优势明显、核心业务较为突出、风险管理能力较强、盈利模式清晰、内部管理先进的专业资产管理机构,综合实力保持全国信托同业前五名;远期力争发展成为国内一流、具有一定国际影响力的财富管理机构。

4.1.2　经营方针

规范经营、专业理财、诚信服务、稳健发展。

4.1.3　战略规划

坚持"稳健审慎"的理念,提高投资管理能力和风险管理水平,创新信托业务和产品模式,构建多元化的资产管理产品体系;提升财富管理服务水平,为个人高净值客户和机构投资者提供个性化、专业化的综合金融服务和解决方案;继续保持行业领先优势,最大限度地实现受益人回报、股东回报和员工回报多赢发展的格局。

在业务发展上,以培养资产管理能力和提升风险管理水平为核心,以提高盈利水平为导向,以持续的产品创新为突破,做大做强信托主业,稳健发展固有业务,坚持推进专业化分工,优化业务布局,在企业融资需求服务中成为优秀的资产管理专家,在向机构和高净值个人客户提供理财产品和资产管理服务过程中,成为机构和高净值个人客户的财富管理专家。

在内部管理上,牢固树立"内控优先"的理念,建立规范、高效的公司治理结构和内控体系,不断提高对各类风险的识别、防范和控制能力;大力加强信息管理系统的建设,提高管理效率,优化决策流程;高度重视专业化人才的引进和培养,建立有竞争力的薪酬激励机制,打造一支在行业内具有较高素养和精干高效的专业团队。

4.2　经营业务的主要内容

自营资产运用与分布表

资产运用	金额(万元)	占比(%)	资产分布	金额(万元)	占比(%)
货币资产	147 409.80	10.32	基础产业	2 967.81	0.21
贷款及应收款	880 698.12	61.64	房地产业	612 992.34	42.90
交易性金融资产	66 095.03	4.63	证券市场	111 384.79	7.80
可供出售金融资产	40 230.54	2.82	实业	97 903.64	6.85
持有至到期投资			金融机构	390 318.29	27.32
长期股权投资	274 188.75	19.19	其他	213 111.54	14.92
其他	20 056.17	1.40			
资产总计	1 428 678.41	100.00	资产总计	1 428 678.41	100.00

信托资产运用与分布表

资产运用	金额(万元)	占比(%)	资产分布	金额(万元)	占比(%)
货币资产	737 180.26	2.36	基础产业	5 219 111.58	16.71
贷款	9 258 957.93	29.65	房地产	1 939 667.61	6.21
交易性金融资产	7 746 763.39	24.80	证券市场	8 098 273.76	25.93
可供出售金融资产	—		实业	9 331 278.56	29.88
持有至到期投资	—		金融机构	3 776 757.52	12.09
长期股权投资	5 058 435.07	16.20	其他	2 865 697.51	9.18
买入返售金融资产	—	0.00			
应收账款	8 428 514.25	26.99			
其他	935.64	0.00			
信托资产总计	31 230 786.54	100	信托资产总计	31 230 786.54	100

4.3 市场分析

4.3.1 有利因素

（1）产业融资需求增加。2014年信托规模再创历史新高，行业整体发展平稳，对经济的影响力增强。中国处于新周期的酝酿期，稳增长是当前经济面临的首要问题，实体企业投融资需求仍然较为旺盛。中国经济转型需要较长时间完成，依靠大规模投融资拉动增长的现状还将延续，在金融脱媒的趋势进一步确立的情况下，信托公司通过专业化的产品设计，在融资需求和理财需求之间发挥好桥梁的作用，引导社会闲散资金支持国民经济和社会发展，有助于建立多层次的资本市场，并实现金融资源市场化。

（2）改革红利释放。深化改革为实体经济注入了发展活力，城镇化战略的实施促进了经济结构转型和战略性新兴产业的发展，国企混合所有制改革将推动建立富有竞争力和创新力的企业，医疗、养老、农业、环保等产业受政策支持而具有长期投资价值。这些都将给信托业带来巨大的发展潜力，为信托公司开拓新的增长点。信托公司可以依托信托制度本源，积极探求深化改革过程中新的业务开展方式，促进主动管理能力的提升。

（3）信托行业的主动管理能力增强。在通道业务受阻、传统的房地产和政信合作业务下滑的情况下，信托行业的转型迫在眉睫。信托公司加强了主动管理和营销的能力，这有利于信托公司长期稳健发展。信托公司凭借投资广泛、结构灵活等独特优势，推出了土地流转信托、家族信托、公益信托、消费信托、养老信托等创新型产品，并积极发展股权投资，增强了自身在资产管理市场的竞争力。同时，高净值人群迅猛增长，投资者的理财需求扩大，也为信托公司发展创新业务提供了良好的机遇。

（4）信托登记制度带来流动性。随着上海自贸区管委会正式下发《信托登记试行办法》，我国将在自贸试验区建立完善信托登记平台、探索信托受益权流转机制，信托产品的流动性问题获得重大突破。这降低了信托的经营风险和系统性风险，为信托行业长期可持续发展创造了良好环境。

4.3.2 不利因素

（1）宏观经济下行。2015年"两会"将全年的经济增长目标下调至7%，经济增速下降和产业结构调整进入阵痛期将导致金融风险上升。房地产、基础设施、矿产和能源等行业受经济周期影响较大，加上政府债务等相关因素影响，信托公司的房地产信托业务与基础产业信托业务承压，当前庞大的信托项目存量需要市场逐渐消化，宏观经济下滑导致信托产品兑付压力增大。

（2）流动性风险上升。2015年信托产品迎来兑付高峰，一旦出现较大面积的风险暴露，或者投资人担忧情绪蔓延，信托产品展期失败，信托市场将承受巨大的压力，而风险事件将改变投资者的风险偏好，流动性需求提升会对信托公司经营管理产生重大影响。此外，股市持续创出新高，投资者对固定收益类产品需求下降，存量信托中部分借新还旧的信托产品将面临重大挑战。

（3）竞争进一步加剧。信托、银行、保险、证券、基金等各类金融机构在资产管理市场上的竞争日益激烈，信托行业规模和利润均遭挤压。互联网金融产品的兴起正在改变人们的理财观念与习惯，也冲击着理财市场的格局，而不同行业资产管理业务监管标准并不统一，未来对信托的监管有继续加强的趋势，信托业务发展和风险控制将面临更高的要求。

4.4 内部控制

4.4.1 内部控制环境和内部控制文化

完善的公司治理结构是内部控制环境建设的基础，公司已经按照法律规定和公司章程要求建立了以股东会、董事会、监事会以及经营管理层为核心的治理结构，"三会一层"之间分工明确、职责清晰；内控体系设置明晰；内部审计工作独立运作，审计部依照国家有关法律法规、财务会计制度和公司内部规定，独立行使内部审计监督权，对公司董事长负责并报告工作；内控文化建设不断深化，公司倡导务实高效的风险管理文化，把诚信经营、合规经营作为内控文化的主旋律，并通过制度建设、员工培训、激励安排等方式将其融入日常工作和企业行为中，使恪守信用原则成为员工基本的职业道德和行为准则。

4.4.2 内部控制措施

4.4.2.1 严格实施授权审批控制

公司根据业务授权开展相关业务，董事会、管理层及公司业务人员都在业务权限范围内开展工作，对于重大决策、重要人事任免、重大项目安排和大额度资金运作等"三重一大"事项，坚持集体决策原则；对大额采购工作制定了专门的制度，集体决策，分级管理，确保大额采购符合法律规定和公司相关制度要求。

4.4.2.2 建立岗位分离和资产隔离制度

岗位分离制度主要表现在：一是自营业务部门和信托业务部门单独设立，在管理上隶属于不同的公司主管领导，内部人员不相互兼岗；二是财务部门中会计、出纳岗位相互独立，且出纳不得兼顾稽核、会计档案保管等工作；三是业务开展与风险管理相互分离，各职能部门和流程设置明晰，前中后台既相互分离，又相互制约。资产隔离制度主要表现在：公司对自营业务和信托业务单独建账、独立核算，对公司信托业务的管理遵循"分类管理、专户核算"原则，每项信托业务都要单独设立账户和编制管理报告。

4.4.2.3 加强运营分析控制

公司管理层定期、不定期地根据合规与风控部、计划财务部提交的有关报告，对公司运营情况及风险状况进行分析，制定相应解决方案并实施。为了应对经营中可能出现的突发事件，公司还专门制定了突发事件应急预案制度。

4.4.2.4 实施绩效考评控制

公司建立了科学的绩效考评制度，合理设定岗位系列，按照岗位职责、任职资格等进行职位价值评估，制定并完善了适合不同专业技术工作特点和岗位特点的考核指标体系。

4.4.3 信息交流与反馈

根据监管要求和规章制度的规定，公司制定并实施了信息披露制度。在公司内部信息交流与反馈方面，公司根据内部组织之间的关系和各自的职责权限，建立了从上到下的授权流程和从下到上的汇报路径。根据国家有关法规和公司有关文件要求，公司建立了反舞弊机制，对于员工举报的潜在舞弊或违规行为，审计部、纪检监察部门都会及时跟进和调查，在公司范围内建立并实施了投诉举报机制。

4.4.4 监督评价与纠正

公司建立了多层次的内控监督体系：监事会依法履行监督职能，对公司董事、高级管理层履职情况进行监督；审计部独立行使内部审计监督权；合规与风控部等部门在对内部控制的实施情况进行持续监督的基础上，还会开展有针对性的专项检查，指出存在的问题，提出整改意见和建议。

4.5 风险管理

4.5.1 风险管理概况

公司实施以项目管理为核心的风险管理战略，建立了以风险管理委员会、经营管理层、合规与风控部为主线的风险管理组织体系，制定了以《风险管理办法》为核心的风险管理规章制度，遵循全面、审慎、及时、有效和独立性的风险管理原则，将风险管理贯穿到公司前台、中台以及后台的各个环节，并根据业务类别制定相应的风险控制措施，形成了事前防范、事中控制、事后评价的风险管理机制，逐步形成了体现“稳健、审慎”经营理念的风险管理文化。

4.5.2 风险状况

公司经营活动中面临的风险主要有合规风险、信用风险、市场风险、操作风险及其他风险等。

4.5.2.1 合规风险状况

合规风险是指公司因没有遵守法律法规和准则而可能遭受法律制裁、监管处罚，从而给公司发展带来重大损失的风险。监管部门不仅持续关注信托公司在房地产、信政等领域的业务风险，提出规范性要求，还通过净资本管理加强对信托公司的资本约束。

4.5.2.2 信用风险状况

信用风险是公司面临的主要风险之一，体现为经济增速下降或交易对手所处行业受调整，使交易对手面临流动性困难，导致交易对手的履约能力下降，从而使公司业务开展面临一定风险；或交易对手因经营不善、资金周转不灵甚至恶意欺诈等原因不按期履行合约义务，而给信托财产或公司财产造成损失。

4.5.2.3 市场风险状况

市场风险是指市场价格的波动给信托财产或公司财产带来损失的可能性，常见的风险表现形式包括利率风险、证券价格波动风险、商品价格波动风险和汇率风险等。如果利率变化与公司预期相反，将对公司的贷款以及收益产生不利影响；证券价格、商品价格下跌会对公司相关项目担保物价值带来不利影响；汇率变化也可能使公司外汇资本金和 QDII 信托资产发生损失。

4.5.2.4 操作风险状况

操作风险是指在经营管理过程中，由于内控机制不健全、内部业务操作程序不完善或操作系统发生故障，从而给公司经营带来隐患的风险。同时，在业务开展过程中，业务人员未能充分获得准确的市场信息，不熟悉市场交易涉及的法律法规，或者工作出现失误和效率低下都可能会产生操作风险。

4.5.2.5 其他风险状况

其他风险主要包括法律风险、声誉风险等。法律风险是指公司在经营过程中，因为无法满足或违反法律要求，不能履行合同而发生争议、诉讼或其他法律纠纷，可能给公司或投资人造成经济损失的风险。声誉风险主要是指由于公司经营、管理及其他行为或外部事件导致利益相关方对公司产生负面评价的风险。

4.5.3 风险管理情况

4.5.3.1 合规风险管理

公司通过宣传并解读监管政策和对员工的法规培训，营造良好的合规文化氛围，提高全体员工防范风险的意识；结合监管部门要求和实际情况，修改完善内部制度规定，搭建了董事会—经营管理层—合规与风控部—合规岗四个层次的合规管理组织体系；根据监管规定，制定了净资本管理的相关制度，成立了净资本管理委员会，按年度制定净资本配置方案，对公司净资本管理指标进行动态监督；继续加强业务合规管理和项目合规性审查。

4.5.3.2 信用风险管理

公司不断完善项目评审相关制度，优化项目评审流程，加强对员工业务能力的培训，提高项目甄别和筛选能力；重视对交易对手经营状况、资信状况的尽职调查，审慎选择交易对手；继续加强项目前期风险评估工作，强化对项目运行管理的监督力度，严格审查项目资金使用情况，逐步推行按风险等级分类对项目运行进行管理，加大重点项目监督检查力度，并逐步建立风险预警制度，有效防范信用风险。

4.5.3.3 市场风险管理

公司通过设置合理的交易结构，在资金放贷中引入浮动利率机制，实现对风险的有效对冲和补偿，以规避市场风险；通过加强对证券投资产品单位净值、抵（质）押物价格变化的日常监控，防范市场价格波动带来的风险；定期对房地产业务进行压力测试，分析在不同风险程度下房地产项目的抗风险能力，从而及时发现并预防市场风险；合理配置外汇资产，防范汇率波动给公司外汇资本金和 QDII 业务带来的市场风险。

4.5.3.4 操作风险管理

公司定期对业务操作流程进行修订和完善，以业务流程为主线，不断完善前台、中台、后台的内部控制体系，对重要的业务环节，实行双人双岗复核、审批；及时对业务管理系统和证券交易系统进行升级，更新相关数据，同时加强对新员工在制定合同文本、熟悉业务流程等方面的培训，有效防范操作风险；重视项目的抵押担保手续办理工作，要求合规与风控部人员参与办理担保相关手续。

4.5.3.5 其他风险管理

在法律风险管理方面，公司高度重视法律风险的防范，数次修订《合同管理办法》，定期对合同文本进行更新，不断加大对合同的审查力度；公司聘请外部律师对重大项目出具法律意见，从业务源头和操作环节防范和化解法律风险。

在声誉风险管理方面，公司及时向投资者和监管层进行信息披露，持续关注新闻舆情，还借助信托业协会的《信托资讯》、《每日舆情》等做好舆情监测，就重点事件积极采取应对措施，防范和化解声誉风险。

5. 报告期末及上一年度末的比较式会计报表

5.1 自营资产

5.1.1 会计师事务所审计意见全文

审 计 报 告

CHW 证审字[2015]0097 号

中诚信托有限责任公司董事会：

我们审计了后附的中诚信托有限责任公司（以下简称贵公司）财务报表，包括 2014 年 12 月 31 日的合并及公司资产负债表，2014 年度的合并及公司利润表、合并及公司现金流量表和合并及公司所有者权益变动表以及财务报表附注。

一、管理层对财务报表的责任

编制和公允列报财务报表是贵公司管理层的责任，这种责任包括：(1) 按照企业会计准则的规定编制财务报表，并使其实现公允反映；(2) 设计、执行和维护必要的内部控制，以使财务报表不存在由于舞弊或错误导致的重大错报。

二、注册会计师的责任

我们的责任是在执行审计工作的基础上对财务报表发表审计意见。我们按照中国注册会计师审计准则的规定执行了审计工作。中国注册会计师审计准则要求我们遵守中国注册会计师职业道德守则，计划和执行审计工作以对财务报表是否不存在重大错报获取合理保证。

审计工作涉及实施审计程序，以获取有关财务报表金额和披露的审计证据。选择的审计程序取决于注册会计师的判断，包括对由于舞弊或错误导致的财务报表重大错报风险的评估。在进行风险评估时，注册会计师考虑与财务报表编制和公允列报相关的内部控制，以设计恰当的审计程序，但目的并非对内部控制的有效性发表意见。审计工作还包括评价管理层选用会计政策的恰当性和作出会计估计的合理性，以及评价财务报表的总体列报。

我们相信，我们获取的审计证据是充分、适当的，为发表审计意见提供了基础。

三、审计意见

我们认为，贵公司财务报表在所有重大方面按照企业会计准则的规定编制，公允反映了贵公司 2014 年 12 月 31 日的合并及公司财务状况以及 2014 年度的合并及公司经营成果和合并及公司现金流量。

中审华寅五洲会计师事务所（特殊普通合伙）　　中国注册会计师：黄庆林

中国·北京　　中国注册会计师：弓晓杰

二〇一五年四月三日

5.1.2 资产负债表

资产负债表

编制单位：中诚信托有限责任公司　　2014 年 12 月 31 日　　单位：万元

项　目	合并		公司	
	2014 年 12 月 31 日	2013 年 12 月 31 日	2014 年 12 月 31 日	2013 年 12 月 31 日
资产				
货币资金	160 652.00	248 890.79	147 409.80	234 441.45
以公允价值计量且其变动计入当期损益的金融资产	71 895.03	18 904.82	66 095.04	15 604.82
买入返售金融资产	12 370.26	14 740.23	12 370.26	14 740.23
应收账款	93 433.02	38 292.46	91 763.44	37 429.65
预付款项	135.97	125.77	15.17	18.05
应收利息	1 367.74	1 301.73	1 367.74	1 301.73
其他应收款	57 112.88	7 742.84	57 626.24	12 246.66
存货	69.04	69.92		
其他流动资产	86.00			
发放贷款和垫款	316 973.00	278 725.45	316 973.00	278 725.45
可供出售金融资产	44 651.26	46 117.39	40 230.54	41 936.35
应收款项类金融资产	400 582.26	356 403.10	400 582.26	356 403.10
长期股权投资	234 059.63	212 803.13	274 188.75	252 949.88
投资性房地产	32 003.61	33 421.84		
固定资产	9 747.22	10 233.43	1 755.63	2 087.97
无形资产	124.94	359.25	104.61	335.69
商誉	68.54	68.54		
长期待摊费用	275.40	287.80	8.15	48.27
递延所得税资产	18 319.15	21 999.32	18 187.78	22 141.88
资产总计	1 453 926.95	1 290 487.81	1 428 678.41	1 270 411.18
负债				
应付账款	12.05	18.69		

续表

项　　目	合并		公司	
	2014 年 12 月 31 日	2013 年 12 月 31 日	2014 年 12 月 31 日	2013 年 12 月 31 日
预收款项	57.43	705.66		434.81
应付职工薪酬	65 171.82	81 869.01	63 422.33	81 215.75
应交税费	38 965.92	38 724.47	37 360.00	36 804.38
其他应付款	40 164.08	41 454.61	38 206.05	39 790.85
长期应付款	3 750.00	4 250.00		
递延所得税负债	8 415.38	7 729.36	8 407.13	7 729.36
负债合计	156 536.68	174 751.80	147 395.51	165 975.15
所有者权益				
实收资本	245 666.67	245 666.67	245 666.67	245 666.67
资本公积	263 195.93	263 208.00	263 195.93	263 208.00
其他综合收益	6 750.46	−950.50	6 780.49	−897.21
盈余公积	121 949.18	100 609.06	121 949.18	100 609.06
一般风险准备	53 942.88	43 272.82	53 942.88	43 272.82
未分配利润	601 728.34	460 849.89	589 747.75	452 576.69
归属于母公司所有者权益合计	1 293 233.46	1 112 655.94	1 281 282.90	1 104 436.03
少数股东权益	4 156.81	3 080.07		
所有者权益合计	1 297 390.27	1 115 736.01	1 281 282.90	1 104 436.03
负债及所有者权益合计	1 453 926.95	1 290 487.81	1 428 678.41	1 270 411.18

法定代表人:邓红国　　主管会计工作负责人:丛雪萍　　制表人:吴静玲

5.1.3　利润表

合并及公司利润表

编制单位:中诚信托有限责任公司　　2014 年度　　单位:万元

项　　目	合并		公司	
	2014 年度	2013 年度	2014 年度	2013 年度
一、营业收入	331 478.29	324 986.65	311 820.22	306 503.44
(一)利息净收入	61 280.67	58 480.47	60 894.84	58 272.88
利息收入	61 280.67	58 480.47	60 894.84	58 272.88
利息支出				
(二)手续费及佣金净收入	183 975.18	187 588.57	170 728.48	180 805.64
手续费及佣金收入	184 201.88	188 247.91	170 955.18	181 464.98
手续费及佣金支出	226.70	659.34	226.70	659.34
(三)投资收益	78 286.31	73 100.28	78 096.94	67 649.01
其中:对联营企业和合营企业的投资收益	35 517.42	32 005.08	35 499.79	32 005.08
(四)公允价值变动收益	1 742.27	−270.77	1 742.27	−270.77
(五)汇兑收益	6.77	−88.32	6.77	−87.84
(六)其他业务收入	6 187.09	6 176.42	350.92	134.52
二、营业支出	52 744.33	80 930.21	39 666.86	69 589.26
(一)营业税金及附加	16 360.18	16 485.11	14 794.88	14 982.16
(二)业务及管理费	27 524.87	55 047.39	18 024.88	47 361.22
(三)资产减值损失或呆账损失	6 881.60	7 403.77	6 847.10	7 245.88
(四)其他业务成本	1 977.68	1 993.94		
三、营业利润	278 733.96	244 056.44	272 153.36	236 914.18
加:营业外收入	141.72	80.88	59.07	60.63
减:营业外支出	4.11	154.22		152.37
四、利润总额(亏损以"−"号填列)	278 871.57	243 983.10	272 212.43	236 822.44
减:所得税费用	60 696.19	53 483.35	58 811.18	51 818.67
五、净利润(亏损以"−"号填列)	218 175.38	190 499.75	213 401.25	185 003.77

续表

项　目	合并		公司	
	2014 年度	2013 年度	2014 年度	2013 年度
归属于母公司所有者的净利润	217 108.63	190 314.49	213 401.25	185 003.77
少数股东损益	1 066.77	185.26		
六、其他综合收益的税后净额	7 710.94	688.45	7 677.69	786.88
（一）以后将重分类进损益的其他综合收益	7 710.94	688.45	7 677.69	786.88
1. 权益法下在被投资单位不能重分类进损益的其他综合收益中享有的份额	6 654.25	-1 066.91	6 654.25	-1 066.91
2. 可供出售金融资产公允价值变动损益	1 042.46	1 876.54	1 023.44	1 853.79
3. 外币财务报表折算差额	14.23	-121.18		
归属于母公司股东的其他综合收益的税后净额	7 700.96	736.68	7 677.69	786.88
归属于少数股东的其他综合收益的税后净额	9.97	-48.23		
七、综合收益总额	225 886.32	191 188.20	221 078.94	185 790.65
归属于母公司所有者的综合收益总额	224 809.59	191 051.17	221 078.94	185 790.65
归属于少数股东的综合收益总额	1 076.74	137.03		
八、每股收益：				
（一）基本每股收益	0.92	0.78	0.90	0.76
（二）稀释每股收益	0.92	0.78	0.90	0.76

法定代表人：邓红国　　主管会计工作负责人：丛雪萍　　制表人：吴静玲

5.1.4 合并所有者权益变动表

合并所有者权益变动表

编制单位：中诚信托有限责任公司　　2014 年度　　单位：万元

项　目	归属于母公司所有者权益合计						少数股东权益	所有者权益合计
	实收资本	资本公积	其他综合收益	盈余公积	一般风险准备	未分配利润		
一、上年初余额	245 666.67	263 208.00	-1 687.18	82 108.68	34 022.63	384 269.31	2 104.80	1 009 692.91
二、上年度增减变动金额			736.68	18 500.38	9 250.19	76 580.59	975.27	106 043.11
（一）综合收益总额			736.68	—	—	190 314.49	137.03	191 188.20
1. 净利润			—	—	—	190 314.49	185.26	190 499.75
2. 其他综合收益			736.68	—	—	—	-48.23	688.45
（二）所有者投入和减少资本			—	—	—	—	838.24	838.24
（三）利润分配			—	18 500.38	9 250.19	-113 733.90	—	-85 983.33
1. 提取盈余公积			—	18 500.38	—	-18 500.38	—	—
2. 提取一般风险准备			—	—	9 250.19	-9 250.19	—	—
3. 对所有者的分配			—	—	—	-85 983.33	—	-85 983.33
三、上年末余额	245 666.67	263 208.00	-950.50	100 609.06	43 272.82	460 849.90	3 080.07	1 115 736.02
四、本年初余额	245 666.67	263 208.00	-950.50	100 609.06	43 272.82	460 849.90	3 080.07	1 115 736.02
五、本年度增减变动金额	—	-12.07	7 700.96	21 340.12	10 670.06	140 878.44	1 076.74	181 654.25
（一）综合收益总额	—	—	7 700.96	—	—	217 108.62	1 076.74	225 886.32
1. 净利润	—	—	—	—	—	217 108.62	1 066.77	218 175.39
2. 其他综合收益	—	—	7 700.96	—	—	—	9.97	7 710.93
（二）所有者投入和减少资本	—	—	—	—	—	—	—	—
（三）利润分配	—	—	—	21 340.12	10 670.06	-76 230.18	—	-44 220.00
1. 提取盈余公积	—	—	—	21 340.12	—	-21 340.12	—	—
2. 提取一般风险准备	—	—	—	—	10 670.06	-10 670.06	—	—
3. 对所有者的分配	—	—	—	—	—	-44 220.00	—	-44 220.00
（四）权益法核算被投资单位其他权益变动	—	-12.07	—	—	—	—	—	
六、本年末余额	245 666.67	263 195.93	6 750.46	121 949.18	53 942.88	601 728.34	4 156.81	1 297 390.27

法定代表人：邓红国　　主管会计工作负责人：丛雪萍　　制表人：吴静玲

5.1.5 母公司所有者权益变动表

所有者权益变动表

编制单位：中诚信托有限责任公司　　2014 年度　　单位：万元

项　目	实收资本	资本公积	其他综合收益	盈余公积	一般风险准备	未分配利润	所有者权益合计
一、上年初余额	245 666. 67	263 208. 00	-1 684. 08	82 108. 68	34 022. 63	381 306. 82	1 004 628. 72
二、上年度增减变动金额			786. 88	18 500. 38	9 250. 19	71 269. 87	99 807. 32
（一）综合收益总额			786. 88			185 003. 77	185 790. 65
1. 净利润						185 003. 77	185 003. 77
2. 其他综合收益			786. 88				786. 88
（二）所有者投入和减少资本							
（三）利润分配				18 500. 38	9 250. 19	-113 733. 90	-85 983. 33
1. 提取盈余公积				18 500. 38		-18 500. 38	
2. 提取一般风险准备					9 250. 19	-9 250. 19	
3. 对所有者的分配						-85 983. 33	-85 983. 33
三、上年末余额	245 666. 67	263 208. 00	-897. 20	100 609. 06	43 272. 82	452 576. 69	1 104 436. 04
四、本年初余额	245 666. 67	263 208. 00	-897. 20	100 609. 06	43 272. 82	452 576. 69	1 104 436. 04
五、本年度增减变动金额			7 677. 69	21 340. 12	10 670. 06	137 171. 06	176 846. 86
（一）综合收益总额			7 677. 69			213 401. 24	221 078. 93
1. 净利润						213 401. 24	213 401. 24
2. 其他综合收益			7 677. 69				7 677. 69
（二）所有者投入和减少资本							
（三）利润分配				21 340. 12	10 670. 06	-76 230. 18	-44 220. 00
1. 提取盈余公积				21 340. 12		-21 340. 12	
2. 提取一般风险准备					10 670. 06	-10 670. 06	
3. 对所有者的分配						-44 220. 00	-44 220. 00
（四）权益法核算被投资单位其他权益变动		-12. 07					-12. 07
六、本年末余额	245 666. 67	263 195. 93	6 780. 49	121 949. 18	53 942. 88	589 747. 75	1 281 282. 90

法定代表人：邓红国　　主管会计工作负责人：丛雪萍　　制表人：吴静玲

5.2 信托资产

5.2.1 信托项目资产负债汇总表

信托项目资产负债汇总表

编制单位：中诚信托有限责任公司　　2014 年 12 月 31 日　　单位：万元

资　产	行次	期末余额	期初余额	负债和所有者权益	行次	期末余额	期初余额
信托资产：				信托负债：			
银行存款	1	737 180. 26	1 666 620. 84	应付受托人报酬	18	91 667. 46	36 035. 23
交易性金融资产	2	7 746 763. 39	9 376 413. 97	应付受益人收益	19	7 364. 69	1 544. 10
买入返售金融资产	3			应付托管费	20	260. 35	231. 56
应收账款	4	8 428 514. 24	9 617 481. 18	应交税费	21	2 035. 01	524. 71
应收利息	5			其他应付款	22	84 065. 79	86 224. 43
拆出资金	6						
其他应收款	7	935. 65	10. 40	信托负债合计	23	185 393. 30	124 560. 03
贷款	8	9 258 957. 93	10 344 239. 23				
持有至到期投资	9						
可供出售金融资产	10		24 000. 00	信托权益：			
长期股权投资	11	5 058 435. 07	4 692 352. 64	实收信托	24	30 624 796. 97	35 681 506. 55
固定资产	12			资本公积	25	1 043. 16	1 043. 16
在建工程	13			未分配利润	26	419 553. 11	-85 991. 48
无形资产	14			信托权益合计	27		35 596 558. 23
长期待摊费用	15						
其他资产	16						
资产总计	17	31 230 786. 54	35 721 118. 26	负债和所有者权益合计	28	31 230 786. 54	35 721 118. 26

5.2.2 信托项目利润及利润分配汇总表

信托项目利润及利润分配表

编制单位:中诚信托有限责任公司　2014 年度　单位:万元

项　目	行次	本年金额	上年金额
一、营业收入	1	2 927 994.39	1 748 931.52
利息收入	2	894 973.12	899 890.78
投资收益	3	1 198 672.15	583 689.09
公允价值变动损益	4	79 946.05	-278 250.39
租赁收入	5		
其他业务收入	6	754 192.98	545 349.24
汇兑损益	7	210.09	-1 747.20
二、手续费及佣金支出			
三、业务及管理费	8	234 999.54	285 903.69
四、营业税金及附加	9	9 073.01	1 964.25
五、扣除财产损失前的信托利润	10	2 683 921.84	1 461 063.58
加:以前年度损益调整			
六、扣除资产损失后的信托利润	11	2 683 921.84	1 461 063.58
加:期初未分配信托利润	12	-85 991.48	168 526.15
七、可供分配的信托利润	13	2 597 930.36	1 629 589.73
减:本期已分配的信托利润	14	2 178 377.25	1 715 581.21
八、期末未分配利润	15	419 553.11	-85 991.48

6. 会计报表附注

6.1 会计报表编制基准不符合会计核算基本前提的说明

6.1.1 会计核算基本前提的说明

公司以持续经营为基础,根据实际发生的交易和事项,按照《企业会计准则——基本准则》和其他各项具体会计准则、应用指南及准则解释的规定进行确认和计量,在此基础上编制财务报表。

公司所编制的会计报表符合企业会计准则的要求,真实、完整地反映了公司的财务状况、经营成果、股东权益变动和现金流量等有关信息。

6.1.2 编制合并会计报表的说明

本期本公司将所有控股公司纳入合并会计报表范围。本公司纳入合并报表范围的控股公司如下:

公司名称	业务性质	注册地	注册资本	公司持有的权益性资本的比例(%)	关联方关系
北京三侨物业管理有限责任公司	物业管理	中国北京	2.5 亿元人民币	100	全资子公司
北京安贞大厦物业管理有限责任公司	物业管理	中国北京	1 000 万元人民币	100	三侨物业全资子公司
中诚宝捷思货币经纪有限公司	境内外货币经纪业务	中国北京	5 000 万元人民币	67	控股子公司
中诚资本管理(北京)有限公司	项目投资、资本管理	中国北京	1 亿元人民币	100	全资子公司
中诚国际资本有限公司	资产管理	中国香港	8 167 万港元	70	控股子公司
深圳前海中诚股权投资基金管理有限公司	股权投资	中国深圳	2 000 万元人民币	70.00	中诚国际资本全资子公司

6.1.3 重要会计政策和会计估计说明

公司自 2008 年 1 月 1 日起执行财政部 2006 年 2 月 15 日颁布的企业会计准则及其后续规定。

6.2 或有事项说明

单位:万元

或有事项	期初数	期末数
对外担保	6 000	6 000

除上述担保事项外,本公司无其他或有事项。我公司所有的担保业务均采取了相应的反担保措施,公司不存在代偿风险。

6.3 重要资产转让及其出售的说明

本年度公司无重要资产转让及出售事项。

6.4 会计报表中重要事项的明细资料

6.4.1 披露自营资产经营情况

6.4.1.1 按信用风险资产五级分类的结果披露资产的期初数、期末数

信用风险资产五级分类	正常类(万元)	关注类(万元)	次级类(万元)	可疑类(万元)	损失类(万元)	信用风险资产合计(万元)	不良资产合计(万元)	不良资产率(%)
期初数	345 847.12			7 709.19		353 556.30	7 709.19	2.18
期末数	486 468.90				7 709.19	494 178.09	7 709.19	1.56

注:1. 上述信用风险资产主要包括各项贷款、买入返售资产、银行账户的债券投资、应收利息、其他应收款、承诺及或有负债等。

2. 不良资产合计 = 次级类 + 可疑类 + 损失类。

6.4.1.2 各项资产减值损失准备的期初数、本期计提、本期转回、本期核销、期末数

单位:万元

	期初数	本期计提	本期转回	本期核销	期末数
贷款损失准备	4 244.55	582.45			4 827.00
一般准备					
专项准备	4 244.55	582.45			4 827.00
其他资产减值准备					
可供出售金融资产减值准备	5 915.58	35.57		4 545.63	1 405.52
持有至到期投资减值准备					
长期股权投资减值准备	1 591.60				1 591.60
坏账准备	10 277.42	6 229.08			16 506.50
投资性房地产减值准备					

6.4.1.3 自营股票投资、基金投资、债券投资、股权投资等投资业务的期初数、期末数

单位:万元

	自营股票	基金	债券	长期股权	其他	合计
期初数	18 679.54	13 212.58	2 172.92	276 426.01	356 403.10	666 894.15
期末数	24 706.31	56 052.59	590.54	299 164.88	400 582.26	781 096.57

6.4.1.4 按投资入股金额排序，前三名的自营长期股权投资的企业名称、占被投资企业权益的比例、主要经营活动及投资损益情况

企业名称	占被投资企业权益的比例(%)	主要经营活动	投资损益(万元)
1. 嘉实基金管理有限公司	40.00	基金管理	26 173.19
2. 国都证券有限责任公司	15.35	证券服务	8 485.83
3. 北京三侨物业管理有限责任公司	100.00	物业管理	

注：投资损益是指按照企业会计准则的规定，核算股权投资确认损益并计入披露年度利润表的金额。

6.4.1.5 前三名的自营贷款的企业名称、占贷款总额的比例和还款情况

企业名称	占贷款总额的比例(%)	还款情况
1. 北京市八仙房地产开发有限责任公司	37.29	正常
2. 骏和地产(江苏)有限公司	24.86	正常
3. 福建顺华置业发展有限公司	18.65	正常

6.4.1.6 表外业务的期初数、期末数，按照代理业务、担保业务和其他类型表外业务分别披露

单位：万元

表外业务	期初数	期末数
担保业务	6 000.00	6 000.00
代理业务(委托业务)		
其他		
合计	6 000.00	6 000.00

注：本公司无因客观原因应规范而尚未完成规范的历史遗留委托业务。

6.4.1.7 公司当年的收入结构

收入结构	母公司		合并	
	金额(万元)	占比(%)	金额(万元)	占比(%)
手续费及佣金收入	170 955.18	54.78	184 201.88	55.51
其中：信托手续费收入	150 967.35	48.37	150 967.35	45.49
投资银行业务收入				
利息收入	60 894.83	19.51	61 280.68	18.47
其他业务收入	357.69	0.11	6 193.86	1.87
其中：计入信托业务收入部分				
投资收益	78 096.94	25.02	78 286.31	23.59
其中：股权投资收益	37 902.71	12.14	37 883.69	11.42
证券投资收益	11 144.40	3.57	11 352.79	3.42
其他投资收益	29 049.83	9.31	29 049.83	8.75
公允价值变动收益	1 742.27	0.56	1 742.27	0.52
营业外收入	59.07	0.02	141.72	0.04
收入合计	312 105.98	100.00	331 846.72	100.00

6.4.2 披露信托资产管理情况

6.4.2.1 信托资产的期初数、期末数

单位：万元

信托资产	期初数	期末数
集合	5 145 954.93	4 131 803.30
单一	26 806 920.45	21 126 257.59
财产权	3 768 242.88	5 972 725.65
合计	35 721 118.26	31 230 786.54

6.4.2.1.1 主动管理型信托业务的信托资产期初数、期末数

单位：万元

主动管理型信托资产	期初数	期末数
证券投资类	4 406 904.23	2 141 618.47
股权投资类	1 583 899.78	1 529 733.00
融资类	8 061 729.22	6 483 834.15
事务管理类	806 153.84	926 686.71
合计	14 858 687.07	11 081 872.33

6.4.2.1.2 被动管理型信托业务的信托资产期初数、期末数

单位：万元

被动管理型信托资产	期初数	期末数
证券投资类	11 394 522.33	6 095 888.85
股权投资类	67 560.17	2 706 801.82
融资类	7 114 396.57	5 588 760.94
事务管理类	2 285 952.12	5 757 462.60
合 计	20 862 431.19	20 148 914.21

6.4.2.2 本年度已清算结束的信托项目个数、实收信托合计金额、加权平均实际年化收益率

6.4.2.2.1 本年度已清算结束的集合类、单一类资金信托项目和财产管理类信托项目数量、合计金额、加权平均实际年化收益率

已清算结束的信托项目	项目个数	实收信托合计金额(万元)	加权平均实际年化收益率(%)
集合类	27	1 341 045.00	10.08
单一类	186	7 592 913.00	6.53
财产管理类	26	825 374.00	6.16

6.4.2.2.2 本年度已清算结束的主动管理型信托项目个数、实收信托合计金额、加权平均实际年化收益率

已清算结束的信托项目	项目个数	实收信托合计金额(万元)	加权平均实际年化收益率(%)
证券投资类	2	1 912 392.00	5.00
股权投资类	11	369 919.00	9.23
融资类	58	2 456 436.00	9.08
事务管理类	8	159 683.00	7.01

6.4.2.2.3 本年度已清算结束的被动管理型信托项目个数、实收信托合计金额、加权平均实际年化收益率

已清算结束的信托项目	项目个数	实收信托合计金额(万元)	加权平均实际年化收益率(%)
证券投资类	7	289 150.00	4.11
股权投资类	8	437 807.00	7.11
融资类	121	3 440 814.00	6.86
事务管理类	24	693 131.00	5.76

6.4.2.3 本年度新增的集合类、单一类资金信托项目和财产管理类信托项目数量、实收信托合计金额

新增信托项目	项目个数	实收信托合计金额(万元)
单一类	136	4 004 312.24
集合类	21	1 042 732.45
财产管理类	24	3 670 640.23
新增合计	181	8 717 684.92
其中:主动管理型	30	1 338 383.18
被动管理型	151	7 379 301.74

6.4.2.4 信托业务创新成果和特色业务有关情况

(1)中诚信托子公司深圳前海中诚股权投资基金管理有限公司(以下简称前海中诚)获得合格境内投资者境外投资首批试点资格(Qualified Domestic Investment Enterprise,QDIE),成为信托系内首家获批该项资格的公司。中诚信托的香港子公司中诚国际资本有限公司(简称中诚国际)持有香港证监会"提供资产管理(第9号)"牌照,已于2014年获批人民币合格境外机构投资者资格(RQFII)。中诚系的跨境投资产品链更趋完善,RQFII平台引导境外资金投资于境内证券市场,和前海中诚的QFLP平台形成了有效的互补。

(2)2014年公司新增受托管理的信贷资产证券化项目6单,资产支持发行规模达221.49亿元,继续在行业内保持领先地位,荣获"2014年度中国债券市场资产支持证券优秀发行人"称号。2014年第一期开元铁路专项信贷资产证券化信托项目和兴元2014年第一期信贷资产证券化信托项目在中国资产证券化论坛年度奖评选中荣获"杰出交易奖"。华元2014年第一期信贷资产证券化信托项目创新性地引入对公抵押资产入池,在国内首次通过巧妙的法律安排拓宽了证券化基础资产范围。2014年第一期开元铁路专项信贷资产证券化信托项目创新性地通过贷款合同真实拆分,将长期限、高信用评级的单笔信贷资产纳入了证券化标的资产。

(3)公司牵头了完成中国信托业协会"养老信托与养老产业发展研究"课题,研究利用信托独特的制度优势,开发建设养老服务产业,以及开发附加保障功能的养老信托和养老消费型信托,促进社会各界加强养老产业的开发建设,提高我国养老服务供给能力。

6.4.2.5 本公司履行受托人义务情况及因本公司自身责任而导致的信托财产损失情况

无。

6.5 关联方关系及其交易的披露

6.5.1 关联交易方的数量、关联交易的总金额及关联交易的定价政策等

	关联交易数量	关联交易金额(万元)	定价政策
自营与关联	3	1 504.28	双方协议确定
信托与关联	122	30 204.35	双方协议确定
信托与固有	6	46 022.98	双方协议确定
信托与信托	18	−284 771.00	—
合　计	149	−207 039.39	—

注:关联交易定价政策以不损伤害第三方利益为首要原则,主要定价政策如下:(1)根据中国人民银行颁布的指导利率及上下浮动范围确定贷款利率;(2)双方协议确定交易价格;(3)双方参照证券市场成交价格,协商确定交易价格;(4)根据资产账面价值进行交易;(5)根据信托委托人指定价格进行交易;(6)根据原始投资额及持有期间应获取的收益确定交易价格;(7)依据中介机构评估报告,确定交易价格。

6.5.2 关联交易方与本公司的关系性质,关联交易方的名称、法定代表人、注册地址、注册资本及主营业务等

关系性质	关联方名称	法定代表人	注册地址	注册资本(万元)	主营业务
全资子公司	北京三侨物业管理有限责任公司	高方	中国北京	2.5亿元人民币	物业管理
控股子公司	中诚宝捷思货币经纪有限公司	吴大永	中国北京	5 000万元人民币	境内外货币经纪业务
全资子公司	中诚资本管理(北京)有限公司	王少华	中国北京	1亿元人民币	资产管理
控股子公司	中诚国际资本有限公司	高方	中国香港	8 167万港元	项目投资、资本管理
三侨物业全资子公司	北京安贞大厦物业管理有限责任公司	高方	中国北京	1 000万元人民币	物业管理
中诚国际全资子公司	深圳前海中诚股权投资基金管理有限公司	朱蕾	中国深圳	2 000万元人民币	股权投资
联营企业	国都证券有限责任公司	常喆	中国北京	262 298万元人民币	证券服务
联营企业	嘉实基金管理有限公司	安奎	中国上海	15 000万元人民币	基金管理
联营企业	国都期货有限公司	叶晓	中国北京	20 000万元人民币	期货服务
联营企业	中关村兴业(北京)投资管理有限公司	董建邦	中国北京	16 182万元人民币	资产管理、项目投资
联营企业	旭诚(上海)股权投资基金管理有限公司	张子牛	中国上海	10 000万元人民币	股权投资管理、资产管理、财务咨询

6.5.3 本公司与关联方的重大交易事项

6.5.3.1 固有财产与关联方:贷款、投资、租赁、应收账款、担保、其他方式等期初汇总数、本期发生额汇总数、期末汇总数

单位:万元

固有财产与关联方关联交易				
	期初数	借方发生额	贷方发生额	期末数
贷 款				
投 资				
租 赁		1 344.78	1 344.78	
担 保				
应收账款	4 800.00		2 300.00	2 500.00
其 他		159.50	159.50	
合　计	4 800.00	1 504.28	3 804.28	2 500.00

6.5.3.2 信托与关联方交易情况:贷款、投资、租赁、应收账款、担保、其他方式等期初汇总数、本期借方和贷方发生额汇总数、期末汇总数

单位:万元

信托与关联方关联交易				
	期初数	借方发生额	贷方发生额	期末数
贷款	227 475.00	506 800.00	171 275.00	563 000.00
投资	1 788 200.00	1 166 063.90	1 099 250.00	1 855 013.90
租赁	0.00	0.00	0.00	0.00
担保	0.00	0.00	0.00	0.00
应收账款	646 298.50	345 061.95	717 196.50	274 163.95
其他	0.00	0.00	0.00	0.00
合计	2 661 973.50	2 017 925.85	1 987 721.50	2 692 177.85

6.5.3.3　信托公司自有资金运用于自己管理的信托项目(固信交易)、信托公司管理的信托项目之间的相互交易(信信交易)金额,包括余额和本报告年度的发生额

6.5.3.3.1　固有与信托财产之间的交易金额期初汇总数、本期发生额汇总数、期末汇总数

单位:万元

固有财产与信托财产相互交易			
	期初数	本期发生额	期末数
合计	251 700.00	46 022.98	297 722.98

6.5.3.3.2　信托财产与信托财产之间的交易金额期初汇总数、本期发生额汇总数、期末汇总数

单位:万元

信托财产与信托财产相互交易			
	期初数	本期发生额	期末数
合计	496 035.00	-284 771.00	211 264.00

6.5.4　**本年度关联方逾期未偿还本公司资金的情况以及本公司为关联方担保发生或即将发生垫款的情况**

无。

6.6　会计制度的披露

公司固有业务自2008年1月1日起执行财政部2006年2月15日颁布的企业会计准则及其后续规定。公司以持续经营为基础,根据实际发生的交易和事项,按照《企业会计准则——基本准则》和其他各项具体会计准则、应用指南及准则解释的规定进行确认和计量,在此基础上编制财务报表。

7. 财务情况说明书

7.1　利润实现和分配情况

单位:万元

项　目	母公司	合并
税前利润	272 212.43	278 871.58
减:所得税	58 811.18	60 696.19
净利润	213 401.25	218 175.39
其中:归属于母公司所有者的净利润	213 401.25	217 108.63
少数股东损益		1 066.76
加:年初未分配利润	452 576.70	460 849.90
其中:归属于母公司所有者的未分配利润	452 576.70	460 849.90

续表

项　目	母公司	合并
少数股东损益		
减:提取法定盈余公积	21 340.12	21 340.12
减:提取一般准备	10 670.06	10 670.06
减:股利分配	44 220.00	44 220.00
年末未分配利润	589 747.77	602 795.11
其中:归属于母公司所有者的未分配利润	589 747.77	603 694.18
少数股东损益		-899.08

7.2　主要财务指标

指标名称	母公司	合并
资本利润率(%)	17.89	18.05
人均净利润(万元)	915.89	931.80

7.3　本年度对本公司财务状况、经营成果有重大影响的其他事项

无。

8. 特别事项揭示

8.1　报告期内前五名股东发生变动情况

无。

8.2　董事、监事及高级管理人员变动情况及原因

2014年3月20日,取得《中国银监会关于核准张树忠任职资格的批复》。

2014年4月3日,取得国家工商行政管理总局关于变更张树忠为公司董事的备案通知书,新任董事正式履职。

2014年4月25日,经公司股东会审议通过《关于更换独立董事的决议》,选举刘宗义为公司第四届董事会独立董事,杨化彭不再担任公司独立董事职务。

2014年10月16日,经公司2014年第二次临时股东会暨第四届董事会第四次会议审议通过《关于中诚信托有限责任公司更换董事、独立董事的议案》、《关于选举中诚信托第四届董事会董事长、副董事长的议案》、《关于聘任中诚信托总经理的议案》,选举牛成立、王效钉为公司董事,邓红国、周语菡不再担任公司董事职务;选举李秉祥为公司独立董事,杨胜刚不再担任公司独立董事;选举王少华为公司董事长,张树忠为副董事长,邓红国不再担任公司董事长;聘任牛成立为公司总经理,王少华不再担任公司总经理职务;通过《中诚信托有限责任公司关于选举王升杰为公司监事的决议》,选举王升杰为公司职工监事,秦岭不再担任公司职工监事。

2014年11月28日,经公司2014年第四次临时董事会审议通过《关于任免中诚信托副总经理的议案》,聘任苗菁为公司副总经理,吴大永不再担任公司副总经理。

8.3　报告期内公司变更注册资本、变更注册地或公司名称、公司分立合并事项

无。

8.4 报告期内公司重大诉讼事项

无。

8.5 报告期内公司及其董事、监事和高级管理人员受到处罚情况

无。

8.6 报告期内监管部门关于检查的整改通知

无。

8.7 报告期内公司重大事项临时报告

无。

8.8 公司净资本管理情况

截至2014年12月31日，公司净资本余额83.15亿元（≥2亿元），净资本/各项业务风险资本之和为221.72%（≥100%），净资本/净资产为69.27%（≥40%），各项指标均符合监管要求。

8.9 履行社会责任情况

公司在业务发展的同时，始终秉承“诚信经营、依法纳税”的理念，自觉遵守相关法律法规，切实履行社会责任，服务国家经济建设和社会发展。公司通过有效的公司治理、严密的风险控制、充分的信息披露，切实保护信托投资者利益。2014年公司向投资者累计给付信托本金975.93亿元，返还收益72.23亿元，到期的信托产品均顺利实现兑付。公司继续参加银监会的试点扶贫工作，向甘肃省和政县捐赠扶贫款50万元。

9. 公司监事会意见

监事会认为，本报告期内，公司决策程序合法，内部控制制度较为完善，没有发现公司董事、经理和其他高级管理人员在执行公司职务时有违法违纪和有损公司及股东利益的行为。公司财务报告真实地反映了公司的财务状况和经营成果。

中国对外经济贸易信托有限公司

1. 重要提示

1.1　中国对外经济贸易信托有限公司董事会及董事保证本报告所载资料不存在任何虚假记载、误导性陈述或者重大遗漏，并对其内容的真实性、准确性和完整性承担个别及连带责任。本年度报告摘要摘自年度报告全文，客户及相关利益人欲了解详细内容，应阅读年度报告全文。

1.2　个别董事声明

无。

1.3　独立董事意见

李保民、孙向东作为中国对外经济贸易信托有限公司的独立董事，保证本报告内容的真实性、准确性、完整性。

1.4　天职国际会计师事务所对本公司年度财务报告进行审计，出具了标准无保留意见的审计报告。

1.5　本公司董事长杨林、总经理徐卫晖、财务总监帅立新声明：保证年度报告中财务报告的真实、完整。

2. 公司概况

2.1　公司简介

2.1.1　公司的法定中文名称：中国对外经济贸易信托有限公司

中文名称缩写：外贸信托

公司的法定英文名称：China Foreign Economy and Trade Trust Co.，Ltd.

英文名称缩写：FOTIC

2.1.2　法定代表人：杨林

2.1.3　注册地址：北京市西城区复兴门内大街28号凯晨世贸中心中座6层

邮政编码：100031

2.1.4　国际互联网网址：www.fotic.com.cn

电子信箱：fotic@sinochem.com

2.1.5　信息披露事务负责人：张一冰

联系电话：010－59568823

传真：010－59569888

电子信箱：zhangyibing@sinochem.com

2.1.6　信息披露报纸：《上海证券报》

2.1.7　年度报告备置地点：外贸信托总经理办公室

2.1.8　聘请的会计师事务所：天职国际会计师事务所（特殊普通合伙）

办公地址：中国北京市海淀区车公庄西路乙19号华通大厦B座208室

2.2　组织结构

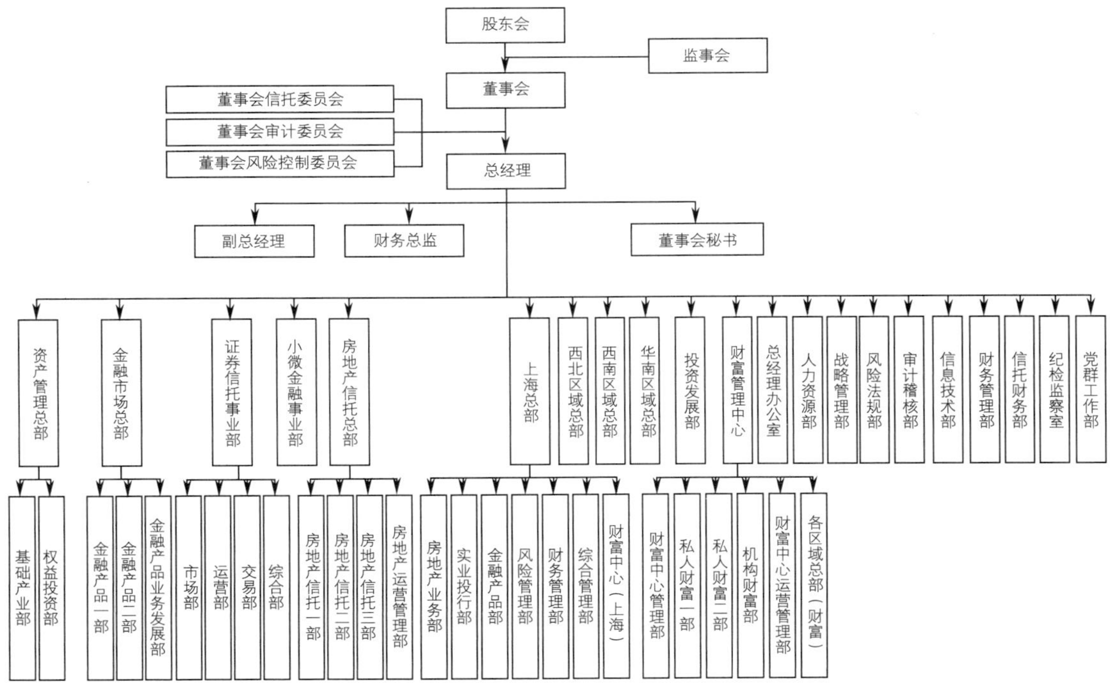

3. 公司治理

3.1 股东

股东总数:2。

股东结构

股东名称	持股比例（%）	法人代表	注册资本（万元）	注册地址	主要经营业务及主要财务情况
★中国中化股份有限公司	96.22	刘德树	3 980 000	北京市西城区复兴门内大街28号凯晨世贸中心中座	公司主营业务范围包括石油、化肥、化工品、金融服务、酒店和房地产业务等。 截至2014年12月31日,公司资产总额3 268.58亿元。2014年,公司实现营业总收入4 642.89亿元,利润总额78.94亿元。
中化集团财务有限责任公司	3.78	杨林	300 000	北京市西城区复兴门内大街28号凯晨世贸中心中座	公司主营业务为:对成员单位办理财务和融资顾问、信用鉴证及相关的咨询、代理业务;协助成员单位实现交易款项的收付;对成员单位提供担保;办理成员单位之间的委托贷款及委托投资;对成员单位办理票据承兑与贴现;办理成员单位之间的内部转账结算及相应的结算、清算方案设计;吸收成员单位的存款;对成员单位办理贷款及融资租赁;从事同业拆借;承销成员单位的企业债券;经批准发行财务公司债券;对金融机构的股权投资;有价证券投资;成员单位产品的买方信贷;代理企业财产保险、货物运输保险,建筑、安装工程保险,特约标的保险,责任保险类。 截至2014年12月31日,公司资产总额为465.47亿元(未经审计)。2014年,公司实现营业收入5.30亿元(未经审计),税前利润4.51亿元(未经审计)。

注:★为最终实际控制人。

股东关联关系说明:中国中化股份有限公司是中化集团财务有限责任公司的股东。

3.2 董事(截至2014年12月31日)

3.2.1 董事会成员

姓名	职务	性别	年龄	选任日期	所推举的股东名称	该股东持股比例(%)	简要履历
杨林	董事长	男	51	2014年4月	中国中化股份有限公司	96.22	曾任中国化工进出口总公司计财本部财务处科长、总经理助理,中国化工进出口总公司财务部副总经理,中国化工进出口总公司资金管理部总经理,中国中化集团公司资金管理部总经理兼投资发展部副总经理,中国中化集团公司副总会计师兼中国中化股份有限公司财务副总监;现任中国中化集团公司总会计师兼中国中化股份有限公司财务总监、中国对外经济贸易信托有限公司董事长。
於乐民	董事	男	51	2012年7月	中国中化股份有限公司	96.22	曾任中国化工进出口总公司法律室干部、中国化工进出口总公司美国农化公司法律顾问、中国化工进出口总公司法律室副主任,现任中化集团总法律顾问兼中国中化股份有限公司法律部总经理、中国对外经济贸易信托有限公司董事。
徐卫晖	董事	男	44	2012年7月	中国中化股份有限公司	96.22	曾任中国化工进出口总公司财务部副总经理、中化河北进出口公司总经理、中化国际贸易股份有限公司总经理、中国中化股份有限公司战略规划部总经理兼投资发展部总经理,现任中国对外经济贸易信托有限公司总经理、党委书记、董事。
张宝红	董事	男	48	2012年7月	中国中化股份有限公司	96.22	曾任中国化工进出口总公司财务部职员,中化日本有限公司财务部财务经理,中国化工进出口总公司财会部国内财务科副经理,中化国际化肥贸易有限公司财务部总经理,化肥中心财务总经理兼化肥公司财务部总经理,化肥中心财务总经理、中化国际化肥贸易公司副总经理兼财务部总经理,化肥中心副主任兼中化化肥公司副总经理、中化化肥控股有限公司(HK:00297)首席财务官,中化蓝天集团有限公司常务副总经理,浙江英特集团股份有限公司(SZ:000411)副董事长兼浙江英特药业有限责任公司董事长;现任中国中化集团公司、中国中化股份有限公司风险管理部总经理,中国对外经济贸易信托有限公司董事。
蒋承宏	董事	男	40	2013年1月	中国中化股份有限公司	96.22	曾任中国化工进出口总公司保险部职员、中国化工进出口总公司总裁办公室秘书部职员、中国化工进出口总公司财务部职员、中国中化集团公司资金管理部融资部职员、中国中化集团公司资金管理部资金分析部职员、中国中化集团公司资金管理部副总经理、中化集团财务有限责任公司副总经理、中国中化股份有限公司资金管理部副总经理,现任中国中化股份有限公司资金管理部总经理、中国对外经济贸易信托有限公司董事。
程永	董事	男	42	2013年1月	中国中化股份有限公司	96.22	曾任中国化工进出口总公司战略规划部总经理助理、中国中化集团公司战略规划部副总经理、中国中化股份有限公司战略规划部副总经理,现任中国中化集团公司战略规划部总经理、中国对外经济贸易信托有限公司董事。

注:杨林自2014年3月31日起担任董事,2014年4月8日当选董事长,其任职资格已获银监会核准。

3.2.2 独立董事

姓 名	所在单位及职务	性别	年龄	选任日期	所推举的股东名称	该股东持股比例(%)	简要履历
李保民	国务院国资委研究中心党委书记、主任	男	59	2009年6月	中国中化股份有限公司	96.22	曾任甘肃省职工财院教务处副处长,甘肃省职工财院教务处长、院党委委员(常委),国家体改委生产司处长、副司长、党支部委员,中国建设银行会计部、大客户办公室副总经理、党支部副书记,国务院体改办产业司副司长、党支部委员,国家发改委体改研究所党委书记、副所长(正司级),现任国务院国资委研究中心党委书记、主任,中国对外经济贸易信托有限公司独立董事。
孙向东	杭州久利投资有限责任公司董事长	男	52	2012年7月	中国中化股份有限公司	96.22	曾任建设银行浙江省分行投资研究所研究室副主任、副所长、市场开发部主任,浙江省信托投资有限责任公司副总经理,国民信托有限责任公司董事、副总经理、执行董事,现任杭州久利投资有限责任公司董事长、中国对外经济贸易信托有限公司独立董事。

注:2014年3月1日,公司独立董事李保民申请辞去外贸信托独立董事职务。

3.3 监事(截至2014年12月31日)

监事会成员

姓 名	职务	性别	年龄	选任日期	所推举的股东名称	该股东持股比例(%)	简要履历
宋玉增	监事会主席	男	52	2014年4月	中国中化股份有限公司	96.22	曾任中华全国总工会财务部职员,中国化工进出口总公司财会处职员,中国化工进出口总公司威洛基公司财务部经理,中化国际橡胶公司财务部副经理,中国化工进出口总公司审计处一科副科长、审计部海外科副经理、石油中心审计分部经理,中国中化集团公司审计稽核部副总经理,现任中国中化集团公司/中国中化股份有限公司审计稽核部总经理。
刘 剑	监事	男	49	2012年7月	中化集团财务有限责任公司	3.78	曾任中国机械进出口总公司工业机械进出口公司财会科副科长、中国中化集团公司化肥中心财务部副总经理、中国中化集团公司保险部副总经理、中国中化集团公司保险部总经理,现任中化集团财务有限责任公司总经理、中国对外经济贸易信托有限公司监事。
梁 虹	监事	男	51	2008年6月	职工代表	—	现任职于中国对外经济贸易信托有限公司证券信托事业部—运营部总经理、中国对外经济贸易信托有限公司监事。

注:宋玉增自2014年3月31日起当选为外贸信托监事,2014年4月22日当选监事会主席。

3.4 高级管理人员(截至2014年12月31日)

姓名	职务	性别	年龄	选任日期	金融从业年限(年)	学历	专业
徐卫晖	总经理	男	44	2013年	5	本科	EMBA
帅立新	财务总监	女	48	2009年	6	本科	EMBA
齐斌	副总经理	男	46	2013年	24	硕士研究生	货币银行学
伊力扎提·艾合买提江	副总经理	男	39	2010年	4	本科	EMBA
李银熙	副总经理	女	50	2010年	29	本科	国民经济管理
李京	副总经理	男	44	2010年	9	硕士研究生	企业管理
刘燕松	副总经理	男	34	2013年	11	本科	金融
张一冰	董事会秘书	女	47	2011年	24	本科	金融

3.5 公司员工

项目		报告期年度		上年度	
		人数(人)	比例(%)	人数(人)	比例(%)
年龄分布	25岁以下	6	1.69	8	2.57
	25~29岁	136	38.42	131	42.12
	30~39岁	165	46.61	130	41.80
	40岁以上	47	13.28	42	13.50
学历分布	博士	10	2.82	8	2.57
	硕士	222	62.71	184	59.16
	本科	112	31.64	108	34.73
	专科	10	2.82	11	3.54
	其他	0	0.00	0	0
岗位分布	董事、监事及其高管人员	8	2.26	9	2.89
	自营业务人员	10	2.82	7	2.25
	信托业务人员	261	73.73	223	71.70
	其他人员	75	21.19	72	23.15

4. 经营管理

4.1 经营目标、方针、战略规划

4.1.1 战略愿景

国内理财市场的金字招牌、国际金融市场的百年老店。

4.1.2 战略使命

为客户提供专业的产品和服务，为股东创造可持续的投资回报，为员工搭建和谐的事业发展平台。

4.1.3 战略目标

成为中国信托业具有若干细分领域领先优势的领军企业。

4.1.4 核心理念

全球视野、中国市场、细分领先、创业情怀。

4.1.5 发展战略

“一、二、三、四”发展战略，即一个目标（细分领先）、二个方向（私募投融资与信托本源业务）、三个阶段（聚焦核心、拓展延伸、精品金融）、四大重点（产品、财富、区域、管理）。通过巩固、聚焦、延伸主营业务，持续培育创新型本源业务，秉承“转型升级”理念，不断提升经营管理水平，巩固细分领域市场地位，加速核心竞争力的形成，将公司打造为信托业内具有若干细分领域领先优势的领军企业。

4.1.6 经营措施

围绕产品、财富、区域、管理四大战略重点精耕细作，聚焦于资本市场、银行领域、实业领域和理财市场，并加强固有业务，推动固有资产保值增值，形成结构均衡、梯次分明的“4＋1”战略业务群。在银行领域，着力拓展围绕银行作为委托人发起的公募和私募资产证券化，注重团队、技术和系统的投入和建设，完善从资产筛选、产品设计、运营管理到市场营销的全链条增值服务体系和能力建设；在资本市场领域，定位于资产管理中的受托、募资、交易、清算和增值服务环节，努力塑造 IT 系统核心竞争力，持续深化服务内涵，致力于成为优秀的证券信托综合服务商；在实体经济领域，突出小微金融、房地产和基础设施业务，打造精品投行，同时扎根土壤、服务民生，力争成为全国优秀小微金融企业服务平台；在财富管理领域，逐步从卖产品向为委托人配置产品过渡，从保值增值向财富传承的家族信托业务转变，回归信托制度本源；在固有业务方面，继续推进定增业务，同时加强长期股权管理，寻找优质 PE 投资项目，确保自有资金收益性与流动性的平衡。

4.2 经营业务的主要内容

4.2.1 公司业务

公司自营业务主要包括金融股权投资、金融产品投资等，涉及金融、房地产、基础产业、证券市场等行业和领域。公司信托业务主要包括资金信托、财产信托、财产权信托、股权投资信托等，涉及基础产业、房地产、证券市场、矿产能源、金融等行业和领域。

4.2.2 自营资产运用与分布

资产运用	金额（万元）	占比（%）	资产分布	金额（万元）	占比（%）
货币资产	127 483.64	18.97	基础产业	31 867.63	4.74
贷款及应收款	48 840.09	7.27	房地产	184 311.14	27.43

续表

资产运用	金额（万元）	占比（%）	资产分布	金额（万元）	占比（%）
交易性金融资产	1.40	0.0002	证券市场	147 401.38	21.93
可供出售金融资产	429 207.88	63.85	实业	20 996.76	3.12
持有至到期投资		0.00	金融机构	60 770.90	9.04
长期股权投资	57 962.90	8.62	其他	226 821.94	33.74
其他	8 673.84	1.29			
资产总计	672 169.75	100	资产总计	672 169.75	100

4.2.3 信托资产运用与分布

资产运用	金额（万元）	占比（%）	资产分布	金额（万元）	占比（%）
货币资产	1 817 083.79	3.34	基础产业	2 678 538.95	4.93
贷款	8 949 995.51	16.47	房地产	1 723 280.00	3.17
交易性金融资产	14 418 771.47	26.53	证券市场	17 663 490.86	32.50
可供出售金融资产	2 321 960.62	4.27	实业	5 761 767.01	10.60
持有至到期投资	20 518 475.21	37.76	金融机构	19 090 005.31	35.13
长期股权投资	251 580.00	0.46	其他	7 428 572.26	13.67
买入返售金融资产	2 394 187.08	4.41			
其他	3 673 600.71	6.76			
信托资产总计	54 345 654.39	100	信托资产总计	54 345 654.39	100

4.3 市场分析

4.3.1 宏观环境

2014 年，发达经济体经济运行分化加剧，发展中经济体增长放缓，世界经济仍处于危机后的修复期。其中，美国结束量化宽松政策，总体增长势头强劲，远远领先于欧元区和日本等其他经济体；欧洲经济增长乏力，需求不足，通缩风险凸显；新兴市场经济整体走弱，进入中高速增长周期。

中国经济增速从两位数下降至 7.4%，经济社会进入经济增速换挡期、经济转型阵痛期、刺激政策消化期三期叠加阶段。在增速放缓、结构优化、动能转换的“新常态”下，经济结构亟须调整，原有发展模式不可持续，全方位改革势在必行。党的十八届三中全会已绘出改革蓝图，四中全会全面拉开依法治国序幕，为进一步释放市场活力、全面深化改革奠定了坚实基础。

4.3.2 影响公司的发展因素

4.3.2.1 有利因素

（1）信托业资产管理规模突破 13 万亿元，作为仅次于银行的第二大金融子行业，信托业在金融业和中国经济中的影响力日趋扩大，投资者对信托的了解程度大幅度提升。

（2）监管层在八项机制基础上进一步提出八大责任，净资本管理、行业监管评级、尽职指引以及信托产品登记等制度即将落地，信托业相关监管制度体系与基础设施建设日趋完善。

（3）金融市场改革稳步推进，利率市场化进程加速，多层次资本市场体系进一步完善，为信托公司开拓业务领域、创新业务模式带来更多契机。

4.3.2.2 不利因素

（1）“泛资管时代”下信托制度普惠化，信托公司正逐步丧失制度安排所带来的专属红利，混业竞争日趋激烈，市场份额

被大量蚕食。

(2)宏观经济下行压力加大,房地产、基础设施等行业进入调整期,信托业务发展面临的波动性和不确定性增加,信托业务风险上升,拓展难度加大。

4.4 内部控制

公司已建立比较完善的公司治理机制,股东会、董事会、独立董事、监事会及高管层之间权责分明、各司其职。股东会是公司的最高权力机构,代表股东对公司行使最终的控制权和决策权。董事会是公司经营决策的最高权力机构,对股东会负责。董事会下设有各专业委员会,其中风险控制委员会根据董事会授权行使公司业务决策及风险控制等管理职能,包括以全面风险管理为目的,对公司管理层风险管理工作进行指导及监督,为董事会提供决策支持意见和管理改善建议,并对超出高管层决策权限的自营和信托业务事项进行审批决策;信托委员会负责对信托业务运行情况进行定期评估,督促公司依法履行信托职责;审计委员会负责内部及外部审计工作,对公司内部控制管理工作进行监督,核查财务信息披露等。监事会作为独立的监督机构对股东会负责,对董事长和公司总经理的任职行为和公司的经营管理情况进行有效监督。公司高管层是公司的决策执行机构,对董事会负责,在公司章程和董事会授权范围内行使职权,牢固树立"内控优先"的风险管理理念,使风险防范意识贯穿到公司各个部门、各个岗位和工作的各个环节。公司所构建的股东会、董事会、监事会和高管层之间的权力制衡结构,能切实发挥科学激励和约束监督的治理机制作用,有效抑制道德风险的发生,为公司内部控制建设提供良好的环境。

公司始终秉承"稳健思变,诚客礼才"的经营理念,树立"国内理财市场的金字招牌、国际金融市场的百年老店"的愿景,强化合规经营和尽职管理,重视内控文化的建设和培育,建立充分的信息交流和共享机制,强化内控制度约束。2014年,公司持续开展质量管理和内部控制体系建设工作,并已初步建成覆盖公司全部流程的全面质量管理和内部控制体系,大力提升了公司风险管理能力,提升了员工经营管理的质量意识和程序意识,对巩固和提高公司经营质量发挥了积极作用。

同时,通过培训和学习等多种途径,不断强化员工的风险控制意识和职业道德教育,使全体员工熟悉监管法律法规和公司规章制度以及业务操作流程。通过建立实施风险管理问责制,对风险管理过程中的违规、不尽职以及过失等行为进行责任追究。公司将风险管理的执行情况与绩效评价相结合,强化"风险先行"的内控导向。全体员工对内控制度和机制已充分理解并达成共识。

公司内部控制的主要政策导向为合规经营、严控风险,在提升业务开拓能力、实现公司经营战略目标的同时,不断提高公司的业务风险管控能力。结合质量管理和内部控制体系建设工作,公司已建立一套以战略管理、业务管理、财务管理、信息系统、风险管理和稽核为核心的较为完善的内部控制制度和操作流程,形成职责明确、分工合理、相互制衡的组织结构和内部牵制机制。

公司建立和设置适时跟踪报告公司内控情况的信息反馈机制,内容包括项目审批决策报告体系、项目执行过程管理报告体系以及证券自营业务报表体系等报告机制,并通过包括NOTES平台、财务软件、电子业务台账等在内的电子化信息交流渠道的建立,实现信息在各部门之间的共享与交流,确保公司董事会和高管层能够及时了解公司的经营和内控情况。此外,通过公开信息披露机制的建立以及客户关系管理软件、公司网站等多渠道建设,增进公司与监管部门、委托人、受益人的信息沟通与交流。

公司审计稽核部负责内部审计工作,独立行使对公司内部控制情况的监督、评价和纠正职责。在审计过程中发现内部控制缺陷的,可向被审计部门提出改进建议并敦促被审计部门及时改进。审计稽核部有权直接向审计委员会、董事会、监事会和公司高管层报告内部控制的审计情况。

此外,公司对确定的重点项目在终止后进行项目后评价。通过项目审计,对项目尽职调查、项目和合同审批、资金拨付、执行过程管理等全过程进行分析和复核,评价项目是否达到预期效果,分析项目执行的实际情况与预测的差别及原因,找出存在的问题,总结经验教训,提出改进措施与建议。

4.5 风险管理

公司在经营活动中所面临的主要风险包括信用风险、市场风险、操作风险和其他风险等。

4.5.1 风险管理基本原则

(1)全面风险管理原则:风险管理覆盖公司所有的部门、岗位和人员,实现全员参与;风险管理渗透至公司的各项业务及各个操作环节,实行全过程风险控制;重视公司经营过程中面临的市场、信用、操作、法律、案防、声誉等各类风险,对各类风险因素实行全方位管理,对其中的关键风险实施重点管理,并按照不同业务类型和不同交易对手等确定差异化风险管理策略。

公司自2009年推行全面风险管理以来,每年定期进行重新评估。全面风险管理由审计稽核部牵头,公司各部门参加全面风险管理沟通会,查找、识别公司在日常经营中面临的重大风险,经对各类业务风险进行事前预测,做到风险可知,通过分析、评估并制定风险管理策略和措施加以防范和控制,将风险降至各自可承受范围之内。公司已形成就经营管理中存在的包括市场风险、财务风险和运营风险在内的重大风险的管理状况以及开展的风险管理工作定期报告制度。

(2)独立性原则:公司风险法规部、信托财务部等中后台部门按部门职责独立进行项目风险评审,审计稽核部与各业务部门及支持保障部门保持相互独立,可直接向董事会和高管层报告,保证风险管理得到切实公正的执行。

(3)程序性原则:公司在风险管理过程中设立事前审批、事中执行和事后监督三道程序,为风险管理提供三道防火墙。

(4)责任追究原则:风险管理的每个环节都要有明确的责任人,并按规定对违反制度的直接责任人,以及对负有领导责任的高管进行问责。

4.5.2 公司风险管理组织结构与职责划分

(1)公司董事会是风险管理的最高决策机构,负责确定公司的风险管理战略、政策和程序,行使重大经营决策权,对公司风险管理负有最终责任。

(2)董事会下设风险控制委员会、信托委员会和审计委员会等专业委员会。

风险控制委员会根据董事会授权行使公司业务决策及风险控制等管理职能，包括负责制定公司业务决策授权范围，审议公司主要风险管理制度，监督、检查公司风险管理制度、业务流程规范的执行情况，并对超出高管层决策权限的自营和信托业务事项进行审批决策。

信托委员会负责督促公司依法履行受托职责，对公司信托业务运行情况进行定期评估，以及针对银监会及其派出机构检查公司信托业务后提出的整改意见，研究提出具体措施。当公司或股东利益与受益人利益发生冲突时，信托委员会应保证公司为受益人利益服务，研究提出维护受益人利益的具体措施。

审计委员会负责公司内部及外部审计工作，对公司内部控制管理工作进行监督，核查财务信息披露，并协同董事会风险控制委员会工作，指导风险管理评价、审计等工作。

（3）公司高管层负责拟定公司的风险管理战略、政策和程序，确定公司风险管理制度，定期审查和监督其执行情况，获取公司风险管理状况的报告。

（4）风险法规部、信托财务部、财务管理部、信息技术部和审计稽核部是公司负责风险管理的中后台部门，负责全面风险管理工作的组织和协调工作。其中，风险法规部作为业务风险、法律风险及合规风险的事中控制部门，负责业务管理办法和风险管理制度的拟定和修订，业务合同范本的拟定和修订，业务合同审核，投融资等项目的风险评估、合规性审核及相关法律文件的审核，以及与风险管理和法律事务管理相关的其他工作。信托财务部作为信托业务的财务管理部门，负责建立健全信托业务内部财务管理制度及工作流程并组织实施、信托项目前期的财务风险评估、评估机构的选聘和管理，以及信托业务的日常会计核算、资金管理和税务管理等。财务管理部作为固有资产的财务管理部门，负责固有业务的财务、资金管理和税务筹划，财务内控管理和净资本管理，编制年度财务预决算；同时，作为绩效评价委员会的常设机构，负责公司整体经营业绩的分析评价及公司业务部门的绩效评价等。信息技术部是信息化管理和技术服务部门，负责公司信息系统建设、运维和管理，信息系统的安全和保密管理，为公司正常运营管理提供信息化保障。审计稽核部是负责全面质量管理和内控体系建设、对在运行项目进行风险监测和报告、履行内部审计稽核职责的部门，主要职责是组织开展体系建设、执行检查以及持续改进工作，组织开展业务数据质量提升工作，拟定和修订与质量管理、内部审计、风险监测和风险管理报告相关的体系文件，对在运行的自营和信托项目进行风险监测，及时进行预警并积极采取补救措施，按规定上报在运行项目风险管理报告，以及定期对公司法律法规的遵循、体系建设和执行情况等进行内部审计，评估和揭示相关运营管理状况，为公司的安全运营发挥监督保障作用。

（5）公司各业务部门承担一线风险管理职责。各业务部门按照公司风险制度与业务操作流程开展自营和信托等业务，在尽职调查、产品设计、资金募集、执行过程管理、信息披露、终止清算等整个业务过程中对信用风险、股价/资产价值波动风险、信托项目执行风险、发行风险、信息披露风险、尽职调查风险等重点风险进行管理。

按照公司战略要求，全面提升风险管理体系的有效性和执行力，继续坚持“坚守合规底线、把控实质风险”的原则，深入贯彻实施“差异化风险管理”理念，围绕优化职能、风控前移、弥补短板、提升能力等各个方面，逐步打造具有外贸信托特色的风控体系，包括认真做好风险管理和监控工作，进一步完善风险管理制度和流程，严格项目评审标准，加强存量项目过程管理，确保信托项目安全兑付。

（6）建立重大风险事件应急处置机制。对经评估分析后认为项目可能出现风险或项目已经出现风险，构成重大风险事件的，在公司领导确认后，立即启动重大风险事件应急处置机制。业务部门立即拟订行动方案向公司领导报告，并通知风险法规部、审计稽核部和其他相关单位，成立应急处置机构，持续跟进处置进展。

4.6 公司履行社会责任情况

报告期内，公司严格遵守国家法律法规、监管部门规章、规范性文件以及公司章程；坚持诚信经营，自觉履行纳税义务；关注社会整体利益，坚决履行反洗钱义务，维护国家金融秩序和金融安全。公司始终恪守社会公德和商业道德，自觉遵守信托业自律规则和业务相关领域的各项规定，积极维护信托业市场竞争秩序，秉承“受人之托，代人理财”的信托精神，积极履行应尽的社会责任。

5. 报告期末及上一年度末的比较式会计报表

5.1 自营资产

5.1.1 会计师事务所审计结论

本公司已经由天职国际会计师事务所出具标准的无保留意见的审计报告（天职业字［2015］8612 号）。

天职国际会计师事务所（特殊普通合伙）
中国注册会计师王清峰
中国注册会计师迟文洲
二〇一五年三月二十七日

5.1.2 资产负债表

2014 年 12 月 31 日

编制单位：中国对外经济贸易信托有限公司　　单位：万元

项　目	行次	年末数	年初数
一、流动资产：	1	—	—
货币资金	2	127 483.64	62 884.05
拆出资金	3	—	—
以公允价值计量且其变动计入当期损益的金融资产	4	1.40	502.57
衍生金融产品	5	—	—
买入返售金融资产	6	—	—
应收票据	7	—	—
应收账款	8	48 840.09	27 842.12
预付款项	9	381.45	95.75
应收利息	10	—	—
应收股利	11	—	—
其他应收款	12	3 138.78	13 671.20
发放贷款及垫款	13	—	—

续表

项　目		行次	年末数	年初数
	一年内到期的非流动资产	14	—	—
	代理业务资产	15	—	—
	其他流动资产	16	—	—
	流动资产合计	17	179 845. 36	104 995. 68
二、	非流动资产:	18		
	可供出售金融资产	19	429 207. 88	399 668. 73
	持有至到期投资	20	—	—
	长期应收款	21	—	—
	长期股权投资	22	57 962. 90	50 510. 24
	投资性房地产	23	—	—
	固定资产	24	1 972. 75	1 128. 33
	在建工程	25	—	—
	工程物资	26	—	—
	固定资产清理	27	—	—
	生产性生物资产	28	—	—
	油气资产	29	—	—
	无形资产	30	2 049. 91	1 403. 79
	开发支出	31	—	—
	商誉	32	—	—
	长期待摊费用	33	1 130. 95	660. 65
	递延所得税资产	34	—	—
	其他非流动资产	35	—	—
	非流动资产合计	36	492 324. 39	453 371. 74
	资产总计	37	672 169. 75	558 367. 42
三、	流动负债:	38		
	拆入资金	39	—	—
	交易性金融负债	40	—	—
	衍生金融负债	41	—	—
	卖出回购金融资产款	42	—	—
	应付票据	43	—	—
	应付账款	44	—	—
	预收款项	45	—	—
	应付职工薪酬	46	358. 41	5 482. 66
	应交税费	47	11 835. 15	15 248. 94
	应付利息	48	—	—
	应付股利	49	—	—
	其他应付款	50	5 243. 40	4 822. 63
	一年内到期的非流动负债	51	—	—
	代理业务负债	52	—	—
	其他流动负债	53	—	—
	流动负债合计	54	17 436. 96	25 554. 22
四、	非流动负债:	55		
	长期借款	56	—	—
	应付债券	57	—	—
	长期应付款	58	—	—
	专项应付款	59	—	—
	预计负债	60	—	—
	递延所得税负债	61	2 923. 23	1 419. 01
	其他非流动负债	62	—	—
	非流动负债合计	63	2 923. 23	1 419. 01
	负债合计	64	20 360. 19	26 973. 23
五、	所有者权益(或股东权益):	65		
	实收资本(或股本)	66	220 000. 00	220 000. 00
	资本公积	67	4 965. 77	4 965. 77
	减:库存股	68	—	—
	其他综合收益	69	19 706. 57	3 448. 45

续表

项　目		行次	年末数	年初数
	盈余公积	70	65 685. 30	53 519. 69
	一般风险准备	71	40 744. 95	32 968. 94
	未分配利润	72	300 706. 97	216 491. 35
	所有者权益合计	73	651 809. 56	531 394. 19
	负债和所有者权益总计	74	672 169. 75	558 367. 42

5. 1. 3　利润表

2014 年 12 月 31 日

编制单位:中国对外经济贸易信托有限公司　　单位:万元

项　目	本年数	上年数
一、营业收入	200 005. 03	202 813. 54
利息净收入	1 435. 07	1 652. 67
利息收入	1 435. 07	1 652. 67
利息支出	—	—
手续费及佣金净收入	139 709. 10	120 547. 44
手续费及佣金收入	139 874. 92	120 703. 21
手续费及佣金支出	165. 82	155. 77
租赁收益	—	—
投资收益	58 857. 70	82 870. 49
公允价值变动收益(损失以“-”号填列)	0. 01	-2 236. 45
汇兑损益(损失以“-”号填列)	3. 15	-20. 60
其他业务收入	—	—
二、营业支出	43 162. 36	32 685. 21
营业税金及附加	10 295. 37	10 625. 12
业务及管理费	21 880. 64	21 973. 99
资产减值损失	10 986. 35	86. 10
其他业务成本	—	—
三、营业利润(亏损以“-”号填列)	156 842. 67	170 128. 33
加:营业外收入	89. 61	43. 64
减:营业外支出	3. 98	61. 71
其中:非流动资产处置损失	3. 98	0. 19
四、利润总额(亏损总额以“-”号填列)	156 928. 29	170 110. 26
减:所得税费用	35 272. 15	40 488. 87
五、净利润(净亏损以“-”号填列)	121 656. 14	129 621. 39
六、其他综合收益的税后净额	16 258. 12	-30 540. 32
(一)以后不能重分类进损益的其他综合收益	—	—
其中:1. 重新计量设定受益计划净负债或净资产导致的变动	—	—
2. 权益法下在被投资单位不能重分类进损益的其他综合收益中所享有的份额	—	—
(二)以后将重分类进损益的其他综合收益	16 258. 12	-30 540. 32
其中:1. 权益法下在被投资单位以后将重分类进损益的其他综合收益中所享有的份额	3 513. 22	386. 18
2. 可供出售金融资产公允价值变动损益	12 744. 90	-30 926. 50
3. 持有至到期投资重分类为可供出售金融资产损益	—	—
4. 现金流量套期损益的有效部分	—	—
5. 外币财务报表折算差额	—	—
七、综合收益总额	137 914. 26	99 081. 06
归属于母公司所有者的综合收益总额	137 914. 26	99 081. 06
*归属于少数股东的综合收益总额		
八、每股收益		
(一)基本每股收益	—	—
(二)稀释每股收益	—	—

5.1.4 所有者权益变动表

单位：万元

项目	本年金额								
	实收资本	资本公积	减：库存股	其他综合收益	专项储备	盈余公积	一般风险准备	未分配利润	所有者权益合计
一、上年末余额	220 000.00	4 965.77	—	3 448.45	—	53 519.69	32 968.94	216 491.35	531 394.19
加：1. 会计政策变更	—	—	—		—	—	—	—	
2. 前期差错更正	—	—	—		—	—	—	—	
3. 其他	—	—	—		—	—	—	—	
二、本年初余额	220 000.00	4 965.77	—	3 448.45	—	53 519.69	32 968.94	216 491.35	531 394.19
三、本年增减变动金额（减少以“－”号填列）	—	—	—	16 258.12	—	12 165.61	7 776.01	84 215.63	120 415.37
（一）净利润	—	—	—	—	—	—	—	—	—
（二）其他综合收益	—	—	—	16 258.12	—	—	—	121 656.14	137 914.26
上述（一）和（二）小计	—	—	—	16 258.12	—	—	—	121 656.14	137 914.26
（三）所有者投入和减少资本	—	—	—	—	—	—	—	—	—
1. 所有者投入资本	—	—	—	—	—	—	—	—	—
2. 股份支付计入所有者权益的金额	—	—	—	—	—	—	—	—	—
3. 其他	—	—	—	—	—	—	—	—	—
（四）利润分配	—	—	—	—	—	12 165.61	7 776.01	－37 440.51	－17 498.89
1. 提取盈余公积	—	—	—	—	—	12 165.61	—	－12 165.61	—
2. 提取一般风险准备	—	—	—	—	—	—	7 776.01	－7 776.01	—
3. 对所有者（或股东）的分配	—	—	—	—	—	—	—	－17 498.89	－17 498.89
4. 其他	—	—	—	—	—	—	—	—	—
（五）所有者权益内部结转	—	—	—	—	—	—	—	—	—
1. 资本公积转增资本（或股本）	—	—	—	—	—	—	—	—	—
2. 盈余公积转增资本（或股本）	—	—	—	—	—	—	—	—	—
3. 盈余公积弥补亏损	—	—	—	—	—	—	—	—	—
4. 其他	—	—	—	—	—	—	—	—	—
（六）专项储备	—	—	—	—	—	—	—	—	—
1. 本期提取	—	—	—	—	—	—	—	—	—
2. 本期使用	—	—	—	—	—	—	—	—	—
四、本年末余额	220 000.00	4 965.77	—	19 706.57	—	65 685.30	40 744.95	300 706.98	651 809.56

5.2 信托资产

5.2.1 信托项目资产负债汇总表

编制单位：中国对外经济贸易信托有限公司

单位：万元

资产	年末数	年初数	负债和所有者权益	年末数	年初数
流动资产：			流动负债：		
现金及存放中央银行款项	0.00	0.00	拆入资金	0.00	0.00
存放同业款项	1 817 083.79	1 285 377.70	交易性金融负债	0.00	0.00
拆出资金	0.00	0.00	衍生金融负债		
交易性金融资产	14 418 771.47	7 039 567.88	卖出回购金融资产款	0.00	0.00
衍生金融资产	0.00	0.00	应付职工薪酬	0.00	0.00
买入返售金融资产	2 394 187.08	1 181 157.97	应交税金	7 776.82	1 589.49
应收票据	0.00	0.00	应付利息	0.00	0.00
应收账款	50 310.05	128 010.05	应付股利	117 267.96	77 251.16
预付账款	0.00	0.00	应付账款	71 357.04	36 862.89
应收利息	182 960.49	126 580.32	其他应付款	183 034.85	94 794.20

续表

资产	年末数	年初数	负债和所有者权益	年末数	年初数
应收股利	632. 49	39. 09	代理业务负债	0. 00	0. 00
其他应收款	428 833. 16	248 972. 26	流动负债合计	379 436. 67	210 497. 74
发放贷款及垫款	8 949 995. 51	7 374 190. 24			
代理业务资产	0. 00	0. 00			
其他流动资产	0. 00	0. 00	非流动负债:		
流动资产合计	28 242 774. 04	17 383 895. 51	长期应付款	0. 00	0. 00
非流动资产:			预计负债	0. 00	0. 00
可供出售金融资产	2 321 960. 62	2 569 583. 53	递延所得税负债	0. 00	0. 00
长期应收款	0. 00	0. 00	非流动负债合计	0. 00	0. 00
持有至到期投资	20 518 475. 21	10 245 555. 06	负债合计	379 436. 67	210 497. 74
长期股权投资	251 580. 00	1 317 751. 32			
固定资产	0. 00	0. 00			
固定资产清理	0. 00	0. 00			
无形资产	0. 00	0. 00	所有者权益:		
商誉	0. 00	0. 00	实收资本	52 092 594. 52	30 928 562. 07
长期待摊费用	0. 00	0. 00	资本公积	249 076. 28	68 145. 50
递延所得税资产	0. 00	0. 00	盈余公积	0. 00	0. 00
其他非流动资产	3 010 864. 52	220 908. 23	信托赔偿准备金	0. 00	0. 00
非流动资产合计	26 102 880. 35	14 353 798. 14	未分配利润	1 624 546. 92	530 488. 34
			所有者权益合计	53 966 217. 72	31 527 195. 91
资产总计	54 345 654. 39	31 737 693. 65	负债和所有者权益总计	54 345 654. 39	31 737 693. 65

5. 2. 2 信托项目利润及利润分配表

编制单位:中国对外经济贸易信托有限公司　　单位:万元

项目	本年实际数	上年实际数
一、营业收入	4 059 171. 69	2 353 572. 07
利息净收入	1 363 025. 16	1 017 773. 05
利息收入	1 363 025. 16	1 017 773. 05
利息支出	0. 00	—
手续费及佣金净收入	0. 00	—
手续费及佣金收入	0. 00	—
手续费及佣金支出	0. 00	—
租赁收益	0. 00	3 906. 67
投资收益(损失以“ - ”号填列)	2 353 714. 44	1 310 673. 43
其中:对联营企业和合营企业的投资收益	45 548. 99	65 505. 68
公允价值变动损益(损失以“ - ”号填列)	336 360. 03	16 278. 02
汇兑损益(损失以“ - ”号填列)	0. 00	—
其他业务收入	6 072. 06	4 940. 90
二、营业支出	318 279. 44	272 096. 31
营业税金及附加	11 322. 32	5 020. 91
业务及管理费	306 957. 12	267 075. 40
资产减值损失	0. 00	—
其他业务成本	0. 00	—
三、营业利润(亏损以“ - ”号填列)	3 740 892. 25	2 081 475. 76
加:营业外收入	108. 50	0. 02
减:营业外支出	0. 00	15. 00

续表

项目	本年实际数	上年实际数
四、利润总额(亏损总额以“ - ”号填列)	3 741 000. 75	2 081 460. 78
减:所得税费用	0. 00	
五、净利润(净亏损以“ - ”号填列)	3 741 000. 75	2 081 460. 78
加:期初未分配信托利润	530 488. 34	5 343. 08
六、可供分配的信托利润	4 271 489. 09	2 086 803. 86
减:本期已分配的信托利润	2 646 942. 17	1 556 315. 52
七、期末未分配信托利润	1 624 546. 92	530 488. 34

6. 会计报表附注

6. 1 会计报表编制基准

本报表按照中华人民共和国财政部 2006 年 2 月 15 日颁布的企业会计准则编制。本公司报告期内会计报表编制基准无不符合会计核算基本前提的事项。本公司无合并会计报表。

6. 2 或有事项说明

本公司报告期内无或有事项。

6. 3 重要资产转让及其出售的说明

本公司报告期内无重要资产转让及其出售的事项。

6. 4 会计报表中重要项目的明细资料

6. 4. 1 自营资产经营情况

6. 4. 1. 1 资产风险分类结果(以净值列示)

信用风险资产五级分类	正常类（万元）	关注类（万元）	次级类（万元）	可疑类（万元）	损失类（万元）	信用风险资产合计（万元）	不良资产合计（万元）	不良资产率（%）
期初数	557 951.11	391.29	24.04	0.98	—	558 367.42	25.02	0
期末数	644 703.51	2 862.61	24 603.63	—	—	672 169.75	24 603.63	3.66

6.4.1.2　资产损失准备计提转回情况

单位：万元

	期初数	本期计提	本期转回	本期核销	期末数
贷款损失准备	—	—	—	—	—
一般准备	—	—	—	—	—
专项准备	—	—	—	—	—
其他资产减值准备	—	—	—	—	—
可供出售金融资产减值准备	—	10 544.41	—	—	10 544.41
持有至到期投资减值准备	—	—	—	—	—
长期股权投资减值准备	401.79	—	—	—	401.79
坏账准备	441.46	441.94	—	—	883.40
投资性房地产减值准备	—	—	—	—	—

6.4.1.3　金融资产和长期股权投资

单位：万元

	自营股票	基金	债券	持有至到期投资	长期股权投资
期初数	126 043.36	798.47	—	270 521.47	53 318.24
期末数	544 750.47	383.21	—	—	57 962.90

6.4.1.4　前三名的自营长期股权投资的企业名称、占被投资企业权益的比例、主要经营活动及投资收益情况（按持股比例排列）

企业名称	占被投资企业权益的比例（%）	主要经营活动	投资收益（万元）
1. 冠通期货经纪有限公司	48.72	期货	230.75
2. 诺安基金管理公司	40.00	基金管理	7 255.60
3. 宝盈基金管理公司	25.00	基金管理	2 266.84
4. 天津银行股份有限公司	0.14	银行	89.10

6.4.1.5　前五名的自营贷款的企业名称、占贷款总额的比例和还款情况

企业名称	占贷款总额的比例	还款情况
—	—	—

6.4.1.6　代理业务的期初数、期末数

单位：万元

	期初数	期末数
代理业务（委托业务）	—	—
其他	—	—
合计	—	—

6.4.1.7　公司当年的收入结构

单位：万元

收入结构	金额
手续费及佣金收入	139 874.92
其中：信托手续费收入	128 950.83
投资银行业务收入	10 924.09
利息收入	1 435.07
其他业务收入	-86.46
其中：计入信托业务收入部分	—
投资收益	58 857.70
其中：股权投资收益	9 842.29
证券投资收益	22 527.57
其他投资收益	26 487.82
公允价值变动收益	—
营业外收入	89.61
收入合计	200 170.84

6.4.2　信托资产管理情况

6.4.2.1　信托资产情况

单位：万元

信托资产	期初数	期末数
集合	16 571 824.25	24 646 031.07
单一	14 332 591.50	28 449 041.68
财产权	833 277.90	1 250 581.64
合计	31 737 693.65	54 345 654.39

6.4.2.1.1　主动管理型信托业务情况

单位：万元

主动管理型信托资产	期初数	期末数
证券投资类	7 489 958.09	5 272 012.30
股权投资类	4 999 810.68	7 035 012.22
融资类	6 289 610.03	7 401 286.84
事务管理类	18 835.21	84 594.92
合计	18 798 214.01	19 792 906.28

6.4.2.1.2　被动管理型信托业务情况

单位：万元

被动管理型信托资产	期初数	期末数
证券投资类	5 505 983.22	13 164 089.65
股权投资类	2 612 317.88	12 820 125.76
融资类	4 816 178.54	8 508 805.81
事务管理类	5 000.00	59 726.89
合计	12 939 479.64	34 552 748.11

6.4.2.2　本年度已清算结束的信托项目情况

6.4.2.2.1　本年度已经清算结束信托项目情况

已清算结束信托项目	项目个数（个）	实收信托合计金额（万元）	加权平均实际年化收益率（%）
集合类	327.00	4 151 635.51	7.10
单一类	113.00	2 945 307.12	7.56
财产管理类	5.00	236 000.00	6.17

6.4.2.2.2　本年度已经清算结束的主动管理型信托项目情况

已清算结束信托项目	项目个数（个）	实收信托合计金额（万元）	加权平均实际年化信托报酬率（%）	加权平均实际年化收益率（%）
证券投资类	101.00	1 637 960.28	0.38	6.82
股权投资类	19.00	218 497.51	0.51	14.77
融资类	211.00	2 796 567.63	0.72	7.34
事务管理类	—	—	0	0

6.4.2.2.3 本年度已经清算结束的被动管理型信托项目情况

已清算结束信托项目	项目个数（个）	实收信托合计金额（万元）	加权平均实际年化信托报酬率（%）	加权平均实际年化收益率（%）
证券投资类	39.00	578 444.21	0.26	5.92
股权投资类	2.00	85 000.00	0.22	19.18
融资类	73.00	2 016 473.00	0.15	6.55
事务管理类	—	—	0	0

6.4.2.3 本年度新增信托项目情况

新增信托项目	项目个数（个）	实收信托合计金额（万元）
集合类	725.00	8 982 353.77
单一类	143.00	10 756 570.57
财产管理类	41.00	702 743.97
新增合计	909.00	20 441 668.31
其中：主动管理型	312.00	5 468 077.72
被动管理型	597.00	14 973 590.59

6.4.2.4 信托业务创新成果和特色业务有关情况

随着高净值人群理财需求日益增长，公司积极拓展家族信托业务，回归信托制度本源。自2013年发行国内首单私人银行家族信托以来，进一步扩大先发优势，截至2014年末已累计签约54单，信托规模达到8.27亿元。

公司积极布局小微金融领域，践行"普惠金融"理念，形成针对不同客户群体的多条成熟业务线，全面覆盖消费信用贷款、小额抵押贷款、中小企业贷款等领域，累计向500万人群发放小微贷款，放款总额超过200亿元。

针对银行在资管业务发展中所衍生出的第三方专业化管理需求，公司积极打造MOM信托服务平台，为银行理财等资管业务提供全方位配套服务，完善支持系统，简化操作流程，加强关键环节管理，防范操作风险，通过不断提升流程的标准化及管理的系统化水平扩大市场影响力。

公司积极提升自主管理能力，实现从卖产品到为客户提供财富管理、资产配置服务的转变，2014年推出全权委托系列产品——五行汇信，进一步丰富了客户投资品种，提升了公司财富管理品牌的市场影响力。

6.5 关联方关系及其交易的披露

6.5.1 关联交易方的数量、关联交易的总金额及关联交易的定价政策

固有业务关联方情况

	关联交易数量	关联交易金额（万元）	定价政策
合计	3	2 771.77	公允价值定价

信托业务关联方情况

	关联交易数量	关联交易金额（万元）	定价政策
合计	—	—	—

6.5.2 关联交易方与本公司的关系性质，关联交易方的名称、法定代表人、注册地址、注册资本及主营业务

固有业务关联方情况

关系性质	关联方名称	法定代表人	注册地	注册资本	主营业务
股东	中国中化股份有限公司	刘德树	北京	3 980 000.00 万元人民币	石油、化肥、化工、金融等行业投资
股东	中化集团财务有限责任公司	杨林	北京	300 000.00 万元人民币	财务和融资顾问
同受母公司控制	北京凯晨置业有限公司	何操	北京	10 240.00 万美元	房地产开发
同受母公司控制	中化金茂物业管理（北京）有限公司	盖剑高	北京	500.00 万元人民币	物业管理
同受母公司控制	中化国际物业酒店管理有限公司	蓝海青	北京	38 760.00 万元人民币	房地产开发

信托业务关联方情况

关系性质	关联方名称	法定代表人	注册地	注册资本	主营业务
—	—	—	—	—	—

6.5.3 本公司与关联方的重大交易事项

6.5.3.1 固有财产与关联方：贷款、投资、租赁、应收账款、担保、其他方式等期初汇总数、本期发生额汇总数、期末汇总数

固有财产与关联方关联交易

单位：万元

	期初数	借方发生额	贷方发生额	期末数
贷款	—	—	—	—
投资	—	—	—	—
租赁	—	—	—	—
担保	—	—	—	—
应收账款	—	—	—	—
其他	1 782.06	248.21	—	2 030.27
合计	1 782.06	248.21	—	2 030.27

注：固有财产与关联方关联交易主要是房屋租赁费用等。

6.5.3.2 信托资产与关联方：贷款、投资、租赁、应收账款、担保、其他方式等期初汇总数、本期发生额汇总数、期末汇总数

信托资产与关联方关联交易

单位：万元

	期初数	借方发生额	贷方发生额	期末数
贷款	—	—	—	—
投资	—	—	—	—
租赁	—	—	—	—
担保	—	—	—	—
应收账款	—	—	—	—
其他	—	—	—	—
合计	—	—	—	—

6.5.3.3　信托公司自有资金运用于自己管理的信托项目（固信交易）、信托公司管理的信托项目之间的相互交易金额

6.5.3.3.1　固有财产与信托财产之间的交易金额期初汇总数、本期发生额汇总数、期末汇总数

公司没有固有财产与信托财产之间的交易。

6.5.3.3.2　信托资产与信托财产之间的交易金额期初汇总数、本期发生额汇总数、期末汇总数

信托资产与信托财产相互交易

单位：万元

	期初数	本期发生额	期末数
合计		2 711 022.25	2 711 022.25

6.5.4　关联方逾期未偿还本公司资金的详细情况以及本公司为关联方担保发生或即将发生垫款的详细情况

固有财产没有关联方逾期未偿还本公司资金及本公司为关联方担保发生或即将发生垫款的事项。

信托业务没有关联方逾期未偿还本公司资金及本公司为关联方担保发生或即将发生垫款的事项。

6.6　会计制度的披露

本公司固有业务和信托业务自2008年1月1日起均执行中华人民共和国财政部于2006年2月15日颁布的企业会计准则。

7. 财务情况说明书

7.1　利润实现和分配情况

2014年本公司实现净利润121 656.14万元，分配方案如下：

（1）按当年净利润的10%提取法定公积金12 165.61万元；

（2）按当年净利润的5%提取信托赔偿准备金6 082.81万元；

（3）提取一般准备1 693.21万元。

可供股东分配的利润为101 714.51万元。

7.2　主要财务指标

指标名称	指标值
资本利润率（%）	20.56
加权年化信托报酬率（%）	0.44
人均利润（万元）	435.91

注：1. 资本利润率＝净利润/所有者权益平均余额×100%。
2. 人均利润＝利润总额/年平均人数。

7.3　对本公司财务状况、经营成果有重大影响的其他事项

本公司没有对财务状况、经营成果有重大影响的其他事项。

7.4　本公司净资本情况

净资本风险控制指标报表

编制单位：中国对外经济贸易信托有限公司　　2014年12月31日

项目	期末余额	监管标准
净资本（万元）	550 861.04	≥2亿元
固有业务风险资本（万元）	83 043.48	
信托业务风险资本（万元）	455 451.32	
其他业务风险资本（万元）	—	
各项业务风险资本之和（万元）	538 494.80	
净资本/各项业务风险资本之和（%）	107.54	≥100
净资本/净资产（%）	90.01	≥40

8. 特别事项揭示

8.1　前五名股东报告期内变动情况及原因

无。

8.2　董事、监事及高级管理人员变动情况及原因

2014年3月31日，公司股东决定书选举杨林为公司董事，王引平不再担任公司董事、董事长职务；选举宋玉增为公司监事，姜爱萍不再担任公司监事、监事长职务。2014年4月8日，公司第五届董事会第十六次会议选举杨林为公司董事长。杨林的任职资格已于2014年8月7日获银监会核准。

2014年3月1日，公司独立董事李保民申请辞去公司独立董事职务。

2014年10月10日，公司第五届董事会第十九次会议同意范华不再担任公司副总经理职务。

齐斌、刘燕松担任公司副总经理的任职资格，张一冰担任公司董事会秘书的任职资格，皆于2014年8月7日获得银监会核准。

8.3　本公司报告期内变更注册资本金、变更注册地或公司名称、公司分立合并事项

无。

8.4　重大诉讼事项

无。

8.5　本报告期内公司及其董事、监事和高级管理人员受到处罚的情况

无。

8.6　银监会及其派出机构对公司检查情况

无。

8.7　本报告期内公司重大事项临时报告

2014年8月7日，中国银行业监督管理委员会核准了杨林担任中国对外经济贸易信托有限公司董事长的任职资格。公司于2014年8月22日在《上海证券报》上刊登了《中国对外经济贸易信托有限公司关于董事长变更的公告》。

8.8　本报告期内银监会及其省级派出机构认定的其他有必要让客户及相关利益人了解的重要信息

无。

9. 公司监事会意见

9.1 公司依法运作情况

报告期内,公司的决策程序符合国家法律法规和公司的章程及相关制度,建立健全了比较有效的内控制度,董事会全体成员及董事会聘任的高级管理人员认真履行了职责,未发现有违法、违规、违章的行为,也没有损害公司利益、股东利益和委托人利益的行为。

9.2 财务报告的真实性

报告期内,公司财务报告真实反映了公司财务状况和经营成果。

中国金谷国际信托有限责任公司

1. 重要提示

1.1 本公司董事会及董事保证本报告所载资料不存在任何虚假记载、误导性陈述或者重大遗漏，并对其内容的真实性、准确性和完整性承担个别及连带责任。

1.2 本公司独立董事对本报告的真实性、准确性和完整性无异议。

1.3 德勤华永会计师事务所(特殊普通合伙)北京分所为本公司出具了标准无保留意见的审计报告。

1.4 本公司董事长彭新、总经理周思良、主管会计工作负责人公司副总经理张秀娟声明：保证年度报告中财务会计报告的真实、完整。

2. 公司概况

2.1 公司简介

中国金谷国际信托有限责任公司(简称金谷信托，原名“中国金谷国际信托投资有限责任公司”)是1993年4月经中国人民银行批准成立的非银行金融机构。2008年7月30日，经国务院及财政部同意，中国银监会批准了中国信达资产管理公司(后改名为“中国信达资产管理股份有限公司”，以下简称中国信达)对金谷信托实施重组并增资。2009年9月1日，金谷信托经中国银监会批准重新登记，更名为“中国金谷国际信托有限责任公司”。2009年9月15日，公司在国家工商行政管理总局完成变更登记手续，并换领新的营业执照，注册资本为人民币12亿元。2013年12月20日，金谷信托完成增资，公司注册资本增至人民币22亿元。2013年12月23日，公司在国家工商行政管理总局完成注册资本变更登记手续，股东持股比例如下：中国信达持有92.29%的股权，中国妇女活动中心持有6.25%的股权，中国海外工程有限责任公司持有1.46%的股权。

2.1.1 公司名称

法定中文名称：中国金谷国际信托有限责任公司

中文名称缩写：金谷信托

英文名称：China Jingu International Trust Co. ,Ltd.

英文名称缩写：Jingu Trust

2.1.2 公司法定代表人：彭新

2.1.3 公司注册资本：人民币22亿元

2.1.4 公司注册地址：北京市西城区金融大街33号通泰大厦C座10层

邮政编码：100033

2.1.5 公司官方网站网址：www. jingutrust. com

2.1.6 公司信息披露事务负责人：王 崇

电话：010－88086819

传真：010－88086546

电子信箱：wangchong@ cinda. com. cn

2.1.7 公司选定的信息披露报纸名称：《金融时报》

2.1.8 公司年度报告备置地点：北京市西城区金融大街33号通泰大厦C座10层

2.1.9 公司聘请的会计师事务所：德勤华永会计师事务所(特殊普通合伙)北京分所

地址：北京市东长安街1号东方广场东方经贸城德勤大楼8层

2.1.10 其他有关资料

公司法人营业执照注册号：100000000013649

公司金融许可证：K0075H111000001

2.2 组织结构

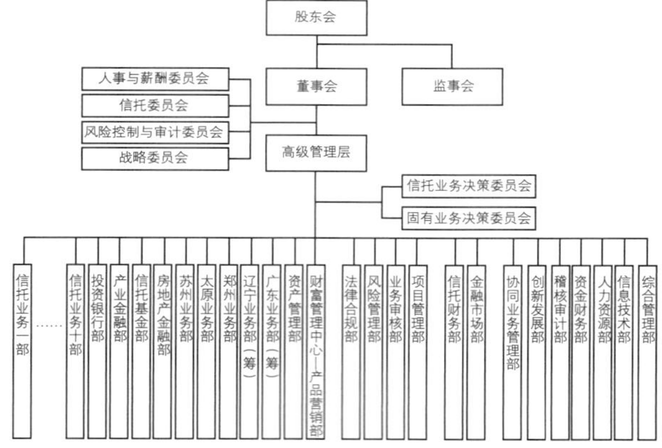

3. 公司治理

3.1 股东

报告期末，公司股东总数为3家。

股东名称	持股比例(%)	法人代表	注册资本(亿元)	注册地址	主要经营业务
中国信达资产管理股份有限公司	92.29	侯建杭	362.5669	北京市西城区闹市口大街9号院1号楼	收购、受托经营金融机构和非金融机构不良资产，对不良资产进行管理、投资和处置；债权转股权，对股权资产进行管理、投资和处置；破产管理；对外投资；买卖有价证券；发行金融债券、同业拆借和向其他金融机构进行商业融资；经批准的资产证券化业务、金融机构托管和关闭清算业务；财务、投资、法律及风险管理咨询和顾问；资产及项目评估；国务院银行业监督管理机构批准的其他业务。(依法须经批准的项目，经相关部门批准后方可开展经营活动)

续表

股东名称	持股比例(%)	法人代表	注册资本(亿元)	注册地址	主要经营业务
中国妇女活动中心	6.25	郭象	0.3	北京市东城区建国门内大街19号	特大型餐馆;饭店投资管理;承接国际、国内会议;文化艺术、科技交流活动等。
中国海外工程有限责任公司	1.46	陈之功	9.78537	北京市海淀区紫竹院路1号7号楼	向境外派遣各类劳务人员(不含海员,有效期至2017年10月10日)。一般经营:承包各类国外工程和境内外资工程;外派劳务人员培训;承担各类海外工业、民用建筑工程的勘查、设计和咨询;利用外方资源、资金和技术在境内开展劳务合作;进出口业务;工业与民用建筑工程的总承包;市政工程、装饰工程、水力电力工程、港口建设、道路桥梁工程施工;设备安装;建筑材料、工程机械的销售;自有房屋出租;房地产的开发经营及物业管理。(依法须经批准的项目,经相关部门批准后方可开展经营活动)

3.2 董事、董事会及其下属委员会

3.2.1 董事长、副董事长及董事

姓名	职务	性别	年龄	选任日期	所推举的股东名称	该股东持股比例(%)	简要履历
彭新	董事长	男	52	2014年6月	中国信达	92.29	1983年参加工作至今,曾任淮阴市金湖县黎城镇副镇长,建设银行江苏省信托投资公司科长,江苏省建设租赁有限公司副总经理,中国信达南京办事处副主任、党委委员、纪委书记,中国信达南昌办事处主任、党委书记,中国信达江西分公司总经理、党委书记,中国信达山东分公司总经理、党委书记,中国信达江苏分公司总经理、党委书记,中国信达纪委委员等职务;现任中国金谷国际信托有限责任公司党委书记、董事长。
周思良	董事、总经理	男	47	2014年12月	中国信达	92.29	1990年至今,曾任农业部工程研究设计院规划室助理经济师,中国农业物资供销总公司非金属材料部项目经理,中国信达股权管理部重组业务部经理、高级副经理、高级经理(其间兼任赛特集团有限公司董事会秘书),信达金融租赁有限公司副总经理,中国信达投融资业务部总经理、资产管理业务部总经理;现任中国金谷国际信托有限责任公司党委副书记、董事兼总经理。
刘学敏	副董事长	男	57	2013年6月	中国信达	92.29	1976年参军入伍,1980年至今曾任国家审计署金融审计司副处长、处长、沈阳特派办特派员助理,金谷信托副总裁、总裁、监事会主席、总经理等职务;现任中国金谷国际信托有限责任公司副董事长。
郭象	董事	女	60	2008年10月	中国妇女活动中心	6.25	1990年至今,担任团中央权益部副部长,全国妇联中国儿童中心副主任、党委副书记、党委书记,中国妇女活动中心主任、党委书记等职务。
王贺彩	董事	男	50	2011年6月	中国海外	1.46	1994年至今,担任铁道部建厂工程局北京一处副总会计师、总会计师,中铁建工集团北京分公司党委书记,中国海外工程有限责任公司总会计师、总法律顾问等职务。
宁桂兰	董事	女	58	2014年12月	中国信达	92.29	1980年至今,曾任中国建设银行大连市分行职员以及会计处、信贷处、筹资处副处长、处长,建设银行大连信托投资股份有限公司总经理,中国信达实体管理部副主任,信达投资有限公司副总经理、党委委员、纪委书记,信达地产股份有限公司总经理、党委副书记。
李婷婷	董事	女	41	2014年12月	中国信达	92.29	1993年至今,担任中国建设银行重庆市分行审计处副主任科员,中国信达重庆办事处投资银行部经理,中国信达股权管理部、市场开发部经理,中国信达市场开发部、集团协同部、公司管理部高级副经理、高级经理。

3.2.2 独立董事

姓名	职务	性别	年龄	选任日期	简要履历
夏执东	独立董事	男	60	2014年12月	1984年至今,历任财政部科学研究所会计研究室副主任,建设银行总行国际业务部资金处副处长,安永华明会计师事务所副总经理,天华会计师事务所合伙人、董事长,京都天华(后更名为"致同")会计师事务所副董事长等职务。
程正红	独立董事(拟任)	女	62	2014年12月	1982年至今,历任建设银行总行投资部办事员、科长、副处长,建设银行总行国际部项目处处长、外汇清算处处长、外事处处长,建设银行总行营业部副总经理、公司业务部总经理,建设银行江苏省分行副行长,建设银行总行信息中心总经理,建设银行总行高端客户部、财富管理与私人银行部总经理,建设银行总行零售业务部高级顾问等职务。

3.2.3 董事会下属委员会

委员会名称	职责	组成人员
人事与薪酬委员会	负责制定、审查公司高级管理人员（以下简称高管人员）的薪酬政策与方案，拟定公司高管人员的考核标准并进行考核，接受董事会授权的其他事项。	彭新（主任） 夏执东 程正红
战略委员会	主要负责对公司总体发展战略、重大投资方案及其他影响公司发展的重大事项进行研究并提出建议。	彭新（主任） 刘学敬 夏执东
信托委员会	督促公司依法履行受托职责。当公司或股东利益与受益人利益发生冲突时，信托委员会应保证公司为受益人的最大利益服务。	程正红（主任） 郭象 李婷婷
风险控制与审计委员会	负责公司的风险控制、管理、监督和评估以及公司内外部审计的沟通、监督和核查等工作。	夏执东（主任） 周思良 王贺彩

3.3 监事和监事会

姓名	职务	性别	年龄	选任日期	所推举的股东名称	该股东持股比例（%）	简要履历
贾放	监事会主席	男	60	2012 年 4 月	中国信达	92.29	1985 年至今，历任国家计委财金司副处长、处长，国家计委宏观经济研究院综合研究部副主任，建设银行政策研究室副主任、投资研究所副所长，中国信达部门总经理、公司总裁助理（兼信达投资有限公司副董事长、总经理、党委副书记，信达地产股份有限公司董事长、党委书记），金谷信托党委副书记、监事会主席等职务。
邵　颖	监事	女	44	2008 年 10 月	中国信达	92.29	1999 年至今，担任中国信达资金财务部、人力资源部经理、高级副经理、高级经理、部门总经理助理等职务。
任侠	监事	女	46	2011 年 6 月	中国妇女活动中心	6.25	1987 年至今，曾任职地质矿产部航空物探遥感中心，曾担任金谷信托主管会计、处级经理、高级副经理，中国妇女活动中心财务部部长。
王军民	监事	男	59	2008 年 10 月	中国海外	1.46	1988 年至今，担任中国海外工程有限责任公司企管部、进出口部、成套设备部、法务合约部、企业风险管理办公室等部门副经理、部长、公司总法律顾问、副总经济师等职务。
王娜	职工监事	女	41	2011 年 6 月	—	—	1991 年至今，担任北京赛特集团管理有限责任公司主管，中国信达业务经理、团委委员，金谷信托人力资源部高级副经理、部门总经理及公司工会副主席。

3.4 高级管理人员

姓名	职务	性别	年龄	选任日期	金融从业年限（年）	学历/学位	专业
周思良	总经理	男	47	2014 年 12 月	17	硕士	工商管理
张秀娟	副总经理	女	51	2009 年 5 月	24	硕士	工商管理
元　磊	副总经理	男	42	2014 年 5 月	20	硕士	工商管理
陈　玮	总经理助理	男	52	2009 年 5 月	23	本科	企业管理
吴　杰	总经理助理	男	44	2014 年 5 月	21	硕士	世界经济
武泽平	总经理助理	男	41	2014 年 9 月	7	硕士	工商管理

3.5 公司员工

项目		2014 年度	
		人数（人）	比例（%）
年龄分布	25 岁以下	8	4
	25～29 岁	50	28
	30～39 岁	70	39
	40 岁以上	52	29

续表

项目		2014 年度	
		人数（人）	比例（%）
学历分布	博士	11	6
	硕士	104	58
	本科	59	33
	专科及其他	6	3
岗位分布	董事、监事及高管人员	12	7
	自营业务人员	9	5
	信托业务人员	85	47
	其他	74	41

4. 经营管理

4.1 经营目标、方针、战略规划

4.1.1 经营目标

努力成为在资产管理、资金融通、投资理财等领域具有竞争力的专业理财服务机构和具有创新能力及持续盈利能力的信托公司。

4.1.2 经营方针

秉承“诚信、融合、创新、卓越”的经营理念，恪守谨慎、稳健的经营方针，以受益人的利益最大化为宗旨，专注于信托产品的创新与推广。

4.1.3 战略规划

公司以中央“十二五”规划有关精神为指导，深入贯彻落实科学发展观，全面落实控股股东发展规划，抓住行业发展的大好时机，坚持以价值创新为目标，以客户需求为导向，以谋发展、防风险为主线，以合规经营、开拓创新为保障，从自身实际出发，依托股东优势，构建独具特色、可持续发展的业务架构和盈利模式，力争在3～5年内将公司建设成为具有核心竞争优势的现代金融服务企业。公司发展战略定位包括：

第一，在控股股东集团架构中的定位。充分发挥信托公司业务横跨货币市场、资本市场和实业市场的特点，成为控股股东金融控股架构下的枢纽机构，为控股股东各分支机构和业务平台提供客户资源和业务机会，为控股股东战略客户提供个性化的综合信托服务，成为控股股东“为客户提供全方位、个性化的金融服务和一揽子金融解决方案”战略定位的核心机构。

第二，在行业中的定位。成为具有一定品牌影响力的、在资产管理和信托融资服务两个领域达到业内先进水平的金融机构。为了确保以上战略定位的实现，公司将在规划期内努力实现业务模式转型、产品结构升级和市场竞争力与风险管控能力显著提升，形成具有核心竞争力的公司发展模式，实现由比较竞争优势向综合竞争优势、创业发展向科学发展的战略转变。

4.2 所经营业务的主要内容

4.2.1 自营资产运用与分布表

资产运用	金额（万元）	占比（%）	资产分布	金额（万元）	占比（%）
货币资产	45 996.82	12.72	基础产业		
贷款及应收款	72 502.94	20.05	房地产业	51 378.20	14.21
交易性金融资产			证券市场		
可供出售金融资产	217 698.54	60.21	实业	919.00	0.25
持有至到期投资			金融机构	271 261.57	75.02
长期股权投资			其他	38 038.21	10.52
其他	25 398.68	7.02			
资产总计	361 596.98	100	资产总计	361 596.98	100

4.2.2 信托资产运用与分布表

续表

资产运用	金额（万元）	占比（%）	资产分布	金额（万元）	占比（%）
货币资产	325 708.70	3.68	基础产业	2 000 135.58	22.59
贷款	5 547 119.47	62.66	房地产	1 653 757.82	18.68
交易性金融资产			证券市场		
可供出售金融资产	1 255 707.69	14.19	实业	1 348 624.54	15.23
持有至到期投资	303 173.14	3.42	金融机构	213 113.23	2.41
长期股权投资	956 620.21	10.81	其他	3 636 684.95	41.09
其他	463 986.91	5.24			
信托资产总计	8 852 316.12	100.00	信托资产总计	8 852 316.12	100.00

4.3 市场分析

4.3.1 经济形势分析

2014年，在发达经济体整体回暖复苏、欧元区经济增长陷入停滞的国际环境下，我国正在经历经济增速换挡期、经济结构调整期、前期刺激政策消化期的三期叠加阶段，经济发展进入“新常态”。总体上，国民经济仍然呈现出增长平稳、结构优化、质量提升、民生改善的良好态势。全年国内生产总值为636 463亿元，比上年增长7.4%。

4.3.2 金融形势分析

2014年，我国继续实施稳健的货币政策，为经济社会发展创造了良好的金融环境，货币信贷和社会融资平稳增长，贷款结构继续改善，企业融资成本高的问题得到一定程度的缓解。同时，资本市场回暖，多层次资本市场迎来加速发展期，股市出现慢牛行情。此外，央行于2014年11月22日采取非对称方式下调了金融机构人民币贷款和存款基准利率，并进一步推进利率市场化改革。总体来看，金融调控主要围绕“防风险、调结构、促改革”发力。

4.3.3 影响公司业务发展的有利因素

（1）2014年中央经济工作会议上，李克强总理在讲话中阐述了2015年宏观经济政策取向，对2015年经济社会发展重点工作作出具体部署，为信托行业在基建投资、“一带一路”等重点地区投资、国企改革几个方面提供了市场机会。

（2）行业监管助推信托转型。2014年国务院及银监会多次发文，规范信托业发展，明确提出了信托业转型发展的总体要求，并从做好风险防控、明确转型方向、完善监管机制三个方面提出转型发展的具体措施，这将对信托行业的发展产生长期、深远的影响。

（3）信托业保障机制的建立有利于行业健康可持续发展。我国成立信托业保障基金，并颁布《信托业保障基金管理办法》，为信托行业防范风险、规范经营提供保障。

（4）资产证券化备案制有利于形成新的行业增长点。2014年11月20日，中国银监会印发《关于信贷资产证券化备案登记工作流程的通知》，意味着银行发行信贷资产支持证券以实现盘活存量的需求将被加速释放，发行量将大幅增长。

4.3.4 影响公司业务发展的不利因素

（1）在行业去通道化的大背景下，新的增长点还没有形成竞争力。券商资管计划和基金子公司的快速发展对信托公司的传统业务形成了挤压，影响了通道类业务的市场份额和费率；银行业资产管理工具的推出及发展导致信托业务去通道化逐步成为现实。

（2）资本市场回暖，竞争加剧。IPO重启、上市房企再融资渠道多样化等资本市场的新举措，使得主流融资市场的融资功能明显扩大，客观上加速降低了市场对信托融资方式的需求。此外，资本市场开始走出低迷局势而转向长期趋好，对信托理财方式也形成了资金挤出效应。

（3）宏观经济下行，行业的风险开始显露。信托业经过前几年的快速发展后，潜在的项目风险逐步显露，加之市场缺乏有效的信托受益权流动机制，单个项目的流动性经受着较大考验。

4.4 内部控制

4.4.1 内部控制环境和内部控制文化

（1）有效的公司治理内部控制环境。公司按照现代企业制度的要求，建立了包括股东会、董事会、监事会以及经营管理层的法人治理结构，实现了所有权、决策权、监督权和经营权的分开。通过公司章程和授权体系的完善，明确了股东会、董事会、监事会和经营管理层的权责关系。董事会下设信托委员会、人事与薪酬委员会、风险控制与审计委员会、战略委员会，并建立了独立董事制度。公司管理层下设立前中后台相互制衡的职能部门，信托业务与固有业务在人员配置、经营决策、会计核算和账务处理上完全分开。

（2）有效的内控培训和学习文化。公司积极建设和培育自身的内控文化，通过业务研讨、讲座、交流和培训，不断将最新的制度、经验和理念传递给公司员工，强化全员的合规和风险防范意识，将内控工作切实贯彻到各业务岗位和操作环节。同时，公司制定员工行为规范、“信托业务规范操作十项纪律”，从爱岗敬业、诚实守信、遵纪守法、利益处理等方面提高员工的道德诚信意识。

4.4.2 内部控制措施

为确保实现公司经营目标，防范内控风险，金谷信托制定了一整套内部控制制度和流程，并通过切实贯彻和规范制度和流程，控制经营活动的操作风险。本年度，公司按照财政部会同证监会、审计署、银监会、保监会发布的《企业内部控制基本规范》，组织开展了年度内控评价工作，对公司29个管理流程进行测试评价，对公司整体情况进行审视和评价，并进行了整改，进一步增强了公司内部控制的有效性。

（1）内控制度规范。公司基本制度对治理结构、机构设置及权责分配、内部审计等方面作出了规定，满足内部控制各个方面的要求；公司制定并实施了涵盖前台、中台、后台的内部控制制度和操作流程，包括了业务经营、业务授权、合规管理、风险管理、业务决策全过程，涵盖稽核审计、财务管理、人力资源、信息技术以及综合管理等各方面，并随着业务的开展进行持续的修订、补充和完善。

（2）业务流程管理。金谷信托实施全方位的业务流程内控管理，对于尽职调查、立项审批、合规审查、风险审查、法律审查、项目中后期管理、清算等关键环节实行多人或多部门的交叉审核制度，保障公司业务内部控制的有效性。年度内，公司进一步梳理和优化了业务流程，项目审查、决策审批等程序更趋严格和细化，期间管理和审计监督等工作日益加强。

4.4.3 监督评价与纠正

本年度公司对照《企业内部控制评价指引》及《内控评价手册》，定期对各个内部控制流程进行测试，对内部控制的有效性进行评价，发现内部控制缺陷并及时加以改进，监督后续整改工作，并将相关报告提交公司董事会。

4.5 风险管理

4.5.1 风险管理概况

公司风险管理工作遵从“全面性、审慎性和有效性”的原则，积极构建风险文化，完善风险管理体制机制和业务指标体系建设，同时明确风险管理绩效考核，从而防范和化解经营风险，以保证公司业务的稳健经营和发展。公司建立了董事会、经营层、职能管理部门和各业务部门组成的四级风险管理体系，并形成了事前、事中、事后三条风险管理的主要条线。公司风险管理部等职能部门定期对公司整体风险状况进行分析评估，并提交相关报告。

公司在风险管理过程中，主要针对战略风险、政策风险、合规风险、资本金不足风险、集中度风险、流动性风险、信用风险、市场风险、操作风险以及声誉风险十个方面进行防控。

4.5.2 风险状况

4.5.2.1 信用风险状况

信用风险是公司经营过程中面临的主要风险。信用风险主要指债务人或交易对手未能或者不愿意按时履行偿债义务，或者其信用状况的不利变动而使公司业务发生损失的风险，主要表现为交易对手、担保人等义务主体在贷款偿还、资产（权益）回购、担保等交易环节不履行合同义务，从而使信托、固有财产遭受损失的可能性。

4.5.2.2 市场风险状况

市场风险是指公司在资产管理业务中，投资于具有公开市场价值的金融产品或者其他产品时，由于其价格波动导致资产遭受损失的可能性。同时，某些交易对手发生的信用风险也可能来自于其自身遭受的市场风险（成本上升、销售下降等）。

4.5.2.3 操作风险状况

操作风险主要表现在公司内部人员在相关业务办理中因错误疏忽或操作失误而出现的风险，以及由于内部控制制度不完善引发的缺乏监控、监督风险。

4.5.2.4 其他风险状况

政策风险主要是指国家政策变化对公司业务发展可能产生的不利影响。声誉风险是指由于经营、管理及其他行为或外部事件导致利益相关方对公司作出负面评价，影响公司正常运营的风险。

4.5.3 风险管理情况

4.5.3.1 信用风险管理

针对可能发生的信用风险，公司采取以下四种方式进行防范：第一，通过持续关注交易对手的履约能力，审慎选择交易对手，通过注重项目前期尽职调查及加强中后期的检查等方式控制项目信用风险；第二，注重通过组合、多样化、限制集中度等方式分散信用风险；第三，通过在交易结构中设定抵押担保等方式转移风险；第四，公司以自有的信用风险评分系统数据作为重要参考依据。

2014年，公司重点防控年度到期的房地产项目的清算风险，按照“早发现、早预警、早处理”的原则，对年度到期的房地产项目进行了集中筛查，根据项目风险排查情况对未到期项目进行了风险识别和研判，制定了相应的应急处置预案，强化项目期间管理等手段，使年度到期的房地产项目实现顺利清算。另外，公司通过持续提高内部信用评级能力，不断优化和完善风险管理工作。

公司按照《非银行金融机构资产风险分类指导原则（试行）》确定的资产风险分类标准，将资产分为正常、关注、次级、可疑和损失五类，其中次级、可疑和损失类资产合称为不良资产。为减少信用风险可能带来的损失，公司在固有业务和信托业务中均强化抵（质）押担保措施，抵（质）押品的价值由公司参照法定评估机构的评估价值确定，并将抵押率控制在合理的比例。

2014 年公司根据财政部《金融企业准备金计提管理办法》（财金[2012]20 号）的规定计提准备金，包括一般准备和相关资产减值准备。其中，一般准备余额不低于风险资产期末余额的 1.5%。同时，公司按照净利润的 5% 提取信托赔偿准备。

4.5.3.2　市场风险管理

针对可能出现的市场风险，公司注重从以下几个方面采取措施进行防范和控制：第一，注重对国家宏观经济的定期研判，把握国家重点调控政策，防范可能发生的市场风险；第二，加强对不同行业和区域的市场风险分析，注意建立与公司规模和管理能力相适应的风险管理制度；第三，开展与公司发展阶段相适应的业务品种，积极探索组合投资方案，分散市场风险。第四，贷款合同及相关文件尽量对利率浮动变化进行事前约定，规避利率风险；第五，具体项目在选择资金运作方式时，充分考虑信托资金的运作时限，严格按照委托人确认的资金运作方式，选择合适、合理的方式进行运作，并在运作之后将相关信息反馈给委托人。

4.5.3.3　操作风险管理

针对操作风险的不同类别，公司采取了不同的管理策略和解决方案。公司通过构建内部控制环境和体系加强尽职风险管理；以严谨的制度流程和清晰的授权体系明确责任，形成了不同部门、不同岗位之间的相互监督制约关系，从而做到职责明确、人尽其职。在具体项目运作时，公司要求各业务部门严格按照公司内部业务流程操作，以确保能够按照委托人的意愿完成运作。公司还根据各信托产品的具体情况，要求信托专户开户行协助对资金进行监管，以防范操作风险的发生。

4.5.3.4　其他风险管理

公司通过研究和密切关注国家经济形势和政策变化，尽早作出经营思路和业务方向调整方案来减少政策风险；通过审慎选择交易对手、尽职尽责地履行受托人责任、提升全员从业技能、加强职业道德培训等方式，切实维护委托人利益，防控声誉风险。

5. 报告期末及上一年度末的比较式会计报表

5.1　自营资产

5.1.1　会计师事务所审计意见全文

审 计 报 告

德师京报（审）字（15）第 P0136 号

中国金谷国际信托有限责任公司董事会：

我们审计了后附的中国金谷国际信托有限责任公司（以下简称贵公司）的财务报表，包括 2014 年 12 月 31 日的资产负债表、2014 年度的利润表、所有者权益变动表和现金流量表以及财务报表附注。

一、管理层对财务报表的责任

编制和公允列报财务报表是贵公司管理层的责任。这种责任包括：（1）按照企业会计准则的规定编制财务报表，并使其实现公允反映；（2）设计、执行和维护必要的内部控制，以使财务报表不存在由于舞弊或错误而导致的重大错报。

二、注册会计师的责任

我们的责任是在执行审计工作的基础上对财务报表发表审计意见。我们按照中国注册会计师审计准则的规定执行了审计工作。中国注册会计师审计准则要求我们遵守中国注册会计师职业道德守则，计划和执行审计工作以对财务报表是否不存在重大错报获取合理保证。

审计工作涉及实施审计程序，以获取有关财务报表金额和披露的审计证据。选择的审计程序取决于注册会计师的判断，包括对由于舞弊或错误导致的财务报表重大错报风险的评估。在进行风险评估时，注册会计师考虑与财务报表编制和公允列报相关的内部控制，以设计恰当的审计程序，但目的并非对内部控制的有效性发表意见。审计工作还包括评价管理层选用会计政策的恰当性和作出会计估计的合理性，以及评价财务报表的总体列报。

我们相信，我们获取的审计证据是充分、适当的，为发表审计意见提供了基础。

三、审计意见

我们认为，贵公司财务报表在所有重大方面按照企业会计准则的规定编制，公允反映了贵公司 2013 年 12 月 31 日的财务状况以及 2013 年度的经营成果和现金流量。

德勤华永会计师事务所(特殊普通合伙)北京分所

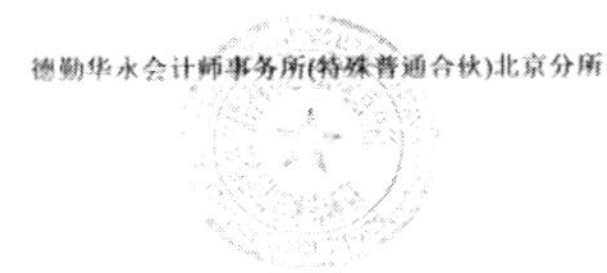

中国注册会计师

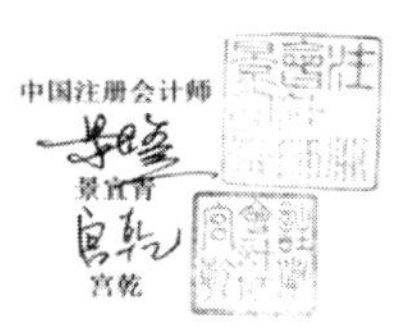

景宜青

宫乾

2015 年 3 月 27 日

5.1.2 资产负债表

资产负债表

2014年12月31日

单位：万元

项　目	年末数	年初数	项目	年末数	年初数
资产：			负债：		
货币资金	45 996.82	136 309.63	应付职工薪酬	13 303.46	13 722.85
交易性金融资产			应交税费	7 420.60	7 324.53
应收利息	12 099.95	6 840.94	预收账款	4 086.35	6 215.31
发放贷款和垫款	52 297.20	46 700.00	其他负债	6 528.34	1 047.57
可供出售金融资产	217 698.54	125 924.19	负债合计	31 338.75	28 310.26
应收款项类投资		10 000.00			
长期股权投资					
固定资产	1 888.98	2 211.64	所有者权益：		
无形资产	276.57	216.84	实收资本	220 000.00	220 000.00
递延所得税资产	22 112.00	12 507.28	资本公积	23 064.78	23 064.78
其他资产	9 226.92	10 945.71	盈余公积	9 624.29	8 598.59
			风险准备金	10 539.57	8 490.50
			未分配利润	67 029.59	63 192.10
			所有者权益合计	330 258.23	323 345.97
资产总计	361 596.98	351 656.23	负债及所有者权益总计	361 596.98	351 656.23

5.1.3 利润表

利润表

2014年度

单位：万元

项　目	本年累计数	上年累计数
一、营业收入	75 940.10	109 702.05
（一）利息净收入	7 644.45	17 464.97
利息收入	7 645.81	17 464.97
利息支出	1.36	
（二）手续费及佣金净收入	60 141.94	88 401.10
手续费及佣金收入	60 145.54	88 903.76
手续费及佣金支出	3.6	502.66
（三）投资收益（损失以“-”号填列）	8 153.71	3 835.98
二、营业支出	60 990.12	64 814.20
（一）营业税金及附加	3 776.70	6 118.95
（二）业务及管理费	16 477.50	22 648.49
（三）资产减值损失	40 735.92	36 046.76
三、营业利润（亏损以“-”号填列）	14 949.98	44 887.85
加：营业外收入	215.52	53.44
减：营业外支出		9 899.05
四、利润总额（亏损以“-”号填列）	15 165.50	35 042.24
减：所得税费用	4 908.51	7 814.07
五、净利润（亏损以“-”号填列）	10 256.99	27 228.17
六、其他综合收益		
七、综合收益总额	10 256.99	27 228.17

5.1.4 所有者权益变动表

所有者权益变动表

2014 年度

单位:万元

项目	本年金额						上年金额					
	实收资本	资本公积	盈余公积	风险准备金	未分配利润	所有者权益合计	实收资本	资本公积	盈余公积	风险准备金	未分配利润	所有者权益合计
一、上年末余额	220 000.00	23 064.78	8 598.59	8 490.50	63 192.10	323 345.97	120 000.00	23 064.78	5 875.78	6 283.35	47 133.78	202 357.69
加:会计政策变更												
前期差错变更												
二、本年初余额	220 000.00	23 064.78	8 598.59	8 490.50	63 192.10	323 345.97	120 000.00	23 064.78	5 875.78	6 283.35	47 133.78	202 357.69
三、本年增减变动金额(减少以“-”号填列)			1 025.70	2 049.07	3 837.49	6 912.26	100 000.00		2 722.81	2 207.15	16 058.32	120 988.28
(一)净利润					10256.99	10256.99					272 28.17	272 28.17
(二)其他综合收益												
上述(一)和(二)小计					10256.99	10 256.99					272 28.17	27 228.17
(三)所有者投入和减少资本							100 000.00					100 000.00
(四)利润分配			1 025.70	2 049.07	-6 419.50	-3 344.73			2 722.81	2 207.15	-11 169.85	-6 239.89
1. 提取盈余公积			1 025.70		-1 025.70				2 722.81		-2 722.81	
2. 提取风险准备金				2 049.07	-2 049.07					2 207.15	-2 207.15	
3. 股利分配					-3 344.73	-3344.73					-6 239.89	-6239.89
四、本年末余额	220 000.00	23 064.78	9 624.29	10 539.57	67 029.59	330 258.23	220 000.00	23 064.78	8 598.59	8 490.50	63 192.10	323 345.97

5.2 信托资产

5.2.1 信托项目资产负债汇总表

信托项目资产负债汇总表

2014 年 12 月 31 日

单位：万元

资产	期末余额	期初余额	负债和所有者权益	期末余额	期初余额
信托资产：			信托负债：		
银行存款	325 708.70	59 151.96	应付受托人报酬		
交易性金融资产			应付受益人收益		
买入返售金融资产	104 400.00	133 990.00	应付托管费		
应收账款	329 586.91	393 248.38	应交税费		
应收利息			其他应付款	10 021.82	18 645.64
拆出资金					
其他应收款	30 000.00		信托负债合计	10 021.82	18 645.64
贷款	5 547 119.47	5 734 528.50			
持有至到期投资	303 173.14	2 936.00			
可供出售金融资产	1 255 707.69	1 750 501.60	信托权益：		
长期股权投资	956 620.21	1 150 663.06	实收信托	8 767 211.38	9 311 356.21
固定资产		50 000.00	资本公积		
在建工程			未分配利润	75 082.92	51 079.65
无形资产			信托权益合计	8 842 294.30	9 362 435.86
长期待摊费用					
其他资产		106 062.00			
资产总计	8 852 316.12	9 381 081.50	负债和所有者权益合计	8 852 316.12	9 381 081.50

5.2.2 信托项目利润及利润分配汇总表

信托项目利润及利润分配汇总表

2014 年度

单位：万元

项　目	本年金额	上年金额
一、营业收入	793 022.18	937 050.56
利息收入	568 056.70	599 841.41
投资收益	220 770.57	332 348.70
公允价值变动损益		
租赁收入	3 954.17	4 816.01
其他业务收入	240.74	44.44
二、支出	112 250.76	154 204.16
（一）营业税金及附加	3 975.61	
（二）受托人报酬	52 870.45	79 994.66
（三）保管费	14 330.40	13 090.55
（四）资产减值损失		
（五）其他费用	41 074.30	61 118.95
三、信托净利润（净亏损以"－"号填列）	680 771.42	782 846.40
四、其他综合收益		
五、综合收益	680 771.42	782 846.40
六、加：期初未分配信托利润	51 079.65	27 948.88
七、可供分配的信托利润	731 851.07	810 795.28
八、减：本期已分配信托利润	656 768.15	759 715.63
九、期末未分配信托利润	75 082.92	51 079.65

6. 会计报表附注

6.1 会计报表编制基准不符合会计核算基本前提的说明

本公司无上述情况。

6.2 重要会计政策和会计估计的变化情况

财政部于 2014 年新颁布了《企业会计准则第 39 号——公允价值计量》、《企业会计准则第 40 号——合营安排》、《企业会计准则第41 号——在其他主体中权益的披露》和经修订的《企业会计准则第 2 号——长期股权投资》、《企业会计准则第 9 号——职工薪酬》、《企业会计准则第 30 号——财务报表列报》、《企业会计准则第 33 号——合并财务报表》、《企业会计准则第 37 号——金融工具列报》。公司于 2014 年 7 月 1 日执行新准则，并按照会计政策变更要求进行会计处理，会计政策变更对 2013 年 12 月 31 日、2013 年 1 月 1 日的资产的影响列示如下：

2013 年 12 月 31 日

单位：元

	重述前	重述影响	重述后
可供出售金融资产	1 209 241 899.64	50 000 000.00	1 259 241 899.64
长期股权投资	50 000 000.00	-50 000 000.00	

2013 年 1 月 1 日

单位：元

	重述前	重述影响	重述后
可供出售金融资产	615 862 750.68	50 000 000.00	665 862 750.68
长期股权投资	50 000 000.00	-50 000 000.00	

上述会计政策变更对 2013 年度净利润及综合收益总额无影响。

6.3 或有事项说明

无。

6.4 重要资产转让及其出售的说明

无。

6.5 会计报表中重要事项的明细资料

6.5.1 自营资产经营情况

6.5.1.1 信用风险资产五级分类情况

信用风险资产五级分类	正常类（万元）	关注类(万元)	次级类(万元)	可疑类(万元)	损失类(万元)	信用风险资产合计（万元）	不良资产合计（万元）	不良资产率（%）
期初数	191 908.65	0	5 231.92	7 918.95	0	205 059.52	13 150.87	6.41
期末数	77 964.32	46 800.00	8 240.38	0	0	133 004.70	8 240.38	6.20

6.5.1.2 资产减值损失准备情况

单位：万元

	期初数	本期计提	本期转回	本期核销	期末数
贷款损失准备					
其中：一般准备					
专项准备		9 669.57			9 669.57
其他资产减值准备					
可供出售金融资产减值准备	26 999.89	35 653.08		1 585.35	61 067.62
持有至到期投资减值准备					
长期股权投资减值准备					
坏账准备	9 423.08		4 586.72		4 836.36
投资性房地产减值准备					

6.5.1.3 固有业务股票投资、基金投资、债券投资、长期股权投资等投资业务情况

单位：万元

	自营股票	基金	债券	长期股权投资	其他投资	合计
期初数					135 924.19	135 924.19
期末数					217 698.54	217 698.54

6.5.1.4 长期股权投资情况

无。

6.5.1.5 自营贷款业务情况

企业名称	占贷款总额的比例(%)	还款情况
中佳(徐州)房地产开发有限公司	64.55	逾期
川谷汇投资(集团)有限公司	32.28	正常
安顺山城房地产开发有限公司	1.69	正常

6.5.1.6 表外业务情况

无。

6.5.1.7 公司当年的收入结构

续表

收入结构	金额(万元)	占比(%)
手续费及佣金收入	60 141.94	78.97
其中：信托手续费收入	56 309.66	73.94
投资银行业务收入		
利息收入	7 644.45	10.04
其他业务收入		
其中：计入信托业务收入部分		
投资收益	8 153.71	10.71
其中：股权投资收益		
证券投资收益		
其他投资收益	8 153.71	10.71
公允价值变动收益		
营业外收入	215.52	0.28
收入合计	76 155.62	100

6.5.2 信托资产管理情况

6.5.2.1 信托资产的期初数、期末数

单位：万元

信托资产	期初数	期末数
集合	2 223 941.04	1 341 563.81
单一	6 580 161.39	5 052 913.01
财产权	576 979.07	2 457 839.30
合计	9 381 081.50	8 852 316.12

6.5.2.1.1 主动管理型信托业务的信托资产期初数、期末数

单位：万元

主动管理型信托资产	期初数	期末数
证券投资类		
股权投资类	1 584 390.80	1 769 343.99
融资类	4 081 375.39	3 057 013.22
事务管理类	448 577.14	2 088 088.78
合计	6 114 343.33	6 914 445.99

6.5.2.1.2 被动管理型信托业务的信托资产期初数、期末数

单位：万元

被动管理型信托资产	期初数	期末数
证券投资类		
股权投资类	903 445.65	330 115.40
融资类	2 313 692.27	908 222.64
事务管理类	49 600.25	699 532.09
合计	3 266 738.17	1 937 870.13

6.5.2.2 本年度已清算结束的信托项目个数、实收信托合计金额、加权平均实际年化收益率

6.5.2.2.1 本年度已清算结束的集合类、单一类资金信托项目和财产管理类信托项目

已清算结束的信托项目	项目个数（个）	合计金额（万元）	加权平均实际年化收益率(%)
集合类	30	1 289 630.50	7.39
单一类	65	3 655 486.10	7.46
财产管理类	4	125 000.00	10.17

6.5.2.2.2　本年度已清算结束的主动管理型信托项目

已清算结束的信托项目	项目个数(个)	实收信托合计金额(万元)	加权平均实际年化收益率(%)
证券投资类	—	—	—
股权投资类	29	794 978.10	7.18
融资类	60	3 827 138.50	7.54
事务管理类	2	70 000.00	12.67

6.5.2.2.3　本年度已清算结束的被动管理型信托项目

已清算结束的信托项目	项目个数(个)	实收信托合计金额(万元)	加权平均实际年化收益率(%)
证券投资类	—	—	—
股权投资类	2	135 000.00	7.39
融资类	6	243 000.00	6.04
事务管理类	—	—	—

6.5.2.3　本年度新增的集合类、单一类资金信托项目和财产管理类信托项目

新增信托项目	项目个数(个)	实收信托合计金额(万元)
集合类	13	440 288.00
单一类	64	2 474 165.00
财产管理类	12	2 450 915.44
新增合计	89	5 365 368.44
其中:主动管理型	39	3 459 677.02
被动管理型	50	1 905 691.42

6.5.2.4　信托业务创新成果和特色业务有关情况

公司一直重视业务创新和开拓。2014年公司积极响应国家优化金融资源配置、盘活存量资金、更好地支持实体经济发展的政策，结合自身业务战略转型，自2013年获得银监会核准的“特定目的信托受托机构资格”以来，2014年先后与中国银行、国家开发银行及中国进出口银行等机构合作开展信贷资产证券化业务，累计发行规模接近223亿元。2014年公司信贷资产证券化市场发行规模排名行业第三位。另外，2014年公司着手研究证券投资类业务，积极组建证券投资团队，丰富投资组合和投资品种。

6.5.2.5　披露信托财产的损失情况

无。

6.5.2.6　本公司履行受托人义务情况及因公司自身责任而导致的信托资产损失情况

本公司勤勉尽责地履行受托人义务，未发生因公司自身责任而导致的信托资产损失情况。

6.6　关联方关系及其交易的披露

6.6.1　关联交易方的数量、关联交易的总金额及关联交易的定价政策等

	关联交易方数量	关联交易金额(万元)	定价政策
合计	6	163 301.45	按照市场公允价格定价

6.6.2　关联交易方与本公司的关系性质，关联交易方的名称、法定代表人、注册地址、注册资本及主营业务等

关系性质	关联方名称	法定代表人	注册地址	注册资本(万元)	主营业务
母公司	中国信达资产管理股份有限公司	侯建杭	北京市西城区闹市口大街9号院1号楼	362.5669	收购、受托经营金融机构和非金融机构不良资产，对不良资产进行管理、投资和处置；债权转股权，对股权资产进行管理、投资和处置；破产管理；对外投资；买卖有价证券；发行金融债券、同业拆借和向其他金融机构进行商业融资；经批准的资产证券化业务、金融机构托管和关闭清算业务；财务、投资、法律及风险管理咨询和顾问；资产及项目评估；国务院银行业监督管理机构批准的其他业务(依法须经批准的项目，经相关部门批准后方可开展经营活动)。
同一母公司	信达投资有限公司	李德燃	北京市西城区闹市口大街9号院1号楼	20	对外投资，商业地产管理、酒店管理、物业管理、资产管理，资产重组，投资咨询，投资顾问(依法须经批准的项目，经相关部门批准后方可开展经营活动)。
同一母公司	信达财产保险股份有限公司	徐兴建	北京市东城区东中街29号东环广场B座3层	30	财产损失保险、责任保险、信用保险和保证保险、短期健康保险和意外伤害保险、上述业务的再保险业务、国家法律法规允许的保险资金运用业务、经中国保监会批准的其他业务。
同一母公司	幸福人寿保险股份有限公司	李传学	北京市东城区东中街29号东环广场B座8层	39	各类人寿保险、健康保险、人身意外伤害保险以及与人身保险相关的再保险业务。

其他关联方是与公司有同一控制关系的特殊目的主体。

6.6.3　公司与关联方的重大交易事项

6.6.3.1　固有财产与关联方交易情况

单位:万元

	期初数	借方发生额	贷方发生额	期末数
贷　款				
投　资				
租　赁				
担　保				
应收账款				
其　他		53 301.45	47 724.45	5 577
合　计		53 301.45	47 724.45	5 577

6.6.3.2　信托资产与关联方交易情况

单位:万元

	期初数	借方发生额	贷方发生额	期末数
贷　款				
投　资				
租　赁				
担　保				
应收账款				
其他	132 787.27	110 000.00	36 000.00	206 787.27
合　计	132 787.27	110 000.00	36 000.00	206 787.27

6.6.3.3 信托公司自有资金运用于自己管理的信托项目(固信交易)、信托公司管理的信托项目之间的相互交易(信信交易)金额,包括余额和本报告年度的发生额

6.6.3.3.1 固有与信托财产之间的交易金额

无。

6.6.3.3.2 信托财产与信托财产之间的交易金额

无。

6.6.4 关联方逾期未偿还本公司资金的详细情况以及本公司为关联方担保发生或即将发生垫款的情况

无。

7. 财务情况说明书

7.1 利润实现和分配情况

2014 年度公司实现净利润 10 256.99 万元,根据相关规定,公司对本年实现的净利润 10 256.99 万元进行分配,其中按照净利润的 10%提取法定盈余公积金 1 025.7 万元,按照净利润的 5%提取信托赔偿准备金 512.85 万元,按照风险资产期末余额的 1.5%提取一般风险准备金 1 536.21 万元。根据股东会决议,2014 年不向股东分配利润。

7.2 主要财务指标

指标名称	指标值
资本利润率(%)	3.14
信托报酬率(%)	0.6
人均净利润(万元)	55

注:1. 资本利润率=净利润/所有者权益平均余额×100%。

2. 信托报酬率=信托业务收入/实收信托平均余额×100%。实收信托平均余额是指年初及各季度末实收信托余额的移动算数平均数,公式为 $A(平均)=(A_0/2+A_1+A_2+A_3+A_4/2)/4$。

3. 人均利润=净利润/平均职工人数。

7.3 公司净资本监管指标

指标名称	指标值	监管标准
净资本(亿元)	24.02	≥2
各项业务风险资本之和(亿元)	12.58	
净资本/各项业务风险资本之和(%)	190.92	≥100
净资本/净资产(%)	72.74	≥40

7.4 本年度对本公司财务状况、经营成果有重大影响的其他事项

无。

8. 特别事项揭示

8.1 股东发生变动情况及原因

无。

8.2 董事、监事及高级管理人员变动情况及原因

8.2.1 董事变动情况及原因

报告期内,经金谷信托 2014 年度第二次股东会和第六届董事会第十二次会议审议通过,并报经中国银行业监督管理委员会核准,彭新担任公司董事、董事长,徐兴建不再担任公司董事、董事长。经金谷信托 2014 年第四次股东会会议审议通过,选举周思良、宁桂兰、李婷婷为公司第七届董事会新任董事,张利、索巧梅、傅彬不再担任公司董事;选举夏执东、程正红为公司独立董事,王为强、郭朝田不再担任公司独立董事。

8.2.2 监事变动情况及原因

无。

8.2.3 高级管理人员变动情况及原因

报告期内,经金谷信托第六届董事会第十一次会议审议通过,并经中国银行业监督管理委员会核准,聘任元磊为公司副总经理,聘任吴杰为公司总经理助理;经金谷信托第六届董事会第十四次会议审议通过,刘志明不再担任公司副总经理;经金谷信托第六届董事会第十五次会议审议通过,并经中国银行业监督管理委员会核准,聘任武泽平为公司总经理助理,冯彦明不再担任公司总经理助理;经金谷信托第七届董事会第一次会议审议通过,并经中国银行业监督管理委员会核准,聘任周思良为公司总经理,张利不再担任公司总经理。

8.3 变更注册资本、变更注册地或公司名称、公司分立合并事项

无。

8.4 公司的重大诉讼事项

无。

8.5 公司及高级管理人员受到处罚的情况

无。

8.6 银监会及其派出机构对公司检查后提出整改意见的,应简单说明整改情况

无。

8.7 本年度重大事项临时报告的简要内容、披露时间、所披露的媒体及其版面

2014 年 9 月 6 日,公司在《经济日报》第 6 版发布《关于董事长变更的公告》,公告公司董事长由徐兴建变更为彭新。

8.8 中国银监会及其省级派出机构认定的其他有必要让客户及相关利益人了解的重要信息

无。

9. 公司监事会意见

在年度报告期内,公司高级管理层认真执行股东会、董事会决议,坚持依法合规经营,决策程序符合法律法规和公司章程的有关规定,未发现公司董事、高级管理人员在履行职务时有违反法律法规和损害公司利益的行为。2014 年度财务报告真实反映了公司财务状况和经营成果。

中国民生信托有限公司

1. 重要提示

1.1 本公司董事会及董事保证本报告所载资料不存在任何虚假记载、误导性陈述或者重大遗漏，并对其内容的真实性、准确性和完整性承担个别及连带责任。

1.2 公司独立董事齐逢昌先生、田忠华先生、刘纪鹏先生声明：保证本年度报告内容的真实性、准确性和完整性。

1.3 公司董事长卢志强先生、总裁张博先生、首席财务官赵东先生声明：保证本年度报告中财务报告的真实、完整。

2. 公司概况

2.1 公司简介

2.1.1 公司的法定名称

中文：中国民生信托有限公司（简称中国民生信托）

英文：China MinSheng Trust Co.，Ltd.（缩写为CMT）

2.1.2 公司法定代表人：卢志强

2.1.3 公司注册地址：北京市东城区建国门内大街28号民生金融中心C座19层

邮政编码：100005

公司网址：www.msxt.com

公司电子信箱：minshengtrust@msxt.com

2.1.4 公司负责信息披露事务的高级管理人员：董事会秘书 李永平

公司信息披露事务联系人：吴斌

办公电话：8610－85259071

办公传真：8610－85259080

电子信箱：wubin@msxt.com

2.1.5 公司选定的信息披露报纸：《金融时报》、《证券时报》

2.1.6 公司年度报告备置地点：公司董事会办公室

2.1.7 公司聘请的会计师事务所：中兴华会计师事务所（特殊普通合伙）

地址：北京市西城区阜外大街1号东塔楼15层

2.2 公司组织

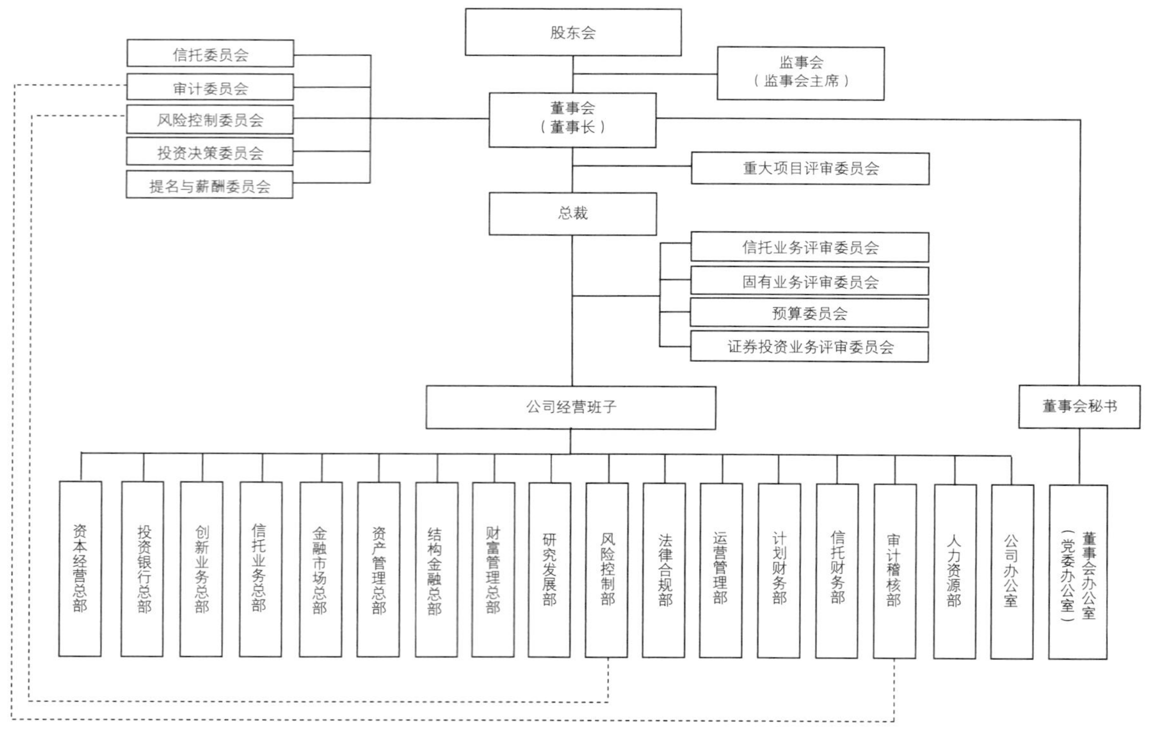

3. 公司治理结构

3.1 公司股东

3.1.1 截至2014年12月31日，公司共有6家股东。以下是持有本公司10%以上（含10%）出资比例的股东情况：

股东名称	持股比例（%）	法定代表人	注册资本（万元）	注册地址	主要经营业务及主要财务情况
中国泛海控股集团有限公司★	59.65	卢志强	780 000	北京市东城区建国门内大街28号民生金融中心C座23层	主要经营业务：科技、文化、教育、房地产、基础设施项目及产业的投资，资本经营、资产管理，酒店及物业管理，会议及会展服务，出租商业用房、办公用房、车位，通信、办公自动化、建筑装饰材料及设备的销售，与上述业务相关的经济、技术、管理咨询。 财务状况：截至2014年12月31日，总资产1 113.08亿元，净资产275.33亿元，利润总额12.65亿元。（未经审计）
浙江泛海建设投资有限公司	25	郑　东	180 000	杭州市江干区香樟街2号泛海国际中心3幢2501室	主要经营业务：房地产及基础设施投资、开发、经营，新技术、新产品的投资，酒店管理，物业管理，通信设备、办公自动化设备、建筑装饰材料的销售，经济信息咨询服务。 财务状况：截至2014年12月31日，总资产54.68亿元，净资产22.09亿元，净利润0.65亿元。（未经审计）
北京首都旅游集团有限责任公司	15	段　强	236 867	北京市朝阳区雅宝路10号3层	主要经营业务：以投资经营管理旅游业及现代化服务业为主业，涵盖酒店、商业、餐饮、旅行、汽车、景区和旅游地产。 财务状况：截至2014年12月31日，总资产453亿元，净资产156亿元，利润总额15.8亿元。（未经审计）

注：1. ★为本公司控股股东。

2. 上述股东中，中国泛海控股集团有限公司与浙江泛海建设投资有限公司存在关联关系。中国泛海控股集团有限公司持有泛海控股股份有限公司73.67%的股权，泛海控股股份有限公司持有浙江泛海建设投资有限公司100%的股权。

3.1.2 公司前三位股东的主要股东情况

3.1.2.1 中国泛海控股集团有限公司主要股东情况

股东名称	出资比例（%）	法定代表人	注册地址	主要经营业务及主要财务情况
泛海集团有限公司	97.43	卢志强	山东省潍坊市潍城区和平路198号	主要经营业务：科技、文化、教育、房地产、基础设施项目及产业的投资；资本经营，资产管理；酒店及物业管理；房屋拆迁；绿化工程；电子、机械、通信（不含无线通讯设备）、建筑装饰材料及设备销售；与上述业务相关的经济、技术、管理咨询及中介服务业务。 财务状况：截至2014年12月31日，泛海集团有限公司总资产1 101.52亿元，净资产200.14亿元，利润总额12.72亿元。（未经审计）

3.1.2.2 浙江泛海建设投资有限公司主要股东情况

股东名称	出资比例（%）	法定代表人	注册地址	主要经营业务及主要财务情况
泛海控股股份有限公司	100	韩晓生	北京市东城区建国门内大街28号民生金融中心C座22层	主要经营业务：泛海控股股份有限公司为公众上市公司，股票代码为“000046”，主要经营投资规划、开发建设、商业管理及物业服务等业务。 财务状况：根据泛海控股股份有限公司披露的2014年度报告，泛海控股股份有限公司净利润为1 664 268 899.72元。

3.1.2.3 北京首都旅游集团有限责任公司主要股东情况

股东名称	出资比例（%）	法定代表人	注册地址	主要经营业务及主要财务情况
北京市人民政府国有资产监督管理委员会	100	—	—	—

3.2 公司董事

姓　名	职　务	性别	年龄	选任日期	所推举的股东名称	该股东持股比例（%）	简　要　履　历
卢志强	董事长	男	63	2012年12月16日	中国泛海控股集团有限公司	59.65	经济学硕士，研究员，现任全国政协常委、中国民间商会副会长、中国泛海控股集团有限公司董事长兼总裁、中共中国泛海控股集团有限公司委员会党委书记、中国民生银行股份有限公司副董事长、联想控股股份有限公司董事、中国民生信托有限公司董事长。

续表

姓 名	职 务	性别	年龄	选任日期	所推举的股东名称	该股东持股比例(%)	简 要 履 历
李明海	副董事长	男	48	2012 年 12 月 16 日	中国泛海控股集团有限公司	59.65	经济学博士，副研究员，现任中国泛海控股集团有限公司执行董事、执行副总裁，中国民生信托有限公司副董事长。
冯宗苏	副董事长	男	61	2012 年 12 月 16 日	北京首都旅游集团有限责任公司	15	经济学硕士，教授，现任中国民生信托有限公司副董事长。
王志强	董事	男	59	2012 年 12 月 16 日	北京首都旅游集团有限责任公司	15	管理学硕士，现任北京首都旅游集团有限责任公司总经理助理、中国民生信托有限公司董事。
齐子鑫	董事	男	39	2012 年 12 月 16 日	中国泛海控股集团有限公司	59.65	法学硕士，现任中国泛海控股集团有限公司董事、副总裁，中国民生信托有限公司董事。
张 博	董事	男	41	2014 年 4 月 28 日	中国泛海控股集团有限公司	59.65	工商管理硕士，现任中国民生信托有限公司董事、总裁。

3.3 董事会下属专门委员会

董事会下属专门委员会名称	职责	组成人员姓名	职务
信托委员会	(1)组织制定公司信托业务发展专项规划； (2)重大信托项目的审核与批准； (3)对公司信托业务运行情况进行定期评估； (4)针对中国银监会及其派出机构检查公司信托业务后要求董事会组织整改的问题，研究提出具体措施； (5)指导信托业务部门开展信托业务创新； (6)当公司或股东利益与受益人利益发生冲突时，研究提出维护受益人权益的具体措施； (7)研究公司信托业务部门设置方案； (8)指导对信托从业人员的培训等； (9)审查公司是否有侵占受益人利益，获取不当信托报酬行为； (10)关注信托业务的信息披露情况； (11)董事会授予的其他职责。	刘纪鹏	主任委员
		田忠华	副主任委员
		李明海	委员
		王志强	委员
		张 博	委员
风险控制委员会	(1)向董事会提交公司全面风险管理年度报告； (2)确定公司风险管理的总体目标、风险偏好、风险承受度、风险管理策略和重大风险管理解决方案； (3)对公司信托业务和自营业务的风险控制及管理情况进行监督； (4)对公司自有财产和信托财产的风险状况进行定期评估； (5)对公司关联交易业务风险进行评估，对重大关联交易事项进行审查并提交董事会审议； (6)提出完善公司风险管理和内部控制的建议； (7)审议公司风险管理组织机构设置及其职责； (8)为董事会督导公司风险管理文化建设提供建议； (9)董事会授予的其他职责。	李明海	主任委员
		齐逢昌	副主任委员
		冯宗苏	委员
		王志强	委员
		齐子鑫	委员
投资决策委员会	(1)对公司章程规定须经董事会批准的重大投资融资、资金运用和资产处置等方案进行研究并提出建议； (2)对公司章程规定须经董事会批准的固有资产投资、重大资本运作、资产经营项目和合作开发等项目进行研究并提出建议； (3)对其他影响公司发展的重大事项进行研究并提出建议； (4)对以上事项的实施进行检查，并对公司资金使用的调度、贷款担保、对外投资、设立全资或合资公司(包括但不限于控股子公司、重大控股子公司以及重大子公司)、产权转让、资产重组等重大决策活动进行研究并提出建议； (5)研究、建议公司的长期发展战略规划； (6)董事会授权的其他职权； (7)针对上述(1)至(6)项的工作成果，形成书面意见或解决方案并报请董事会审批通过，公司章程规定需要股东会审议批准的，则报股东会审议批准。	田忠华	主任委员
		刘纪鹏	副主任委员
		冯宗苏	委员
		齐子鑫	委员
		张 博	委员

续表

董事会下属专门委员会名称	职责	组成人员姓名	职务
提名与薪酬委员会	(1)研究董事、监事、总裁和其他高级管理人员的薪酬标准,根据董事、监事、总裁和其他高级管理人员的职责与重要性,参考同业相关岗位的薪酬水平,制订薪酬计划或方案并监督薪酬计划或方案的实施; (2)拟定考核标准,审查董事、总裁和其他高级管理人员履行职责情况并对其进行年度绩效考评,提交考核评价意见; (3)负责对公司薪酬制度执行情况进行监督; (4)研究董事、经理层人员的选择标准和程序,并向董事会提出建议; (5)广泛搜寻合格的董事和经理层人员的人选; (6)对董事、经理层人员人选进行审查并提出建议; (7)董事会授权的其他职权。	卢志强	主任委员
		冯宗苏	副主任委员
		齐子鑫	委员
		张　博	委员
		齐逢昌	委员
审计委员会	(1)对公司信息披露的真实、准确、完整和合规性等进行监督; (2)监督公司内部审计制度及其实施; (3)负责内部审计与外部审计之间的沟通; (4)审核公司的财务信息及其披露; (5)提议聘请或更换外部审计机构; (6)董事会授予的其他职责。	齐逢昌	主任委员
		田忠华	副主任委员
		李明海	委员
		王志强	委员
		刘纪鹏	委员

3.4 监事

姓　名	职　务	性别	年龄	选任日期	所推举的股东名称	该股东持股比例(%)	简　要　履　历
刘　毅	监事会主席	男	54	2012 年 12 月 16 日	北京首都旅游集团有限责任公司	15	高级管理人员,工商管理硕士,高级经济师,现任北京首都旅游集团有限责任公司党委副书记、副董事长、总经理,中国民生信托有限公司监事会主席。
王　宏	监事会副主席	男	55	2012 年 12 月 16 日	中国泛海控股集团有限公司	59.65	经济学学士,高级会计师,注册会计师,现任中国泛海控股集团有限公司董事、副总裁,中国民生信托有限公司监事会副主席。
赵英伟	监事	男	43	2012 年 12 月 16 日	中国泛海控股集团有限公司	59.65	经济学学士,高级会计师,获高级国际财务管理师资格(SIFM);现任中国泛海控股集团有限公司监事、副总裁、财务总监,中国民生信托有限公司监事。
吴　斌	职工监事	男	33	2014 年 8 月 19 日	—	—	法学学士,现任中国民生信托有限公司职工监事、董事会办公室行政总监。
安　岩	职工监事	女	33	2012 年 12 月 16 日	—	—	经济学硕士,现任中国民生信托有限公司职工监事、风险控制部专业总监。

3.5 高级管理人员

姓　名	职　务	性别	年龄	选任日期	金融从业年限(年)	学历和学位	专　业
张　博	总裁	男	41	2014 年 4 月 28 日	19	大学本科学历,硕士学位	工商管理专业
周益华	首席风险官	男	46	2012 年 12 月 16 日	16	大学本科学历,硕士学位	法学专业
赵　东	首席财务官	男	44	2012 年 12 月 16 日	16	大学本科学历,硕士学位	会计学专业
李永平	董事会秘书	男	44	2014 年 4 月 28 日	10	研究生学历,硕士学位	工商管理专业
易宏伟	副总裁	男	56	2012 年 12 月 16 日	21	大学本科学历,硕士学位	经济学专业
李庆平	副总裁	男	36	2012 年 12 月 16 日	9	研究生学历,硕士学位	金融学专业
郭庆卫	副总裁	男	44	2012 年 12 月 16 日	22	大学本科学历,硕士学位	经济学专业
解玉平	副总裁(拟任)	男	42	2014 年 4 月 28 日	11	博士研究生,博士学位	金融学专业
董　军	副总裁	女	45	2014 年 4 月 28 日	12	大学本科学历,硕士学位	经济学专业
李　杰	助理总裁	男	35	2014 年 4 月 28 日	6	研究生学历,硕士学位	金融学专业

3.6 公司员工

项目		报告期年度		上年度	
		人数（人）	比例（%）	人数（人）	比例（%）
年龄分布	20岁以下	0	0	0	0
	20～29岁	84	44	67	45.6
	30～39岁	88	46	67	45.6
	40岁以上	19	10	13	8.8
学历分布	博士	7	4	3	2.0
	硕士	111	58	94	63.9
	本科	68	36	46	31.3
	专科	5	2	4	2.8
	其他	0	0	0	0
岗位分布	高管人员	11	6	10	6.8
	固有业务人员	8	4	3	2.0
	信托业务人员	107	56	77	52.4
	其他人员	65	34	57	38.8
合计		191	—	147	—

注：统计截止日期为2014年12月31日。

4. 经营管理

4.1 经营目标、方针和战略规划

公司的经营理念是："社会目标、企业目标、个人目标相统一，社会责任、企业责任、个人责任相统一，社会利益、企业利益、个人利益相统一。"公司立志成为一家具备全球视野的、一流的金融服务公司；成为一家具有自身特色的企业文化，理念先进、模式领先、业绩稳定、灵活高效、值得尊敬的金融服务公司；为客户创造价值，为中国金融业的创新发展作出贡献。

公司以保障委托人的合法权益为最高准则，秉承合规、稳健的经营思路，着力开发优质项目，追求风险可控的经济利益。

"三年打基础"是公司现阶段的主要任务。公司要在整体经营管理上提高效益、严控风险、夯实基础，保持适度且健康的规模增长，稳进有为，厚积薄发。

4.2 经营业务的主要内容

报告期内，公司业务保持平稳较快发展，截至2014年末，公司实际管理信托资产规模637.67亿元，公司固有资产总额达到34.49亿元。

4.2.1 信托业务

信托业务品种主要包括单一资金信托、集合资金信托、财产信托等。信托财产的运用方式主要有贷款和投资。报告期内，公司上年存续信托项目107个，上年存续本金规模389.08亿元，本年新增信托项目122个，新增信托本金规模440.94亿元；清算信托项目53个，清算信托本金规模212.71亿元。报告期末，存续信托项目176个，存续信托本金余额617.31亿元，信托资产总额637.67亿元。

信托资产运用与分布表

资产运用	金额（万元）	占比（%）	资产分布	金额（万元）	占比（%）
货币资产	266 152.04	4.17	基础产业	1 528 544.37	23.97
贷款	3 592 961.76	56.35	房地产	1 150 861.44	18.05
交易性金融资产	297 777.78	4.67	证券市场	546 773.15	8.57
可供出售金融资产	492 596.44	7.72	工商企业	2 363 863.60	37.07
长期股权投资	95 452.00	1.50	金融机构	745 285.75	11.69
其他	1 631 752.75	25.59	其他	41 364.46	0.65
信托资产总计	6 376 692.77	100.00	信托资产总计	6 376 692.77	100.00

4.2.2 固有业务

公司固有业务主要包括自有资金的同业存款、发放信托贷款和投资信托产品等。报告期内，公司继续秉承"谨慎稳健"原则，在提高资金运用效率的同时，进一步强化业务风险防范与风险监控，确保公司资产的稳健增长。

固有资产运用与分布表

资产运用	金额（万元）	占比（%）	资产分布	金额（万元）	占比（%）
货币资产	214 173.89	62.09	基础产业		
交易性金融资产	63 626.83	18.45	房地产业		
可供出售金融资产	20 000.00	5.80	工商企业	39 600.00	11.48
贷款	39 600.00	11.48	金融机构	214 173.89	62.09
其他	7 529.35	2.18	其他	91 156.18	26.43
资产总计	344 930.07	100.00	资产总计	344 930.07	100.00

4.3 市场分析

4.3.1 宏观经济金融形势

2014年，中国国内生产总值（GDP）较上年增长7.4%，增速进一步回落。总体来看，产业结构调整政策效果逐步显现，中国经济由高速增长步入中高速增长的"新常态"。

监管部门出台一系列监管政策，进一步规范信托业发展。通过明确公司治理机制、强化股东责任、建立行业保障机制等措施，有助于提高信托公司的风险防范能力，有利于行业长期、稳定、健康地发展。

4.3.2 影响本公司业务发展的主要因素

4.3.2.1 促进公司业务发展的有利因素

信托行业发展壮大，信托公司资本实力不断增强。截至2014年末，信托业资产管理规模达到13.98万亿元。2014年，24家机构增资和变更股权，其中有16家净增加资本290亿元。在激烈的金融同业竞争中，信托行业发展壮大，信托公司资本实力不断增强，有助于提高综合竞争能力。

信托财富管理功能日益突出。随着收入水平的提高，中国居民金融意识逐步增强，财富管理需求日益增长。信托公司根据高端客户个性化理财投资需求，积极探索个性化、多元化金融解决方案，信托财富管理功能日益突出。

4.3.2.2 影响公司业务发展的不利因素

宏观经济中不确定性因素仍较多。受经济增速放缓等因素的影响，个别信托公司风险暴露。虽然信托业整体风险可控，但市场对信托产品趋于谨慎。

信托业监管趋严。监管层对信托公司分类监管的思路已十分明确。新的监管评级标准开始执行后，评级较低的信托公司将面临困境。

金融同业竞争加剧。在混业经营背景下,金融产品同质化增强,同业竞争不断加剧。探索新的业务领域、寻求新的业务模式成为各家信托公司共同面临的难题。

4.4 内部控制

4.4.1 内部控制环境和内部控制文化

公司的组织结构是管理和控制经营活动的基础,设置合理、健全的公司治理结构有利于建立良好的内部控制环境。公司已建立了以股东会、董事会、监事会以及经营层为核心的公司治理结构,"三会一层"分工明确、权责清晰。股东会是公司的最高权力机构,依照《公司法》以及公司章程行使权力。董事会负责内部控制框架建设的规划和基础制度的审定,评价内部控制体系运行的有效性,监督制度的执行。董事会下设信托委员会、审计委员会、风险控制委员会、投资决策委员会、提名与薪酬委员会,履行内部控制管理的相应职责,评价内部控制的效果,提出改进意见。监事会负责监督董事会、经营层完善内部控制体系、履行职责、纠正错误行为并监督整改。经营层负责内部控制措施的具体制定、监测和评估,负责建立风险管理程序和措施,并依章执行落实。

公司高度重视培养谨慎严密的内部控制文化。公司管理层能够通过各种形式主动渗透高标准的道德价值观念,积极引导培养乐观进取的公司文化,从而为推动建立和谐发展局面奠定了良好的内部控制文化基础。

4.4.2 内部控制措施

4.4.2.1 履行内部控制职能的部门

公司风险控制部、法律合规部、运营管理部和公司办公室按职能负责全公司内部控制的组织、推动和协调工作,承担操作风险管理、合规管理、运营管理和基础行政管理职责。审计稽核部作为内部相对独立的审计部门,负责涉及经营目标、内部控制及财务管理等各方面的审计与稽核工作。

4.4.2.2 内部控制的主要政策、制度、程序及执行情况

公司已建立职责明确、分工合理、相互制衡的组织结构和内部牵制机制,以及一套较为完善的内控制度和操作流程体系。

(1)基本制度。公司进一步健全"三会一层"的治理结构,股东会、董事会、监事会以及总裁办公会均制定了相应的议事规则,公司在董事会层面引入了独立董事制度。

在会计核算和财务管理方面,公司分为自营财务和信托财务两大体系,并分别建立了对应的财务会计管理制度。

(2)业务控制制度。在项目和合同文本审核、资金拨付和执行过程管理方面,公司制定了自营和信托两大体系的管理制度。在业务前期审核、资金拨付和执行过程管理等环节,依据《事务管理类信托业务操作指引》、《房地产信托项目操作指引》、《政信业务操作指引》、《工商企业信托项目操作指引》、《信托计划后续管理工作指引》、《档案管理制度》等制度,规范相关工作流程和标准,并能根据信托行业的发展及时予以修订和完善。在信息披露方面,公司依据《信托计划信息披露管理办法》并对信托计划发行进行信息披露。

(3)对外担保制度。为规范公司对外担保行为,防范公司对外担保风险,公司在公司章程中对对外担保的权限和信息披露作出明确规定。

(4)内部监督与问责制度。公司依据《内部审计制度》和《全员问责制度》,定期开展内部审计工作,并及时将内部审计报告报送公司高管及董事会、监事会。

公司根据宏观经济环境的变化和监管政策的调整以及业务和管理的实际需要,对上述制度进行修订。

4.4.3 信息交流与反馈

在公司内部信息交流与反馈方面,公司建立各项规章制度,涵盖了相应制度规范报告责任主体、报告形式、报告流程、报告频率等事项,明确了公司自上而下的授权机制和自下而上的报告机制。报告期内,根据监管要求,公司对于集合资金信托业务、高级管理人员更替等重大事项均履行了完备的报备或报批手续,对于监管部门提出的问题、意见和建议,均给予及时、详细的信息反馈。通过公开信息披露机制、公司网站等的建设,增进了公司与监管部门、委托人及受益人之间的信息交流和沟通,增强了公司管理运行的透明度。

4.4.4 监督评价与纠正

根据公司的治理结构,公司监督评价与纠正体系体现在多个层次:监事会作为独立的监督机构对公司股东会负责,对公司经营管理层和公司运营情况进行监督;公司总稽核负责监督检查公司运作的合法合规情况及公司内部风险控制情况,并对董事会和董事会审计委员会负责;审计稽核部独立行使内部审计监督权;风险控制部、法律合规部和运营管理部主要通过现场调查、法律文本审核、资金拨付审核、过程管理等措施对业务全过程进行监督,并及时提出存在的问题和改进措施。

4.5 风险管理

4.5.1 风险管理概况

公司的风险管理组织架构是在公司目前的组织结构上,根据不同职能构建而成的,共分为五道防线。公司第一道防线由业务部门搭建。业务部门在项目承接阶段即开始承担风险的初步筛查职责,并在之后按照公司各项风险管理制度展开项目初选、尽职调查、交易结构设计,对项目过程中的信用风险、市场风险、操作风险以及法律风险进行管理。公司第二道防线主要由风险控制部以及法律合规部搭建,通过审核业务部门提交的尽调报告、参与制定项目合同、参与贷后管理,对项目全过程的风险进行控制。风险控制部作为风险管理的综合部门,全口径实施全面风险管理,同时专业管理信用风险、流动性风险、操作风险,协调管理市场风险等。该部全面负责风险信息的收集、分析和报告,制定风险管理相关的政策、制度、操作流程,以及风险审核、评估、监督和检查。法律合规部是法律风险、合规风险的专业管理部门,主要负责与信托业务相关的项目法律审查及法律风险防范,以及合规风险管理及监管对接工作。公司的第三道防线由公司各业务评审委员会搭建,它们根据董事会授权负责对公司各类业务进行评审。公司的第四道防线由运营管理部搭建。运营管理部专职负责对信托项目进行事前审核、事中监管及事后处置。公司的第五道防线由审计稽核部搭建。审计稽核部作为内部相对独立的审计部门,负责涉及经营目标、内部控制及财务管理等各方面的审计与稽核工作。

4.5.2 风险状况

4.5.2.1 信用风险状况

信用风险是公司存续信托项目面临的主要风险，主要指交易对手不能或不愿按时履约的可能性对公司业务经营所造成的风险，主要表现为在贷款、资产回购、后续资金安排、担保、履约承诺等交易过程中，借款人、担保人、保管人（托管人）等交易对手不履行承诺、不能或不愿履行合约承诺而使信托财产和固有财产遭受潜在损失的可能性。同时，当信用风险发生时，如果受托人没有尽职管理、安排预算不恰当，或信托项目违法违规而未能如期执行，也会导致发生流动性风险。公司在加强信用风险管理方面，能够严格落实监管政策和指导要求，及时调整和完善各项融资类业务的政策，持续推动制度建设，严格业务流程标准，强化融资后管理和风险监测、分析。

4.5.2.2 市场风险状况

市场风险主要指在开展资产管理业务过程中，投资于有公开市场价值的金融产品或者其他产品时，金融产品或者其他产品的价格发生波动导致资产遭受损失的可能性。同时，市场风险还具有很强的传导效应，某些信用风险的根源可能也来自于交易对手的市场风险（如销售下降、成本上升等）。

公司市场风险主要涉及证券投资自营业务、信托业务以及上市公司股权质押融资信托业务等。对于此类业务，由于本公司采取了结构化安排和严格的证券业务操作管理，基本能够保障优先受益人的资金安全。

4.5.2.3 操作风险状况

操作风险表现为由于公司治理机制、内部控制失效或者有关责任人出现失误、欺诈等问题，公司没有充分及时地做好尽职调查、持续监控、信息披露等工作，未能及时作出应有的反应，或作出的反应明显有失专业和常理，甚至违规违约；公司没有履行勤勉尽职管理的义务，或者无法出具充分有效的证据和记录，证明自己已履行勤勉尽职管理的义务。

公司通过规范各项业务流程、加强内控等手段有效防控操作风险，报告期内未发生重大操作风险事件。

4.5.2.4 其他风险状况

公司面临的其他风险主要有法律风险、合规风险以及声誉风险。法律风险是指公司因没有遵守法律法规或监管规定而可能遭受法律制裁、监管处罚，从而给公司或投资人带来经济损失的风险。合规风险是指因没有遵循法律、规则和准则而可能遭受法律制裁、监管处罚、重大财务损失和声誉损失的风险。声誉风险是指公司经营管理行为导致外部负面评价的风险。目前，公司的法律风险、合规风险及声誉风险均处于较低水平。

4.5.3 风险管理情况

4.5.3.1 信用风险管理

公司的信用风险管理主要是以业务准入制度的制定为核心，通过投贷前的交易对手尽职调查、投贷中的风控措施设定及交易对手的履约评估、投贷后的交易对手持续跟踪及主动管理实现对交易对手信用风险的把控。公司在加强信用风险管理方面，能够严格落实监管政策和指导要求，及时调整和完善各项融资类业务的政策，持续推动制度建设，严格业务流程标准，强化融资后管理和风险监测、分析。信用风险管理的具体措施如下：

公司强调风险管理关口前移，以房地产信托、政信合作等各类业务的准入政策为抓手，推动项目与政策制定的相互完善与交融，根据业务中出现的新情况研究修订各类业务的准入标准。

公司强调完善信用风险管理的制度体系。开展融资业务时严格执行标准化的管理流程，该管理流程既覆盖从客户尽职调查、评级授信、信用评估、风险资本测算、风险审查审批、资金划拨直至融资后监控等全部环节，亦覆盖房地产信托、政信合作信托、工商企业贷款信托等不同业务品种。

公司强调对交易对手履约能力的分析与跟踪。在确保投贷前尽调详实、投贷中审查严谨的同时，加强投贷后的项目管理工作。公司进一步明确后续管理部门的职能归属，要求业务部门配合全面收集交易对手的财务报表、经营状况及相关信息，同时后续管理部门定期对交易对手进行现场检查与非现场检查，及时掌握项目进展情况，以早发现、早应变的方式提高应对和处置突发事件的能力。

公司强调完善行业研究和准入机制。严格按照国家宏观调控政策和产业政策导向，研究行业发展趋势、市场机会及风险特征，制定了内部行业投融资政策，充分利用客户分类、名单制管理和行业限额等多种手段，严格审查行业和客户的准入资质，防范行业风险。

本公司参照《非银行金融机构资产风险分类指导原则（试行）》对风险资产进行五级分类。信用类风险资产按照以下标准计提减值准备（不含以公允价值计量且其变动计入当期损益的金融资产）：正常类计提比例为 1%，关注类计提比例为 2%，次级类计提比例为 25%，可疑类计提比例为 50%，损失类计提比例为 100%。

4.5.3.2 市场风险管理

市场风险管理是识别、评估、决策、监控、报告和处置市场风险的全过程，其目标是通过将市场风险控制在公司可承受的合理范围内，实现经风险调整后的收益最大化。公司对市场风险的管理主要是通过设置合理的收益率对风险进行定价，实现对风险的有效补偿；通过加强对证券投资产品单位净值、抵（质）押物价格变化的日常监控，防范市场价格波动带来的风险；定期对房地产业务进行压力测试，分析在不同风险程度下房地产项目的抗风险能力，从而及时发现并预防市场风险。

4.5.3.3 操作风险管理

公司通过强化内控基础，优化内控措施，持续提升风险管理体系的运行效率和效果。公司定期对公司制度及业务流程进行梳理和完善，以业务流程为主线，不断完善前中后台的协作与制约体系，对重要的业务环节实行双人双岗复核，及时对业务管理系统进行升级，同时通过发布公司标准的合同文本，有效防范操作风险。

4.5.3.4 其他风险管理

在法律风险管理方面，公司高度重视法律风险的防范，定期对合同模板进行修订，不断加大对合同的审查力度。对于创新及重大项目，公司均聘请外部律师出具法律意见，从业务源头和操作环节防范和化解法律风险。

在合规风险管理方面，公司积极稳妥地推进合规管理体系建设，充分借鉴银行业、证券业和保险业良好的合规管理经验，结合自身合规工作积累，持续完善合规管理的组织框架、管理范围、运行机制和工作流程。

在声誉风险管理方面，公司及时向投资者和监管层进行信息披露，持续关注新闻舆情，还借助信托业协会的《信托资讯》、《每日舆情》等做好舆情监测，就重点事件积极采取应对措施，防范和化解声誉风险。

5. 报告期末及上年度末的比较式会计报表

5.1 固有资产

5.1.1 会计师事务所审计意见全文

审计报告

中兴华审字(2015)第BJ04-011号

中国民生信托有限公司全体股东：

我们审计了后附的中国民生信托有限公司(以下简称民生信托公司)财务报表，包括2014年12月31日的资产负债表(固有)，2014年度的利润表(固有)、现金流量表(固有)和股东权益变动表(固有)以及财务报表附注(固有)。

一、管理层对财务报表的责任

编制和公允列报财务报表是民生信托公司管理层的责任。这种责任包括：(1)按照企业会计准则的规定编制财务报表，并使其实现公允反映；(2)设计、执行和维护必要的内部控制，以使财务报表不存在由于舞弊或错误而导致的重大错报。

二、注册会计师的责任

我们的责任是在执行审计工作的基础上对财务报表发表审计意见。我们按照中国注册会计师准则的规定执行了审计工作。中国注册会计师审计准则要求我们遵守中国注册会计师职业道德守则，计划和执行审计工作以对财务报表是否不存在重大错报获取合理保证。

审计工作涉及实施审计程序，以获取有关财务报表金额和披露的审计证据。选择的审计程序取决于注册会计师的判断，包括对由于舞弊或错误导致的财务报表重大错报风险的评估。在进行风险评估时，注册会计师考虑与财务报表编制和公允列报相关的内部控制，以设计恰当的审计程序，但目的并非对内部控制的有效性发表意见，审计工作还包括评价管理层选用会计政策的适当性和作出会计估计的合理性，以及评价财务报表的总体列报。

我们相信，我们获取的审计证据是充分、适当的，为发表审计意见提供了基础。

三、审计意见

我们认为，民生信托公司财务报表在所有重大方面按照企业会计准则的规定编制，允公反映了民生信托公司2014年12月31日的财务状况以及2014年度的经营成果和现金流量。

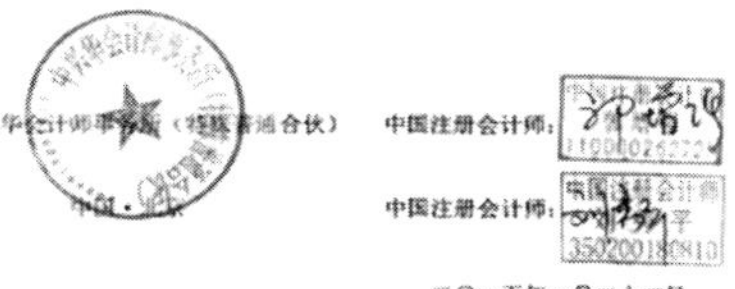

5.1.2 资产负债表

资产负债表

编制单位：中国民生信托有限公司　　2014年12月31日　　单位：元

资产	期末余额	年初余额	负债及所有者(股东)权益	期末余额	年初余额
资产：			负债：		
货币资金	2 141 738 889.52	622 775 427.09	拆入资金		
拆出资金			交易性金融负债		
交易性金融资产	636 268 346.01	514 479 959.45	卖出回购金融资产款		
买入返售金融资产			应付职工薪酬	74 561 363.58	20 234 710.26
预付账款		1 220 075.16	预收账款	46 591 490.69	36 296 792.80
应收利息	24 112 825.00	868 895.50	应交税费	70 837 444.86	29 664 715.12
应收股利			应付利息		
其他应收款	14 626 833.69	5 285 703.58	应付股利		
贷款	396 000 000.00		其他应付款	3 632 718.10	2 025 150.84
可供出售金融资产	200 000 000.00		预计负债		
持有至到期投资			递延收益		
长期股权投资			递延所得税负债	1 192 086.50	1 619 989.86
投资性房地产			其他负债		
在建工程	1 151 476.00				
长期待摊费用	11 151 279.65	1 399 262.08			
固定资产	3 041 884.85	2 205 257.89	负债合计	196 815 103.73	89 841 358.88
固定资产清理					

续表

资　　产	期末余额	年初余额	负债及所有者(股东)权益	期末余额	年初余额
无形资产	3 547 595. 34	3 125 519. 64	所有者(股东)权益:		
递延所得税资产	17 661 626. 16	3 527 196. 46	实收资本(或股本)	2 000 000 000. 00	1 000 000 000. 00
其他资产			资本公积	1 000 000 000. 00	
			减:库存股		
			盈余公积	24 388 587. 88	5 644 616. 43
			一般风险准备	6 586 964. 53	111 737. 49
			信托赔偿准备	12 194 293. 94	2 822 308. 21
			未分配利润	209 315 806. 14	56 467 275. 84
			外币报表折算差额		
			归属于母公司所有者权益合计		
			少数股东权益		
			所有者(股东)权益合计	3 252 485 652. 49	1 065 045 937. 97
资产总计	3 449 300 756. 22	1 154 887 296. 85	负债和所有者(股东)权益总计	3 449 300 756. 22	1 154 887 296. 85

5. 1. 3　利润表

利润表

编制单位:中国民生信托有限公司　　2014 年度　　单位:元

项　　目	本年累计数	上年同期数
一、营业收入	468 411 054. 21	166 194 904. 36
利息净收入	59 638 340. 70	34 386 186. 99
利息收入	59 638 340. 70	34 386 186. 99
利息支出		
手续费及佣金净收入	337 635 370. 55	108 509 446. 64
手续费及佣金收入	337 661 864. 54	108 527 049. 87
手续费及佣金支出	26 493. 99	17 603. 23
公允价值变动收益(损失以“-”号填列)	-1 711 613. 44	6 479 959. 45
投资收益(损失以“-”号填列)	71 124 283. 07	15 547 508. 77
其中:对联营企业和合营企业的投资收益		
汇兑收益(损失以“-”号填列)		-3 187. 49
其他业务收入	1 724 673. 33	1 274 990. 00
二、营业成本	214 460 596. 72	89 260 962. 50
其中:营业支出		
营业税金及附加	26 010 347. 40	7 019 574. 71
业务及管理费	183 658 431. 30	82 166 896. 13
资产减值损失	4 316 818. 02	74 491. 66
其他业务成本	475 000. 00	
三、营业利润(亏损以“-”号填列)	253 950 457. 49	76 933 941. 86
加:营业外收入		
减:营业外支出		150 189. 50
四、利润总额(亏损总额以“-”号填列)	253 950 457. 49	76 783 752. 36
减:所得税费用	66 510 742. 97	20 337 588. 04
五、净利润(净亏损以“-”号填列)	187 439 714. 52	56 446 164. 32
归属于母公司所有者的净利润		
少数股东损益		
六、每股收益		
(一)基本每股收益		
(二)稀释每股收益		

5.1.4 所有者权益变动表

编制单位：中国民生信托有限公司　　　　2014 年度　　　　单位：元

项　目	本年金额						
	归属于母公司所有者权益						所有者权益合计
	实收资本（或股本）	资本公积	盈余公积	一般风险准备	信托赔偿准备金	未分配利润	
一、上年末余额	1 000 000 000. 00		5 644 616. 43	111 737. 49	2 822 308. 21	56 467 275. 84	1 065 045 937. 97
二、本年初余额	1 000 000 000. 00		5 644 616. 43	111 737. 49	2 822 308. 21	56 467 275. 84	1 065 045 937. 97
三、本年增减变动金额（减少以“－”号填列）	1 000 000 000. 00	1 000 000 000. 00	18 743 971. 45	6 475 227. 04	9 371 985. 73	152 848 530. 30	2 187 439 714. 52
（一）净利润						187 439 714. 52	187 439 714. 52
（二）其他综合收益							—
上述（一）和（二）小计						187 439 714. 52	187 439 714. 52
（三）所有者投入和减少资本	1 000 000 000. 00	1 000 000 000. 00					2 000 000 000. 00
1. 所有者投入资本	1 000 000 000. 00	1 000 000 000. 00					2 000 000 000. 00
2. 股份支付计入所有者权益的金额							—
3. 其他							—
（四）利润分配			18 743 971. 45	6 475 227. 04	9 371 985. 73	−34 591 184. 22	—
1. 提取盈余公积			18 743 971. 45			−18 743 971. 45	—
2. 提取一般风险准备				6 475 227. 04		−6 475 227. 04	—
3. 提取信托赔偿准备金					9 371 985. 73	−9 371 985. 73	—
4. 对所有者（或股东）的分配							—
5. 其他							—
（五）所有者权益内部结转							—
四、本年末余额	2 000 000 000. 00	1 000 000 000. 00	24 388 587. 88	6 586 964. 53	12 194 293. 94	209 315 806. 14	3 252 485 652. 49

项　目	上年金额						
	归属于母公司所有者权益						所有者权益合计
	实收资本（或股本）	资本公积	盈余公积	一般风险准备	信托赔偿准备金	未分配利润	
一、上年末余额	230 000 000. 00					8 599 773. 65	238 599 773. 65
二、本年初余额	230 000 000. 00					8 599 773. 65	238 599 773. 65
三、本年增减变动金额（减少以“－”号填列）	770 000 000. 00		5 644 616. 43	111 737. 49	2 822 308. 21	47 867 502. 19	826 446 164. 32
（一）净利润						56 446 164. 32	56 446 164. 32
（二）其他综合收益							
上述（一）和（二）小计						56 446 164. 32	56 446 164. 32
（三）所有者投入和减少资本	770 000 000. 00						770 000 000. 00
1. 所有者投入资本	770 000 000. 00						770 000 000. 00
2. 股份支付计入所有者权益的金额							
3. 其他							
（四）利润分配			5 644 616. 43	111 737. 49	2 822 308. 21	−8 578 662. 13	
1. 提取盈余公积			5 644 616. 43			−5 644 616. 43	
2. 提取一般风险准备				111 737. 49		−111 737. 49	
3. 提取信托赔偿准备金					2 822 308. 21	−2 822 308. 21	
4. 对所有者（或股东）的分配							
5. 其他							
（五）所有者权益内部结转							
四、本年末余额	1 000 000 000. 00		5 644 616. 43	111 737. 49	2 822 308. 21	56 467 275. 84	1 065 045 937. 97

5.2 信托资产

5.2.1 信托项目资产负债汇总表

信托项目资产负债表(汇总表)

编制单位:杭州工商信托股份有限公司 单位:万元

信托资产	2014 年 12 月 31 日	2013 年 12 月 31 日
信托资产:		
货币资金	266 152.04	7 801.37
拆出资金	0.00	0.00
存出保证金	0.00	0.00
交易性金融资产	297 777.78	0.00
衍生金融资产	0.00	0.00
买入返售金融资产	99 960.00	0.00
应收款项	56 456.36	184 098.27
发放贷款	3 592 961.76	2 332 875.76
可供出售金融资产	492 596.44	676 530.00
持有至到期投资	0.00	0.00
长期应收款	961 571.00	340 550.00
长期股权投资	95 452.00	215 690.00
投资性房地产	0.00	0.00
固定资产	0.00	0.00
无形资产	0.00	0.00
长期待摊费用	0.00	266.18
其他资产	513 765.39	144 792.07
减:各项资产减值准备	0.00	0.00
信托资产总计	6 376 692.77	3 902 603.65
信托负债和信托权益	2014 年 12 月 31 日	2013 年 12 月 31 日
信托负债:		
交易性金融负债	0.00	0.00
衍生金融负债	0.00	0.00
应付受托人报酬	1 138.00	41.86
应付托管费	11.19	0.00
应付受益人收益	4 300.03	0.00
应交税费	0.00	0.00
应付销售服务费	0.00	0.00
其他应付款项	3 328.50	146.27
预计负债	0.00	0.00
其他负债	0.00	0.00
信托负债合计	8 777.72	188.13
信托权益:		
实收信托	6 173 110.15	3 890 847.83
资本公积	35 325.44	0.00
外币报表折算差额	0.00	0.00
未分配利润	159 479.46	11 567.69
信托权益合计	6 367 915.05	3 902 415.52
信托负债及信托权益总计	6 376 692.77	3 902 603.65

5.2.2 信托项目利润及利润分配汇总表

单位:万元

项目	2014 年度	2013 年度
1. 营业收入	580 767.14	80 996.68
1.1 利息收入	336 388.75	58 405.68
1.2 投资收益	189 146.48	22 555.32
1.2.1 对联营企业和合营企业的投资收益	0.00	0.00
1.3 公允价值变动损益	55 231.85	0.00
1.4 租赁收入	0.00	0.00
1.5 汇兑损益	0.00	0.00
1.6 其他收入	0.06	35.68
2. 支出	53 617.09	16 016.24
2.1 营业税金及附加	309.67	0.00
2.2 受托人报酬	21 156.30	6 130.45
2.3 托管费	1 865.92	460.38
2.4 投资管理费	0.00	0.00
2.5 销售服务费	3 669.26	165.40
2.6 交易费用	596.85	0.00
2.7 资产减值损失	0.00	0.00
2.8 其他费用	26 019.09	9 260.01
3. 信托净利润	527 150.05	64 980.44
4. 其他综合收益	33 686.44	0.00
5. 综合收益	560 836.49	64 980.44
6. 加:期初未分配信托利润	11 567.69	0.00
7. 可供分配的信托利润	538 717.74	64 980.44
8. 减:本期已分配信托利润	379 238.28	53 412.75
9. 期末未分配信托利润	159 479.46	11 567.69

6. 会计报表附注

6.1 会计报表编制基准不符合会计核算基本前提的说明

公司会计报表编制基准不存在不符合会计核算基本前提的情况。

公司执行财政部2006年2月15日颁布的企业会计准则及其后续规定。公司以持续经营为基础,根据实际发生的交易和事项,按照《企业会计准则——基本准则》和其他各项会计准则的规定进行确认和计量,在此基础上编制2014年度财务报表。

6.2 重要会计政策和会计估计说明

6.2.1 计提资产减值准备的范围和方法

6.2.1.1 本公司计提减值准备范围

以公允价值计量且其变动计入当期损益的金融资产以外的金融资产、长期股权投资、投资性房地产、固定资产、无形资产等。

6.2.1.2 计提减值准备的方法

6.2.1.2.1 金融资产的减值

本公司在资产负债表日对以公允价值计量且其变动计入当期损益的金融资产以外的金融资产的账面价值进行检查,有客观证据表明该金融资产发生减值的，将确认减值损失，计入当期损益。对于预期未来事项可能导致的损失，无论其发生的可能性有多大，均不作为减值损失予以确认。

（1）持有至到期投资、贷款和应收款项减值损失的计量。

持有至到期投资、贷款和应收款项（以摊余成本后续计量的金融资产）的减值准备，按该金融资产预计未来现金流量现值低于其账面价值的差额计提，计入当期损益。

本公司对单项金额重大的金融资产单独进行减值测试；对单项金额不重大的金融资产，单独或包括在具有类似信用风险特征的金融资产组合中进行减值测试。单独测试未发生减值的金融资产，无论单项金额重大与否，仍将包括在具有类似信用风险特征的金融资产组合中再进行减值测试。已单独确认减值损失的金融资产，不包括在具有类似信用风险特征的金融资产组合中进行减值测试。本公司对以摊余成本计量的金融资产确认资产减值损失后，如有客观证据表明该金融资产价值已经恢复，且客观上与确认该损失后发生的事项有关，原确认的减值损失予以转回，计入当期损益。

（2）可供出售金融资产。

可供出售金融资产的公允价值发生非暂时性下跌时，即使该金融资产没有终止确认，原直接计入资本公积的因公允价值下降形成的累计损失也予以转出，计入当期损益。

在活跃市场中没有报价且其公允价值不能可靠计量的可供出售权益工具投资，或与该权益工具挂钩并须通过交付该权益工具结算的衍生金融资产发生减值时，本公司将该权益工具投资或衍生金融资产的账面价值，与按照类似金融资产当时市场收益率对未来现金流量折现确定的现值之间的差额，确认为减值损失，计入当期损益。

对可供出售债务工具确认资产减值损失后，如有客观证据表明该金融资产价值已经恢复，且客观上与确认损失后发生的事项有关，原确认的减值损失予以转回，计入当期损益。

可供出售权益工具投资发生的减值损失，不得通过损益转回。同时，在活跃市场中没有报价且其公允价值不能可靠计量的权益工具投资或与该权益工具挂钩并须通过交付该权益工具结算的衍生金融资产发生的减值损失，不予转回。

6.2.1.2.2　长期股权投资的减值

长期股权投资运用个别方法评估减值损失。长期股权投资发生减值时，本公司将此长期股权投资的账面价值，与按照类似金融资产当时市场收益率对未来现金流量折现确定的现值之间的差额，确认为减值损失，计入当期损益。

6.2.1.2.3　其他非金融长期资产的减值

本公司在资产负债表日根据内部及外部信息确定下列资产是否存在减值的迹象，包括固定资产、无形资产、采用成本模式计量的投资性房地产。

本公司对存在减值迹象的资产进行减值测试，估计资产的可收回金额。可收回金额的估计结果表明，资产的可收回金额低于其账面价值的，资产的账面价值会减记至可收回金额，减记的金额确认为资产减值损失，计入当期损益，同时计提相应的资产减值准备。

6.2.2　金融资产四分类的范围和标准

本公司在初始确认时按取得资产的目的，把金融资产分为不同类别：以公允价值计量且其变动计入当期损益的金融资产、持有至到期投资、贷款及应收款项以及可供出售金融资产。

6.2.2.1　金融资产、金融负债公允价值的确定

存在活跃市场的金融资产或金融负债，以活跃市场的报价确定其公允价值，活跃市场的报价包括易于定期从交易所、经纪商、行业协会、定价服务机构等获得的价格，且代表了在公平交易中实际发生的市场交易额的价格；不存在活跃市场的金融资产或金融负债，采用估值技术确定其公允价值，估值技术包括参考熟悉情况并自愿交易的各方最近进行的市场交易中使用的价格、参照实质上相同的其他金融资产或金融负债的当前公允价值、现金流量折现法和期权定价模型等。

6.2.2.2　金融资产转移确认依据和计量

本公司在已将金融资产所有权上几乎所有的风险和报酬转移给转入方时终止对该项金融资产的确认。本公司在金融资产整体转移满足终止确认条件时，将下列两项的差额计入当期损益：（1）所转移金融资产的账面价值；（2）因转移而收到的对价，与原直接计入所有者权益的公允价值变动累计额（涉及转移的金融资产为可供出售金融资产的情形）之和。

本公司的金融资产部分转移满足终止确认条件的，将所转移金融资产整体的账面价值，在终止确认部分和未终止确认部分之间，按照各自的相对公允价值进行分摊，并将下列两项金额的差额计入当期损益：（1）终止确认部分的账面价值；（2）终止确认部分的对价，与原直接计入所有者权益的公允价值变动累计额中对应终止确认部分的金额（涉及转移的金融资产为可供出售金融资产的情形）之和。

原直接计入所有者权益的公允价值变动累计额中对应终止确认部分的金额，应当按照金融资产终止确认部分和未终止确认部分的相对公允价值，对该累计额进行分摊后确定。

金融资产转移不满足终止确认条件的，继续确认所转移金融资产整体，并将所收到的对价确认为一项金融负债。

对于继续涉入条件下的金融资产转移，公司根据继续涉入所转移金融资产的程度确认有关金融资产和金融负债，以充分反映企业所保留的权利和承担的义务。

6.2.3　交易性金融资产核算方法

以公允价值计量且其变动计入当期损益的金融资产，包括交易性金融资产和直接指定为以公允价值计量且其变动计入当期损益的金融资产。

公司购入的股票、债券、基金等，确定以公允价值计量且其变动计入当期损益的金融资产，以取得时的公允价值作为初始确认金额，相关的交易费用在发生时计入当期损益。支付的价款中包含已宣告但尚未发放的现金股利或债券利息，单独确认为应收项目。

公司在持有该等金融资产期间取得的利息或现金股利，应当确认为投资收益。

资产负债表日，公司将该等金融资产的公允价值变动计入当期损益。

处置该等金融资产时，该等金融资产公允价值与初始入账金额之间的差额确认为投资收益，同时调整公允价值变动损益。

6.2.4　持有至到期投资

持有至到期投资是指到期日固定、回收金额固定或可确定，且公司有明确意图和能力持有至到期的非衍生金融资产。

公司购入的固定利率国债、浮动利率公司债券等持有至到期投资，以取得时的公允价值和相关交易费用之和作为初始确认金额。支付的价款中包含已宣告发放债券利息的，单独确认为应收项目。

持有至到期投资在持有期间按照摊余成本和实际利率确认利息收入，计入投资收益。实际利率在取得持有至到期投资时确定，在随后期间保持不变。实际利率与票面利率差别很小的，也可按票面利率计算利息收入，计入投资收益。

处置持有至到期投资时，将所取得价款与该投资账面价值之间的差额确认为投资收益。

如公司持有意图或能力发生改变，使某项投资不再适合作为持有至到期投资，则将其重分类为可供出售金融资产，并以公允价值进行后续计量。重分类日，该投资的账面价值与公允价值之间的差额计入所有者权益，在该可供出售金融资产发生减值或终止确认时转出，计入当期损益。

6.2.5 可供出售金融资产

可供出售金融资产是指初始确认时即被指定为可供出售的非衍生金融资产，以及除下列各类资产以外的金融资产：(1)以公允价值计量且其变动计入当期损益的金融资产；(2)持有至到期投资；(3)贷款和应收款项。

公司可供出售金融资产以取得时的公允价值和相关交易费用之和作为初始确认金额。支付的价款中包含已到付息期但尚未领取的债券利息或已宣告但尚未发放的现金股利，单独确认为应收项目。

公司可供出售金融资产持有期间取得的利息或现金股利，应当确认为投资收益。

资产负债表日，可供出售金融资产按公允价值计量，其公允价值变动计入资本公积－其他资本公积。

处置可供出售金融资产时，将取得的价款和该金融资产的账面价值之间的差额计入投资损益，同时，将原直接计入所有者权益的公允价值变动累计额对应处置部分的金额转出，计入投资损益。

6.2.6 长期股权投资

长期股权投资按取得时的初始投资成本入账，初始投资成本的确定遵循《企业会计准则第2号——长期股权投资》的有关规定。

根据《企业会计准则第2号——长期股权投资》的规定，本公司对于纳入合并范围的子公司采用成本法核算，编制合并报表时按照权益法进行调整；对于不具有共同控制或重大影响并且在活跃市场中没有报价、公允价值不能可靠计量的长期股权投资也采用成本法核算；对于具有共同控制和重大影响的长期股权投资，采用权益法核算。

长期股权投资的后续计量，遵循《企业会计准则第2号——长期股权投资》的有关规定。

6.2.7 投资性房地产核算方法

公司为赚取租金或实现资本增值，或两者兼有而持有的房地产，包括已出租的土地使用权、持有并准备增值后转让的土地使用权和已出租的建筑物。

投资性房地产按其取得时的成本进行初始计量。与投资性房地产有关的后续支出，如果与该资产有关的经济利益很可能流入且其成本能够可靠地计量，则计入投资性房地产成本。其他后续支出，在发生时计入当期损益。

公司采用成本模式对投资性房地产进行后续计量。采用成本模式计量的建筑物，采用直线法平均计算折旧；采用成本模式计量的土地使用权，采用直线法，按土地使用权的使用年限进行摊销。

6.2.8 固定资产计价和折旧方法

本公司固定资产是指为生产商品、提供劳务、出租或经营管理而持有的使用寿命超过一个会计年度的有形资产。

6.2.8.1 固定资产在同时满足下列条件时，按照成本进行初始计量：

(1)与该固定资产有关的经济利益很可能流入企业；

(2)固定资产的成本能够可靠地计量。

6.2.8.2 固定资产折旧

与固定资产有关的后续支出，符合规定的固定资产确认条件的，计入固定资产成本；不符合规定的固定资产确认条件的，在发生时直接计入当期损益。

本公司的固定资产折旧方法为年限平均法。

各类固定资产的使用年限、残值率、年折旧率列示如下：

类　别	预计使用年限(年)	残值率(%)	年折旧率(%)
办公电子设备	3	5	31.67
办公用具	3	5	31.67
器具工具家具	5	5	19

本公司在每个会计年度终了，对固定资产的使用寿命、预计净残值和折旧方法进行复核。使用寿命与原先估计数有差异的，调整固定资产使用寿命；预计净残值预计数与原先估计数有差异的，调整预计净残值；与固定资产有关的经济利益预期实现方式有重大改变的，改变固定资产折旧方法。固定资产使用寿命、预计净残值和折旧方法的改变作为会计估计变更。

6.2.9 无形资产计价及摊销政策

6.2.9.1 无形资产的确认

公司将自己拥有或者控制的没有实物形态，并且与该资产相关的预计未来经济利益很可能流入公司，该资产的成本能够可靠计量的可辨认非货币性资产确认为无形资产。

6.2.9.2 初始计量

(1)外购无形资产的成本，包括购买价款、进口关税和其他税费以及直接归属于使该项资产达到预定用途所发生的其他支出。

(2)投资者投入的无形资产，以投资合同或协议约定的价值作为成本，但投资合同或协议约定价值不公允的除外。

6.2.9.3 无形资产的摊销

土地使用权按土地使用权证所列的使用年限平均摊销，外购的专业软件在估计的其能够带来经济利益的期限内平均摊销。

在资产负债表日，公司将对使用寿命有限的无形资产的使用寿命及摊销方法进行复核。无形资产的使用寿命及摊销方法与以前估计不同的，可改变其摊销期限和摊销方法。

6.2.10 长期待摊费用核算方法

长期待摊费用是指已经支出、金额大于3万元，且受益期限在1年以上(不含1年)的各项费用。长期待摊费用在受益期限内平均摊销,受益期限不能预测的,按5年摊销。如果长期待摊费用项目不能使以后会计期间受益,则将其尚未摊销的摊余价值全部转入当期损益。

6.2.11 收入确认原则和方法

本公司收入在与交易相关的经济利益很可能流入本公司,且有关收入的金额可以可靠地计量时,按以下原则确认:

6.2.11.1 利息收入

(1)发放贷款和垫款利息收入

按照客户使用本公司货币资金的时间和实际利率计算确定。实际利率与合同约定利率差别较小的,按合同约定利率确认为当期收入。

(2)存放同业利息收入

活期存款按结息日实际收到的金额计入利息收入,定期存款按存款利率和存款时间计算确认利息收入。

6.2.11.2 中间业务收入

按照有关合同或协议约定,在向客户提供相关服务并收到款项时确认收入。

6.2.11.3 投资收益

公司持有交易性金融资产和可供出售金融资产期间取得的利息或现金股利确认为当期收益。处置交易性金融资产时,其公允价值与初始入账金额之间的差额,确认为投资收益,同时调整公允价值变动收益。处置可供出售金融资产时,取得的价款与原直接计入所有者权益的公允价值变动累计额的和与该金融资产账面价值的差额,计入投资收益。

采用成本法核算的长期股权投资,被投资单位宣告分派的现金股利或利润,确认为当期投资收益;采用权益法核算的长期股权投资,根据被投资单位实现的净利润或经调整的净利润计算应享有的份额,确认投资收益。

6.2.12 所得税的会计处理方法

公司的所得税采用资产负债表债务法核算。当公司的可抵扣暂时性差异在可预见的未来很可能转回且未来很可能获得用来抵扣可抵扣暂时性差异的应纳税所得额时,确认递延所得税资产;当公司存在应纳税暂时性差异时,确认为递延所得税负债。

在资产负债表日,对于当期和以前期间形成的当期所得税负债(或资产),按照税法规定计算的预期应缴纳(或返还)的所得税金额计量;对于递延所得税资产和递延所得税负债,根据税法规定,按照预期收回该资产或清偿该负债期间的适用税率计量。

在资产负债表日,公司对递延所得税资产的账面价值进行复核。除企业合并、直接在所有者权益中确认的交易或者事项产生的所得税外,公司当期所得税和递延所得税作为所得税费用或收益计入当期损益。

6.2.13 信托报酬确认原则和方法

被动管理型信托业务的报酬收入按有关合同、协议规定的时间和方法确认。

主动管理型信托业务的报酬收入按信托存续期间平均分摊确认。

6.3 或有事项说明

报告期内本公司无对外担保及其他或有事项。

6.4 重要资产转让及其出售的说明

报告期内本公司无重要资产转让及出售事项。

6.5 会计报表中重要项目的明细资料

6.5.1 固有资产经营情况

6.5.1.1 信用风险资产五级分类情况

信用风险资产五级分类	正常类(万元)	关注类(万元)	次级类(万元)	可疑类(万元)	损失类(万元)	信用风险资产合计(万元)	不良资产合计(万元)	不良资产率(%)
期初数	53 211.19	0	0	0	0	53 211.19	0	0
期末数	127 100.80	0	0	0	0	127 100.80	0	0

6.5.1.2 资产损失准备情况

单位:万元

	期初数	本期计提	本年转回	本期核销	期末数
贷款损失准备	0	400.00	0	0	400.00
一般准备	0	400.00	0	0	400.00
专项准备	0	0	0	0	0
其他资产减值准备	7.45	31.68	0	0	39.13
可供出售金融资产减值准备	0	0	0	0	0
持有至到期投资减值准备	0	0	0	0	0
长期股权投资减值准备	0	0	0	0	0
坏账准备	7.45	31.68	0	0	39.13
投资性房地产减值准备	0	0	0	0	0

6.5.1.3 股票投资、基金投资、债券投资、股权投资等投资业务情况

单位:万元

	自营股票	基金	债券	长期股权投资	其他投资	合计
期初数	0	0	0	0	51 448.00	51 448.00
期末数	0	0	0	0	83 626.83	83 626.83

6.5.1.4 公司当年的收入结构

收入结构	金额(万元)	占比(%)
手续费及佣金收入	33 763.54	72.08
其中:信托手续费收入	33 663.54	71.87
投资银行业务收入		0.00
利息收入	5 963.83	12.73
其他业务收入	172.46	0.37
其中:计入信托业务收入部分	—	0.00
投资收益	7 112.42	15.18
其中:股权投资收益	—	0.00
证券投资收益	—	0.00
其他投资收益	7 112.42	15.18
公允价值变动收益	-171.16	-0.37
营业外收入		0.00
收入合计	46 841.09	100.00

6.5.2 信托资产管理情况

6.5.2.1 信托资产的期初数、期末数

单位：万元

信托资产	期初数	期末数
集合类	951 084.43	2 016 607.81
单一类	2 806 723.34	3 845 867.53
财产权类	144 795.88	514 217.43
合计	3 902 603.65	6 376 692.77

6.5.2.1.1 主动管理型信托业务的信托资产期初数、期末数

单位：万元

主动管理型信托资产	期初数	期末数
证券投资类	0.00	546 773.15
股权投资类	363 437.48	134 714.90
融资类	514 254.57	2,004 259.91
事务管理类	0.00	0.00
其他投资	55 686.36	190 924.79
合计	933 378.41	2 876 672.75

6.5.2.1.2 被动管理型信托业务的信托资产期初数、期末数

单位：万元

被动管理型信托资产	期初数	期末数
证券投资类	0.00	0.00
股权投资类	0.00	0.00
融资类	77 789.57	0.00
事务管理类	2 841 435.54	3 500 020.02
其他投资	50 000.13	0.00
合计	2 969 225.24	3 500 020.02

6.5.2.2 本年度已清算结束的信托项目个数、实收信托合计金额、加权平均实际年化收益率

6.5.2.2.1 本年度已清算结束的集合类、单一类资金信托项目和财产管理类信托项目个数、实收信托金额、加权平均实际年化收益率

已清算结束信托项目	项目个数（个）	实收信托合计金额（万元）	加权平均实际收益率（%）
集合类	6	328 120.00	8.87
单一类	46	1 523 858.59	7.00
财产管理类	1	80 690.97	—

注：1. 收益率是指信托项目清算后，给受益人赚取的实际收益水平。

2. 加权平均实际年化收益率 =（信托项目 1 的实际年化收益率 × 信托项目 1 的实收信托 + 信托项目 2 的实际年化收益率 × 信托项目 2 的实收信托 + … + 信托项目 n 的实际年化收益率 × 信托项目 n 的实收信托）/（信托项目 1 的实收信托 + 信托项目 2 的实收信托 + … + 信托项目 n 的实收信托）×100%。

6.5.2.2.2 本年度已清算结束的主动管理型信托项目个数、实收信托合计金额、加权平均实际年化收益率

已清算结束的信托项目	项目个数（个）	实收信托合计金额（万元）	加权平均实际年化收益率（%）
证券投资类	—	—	—
股权投资类	2	230 000.00	9.01
融资类	4	115 150.00	9.06
事务管理类	—	—	—

6.5.2.2.3 本年度已清算结束的被动管理型信托项目个数、实收信托合计金额、加权平均实际年化收益率

已清算结束的信托项目	项目个数（个）	实收信托合计金额（万元）	加权平均实际年化收益率（%）
证券投资类	—	—	—
股权投资类	—	—	—
融资类	—	—	—
事务管理类	47	1 587 519.56	6.94

6.5.2.3 本年度新增的集合类、单一类和财产管理类信托项目个数、实收信托合计金额

新增信托项目	项目个数（个）	实收信托合计金额（万元）
集合类	41	1 438 242.00
单一类	74	2 523 430.76
财产管理类	7	447 664.29
新增合计	122	4 409 337.05
其中：主动管理型	45	2 175 523.04
被动管理型	77	2 233 814.01

注：本年新增信托项目是指在本报告年度内累计新增的信托项目个数和金额，包含本年度新增并于本年度内结束的项目和本年度新增至报告期末仍在持续管理的信托项目。

6.6 关联方关系及其交易的披露

6.6.1 关联交易方的数量、关联交易的总金额及关联交易的定价原则等

	关联交易方数量	关联交易金额（万元）	定价政策
合计	7	94 123.50	市场公允价格

6.6.2 关联交易方情况

关联性质	关联方名称	法定代表人	注册地址	注册资本（万元）	主营业务
控股股东	中国泛海控股集团有限公司	卢志强	北京市东城区	780 000	资本经营、资产管理
股东	北京首都旅游集团有限责任公司	段强	北京市朝阳区	236 867	旅游业及现代化服务业
股东	浙江泛海建设投资有限公司	郑东	杭州市江干区	180 000	房地产开发
同一控股股东	泛海物业管理有限公司	黄翼云	北京市朝阳区	5 000	物业服务
同一控股股东	泛海能源控股股份有限公司	秦定国	北京市东城区	200 000	能源、资源投资及管理

续表

关联性质	关联方名称	法定代表人	注册地址	注册资本（万元）	主营业务
同一控股股东	通海建设有限公司	李强	上海市黄浦区	250 000	房地产开发
同一控股股东	民生财富投资管理有限公司	王宏	上海市黄浦区	10 000	资产管理、投资管理

6.6.3 本公司与关联方的重大交易事项

6.6.3.1 固有与关联方交易情况

单位：万元

项目	期初数	借方发生数	贷方发生数	期末数
贷款				—
投资				—
租赁	426.00	512.69	119.27	819.42
担保				—
应收账款				—
其他	-0.84	-19.31	-47.40	27.25
合 计	425.16	493.38	71.87	846.67

注：租赁期初数为租赁押金及预付租金，发生数为租赁关联方办公场所发生的租赁及物业费。

6.6.3.2 信托与关联方交易情况

报告期内无上述事项。

6.6.3.3 公司固有资金运用于自己管理的信托项目（固信交易）、信托公司管理的信托项目之间的相互交易（信信交易）金额，包括余额和本报告年度的发生额

6.6.3.3.1 固有财产与信托财产之间的交易

单位：万元

固有财产与信托财产相互交易			
	期初数	本期发生额	期末数
合计	51 447.99	12 178.84	63 626.83

6.6.3.3.2 信托项目之间的交易

单位：万元

信托财产与信托财产相互交易			
	期初数	本期发生额	期末数
合计	0.00	29 650.00	29 650.00

7. 财务情况说明书

7.1 利润实现和分配情况

2014 年公司实现净利润 18 743.97 万元。根据财政部《金融企业准备金计提管理办法》（财金[2012]20 号）的规定，从净利润中足额提取风险资产一般准备金 647.52 万元；根据公司章程的规定，以净利润的 10% 足额提取了法定盈余公积金 1 874.38 万元，以净利润的 5% 足额提取了信托赔偿准备金 937.20 万元；期末未分配利润累计为 20 931.58 万元。

7.2 主要财务指标

指标名称	指标值
资本利润率（ROE，%）	13.71
信托年化报酬率（%）	0.63
人均净利润（万元）	116.06

注：1. 资本利润率 = 净利润/所有者权益平均余额 ×100%。

2. 信托报年化酬率 = 信托业务收入/实收信托平均余额 ×100%。

3. 人均净利润 = 净利润/年平均人数。

4. 平均值采取年初、年末余额简单平均法，公式为 $A(平均) = (A_0/2 + A_1 + A_2 + A_3 + A_4/2)/4$。

7.3 对本公司财务状况、经营成果有重大影响的其他事项

根据公司 2013 年度股东会决议，由中国泛海控股集团有限公司和浙江泛海建设投资有限公司对公司增资。截至 2014 年 12 月 30 日，公司收到上述两方增资款共计 20 亿元（各 10 亿元），其中 10 亿元增加注册资本（实收资本），另外 10 亿元计入资本公积，已由中兴华会计师事务所出具验资报告（中兴华验字（2014）第 BJ04-020 号）。

8. 特别事项揭示

8.1 前五名股东报告期内变动情况及原因

报告期内，浙江泛海建设投资有限公司作为新股东与中国泛海控股集团有限公司共同参与了本次增资事项。增资完成后，公司股东由 5 名变更为 6 名。

序号	股东名称	变动前		变动后	
		出资额（万元）	出资比例（%）	出资额（万元）	出资比例（%）
1	北京首都旅游集团有限责任公司	30 000	30.00	30 000	15.00
2	中国泛海控股集团有限公司	69 300	69.30	119 300	59.65
3	浙江泛海建设投资有限公司	—	—	50 000	25.00
4	中国康辉旅行社集团有限责任公司	100	0.10	100	0.05
5	中国青旅集团公司	400	0.40	400	0.20
6	中国铁道旅行社	200	0.20	200	0.10
	合 计	100 000	100	200 000	100

8.2 董事、监事及高级管理人员变动情况及原因

2014 年 4 月，李永平先生因工作需要，辞去公司职工代表监事职务。

2014 年 4 月，公司第一届董事会第三次会议聘任张博先生为公司总裁，聘任李永平先生为公司董事会秘书，聘任解玉平先生、董军女士为公司副总裁，聘任李杰先生、赵一岩先生为公司助理总裁。

2014 年 5 月，公司 2013 年度股东会选举张博先生为公司董事，选举刘纪鹏先生为公司独立董事。

2014 年 8 月，公司职工代表大会 2014 年第一次会议选举

吴斌先生为公司职工代表监事。

2014 年 10 月，赵一岩先生因个人原因，辞去公司助理总裁职务。公司董事会同意赵一岩先生提出的辞职申请，并委派总裁张博先生暂代行其职责。

除上述事项外，报告期内无其他应揭示事项。

8.3 变更注册资本、注册地或公司名称及公司分立合并事项

2014 年 10 月，公司取得《中国银监会关于民生信托增加注册资本及调整股权结构的批复》。2014 年 12 月，公司收到本次增资股东中国泛海控股集团有限公司与浙江泛海建设投资有限公司缴纳的新增注册资本（实收资本）合计人民币 10 亿元，中兴华会计师事务所（特殊普通合伙）对此出具了验资报告。同月，公司完成了工商注册变更登记程序，并取得新换发的营业执照，变更后的注册资本为 20 亿元。

除上述事项外，报告期内无其他应揭示事项。

8.4 公司的重大诉讼事项

报告期内无上述事项。

8.5 公司及其董事、监事和高级管理人员受到处罚的情况

报告期内无上述事项。

8.6 对银监会及其派出机构所提监管意见的整改情况

报告期内无上述事项。

8.7 重大事项临时报告情况

2014 年 7 月 16 日，公司在《金融时报》第 8 版发布《关于张博等六人任职资格批复的公告》，公告内容为：

根据中国银行业监督管理委员会批复（银监复［2014］468 号），核准张博董事兼总裁、刘纪鹏独立董事、李永平董事会秘书、董军副总裁、李杰助理总裁和赵一岩助理总裁的任职资格。

8.8 其他有必要让客户及相关利益人了解的重要信息

报告期内无上述事项。

9. 公司监事会意见

公司建立了较为完善的公司法人治理结构，进一步加强了内部控制和风险管理的体系建设，优化了内部管理制度、业务流程和审计稽核制度。公司决策事项程序合法，公司董事及高级管理人员能够按照有关法律法规、公司章程及监管部门的要求，认真履行相关职责，勤勉工作，积极维护股东利益、公司利益和客户利益。

公司财务管理制度及会计制度运行规范，会计处理严格遵循企业会计准则和国家有关法规的规定。公司审计稽核制度运行有效，能够及时预防、发现及纠正公司经营过程中可能出现的重大问题。

中海信托股份有限公司

1. 重要提示

1.1　本公司董事会及董事保证本报告所载资料不存在任何虚假记载、误导性陈述或者重大遗漏,并对其内容的真实性、准确性和完整性承担个别及连带责任。

1.2　公司独立董事王国樑先生、胡维翊先生、张秉训先生声明:保证本报告的内容真实、准确、完整。

1.3　信永中和会计师事务所对本公司出具了标准无保留意见的审计报告。

1.4　公司董事长吴孟飞先生、总裁陈浩鸣先生、财务总监周炯先生、会计机构负责人朱玲女士声明:保证年度报告中财务报告的真实、完整。

2. 公司概况

2.1　公司简介

中海信托股份有限公司(简称中海信托)是由中国海洋石油总公司(简称中国海油)和中国中信有限公司(简称中信有限,原为中国中信集团有限公司)共同投资设立的国有非银行金融机构。

中海信托秉承"诚信稳健、忠人所托"的经营理念,坚持"风控优先"的低风险发展道路,经过多年的探索和实践,资产管理能力持续提升。2014 年,中海信托管理的信托资产余额为 3 142.51亿元,全年累计管理信托资产 5 299.24 亿元,实现营业收入 14.09 亿元,实现利润总额为 11.71 亿元,人均净利润为 725.78 万元。多年来,公司未发生任何信托项目不能按期兑付、损害受益人利益的情况,连续 11 年保持新增不良资产为零。

2.1.1　公司情况

公司名称(简称)	中海信托股份有限公司(中海信托)
公司英文名称(缩写)	Zhonghai Trust Co., Ltd.(ZHTRUST)
公司法定代表人	陈浩鸣
主要营业场所	上海市蒙自路 763 号 36 楼
公司网站	http://www.zhtrust.com

2.1.2　主要联系人及联系方式

信息披露负责人	周　炯
联系电话	021-23191688
传真	021-63086070
电子信箱	service@zhtrust.com
联系地址	上海市蒙自路 763 号 36 楼
邮政编码	200023

2.1.3　其他事项

2.1.3.1　公司选定《中国证券报》、《证券时报》、《上海证券报》作为本次信息披露的报纸。公司年报全文将备置在公司营业场所及网站供查询。

2.1.3.2　公司年报审计会计师事务所:信永中和会计师事务所

联系地址:北京市东城区朝阳门北大街 8 号富华大厦 A 座 9 层

邮政编码:100027

2.1.3.3　公司常年法律顾问:上海市锦天城律师事务所

联系地址:上海市浦东新区花园石桥路 33 号花旗大厦 14 层

邮政编码:200120

2.2　组织结构

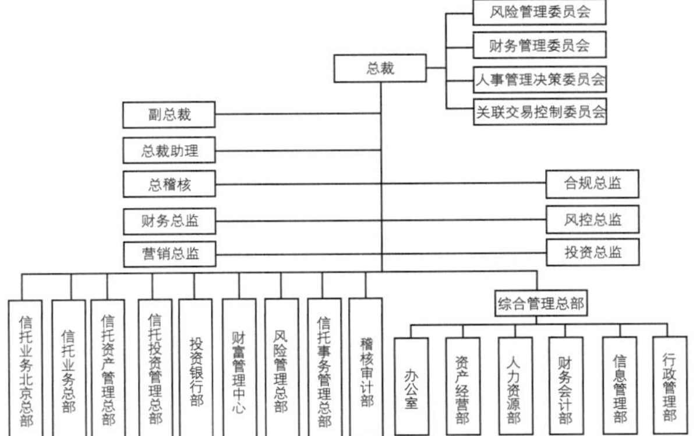

3. 公司治理

3.1　股东

股东总数:2 个。

股东

股东名称	持股比例(%)	法人代表	注册资本(亿元)	注册地址	主要经营业务及主要财务情况
中国海洋石油总公司★	95	王宜林	949	北京市东城区朝阳门北大街25 号	海上石油、天然气勘探、开发、生产及炼油等。近年来,公司国内油气产量持续保持在 5 000万吨级水平,实现营业收入超过 5 000 亿元,利润总额达 1 000 亿元以上。
中国中信有限公司	5	常振明	1 280	北京市朝阳区新源南路 6 号	该公司为金融与实业并举的大型综合性跨国企业集团,业务涉及银行、证券、信托、保险、基金、资产管理等金融领域以及房地产、工程承包、资源能源、基础设施、机械制造、信息产业等实业领域。

注:最终实际控制人在"股东名称"一栏中加"★"表示。

3.2　董事、董事会及其下属委员会

董事长、副董事长、董事

姓　名	职　务	性别	年龄	选任日期	所推举的股东名称	该股东持股比例(%)	简　要　履　历
吴孟飞	董事长	男	60	2011年	中国海洋石油总公司	95	1988年加入中国海洋石油总公司，曾任中国海洋石油总公司计划资金部总经理、中国海洋石油有限公司CFO、中海油田服务股份有限公司CFO兼执行副总裁、中海石油化学股份有限公司董事长。2005年12月起任中国海洋石油总公司总会计师，2011年12月起担任中海信托股份有限公司董事长；目前，还担任中海油国际融资租赁有限公司董事长、中海石油保险有限公司董事长、中海石油投资控股有限公司董事长、中海石油财务有限公司董事长。
窦建中	董事	男	60	2011年	中国中信有限公司	5	历任中信银行副行长、行长，中国中信集团公司常务董事兼协理、常务董事兼副总经理；目前，还同时担任中信集团执行董事、中信股份执行董事兼副总经理、中信有限执行董事兼副总经理、中信控股董事长、中信国金董事长兼行政总裁、中信国际资产董事兼事安集团董事长、中信银行董事、中信资本控股董事等职。
田文学	董事	男	43	2014年	中国海洋石油总公司	95	历任中国化工供销总公司人事处干部、人力资源部主任，香港华达化工有限公司总经理，中国海洋石油总公司销售分公司党委委员、办公室主任、人力资源部总经理，中国海洋石油总公司销售分公司党委副书记、纪委书记、工会主席；2013年12月至今，任中国海洋石油总公司（有限公司）人力资源部副总经理。
陈浩鸣	董事	男	49	2011年	中国海洋石油总公司	95	2005年8月至2009年8月，任中海信托股份有限公司副总裁；2009年8月至2011年1月，任中海基金管理有限公司总经理；2011年1月至今，担任中海信托总裁，兼任中海基金董事长、四川信托有限公司副董事长。
周　炯	董事	男	55	2013年	中国海洋石油总公司	95	2002年至2008年7月，历任中海石油财务有限责任公司资金部经理、总会计师；2008年8月至今，担任中海信托股份有限公司副总裁兼财务总监。

独立董事

姓　名	所在单位及职务	性别	年龄	选任日期	所推举的股东名称	该股东持股比例(%)	简　要　履　历
王国樑	中国石油天然气集团公司党组成员	男	62	2013年	—	—	1995—1998年，任中油财务有限责任公司副总裁；1998—1999年，任中国石油勘探开发公司副总经理、总会计师；1999—2007年，任中国石油天然气股份有限公司财务总监；2007—2013年，任中国石油天然气集团公司总会计师、党组成员。
胡维翊	北京市天铎律师事务所合伙人、常务副主任	男	47	2011年	—	—	历任全国人大常委会办公厅研究室政治组干部、北京市乾坤律师事务所合伙人、北京市中凯律师事务所律师；2001年5月至今，任北京市天铎律师事务所合伙人、常务副主任。
张秉训	退休	男	65	2014年	—	—	曾任中国银行董事会秘书、金融机构部总经理及中银国际董事总经理等职；目前，正式退休。

董事会下属委员会

董事会下属委员会	职责	组成人员姓名	职务
审计委员会	提议聘请或更换外部审计机构；监督公司的内部审计制度及其实施；负责内部审计与外部审计之间的沟通；审核公司的财务信息及其披露；审查公司内控制度等。	王国樑	委员会主席
		张秉训	委员
		田文学	委员
薪酬与考核委员会	研究董事与总裁人员考核的标准，进行考核并提出建议；研究和审查董事、高级管理人员的薪酬政策与方案等。	张秉训	委员会主席
		田文学	委员
		胡维翊	委员
发展与战略委员会	对公司长期发展与战略规划进行研究并提出建议；对其他影响公司发展战略的重大事项进行研究并提出建议；研究金融市场及金融专项工具，并提出建议等。	吴孟飞	委员会主席
		窦建中	委员
		陈浩鸣	委员
提名委员会	研究董事和总裁的选择标准和程序并提出建议；广泛搜寻合格的董事和总裁人选；对董事候选人和总裁人选进行审查并提出建议。	胡维翊	委员会主席
		王国樑	委员
		田文学	委员

续表

董事会下属委员会	职责	组成人员姓名	职务
信托委员会	调查研究信托行业的发展变化;对公司信托业务的发展方向和战略规划进行研究和提出建议;初审需由董事会审议的信托项目;针对中国银监会及其派出机构检查公司信托业务后要求董事会组织整改的问题,研究提出具体措施;当公司或股东利益与受益人利益发生冲突时,研究提出维护受益人权益的具体措施等。	张秉训	委员会主席
		陈浩鸣	委员
		周炯	委员
风险管理与关联交易控制委员会	研究公司发生重大、突发性事项的对策;研究制定总体风险管理、关联交易控制政策供董事会审议;研究公司风险管理的战略结构和资源,并使之与公司的内部风险管理政策相兼容;研究重要的风险边界,对相关的风险管理、关联交易控制政策进行监督、审查和向董事会提出建议等。	窦建中	委员会主席
		周炯	委员
		胡维翊	委员

3.3 监事、监事会及其下属委员会

监事会成员

姓　名	职务	性别	年龄	选任日期	所推举的股东名称	该股东持股比例(%)	简要履历
逄本利	监事会主席	男	55	2013 年	中国海油	95	2013 年 4 月至 2013 年 12 月任中国海洋石油总公司审计中心副主任;2013 年 12 月起担任中海信托监事会主席。
陈素婷	监事	女	45	2013 年	中信有限	5	2011 年 12 月至今,担任中国中信有限公司稽核审计部主任助理兼审计管理处处长;2013 年 12 月起担任中海信托监事。
石枫	职工监事	女	33	2013 年	职工监事	—	2012 年 6 月至今,担任中海信托稽核审计部副经理。

3.4 高级管理人员

高级管理人员

姓　名	职　务	性别	年龄	选任日期	金融从业年限(年)	学历	专业	简要履历
陈浩鸣	党委书记 总裁	男	49	2011 年 7 月	15	硕士研究生	中央财经大学货币银行学专业、巴黎 HEC 商学院 EMBA	2005 年 8 月至 2009 年 8 月,任中海信托股份有限公司副总裁;2009 年 8 月至 2011 年 1 月,任中海基金管理有限公司总经理;2011 年 1 月至今担任中海信托总裁,兼任中海基金董事长、四川信托有限公司副董事长。
周炯	党委副书记、纪委书记、副总裁兼财务总监、总信息师	男	55	2008 年 8 月	15	硕士	悉尼大学工商管理专业	2002 年至 2008 年 7 月,历任中海石油财务有限责任公司资金部经理、总会计师;2008 年 8 月至今,担任中海信托股份有限公司副总裁兼财务总监。
张德荣	副总裁	男	51	2013 年 7 月	26	硕士研究生	北京大学法律系	2007 年 12 月至 2011 年 2 月,任中海信托股份有限公司独立董事;2010 年 8 月至 2013 年 4 月,任大业信托有限责任公司副总经理兼首席风控官;2013 年 7 月至今,任中海信托副总裁。
魏志刚	副总裁	男	42	2013 年 11 月	15	双硕士	中央财经大学金融学院货币银行专业、北京大学光华管理学院工商管理专业	2010 年 2 月起担任中海信托营销总监;2010 年 11 月至 2013 年 10 月任中海信托总裁助理,兼任营销总监;2013 年 11 月至今,任中海信托副总裁。
卓新桥	总裁助理	男	45	2013 年 6 月	16	硕士研究生	暨南大学产业经济学系	曾在中国工商银行广东省分行、中海石油财务公司任职;2013 年 6 月至今,任中海信托总裁助理。
余庆军	总裁助理	男	44	2013 年 6 月	20	硕士	南开大学国际商学院工商管理硕士	曾在平安人寿、海康人寿任职;2013 年 6 月至今,任中海信托总裁助理。
张　悦	党办主任、纪委副书记、总稽核、合规总监、稽核审计部经理兼信托事务管理总部总经理	女	50	2011 年 9 月	10	硕士	中国石油大学	2005 年 9 月进入中海信托,目前担任公司纪委副书记、总稽核、合规总监,兼任稽核审计部总经理、信托事务管理总部总经理。

3.5 公司员工

公司员工

项目		报告期年度		上年度	
		人数(人)	比例(%)	人数(人)	比例(%)
年龄分布	20岁以下	—	—	—	—
	20～29岁	55	39.86	54	41.54
	30～39岁	56	40.58	54	41.54
	40岁以上	27	19.56	22	16.92
学历分布	博士	3	2.18	3	2.31
	硕士	83	60.14	75	57.69
	本科	47	34.06	47	36.15
	专科	5	3.62	5	3.85
	其他	—	—	—	—
岗位分布	董事、监事及其高管人员	10	7.25	7	5.39
	自营业务人员	1	0.72	1	0.77
	信托业务人员	78	56.52	74	56.92
	其他人员	49	35.51	48	36.92

注：自营业务人员是指按照岗位分工，专门或至少主要从事固有资金使用和固有资产管理有关业务的职工；信托业务人员是指按照岗位分工，专门或主要从事信托资金使用和信托资产管理各项业务的职工；人力资源部等类似无法明确区分的综合部门员工归为其他人员。

4. 经营管理

4.1 经营目标、方针、战略规划

经营目标：中海信托将创造条件，前瞻布局，依托金融产业链和金融创新，致力成为一家国内一流的综合型金融服务商。

经营方针：以保障委托人、受益人合法利益为最高准则，秉承"诚信稳健、忠人所托"的经营理念，建立和完善全面风险管理体系，完善金融服务功能，走创新型金融发展道路，追求风险可控的经济效益。

战略规划：公司确定了创新引领、人才为本、风控优先、文化保障、品牌发展等策略，结合行业特点和自身优势，分别制定了信托业务、风险控制、信息技术、人力资源发展规划，稳步推进战略目标的实现。

4.2 经营业务的主要内容

公司经营中国银行业监督管理委员会核准的信托业务及自有业务。信托业务包括事务管理类信托和非事务管理类信托业务，主要包括信托贷款、信贷资产证券化、结构化证券投资、私募股权基金、股权信托、财务顾问等业务。

4.2.1 自营资产运用与分布表

资产运用	金额（万元）	占比（%）	资产分布	金额（万元）	占比（%）
货币资产	58 551.16	11.16	基础产业	—	—
发放贷款和垫款	100 000.00	19.05	房地产业	—	—
以公允价值计量且其变动计入当期损益的金融资产	7 550.25	1.44	证券市场	28 766.52	5.48
可供出售金融资产	170 668.01	32.52	实业	100 000.00	19.05
长期股权投资	178 934.44	34.09	金融机构	264 576.30	50.41
其他	9 171.20	1.75	其他	131 532.24	25.06
资产总计	524 875.06	100.00	资产总计	524 875.06	100.00

注：资产分布中的"其他"项主要包括信托产品投资 122 361.04 万元和其他资产 9 171.20 万元。

4.2.2 信托资产运用与分布表

资产运用	金额（万元）	占比（%）	资产分布	金额（万元）	占比（%）
货币资产	374 048.00	1.19	基础产业	4 911 997.00	15.63
贷款	5 789 526.00	18.42	房地产	575 000.00	1.83
交易性金融资产投资	11 459 112.00	36.46	其他实业	1 530 821.00	4.87
可供出售金融资产投资	13 329 224.00	42.42	证券市场	18 199 202.00	57.91
持有至到期投资	0.00	0.00	金融机构	5 774 826.00	18.38
长期股权投资	0.00	0.00	其他	433 228.00	1.38
其他	473 164.00	1.51	—	—	—
信托资产总计	31 425 074.00	100.00	信托资产总计	31 425 074.00	100.00

4.3 市场分析

4.3.1 有利因素

（1）国民财富的快速积累为信托业务市场发展壮大提供了强大的推动力。

（2）随着国内多层次资本市场的加快建设，创新金融工具不断推出，为公司提供了更广阔的业务拓展空间。

（3）公司秉承"诚信稳健、忠人所托"的经营理念，风险控制体系日趋完善，专业化的资产管理团队成为公司可持续发展的基础。

（4）公司在信托业已建立了较强的品牌优势，积累了一批优质的机构客户和高净值个人客户资源，客户忠诚度较高。

4.3.2 不利因素

（1）信托行业政策调整频繁，对公司既有业务模式形成冲击。

（2）随着国内金融改革的进一步深化，现有业务模式受到利率市场化、混业经营的威胁，公司与证券公司、基金管理公司、保险公司、商业银行以及外资金融机构等其他金融机构的全面竞争将更加激烈。

4.4 内部控制

4.4.1 内部控制环境和内部控制文化

公司坚持"全面风险管理"和"只有风险可控的发展才是真正的可持续发展"的风险管理理念，并在制度的设计、决策的进行、业务的开展各个层面加以深入贯彻，形成了科学、清晰、合理的组织架构，前台、中台、后台形成有效的制衡机制，为公司营造了健康的内部控制环境。

公司法人治理结构完善，股东不干涉公司经营，董事会、监事会、各专业委员会以提高业务的安全性和维护委托人的利益为根本出发点，不以利润作为对经营层的主要考核指标，追求风险可控前提下效益的稳步增长，在公司形成了良好的内部控制文化。

4.4.2　内部控制措施

公司根据业务发展、外部环境变化以及监管要求滚动修订制度和流程，建立了相对完备的内部控制制度体系。内部控制制度体系主要包括基本管理制度、组织管理制度、合规管理制度和风险管理制度、自有资产运用管理制度、证券投资管理制度、信托业务管理制度、财务会计管理制度、行政管理制度、人力资源管理制度、计算机系统管理制度等。同时，中海信托还建立了内部控制优化机制，在日常经营中不断改进风险管理手段与方法，完善风险识别、评估和控制措施。

公司的内部控制措施不断完善：建立了多层次的分级有限授权制度；在开展具体业务时遵循"前中后台分离"的原则；在开办新业务前，均通过引入外部专业机构进行充分论证、沟通和调研，并遵循"制度和流程先行"的原则，确保了对潜在风险的有效防范和控制；通过明晰各部门职责，保证了内部运营体系的健康有效；加大投入，完善灾备系统；以信息化建设为依托，逐步建立起覆盖各个业务领域的数据库和计算机信息系统，有力地支持了公司业务的快速发展。

4.4.3　信息交流与反馈

公司建立起信息交流与反馈机制，搭建起畅通的信息交流渠道，建立了内部审计的报告制度和报告路线，由专人负责，能够有效执行。

根据有关监管要求，对于集合资金信托业务、关联交易、高管更替等重大事项，公司均履行了完备的报备或报批手续；对于监管机构提出的问题或建议，公司均给予及时、详细的信息反馈或制定整改措施。

公司能够严格执行向委托人、受益人披露信托事务处理信息的有关制度，确保相关当事人的知情权。

4.4.4　监督评价与纠正

公司建立了有效的内部监控制度，对公司内部控制制度的执行情况进行持续的监督，保证了内部控制的实际效果；建立了重大事故或案件责任人追究制度，通过风险教育使各部门和员工明确了有关风险和职责关系。公司对内部审计和外部审计中发现的问题能够及时整顿和改正，做好反馈工作，不断提升管理水平。

公司风险管理和内部控制能够贯穿、覆盖到每一个部门、每一类业务和每一个员工，同时保持随时跟踪和监控。公司针对信托和自有业务制定了风险识别、计量、监测和控制的具体制度、程序和方法，风险管理总部和稽核审计部在业务运作的各个阶段予以通盘考量和全程监控。稽核审计部定期开展内部审计，对公司的经营活动和风险状况进行独立、客观的监督和评价，通过监督和检查发挥督导作用。公司重视外部审计对公司运营的促进作用，通过相关制度和措施，保证外部审计的有效性，借助外部审计改善公司经营。

4.5　风险管理

4.5.1　风险管理概况

风险控制体系和风险管理能力是金融企业最核心的技术和最重要的能力之一，公司的理念是"只有风险可控的发展才是真正的可持续发展"。公司建立了较健全的风险控制组织结构和机制，基本形成了前台、中台、后台相分离，信托资金运作与自有资金运作相分离的风险管理框架。

风险管理组织结构如下：

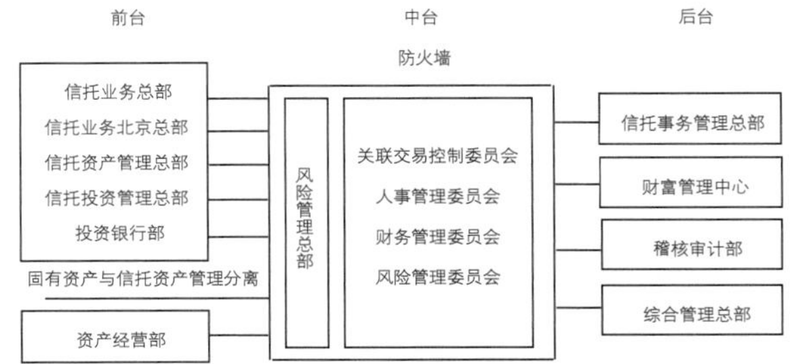

公司的前台由信托业务总部、信托业务北京总部、信托资产管理总部、信托投资管理总部、投资银行部和资产经营部构成，分别负责信托业务开拓和固有资产管理。

公司的中台由风险管理总部和四个非常设的委员会组成，中台的主要作用是集体决策和事中控制。风险管理总部的职责是建立健全内部风险管理体系，防范和控制风险。四个委员会的主要职责是对公司业务、财务工作、机构人事安排和关联交易事项进行审议，并在相关授权范围内进行决策。公司制定了上述四个委员会的议事规则，明确了职责和议事程序。

公司的后台由信托事务管理总部、稽核审计部、财富管理中心和综合管理总部构成，其职责是完成信托资金托管清算、财务核算、项目管理、审计监督、客户服务与维护、信托项目直销、行政人事等后台支持。

4.5.2　风险状况

4.5.2.1　信用风险状况

信用风险是指交易对手未能履行约定契约中的义务而造成经济损失的风险。公司面临的信用风险具体表现为在开展信托业务或固有业务时，交易对手或融资方违约造成的风险。2014年，公司面临的信用风险主要是宏观经济政策的变化加大了对融资方信用风险判断的难度；国际、国内复杂的经济形势加大了交易对手的信用风险；公司选择项目、甄别客户、识别信用风险的工作量及压力大增，公司信用风险管理能力在复杂的经济形势中面临考验。公司在复杂多变的形势下采取多种措施积极应对。2014年，公司未发生任何信用风险事件，信托均安全顺利兑付，目前仍存续的业务信用风险较小。

4.5.2.2　市场风险状况

市场风险是指由于证券价格波动、商品价格波动、利率变化、汇率变动等金融市场波动而导致公司自营或信托资产损失的风险。市场风险主要存在于公司证券投资业务，以及其他与股票价格、利率、汇率、商品价格等挂钩的特定金融产品投资业务中。2014年，公司面临的市场风险主要是证券市场价格波动较大，股票市场走势全年前抑后扬，主板和创业板轮番上涨，公司证券投资类信托的净值相应变动，受益人的获利波动较大。同时，证券市场价格的波动也对公司固有资金投资的股票、金融股权的价值造成了一定影响。此外，市场利率波动导致信托产品整体收益率下降，汇率波动对公司外汇资产保值增值带来一定的风险。公司通过交易结构设计、预警、止损、风险揭示等手段努力降低市场风险，锁定公司收益，公司未因市场风险而对盈利能力及财务状况产生重大影响。

4.5.2.3　操作风险状况

操作风险是指公司由于内部程序、人员、系统的不完善或失误，以及外部事件而导致公司自营或信托资产损失的风险。2014 年度，公司未发生因内部原因或外部冲击造成的直接或间接损失，也未发现滥用操作权追求私利的情况。

4.5.2.4 其他风险状况

公司面临的其他风险主要表现为法律风险与合规风险。法律风险是由于违反有关法律法规、监管规定及合同等原因可能造成经济损失或企业信誉损失的风险。合规风险是指因未能遵循法律、监管规定、规则、自律性组织制定的有关准则以及适用于自身业务活动的行为准则而可能遭受法律制裁或监管处罚、重大财务损失或声誉损失的风险。2014 年，公司合法合规经营，未发生从业人员违反法律法规和职业操守的行为，未遭受法律制裁，未因此导致任何财务损失或声誉损失。

4.5.3 风险管理情况

4.5.3.1 信用风险管理

公司按工作职能划分，进行机构分离，强化制约机制，分别设立信托业务总部、投资管理总部、信托事务管理总部、风险管理总部、稽核审计部等部门；通过流程再造和程序设计标准化，完善了事前评估、事中控制、事后检查的风险控制流程；通过建立客户关系管理系统，持续关注交易对手的资信状况、履约能力及其变化，防范信用风险；通过实行重点客户、区域倾斜，保持一定程度的客户集中度，在依托各种信用增级手段的基础上，切实降低了信用风险；通过法律条款的设定，借助外部律师的专业意见，提高抵御信用风险的能力。

4.5.3.2 市场风险管理

公司成立证券投资风险控制机构。证券投资风险控制机构对证券交易部门提交的资产配置方案、投资策略进行审议，决定资产配置比例、行业分配比例等。对市场风险的控制主要是通过定期对宏观经济运行和政策趋势、证券市场发展政策和思路等方面因素进行跟踪研究，及时作出相关的研究报告，为投资决策提供依据等方式实现。公司对证券投资业务采用限额管理，确保市场风险控制在可以承受的合理范围内。市场风险限额包括交易限额、止损限额等，风险限额设定后不得随意突破。公司通过压力测试评估市场风险亏损承受能力。证券交易部门在制定主动管理的投资方案时明确各证券品种止损线、警示线、止赢线等量化指标，经风管会批准后由风险管理总部和证券交易部门负责对止损、止赢执行情况进行系统和人工监控，对发生大幅波动及达到止损点的投资品种及时采取措施。

4.5.3.3 操作风险管理

公司已经建立了以 SAP 系统为核心的业务管理平台，所有业务开展和后台支持均通过该平台完成，减少了手工操作失误可能导致的损失；逐步完善公司的内部控制制度，制定了各种业务管理办法和岗位职责制度，对公司每一项业务内容，均制定了操作细则和操作流程，明确流程中每一环节的责任及权限；对各个环节规定了严格的岗位标准，在强化目标管理的同时坚持过程控制，防范人为因素带来的经营风险。同时，公司依据行业监管要求，从每年的税后利润中充分计提信托赔偿准备金，用于弥补由于公司的可能过失而导致的信托业务损失，充分保证受益人利益。

4.5.3.4 其他风险管理

公司所有重大合同均通过法律合规部审核同意，并出具独立的法律意见；重大、创新和复杂项目均聘请专业外部律师事务所进行审查，并出具无保留意见的法律意见书后方可实施。公司设有合规总监和风控总监，把握公司整体运营风险，并设立专门的合规岗、制度岗，负责业务的合规审查和制度完善。

5. 报告期末及上一年度末的比较式会计报表

5.1 自营资产

5.1.1 会计师事务所审计意见全文

审 计 报 告

XYZH/2014A4038

中海信托股份有限公司：

我们审计了后附的中海信托股份有限公司（以下简称中海信托公司）财务报表，包括 2014 年 12 月 31 日的资产负债表，2014 年度的利润表、现金流量表和股东权益变动表以及财务报表附注。

一、管理层对财务报表的责任

编制和公允列报财务报表是中海信托公司管理层的责任，这种责任包括：（1）按照企业会计准则的规定编制财务报表，并使其实现公允反映；（2）设计、执行和维护必要的内部控制，以使财务报表不存在由于舞弊或错误导致的重大错报。

二、注册会计师的责任

我们的责任是在执行审计工作的基础上对财务报表发表审计意见。我们按照中国注册会计师审计准则的规定执行了审计工作。中国注册会计师审计准则要求我们遵守职业道德守则，计划和执行审计工作以对财务报表是否不存在重大错报获取合理保证。

审计工作涉及实施审计程序，以获取有关财务报表金额和披露的审计证据。选择的审计程序取决于注册会计师的判断，包括对由于舞弊或错误导致的财务报表重大错报风险的评估。在进行风险评估时，注册会计师考虑与财务报表编制和公允列报相关的内部控制，以设计恰当的审计程序，但目的并非对内部控制的有效性发表意见。审计工作还包括评价管理层选用会计政策的恰当性和作出会计估计的合理性，以及评价财务报表的总体列报。

我们相信，我们获取的审计证据是充分、适当的，为发表审计意见提供了基础。

三、审计意见

我们认为，中海信托公司财务报表在所有重大方面按照企业会计准则的规定编制，公允反映了中海信托公司 2014 年 12 月 31 日的财务状况以及 2014 年度的经营成果和现金流量。

5.1.2 资产负债表

资产负债表

2014 年 12 月 31 日

编制单位:中海信托股份有限公司　　单位:万元

项　目	期末余额	年初余额
资产:		
现金及存放中央银行存款	0.02	0.02
存放同业存款	58 551.14	134 313.28
贵金属	—	—
拆出资金	—	—
以公允价值计量且其变动计入当期损益的金融资产	7 550.25	10 720.25
应收账款	—	—
应收利息	1 206.33	897.09
其他应收款	812.50	30 412.93
衍生金融资产	—	—
买入返售金融资产	—	—
流动资产合计	68 120.24	176 343.57
发放贷款和垫款	100 000.00	100 000.00
可供出售金融资产	170 668.01	104 728.88
持有至到期投资	—	—
长期股权投资	178 934.44	103 307.59
固定资产	691.76	734.55
在建工程	37.04	92.50
无形资产	219.41	138.29
长期待摊费用	998.19	1 296.67
递延所得税资产	5 205.97	4 751.43
非流动资产合计	456 754.82	315 049.91
资产总计	524 875.06	491 393.48
负债:	—	—
向中央银行借款	—	—
同业及其他金融机构存放款项	—	—
拆入资金	—	—
以公允价值计量且其变动计入当期损益的金融负债	—	—
衍生金融负债	—	—
卖出回购金融资产款	—	—
应付职工薪酬	19 318.92	12 143.23
应交税费	15 837.43	12 976.12
应付利息	—	—
应付股利	100 000.00	85 000.00
其他应付款	4 699.39	312.59
流动负债合计	139 855.74	110 431.94
预计负债	—	—
应付债券	—	—
递延所得税负债	1 157.44	160.87
非流动负债合计	1 157.44	160.87
负债合计	141 013.18	110 592.81
所有者权益(或股东权益):		
实收资本(股本)	250 000.00	250 000.00
其他权益工具	—	—
资本公积	—	—
△减:库存股	—	—
其他综合收益	8 355.40	2 548.54
专项储备	—	—
盈余公积	50 325.16	40 599.72
△一般风险准备	43 739.40	76 253.21
未分配利润	31 441.92	11 399.20
所有者权益合计	383 861.88	380 800.67
负债和所有者权益总计	524 875.06	491 393.48

5.1.3 利润表

利润表

编制单位:中海信托股份有限公司　　2014 年度　　单位:万元

项　目	本期金额	上期金额
一、营业总收入	140 889.48	120 662.94
利息净收入	11 495.20	14 314.04
利息收入	11 495.20	14 314.04
利息支出	0.00	0.00
手续费及佣金净收入	79 239.92	61 442.45
手续费及佣金收入	79 297.36	61 470.60
手续费及佣金支出	57.44	28.15
投资收益(损失以"－"号填列)	48 228.86	45 571.60
其中:对联营企业和合营企业的投资收益	37 777.89	34 647.93
公允价值变动收益(损失以"－"号填列)	1 854.87	-355.72
汇兑收益(损失以"－"号填列)	40.41	-360.52
其他业务收入	30.22	51.09
二、营业成本	26 411.62	21 602.96
营业税金及附加	5 520.36	4 700.80
业务及管理费	20 955.34	15 924.95
资产减值损失	-77.83	955.43
其他业务成本	13.75	21.78
三、营业利润(亏损以"－"号填列)	114 477.86	99 059.98
加:营业外收入	2 633.26	3 487.42
减:营业外支出	58.16	74.71
四、利润总额(亏损总额以"－"号填列)	117 052.96	102 472.69
减:所得税费用	19 798.60	16 678.81
五、净利润(净亏损以"－"号填列)	97 254.36	85 793.88

5.1.4 所有者权益变动表

所有者权益变动表

编制单位：中海信托股份有限公司　　2014 年度　　单位：万元

项目	本年金额										
	实收资本	其他权益工具	资本公积	减：库存股	其他综合收益	专项储备	盈余公积	一般风险准备	未分配利润	其他	所有者权益合计
栏次	1	2	3	4	5	6	7	8	9	10	11
一、上年末余额	250 000.00	—	—	—	2 548.54	—	40 599.72	76 253.21	11 399.20	—	380 800.67
加：会计政策变更											
前期差错更正											
其他	—	—	—	—	—	—	—	—	—	—	—
二、本年初余额	250 000.00	—	—	—	2 548.54	—	40 599.72	76 253.21	11 399.20	—	380 800.67
三、本年增减变动金额（减少以“-”号填列）	—	—	—	—	5 806.86	—	9 725.44	-32 513.81	20 042.72	—	3 061.21
（一）综合收益总额	—	—	—	—	5 806.86	—	—	—	97 254.35	—	103 061.21
（二）所有者投入和减少资本	—	—	—	—	—	—	—	—	—	—	—
（三）专项储备提取和使用	—	—	—	—	—	—	—	—	—	—	—
（四）利润分配	—	—	—	—	—	—	9 725.44	-32 513.81	-77 211.63	—	-100 000.00
1. 提取盈余公积	—	—	—	—	—	—	9 725.44	—	-9 725.44	—	—
其中：法定公积金	—	—	—	—	—	—	9 725.44	—	-9 725.44	—	—
2. 提取一般风险准备	—	—	—	—	—	—	—	20 861.19	-20 861.19	—	—
3. 对所有者（或股东）的分配	—	—	—	—	—	—	—	—	-100 000.00	—	-100 000.00
4. 其他	—	—	—	—	—	—	—	-53 375.00	53 375.00	—	—
（五）所有者权益内部结转	—	—	—	—	—	—	—	—	—	—	—
四、本年末余额	250 000.00	—	—	—	8 355.40	—	50 325.16	43 739.40	31 441.92	—	383 861.88

项目	上年金额										
	实收资本	其他权益工具	资本公积	减：库存股	其他综合收益	专项储备	盈余公积	一般风险准备	未分配利润	其他	所有者权益合计
栏次	1	2	3	4	5	6	7	8	9	10	11
一、上年末余额	250 000.00	—	2 563.65	—	—	—	32 020.33	89 665.24	5 772.67	—	380 021.89
加：会计政策变更			-2 563.65		2 563.65						
前期差错更正											
其他	—	—	—	—	—	—	—	—	—	—	—
二、本年初余额	250 000.00	—	—	—	2 563.65	—	32 020.33	89 665.24	5 772.67	—	380 021.89
三、本年增减变动金额（减少以“-”号填列）	—	—	—	—	-15.11	—	8 579.39	-13 412.03	5 626.53	—	778.78
（一）综合收益总额	—	—	—	—	-15.11	—	—	—	85 793.88	—	85 778.77
（二）所有者投入和减少资本	—	—	—	—	—	—	—	—	—	—	—
（三）专项储备提取和使用	—	—	—	—	—	—	—	—	—	—	—
（四）利润分配	—	—	—	—	—	—	8 579.39	-13 412.04	-80 167.35	—	-85 000.00
1. 提取盈余公积	—	—	—	—	—	—	8 579.39	—	-8 579.39	—	—
其中：法定公积金	—	—	—	—	—	—	8 579.39	—	-8 579.39	—	—
2. 提取一般风险准备	—	—	—	—	—	—	—	57 664.69	-57 664.69	—	—
3. 对所有者（或股东）的分配	—	—	—	—	—	—	—	—	-85 000.00	—	-85 000.00
4. 其他	—	—	—	—	—	—	—	-71 076.73	71 076.73	—	—
（五）所有者权益内部结转	—	—	—	—	—	—	—	—	—	—	—
四、本年末余额	250 000.00	—	—	—	2 548.54	—	40 599.72	76 253.21	11 399.20	—	380 800.67

5.2 信托资产

5.2.1 信托项目资产负债汇总表

信托项目资产负债表

编制单位:中海信托股份有限公司　　2014 年 12 月 31 日　　单位:万元

信托资产	期末数	期初数	信托负债和信托权益	期末数	期初数
信托资产		—	一、信托负债		
货币资金	374 048. 01	236 470. 91	交易性金融负债		—
拆出资金			应付利息		—
交易性金融资产	11 489 112. 08	6 784 516. 57	应付受托人报酬	8 512. 09	3 374. 06
买入返售金融资产	276 431. 27	722 121. 48	应付托管费	3 754. 43	3 425. 06
应收款项	196 718. 63	114 106. 38	应付受益人收益	4 395. 53	4 403. 48
发放贷款和垫款	5 789 526. 00	6 196 947. 00	其他应付款	24 176. 60	9 267. 28
可供出售金融资产	13 329 224. 54	2 701 793. 57	应交税费		
持有至到期投资			卖出回购金融资产款		
长期股权投资		988 334. 38	信托负债合计	40 838. 65	20 469. 88
固定资产			二、信托权益		
无形资产			实收信托	30 283 355. 78	17 414 692. 39
长期应收款			资本公积	206 192. 59	101 426. 71
其他资产	13. 71	75. 26	未分配利润	894 687. 22	207 776. 57
			信托权益合计	31 384 235. 59	17 723 895. 67
信托资产总计	31 425 074. 24	17 744 365. 55	信托负债及信托权益总计	31 425 074. 24	17 744 365. 55

5.2.2 信托项目利润及利润分配汇总表

信托项目利润及利润分配表

编制单位:中海信托股份有限公司　2014 年度　　单位:万元

项　目	本年数	上年数
一、营业收入	1 988 313. 51	1 049 179. 28
利息收入	715 480. 48	563 580. 25
投资收益	953 214. 77	444 385. 18
公允价值变动损益	319 618. 26	41 213. 85
租赁收入	—	—
其他收入	—	—
二、营业费用	183 062. 61	126 587. 75
三、营业税金及附加	3 347. 12	1 396. 69
四、扣除资产损失前的信托利润	1 801 903. 78	921. 194. 84
减:资产减值损失	—	—
五、扣除资产损失后的信托利润	1 801 903. 78	921 194. 84
加:期初未分配信托利润	207 776. 57	-51 216. 01
六、可供分配的信托利润	2 009 680. 35	869 978. 83
减:本期已分配信托利润	1 114 993. 13	662 202. 26
七、期末未分配信托利润	894 687. 22	207 776. 57

6. 会计报表附注

6.1 会计报表编制基准不符合会计核算基本前提的说明

6.1.1 会计报表不符合会计核算基本前提的事项

本公司会计报表不存在不符合会计核算基本前提的情况。

6.1.2 本年度未纳入合并报表范围的公司

本公司本年度无未纳入合并报表范围的公司。

6.2 或有事项说明

本公司报告期内无对外担保及其他或有事项。

6.3 重要资产转让及其出售的说明

本公司本年度无需披露的重要资产转让及其出售的说明。

6.4 会计报表中重要项目的明细资料

以下注释项目除特别注明外,金额单位为人民币万元,“年初”指 2014 年 1 月 1 日,“年末”指 2014 年 12 月 31 日,“上年”指 2013 年度,“本年”指 2014 年度。

6.4.1 披露自营资产经营情况

6.4.1.1 按信用风险五级分类结果披露资产的期初数、期末数

信用风险资产五级分类	正常类（万元）	关注类（万元）	次级类（万元）	可疑类（万元）	损失类（万元）	信用风险资产合计（万元）	不良资产合计（万元）	不良资产率（%）
期初数	478 175. 13	13 218. 35	—	—	—	491 393. 48	—	—
期末数	517 219. 89	7 655. 17				524 875. 06	—	—

注:不良资产合计 = 次级类 + 可疑类 + 损失类。

6.4.1.2 各项资产减值损失准备的期初数、本期计提、本期转回、本期核销、期末数,贷款的一般准备、专项准备和其他资产减值准备应分别披露

单位:万元

	期初数	本期计提	本期转回	本期核销	期末数
贷款损失准备	—	—	—	—	—
一般准备	—	—	—	—	—
专项准备	—	—	—	—	—
其他资产减值准备	—	—	—	—	—
可供出售金融资产减值准备	—	—	—	—	—
持有至到期投资减值准备	—	—	—	—	—
长期股权投资减值准备	—	—	—	—	—
坏账准备	458.15	—	77.83	—	380.32
投资性房地产减值准备	—	—	—	—	—

6.4.1.3 自营股票投资、基金投资、债券投资、股权投资等投资业务的期初数、期末数

单位:万元

	自营股票	基金	债券	长期股权投资	其他投资	合计
期初数	7 520.63	19 522.52	5 015.28	103 307.59	356 027.46	491 393.48
期末数	7 978.17	20 788.35	0	178 934.44	317 174.10	524 875.06

6.4.1.4 前五名自营长期股权投资的企业名称、占被投资企业权益的比例、主要经营活动及投资收益情况等(从大到小顺序排列)

企业名称	占被投资企业权益的比例(%)	主要经营活动	投资收益(万元)
1. 中海基金管理有限公司	41.591	基金募集、基金销售、资产管理、中国证监会许可的其他业务(涉及行政许可的凭许可证经营)	1 792.15
2. 国联期货有限责任公司	39	商品期货经纪、金融期货经纪、期货投资咨询、资产管理	754.94
3. 四川信托有限公司	30.2534	信托、投资基金业务	35 230.80

6.4.1.5 前五名自营贷款的企业名称、占贷款总额的比例和还款情况等(从大到小顺序排列)

企业名称	占贷款总额的比例(%)	还款情况
湖北省联合发展投资集团有限公司	100	尚未到期,正常付息

6.4.1.6 表外业务的期初数、期末数,按照代理业务、担保业务和其他类型表外业务分别披露

表外业务	期初数	期末数
担保业务	—	—
代理业务(委托业务)	—	—
其他	—	—
合计	—	—

注:代理业务主要反映因客观原因应规范而尚未完成规范的历史遗留委托业务,包括委托贷款和委托投资。

6.4.1.7 公司当年的收入结构

收入结构	金额(万元)	占比(%)
手续费及佣金收入	79 297.36	55.24
利息收入	11 495.20	8.01
其他业务收入	30.22	0.02
投资收益	48 228.86	33.60
其中:股权投资收益	37 777.89	26.32
证券投资收益	2 453.56	1.71
其他投资收益	7 997.41	5.57
公允价值变动收益	1 854.87	1.29
营业外收入	2 633.26	1.83
收入合计	143 539.77	100.00

注:手续费及佣金收入、利息收入、其他业务收入、投资收益、营业外收入均应为损益表中的科目,其中手续费及佣金收入、利息收入、营业外收入为未抵减掉相应支出的全年累计实现收入数。

6.4.2 披露信托资产管理情况

6.4.2.1 信托资产的期初数、期末数

单位:万元

信托资产	期初数	期末数
集合	5 423 207.00	14 847 265.00
单一	11 946 221.00	14 926 576.00
财产权	374 938.00	1 651 233.00
合计	17 744 366.00	31 425 074.00

6.4.2.1.1 主动管理型信托业务期初数、期末数,分证券投资、股权投资、融资、事务管理类分别披露

单位:万元

主动管理型信托资产	期初数	期末数
证券投资类	3 141 579.00	4 635 031.00
股权投资类	—	—
融资类	3 245 167.00	6 347 435.00
事务管理类	—	
合计	6 386 746.00	10 982 466.00

6.4.2.1.2 被动管理型信托业务期初数、期末数,分证券投资、股权投资、融资、事务管理类分别披露

单位:万元

被动管理型信托资产	期初数	期末数
证券投资类	—	
股权投资类	—	
融资类	—	
事务管理类	11 357 620.00	20 442 608.00
合计	11 357 620.00	20 442 608.00

6.4.2.2 本年度已清算结束的信托项目个数、实收信托合计金额

6.4.2.2.1 本年度已清算结束的集合类、单一类资金信托项目和财产管理类信托项目个数、金额

单位:万元

已清算结束的信托项目	项目个数(个)	实收信托金额合计
集合类	52	1 534 796.53
单一类	37	4 190 239.07
财产管理类	4	46 250.00

6.4.2.2.2 本年度已清算结束的主动管理型信托项目个数、合计金额，分证券投资、股权投资、融资、事务管理类分别披露

已清算结束的信托项目	项目个数(个)	实收信托合计金额(万元)
证券投资类	13	214 971.69
股权投资类	—	—
融资类	28	1 714 620.78
事务管理类	—	—

6.4.2.2.3 本年度已清算结束的被动管理型信托项目个数、合计金额，分证券投资、股权投资、融资、事务管理类分别披露

已清算结束的信托项目	项目个数(个)	实收信托合计金额(万元)
证券投资类	—	—
股权投资类	—	—
融资类	—	—
事务管理类	52	3 841 693.13

6.4.2.3 本年度新增的集合类、单一类和财产管理类信托项目个数、实收信托合计金额

新增信托项目	项目个数(个)	实收信托合计金额(万元)
集合类	89	10 958 854.53
单一类	45	7 170 594.07
财产管理类	27	1 322 545.00
新增合计	161	19 451 993.60
其中:主动管理型	87	6 525 312.47
被动管理型	74	12 926 681.13

注:本年度新增信托项目指在报告年度内累计新增的信托项目个数和金额，包含本年度新增并于本年度内结束的项目和本年度新增至报告期末仍在持续管理的信托项目。

6.4.2.4 信托业务创新成果和特色业务有关情况

公司视创新为发展的动力，坚持以市场为导向、以客户为中心，充分利用跨市场配置的信托制度优势进行产品和业务创新。

2014年，公司在严格控制风险的前提下，重点围绕结构化优先级证券投资产品开发相关固定收益类组合管理产品，加大创新力度，不断提升主动管理能力，拓展资产管理产品线。

在信贷资产证券化业务方面，继2012年11月、2013年3月相继发行“交银2012年第一期信贷资产支持证券”和“工元2013年第一期信贷资产支持证券”后，公司分别于2014年5月和7月发行了“工元2014年第一期信贷资产支持证券”和“信银2014年第一期信贷资产支持证券”，规模分别达到55.72亿元和61.97亿元。

凭借在资产证券化业务领域的管理能力和经验，公司与上海陆家嘴国际金融资产交易市场股份有限公司合作，开展了多笔类资产证券化项目，累计规模达300亿元。上述信托计划的成功发行，既为下一步开展类似规模大、期限长的信托业务积累了经验，也进一步树立了公司在资产管理尤其是资产证券化业务领域的行业领先地位。

6.4.2.5 本公司履行受托人义务情况及因本公司自身责任而导致的信托资产损失情况

本公司无因自身责任而导致信托资产损失的情况。

6.4.2.6 信托赔偿准备金的提取、使用和管理情况

本公司按净利润的5%计提一般风险准备金4 862.72万元；根据年末银信合作信托贷款余额，按2.5%计提信托赔偿准备金15 998.47万元。本年计提总金额为20 861.19万元，年末余额合计为43 739.40万元，在资产负债表中以“一般风险准备”科目列示。

6.5 关联方关系及其交易的披露

以下明细表格除特别注明外，金额单位为人民币万元，“期初”指2014年1月1日，“期末”指2014年12月31日。

6.5.1 关联交易方的数量、关联交易的总金额及关联交易的定价政策等

	关联交易方数量(个)	关联交易金额(万元)	定价政策
合计	10	2 392 180.06	本公司的关联交易以公平的市场价格定价。

注:“关联交易”的定义应以《公司法》和《企业会计准则第36号——关联方披露》有关规定为准。上述关联交易金额系本年度固有、信托与关联方的发生额。

6.5.2 关联交易方与本公司的关系性质，关联交易方的名称、法定代表人、注册地址、注册资本及主营业务等

关系性质	关联方名称	法定代表人	注册地址	注册资本(亿元)	主营业务
母公司	中国海洋石油总公司	王宜林	中国北京	949	组织海上石油、天然气勘探、开发、生产及炼油等。
股东	中国中信集团公司	常振明	中国北京	1 837	国内外投资业务、国际和国内金融业务等。
同受一方控制	中海投资管理有限公司	周炯	中国上海	2.5	企业投资与资产管理、企业管理信息咨询、社会经济信息咨询(除中介)。
同受一方控制	中海石油气电集团有限责任公司	王家祥	中国北京	96.93	石油天然气(含液化天然气)、油气化工有关的技术开发、技术服务和咨询等。
同受一方控制	中海油(北京)贸易有限责任公司	孙大陆	中国北京	1	批发(不存储)石油原油,销售化工产品(不含危险化学品);货物进出口;技术进出口;代理进出口;仓储服务;货运代理;经济贸易咨询;投资咨询。
同受一方控制	中海石油化工进出口有限公司	郑保国	中国北京	6	成品油(柴油、汽油、航空煤油、蜡油、石脑油、燃料油等)国营贸易进口经营。
同受一方控制	中海油中石化联合国际贸易有限责任公司	郑保国	中国北京	2	主要经营原油进口、成品油出口业务。

续表

关系性质	关联方名称	法定代表人	注册地址	注册资本（亿元）	主营业务
同受一方控制	中国化工建设总公司	王辉	中国北京	2.2099	化肥生产、科研开发、国际贸易、工程设计、工程建设和国际招投标等业务。
同受一方控制	中海石油炼化有限责任公司	郑保国	中国北京	10	炼油、石化、成品油及石化产品销售。
同受一方控制	中海油大榭贸易有限公司	肖明	中国浙江	1.3612	化工原料和产品以及燃料油的批发和销售。

6.5.3 逐笔披露本公司与关联方的重大交易事项

6.5.3.1 固有与关联方交易情况

单位：万元

固有与关联方关联交易				
	期初数	借方发生额	贷方发生额	期末数
贷款	—	—	—	—
投资	—	—	—	—
租赁	—	—	—	—
担保	—	—	—	—
应收账款	—	—	—	—
其他	—	—	—	—
合计	—	—	—	—

6.5.3.2 信托与关联方交易情况：贷款、投资、租赁、应收账款、担保、其他方式等期初汇总数、本期借方和贷方发生额汇总数、期末汇总数

单位：万元

信托与关联方关联交易				
	期初数	借方发生额	贷方发生额	期末数
贷款	—	—	—	—
投资	—	—	—	—
租赁	—	—	—	—
担保	—	—	—	—
应收账款	—	—	—	—
其他	1 611 417.33	2 392 180.06	1 285 590.97	2 718 006.42
合计	1 611 417.33	2 392 180.06	1 285 590.97	2 718 006.42

6.5.3.3 信托公司自有资金运用于自己管理的信托项目（固信交易）、信托公司管理的信托项目之间的相互交易（信信交易）金额，包括余额和本报告年度的发生额

6.5.3.3.1 固有财产与信托财产之间的交易金额期初汇总数、本期发生额汇总数、期末汇总数

单位：万元

固有财产与信托财产相互交易			
	期初数	本期发生额	期末数
合计	81 300.00	11 061.00	92 361.00

注：以固有资金投资公司自己管理的信托项目受益权，或购买自己管理的信托项目的信托资产均应纳入统计披露范围。本期清算结束 37 500.00 万元。

6.5.3.3.2 信托项目之间的交易金额期初汇总数、本期发生额汇总数、期末汇总数

单位：万元

信托财产与信托财产相互交易			
	期初数	本期发生额	期末数
合计	574 292.81	23 233.06	597 525.87

注：以公司受托管理的一个信托项目的资金购买自己管理的另一个信托项目的受益权或信托项下资产均应纳入统计披露范围。本期清算结束 113 469.98 万元。

6.5.4 逐笔披露关联方逾期未偿还本公司资金的详细情况以及本公司为关联方担保发生或即将发生垫款的详细情况

报告期内，公司关联方无逾期未偿还本公司资金的情况，无本公司为关联方担保发生或即将发生垫款的情况。

6.6 会计制度的披露

自 2008 年 1 月 1 日起本公司固有业务（自营业务）、信托业务执行的会计制度均为 2006 年颁布的企业会计准则。财政部于 2014 年陆续颁布或修订了一系列企业会计准则，本公司已按要求于 2014 年 7 月 1 日起执行新的企业会计准则，并按照新准则的衔接规定对比较财务报表进行了调整。

7. 财务情况说明书

7.1 利润实现和分配情况

本公司 2014 年度共实现利润总额 117 052.96 万元，税后净利润 97 254.36 万元。根据本公司 2015 年第一次股东大会决议，公司按照股东持股比例向股东进行利润分配，分配金额为 10 亿元。

7.2 主要财务指标

指标名称	指标值
信托资产规模（亿元）	3 142.51
人均信托资产规模（亿元）	23.45
资本利润率（%）	25.44
人均净利润（万元）	725.78
不良资产率（%）	0

注：1. 资本利润率 = 净利润/所有者权益平均余额 ×100%。
2. 人均净利润 = 净利润/年平均人数。
3. 平均值采取年初、年末简单平均法，公式为：a（平均）=（年初数 + 年末数）/2。

7.3 对本公司财务状况、经营成果有重大影响的其他事项

2014 年 3 月，公司出资 27 202.50 万元（本年投资 19 041.75万元加 2013 年支付的保证金 8 160.75 万元）参股国联期货有限责任公司，股权占比为 39%。

2014 年 11 月、12 月，公司收到四川信托有限公司 2013 年度分红款 26 250.00 万元，并对其新增投资 15 126.70 万元，股权占比仍为 30.2534%。

2014 年 12 月，公司出资 2.5 亿元筹建中国信托业保障基金有限责任公司，股权占比为 4.35%，将于 2015 年完成剩余 2.5 亿元的投资。

2014 年 12 月，公司向股东进行利润分配，分配金额为 10

亿元，将于2015年完成资金划付。

8. 特别事项揭示

8.1 前五名股东报告期内变动情况及原因

报告期内股东没有变动情况。

8.2 董事、监事及高级管理人员变动情况及原因

8.2.1 董事变更

2014年2月27日，公司召开第三届董事会第三次会议，审议通过《关于免去高建华第三届董事会董事的议案》，并选举田文学为第三届董事会董事候选人。经公司2014年年度股东大会决议，选举田文学为公司董事，上报上海银监局并获得批准。

2014年3月24日，公司召开第三届董事会第四次会议，审议通过了《关于免去狄卫平的公司独立董事职务的议案》。

2014年5月5日，公司召开第三届董事会第五次会议，选举张秉训为第三届董事会董事候选人。经公司股东大会2014年第二次临时会议决议，同意选举张秉训为公司第三届董事会独立董事，上报上海银监局并获得批准。

8.2.2 监事变更

2014年，本公司无监事人员变更情况。

8.2.3 高级管理人员变更

2014年，本公司无高级管理人员变更情况。

8.3 变更注册资本、变更注册地或公司名称、公司分立合并事项

本公司在报告期内无变更注册资本或公司名称、公司分立合并等事项。

8.4 公司的重大诉讼事项

8.4.1 重大未决诉讼事项

本公司无重大未决诉讼事项。

8.4.2 以前年度发生，于本报告期内终结的诉讼事项

本公司无以前年度发生、于本报告期内终结的诉讼事项。

8.5 公司及其董事、监事和高级管理人员受到处罚的情况

本公司无公司及其董事、监事和高级管理人员受到处罚的情况。

8.6 银监会及其派出机构对公司检查后提出整改意见的，应简单说明整改情况

2014年11月底，公司接受中国银监会上海银监局开展的专项现场检查，检查的内容包括信托业务合规性及到期兑付风险、同业业务开展情况等。上海银监局对公司开展信托业务的制度制定、流程管控以及风险防范等做了检查评估，提出了有建设性的改进建议。2015年，公司将采取措施，积极落实各项监管要求。

8.7 本年度重大事项临时报告的简要内容、披露时间、所披露的媒体及其版面

本报告期内公司无重大事项临时报告。

8.8 银监会及其省级派出机构认定的其他有必要让客户及相关利益人了解的重要信息

2014年3月，公司荣获年度“上海市黄浦区经济发展突出贡献100强企业”称号，排名前列，这是公司连续第三年获得该奖项。

2014年6月，公司荣获上海证券报社主办的第八届诚信托评选“诚信托—卓越公司奖”，这是公司连续第八次获得该活动奖项。

2014年7月，公司荣获证券时报社主办的“2014中国信托业峰会暨第七届中国优秀信托公司评选”—“最佳风险管理信托公司”奖，这是公司连续第七次获得该活动奖项。

8.9 社会责任履行情况报告

公司始终坚持把维护受益人的利益放在首位，把好风险关，切实承担起国有金融企业维护金融稳定的社会责任。自2004年以来，公司累计管理的信托资产规模达到27 000亿元，连续11年未发生一笔信托不能到期兑付的情况，未发生一笔损害委托人、受益人利益的情况，未新增任何不良资产。同时，公司发挥信托制度优势，有效支持了实体经济发展。

公司建立起较为完善的公司治理架构和健全的监督制约机制。公司设置有多层次的分级有限授权制度，形成了科学、清晰、合理的组织架构，为公司营造了健康的内部控制环境。

公司持续完善风险控制体系，确保各项业务发展风险可控。结合业务发展实际，公司实施动态的制度管理，从加强全程风控、完善量化风控标准入手，着重增强项目管理各环节的风险防范，形成了有效的管理标准并贯彻实施。

公司坚持服务社会、回报社会，积极参与各项公益活动。近年来，公司组织开展了多次主题募捐活动，弘扬中华民族传统美德，增强员工的社会责任感、服务意识和奉献精神。

9. 公司监事会意见

监事会认为，本公司决策程序符合法律法规和公司章程的规定，并建立了较为完善的内部控制制度，公司董事、管理层认真履行职责，未发生执行职务时有违反法律法规、公司章程或损害公司利益的行为。公司财务报告经信永中和会计师事务所审计，真实反映了公司财务状况和经营成果。

中航信托股份有限公司

1. 重要提示

1.1 本公司董事会及董事保证本报告所载资料不存在任何虚假记载、误导性陈述或者重大遗漏，并对其内容的真实性、准确性和完整性承担个别及连带责任。

1.2 本公司独立董事对年度报告内容的真实性、准确性、完整性无异议。

1.3 本公司董事长杨圣军先生、总经理姚江涛先生、财务总监王守军先生保证年度报告中财务报告的真实和完整。

2. 公司概况

2.1 沿革

中航信托股份有限公司由中国航空工业集团公司、中国航空技术深圳有限公司、(新加坡)华侨银行有限公司等5家机构共同发起设立，2009年12月28日完成重新登记并正式开业；2010年12月底，公司更名为中航信托股份有限公司，并同城迁址至南昌市红谷滩新区赣江北大道1号。2013年12月，公司完成第三期增资扩股并调整股权结构，注册资本增至168 648.52万元。

2.1.1 法定名称

中文：中航信托股份有限公司

英文：AVIC Trust Co. ,Ltd.

2.1.2 法定代表人：姚江涛

2.1.3 注册地址：江西省南昌市红谷滩新区赣江北大道1号中航广场24－25层330038

互联网网址：www. avictc. com

2.1.4 负责信息披露事务的高级管理人员：罗国华

信息披露事务联系人：王漪澜

办公电话：0791－86667992

办公传真：0791－86772268

电子邮箱：zhxt@ avictc. com

2.1.5 选定的信息披露报纸：《金融时报》、《证券时报》

2.1.6 年报备置地点：江西省南昌市红谷滩新区赣江北大道1号中航国际广场24－25层

2.1.7 聘请的会计师事务所：致同会计师事务所(特殊普通合伙)

办公地址：北京朝阳区建外大街22号赛特广场10层

2.1.8 聘请的律师事务所：北京市君泽君律师事务所

办公地址：北京市西城区金融大街9号金融街中心南楼六层

2.2 组织结构

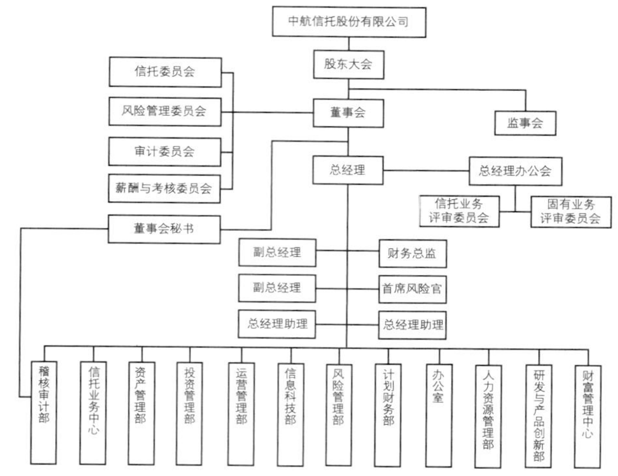

3. 公司治理

3.1 报告期末，公司总股本168 648.52万股，实收资本168 648.52万元，股东单位共5家，具体情况如下：

股东名称	持股数(万股)	比例(%)	法人代表	注册资本	注册地址
中航投资控股有限公司	106 548.92	63.18	孟祥泰	74.93亿元	北京市朝阳区东三环中路乙10号20层
中国航空技术深圳有限公司	16 099.5	9.55	由镭	10亿元	深圳市福田区深南中路中航苑航都大厦24层
华侨银行有限公司	33 727.74	19.99	黄三光	137.5亿新加坡元	65 Chulia Street, #09－00 OCBC Centre, Singapore 049513
共青城羽绒服装创业基地公共服务有限公司	7 866.86	4.67	汪德文	1 000万元	共青城共青大道33号农行六楼
江西省财政投资管理公司	4 405.5	2.61	陈出新	12亿元	南昌市孺子路47号鑫源大厦
合计	168 648.52	100			

注：1. 中航投资控股有限公司为中航资本控股股份有限公司(600705)的全资子公司，中航资本控股股份有限公司为中国航空工业集团公司的控股子公司。

2. 中国航空技术深圳有限公司为中国航空技术国际控股有限公司全资子公司，中国航空技术国际控股有限公司为中国航空工业集团公司控股子公司。

3.2 董事、董事会及其下属委员

董事会成员

姓名	职务	性别	年龄	任该职务时间	所推举的股东名称	该股东持股比例(%)
杨圣军	董事长	男	43	2014 年 5 月	中航投资控股有限公司	63.18
章建康	董事	男	36	2013 年 10 月	中航投资控股有限公司	63.18
张戈	董事	男	41	2013 年 10 月	中航投资控股有限公司	63.18
黄振逵	董事	男	36	2013 年 10 月	中航投资控股有限公司	63.18
孙泽群	董事	男	64	2009 年 10 月	华侨银行有限公司	19.99
林文坚	董事	男	52	2013 年 10 月	华侨银行有限公司	19.99

独立董事

姓名	职务	性别	年龄	工作单位	选任日期
吴晓求	独立董事	男	56	中国人民大学	2009 年 10 月
孟焰	独立董事	男	60	中央财经大学	2009 年 10 月
朱武祥	独立董事	男	50	清华大学	2014 年 8 月

董事会下设专业委员会成员

委员会名称	职责	组成人员姓名	职务
信托委员会	督促公司依法履行受托职责，当公司或股东利益与受益人利益发生冲突时，保证公司为受益人的最大利益服务。	朱武祥	主任委员
		杨圣军	委员
		林文坚	委员
风险管理委员会	监督、评估公司的风险管理状况，提出完善风险管理意见，监督、评估公司风险管理部门的工作。	杨圣军	主任委员
		孙泽群	委员
		章建康	委员
审计委员会	负责监督公司内外部审计工作。	孟焰	主任委员
		林文坚	委员
		张戈	委员
薪酬与考核委员会	研究董事与高级管理人员考核的标准，进行考核并提出建议；研究与审查董事、高级管理人员的薪酬政策与方案。	吴晓求	主任委员
		杨圣军	委员
		孙泽群	委员

3.3 监事、监事会

姓名	职务	性别	年龄	任该职务时间	所推举的股东名称	该股东持股比例(%)
孔令芬	监事会主席	女	52	2013 年 7 月	中航投资控股有限公司	63.18
李军	监事	男	52	2013 年 7 月	中国航空技术深圳有限公司	9.55
陈林芳	监事	男	59	2009 年 10 月	江西省财政投资管理公司	2.61
叶少波	监事	男	51	2013 年 7 月	职工监事	
刘合	监事	男	43	2013 年 7 月	职工监事	

注：本公司监事会未下设专业委员会。

3.4 高级管理人员

姓名	职务	分管领域	任该职务时间	金融从业年限(年)	国别	学位	专业	年龄
姚江涛	总经理	负责公司经营管理全面工作	2009 年 12 月	33	中国	硕士	国民经济	52
余萌	副总经理	协助总经理分管人力资源及项目存续管理工作	2009 年 12 月	34	中国	硕士	西方经济学	52
王守军	财务总监	协助总经理分管财务工作	2009 年 12 月	32	中国	学士	经济管理	54
罗国华	董事会秘书	协助总经理分管行政、稽核审计、固有业务工作；负责股东会、董事会、监事会具体工作	2009 年 12 月	27	中国	硕士	工商管理	51
郭若强	首席风险官	协助总经理分管风险管理、信息技术工作	2010 年 9 月	23	中国	硕士	应用金融	50
魏颖晖	副总经理	协助总经理分管信托业务	2013 年 10 月	19	中国	硕士	工商管理	44
严固	总经理助理	协助总经理分管财富管理业务	2012 年 12 月	27	中国	学士	农业财务	48
李鹏	总经理助理	协助总经理分管信托业务	2014 年 8 月	18	中国	硕士	MBA	39

3.5 公司员工

报告期末，公司在岗员工 268 人，分布如下：

项目		报告期年度	
		人数（人）	比例（%）
年龄分布	20～30 岁	120	44.78
	30～40 岁	94	35.07
	40～50 岁	39	14.55
	50 岁以上	15	5.60
学历分布	博士	4	1.36
	硕士	110	39.37
	本科	122	45.25
	专科	26	11.31
	其他	6	2.71
岗位分布	董事、监事及高管人员	10	4.07
	固有业务人员	8	4.52
	信托业务人员	128	49.77
	其他人员	123	41.64

4. 经营管理

4.1 经营目标、方针、战略规划

4.1.1 经营目标

依托私募投行业务、资产管理业务与财富管理业务三大战略业务，建立与公司发展相匹配的产品体系、客户体系、组织体系与管理体系四大体系，建立客户价值、社会价值、股东价值和员工价值四位一体的分享型价值创造和价值增长的公司运营机制，为核心客户提供个性化、全方位的金融解决方案，致力于发展成为信誉卓著、运营卓越的一流金融服务商。

4.1.2 经营方针

高起点、高境界、可持续、快发展。

4.1.3 战略规划

成为专业化的一流金融服务商。“一流”的基本内涵包括一流的经营能力、强大的品牌影响力和牢固的行业地位。力争通过未来五年左右的运营，使信托资产规模、信托报酬率、信托资产收益率、净资产回报率等关键经营指标位居行业前十名。

4.2 经营业务的主要内容

报告期内，公司主要开展信托业务和固有业务。其中，信托业务主要包括融资类信托、投资类信托和事务管理类业务，固有业务主要包括贷款、金融产品投资和股权投资业务。

4.2.1 固有资产运用与分布表

资产运用	金额（万元）	占比（%）	资产分布	金额（万元）	占比（%）
货币资产	12 670.36	2.31	基础产业	—	
贷款及应收款项等	77 985.13	14.21	房地产业	114 115.00	20.79
以公允价值计量且其变动计入当期损益的金融资产	5 203.36	0.95	证券市场	27 298.25	4.97
可供出售金融资产	444 213.12	80.93	实业	146 674.60	26.72
固定资产	5 307.45	0.97	金融机构	99 522.00	18.13
其他	3 484.78	0.63	其他	161 254.35	29.39
资产总计	548 864.20	100.00	资产总计	548 864.20	100.00

4.2.2 信托资产运用与分布表

资产运用	金额（万元）	占比（%）	资产分布	金额（万元）	占比（%）
货币资产	249 154.31	0.90	基础产业	8 832 076.47	31.76
贷款	18 519 186.56	66.60	房地产	3 885 807.63	13.97
交易性金融资产	10 261.86	0.04	证券市场	761 720.76	2.74
可供出售金融资产	3 045 838.34	10.95	实业	10 013 695.44	36.02
持有至到期投资	849 582.07	3.06	金融机构	—	—
长期股权投资	1 910 369.03	6.87	其他	4 313 614.48	15.51
其他	3 222 522.61	11.58	—	—	—
信托总资产	27 806 914.78	100.00	信托总资产	27 806 914.78	100.00

4.3 市场分析

4.3.1 宏观环境分析

2014 年，国际环境依然复杂多变，国内全面改革持续深化，积极的财政政策和稳健的货币政策继续实施，国民经济持续稳步发展。与此同时，信托业的发展也迈入了新常态：利率市场化加速推进，市场竞争加剧，企业盈利状况下行；信托行业顶层设计逐步完善，监管更为审慎，引领行业直面冲击，敦促行业转型、健康发展。

4.3.2 影响公司发展的因素

有利因素：（1）新常态下经济结构的调整，为信托业的持续发展创造动力；同时，巨大的财富管理市场为信托业提供广阔的发展空间。（2）信托行业顶层设计逐步完善，制度基础日渐夯实，引领行业转型发展。（3）政府力促多层次资本市场的建设，为信托业打造主动管理能力提供契机，促进信托行业不断向新领域开拓、探索。

不利因素：（1）利率市场化持续推进，加之企业盈利持续下降，加大了信托公司的经营风险，同时倒逼信托业转型提速。（2）行业新常态下，信托公司需直面泛资产管理的竞争，行业专业化能力方面有待提升，竞争优势不甚明显，转型难度加大。

4.4 风险管理

4.4.1 风险管理概况

公司注重风险控制管理，坚持积极稳健的经营原则，规范运作，审慎经营；通过开展风险识别、风险防范和风险应对等风险管理流程，逐步形成事前防范、事中控制、事后监督的风险管理规程，实施系统的风险控制策略。公司积极运用现代风险管理控制手段和技术，不断改进和提高风险控制管理质量和水平。

4.4.2 风险状况

4.4.2.1 信用风险状况

信用风险主要来自融资类业务。2014 年期末，公司涉及信用风险的资产总额为 539 991.67 万元，其中正常类资产是

539 991.67 万元，不良类资产为 0。报告期内公司按风险类资产总额足额计提了准备金。报告期末公司信托业务信用风险资产均为正常。

4.4.2.2　市场风险状况

报告期内公司固有业务采取较为保守的态度，对证券二级市场予以风险回避；公司信托业务中涉及证券投资的项目为上市公司定向增发项目及上市公司股票质押项目，证券价格的下跌会对公司该类项目价值带来不利影响。

公司密切关注各类市场风险，及时调整产品战略，勤勉尽职地履行受托人职责。报告期内公司市场风险可控，未发生因市场风险造成的损失。

4.4.2.3　操作风险状况

操作风险广泛存在于公司所有业务活动中，公司通过规范各项业务流程、加强内控等手段管理操作风险，同时通过明确操作风险责任部门的方式，提升公司信托项目的独立管理能力，降低公司操作风险。报告期内，公司未发生因操作风险所造成的损失。

4.4.2.4　合规风险状况

报告期内，公司未发生因合规风险所造成的损失。

4.4.2.5　其他风险状况

其他风险主要是指公司业务开展中的流动性风险、声誉风险等。报告期内，公司未发生因其他风险所造成的损失。

4.5　企业社会责任

2014 年，中航信托在推动公司稳健快速发展的同时，积极履行社会责任，不断加强社会责任管理，主要表现在：一是公司积极发展信托主业，支持实体经济发展；二是依法合规经营，积极履行受托人职责，维护受益人利益，年内到期项目顺利完成清算，未发生任何兑付风险；三是加强客户沟通与维护，为客户提供优质金融服务；四是保障员工权益，促进员工发展；五是发展社会公益事业，积极回馈社会，通过实际行动切实践行“为客户创造价值，为社会创造财富”的理念，体现了作为央企的社会责任担当。报告期内，公司获评“中国优秀信托公司”殊荣。

5. 报告期末及上一年度末的比较式会计报表

5.1　固有资产

5.1.1　致同会计师事务所（特殊普通合伙）审计意见

中航信托财务报表在所有重大方面按照企业会计准则的规定编制，公允反映了中航信托 2014 年 12 月 31 日的公司财务状况以及 2014 年度的公司经营成果和现金流量。

5.1.2　资产负债表

资产负债表

单位：万元

项　目	2014 年 12 月 31 日	2013 年 12 月 31 日
流动资产：		
货币资金	12 670.36	29 192.19
△结算备付金		
△拆出资金		
以公允价值计量且其变动计入当期损益的金融资产	5 203.36	19 540.40
应收票据		
应收账款	5 908.75	
预付款项	76.16	225.27
应收利息	1 139.46	211.97
应收股利		
其他应收款	6 352.36	9 167.39
△买入返售金融资产		
一年内到期的非流动资产		
其他流动资产		
流动资产合计	31 350.45	58 337.22
非流动资产：		
△发放贷款及垫款	64 508.40	48 510.00
可供出售金融资产	444 213.12	318 279.68
持有至到期投资		
长期应收款		
长期股权投资		
投资性房地产		
固定资产原价	7 214.40	6 633.50
减：累计折旧	1 906.95	1 330.56
固定资产净值	5 307.45	5 302.94
减：固定资产减值准备	—	—
固定资产净额	5 307.45	5 302.94
无形资产	112.46	117.34
开发支出		
长期待摊费用	590.08	578.49
递延所得税资产	2 424.95	331.72
其他非流动资产	357.29	
其中：特准储备物资		
非流动资产合计	517 513.75	373 120.17
资产总计	548 864.20	431 457.39

公司法定代表人：姚江涛　主管会计工作公司负责人：王守军　会计机构负责人：刘　燕

资产负债表（续）

单位：万元

项　目	2014 年 12 月 31 日	2013 年 12 月 31 日
流动负债：		
△吸收存款及同业存放		
以公允价值计量且其变动计入当期损益的金融负债		
应付票据		
应付账款		
预收款项	44 007.31	
△卖出回购金融资产款		
△应付手续费及佣金		
应付职工薪酬	20 032.93	15 803.50
应交税费	9 672.66	6 610.34
应付利息		
应付股利		1 530.00
其他应付款	308.70	23 641.58

续表

项　目	2014 年 12 月 31 日	2013 年 12 月 31 日
一年内到期的非流动负债		
其他流动负债		
流动负债合计	74 021.60	47 585.42
非流动负债:		
长期应付款		
专项应付款		
预计负债		
递延所得税负债	3.66	
其他非流动负债		
其中:特准储备基金		
非流动负债合计	3.66	
负债合计	74 025.26	47 585.42
所有者权益(或股东权益):		
实收资本(股本)	168 648.52	168 648.52
资本公积	61 351.98	61 351.98
减:库存股		
专项储备		
盈余公积	25 983.85	16 887.15
△一般风险准备	21 054.82	14 546.39
未分配利润	197 799.77	122 437.93
外币报表折算差额		
归属于母公司所有者权益合计		
少数股东权益		
所有者权益合计	474 838.94	383 871.97
负债和所有者权益总计	548 864.20	431 457.39

公司法定代表人:姚江涛　主管会计工作公司负责人:王守军　会计机构负责人:刘　燕

5.1.3　利润表

单位:万元

项　目	2014 年度	2013 年度
一、营业总收入	170 044.84	153 722.09
利息净收入	9 216.31	7 085.00
其中:利息收入	9 324.49	7 085.00
利息支出	108.18	
手续费及佣金净收入	136 916.79	134 099.93
其中:手续费及佣金收入	136 925.75	134 141.67
手续费及佣金支出	8.96	41.74
投资收益(损失以"－"号填列)	23 497.45	13 163.33
公允价值变动收益(损失以"－"号填列)	521.01	-506.37
汇兑收益	-106.72	-119.80
其他收入		
二、营业总成本	48 913.75	55 463.72
营业税金及附加	8 295.34	8 526.21
业务及管理费	39 587.47	46 675.81
资产减值损失	1 030.94	261.70
其他业务支出		
三、营业利润(亏损以"－"号填列)	121 131.09	98 258.37
加:营业外收入	110.63	100.58
减:营业外支出	105.85	45.79
四、利润总额(亏损总额以"－"号填列)	121 135.87	98 313.16
减:所得税费用	30 168.90	24 371.38
五、净利润(净亏损以"－"号填列)	90 966.97	73 941.78
归属于母公司所有者的净利润	90 966.97	73 941.78
少数股东损益		

公司法定代表人:姚江涛　主管会计工作公司负责人:王守军　会计机构负责人:刘　燕

5.1.4　所有者权益变动表

单位:万元

项目	2014 年 12 月 31 日						
	归属于母公司所有者权益						所有者权益合计
	实收资本	资本公积	盈余公积	一般风险准备	未分配利润	小计	
一、上年末余额	168 648.52	61 351.98	16 887.15	14 546.39	1224 37.93	383 871.97	383 871.97
加:会计政策变更							
前期差错更正							
二、本年初余额	168 648.52	61 351.98	16 887.15	14 546.39	1224 37.93	383 871.97	383 871.97
三、本年增减变动金额(减少以"－"号填列)			9 096.70	6 508.43	75 361.84	90 966.97	90.966.97
(一)净利润					90 966.97	90 966.97	90 966.97
(二)其他综合收益							
综合收益小计					90 966.97	90 966.97	90 966.97
(三)所有者投入和减少资本							
1. 所有者投入资本							
2. 股份支付计入所有者权益的金额							
3. 其他							
(四)专项储备提取和使用							
1. 提取专项储备							
2. 使用专项储备							
(五)利润分配			9 096.70	6 508.43	-15 605.13	0	0
1. 提取盈余公积			9 096.70		-9 096.70	0	0
其中:法定盈余公积			9 096.70		-9 096.70	0	0
任意盈余公积							

续表

项目	2014 年 12 月 31 日						
	归属于母公司所有者权益						所有者权益合计
	实收资本	资本公积	盈余公积	一般风险准备	未分配利润	小计	
储备基金							
企业发展基金							
利润归还投资							
2. 提取信托风险准备				6 508. 43	-6 508. 43	0	0
3. 所有者(或股东)的分配							
4. 其他							
(六)所有者权益内部结转							
1. 资本公积转增资本(或股本)							
2. 盈余公积转增资本(或股本)							
3. 盈余公积弥补亏损							
4. 其他							
四、本年末余额	168 648. 52	61 351. 98	25 983. 85	21 054. 82	197 799. 77	474 838. 94	474 838. 94

公司法定代表人:姚江涛　　主管会计工作公司负责人:王守军　　会计机构负责人:刘　燕

所有者权益变动表(续)

单位:万元

项目	2013 年 12 月 31 日						
	归属于母公司所有者权益						所有者权益合计
	实收资本	资本公积	盈余公积	一般风险准备	未分配利润	小计	
一、上年末余额	150 000. 50		9 492. 97	4 746. 49	80 690. 28	244 930. 24	244 930. 24
加:会计政策变更							
前期差错更正							
二、本年初余额	150 000. 50		9 492. 97	4 746. 49	80 690. 28	244 930. 24	244 930. 24
三、本年增减变动金额(减少以“-”号填列)							
(一)净利润					73 941. 78	73 941. 78	73 941. 78
(二)其他综合收益							
综合收益小计					73 941. 78	73 941. 78	73 941. 78
(三)所有者投入和减少资本							
1. 所有者投入资本	18 648. 02	61 351. 98				80 000. 00	80 000. 00
2. 股份支付计入所有者权益的金额							
3. 其他							
(四)专项储备提取和使用							
1. 提取专项储备							
2. 使用专项储备							
(五)利润分配			7 394. 18	9 799. 90	-32194. 13	-15 000. 05	-15 000. 05
1. 提取盈余公积			7 394. 18		-7 394. 18	—	—
其中:法定盈余公积			7 394. 18		-7 394. 18	—	—
任意盈余公积							
储备基金							
企业发展基金							
利润归还投资							
2. 提取信托风险准备				9 799. 90	-9 799. 90	—	—
3. 所有者(或股东)的分配					-15 000. 05	-15 000. 05	-15000. 05
4. 其他							
(六)所有者权益内部结转							
1. 资本公积转增资本(或股本)							
2. 盈余公积转增资本(或股本)							
3. 盈余公积弥补亏损							
4. 其他							
四、本年末余额	168 648. 52	61 351. 98	16 887. 15	14 546. 39	122 437. 93	383 871. 97	383 871. 97

公司法定代表人:姚江涛　　主管会计工作公司负责人:王守军　　会计机构负责人:刘　燕

5.2 信托资产

5.2.1 信托项目资产负债表

单位：万元

信托资产	2014 年 12 月 31 日	信托负债和信托权益	2014 年 12 月 31 日
信托资产：	—	信托负债：	—
货币资金	248 893.51	交易性金融负债	—
拆出资金	—	衍生金融负债	—
存出保证金	260.80	应付受托人报酬	2 958.44
交易性金融资产	10 261.86	应付托管费	666.03
衍生金融资产	—	应付受益人收益	3 809.99
买入返售金融资产	2 972 617.80	应交税费	0
应收款项	249 904.81	应付销售服务费	1745.66
发放贷款	18 519 186.56	其他应付款项	36 441.08
可供出售金融资产	3 045 838.34	预计负债	0
持有至到期投资	849 582.07	其他负债	—
长期应收款	—		—
长期股权投资	1 910 369.03	信托负债合计	45 621.20
投资性房地产	—		—
固定资产	—	信托权益：	—
无形资产	—	实收信托	27 701 187.71
长期待摊费用	—	资本公积	317.50
其他资产	—	未分配利润	59 788.37
减：各项资产减值准备	—	信托权益合计	27 761 293.58
信托资产总计	27 806 914.78	信托负债及信托权益总计	27 806 914.78

5.2.2 信托项目利润及利润分配表

单位：万元

项　目	2014 年度
1. 营业收入	2 273 835.17
1.1 利息收入	1 729 658.59
1.2 投资收益（损失）	543 949.89
1.2.1 其中：对联营企业和合营企业的投资收益	—
1.3 公允价值变动收益（损失）	（25.28）
1.4 租赁收入	—
1.5 汇兑损益（损失）	—
1.6 其他收入	251.97
2. 支出	314 574.98
2.1 营业税金及附加	—
2.2 受托人报酬	143 020.70
2.3 托管费	43 788.64
2.4 投资管理费	—
2.5 销售服务费	22 444.34
2.6 交易费用	138.18
2.7 资产减值损失	—
2.8 其他费用	105 183.12
3. 信托净利润（净亏损）	1 959 260.19
4. 其他综合收益	—
5. 综合收益	1 959 260.19
6. 加：期初未分配信托利润	34 651.22
7. 可供分配的信托利润	1 993 911.41
8. 减：本期已分配信托利润	1 934 123.04
9. 期末未分配信托利润	59 788.37

6. 会计报表附注

6.1 会计报表编制基准不符合会计核算基本前提的说明

本公司无上述情况。

6.2 重要会计政策和会计估计说明

公司执行财政部颁布的企业会计准则及后续规定。报告期内，公司会计政策、会计估计和核算方法未发生变化。

6.3 或有事项说明

截至报告期末，本公司无需要披露的重大或有事项。

6.4 重要资产转让及其出售的说明

本公司报告期内未发生重要资产转让及出售事项。

6.5 会计报表中重要项目的明细资料

6.5.1 自营资产经营情况

6.5.1.1 信用风险资产五级分类情况

信用风险资产五级分类	正常类（万元）	关注类（万元）	次级类（万元）	可疑类（万元）	损失类（万元）	信用风险资产合计（万元）	不良资产合计（万元）	不良资产率（%）
期初数	424 895.39	—	—	—	—	424 895.39	—	—
期末数	539 991.67					539 991.67		—

注：不良资产合计＝次级类＋可疑类＋损失类。

6.5.1.2　资产减值准备情况

单位:万元

项目	期初数	本期计提	本期转回	本期核销	期末数
款损失准备	490.00	161.60			651.6
一般准备	490.00	161.60			651.6
专项准备	—	—	—	—	—
其他资产减值准备	783.85	869.35			1 653.20
可供出售金融资产减值准备	—	—	—	—	—
持有至到期投资减值准备	—	—	—	—	—
长期股权投资减值准备	—	—	—	—	—
坏账准备	783.85	869.35			1 653.20
投资性房地产减值准备	—	—	—	—	—

6.5.1.3　固有股票投资、基金投资、债券投资、长期投资等投资情况

单位:万元

	自营股票	基金	债券	长期投资	其他投资	合计
期初数		5 862.08	13 678.31	46 522.00	271 757.68	337 820.07
期末数			5 203.36	99 522.00	344 691.12	449 416.48

6.5.1.4　长期投资前五名

企业名称	占被投资企业权益的比例(%)	主要经营活动	投资收益(万元)
中国信托业保障基金有限责任公司	8.70		
南昌农村商业银行股份有限公司	4.91	银行服务	
新余农村商业银行股份有限公司	4.42	银行服务	82.50
景德镇农村商业银行股份有限公司	8.25	银行服务	671.67
景德镇市商业银行股份有限公司	9.52	银行服务	

6.5.1.5　固有贷款前五名

企业名称	占贷款总额的比例(%)	还款情况
安顺开发区银和房地产开发有限公司	30.70	正常
合肥京商融合置地有限公司	23.02	正常
江西中力地产有限公司	15.35	正常
江西省玉山县顺鑫矿业有限责任公司	7.67	正常
新疆诺亚方舟酒店管理有限公司	7.67	正常

6.5.1.6　表外业务的期初数、期末数

单位:万元

表外业务	期初数	期末数
担保业务	—	—
代理业务(委托业务)	—	—
其他	—	—
合计	—	—

6.5.1.7　公司当年的收入结构

收入结构	金额(万元)	占比(%)
手续费及佣金收入	136 925.75	80.37
其中:信托手续费收入	128 307.53	75.31
投资银行业务收入		
利息收入	9 324.49	5.47
其他业务收入		
其中:计入信托业务收入部分		
投资收益	23 497.45	13.79
其中:股权投资收益	1 052.52	0.62
证券投资收益	2 746.08	1.61
其他投资收益	19 698.85	11.56
公允价值变动收益	521.01	0.31
营业外收入	110.63	0.06
收入合计	170 379.33	

6.5.2　披露信托资产管理情况

6.5.2.1　信托资产的期初数、期末数对比分析

信托资产	2014年12月31日金额(万元)	2013年12月31日金额(万元)	增减变动额(万元)	增减幅度(%)
集合	7 670 801.89	5 326 972.79	2 343 829.10	30.56
单一	19 659 535.02	16 358 560.72	3 300 974.30	16.79
财产权	476 577.87	431 862.24	44 715.63	9.38
合计	27 806 914.78	22 117 395.75	5 689 519.03	20.46

6.5.2.1.1　主动管理型信托业务的信托资产期初数、期末数对比分析

主动管理型信托资产	2014年12月31日金额(万元)	2013年12月31日金额(万元)	增减变动额(万元)	增减幅度(%)
投资类	4 201 921.53	2 746 056.31	1 455 865.22	53.02
融资类	4 246 810.86	3 481 725.76	765 085.10	21.97
事务管理类	—	—	0.00	—
合计	8 448 732.39	6 227 782.07	2 220 950.32	35.66

6.5.2.1.2　被动管理型信托业务的信托资产期初数、期末数对比分析

被动管理型信托资产	2014年12月31日金额(万元)	2013年12月31日金额(万元)	增减变动额(万元)	增减幅度(%)
投资类	1 678 545.40	2 275 565.14	-597 019.74	-26.24
融资类	4 884 847.22	8 722 117.87	-3 837 270.65	-43.99
事务管理类	12 794 789.77	4 891 930.67	7 902 859.10	161.55
合计	19 358 182.39	15 889 613.68	3 468 568.71	21.83

6.5.2.2　本年已清算结束的信托项目情况

6.5.2.2.1　本年度已清算结束的集合类、单一类资金信托项目和财产管理类信托项目情况

已清算结束信托项目	项目个数(个)	实收信托合计金额(万元)	加权平均实际年化收益率(%)
集合	55	1 521 995.00	9.10
单一	259	6 511 484.66	7.84
财产权	6	87 842.00	6.86

注:实收信托合计金额是信托本金累计给付额。

6.5.2.2.2　本年度已清算结束的主动管理型信托项目情况

已清算结束信托项目	项目个数（个）	实收信托合计金额（万元）	加权平均实际年化报酬（%）	加权平均实际年化收益率（%）
投资类	33	999 546.00	1.50	8.88
融资类	43	1 282 557.66	2.70	9.22
事务管理类	—	—	—	—

注：实收信托合计金额是信托本金累计给付额。

6.5.2.2.3　本年度已清算结束的被动管理型信托项目情况

已清算结束信托项目	项目个数（个）	实收信托合计金额（万元）	加权平均实际年化报酬（%）	加权平均实际年化收益率（%）
投资类	4	320 000.00	0.44	7.88
融资类	69	2 200 430.00	0.53	7.25
事务管理类	171	3 318 788.00	0.35	7.91

6.5.2.3　本年度新增的集合类、单一类资金信托项目和财产管理类信托项目情况

新增信托项目	项目个数（个）	实收信托合计金额（万元）
集合	171	3 680 291.04
单一	431	10 539 005.00
财产权	6	162 325.00
合计	608	14 381 621.04
其中：主动管理型	199	4 272 812.89
被动管理型	409	10 108 808.15

注：实收信托合计金额是本年度新增信托项目累计新增的实收信托金额。

6.5.2.4　信托业务创新成果和特色业务有关情况

2014年是中航信托战略转型元年，公司各业务团队不断探索适应信托市场发展的新模式、新业务，一是集中力量大力发展主动管理型业务，开发新产品，如“天玑聚富”、“天玑汇财”、“天玑优选”、“天诚聚富”等资产管理产品，与宜信、格上理财合作小微金融系列产品等，持续优化业务结构，更为精准地满足不同层次的客户需求；二是引入新模式，在小额信贷集合信托计划的风险控制措施中引入第三方保险合作机制，启动了国内首例保险、信托、小额信贷三方商业合作模式，充分发挥多元制度的整合优势；三是通过灵活的分层、股债结合方式，发行了并购集合信托计划，为并购方提供项目贷款和夹层融资；四是通过开发地产投资基金产品、优化政府基础设施BT投资，探索公私合营的PPP模式，积累并维护优质客户资源，分别与中国建筑、中冶集团、绿城、中城联盟、华融资产、红星等交易对手建立并深化发展战略合作伙伴关系，共享公司深化发展的资源与成果。

6.5.2.5　本公司履行受托人义务情况及因公司自身责任而导致的信托资产损失情况

报告期内，未发生因公司自身责任导致信托资产损失，集合信托资产管理没有发生重大涉诉及赔付等情况。

6.5.2.6　信托赔偿准备的提取、使用和管理情况

公司从2013年税后利润中提取5%的信托赔偿准备金4 548.35万元，累计提取12 991.92万元。报告期内，公司未使用信托赔偿准备金。

6.6　关联方及其交易的披露

6.6.1　关联交易方的数量、关联交易的总金额及关联交易的定价原则等

6.6.1.1　固有业务关联方情况

	关联交易数量	关联交易金额（万元）	定价政策
合计	12	3 307.89	按市场价格交易，或按公允原则，以不优于对非关联方同类交易的条件定价交易

6.6.1.2　信托业务关联方情况

	关联交易数量	关联交易金额（万元）	定价政策
合计	10	450 000	按市场价格交易，或按公允原则，以不优于对非关联方同类交易的条件定价

6.6.2　关联交易方与本公司的关系性质，关联交易方的名称、法定代表人、注册地址、注册资本等

关系性质	关联方名称	法定代表人	注册地址	注册资本（万元）
同一实际控制人	中航证券有限公司	王宜四	江西省南昌市红谷滩新区红谷中大道1619号南昌国际金融大厦A栋41层	198 522.10
同一实际控制人	中航万科有限公司	范月民	北京朝阳区东三环中路乙10号艾维克大厦23层05－06A号	382 003.00
同一实际控制人	中航地产股份有限公司	肖临骏	深圳市福田区振华路163号飞亚达大厦六楼	66 696.14
同一实际控制人	中国航空技术国际控股有限公司	吴光权	北京市朝阳区北辰东路18号	845 900.00
同一实际控制人	苏州中航瑞赛置业有限公司	文　涛	苏州科技城科发路101号	20 000.00
同一实际控制人	江西中航商贸有限公司	楼建强	江西省南昌市红谷滩新区万达中心B3写字楼3103、3104室	5 000.00
同一实际控制人	北京瑞赛科技有限公司	文涛	北京市朝阳区东环南路2号	110 176.00
同一实际控制人	航发投资管理有限公司	肖临骏	北京市朝阳区北辰东路18号凯迪克大酒店23层	8 000.00
同一实际控制人	沧州市博远房地产开发有限公司	王树刚	河北省沧州市中捷渤海二号路北第二大街西侧（博远海润星城）	1 000.00
同一实际控制人	天津市远达置业发展有限公司	王树刚	天津市武清开发区福源道北侧	3 000.00
同一实际控制人	天津瑞赛投资发展有限公司	王战军	天津宝坻节能环保工业区天宝南环路6号（901室）	5 000.00
同一实际控制人	灵宝中航瑞赛中小城市置业有限公司	文涛	灵宝市函谷路与荆山路交叉口西南角（金苹果酒店）	3 000.00

6.6.3 公司与关联方的重大交易事项

6.6.3.1 固有财产与关联方：贷款、投资、租赁、应收账款、担保、其他方式等期初汇总数、本期发生额汇总数、期末汇总数

单位：万元

	期初数	借方发生额	贷方发生额	期末数
贷款	—	—	—	—
投资	—	—	—	—
租赁	—	—	—	—
担保	—	—	—	—
应收账款	—	—	—	—
其他	—	9.79	3 298.10	—
合计	—	9.79	3 298.10	—

注：固有财产与关联方关联交易主要是咨询费和业务收入。

6.6.3.2 信托与关联方交易情况

单位：万元

	期初数	借方发生额	贷方发生额	期末数
贷款	690 700.00	266 000.00	506 700.00	450 000.00
投资	10 500.00	—	10 500.00	—
租赁	—	—	—	—
担保	—		—	—
应收账款	—	—	—	—
其他	—	—	—	—
合计	701 200.00	266 000.00	517 200.00	450 000.00

6.6.3.3 固有财产和信托财产之间的交易金额期初汇总数、本期发生额汇总数、期末汇总数

本期无固有与信托财产之间的交易。

6.6.4 关联方逾期未偿还本公司资金的详细情况以及本公司为关联方担保发生或即将发生垫款的情况

报告期内，本公司无关联方逾期未偿还本公司资金的情况，没有为关联方提供担保。

6.7 会计制度的披露

公司固有业务、信托业务均执行财政部2006年2月颁布的企业会计准则。

7. 财务情况说明书

7.1 利润实现和分配情况

公司2014年初未分配利润122 437.93万元，2014年实现净利润90 966.97万元，未分配股东现金红利。按净利润的10%提取法定盈余公积金9 096.70万元，按净利润的5%提取信托赔偿准备金4 548.35万元，按风险资产期末余额的1.5%计提一般风险准备金1 960.08万元。截至2014年12月31日，公司未分配利润为197 799.77万元。

7.2 主要财务指标

指标名称	指标值	计算公式
净资产收益率(%)	21.19	净利润/所有者权益平均数×100%
信托报酬率(%)	0.8%	[∑项目合同总收入(信托报酬+财务顾问收入)/信托项目总月份×12]/信托资产总规模
人均利润(万元)	506.84	利润总额/年平均人数

7.3 对本公司财务状况、经营成果有重大影响的其他事项

报告期内，本公司发起设立中国信托业保障基金有限责任公司，认缴出资10亿元，出资比例为8.7%。截至2014年12月31日，本公司已缴付5亿元，剩余款项将于2015年7月31日前缴纳。

8. 特别事项揭示

8.1 股东报告期内变动情况及原因

本报告期内无。

8.2 董事、监事及高级管理人员变动情况及原因

本报告期内，公司二届董事会正式履职，巴曙松先生因工作原因于2014年5月辞去独立董事职务；2014年8月，朱武祥先生正式履行公司独立董事职务。

高级管理人员中，经公司二届董事会五次会议审议通过，曹华先生自2014年7月辞去公司副总经理职务；经公司一届董事会二十一次会议审议通过及江西银监局核准（赣银监复[2014]259号），李鹏先生于2014年8月起正式履行公司总经理助理职务。

8.3 变更注册资本、注册地或公司名称，公司分立合并事项

本报告期内无。

8.4 公司的重大诉讼事项

报告期内无。

8.5 公司及其董事、监事和高级管理人员受到处罚情况

报告期内无。

8.6 对银监会提出的整改意见简要说明整改情况

2014年8月1日至31日，江西银监局一行对公司截至2014年6月末的存续信托业务进行了现场检查。本次检查发现了公司存在的一些问题和不足，如个别信托材料严谨性有欠缺、个别项目尽职调查不全面、项目管理基础性工作存在薄弱环节等问题。根据江西银监局的检查结果和监管意见，本公司按要求全面部署并进行了认真整改，整改结果获江西银监局认可通过。

8.7 银监会及其省级派出机构认定的其他有必要让客户及相关利益人了解的重要信息

报告期内无。

9. 公司监事会意见

公司监事会认为，本报告期内，公司依法运作，决策程序合

法有效，没有发现公司董事、高级管理层履行职务时有违法违规、违反公司章程或损害公司及股东利益的行为，公司 2014 年度财务报告中披露的财务信息真实反映了公司的财务状况和经营成果。

10. 备查文件

10. 1　载有公司印章的年度报告正本

10. 2　载有董事会决议的报告正本

10. 3　载有监事会独立意见的报告正本

10. 4　载有会计师事务所盖章的审计报告正本

以上文件均完整地备置于本公司注册所在地。

中建投信托有限责任公司

1. 重要提示

1.1 本公司董事会及董事保证本报告所载资料不存在任何虚假记载、误导性陈述或者重大遗漏，并对其内容的真实性、准确性和完整性承担个别及连带责任。

1.2 独立董事刘淑兰、许燕、袁志刚声明：保证本年度报告的内容真实、完整、准确。

1.3 董事长杨金龙、总经理刘屹、主管会计工作负责人江峡及财务部门负责人吕深远声明：保证本年度报告中财务会计报告的真实、完整、准确。

2. 公司概况

2.1 公司简介

中建投信托有限责任公司的前身是原浙江省国际信托投资公司。浙江省国际信托投资公司创建于1979年8月，1983年12月经中国人民银行批准成为非银行金融机构，是国内最早经营信托投资业务的公司之一。在信托业第五次清理整顿中，公司更名为浙江省国际信托投资有限责任公司，成为浙江省首家获准重新登记的信托公司。

2007年3月，中国建银投资有限责任公司收购浙江省国际信托投资有限责任公司原股东持有的全部股权。2007年4月，浙江省国际信托投资有限责任公司获得一人有限责任公司营业执照，成为中国建银投资有限责任公司的全资子公司。经中国银监会批准，2007年11月，浙江省国际信托投资有限责任公司更名为“中投信托有限责任公司”，注册资本为人民币5亿元。2010年1月，公司股东中国建银投资有限责任公司对公司单家增资，注册资本增至人民币15亿元。2013年6月21日，经中国银行业监督管理委员会浙江监管局批复同意，并报浙江省工商行政管理局核准，正式更名为“中建投信托有限责任公司”。2013年10月12日，经中国银行业监督管理委员会浙江监管局批复同意，公司英文名称更名为“JIC Trust Co. Ltd.”，英文名称缩写更名为“JIC Trust”。

2013年12月17日，经中国银行业监督管理委员会浙江监管局批复，公司注册资本由15亿元增资到16.6574亿元，其中：中国建银投资有限责任公司出资金额为150 000万元，持有公司90.05%的股权；建投控股有限责任公司出资金额为16 574万元，持有公司9.95%的股权。2014年1月27日，公司在浙江省工商行政管理局完成工商登记变更手续，领取新的营业执照。2014年1月30日，公司完成对外临时重大信息披露。2014年12月15日，经中国银行业监督管理委员会浙江监管局批复，公司住所变更为浙江省杭州市教工路18号世贸丽晶城欧美中心1号楼（A座）18－19层C、D区及1层C区103、105室。

中文名称	中建投信托有限责任公司
英文名称	JIC Trust Co.，Ltd.
英文名称缩写	JIC Trust
法定代表人	杨金龙
注册地址	浙江省杭州市教工路18号世贸丽晶城欧美中心1号楼（A座）18－19层C、D区
邮政编码	310012
国际互联网网址	http://www.jictrust.cn/
电子信箱	jictrust@jictrust.cn
负责信息披露的高管	刘屹
负责信息披露联系人	陆琴琴
联系电话	0571－85069208
传真	0571－85154216
电子信箱	luqinqin@jictrust.cn
公司信息披露报纸名称	《金融时报》
年度报告备置地点	中建投信托有限责任公司综合办公室
聘请的会计师事务所及住所	德勤华永会计师事务所（特殊普通合伙）住所：上海市黄浦区延安东路222号外滩中心30楼
聘请的律师事务所及住所	北京市金杜律师事务所上海分所住所：上海市淮海中路999号环贸广场写字楼一期17层

2.2 组织结构

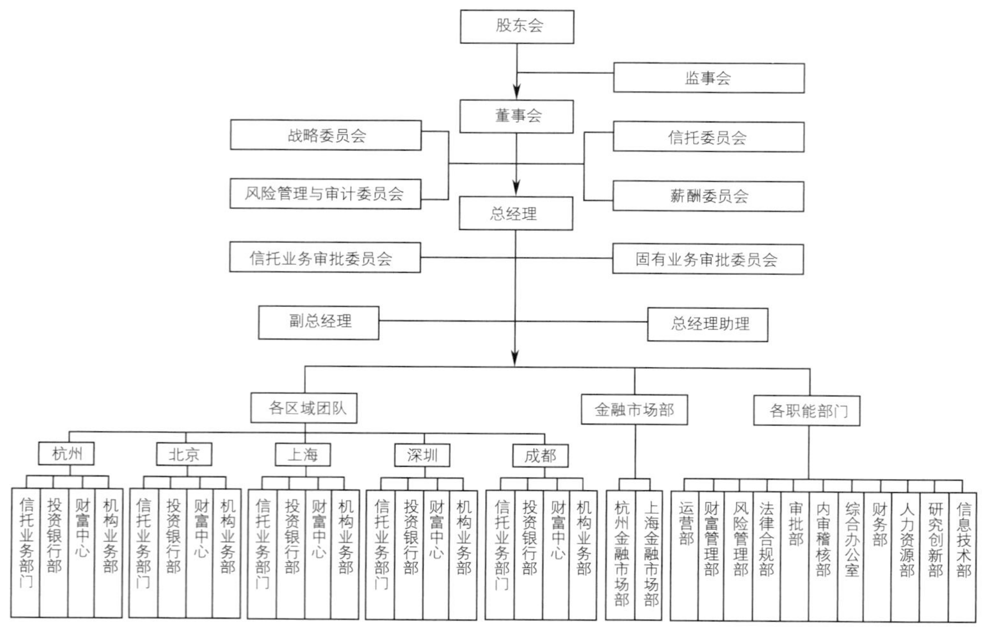

3. 公司治理结构

3.1 股东

报告期末，公司股东数为2家，详情见下表：

股东名称	持股比例（%）	法人代表	注册资本（万元）	注册地址	主要经营业务及主要财务情况
★中国建银投资有限责任公司（简称中国建设）	90.05	仲建安	2 069 225	北京市西城区闹市口大街1号院2号楼7－14层	投资与投资管理；资产管理与处置；企业管理；房地产租赁；咨询。2014年实现合并营业收入112.69亿元，归属于母公司净利润42.3亿元。
建投控股有限责任公司	9.95	庄 喆	200 000	北京市西城区闹市口大街1号院4号楼9F、9G	投资与投资管理；企业管理与咨询；房地产与设备租赁；房地产开发；宾馆酒店管理；物业管理。2014年实现合并营业收入10.7亿元，归属于母公司净利润0.75亿元。

3.2 董事

第二届董事会董事长、董事

姓名	职务	性别	年龄	任职时间	所推荐的股东名称	该股东持股比例（%）	简要履历
杨金龙	董事长	男	59	2012年12月至2014年4月	中国建银投资有限责任公司	100	曾任中国建设银行总行信贷二部副主任、稽核审计部副主任级审计员、资产保全部副主任、信贷管理委员会办公室副主管、风控委信贷审批办公室副主任、信贷审批部副总经理，云南省分行副行长、党委委员。2005年1月加入中国建投，曾任审计与风险控制部总经理、风险管理部负责人、审计部负责人，时任中建投信托有限责任公司党委书记、董事长。
陈良秋	董事	男	45	2011年8月至2014年4月	中国建银投资有限责任公司	100	曾任职于中国建设银行厦门分行、中国建投，历任公司清理实体办公室副主任，企业管理部总经理助理、副总经理，投资部负责人。现任中国建投运营官，兼任办公室、风险管理部负责人，国泰基金董事，中投资本董事，绵阳产业基金咨询委员会委员，中粮农业食品投资基金管理公司董事、投资委员会委员，南京莱斯董事，时任中建投信托有限责任公司董事。

续表

姓名	职务	性别	年龄	任职时间	所推荐的股东名称	该股东持股比例(%)	简要履历
刘　屹	董事	男	43	2013 年 1 月至 2014 年 4 月	中国建银投资有限责任公司	100	曾任中国建设银行河南省分行客户经理、科长,中国建设银行河南省分行中间业务部副总经理,百瑞信托有限责任公司副总裁,华泰资产管理有限责任公司副总经理、投资总监,时任中建投信托有限责任公司党委委员、董事、总经理。

第二届董事会独立董事

姓　名	职务	性别	年龄	任职时间	所推举的股东名称	该股东持股比例(%)	简　要　履　历
王保树	独立董事	男	73	2010 年 10 月至 2014 年 4 月	中国建银投资有限责任公司	100	曾任中国社会科学院法学研究所研究员(教授)、副所长、博士生导师;时任清华大学法学院教授、博士生导师,中建投信托有限责任公司独立董事。
陈忠阳	独立董事	男	46	2010 年 10 月至 2014 年 4 月	中国建银投资有限责任公司	100	曾任广西壮族自治区南宁市清秀区人民政府副区长(挂职);时任中国人民大学财政金融学院教授、博士生导师,中建投信托有限责任公司独立董事。

第三届董事会董事长、董事

姓　名	职务	性别	年龄	选任日期	所推举的股东名称	该股东持股比例(%)	简　要　履　历
杨金龙	董事长	男	59	2014 年 4 月	中国建银投资有限责任公司	90.05	曾任中国建设银行总行信贷二部副主任、稽核审计部副主任级审计员、资产保全部副主任、信贷管理委员会办公室副主管、风控委信贷审批办公室副主任、信贷审批部副总经理,云南省分行副行长、党委委员;2005 年 1 月加入中国建投,曾任审计与风险控制部总经理、风险管理部负责人、审计部负责人;现任中建投信托有限责任公司党委书记、董事长。
陈　川	董事	男	41	2014 年 4 月	中国建银投资有限责任公司	90.05	曾任中国建设银行总行中间业务部、投资银行部、公司业务部业务副经理、业务经理,中投证券资本市场部执行总经理,中国建投投资银行部、投资部高级经理,企业管理部高级经理;建投科信科技股份有限公司党委委员、副总经理,中建投租赁有限责任公司党委委员、纪委书记、副总经理,中国建投长期股权投资部总经理,现任中建投信托有限责任公司董事。
刘　屹	董事	男	43	2014 年 4 月	中国建银投资有限责任公司	90.05	曾任中国建设银行河南省分行客户经理、科长,中国建设银行河南省分行中间业务部副总经理,百瑞信托有限责任公司副总裁,华泰资产管理有限责任公司副总经理、投资总监,现任中建投信托有限责任公司党委委员、董事、总经理。
张亚平	董事	女	48	2014 年 4 月	建投控股有限责任公司	9.95	曾任中国建设银行房地产信贷部房改金融管理处主任科员、金融业务部综合管理处高级副经理,中国建投企业管理部综合处高级经理、投资部项目四组负责人(高级投资经理),现任建投控股有限责任公司党委委员、副总经理,中建投信托有限责任公司董事。

第三届董事会独立董事

姓　名	职务	性别	年龄	选任日期	所推举的股东名称	该股东持股比例(%)	简　要　履　历
刘淑兰	独立董事	女	69	2014 年 4 月	中国建银投资有限责任公司	90.05	曾任职于内蒙古自治区财政厅、鄂尔多斯市财税局、杭锦旗财税局、中国建设银行内蒙古区分行,历任中国建设银行副行长、行长,历任机关党委常务副书记兼老干部办公室主任、副行长、党委副书记、执行董事及副行长,2006 年 4 月退休,现任中建投信托有限责任公司独立董事。
许　燕	独立董事	女	60	2014 年 4 月	中国建银投资有限责任公司	90.05	曾任职于中国人民银行北京市分行、中国工商银行北京市分行、中国工商银行,历任财务会计部系统联行处副处长、财务会计部会计处处长、会计结算部副总经理(主持工作)、会计结算部总经理、结算与现金管理部总经理,现任中建投信托有限责任公司独立董事。
袁志刚	独立董事	男	56	2014 年 4 月	中国建银投资有限责任公司	90.05	曾任复旦大学经济系系主任、复旦大学经济学院院长,现任中建投信托有限责任公司独立董事。

3.3 监事

第二届监事会成员

姓 名	职务	性别	年龄	选任日期	所推举的股东名称	该股东持股比例(%)	简要履历
屠佑良	监事长	男	60	2012年8月至2014年4月	中国建银投资有限责任公司	100	曾任浙江省石油化学工业厅计财处财务负责人、主任科员、副处长，浙江省国际信托投资公司金融信托部副经理、经理，浙江省国信控股集团公司监察审计室主任，香港公司、深圳公司总经理，浙江国信典当有限责任公司董事长，浙江国信拍卖行有限公司董事长，浙江省国际信托投资有限责任公司党委副书记；时任中建投信托有限责任公司党委委员、纪委书记、监事长、工会主席；2014年8月退休。
赵白羽	监事	女	55	2011年5月至2014年4月	中国建银投资有限责任公司	100	曾任职于东北财经大学，历任助教、讲师、副教授、教研室主任，历任中国经济开发信托投资公司咨询部副总经理、研究发展部副总经理、总经理办公室副主任，中央国债登记结算有限公司研发部副主任，就职于国家财政部、中国建投，时任中建投信托有限责任公司监事。
李启兵	职工监事	男	39	2013年5月至2014年4月	职工工会	—	曾任职于浙江国信汽车租赁有限公司、浙江省国信集团、浙江省国际信托投资有限责任公司，时任中建投信托有限责任公司职工监事。

第三届监事会成员

姓 名	职务	性别	年龄	选任日期	所推举的股东名称	该股东持股比例(%)	简要履历
屠佑良	监事会主席	男	60	2014年4月	中国建银投资有限责任公司	90.05	曾任浙江省石油化学工业厅计财处财务负责人、主任科员、副处长；浙江省国际信托投资公司金融信托部副经理、经理；浙江省国信控股集团公司监察审计室主任，香港公司、深圳公司总经理；浙江国信典当有限责任公司董事长；浙江国信拍卖行有限公司董事长；浙江省国际信托投资有限责任公司党委副书记；时任中建投信托有限责任公司党委委员、纪委书记、监事会主席、工会主席；2014年8月退休。
梁家琦	监事	男	32	2014年4月	中国建银投资有限责任公司	90.05	曾任职于毕马威会计师事务所、昆吾九鼎投资管理有限公司、中国建银投资有限责任公司审计部经理，现任中建投信托有限责任公司监事。
李爱玲	监事	女	39	2014年4月	建投控股有限责任公司	9.95	曾任山东莱芜市经济技术协作办公室财务主管、山东莱芜市招商局综合协调处(财务处)主任、中华财务咨询有限公司高级经理，现任建投控股有限责任公司计划财务部总经理助理、中建投信托有限责任公司监事。
谢 悦	职工监事	女	43	2014年4月	职工工会	—	曾任职于浙江省水利水电高等专科学校、浙江省国信集团、浙江省国际信托投资有限责任公司，现任中建投信托有限责任公司法律合规部负责人、职工监事。
吕深远	职工监事	男	41	2014年4月	职工工会	—	曾任职于浙江金华康恩贝生物制药有限公司、金信信托投资股份有限公司，现任中建投信托有限责任公司财务部负责人、职工监事。

3.4 高级管理人员

高管层

姓名	职务	性别	年龄	选任日期	金融从业年限(年)	学历	专业	简要履历
刘 屹	总经理	男	43	2013年1月	22	硕士研究生	工商管理	曾任中国建设银行河南省分行客户经理、科长，中国建设银行河南省分行中间业务部副总经理，百瑞信托有限责任公司副总裁，华泰资产管理有限责任公司副总经理、投资总监，现任中建投信托有限责任公司党委委员、董事、总经理。
周 雄	副总经理	女	55	2010年10月	31	硕士研究生	政治经济学	曾任中国人民银行浙江省分行人事处副科长、科长，金融管理处非银管理处科长；浙江省信托协会副秘书长；中国人民银行关闭中创公司浙江清算小组副组长；浙江省国际信托投资公司金融信托部副经理、经理，公司副总裁；中建投信托有限责任公司副总经理；2014年11月退休。
曹丽娜	副总经理	女	45	2011年1月	16	硕士研究生	管理学	曾任职于华夏银行，其间借调到中国银行业协会，历任办公室主任、自律部主任、专业委员会联络部主任、副秘书长；中国建投办公室副主任、业务总监；现任中建投信托有限责任公司副总经理、工会主席。

续表

姓名	职务	性别	年龄	选任日期	金融从业年限(年)	学历	专业	简 要 履 历
余 海	副总经理	男	41	2013 年 3 月	15	硕士研究生	国际银行及金融学	曾任中信银行广州分行公司业务部客户经理;平安信托有限责任公司实业投资部高级经理、信托业务部信托经理、业务团队负责人、产品部负责人、信托业务总部副总经理、董事总经理、华南及华东区域负责人;现任中建投信托有限责任公司副总经理。
江 峡	副总经理	女	46	2013 年 6 月	23	硕士研究生	金融会计学	曾任中国建设银行总行科技部综合处主任科员,中信控股有限责任公司风险管理部高级经理,中国建银投资有限责任公司审计与风险控制部综合处负责人、高级副经理,中国建银投资有限责任公司风险管理部政策制度处负责人、高级经理,中国建银投资有限责任公司法律合规部负责人、业务总监,中国投资咨询有限责任公司副总经理;现任中建投信托有限责任公司副总经理。
吴凌翔	首席风险控制官	男	36	2013 年 8 月	12	硕士研究生	法学、工商管理	曾任上海市虹口区人民法院民事审判第一庭书记员,浦发银行总行法律事务室任法务专员,交通银行总行法律部非诉讼业务部法律顾问、公司律师,中海信托股份有限公司风险管理总部总经理助理(主持工作)、部门总经理、公司风控总监兼风险管理总部总经理,中建投信托有限责任公司首席风险控制官;2014 年 5 月因个人原因离职。
张 昳	总经理助理	男	44	2013 年 12 月	22	大学本科	金融学	曾任浙江省国际信托投资有限责任公司信托业务部信托经理、部门总经理助理,浙江省国际信托投资有限责任公司信托业务一部副总经理,中投信托有限责任公司信托业务一部副总经理、总经理;现任中建投信托有限责任公司总经理助理。
谭 硕	总经理助理	男	44	2014 年 12 月	22	博士研究生	经济学	曾任中国建设银行乐山市分行信托投资公司信托经理,四川省涪陵市人民政府办公室秘书(建设银行下派挂职锻炼),建设银行四川省分行办公室行长秘书,建设银行四川省分行人事处副科长,建设银行四川省分行直属支行行长助理(正科级)、副行长(副处级),建设银行成都双流支行行长(正处级)、党支部书记,建设银行四川省分行风险管理部总经理、牵头审批人,建设银行成都高新支行任行长、党总支书记,四川美益投资有限公司总经理;现任中建投信托有限责任公司总经理助理。

3.5 公司员工

项 目		报告期年度		上年度	
		人数(人)	比例(%)	人数(人)	比例(%)
年龄分布	25 岁以下	8	3.87	4	2.76
	25~29 岁	82	39.61	46	31.72
	30~39 岁	85	41.06	70	48.28
	40 岁以上	32	15.46	25	17.24
学历分布	博士	4	1.93	3	2.07
	硕士	102	49.28	74	51.03
	本科	97	46.86	64	44.14
	专科	4	1.93	3	2.07
	其他	0	0	1	0.69
岗位分布	董事、监事及其高管人员	10	4.83	9	6.21
	自营业务人员	7	3.38	5	3.45
	信托业务人员	75	36.23	52	35.86
	其他人员	115	55.56	79	54.48

4. 经营管理

4.1 经营目标、方针、战略规划

4.1.1 经营目标

塑造“最值得信赖的专业受托人”形象,发展成为一家有价值、值得信赖的品牌资产管理机构。

公司将始终以受益人利益为核心来履行受托管理职责,将“忠诚、诚信、尽责”等道德标准贯穿于经营实践过程中。

公司将基于对信托制度的深刻理解,通过信托金融工具的综合运用和创新发展,培育在重点行业的价值提升能力,发展成为具有突出经济价值、社会价值和品牌价值的资产管理机构。

4.1.2 经营方针

合规经营。成为最值得信赖的专业受托机构,切实维护信托关系各方当事人的合法利益,牢固树立“诚信为本、合规经营”的理念,在经营管理活动中全面深入贯彻依法合规经营的基本原则,用制度和流程规范经营行为,使各项业务始终在监管要求范围内规范发展。

创新发展。通过体制机制的创新提高经营能力和管理水平。利用信托的制度优势,通过产品创新为投资者提供更加多样化、个性化的金融服务。加强行业发展前沿研究，积极探索信托行业发展规律及新的发展领域。

专业化经营。顺应信托行业发展的趋势，坚持专业化经营的发展方向，在产业投资等领域探索形成自身的经营特色。

4.1.3 战略规划

2014 年，根据控股股东中国建投 2015—2020 年发展规划的统一部署，公司结合行业发展趋势和自身经营发展情况，编制《中建投信托有限责任公司 2015—2020 年发展规划》（草案）。截至 2014 年末，公司完成董监事意见征集工作，下一步将按流程提请董事会、股东会审议。

上述规划明确提出"积极利用信托制度优势，整合内外部资源，提升综合金融服务能力，打造国内一流的资产管理平台，成为投资能力专业、风险管控匹配、客户基础雄厚、值得信赖的专业信托公司"的目标。

4.2 经营业务的主要内容

4.2.1 自营资产运用与分布表

资产运用	金额（万元）	占比（%）	资产分布	金额（万元）	占比（%）
货币资产	38 832.09	8.22	基础产业	0.00	0.00
贷款及应收款	351 242.22	74.38	房地产业	66 546.70	14.09
交易性金融资产	0.00	0.00	证券市场	36 035.61	7.63
可供出售金融资产	67 706.41	14.34	实业	19 800.00	4.19
持有至到期投资	0.00	0.00	金融机构	301 982.95	63.95
长期股权投资	1 390.06	0.29	其他	47 869.76	10.14
其他	13 064.24	2.77			
资产总计	472 235.02	100.00	资产总计	472 235.02	100.00

4.2.2 信托资产运用与分布表

资产运用	金额（万元）	占比（%）	资产分布	金额（万元）	占比（%）
货币资产	126 064.59	1.25	基础产业	2 402 120.00	23.88
贷款	5 747 463.26	57.13	房地产	2 718 332.50	27.02
交易性金融资产	0.00	0.00	证券市场	51 926.02	0.52
可供出售金融资产	1 604 373.13	15.95	实业	1 016 552.90	10.10
持有至到期投资	825 820.00	8.21	金融机构	200 803.94	2.00
长期股权投资	555 694.50	5.52	其他	3 670 554.77	36.48
其他	1 200 874.65	11.94			
信托资产总计	10 060 290.13	100.00	信托资产总计	10 060 290.13	100.00

4.3 市场分析

4.3.1 有利因素

4.3.1.1 信托公司与其他金融机构相比，在制度和功能上的比较优势可以得到较好的体现。信托公司跨越货币市场、资本市场和产业市场，可以运用多种资产管理方式，在市场变化中调整业务方向，在不同的领域发挥丰富的资产管理功能。

4.3.1.2 信托具有财产隔离等独特的制度优势，可以研究推出有别于其他金融机构的特色产品，满足客户的个性化理财需要。

4.3.1.3 银监会发布"99 号文"，明确提出信托业转型发展的目标和路径，引导全行业从高速增长转向更为稳健的发展阶段。

4.3.1.4 在业务发展上，2014 年央行降息降准，给利率敏感型企业及证券市场发展带来机遇。信托行业在证券市场投资、战略重组并购、土地流转信托及产业基金等业务领域有较好的展业机会。

4.3.1.5 民间财富快速积累，居民理财需求持续高涨，各类企业资金需求旺盛。

4.3.2 不利因素

4.3.2.1 世界经济复苏全面平稳，各国分化格局日益突出。我国经济发展已展现出"新常态"特点，全国经济增速放缓，产业结构转型加快，经济下行压力依然存在，传统投资驱动型信托业务或将不可维系。

4.3.2.2 "99 号文"等监管政策对信托公司经营、股东责任、行业监管等方面均提出相应要求，信托公司监管趋严，行业制度优势被削弱，面临转型发展压力。

4.3.2.3 资产管理业务市场竞争加剧，受到银行、券商、基金子公司、保险机构的挑战压力，利率市场化带来的产品收益的压力也逐渐显现。

4.3.2.4 行业内个别领域信托项目受政策影响，流动性风险积聚，给行业声誉带来一定负面影响。

4.4 内部控制

4.4.1 内部控制环境和内部控制文化

公司治理结构完善，实现股东会、董事会、监事会、经营层"三会一层"的治理体系。内部机构设置健全，前中后台各部门职责清晰、分工明确。2014 年 12 月，公司增设审批部，统一归口管理项目审批，并建立起风险管理部、法律合规部、审批部、内审稽核部四位一体的内部控制格局和风险隔离机制，对业务开展和内部控制的执行情况进行监督和检查。

公司高度重视企业内控文化的建设，以合规、稳健和专业化经营为基本原则，秉承"诚信为本，合规经营"的核心理念，发挥信托制度优势，提升资产管理能力和风险管理能力，逐步成为资本充实、内控严密、管理规范、具有较强发展能力和竞争能力的金融信托机构。

4.4.2 内部控制措施

4.4.2.1 流程控制

公司业务风险管理流程分为前台业务部门，中台风险管理部、法律合规部、审批部、运营部，后台财务支持等服务部门三大模块，实行前中后台分离原则。现行内部控制制度基本覆盖公司各业务过程和操作环节。前台业务人员按照公司内控和经营制度拓展业务，实现内控流程的前端落实；中台人员以内部业务指引和风险偏好为准则，评估拟开展业务风险，做好项目存续期间各业务风险动态的监控；后台人员通过内控制度和流程管理对公司业务和经营进行后台维护和支持，实现内控流程的后端终结。

4.4.2.2 组织控制

公司董事会下设风险管理与审计委员会，作为董事会风险管理与审计工作的专门议事机构；下设信托委员会，确保公司依法履行受托职责，保证公司为受益人的利益最大化服务。风险管理部为公司风险管理的具体职能部门，协助公司高级管理层识别、评估和管理业务风险。法律合规部负责识别公司经营活动中的法律合规风险，监测和评估公司合规政策和程序的适当性，提出改进意见和建议。内审稽核部为公司内控管理组织机构的重要组成部分，对公司经营活动的合规性进行监督和评价。综上所述，公司基本形成了事前防范、事中控制、事后监督和纠正的健全的内控机制。

4.4.2.3 制度控制

公司将"建立健全内部控制体系，强化合规经营与风险防范"作为自身发展战略的重要保障性措施，建立和完善内控制度，从各方面保障固有财产和信托财产分别管理、分别核算，并将不同委托人的信托财产分别管理、分别记账。按照"审办分离，集体审批"原则，公司信托业务和固有业务实行决策分离，分别由信托业务审批委员会和固有业务审批委员会审批。根据业务模式的特点，实施差异化决策流程，并逐步从定性层面过渡至定量与定性相结合的决策方式。公司通过制定下发各类业务指引，统一审批标准，保障决策的独立性、客观性。

4.4.3 信息交流与反馈

4.4.3.1 完整的报告体系

公司初步建立了多层次、多途径的报告体系，通过划分部门和人员职责、确立清晰完整的报告线路，明确了员工、各部门、高管人员、董事会和监事会的职责范围和报告路径。

4.4.3.2 信息交流与共享平台的搭建

公司通过包括OA平台、综合业务系统、财务管理系统等在内的电子化信息交流渠道，建立综合管理信息技术系统，实现"统一平台、信息共享、操作简便、安全高效"的管理目标，确保公司董事会和高管层能够及时了解和掌握企业经营和内控情况。

4.4.3.3 外部信息共享机制

公司通过公开信息披露机制的建立、公司网站建设、书面和公告通知等多种方式，增进公司与委托人、受益人和社会公众的信息沟通与交流。

4.4.3.4 监管信息沟通机制

公司通过定期报告、临时报告、事前报备、信托计划成立报告、非现场监管报告等方式向监管部门及时报送公司相关信息，并及时收取和办理监管部门文件和指示，形成了良好的监管信息交流体系。

4.4.4 监督评价与纠正

4.4.4.1 外部监督与评价

公司定期接受监管部门的现场检查和会计师事务所的审计，并根据检查意见和审计结果及时修订完善内部控制制度。

4.4.4.2 内部监督与评价

公司实行由风险管理部负责对所开展业务的风险识别和评估以及存续期间的管理，由内审稽核部负责对流程控制和业务终止时的稽核审计，以此作为公司内控制度执行情况检查、评价和完善的重要手段。

4.5 风险管理

公司建立了一套完整的风险管理体系来识别、评估、监控以及管理公司的各类风险，包括市场风险、信用风险和操作风险。2014年，公司主要围绕风险管理政策制定、审批流程优化、客户准入标准设定、尽职调查配套制度、申报书的标准化、业务风险排查、项目风险预警和应对等重要工作，建立健全公司风险管理体系，为业务快速稳健发展提供了有力的保障。截至2014年末，公司各存续业务运行稳健，对于到期终止的信托业务均能按交易文件约定履行受托人义务，在约定期限内足额向信托受益人分配信托利益，业务风险得到有效的防范与控制。

4.5.1 风险管理概况

公司风险管理坚持全面性、有效性和独立性，根据业务类别制定相应的风险控制措施和政策，形成事前防范、事中控制、事后监督的风险管理规程，制定系统的内部控制制度。在项目的选择上，实行尽职调查制度，由风险、法律、信托经理等人员组成尽调小组参与项目尽职调查，并引入外部律师和外部信用评级机构的专业服务；在项目的决策上，实行分级、分类审批制度；在项目的执行上，实行信托经理负责制；在项目运作过程中，实行项目后续运营管理专人全程跟踪制度；在财务管理方面，实行信托财产与自有财产分户管理、不同信托财产开立不同账户管理制度等。

2014年，公司在执行专业审批人制度基础上，按各业务条线实行专业化审批，不同的风控小组对口负责相应业务类型和领域的风险管理工作，对项目尽职调查、审查审批、放款、信后管理等全流程跟踪管理，进一步健全风险管理部门内部组织结构，落实项目专业化评审和管理。

为加强项目审查，控制项目风险，实现风险管理关口前移，公司风险管理部门参与项目现场调查，并根据需要聘请外部律师参与尽职调查，优化项目立项审批流程。

公司持续优化信托业务审批机制，强调委员会委员的专业化和公正性，明确了信托业务审批委员会议事规则，对参加人数、召开方式、审议时限、回避原则等进行了明确的规定。信托业务审批委员会实行例会制，原则上每周召开一次，提高项目审批效率，增强风险管理水平。

4.5.1.1 公司经营活动中可能遇到的风险

公司经营活动中可能遇到的风险主要有信用风险、市场风险、操作风险、法律风险、流动性风险、声誉风险、战略风险。

4.5.1.2 风险管理的基本原则与政策

公司坚持以科学发展观为指导，以建立完善的风险管理机制为目标，以重点业务和创新业务的风险管理为重点，不断引入科学的风险管理技术，实现风险有效控制与业务发展的协调统一，不断提升公司风险管理能力。

4.5.1.3 风险管理组织结构与职责划分

董事会风险管理与审计委员会是董事会设立的负责风险管理与审计工作的专门委员会，主要职责是根据公司发展战略，制定、审核公司风险管理工作规划，评价公司战略目标和经营计划所涉及的风险因素，并向董事会提出建议；定期审核、评议公司风险管理政策，促进风险管理政策的合法合规和及时有效；从风险控制角度，监督公司各项规章制度的执行情况，并对公司重大经营决策进行风险监测和评价；审阅公司风险管理工作报告，对风险管理工作提出改善意见和建议；审核、检测和调整公司的风险控制流程与风险计量模型和方法；审核、评议公司年度审计工作规划；负责对公司内部审计制度的有效性及其执行情况进行监督；负责内部审计与外部审计之间的沟通与协调；提议聘请或更换外部审计机构；董事会授权的其他事宜等。

风险管理部的主要职责是拟订公司风险管理政策，根据董事会及相关专业委员会确定和批准的风险管理战略、政策与程序，实施公司风险管理工作；拟定风险管理规章制度；负责对尽职调查工作提出指引或标准，参与公司重大项目尽职调查，就特定事项独立提出事前风险评估报告；参与公司创新业务与产品的风险评估，研究创新业务与产品有关风险管理的问题，提供风险控制建议和措施；审核公司业务审批委员会要求落实情况的相关文件；负责对业务实施定期或不定期、现场或非现场检查，协助与督促业务部门实施风险监测与预警，受理风险预警信息，履行风险预警报告相关职责；贯彻监管部门风险管理相关政策，提出政策落实建议与意见，检查政策落实情况等。

法律合规部的主要职责是识别公司经营活动中的合规风险，监测和评估公司合规政策和程序的适当性，提出改进意见和建议，及时向公司高级管理层报告；归口管理公司的规章制定工作，根据公司经营管理需要，提出公司规章体系的设计与调整方案，起草公司规章编制计划，监督落实执行，整理、编纂公司规章文件；起草或参与起草公司的基本规章，起草公司的合规管理和法律事务工作规章，并对公司其他部门起草的规章进行合规性审查；负责对公司信托业务和固有业务的合规性审查工作，提出书面合规意见和建议；归口管理公司授权工作，负责公司有权签字人签字样本的制作、管理工作等。

内审稽核部的主要职责是对公司内控制度执行情况实行严格的检查和监督，对各部门的业务活动和财务活动进行审计、稽核，出具内部审计稽核报告，并在监督检查过程中对公司内控制度适时作出评价。

4.5.2 风险状况

4.5.2.1 信用风险状况

信用风险是指交易对方不能履行合约义务而带来的风险。对公司而言，它指的是信托当事人各自承担的对他方的责任不能全部或部分按时履行的风险。公司定期对公司资产质量进行五级分类。2014 年公司按照法律法规的相关规定提取了相应比例的风险准备金，全年未发生重大不利风险事件。

（1）信托业务信用风险状况。截至 2014 年末，公司存续信托项目规模 997.8 亿元。按照资产风险分类标准，正常类信托资产 976.82 亿元；关注类信托资产 17.566 亿元，且均为被动管理类资产；次级类信托资产实收余额为 1.42 亿元，属于被动管理类单一财产权信托；无可疑类信托资产，也无损失类信托资产。2014 年，公司信托业务未发生重大信用风险所造成的损失。

（2）固有业务信用风险状况。截至 2014 年末，公司固有资产余额为 47.22 亿元。按照公司《资产风险分类管理办法》规定的分类标准，正常类固有资产余额 45.49 亿元，次级类固有资产余额 1.73 亿元，无关注类固有资产，无可疑类固有资产，无损失类固有资产。2014 年，公司固有业务未发生重大信用风险所造成的损失。

4.5.2.2 市场风险状况

市场风险是指公司在信托资产和其自有资产合法经营中所不可避免地因市场参数的波动而产生的风险。这些市场参数包括利率、汇率、股票指数、商品价格和隐含波动性等。因此，信托公司的市场风险又可以分为利率风险、汇率风险、股市风险和价格风险（也称通货膨胀风险或购买力风险）等。公司信托业务主要承担信用风险，市场风险敞口较小，公司对含有市场风险的信托产品做好风险揭示，监控市场风险敞口，做好缓释市场风险的准备。公司固有业务在持有一定数量股性资产，其中股票 952.77 万元、股性基金 6514.62 万元，其市场风险敞口小，整体市场风险可控。

4.5.2.3 操作风险状况

操作风险主要是指因交易系统不完善、管理失误、控制缺失或其他一些人为的错误而导致损失的可能性，尤其是因管理失误和内部控制缺失带来的损失。目前公司主要的操作风险管理方法是流程管理和系统控制。流程管理包括分层授权、流程系统控制、业务复核、审批会决策等，系统控制则是通过建立综合业务管理系统，按照授权管理原则，确立系统节点控制。2014 年，公司未发生因操作风险所造成的损失。

4.5.2.4 其他风险状况

除以上三种风险外，公司还可能面临的风险包括流动性风险、法律风险、道德风险、政策风险、创新风险等。流动性风险指公司虽然有清偿能力，但无法及时获得充足资金或无法以合理成本及时获得充足资金以应对资产增长或支付到期债务的风险。法律风险主要是指因合约的内容在法律上有缺陷或不完善而发生法律纠纷甚至无法履约的情况。道德风险是指由于公司内部人员蓄意违规违法或与公司的利益主体串通而给信托受益人或公司自身带来损失的可能性。政策风险主要是指与信托相关的产业政策或政府各种经济和非经济政策的变化给公司的经营带来的风险。创新风险是指公司因创新业务活动而带来的风险。2014 年，公司未发生因其他风险所造成的损失。

4.5.3 风险管理策略

公司针对目前经营中存在的风险，在认真分析风险成因和影响方式的基础上，提出了相应的风险管理策略和防范控制措施。

4.5.3.1 信用风险管理策略

针对交易对手带来的信用风险，2014 年，公司对重点展业领域制定了项目筛选指引，明确项目和交易对手的选择与准入标准，加强事前对交易对手的尽职调查工作，制定尽职调查手册等相关制度，同时引入外部信用评级机构的评级服务，注重对各类企业财务状况和信用状况的调查，并通过对机构资质、声誉、综合能力等方面进行定性和定量相结合的分析，达到预防为主的效果。对于存续项目，公司采用前述方式持续跟踪和分析，根据分析评价结果，及时采取必要的风险管控措施，未造成委托人损失和公司重大损失。

（1）统一公司风险政策，明晰项目和交易对手的选择标准，加强事前对交易对手（项目）的尽职调查。2014 年，公司紧密结合房地产和基础设施行业最新发展趋势，及时制定出台《房地产类信托项目筛选指引》、《信政合作类信托项目筛选指引》、《单一被动管理信托业务指引》、《财务顾问（信托）业务审批办法》，明确交易对手、用款项目、区域等重要指标的准入标准，大幅提高了各信托项目的风控标准。

2014 年，公司合作的交易对手实力较 2013 年有了明显的提升，交易对手抗市场风险能力提高，相应提高了公司投放资金的安全度。

（2）实行对交易对手（项目）风险评估制度，设立事前审批、事中执行和事后监督三道程序，为信用风险管理提供三道防火墙。投资类房地产项目的标准提高后，项目的区域、物业类型和市场定位更具竞争力，同时一般采取优先劣后的内部增信措施。在项目评审过程中公司的前中后台以及管理层、决策层须对项目风险进行层层把关，建立了分层次的风险预防线。

(3)认真落实债权担保措施，客观、公正地评估抵押品，严格控制债权本金与不同抵押品价值之比，增加有效风险对冲，保障信托财产安全。

(4)事中对交易对手(项目)进行动态管理，定期检查，及时将有关情况向公司高管层和董事会报告。

(5)足额提取包括风险准备金在内的各项准备金。

4.5.3.2　市场风险管理策略

公司所面临的市场风险主要是指由于市场价格包括利率、股票价格、债券价格等的波动而造成的信托财产(所投资资产)损失的风险。公司信托业务主要承担信用风险，市场风险敞口较小。公司及时做好风险揭示，动态监控市场风险敞口，做好缓释市场风险的准备。公司采用分散化投资策略，降低非系统市场风险，同时密切关注国家政策变化，及时制定相应对策及业务调整方案。针对资产市场风险，则积极通过组合投资，分散投资风险。

4.5.3.3　操作风险管理策略

公司主要的操作风险管理方法是流程管理和系统控制。流程管理包括分层授权、流程系统控制、业务复核、审批会决策等，系统控制是建立业务管理系统，确立系统节点控制和授权管理原则。公司主要运用内控制度建设、流程与系统控制、分层授权等方式，重点围绕公司治理、内部控制体系、风险文化、信息系统建设等方面，建立健全操作风险管控体系。一是加强流程管理，实现留痕机制；二是定期开展流程风险评估，不断健全业务评审机制；三是进一步健全公司内部授权体系；四是进一步改造业务信息系统，健全系统功能；五是建立内部问责制度。公司设置专门的内部审计部门，定期对公司的各项内控制度执行状况、财务核算等内容进行检查，根据检查结果提出调整及改进意见，并向董事会和管理层提交相关报告，有效督促各项制度的贯彻执行。

4.5.3.4　其他风险管理策略

公司不断优化和完善制度建设，加强合规经营，建立较为完善的企业治理结构，推进内部约束和监督机制；强化对宏观经济政策和行业政策的跟踪和研究；保持业务管理制度与法律、规则和准则的一致性；积极倡导和培育公司的风险文化，形成“全员风控”的理念。

5. 报告期末及上一年度末的比较式会计报表

5.1　自营资产

5.1.1　会计师事务所审计意见全文

审 计 报 告

德师报(审)字(15)第P1071号

中建投信托有限责任公司全体股东：

我们审计了后附的中建投信托有限责任公司(以下简称中建投信托)的财务报表，包括2014年12月31日的公司及合并资产负债表、2014年度的公司及合并利润表、公司及合并所有者权益变动畏和公司及合并现金流量表以衣财务报表附注。

一、管理层对财务报表的责任

综制和公允列报财务报表是中建投信托管理层的责任，这种责任包括：(1)按照企业会计准则的规定编制财务报表，并使其实现公允反映；(2)设计、执行和维护必要的内部控制，以使财务报表不存在由于舞弊或错误而导致的重大错报。

二、注册会计师的责任

我们的责任是在执行审计工作的基础上对财务报表发表审计意见。我们按照中国注册会计师审计准则的规定执行了审计工作。中国注册会计师审计准则要求我们遵守中国注册会计师职业道德守则，计划和执行审计工作以对财务报表是否不存在重大错报获取合理保证。

审计工作涉及实施审计程序，以获取有关财务报表金额和披露的审计证据。选择的审计程序取决于注册会计师的判断，包括对由于舞弊或错误导致的财务报表重大错报风险的评估。在进行风险评估时，注册会计师考虑与财务报表编制和公允列报相关的内部控制，以设计恰当的审计程序，但目的并非对内部控制的有效性发表意见。审计工作还包括评价管理层选用会计政策的恰当性和作出会计估计的合理性，以及评价财务报表的总体列报。

我们相信，我们获取的审计证据是充分、适当的，为发表审计意见提供了基础。

三、审计意见

我们认为，中建投信托财务报表在所有重大方面按照企业会计准则的规定编制，公允反映了中建投信托2014年12月31日的公司及合并财务状况以及2014年度的公司及合并经营成果和公司及合并现金流量。

5.1.2　资产负债表

资产负债表

编制单位：中建投信托有限责任公司　2014年12月31日　单位：万元

	年末数	年初数
资产		
货币资金	38 832.09	54 794.18
应收账款	8 431.20	8 464.50
应收利息	3 185.08	1 311.78
以公允价值计量且其变动计入当期损益的金融资产	—	2 128.00
发放贷款和垫款	121 627.80	163 702.80
可供出售金融资产	67 706.41	54 309.23

续表

	年末数	年初数
应收款项类投资	216 230.00	110 182.17
长期股权投资	1 390.06	903.29
投资性房地产	7 150.18	7 262.89
固定资产	2 632.19	2 354.66
无形资产	607.47	413.18
其他资产	4 442.54	4 667.63
资产总计	472 235.02	410 494.31
负债		
应付账款	174.05	23 290.84
预收款项	771.37	2 455.50
应付职工薪酬	19 862.16	14 455.53
应交税费	10 670.84	7 993.26
其他应付款	6 540.51	6 502.13
递延所得税负债	5 353.44	1 416.48
负债合计	43 372.37	56 113.74
所有者权益		
实收资本	166 574.00	166 574.00
资本公积	14 383.96	14 383.96
其他综合收益	28 314.25	12 742.23
盈余公积	23 906.97	18 015.96
信托赔偿准备	11 953.48	9 007.98
一般风险准备	7 160.08	2 885.09
未分配利润	176 569.91	130 771.35
所有者权益合计	428 862.65	354 380.57
负债和所有者权益总计	472 235.02	410 494.31

单位负责人：刘　屹　　主管会计工作负责人：江　峡　　会计机构负责人：吕深远

5.1.3　利润表

利润表

编制单位：中建投信托有限责任公司　2014 年 12 月 31 日　　单位：万元

项　目	本年累计数	上年累计数
一、营业收入	115 821.39	102 373.13
利息净收入	16 158.32	18 514.47
利息收入	16 173.59	18 517.80
利息支出	15.27	3.33
手续费及佣金净收入	76 878.57	73 769.06
手续费及佣金收入	77 461.20	74 817.18
手续费及佣金支出	582.63	1 048.12
投资收益	21 590.90	9 888.87
公允价值变动损益	352.00	-252.69
汇兑损益	0.41	-3.55
其他业务收入	841.19	456.97
二、营业支出	37 694.60	31 761.38
营业税金及附加	6 035.06	5 074.17
业务及管理费	29 235.45	24 738.12
资产减值损失	2 125.00	1 650.06
其他业务成本	299.09	299.03
三、营业利润	78 126.79	70 611.75
加：营业外收入	6.65	0.50
减：营业外支出	102.77	79.51
四、利润总额	78 030.67	70 532.74
减：所得税费用	19 120.61	17 305.07
五、净利润	58 910.06	53 227.67
六、其他综合收益	15 572.02	-802.54
七、综合收益总额	74 482.08	52 425.13

单位负责人：刘　屹　　主管会计工作负责人：江　峡　　会计机构负责人：吕深远

5.1.4　所有者权益变动表

编制单位：中建投信托有限责任公司　　2014 年度　　单位：万元

2014 年度	实收资本	资本公积	其他综合收益	盈余公积	信托赔偿准备金	一般风险准备金	未分配利润	所有者权益合计
一、2014 年 1 月 1 日余额（重述前）	166 574.00	27 126.19	—	18 015.96	9 007.98	2 885.09	130 771.35	354 380.57
会计政策变更	—	-12 742.23	12 742.23	—	—	—	—	—
二、2014 年 1 月 1 日余额（重述后）	166 574.00	14 383.96	12 742.23	18 015.96	9 007.98	2 885.09	130 771.35	354 380.57
三、本年增减变动金额	—	—	15 572.02	5 891.01	2 945.50	4 274.99	45 798.56	74 482.08
（一）综合收益总额	—	—	15 572.02	—	—	—	58 910.06	74 482.08
（二）利润分配	—	—	—	5 891.01	2 945.50	4 274.99	-13 111.50	—
1. 提取盈余公积	—	—	—	5 891.01	—	—	-5 891.01	—
2. 提取信托赔偿准备	—	—	—	—	2 945.50	—	-2 945.50	—
3. 提取一般风险准备	—	—	—	—	—	4 274.99	-4 274.99	—
四、2014 年 12 月 31 日余额	166 574.00	14 383.96	28 314.25	23 906.97	11 953.48	7 160.08	176 569.91	428 862.65
2013 年度	实收资本	资本公积	其他综合收益	盈余公积	信托赔偿准备	一般风险准备	未分配利润	所有者权益合计
一、2013 年 1 月 1 日余额（重述前）	150 000.00	14 502.73	—	12 693.19	6 346.60	2 874.57	85 538.35	271 955.44
会计政策变更	—	-13 544.78	13 544.78	—	—	—	—	—
二、2013 年 1 月 1 日余额（重述后）	150 000.00	957.96	13 544.77	12 693.19	6 346.60	2 874.57	85 538.35	271 955.44
三、本年增减变动金额	16 574.00	13 426.00	-802.54	5 322.77	2 661.38	10.52	45 233.00	82 425.13
（一）综合收益总额	—	—	-802.54	—	—	—	53 227.67	52 425.13
（二）股东投入资本	16 574.00	13 426.00	—	—	—	—	—	30 000.00
（三）利润分配	—	—	—	5 322.77	2 661.38	10.52	-7 994.67	—
1. 提取盈余公积	—	—	—	5 322.77	—	—	-5 322.77	—
2. 提取信托赔偿准备	—	—	—	—	2 661.38	—	-2 661.38	—
3. 提取一般风险准备	—	—	—	—	—	10.52	-10.52	—
四、2013 年 12 月 31 日余额	166 574.00	14 383.96	12 742.23	18 015.96	9 007.98	2 885.09	130 771.35	354 380.57

单位负责人：刘　屹　　主管会计工作负责人：江　峡　　会计机构负责人：吕深远

5.2 信托资产

5.2.1 信托项目资产负债汇总表

信托项目资产负债表

编制单位：中建投信托有限责任公司　　2014 年 12 月 31 日　　单位：万元

信托资产	期末余额	年初余额	信托负债和信托权益	期末余额	年初余额
信托资产			信托负债		
货币资金	126 064. 59	133 569. 56	交易性金融负债	—	—
拆出资金	—	—	衍生金融负债	—	—
存出保证金	—	—	应付受托人报酬	—	—
交易性金融资产	—	—	应付托管费	—	—
衍生金融资产	—	—	应付受益人收益	9 162. 39	8 525. 84
买入返售金融资产	192 720. 00	567 928. 46	应交税费	447. 19	1 087. 55
应收款项	1 002 253. 90	52 080. 29	应付销售服务费	—	—
发放贷款	5 747 463. 26	5 732 965. 81	其他应付款项	1 916. 91	7 495. 30
可供出售金融资产	1 604 373. 13	1 771 989. 39	预计负债	—	—
持有至到期投资	825 820. 00	1 087 533. 01	其他负债	—	—
长期应收款	—	—	信托负债合计	11 526. 49	17 108. 69
长期股权投资	555 694. 50	286 031. 85			
投资性房地产	—	—	信托权益		
固定资产	—	—	实收信托	9 977 949. 22	9 768 533. 58
无形资产	5 900. 75	—	资本公积	—	—
长期待摊费用	—	—	损益平准金	—	—
其他资产	—	187 096. 73	未分配利润	70 814. 42	33 552. 83
减：各项资产减值准备	—	—	信托权益合计	10 048 763. 64	9 802 086. 41
信托资产总计	10 060 290. 13	9 819 195. 10	信托负债和信托权益总计	10 060 290. 13	9 819 195. 10

单位负责人：刘　屹　　主管会计工作负责人：江　峡　　会计机构负责人：吕深远

5.2.2 信托项目利润及利润分配汇总表

利润及利润分配表

编制单位：中建投信托有限责任公司　2014 年度　　单位：万元

项　　目	本年金额	上年金额
1. 营业收入	772 734. 04	548 300. 09
1.1 利息收入	564 759. 81	350 104. 02
1.2 投资收益（损失以"－"号填列）	139 749. 51	110 066. 80
1.2.1 其中：对联营企业和合营企业的投资收益	—	—
1.3 公允价值变动收益（损失以"－"号填列）	—	15. 42
1.4 租赁收入	—	—
1.5 汇兑损益（损失以"－"号填列）	—	—
1.6 其他收入	68 224. 72	88 113. 85
2. 支出	118 361. 81	79 801. 86
2.1 营业税金及附加	995. 13	3 478. 57
2.2 受托人报酬	47 546. 80	39 450. 02
2.3 托管费	7 078. 54	5 683. 38
2.4 投资管理费	2 165. 97	2 237. 63
2.5 销售服务费	13 265. 46	9 191. 26
2.6 交易费用	0	8. 67
2.7 资产减值损失	0	—
2.8 其他费用	47 309. 91	19 752. 33

续表

项　　目	本年金额	上年金额
3. 信托净利润（净亏损以"－"号填列）	654 372. 23	468 498. 23
4. 其他综合收益	0	0
5. 综合收益	654 372. 23	468 498. 23
6. 加：期初未分配信托利润	33 552. 83	20 733. 21
7. 可供分配的信托利润	687 925. 06	489 231. 44
8. 减：本期已分配信托利润	617 110. 65	455 678. 61
9. 期末未分配信托利润	70 814. 41	33 552. 83

单位负责人：刘　屹　　主管会计工作负责人：江　峡　　会计机构负责人：吕深远

6. 会计报表附注

6.1 会计报表编制基准、会计政策、会计估计和核算方法发生的变化

本公司执行财政部 2006 年 2 月公布的企业会计准则，报告期内会计报表编制基准、会计政策、会计估计和核算方法与上一报告期一致，未发生变化。

6.2 或有事项说明

无或有事项。

6.3 重要资产转让及其出售的说明

无。

6.4 会计报表中重要项目的明细资料

6.4.1 披露自营资产经营情况

6.4.1.1 按信用风险五级分类结果披露信用风险资产的期初数、期末数

信用风险资产五级分类	正常类（万元）	关注类（万元）	次级类（万元）	可疑类（万元）	损失类（万元）	信用风险资产合计（万元）	不良资产合计（万元）	不良资产率（%）
期初数	234 405.53	—	—	—	—	234 405.53	—	—
期末数	175 407.72	—	720.00	—	—	176 127.72	720.00	0.41

注：不良资产合计 = 次级类 + 可疑类 + 损失类。

6.4.1.2 各项资产减值损失准备的期初数、本期计提、本期转回、本期核销、期末数

单位：万元

	期初数	本期计提	本期转回	本期核销	期末数
贷款损失准备	2 485.80	1 695.00	2 127.30	—	2 053.50
一般准备	468.60	—	7.30	—	461.30
专项准备	2 017.20	1 695.00	2 120.00	—	1 592.20
其他资产减值准备	—	2 550.00	—	—	2 550.00
可供出售金融资产减值准备	562.85	—	562.85	—	—
持有至到期投资减值准备	—	—	—	—	—
长期股权投资减值准备	—	—	—	—	—
坏账准备	—	—	—	—	—
投资性房地产减值准备	—	—	—	—	—

6.4.1.3 按照投资品种分类，分别披露固有业务股票投资、基金投资、债券投资、股权投资等投资业务的期初数、期末数

单位：万元

	自营股票	基金	债券	长期股权投资	其他投资	合计
期初数	24 234.50	—	—	903.29	142 384.90	167 522.69
期末数	36 035.61	—	—	1 390.06	247 900.80	285 326.47

6.4.1.4 按投资入股金额排序，前五名的自营长期股权投资的企业名称、占被投资企业权益的比例、主要经营活动及投资收益情况等（从大到小顺序排列）

企业名称	持股比例（%）	主要经营活动	2014 年度投资收益（万元）
国泰元鑫资产管理有限公司	30	特定客户资产管理业务以及中国证监会许可的其他业务。	414.26

6.4.1.5 前五名的自营贷款的企业名称、占贷款总额的比例和还款情况等（从贷款金额大到小顺序排列）

企业名称	占贷款总额的比例（%）	还款情况
嘉凯城集团股份有限公司	24.35	
厦门展创贸易有限公司	24.35	已于 2015 年 2 月归还
成都邛崃和骏置业有限公司	23.13	已于 2015 年 3 月归还
森禾控股集团有限公司	12.17	
中国融资租赁有限公司	11.36	

6.4.1.6 代理业务（委托业务）期初数、期末数

单位：万元

	期初数	期末数
担保业务	—	—
代理业务（委托业务）	4 379.97	4 336.28
其他	—	—
合计	4 379.97	4 336.28

6.4.1.7 公司当年的收入结构（母公司口径、并表口径同时披露）

收入结构	金额（万元）	占比（%）
手续费及佣金收入	77 461.20	66.53
其中：信托手续费收入	77 461.20	66.53
投资银行业务收入	0.00	0.00
利息收入	16 173.59	13.89
其他业务收入	841.19	0.72
其中：计入信托业务收入部分	0.00	0.00
投资收益	21 590.90	18.55
其中：股权投资收益	414.26	0.36
证券投资收益	2 460.90	2.11
其他投资收益	18 715.74	16.08
公允价值变动收益	352.00	0.30
营业外收入	6.65	0.01
收入合计	116 425.53	100.00

6.4.2 信托财产管理情况

6.4.2.1 信托资产的期初数、期末数

单位：万元

信托资产	期初数	期末数
集合	2 640 472.06	3 684 972.57
单一	5 885 247.05	4 358 228.26
财产权	1 293 475.99	2 017 089.30
合计	9 819 195.10	10 060 290.13

6.4.2.1.1 主动管理型信托业务的信托资产期初数、期末数，分证券投资、股权投资、融资、事务管理类分别披露

单位：万元

主动管理型信托资产	期初数	期末数
证券投资类	56 422.84	27 421.40
股权投资类	552 305.07	337 144.24
融资类	2 701 817.14	3 786 879.34
事务管理类	1 191 962.21	918 597.48
合计	4 502 507.26	5 070 042.46

6.4.2.1.2 被动管理型信托业务的信托资产期初数、期末数，分证券投资、股权投资、融资、事务管理类分别披露

单位：万元

被动管理型信托资产	期初数	期末数
证券投资类	—	—
股权投资类	—	161 300
融资类	3 284 025.86	1 782 067.49
事务管理类	2 032 661.95	3 046 880.18
合计	5 316 687.81	4 990 247.67

6.4.2.2 本年度已清算结束的信托项目个数、实收信托合计金额、加权平均实际年化收益率

6.4.2.2.1 本年度已清算结束的集合类、单一类资金信托项目和财产管理类信托项目个数、实收信托金额、加权平均实际年化收益率

已清算结束信托项目	项目个数(个)	实收信托合计金额(万元)	加权平均实际年化收益率(%)
集合类	30	997 458.61	7.79
单一类	74	3 291 259.00	6.29
财产管理类	3	21 426.35	1.03

6.4.2.2.2 本年度已清算结束的主动管理型信托项目个数、实收信托合计金额、加权平均实际年化收益率，分证券投资、股权投资、融资、事务管理类分别计算并披露

已清算结束信托项目	项目个数(个)	实收信托合计金额(万元)	加权平均实际年化收益率(%)
证券投资类	1	18 000.00	15.19
股权投资类	3	141 680.00	7.78
融资类	37	893 294.00	8.31
事务管理类	7	292 960.96	3.98

6.4.2.2.3 本年度已清算结束的被动管理型信托项目个数、实收信托合计金额、加权平均实际年化收益率，分证券投资、股权投资、融资、事务管理类分别计算并披露

已清算结束信托项目	项目个数(个)	实收信托合计金额(万元)	加权平均实际年化收益率(%)
证券投资类	0	0	—
股权投资类	0	0	—
融资类	27	1 409 300.00	6.12
事务管理类	32	1 554 909.00	6.37

6.4.2.3 本年度新增的集合类、单一类和财产管理类信托项目个数、实收信托合计金额

新增信托项目	项目个数(个)	实收信托合计金额(万元)
集合类	75	2 355 822.50
单一类	41	2 121 097.22
财产管理类	10	982 963.42
新增合计	126	5 459 883.14
其中:主动管理型	79	2 439 839.85
被动管理型	47	3 020 043.29

6.4.2.4 信托业务创新成果和特色业务有关情况

2014年，公司加大行业研究及业务创新投入力度，编撰出版《信托蓝皮书:中国信托业研究报告》，另有多篇研究成果在《财经》、《21世纪经济报道》、《证券时报》等国内主流媒体上发表。

公司紧密把握宏观经济及信托行业发展变化，在深入拓展房地产、市政基础设施建设等传统业务的基础上，积极拓展并购重组、土地流转信托等新型信托业务，先后成立新药王山水泥并购、联东产业地产并购等多项并购类集合资金信托计划，有效助推产业结构的调整和升级，服务和推动实体经济发展。先后成立3单土地流转信托项目，并在信托行业率先推出“资金支持+受托管理+产业导入”的土地信托新模式。

6.4.2.5 本公司履行受托人义务情况及因本公司自身责任而导致的信托资产损失情况(合计金额、原因等)

公司严格按照国家法律法规和信托文件的约定管理、运用和处分信托财产，按期进行信息披露;对委托人、受益人以及处理信托事务的情况和资料依法保密;以信托财产为限向受益人支付信托利益。本年度未发生因本公司自身责任而导致的信托资产损失情况。

6.4.2.6 信托赔偿准备金的提取、使用和管理情况

单位:万元

项目	期初数	本年增加	本年减少	期末数
信托赔偿准备金	9 007.98	2 945.50	0	11 953.48
合计	9 007.98	2 945.50	0	11 953.48

注:本期依据净利润58 910.06万元及5%的比例提取信托赔偿准备金2 945.50万元。

6.5 关联方关系及其交易的披露

6.5.1 关联交易方的数量、关联交易的总金额及关联交易的定价政策等

	关联交易方数量	关联交易金额(万元)	定价政策
合计	5	2 512.02	合同

6.5.2 关联交易方与本公司的关系性质，关联交易方的名称、法定代表人、注册地址、注册资本及主营业务等

关系性质	关联方名称	法定代表人	注册地址	注册资本(万元)	主营业务
控股股东	中国建银投资有限责任公司	仲建安	北京市西城区闹市口大街1号院2号楼7－14层	2 069 225	投资与投资管理、资产管理与处置、企业管理、房地产租赁、咨询。
控股股东之子公司	建投嘉昱(上海)投资有限公司	王征	上海市虹口区东大名路1191号17912室	160 000	实业投资、投资管理、资产管理、房地产经营、物业管理、商务咨询、企业管理及咨询。
控股股东之二级子公司	北京建银出租汽车有限责任公司	湛波	北京市门头沟区石龙南路6号1幢6－246室	400	租赁。
控股股东之二级子公司	建投书店(上海)有限公司	肖磊	上海市虹口区公平路18号8号楼101室、1下夹层01室	1 000	图书、报纸、期刊零售，影像制品零售、出租;饮品店(不产生油烟);销售办公用品、日用百货、服装、工艺礼品、电子产品、家具;投资管理，商务咨询，设计、制作各类广告，利用自有媒体发布广告，文化艺术交流活动策划，会展会务服务，企业管理咨询。

续表

关系性质	关联方名称	法定代表人	注册地址	注册资本（万元）	主营业务
控股股东之二级子公司	北京建银资产管理有限公司	黄起和	北京市西城区南滨河路7号	500	制售中餐（不含冷荤、凉菜）；物业管理（含写字间出租）；建筑物及附属设施、公共设施和场地道路的维护；维修机械电器设备；室内装饰工程设计；设备租赁（不含汽车）；接受委托为企事业单位及个人提供劳务服务；劳务派遣；销售建筑材料、装饰材料、代收洗衣服务；加工服装；汽车租赁；专业承包、接受金融机构委托从事金融业务流程外包服务，接受金融机构委托从事金融知识流程外包服务；计算机技术培训；技术咨询；技术服务；技术转让。

6.5.3 逐笔披露本公司与关联方的重大交易事项

6.5.3.1 固有与关联方交易情况：贷款、投资、租赁、应收账款、担保、其他方式等期初汇总数、本期借方和贷方发生额汇总数、期末汇总数

单位：万元

固有财产与关联方关联交易				
	期初数	借方发生额	贷方发生额	期末数
贷款	—	—	—	—
投资	—	—	—	—
租赁	—	2 512.02	—	—
担保	—	—	—	—
应收账款	—	—	—	
其他	—	—	—	—
合计	—	2 512.02	—	—

业务及管理费中关联交易金额合计2 512.02万元。具体组成如下：中国建银投资有限责任公司978.96万元，建投嘉昱（上海）投资有限公司1 451.04万元，北京建银出租汽车有限责任公司60.76万元，建投书店（上海）有限公司7.03万元，北京建银资产管理有限公司14.23万元。

本公司与上述关联方按一般企业关系进行业务往来。

6.5.3.2 信托与关联方交易情况：贷款、投资、租赁、应收账款、担保、其他方式等期初汇总数、本期借方和贷方发生额汇总数、期末汇总数

单位：万元

信托资产与关联方关联交易				
	期初数	借方发生额	贷方发生额	期末数
贷款	73 345.48	100 504.72	0.00	173 850.20
投资	—	—	—	—
租赁	—	—	—	—
担保	—	—	—	—
应收账款	—	—	—	—
其他	—	—	—	—
合计	73 345.48	100 504.72	0.00	173 850.20

6.5.3.3 信托公司自有资金运用于自己管理的信托项目（固信交易）、信托公司管理的信托项目之间的相互交易（信信交易）金额，包括余额和本报告年度的发生额

6.5.3.3.1 固有财产与信托财产之间的交易金额期初汇总数、本期发生额汇总数、期末汇总数

单位：万元

固有财产与信托财产相互交易			
	期初数	本期发生额	期末数
合计	114 450.00	91 080	205 530.00

6.5.3.3.2 信托项目之间的交易金额期初汇总数、本期发生额汇总数、期末汇总数

单位：万元

信托资产与信托财产相互交易			
	期初数	本期发生额	期末数
合计	152 415.37	13 784.63	166 200.00

6.5.4 逐笔披露关联方逾期未偿还本公司资金的详细情况以及本公司为关联方担保发生或即将发生垫款的详细情况

无。

6.6 会计制度的披露

公司固有业务、信托业务均执行财政部2006年2月公布的企业会计准则。

7. 财务情况说明书

7.1 利润实现和分配情况

公司2014年初未分配利润为130 771.35万元，2014年度实现净利润58 910.06万元。按净利润的10%提取法定盈余公积5 891.01万元，按净利润的5%提取信托赔偿准备金2 945.50万元，按期末承担风险和损失的资产余额计提一般准备4 274.99万元。截至2014年12月31日，公司未分配利润为176 569.91万元。

7.2 主要财务指标

指标名称	指标值
资本利润率（%）	15.04
人均净利润（万元）	334.72

7.3 对本公司财务状况、经营成果有重大影响的其他事项

无。

7.4 公司净资本情况

指标名称	指标值	监管标准
净资产(万元)	428 862.65	
净资本(万元)	358 798.67	≥2 亿元
各项业务风险资本之和(万元)	168 193.52	
净资本/各项业务风险资本之和(%)	213.32%	≥100%
净资本/净资产(%)	83.66%	≥40%

以上指标均符合《信托公司净资本管理办法》(中国银监会令[2010]第5号)各项监管要求。

8. 特别事项揭示

8.1 本报告期内股东变动的情况

无。

8.2 本报告期内董事、监事及高级管理人员变动情况

2014年4月25日,公司完成第二届董事会换届和第三届董事会选举工作。经选举,公司第三届董事会组成人员包括:董事长杨金龙,股东董事陈川、刘屹、张亚平,独立董事刘淑兰、许燕、袁志刚,职工董事侯春枫。

2014年4月25日,公司完成第二届监事会换届和第三届监事会选举工作。经选举,公司第三届监事会组成人员包括:监事会主席屠佑良,股东监事梁家琦、李爱玲,职工监事谢悦、吕深远。

2014年5月,吴凌翔因个人原因离职,免去公司首席风险控制官职务。

2014年8月,屠佑良因到法定退休年龄,办理退休。陈勇胜被推选,拟任股东代表监事。

2014年11月,周雄因到法定退休年龄,办理退休并免去副总经理职务。

2014年12月,聘任谭硕为公司总经理助理。

上述事项属正常人事变动,对公司经营管理无显著影响。

8.3 本报告期内变更注册资本、变更注册地、公司名称事项

2014年12月15日,公司获批《中国银监会浙江监管局关于中建投信托有限责任公司关于变更公司住所的批复》(浙银监复[2014]710号)。

8.4 公司的重大诉讼事项

8.4.1 重大未决诉讼事项

无。

8.4.2 以前年度发生,于本报告年度内终结的诉讼事项

无。

8.4.3 本报告年度发生,于本报告年度内终结的诉讼事项

2014年,公司共新增三起诉讼案件,分别为公司与普达海集团债务纠纷民事诉讼案件、至诚31号项目(被动管理的单一信托项目)相关仲裁案件、至诚32号项目(被动管理的单一信托项目)相关仲裁案件。其中,普达海集团债务纠纷民事诉讼案件已于8月审结,法院判令交易对手偿付公司本息合计1.8亿余元并在后续处理过程中按照4倍基准利率计收利息。截至2014年末,案件进入强制执行阶段。至诚31号项目及32号项目均系公司被动管理的单一信托项目,公司根据信托受益人指令配合其申请仲裁,均取得胜诉裁决,目前处于申请法院强制执行阶段。

8.5 本报告期内公司及其董事、监事和高级管理人员受到处罚的情况

无。

8.6 本报告期内中国银监会及其派出机构对公司检查后提出监管意见的情况

报告期内,中国银行业监督管理委员会浙江监管局多次对公司进行监管检查与指导,充分肯定了公司所取得的成绩,认为公司能积极采取有效措施,不断加强内部管理,优化业务流程,拓展信托主业,各项风险管控基础持续强化,内审稽核作用有所提升,各项业务得到了稳步发展,主动管理能力提升明显,盈利水平保持良好,总体发展稳健,体现了较好的经营管理能力,但从监管情况来看,公司信托项目后期管理的精细化程度有待进一步提升。

8.7 本报告期内重大事项临时报告

无。

8.8 本报告期内中国银监会及其省级派出机构认定的其他有必要让客户及相关利益人了解的重要信息

无。

中江国际信托股份有限公司

1. 重要提示

1.1 本公司董事会及董事保证报告所载资料不存在任何虚假记载、误导性陈述或者重大遗漏，并对其内容的真实性、准确性和完整性承担个别及连带责任。

1.2 大信会计师事务所（特殊普通合伙）为本公司出具了无保留意见的审计报告，本公司董事会对相关事项也有详细说明，请客户及相关利益人注意阅读。

1.3 本公司负责人董事长裘强、主管会计工作负责人曾海及财务负责人彭缅良声明：保证年度报告中财务报告的真实、完整。

2. 公司概况

2.1 公司简介

中江国际信托股份有限公司（以下简称中江信托或本公司）的前身是成立于1981年6月的江西省国际信托投资公司。2003年3月，江西省国际信托投资公司、江西省发展信托投资股份有限公司、赣州地区信托投资公司以新设合并方式重新登记成立江西国际信托投资股份有限公司。2009年3月，经中国银监会核准换发新牌，本公司名称变更为江西国际信托股份有限公司。2012年10月，本公司更名为中江国际信托股份有限公司。报告期末，本公司注册资本为人民币115 578.9134万元。

1	法定中文名称（缩写）	中江国际信托股份有限公司（中江信托）
2	法定英文名称（缩写）	ZhongJiang International Trust Co., Ltd（ZJI）
3	法定代表人	裘强
4	注册地址	南昌市北京西路88号江信国际金融大厦
5	邮政编码	330046
6	国际互联网网址	http://www.jxi.cn
7	电子信箱	http://www.jxi.cn
8	负责信息披露事务的高管人员	钟镰斧
9	联系人姓名	易勤华
10	联系电话	0791—6304512
11	传真电话	0791—6304500
12	电子信箱	yqh-jx@163.com
13	公司信息披露的报纸名称	《上海证券报》
14	公司年度报告备置地点	南昌市北京西路88号江信国际金融大厦25楼
15	公司聘请的会计师事务所名称及住所	大信会计师事务所（特殊普通合伙）
16	公司聘请的律师事务所名称及住所	江西求正沃德律师事务所，江西·南昌

2.2 组织结构

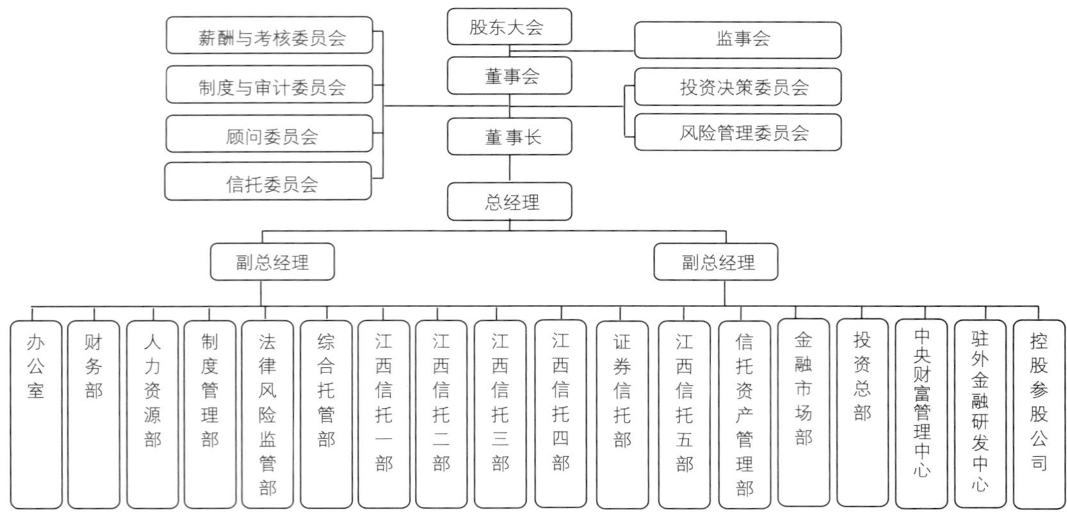

3. 公司治理

3.1 股东

2014 年末，本公司股东总数为 15 名，本公司前三位股东的名称、出资比例等情况如下：

股东名称	法人代表	持股比例(%)	注册资本(亿元)	注册地址	主要经营业务及主要财务情况
领锐资产管理股份有限公司	张霄静	32.74	35.8	天津市华苑产业区	对工业、基础设施开发建设、金融、房地产业、物流业、酒店进行投资；资产投资；债务重组与企业重组咨询等。
江西省财政厅	胡 强	20.44	—	江西省南昌市	制定全省性财政立法规划，拟订全省地方性财政、税收、财务、会计管理、国有资产管理的法规草案及实施办法和规章制度；参与制定全省各项有关宏观经济政策，拟订和执行全省财政分配政策；编制省本级年度预算草案和汇编全省年度预算和决算草案；负责组织实施地方税法和税收条例、决定、规定及有关实施细则；管理和监督各项财政收入、支出；监管全省政府采购工作；管理省级财政社会保障支出；负责地方性金融机构的财务监管工作；管理全省有关政府性基金和行政事业性收费项目的立项及标准等。
大连昱辉科技发展有限公司	赵霖	16.14	16	辽宁省大连市	计算机软硬件技术开发、技术转让、技术服务；计算机系统集成；计算机软硬件及自动化仪表销售；经济信息咨询；国内一般贸易。

3.2 董事

本公司董事会由 9 名董事组成。

姓名	职务	性别	年龄	所推举的股东名称	该股东持股比例(%)	简要履历
裘 强	董事长	男	56	江西省财政厅	20.44	1974—1978 年任江西省清江县昌付公社知青办主任；1978—1981 年任空军十一航校警卫排副排长；1981—1989 年任宜春市委组织部正科级组织员、上高县政府县长助理；1989—1990 年任江西省委农工部副处长；后调江西省展览中心任主任，其间曾兼任南昌佳盛典当行有限公司副董事长，主持全面工作；1997 年后曾任江西省人民政府办公厅副主任，协助副省长分管商贸、金融工作；2000—2004 年任江西省民政厅党组副书记、副厅长；2004 年 6 月至今任中江国际信托股份有限公司党委书记、董事长。先后在南昌大学、中央党校、上海浦东干部管理学院、长江商学院学习，获得哲学硕士、高级管理人员工商管理硕士学位。
吴伟光	董事	男	59	江西省财政厅	20.44	1983—1986 年任赣州地区公路局宣传部干部，1986 年起历任公司员工、业务部门经理、办公室主任、副总经理、总经理、董事。
余森清	副董事长	男	53	江西省财政厅	20.44	1978—1982 年江西大学计算数学专业学生；1982—1984 年江西省上饶地区统计局干部；1984—1987 年厦门大学计划统计专业研究生；1987—1989 年江西省社科院经济所科研人员；1989—1999 年江西省政府办公厅商金处干部、副处长；1999—2009 年江西省委政策研究室副主任；2009 年 5 月起任中江国际信托股份有限公司党委副书记、副董事长。
康 毅	董事	男	60	江西江信国际大厦有限公司	5.29	1973—1976 年南昌县东新乡大洲村插队；1976—1983 年福州军区独立防化学营战士、排长、政治指导；1983—1998 年武警江西省总队司令部直政处正连职干事、副营职干事、正营职干事、副处长、处长；萍乡市支队政治委员；1998 年至今历任中江国际信托股份有限公司监察室副主任、办公室副主任，江信置业有限责任公司董事长、经营总监、总经理助理、副总经理、常务副总经理，天安保险股份有限公司副董事长。
陈林芳	董事	男	60	江西省财政厅	20.44	1976—1978 年在宜丰县敖桥公社农机厂任会计；1980—1993 年历任江西省财政厅农财处干部、组长、副处长；1993—1995 年在高安市人民政府挂职副市长；1995—1996 年任江西省财政厅条法税政处处长；1996 年至今在江西省财政投资管理公司任负责人(主持工作)、董事长，其间曾任江西省发展信托投资股份有限董事长，现任江西省财政厅副巡视员。
曾福星	董事	男	54	江西省财政厅	20.44	1983—1990 年在江西省财政厅农税处工作任主任科员；1993—1995 年在井冈山财政干部培训基地挂职锻炼，任基地主任兼支部书记；1995—1996 年在江西省财政厅预算处工作；1996 年 7 月至今任江西省财政投资管理中心任副主任，其间曾担任江西省发展信托投资股份有限公司监事召集人。

续表

姓名	职务	性别	年龄	所推举的股东名称	该股东持股比例(%)	简要履历
陈出新	董事	男	51	江西省财政厅	20.44	1982—1986年江西财经学院计统系国民经济专业学习；1986—1989年四川省财政厅预算处工作；1989—2009年江西省财政厅会计处助调、副处长，2001年获得华中科技大学硕士学位，2006—2007年派驻天津滨海新区筹建天津锦绣置业公司，2007年12月组织安排到江西博苑房地产公司工作，现任江西省财政厅投资管理中心(公司)主任(总经理)。
钟镰斧	董事	男	46	江西省金象置业有限公司	0.90	1987—1991年南昌航空工业学院电子工程系本科毕业；1991—1993年在江西大茅山企业集团开发部工作；1993—1996年江西省江信房地产公司贸易部经理；1996—2009年江信置业有限责任公司副总经理、总经理、董事长；2006年至今历任中江国际信托股份有限公司总监、总经理助理、副总经理、代理总经理、党委副书记。

3.3 监事

本公司监事会由3名监事组成，其中江西省财政厅和江西省金象置业有限公司各推荐1名，职工代表监事1名，设1名监事会召集人。

姓名	职务	性别	年龄	所推举的股东名称	该股东持股比例(%)	简要履历
周志宏	监事会召集人	男	57	江西省金象置业有限公司	0.90	1975—1976年吉林省东辽县渭津公社福民大队知青；1976—1981年兰州军区空军高炮14师40团3营8连士兵；1981—1991年兰州军区空军混成4旅军官；1991—1993年兰州军区空军政治部秘书处少校；1993年至今中江国际信托股份有限公司科长、人事处处长、制度管理部部长、制度总监。
贾俊	监事	男	52	江西省财政厅	20.44	1981—1988年在南昌铁路局工作；1988—1997年江西省工商银行信托投资股份有限公司部门副经理；1997—2003年江西省发展信托投资股份有限公司总经理助理、办公室主任；2003—2010年历任中江国际信托股份有限公司办公室副主任、董事会秘书、战略中心主任、行政总管、行政总监、总稽核，现任江信国际投资集团有限公司总裁。
万国钦	监事	男	56	职代会	—	1977年2月至1979年3月江西省上高县镇渡公社知青；1979年4月至1993年5月江西省南昌市市政工程处监察科副科长；1993年6月至今先后任中江国际信托股份有限公司人事处劳资科长、办公室主任助理、人力资源部部长、行政总部总管。

3.4 高级管理人员

姓名	职务	性别	年龄	选任日期	金融从业年限(年)	学历	专业	简要履历
钟镰斧	总经理	男	46	2013	22	在职研究生	产业经济学	1987—1991年南昌航空工业学院电子工程系本科毕业；1991—1993年江西大茅山企业集团开发部工作；1993—1996年江西省江信房地产公司贸易部经理；1996—2009年江信置业有限责任公司副总经理、总经理、董事长；2006年至今任中江国际信托股份有限公司总监、总经理助理、副总经理、代理总经理、总经理、党委副书记。
曾海	副总经理	男	51	2011	20	在职研究生	产业经济学	1983—1989年在江西木材厂工作；1989—1992年任江西省林化公司(原江西省林业工业公司林产品供应站)财务科科长；1992—1995年在江西省木材公司财务科副科长、科长；1995年至今历任中江国际信托股份有限公司计划财务处综合管理科科长、计划处处长助理、副处长、财务部总经理、财务总监、副总会计师、总会计师、总经理助理、副总经理。
易勤华	副总经理	男	49	2011	22	博士	古代文学	1986—1989年江西安福中学教师；1992—1993年江西经济技术信息开发公司办公室主任、江西经济管理干部学院财会系行政干事兼教师；1993—2002年江西省国际信托投资公司秘书科科长、经济研究所所长助理；2002—2005年宜春市袁州区政府挂职副区长；2005年至今中江国际信托股份有限公司战略投资开发部副部长和部长、党办副主任、办公室主任、行政总监、副总经理。
陈华玲	首席风险官	男	50	2011	22	研究生	自然辩证法	1984—1987年在江西龙南师范学校任教；1990—1993年江西中医学院社科部讲师；1993年至今先后任中江国际信托股份有限公司办公室秘书、国际金融部信贷员、信贷科副科长，江信律师事务所副主任、法律事务中心主任、法律风险监管部部长、风险控制委员会委员副主任、总法律顾问、副风险控制官、法务总监、首席风险官。

续表

姓 名	职 务	性别	年龄	选任日期	金融从业年限(年)	学历	专业	简 要 履 历
黄雪梅	副总经理	女	51	2011	22	大学	电子	1986 年 8 月至 1993 年 7 月南昌洪都无线电厂工程师;1993 年 8 月至 2000 年 3 月江西省瑞德改革咨询中心职员、江西省瑞德资产评估事务所职员、江西省中昊会计师事务所职员;2000 年 3 月至 2003 年 5 月国盛证券有限责任公司职员;2003 年 6 月至今中江国际信托股份有限公司信托二部总经理助理、信托四部副总经理、金融理财中心总经理、总监、副总经理。
周跃明	副总经理	男	56	2012	21	大学	会计	1975 年 6 月至 1978 年 2 月下放南昌县;1978 年 2 月至 1980 年 1 月江西银校学生;1980 年 1 月至 1985 年 8 月人民银行南昌市支行四交办、干部;1985 年 7 月至 1998 年 12 月人民银行南昌市分行历任稽核处副主任科员、副处长,安义县支行行长、科技处处长;1998 年 12 月至 2003 年 10 月人民银行南昌中心支行科技处副处长、清算中心副主任、合作金融处副处长;2003 年 10 月至 2011 至 10 月江西银监局农行处副处长、股份处副处长、处长、非银行金融机构处处长。2011 年 10 月至今任中江国际信托股份有限公司总经理助理、副总经理。
黄 昊	副总经理	男	38	2012	18	大学	金融	1992 年 9 月至 1995 年 7 月就读于江西省银行学校;1995 年 8 月至今在中江国际信托股份有限公司工作,历任信托业务部执行经理、副经理、北京信托业务一部经理、总经理助理,副总经理。

3.5 公司员工

项目		2014 年		2013 年	
人数(人)		185		180	
平均年龄		37		36	
		人数	比例(%)	人数	比例(%)
年龄分布	20 岁以下	0	0.00	0	0.00
	20~29 岁	77	41.62	72	40.00
	30~39 岁	45	24.33	44	24.44
	40 岁以上	63	34.05	64	35.56
学历分布	博士	2	1.08	2	1.11
	硕士	33	17.84	31	17.22
	本科	113	61.08	107	59.44
	专科	37	20.00	40	22.22
	其他	0	0.00	0	0.00
岗位分布	董事、监事及其他高管人员	11	5.95	12	6.67
	自营业务人员	26	14.05	22	12.22
	信托业务人员	145	78.38	143	79.44
	其他人员	3	1.62	3	1.67

4. 经营管理

4.1 经营目标、方针、战略规划

4.1.1 经营目标

立足信托本业,发挥地方金融机构的职能,在市场中求生存,在竞争中求发展,确保信托财产的安全高效,促进本公司稳健经营和可持续发展,为股东实现稳定的回报,为受益人的利益服务,为地方经济建设提供金融支持。

4.1.2 经营方针

坚持"为了共同利益"的核心价值观,坚持"诚信理财、服务社会"的经营宗旨,坚持"风险第一、效益第一"的经营理念,坚持"简单直接"的管理理念,以多元化的资产管理手段,谋求信托、证券、保险、期货、基金等金融工具及货币、资本和产业等多种行业的融合,实现收益的最大化。

4.1.3 战略规划

通过不懈的努力,把本公司发展成为地方性金融(控股)集团,进入全国信托业先进行列。

4.2 经营业务的主要内容

本公司所经营业务主要分为固有业务和信托业务两大块,其中固有业务包括自有资金投资等业务。

4.2.1 自营资产运用与分布

资产运用	金额(万元)	占比(%)	资产分布	金额(万元)	占比(%)
货币资产	73 380.33	14.93	基础产业		
拆出资金			房地产业		
贷款			证券、保险	403 164.47	82.03
其他流动资产	12 447.06	2.53	实业		
可供出售金融资产	262 442.05	53.40			
持有至到期投资		0.00			
长期股权投资	140 722.42	28.63	其他	88 315.58	17.97
其他	2 488.19	0.51			
资产合计	491 480.05	100.00	资产合计	491 480.05	100.00

4.2.2 信托资产运用与分布表

资产运用	金额(万元)	占比(%)	资产分布	金额(万元)	占比(%)
货币资产	185 950.12	0.85	基础产业	8 278 203.62	37.67
交易性金融资产	1 413 237.81	6.43	房地产业	1 735 765.45	7.90
贷款	12 986 953.93	59.10	证券	1 565 385.71	7.12
应收账款	571 042.60	2.60	金融机构	446 194.36	2.03
可供出售金融资产	487 220.40	2.22	工商企业	7 995 421.05	36.38
长期股权投资	917 635.25	4.18	其他	1 955 325.18	8.90
其他	5 414 255.26	24.64			
资产合计	21 976 295.37	100.00	资产合计	21 976 295.37	100.00

4.3 市场分析（影响本公司业务发展的主要因素）

4.3.1 有利的因素

4.3.1.1 区域环境优势

江西省委、省政府及监管部门的支持和帮助为公司发展提供了较好的区域发展环境。

4.3.1.2 股东资源优势

通过引进战略投资者，优化了公司的股东背景，实现了公司股权多元化，推动了法人治理结构的进一步完善，有利于依托股东资源优势进一步做大做强。

4.3.1.3 经营管理团队优势

本公司领导班子有很强的凝聚力和战斗力，在中江信托企业文化的熏陶和引领下，打造了一支“忠诚拼搏、艰苦创业”的经营管理团队。

4.3.1.4 业务拓展和战略扩张优势

本公司具备了对外扩张的基础。一是控股国盛证券有限责任公司，参股了天安财产保险股份有限公司，并通过国盛证券有限责任公司收购或设立了期货公司、基金管理公司，实现了综合金融业务的融合；二是本公司经营业绩逐年大幅度攀升，创新能力不断增强，抗风险能力显著提高；三是本公司与国家开发银行、中国工商银行、中国农业银行、中国银行、中国建设银行、交通银行、招商银行、光大银行、民生银行、兴业银行、浦发银行等金融机构及新湖中宝、复兴集团等上市公司建立了稳固的战略合作伙伴关系，银信合作、企信合作业务稳步推开；四是政信合作业务有成熟的操作模式，稳中求进，风险可控；五是本公司在全国主要城市设立了40个金融研发中心，业务渠道辐射全国，为公司下一步的业务拓展和战略扩张奠定了基础。

4.3.2 不利的因素

4.3.2.1 经济周期波动性加大

全球经济及中国经济周期波动性将进一步加大，面临较多不确定性。

4.3.2.2 行业竞争加剧

4.3.2.3 地处欠发达地区，客户资源相对有限，尤其是高端客户缺乏，合格投资者的培育、拓展难度相对较大

4.4 内部控制

4.4.1 内部控制环境和内部控制文化

合规性是风险控制的核心，是信托公司健康持续发展的生命线。提高合规意识、树立合规理念、健全合规文化是实现公司长治久安的保障。

本公司建立健全了以股东会、董事会、监事会以及经营管理层为主体的组织架构和公司治理结构。在决策层面上，董事会下设信托委员会、投资决策委员会、风险管理委员会、薪酬与考核委员会、制度与审计委员会、顾问委员会，构建了一个相对完整的决策和风险控制体系。在内部管理和经营方面，通过不同机构和岗位的设置，赋予相应的权责，并建立和完善各项业务操作规程与制度，从而形成了各岗位和人员之间相互独立、相互制衡和相互协调的监督管理机制。

经过不断的完善，公司形成了一整套公司治理、业务经营的制度体系。为保证制度有效性和可执行性，公司定期组织相关部门进行制度清理，充实、修改和废止了有关内部控制制度，形成制度汇编。本报告期内，在监管部门的指导下，根据自身风险管理情况，公司先后制定了《恢复与处置计划》、《舆情引导与处置管理规定》等制度，进一步完善了声誉风险管理、风险责任追究等有关内控制度。

此外，重视企业文化建设、营造成熟的内部控制文化是本公司稳健发展的重要手段。本公司通过“忠诚拼搏、艰苦创业”等系列主题教育活动和“员工行为整治年”活动，向员工传达风险管理、内部控制、合规经营的重要性，引导员工树立合规意识、风险意识和诚信理念，着力提高员工职业道德水准，规范员工职业行为，逐步塑造和形成以“风险第一、效益第一”经营理念和“内控第一、全员遵守”为主题的内控文化。

4.4.2 内部控制措施

在内部机构分工方面，本公司董事会下设的各委员会在分级授权范围内通过体系建设和及时完整的过程控制，使决策、研发、操作、审核及监督评价程序化、体系化。制度管理部作为审计与制度委员会的办事机构，除监督制度执行外，主要负责本公司内部稽核审计，以相对独立的审计工作程序和规范加强对制度执行的监察；法律风险监管部代表风险管理委员会负责法律及合规风险控制及评价具体事务。两大内控机构与财务部、综合托管部等相互配合、相互制衡，分别独立、客观地履行各自的内部控制职能，从组织结构上完善了公司内部控制体系。

在业务运作方面，明确前中后台业务的工作职责，规范程序，形成有监督、有制衡的业务运作体系。通过具体、明确、合理的分工与授权，建立业务操作规程，在内部界定各责任主体的目标、职责和权限，分别在授权范围内各司其职、相互独立。本公司主要职能部门之间建立健全了防火墙制度，不同部门人员不得相互兼职，保证了自营、信托业务各成体系、独立运行。

在文化意识形态方面，本公司坚持企业文化的宣传教育，利用晨会制度等潜移默化地引导员工理解和践行企业文化。同时，本公司注重对员工的持续教育，通过周末专题讲座及定期培训，宣传合法合规经营的理念，使员工树立起合规经营优先、风险控制优先的意识。本公司制定了“十八支持、十八反对”的员工行为准则、职业道德规范，建立诚信记录，营造本公司合规经营的制度、文化环境。

4.4.3 信息交流与反馈

通过强有力的制度执行，向风险管理委员会、高级管理层和董事会报告，及时披露业务开展和内控过程中的实质性缺陷或失控，以完善的信息系统确保了报告程序的有效性和保密性。同时，定期披露或通报各责任主体或责任人履行职责情况、制度执行情况。各有关部门对项目运作、公司决议的执行实行跟踪，按照公司制度规定的流程及时将跟踪信息反馈，保证了本公司对项目和合同履行等的控制。公司建立了舆情监测和报告机制，成立了声誉风险管理小组，及时获取与公司经营相关的外部信息，并及时作出相应反馈。

4.4.4 监督评价与纠正

本公司董事会和高级管理层定期或不定期召开内控工作会议和风险例会，听取制度管理部、法律风险监管部、综合托管部、财务部在稽核审计、内控检查、财务执行和风险监督过程中有关情况的汇报，对内控工作定期评价，对有关问题及时处理，切实防范各类风险。公司管理层和内控部门对存在的问题进

行现场检查和督促，及时有效地纠正运行中的偏差。

4.5 风险管理

4.5.1 风险管理概况

本公司风险管理坚持全面性、全员性、独立性、相互制衡、防火墙、适时有效、风险控制与业务发展同等重要、定性与定量相结合等原则，建立健全了信托赔偿准备金、恢复与处置等风险管理制度，保障公司健康、稳定经营和发展。在风险管理组织架构上，通过分离决策层、执行层、监督层，使各层级各自履行不同专业化的职能，起到相互独立、相互制衡的作用。公司主要从三个层面进行风险内部管理：一是公司各部门内部风险管理，二是公司内设风险管理专职部门风险管理，三是公司决策层面的风险内部管理。风险控制委员会是本公司常设风险控制的议事机构，主要负责制定和实施风险管理政策和措施，进行风险评估和控制。法律风险监管部作为风险控制委员会的办事机构，是具体的风险管理专职部门，负责审查、评估风险控制制度、程序及流程的合法性和合规性，揭示风险并提出风险处理预案，执行公司风险控制意见和措施。制度管理部负责草拟公司稽核审计业务制度并经批准后组织具体实施，对公司各项内控制度的执行情况作出评价并提出建议。各业务部门设立相关的风险管理对口岗位配合专职部门的风险管理。同时，公司注重发挥独立的外部机构在风险管理中的作用，聘请了专门的律师事务所、会计师事务所、资产评估事务所等第三方专业机构，为公司风险管理提供长年和专项服务。

4.5.2 风险状况

本公司经营活动中主要面临信用风险、市场风险、操作风险、政策风险、道德风险和其他风险等。

4.5.2.1 信用风险状况

信用风险是指交易对方因各种原因，不愿或无力履行约定义务的可能性。本报告期内，本公司固有业务项下未发生交易对方信用风险事项，信托业务项下未新增实质性信用风险项目，信用风险控制整体状况良好。

4.5.2.2 市场风险状况

本公司所管理的资产主要集中在民生工程、股权及权益投资、信贷资产、债券投资、财产管理等，少量涉足房地产项目，尚未涉足外汇市场，其中，房地产项目主要为政府保障性住房项目建设，商业地产项目仅与大型房地产企业合作。集合资金信托计划的信贷资产规模比例控制在30%以下，固有业务无新增贷款；对于较复杂的特定市场且公司不能有效了解和把握其风险的，一般采取谨慎原则，保守操作，市场波动风险较小。

4.5.2.3 操作风险状况

本公司可能面临的操作风险主要来自内部管理风险或决策风险。其中，内部管理风险主要包括公司员工故意或过失操作、监督缺失、风控流程不完善、操作系统故障等内部问题及外部事件而导致的风险。报告期内各项投资运行正常，无一例因管理人的失职而引发赔付的风险事项发生。

4.5.2.4 政策风险状况

本公司坚持以宏观调控为导向，及时研判宏观经济形势，深入解读和贯彻经济政策、产业政策，依法合规实施各项投融资业务，未发生违反政策或法规的违法违规事件。

4.5.2.5 道德风险状况

本报告期内，公司未发生因内部人员蓄意违规违法或与公司的利益主体串通而给信托受益人或本公司自身带来损失的案件，道德风险得到有效防控。

4.5.2.6 其他风险状况

本公司报告期内未发生法律和道德风险事项，但相关宏观经济政策及监管政策的变化对本公司的发展预期产生了一定的影响。

4.5.3 风险管理情况

本公司风险管理坚持“事前防范为主、事中控制及事后补救为辅”的基本原则，涉及信用风险、市场风险及操作风险等风险管理的各个领域。

4.5.3.1 信用风险管理

本公司针对信用风险管理采取的主要措施有：(1)加强项目前期调查，谨慎选择交易对手。(2)加强项目评审，根据项目情况按优良、一般和差三个档次进行风险评级，对不同风险评级的项目和交易对手提出不同的风控要求。(3)根据项目情况采取不同的信用增级措施，降低风险敞口。采用信用担保的，优先选择代为清偿债务能力强、信誉状况好的保证人；需要提供物的担保的，坚持抵(质)押品确认原则，明确权属，评估价值及流通性，设置合理的抵(质)押率；通过设置预警及平仓线，建立风险缓冲；采取优先和劣后的结构化设计，增强信托优先受益人的利益保障。(4)加强对存续项目的持续监管，对交易对手的资信状况和履约能力等定期进行了解或检查，及时识别存续项目交易对手的信用风险，对风险资产进行五级分类并进行相应管理。(5)通过协商、调解、债权申报以及诉讼等多种方式，积极主张权利、化解风险，有效维护信托财产的安全。(6)严格按有关规定足额计提一般及专项准备金。

4.5.3.2 市场风险管理

本公司所管理的资产主要集中在证券投资、股权投资、信贷资产、财产管理等，尚未涉足外汇市场，相应的风险管理措施主要有：(1)固有资金运用主要采取货币类资产和长期股权投资，长期股权投资为保险公司、证券公司等金融股权投资，货币类资产以存放同业等形式使用和管理，市场风险较小。信托业务中，根据不同业务类型采取相应的市场风险管理措施。集合类信托项目信贷资产规模比例控制在30%以下；证券投资类信托产品采用预警、平仓制度、结构化设计等方式，增强对优先受益人的保障。(2)公司通过加强市场调查、研究和分析，注重投资组合，对股价、利率、汇率等市场要素尽量有较全面、较准确的了解，尽量规避市场风险。对于较复杂的特定市场且本公司不能有效了解和把握其风险的，一般采取谨慎原则，稳健操作。

4.5.3.3 操作风险管理

针对内部管理风险采取如下措施。(1)在项目审查、财务管理、内部稽核、资金运作、账户管控、客户档案管理等方面，严格按信托法规及信托文件设定相应的管理岗位，明确管理职责及审批权限，做到责任落实、跟踪有效，最大限度地控制内部管理方面的风险。(2)进一步完善相关制度，优化操作流程，下发了《信托项目操作风险管理规定》等制度，对各项制度和流程进行了梳理，进一步优化了工作流程及岗位职责。(3)进一步加强工作流程的合规检查，指导员工合规操作。(4)进一步建立和完善了公司信息系统，使审批流程标准化、系统化，信息处理、经营管理和内部控制系统功能更加完备。(5)继续加强员工培训，提高员工的业务素质。

针对决策风险采取如下措施。决策风险主要来源于决策失误、决策程序不规范,本公司通过严格决策控制程序来规避决策风险,制定了项目审查"五个两、十环节"的程序,逐一落实责任人员,并制定了责任终身追究制度。

4.5.3.4 政策风险管理

本公司通过加强对宏观政策和监管政策的调查研究,深入解读和贯彻经济政策、产业政策,通过加强与监管部门和行业的沟通联系,尽可能更准确地了解现有宏观政策和监管政策,尽可能准确地分析宏观政策和监管政策的未来趋势;严格项目评审,从合法、合规的视角审视、评价每笔业务,基本实现对政策及合规风险的有效管理。同时,坚持遵纪守法的经营方针和经营宗旨,切实规范各项经营管理,保证各项业务在合法合规的前提下进行。

4.5.3.5 道德风险管理

本公司主要通过制度设计和加强员工忠诚教育来防范道德风险:(1)进一步完善内控制度,建立健全各项规章制度。(2)进一步厘清和规范产品推介、财产管理、风险揭示和信息披露等环节职责,履行受托人的监管义务,妥善管理信托投资项目,把风险控制在最低限度。(3)严格按照公开、公正的原则,真实地进行会计核算、财务处理及信息披露。(4)公司设立道德风险防范委员会作为道德风险防范的专门机构,对可能出现的道德风险问题进行综合分析,总结经验教训并提出防控意见。稽核部门负责通过制度监察、跟踪审计等方式协助道德风险防范委员会进行道德风险管理。(5)本公司继续实行员工忠诚于保密承诺制度,通过开展"员工行为整治年"、制度汇编学习等活动,提高员工素质,防止道德风险。

4.5.3.6 其他风险管理

针对可能面临的各类其他风险,本公司通过定期组织法律法规知识学习,宣传宏观政策,并推出一系列主题文化教育和员工忠诚教育,防患于未然,及时掌握政策动向,降低各种不利因素的影响。

5. 报告期末及上一年度末的比较式会计报表

5.1 自营资产(经审计)

5.1.1 会计师事务所审计结论

审 计 报 告

大信审字[2015]第6-00085号

中江国际信托有限责任公司全体股东:

我们审计了后附的中江国际信托有限责任公司(以下简称贵公司)财务报表,包括2014年12月31日的合并及母公司资产负债表,2014年度的合并及母公司利润表、合并及母公司现金流量表、合并及母公司股东权益变动表,以及财务报表附注。

一、管理层对财务报表的责任

编制和公允列报财务报表是百瑞信托管理层的责任,这种责任包括:(1)按照企业会计准则的规定编制财务报表,并使其实现公允反映;(2)设计、执行和维护必要的内部控制,以使财务报表不存在由于舞弊或错误导致的重大错报。

二、注册会计师的责任

我们的责任是在执行审计工作的基础上对财务报表发表审计意见。我们按照中国注册会计师审计准则的规定执行了审计工作。中国注册会计师审计准则要求我们遵守中国注册会计师职业道德守则,计划和执行审计工作以对财务报表是否不存在重大错报获取合理保证。

审计工作涉及实施审计程序,以获取有关财务报表金额和披露的审计证据。选择的审计程序取决于注册会计师的判断,包括对由于舞弊或错误导致的财务报表重大错报风险的评估。在进行风险评估时,注册会计师考虑与财务报表编制和公允列报相关的内部控制,以设计恰当的审计程序,但目的并非对内部控制的有效性发表意见。审计工作还包括评价管理层选用会计政策的恰当性和作出会计估计的合理性,以及评价财务报表的总体列报。

我们相信,我们获取的审计证据是充分、适当的,为发表审计意见提供了基础。

三、审计意见

我们认为,贵公司财务报表在所有重大方面按照企业会计准则的规定编制,公允反映了贵公司2014年12月31日的财务状况以及2014年度的经营成果和现金流量。

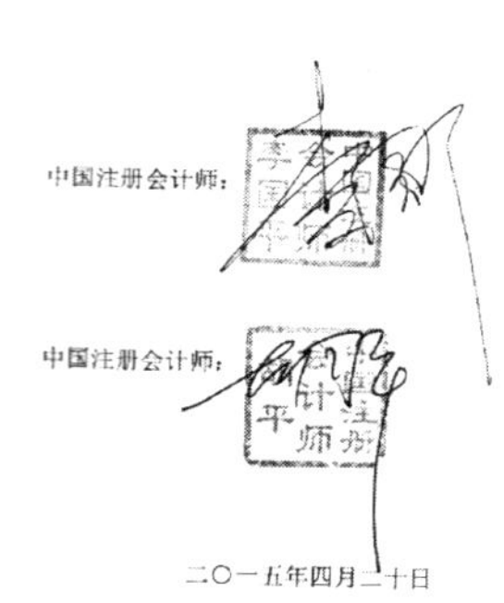

二〇一五年四月二十日

5.1.2 资产负债表

资产负债表

单位:中江国际信托股份有限公司　　2014年12月31日　　单位:元

资产	行次	期初数	期末数	负债及所有者权益	行次	期初数	期末数
资产:				负债:			
货币资金	1	1 177 358 228.04	733 803 286.34	短期借款	1		
其中:客户资金存款	2			其中:质押借款	2		
结算备付金	3			拆入资金	3		

续表

资产	行次	期初数	期末数	负债及所有者权益	行次	期初数	期末数
其中:客户备付金	4			交易性金融负债	4		
拆出资金	5			衍生金融负债	5		
交易性金融资产	6			卖出回购金融资产款	6		
衍生金融资产	7			代理买卖证券款	7		
买入返售金融资产	8			代理承销证券款	8		
应收利息	9			应付职工薪酬	9	178 190 309. 46	153 922 279. 22
存出保证金	10			应交税费	10	147 519 337. 47	132 301 979. 18
其他流动资产	11	103 663 339. 76	124 470 638. 58	应付利息	11		
其中:1. 应收账款	12			预计负债	12		
2. 其他应收款	13	104 163 339. 76	125 046 963. 32	长期借款	13		
3. 坏账准备	14	500 000. 00	576 324. 74	应付债券	14		
4. 待摊费用	15			递延所得税负债	15	12 555 056. 35	55 091 437. 53
流动资产合计	16	1 281 021 567. 80	858 273 924. 92	其他负债	16	10 883 838. 51	87 498 473. 25
可供出售金融资产	17	2 154 100 496. 02	2 624 420 469. 53	负债合计	17	349 148 541. 79	428 814 169. 18
持有至到期投资	18			所有者权益:	18		
长期股权投资	19	648 170 791. 78	1 407 224 235. 14	实收资本	19	1 155 789 134. 00	1 155 789 134. 00
投资性房地产	20			资本公积	20	1 263 756 158. 60	1 263 756 158. 60
固定资产	21	16 943 718. 65	12 919 017. 70	减:库存股	21		
无形资产	22	2 220 100. 00	2 803 166. 67	盈余公积	22	150 777 167. 20	211 271 568. 35
其中:交易席位费	23			一般风险准备	23		
商誉	24			其他综合收益	24	37 665 169. 04	165 274 312. 57
递延所得税资产	25	125 000. 00	9 159 642. 72	信托赔偿准备金	25	19 104 362. 12	49 351 562. 70
其他资产	26			未分配利润	26	1 126 341 141. 50	1 640 543 551. 28
其中:长期待摊费用	27			归属于母公司所有者权益	27	3 753 433 132. 46	4 485 986 287. 50
				少数股东权益	28		
				所有者权益合计	29	3 753 433 132. 46	4 485 986 287. 50
资产总计	28	4 102 581 674. 25	4 914 800 456. 68	负债和股东权益总计	30	4 102 581 674. 25	4 914 800 456. 68

公司负责人:裘　强　　主管会计工作负责人:曾　海　　财务负责人:彭缅良

5. 1. 3　利润表

利润表

编制单位:中江国际信托股份有限公司　　2014 年 12 月 31 日　　单位:元

项　　目	行次	本年数	上年数
一、营业收入	1	1 236 455 972. 61	1 196 391 763. 17
手续费及佣金净收入	2	1 155 899 315. 74	1 166 979 564. 11
其中:信托手续费净收入	3	1 155 899 315. 74	1 166 979 564. 11
代理买卖证券业务净收入	4		
证券承销业务净收入	5		
受托客户资金管理业务净收入	6		
利息净收入	7	49 541 795. 32	24 586 227. 06
投资收益(损失以"-"号填列)	8	28 981 110. 32	4 470 972. 00
其中:对联营企业和合营企业的投资收益	9		
公允价值变动收益(损失以"-"号填列)	10		
汇兑收益(损失以"-"号填列)	11		
其他业务收入	12	2 033 751. 23	355 000. 00
二、营业支出	13	440 111 533. 70	439 641 949. 46
营业税金及附加	14	66 260 758. 90	65 607 110. 00
业务及管理费	15	323 354 585. 33	332 439 836. 73
资产减值损失	16	76 324. 74	-7 087 813. 00
其他业务成本	17	50 419 864. 73	48 682 815. 73

续表

项　目	行次	本年数	上年数
三、营业利润（亏损以"－"号填列）	18	796 344 438.91	756 749 813.71
加：营业外收入	19	1 875 781.99	2 341 384.65
减：营业外支出	20	5 681 587.94	5 475 521.90
四、利润总额（亏损总额以"－"号填列）	21	792 538 632.96	753 615 676.46
减：所得税费用	22	187 594 621.45	198 874 534.16
五、净利润（净亏损以"－"号填列）	23	604 944 011.51	554 741 142.30
归属于母公司所有者的净利润	24		
少数股东损益	25		—
六、其他综合收益	26	127 609 143.53	－2 435 826.81
七、综合收益总额	27	732 553 155.04	552 305 315.49
归属于母公司所有者的综合收益总额	28		
归属于少数股东的综合收益总额	29		—

公司负责人：裘　强　　主管会计工作负责人：曾　海　　财务部负责人：彭缅良

5.1.4　现金流量表

母公司现金流量表

编制单位：中江国际信托股份有限公司　　2014 年度　　单位：元

项目	附注	本期金额	上期金额
一、经营活动产生的现金流量			
客户存款和同业存放款项净增加额			
收取利息、手续费及佣金的现金		1 205 441 111.06	1 191 565 791.17
收到其他与经营活动有关的现金		79 608 338.96	2 696 384.65
经营活动现金流入小计		1 285 049 450.02	1 194 262 175.82
客户贷款及垫款净增加额			
支付手续费及佣金的现金			
支付给职工以及为职工支付的现金		260 260 935.14	192 860 110.21
支付的各项税费		281 312 464.24	223 012 551.60
支付其他与经营活动有关的现金		156 713 318.15	262 622 492.47
经营活动现金流出小计		698 286 717.53	678 495 154.28
经营活动产生的现金流量净额		586 762 732.49	515 767 021.54
二、投资活动产生的现金流量			
收回投资收到的现金		65 622.81	
取得投资收益收到的现金		25 294 770.51	4 470 972.00
处置固定资产无形资产及其他长期资产收回的现金		5 000.00	289 800.00
收到其他与投资活动有关的现金			
投资活动现金流入小计		25 365 393.32	4 760 772.00
投资支付的现金		759 053 443.36	84 071 851.76
购建固定资产、无形资产和其他长期资产支付的现金		77 400.67	4 417 440.00
可供出售金融资产净额		296 552 223.48	429 270 099.80
支付其他与投资活动有关的现金			
投资活动现金流出小计		1 055 683 067.51	517 759 391.56
投资活动产生的现金流量净额		－1 030 317 674.19	－512 998 619.56
三、筹资活动产生的现金流量			
吸收投资收到的现金			
发行债券收到的现金			
收到其他与筹资活动有关的现金			
筹资活动现金流入小计			
偿还债务支付的现金			
分配股利、利润或偿付利息支付的现金			
支付其他与筹资活动有关的现金			
筹资活动现金流出小计			
筹资活动产生的现金流量净额			
四、汇率变动对现金及现金等价物的影响			
五、现金及现金等价物净增加额		－443 554 941.70	2 768 401.98
加：年初现金及现金等价物余额		1 177 358 228.04	1 174 589 826.06
六、期末现金及现金等价物余额		733 803 286.34	1 177 358 228.04

公司负责人：裘　强　　主管会计工作负责人：曾　海　　会计机构负责人：彭缅良

5.1.5 所有者权益变动表

母公司股东权益变动表(1)

编制单位:中江信托股份有限公司　　　　单位:元

项目	2013 年						
	股本	资本公积	其他综合收益	盈余公积	一般风险准备	未分配利润	股东权益合计
一、上年末余额	1 036 581 817.00	1 032 064 471.45		95 303 052.97	31 139 085.48	654 811 170.54	2 849 899 597.44
加:会计政策变更		-40 100 995.85	40 100 995.85				
前期差错更正							
其他							
二、本年初余额	1 036 581 817.00	991 963 475.60	40 100 995.85	95 303 052.97	31 139 085.48	654 811 170.54	2 849 899 597.44
三、本期增减变动金额(减少以"-"号填列)	119 207 317.00	271 792 683.00	-2 435 826.81	55 474 114.23	-12 034 723.36	471 529 970.96	903 533 535.02
(一)综合收益总额			-2 435 826.81			554 741 142.30	552 305 315.49
(二)股东投入和减少资本	119 207 317.00	271 792 683.00					391 000 000.00
1. 股东投入的普通股	119 207 317.00	271 792 683.00					391 000 000.00
2. 其他权益工具持有者投入资本							
3. 股份支付计入所有者权益的金额							
4. 其他							
(三)利润分配				55 474 114.23	27 737 057.11	-83 211 171.34	
1. 提取盈余公积				55 474 114.23		-55 474 114.23	
2. 提取一般风险准备							
3. 对股东的分配							
4. 提取信托赔偿准备金					27 737 057.11	-27 737 057.11	
(四)股东权益内部结转					-39 771 780.47		-39 771 780.47
1. 资本公积转增资本(或股本)							
2. 盈余公积转增资本(或股本)							
3. 盈余公积弥补亏损							
4. 信托赔偿准备金使用					-39 771 780.47		-39 771 780.47
(五)专项储备							
1. 本期提取							
2. 本期使用							
(六)其他							
四、本期末余额	1 155 789 134.00	1 263 756 158.60	37 665 169.04	150 777 167.20	19 104 362.12	1 126 341 141.50	3 753 433 132.46

法定代表人:裘　强　　　　主管会计工作负责人:曾　海　　　　会计机构负责人:彭缅良

母公司股东权益变动表(2)

编制单位:中江信托股份有限公司　　　　单位:元

项目	2014 年						
	股本	资本公积	其他综合收益	盈余公积	一般风险准备	未分配利润	股东权益合计
一、上年末余额	1 155 789 134.00	1 263 756 158.60	37 665 169.04	150 777 167.20	19 104 362.12	1 126 341 141.50	3 753 433 132.46
加:会计政策变更							
前期差错更正							
其他							
二、本年初余额	1 155 789 134.00	1 263 756 158.60	37 665 169.04	150 777 167.20	19 104 362.12	1 126 341 141.50	3 753 433 132.46
三、本期增减变动金额(减少以"-"号填列)			127 609 143.53	60 494 401.15	30 247 200.58	514 202 409.78	732 553 155.04
(一)综合收益总额			127 609 143.53			604 944 011.51	732 553 155.04
(二)股东投入和减少资本							
1. 股东投入的普通股							
2. 其他权益工具持有者投入资本							
3. 股份支付计入所有者权益的金额							
4. 其他							
(三)利润分配				60 494 401.15	30 247 200.58	-90 741 601.73	
1. 提取盈余公积				60 494 401.15		-60 494 401.15	
2. 提取一般风险准备							

续表

项目	2014 年						
	股本	资本公积	其他综合收益	盈余公积	一般风险准备	未分配利润	股东权益合计
3. 对股东的分配							
4. 提取信托赔偿准备金					30 247 200. 58	−30 247 200. 58	
（四）股东权益内部结转							
1. 资本公积转增资本（或股本）							
2. 盈余公积转增资本（或股本）							
3. 盈余公积弥补亏损							
4. 信托赔偿准备金使用							
（五）专项储备							
1. 本期提取							
2. 本期使用							
（六）其他							
四、本期末余额	1 155 789 134. 00	1 263 756 158. 60	165 274 312. 57	211 271 568. 35	49 351 562. 70	1 640 543 551. 28	4 485 986 287. 50

法定代表人：裘　强　　　主管会计工作负责人：曾　海　　　会计机构负责人：彭缅良

5. 1. 6　合并资产负债表

合并资产负债表

单位：中江国际信托股份有限公司　　　2014 年 12 月 31 日　　　单位：元

资产	行次	期初数	期末数	负债及所有者权益	行次	期初数	期末数
资产：				负债：			
货币资金	1	3 217 801 493. 44	5 833 037 107. 70	短期借款	1	41 980 000. 00	—
其中：客户资金存款	2	1 786 785 439. 97	3 813 573 260. 14	其中：质押借款	2		
结算备付金	3	246 350 922. 85	535 768 459. 81	拆入资金	3		447 000 000. 00
其中：客户备付金	4	180 336 317. 91	391 656 437. 59	交易性金融负债	4		
拆出资金	5			衍生金融负债	5		
交易性金融资产	6	1 520 761 714. 97	1 123 354 397. 51	卖出回购金融资产款	6	993 600 000. 00	999 700 000. 00
衍生金融资产	7			代理买卖证券款	7	1 980 212 105. 96	4 050 475 057. 95
买入返售金融资产	8	352 270 000. 00	86 350 000. 00	代理承销证券款	8		
应收利息	9	6 284 365. 40	51 757 446. 45	应付职工薪酬	9	251 684 239. 38	275 010 803. 85
存出保证金	10	71 791 524. 54	123 723 177. 84	应交税费	10	177 106 328. 59	199 062 750. 15
其他流动资产	11	706 526 585. 61	1 827 981 700. 49	应付利息	11	3 274 506. 45	10 869 451. 10
其中：1. 应收账款	12	27 489 554. 66	14 901 242. 90	预计负债	12		
2. 其他应收款	13	104 163 339. 76	125 046 963. 32	长期借款	13		
3. 坏账准备	14	871 854. 76	948 179. 50	应付债券	14		471 680 000. 00
4. 融出资金	15	575 745 545. 95	1 688 791 151. 12	递延所得税负债	15	12 637 470. 74	56 746 048. 50
流动资产合计	16	6 121 786 606. 81	9 581 972 289. 80	其他负债	16	60 662 658. 36	330 203 436. 76
可供出售金融资产	17	2 196 137 949. 07	3 147 579 092. 71	负债合计	17	3 521 157 309. 48	6 840 747 548. 31
持有至到期投资	18			所有者权益：	18		
长期股权投资	19	46 383 364. 82	49 441 550. 77	实收资本	19	1 155 789 134. 00	1 155 789 134. 00
投资性房地产	20			资本公积	20	1 239 668 065. 74	1 142 004 731. 41
固定资产	21	57 101 627. 68	54 198 611. 88	减：库存股	21		
无形资产	22	28 307 386. 54	18 319 342. 78	盈余公积	22	150 777 167. 20	211 271 568. 35
其中：交易席位费	23			一般风险准备	23		
商誉	24	177 461 853. 05	177 461 853. 05	其他综合收益	24	37 787 911. 92	166 755 675. 58
递延所得税资产	25	9 787 206. 04	15 888 430. 54	信托赔偿准备金	25	19 104 362. 12	49 351 595. 39
其他资产	26	19 035 289. 26	21 502 991. 12	未分配利润	26	1 587 210 160. 33	2 243 324 881. 78
其中：长期待摊费用	27	15 988 034. 69	14 575 178. 24	归属于母公司所有者权益	27	4 190 336 801. 31	4 968 497 586. 51
				少数股东权益	28	944 507 172. 48	1 257 119 027. 83
				所有者权益合计	29	5 134 843 973. 79	6 225 616 614. 34
资产总计	28	8 656 001 283. 27	13 066 364 162. 65	负债和股东权益总计	30	8 656 001 283. 27	13 066 364 162. 65

公司负责人：裘　强　　　主管会计工作负责人：曾　海　　　财务负责人：彭缅良

5.1.7 合并利润表

合并利润表

编制单位:中江信托股份有限公司 单位:元

项 目	本期发生额	上期发生额
一、营业收入	2 085 899 924. 29	1 714 087 475. 33
利息净收入	148 057 253. 26	103 057 201. 29
利息收入	213 819 524. 21	132 588 920. 95
利息支出	64 762 270. 95	29 531 719. 66
手续费及佣金净收入	1 674 620 427. 91	1 545 083 596. 75
手续费及佣金收入	1 773 595 561. 51	1 603 762 932. 43
手续费及佣金支出	98 975 133. 60	58 679 335. 68
投资收益	237 267 663. 64	51 449 438. 06
其中:对联营企业和合营企业的投资收益	4 296 932. 40	-4 116 635. 18
公允价值变动收益	22 625 897. 49	13 591 485. 15
汇总收益	47 879. 67	-405 540. 72
其他业务收入	3 280 802. 32	1 311 294. 80
二、营业支出	909 792 941. 67	773 873 353. 76
营业税金及附加	113 152 146. 08	95 437 016. 38
业务及管理费	749 333 759. 67	650 880 309. 49
资产及管理费	2 127 171. 19	-7 416 787. 84
其他业务成本	45 179 864. 73	34 972 815. 73
三、营业利润(亏损以"-"号填列)	1 176 106 982. 62	940 214 121. 57
加:营业外收入	3 173 242. 13	24 354 126. 41
其中:非流动资产处置利得	20 976. 60	159 695. 11
减:营业外支出	10 670 438. 77	11 462 842. 03
其中:非流动资产处置损失	223 107. 60	199 953. 70
四、利润总额(亏损总额以"-"号填列)	1 168 609 785. 98	953 105 405. 95
减:所得税费用	279 825 346. 64	253 767 163. 56
五、净利润(净亏损以"-"号填列)	888 784 439. 34	699 338 242. 39
其中:归属于母公司所有者的净利润	746 856 323. 18	631 762 393. 72
少数股东损益	141 928 116. 16	67 575 848. 67
六、其他综合收益的税后净额	130 075 688. 51	-2 188 583. 65
归属母公司所有者的其他综合收益的税后净额	128 967 763. 66	2 313 083. 93
(一)以后不能重分类损益的其他综合收益		
(二)以后将重分类进损益的其他综合收益	128 967 763. 66	-2 313 083. 93
1. 权益法核算的在被投资单位以后将重分类进损益的其他综合收益中所享有的份额	151 520. 50	
2. 可供出售金融资产公允价值变动损益	128 816 243. 16	-2 313 083. 93
归属于少数股东的其他综合收益的税后净额	1 107 924. 85	124 500. 28
七、综合收益总额	1 018 860 127. 85	697 149 658. 74
归属于母公司所有者的综合收益总额	875 824 086. 84	629 449 309. 79
归属于少数股东的综合收益总额	143 036 041. 01	6 770 034. 95
八、每股收益		
(一)基本每股收益		
(二)稀释每股收益		

公司负责人:裘 强 主管会计工作负责人:曾 海 财务负责人:彭缅良

5.1.8 合并现金流量表

合并现金流量表

编制单位：中江信托股份有限公司　　　　单位：元

项　目	本期发生额	上期发生额
一、经营活动产生的现金流量		
处置交易性金融资产净增加额	485 851 621. 28	
收取利息、手续费及佣金的现金	2 078 491 597. 77	1 774 700 596. 24
拆入资金净增加额	447 000 000. 00	
回购业务资金净增加额	272 020 000. 00	440 730 000. 00
融出资金净增加额		
代理买卖证券收到的现金净额	2 253 826 601. 32	
收到其他与经营活动有关的现金	98 222 219. 10	9 180 601. 21
经营活动现金流入小计	5 635 412 039. 47	2 224 611 197. 45
处置交易性金融资产净减少额		854 611 072. 05
融出资金净减少额	1 114 736 086. 80	484 073 321. 01
代理买卖证券支付的现金净额		361 272 239. 62
支付利息、手续费及佣金的现金	156 050 394. 62	70 857 163. 52
支付给职工以及为职工支付的现金	469 204 417. 83	340 571 855. 08
支付的各项税费	382 372 442. 56	301 988 486. 96
支付其他与经营活动有关的现金	333 398 843. 30	379 798 611. 23
经营活动现金流出小计	2 455 762 182. 11	2 793 172 749. 47
经营活动产生的现金流量净额	3 179 649 854. 36	−568 561 552. 02
二、投资活动产生的现金流量		
收回投资收到的现金		
取得投资收益收到的现金	26 096 944. 95	4 470 972. 00
处置固定资产、无形资产和其他长期资产收回的现金净额	739 104. 99	289 800. 00
处置子公司及其他营业单位收到的现金净额		
收到其他与投资活动有关的现金		114 527. 05
投资活动现金流入小计	26 836 049. 94	4 875 299. 05
购建固定资产、无形资产和其他长期资产支付的现金	27 365 626. 38	18 921 452. 09
投资支付的现金	175 582 443. 36	49 491 902. 32
取得子公司及其他营业单位支付的现金净额		
可供出售金融资产净额	774 730 804. 41	449 270 099. 80
支付其他与投资活动有关的现金		
投资活动现金流出小计	977 678 874. 15	517 683 454. 21
投资活动产生的现金流量净额	−950 842 824. 21	−512 808 155. 16
三、筹资活动产生的现金流量		
吸收投资收到的现金	247 619 400. 00	158 247 554. 72
其中：子公司吸收少数股东投资收到的现金	247 619 400. 00	
取得借款收到的现金		41 980 000. 00
发行债券收到的现金	471 680 000. 00	
收到其他与筹资活动有关的现金		
筹资活动现金流入小计	719 299 400. 00	200 227 554. 72
偿还债务支付的现金	41 980 000. 00	85 000 000. 00
分配股利、利润或偿付利息支付的现金	1 521 158. 60	1 582 215. 85
其中：子公司支付给少数股东的股利、利润		
支付其他与筹资活动有关的现金		
筹资活动现金流出小计	43 501 158. 60	86 582 215. 85
筹资活动产生的现鑫流量净额	675 798 241. 40	113 645 338. 87
四、汇率变动对现金对现金等价物的影响	47 879. 67	−405 540. 72
五、现金及现金等价物净增加额	2 904 653 151. 22	−968 129 909. 03
加：期初现金及现金等价物余额	3 464 152 416. 29	4 432 282 325. 32
六、期末现金及现金等价物余额	6 368 805 567. 51	3 464 152 416. 29

公司负责人：裘　强　　　　主管会计工作负责人：曾　海　　　　财务负责人：彭缅良

5.1.9 合并所有者权益变动表

合并股东权益变动表(1)

编制单位：中江信托股份有限公司　　　　单位：元

项目	2014年								
	归属于母公司股东权益							少数股东权益	股东权益合计
	股东	资本公积	其他综合收益	盈余公积	一般风险准备	未分配利润	归属于母公司所有者(或股东)的权益合计		
一、上年末余额	1 155 789 134.00	1 237 354 981.81	40 100 995.85	150 777 167.20	19 104 362.12	1 587 210 160.33	4 190 336 801.31	944 507 172.48	5 134 843 973.79
加：会计政策变更		2 313 083.93	-231 308.93						
前期差错更正									
其他									
二、本年初余额	1 155 789 134.00	1 239 668 065.74	37 787 911.92	150 777 167.20	19 104 362.12	1 587 210 160.33	4 190 336 801.31	944 507 172.48	5 134 843 973.79
三、本期增减变动金额(减少以"－"号填列)		-97 663 334.33	128 967 763.66	60 494 401.15	30 247 233.27	656 114 721.45	778 160 785.20	312 611 855.35	1 090 772 640.55
(一)综合收益总额			128 967 763.66			746 856 323.18	875 824 086.84	143 036 041.01	1 018 860 127.85
(二)股东投入和减少资本		-97 663 334.33					-97 663 334.33	169 575 814.34	71 912 480.01
1. 股东投入的普通股								169 575 814.34	169 575 814.34
2. 其他权益工具持有者投入资本									
3. 股份支付计入所有者权益的金额									
4. 其他		-97 663 334.33					-97 663 334.33		-97 633 334.33
(三)利润分配				60 494 401.15	30 247 233.27	-90 741 601.73	32.69		32.69
1. 提取盈余公积				60 494 401.15		-60 494 401.15			
2. 提取一般风险准备					30 247 200.58	-30 247 200.58			
3. 对股东的分配									
4. 提取信托赔偿准备金					32.69		32.69		32.69
(四)股东权益内部结转									
1. 资本公积转增资本(或股本)									
2. 盈余公积转增资本(或股本)									
3. 盈余公积弥补亏损									
4. 信托赔偿准备金使用									
(五)专项储备									
1. 本期提取									
2. 本期使用									
(六)其他									
四、本期末余额	1 155 789 134.00	1 142 004 731.41	166 755 675.58	211 271 568.35	49 351 595.39	2 243 324 881.78	4 968 497 586.51	1 257 119 027.83	6 225 616 614.34

法定代表人：裘　强　　　　主管会计工作负责人：曾　海　　　　会计机构负责人：彭缅良

合并股东权益变动表（2）

编制单位：中江信托股份有限公司

单位：元

项目	2013 年								
	归属于母公司股东权益							少数股东权益	股东权益合计
	股东	资本公积	其他综合收益	盈余公积	一般风险准备	未分配利润	归属于母公司所有者（或股东）的权益合计		
一、上年末余额	1 036 581 817.00	1 032 064 471.45		95 303 052.97	31 139 085.48	1 038 658 937.95	3 233 747 364.85	694 471 175.95	3 928 218 540.80
加：会计政策变更		-40 100 995.85	40 100 995.85						
前期差错更正									
其他									
二、本年初余额	1 036 581 817.00	991 963 475.60	40 100 995.85	95 303 052.97	31 139 085.48	1 038 658 937.95	3 233 747 364.85	694 471 175.95	3 928 218 540.80
三、本期增减变动金额（减少以“－”号填列）	119 207 317.00	247 704 590.14	-2 313 083.93	55 474 114.23	-12 034 723.36	548 551 222.38	956 589 436.46	250 035 996.53	1 206 625 432.99
（一）综合收益总额			-2 313 083.93			631 762 393.72	629 499 309.79	67 700 348.95	697 149 658.74
（二）股东投入和减少资本	119 207 317.00	247 704 590.14					366 911 907.14	182 335 647.58	549 247 554.72
1. 股东投入的普通股	119 207 317.00	271 792 683.00					391 000 000.00	158 247 554.72	549 247 554.72
2. 其他权益工具持有者投入资本									
3. 股份支付计入所有者权益的金额									
4. 其他		-24 088 092.86					-24 088 092.86	24 088 092.86	
（三）利润分配				55 474 114.23	27 737 057.11	-83 211 171.34			
1. 提取盈余公积				55 474 114.23		-55 474 114.23			
2. 提取一般风险准备									
3. 对股东的分配									
4. 提取信托赔偿准备金					27 737 057.11	-27 737 057.11			
（四）股东权益内部结转					-39 771 780.47		-39 771 780.47		-39 771 780.47
1. 资本公积转增资本（或股本）									
2. 盈余公积转增资本（或股本）									
3. 盈余公积弥补亏损									
4. 信托赔偿准备金使用					-39 771 780.47		-39 771 780.47		-39 771 780.47
（五）专项储备									
1. 本期提取									
2. 本期使用									
（六）其他									
四、本期末余额	1 155 789 134.00	1 239 668 065.74	37 787 911.92	150 777 167.20	19 104 362.12	1 587 210 160.33	4 190 336 801.31	944 507 172.48	5 134 843 973.79

法定代表人：裘　强　　主管会计工作负责人：曾　海　　会计机构负责人：彭缅良

5.2 信托资产

5.2.1 信托项目资产负债汇总表

编制单位:中江国际信托股份有限公司　　2014 年 12 月 31 日　　单位:万元

信托资产	行次	期初数	期末数	信托负债和信托权益	行次	期初数	期末数
信托资产:				信托负债:			
货币资金	1	106 880.29	185 950.12	应付受托人报酬	1		
拆出资金	2			应付托管费	2		
交易性金融资产	3	519 453.80	1 413 237.81	衍生金融负债	3		
应收款项	4	1 086 363.93	571 042.60	应付受益人收益	4	60.08	
买入返售资产	5	38 077.50	—	其他应付款	5	3 724.17	36 864.74
短期投资	6			应交税金	6		
长期债权投资	7			卖出回购资产款	7		
长期股权投资	8	1 343 182.04	917 635.25	应付账款	8	3 730.28	9 956.79
客户贷款	9	9 842 517.90	12 986 953.93	其他负债	9		
可供出售金融资产	10	736 483.30	487 220.40	信托负债合计	10	7 514.53	46 821.53
应收融资租赁款	11			信托权益:	11		
固定资产	12			实收信托	12	16 685 512.83	21 258 590.33
无形资产	13			资本公积	13	7 202.88	
长期待摊费用	14			未分配利润	14	47057.94	670883.51
其他资产	15	3 074 329.42	5 414 255.26	信托权益合计	15	16 739 773.65	21 929 473.84
信托资产总计	16	16 747 288.18	21 976 295.37	信托负债和信托权益总计	16	16 747 288.18	21 976 295.37

公司负责人:裘　强　　主管会计工作负责人:曾　海　　综合托管部负责人:殷素芳

5.2.2 信托项目利润及利润分配汇总表

编制单位:中江国际信托股份有限公司　　2014 年度　　单位:万元

项　　目	行次	本年数	上年数
一、营业收入	1	1 874 416.90	12 864 83.79
利息收入	2	816 107.43	618 610.53
投资收益	3	1 054 795.44	588 817.20
公允价值变动损益	4	295.91	35 388.67
其他收入	5	3 218.12	43 667.40
二、营业费用	6	194 099.37	149 686.67
三、营业税金及附加	7	0	0.00
四、扣除资产损失前的信托利润	8	1 680 317.53	1 136 797.13
减:资产减值损失	9	0	0.00
五、扣除资产损失后的信托利润	10	1 680 317.53	1 136 797.13
加:期初未分配信托利润	11	47 057.94	3 393.06
六、可供分配的信托利润	12	1 727 375.47	1 140 190.19
减:本期已分配信托利润	13	1 056 491.97	1 093 132.25
七、期末未分配信托利润	14	670 883.50	47 057.94

公司负责人:裘　强　　主管会计工作负责人:曾　海　综合托管部负责人:殷素芳

6. 会计报表附注

6.1 会计报表编制基准、会计政策、会计估计和核算方法发生的变化情况

本公司以持续经营为基础,根据实际发生的交易和事项,按照《企业会计准则——基本准则》和其他各项会计准则的规定进行确认和计量,在此基础上编制财务报表。本公司 2007 年以前执行《企业会计制度》,2008 年 1 月 1 日起执行新的企业会计准则。

6.2 或有事项的说明

报告期内,本公司无需披露的或有事项。

6.3 重要资产转让及其出售的说明

报告期内,本公司无重大资产转让与出售活动。

6.4 会计报表中重要项目的明细资料(以下为母公司口径)

6.4.1 自营资产情况

6.4.1.1 按信用风险五级分类结果披露信用风险资产的期初数、期末数

风险分类	正常类(万元)	关注类(万元)	次级类(万元)	可疑类(万元)	损失类(万元)	信用风险资产合计(万元)	不良资产合计(万元)	不良资产率(%)
年初数	410 258.17				50.00	410 308.17	50.00	0.01
年末数	491 480.05				50.00	491 530.05	50.00	0.01

注:不良资产合计 = 次级类 + 可疑类 + 损失类。

6.4.1.2 资产损失准备

单位:万元

	期初数	本期计提	本期转回	本期核销	期末数
专项准备	50.00	7.63			57.63
合计	50.00	7.63	—	—	57.63

6.4.1.3 自营股票投资、基金投资、债券投资、股权投资等投资业务的期初数、期末数

单位：万元

项　目	期末数	期初数
权益工具	262 442. 05	217 400. 05
其中：基金	3 516. 88	3 245. 39
债券及信托产品	25 000. 00	46 488. 00
长期金融股权投资	162 458. 53	162 458. 53
股票	71 466. 64	5 208. 13
合计	262 442. 05	217 400. 05

6. 4. 1. 4　自营长期股权投资情况

被投资单位	投资余额（万元）	投资比例（%）	经营范围	备注
国盛证券有限责任公司	140 722. 42	58. 01	证券经纪、自营、承销、财务顾问、资产管理等业务	成本法

6. 4. 1. 5　本年的收入结构

收入结构	金额（元）	占比（%）
手续费及佣金收入	1 155 899 315. 74	93. 48
其中：信托手续费	1 155 899 315. 74	93. 48
投资银行业务收入		
利息收入	49 541 795. 32	4. 01
其他业务收入	2 033 751. 23	0. 16
其中：计入信托业务收入部分		
投资收益	28 981 110. 32	2. 34
其中：股权投资收益	3 720 717. 00	
证券投资收益	11 010 812. 61	
其他投资收益		
合计	1 236 455 972. 61	100

6. 4. 1. 6　表外业务

表外业务	期初数	期末数
担保业务	无	无
代理业务（委托业务）	无	无
其他	无	无
合计	无	无

6. 4. 2　信托资产管理情况

6. 4. 2. 1　信托资产的期初数、期末数

单位：万元

信托资产	期初数	期末数
集合	4 631 808. 04	7 320 728. 04
单一	11 719 564. 22	14 383 517. 16
财产权	395 915. 92	272 050. 17
合计	16 747 288. 18	21 976 295. 37

6. 4. 2. 1. 1　主动管理型信托业务的信托资产期初数、期末数

单位：万元

主动管理型信托资产	期初数	期末数
证券投资类	563 656. 26	1 535 385. 71
股权及其他投资类	1 841 224. 71	1 230 046. 83
融资类	3 748 231. 84	5 489 510. 56
事务管理类	395 915. 86	291 703. 78
合计	6 549 028. 67	8 546 646. 88

6. 4. 2. 1. 2　被动管理型信托业务的信托资产期初数、期末数

单位：万元

被动管理型信托资产	期初数	期末数
证券投资类	0	
股权及其他投资类	1 880 004. 05	2 420 052
融资类	8 318 255. 46	11 009 596. 49
事务管理类	0	0
合计	10 198 259. 51	13 429 648. 49

6. 4. 2. 2　本年度已清算结束的信托项目个数、实收信托合计金额、加权平均年化收益率

6. 4. 2. 2. 1　本年度已清算结束的集合类、单一类资金信托项目和财产管理类信托项目个数、实收信托金额、加权平均年化收益率

已清算结束信托项目	项目个数（个）	实收信托合计金额（万元）	加权平均实际收益率（%）
集合类	238	1 846 687. 00	8. 42
单一类	177	4 581 474. 52	7. 13
财产管理类	8	113 738. 10	4. 40
合计	423	6 541 899. 62	7. 45

6. 4. 2. 2. 2　本年度已清算结束的主动管理型信托项目个数、实收信托合计金额、加权平均实际年化收益率

已清算结束信托项目	项目个数（个）	实收信托合计金额（万元）	加权平均实际年化信托报酬率（%）	加权平均实际年化收益率（%）
证券投资类	13	369 905. 3	0. 43	10. 23
股权及其他投资类	196	1 189 660. 82	0. 62	7. 61
融资类	64	1 293 553	0. 91	7. 79
事务管理类	8	113 738. 1	0. 68	4. 40

6. 4. 2. 2. 3　本年度已清算结束的被动管理型信托项目个数、实收信托合计金额、加权平均实际年化收益率

已清算结束信托项目	项目个数（个）	实收信托合计金额（万元）	加权平均实际年化信托报酬率（%）	加权平均实际年化收益率（%）
证券投资类	0	0	0	0
股权及其他投资类	17	578 362. 4	0. 39	6. 49
融资类	125	2 996 680	0. 33	7. 18
事务管理类	0	0	0	0

6. 4. 2. 3

新增信托项目	项目个数	实收信托合计金额（万元）
集合类	269	3 247 548. 78
单一类	267	7 160 054. 2
财产管理类	1	12 000
新增合计	537	10 419 602. 98
其中：主动管理型	272	3 285 141. 78
被动管理型	265	7 134 461. 2

6. 4. 2. 4　信托业务创新情况

2014 年公司积极开展创新融合业务，将信托项目的开发拓展到与保险、证券、基金等金融机构的多方位合作，在此基础

上公司积极引进保险资金投资集合信托产品，并与证券和基金公司合作，联合开发理财产品。

6.4.2.5　本公司履行受托人义务情况及因本公司自身责任而导致的信托资产损失情况

本公司按照《中华人民共和国信托法》、《信托公司管理办法》和《信托公司集合资金信托计划管理办法》的规定，严格履行受托人的义务：严格遵守信托文件的规定，恪尽职守，履行诚实、信用、谨慎、有效管理的义务，为受益人的最大利益处理信托事务。

每个信托计划设立后，按照信托合同的规定，定期将信托资金运用及收益情况告知信托文件规定应当告知的人。

将信托财产与本公司固有财产分别管理、分别记账，并对不同的信托财产分别管理、分别记账；根据不同的信托资金分别开设独立的银行账户，在证券交易机构分别开设独立的证券账户与资金账户。

信托合同到期、集合信托计划终止时，根据信托合同的规定，以信托财产为限向受益人支付信托利益。同时，本公司严格根据银监会的要求，在信托终止后10个工作日内作出处理信托事务的清算报告，并送达信托财产归属人。

根据《信托公司集合资金信托计划管理办法》的要求，妥善保管处理信托事务的完整记录、原始凭证及资料，保存期自信托计划终止之日起15年。同时，对委托人、受益人以及处理信托事务的情况和资料依法保密。

根据信托合同及信托计划约定履行其他管理义务。

2014年未发生因本公司自身责任导致的信托资产损失。

6.5　关联方关系及其交易

6.5.1　关联交易方的数量、关联交易的总金额及关联交易的定价政策等

	关联交易方数量	关联交易金额(万元)	定价政策
合计	2	255 000	公允价格

6.5.2　本公司与关联方的重大交易事项

6.5.2.1　固有财产与关联方：贷款、投资、租赁、应收账款、担保、其他方式等期初汇总数、本期发生额汇总数、期末汇总数

单位：万元

投资			担保			其他应收款			合计		
期初	发生额	期末	期初	发生额	期末	期初	发生额	期末	期初	发生额	期末
0	0	0	0	0	0	0	0	0	0	0	0

6.5.2.2　信托资产与关联方：贷款、投资、租赁、应收账款、担保、其他方式等期初汇总数、本期发生额汇总数、期末汇总数

单位：万元

贷款			投资及附加回购			其他			合计		
期初	发生额	期末	期初	发生额	期末	期初	发生额	期末	期初	发生额	期末
272 230	-47 230	225 000	105 000	-75 000	30 000	20 516	-20 516	0	397 746	-142 746	255 000

6.5.2.3　固有财产与信托财产之间的交易金额期初汇总数、本期发生额汇总数、期末汇总数

固有财产与信托财产之间未发生关联交易。

6.5.2.4　信托财产与信托财产之间的交易金额期初汇总数、本期发生额汇总数、期末汇总数

信托财产与信托财产之间未发生交易。

6.5.3　关联方逾期未偿还本公司资金的详细情况以及本公司为关联方担保发生或即将发生垫款的详细情况

报告期内，本公司无上述情况发生。

6.6　会计制度

6.6.1　自营业务(固有业务)

本公司自营业务(固有业务)执行财政部2006年颁布的企业会计准则及相关解释。

6.6.2　信托业务

本公司信托业务执行财政部2005年颁布并实施的《信托业务会计核算办法》及相关规定。

7. 财务情况说明书

7.1　利润实现和分配情况

经大信会计师事务所(特殊普通合伙)审计，本公司2014年实现利润总额79 253.86万元，净利润60 494.40万元。按规定提取信托赔偿准备金3 027.90万元，提取盈余公积6 055.81万元，加上年初未分配112 634.11万元，年末未分配利润为164 054.36万元。

7.2　主要财务指标

指标名称	指标值
净资产收益率(%)	14.68
信托报酬率(%)	0.59
净资本(万元)	400 282.49
人均净利润(万元)	327.00

7.3　对本公司财务状况、经营成果有重大影响的其他事项

无。

8. 特别事项揭示

8.1　前五名股东报告期内变动情况及原因

报告期内，本公司股权结构发生变化，前五名股东的持股比例分别为领锐资产管理股份有限公司32.7354%、江西省财政厅20.4444%、大连昱辉科技发展有限公司16.1435%、北京供销社投资管理中心8.9686%、天津瀚晟同创贸易有限公司7.1749%。

8.2　董事、监事及高管人员变动情况及原因

报告期内，本公司董事、监事无变动，高级管理人员钟镰斧任总经理，黄昊任副总经理。

8.3　公司的重大诉讼事项

无。

8.4 会计师事务所审计意见及公司董事会关于审计意见的说明

报告期内，经公司第二次临时董事会表决，一致同意聘请大信会计师事务所（特殊普通合伙）为公司2014年度审计机构。

大信会计师事务所（特殊普通合伙）注册会计师胡平、李国平对本公司出具了无保留意见的审计报告。

8.5 公司及其董事、监事和高级管理人员受到处罚的情况

无。

8.6 银监会及其派出机构对公司的检查意见及公司整改情况

本报告期内，本公司存续的信托计划均运作正常，未发现影响信托财产安全性的因素，到期信托项目均按合同约定向受益人交付信托财产。2014年，江西银监局对本公司截至2014年6月末的存续信托业务等进行了现场检查。检查组认为公司能够按照《中华人民共和国信托法》、《信托公司管理办法》、《信托公司集合资金信托计划管理办法》及相关法律法规开展信托业务，业务操作符合政策规定与制度流程，在业务开展过程中采取了一定的风险防范及控制措施，信托业务整体运行基本平稳，至今尚无到期不能安全兑付的信托项目，也未发现存在明显风险隐患以致影响到期安全终止的信托计划，但检查中也发现公司仍然存在部分制度建设不完善、业务尽职调查不够充分、项目后期管理不到位、关联交易风控措施应加强等问题。公司对上述存在的问题进行了整改，其他薄弱环节将在今后业务中加强。

8.7 本年度重大事项临时报告的简要内容、披露时间、所披露的媒体及版面

无。

8.8 银监会及其省级派出机构认定的其他有必要让客户及相关利益人了解的重要信息

无。

9. 履行社会责任情况

9.1 守法合规稳健发展

本公司按照“突出主业、服务经济”的经营宗旨，坚持“风险第一、效益第一”的原则，依法合规经营，各项业务稳步开展，内部管理进一步规范，经营效益和抗风险能力明显提高，在中国信托业协会的精心指导和安排下，本公司积极履行行业自律公约。

2014年，本公司开展了“节约开支、降低成本”活动，加强了日常开支管理，提倡节约，反对浪费，最大限度地控制了一切不必要的开支。同时，本公司还组织了反腐败、反商业贿赂培训和反洗钱培训311人次，合规培训660人次。

另外，本公司全年通过开展“员工行为管理年”活动，对员工进行了一次系统的行为规范教育，健全和完善了相关制度，提高了内控和管理水平，从思想、制度和行为上筑牢防火墙，有效防范道德风险，遏制各类案件发生。

9.2 缓释、化解环境与社会风险

本公司的经营理念是“风险第一、效益第一”，强调在风险可识别、可控制、可承受的情况下，健全全面风险管理体系，追求效益最大化。在风险管理中，本公司充分考虑环境和社会因素，尽可能有效地缓释、化解风险，避免引起社会负面影响和给当地金融环境带来不利后果。具体做法有：在银信合作的通道类业务中，本公司在项目设计中要求银行指定项目、银行评审、银行进行后期管理、现状交付；在政信合作项目中，本公司坚持土地抵押、属地发行，使当地政府按时还款；在股票质押项目中，本公司坚持警戒线、平仓线设计，防范融资人违约。

9.3 重视管理创新

本公司一直注重动态化的制度管理，强调在制度面前人人平等，坚持以制度管人、管事、管财，目前已形成了300多项制度，编印下发了第四版《制度汇编》，每个季度编辑下发补丁制度，涵盖了经营管理的各个环节。2014年，为适应市场情况和监管政策的变化，本公司组织制度修订小组对原有制度中不符合现实要求的制度进行了全面梳理和修改，对经营管理中的制度漏洞进行补充、完善，形成新的制度汇编。

9.4 注入经济调整活力

本公司立足于促进经济结构调整转型，通过信托融资大力支持基础设施建设，如为中国铁路总公司提供信托贷款200亿元、为河北高速公路管理局提供信托贷款20亿元；支持省内城镇化建设190亿元，其中为南昌市重点工程——南昌昌南大道延伸工程提供信托融资10亿元，为九洲大道高架快速路工程建设和象湖隧道建设提供信托融资12亿元。

本公司积极支持中小企业腾飞，通过创新银信合作、证信合作等业务模式，以信托贷款或受让信贷资产等方式，大力支持中小企业发展。支持的中小企业覆盖了制造业、批发与零售业、文化体育娱乐业、住宿与餐饮业、采掘业以及农林牧渔业等多个行业。支持的中小企业数量超过2 000家，提供信托资金总额超过220亿元。

本公司主动投身民生改善，通过信托贷款和受让应收账款方式，大力支持保障性住房建设。报告期内为保障性住房提供信托资金85.79亿元，项目覆盖江西、江苏、四川、安徽、福建、黑龙江、浙江等20多个省份。

本公司报告期内为农林牧渔业等涉“三农”方面提供金融支持27.69亿元。

9.5 致力于推进财富管理

本公司充分发挥信托产品的多样性、灵活性，拓展投资渠道，为投资者提供多层次、各种收益水平、风险等级不同的产品。如本公司发行的集合资金信托产品，有较稳定收益的政信合作产品，收益较高的股票收益权转让信托产品，风险较高、享受劣后收益的证券投资信托产品；又如，本公司发行的单一资金产品，为机构客户、银行理财和非理财资金、证券公司资产管

理计划提供良好的投资服务。本公司已发行的信托产品收益水平比银行存款高,风控可控,受到客户的好评。

本公司始终倡导“客户至上”的经营原则,充分保护客户的合法权益。本公司制定了《信托产品营销管理规定》、《信托客户服务管理规定》、《信托业务客户服务应对方(预)案》等有关规定。在产品营销中,严格按照监管部门的法规操作,进行风险提示,如签订认购风险说明书;信托投资不承诺保底;集合资金信托计划营销执行合格投资者购买的监管规定。在项目的风险控制措施上,采取了多种保证措施,如属地发行、土地抵押、股票质押、第三方保证、预警线及平仓线的设计等,极大地保护了投资者利益,提升了客户服务水平。

9.6 热心参与社会事业

本公司热心公益慈善,报告期内对口扶贫600万元,组织员工开展志愿者活动5次,共270多人次参加。

10. 公司监事会意见

10.1 报告期内本公司董事会决策程序合法,业务经营符合《信托法》等有关法律和银监会有关监管规定的要求,内部控制制度完善,未发现本公司董事及高级管理人员在执行职务时发生违反法律法规、本公司章程,损害本公司利益和股东、受益人权益的行为。

10.2 本公司经大信会计师事务所(特殊普通合伙)审计后的2014年度财务报告真实地反映了本公司的财务状况和经营成果。

中粮信托有限责任公司

1. 重要提示

1.1 公司董事会及董事保证本报告所载资料不存在任何虚假记载、误导性陈述或者重大遗漏，并对其内容的真实性、准确性和完整性承担个别及连带责任。本年度报告摘要摘自年度报告全文，客户及相关利益人欲了解详细内容，应阅读年度报告全文。

1.2 天职国际会计师事务所(特殊普通合伙)对公司出具了标准无保留意见的审计报告。

1.3 公司董事长邬小蕙女士、总经理辛伟先生、财务总监陈众先生声明：保证年度报告中财务会计报告的真实、完整。

2. 公司概况

2.1 公司简介

中粮信托有限责任公司(以下简称中粮信托或公司)是2009年7月经中国银行业监督管理委员会(以下简称中国银监会或银监会)批准设立的非银行金融机构，注册地为北京市。

2012年经中国银监会批准，公司成功引进战略投资者——蒙特利尔银行。公司于2012年、2013年分别增资29 981.2523万元、80 018.7477万元，目前公司注册资本金为23亿元人民币。公司现有的股东3家分别为中粮集团有限公司(持股76.0095%)、蒙特利尔银行(持股19.99%)、中粮财务有限责任公司(持股4.0005%)。

2.1.1 公司情况

公司名称(简称)	中粮信托有限责任公司(中粮信托)
公司英文名称(缩写)	COFCO Trust Co., Ltd. (COFCO TRUST)
公司法定代表人	邬小蕙
注册地址	北京市朝阳区朝阳门南大街8号中粮福临门大厦11层
邮政编码	100020
公司网站	http://www.cofco-trust.com

2.1.2 主要联系人及联系方式

信息披露负责人	辛伟
联系人	罗峰
联系电话	010-85005184
传真	010-85638655
电子信箱	luofeng@cofco.com
联系地址	北京市朝阳区朝阳门南大街8号中粮福临门大厦1108
邮政编码	100020

2.1.3 其他事项

2.1.3.1 公司选定《金融时报》作为本次信息披露的报纸。公司年报全文将备置在公司注册地址及网站供查询。

2.1.3.2 公司聘请的会计师事务所：天职国际会计师事务所(特殊普通合伙)。

联系地址：北京市海淀区车公庄西路19号68号楼A-1和A-5区域。

2.1.3.3 公司聘请的律师事务所：北京市君泽君律师事务所

联系地址：北京市西城区金融大街9号金融街中心南楼6层

2.2 组织结构

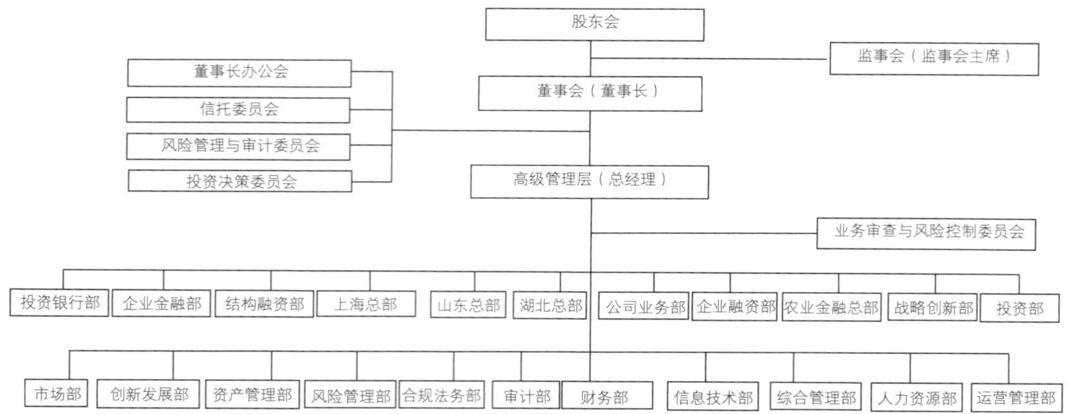

3. 公司治理结构

3.1 股东

3.1.1 报告期末股东总数，持有公司15%以上（含15%）股份（或出资比例）的股东名称（不足3个的，全部披露）、持股情况及其法定代表人等。若股东之间存在关联关系，应予以说明

股东总数：3个。

股东名称	出资比例（%）	法人代表
中粮集团有限公司★	76.0095	宁高宁
中粮财务有限责任公司	4.0005	马王军
蒙特利尔银行	19.99	

注：1. 最终实际控制人在股东名称一栏中加"★"表示；

2. 中粮集团有限公司持有中粮财务有限责任公司82.74%的股权，中粮财务有限责任公司受中粮集团有限公司控制。

3.1.2 公司第一大股东的主要股东的名称、出资比例、法定代表人等

公司第一大股东中粮集团有限公司是国务院国有资产监督管理委员会履行出资人职责的国有独资公司。

3.2 董事

董事会成员

姓 名	职 务	性别	年龄	选任日期	所推举的股东名称	该股东持股比例（%）	简 要 履 历
邬小蕙	董事长	女	54	2012年10月	中粮集团有限公司	76.0095	2012年11月至今，任中粮集团有限公司副总裁；2002年2月至2012年11月，任中粮集团有限公司总会计师；2004年10月至今，兼任中粮集团有限公司金融事业部总经理；2009年7月至今，兼任中粮信托有限责任公司董事长。
马建平	董事	男	51	2012年10月	中粮集团有限公司	76.0095	2010年5月至今，任中粮集团有限公司副总裁；2006年1月至今，任中粮集团有限公司战略部总监；2009年7月至今，兼任中粮信托有限责任公司董事。
马王军	董事	男	50	2012年10月	中粮集团有限公司	76.0095	2012年11月至今，任中粮集团有限公司总会计师；2010年5月至2012年11月，任中粮集团有限公司集团总裁助理、副总会计师；2009年7月至今，兼任中粮信托有限责任公司董事。
秦涛	董事	男	57	2012年10月	中粮集团有限公司	76.0095	2014年12月至今，任中粮集团有限公司财务部首席投资官；2000年8月至2014年12月，任中粮集团有限公司财务部资金管理部总经理；2009年7月至今，兼任中粮信托有限责任公司董事。
孙彦敏	董事	男	48	2012年10月	中粮财务有限责任公司	4.0005	2013年2月至今，任中粮集团有限公司财务部总监；2002年5月至2013年3月，任中粮财务有限责任公司总经理；2009年7月至今，兼任中粮信托有限责任公司董事。
俞 宁	董事	男	44	2012年10月	中粮粮油有限公司	中粮粮油有限公司所持公司股权于2014年8月转予中粮集团有限公司	2014年8月至今，任中英人寿保险有限公司总裁；2003年1月至2014年7月，任中英人寿保险有限公司资深副总裁；2009年7月至今，兼任中粮信托有限责任公司董事。
Edgar Normund Legzdins（李凯昇）	董事	男	56	2012年10月	蒙特利尔银行	19.99	2008年至今，任BMO国际业务集团高级副总裁及董事总经理；2012年10月至今，兼任中粮信托有限责任公司董事。
Albert Chun－Ming Yu（余俊明）	董事	男	53	2012年10月	蒙特利尔银行	19.99	2009年至今，任BMO银行金融集团亚洲区首席执行官、蒙特利尔银行（中国）有限公司行长；2012年10月至今，兼任中粮信托有限责任公司董事。

注：第二届董事会于2012年10月组成，任期3年。

独立董事

姓 名	职务	性别	年龄	选任日期	所推举的股东名称	该股东持股比例（%）	简要履历
毕仲华	独立董事	女	62	2014年12月	中粮集团有限公司	76.0095%	1993年3月至2013年1月，历任兴业银行国际业务部总经理、行长助理、副行长、监事长、监事会主席；2014年12月，任中粮信托有限责任公司独立董事。

3.3 监事会

监事会成员

姓 名	职务	性别	年龄	选任日期	所推举的股东名称	该股东持股比例	简要履历
戴昂	监事会主席、职工监事	男	60	2012 年 10 月	职工代表大会	—	2000 年 7 月至 2009 年 5 月，任中粮集团有限公司审计部副总监；2009 年 5 月至今，任中粮集团有限公司审计部调研员；2009 年 7 月至今，任中粮信托有限责任公司监事、监事会主席。
初丰城	监事	男	51	2012 年 10 月	中粮财务有限责任公司	4.0005%	2014 年 12 月至今，任中粮集团财务部副总监；2000 年至 2014 年 12 月，任中粮集团财务部会计管理部总经理；2009 年 7 月至今，兼任中粮信托有限责任公司监事。
王 伟	监事	男	48	2012 年 10 月	中粮粮油有限公司	中粮粮油有限公司所持公司股权于 2014 年 8 月转予中粮集团有限公司	2003 年 1 月加入中英人寿保险有限公司任助理总裁；现任中英人寿保险有限公司副总裁；2009 年 7 月至今，兼任中粮信托有限责任公司监事。
Roger Kung – Kit Heng（幸公杰）	监事	男	59	2012 年 10 月	蒙特利尔银行	19.99%	1987 年加入蒙特利尔银行，历任北京代表处高级代表、广州分行行长，负责全中国业务的董事；中国区总经理兼北京分行行长、中国区执行董事；2012 年至今，任蒙特利尔银行（中国）有限公司副行长兼亚洲战略关系总监；2012 年 10 月至今，兼任中粮信托有限责任公司监事。

注：第二届监事会于 2012 年 10 月组成，任期 3 年。

3.4 高级管理人员

姓 名	职 务	性别	年龄	选任日期	金融从业年限（年）	学历	专业
辛伟	总经理	男	40	2009 年 7 月	18	博士研究生	政治经济学
陆吕佳	副总经理	女	42	2009 年 7 月	10	本科	经济学
应雷	副总经理	男	45	2009 年 7 月	20	本科	工业经济管理
马建泽	副总经理	男	42	2011 年 9 月	18	本科	国际金融
陈德彪	副总经理	男	42	2013 年 12 月	2	硕士研究生	EMBA
张勇	总经理助理	男	41	2009 年 7 月	16	博士研究生	政治经济学
陈众	总经理助理	男	42	2009 年 7 月	19	本科	会计学
吴江	总经理助理	男	41	2012 年 9 月	18	本科	国际金融
杨勇	总经理助理	男	36	2013 年 12 月	14	硕士研究生	金融学
张文生	总经理助理	男	41	2013 年 12 月	10	硕士研究生	EMBA
张 瑜	董事会秘书	女	34	2013 年 12 月	8	硕士研究生	经济学/金融学

注：副总经理陈德彪，总经理助理吴江、杨勇、张文生的任职资格于 2014 年 7 月获得银监会核准。

3.5 公司员工

项 目		本年度		上年度	
		人数（人）	比例（%）	人数（人）	比例（%）
年龄分布	20 岁以下			—	—
	20～29 岁	57	37.5	42	35.29
	30～39 岁	57	37.5	45	37.82
	40 岁以上	38	25	32	26.89
学历分布	博士	7	4.61	7	5.88
	硕士	83	54.61	69	57.98
	本科	56	36.84	38	31.93
	专科	5	3.29	4	3.36
	其他	1	0.65	1	0.84
岗位分布	董事、监事及其高管人员	12	7.89	11	9.24
	自营业务人员	4	2.63	5	4.20
	信托业务人员	84	55.27	65	54.62
	其他人员	52	34.21	38	31.93
合计		152	100.00	119	100.00

4. 经营管理

4.1 经营目标、方针、战略规划

依靠中粮集团的农业食品全产业链优势以及 BMO 的海外资源，形成以资产证券化、农业金融、投资基金类产品以及跨境财富管理类产品为核心竞争力的信托公司，满足机构客户以及高净值个人客户的资产和财富管理需求。

4.2 经营业务的主要内容

固有资产运用与分布表（母公司）

资产运用	金额（万元）	占比（%）	资产分布	金额（万元）	占比（%）
货币资产	95 569.35	26.51	基础产业	—	—
贷款及应收款	57 000.00	15.81	房地产业	—	—
交易性金融资产	20 855.49	5.78	证券市场	20 855.49	5.78
可供出售金融资产	150 266.16	41.68	实业	—	—
持有至到期投资	—	—	金融机构	289 596.77	80.33
长期股权投资	2 510.00	0.70	其他	50 079.08	13.89
其他	34 330.34	9.52			
资产总计	360 531.34	100.00	资产总计	360 531.34	100.00

信托资产运用与分布表

资产运用	金额（万元）	占比（%）	资产分布	金额（万元）	占比（%）
货币资产	82 878.16	1.15	基础产业	2 648 528.26	36.71
贷款	5 383 435.31	74.62	房地产	414 448.14	5.75
交易性金融资产	0.00	0.00	证券市场	83 080.00	1.15
可供出售金融资产	133 376.92	1.85	实业	1 502 695.32	20.83
持有至到期投资	63 212.00	0.88	金融机构	2 130 013.95	29.53
长期股权投资	498 669.34	6.91	其他	435 244.31	6.03
其他	1 052 438.25	14.59			
信托资产总计	7 214 009.98	100.00	信托资产总计	7 214 009.98	100.00

4.3 市场分析

“三期”叠加是当前中国经济的阶段性特征：增长速度进入换挡期，结构调整面临阵痛期，前期刺激政策仍在消化期。信托的运营受到宏观、微观各层次经济变量的影响。

4.3.1 有利因素

4.3.1.1 尽管“经济新常态”的提出表明未来经济增长速度将变缓，但从长远来看，伴随国内高净值人群的持续增长，财富管理需求增长，资产管理市场前景广阔，潜力无限。

4.3.1.2 资本市场未来进一步发展，准入门槛逐步降低，直接融资方式将逐步压缩非标产品提供的间接融资方式。在国家鼓励以创新和体制改革为驱动力的背景下，资本市场将更加繁荣，并为资产管理行业提供转型的机会。

4.3.1.3 信托产品全国统一登记、流转平台雏形显现，保障基金作为信托行业风险防范的闭环式体系正式构建，将进一步推进信托产品的认知、创新及良性发展。

4.3.2 不利因素

4.3.2.1 “三期”叠加决定了信托行业整体处于转型期，给信托公司的三大传统业务（房地产融资、政府平台融资和银信合作业务）带来了挑战。

4.3.2.2 利率市场化进程加快，伴随各种高收益存款类产品的出现，以及P2P的规模扩大，尤其是利用互联网的优势进行运营，对于信托产品所能提供的收益率和安全性提出新的挑战。

4.3.2.3 在“大资管”时代，证券公司、基金公司等其他类型金融机构不断创新，与信托公司传统从事的资产管理业务形成同质化竞争，信托公司的牌照优势进一步弱化。同时，不同监管机构的不同监管尺度，对于信托公司也形成了极大的外部竞争压力。

4.4 内部控制

4.4.1 内部控制环境和内部控制文化

公司严格按照《公司法》、《信托法》、《信托公司管理办法》等法律法规的框架建立信托业务的法人治理结构和运行模式，形成了股东会、董事会、监事会和经营管理层相互分离、相互制衡的机制，风险管理坚持合规优先、全程监控、细化流程三个原则，内部控制环境良好。

公司“三会”和高管层高度重视内部控制建设，业务部门主动开展动态检查，风险管理部、合规法务部对重点业务风险管理进行提示、监督，审计部定期评估内部控制体系的有效性。

4.4.2 内部控制措施

4.4.2.1 内控制度体系

公司建立了权责分明、分工明确的内部控制体系，实现了对公司决策层、管理层和操作层的全面监督和控制。内部控制体系主要包括股东会、董事会、管理层、公司业务审查与风险控制委员会、风险管理部、合规法务部、审计部和资产管理部等。

4.4.3 信息交流与反馈

公司已根据监管部门要求，认真按时报送各类业务信息、报告和报表。对监管机构提出的问题或建议，公司均给予及时、详细的信息反馈或制定整改措施。

公司能够严格执行向委托人、受益人披露信托事务处理信息的有关制度，确保相关当事人的知情权。

4.4.4 监督评价与纠正

监事（会）列席董事会、业务审查与风险控制委员会、高管层例会，对董事、高管层的行为实施监督；董事会通过听取高管层工作报告、月度和季度运行分析报告等，检查公司的日常工作，监督高管层的日常经营；高管层通过各部门月度和季度运行分析报告、部门日常汇报、列席部门会议、签署业绩合同、绩效考核等形式，保障公司各部门的正常运转。

4.5 风险管理情况

4.5.1 风险管理概况

4.5.1.1 信用风险状况

信用风险指交易对手不能履约而带来的风险。因宏观调控、经济周期引发的地方政府平台偿债能力下降、房地产及资本市场价格下跌，公司可能面临此类风险。

4.5.1.2 市场风险状况

市场风险是指公司在运营过程中可能因股价、市场汇率、利率及其他价格因素等变动而产生的风险。

2014年度公司密切关注各类市场风险动态，有效防范和避免了市场风险。

4.5.1.3 操作风险状况

操作风险是由于内部程序、人员、系统的不完善或失误，或外部事件造成的风险。

报告期内，公司未发生此类操作风险。

4.5.1.4 其他风险状况

公司面临的其他风险主要表现为政策风险等。

报告期内，公司未发生其他风险。

4.5.2 风险管理情况

4.5.2.1 信用风险管理

公司加强项目动态检查，及时制定风险预案，集中力量防范和处置单体项目信用风险。

公司修订和完善《信托业务风险控制标准及操作指引（暂行）》、《信托业务动态管理工作指引（试行）》、《信托业务抵、质押登记操作管理办法（试行）》、《资产管理部信托业务档案管理操作细则（暂行）》等制度，完善了事前评估、事中控制、事后检查的风险控制流程，严格筛选交易对手，从源头上控制风险。

4.5.2.2 市场风险管理

公司指定专人跟踪证券市场、房地产、金融市场的变化；关注国家宏观政策变化，进行相应的资产组合管理；对股票质押类项目逐日盯市，定期重点检查房地产信托、集合信托项目，制定风险处置预案，增强可操作性并严格执行。

4.5.2.3　操作风险管理

公司对每一项业务内容，均制定了操作细则和操作流程，明确流程中每一环节的责任及权限。

4.5.2.4　其他风险管理

针对政策风险，公司密切关注监管政策变化，加强政策研究，加强与监管部门和同业的交流，充分发挥律师事务所、外部审计的职能与作用。

4.6　净资本管理

截至2014年12月31日，公司净资本≥2亿元，净资本/各项业务风险资本之和≥100%，净资本/净资产≥40%，符合监管部门的要求。

5. 报告期末及上一年度末的比较式会计报表

5.1　自营资产

5.1.1　会计师事务所审计意见全文

审计报告

天职业字［2015］6428号

中粮信托有限责任公司全体股东：

我们审计了后附的中粮信托有限责任公司（以下简称中粮信托）财务报表，包括2014年12月31日的资产负债表及合并资产负债表，2014年度的利润表及合并利润表、所有者权益变动表及合并所有者权益变动表和现金流量表及合并现金流量表以及财务报表附注。

一、管理层对财务报表的责任

编制和公允列报财务报表是中粮信托管理层的责任，这种责任包括：(1)按照企业会计准则的规定编制财务报表，并使其实现公允反映；(2)设计、执行和维护必要的内部控制，以使财务报表不存在由于舞弊或错误导致的重大错报。

二、注册会计师的责任

我们的责任是在执行审计工作的基础上对财务报表发表审计意见。我们按照中国注册会计师审计准则的规定执行了审计工作。中国注册会计师审计准则要求我们遵守中国注册会计师职业道德守则，计划和执行审计工作以对财务报表是否不存在重大错报获取合理保证。

审计工作涉及实施审计程序，以获取有关财务报表金额和披露的审计证据。选择的审计程序取决于注册会计师的判断，包括对由于舞弊或错误导致的财务报表重大错报风险的评估。在进行风险评估时，注册会计师考虑与财务报表编制和公允列报相关的内部控制，以设计恰当的审计程序，但目的并非对内部控制的有效性发表意见。审计工作还包括评价管理层选用会计政策的恰当性和作出会计估计的合理性，以及评价财务报表的总体列报。

我们相信，我们获取的审计证据是充分、适当的，为发表审计意见提供了基础。

三、审计意见

我们认为，中粮信托财务报表在所有重大方面按照企业会计准则的规定编制，公允反映了中粮信托2014年12月31日的财务状况及合并财务状况以及2014年度的经营成果和现金流量及合并经营成果和合并现金流量。

中国注册会计师：

中国注册会计师：

5.1.2　资产负债表

合并资产负债表

编制单位：中粮信托有限责任公司　　2014年12月31日　　单位：元

项目	期末数	期初数
流动资产：		
货币资金	1 028 975 313.74	1 535 944 573.47
△结算备付金		
△拆出资金	250 000 000.00	
以公允价值计量且其变动计入当期损益的金融资产	208 554 928.09	26 543 224.79
衍生金融资产		
应收票据		
应收账款		13 577 867.47
预付款项	529 141.86	7 232 185.13
△应收保费		
△应收分保账款		
△应收分保准备金		
应收利息	1 426 245.22	
应收股利		
其他应收款	5 768 986.22	5 628 448.16
△买入返售金融资产	50 000 000.00	
存货		
其中：原材料		
库存商品（产成品）		
划分为持有待售的资产		
一年内到期的非流动资产		
流动资产合计	1 545 254 615.13	1 588 926 299.02
非流动资产：		
△发放贷款及垫款	570 000 000.00	669 000 000.00
可供出售金融资产	1 535 470 817.57	1 125 721 158.37
持有至到期投资		
长期应收款		
长期股权投资		
投资性房地产		
固定资产原价	4 653 386.33	4 211 904.96
减：累计折旧	3 298 129.35	2 520 780.74
固定资产净值	1 355 256.98	1 691 124.22
减：固定资产减值准备		

续表

项目	期末数	期初数
固定资产净额	1 355 256. 98	1 691 124. 22
在建工程		
工程物资		
固定资产清理		
生产性生物资产		
油气资产		
无形资产	2 295 627. 87	427 960. 64
开发支出		
商誉		
长期待摊费用	8 615 853. 81	862 590. 07
递延所得税资产	25 769 922. 78	2 755 654. 04
其他非流动资产		
其中:特准储备物资		
非流动资产合计	2 143 507 479. 01	1 800 458 487. 34
资产总计	3 688 762 094. 14	3 389 384 786. 36

法定代表人:邬小蕙　　主管会计工作负责人:陈　众　　会计机构负责人:陈　众

合并资产负债表(续)

编制单位:中粮信托有限责任公司　　2014 年 12 月 31 日　　单位:元

项目	期末数	期初数
流动负债:		
短期借款		
△向中央银行借款		
△吸收存款及同业存放		
△拆入资金		
以公允价值计量且其变动计入当期损益的金融负债		
衍生金融负债		
应付票据		
应付账款		
预收款项		
△卖出回购金融资产款		
△应付手续费及佣金		
应付职工薪酬	58 959 938. 83	55 442 881. 04
其中:应付工资	51 522 605. 00	50 655 771. 02
应付福利费		
#其中:职工奖励及福利基金		
应交税费	50 540 519. 08	34 459 423. 85
其中:应交税金	50 042 879. 52	34 182 963. 44
应付利息		
应付股利		
其他应付款	49 891 891. 09	1 790 800. 56
△应付分保账款		
△保险合同准备金		
△代理买卖证券款		
△代理承销证券款		
划分为持有待售的负债		
一年内到期的非流动负债		
其他流动负债		
流动负债合计	159 392 349. 00	91 693 105. 45

续表

项目	期末数	期初数
非流动负债:		
长期借款		
应付债券		
长期应付款		
长期应付职工薪酬	17 390 590. 35	18 469 974. 73
专项应付款		
预计负债		
递延收益		
递延所得税负债	39 624 567. 31	628 626. 91
其他非流动负债		79 626. 17
其中:特准储备基金		
非流动负债合计	57 015 157. 66	19 178 227. 81
负债合计	216 407 506. 66	110 871 333. 26

法定代表人:邬小蕙　　主管会计工作负责人:陈　众　　会计机构负责人:陈　众

合并资产负债表(续)

编制单位:中粮信托有限责任公司　　2014 年 12 月 31 日　　单位:元

项目	期末数	期初数
所有者权益:		
实收资本	2 300 000 000. 00	2 300 000 000. 00
国有资本		
其中:国有法人资本	1 840 230 000. 00	1 840 230 000. 00
集体资本		
民营资本		
其中:个人资本		
外商资本	459 770 000. 00	459 770 000. 00
#减:已归还投资		
实收资本净额	2 300 000 000. 00	2 300 000 000. 00
其他权益工具		
其中:优先股		
永续债		
资本公积	430 203 568. 68	430 203 568. 68
减:库存股		
其他综合收益	47 022 778. 88	−1 352 032. 04
其中:外币报表折算差额		
专项储备		
盈余公积	79 476 417. 58	48 914 617. 60
其中:法定公积金	79 476 417. 58	48 914 617. 60
任意公积金		
#储备基金		
#企业发展基金		
#利润归还投资		
△一般风险准备	50 323 247. 14	49 660 323. 70
△信托赔偿准备	90 181 825. 15	74 900 925. 16
未分配利润	427 132 446. 94	333 412 923. 58
归属于母公司所有者权益合计	3 424 340 284. 37	3 235 740 326. 68
*少数股东权益	48 014 303. 11	42 773 126. 42
所有者权益合计	3 472 354 587. 48	3 278 513 453. 10
负债和所有者权益总计	3 688 762 094. 14	3 389 384 786. 36

法定代表人:邬小蕙　　主管会计工作负责人:陈　众　　会计机构负责人:陈　众

资产负债表

编制单位：中粮信托有限责任公司　　2014 年 12 月 31 日　　单位：元

项目	期末数	期初数	项目	期末数	期初数
资产：			负债：		
现金及存放同业款项	955 693 514.19	1 480 657 843.47	向中央银行借款		
存放中央银行款项			同业及其他金融机构存放款项		
贵金属			拆入资金		
拆出资金	250 000 000.00	0.00	交易性金融负债		
交易性金融资产	208 554 928.09	26 543 224.79	衍生金融负债		
预付款项	529 141.86	7 139 961.65	卖出回购金融资产款		
衍生金融资产			吸收存款		
买入返售金融资产	50 000 000.00	0.00	应付职工薪酬	68 073 701.90	66 422 998.08
应收利息	1 426 245.22	0.00	应交税费	46 983 105.89	30 777 016.71
发放贷款及垫款	570 000 000.00	669 000 000.00	应付利息		
可供出售金融资产	1 502 661 564.98	1 099 877 973.15	预计负债		
持有至到期投资			应付债券		
长期股权投资	25 100 000.00	25 100 000.00	递延所得税负债	39 541 529.35	457 325.54
投资性房地产			其他负债	49 674 692.84	1 604 983.93
固定资产	1 081 260.45	1 487 320.69	其中：其他应付款	49 674 692.84	1 604 983.93
无形资产	2 295 627.87	408 494.44	递延收益		
递延所得税资产	23 830 608.19	993 996.17	负债合计	204 273 029.98	99 262 324.26
其他资产	14 140 463.33	5 777 150.92	所有者权益：		
其中：其他应收款	5 768 986.22	5 052 430.24	实收资本	2 300 000 000.00	2 300 000 000.00
长期待摊费用	8 371 477.11	724 720.68	资本公积	430 187 477.00	428 577 465.10
			减：库存股		
			盈余公积	79 476 417.58	48 914 617.60
			风险准备金	140 505 072.29	124 561 248.86
			未分配利润	403 973 633.63	315 670 309.46
			其他综合收益	46 897 723.70	
			所有者权益合计	3 401 040 324.20	3 217 723 641.02
资产总计	3 605 313 354.18	3 316 985 965.28	负债和所有者权益总计	3 605 313 354.18	3 316 985 965.28

法定代表人：邬小蕙　　主管会计工作负责人：陈　众　　会计机构负责人：陈　众

5.1.3　利润和利润分配表

合并利润表

编制单位：中粮信托有限责任公司　　2014 年度　　单位：元

项　　目	本期金额	上期金额
一、营业总收入	575 643 392.56	464 725 974.65
其中：营业收入	30 527 487.96	43 506 718.92
其中：主营业务收入	30 527 487.96	43 506 718.92
其他业务收入		
利息净收入	114 057 175.50	100 594 220.65
利息收入	114 057 175.50	100 594 220.65
利息支出		
手续费及佣金净收入	192 591 142.97	252 565 732.60
手续费及佣金收入	192 591 142.97	252 565 732.60
手续费及佣金支出		
投资收益（损失以“－”号填列）	148 330 601.59	61 548 075.43
公允价值变动损益（损失以“－”号填列）	87 762 486.85	6 655 394.26
△汇兑收益（损失以“－”号填列）	2 374 497.69	－144 167.21
二、营业总成本	183 214 230.82	162 281 000.73
营业税金及附加	23 458 171.09	21 669 992.37
业务及管理费	141 113 935.72	140 466 279.05
财务费用	－16 953.42	144 729.31
其中：利息支出		
利息收入		
汇兑净损失（净收益以“－”号填列）	－16 953.42	144 729.31
资产减值损失	18 659 077.43	
其他		

续表

项　目	本期金额	上期金额
三、营业利润	392 429 161. 74	302 444 973. 92
加:营业外收入	1 432 495. 74	3 459 971. 38
减:营业外支出	28 966. 68	446 953. 59
四、利润总额	393 832 690. 80	305 457 991. 71
减:所得税费用	77 425 449. 60	81 468 632. 31
五、净利润	316 407 241. 20	223 989 359. 40
归属于母公司所有者的净利润	311 034 198. 98	214 292 873. 04
少数股东损益	5 373 042. 22	9 696 486. 36
六、其他综合收益的税后净额	48 242 945. 39	-56 250. 51
(一)以后不能重分类进损益的其他综合收益		
其中:1. 重新计量设定受益计划净负债或净资产的变动		
2. 权益法下在被投资单位不能重分类进损益的		
其他综合收益中享有的份额		
(二)以后将重分类进损益的其他综合收益	48 242 945. 39	-56 250. 51
其中:1. 权益法下在被投资单位以后将重分类进损益的其他综合收益中享有的份额		
2. 可供出售金融资产公允价值变动损益	48 242 945. 39	-56 250. 51
3. 持有至到期投资重分类为可供出售金融资产损益		
4. 现金流量套期损益的有效部分		
5. 外币报表折算差额		
七、综合收益总额	364 650 186. 59	223 933 108. 89
归属于母公司所有者的综合收益总额	359 409 009. 89	213 980 698. 28
*归属于少数股东的综合收益总额	5 241 176. 70	9 952 410. 61
八、每股收益	—	—
基本每股收益		
稀释每股收益		

法定代表人:邬小蕙　　主管会计工作负责人:陈　众　　会计机构负责人:陈　众

利润表

2014 年度

编制单位:中粮信托有限责任公司　　单位:元

项　目	本期金额	上期金额
一、营业收入	540 708 804. 07	419 123 589. 27
利息净收入	111 850 630. 52	99 589 980. 37
利息收入	111 850 630. 52	99 589 980. 37
利息支出		
手续费及佣金净收入	192 591 142. 97	252 565 732. 60
手续费及佣金收入	192 591 142. 97	252 565 732. 60
手续费及佣金支出		
投资收益	146 130 046. 04	60 456 649. 25
其中:对联营企业和合营企业的投资收益		
公允价值变动收益	87 762 486. 85	6 655 394. 26
汇兑收益(损失以"-"号填列)	2 374 497. 69	-144 167. 21
其他业务收入		
二、营业支出	161 604 006. 25	139 708 074. 62
营业税金及附加	21 782 865. 13	20 021 761. 39
业务及管理费	121 162 063. 69	119 686 313. 23
资产减值损失	18659077. 43	
其他业务成本		
三、营业利润	379 104 797. 82	279 415 514. 65
加:营业外收入	249 680. 77	947 140. 10
减:营业外支出	28 966. 68	446585. 22
四、利润总额	379 325 511. 91	279 916 069. 53
减:所得税费用	73 707 512. 12	75 397 566. 27
五、净利润	305 617 999. 79	204 518 503. 26
六、每股收益		
基本每股收益		
稀释每股收益		
七、其他综合收益	48 507 735. 60	-570 154. 62
八、综合收益总额	354 125 735. 39	203 948 348. 64

法定代表人:邬小蕙　　主管会计工作负责人:陈　众　　会计机构负责人:陈　众

5.1.4 所有者权益变动表

合并所有者权益变动表

2014 年度

编制单位：中粮信托有限责任公司

单位：元

项目	本年金额										
	归属于母公司所有者权益									少数股东权益	所有者权益合计
	实收资本	资本公积	减：库存股	其他综合收益	盈余公积	一般风险准备	未分配利润	其他	小计		
一、上年末余额	2 300 000 000. 00	430 203 568. 68		-1 352 032. 04	48 914 617. 60	124 561 248. 86	333 412 923. 58		3 235 740 326. 68	42 773 126. 42	3 278 513 453. 10
加：会计政策变更											
前期差错更正											
二、本年初余额	2 300 000 000. 00	430 203 568. 68		-1 352 032. 04	48 914 617. 60	124 561 248. 86	333 412 923. 58		3 235 740 326. 68	42 773 126. 42	3 278 513 453. 10
三、本年增减变动金额（减少以“-”号填列）				48 374 810. 92	30 561 799. 98	15 943 823. 43	93 719 523. 36		188 599 957. 69	5 241 176. 69	193 841 134. 38
（一）净利润							311 034 198. 98		311 034 198. 98	5 373 042. 22	316 407 241. 20
（二）其他综合收益				48 374 810. 92					48 374 810. 92	-131 865. 53	48 242 945. 39
综合收益小计				48 374 810. 92			311 034 198. 98		359 409 009. 90	5 241 176. 69	364 650 186. 59
（三）所有者投入和减少资本											
1. 所有者投入资本											
2. 股份支付计入所有者权益的金额											
3. 其他											
（四）专项储备提取和使用											
1. 提取专项储备											
2. 使用专项储备											
（五）利润分配					30 561 799. 98	15 943 823. 43	-217 314 675. 62		-170 809 052. 21		-170 809 052. 21
1. 提取盈余公积					30 561 799. 98		-30 561 799. 98				
其中：法定公积金					30 561 799. 98		-30 561 799. 98				
任意公积金											
#储备基金											
#企业发展基金											
利润归还投资											
2. 提取一般风险准备						15 943 823. 43	-15 943 823. 43				
3. 对所有者（或股东）的分配							-170 809 052. 21		-170 809 052. 21		-170 809 052. 21
4. 其他											
（六）所有者权益内部结转											
1. 资本公积转增资本（或股本）											
2. 盈余公积转增资本（或股本）											
3. 盈余公积弥补亏损											
4. 其他											
四、本年末余额	2 300 000 000. 00	430 203 568. 68		47 022 778. 88	79 476 417. 58	140 505 072. 29	427 132 446. 94		3 424 340 284. 37	48 014 303. 11	3 472 354 587. 48

合并所有者权益变动表

2014 年度

编制单位:中粮信托有限责任公司　　　　单位:元

项　目	上年金额										
	归属于母公司所有者权益									少数股东权益	所有者权益合计
	实收资本	资本公积	减:库存股	其他综合收益	盈余公积	一般风险准备	未分配利润	其他	小计		
一、上年末余额	1 499 812 523.00	430 203 568.68		-1 039 857.28	28 462 767.27	98 865 517.92	165 267 631.81		2 221 572 151.40	32 820 715.81	2 254 392 867.21
加:会计政策变更											
前期差错更正											
二、本年初余额	1 499 812 523.00	430 203 568.68		-1 039 857.28	28 462 767.27	98 865 517.92	165 267 631.81		2 221 572 151.40	32 820 715.81	2 254 392 867.21
三、本年增减变动金额(减少以"-"号填列)	800 187 477.00			-312 174.76	20 451 850.33	25 695 730.94	168 145 291.77		1 014 168 175.28	9 952 410.61	1 024 120 585.89
(一)净利润							214 292 873.04		214 292 873.04	9 696 486.36	223 989 359.40
(二)其他综合收益				-312 174.76					-312 174.76	255 924.25	-56 250.51
综合收益小计				-312 174.76			214 292 873.04		213 980 698.28		213 980 698.28
(三)所有者投入和减少资本	800 187 477.00								800 187 477.00		800 187 477.00
1. 所有者投入资本	800 187 477.00								800 187 477.00		800 187 477.00
2. 股份支付计入所有者权益的金额											
3. 其他											
(四)专项储备提取和使用											
1. 提取专项储备											
2. 使用专项储备											
(五)利润分配					20 451 850.33	25 695 730.94	-46 147 581.27				
1. 提取盈余公积					20 451 850.33		-20 451 850.33				
其中:法定公积金					20 451 850.33		-20 451 850.33				
任意公积金											
#储备基金											
#企业发展基金											
利润归还投资											
2. 提取一般风险准备						25 695 730.94	-25 695 730.94				
3. 对所有者(或股东)的分配											
4. 其他											
(六)所有者权益内部结转											
1. 资本公积转增资本(或股本)											
2. 盈余公积转增资本(或股本)											
3. 盈余公积弥补亏损											
4. 其他											
四、本年末余额	2 300 000 000.00	430 203 568.68		-1 352 032.04	48 914 617.60	124 561 248.86	333 412 923.58		3 235 740 326.68	42 773 126.42	3 278 513 453.10

法定代表人:邬小蕙　　　　主管会计工作负责人:陈　众　　　　会计机构负责人:陈　众

所有者权益变动表

2014年度

编制单位：中粮信托有限责任公司　　　　单位：元

项目	本期金额							上期金额						
	实收资本	资本公积	其他综合收益	盈余公积	风险准备金	未分配利润	所有者权益合计	实收资本	资本公积	其他综合收益	盈余公积	风险准备金	未分配利润	所有者权益合计
一、上年末余额	2 300 000 000.00	430 187 477.00	-1 610 011.90	48 914 617.60	124 561 248.86	315 670 309.46	3 217 723 641.02	1 499 812 523.00	—	-1 039 857.28	28 462 767.27	98 865 517.92	157 299 387.47	1 783 400 338.38
加：会计政策变更														
前期差错更正														
其他														
二、本年初余额	2 300 000 000.00	430 187 477.00	-1 610 011.90	48 914 617.60	124 561 248.86	315 670 309.46	3 217 723 641.02	1 499 812 523.00	—	-1 039 857.28	28 462 767.27	98 865 517.92	157 299 387.47	1 783 400 338.38
三、本年增减变动金额（减少以"-"号填列）			48 507 735.60	30 561 799.98	15 943 823.43	88 303 324.17	183 316 683.18	800 187 477.00	430 187 477.00	-570 154.62	20 451 850.33	25 695 730.94	158 370 921.99	1 434 323 302.64
（一）净利润						305 617 999.79	305 617 999.79						204 518 503.26	204 518 503.26
（二）其他综合收益			48 507 735.60				48 507 735.60			-570 154.62				-570 154.62
上述（一）和（二）小计			48 507 735.60			305 617 999.79	354 125 735.39			-570 154.62			204 518 503.26	203 948 348.64
（三）所有者投入和减少资本								800 187 477.00	430 187 477.00					1 230 374 954.00
1. 所有者投入资本								800 187 477.00	430 187 477.00					1 230 374 954.00
2. 股份支付计入所有者权益的金额														
3. 其他														
（四）利润分配				30 561 799.98	15 943 823.43	-217 314 675.62	-170 809 052.21				20 451 850.33	25 695 730.94	-46 147 581.27	
1. 提取盈余公积				30 561 799.98		-30 561 799.98					20 451 850.33		-20 451 850.33	
2. 提取一般风险准备					15 943 823.43	-15 943 823.43						25 695 730.94	-25 695 730.94	
3. 对所有者（或股东）的分配						-170 809 052.21	-170 809 052.21							
4. 其他														
（五）所有者权益内部结转														
1. 资本公积转增资本（或股本）														
2. 盈余公积转增资本（或股本）														
3. 盈余公积弥补亏损														
4. 其他														
（六）专项储备														
1. 本期提取														
2. 本期使用														
（七）其他														
四、本年末余额	2 300 000 000.00	430 187 477.00	46 897 723.70	79 476 417.58	140 505 072.29	403 973 633.63	3 401 040 324.20	2 300 000 000.00	430 187 477.00	-1 610 011.90	48 914 617.60	124 561 248.86	315 670 309.46	3 217 723 641.02

法定代表人：邬小蕙　　主管会计工作负责人：陈　众　　会计机构负责人：陈　众

5.2 信托资产

5.2.1 信托项目资产负债汇总表

信托项目资产负债表

编制单位：中粮信托有限责任公司　　2014 年 12 月 31 日　　单位：万元

信托资产	期末数	期初数	信托负债和信托权益	期末数	期初数
信托资产：			信托负债：		
货币资金	82 878.16	160 569.50	交易性金融负债	—	—
拆出资金	—	—	衍生金融负债	—	—
存出保证金	—	—	应付受托人报酬	—	—
交易性金融资产	—	—	应付托管费	—	—
衍生金融资产	—	—	应付受益人收益	—	—
买入返售金融资产	307 418.19	60 000.00	应交税费	—	—
应收款项	482 472.98	266 226.81	应付销售服务费	—	—
发放贷款	5 383 435.31	4 208 752.56	其他应付款项	2 926.47	12 532.24
可供出售金融资产	133 376.92	148 096.71	预计负债	—	—
持有至到期投资	63 212.00	62 000.00	其他负债	—	—
长期应收款	—	—	信托负债合计	2 926.47	12 532.24
长期股权投资	498 669.34	363 199.83		—	
投资性房地产	—	—	信托权益：	—	
固定资产	—	—	实收信托	7 192 925.40	5 279 396.99
无形资产	—	—	资本公积	—	—
长期待摊费用	—	—	损益平准金	—	—
其他资产	262 547.07	40 342.00	未分配利润	18 158.10	17 258.18
减：各项资产减值	—	—	信托权益合计	7 211 083.51	5 296 655 17
信托资产总计	7 214 009.98	5 309 187.41	信托负债及信托权益总计	7 214 009.98	5 309 187.41

5.2.2 信托项目利润及利润分配汇总表

信托项目利润及利润分配表

编制单位：中粮信托有限责任公司　2014 年度　　单位：万元

项　目	本年累计数	上年累计数
1. 营业收入	462 600.91	529 415.06
1.1 利息收入	376 595.60	410 886.12
1.2 投资收益（损失以“－”号填列）	83 561.60	114 910.45
1.2.1 其中：对联营企业和合营企业的投资收益	—	—
1.3 公允价值变动收益（损失以“－”号填列）	—	—
1.4 租赁收入	—	—
1.5 汇兑损益（损失以“－”号填列）	—	—
1.6 其他收入	2 443.71	3 618.49
2. 支出	40 511.94	45 848.72
2.1 营业税金及附加	933.60	702.45
2.2 受托人报酬	18 272.25	22 660.99
2.3 托管费	3 114.01	3 361.43
2.4 投资管理费	—	—
2.5 销售服务费	459.00	1 791.62
2.6 交易费用	—	—
2.7 资产减值损失	—	—
2.8 其他费用	17 733.08	17 332.22
3. 信托净利润（净亏损以“－”号填列）	422 088.97	483 566.34
4. 其他综合收益	—	—
5. 综合收益	422 088.97	483 566.34

续表

项　目	本年累计数	上年累计数
6. 加：期初未分配信托利润	17 258.18	35 088.39
7. 可供分配的信托利润	439 347.15	518 654.73
8. 减：本期已分配信托利润	421 189.04	501 396.55
9. 期末未分配信托利润	18 158.10	17 258.18

6. 会计报表附注

6.1 报告年度会计报表编制基准、会计政策、会计估计和核算方法发生的变化

公司持有的对贵州茅台酒厂（集团）习酒有限责任公司70 000 000.00元投资（持股比例 1.32%）属于公司对被投资单位不具有控制、共同控制及重大影响，并且在活跃市场中没有报价、公允价值不能可靠计量的股权投资。

公司自 2014 年 7 月 1 日开始执行财政部颁发的《企业会计准则第 2 号——长期股权投资》等八项具体准则和一项基本准则。由于会计政策变更，公司本报告期内根据《企业会计准则第 2 号——长期股权投资》的规定进行了追溯调整，将以前年度在长期股权投资核算的对贵州茅台酒厂（集团）习酒有限责任公司 70 000 000.00 元投资转入可供出售金融资产中核算，调整增加期初可供出售金融资产 70 000 000.00 元，调整减少期初长期股权投资 70 000 000.00 元。

除上述会计政策变更以外，报告年度公司会计报表编制基

准、会计估计和核算方法未发生需要披露的重大变化。

6.2 或有事项说明

无。

6.3 重要资产转让及其出售的说明

公司报告期内无重要资产转让及出售情况。

6.4 会计报表中重要项目的明细资料

6.4.1 披露自营资产经营情况

6.4.1.1 按信用风险五级分类结果披露信用风险资产的期初数、期末数

信用风险资产五级分类	正常类（万元）	关注类（万元）	次级类（万元）	可疑类（万元）	损失类（万元）	信用风险资产合计（万元）	不良资产合计（万元）	不良资产率（%）
期初数	10 000.00	60 000.00	—	—	—	—	—	—
期末数	—	60 000.00	—	—	—	—	—	—

注：不良资产合计＝次级类＋可疑类＋损失类。

6.4.1.2 各项资产减值损失准备的期初数、本期计提、本期转回、本期核销、期末数，贷款的一般准备、专项准备和其他资产减值准备应分别披露

单位：万元

	期初数	本期计提	本期转回	本期核销	期末数
贷款损失准备	3 100.00	—	100.00	—	3 000.00
一般准备	—	—	—	—	—
专项准备	3 100.00	—	100.00	—	3 000.00
其他资产减值准备	—	—	—	—	—
可供出售金融资产减值准备	—	—	—	—	—
持有至到期投资减值准备	—	—	—	—	—
长期股权投资减值准备	—	—	—	—	—
坏账准备	—	1 965.91	—	—	1 965.91
投资性房地产减值准备	—	—	—	—	—

6.4.1.3 自营股票投资、基金投资、债券投资、长期股权投资等投资业务的期初数、期末数

单位：万元

	自营股票	基金	债券	长期股权投资
期初数	2 654.32	14 182.93	14 244.87	9 510.00
期末数	20 855.49	95 179.87	24 736.29	2 510.00

6.4.1.4 前五名的自营长期股权投资的企业名称、占被投资企业权益的比例、主要经营活动及投资收益情况等

企业名称	占被投资企业权益的比例（%）	主要经营活动	投资收益（万元）
中粮农业产业基金管理有限责任公司	50.20	投资管理及咨询	—

6.4.1.5 前五名的自营贷款的企业名称、占贷款总额的比例和还款情况等

企业名称	占贷款总额的比例（%）	还款情况（万元）
北京高华证券有限责任公司	100	尚未到期

6.4.1.6 表外业务的期初数、期末数，按照代理业务、担保业务和其他类型表外业务分别披露

单位：万元

表外业务	期初数	期末数
担保业务	—	—
代理业务（委托业务）	—	—
其他	—	—
合计	—	—

注：代理业务主要反映因客观原因应规范而尚未完成规范的历史遗留委托业务，包括委托贷款和委托投资。

6.4.1.7 公司当年的收入结构

收入结构	金额（万元）	占比（%）
营业收入	3 052.75	5.29
手续费及佣金收入	19 259.11	33.37
其中：信托手续费收入	19 259.11	
投资银行业务收入	—	
利息收入	11 405.72	19.76
其他业务收入	—	
其中：计入信托业务收入部分	—	
投资收益	14 833.06	25.70
其中：交易性金融资产投资收益	3 922.71	
可供出售金融资产收益	10 690.29	
公允价值变动收益	8 776.25	15.21
汇兑损益	237.45	0.41
营业外收入	143.25	0.25
收入合计	57 707.59	100.00

注：营业收入是子公司基金管理费收入，手续费及佣金收入、利息收入、其他业务收入、投资收益、营业外收入均应为损益表中的一级科目，其中手续费及佣金收入、利息收入、营业外收入为未抵减掉相应支出的全年累计实现收入数。

6.4.2 披露信托资产管理情况

6.4.2.1 信托资产的期初数、期末数

单位：万元

信托资产	期初数	期末数
集合	705 499.45	662 181.96
单一	4 454 265.86	4 753 867.07
财产权	149 422.10	1 797 960.95
合计	5 309 187.41	7 214 009.98

6.4.2.1.1 主动管理型信托业务期初数、期末数，分证券投资、股权投资、融资、事务管理类分别披露

单位：万元

主动管理型信托资产	期初数	期末数
证券投资类	—	25 006.63
股权投资类	284 148.09	308 850.73
融资类	977 881.24	402 549.01
事务管理类	53 603.02	325 582.16
其他投资类	455 103.88	449 248.57
合计	1 770 736.23	1 511 237.10

6.4.2.1.2 被动管理型信托业务期初数、期末数,分证券投资、股权投资、融资、事务管理类分别披露

单位:万元

被动管理型信托资产	期初数	期末数
证券投资类	—	—
股权投资类	50 002.92	150 002.97
融资类	3 367 945.54	3 624 175.04
事务管理类	3 600.00	1 159 498.60
其他类	116 902.72	769 096.26
合计	3 538 451.18	5 702 772.87

6.4.2.2 本年度已清算结束的信托项目个数、实收信托合计金额、加权平均实际年化收益率

6.4.2.2.1 本年度已清算结束的集合类、单一类资金信托项目和财产管理类信托项目个数、金额、加权平均实际年化收益率

已清算结束的信托项目	项目个数(个)	合计金额(万元)	加权平均实际年化收益率(%)
集合类	12	265 320.00	9.62
单一类	92	2 532 124.00	6.68
财产管理类	9	14 473.45	4.07

注:1. 加权平均实际年化收益率 =(信托项目 1 的实际年化收益率 ×信托项目 1 的资产总计 +信托项目 2 的实际年化收益率 ×信托项目 2 的资产总计 +… +信托项目 n 的实际年化收益率 ×信托项目 n 的资产总计)/(信托项目 1 的资产总计 +信托项目 2 的资产总计 +… +信托项目 n 的资产总计) ×100%。
2. 表中项目包含已完成兑付但截至 2014 年末尚未完成银行销户手续的项目。

6.4.2.2.2 本年度已清算结束的主动管理型信托项目个数、合计金额、加权平均实际年化收益率,分证券投资、股权投资、融资、事务管理类分别披露

已清算结束的信托项目	项目个数(个)	合计金额(万元)	加权平均实际年化收益率(%)
证券投资类	—	—	—
股权投资类			
融资类	24	817 920.00	7.89
事务管理类	1	4 552.46	—
其他投资类	9	177 410.99	9.00

6.4.2.2.3 本年度已清算结束的被动管理型信托项目个数、合计金额、加权平均实际年化收益率,分证券投资、股权投资、融资、事务管理类分别披露

已清算结束的信托项目	项目个数(个)	合计金额(万元)	加权平均实际年化收益率(%)
证券投资类	—	—	—
股权投资类	—	—	—
融资类	72	1 759 434.00	6.51
事务管理类	6	3 600.00	—
其他投资类	1	49 000.00	5.03

6.4.2.3 本年度新增的集合类、单一类和财产管理类信托项目个数、合计金额

新增信托项目	项目个数(个)	合计金额(万元)
集合类	20	486 000.00
单一类	73	3 826 100.00
财产管理类	9	1 797 700.00
新增合计	102	6 109 800.00
其中:主动管理型	29	1 393 200.00
被动管理型	73	4 716 600.00

6.4.2.4 信托业务创新成果和特色业务有关情况

2014 年,中粮信托继续巩固汽车金融资产证券化市场地位,先后成立了信托计划"宝马金融汽车抵押贷款证券化信托"(8 亿元)、"上汽通元 2014 年第一期个人汽车抵押贷款证券化信托"(30 亿元);同时,进入银行信贷资产证券化市场,成立了信托计划"充银 2014 年第一期信贷资产证券化信托"(11.98 亿元)、"国开行 2014 年第八期开元铁路专项信贷资产证券化信托"(102.36 亿元)。除了在资产证券化市场逐步扩大市场规模外,中粮信托成立了战略创新部,将进一步推进创新产品尤其是证券投资类产品的落地。

2014 年中粮信托以创新提升了农业资产的专业化覆盖水平,形成土地流转信托、供应链信托、消费信托、股权投资信托等特色产品线,共成立农业金融信托项目 27 个,成立的信托项目如"中粮信托·供应链贷款(中粮食品经销商)集合资金信托计划"4 ~7 期、"中粮·全球农业资产配置 1 号集合资金信托计划"、"中粮·中茶精选年份普洱茶特定资产投资(一期)单一资金信托"等,发行规模 47.53 亿元,服务涉农企业 78 家,涉及土地 2 万多亩。

6.4.2.5 公司履行受托人义务情况及因公司自身责任而导致的信托资产损失情况(合计金额、原因等)

公司在报告期内无上述情况。

6.5 关联方关系及其交易的披露

6.5.1 关联交易方的数量、关联交易的总金额及关联交易的定价政策等

	关联交易数量(个)	关联交易金额(万元)	定价政策
合计	12	43 618.52	公司与关联方之间的交易采用市场价格进行定价

注:关联交易是指信托公司以自有资产、信托资产为关联方提供投融资等服务,或以担保等方式为关联方融资提供便利的业务。关联交易的统计范围应基本上与银监会非现场监管信息系统中关于关联交易的范围和口径一致,也可增加为关联方提供咨询等其他非投融资类业务服务的信息。

6.5.2 关联交易方与公司的关系性质,关联交易方的名称、法定代表人、注册地址、注册资本及主营业务等

关系性质	关联方名称	法定代表人	注册地址	注册资本(万元)	主营业务
母公司	中粮集团有限公司	宁高宁	北京	197 776.80	贸易
子公司	中粮农业产业基金管理有限责任公司	邬小蕙	北京	5 000.00	投资管理及咨询
受公司之母公司的重大影响	龙江银行股份有限公司	张建辉	哈尔滨	436 000.00	商业银行业务

6.5.3 逐笔披露公司与关联方的重大交易事项

6.5.3.1 固有财产与关联方：贷款、投资、租赁、应收账款、担保、其他方式等期初汇总数、本期发生额汇总数、期末汇总数

单位：万元

固有财产与关联方关联交易				
	期初数	借方发生额	贷方发生额	期末数
贷款	—	—	—	—
投资	—	—	—	—
租赁	—	911.91	—	911.91
担保	—	—	—	—
应收账款	—	—	—	—
其他	—	253.61	—	253.61
合计	—	1 165.52		1 165.52

6.5.3.2 信托资产与关联方：贷款、投资、租赁、应收账款、担保、其他方式等期初汇总数、本期发生额汇总数、期末汇总数

单位：万元

信托资产与关联方关联交易				
	期初数	借方发生额	贷方发生额	期末数
贷款	2 000.00	13 655.00	2 400.00	13 255.00
投资	—	15 000.00	—	15 000.00
租赁	—	—	—	—
担保	—	—	—	—
应收账款	—	—	—	—
其他	15 492.46	7 148.00	8 952.46	13 688.00
合计	17 492.46	35 803.00	11 352.46	41 943.00

6.5.3.3 固有财产与信托财产之间的交易金额期初汇总数、本期发生额汇总数、期末汇总数

单位：万元

固有财产与信托财产相互交易				
	期初数	借方发生额	贷方发生额	期末数
合计	3 260.00	6 650.00	-3 260.00	6 650.00

6.5.3.4 信托资产与信托财产之间的交易金额期初汇总数、本期发生额汇总数、期末汇总数

单位：万元

信托资产与信托财产相互交易			
	期初数	本期发生额	期末数
合计	20 000.00	-20 000.00	—

6.5.4 逐笔披露关联方逾期未偿还公司资金的详细情况以及公司为关联方担保发生或即将发生垫款的详细情况

无。

6.6 会计制度的披露

公司固有业务和信托业务，同时执行财政部2006年2月15日颁布的企业会计准则及2014年颁布的八项具体准则和一项基本准则的有关规定。

7. 财务情况说明书

7.1 利润实现和分配情况

2014年度，公司实现净利润30 561.80万元，提取法定盈余公积3 056.18万元，提取一般风险准备1 594.38万元，对股东分配17 080.91万元，年末可供分配的利润为40 397.36万元。

7.2 主要财务指标

指标名称	指标值
资本利润率（%）	9.24
人均净利润（万元）	222.41

注：1. 资本利润率＝净利润/所有者权益平均余额×100%。
2. 人均净利润＝净利润/年平均人数。
3. 平均值采取年初及各季度末余额移动算术平均法，公式为：$a(平均)=(a_0/2+a_1+a_2+a_3+a_4/2)/4$。

7.3 对公司财务状况、经营成果有重大影响的其他事项

公司无上述事项。

8. 特别事项揭示

8.1 前五名股东报告期内变动情况及原因

为满足公司中长期业务发展的需要，进一步提高公司抗风险能力，2014年8月22日中国银监会以“银监复［2014］573号”文批准中粮集团有限公司受让中粮贸易有限公司（由原中粮粮油有限公司于2014年5月7日更名而来）持有的公司4.0005%的股权。受让后，中粮集团有限公司对公司的出资金额为174 821.85万元人民币，出资比例为76.0095%；蒙特利尔银行的出资金额为45 977万元人民币等值的可自由兑换货币，出资比例为19.99%；中粮财务有限责任公司的出资金额为9 201.15万元人民币，出资比例为4.0005%。上述股权变更的工商变更手续于2014年8月29日办理完毕。

8.2 董事、监事及高级管理人员变动情况及原因

2014年1月17日，公司股东会同意选聘毕仲华女士担任公司独立董事，其任职资格于2014年12月20日获得中国银监会核准。

2014年7月25日，中国银监会核准陈德彪担任中粮信托有限责任公司副总经理的任职资格，以及吴江、杨勇、张文生担任中粮信托有限责任公司总经理助理的任职资格。

8.3 公司的重大诉讼事项

截至2014年12月31日，公司没有未结的重大诉讼事项。

8.4 对会计师事务所出具的有保留意见、否定意见或无法表示意见的审计报告的，公司董事会应就所涉及事项作出说明

会计师事务所对公司出具了标准无保留意见的审计报告。

8.5 公司及其董事、监事和高级管理人员受到处罚的情况

无。

8.6 银监会及其派出机构对公司检查后提出整改意见的，应简单说明整改情况

对于中国银监会下发的监管意见（银监办发[2013]313号），公司高度重视，认真研究形成整改方案，全面落实检查意见，对检查中发现的问题逐一整改；提高合规经营意识，加强合规管理，强化公司治理执行机制，完善合规风控组织架构；确立科学战略定位，提高自主资产管理能力；梳理内控体系和流程，查找薄弱环节和风险隐患，加大公司中后台管理基础工作力度，强化与监管部门的沟通机制，细化完善岗位问责机制。

2014年5月，公司收到中国银监会下发的监管意见（银监办发[2014]153号）。该意见确认，经中国银监会监管核查，公司已完善了公司治理机制，加强了项目合规管理、风险防范和风险处置能力建设；根据整改验收情况，决定解除有关监管措施。

8.7 本年度重大事项临时报告的简要内容、披露时间、所披露的媒体及其版面

2014年1月24日，公司在《金融时报》第7版登载了增资及修改公司章程的公告。

2014年9月1日，公司在《金融时报》第8版登载了变更股权及调整股权结构的公告。

8.8 银监会及其省级派出机构认定的其他有必要让客户及相关利益人了解的重要信息

无。

9. 公司监事会意见

监事会认为，报告期内，公司依法运作，决策程序合法有效，没有发现公司董事、高级管理层履行职务时有违法违规、违反公司章程或损害公司股东利益的行为。公司财务报告经天职国际会计师事务所（特殊普通合伙）审计，真实反映了公司财务状况和经营成果。

中融国际信托有限公司

1. 重要提示

本公司董事会及董事保证本报告所载资料不存在任何虚假记载、误导性陈述或者重大遗漏，并对其内容的真实性、准确性和完整性承担个别及连带责任。本年度报告摘要摘自年度报告全文，客户及相关利益人欲了解详细内容，应阅读年度报告全文。

本公司独立董事保证本报告所载资料不存在任何虚假记载、误导性陈述或者重大遗漏，并对其内容的真实性、准确性和完整性承担个别及连带责任。

公司董事长刘洋先生、财务总监连晋华先生声明：保证年度报告中财务报告的真实、完整。

2. 公司概况

2.1 公司简介

2.1.1 法定中文名称：中融国际信托有限公司（简称中融信托，以下称"公司"或"本公司"）

2.1.2 法定英文名称：Zhongrong International Trust Co.，Ltd.（缩写："ZRT"）

2.1.3 法定代表人：刘洋

2.1.4 注册地址：黑龙江省哈尔滨市南岗区嵩山路 33 号
邮政编码：150090

2.1.5 公司国际互联网网址：www. zritc. com

2.1.6 电子邮箱：zritc@ zritc. com

2.1.7 公司信息披露事务负责人姓名：黄威
联系电话：010－58878260
传真：010－58878111
电子信箱：huangwei@ zritc. com

2.1.8 公司选定的信息披露报纸名称：《金融时报》

2.1.9 年度报告备置地点：黑龙江省哈尔滨市松北区科技创新城创新二路 277 号哈投大厦 25 层　北京市西城区金融街武定侯街 2 号泰康国际大厦 9 层

2.1.10 公司聘请的会计师事务所名称：天职国际会计师事务所
地址：北京市海淀区车公庄西路 19 号外文文化创意园 12 号楼

2.1.11 公司聘请的律师事务所名称：中伦律师事务所上海分所
地址：上海市浦东新区世纪大道 8 号国金中心二期 10－11 楼

2.2 组织结构

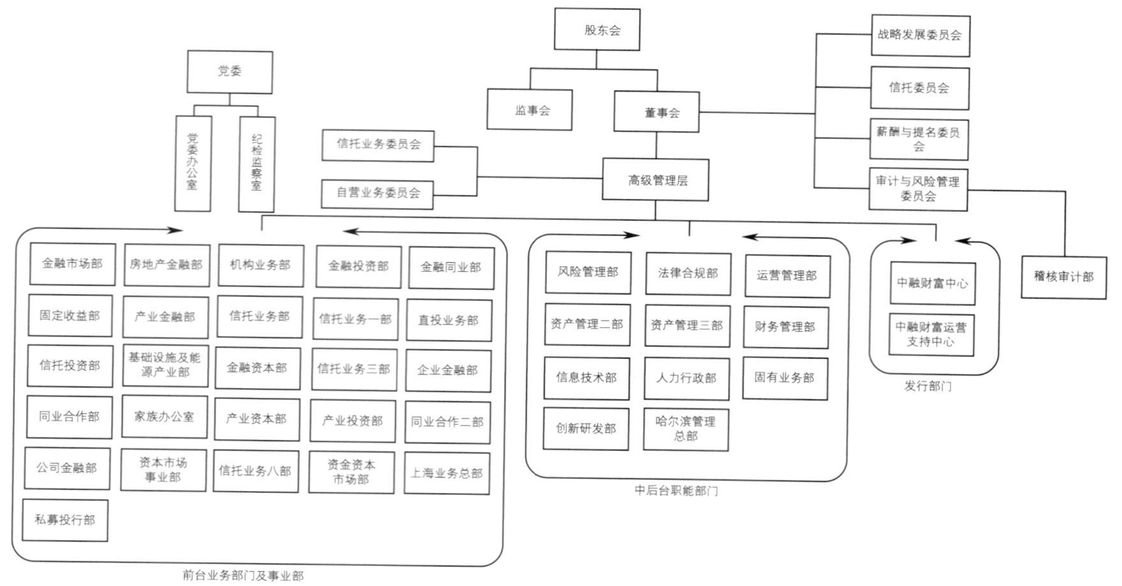

3. 公司治理

3.1 股东

3.1.1 持股股东情况

报告期末，本公司由4家股东共同出资构成，经纬纺织机械股份有限公司为实际控制人。出资比例达10%以上的股东情况如下：

股东

股东名称	出资比例(%)	法人代表
经纬纺织机械股份有限公司	37.47	叶茂新
中植企业集团有限公司	32.99	刘秀坤
哈尔滨投资集团有限责任公司	21.54	智大勇

3.1.2 公司第一大股东的主要股东情况

公司第一大股东为经纬纺织机械股份有限公司，其主要股东情况如下：

第一大股东

股东名称	出资比例(%)	法定代表人
中国纺织机械(集团)有限公司	31.13	张　杰

3.2 董事

董事长、副董事长、董事

姓名	职务	性别	年龄	选任日期	所推举的股东名称	所推举的股东持股比例(%)	简要履历
刘　洋	董事长	男	40	2009年5月	经纬纺织机械股份有限公司	37.47	自2009年5月起任本公司董事长，曾任中植高科技投资有限公司负责人、上海中植金智科技投资有限公司财务总监、中植企业集团副总裁兼财务总监、中植企业集团首席执行官。
姚育明	副董事长	男	54	2010年7月	经纬纺织机械股份有限公司	37.47	自2010年7月起任本公司副董事长，现任经纬纺织机械股份有限公司总经理、中国恒天集团有限公司党委委员，曾任经纬纺机厂厂长助理兼金融办公室主任、中国纺机集团财务有限公司董事长、内蒙古日信证券有限责任公司董事长、经纬纺织机械股份有限公司常务副总经理。
范　韬	董事	男	47	2005年3月	经纬纺织机械股份有限公司	37.47	自2005年3月起任本公司董事，曾任职于中国证监会哈尔滨特派员办事处发行监管处、机构监管处。
何志强	董事	男	40	2014年3月	经纬纺织机械股份有限公司	37.47	自2014年3月起任本公司董事，曾任北京盟科置业有限公司工程部总经理助理、本公司金融市场部总经理、本公司总裁助理。

独立董事

姓　名	所在单位及职务	性别	年龄	选任日期	所推举的股东名称	所推荐的股东持股比例(%)	简要履历
李　辉	瑞信方正证券有限责任公司企业融资部执行董事	男	44	2010年7月	—	—	自2010年7月起任本公司独立董事，现任瑞信方正证券有限责任公司企业融资部执行董事，曾任联合证券投资银行部高级经理、汉唐证券投资银行部副总经理、银河证券投资银行部业务总监、安信证券投资银行部业务总监。

3.3 监事

监事

姓　名	职务	性别	年龄	选任日期	所推举的股东名称	该股东持股比例(%)	简要履历
高兴山	监事长	男	51	2009年4月	中植企业集团有限公司	32.99	自2009年4月起任本公司监事长，曾任中植企业集团有限公司副总裁、本公司董事长。
毛发青	监　事	男	46	2010年7月	经纬纺织机械股份有限公司	37.47	自2010年7月起任本公司监事，现任经纬纺织机械股份有限公司财务总监，曾任经纬纺织机械股份有限公司会计室主任、财务部部长。
刘立刚	监　事	男	45	2010年1月	职工监事	—	自2010年1月起任本公司监事，现为本公司稽核审计部副总经理，曾任利安达信隆会计师事务所部门经理、黑龙江省宇华担保投资股份有限公司财务总监、北亚实业(集团)股份有限公司财务部副部长、内蒙古立丰房地产开发有限公司财务总监。

3.4 高级管理人员

高级管理人员

姓名	职务	性别	年龄	选任日期	金融从业年限(年)	学历	专业	简要履历
范 韬	总裁	男	47	2010 年 2 月	18	本科	矿业机械	自 2010 年 2 月起任本公司总裁，曾任职于中国证监会哈尔滨特派员办事处发行监管处、机构监管处。
游 宇	常务副总裁	男	41	2013 年 6 月	18	硕士	金融管理	自 2013 年 6 月起任本公司常务副总裁，曾任中国银监会非银部副处长。
王 海	副总裁	男	52	2010 年 2 月	32	硕士	EMBA	自 2010 年 2 月起任本公司副总裁，曾任哈尔滨国际信托投资公司金融租赁部经理、本公司信托业务部总经理。
刘伟器	副总裁	男	41	2010 年 2 月	12	本科	俄语	自 2010 年 2 月起任本公司副总裁，曾任济南发祥置业有限公司董事长，中植企业集团副总裁，哈尔滨市融兴典当行主管会计，上海中融汇投资担保公司财务总监。
何志强	副总裁	男	40	2011 年 10 月	9	硕士	工商管理	自 2011 年 10 月起任本公司副总裁，曾任北京盟科置业有限公司工程部总经理助理、本公司金融市场部总经理、本公司总裁助理。
张 东	副总裁	男	43	2013 年 6 月	17	本科	焊接工艺及设备	自 2013 年 6 月起任本公司副总裁，曾任哈尔滨铁路局工程师，天元证券经纪有限公司信息技术部总经理，江海证券经纪有限公司信息技术部副总经理，本公司信息技术部总经理、人力资源部总经理(兼行政管理部总经理)、行政总监。
杨 巍	副总裁	女	37	2013 年 6 月	7	硕士	民法学	自 2013 年 6 月起任本公司副总裁，曾任北京兆泰置地房地产公司法务部主任，总裁办主任、北京证泰律师事务所律师，北京中银律师事务所律师，本公司金融市场部副总经理、房地产金融部总经理、机构业务部总经理、执行总裁。
连晋华	财务总监	男	56	2010 年 6 月	6	本科	会计学	自 2010 年 6 月起任本公司财务总监，曾任经纬纺机厂审计室主任、经纬机械集团山西纺织机械有限公司总会计师、经纬纺织机械股份有限公司战略管理部部长。
黄 威	合规总监	女	41	2010 年 10 月	17	硕士	会计学	自 2010 年 10 月起任本公司合规总监，曾任中国银监会业务创新监管协作部理财业务监管岗助理。

3.5 公司员工

公司员工

项目		2013 年度		2014 年度	
		人数(人)	比例(%)	人数(人)	比例(%)
年龄分布	25 岁以下	142	8.77	119	6.56
	25～29 岁	720	44.44	772	42.53
	30～39 岁	637	39.32	750	41.32
	40 岁以上	121	7.47	174	9.59
学历分布	博士	12	0.73	9	0.49
	硕士	745	45.99	744	40.99
	本科	739	45.62	908	50.03
	专科	103	6.36	131	7.22
	其他	21	1.30	23	1.27
岗位分布	董事、监事及高管人员	19(外部 6 人)	0.80	20(外部 5 人)	0.83
	自营业务人员	2	0.12	0	0
	信托业务人员	1 045	64.51	1 332	73.39
	其他人员	560	34.57	468	25.78

注：自营业务人员是指按照岗位分工，专门或至少主要从事固有资金使用和固有资产管理有关业务的职工；信托业务人员是指按照岗位分工，专门从事或者主要从事信托资金使用和信托资产管理各项业务的职工；对于人力行政部等类似无法明确区分的综合部门归为其他人员。另，董事、监事及高管人员的 20 人中有 5 人不包含在正式编制 1 815 人中，岗位分布总人数应为正式编制＋编制外董事/监事共计 1 820 人。

4. 经营管理

4.1 经营目标、方针、战略规划

为推动业务转型，实现长期可持续发展，公司制定了《2015—2017 年战略规划》，设立了“一个目标、三组动力”的实施方案。“一个目标”指公司的总体战略方向是从单纯的资金提供者转型成为综合资产管理者；“三组动力”指公司业绩增长的动力引擎、实现转型的三大板块，即私募投行业务板块、资产管理业务板块和财富管理业务板块。公司将力争在未来 3～5 年内成为业务全面优化、管理大幅提升、创新持续推进的国内一流综合资产管理机构。

4.2 经营业务的主要内容

4.2.1 经营概况

2014 年末，公司管理资产 7 227.93 亿元，较年初增加 2 345.7亿元，增长 48.05%。其中，自有资产 122 亿元，占 1.69%；信托资产 7 105.93 亿元，占 98.31%。公司实现收入 55.31 亿元，较上年增加 6.33 亿元，增长 12.93%；公司净资产 98.05 亿元，较年初增长 28.25%；净资本 87.13 亿元，较年初增长 25.38%；风险资本 74.83 亿元，较年初增长 54.89%；净资本覆盖率(净资本/风险资本)116.43 %，净资本结余 12.3 亿元。

4.2.2 信托业务

公司遵循业务结构调整战略，各项业务分布相对呈均衡态势。

报告期末，信托资产运用与投向的明细情况见下表。

信托资产运用与分布表

资产运用	金额(万元)	占比(%)	资产分布	金额(万元)	占比(%)
货币资产	1 717 442.50	2.42	基础产业	14 297 632.93	20.12
贷款	19 723 511.12	27.76	房地产	7 440 715.00	10.47
交易性金融资产投资	8 511 629.89	11.98	证券市场	9 207 569.11	12.96
可供出售金融资产投资	11 795 507.75	16.60	实业	22 923 986.61	32.26

续表

资产运用	金额（万元）	占比（%）	资产分布	金额（万元）	占比（%）
持有至到期投资	—	—	金融机构	15 440 916.19	21.73
长期股权投资	11 179 384.71	15.73	其他	1 748 453.21	2.46
其他	18 131 797.08	25.51			
信托资产总计	71 059 273.05	100.00	信托资产总计	71 059 273.05	100.00

4.2.3 自营业务

本年度，公司自有资金主要以高流动性的资产形式管理，同时为满足自有资金保值和增值的需要，还在一定范围内进行了投资管理，主要用于交易性金融产品及可供出售金融产品的投资。

自营资产运用与分布表

资产运用	金额（万元）	占比（%）	资产分布	金额（万元）	占比（%）
货币资产	411 162	33.70	基础产业		
贷款及应收款	1 099	0.09	房地产业		
交易性金融资产投资	603 932	49.50	证券市场	641 883	52.61
可供出售金融资产投资	60 492	4.96	实业		
持有至到期投资	0	0	金融机构	2 867	0.24
长期股权投资	5 316	0.44	其他	575 281	47.15
其他	138 030	11.31			
资产总计	1 220 031	100	资产总计	1 220 031	100

4.3 市场分析

4.3.1 有利因素

经过多年高速增长，我国步入经济发展的“新常态”，尽管经济增长速度放缓，但我国仍然有良好的经济基础，改革红利的释放以及各项政策的出台仍然支持中国经济保持长期的较高速度的增长，为信托行业的长远发展创造了有利的条件。一是经济基本面依然良好。目前我国人力资本、资本存量等要素供给的质量在提高，就业形势良好，居民收入增速超过了经济增速，社会财富不断积累，为经济持续发展创造了良好基础。二是宏观政策确保经济稳定发展。为应对经济下行的压力，中央出台了一系列调控措施，包括定向降准、结构性减税、棚户区改造、高速铁路建设，以及在基础设施领域推出一批鼓励社会资本参与的项目（PPP）等。政府可能继续围绕促进就业、提高居民收入、加强公共基础设施建设等方面出台更多新政策，确保经济稳定增长。三是改革红利将逐步显现。2014 年政府推出一系列改革措施，包括加大简政放权力度、允许民间资本创办金融机构、放宽市场主体准入等。这些改革对经济增长潜力的提高作用将在未来逐步显现出来，对我国经济持续健康发展发挥积极影响。

4.3.2 不利因素

“新常态”下，信托行业也面临着一些挑战。一方面，信托行业传统的房地产、政信业务随着市场及政策的改变而日渐式微，个别领域风险积聚，为行业发展埋下隐患；另一方面，资管行业新进入者不断增多，侵蚀信托公司传统业务领域，信托公司面临双重压力，收入增长遭遇瓶颈，亟须推动业务转型，找到业务发展“新蓝海”。

4.4 内部控制

4.4.1 内部控制环境和内部控制文化

公司高度重视内部控制基础建设，公司内部控制旨在实现企业经营管理合法合规、保证企业资产安全、确保财务报告及相关信息真实完整、提高经营效率和效果、促进企业实现发展战略等目标。公司依据财政部等五部委联合颁布的《企业内部控制基本规范》及其配套指引、银监会《商业银行内部控制指引》等法规政策和监管规定，围绕公司内部控制目标，制定了《中融国际信托有限公司内部控制制度》。本报告期内，公司严格落实监管要求，以风险识别为导向、信息技术建设为支撑，构建以规章制度体系和内控评价体系为主要内容的内部控制体系。

公司高度重视内部控制体系建设，不断改善内部控制环境，建立了合理的组织架构，职责分工明确，汇报路线清晰；建立了规范的公司治理机制，授权清晰，运作规范；清晰界定了董事会、监事会、高级管理层、各部门在内部控制建立、运行和监督过程中的职能定位；在风险识别的基础上，进一步明确了公司层面和业务管理流程层面各项内部控制要求，将内控责任落实到部门、岗位。

公司十分关注并逐步培育“管理层高度重视、内控人人有责、违规必受追究”的内控文化，积极引进金融同行先进的管理经验，通过不定期开展宣导教育、优化和完善内部控制制度与流程、坚决贯彻内控问责制度等方式，努力培育内部控制文化，内部控制的有效性得到有效提升。

4.4.2 内部控制措施

公司逐步建立科学、严谨的内部控制体系，持续健全完善内部控制制度体系，进一步完善公司治理制度，加强企业文化建设，优化内部控制环境；结合业务发展和经营特点，持续健全各类业务制度和操作规程，完善各项业务的内部控制机制。公司内部控制制度体系形成了以《公司内部控制制度》为总体制度、《公司内部控制管理手册》为具体内容、《公司内部控制评价手册》为评价标准的三个层次。公司针对各项业务操作和管理支持工作建立了规范化的规章制度和流程程序，内容涵盖综合管理类、信托业务类、自营业务类、财务管理类、风险管理类、人力资源类、信息技术类、合规审计类。

公司通过开展以全面风险管理为导向的内控体系建设项目，编制了《企业内部控制管理手册》，并通过风险现状及内部控制评估，识别分析潜在风险，对重要风险点进行定性和定量评估，确定风险应对策略和控制重点，推进公司内部控制体系的完善和优化。此外，公司在业务管理、风险管理、信息管理、后台管理等领域实施并不断完善内部控制制度和流程，业务运作基本实现了前台、中台、后台严格分离及各部门之间高效衔接、密切合作。公司建立了隔离制度，包括自营业务和信托业务的隔离、信托账户管理分离、会计核算分离等，并制定了各项制度严格资金监控，明确规定各类资金转入、转出的流程和各种资金支付的审批权限，确保客户资产的安全和完整。

4.4.3 信息交流与反馈

公司建立了信息报告、信息披露、信息分享和举报投诉等机制，先后制定了《信托计划信息披露管理办法》、《财务信息使用管理办法》、《关联交易管理办法》、《重大突发事件报告制度》、《新闻宣传管理办法》等，对重要事项的跟踪、报告机制涵盖了报告事项、报告责任主体、报告形式、报告流程、报告频率等内容，对规定事项及时向股东会、董事会、监事会、高级管理层和监管部门报告。本报告期内，根据监管要求，对信托计划的设立、增加注册资本、高级管理人员变更等重要事项，公司均按要求履行了报备或报批程序；对于监管部门提出的意见，均予以及时详细的反馈，并报告了整改措施与落实情况；对于内外部经营管理信息、创新业务和行业研究报告等进行定期收集和分析，并通过网络平台、会议交流等方式实现信息广泛共享；对于不涉及商业秘密、知识产权的信息，均在公司内部网站公开，便于全体员工学习。公司通过公开信息披露机制，接受社会公众的监督，增进了公司与委托人之间的信息交流和沟通。公司通过搭建全方位的信息交流与反馈平台，加强了运行透明度和反舞弊机制的建设。公司设置了举报途径便捷、处理原则公开、处理程序公正、保护举报人合法权益的举报投诉机制，防止由于隐瞒违规行为而造成的损失扩大或内控缺陷得不到及时整改的情况发生。

4.4.4 监督评价与纠正

公司建立健全内部监督评价体系，持续对经营管理及业务运行过程进行全面的监督和评价。公司内部审计部门不断加强制度建设和队伍培养，通过财务审计、内控审计和业务审计，关注公司内控风险、操作风险、合规风险和信托项目实质性风险等，排查公司经营管理中存在的漏洞和不足，提出合理的管理建议，并通过整改追踪审计，对稽核工作中发现的问题及时予以指出并监督整改落实，充分发挥审计部门的监督检查职能。

根据《企业内部控制基本规范》及其配套应用指引的要求，参照《信托公司管理办法》、《商业银行内部控制指引》等制度规定，本年度，内审部门完成公司内部控制评价工作，检视公司内部控制的合理性和有效性，推动内部控制体系的完善，提高公司经营管理水平和风险防范能力。

4.5 风险管理

4.5.1 风险状况

4.5.1.1 信用风险状况

（1）信用风险主要集中领域：根据2014年末的统计，公司融资类信托资产占全部信托资产的38.72%，按信贷资产五级分类口径统计，无不良融资类信托资产及不良贷款。

（2）抵押品确认的主要原则：最大限度降低价格变动对第二还款来源造成的不利影响，选择质地优良的证券作为质押物，以价格稳定的土地和房产作为抵押，一般设置50%的抵（质）押率；保证贷款要求担保人财务状况、经营效益良好，按银行信用等级评定标准核定，原则上信用等级必须为A级（含）以上。

（3）一般准备与专项准备的计提方法：依据《信托公司管理办法》，信托赔偿准备金按净利润的5%提取，报告期公司提取信托赔偿准备金12 065.41元，期末余额44 065.41万元；依据财政部《金融企业准备金计提管理办法》（财金[2012]20号），一般风险准备按照风险资产的1.5%计提，报告期计提一般风险准备9 916.04万元。

4.5.1.2 市场风险状况

市场风险是公开市场金融产品或其他产品价格波动导致公司财产或信托财产遭到损失的可能性。公司市场风险主要涉及证券投资自营业务、信托业务以及上市公司股权收益权信托业务等。

2014年末，证券投资信托资产规模占全部信托资产的12.96%。对于此类业务，公司本着审慎原则，合理配置资产，通过结构化信托安排和严密管理措施，勤勉、尽职履行受托人职责，始终能够确保优先受益人的资金安全。

4.5.1.3 操作风险状况

公司面临的操作风险主要表现为公司治理机制、内部流程制度不完善或失效；有关责任人出现失误或责任心缺失而引起的尽职调查信息偏差、贷后检查不足、信息披露不及时；公司信息系统出现功能性缺陷导致业务无法进行；公司没有充分及时做好尽职调查、持续监控、信息披露等工作，未能及时作出应有反应或作出的反应明显有失专业和常理；公司未能履行勤勉尽责义务或无法出具有效证据证明自己已履行勤勉尽责义务等。

操作风险广泛存在于公司所有业务活动中，监控效果不仅受客观条件制约，也受到员工主观因素影响。公司在规范各项业务流程、加强内控的同时，也注重提高员工素质和责任心培养，避免因责任心不足导致操作失误。报告期未发生因操作风险所造成的损失，未发现较大的操作风险事件暴露。

4.5.1.4 其他风险状况

其他风险主要包括法律风险、合规风险及声誉风险等。法律风险是指公司违反法律规定、监管协议或者交易对手产生合同纠纷，致使公司遭受处罚或者诉讼的风险。合规风险是指因公司没有遵循法律、规则和准则而遭受法律制裁或监管处罚、出现重大损失的风险。公司面临的声誉风险是指因缺少声誉应急处理能力、不能妥善处理媒体关系以及未建立声誉风险管理机制而导致声誉损失的风险。目前，公司的法律风险、合规风险及声誉风险均处于较低水平。

4.5.2 风险管理情况

4.5.2.1 信用风险管理

信用风险管理的具体措施包括：一是完善信用风险管理制度体系，二是完善信用风险限额管理和监测，三是完善行业研究和准入机制，四是完善投资业务的担保措施管理。

4.5.2.2 市场风险管理

专门成立了资产管理三部对证券业务市场风险进行管理，实际风险管理严格遵循“组合投资、分散风险”的原则，制定投资范围、比例，采用逐日盯市方法，实时掌握风险状况；选择经验丰富、业绩优秀的投资顾问，以更好地识别市场变化中的潜在风险；设置科学、操作性强的警戒与止损机制并对其严格执行，确保风险始终处于可控状态。

4.5.2.3 操作风险管理

重点管理措施包括：一是进一步完善操作风险管理制度；二是先后上线了项目管理、会计管理等系统；三是通过强化内控基础，优化内控措施，持续提升三道防线体系的运行效率和效果。

4.5.2.4 其他风险管理

(1)法律风险。公司高度重视法律风险管理,由高级管理层负责对法律风险控制情况进行监督,将法律风险防范贯穿项目始终。

(2)合规风险。公司积极稳妥地推进合规管理体系建设。年度内,公司制定了多项合规制度,补充了合规性风险管理的内涵和外延。公司加强对员工的培训,要求员工合法合规地开展各项业务。此外,公司积极配合监管部门工作,确保监管政策得以贯彻落实。

(3)声誉风险。公司完善了声誉风险管理机制,搭建了全面的声誉风险管理框架。

5. 报告期末及上一年度末的比较式会计报表

5.1 自营资产

5.1.1 会计师事务所审计意见

天职业字[2015]3816号审计报告审计意见:"中融信托财务报表在所有重大方面按照企业会计准则的规定编制,公允反映了中融信托2014年12月31日的财务状况及合并财务状况以及2014年度的经营成果和现金流量及合并经营成果和合并现金流量。"

5.1.2 资产负债表

合并资产负债表

编制单位:中融国际信托有限公司　　2014年12月31日　　单位:元

项　　目	行次	合并		母公司	
		年末数	年初数	年末数	年初数
资产:	1				
货币资金	2	4 111 623 631.75	8 431 528 471.74	3 910 303 456.26	8 102 684 486.03
结算备付金	3				
拆出资金	4				
以公允价值计量且其变动计入当期损益的金融资产	5	6 039 319 045.43	239 097 846.44	5 175 923 422.67	239 097 846.44
应收票据	6				
应收账款	7	10 986 783.16	436 252.30		
预付款项	8	399 000.00			
应收保费	9				
应收分保账款	10				
应收分保合同备用金	11				
应收利息	12	67 466.67	64 114.99		
应收股利	13				
买入返售金融资产	14				
存货	15				
划分为持有待售的资产	16				
发放委托贷款及垫款	17				
可供出售金融资产	18	604 920 674.97	406 442 393.41	410 738 604.97	403 462 393.41
持有至到期投资	19				
长期应收款	20				
长期股权投资	21	53 160 938.66	45 454 624.37	1 198 636 696.63	291 535 530.24
投资性房地产	22				
固定资产	23	28 096 291.45	33 900 861.94	22 078 429.58	27 422 115.04
在建工程	24				
工程物资	25				
固定资产清理	26				
生产性生物资产	27				
油气资产	28				
无形资产	29	27 122 543.07	25 374 571.55	24 072 772.39	20 357 927.63
开发支出	30				
商誉	31				
递延所得税资产	32	505 899 511.55	447 010 225.56	507 606 171.75	447 010 225.56
其他资产	33	818 716 242.32	58 197 129.96	807 906 733.30	51 438 930.97
其中:其他应收款	34	55 440 288.91	37 473 699.52	46 417 105.51	33 721 418.35
长期待摊费用	35	13 275 953.41	20 723 430.44	11 489 627.79	17 717 512.62
其他流动资产	36				
其他非流动资产	37	750 000 000.00		750 000 000.00	
资产总计	38	12 200 312 129.03	9 687 506 492.26	12 057 266 287.55	9 583 009 455.32

法定代表人:刘　洋　　主管会计工作负责人:连晋华　　会计机构负责人:代宝香

合并资产负债表（续）

编制单位：中融国际信托有限公司　　2014 年 12 月 31 日　　单位：元

项　目	行次	合并		母公司	
		年末数	年初数	年末数	年初数
负债及所有者权益：	39				
短期借款	40				
向中央银行借款	41				
吸收存款及同业存款	42				
拆入资金	43				
以公允价值计量且其变动计入当期损益的金融负债	44				
应付票据	45				
应付账款	46	4 697 730. 94	316 466. 21		
预收账款	47	20 330 945. 75	23 921 136. 53	18 741 075. 77	23 886 172. 03
卖出回购金融资产款	48				
应付手续费及佣金	49				
应付职工薪酬	50	1 061 349 763. 20	941 574 670. 92	1 042 673 313. 58	928 780 097. 75
应交税费	51	412 749 497. 54	460 371 082. 11	407 997 586. 22	459 065 960. 81
应付利息	52				
应付股利	53				
应付分保账款	54				
保险合同准备金	55				
代理买卖证券款	56				
代理承销证券款	57				
划分为持有待售的负债	58				
长期应付职工薪酬	59	861 955 490. 33	585 675 181. 32	861 955 490. 33	585 675 181. 32
应付债券	60				
长期应付款	61				
专项应付款	62				
预计负债	63				
递延所得税负债	64				
其他负债	65	33 843 626. 90	30 163 399. 90	28 231 287. 47	27 326 636. 08
其中：其他应付款	66	33 843 626. 90	30 163 399. 90	28 231 287. 47	27 326 636. 08
递延收益	67				
负债总计	68	2 394 927 054. 66	2 042 021 936. 99	2 359 598 753. 37	2 024 734 047. 99
实收资本	69	6 000 000 000. 00	1 600 000 000. 00	6 000 000 000. 00	1 600 000 000. 00
其他权益工具	70				
资本公积	71	232 537 248. 16	1 406 237 248. 16	232 537 248. 16	1 406 237 248. 16
减：库存股	72				
其他综合收益	73	－105 873 332. 53	－132 538 153. 21	－106 227 949. 54	－132 538 153. 21
专项储备	74				
盈余公积	75	826 347 809. 72	585 039 617. 41	826 347 809. 72	585 039 617. 41
一般风险准备	76	554 401 639. 06	334 587 179. 94	554 401 639. 06	334 587 179. 94
未分配利润	77	2 179 483 106. 17	3 736 867 334. 02	2 190 608 786. 78	3 764 949 515. 03
归属于母公司所有者权益合计	78	9 686 896 470. 58	7 530 193 226. 32	9 697 667 534. 18	7 558 275 407. 33
少数股东权益	79	118 488 603. 79	115 291 328. 95		
所有者权益总计	80	9 805 385 074. 37	7 645 484 555. 27	9 697 667 534. 18	7 558 275 407. 33
负债和所有者权益总计	81	12 200 312 129. 03	9 687 506 492. 26	12 057 266 287. 55	9 583 009 455. 32

法定代表人：刘　洋　　主管会计工作负责人：连晋华　　会计机构负责人：代宝香

5.1.3 利润表

利润表

编制单位：中融国际信托有限公司　　2014年度　　单位：元

项　目	行次	合并		母公司	
		本年数	上年数	本年数	上年数
一、营业总收入	1	5 531 491 710.83	4 898 115 721.11	5 409 478 036.45	4 895 552 308.88
利息净收入	2	428 368 448.67	340 742 194.17	423 593 115.31	337 848 791.68
利息收入	3	428 368 448.67	340 742 194.17	423 593 115.31	337 848 791.68
利息支出	4				
手续费及佣金净收入	5	4 446 971 821.26	4 542 050 100.01	4 390 316 936.81	4 540 657 245.93
手续费及佣金收入	6	4 446 971 821.26	4 542 050 100.01	4 390 316 936.81	4 540 657 245.93
手续费及佣金支出	7				
营业收入	8	20 398 347.16			
投资收益(损失以"－"号填列)	9	210 674 836.17	−36 589 452.81	205 879 708.35	−36 568 546.94
公允价值变动损益(损失以"－"号填列)	10	118 727 136.67	−10 108 433.46	113 102 565.85	−10 108 433.46
汇兑损益(损失以"－"号填列)	11	1 294 069.16	−2 074 191.54	45 377.30	−372 253.07
其他业务收入	12	305 057 051.74	64 095 504.74	276 540 332.83	64 095 504.74
二、营业总支出	13	2 318 130 111.14	2 191 126 688.50	2 218 313 242.74	2 113 971 187.86
营业税金及附加	14	273 459 535.74	262 216 891.70	268 983 040.64	262 136 933.84
业务及管理费	15	2 044 670 575.40	1 928 909 796.80	1 949 330 202.10	1 851 834 254.02
资产减值损失	16				
其他业务成本	17	—	—		
三、营业利润	18	3 213 361 599.69	2 706 989 032.61	3 191 164 793.71	2 781 581 121.02
加：营业外收入	19	3 534 897.86	3 549 149.49	3 381 006.62	2 787 149.49
减：营业外支出	20	1 214 996.88	2 128 016.11	1 162 247.08	2 128 016.11
四、利润总额	21	3 215 681 500.67	2 708 410 165.99	3 193 383 553.25	2 782 240 254.40
减：所得税费用	22	782 887 562.97	690 805 385.91	780 301 630.07	690 724 109.34
五、净利润	23	2 432 793 937.70	2 017 604 780.08	2 413 081 923.18	2 091 516 145.06
归属于母公司所有者的净利润	24	2 430 038 423.58	2 049 313 451.13	2 413 081 923.18	2 091 516 145.06
少数股东损益	25	2 755 514.12	−31 708 671.05	—	—
六、其他综合收益的税后净额	26	27 106 581.40	−112 511 893.09	26 310 203.67	−112 511 893.09
(一)以后不能重分类进损益的其他综合收益	27				
(二)以后将重分类进损益的其他综合收益	28	27 106 581.40	−112 511 893.09	26 310 203.67	−112 511 893.09
其中：可供出售金融资产公允价值变动损益	29	27 211 756.17	−112 511 893.09	26 310 203.67	−112 511 893.09
七、综合收益总额	30	2 459 900 519.10	1 905 092 886.99	2 439 392 126.85	1 979 004 251.97
归属公司所有者的综合收益/(亏损)总额	31	2 456 703 244.26	1 936 801 558.04	2 439 392 126.85	1 979 004 251.97
归属少数股东的综合收益/(亏损)总额	32	3 197 274.84	−31 708 671.05	—	—

法定代表人：刘　洋　　主管会计工作负责人：连晋华　　会计机构负责人：代宝香

5.2 信托资产

5.2.1 信托项目资产负债汇总表

单位：万元

项　目	2014年12月31日	2013年12月31日
信托资产：		
货币资金	1 717 442.50	976 633.98
交易性金融资产	8 511 629.89	3 143 788.81
买入返售金融资产	426 970.54	494 172.99
应收款项	559 207.57	370 752.94
发放贷款	19 723 511.12	16 030 399.93
可供出售金融资产	11 795 507.75	5 321 088.95
长期股权投资	11 179 384.71	8 148 028.69
长期待摊费用	7 191.10	5 664.09
其他资产	17 138 427.87	13 362 960.01
信托资产总计	71 059 273.05	47 853 490.39

续表

项　目	2014年12月31日	2013年12月31日
信托负债：		
应付受托人报酬	49 258.22	43 043.88
应付托管费	36 814.66	9 917.16
应付受益人收益	356 959.72	132 396.43
应付销售服务费	3 258.61	24.00
其他应付款项	535 359.26	172 068.66
其他负债	—	39.27
信托负债合计	981 650.47	357 489.40
信托权益：		
实收信托	66 662 287.14	45 496 660.72
资本公积	2 683 628.01	1 988 999.56
未分配利润	731 707.43	10 340.71
信托权益合计	70 077 622.58	47 496 000.99
信托负债和信托权益总计	71 059 273.05	47 853 490.39

5.2.2 信托项目利润及利润分配汇总表

单位：万元

项　　目	2014 年度	2013 年度
营业收入	5 760 492.59	3 686 527.67
利息收入	1 936 800.01	1 224 283.79
投资收益	3 424 250.66	2 459 535.07
公允价值变动收益	388 761.45	−4 269.43
其他收入	10 680.47	6 978.24
支出	991 143.72	791 352.13
受托人报酬	377 896.83	327 089.32
托管费	86 608.36	55 342.01
投资管理费	20 960.39	11 045.74
销售服务费	148 351.94	1 543.87
交易费用	72 451.62	39 530.62
其他费用	284 874.58	356 800.57
信托净利润	4 769 348.87	2 895 175.54
其他综合收益	2 555 216.67	1 844 216.47
综合收益	7 324 565.54	4 739 392.01
加：期初未分配信托利润	10 340.71	−240 468.07
可供分配的信托利润	4 926 258.01	2 654 707.47
减：本期已分配信托利润	4 194 550.58	2 644 366.76
期末未分配信托利润	731 707.43	10 340.71

6. 会计报表附注

6.1 会计报表编制基准、会计政策等情况

本合并财务报表以公司持续经营假设为基础，根据实际发生的交易事项，按照2006年2月15日财政部颁布的企业会计准则及2014年财政部颁布的八项具体准则和一项基本准则的有关规定，并基于以下所述重要会计政策、会计估计进行编制。

6.2 或有事项说明

报告期内，本公司无相关说明事项。

6.3 重要资产转让及其出售的说明

报告期内，本公司无重要资产转让及其出售。

6.4 会计报表中重要项目的明细资料

6.4.1 自营资产经营情况

6.4.1.1 按信用风险五级分类结果披露信用风险资产的期初数、期末数

信用风险资产五级分类	正常类（万元）	关注类（万元）	次级类（万元）	可疑类（万元）	损失类（万元）	信用风险资产合计（万元）	不良资产合计（万元）	不良资产率（%）
期初数	846 950					846 950		
期末数	417 852					417 852		

注：不良资产合计 = 次级类 + 可疑类 + 损失类。

6.4.1.2 各项资产减值损失准备的期初数、本期计提、本期转回、本期核销、期末数

单位：万元

	期初数	本期计提	本期转回	本期核销	期末数
贷款损失准备					
一般准备					
专项准备					
其他资产减值准备					
可供出售金融资产减值准备					
持有至到期投资减值准备					
长期股权投资减值准备					
坏账准备	47				47

6.4.1.3 自营股票投资、基金投资、债券投资、股权投资等投资业务的期初数、期末数

单位：万元

	自营股票	基金	债券	长期股权投资
期初数	53 955		3 044	7 511
期末数	51 617	581 954	8 312	8 281

6.4.1.4 前五名的自营长期股权投资的企业名称、占被投资企业权益的比例、主要经营活动及投资收益情况

企业名称	占被投资企业权益的比例（%）	主要经营活动	投资收益（万元）
新湖财富投资管理有限公司	23.08	投资与资产管理	2 937
深圳铧融股权投资基金管理有限公司	49	基金	4
上海融欧股权投资基金管理有限公司	40.00	投资与资产管理	59
深圳市瑞源宝兴基金管理有限公司	49.00	投资与资产管理	0
拉萨融正投资管理咨询有限公司	49.00	投资与资产管理	0

注：投资损益是指按照企业会计准则规定，核算股权投资确认损益并计入披露年度利润表的金额。

6.4.1.5 前五名的自营贷款的企业名称、占贷款总额的比例和还款情况

公司期末无贷款余额。

6.4.1.6 表外业务的期初数、期末数，按照代理业务、担保业务和其他类型表外业务分别披露

单位：万元

表外业务	期初数	期末数
担保业务	0	0
代理业务（委托业务）	0	0
其他	0	0
合计	0	0

注：代理业务主要反映因客观原因应规范而尚未完成规范的历史遗留委托业务，包括委托贷款和委托投资。

6.4.1.7 公司当年的收入结构

收入结构	金额(万元)	占比(%)
手续费及佣金收入	444 697	80.64
其中:信托手续费收入	439 032	79.61
投资银行业务收入		
利息收入	42 837	7.77
其他业务收入	30 506	5.53
其中:计入信托业务收入部分		
投资收益	32 940	5.97
其中:股权投资收益	3 001	0.54
公允价值变动收益	11 873	2.15
其他投资收益	18 067	3.28
汇兑损益	129	0.02
营业外收入	354	0.07
收入合计	551 463	100

注:手续费及佣金收入、利息收入、其他业务收入、投资收益、营业外收入均应为损益表中的一级科目,其中手续费及佣金收入、利息收入、营业外收入为未抵减掉相应支出的全年累计实现收入数。报告年度实现的信托业务收入总额,包括以手续费及佣金确认的信托业务收入金额、以业绩报酬形式确认的信托业务收入金额和以其他形式确认的信托业务收入金额。

6.4.2 披露信托资产管理情况

6.4.2.1 信托资产的期初数、期末数

单位:万元

信托资产	期初数	期末数
集合	20 402 146.56	37 103 376.37
单一	19 111 560.67	22 771 831.32
财产权	8 339 783.16	11 184 065.36
合计	47 853 490.39	71 059 273.05

6.4.2.1.1 主动管理型信托业务的信托资产期初数、期末数

单位:万元

主动管理型信托资产	期初数	期末数
证券投资类	3 381 792.23	7 095 983.24
股权投资类	5 138 430.62	6 478 640.42
其他投资类	6 668 023.81	10 235 320.40
融资类	16 318 060.52	11 843 618.47
事务管理类	8 180 909.36	5 725 152.97
合计	39 687 216.54	41 378 715.49

6.4.2.1.2 被动管理型信托业务的信托资产期初数、期末数

单位:万元

被动管理型信托资产	期初数	期末数
证券投资类	184 920.08	2 111 585.87
股权投资类	785 000.20	2 287 901.00
其他投资类	716 280.05	4 148 091.79
融资类	6 321 199.72	15 674 066.51
事务管理类	158 873.80	5 458 912.40
合计	8 166 273.85	29 680 557.56

6.4.2.2 本年度已清算结束的信托项目情况

6.4.2.2.1 本年度已清算信托项目情况

已清算结束信托项目	项目个数(个)	合计金额(万元)	加权平均实际年化收益率(%)
集合类	134	3 066 797.58	8.09
单一类	260	5 986 698.00	6.81
财产管理类	225	4 291 981.34	8.29

注:加权平均实际年化收益率=(信托项目1的实际年化收益率×信托项目1的资产总计+信托项目2的实际年化收益率×信托项目2的资产总计+…+信托项目n的实际年化收益率×信托项目n的资产总计)/(信托项目1的资产总计+信托项目2的资产总计+…+信托项目n的资产总计)×100%。

6.4.2.2.2 本年度已清算结束的主动管理型信托情况

已清算结束信托项目	项目个数(个)	合计金额(万元)	信托报酬率(%)	加权平均实际年化收益率(%)
证券投资类	51	507 625.30	1.37	0.24
股权投资类	15	706 169.98	3.16	7.54
其他投资类	30	839 091.00	1.15	6.96
融资类	196	4 879 710.80	1.98	8.24
事务管理类	221	4 179 689.54	1.87	8.34

6.4.2.2.3 本年度已清算结束的被动管理型信托项目情况

已清算结束信托项目	项目个数(个)	合计金额(万元)	信托报酬率(%)	加权平均实际年化收益率(%)
证券投资类	2	172.99	0.24	1.30
股权投资类	—	—	—	—
其他投资类	3	148 000.00	0.32	10.74
融资类	97	1 972 725.51	0.31	7.13
事务管理类	4	112 291.80	0.16	6.93

6.4.2.3 本年度新增信托项目情况

新增信托项目	项目个数(个)	合计金额(万元)
集合类	342	12 885 302.84
单一类	273	8 035 509.21
财产管理类	427	8 210 537.76
新增合计	1 042	29 131 349.81
其中:主动管理型	727	15 614 267.53
被动管理型	315	13 517 082.27

6.4.2.4 信托业务创新成果和特色业务有关情况

公司积极调整经营策略,加大创新产品开发和研发团队建设力度,紧跟市场形势,充分挖掘创新产品的潜在机会,以模式创新、风险可控、投资者认可作为产品设计的基础,将产品创新提升到新的战略高度,树立财富管理的品牌优势。

6.4.2.5 本公司履行受托人义务情况及因本公司自身责任而导致的信托资产损失情况

报告期内,本公司严格履行受托人义务,不存在因本公司自身责任而导致的信托资产损失情况。

6.5 关联方关系及其交易的披露

6.5.1 关联交易方的数量、关联交易的总金额及关联交易的定价政策

	关联交易方数量（个）	关联交易金额（万元）	定价政策
合计	4	846 172.11	本公司2014年度发生的关联方交易一般均根据正常的交易条件进行，并以市场价格作为定价依据。

6.5.2 关联交易方基本情况

报告期涉及关联交易的关联方情况如下：

关联性质	关联方名称	法定代表人	注册地址	注册资本（万元）	主营业务
第三大股东	哈尔滨投资集团有限责任公司	智大勇	黑龙江省哈尔滨市南岗区汉水路172号	500 00	从事固定资产、基础设施、能源、供热、高新技术产业、资源开发项目投资与投资信息咨询，组织实施热电项目与供热工程及基础设施建设、土地整理、股权投资运营。
合并子公司	北京中融鼎新投资管理有限公司	张东	北京市石景山区八大处高科技园区西井路3号	100 00	项目投资及资产管理、投资咨询、企业管理咨询。
合并子公司	中融基金管理有限公司	桂松蕾	北京市门头沟区石龙经济开发区永安路20号3号楼3层	30 000	基金募集、基金销售、特定客户资产管理、资产管理和中国证监会许可的其他业务。
合并子公司	中融（北京）资产管理有限公司	桂松蕾	北京市门头沟区石龙经济开发区永安路20号3号楼1层	5 000	特定客户资产管理业务以及中国证监会许可的其他业务。

6.5.3 本公司与关联方的重大交易事项

6.5.3.1 固有财产与关联方关联交易

单位：万元

固有财产与关联方关联交易				
	期初数	借方发生额	贷方发生额	期末数
贷款				
投资	0	650 000.00	155 000.00	495 000.00
租赁				
担保				
应收账款				
其他				
合计	0	650 000.00	155 000.00	495 000.00

6.5.3.2 信托资产与关联方关联交易

单位：万元

信托资产与关联方关联交易				
	期初数	借方发生额	贷方发生额	期末数
贷款				
投资	0	125 000.00	125 000.00	0
租赁				
担保				
应收账款				
其他				
合计	0	125 000.00	125 000.00	0

6.5.3.3 固有财产与信托财产相互交易

单位：万元

固有财产与信托财产相互交易			
	期初数	本期发生额	期末数
合计	0	0	0

6.5.3.4 信托项目之间相互交易

单位：万元

信托资产与信托财产相互交易			
	期初数	本期发生额	期末数
合计	0	40 530.00	40 530.00

6.5.4 关联方逾期未偿还本公司资金的详细情况以及本公司为关联方担保发生或即将发生垫款的详细情况

无。

6.6 会计制度的披露

本公司执行中华人民共和国财政部2006年2月15日颁布的企业会计准则及2014年财政部颁布的八项具体准则和一项基本准则的有关规定。

7. 财务情况说明书

7.1 利润实现和分配情况

2014年共实现利润总额321 568万元，净利润243 279万元，计提盈余公积24 131万元，计提信托赔偿准备金12 065万元，计提一般风险准备9 916万元。

7.2 主要财务指标

指标名称	指标值
资本利润率（%）	28.38
信托报酬率（%）	0.8
人均净利润（万元）	136.57

注：1. 资本利润率＝净利润/所有者权益平均余额×100%。

2. 信托报酬率＝信托业务收入/实收信托平均余额×100%。

3. 人均净利润＝净利润/年平均人数。

4. 平均值采取年初及各季度末余额移动算术平均法，公式为：$a(平均)=(a_0/2+a_1+a_2+a_3+a_4/2)/4$。

7.3 对本公司财务状况、经营成果有重大影响的其他事项

公司2013年度股东会决议同意公司将截至2013年末的117 370万元资本公积及322 630万元未分配利润，合计440 000万元，按照公司现有各股东持股比例进行同比例转增注册资本。转增后，公司注册资本达到600 000万元，各股东持股比例保持不变。本次增资于2014年6月10日获得中国银行业监督管理委员会黑龙江监管局的批准；2014年6月13日，公司完成变更注册资本及修改公司章程工商变更登记。

公司2014年第四次临时股东会决议同意公司以现金出资15亿元入股中国信托业保障基金有限责任公司，并委派董事1名。2014年12月15日，公司完成认缴出资额的50%。

8. 特别事项揭示

8.1 前五名股东报告期内变动情况及原因

报告期内，本公司股东没有发生变动情况。

8.2 董事、监事及高级管理人员变动情况及原因

8.2.1 董事变动情况及原因

报告期内，董事离任2人，具体情况如下：

离任董事情况			
姓名	前任职位	离任时间	离职原因及内部决议
王宝安	董事	2014年2月	工作变动，2013年第二次临时股东会审议通过
赫小铂	董事	2014年11月	工作变动，2014年第四次临时股东会审议通过

8.2.2 监事变动情况及原因

报告期内，公司监事人员没有变动。

8.2.3 高级管理人员变动情况及原因

报告期内，高级管理人员离任1人，具体情况如下：

离任高级管理人员情况			
姓名	前任职位	离任时间	离职原因及内部决议
吴侨峰	副总裁	2014年8月	工作变动，第四届董事会第七次会议审议通过

8.3 变更注册资本事项

根据公司2013年度股东会决议，公司将截至2013年末的117 370万元资本公积及322 630万元未分配利润，合计440 000万元，按照公司现有各股东持股比例进行同比例转增注册资本。转增后，公司注册资本达到600 000万元，各股东持股比例保持不变。本次增资于2014年6月10日获得中国银行业监督管理委员会黑龙江监管局的批准；2014年6月13日，公司完成变更注册资本及修改公司章程工商变更登记。

8.4 公司的重大诉讼事项

报告期内，本公司没有重大诉讼事项发生。

8.5 公司及其董事、监事和高级管理人员受到处罚的情况

报告期内，本公司及其董事、监事和高级管理人员依法经营，没有违法违规及受到监管部门处罚的事项发生。

8.6 银监会及其派出机构对公司检查后提出的整改意见及公司整改情况

报告期内，黑龙江银监局现场检查工作组对公司2014下半年即将到期的信托业务开展兑付风险及合规性专项检查，并对部分政信项目进行了现场走访。黑龙江银监局认为公司风险管控能力有所提升，公司通过组建资产管理和运营管理部门，强化了后台管理和风险跟踪；通过引入、优化独立审批人制度实现了对高风险行业资产的专业化控制，初步建立了条线化和专业化的风险管理体系，基本上能够控制清算交付风险；通过区域和交易对手的准入控制、设置抵（质）押等担保措施等对政信合作项目的风险管理较有成效。

8.7 本年度重大事项临时报告的简要内容、披露时间、所披露的媒体

报告期内，公司重大事项临时报告的披露媒体为《金融时报》、《证券日报》，本年度合计刊登各类公告两则，具体如下：

临时披露重大事项

披露时间	披露公告名称	披露内容	披露媒体
2014年4月11日	《中融国际信托有限公司2013年度报告摘要》	中融国际信托有限公司2013年度报告摘要	《金融时报》
2014年6月19日	《中融国际信托有限公司关于增加注册资本并修改公司章程的公告》	根据中融国际信托有限公司2013年度股东会决议，并获得中国银行业监督管理委员会黑龙江监管局《关于同意中融国际信托有限公司增加注册资本及修改公司章程的批复》（黑银监复[2014]148号），公司注册资本由160 000万元增加至600 000万元，《中融国际信托有限公司章程》中涉及的相关条款等内容也进行了修改，并于2014年6月13日完成工商变更登记手续。	《证券日报》

8.8 银监会及其省级派出机构认定的其他有必要让客户及相关利益人了解的重要信息

无。

9. 公司监事会意见

监事会认为，公司的财务数据资料真实、客观和准确地反映了公司的财务状况和经营成果。

中泰信托有限责任公司

1. 重要提示

1.1 本公司董事会及董事保证本报告所载资料不存在任何虚假记载、误导性陈述或者重大遗漏，并对其内容的真实性、准确性和完整性承担个别及连带责任。本年度报告摘要摘自年度报告全文，客户及相关利益人欲了解详细内容，应阅读年度报告全文。

1.2 独立董事朱青先生、鲍治先生、袁东生先生认为本年度报告真实、准确、完整。

1.3 中审亚太会计师事务所(特殊普通合伙)对本公司2014年度财务会计报告出具了标准无保留意见的审计报告。

1.4 公司董事长吴庆斌、总裁周雄、主管会计工作负责人李旻及财务会计部负责人罗建宇声明：保证年度报告中财务会计报告的真实、完整。

2. 公司概况

2.1 公司简介

2.1.1 公司的法定中文名称：中泰信托有限责任公司
公司的法定英文名称：Zhongtai Trust Co.，Ltd.

2.1.2 法定代表人：吴庆斌

2.1.3 注册地址：上海市中华路1600号黄浦中心大厦17层、18层

2.1.4 邮政编码：200021

2.1.5 国际互联网网址：www.zhongtaitrust.com

2.1.6 电子信箱：zhongtai@zhongtaitrust.com

2.1.7 信息披露事务负责人：于潇
信息披露事务联系人：李颖
联系电话：021－63871888－2920
传真：021－63872700
电子信箱：liying@zhongtaitrust.com

2.1.8 公司选定的信息披露报纸名称：《证券时报》、《上海证券报》

2.1.9 公司年度报告备置地点：上海市黄浦区中华路1600号黄浦中心大厦18层办公室

2.1.10 公司聘请的会计师事务所：中审亚太会计师事务所有限公司
地址：北京市海淀区复兴路47号天行建商务大厦22～23层

2.1.11 公司聘请的律师事务所：上海市金茂律师事务所
地址：上海市愚园路168号18层

2.2 组织结构

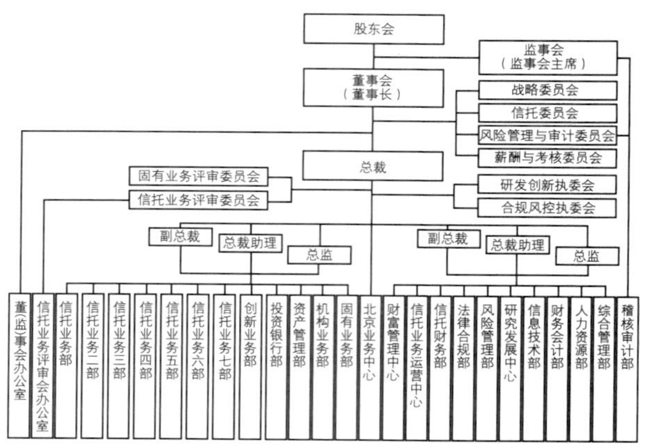

3. 公司治理

3.1 股东

报告期末，股东总数为6家；持有公司15%以上股份的股东情况如下表：

股东名称	持股比例(%)	法人代表
中国华闻投资控股有限公司	31.57	周瑞明
上海新黄浦置业股份有限公司	29.97	王伟旭
广联(南宁)投资股份有限公司	20	吴庆斌

公司前三位股东的主要股东情况如下表：

股东名称	主要股东	出资比例(%)	法定代表人	注册资本(万元)	注册地址	主要经营业务及主要财务情况
中国华闻投资控股有限公司(简称华闻控股)	北京国际信托有限公司(德瑞股权投资基金集合资金信托计划)	100	李民吉	140 000	北京市朝阳区安立路30号院1号楼、2号楼	资金信托、动产信托、不动产信托、企业资产重组等。
上海新黄浦置业股份有限公司(简称新黄浦置业)	上海新华闻投资有限公司	25	周瑞明	50 000	上海市闸北区天目中路383号501室	实业投资、资产经营及管理(非金融业务)、国内贸易等。
广联(南宁)投资股份有限公司(简称广联投资)	中国华闻投资控股有限公司	61.84	周瑞明	120 000	北京市朝阳区东三环北路38号院1号泰康金融大厦25层2501内5室	实业投资等。财务状况良好。

公司股东华闻控股、广联投资与新黄浦置业存在关联关系：北京国际信托有限公司（德瑞股权投资基金集合资金信托计划）持有华闻控股100%的股权；华闻控股持有广联投资61.84%的股权；华闻控股及广联投资分别持有上海新华闻投资有限公司（简称上海新华闻）50%的股权；上海新华闻持有新黄浦置业25%的股权，为其第一大股东。

3.2 董事

董事

姓名	职务	性别	年龄	选任日期	所推举的股东名称	该股东持股比例（%）	简要履历
吴庆斌	董事长	男	41	2014年7月15日	华闻控股 广联投资	31.57 20	毕业于清华大学水利水电工程系水利水电建筑工程专业及法学专业，获得双学士学位；先后任职于北京国际信托有限公司等机构，并担任重要管理职务，具有十余年金融工作及管理经验。
周雄	董事	男	48	2014年7月15日	华闻控股 广联投资	31.57 20	毕业于厦门大学财政金融系金融学专业，先后获得学士、硕士及博士学位；后于北京大学光华管理学院完成EMBA课程，并取得MBA学位。长期从事金融企业管理工作，实践经验深厚，先后任职于华夏证券股份有限公司、人民日报出版社及中泰信托有限责任公司等机构，并担任高级管理职务，具有二十余年的金融行业管理经验。
葛贵生	董事	男	43	2014年7月15日	华闻控股 广联投资	31.57 20	毕业于西安交通大学管理学院管理工程系旅游宾馆管理专业，获得学士学位，后毕业于阿伯丁大学（英国）商学院金融与投资管理专业，获得硕士学位；长期从事金融及企业管理工作，实践经验深厚，先后任职于百瑞信托有限责任公司、华闻控股等机构，并担任高级管理职务，具有二十余年的金融及企业管理工作经验。
穆瞳	董事	女	31	2014年11月21日	华闻控股 广联投资	31.57 20	毕业于西北工业大学自动化专业和宾夕法尼亚大学电子工程专业，先后任职于Gro-Group投资管理公司、天行国际集团、日盛嘉富证券及华闻控股，并担任管理职务，积累了相当多的市场及金融相关领域工作经验。
叶桂峰	董事	男	36	2014年7月15日	华闻控股 广联投资	31.57 20	毕业于江西财经大学法律系国际经济法专业，获得学士学位，后毕业于中国人民大学法学院民商法专业，并先后获得硕士及博士学位；长期从事经济及金融法律实践工作，先后任职于北京市创天律师事务所、北京市宝盈律师事务所及华闻控股等机构，且具有多年金融及法律合规管理工作经验。
史亚政	董事	男	44	2014年7月15日	华闻控股 广联投资	31.57 20	毕业于浙江大学无线电系无线电技术专业，获得学士学位，后毕业于电子科技大学计算机学院软件工程领域工程专业，获得硕士学位；长期从事金融及经济管理工作，实践经验深厚，先后任职于江泰保险经纪有限公司、中惠保险经纪有限公司及广联投资等机构，并担任高级管理职务，具有近二十年的金融及企业管理工作经验。
陆却非	董事	男	59	2014年7月15日	新黄浦置业	29.97	毕业于中国科技大学，博士研究生学历，先后在中科院上海生理研究所、上海新黄浦置业股份有限公司等机构工作，并担任高级管理职务，具有三十余年的经济及管理工作经验。

注：报告期内，经股东会决议通过，并经中国银监会及其派出机构上海银监局核准，公司第六届董事会成员到任履职。其中，经董事会决议，吴庆斌先生连选连任公司董事长。

独立董事

姓名	所在单位及职务	性别	年龄	选任日期	所推举的股东名称	该股东持股比例（%）	简要履历
袁东生	已退休	男	63	2014年11月12日	华闻控股	31.57	先后于中共山西省委党校、西安交通大学管理学院学习，取得工商管理硕士学位，长期从事金融及企业管理工作，先后任职于山西信托有限责任公司、山西国信投资（集团）公司等机构，并担任高级管理职务，具有近二十年的金融及企业管理工作经验。
朱青	中国人民大学财政金融学院教授、博士生导师	男	57	2014年7月15日	华闻控股	31.57	毕业于北京经济学院财贸系财政专业，获得学士学位，后就读于中国人民大学财政金融学院财政系财政专业，先后获得经济学硕士及博士学位；长期从事财政金融和社会保障领域的教学和研究工作，具有相当丰富的财税知识，先后任职于中国人民大学财政金融学院等单位，担任学术委员会主任、教授、博士生导师等重要职务，积累了深厚的财政金融和社会保障领域工作经验。
鲍治	北京奋迅律师事务所合伙人	男	37	2014年7月15日	华闻控股	31.57	毕业于安徽大学法学院法律系法学专业，获得学士学位，后先后毕业于华东政法大学研究生院民商法学专业及美国加州大学伯克利分校法学院法学硕士专业，并分别获得硕士学位；长期从事金融、贸易相关法律领域工作，先后任职于中华人民共和国商务部、北京市君合律师事务所以及北京市奋迅律师事务所，积累了相当多的金融法律相关领域工作经验。

3.3 监事

姓 名	职务	性别	年龄	选任日期	所推举的股东名称	该股东持股比例(%)	简 要 履 历
刘 卓	监事会主席	男	50	2014 年 4 月 9 日	华闻控股 广联投资	31.57 20	毕业于武汉水运工程学院船机制造专业，先后在哈尔滨团市委、中泰信托有限责任公司等机构任职，并担任重要管理职务，具备近三十年的管理工作经验。
刘忠宁	股东代表监事	男	59	2014 年 4 月 9 日	华闻控股 广联投资	31.57 20	毕业于北京大学无线电电子学专业和新加坡国立大学工商管理专业，先后在中华电子有限公司、武汉商业城有限公司、上海凌志置业有限公司及中泰信托有限责任公司等机构任职，并担任重要管理职务，具备近三十年的经济及管理工作经验。
章惠	职工代表监事	女	36	2014 年 4 月 9 日	—	—	毕业于安徽财经大学国际经济法专业，先后在工商银行黄山市分行、中泰信托有限责任公司等机构任职。

注：报告期内，经股东会决议及职工会议选举，分别产生股东代表监事、职工代表监事人选，公司第六届监事会成员到任履职。其中，经监事会决议通过，刘卓先生连选连任公司监事会主席。

3.4 高级管理人员

姓名	职务	性别	年龄	任职日期	金融从业年限(年)	学历	专业
周 雄	总裁	男	48	2010 年 4 月 24 日	21	博士	金融学
陈乃道	副总裁	男	53	2010 年 4 月 24 日	16	博士	经济学
余 钧	副总裁	男	47	2010 年 4 月 24 日	25	本科	经济学
沈 烁	副总裁	男	42	2010 年 4 月 24 日	17	本科	经济法
周 旭	副总裁	男	50	2010 年 4 月 24 日	19	本科	经济学
李 旻	财务总监	男	44	2015 年 4 月 16 日	10	硕士	MBA 专业(金融方向)、高级财会人员专业会计学专业
于 潇	合规总监	女	34	2013 年 12 月 31 日	10	硕士	法学

注：公司高级管理人员已于 2014 年 12 月 17 日经公司董事会决议连任，其任职资格此前已经中国银监会或其派出机构上海银监局核准；其中，经公司董事会决议聘任，并经中国银行业监督管理委员会上海监管局核准，原总裁助理余钧先生、沈烁先生与周旭先生自 2015 年 4 月 9 日起就任公司副总裁职务。经公司董事会决议聘任，并经中国银行业监督管理委员会上海监管局核准，李旻先生自 2015 年 4 月 16 日起就任公司财务总监职务。

3.5 公司员工

截至 2014 年 12 月 31 日，公司共有员工 221 人(不含外部董事、监事)，平均年龄 33 岁，大部分员工具有大学本科以上学历。

项 目		报告年度		上年度	
		人数(人)	比例(%)	人数(人)	比例(%)
年龄分布	25 岁以下	22	9.95	7	4.27
	25～29 岁	72	32.58	61	37.2
	30～39 岁	83	37.56	58	35.37
	40 岁以上	44	19.91	38	23.17
学历分布	博士	7	3.17	3	1.83
	硕士	94	42.53	57	34.76
	本科	90	40.72	81	49.39
	专科	23	10.41	15	9.15
	其他	7	3.17	8	4.88
岗位分布	董事、监事及其他高管	7	3.17	7	4.27
	自营业务人员	5	2.26	4	2.44
	信托业务人员	96	43.44	72	43.9
	其他人员	113	51.13	81	49.39

4. 经营管理

4.1 经营目标、方针、战略规划

公司秉承为客户创造价值、崇尚创新、诚实透明、团结协作的精神，坚持与新老客户、核心产业、区域经济一起成长和服务实体经济的理念，以客户价值最大化为目标，倡导“简单可依赖”的企业文化和“合规优先、人人合规、主动合规、合规创造价值”的合规文化，不断根据客户不同需求，为客户提供专业、全面的金融服务，为投资者创造价值。公司坚持创新与发展，重视吸收先进金融理念和治理经验，进一步完善法人治理结构和内控机制，为下一步发展奠定良好基础。

公司将认真贯彻落实国家宏观经济政策和金融监管要求，以深化转型、强化创新和夯实管理为抓手，促进业务转型升级和结构调整，通过合理分配资源，推动公司按照“向资产管理本源业务稳妥转型”的战略发展方向，以明确的企业文化、以人为本的人力资本体系、权责明晰的公司治理体系、开放平等的互联网思维为支撑，着力提升资产管理能力、风险控制能力和财富管理能力，为各利益相关者创造价值。

公司将继续提高创新能力，在充分发展传统信托业务、资产管理业务、投资银行业务的基础上，努力实现向专业的高品

质财富管理者的身份转变，将公司建设成经营规范、制度完善、内控到位、机制灵活、理性谨慎、具有核心竞争力、引领市场的专业金融机构。

4.2 经营业务的主要内容

报告期内，固有业务除长期金融股权投资外，主要运用是活期存款、固定收益类产品投资、国债回购等。实现利息收入496.02万元、投资收益34 374.14万元、其他业务收入354.06万元。

截至2014年12月31日，公司资产总计37.92亿元，负债总计3.49亿元，所有者权益为34.43亿元，净资产收益率为12.97%，净资本为28.44亿元，净资本/净资产为82.60%，净资本/各项风险资本之和为255.30%，均分别远高于40%及100%的监管标准。公司的净资产保持稳定和充足，公司资产保持较高的流动性水平，公司主要经营数据均发生不同程度提升，信托业务发展势头良好，为公司下一步大力拓展业务奠定了良好的基础。

自营资产运用与分布表

资产运用	金额（万元）	占比（%）	资产分布	金额（万元）	占比（%）
货币资产	17 271.67	4.56	基础产业		
贷款及应收款	43 156.97	11.38	房地产业		
交易性金融资产投资	60 363.81	15.92	证券市场	69 560.38	18.35
可供出售金融资产投资	46 493.00	12.26	实业		
持有至到期投资	13 646.45	3.60	金融机构	182 054.65	48.01
长期股权投资	182 054.65	48.01	其他	127 561.14	33.64
其他	16 189.63	4.27			
资产总计	379 176.17	100.00	资产总计	379 176.17	100.00

公司信托业务保持稳步增长，报告期内发行信托产品160个、信托本金581.72亿元，全年累计新增信托本金896.66亿元；清算到期信托产品77个、信托本金286.80亿元，全年累计兑付信托本金756.66亿元；向受益人累计分配信托收益64.94亿元。

信托资产运用与分布表

资产运用	金额（万元）	占比（%）	资产分布	金额（万元）	占比（%）
货币资产	37 334.92	0.49	基础产业	848 135.35	11.15
贷款	3 563 941.96	46.86	房地产	158 420.00	2.08
交易性金融资产投资	81 227.23	1.07	证券市场	190 827.23	2.51
可供出售金融资产投资	2 063 080.93	27.12	实业	5 266 987.82	69.25
持有至到期投资	202 434.00	2.66	金融机构	584 834.00	7.69
长期股权投资	691 126.10	9.09	其他	557 040.32	7.32
其他	967 099.58	12.71			
信托资产总计	7 606 244.72	100.00	信托资产总计	7 606 244.72	100.00

注："资产分布"项下"其他"主要为对固定收益类金融产品投资。

4.3 市场分析

4.3.1 有利因素

（1）国内居民财富的快速积累 信托财富管理前景广阔。发达国家的理财规模一般为GDP的1.5～2倍，如果按此标准，我国的理财市场规模应在100万亿元以上才会达到峰值，才会步入成熟阶段，我国资产管理市场的增长潜力仍然巨大。目前我国仍处于中等收入发展阶段，随着中国经济的持续增长，中国理财市场仍在增长过程中，国内居民财富快速积累，由此催生了巨大的资产管理需求，形成了长期增长的资产管理市场。这预示着信托业长期增长的周期还没有结束，在未来的相当长时间内，信托业规模的快速增长仍然可以期待。

（2）以人为本的城镇化进程中，信托将大有可为。新型城镇化的升级和发展、产业结构的调整、混合所有制的实施、PPP模式的开展、农村土地制度的改革尝试等系列改革举措，将激发出经济的巨大活力，也为信托提供了新的资产运用领域和发展空间。在新型城镇化融资模式中，投融资主体和方式将发生转变，且城镇化建设项目将会具有差异化与地方特色。因此，针对更具地方特色的城镇化项目，信托公司应该有更敏感的触角，需要进行更严密的尽职调查，针对此类长期项目研发出期限匹配、股权清晰的信托产品结构，对接各具地方特色的城镇化新型融资需求，围绕城市经济特色的核心，让资源充分发挥产业优势和资源优势。

（3）信托制度的本源价值将推动信托产品多元化发展。作为唯一横跨货币、资本、实业市场的金融制度安排，信托最为显著的优势之一就在于制度的灵活性。从未来发展的角度看，信托行业将会深挖信托制度的本源价值，不断进行产品创新，提供功能多元化的信托产品。未来，融资类信托产品比例不断下降，投资类信托产品比例和服务类信托产品比例将不断上升，信托公司可以充分运用信托优势，通过高效的资产配置，统筹全局资源，为不同风险偏好的客户提供最优的金融解决方案。

（4）信托行业稳健发展的基础设施将逐步增强。《信托法》的修订和"信托机构管理条例"的制定已经提上日程，信托公司展业的法律基础将会更加坚实。信托业保障基金已经成立，通过保障基金的介入，换取风险缓释和化解的"时间窗口"，将单体项目和单体机构风险消化在行业内部，是逐步释放存量风险、减少对金融市场乃至社会负外部冲击的关键手段，是信托行业的一项重要基础设施建设。这些信托业基础设施的不断完善与增强将有效地促进行业的稳定发展。

4.3.2 不利因素

（1）短期内中国宏观经济下行压力加大。2014年第四季度GDP年率增速意外持稳于7.4%，增速虽稍好于市场普遍预期的7.2%，但仍徘徊于国际金融危机时期的最低水准。2014年全年GDP增速亦创下24年来的最慢，为1998年以来首次未达到政府设定的全年经济增长目标。宏观经济形势更趋复杂多变，经济发展压力加大，经济发展风险增加。外部发展环境中不确定性因素加大，对信托公司经营能力提出了更高的要求。

（2）金融机构转型发展竞争加剧。资产管理泛信托时代已经到来，这意味着在私募投行业务市场上，信托公司将面临多方面的竞争，各类机构的横向竞争将更激烈，创新转型是信托行业和公司发展的必然之路。信托公司正积极塑造自身的专业化能力，如在私募投行业务领域提升"行业专业化能力"，在资产管理业务领域培育"策略专业化能力"，在财富管理业务领域打造"服务专业化能力"。未来行业竞争将非常激烈，只有定位准确、触角敏锐、转型迅速的信托公司才能够有长足的发展。

（3）信托公司的专业能力和人才短板。未来，信托产品将向多元化发展，投资类信托产品比例和服务类信托产品比例将不断上升，但信托公司的投资管理能力尚未跟上行业发展速度，随着信托规模的扩展和涉足领域的延伸，专业能力和人才积累的不足制约了信托行业的进一步发展。

（4）信托产品的网络建设与营销瓶颈。利用互联网金融的渠道自主化特征，充分发挥网络营销平台优势，既能有效防止纯直销对公司利润的消耗，也可以实现产品的快速销售。信托公司在网络建设方面受到较大的限制，影响了客户资源和相关信息的收集和整合，市场营销面临较大挑战。渠道是制约信托公司快速发展的一个主要因素。信托公司自建财富管理中心是必然，但其构建、成长和营销能力的提升需要时间。

4.4 内部控制

4.4.1 内部控制环境和内部控制文化

公司建立了较为完备的法人治理结构和内部组织机构，股东会、董事会和监事会依照法律和公司章程履行职责，总裁负责公司的经营管理，对董事会负责。公司制定了明确的部门职责和岗位职责，建立并实施包括绩效考评和激励制度在内的一整套制度体系，重视员工的合规经营与风险管控意识的培养，开展相关培训教育工作，在公司内部树立“合规优先，严守风险底线”的内控文化。

4.4.2 内部控制措施

公司通过颁布和持续修订完善各项管理制度，对不同业务和管理事项制定有针对性的控制措施，形成事前、事中、事后紧密衔接的内控防线，推动各经营事项合法合规运行。风险管理部、法律合规部和稽核审计部作为公司内控管理的主要职能部门，拟定和修订内控制度，监督检查和评价内控的科学性、规范性和可操作性。

公司建立了较为完备的业务管理制度和操作流程，为各项业务开展提供了比较清晰详细的业务流程和工作规范，每类业务都有相应的规章制度、操作规程和风险管理制度，保证了各项业务前台、中台、后台操作上的相对独立和相互制衡。

公司固有业务和信托业务相互分离，部门设置和业务人员相互分离，业务信息相互独立，分别建账，分别核算。

经营授权方面，公司实行逐级授权体系，公司内部不同级次、不同部门之间有明确的授权关系和报告关系，实行固有业务和信托业务分别授权以及一般授权和特殊授权相结合的机制，被授权人都有向授权人报告工作和承担责任的义务。

公司针对信托业务和固有业务的业务特性，分别成立了信托业务评审委员会和固有业务评审委员会进行项目评审，在内部控制的环境、程序和措施上防范各项业务风险。针对具体的业务，根据信托业务和固有业务不同特点，采取既有共性又有个性的具体内部控制对策。

4.4.3 信息交流与反馈

日常经营管理方面，公司建立了完整的会计、统计和业务档案，各项原始记录、合同、报表资料得到完整妥善的保管，信息和资料的交流和查询都有成文的规定和程序。公司通过定期工作报告制度，确保经营管理层及时了解经营和风险状况。通过OA系统和业务管理系统，建立了贯穿各部门的共享信息平台，及时准确地传递管理信息和数据，保证部门和员工的有关信息能够顺畅交流和反馈。

4.4.4 监督评价与纠正

公司稽核审计部独立行使对公司内部控制情况的再监督和评价职能，半年开展一次全面内部审计，对公司经营活动全过程实施监督。

稽核审计部日常工作包括常规审计、项目稽核、专项审计和离任审计等。项目稽核是通过对项目各环节运作的动态审计和检查来进行有效性评价，专项审计则针对重点项目或管理领域不定期开展，关键岗位人员的离职必须经过稽核审计部门的审计。各项审计工作均通过审计报告提出意见和建议，并对整改情况进行后期跟踪检查，督促整改落实，推动公司的持续稳健运营。

4.5 风险管理

公司经营活动面临的主要风险包括信用风险、市场风险、操作风险和其他风险等几大类。

公司风险管理坚持全面性、独立性、连续性、审慎性、有效性等基本原则，以风险最小化、风险成本最低化为目标，坚持以风险管理为核心开展经营活动，平衡业务发展与风险管理之间的关系，建立并逐步完善了基于制度和流程的风险管理制度体系，基本形成了前台、中台、后台相分离、信托资金运作与自有资金运作相分离的风险管理框架，力求将风险管理制度与措施贯穿到公司各项业务、各个部门、各个岗位，覆盖公司运营的全过程。同时，通过建立有效的风险管理组织体系，保障风险管理制度的适用性和有效性，并根据国家政策、法律及公司经营管理的发展变化，定期对公司相关风险管理制度进行补充和修订。

公司的风险管理组织结构由公司董事会、管理层、风险管理部门、各业务部门及主要业务人员组成，具体风险管理职责划分情况如下：

董事会：进行公司风险管理战略、偏好、政策、最高风险承受水平设定和风险管理决策制定，监控和评价风险管理的全面性、有效性以及高级管理层在风险管理方面的履职情况，审批重大业务项目实施方案，倡导公司全员风险管理意识和风险管理文化，并对公司风险管理承担最终责任。

风险管理与审计委员会：就公司总体风险管理体系的建立和运行情况向董事会提供咨询意见，对公司风险管理制度的执行情况提出咨询意见，针对业务过程中出现的异常情况作出预警并及时提出指导意见。

管理层：负责定期审查和监督执行公司风险管理政策、程序以及具体操作规程，不断完善公司各项风险管理措施，确保公司风险管理体系的有效性；及时了解公司各类风险水平及其管理状况，确保通过恰当的组织结构、管理信息系统和技术水平来有效地识别、计量、监测和控制各项业务所承担的各类风险。

固有/信托业务评审委员会：具体负责公司各项业务风险的事前管理和控制，与承担风险的业务部门保持相对独立。对公司所有经立项的固有/信托业务项目，识别其各项风险水平，在综合风险分析和可行性论证后给出评审意见，通过集体决策实现业务项目风险的事前管理和有效控制。

风险管理部：跟随公司发展战略，定位于中前端风险管控，建立集中型的风险管理模式，将信用风险、市场风险、操作风险等纳入统一的风险管理体系，实现业务决策与风险管理的适度分离,风险管理覆盖公司的全部经营活动与过程,与业务部门的风险自律形成制衡。

稽核审计部:通过实行重大业务项目流程稽核,对单个业务项目进行事中和事后风险管理监督,开展定期的全面内部审计,对公司各项经营管理活动进行检查,并向公司董事会及上级监管单位提交审计报告。

法律合规部:承担公司法律事务及合规风险管理,对各项业务项目进行法律咨询,评估业务的合规风险,对外签署法律文件前审核法律文本并签署意见,充分把控业务法律风险。

业务部门:进行项目的风险研判和风险控制环节的设计和防范,构成调研、决策和管理职责相互分离的风险自律体系,承担与其项目相关的风险管理责任。

4.5.1 信用风险状况

公司 2014 年资产账面余额共 379 176.17 万元,其中风险资产账面余额共 345 714.87 万元。不良信用风险资产期初数为 35 416.06 万元,期末数为 35 416.06 万元,贷款损失准备 31 046.06 万元,应收股利减值准备 4 700 万元,都已按资产五级分类管理办法的规定足额计提,特别是公司已就不良信用风险资产 100%全额计提拨备,全面覆盖不良信用风险资产,故上述不良信用风险资产不影响公司资产质量。

公司通过对交易对手的综合信用分析进行事前控制,以及通过交易结构设计、定价、制定借款人限额、定期风险评估等手段规避和监控交易对手信用风险的变化,明确界定业务经理、业务部门、风险管理部门以及公司高级管理层的风险管理责任,强调业务管理的前期调研和过程控制,严格授权审批制度、决策限额和投资比例。

4.5.2 市场风险状况

公司年度内投资类业务开展有限。固有业务中除原有的金融机构股权投资外,年度内主要开展的是固定收益的信托产品投资,受资本市场交易价格波动带来的市场风险影响较小;信托业务方面,通过信托产品的结构化设计和组合投资,严格执行权限设定和止损操作,最大限度地降低市场风险对投资人权益的影响。

公司制定与业务性质、规模、复杂程度和风险特征相适应,与公司总体业务发展战略、管理能力、资本实力和能够承担的总体风险水平相一致的市场风险管理原则和程序;同时,对每项业务和产品中的市场风险因素进行分解和分析,及时、准确地识别所有交易和非交易业务中市场风险的类别和性质,建立和完善市场风险管理内部控制体系,并将其作为公司整体内部控制体系的有机组成部分。

4.5.3 操作风险状况

报告期内公司操作风险管控能力不断提升,内控制度体系基本覆盖公司经营的每一个过程和环节,各项制度和流程能够得到有效的执行,并通过"大运营"体系的建立进一步提高了信托业务管控水平。同时,强调内控制度的有效执行,跟进和适应公司业务开展和管理要求。

报告期内无该类风险的发生。

4.5.4 其他风险状况

法律风险管理策略包括设置法律合规部门,在项目审批前提供法律顾问服务,在法律文件签署时进行文本审核,充分利用法律手段,优化产品结构和法律文本设计。

合规风险管理策略包括提高公司全员的法律风险意识,及时掌握和了解外部法律覆盖和监管政策动向,严格在现有政策允许范围内开展业务,充分维护信托关系人的利益。

声誉风险管理策略包括将公司声誉构建与公司发展战略、企业文化建设等进行有机的结合,提升专业能力,强化风险意识,审慎经营和诚信发展,维护和塑造公司良好的社会公众形象。

报告期内公司上述风险得以有效防范。

5. 报告期末及上年度末的比较式会计报表

5.1 自营资产(经审计)

5.1.1 会计师事务所审计全文

审 计 报 告

中审亚太审字(2015)010030 号

中泰信托有限责任公司:

我们审计了后附的中泰信托有限责任公司(以下简称贵公司)财务报表,包括 2014 年 12 月 31 日的资产负债表、2014 年度的利润表、现金流量表和所有者权益变动表,以及财务报表附注。

一、管理层对财务报表的责任

编制和公允列报财务报表是贵公司管理层的责任,这种责任包括:(1)按照企业会计准则的规定编制财务报表,并使其实现公允反映;(2)设计、执行和维护必要的内部控制,以使财务报表不存在由于舞弊或错误导致的重大错报。

二、注册会计师的责任

我们的责任是在执行审计工作的基础上对财务报表发表审计意见。我们按照中国注册会计师审计准则的规定执行了审计工作。中国注册会计师审计准则要求我们遵守中国注册会计师职业道德守则,计划和执行审计工作以对财务报表是否不存在重大错报获取合理保证。

审计工作涉及实施审计程序,以获取有关财务报表金额和披露的审计证据。选择的审计程序取决于注册会计师的判断,包括对由于舞弊或错误导致的财务报表重大错报风险的评估。在进行风险评估时,注册会计师考虑与财务报表编制和公允列报相关的内部控制,以设计恰当的审计程序,但目的并非对内部控制的有效性发表意见。审计工作还包括评价管理层选用会计政策的恰当性和作出会计估计的合理性,以及评价财务报表的总体列报。

我们相信,我们获取的审计证据是充分、适当的,为发表审计意见提供了基础。

三、审计意见

我们认为,贵公司财务报表在所有重大方面按照企业会计准则的规定编制,公允反映了贵公司 2014 年 12 月 31 日的财务状况以及 2014 年度的经营成果和现金流量。

5.1.2 资产负债表

资产负债表

编制单位：中泰信托有限责任公司　　2014 年 12 月 31 日　　单位：万元

项　目	附注五	期末余额	年初余额	项　目	附注五	期末余额	年初余额
资产：				负债：			
现金	（一）	3. 19	2. 90	拆入资金			
银行存款	（一）	11 956. 92	4 310. 07	交易性金融负债			
其他货币资金	（一）	5 311. 56	69 411. 50	衍生金融负债			
拆出资金		0. 00	0. 00	卖出回购金融资产款			
交易性金融资产	（二）	60 363. 81	50 588. 88	应付手续费及佣金			
衍生金融资产		0. 00	0. 00	应付职工薪酬	（十五）	13 332. 55	10 337. 93
买入返售金融资产		0. 00	0. 00	应交税费	（十六）	9 752. 41	8 633. 02
应收手续费及佣金		0. 00	0. 00	应付利息		0. 00	0. 00
应收利息	（三）	90. 86	0. 00	应付股利	（十七）	470. 63	470. 63
应收股利	（四）	0. 00	0. 00	其他应付款	（十八）	2 232. 92	1 402. 15
其他应收款	（五）	10 396. 10	29 283. 36	预计负债		0. 00	0. 00
存货		0. 00	0. 00	递延收益		0. 00	0. 00
发放贷款和垫款	（六）	32 670. 00	0. 00	递延所得税负债	（十三）	9 070. 83	1 700. 56
可供出售金融资产	（七）	46 493. 00	36 220. 00	其他负债			
持有至到期投资	（八）	13 646. 45	5 158. 51	负债合计		34 859. 34	22 544. 29
长期股权投资	（九）	182 054. 65	92 655. 34	所有者权益：			
投资性房地产		0. 00	0. 00	实收资本	（十九）	51 660. 00	51 660. 00
固定资产	（十）	2 153. 61	2 217. 13	资本公积	（二十）	3 367. 40	3 367. 40
无形资产	（十一）	996. 06	1 175. 39	减：库存股			
商誉		0. 00	0. 00	其他综合收益	（二十一）	28 004. 77	4 632. 15
长期待摊费用	（十二）	1 032. 53	625. 26	盈余公积	（二十二）	27 585. 08	23 534. 44
递延所得税资产	（十三）	12 007. 43	11 333. 81	一般风险准备	（二十三）	5 724. 56	3 745. 33
其他资产				信托赔偿准备金	（二十四）	10 332. 00	10 332. 00
				未分配利润	（二十五）	217 643. 02	183 166. 53
				外币报表折算差额			
				归属于母公司所有者权益合计		344 316. 83	280 437. 86
				少数股东权益			
				所有者权益合计		344 316. 83	280 437. 86
资产总计		379 176. 17	302 982. 15	负债和所有者权益总计		379 176. 17	302 982. 15

法定代表人：吴庆斌　　主管会计工作负责人：李　旻　　会计机构负责人：罗建宇

注：本公司自 2014 年 7 月 1 日起执行财政部颁布的新会计准则，对所影响的项目进行了追溯调整，同时新会计准则对部分科目列报进行了追溯调整，执行新会计准则对公司上期财务报表的主要影响具体请见年报全文“六、会计报表附注（二）重要会计政策和会计估计说明之 16 会计政策和会计估计变更以及差错更正”。

5.1.3 利润表

利润表

编制单位:中泰信托有限责任公司　　2014 年度　　单位:万元

项　　目	附注五	本期金额	上期金额
一、营业收入		73 906.96	73 690.74
利息净收入	(二十六)	496.02	1 654.71
利息收入		496.02	1 654.71
利息支出			
手续费及佣金净收入	(二十六)	38 679.62	33 088.99
手续费及佣金收入		38 940.99	33 561.73
手续费及佣金支出		261.37	472.74
投资收益(损失以“-”号填列)	(二十七)	34 374.14	36 859.94
其中:对联营企业和合营企业的投资收益		10 735.10	11 192.32
公允价值变动收益(损失以“-”号填列)	(二十八)	3.11	-25.15
汇兑收益(损失以“-”号填列)			
其他业务收入		354.06	2 112.25
二、营业支出	(二十九)	24 774.16	22 183.12
营业税金及附加		3 541.33	2 358.76
业务及管理费		20 925.88	17 155.54
资产减值损失		139.94	2 559.58
其他业务成本		167.01	109.24
三、营业利润(亏损以“-”号填列)		49 132.80	51 507.62
加:营业外收入	(三十)	1 464.80	773.53
减:营业外支出	(三十一)	25.31	132.02
四、利润总额(亏损总额以“-”号填列)		50 572.28	52 149.13
减:所得税费用	(三十二)	10 065.93	10 235.59
五、净利润(净亏损以“-”号填列)		40 506.35	41 913.54
六、其他综合收益的税后净额	(三十三)	23 372.61	-18 935.40
(一)以后不能重分类进损益的其他综合收益			
1. 重新计量设定受益计划净负债净资产的变动			
2. 权益法下在被投资单位不能重分类进损益的其他综合收益中享有的份额			
(二)以后将重分类进损益的其他综合收益		23 372.61	-18 935.40
1. 权益法下在被投资单位以后将重分类进损益的其他综合收益中享有的份额		1 414.21	160.95
2. 可供出售金融资产公允价值变动损益		21 958.41	-19 096.34
3. 持有至到期投资重分类为可供出售金融资产损益			
4. 现金流量套期损益的有效部分			
5. 外币财务报表折算差额			
七、综合收益总额		63 878.97	22 978.14
八、每股收益:			
(一)基本每股收益			
(二)稀释每股收益			

法定代表人:吴庆斌　　主管会计工作负责人:李　旻　　会计机构负责人:罗建宇

5.1.4 所有者权益变动表

所有者权益变动表

2014 年度

编制单位：中泰信托有限责任公司　　　　单位：万元

项　目	本期发生额									
	归属于母公司所有者权益								未分配利润	所有者权益合计
	实收资本	资本公积	减：库存股	其他综合收益	专项储备	盈余公积	一般风险准备	信托赔偿准备		
一、上年期末余额	51 660.00	3 367.40	—	4 632.15	—	23 534.44	3 745.33	10 332.00	183 166.53	280 437.86
加：会计政策变更	—	—	—	—	—	—	—	—	—	—
前期差错更正	—	—	—	—	—	—	—	—	—	—
其他	—	—	—	—	—	—	—	—	—	—
二、本年期初余额	51 660.00	3 367.40	—	4 632.15	—	23 534.44	3 745.33	10 332.00	183 166.53	280 437.86
三、本期增减变动金额（减少以"－"号填列）	—	—	—	23 372.61	—	4 050.64	1 979.23	—	34 476.49	63 878.97
（一）综合收益总额	—	—	—	23 372.61	—	—	—	—	40 506.35	63 878.97
（二）所有者投入和减少资本	—	—	—	—		—	—	—	—	—
1. 股东投入的普通股	—	—	—	—	—	—	—	—	—	—
2. 其他权益工具持有者投入资本	—	—	—	—	—	—	—	—	—	—
3. 股份支付计入所有者权益的金额	—	—	—	—	—	—	—	—	—	—
4. 其他	—	—	—	—	—	—	—	—	—	—
（三）利润分配	—	—	—	—	—	4 050.64	1 979.23	—	－6 029.87	—
1. 提取盈余公积	—	—	—	—	—	4 050.64	—	—	－4 050.64	—
2. 提取一般风险准备金	—	—	—	—	—	—	1 979.23		－1 979.23	—
3. 提取信托赔偿准备金	—	—	—	—	—	—	—	—	—	—
4. 对所有者（或股东）的分配	—	—	—	—	—	—	—	—	—	—
5. 其他	—	—	—	—	—	—	—	—	—	—
（四）所有者权益内部结转	—	—	—	—	—	—	—	—	—	—
1. 资本公积转增资本（或股本）	—	—	—	—	—	—	—	—	—	—
2. 盈余公积转增资本（或股本）	—	—	—	—	—	—	—	—	—	—
3. 盈余公积弥补亏损	—	—	—	—	—	—	—	—	—	—
4. 其他	—	—	—	—	—	—	—	—	—	—
（五）专项储备	—	—	—	—	—	—	—	—	—	—
1. 本期提取	—	—	—	—	—	—	—	—	—	—
2. 本期使用	—	—	—	—	—	—	—	—	—	—
（六）其他	—	—	—	—	—	—	—	—	—	—
四、本期末余额	51 660.00	3 367.40		28 004.77		27 585.08	5 724.56	10 332.00	217 643.02	344 316.83

法定代表人：吴庆斌　　　　主管会计工作负责人：李　旻　　　　会计机构负责人：罗建宇

5.2 信托资产

5.2.1 信托项目资产负债汇总表

编制单位:中泰信托有限责任公司　　单位:万元

信托资产	期末数	期初数	信托负债和信托权益	期末数	期初数
信托资产:			信托负债:		
货币资金	37 334. 92	193 035. 39	交易性金融负债	0	0
拆出资金	0	0	衍生金融负债	0	0
存出保证金	0	0	应付受托人报酬	0	0
交易性金融资产	81 227. 23	239 293. 06	应付托管费	1. 648767	86. 3
衍生金融资产	0	0	应付受益人收益	0	0
买入返售资产	9600	0	应交税费	0	0
应收款项	884 999. 58	575 805. 03	应付销售服务费	0	0
发放贷款	3 563 941. 96	2 235 961. 43	其他应付款项	14 186. 45	28 951. 70
可供出售金融资产	2 063 080. 93	2 191 107. 79	其他负债	0	0
持有至到期投资	202 434. 00	57 234. 00	信托负债合计	14 188. 10	29 038. 00
长期应收款	30000	0		0	0
长期股权投资	691 126. 10	681 442. 48	信托权益:	0	0
投资性房地产	0	0	实收信托	7 568 927. 56	6 169 000. 64
固定资产	0	1 390. 16	资本公积	0	0
无形资产	42 500. 00	42 500. 00	外币报表折算差额	0	0
长期待摊费用	0	0	未分配利润	23 129. 06	19 730. 70
其他资产	0	0	信托权益合计	7 592 056. 62	6 188 731. 34
信托资产总计	7 606 244. 72	6 217 769. 34	信托负债及信托权益总计	7 606 244. 72	6 217 769. 34

法定代表人:吴庆斌　　财务负责人:李　旻　　会计人员:龚小云

5.2.2 信托项目利润及利润分配汇总表

编制单位:中泰信托有限责任公司　　单位:万元

信托资产	本年数	上年数
一、营业收入	747 261. 69	455 938. 11
利息收入	273 411. 12	178 281. 76
投资收益	470 084. 38	274 832. 50
其中:对联营企业和合营企业的投资收益	0	0
公允价值变动收益(损失以"-"号填列)	-320. 04	136. 51
租赁收入	2 048. 12	205. 63
汇兑损益(损失以"-"号填列)	0	0
其他收入	2 038. 11	2481. 71
二、营业支出	94 504. 33	90 100. 26
营业税金及附加	47. 47	21. 29
受托人报酬	38 940. 99	33 561. 73
托管费	12 655. 22	23 174. 31
投资管理费	0	0
销售服务费	21 634. 02	13 392. 21
交易费用	0	0
资产减值损失	0	0
其他费用	21 226. 63	19 950. 72
三、信托净利润(净亏损以"-"号填列)	652 757. 36	365 837. 85
四、其他综合收益	0	0
五、综合收益	652 757. 36	365 837. 85
加:期初未分配信托利润	19 730. 70	7 636. 33
六、可供分配的信托利润	672 488. 06	373 474. 18
减:本期已分配信托利润	649 359. 00	353 743. 48
七、期末未分配信托利润	23 129. 06	19 730. 70

法定代表人:吴庆斌　　财务负责人:李　旻　　会计人员:龚小云

6. 会计报表附注

6.1 本会计报表不符合会计核算基本前提的事项

无。

6.2 或有事项说明

本公司对发放的已逾期的贷款提起诉讼,全部已判决并胜诉,公司正积极对相关债权进行追讨。

单位:万元

或有事项项目	期初金额	期末金额
合计	46 716. 06	33 805. 98

6.3 重要资产转让及其出售的有关说明

报告期内公司无重要资产转让或出售。

6.4 会计报表中重要项目的明细资料

6.4.1 自营资产经营情况

6.4.1.1 信用风险资产情况

按信用风险资产五级分类,报告期末,公司无新增不良信用风险资产,仍为历史形成的35,416.06万元,信用风险资产合计为119 356.01万元(其中正常类76 929.14万元,关注类7 010.81万元,次级类0元,可疑类0元,损失类35 416.06万元)。2013年信用风险资产合计为138 787.59万元(其中正常类96 360.72万元,关注类7 010.81万元,次级类0元,可疑类0元,损失类35 416.06万元)。本年度,信用风险资产不良率为 29.67%，且上述不良信用风险资产均为历史形成，公司已就其 100%全额计提拨备，全面覆盖不良信用风险资产，故上述不良信用风险资产不影响公司资产质量。信用风险资产不良率仅反映报告期内公司信用风险资产相关情况。

不良信用风险资产合计 = 次级类 + 可疑类 + 损失类。

信用风险资产合计 = 正常类 + 关注类 + 次级类 + 可疑类 + 损失类。

信用风险资产不良率 = 不良信用风险资产合计/信用风险资产合计 x100%。

6.4.1.2 资产减值损失准备情况

单位：万元

	期初数	本期计提	本期转回	本期核销	期末数
贷款损失准备	30 716.06	330.00	—	—	31 046.06
一般准备	—	330.00			330.00
专项准备	30 716.06				30 716.06
其他资产减值准备					
可供出售金融资产减值准备	—				—
持有至到期投资减值准备	—				—
长期股权投资减值准备	—				—
坏账准备	5 066.61	0.92	190.99		4 876.54
投资性房地产减值准备					

6.4.1.3 投资业务情况

单位：万元

	自营股票	基金	债券	长期股权投资	其他投资	合计
期初数	17 920.00	—	—	21 306.14	74 047.39	113 273.53
期末数	46 532.41		23 027.96	182 054.65	50 942.88	302 557.90

6.4.1.4 自营长期股权投资情况

单位：万元

企业名称	占被投资企业权益的比例（%）	主要经营活动	投资损益（万元）
大成基金管理有限公司	48.00	公募基金的募集和管理	5 856.00
都邦财产保险股份有限公司	19.07	保险业务	864.34

6.4.1.5 前四名的自营贷款的企业名称、占贷款总额的比例和还款情况等

企业名称	占贷款总额的比例（%）	还款情况
深圳市凯泰隆实业发展有限公司	10.99	逾期
海南金盟发实业有限公司	10.99	逾期
黄山长江徽杭高速公路有限公司	10.99	逾期
重庆西彭铝产业区开发投资有限公司	47.08	正常

6.4.1.6 表外业务情况

单位：万元

表外业务	期初数	期末数
担保业务	0	0
代理业务（委托业务）	0	0
其他	—	—
合计	0	0

6.4.1.7 本公司当年的收入结构

收入结构	金额（万元）	占比（%）
利息收入	496.02	0.66
手续费及佣金收入	38 679.62	51.32
其中：信托手续费收入	38 679.62	
投资收益	34 374.14	45.61
公允价值变动收益	3.11	0.00
汇兑损益		0.00
其他业务收入	354.06	0.47
营业外收入	1 464.80	1.94
合计	75 371.75	100

2014 年度本公司信托业务收入为 38 679.62 万元，均为以手续费及佣金确认的信托业务收入。

6.4.2 披露信托财产管理情况

6.4.2.1 信托资产的期初数、期末数

单位：万元

信托资产	期初数	期末数
集合	2 470 107.49	2 859 247.15
单一	3 540 037.89	4 557 371.54
财产权	207 623.96	189 626.03
合计	6 217 769.34	7 606 244.72

6.4.2.1.1 主动管理型信托业务

单位：万元

主动管理型信托资产	期初数	期末数
证券投资类	6 389.09	101 525.33
股权投资类	157 088.32	155 527.29
融资类	4 455 948.91	5 889 489.36
事务管理类	—	—
其他类	1 559 316.31	1 276 442.50
合计	6 178 742.63	7 422 984.48

6.4.2.1.2 被动管理型信托业务

单位：万元

被动管理型信托资产	期初数	期末数
证券投资类	—	—
股权投资类	—	—
融资类	—	—
事务管理类	39 026.71	183 260.24
其他类		
合计	39 026.71	183 260.24

6.4.2.2 本年度已清算结束的信托项目个数、实收信托合计金额、加权平均实际年化收益率

6.4.2.2.1 本年度已清算结束的集合类、单一类资金信托项目和财产管理类信托项目个数、实收信托金额、加权平均实际年化收益率

已清算结束信托项目	项目个数（个）	实收信托合计金额（万元）	加权平均实际年化收益率（%）
集合类	12	202 970.00	8.52
单一类	63	2 708 809.00	7.23
财产管理类	2	65 000	5.95

6.4.2.2.2 本年度已清算结束的主动管理型信托项目个数、实收信托合计金额、加权平均实际年化收益率

已清算结束信托项目	项目个数(个)	实收信托合计金额(万元)	加权平均实际年化信托报酬率(%)	加权平均实际年化收益率(%)
证券投资类	—	—	—	—
股权投资类	1	19 310.00	2.14	67.10
融资类	67	2 848 109.00	0.29	6.96
事务管理类	—	—	—	—
其他类	7	109 210.00	0.70	6.01

注:"其他类"指除投向证券及股权外的其他投资类业务。

6.4.2.2.3 本年度已清算结束的被动管理型信托项目个数、实收信托合计金额、加权平均实际年化收益率

已清算结束信托项目	项目个数(个)	实收信托合计金额(万元)	加权平均实际年化信托报酬率(%)	加权平均实际年化收益率(%)
证券投资类	—	—	—	—
股权投资类	—	—	—	—
融资类	—	—	—	—
事务管理类	2	150.00	—	—
其他类	—	—	—	—

6.4.2.3 本年度新增的集合类、单一类和财产管理类信托项目个数、实收信托合计金额

新增信托项目	项目个数(个)	实收信托合计金额(万元)
集合类	38	1 900 650.29
单一类	121	3 872 568.00
财产管理类	1	44 000.00
新增合计	160	5 817 218.29
其中:主动管理型	156	5 667 309.29
被动管理型	4	149 909.00

6.4.2.4 报告期内,本公司依法依规审慎履行受托人职责,未发生因本公司自身责任导致信托资产损失的情况

截至2014年12月31日,本公司信托赔偿准备金累计金额为10 332万元,已达注册资本的20%。根据《信托公司管理办法》第四十九条规定,信托赔偿金累计金额达到公司注册资本的20%时,可不再提取。因未发生管理失职的情况,本年度未使用信托赔偿准备金。公司按照银监会的有关规定管理信托赔偿准备金。

6.5 关联方关系及其交易的披露

6.5.1 关联交易方的数量、关联交易的总金额及关联交易的定价政策等

	关联交易方数量(个)	关联交易金额(万元)	定价政策
合计	2	416.14	按照市场公允价格确定

注:1. "关联交易"的定义以《公司法》和《企业会计准则第36号——关联方披露》的有关规定为准。

2. 具体定价政策:首先,按照市场公允价格确定。如果缺乏市场公允价格,比照相关类似业务或资产的市价确定。如果上述两种价格都不存在,则按照中介机构出具的评估价确定。

6.5.2 关联交易方与本公司的关系性质,关联交易方的名称、法定代表人、注册地址、注册资本及主营业务等

关系性质	关联方名称	法人代表	注册地址	注册资本(万元)	主营业务
股东	中国华闻投资控股有限公司	周瑞明	北京市朝阳区东三环北路38号院1号泰康金融大厦25层2501内5室	120 000	实业投资、机械电子、建材销售等。
股东	广联(南宁)投资股份有限公司	吴庆斌	广西壮族自治区南宁市民族大道38-2号18层	13 900	对高新技术产业、金融业、证券、期货业的投资等。
股东	上海新黄浦置业股份有限公司	王伟旭	上海市北京东路668号西楼32层	56 116.30	房地产经营、旧危房改造,室内外建筑装潢,物业管理,房产咨询,机械设备安装,餐饮业等。
受同一股东控制	上海新华闻投资有限公司	周瑞明	上海市闸北区天目中路383号501室	50 000	实业投资、资产经营及管理等。
受同一股东控制	上海嘉庆投资管理有限公司	王磊	上海市浦东新区牡丹路60号A2001室	16 000	实业投资、企业管理咨询等。
受同一股东控制	厦门联信投资管理有限公司	余钧	福建省厦门市思明区湖滨南路299-309号裙楼201室	500	投资咨询。
受同一股东控制	上海久峰投资咨询有限公司	彭传发	上海市松江区松汇西路1558号A-287	1 000	企业投资咨询、商务咨询、财务管理咨询、企业管理咨询服务。
联营公司	大成基金管理有限公司	刘卓	广东省深圳市福田区深南大道7088号招商银行大厦32层	20 000	基金募集、基金销售、资产管理、中国证监会许可的其他业务。
联营公司	都邦财产保险股份有限公司	刘德江	吉林省吉林市吉丰东路388号	270 000	财产损失保险、责任保险、信用保险和保证保险、短期健康保险和意外伤害保险、上述业务的再保险业务、国家法律、法规允许的保险资金运用、经保监会批准的其他业务。

6.5.3 本公司与关联方的重大交易事项

6.5.3.1 固有与关联方交易情况

单位：万元

固有与关联方关联交易				
	期初数	借方发生额	贷方发生额	期末数
贷款				0.00
投资				
租赁				
担保				
应收账款	11 967.24		332.1	11 635.14
其他	47.61	18.07	65.97	95.51
合计	12 014.85	18.07	398.07	11 730.65

6.5.3.2 信托与关联方交易情况

单位：万元

信托与关联方关联交易				
	期初数	借方发生额	贷方发生额	期末数
贷款	33 484.14	—	33 484.14	0.00
投资	—	—	—	—
租赁	—	—	—	—
担保	—	—	—	—
应收账款	—	—	—	—
其他	—	—	—	—
合计	33 484.14	—	33 484.14	0.00

6.5.3.3 信托公司自有资金运用于自己管理的信托项目（固信交易）、信托公司管理的信托项目之间的相互交易（信信交易）金额，包括余额和本报告年度的发生额

6.5.3.3.1 固信交易情况

单位：万元

固有财产与信托财产相互交易				
	期初数	本期发生额		期末数
		借方发生额	贷方发生额	
合计	2 000.00	600	2 000.00	600.00

6.5.3.3.2 信信交易情况

单位：万元

信托资产与信托财产相互交易			
	期初数	本期发生额	期末数
合计	964 410.00	−814 700.00	149 710.00

6.5.4 本公司本期关联方逾期未偿还本公司资金的情况，以及为关联方担保发生垫款的事项

无。

6.6 会计制度的披露

6.6.1 固有业务执行的会计制度

本公司固有业务从2008年1月1日起执行财政部2006年2月颁布的《企业会计准则——基本准则》和38项具体会计准则，其后颁布的应用指南、解释以及其他相关规定（统称“企业会计准则”）。

6.6.2 信托业务执行会计制度

本公司信托业务从2010年1月1日起执行财政部2006年2月颁布的《企业会计准则——基本准则》和38项具体会计准则，其后颁布的应用指南、解释以及其他相关规定（统称“企业会计准则”）。

7. 财务情况说明书

7.1 利润实现和分配情况

7.1.1 利润实现情况

单位：万元

项目	金额
营业利润	49 132.80
利润总额	50 572.28
所得税	10 065.93
净利润	40 506.35

7.1.2 利润分配情况

单位：万元

项目	金额
本年度净利润	40 506.35
上年未分配利润	183 166.53
本年其他转入	0
可供分配的利润	223 672.88
提取法定盈余公积	4 050.64
提取法定公益金	
提取信托赔偿准备金	
提取一般准备金	1 979.23
可供投资者分配利润	217 643.02
未分配利润	217 643.02

7.2 主要财务指标

指标名称	指标值
资本利润率（%）	12.97
加权年化信托报酬率（%）	0.47
人均净利润（万元）	216.03

注：1. 资本利润率＝净利润/所有者权益平均余额×100%。

2. 加权年化信托报酬率＝（信托项目1的实际年化信托报酬率×信托项目1的实收信托＋信托项目2的实际年化信托报酬率×信托项目2的实收信托＋…＋信托项目n的实际年化信托报酬率×信托项目n的实收信托）/（信托项目1的实收信托＋信托项目2的实收信托＋…＋信托项目n的实收信托）。

3. 人均净利润＝净利润/平均人数。

4. 平均值采取年初、年末余额简单平均法，公式为：a（平均）＝（年初数＋年末数）/2。

7.3 对本公司财务状况、经营成果有重大影响的其他事项

无。

8. 特别事项揭示

8.1 报告期内本公司股东发生变动情况

无。

8.2 董事、监事及高级管理人员变动情况及原因

公司第五届董事会任期已经届满。报告期内，经股东会决议通过，并经中国银监会及其派出机构上海银监局核准，公司第六届董事会成员到任履职。其中，经董事会决议，吴庆斌先生连选连任公司董事长。公司完成董事会换届工作。

公司第五届监事会任期已经届满。报告期内，经股东会决议及职工会议选举，分别产生股东代表监事、职工代表监事人选，公司第六届监事会成员到任履职。其中，经监事会决议通过，刘卓先生连选连任公司监事会主席。公司完成监事会换届工作。

8.3 公司的重大诉讼事项

固有项下诉讼

2014 年 9 月 15 日，公司收到江苏省泰州市中级人民法院应诉通知书，江苏江山制药有限公司就昆山玉成开发贷款单一资金信托计划的信托纠纷起诉本公司，本公司已积极应诉，本案尚处于庭审阶段。

8.4 公司及其董事、监事和高级管理人员在报告期内受处罚情况

无。

8.5 银监会及其派出机构对公司检查整改意见落实情况

2014 年 4 月 18 日至 6 月 20 日，上海银监局派出现场检查组，对公司截至 2014 年 3 月 31 日的信托业务合规性及到期交付风险等进行了现场检查，公司于 2014 年 6 月 30 日收到《上海银监局关于中泰信托有限责任公司专项现场检查的意见》(沪银监发[2014]172 号)。

根据上海银监局现场检查意见，公司迅速组织相关部门人员召开专门会议认真研究和学习，逐项排查检查意见中指出的问题，积极落实整改措施。为配合整改，提升公司业务管理和风险控制水平，公司召开了多次总裁办公会和业务整改、机制调整专项会议，就进一步完善业务流程及业务制度、进一步规范信托产品推介等事项出台了多项措施，并将检查意见和公司整改情况通报董事会、监事会及股东会。

本次现场检查整改意见落实措施主要有：(1) 结合公司系统化建设工作，全面梳理公司制度和业务流程；(2) 加强合格投资者识别工作，加强信息披露和风险揭示，加强直销团队的建设和合规考核；(3) 加强合规管理，加大合规考核和问责力度。

通过整改，公司进一步提升了信托业务整体管控能力，加强了投资者识别和培育工作，有利于防范业务风险，有利于培养“卖者尽责、买者自负”的风险承担意识，确保业务健康有序发展。

8.6 本年度公司发布重大事项临时报告情况

公司于 2014 年 7 月 19 日分别在《证券时报》B023 版和《上海证券报》46 版发布《中泰信托有限责任公司信托业务人员变动和董事变更公告》，11 月 7 日分别在《证券时报》B43 版和《上海证券报》B60 版发布公司章程变更公告。

8.7 报告期内，中国银监会及其省级派出机构认定的其他有必要让客户及相关利益人了解的重要信息

无。

9. 公司监事会意见

公司监事会认为，报告期内，公司决策程序合法，内部控制实施符合监管要求，公司董事、高级管理人员履职过程中未见违法违纪或有损公司及股东利益的行为。

中审亚太会计师事务所(特殊普通合伙)为公司 2014 年度财务报告出具了标准无保留意见的审计报告。监事会认为该财务报告真实反映了公司的财务状况和经营成果。

中铁信托有限责任公司

1. 重要提示

1.1 本公司董事会及董事保证本报告所载资料不存在任何虚假记载、误导性陈述或者重大遗漏，并对其内容的真实性、准确性和完整性承担个别及连带责任。

1.2 本公司全体董事均亲自出席了审议本次年报的董事会会议，全体监事、高管列席了会议。

1.3 本公司独立董事曾勇先生、傅代国先生、周国华先生声明：保证年度报告内容的真实性、准确性和完整性。

1.4 德勤华永会计师事务所（特殊普通合伙）北京分所根据中国注册会计师独立审计准则对本公司年度财务报告进行审计，出具了无保留意见的审计报告。

1.5 本公司董事长郭敬辉先生、总经理景开强先生、财务负责人解义才先生和会计机构负责人（会计主管人员）李正斌先生声明：保证年度报告中财务报告的真实、完整。

2. 公司概况

2.1 公司简介

2.1.1 公司法定中文名称：中铁信托有限责任公司
中文名称缩写：中铁信托
公司法定英文名称：China Railway Trust Co.,Ltd.
英文名称缩写：CRTC

2.1.2 法定代表人：郭敬辉

2.1.3 注册地址：四川省成都市航空路1号国航世纪中心B座

2.1.4 邮政编码：610041

2.1.5 公司国际互联网网址：www.crtrust.com

2.1.6 电子信箱：crtc@crtrust.com

2.1.7 公司负责信息披露事务的高级管理人员：陈　赤
联系人：邹纯余
电话/传真：028－86029131
电子信箱：zcy@crtrust.com

2.1.8 公司选定的信息披露报纸：《证券时报》、《上海证券报》

2.1.9 公司年度报告备置地点：四川省成都市航空路1号国航世纪中心B座26楼

2.1.10 公司聘请的会计师事务所名称：德勤华永会计师事务所（特殊普通合伙）北京分所
地址：北京市东城区长安街1号东方经贸城西二办公楼

2.1.11 公司聘请的律师事务所名称：泰和泰律师事务所
地址：四川省成都市高新区天府大道中段199号棕榈泉国际中心16楼、17楼

2.2 组织结构

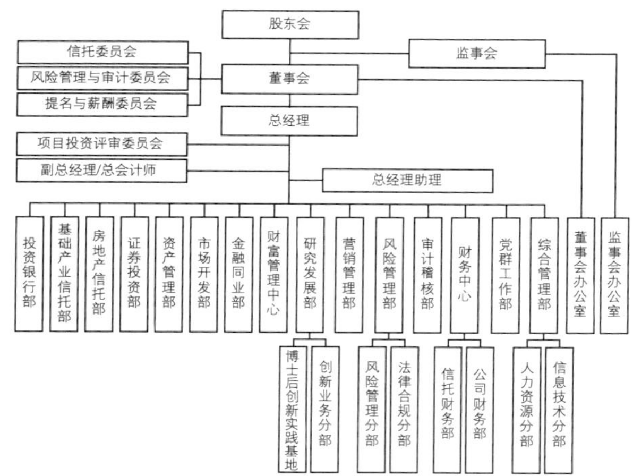

3. 公司治理结构

3.1 公司前三位股东的主要股东

公司前三位股东名称	股东的主要股东	出资比例（%）	法定代表人	注册资本（亿元）	注册地址	主要经营业务
中国中铁股份有限公司	中国铁路工程总公司	56.10	李长进	108	北京市丰台区南四环西路128号	建筑工程，相关工程技术研究、勘察、设计、服务与专用设备制造，房地产开发经营。
中铁二局集团有限公司	中国中铁股份有限公司	100.00	李长进	213	北京市丰台区南四环西路128号院1号楼918	基建建设、勘察设计与咨询服务、工程设备、零部件制造和房地产开发业务，另外还从事多项其他业务，如物资贸易、矿产资源开发和物业管理业务等。
成都工投资产经营有限公司	成都工业投资集团有限公司	66.80	石　磊	50	四川省成都市顺城街221号	企业托管、资产托管、债务托管、企业产权转让、租赁、承包、出售、投资咨询、融资担保、资本运营。

3.2 董事

3.2.1 董事会成员

姓名	职务	性别	年龄	选任日期	所推举的股东名称	该股东持股比例(%)	简要履历
郭敬辉	董事长	男	58	2013年12月	中国中铁股份有限公司	78.911	历任中铁二局集团有限公司董事会秘书兼办公室主任、副总经理、监事会主席、党委副书记、纪委书记,中铁二局股份有限公司监事会主席、党委副书记、纪委书记,中铁信托有限责任公司党委书记、纪委书记,现任中铁信托有限责任公司董事长、党委副书记。
景开强	董事	男	56	2013年12月	中国中铁股份有限公司	78.911	历任中铁二局股份有限公司财务部部长,中铁八局集团有限公司总会计师、总法律顾问,衡平信托有限责任公司副董事长;现任中铁信托有限责任公司董事、总经理、党委副书记,宝盈基金管理有限公司董事。
何　文	董事	男	50	2014年4月	中国中铁股份有限公司	78.911	历任中铁四局集团有限公司财务处副处长、资金部部长、副总会计师、总会计师、董事、党委常委,中铁信托有限责任公司监事长、党委书记、纪委书记;现任中国中铁股份有限公司副总会计师、财务部部长,中铁信托有限责任公司董事。
王大奇	董事	男	45	2013年12月	中铁二局集团有限公司	7.232	历任中铁二局股份有限公司副总会计师、副部长,中铁二局第五工程有限公司总会计师,中铁八局集团有限公司财务部部长,中铁二局集团有限公司财务部部长;现任中铁二局集团有限公司副总会计师、财务部部长,中铁信托有限责任公司董事。
喻培忠	董事	男	58	2013年12月	成都工投资产经营有限公司	3.429	历任成都市热电公司副总经理、成都工投资产经营有限责任公司委贷部经理、成都工业投资(控股)有限责任公司总经理。现任成都工业投资集团有限公司总经理助理、成都工投资产经营有限公司总经理、成都工业投资(控股)有限责任公司董事长、成都工投融资租赁有限公司董事长、成都工业典当有限公司董事长、中铁信托有限责任公司董事。
解义才	职工董事	男	45	2013年12月	职工代表	—	历任中铁二局股份有限公司财务部副部长、证券部部长、财务部部长、副总会计师,中铁信托有限责任公司董事,现任中铁信托有限责任公司职工董事、副总经理、总会计师、党委委员、纪委书记、工会主席。

3.2.2 独立董事

姓名	所在单位及职务	性别	年龄	选任日期	所推举的股东名称	该股东持股比例(%)	简要履历
曾　勇	电子科技大学经济与管理学院教授	男	51	2013年12月	—	—	历任电子科技大学经济与管理学院教授、院长;现任电子科技大学教授、博士生导师,中铁信托有限责任公司独立董事、董事会信托委员会主任委员;国务院特殊津贴专家,四川省学术与技术带头人。
傅代国	西南财经大学西部商学院副院长	男	50	2013年12月	—	—	历任西南财经大学会计学院副教授、教研室副主任、副院长;现任西南财经大学西部商学院副院长,教授、博士生导师,中铁信托有限责任公司独立董事、董事会风险管理与审计委员会主任委员。
周国华	西南交通大学企业与项目管理研究所所长	男	48	2013年12月	—	—	历任西南交通大学经济管理学院院长助理、副院长;现任西南交通大学企业与项目管理研究所所长、物流与信息管理研究所所长,教授、博士生导师,中铁信托有限责任公司独立董事、董事会提名与薪酬委员会主任委员。

3.3 监事

姓名	职务	性别	年龄	选任日期	所推举的股东名称	该股东持股比例(%)	简要履历
马永红	监事长	男	48	2014年4月	中国中铁股份有限公司	78.911	历任原铁道部第三工程局处长、高级会计师,中铁三局集团有限公司副总会计师、总会计师、总法律顾问,中铁置业集团有限公司董事、财务总监、副总经理,中铁信托有限责任公司党委书记、纪委书记、监事长;现任中铁信托有限责任公司党委书记、监事长。
王怀远	监事	男	58	2013年12月	中国中铁股份有限公司	78.911	历任原铁道部大桥工程局副总经济师、董事会秘书、副总法律顾问、法律事务部部长;现任中国中铁股份有限公司副总法律顾问、法律事务部部长,中铁信托有限责任公司监事。

续表

姓 名	职 务	性别	年龄	选任日期	所推举的股东名称	该股东持股比例(%)	简 要 履 历
陈家均	监事	男	51	2013 年 12 月	成都高新发展股份有限公司	0.692	历任贵州省计划管理干部学院会计、省计委财贸处科员、罗甸县委农工部科员，四川省审计局商贸部副主任科员，成都高新发展股份有限公司财务部副部长、部长、总会计师、副总经理；现任成都高新发展股份有限公司监事会主席、中铁信托有限责任公司监事。
彭玖雯	职工监事	女	45	2013 年 12 月	职工代表	—	历任成都市金通信托投资公司财务部助理会计师、会计师，衡平信托投资有限责任公司董事会审计部职员；现任中铁信托有限责任公司审计稽核部总经理、职工监事。
严 震	职工监事	男	38	2013 年 12 月	职工代表	—	历任衡平信托投资有限责任公司董事会办公室副主任和主任、资产管理部副经理，中铁信托有限责任公司风险管理部副总经理；现任中铁信托有限责任公司风险管理部(法律事务部)总经理、职工监事。

3.4 高级管理人员

姓 名	职 务	性别	年龄	选任日期	金融从业年限(年)	学历	专业
景开强	总经理	男	56	2013 年 12 月	9	研究生	财会
李文众	副总经理、总法律顾问	男	55	2013 年 12 月	35	本科	财会
陈 赤	副总经理、董事会秘书	男	48	2013 年 12 月	16	博士	金融学
解义才	副总经理、总会计师	男	45	2013 年 12 月	10	研究生	财会
王 石	副总经理	男	54	2013 年 12 月	33	本科	经济管理
王 兴	副总经理	男	46	2013 年 12 月	16	博士	会计学
舒军华	副总经理	男	41	2014 年 4 月	10	研究生	管理学

3.5 公司员工

报告期内在岗员工人数:229 人。

平均年龄:36.3 岁。

学 历	人 数	比 例(%)
博士	6	2.6
硕士	76	33.2
本科	132	57.6
专科	13	5.7
其他	2	0.9

4. 经营管理

4.1 经营目标、方针、战略规划

4.1.1 经营目标

在“新常态”的经济环境下，结合行业发展与监管导向的新趋势，持续深入贯彻“创新、服务、可持续”的经营理念，围绕“创新、提升、转型”的主题，按照“市场前端放开搞活、业务中台优化加强、管理后台创新稳定”的思路，以加快向现代化金融企业转型为目标，以市场化的管理机制和支持创新的环境机制建设为突破口，以提高风险管控能力、销售能力、投资能力、成本管控能力为核心，以异地业务团队建设和全国化业务拓展为重点，深入推进全员拓展、全员营销、全员风控战略，不断夯实公司可持续发展能力和综合竞争力。

4.1.2 经营方针

公司所秉承的经营方针是“稳健、进取、合作共赢”。

4.1.3 战略规划

公司的战略规划是以经济“新常态”下信托业转型升级为契机，打造符合公司发展的信托价值链，依托股东背景和公司优势，建立专业化、差异化的业务服务体系，形成成本领先、稳健专业、创新高效的内涵型发展模式，致力于成为国内行业一流的现代金融综合服务企业。

具体来讲，一是以监管导向为目标，不断完善公司现代企业治理能力建设，更好地履行社会责任。二是以创新为工作主线，不断提升业务拓展能力和创新服务能力，构建符合市场需求和公司发展的新型业务体系。三是以产融结合为工作重点，通过多元化金融控股平台的搭建和金融价值链的延展，探索服务实体经济的新路径。四是以合规稳健经营为基础，进一步提高风险管控能力，保障企业稳定健康发展，维护地区金融市场和谐繁荣。五是以加强同业合作为纽带，更好地发挥公司跨市场的信托功能优势，提升在“新常态”市场环境下的核心竞争力。六是以精细化管理和人才队伍建设为依托，不断提升企业科学管理能力水平，促进国有资产的高效利用和保值增值。

4.2 经营业务主要内容

公司业务分为自营业务和信托业务。

4.2.1 自营业务

主要包括自营贷款、自营证券、金融产品投资等。

自营资产运用与分布表

资产运用	金额（万元）	占比（%）	资产分布	金额（万元）	占比（%）
货币资产	106 296.71	14.23	基础产业	1 200.00	0.16
贷款及应收款	1 200.00	0.16	房地产业	0.00	0.00
交易性金融资产	2 295.70	0.31	证券市场	2 295.70	0.31
可供出售金融资产	549 557.88	73.59	实业	0.00	0.00
持有至到期投资	0.00	0.00	金融机构	134 138.16	17.96
长期股权投资	63 104.35	8.45	其他	609 109.78	81.57
其他	24 289.00	3.26			
资产总计	746 743.64	100.00	资产总计	746 743.64	100.00

4.2.2 信托业务

信托业务是本公司的主营业务和主要收入来源，主要包括集合资金信托、单一资金信托、财产信托等。

信托资产运用与分布表

资产运用	金额（万元）	占比（%）	资产分布	金额（万元）	占比（%）
贷款	9 550.900	45.28	基础产业	1 345 735	6.38
交易性金融资产	4 137	0.02	房地产	2 089 885	9.91
可供出售及持有至到期投资	5 441 308	25.80	证券市场（股票）	3 278	0.02
长期股权投资	1 469 848	6.97	证券市场（债券）	143 500	0.68
租赁	0	0.00	证券市场（基金）	859	0.00
买入返售	0	0.00	金融机构	1 838 872	8.72
存放同业	657 164	3.12	工商企业	10 262 173	48.66
其他	3 967 466	18.81	其他	5 406 521	25.63
信托资产总计	21 090 823	100.00	信托资产总计	21 090 823	100.00

4.3 市场分析

4.3.1 有利因素

宏观经济发展给信托业带来了机遇。2014 年，随着我国经济逐渐步入"新常态"发展的轨道，新的结构性市场机遇也不断涌现。"一带一路"的建设、房地产和基建领域的回暖、自贸区的建设等都给信托公司传统业务带来较好的发展机遇。国家对新兴产业的扶持、对科技创新的鼓励，以及消费经济、"三农"产业等的快速发展，也在很大程度上为信托业提供了新的展业空间。

金融市场的繁荣为信托业提供了新的支点。2014 年我国金融市场特别是资本市场较前一个阶段有明显的发展，对信托公司证券类业务的开展起到了极大的促进作用。同时，随着各类创新模式的不断推出，信托公司在证券业务领域的竞争实力也不断增强。预计在未来一段时期内，信托公司证券类业务仍将保持稳定的发展趋势。

监管政策的支持和鼓励对信托业的转型升级提供了新的推动力。2014 年，行业监管态势发生了较大的调整，对信托业的发展起到了一定的推动作用。一方面，随着《信托登记管理办法》、《信托公司信托业务尽职指引》、《关于调整信托公司净资本计算标准有关事项的通知》、《信托公司监管评级与分类监管指引》（修订稿）等相关制度的实施和进一步完善，整个行业的发展更加规范有序，有利于行业的长期健康稳定。另一方面，监管部门对信托业的创新升级给予了鼓励，树立了信托公司未来专业化、差异化发展的导向，有利于各信托公司更好地发挥自身优势，打造新的行业发展格局。

4.3.2 不利因素

行业系统性风险水平有所提升，对公司产生了一定的影响。2014 年，受经济环境变化的影响，行业出现了一定程度的风险暴露。由于行业的传导性，这些系统性风险也对公司产生了一定的影响。随着监管部门进一步严格监管要求和经济形势的稳定，未来系统性风险有望化解，对于公司的影响也能够得到有效控制。

传统业务的调控升级对公司现有业务体系产生了一定影响。2014 年，国家在相关领域的调控升级，特别是基于地方政府性债务清理而推出的一系列政策，对公司现有业务体系产生了一定影响。"43 号文"出台后，包括公司在内的整个信托行业，都需要重新厘清信政业务开展的思路，重新搭建相关业务体系。此外，行业保障基金等政策的出台，也对公司及行业未来收费型业务的发展模式提出了新的挑战。

行业竞争加剧对公司的经营管理提出了更高的要求。2014 年，行业竞争格局进一步加剧，银行理财、券商资管、基金子公司、第三方理财机构、私募基金等对信托传统业务领域的侵蚀更加明显。到 2014 年末，券商资管余额已达到 7.95 万亿元，同比增长近 60%。此外，以余额宝为代表的互联网金融也在一定程度上冲击了信托公司传统业务的开展。在这一环境下，公司需要进一步提升经营管理水平，尽快发掘自身的专业化优势，不断开辟新的业务蓝海。

4.4 内部控制

4.4.1 内部控制环境和内部控制文化

公司具有完善的法人治理结构，股东会、董事会、监事会与经营层按照法律法规、公司章程和其他管理制度的要求各自独立履行职责。

公司内部控制机制为三个层级的风险防范体系：董事会是第一级层次，下设信托委员会、风险管理与审计委员会、提名与薪酬委员会等三个专业委员会，在重大事项的风险控制、内部审计等方面发挥内控主导作用；经营层是第二级层次，在董事会授权范围内对公司整体业务经营进行风险管理和内部控制；部门岗位风险控制是第三级层次，通过明确岗位职责、界定工作权限、制定作业流程，来执行岗位风险控制和风险防范。

公司积极倡导和推进合规风控文化建设，持续、有效地实施多层次的合规宣导、培训，开展廉洁从业教育活动，提高员工的合规意识，形成全员参与的合规风险管理文化。公司建立了以目标为导向、绩效为依据的整体式绩效考核机制，将合规风控管理的有效性和执业行为的合规性纳入各部门及其工作人员的绩效考评范围，建立绩效与风险控制并重的激励机制，引导员工讲求绩效贡献、关注专业能力发展的价值观。

4.4.2 内部控制措施

公司严格按照信托业监督法规，建立健全了公司内部控制制度体系，覆盖公司治理、业务操作、监督评价、标准化流程等层面，对决策、业务、财务和各项管理活动进行全面的内部控制，有效防范了各类风险。

公司明确划分了部门和岗位的职责，在不相容的岗位和部门之间建立了职责分离、横向与纵向相互监督制衡的机制，并对关键岗位制定实施了定期轮岗和强制休假制度。建立了授权管理制度，业务按权限大小设置不同的审批流程，并建立了业务部门、风控、审计三道防线。对固有资产和信托资产设立了相互独立的运作部门，保证了公司固有财产与信托财产的独立管理。建立了集中统一的营销及客户服务序列等前台人员管理制度，并通过不定期审计检查，防范人员执业行为不合规风险。制定《中铁信托恢复与处置计划》，涵盖激励性薪酬延付制度、限制分红制度、业务分割与恢复机制等多项内容，采取多种手段应对风险发生，提高公司整体流动性。建立了突发事件预警机制和预警指标，对公司信托业务及自营业务中可能发生的突发事件进行预警，启动预警响应程序。进一步完善了反洗钱内控制度体系，提高反洗钱工作的可操作性。

4.4.3 监督评价与纠正

董事会及其风险管理与审计委员会、监事会、业务部门、风险管理部（法律事务部）、审计稽核部等分工协作，按照监管机构要求和公司规定，对各部门的内控制度执行情况进行定期、不定期监督检查，构建和完善了以监测预警机制为手段，多层次、多渠道共同监督内部控制有效性的检查与监督工作体系。

董事会及其风险管理与审计委员会不定期召开会议，责成有关部门提交书面报告，检查、监督内部控制体系的运行情况，获取内部控制设计和运行中存在的缺陷信息，积极采取整改措施并督促整改，促进实现内部控制目标。监事会依法履行监督职责，并就监督过程中发现的公司治理及经营管理中需要关注的问题，及时与董事会和经营层沟通。业务部门和风险管理员对各项业务执行的规范性进行即时检查；风险管理部、法律合规分部通过立项审查、合同审查方式检查业务合规性，不断加强对内部控制薄弱环节和风险易发部位开展合规检查，配合业务部门就项目运行过程中的突发事件制定风险应急措施；审计稽核部依据法律法规及规章制度，严格执行董事会批准的年度审计计划，对公司各职能部门经营管理活动及有关工作人员的经营管理行为进行稽核、监督、检查，同时加大了整改问责力度，对检查中发现的不规范行为逐个给予处理、处罚、问责，强化了合规管理力度，提高了公司内部控制管理水平。

4.5 风险管理

4.5.1 风险状况

4.5.1.1 信用风险状况

信用风险是指公司在经营活动中面临的交易对手不能按合同约定履约给信托当事人和公司带来的损失。报告期内，自营资产采用以风险等级为基础的分类方法评估资产质量，将其分为正常、关注、次级、可疑和损失五类，其中后三类称为不良资产。截至2014年12月31日，公司自营资产为746 744万元，其中正常类资产740 368万元，关注类资产6 376万元，次级类资产0万元，可疑类资产0万元，损失类资产0万元。公司自营不良资产的期初数和期末数分别为7 156万元和0万元。报告期内，公司信托资产无不良资产。

4.5.1.2 市场风险状况

市场风险是指在公司信托和自营业务中，股价、汇率、利率及其他价格因素变动对公司盈利能力和财务状况的影响，其可以分为金融资产价格风险、汇率风险、利率风险等。2014年，公司在证券二级市场开展的业务量在公司信托总规模中的占比仍然维持在较小的比例，因此证券市场的股价变动对公司的盈利和财务状况的影响有限；同时，公司大多数证券信托业务的市场风险最终由受益人承担，公司依靠收取受托人固定报酬作为盈利主要渠道，故股价变动不对公司造成直接影响。公司目前暂未开展外汇业务，不会对公司的盈利和财务状况造成影响。公司集合资金信托业务中贷款类业务占比一直偏低，且信贷业务的执行利率多数为固定利率，因此利率变动对公司盈利能力和财务状况的直接影响较小。公司的主营业务之一是投资银行业务，主要业务收入来源于财务顾问费、咨询费等收入，因而其行业费率的变动（特别是监管政策的变化及同业竞争）对公司的盈利能力和财务状况具有一定影响。

4.5.1.3 操作风险状况

操作风险是指由于不完善或有问题的内部操作过程、人员、系统或外部事件而导致直接或间接损失的风险。2014年公司不断加强业务操作流程化、标准化和规范化，强化了内部制衡机制，针对监管政策以及信托行业的各项变化，及时调整经营策略，以规范业务行为，控制业务范围，确保业务部门严格按照现有法规进行信托业务创新。

4.5.1.4 其他风险状况

其他风险主要是指声誉风险、道德风险等。声誉风险是指机构经营、管理及其他行为或外部事件导致利益相关方对机构产生负面评价的风险。道德风险是指公司员工在获取信息不对称的情况下，采取自身效用最大化的自私行为，侵占公司和客户的利益，给公司财产和信托财产带来的损失。报告期内，公司未发生因其他风险所造成的损失。

4.5.2 风险管理情况

4.5.2.1 信用风险管理

重点做好前台的尽职调查工作，论证项目可行性，在项目立项阶段从产品设计上设定风险控制关键点；同时，加强中后台的监控，建立严密的事中决策和控制机制。公司坚持大优客户战略，从还款来源入手，实质重于形式地落实各交易对手的资信状况。公司持续对到期前六个月的集合项目进行信用风险评估，实施分级监测。对在公司融资集中度较高的集团公司，组织项目组逐一进行现场走访，提交项目风险排查报告，并提出下一步检查方案或风险缓释应对措施。

4.5.2.2 市场风险管理

公司通过多领域的业务组合来分散风险。业务开展中，在公司较为精通的业务领域内，逐渐建立有固定业务关系的目标客户群，减少因不熟悉行业情况而造成的风险和损失。加强对交易对手在其所处行业的市场竞争能力的分析，准确把握资金进入时机，密切跟踪市场，及时调整投资策略和投资组合，密切关注经济运行状况，严格规避宏观政策调控带来的不良影响。根据项目的期限长短以及交易对手的财务状况和资金调剂能力，合理约定信托资金的还款方式、价格、期限及有效的内控措施，避免市场风险带来的信托财产收益的不确定性。

4.5.2.3 操作风险管理

公司建立科学的风险内控体系，明确各项业务的操作规程，形成一个良好的、定期的操作风险监测和报告线路；继续完善法人治理结构，从体制上严防操作风险的产生；积极培育全员风险管理文化，在公司树立强化风险防范的理念；优化内部风险管控模式，努力建立覆盖全业务、各部门的信息管理系统。

4.5.2.4 其他风险管理

公司从完善内部控制体系、强化声誉风险管理意识、健全声誉风险预警机制和应急机制以及积极维护传播渠道等入手，实现对声誉风险的识别、预警、监测和控制。在道德风险管理方面，继续强化合法合规经营的理念，建立健全各项规章制度，通过严格的内控体系对员工的行为进行规范；完善人事管理制度，建立合理的奖惩制度并严格执行，落实责任追究制度；加强政治思想和职业道德教育，增强员工的工作责任心，树立勤勉尽责的思想；加强内部稽核。

5. 报告期末及上一年度末的比较式会计报表

5.1 自营资产

5.1.1 会计师事务所审计结论

德勤华永会计师事务所(特殊普通合伙)北京分所认为，中铁信托财务报表在所有重大方面按照企业会计准则的规定编制，公允反映了中铁信托 2014 年 12 月 31 日的公司及合并财务状况以及 2014 年度的公司及合并经营成果和公司及合并现金流量。

5.1.2 资产负债表

公司及合并资产负债表

编制单位:中铁信托有限责任公司　　2014 年 12 月 31 日　　单位:元

	合并		公司	
	年末数	年初数	年末数	年初数
资产				
货币资金	1 844 423 579. 68	867 293 712. 66	1 062 967 137. 95	631 138 285. 80
以公允价值计量且其变动计入当期损益的金融资产	24 042 633. 65	22 226 898. 34	22 956 979. 47	21 273 627. 59
发放贷款和垫款	818 200 000. 00	1 818 200 000. 00	12 000 000. 00	49 000 000. 00
可供出售金融资产	5 079 377 928. 67	3 292 232 475. 98	5 866 578 806. 19	4 723 671 854. 40
应收款项类投资	1 655 700 000. 00	2 422 230 000. 00	—	—
长期股权投资	60 000 000. 00	—	260 043 541. 50	200 043 541. 50
投资性房地产	17 214 954. 41	46 438 653. 69	17 214 954. 41	46 438 653. 69
固定资产	57 895 406. 72	55 252 186. 68	35 957 221. 08	32 398 491. 38
无形资产	64 110 268. 89	44 784 528. 25	61 677 308. 31	42 345 487. 72
递延所得税资产	34 724 117. 89	42 015 792. 60	38 378 775. 74	41 697 213. 93
其他资产	260 405 245. 41	573 101 534. 51	89 661 711. 44	280 106 835. 23
资产总计	9 916 094 135. 32	9 183 775 782. 71	7 467 436 436. 09	6 068 113 991. 24
负债				
预收账款	2 226 517 755. 25	1 552 110 197. 80	2 218 863 921. 08	1 552 110 197. 80
应付职工薪酬	153 594 789. 06	140 195 821. 24	72 282 489. 06	115 065 821. 24
应交税费	362 346 345. 23	387 762 353. 88	351 740 325. 93	380 924 850. 20
其他负债	2 489 968 760. 38	3 047 667 626. 61	406 018 440. 95	134 980 237. 94
负债合计	5 232 427 649. 92	5 127 735 999. 53	3 048 905 177. 02	2 183 081 107. 18
所有者权益				
实收资本	2 000 000 000. 00	2 000 000 000. 00	2 000 000 000. 00	2 000 000 000. 00
资本公积	15 563 200. 00	15 563 200. 00	15 563 200. 00	15 563 200. 00
其他综合收益	23 195 458. 18	42 818 004. 01	13 291 433. 51	41 917 618. 55
盈余公积	408 182 959. 23	313 919 244. 24	408 182 959. 23	313 919 244. 24
风险准备金	682 584 608. 92	325 767 563. 28	569 270 423. 24	235 930 719. 72
未分配利润	1 462 826 697. 72	1 290 190 292. 10	1 412 223 243. 09	1 277 702 101. 55
归属于母公司所有者权益合计	4 592 352 924. 05	3 988 258 303. 63	4 418 531 259. 07	3 885 032 884. 06
少数股东权益	91 313 561. 35	67 781 479. 55	—	—
所有者权益合计	4 683 666 485. 40	4 056 039 783. 18	4 418 531 259. 07	3 885 032 884. 06
负债和所有者权益总计	9 916 094 135. 32	9 183 775 782. 71	7 467 436 436. 09	6 068 113 991. 24

法定代表人:郭敬辉　　主管会计工作负责人:解义才　　会计机构负责人:李正斌

5.1.3 利润和利润分配表

公司及合并利润表

编制单位:中铁信托有限责任公司　　2014 年 12 月 31 日　　单位:元

项　目	合并		公司	
	本年累计数	上年累计数	本年累计数	上年累计数
营业收入	1 842 482 404.51	1 753 856 338.73	1 479 393 202.83	1 578 840 617.89
利息净收入	190 538 833.93	327 056 041.19	179 315 082.92	318 439 109.05
利息收入	190 812 044.38	327 277 362.10	179 588 293.37	318 660 429.96
利息支出	273 210.45	221 320.91	273 210.45	221 320.91
手续费及佣金净收入	1 627 453 106.27	1 315 479 359.76	1 273 589 772.79	1 158 065 340.62
手续费及佣金收入	1 627 453 106.27	1 315 479 359.76	1 273 589 772.79	1 158 065 340.62
手续费及佣金支出	—	—	—	—
投资收益	18 507 634.36	79 198 062.46	22 351 341.38	70 313 514.34
公允价值变动损益	1 683 351.88	28 582 644.38	1 683 351.88	28 582 644.38
其他业务收入	4 299 478.07	3 540 230.94	2 453 653.86	3 440 009.50
营业支出	491 717 828.27	336 773 588.73	241 031 104.51	220 954 336.70
营业税金及附加	97 987 781.90	93 924 322.50	78 171 548.75	85 103 524.99
业务及管理费	391 966 092.81	241 085 312.67	161 095 602.20	134 086 858.15
其他业务成本	1 763 953.56	1 763 953.56	1 763 953.56	1 763 953.56
营业利润	1 350 764 576.24	1 417 082 750.00	1 238 362 098.32	1 357 886 281.19
加:营业外收入	17 443 492.26	42 799 084.44	14 943 492.26	42 798 816.03
减:营业外支出	366 481.67	2 519 055.83	—	200 000.00
利润总额	1 367 841 586.83	1 457 362 778.61	1 253 305 590.58	1 400 485 097.22
减:所得税费用	340 943 462.02	365 205 698.18	310 668 440.71	349 664 772.87
净利润	1 026 898 124.81	1 092 157 080.43	942 637 149.87	1 050 820 324.35
归属于母公司所有者的净利润	1 004 229 756.07	1 081 299 766.41	942 637 149.87	1 050 820 324.35
少数股东损益	22 668 368.74	10 857 314.02	—	—
其他综合收益	(16 621 332.77)	31 628 840.41	(28 626 185.04)	34 847 720.41
归属于母公司所有者的其他综合收益	(19 622 545.83)	32 433 560.41	(28 626 185.04	34 847 720.41
以后将重分类进损益的其他综合收益	(19 622 245.83)	32 433 560.41	(28 626 185.04	34 847 720.41
可供出售金融资产公允价值变动损益	(19 622 245.83)	32 433 560.41	(28 626 185.04)	34 847 720.41
归属于少数股东的其他综合收益	3 001 213.06	(804 720.00)	—	—
综合收益总额	1 010 276 792.04	1 123 785 920.84	914 010 964.83	1 085 668 044.76
归属于母公司所有者的综合收益总额	984 607 210.24	1 113 733 326.82	914 010 964.83	1 085 668 044.76
归属于少数股东的综合收益总额	25 669 581.80	10 052 594.02	—	—

法定代表人:郭敬辉　　主管会计工作负责人:解义才　　会计机构负责人:李正斌

5.1.4 公司及合并现金流量表

公司及合并现金流量表

编制单位:中铁信托有限责任公司　　2014 年 12 月 31 日　　单位:元

项　目	合并		公司	
	本年累计数	上年累计数	本年累计数	上年累计数
经营活动产生的现金流量				
收到信托业务咨询费和手续费取得的现金	1 979 131 313.79	2 127 736 693.45	1 940 343 496.07	2 121 222 686.16
收到基金管理费取得的现金	256 886 108.12	130 548 621.23	—	—
收到贷款利息和可供出售金融资产利息取得的现金	204 022 081.37	187 400 653.31	204 022 081.37	187 400 653.31
收到金融企业往来利息取得的现金	96 976 418.04	46 029 735.66	91 923 634.40	41 782 137.97
客户贷款及垫款净减少额	1 000 000 000.00	—	37 000 000.00	30 041 161.98
收到其他与经营活动有关的现金	1 651 246 114.52	2 950 433 274.08	360 547 606.22	46 766 505.25
经营活动现金流入小计	5 188 262 035.84	5 442 148 977.73	2 633 836 818.06	2 427 213 144.67
支付的各项与营销活动有关的现金	16 306 038.87	10 708 971.96	—	—
支付利息、手续费及佣金的现金	273 210.45	221 320.91	273 210.45	221 320.91

续表

项　　目	合并		公司	
	本年累计数	上年累计数	本年累计数	上年累计数
支付给职工以及为职工支付的现金	260 151 764. 01	123 630 667. 13	168 175 709. 82	66 054 445. 62
支付的各项税费	474 575 489. 92	381 536 150. 97	423 982 592. 63	368 498 186. 29
客户贷款及垫款净增加额	—	1 739 158 838. 02	—	—
支付其他与经营活动有关的现金	64 535 965. 55	300 142 424. 08	11 367 673. 88	103 041 004. 93
经营活动现金流出小计	815 842 468. 80	2 555 398 373. 07	603 799 186. 78	537 814 957. 75
经营活动产生的现金流量净额	4 372 419 567. 04	2 886 750 604. 66	2 030 037 631. 28	1 889 398 186. 92
投资活动产生的现金流量收回投资收到的现金	1 301 670 211. 15	2 393 658 613. 24	2 975 496 837. 58	2 380 860 670. 67
取得投资收益收到的现金	18 507 634. 36	95 792 768. 72	22 351 341. 38	70 313 514. 34
处置固定资产、无形资产和其他长期资产收回的现金净额	344 875. 91	—	55 066. 70	—
投资活动现金流入小计	1 320 522 721. 42	2 489 451 381. 96	2 997 903 245. 66	2 451 174 185. 01
投资支付的现金	4 355 099 100. 59	5 525 185 793. 86	4 210 396 738. 09	4 554 350 590. 67
购建固定资产、无形资产和其他长期资产支付的现金	7 165 366. 88	6 479 965. 76	5 202 696. 88	2 800 898. 90
投资活动现金流出小计	4 362 264 467. 47	5 531 665 759. 62	4 215 599 434. 97	4 557 151 489. 57
投资活动产生的现金流量净额	(3 041 741 746. 05)	(3 042 214 377. 66)	(1 217 696 189. 31)	(2 105 977 304. 56)
筹资活动产生的现金流量吸收投资所收到现金	—	—	—	—
筹资活动现金流入小计	—	—	—	—
分配股利、利润或偿付利息支付的现金	382 650 089. 82	9 568 368. 40	380 512 589. 82	8 870 868. 40
其中：子公司支付给少数股东的股利、利润	2 137 500. 00	697 500. 00	—	—
筹资活动现金流出小计	382 650 089. 82	9 568 368. 40	380 512 589. 82	8 870 868. 40
筹资活动产生的现金流量净额	(382 650 089. 82)	(9 568 368. 40)	(380 512 589. 82)	(8 870 868. 40)
汇率变动对现金及现金等价物的影响	—	—	—	—
现金及现金等价物净增加(减少)额	948 027 731. 17	(165 032 141. 40)	431 828 852. 15	(225 449 986. 04)
加：年初现金及现金等价物余额	748 960 682. 79	913 992 824. 19	631 138 285. 80	856 588 271. 84
年末现金及现金等价物余额	1 696 988 413. 96	748 960 682. 79	1 062 967 137. 95	631 138 285. 80

5. 1. 5　所有者权益变动表

公司及合并所有者权益变动表

编制单位：中铁信托有限责任公司　　2014 年 12 月 31 日　　单位：元

项　目	2014 年度								
	归属于母公司所有者权益							少数股东权益	所有者权益合计
	实收资本	资本公积	其他综合收益	盈余公积	信托赔偿准备金	风险准备金	未分配利润		
一、本年初发余额	2 000 000 000. 00	58 381 204. 01	—	313 919 244. 24	156 819 281. 84	168 948 281. 44	1 290 190 292. 10	67 781 479. 55	4 056 039 783. 18
加：会计政策变更	—	(42 818 004. 01)	42 818 004. 01	—	—	—	—	—	—
二、本年初余额(已重述)	2 000 000 000. 00	15 563 200. 00	42 818 004. 01	313 919 244. 24	156 819 281. 84	168 948 281. 44	1 290 190 292. 10	67 781 479. 55	4 056 039 783. 18
三、本年增减变动金额									
(一)净利润	—	—	—	—	—	—	1 004 229 756. 07	22 668 368. 74	1 026 898 124. 81
(二)其他综合收益	—	—	(19 622 545. 83)	—	—	—	—	3 001 213. 06	(16 621 332. 77)
(一)和(二)小计	—	—	(19 622 545. 83)	—	—	—	1 004 229 756. 07	25 669 581. 80	1 010 276 792. 04
(三)利润分配									
1. 提取法定盈余公积	—	—	—	94 263 714. 99	—	—	(94 263 714. 99)	—	—
2. 提取风险准备金	—	—	—	—	144 263 714. 99	212 553 330. 65	(356 817 045. 64)	—	—
3. 对股东分配	—	—	—	—	—	—	(380 512 589. 82)	(2 137 500. 00)	(382 650 089. 82)
四、本年末余额	2 000 000 000. 00	15 563 200. 00	23 195 458. 18	408 182 959. 23	301 082 996. 83	381 501 612. 09	1 462 826 697. 72	91 313 561. 35	4 683 666 485. 40

续表

项　目	2013 年度								
	归属于母公司所有者权益							少数股东权益	所有者权益合计
	实收资本	资本公积	其他综合收益	盈余公积	信托赔偿准备金	风险准备金	未分配利润		
一、本年初余额	2 000 000 000.00	25 947 643.60	—	208 837 211.80	104 278 265.62	119 655 559.57	415 806 296.22	58 426 385.53	2 932 951 362.34
加:会计政策变更	—	(10 384 443.60)	10 384 443.60	—	—	—	—	—	—
二、本年初余额(已重述)	2 000 000 000.00	15 563 200.00	10 384 443.60	208 837 211.80	104 278 265.62	119 655 559.57	415 806 296.22	58 426 385.53	2 932 951 362.34
三、本年增减变动金额									
(一)净利润	—	—	—	—	—	—	1 081 299 766.41	10 857 314.02	1 092 157 080.43
(二)其他综合收益	—	—	32 433 560.41	—	—	—	—	(804 720.00)	31 628 840.41
(一)和(二)小计	—	—	32 433 560.41	—	—	—	1 081 299 766.41	10 052 594.02	1 123 785 920.84
(三)利润分配									
1. 提取法定盈余公积	—	—		105 082 032.44	—	—	(105 082 032.44)	—	—
2. 提取风险准备金	—	—	—		52 541 016.22	49 292 721.87	(101 833 738.09)	—	—
3. 对股东分配	—	—	—	—	—	—		(697 500.00)	(697 500.00)
四、本年末余额	2 000 000 000.00	15 563 200.00	42 818 004.01	313 919 244.24	156 819 281.84	168 948 281.44	1 290 190 292.10	67 781 479.55	4 056 039 783.18

公司及合并所有者权益变动表(公司)

2014 年 12 月 31 日

单位:元

项　目	2014 年度							
	实收资本	资本公积	其他综合收益	盈余公积	信托赔偿准备金	风险准备金	未分配利润	所有者权益合计
一、本年初余额	2 000 000 000.00	57 480 818.55	—	313 919 244.24	156 819 281.84	79 111 437.88	1 277 702 101.55	3 885 032 884.06
加:会计政策变更	—	(41 917 618.55)	41 917 618.55	—	—	—	—	—
二、本年初余额(已重述)	2 000 000 000.00	15 563 200.00	41 917 618.55	313 919 244.24	156 819 281.84	79 111 437.88	1 277 702 101.55	3 885 032 884.06
三、本年增减变动金额								
(一)净利润	—	—	—	—	—	—	942 637 149.87	942 637 149.87
(二)其他综合收益	—	—	(28 626 185.04)	—	—	—		(28 626 185.04)
(一)和(二)小计	—	—	(28 626 185.04)	—	—	—	942 637 149.87	914 010 964.83
(三)利润分配								
1. 提取法定盈余公积	—	—	—	94 263 714.99	—	—	(94 263 714.99)	—
2. 提取风险准备金	—	—	—	—	144 263 714.99	189 075 988.53	(333 339 703.52)	—
3. 对股东分配	—	—	—	—	—	—	(380 512 589.82)	(380 512 589.82)
四、本年末余额	2 000 000 000.00	15 563 200.00	13 291 433.51	408 182 959.23	301 082 996.83	268 187 426.41	1 412 223 243.09	4 418 531 259.07

项　目	2013 年度							
	实收资本	资本公积	其他综合收益	盈余公积	信托赔偿准备金	风险准备金	未分配利润	所有者权益合计
一、本年初余额	2 000 000 000.00	22 633 098.14	—	208 837 211.80	104 278 265.62	43 280 326.67	420 335 937.07	2 799 364 839.30
加:会计政策变更	—	(7 069 898.14)	7 069 898.14	—	—	—	—	—
二、本年初余额(已重述)	2 000 000 000.00	15 563 200.00	7 069 898.14	208 837 211.80	104 278 265.62	43 280 326.67	420 335 937.07	2 799 364 839.30
三、本年增减变动金额								
(一)净利润	—	—	—	—	—	—	1 050 820 324.35	1 050 820 324.35
(二)其他综合收益	—	—	34 847 720.41	—	—	—	—	34 847 720.41
(一)和(二)小计	—	—	34 847 720.41	—	—	—	1 050 820 324.35	1 085 668 044.76
(三)利润分配								
1. 提取法定盈余公积	—	—		105 082 032.44	—	—	(105 082 032.44)	—
2. 提取风险准备金	—	—	—		52 541 016.22	35 831 111.21	(88 372 127.43)	—
四、本年还想余额	2 000 000 000.00	15 563 200.00	41 917 618.55	313 919 244.24	156 819 281.84	79 111 437.88	1 277 702 101.55	3 885 032 884.06

5.2 信托资产

5.2.1 信托项目资产负债汇总表

信托项目资产负债汇总表

编制单位:中铁信托有限责任公司　　2014 年 12 月 31 日　　单位:万元

信托资产	期初数	期末数	信托负债和信托权益	期初数	期末数
信托资产			信托负债		
货币资金	634 140	657 164	应付受托人报酬	24	15
拆出资金			应付保管费	40	4
交易性金融资产	1 616	4 137	应付受益人收益		
买入返售金融资产	1 780		其他应付款项	98 066	19 508
应收款项	4 348 750	3 907 466	应交税费		
发放贷款	6 579 436	9 550 900	应付销售服务费		
可供出售金融资产	230 742	96 422	其他负债		
持有至到期投资	2 164 645	5 344 886	信托负债合计	98 130	19 527
长期应收款					
长期股权投资	1 031 980	1 469 848	信托权益		
固定资产			实收信托	14 682 966	20 485 265
无形资产			资本公积	-169	-151
长期待摊费用			未分配利润	272 162	586 182
其他资产	60 000	60 000	信托权益合计	14 954 959	21 071 296
信托资产总计	15 053 089	21 090 823	信托负债及信托权益总计	15 053 089	21 090 823

法人代表:郭敬辉　　信托财务分部负责人:邓文英　　制表:郭　磊

5.2.2 信托项目利润及利润分配汇总表

信托项目利润及利润分配表

2014 年 12 月 31 日

编制单位:中铁信托有限责任公司　　单位:万元

项　　目	本期数	上期数
一、营业收入	1 851 739	1 345 521
利息收入	755 869	607 247
投资收益	409 279	279 513
公允价值变动收益	424	972
租赁收入	5803	28 037
其他收入	680 364	429 752
二、营业支出	174 866	178 687
三、扣除资产减值准备前的信托利润	1 676 873	173 631
减:资产减值损失		
四、扣除资产减值准备后的信托利润	1 676 873	1 166 834
五、损益平准金	-1 653	-791
六、综合收益	1 675 220	1 166 043
加:期初未分配利润	272 162	177 613
七、可供分配的信托利润	1 947 382	1 343 656
减:本期已分配信托利润	1 361 200	1 071 494
八、期末未分配信托利润	586 182	272 162

法人代表:郭敬辉　　信托财务分部负责人:邓文英　　制表:郭　磊

6. 会计报表附注

6.1 简要说明报告年度会计报表编制基准、会计政策、会计估计和核算方法发生的变化

本公司于 2014 年 7 月 1 日开始采用财政部于 2014 年颁布的《企业会计准则第 39 号——公允价值计量》、《企业会计准则第 40 号——合营安排》、《企业会计准则第 41 号——在其他主体中权益的披露》和经修订的《企业会计准则第 2 号——长期股权投资》、《企业会计准则第 9 号——职工薪酬》、《企业会计准则第 30 号——财务报表列报》、《企业会计准则第 33 号——合并财务报表》,同时在 2014 年度财务报表中开始采用财政部于 2014 年修订的《企业会计准则第 37 号——金融工具列报》。

6.2 或有事项说明

截至 2014 年 12 月 31 日,本公司不存在作为被告或者无独立请求权第三方的未决诉讼。对于本公司作为原告方的未决诉讼,本公司已根据实际情况对相关贷款计提贷款损失准备,未决诉讼不会对公司产生进一步的重大财务影响。

截至 2014 年 12 月 31 日,本公司并无其他重大的担保事项及其他需要说明的或有事项。

6.3 重要资产转让及其出售的说明

无。

6.4 会计报表中重要项目的明细资料

6.4.1 自营资产经营情况

6.4.1.1 按信用风险五级分类结果披露信用风险资产的期初数、期末数

信用风险资产五级分类	正常类（万元）	关注类（万元）	次级类（万元）	可疑类（万元）	损失类（万元）	信用风险资产合计（万元）	不良资产合计（万元）	不良资产率（%）
期初数	380 834	4 056	—	3 621	3 535	392 046	7 156	1.83
期末数	120 819	6 376	—	—	—	127 195	—	—

注:不良资产合计 = 次级类 + 可疑类 + 损失类。

6.4.1.2　各项资产减值损失准备的期初数、本期计提、本期转回、本期核销、期末数

单位：万元

	期初数	本期计提	本期转回	本期核销/处置	期末数
贷款损失准备	1 058	—	—	178	880
一般准备	—	—	—	—	—
专项准备	—	—	—	—	—
其他资产减值准备	8 650	—	414	106	8 130
可供出售金融资产减值准备	243	—	243	—	—
持有至到期投资减值准备	—	—	—	—	—
长期股权投资减值准备	—	—	—	—	—
坏账准备	5 661	—	—	106	5 555
投资性房地产减值准备	—	—	—	—	—

6.4.1.3　自营股票投资、基金投资、债券投资、股权投资等投资业务的期初数、期末数

单位：万元

	自营股票	基金	债券	长期股权投资
期初数	1 112	—	—	20 004
期末数	9 269	—	—	63 104

6.4.1.4　按投资入股金额排序，前三名的自营长期股权投资的企业名称、占被投资企业权益的比例、主要经营活动及投资收益情况等（从大到小顺序排列）

单位：万元

企业名称	占被投资企业权益的比例（%）	主要经营活动	投资收益（万元）
1. 中国信托业保障基金有限责任公司	4.35	其他金融业	—
2. 宝盈基金管理有限公司	75	基金管理	641
3. 富滇银行股份有限公司	1.05	银行金融业	—

6.4.1.5　前三名的自营贷款的企业名称、占贷款总额的比例和还款情况等（从大到小顺序排列）

企业名称	占贷款总额的比例（%）	还款情况
四川通达铁路工程有限公司	100	正常

6.4.1.6　表外业务的期初数、期末数，按照代理业务、担保业务和其他类型表外业务分别披露

单位：万元

表外业务	期初数	期末数
担保业务	—	—
代理业务（委托业务）	3 954	3 934
其他	50	
合计	4 004	3 934

6.4.1.7　公司当年的收入结构

收入结构	金额（万元）	占比（%）
手续费及佣金收入	127 359	85.31
利息收入	17 959	12.03
其他业务收入	245	0.16
投资收益	2 235	1.50
其中：股权投资收益	737	0.49
营业外收入	1 494	1.00
收入合计	149 292	100.00

6.4.2　信托资产管理情况

6.4.2.1　信托资产的期初数、期末数

单位：万元

信托资产	期初数	期末数
集合	6 433 326	7 191 009
单一	7 962 786	10 774 017
财产权	656 977	3 125 797
合计	15 053 089	21 090 823

6.4.2.1.1　主动管理型信托业务期初数、期末数，分证券投资、股权投资、融资、事务管理类分别披露

单位：万元

主动管理型信托资产	期初数	期末数
证券投资类	8 124	9 222
股权投资类	787 900	770 460
其他投资类	1 315 465	196 902
融资类	8 569 442	4 634 542
事务管理类	3 044 833	—
合计	13 725 764	5 611 126

6.4.2.1.2　被动管理型信托业务期初数、期末数。分证券投资、股权投资、融资、事务管理类分别披露

单位：万元

被动管理型信托资产	期初数	期末数
证券投资类	0	0
股权投资类	183 848	0
其他投资类	43 500	0
融资类	333 000	0
事务管理类	766 977	15 479 697
合计	1 327 325	15 479 697

6.4.2.2　本年度已清算结束的信托项目个数、实收信托合计金额、加权平均实际年化收益率

6.4.2.2.1　本年度已清算结束的集合类、单一类资金信托项目和财产管理类信托项目个数、实收信托金额、加权平均实际年化收益率

已清算结束信托项目	项目个数（个）	合计金额（万元）	加权平均实际年化收益率（%）
集合类	338	2 474 088	8.42
单一类	106	3 072 666	6.64
财产管理类	2	55 000	5.93

6.4.2.2.2　本年度已清算结束的主动管理型信托项目个数、实收信托合计金额、加权平均实际年化收益率，分证券投资、股权投资、融资、事务管理类分别披露

已清算结束信托项目	项目个数（个）	合计金额（万元）	信托报酬率（%）	加权平均实际年化收益率（%）
证券投资类	—	—	—	—
股权投资类	1	20 000	0.78	8.28
其他投资类	3	125 625	0.52	5.56
融资类	129	1 907 818	1.83	9.09
事务管理类	—	—	—	—

6.4.2.2.3　本年度已清算结束的被动管理型信托项目个数、实收信托合计金额、加权平均实际年化收益率。分证券投资、股权投资、融资、事务管理类分别披露

已清算结束信托项目	项目个数（个）	合计金额（万元）	信托报酬率（%）	加权平均实际年化收益率（%）
证券投资类	—	—	—	—
股权投资类	—	—	—	—
其他投资类	—	—	—	—
融资类	—	—	—	—
事务管理类	313	3 548 310	0.26	6.53

6.4.2.3　本年度新增的集合类、单一类和财产管理类信托项目个数、实收信托合计金额

新增信托项目	项目个数（个）	合计金额（万元）
集合类	629	4 349 182
单一类	139	6 963 196
财产管理类	30	2 600 301
新增合计	798	13 912 679
其中：主动管理型	118	3 168 462
被动管理型	680	10 744 217

6.4.2.4　本公司履行受托人义务情况及因本公司自身责任而导致的信托资产损失情况（合计金额、原因等）

本公司遵守信托法和信托文件对受托人义务的规定，为受益人的最大利益处理信托事务。管理信托财产时，恪尽职守，履行诚实、信用、谨慎、有效管理的义务，没有因本公司自身责任而导致的信托资产损失情况。

6.5　关联方关系及其交易的披露

6.5.1　关联交易方的数量、关联交易的总金额及关联交易的定价政策

	关联交易方数量	关联交易金额（万元）	定价政策
合计	2	359 180	按市场公允价格定价

6.5.2　关联交易方与本公司的关系性质，关联交易方的名称、法定代表人、注册地址、注册资本及主营业务等

关系性质	关联方名称	法定代表人	注册地址	注册资本（万元）	主营业务
控股股东的子公司	中铁建工集团有限公司	段永传	北京市丰台区南四环西路128号	238 500.28	勘测设计、房地产开发、大型房屋建设、设备安装、装修装饰、市政交通、工程监理、大型钢结构制作安装。
控股股东的子公司	中铁置业集团有限公司	王子光	北京市丰台区科学城海鹰路9号院2号楼	343 901.11	房地产开发与经营、策划、咨询，建筑工程施工，市政工程，装饰装修，建筑材料销售，机械设备租赁，投资管理，物业管理及相关服务。

6.5.3　本公司与关联方的重大交易事项

6.5.3.1　固有财产与关联方交易情况：贷款、投资、租赁、应收账款、担保、其他方式等期初汇总数、本期借方和贷方发生额汇总数、期末汇总数

固有与关联方关联交易

单位：万元

	期初数	借方发生额	贷方发生额	期末数
贷款	0	0	0	0
投资	0	0	0	0
租赁	0	0	0	0
担保	0	0	0	0
应收款项	0	0	0	0
其他	0	0	0	0
合计	0	0	0	0

6.5.3.2　信托资产与关联方交易情况：贷款、投资、租赁、应收账款、担保、其他方式等期初汇总数、本期借方和贷方发生额汇总数本期发生额汇总数、期末汇总数

信托与关联方关联交易

单位：万元

	期初数	借方发生额	贷方发生额	期末数
贷款	99 299	30 002	20 000	109 301
投资	0	0	0	0
租赁	0	0	0	0
担保	0	0	0	0
应收款项	0	0	0	0
其他	108 574	165 305	24 000	249 879
合计	207 873	195 307	44 000	359 180

6.5.3.3　信托公司自有资金运用于自己管理的信托项目（固信交易）、信托公司管理的信托项目之间的相互交易（信信交易）金额，包括余额和本报告年度的发生额

6.5.3.3.1　固有财产与信托财产之间的交易金额期初汇总数、本期发生额汇总数、期末汇总数

单位：万元

固有财产与信托财产相互交易			
	期初数	本期发生额	期末数
合计	0	0	0

6.5.3.3.2　信托项目之间的交易金额期初汇总数、本期发生额汇总数、期末汇总数

单位：万元

信托资产与信托财产相互交易			
	期初数	本期发生额	期末数
合计	0	0	0

6.5.4　关联方逾期未偿还本公司资金的详细情况以及本公司为关联方担保发生或即将发生垫款的详细情况

报告期内，本公司无上述情况。

6.6　会计制度的披露

固有业务、信托业务均执行财政部于2006年2月15日颁布的企业会计准则。

7. 财务情况说明书

7.1　利润实现和分配情况

根据有关规定提足相关准备后，母公司报告期内实现利润总额125 330万元，税后净利润94 264万元，按规定计提法定盈余公积9 426万元，一般风险准备金23 908万元，信托赔偿准备金9 426万元，利润分配38 051万元。2013年末未分配利润127 770万元，2014年末未分配利润141 222万元。

合并后资产总额991 609万元，负债总额523 243万元，所有者权益468 366万元（其中，少数股东权益9 131万元）。所有者权益中实收资本200 000万元，资本公积1 556万元，其他综合收益2 320万元，盈余公积40 818万元，风险准备金68 258万元，未分配利润146 283万元。2014年12月31日，合并未分配利润余额中包括子公司已提取的盈余公积，为人民币2 857万元（2013年12月31日为人民币2 181万元）。

合并后净利润为102 690万元，合并后归属母公司所有者的净利润为100 423万元。

7.2　主要财务指标

指标名称	指标值
资本利润率（%）	50.21
加权年化信托报酬率（%）	0.80
人均净利润（万元）	439

7.3　对本公司财务状况、经营成果有重大影响的其他事项

无。

8. 特别事项揭示

8.1　前五名股东报告期内变动情况及原因

8.1.1　前五名股东变更

无。

8.1.2　控股股东变更

无。

8.2　董事、监事、高级管理人员变动情况及原因

8.2.1　董事变更

董事会成员离任1人，新任1人：杨良因工作原因在公司第四届董事会第九次会议上辞去董事职务；公司股东会2014年第一次会议选举何文为公司第四届董事会董事，其任职资格于6月30日获得四川银监局核准（川银监复[2014]199号）。

8.2.2　监事变更

监事会成员离任1人，新任1人：何文因工作原因在公司股东会2014年第一次会议上辞去监事职务；公司股东会2014年第一次会议选举马永红为公司第四届监事会监事，第四届监事会第三次会议选举马永红为监事长。

8.2.3　高级管理人员变更

经营层成员离任2人，新任1人。因年龄原因，公司第四届董事会第九次会议解聘董赛、孙毅副总经理职务；第四届董事会第九次会议聘任舒军华为公司副总经理，其任职资格于6月20日获得四川银监局核准（川银监复[2014]175号）。

8.3　公司的重大未决诉讼事项

无。

8.4　公司及其董事、监事和高级管理人员受到处罚的情况

无。

8.5　银监会及其派出机构对公司检查后提出整改意见的整改情况说明

2014年5月21日至6月20日，四川银监局对公司实施了现场检查，并根据检查情况下发了《现场检查意见书》（川银监检[2014]31号），提出了如下整改意见：进一步强化尽职调查；完善项目评审流程，规范评审行为，提升项目审查质量和风险管理水平；强化项目管理，做好风险排查和预警处置；提升内控制度执行的有效性；严格执行监管要求；实施问责整改。

报告期内，针对上述监管意见，公司高度重视，董事会、经营层及各部门都组织了学习和讨论，对存在的问题进行了及时纠正，并制定了整改措施。

（1）进一步强化尽职调查力度。公司加强对交易对手的经营能力、财务状况、信用状况、还款来源、担保措施、主要风险点等方面的深入调查和分析，审慎评估抵押物价值和保证人担保能力，慎重选择交易对手，从业务源头上防范风险。

（2）进一步完善项目评审流程，规范评审行为，提升项目审查质量和风险管理水平。公司评审委员在审查每个项目时明确发表意见，有效行使同意权或否决权，并对本人签署的意见负责。公司建立了项目评审尽职问责制度，明确评审委员以充分揭示风险为核心的岗位职责，并对违反法规或不尽职造成的项目风险和损失进行逐笔问责，确保其对信托资金具体用途和还款来源进行审慎评估。

（3）强化项目管理，做好风险排查和预警处置。公司加大项目管理力度，严格监控信托资金用途，将贷后管理落到实处，确保贷后管理报告不流于形式。公司由审计部牵头，逐月对六

个月内到期项目的兑付风险进行排查，逐项目落实到期兑付资金来源，将风险排查落到实处，严防项目兑付风险。对存在风险隐患的信托项目，公司及时制定风险处置预案，严密论证预案的可行性，确保稳妥化解风险。同时，公司将风险项目及其处置预案及时向银监局按月报告。

（4）提升内控制度执行的有效性。一是公司严格按照内部控制制度和流程开展业务，切实履行受托管理职责；严格按照相关法律规定办理信托财产的登记确认，对于检查发现的信托财产未进行登记和确认等问题，及时采取信托财产登记和进行信托财产专项审计等补救措施，有效控制法律风险；严格依照信托合同约定期限确定客户资金投向，完整收集融资方信息资料，针对项目运行存在的问题及时报告和提出处理意见；严格按照规定频率和质量要求出具管理报告、清算报告和其他公告。二是公司进一步加强文书档案管理等基础工作，对档案资料不完整、合同要素不齐等问题，及时进行补充和完善。

（5）严格执行监管要求。公司加大对监管相关规定和要求的执行力度，对结构化信托产品严格按照《中国银监会关于加强信托公司结构化信托业务监管有关问题的通知》按季度向监管部门报告；对以股权投资方式进行主动管理并主要依赖关联方企业提供流动性支持、安排信托资金退出的集合项目，进一步完善有关制度指引，明确主动管理具体标准以及流动性支持关联方准入资质等风控细则要求，并密切关注关联增信企业的净现金流量变化情况，合理把握关联增信业务规模。

（6）实施问责整改。公司按照《关于进一步明确信托公司风险监管责任的通知》等相关问责管理办法和规章制度，及时跟进责任认定，对检查发现的问题，厘清责任并相应问责。对《现场检查意见书》发现的问题，按照《中铁信托有限责任公司员工轻微违规行为记分实施细则》的要求，纳入对责任部门、个人的年度绩效工资考核。

8.6 本年度重大事项临时报告的简要内容、披露时间、所披露的媒体及其版面

公司于 2014 年 4 月 28 日在《证券时报》B5 版进行了 2013 年度报告摘要的公开信息披露，2014 年 7 月 5 日在《证券时报》B18 版进行了董事长、法定代表人变更的公开信息披露。

8.7 本年度净资本管理情况

项目	期初余额	期末余额	监管标准
净资本（万元）	309 373.61	369 546.78	≥20 000
净资产（万元）	378 335.76	446 686.79	≥30 000
固有业务风险资本（万元）	100 934.74	76 021.03	
信托业务风险资本（万元）	147 200.10	115 726.55	
其他业务风险资本（万元）	—	—	
各项业务风险资本之和（万元）	248 134.84	191 747.58	
净资本/各项业务风险资本之和（%）	124.68	192.73	≥100
净资本/净资产（%）	81.77	82.73	≥40

8.8 银监会及其省级派出机构认定的其他有必要让客户及相关利益人了解的重要信息

无。

9. 公司监事会意见

公司监事会认为，本报告期内，董事会运作规范、决策合理、程序合法；公司董事、高管人员能够认真执行董事会、股东会决议，忠实履行诚信勤勉义务，未发现公司董事、高管人员在执行公司职务时有违反法律法规、公司章程或损害公司、股东、员工和信托受益人利益的行为；公司建立了较为完善的内部控制体系，并具有合法性、合理性和有效性；公司关联交易公平、公正，交易价格合理，未发现违规关联交易；公司财务报告真实地反映了公司财务状况和经营成果，聘请的会计师事务所出具的审计报告客观真实；公司严格执行信息披露相关规定，认真履行信息披露人的义务和责任，真实、准确、完整、及时披露公司应披露的信息。

中信信托有限责任公司

1. 重要提示

1.1 本公司董事会及董事保证本报告所载资料不存在任何虚假记载、误导性陈述或者重大遗漏，并对其内容的真实性、准确性和完整性承担个别及连带责任。本年度报告摘要摘自年度报告全文，客户及相关利益人欲了解详细内容，应阅读年度报告全文。

1.2 本公司独立董事林义相、徐经长、姜国华对年度报告内容的真实性、准确性、完整性无异议。

1.3 本公司董事长陈一松、总经理李子民、主管会计工作的副总经理王道远保证年度报告中财务报告的真实和完整。

2. 公司概况

2.1 公司简介

2.1.1 公司的法定名称

中文：中信信托有限责任公司（缩写：中信信托）

英文：Citic Trust Co.，Ltd.

2.1.2 公司法定代表人：陈一松

2.1.3 公司注册地址：北京市朝阳区新源南路6号京城大厦

邮政编码：100004

公司互联网网址：http://trust.ecitic.com

公司电子信箱：citict@citic.com

2.1.4 公司负责信息披露事务的高级管理人员：王道远

公司信息披露事务联系人：王珂

办公电话：8610－84862332

办公传真：8610－84861380

电子信箱：wangket@citic.com

2.1.5 公司选定的信息披露报纸：《上海证券报》

2.1.6 年报备置地点：北京市朝阳区新源南路6号京城大厦13层

2.1.7 公司聘请的会计师事务所：毕马威华振会计师事务所（特殊普通合伙）

地址：北京市东城区东长安街1号东方广场东2座办公楼8层

2.1.8 公司聘请的律师事务所：北京市嘉源律师事务所

地址：北京市西城区复兴门内大街158号远洋大厦F407室

2.2 公司组织结构

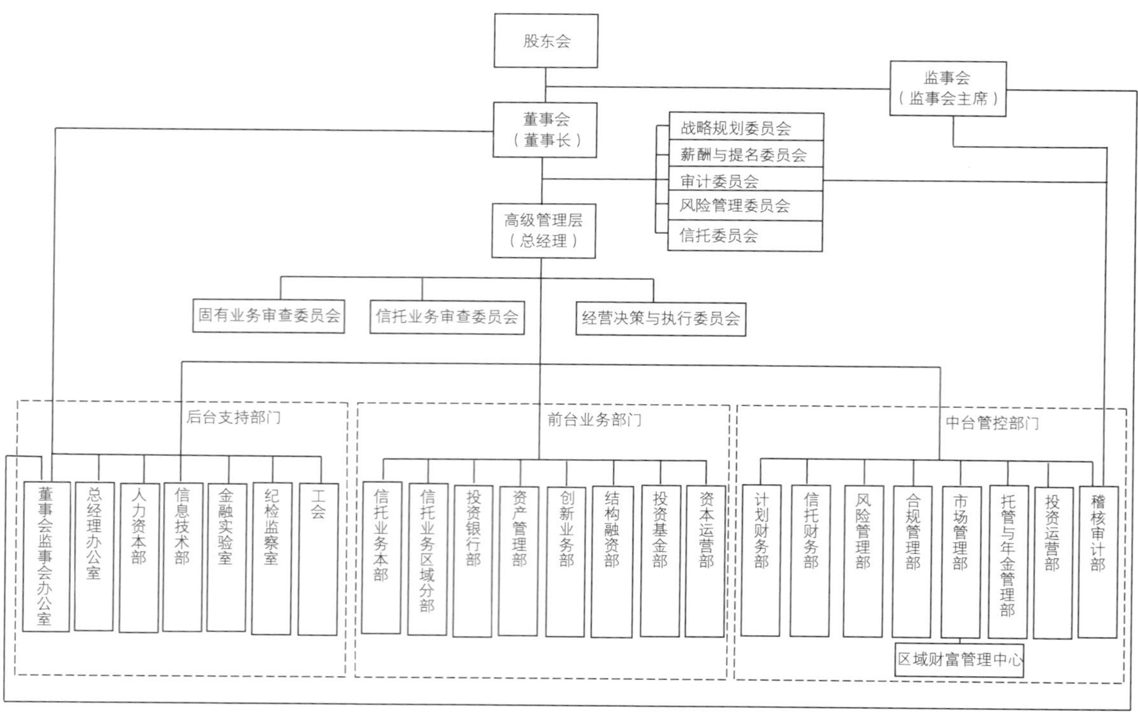

3. 公司治理结构

3.1 股东

股东名称	持股比例(%)	法定代表人	注册资本(亿元)	注册地址	主要经营业务及主要财务情况
中国中信有限公司	80	常振明	1 390.00	北京市朝阳区新源南路6号	金融、实业,2014年末净资产为3 772亿元。
中信兴业投资集团有限公司	20	王　炯	16.00	上海市虹口区四川北路859号55楼	实业投资、国内贸易,2014年末净资产为153亿元。

注:中信兴业投资集团有限公司是中国中信有限公司的全资子公司。中国中信集团有限公司为本公司最终实际控制人。

3.2 董事

董事长、董事

姓　名	职　务	性别	年龄	选任日期	所推举的股东名称	该股东持股比例(%)	简　要　履　历
陈一松	董事长	男	46	2014年7月	中国中信有限公司	80	湖南大学硕士研究生。
路京生	副董事长	男	57	2013年6月	中国中信有限公司	80	中央党校在职研究生。
李子民	董事	男	43	2014年8月	中国中信有限公司	80	清华大学硕士研究生。
张翔燕	董事	女	49	2012年5月	中国中信有限公司	80	清华大学硕士研究生、中国中信有限公司业务协同部主任。
赵小凡	董事	男	50	2012年5月	中国中信有限公司	80	北京大学博士研究生、信诚人寿保险有限公司总经理。
张　立	董事	女	42	2012年5月	中信兴业投资集团有限公司	20	中央财经大学硕士研究生、中信兴业投资集团有限公司副总经理。

独立董事

姓　名	职　务	性别	年龄	选任日期	所推举的股东名称	该股东持股比例(%)	简　要　履　历
林义相	独立董事	男	50	2012年5月	中国中信有限公司	80	法国巴黎第十大学应用宏观经济博士、天相投资顾问有限公司董事长兼总经理。
徐经长	独立董事	男	49	2012年5月	中国中信有限公司	80	中国人民大学经济学博士,中国人民大学商学院教授、博士生导师。
姜国华	独立董事	男	43	2012年5月	中国中信有限公司	80	美国加利福尼亚大学伯克利分校会计学博士,北京大学光华管理学院会计学教授、博士生导师。

3.3 监事

监事会成员

姓　名	职　务	性别	年龄	选任日期	所推举的股东名称	该股东持股比例(%)	简　要　履　历
吕君芳	监事会主席	女	43	2013年7月	中国中信有限公司	80	浙江大学文学硕士。
关颐	监事	男	46	2012年5月	中国中信有限公司	80	对外经济贸易大学毕业,中信集团风险管理部主任助理。
蔡成维	监事	男	45	2012年3月			中国政法大学法律硕士。

注:蔡成维系职工代表监事。

3.4 高级管理人员

高级管理人员

姓名	职务	性别	年龄	选任日期	学历	专业	简　要　履　历
李子民	总经理	男	43	2014年7月	硕士	工商管理	1994年7月进入本公司工作,先后担任部门总经理、业务总监、公司副总经理,现任公司董事、总经理。
包学勤	常务副总经理	男	45	2011年5月	硕士	工商管理	1991年7月参加工作,先后在招商银行证券、南方证券等公司就职;2006年8月入职本公司,历任部门总经理、业务总监、公司副总经理,现任公司常务副总经理。
王道远	副总经理	男	45	2011年5月	硕士	工商管理	1995年3月加入本公司,先后担任部门总经理、董事会秘书、公司总经理助理兼信托业务审查委员会主任,现任公司副总经理、董事会秘书。
李峰	副总经理	男	40	2011年5月	学士	生物生化	1995年7月参加工作,先后在本公司、中信兴业公司、中信集团公司等处就职,在本公司历任业务经理、高级业务经理、部门副总经理、部门总经理、业务总监等职,现任公司副总经理。

3.5 公司员工

报告期末，公司职工人数为544人。

项目		2014年度		2013年度	
		人数（人）	比例（%）	人数（人）	比例（%）
年龄分布	25岁以下	25	5	19	4
	25～29岁	176	32	163	33
	30～39岁	248	46	216	44
	40岁以上	95	17	80	16
性别分布	男	337	62	306	63
	女	207	38	182	37
学历分布	博士	16	3	14	3
	硕士	333	61	291	60
	本科	158	29	163	33
	专科	37	7	20	4
	其他	0	0	0	0
岗位分布	董事、监事及高管人员	15	3	17	3
	自营业务人员	23	4	25	5
	信托业务人员	399	73	311	64
	其他人员	107	20	135	28
合计		544	100	488	100

4. 经营管理

4.1 经营目标、方针、战略规划

4.1.1 经营目标

公司致力于成为信托法规范下综合金融解决方案的提供商和多种金融功能的集成者，以差异化竞争、持续性创新为标志，达成国内领先、综合优势明显、核心竞争力持续的智慧型信托公司。

4.1.2 经营方针

公司追求和谐、科学的价值文化，秉承“无边界服务、无障碍运行”的经营理念，把握市场规律，超前适变应变，持续学习创新，统筹价值实现。

4.1.3 战略规划

公司充分发挥“中信”的品牌影响力和中信金融的协同效应，以差异化的竞争策略，通过不断学习和创新，提升服务境界，建立可持续增长的盈利模式；提高风险管理水平，完善对业务风险的分析和定价体系，以使各类风险被准确识别、合理定价和安全控制；增加对人力资本的投入，以富含内涵价值的综合报酬和激励机制，实现对创新型、智慧型人才的培养、引进和保持；通过公众化进程，扩大资产和业务规模，优化业务布局，实现经营效益、股东回报和职工成果分享的稳健增长，推动业务覆盖和模式的新发展，探索建立有特色的、符合自身发展节奏和信托规律的国际化业务模式。

4.2 经营业务的主要内容

公司所经营业务主要是信托业务、固有业务以及通过资产管理子公司开展的资产管理业务。报告期内，公司业务保持平稳较快发展。截至2014年末，公司实际资产管理规模达到10 764亿元，其中信托资产规模为9 021亿元，通过资产管理子公司管理的资产规模为1 743亿元；公司固有资产总额208.8亿元。

4.2.1 信托业务

报告期末，公司信托资产运用与分布情况如下。

资产运用	金额（万元）	占比（%）	资产分布	金额（万元）	占比（%）
货币资产	16 353 271.27	18.13	基础产业	33 232 336.78	36.84
贷款	35 408 761.97	39.25	房地产	6 506 014.03	7.21
交易性金融资产投资	6 882 828.16	7.63	证券市场	7 037 401.50	7.80
可供出售金融资产投资	4 674 356.61	5.18	实业	10 137 070.27	11.24
持有至到期投资	1 917 291.76	2.13	金融机构	18 107 848.06	20.07
长期股权投资	7 718 166.67	8.56	其他	15 186 744.92	16.84
其他	17 252 739.12	19.12			
资产总计	90 207 415.56	100	资产总计	90 207 415.56	100

4.2.2 固有业务

报告期末，公司固有资产运用与分布情况如下。

资产运用	金额（万元）	占比（%）	资产分布	金额（万元）	占比（%）
货币资产	5.21	0.00	基础产业	—	—
贷款及应收款	402 175.16	19.33	房地产业	185 360.95	8.91
交易性金融资产	—	—	证券市场	43 674.49	2.10
可供出售金融资产	765 779.43	36.80	实业	13 802.00	0.66
持有至到期投资	—	—	金融机构	750 222.15	36.05
长期股权投资	88 506.96	4.25	其他	1 087 811.42	52.28
其他	824 404.24	39.62			
资产总计	2 080 871.00	100.00	资产总计	2 080 871.00	100.00

4.2.3 资产管理业务

公司通过中信聚信（北京）资本管理有限公司等资产管理子公司，采用有限合伙、股权投资基金等形式开展资产管理业务。报告期末，此类业务规模共1 743亿元，投向涵盖房地产、矿产资源、医养、艺术品等领域。

4.3 市场分析

4.3.1 有利因素

（1）国内宏观环境保持稳定，经济结构持续调整优化，经济发展内生动力不断增强。我国经济社会发展将实现稳中有进、稳中向好，这为信托业发展创造了有利环境。

（2）新一轮的社会经济结构调整，将会推动传统产业改造

提升，并释放出新的产业及市场，可能给公司带来新的业务机会。

(3)我国的资产管理市场在相当长的时间内将处于成长阶段，为信托业发展提供了雄厚的市场基础。

(4)信托业在资产管理领域的地位和作用不断增强，对中国经济社会发展的价值不断凸显，在中国金融体系中的地位和影响力不断提升。

(5)信托业监管战略与时俱进，风险防范与创新发展并举，积极引导信托公司增强主动管理能力和实现内涵式增长，推动信托业的持续健康发展。

4.3.2 不利因素

信托业面临经济增速换挡期、结构调整阵痛期、前期刺激政策消化期及利率市场化推进期、资产管理业务扩张期等“五期叠加”的复杂环境。经济增速下滑及产业调整使一些区域、行业面临着较大的不确定性风险，对信托行业提出了新的挑战。监管部门顺应政策环境和市场环境的变化，及时调整监管要求，短期内可能对信托公司业务开展产生一定影响。

4.4 内部控制

4.4.1 内部控制环境和内部控制文化

公司建立了由股东会、董事会、监事会、高级管理层组成的分工明确、权责对应、合理制衡的公司治理结构。董事会下设战略规划委员会、审计委员会、风险管理委员会、薪酬与提名委员会和信托委员会。公司不断完善选贤举能、优胜劣汰、约束监督、科学激励的治理机制。

公司重视环境文化、制度文化、组织文化和行为文化等内控文化建设，通过网络大学、讲座、交流研讨等多种形式，学习掌握内部控制的最新法规制度和政策；制定和修订公司系列制度，强化员工的职业操守；充实风险管理、合规管理和稽核审计等内部控制部门人员，提高内控人员综合素质。

4.4.2 内部控制措施

公司内部控制措施主要包括不相容职务分离控制、授权审批控制、业务流程控制、会计系统控制、财产保护控制、运营分析控制、信息系统控制、绩效考评控制，以及业务预警、应急机制等。公司不断修订和完善内部控制制度，监督检查和评价内控的科学性、规范性和可操作性。

4.4.3 监督评价与纠正

公司建立了多层次的内控评价、后评价和监督纠正体系。一是股东层面，监事会履行对董事会和公司经营管理情况的监督职能；二是董事会层面，董事会及其专门委员会对公司重大经营管理事项进行审议；三是公司管理层面，稽核审计部定期审计公司内部控制情况，提出存在的问题和整改意见，向管理层和董事会报告；四是纪检监察层面，公司纪检监察部门与人力资本部门一起实施监督评价程序，督促相关部门和人员限期改正。

4.5 风险管理

4.5.1 风险状况

业务风险是公司面临的核心风险，包括公司信托、固有业务中的信用(流动性)风险、市场风险、操作风险及其他风险。

4.5.1.1 信用(流动性)风险状况

公司信托业务的信用(流动性)风险压力主要表现在信托板块的融资类、准权益性直接投资类业务上。报告期内，在对信用(流动性)风险的积极应对下，公司成功完成了80个集合资金信托计划的清算退出，信托本金兑付额462亿元，实现了信托业务的预期目标，履行了受托人的尽职管理职责。

公司固有业务主要集中在固有资金贷款及应收款项类投资、担保业务和具有融资属性的金融产品投资等领域。在固有资金贷款和担保业务中，大部分项目提供土地、房产抵押或上市公司股票质押担保，除个别项目外，抵(质)押率均低于50%。在具有融资属性的金融产品投资业务中，大多数投资于其他公司管理的融资性金融产品，该部分业务具有较充分的风险保障措施，安全性较好，且各产品均处于正常运行状态。

4.5.1.2 市场风险状况

公司市场风险压力主要体现在信托项下的直接投资类、金融投资类业务以及固有项下的可供出售金融资产中的权益工具投资、长期股权投资、证券投资业务上。

4.5.1.3 操作风险状况

操作风险呈现动态变化特征。随着公司信托及固有业务规模的持续增长、各类创新业务的不断涌现，公司需要应对更多的操作风险。

4.5.1.4 其他风险状况

其他风险包括合规与法律风险、道德风险和声誉风险等。公司上述风险基本可控。

4.5.2 风险管理

4.5.2.1 信用风险管理

报告期内，公司大力加强地方政府及平台融资业务的风险管理。在地方政府债务管理机制改革相关政策出台后，公司立即组织研究政策影响，制定了多项管理措施，加大风险管理力度。公司进一步落实审查部门对重点项目的实地踏勘工作，减少非现场评审工作中信息不对称导致的决策误判。公司组织了两次全面风险排查，覆盖公司全部主动管理的信托、固有存量项目，并对其中的重点项目进行了现场检查。

4.5.2.2 市场风险管理

为管理金融投资的市场风险，公司注重对金融投资的策略研究；遵循“组合投资、分散风险”的投资原则，注重债券和基金等稳健性投资品种的开发；严格筛选合作伙伴，选择具有较强资产管理能力的私募基金公司；实时监控信托业务的投资比例和产品净值变动，严格执行有关止损措施。

为管理股权投资的市场风险，公司强化对国家宏观政策及金融形势的跟踪判断；控制行业集中度，通过业务创新不断拓展多元化的投资领域；加强对交易对手在其所处行业的市场竞争能力分析；充分考虑拟投资项目筛选、评估、运营、退出中的策略、渠道和措施；明确项目组织管理结构与投资管理责任。

4.5.2.3 操作风险管理

公司要求每项业务在全过程中都按照程序和流程操作；项目的评审工作、审批工作都做到依法合规进行，杜绝不正当交易等违法行为；各相关主体按照各自的职责在授权范围内独立运作，上级领导不能利用自身的权力干预风险评估工作；不断细化各流程管理要点和规范操作流程，提升业务操作的规范化和标准化水平。

4.5.2.4 其他风险管理

为强化合规与法律风险管理，公司贯彻执行“合规风险全覆盖”策略，通过事前调查、事中控制、事后检查实现对每笔业务在时间、空间上的全程管理；公司健全了风险资产处置委员会、风险资产处置协调中心、个案项目组等层级组织机构，为风险资产处置构建坚实的组织基础。

为加强道德风险管理，公司加强人员素质培训，严控道德风险，加强职业道德和风险防范意识的培养；建立“纪委—监事会联席会议机制”，对重大事项进行监督；设立纪检观察员岗位，定期向公司汇报有悖于从业操守规范的倾向性、苗头性问题。

为加强声誉风险管理，公司设立了公共关系管理委员会，统一管理声誉风险；修订《重大突发事件应急处置办法》，出台《公共关系管理办法》；构建三位一体的管理体系，以品牌宣传助力业务发展，以业务延伸带动市场拓展，以市场推广辅助品牌宣传。

4.6 净资本管理概况

报告期末，公司净资本为 1 236 939 万元，各项业务风险资本之和为 465 809 万元，净资本/各项业务风险资本之和为 266%，净资本/净资产为 68%。包括上述两个指标在内的净资本各项指标均在监管底线要求之上。

5. 报告期末及上一年度末的比较式会计报表

5.1 固有资产

5.1.1 会计师事务所审计结论

毕马威华振会计师事务所认为，公司财务报表在所有重大方面按照企业会计准则的规定编制，公允反映了公司 2014 年 12 月 31 日的合并财务状况和财务状况以及 2014 年度的合并经营成果和经营成果以及合并现金流量和现金流量。

5.1.2 资产负债表

单位：万元

项目	合并		母公司	
	2014 年 12 月 31 日	2013 年 12 月 31 日	2014 年 12 月 31 日	2013 年 12 月 31 日
资产：				
现金及银行存款	1 248.57	1 537.89	5.21	1.53
存放同业款项	218 489.75	287 668.33	216 759.81	287 668.33
买入返售金融资产	—	48 000.48	—	48 000.48
应收手续费	22 903.15	11 603.31	22 890.03	11 603.31
应收利息	1 942.50	2 083.52	1 942.50	2 083.52
发放贷款和垫款	377 342.63	337 475.25	377 342.63	337 475.25
可供出售金融资产	773 756.87	680 827.04	765 779.43	672 827.04
应收款项类投资	517 616.40	—	517 616.40	—
预付款项	356.88	487.06	356.88	477.47
其他应收款	25 904.01	5 590.96	4 462.16	5 584.59
长期股权投资	63 044.25	50 653.52	88 506.96	59 241.62
固定资产	2 900.03	3 219.93	2 774.59	3 216.41
无形资产	2 425.00	1 675.53	2 424.99	1 675.53
商誉	36.21	—	—	—
递延所得税资产	80 009.41	57 832.81	80 009.41	57 832.81
资产总计	2 087 975.66	1 488 655.63	2 080 871.00	1 487 687.89
负债：				
递延收入	21 158.06	20 496.64	18 169.95	20 496.64
应付职工薪酬	74 375.65	69 794.25	74 308.41	69 794.25
应交税费	67 864.95	70 541.16	67 777.99	70 527.74
递延所得税负债	86 825.89	4 028.79	86 825.89	4 028.79
其他应付款	12 328.20	20 919.82	12 162.46	20 919.82

续表

项目	合并		母公司	
	2014年12月31日	2013年12月31日	2014年12月31日	2013年12月31日
负债合计	262 552.75	185 780.66	259 244.70	185 767.24
所有者权益:	—		—	
实收资本	1 000 000.00	120 000.00	1 000 000.00	120 000.00
其他综合收益	261 306.03	10 168.95	261 302.65	10 165.76
盈余公积	149 513.43	121 656.55	149 513.43	121 656.55
一般风险准备	34 427.26	23 602.27	34 427.26	23 602.27
信托赔偿准备	72 830.04	58 901.60	72 830.04	58 901.60
未分配利润	307 175.16	968 545.60	303 552.92	967 594.47
归属于母公司所有者权益合计	1 825 251.92	1 302 874.97	—	—
少数股东权益	170.99	—	—	—
所有者权益合计	1 825 422.91	1 302 874.97	1 821 626.30	1 301 920.65
负债和所有者权益总计	2 087 975.66	1 488 655.63	2 080 871.00	1 487 687.89

公司法定代表人:陈一松　　主管会计工作的公司负责人:王道远　　公司会计机构负责人:李　玎

5.1.3　利润表

单位:万元

项目	合并		母公司	
	2014年度	2013年度	2014年度	2013年度
一、营业收入	565 950.90	548 683.73	562 953.55	547 823.36
手续费及佣金收入	438 494.61	462 460.46	438 185.97	462 460.46
利息收入	59 551.44	43 712.33	59 552.80	43 712.33
投资收益	67 904.45	42 080.87	65 214.39	41 220.50
公允价值变动收益	—	442.89	—	442.89
汇兑净收益/(损失)	0.40	-12.82	0.40	-12.82
二、营业支出	208 230.68	128 830.02	207 969.36	128 783.89
营业税金及附加	28 632.91	28 724.81	28 609.21	28 720.36
业务及管理费	91 859.96	83 941.49	91 657.47	83 941.49
管理费用	62.20	65.85	—	—
财务费用	-27.07	-24.17	—	—
资产减值损失	87 702.68	16 122.04	87 702.68	16 122.04
三、营业利润总额	357 720.22	419 853.71	354 984.19	419 039.47
加:营业外收入	3 784.55	1 614.97	3 784.55	1 614.97
减:营业务支出	36.63	2 063.70	36.58	2 063.70
减:所得税费用	80 237.87	105 045.73	80 163.40	105 036.76
四、净利润	281 230.27	314 359.25	278 568.76	313 553.98
归属于母公司所有者的净利润	281 239.87	314 359.25	—	—
少数股东损益	-9.60	—	—	—

公司法定代表人:陈一松　　主管会计工作的公司负责人:王道远　　公司会计机构负责人:李　玎

5. 1. 4 所有者权益变动表

所有者权益变动表

2014 年度

单位：万元

项目	2014 年度（合并）								2014 年度（母公司）						
	归属于母公司所有者权益						少数股东权益	所有者权益合计							
	实收资本	其他综合收益	盈余公积	一般风险准备	信托赔偿准备	未分配利润			实收资本	其他综合收益	盈余公积	一般风险准备	信托赔偿准备	未分配利润	所有者权益合计
2014 年 1 月 1 日余额	120 000. 00	10 168. 95	121 656. 55	23 602. 27	58 901. 60	968 545. 60		1 302 874. 97	120 000. 00	10 165. 76	121 656. 55	23 602. 27	58 901. 60	967 594. 47	1 301 920. 65
本年增减变动金额								—							—
1. 综合收益总额		251 137. 08				281 239. 87	170. 99	532 547. 94		251 136. 89				278 568. 76	529 705. 65
2. 所有者投入资本	880 000. 00							880 000. 00	880 000. 00						880 000. 00
3. 利润分配			27 856. 88	—	—	-917 856. 88		-890 000. 00			27 856. 88	—	—	-917 856. 88	-890 000. 00
提取盈余公积			27 856. 88			-27 856. 88		—			27 856. 88			-27 856. 88	—
对所有者的分配						-890 000. 00		-890 000. 00						-890 000. 00	-890 000. 00
4. 一般风险准备				10 824. 99		-10 824. 99		—				10 824. 99		-10 824. 99	—
5. 信托赔偿准备					13 928. 44	-13 928. 44		—					13 928. 44	-13 928. 44	—
上述 1～5 小计	880 000. 00	251 137. 08	27 856. 88	10 824. 99	13 928. 44	-661 370. 44	170. 99	522 547. 94	880 000. 00	251 136. 89	27 856. 88	10 824. 99	13 928. 44	-664 041. 55	519 705. 65
2014 年 12 月 31 日余额	1 000 000. 00	261 306. 03	149 513. 43	34 427. 26	72 830. 04	307 175. 16	170. 99	1 825 422. 91	1 000 000. 00	261 302. 65	149 513. 43	34 427. 26	72 830. 04	303 552. 92	1 821 626. 30

所有者权益变动表（续）

2013 年度

单位：万元

项目	2013 年度（合并）								2013 年度（母公司）						
	归属于母公司所有者权益						少数股东权益	所有者权益合计							
	实收资本	其他综合收益	盈余公积	一般风险准备	信托赔偿准备	未分配利润			实收资本	其他综合收益	盈余公积	一般风险准备	信托赔偿准备	未分配利润	所有者权益合计
2013 年 1 月 1 日余额	120 000. 00	15 489. 62	90 301. 16	18 593. 78	43 223. 90	706 227. 93		993 836. 39	120 000. 00	15 489. 62	90 301. 16	18 593. 78	43 223. 90	706 082. 07	993 690. 53
本年增减变动金额															
1. 综合收益总额		-5 320. 67				314 359. 25		309 038. 58		-5 323. 86				313 553. 98	308 230. 12
2. 所有者投入资本								—							—
3. 利润分配			31 355. 39			-31 355. 39		—			31 355. 39	—		-31 355. 39	—
提取盈余公积			31 355. 39			-31 355. 39		—			31 355. 39			-31 355. 39	—
对所有者的分配								—							—
4. 一般风险准备				5 008. 49		-5 008. 49		—				5 008. 49		-5 008. 49	—
5. 信托赔偿准备					15 677. 70	-15 677. 70		—					15 677. 70	-15 677. 70	—
上述 1～5 小计	—	-5 320. 67	31 355. 39	5 008. 49	15 677. 70	262 317. 67		309 038. 58	—	-5 323. 86	31 355. 39	5 008. 49	15 677. 70	261 512. 40	308 230. 12
2013 年 12 月 31 日余额	120 000. 00	10 168. 95	121 656. 55	23 602. 27	58 901. 60	968 545. 60		1 302 874. 97	120 000. 00	10 165. 76	121 656. 55	23 602. 27	58 901. 60	967 594. 47	1 301 920. 65

公司法定代表人：陈一松　　主管会计工作的公司负责人：王道远　　公司会计机构负责人：李　玎

5.2 信托资产

5.2.1 信托项目资产负债汇总表

单位:万元

信托资产	2014年12月31日	2013年12月31日
信托资产:		
存放同业款项	16 353 271.27	15 255 273.06
拆出资金	—	—
衍生金融资产	—	—
交易性金融资产	6 882 828.16	7 090 997.74
买入返售金融资产	912 514.15	344 756.23
应收票据	—	—
应收账款	14 845 936.09	7 845 185.36
应收利息	123 393.79	116 526.34
应收股利	197.79	2 498.56
其他应收款	1 335 115.21	798 845.72
贷款	35 408 761.97	29 841 775.22
可供出售金融资产	4 674 356.61	3 087 527.24
长期应收款	5 393.82	100 579.29
持有至到期金融资产	1 917 291.76	1 087 620.62
长期股权投资	7 718 166.67	7 365 921.41
其他资产	30 188.27	28 572.99
信托资产总计	90 207 415.56	72 966 079.78
信托负债和信托权益	2014年12月31日	2013年12月31日
信托负债:		
交易性金融负债	—	82.00
应交税费	109.77	112.59
其他应付款	1 672 541.01	864 643.94
应付账款	52 660.96	50 354.04
长期应付款	—	10 875.50
信托负债合计	1 725 311.74	926 068.07
信托权益:		
实收信托	83 326 694.55	70 439 706.36
资本公积	4 267 361.34	1 968 487.05
未分配利润	888 047.93	−368 181.70
信托权益合计	88 482 103.82	72 040 011.71
信托负债及权益总计	90 207 415.56	72 966 079.78

法定代表人:陈一松　　主管信托财务公司负责人:王道远　会计机构负责人:李　青

5.2.2 信托项目利润及利润分配汇总表

单位:万元

项目	2014年度	2013年度
一、营业收入	5 679 332.60	3 318 829.39
利息收入	2 518 383.14	2 172 580.38
投资收益	2 025 311.45	890 545.13
租赁收入	3 367.16	7 808.69
公允价值变动损益	530 704.13	−63 641.94
汇兑损益	—	−0.13
其他收入	601 566.72	311 537.26
二、营业费用	706 268.85	808 539.59
三、营业税金及附加	13 825.61	14 460.07
四、扣除资产损失前的信托利润	4 959 238.14	2 495 829.73
减:资产减值损失	−79.53	−90.52
五、扣除资产损失后的信托利润	4 959 317.67	2 495 920.25
加:期初未分配信托利润	−368 181.70	64 716.37
六、可供分配的信托利润	4 591 135.97	2 560 636.62
减:本期已分配信托利润	3 703 088.04	2 928 818.32
七、期末未分配信托利润	888 047.93	−368 181.70

法定代表人:陈一松　　主管信托财务公司负责人:王道远　会计机构负责人:李　青

6. 会计报表附注

6.1 年度会计报表编制基准、会计政策、会计估计和核算方法发生的变化

本公司无上述情况。

6.2 或有事项说明

期末,公司对外担保余额为5.70亿元,占期末净资产的3.13%。

6.3 重要资产转让及其出售的说明

报告期内无重要资产转让及其出售。

6.4 会计报表中重要项目的明细资料

6.4.1 固有资产经营情况

6.4.1.1 信用风险资产五级分类情况

按照《中国银行业监督管理委员会关于非银行金融机构全面推行资产质量五级分类管理的通知》的分类标准,本年度末公司固有资产质量情况如下:

信用风险资产五级分类	正常类(万元)	关注类(万元)	次级类(万元)	可疑类(万元)	损失类(万元)	信用风险资产合计(万元)	不良资产合计(万元)	不良资产率(%)
期初数	595 040.23	150 422.89	36 731.61	16 500.00	11 000.00	809 694.73	64 231.61	7.93
期末数	1 036 900.50	229 419.89	—	16 500.00	25 000.00	1 307 820.39	41 500.00	3.17

注:不良资产合计=次级类+可疑类+损失类。

6.4.1.2 资产减值准备情况

单位:万元

	期初数	本期计提	本期转回	本期核销	期末数
贷款损失准备	117 279.25	47 872.02	24 168.00	—	140 983.27
一般准备	—	—	—	—	—
专项准备	117 279.25	47 872.02	24 168.00	—	140 983.27
其他资产减值准备	73 311.75	69 670.60	5 671.93	—	137 310.42
可供出售金融资产减值准备	72 598.59	43 847.00	5 671.93	—	110 773.66

续表

	期初数	本期计提	本期转回	本期核销	期末数
持有至到期投资减值准备	—	—	—	—	—
应收款项类投资减值准备	—	25 823.60	—	—	25 823.60
长期股权投资减值准备	713.16	—	—	—	713.16
坏账准备	—	—	—	—	—
投资性房地产减值准备	—	—	—	—	—

6.4.1.3 固有股票投资、基金投资、债券投资、长期股权投资等投资情况

单位：万元

	固有股票	基金	债券	长期股权投资	其他投资	合计
期初数	41 590.51	—	—	59 241.62	631 236.53	732 068.66
期末数	43 674.49	—	—	88 506.96	722 104.94	854 286.39

6.4.1.4 固有长期股权投资的前三名

企业名称	占被投资企业权益的比例（%）	主要经营活动	投资收益（万元）
中信聚信（北京）资本管理有限公司	100	投资管理、经济信息咨询	—
信诚基金管理有限公司	49	证券投资基金	4 412.00
中信锦绣资本管理有限公司	40	投资咨询、投资管理、财务顾问	1 582.60

6.4.1.5 固有贷款前三名

企业名称	占贷款总额的比例（%）	还款情况
昆明嘉丽泽旅游文化有限公司	30.25	正常
绥芬河市澳普尔科技投资有限公司	12.44	欠息
昆山红枫房地产有限公司	11.48	欠息

6.4.1.6 表外业务的期初数、期末数

单位：万元

表外业务	期初数	期末数
担保业务	158 000.00	57 000.00
代理业务（委托业务）	72 527.79	72 527.79
其他	—	—
合计	230 527.79	129 527.79

6.4.1.7 公司当年的收入结构

	合并		母公司	
收入结构	金额（万元）	占比（%）	金额（万元）	占比（%）
手续费及佣金收入	438 494.61	76.97	438 185.97	77.31
其中：信托手续费收入	402 035.04	70.57	402 035.04	70.94
投资银行业务收入	—	—	—	—
利息收入	59 551.44	10.45	59 552.80	10.51
其他业务收入		—		—
其中：计入信托业务收入部分		—		—
投资收益	67 904.45	11.92	65 214.39	11.51
其中：股权投资收益	41 310.06	7.25	38 889.65	6.86
证券投资收益	3 666.88	0.64	3 666.88	0.65
其他投资收益	22 927.51	4.02	22 657.86	4.00
公允价值变动收益	—	—	—	—
营业外收入	3 784.55	0.66	3 784.55	0.67
收入合计	569 735.05	100.00	566 737.71	100.00

6.4.2 信托资产管理情况

6.4.2.1 信托资产的期初数、期末数

单位：万元

信托资产	期初数	期末数
集合	11 983 326.16	18 048 749.16
单一	51 175 733.49	49 528 487.17
财产权	9 807 020.13	22 630 179.23
合计	72 966 079.78	90 207 415.56

6.4.2.1.1 主动管理型信托业务期初数、期末数

单位：万元

主动管理型信托资产	期初数	期末数
证券投资类	20 448 184.25	19 985 752.98
股权投资类	3 954 583.19	4 191 296.13
融资类	13 141 151.42	24 561 507.53
事务管理类	—	—
合计	37 543 918.86	48 738 556.64

6.4.2.1.2 被动管理型信托业务期初数、期末数

单位：万元

被动管理型信托资产	期初数	期末数
证券投资类	—	—
股权投资类	—	—
融资类	—	—
事务管理类	35 422 160.92	41 468 858.92
合计	35 422 160.92	41 468 858.92

6.4.2.2 本年度已清算结束的信托项目个数、实收信托合计金额、加权平均实际年化收益率

6.4.2.2.1 本年度已清算结束的集合类、单一类资金信托项目和财产管理类信托项目个数、金额、加权平均实际年化收益率

已清算结束信托项目	项目个数（个）	合计金额（万元）	加权平均实际年化收益率（%）
集合类	80	4 620 679.30	9.02
单一类	458	31 742 219.25	6.06
财产管理类	31	2 624 843.63	8.88

6.4.2.2.2 本年度已清算结束的主动管理型信托项目个数、合计金额、加权平均实际年化收益率

已清算结束信托项目	项目个数（个）	合计金额（万元）	加权平均实际年化收益率（%）
证券投资类	35	11 405 602.52	5.16
股权投资类	9	784 563.50	11.47
融资类	54	4 937 646.10	8.97
事务管理类	—	—	—

6.4.2.2.3 本年度已清算结束的被动管理型信托项目个数、合计金额、加权平均实际年化收益率

已清算结束信托项目	项目个数(个)	合计金额(万元)	加权平均实际年化收益率(%)
证券投资类	—	—	—
股权投资类	—	—	—
融资类	—	—	—
事务管理类	471	21 859 930.06	6.64

6.4.2.3 本年度新增的集合类、单一类和财产管理类信托项目个数、合计金额

新增信托项目	项目个数(个)	合计金额(万元)
集合类	480	8 015 571.56
单一类	529	15 731 488.78
财产管理类	130	13 974 162.50
新增合计	1 139	37 721 222.84
其中:主动管理型	250	15 787 013.62
被动管理型	889	21 934 209.22

注:上述统计未包括尚未清算的开放式信托项目本年度内发生的申购和赎回金额,故期初余额-本期清算+本期新增≠期末余额。

6.4.2.4 信托创新研究成果

报告期内,公司在创新业务上取得重大突破,推出多个"行业第一"。2014年9月,公司与百度金融、中影股份、德恒律所合作,推出全国首单互联网消费信托"百发有戏"。公司与信诚人寿合作推出国内第一款"保险金信托"。保险金信托是指投保人将其在保险合同下的权益(主要是保险理赔金)设立信托,一旦发生保险理赔,信托公司将按照投保人意志,对保险理赔金进行灵活管理、处分与分配。此外,公司继续推动"消费信托"领域的创新,与旅游、通信、医疗、影院、珠宝等领域的产业方合作,推出了十余款消费信托产品,初步打造出消费信托系列产品线。

6.4.2.5 本公司履行受托人义务情况及因公司自身责任而导致的信托资产损失情况

报告期内,公司管理的信托计划(项目)运行正常,到期信托产品实收金额为3 898.77亿元,产品本金及收益全部安全交付受益人,未出现因本公司自身责任而导致信托资产损失的情况。

6.5 关联方关系及其交易的披露

6.5.1 关联交易方的数量、关联交易的总金额及关联交易的定价原则等

	关联交易方数量	关联交易金额(万元)	定价政策
合计	22	861 885.99	(1)遵循市场价格的原则,有客观的市场价格作为参照的,一律以市场价格为准; (2)如果没有市场价格,按照成本加成定价; (3)如果既没有市场价格,也不适合采用成本加成价,按照协议价定价。

6.5.2 关联交易方与本公司的关系性质,关联交易方的名称、法定代表人、注册地址、注册资本及主营业务等

关系性质	关联方名称	法定代表人	注册地址	注册资本(亿元)	主营业务
母公司	中国中信有限公司	常振明	北京市朝阳区新源南路6号	1 390.00	金融、实业
同一母公司	中信银行股份有限公司	常振明	北京市东城区朝阳门北大街8号富华大厦C座	467.87	银行业务
同一母公司	中信证券股份有限公司	王东明	广东省深圳市福田区中心三路8号卓越时代广场(二期)北座	110.17	证券经纪、投行业务
同一母公司	中信房地产股份有限公司	王炯	北京市朝阳区新源南路6号	67.90	房地产开发

注:公司本年度共有关联方22个,主要来自中信集团内部,表中为公司主要关联方。

6.5.3 公司与关联方的重大交易事项

6.5.3.1 固有财产与关联方:贷款、投资、租赁、应收账款、担保、其他方式等期初汇总数、本期发生额汇总数、期末汇总数

单位:万元

固有财产与信托财产相互交易				
	期初数	借方发生额	贷方发生额	期末数
贷款	—	—	—	—
投资	—	—	—	—
租赁	—	1 991.29	1 990.05	1.24
担保	—	—	—	—
应收账款	3 299.43	38.49	3 230.06	107.86
其他	12 236.54	18 655 679.50	18 645 823.77	22 092.27
合计	15 535.97	18 657 709.28	18 651 043.88	22 201.37

6.5.3.2 信托资产与关联方:贷款、投资、租赁、应收账款、担保、其他方式等期初汇总数、本期发生额汇总数、期末汇总数

单位:万元

信托与关联方关联交易				
	期初数	借方发生	贷方发生	期末数
贷款	1 015 653.97	65 000.00	744 107.27	336 546.70
投资	10 746.21	24 900.24	9 000.00	26 646.45
租赁	—	—	—	—
担保	—	—	—	—
应收账款	—	—	—	—
其他	—	—	—	—
合计	1 026 400.18	89 900.24	753 107.27	363 193.15

注:此外,还包括支付给关联方中信银行的托管费6 738.50万元。

6.5.3.3 固有财产和信托财产之间的交易情况、信托资产与信托财产之间的交易情况

6.5.3.3.1 固有财产和信托财产之间的交易金额期初汇总数、本期发生额汇总数、期末汇总数

单位：万元

固有财产与信托财产相互交易			
	期初数	本期发生额	期末数
合计	137 216.36	-5 671.93	131 544.43

6.5.3.3.2 信托项目之间的交易金额期初汇总数、本期发生额汇总数、期末汇总数

单位：万元

信托资产与信托财产相互交易			
	期初数	本期发生额	期末数
合计	268 272.41	76 674.63	344 947.04

6.5.4 关联方逾期未偿还本公司资金的详细情况以及本公司为关联方担保发生或即将发生垫款的情况

关联方无逾期不偿还本公司资金情况，本公司无为关联方担保发生或即将发生垫款情况。

6.6 会计制度的披露

本公司固有业务和信托业务均执行2006年颁布的企业会计准则。

7. 财务情况说明书

7.1 利润实现和分配情况

2014年母公司净利润为278 568.76万元，合并净利润为281 230.27万元。

依据《公司法》、《信托公司管理办法》和本公司章程，公司对本年实现的母公司净利润278 568.76万元进行分配，其中提取10%法定盈余公积金27 856.88万元，提取5%信托赔偿准备13 928.44万元。

7.2 主要财务指标

指标名称	指标值	
	合并	母公司
资本利润率（%）	17.98	17.84
人均净利润（万元）	545.04	539.86

注：1. 资本利润率＝净利润/所有者权益平均余额×100%。
2. 人均净利润＝净利润/年平均人数。
3. 平均值采取期初、期末余额简单平均法，公式为：a（平均）＝（期初数＋期末数）/2。

7.3 对本公司财务状况、经营成果有重大影响的其他事项

因财政部在2014年对《企业会计准则第2号——长期股权投资》进行修订，公司所持有的泰康人寿保险股份有限公司8.80%的股权采用公允价值计量，2014年末账面价值增加31.89亿元，公司所有者权益相应增加。

报告期内，公司参与设立中国信托业保障基金有限责任公司，认缴出资额15亿元，持股比例为13.04%，已实缴出资7.5亿元。

8. 特别事项揭示

8.1 股东报告期内变动情况及原因

2014年7月，公司股东中国中信股份有限公司更名为“中国中信有限公司”。

8.2 董事、监事及高级管理人员变动情况及原因

2014年4月，马春光、张子镁因退休不再担任公司副总经理职务。

2014年7月，蒲坚因工作变动不再担任公司董事长、董事职务；董事会选举陈一松担任董事长，聘任李子民担任总经理；张继胜因工作变动不再担任公司副总经理职务。

2014年8月，公司股东会选举李子民担任董事。

上述新任董事长、总经理的任职资格已经中国银监会核准。

8.3 变更注册资本、注册地或公司名称，公司分立合并事项

经中国银监会核准，公司注册资本由12亿元增至100亿元。

8.4 公司的重大未决诉讼事项

报告期内公司无重大未决诉讼事项。

8.5 公司及其董事、监事和高级管理人员受到处罚情况

报告期内无上述处罚情况。

8.6 银监会及其派出机构对公司进行检查及提出整改意见的情况

2014年5月，中国银监会对公司进行现场检查并出具《现场检查意见书》（银监办发[2014]283号），对公司组织架构、经营管理、业务开展、风险与合规管理机制等方面给予了充分肯定，同时也对风险与合规管理情况提出检查意见。收到检查意见后，公司高度重视，积极组织相关部门召开专题会议深入落实意见，制定相应整改方案和行动计划，并及时向中国银监会提交《关于〈现场检查意见书〉的整改方案报告》。根据监管意见，公司认真落实各项整改措施，进一步优化组织架构和内部控制体系，完善有关业务管理制度和流程，强化风险与合规管理，促进了公司业务的稳健发展。

8.7 重大事项临时报告情况

（1）2014年3月25日，公司在《金融时报》第6版发布《关于公司章程修改的公告》。

（2）2014年10月13日，公司在《上海证券报》第B11版发布《关于增加注册资本金的公告》。

(3)2014年12月10日,公司在《金融时报》第7版发布《关于董事长、总经理、法定代表人变更的公告》。

8.8 其他有必要让客户及相关利益人了解的重要信息

报告期内,公司继续得到政府部门、新闻媒体及研究机构等各方的积极评价,获得"年度卓越公司奖"、"年度创新领先奖"等荣誉。

9. 公司监事会意见

公司监事会根据有关法律法规,监督检查了公司依法运作、重大决策、重大经营活动情况及财务状况,认为公司能够合规运作,公司董事、总经理等在履行公司职务时没有违反法律法规、公司章程或损害公司利益的行为,公司年度报告真实反映了公司的财务状况和经营成果。

中原信托有限公司

1. 重要提示及目录

1.1 本公司董事会及董事保证本报告所载资料不存在任何虚假记载、误导性陈述或者重大遗漏，并对其内容的真实性、准确性和完整性承担个别及连带责任。

1.2 独立董事于萍女士、杨松令先生认为本报告内容是真实、准确、完整的。

1.3 本公司总裁崔泽军、主管会计工作的副总裁李信凤及计划财务部总经理石翠云声明：保证年度报告中财务报告的真实、完整。

2. 公司概况

2.1 公司简介

中原信托有限公司于1985年8月成立。2002年10月中国人民银行批准公司重新登记。2007年10月中国银监会批准公司变更名称为现名，并核准了新的业务范围，换发了中华人民共和国金融许可证。2008年5月公司注册资本由59 227.2万元增加到120 200万元，2012年6月注册资本增加至15亿元，2014年12月注册资本增加至25亿元。

2.1.1 公司中文名称：中原信托有限公司
中文简称：中原信托
英文名称：Zhongyuan Trust CO.，Ltd.
英文缩写：Zhongyuan Trust

2.1.2 法定代表人：黄曰珉

2.1.3 注册地址：中国河南省郑州市商务外环路24号中国人保大厦
邮政编码：450016
公司互联网网址：http：//www.zyxt.com.cn
电子信箱：info@zyxt.com.cn

2.1.4 信息披露事务负责人：刘　飞
信息披露联系人：张　进
电话（传真）：0371－88861888　电子信箱：info@zyxt.com.cn
信息披露报纸：《证券时报》、《金融时报》
年度报告备置地点：总裁办公室（郑州市商务外环路24号中国人保大厦27层）

2.1.5 公司聘请的会计师事务所：中审华寅五洲会计师事务所（特殊普通合伙）
地址：天津市开发区广场东路20号滨海金融街E7106室
公司聘请的律师事务所：北京市大成律师事务所郑州分所
地址：河南省郑州市紫荆山路60号金成国贸大厦19层

2.2 组织结构

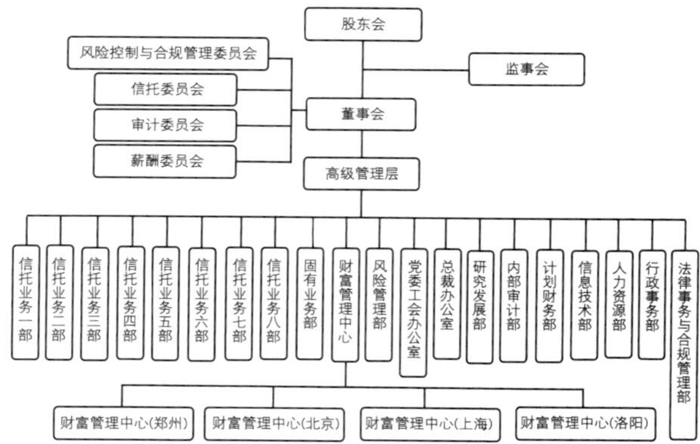

3. 公司治理

3.1 股东

3.1.1 截至报告期末，公司股东共3家。股东情况如下：

股东名称	持股比例（%）	法定代表人
河南投资集团有限公司	48.42	朱连昌
河南中原高速公路股份有限公司	33.28	金　雷
河南盛润控股集团有限公司	18.30	李喜朋

以上股东不存在关联关系。

3.1.2 公司第一大股东的主要股东的情况如下：

股东名称	其主要股东	出资比例（%）	注册资本	股东之主要股东的主要经营业务及主要财务情况
河南投资集团有限公司	河南省人民政府	100	—	—

3.2 董事

公司董事会成员

姓名	职务	性别	年龄	选任日期	所推举的股东名称	该股东持股比例（%）	简要履历
黄曰珉	董事长	男	57	2011年6月	河南投资集团有限公司	48.42	历任河南省计划委员会投资处主任科员，中原信托有限公司国际业务部经理、副总经理、总经理、董事长，现任中原信托有限公司党委书记、董事长。

续表

姓　名	职　务	性别	年龄	选任日期	所推举的股东名称	该股东持股比例(%)	简　要　履　历
袁顺兴	董　事	男	48	2011年6月	河南投资集团有限公司	48.42	历任河南省财政厅项目经理,河南省经济技术开发公司副主任、主任、总经理助理、副总经理,河南投资集团有限公司计划总监,现任河南投资集团有限公司副总经理。
代　岩	董　事	女	43	2013年11月	河南投资集团有限公司	48.42	历任中原国际博览中心、河南省审计厅、河南豫能控股有限公司、河南蓝宝包装技术有限公司、河南省建设投资总公司职员,河南投资集团监察审计部、纪委监察部高级经理,审计部副主任;现任河南投资集团有限公司资产管理一部副主任 。
顾光印	董　事	男	58	2011年6月	河南中原高速公路股份有限公司	33.28	历任河南省交通厅人事处主任科员、河南交通建设投资公司副总经理、河南高速公路发展有限责任公司党委副书记、河南高速房地产开发有限公司董事长;现任河南中原高速公路股份有限公司党委书记、董事,河南高速房地产开发有限公司董事。
何运福	董　事	男	41	2014年9月	河南中原高速公路股份有限公司	33.28	历任河南财政证券公司职员、河南中原高速公路股份有限公司投资部副经理、河南中原高速公路股份有限公司郑州分公司副总经理、河南中原高速公路股份有限公司投资发展部副经理、河南中原高速公路股份有限公司董事会秘书处主任,现任河南中原高速公路股份有限公司投资发展部经理。
李喜朋	董　事	男	51	2011年6月	河南盛润控股集团有限公司	18.30	历任河南省煤炭厅供应处科员、河南省豫盛石化公司经理现任河南盛润控股集团有限公司董事长。
崔泽军	董　事	男	50	2011年6月	职务董事		历任郑州粮食学院教师,中原信托有限公司财务部经理、副总经理、总经理,现任中原信托有限公司总裁。
范战谋	董　事	男	41	2011年6月	职工董事		历任中原信托有限公司人力资源部职员、资产管理部职员、投资银行部经理、信托业务一部经理,现任中原信托有限公司总裁办公室主任。

独立董事

姓　名	所在单位及职务	性别	年龄	所推举的股东名称	该股东持股比例(%)	简　要　履　历
于　萍	北京市大成律师事务所郑州分所高级律师	女	49	—	—	北京大成(郑州)律师事务所律师,合伙人,高级律师,法学硕士。河南省公司证券专业委员会副主任委员,河南省金融保险专业委员会委员,河南省招商引资律师服务团成员,具有上市公司独立董事任职资格和金融机构高级管理人员任职资格。
杨松令	北京工业大学教授	男	49	—	—	中国会计学会理事,美国会计学会会员,西澳大利亚大学会计与财务系访问学者,中国教育会计学会工科分会秘书长,现为北京工业大学经济与管理学院教授、博士生导师。

3.3　监事会成员

姓　名	职　务	性别	年龄	选任日期	所推举的股东名称	该股东持股比例(%)	简　要　履　历
金　雷	监事会主席	男	43	2013年7月	河南中原高速公路股份有限公司	33.28	历任河南省交通厅公路局工程处副处长,河南省交通厅工程处副处长,河南高速公路发展有限责任公司董事、总经理、党委委员,现任中原高速公路股份有限公司董事长。
易　华	监　事	男	34	2013年11月	河南投资集团有限公司	48.42	历任中国建设银行常州培训中心业务副经理、业务经理,河南投资集团有限公司资产二部业务经理,现任河南投资集团人力资源部业务经理。
林　洁	监　事	女	53	2011年6月	河南盛润控股集团有限公司	18.30	历任郑州列车段财务科会计、河南省盛润置业有限公司财务部经理,现任河南盛润控股集团有限公司财务总监。
魏　磊	职工监事	男	40	2011年6月	—	—	曾任河南农业大学讲师,现任中原信托有限公司风险管理部总经理。
杨志勇	职工监事	男	45	2013年12月	—	—	曾在河南省计划经济委员会经济研究所、中原信托有限公司计划财务部和内部审计部工作,历任中原信托有限公司计划财务部副经理、内部审计部副经理,现任中原信托有限公司内部审计部总经理。

3.4 高级管理人员

姓名	职务	性别	年龄	选任日期	金融从业年限(年)	学历	专业	简要履历
崔泽军	总裁	男	50	2011年6月	23	博士研究生	西方经济学	历任郑州粮食学院教师，中原信托有限公司财务部经理、副总经理、总经理，现任中原信托有限公司总裁。
刘 健	党委副书记兼纪委书记	男	59	2013年1月	29	研究生班结业	经济学	历任河南省军区干事，中原信托投资公司人事处处长、总经理助理，中原信托投资有限公司副总经理，中原信托有限公司副总裁；现任中原信托有限公司党委副书记兼纪委书记。
姬宏俊	副总裁	男	51	2011年6月	17	硕士研究生	工商管理	历任河南省计经委财金处、外经处副主任科员、主任科员，投资处、财金处副处长；国家开发银行河南省分行客户一处副处长；中原信托有限公司副总经理；现任中原信托有限公司副总裁。
薛怀宇	副总裁	男	46	2011年6月	25	博士研究生	西方经济学	历任人民银行河南省分行货币信贷处副科长、人民银行郑州中心支行非银处信托科科长、中原信托有限公司副总经理，现任中原信托有限公司副总裁。
李信凤	副总裁	女	49	2011年6月	27	硕士研究生	工商管理	历任中原信托有限公司金融部、财务部经理、总裁助理；现任中原信托有限公司副总裁兼总会计师。
赵 阳	副总裁	男	43	2013年1月	20	硕士研究生	工商管理	历任中保信期货经纪有限公司郑州期货业务部总经理，中原信托有限公司证券营业部总经理、信托市场部经理、信托业务管理总部副总经理、信托综合部经理、风险管理部经理、总裁助理，现任中原信托有限公司副总裁。

3.5 公司员工

项 目		报告期年度		上年度	
在职员工数		194		164	
		人数(人)	比例(%)	人数(人)	比例(%)
年龄分布	20岁以下	0	0	0	0
	20~29岁	68	35.1	54	32.9
	30~39岁	65	33.5	52	31.7
	40岁以上	61	31.4	58	35.4
学历分布	博 士	5	2.6	5	3.1
	硕 士	122	62.8	96	58.5
	本 科	45	23.2	40	24.4
	专 科	17	8.8	15	9.1
	其 他	5	2.6	8	4.9
岗位分布	董事、监事及高管人员	14	7.2	14	8.5
	自营业务人员	12	6.2	9	5.5
	信托业务人员	125	64.4	102	62.2
	其他人员	43	22.2	39	23.8

4. 经营管理

4.1 经营目标、方针、战略规划

4.1.1 经营目标

实现信托业务结构转型升级，产品创新能力提高，固有资产配置优化，经济效益和管理水平持续提升。

4.1.2 经营方针

实施“稳增长、促转型、强营销、控风险”战略，走诚信、合规、创新、可持续发展道路。

4.1.3 战略规划

有效整合资源，提供专业化资产配置和财富管理服务，服务中国机构和高端个人客户需求，做中国最值得托付的信托公司。

4.2 经营业务的主要内容

本公司的业务主要是资产管理、财富管理类信托业务和自营资产管理业务。报告期内，信托业务项下提供的主要理财产品有中原财富——成长系列信托计划、中原财富——宏业系列信托计划、中原财富——安益系列信托计划以及服务高端机构和个人客户特定需求的单一资金信托业务等，自营资产管理业务主要包括股权投资、金融产品投资、贷款等。

自营资产运用与分布表

资产运用	金额（万元）	占比（%）	资产分布	金额（万元）	占比（%）
货币资产	42 192.01	12.15	基础产业	0.00	0.00
贷款及应收款	58 213.53	16.77	房地产业	29 300.00	8.44
交易性金融资产投资	0.00	0.00	证券市场	19 990.60	5.76
可供出售金融资产投资	208 336.71	60.00	实业	1 057.13	0.30
持有至到期投资	0.00	0.00	金融机构	208 336.71	60.00
长期股权投资	0.00	0.00	其他	88 536.57	25.50
其他	38 478.76	11.08			
资产总计	347 221.01	100	资产总计	347 221.01	100

信托资产运用与分布表

资产运用	金额（万元）	占比（%）	资产分布	金额（万元）	占比（%）
货币资产	130 873.43	1.01	基础产业	2 015 231.80	15.54
贷款	6 476 501.20	49.95	房地产	1 711 130.00	13.20
交易性金融资产投资	25 999.93	0.20	证券市场	26 819.94	0.21
可供出售金融资产投资	47 900.00	0.37	实业	3 398 059.20	26.21
持有至到期投资	0.00	0.00	金融机构	524 427.17	4.04
长期股权投资	1 187 868.18	9.16	其他	5 290 548.92	40.80
其他	5 097 074.29	39.31			
信托资产总计	12 966 217.03	100.00	信托资产总计	12 966 217.03	100.00

4.3 市场分析

影响公司经营发展的有利条件：(1)从宏观经济运行来看，十八大以来，国内经济在“稳增长、调结构”的大背景下，整体上保持稳健发展态势；社会居民财富积累持续加快，互联网金融激发投资理财热情，财富管理业务需求升级；政府深化改革释放的红利给信托公司业务创新带来新机遇。(2)信托行业的系列顶层制度将逐步落地，行业监管日趋科学规范，为信托业发展创造了良好的制度环境，促使信托公司在提升资产管理能力的同时更加有针对性地开展业务创新和转型。(3)近年来，公司进一步完善内部机构设置，加强人才队伍建设，运营体制和风险管理体系日益健全，信托产品发行服务能力和整体运营效率逐渐提高，专业化的核心竞争力不断稳固。

影响公司经营发展的不利条件有：(1)国际上主要发达经济体复苏乏力，欧债危机持续，全球经济处于低速增长时期；国内经济增速放缓，经济形势较为复杂，业务发展和风险管理的难度加大。(2)在经济结构调整的宏观背景下，地方政府债务压力有所增加，区域房地产市场泡沫积聚，房地产、政府融资平台等业务风险攀升。(3)在金融领域“泛资管”形势下，部分传统信托业务受到来自基金、证券、保险、期货等多方面的冲击，资产管理业务的同质化竞争加剧。(4)信托业配套法规不够健全，制约了行业发展步伐，一些符合信托未来发展趋势的创新业务领域由于缺乏相关配套制度以及政策支持，尚难以正常开展。

4.4 内部控制

4.4.1 内部控制环境和内部控制文化

本公司坚持强化科学的风控理念，内控制度涵盖部门、岗位和工作的各个环节，通过内部审计、考核和问责制度确保内部控制要求得到落实。公司秉承“诚信、合规”的内控理念，坚持以人为本，在高效稳健的环境中实现员工与公司的共同成长。

4.4.2 内部控制措施

(1)风险管理部、法律事务与合规管理部和内部审计部作为内控管理的主要职能部门，拟定和修订内控制度，监督检查和评价内控的科学性、规范性和可操作性。

(2)公司建立并完善了基本授权体系，对各部门、岗位制定了明确的职责和权限；严格按照“相互分离、相互制约”的原则设定岗位职责，确保内控有效。

(3)报告期内，公司顺应市场需求和风控需要，适时修订主要业务品种的授信原则、风控标准、尽职调查及尽职管理的标准化要求。

(4)公司继续坚持和优化由业务部、风险管理部、主管副总、项审会和总裁办公会构建的公司五级评审决策程序，坚持业务发展和风险管控“双轮驱动”，准确把握业务发展和风险管理的辩证统一关系；建立了中后台对前台的监督制约机制，通过风险控制、内部审计等手段对前台业务进行有效监督、制约，保障公司健康、可持续发展。

4.4.3 信息交流与反馈

4.4.3.1 外部信息交流与反馈

公司建立了外部网站，指定专职人员负责官方网站维护和信息收集整理，所有对外披露的业务信息和其他信息经公司审批流程后在外部网站发布，实现信息披露的及时、规范和完整；建立了舆情监测制度，及时收集舆情，解答客户疑问，不断提升金融服务水平；建立了新闻发言人制度，保持与外界及广大客户的良好沟通；遵循“为受益人利益最大化处理信托事务”的原则，通过问卷调查、客户面谈、电话沟通、代理金融机构意见反馈等方式，对委托人进行适应性调查，并对各信托产品进行了充分的风险揭示和信息披露。

4.4.3.2 内部信息交流与反馈

本公司在各项业务活动中，根据相关制度规定了报告路线，董事会、监事会、高管层能够及时获取相关信息，并使前台、中台、后台通过信息的交流形成监督制约机制；针对经营过程中可能发生的重大事项专门制定了请示报告制度，对请示报告的受理机构、请示报告的事项范围、请示报告的一般行文规则、项目管理内部报告制度、其他工作汇报制度、责任追究等内容做了明确规定；就业务开展、风险状况、内外部审计情况及合规管理等方面的问题均能够及时完整地向监管部门报告，并及时按照监管部门意见执行落实；建立了信托业务信息管理系统、财务管理系统、CRM 系统和协同办公等应用系统，2014 年对核心系统进行了升级优化，进一步规范了信息交流与反馈机制。

4.4.4 监督评价与纠正

2014 年度，公司内部审计部共开展了包括信托业务管理、固有业务管理、产品营销与客服管理、关联交易、反洗钱和员工离职等 16 项内部审计工作，累计覆盖项目 750 多个，涉及资产超过 1 200 亿元，提出审计意见或管理建议近 50 条，并对整改情况进行持续跟踪落实。通过审计不仅总结了工作中的成功经验和做法，揭示了不规范管理问题，同时审计提出的意见及建议已逐步转化为管理措施，充分发挥了内部审计在加强公司内部控制、防范经营风险和促进尽职管理等方面应有的作用。

4.5 风险管理

4.5.1 风险管理概况

本公司经营活动中可能遇到的主要风险有信用风险、市场风险、操作风险和其他风险等。公司风险管理的基本原则是强化风险管理意识，明确风险管理责任，提高识别、量化和控制风险的能力，建立涵盖公司业务发展、资产管理、部门设置、人员安排以及决策、执行、监督、反馈等各个内控环节的全面风险管理体系，实行全面风险管理，坚决杜绝重大、实质性风险。

4.5.2 风险状况

4.5.2.1 信用风险状况

报告期末本公司固有业务信用风险资产（包括贷款、拆借、租赁）按照资产五级分类标准分类的情况为：正常类 29 300 万元，关注类 0 万元，次级类 0 万元，可疑类 0 万元，损失类 0 万元。其中，不良信用资产的期初数为 0 万元，期末数为 0 万元，报告期末准备金余额为 823.79 万元。报告期末本公司自主开发类信托业务信用风险资产按照资产五级分类标准均为正常类。

4.5.2.2 市场风险状况

报告期内，受改革预期明朗和流动性充裕双重利好提振，证券市场呈现振荡上行趋势，但由于公司固有资产配置的股票额度较少，证券市场波动对公司整体业绩影响较小。对于股票质押融资业务，公司注重选择基本面良好、流动性较强的股票，限定较低的股票质押率，实施保证金或股票质押追加机制，并为质押合同办理具有强制执行效力的公证。报告期内部分质押股票触及保证金追加线，公司严格依据合同约定落实保证金或股票质押追加措施，目前质押股票二级市场价格均高于质押价格，风险可控。

4.5.2.3 操作风险状况

公司实行规范化、标准化、制度化管理，管理制度比较健全，报告期内未发生操作风险。

4.5.2.4 其他风险状况

本公司面临的其他风险主要有合规风险、法律风险、流动性风险、声誉风险等。公司能够根据外部监管政策和法律法规的变化及时调整公司相关制度，主动配合监管部门对公司业务的监管，对日常经营中涉及关联交易等敏感问题积极主动地与监管部门沟通，没有发生重大合规风险和法律风险。报告期内公司没有开展负债业务，截至报告期末现金类资产、股票、基金、债券等流动性资产占比为 26.24%，资产流动性较强，流动性风险较小。公司重视品牌建设和声誉风险管理，勤勉尽职地履行受托人责任，与受益人建立了良好的沟通渠道，自主开发类信托项目到期清算率和信托收益兑付率继续保持为 100%。

4.5.3 风险管理

4.5.3.1 信用风险管理

优选交易对手。根据主要业务类型的授信原则，明确各类业务的交易对手准入门槛。优选抵（质）押品，审慎确定抵（质）押率，定期对抵（质）押物进行价值评估和压力测试。认真开展项目风险排查，定期检查交易对手的资信状况、经营状况、代偿能力、履约情况，做到风险苗头早发现、早处置。

报告期内计提 2014 年度信托赔偿准备金 4 034.83 万元，期末信托赔偿准备金累计 13 029.61 万元，报告期内未使用信托赔偿准备金，所提取的信托赔偿准备金存放于商业银行。

4.5.3.2 市场风险管理

对市场风险实行限额管理，将固有资金投资股票的比重控制在与投资管理和风险承受能力相适应的水平；加强宏观经济金融形势、调控政策以及行业周期性研究，规避限制类行业和相关项目，增强证券投资决策的预见性，提高反应速度；利用证券投资及风险管理系统，提高证券估值效率和风险评估的科学性，强化止盈止损等风险防范措施；建立股票质押融资项目风险预警台账，逐日盯市，动态监测项目安全边际，做实保证金、股票追加机制。

4.5.3.3 操作风险管理

动态修订和完善内控制度体系，细化业务操作流程，明确岗位职责和操作规范；推动项目评审标准化，针对不同项目，制定相应的评审流程细则；加强业务流程的信息化管理，引入证券投资和风险管理系统，实现了证券交易的自动化，并对操作风险进行有效防范；持续加强员工培训，增强员工的责任意识和道德水准，坚持轮岗和内部审计制度等。

4.5.3.4 其他风险管理

2014 年，公司不断巩固合规建设成效，重点推进合规长效机制建设，着力培育健康合规文化，强化对信托业务立项调研、评审、审批、报备、实施、信息披露、清算等全过程合规性的内部审计监督，全面推行合规风险管理，成立法律事务与合规管理部，归口管理合规风险；加强对员工的信托监管政策、合同法、物权法、担保法、新会计准则及业务涉及的其他法律法规和有关政策培训，提高员工的法律风险防范意识和能力；强调固有资产运用中的投资限额管理，合理配置各类资产比例，防范流动性风险；在各类业务风险评估中，始终将声誉风险作为风险评价的指标之一，并与公司发展战略和企业文化进行有机结合，通过加强员工职业道德教育和公司文化教育，增强员工的工作责任心和团队意识，维护公司信誉，防范声誉风险。

4.6 净资本管理指标

截至 2014 年末，本公司净资本 24.74 亿元，各项风险资本之和为 17.84 亿元，净资本对风险资本的覆盖率达 138.68%，净资本与净资产的比值达 77.85%，各项指标均达到监管标准。

4.7 履行社会责任

报告期内，本公司贯彻落实“三重一大”决策制度，进一步完善法人治理结构、内控体系及风险管理，有效管控各类风险；积极发展主动管理类信托业务，完善客户服务体系，优化业务结构，经营业绩持续提升；发挥信托优势，为郑州航空港经济综合实验区等国家战略实施提供了高效的信托金融服务；加强反腐倡廉建设，夯实道德和法纪防线；保障员工基本权益，提供专业的培训、健全的保险保障和丰富的活动，倡导健康生活、快乐工作；推行绿色金融，支持低碳经济；积极开展“冬日暖阳”活动，为河南残联残障人士送温暖；以专业知识服务社区，多种方式宣传信托知识，解答市民金融理财问题。

5. 报告期末及上一年度末的比较式会计报表

5.1 自营资产

5.1.1 会计师事务所审计结论

中审华寅五洲会计师事务所（特殊普通合伙）审计了中原信托有限公司 2014 年度财务报表，出具了标准无保留意见的审计报告书。

5.1.2 资产负债表

资产负债表

编制单位：中原信托有限公司　　2014 年 12 月 31 日　　单位：万元

资产	行次	期末数	期初数	负债及所有者权益	行次	期末数	期初数
流动资产：	1			流动负债：	36		
货币资金	2	42 192.01	13 976.13	短期借款	37		
拆出资金	3			拆入资金	38		
交易性金融资产	4			交易性金融负债	39		
衍生金融资产	5			衍生金融负债	40		
买入返售金融资产	6	19 990.60		卖出回购金融资产款	41		
应收账款	7	16 700.73	9 436.52	应付账款	42		
预付款项	8			预收款项	43		
应收利息	9	137.32	381.24	应付职工薪酬	44	5 666.78	2 299.95
应收股利	10			应交税费	45	13 926.06	10 866.65
其他应收款	11	12 075.48	10 071.32	应付利息	46		
存货	12			应付股利	47		
一年内到期的非流动资产	13			其他应付款	48	9 852.42	1 925.39
其他流动资产	14			一年内到期的非流动负债	49		
	15			其他流动负债	50		
流动资产合计	16	91 096.14	33 865.21	流动负债合计	51	29 445.26	15 091.99
非流动资产：	17			非流动负债：	52		
发放贷款及垫款	18	29 300.00	49 130.00	长期借款	53		
可供出售金融资产	19	208 336.71	147 955.33	应付债券	54		
持有至到期投资	20			预计负债	55		
长期应收款	21			递延所得税负债	56		
长期股权投资	22			其他非流动负债	57		
投资性房地产	23	2 473.89	2 611.74	非流动负债合计	58		
固定资产	24	10 023.63	10 454.96	负债合计	59	29 445.26	15 091.99
在建工程	25	21.8		所有者权益：	60		
工程物资	26			实收资本	61	250 000.00	150 000.00
固定资产清理	27			资本公积	62	0.25	0.25
无形资产	28	5 071.50	5 246.71	减：库存股	63		
递延所得税资产	29	2.7	272.98	其他综合收益	64	−8.1	−818.96
抵债资产	30	798.76	1 912.33	盈余公积	65	26 176.43	18 106.76
其他非流动资产	31	95.87	36.76	一般风险准备	66	13 311.41	9 276.58
	32			未分配利润	67	28 295.76	59 829.40
非流动资产合计	33	256 124.87	217 620.81	外币报表折算差额	68		
	34			所有者权益合计	69	317 775.75	236 394.03
资产总计	35	347 221.01	251 486.02	负债及所有者权益总计	70	347 221.01	251 486.02

法定代表人：黄曰珉　　财务经理：石翠云　　复核：金新建　　制表：山　岩

5.1.3 利润和利润分配表

利润及利润分配表

制表单位：中原信托有限公司　　2014 年度　　单位：万元

项　目	行次	本年数	上年数
一、营业收入	1	138 658.84	96 117.94
利息净收入	2	7 973.49	7 718.32
利息收入	3	7 973.49	7 718.32
利息支出	4		
手续费及佣金净收入	5	114 351.56	81 207.02
手续费及佣金收入	6	114 351.56	81 207.02
手续费及佣金支出	7		
投资收益（损失以"－"号填列）	8	15 977.57	6 880.57
其中：对联营企业和合营企业的投资收益	9		
公允价值变动收益（损失以"－"号填列）	10		
汇兑收益（损失以"－"号填列）	11	0.09	−0.8
其他业务收入	12	356.12	312.83
二、营业支出	13	32 991.92	22 705.41
营业税金及附加	14	7 310.78	5 276.91

续表

项　目	行次	本年数	上年数
业务及管理费	15	25 617.10	18 136.66
资产减值损失	16	−76.52	−882.00
其他业务成本	17	140.56	173.85
三、营业利润（亏损以"－"号填列）	18	105 666.92	73 412.53
加：营业外收入	19	593.97	575.16
减：营业外支出	20	3.42	402.17
四、利润总额（亏损以"－"号填列）	21	106 257.47	73 585.52
减：所得税费用	22	25 560.78	17 811.60
五、净利润（净亏损以"－"号填列）	23	80 696.69	55 773.92
六、每股收益	24		
（一）基本每股收益	25		
（二）稀释每股收益	26		
减：其他调整事项	27		
七、其他综合收益	28	810.86	−142.45
八、综合收益总和	29	81 507.55	55 631.48

法定代表人：黄曰珉　　财务经理：石翠云　　复核：金新建　　制表：山　岩

5.1.4 所有者权益变动表

所有者权益变动表

编制单位：中原信托有限责任公司　　2014 年度　　单位：万元

项　目	行次	本年金额						
		实收资本	资本公积	其他综合收益	盈余公积	未分配利润	一般风险准备	所有者权益合计
一、上年末余额	1	150 000.00	0.25	−818.96	18 106.76	59 829.40	9 276.58	236 394.03
1. 会计政策变更	2							0.00
2. 前期差错更正	3							0.00
3. 其他调整项	4							0.00
二、本年初余额	5	150 000.00	0.25	−818.96	18 106.76	59 829.40	9 276.58	236 394.03
三、本年增减变动金额（减少以"－"号填列）	6	100 000.00	0.00	810.86	8 069.67	−31 533.64	4 034.83	81 381.72
（一）本年净利润	7					80 696.69		80 696.69
（二）直接计入所有者权益的利得和损失	8			810.86		−125.83		685.02
1. 可供出售金融资产公允价值变动净额	9			810.86				810.86
2. 现金流量套期工具公允价值变动净额	10							
3. 与计入所有者权益项目相关的所得税影响	11							
4. 其他	12					−125.83		−125.83
小　计	13	0.00	0.00	810.86	0.00	80 570.86	0.00	81 381.72
（三）所有者投入资本	14	100 000.00						100 000.00
1. 所有者本期投入资本	15	100 000.00						100 000.00
2. 本年购回库存股	16							
3. 股份支付计入所有者权益的金额	17							
（四）本年利润分配	18				8 069.67	112 104.50	4 034.83	100 000.00
1. 对所有者（或股东）的分配	19					100 000.00		100 000.00
2. 提取盈余公积	20				8 069.67	8 069.67		0.00
3. 提取一般风险准备	21					4 034.83	4 034.83	0.00
（五）所有者权益内部结转	22							
1. 未分配利润转增资本	23							
2. 资本公积转增资本	24							
3. 盈余公积转增资本	25							
4. 盈余公积弥补亏损	26							
四、本年末余额	27	250 000.00	0.25	−8.10	26 176.43	28 295.76	13 311.41	317 775.75

所有者权益变动表(续)

编制单位:中原信托有限责任公司 单位:万元

项　目	行次	上年金额						
		实收资本	资本公积	其他综合收益	盈余公积	未分配利润	一般风险准备	所有者权益合计
一、上年末余额	1	150 000.00	0.25	0.00	12 529.37	28 718.21	6 487.88	197 735.70
1. 会计政策变更	2			-676.51				-676.51
2. 前期差错更正	3							0.00
3. 其他调整项	4							0.00
二、本年初余额	5	150 000.00	0.25	-676.51	12 529.37	28 718.21	6 487.88	197 059.20
三、本年增减变动金额(减少以"-"号填列)	6	0.00	0.00	-142.45	5 577.39	31 111.20	2 788.70	39 334.84
(一)本年净利润	7					55 773.92		55 773.92
(二)直接计入所有者权益的利得和损失	8			-142.45		-4.74		-147.19
1. 可供出售金融资产公允价值变动净额	9			-142.45				-142.45
2. 现金流量套期工具公允价值变动净额	10							
3. 与计入所有者权益项目相关的所得税影响	11							
4. 其他	12					-4.74		-4.74
小　计	13	0.00	0.00	-142.45	0.00	55 769.19	0.00	55 626.74
(三)所有者投入资本	14	0.00						
1. 所有者本期投入资本	15	0.00						
2. 本年购回库存股	16							
3. 股份支付计入所有者权益的金额	17							
(四)本年利润分配	18				5 577.39	24 657.99	2 788.70	16 291.90
1. 对所有者(或股东)的分配	19					16 291.90		16 291.90
2. 提取盈余公积	20				5 577.39	5 577.39		0.00
3. 提取一般风险准备	21					2 788.70	2 788.70	0.00
(五)所有者权益内部结转	22							
1. 未分配利润转增资本	23							
2. 资本公积转增资本	24							
3. 盈余公积转增资本	25							
4. 盈余公积弥补亏损	26							
四、本年末余额	27	150 000.00	0.25	-818.96	18 106.76	59 829.40	9 276.58	236 394.03

法定代表人:黄曰珉 财务经理:石翠云 复核:金新建 制表:山　岩

5.2 信托资产

5.2.1 信托项目资产负债汇总表

信托项目资产负债表

2014 年 12 月 31 日

编制单位:中原信托有限公司 单位:万元

信托资产	期末数	期初数	信托负债和信托权益	期末数	期初数
信托资产:			信托负债:		
货币资金	130 873.43	128 710.56	交易性金融负债		
拆出资金			衍生金融负债		
存出保证金			应付受托人报酬	19 391.91	9 677.52
交易性金融资产	25 999.93	11 442.74	应付托管费	64.40	176.56
衍生金融资产			应付受益人收益	1 161.15	207.88
买入返售金融资产	55 940.01	5 300.02	应交税费		
应收款项	208 237.02	94 208.39	应付销售服务费		
发放贷款	6 476 501.20	7 376 780.40	其他应付款项	19 966.86	16 195.22
可供出售金融资产	47 900.00	90 030.00	预计负债		
持有至到期投资			其他负债		
长期应收款	101 152.00		信托负债合计	40 584.32	26 257.18
长期股权投资	1 187 868.18	486 820.18			
投资性房地产			信托权益:		
固定资产	1 945.13	2 480.85	实收信托	12 845 461.84	11 753 829.76
无形资产			资本公积	2 646.00	2 583.79
长期待摊费用	13 708.66	13 646.76	外币报表折算差额		
其他资产	4 716 091.47	3 704 822.46	未分配利润	77 524.87	131 571.63
减:各项资产减值准备			信托权益合计	12 925 632.71	11 887 985.18
信托资产总计	12 966 217.03.03	11 914 242.36	信托负债及信托权益总计	12 966 217.03	11 914 242.36

法定代表人:黄曰珉 财务经理:石翠云 复核:鲁　耀 制表:付　刚

5.2.2 信托项目利润及利润分配汇总表

信托项目利润及利润分配表

编报单位：中原信托有限公司 2014 年度 单位：万元

项目	本年数	上年数
1. 营业收入	1 242 843.66	1 015 533.19
1.1 利息收入	677 284.85	607 596.26
1.2 投资收益（损失以"－"号填列）	48 043.81	93 793.59
其中：对联营企业和合营企业的投资收益	—	—
1.3 公允价值变动收益（损失以"－"号填列）	414.73	276.93
1.4 租赁收入	—	—
1.5 汇兑损益（损失以"－"号填列）	—	—
1.6 其他收入	517 100.27	313 866.42
2. 支出	171 363.32	138 437.75
2.1 营业税金及附加		—
2.2 受托人报酬	91 118.67	64 038.03
2.3 托管费	6 821.33	7 269.06
2.4 投资管理费		26.04
2.5 销售服务费		—
2.6 交易费用	512.67	459.39
2.7 资产减值损失		—
2.8 其他费用	72 910.65	66 645.22
3. 信托净利润（损失以"－"号填列）	1 071 480.34	877 095.44
4. 其他综合收益		—
5. 综合收益	1 071 480.34	877 095.44
6. 加：期初未分配信托利润	131 571.63	36 911.68
7. 可供分配的信托利润	1 203 051.97	914 007.12
8. 减：本期已分配信托利润	1 125 527.10	782 435.49
9. 期末未分配信托利润	77 524.87	131 571.63

法定代表人：黄曰珉 财务经理：石翠云 复核：鲁 耀 制表：付 刚

6. 会计报表附注

6.1 简要说明报告年度会计报表编制基准、会计政策、会计估计和核算方法发生的变化

本公司于 2008 年 1 月 1 日起执行新企业会计准则，按照新企业会计准则的要求进行会计核算。

6.2 或有事项说明

本会计期末发生对外担保及其他或有事项。

6.3 重要资产转让及其出售的说明

本会计期公司通过资本市场处置抵债资产莲花味精股份有限公司股票，实现处置收入 549.57 万元。

6.4 会计报表中重要项目的明细资料

6.4.1 自营资产经营情况

6.4.1.1 按信用风险五级分类结果披露信用风险资产的期初数、期末数

信用风险资产五级分类	正常类（万元）	关注类（万元）	次级类（万元）	可疑类（万元）	损失类（万元）	信用风险资产合计（万元）	不良资产合计（万元）	不良资产率（%）
期初数	49 130					49 130		
期末数	29 300					29 300		

6.4.1.2 各项资产减值损失准备的期初数、本期计提、本期转回、本期核销、期末数，贷款的一般准备、专项准备和其他资产减值准备

单位：万元

	期初数	本期计提	本期转回	本期核销	期末数
贷款损失准备	823.44	0.35			823.79
一般准备					
专项准备	823.44	0.35			823.79
其他资产减值准备	2 498.81		1 015.56		1 483.25
可供出售金融资产减值准备					
持有至到期投资减值准备					
长期股权投资减值准备					
坏账准备	783.39				783.39
投资性房地产减值准备					
抵债资产减值准备	1 715.42		1 015.56		699.86

6.4.1.3 自营股票投资、基金投资、债券投资、股权投资等投资业务的期初数、期末数

单位：万元

	自营股票	基金	债券	长期股权投资
期初数	0		2 441.54	145 513.79
期末数	0		457.24	227 870.07

6.4.1.4 前五名的自营长期股权投资的企业名称、占被投资企业权益的比例、主要经营活动及投资收益情况

企业名称	占被投资企业权益的比例（%）	主要经营活动	投资收益（万元）
长城基金管理有限公司	17.65	基金管理	1 870.58
焦作市商业银行股份有限公司	6.00	商业银行	2 026.36
郑州银行股份有限公司	5.2	商业银行	3 075
光大银行股份有限公司	0.01	商业银行	83.76

6.4.1.5 前三名的自营贷款的企业名称、占贷款总额的比例和还款情况

企业名称	占贷款总额的比例（%）	还款情况
安徽瑞丰商品交易博览城投资开发有限公司	51.20	正常
河南新城置业有限公司	24.91	正常
周口天明城乡建设投资有限公司	23.89	正常

6.4.1.6 表外业务的期初数、期末数，按照代理业务、担保业务和其他类型表外业务

单位：万元

表外业务	期初数	期末数
担保业务	0	0
代理业务（委托业务）	0	0
其他	0	0
合计	0	0

6.4.1.7 公司当年的收入结构

收入结构	金额（万元）	占比（%）
手续费及佣金收入	114 351.56	82.12
其中：信托手续费收入	114 256.52	82.05
投资银行业务收入		
利息收入	7 973.49	5.73
其他业务收入	356.22	0.26

续表

收入结构	金额(万元)	占比(%)
其中:计入信托业务收入部分		
投资收益	15 977.57	11.47
其中:股权投资收益	7 055.70	5.07
公允价值变动收益		
其他投资收益	8 921.87	6.41
营业外收入	593.97	0.42
收入合计	139 252.81	100

6.4.2 信托资产管理情况

6.4.2.1 信托资产的期初数、期末数

单位:万元

信托资产	期初数	期末数
集合	2 276 519.67	4 334 615.06
单一	9 227 253.61	8 223 080.59
财产权	410 469.08	408 521.38
合计	11 914 242.36	12 966 217.03

6.4.2.1.1 主动管理型信托业务期初数、期末数,分证券投资、其他投资、融资、事务管理类分别披露

单位:万元

主动管理型信托资产	期初数	期末数
证券投资类	5 469.19	16 104.90
其他投资	3 068 522.19	3 546 208.71
融资类	6 410 123.53	4 170 083.01
事务管理类	130 770.93	224 500.55
合计	9 614 885.84	7 956 897.17

6.4.2.1.2 被动管理型信托业务期初数、期末数,分证券投资、其他投资、融资、事务管理类分别披露

单位:万元

被动管理型信托资产	期初数	期末数
证券投资类	9 045.91	6 277.20
其他投资	569 494.02	1 853 295.69
融资类	1 690 566.31	3 010 838.37
事务管理类	30 250.28	138 908.60
合计	2 299 356.52	5 009 319.86

6.4.2.2 本年度已清算结束的信托项目个数、实收信托合计金额、加权平均实际年化收益率

6.4.2.2.1 本年度已清算结束的集合类、单一类资金信托项目和财产管理类信托项目个数、金额、加权平均实际年化收益率

已清算结束信托项目	项目个数(个)	合计金额(万元)	加权平均实际年化收益率(%)
集合类	68	707 036.00	10.25
单一类	184	3 194 543.81	8.08
财产管理类	11	153 525.00	18.55

6.4.2.2.2 本年度已清算结束的主动管理型信托项目个数、合计金额、加权平均实际年化收益率,分证券投资、其他投资、融资、事务管理类分别披露

已清算结束信托项目	项目个数(个)	合计金额(万元)	加权平均实际年化收益率(%)
证券投资类	0	0	0
其他投资	68	771 965.00	10.49
融资类	121	2 046 516.00	7.79
事务管理类	10	128 153.51	21.87

6.4.2.2.3 本年度已清算结束的被动管理型信托项目个数、合计金额、加权平均实际年化收益率,分证券投资、其他投资、融资、事务管理类分别披露

已清算结束信托项目	项目个数(个)	合计金额(万元)	加权平均实际年化收益率(%)
证券投资类	0	0	0
其他投资	14	227 205.50	17.18
融资类	49	870 014.80	6.69
事务管理类	1	11 250.00	6.34

6.4.2.3 本年度新增的集合类、单一类和财产管理类信托项目个数、合计金额

新增信托项目	项目个数(个)	合计金额(万元)
集合类	156	3 029 519.47
单一类	173	3 294 303.69
财产管理类	2	171 208.78
新增合计	331	6 495 031.94
其中:主动管理型	326	6 215 251.00
被动管理型	5	279 780.94

6.4.2.4 信托业务创新成果和特色业务有关情况

报告期内,公司高度重视创新工作,确定了9个关系公司长远发展的重点课题,由高管人员带领课题组开展研究,课题完成后召开专题会议,安排部署对研究成果的运用,明确责任领导和时间要求,着手制定《激励性薪酬延期支付办法》等四项新制度,修改完善《绩效考核制度》。公司开展的信贷资产证券化业务取得突破,项目已上报中国银监会审批;通过房地产投资基金信托、股权信托和并购信托等多种创新模式,实现了房地产信托业务的健康稳定发展;开发了安融系列短期理财产品,满足客户多层次理财需求,提高了公司产品发行能力。

6.4.2.5 信托赔偿准备金的提取、使用和管理情况

公司按净利润的5%计提信托赔偿准备金,报告期内计提2014年度信托赔偿准备金4 034.83万元,期末信托赔偿准备金13 029.61万元,报告期内未使用信托赔偿准备金,公司所提取的信托赔偿准备金存放于商业银行。

6.5 关联方关系及其交易的披露

6.5.1 关联交易方的数量、关联交易的总金额及关联交易的定价政策等

	关联交易数量	关联交易金额(万元)	定价政策
合计	164	1 734 380.00	市场公平价格

6.5.2 关联交易方与本公司的关系性质，关联交易方的名称、法定代表人、注册地址、注册资本及主营业务等

关系性质	关联方名称	法定代表人	注册地址	注册资本（万元）	主营业务
公司股东	河南投资集团有限公司	朱连昌	郑州市	1 200 000	项目投资管理
公司股东	河南中原高速公路股份有限公司	金　雷	郑州市	224 737	交通设施投资
公司股东	河南盛润控股集团有限公司	李喜朋	郑州市	85 000	实业投资管理

6.5.3 本公司与关联方的重大交易事项

6.5.3.1 固有财产与关联方：贷款、投资、租赁、应收账款、担保、其他方式等期初汇总数、本期发生额汇总数、期末汇总数

单位：万元

固有财产与关联方关联交易			
	期初	发生额	期末
贷款	—	—	—
投资	—	—	—
租赁	—	—	—
担保	—	—	—
应收账款	—	—	—
其他	—	—	—
合计	0	0	0

6.5.3.2 信托资产与关联方：贷款、投资、租赁、应收账款、担保、其他方式等期初汇总数、本期发生额汇总数、期末汇总数

单位：万元

信托资产与关联方关联交易			
	期初数	发生额	期末数
贷款	15 000	-15 000	0
投资	40 000	-40 000	0
租赁	—	—	—
担保	—	—	—
应收账款	—	—	—
其他	0	0	0
合计	55 000	-55 000	0

6.5.3.3 固有财产与信托财产之间的交易金额期初汇总数、本期发生额汇总数、期末汇总数

单位：万元

固有财产与信托财产相互交易			
	期初数	本期发生额	期末数
合计	57 641.50	30 138.50	87 780.00

6.5.3.4 信托资产与信托财产之间的交易金额期初汇总数、本期发生额汇总数、期末汇总数

单位：万元

信托资产与信托财产相互交易			
	期初数	本期发生额	期末数
合计	696 600.00	950 000.00	1 646 600.00

6.5.4 逐笔披露关联方逾期未偿还本公司资金的详细情况以及本公司为关联方担保发生或即将发生垫款的详细情况

无。

6.6 会计制度的披露

6.6.1 自营业务

本公司执行2006年财政部颁布的企业会计准则及相关规定。

6.6.2 信托业务

本公司执行2006年财政部颁布的企业会计准则及相关规定。

7. 财务情况说明书

7.1 利润实现和分配情况

2014年度本公司实现利润总额106 257.47万元，所得税费用25 560.78万元，实现净利润80 696.69万元，按10%计提法定盈余公积8 069.67万元，按5%计提信托赔偿准备金4 034.83万元，加上以前年度未分配利润后，其中分配股东红利10亿元，期末未分配利润余额为28 295.76万元。

7.2 主要财务指标

指标名称	指标值
资本利润率（%）	29.98
加权年化信托报酬率（%）	0.93
人均净利润（万元）	464.44

7.3 对本公司财务状况、经营成果有重大影响的其他事项

2014年12月，本公司股东向公司增资10亿元，出资比例不变。

8. 特别事项揭示

8.1 前五名股东报告期内变动情况及原因

无。

8.2 董事、监事及高级管理人员变动情况及原因

2014年9月，股东会2014年第四次会议选举河南中原高速公路有限公司投资运营部主任何运福担任公司第四届董事会董事，张华不再担任董事职务。

8.3 变更注册资本、变更注册地或公司名称、公司分立合并事项

经公司股东会2014年第四次会议决议、河南银监局豫银监复［2014］526号文件批准，12月23日本公司完成增资扩股，注册资本由15亿元增加至25亿元，股东出资比例不变。

8.4 公司的重大诉讼事项

无。

8.5 公司及其高级管理人员受到处罚的情况

无。

8.6 银监会及其派出机构对公司检查后提出整改意见的整改情况

2014 年 3 月，河南银监局对本公司开展合规长效机制建设的情况进行了核查，认为公司在合规建设基础化、合规管理体系化、合规文化特色化、合规执行严格化、风险排查制度化和激励约束长效化等方面做了大量卓有成效的工作，员工的合规意识和公司合规管理水平得到有效提升，合规管理长效机制进一步完善，守住了合规底线。同时，公司存在合规制度不够完善、对合规政策理解不到位、合规体系建设有待进一步提高等不足之处。公司在接到现场检查意见书后，立即组织相关部门认真学习，结合实际，制定合规长效机制建设整改工作实施方案，将整改任务逐一分配到各责任部门逐条整改，至年末已完成整改任务。

2014 年 5 月至 7 月，河南银监局对本公司 2014 年到期信托项目清算及合规性进行了现场检查。监管部门认为公司能够坚持"内控先行"的理念，对内控和风险管理制度进行动态梳理和修订完善，依法合规开展各项业务。同时，公司在财务管理、尽职调查、信托经理调整等方面存在有待完善之处。公司接到现场检查意见书后，立即进行了全面整改落实，有效提升了公司整体经营管理水平。

2014 年 11 月，河南银监局对本公司同业新规执行情况进行了现场检查。监管部门认为公司能够按照监管部门相关规定依法办理相关同业业务，在内控制度流程、业务操作、会计核算、资本和拨备计提等方面基本能够按照中国人民银行、中国银监会等部门《关于规范金融机构同业业务的通知》（银发[2014]127 号）的要求办理。同时，公司在相关内控制度建设方面有不完善之处。公司接到现场检查意见书之后，立即组织梳理、完善了同业业务内控制度，对问题进行了全面整改。

8.7 本年度重大事项临时报告的简要内容、披露时间、所披露的媒体及其版面

8.7.1 中原信托有限公司更正公告

2014 年 5 月 14 日，在《证券时报》B030 版发布《中原信托有限公司更正公告》，修正"信托资产运用与分布表"部分数据。

8.7.2 中原信托有限公司增资公告

2014 年 12 月 25 日在《证券时报》B001 版发布《中原信托有限公司增资公告》，公司注册资本由 15 亿元增加至 25 亿元。

8.8 银监会及其省级派出机构认定的其他有必要让客户及相关利益人了解的重大信息

无。

9. 公司监事会意见

监事会认为，本报告期内，公司经营活动依法运作，操作规范，未发现违反《公司法》、公司章程、财务会计制度及国家法律法规的行为，财务报告真实地反映了公司的财务状况和经营成果。公司董事、高级管理人员勤勉履职、守法经营、规范管理、开拓创新，维护了公司全体股东的根本利益，未发现违反《公司法》、公司章程及国家法律法规的行为。

重庆国际信托有限公司

1. 重要提示及目录

1.1 本公司董事会及董事保证本报告所载资料不存在任何虚假记载、误导性陈述或者重大遗漏，并对其内容的真实性、准确性和完整性承担个别及连带责任。

1.2 公司独立董事雷世文、史锦杰、王友伟、王淑慧认为本报告内容是真实、准确、完整的。

1.3 天健会计师事务所（特殊普通合伙）重庆分所为本公司出具了标准无保留意见的审计报告。

1.4 公司负责人、财务负责人翁振杰先生及财务部门负责人刘影女士声明：保证年度报告中财务报告的真实、完整。

2. 公司概况

2.1 公司简介

2.1.1 历史沿革

公司的前身是重庆国际信托投资公司，于 1984 年 10 月经中国人民银行批准成立，注册资本金 3 500 万元人民币。2002 年 1 月，公司引入战略投资者，进行增资改制，并经《中国人民银行关于重庆国际信托投资有限公司重新登记有关事项的批复》（银复[2002]9 号）批准，获准重新登记，注册资本金增至人民币 10.3373 亿元（含美元 1 565 万元）。2004 年末，公司进一步增资扩股，注册资本金增加到 16.3373 亿元，取得了中国银行业监督管理委员会重庆监管局颁发的中华人民共和国金融许可证（编号为 K10226530H002）和重庆市工商行政管理局颁发的企业法人营业执照（注册号为 5000001800019）。2007 年 10 月 19 日，经《中国银监会关于重庆国际信托投资有限公司变更公司名称和业务范围的批复》（银监复[2007]461 号）获准变更公司名称、业务范围并领取新的金融许可证（编号为 K0051H250000001）。2010 年 11 月，经中国银行业监督管理委员会《关于批准重庆国际信托有限公司增加注册资本及调整股权结构等有关事项的批复》（银监复[2010]552 号）批准，公司注册资本由人民币 16.3373 亿元增加至人民币 24.3873 亿元，公司股权结构由重庆国信投资控股有限公司 100% 持股，变更为多家机构投资者共同持股，上述事项已于 2010 年 12 月 22 日完成工商变更登记（注册号为 500000000005609）。

2.1.2 公司的法定中文名称：重庆国际信托有限公司
中文名称缩写：重庆信托
公司法定英文名称：Chongqing International Trust Co.,Ltd.
英文名称缩写：CQITC

2.1.3 公司负责人：翁振杰

2.1.4 注册地址：重庆市渝北区龙溪街道金山路 9 号附 7 号

2.1.5 邮政编码：401147

2.1.6 公司国际互联网网址：http//www.cqitic.com

2.1.7 电子信箱：cqitic@cqitic.com

2.1.8 信息披露事务负责人：吕维
联系电话：023－89035888
传真：023－89035998
电子信箱：cqitic@cqitic.com

2.1.9 年度报告备置地点：重庆市渝中区民权路 107 号

2.1.10 聘请的会计师事务所：天健会计师事务所（特殊普通合伙）重庆分所
地址：重庆市北部新区财富大道 13 号财富中心财富园 2 号 B 幢 3－6 楼

2.1.11 聘请的律师事务所：重庆索通律师事务所
地址：重庆市渝中区瑞天路 56 号企业天地 4 号楼 9 层
中豪律师事务所地址：重庆市渝中区邹容路 68 号大都会广场 22 层

2.2 组织结构

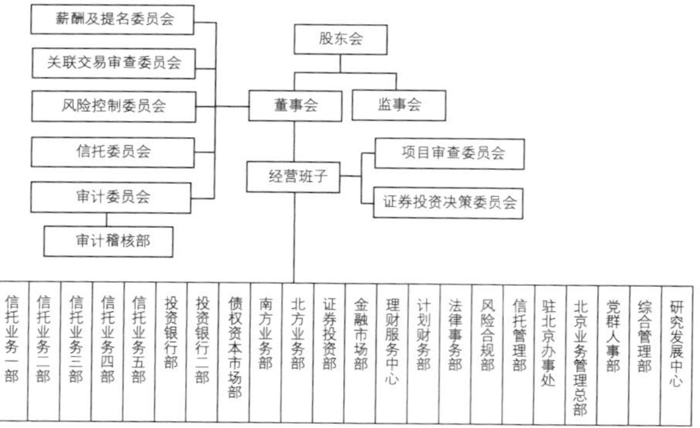

3. 公司治理

3.1 前 3 位股东

股东名称	持股比例（%）	法定代表人或负责人	注册资本（亿元）	注册地址	主要经营业务及主要财务情况
重庆国信投资控股有限公司	66.99	刘勤勤	16.3373	重庆市渝北区龙溪街道金山路 9 号附 7 号	依法进行项目投资与管理、投资咨询业务等。2014 年末合并资产总额 13 909 272.08 万元，合并所有者权益 2 306 623.52 万元，归属于母公司的净利润 196 709.28 万元。

续表

股东名称	持股比例(%)	法定代表人或负责人	注册资本(亿元)	注册地址	主要经营业务及主要财务情况
国寿投资控股有限公司	26.04	王思东	37	北京市西城区金融大街17号11层	投资及投资管理、资产管理。2014年末资产总额1 115 036.72万元,所有者权益915 420.37万元,实现净利润50 767.45万元。
上海淮矿资产管理有限公司	4.10	刘建祥	7.5	上海市浦东新区浦东南路256号	资产管理、股权投资、股权投资管理、实业投资、企业资产并购与重组策划、投资咨询、财务咨询(不得从事代理记账)、企业管理咨询(除经纪)、知识产权代理(除专利代理)、为企业解散提供清算服务。2014年末资产总额79 111万元,所有者权益78 174万元。

3.2 董事

董事长、副董事长、董事

姓 名	职 务	性别	年龄	选任日期	所推举的股东名称	该股东持股比例(%)	简 要 履 历
翁振杰	董事长	男	52	2011年3月26日	重庆国信投资控股有限公司、重庆水务集团股份有限公司、重庆市水务资产经营有限公司、建银国际(中国)有限公司、安徽省皖投融资担保有限责任公司等	95.90	硕士研究生,高级经济师。重庆市第三、第四届人大常委,民建中央财政金融委员会副主任,民建重庆市委副主委,享受国务院特殊津贴专家。历任重庆三峡银行股份有限公司董事长、西南证券股份有限公司董事长、重庆路桥股份有限公司董事等职;现任重庆国际信托有限公司董事长、首席执行官,益民基金管理有限公司董事长,重庆三峡银行股份有限公司董事,重庆渝涪高速公路有限公司董事,西南证券股份有限公司董事。
时平生	董事	男	51	2011年3月26日	重庆国信投资控股有限公司	66.99	硕士研究生,助理研究员。历任陕西证券常务副总经理、ITG(香港)风险投资公司北京代表处首席代表等职,现任中国新纪元有限公司董事长、重庆国际信托有限公司董事。
王晓岩	董事	男	54	2011年3月26日	重庆国信投资控股有限公司	66.99	硕士研究生,高级经济师。历任中国科技财务公司总经济师、信贷部总经理等职;现任中国希格玛有限公司董事长、总裁,重庆国际信托有限公司董事。
谢维宪	董事	男	60	2011年3月26日	重庆国信投资控股有限公司	66.99	大学本科,高级(管理)工程师。历任中共中央政法委员会干部、北京市公安局海淀分局副局长,公安部正局级干部;现任重庆国信投资控股有限公司董事、北京中关村科学城建设股份有限公司总裁、重庆国际信托有限公司董事。
刘勤勤	董事	男	58	2011年3月26日	重庆国信投资控股有限公司	66.99	硕士研究生,讲师,编辑。历任军事经济学院教官、财务理论教研室主任,总后勤部财务结算中心副主任等职;现任重庆国信投资控股有限公司总经理、重庆国际信托有限公司董事。
李寒晨	董事	女	45	2011年3月26日	重庆国信投资控股有限公司	66.99	大学本科。曾任职于中国人民银行银行司、中国银监会银行二部,现任重庆国际信托有限公司董事。

独立董事

姓 名	所在单位及职务	性别	年龄	选任日期	所推举的单位名称	该股东持股比例(%)	简 要 履 历
雷世文	北京市天驰律师事务所	男	51	2011年3月26日	重庆国际信托有限公司	—	硕士研究生。曾任职于安徽省机械工业厅、国家工商行政管理局;现任北京市天驰律师事务所合伙人、律师,重庆国际信托有限公司独立董事。
史锦杰	重庆市劳动保障局退休干部	男	67	2011年3月26日	重庆国际信托有限公司	—	大学本科,高级经济师。历任重庆市市中区副区长、巴南区区委书记、重庆市劳动保障局局长、重庆市三届政协常委等职,现任重庆国际信托有限公司独立董事。
王淑慧	北京化工大学经济管理学院财务管理系主任	女	54	2011年3月26日	重庆国际信托有限公司	—	大学本科,教授,注册会计师,注册税务师,注册资产评估师。历任北京化工大学经济管理学院副院长、会计系主任等职;现任北京化工大学经济管理学院财务管理系主任、硕士研究生导师,重庆国际信托有限公司独立董事。
王友伟	重庆市国资委退休干部	男	71	2011年3月26日	重庆国际信托有限公司	—	高级经济师;历任重庆市团委书记、市总工会常务副主席、市旅游局局长、市企业工委和国资委副书记等职,现任重庆国际信托有限公司独立董事。

3.3 监事

监事会成员

姓名	职务	性别	年龄	选任日期	所推举股东名称	该股东持股比例(%)	简要履历
雷万亚	监事长	女	60	2012年4月11日	重庆国信投资控股有限公司	66.99	硕士研究生，一级高级检察官。曾任重庆市人民检察院副检察长；现任重庆市第四届政协委员，重庆信托党委书记、纪委书记、监事长。
刘建祥	监事	男	53	2011年3月26日	上海淮矿资产管理有限公司	4.10	大学本科，高级会计师。现任上海淮矿资产管理有限公司董事长、淮南矿业集团财务公司董事、重庆信托监事。
康乐	监事	女	37	2014年8月29日	国寿投资控股有限公司	26.04	硕士研究生，律师。现任国寿投资控股有限公司风险管理合规部总经理、重庆信托监事。
胡雪莲	职工监事	女	41	2011年3月21日	重庆信托职代会	—	硕士研究生，注册会计师。现任重庆信托业务二部总经理、职工监事。
李静	职工监事	女	35	2014年8月24日	重庆信托职代会	—	硕士研究生，律师，现任重庆信托法律事务部副总经理、职工监事。

3.4 高级管理人员

高级管理人员

姓名	职务	性别	年龄	选任时期	金融从业年限(年)	学历	专业
翁振杰	首席执行官	男	52	2005年3月	13	硕士研究生	通信与电子系统
董尚可	副总裁	男	45	2009年3月	16	硕士研究生	工商管理
吴浩风	副总裁	男	39	2012年9月	13	硕士研究生	工商管理
吕维	副总裁	女	42	2012年9月	10	硕士研究生	民商法
杨云	副总裁	男	46	2008年4月	15	大学专科	会计

3.5 公司员工

公司员工

项目		报告期年度	
		人数(人)	比例(%)
学历分布	博士	0	0
	硕士	40	42.11
	本科	48	50.53
	专科	7	7.36
	其他	0	0
总人数		95	
平均年龄		37	

4. 经营管理

4.1 经营目标、方针、战略规划

公司的经营目标是突出信托主业地位，以创新为核心推动信托业务拓展，重点为优质客户特别是机构客户提供综合性金融产品和服务；深化与其他金融机构的合作，积极适应金融业混业经营的趋势，不断提高控制、驾驭风险的能力，形成可持续发展的盈利模式和核心竞争力。在信托服务领域奠定全国性的行业领先地位，将公司建设成全国一流的信托金融机构，充分实现公司价值、股东权益和社会效益的和谐发展。

公司的经营方针是坚持科学发展观，以诚信树品牌，以创新促发展；严控风险，稳健经营，发展壮大与风险防控并重，坚持依法合规经营。

公司的战略规划是立足重庆，紧紧抓住城乡统筹综合改革和建设长江上游地区金融中心的契机，调整资产结构和业务重点，以基础设施建设和金融投资为核心，大力发展信托主业，力争公司信托规模、管理水平、盈利能力不断迈向新的高度；同时，积极探索与国内外金融机构的合作，引进优质战略资本及先进管理技术，不断提升公司的资本实力、管理水平和盈利能力。

4.2 经营业务的主要内容

4.2.1 公司经营的业务由自营业务、信托业务等构成。自营业务主要开展贷款、金融机构股权投资、证券投资等业务，信托业务主要开展资金信托、财产或财产权信托、信贷(票据)资产转让、投资银行等业务。

4.2.2 公司信托业务的主要品种是单一资金信托、集合资金信托、股权信托，按运用方式分为投资类信托、贷款类信托、财产(财产权)管理类信托。

4.2.3 资产组合与分布

自营资产运用与分布表

资产运用	金额(万元)	占比(%)	资产分布	金额(万元)	占比(%)
货币资产	134 202.28	8.16	基础产业		
贷款及应收款	208 419.76	12.67	房地产业	87 128.28	5.30
以公允价值计量且其变动计入当期损益的金融资产	7 559.22	0.46	证券市场	310 032.61	18.85
可供出售金融资产	873 280.89	53.10	实业		
持有至到期投资			金融机构	1 109 723.96	67.48
长期股权投资	404 714.17	24.61	其他	137 739.07	8.37
其他	16 447.60	1.00			
资产总计	1 644 623.92	100.00	资产总计	1 644 623.92	100.00

信托资产运用与分布表

资产运用	金额(万元)	占比(%)	资产分布	金额(万元)	占比(%)
货币资产	262 716.90	1.74	基础产业	1 947 566.62	12.92
贷款及应收款	5 262 200.05	34.91	房地产业	4 389 734.00	29.13
以公允价值计量且其变动计入当期损益的金融资产	1 348 879.24	8.95	证券市场	1 311 608.87	8.70
可供出售金融资产	5 314 997.35	35.27	实业	3 742 034.08	24.83
持有至到期投资	0.00	0.00	金融机构	2 152 593.65	14.28
长期股权投资	2 882 867.13	19.13	其他	1 528 126.89	10.14
其他	3.44	0.00			
信托资产总计	15 071 664.11	100.00	信托资产总计	15 071 664.11	100.00

4.3 市场分析

2014 年,我国经济社会发展总体平稳,稳中有进。“稳”的主要标志是经济运行处于合理区间。增速稳,国内生产总值达到63.6 万亿元,较上年增长7.4%,在世界主要经济体中名列前茅。就业稳,城镇新增就业 1 322 万人,高于上年。价格稳,居民消费价格上涨2%。“进”的总体特征是发展的协调性和可持续性增强。经济结构有新的优化,粮食产量达到 1.21 万亿斤,消费对经济增长的贡献率上升3 个百分点,达到51.2%,服务业增加值比重由 46.9% 提高到 48.2%,新产业、新业态、新商业模式不断涌现。

2015 年是贯彻落实党的十八届三中全会各项重要举措的关键之年,对于重塑未来中国经济的发展格局至关重要。展望2015 年,宏观经济政策将延续把转方式、调结构放到更加重要的位置,狠抓改革攻坚,突出创新驱动,强化风险防控,加强民生保障,处理好改革、发展、稳定关系的整体思路,经济产业结构及金融体系面临深度调整和转型的困境,国内经济增速迈入下行趋势阶段的平台整理期,调整目前经济结构性矛盾、挖掘内需增长点将成为 2015 年政策调控的主要着力点,经济增长波动将不会太大。

4.3.1 有利因素

(1)深化金融改革,为信托业营造良好发展环境。党的十八届三中全会对全面深化改革作出重大战略部署,围绕使市场在资源配置中起决定性作用深化经济体制改革,将有利于促进利率市场化和建立多层次的资本市场,进一步解放和发展我国社会生产力和创造力,加之金融脱媒趋势的确立,金融资源的市场化逐步实现,为信托行业发展提供了较为稳定的宏观经济环境。

(2)中国信托业保障基金成立,推动行业健康、可持续发展。2014 年,经过监管层的引导、规范和行业自身的努力,中国信托业保障基金正式成立,建立起了可以维护信托业自身稳健发展的长效机制,从风险缓冲、风险救助和风险补偿等方面,为信托投资者提供了基本合法权益保护的制度安排及具体举措,使得我国信托业的制度基础得到了进一步健全和完善,从而促进整个信托业的健康、可持续发展。

(3)财富管理需求旺盛,信托公司蓄势待发。中国人民大学公布的《2014 年中国财富管理报告》预测,截至 2020 年,中国私人财富管理市场规模将达 227 万亿元,增幅将达到 97 万亿元。高速扩张的财富管理市场给信托产品带来了大量需求。财富管理对现代社会具有重要的意义。从产业分工看,财富管理是一种专业化的金融服务,帮助实现财富的保全、增值和传承。从经济和金融的功能看,财富管理通过汇聚和融通资本,促进储蓄向投资转化。从社会功能看,财富管理是构建社会保障安全网的重要组成部分,通过跨生命周期和经济周期的资产配置,以及税收激励等公共政策安排,为社会应对养老挑战提供解决方案。信托公司大力开展财富管理业务,在凸显自身制度优势的同时,也将为社会经济发展作出较大的贡献。

(4)政府发展新思路为公司发展带来新机遇。国家深入实施“一带一路”战略,加快长江经济带建设,为处在战略要位的重庆提供了新的发展契机;重庆市全面推进五大功能区区域发展战略,充分发挥直辖市体制优势,经济发展平稳向好。重庆市 2015 年政府工作报告中提出的“围绕全年工作目标和全面建成小康社会目标要求,全面深化改革,全面推进依法治市”,将为公司全力服务地方发展及全国化发展布局战略营造良好的政策环境,为公司发展带来新的机遇。

(5)综合实力强劲,力保行业领先优势。公司坚持秉承“诚信、稳健、创新、求精”的经营理念,积极回归“受人之托,代人理财”的信托本源,在稳健发展传统信托业务的基础上,发挥信托专业优势,不断提高金融创新能力,严控风险,合规经营。截至2014 年末,公司净资产达人民币 127.71 亿元,资本充足,资产优良,2014 年度各项经营业绩居全国 68 家信托公司前五位,为进一步提高盈利能力和抗风险能力、实现持续快速健康发展奠定了扎实的基础。

4.3.2 不利因素

(1)宏观经济环境的复杂性使信托业面临新的挑战。一方面,房地产调整虽然不存在崩溃性下滑的可能性,但局部区域和市场结构可能会出现较为激烈的调整,导致部分房地产项目风险增加。另一方面,在稳增长、调结构以及中性偏紧的货币政策的总体思路下,宏观形势继续呈现实体经济低迷、通缩压力持续的格局,实体经济仍难以扭转下行趋势,特别是部分实体企业去杠杆压力增大,煤炭、钢铁等产能过剩行业企业经营困境持续加剧,风险暴露进一步加快,为信托业发展带来了新的挑战。

(2)传统经营模式难以为继。当前,信托公司经营模式呈现融资化、通道化等粗放经营特点。我国不断推动企业融资渠道的扩展和畅通,加快构建直接融资渠道。企业融资来源日益多元化,融资成本也趋于下降,这不仅使信托融资项目来源收窄,而且项目定价能力也将受到削弱。同时,证券、基金子公司等新业务通道的出现,使得信托通道价值下降,依靠通道业务立足的传统思维越来越站不住脚。总之,信托公司现有的粗放经营模式不仅受到市场竞争的冲击,而且也越来越受制于日趋严格的监管政策,可持续性降低,转型发展更为迫切。

(3)资产管理市场竞争更加激烈。我国经济社会改革进程加快,尤其是金融体系改革的提速,使信托业享有的制度红利逐步消失。一方面,随着泛资产管理时代的来临,各主要监管机构相继发布了《证券公司客户资产管理业务管理办法》及配套细则、《关于保险资产管理公司有关事项的通知》等监管办法,进一步放宽了证券、保险、基金公司资产管理投资范围,打破了资产管理市场分割的状态，使得整个资产管理市场更加开放，行业竞争更加激烈。另一方面，信托公司曾经利用我国利率市场化程度不高的有利机遇，提供了高收益率的理财产品，吸引了大量资金涌入信托行业。然而，在利率市场化不断深化的当下，各类理财产品收益率普遍上升，信托与其他理财产品的收益率差距逐步缩小，信托收益率优势不断下降。

（4）信托价值的社会认知度尚需提高，合格投资者仍需培育。相较于银行、证券、保险等传统金融机构，社会大众对信托价值的认知程度尚需大力提高，信托知识亟待普及。而我公司地处西部，信息和资源都比较匮乏，老百姓和企业对信托业缺乏相应的了解；与此同时，符合《信托公司集合资金信托计划管理办法》对“合格投资人”明确规定的合格投资者数量，与沿海发达地区相比也存在一定差距。

4.4　内部控制

4.4.1　内部控制环境和内部控制文化

公司按照《公司法》、《信托公司管理办法》、《信托公司治理指引》和监管部门的要求完善公司治理的相关制度和实施细则，进一步明确了“三会一层”的权责和制约关系，公司经营班子与下属部门也形成了有效的授权分责关系。

公司坚持“诚信、稳健、创新、求精”的经营理念，坚持以人为本，追求效率与效益，综合运用激励与福利机制，在积极向上的企业文化体系中实现员工与公司共同成长进步。

4.4.2　内部控制措施

公司董事会下设关联交易审查委员会、风险控制委员会、审计委员会、信托委员会、薪酬及提名委员会，各委员会职责清晰、分工明确，协助董事会开展公司各项业务；引入了独立董事制度，并由独立董事出任信托委员会、审计委员会和关联交易审查委员会主任委员，以控制公司重大业务的经营风险，实现公司业务的健康、可持续发展；监事会有效履行监督职责。

公司按职责分离的原则设置内部各部门。前台部门（业务部门）对业务进行受理和初审，并负责实施项目的具体操作；中台（信托管理部、风险合规部、法律事务部等）对业务进行决策和事中控制；后台（计划财务部等）对业务进行财务核算和管理。通过内部约束机制强化中后台对前台的控制反映和监督评价。

为了进一步完善业务经营机制，防范和化解风险，2014年，公司新制定了《房地产信托项目监管暂行办法》、《流动性风险管理及应急计划》、《合规绩效考核、问责与激励办法》等制度，对公司业务和风险管理制度进行了全面梳理、修订和分类整理，进一步明晰了各类信托业务管理流程，加强了项目的全流程管理。

4.4.3　信息交流与反馈

公司内部建立了良好的信息交流与反馈制度，通过公司内网、会议、座谈、报告等方式，公司经营班子和员工之间开展有效的互动和交流，相互传递政策信息；通过公司外部网站及报纸等媒介，根据法律法规规定向公众披露公司资产经营状况，根据信托文件约定向信托委托人（受益人）及时披露信托财产管理运用等相关信息。

4.4.4　监督评价与纠正

公司的内控机制通过内部的自我完善和外部的检查督促来实现监督、评价和纠正，并在实际工作中得到检验。一是自我检验纠错；二是经监管部门的检查提示，在出现遗漏或不足时，公司会采取相应措施加以完善。

公司从多方面入手，充分发挥内部审计的监督作用。2014年，内部审计工作得到了加强，审计的范围和深度进一步加强，全年出具各类内审报告133份。就审计过程中发现的问题及时与各部门沟通，要求限期完善或整改，并采取后续审计等方式进行跟踪，对防止风险出现或扩大，促进业务合法、合规、稳健经营发挥了积极作用。

4.5　风险管理

4.5.1　风险管理概况

公司坚持“宁可错过，不可做错”的风险管理理念，已形成一套比较完善和行之有效的风控机制、规章制度和操作流程，促进公司各项业务可持续发展。公司经营活动中可能遇到的风险主要有信用风险、市场风险、操作风险、其他风险（如政策风险、法律风险、道德风险、声誉风险）等。

4.5.2　风险状况

4.5.2.1　信用风险状况

信用风险主要是交易对手违约带来的风险，信用风险主要来自借款、对外担保、投资等业务。报告期内，公司严格按财政部和中国银监会的要求，提足各项准备金。2014年末公司信用风险资产按照资产五级分类标准分类结果为：（1）正常类资产，1 629 426.40万元；（2）关注类资产，479.53万元；（3）次级类资产，无；（4）可疑类资产，无；（5）损失类资产，无。公司不良资产期初数为零，期末数为零。

4.5.2.2　市场风险状况

公司面临的市场风险主要是因股价、市场汇率、利率及其他价格因素变动而产生和可能产生的风险。公司对于开展的股票质押信托业务，侧重于选择业绩面好的股票，设置较低的质押率；同时，引入了保证金追加制度和止损线，以有效防范市场波动风险；公司目前暂未开展外币业务，不受汇率市场变动影响；公司的信托贷款项目大部分为固定利率贷款，市场利率的变动对投资者的收益及公司信托报酬影响较小。

4.5.2.3　操作风险状况

操作风险主要表现在由于公司内部程序、人员、系统的不完善或失误，或外部事件而引发的风险。为实现公司标准化、制度化、规范化管理，报告期内，公司进一步清理、修订、拟订了一系列规章制度和操作流程，以提高预防和控制操作风险的能力；同时，公司结合业务发展需要，加强员工培训，提高员工技能，加强流程控制；对于外部事件可能给公司经营带来的风险，公司制定了专门的应急预案，实行突发事件预案管理。报告期内，公司未发生因操作风险带来的损失。

4.5.2.4　其他风险状况

公司面临的其他风险主要有政策风险、法律风险、道德风险、声誉风险等。报告期内，公司适时关注2014年宏观经济政策、行业发展政策和信托业监管政策的变化对公司经营和业务运作带来的影响，顺应政策要求合理设计项目方案；加强公司员工专业技能、职业道德培训，提升依法合规意识和风险管控能力。

截至目前，公司信托产品全部实现了按期兑付，公司美誉度和知名度得到社会广泛认可。

4.5.3 风险管理

4.5.3.1 信用风险管理

公司对信用风险的管理,一是加强事前对交易对手(项目)或债务人的尽职调查,严格按照业务流程开展业务,强化项目风险控制措施的有效性和合法合规性;二是事中对交易对手(项目)进行跟踪检查,对资产分类进行评级及动态管理;三是对重点项目制定应急处置预案,及时化解已发生的风险,降低损失程度;四是事后对已结束项目进行审计和后续评价,以获取管理经验;五是在产品结构设计时,通过结构化配置和多样化组合投资来分散和降低风险。

在自有业务方面,公司严格控制对外担保,2014 年全年未发生对外担保,截至报告日,对外担保余额为零;公司的短期投资主要投资于质地优良、风险低的金融类产品。公司存续的所有自营贷款均根据具体项目采取了抵(质)押或保证担保的风险控制措施,抵押物、质押物的价值能够确保债务的履行;房地产作为抵押物按《重庆国际信托有限公司房地产抵押估价管理暂行办法》的相关规定执行,金融类股权作为质押物按《重庆国际信托有限公司金融类股权质押贷款暂行规定》执行,其他抵押物和质押物主要是根据抵押物、质押物的价值以及实现抵押权、质押权的可行性,处置抵押物、质押物的难易程度确定抵(质)押率。保证贷款主要是根据保证人的信用状况、偿还能力而定,确保担保人的担保能力能覆盖贷款金额。

在信托业务方面,公司依法合规履行受托人职责,所有信托项目均是根据委托人指令或信托文件的约定进行管理、运用、处分的。

4.5.3.2 市场风险管理

在加强市场风险管理方面,公司采取以下控制措施:发挥现有研发人员作用,积极吸引人才,加强对国家宏观经济政策、货币信贷政策、财政政策等领域的研究,及时掌握市场变化,为调整投资决策提供依据;对产业市场、资本市场等领域实行分散投资,根据公司整体安排,适时调整各领域的投资规模,合理安排期限结构;推行有效的止损防范措施和市场风险预警机制,强化日常风险监控和报告制度,以便及时处置、化解风险。

4.5.3.3 操作风险管理

公司结合国家最新监管规定及公司业务发展需要、部门调整等实际情况,对内部业务及风险管理制度等进行了一系列补充、修订和完善。进一步规范了放款审批核查流程,加强了股票质押融资业务后续管理,建立了质押股票逐日盯市制度。公司坚持信托财产与固有财产之间、不同信托财产之间分别管理、分别记账的原则,在部门设置和人员安排上实现前台、中台、后台部门分设和人员分离,业务交易、会计记录和后续管理监督分离;加强对员工的业务技能培训,强化员工的责任意识和道德水准;修改完善公司各类法律文本,以便规范化、标准化运行;制定应急预案,适时启动奖惩机制等措施防范和控制操作风险。

4.5.3.4 其他风险管理

公司通过加强对宏观经济政策和行业政策的跟踪、研究,提高预见性;公司法律事务部、风险合规部、信托管理部、计划财务部对交易行为或合同进行内部审查,聘请专门的律师事务所和会计师事务所协助公司开展项目法律审查和咨询,以防范和控制业务风险;加强职业道德和思想教育,开展培训和座谈等,防范和控制道德风险。公司还将根据业务发展规模的不断扩大和市场变化等情况,对公司风险管理措施进一步修改和完善。

5. 报告期末及上一年度末的比较式会计报表

5.1 自营资产

5.1.1 会计师事务所审计意见

天健会计师事务所(特殊普通合伙)重庆分所审计了公司财务报表,包括 2014 年 12 月 31 日的合并及母公司资产负债表,2014 年度的合并及母公司利润表、合并及母公司现金流量表、合并及母公司所有者权益变动表以及财务报表附注。会计师事务所认为,公司财务报表在所有重大方面按照企业会计准则的规定编制,公允反映了公司 2014 年 12 月 31 日的合并及母公司财务状况以及 2014 年度的合并及母公司经营成果和现金流量。

5.1.2 资产负债表

5.1.2.1 母公司资产负债表

资产负债表

2014 年 12 月 31 日

单位:万元

资　　产	期末数	期初数	负债和所有者权益	期末数	期初数
资产:			负债:		
现金及存放银行款项	134 202.28	18 442.27	向中央银行借款		
贷款及垫款	169 389.00	247 698.00	拆入资金	140 000.00	90 000.00
拆出资金			交易性金融负债		
以公允价值计量且其变动计入当期损益的金融资产	7 559.22	43 604.44	卖出回购金融资产款		
买入返售金融资产			应付职工薪酬	45 833.38	22 363.82
应收投资类款项	38 078.00	164 500.00	应交税费	59 786.87	19 033.47
应收利息			应付账款		247.35
应收账款			其他应付款	6 678.11	97 749.28
其他应收款	952.76	807.08	预收账款	55 340.11	49 263.52
预付账款		40.00	其他负债		

续表

资　　产	期末数	期初数	负债和所有者权益	期末数	期初数
可供出售金融资产	873 280. 89	462 359. 44	递延所得税负债	65 960. 44	32 005. 98
持有至到期投资			预计负债		
长期股权投资	404 714. 17	281 767. 41	负债合计	373 598. 91	310 663. 42
投资性房地产					
固定资产	4 449. 62	4 570. 95	所有者权益:		
无形资产	148. 45	84. 23	实收资本	243 873. 00	243 873. 00
递延所得税资产	11 840. 46	6 168. 77	资本公积	228 800. 00	228 800. 00
抵债资产	9. 07	9. 07	其他综合收益	198 042. 29	89 610. 01
其他资产			盈余公积	73 048. 90	48 728. 45
			一般风险准备	24 448. 59	12 216. 75
			信托赔偿准备	38 010. 53	25 850. 30
			未分配利润	464 801. 70	270 309. 73
			所有者权益合计	1 271 025. 01	919 388. 24
资产总计	1 644 623. 92	1 230 051. 66	负债和所有者权益总计	1 644 623. 92	1 230 051. 66

5. 1. 2. 2　合并资产负债表

合并资产负债表

2014 年 12 月 31 日

单位：万元

资　　产	期末数	期初数	负债和所有者权益	期末数	期初数
资产:			负债:		
现金及存放银行款项	149 223. 65	32 016. 48	向中央银行借款		
贷款及垫款	169 389. 00	247 698. 00	拆入资金	140 000. 00	90 000. 00
拆出资金			交易性金融负债		
以公允价值计量且其变动计入当期损益的金融资产	7 559. 22	43 604. 44	卖出回购金融资产款		
买入返售金融资产			应付职工薪酬	46 049. 23	22 585. 14
应收投资类款项	188 078. 00	164 500. 00	应交税费	60 025. 32	19 166. 82
应收利息			应付账款		247. 35
应收账款			其他应付款	7 166. 27	98 232. 34
其他应收款	1 595. 92	1 604. 64	预收账款	55 340. 12	49 263. 52
预付账款		40. 00	其他负债		
可供出售金融资产	783 521. 85	471 740. 27	递延所得税负债	66 047. 64	32 005. 98
持有至到期投资			预计负债		
长期股权投资	398 395. 69	275 448. 94	负债合计	374 628. 58	311 501. 15
投资性房地产					
固定资产	4 573. 43	4 732. 73	所有者权益:		
无形资产	519. 94	203. 14	实收资本	243 873. 00	243 873. 00
递延所得税资产	11 840. 46	6 347. 87	资本公积	228 800. 00	228 800. 00
抵债资产	9. 07	9. 07	其他综合收益	198 525. 77	89 704. 81
其他资产			盈余公积	73 120. 83	48 800. 38
			一般风险准备	24 591. 30	12 272. 02
			信托赔偿准备	38 010. 53	25 850. 30
			未分配利润	470 216. 96	275 222. 84
			归属于母公司的权益	1 277 138. 39	924 523. 35
			少数股东权益	62 939. 26	11 921. 08
			所有者权益合计	1 340 077. 65	936 444. 43
资产总计	1 714 706. 23	1 247 945. 58	负债和所有者权益总计	1 714 706. 23	1 247 945. 58

5.1.3 利润表

5.1.3.1 母公司利润表

利润表

2014 年度　　　　单位：万元

项　　目	本年数	上年数
一、营业收入	343 666.13	206 914.66
利息净收入	34 423.68	33 200.16
利息收入	35 761.97	34 447.29
利息支出	1 338.29	1 247.13
手续费及佣金净收入	181 431.86	86 182.76
手续费及佣金收入	188 405.64	94 130.80
手续费及佣金支出	6 973.78	7 948.04
投资收益(损失以"－"号填列)	129 740.04	72 638.00
其中:对联营企业和合营企业的投资收益	60 395.21	65 806.32
公允价值变动收益(损失以"－"号填列)	-3 245.45	13 881.26
汇兑收益(损失以"－"号填列)	-0.20	-0.39
其他业务收入	1 316.20	1 012.87
二、营业支出	48 165.24	61 758.06
营业税金及附加	9 887.49	9 929.02
业务及管理费	39 967.51	21 374.64
资产减值损失	-1 689.76	30 454.40
其他业务成本	—	—
三、营业利润(亏损以"－"号填列)	295 500.89	145 156.60
加:营业外收入	3 326.48	2 525.50
减:营业外支出	107.59	69.98
四、利润总额(亏损总额以"－"号填列)	298 719.78	147 612.12
减:所得税费用	55 515.29	19 897.74
五、净利润(净亏损以"－"号填列)	243 204.49	127 714.38
六、其他综合收益的税后净额	108 432.28	2 098.47
七、综合收益总额	351 636.77	129 812.85

5.1.3.2 合并利润表

合并利润表

2014 年度　　　　单位：万元

项　　目	本年数	上年数
一、营业收入	350 871.55	213 822.16
利息净收入	34 706.98	33 517.24
利息收入	36 045.27	34 764.38
利息支出	1 338.29	1 247.14
手续费及佣金净收入	181 558.48	86 241.43
手续费及佣金收入	188 532.27	94 190.09
手续费及佣金支出	6 973.79	7 948.66
投资收益(损失以"－"号填列)	129 740.04	72 644.04
其中:对联营企业和合营企业的投资收益	60 395.21	65 806.32
公允价值变动收益(损失以"－"号填列)	-3 245.45	13 881.26
基金管理费及销售服务费收入	6 795.50	6 525.71
汇兑收益(损失以"－"号填列)	-0.20	-0.39
其他业务收入	1 316.20	1 012.87
二、营业支出	53 918.44	67 553.76
营业税金及附加	10 274.46	10 297.77
业务及管理费	45 333.74	26 801.58
资产减值损失	-1 689.76	30 454.41
其他业务成本		
三、营业利润(亏损以"－"号填列)	296 953.11	146 268.40
加:营业外收入	3 333.05	2 541.27
减:营业外支出	108.63	70.01
四、利润总额(亏损总额以"－"号填列)	300 177.53	148 739.66
减:所得税费用	55 948.24	20 230.30
五、净利润(净亏损以"－"号填列)	244 229.29	128 509.36
其中:被合并方在合并前实现的净利润		
归属于母公司的净利润	243 706.64	128 103.92
少数股东损益	522.65	405.44
六、其他综合收益的税后净额	109 225.49	2 676.07
七、综合收益总额	353 454.78	131 185.43
归属于母公司股东的综合收益总额	352 527.60	130 485.41
归属于少数股东的综合收益总额	927.18	700.02

5.1.4 所有者权益变动表

5.1.4.1 母公司所有者权益变动表

所有者权益变动表

2014 年度　　　　单位：万元

项　　目	本年金额							
	实收资本	资本公积	其他综合收益	盈余公积	一般风险准备	信托赔偿准备	未分配利润	所有者权益合计
一、上年末余额	243 873.00	318 360.38		48 748.61	12 216.75	25 860.38	270 481.06	919 540.18
加:会计政策变更		-89 560.38	89 610.01	-20.16		-10.08	-171.33	-151.94
前期差错更正								
其他								
二、本年初余额	243 873.00	228 800.00	89 610.01	48 728.45	12 216.75	25 850.30	270 309.73	919 388.24
三、本年增减变动金额(减少以"—"号填列)			108 432.28	24 320.45	12 231.84	12 160.23	194 491.97	351 636.77
(一)综合收益总额			108 432.28				243 204.49	351 636.77
(二)所有者投入和减少资本								
1. 所有者投入资本								

续表

项　　目	本年金额							
	实收资本	资本公积	其他综合收益	盈余公积	一般风险准备	信托赔偿准备	未分配利润	所有者权益合计
2. 股份支付计入所有者权益的金额								
3. 其他								
（三）利润分配				24 320. 45	12 231. 84	12 160. 23	-48 712. 52	
1. 提取盈余公积				24 320. 45			-24 320. 45	
2. 提取一般风险准备					12 231. 84		-12 231. 84	
3. 提取信托赔偿准备						12 160. 23	-12 160. 23	
4. 对所有者（或股东）的分配								
（四）所有者权益（或股东权益）内部结转								
1. 资本公积转增资本（或股本）								
2. 盈余公积转增资本（或股本）								
3. 盈余公积弥补亏损								
4. 一般风险准备弥补亏损								
5. 其他								
四、本年末余额	243 873. 00	228 800. 00	198 042. 29	73 048. 90	24 448. 59	38 010. 53	464 801. 70	1 271 025. 01

所有者权益变动表（续）

2014 年度

单位：万元

项　　目	上年金额							
	实收资本	资本公积	其他综合收益	盈余公积	一般风险准备	信托赔偿准备	未分配利润	所有者权益合计
一、上年末余额	243 873. 00	316 311. 54		35 980. 40	9 626. 48	19 476. 28	186 490. 11	811 757. 81
加：会计政策变更		-87 511. 54	87 511. 54	-23. 38		-11. 69	-198. 78	-233. 85
前期差错更正								
其他								
二、本年初余额	243 873. 00	228 800. 00	87 511. 54	35 957. 02	9 626. 48	19 464. 59	186 291. 33	811 523. 96
三、本年增减变动金额（减少以“—”号填列）			2 098. 47	12 771. 43	2 590. 27	6 385. 71	84 018. 40	107 864. 28
（一）综合收益总额			2 098. 47				127 714. 38	129 812. 85
（二）所有者投入和减少资本								
1. 所有者投入资本								
2. 股份支付计入所有者权益的金额								
3. 其他								
（三）利润分配				12 771. 43	2 590. 27	6 385. 71	-43 695. 98	-21 948. 57
1. 提取盈余公积				12 771. 43			-12 771. 43	
2. 提取一般风险准备					2 590. 27		-2 590. 27	
3. 提取信托赔偿准备						6 385. 71	-6 385. 71	
4. 对所有者（或股东）的分配							-21 948. 57	-21 948. 57
（四）所有者权益（或股东权益）内部结转								
1. 资本公积转增资本（或股本）								
2. 盈余公积转增资本（或股本）								
3. 盈余公积弥补亏损								
4. 一般风险准备弥补亏损								
5. 其他								
四、本年末余额	243 873. 00	228 800. 00	89 610. 01	48 728. 45	12 216. 75	25 850. 30	270 309. 73	919 388. 24

5.1.4.2 合并所有者权益变动表

合并所有者权益变动表

2014 年度

单位:万元

项目	本年金额								
	归属于母公司股东的权益							少数股东权益	所有者权益合计
	实收资本	资本公积	其他综合收益	盈余公积	一般风险准备	信托赔偿准备	未分配利润		
一、上年末余额	243 873.00	318 455.17		48 820.54	12 272.02	25 860.38	275 394.17	11 921.08	936 596.36
加:会计政策变更		-89 655.17	89 704.81	-20.16		-10.08	-171.33		-151.93
前期差错更正									
其他									
二、本年初余额	243 873.00	228 800.00	89 704.81	48 800.38	12 272.02	25 850.30	275 222.84	11 921.08	936 444.43
三、本年增减变动金额(减少以"-"号填列)			108 820.96	24 320.45	12 319.28	12 160.23	194 994.12	51 018.18	403 633.22
(一)综合收益总额			108 820.96				243 706.64	927.18	353 454.78
(二)所有者投入和减少资本								50 000.00	50 000.00
1. 所有者投入资本								50 000.00	50 000.00
2. 股份支付计入所有者权益的金额									
3. 其他									
(三)利润分配				24 320.45	12 231.84	12 160.23	-48 712.52		
1. 提取盈余公积				24 320.45			-24 320.45		
2. 提取一般风险准备					12 231.84		-12 231.84		
3. 提取信托赔偿准备						12 160.23	-12 160.23		
4. 对所有者(或股东)的分配									
(四)所有者权益内部结转									
1. 资本公积转增资本									
2. 盈余公积转增资本									
3. 盈余公积弥补亏损									
4. 一般风险准备弥补亏损									
5. 其他									
(五)同一控制下合并结转									
(六)其他					87.44			91.00	178.44
四、本年末余额	243 873.00	228 800.00	198 525.77	73 120.83	24 591.30	38 010.53	470 216.96	62 939.26	1 340 077.65

合并所有者权益变动表(续)

2014 年度

单位:万元

项目	上年金额								
	归属于母公司股东的权益							少数股东权益	所有者权益合计
	实收资本	资本公积	其他综合收益	盈余公积	一般风险准备	信托赔偿准备	未分配利润		
一、上年末余额	243 873.00	316 123.32		36 052.33	9 626.48	19 476.28	191 013.68	11 163.53	827 328.62
加:会计政策变更		-87 323.32	87 323.32	-23.38		-11.69	-198.78		-233.85
前期差错更正									
其他									
二、本年初余额	243 873.00	228 800.00	87 323.32	36 028.95	9 626.48	19 464.59	190 814.90	11 163.53	827 094.77
三、本年增减变动金额(减少以"一"号填列)			2 381.49	12 771.43	2 645.54	6 385.71	84 407.94	757.55	109 349.66
(一)综合收益总额			2 381.49				128 103.92	700.02	131 185.43
(二)所有者投入和减少资本									
1. 所有者投入资本									
2. 股份支付计入所有者权益的金额									

续表

项　　目	上年金额								
	归属于母公司股东的权益							少数股东权益	所有者权益合计
	实收资本	资本公积	其他综合收益	盈余公积	一般风险准备	信托赔偿准备	未分配利润		
3. 其他									
（三）利润分配				12 771. 43	2 590. 27	6 385. 71	-43 695. 98		-21 948. 57
1. 提取盈余公积				12 771. 43			-12 771. 43		
2. 提取一般风险准备					2 590. 27		-2 590. 27		
3. 提取信托赔偿准备						6 385. 71	-6 385. 71		
4. 对所有者（或股东）的分配							-21 948. 57		-21 948. 57
（四）所有者权益内部结转									
1. 资本公积转增资本									
2. 盈余公积转增资本									
3. 盈余公积弥补亏损									
4. 一般风险准备弥补亏损									
5. 其他									
（五）同一控制下合并结转									
（六）其他					55. 27			57. 53	112. 80
四、本年末余额	243 873. 00	228 800. 00	89 704. 81	48 800. 38	12 272. 02	25 850. 30	275 222. 84	11 921. 08	936 444. 43

5. 2　信托资产

5. 2. 1　信托项目资产负债汇总表

信托项目资产负债表

2014 年 12 月 31 日

单位：万元

信托资产	期末余额	期初余额	信托负债和信托权益	期末余额	期初余额
信托资产：			信托负债：		
货币资金	262 716. 90	201 004. 08	交易性金融负债		
拆出资金			衍生金融负债		
存出保证金			应付受托人报酬	138. 22	232. 03
以公允价值计量且其变动计入当期损益的金融资产	1 311 608. 87	629 319. 70	应付托管费	10. 00	
衍生金融资产			应付受益人收益		0. 02
买入返售金融资产	37 270. 37	8 070. 08	应交税费	92. 90	92. 00
应收款项	675 366. 66	1 187 937. 08	应付销售服务费		
发放贷款	4 586 833. 39	3 765 889. 34	其他应付款项	137 796. 91	203 962. 29
可供出售金融资产	5 314 997. 35	3 810 594. 72	预计负债		
持有至到期投资		238 920. 00	其他负债		
长期应收款			信托负债合计	138 038. 03	204 286. 34
长期股权投资	2 882 867. 13	2 789 241. 29			
投资性房地产					
固定资产			信托权益		
无形资产			实收信托	14 745 895. 77	12 512 201. 55
长期待摊费用	3. 44	202. 80	资本公积		
其他资产			未分配利润	187 730. 31	-85 308. 80
减：各项资产减值准备			信托权益合计	14 933 626. 08	12 426 892. 75
信托资产总计：	15 071 664. 11	12 631 179. 09	信托负债和信托权益总计：	15 071 664. 11	12 631 179. 09

5.2.2 信托项目利润及利润分配汇总表

信托项目利润及利润分配表

2014 年度　　单位:万元

项　目	本年数	上年数
一、营业收入	1 321 572.04	656 927.06
利息收入	407 601.05	243 456.04
投资收益(损失以"-"号填列)	745 406.72	440 588.56
其中:对联营企业和合营企业的投资收益		
公允价值变动收益(损失以"-"号填列)	153 231.46	-28 261.09
租赁收入		
汇兑损益(损失以"-"号填列)		
其他收入	15 332.81	1 143.55
二、营业支出	158 603.09	112 423.16
营业税金及附加		193.03
受托人报酬	108 296.87	54 152.64
保管费	6 988.68	6 527.98
投资管理费	933.01	128.88
销售服务费	12 385.81	8 266.75
交易费用	9.81	14.02
资产减值损失		
其他费用	29 988.91	43 139.86
三、信托净利润(净亏损以"-"号填列)	1 162 968.95	544 503.90
四、其他综合收益		
五、综合收益	1 162 968.95	544 503.90
加:期初未分配信托利润	-85 308.80	-44 535.23
六、可供分配的信托利润	1 077 660.15	499 968.67
减:本期已分配信托利润	889 929.84	585 277.47
七、期末未分配信托利润	187 730.31	-85 308.80

6. 会计报表附注

6.1 会计报表编制基准、会计政策、会计估计和核算方法的变化

报告年度会计报表编制基准、会计估计和核算方法未发生变化。

报告年度公司执行财政部于2014年修订或新制定颁布的《企业会计准则第2号——长期股权投资》、《企业会计准则第9号——职工薪酬》、《企业会计准则第33号——合并财务报表》、《企业会计准则第40号——合营安排》等八项会计准则,其他会计政策未发生变化。

6.2 或有事项说明

6.2.1 对外担保

单位:万元

项目	年末数	年初数
对外担保	0	0
合计	0	0

6.2.2 重大承诺事项

本报告期内公司无重大承诺事项。

6.3 重要资产转让及其出售的说明

本报告期内公司无重要资产转让及其出售情况。

6.4 会计报表中重要项目的明细资料

6.4.1 自营资产经营情况

6.4.1.1 资产风险分类结果

信用风险资产五级分类	正常类(万元)	关注类(万元)	次级类(万元)	可疑类(万元)	损失类(万元)	信用风险资产合计(万元)	不良资产合计(万元)	不良资产率(%)
期初数	1 221 132.62	541.70				1 221 674.32	0.00	0.00
期末数	1 629 426.40	479.53				1 629 905.93	0.00	0.00

6.4.1.2 各项资产减值损失准备

单位:万元

项　目	期初数	本期计提	本期转回	本期核销	期末数
贷款损失准备	2 502.00	-791.00			1 711.00
一般准备	2 502.00	-791.00			1 711.00
专项准备					
其他资产减值准备	10.84	1.23		2.48	9.59
可供出售金融资产减值准备					
持有至到期投资减值准备					
长期股权投资减值准备					
坏账准备	10.84	1.23		2.48	9.59
投资性房地产减值准备					

6.4.1.3 股票投资、基金投资、债券投资、股权投资等投资业务

单位:万元

项目	自营股票	基金	债券	长期股权投资	其他投资	合计
期初数	210 038.55	201.00		281 767.41	460 224.33	952 231.29
期末数	307 256.61	2 776.00		404 714.17	608 885.50	1 323 632.28

6.4.1.4 前三名的自营长期股权投资

企业名称	占被投资企业权益的比例(%)	主要经营活动	投资损益(万元)
1. 重庆三峡银行股份有限公司	34.79	人民币业务,吸收存款,发放贷款,办理国内结算等经中国人民银行批准的业务	46 017.30
2. 合肥科技农村商业银行股份有限公司	24.99	吸收公众存款,发放短期、中期和长期贷款,办理国内结算等经中国银行业监督管理委员会批准的业务	14 377.91
3. 中国信托业保障基金有限责任公司	13.04	受托管理保障基金;参与托管和关闭清算信托公司;通过融资、注资等方式向信托公司提供流动性支持;收购、受托经营信托公司的固有财产,并进行管理、投资和处置等依法经相关部门批准后依批准展开的经营活动	

6.4.1.5　前三名的自营贷款

企业名称	占贷款总额的比例(%)	还款情况
中房集团瑞安房地产开发有限公司	40.79	于2015年2月2日收回本金33 600万元
北京星宝宏房地产开发有限公司	17.24	于2015年3月12日收回本金500万元
海南珠江控股股份有限公司	11.46	尚未到期

6.4.1.6　表外业务

单位:万元

表外业务	期初数	期末数
担保业务	0	0
代理业务(委托业务)	0	0
其他	0	0
合计	0	0

6.4.1.7　公司当年的收入结构

母公司口径

收入结构	金额(万元)	占比(%)
手续费及佣金收入	188 405.64	53.02
其中:信托手续费收入	180 611.15	50.83
投资银行业务收入	7 794.49	2.19
利息收入	35 761.97	10.07
其他业务收入	1 316.00	0.37
投资收益	129 740.04	36.51
其中:股权投资收益	60 395.21	17.00
证券投资收益	14 193.76	3.99
其他投资收益	55 151.07	15.52
公允价值变动收益	−3 245.45	−0.91
营业外收入	3 326.48	0.94
收入合计	355 304.68	100.00

合并口径

收入结构	金额(万元)	占比(%)
手续费及佣金收入	188 532.27	52.01
其中:信托手续费收入	180 611.15	49.82
投资银行业务收入	7 921.12	2.19
基金管理费及销售服务费收入	6 795.50	1.87
利息收入	36 045.27	9.94
其他业务收入	1 316.00	0.37
投资收益	129 740.04	35.79
其中:股权投资收益	60 395.21	16.66
证券投资收益	14 193.76	3.92
其他投资收益	55 151.07	15.21
公允价值变动收益	−3 245.45	−0.90
营业外收入	3 333.05	0.92
收入合计	362 516.68	100.00

6.4.2　**信托财产管理情况**

6.4.2.1　信托资产

单位:万元

信托资产	期初数	期末数
集合	4 875 217.41	8 418 688.15
单一	7 242 804.36	6 432 504.01
财产权	513 157.32	220 471.95
合计	12 631 179.09	15 071 664.11

6.4.2.1.1　主动管理型信托业务

单位:万元

主动管理型信托资产	期初数	期末数
证券投资类	640 461.57	1 370 670.98
股权投资类	1 634 641.28	1 965 484.41
融资类	7 530 055.66	8 756 233.91
事务管理类	341 765.50	222 177.70
合计	10 146 924.01	12 314 567.00

6.4.2.1.2　被动管理型信托业务

单位:万元

被动管理型信托资产	期初数	期末数
证券投资类	—	—
股权投资类	981 400.00	889 098.83
融资类	1 484 855.08	1 850 667.94
事务管理类	18 000.00	17 330.34
合计	2 484 255.08	2 757 097.11

6.4.2.2　本年度已清算结束的信托项目

6.4.2.2.1　按信托类型分类

已清算结束信托项目	项目个数(个)	实收信托合计金额(万元)	加权平均实际年化收益率(%)
集合类	26	1 158 220.00	7.50
单一类	83	2 435 483.89	8.16
财产管理类	4	277 700.00	3.79

6.4.2.2.2　主动管理型

已清算结束信托项目	项目个数(个)	实收信托合计金额(万元)	加权平均实际年化信托报酬率(%)	加权平均实际年化收益率(%)
证券投资类	2	20 100.00	0.98	19.59
股权投资类	11	314 240.00	2.03	14.66
融资类	75	2 221 606.00	1.11	8.03
事务管理类	5	475 300.00	0.74	3.82

6.4.2.2.3　被动管理型

已清算结束信托项目	项目个数(个)	实收信托合计金额(万元)	加权平均实际年化信托报酬率(%)	加权平均实际年化收益率(%)
证券投资类	0	—	—	—
股权投资类	1	9 107.89	1.00	8.61
融资类	18	755 050.00	0.19	6.09
事务管理类	1	76 000.00	0.08	3.54

6.4.2.3 本年度新增的信托项目

新增信托项目	项目个数(个)	实收信托合计金额(万元)
集合	47	4 720 492.05
单一	58	2 365 697.00
财产权	—	—
新增合计	105	7 086 189.05
其中:主动管理型	70	5 986 353.05
被动管理型	35	1 099 836.00

6.4.2.4 信托业务创新成果和特色业务有关情况

(1)支持五大功能区建设。公司依据重庆市委、市政府关于五大功能区的定位和特点,立足自身优势,充分发挥信托功能,为五大功能区建设提供资金支持和金融服务。公司通过参与企业重组并购、股权投资、结构化投资、信托贷款等方式将信托资金运用于五大功能区建设,截至2014年末,存续信托规模逾460亿元。

(2)助推生态文明建设。公司从战略高度上推进绿色信贷,加强对绿色经济、低碳经济、循环经济的支持。2014年,公司向重庆市财信环保投资股份有限公司提供4亿元资金支持,用于荣昌、永川污水处理厂项目工程建设,为将重庆建成碧水青山、绿色低碳、人文厚重、和谐宜居的生态文明城市贡献力量。

(3)支持保障房建设。公司重点关注改善民生的重要行业,2014年,公司为重庆巴山仪器厂保障性住宅工程暨汽车后市场商贸中心项目的建设提供融资5亿元,以改善城乡居民居住条件,践行社会责任,促进经济社会和谐协调发展。

6.4.2.5 本公司履行受托人义务的情况及因本公司自身责任而导致的信托资产损失情况

作为信托计划的受托人,公司严格按照国家法律法规和信托合同的约定,从事信托活动。在信托成立之前,对委托人明示信托投资的风险,不承诺保底收益;在信托计划履行过程中,恪尽诚实、信用、谨慎、有效管理的义务,对所有信托项目均单独开户、单独核算,严格收支管理;在后期管理上,设置专职的信托经理,对信托项目实行及时跟踪管理和书面报告制度,真实记录并全面反映信托项目管理情况和财务状况,并根据法律法规要求及信托文件约定对信托项目的运行情况在公司网站上进行定期的披露。

截至报告期末,所有信托项目均按时分配收益,无拖延拒付情况,也未出现因本公司自身责任而导致信托资产出现损失的情况。

6.5 关联方关系及其交易

6.5.1 关联交易方的数量、关联交易的总金额及关联交易的定价政策

	关联交易方数量(个)	关联交易金额(万元)	定价政策
合计	14	219 492.33	按市价公平定价

6.5.2 关联交易方与本公司的关系性质,关联交易方的名称、法人代表、注册地址、注册资本及主营业务

序号	关联性质	关联方名称	法定代表人或负责人	注册地址	注册资本(万元)	主营业务
1	母公司	重庆国信投资控股有限公司	刘勤勤	重庆	163 373.00	项目投资与管理
2	同一母公司	重庆路桥股份有限公司	江　津	重庆	90 774.20	城市道路桥梁等基础设施的投资、建设、管理等
3	同一母公司	重庆渝涪高速公路有限公司	谷安东	重庆	200 000.00	重庆渝涪高速公路经营管理,设计、代理国内广告
4	同一母公司	重庆饭店有限公司	吴成惠	重庆	USD 500.00	饮食、食品加工销售、旅游、车队服务、康乐中心、写字楼出租等
5	同一母公司	重庆未来投资有限公司	卢　俊	重庆	6 000.00	实业、股权及市场开发投资、资产经营管理、国内贸易等
6	同一母公司	重庆普丰置业发展有限公司	郭锋超	重庆	8 000.00	房地产开发、物业管理、房屋及车库租赁和销售;资产经营管理咨询;企业项目投资咨询等
7	被投资单位	益民基金管理有限公司	翁振杰	重庆	10 000.00	基金管理业务、发起设立基金
8	被投资单位	重庆三峡银行股份有限公司	童海洋	重庆	235 379.51	人民币业务。吸收公众存款;发放短期、中期和长期贷款;办理国内结算等经中国人民银行批准的业务
9	被投资单位	合肥科技农村商业银行股份有限公司	胡忠庆	合肥	169 844.00	吸收公众存款;发放短期、中期和长期贷款;办理国内结算等经中国银行业监督管理委员会批准的业务

6.5.3 重大关联方交易

6.5.3.1 固有与关联方交易

固有与关联方关联交易

单位:万元

	期初数	借方发生额	贷方发生额	期末数
贷款	2 000.00			2 000.00
投资				
租赁		1 308.91	1 308.91	
担保				
应收账款				
其他		372.76	372.76	
合计	2 000.00	1 681.67	1 681.67	2 000.00

6.5.3.2 信托与关联方交易

信托与关联方关联交易

单位:万元

	期初数	借方发生额	贷方发生额	期末数
贷款	23 500.00	1 000.00	—	24 500.00
投资				
租赁				
担保				
应收账款				
其他	64 750.00	—	41 450.00	23 300.00
合计	88 250.00	1 000.00	41 450.00	47 800.00

6.5.3.3　固信交易与信信交易

6.5.3.3.1　固信交易

固有财产与信托财产相互交易

单位：万元

	期初数	本期发生额	期末数
合计	188 726.00	213 987.00	402 713.00

固有财产与信托财产相互交易本年增加 1 028 360.00 万元，本年减少 814 373.00 万元。

6.5.3.3.2　信信交易

信托财产与信托财产相互交易

单位：万元

	期初数	本期发生额	期末数
合计	14 500.00	2 823.66	17 323.66

6.5.4　报告期末，关联方逾期未偿还本公司资金和为关联方担保发生或即将发生垫款的情况

无。

6.6　会计制度的披露

报告年度，公司自营业务、信托业务均执行企业会计准则。

7. 财务情况说明书

7.1　利润实现和分配情况

7.1.1　利润实现和分配情况（母公司）

本报告期初公司未分配利润为 270 309.73 万元，2014 年度实现净利润为 243 204.49 万元，提取法定盈余公积 24 320.45万元，提取信托赔偿准备12 160.23万元，提取一般风险准备 12 231.84 万元，剩余可供股东分配的利润为 464 801.70万元，将用于以后年度分配。

7.1.2　利润实现和分配情况（合并口径）

本报告期初归属于母公司的未分配利润为 275 222.84 万元，2014 年度实现的归属于母公司的净利润 243 706.64 万元，提取法定盈余公积 24 320.45 万元，提取信托赔偿准备 12 160.23万元，提取一般风险准备 12 231.84 万元，剩余可供母公司股东分配的利润为 470 216.96 万元，将用于以后年度分配。

7.2　主要财务指标

7.2.1　主要财务指标（母公司）

指标名称	指标值
资本利润率（%）	22.21
加权年化信托报酬率（%）	1.32
人均净利润（万元）	2 615.10

7.2.2　主要财务指标（并表口径）

指标名称	指标值
资本利润率（%）	22.14
加权年化信托报酬率（%）	1.32
人均净利润（万元）	2 620.50

7.3　对本公司财务状况、经营成果有重大影响的其他事项

无。

7.4　公司净资本情况

指标名称	指标值	监管标准
净资本（万元）	1 027 068.87	≥2 亿元
各项业务风险资本之和（万元）	412 225.80	
净资本/各项业务风险资本之和（%）	249.15	≥100%
净资本/净资产（%）	80.81	≥40%

8. 特别事项揭示

8.1　前五名股东报告期内变动情况及原因

报告期内，重庆水务集团股份有限公司、重庆市水务资产经营有限公司将所持公司股权转让给国寿投资控股有限公司，转让后重庆水务集团股份有限公司、重庆市水务资产经营有限公司不再持有我公司股权，国寿控股有限公司持有公司26.04%的股权。安徽省皖投融资担保有限责任公司将所持公司股权转让给新疆宝利盛股权投资有限公司，转让后安徽省皖投融资担保有限责任公司不再持有我公司股权，新疆宝利盛股权投资有限公司持有公司0.82%的股权。

8.2　董事、监事及高级管理人员变动情况及原因

报告期内，鉴于公司原股东重庆水务集团股份有限公司、重庆市水务资产经营有限公司已将其持有的公司共计26.04%的股权转让给国寿投资控股有限公司，公司股东会选举赵立军先生、战涛先生为公司第三届董事会董事。2015年4月17日，赵立军、战涛先生的董事任职资格获监管部门核准。

报告期内，公司股东会增选康乐女士为股东代表监事，公司职工代表大会选举李静女士为职工代表监事，公司监事会成员由3名增加至5名。

报告期内，翁振杰先生当选公司第三届董事会董事长，并获任职资格核准。

报告期内，董事会聘任原总裁助理杨云先生为公司副总裁。

报告期内，总裁助理李坤唯女士退休，原副总裁林德琼先生、总裁助理刘腾先生因个人原因辞职。

8.3　公司的重大未决诉讼事项

固有：无。

信托：新办执行案件2件。

公司与许金和、福建君合集团有限公司执行案，涉案本金8 300万元；公司与许建成、福建君合集团有限公司执行案，涉案本金6 700万元，均系单一资金信托通道业务执行案件。因办理了具有强制执行效力的《债权文书公证书》，故公司直接向福建省高级人民法院申请强制执行。根据《福建省高级人民法

院执行裁定书》(闽执行[2014]15 -4 号)及(闽执行[2014]16 -4 号),两起案件已进入执行程序,且法院已分别查封许金和质押的 2 200 万股众和股份、许建成质押的 1 770 万股众和股份。目前正在执行过程中。

8.4 对会计师事务所出具的有保留意见、否定意见或无法表示意见的审计报告的,公司董事会应就所涉及事项作出说明

无。

8.5 公司及其董事、监事和高级管理人员受到处罚的情况

无。

8.6 银监会及其派出机构对公司检查后提出整改意见的整改情况

报告期内,重庆银监局根据现场监管情况,向公司出具了《现场检查意见书》(渝银监发[2014]80 号),提出了监管要求:加强对存在风险隐患项目的后续管理,积极与项目相关方协商,落实项目到期兑付资金来源,确保项目到期顺利兑付;对公司所有存续应收账款类信托项目开展逐一自查,对发现问题的业务进行内部问责,及时报告自查情况及整改措施;完善内控制度,加强内部管理及项目的全流程管理,进一步严格防范项目风险;进一步加强业务报告制度,并认真落实各项监管意见。

公司针对监管部门提出的监管要求改进各方面工作,针对存在兑付风险隐患的项目,严格按照监管机构的要求,积极与相关交易方沟通协商,制订兑付方案;对存续应收账款项目、存续集合信托项目等进行认真清理,开展逐一自查,针对项目可能面临的风险制订风险预警方案,严格落实风控措施;完善公司内控制度,促进全体员工合规开展业务;进一步加强对信托业务报告的管理,确保及时、准确、全面、持续地向重庆银监局报告信托项目开展的具体情况,做到报告前后相关信息一致。在监管部门的大力支持和有效监督下,公司沿着稳健道路健康发展。

8.7 本年度重大事项临时报告的简要内容、披露时间、所披露的媒体及其版面

因注册地变更,重庆银监局向公司颁发新的金融许可证。按照监管部门要求,公司于 2014 年 5 月 6 日在《重庆日报》26 版刊登了金融许可证信息公告。

2014 年 7 月 23 日,公司在《上海证券报》47 版披露了原公司股东重庆水务集团股份有限公司、重庆市水务资产经营有限公司将所持股权公开挂牌转让给国寿投资控股有限公司已完成相关法律手续并相应修改公司章程的公告。

2014 年 11 月 15 日,公司在《上海证券报》45 版披露中国银监会核准翁振杰先生董事长任职资格,公司法定代表人亦做相应变更,并修订公司章程相关条款的公告。

8.8 银监会及其省级派出机构认定的其他有必要让客户及相关利益人了解的重要信息

无。

9. 公司监事会意见

监事会对任期内公司的生产经营活动进行了监督检查。监事会认为,2014 年,公司认真贯彻科学发展观,积极应对政策和市场的巨大变化,务实推进信托业务稳步开展,存续信托资产达 1 507 亿元,全年实现利润总额 30.02 亿元、净利润 24.42 亿元,经营业绩再创新高。监事会认为,董事会及各位董事认真执行了股东大会的各项决议,勤勉尽责,未出现损害公司、股东利益的行为,董事会的各项决议符合《公司法》等法律法规和公司章程的要求,重大决策项目思路清晰,为公司稳健发展奠定了基础。2014 年,公司经营班子认真执行了董事会的各项决议,取得了良好的经营业绩,圆满完成了公司年初制订的经营计划和利润目标,实现了公司可持续发展,经营中未出现违规操作行为。

本报告期内,公司财务报告符合相关制度和规定的编制要求,真实地反映了公司的财务状况和经营成果。

紫金信托有限责任公司

1. 重要提示

1.1 紫金信托有限责任公司董事会及董事保证本报告所载资料不存在任何虚假记载、误导性陈述或者重大遗漏,并对其内容的真实性、准确性和完整性承担个别及连带责任。

1.2 公司股东会已建立独立董事制度,独立董事保证本报告内容真实、完整和准确。

1.3 公司编制的2014年度财务报告已经立信会计师事务所(特殊普通合伙)审计,并出具了标准无保留意见的审计报告。

1.4 公司法定代表人王海涛、主管会计部门负责人陈峥和会计部门负责人杨黎文声明并保证年度报告中财务报告的真实、完整。

2. 公司概况

2.1 公司简介

紫金信托有限责任公司(简称紫金信托)前身为南京市信托投资公司,成立于1992年。在历经股权变更后,2010年经中国银行业监督管理委员会批准,公司实施增资重组,公司控股股东为国资全资设立的南京紫金投资集团有限责任公司(简称紫金投资集团),引入了国际著名的信托金融机构日本三井住友信托银行股份有限公司(Sumitomo Mitsui Trust Bank, Limited,三井住友信托)以及三胞集团等多家国内知名企业作为战略投资者,注册资本为5亿元人民币。2010年10月,经中国银行业监督管理委员会批准,重新登记并正式更名为"紫金信托有限责任公司"《中国银监会关于南京市信托投资公司重新登记等有关事项的批复》(银监复[2010]485号),同时经中国银监会江苏监管局颁发金融许可证,公司于2010年11月28日在南京开业。

2013年9月3日,经中国银监会批准《中国银监会关于紫金信托有限责任公司变更股权、增加注册资本及修改公司章程的批复》(银监复[2013]448号),公司注册资本由5亿元人民币增至12亿元人民币。

紫金信托以"责任·专业·开放·分享"为理念,崇尚"更优的服务、更快的速度、更高的价值",致力于为客户提供量身定制、个性化的理财和融资服务。公司还积极推进包括支持中小企业发展、创新性业务在内的产品研发,承担社会责任,服务经济社会发展。

2.1.1 公司法定中文名称:紫金信托有限责任公司
中文缩写:紫金信托
公司法定英文名称:Zijin Trust Co.,Ltd.
英文缩写:ZJT

2.1.2 法定代表人:王海涛
注册地址:江苏省南京市鼓楼区中山北路2号紫峰大厦30层
邮编:210008
公司国际互联网网址:HTTP://WWW.ZJTRUST.COM.CN
公司电子邮箱:BGS@ZJTRUST.COM.CN

2.1.3 公司负责信息披露事务的高级管理人员:高晓俊
联系人姓名:高晓俊
联系电话:025-66775859
传真:025-66770666
电子信箱:GAOXIAOJUN@ZJTRUST.COM.CN
公司选定的信息披露报纸名称:《经济日报》
公司年度报告备置地点:南京市鼓楼区中山北路2号紫峰大厦30层

2.1.4 公司聘请的会计师事务所:
立信会计师事务所(特殊普通合伙)
地址:上海市黄浦区南京东路61号四楼
公司聘请的律师事务所:
(1) 江苏高的律师事务所
地址:江苏省南京市玄武区长江路99号长江贸易大楼13层
(2) 锦天城律师事务所(上海)
地址:上海市浦东新区花园石桥路33号花旗集团大厦14楼
(3) 北京中伦律师事务所
地址:北京市建国门外大街甲6号SK大厦36-37层

2.2 组织结构

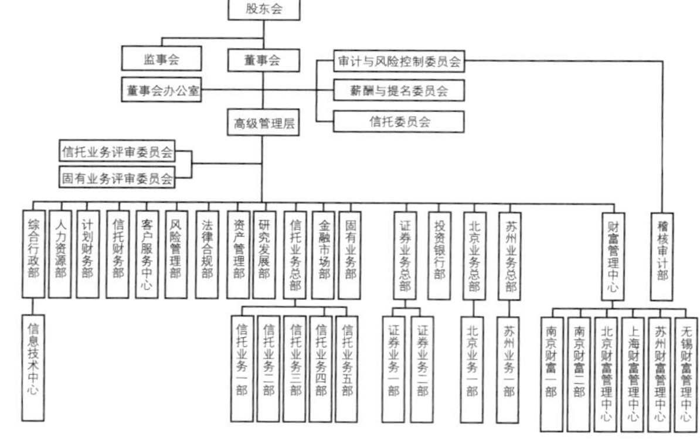

3. 公司治理结构

3.1 股东

报告期末公司股东总数为5家,最终实际控制人为南京紫金投资集团有限责任公司。出资比例在10%及以上的股东及出资情况如下表:

股东名称	持股比例(%)	法人代表	注册资本	注册地址	主要经营业务
★南京紫金投资集团有限责任公司	60.01	王海涛	50亿元人民币	江苏省南京市建邺区江东中路269号新城大厦B座2701室	投资与资产管理
三井住友信托银行股份有限公司	19.99	常阴均	3420亿日元	日本东京都千代田区丸之内1-4-1	信托业务、商业银行业务、证券/债券方面的投资咨询与资产管理业务等
三胞集团有限公司	10	袁亚非	10亿元人民币	江苏省南京市白下区中山东路18号第11层A2座	商业连锁、信息服务、电子商务、房地产业、金融服务

3.2 董事

非独立董事

姓名	职务	性别	年龄	选任日期	所推举的股东名称	该股东出资比例(%)	简要履历
陈峥	董事、总裁	女	47	2014年10月	南京紫金投资集团有限责任公司	60.01	1968年5月出生,硕士研究生,高级经济师;历任上海星火制浆造纸厂技术员、助理工程师,南京国际信托投资公司部门经理,南京市国有资产投资管理控股(集团)有限责任公司部门经理、总经理助理、副总经理,南京紫金投资控股有限责任公司副总经理;现任南京紫金投资集团有限责任公司总经理、紫金信托有限责任公司总裁、南京证券董事。
王瑞	董事	女	42	2014年10月	南京紫金投资集团有限责任公司	60.01	1973年5月出生,硕士研究生,高级经济师。历任南京市投资公司项目经理、投资部经理、副总经理,南京市国资集团投资管理部副经理,南京市国资委综合处副处长,南京市投资公司副总经理,现任南京紫金资产管理有限公司总经理。
沙福贵	董事	男	47	2015年1月	三胞集团有限公司	10	1968年2月出生,硕士研究生。历任深圳黎明电脑网络有限公司财务部经理、湘财证券有限责任公司副总裁兼财务总监、诺亚中国财富管理中心总稽核、迪拜中拓控股有限公司首席执行官,现任三胞集团有限公司执行副总裁、三胞集团投资管理公司总经理。

独立董事

姓名	职务	性别	年龄	选任日期	所推举的股东名称	该股东出资比例(%)	简要履历
夏亮	上海通力律师事务所北京分所律师、合伙人	男	40	2015年1月	南京紫金投资集团有限责任公司	60.01	1975年1月出生,硕士研究生学历;历任上海市毅石律师事务所律师助理、中伦金通律师事务所上海分所律师助理、上海通力律师事务所律师、北京市金杜律师事务所上海分所律师;现任上海通力律师事务所北京分所律师、合伙人,紫金信托独立董事。
黄泽民	华东师大国际金融研究所所长	男	63	2014年10月	三井住友信托银行股份有限公司	19.99	1952年12月出生,经济学博士学历,华东师范大学终生教授、博士生导师。曾担任华东师大商学院院长,第十、十一届全国政协委员;现任华东师大国际金融研究所所长,兼任上海世界经济学会副会长、中国金融学会学术委员、中国国际金融学会理事、中国国际经济关系学会常务理事、全国日本经济学会副会长、第十二届全国政协委员、上海市人民政府参事、紫金信托独立董事。

3.3 监事

监事会成员

姓名	职务	性别	年龄	选任日期	所推举的股东名称	该股东出资比例(%)	简要履历
骆芝惠	监事会主席	女	59	2014年10月	南京紫金投资集团有限责任公司	60.01	1956年10月出生,会计学大专学历,高级会计师;历任镇江丹徒基本建设局经理部主管会计,镇江市丹徒审计局财贸金融科审计员,南京市国际信托投资公司计划财务部副经理,南京市国资集团计划财务部经理、副总会计师、总会计师,南京紫金投资集团总会计师;现任南京紫金投资集团专务、紫金信托第二届监事会主席。

续表

姓 名	职 务	性别	年龄	选任日期	所推举的股东名称	该股东出资比例(%)	简 要 履 历
渠 泉	监事	男	46	2014 年 10 月	南京高新技术经济开发总公司	5	1969 年 10 月出生，大专学历，工程师；历任南京科技创业服务中心综合管理部经理、招商中心经理、海外学子办公室主任，南京高新技术经济开发总公司南京软件园分公司副总经理，南京高新区管委会经发局综合科科长，南京高新融资担保有限公司董事、副总经理；现任南京高新创业投资有限公司总经理助理、紫金信托第二届监事会监事。
李 薇	职工代表监事	女	36	2014 年 10 月	—	—	1979 年 2 月 4 日出生，硕士研究生学历；历任南京证券投资银行一部职员，南京市国资集团资产管理部、投资管理部、金融资产部高级业务经理、总经理助理，南京紫金投资控股有限责任公司投资运营部经理；现任紫金信托有限责任公司法律合规部总经理、合规总监，紫金信托第二届监事会职工代表监事。

3.4 高级管理人员

姓名	职务	性别	年龄	选任日期	金融从业年限(年)	学历	专业
陈 峥	总裁	女	47	2010 年 10 月 18 日	17	硕士	工商管理
甲斐伸一郎	副总裁	男	50	2013 年 7 月 16 日	26	本科	法律
高晓俊	总裁助理	男	44	2011 年 5 月 25 日	13	硕士	工商管理
伍 兵	总裁助理	男	49	2013 年 9 月 23 日	26	博士	技术经济及管理

3.5 公司员工

项 目		报告期年度		上年度	
		人数(人)	比例(%)	人数(人)	比例(%)
年龄分布	20 岁以下	0	0	0	0
	20~29 岁	34	30.6	46	43.4
	30~39 岁	52	46.8	46	43.4
	40 岁以上	25	22.6	14	13.2
学历分布	博士	2	1.8	1	1.0
	硕士	44	39.6	44	41.5
	本科	60	54.1	56	52.8
	专科	4	3.6	3	2.8
	其他	1	0.9	2	1.9
岗位分布	董事、监事及高管人员	5	4.5	5	4.7
	自营业务人员	5	4.5	6	5.7
	信托业务人员	54	48.6	37	34.9
	其他人员	47	42.4	58	54.7

4. 经营管理

4.1 经营目标、方针、战略规划

公司 2014 年度的经营目标是：坚持“稳中求进”的整体发展思路，做强基石业务，培育创新业务，提升直销能力，加强团队建设，筑牢风险底线，优化经营管理方式，塑造品牌影响力，为顺利实现新《3 年战略规划》奠定坚实基础。

公司的经营方针是：稳增长、调结构、控风险、微创新。

公司的战略规划是：坚持“为客户提供定制式服务的财富管理人”的战略思想，跟随主流市场的同时积极创新，做强基石业务，发展创新业务。同时，以“成为中小金融机构产品供应商，中产阶级理财好伙伴”为目标，拓展基石客户群。

4.2 经营业务的主要内容

4.2.1 公司经营业务和品种

经中国银行业监督管理委员会批准，公司许可经营项目为：(1)资金信托；(2)动产信托；(3)不动产信托；(4)有价证券信托；(5)其他财产或财产权信托；(6)作为投资基金或者基金管理公司的发起人从事投资基金业务；(7)经营企业资产的重组、购并及项目融资、公司理财、财务顾问等业务；(8)受托经营国务院有关部门批准的证券承销业务；(9)办理居间、咨询、资信调查等业务；(10)代保管及保管箱业务；(11)以存放同业、拆放同业、贷款、租赁、投资方式运用固有财产；(12)以固有财产为他人提供担保；(13)从事同业拆借；(14)中国法律法规规定或中国银监会批准的其他业务。(外资比例低于 25%)

一般经营项目：无。

4.2.2 公司资产组合和分布

自营资产运用与分布表

资产运用	金额(万元)	占比(%)	资产分布	金额(万元)	占比(%)
货币资产	23 199.06	13.14	基础产业	—	—
贷款及应收款	38 990.56	22.09	房地产业	—	—
交易性金融资产	15 964.17	9.04	证券市场	15 964.17	9.04
可供出售金融资产	91 025.00	51.57	实业	38 000.00	21.53
持有至到期投资	—	—	金融机构	114 821.06	65.05
长期股权投资	597.00	0.34	其他	7 735.62	4.38
其他	6 745.06	3.82			
资产总计	176 520.85	100	资产总计	176 520.85	100

信托资产运用与分布表

资产运用	金额（万元）	占比（%）	资产分布	金额（万元）	占比（%）
货币资产	140 753.57	2.70	基础产业	2 477 464.60	47.60
贷款	2 284 660.60	43.89	房地产	540 051.00	10.38
交易性金融资产	0.00	0.00	证券市场	0.00	0.00
可供出售金融资产	2 620 151.14	50.34	实业	1 357 861.50	26.09
持有至到期投资	3 103.43	0.06	金融机构	829 832.63	15.93
长期股权投资	151 900.00	2.92	其他	88.74	0.00
其他	4 729.73	0.09			
信托资产总计	5 205 298.47	100.00	信托资产总计	5 205 298.47	100.00

4.3 市场分析

4.3.1 影响公司发展的有利因素

（1）通过改革有效释放制度红利。年内，利率市场化持续推进、中国（上海）自由贸易试验区批准设立、国有企业混合所有制改革试点、行政审批事项大幅简化等改革举措激发了市场活力，推动了信托行业的创新发展。

（2）证券投资市场拓展行业发展空间。中央银行货币政策实质性趋向宽松、多层次资本市场体系建设扎实推进等市场利好促进证券投资市场逐渐升温，为信托行业大力推进证券投资业务提供新的发展机遇。

4.3.2 影响公司发展的不利因素

（1）中国经济增长持续放缓。在面临增长速度进入换挡期、结构调整面临阵痛期、前期刺激政策消化期“三期叠加”的背景下，中国经济步入“新常态”，全年 GDP 增速进一步下滑至7.4%。

（2）房地产市场深度调整。受投资者信心不足、销售放缓和融资环境偏紧等因素影响，2014 年房地产投资增速下滑明显，市场分化严重，房地产市场不确定性增加，房地产信托业务平均收益率降低、风险管理难度加大。

（3）政信合作业务亟待转型。随着《国务院关于加强地方政府性债务管理的意见》（国发［2014］43 号）及其相关细则颁布实施，基于地方政府信用背书的传统政信合作业务模式难以为继，而作为转型方向的 PPP 业务模式尚处于试点阶段，基建领域信托业务面临转型发展压力。

4.4 内部控制

4.4.1 内部控制环境和内部控制文化

公司按照《公司法》、《信托公司管理办法》、《信托公司治理指引》和监管部门的要求完善公司治理的相关制度和实施细则，进一步明确了股东会、董事会和监事会的权责和制约关系，明确了董事会、监事会、经营班子的权责和授权制约关系；公司经营班子与下属部门形成了有效的授权分责关系。

公司坚持“责任·专业·开放·分享”的文化理念，讲求团队合作和奉献精神，尊重人才，努力实现员工价值，提高员工对公司的归属感和忠诚度，构筑以团队精神实现公司价值、以公司发展实现个人价值的企业文化体系。公司坚持“依法合规经营”的理念和“风险控制优先”的原则，形成业务不断发展和风险有效控制的运行机制，建立起员工职业道德规范和诚信记录，营造良好的合规经营文化环境。

4.4.2 内部控制措施

公司坚持“内控优先、稳健运行”的管理理念，持续加强内控制度体系建设和完善细化工作，制定出台有关业务管理和基础管理制度，全面覆盖信托业务、固有业务和基础管理工作。公司建立健全各项业务决策机构和决策程序。公司加强对投资策略、规模、品种、结构、期限等的决策管理。公司主要业务部门之间建立并逐步健全严格的隔离制度，实现“四个分离”，即信托业务与自营业务及其他业务相分离、不同的信托财产之间相分离、同一信托财产运用与保管相分离、业务操作岗与风险管控岗相分离。

对于信托业务，在信托项目尽职调查、业务审批、产品销售、存续管理、信息披露、清算核算、风险管控等各环节分别制定了管理办法和操作规程，业务运行规范化程度明显提高。在设立环节，公司通过制定各专项业务项目的尽职调查指引、建立科学有效的信托业务决策机制、严格按照公司制度和流程开展信托项目审查审批、根据法律法规制定规范的信托文件等措施实现内部控制；在运用环节，公司对信托财产运用严格遵守法律法规规定，实现信托财产的审批、运用和保管（托管）分离等措施；在管理环节，公司初步建立各类信托业务风险识别、评估、监测、报告控制体系，公司信托业务的前台、中台、后台信息交流保持渠道畅通和信息对称，建立信托项目及时分析、跟踪检查的管理制度，设立业务管理台账，做好记录，实现内部控制；在清算终止环节，公司严格依据法律法规、信托文件制作处理信托事务的清算报告，及时向委托人、受益人进行披露，同时规范信托业务档案管理机制，以实现内部控制。截至 2014 年 12 月 31 日，公司信托赔付为零。

对于固有业务，公司全面加强资金投放的事前、事中和事后管理，业务运行继续保持良好，到期项目资金全部收回。遵循谨慎原则，建立健全固有业务决策机构和决策程序，制订年度自有资金配置计划与风险容忍度，严格按照董事会的有关规定及公司相关制度规定的程序与决策权限进行报审与审批，加强对固有业务的投资策略、规模、品种、结构、期限等的决策管理；公司坚持自有资金“低风险、高流动”的配置要求，根据经济形势、市场情况的变化，适时进行固有业务投资策略的调整；公司通过合理的预警机制、严密的账户管理、严格的资金审批调度、规范的交易操作及完善的业务档案管理制度等，控制固有业务的运作风险；公司投资决策有充分的投资依据，重要投资有详细的研究报告和风控意见支持，并有决策流程和记录。截至 2014 年 12 月 31 日，公司不良资产为零。

4.4.3 监督评价与纠正

公司的稽核审计部独立行使公司内部控制的监督、评价与纠正职责。在审计过程中发现内部控制缺陷的，向被审计部门提出改进建议并敦促被审计部门及时改进完善。稽核审计部有权直接向董事会、监事会和公司高管层报告内部控制审计情况。

公司实行事前、事中与事后三位一体的风险管理和监督评价体系，对业务环节和经营管理进行持续性的全方位、全过程的监督、评价、后评价与纠正。2014 年稽核审计部全面完成了内部控制检查评价工作，符合监管规定、完善公司治理结构和强化内部控制体系建设的总体要求。事前监督主要从制度建设，流程设计与完善，风险信息收集、识别、评估与监测等方面开展，对公司的内部控制进行事前管理；事中监控包括资产管理部门定期适时的业务监控、业务部门的持续性监控以及稽核审计平台的过程监控；事后监督通过常规稽核、专项稽核、离任稽核等形式发现、评价公司经营中存在的制度和流程缺陷，并建立规范的后续整改跟踪程序，确保合理建议得到落实和改进，有效提升公司的内控水平。

4.5 风险管理

4.5.1 风险管理概况

报告期内，公司根据有关法规和监管规定，结合现代金融企业风险管理的基本原则，进一步建立健全了各类规章制度，细化了风险管控的组织分工，梳理优化了业务运行的全部流程，持续利用风险管理技术，对全业务品种风险和全业务流程风险进行了充分有效的识别、评估和处置。截至报告期末，“以全业务流程制度体系为经，以全业务品种制度规范为纬”的全面风险管控体系已基本建立，规章制度体系运行有力，固有与信托财产全部安全受控。

4.5.2 风险状况

4.5.2.1 信用风险状况

截至 2014 年 12 月 31 日，固有业务贷款余额 3.8 亿元，均为正常类贷款，无不良资产，风险分类真实、准确。

截至 2014 年 12 月 31 日，信托业务中信托融资类业务（含贷款）292.8 亿元，占比为 56.3%，行业投向包括制造业、房地产、租赁和商务服务业、住宿和餐饮业、建筑业等，信托贷款资金投放全部符合国家产业政策和宏观调控要求。期末信托贷款无不良贷款，信托贷款质量良好。

4.5.2.2 市场风险状况

截至 2014 年 12 月 31 日，固有业务投资余额 107 586.17 万元，包括可供出售金融资产 91 025 万元、股票 14 682.95 万元、基金 1 201.22 万元、债券 80 万元、长期股权投资 597 万元。其中，具有公开市值的投资 15 964.17 万元。

截至 2014 年 12 月 31 日，投资类信托业务信托资产规模 146.36 亿元，主要是（1）从投资者结构来看，集合投资类信托资产规模 79.79 亿元，单一投资类信托资产规模 66.57 亿元；（2）从投资方式来看，存放同业 10.12 亿元，可供出售金融资产及持有至到期投资 120.57 亿元，股权投资 15.19 亿元，其他类 4 729.73 万元。

对于存放同业投资，公司优选存放金融机构，市场风险较低；对于其他投资，公司通过优选交易对手、谨慎选择项目或标的物、严格的投后管理措施、对股票类标的物进行实时盯盘及设置预警机制，确保投资类信托业务的市场风险可控。

4.5.2.3 操作风险状况

截至 2014 年 12 月 31 日，公司未出现重大操作风险事项。

4.5.2.4 其他风险状况

包括流动性风险、声誉风险和集中度风险。

流动性风险：截至 2014 年 12 月 31 日，固有业务有 3.8 亿元贷款余额，未进行任何主动负债，流动性指标稳定性高；公司流动性资产为 3.22 亿元，流动性负债 1.31 亿元，流动性比例为 2.46。2014 年公司流动性指标较 2013 年降低，主要是由于公司利用固有资金购买可供出售金融资产造成流动性资产的减少，整体固化程度低。目前公司同业存款项目风险较低，近期面临的兑付集中度和清算压力较小，流动性风险低。

声誉风险：截至 2014 年 12 月 31 日，公司没有任何信托项目赔付，存量信托项目运行正常，潜在赔偿责任风险较小。

集中度风险：截至 2014 年 12 月 31 日，固有业务贷款 3.8 亿元，贷款投向租赁和商务服务业。信托业务融资类信托资产规模 292.8 亿元，最大的三个行业依次为租赁和商务服务业，水利、环境和公共设施管理业，房地产业，三个行业合计占比为 71.97%。整体行业集中度不高，行业风险较低。

4.5.3 风险管理情况

4.5.3.1 信用风险管理

报告期内，公司对信用风险采取了以下控制措施：（1）修订公司主要业务类型展业指引，并规范尽调模板，引导业务部门加强事前对交易对手（项目）的尽职调查。（2）实行对交易对手（项目）三级风险评审制度，设立事前审批、事中执行和事后监督三道程序，为信用风险管理提供三道防火墙。在项目评审过程中，公司的前台、中台、后台以及管理层、决策层须对项目风险进行层层把关，建立了分层次的风险预防线。（3）认真落实贷款担保措施。抵押贷款的管理要点为注意对抵押物权属有效性、合法性进行审查，客观、公正评估抵押物，原则上抵押率不超过 50%。保证贷款的管理要点为保证人应具有独立的法人资格，并对其拥有的财产享有所有权或依法处分权；担保人应具备良好的资信状况，近 4 年经营业绩稳定，财务状况良好，具备较强的担保能力。（4）制定《业务风险预警管理办法》，以资产管理部为主责管理部门，事前设置风险预警信号和风险控制指标，通过对管理的各类资产进行持续的监控，尽早发现及识别风险，报告及处置风险。（5）事中对交易对手（项目）进行动态管理，及时将有关情况向公司领导报告。（6）要求业务部门定期进行后期检查，形成项目检查报告，若发现问题，及时采取措施有效防范和化解各类信用风险。

4.5.3.2 市场风险管理

报告期内，在董事会制定的战略指导下，针对市场风险，经营层采取了以培养人才、锻炼队伍为出发点，以少量、分散为原则的投资策略，稳健地开展相关领域投资，合理规避市场风险。具体经营措施包括：（1）培养和引进了与投资业务规模和市场风险管理需求相适应的专业团队，相关岗位人员投资经验丰富，对市场风险的认识充分，投资行为审慎。（2）逐步完善市场风险防控制度，在业务决策流程中坚决执行，并积极研究证券投资类信托业务管理办法及相关细则，拟对公司相关业务的开展提供指导和管理。（3）使用的风险计量工具和方法与公司投资业务规模和复杂程度基本适应。（4）在产品投资前进行深入细致的尽职调查。（5）对敏感性行业和国家宏观调控重点行业的投资采取特殊的风险防范措施。对于上市公司股票质押融资项目，要求严控质押率，设置预警线及追加保证金线，制订统一的日常监管方案，严格控制股价波动风险。

4.5.3.3 操作风险管理

报告期间，公司在以内控措施为主的环境下制定了一系列政策及程序以识别、评估、报告、管理和控制操作风险。具体措施包括：(1)强化尽职调查。制定《业务尽职调查指引》和尽职调查基础资料收集清单，对前台部门开展尽职调查工作进行明确规范，并要求各业务部门统一按照尽调报告模板要求提交报告。(2)重视签约和抵(质)押登记环节。要求信托、固有项目成立时以及存续期间的所有法律文件原则上均应办理面签，重要法律文件还应委托公证机构办理面签公证。对于抵(质)押登记事项，需要双人同时办理，并由公司正式员工与外聘公证人员或律师共同办理递件、取件手续。(3)制定严格的部门职责和员工岗位职责，整合公司各项业务流程和操作规程，在全公司实行统一的业务标准和操作要求。(4)建立严格的复核、审核程序。公司设置专门的内部稽核审计人员，定期对公司内控及已清算项目进行稽核检查，根据检查结果提出调整及改进意见，有效督促各项制度的贯彻执行。另外，在业务操作的各个重要环节原则上要求双人交叉复核，有效降低人为操作失误。(5)建立了完备的信息系统。(6)不断完善各项规章制度，使之更加完整、严密、可执行。

4.5.3.4 其他风险管理

其他风险管理包括流动性风险管理、声誉风险管理和集中度风险管理。

报告期内，流动性风险管理的措施主要包括：(1)在决策层面，从金融企业整体运营安全的高度制定出识别风险、监测风险、调控头寸的策略；(2)在执行层面，运营团队中配备了专岗专人测算流动性缺口，并设立预警机制应对流动性风险；(3)在监督层面，风险管理部门、稽核审计部门按制度要求对流动性风险管理体系运行的有效性进行长效监督检查。

报告期内，声誉风险管理的措施主要包括：(1)加强员工对声誉风险的认识，培养以声誉为导向的公司文化，积极探索声誉风险评估机制和考核机制，在公司内部形成自上而下的声誉管理意识。(2)建立舆情监测机制，及时有效地识别、监测、评估、报告声誉风险。加强信息的透明化，及时全面地向投资者披露各种信息，把增强公司透明度作为完善公司治理的重要内容，使投资者和社会对整个公司有充分的了解；(3)积极开展包括设立公益信托在内的各类履行社会责任的活动，树立良好的品牌和形象，提高公司的知名度、美誉度。

报告期内，集中度风险管理的措施主要包括：(1)结合公司的经营特点，适度进行分散化、多元化的经营，避免单一行业、单一客户的过度集中；(2)加强数量统计分析和市场监测，提升技术分析能力，有效防范和控制因集中度风险引致的损失。

5. 报告期末及上一年末的比较式会计报表

5.1 自营资产

5.1.1 会计师事务所审计结论

立信会计师事务所(特殊普通合伙)审计了紫金信托有限责任公司财务报表，包括2014年12月31日的资产负债表、2014年度利润表、2014年度现金流量表和所有者权益变动表以及财务报表附注，出具《审计报告》(信会师报字[2015]第530002号)，认为紫金信托有限责任公司财务报表在所有重大方面按照企业会计准则的规定编制，公允反映了紫金信托有限责任公司2014年12月31日的财务状况以及2014年度的经营成果和现金流量。

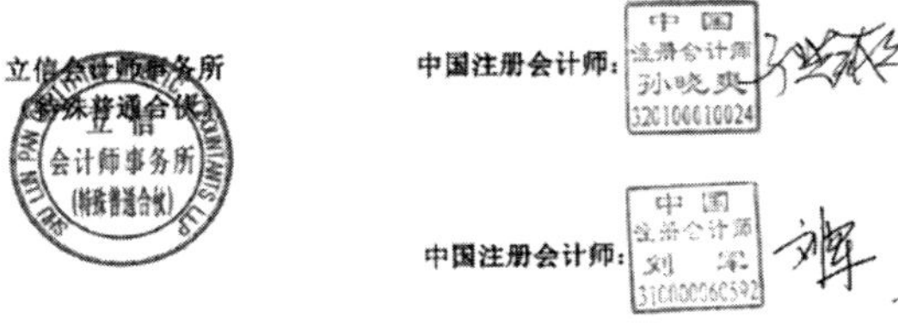

中国·上海　　　　二○一五年二月十六日

5.1.2 资产负债表

资产负债表

编制单位：紫金信托有限责任公司　2014年12月31日　　单位：元

资　产	期末余额	年初余额
资产：		
现金及存放中央银行款项	9 961.42	4 282.22
存放同业款项	231 980 641.52	362 460 855.37
贵金属		
拆出资金		
以公允价值计量且其变动计入当期损益的金融资产	159 641 718.91	66 176 715.69
衍生金融资产		
买入返售金融资产		
应收利息		
发放贷款和垫款	380 000 000.00	260 000 000.00
可供出售金融资产	910 250 000.00	689 920 000.00
持有至到期投资		49 125 716.67
长期股权投资	5 970 000.00	5 970 000.00
投资性房地产		
固定资产	65 777 764.35	68 716 168.38
无形资产	1 672 860.01	1 642 945.01
递延所得税资产		
其他资产	9 905 580.50	3 892 940.40
资产总计	1 765 208 526.71	1 507 909 623.74

法定代表人：王海涛　　主管会计工作负责人：陈　峥　　会计机构负责人：杨黎文

资产负债表（续）

编制单位：紫金信托有限责任公司　2014年12月31日　单位：元

负债及股东权益	期末余额	年初余额
负债：		
向中央银行借款		
同业及其他金融机构存放款项		
拆入资金		
以公允价值计量且其变动计入当期损益的金融资产		
衍生金融负债		
卖出回购金融资产款		
吸收存款		
应付职工薪酬	99 557 630.14	78 809 738.28
应交税费	29 439 467.40	14 878 936.93
应付利息		
预计负债		
应付债券		
递延所得税负债		
其他负债	2 097 877.92	1 093 608.26
负债合计	131 094 975.46	94 782 283.47
股东权益：		
股本	1 200 000 000.00	1 200 000 000.00
资本公积		
减：库存股		
盈余公积	55 718 153.55	29 207 532.45
一般风险准备	25 466 219.11	21 563 193.42
信托赔偿准备	27 859 076.78	14 603 766.23
未分配利润	325 070 101.81	147 752 848.17
股东权益合计	1 634 113 551.25	1 413 127 340.27
负债和股东权益总计	1 765 208 526.71	1 507 909 623.74

法定代表人：王海涛　主管会计工作负责人：陈　峥　会计机构负责人：杨黎文

5.1.3　利润表

利润表

编制单位：紫金信托有限责任公司　2014年度　单位：元

项目	本期余额	上期余额
一、营业收入	507 947 572.82	375 976 632.83
利息净收入	38 208 865.67	30 214 872.92
利息收入	38 208 865.67	30 214 872.92
利息支出		
手续费及佣金净收入	354 930 381.45	321 772 058.64
手续费及佣金收入	354 930 381.45	321 772 058.64
手续费及佣金支出		
投资收益	82 878 425.48	24 776 779.46
其中：对联营企业和合营企业的投资收益		
公允价值变动收益	32 514 635.34	418 172.00
汇兑收益	−584 735.12	−1 205 250.19
其他业务收入		
二、营业支出	153 119 816.35	127 113 995.54
营业税金及附加	23 442 861.49	21 713 531.79
业务及管理费	129 676 954.86	105 400 463.75
资产减值损失		
其他业务成本		
三、营业利润	354 827 756.47	248 862 637.29
加：营业外收入	6 266 000.00	1 444 442.45
减：营业外支出		200 000.00
四、利润总额	361 093 756.47	250 107 079.74
减：所得税费用	95 987 545.49	63 181 037.68
五、净利润	265 106 210.98	186 926 042.06
六、其他综合收益		
七、综合收益总额	265 106 210.98	186 926 042.06

法定代表人：王海涛　主管会计工作负责人：陈　峥　会计机构负责人：杨黎文

5.1.4　所有者权益变动表

所有者权益变动表

编制单位：紫金信托有限责任公司　2014年度　单位：万元

项　目	本期金额							
	股本	资本公积	减：库存股	盈余公积	一般风险准备	信托赔偿准备	未分配利润	所有者权益合计
一、上年末余额	1 200 000 000.00			29 207 532.45	21 563 193.42	14 603 766.23	147 752 848.17	1 413 127 340.27
加：会计政策变更								
前期差错更正								
二、本年初余额	1 200 000 000.00			29 207 532.45	21 563 193.42	14 603 766.23	147 752 848.17	1 413 127 340.27
三、本期增减变动金额（减少以"－"号填列）				26 510 621.10	3 903 025.69	13 255 310.55	177 317 253.64	220 986 210.98
（一）净利润							265 106 210.98	265 106 210.98
（二）其他综合收益								
上述（一）和（二）小计							265 106 210.98	265 106 210.98
（三）所有者投入和减少资本								
1. 所有者投入资本								
2. 股份支付计入所有者权益的金额								
3. 其他								

续表

项目	本期金额							
	股本	资本公积	减:库存股	盈余公积	一般风险准备	信托赔偿准备	未分配利润	所有者权益合计
(四)利润分配				26 510 621.10	3 903 025.69	13 255 310.55	-87 788 957.34	-44 120 000.00
1. 提取盈余公积				26 510 621.10			-26 510 621.10	
2. 提取一般风险准备					3 903 025.69		-3 903 025.69	
3. 提取信托赔偿准备						13 255 310.55	-13 255 310.55	
4. 对所有者(或股东)的分配							-44 120 000.00	-44 120 000.00
5. 其他								
(五)所有者权益内部结转								
1. 资本公积转增资本(或股本)								
2. 盈余公积转增资本(或股本)								
3. 盈余公积弥补亏损								
4. 其他(未分配利润转增资本)								
(六)专项储备								
1. 本期提取								
2. 本期使用								
(七)其他								
四、本年末余额	1 200 000 000.00			55 718 153.55	25 466 219.11	27 859 076.78	325 070 101.81	1 634 113 551.25
后附的财务报表附注为财务报表的组成部分。								

法定代表人:王海涛　　主管会计工作负责人:陈　峥　　会计机构负责人:杨黎文

5.2 信托资产

5.2.1 信托项目资产负债汇总表

资产负债汇总表

编制单位:紫金信托有限责任公司　　2014 年 12 月 31 日　　单位:元

信托资产	期末余额	年初余额	信托负债和信托权益	期末余额	年初余额
信托资产:			信托负债		
货币资金	1 407 535 700.29	2 039 251 979.06	交易性金融负债		
拆出资金			衍生金融负债		
存出保证金			应付受托人报酬	23 350 607.84	24 177 807.87
交易性金融资产			应付托管费	2 834 514.95	103 563.29
衍生金融资产			应付受益人收益	6 363 888.89	3 000.00
买入返售金融资产			应交税费		
应收款项	47 297 271.40	46 429 096.72	应付销售服务费		
发放贷款	22 846 606 000.00	13 878 250 000.00	应付手续费及佣金		
可供出售金融资产	26 201 511 391.75	21 874 102 264.67	其他应付款项	19 088 430.93	64 572 146.56
持有至到期投资	31 034 355.21		其他负债		
长期应收款			信托负债合计	51 637 442.61	88 856 517.72
长期股权投资	1 519 000 000.00	1 249 000 000.00			
投资性房地产					
固定资产			信托权益		
无形资产			实收信托	51 650 277 012.44	38 703 649 720.79
长期待摊费用			资本公积		
其他资产			未分配利润	351 070 263.60	294 527 101.94
减:各项资产减值准备			信托权益合计	52 001 347 276.04	38 998 176 822.73
信托资产总计	52 052 984 718.65	39 087 033 340.45	信托负债和信托权益总计	52 052 984 718.65	39 087 033 340.45

法定代表人:王海涛　　主管会计工作负责人:陈　峥　　会计机构负责人:蒋为强

5.2.2 信托项目利润及利润分配汇总表

利润分配汇总表

编制单位：紫金信托有限责任公司 2014 年度 单位：元

项目	本期金额
一、营业收入	3 922 538 390.45
1.1 利息收入	1 598 843 380.97
1.2 投资收益	2 323 695 009.48
1.2.1 其中：对联营企业和合营企业的投资收益	
1.3 公允价值变动收益	
1.4 租赁收入	
1.5 汇兑损益（损失以"-"号填列）	
1.6 其他收入	
二、支出	578 422 634.84
2.1 营业税金及附加	
2.2 受托人报酬	353 037 646.36
2.3 托管费	94 770 567.48
2.4 手续费及佣金	648 398.67
2.5 销售服务费	
2.6 交易费用	96 402.44
2.7 资产减值损失	
2.8 其他费用	129 869 619.89
三、信托净利润（净亏损以"-"号填列）	3 344 115 755.61
四、其他综合收益	
五、综合收益	
六、加：期初未分配信托利润	294 527 101.94
七、可供分配的信托利润	3 638 642 857.55
八、减：本期已分配信托利润	3 287 572 593.95
九、期末未分配信托利润	351 070 263.60

法定代表人：王海涛 主管会计工作负责人：陈 峥 会计机构负责人：蒋为强

6. 会计报表附注

6.1 会计报表编制基准和说明

公司会计报表编制基准不存在不符合会计核算基本前提的情况。

公司财务报表是根据财政部于2006年颁布的《企业会计准则——基本准则》和38项具体会计准则，其后颁布的应用指南、解释以及其他相关规定（统称企业会计准则）编制。

报告年度会计报表编制基准、会计政策、会计估计和核算方法与上年同期未发生变化。

6.2 或有事项说明

本公司无需要披露的或有事项。

6.3 重要资产转让及出售的说明

报告期内，公司未发生重要资产转让及出售行为。

6.4 会计报表中重要项目的明细资料

6.4.1 披露自营资产经营情况

6.4.1.1 按信用风险五级分类结果披露信用风险资产的期初数、期末数

信用风险资产五级分类	正常类（万元）	关注类（万元）	次级类（万元）	可疑类（万元）	损失类（万元）	信用风险资产合计（万元）	不良资产合计（万元）	不良资产率（%）
期初数	62 635.38	—	—	—	—	62 635.38	—	—
期末数	62 188.62	—	—	—	—	62 188.62	—	—

注：不良资产合计=次级类+可疑类+损失类。

6.4.1.2 各项资产减值损失准备的期初数、本期计提、本期转回、本期核销、期末数，贷款的一般准备和专项准备和其他资产减值准备

单位：万元

	期初数	本期计提	本期转回	本期核销	期末数
贷款损失准备	—	—	—	—	—
一般准备	—	—	—	—	—
专项准备	—	—	—	—	—
其他资产减值准备	—	—	—	—	—
可供出售金融资产减值准备	—	—	—	—	—
持有至到期投资减值准备	—	—	—	—	—
长期股权投资减值准备	—	—	—	—	—
坏账准备	—	—	—	—	—
投资性房地产减值准备	—	—	—	—	—

6.4.1.3 自营股票投资、基金投资、债券投资、长期股权投资等投资的期初数、期末数

单位：万元

	自营股票	基金	债券	长期股权投资	其他投资	合计
期初数	2 374.47	619.88	8 535.89	597.00	68 992.00	81 119.24
期末数	14 682.95	1 201.22	80.00	597.00	91 025.00	107 586.17

6.4.1.4 自营长期股权投资的企业名称、占被投资企业权益的比例、主要经营活动及投资收益情况

企业名称	占被投资单位权益的比例（%）	主要经营活动	投资损益（万元）
南京证券有限责任公司	0.38	证券经纪、证券承销、证券自营、客户资产管理、财务顾问等	36.40

6.4.1.5 自营贷款的企业名称、占贷款总额的比例和还款情况

企业名称	贷款金额（万元）	占贷款总额的比例（%）	还款情况
1. 南京市国有资产投资管理控股（集团）有限责任公司	28 000.00	73.68	贷款未到期，未到付息时点
2. 江苏省南京浦口经济开发总公司	10 000.00	26.32	贷款未到期，按时付息

6.4.1.6 表外业务

单位:万元

表外业务	期初数	期末数
担保业务	—	—
代理业务	—	—
其他	—	—
合计	—	—

6.4.1.7 公司当年的收入结构

收入结构	金额(万元)	占比(%)
手续费及佣金收入	35 493.04	69.02
其中:信托手续费收入	35 493.04	69.02
投资银行业务收入		
利息收入	3 820.89	7.43
其他业务收入		
其中:计入信托业务收入部分		
投资收益	8 287.84	16.12
其中:股权投资收益	36.40	0.07
证券投资收益	1 291.41	2.51
其他投资收益	6 960.03	13.54
公允价值变动收益	3 251.46	6.32
汇兑损益	-58.47	-0.11
营业外收入	626.60	1.22
收入合计	51 421.36	100

注:手续费及佣金收入、利息收入、其他业务收入、投资收益、营业外收入均为损益表中的一级科目,其中手续费及佣金收入、利息收入、营业外收入为未抵减掉相应支出的全年累计实现收入数。

6.4.2 信托资产管理情况

6.4.2.1 信托资产的期初数、期末数

单位:万元

信托资产	期初数	期末数
集合	1 454 645.18	2 485 459.00
单一	2 158 957.62	2 632 464.72
财产权	295 100.53	87 374.75
合计	3 908 703.33	5 205 298.47

6.4.2.1.1 主动管理型信托业务期初数、期末数

单位:万元

主动管理型信托资产	期初数	期末数
证券投资类	0	0
股权投资类	124 900.00	151 900.00
融资类	1 963 089.17	1 892 511.58
事务管理类	74.00	2 824.97
合计	2 539 291.36	2 853 809.73

注:"合计"行为主动管理型信托项目的总额,它包含所有运用方式的主动型产品。"证券投资类"、"股权投资类"、"融资类"、"事务管理类"是主动管理型信托中的几个重点类别,包含在"合计"中,但是与"合计"行没有勾稽关系,"合计"行大于或等于这四类之和。

6.4.2.1.2 被动管理型信托业务期初数、期末数,分证券投资、股权投资、融资、事务管理类分别披露

单位:万元

被动管理型信托资产	期初数	期末数
证券投资类	0	0
股权投资类	0	0
融资类	736 456.00	1 035 849.23
事务管理类	1 334.11	810 544.62
合计	1 369 411.97	2 351 488.74

6.4.2.2 本年度已清算信托项目个数、实收信托合计金额、加权平均实际年化收益率

6.4.2.2.1 本年度已清算结束的集合类、单一类资金信托项目和财产管理类信托项目个数、实收信托金额、加权平均实际年化收益率

已清算结束信托项目	项目个数(个)	实收信托合计金额(万元)	加权平均实际年化收益率(%)
集合类	17	1 496 769.90	7.10
单一类	72	8 026 673.76	6.89
财产管理类	8	279 755.00	9.50

6.4.2.2.2 本年度已清算结束的主动管理型信托项目个数、实收信托合计金额、加权平均实际年化收益率

已清算结束信托项目	项目个数(个)	实收信托合计金额(万元)	加权平均实际年化信托报酬率(%)	加权平均实际年化收益率(%)
证券投资类	—	—	—	—
股权投资类	—	—	—	—
融资类	41	1 080 830.00	1.2135	8.5826
事务管理类	1	81.90	—	—

6.4.2.2.3 本年度已清算结束的被动管理型信托项目个数、实收信托合计金额、加权平均实际年化收益率

已清算结束信托项目	项目个数(个)	实收信托合计金额(万元)	加权平均实际年化信托报酬率(%)	加权平均实际年化收益率(%)
证券投资类	—	—	—	—
股权投资类	—	—	—	—
融资类	24	416 868.80	0.1585	6.7665
事务管理类	—	—	—	—

6.4.2.3 本年度新增的集合类、单一类和财产管理类信托项目个数、实收信托合计金额

新增信托项目	项目个数(个)	实收信托合计金额(万元)
集合	55	1 265 117.74
单一	61	1 809 256.60
财产权	3	69 972.50
新增合计	119	3 144 346.84
其中:主动管理型	53	1 266 096.60
被动管理型	66	1 878 250.24

注:本年度新增信托项目指在本报告年度内累计新增的信托项目个数和金额,包含本年度新增并于本年度内结束的项目和本年度新增至报告期末仍在持续管理的信托项目。

6.4.2.4 信托业务创新成果和特色业务有关情况

(1)特定目的的信托受托机构资格。资产证券化业务属于公司战略层级创新业务。2014年公司整合内部、外部资源，积极推动"特定目的的信托受托机构资格"申请工作。经过前期精心准备及监管沟通，公司顺利通过了中国银监会现场答辩，并正式获批该项创新业务资格。

(2)为推进资产证券化业务落地，2014年公司密集开展了对于具备发起人资格的金融机构的拜访，根据江苏省内金融资源禀赋特征，以城市商业银行、农村商业银行、非银行金融机构等作为切入口，进行多层次的业务方案推介。

(3)定制式单一账户信托业务。为满足高净值客户定制化财富管理服务需要，公司设立了"紫金·私享"系列信托。该产品结构设计灵活，单一委托人可根据资产状况进行信托财产的追加、赎回和期限调整。作为公司家族信托业务的雏形，"紫金·私享"系列信托财产范围广，涵盖了客户合法持有的现金、其他金融资产以及财产性权利等。

(4)信托收益权约定式回购业务。信托收益权约定式回购是委托人将信托收益权转让给信托公司获得融资，并在一定期限后依约回购的方式。公司创新性地为客户设计了部分信托受益权的转让与约定式优先购买，在一定范围内解决部分信托受益权的流动性问题，提高客户的预期投资收益率。

(5)其他创新业务资格。2014年公司通过中国人民银行上海总部审批，获得了同业拆借资格，正式进入全国银行间同业拆借市场，拓宽了资金渠道；通过深圳证券交易所审核，获得了新股网下申购的资格，为公司开展证券投资类信托业务打下了基础。

6.4.2.5 本公司履行受托人义务情况及因本公司自身责任而导致的信托资产损失情况

本公司以为受益人最大利益行事为基本职责，认真履行以下义务：(1)诚实信用、谨慎和有效管理义务；(2)忠实义务；(3)分别管理义务；(4)亲自管理义务；(5)保存记录义务；(6)定期报告义务；(7)依法保密的义务；(8)向受益人支付信托利益的义务。

截至2014年12月31日，本公司未发生因自身责任而导致的信托资产损失情况。

6.5 关联方关系及其交易

6.5.1 关联交易方的数量、关联交易的总金额及关联交易的定价政策等

	关联交易方数量	关联交易金额(万元)	定价政策
合计	3	115 597.00	详见注

注：关联交易的定价政策：(1)本公司对关联方交易价格根据市场价或协议价确定，与对非关联方的交易价格基本一致，无重大高于或低于正常交易价格的情况。(2)固有财产、信托资产与关联方贷款按人民银行规定的利率执行，投资按市场公允价确定。(3)信托财产与信托财产之间的关联交易按交易双方协商价格执行。

6.5.2 关联交易方与本公司的关系性质、关联交易方的名称、法人代表、注册地址、注册资本及主营业务等

关系性质	关联方名称	法定代表人	注册地址	注册资本(亿元)	主营业务
本公司股东	南京紫金投资集团有限责任公司	王海涛	江苏省南京市	50	实业投资、资产管理、财务咨询、投资咨询
本公司股东在中国设立的分支机构	三井住友信托银行股份有限公司上海分行	芥川佳久	上海市	34	在银监会批准范围之内，经营对各类客户的外汇业务以及人民币业务
受同一母公司控制	南京银行股份有限公司	林复	江苏省南京市	29.69	吸收存款、发放贷款等
受同一母公司控制	南京证券有限责任公司	张华东	江苏省南京市	18.79	证券经纪、证券承销、证券自营、客户资产管理、财务顾问等

6.5.3 逐笔披露本公司与关联方的重大交易事项

6.5.3.1 固有财产与关联方：贷款、投资、租赁、应收账款、担保、其他方式等期初汇总数、本期借方和贷方发生额汇总数、期末汇总数

单位：万元

固有财产与关联方关联交易				
	期初数	借方发生额	贷方发生额	期末数
贷款				
投资	597.00			597.00
租赁				
担保				
应收账款				
其他		157 900.00	157 900.00	
合计	597.00	157 900.00	157 900.00	597.00

6.5.3.2 信托资产与关联方：贷款、投资、租赁、应收账款、担保、其他方式等期初汇总数、本期借方和贷方发生额汇总数、期末汇总数

单位：万元

信托与关联方关联交易				
	期初数	借方发生额	贷方发生额	期末数
贷款	45 000.00	56 000.00	51 000.00	50 000.00
投资	—	—	—	—
租赁	—	—	—	—
担保	—	—	—	—
应收账款	—	—	—	—
其他	65 000.00	0	0	65 000.00
合计	110 000.00	56 000.00	51 000.00	115 000.00

6.5.3.3 信托公司自有资金运用于自己管理的信托项目(固信交易)、信托公司管理的信托项目之间的相互交易(信信交易)金额，包括余额和本报告年度的发生额

6.5.3.3.1 固有财产与信托财产之间的交易金额期初汇总数、本期发生额汇总数、期末汇总数

单位：万元

固有财产与信托财产相互交易			
	期初数	本期发生额	期末数
合计	68 992.00	22 033.00	91 025.00

6.5.3.3.2 信托资产与信托财产之间的交易金额期初汇总数、本期发生额汇总数、期末汇总数

单位：万元

信托资产与信托财产相互交易			
	期初数	本期发生额	期末数
合计	99 368.65	216 307.15	248 745.82

6.5.4 逐笔披露关联方逾期未偿还本公司资金的详细情况以及本公司为关联方担保发生或即将发生垫款的详细情况

截至2014年12月31日，本公司未发生关联方逾期未偿还本公司资金的情况，也无本公司为关联方担保发生或即将发生垫款的情况。

6.6 会计制度的披露

本公司固有业务、信托业务执行的会计制度为财政部2006年新修订颁布的企业会计准则及其应用指南。

7. 财务情况说明书

7.1 利润实现和分配情况

经立信会计师事务所（特殊普通合伙）审计，2014年度公司实现净利润26 510.62万元。公司按规定计提法定盈余公积2 651.06万元，计提信托赔偿准备1 325.53万元，计提一般风险准备390.30万元，加上调整后年初未分配利润14 775.28万元，扣除2014年已分配现金股利4 412万元，2014年末可供股东分配的利润余额为32 507.01万元。

根据股东大会审议通过的2014年度利润分配方案，分配现金红利为2014年末可供分配利润的30%，取整后为9 752万元。

7.2 主要财务指标

指标名称	指标值
资本利润率（%）	17.40
加权年化信托报酬率（%）	0.59
人均净利润（万元）	243.22

7.3 对本公司财务状况、经营成果有重大影响的其他事项

无。

8. 特别事项提示

8.1 前五名股东在报告期内变动情况及原因

无。

8.2 董事、监事及高级管理人员变动情况及原因

2014年8月22日，第一届董事会第三十一次会议审议通过了关于刘建春先生辞职的议案，刘建春先生不再担任紫金信托有限责任公司副总裁。

2014年10月17日，股东会2014年第三次临时会议审议通过了关于第二届董事会换届选举的议案。选举陈峥女士、山胁徹哉先生、崔斌先生、沙福贵先生、王瑞女士五人出任公司第二届董事会董事，选举黄泽民先生、夏亮先生两人出任公司第二届董事会独立董事。公司第二届董事会由以上7名当选董事组成。山胁徹哉先生、崔斌先生的任职资格尚须获得中国银监会或其派出机构的核准。

2014年10月17日，股东会2014年第三次临时会议审议通过了关于第二届监事会换届选举的议案，选举骆芝惠女士、渠泉先生两人出任公司第二届监事会监事（非职工代表监事）。根据紫金信托有限责任公司2014年9月26日职工代表大会决议，李薇女士被推举为公司第二届监事会职工代表监事。公司第二届监事会由以上3名当选监事组成。

2015年2月5日，第二届董事会召开第一次会议，选举陈峥女士担任公司第二届董事会董事长，山胁徹哉先生担任公司第二届董事会副董事长。同日，第二届董事会召开第二次会议，聘任崔斌先生为紫金信托有限责任公司总裁，聘任高晓俊先生为紫金信托有限责任公司副总裁，任期3年，自获得中国银监会或其派出机构任职资格核准批复日起计算。

8.3 公司的重大诉讼事项

无。

8.4 报告期内公司及其董事、监事和高级管理人员受到处罚情况

无。

8.5 报告期内银监会及其派出机构提出整改意见的整改情况

报告期内，江苏省银监局对公司日常经营管理提出一些意见和要求，公司已严格按要求落实。

8.6 本年度重大事项临时报告的简要内容、披露时间、所披露的媒体及版面

公司网站为信息披露的主要媒介，2014年度无重大事项临时报告。

8.7 银监会及其省级派出机构认定的其他有必要让客户及相关利益人了解的重要信息

无。

9. 公司监事会意见

（1）公司股东会、董事会、监事会、经营管理层职责明确，有效行使了公司权力机构、决策机构、监督机构和执行机构的职能。

（2）2014年公司董事会认真加强科学决策和风险管理，严格按照《公司法》、公司章程和相关法规开展工作。公司按照《信托法》、《信托公司管理办法》、《信托公司集合资金信托计划管理办法》和中国银监会有关规定依法经营。本报告期内未发现董事及高级管理人员在执行公司职务时存在违法违纪和有损公司及股东利益的行为。

（3）公司2014年度财务报告客观、真实地反映了公司的实际财务状况和经营成果。